U0440002

# 王安石全集

修訂增補版

第九册　外編

老子訓傳
南華真經新傳
元澤佚文

王水照　主編

復旦大學出版社

# 本册總目

# 老子訓傳

尹志華　輯録

# 整理説明

王雱（一〇四四—一〇七六），字元澤，北宋著名政治家、思想家王安石之子。晁公武郡齋讀書志卷三載王元澤老子注二卷。宋史王雱傳、續資治通鑑長編、東都事略、趙希弁郡齋讀書志附志等書則載王雱著有老子訓傳。按：保存王雱注文的道德真經集注，有梁迥所作後序，謂「近世王雱，深於道德性命之學，而老氏之書，復訓厥旨」。我們推測，王雱注本原名爲老子訓傳。

王雱老子訓傳原書已佚，但主要内容完整地保存在北宋太守張氏所輯道德真經集注（明正統道藏洞神部玉訣類）中。本次整理，即以北宋太守張氏所輯道德真經集注所收王雱注爲底本，以金朝李霖道德真經取善集（簡稱李本）、南宋彭耜道德真經集注（簡稱彭本）和元代劉惟永道德真經集義（簡稱劉本，李、彭、劉本均載明正統道藏洞神部玉訣類）所徵引的王雱注文作爲參校本。

校勘原則：

一、凡底本缺失而參校本具有的内容，據參校本補充。

二、凡底本錯誤而參校本可以校正的文字，依據參校本改正。

三、凡底本明顯錯誤而參校本又無對應内容的文字，只在校注中指出應作某字，而不改動原文。

四、凡參校本與底本不同而又無法判定何者爲是的文字，只在校注中説明參校本作何文字。

# 目録

老子訓傳　卷下　德經……………………（九五）

# 序

昔老子當道術之變，故著書九九篇，以明生生之理。而末世爲學，蔽於前世之緒餘，亂於諸子之異論，智不足以明真僞，乃或以聖人之經與楊、墨之書比，雖有讀者，而燭理不深。乃復高言矯世，去理彌遠。今世傳注釋，王弼、張説兩家，經文殊舛，互有得失，害於理意者不一。今輒參對，定於至當，而以所聞，句爲之解。聖人之言，既爲難盡，而又知之所及，辭有不勝。覽者以意逆志，則吾之所發，亦過半矣。書成於熙寧三年七月十二日。

竊嘗論曰：聖人雖多，其道一也。生之相後，越宇宙而同時；居之相去，異天壤而共處。故其有言，如首之有尾。外此道者，皆邪説也。然而道一者，言固不同；言同者，道固不一。而世儒徒識其言，故以言同者爲是；不知其道，故以道一者爲非。易曰：「一陰一陽之謂道。」老子曰：「既得其母，以知其子。」誠知是，則推五行之殊，觀四時之變，視形度志，以參萬物，則聖雖不言，吾其知之矣。故道，歲也；聖人，時也。自堯、舜至於孔子，禮章樂明，寓之以形名度數，而精神之運，炳然見於制作之間。定尊卑，别賢否，以臨天下，事詳物衆，可謂盛矣。蓋於時有之，則夏是也。夏反而爲秋，秋則斂其散而一之，落其華而實之，以辨物爲德，以復性爲常，其志静，其事簡。夫秋豈期於反夏乎？蓋將以成歲而生物也。於是時也，動植之死者過半，然豈天命之至，果非小智之所及邪？秋蓋非歲之終也，則又有至者焉。故四時之變，於吾有之，則幼壯老死是也。傳曰「終身由之，而不知其道者」，其是之謂乎？嗚呼！學道而不期於死之説〔二〕，則亦何以學爲哉？「朝聞道，夕死可矣」，則所謂道者，貴乎可以生死也。誠知道德之誠，而遡其所歸，則死生之説盡矣，故余盡心焉。

〔二〕此句疑有脱文，似應作「學道而不明於死生之説」。

# 老子訓傳　卷上　道經

道者，萬物之所道，在體爲體，在用爲用，無名無迹，而無乎不在者是也。故雖聖人之言，常在其一曲。雖在一曲，而異乎諸子百家者，不失理而當於時而已。

## 道可道章第一

道可道，非常道。

可道之道，適時而爲，時徙不留，道亦應變。蓋造化密移[一]，未嘗暫止，昔之所是，今已非矣。而曲士攬英華爲道根，指蘧廬爲聖宅。老氏方將祛其弊，而開以至理，故以此首篇。明乎此，則方今之言猶非常也。

〔一〕「移」字據劉本補。

名可名，非常名。

名生於實，實有形數，形數既具，衰壞隨之，其可常乎？唯體此不常，乃真常也。

無名天地之始，有名萬物之母。

受命於無，而成形於有，故曰天地之始，萬物之母。易曰：「有天地，然後有萬物。」此言與易之序同。據覆載之間，方生之物，故以天地爲先。物與天地，本無先後，推而極之，有無同體，始母之言，亦筌蹄也。且天地雖大，而受命成形，未離有無，而此乃獨言萬物之母，然則老氏之言，姑盡性而已。

常無，欲以觀其妙。常有，欲以觀其徼。

易之陰陽，老之有無，以至於佛氏之色空，其實一致，説有漸次耳。世之言無者，舍有以求無，則是有外更有，安得爲無？故方其有時，實未嘗有，此乃真無也。有無之體常一，而有有以觀者，但見其徼。欲觀其妙，當知本無。而本無之無，未嘗離有也〔二〕。既曰常無，又曰常有者，

〔二〕「離」，原本作「維」，據劉本改。

以明有無之不相代，無即真有，有即實無耳。言徼則知妙之爲奥，言妙則知徼之爲粗，此法言之體[一]。

此兩者同出而異名，同謂之玄。

有無本一，未有二名。自學者言之，則有不如無之精。既得其道，則兩皆至理，初無彼此。

玄之又玄，衆妙之門。

道有二物，自形而下，則陽尊而陰卑；自形而上，則陰先而陽後。故道之至處曰妙曰玄。妙，德也；玄，色也。言色則至矣，而蓋有非色所及，故曰又玄。萬物皆有妙處，皆出於此，故曰衆妙之門。[二]

---

[一] 「此」，原本作「比」，據劉本改。

[二] 劉本在此之下尚有「道一也，而爲説有二」至「吁，可笑哉」一大段話，此應係王安石之注文而誤繫於王雱名下。

# 天下皆知章第二

天下皆知美之爲美，斯惡已；皆知善之爲善，斯不善已。

道本無物，而物有妄情，自相分别，此溺於轉徙之流，而不能自出故耳。然溺而不出者，不由厭離，而由樂著，所以惡夫美善也。故惡與不善，美善之隨也。當其美善之時，蓋已惡且不善矣。俟其隨而後悟，則亦悟之晚也。雖然，至人所謂美善，未嘗離乎惡與不善，而惡與不善，未嘗離乎美善也。天下之愚，不足與此，故所謂美善，常惡與不善也。〔一〕

故有無之相生，難易之相成，長短之相形，高下之相傾，聲音之相和，前後之相隨。

離道而我，我則有彼，彼我既分，編類爲二矣〔二〕。此六對者，物之所以不齊，而喜怒哀樂生死

〔一〕劉本在此之下尚有：「新説：此言美惡善不善相逐，而妄者溺於美善，不如有惡與不善也。唯聖人超然遠覽，知美之有惡，善之有不善，未嘗有所溺也。」按：新説應即劉惟永在道德真經集義大旨中所列的丞相新説。劉惟永謂：「丞相新説見八注中，不載其名。」按八注乃宋徽宗崇寧年間所刊行的王安石學派八人之注。「丞相」顯然應爲王安石。故新説應爲王安石之注。

〔二〕「編」，劉本作「觸」。

之變，更出迭入，而不能自止者也。凡此皆不冥夫陰陽之本，而隨其末流，自生分別，執一廢百，以妄爲常故耳。此篇第二與莊子齊物論相似，篇篇有序，可以理推。

是以聖人處無爲之事，行不言之教。

聖人無心，以百姓心爲心，雖事而未嘗涉爲之之迹，雖教而未嘗發言之之意，故事以之濟〔一〕，教以之行，而吾寂然未始有言爲之累，而天下亦因得以反常復樸也。夫唯無累，故雖寄形陰陽之間，而造化不能移〔二〕，彼六對者，惡能攖之哉？

萬物作而不辭，

萬物並作，聖人各盡其性而無所辭，以吾心空然〔三〕，無所去取故也。苟懷去取之慮，則物之萬態美惡多矣，焉能不辭哉？

---

〔一〕「濟」，原本作「齊」，據劉本、彭本改。
〔二〕「移」，原本作「求」，據劉本、彭本改。
〔三〕「空」，劉本作「寂」。

生而不有，爲而不恃，功成不居。

有則居，居則遷矣。

夫唯不居，是以不去。

形名而降，莫不代謝，唯道無體，物莫能遷。聖人體道，故充塞無外，而未嘗有物；應接萬變，而未嘗有心。如是，則豈以適然之事攬以爲己功〔二〕，而固有之哉？夫然後離六對之境，絶美惡之名，越生死流，處常住法也。持此心以涉世，則功名雖高，豈有亢滿之累乎〔三〕？

## 不尚賢章第三

不尚賢，使民不争。

賢者出衆之稱，尚之則民夸企外慕，争之端也。

〔二〕「己」字原缺，據彭本補。
〔三〕「亢」，原本作「充」，據劉本改。

不貴難得之貨，使民不爲盜。

民衣食足，而性定矣。妄貴難得之貨，則其求無已，必至爲盜。蓋民之失性〔一〕，皆由妄生分別。此篇務在齊物，使民復性。

不見可欲，使心不亂。

昧者妄見可欲，所以心爲之瞶亂。唯聖人能知諸物皆非真實，故萬態一視，而無取舍之心。若然則心鏡常夷〔二〕，物豈能亂之？是以能不尚賢，不貴貨也。

是以聖人之治也，虚其心，

心虚則無所分別。此申不尚賢之義〔三〕。

實其腹，

---

〔一〕「蓋民之失性」，原本作「蓋民之生」，據劉本改。

〔二〕「心鏡」，原本作「心貧」，據劉本改。

〔三〕「申」，原本作「中」，據劉本改。

腹實則無所貪求。此申不貴貨之義。

弱其志，

志强則夸企而勝，志弱則無營於外。此又申不尚賢之義。

强其骨。

骨强所以自立，自立則外物不能遷。此又申不貴貨之義。

常使民無知無欲，

知則妄見，欲則外求，二者既除，性情定矣。自不尚賢而化之，可使至於無知；自不貴貨而化之，可使至於無欲。〔二〕

使夫知者不敢爲也。

〔二〕此二句李本作：「自不尚賢，虚心弱志而化之，使民無争尚之知。自不貴貨，實腹强骨而化之，使民無貪求之欲。」

智足以亂衆者，禁而止之。

爲無爲，則無不治矣。

爲無爲，非無爲也，爲在於無爲而已，期於復性故也。竊嘗論之：三代之後，民無不失其性者。故君子則志强而好善，求賢無已；小人則骨弱而慕利，逐貨不厭。志强則多知，骨弱則多欲。或有知，或有欲，雖所趨不同，而其爲徇外傷本，一也。惟至人不然，弱其志，非所見者卑而求近，以爲無所求，而道自足也。强其骨，非以自立而爲賢，將以勝利欲，而尊德性也。夫然後名不能移，利不能溺，而性常定矣。

## 道沖章第四

道沖而用之，或不盈。

道充塞無外，贍足萬物，而未嘗有，故曰或不盈。若虚若實，謂之沖。沖者，陰陽之中，而以虚

爲體者也〔二〕。道之用於物者，中。道之應於事者，虚。此方言其用，故曰沖。〔三〕

淵兮似萬物之宗。

道生萬物，而體未嘗離物。自物之散殊而觀之，則似爲之宗耳。淵者，深而不測也。人本足於此道，欲體之者，不可它求，當挫鋭解紛，和光同塵，則當自存矣。

挫其鋭，

鋭挫則渾然矣。鋭，尖之形是也。

解其紛，

〔二〕「體」，劉本作「德」。

〔三〕劉本在此下尚有「雜説：萬物負陰而抱陽，沖氣以爲和，則沖者陰陽之和也。陰爲虚，陽爲盈，道之體則沖，而其用之則或不盈，其體沖也。故有欲無欲同謂之玄，其用之不盈也。」按：雜説應爲王安石之注文。王安石之老子注，每章分全義、字説、雜義等幾個部分。

不與物構〔一〕，而坐觀其復，則性命定而紛亂解矣。

和其光，

挫鋭解紛，則性情定，而自然充實光輝矣。既有光，則要不異於物，而與之和同。易曰：「蒙雜而著。」〔二〕

同其塵。

道乃性之常，得性之常，奚足珍尚？故至人有道，而不自異於塵。〔三〕

湛兮似或存。

人能如上四事，則道湛然存矣。存而定有之，則非道也。似或者，不可定有之謂。

---

〔一〕「構」，原本作「講」，據劉本改。

〔二〕「蒙雜而著」，原本作「蒙雜不著」，據劉本及雜卦傳改。

〔三〕劉本在此下尚有「雜説：彼鋭則挫之，紛則解之，光則和之，塵則同之，非有也，非無也。」按：雜説爲王安石作。

吾不知誰之子，

即今所稱道之中體，蓋有所出矣。雖有所出，而廓然無象[一]，故曰不知誰之子也。

象帝之先。

象，有形之兆。帝，有物之尊。爲帝至矣[二]，而道更在其先。

## 天地不仁章第五

天地不仁，以萬物爲芻狗。

芻狗，祭祀所用。方其用也，隆禮致敬以事之；及其已事，則棄而捐之，等於糞壤。其隆禮致敬之時，非不以至誠也。然而束芻爲狗耳，實何足禮敬乎？雖不足禮敬[三]，而加禮敬者，又非

[一]「廓」，原本作「廉」，據劉本及李本改。
[二]「至」，原本作「王」，據劉本改。
[三]「雖」，原本作「準」，據劉本改。

以爲僞也〔一〕。夫萬物各得其常，生死成壞，理有適然。而天地獨爲之父母，故不得無愛。而原天地之心，亦何係累哉？故方其愛時，雖以至誠，而萬物自遂，實無足愛者。反要其終，則糞壤同歸而已，豈留情乎？

聖人不仁，

仁者人也，以人道愛物謂之仁。彼人貌而天者，仁何足以名之！

以百姓爲芻狗。

聖人親親而仁民，故獨言百姓。若其道則與天地一矣，而有人之形，故任各異。

天地之間，其猶橐籥乎？

橐籥虚以應物，物感則應，應而不藏。天地之於萬物，聖人之於百姓，應其適然，而不係累於當時，不留情於既往，故比橐籥之無窮也。

〔一〕「僞」字原缺，據劉本補。

虛而不屈，動而愈出。

虛其體也，動其用也。

多言數窮，

非應而言，則窮矣。舉言則爲可知。此聖人之事，言而不爲者也。

不如守中。

守中所以應萬變。

## 谷神不死章第六

谷神不死，

谷應而不窮，神化而不測。萬物受命於我，而我未嘗生、未嘗死者，谷神也。言神則極矣，而加谷者，言能虚能盈〔二〕，而又能容以應也。以其活而不敝，故但稱不死。

是謂玄牝。

谷神受命而玄牝賦形〔三〕，以自爲陰陽，以成天地。然本一物也，由其受命，故曰谷神；由其賦形，故曰玄牝。

玄牝之門，是謂天地根。

玄牝體陰，而一體之中又自有陰陽。稱門者，異於户也。萬物由此門以出，而不得見，故曰玄牝之門。

綿綿若存，

綿綿，引而不絶之謂。神牝生生不盡，而若有若無，不可定有。

〔二〕「言」，原本作「且」，據李本和劉本改。

〔三〕「形」字原缺，據李本和劉本補。

用之不勤。

動而愈出，何勤之有？

## 天長地久章第七

天長地久。天地所以能長且久者，以其不自生，故能長生。

自生則有其生，有其生則生既喪矣。唯無以生爲，則生未嘗生。生未嘗生，則所寓之形雖生，而無生之累，宜其長且久也。天地之不自生，非利乎長久而然，道固如此而已。然所謂長久者，亦瞬息之間耳，唯蓋載傾陷而未嘗壞者，乃其真也。

是以聖人後其身，而身先；

聖人雖聖，而形與物齊，唯其體天道而不争，乃能獨異於衆。使其立己而與衆敵，則匹夫匹婦皆足以勝之。

外其身，而身存。

有我而存之，則物皆吾敵。夫唯超然自喪，不有吾身者，物莫能傾之。

非以其無私邪？故能成其私。

聖人無私，未嘗有我故也。使計而爲之，則私孰甚焉。

## 上善若水章第八

上善若水。

水者五行之首，方出空無而入實有者也。離道未遠，故其性最近道。蓋離道則善名立矣，上善若水，物理自然。

水善利萬物而不争，處衆人所惡，故幾於道矣。

「處」，一本作「居」。人有心，心爲火，火騰上而明，故好争。唯忘心體道者，能利物而無心勝物也。

居善地，

趣下而流。

心善淵，

深静而平〔二〕，内明外晦。

與善仁，言善信，

萬逝必東。

政善治，

任理而不任情，積柔弱而勝重大。

事善能，

唯變所適，故無不能也。

---

〔二〕「平」，原本作「乎」，據李本和劉本改。

動善時。

決之則流，壅之則止，不先物動，亦不失時。

夫唯不争，故無尤矣。

水體一而物莫能易[一]，故能兼此諸善。蓋有德於物而常下物，是以有德。使有心於爲德，則不能成德矣，故篇終又言之。

## 持而盈之章第九

持而盈之，不如其已。

持而盈之，有意於有，所以失之。唯忘有有之爲有，而有之以無有，則無失無溢矣。

揣而鋭之，不可長保。

---

〔一〕「易」，劉本作「遏」。

揣者巧於度情，銳者利於入物。且事物無盡，而吾持一身以遇其變，則揣銳之工有時困矣，豈可長保乎？故至人因時乘理〔一〕，而接之以無我，則其出無方，而所應不窮也〔二〕。

金玉滿堂，莫之能守。

實外物而守之，所守非所有也，豈能久乎？

富貴而驕，自遺其咎。

驕生於恃外，恃外之人，何足筭乎？四者皆以己有物，與爲驕者同累〔三〕，然自持盈而下，每失彌甚。

功成名遂身退，天之道。

〔一〕「至」，劉本作「聖」。
〔二〕「所」，劉本作「可」。
〔三〕「同累」，劉本作「何異」。

寒暑相推，物極則返，陰陽代運，天道固然〔二〕。而世之愚者，一遭其變，一犯其名，則終身有之，認以爲己。曾不知造化之密移，吉凶之倚伏，故終至於坐蒙憂患，無以自存。唯至人不然〔三〕，藏金玉而不寶，居富貴而不榮，凡物之來寄者，如陰影集身，窅然不知其在彼邪？在我邪？然則豈持盈以爲慎，揣鋭以爲工乎？苟非無我之妙，其何以與於此！天之道大矣，而莫尚乎是。

## 載營魄章第十

載營魄，

魄，陰物，形之主也。神之爲物，廣大通達，而不自了者，神常載於魄，故神反拘於形體。此廣者所以狹，通者所以滯也。欲學此道者，當先廓其志氣，勿累於形體，使神常載魄，而不載於魄，則可以抱一而體神矣。竊嘗論曰：人之既死，有升沉之異者，良由滅神徇形，以神從魄，

〔二〕「固」，原本作「回」，據劉本改。

〔三〕「至」，劉本作「聖」。

故至於淪乎幽陰，化爲異物也。若夫神完之人，雖魄之陰滯，將與神爲一〔二〕，而無所不之矣。聖人之死日，神不從魄也，其始也，亦載魄而已。

抱一能無離乎？

一者精之數，不言精而言一者，守一則精不摇矣。學道歸乎復性，復性歸乎體神。所以不能神者，由逐末忘本，以物易己，故喪精失靈，沉爲下愚也。陰陽之靈曰魂魄。魂陽故遊，遊而止我身者，以魄爲之配也。魄陰故營，營，止也。故學者必先寧其志氣，使精魄静一。魄止則魂定，精一則神全矣。一生水，水爲精。人之初生，因精集神，本自渾全。而不能了者，常至於離析隳散，其名曰罔兩。罔者神不明，兩者精不一也。莊子曰「無摇汝精」，抱一之謂也。蓋精神水火之象，火無常形，因膏顯照，神則廓然無體，不可致工，但當存精而已。如增膏而火明，培根而葉茂也。魂魄精神，既不虧耗，然後心强氣順，不爲物使，静則體道，作則契理，妙而極之，則與神爲一，更絶四名矣。此學者之至要〔三〕，萬世聖賢皆由此義，求不在外，當由

〔二〕「將」，彭本和劉本均作「精」。
〔三〕「要」，劉本作「妙」。

心得之。

專氣致柔，能如嬰兒乎？

人生有三：曰精，曰神，曰氣。精全則神全，神全則能帥氣矣〔一〕。神衰而不足以帥氣，則氣作不常，使人陷於非道。孟子曰：「志者，氣之帥也。」楊雄曰：「氣者，所適善惡之馬歟？」帥懦而衆悖，則師必亡；馬怒而御疲，則車必敗。神不能專氣，則喜怒哀樂，唯氣所爲，沉陷越佚〔二〕，理固然也。古之士無不曉此，苟未及此，則當清心以防之。孔子所謂三戒，皆防氣也。門人獨顔回能專氣，故曰「不遷怒」。氣之暴在陽，而陽之發者，莫暴於怒。於怒可以無遷，則非專氣而何？人生本具聖質，氣佚而不能專，故自壯以往，離道彌遠。能抱一則神全，神全則氣柔〔三〕，氣柔則真全，所以與嬰兒同。專者，有而擅其權之謂。

〔一〕以上兩處「神全」，彭本和劉本均作「神王」。
〔二〕「沉」，彭本和劉本均作「流」。
〔三〕以上兩處「神全」，彭本和劉本均作「神王」。

滌除玄覽，能無疵乎？

能專氣則性定，性定則智明，智明則可以蕩滌除去，而玄覽至理矣。既燭其理，則世間萬態，同爲至妙。儻睹一疵，則非識理也。

愛民治國，能無爲乎？

如上説〔二〕，爲己之道盡矣，然則可以其餘及人也。老子之言專於復性，有爲則非所以使民安性，故雖愛治，而不尚有爲，此道之至也。

天門開闔，能爲雌乎？

至人無心於作，精神出入，皆應而不唱，莊子所謂有物采之者。老子於四時當秋，其德主金，静一復性者也，故其尚如此。至於易，則先天後天，無非道者。

明白四達，能無知乎？

〔二〕　劉本「説」前有「所」字。

理無足知，知以應物。既知至理，則自當無知。唯能無知，故無所不知也。如昭然有知，則是不知。無知之妙，何足謂知也。竊嘗論之，聖智下愚，本無殊品，因愚顯智，乃有聖名，聖人本心，何嘗自聖？故明白四達，而初無所知，乃真聖人之知也。

生之畜之。

道備如上，則造化在我，可以生畜萬物矣。

生而不有，

道生萬物，物之與道，常爲一體，誰有之者？

爲而不恃，

不得已而爲，爲於已然之時。雖有爲之之功，而超然自喪，豈復矜恃哉？

長而不宰，

道如上文，則可長天下以無爲矣。雖在物上，如標枝然，豈有分割之功乎？

是謂玄德。

玄爲妙體，德之至也。昔舜在側微，書聞玄德〔一〕。蓋至德常在於無思無爲。此篇之義，主於無爲，故雖爲長，而德猶稱玄也。此篇自爲士以至於體神入聖，修身之序盡矣。

## 三十輻章第十一

三十輻共一轂，當其無，有車之用。

「共」，一本作「用」。

埏埴以爲器，當其無，有器之用。鑿户牖以爲室，當其無，有室之用。

凡此三物，或運轉，或貯盛，或居處，而皆以無有爲用。

故有之以爲利，無之以爲用。

---

〔一〕「書聞」，劉本作「書稱」。

無非有對，因有有無。於無之中，復有妙有。不窮之用，妙有之功。若夫有物之有，具存形質，非能應於不窮者也，故但爲利。利，陰屬也。雖然，此有無之論耳。極而言之，則無不離有，有亦真無，非有非無，乃真妙有也。

## 五色章第十二

五色令人目盲，五音令人耳聾，五味令人口爽。

人生而静，因物有遷[一]。耳目本自希夷[二]，而聲色在前，真從妄喪。口之於味，亦復如此。故味於聲聲色色味味之妙者，聲色味也。

馳騁田獵，令人心發狂。

足於内則得，逐於外則惑。故馳騁田獵，血氣俱作，心爲發狂。明逐物失性。

[一]「因」，原本作「目」，據李本改。
[二]「目」，原本作「自」，據李本改。

難得之貨，令人行妨。

難得之貨，非適於養己，而愚者妄以爲美，因毁行以求之。唯明乎天下之良貴，與夫有萬之富，則外物莫能傷矣。

是以聖人爲腹不爲目，故去彼取此。

腹無所不容，目觸類分别。

## 寵辱章第十三

寵辱若驚。

心榮於見寵，則辱孰甚焉。

貴大患若身。

有貴而累其心，則其患大矣。如人有身，動輒自累。

何謂寵辱？

一本此有「若驚」二字，非也。若曰寵乃世之所榮，何以爲辱乎？設問以發下文。

寵爲下，

受寵於人，則爲下之道。趙孟能賤之者，寵於人者也。凡生莫不有真君，足以高天下；莫不有真宰，足以制萬物。而愚者失其良貴，逐物求榮，與奪之權，在人之乎？而吾之憂喜，繫於得失，豈不早且惑乎？驚生於有愛而畏奪，故有寵之累如驚也。彼三仕三已，而無喜愠之色者，固驚乎？謂誰受寵而不自榮，則居寵而非辱矣。

得之若驚，失之若驚，是謂寵辱若驚。

爲其得失之際，有若驚之心，是以辱也。

何謂貴大患若身？

貴者在物之上，而有國有家〔一〕。有之而不能忘，則爲患大矣。譬人有身，珍而累之，則寒暑疾痛，萬緒皆作，豈非大患乎？市南子曰：「堯非有人，非見有於人者也。」貴者有人，寵者見有於人，唯聖人能免此二者。

吾所以有大患者，爲吾有身。及吾無身，吾有何患？

萬物與我爲一，則與道玄同，而萬變皆忘，吉凶息矣。而愚者不能自解，恃形爲己，故形之所遭，觸途生患。老子先明寵貴之累，而寵貴之累，皆緣有身而生，故因譬貴之若身，遂及無身之妙。莊子曰：「忘其所不忘，而不忘其所忘，是之謂誠忘。」亦明此義。而孔子毋我，理與是同。學期於此而已。然所謂無者，豈棄而去之乎？但有之而未嘗有，則不累矣。且崇高莫大乎富貴，誠能有之以無有，則聖人所爲濟世也，亦何患之有？其於寵也，亦若斯而已矣。

故貴以身爲天下，若可寄天下；愛以身爲天下，若可託天下。

聖人無身，故土苴足以堯、舜。有身而爲之，則累矣。苟未及乎無身，則唯尊生重本，不以物

〔一〕「有」字據李本補。

易己者，如可以寄託天下。貴者不辱其身，愛者不危其身。子州支父、王子搜之徒是也。若此二人者，豈榮其寵，累其貴乎？一本作「可以託天下矣，可以寄天下矣」，此王弼取南華爲定，非是。

## 視之不見章第十四

視之不見名曰夷，

道至於萬法平等，無有高下之處，非目所睹。

聽之不聞名曰希，

物相感觸，乃有聲響。大道不與物鄰，用心求之，其去已遠，故曰希，則經所謂大音也。

摶之不得名曰微。此三者不可致詰，故混而爲一。

三者本一體，而人所以求之者，或以視，或以聽，或以摶，故隨事强名。雖然，所用求者，與夫所欲求者，未嘗不一也。唯了吾一，則與彼一脗然爲一矣。

其上不皦，其下不昧。

凡物有質，則具陰陽，上皦下昧，理必然也。唯道無物，故混然而成。此言道之定體。莊子曰：「失吾道者，上見光而下爲土。」

繩繩兮不可名，復歸於無物。

道有常度，其理可信，故曰繩繩。雖繩而實無定體，故不可名。要其極也，未始有物至矣，不可加矣。

是謂無狀之狀，

有而不可見。

無物之象，

有而不可得。

是謂惚恍。

忽者，有之疑於無。恍者，無之疑於有。道之爲物，非有非無，不可定名。

迎之不見其首，隨之不見其後。

物有定體，乃分前後，道既無形，孰爲首尾？此言道之運用，故可迎隨。雖曰迎隨，而迎隨在物，道未嘗異。

執古之道，以御今之有。

古之道，謂古今常一之道。唯其古今常一，故可御世，故之萬變。

能知古始，

推而上之，至於無初之初，乃知物無所從來，則道之情得矣。

是謂道紀。

道之紀要，古今不變者，是則莊子所謂無端之紀也。

## 古之善爲士章第十五

古之善爲士者，微妙玄通，深不可識。

士者，事道之名，微而妙，玄而通，有此道而退藏於密。密者，性本之内，故無迹可見。當時爲士者，異於此矣，故稱古之善爲士者。

夫唯不可識，故强爲之容：豫兮若冬涉川，

豫者，先事而戒之謂。至人無心於物，迫而後動。冬涉者，臨事逡巡，若不得已也。莊子曰：「不從事於務。」

猶兮若畏四鄰，

可以無戒而猶戒，曰猶。至人静密幽深，不出性宅，故常如畏鄰，斂行而不縱也。

儼若容，

不以事爲己任，故其容寂。

涣若冰將釋，

人生之始，同於大空，凝爲我體，如水有冰，故爲道有冰解凍釋者。事至於此，其容已不滯於一體，涣然將釋矣。切嘗原之，人性如水，爲造化所凝，故結而不通，彼釋者反本而已矣。

敦兮其若樸，

材未爲器，謂之樸，喻性之全體。由冰釋之後，乃能存天性之全，而不雕於人僞，故若樸也。

曠兮其若谷，

性全不虧，而不自有其全，故曠然空虚，如谷之受且應也。

渾兮其若濁。

水性本清而濁者，混於物空。人不自潔於物，故渾然若濁者也。

孰能濁，以静之徐清？

澄性者與澄水同，加工則動而彌濁，唯静以俟之，則徐自清矣。有道之士，所以物莫能濁者，以其静之徐清。

孰能安，以動之徐生？

歸於寂定，感而遂通，故徐徐以生，終則有始也。動之徐生，則變動不居，非物能止，夫誰能安之？爲此者，信陰陽之理，乘自然之運，而無心其間，故皆曰徐。言濁則知安之清，言安則知動之濁，與上篇微妙之文同。

保此道者，不欲盈。

不盈之盈，乃大盈也。如見道之後，盈而有之，則是自有此道，違道遠矣。

夫惟不盈，是以能弊，不新成。

道本無體，非器所盛，用則有餘，求之不得，故有道者未嘗盈，而其用不窮也。得道者未嘗盈，則成道者未嘗新也。道之爲用，通萬物而不敝〔二〕，以其無敝無新、不成不敗故也。敝生於新，

〔二〕「物」，李本和彭本作「世」。

敗生於成，士雖成道，而常若敝敗矣。苟得道之初矜其新成，則與道異意，非大成也。經曰：「大成若缺，其用不敝。」此篇句句有序，以至於成，成而若敝，則盡之矣。

## 致虛極章第十六

致虛極，守静篤。

致虛欲極，守静欲篤，欲觀物理者，必先致一也。學者之事，實則妨道，動則達性故爾〔一〕。

萬物並作，

萬物由虛静出生，還歸於虛静，春生秋死之變可見矣。

吾以觀其復。

虛静則明，明則見理。見理非以有爲，將觀復性之情也。

〔一〕「達」字疑誤。

夫物芸芸，各復歸其根。

復，復性起用，復還性根，動植雖殊，理歸一致。

歸根曰静，静曰復命。

有生曰性，性禀於命。命者在生之先，道之全體也。易曰：「窮理盡性，以至於命。」觀復，窮理也；歸根，盡性也；復命，至於命也。至於命極矣，而不離於性也。

復命曰常。

出生則入有，入有則係數。然則密移之變，頃刻不停，唯復命則湛然常寂，物莫能遷矣。

知常曰明。

所知非常，則非真知也。聖人所貴夫明者，自見而已。

不知常，妄作凶。

不會於性命之極，則種種色相皆以爲實，因生妄情，與接爲搖，窮萬世而不悟，陰陽之禍，慘孰甚焉。

知常容，

　知常則達乎無疵，何所不容？

容乃公，

　無物我之殊，何私之有？

公乃王，

　內公則外王。

王乃天，

　王者，人道之至極。極人之道，乃通於天。

天乃道，

因有道乃與天侔，侔天乃所以盡道，道則莫知其天乎人乎。

道乃久，

所謂常也。

殁身不殆。

天地並生，萬物爲一，孰能危之？

## 太上章第十七

太上，下知有之。

因三皇之出，無爲而治，使民各遂，而不知其然，豈得而親譽之乎？

其次，親而譽之。

政有明效，則百姓戴恩懷德，毁譽之名彰。雖足以爲治一時，而上已離道德之全，下已失性命之正，亂自此始矣。此仁義之治。

其次畏之。

此法制之治。

其次侮之。

失德無政，則民侮之。一本作「畏之侮之」，無「其次」二字。

信不足焉，有不信焉。

孟子曰：「有諸己之謂信。」經曰：「其中有信。」人盡其性，則不失天命之常，故曰信也。上離道而治，則非性之質，而失其常矣，故於信爲不足。上於信不足，則下必至於偷薄詐僞，故曰有不信也。下有不信，亂之大者。

猶兮其貴言。

猶豫之猶，猶者不決，貴者不輕也。莊子曰：「言者風波也。」聖人出言，常若有所疑，不敢輕發。言且不敢輕，而況於爲乎？民之難治，以其上之有爲也，是以聖人猶難之。一本無「兮」字，非。

功成事遂，百姓皆謂我自然。

還善遠罪，而莫知爲之者是也。

## 大道廢章第十八

大道廢，有仁義。智惠出，有大僞。六親不和，有孝慈。

至德之世，民盡其性，六親非不孝慈，而孝慈以爲常，故無孝慈之名。今尚孝慈之行，而尊之者，更由六親有不和故也。

國家昏亂，有忠臣。

明治則人無不忠，孰爲忠臣？

# 絶聖棄智章第十九

絶聖棄智，民利百倍。

民之性質，純粹無疵，以其失真沉僞，故强立聖智以爲君師。而民因聖智之迹，更逐而不反，離本愈遠矣，故有一時之小補，而終使民喪其不貲之樸。絶而棄之，則民復於無事，其利可勝計哉？

絶仁棄義，民復孝慈。

至德之世，父子相親而足。今更生仁義，則名實交糾，得失紛然，民性亂矣。蓋盛於末者本必衰，天之道也。孝慈，仁義之本也。或曰：孔、孟明堯、舜之道，專以仁義，而子以老氏爲正，何如？曰：夏以出生爲功，而秋以收斂爲德，一則使之榮華而去本，一則使之彫悴而反根。道，歲也；聖人，時也。明乎道，則孔、老相爲終始矣。

絶巧棄利，盜賊無有。

巧利勝則民欲侈，而本業衰，必至於爲盜。上三事，皆以末傷本者。

此三者以爲文不足，

文於質爲末，末勝則不足，民所以失性。一本云「文而未足」，非。

故令有所屬：

令屬其性於下四事。

見素抱樸，

不見物而見自性也。素者，性之質。人生而静，不染諸物，故無文而素。蓋秋之時，萬物復静，其色爲白，天理固然。樸者，性之全。以樸爲本，以器爲末。

少私寡欲。

私欲皆有己之所爲。有己則有物，有則外重，外重則失本矣。

## 絶學無憂章第二十

絶學無憂。

學所以求復命，見至於命，則不見有物，無所用學矣。爲道至此，則避絶吉凶，孰能憂之？孔子曰：「樂天知命。」憂之大者，有知有樂，則非體道也。

唯之與阿，相去幾何？善之與惡，相去何若？

道體本一，已降於全，復分陰陽，擾擾起矣。種種分別，皆屬妄心，照以道真，理同夢幻。且唯之與阿，同出於口，元無異狀，而世之人以唯爲恭，以阿爲慢，是非喜怒，因此生情，反求唯阿所以異者，竟何謂也？善惡之殊，亦若此矣。

人之所畏，不可不畏。

至人不見一物，善惡無所分，而不廢世人善惡諸法，但於其中灑然不累耳。自相去何若已上，所以明心之無累。而無累者，本不自異於世，故種種分別，與民同之，所謂吉凶與民同患也。聖人絶累忘形，亦可患乎？而易有吉凶之象者，因民情而已。莊子曰：「不忽於人。」道既兼忘，宜若忽人事，而實無忽也。

荒兮其未央哉。

萬化相推，終則有始，生生無盡，豈有央乎？而世人欲物物爲之美惡，不亦惑乎。唯聖人能知萬古一時，而無得失於其間也。

衆人熙熙，如享太牢，如春登臺。

造化無極，事物日生，唯聖人能一古今而無變，衆人則隨化而遷，一見美惡〔二〕，樂得其生，自以爲美。春者，萬物奮張，離静而動，去本逐末之時。臺者，可以遠覽諸境之地。物不明乎至理者，皆逐物生情，其狀如此。

我獨怕兮其未兆，如嬰兒之未孩。

性體怕然，不萌智慮，含和守一，同於嬰兒。古本作「廓兮」，非也。怕與泊同，怕者不流之義，

〔二〕「一」，李本作「妄」。

廓者虚大之名，文義考之，理當從怕。

乘乘兮若無所歸。

乘乘者，乘萬物之變而不自私，故若無所歸。蓋唯變所適，無所嚮著故也。一本作「儡儡兮無所歸」，非也。

衆人皆有餘，

矜覽庶物，故常有餘。

而我獨若遺。

超然自喪，不有其有。

我愚人之心也哉，純純兮。

純純兮似愚，而真智之極。一本「純純」作「沌沌」。

俗人昭昭，我獨若昏。

物我兼忘，不主分別，故若昏。

俗人察察，

推昭昭之意加之政，則察察矣。

我獨悶悶。

推若昏之意加之政，則寬大悶悶然矣。悶悶謂不取日前小快。

澹兮其若海，

自怕兮未兆而下有諸事物，及此又歸於性本，湛然深廣，如海之積水，水性全矣。一本作「忽若晦」，非是。

飂兮似無所止。

澹兮若海，以言性體，此則言其用，飂然無所不通，而無所繫著，非用而何？一本「飂」作

「寂」，非。

衆人皆有以，

物於物則爲物用，物物而不物於物則用物，而物莫能用。

而我獨頑且鄙。

物莫能入，可謂頑矣。見若不睹，可謂鄙矣。一本「且」作「似」，亦通。

我獨異於人，而貴求食於母。

不外逐物而取養於道，道者萬物之母也。一本無「求」、「於」兩字，亦通。

## 孔德之容章第二十一

孔德之容，唯道是從。

道之在我之謂德，德至則與道爲一。道不可容，因德而顯。德者無我，從道而已。

道之爲物，唯恍唯惚。

道兼陰陽，陰陽之微，若無若有，謂之恍惚。

忽兮恍，其中有象。

一陰一陽乃成象。一本作「忽兮恍兮」。

恍兮忽，其中有物。

一陽一陰乃成物。恍惚者陰陽之妙，故能變化以成象物。一本作「恍兮忽兮」。

窈兮冥兮，其中有精。

精者，物生之始。前稱象物，道之具體。道體既具，乃生萬類。萬類之所出，在深妙不測之際，故云「窈兮冥兮」。

其精甚真。

精者，形生之始。精無不真，而更云甚真者，由物有失理喪精，沉於人僞故也。

其中有信。

窈冥之精，萬物作類，而物之生者，各正性命，度數法象，一有儀則，可以前知，無或差舛，此之謂信。莊子曰：「未形者有分。」

自古及今，其名不去，

常道常名，未常變易。

以閱衆甫。

甫，美也。莊子曰：「神奇復爲臭腐，臭腐復爲神奇。」夫萬物之美，遷易不常，唯道常住，故能偏閱之。閱如「閱人多矣」之閱。

吾何以知衆甫之然哉？以此。

道常住而衆美不常，故能閱其萬變。聖人所以能知衆美之不常者，亦以體道之常住故也。

# 曲則全章第二十二

曲則全。

至人沖虚，其行如水，無心於物，而順物之變。不與物迕，孰能傷之？故常全也。此篇大旨，與莊子養生主相類。

枉則直。

於形枉者，於理爲直。有我者執我之直以遇物，而不知物變之無窮，其直乃枉也。唯順物之枉，而不自有其直，則理直於中矣。一本「直」作「正」。

窪則盈。

澤以窪下，故衆水鍾焉。

弊則新。

非秋冬之雕敝[一]，則無春夏之榮華。

少則得。

道在乎微，性存乎樸。得者得其本，故不多也。欲體上四事，唯得一者能之。

多則惑。

棄本逐末，妄見多岐。

是以聖人抱一爲天下式。

抱一者不離於精。夫唯抱一不二，乃體道盡性，物我玄同，故能應而不窮也。此句上文言道之理，聖人抱一乃能見此理，故行如下文云。

不自見故明。

---

[一]「雕」，李本作「凋」。

自見則有己，有己則敝於己，故不能曲以應變。

不自是故彰。

無己是則能枉以應理，不期彰而自彰矣。

不自伐故有功。

伐功生乎滿假，知窪之爲盈，則豈有滿假之累。

不自矜故長。

矜者耀其榮之謂。耀其榮則弊矣。唯能居弊，乃所以新。

夫唯不争，故天下莫能與之争。

唯沖虚不實，無心於物，物欲有之而不得，而況能與之争乎？此篇之義，要在忘我，故結之以不争，而終始以曲則全也。

古之所謂曲則全者，豈虛言哉？誠全而歸之。

曲者虛己而應理，緣物爲變，而不與物迕。凡上諸説，要在於是。全而歸之者，庖丁善刀而藏之之意。竊原此篇，養生之旨也。聖人之於生，不期自養，而養生者莫善焉。所謂不自見、不自是、不自伐、不自矜者，非克己以期全也，不知其然而自然耳。若睹夫曲枉窪弊之利而爲之，則賢人之事，學者之德，於道爲未盡矣。

## 希言自然章第二十三

希言自然。

希與上篇聽之不聞者同。自然者，不因物而然也。希不與物並，而無所交感，獨出於萬法之上，故曰自然。

故飄風不終朝，驟雨不終日。

風雨者，陰陽交感所爲。飄驟者，交感之過，所以不能久。

孰爲此者？天地。天地尚不能久，而況於人乎？故從事於道者，道者同於道，

一本無下「道者」二字。

德者同於德，失者同於失。

一本「德」作「得」。

同於道者，道亦得之。同於德者，德亦得之。同於失者，失亦得之。

凡人之生，不待物而有，所謂獨化者是也。不待物而有，則固希而自然矣。而失性者妄有我體，而從事於道，故屈己以從道。然則道爲之主，而吾所謂其君者，反臣於道矣。故從事於道者，有此道德失之三等，而同歸於失。此由不冥於希，而立己待物，離一爲二，而交感生患也。

信不足，有不信。

降乎希則失性命之常，於信爲不足。上於信不足，則下必至乎不信，此又明修己治人，皆嘗用希。

## 跂者不立章第二十四

跂者不立，跨者不行。

不適其形之常，故失性之用。

自見者不明，自是者不彰，自伐者無功，自矜者不長。其在道也，曰餘食贅行。

皆在分外。

物或惡之，故有道者不處也。

## 有物混成章第二十五

有物混成，先天地生。

道之中體，混然而成，其視天地，亦由一物耳。而此特云先天地者，老氏將斂天下之散亂迷錯，而復之性本，故且舉混成而已。蓋由萬殊而觀，則此爲道之全。而由道本以觀，則雖混成者，猶散殊也。目之爲物，則明更有物物之妙耳。

寂兮寥兮，

混成無象。

獨立而不改，

混成之體，常而不易。

周行而不殆，

混成之用也。萬物由我以生死，我常制其命，孰能危之？

可以爲天下母。吾不知其名，字之曰道，强名之曰大。

道譬萬物，則無乎不周，可謂大矣。雖然，大名既立，全體已虧。

大曰逝，

大則有用。逝者周行攖物，功用著矣。

逝曰遠，

道之爲用，無所不極，可謂遠矣，而去本亦遠矣。此謂混成而已，若道之至，則非遠非近也。

遠曰反。

有爲有形，復歸於無事無物，往來不窮，終則有始也。

故道大，天大，地大，王亦大。

天地能體道，故皆大。王者在帝皇之下，人道之至處。凡老氏之説，言道之中體，未盡絶際，姑盡性而已。王以歸往爲名，能盡人之性，則人歸之矣，猶百谷之宗江海也。盡性則體道，故示大。

域中有四大，

道之中體，因物而名，故未離域中。

而王處一焉。

一本云「王居其一焉」。

人法地，

言王舉人之盡性者，此復言人者，明王德止於人事，人性自具王德也。

地法天，天法道，道法自然。

自然在此道之先，而猶非道之極致。假物而言，則此四者如以次相法。而至論則四者各不知其所始，非有先後。莊子曰：「季真之莫爲，接子之或使，在物一曲。」佛氏曰：「非因非緣，亦非自然。」自然者，在有物之上，而出非物之下。此說在莊、佛之下，而老氏不爲未聖者，教適其時，而言不悖理故也。使學者止於自然，以爲定論，則失理遠矣，不可不察也。

## 重爲輕根章第二十六

重爲輕根，靜爲躁君。是以君子終日行，不離輜重。

行以輕爲速，而必藉輜重以自給。遠而違之，則必因於中道矣[一]。

雖有榮觀，燕處超然。

雖有榮觀在前，必得燕處之處，乃能安身。此明躁静之義。

如何萬乘之主，而以身輕天下？

人主以天下爲根，不可以一身故，輕之。

輕則失臣，躁則失君。

「臣」一作「本」。

[一]「因」，疑應作「困」。

# 善行章第二十七

善行無轍迹。

體神則周行而無迹。且聖人不得已而有行，則常不使迹著於世，恐民之遷其德耳。莊子所謂行而無迹者是。

善言無瑕謫。

卮言日出，出不以心，故言滿天下，而實未嘗言，何瑕謫之有？

善計不用籌算。

一生二，二生三，自此以往，巧曆不能計。唯冥於一相，不墮諸數，則身外無物，物來即了，何假籌算乎？一本作「善計無籌策」。

善閉無關楗而不可開。

藏於不得遯，而閉之以無外，則閉外無物，孰能開之？易所謂退藏於密者類此。夫如是則神不能窺其迹，況得其門而入哉？

善結無繩約而不可解。

以己信結天下之信，孰能解之？

是以聖人常善救人，故無棄人；常善救物，故無棄物。

聖人體盡無窮，以神爲用，故能有此五善。然後能贍足一切，使小以成小，大以成大，各遂其宜也。夫五善存乎其身，而因餘以爲人，而其效至於人物無棄，可謂至德也已。蓋聖人所爲救人，亦不使遷其性而已。故雖有言行，而泯然無迹，且常定於一，不以計數亂其心，以至於閉之結之，莫非在宥其唯，則聖人所以救人之道簡矣。蓋持之在身，而實所以救人也。一本無「常善救物」以下八字。

是謂襲明。

襲如楊襲之襲。聖人之在天下，不敢自見其明。明見則事物畢彰，民必離本，非善救之道矣。如上五事，皆襲明也。

故善人不善人之師，不善人善人之資。

善人有不善人，然後善救之功著，故曰資。

不貴其師，不愛其資，

聖人吉凶與民同患，故强立師資之名，假爲善救之德。要而極之，則道通爲一，孰爲師資？然則非但我不愛資而已，又能使天下忘我也。所以能至於天下忘我者，亦以五善而已。

雖智大迷，是謂要妙。

智者有知，有知則能見有物之理，而不知無物之妙，故道妙至此，智者大迷。

## 知其雄章第二十八

知其雄，守其雌，

雄動雌静，静則不離於真。但静而已，則非道之全，故至人以雌爲常，而常知雄也。

爲天下谿。

谿以下而資納流通。守雌則能以虛静受一切法，而不滯於物，故曰爲天下谿。此盡性者。

爲天下谿，常德不離，

常德分定而不遷，道之在我者也。不離者，一於性分，内而不外。

復歸於嬰兒。

嬰兒含和守一，欲慮不萌，性之本真，渾而未散，德厚之至，乃同於初。若然者，可名於大矣。孟子曰：「大人不失其赤子之心。」

知其白，守其黑，爲天下式。

黑者，北方之色，静不足以言之。聖人建一切法，非守黑則無以爲本相，彼春夏發於玄冬，此其驗也。

爲天下式，

至人以聖爲天下法，聖者體之中故也。

常德不忒，

經於事業者遠大，則疑於有忒。而適時應物，如天運寒暑，時之自然，而心無積怒，故不差忒也。

復歸於無極。

大而化之之謂聖。化則日禪而無窮，故無窮者聖之體也。從體起用，還歸其本。

知其榮，守其辱，

聖人至此，等一切相，去末歸本，德之至極，未如是所以體神也。古之道術有殘形壞衣，自處污下以高教者，義同於此。

爲天下谷。

谷一虛一盈，而能應一切，故象神。神者充塞無外，有之不得，用之不窮者，是蓋守辱精也。

精故能神，唯精可以入神。

爲天下谷，常德乃足，

降神一等，則於性爲不足。故道至體神，乃真盡性。

復歸於樸。

樸以喻性之質。性能成萬法，而不主一器，故曰樸。去神至矣〔一〕，而未嘗離樸也。蓋至人從性起用，大於守氣，聖於制法，神於體神。要其極也，復歸乎性而已。

樸散則爲器。

既歸於樸，樸復爲器，終則有始，道之常也。

聖人用之，則爲官長。

---

〔一〕「去神至矣」，疑應作「夫神至矣」。

帝王體樸以治散，而治政則但爲官長而已。

故大制不割。

以道爲制者，因道之勢而適其自然，故雖制而無宰割之迹。此篇白黑榮辱之句，義甚奧遠，言不勝盡，讀者其致意焉。

## 將欲章第二十九

將欲取天下而爲之者，吾見其不得已。

至人體神合變，與物爲一，雖兼制天下，而未常有有〔一〕，故能從容無爲，而業無不濟，糠秕土苴，將陶鑄帝王。若夫塊然有己，以己遇物，則雖六尺之身，運轉妨滯，若將不容，而乃況天下之大歟。取者取物，是其有我；爲者造作，是其有爲。有己有爲之人，方且存乎憂患之間，而何暇治人乎？

〔一〕「常」，疑應作「嘗」。

天下神器，

唯體盡無窮，其應無方者，能用之以無爲。

不可爲也。

有意於爲，則有己有物矣。

爲者敗之，執者失之。凡物或行或隨，或歔或吹，或强或羸，或載或隳。

聖人心超有無，不物於物，故陰陽交代，而我法不遷。苟爲有有，則物與爲敵，萬變糾錯，不可勝圖矣。故獨行於前，而不知隨者在後，如形影之不舍。歔之欲温，而不知吹者之已至，如寒暑之相生。知强而已，則羸者有時而來。知載而已，則隳者應手而至。此皆造化之大情，朝暮之常態，而有有者不知，由己不了，故有此患，而更與爲競。夫如是則雖介然一物之微，而憂患之大已充塞天壤，安能操神器而不累乎？

是以聖人去甚，去奢，去泰。

聖人心合於無，以酬萬變。方其爲也，不以經懷，如鏡應形，適可而止，分外之事，理所不爲。

彼有有者，妄見諸相，矜己樂能，爲之不已，故事輒過分，此由不知行隨、歔吹、强羸、載隳之反復故爾。

## 以道佐人主章第三十

以道佐人主者，不以兵强天下。

體道而有天下者，萬物將自賓，何暇言此？故但稱佐人主者。聖人以德强國，以兵輔德。

其事好還。

還謂不往而務復也，與事天治人莫如嗇同意。

師之所處，荆棘生焉。大軍之後，必有凶年。

殺戮之慘，傷天地之和氣。

善者果而已矣，不敢以取强焉。

果，成也，趣成事而已。兵猶天下之霜雪，凡所以成物。蓋物非威不成，故天與聖人，皆以威輔德也。豈敢恃衆求强，以利歸己乎？

果而勿矜，果而勿伐，果而勿驕。

此三者生於有我而好勝。唯無意於勝者，爲可以用兵。

果而不得已，果而勿强。

凡上四事，是勿强之道。

物壯則老，

盛極則衰，物理必然，古有當此禍者，秦是也。

是謂不道。

體道者兼萬變而不居一物，故無壯老之意。

不道早已。

壯，武力暴興也，喻以兵强於天下者也。飄風不終朝，驟雨不終日，故暴興必不道，早已也。

## 夫佳兵章第三十一

夫佳兵者，不祥之器，物或惡之，故有道者不處。

不處者，濟難而已，不以爲常。

是以君子居則貴左，用兵則貴右。兵者，不祥之器，非君子之器。

君國以無爲，子民以慈惠，故不尚兵。

不得已而用之，恬淡爲上，故不美也。若美必樂之，樂之者，是樂殺人也。

兵器主於殺伐，而過爲之飾，使美而可觀，是以殺人爲美也。

夫樂殺人者，不可得志於天下矣。

孟子曰：「不嗜殺人者能一之。」

故吉事尚左，凶事尚右。是以偏將軍處左，上將軍處右。言居上勢，則以喪禮處之。殺人衆多，以悲哀泣之。戰勝，以喪禮處之。

## 道常無名章第三十二

道常無名。

道無體，焉得名。

樸雖小，天下莫敢臣。

樸在人爲性，於數爲一，不主一氣，而能成萬象，故常在事物之先，孰能臣之？然取於一念而足，可名爲小矣。易曰：「復小而辨於物。」

侯王若能守，萬物將自賓。

賓者伏而歸之之謂。侯王體此無名之樸，以爲天下正，則不假威武勸賞，物不知其然而自賓矣，猶收其母，則子必從也。

天地相合，以降甘露，人莫之令而自均。

守無名之樸以爲治，則陰陽之升降，各由其序，而和氣應矣。甘露者，陰陽交和所生，自然均被，無使之者，蓋道之所感，無所不周故也。孟子曰「上下與天地同流，豈曰小補之哉」，此之謂也。若莊子所謂寒暑之和不成，反傷人之形者，蓋失此道而已。一本「人」作「民」，非。

始制有名。名亦既有，夫亦將知止。知止所以不殆。

名迹既立，則民將遂而不返〔二〕，枝葉横生，源流派别，而性命爛熳矣。故始制有名，當即知止，則終無争奪之危。制者，判樸成器之謂。

譬道之在天下，由川谷之於江海也。

〔二〕「民」，彭本作「名」。

江海不求水而水歸之者，由鍾水之多，則性同者往矣。道，民之性也，聖人能集其純全，則有生之類從而賓之，亦性然也。

## 知人者智章第三十三

知人者智，

智足以知人，而昧於見己者，由私己故也，可名爲智而未明也。

自知者明。

智者如人識理，明者如鏡鑒形，鑒而無心，所以能自見。

勝人者有力，

力可以勝人，不可以勝己。

自勝者强。

自勝者克己從道，能專氣者也。孔子曰：「棖也欲，焉得剛？」不能自勝者也。

知足者富，

性分之内，萬物皆足，窮居不損，大行不加，而愚者或舍至貴而徇腐餘。故知有萬之富，則輕天下而不顧矣，此真富也。孟子曰「萬物皆備於我矣」，豈非富乎？

强行者有志。

心營天下，非真志也。唯强行此道，乃可謂志。

不失其所者久，

性不爲物誘〔一〕，則久矣，此盡性者也。

死而不亡者壽。

〔一〕「誘」，李本作「遷」。

賢人死曰鬼，盡其道以反真者也。聖人死曰神，未嘗死，未嘗生也。愚人死曰物，雖生猶死耳。盡道養神之人，雖形體萬變，而真性湛然，無所終極，可謂壽矣。此至於命者也。嘗原此篇，自知而後知所貴，知所貴而後能修，修者要在勝利欲之私。勝其私者，要在知内外之分，夫然後能强行而進此道矣。此盡性復命之序也。蓋自知自勝者，始也不可以不知人不勝人也，而知人勝人者，蓋將以自知自勝而已。

## 大道泛兮章第三十四

大道泛兮，其可左右。

泛然不定於一物，故用之無所不通。

萬物恃之以生而不辭，功成不居，衣被萬物而不爲主。故常無欲，可名於小矣。

此所謂小，乃真大也。且以體道者譬之，欲慮不萌，泊然内一，豈非小乎？易曰：「復小而辨於物。」一本「衣被」作「愛養」。

萬物歸焉，而不知主，可名於大矣。

有意於主，則反與物對，唯其主萬物而未嘗有意，乃所以充塞無外，而莫能離。大道之爲物，方其小也，未嘗不大，方其大也，未嘗離小，但觀者各得其迹而已。要而言之，非小非大，不可言傳，可以意得。

是以聖人能成其大也，以其不自大，故能成其大。

自大則有其大，有其大則小矣。唯其非大而强名以大，則真大也。

## 執大象章第三十五

執大象，天下往。

帝王體道以君臨者，不示人以迹，而使天下逍遥於自得之場。大象者，道之完體，無形之謂也。能執以御世，則親譽不及，往而不來，夫豈慕羶呴沫之可擬哉？

往而不害，

聖人之治天下也，雖窅然交喪，無爲於上，而能使天地鬼神鳥獸草木各暢其性，而兩不相傷，可謂至德矣。

安平泰。

安而後平，平而後泰。

樂與餌，過客止。

有聲有味，故人悦而爲留。

道之出言，淡乎其無味。視之不足見，聽之不足聞，用之不可既。

## 將欲歙之章第三十六

將欲歙之，必固張之。將欲弱之，必固强之。將欲廢之，必固興之。將欲奪之，必固與之。

陰陽之情，周旋如轉輪，反復如引鋸，往窮必反，盛極必衰。觀乎月滿之虧，日中之昃，則萬物一致，斷可知矣。唯至人深達主機，明乎無眹，故養生則裕於屈伸，處己則適乎消長，莅事則知成敗之策，禦敵則達擒縱之權，古之人所以酬酢萬變，而澹然無事者，誠以此道也。然則雖鬼神之幽將不能窺，而況於世俗之昏，亦何以測其妙乎。易曰：「尺蠖之屈，以求伸也。龍蛇之蟄，以存身也。」

是謂微明。

此理至微而明，惟知幾者足以識之。易曰：「知幾其神乎！」幾者動之微，吉之先見也。此道之妙用，聖人所以宰制役使，能與造化同功者也，故以此篇結道經之義。

柔之勝剛，弱之勝强。

見形則知剛强之制柔弱，識理則悟柔弱之勝剛强。至人深達微明之義，故謙而不亢，沖而不盈，不與物争，而亦莫能與之争也。雖然，此道本之言耳，若夫變化無常，則一柔一剛，一弱一强，孰能定之哉？顧雖剛强而柔弱不能勝者，動契乎理而心不離乎柔弱也。由此觀之，又知柔弱之勝剛强矣。此兩者所謂利器。一本作「柔弱勝剛强」。

魚不可脱於淵，國之利器，不可以示人。

魚巽伏柔弱，而自藏於深眇之中以活身者也。聖人退處幽密而操至權，以獨運斡萬化於不測。故力旋天地而世莫睹其健，威伏海内而人不名以武〔一〕，豈暴露神靈而使衆得而議之哉？嘗竊論之，聖人之所以異於人者，知幾也。夫以剛强遇物，則物之剛强不可勝敵矣。天下皆以剛强勝物也，而吾獨寓於柔弱不争之地，則發而用之，其孰能禦之者？觀夫天道，則秋冬之爲春夏，亦一驗矣。彼聖人者，自藏於深眇之中，而託柔弱以爲表，故行萬物於術内，而神莫能知其所自〔二〕，此所謂密用獨化者。易曰「巽以行權」〔三〕，莊子曰「於魚得計」，義協於此。言之雖繁，豈能名其致哉？唯明者以神解之，以意了之，斯可矣。

---

〔一〕「武」，原本作「哉」，據李本改。
〔二〕「所」字原缺，據李本補。
〔三〕「巽」，原本作「嬰」，據周易原文改。

## 道常無爲章第三十七

道常無爲，

雖爲之時，未嘗有爲。

而無不爲。

雖無爲之時，未嘗不爲。

侯王若能守，

君人體道以治，則因時乘理而無意於爲，故雖無爲而不廢天下之爲。雖不廢天下之爲〔一〕，而吾實未嘗爲也。天何言哉？四時行焉，萬物生焉。侯王之道，天其盡之矣。

萬物將自化。

〔一〕此句原缺，據李本補。

日化於道而不知。

化而欲作，

化而日進，則如嬰兒之長，必至於志意充起，天和漸衰。觀夫三代中流〔二〕，物情彫敝，則可知也。

吾將鎮以無名之樸。

天下既化於道，則日進於治。治極則名實俱立，民逐而不返。故常抱無名之樸以鎮定其志意，使一於性本。雖然，救於已成，則亦晚矣。故於欲作之時，便當爲爾也。

無名之樸，亦將不欲。

聖人之抱樸無爲，乃其自然，故雖應世之變，糾紛於事物之時，未嘗離也，豈欲警天下之亂而後爲之哉？夫欲爲而爲之，則據此已有爲欲之實，豈真無名之樸歟？唯渾然常一，不知其然

〔二〕「中」，李本作「末」。

而自然者，不期爲樸而樸常全也。

不欲以静，天下將自正。

欲而動則離性，離於性則非正也。己且未正，安能正天下哉？故唯不欲而静者，能正己而物正也。此爲道之效，而道亦喪於此，故道經終焉。

# 老子訓傳　卷下　德經

德者，得也。物生乎道而各得於道，故謂之性。得其性而不失，則德之全也。德未嘗異道，而有其德者，嘗至於自私而失道。彼真人者不然，性命道德之實，渾乎其爲一，而四者之名，應世而殊號，吾莫知其異，亦莫知其同也，是德之玄者也。雖然，德者得也，能無失乎哉？唯以無得爲德，而德乎不德，則可謂至矣。是體道者也，非有德者也。

## 上德不德章第三十八

上德不德，是以有德。

全德之人，體道盡常，德外無復餘物，故無德名。

下德不失德，是以無德。

德至則無德，下德之人適今於德而已。無德之德，則非至人所謂德也。經曰：「同於德者，德亦得之。」

上德無爲而無以爲，

上德無爲，然亦無所事爲，而德自足也。

下德爲之而有以爲。

下德之人不修則不至，是以既不至於無爲，而又勢當有爲也。所謂上德者兼下德之事，方其有爲，同於下德，然未嘗離乎上德也。

上仁爲之而無以爲，

仁乃善之長，德之别名。既别於德，則是爲之也。然聖人之仁，盡性而足，不事於作〔二〕，故無以爲。

〔二〕「事」，李本作「俟」。

上義爲之而有以爲。

仁有不足，乃經以義。

上禮爲之而莫之應，則攘臂而仍之。

禮所以定上下，别親疏，審隆殺也。種種分别，得失始彰，純誠已虧，乃制其外。外貌既嚴，責望深矣。雖名止邪之具，兹實争亂之端。竊嘗原禮，於物爲火，於時當夏。夏者萬物去本盛末之時。觀四時之有夏，則禮者聖人所不免也。方期去末歸本，則以禮爲非，亦所不免也。聖人之教，時而已矣，何常之有？而歸本之言，於學者爲要矣。

故失道而後德，失德而後仁，失仁而後義，失義而後禮。夫禮者，忠信之薄，而亂之首也。

太古之道降爲帝德，帝德又降，乃有王者，王者始任禮以治。自王者之後，天下之俗可見矣。然則亂首之言，豈其妄歟？

前識者，道之華，而愚之始也。

智藏於賢人之德，本；華乃草木之精發見於外者也，雖足以美一時之觀，而華盛則本衰矣。

智者亦德性之精也，固當深藏於本，而乃發露乎外，以爲前識。夫事有常運，至則應耳，而奚以豫識其兆爲哉？種種分別，以示聰明，世俗睹其有先幾之明，而聖人以爲真愚者之始。孔子曰「不逆詐，不億不信」，亦惡夫爲華而已。

是以大丈夫處其厚，不處其薄；居其實，不居其華。故去彼取此。

自拔於常流之中，而思比德於至聖，非真大丈夫，孰能如此？

## 昔之得一章第三十九

昔之得一者，天得一以清，地得一以寧，神得一以靈，

神謂鬼神之神。靈者，神之散也。

谷得一以盈，

一之爲一，無乎不遍，故谷虛而能應者，一存乎中也。

萬物得一以生，侯王得一以爲天下貞。其致之一也。

一者不二。在彼在此，其所謂一，其體常一，無有別一，故惟一可以致一，不可以他致一也。一之爲義，天下之至精。唯精故能神。神則盡之矣，而神之爲德，常在一也。

天無以清將恐裂，地無以寧將恐發，神無以靈將恐歇，谷無以盈將恐竭，萬物無以生將恐滅，侯王無以爲貞而貴高將恐蹶。

一之爲一，無乎不在，欲言其理，詞不勝窮，且以人形言之：凡人初生，精爲之本。因精集神，體象斯具。精之既喪，形斃神離。或德或形〔一〕，其理無二也。一本無「爲貞而」三字。

故貴以賤爲本，高以下爲基。

水於五行，其數爲一，而趨下不争，乃陰陽之情也。知此道者，雖居貴高而不忘基本，故居位也安，猶體神而存精，則神常存也。

---

〔一〕「或德」二字據李本補。

是以侯王自稱孤、寡、不穀。此其以賤爲本邪？非乎？

一於數至少，而爲萬物本。故知本在於賤，知賤乃貴也〔一〕。

故致數譽無譽。

知一者以賤爲本，而内韜至貴，故世不得而貴，亦不得而賤。苟爲己而數致稱譽，豈真譽乎？

一本「譽」作「輿」，非。

不欲琭琭如玉，落落如石。

玉石體堅而一定，不能曲變，非所謂一也。若夫萬變而常一，則真一矣。故玉琭琭，貴而已矣，不能賤也；石落落，賤而已矣，不能貴也。老氏既明一義，恐不悟者執一不變，堅如玉石，則失一之理矣。夫唯體一者，一貴一賤，其德如水，方圓枉直，應物無窮，而不離於一，故不得而貴賤，以一無貴賤故也。此篇義最奥密難言，今粗明綱領而已。蓋道生一，一則德之全體，於物則幾於道者是也。上篇序德經之大旨，次以此篇則論德之者，亦猶終以小國寡民，而更

〔一〕李本在「貴」前有「真」字。

有信言不美耳。

## 反者道之動章第四十

反者道之動。

反本則静，静乃能動，譬如秋冬能起春夏也。

弱者道之用。

道之用無所不克，可謂健矣。而獨健不能自健，必以弱爲之本，此相生之情，故下文原其本以明之。

天下之物生於有，有生於無。

無以生有，有復爲無，反復相生，萬物一致。

## 上士聞道章第四十一

上士聞道，勤而行之。

士，學者也，故尚志。無志，則終不可以語道矣。

中士聞道，若存若亡。

人聞夫子之道而悦者是也。

下士聞道，大笑之。

道大故似不肖，淺見者所不識，故笑。誠如下文所云，豈流俗能睹乎？

不笑不足以爲道。

孑然有體，以投世俗耳目者，豈道也哉？

故建言有之：明道若昧，

大明若晦。察察於美惡而有其明，非明乎道也。

夷道若纇，

莊子曰：「以不平平，其平也已。」

進道若退，

孟子曰：「其進鋭者，其退速。」故進道當因時任理，以直養之，不可躁於有成，故若退也。彼揠苗者，異乎此矣。

上德若谷，

上德不德，而其用不窮。谷，虛而能應者也。

大白若辱，

知其白，守其黑。孔子曰：「涅而不淄。」涅故似辱。

廣德若不足，

塊然有餘者，豈廣德哉？

建德若偷，

偷，苟且也。區區欲速，務有所建，豈足以爲德。唯因時任理，視若偷惰者〔一〕，其建大矣〔二〕。莊子曰：「不得已而後起。」

質真若渝，

體性抱神，以遊乎世俗之間者，萬變從俗，而其真常真，故物莫知其真。彼漢陰丈人，孑孑然以真爲己任〔三〕，而别乎世俗，乃子貢之徒所驚，而聖人以爲假修渾沌者，豈所謂質真乎？

大方無隅，

〔一〕「惰」，原本作「隋」，據李本改。

〔二〕「矣」字據李本補。

〔三〕「然」字據李本補。

大方，道之體也。若有四隅，則形盡於所見，其小久矣。

大器晚成，

帝王之功，不如霸者之速效。

大音希聲，

道盈於無外，而其體常寂，諸物不能感觸，其聲常聲，而世莫得聞也。莊子曰「無聲之中，獨聞和焉」，希聲之謂乎？

大象無形，

能賦萬物之形，而其體廓然不可得而有，此道之全體。由其有物，故曰大象。

道隱無名。

自希聲而下，皆道之大全，所由言者異，故曰大音也，大象也。能體大音大象以爲道，則其道至矣。夫唯道之至，思慮之所不及。在有也爲實，在無也爲空，處處皆然，無乎不在，故欲爲之名而不可狀。無名之中常有此物，欲見而不得，故曰隱也。

夫唯道，善貸且成。

道能供萬物之求而成就之，然物之所得復歸其本，故道雖贍足萬物，而吾未嘗費。貸之爲言，應彼之乏而終以見還者也。竊嘗論此篇曰：道不遠人，而世莫能睹者，不明故也，故首之以明道。大道甚夷，而惟明者能由之以進，故次曰夷道也，進道也。進於道而復乎性命之常，則不德之德也，故次之以上德。上德者自得其德，而不同乎庶物者也，故不染而白。以其白自異於物，則安能若谷乎？故次之以若辱。不辱而潔，則是伯夷之隘也，則安能廣乎？故若辱而後曰廣德。上德而能廣，則是與人爲徒，而可以爲君師矣，故曰建德若偷。偷者不汲汲乎有建者也。建德則有所立，而離本近僞矣，故又要在乎不易吾真，故次之以質真。其序至此，則道之在我者，體既具矣，故曰大方無隅。有大方以爲體，則所以應無方之傳，而可以緒餘爲人矣，故曰大器。大器者，業也，至人以其糠秕土苴爲器，而器未嘗不大也。孔子以管仲爲小器，則帝王之功，其大器乎？道雖爲此，而要其終，則未嘗爲也，未嘗有也，故曰大音也，大象也。然則既盡之矣，故能與道爲一，而供萬物之求，成萬物之性也。嗚呼！是道也，不可以識識，而況於以言言乎？而余論之者，亦其粗而已矣。

# 道生一章第四十二

道生一，一生二，二生三，三生萬物。

道兼陰陽，有陰有陽，有陰陽之中，此三物者，始應一二三之數，而物之類莫不由此以出入，故其情與形至纖至悉，而考其法象咸類是矣。知此者，是知萬物之本也。知其本，則其於末也何有？至人所用居今日而知萬世之後者，或在是也。

萬物負陰而抱陽，沖氣以爲和。

由之以生，故無不負抱之者，觀吾之形則其法見矣。陰陽適中乃和。凡此以明物皆係陰陽之屬，爲數所定，當與之消息也。

人之所惡，唯孤、寡、不穀，而王公以爲稱。

陰極生陽，陽極生陰，陰陽之情也。故高則傾，窪則盈。侯王居極尊之位，其勢至危，故取人之所惡自名，以適陰陽之和也，故下文云。

故物或損之而益，益之而損。

澤下而肥，山聳而瘦，午過必昃，虧至乃盈。凡類屬陰陽，數由一二者，理極則反，物物皆然。至人以此適盈虛之時，順消息之理，常以謙沖自牧，豈或强亢致菑者乎？

人之所教，亦我義教之。强梁者不得其死，吾將以爲教父。

識陰陽之情，則物物有理，皆可以師。强梁殞身，物之至惡，苟識理者睹之，足以鑒消息之理。以爲教父，不亦宜乎？

## 天下之至柔章第四十三

天下之至柔，馳騁天下之至堅。

聖人所以執柔而御群剛，觀於物，則水是也。

無有入於無間。

有纖物則動爲窒閡，安能入無間乎？觀於境則至虛是也。此聖人所以體無而應群有。

是以知無爲之有益。不言之教，無爲之益，天下希及之。

不言之教，無爲之益，不可以象告，不可以言傳，唯體無盡道者足以知之，不亦希乎？

## 名與身章第四十四

名與身孰親？身與貨孰多？

莊子云：「定乎内外之分[一]，辨乎榮辱之境。」余嘗有言：内外兩境，雖真僞不侔，貴賤懸絶，而常更相爲輕重，不可不察者也。失性之人，忘其不貲之有，而貪逐外物，矜攬無窮，自以爲得，而不知所取者塵穢臭腐，非可已畜之物，而所耗失沉陷者，乃吾之所以爲我者也。其爲親疏多寡之計，亦已愚甚，可不哀乎？蓋知無待於外而唯内之務，始可與語道。故顔子之賢，而孔子之所稱，乃在乎樂陋巷之簞瓢，然則君子之所養，蓋可知矣。今之士非乏聰明之資，而志徇其外，外重而内輕，察其天機，已在肝膈之上，面目之間，去本遠矣，而猶欲語古人之至論，則亦見其勞而無功也。觀老子此言，若將無謂，而乃學者之至戒，修身之要務，故余因廣其

---

〔一〕「定」，原作「足」，據莊子原文改。

意，而詳説之。

得與亡孰病？

得則有有，有所不足有，而疲神耗精以守之，其病大矣。

是故甚愛必大費，多藏必厚亡。

此必至之理，而世俗之所未悟。

知足不辱，

我貴在我，何辱之有？

知止不殆，

無求於外，故常安也。

可以長久。

## 大成若缺章第四十五

大成若缺，其用不弊。

若缺者，乃真大成。小成孑然成體，所以於道爲不成。莊子曰：「名成者虧。」

大盈若沖，其用不窮。

盈則竭矣，安得不窮之用乎？

大直若屈，

於理直者，曲以應變，不自有其直，故莫見其直。

大巧若拙，

傳物於自成，則外無巧功，而實至巧也。刻雕衆形者，非其驗乎？

大辯若訥。

巧諭諸物，乃有辯名。至理不繁，故若訥也。

躁勝寒，靜勝熱。清靜爲天下正。

躁者以末勝性，靜者以本勝事。以本勝事，乃能如上諸大；以末勝性，則動皆小爾，故知清靜爲至正也。

## 天下有道章第四十六

天下有道，却走馬以糞。

以道治天下者，物各遂其性，故無戰逐之事，而唯本業之修也。

天下無道，戎馬生於郊。

郊，近邑之地。

罪莫大於可欲，

可欲者，善也。善名既立，則離道已遠，争端起矣。故雖無罪，而罪實在焉。

禍莫大於不知足，

外求無厭，失性生禍。

咎莫大於欲得。

各求其得，則必獲咎於衆。

故知足之足，常足矣。

各盡其性分，則何不足之有？

## 不出户章第四十七

不出户，知天下。不窺牖，見天道。

天下之衆，天道之微，其要同於性。今之極唯盡性者，膠目塞耳，而無所不達。苟唯見而後識，識而後知者，是得其萬殊之形，而昧於一致之理。然則所謂識知者，乃耳目之末用，而非心術之要妙矣。彼自謂博，而不知其寡之至也；彼自謂智，而不知其愚之極也。

其出彌遠，其知彌少。

無極之理，盡於一塵，纖慮不萌，萬緣已現。學道之要，豈不在茲？而彼乃遠出以求，亦已昧矣。彌遠彌少，不其然歟？

是以聖人不行而知，不見而名，

窮理知本之人，已足與於此。若夫體盡無窮，無所不極者，其視四表，洞徹無礙，萬殊之變，不離目前，則又妙矣，此何足言邪？

不爲而成。

天何言哉？四時行焉，百物生焉。體道者天而已矣。

# 爲學日益章第四十八

爲學日益，

方其窮理之時，物物而通之，凡以求吾真，非以爲博也。故曰益而無害。至乎窮理已上，則以損爲益矣。

爲道日損。

見理之後，物物知非，不期乎損，而所有漸銷矣。觀乎天道，則益損相生，亦恒物之大情也。

損之又損，

極乎至虛，而虛尚非有，則其損可知。

以至於無爲。無爲而無不爲。

唯體盡空虛者，唯能滋發萬化而酬酢不窮，豈若一偏之士，滯乎幽寂，植若槁木者哉？

故取天下者，常以無事。

無事之處，乃聖人之真。應時有爲，道則虧矣。故聖人雖有有爲之迹，而所以聖而能服天下者，常在於無事之處。

及其有事，不足以取天下。

有事則有心，有心則民亦有其心，雖欲取之，其去遠矣。原此篇，蓋無事者，道德之極致，爲天下者，事業之極致，學而日損，以至於無爲，故能與於此。

## 聖人無常心章第四十九

聖人無常心，以百姓心爲心。

聖人寂然盡性，體盡真空，凡所思爲，應物而有，譬如火性周乎無方，因陽遂而爲用，故能不持一物，而贍足無窮也。書曰：「自我民聰明。」

善者吾善之，不善者吾亦善之，

善惡生乎妄見，妄見生乎自私。公於大道，則雖目睹善惡，而心無殊想矣。故聖人因世之情，强立毁譽，而心知善惡，本自非相，故不善之善，非憐而恕之[一]，乃不覺有異也。

得善矣。

忘善惡之善[二]，真善也。

信者吾信之，不信者吾亦信之，

萬法雖殊，等爲實相，信與不信，生乎自私。

得信矣。

知一切相無非妄者，故能視不善猶善；知一切相無非實者，故能視不信猶信。當妄知實，當實知妄，此聖智所以異於衆人。

[一] 「恕」，原本作「怒」，據李本改。

[二] 本句李本作「忘善惡之實」。

聖人之在天下惵惵，爲天下渾心。

惵惵，恐懼之意。聖人雖體盡空虚，不立一物，而及其應世，未嘗不隨時齋戒。蓋有而爲之，則雖聖不敢易也。聖人以天下爲心，所以建立萬法；天下以聖人爲心，所以歸復大道。心者能覺知分别，而聖人務使人復於無知，故曰渾心也。一本「惵惵」作「歙歙」，歙歙，收斂之意，亦通。一本作「渾其心」。

百姓皆注其耳目，

仰而法之。

聖人皆孩之。

無知之民，動皆非理，聖人憐而誘之，如父母於赤子，恂恂然適其志氣，而無忿疾之心，非夫體道忘物而仁侔天地者，其孰能如此？

## 出生入死章第五十

出生入死。

由陰陽之機而爲所遷者，莫不然，由妄有其生故也。

生之徒十有三，死之徒十有三。

天下之爲道術者，或見乎陽之動而憑其强陽，或見乎陰之静而止乎枯槁，皆非道德之正，而與死生爲徒者也。

人之生，動之死地亦十有三。

貪生失理，故動皆傷性。蓋天下除無知常民之外，或徇道而爲道術，或徇欲而爲咎惡，皆由有其生而自生，故不免於死生也。

夫何故？以其生生之厚。

至人不知死，不知生，故亦莫能死，亦莫能生，故曰未嘗死未嘗生也。彼偏乎陰陽而與生死爲徒者，及徇欲爲咎，動之死地者，凡是三類。所見則殊，而原其所以迷大道之至正而不免於生死者，猶妄有其生，而矜生過厚故耳。或曰：彼爲道而至乎枯槁者，豈生生之厚乎？曰：吾之所以爲我，不死不生，湛爾常一，唯當息妄，而彼乃執其所見，更爲枯槁，故雖志趨空寂，而據其此志，則是有我之尤者也。

蓋聞善攝生者，陸行不遇兕虎，入軍不被甲兵。兕無所投其角，虎無所措其爪，兵無所容其刃。夫何故？以其無死地。

無死地者，由其無生。彼無生者，湛然常生，而不自生，故未嘗死未嘗生。道至乎此，則雖其形有禪，而神未嘗變，安得死乎！此中國之神聖，而西方之佛也。若然者，變化無常，水火不能焦濡，斫撻不能創病，乘虛觸實，往無不通，則物欲有之而不得，況能傷之哉？或曰：然則何以謂之攝生？曰：降此一等，便爲死生所有，故攝生必至於此，然後生常存也。是比於含德之厚者，又爲至矣〔二〕。

〔二〕「爲」，李本作「其」。

## 道生之章第五十一

道生之，德畜之，物形之，勢成之。

此四者皆道也，以其各得其道，故但爲德，爲德則畜之而已。然畜之所以爲德也，及乎得其得而成形，則物而已矣。物有其形，則遠近相取，剛柔相交，各因其勢而成狀。故德者道之分，物者德之器，勢者物之理，明乎道德，則形勢不足知，而應酢無難矣。

是以萬物莫不尊道而貴德。

道尊而德卑，德貴而物賤。尊者如君父，貴者如金玉，此尊貴之異也。

道之尊，德之貴，夫莫之爵而常自然。

命於天則爲天子，命於天子則爲諸侯，有所受命，則出命者能賤之矣。唯道在萬物之先〔二〕，而

---

〔二〕「在」字，據彭本和李本補。

制其命，孰能假之〔二〕？故常自然也。

故道生之，畜之，長之，育之，成之，熟之，養之，覆之。

一本云「德畜之」。

生而不有，爲而不恃，長而不宰，是謂玄德。

道以不生，故能生生，及其生生，亦德而已。

## 天下有始章第五十二

天下有始，以爲天下母。

有名萬物之母，則道是也。始與母本同一體，當其生生，故但謂之母。

〔二〕「假」，彭本和李本均作「爵」。

既得其母，以知其子。

萬物由道以出，道爲之母，故謂之子。得道，則萬物之理不待識而知。

既知其子，復守其母，

至人雖殫窮物理，而知理無實相，故雖知之，而不逐理而離道，故曰復守其母也。

没身不殆。

夫見理之後，逐理不返，則妄作爲凶，失道遠矣。故知子守母，乃常不殆也，故下文云。

塞其兑，閉其門，

兑，悦也。人悦則形開，故爲兑。兑則物入之矣。夫所以悦而至於形開者何也？由不守其道而妄物理之美，故悦而隨之以出也。門者，精神所出也。外見諸理，形開以受之，而復出精神，與之爲構〔二〕，則擾擾萬緒，自此始矣。故當塞兑閉門，常守其母也。

---

〔二〕「構」，原本作「精」，據彭本改。

終身不勤。

塞兑閉門以外應物，則酬酢萬變而用常有餘。

開其兑，濟其事，終身不救。

兑開物入，而復費神用以濟其事，則以内徇外，逐物往矣。一溺此流，誰能救之哉？

見小曰明。

守道則其見者微，逐理則所知者博。

守柔曰强。

柔者，本也。憑强陽以爲强，則逐物而不返，唯守柔故勝物而不傷。

用其光，復歸其明。

聖人之光，則火性是也。火性周乎虚空而光，托薪以爲體，照用既罷，還歸於空。初不自明，因薪示明而已。聖人之光由物顯照，物既無常，照亦隨已，故雖應酢無窮，而初不費我也。非天下之至神，其孰能與於此！

無遺身殃，是謂襲常。

儻有其明，則是有我相。我相既立，物物爲殃。故能明上文所謂，乃終無殃也。外此道者，皆生滅法，唯體此義，乃始常住。襲者，體之而自不顯之謂也。

## 使我介然章第五十三

使我介然有知，行於大道，唯施是畏。

小有知於道，而由大道以行者，已憚於施設矣，況大有知者乎！何則？至人之道，不以末傷本者也。施爲盛於外，則根本虚於内矣，故終篇云。

大道甚夷，而民好徑。

徑苟一時之速明。迷於大道而好施者，皆由用近智而無遠圖也。

朝甚除，田甚蕪，倉甚虚。

田事治，倉積實，國之本也。今務除其朝廷，以爲一時之榮觀，而不恤根本之已竭，豈持久之道乎？明以末傷本者，皆然也。

服文綵，帶利劍，厭飲食，資財有餘。

侈費於外，以取一時之適，而忘本業，此明好施以傷本者。一本作「貨財」。

是謂盜誇，非道也哉？

盜者偷頃刻之榮，誇者矜身外之飾。爲道者深根固本，用之不窮，豈務施以徇外哉？

## 善建不拔章第五十四

善建者不拔，

建中也。

善抱者不脱，

抱一也。

子孫以祭祀不輟。

聖人修己治人，要在乎建中抱一，此萬法之極致，天地有終而不可易者也。故能貽法無窮，功被四海，而天人歸德，澤及苗裔也。一本無「以」字。

修之身，其德乃真。修之家，其德乃餘。修之鄉，其德乃長。修之國，其德乃豐。修之天下，其德乃普。

因修身之法而推之以及其外，餘而後長，長而後豐，豐而後普。

故以身觀身，以家觀家，以鄉觀鄉，以國觀國，以天下觀天下。

聖人之於有物也，盡理之極而不容私智，故無不克也。故修身則法一身之理，盡一身之理則身治矣。自此以往，施一家則一家以爲心，治一鄉則一鄉以爲法。夫然故所遇彌廣，而彌有餘也。書曰：「天聰明，自我民聰明。」聖人天而已矣。

吾何以知天下之然哉？以此。

聖人所守一道，更無異説，故其所以爲所以知，皆由此道也。

## 含德之厚章第五十五

含德之厚，比於赤子。

德性未嘗不厚，而必至於薄者，欲慮使然也。故全其天真而不以外耗内，則淳氣中積而人道充，至可名於大矣。然則足以馴虎豹，服鬼神，無足怪也。或曰：赤子何以不能？曰：夫淳氣之守，豈一身之所能？末世之俗，雖有赤子之形，而原其失真，蓋已久矣，世何足以知此哉？

毒蟲不螫，猛獸不據，攫鳥不搏。

淳氣之守，足以爲此。竊嘗論之，萬物所以相傷者，氣有所受也。人爲萬物貴，所稟至和，而或見侵於物者，失其常故也。故陰陽以沖氣爲和，夫唯守真氣之沖和，則物豈能傷之哉？然猶大人之德耳，未聖也。

骨弱筋柔而握固。未知牝牡之合而朘作，精之至也。

非有慕好於外而朘作，則是順其氣之自運，而不以心者也。若夫目營於外，而心佚於内，則精喪而死矣，安能久乎？舉世之大患，莫大於此，而學者之至戒也。「朘」，一作「全」。

終日號而嗌不嗄，和之至也。

孟子曰「以直養而無害，則塞乎天地之間」，此則和氣也。在彼則稱其浩，在此則稱其和，所稱則異，而氣一也。故心氣交使，迷理失常，以至於斃者，豈其禀或殊哉？持之非其道耳。全德之人，雖形與物接，而心常泊然，故雖用氣，而氣自動耳，故但動而無動之累。然則其淳氣之守，孰能擾之哉？故雖年躋壯老，而不失其赤子之常。廣成子修身千二百歲，而形不衰者，如斯而已。嗄之爲言，夏也。夏者天和發散之時。嗌之嗄者，和氣不積故也。一本作「噫」，散噫氣之噫。噫，信也，亦通。

知和曰常，

復命之常，體神也；知和之常，守氣也。知守氣，則可以言復命矣，未至乎復命也。此兩者，聖之所以聖，賢之所以賢，更無它道。古之學者，一出乎此。大道既隱，士逐末而不知本，學始有外此者矣。常者，性有定分。能盡其性，則自别於物，而物莫能遷，故曰常。蓋自性分之外，一皆蠱僞，無有常者。

知常曰明。

不知常之人，雖有察物之小智，而暗於大本矣，可謂明乎？

益生曰祥，

生理至足，無欠無餘，以直養之，則亦至矣。從而增焉，只以爲贅。祥，非常之事也。

心使氣曰强。

有心以使氣，則氣復使心，心氣交使，則天和雕喪〔二〕，損其真矣。人所受者，不可益損，故增生損氣，俱爲失理。孟子有揠苗不芸之戒，而老子有益生使氣之説，凡以全其淳氣而已。此强非自勝之强，强梁之强也。

〔二〕「雕」，李本作「凋」。

物壯則老，是謂不道。

人之有壯老者，形也。若夫定分，則常而不遷矣。失性之人，形化而心與之變，故壯則血氣充溢，而老則精神衰憊。唯含德之厚者不然，吾心未嘗移，則氣亦有常而不變，故雖外有壯老，而心不異乎赤子之時，此有道者也。凡易於歲時而隨壯老以化者，物而已矣，豈道也哉？

不道早已。

不道之人，雖其少時，已失生理，故曰早已。

## 知者不言章第五十六

知者不言，

理極於無言。

言者不知。

惟其有言，已非知理。

塞其兑，

其神無郤。

閉其門。挫其鋭，解其紛。和其光，同其塵。

真知者，其處己如此。

是謂玄同。

道至於玄，而物我爲一者，不立己以敵物，故物不得而有之。

故不可得而親，不可得而疏；不可得而利，不可得而害；不可得而貴，亦不可得而賤。故爲天下貴。

不言者，非密而不言，誠無所事言。何則？不見一法故也。不見一法，故物物而不物於物，況可得而親疏貴賤者，物而已矣。彼物物而不物於物，故莫之爵而常貴也。

# 以正治國章第五十七

以正治國，

治國在乎盡道之正而已，無容私智。

以奇用兵，

兵非有道之器，而聖人所不能無，但不以爲常，故曰以奇用也。

以無事取天下。

以正治國，則天下自服，奚以有事爲哉？蓋天下神器，唯無爲者能有之，故下云。

吾何以知其然哉？以此。夫天下多忌諱，而民彌貧。

事爲之禁，則民擾而失業，故貧也。此亂之所始。

民多利器，國家滋昏。

有利器則必有機心，機心生則下難知，故國家昏也。

人多利巧，奇物滋起。

古初之民，器用鄙樸，下逮末俗，製作彌精，巧思日生，風俗愈弊，非常之事，由此滋多。一本「利」作「伎」。

法令滋彰，盜賊多有。故聖人云：我無爲而民自化，

無爲則體常。上體常則民亦體常，故自化。申上文利器之義。

我好静而民自正，

好静則復性。上復性則民亦復其性，故自正。申上文盜賊之義。

我無事而民自富，

無爲好静，故能無所事，而民遂其生，夫豈多忌諱哉？

我無欲而民自樸。

申上文奇物之義。竊嘗論曰：聖人之治也，化之以無爲，正之以好静，使各遂於富庶，而要其終也，復之樸而已。夫然，則豈有利器奇物，而假法令以爲之制裁？凡民之所以毁樸趨僞，皆在於多欲也。上誠無欲，則民安得欲乎？此帝皇之極致也。一本「自富」在「自正」前。

## 其政悶悶章第五十八

其政悶悶，其民淳淳。其政察察，

察察，治已甚也。

其民缺缺。

缺如器物破缺，言不全也。

禍兮福之所倚，福兮禍之所伏。

萬物通乎一氣，而一氣之運，往而復返，終則有初，轉徙如流，無有窮極，故禍福相代，如彼四時。聖人唯知其然，故事貴適中，不爲已甚。若夫察察之政，欲崇正而禁奇，止妖而興善，以盡天下之福，而不知奇正相生，妖善迭化，志欲爲福，而不知福極爲禍，故莊周寓言於才與不才之間，然則推而爲政，其亦在察與不察之間乎？故曰其政悶悶，蓋如上説，則其於善惡是非，若有所不辨，是以小智睹之，意或不快也。此句與荒兮未央之語同，蓋彼齊唯阿，此等禍福，理皆一致。

孰知其極？

言誰知善治之極乎？唯無正可舉，無刑可名，悶悶然而天下大化，是其極也。

其無正邪？

大運不留，當時者爲是，欲定奇正〔一〕，而不知正不可常，則可謂知乎？雖然，以爲無正者，是以無正爲正者也。邪者疑辭，亦不定乎無正也。

〔一〕「奇」，李本作「其」。

正復爲奇，善復爲妖。人之迷，其日固久。

民失其性而不冥夫道，自有生以來，蓋已如此，非一日之積矣。而爲政者方乃事其察察然，而欲使天下畢協於吾一偏之正，既爲不可，而又不知其所謂正者，未嘗正也。聖人則不然，雖方廉且直，以道德之光燭天下，而體常混然不示人以迹，故民得安常復樸，而風俗淳淳也，豈曰小補之哉！

是以聖人方而不割，

大方無隅，言混然也。若有割絶之迹，則與物分界矣。

廉而不劌，

雖有廉隅，不至於劌也。一本「劌」作「穢」，非。

直而不肆，

直而肆則有其直。大直於理爲直，而常委曲以從理。

光而不耀。

光以爚物謂之耀。和其光歸其明者，豈耀以爚物哉？

## 治人事天章第五十九

治人事天莫若嗇。

治人在乎正己，事天在乎盡性，此兩者一於嗇而已。葆其精神，不以外耗内者，嗇也。人之本真，充塞六極，無所不徧，而終至於不足者，侈有爲而輕自用故也。唯嗇也，故能全吾所受命於天，而不多費於妄作。然則性其有不盡者乎？己其有不正者乎？孟子曰：「盡其心，知其性，所以事天也。」蓋全其初之所命，則天心得矣。人則與我同其所受者也，我誠全則同者應矣，其於治也，何有哉？

夫唯嗇，是以早復。

動極而静，則其復晚矣。唯嗇者不侈於費己，其去本也未嘗遠，故復静爲早。一本「復」作「服」，非。

早復謂之重積德。

德不外耗，則積於内矣。積於内而資納無窮，其爲積也〔二〕，積之又積者也。

重積德，則無不克。

盡性之人，蓋將生天生地，宰制造化，其於事物，何所不能？

無不克，則莫知其極。

盡性則大矣。大而化之，則聖矣。化則無窮，故莫知其極也。

莫知其極，可以有國。

聖人糠粃土苴，足以陶鑄堯、舜，其於有國也何有？

有國之母，可以長久。

〔二〕彭本「其」前有「則」字。

有國之母，所以有國者也，莫知其極者是。

是謂深根固柢，

人以性命爲根，外乎此者，皆枝葉也〔二〕。失性之人，盛枝葉以傷根，根傷則精氣衰而蒂不固，此所以早斃也。夫唯嗇，則不以外傷其根。根深則蒂固，蒂固則形連乎命而遲脱矣。「柢」，一本作「蒂」，音義同。

長生久視之道。

精神發見於目，故人死則目瞑而無光。能嗇以深根，則蒂固而根深，其視久矣。

## 治大國章第六十

治大國若烹小鮮。

〔二〕「皆」字據李本補。

烹鮮之術，唯待其自熟，無所施其巧，攪而撓之則潰矣。治國之道亦然。大國小鮮者，明所治雖大，得其道則甚易爲也。

以道蒞天下者，其鬼不神。

民不擾則得盡其性。民盡其性，則天地之和應，而萬物無不遂矣。故鬼亦安其處而不能爲神也。人鬼殊道，而每至於相干者，陰陽之氣有盭，而交失其所，故靈物得乘釁矣〔一〕。

非其鬼不神，其神不傷人。非其神不傷人，聖人亦不傷人。

唯聖人不傷人，故天地之和應，而人鬼各遂，兩不相傷也。

夫兩不相傷，故德交歸焉。

人歸德於鬼，鬼歸德於人。

〔一〕「靈」，原本作「萬」，據李本改。

## 大國者下流章第六十一

大國者下流。

如江海之於百谷。

天下之交，天下之交牝。

當以雌静受物。一本無下之「交」字。

牝常以静勝牡。以静爲下。

一本云「以其静爲之下」。

故大國以下小國，則取小國。小國以下大國，則取大國。故或下以取，或下而取。

天性非能下人，以好爲之者，非欲取人，但天性自下人，而人自歸之者。

大國不過欲兼畜人，小國不過欲入事人。兩者各得其所欲，故大者宜爲下。

均之有取，大國以下小國，則爲樂天。樂天者道也。小國以下大國，則爲畏天。畏天者勢也。

## 道者萬物之奥章第六十二

道者，萬物之奥。

大道深密，能庇覆萬物，而萬物之所伏藏。

善人之寶，不善人之所保。

善人之所寶，聖人則體之矣。一本作「所寶」。

美言可以市，尊行可以加於人。

美言尊行，道之末流，而猶足以市且加於人，況道者乎？一本無「於」字。

人之不善，何棄之有？

市以利合者也。人性忌其上，而不可加者也。苟有美言尊行，則雖利者可與交，而加人而人不忌矣。然則有道者，其於化人，何所不服哉？故於人之不善，無所棄也。

故立天子，置三公，雖有拱璧，以先駟馬，不如坐進此道。

天子、三公以化民爲己任，有道則天下將自賓。璧、馬所以招賢，招賢爲政之大者也。雖得賢而已不能進道，則民猶不服，故未若不求乎外而進道之要也。

古之所以貴此道者何？不曰求以得，有罪以免耶？

求以得，故善人寶之；有罪以免，故不善人保之。

故爲天下貴。

## 爲無爲章第六十三

爲無爲，

爲道也。

事無事，

事道也。

味無味。

味道也。此三事者，皆爲道之常。爲此道者，雖以無爲爲常，而不敢以無故輕乎有物。但遇物以道，而及乎有物，則不敢忽也，故下文云。

大小多少，

畏事之小如大，謹事之少如多〔一〕，莊子曰：「不忽於人。」

報怨以德。

以直報怨者，事也。以德報怨者，德也〔二〕。事則吉凶與民同患，故已上諸法〔三〕，一不可廢。若

〔一〕「謹」，原本作「真」，據彭本改。
〔二〕「德也」，彭本作「得也」。
〔三〕「已上諸法」，彭本作「種種色相」，李本作「種種諸法」。

夫德則不見有物，安得怨乎？如上三事，體道者也。方其體道，故當如此爾。舉怨而以德，則知無所不用德。

圖難於其易，爲大於其細。

任德者雖以無爲常，而及乎事物之際，常齋戒以臨之。書曰：「兢兢業業，一日二日萬機。」莊子曰：「有而爲易乎？昊天不宜。」〔一〕天下之禍，常生於所忽，戒乎其易與細，則終無尤矣。

天下之難事，必作於易；天下之大事，必作於細。

易則發於所忽，細則從微至著。

故聖人終不爲大，故能成其大。

聖人常修細務，以成大功，功業既成，所謂大人也。詩曰：「小難盡廢，則中國微矣。」此亦明

〔一〕按莊子人間世原文爲：「有心而爲之，其易邪？易之者，皞天不宜。」

大治之在積小也。

夫輕諾必寡信，多易必多難。是以聖人猶難之，故終無難矣。

聖人非但慎微，可不生事，常以事爲憚，而不輕易於有爲，故終無難也。

## 其安易持章第六十四

其安易持，其未兆易謀。

戒在事物之先，所謂爲之於未有。

其脆易泮，

一本「泮」作「破」。

其微易散。

救於已然之始，所謂治於未亂〔二〕。

爲之於未有，治之於未亂。合抱之木，生於毫末。

長也。

九層之臺，起於累土。

積也。

千里之行，始於足下。

進也。此三者皆自近及遠，從微至著，物化之理也。故聖人不敢造事物之端，以開天下，誠恐因而寖大，去本日遠，貽患將來也。故曰化而欲作，吾將鎮以無名之樸。然則聖人之慮患也，不亦早乎？

〔二〕「治於未亂」，李本作「治之於未亂也」。

爲者敗之，執者失之。

真常無所，有所則違。爲之執之，皆屬意作。吾有此意，民意日生，夫然豈所謂持其安，而謀其未兆者？

是以聖人無爲，故無敗；無執，故無失。

吾不敗常失性，則天下亦盡其常性矣。

故民之從事，常於幾成而敗之。

事有常運，時至即成。莊子曰：「美成在久。」而民愚無知，昧於此理，躁而欲速，以人助天，故事已幾成而每至自敗，此則以人勝天，以故滅命，以事勝道之過也。

慎終如始，則無敗事矣。

事常自爲，不假人力，如種苗者，但當深其根，去其害，則秋至而成，理可待也。

是以聖人欲不欲，

不欲之欲，非無欲也，欲在於不欲耳，故不貴難得之貨而已。

不貴難得之貨。

聖人所謂無爲無執者，故未至於釋然都忘也，但不於性分之外，更生一切耳。且民飽食暖衣，性所不免，欲此而已，不爲有欲。而離性之後，更貴難得之貨，此乃愚人迷妄，失本已遠故也。故聖人常欲不欲，以救其迷而反之性。

學不學，

不學之學，非無學也，所學在於不學耳，以復衆人之所過故也。

以復衆人之所過。

衆人逐末多事，聖人以不學之學，救其過而反之道。

以輔萬物之自然而不敢爲。

輔自然者，莊子所謂反以相天是也。爲之則以人滅天矣，故不敢爲。然則萬物安乎性命之常，而事物無所兆矣，夫豈有脆之可泮，微之可散者哉？

## 古之善爲道者章第六十五

古之善爲道者，非以明民，將以愚之。

所惡夫愚者，不明乎理而抵冒法禁，今則不然，反常復樸，無事巧僞而已。詩曰：「不識不知，順帝之則。」

民之難治，以其智多。

智則難知。

故以智治國，國之賊；

任察以治，則民爭出於智詐矣。莊子曰「開人者賊生」，此之謂也。

不以智治國，國之福。

君人在乎法天，法天在乎體道。釋道而智，非其任矣。若夫至人無思無爲，而天下復樸者，福可勝言哉。莊子曰「閉天者德生」，此之謂也。

知此兩者，亦楷式。

楷，一本作「稽」。

能知楷式，是謂玄德。玄德深矣遠矣，與物反矣，

物，事也。任德者，與事相反，而事卒以之治，比本末之説也。世人所見者淺近，徇末而昧於本，故但見事而不知德也。

然後乃至大順。

方其任德之時，若反於事，而事終以治，反近情而順大勢故也。一本作「乃復至於大順」。

## 江海爲百谷王章第六十六

江海所以能爲百谷王者，以其善下之也，故能爲百谷王。

王者歸往之義，能不物物，乃歸矣。

是以聖人欲上人，以其言下之；欲先人，以其身後之。是以聖人處上而人不重，處前而人不害。

一本有「也」字。

是以天下樂推而不厭。

聖人豈計利而爲此哉？亦德而已矣。德下之，則形上矣。德後之，則形先矣。故常爲天下貴也。

以其不争，故天下莫能與之争。

## 天下皆謂章第六十七

天下皆謂我道大，似不肖。夫唯大，故似不肖。若肖久矣，其細也夫。

肖者有所似，道爲萬物祖，故體道者，物當似我，我豈似物乎？蓋有所似，則是象彼，則彼必大而我小矣。

我有三寶，

凡此三寶，皆俗情所謂小，而乃至人之所以爲大也。

寶而持之。一曰慈，

慈主於愛，愛物仁也，而獨稱慈者，仁則廣德以覆下，於末爲盛矣。老子方語其本，故不曰仁而曰慈。慈者父道，仁之本，而不假爲者也。

二曰儉，

儉之爲德，寡欲也，貴本也，愛物也。一言而三善至者，其儉乎！若孔子曰：「禮與其奢也，寧儉。」蓋聖人制禮，將以爲儉，而方其爲禮也，不得獨儉。非禮則無末，非老子則不知本。本乎？本乎？聖人之道，於是爲至乎？

三曰不敢爲天下先。

於易則謙是也。天地人神皆以謙爲貴，故聖人寶之。

夫慈故能勇，

慈者不争而勝，勇莫大焉。

儉故能廣，

區區以奢侈自廣者，其狹甚矣。唯無以末傷本，無以外滅内者，至廣也。

不敢爲天下先，故能成器長。

此聖人之行，故但爲器長而已。若道之長，則未嘗在物後也。

今舍其慈且勇，舍其儉且廣，舍其後且先，死矣。

以人滅天，以事勝道，借使倖免，蓋失所以生矣。三寶皆天德而本者也。

夫慈，以陳則正，

正如正兵之正。正兵之言師整而不動也。愛民如子，則民愛之如父，不令而齊矣。彼倒戈攻於後，以此者，上不慈故也。一本作「以戰則勝」。

以守則固。

戰守主於殺伐，而尚以慈爲德，則餘事可知。

天將救之，以慈衛之。

三寶皆以慈爲心，言天救衛之者，以其慈也〔一〕。

---

〔一〕李本「慈」後有「故」字。

## 善爲士章第六十八

善爲士者不武，

士非成德之稱，故士之爲言察也，武也。獄師曰士，取其察。卒帥曰士，取其武。夫以武爲事者，德在乎不武，所以爲之本也。故武者不失爲士，而非德士也。爲士之善，其以德乎？

善戰者不怒，

武王一怒而安天下者，其事而已，德則未嘗怒也。

善勝敵者不争，

不争之德，有時而争，争之者事也，德則未嘗争也。

善用人者爲之下。是謂不争之德，

是德也，非事也。此言德經也，故常言德，它皆如此。

是謂用人之力，

天下皆助之，故不用力而勝强也。

是謂配天，

不徇事而得德，故能盡性。盡性則人道備，故可以配天。

古之極。

一本此有「也」字。古之極者，大中之道也。

## 用兵有言章第六十九

用兵有言：吾不敢爲主而爲客，

「造攻自鳴條」，爲兵主者也。「朕載自亳」，爲客者也。

不敢進寸而退尺。

不勇於殺伐。

是謂行無行，

至仁之兵，有征無戰，與無行同。

攘無臂，仍無敵，執無兵。

雖有戰之名，前無敵者，故與不戰同。

禍莫大於輕敵，輕敵則幾喪吾寶。

兵，兇器也。仁人之兵，雖所向無前，而不敢輕敵。輕敵則喪其慈，喪慈則有不勝也。

故抗兵相加，哀者勝矣。

哀憐之心，慈也。慈故能勇，所以勝。一本作「相若」，亦通。若之言兵力相敵也。竊嘗論之，書曰「威克厥愛允濟」，又曰「勖哉夫子，尚桓桓」，亦何哀之有？而老子之言兵，獨常如此者，論兵之道也。彼則兵之事也。聖人豈異意哉？而不同者，時而已矣。

## 吾言甚易知章第七十

吾言甚易知，甚易行。而天下莫能知，莫能行。

聖人順性命之至以爲教，言不煩而簡，事不奇而常，反身則知，率性則合。苟欲知之行之，不亦甚易乎？凡天下之難事，皆起於舍本逐末，與妄爲構，故内外交亂，奇物滋出，而智不能勝也。夫唯異此，則一辭可盡。雖甚易知甚易行，而莫能知莫能行者，用心於末而務奇與難故爾。一本作「人莫之能知能行」。

言有宗，事有君。

言以理爲歸，事以道爲主。知理與道，則言與事雖多，無難知者也。

夫唯無知，是以不吾知也。

所知非至理，則所謂知者，非知也。自以爲知而不知聖人，則可謂知乎？

知我者希，則我貴矣。

道大則知者少。歷萬世而知者一人，是旦暮遇之也。一本作「則我者貴」。

是以聖人被褐懷玉。

豈辨以相示乎？

## 知不知章第七十一

知不知，尚矣。

不識不知，真知之極。

不知知，病矣。

道不可知，且不足知，而彼乃昭然有知，是未嘗知道也。未嘗知道，而自以爲知，則是妄見一切耳，其病大矣。

夫唯病病，是以不病。聖人之不病，以其病病，是以不病。

病而不自知病者，終莫悟矣。

## 民不畏威章第七十二

民不畏威，則大威至矣。

民樸而生厚，則畏威。上失其道，多乎有爲，以小其道，塞其生，故民巧僞彫薄，而威不能服也。夫如是，則天誅所加，禍亂將起，故曰大威至。

無狹其所居，無厭其所生。

民性本自廣大流通，而世教下衰，不能使之復樸，乃蹙其居之廣而使狹，厭其生之通而使塞。夫唯狹其居，故民不淳而僞；唯厭其生，故民不厚而薄狹。聖人不然，使民逍遥乎天下之廣居，而各遂其浩然之性，則其有干威者乎？莊子曰：「豨韋氏之國〔一〕，黄帝之囿，堯、舜之宫，

〔一〕「國」，李本作「圃」。

湯、武之室。」[二]此明世世下衰，漸狹其居也。彼聖人豈有優劣乎？而居乃漸狹者，所遭之時則然也。

夫唯不厭，是以不厭。

上不自厭其生而盡性，故民亦得盡性也。莊子曰「不厭其天」，此之謂也。厭者，「天厭之」之「厭」。

是以聖人自知，不自見；自愛，不自貴。

自見則矜我，自貴則賤物，此所以自狹其居，自厭其生，亦以狹民之居，厭民之生也。自知則明乎性，而不爲妄。自愛則保其身，而不爲非。夫然，則豈至於干天之威也？

故去彼取此。

[二] 莊子知北遊原文爲「狶韋氏之囿，黄帝之圃，有虞氏之宫，湯、武之室」。

## 勇於敢章第七十三

勇於敢則殺，勇於不敢則活。

勇敢者，任氣生事，輕死以徇其所爲，以事爲道者也。勇不敢者，迫而後動，不先物以争功，以道爲事者也。

此兩者或利或害。

人之所利，天實害之，故曰天之君子，人之小人。人以爲小人，則固流俗之所後也，而天實先之。

天之所惡，孰知其故？

下愚小智，但見衆人之所利，而不知天所惡也，故下文明天道之所以然，當視以爲法。

是以聖人猶難之。

聖人與天合德，尚不敢輕諾多易也。

天之道，不争而善勝，

天爲群物之父，豈與赤子爲敵乎？此所以善勝也。

不言而善應，

「天何言哉？四時行焉，百物生焉。」福善禍淫，酬酢萬變，無一不至。

不召而自來，

見召於人，臣子之道。天爲君父，孰能制之？運至則來，非有召也。

坦然而善謀。

常易故坦然，知險故善謀。一本作「繟然」。

天網恢恢，疏而不失。

天任理而不任意，其禍福也付之自爲，如木有華，還當結實，豈或開而結之哉？而無一不如法者。今世之人，多疑禍福之應，誠以小智，自私任意，而不知理，故但見一曲而不睹夫大致也。

故知此道也，則世間善惡禍福，隨其器之大小，各有遲速之度，要當報之，無有免者。且聖人爲政尚貴悶悶，誠使天道之大，而察察其意，則其報復也，豈能周乎？

## 民常不畏章第七十四

民常不畏死，奈何以死懼之？

上失其道，俗彫民困，民無所賴生，以抵冒法禁，而上猶以死懼之，然則所殺雖多，亂終不止，則秦以下是也。

若使民常畏死，而爲奇者，吾得執而殺之，孰敢？

好生之德，洽於民心，而民重死，然後刑行而物服矣。

常有司殺者殺。而代司殺，是代大匠斲。

君尊臣卑，各有常分。君以無爲而任道，臣以有爲而治事，道之與事，相去遠矣。故典獄則有司殺，治木則有大匠，君不與焉，仰成而已。世皆知代斲之非，而不悟代殺之失。莊子曰：

「上亦有爲也，下亦有爲也，是上與下同德。」傳曰：「舜何爲哉？恭己正南面而已。」道實兼事，故君得兼臣。然君而事事，失其所以爲君矣。臣之事事而殺伐，尤爲非道，故深言之。蓋經稱不以兵强天下，而猶曰以道佐主者，誠以以道爲主，則豈暇議彼哉？一本「而」作「夫」。

夫代大匠斲，希有不傷其手矣。

代斲傷手而已，代殺乃失其道也。一本無「有」字。

## 民之饑章第七十五

民之饑，以其上食税之多也，是以饑。

張官職禄，制禮用財，將以富民也。而費多增税，末盛本衰，適使之饑而已。一本無「也」字。

民之難治，以其上之有爲也，是以難治。

任察生事，將以治民，而人困俗彫，巧僞彌出，愈難治矣。觀上古與後世，即其驗也。

人之輕死，以其求生之厚也，是以輕死。

生者不有其生，則生常全。既過於厚，則求欲無已，觸刑陷險[一]，視死輕矣。此三者皆以其求，害其所以求。蓋明無爲之理。

唯無以生爲者，是賢於貴生也。

厚生必至於輕死。唯無以生爲，乃常全矣。貴生者，但賢於輕死，未若無以生爲之至也。此篇三事，但明其一，則餘二可知也。

## 人之生章第七十六

人之生也柔弱，其死也堅强。草木之生也柔脆，其死也枯槁。故堅强者死之徒也，柔弱者生之徒也。是以兵强則不勝，

善勝者積小不勝以爲大勝。今此以强爲德，則其事必弱也。

---

〔一〕「陷」，彭本作「蹈」。

木强則共。

伐而共之。

故堅强居下，柔弱處上。

竊嘗論之：陰陽，道也，陰先而陽後。天地，物也，天尊而地卑。故語德則柔弱足以勝剛强，計事則剛强足以制柔弱。世之人睹事而不明乎德，故所謂强者常至於與死爲徒也。一本作「强大處下」。

## 天之道章第七十七

天之道，其猶張弓乎？高者抑之，下者舉之，有餘者損之，不足者與之。天之道，損有餘補不足。

天道任理，故均。一本「補」作「與」。

人之道則不然，損不足以奉有餘。

人道任情，故不均。

孰能損有餘而奉不足於天下者？其唯道乎？

有道者與天合道。一本云「孰能以有餘奉天下，唯有道者」。

是以聖人爲而不恃，功成不居。

一本「居」作「處」字。

其不欲見賢邪？

恃爲處功則見賢，見賢則有餘，是招損之道也。一本無「邪」字。

## 天下柔弱章第七十八

天下莫柔弱於水，而攻堅强者，莫之能先。其無以易之也。

水方圓曲直，隨物萬變，而初不易己，此其所以終能勝物也〔一〕。夫玉石堅强矣，而持以攻物，

〔一〕「其」字據彭本補。

有時而碎者，以其可易耳。一本云「天下柔弱莫過於水」。

弱之勝强，柔能勝剛，天下莫不知，而莫之能行。

得一者寡。一本作「故柔勝剛，弱勝强」。

是以聖人言：受國之垢，是謂社稷主；

垢未若不祥之甚，故但爲社稷主。

受國之不祥，是謂天下王。

聖人所以能柔弱者，體水以爲德也。受垢不祥〔二〕，其納污受辱之義乎？此可謂智者道爾。

正言若反。

反於小知之近情，而合於大道之至正。

〔二〕「垢」，李本作「國」。

# 和大怨章第七十九

和大怨者，必有餘怨，

上禮爲之而莫之應，則攘臂而仍之，天下始有怨矣。既不能反常復本，而方乃以聯合歡，則怨必彌起。

安可以爲善？

意若爲善，而不善之本也。

是以聖人執左契，而不責於人。

左契取於人，右契取人。左無事而右主權，故古者分契之法如此也。聖人執左契，不從事於物，而物自來合，吾應其合者爾。所謂感而遂通天下之故也。然則聖人常受天下之責，而無責人之心，是以終無怨。莊子曰：「以得爲在人，以失爲在己。」湯曰：「萬方有罪，罪在朕躬。」此之謂也。記曰：「獻牛馬者操右契。」蓋獻者並券以進，是知左契乃受責者之所執。史記曰：「操右券以責事。」

故有德司契，
不從事於物〔二〕，而應物之合者。

無德司徹。
徹，通也。物物求通，其塞多矣。

天道無親，常與善人。
唯天無親〔三〕，但善則與之。明天與聖人同道也。

## 小國寡民章第八十

小國寡民，

〔二〕「不」，原本作「下」，據李本改。
〔三〕「親」，李本作「心」。

小制國寡，聚民則淳厚。蓋國大民衆，則利害相摩，巧僞日生。觀都邑與聚落之民，質詐殊俗，則其驗也。

使民有什伯之器而不用也。

十人所共謂之什器，百人所共謂之百器〔二〕。清静之治，務使民各遂其生理，而不妄興作，終無連群聚衆之事，故雖器有什伯而不用也。

使民重死，而不遠徙。

樂生遂性，故重死。安土無求，故不遠徙。無道之世，質薄事多〔三〕，而利欲勝乎好生，末盛本衰，而貪求在乎分外，故觸刑陷險，如履平地，而車轍足迹交於四方，此亦亂之極也。

〔二〕「百」，李本作「伯」。

〔三〕「質薄事多」，彭本作「貧薄士多」。

雖有舟輿，無所乘之。雖有甲兵，無所陳之。

民自足於性分之内，則無遠遊交戰之患。

使民復結繩而用之。

事簡民淳，故無用文契。

甘其食，美其服，

甘食美服，無事而富也。

安其俗，樂其業。鄰國相望，雞犬之聲相聞，

人遂其生，故繁息而樂。

使民至老死不相往來。

近而不交，無求於外也。此盡性之治，故民亦盡其性。竊嘗考論語、孟子之終篇，皆稱堯、舜、禹、湯聖人之事業，蓋以爲舉是書而加之政，則其效可以爲比也。老子，大聖人也，而所遇之

變，適當反本盡性之時，故獨明道德之意，以收斂事物之散，而一之於樸。誠舉其書以加之政，則化民成俗，此篇其效也。故經之義終焉。楊子雲爲法言，亦終乎唐、虞之言，蓋有法乎孔、孟與此書也。然子雲之説，誠得施於天下，亦何足以與乎聖人之業，可謂有其意矣，而言之過也。一本無「使」字。

## 信言不美章第八十一

信言不美，

信言要於道。道之出言〔二〕，淡乎無味，何美之有？

美言不信。

離道而語事物，故雖足以美淺聞之聽，而非至論也。故不足於信〔三〕。且言者風波也，何以

〔二〕「言」，李本作「口」。

〔三〕此句據李本補。

美爲？

善者不辯，

言近指遠，不假繁辭。

辯者不善。

言以明道而已，道要不煩[一]，何用多説？孔子曰：「辭達而已。」

知者不博，

極當在乎至微，何事於博？

博者不知。

溺乎事物之衆，而不能反約，愚之甚者，安在乎有知？

---

〔一〕「道」字據李本補。

聖人無積，

聖道運乎無方，而我常無滯，故以至無而供萬物之求。積而有之，則所得鮮矣，安能大而化之乎？此明知者不博。

既以爲人己愈有，

爲人者，施於事業以治天下也。因其勢而利之，則吾道不虧，而事業彌廣矣。一本「爲」作「與」，非。

既以與人己愈多。

與人者，授之以道也。授人以道，如天生物，吾未嘗費，而物日以夥。既云無積，故又明其能贍足萬物。蓋唯無積，乃所以能足也。

天之道，利而不害。

天者群物之宗，常以慈畜萬物，豈有害之之意？此明信言不美。夫天理常夷，美於此，則害於彼矣。

聖人之道，爲而不争。

一氣自運，萬物必遂。聖人體大運以有爲，行遲速於常度，豈有心於争乎？夫唯如此，故於立言垂法，亦因時乘理，適可而已，非爲辯也。然而終以此句者，誠欲體道德之説，莫尚於爲而不争。老子經意終於第八十篇，此篇總序其作經之意，亦由南華盡於莊子之死，而更有天下一篇，兼明道術之是非，以自積著書之迹。

# 南華真經新傳

張鈺翰　整理

# 整理説明

南華真經新傳二十卷，拾遺一卷，王雱撰。道藏本前有二序，皆不署撰人，而後者當爲雱自序。前序稱「王元澤待制莊子，舊無完解，其見傳於世者，止數千言而已。元豐中，始得完本於西蜀陳襄氏之家。其間意義淵深，言辭典約，向之無説者悉皆全備焉。予是時鋭意科舉，思欲獨善，遂藏篋笥，蓋有歲年。」後「乃以其書親加校對」，「命工刊行」。此序後署「丙子歲季冬望日」，則當作於哲宗紹聖三年（一〇九六），是本書之刊刻始於此。

宋以降，人們對於王安石父子多不抱有好感，於王雱更甚，但對於王雱這部解釋莊子的著作，却以好評居多，主張「不以人廢言」。明孫應鰲序本書時曰「元澤妙涉斯趣，獨提挈綱領，因以批郤道窾，曲暢條疏。其拾遺、雜説，尤推見至隱，卒會通於内篇之本根。雖駢拇、馬蹄、胠篋、在宥簡袠脱失，然其精證，未嘗不賅存於他註之中。讀莊子獲此，如泛江河有利楫，陟華嵩有濟勝具，豈不快哉！」四庫總目亦稱「是書體例略仿郭象之注，而更約其詞，標舉大意，不屑屑詮釋文句。大旨謂内七篇皆有次序綸貫，其十五外篇、十一雜篇不過藏内篇之宏綽幽廣。故所説内篇爲詳。後附拾遺、雜記一卷，以發揮餘義。疑其書成後所補綴也。史稱雱睥睨一世，無所顧忌，其很愎本不足道。顧率其傲然自恣之意，與莊周之滉漾肆論、破規矩而任自然者，反若相近，往往能得其微旨」。如四庫總目所言，本書認爲内七篇是一個層層遞進的整體，有前後的邏輯次序。在除逍遥遊以外的内篇諸篇之解題中，王雱闡明莊子作該篇之意，並將之予以貫穿，由認識萬物在根本上相同，從而消除物我之對立，自得於内，進而處人間，全性命，充德於天下而成帝王之功業，自内聖而達於外王，本末一貫。這樣，王雱就以自己的理解勾勒出了内七篇之間的關聯和脉絡，從整體上對莊子的立言之意進行了闡發。應該説，王雱的理解頗切於莊子之意，其於南華一經確是有所心得。

以王安石、王雱父子爲核心的新學，對老子、莊子有特殊之關注。新學的一些重要學術理念，如自然無爲之天道，君道爲本，有爲應世之人道，臣道爲末，無爲而無不爲，順萬物之理，復性命之常等，皆與老莊思想一脉相承。從「注經」的角度來説，除王雱外，王安石有莊子解四卷，吕惠卿有莊子義十卷，陸佃、陳祥道、林自、劉概並有莊子注。對於老子，彭耜道德真經集注於宋代解經姓氏下以王安石、王雱、陸佃、劉概、劉涇之注總名「崇寧五注」，劉惟永道德真經集義中又有所謂「崇寧八注」。就各注撰作時間而論，固非皆於徽宗崇寧中，其名乃出於後人所命，然此名却可見一時風氣。「崇寧」者，「崇尚熙寧」也，意在復神宗、王安石之法度。由此即可窺新學對於老莊之重視。今諸書大多不存，或零星見於他書所引，而王雱南華真經新傳基本稱得上首尾完具，則其對於研究新學學術之價值自不待言。

此次整理，以影明正統道藏本爲底本，以文淵閣四庫全書本爲校本。底本不誤而校本誤，或校本異文不影響語義者，多不出校；義有兩可，則出校説明，不作判斷。莊子正文各本歧異頗多，道藏系統亦自有其傳承，今除明顯之誤據四庫本校改外，皆不作更動，以存原貌。整理中若有謬誤之處，祈方家指正。

# 目録



〔一〕「論」，原本無，據四庫本補。

[一]「外篇」，原本無，據莊子分篇補。
[二]「雜篇」，原本無，據莊子分篇補。

# 南華真經新傳序

王元澤待制莊子，舊無完解，其見傳於世者，止數千言而已。元豐中，始得完本於西蜀陳襄氏之家。其間意義淵深，言辭典約，向之無說者悉皆全備焉。予是時鋭意科舉，思欲獨善，遂藏篋笥，蓋有歲年。前一日，賓友謂予曰：「方今朝廷復以經術造士，欲使天下皆知性命道德之所歸，而莊子之書實載斯道，而王氏又嘗發明奥義，深解妙旨，計其爲書，豈無意於傳示天下後世哉？今子既得王氏之説，反以秘而不傳，則使莊氏之旨終亦晦而不顯也。與其獨善於一身，曷若共傳於天下，與示後世乎？」予敬聞其説，乃以其書親加校對，以授於崔氏之書肆，使命工刊行焉。丙子歲季冬望日序。

世之讀莊子之書者，不知莊子爲書之意，而反以爲虚怪高闊之論，豈知莊子患拘近之士不知道之始終，而故爲書而言道之盡矣。夫道不可盡也，而莊子盡之，非得已焉者也，蓋亦矯當時之枉而歸之於正，故不得不高其言而盡於道。道之盡則入於妙，豈淺見之士得知之，宜乎見非其書也。吾甚傷不知莊子之意，故因其書而解焉。

# 南華真經新傳　卷一

## 内篇

### 逍遥遊篇

北冥有魚，其名爲鯤。鯤之大，不知其幾千里也。化而爲鳥，其名爲鵬。鵬之背，不知其幾千里也，怒而飛，其翼若垂天之雲。是鳥也，海運則將徙於南冥。南冥者，天池也。

夫道，無方也，無物也，寂然冥運而無形器之累，惟至人體之而無我。無我則無心，無心則不物於物，而放於自得之場，而遊乎混茫之庭，其所以爲逍遥也。至于鯤鵬，潛則在於北，飛則徙於南，上以九萬，息以六月。蜩鷽則飛不過榆枋，而不至則控于地，此皆有方有物也。有方有物則造化之所制，陰陽之所拘，不免形器之累，豈得謂之逍遥乎？郭象謂物任其性，事稱其能，各當其任，逍遥一也，是知物之外守，而未爲知莊子言逍遥之趣也。

齊諧者，志怪者也。

莊子之言，同彼我，一小大也。故同彼我者不得不齊，一小大者不得不和，此所以製「齊諧」之名也。夫齊者，齊其所不齊；諧者，諧其所不諧。鯤鵬爲大而斥鷃爲小，鯤鵬矜大之在我而小之在彼，斥鷃悲小之在我而大之在彼，則不齊不諧也。惟能達觀則均爲物爾，均爲物則安有彼我小大之殊乎？此所以極於齊諧也，故曰「齊諧」。然鯤鵬非有，而寓言之，故曰志怪也。

諧之言曰：「鵬之徙於南冥也，水擊三千里，摶扶摇而上者九萬里，去以六月息者也。」

鵬雖大也，飛不出乎九萬，息必以乎六月，拘於陰陽之數，而非所以爲逍遥也。

野馬也，塵埃也，生物之以息相吹也。

鵬之飛也，必待於野馬、塵埃之相吹也，無野馬、塵埃則大翼不能舉。此所以明物雖大，必有待而後行，非自然而然也，雖大不能免於累。

天之蒼蒼，其正色邪？其遠而無所至極邪？其視下也，亦若是則已矣。且夫水之積也不厚，則負大舟也無力。覆杯水於坳堂之上，則芥爲之舟；置杯焉則膠，水淺而舟大也。風之積也不厚，則其負大翼也無力，故九萬里，則風斯在下矣，而後乃今培風；背負青天而莫之夭閼者，而後乃今將圖南。蜩與鷽鳩笑之曰：「我決起而飛，搶榆枋，時則不至，而控於地而已矣，奚以之九萬里而南爲？」適莽蒼者，三餐而反，腹猶果然；適百里者，宿舂糧；適千里者，三月聚糧。

適遠者聚糧多，適近者聚糧少，此自然之理也。故鯤鵬之大則飛必九萬里，蜩鷽之小則飛不過榆枋，亦自然之理也。但能明其至理，而不以多少小大爲累，則亦自足也。

之二蟲又何知！小知不及大知，小年不及大年。奚以知其然也？朝菌不知晦朔，蟪蛄不知春秋，此小年也。楚之南有冥靈者，以五百歲爲春，五百歲爲秋。上古有大椿者，以八千歲爲春，八千歲爲秋。而彭祖乃今以久特聞，衆人匹之，不亦悲乎？

天下之人物，小知不及大知，小年不及大年，故朝菌不如蟪蛄，冥靈不如大椿，殤子不如彭祖，明矣。然由其無小無大，不生不死之理而觀之，則均爲有形之累，焉有不及不如於其間乎？非天下之達觀者，孰能與於此？

湯之問棘也是已。窮髮之北有冥海者，天池也[一]。有魚焉，其廣數千里，未有知其脩者，其名爲鯤。有鳥焉，其名爲鵬，背若泰山，翼若垂天之雲，摶扶摇羊角而上者九萬里，絶雲氣，負青天，然後圖南，且適南冥也。斥鴳笑之曰：「彼且奚適也？我騰躍而上，不過數仞而下，翱翔蓬蒿之間，此亦飛之至也，而彼且奚適也？」此小大之辯也。

鯤鵬之圖南，斥鴳笑之；斥鴳之騰躍，自以爲足矣，此小大之不同也，故曰：「此小大之辯也。」然鯤鵬、斥鴳各有其體，所以不逍遥爾[二]。夫逍遥者，豈復離乎本體哉？但能各冥其極，均爲逍遥；累乎其體，則均爲困苦。故逍遥之與困苦，特在其了與不了之間爾。

故夫知效一官，行比一鄉，德合一君，而徵一國者，其自視也亦若此矣。而宋榮子猶然笑之。道之於物無所復分，人之由道宜各自足。故一官一鄉一君一國之殊，能忘小大之分而自適，亦足以免其累也。宋榮子豈可笑乎？然榮子之笑之者，笑其有所分别也。

[一]「也」，原缺，據四庫本補。
[二]「爾」，四庫本作「耳」。

且舉世而譽之而不加勸，舉世而非之而不加沮，定乎内外之分，辯乎榮辱之竟，斯已矣。彼其於世，未數數然也。雖然，猶有未樹也。

舉世譽之而不加勸，舉世非之而不加沮者，此淮南所謂自信不爲訕譽遷也。夫自信者重内而輕外，自榮而忘辱，不失本心，而汎然逍遥矣，故曰：「定乎内外之分，辯乎榮辱之境，斯已矣。」斯已矣者，盡性之言也。盡性則人道畢，而未至命，故曰「有未樹」。

夫列子御風而行，泠然善也，旬有五日而後反。彼於致福者，未數數然也。此雖免乎行，猶有所待者也。

鯤之化爲鵬也，憑野馬塵埃而舉；列子之爲至人也，御風而後行，此皆有所待也。有所待，則其於逍遥也未盡乎幽妙。

若夫乘天地之正，而御六氣之辯，以遊無窮者，彼且惡乎待哉？

夫乘天地之正，而御六氣之辯，以遊無窮者，此聖人之所能也。夫聖人盡道之無，入神之妙，與物不迕，惟變所適〔一〕。其所往則不疾而速，其所來則不行而至，圓通周流，無所滯礙，了然逍遥而豈有所待，故曰彼且惡乎待哉〔二〕。此莊子之所謂逍遥，而佛氏之所謂身徧法界。自非聖智之所達，孰可與於此矣！

故曰：至人無己，神人無功，聖人無名。

至人知道，内冥諸心，汎然自得，而不累於物，故曰無己。神人盡道，無有所屈，成遂萬物，而妙用深藏，故曰無功。聖人體道，寂寞無爲，神化蕩蕩，而了不可測，故曰無名。

堯讓天下於許由，

老子曰：「功成身退，天之道也。」堯以既治而讓天下於許由，所謂得天之道也。得天之道則與天爲徒矣。

〔一〕「變」，四庫本作「順」。

〔二〕「惡乎」，原作「嗚呼」，據莊子原文及四庫本改。

曰：「日月出矣，而爝火不息，其於光也，不亦難乎？時雨降矣，而猶浸灌，其於澤也，不亦勞乎？夫子立而天下治，而我猶尸之。

大而化之之謂聖，聖而不可知之之謂神。聖則吉凶與民同患，而神則不與聖人同憂。堯之初治天下也，則天之大而化於民，其憂樂與天下共，所謂有爲之時也。及其化極而至于變，則鼓舞萬物而不知其所然，所謂無爲之時也。無爲出於有爲，而無爲之至則入神矣。夫聖人之功，待神以立，而功既極神，則固宜全神，此堯之所以讓天下也。夫功既極神而不能反，則神之所以虧矣，此堯之所以有爝火浸灌之喻也。

「吾自視缺然，請致天下。」

老子曰：「大成若缺。」大成者，不自成也，故若缺。堯之自視缺然者，所謂不自成也。

許由曰：「子治天下，天下既已治也，而我猶代子，吾將爲名乎？名者，實之賓也，吾將爲賓乎？

許由，古之無爲者。夫既無爲，則豈有心於天下，此所以不代於堯也。夫有爲無爲，均是至妙，無所分別。如必以有爲爲少而無爲爲至，則失其所以無爲，而名實交起，賓主相分，大道判矣。故許由所以辭之以賓主之說也。

「鷦鷯巢於深林，不過一枝。偃鼠飲河，不過滿腹。」

鷦鷯巢林不過一枝，偃鼠飲河不過滿腹，斯皆能任其極，各爲至當。此明有爲雖小，但能無累乎心，則亦天下之至妙，不必羡無爲之大也。以此而觀許由，豈有心於天下乎？

「歸休乎君，予無所用天下爲！」

聖人之功，待神以立，功極於神，則不與聖人同憂。不與聖人同憂，則豈以天下而爲事，故曰：「歸休乎君，無所用天下爲！」

「庖人雖不治庖，尸祝不越樽俎而代之矣。」

物各有分，分各有守。庖人以宰割爲功，而尸祝以清淨爲職，是各極於分守也。庖人或不治庖，而尸祝豈敢越職而代之？代之則亂其分守也。分守亂，則豈免於累乎？故堯極於神，而許由豈敢越分而代之？代之則不免於累也。不免於累則不足爲逍遥，此許由所以以庖祝而自況也。

肩吾問於連叔曰：「吾聞言於接輿，大而無當，往而不反。吾驚怖其言，猶河漢而無極也。大有徑庭，不近人情焉。」連叔曰：「其言謂何哉？」曰：「藐姑射之山，有神人居焉。肌膚若冰雪，綽約若處子。不食五穀，吸風飲露。乘雲氣，御飛龍，而遊乎四海之外。其神凝，使物不疵癘而年穀熟。吾以是狂而不信也。」連叔曰：「然。瞽者無以與乎文章之觀，聾者無以與乎鐘鼓之聲，豈唯形骸有聾盲哉？夫知亦有之。是其言也，猶時女也。之人也，之德也，將磅礴萬物以爲一，世蘄乎亂，孰弊弊焉以天下爲事！之人也，物莫之傷，大浸稽天而不溺，大旱金石流土山焦而不熱。是其塵垢粃糠，將猶陶鑄堯、舜者也，孰肯以物爲事？」

肩吾者，任我也。連叔者，不通不行而非物之長者也。接輿者，緜緜若存而又有所容者也。此莊子寄言於三人，而以明道之極致也。故道至於此則不可以言，言不可識，識而又非世俗之所能知也。姑射在北海之中，此歸根之意也。汾水在中國之東北，此復命之意也。乘雲氣，取其虛；御飛龍，取其變；遊四海之外，取不入於形器；時女，取應而不倡，此皆所以明道之極致也。夫道極致則妙，妙則神，神則無爲而已。故堯極于無爲而忘天下，是以讓於許由也。故曰往見四子而窅然喪天下。此莊子寓言道之盡，而非淺見之士可得而知也。

宋人資章甫而適諸越，越人斷髮文身，無所用之。堯治天下之民，平海内之政，往見四子藐姑射之山，汾水之陽，窅然喪其天下焉。

堯之所以君天下而無心於天下，由宋人資章甫而適諸越〔二〕，而越人斷髮文身，無所用而已。

惠子謂莊子曰：「魏王貽我大瓠之種，我樹之成而實五石，以盛水漿，其堅不能自舉也；剖之以爲瓢，則瓠落無所容。非不呺然大也，吾爲其無用而掊之。」莊子曰：「夫子固拙於用大矣。物各有體，體各有用，用適其材則爲妙用矣。故惠子得大瓠而爲無用，是拙於適材之妙用矣。拙於適材之妙用者，由心之未能直達也，故曰：『夫子猶有蓬之心也夫。』〔三〕

「宋人有善爲不龜手之藥者，世世以洴澼絖爲事。客聞之，請買其方百金。聚族而謀曰：『我世世爲洴澼絖，不過數金。今一朝而鬻技百金，請與之。』客得之，以説吴王。越有難，吴王使之將。冬，與越人水戰，大敗越人，裂地而封之。能不龜手一也，或以封，或不免於洴澼絖，則所用之異也。今子有五石之瓠，何不慮以爲大樽而浮乎江湖，而憂其瓠落無所容？則夫子猶有蓬之心也夫！」不龜手之藥，或用而爲洴澼絖，或用而得裂地之封，此明物雖一，而用適其材則各有所當而免

〔二〕「由」，四庫本作「猶」。

〔三〕「猶」，原本作「由」，據四庫本及下文改。

疑累，此窮理盡性之意也。

惠子謂莊子曰：「吾有大樹，人謂之樗。其大本擁腫而不中繩墨，其小枝卷曲而不中規矩。立之塗，匠者不顧。今子之言，大而無用，衆所同去也。」莊子曰：「獨不見狸狌乎？卑身而伏，以候敖者；東西跳梁，不避高下；中於機辟，死於罔罟。今夫斄牛，其大若垂天之雲，此能爲大矣，而不能執鼠。今子有大樹，患其無用，何不樹之於無何有之鄉，廣莫之野，彷徨乎無爲其側，逍遥乎寢卧其下。不夭斤斧，物無害者。無所可用，安所困苦哉？」

夫道無小大[一]，所以爲小大之本體；無所用，所以爲衆用之祖。惟聖人全性命之根本，而體道以爲用。故以大樗況之也。樗者，深其根而枝葉生；命者，固其本而萬事起。惟能深根固本，而不以小大内外爲累，則逍遥矣。無何有之鄉，言虚無；廣莫之野，言所大[二]；狸狌斄牛，言用之不同而均有於困苦；彷徨，言其動；寢卧，言其静；不夭斤斧，物而無害者，言不與物迕，而物莫能傷。此莊子言逍遥之極致，而處之於篇終也。

[一] 「小大」，四庫本作「大小」。

[二] 「所」，四庫本作「闊」。

# 南華真經新傳　卷二

## 齊物論篇

萬物受陰陽而生，我亦受陰陽而生。賦象雖殊，而所生同根。惟能知其同根，則無我；無我則無物，無物則無累，此莊子所以有齊物之篇也。

南郭子綦隱几而坐，仰天而嘘，嗒焉似喪其耦。顏成子游立侍乎前，曰：「何居乎？形固可使如槁木，而心固可使如死灰乎？

聖人體道而無我，無我則無對於天下，此南郭子綦似喪其耦也。夫耦，匹也。物莫不有匹，而惟道神妙而無匹。無匹則歸于一致而忘彼我，此物之所以齊也。故形可使如槁木，心可使如死灰。

「今之隱几者，非昔之隱几者也？」

今之隱几非昔之隱几者，此梵志所謂吾由昔人，非昔人者是也。

子綦曰：「偃，不亦善乎而問之也！今者吾喪我，汝知之乎？生者，天地之委和也，有生俱受委和也。惟子綦能知其所然，故絶累忘形〔一〕，而以吾喪我，物我所以俱齊也。世之昧者不知所然〔二〕，以爲形質差殊，小大異極，所以有彼我小大之辨，而所以不免於累也〔三〕。

「汝聞人籟而未聞地籟，汝聞地籟而未聞天籟夫。」子游曰：「敢問其方。」子綦曰：「夫大塊噫氣，其名爲風，是唯無作，作則萬竅怒呺。而獨不聞之翏翏乎？山林之畏隹，大木百圍之竅穴，似鼻，似口，似耳，似枅，似圈，似臼〔四〕，似洼者，似污者，激者、謞者、叱者、吸者、叫者、譹者、宎者、咬者，前者唱于而隨者唱喁，泠風則小和，飄風則大和，厲風濟則衆竅爲虚。而獨不見之調調、之刁刁乎？」子游曰：「地籟則衆竅是已，人籟則比竹是已，敢問天籟。」子綦曰：「夫吹萬不同，而使其自已也。咸其自取，怒者其誰邪？」

〔一〕「累」，四庫本作「慮」。
〔二〕四庫本「所」下有「以」字。
〔三〕「所以」，四庫本無。
〔四〕「臼」，原本作「舊」，據四庫本改。

天籟、地籟、人籟者，衆竅之所以不同也。衆竅不同而同受風以成聲，萬物雖異而同委氣以成體，竅爲風之所鳴而物爲化之所役，所遇雖殊，而同歸一致，此物我不得不齊也。然風不能鳴無竅，而化不能役無物，能脱形骸之累，而忘妄想之情，了然明達，而吾非我有，則入于神妙，而造化不能拘之矣。

大知閑閑，小知間間。大言炎炎，小言詹詹。其寐也魂交，其覺也形開。與接爲構，日以心鬭。縵者、窖者、密者。小恐惴惴，大恐縵縵。其發若機栝，其司是非之謂也；其留如詛盟，其守勝之謂也；其殺如秋冬，以言其日消也；其溺之所爲之，不可使復之也；其厭也如緘，以言其老洫也；近死之心，莫使復陽也。喜怒哀樂，慮歎變慹，姚佚啓態；

大知小知，大言小言，大恐小恐，其寐其覺，此皆有形之累也。夫有形則爲化之所役，役於化則所以有動止之異〔一〕，此所以未免於累也，安若無形而使化不能役使乎？非神不能與於此！

樂出虚，蒸成菌。

〔一〕「所以」，四庫本無。

聲隱於無聲，形隱於無形，此造化之自然也。及其鳴而然後成於聲，比而然後成於形，故曰「樂出虛，蒸成菌」也。

日夜相代乎前，而莫知其所萌。

晝往則夜繼，夜往則晝承，相代相更而莫有其極，此道之妙用，而天下莫能知其初，故曰「日夜相代乎前，而莫知其所萌」。

已乎，已乎！旦暮得此，其所由以生乎！非彼無我，非我無所取。是亦近矣，而不知其所爲使。

旦暮自然而然，真宰亦自然而然，我亦自然而然也。然非真宰則我不生，非我則真宰無所著，我即真宰之所使，日用焉而不自悟，豈有所分別乎？此見齊之之意也，故曰：「已乎，已乎！旦暮得此，其所由以生乎！非彼無我，非我無所取。是亦近矣，而不知其所爲使。」

若有真宰，而特不得其眹。

真宰者，至道之妙，宰制造化者也。以其自然，故曰真；以其造制，故曰宰。其爲物也，不在乎陰陽之內，亦不在乎陰陽之外，可以神會而不可以象求，故曰若有而不得其眹也。

不疾而速，生物而著，不可見其眹兆者，真宰也，故曰「可行已信，而不可見其形」；可以意了而不可以象求，故曰「有情而無形」。

可行已信，而不見其形，有情而無形。

汝皆悅之乎？其有私焉？」

手足耳目心膂肺腸，其不同也如此，我備而有之以爲我。我能無我，則非有一而可親矣。若有可親，則不能備而私矣，適足喪其真也，故曰：「百骸、九竅、六臟，賅而存焉，吾誰與有親？

百骸、九竅、六臟，賅而存焉，吾誰與爲親？汝皆說之乎？其有私焉？

如是皆有爲臣妾乎？其臣妾不足以相治乎？其遞相爲君臣乎？其有真君存焉？如求得其情與不得，無益損乎其真。

真宰者，有爲也。真君者，無爲也。臣妾，上下之分也。上下雖殊，而一之以真君，故曰：「其有真君存焉。」人之生也莫不皆有真君焉，故役役背馳而不能自悟，是以反喪其真焉。如能求

而得之，而知其真君之固有，則所以無虧於真矣，故曰：「如求得其情與不得，無益損乎其真。」[一]

一受其成形，不亡以待盡。與物相刃相靡，其行盡如馳而莫知能止，不亦悲乎！

造物者之造物，其變無窮，而偶爲我爾。人不自明而遂爲有我，有我則物於物而與物相靡刃，役役困苦而不得休息焉，此真君之所以不存矣。真君之不存，則不亦悲乎！此莊子之所以悲也。

終身役役而不見其成功，薾然疲役而不知其所歸，可不哀邪！人謂之不死，奚益！其形化，其心與之然，可不謂大哀乎？

天下之人不知物我同根，而不能齊，故外役於物而內喪其真，質雖存而形神已亡，尚不知其所止矣，不亦哀乎！此莊子之所以哀也。然莊子前言悲，而此言哀者，悲未至於哀，而哀有甚於悲。言哀而繼以「人謂不死奚益」之句，此其所可哀也，故言哀於後。夫形者，天之委氣；

---

[一]「益損」，原本作「損益」，據四庫本及上文乙之。

心者，人之真君。心内而形外，形萬變而無常，心定而不滅，此達者之所以如是。世之迷者役心於形，而喪其真，此所以尤可哀也，故曰：「不謂大哀乎？」

人之生也，固若是芒乎？其我獨芒，而人亦有不芒者乎？

芒者，昧也。人之生也，受形於真宰，而豈曰無知？惟不能自悟，而愈迷愈惑，所以入於無知也。豈天下之人一如此乎？亦有達觀者在其間爾。故曰：「人之生也，固若是芒乎？其我獨芒，而人亦有不芒者乎？」

夫隨其成心而師之，誰獨且無師乎？奚必知代而心自取者有之？愚者與有焉！

心者，人之真君也。人能不喪其真君，所以謂之成心也。成心既存而自師之，則與道冥會，而與神默契，不必知陰陽代謝而然後謂之得道也。愚者不能知有真君而存之，徒務役形而求道，此其所以自惑也，故終身求之而不知也。

未成乎心而有是非，是今日適越而昔至也。

聖人固其成心而無是無非，下文所謂「以是非爲環得其中者」是也。衆人喪其成心而有是有非，此之所謂「今日適越而昔至」是也。

是以無有爲有。無有爲有，雖有神禹且不能知，吾獨且奈何哉！

神禹之行水，行其所無事也。行其所無事者，心無所惑也。今人不能存其成心而惑是非，禹尚不能知之也，我獨何以强知乎？故曰：「神禹且不能知，吾獨且奈何哉！」

夫言非吹也，言者有言。其所言者，特未定也。果有言邪？其未嘗有言邪？其以爲異於鷇音，亦有辯乎？其無辯乎？道惡乎隱而有真僞？言惡乎隱而有是非？道惡乎往而不存？言惡乎存而不可？道隱於小成，言隱於榮華。故有儒墨之是非，以是其所非而非其所是，欲是其所非而非其所是，則莫若以明。物無非彼，物無非是。自彼則不見，自知則知之。故曰：彼出於是，是亦因彼。彼是方生之説也。雖然，方生方死，方死方生；方可方不可，方不可方可；因是因非，因非因是。

無小成者〔二〕，大道也。無浮華者，至言也。然而有真僞是非者，由道隱於小成，而言隱於榮華

---

〔二〕「小」，原本作「新」，據莊子原文及四庫本改。

也。道隱於小成則不全，言隱於榮華則不實，是以有儒墨之是非，而所以不齊也。

是以聖人不由而照之于天，亦因是也。

聖人内冥諸心，而不由是非之塗，而任其自然而然，是以無是無非也。故曰：「聖人不由而照之于天，亦因是也。」

是亦彼也，彼亦是也。彼亦一是非，此亦一是非，果且有彼是乎哉？果且無彼是乎哉？彼是莫得其偶，謂之道樞。

大道同宗，是非一氣。忘彼與我，則舉忘其對，所以運轉而無窮也。故曰：「彼是莫得其偶，謂之道樞。」

樞始得其環中，以應無窮。是亦一無窮，非亦一無窮也。故曰：莫若以明。以指喻指之非指，不若以非指喻指之非指也；以馬喻馬之非馬，不若以非馬喻馬之非馬也。天地一指也，萬物一馬也。

彼指此指，彼馬此馬，其不同者形，而其所同者質，安得有所不齊乎？天地雖異而同出於道，萬物雖殊而亦出於道，但天地殊高下之形，萬物異小大之體，其所出同於本而已，安得有所不齊也？故曰：「天地一指，萬物一馬。」然莊子以天地而喻一指，以萬物而喻一馬者，以天地靜而得道之體，而萬物動而得道之用也。

可乎可，不可乎不可。道行之而成，物謂之而然。惡乎然？然於然；惡乎不然？不然於不然。物固有所然，物固有所可；無物不然，無物不可。故爲是舉莛與楹，厲與西施，恢恑憰怪，道通爲一。

大道無可與不可，無然與不然，無成與不成，無美與不美，渾然爲一而莫不由之。然而人不知道而妄情所見，然後有可與不可，有然與不然，有成與不成，有美與不美，所以自致疑累矣。此莊子所以明達者能通而爲一也。

其分也，成也；其成也，毁也。凡物無成與毁，復通爲一。唯達者知通爲一，爲是不用而寓諸庸。庸也者，用也；用也者，通也；通也者，得也，適得而幾矣。因是已，已而不知其然謂之道。

不偏見，不滯礙，曉然洞徹，而冥於至理者，此莊子之所謂達者也。雖然，不廢萬物之成毁，而但寄之常，用而不自有，故曰「寓諸庸」也。庸則濟天下之用，而無所往而不通矣。無所往不通，則所以爲得道，故曰：「通也者，得也，適得而幾矣。」幾者，近而未至也。

勞神明爲一而不知其同也，謂之朝三。何謂朝三？曰狙公賦芧，曰：「朝三而暮四。」衆狙皆怒。曰：「然則朝四而暮三。」衆狙皆悦。名實未虧而喜怒爲用，亦因是也。

朝四而暮三，何異朝三而暮四？衆狙妄情而喜怒於其間，其所以爲惑也。天下之人妄情，何異衆狙乎？此所以不免於惑也。

是以聖人和之以是非，而休乎天鈞，

聖人忘是非，任自然，萬法一視，而無高下，此所以能齊物也。故曰：「聖人和之以是非，休乎天鈞，是之謂兩行。」

是之謂兩行。古之人，其知有所至矣。惡乎至？有以爲未始有物者，至矣，盡矣，不可以加矣！其次以爲有封焉〔二〕，而未始有是非也。是非之彰也，道之所以虧也。道之所以虧，愛之所以成。

---

〔二〕此句上，四庫本有「其次以爲有物矣，而未始有封也」。

果且有成與虧乎哉？果且無成與虧乎哉？有成與虧，故昭氏之鼓琴也；無成與虧，故昭氏之不鼓琴也[一]。

有是非則道所以虧，無是非則道所以全，此莊子所以寓言昭氏鼓琴不鼓琴也。

昭文之鼓琴也，師曠之枝策也，惠子之據梧也，三子之知幾乎，皆其盛者也，故載之末年。唯其好之也以異於彼，其好之也欲以明之。彼非所明而明之，故以堅白之昧終。而其子又以文之綸終，終身無成。若是而可謂成乎？雖我亦成也；若是而不可謂成乎？物與我無成也。

昭文之鼓琴，師曠之枝策，惠子之據梧，三子者不知大道之無形，大音之希聲，但冥於至理，則然後方得，何必勞形極慮而求之歟？此所以終身無成也。

是故滑疑之耀，聖人之所圖也。爲是不用而寓諸庸，此之謂「以明」。

滑疑者，胸中惑亂而不果也。胸中惑亂而不果，則徒衒明於外而耀衆矣，此非窮理盡性之人也。惟聖人不棄而寓諸用，以大覺覺之而明也。故曰：「滑疑之耀，聖人之所圖也。爲是不

[一]「也」，原缺，據四庫本補。

用而寓諸庸，此之謂『以明』也。」

今且有言於此，不知其與是類乎？其與是不類乎？類與不類，相與爲類，則與彼無以異矣。雖然，請嘗言之：有始也者，有未始有始也者，有未始有夫未始有始也者；有有也者，有無也者，有未始有無也者，有未始有夫未始有無也者。俄而有無矣，而未知有無之果孰有孰無也。今我則已有謂矣，而未知吾所謂之其果有謂乎？其果無謂乎？天下莫大於秋毫之末，而太山爲小；莫壽乎殤子，而彭祖爲夭。天地與我並生，而萬物與我爲一。既已爲一矣，且得有言乎？既已謂之一矣，且得無言乎？

秋毫、太山、殤子、彭祖、天地、萬物，俱爲有形也，有形則可以忘形而齊諧也。夫知道者，不死而不生，故天地與之並生也；無方而無體，萬物與之爲一也。物既與之爲一矣，所以不必有言也，故曰：「既爲一矣，且得有言乎？」

一與言爲二，二與一爲三，自此以往，巧歷不能得，而況其凡乎？故自無適有，以至於三，而況自有適有乎？無適焉，因是已！

有言則有對，故一與言所以爲二也。二與一相對，則所以生於萬物也。此道之所以散也。

夫道未始有封，言未始有常，爲是而有畛也。請言其畛：有左有右，有倫有義，有分有辯，有競有爭，此之謂八德。六合之外，聖人存而不論；六合之内，聖人論而不議；春秋經世，先王之志，聖人議而不辯。故分也者，有不分也；辯也者，有不辯也。曰：何也〔一〕？聖人懷之，衆人辯之，以相示也。故曰辯也者，有不見也。

大道渾然而無方，至言寂然而無辯。道散而然後有分域，言出而然後有是非。惟聖人明其物之性分，而不議不辯，所以能冥其極也。故曰：「六合之外，聖人存而不論；六合之内，聖人論而不議；春秋經世，聖人議而不辯也。」

夫大道不稱，大辯不言，大仁不仁，大廉不嗛，大勇不忮。道昭而不道，言辯而不及，仁常而不成，廉清而不信，勇忮而不成，五者园而幾向方矣〔二〕。故知止其所不知，至矣！

大道寂然，難可强名，故曰「不稱」。大辯默識，不假分别〔三〕，故曰「不言」。大仁博愛，無所偏係，故曰「不仁」。大廉無外，不加不損，故曰「不嗛」。大勇本仁，豈有殺害，故曰「不忮」。

〔一〕「何」下原有「事」字，據四庫本删。

〔二〕「园」，四庫本作「圓」。

〔三〕「假」，四庫本作「暇」。

大道自明，則非道矣，故曰「道昭而不道」。言辯則是非有彰矣，故曰「言辯而不及」。仁於一物，則仁虧矣，故曰「仁常而不成」。廉而揚清，則爲詐矣，故曰「廉清而不信」。勇而好殺，則勇虧矣，故曰「勇忮而不成」。五者挫其鋭，則幾近於妙術，故曰「五者园而幾向方矣」〔二〕。

孰知不言之辯，不道之道？若有能知，此之謂天府。

不言之辯，大辯也。不道之道，大道也。大辯無物不容，而大道無物不由，故曰「天府」。天府者，物之所藏也。

注焉而不滿，酌焉而不竭，而不知其所由來，此之謂葆光。

注焉而不滿，酌焉而不竭者，此孟子所謂不加不損，而佛氏所謂不增不減是也。夫莊子有言葆光，有言天光，何也？以至人之性廓然無邊，而愈久愈明，故曰葆光；以至人德宇泰然一定，而其明自然，故曰天光也。葆者以其愈久，而天者以其自然。

〔二〕「园」，四庫本作「圓」。

故昔者堯問於舜曰：「我欲伐宗、膾、胥敖，南面而不釋然，其故何也？」舜曰：「夫三子者，猶存乎蓬艾之間。若不釋然，何哉！昔者十日並出，萬物皆照，而況德之進乎日者乎！」

聖人無我，而物無不順，儻有不順，則不得不伐，此老子所以有用兵有言之章，而莊子所以有堯伐宗、膾、胥敖之言也。夫無我者，與物齊也。物不我齊則不諧矣，不諧而聖心豈得自安歟？此堯之所以南面而不釋然也。

齧缺問乎王倪曰：「子知物之所同是乎？」曰：「吾惡乎知之！」「子知子之所不知邪？」曰：「吾惡乎知之！」「然則物無知邪？」曰：「吾惡乎知之！雖然，嘗試言之：庸詎知吾所謂知之非不知邪？庸詎知吾所謂不知之非知邪？

齧缺者，道之不全也。王倪者，道之端也。莊子欲明道全與不全，而與端本，所以寓言於二子也。夫「子知物之所同是」者，此明齊一之理，而故以此言而爲問端也。「雖然，嘗試言之」者，蓋不得已而言之，言之非欲辯也。萬物同根，皆自知矣。以知爲知，則非知矣；以不知爲知，則深知矣。齧缺問於知之者，是以知爲知，而反不知矣。

「且吾嘗試問乎汝：民濕寢則腰疾偏死，鰌然乎哉？木處則惴慄恂懼，猨猴然乎哉？三者孰知正處？民食芻豢，麋鹿食薦，蝍且甘帶[一]，鴟鴉耆鼠，四者孰知正味？猨猵狙以爲雌，麋與鹿交，鰌與魚游。毛嫱、麗姬，人之所美也，魚見之深入，鳥見之高飛，麋鹿見之決驟，四者孰知天下之正色哉？

正處者，不待處處而然後爲處。正味者，不待味味而然後爲味也。正色者，不待色色而然後爲色也[二]。此皆以無爲是矣。

「自我觀之，仁義之端，是非之塗，樊然殽亂，吾惡能知其辯！」

大道全則無仁義，大智隱則無是非。道廢而然後有仁義，智顯而然後有是非。故王倪得道之全而不用智，以此見仁義之端，是非之塗，樊然殽亂矣。

齧缺曰：「子不知利害，則至人固不知利害乎？」王倪曰：「至人神矣！大澤焚而不能熱，河漢沍而不能寒，疾雷破山、風振海而不能驚。若然者，乘雲氣，騎日月，而遊乎四海之外，死生無變

〔一〕「且」，四庫本作「蛆」。
〔二〕「待」，原本作「侍」，據四庫本改。

於己，而況利害之端乎！」

至人無己，與物爲一，而物莫敢犯，故水火不能傷，寒暑不能挫，風雷不能動。是以躡空虛，御陰陽，出於形器之外，而始終不易其守也，憂樂豈足累其心？故曰：「大澤焚而不能熱，河漢沍而不能寒，疾雷破山、風振海而不能驚。若然者，乘雲氣，騎日月，而遊乎四海之外〔一〕，死生無變於己，而況利害之端乎！」

瞿鵲子問乎長梧子曰：「吾聞諸夫子：聖人不從事於務，不就利，不違害，不喜求，不緣道，無謂有謂，有謂無謂，而遊乎塵垢之外。夫子以爲孟浪之言，而我以爲妙道之行也，吾子以爲奚若？」長梧子曰：「是黄帝之所聽熒也，而丘也何足以知之！且女亦大早計，見卵而求時夜，見彈而求鴞炙。予嘗爲女妄言之，女以妄聽之奚？旁日月，挾宇宙，爲其脗合，置其滑涽，以隸相尊。

聖人體道，恬然無爲，動不役物，而處不避患。萬物皆備於己，而不樂外求，至道與之爲一，而豈假緣行？無能爲有，有能爲無。居于清浄之極，而污穢不能染矣。故曰：「聖人不從事於

〔一〕「遊」，原本作「游」，據四庫本改。

務，不就利，不違害，不喜求，不緣道，無謂有謂，有謂無謂，而遊乎塵垢之外。」〔一〕旁日月者，所謂一晝夜也。挾宇宙者，所謂齊遠近也。

「衆人役役，聖人愚芚，

衆人有我，物於物而爲物所役，故曰「役役」。聖人無我，不物物而與物爲一，故曰「愚芚」〔二〕。

「參萬歲而一成純。萬物盡然，而以是相蘊。予惡乎知説生之非惑邪！予惡乎知惡死之非弱喪而不知歸者邪！麗之姬，艾封人之子也。晉國之始得之也，涕泣沾襟，及其至於王所，與王同筐牀，食芻豢，而後悔其泣也。予惡乎知夫死者不悔其始之蘄生乎？夢飲酒者，旦而哭泣；夢哭泣者，旦而田獵。方其夢也，不知其夢也。夢之中又占其夢焉〔三〕，覺而後知其夢也。且有大覺而後知此其大夢也，而愚者自以爲覺，竊竊然知之。『君乎〔四〕！牧乎！』固哉！丘也與女

〔一〕「遊」，原本作「游」，據四庫本改。
〔二〕「芚」，原本作「鈍」，據四庫本改。
〔三〕「占」，原本作「沾」，據四庫本改。
〔四〕「君」下原本衍「子」字，據四庫本删。

皆夢也，予謂女夢亦夢也。是其言也，其名爲弔詭。萬世之後而一遇大聖知其解者，是旦暮遇之也。既使我與若辯矣，若勝我，我不若勝，若果是也？我果非也邪？我勝若，若不吾勝，我果是也？而果非也邪？其或是也？其或非也邪？其俱是也？其俱非也邪？我與若不能相知也。則人固受其黮闇，吾誰使正之？使同乎若者正之，既與若同矣，惡能正之？使同乎我者正之，既同乎我矣，惡能正之？使異乎我與若者正之，既異乎我與若矣，惡能正之？使同乎我與若者正之，既同乎我與若矣，惡能正之？然則我與若與人俱不能相知也，而待彼也邪？」「何謂和之以天倪？」曰：「是不是，然不然。是若果是也，則是之異乎不是也亦無辯；然若果然也，則然之異乎不然也亦無辯。化聲之相待，若其不相待，和之以天倪，因之以曼衍，所以窮年也。忘年忘義，振於無竟，故寓諸無竟。」罔兩問景曰：「曩子行，今子止〔二〕；曩子坐，今子起。何其無特操與？」景曰：「吾有待而然者邪？吾所待又有待而然者邪？吾待蛇蚹蜩翼邪？惡識所以然？惡識所以不然？」昔者莊周夢爲胡蝶，栩栩然胡蝶也，自喻適志與！不知周也。俄然覺，則蘧蘧然周也。不知周之夢爲胡蝶與？胡蝶之夢爲周與？周與胡蝶則必有分矣，此之謂物化。

參萬歲而一成純者，此言齊之之妙也。夫莊子齊物之篇，始之以無彼我，同是非，合成毁，一

〔二〕「止」，原本作「正」，據四庫本改。

多少，齊小大而已。及其言之至，則次之以參年歲，一生死，同夢覺，千變萬化而歸于一致，所謂明達而無礙者也。夫物之不齊，物之所同然也。莊子能明其本而齊同之，是覺天下之未覺也。然而物我齊之則可也，至于夢覺，則何以同之歟？夫晝之所爲，與夜之所夢，一也。然晝以覺，夜以寐，而小有不同也。積久而思，則晝所爲，夜所夢，茫然無所分別矣。莊子能知其大同而同之，故反復言其方夢、占夢、大覺、大夢之妙，而所以盡其齊之之意〔二〕。又恐世之未能信其言也，復寓言其身夢爲胡蝶，又言其不知周之夢爲胡蝶，胡蝶之夢爲周，所以極盡其齊同之意，而以覺於天下。非達觀者，豈能知莊子之所言矣！

〔二〕「所以」，四庫本在「齊」字上。

# 南華真經新傳　卷三

## 養生主篇

夫齊物者必無我，無我者必無生。無生，所以爲養生之主，而生之所以存，此莊子作養生主之篇而次之於齊物也。

吾生也有涯，而知也無涯。以有涯隨無涯，殆已！已而爲知者，殆而已矣！

生者，天之委和也。天地之委和於人，素定其分，而不過其極，故曰「吾生也有涯」。役於富貴，悦於榮寵，思慮交萌，而妄情無限，故曰「智也無涯」〔一〕。以有涯之生而隨無涯之智〔二〕，則生之所以不存矣。生之所以不存，則安足以免困苦之累歟？故曰「殆已」。

爲善無近名，爲惡無近刑，緣督以爲經，可以保身，可以全生，可以養親，可以盡年。

〔一〕〔二〕「智」，四庫本作「知」。

善養生者，内冥其極，而任其自然，忘善與惡，則所以遠於刑名矣。不善養生者，思慮内萌，而以善爲善，以惡爲惡，所以近於刑名矣。遠刑名則生所以全，近刑名則生所以喪。緣督以爲經，所謂道中庸也。夫至人之養生，不役物，不喪真，不擇地，不害性而已。故不役物則可以保身，不喪真則可以全生，不擇地則可以事親，不害性則可以盡年，此皆存諸己而已。

庖丁爲文惠君解牛，手之所觸，肩之所倚，足之所履，膝之所踦，砉然嚮然，奏刀騞然，莫不中音，合於桑林之舞〔二〕，乃中經首之會。文惠君曰：「譆，善哉！技蓋至此乎？」庖丁釋刀對曰：「臣之所好者道也，進乎技矣。始臣之解牛之時，所見無非牛者，三年之後，未嘗見全牛也。方今之時，臣以神遇而不以目視，官知止而神欲行。依乎天理，批大郤，導大窾，因其固然。技經肯綮之未嘗，而況大軱乎！良庖歲更刀，割也；族庖月更刀，折也；今臣之刀十九年矣，所解數千牛矣，而刀刃若新發於硎。彼節者有間而刀刃者無厚，以無厚入有間，恢恢乎其於遊刃必有餘地矣。是以十九年而刀刃若新發於硎。雖然，每至於族，吾見其難爲，怵然爲戒，視爲止，行爲遲，動刀甚微，謋然已解，如土委地。提刀而立，爲之四顧，爲之躊躇滿志，善刀而藏之。」文惠君

〔二〕「林」，原本作「木」，據四庫本改。

曰：「善哉！吾聞庖丁之言，得養生焉。」

夫生必有理，而理出於性命之際。能順其理，則舉知其全生之妙，此庖丁之解牛，能依牛之天理，而所以舉不見其全牛也。然庖丁寓言養生於解牛，必言其三年，而又言其十九年者，蓋言陰陽之數，雖更而生之，所以愈全也。故曰「未嘗見全牛」，又曰「刀刃若新發於硎」。夫庖丁之能解牛者，以其善刀故也。善刀者全其刀之利，韜藏而不衒也，故曰「善刀而藏之」。所以況養生者，必全其生之之理，而歸之老子所謂「全而歸之」是也。文惠君遽悟庖丁之言，而知養生，所謂庶幾於道也。

公文軒見右師而驚曰：「是何人也？惡乎介也？天與？其人與？」曰：「天也，非人也。天之生是使獨也，人之貌有與也。以是知其天也，非人也。

生者本也，形者枝也。本固而枝缺，則亦可以爲全，此右師雖介而生所以全。公文軒徒驚其形也。

「澤雉十步一啄，百步一飲，不蘄畜乎樊中。神雖王，不善也。」

雉飲啄於野澤，則忘形而樂生；畜乎樊中，則養形而傷生。樂生則神所以全，養形則生所以喪。生之喪，則未免乎憂累，故曰「不善也」。

老聃死，秦失弔之，三號而出。弟子曰：「非夫子之友邪？」曰：「然。」「然則弔焉若此可乎？」曰：「然。始也吾以爲其人也，而今非也。向吾入而弔焉？有老者哭之，如哭其子；少者哭之，如哭其母。彼其所以會之〔一〕，必有不蘄言而言，不蘄哭而哭者。是遁天倍情，忘其所受，古者謂之遁天之刑。

至人以生之爲暫來，以死之爲暫往，生不喜其成，而死不悲其毁。然老聃死，而秦失弔之而三號者，非所以哀其毁，而蓋不能獨異於衆也。

「適來，夫子時也；適去，夫子順也。

夫至人忘情全真，汎然自得，生死利害未嘗介蔕於胸中，故適來則爲時，適去而能順。時不爲之樂，而順不爲之哀，此生之所以生生而無喪也。

〔一〕「以」，原缺，據四庫本補。

「安時而處順，哀樂不能入也，古者謂是帝之縣解。」

天者，命也。命之所受於人，不可逃遁而已。逃其命則累其生，適自致於憂患矣，故曰「遁天之刑」也。帝亦命也，命無係著，則憂患不能累其生，故曰「帝之縣解」也。養生者必達乎二者之妙矣。

指窮於爲薪，火傳也，不知其盡也。

以薪繼薪，則火不能滅；知生養生，則生不能絶。不滅則火所以傳，不絶則生所以久，所以無時而盡也，故曰「不知其盡」也。夫莊子之言養生，始乎有涯，而終乎不盡者，以性命受之有分，而能不累於榮辱利害，則生之所以不喪而無極矣，所以終於不盡也。非明達者，孰與於此乎？

## 人間世篇

善養生者，必自得於性命之際，而無思無爲也。無思無爲，則足以處人間，應世變，而憂患不足以累之，此莊子作人間世之篇而次之於養生也。

顏回見仲尼，請行。曰：「奚之？」曰：「將之衛。」曰：「奚爲焉？」曰：「回聞衛君，其年壯，其行獨。輕用其國，而不見其過；輕用民死，死者以國量乎澤若蕉，民其無如矣！回嘗聞之夫子曰：『治國去之，亂國就之，醫門多疾。』願以所聞思其則，庶幾其國有瘳乎！」仲尼曰：「譆，若殆往而刑耳！

天下之事變不一，非經世者不足與之應對酬酢矣。夫經世者本無我，無我則無思無爲，而患禍不能及之矣。故仲尼者，無我也，無我則已見無對，於當天下之至變〔一〕，處天下之至難，則寂然不動，而無纖毫之累。顔回者，克己也，克己則未至於無我，當衛君之輕用其國民，則介然自動，而欲以所聞説之〔二〕，而幾不免於累。夫仲尼之無我，則無思無爲也；顔回之克己，則有思有爲也。有思卒至於無思，有爲卒至於無爲，此顔回終至於未始有回也。未始有回者，亦無我也。此二人足以爲萬世法，莊子所以首於此篇而稱之也。

「夫道不欲雜，雜則多，多則擾，擾則憂，憂而不救。

道集於虛而生於一，一者，道之妙本矣。夫能抱一，則足以爲天下式，故曰「道不欲雜」。不能

〔一〕「於」，四庫本作「故」。
〔二〕「聞」，原本作「間」，據四庫本改。

抱一，則支離而百端，故曰「雜則多」。惑於百端，則心不自止，故曰「多則擾」。心不自止，則未免於憂累，故曰「擾則憂」。未能自免於憂累，則豈能去他人之憂累乎？故曰「憂而不救」。此皆有思有爲之致也。

「古之至人，先存諸己而後存諸人。所存於己者未定，何暇至於暴人之所行！且若亦知夫德之所蕩而知之所爲出乎哉？德蕩乎名，知出乎争。名也者，相軋也；知也者，争之器也。二者凶器，非所以盡行也。

聖人無名，所以無爲；無智〔二〕，所以無得。無爲則物莫不歸，無得則物莫與競。常人好名用智，而所以有爲有得也。有爲則物不相服，有得則物必與競，故曰：「名也者，相軋也；智也者，争之器也。」

「且得厚信矼，未達人氣；名聞不争，未達人心。而彊以仁義繩墨之言述暴人之前者〔三〕，是以人

〔二〕「智」，四庫本作「知」，本段下同。
〔三〕「述」，原本作「術」，據四庫本改。

惡有美也，命之曰菑人。菑人者，人必反菑之。若殆爲人菑夫！且苟爲悦賢而惡不肖，惡用而求有以異？若唯無詔，王公必將乘人而鬬其捷。而目將熒之，而色將平之，口將營之，容將形之，心且成之。是以火救火，以水救水，名之曰益多。順始無窮，若殆以不信厚言，必死於暴人之前矣！

目將熒之者，所謂眸子眊焉是也。色將平之者，所謂色赧赧焉是也。口將營之者，所謂騰口之説是也。容將形之者，所謂以爲容悦是也。心且成之者，所謂役心從物是也。此皆不存諸己之累矣。

「且昔者桀殺關龍逢，紂殺王子比干，是皆脩其身以下傴拊人之民，以下拂其上者也。故其君因其脩以擠之，是好名者也。昔者堯攻叢枝、胥敖，禹攻有扈，國爲虚厲，身爲刑戮。其用兵不止，其求實無已，是皆求名實者也。而獨不聞之乎？名實者，聖人之所不能勝也，而況若乎？」

名實者，虚器也，聖人豈有心而求之歟？故寂默無爲，而聲迹俱泯，凶患不可及之矣，此堯、禹之所以能處天下也。昧者不知其然，而深求於名實，名實雖立，而凶患繼至，此叢、敖、有扈之所以自喪其國也，故曰「是皆求名實者也」。夫聖人之忘名實，名實忘而所以無我於天下，萬物豈能累我乎？使聖人不忘於名實，則名實立而有我於天下，萬物交至而爲累，聖人豈能勝之歟？故曰：「名實者，聖人之所不能勝也，而況若乎？」

「雖然，若必有以也，嘗以語我來。」顏回曰：「端而虚，勉而一，則可乎？」曰：「惡，惡可！夫以陽爲充孔揚，采色不定，常人之所不違，因案人之所感〔一〕，以求容與其心，名之曰日漸之德不成，而況大德乎！將執而不化，外合而内不訾，其庸詎可乎！」

端而虚，勉而一，此内外雖正，而由有内外之别。夫有内外者必有諸身，有諸身則未免於患。老子曰：「吾有大患，爲吾有身。」此顏回未能忘我也。故仲尼告之以「其庸詎可乎」。

「然則我内直而外曲，成而上比。内直者，與天爲徒。與天爲徒者，知天子之與己，皆天之所子，而獨以己言蘄乎而人善之，蘄乎而人不善之邪？若然者，人謂之童子，是之謂與天爲徒。外曲者，與人之爲徒也。擎跽曲拳，人臣之禮也。人皆爲之，吾敢不爲邪？爲人之所爲者，人亦無疵焉，是之謂與人爲徒。成而上比者，與古爲徒。其言雖教，讁之實也，古之有也，非吾有也。若

〔一〕「感」，四庫本作「惑」。

然者，雖有不爲病，是之謂與古爲徒。若是則可乎？」仲尼曰：「惡，惡可！大多政法而不諜。雖固，亦無罪。雖然，止是耳矣，夫胡可以及化！猶師心者也。」

内直外曲，成而上比者，雖與天人上古爲徒，而未得爲無身也。未得爲無身者，未得爲無我也，此仲尼由答之以烏可〔一〕。夫至人外無我而内無心〔二〕，體合太虛，而不可得有，故能使萬物俱化矣。若與天人上古爲徒，則未合於太虛，烏能使萬物自化乎？故曰「胡可以及化」。故無心於物，則物莫不從，有心於化，則化未必及。顔回欲化衛君也，尚爲有心而已矣，故仲尼告之以猶師心者也。

顔回曰：「吾無以進矣，敢問其方。」仲尼曰：「齋，吾將語若。有而爲之，其易邪？易之者，皞天不宜。」顔回曰：「回之家貧，唯不飲酒不茹葷者數月矣，若此則可以爲齋乎？」曰：「是祭祀之齋，非心齋也。」回曰：「敢問心齋。」仲尼曰：「若一志，無聽之以耳而聽之以心，無聽之以心而聽之以氣。聽止於耳，心止於符。

〔一〕「由」，四庫本作「又」。

〔二〕「外」、「内」二字，四庫本互乙。

志一則心鑑定而思慮澄，廓然空虚，而至道自集也，故曰「一志」。夫中既空虚而道集，非由外知而由於内得也，故曰「無聽之耳而聽之心」。心既得之，則然後以氣而得之也，故曰「無聽之以心而聽之以氣」。如此則至道集于己，而推其緒餘，而可化於人矣。然至道不可以情求，必先精其聰聽矣，故曰「聽止於耳」。耳者，體也。體既得之，則合於心；心既得之，則合於氣，故曰「氣止於符」。

「氣也者，虚而待物者也，唯道集虚。虚者，心齋也。」顏回曰：「回之未始得使，實自回也；得使之也，未始有回也，可謂虚乎？」夫子曰：「盡矣！

齋者，易所謂「齋戒以神明其德」是也。夫齋則將以有思，而戒則將以有爲。孔子將使顏回受其說，故使之心齋而已矣，故曰：「虚者，心齋也。」然虚者一也，齋者静也。一則足以應萬變，静則足以制群動，如此則可以化人矣。夫心齋本於無我無心也，此顏回悟心齋之言，而遂忘於己也，故曰「未始有回也」。未始有回，則亦可以經世矣。

「吾語若：若能入遊其樊而無感其名，入則鳴，不入則止。

得至虚之妙者，雖處於天地之間，而泯然絶於聲聞也，故曰「若能入遊其樊而無感其名」。夫無感其名則沖寂也，物來則然後應，不來則不自動。譬由人籟，受氣則鳴，氣止則息也，故曰「入則鳴，不入則止」。

「無門無毒，

無門者，善閉也。無毒者，不治也。善閉所以藏用，不治所以顯仁，此任其自然而然也。

「一宅而寓於不得已，則幾矣。

體全至虛，抱一自處，無心於物，而物來則應，不得已而然後起，至道所謂盡之矣。故曰：「一宅而寓於不得已，則幾矣。」

「絶迹易，無行地難。

泯然無爲，高世而絶迹，則聖人所以爲易也。超然有爲，經世而無患，則聖人所以爲難也。故曰：「絶迹易，無行地難。」

「爲人使易以僞，爲天使難以僞。

人者，使然也；天者，自然也。使然可以欺，而自然不可詐，故曰：「爲人使易以僞，爲天使難以僞。」〔一〕

「聞以有翼飛者矣，未聞以無翼飛者也；聞以有知知者矣，未聞以無知知者也。瞻彼闋者，虛室生白，吉祥止止。

室虛則所以自白，心虛則所以自静。静則定，而性命之情不動矣，然後吉祥所以來舍也。故曰：「瞻彼闋者，虛室生白，吉祥止止。」

「夫且不止，是之謂坐馳。

心不虛則不止，不止則不定，不定則所以偏法界，役萬物，而不能息形，雖坐而心實馳也。故曰：「夫且不止，是謂坐馳。」

「夫徇耳目内通而外於心知，鬼神將來舍，而況人乎！

〔一〕「僞」，原作「爲」，據四庫本改。

耳目，外也；心智[一]，内也。惟能忘我，則超然自得，耳目非必在外，而心智非必在内。體與化合，而理與神契，況人間焉有不化乎？故曰：「夫徇耳目内通而外於心知，鬼神將來舍，而況人乎！」

「是萬物之化也，禹、舜之所紐也，伏戲、几蘧之所行終，而況散焉者乎！」

體合至虚，則可以使萬物之化，故曰「是萬物之化也」。禹、舜有爲之名，羲、蘧無爲之至，有爲無爲，均是至妙。道至此而渾合，而不解散，聖人終始於其間也。夫道，合則渾而至妙，離則散而猶精。得其渾，則足以任之自化；得其散，則亦可使之入化矣。故曰：「禹、舜之所紐也，伏羲、几蘧之所行終，而況散焉者乎！」

葉公子高將使於齊，問於仲尼曰：「王使諸梁也甚重。齊之待使者，蓋將甚敬而不急。匹夫猶未可動也；而況諸侯乎！吾甚慄之。子嘗語諸梁也曰：『凡事若小若大，寡不道以歡成。』事若不成，則必有人道之患；事若成，則必有陰陽之患；若成若不成而後無患者，唯有德者能之。

[一]「智」，四庫本作「知」，本段下同。

吾食也執粗而不臧，爨無欲清之人。今吾朝受命而夕飲冰，我其内熱與！吾未至乎事之情而既有陰陽之患矣！事若不成，必有人道之患，是兩也。爲人臣者不足以任之，子其有以語我來！」

經世之道，必先於忘身，而其次在信命，故忘身則至於無我，而信命則任其自然。如此，則憂患不足以累之，此莊子於人間世之篇首言顔回之化衛，而次言葉公子高之使齊也。夫子高之使齊，而仲尼告之以義命〔一〕，此賢人之事而已，所以降於顔回而言之。至于顔闔之傅衛太子，匠石之見齊櫟社，子綦觀商丘之大木，此皆有思有爲之事也，故第降一等而言之。人間世之説無以復加矣。此莊子爲言盡道如此矣。

仲尼曰：「天下有大戒二：其一命也，其一義也。子之愛親，命也，不可解於心；臣之事君，義也，無適而非君也，無所逃於天地之間。是之謂大戒。

有天地，然後有父子；有父子，然後有君臣。父子君臣之道立，則萬事起。萬事起而不可以不慎，故曰「大戒」。夫父子，内也；君臣，外也。内焉者主於命，而外焉者主於義。命所

〔一〕「仲尼」，四庫本作「夫子」。

以無間，而義所以立我。無間則不間於親，立我則能立於君。親不可違，而故曰「不可解於心」。君不可避，而故曰「無適而非君也」。夫内事父而外事君，是有諸身而已。有諸身，必有諸事，不可遁去而已矣。故曰不可逃於天地之間。此事之自然，而惟能順其自然，則免於憂累矣。

「是以夫事其親者，不擇地而安之，孝之至也；事其君者，不擇事而安之，忠之盛也；不擇地而安之者，所謂安土也。不擇事而安之者，所謂不辭難也。安土故能愛，不辭難故能誠。愛必孝而誠必忠，臣子之道盡於此，故曰「孝之至」、「忠之盛」也。至者次於盛，而盛者廣於至。

「自事其心者，哀樂不易施乎前，知其不可奈何而安之若命，德之至也。夫子之事父，知其有命；臣之事君，知其有義。守之於心，而順其自然，則悲喜不足以動也。故曰：「自事其心者，哀樂不易施於前。」夫哀樂者，心本無有，而惟外物之所致。能守其心而忘於哀樂，則達於義命之極，而死生所以安之也，故曰「德之至也」。

「爲人臣子者，固有所不得已。行事之情而忘其身〔一〕，何暇至於悦生而惡死！夫子其行可矣！臣子之事君親，能安於命則忘身，忘身則生死不介於胸中，故曰「何暇至於悦生而惡死」也。

「丘請復以所聞：凡交近則必相靡以信，遠則必忠之以言，言必或傳之。夫傳兩喜兩怒之言，天下之難者也。

喜出於不喜，怒出於不怒，則其言所以盡誠也。喜出於喜，而怒出於怒，則其言所以非誠也。盡誠之言有法度，而非誠之言多過溢。過溢之言，傳之者非易也，故曰：「傳兩喜兩怒之言，天下之至難也。」

「夫兩喜必多溢美之言，兩怒必多溢惡之言。凡溢之類也妄，妄則其信之也莫，莫則傳言者殃。故法言曰：『傳其常情，無傳其溢言，其幾乎全。』且以巧鬭力者，始乎陽，常卒乎陰，泰至則多奇巧；以禮飲酒者，始乎治，常卒乎亂，泰至多奇樂。

以巧鬭力卒乎陰，以禮飲酒卒乎亂，是皆已甚之事也，故曰泰至則多奇巧、多奇樂，此聖賢不

〔一〕「其身」，原缺，據四庫本補。

爲而已矣。

「凡事亦然，始乎諒，常卒乎鄙。其作始也簡，其將畢也必巨。言者，風波也；行者，實喪也。夫風波易以動，實喪易以危。

孔子曰「予欲無言」，聖人豈欲强言乎？蓋無言者物不能擾，而有言者物所以應，應則所以不静矣，故曰：「言者，風波也。」無所行則迹所以藏，有所行則迹所以顯。迹顯於外，而真亡於内矣，故曰：「行者，實喪也。」夫不静則至于動，真亡則難以安，故曰：「風波易以動，實喪易以危。」

「故忿設無由，巧言偏辭。獸死不擇音，氣息茀然，於是並生心厲。

夫處心於寂然無事之際，則和聲内藴，而夜氣自存，達於性命之理，而動静正順矣。若蹴之於紛然憂患之際，則天真茀亂，而夜氣不存，違於性命之理，而舉措乖迕矣。故曰：「獸死不擇音，氣息茀然，於是並生心厲。」

「剋核太至，則必有不肖之心應之，而不知其然也。苟爲不知其然也，孰知其所終？

夫至人藏天真，晦心術，不期爲而自爲，不必應而自應，静與物同，而動與吉會。儻衒聰明，務精察，用心太過，則舉措有不肖之累，而禍患之來，不知其所招，而又不知其終極也。故曰：「尅核太至，則必有不肖之心應之，而不知其然也。苟爲不知其然也，孰知其所終？」

「故法言曰：『無遷令，無勸成，過度益也。』」

人臣之道，顧於義而已。奉君之令則無改，格君之非而無成，故曰「無遷令，無勸成」。然既不遷令勸成，而不能任其自然，而違理以益上，則所謂揠苗而助長也，故曰「過度益也」。

「遷令勸成殆事，美成在久，惡成不及改，可不慎歟？

美者充實，惡者自戕。充實自戕，皆所以無虧也，故曰：「美成在久，惡成不及改。」充實非一朝之所致，故言在久；自戕不可革而已，故言不及改。有美有惡，則不若無美無惡也，故曰「可不慎歟」。

「且夫乘物以遊心，託不得已以養中，至矣。何作爲報也！莫若爲致命，此其難者？」

至人無心，乘萬物以爲心，來去無礙而不居其一，所謂遊心者也。既乘物以爲心，則無爲而已矣。若其有爲，則非得已而有爲，是不得已而後應也。然不得已而後應，又能去其已甚而存于中，所以全於道也。故曰「乘萬物以爲心[一]，託不得已以養中，至矣」。爲臣如此，則盡道矣。此子高賢而仲尼終告之以至人之道也。

顔闔將傅衛靈公太子，而問於蘧伯玉曰：「有人於此，其德天殺。與之爲無方則危吾國，與之爲有方則危吾身，其知適足以知人之過[二]，而不知其所以過。若然者，吾奈之何？」天生賢智，所以輔于不賢不智矣。賢智者衒其賢智，則不賢不智者起而爲累矣。惟能内冥賢智，而外與物同，則亦足免當世之患。此顔闔之傅衛太子，而蘧伯玉告之以信理晦默之義，故次於子高之事而言之也。

蘧伯玉曰：「善哉問乎！戒之慎之，正汝身哉！孟子曰：「枉己者，未有能正人者也。」夫欲正於人者，必先正於己，己正而人亦自正。此蘧伯

[一]「乘」，原本作「米」，據莊子原文及四庫本改。
[二]「適」，原本作「道」，據四庫本改。

玉答顔闔之問，而先之以正汝身也。

「形莫若就，心莫若和。雖然，之二者有患。就不欲入，和不欲出。」

形者，天之委質也。心者，人之真君也。委質不可不全，故曰「形莫若就」[二]。真君不可不和，故曰「心莫若和」。形全者不可曲從於一物，心和者不可擄發而示外，故曰「就不欲入，和不欲出」。

「形就而入，且爲顛爲滅，爲崩爲蹶；心和而出，且爲聲爲名，爲妖爲孽。彼且爲嬰兒[三]，亦與之爲嬰兒；彼且爲無町畦，亦與之爲無町畦；彼且爲無崖，亦與之爲無崖；達之入於無疵。

夫君子外順而内正，不務獨異於人矣，故趨時應變，而與物無迕。蓋能通達其道，而不立小廉以自高，要之以無玷爲美也。故曰：「達之入於無疵。」

---

[二] 「若就」，原本作「就若」，據四庫本乙之。

[三] 「且」，原本作「旦」，據四庫本改。

「汝不知夫螳蜋乎？怒其臂以當車轍，不知其不勝任也，是其才之美者也。戒之慎之，積伐而美者以犯之，幾矣！汝不知夫養虎者乎？不敢以生物與之，爲其殺之之怒也；不敢以全物與之，爲其决之之怒也。時其飢飽，達其怒心。虎之與人異類，而媚養己者，順也；故其殺者，逆也。螳蜋以臂當車轍，才雖美，而不勝其敵也。猛虎不敢害於養己者，性雖惡，而不敢犯其順也。顔闔之傅衛太子，太子之從於顔闔，何異螳蜋猛虎歟？此伯玉所以引之而告也。

「夫愛馬者，以筐盛矢，以蜃盛溺。適有蚉寅僕緣，而拊之不時，則缺銜毁首辟胸。意有所至，而愛有所亡，可不慎邪！」

仁人之愛物，不失於愛，而曲全其愛。物有迕理，則率而使順，而終不忘其所愛矣，豈務過愛而反傷其愛乎？傷愛則以人而滅天也，故曰：「意有所至，愛有所忘，可不慎邪！」

匠石之齊，至乎曲轅，見櫟社樹。其大蔽牛，絜之百圍，其高臨山十仞而後有枝，其可以爲舟者旁十數。觀者如市，匠伯不顧，遂行不輟。弟子厭觀之，走及匠石，曰：「自吾執斧斤以隨夫子，未嘗見材如此其美也，先生不肯視，行不輟，何邪？」曰：「已矣，勿言之矣，散木也。以爲舟則沉，以爲棺槨則速腐，以爲器則速毁，以爲門户則液樠，以爲柱則蠹，是不材之木也。無所可用，故能若是之壽。」匠石歸，櫟社見夢曰：「汝將惡乎比予哉？若將比予於文木邪？夫櫨梨橘柚果蓏之屬〔二〕，實熟則剥，則辱。大枝折，小枝泄，此以其能苦其生者也。故不終其天年而中道夭，自掊擊於世俗者也。物莫不若是。且予求無所可用久矣！幾死，乃今得之，爲予大用。使予也而有用，且得有此大也邪？且也若與予也皆物也，奈何哉其相物也？而幾死之散人，又惡知散木？」匠石覺而診其夢。弟子曰：「趣取無用，則爲社何邪？」曰：「密！若無言！彼亦直寄焉！以爲不知己者詬厲也。不爲社者，且幾有剪乎！且也彼其所保與衆異，而以義喻之，不亦遠乎！」

物之生長則所以爲得性，翦伐則所以爲失性。得性則爲榮，失性則爲辱。榮必有所譽，而辱必有所毁。齊之大櫟，豈欲於失性之中而復求榮譽乎？此所以不欲爲社明矣。而匠石之弟子尚疑焉。此明至人之於世，以道任性，忘己齊物，而毁譽所以不及矣。

南伯子綦遊乎商之丘，見大木焉，有異：結駟千乘，隱將芘其所藾。子綦曰：「此何木也哉！此必有異材夫！」仰而視其細枝，則拳曲而不可以爲棟梁；俯而視其大根，則軸解而不可以爲

〔二〕「櫨」，四庫本作「柤」。

棺槨；咶其葉則口爛而爲傷，嗅之則使人狂酲，三日而不已。子綦曰：「此果不材之木也，以至於此其大也。嗟乎，神人以此不材。」宋有荆氏者，宜楸柏桑。其拱把而上者，求狙猴之杙者斬之；三圍四圍，求高名之麗者斬之；七圍八圍，貴人富商之家求樿傍者斬之。故未終其天年而中道之夭於斧斤，此材之患也。

夫至人能存諸己而不蘄乎用。存諸己者足，而其用所以有餘，蓋至於命者是也。命者，萬事之根本，而莫大焉，故莊子每以大樹而爲況。樹之爲用，用則傷其根本，而不用則枝葉以生。故以不材爲材，而無用爲用，事能全而不傷也。老子曰：「深根固蔕之道，蓋亦言其命也。」而南伯子綦見商丘之大木，而嗟嘆其神人之不材，此亦知其全命之道歟？使神人以材而見用，則不能全其命也，何異荆氏之楸柏桑乎？夫荆氏之楸柏桑之先夭〔二〕，以其小有材而已。故小有材而不能明道以至於命，則適自爲累而已矣，故曰「此材之患也」。

故解之以牛之白顙者，與豚之亢鼻者，與人有痔病者，不可以適河。此皆巫祝以知之矣，所以爲不祥也。此乃神人之所以爲大祥也。

〔二〕二「荆」字，原本作「宋」，據四庫本改。

牛之白顙，豚之亢鼻，此物之所以不材也。人之痔病，此人之所以不材也。巫祝皆爲不祥而不用，不用所以生全也。生全所以得終其天年，得終其天年則祥莫大焉，故曰：「此神人之所以爲大祥也。」然莊子之言及此者，蓋以處人間者，不能晦道以忘己，而多務衒材以誇衆，衆雖企慕，而反傷其命矣。豈若晦道以忘己，藏材以全命，而免經世之患乎？此所以反復言之而寓意也。

支離疏者，頤隱於齊，肩高於頂，會撮指天，五管在上，兩髀爲脅。挫鍼治繲，足以餬口；鼓筴播精，足以食十人。上徵武士，則支離攘臂於其間；上有大役，則支離以有常疾不受功；上與病者粟，則受三鍾與十束薪。夫支離其形者，猶足以養其身，終其天年，又況支離其德者乎！

支離疏者，形不正之人也。形不正於外，而實自正於内，足可以全其命也〔一〕，故曰由足以終其天年。然支離其形則尚能全其命，況支離其德而歸功於群材，外不衒其美，而内不虧其實，又豈不能全命而免人間之累乎！故曰：「又況其支離其德者乎！」

〔一〕「足可以」，四庫本作「是以」。

孔子適楚，楚狂接輿遊其門曰：「鳳兮鳳兮，何如德之衰也！來世不可待，往世不可追也！天下有道，聖人成焉；天下無道，聖人生焉。方今之時，僅免刑焉！

大聖人與世推移，而不凝滯於物，物亦莫能傷之矣。孔子之心未嘗以經世爲事，其所以推而行之者，直隨時而已。故時之可行則成其功，時之可止則全其生，汎然無礙，而盛衰不自以知覺，此聖人之心如此也。故接輿之歌所以寓聖人之心，而莊子引之以終經世之道，而亦自嘆其不得於時。故曰：「方今之時，僅免刑焉。」

「福輕乎羽，莫之知載；禍重乎地，莫之知避。

莊子之所謂禍福，非世之所謂禍福也，以能全性命者謂之福，忘性命者謂之禍。全性命者其道微，故曰「福輕乎羽」；然以至微之道而不能自舉而行之，故曰「莫之知載」也。忘性命者其理著，故曰「禍重乎地」；然以至著之理而不能自知而避之，故曰「莫之避」也。此莊子所以嘆人間之人，不能盡知全之之道也。

「已乎，已乎！臨人以德；殆乎，殆乎！畫地而趨。迷陽迷陽，無傷吾行。吾行卻曲，無傷吾足。」山木，自寇也；膏火，自煎也。桂可食，故伐之；漆可用，故割之。人皆知有用之用，而莫知無用之用也。

桂可食故伐之，漆可用故割之，此所謂小有材，而不能自全而已矣，上文所謂「此材之患」是也[一]。豈知聖人以不材爲神，而無用爲妙乎？知其不材，明其無用，則經世之道極盡矣。此莊子所以終之於此言也。

[一] 「上」，原本作「工」，據文意改。

# 南華真經新傳　卷四

## 德充符篇

夫處人間，經世變，免於憂患之累者，是能全其性命也。性命全則自得，自得則德之所以充也。德充於内而無待於外，則不求合於物而物自來合，此莊子所以作德充符之篇而次於人間世也。

魯有兀者王駘，從之遊者，與仲尼相若。常季問於仲尼曰：「王駘，兀者也，從之遊者，與夫子中分魯。立不教，坐不議，虚而往，實而歸。固有不言之教，無形而心成者邪？是何人也？」仲尼曰：「夫子，聖人也。丘直後而未往耳。丘將以爲師，而況不若丘者乎！奚假魯國，丘將引天下而與從之！」

聖人之所以爲聖人者，能内全其神而外忘其形，泯然喪智〔一〕，而與化爲一，此王駘雖兀而猶全人也。夫能忘形喪智〔二〕，與化爲一，則其所感者廣，而所化者多，宜乎從之者與仲尼之弟子相

〔一〕〔二〕「智」，四庫本作「志」。

敵也。

常季曰：「彼兀者也，而王先生，其與庸亦遠矣。若然者，其用心也，獨若之何？」

常者，習其庸常；季者，物之少稚。以其庸常少稚，而不足以知聖人，故曰常季，此莊子制名而寓意也。然德之所以充實，則美大具矣。美大具而從之者衆，所謂大而化之矣。此仲尼所以稱之爲聖人也。夫聖人非聖人不能以明之，此莊子所以託問於仲尼。

仲尼曰：「死生亦大矣，而不得與之變；雖天地覆墜，亦將不與之遺；審乎無假，而不與物遷，命物之化，而守其宗也。」

天下之事，莫過於生死，而生死者，物之所變也。惟聖人了於不生不死，而未嘗與變俱變也。故曰：「生死亦大矣，而不得與之變。」夫了於不生不死，則寂然忘形，而與化爲一，雖穹壤傾側，而豈有遺喪？故曰：「雖天地覆墜，亦將不與之遺。」此言窮理之妙也。至于審乎無假，而不與物遷，所謂盡性之奥也。命物之化，而守其宗，所謂至於命也。王駘之形雖不全，而能窮理盡性至於命，此德之所以充也。

常季曰：「何謂也？」仲尼曰：「自其異者視之，肝膽楚、越也；自其同者視之，萬物皆一也。物我殊形，此所以異也；物我同根，此所以同也。蔽於異而視之，則形質所以不同；知其同而視之，則根本所以不異。王駘能忘支體之不完，而達性命之本，内全其真而外合萬物以爲一，非德之所充，則孰能至於此？故曰：「自其異者而視之，肝膽楚、越也；自其同者視之，萬物皆一也。」

「夫若然者，且不知耳目之所宜，而遊心乎德之和。物視其所一而不見其所喪，視喪其足猶遺土也。」〔一〕以耳而聽，則聞其所聞，而不及其所不聞；以目而視，則見其所見，而不及其所不見，此蔽於任智之累也。惟聖人内充懿德，而外出聰明，所聽不以耳，而所視不以目，雖事物之紛擾而不比，吾之所聞見惡有拘累於視聽歟？故泛然遊心於自得之場而和之，所以不出也。故曰：「夫若然者，且不知耳目之所宜，而遊心乎德之和。」夫德之充者，與化一體。天下見其化而忘其形，知其得而遺其喪。王駘雖兀，而天下忘其所以兀也。然非不見其兀也，以其德之所充

〔一〕「土」，原本作「上」，據四庫本補改。

者大，而形之不全者小，是以悦其大如覩金玉，而忘其小如遺土壤也。故曰：「物視其所一而不見其所喪，視喪其足猶遺土也。」

常季曰：「彼爲己，以其知得其心，以其心得其常心。物何爲最之哉？」夫聖人之所以悦萬物者，以大化也；萬物之就聖人者，以其德也。常季不知其然，而以王駘任智得心而物就之，是億度於聖人也。

仲尼曰：「人莫鑑於流水，而鑑於止水。水流則莫辨於鬚髮，水止則可鑒於天地；德忘則物所以不從[一]，德充則物所以來合，此理勢之必然也。故人之所鑒者必鑒於止水，而物之所合者必合於盛德。故物之所最於王駘者，由止水之所以蒙鑒也。故曰：「人莫鑒於流水，而鑒於止水。」

「唯止，能止衆止。

[一]「忘」，四庫本作「亡」。

天下之性，生而未嘗不静，静則正，正則定。正定之性，天下所同。惟妄情所役，外物所擾，正之所以不正，而定之所以不定也。然而不正不定者[一]，以其内無所主也。故内無主則不止[二]，不止則不能止其所止也。惟聖人内以德爲主[三]，而外忘物所役，故惟根所以正定而止也[四]。以其所止，而止天下衆人之動[五]，則動之所以自止也，故曰：「唯止，能止衆止。」此莊子傷時性之流放，而所以寓意仲尼之言也。

「受命於地，唯松柏獨也，在冬夏青青；受命於天，唯舜獨也正。幸能正生[六]，以正衆生。夫保始之徵，不懼之實。勇士一人，雄入於九軍。將求名而能自要，而猶若是，」

木受命於地，人受命於天。地非私於松柏而使之獨青，天非私舜而使之獨正，蓋松柏不變其至堅，而大舜能守其正性。故曰：「受命於地，唯松柏獨也，在冬夏青青；受命於天，唯舜獨

〔一〕「而」原缺，據四庫本補。
〔二〕「主」，原缺，據四庫本補。
〔三〕「人」，原缺，據四庫本補。
〔四〕「惟」，四庫本作「性」；「以」，原缺，據四庫本補。
〔五〕「之」，原本缺，據四庫本補。
〔六〕「正」，原本作「止」，據四庫本改。

也正。」夫天下之人不知舜能守其正，而皆稱爲聖人，豈自悟其幸生而正，而自喪其正。唯能知其本正而守之，亦可正於衆人矣，奚獨聖人歟？故曰：「幸能正生，以正衆生。」

「而況官天地，府萬物，直寓六骸，象耳目，一知之所知，而心未嘗死者乎！彼且擇日而登假，人則從是也。彼且何肯以物爲事乎！」

夫聖人體道，而無對於天下，故天地雖大而歸於統任，萬物雖衆而由之芘藏，生死不慮而形骸如寄，視聽不用而耳目存象。務知德之所充，而能以不生爲生，以不生爲生則適去在我，此人之所以最之也，豈以物而爲累乎？故曰：「而況官天地，府萬物，直寓六骸，象耳目，一知之所知，而心未嘗死者乎！彼且擇日而登假，人則從是也。彼且何肯以物爲事乎！」此王駘所爲如此，而莊子言之於篇首也。

申徒嘉，兀者也，而與鄭子産同師於伯昏無人。

申徒者，教民之官也；嘉者，善之至也，此莊子製名而寓意。然申徒嘉者，賢人也，故次於王駘而言之。嘉雖外兀，而德内充。德雖充而人未最，此所以未免於師也，故曰：「與鄭子産同師於伯昏無人。」夫伯者，長也；昏者，晦也；無人者，無我也。爲物之長能晦而無我，所以得賢人師之也。

子産謂申徒嘉曰：「我先出，則子止；子先出，則我止。」其明日，又與合堂同席而坐。子産謂申徒嘉曰：「我先出，則子止；子先出，則我止。今我將出，子可以止乎？其未邪？」

夫至人忘己，而外與物同，物雖不完而不能涴己，是以下惠同物，而袒楊裸裎者皆不能涴之，蓋知内同其命而外可忘形矣。子産，鄭國之賢也，不知申徒之德充而止惡形骸之不全，欲其行止與之不同也，此所以異於下惠矣。

「且子見執政而不違，子齊執政乎？」

聖人之與賢人，庶僚之與庶民〔一〕，其所異者分，而其所同者命。達者觀之則均爲人爾，均爲人則安可獨異乎？此子産自矜執政，而適取申徒之所鄙也。

申徒嘉曰：「先生之門，固有執政焉如此哉？子而説子之執政而後人者也！聞之曰：『鑑明則

〔一〕「民」，四庫本作「人」。

塵垢不止，止則不明也。久與賢人處，則無過。』今子之所取大者，先生也，而猶出言若是，不亦過乎！」子產曰：「子既若是矣，猶與堯爭善，計子之德，不足以自反邪？」申徒嘉曰：「自狀其過，以不當亡者衆；不狀其過，以不當存者寡。知不可奈何而安之若命，唯有德者能之。

夫顏回之從孔子也，始焉克己，而終焉未始有回，故黜聰明，墮支體，而未嘗貳過而已矣。子產之從伯昏無人也，不能克己，而欲爲於物先，又惡德充之人，而致其過，亦所以異於顏回也。

「遊於羿之彀中，中央者，中地也；然而不中者，命也。人以其全足笑吾不全足者，衆矣。我怫然而怒，而適先生之所，則廢然而反。不知先生之洗我以善邪？吾與夫子遊，十九年矣，而未嘗知吾兀者也。

孟子曰：「羿教人射，必志于彀，學者亦必志於彀。」彀者，弓矢所及之地也。天之生人也，皆不出榮辱、利害、貴賤、生死之塗，其所以或榮，或利，或貴，或生者，由其發而中也；其所以或辱，或害，或賤，或死者，由其發而不中也。中與不中，皆命也，豈能越其自然之理歟？惟聖人無我，而無心於萬物，故榮辱不能累，利害不能加，貴賤不能役，了於不生不死，而獨處於自得之場，所謂至於命而已。中與不中，吾何預焉？

「今子與我遊於形骸之内，而子索我於形骸之外，不亦過乎！」子產蹵然改容更貌，曰：「子無乃稱！」

恥形體之不全者，常人也；愧盛德之不充者，聖賢也。申徒嘉内務其全而外忘形，子產不取其德之充而惡其形不完，此所以太過而已矣。故曰：「今子與我遊於形骸之内，而子索我於形骸之外，不亦過乎！」

魯有兀者叔山無趾，踵見仲尼。仲尼曰：「子不謹前，既犯患若是矣。雖今來，何及矣！」無趾曰：「吾唯不知務而輕用吾身，吾是以亡足。今吾來也，猶有尊足者存，吾是以務全之也。

叔者，歟於伯仲也〔一〕；山者，有形之最大也，此亦莊子製名而寓意也。以其次於申徒爲第三，故曰叔而已；以其亦有德之大，故曰山而已。然而必曰見於仲尼者，以非聖人不足知賢人也。

「夫天無不覆，地無不載，吾以夫子爲天地，安知夫子之猶若是也！」孔子曰：「丘則陋矣。」

〔一〕「歟於伯仲」，四庫本作「即伯仲叔」。

天地無心於萬物，其覆載所以不私也；聖人無心於萬物，其來者所以不拒也。夫天地豈以物形之不具而不覆載？聖人豈責人體之不完而不與合[二]？故曰：「夫天無不覆，地無不載，吾以夫子爲天地，安知夫子之猶若是也！」孔子曰：「丘則陋矣。」然仲尼非果責其不謹也，此莊子高言盡道之妙，而學者宜取其意也。

「夫子胡不入乎？請講以所聞！」無趾出。孔子曰：「弟子勉之！夫無趾，兀者也，猶務學以復補前行之惡，而況全德之人乎！」無趾語老聃曰：「孔丘之於至人，其未邪？彼何賓賓以學子爲？彼且蘄以諔詭幻怪之名聞，不知至人之以是爲己桎梏邪？」老聃曰：「胡不直使彼以死生爲一條，以可不可爲一貫者，解其桎梏，其可乎？」無趾曰：「天刑之，安可解？」

夫聖人內守其正性，而外循其常德，泛然無心，而物不能累，故生死可不可皆不介蔕於胸中，豈有意而一之歟？使聖人有意而一生死與可不可，則是不忘其所當忘，而忘其所不忘也。如此，則去常德，遁天刑，惡爲聖人而已矣？夫常德不可去，天刑不可遁，惟聖天人能全而不能忘，故曰：「天刑安可解？」

---

[二]「完」，原作「宗」，據四庫本改。

魯哀公問於仲尼曰：「衛有惡人焉，曰哀駘它。丈夫與之處者，思而不能去也。婦人見之，請於父母曰『與爲人妻，寧爲夫子妾』者，數十而未止也。未嘗有聞其唱者也，常和人而已矣。無君人之位以濟乎人之死，無聚禄以望人之腹；又以惡駭天下，和而不唱，知不出乎四域，且而雌雄合乎前，是必有異乎人者也。寡人召而觀之，果以惡駭天下。與寡人處，不至以月數，而寡人有意乎其爲人也；不至乎期年，而寡人信之。國無宰，而寡人傳國焉。悶然而後應，氾而若辭。寡人醜乎，卒授之國。無幾何也，去寡人而行，寡人卹焉，若有亡也，若無與樂是國也。

哀駘它者，醜惡之名也，以其德充而形惡，故製其醜惡之名矣。夫形骸者，委氣之所聚，至人視之如旅寄，而未嘗以好惡爲辨也。惟務全其所當全，充其所當充，則形雖惡而物自以爲最，此哀駘它能使人心之願從，而魯哀亦授之以國也。

「是何人者也？」仲尼曰：「丘也，嘗使於楚矣，適見豚子食於其死母者，少焉，眴若，皆棄之而走。不見已焉爾，不得類焉爾。

天之生人也，均委之氣而同受之命，非有私於聖賢而惡於凡常。蓋聖賢能全其當全，正其所正，故命之所以至，而德之所以充。凡常不知其然，而疑聖賢有異於人也。雖魯哀之國君，不知哀駘之所充，而以爲有異乎人也，是以問於仲尼焉。

「所愛其母者，非愛其形也，愛使其形者也。

夫德之充者，非求合於物，而物自來合。物之所以來合者，非愛其形，而愛其德也。故曰愛使其形也。

「戰而死者，其人之葬也，不以翣資；刖者之屨，無爲愛之；皆無其本矣。爲天子之諸御，不爪翦，不穿耳；取妻者止於外，不得復使。形全猶足以爲爾，而況全德之人乎！今哀駘它未言而信，無功而親，使人授己國，惟恐其不受也，是必才全而德不形者也。」哀公曰：「何謂才全？」仲尼曰：「死生存亡，窮達貧富，賢與不肖，毀譽、飢渴、寒暑，是事之變，命之行也；日夜相代乎前，而知不能規乎其始者也。故不足以滑和，不可入於靈府。使之和豫通而不失於充，使日夜無郤，而與物爲春，是接而生時於心者也。是之謂才全。」「何謂德不形？」曰：「平者，水停之盛也。其可以爲法也，內保之而外不蕩也。德者，成和之脩也。德不形者，物不能離也。」哀公異日以告閔子，曰：「始也[一]，吾以南面而君天下，執民之紀而憂其死，吾自以爲至通矣。今吾聞

[一]「始」，原本作「殆」，據四庫本改。

至人之言，恐吾無其實，輕用吾身，而亡吾國。吾與孔丘〔一〕，非君臣也，德友而已矣。」

至人之所以爲至人者，以其才全也。才者，性命之妙理。惟至人能以不全而全之，全之然後盡之也。全盡於性命之理，則死生、存亡、窮達、貧富之變，了然不以汩于中。陰陽之更運，宵晝之迭遷，冥然不務度其始，事變不足滑其和，憂喜不足動其神，豫然悦懌而日夜忘變之至，故與物應對，而復感而遂通，所謂才全而已矣。故曰：「是之謂才全。」才全者，性命之理不虧也。性命之理既不虧，則德之所以充也。德之充者非有意於充，如停水非有意於平也，故曰：「平者，水停之盛也。」夫德之充者，物自以爲最；而水之平者，人取以爲法，故曰：「其可以爲法也。」然德之充者内有其所守，而外無其所放，寂然無迹而物所以歸嚮。故曰：「内保之而外不蕩」，又曰：「德不形者，物不離也。」此至妙之理，而非聖人不能以知之。雖知不能以言之，故魯哀得聞而不敢臣於聖人也。故曰：「吾與孔丘，非君臣也，德友而已矣。」

闉跂支離無脤説衛靈公，靈公説之；而視全人，其脰肩肩。甕㼜大癭説齊桓公，桓公説之；而

〔一〕「與」，原本作「語」，據四庫本改。

視全人，其脰肩肩。故德有所長，而形有所忘。

闉跂者，言其忘行；支離者，言其忘形；無脈者，言其忘智。故忘行則所以無迹，忘形則所以忘我，忘智則所以無知。無迹則泯然絶世，無我則渾然同物，無知則泊然無爲。故德之所以充也。此莊子製名而寓意。夫斯人也，其形如此，而其德有所長，故説衛靈公則靈公悦之而忘其形，説齊桓公則桓公亦悦而忘其形。斯人也，非有異於人也，蓋能全其所當全，忘其所當忘，全忘之外，雖有役性之物，則不足爲其累也。故曰「甕㼜大癭」，又曰「德有所長而形有所忘」也。

人不忘其所忘，而忘其所不忘，此謂誠忘。

夫形者，天之所委也；德者，我之自得也。蓋天之所委者，一氣之暫聚；我之自得者，萬物不能役，豈可愛一氣之暫聚，而忘萬物不能役之之妙乎？惟至人内不忘其不當忘，而外忘其所當忘，故才全而所以德不形，所謂誠忘而已矣。故曰：「人不忘其所忘，而忘其所不忘，此之謂誠忘。」

故聖人有所遊而知爲孽，約爲膠，德爲接，工爲商。聖人不謀，惡用知？不斲，惡用膠？無喪，惡用德？不貨，惡用商？四者，天鬻也。天鬻也者，天食也。既受食於天〔一〕，又惡用人？故聖人有所遊者，所謂乘物以遊心也。乘物以遊心，則處於無爲之境，而任其自然之理。雖知約德工，皆非我有，而我惡用哉？然我之惡用於四者，皆天之所付於人而養於人，我惡可廢？廢則滅天而已矣。既不可廢，又不可益，益則助天而已矣。滅天則致累，助天則反害，如此則天人安得和同歟？惟聖人不廢不益矣。故曰：「既受食於天，又惡用人？」

有人之形，無人之情。有人之形，故羣於人；無人之情，故是非不得於身。眇乎小哉！所以屬於人也。謷乎大哉！獨成其天。

有人之形者，所謂塊然同類也；無人之情者，所謂寂然無爲也。同類所以能群而不能異，無爲所以無是而無非。故曰：「有人之形，無人之情。有人之形，故群於人；無人之情，故是非不得於身。」故形雖眇而皆視以爲人，德已充而不虧其全矣，故曰：「眇乎小哉！所以屬於人也。謷乎大哉！獨成其天。」此闉跂支離無脤之所長也。

〔一〕「食」，原本作「命」，據四庫本改。

惠子謂莊子曰：「人故無情乎？」莊子曰：「然。」惠子曰：「人而無情，何以謂之人？」莊子曰：「道與之貌，天與之形，惡得不謂之人？」惠子曰：「既謂之人，惡得無情？」莊子曰：「是非吾所謂情也。吾所謂無情者，言人之不以好惡内傷其身，常因自然而不益生也。」惠子曰：「不益生，何以有其身？」莊子曰：「道與之貌，天與之形，無以好惡内傷其身。今子外乎子之神，勞乎子之精，倚樹而吟，據槁梧而瞑。天選子之形，子以堅白鳴！」

夫情者，性之害也。人之生，則貌出於道而形受於天，皆正正而已矣。惟情戕害其正正，而正正所以不正矣。惠子不知其然，而以爲人而無情，何以謂之人？故莊子答之以不以好惡傷其身，又曰常因自然而不益生。夫好惡生於情而害於身。有好惡，則以生爲不足，而欲其過度而益也。過度而益，則外役於物。役於物則用神，神大用則疲，疲則有所感，感而不已則昏瞑而已矣。如此則見役於造化，而不能與萬物爲一，所以惑於堅白同異也。故曰：「今子外乎子之神，勞乎子之精，倚樹而吟，據梧而瞑。天選子之形，以堅白鳴。」夫聖人之所焉，守其正正，而全其當全，不任智，不用神，廓然與造化同體，而以萬物爲一，安所措其情哉？此惠子不知聖人之如此也。夫莊子作德充之篇，始之以王駘，次之以申徒嘉，又次之以叔山，此三人者，皆德充而形不完也。故申徒不及王駘，叔山不及申徒，故第降一等而言之矣。至于哀駘、闉跂支離無脤者，亦皆德充而形至惡也，又第降一等而言之，與人間世之篇次序相同矣。夫不完、至惡者，皆外也。外雖如此，而内充其德，則物爲之最，而自求合也。物自來合則是〔二〕，萬物與我爲一也，又何必措情於其間哉？所以終於惠子之問情。此莊子立言盡道如是也。

〔二〕「來」，四庫本作「求」；「是」下，原本衍一「是」字，據四庫本删。

# 南華真經新傳　卷五

## 大宗師篇

夫德之充者入於道。道者，天下莫不由之也，雖天地之至大，萬物之至多，皆同歸而一致矣。此莊子作大宗師之篇，而所以次之於德充符也。

知天之所爲，知人之所爲者，至矣。

天人皆出於道，而盡道者能知天人之所爲。夫天之所爲者，無爲也；人之所爲者，有爲也。無爲則静，静則復命；有爲則動，動則有義。能知義命之極，則物之所宗師也，故曰「至矣」。

知天之所爲者，天而生也；知人之所爲者，以其知之所知，以養其知之所不知，終其天年，而不中道天者，是知之盛也。雖然，有患。

夫知天人之所爲者，以不知知之也。以不知知天，則達於無爲之妙理，而命之所以至也；以不知知人，則盡於有爲之極致，而物之所以最也。命之至，則其生自然；物之最，則與天爲徒。然而人之所爲，務知而不止〔二〕，則是任智而已。任智則知之過甚矣，故曰「是知之盛也」。夫任智而過知，則反傷生，故曰「雖然，有患」。

夫知有所待而後當，其所待者，持未定也。庸詎知吾所謂天之非人乎？所謂人之非天乎？天者一氣之所凝，人亦一氣之所聚。莊子達觀，而知天具一人，知人具一天，天人大同而無所分別矣。故曰：「庸詎知吾所謂天之非人乎？所謂人之非天乎？」

且有真人而後有真知。何謂真人？古之真人，不逆寡，不雄成，不謨士。若然者，過而弗悔，當而不自得也。若然者，登高不慄，入水不濡，入火不熱。是知之能登假於道也〔三〕，若此。與化爲一，直内而不假於物者，真人也。真者，言乎其性也。以其性之如是，其所知則非出於人爲之僞矣。故曰「且有真人而後有真知」。真知者，不知也。然而真人之所以爲真人者，持其順以待少，守其雌而若缺，不謀不致而士自來合，故曰「不逆寡，不雄成，不謨士」。真人如

〔二〕「止」，原本作「上」，據四庫本改。
〔三〕「能」，原本缺，據四庫本補。

此，而安有於過歟？且或有過，則不以得失介于心。不介于心，則無心於物也。無心於物，則與物不迕，而物亦莫能傷之矣。故曰：「若然者，過而弗悔，當而不自得也。若然者，登高不慄，入水不濡，入火不熱。」夫如是，非真人有異於人，盡以真知而入道矣，故曰「是知之能登假於道也，若此」。

古之真人，其寢不夢，其覺無憂，其食不甘，其息深深。

真人絶累而忘情，其寢所以不夢也。樂天而知命，其覺所以不憂也〔二〕。味其無味，其食所以不甘也。静復於静，其息所以深深也。

真人之息以踵，衆人之息以喉。屈服者，其嗌言若哇。其嗜欲深者，其天機淺。

踵者，身之根也；喉者，導於氣也。根不可以卒動，氣不可以久窒。真人之息以踵者，蓋能歸根而静也；衆人之息以喉者，由其窒氣之出也。歸根而静，其息愈久；窒氣之出，其息不久。愈久者，由其忘於嗜慾也；不能久者，由其深於嗜慾也。

〔二〕「不」，四庫本作「無」。

古之真人，不知説生，不知惡死；其出不訢，其入不距；翛然而往，翛然而來而已矣。不忘其所始，不求其所終；受而喜之，忘而復之。是之謂不以心捐道，不以人助天。是之謂真人。若然者，其心志，其容寂，其顙頯；淒然似秋，煖然似春，喜怒通四時，與物有宜，莫知其極。

真人寓六骸，象耳目，安時處順，而哀樂不能入，故曰「不知悦生，不知惡死」。所往無不應，無入不自得，故曰「其出不訢，其入不距」。翛然而往者，遊於形器之外也；翛然而來者，不在形器之内也。入道之妙而不忘其始，與化冥合而不求其終〔一〕，故曰「不忘其始」。如不求其所終，自得而無慍，故曰「受而喜之」。忘已而復命，故曰「忘而復之」。如此，則縱心之所得而不離道，任物之自然而不過益，其真所以真真也。故曰「是之謂不以心捐道，不以人助天。是之謂真人」。夫真人之所以如此者，其真君安然而無慮也，其狀貌晲然而無動也，其顙頯朴然而無飾也。不怒而威，不仁而愛，與四時所以合其序，處萬物無有其不當，孰能測其終極乎？故曰：「若然者，其心志，其容寂，其顙頯然淒然似秋，煖然似春，喜怒通四時，與物有宜，而莫知其極。」

〔一〕「化」，四庫本作「道」。

故聖人之用兵也，亡國而不失人心；利澤施乎萬世，不爲愛人。故樂通物，非聖人也；有親，非仁也；天時，非賢也；利害不通，非君子也；行名失己，非士也；亡身不真，非役人也。若狐不偕、務光、伯夷、叔齊、箕子、胥餘、紀他、申徒狄，是役人之役，適人之適，而不自適其適者也。

夫真人者，以吾喪我，以道從身，不易内，不徇外，役物而不役於物，適性而不適於性也。若狐不偕、申徒狄之數子者〔一〕，不能喪我而又喪其真，不能徇道而又徇於時，故役於物而不役於物，適於性而不適性，此所以不能立命也。故曰：「是役人役，適人之適〔二〕，而不自適其適也。」

古之真人，其狀義而不朋；若不足而不承。與乎，其觚而不堅也；張乎，其虚而不華也。邴邴乎，其似喜乎！崔乎，其不得已乎〔三〕！滀乎進，我色也；與乎止，我德也。厲乎，其似世乎！謷乎，其未可制也。連乎，其似好閉也；悗乎，忘其言也。以刑爲體，以禮爲翼，以知爲時，以德爲循。以刑爲體者，綽乎其殺也；以禮爲翼者，所以行於世也；以知爲時者，不得已於

〔一〕「不」，原本缺，據莊子原文及四庫本補。
〔二〕下「適」字，原本作「道」，據莊子原文及四庫本改。
〔三〕「得」，原本缺，據四庫本補。

事也；以德爲循者，言其與有足者至於丘也，而人真以爲勤行者也。

刑者，天刑也。天刑者，天之命也，萬物皆有命而備於我，所謂「以刑爲體」也。禮者，履也，履得其道則不行而至，所謂「以禮爲翼」也。知者，知也，知不凝滯，則與世推移，所謂「以知爲時」也。德者，以自得於内，則日可見其所安行，所謂「以德爲循」也。夫物我之死，暫住也，吾何係吝於其間？故曰「以刑爲體者，綽乎其殺也」。道無終極，而我履而不息，故曰「以禮爲翼者，所以行於世也」。與世推移，而非有心於事，故曰「以知爲時者，不得已於事也」。自得而安行，雖有足者，亦可行而升上，故曰「以德爲循者，言其與有足者至於丘也」。此四者，真人非有意於行，而人寔謂之力行也，故曰「真人以爲勤行者也」。

故其好之也一，其弗好之也一。其一也一，其不一也一。其一與天爲徒，其不一與人爲徒。

真人無心，其好惡所以一也。真人抱一，一不一所以同也。無心而一，則任自然，故曰「與天爲徒」也。抱一而同，則或使然，故曰「與人爲徒」也。

天與人不相勝也，是之謂真人。死生，命也；其有夜旦之常，天也。人之有所不得與，皆物之情也。彼特以天爲父，而身猶愛之，而況其卓乎！人特以有君爲愈乎己，而身猶死之，而況其真乎！泉涸，魚相與處於陸，相呴以濕，相濡以沫，不如相忘於江湖。與其譽堯而非桀也，不如兩忘而化其道。

毁譽者，世情之變。聖人雖爲之應，而心寔無有。若夫遺世情，而特以兼忘爲是者，此莊子之所非，而世之愚儒反以非莊子也。

夫大塊載我以形，勞我以生，佚我以老，息我以死。故善吾生者〔二〕，乃所以善吾死也。真人無佚老息死，此特爲載形勞生言耳。

〔二〕「善」，原缺，據四庫本補。

# 南華真經新傳　卷六

## 大宗師篇

夫藏舟於壑，藏山於澤，謂之固矣。然而夜半有力者負之而走，昧者不知也。藏小大有宜，猶有所遯。若夫藏天下於天下，而不得所遯，是恒物之大情也。

夫物之不遷，是物之所以常性也；物之必往，是物之所以常變也。性不可易，變不可留，此莊子所以有藏舟藏山之言也已。夫舟者，取其汎然無定也；山者，取其確然不動也；壑所以取其深〔一〕，澤所以取其大。舟無定而藏之於深，山不動而藏之於大，況其物不止而止之，物不固而固之也。物雖止固，而豈免造化之變移乎？所謂有力者負之而走也。夫造化冥運，故言夜半；造化難察，故言昧者，此莊子歎世人之不智矣。惟真人與化同體，與物爲一，生死榮謝，

〔一〕「深」，原本作「澤」，據四庫本改。

付之自然，藏妙用於無迹，運至道之常存。故曰：「若夫藏天下於天下，而不得所遯〔一〕，是恒物之大情也。」

特犯人之形，而猶喜之。若人之形者，萬化而未始有極也，其爲樂可勝計邪！生者未必不死，死者未必不生，終始往復，而無有極盡，故曰「若人之形者，萬化而未始有極也」。夫不生而生生，此樂之所以無極也，故曰：「其樂可勝計邪！」

故聖人將遊於物之所不得遯而皆存。善夭善老、善始善終，人猶效之，夫萬物有始者必有終，有成者必有毀，斯皆見役於造化，而無所逃其迹狀也。惟聖人入道以無我，乘物以遊心，陰陽不能移，造化不能役，未嘗有所不存矣，故曰「故聖人將遊於物之所不得遯而皆存」。

又況萬物之所係，而一化之所待乎！

〔一〕「不」，原本缺，據莊子原文及四庫本補。

天職生覆，地職形載。生覆者未必能形載，而形載者未必能生覆〔二〕，此萬物未爲全歸也。惟聖人成天地之功，合萬物以爲一，此物之所以係，而化之所以待，宜乎獨爲於宗師也〔三〕。故曰：「又況萬物之所係，而一化之所待乎！」

夫道，有情有信，無爲無形，可傳而不可受，可得而不可見；自本自根，未有天地，自古以固存；神鬼神帝，生天生地；在太極之先而不爲高，在六極之下而不爲深；先天地生而不爲久，長於上古而不爲老。狶韋氏得之，以挈天地；伏羲得之，以襲氣母；維斗得之，終古不忒；日月得之，終古不息；堪坏得之，以襲崐崘；馮夷得之，以遊大川；肩吾得之，以處大山；黄帝得之，以登雲天；顓頊得之，以處玄宫；禺强得之，立乎北極；西王母得之，坐乎少廣，莫知其始，莫知其終；彭祖得之，上及有虞，下及五伯；傅説得之，以相武丁，奄有天下，乘東維，騎箕尾，而比於列星。

夫道，天下之至妙，而無體、無迹、無乎不在也。萬物莫不由之而似有情，萬物由之而生而似

〔二〕「覆」，原本作「成」，據四庫本改。
〔三〕「爲於」，四庫本作「得爲」。

有信，寂然默運故無爲，窈然真空故無形。可以神會而難以情求，故曰：「可傳而不可受。」可以心得而難以理察，故曰：「可得而不可見。」混成先天地而生，故曰：「自本自根，未有天地。」亘絡萬世而綿綿常存，故曰「自古以固存」。然則道之如此，而其妙所以無方也。故鬼得之而靈，帝得之而神，天地由之而生，而非因天地而有。其高不可度，而其深不可測。無新成，無衰弊。而豨韋至傅説，得其體用，而以爲天下正其名，所以粲列而長存也。故曰「比於列星」。

南伯子葵問乎女偊曰：「子之年長矣，而色若孺子，何也？」曰：「吾聞道矣。」南伯子葵曰：「道，可得學邪？」曰：「惡！惡可！子非其人也。夫卜梁倚，有聖人之才，而無聖人之道；我有聖人之道，而無聖人之才。吾欲以教之，庶幾其果爲聖人乎！不然，以聖人之道，告聖人之才，亦易矣。吾猶守而告之，三日而後能外天下；已外天下矣，吾又守之，七日而後外物；已外物矣，吾又守之，九日而後能外生；已外生矣，而後能朝徹；朝徹，而後能見獨；見獨，而後能無古今；無古今，而後能入於不死不生。殺生者不死，生生者不生。其爲物，無不將也，無不迎也；無不毁也，無不成也。其名爲攖寧。攖寧也者，攖而後成者也。」南伯子葵曰：「子獨惡乎聞之？」曰：「聞諸副墨之子，副墨之子聞諸洛誦之孫，洛誦之孫聞之瞻明，瞻明聞之聶許，聶許聞之需役，需役聞之於謳，於謳聞之玄冥，玄冥聞之參寥，參寥聞之疑始。」夫道者，聖人之體也；才者，聖人之用也。有體而無用，未得爲之至。故有體有用〔二〕，則得道之全真而無我也。無我則無生，故曰「守之，九日而外生」。無生則夜氣所以存，故曰「已外生矣，而後能朝徹」。夜氣存則見其所不見，故曰「朝徹，而後能見獨」。見其所不見，則萬世一視，故曰「見獨，而後能無古今」。如此，則了於不生不死也，故曰「無古今，而後能入於不生不死」。夫道全若是，則物於物而不物物，其死所以不死矣；生於物，而其生所以不生矣，故曰「殺生者不死，生生者不生」。物無不恃而不見其迹，故曰「無不將也」。物無不逆而不見其首，故曰「無不迎也」。物由之而彫謝，故曰「無不毀也」。物得之而生成，故曰「無不成也」。物係之而後安，故曰「其名爲攖寧」。係之然後著，故曰「攖寧也者，攖而後成也」。此入道之次序，非真人不能與於此。然自南伯子葵至於疑始之數子，皆莊子製名而寓意也。

子祀、子輿、子犂、子來四人相與語，曰：「孰能以無爲首，以生爲脊，以死爲尻？孰知死生存亡

〔二〕「有體有用」，四庫本作「有用有體」。

之一體者，吾與之友矣。」四人相視而笑，莫逆於心，遂相與爲友。俄而子輿有病，子祀往問之，曰：「偉哉！夫造物者，將以予爲此拘拘也！曲僂發背，上有五管，頤隱於齊，肩高於頂，句贅指天。」陰陽之氣有沴，其心閒而無事，跰𨇤而鑑于井，曰：「嗟乎！夫造物者，又將以予爲此拘拘也！」

夫至人者，了於真空之妙趣，達於無爲之真理，萬物不可役其志，造化不可拘其體，以吾喪我，而形骸豈足爲累乎？若子祀、子輿、子犂、子來之四人，了於真空，達於無爲，不知生死存亡之變，而四人入道而爲友，所謂至人而已矣。雖然，形之曲僂跰𨇤而不足爲累也。

子祀曰：「汝惡之乎？」曰：「亡，予何惡！浸假而化予之左臂以爲雞，予因以求時夜；浸假而化予之右臂以爲彈，予因以求鴞炙；浸假而化予之尻以爲輪〔二〕，以神爲馬，予因而乘之，豈更駕哉！

以臂爲雞彈，以尻爲輪，以神爲馬，此言萬物皆備於我身。我能了之，則足以乘而遊於形骸之外，而出入於生死之域，豈止息而更駕乎？所以與造化冥運也。故曰：「豈更駕哉！」

---

〔二〕「輪」，原本作「車」，據四庫本改。

「且夫得者，時也；失者，順也。安時而處順，哀樂不能入也。此古之所謂縣解也。而不能自解者，物有結之。且夫物不勝天，久矣，吾又何惡焉？」俄而子來有病，喘喘然將死，其妻子環而泣之。犂往問之，曰：「叱！避！無怛化！」倚其户，與之語，曰：「偉哉，造化！又將奚以汝爲？將奚以汝適？以汝爲鼠肝乎？以汝爲蟲臂乎？」子來曰：「父母於子，東西南北，唯命之從。陰陽於人，不翅於父母。彼近吾死，而我不聽，我則悍矣，彼何罪焉！夫大塊載我以形，勞我以生，佚我以老，息我以死。故善吾生者，乃所以善吾死也。

得者，時也，所謂儵然而來是也。失者，順也，所謂儵然而往是也。來則不可禦，往則不可止。安於來而順於往，憂喜豈能役我乎？蓋心無所係而已矣。故曰「安時處順，哀樂不能入也」。此古之所謂縣解也」。雖然，心無所係而真空矣，一有妄想則萬態交至而相惑，故曰「而不自解者，物有以結之」。夫心者人之天，而物者人之累〔一〕。我能固心絶累，則萬物豈能爲敵乎？故曰：「物不勝天，久矣，吾又何惡焉？」此至人忘己如此也。

「今大冶鑄金，金踊躍曰『我且必爲鏌鋣』，大冶必以爲不祥之金。今一犯人之形，而曰『人耳人

〔一〕「人」，四庫本作「心」。

耳』，夫造化者必以爲不祥之人。今一以天地爲大鑪，以造化爲大冶，惡乎往而不可哉！」成然寐，蘧然覺。

夫有意於爲人，則未必爲於人〔二〕，而適取化。工之所惡，由金有意爲鏌鋣，而大冶所以惡之矣。此不任其自然也。惟至人與化同體，任其自然，合萬物以爲一，而未嘗分彼我之異，所適而無不可也。故曰：「今以天地爲大鑪，以造化爲大冶，惡乎往而不可哉？」故成然寐者，所謂暫往也；蘧然覺者，所謂暫來也。

子桑户、孟子反、子琴張三人相與友，曰：「孰能相與於無相與，相爲於無相爲？孰能登天遊霧，撓挑無極，相忘以生，無所終窮？」三人相視而笑，莫逆於心，遂相與友。

相與於無相與者，所謂合天人而不以人助天也。相爲於無相爲者，所謂物物而不物於物也。登天遊霧者，所謂乘虛御氣也。撓無極者，所謂遍法界也。此皆無我而能然。既無我則外生，外生則不可知其極盡矣，故曰「相忘以生，無所終窮」。斯三人可謂通達而無礙也。

〔二〕「爲於」，四庫本此二字互乙。

莫然有間，而子桑户死，未葬。孔子聞之，使子貢往待事焉。或編曲，或鼓琴，相和而歌曰：「嗟來，桑户乎！嗟來，桑户乎！而已反其真，而我猶爲人猗！」子貢趨而進，曰：「敢問臨尸而歌，禮乎？」

常人以死爲喪真，故悲哀而已矣。至人以死爲反真，故無悲哀而已矣。無悲哀則編曲鼓琴不足以怪也，子貢何必問之歟？

二人相視而笑，曰：「是惡知禮意！」子貢反，以告孔子，曰：「彼何人者邪？脩行無有，而外其形骸，臨尸而歌，顏色不變，無以命之。彼何人者邪？」

禮者，忠信之薄，而凡常之桎梏也。常人拘執而務相爲誇尚，故得其薄而不得其厚，知其外而不知其意。至人達觀，而屈伸動静處其厚〔一〕，語默言笑知其意，豈務屑屑而拘執歟？此子貢責孟子反、子琴張之禮，而宜乎二人反笑其不知禮意也。故曰：「是惡知禮意！」

孔子曰：「彼，遊方之外者也；而丘，遊方之内者也。外内不相及，而丘使女往弔之，丘則陋矣。

〔一〕「屈」，四庫本作「曲」。

遊方之外者，所謂不入於形器也；遊方之內者，所謂入於形器也。及仲尼之道至大，而亦不可以形器拘流，則行不以已〔二〕，而其言使中人之可行，此所以有遊方內之言也。遊方之內則比於拔俗潔身絶世無拘之人，則爲陋矣，故曰「丘則陋矣」。

「彼方且與造物者爲人，而遊乎天地之一氣。彼以生爲附贅縣疣，以死爲決疣潰癰。夫若然者，又惡知死生先後之所在！假於異物，托於同體。亡其肝膽，遺其耳目，反覆終始，不知端倪。芒然彷徨乎塵垢之外，逍遥乎無爲之業。彼又惡能憒憒然爲世俗之禮，以觀衆人之耳目哉！」子貢曰：「然則夫子何方之依？」曰：「丘，天之戮民也。雖然，吾與汝共之。」

夫至人者，與造化同功，而冥運於天地之間，以生爲外物，以死爲復真。生不求其始，而死不知其終。異物非我之所異，而我非異物之所殊。曠然兩忘而俱非我有，內寓六骸而外象耳目，周流無極而莫窮本始，超然遊六虚之外，而寂然處真空之內，豈務拘執於禮法，而駭凡常之聞見乎？故曰：「彼又惡能憒憒然爲世俗之禮，以觀衆人之耳目哉！」然而至人之如此者，達乎性命之理，而非有所依著也。子貢不知而復問其何方之依，宜乎仲尼答之以「丘，天之戮

〔二〕「流則」，四庫本作「然制」。

民，吾與汝共之」也。夫所謂天之戮民者，安天之命，而以禮自拘也。夫安天之命則至命也，以禮自拘則盡性也，此仲尼之所以聖者歟！

子貢曰：「敢問其方。」孔子曰：「魚相造乎水，人相造乎道。相造乎水者，穿池而養給；相造乎道者，無事而生定。故曰：魚相忘乎江湖，人相忘乎道術。」道無不在，而無有所拘。儻適其理，則生可自定，由魚之在池則亦可以生，何必泳海而方生也？故曰：「相造乎道者，無事而生定。」然水者，魚之所適也；道者，人之所依也。魚適於水而能忘水，則其性所以存存也；人依於道而忘於道，則其生所以生生也。故曰：「魚相忘乎江湖，人相忘乎道術。」

子貢曰：「敢問畸人。」曰：「畸人者，畸於人而侔於天。故曰：天之小人，人之君子；人之君子，天之小人也。」聖人無我，而與物齊諧，安俟獨侔於天也？方外之士，介然拔俗，而與物不耦，所以獨侔於天也。獨侔於天則是人之君子矣。若子桑户、孟子反、子琴張者，所謂人之君子歟？故曰：「天之小人，人之君子；人之君子，天之小人也。」

顏回問仲尼曰：「孟孫才，其母死，哭泣無涕，中心不戚，居喪不哀。無是三者，以善喪蓋魯國。固有無其實而得其名者乎？回一怪之。」仲尼曰：「夫孟孫氏盡之矣，進於知矣。唯簡之而不得，夫已有所簡矣。孟孫氏不知所以生，不知所以死；不知就先，不知就後。若化爲物，以待其所不知之化已乎！且方將化，惡知不化哉？方將不化，惡知已化哉？吾特與汝其夢未始覺者邪！

至人忘生死之極，達聚散之常，生不爲之樂，而死不爲之悲。故孟孫才之母死，其哭無涕，其心不戚，其居喪不哀者，盡於反真之理而不戚不哀，此所以得名於魯國也。顏回徒見其外而未得其內，故曰「回一怪之」。仲尼能得其內而又見其外，故曰「盡之矣」。進於知者，夫能盡反真之理矣，蓋能取於道也，故曰「已有所簡矣」。能取於道則魄然無己，而吾非我有，其生死、先後、化與不化，不知其所然，與之俱往俱來，此孟孫氏能於夢寐之中而自覺，仲尼所以稱己與顏回不及矣。故曰：「吾與汝其夢未始覺者耶！」

「且彼有駭形，而無損心；有旦宅，而無情死。孟孫氏特覺人哭亦哭，是自其所以乃。且也相與吾之耳矣，庸詎知吾所謂吾之乎？

有駭形者，所謂人哭亦哭也；無損心者，所謂不戚不哀也；有旦宅者，所謂以形爲旅寄也；

無情死者〔一〕，所謂不徇適去也。如此，則物非我異，身非我有，故曰：「庸詎知吾所謂吾之乎！」

「且汝夢爲鳥而厲乎天，夢爲魚而没於淵。不識今之言者，其覺者乎？其夢者乎？」夢爲鳥者必飛，夢爲魚者必潛，此理勢之自然也，故曰：「且汝夢爲鳥而厲乎天，夢爲魚而没於淵。」夫夢之與覺，生之與死，混然一致，而皆爲真空，何足哀樂於其間也？故曰：「不識今之言者，其覺者乎？其夢者乎？」

「造適不及笑，獻笑不及排，」造適者，非勉力而真爲也；獻笑者，非樂然後笑也。笑者，至也；排者，去也。非真爲則出於强，故不及至而止矣，故曰「造適不及笑」。非樂笑則亦出於强，故不及去而自止矣，故曰「獻笑不及排」。孟孫才之哭泣，何異造適獻笑乎？

〔一〕「情死」，原本作「死情」，據莊子原文及四庫本互乙。

「安排而去化，乃入於寥天一。」

生人者[一]，安於暫往，忘於已化，適於高遠，侔於上天，明于一致，故曰「安排而化去，乃入於寥天一」。夫生死之變至大矣，而達者了之而不以爲大。當其生則爲時，當其去則能順[二]，窈然無意於其間也。然子反琴之歌曲與莊子鼓盆之意同，孟孫才之哭泣與秦失三號之意同，此皆至人之所爲，非聖人不能知之矣。

意而子見許由，許由曰：「堯何以資汝？」意而子曰：「堯謂我：『汝必躬服仁義，而明言是非。』」許由曰：「而奚來爲軹？夫堯既已黥汝以仁義，而劓汝以是非矣[三]；汝將何以遊夫遥蕩恣睢轉徙之塗乎？」意而子曰：「雖然，吾願遊於其藩。」許由曰：「不然。夫盲者無以與乎眉目顔色之好，瞽者無以與乎青黄黼黻之觀。」意而子曰：「夫無莊之失其美，據梁之失其力，黄帝之亡其知，皆在鑪錘之間耳[四]。庸詎知夫造物者之不息我黥，而補我劓，使我乘成以隨先生邪？」

---

[一]「生」，四庫本作「至」。

[二]「能」，四庫本作「爲」。

[三]「劓」，原本作「川」，據四庫本改。

[四]「錘」，原本作「捶」，據四庫本改。

許由曰：「噫！未可知也。我爲汝言其大略。吾師乎！吾師乎！整萬物而不爲義。澤及萬世而不爲仁，長於上古而不爲老，覆載天地、刻彫衆形而不爲巧。此所遊已。」

意而子者，無意也；許由者，無爲也。以無意而對無爲，其於道也爲得矣。此莊子所以託言二子之答問矣。夫仁義者道之迹，是非者智之端，渾而内冥則皆不出於道，散而外著則未能免其累。意而子言堯使其服仁義，言是非者，所謂散道而外著也，焉能免累而止止歟？此許由所以有黥劓之言，而又曰汝遊夫遥蕩恣睢轉徙之塗乎？然意而子雖云無意，而由有心焉，是以未樂盡道之妙壺而止，願遊其藩傍也，故曰「願遊於其藩」。遊於其藩者，則有時而止，此許由所以引其師而復諭之也。夫整萬物而不爲義，澤萬世而不爲仁者，其道渾而爲一也。長於上古而不爲老者，其出歸於無極也。覆載天地、彫刻衆形而不爲巧者，化而不涉爲之之迹也。此皆無心之所致。無心者，乘物以遊心，而無所不至也，故曰「此所遊已」。許由之師可謂大宗師，莊子所以託言於終也。故意而子、無莊、據梁者，皆莊子製名而寓意。

顔回曰：「回益矣。」仲尼曰：「何謂也？」曰：「回忘仁義矣。」曰：「可矣，猶未也。」它日，復見，曰：「回益矣。」曰：「何謂也？」曰：「回忘禮樂矣。」曰：「可矣，猶未也。」它日，復見，曰：「回益矣。」曰：「何謂也？」曰：「回坐忘矣。」仲尼蹵然曰：「何謂坐忘？」顔回曰：「墮枝體，黜聰明，離形去知，同於大通，此謂坐忘。」仲尼曰：「同則無好也，化則無常也。而果其賢乎！丘也，請從而後也。」

仲尼者，無我也；顔回者，克己也。以克己而師無我，則其進所以終至於無我。此莊子所以言顔回始忘仁義，次忘禮樂，而終至於坐忘。坐忘者，無我而無所不忘，而前所謂未始有回是也。夫無我者，天地萬物之所宗師也。

子輿與子桑友，而霖雨十日。子輿曰：「子桑殆病矣！」裹飯而往食之。至子桑之門，則若歌若哭，鼓琴，曰：「父邪！母邪！天乎！人乎！」有不任其聲，而趨舉其詩焉。子輿入，曰：「子之歌詩，何故若是？」曰：「吾思夫使我至此極者，而弗得也。父母豈欲吾貧哉？天無私覆，地無私載，天地豈私貧我哉？求其爲之者而不得也。然而至此極者，命也夫！」

至人者，一委於命，而無累於物，故富貴貧賤生死之變，窈然盡忘而不介於胸中，此子桑貧而以言其命也，故曰「命也夫」。夫莊子作大宗師之篇，而始言其知天，次言其知人，而終言其委命者〔一〕，蓋明能知天則所謂窮理也，能知人則所謂盡性也，能委命則所謂至命也。窮理盡性

〔一〕「委」，四庫本作「知」。

而至於命，此所以爲大宗師也。故終之以命焉。此莊子之爲書，篇之始終皆有次序也。學者宜求其意焉。

## 應帝王篇

夫出德而入道〔一〕，入道而盡妙，此物之所以同歸而宗師也。物之所同歸，則應可以爲帝王。此莊子作應帝王之篇，而次於大宗師也。

齧缺問於王倪，四問而四不知。齧缺因躍而大喜，行以告蒲衣子。蒲衣子曰：「而乃今知之乎？

帝王之道在於無爲，無爲則無迹，無迹則不可言，此王倪所以不答齧缺之問也。夫齧缺者，道不全之稱也；王倪者，王道之本也。以其知道之不全而不得不問，以其得道之端本而言不知。不知者，深知也。然齧缺遽悟王倪不知之意，而爵躍大喜，而退以告蒲衣子，蒲衣子遂與言其無爲之妙也。夫無爲者道之真，而莊子故於篇首而言之。

〔一〕「夫」，原本作「天」，據四庫本改。

「有虞氏不及泰氏。有虞氏其猶藏仁以要人；亦得人矣，而未始出於非人。泰氏其卧徐徐，其覺于于；一以己爲馬，一以己爲牛；其知情信，其德甚真，而未始入於非人。」

泰氏、虞氏均爲無爲，然虞氏不及泰氏者，非道之所以不同，以其時變之異耳。夫泰氏之世，任其自然，萬物齊諧，而無彼我異同之辯，故曰：「其卧徐徐，其覺于于；一以己爲馬，一以己爲牛。」不知而所以交乎，自得而所以内直，故曰：「其知情信，其德甚真。」好惡俱泯，而出於是非之域，故曰：「而未始入於非人。」夫如此者，時之然也。虞氏之世，治有使然，物我自殊，而有彼我異同之辯，非仁不足以齊之，故曰：「其由臧仁以要人，亦得人矣。」得於人者，好惡所以形，而入於是非之域，故曰：「而未始出於非人。」夫如此者，亦時之然也。故以道觀之，則焉有不及？以時言之，則小有不同。蒲衣子欲極言無爲之妙，而所以以虞氏不及泰氏也。

肩吾見狂接輿。狂接輿曰：「日中始何以語女？」肩吾曰：「告我君人者，以己出經，式義度人，孰敢不聽而化諸！」狂接輿曰：「是欺德也。其於治天下也〔一〕，猶涉海鑿河，而使蚊負山也。夫聖人之治也，治外乎？正而後行，確乎能其事者而已矣。且鳥高飛以避矰弋之害，鼷鼠深穴乎

〔一〕「其」，原本作「仕」，據四庫本改。

神丘之下，以避熏鑿之患，而曾二蟲之無知乎！」

肩吾、接輿所稱之意，已解於逍遥篇。日中始者，此亦莊子製名寓意也。經，常也；常者，久也。久於其道，則天下化成，故曰「以己出經」。式，用也；用者，庸也。寓諸庸而無不當，故曰「式義度人」。如此，則本末兼全，而内外俱治矣。夫帝王之道，無爲爲本，而有爲爲末。無爲、有爲，均是至妙，任之各以時也。接輿知本而不知末，知無而不知有，所以有聖人治外乎之言也。又引鳥、鼠二蟲而明於無爲。夫鳥之飛，鼠之穴者，此自然也。有矰弋熏鑿之害，而然後其飛高至于天，而其穴必在神丘之下，此使然也。自然者無爲，而使然者有爲。有爲亦不出於飛穴之外也。接輿自言於本末，而不識本末矣。

天根遊於殷陽，至蓼水之上，適遭無名人而問焉。曰：「請問爲天下。」無名人曰：「去！汝鄙人也，何問之不預也！予方將與造物者爲人，厭，則又乘夫莽眇之鳥，以出六極之外，而遊無何有之鄉，以處壙埌之野。汝又何帛以治天下感予之心爲？」

天根者，老子所謂「是爲天地根」是也。無名者，老子所謂「無名天地之始」是也。爲天地根，又爲天地始，此道之所以至妙也。莊子製二子之名而取其意。夫無名必至於有名，有名萬物之母也，故曰「予方將與造物者爲人」。乘莽眇之鳥者，言其輕舉而不更駕也；出六極之外者，言不入於形器也；遊無何有之鄉者，言入真空之奧也〔二〕；處壙垠之野者，言居無盡之外也。此則無爲無心而天下自治矣，故曰：「汝又何帠以治天下感予之心爲？」此所以足爲帝王矣。

又復問。無名人曰：「汝遊心於淡，合氣於漠，順物自然，而無容私焉，而天下治矣。」陽子居見老聃，曰：「有人於此，嚮疾彊梁，物徹疏明，學道不勌。如是者，可比明王乎？」老聃曰：「是於聖人也，胥易技係，勞形怵心者也。且也，虎豹之文來田，猨狙之便、執斄之狗來藉。如是者，可比明王乎？」

夫接輿者，止知無爲也。天根者，止知有爲也。知無爲者不得不諭以有爲，故肩吾答接輿以出己式義之言也。知有爲者不得不諭之以無爲，此無名復答天根以遊心合氣之言也。夫遊心者，汎然自得，而復於至靜也，故曰「遊心於淡」。合氣者，其息深深，而歸於至虛也，故曰「合氣於漠」。虛靜無爲，而又能與物不迕，而不背公，此天下之所以自治也，故曰「順物自然，而無容私焉，而天下治矣」。

〔二〕「入」，原本作「人」，據四庫本改。

陽子居蹵然曰：「敢問明王之治。」老聃曰：「明王之治，功蓋天下，而似不自己；化貸萬物，而民弗恃；有莫舉名，使物自喜；立乎不測，而遊於無有者也。」

陽子居者，亦莊子製名寓意也。問明王之道者，是問帝王之道也。夫明王之所爲，功及天下而身不居，贍足萬物而下不知，處乎至妙而任乎無爲，此所以爲明王之道也，豈以疏明不勸而爲之歟？此陽子居未爲知道之本末也。

鄭有神巫曰季咸，知人之死生存亡、禍福壽夭，期以歲月旬日，若神。鄭人見之，皆棄而走。列子見之而心醉，歸，以告壺子，曰：「始吾以夫子之道爲至矣，則又有至焉者矣。」壺子曰：「吾與汝既其文，未既其實，而固得道與？衆雌而無雄，而又奚卵焉！而以道與世亢，必信，夫故使人得而相汝。嘗試與來，以予示之。」明日，列子與之見壺子。出而謂列子曰：「嘻！子之先生死矣！弗活矣！不以旬數矣！吾見怪焉，見濕灰焉。」列子入，泣涕沾襟，以告壺子。壺子曰：「鄉吾示之以地文，萌乎不震不正。是殆見吾杜德機也。嘗又與來。」明日，又與之見壺子。出而謂列子曰：「幸矣，子之先生遇我也！有瘳矣，全然有生矣！吾見其杜權矣。」列子入，以告壺子。壺子曰：「鄉吾示之以天壤，名實不入，而機發於踵。是殆見吾善者機也。嘗又與來。」明日，又與之見壺子。出而謂列子曰：「子之先生不齊，吾無得而相焉。試齊，且復相之。」列子入，以告壺子。壺子曰：「吾鄉示之以太沖莫勝。是殆見吾衡氣機也。鯢桓之審爲淵，止水之審爲淵，流水之審爲淵。淵有九名，此處三焉。嘗又與來。」明日，又與之見壺子。立未定，自失而走。壺子曰：「追之！」列子追之，不及。反，以報壺子，曰：「已滅矣，已失矣，吾不及已！」壺子曰：「鄉吾示之以未始出吾宗。吾與之虛而委蛇，不知其誰何。因以爲茅靡，因以爲波流，故逃也。」然後列子自以爲未始學而歸，三年不出，爲其妻爨，食豕如食人。於事無與親，雕琢復朴，塊然獨以其形立。紛而封哉，一以是終。

夫侔於天地，同於造化者，帝王之道也。帝王之道，出於無爲之際，而運於心術之間。其妙所以入無方之神，而其徼所以出至虛之域。冥諸内以忘其外，潛其神以喪其形。千變萬化，而不可測矣。若壺子之所變，本乎無爲而入於無方，虛靜杳寂而忘外喪形，此神巫之不能相也。夫鄭巫者，所謂人知其神而不神也。壺子者，所謂人不知其神而入神也。夫莊子言帝王之道，而所以言及於神者，以帝王之道入神則方盡於妙也。故引壺子之事而明之，言其如此則方可爲帝王也。

無爲名尸，無爲謀府；無爲事任，無爲知主。體盡無窮，而遊無朕；盡其所受乎天，而無見得，亦虛而已。至人之用心若鏡，不將不迎，應而不藏，故能勝物而不傷。

無爲名尸者，任其自然而名正也。無爲謀府者，寂然不動而無思也。無爲事任者，汎然無係而不役於物也。無爲智主者[一]，藏其天真而不用機心也。體盡無窮者，不求其終也；而遊無朕者，不顯其迹也。盡其所受乎天者，至命也；而無見得者，無得而無喪也。亦虛而已者，道至此而極於真空也。夫至虛而極於真空者，物來則應，事至則辨，所以勝物而物莫能傷矣。故曰：「至人之用心若鏡，不將不迎，應而不藏，故能勝物而不傷。」夫帝王之道極妙之如此，故於終篇而言之也。

南海之帝爲儵，北海之帝爲忽，中央之帝爲渾沌。儵與忽時相與遇於渾沌之地，渾沌待之甚善。儵與忽謀報渾沌之德，曰：「人皆有七竅，以視聽食息，此獨無有，嘗試鑿之。」日鑿一竅，七日而渾沌死。

夫無乎不在，無有不至，體之而不見其體，用之而不見其用，天下萬物由之而不能知之者，道也。道無方也，無體也，無爲也，無名也。有方則有體，有爲則有名，名立則道之所以不全，此莊子所以有南、北、中央帝之言也。夫南北言其方也，帝者況其體也，相遇喻其爲也，儵、忽、

[一]「主」，原作「王」，據四庫本改。

渾沌言其名也，此寓言道散而不全也。道既散而渾合者亦不復完，故曰「七日而渾沌死」。夫渾沌者，言其道合而一致，得其妙者足以逍遥，足以齊物，足以養生，足以經世，足以充德，足以爲宗師，而冥然無方無體也。至于足以爲帝王，則是道之所以散，而有爲、有名也。有爲有名，則道豈復合而渾歟？此所以終言渾沌之死也。七日者，七篇之數也，此莊子盡道於内篇之七也。夫内篇者，皆性與天道聖人之事，而非淺見得以知之矣。然終之於帝王篇者，以帝者聖之餘，而王則外而已矣，是以終之焉。

# 南華真經新傳　卷七

## 外篇

### 天道篇

夫天下之世俗，外效曾、史、楊、墨之所爲，而内失其自然之正性。正性失則不能無爲而安静矣，莊子因而作天道篇。

天道運而無所積，故萬物成；帝道運而無所積，故天下歸；聖道運而無所積，故海内服。明於天，通於聖，六通四辟於帝王之德者，其自爲也，昧然無不静者矣。

無爲爲之謂之天〔一〕，審諦不妄之謂帝，大而化之之謂聖。天與帝、聖皆出於道，而所以通

〔一〕「謂之」，四庫本二字互乙。

達矣。故天道無爲而行健，萬物所以資始也，故曰天道運而無所積〔一〕，故天下歸。聖道自然而彌綸，民心所以悦懷也，故曰：「聖道運而無所積，故海内服。」明於天者，知天也；通於聖者，入聖也。知天則達於無爲，入聖則任於自然，如此則了於帝王之德，而其所爲寂然而物莫足矣。故曰：「明於天，通於聖，六通四辟於帝王之德者，其無爲也，無不静矣。」

聖人之静也，非曰静也善，故静也；萬物無足以鐃心者，故静也。水静則明燭鬚眉，平中準，大匠取法焉。水静猶明，而况精神！聖人之心静乎！天地之鑒也，萬物之鏡也。夫虛静恬淡，寂漠無爲者，天地之平，而道德之至，故帝王聖人休焉。休則虛，虛則實，實者倫矣。虛則静，静則動，動則得矣。静則無爲，無爲也，則任事者責矣。無爲則俞俞；俞俞者，憂患不能處，年壽長矣。夫虛静恬淡，寂漠無爲者，萬物之本也。明此以南鄉，堯之爲君也；明此以北面，舜之爲臣也。以此處上，帝王天子之德也；以此處下，玄聖素王之道也。以此退居而閒遊，江海山林之士服；以此進爲而撫世，則功大名顯，而天下一也。静而聖，動而王，無爲也而尊，樸素而天

〔一〕據四庫本，此句下有闕文。

下莫能與之争美。

聖人非有意於静，以其歸根而静也。歸根而静則静之至，故曰：「非曰静也善，故静也。」夫静之至則嗜慾忘而天機深，外物安足以動矣？故曰：「萬物無足以鐃其心者，故静也。」然而聖人之至静，愈於水之所静也。水静則明見於毫末，其平則大匠取法焉；聖人之心静則精神完復而洞徹，雖天地之大，萬物之衆，不可逃吾照知也〔二〕。故曰：「而況精神！聖人之心静乎！天地之鑑也，萬物之鏡也。」虚者，所謂曠兮若谷也；静者，所謂其息深深也；恬淡者，所謂希夷也；寂漠者，所謂晦默也；無爲者，所謂自然也。此皆真空妙有之至也，雖天地道德，不出於此數者矣，帝聖所以處之而息焉。故曰：「夫虚静恬淡，寂漠無爲者，天地之平，道德之至，故帝王聖人休焉。」夫帝聖既處此數者而心休〔三〕，心休則虚，虚則静，静則無爲，無爲則自得矣。然而虚則未嘗不實，實則極天下之理也，故曰：「虚則實，實者倫矣。」静則亦未嘗不動，動則無一事之失也，故曰：「静則動，動則得矣。」無爲則亦未嘗不爲，爲則無有不當也，故曰：「無爲也，則任事者責矣。」任事者責矣則自得，自得則悲哀不能入，而形未嘗衰也，故

〔二〕「知」，四庫本作「之」。

〔三〕「心休」，原作「休心」，據四庫本乙之。

曰：「無爲則俞俞，俞俞者，憂患不能處，年壽長矣。」

夫明白於天地之德者，此之謂大本大宗，與天和者也；所以均調天下，與人和者也。與人和者，謂之人樂；與天和者，謂之天樂。莊子曰：「吾師乎！吾師乎！䪢萬物而不爲戾，澤及萬世而不爲仁，長於上古而不爲壽，覆載天地、刻彫衆形而不爲巧，此之謂天樂。故曰：『知天樂者，其生也天行，其死也物化。靜而與陰同德，動而與陽同波。』故知天樂者，無天怨，無人非，無物累，無鬼責。故曰：『其動也天，其靜也地，一心定而王天下；其鬼不祟，其魂不疲，一心定而萬物服。』言以虛靜推於天地，通於萬物，此之謂天樂。天樂者，聖人之心，以畜天下也。」

靜則歸根而晦默寂然，所以自得也，故曰「靜則與陰同德」[一]。動則愈出而明白汎然，所以無礙也，故曰「動則與陽同波」。此天樂之至也。夫天樂者，孔、孟之所謂樂天也。樂天則萬物不足以憂之，而樂之至也，故曰天樂也。

[一]「德」，原作「化」，據四庫本改。

夫帝王之德〔一〕，以天地爲宗，以道德爲主，以無爲爲常。無爲也，則用天下而有餘；有爲也，則爲天下用而不足。故古之人貴夫無爲也。上無爲也，下亦無爲也，是下與上同德；下與上同德，則不臣。下有爲也，上亦有爲也，是上與下同道；上與下同道，則不主。

付物自然，則贍足萬物而不絶，故曰：「無爲也，則用天下而有餘。」俾物使然，則萬物相役而力不贍，故曰：「有爲也，則爲天下用而不足，」非帝王之道也。

上必無爲而用天下，下必有爲爲天下用，此不易之道也。

主者，天道也；臣者，人道也。天不得不無爲，人不得不有爲。無爲所以無心於天下，而天下歸於役使也；有爲所以有心於天下，而天下從而役使也。歸其役使者常逸，從而役使者常勞，此萬世不變之道也。故曰：「上必無爲而用天下，下必有爲爲天下用，此不易之道也。」

故古之王天下者，知雖落天地，不自慮也；辯雖彫萬物，不自説也；能雖窮海内，不自爲也。天不産而萬物化，地不長而萬物育，帝王無爲而天下功。故曰：莫神於天，莫富於地，莫大於帝

〔一〕「夫」，原作「天」，據四庫本改。

王。故曰：帝王之德配天地。此乘天地，馳萬物，而用人群之道也。本在於上，末在於下；要在於主，詳在於臣。三軍五兵之運，德之末也；賞罰利害，五刑之辟，教之末也；禮法度數，刑名比詳，治之末也；鐘鼓之音，羽旄之容，樂之末也；哭泣衰絰，降殺之服，哀之末也。此五末者，須精神之運，心術之動，然後從之者也。末學者，古人有之，而非所以先也。

莊子之作此篇，首言天帝聖人之道，而次言虛靜恬淡之妙，次又言天樂帝王之德，所以極明無爲之妙理也。夫無爲者必至於有爲，有爲則有迹而已矣，故繼言其兵軍、賞罰、禮、樂、喪哀之五事，所以極言有爲之迹也。然而又慮後之治天下者，以治天下之道不出於此五者，而用之以失其真性，遂稱五事爲德、教、禮、樂、喪哀之末也。夫有末者必有本，本則無爲之理也。理不出性命之際，而知其理而順之，則五者自行而已矣。故曰：「此五者，須精神之運，心術之動，然後從之者也。」

君先而臣從，父先而子從，兄先而弟從，長先而少從，男先而女從，夫先而婦從。夫尊卑先後，天地之行也，故聖人取象焉。天尊地卑，神明之位也；春夏先，秋冬後，四時之序也。萬物化作，萌區有狀，盛衰之殺，變化之流也。夫天地至神，而有尊卑先後之序，而況人道乎！宗廟尚親，朝廷尚尊，鄉黨尚齒，行事尚賢，大道之序也。語道而非其序者，非道也；語道而非其道者，安取道！

夫莊子之此篇，深明自然之道，所謂知於天而已。至此而言君臣、父子、兄弟、少長、男女、夫婦、尊卑、先後之序，亦所謂知於人而已。荀子言莊子蔽於天而不知人，周豈爲不知於人歟？

是故古之明大道者，先明天，而道德次之；道德已明，而仁義次之；仁義已明，而分守次之；分守已明，而刑名次之[一]；刑名已明，而因任次之；因任已明，而原省次之；原省已明，而是非次之；是非已明，而賞罰次之。賞罰已明，而愚知處宜，貴賤履位，仁賢不肖襲情，必分其能，必由其名。以此事上，以此畜下，以此治物，以此脩身；知謀不用，必歸其天；此之謂太平，治之至也。故書曰：「有刑有名。」刑名者，古人有之，而非所以先也。古之語大道者，五變而刑名可舉，九變而賞罰可言也。驟而語刑名，不知其本也；驟而語賞罰，不知其始也。倒道而言，迕道而説者，人之所治也，安能治人！驟而語刑名賞罰，此有知治之具，非知治之道；可用於天下，

[一]「刑」，四庫本作「形」，此段下同。

不足以用天下[一]。此之謂辯士，一曲之人也。禮法數度，刑名比詳，古人有之，此下之所以事上，非上之所以畜下也。

萬物待是而後存者，天也；莫不由是而之焉者，道也；道之在我者，德也；以德愛者，仁也；愛而宜者，義也。仁有先後，義有上下謂之分；先不擅後，下不侵上謂之守。刑者，物此者也；名者，命此者也。所謂物此者何也？貴賤親疏所以表飾之，其物不同者是也。所謂命此者何也？貴賤親疏所以稱號之，其命不同者是也。物此者，貴賤各有容矣；命此者，親疏各有其號矣。因親疏貴賤而任之以其所宜爲，此之謂因任。因任之以其所宜爲矣，放而不察乎，則又既天地必原其情，必省其事，此之謂原省。原省明而後可以辨是非，是非明而後可以施賞罰。故曰：「先明天，而道德次之；道德已明，而仁義次之；仁義已明，而分守次之；分守已明，而刑名次之；刑名已明，而因任次之；因任已明，而原省次之；原省已明，而是非次之；是非已明，而賞罰次之。」此九變者，古之人孰不從之矣？至後世則不然，仰而曰彼蒼蒼而大者何也？其去吾不知其幾千萬里，是豈能如我何哉？吾爲吾之所爲而已，安取彼於見[二]？遂

---

[一]「足」，原缺，據四庫本補。

[二]「見」，四庫本作「是」。

棄道德，離仁義，略分守，慢刑名，忽因任，而忘原省，直信吾之是非而加人以其賞罰，於是乎天下始大亂。而寡弱者號無告，聖人不作；諸子者俟其間而出於偏見；言道德者至於杳冥而不可考；而原一世之有爲者，爲不足以言；刑名者守物誦數，罷苦以至於老而疑道德〔一〕。彼皆忘其智爲之不贍也，而魁然自以爲聖人者此矣，悲夫！故曰：「五變而刑名可舉，九變而賞罰可言。」語道而非序，安取其言也？

昔者舜問於堯曰：「天王之用心何如？」堯曰：「吾不敖無告，不廢窮民，苦死者，嘉孺子，而哀婦人。此吾所以用心已。」舜曰：「美則美矣，而未大也。」堯曰：「然則何如？」舜曰：「天德而出寧，日月照而四時行，若晝夜之有經，雲行而雨施矣。」堯曰：「膠膠擾擾乎！子，天之合也；我，人之合也。」夫天地者，古之所大也，而黃帝、堯、舜之所共美也。故古之王天下者，奚爲哉？天地而已矣。

夫堯不敖無告，不廢窮民，苦死者，嘉孺子，哀婦人，此雖爲惠而以心惠物也。夫以心惠物則仁於一物，而所惠不廣矣，故舜曰：「而未大也。」豈若無心惠物乎？故無心惠物則所惠者大，

〔一〕「疑」，四庫本作「凝」。

而物安乎？故舜又曰：「天德而出寧。」

孔子西藏書於周室。子路謀曰：「由聞周之徵藏史有老聃者，免而歸居；夫子欲藏書，則試往因焉。」孔子曰：「善。」往見老聃，而老聃不許，於是繙十二經以説。老聃中其説，曰：「太謾，願聞其要。」孔子曰：「要在仁義。」老聃曰：「請問：仁義，人之性邪？」孔子曰：「然。君子不仁則不成，不義則不生。仁義，真人之性也，又將奚爲矣？」老聃曰：「請問：何謂仁義？」孔子曰：「中心物愷，兼愛無私，此仁義之情也。」老聃曰：「意！幾乎後言！夫兼愛，不亦迂乎〔一〕！無私焉，乃私也。夫子若欲使天下無失其牧乎〔二〕？則天地固有常矣，日月固有明矣，星辰固有列矣，禽獸固有群矣，樹木固有立矣。夫子亦放德而行，循道而趨，已至矣；又何偈偈乎揭仁義，若擊鼓而求亡子焉？意！夫子亂人之性也！」士成綺見老子而問曰：「吾聞夫子，聖人也。吾固不辭遠道，而來願見；百舍重趼，而不敢息。今吾觀子，非聖人也。鼠壤有餘蔬而棄妹，不仁也。生熟不盡於前，而積斂無崖。」老子漠然不應。士成綺明日復見，曰：「昔者

---

〔一〕「迂」，四庫本作「迕」。

〔二〕「失」，原本作「先」，據四庫本改。

吾有刺於子，今吾以正卻矣，何故也？」老子曰：「夫巧知神聖之人，吾自以爲脱焉。昔者，子呼我牛也而謂之牛，呼我馬也而謂之馬。苟有其實，人與之名而弗受，再受其殃。吾服也恒服，吾非以服有服。」士成綺鴈行避影，履行遂進而問：「脩身若何？」老子曰：「而容崖然，而目衝然，而顙頯然，而口闞然，而狀義然，似繫馬而止也。動而持，發也機，察而審，知巧而覩於泰，凡以爲不信。邊境有人焉，其名爲竊。」老子曰：「夫道，於大不終，於小不遺，故萬物備。廣廣乎其無不容也，淵乎其不可測也。形德仁義，神之末也，非至人孰能定之！夫至人有世，不亦大乎！而不足以爲之累。天下奮棅而不與之偕，審乎無假而不與利遷，極物之真，能守其本；故外天地，遺萬物，而神未嘗有所困也。通乎道，合乎德，退仁義，賓禮樂，至人之心有所定矣。」世之所貴道者，書也；書不過語，語有貴也。語之所貴者，意也；意有所隨。意之所隨者，不可以言傳也；

夫道無乎不在也，雖天地之大，由之而生；蜩鷃之小，由之而成。故在於大則亦未嘗不小，在於小而亦未嘗不大。當在其大也，則不可知其極，故曰「於大不終」。當在其小，則不見不足，故曰「於小不遺」。大不知其極，小不見其不足，萬物之用無不備也，故曰「萬物廣備」。然萬物之既備，而無不涵容也，故曰「廣乎其無不容也」。容於萬物，而其深無涯也，故曰「淵乎其不可測也」。道之如此，而非至人孰能體用矣？故至人之體道，天下雖廣而不以累心也，故曰：「有世，不亦大乎！而不足以爲之累。」權謀用而不與之偕也，故曰「天下奮棅而不與之偕」。明物儻來而不爲之役也，故曰「審乎無假而不與利遷」。辨是與非而不失性也，故曰「極物之真，能守其本」。至人如此，而天地不足拘，萬物不足累，性命安全，而汎然逍遥，故曰：「外天地，遺萬物，而神未嘗有所困也。」遠乎無爲，明乎自得，抑乎仁義，外乎禮樂，真君淵静而不動也，故曰：「退道德，賓禮樂，至人之心有所定矣。」

而世因貴言傳書。世雖貴之哉，猶不足貴也，爲其貴非其貴也。故視而可見者，形與色也；聽而可聞者，名與聲也。悲夫！世人以形色名聲爲足以得彼之情！夫形色名聲果不足以得彼之情，則知者不言，言者不知，而世豈識之哉！桓公讀書於堂上，輪扁斲輪於堂下，釋椎鑿而上，問桓公曰：「敢問：公之所讀者，何言邪？」公曰：「聖人之言也。」曰：「聖人在乎？」公曰：「已死矣。」曰：「然則君之所讀者，古人之糟魄已夫！」桓公曰：「寡人讀書，輪人安得議乎！有説則可，無説則死。」輪扁曰：「臣也以臣之事觀之。斲輪徐，則甘而不固；疾，則苦而不入。不徐不疾，得之於手，而應於心；口不能言，有數存焉於其間。臣不能以喻臣之子，臣之子亦不能受之於臣；是以行年七十而老斲輪。古之人與其不可傳也，死矣；然則君之所讀者，古人之糟魄已夫！」

夫道，視之不見也，聽之不聞也，摶之不得也，不可以智度，不可以情求，妙而至妙，神而至神，惟聖人心得而知之矣。聖人心得而知之也，以道神妙深微而廣。後世不能知之矣，故載道之粗於其書，書所以爲道之粗迹也。桓公不能心得於至道，徒讀聖人之粗迹，宜乎輪扁之所以譏也。然輪扁雖譏於桓公，至于己之所輪，而其術雖爲得於心，亦未爲無失而已矣。夫破百年之木而操之以爲輪，是使木失真性也，安若不斲於輪乎？二者均爲有爲之累，故莊子言於此篇終。

# 南華真經新傳　卷八

## 天運篇

夫無爲者，天之妙道也。天道之止於無爲，則其道所以不爲神。惟能無爲而爲之，然後道妙而神矣。此莊子因作天運篇。

天其運乎？地其處乎？日月其爭於所乎？孰主張是？孰綱維是？孰居無事，推而行是？意者其有機緘而不得已邪？意者其運轉而不能自止邪？雲者爲雨乎？雨者爲雲乎？孰隆施是？孰居無事，淫樂而勸是？風起北方，一西一東，有上彷徨，孰噓吸是？孰居無事，而披拂是？敢問何故？巫咸祒曰：「來！吾語女。天有六極五常，帝王順之則治，逆之則凶。九洛之事，治成德備，監照下土，天下載之，此謂上皇。」

夫日、月、雲、雨、風、氣，皆天之用也。天有其用，而不用以爲用，則其用所以不息也。惟聖人法而用之，以宥於天下，故功所以不虧，而道所以曲全幽遠，無不照知，而民心推戴而存真也。故曰：「帝王順之則治，逆之則凶。九洛之事，治成德備，監照下土，天下戴之，此謂上皇。」

商太宰蕩問仁於莊子。莊子曰：「虎狼，仁也。」曰：「何謂也？」莊子曰：「父子相親，何爲不仁？」〔一〕曰：「請問至仁。」莊子曰：「至仁無親。」太宰曰：「蕩聞之：『無親則不愛，不愛則不孝。』謂至仁不孝，可乎？」莊子曰：「不然。夫至仁，尚矣，孝固不足以言之。此非過孝之言也，不及孝之言也。夫南行者至於郢，北面而不見冥山，是何也？則去之遠也。故曰：『以敬孝易，以愛孝難；以愛孝易，而忘親難；忘親易，使親忘我難；使親忘我易，兼忘天下難；兼忘天下易，使天下兼忘我難。』」

至仁者未及於大仁，止於不親而已矣〔二〕，故曰至仁不親。不親則親之視我豈有乎？故曰「使親忘我易」。親之忘我，則我止曰無心於親矣，豈爲無心於天下乎〔三〕？故兼忘天下難。天下者，度外之一物耳，我豈視之爲有而累心之，亦可忘之而已矣，故曰「兼忘天下易」。然天下雖爲度外之一物，而萬物待我而贍足矣，故曰「使天下兼忘我難」。此至仁未爲兼忘也。惟大仁任其自然〔四〕，而付之自爲，所以兼忘而已矣。兼忘則入於真空矣。

---

〔一〕「爲」，四庫本作「謂」。
〔二〕「止」，原作「正」，據四庫本改。
〔三〕「爲」，四庫本作「謂」。
〔四〕「仁」，四庫本作「人」。

「夫德遺堯、舜而不爲也，利澤施於萬世，天下莫知也，豈直太息而言仁孝乎哉！夫孝悌仁義，忠信貞廉，此皆自勉以役其德者也，不足多也。故曰：『至貴，國爵并焉；至富，國財并焉；至願，名譽并焉。』是以道不渝。」

夫萬物皆備於我，而我能全之而不虧，則至貴、至富、至願所以并之焉，其道安有加損矣？故曰：「至貴，國爵并焉；至富，國財并焉；至願，名譽并焉。是以道不渝。」

北門成問於黄帝曰：「帝張咸池之樂於洞庭之野，吾始聞之懼，復聞之怠，卒聞之而惑，蕩蕩默默，乃不自得。」帝曰：「汝殆其然哉！吾奏之以人，徽之以天，行之以禮義，建之以太清。夫至樂者，先應之以人事，順之以天理，行之以五德，應之以自然，然後調理四時，太和萬物〔一〕。四時迭起，萬物循生；一盛一衰，文武綸經；一清一濁，陰陽調和，流光其聲；蟄蟲始作，吾驚之以雷霆；其卒無尾，其始無首；一死一生，一僨一起；所常無窮，而一不可待。汝故懼也。吾又奏之以陰陽之和，燭之以日月之明。其聲能短能長，能柔能剛；變化齊一，不主故常；在谷滿谷，在坑滿坑；塗郤守神，以物爲量。其聲揮綽，其名高明。是故鬼神守其幽，日月星辰行其

〔一〕「夫至樂」至「萬物」，原缺，據四庫本補。

紀。吾止之於有窮，流之於無止。子欲慮之而不能知也，望之而不能見也，逐之而不能及也，儻然立於四虚之道，倚於槁梧而吟。目知窮乎所欲見，力屈乎所欲逐，吾既不及已夫！形充空虚，乃至委蛇。汝委蛇，故怠。吾又奏之以無怠之聲，調之以自然之命，故若混逐叢生，林樂而無形；布揮而不曳，幽昏而無聲。動於無方，居無窈冥〔一〕；或謂之死，或謂之生；或謂之實，或謂之榮；行流散徙，不主常聲。世疑之，稽於聖人。聖也者，達於情而遂於命也。天機不張，而五官皆備，此之謂天樂，無言而心悦。故有焱氏爲之頌曰：『聽之不聞其聲，視之不見其形，充滿天地，苞裹六極。』汝欲聽之而無接焉，而故惑也。樂也者，始於懼，懼故祟；吾又次之以怠，怠故遁；卒之於惑，惑故愚；愚故道，道可載而與之俱也。」

夫天下至妙之道，當其渾也，天人陰陽萬物纖悉無在焉；及其散也，天地設位，陰陽殊氣，物自爲物，無不由之矣。是以黄帝得之而所以全天樂，故莊子所以寓言黄帝之張咸池也。夫咸池者，道渾之喻也；奏之者，道散之謂也。道渾則所以有其體，道散則所以有其用。用則所以有爲，而有爲而群生遂，則其樂豈有其聲歟？宜乎焱氏爲之頌，而言其聽之而不聞、視之而不見也。故視之而不見者，言其無體也；聽之而不聞者，言其無聲也。此明有爲卒至於無爲

〔一〕「無」，四庫本作「於」。

也。夫無爲則復命而反真，故終曰：「愚故道，道可載而與之俱也。」

孔子西遊於衛。顔淵問師金曰：「以夫子之行爲奚如？」師金曰：「惜乎，而夫子其窮哉！」顔淵曰：「何也？」師金曰：「夫芻狗之未陳也，盛以篋衍，巾以文繡，尸祝齋戒以將之。及其已陳也，行者踐其首脊，蘇者取而爨之而已；將復取而盛以篋衍，巾以文繡，遊居寢卧其下，彼不得夢，必且數眯焉。今而夫子，亦取先王已陳芻狗，取弟子，遊居寢卧其下。故伐樹於宋，削迹於衛，窮於商、周，是非其夢邪？圍於陳、蔡之間，七日不火食，死生相與鄰，是非其眯邪？夫水行莫如用舟，而陸行莫如用車。以舟之可行於水也，而求推之於陸，則没世不行尋常。古今非水陸與？周、魯非舟車與？今蘄行周於魯，是猶推舟於陸也，勞而無功，身必有殃。彼未知夫無方之傳，應物而不窮者也。且子獨不見夫桔槔者乎？引之則俯，舍之則仰。彼，人之所引，非引人也，故俯仰而不得罪於人。故夫三皇、五帝之禮義法度，不矜於同，而矜於治。故譬三皇、五帝之禮義法度，其猶柤梨之食邪〔一〕！其味相反，而皆可於口。故禮義法度者，應時而變者也。今取猨狙而衣以周公之服，彼必齕齧挽裂，盡去而後慊。觀古今之異，猶猨狙之異乎周公也。故

〔一〕「之食」，四庫本作「橘柚」。

西施病心而矉其里，其里之醜人見而美之，歸亦捧心而矉其里。其里之富人見之，堅閉門而不出；貧人見之，挈妻子而去之走。彼知美矉，而不知矉之所以美。惜乎！而夫子其窮哉！」孔子行年五十有一而不聞道，乃南之沛，見老聃。老聃曰：「子來乎？吾聞子，北方之賢者也，子亦得道乎？」孔子曰：「未得也。」老子曰：「子惡乎求之哉？」曰：「吾求之於度數，五年而未得也。」老子曰：「子又惡乎求之哉？」曰：「吾求之於陰陽，十有二年而未得。」老子曰：「然。使道而可獻，則人莫不獻之於其君；使道而可進，則人莫不進之於其親；使道而可以告人，則人莫不告其兄弟；使道而可以與人，則人莫不與其子孫。然而不可者，無他也：中無主而不止，外無正而不行。由中出者，不受於外，聖人不出；由外入者，無主於中，聖人不隱。名，公器也。不可多取。仁義，先王之蘧廬也，止可以一宿，而不可以久處，覯而多責。古之至人，假道於仁，託宿於義，以遊逍遥之墟；食於苟簡之田，立於不貸之圃。逍遥，無爲也；苟簡，易養也；不貸無出也。古者謂是采真之遊。以富爲是者，不能讓禄；以顯爲是者，不能讓名；親權者，不能與人柄。操之則慄，舍之則悲，而一無所鑒，以闚其所不休者，是天之戮民也。怨、恩、取、與、諫、教、生、殺八者，正之器也。唯循大變無所湮者，爲能用之。故曰：『正者，正也。』其心以爲不然者，天門弗開矣。」

莊子之作篇，中言黄帝之張樂，次言孔子之西遊，是皆有爲之事也。故孔子西遊，而師金以其道而比芻狗，不及黄帝之事而已，故降一等而言之也。然師金止知孔子之道如無用之芻狗，而不知無用乃有用之妙也。夫黄帝之事，然爲有爲，而是皆有爲之至也。故有爲之至，則卒入於無爲，故繼言孔子問道於老聃也。夫道集於虚，而虚者足容於道也。虚則一而行無不通也。故不虚則不集，故曰「内無主而不止」；不一則不通，故曰「外無正而不行」。夫集於内者必行於外，所謂由中而出也。由中出者，豈爲自外而受歟？此聖人之所以固守也。故曰：「由中出者，不受於外，聖人不出。」夫行於外者因集於内，所謂由外而入也。由外入者，豈爲不虚而集歟？此聖人之所以必行也。故曰：「由外入者，無主於中，聖人不隱。」此老聃言入道致用之終始也。

孔子見老聃而語仁義。老聃曰：「夫播糠眯目，則天地四方易位矣；蚊虻噆膚，則通昔不寐矣。夫仁義憯然，乃憤吾心，亂莫大焉。吾子使天下無失其朴，吾子亦放風而動，總德而立矣；又奚傑然若負建鼓而求亡子者邪？夫鵠不日浴而白，烏不日黔而黑。黑白之朴，不足以爲辯；名譽之觀，不足以爲廣。泉涸，魚相與處於陸，相呴以濕，相濡以沫，不若相忘於江湖。」孔子見老聃歸，三日不談。弟子問曰：「夫子見老聃，亦將何規哉？」孔子曰：「吾乃今於是乎見龍。龍合而成體，散而成章，乘乎雲氣，而養乎陰陽。予口張而不能嗋，予又何規老聃哉！」子貢曰：「然則人固有尸居而龍見，雷聲而淵默，發動如天地者乎？賜亦可得而觀乎？」遂以孔子聲見老聃。老聃方將倨堂而應，微曰：「一年運而往矣〔一〕，子將何以戒我乎？」子貢曰：「夫三皇、五帝之治天下不同，其係聲名一也。而先生獨以爲非聖人，如何哉？」老聃曰：「小子，少進！子何以謂不同？」對曰：「堯授舜，舜授禹，禹用力而湯用兵，文王順紂而不敢逆，武王逆紂而不肯順，故曰不同。」老聃曰：「小子，少進！余語女三皇、五帝之治天下。黄帝之治天下，使民心一，民有其親死不哭，而民不非也。堯之治天下，使民心親，民有爲其親殺其殺，而民不非也。舜之治天下，使民心競，民孕婦十月生子，子生五月而能言，不至乎孩而始誰，則人始有天矣。禹之治天下，使民心變，人有心而兵有順，殺盜非殺人，自爲種而天下耳，是以天下大駭，儒、墨皆起。其作始有倫，而今乎婦，女何言哉！余語女：三皇、五帝之治天下，名曰治之，而亂莫甚焉。三皇之知，上悖日月之明，下睽山川之精，中墮四時之施。其知憯於蠆蠆之尾，鮮規之獸，莫得安其性命之精者〔二〕，而猶自以爲聖人，不可恥乎？其無恥也！」子貢蹵然立不安。孔子謂老聃曰：「丘治詩、書、禮、樂、易、春秋六經，自以爲久矣，孰知其故矣；以奸者七十二君，論先王之道，而

〔一〕「一」，四庫本作「予」。
〔二〕「精」，四庫本作「情」。

明周、召之迹，一君無所鉤用。甚矣夫！人之難説也，道之難明邪！」老子曰：「幸矣，子之不遇治世之君也！夫六經，先王之陳迹也，豈有所以迹哉！今子之所言，猶迹也。夫迹，履之所出，而迹豈履哉！夫白鶂之相視，眸子不運而風化；蟲，雄鳴於上風，雌應於下風，而風化。類，自爲雌雄，故風化。性不可易，命不可變，時不可止，道不可壅。苟得於道，無自而不可；失焉者，無自而可。」孔子不出三月，復見，曰：「丘得之矣。烏鵲孺，魚傅沫，細要者化，有弟而兄啼。久矣夫，丘不與化爲人！不與化爲人，安能化人！」老子曰：「可。丘得之矣！」

有爲者必有迹，故莊子至此而寓言老聃誚孔子治人而以陳迹也。然六經載道之書，書者爲道之粗，由粗可以至於精，精則無所爲而已，此所以終孔子不與化爲人之言也。夫不與化爲人者，付之自化也。付之自化則無所爲，是以言之於篇終也。故曰：「丘不與化爲人！不與化爲人，安能化之！」老子曰：「可，丘得之矣。」

# 南華真經新傳　卷九

## 刻意篇

夫虚静寂寞之道廢，則矯削僻異之行所以興〔一〕，此世俗之忘於無爲而滅天矣，此莊子因而作刻意篇。

刻意尚行，離世異俗，高論怨誹，爲亢而已矣；此山谷之士，非世之人，枯槁赴淵者之所好也。語仁義忠信，恭儉推讓，爲脩而已矣；此平世之士，教誨之人，遊居學者之所好也。語大功，立大名，禮君臣，正上下，爲治而已矣；此朝廷之士，尊主疆國之人，致功并兼者之所好也。就藪澤，處閒曠，釣魚閒處，無爲而已矣；此江海之士，避世之人，閒暇者之所好也。吹呴呼吸，吐故納新，熊經鳥申，爲壽而已矣；此導引之士，養形之人，彭祖壽考者之所好也。若夫不刻意而高，無仁義而脩，無功名而治，無江海而閒，不導引而壽，無不忘也，無不有也，澹然無極，而衆美

〔一〕「所以」，四庫本無此二字。

從之；此天地之道，聖人之德也。

夫山谷平世之士，疆國避世養形之人，皆爲有我而已矣。夫有我則有心，有心則未免於所惑，是以各蔽於一曲也。故樂於山藪者往而不能返，仕於朝廷者入而不能出，恬於教誨者屈而不能伸，耽於養形者存而不能忘，是非真性之然也，是矯削其意而使然也，豈與聖人相同乎？聖人則無我而已矣。夫無我則無心，無心則無所惑，是以忘形而通達於萬事也。故登假於至道，而乃入於寥天一，豈爲刻意而高歟？鏊物澤世而非由於外鑠，豈爲行仁義而脩歟？巍巍蕩蕩而在宥於天下，豈爲立功名而治歟？淵静晦默而逍遥於自得之埸，豈爲處江湖而閒歟？氣柔真全而形未嘗衰，豈爲務導引而壽歟？存而不存也，無而不無也，莫知其終，而至道自集，皆無爲之至妙，而惟聖人所以得之矣。故曰：「不刻意而高，無仁義而修，無功名而治，無江海而閒，不導引而壽，無不忘也，無不有也，澹然無極，而衆美從；此天地之道，聖人之德也。」

故曰：夫恬惔寂寞，虚無無爲，此天地之平，而道德之質也。故曰：聖人休休焉則平易矣，平易則恬惔矣。平易恬惔，則憂患不能入，邪氣不能襲，故其德全而神不虧。故曰：聖人之生也天行，其死也物化；静而與陰同德，動而與陽同波；不爲福先，不爲禍始；感而後應，迫而後動，不得已而後起。去知與故，循天之理。故無天災，無物累，無人非，無鬼責。其生若浮，其死若休。不思慮，不豫謀。光矣而不耀，信矣而不期。其寢不夢，其覺無憂。其神純粹，其魂不罷。虛無恬惔，乃合天德。故曰：悲樂者，德之邪；喜怒者，道之過；好惡者，德之失。平易者，所謂無滯礙也；恬惔者，所謂無思慮也；憂患不能入者，所謂哀樂不能入也；邪氣不能襲者，所謂喜怒不能感也。如此則自得而神王矣。故曰「其德全而神不虧」。神不虧則以生死爲往來之暫矣，故曰「聖人之生也天行，其死也物化」。夫死生至大，而以之爲往來，則禍福之微，豈能累我乎？故曰「不爲福先，不爲禍始」。感而後應者，所謂德充而符合也；迫而後動者，所謂事至而應也；不得已而後起者，所謂不預謀也。不以智行已，不以故滅命，守於自然之真理也，故曰「去知與故，循天之理」。無天災者，與天合德，而天不災也；無物累者，與物齊諧，而物莫役也；無人非者，出於非人之域，而明不散也；無鬼責者，與鬼神同其吉凶，而無不佑也。此數者，非聖人孰能與此矣？

故心不憂樂，德之至也；一而不變，靜之至也；無所於忤，虛之至也；不與物交，淡之至也；無所於逆，粹之至也。故曰：形勞而不休，則弊；精用而不已，則勞；勞則竭。水之性，不雜則清，莫動則平；鬱閉而不流，亦不能清。天德之象也。故曰：純粹而不雜，靜一而不變，淡而無爲，動而以天行，此養神之道也。夫有干、越之劍者，柙而藏之，不敢用也，寶之至也。精神四達並流，無所不極，上際於天，下蟠於地，化育萬物，不可爲象，其名爲同帝。純素之道，唯神是守；守而勿失，與神爲一；一之精通，合于天倫也。

聖人之心，喜懼不入而自得，故曰「心不憂樂，德之至也」。守一有常，而物莫足撓，故曰「一而不變，静之至也」。正錯無累，而曠兮善應，故曰「無所於忤，虛之至也」。外能役物，而洞然清徹，故曰「不與物交，淡之至也」。同平大順，而極於精粹，故曰「無所於逆，粹之至也」。聖人之心若是也。夫聖人之心，精神之宅也。惟聖人能養其神而不輕用，如韜藏利器而不敢妄用也。故曰：「夫有干、越之劍者，柙而藏之，不敢用也，寶之至也。」故聖人寶養精神之如此，其通達無所不至，而其奧妙與天地同流，造化萬物，而視之不可見，成於天而已矣。故曰：「精神並流，無所不極，上際於天，下蟠於地，化育萬物，不可爲象，其名爲同帝。」

野語有之曰：「衆人重利，廉士重名，賢士尚志，聖人貴精。」利者，所以和義者也，衆人重之而已矣，故曰「衆人重利」。名者，所以爲實之賓也，廉士重之而已矣，故曰「廉士重名」。志者，心之所之於遂大也，賢士尚之而已矣，故曰「賢士尚志」。精者，純粹不雜之道也，聖人貴之而已矣，故曰「聖人貴精」。故利不及於名，名不及於志，志不及於精，此所以言之有序也。

故素也者，謂其無所與雜也；純也者，謂其不虧其神也。能體純素，謂之真人。純者，不雜也；素者，質朴也。素則至于純，純則至于粹，粹則至于精，精則至于神而已矣，故曰「純素之道，惟神是守」。能守而自得，與神無二矣，故曰「守而勿失，與神爲一」。一者，道之妙本，而歸於自然無爲矣，故曰「一之精通，合于天倫」。此言入神之序也。

## 繕性篇

夫矯削僻異之行，非出於人之天真，而生於世俗之僞心。僞心用則正性所以失，正性失而不悟其自失，復欲以僞而完治矣。此莊子因而作繕性篇。

繕性於俗學〔一〕，以求復其初；滑欲於俗思，以求致其明，謂之蔽蒙之民。夫天之付人之性也，本於靜而已矣。靜則明，明則無所不通。世俗受天之性也，以靜而必動，而靜不謂之善；明而不顯，則明不足耀衆。是以外逐異學而求善其靜，内務思慮而增益其明。異學雖得，而其靜反動；思慮愈精，而其明愈晦。以其反動而治性以復其靜，以其愈晦

〔一〕「俗」上原衍「俗」字，據四庫本删。

而役思以復其明，此非該徧之士矣〔一〕，故曰「謂之蒙蔽之民」。

古之治道者，以恬養知；生而無以知爲也，謂之以知養恬。知與恬交相養，而和、理出其性也。恬者，靜也；智者，動也。靜出於恬，則所謂善於靜；動出智，則所謂善於動。動必復於靜，靜必至于動。以恬而靜則萬物莫足鐃，以智而動則萬物莫足止。此聖人善於動靜而不逆其理，如出於性而已。故曰：「知與恬交相養，而和、理出其性。」

夫德，和也；道，理也。德無不容，仁也；道無不理，義也；義明而物親，忠也；中純實而反乎情，樂也；信行容體而順乎文，禮也。禮、樂偏行，則天下亂矣。彼正而蒙己德，德則不冒，冒則物必失其性也。

德者，得也，自得則和不欲出也，故曰「德，和也」。道者，道也，可道則必有其理，故曰「道，理也」。自得而能容，則兼愛矣，故曰「德無不容，仁也」。可道而順理，則必當矣，故曰「道無不理，義也」。義當則得中而物附矣，故曰「義明而物親，忠也」。「中純實而反乎情樂也」者，所

〔一〕「徧」，原作「偏」，據四庫本改。

謂樂由中出也；「信行容體而順乎文禮」者，所謂禮自外作也。禮樂者，道德之緒餘，聖人不專用而治天下也，故曰「禮、樂偏行，而天下亂矣」。此莊子不貴禮樂之言也。

古之人，在混芒之中，與一世而得澹漠焉。當是時也，陰陽和靜，鬼神不擾，四時得節，萬物不傷，群生不夭，人雖有知，無所用之。此之謂至一。當是時也，莫之爲而常自然。逮德下衰，及燧人、伏戲始爲天下，是故順而不一。德又下衰，及神農、黄帝始爲天下，是故安而不順。德又下衰，及唐、虞始爲天下，與治化之流，澆淳散朴，離道以善，險德以行，然後去性而從於心。心與心識知而不足以定天下，然後附之以文，益之以博。文滅質，博溺心，然後民始惑亂，無以反其性情而復其初。由是觀之，世喪道矣，道喪世矣。世與道交相喪也，道之人何由興乎世，世亦何由興乎道哉！道無以興乎世，世無以興乎道，雖聖人不在山林之中，其德隱矣。

夫燧人、伏羲，可謂朴素之時也，莊子以爲不及於混茫之初，而謂其逮德下衰也。神農、黄帝，可謂至平之世也，莊子以爲不及於羲、燧之時，而亦謂德又下衰也。唐、虞之際，可謂至治之朝也，莊子以爲不及神、黄之世，而亦謂德又下衰也。故燧人、羲、農、黄帝、唐虞，莊子皆不取之，而所取者，古之混茫之初也。夫混茫之中，人守其真性，事任其自然，豈知有仁義禮樂之端，高世出衆之行，而刻意繕性而效之歟？此莊子之所取而言之，以疾世俗也。與前篇論至德之世泰初無有之意同。

隱，故不自隱。古之所謂隱士者，非伏其身而弗見也，非閉其言而不出也，非藏其知而不發也，時命大謬也。當時命而大行乎天下，則反一無迹；不當時命而大窮乎天下，則深根寧極而待。此存身之道也。

夫士隱於山林也，非欲自匿其身也，非欲自閉其言也，非欲自藏其智也，出於不得已而已，故曰「時命大謬也」。是以當盛行而不加益，所以抱一而恬寂也，故曰「當時命大行乎天下，則反一無迹」；當窮居而不加損，所以深根而固蔕也，故曰「不當時命而大窮乎天下，則深根寧極而待」。如此，則能全於形也，故曰「此存身之道也」。

古之存身者，不以辯飾知，不以知窮天下，不以知窮德，危然處其所而反其性，已又何爲哉！道固不小行，德固不小識。小識傷德，小行傷道。故曰：正已而已矣。樂全之謂得志。古之所謂得志者，非軒冕之謂也，謂其無以益其樂而已矣。今之所謂得志者，軒冕之謂也。軒冕在身，非性命也，物之儻來，寄也。寄之，其來不可圉，其去不可止。故不爲軒冕肆志，不爲窮約趨俗，其樂彼與此同，故無憂而已矣。今寄去則不樂，由是觀之，雖樂，未嘗不荒也。故曰：喪己於物，失性於俗者，謂之倒置之民。

樂全者，所謂樂天知命，而性不虧也。夫樂天者所以知天，知命者所以至命。知天則任其自然，至命則物不能役。如此，則正性所以全也。正性全則自得，自得則志無不得矣。故曰「樂全之謂得志」。得志者，死生、憂患、富貴、窮達皆不累於心，而況軒冕之微乎？故曰「非軒冕之謂也」。

## 秋水篇

夫天下之世俗，治性不以聖人之正道，而徒逐諸子之俗學。俗學雖汗漫，汎濫亦可觀，安知無於根源矣？此莊子因而作秋水篇。

秋水時至，百川灌河，涇流之大，兩涘渚崖之間，不辯牛馬。於是焉，河伯欣然自喜，以天下之美爲盡在己。順流而東行，至於北海，東面而視，不見水端。於是焉，河伯始旋其面目，望洋向若而歎曰：「野語有之曰，『聞道百，以爲莫己若』者，我之謂也。且夫我嘗聞少仲尼之聞，而輕伯夷之義者，始吾弗信；今我覩子之難窮也。吾非至於子之門，則殆矣。吾長見笑於大方之家。」北海若曰：「井鼃不可以語於海者，拘於虛也；夏蟲不可以語於冰者，篤於時也；曲士不可以語於道者，束於教也。今爾出於崖涘，觀於大海，乃知爾醜，爾將可與語大理矣。天下之水，莫大於海，萬川歸之，不知何時止，而不盈；尾閭泄之，不知何時已，而不虚；春秋不變，水旱不知。此其過江、河之流，不可爲量數。而吾未嘗以此自多者，自以比形於天地，而受氣於陰陽，吾在天地之間，猶小石小木之在大山也；方存乎見少，又奚以自多！

夫聖人之道，渾合而一致，其深不可測，而其廣不可窮，用之所以不竭，而積之所以不盈，其餘潤可以濟天下，其末流可用爲國家，無有不容，無有不至，此聖人之道也。及夫道散而不能興世，世衰而不能興道，諸子汎起而浩然流蕩，此莊子所以有河伯欣然之言也。夫河伯欣然者，所以況諸子喜其道之得行也。諸子雖喜其道之盛行，安知有聖人之道在焉？此莊子所以有河伯東行而至於北海之言也。然而聖人之道，天下莫不宗也，萬物莫不由也，沖而未嘗盈，用而未嘗知，自古以固存，而治亂不變，其所以過於諸子之道甚遠矣。而聖人未嘗自衒其廣深幽妙，而獨居其多，此所以終始無窮也。故曰：「天下之水，莫大於海，萬川歸之，不知何時止，而不盈；尾閭泄之，不知何時已，而不虚；春秋不變，水旱不知。此其過江、河之流，不可爲量數。而吾未曰以此自多者，自以比形於天地〔二〕，而受氣於陰陽，吾在天地之間，由小石小

〔二〕「比」，原本作「此」，據莊子原文及四庫本改。

木之在大山也；方存乎見少，又奚以自多！」

「計四海之在天地之間也，不似礨空之在大澤乎？計中國之在海内，不似稊米之在太倉乎？號物之數謂之萬，人處一焉；人卒九州，穀食之所生，舟車之所通，人處一焉；此其比萬物也，不似豪末之在於馬體乎？五帝之所連，三王之所争，仁人之所憂，任士之所勞，盡此矣。伯夷辭之以爲名，仲尼語之以爲博，此其自多也，不似爾向之自多於水乎？」河伯曰：「然則吾大天地而小豪末，可乎？」北海若曰：「否。夫物，量無窮，時無止，分無常，終始無故。是故大知觀於遠近，故小而不寡，大而不多，知量無窮；證曏今故，故遥而不悶，掇而不跂，知時無止；察乎盈虚，故得而不喜，失而不憂，知分之無常也；明乎坦塗，故生而不悦，死而不禍，知終始之不可故也。計人之所知，不若其所不知；其生之時，不若未生之時。以其至小，求窮其至大之域，是故迷亂而不能自得也。由此觀之，又何以知豪末之足以定至細之倪？又何以知天地之足以窮至大之域？」河伯曰：「世之議者皆曰：『至精無形，至大不可圍。』是信情乎？」北海若曰：「夫自細視大者不盡，自大視細者不明。

夫用明而察秋毫，則蔽於秋毫，而見於丘山不盡也；注目而觀丘山，則蔽於丘山，而見於秋毫不明也。故曰：「自細視大者不盡，自大視細者不明。」此皆見其所見，而所見有不及；視其所視，而所視有所遺也，豈若藏其明乎？若是，則萬物了然見之矣。

「夫精，小之微也；垺，大之殷也；故異便。此勢之有也。夫精粗者，期於有形者也；無形者，數之所不能分也；不可圍者，數之所不能窮也。可以言論者，物之粗也；可以意致者，物之精也；言之所不能論，意之所不能察致者，不期精粗焉。」

精者粗之細，粗者精之迹，由未離於形質也，故曰：「夫精粗者，期於有形者也。」惟其無形，則巧曆不能計；惟其不可圍，則至明不能度，寂然深妙而心得之者，則精粗兩忘矣，此北海若語道之極致也，故曰：「無形者，數之所不能分；不可圍者，數之所不能窮也。」又曰：「言之所不能論，意之所不能察致者，不期精粗焉。」

「是故大人之行，不出乎害人，不多仁恩；動不爲利，不賤門隸；貨財弗争，不多辭讓；事焉不借人，不多食乎力；不賤貪污；行殊乎俗，不多辟異；爲在從衆，不賤佞諂。世之爵禄不足以爲勸，戮恥不足以爲辱；知是非之不可爲分，細大之不可爲倪。聞曰：『道人不聞，至德不得，大人無己。』約分之至也。」河伯曰：「若物之外，若物之内，惡至而倪貴賤？惡至而倪小大？」北海若曰：「以道觀之，物無貴賤；以物觀之，自貴而相賤；以俗觀之，貴賤不在己。以差觀之，因其所大而大之，則萬物莫不大；因其所小而小之，則萬物莫不小。知天地之爲稊米也，知毫末之爲丘山也，則差數覩矣。

天下之俗，惑諸子之道而有我者也，有我則有彼我小大之辯，而不能齊諧也。莊子至此而託北海若之言，而寓其齊諧之意也。夫天下之物同出於道，而其不同者，形質小大之殊也，故天地大於丘山，丘山大於毫末也。以道達觀則均爲物耳，安知丘山不大於天地，而毫末不大於丘山？又何較其形質之小大，而分彼我小大之辯乎？故曰：「知天地之爲稊米也，知毫末之爲丘山也。」

「以功觀之，因其所有而有之，則萬物莫不有；因其所無而無之，則萬物莫不無。知東西之相及，而不可以相無，則功分定矣。以趣觀之，因其所然而然之，則萬物莫不然；因其所非而非之，則萬物莫不非。知堯、桀之自然而相非，則趣操覩矣。昔者，堯、舜讓而帝，之、噲讓而絕；湯、武争而王，白公争而滅。由此觀之，争、讓之禮，堯、桀之行，貴賤有時，未可以爲常也。梁麗可以衝城，而不可以窒穴，言殊器也；騏驥驊騮，一日而馳千里，捕鼠不如狸狌，言殊技也；鴟鵂夜撮蚤，察豪末，晝出，瞋目而不見丘山，言殊性也。故曰：蓋師是而無非，師治而無亂乎？

是未明天地之理，萬物之情者。是故師天而無地〔一〕，師陰而無陽，其不可行明矣。然則語而不舍，非愚則誣也。帝王殊禪，三代殊繼。差其時、逆其俗者，謂之簒夫；當其時、順其俗者，謂之義之徒。默默乎河伯！汝惡知貴賤之門，小大之家！」河伯曰：「然則我何爲乎？何不爲乎？吾辭受趣舍，吾終奈何？」北海若曰：「以道觀之，何貴何賤？是謂反衍；無拘而志，與道大蹇。何少何多？是謂謝施；無一而行，與道參差。嚴乎若國之有君，其無私德；繇繇乎若祭之有社，其無私福；汎汎乎其若四方之無窮，其無所畛域。兼懷萬物，其孰承翼？是謂無方。萬物一齊，孰短孰長？道無終始，物有死生，不恃其成；一虛一滿，不位乎其形。年不可舉，時不可止；消息盈虛，終則有始。是所以語大義之方，論萬物之理也。物之生也，若驟若馳，無動而不變，無時而不移。何爲乎？何不爲乎？夫固將自化。」河伯曰：「然則何貴於道邪？」北海若曰：「知道者，必達於理；達於理者，必明於權；明於權者，不以物害己。

夫無所不通者，知道也；知道而不能外是者，達理也；不能外是，而又能應變者，明於權也。能應變，而豈以物而爲累乎？故形之所以常全也。故曰：「知道者，必達於理；達於理者，必明於權；明於權者，不以物害己。」故道所以爲理權之體，而權所以爲理道之用，不相須不能相濟也。

〔一〕「故」，四庫本作「猶」。

「至德者，火弗能熱，水弗能溺，寒暑弗能害，禽獸弗能賊。非謂其薄之也，言察乎安危，寧於禍福，謹於去就，莫之能害也。」

至德者，所謂至人也。至人與物無迕，而物莫能傷，水火寒暑禽獸豈能加害歟？故曰：「至德者，火弗能熱，水弗能溺，寒暑弗能害，禽獸弗能賊。」然而至人者，非必能使水火寒暑禽獸之不害己也，蓋任之自然而不輕犯也，故曰「非謂其薄之也」。來則不避，而去則不冒也，故曰「察乎安危」。待之以誠，而安於生死也，故曰「寧於禍福」。與之俱出俱入，而不逆理也，故曰「謹於去就」。

「故曰：天在內，人在外，德在乎天。知天人之行，本乎天，位乎得；蹢躅而屈伸，反要而語極。」曰：「何謂天？何謂人？」北海若曰：「牛馬四足，是謂天；落馬首，穿牛鼻，是謂人。故曰：無以人滅天，無以故滅命，無以得殉名。謹守而勿失，是謂反其真。」夔憐蚿，蚿憐蛇，蛇憐風，風憐目，目憐心。夔謂蚿曰：「吾以一足跉踔而行，予無如矣。今子之使萬足〔一〕，獨奈何？」蚿曰：「不然。子不見夫唾者乎？噴則大者如珠，小者如霧，雜而下者，不可勝數也。今子動吾天機，

〔一〕「萬」，四庫本作「衆」。

而不知其所以然。」蚿謂蛇曰：「吾以衆足行，而不及子之無足，何也？」蛇曰：「夫天機之所動，何可易邪？吾安用足哉！」〔一〕蛇謂風曰：「予動吾脊脅而行，則有似也。今子蓬蓬然起於北海，蓬蓬然入於南海，而似無有，何也？」〔二〕風曰：「然。予蓬蓬然起於北海，而入於南海也。然而指我則勝我，鰌我亦勝我。雖然，夫折大木，蜚大屋者，唯我能也。故以衆小不勝爲大勝也。爲大勝者，唯聖人能之。」孔子遊於匡，宋人圍之數匝，而弦歌不輟。子路入見，曰：「何夫子之娛也？」孔子曰：「來！吾語汝。我諱窮久矣，而不免，命也；求通久矣，而不得，時也。當堯、舜而天下無窮人，非知得也；當桀、紂而天下無通人，非知失也。時勢適然。夫水行不避蛟龍者，漁父之勇也；陸行不避兕虎者，獵夫之勇也；白刃交於前，視死若生者，烈士之勇也；知窮之有命，知通之有時，臨大難而不懼者，聖人之勇也。由處矣！吾命有所制矣。」無幾何，將甲者進，辭曰：「以爲陽虎也，故圍之；今非也，請辭而退。」公孫龍問於魏牟曰：「龍少學先王之道，長而明仁義之行，合同異，離堅白；然不然，可不可；困百家之知，窮衆口之辯。吾自以爲至達已。今吾聞莊子之言，汒焉異之。不知論之不及與？知之弗若與？今吾無所開吾喙，敢問其

〔一〕「用足」，原本作「足用」，據四庫本互乙。

〔二〕「有何」，原本作「何有」，據四庫本互乙。

方。」公子牟隱机太息，仰天而笑曰：「子獨不聞夫埳井之鼃乎？謂東海之鼈曰：『吾樂與！吾跳梁乎井幹之上，入休乎缺甃之崖；赴水則接掖持頤，蹶泥則没足滅跗；還虷蟹與科斗，莫吾能若也。且夫擅一壑之水，而跨跱埳井之樂，此亦至矣，夫子奚不時來入觀乎？』東海之鼈左足未入，而右膝已縶矣。於是逡巡而却，告之海，曰：『夫千里之遠，不足以舉其大；千仞之高，不足以極其深。禹之時，十年九潦，而水弗爲加益；湯之時，八年七旱，而崖不爲加損。夫不爲頃久推移，不以多少進退者，此亦東海之大樂也。』於是埳井之鼃聞之，適適然驚，規規然自失也。且夫知不知是非之竟，而猶欲觀於莊子之言，是猶使蚊負山，商蚷馳河也，必不勝任矣。且夫知不知論極妙之言，而自適一時之利者，是非埳井之鼃與？且彼方跐黄泉而登大皇，無南無北，奭然四解，淪於不測；無東無西，始於玄冥，反於大通。子乃規規然而求之以察，索之以辯，是直用管規天〔二〕，用錐指地也，不亦小乎！子往矣！且子獨不聞夫壽陵餘子之學行於邯鄲與？未得國能，又失其故行矣，直匍匐而歸耳。今子不去，將忘子之故，失子之業。」公孫龍口呿而不合，舌舉而不下，乃逸而走。莊子釣於濮水，楚王使大夫二人往先焉〔三〕，曰：「願以竟内累矣！」

〔二〕「規」，四庫本作「窺」。
〔三〕「先焉」，原本作「朱馬」，據四庫本改。

莊子持竿不顧，曰：「吾聞楚有神龜，死已三千歲矣。王巾笥而藏之廟堂之上。此龜者，寧其死爲留骨而貴乎？寧其生而曳尾於塗中乎？」二大夫曰：「寧生而曳尾於塗中。」莊子曰：「往矣！吾將曳尾於塗中。」惠子相梁，莊子往見之。或謂惠子曰：「莊子來，欲代子相。」於是惠子恐，搜於國中，三日三夜。莊子往見之，曰：「南方有鳥，其名鵷鶵，子知之乎？夫鵷鶵，發於南海，而飛於北海，非梧桐不止，非練實不食〔一〕，非醴泉不飲。於是鴟得腐鼠，鵷鶵過之〔二〕，仰而視之，曰：『嚇！』今子欲以子之梁國而嚇我邪？」莊子與惠子遊於濠梁之上。莊子曰：「鯈魚出遊從容，是魚樂也。」惠子曰：「子非魚，安知魚之樂？」莊子曰：「子非我，安知我不知魚之樂？」惠子曰：「我非子，固不知子矣；子固非魚也，子之不知魚之樂，全矣。」莊子曰：「請循其本。子曰『汝安知魚樂』云者，既已知吾知之，而問我，我知之濠上也。」

莊子作此篇，疾世俗自異於物〔三〕，而中寓其齊諧之意。及其篇終，而復言其知魚之樂，與齊物終於夢爲胡蝶之意同。讀莊子者，宜求莊子之意也。

---

〔一〕「實」，原本作「食」，據四庫本改。

〔二〕「鶵」，原本作「趨」，據四庫本改。

〔三〕「自」，原本作「目」，據四庫本改。

# 南華真經新傳　卷十

夫能去異學，守正性，忘己而與物齊諧者，則生死、富、貴、窮、達、壽、夭不能介蔕於胸中，怡然逍遥於天地之間矣。此莊子因而作至樂篇。

## 至樂篇

天下有至樂無有哉？有可以活身者無有哉？今奚爲奚據？奚避奚處？奚就奚去？奚樂奚惡？夫天下之所尊者，富、貴、壽、善也；所樂者，身安、厚味、美服、好色、音聲也；所下者，貧、賤、夭、惡也；所苦者，身不得安逸，口不得厚味，形不得美服，目不得好色，耳不得音聲。若不得者，則大憂以懼，其爲形也亦愚哉！　夫富者，苦身疾作，多積財而不得盡用，其爲形也亦外矣！夫貴者，夜以繼日，思慮善否，其爲形也亦疏矣！　人之生也，與憂俱生，壽者惛惛，久憂不死，何之苦也！　其爲形也亦遠矣！　烈士爲天下見善矣，未足以活身。吾未知善之誠善邪？誠不善邪？若以爲善矣，不足活身；以爲不善矣，足以活人。故曰：「忠諫不聽，蹲循勿争。」故夫子胥争之以殘其形；不争，名亦不成。　誠有善無有哉？今俗之所爲與其所樂，吾又未知樂之果樂邪？果不樂邪？吾觀夫俗之所樂，舉群趣者，誙誙然如將不得已，而皆曰樂者，吾未之樂也，亦未之不樂也〔二〕。果有樂無有哉？吾以無爲誠樂矣，又俗之所大苦也。

夫萬物不足以憂者，至樂也。至樂者，非由自外而入也，非由感音而生也，出於忘己無爲而天下不能知之也。故曰：「天下有至樂無有哉？」惟能忘己無爲，則至樂自有。有至樂則可以全身，身全而豈爲無樂歟？故曰：「有可以活身者無有哉？」然而天下之世俗不知至樂之所出，徒以富、貴、壽、善、衣、食、聲、色之備爲其樂，故得之則勞形喪生，耽之而不悟〔三〕；失之則刻意傷生，求之而不止，是爲大惑而已矣，安知至樂之其樂也内，爲樂之其樂也外乎？此莊子所以有爲形亦愚、亦外、亦疏、亦遠之言矣。

故曰：「至樂無樂，至譽無譽。」天下是非果未可定也。雖然，無爲可以定是非。至樂、活身，唯無爲幾存。請嘗試言之。天無爲，以之清；地無爲，以之寧；故兩無爲相合，萬物皆化。芒乎芴乎，而無從出乎！芴乎芒乎，而無有象乎！萬物職職，皆從無爲殖。故曰：「天地無爲也，

〔二〕「之」，原本作「知」，據四庫本改。

〔三〕「悟」，原本作「誤」，據四庫本改。

而無不爲也。」人也，孰能得無爲哉！

至樂生於無爲，無爲則非有樂也，故曰「至樂無樂」。至譽出於難名，難名則非爲有譽也，故曰「至譽無譽」。然而無爲者，合於天地之道也。天地無爲，而任物之生成，安有勞苦之困歟？此其所以爲樂之至也。人能無爲則亦爲樂之至，人安得於無爲乎？故曰：「天無爲，以之清；地無爲，以之寧；故兩無爲相合，萬物皆化。」又曰：「人也，孰得無爲哉！」此莊子譏於世俗也。

莊子妻死，惠子弔之，莊子則方箕踞鼓盆而歌。惠子曰：「與人居，長子，老身，死不哭，亦足矣；又鼓盆而歌，不亦甚乎！」莊子曰：「不然。是其始死也，我獨何能無概然！察其始而本無生；非徒無生也，而本無形；非徒無形也，而本無氣。雜乎芒芴之間，變而有氣，氣變而有形，形變而有生，今又變而之死，是相與爲春秋冬夏四時行也。人且偃然寢於巨室，而我噭噭然隨而哭之，自以爲不通乎命，故止也。」

夫至人以生死爲往來，故生不喜其成，而死不哀其毁。莊子妻死，而箕踞鼓盆而不哭者，蓋了於生死之常，而至樂也。與孟子反、子琴張編曲鼓琴之意同。

支離叔與滑介叔觀於冥伯之丘，崐崘之虛，黄帝之所休。俄而柳生其左肘，其意蹶蹶然惡之。支離叔曰：「子惡之乎？」滑介叔曰：「亡，予何惡！生者，假借也，假之而生，生者，塵垢也。死生爲晝夜。且吾與子觀化，而化及我，我又何惡焉？」

支離叔者，言其形不正也；滑介叔者，言其心無智也，此莊子製二子之名而寓其意。夫形不正者能忘於形，心無智者能忘於智，忘形忘智則其於死生了然矣，是以二子同遊觀於冥伯之丘，崐崘之虛，黄帝之所休，而以觀變化之妙也。夫觀變化者，達觀其生死之變也；能達生死之變，則外物安足累我乎？雖柳生於滑介叔之左肘，而亦不爲之惡也。故曰「我又何惡」。若二子者，可謂萬物不足以憂之，而内能全於至樂也。

莊子之楚，見空髑髏，髐然有形；撽以馬捶，因而問之曰：「夫子貪生失理，而爲此乎？將子有亡國之事，斧鉞之誅，而爲此乎？將子有不善之行，愧遺父母妻子之醜，而爲此乎？將子有凍餒之患，而爲此乎？將子之春秋，故及此乎？」於是語卒，援髑髏枕而卧。夜半，髑髏見夢曰：「子之談者，似辯士。諸子所言，皆生人之累也，死則無此矣。子欲聞死之説乎？」莊子曰：「然。」髑髏曰：「死，無君於上，無臣於下，亦無四時之事，從然以天地爲春秋，雖南面王樂，不能過也。」莊子不信，曰：「吾使司命復生子形，爲子骨肉肌膚，反子父母妻子、閭里知識，子欲之乎？」髑髏深矉盛頞曰：「吾安能棄南面王樂，而復爲人間之勞乎！」

夫生者，一氣之暫聚；死者，一氣之暫散。生未必無爲，而死未必有爲。未必無爲者，至樂所以缺；未必有爲者，至樂所以全。此莊子所以有髑髏不棄南面之樂之言也。夫六骸者，寓之於身也，生則隨氣而暫聚，死則隨氣而暫散，聚散皆非我之所有，我又何自有而有我乎？自有而有我，則未能忘形也；不能忘形則有爲也，有爲而與物相靡刃，則至樂安能内全歟？此髑髏之不欲復爲於人也。

顔淵東之齊，孔子有憂色。子貢下席而問曰：「小子敢問：回東之齊，夫子有憂色，何邪？」孔子曰：「善哉，汝問！昔者管子有言，丘甚善之，曰：『褚小者，不可以懷大；綆短者，不可以汲深。』夫若是者，以爲命有所成，而形有所適也，夫不可損益。吾恐回與齊侯言堯、舜、黄帝之道，而重以燧人、神農之言。彼將内求於己而不得，不得則惑，人惑則死。且汝獨不聞邪？昔者海鳥止於魯郊，魯侯御而觴之于廟，奏九韶以爲樂，具太牢以爲膳。鳥乃眩視憂悲，不敢食一臠，不敢飲一杯，三日而死。此以己養養鳥也，非以鳥養養鳥也。夫以鳥養養鳥者，宜棲之深林，遊之壇陸，浮之江湖，食之鰌、鰷，隨行列而止，委蛇而處。彼唯人言之惡聞，奚以夫譊譊爲乎！咸池、九韶之樂，張之洞庭之野，鳥聞之而飛，獸聞之而走，魚聞之而下入，人卒聞之，相與還而觀之。魚處水而生，人處水而死，彼必相與異其好惡，故異也。故先聖不一其能，不同其事，名止於實，義設於適，是之謂條達而福持。」

燧人、神農、黄帝、堯、舜之道，非聖人不足與言之。齊侯，中材之君也，安足與言此道乎？此顔回之齊而孔子所以有憂色也。夫非聖人而與言聖人之道，適使心之致惑也。心惑則求之不止而傷生，傷生則至于死而已，至樂安得而全歟？故曰「惑則死。」安若順其材而語之以中庸之道乎？如此則不惑而生全，生全則樂亦從而全，此孔子所以有以鳥養鳥之喻也。

列子行食於道，從見百歲髑髏，攓蓬而指之，曰：「唯予與汝，知而未嘗死，未嘗生也。若果養乎？予果歡乎？」種有幾，得水則爲㡭，得水土之際，則爲鼃蠙之衣，生於陵屯，則爲陵舄，陵舄得鬱棲，則爲烏足。烏足之根爲蠐螬，其葉爲胡蝶。胡蝶胥也化而爲蟲，生於竈下，其狀若脱，其名爲鴝掇。鴝掇千日爲鳥，其名爲乾餘骨。乾餘骨之沫爲斯彌，斯彌爲食醯。頤輅生乎食醯，黄軦生乎九猷，瞀芮生乎腐蠸。羊奚比乎不箰久竹生青寧，青寧生程，程生馬，馬生人，人又反入於機。萬物皆出於機，皆入於機。

至人者，冥於生死之極，而以生爲不生，以死爲不死。不生所以生，不死所以存，此列子所以見髑髏而有予與汝未嘗死、未嘗生之言也。夫未嘗生者能生生，未嘗死者能化化，故繼言萬物生成變化之無終也。然萬物生成變化之無終，其出入皆由於機也。機者，道之妙本，而萬物安有名由乎？故曰〔二〕：「萬物皆出於機，皆入於機。」夫萬物出入皆由於機也，其生成豈不爲樂乎？此莊子言之於終也。

## 達生篇

夫外形骸，忘彼我，全於無樂之至樂，則其於性命之情盡之矣，此莊子因而作達生篇。

達生之情者，不務生之所無以爲；達命之情者，不務知之所無奈何。養形必先之物，物有餘而形不養者有之矣。有生必先無離形，形不離而生亡者有之矣。生之來，不能却；其去，不能止。悲夫！世之人以爲養形足以存生，而養形果不足以存生，則世奚足爲哉！雖不足爲，而不可不爲者，其爲不免矣。夫欲免爲形者，莫如棄世。棄世則無累，無累則正平，正平則與彼更生，更生則幾矣。

夫生者，時之暫來，受之有涯也。命者，天之所付也，且然無間也。知其暫來，則所謂達生之

〔二〕「曰」，原本作「由」，據四庫本改。

情也；知其所付，則所謂達命之情也。知其有涯，而不以外物而傷之，所謂不務生之所無以爲也；知其無間，而不用智巧而蹈悔，所謂不務知之所無奈何也[一]。然而生必有形，形必得養，裁其非類而養之，所謂養形必先之物也。養形役物而無厭，則物翕贍而形必喪，故曰「物有餘而形不養者有矣」。夫形者，生之所寓也，非我所有也。我有而不能自忘之[二]，所謂有生必先無離形也；形既不忘而自有，則形愈虧而生必喪，故曰「形不離而生亡者有之矣」。惟能忘生，而又能忘形，則適來之謂時，而適去必能順也，故曰「生之來，不能却；其去不可止」。夫莊子之書，其篇有名養生者，有名達生者，養之者自內，而達之者及外，以其自內，而故以養生爲內篇；以其及外，而故以達生爲外篇，此周爲書之意也。

事奚足棄？而生奚足遺？棄事則形不勞，遺生則精不虧。夫形全精復，與天爲一。天地者，萬物之父母也。合則成體，散則成始。形精不虧，是謂能移；精而又精，反以相天。

事無窮，生有涯，以有涯而應無窮，則力不贍而命殆矣。惟能棄事而任自然，忘生而處無爲[三]，

[一] 「何」下原本衍「何」字，據四庫本刪。
[二] 「我」下原本衍「謂」字，據四庫本刪。
[三] 「生」，四庫本作「身」。

則逍遥自得而神王矣。故曰「棄事則形不勞，遺生則精不虧」。形不勞者，形所以全也；精不虧者，精所以復也。全則反於真，復則歸於静。如此，則與天無異也。故曰「形全精復，與天爲一」。與天爲一，則物最之也，故曰「天地者，萬物之父母也」。爲物之父母，而能生成於物，故曰「合則成體，散則成始」。始者言其生，而體者言其成。生成萬物而不勞形損精，而與化之密移，是謂至精之精，而歸於自然而然矣，故曰「形精不虧，是謂能移」；精而又精，反以相天」。

子列子問關尹曰：「至人潛行不窒，蹈火不熱，行乎萬物之上而不慄。請問何以至於此？」關尹曰：「是純氣之守也，非知巧果敢之列。居，予語女！凡有貌象聲色者，皆物也；物與物何以相遠？夫奚足以至乎先？是色而已。則物之造乎不形，而止乎無所化，夫得是而窮之者，物焉得而止焉！彼將處乎不淫之度，而藏乎無端之紀，遊乎萬物之所終始；夫至人者，虚心應物，而無不通也，故曰「潛行不窒」；待物以誠，而物莫傷也，故曰「蹈火不熱」；反以相天，而心無累也，故曰「行乎萬物之上而不慄」。然而至人如此者，由精神之不虧也，非智勇之用也，故曰「是純氣之所守也，非智巧果敢之列」〔一〕。

〔一〕「列」，原本缺，據莊子原文及四庫本補。

「壹其性，養其氣，合其德，以通乎物之所造。夫若是者，其天守全，其神無郤，物奚自入焉！」

壹其性者，不跂其本也；養其氣者，不出其和也；合其德者，守於自德也。不跂其本則正正所以存，不出其和則真純所以全，守於自得則過失所以忘。如此，則真君虛靜，而明於萬物之始。故曰「以通乎物之所造」。至人若是，而其道所以曲全，而其妙所以不測，萬物焉能撓役乎？故曰：「夫若是者，其神無郤，物奚自入焉！」

「夫醉者之墜車，雖疾不死。骨節與人同，而犯害與人異，其神全也。乘亦不知也，墜亦不知也，死生驚懼不入乎其胸中，是故遻物而不慴。彼得全於酒，而猶若是，而況得全於天乎！聖人藏於天，故莫之能傷也。復讎者不折鏌、干；雖有忮心者，不怨飄瓦；是以天下平均。故無攻戰之亂，無殺戮之刑者，由此道也。不開人之天，而開天之天。開天者德生，開人者賊生。不厭其天，不忽於人，民幾乎以其真。」仲尼適楚，出於林中，見痀僂者承蜩，猶掇之也。仲尼曰：「子巧乎？有道邪？」曰：「我有道也。五六月累丸，二而不墜，則失者錙銖〔一〕；累三而不墜，則失者十一；累五而不墜，猶掇之也。吾處身也，若厥株拘；吾執臂也，若槁木之枝。雖天地之大，萬

〔一〕「者」，原缺，據四庫本補。

物之多，而唯蜩翼之知。吾不反不側，不以萬物易蜩之翼，何爲而不得！」孔子顧謂弟子曰：「用志不分，乃凝於神，其痀僂丈人之謂乎！」顏淵問仲尼曰：「吾嘗濟乎觴深之淵，津人操舟若神。吾問焉，曰：『操舟可學邪？』曰：『可。善游者數能。若乃夫没人，則未嘗見舟而便操之也。』吾問焉而不吾告，敢問何謂也？」仲尼曰：「善游者數能，忘水也；若乃夫没人之未嘗見舟而便操之也，彼視淵若陵，視舟之覆，猶其車却也。覆却萬方陳乎前，而不得入其舍，惡往而不暇！以瓦注者巧，以鉤注者憚，以黄金注者殙。其巧一也，而有所矜，則重外也。凡外重者内拙。」

夫承蜩、操舟，技之至末也；由能用志而精之，精之則乃幾於神也，而況全生之道乎？夫生者，事之至大也；人能用志而全之，全之乃入於神也。世俗不能用志而全之，此莊子所以寓言仲尼之歎承蜩，顏淵之美操舟也。

田開之見周威公。威公曰：「吾聞祝腎學生。吾子與祝腎遊，亦何聞焉？」田開之曰：「開之操拔篲以侍門庭，亦何聞於夫子！」威公曰：「田子無讓，寡人願聞之。」開之曰：「聞之夫子曰：『善養生者，若牧羊然，視其後者而鞭之。』」威公曰：「何謂也？」田開之曰：「魯有單豹者，巖居而水飲，不與民共利，行年七十，而猶有嬰兒之色；不幸遇餓虎，餓虎殺而食之。有張毅者，高門縣簿，無不走也；行年四十，而有内熱之病以死。豹養其内，而虎食其外；毅養其外，而病攻其內。此二子者，皆不鞭其後者也。」

夫生必有形，形必有體，體所以分於內外也。全生者均養其內外，則內外兩全，而生所以存也。若專養其內而忘其外，則外與物迕而不免於累，此單豹所以亡軀於虎。若專養於外而忘其內，則內必焚和而不免於累，此張毅所以沒身於病也。二子者，皆不中於道而罹其害，此田開之所以有牧羊之喻也。

仲尼曰：「無入而藏，無出而陽，柴立其中央。三者若得，其名必極。夫畏塗者，十殺一人，則父子兄弟相戒也，必盛卒徒而後敢出焉，不亦知乎！人之所取畏者，袵席之上、飲食之間，而不知爲之戒者，過也。」祝宗人玄端以臨牢筴，説彘曰：「汝奚惡死？吾將三月豢汝，十日戒，三日齊，藉白茅加汝肩〔一〕，尻乎彫俎之上，則汝爲之乎？」爲彘謀，曰：「不如食以糠糟，而錯之牢筴之中。」自爲謀，則苟生有軒冕之尊，死得於腞楯之上、聚僂之中，則爲之。爲彘謀則去之，自爲謀則取之，所異彘者何也？桓公田於澤，管仲御，見鬼焉。公撫管仲之手，曰：「仲父何見？」對曰：「臣無所見。」公反，誒詒爲病，數日不出。齊士有皇子告敖者，曰：「公則自傷，鬼惡能傷

〔一〕「藉」下原本衍「汝」字，據四庫本刪。

公！夫忿滀之氣，散而不反，則爲不足；上而不下，則使人善怒；下而不上，則使人善忘；不上不下，中身當心，則爲病。」桓公曰：「然則有鬼乎？」曰：「有。沈有履，竈有髻。户内之煩壤，雷霆處之；東北方之下者，倍阿、鮭蠪躍之；西北方之下者，則泆陽處之。水有罔象，丘有峷，山有夔，野有彷徨，澤有委蛇。」公曰：「請問委蛇之狀何如？」皇子曰：「委蛇，其大如轂，其長如轅，紫衣而朱冠。其爲物也，惡，聞雷車之聲，則捧其首而立。見之者，殆乎霸。」桓公辴然而笑曰：「此寡人之所見者也。」於是正衣冠與之坐，不終日而不知病之去也。紀渻子爲王養鬬雞。十日而問：「雞已乎？」曰：「未也。方虚憍而恃氣。」十日又問。曰：「未也。猶應嚮景。」十日又問。曰：「未也。猶疾視而盛氣。」十日又問。曰：「幾矣。雞雖有鳴者，已無變矣。望之似木雞矣，其德全矣，異雞無敢應者，反走矣。」

紀渻子之養雞，梓慶之爲鐻，皆能全其天真，而順其自然也。夫天真全則所以德全而合於天，故雞遂至於無敢應，而鐻成而凝於神也。

孔子觀於吕梁，縣水三十仞，流沫四十里，黿鼉魚鼈之所不能游也。見一丈夫游之，以爲有苦而欲死也，使弟子並流而拯之。數百步而出，被髮行歌，而游於塘下。孔子從而問焉，曰：「吾以子爲鬼，察子則人也。請問蹈水有道乎？」曰：「亡，吾無道。吾始乎故，長乎性，成乎命。與齊俱入，與汩偕出，從水之道，而不爲私焉。此吾所以蹈之也。」孔子曰：「何爲始乎故，長乎性，成乎命？」曰：「吾生於陵而安於陵，故也；長於水而安於水，性也；不知吾所以然而然，命也。」

梓慶削木爲鐻，鐻成，見者驚猶鬼神。魯侯見而問焉，曰：「子何術以爲焉？」對曰：「臣工人，何術之有！雖然，有一焉。臣將爲鐻，未嘗敢以耗氣也，必齊以静心。齊三日，而不敢懷慶賞爵禄；齊五日，不敢懷非譽巧拙；齊七日，輒然忘吾有四枝形體也。當是時也，無公朝，其巧專而外骨消；然後入山林，觀天性；形軀至矣，然後成見鐻，然後加乎焉。不然，則已。則以天合天，器之所以疑神者，其是與！」

東野稷以御見莊公，進退中繩，左右旋中規。莊公以爲文弗過也，使之鉤百而反。顔闔遇之，入見曰：「稷之馬將敗。」公密而不應。少焉，果敗而反。公曰：「子何以知之？」曰：「其馬力竭矣，而猶求焉，故曰敗。」

工倕旋而蓋規矩，指與物化，而不以心稽，故其靈臺一而不桎。忘足，屨之適也；忘要，帶之適也；知忘是非，心之適也；不内變，不外從，事會之適也。始乎適，而未嘗不適者，忘適之適也。

有孫休者，踵門而詫子扁慶子曰：「休居鄉不見謂不脩，臨難不見謂不勇，然而田原不遇歲，事君不遇世，賓於鄉里，逐於州部，則胡罪乎天哉？休惡遇此命也？」扁子曰：「子獨不聞夫至人之自行邪？忘其肝膽，遺其耳目，茫然彷徨乎塵垢之外，逍遥乎無事之業，是謂『爲而不恃，長而不宰』。今汝飾知以驚愚，脩身以明汙，昭昭乎若揭日月而行也。汝得全而形軀，具而九竅，無中道夭於聾盲跛蹇，而比於人數，亦幸矣；又何暇乎天之怨哉？子往矣！」孫子出，扁子入坐有間，仰天而歎。弟子問曰：「先生何爲歎乎？」扁子曰：「向者休來，吾告之以至人之德，吾恐其驚而遂至於惑也。」弟子曰：「不然。孫子之所言是邪？先生之所言非邪？非固不能惑是。孫子所言非邪？先生所言是邪？彼固惑而來矣，又奚罪焉？」扁子曰：「不然。昔者有鳥止於魯郊，魯君説之，爲具太牢以饗之，奏九韶以樂之。鳥乃始憂悲眩視，不敢飲食。此之謂以己養養鳥也。若夫以鳥養養鳥者，宜棲之深林，浮之江湖，食之以委蛇，則平陸而已矣。今休，款啓寡聞之民也，吾告以至人之德，譬之若載鼷以車馬，樂鴳以鐘鼓也。彼又惡能無驚乎哉！」

全生之道，非至人不能知之矣。非至人而與語全生之道，是養鳥以太牢、九韶之具也，安能使無驚懼之心歟？此扁子所以慮孫休之惑也。夫莊子之作此篇，以覺世俗未悟全生之理也。而世俗者未可卒告之以全生之道，故終於扁子之所歎，而寓其所作之意也。若莊子者，可謂能盡其意者乎！

## 山木篇

夫能達生之情而無爲，無爲則歸於虚静寂寞而材全，材全則不蕲乎用矣，此莊子因而作山木篇。

莊子行於山中，見大木，枝葉盛茂，伐木者止其旁而不取也。問其故。曰：「無所可用。」莊子曰：「此木以不材得終其天年！」夫子出於山〔一〕，舍於故人之家。故人喜，命豎子殺鴈而烹之。豎子請曰：「其一能鳴，其一不能鳴，請奚殺？」主人曰：「殺不能鳴者。」明日，弟子問於莊子曰：「昨日山中之木，以不材得終其天年；今主人之鴈，以不材死。先生將何處？」莊子笑曰：「周將處夫材與不材之間。材與不材之間，似之而非也，故未免乎累。若夫乘道德而浮遊，則不然。無譽無訾，一龍一蛇，與時俱化，而無肯專爲；一上一下，以和爲量，浮遊乎萬物之祖；物物而不物於物，則胡可得而累邪〔二〕！此神農、黄帝之法則也。若夫萬物之情、人倫之傳，則不然。合則離，成則毀，廉則挫，尊則議，有爲則虧，賢則謀，不肖則欺，胡可得而必乎哉！悲夫！弟子志之，其唯道德之鄉乎！」

夫命者，材之體；材者，命之用。材所以殊小大，而用所以分有無。聖人之材，大材也；材大則材全而已矣，材全而以無用爲用，則能全生，此山木以不材而得終其天年也。世俗之材，小

〔一〕「夫」，四庫本作「莊」。

〔二〕「可」，原作「不」，據四庫本改。

材也；材小則材缺而已矣，材缺而亦以無用爲用，則反喪生，此山舍之鴈以不能鳴而見烹也。夫鴈之不能鳴，亦似山木之不材也，似之而未爲其全材，是以不免於患也。故曰：「材與不材之間，似之而非之也，故未免乎累。」

市南宜僚見魯侯，魯侯有憂色。市南子曰：「君有憂色，何也？」魯侯曰：「吾學先王之道，脩先君之業，吾敬鬼尊賢，親而行之，無須臾離居；然不免於患，吾是以憂。」市南子曰：「君之除患之術淺矣！夫豐狐文豹，棲於山林，伏於巖穴，靜也；夜行晝居，戒也；雖飢渴隱約，猶且胥疏於江湖之上而求食焉，定也。然且不免於網羅機辟之患，是何罪之有哉？其皮爲之災也。今魯國獨非君之皮邪？吾願君刳形去皮〔一〕，灑心去欲，而遊於無人之野。南越有邑焉，名爲建德之國。其民愚而朴，少私而寡欲；知作而不知藏，與而不求其報；不知義之所適，不知禮之所將；猖狂妄行，乃蹈乎大方；其生可樂，其死可葬。吾願君去國捐俗，與道相輔而行。」君曰：「彼其道，遠而險，又有江山，我無舟車，奈何？」市南子曰：「君無形倨，無留居，以爲君車。」君曰：「彼其道，幽遠而無人，吾誰與爲鄰？吾無糧，我無食，安得而至焉？」市南子曰：「少君之

〔一〕「刳」，原本漫漶不清，據四庫本補。

費，寡君之欲，雖無糧而乃足。君其涉於江而浮於海，望之而不見其崖，愈往而不知其所窮。送君者皆自崖而反，君自此遠矣！故有人者累，見有於人者憂。故堯非有人，非見有於人也〔一〕。吾願去君之累，除君之憂，而獨與道遊於大莫之國。方舟而濟於河，有虛船來觸舟，雖有惼心之人不怒；有一人在其上，則呼張歙之；一呼而不聞，再呼而不聞，於是三呼邪，則必以惡聲隨之。向也不怒而今也怒，向也虛而今也實。人能虛己以遊世，其孰能害之！」

夫材全則所以知命，知命則所以不憂。魯侯之材不全，而不能知於命，所以有憂色而已。夫憂者，生於物之所累也。魯侯物於國而其國所以爲之累，此市南子引豐狐文豹皮爲之災而諭之也。人欲使其國不能爲累者，莫若無心於物，而任其自然；無意於民，而任其自化，汎然遊於自得之埸，而處於至虛之域，則其材所以自全，而其用歸於無用，乃入於寥天，而孰能爲之害乎〔二〕？故曰：「君自此遠矣。」又曰：「虛己以遊世，其孰能害之！」〔三〕此市南子語魯侯以深根固蒂無爲清浄之道也。

〔一〕「有於」，原本作「於有」，據四庫本互乙。
〔二〕「之害」，原本缺，據四庫本補。
〔三〕「世其」，原本缺，據四庫本補。

北宫奢爲衛靈公賦斂以爲鍾，爲壇乎郭門之外，三月而成上下之縣。王子慶忌見而問焉，曰：「子何術之設？」奢曰：「一之間，無敢設也。奢聞之：『既雕既琢，復歸於朴。』侗乎其無識，儻乎其怠疑；萃乎芒乎，其送往而迎來；來者勿禁，往者勿止；從其彊梁，隨其曲傅，因其自窮。故朝夕賦斂，而豪毛不挫，而况有大塗者乎！」

夫道一而不可不變也，變而復歸於真也。生物而任其自生也，成物而任其自成也。不加不損，而與物無迕也；無爲無用，而莫知其終也。此皆至道之妙體，而得之足以全生矣。此北宫奢所以寓之於爲鍾、爲壇之間也，故曰：「而况有大塗者乎！」

孔子圍於陳、蔡之間，七日不火食。太公任往弔之，曰：「子幾死乎？」曰：「然。」「子惡死乎？」曰：「然。」任曰：「予嘗言不死之道。東海有鳥焉，其名曰意怠。其爲鳥也，翂翂翐翐，而似無能；引援而飛，迫脅而棲；進不敢爲前，退不敢爲後；食不敢先嘗，必取其緒。是故其行列不斥而外，人卒不得害，是以免於患。直木先伐，甘井先竭。子其意者飾知以驚愚，修身以明汙，昭昭乎如揭日月而行，故不免也。昔吾聞之大成之人曰：『自伐者無功，功成者墮〔一〕，名成

〔一〕「墮」，四庫本作「隳」。

者虧。』孰能去功與名，而還與衆人！道流而不明居，得行而不名處；純純常常，乃比於狂；削迹捐勢，不爲功名。是故無責於人，人亦無責焉。至人不聞，子何喜哉？」孔子曰：「善哉！」辭其交遊，去其弟子，逃於大澤；衣裘褐，食杼栗；入獸不亂群，入鳥不亂行。鳥獸不惡，而況人乎！

孔子問子桑雽曰：「吾再逐於魯，伐樹於宋，削迹於衛，窮於商、周，圍於陳、蔡之間。吾犯此數患，親交益疏，徒友益散，何與？」子桑雽曰：「子獨不聞假人之亡與？林回棄千金之璧，負赤子而趨。或曰：『爲其布與？赤子之布寡矣；爲其累與？赤子之累多矣。棄千金之璧，負赤子而趨，何也？』林回曰：『彼以利合，此以天屬也。』夫以利合者，迫窮禍患害相棄也；以天屬者，迫窮禍患害相救也。夫相收之與相棄，亦遠矣。且君子之交淡若水，小人之交甘如醴；君子淡以親，小人甘以絶。彼無故以合者，則無故以離。」孔子曰：「敬聞命矣。」徐行翔佯而歸，絶學捐書，弟子無挹於前，其愛益加進。異日，桑雽又曰：「舜之將死，真泠禹曰：『汝戒之哉！形莫若緣，情莫若率。緣則不離，率則不勞；不離不勞，則不求文以待形；不求文以待形，固不待物。』」

莊子衣大布而補之，正緳係履而過魏王。魏王曰：「何先生之憊邪？」莊子曰：「貧也，非憊也。士有道德不能行，憊也；衣弊履穿，貧也，非憊也。此所謂非遭時也。王獨不見夫騰猿乎？其得柟、梓、豫章也，攬蔓其枝，而王長其間，雖羿、逢蒙不能眄睨也。及其得柘、棘、枳、枸之間也，危行側視，振動悼慄。此筋骨非有加急而不柔也，處勢不便[二]，未足以逞其能也。今處昏上亂相之間，而欲無憊，奚可得邪？此比干之見剖心徵也夫！」孔子窮於陳、蔡之間，七日不火食，左據槁木，右擊槁枝，而歌焱氏之風。有其具而無其數，有其聲而無宮角，木聲與人聲，犂然有當於人之心。顏回端拱還目而窺之。仲尼恐其廣己而造大也，愛己而造哀也，曰：「回！無受天損易，無受人益難。無始而非卒也，人與天一也。夫今之歌者其誰乎？」回曰：「敢問無受天損易。」仲尼曰：「飢渴寒暑，窮桎不行，天地之行也，運物之泄也，言與之偕逝之謂也。爲人臣者，不敢去之。執臣之道猶若是，而況乎所以待天乎！」「何謂無受人益難？」仲尼曰：「始用四達，爵禄並至而不窮，物之所利，乃非已也，吾命有在外者也。君子不爲盜，賢人不爲竊。吾若取之，何哉？故曰：鳥莫知於鷾鴯，目之所不宜處，不給視，雖落其實，棄之而走。其畏人也，而襲諸人間，社稷存焉爾。何謂無始而非卒？」仲尼曰：「化其萬物，而不知其禪之者，焉知其所終？焉知其所始？正而待之而已耳。」「何謂人與天一邪？」仲尼曰：「有人，天也；有天，亦天也。人之不能有天，性也。聖人晏然體逝而終矣。」莊周遊乎雕陵之樊，覩一異鵲，自南方來者，翼廣七尺，目大運寸，感周之顙，而集於栗林。莊周曰：「此何鳥哉？翼殷不

〔二〕「勢」，原本作「世」，據四庫本改。

逝，目大不覩。」褰裳躩步，執彈而留之。覩一蟬，方得美蔭而忘其身；螳蜋執翳而搏之，見得而忘其形；異鵲從而利之，見利而忘其真。莊周怵然曰：「噫！物固相累，二類相召也。」捐彈而反走，虞人逐而誶之。莊周反入，三月不庭。藺且從而問之：「夫子何爲頃間甚不庭乎？」莊周曰：「吾守形而忘身，觀於濁水，而迷於清淵。且吾聞諸夫子曰：『入其俗，從其俗。』今吾遊於雕陵而忘吾身，異鵲感吾顙，遊於栗林而忘真，栗林虞人以吾爲戮，吾所以不庭也。」

形者，天之委質也，命之所累也。惟其能忘形，則足以忘物，忘物則足以全命，命全則足以全生。惟其不能忘形，則不能忘物；不能忘物，則不能全命；不能全命，則不能全生。此莊周所以有執彈鵲蟬螳蜋之言也〔一〕。夫執彈彈鵲而忘栗林之禁，此役於物而不能忘形也。螳蜋搏蟬而忘異鵲之所利，此利於得而不能全命也。不能忘形而全命，皆不免於憂患也，安得生所以全歟？此周之所以遽悟而不出門庭也。

陽子之宋，宿於逆旅。逆旅人有妾二人，其一人美，其一人惡，惡者貴而美者賤。陽子問其故，逆旅小子對曰：「其美者自美，吾不知其美也；其惡者自惡，吾不知其惡也。」陽子曰：「弟子記

〔一〕「以」，原本缺，據四庫本補。

之！行賢而去自賢之行，安往而不愛哉！」

夫欲全其性命，終其天年者，莫若外忘其形也。形忘則所以自得，而所適安有不得歟？此陽子所以取逆旅小子之言也。夫美者自美，吾不知其美；惡者自惡，吾不知其惡者，此皆外忘其形，而美惡從而兩忘也，豈爲不全性命之情歟？此莊子所以言之於篇終也。

# 南華真經新傳　卷十一

## 田子方篇

夫真人者，全至樂，達生理，以不材爲材，無用爲用，而不失真，此魏無擇之師如此矣。莊子因而作田子之篇。

田子方侍坐於魏文侯，數稱谿工。文侯曰：「谿工，子之師邪？」子方曰：「非也，無擇之里人也。稱道數當，故無擇稱之。」文侯曰：「然則子無師邪？」子方曰：「有。」曰：「子之師誰邪？」子方曰：「東郭順子。」文侯曰：「然則夫子何故未嘗稱之？」子方曰：「其爲人也真，人貌而天，虚緣而葆真，清而容物。物無道，正容以悟之，使人之意也消。無擇何足以稱之！」子方出，文侯儻然，終日不言，召前立臣而語之曰：「遠矣，全德之君子！始吾以聖知之言、仁義之行爲至矣，吾聞子方之師，吾形解而不欲動，口鉗而不欲言。吾所學者，真土梗耳！夫魏，真爲我累耳〔一〕！」

〔一〕「我」，原本缺，據四庫本補。

夫真人者，内直而不假於物也，具體而任其無爲也，故曰「人貌而天」。虚静而不失其正也，故曰「虚緣而葆真」。湛然足以有容也，故曰「清而容物」。邪僻來干，則示之以未始出吾宗，而俾之自滅也，故曰：「物無道，正容以悟之，使人之意也消。」此皆合於道之無名也。無名安可强名乎？此田子方所以言無擇何足以稱之也〔一〕。夫子方之師如此也，萬物安足爲累乎？此文侯自嗟其所學之非道，而魏國之爲累也，故曰：「吾所學者，真土梗耳！魏真爲我累耳！」

温伯雪子適齊，舍於魯。魯人有請見之者，温伯雪子曰：「不可。吾聞中國之君子，明乎禮義，而陋於知人心，吾不欲見也。」至於齊，反舍於魯，是人也，又請見。温伯雪子曰〔二〕：「往也蘄見我，今也又蘄見我，是必有以振我也。」出而見客，入而歎。明日見客，又入而歎。其僕曰：「每見之客也，必入而歎，何也？」曰：「吾固告子矣：『中國之民，明乎禮義，而陋乎知人心。』昔之見我者，進退一成規，一成矩，從容一若龍，一若虎，其諫我也似子，其道我也似父。是以歎

〔一〕「也」，原本作「世」，據四庫本改。
〔二〕「曰」，原本缺，據四庫本補。

也。」仲尼見之而不言。子路曰：「吾子欲見温伯雪子，久矣，見之而不言，何邪？」仲尼曰：「若夫人者，目擊而道存矣，亦不可以容聲矣。」

真人者，敦兮若朴也，曠兮若谷也，淵兮似萬物之宗也，不可以智度，不可以言接。此温伯雪子之如此，而仲尼見而不能言也。夫仲尼見而不言者，心得也，心得何假於言乎？故曰「亦不可以容聲矣」。

顔淵問於仲尼：

夫田無擇之師，與夫温伯雪子，其道所以爲得矣，由未及於仲尼，故以顔回稱仲尼之道而繼言之。仲尼之道至妙矣，其所得得之於老聃，故以孔子與老聃論道而次之也。故無擇之師不及温伯雪子，温伯雪子不及於孔子，孔子又師於老聃，故第差一等而言之。此莊子託數子之稱師，而論道以至于精也。

「夫子步亦步，夫子趨亦趨，夫子馳亦馳，夫子奔逸絶塵，而回瞠若乎後矣。」夫子曰：「回，何謂也？」曰：「夫子步亦步也，夫子言亦言也；夫子趨亦趨也，夫子辯亦辯也；夫子馳亦馳也，夫子言道，回亦言道也；及奔逸絶塵，而回瞠若乎後者，仲尼者，入於道也；顔回者，知於道也。入於道者已至於真空，此所以奔逸絶塵而不可以及也；知於道者未達於真空，此所以趨步馳騁而瞠若乎後也。不可以及則獨爲於聖人，瞠若其後則可以繼聖人，此仲尼所以爲萬世師，而顔回所以爲於亞聖也。

「夫子不言而信，不比而周，無器而民滔乎前，而不知所以然而已矣。」仲尼曰：「惡！可不察與！夫哀莫大於心死，而人死亦次之。日出東方，而入於西極，萬物莫不比方。有目有趾者，待是而後成功，是出則存，是入則亡。萬物亦然，有待也而死，有待也而生。

孔子待物以其誠，故不言而信也；接下以其忠，故不比而周也；無爵而物最，故無器而民也；無位而物歸，故滔乎前而不知所以然而已；此夫子之所以聖者歟！

「吾一受其成形，而不化以待盡，效物而動，日夜無隙，而不知其所終；薰然其成形，知命不能規乎其前，丘以是日徂。吾終身與汝交一臂而失之，可不哀與！汝殆著乎吾所以著也。彼已盡矣，而汝求之以爲有，是求馬於唐肆也。吾服汝也甚忘，汝服吾也亦甚忘。雖然，汝奚患焉！雖忘乎故吾，吾有不忘者存。」

真宰之造物，我所以受其成形而爲我矣。受其成形而不可以侈易〔二〕，待其終極而後止，此未足以免於憂累也。故聖人達觀而忘其形，所以無我而已矣。

孔子見老聃，老聃新沐，方將被髮而乾，慹然似非人。孔子便而待之，少焉，見曰：「丘也眩與？其信然與？向者先生形體掘若槁木，似遺物離人而立於獨也。」老聃曰：「吾遊心於物之初。」孔子曰：「何謂邪？」曰：「心困焉而不能知，口辟焉而不能言，嘗爲汝議乎其將。

夫物之初者，無有也；無有者，道之真體，而與物不耦矣。老聃所以遊之，宜乎孔子稱其形體如槁木，似遺物離人而立於獨也。夫離人者，出於非人之域也；立於獨者，入於天而一也，此老聃所以神妙歟！

「至陰肅肅，至陽赫赫；肅肅出乎天，赫赫發乎地；兩者交通成和而物生焉。或爲之紀，而莫見其形。消息滿虛，一晦一明，日改月化，日有所爲，而莫見其功。生有所乎萌，死有所乎歸，始終相反乎無端，而莫知其所窮。非是也，且孰爲之宗！」

〔二〕「侈」，四庫本作「移」。

一陰一陽之謂道，道生於陰陽，陰陽分而道著。然獨陰不可成，而獨陽不可生，必在交通而然後萬物生成矣。故曰：「至陰肅肅，至陽赫赫；肅肅出乎天，赫赫發乎地；兩者交通成和而物生焉。」夫天，陽也；地，陰也。肅肅出乎天，赫赫出乎地，見陰陽交通之道也。

孔子曰：「請問遊是。」老聃曰：「夫得是，至美至樂也。得至美而遊乎至樂，謂之至人。」能全於道者，所以能全於命；命全則爲樂莫大焉，此老聃所以有至美至樂之言也。夫道者，天下之至美也；命者，萬事之至樂也。至美出於道，而視之不見也；至樂出於命，而聽之不聞也。惟能入道，則可全命；惟能有美，則可以有樂。二者非至人不能備之矣，故曰：「得至美而遊乎至樂，謂之至人。」

孔子曰：「願聞其方。」曰：「草食之獸，不疾易藪；水中之蟲，不疾易水。行少變而不失其大常也，喜怒哀樂不入於胸次。夫天下也者，萬物之所一也。得其所一而同焉，則四肢百體將爲塵垢，而死生終始將爲晝夜，而莫之能滑，而況得喪禍福之所介乎！棄隸者若棄泥塗，知身貴於隸也，貴在於我，而不失於變。且萬化而未始有極也，夫孰足以患心！已爲道者解乎此。」

天地萬物同出於道而得一也。人能明得一之妙則無爲，無爲則無我，無我則形骸如遺土，死生爲往來，皆不能爲累於我矣，豈得失利害可以介蔕於心歟[一]？故曰：「夫天下也者，萬物之所一也。得其所一而同焉，則四肢百體將爲塵垢，而死生終始將爲晝夜，而莫之能滑，而況得喪禍福之所介乎！」

孔子曰：「夫子德配天地，而猶假至言以修心，古之君子，孰能脱焉？」[二]老聃曰：「不然。夫水之於汋也，無爲而才自然矣。至人之於德也，不修而物不能離焉，若天之自高，地之自厚，日月之自明，夫何修焉！」孔子出，以告顔回曰：「丘之於道也，其猶醯雞與！微夫子之發吾覆也，吾不知天地之大全也。」

缺傳

莊子見魯哀公。哀公曰：「魯多儒士，少爲先生方者。」莊子曰：「魯少儒。」哀公曰：「舉魯國而儒服，何謂少乎？」莊子曰：「周聞之，儒者冠圜冠者，知天時；履句屨者[三]，知地形；緩佩玦

[一]「蔕」，原本作「萬」，據四庫本改。
[二]「脱」，原本作「説」，據四庫本改。
[三]「句」，原本作「方」，據四庫本改。

者，事至而斷。君子有其道者，未必爲其服也；爲其服者，未必知其道也。公固以爲不然，何不號於國中曰：『無此道而爲此服者，其罪死！』」於是哀公號之，五日，而魯國無敢儒服者。獨有一丈夫，儒服而立乎公門。公即召而問以國事，千轉萬變而不窮。莊子曰：「以魯國而儒者一人耳，可謂多乎？」百里奚爵禄不入心，故飯牛而牛肥，使秦穆公忘其賤，與之政也。有虞氏死生不入於心，故足以動人。宋元君將畫圖，衆史皆至，受揖而立；舐筆和墨，在外者半。有一史後至者，儃儃然不趨，受揖不立，因之舍。公使人視之，則解衣般礴蠃。君曰：「可矣，是真畫者也。」文王觀於臧，見一丈夫釣，而其釣莫釣；非持其釣有釣者，常釣也。文王欲舉而授之政，而恐大臣父兄之弗安也；欲終而釋之，而不忍百姓之無天也。於是旦而屬之大夫曰：「昔者，寡人夢見良人，黑色而頾，乘駁馬而偏朱蹄，號曰：『寓而政於臧丈人，庶幾乎民有瘳乎！』」諸大夫蹵然曰：「先君王也。」文王曰：「然則卜之。」諸大夫曰：「先君之命，王其無他，又何卜焉！」遂迎臧丈人而授之政。典法無更，偏令無出。三年，文王觀於國，則列士壞植散群，長官者不成德，斔斛不敢入於四境。列士壞植散群，則尚同也；長官者不成德，則同務也；斔斛不敢入四境，則諸侯無二心也。文王於是焉以爲大師，北面而問曰：「政可以及天下乎？」臧丈人昧然而不應，泛然而辭，朝令而夜遁，終身無聞。顏淵問於仲尼曰：「文王其猶未邪？又何以夢爲乎？」仲尼曰：「默！汝無言！夫文王盡之也，而又何論刺焉！彼直以循斯須也。」

夫魯國之多儒，周邦之多臣，及其所得，則乃一儒一丈夫矣。故魯得一儒，而哀公問之國事，則千轉萬變而不窮；周得一丈夫，而文王授之邦政，則四境諸侯無二心。是二人者，得於心者充足，而爲於外者有餘，所謂才全而德不形，故莊子言於此篇矣。

列禦寇爲伯昏無人射〔二〕，引之盈貫，措杯水其肘上，發之，適矢復沓，方矢復寓。當是時，猶象人也。伯昏無人曰：「是射之射，非不射之射也。嘗與汝登高山，履危石，臨百仞之淵，若能射乎？」於是無人遂登高山，履危石，臨百仞之淵，背逡巡，足二分垂在外，揖禦寇而進之。禦寇伏地，汗流至踵。伯昏無人曰：「夫至人者，上闚青天，下潛黄泉，揮斥八極，神氣不變。今汝怵然有恂目之志，爾於中也殆矣夫！」

至人者，潛行而不窒，所入而皆得，放心於天地之外，而不入於形器之内，忘於危險，而豈有憚慴歟？此伯昏無人所以言其闚青天，潛黄泉，揮斥八極，而神氣不能變也。

---

〔二〕「列禦寇爲」，原本缺，據四庫本改。

肩吾問於孫叔敖曰：「子三爲令尹，而不榮華；三去之，而無憂色。吾始也疑子，今視子之鼻間，栩栩然，子之用心獨奈何？」孫叔敖曰：「吾何以過人哉！吾以其來不可却也，其去不可止也，吾以爲得失之非我也，而無憂色而已矣。我何以過人哉！且不知其在彼乎，其在我乎？其在彼邪？亡乎我；在我邪？亡乎彼。方將躊躇，方將四顧，何暇至乎人貴人賤哉〔一〕！」仲尼聞之，曰：「古之真人，知者不得説，美人不得濫，盜人不得劫，伏戲、黄帝不得友。死生亦大矣，而無變乎己，況爵禄乎！若然者，其神經乎大山而無介，入乎淵泉而不濡，處卑細而不憊，充滿天地，既以與人己愈有。」楚王與凡君坐，少焉，楚王左右曰「凡亡」者三。凡君曰：「凡之亡也，不足以喪吾存。夫『凡之亡，不足以喪吾存』，則楚之存，不足以存存。由是觀之，則凡未始亡，而楚未始存也。」

至人者，以形骸爲寓寄，以生死爲往來，而況爵禄軒冕之外物乎？此孫叔敖所以三仕三去，而無榮華憂色也。夫爵禄軒冕，物之來寄也，其來不可卻，其去不可止，來去在彼而不在我，故曰「吾以得失之非我也」。得失之非我，則又何憂喜於其間？故曰「而無憂色而已矣」。此叔敖之能忘於外物，孔子所以引古之真人而稱之也。

〔一〕「至」，四庫本作「知」。

# 知北遊篇

夫窈冥寂寞，希夷微妙者，至道之真體。體固不可以情求，不可以智窺，惟以無知而爲得矣，此莊子因而作知北遊之篇。

知北遊於玄水之上，登隱弅之丘，而適遭無爲謂焉。知謂無爲謂曰：「予欲有問乎若：何思何慮則知道？何處何服則安道？何從何道則得道？」三問而無爲謂不答也，非不答，不知答也。知不得問，反於白水之南，登狐闋之上，而睹狂屈焉。知以之言也問乎狂屈。狂屈曰：「唉！予知之，將語若，中欲言而忘其所欲言。」知不得問，反於帝宮，見黄帝而問焉。黄帝曰：「無思無慮始知道，無處無服始安道，無從無道始得道。」知問黄帝曰：「我與若知之，彼與彼不知也，其孰是耶？」黄帝曰：「彼無爲謂真是也，狂屈似之，我與汝終不近也。夫『知者不言，言者不知，故聖人行不言之教』。道不可致，德不可至。仁可爲也，義可虧也，禮相僞也。故曰：『失道而後德，失德而後仁，失仁而後義，失義而後禮。禮者，道之華而亂之首也。』故曰：『爲道者日損，損之又損之，以至於無爲，無爲而無不爲也。』今已爲物也，欲復歸根，不亦難乎！其易也，其唯大人乎！生也死之徒，死也生之始，孰知其紀！人之生，氣之聚也。聚則爲生，散則爲死。若死生爲徒，吾又何患！故萬物，一也。是其所美者爲神奇，其所惡者爲臭腐；臭腐復化爲神奇，神奇復化爲臭腐。故曰：『通天下一氣耳。』聖人故貴一。」知謂黄帝曰：「吾問無爲謂，無爲謂不應我，非不我應，不知應我也。吾問狂屈，狂屈中欲告我，而不我告，非不我告，中欲告而忘之也。今予問乎若，若知之，奚故不近？」黄帝曰：「彼其真是也，以其不知也；此其似之也，以其忘之也；予與若終不近也，以其知之也。」狂屈聞之，以黄帝爲知言。

夫智者，言其陽明也；北者，言其陰晦也。能不用明而自晦，則入於至道之妙也，故曰：「知北遊於玄水之上，隱弅之丘，適遭無爲謂焉。」故無爲者未免於有爲也，未免於有爲則豈足以知道？此所以不答知之所問也。智以無爲之不答，復之陽明而所以決其所問焉，故曰：「反於白水之南，登狐闋之上〔一〕，而睹狂屈焉。」白水之南者，言陽明也；狐闋之上者，言中心疑而不果也；狂者，言其有所取；屈者，言其有所伸；亦未爲於無爲也。未爲於無爲，則亦不足以知於道，此所以答智以予知之、將告若之言也。智以二子皆不知道也，非聖人不可以明，故復之帝宫而問黄帝焉。黄帝者，聖人也，足以知其至道矣。夫何思何慮者，無心也；何處何服者，無體也；何從何道者，無方也。無心所以言至虚，無體所以言真空，無方所以言至妙。至虚者，道之所集也，故曰「則知道」；真空者，道之所存也，故曰「則安道」；至妙者，道之所

〔一〕「登」，原本作「澄」，據莊子原文及四庫本改。

在也，故曰「則得道」。此三者非聖人不能以知之，故黄帝曰：「我與若知之，彼與彼不知也。」無爲、狂屈者，皆莊子製名而寓意。

天地有大美而不言，四時有明法而不議，萬物有成理而不説。聖人者，原天地之美，而達萬物之理。是故至人無爲，大聖不作，觀於天地之謂也。今彼神明至精，與彼百化，物已死生方圓，莫知其根也，扁然而萬物自古以固存。六合爲巨，未離其内；秋毫爲小，待之成體。天下莫不沉浮，終身不故；陰陽四時運行，各得其序。惛然若亡而存，油然不形而神，萬物畜而不知。此之謂本根，可以觀於天矣。

知道者不言，言者不知，故天地自道而生，而未嘗諭人以覆載之功；四時隨道而行，而未嘗告人以寒暑之期；萬物由道而出，未嘗語人以生成之理。聖人者，與天地合其德，與四時合其序，曲通萬物之情，而與道冥會，未嘗諄諄然以諭人矣。故曰：「聖人者，原天地之美，而達萬物之理。」是故至人無爲者，任其自然而無所爲也；大聖不作者，付之自成而無所作也。此至人、聖人合天地之不言也，故曰「觀於天地之謂也」。

齧缺問道乎被衣。被衣曰：「若正汝形，一汝視，天和將至；攝汝知，一汝度，神將來舍。德將爲汝美，道將爲汝居，汝瞳焉如新生之犢，而無求其故。」言未卒，齧缺睡寐。被衣大説，行歌而去之，曰：「形若槁骸，心若死灰，真其實知，不以故自持。媒媒晦晦，無心而不可與謀。彼何人哉！」

正汝形者，使之無勞汝形也；一汝視者，使之不見可欲也。無勞汝形則形全也，不見可欲則精復也。形全精復，則與天爲一矣，故曰「天和將至」。攝汝知者，使之無思無爲也；一汝度者，使之不益不損也。無思無爲則反朴也，不益不損則全純也。反朴全純，則其神不虧矣，故曰「神將來舍」。德將爲汝美者，游於自得之場也；道將爲汝居者，處於至虚之域；汝瞳焉如新生之犢，而無求其故，所謂復歸於初也。此皆入道之真理，故齧缺遽悟而心得之，此所以聽言未卒而睡寐也。

舜問乎丞曰：「道可得而有乎？」曰：「汝身非汝有也，汝何得有夫道？」舜曰：「吾身非吾有也，孰有之哉？」曰：「是天地之委形也。生非汝有，是天地之委和也；性命非汝有，是天地之委順也；孫子非汝有，是天地之委蜕也。故行不知所往，處不知所持，食不知所味。天地之彊陽氣也，又胡可得而有邪？」

缺傳

孔子問於老聃曰：「今日晏閒，敢問至道。」老聃曰：「汝齋戒，疏瀹而心，澡雪而精神，掊擊而知。夫道，窅然難言哉！將爲汝言其崖略。夫昭昭生於冥冥，有倫生於無形，精神生於道，形本生於精，而萬物以形相生。故九竅者胎生，八竅者卵生。其來無迹，其往無崖，無門無房，四達之皇皇也。邀於此者，四枝彊，思慮恂達，耳目聰明，其用心不勞，其應物無方。天不得不高，地不得不廣，日月不得不行，萬物不得不昌，此其道與！且夫博之不必知，辯之不必慧，聖人以斷之矣。若夫益之而不加益，損之而不加損者，聖人之所保也。淵淵乎其若海，魏魏乎其終則復始也，運量萬物而不匱，則君子之道，彼其外與！萬物皆往資焉而不匱，此其道與！」中國有人焉，非陰非陽，處於天地之間，直且爲人，將反於宗。自本觀之，生者，喑醷物也。雖有壽夭，相去幾何？須臾之説也。奚足以爲堯、桀之是非！果蓏有理，人倫雖難，所以相齒。聖人遭之而不違，過之而不守。調而應之，德也；偶而應之，道也。帝之所興，王之所起也。人生天地之間，若白駒之過郤，忽然而已。注然勃然，莫不出焉；油然漻然，莫不入焉。已化而生，又化而死，生物哀之，人類悲之。解其天弢，墮其天袠，紛乎宛乎，魂魄將往，乃身從之，乃大歸乎！不形之形，形之不形，是人之所同知也，非將至之所務也，此衆人之所同論也。彼至則不論，論則不至。明見無值，辯不若默。道不可聞，聞不若塞。此之謂大得也。

夫老聃，神人也其妙所以無方，而其深所以不測。與孔子之言道，則自精而至于粗，自無而至于有，故首言昭昭生於冥冥，而終言形之不形。夫昭昭生於冥冥者，所謂天地生於混成也。有天地然後有人倫，有人倫然後有萬物，而君臣帝王之道無有不備，此道之生成如此也。然而道不可辯也，辯之不若不辯也，故曰「辯不若默」。道不可聞也，聞之不若不聞也，故曰「聞不若塞」。不辯不聞則無爲，無而心得矣，故曰「此之謂大得」。此老聃與孔子之言道，而始終之序如此也。

東郭子問於莊子曰：「所謂道，惡乎在？」莊子曰：「無所不在。」東郭子曰：「期而後可。」莊子曰：「在螻蟻。」曰：「何其下邪？」曰：「在稊稗。」曰：「何其愈下邪？」曰：「在瓦甓。」曰：「何其愈甚邪？」曰：「在屎溺。」東郭子不應。莊子曰：「夫子之問也，固不及質。正獲之問於監市履狶也，每下愈況。汝唯莫必，無乎逃物。至道若是，大言亦然。周、徧、咸三者，異名同實，其指一也。嘗相與遊乎無何有之宫，同合而論，無所終窮乎！嘗相與無爲乎！澹而静乎！漠而清乎！調而閒乎！寥已吾志，無往焉而不知其所至，去而來不知其所止，吾已往來焉，而不知其所終。彷徨乎馮閎，大知入焉，而不知其所窮。物物者，與物無際，而物有際者，所謂物際者也；不際之際，際之不際者也。謂盈虚衰殺，彼爲盈虚非盈虚，彼爲衰殺非衰殺，彼爲本末非本末，彼爲積散非積散也。」婀荷甘與神農同學於老龍吉。神農隱几闔户晝瞑，婀荷甘日中奓户而入，曰：「老龍死矣！」神農隱几擁杖而起，嚗然放杖而笑，曰：「天知予僻陋慢訑，故棄予而死已矣夫！子無所發予之狂言而死矣夫！」弇堈弔聞之，曰：「夫體道者，天下之君子所繫焉。今於道，秋毫之端，萬分未得處一焉，而猶知藏其狂言而死，又況夫體道者乎！視之無形，聽之無聲，於人之論者，謂之冥。冥所以論道，而非道也。」

道者，萬物之所道也。在體爲體，在用爲用，無名無迹，而無乎不在，故自有而觀則足以知其徼，自無而觀則足以知其妙，虚静寥遠而無有終始，此道之至妙之理也。東郭子不知其然，而問道之烏在，所謂蔽於一曲也。蔽於一曲則不能知道之深遠，故莊子答之以無所不在也。

於是泰清問乎無窮曰〔一〕：「子知道乎？」無窮曰：「吾不知。」又問乎無爲。無爲曰：「吾知道。」曰：「子之知道，亦有數乎？」曰：「有。」曰：「其數若何？」無爲曰：「吾知道之可以貴，可以賤；可以約，可以散。此吾所以知道之數也。」泰清以之言也問乎無始，曰：「若是，則無窮之弗知，與無爲之知，孰是而孰非乎？」無始曰：「不知，深矣；知之，淺矣。弗知，内矣；知之，

〔一〕「於是」，原缺，據四庫本補。

外矣。」於是泰清中而歎曰：「弗知乃知乎！知乃不知乎！孰知不知之知？」

夫道，無所不在，天地萬物由之而後成，不可以言，不可以拘而已矣。故聖人知之而不言，得之而不拘，此無窮答泰清以不知也。夫不知者，深知也；深知者，得之於内也，此無始所以有不知深矣、弗知内矣之言也。然泰清以無窮真不知道也，故復問於無爲。無爲者未免於有爲，是以答泰清以吾知道可以貴，可以賤，可以約，可以散也。夫知之者，知淺也；知淺者，得之於外也，此無始所以有知之淺矣、知之外矣之言也。然無窮者無有其極也，無始者無有其初也，此二子所以能知於道矣，故泰清所以遽悟而興於歎也。

無始曰：「道不可聞，聞而非也；道不可見，見而非也；道不可言，言而非也。知形形之不形乎！道不當名。」

道聽之而不聞也，故曰「道不可聞」；視之不見也，故曰「不可見」；搏之而不得也，故曰「不可言」。可聞則非爲其道也，故曰「聞而非也」；可見則亦非爲道也，故曰「見而非也」；可言則又非爲道也，故曰「言而非也」。夫不可聞不可見者，無形之形也，故曰：「知形形之不形乎！」不可言者，無名之名也，故曰「道不當名」。此無始所以能明於道乎？

無始曰：「有問道而應之者，不知道也。雖問道者，亦未聞道。道無問，問無應。無問問之，是問窮也；無應應之，是無内也。以無内待問窮，若是者，外不觀乎宇宙，内不知乎太初，是以不過乎崐崘，不遊乎太虚。」

夫道至妙而不可問，無形而不可言，故曰：「道無問，問無應。」既無問而强問之，是所問有所終極矣，故曰：「無問問之，是問窮也。」既無應而强應之，是所應得之於外矣，故曰：「無應應之，是無内也。」無内則所知不深矣，終極則所見不廣矣。如此，則安能通達於無盡之外，而明了於太初之初，逍遥於廣莫之野，放縱於無何有之鄉歟？故曰：「以無内待問窮，若是者，外不觀乎宇宙，内不知乎太初，是以不過乎崐崘，不遊乎太虚。」此無始所以復諭太清以道不可言也。

光曜問乎無有曰：「夫子有乎？其無有乎？」光曜不得問，而孰視其狀貌，窅然空然，終日視之而不見，聽之而不聞，搏之而不得也。光曜曰：「至矣！其孰能至此乎！予能有無矣，而未能無無也；及爲無有矣，何從至此哉！」大馬之捶鉤者，年八十矣，而不失豪芒。大馬曰：「子巧與？有道與？」曰：「臣有守也。臣之年二十，而好捶鉤，於物無視也，非鉤無察也。是用之者，假不用者也以長得其用，而況乎無不用者乎！物孰不資焉？」

光曜者，言其明智也；無有者，言其真空也。以明智而求真空，則所以止知粗徼也，故曰「孰視其狀貌」。然而知粗而必至于精，知徼而必至于妙，故光曜終日視之而不見，聽之而不聞，搏之而不得，所謂至于精妙也；至于精妙則自知其學不及矣，故曰：「予能有無矣，未能無無也。」夫真空之妙理，蓋自無而得之矣，非由學而後至也，故曰：「及爲無有矣，何從而至哉！」此莊子寓言至道之妙於二子矣。

冉求問於仲尼曰：「未有天地可知邪？」仲尼曰：「可，古猶今也。」冉求失問而退。明日復見，曰：「昔者，吾問『未有天地可知乎』，夫子曰：『可，古猶今也。』昔日吾昭然，今日吾昧然；敢問何謂也？」仲尼曰：「昔之昭然也，神者先受之；今之昧然也，且又爲不神者求邪？無古無今，無始無終，未有子孫而有子孫，可乎？」冉求未對。仲尼曰：「已矣，未應矣！不以生生死，不以死死生。死生有待邪？皆有所一體。有先天地生者物邪？物物者非物。物出不得先物也，猶其有物也。猶其有物也無已。聖人之愛人者，終無已者，亦乃取於是者也。」

昔之昭然者，與道冥會也，故曰「神者先受之」。今之昧然者，求則愈惑也，故曰「且又爲不神者求邪」。無古無今，無始無終者，道之妙體也。達於道之妙體，則入於不生不死之域，此仲尼所以未待冉求之對，而言不以生生死，不以死死生也。

顔淵問乎仲尼曰：「回嘗聞諸夫子曰：『無有所將，無有所迎。』回敢問其遊。」仲尼曰：「古之人，外化而内不化；今之人，内化而外不化。與物化者，一不化者也。安化安不化，安與之相靡，必與之莫多。狶韋氏之囿，黄帝之圃，有虞氏之宫，湯、武之室。君子之人，若儒、墨者師，故以是非相䪢也，而況今之人乎！聖人處物不傷物。不傷物者，物亦不能傷也。唯無所傷者，爲能與人相將迎。山林與！皋壤與！使我欣欣然而樂與！樂未畢也，哀又繼之。哀樂之來，吾不能禦；其去，弗能止。悲夫！世人直謂物逆旅耳！夫知遇而不知所不遇，知能能而不能所不能。無知無能者，固人之所不免也。夫務免乎人之所不免者，豈不亦悲哉！

外化而内不化者，心得於道而體自冥合也；内化而外不化者，心務求道而體不順也。與物化者，一不化者，蓋能與物齊同，而抱一不變也。安化安不化者，任其自化而無使化也。安與之相靡者，無心於物而不與之靡刃也。必與之莫多者，贍足衣被而不爲有餘也。狶韋氏之囿，黄帝之圃，有虞氏之宫，湯、武之臺者，此言道爲聖人之域，而無心足以游處也。

「至言去言，至爲去爲。齊知之所知，則淺矣。」

至言者不言也，故曰「至言去言」。至爲者無爲也，故曰「至爲去爲〔二〕」。二者非入於至道，則安能去言去爲矣？是以言之於終篇。

〔二〕「去」，原本作「無」，據四庫本改。

# 南華真經新傳　卷十二

## 雜篇

### 庚桑楚篇

夫能達於至道之妙者，則處無爲，任自然，不期於化而物自化，此庚桑子之若是矣。莊子因而作庚桑楚之篇。

老聃之役有庚桑楚者，偏得老聃之道，以北居畏壘之山。其臣之畫然知者去之，其妾之挈然仁者遠之，擁腫之與居，鞅掌之爲使。居三年，畏壘大穰。畏壘之民相與言曰：「庚桑子之始來，吾洒然異之。今吾日計之而不足，歲計之而有餘。庶幾其聖人乎！子胡不相與尸而祝之，社而稷之乎？」庚桑子聞之，南面而不釋。

夫老子之道，以真空爲體，以妙有爲用，非至人孰能心得之？庚桑子可謂至人，而能達真空妙有之趣也，故曰「偏得老聃之道」。夫得於真空則至虛也，達於妙有則至靜也。虛靜無爲則與天地同其流，陰陽同其和，不迕於物而所居皆化，此畏壘所以大穰也。然而至人非求異於人，而人所以自異之，此畏壘之民所謂自異於庚桑子也。爲而不恃，功成不居，見寵而驚，聞譽而懼，此畏壘之民以豐穰由庚桑子之所致，欲以尸祝社稷而尊事之，楚所以聞而不懌也。

然弟子異之〔一〕。庚桑子曰：「弟子何異於予？夫春氣發而百草生，正得秋而萬寶成。夫春與秋，豈無得而然哉？天道已行矣。吾聞至人尸居環堵之室，而百姓猖狂不知所如往〔二〕。今以畏壘之細民，而竊竊焉欲俎豆予于賢人之間，我其杓之人邪！吾是以不釋於老聃之言。」夫至人藏天真，忘天機，黜聰明，棄智慮，魄然忘其所爲而任自然，故曰「尸居環堵之室也」。然而至人所居如此也，不與物接，而物亦不知其所然也，故曰「百姓猖狂不知所如往」。

弟子曰：「不然。夫尋常之溝，巨魚無所還其體，而鯢鰌爲之制；步仞之丘陵，巨獸無所隱其軀，而孽狐爲之祥。且夫尊賢授能，先善與利，自古堯、舜以然，而況畏壘之民乎！夫子亦聽

〔一〕「然」，四庫本在上段「釋」字下。
〔二〕「猖」，原本作「倡」，據四庫本改。

矣！」庚桑子曰：「小子來！夫函車之獸，介而離山，則不免于罔罟之患；吞舟之魚，碭而失水，則蟻能苦之。故鳥獸不厭高，魚鼈不厭深。夫全其形生之人，藏其身也，不厭深眇而已矣。且夫二子者，又何足以稱揚哉！是其於辯也，將妄鑿垣墻而殖蓬蒿也。簡髮而櫛，數米而炊，竊竊乎又何足以濟世哉！舉賢則民相軋，任知則民相盜。之數物者，不足以厚民。民之於利甚勤，子有殺父，臣有殺君，正晝爲盜，日中穴阫。吾語汝，大亂之本，必生於堯、舜之間，其末存乎千世之後。千世之後，其必有人與人相食者也。」

庚桑子之弟子言巨魚巨獸而告庚桑子，所以明其隱顯之理也。然隱者自隱，顯者自顯，各守其極，則不致於累。儻隱過其極，則爲顯所制；顯過其極，則爲隱所拘，此亦勢之自然也。故庚桑子所以答以獸離山而罔罟制，魚失水而螻蟻苦，以其失隱顯之異也，豈若各守其極而退藏於深眇乎？以此見至人能冥其極，而所以全身也。

南榮趎蹵然正坐曰：「若趎之年者已長矣，將惡乎託業以及此言邪？」庚桑子曰：「全汝形，抱汝生，無使汝思慮營營。若此三年，則可以及此言也。」南榮趎曰：「目之與形，吾不知其異也，而盲者不能自見；耳之與形，吾不知其異也，而聾者不能自聞；心之與形，吾不知其異也，而狂者不能自得。形之與形亦辟矣，而物或間之邪？欲相求而不能相得。今謂趎曰：『全汝形，抱汝生，勿使汝思慮營營。』趎勉聞道達耳矣。」庚桑子曰：「辭盡矣。曰奔蜂不能化藿蠋，越雞不能伏鵠卵，魯雞固能矣。雞之與雞，其德非不同也，有能與不能者，其才固有巨小也。今吾才小，不足以化子，子胡不南見老子？」南榮趎贏糧，七日七夜，至老子之所。老子曰：「子自楚之所來乎？」南榮趎曰：「唯。」老子曰：「子何與人皆來之衆也？」南榮趎懼然顧其後〔二〕。老子曰：「子不知吾所謂乎？」南榮趎俯而慚，仰而歎曰：「今者吾忘吾答，因失吾問。」老子曰：「何謂也？」南榮趎曰：「不知乎？人謂我朱愚。知乎？反愁我軀。不仁則害人，仁則反愁我身；不義則傷彼，義則反愁我己。我安逃此而可？此三言者，趎之所患也，願因楚而問之。」老子曰：「向吾見若眉睫之間，吾因以得汝矣，今汝又言而信之。若規規然若喪父母，揭竿而求諸海也。汝亡人哉，惘惘乎！汝欲反汝情性而無由入，可憐哉！」南榮趎請入就舍，召其所好，去其所惡，十日自愁，復見老子。老子曰：「汝自洒濯，孰哉鬱鬱乎！然而其中津津乎猶有惡也。

全汝形者，所謂不虧其形也；抱汝生者，所謂善攝生者也；無使汝思慮營營者，所謂無心於

---

〔二〕「懼」，四庫本作「瞿」。

物也。三者非至人不能具之矣。

「夫外韄者不可繁而捉，將内揵；内韄者不可繆而捉，將外揵。外、内韄者，道德不能持，而況放道而行者乎！」南榮趎曰：「里人有病，里人問之，病者能言其病，然其病，病者猶未病也。若趎之聞大道，譬猶飲藥以加病也。

大耳目，外也；心智，内也。耳目用於外，則心智蕩於内；心智蕩於内，則耳目用於外。用於外者雖爲有得，而心智從而難制也，故曰：「外韄者不可繁而捉，將内揵。」蕩於内者亦爲有得，而耳目從而難閉也，故曰：「内韄者不可繆而捉，將外揵。」内外惑於所得而不能制，其於道德難存矣，故曰：「外内韄者，道德不能持。」此皆有我之累也。惟至人無我，而外遺於耳目，内忘於心智，入於真空自得之域，而自古以固存，此老子諭南榮趎以至人之道也。

「趎願聞衛生之經而已矣。」老子曰：「衛生之經，能抱一乎？能勿失乎？能無卜噬而知吉凶乎？能止乎？能已乎？能舍諸人而求諸己乎？能翛然乎？能侗然乎？能兒子乎？兒子終日嗥而嗌不嗄，和之至也；終日握而手不捝，共其德也；終日視而目不瞚，偏不在外也。行不知所之，居不知所爲，與物委蛇，而同其波。是衛生之經已。」南榮趎曰：「然則是至人之德已乎？」

曰：「非也。是乃所謂冰解凍釋者。

衛生者，衛全其生也。能衛全其生，則生所以常存，故曰「衛生之經」也。夫全生之道，必先無摇汝精也，故曰：「能抱一乎？」無摇其精，則自得也，故曰：「能勿失乎？」自得則能明禍福也，故曰：「能無卜筮而知吉凶乎？」明於禍福，則不役於物也，故曰：「能止乎〔二〕？」不役於物則了達也，故曰：「能已乎？」了達則忘彼而全形也，故曰：「能舍諸人而求己乎？」形全則死生聚散不能爲累於胸中，所以復歸於嬰兒也，故曰：「能翛然乎？能侗然乎？能嬰兒乎？」復歸於嬰兒，則聲雖發而專氣致柔也，故曰：「兒子終日嘷而嗌不嗄，和之至也。」手雖握而非爲有得也，故曰：「終日握而手不掜，共其德也。」目雖視而非用其明也，故曰：「終日視而目不瞚，偏不在外也〔三〕。」足雖行而非有所逐也，故曰：「行不知所之。」身雖止而非有所作也，故曰：「居不知所爲。」與物齊諧而同其流，此所謂全生之道也，故曰：「與物委蛇，而同其波，是衛生之經也。」

〔二〕「止」，原本作「上」，據莊子原文及四庫本改。

〔三〕「不」，原本缺，據莊子原文及四庫本補。

「夫至人者，相與交食乎地，而交樂乎天，不以人物利害相攖，不相與爲怪，不相與爲謀，不相與爲事，翛然而往，侗然而來。是謂衛生之經已。」曰：「然則是至乎？」曰：「未也。吾固告汝曰：『能兒子乎？』兒子動不知所爲，行不知所之，身若槁木之枝，而心若死灰。若是者，禍亦不至，福亦不來。禍福無有，惡有人災也？」

夫至人者，與物爲一而不異於人，食其所食而樂其所樂，虛心善應而事莫能累，無意於物而怪何能動，何思何慮而豈有其謀，無心無爲而非有於事，往來無礙而自在圓通，此至人全生常存之道也。故曰：「是衛生之經已。」

宇泰定者，發乎天光。發乎天光者，人見其人。人有修者，乃今有恒。有恒者，人舍之，天助之。人之所舍，謂之天民；天之所助，謂之天子。

夫至人復歸於嬰兒，則精全而神王也，志廣而氣充也。精全神王則與天爲一，志廣氣充則其明自照，故曰「宇泰定者，發乎天光」。宇者，精神志氣之所宅也。至人之精神志氣，豈有移易乎？故曰「泰定」也。以其泰定，則自然明照，所以謂之「天光」。

學者，學其所不能學也；行者，行其所不能行也；辯者，辯其所不能辯也。知止乎其所不能知，至矣。若有不即是者，天鈞敗之。備物以將形，藏不虞以生心，敬中以達彼，若是而萬惡至者，皆天也，而非人也，不足以滑成，不可内於靈臺。靈臺者，有持而不知其所持，而不可持者也。不見其誠已而發，每發而不當，業入而不舍，每更爲失。爲不善乎顯明之中者，人得而誅之；爲不善乎幽閒之中者，鬼得而誅之。明乎人、明乎鬼者，然後能獨行。券内者，行乎無名；券外者，志乎期費。行乎無名者，唯庸有光；志乎期費者，唯賈人也，人見其跂，猶之魁然。

全生之道，學者不能學之也，行者不能行之也，辯者不能辯之也，智者不能知之也。惟絶學忘行，去辯喪智，任於自然，則得之也。故曰：「學者，學其所不能學也；行者，行其所不能行也；辯者，辯其所不能辯也。知止乎所不能知，至矣。」不能如此，而强欲求爲之，則不惟傷生，而自然之性命亦喪矣，故曰：「若有不即是者，天鈞敗之。」

與物窮者，物入焉；與物且者，其身之不能容，焉能容人！不能容人者無親，無親者盡人。兵莫憯于志，鏌鋣爲下；寇莫大於陰陽，無所逃於天地之間。非陰陽賊之，心則使之也。道通，其分也；其成也，毁也。所惡乎分者，其分也以備；所以惡乎備者，其有以備。故出而不反，見其鬼；出而得，是謂得死。滅而有實，鬼之一也。以有形者象無形者而定矣。

夫全生之道必先虚心，心虚則足以有容矣，有容則物來而不拒。不虚則不能容於物，不能容於物則不能容於身，不能容於身則豈足以容他人乎？故曰：「與物且者，其身之不能容，焉能容人！」夫不能容人則分彼我也，彼我分則人疏而不依，而人自爲人爾，故曰：「不能容人者無親，無親者盡人。」此不能内虚其心也。故心既不虚，則志帥妄行，而戕害其性命，所以愈於利器矣，故曰：「兵莫憯于志，鏌鋣爲下。」志帥妄行而氣亦從而亂，則喜出於喜而毗陽，怒出於怒而毗陰，其爲賊害尤甚矣，安足以逃於形器之外乎？故曰：「寇莫大於陰陽，無所逃於天地之間。」然賊害其性命之甚者，非爲陰陽之所致，由心不虚而喜怒妄出也，故曰：「非陰陽賊之〔二〕，心則使之也。」

出無本，入無竅。有實而無乎處，有長而無乎本剽，有所出而無竅者有實。有實而無乎處者，宇也；有長而無本剽者，宙也。有乎生，有乎死；有乎出，有乎入；入出而無見其形，是謂天門。天門者，無有也。萬物出乎無有。有不能以有爲有，必出乎無有，而無有一無有。聖人藏乎是。古之人，其知有所至矣。惡乎至？有以爲未始有物者，至矣，盡矣，弗可以加矣。其次以爲有物矣，將以生爲喪也，以死爲反也，是以分已。其次曰始無有，既而有生，生俄而死；以無有爲首，

〔二〕「陽」上原本衍「非」字，據莊子原文及四庫本删。

以生爲體，以死爲尻。孰知有無死生之一守者，吾與之爲友。是三者雖異，公族也。昭、景也，著戴也，甲氏也，著封也，非一也？有生，黬也，披然曰移是。嘗言移是，非所言也。雖然，不可知者也。臘者之有膍胲，可散而不可散也；觀室者周於寢廟，又適其偃焉，爲是舉移是。請嘗言移是。是以生爲本，以知爲師，因以乘是非；果有名實，因以己爲質；使人以爲己節，因以死償節。若然者，以用爲知，以不用爲愚；以徹爲名，以窮爲辱。移是，今之人也，是蜩與鷽鳩同於同也。蹍市人之足，則辭以放鶩，兄則以嫗，大親則已矣。

生者從無而入有，故曰「出無本」；死者從有而入無，故曰「入無竅」。無本無竅，則安有其形乎？故曰「無見其形」。無見其形則自然而出入也，故曰「是謂天門」。天門出於自然，豈爲有形乎？故曰「天門者，無有也」。故無有者，道之真體，而萬物莫不皆由之，故曰「萬物出乎無有」。無有豈以有而爲有乎？此萬物必由而已矣，故曰「有不能以有爲有，必出乎無有」。道既無有，而復能抱一於無有，則此聖人之所以藏用而任其無有也〔二〕，故曰「而無有一無有。聖人藏乎是」。此莊子寓言道之至妙也。

〔二〕「有」，原本作「爲」，據四庫本改。

故曰：至禮有不人，至義不物，至知不謀，至仁無親，至信辟金。

至禮無體，故曰「有不人」；至義無宜，故曰「不物」；至智無知，故曰「不謀」；至仁無愛，故曰「無親」；至信無質，故曰「辟金」。五者皆以無爲體，則合於大道之妙矣。

徹志之勃，解心之謬，去德之累，達道之塞。貴、富、顯、嚴、名、利六者，勃志也；容、動、色、理、氣、意六者，謬心也；惡、欲、喜、怒、哀、樂六者，累德也；去、就、取、與、知、能六者，塞道也。此四六者，不盪胸中則正，正則靜，靜則明，明則虛，虛則無爲而無不爲也。

徹志之勃，則志一也。解心之謬，則心虛也。去德之累，則自得也。達道之塞，則不蔽也。志一則貴富難役也，顯嚴難威也，利名難動也。心虛則容動自安也，色理自順也，氣意自適也。自得則惡欲不生也，喜怒不出也，哀樂不入也。不蔽則去就必謹也，取與必宜也，知能必當也。數者不能亂志、謬心、累德、塞道，則胸中所以正靜明虛，而無爲而爲也。故曰：「徹志之勃，解心之謬，去德之累，達道之塞。貴、富、顯、嚴、名、利六者，勃志也；容、動、色、理、氣、意六者，謬心也；惡、欲、喜、怒、哀、樂六者，累德也；去、就、取、與、知、能六者，塞道也。此四六者，不盪則胸中則正，正則靜，靜則明，明則虛，虛則無爲而無不爲也。」

道者，德之欽也；生者，德之光也；性者，生之質也。性之動，謂之爲；爲之僞，謂之失。知者，接也；知者，謨也；知者之所不知，猶睨也。動以不得已之謂德，動無非我之謂治，名相反而實相順也〔一〕。

道者，至妙而尊於德也，故曰「道者，德之欽也」。生者，以適來而得之明也，故曰「生者，德之光也」。性者，至静而生之本也，故曰「性者，生之質也」。性感物則必動也，故曰「性之動，謂之爲」。爲本人爲則非得也，故曰「爲之僞，謂之失」。

羿工乎中微，而拙乎使人無己譽。聖人工乎天，而拙乎人。夫工乎天而俍乎人者，唯全人能之。唯蟲能蟲，唯蟲能天。全人惡天？惡人之天？而況吾天乎人乎？一雀適羿，羿必得之，威也；以天下爲之籠，則雀無所逃。是故湯以庖人籠伊尹〔二〕，秦穆公以五羊之皮籠百里奚。是故非以其所好籠之而可得者，無有也。介者拸畫，非譽也；胥靡登高而不懼，遺死生也。夫復謵不餽而忘人，忘人，因以爲天人矣。故敬之而不喜，侮之而不怒者，唯同乎天和者爲然。出怒不怒，

〔一〕「名」，原本缺，據四庫本補。
〔二〕「庖」，原本作「胞」，據四庫本改。

則怒出於不怒矣」，出爲無爲，則爲出於無爲矣。

羿工乎中微，而拙乎使人無譽己者，所謂使人忘我難是也。聖人工乎天，而拙乎人者，所謂使天下兼忘我難是也。至于神人，則其道合於天，其用利於人，鼓舞萬物而不與聖人同憂，所謂兼忘而已矣，故曰「工乎天而俍乎人者，唯全人能之」。

欲靜則平氣，欲神則順心，有爲也欲，當則緣於不得已。不得已之類，聖人之道。

氣者，靜之所宅也；心者，神之所潛也。平氣之所適則必靜也，故曰「欲靜則平氣」。順心之所爲則必神也，故曰「欲神則順之，有爲也」。能平氣順心，則動非妄動，而俟其感而後應也，故曰「欲當，則緣於不得已」。夫感而後應，豈有心於萬物乎？非聖人孰能至於此？故曰「不得已之類，聖人之道也」。

# 南華真經新傳　卷十三

## 徐無鬼篇

夫能平心順氣，以道爲務，而忘於貧賤窮達，則入於至人之域，此徐無鬼之能若是矣。莊子因而作徐無鬼之篇。

徐無鬼因女商見魏武侯，武侯勞之曰：「先生病矣，苦於山林之勞，故乃肯見於寡人。」徐無鬼曰：「我則勞於君，君有何勞於我？君將盈嗜欲，長好惡，則性命之情病矣；君將黜嗜欲，掔好惡，則耳目病矣。我將勞君，君有何勞於我？」武侯超然不對。少焉，徐無鬼曰：「嘗語君，吾相狗也。下之質，執飽而止，是狸德也；中之質，若視日；上之質，若亡其一。吾相狗，又不若吾相馬也。吾相馬，直者中繩，曲者中鉤，方者中矩，圓者中規，是國馬也，而未若天下馬也。天下馬有成材，若卹若失，若喪其一。若是者，超軼絶塵，不知其所。」武侯大悦而笑。徐無鬼出，女商曰：「先生獨何以説吾君乎！吾所以説吾君者，横説之則以詩、書、禮、樂，從説之則以金板、六弢，奉事而大有功者，不可爲數，而吾君未嘗啓齒。

老子曰：道者，萬物之奥也，善人之所寶也。夫善人之所以寶於道，則外所以忘其形，内所以虚其心，黜嗜慾，忘好惡，安於性命之情，而所以寶全於道也。不善之人則不然，其於道也，若存而若亡，外所以不能全其形，内所以不能虚其心，充嗜慾，專好惡，決於性命之情，而其於道也，豈寶歟？此魏武侯聞徐無鬼之言，而超然不對也。夫武侯之性，中材也，不可卒告以至道，而宜先悦之以所好，此無鬼所以有相狗馬之言也。然無鬼非能相於狗馬也，故寓入道之意於狗馬，以狗之上質則若亡其一，以天下之馬則有成材。所謂若亡其一者，以形全神王而能忘其身也；所謂有成材者，以德宇泰定而不虧其本也。能忘其身則無爲，不虧其本則無用；無爲無用，則所以能入於道也。此無鬼寓意之若是，而武侯不知其意而徒悦其言也〔二〕，故曰「大悦而笑」。

「今先生何以説吾君，使吾君説若此乎？」徐無鬼曰：「吾直告之吾相狗、馬耳。」女商曰：「若是乎？」曰：「子不聞夫越之流人乎〔三〕？去國數日，見其所知而喜；去國旬月，見所嘗見於國中

〔二〕「徒」，原本作「從」，據四庫本改。
〔三〕「乎」，原本作「于」，據四庫本改。

者喜；及期年也，見似人者而喜矣。不亦去人滋久，思人滋深乎？夫逃虛空者，藜藋柱乎鼪鼬之逕，踉位其空，聞人足音跫然而喜矣；而況乎昆弟親戚之謦欬其側者乎！久矣夫，莫以真人之言謦欬吾君之側乎！」徐無鬼見武侯，武侯曰：「先生居山林，食芧栗，厭葱韭，以賓寡人，久矣夫！今老邪？其欲干酒肉之味邪？其寡人亦有社稷之福邪？」徐無鬼曰：「無鬼生於貧賤，未嘗敢飲食君之酒肉，將來勞君也。」君曰：「何哉？奚勞寡人？」曰：「勞君之神與形。」武侯曰：「何謂邪？」徐無鬼曰：「天地之養也一，登高不可以爲長，居下不可以爲短。君獨爲萬乘之主，以苦一國之民，以養耳目鼻口，夫神者不自許也。夫神者，好和而惡姦。夫姦，病也，故勞之。唯君所病之何也？」武侯曰：「欲見先生久矣。

夫天地之於人，均受之性命，均付之分極，至于所養亦均也，豈有間於尊卑長幼乎〔一〕？故曰「天地之養也一」。魏武不知所然，而殫天下之物以養形，不足則勞神而營之，故神愈勞而不能王，形愈養而不能全安，若外六骸，忘嗜慾，遊心於逍遥之域，則形神豈有不全乎？

「吾欲愛民而爲義偃兵，其可乎？」徐無鬼曰：「不可。愛民，害民之始也；爲義偃兵，造兵之本

〔一〕「間」，原本作「聞」，據四庫本改。

也。君自此爲之，則殆不成。凡成美，惡器也。君雖爲仁義，幾且僞哉！形固造形，成固有伐，變固外戰。君亦必無盛鶴列於麗譙之間，無徒驥於錙壇之宫。無藏逆於得，無以巧勝人，無以謀勝人，無以戰勝人。夫殺人之士民，兼人之土地，以養吾私與吾神者，其戰不知孰善？勝之惡乎在？君若勿已矣，修胸中之誠，以應天地之情而勿攖。夫民死已脱矣，君將惡乎用夫偃兵哉！」

夫道者，無爲之朴也。兵者，有爲之器也。聖人常無爲而民自化，所謂兵者置而不用也。武侯不能無爲，而欲爲義偃兵以愛民，此無鬼所以荅之以不可也。夫聖人以百姓爲芻狗，而不愛愛之，而其民所以遂生也；若以愛愛之，則愛有不及，而民敦心矣[一]，如此，則適足害之也，故曰「愛民，害民之始也」。以義爲外迹而不爲爲之，而物之所以順從也；若以可爲而爲之，則處有不當[二]，而物必不順矣，如此，則適足用兵也，故曰「爲義偃兵，造兵之本也」。不能如此而必愛而必爲，則治道安得而全矣，故曰「君自此爲之，則殆不成」。

黄帝將見大隗乎具茨之山，方明爲御，昌寓驂乘，張若、謵朋前馬，昆閽、滑稽後車。至於襄城之

[一]「敦」，四庫本作「憝」。

[二]「處」，四庫本無。

野，七聖皆迷，無所問塗。適遇牧馬童子，問塗焉，曰：「若知具茨之山乎？」曰：「然。」「若知大隗之所存乎？」曰：「然。」黄帝曰：「異哉小童！非徒知具茨之山，又知大隗之所存。請問爲天下〔二〕。」小童曰：「夫爲天下者，亦若此而已矣，又奚事焉？予少而自遊於六合之内，予適有瞀病，有長者教予曰：『若乘日之車，而遊於襄城之野。』今予病少痊，予又且復遊於六合之外。夫爲天下，亦若此而已。予又奚事焉！」黄帝曰：「夫爲天下者，則誠非吾子之事。雖然，請問爲天下。」小童辭。黄帝又問。小童曰：「夫爲天下者，亦奚以異乎牧馬者哉！亦去其害馬者而已矣。」黄帝再拜稽首，稱天師而退。知士無思慮之變則不樂，辯士無談説之序則不樂，察士無凌誶之事則不樂，皆囿於物者也。招世之士興朝〔三〕，中民之士榮官，筋力之士矜難，勇敢之士奮患，兵革之士樂戰，枯槁之士宿名，法律之士廣治，禮樂之士敬容，仁義之士貴際。農夫無草萊之事則不比，商賈無市井之事則不比。庶人有旦暮之業則勸，百工有器械之巧則壯。錢財不積，則貪者憂；權勢不尤，則夸者悲。勢物之徒樂變，遭時有所用，不能無爲也。此皆順比於歲，不物於易者也。馳其形性，潛之萬物，終身不反，悲夫！莊子曰：「射者非前期而中，謂之

〔二〕「請」，原本作「謂」，據四庫本改。
〔三〕「興」，原本作「與」，據四庫本改。

善射，天下皆羿也，可乎？」惠子曰：「可。」莊子曰：「天下非有公是也，而各是其所是，天下皆堯也，可乎？」惠子曰：「可。」莊子曰：「然則儒、墨、楊、秉四，與夫子爲五，果孰是邪？或者若魯遽者邪？其弟子曰：『我得夫子之道矣，吾能冬爨鼎而夏造冰矣。』魯遽曰：『是直以陽召陽，以陰召陰，非吾所謂道也。吾示子乎吾道。』於是乎爲之調瑟，廢一於堂，廢一於室，鼓宮宮動，鼓角角動，音律同矣。夫或改調一絃，於五音無當也，鼓之二十五弦皆動，未始異於聲，而音之君已。且若是者邪？」惠子曰：「今夫儒、墨、楊、秉，且方與我以辯，相拂以辭，相鎮以聲，而未始吾非也，則奚若矣？」莊子曰：「齊人蹢子於宋者，其命閽也不以完，其求鈃鍾也以束縛，其求唐子也，而未始出域，有遺類矣夫！楚人寄而蹢閽者，夜半於無人之時，而與舟人鬭，未始離於岑，而足以造於怨也。」

大隗者，況於大道也。具茨之山者，況於道體。無爲而寂然，豈有爲之聖可求歟？此所以言七聖俱迷也。惟能放心專氣，復歸於嬰兒，則然後心得而知之矣，故曰「牧馬童子」，又曰「非徒知具茨之山，又知大隗之所存也」。夫知大道之真體，則任於無爲而已矣，此所以答黃帝爲天下則曰「又奚事」者。則無爲虛靜，而放心於自得之場，氣馬无所適而已〔一〕，故曰：「爲天下

〔一〕「无」，原本作「元」，據四庫本改。

者，亦奚以異乎牧馬！」夫氣馬無所適，則外物不能爲累也，故曰：「亦去其害馬者而已矣。」此皆極於自然，而天地萬物所以皆宗師，此黄帝所以稱之爲天師也。

莊子送葬，過惠子之墓，顧謂從者曰：「郢人堊漫其鼻端若蠅翼，使匠石斵之。匠石運斤成風，聽而斵之，盡堊而鼻不傷，郢人立不失容。宋元君聞之，召匠石，曰：『嘗試爲寡人爲之。』匠石曰：『臣則嘗能斵之。雖然，臣之質死久矣。』自夫子之死也，吾無以爲質矣，吾無與言之矣！」管仲有病，桓公問之，曰：「仲父之病，病矣。可不諱云，至於大病，則寡人惡乎屬國而可？」管仲曰：「公誰欲與？」公曰：「鮑叔牙。」曰：「不可。其爲人，潔廉善士也。其於不己若者，不比之；又一聞人之過，終身不忘。使之治國，上且鉤乎君，下且逆乎民。其得罪於君也，將弗久矣。」公曰：「然則孰可？」對曰：「勿已，則隰朋可。其爲人也，上忘而下畔，愧不若黄帝，而哀不己若者。以德分人謂之聖，以財分人謂之賢。以賢臨人，未有得人者也；以賢下人，未有不得人者也。其於國，有不聞也；其於家，有不見也。勿已，則隰朋可。」吴王浮於江，登乎狙之山〔二〕。衆狙見之，恂然棄而走，逃於深蓁。有一狙焉，委蛇攫抓，見巧乎王。王射之，敏給搏捷

〔二〕「山」，原本作「上」，據四庫本改。

矢。王命相者趨射之，狙執死。王顧謂其友顏不疑曰：「之狙也，伐其巧、恃其便，以敖予，以至此殛也。戒之哉！嗟乎，無以汝色驕人哉！」顏不疑歸而師董梧，以助其色〔一〕，去樂辭顯，三年，而國人稱之。南伯子綦隱几而坐，仰天而噓。顏成子入見，曰：「夫子，物之尤也。形固可使若槁骸，心固可使若死灰乎？」曰：「吾嘗居山穴之中矣。當是時也，田禾一覩我，而齊國之衆三賀之。我必先之，彼故知之；我必賣之，彼故鬻之。若我而不有之，彼惡得而知之？若我而不賣之，彼惡得而鬻之？嗟乎！我悲人之自喪者，吾又悲夫悲人者，吾又悲夫悲人之悲者，其後而日遠矣！」仲尼之楚，楚王觴之。孫叔敖執爵而立，市南宜僚受酒而祭，曰：「古之人乎！於此言已。」曰：「丘也，聞不言之言矣，未之嘗言，於此乎言之。」市南宜僚弄丸，而兩家之難解，孫叔敖甘寢秉羽，而郢人投兵。丘願有喙三尺。」彼之謂不道之道，此之謂不言之辯。故德總乎道之所一，而言休乎知之所不知，至矣。道之所一者，德不能同也；知之所不能知者，辯不能舉也。名若儒、墨而凶矣。故海不辭東流，大之至也。

莊子之所言，非得已而言之也，非惠子不能知之。惠子死，則孰能知莊子之言矣？此所以引匠石爲況，而又曰吾無與言之矣。

〔一〕「助」，四庫本作「鋤」。

聖人并包天地，澤及天下，而不知其誰氏。是故生無爵，死無謚，實不聚，名不立，此之謂大人。狗不以善吠爲良，人不以善言爲賢，而況爲大乎！夫爲大不足以爲大，而況爲德乎！夫大備矣，莫若天地；然奚求焉？而大備矣。知大備者，無求、無失、無棄，不以物易己也。反己而不窮，循古而不摩，大人之誠。子綦有八子，陳諸前，召九方歅曰：「爲我相吾子，孰爲祥？」九方歅曰：「梱也爲祥。」子綦瞿然喜曰：「奚若？」曰：「梱也，將與國君同食，以終其身。」子綦索然出涕曰：「吾子何爲以至於是極也！」九方歅曰：「夫與國君同食，澤及三族，而況於父母乎！今夫子聞之而泣，是禦福也。子則祥矣，父則不祥。」子綦曰：「歅，汝何足以識之！而梱祥邪？盡於酒肉，入於鼻口矣，而何足以知其所自來！吾未嘗爲牧，而牂生於奥；未嘗好田，而鶉生於宎。若勿怪，何邪？吾所與吾子遊者，遊於天地。吾與之邀樂於天，吾與之邀食於地；吾不與之爲事，不與之爲謀，不與之爲怪。吾與之乘天地之誠，而不以物與之相攖；吾與之一委蛇，而不與之爲事所宜。今也然，有世俗之償焉。凡有怪徵者，必有怪行。殆乎非我與吾子之罪，幾天與之也。吾以是泣也。」無幾何，而使梱之於燕，盗得之於道。全而鬻之則難，不若刖之則易。於是刖而鬻之於齊，適當渠公之街，終身食肉而終。齧缺遇許由，曰：「子將奚之？」曰：「將逃堯。」曰：「奚謂邪？」曰：「夫堯，畜畜然仁，吾恐其爲天下笑。後世其人與人相食與！夫民，不難聚也。愛之則親，利之則至，譽之則勸，致其所惡則散。愛利出乎仁義，捐仁義者寡，利仁義者衆。夫仁義之行，唯且無誠，且假夫禽貪者器。是以一人之斷制利天下，譬之猶一覕也。夫堯，知賢人之利天下也，而不知其賊天下也。夫唯外乎賢者知之矣。」有暖姝者，有濡需者，有卷婁者。所謂暖姝者，學一先生之言，則暖暖姝姝而私自悦也[二]；自以爲足矣，而未知未始有物也，是以謂暖姝者也。濡需者，豕蝨是也。擇疏鬣，自以爲廣宫大囿，奎蹄曲隈，乳間股脚，自以爲安室利處，不知屠者之一旦鼓譬布草[三]，操煙火，而己與豕俱焦也。此以域進，此以域退，此其所謂濡需者也。卷婁者，舜也。羊肉不慕蟻，蟻慕羊肉，羊肉羶也。舜有羶行，百姓悦之，故三徙成都，至鄧之墟，而十有萬家。堯聞舜之賢，舉之童土之地，曰冀得其來之澤。舜舉乎童土之地，年齒長矣，聰明衰矣，而不得休歸，所謂卷婁者也。

大人者，德之所以充實也。德之充實則處上而不貴，功成而不居，贍足萬物而不知其所用，衣被天下而無得而爲稱，此大人之道若是矣，故曰：「生無爵，死無謚，實不聚，名不立，此之謂大人。」夫爵謚者，度外之物也；名實者，天下之虚器也；大人豈有心於四者乎？此莊子所以有無立之言也。

[二] 「暖暖」，原本作「援受」，據上下文改。此字四庫本俱作「暖」。

[三] 「譬」，四庫本作「臂」。

是以神人惡衆至。衆至則不比，不比則不利也。

神人者，言乎其道也。神人鼓舞萬物而不與聖同憂，萬物所以自歸矣，非由好而致之也，故曰「神人惡衆至」〔二〕。

故無所甚親，無所甚疏，抱德煬和，以順天下，此謂真人。

真人者，言其性也。真人不與萬物相親疏，任於自得而守於純氣，豈有逆於天下歟？故曰：「無所甚親，無所甚疏，抱德煬和，以順天下，此謂真人。」然真人不及於神人，所以言之於次也。

於蟻棄智，於魚得計，於羊棄意。

於蟻棄智者，不知羶以悦慕也。於魚得計者，退藏深渺以活身也。於羊棄意者，無心使物來慕也。

〔二〕「至」，原本缺，據四庫本補。

以目視目，以耳聽耳，以心復心。若然者，其平也繩〔二〕，其變也循。

以目視目者，以明而發不明也。以耳聽耳者，以聰而覺不聰也。以心復心者，以靜而鎮不靜也。如此，則其平所以直，其變所以正也。故曰：「若然者，其平也繩，其變也循。」非真人孰能與於此？

古之真人，以天待人〔三〕，不以人入天。古之真人，得之也生，失之也死；得之也死，失之也生。藥也，其實堇也，桔梗也，雞壅也，豕零也，是時爲帝者也，何可勝言！

夫真人者，其性内直而不假於物也，故任於自然而以待物也，不以有爲而亂無爲也。適來所以爲時也，適去所以能順也。來則必知其暫去也，去則必知其暫來也，了然明達，而始終無累矣。故曰：「古之真人，以天待人，不以人入天。古之真人得之也生，失之也死；得之也死，失之也生。」

---

〔二〕四庫本「平」下有「也水其直」四字。

〔三〕「人」，原本作「之」，據下文改。

句踐也，以甲楯三千棲於會稽，唯種也能知亡之所以存，唯種也不知其身之所以愁。故曰：鴟目有所適，鶴脛有所節，解之也悲。故曰：風之過，河也有損焉；日之過，河也有損焉。請只風與日相與守河，而河以爲未始其攖也，恃源而往者也。

至人者，自知而不知人也，自見而不見彼也，故禍福吉凶不能爲之累矣。大夫種者則不然，知人而不自知也，見彼而不自見也，此憂禍足以爲之累，此莊子所以有鴟目鶴脛之言也。

故水之守土也審，影之守人也審，物之守物也審。故目之於明也殆，耳之於聰也殆，心之於殉也殆。凡能其於府也殆，殆之成也不給改。

水生於土，而不離於土也；影生於形，而不離於形也；物出造物，而不離造物也，故曰：「水之守土也審，影之守人也審〔二〕，物之守物也審。」然而土無意於水，而水所以親也；形無意於影，而影所以生也；造物者無意於物，而物所以成也，三者皆無意於相須也，世俗豈能似之歟？故目則必期於明也，耳則必期於聰也，心則必期於殉也〔三〕。故必期於明者，是有意於明

〔二〕「影」，原本作「形」，據莊子原文及四庫本改。

〔三〕「殉」，原本作「殆」，據四庫本改。

也；必期於聰，則是有意於聰也；必期所殉，則是有意於殉物也。夫有意於聰明所殉，則必致危殆之累也，豈爲相須之道乎？故曰：「目之於明也殆，耳之於聰也殆，心之於殉也殆。」

禍之長也兹萃〔二〕，其反也緣功，其果也待久。而人以爲己寶，不亦悲乎！故有亡國戮民無已，不知問是也〔三〕。故足之於地也踐，雖踐，恃其所不蹍而後善博也；人之知也少，雖少，恃其所不知而後知天之所謂也。

古之至人，以多知爲召禍之本也，雖智而未嘗不喪智，故禍之所以不能爲之累也。天下之世俗，不能喪智而矜其智，此禍之所以滋蔓也。故曰「禍之長也兹萃」。然禍之始生也，伏於福以順其功，由大夫種始能成存越之功也，故曰「其反也緣功」。及其爲累，則固非朝夕之立至，由大夫種終不免亡軀之悲也，故曰「其果也待久」。此由智之所召也。世俗不知而反以智爲身之至珍也，何其蒙蔽之甚歟？此莊子之所以悲也，故曰：「而人以爲己寶，不亦悲乎！」

〔二〕「也」，原本缺，據四庫本補。
〔三〕「問」，原本作「禍」，據四庫本改。

知大一，知大陰，知大目，知大均，知大方，知大信，知大定，至矣。大一通之，大陰解之，大目視之，大均緣之，大方體之，大信稽之，大定持之。

大一者，大道也；大陰者，妙用也；大目者，至明也；大均者，常性也；大方者，常分也；大信者，不言也；大定者，不動也。大道無物不由，而無所不在也，故曰「通之」。妙用晦藏，而無有不用也，故曰「解之」。至明見其所不見，而不見其所見，故曰「視之」。常性受之各有極，而無不順也，故曰「緣之」。常分得之各有限，而無有不守也，故曰「體之」。不言則無有所期而必至，故曰「稽之」。不動無有所易而固執也，故曰「持之」。此七者極道之妙也，非聖人不能與於此。

盡有天，循有照，冥有樞，始有彼，則其解之也，似不解之者；其知之也，似不知之也。不知而後知之。其問之也，不可以有崖，而不可以無崖。

盡有天者，極於自然之妙而無爲也。循有照者，緣於自明之理而反照也。冥有樞者，晦於運行之徼而不動也。始有彼者，自泰初之初有之也。則其解之也，似不解之者，識之而歸於不識也。其知之也，似不知之也者，知之而歸於不知也。其問之也，不可以有崖者，虛而善應而無極也；而不可以無崖者，應物而不過其極也。

頡滑有實，古今不代，而不可以虧，則可不謂有大揚搉乎！闔不亦問是已，奚惑然爲！

頡滑有實者，所謂萬物芸芸，各歸其根也。古今不代者，無古無今，而未嘗更變也。而不可以虧者，不生不化，而無不成也。

以不惑解惑，復於不惑，是尚大不惑。

無智則無惑，有智則有惑。道不可問而問之，是惑也；不可應而應之，是以惑解惑也。能無智則不惑也，故曰「復於不惑」。復於不惑，則無問無應，而反於自得也，故曰「是尚大不惑」。

# 南華真經新傳　卷十四

## 則陽篇

夫不能守正性，冥至極，惑於儻來之物，而求進之不止，此則陽之所以若是矣。此莊子因而作則陽篇。

則陽遊於楚，夷節言之於王，王未之見，夷節歸。彭陽見王果曰：「夫子何不譚我於王？」王果曰：「我不若公閱休。」彭陽曰：「公閱休奚爲者邪？」曰：「冬則擉鼈于江，夏則休乎山樊。有過而問者，曰：『此予宅也。』夫夷節已不能，而況我乎！吾又不若夷節。夫夷節之爲人也，無德而有知，不自許，以之神其交，因顛冥乎富貴之地，非相助以德，相助消也。夫凍者假衣於春，暍者反冬乎冷風。夫楚王之爲人也，形尊而嚴；其於罪也，無赦如虎；非夫佞人、正德，其孰能撓焉！

夫至人者，安於性命之情，而遠於利害之塗，見寵而驚，聞譽而懼，豈有心於富貴利禄乎？則陽不能若是，而枉己以求進，是以王果言公閱休之所爲而抑之也。夫冬則擉鼈于江者，所以順其天養也；夏則休乎山樊者，所以全其天樂也。天養順則可欲不能亂，天樂全則萬物莫能憂，豈以寵貴而累心歟？此公閱休所爲如此矣，所謂入於至人之域也。

「故聖人，其窮也，使家人忘其貧；其達也，使王公忘爵禄而化卑。其於物也，與之爲娱矣；其於人也，樂物之通而保己焉。故或不言而飲人以和，與人並立而使人化。父子之宜，彼其乎歸。居而一閒其所施，其於人心者，若是其遠也。故曰：待公閱休。」

聖人窮理而盡性，樂天而知命。其窮也，放心於自得之場，而食於不貸之田，能使家人内樂而忘貧也；其達也，處於無敵之貴，而據於利勢之崇，能使王公忘己而失高也〔一〕。與物齊諧，而其樂所以全，故曰：「其於物也，與之爲娱矣。」與人無間，而其真所以存，故曰：「其於人也，樂物之通而保己焉。」不言而使人之守純，故曰：「或不言而飲人以和。」無我而使人之自化〔二〕，故曰：「與人並立而使人化。」敘明分守而不失其所宜，故曰：「父子之宜，彼其乎歸。」居閒暇其形而均施其仁惠，故曰：「而一閒其所施。」此聖人爲心之若是，所以入於寥天也，故曰：

〔一〕「忘」，原本作「志」，據四庫本改。

〔二〕「我」，四庫本作「人」。

「其於人心者，若是其遠也。」惟公閱休能之，故曰：「待公閱休。」

聖人達綢繆，周盡一體矣，而不知其然，性也。復命揺作，而以天爲師，人則從而命之也。憂乎知，而所行恒無幾時，其有止也，若之何！生而美者，人與之鑑，不告，則不知其美於人也。若知之，若不知之，若聞之，若不聞之，其可喜也終無已，人之好之亦無已，性也。

聖人達綢繆者，所謂玄通微妙也。周盡一體者，該徧萬物而與齊也。而不知其然，性也者，不以情求合於妙本也。復命者，歸於静也。揺作者，至于動也。以天爲師者，宗於自然也。人則從而命之者，所謂非常之名也。

聖人之愛人也，人與之名，不告，則不知其愛人也。若知之，若不知之，若聞之，若不聞之，其愛人也終無已，人之安之亦無已，性也。舊國舊都，望之暢然；雖使丘陵草木之緡，入之者十九，猶之暢然。況見見聞聞者也？以十仞之臺縣衆間者也？冉相氏得其環中以隨成，與物無終無始，無幾無時。日與物化者，一不化者也，闔嘗舍之！夫師天而不得師天，與物皆殉，其以爲事也若之何？

聖人豈有心於愛人歟？能以不愛愛之，而其愛所以該徧也。愛該徧則物所以偁道，其名所以興起也，故曰：「聖人之愛人也，人與之名。」人與之名，則安有聞而不相告諭乎？不相告諭則不知聖人之愛如此也，故曰：「不告，則不知其愛人也。」然而聖人整物而不爲仁，澤物而不爲義，其愛未嘗有愛之之迹，而物所以自遂其愛，在於無有有無之間，而莫窮其終矣，故曰：「若知之，若不知之，若聞之，若不聞之，其愛人也終無已。」

夫聖人未始有天，未始有人，未始有始，未始有物，與世偕行而不替，所行之備而不洫，其合之也若之何？湯得其司御，門尹、登恒爲之傅之，從師而不囿，得其隨成，爲之司其名；之名嬴法，得其兩見。仲尼之盡慮，爲之傅之。容成氏曰：「除日無歲，無内無外。」

夫聖人不知其自然，故曰「未始有天」。不爲其使然，故曰「未始有人」。不求其始，故曰「未始有始」。能忘於物，故曰「未始有物」。與世推移，而未嘗更守，故曰「與世偕行而不替」。所適皆至，而未嘗不通，故曰「所行之備而不洫」。不求合於物，而物自以來合，故曰「其合之也若何？」此皆非聖不能如此矣。

魏瑩與田侯牟約，田侯牟背之。魏瑩怒，將使人刺之。犀首聞而恥之，曰：「君爲萬乘之君也，而以匹夫從讎。衍請受甲二十萬，爲君攻之。虜其人民，係其牛馬，使其君内熱發於背，然後拔其國。忌也出走，然後抶其背，折其脊。」季子聞而恥之，曰：「築十仞之城，城者既十仞矣，則又壞之，此胥靡之所苦也。今兵不起七年矣，此王之基也。衍亂人，不可聽也。」華子聞而醜之，曰：「善言伐齊者，亂人也；善言勿伐者，亦亂人也；謂伐之與不伐亂人也者，又亂人也。」君曰：「然則若何？」曰：「君求其道而已矣。」惠子聞之而見戴晉人〔二〕。戴晉人曰：「有所謂蝸者，君知之乎？」曰：「然。」「有國於蝸之左角者，曰觸氏；有國於蝸之右角者，曰蠻氏。時相與爭地而戰，伏尸數萬，逐北旬有五日而後反。」君曰：「噫！其虛言與？」曰：「臣請爲君實之。君以意在四方上下，有窮乎？」君曰：「無窮。」曰：「知遊心於無窮，而反在通達之國，若存若亡乎？」君曰：「然。」曰：「通達之中有魏，於魏中有梁，於梁中有王。王與蠻氏有辯乎？」君曰：「無辯。」客出，而君惝然若有亡也。客出，惠子見。君曰：「客，大人也，聖人不足以當之。」惠子曰：「夫吹管也，猶有嗃也；吹劍首者，吷而已矣。堯、舜，人之所譽也；道堯、舜於戴晉人之前，譬猶一吷也。」孔子之楚，舍於蟻丘之漿。其鄰有夫妻臣妾登極者。子路曰：「是稯稯何爲者邪？」仲尼曰：「是聖人僕也。是自埋於民，自藏於畔。其聲銷，其志無窮；其口雖言，其心未嘗言；方且與世違，而心不屑與之俱。是陸沈者也。是其市南宜僚邪？」子路請往召之。

〔二〕「聞」，原本作「明」，據四庫本改。

孔子曰：「已矣！彼知丘之著於己也。知丘之適楚也，以丘爲必使楚王之召己也，彼且以丘爲佞人也。夫若然者，其於佞人也，羞聞其言，而況親見其身乎！而何以爲存？」子路往視之，其室虚矣。

聖人體道以無爲，虚中而應物，故信出於不信，而怒出於不怒，天下不足以爲累，萬事不足以攖心，克伐戰鬭豈行歟？任之自得而已矣。魏瑩不能知於道，有爲於一時，以信信人而人不能交信，此田侯牟所以背約也。夫田侯之背約，由其信出於信也。瑩不自知而復怒，是怒出於怒，而人不震慴也。瑩既如此，而犀首復欲請甲以攻之，是以國爲累，而克伐戰鬭得行焉。萬物從而拂亂矣〔一〕，宜乎華子使之求道也。天能求道則知於道，知於道則然後入於道，入於道則必任於無爲，任於無爲則天下之大猶喪矣，而況一國之小，而豈能累我乎？此惠子所以有蝸角之喻乎？

長梧封人問子牢，曰：「君爲政焉勿鹵莽，治民焉勿滅裂。昔予爲禾，耕而鹵莽之，則其實亦鹵莽而報予；芸而滅裂之，其實亦滅裂而報予。予來年變齊，深其耕而熟耰之，其禾繁以滋，予終

〔一〕「拂」，原本作「弗」，據四庫本改。

年厭殰。」莊子聞之，曰：「今人之治其形，理其心，多有似封人之所謂：遁其天，離其性，滅其情，亡其神，以衆爲。故鹵莽其性者，欲惡之孽爲性。萑葦蒹葭始萌，以扶吾形，尋擢吾性；並潰漏發，不擇所出，漂疽疥癰，内熱溲膏是也。」柏矩學於老聃，曰：「請之天下遊。」老聃曰：「已矣！天下猶是也。」又請之。老聃曰：「汝將何始？」曰：「始於齊。」至齊，見辜人焉。推而强之，解朝服而幕之，號天而哭之，曰：「子乎，子乎！天下有大菑，子獨先離之！」曰：『莫爲盗！莫爲殺人！』

夫帥而不敢不正者政，賤而不可不因者民也。政以民爲本，民以政爲基；爲政不可略，而治民不可輕，此長梧封人所以有勿鹵莽、滅裂之言也。夫爲政治民則必有其道也，耕田蒔苗則亦有其道也。同出於道，而所爲小異，此封人所以以耕耘而諭子牢也。豈惟爲政治民同耕耘，至於治形理心，則亦同之而已。夫能治其形者，所以全其形也；能理其心者，所以虚其心也。形全則神所以王，心虚則氣所以柔，如此則性命之本固存矣。天下之世俗則不然，逃其自然之質，去其至真之性，決性命之情，亡所王之神，役於外物而有爲也，何異鹵莽滅裂歟？此心形之所以不全也。故曰：「遁其天，離其性，滅其情，亡其神，以衆爲。」

「榮辱立，然後覩所病；貨財聚，然後覩所爭。今立人之所病，聚人之所争，窮困人之身，使無休時，欲無至此，得乎？古之君人者，以得爲在民，以失爲在己；以正爲在民，以枉爲在己。故一形有失其形者，退而自責。今則不然。匿爲物而愚不識，大爲難而罪不敢，重爲任而罰不勝，遠其塗而誅不至。民知力竭，則以僞繼之。日出多僞，士民安取不僞！夫力不足則僞，知不足則欺，財不足則盜。盜竊之行，於誰責而可乎？」〔二〕蘧伯玉行年六十而六十化，未嘗不始於是之，而卒詘之以非也；未知今之所謂是之非五十九非也。

夫至德之世，上如標枝，下如野鹿，不尚賢，不貴難得之貨。故不尚賢，則愚智不别，而爵位不分；不貴難得之貨，則捐金於山，藏珠於淵，天下不知榮辱貴富也。及至後世，道散而德失，尊尚者莫非賢，而所貴者莫非貨，天下知榮辱貴富，而失性亡命以交争，此柏矩見齊之刑人而所以哭也。故曰：「榮辱立，然後覩所病；貨財聚，然後覩所争。」此莊子寓意於柏矩。

萬物有乎生，而莫見其根；有乎出，而莫見其門。人皆尊其知之所知，而莫知恃其知之所不知而後知，可不謂大疑乎！已乎已乎！且無所逃此，則所謂然與，然乎？仲尼問於大史大弢、伯

---

〔二〕「誰」，原本作「難」，據四庫本改。

常騫、狶韋，曰：「夫衛靈公飲酒湛樂，不聽國家之政；田獵畢弋〔一〕，不應諸侯之際。其所以爲靈公者，何邪？」大弢曰：「是因是也。」伯常騫曰：「夫靈公有妻三人，同濫而浴。史鰌奉御而進所，搏幣而扶翼。其慢，若彼之甚也；見賢人，若此其肅也。是其所以爲靈公也。」狶韋曰：「夫靈公也死，卜葬於故墓，不吉；卜葬於沙丘，而吉。掘之數仞，得石槨焉。洗而視之，有銘焉，曰：『不馮其子，靈公奪而埋之。』夫靈公之爲靈也久矣，之二人何足以識之！」

方物出於機，入於機。機者，道之妙本，而衆妙之門，視之不見而已矣。故曰：「萬物有乎生，而莫見其根；有乎出，而莫見其門。」

少知問於太公調曰：「何謂丘里之言？」太公調曰：「丘里者，合十姓百名而以爲風俗也。合異以爲同，散同以爲異。今指馬之百體而不得馬，而馬係於前者，立其百體而謂之馬也。是故丘山積卑而爲高，江河合水而爲大，大人合并而爲公。是以自外入者，有主而不執；由中出者〔二〕，有正而不距。四時殊氣，天不賜，故歲成；五官殊職，君不私，故國治；文武，大人不賜，故德

〔一〕「弋」，原本作「戈」，據四庫本改。

〔二〕「由中」，原本作「中由」，據四庫本互乙。

備；萬物殊理，道不私，故無名。無名故無爲，無爲而無不爲。

夫太公調之論道，所謂自粗而至于精也，故先言同異之合散，山河之積合，大人之合并，内外之出入，四時之殊氣，五官之異職，文武之各異，萬物之殊生，然後至于無爲而無不爲，豈不謂之自粗而至精歟？夫大人并合而爲公者，以其混一風俗而無私也。混一之道，自外而格於人，人知所向而不拘矣，故曰：「自外入者，有主而不執。」所向之道，自内之所知，能守其正而不違矣，故曰：「由中出者，有正而不距。」四時出於自然，而非天所與也，故曰：「四時殊氣，天不賜，故歲成。」五官任之以公，而非君可私也，故曰：「五官殊職，君不私，故國治。」文足昭，武足畏，非大人使之若是也，故曰：「文武，大人不賜，故德備。」萬物生成而理不同，非由道之所私也，故曰：「萬物殊理，道不私，故無名。」無名者，天地之始也；天地之始則無有，無有豈得有爲乎？故曰「無名故無爲」者，非不爲也，爲而不見其爲也，故曰：「無爲而無不爲。」

「時有終始，世有變化。禍福淳淳，至有所拂者，而有所宜；自殉殊面，有所正者有所差。比於大澤，百材皆度；觀乎大山，木石同壇。此之謂丘里之言。」少知曰：「然則謂之道，足乎？」太公調曰：「不然。今計物之數，不止於萬，而期曰『萬物』者，以數之多者號而讀之也。是故天地者，形之大者也；陰陽者，氣之大者也；道者爲之公。因其大以號而讀之，則可也。已有之矣，乃將得比哉！ 則若以斯辯，譬猶狗馬，其不及遠矣。」少知曰：「四方之内，六合之裏，萬物之所生惡起？」太公調曰：「陰陽相照，相蓋相治；四時相代，相生相殺。欲惡去就，於是橋起；雌雄片合，於是庸有。安危相易，禍福相生，緩急相摩，聚散以成。此名實之可紀，精之可志也。隨序之相理，橋運之相使，窮則反，終則始。此物之所有，言之所盡，知之所至，極物而已。覩道之人，不隨其所廢，不原其所起，此議之所止。」少知曰：「季真之莫爲，接子之或使，二家之議，孰正於其情？孰偏於其理？」太公調曰：「雞鳴狗吠，是人之所知；雖有大知，不能以言讀其所自化，又不能以意其所將爲〔二〕。斯而析之，精至於無倫，大至於不可圍。或之使，莫之爲，未免於物，而終以爲過。或使則實，莫爲則虚。有名有實，是物之居；無名無實，在物之虚。可言可意，言而愈疏。未生不可忌，已死不可徂。死生非遠也，理不可覩。或之使，莫之爲，疑之所假。

天地陰陽，由道而生也。道先天地陰陽，而豈天地陰陽可擬乎？故以天地而比於道，則天地乃形之所大爾；以陰陽而比於道，則陰陽乃氣之所大爾。道出於氣形之外，而無私於萬物，其大可以物擬歟？故因其所大，而强名爲道也。故曰：「因其大號而讀之，則可也。」

〔二〕「又」，原本作「人」，據四庫本改。

「吾觀之本，其往無窮；吾求之末，其來無止。無窮無止，言之無也，與物同理；或使莫爲，言之本也，與物終始。道不可有，有不可無。

道體深妙，動而愈出，故曰：「吾觀之本，其往無窮。」妙用贍足，綿綿若存，故曰：「吾求之末，其來無止。」無窮則未嘗有極，無止則未嘗有息，同萬物生成之理也，故曰：「無窮無止，言之無也，與物同理。」此莊子言道之序也。

「道之爲名，所假而行。或使莫爲，在物一曲，夫胡爲於大方？言而足，則終日言而盡道；言而不足，則終日言而盡物。道、物之極，言、默不足以載；非言非默，議其有極。」

視之不見，故曰「道不可有」；生成不測，故曰「有不可無」。道者，萬物之所道，以其可道而名道也，故曰：「道之爲名，所假而行。」道體至妙，言默不足以盡之也，故曰：「道、物之極，言、默不足以載之。」不言不默而心得之，然後達其妙本也，故曰：「非言非默，議有所極。」

# 南華真經新傳　卷十五

## 外物篇

夫大道散而萬事起，萬事起而禍福榮辱之端交來，而不可議其必然矣，此莊子因而作外物篇。

外物不可必，故龍逄誅，比干戮，箕子狂，惡來死，桀、紂亡。人主莫不欲其臣之忠，而忠未必信，故伍員流于江，萇弘死于蜀，藏其血三年而化爲碧。人親莫不欲其子之孝，而孝未必愛，故孝己憂而曾參悲[一]。木與木相摩則然，金與火相守則流。陰陽錯行，則天地大絯，於是乎有雷有霆，水中有火，乃焚大槐。有甚憂兩陷而無所逃，螴蜳不得成，心若縣於天地之間，慰暋沈屯，利害相摩，生火甚多，衆人焚和。月固不勝火，於是乎有僓然而道盡。

夫禍福榮辱之來，皆所以各緣其類也。故爲善者必致福，爲惡者必蒙禍，此理勢之必然也。

---

〔一〕「憂」，原本作「愛」，據四庫本改。

然而龍逢、比干，正直也，卒所以見誅戮之禍；伍員、萇弘，忠誠也，反所以蒙流死之辱；孝己、曾參，奉親也，固難免悲憂之累；惡來、桀、紂，暴虐也，復得其壽禄之榮；豈理勢之必然歟？故曰「外物不可必」也。世俗不知外物之不可必，曲求妄想而焚和，此生之所以不全也。惟至人知其不可必，故虚心而忘己，是以禍福不能及，榮辱不能加，哀樂不能入，儻然自得，而生之所以全也。

莊周家貧，故往貸粟於監河侯。監河侯曰：「諾。我將得邑金，將貸子三百金，可乎？」莊周忿然作色曰：「周昨來，有中道而呼者。周顧視，車轍中有鮒魚焉。周問之曰：『鮒魚來！子何爲者邪？』對曰：『我，東海之波臣也。君豈有斗升之水而活我哉？』周曰：『諾。我且南遊吴、越之王〔一〕，激西江之水而迎子，可乎？』鮒魚忿然作色曰：『吾失我常與，我無所處。吾得斗升之水然活耳，君乃言此，曾不如早索我於枯魚之肆！』」

夫不足者依於有餘，有餘者周子不足，此亦理勢之必然也。莊周貧而貸粟於監河侯，其貸所

〔一〕「我」，原本缺，據四庫本補。

以必得也，河侯語以歲終得金而方貸，見所貸不爲必得矣，外物因可必歟〔二〕？此莊子所以有鮒魚之喻矣。

任公子爲大鉤巨緇，五十犗以爲餌〔三〕，蹲乎會稽，投竿東海，旦旦而釣，期年不得魚。已而大魚食之，牽巨鉤，陷没而下，騖揚而奮鬐，白波若山，海水震蕩，聲侔鬼神，憚赫千里。任公子得若魚，離而腊之，自淛河以東，蒼梧已北，莫不厭若魚者。已而後世輇才諷説之徒，皆驚而相告也。夫揭竿累，趣灌瀆，守鯢鮒，其於得大魚，難矣；飾小説以干縣令，其於太達，亦遠矣。是以未嘗聞任氏之風俗，其不可與經於世，亦遠矣。儒以詩、禮發冢。大儒臚傳曰：「東方作矣，事之何若？」小儒曰：「未解裙襦，口中有珠。」「詩固有之曰：『青青之麥，生於陵陂。生不布施，死何含珠爲？』接其鬢，壓其顪，儒以金椎控其頤，徐别其頰，無傷口中珠！」

夫揭竿爲餌，此世俗之所以期得鮒鯢也；而任公子爲之，則得大魚。删詩立禮，此先王之所以期化天下也；而儒生行之，則以發冢。此亦不可必然也。天下之萬事，其來安可逆度歟？

〔二〕「因」，四庫本作「固」。
〔三〕「餌」，原本作「銔」，據四庫本改。

非達觀者不可與於此。

老萊子之弟子出薪，遇仲尼，反以告曰：「有人於彼，修上而趨下，末僂而後耳，視若營四海，不知其誰氏之子。」老萊子曰：「是丘也，召而來！」仲尼至。曰：「丘！去汝躬矜與汝容知，斯爲君子矣。」仲尼揖而退，蹙然改容而問曰：「業可得進乎？」老萊子曰：「夫不忍一世之傷，而驁萬世之患，抑固窶邪？亡其略弗及邪？惠以歡爲驁，終身之醜，中民之行進焉耳，相引以名，相結以隱。與其譽堯而非桀，不如兩忘而閉其所譽。反無非傷也，動無非邪也。聖人躊躇以興事，以每成功。奈何哉，其載焉終矜爾！」

夫仲尼之行己，可謂能行其己也，以仁聖之至大而不居，以形骸之暫聚而無我，豈有矜飾智巧於内外乎？可謂天之君子矣。老萊子尚語之以去汝躬矜與汝容智〔一〕，而然後爲君子，是仲尼由有矜容而未得爲於君子歟？此老萊之言不必也。然而聖人以仁義足以澤世而整物，故舉明其道於天下，豈期後世姦人竊取而爲患乎？此亦不可必然也。故曰：「夫不忍一世之傷，而驁萬世之患。」

---

〔一〕「智」，四庫本作「知」。

宋元君夜半而夢人被髮闚阿門，曰：「予自宰路之淵，予爲清江使河伯之所，漁者余且得予。」元君覺，使人占之，曰：「此神竈也。」君曰：「漁者有余且乎？」左右曰：「有。」君曰：「令余且會朝。」明日，余且朝。君曰：「漁何得？」對曰：「且之網，得白龜焉，其圓五尺。」君曰：「獻若之龜。」龜至，君再欲殺之，再欲活之，心疑，卜之，曰：「殺龜以卜，吉。」乃刳龜，七十二鑽而無遺筴。仲尼曰：「神龜能見夢於元君，而不能避余且之網；知能七十二鑽而無遺筴，不能避刳腸之患。如是，則知有所困，神有所不及也。

夫神龜之夢宋元君也，以爲必脱漁者之捕也，豈期元君反刳腸而鑽占歟？故夢之不如不夢矣，是亦不可必而已。竈爲神智，而神智有時不可用之也，故曰：「知有所困，神有所不及也。」

「雖有至知，萬人謀之。魚不畏網而畏鵜鶘。去小知而大知明，去善而自善矣。嬰兒生無石師而能言，與能言者處也。」

小知，知之也；大知，不知也。知之則知有所不及，不知則無所不知矣。衆人之知，知之也，其知有所不及矣。聖人之知，不知也，其知無所不知矣。然無所知者，蓋能去於小知也，故曰「去小知而大知明」。夫善者，可欲也。有可欲則善所以明也，無可欲則善所以善也，故曰「去善而自善矣」。

惠子謂莊子曰：「子言無用。」莊子曰：「知無用，而始可與言用矣。夫地，非不廣且大也，人之所用，容足耳。然則厠足而墊之致黄泉，人尚有用乎？」惠子曰：「無用。」莊子曰：「然則無用之爲用也亦明矣。」莊子曰：「人有能遊，且得不遊乎？人而不能遊，且得遊乎？夫流遁之志，決絶之行，噫！其非至知厚德之任與！覆墜而不反，火馳而不顧，雖相與爲君臣，時也，易世而無以相賤。

夫言期於有用，則其終所以不用也；言期於無用，則其終所以爲用也。有用用之，不神也；無用用之，至妙也。惠子以莊子之言爲無用，是不知無用之用也。故莊子言墊地以諭之，以明無用不可必其無用也。

「故曰：至人不留行焉。夫尊古而卑今，學者之流也。且以狶韋氏之流觀今之世，夫孰能不波？唯至人乃能遊於世而不僻，順人而不失已。彼教不學，承意不彼。目徹爲明，耳徹爲聰，鼻徹爲顫，口徹爲甘，心徹爲知，知徹爲德。凡道不欲壅，壅則哽，哽而不止則跈，跈則衆害生。物之有知者恃息，其不殷，非天之罪。天之穿之，日夜無降，人則顧塞其竇。胞有重閬，至人者，其道圓通而與化爲一，其性融明而與世推移，夫未嘗有凝滯之累也〔二〕，故曰「至人不留行焉」。夫至人之不留行者，蓋能趨時應物而不迂也，故曰「乃能遊於世而不僻」〔三〕。與人無迕而能忘失也，故曰「順人而不失己」。正人之性而非由習也，故曰「彼教不學」。承人之意而能忘彼也，故曰「承意不彼」。目無蔽而見其所不見也，故曰「目徹爲明」。耳無塞而聞其所不聞也，故曰「耳徹爲聰」。鼻無壅而嗅其所不嗅也，故曰「鼻徹爲顫」。口無爽而味其所無味也，故曰「口徹爲甘」。心無窒而知其所不知也，故曰「心徹爲知」。知不惑而所以自得也，故曰「知徹爲德」。夫内外交通而無壅蔽之累，此其所以自得也，所以言德於終矣，此至人若是而已矣。

「心有天遊。室無空虚，則婦姑勃谿；心無天遊，則六鑿相攘。大林丘山之善於人也，亦神者不勝。德溢乎名，名溢乎暴，謀稽乎誸，知出乎争，柴生乎守官，事果乎衆宜。春雨日時，草木怒

〔二〕「夫未」，原本作「未水」，據四庫本改。

〔三〕「能」，原本缺，據四庫本補。「世」，原作「留」，據四庫本改。

生，銚鎒於是乎始修〔一〕，草木之到植者過半〔二〕，而不知其然。靜然可以補病，眥媙可以休老，寧可以止遽。雖然，若是，勞者之務也，非佚者之所，未嘗過而問焉。

心者，人之真君也，處於至虛之地，而潛於至妙之神，無爲而不可係著矣，故曰「心有天遊」。一有係著，則六根交亂而役物矣，故曰「心無天遊，則六鑿相攘」。

「聖人之所以駴天下，神人未嘗過而問焉；賢人所以駴世，聖人未嘗過而問焉；君子所以駴國，賢人未嘗過而問焉；小人所以合時，君子未嘗過而問焉。演門有親死者，以善毁，爵爲官師，其黨人毁而死者半。堯與許由天下，許由逃之；湯與務光，務光怒之。紀他聞之，帥弟子而踆於窾水。諸侯弔之，三年，申徒狄因以踣河。」

大而化之之謂聖，聖而不可知之之謂神，且爲臣助上而可以利人者之謂賢〔三〕，上可以君於國，下可以子於民者謂君子，性下達而不可及於君子者謂小人。神則不與聖同憂，聖則不與賢同道，君子與小人不同德，故聖人起而應於變，則神人固不問之矣；賢人仕而濟於世，聖人亦不

〔一〕「鎒」，原本作「辱」，據四庫本改。

〔二〕「半」，原本作「乎」，據四庫本改。

〔三〕「且」，四庫本作「宜」。

問之矣；君子出而方有爲，則賢人亦不問之矣；小人苟合於一時，則君子亦不問之矣。夫驍者，動也。聖賢君子之所爲，所以豫順而也，天下世國焉有不從歟？能各冥其極而不問也。

「筌者所以在魚，得魚而忘筌；蹄者所以在兔，得兔而忘蹄；言者所以在意，得意而忘言。吾安得夫忘言之人而與之言哉！」

知道者不言，言者不知聖人之道。惟晦默然後心得矣，心得則足以與言之，此莊子欲得斯人而與言其道也。故曰：「吾安得夫忘言之人而與之言哉！」以此見莊子亦欲無言，而言之非得已也。

# 南華真經新傳　卷十六

## 寓言篇

夫天下之世俗，惑於異學而不知聖人之大道，必假言辭而諭之矣，此莊子因而作寓言篇。

寓言十九，重言十七，卮言日出，和以天倪。寓言十九，藉外論之。親父不爲其子媒。親父譽之，不若非其父者也。非吾罪也，人之罪也。與己同則應，不與己同則反。同於己，爲是之；異於己，爲非之。重言十七，所以已言也，是爲耆艾。年先矣，而無經緯本末以期年耆者，是非先也。人而無以先人，無人道也；人而無人道，是之謂陳人。卮言日出，和以天倪，因以曼衍，所以窮年。

孔子曰：「予欲無言。」孟子曰：「予豈好辯哉！」此聖賢本於不言也。然而必言必辯者，出於非得已而已。故莊子之所言，亦出不得已，將以袪天下之惑，而反性命之正也。然莊子之爲言不一矣，故有寓言，有重言，有卮言。寓言者，極明大道之真空，以世俗必爲迂怪也，故託爲他人所説以言之，致其十信其九也，故曰「寓言十九」，又曰「藉外論之」。重言者，論述前古之正道，使世俗樂聞不猒也，故推爲耆艾之言以重之，致其十信其七也，故曰「重言十七」，又曰「所以已言也」。卮言者，不爲一定之辭而愈新，如卮器傾仰之不一，以世俗難知妙本也，故和以自然之分矣，故曰「卮言日出，和以天倪」。此三者，周之所以用而爲書也。以三者而訊周之所言，則然後得周所言之意矣。

不言則齊，齊與言不齊，言與齊不齊也，故曰無言。言無言，終身言，未嘗言〔二〕；終身不言，未嘗不言。有自也而可，有自也而不可；有自也而然，有自也而不然。惡乎然？然於然。惡乎不然？不然於不然。惡乎可？可於可。惡乎不可？不可於不可〔三〕。物固有所然，物固有所可。無物不然，無物不可。非卮言日出，和以天倪，孰得其久！萬物皆種也，以不同形相禪，始卒若環，莫得其倫，是謂天均。天均者，天倪也。

夫物我所以同根也。我不言則萬物與我爲一也，故曰「不言則齊」。既齊而言，則物我所以復分也，故曰「齊與言不齊」。不齊而止，言則復齊矣，故曰「無言」。不言而自齊，則物我自然均

〔二〕「言」上原本有「不」字，據四庫本删。

〔三〕上「不可」，原本缺，據四庫本補。

等也，故曰「是謂天均」。自然均等，則守於自然之分矣，故曰「天均者，天倪也」。此卮言不一如此也。

莊子謂惠子曰：「孔子行年六十而六十化，始時所是，卒而非之，未知今之所謂是之非五十九非也。」惠子曰：「孔子勤志服知也？」莊子曰：「孔子謝之矣，而其未之嘗言？孔子云：『夫受才乎大本，復靈以生。鳴而當律，言而當法，利義陳乎前，而好惡是非，直服人之口而已矣。使人乃以心服，而不敢蘁立，定天下之定。已乎已乎！吾且不得及彼乎！』」

夫聖人入道之妙，與化爲一，時之所變，與偕行也，安有凝滯之累歟？此莊子所以言孔子行年六十而六十化也。夫與時偕行，惟變所適者，有向往來今之殊也。故向之所爲者是，則今之所以爲非也；今之所爲者是，則乃向時所以爲非也。蓋才全而能至於命，所以圓通如此也。惠子不知聖人之如此，而以爲聖人勤志服膺而後知，此莊子所以有受才復虛之言也。夫才者，性命之本也；虛者，精神之宅也。聖人能達性命之本，全精神之宅，虛心待物而物來則鳴，未嘗有言而言必當理。譬由同律，氣入則鳴，氣息則止，使天下心服而自定也。故曰「鳴而當律，言而當法」，又曰「使人乃以心服，而定天下之所定」，此聖人所化如此矣。

曾子再仕而心再化，曰：「吾及親仕三釜，而心樂；後仕三千鍾，不洎，吾心悲。」弟子問于仲尼曰：「若參者，可謂無所縣其罪乎？」曰：「既已縣矣。夫無所縣者，可以有哀乎？彼視三釜、三千鍾，如鸛雀蚊虻相過乎前也。」〔二〕

君子非有意於仕，然而有時而仕者，以其爲親也。爲親而仕，禄雖薄，而及於親，其心所以至樂也。此曾子初仕，而雖三釜之薄，而及於親，其心所以嘗樂也。仕非爲親，而禄雖厚，而不及親，其心所以不樂也。此曾子後仕，而雖三千鍾之厚，而不及親，其心所以嘗悲也。夫曾子之心一也，其仕同也，然有悲樂之不同者，係其親之存亡也。故曰「曾子再仕而心再化」。夫曾子以親爲意，而豈以儻來之物累心歟？親亡禄厚則不悅，此仲尼所以有蚊虻過前之喻矣。

顏成子游謂東郭子綦曰：「自吾聞子之言，一年而野，二年而從，三年而通，四年而物，五年而來，六年而鬼入，七年而天成，八年而不知死、不知生，九年而大妙。」生有爲，死也勸。公以其死也，有自也；而生，陽也，無自也。而果然乎？惡乎其所適？惡乎其所不適？天有歷數，地有人據，吾惡乎求之？莫知其所終，若之何其無命也？莫知其所始，若之何其有命也？有以相應也，

〔二〕「鸛」，原本作「觀」，據四庫本改。

若之何其無鬼邪？無以相應也，若之何其有鬼邪？

夫聖人之道，奧妙真空，而不可以卒知，惟在久而方得矣，此顔成子游聞子綦之言，而至乎九年而方妙也。夫一年而野者，挫其鋭而反朴也；二年而從者，同其塵而不迕於俗也；三年而通者，隨時安變而不蔽惑也；四年而物者，與物齊諧而無彼我也；五年而來者，所適皆至而自得也；六年而鬼入者，達乎幽奥而神與冥會也；七年而天成者，任於自然而無所虧也；八年而不知生不知死者，了於不生不死之趣也；九年而大妙者，盡於真空妙有之至也。夫入道而未至于大妙，未足以爲心得也。顔成子游九年而然後至大妙，亦可謂之心得矣。然而與聖人有間者，聖人生而知之矣，安俟積而後得乎？此聖人之所以聖也。

衆罔兩問於影曰：「若向也俯，而今也仰；向也括，而今也被髮；向也坐，而今也起；向也行，而今也止；何也？」影曰：「搜搜也，奚稍問也？予有而不知其所以。予，蜩甲也？蛇蜕也？似之而非也。火與日，吾屯也；陰與夜，吾代也。彼，吾所以有待邪？而況乎以有待者乎！彼來，則我與之來；彼往，則我與之往；彼强陽，則我與之强陽。强陽者，又何以有問乎！」陽子居南之沛。老聃西遊於秦，邀於郊，至於梁而遇老子。老子中道仰天而歎曰：「始以汝爲可教，今不可也。」陽子居不答。至舍，進盥漱巾櫛，脱屨户外，膝行而前曰：「向者弟子欲請夫子，夫子行不間，是以不敢。今間矣，請問其故。」老子曰：「而睢睢盱盱，而誰與居？大白若辱，盛德若不足。」陽子居蹵然變容曰：「敬聞命矣。」其往也，舍者迎將，其家公執席，妻執巾櫛，舍者避席，煬者避竈。其反也，舍者與之争席矣。

夫影者，形之所生也；形者，己之所具也。影雖形之所生，而無待必形〔一〕；形雖己之所具，而無藉於己。故影之所待者，待於火日；而形之所藉者，藉於樸素。火日明則影所以聚，樸素全則形所以忘，此莊子所以有罔兩問影，與夫老子教陽子之言也。夫罔兩者，幽陰之物也；陽子者，陽明之人也。處幽陰者不可問其影，居陽明者不可飾其形，故宜兩忘而已矣。兩忘則所謂能冥其極也，故莊子言於寓言之篇終。

〔一〕「必」，四庫本作「於」。

# 南華真經新傳　卷十七

## 讓王篇

夫帝王者，道外之虛稱。天下者，度外之一物。至人達觀，而無心於二者矣，此莊子因作讓王篇。

堯以天下讓許由，許由不受。又讓於子州支父。子州支父曰：「以我爲天子，猶之可也。雖然，我適有幽憂之病，方且治之，未暇治天下也。」夫天下，至重也，而不以害其生，又況他物乎！唯無以天下爲者，可以託天下也。舜讓天下於子州支伯。子州支伯曰：「予適有幽憂之病，方且治之，未暇治天下也。」故天下，大器也，而不以易生，此有道者之所以異乎俗者也。舜以天下讓善卷。善卷曰：「余立於宇宙之中，冬日衣皮毛，夏日衣葛絺。春耕種，形足以勞動；秋收斂，身足以休息。日出而作，日入而息，逍遥於天地之間，而心意自得。吾何以天下爲哉？悲夫！子之不知余也！」遂不受。於是去而入深山，莫知其處。舜以天下讓其友石户之農。石户之農曰：「捲捲乎后之爲人，葆力之士也！」以舜之德爲未至也，於是夫負妻戴，攜子以入於海，終身不反也。

夫堯、舜者，聖人之有爲也。有爲卒至於無爲，無爲之至則神妙矣，此所以皆讓天下也。故堯讓天下於子州支父，而舜讓天下於子州支伯，而又讓於善卷與石户之農。數子者，至人也，皆能外形骸，忘生死，以身爲患，以寵爲辱，豈以天下累心歟？是以皆辭而不受也。故子州支父則以天下至重，而我適有病，而不能治之也。子州支伯則以天下大器，而我亦有病，而不能治之也。善卷則以衣皮衣葛，出作入息足以逍遥於天地之間，而不能治於天下也。石户之農則以舜使我代勞苦，而我亦不能治於天下也。數子者，皆飾辭以拒，而豈有意於天下乎？視天下如遺土壤也。是以善卷則入山而不返，石户則游海而不還，所以全逍遥之妙趣，此莊子所以取之也。

大王亶父居邠，狄人攻之。事之以皮帛而不受，事之以犬馬而不受，事之以珠玉而不受，狄人之所求者，土地也。大王亶父曰：「與人之兄居，而殺其弟；與人之父居，而殺其子，吾不忍也。子皆勉居矣！爲吾臣，與爲狄人臣，奚以異？且吾聞之，不以所用養害所養。」因杖筴而去之。民相連而從之，遂成國於岐山之下。夫大王亶父可謂能尊生矣。能尊生者，雖貴富不以養傷身，雖貧賤不以利累形。今世之人，居高官尊爵者，皆重失之，見利輕亡其身，豈不惑哉！

大王之去邠，所以謹於去就也。夫天之生人也，均與之性，同付之命，豈使以外物而傷其性命之情歟？大王能知天之所付與，而不敢攻狄而決人之性命，是以委國而去之矣，此大王知天之所爲也。故天之所爲者，與天爲一也。與天爲一則物之所以最，是以邠人相從而歸也，故曰：「民相連而從之，遂成國於岐山之下。」

越人三世弑其君。王子搜患之，逃乎丹穴。而越國無君，求王子搜，不得，從之丹穴。王子搜不肯出，越人薰之以艾，乘以玉輿〔一〕。王子搜援綏登車，仰天而呼曰：「君乎，君乎！獨不可以舍我乎！」王子搜非惡爲君也，惡爲君之患也。若王子搜者，可謂不以國傷生矣。此固越人之所欲得爲君也。韓、魏相與争侵地。子華子見昭僖侯，昭僖侯有憂色。子華子曰：「今使天下書銘於君之前，書之言曰：『左手攫之，則右手廢；右手攫之，則左手廢。然而攫之者，必有天下。』君能攫之乎？」昭僖侯曰：「寡人不攫也。」子華子曰：「甚善！自是觀之，兩臂重於天下也，身亦重於兩臂。韓之輕於天下亦遠矣，今之所争者，其輕於韓又遠。君固愁身傷生，以憂戚不得也！」僖侯曰：「善哉！教寡人者衆矣，未嘗得聞此言也。」子華子可謂知輕重矣。

〔一〕「玉」，四庫本作「王」。

夫國土者，虛器也。蔽者不知而傷生以争之，此越之所以三世而弑君也。惟達者知之而無心於君國，此王子搜所以逃於丹穴而全生也。然王子搜雖逃，而越人固立以爲君，所謂迫而後起也。迫而後起則非得已，此搜所以仰天而呼歎也。若王子搜者，亦可謂之至人矣。

魯君聞顔闔，得道之人也，使人以幣先焉。顔闔守陋閭，苴布之衣，而自飯牛。魯君之使者至，顔闔自對之。使者曰：「此顔闔之家與？」顔闔對曰：「此闔之家也。」使者致幣，顔闔對曰：「恐聽者謬而遺使者罪，不若審之。」使者還反審之，復來求之，則不得已。故若顔闔者，真惡富貴也。

顔闔者，可謂通達而無疵者也。處貧賤不以爲惡，視富貴不以爲好，當魯君之致幣，則嚣然不顧，而誑使者以其謬誤矣，豈以物之儻來而爲悦乎？此莊子之所以取之也。故曰：「若顔闔者，真惡富貴也。」

故曰：「道之真，以治身；其緒餘，以爲國家；其土苴，以治天下。」由此觀之，帝王之功，聖人之餘事也，非所以完身養生也。

道之真，以治身者，以身爲入道之本也。身入於道，則推其餘可以爲國家，崇其末可以治天下，故曰：「其緒餘以爲國家，其土苴以治天下。」然爲國家治天下者必成功，功非爲道之真也，故曰：「帝王之功，聖人之餘事也。」故功者，興事造業之謂也。興事造業，則役形而用神，故曰：「非所以完身養生也。」

今世俗之君子，多危身棄生以殉物，豈不悲哉！凡聖人之動作也，必察其所以之，與其所以爲。今且有人於此，以隨侯之珠，彈千仞之雀，世必笑之。是何也？則其所用者重，而所要者輕也。夫生者，豈特隨侯之重哉！子列子窮，容貌有飢色。客有言之於鄭子陽者，曰：「列禦寇，蓋有道之士，居君之國而窮，君無乃爲不好士乎？」鄭子陽即令官遺之粟。子列子見使者，再拜而辭。使者去，子列子入，其妻望之而拊心，曰：「妾聞爲有道者之妻子，皆得佚樂，今有飢色。君過而遺先生食，先生不受，豈不命邪！」子列子笑謂之曰：「君非自知我也。以人之言而遺我粟，至其罪我也，又且以人之言。此吾所以不受也。」其卒，民果作難而殺子陽。楚昭王失國，屠羊説走而從於昭王。昭王反國，將賞從者，及屠羊説。屠羊説曰：「大王失國，説失屠羊；大王反國，説亦反屠羊。臣之爵禄已復矣，又何賞之有？」王曰：「强之！」屠羊説曰：「大王失國，非臣之罪，故不敢伏其誅；大王反國，非臣之功，故不敢當其賞。」王曰：「見之！」屠羊説曰：「楚國之法，必有重賞大功，而後得見。今臣之知，不足以存國；而勇，不足以死寇。吴軍入郢，説畏難而避寇[一]，非故隨大王也。今大王欲廢法毁約而見説，此非臣之所以聞天下也。」王謂司馬子綦曰：「屠羊説居處卑賤，而陳義甚高，子綦爲我延之以三旌之位。」屠羊説曰：「夫三旌之位，吾知其貴於屠羊之肆也；萬鍾之禄，吾知其富於屠羊之利也。然豈可以貪爵禄，而使吾君有妄施之名乎[二]！説不敢當，願復反吾屠羊之肆。」遂不受也。

夫生者，性命之本也；物者，養生之具也。生爲重，物爲輕，達者全其所重而忘所輕，其生所以生生也；世俗忘其所重而殉所輕，其生所以不存也。此莊子所以有隨珠彈雀之喻矣。

原憲居魯，環堵之室，茨以生草；蓬户不完，桑以爲樞；而甕牖二室，褐以爲塞。上漏下濕，匡坐而弦。子貢乘大馬，中紺而表素，軒車不容巷，往見原憲。原憲華冠縰履，杖藜而應門。子貢曰：「嘻！先生何病？」原憲應之曰：「憲聞之：『無財謂之貧，學而不能行謂之病。』今憲貧也，非病也。」子貢逡巡而有愧色。原憲笑曰：「夫希世而行，比周而友，學以爲人，教以爲己，仁義之慝，輿馬之飾，憲不忍爲也！」曾子居衛，緼袍無表，顔色腫噲，手足胼胝。三日不舉火，十

[一]「説」，原本作「越」，據四庫本改。
[二]「吾」，原本作「者」，據四庫本改。

年不製衣，正冠而纓絶，捉衿而肘見，納履而踵決。曳縰而歌商頌，聲滿天地，若出金石。天子不得臣，諸侯不得友。故養志者忘形，養形者忘利，致道者忘心矣。

夫富與貴，是人之所好也；貧與賤，是人之所惡也。所好、所惡，皆生於有心，惟能無心，則好惡所以忘。好惡忘，則處富貴不知其富貴，居貧賤不知其貧賤，汎然自得於胸中，所以逍遥於天地之間也。若原憲、曾子者，可謂無心矣。憲居環堵之室，蓬户而甕牖；曾子顔色腫噲，而衣冠皆決壞。二人未嘗惡貧而忘道，故或弦而歌，而忘形自得矣，豈務殉物而傷生歟？此所以異於世俗矣。故曰：「致道者忘心。」

孔子謂顔回曰：「回來！家貧居卑，胡不仕乎？」顔回對曰：「不願仕。回有郭外之田五十畝，足以給飦粥；郭内之田十畝，足以爲絲麻；鼓琴足以自娱；所學夫子道者，足以自樂也[一]。回不願仕。」孔子愀然變容曰：「善哉，回之意！丘聞之：『知足者，不以利自累也；審自得者，失之而不懼；行修於内者，無位而不怍。』丘誦之久矣，今於回而後見之，是丘之得也。」中山公子牟謂瞻子曰：「身在江海之上，心居乎魏闕之下，奈何？」瞻子曰：「重生。重生則利輕。」中山

[一]「足」，原本作「是」，據四庫本改。

公子牟曰：「雖知之，未能自勝也。」〔一〕瞻子曰：「不能自勝，則從；神無惡乎！不能自勝而强不從者，此之謂重傷。重傷之人，無壽類矣。」魏牟，萬乘之公子也，其隱巖穴也，難爲於布衣之士；雖未至乎道，可謂有其意矣。

夫外冥其極者，内所以自足，自足則所以不憂矣。顔回者，可謂能冥其極也。有六十畝之田，不願仕，所以鼓琴而自娱也。夫不仕者自足也，自娱者不憂也，不憂所以爲至樂，至樂全則自得而已矣。是以孔子稱之而以爲是丘之得也。是丘之得者，聖人之所以深得也。

孔子窮於陳、蔡之間，七日不火食，藜羹不糝，顔色甚憊，而弦歌於室。顔回擇菜，子路、子貢相與言曰：「夫子再逐於魯，削迹於衛，伐樹於宋，窮於商、周，圍於陳、蔡，殺夫子者無罪，藉夫子者無禁。弦歌鼓琴，未嘗絶音，君子之無恥也若此乎？」顔回無以應，入告孔子。孔子推琴喟然而歎曰：「由與賜，細人也。召而來，吾語之！」子路、子貢入。子路曰：「如此者，可謂窮矣。」孔子曰：「是何言也！君子通於道之謂通，窮於道之謂窮。今丘抱仁義之道，以遭亂世之患，其何窮之爲？故内省而不窮於道，臨難而不失其德，天寒既至，霜雪既降，吾是以知松柏之茂

〔一〕「自」，原本缺，據四庫本補。

也。陳、蔡之隘，於丘其幸乎！」孔子削然反琴而弦歌，子路扢然執干而舞。子貢曰：「吾不知天之高也，地之下也。」古之得道者，窮亦樂，通亦樂。所樂非窮通也，道德於此，則窮通爲寒暑風雨之序矣。故許由娭於潁陽，而共伯得乎丘首。舜以天下讓其友北人無擇。北人無擇曰：「異哉，后之爲人也！居於畎畝之中，而遊堯之門！不若是而已，又欲以其辱行漫我。吾羞見之。」因自投清泠之淵。

聖人能全其天樂也，天樂全則萬物不足以憂之，此孔子窮於陳、蔡，而弦歌不息也。子路、子貢者，不知聖人樂天知命而不憂，以爲君子之無恥，此孔子不得不語之以窮通之理也。夫窮者，非窮於道也；通者，非達於時也。以不能知道則謂之窮，能通於道則謂之通。聖人於道不窮，而曲通所不遇者，時而已，豈若細人而自窮於道乎？此聖人自得如此，而不改其樂也。樂不改則利害榮辱不能汨于中，任其所變而已矣，此子貢遽悟，而所以有「古之得道者，窮亦樂、通亦樂」之言，又曰：「道德於此，則窮通爲寒暑風雨之序矣。」

湯將伐桀，因卞隨而謀。卞隨曰：「非吾事也。」湯曰：「孰可？」曰：「吾不知也。」湯又因瞀光而謀。瞀光曰：「非吾事也。」湯曰：「孰可？」曰：「吾不知也。」湯曰：「伊尹何如？」曰：「强力忍垢，吾不知其他也。」湯遂與伊尹謀伐桀。剋之，以讓卞隨。卞隨辭曰：「后之伐桀也，謀乎我，必以我爲賊也；勝桀而讓我，必以我爲貪也。吾生乎亂世，而無道之人再來漫我以其辱行，吾不忍數聞也。」乃自投椆水而死。湯又讓瞀光，曰：「知者謀之，武者遂之，仁者居之，古之道也。吾子胡不立乎？」瞀光辭曰：「廢上，非義也；殺民，非仁也；人犯其難，我享其利，非廉也。吾聞之曰：『非其義者，不受其禄；無道之世，不踐其土。』況尊我乎！吾不忍久見也。」乃負石而自沈於廬水。昔周之興，有士二人，處於孤竹，曰伯夷、叔齊。二人相謂曰：「吾聞西方有人，似有道者，試往觀焉。」至於岐陽，武王聞之，使叔旦往見之，與之盟曰：「加富二等，就官一列。」血牲而埋之。二人相視而笑曰：「嘻！異哉！此非吾所謂道也。昔者神農之有天下也，時祀盡敬，而不祈喜；其於人也，忠信盡治，而無求焉。樂與政爲政，樂與治爲治，不以人之壞自成也，不以人之卑自高也，不以遭時自利也。今周見殷之亂，而遽爲政，上謀而下行貨，阻兵而保威，割牲而盟以爲信，揚行以説衆，殺伐以要利，是推亂以易暴也。吾聞古之士，遭治世，不避其任；遇亂世，不爲苟存。今天下闇，周德衰，其並乎周以塗吾身也，不如避之以潔吾行。」二子北至於首陽之山，遂餓而死焉。若伯夷、叔齊者，其於富貴也，苟可得已，則必不賴。高節戾行，獨樂其志，不事於世，此二士之節也。

夫湯放桀，武王伐紂，所以應天而順人也。應天者可謂知於天，順人者可謂知於人，能知天人之所爲，則此湯、武之所以聖也。故瞀光、卞隨、伯夷、叔齊者，不知湯、武之所爲而共非之，又不忍聞其事而自投於洪流，餓死於首陽，可謂不該不徧之士也。夫賊仁者謂之賊，賊義者謂之殘。仁義者，道德之著，而殘賊之，則大道所以愈廢也。大道廢則天下性命之情不正矣，此湯、武所以必伐而反性命之正也。數子者不達於妙理，而徒蔽於分寸，豈得謂之該徧之士矣？夫莊子之作此篇，所以敘至人之所爲，而明無心之妙道，其爲言各有其序矣。夫中天下而帝者，人之所樂也，故首言堯、舜不以天下爲意而相讓。君一國，亦人之所樂也，次言大王、子搜不以邠、越累心而逃去。貧賤者，人之所惡也，故言顔闔、列子、原憲、曾子、顔回不以貧賤爲意而務去。及其終則言孔子之窮於陳、蔡，湯、武之除於桀、紂，所以明無心之道也。夫孔子之在陳、蔡，豈有心於憂患乎？故弦歌不絶而自適也。湯、武之除桀、紂，豈有心於得天下乎？故去其殘賊而反正也。莊子能知古人之意而言之，所以覺天下之蔽俗也。

# 南華真經新傳　卷十八

## 盗跖篇

夫達生之暫聚，不役富貴利禄，而自適其天性，此盗跖如此而已矣。莊子因而作盗跖篇。

孔子與柳下季爲友。柳下季之弟，名曰盗跖。盗跖從卒九千人，横行天下，侵暴諸侯，穴室樞户，驅人牛馬，取人婦女，貪得忘親，不顧父母兄弟，不祭先祖。所過之邑，大國守城，小國入保，萬民苦之。孔子謂柳下季曰：「夫爲人父者，必能詔其子；爲人兄者，必能教其弟。若父不能詔其子，兄不能教其弟，則無貴父子兄弟之親矣。今先生，世之才士也，弟爲盗跖，爲天下害，而弗能教也，丘竊爲先生羞之。丘請爲先生往説之。」柳下季曰：「先生言『爲人父者，必能詔其子；爲人兄者，必能教其弟』，若子不聽父之詔，弟不受兄之教，雖今先生之辯，將奈之何哉！且跖之爲人也，心如涌泉，意如飄風，强足以拒敵，辯足以飾非，順其心則喜，逆其心則怒，易辱人以言。先生必無往。」孔子不聽；顔回爲馭，子貢爲右，往見盗跖。盗跖乃方休卒徒大山之陽，膾人肝而餔之。孔子下車而前，見謁者曰：「魯人孔丘，聞將軍高義，敬再拜謁者。」謁者入通，盜跖聞之，大怒，目如明星，髮上指冠，曰：「此夫魯國之巧僞人孔丘非邪？爲我告之：『爾作言造語，妄稱文、武，冠枝木之冠，帶死牛之脅，多辭謬説，不耕而食，不織而衣，摇脣鼓舌，擅生是非，以迷天下之主，使天下學士，不反其本，妄作孝弟，而僥倖於封侯富貴者也。子之罪大極重，疾走歸！不然，我將以子肝益晝餔之膳。』」孔子復通曰：「丘得幸於季，願望履幕下。」謁者復通，盜跖曰：「使來前！」孔子趨而進，避席反走，再拜盜跖。盜跖大怒，兩展其足，案劍瞋目，聲如乳虎，曰：「丘來前！若所言，順吾意則生，逆吾心則死。」孔子曰：「丘聞之，凡天下有三德：生而長大，美好無雙，少長貴賤見而皆説之，此上德也；知維天地，能辯諸物，此中德也；勇悍果敢，聚衆率兵，此下德也。凡人有此一德者，足以南面稱孤矣。今將軍兼此三者，身長八尺二寸，面目有光，脣如激丹，齒如齊貝，音中黄鍾，而名曰盜跖，丘竊爲將軍恥不取焉。將軍有意聽臣，臣請南使吴、越，北使齊、魯，東使宋、衛，西使晉、楚，使爲將軍造大城數百里，立數十萬户之邑，尊將軍爲諸侯，與天下更始，罷兵休卒，收養昆弟，共祭先祖。此聖人才士之行，而天下之願也。」盜跖大怒曰：「丘來前！夫可規以利，而可諫以言者，皆愚陋恒民之謂耳。今長大美好，人見而説之者，此吾父母之遺德也。丘雖不吾譽，吾獨不自知邪！且吾聞之：『好面譽人者，亦好背而毁之。』今丘告我以大城衆民，是欲規我以利，而恒民畜我也，安可長久也！城之大者，莫大乎天下矣。堯、舜有天下，子孫無置錐之地；湯、武立爲天子，而後世絶滅；非以其利大故邪？且吾聞之：古者，禽獸多而人民少，於是民皆巢居以避之，晝拾橡栗，暮棲木上，故命之曰有巢氏之民。古者，民不知衣服，夏多積薪，冬則煬之，故命之曰知生之民。神農之世，卧則居居，起則于于，民知其母，不知其父，與麋鹿共處，耕而食，織而衣，無有相害之心，此至德之隆也。然而黄帝不能致德，與蚩尤戰於涿鹿之野，流血百里。堯、舜作，立群臣，湯放其主，武王殺紂。自是之後，以强陵弱，以衆暴寡。湯、武以來，皆亂人之徒也。今子修文、武之道，掌天下之辯，以教後世，縫衣淺帶，矯言僞行，以迷惑天下之主，而欲求富貴焉，盜莫大於子。天下何故不謂子爲盜丘，而乃謂我爲盜跖？子以甘辭説子路而使從之，使子路去其危冠，解其長劍，而受教於子，天下皆曰孔丘能止暴禁非。其卒之也，子路欲殺衛君而事不成，菹於衛東門之上，是子教之不至也。子自謂才士聖人邪？則再逐於魯，削跡於衛，窮於齊，圍於陳、蔡，不容身於天下。子教子路菹，此患上無以爲身，下無以爲人，子之道，豈足貴邪？世之所高，莫若黄帝，黄帝尚不能全德，而戰涿鹿之野，流血百里。堯不慈，舜不孝，禹偏枯，湯放其主，武王伐紂，文王拘羑里。此六子者，世之所高也，孰論之，皆以利惑其真，而强反其情性，其行乃甚可羞也。世之所謂賢士，伯夷、叔齊，辭孤竹之君，而餓死於首陽之山，骨肉不葬。鮑焦飾行非世，抱木而死。申徒狄諫而不聽，負石自投於河，爲魚鱉所食。介子推，至忠也，自剖其股以食文公，文公後背之，子推怒而去，抱木而燔死。尾生與女子期於梁下，女子不來，水至不去，抱梁柱而死。

此四者，無異於磔犬、流豕、操瓢而乞者，皆離名輕死，不念本養壽命者也。世之所謂忠臣者，莫若王子比干、伍子胥。子胥沈江，比干剖心。此二子者，世謂忠臣也，然卒爲天下笑。自上觀之，至于子胥、比干，皆不足貴也。丘之所以説我者，若告我以鬼事，則我不能知也；若告我以人事者，不過此矣，皆吾所聞知也。今吾告子以人之情：目欲視色，耳欲聽聲，口欲察味，志氣欲盈。人上壽百歲，中壽八十，下壽六十，除病瘦死喪憂患，其中開口而笑者，一月之中，不過四五日而已矣。天與地無窮，人死者有時。操有時之具，而託於無窮之間，忽然無異騏驥之馳過隙也。不能説其志意，養其壽命者，皆非通道者也。丘之所言，皆吾之所棄也。亟去走歸，無復言之！子之道，狂狂汲汲，詐巧虚僞事也，非可以全真也，奚足論哉！」孔子再拜趨走，出門上車，執轡三失，目芒然無見，色若死灰，據軾低頭，不能出氣。歸到魯東門外，適遇柳下季。柳下季曰：「今者闕然，數日不見，車馬有行色，得微往見跖邪？」孔子仰天而歎曰：「然。」柳下季曰：「跖得無逆汝意若前乎？」孔子曰：「然。丘所謂無病而自灸也。疾走料虎頭，編虎須，幾不免虎口哉！」

夫大城衆邑，崇位厚禄，皆物之所以儻來也。物之儻來則累於形，累於形則傷於生，豈以有涯之生，而役於儻來之物乎？如此則性命之正不存矣。況人生於天地之間，其壽難及於百年，而百年之中，疾病憂患則過半矣，其所以安閑而自適者幾稀，豈務役物而傷生乎？此跖之所以不樂爲諸侯，而所以自適其性也。故曰：「天與地無窮，人死者有時。操有時之具，而託於無窮之間，忽然無異騏驥之馳過隙也。」此莊子託跖而爲言，其篇屬於寓言矣。

子張問於滿苟得曰：「盍不爲行？無行則不信，不信則不任，不任則不利。故觀之名，計之利，而義真是也。若棄名利，反之於心，則夫士之爲行，不可一日不爲乎！」滿苟得曰：「無恥者富，多信者顯。夫名利之大者，幾在無恥而信。故觀之名，計之利，而信真是也。若棄名利，反之於心，則夫士之爲行，抱其天乎！」子張曰：「昔者，桀、紂貴爲天子，富有天下；今謂臧聚曰：『汝行如桀、紂』則有怍色，有不服之心者，小人所賤也。仲尼、墨翟，窮爲匹夫；今爲宰相曰：『子行如仲尼、墨翟』，則變容易色稱不足者，士誠貴也。故勢爲天子，未必貴也；窮爲匹夫，未必賤也。貴賤之分，在行之美惡。」滿苟得曰：「小盜者拘，大盜者爲諸侯，諸侯之門，義士存焉。昔者桓公小白殺兄入嫂，而管仲爲臣；田成子常殺君竊國，而孔子受幣。論則賤之，行則下之，則是言行之情，悖戰於胸中也，不亦拂乎！故書曰：『孰惡孰美？成者爲首，不成者爲尾。』」子張曰：「子不爲行，即將疏戚無倫，貴賤無義，長幼無序；五紀六位，將何以爲別乎？」滿苟得曰：「堯殺長子，舜流母弟，疏戚有倫乎？湯放桀，武王殺紂，貴賤有義乎？王季爲適，周公殺兄，長幼有序乎？儒者僞辭，墨者兼愛，五紀六位，將有別乎？且子正爲名，我正爲利。名利之實，不順於理，不監於道。吾日與子訟於無約，曰：『小人殉財，君子殉名。其所以變其情，易其性，則異矣；乃至於棄其所爲，而殉其所不爲，則一也。』故曰：無爲小人，反殉而天；無爲君子，從天之理。若枉若直，相爲天極；面觀四方，與時消息。若是若非，執而圓機；獨成而意，與道徘徊。無轉而行，無成而義，將失而所爲。無赴而富，無殉而成，將棄而天。比干剖心，子胥抉眼，忠之禍也；直躬證父，尾生溺死，信之患也；鮑子立乾，勝子不自理〔二〕，廉之害也；孔子不見母，匡子不見父，義之失也。此上世之所傳，下世之所語；以爲士者，正其言，必其行，故服其殃，離其患也。」無足問於知和曰：「人卒未有不興名就利者。彼富則人歸之，歸則下之，下則貴之。夫見下貴者，所以長生安體樂意之道也。今子獨無意焉，知不足邪？意知而力不能行邪？故推正不忘邪？」知和曰：「今夫此人，以爲與己同時而生、同鄉而處者，以爲夫絶俗過世之士焉，是專無主正，所以覽古今之時、是非之分也。與俗化世，去至重，棄至尊，以爲其所爲也；此其所以論長生安體樂意之道，不亦遠乎！慘怛之疾，恬愉之安，不監於體；怵惕之恐，欣歡之喜，不監於心。知爲爲而不知所以爲，是以貴爲天子，富有天下，而不免於患也。」無足曰：「夫

〔二〕「勝」，四庫本作「申」。

富之於人，無所不利，窮美究勢，至人之所不得逮，賢人之所不能及〔一〕，俠人之勇力而以爲威强，秉人之知謀以爲明察，因人之德以爲賢良，非享國而嚴若君父。且夫聲色滋味權勢之於人，心不待學而樂之，體不待象而安之。夫欲惡避就，固不待師，此人之性也。天下雖非我，孰能辭之！」知和曰：「知者之爲，故動以百姓，不違其度，是以足而不争，無以爲，故不求。不足故求之，争四處而不自以爲貪；有餘故辭之，棄天下而不自以爲廉。廉貪之實，非以迫外也，反監之度。勢爲天子，而不以貴驕人；富有天下，而不以財戲人。計其患，慮其反，以爲害於性，故辭而不受也，非以要名譽也。堯、舜爲帝而雍，非仁天下也，不以美害生也；善卷、許由得帝而不受，非虚辭讓也，不以事害己。此皆就其利，辭其害，而天下稱賢焉，則可以有之，彼非以興名譽也。」無足曰：「必持其名，苦體絶甘，約養以持生，則亦久病長阨而不死者也。」知和曰：「平爲福，有餘爲害者，物莫不然，而財其甚者也。今富人，耳營鍾鼓筦籥之聲，口嗛於芻豢醪醴之味，以感其意，遺忘其業，可謂亂矣；侅溺於馮氣，若負重行而上也，可謂苦矣；貪財而取慰，貪權而取竭，静居則溺，體澤則馮，可謂疾矣；爲欲富就利，故滿若堵耳，而不知避，且馮而不舍，可謂辱矣；財積而無用，服膺而不舍，滿心戚醮，求益而不止，可謂憂矣；内則疑劫請之賊，外則

〔一〕「賢」，四庫本作「聖」。

畏寇盜之害，内周樓疏，外不敢獨行，可謂畏矣。此六者，天下之至害也，皆遺忘而不知察，及其患至，求盡性竭財，單以反一日之無故，而不可得也。故觀之名，則不見；求之利，則不得；繚意絶體而争此，不亦惑乎！」

滿苟得者，以苟得外物而充滿其欲也；無足者，以役於外物而未嘗自足也，此莊子製二子之名而寓意。夫子張，賢人也。以仁義之道足以治身，足以立名，豈必苟求外物而傷生？此子張所以挫苟得之鋭也。然苟得者惑於所得而易性，非顧仁義之道不立歟？此所以終不從子張之言也。知和者，製名也。以中和之道足以治心，足以行己，豈必役於貨財權勢而傷生？此知和所以窒無足之欲也。然無足者，惑於不足而動心，非顧中和之道不存歟？此所以終不信知和之言也。此莊子託二子之惑，而以譏世俗之失性也，故終於「不亦惑乎」之言也，亦所以爲寓言。

## 説劍篇

夫天下國家者，聖人之利器，而其用必在於善藏，而其權不可示人矣，此莊子因而作説劍篇。

昔趙文王喜劍，劍士夾門而客三千餘人，日夜相擊於前，死傷者歲百餘人，好之不厭。如是三年，國衰，諸侯謀之。太子悝患之，募左右曰：「孰能説王之意止劍士者，賜之千金。」左右曰：「莊子當能。」太子乃使人以千金奉莊子。莊子弗受，與使者俱往見太子，曰：「太子何以教周，賜周千金？」太子曰：「聞夫子明聖，謹奉千金，以幣從者。夫子弗受，悝尚何敢言！」莊子曰：「聞太子所欲用周者，欲絶王之喜好也。使臣上説大王，而逆王意，下不當太子，則身刑而死，周尚安所事金乎？使臣上説大王，下當太子，趙國何求而不得也！」太子曰：「然。吾王所見，唯劍士也。」莊子曰：「諾。周善爲劍。」太子曰：「然。吾王所見劍士，皆蓬頭突鬢垂冠，曼胡之纓，短後之衣，瞋目而語難，王乃説之。今夫子必儒服而見王，事必大逆。」莊子曰：「請治劍服。」治劍服三日，乃見太子。太子乃與見王，王脱白刃待之。莊子入殿門不趨，見王不拜。王曰：「子欲何以教寡人，使太子先？」曰：「臣聞大王喜劍，故以劍見王。」王曰：「子之劍，何能禁制？」曰：「臣之劍，十步一人，千里不留行。」王大説之，曰：「天下無敵矣！」莊子曰：「夫爲劍者，示之以虚，開之以利，後之以發，先之以至。願得試之。」王曰：「夫子休，就舍待命，令設戲請夫子。」王乃校劍士，七日，死傷者六十餘人，得五六人。使奉劍於殿下，乃召莊子。王曰：「今日試使士敦劍。」莊子曰：「望之久矣。」王曰：「夫子所御杖長短何如？」曰：「臣之所奉皆可。然臣有三劍，唯王所用，請先言而後試。」王曰：「願聞三劍。」曰：「有天子劍，有諸侯

劍，有庶人劍。」王曰：「天子之劍何如？」〔二〕

夫退處幽密，而操至權以獨運，斡萬化於不測，力旋天地而世莫覩其健，威服海内而人不名以武者，此聖人之所以能用利器也，豈暴露神靈而使衆得而議之哉？是以莊子説劍而言「示之以虛，開之以利，後之以發，先之以至」也。夫示之以虛者，所謂退處幽密也；開之以利者，所謂斡於萬化也；後之以發者，所謂力旋天地也；先之以至者，所謂威服海内也。故處幽密則百姓日用而不知，斡萬化則萬物贍足而衣被，旋天地則與造化冥運而生成，服海内則以神道設教而無方。此周寓爲天下國家之道於説劍，而趙文不悟其言也。復使莊周就舍待命而試爲劍，何其蒙蔽之過乎！

「天子之劍，以燕谿、石城爲鋒，齊、岱爲鍔，晉、魏爲脊，周、宋爲鐔，韓、魏爲夾〔三〕；包以四夷，裹以四時，繞以渤海，帶以常山；制以五行，論以刑德，開以陰陽，持以春夏，行以秋冬。此劍直之無前，舉之無上，案之無下，運之無旁，上決浮雲，下絶地紀。此劍一用，匡諸侯，天下服矣。此

〔二〕「王曰夫子休」至「何如」，原本缺，據四庫本補。

〔三〕「夾」，四庫本作「鋏」。下文同。

天子之劍也。」文王芒然自失，曰：「諸侯之劍何如？」曰：「諸侯之劍，以知勇士爲鋒，以清廉士爲鍔，以賢良士爲脊，以忠勝士爲鐔，以豪桀士爲夾。此劍直之亦無前，舉之亦無上，案之亦無下，運之亦無旁；上法圓天，以順三光，下法方地，以順四時；中知民意，以安四鄉。此劍一用，如雷霆之震也，四封之內，無不賓服，而聽從君命者矣。此諸侯之劍也。」王曰：「庶人之劍何如？」曰：「庶人之劍，蓬頭突鬢垂冠，曼胡之纓，短後之衣，瞋目而語難，相擊於前，上斬頸領，下決肝肺。此庶人之劍，無異於鬬雞，一旦命已絶矣，無所用於國事。今大王有天子之位，而好庶人之劍，臣竊爲大王薄之。」王乃牽而上殿，宰人上食，王三環之。莊子曰：「大王安坐定氣，劍事已畢奏矣。」於是文王不出宫三月，劍士皆服斃其處也。

天子之劍者，所謂天下之利器也。諸侯之劍者，所謂國家之利器也。庶人之劍者，所謂有爲之器也。天下之利器不可以强爲，爲者所以敗之矣；惟能無爲而藏用，則天下所以自化也，故曰「天下服」。國家之利器不可以妄執，執者所以失之矣；亦能無爲而藏用，則四境所以自治也，故「四封之内無不賓服」。有爲之器不可以妄動，動者所以悔生矣；不能戢戈偃武而樂用，則國事所以自廢也，故曰「無所用於國事」。此三劍者，莊子所以言帝王諸侯無爲有爲之道也。趙文遽悟周之所言，而致敬於莊子，故命宰人上食，而王親環繞以盡禮，可謂幾於不惑也。然推莊子作此篇之意，則非爲趙文而言之也，故屬於寓言。

# 南華真經新傳　卷十九

## 漁父篇

夫能忘憂保真，脱於世俗之拘係，而樂於江海之游者，此帷林漁父若是矣[一]。莊子因而作漁父篇。

孔子遊乎緇帷之林，休坐乎杏壇之上。弟子讀書，孔子弦歌鼓琴。奏曲未半，有漁父者，下船而來，鬚眉交白，被髮揄袂，行原以上，距陸而止，左手據膝，右手持頤以聽。曲終，而招子貢、子路二人俱對。客指孔子曰："彼何爲者也？"子路對曰："魯之君子也。"客問其族。子路對曰："族孔氏。"客曰："孔氏者，何治也？"子路未應。子貢對曰："孔氏者，性服忠信，身行仁義，飾禮樂，選人倫，上以忠於世主，下以化於齊民，將以利天下。此孔氏之所治也。"又問曰："有土之君與？"子貢曰："非也。""侯王之佐與？"子貢曰："非也。"客乃笑而還，行言曰："仁則

[一]"帷"，原本作"惟"，據四庫本改；"父"下四庫本有"之能"二字。

仁矣，恐不免其身；苦心勞形，以危其真。嗚呼遠哉！其分於道也！」子貢還報孔子。孔子推琴而起，曰：「其聖人與！」乃下求之，至於澤畔，方將杖拏而引其船，顧見孔子，還鄉而立。孔子反走，再拜而進。客曰：「子將何求？」孔子曰：「曩者先生有緒言而去，丘不肖，未知所謂。竊待於下風，幸聞咳唾之音，以卒相丘也。」客曰：「嘻！甚矣，子之好學也！」孔子再拜而起曰：「丘少而脩學，以至於今，六十九歲矣，無所得聞至教，敢不虛心！」客曰：「同類相從，同聲相應，固天之理也。吾請釋吾之所有，而經子之所以。子之所以者，人事也。天子、諸侯、大夫、庶人，此四者自正，治之美也，四者離位，而亂莫大焉。官治其職，人憂其事，乃無所陵。故田荒室露，衣食不足，徵賦不屬，妻妾不和，長少無序，庶人之憂也；能不勝任，官事不治，行不清白，群下荒怠，功美不有，爵禄不持，大夫之憂也；廷無忠臣，國家昏亂，工技不巧，貢職不美，春秋後倫，不順天子，諸侯之憂也；陰陽不和，寒暑不時，以傷庶物，諸侯暴亂，擅相攘伐，以賤民人，禮樂不節，財用窮匱，人倫不飭，百姓淫亂，天子有司之憂也。今子既上無君侯有司之勢，而下無大臣職事之官，而擅飾禮樂，選人倫，以化齊民，不泰多事乎？且人有八疵，事有四患，不可不察也。非其事而事之，謂之總；莫之顧而進之，謂之佞；希意導言，謂之諂；不擇是非而言，謂之諛；好言人之惡，謂之讒；析交離親，謂之賊；稱譽詐僞以敗惡人，謂之慝；不擇善否，兩容顔適，偷拔其所欲，謂之險。此八疵者，外以亂人，内以傷身，君子不友，明君不臣。所謂四患者，好經大事，變更易常，以挂功名，謂之叨；專知擅事，侵人自用，謂之貪；見過不更，聞諫愈甚，謂之狠〔二〕；人同於己則可，不同於己，雖善不善，謂之矜。此四患也。能去八疵，無行四患，而始可教已。」孔子愀然而歎，再拜而起，曰：「丘再逐於魯，削迹於衛，伐樹於宋，圍於陳、蔡，丘不知所失，而離此四謗者，何也？」客悽然變容曰：「甚矣，子之難悟也！人有畏影惡迹而去之走者，舉足愈數，而迹愈多；走愈疾，而影不離身。自以爲尚遲，疾走不休，絶力而死。不知處陰以休影，處静以息迹，愚亦甚矣！子審仁義之間，察同異之際，觀動静之變，適受與之度，理好惡之情，和喜怒之節，而幾於不免矣。謹修而身，慎守其真，還以物與人，則無所累矣。今不修之身而求之人，不亦外乎！」

夫造物者之造物，均受其命，而各付其分矣。惟人一受成形，而不變以待盡，故憂患從而以爲累，此漁父所以有四憂、八疵、四患之言也。夫有心者必有我，有我則外不能冥其極也。外不能冥其極，則衣食之不足，爵禄之不持，貢職之不美，財用之匱乏，皆所爲憂而已矣。憂既生，而務役其物以解憂，故總、佞、諂、諛、讒、賊、險、慝之疵亦從而生矣；八疵生，則貪、叨、矜、狠又從而繼生；是皆有心有我，不能冥極之所致也。惟庶人、大夫、諸侯、天子皆冥其極，而無

〔二〕「狠」，原本作「狼」，據四庫本改。

心無我，則衣食、爵禄、貢職、財用皆度外之物爾，豈能累我而爲憂乎？故不憂而已矣。不憂則自得，自得則入於無疵也，八疵、四患又何見其交生乎？此莊子託漁父以言其冥極之事也，周之所言豈爲得已乎！

孔子愀然曰：「請問何謂真？」客曰：「真者，精誠之至也。不精不誠，不能動人。故强哭者雖悲不哀，强怒者雖嚴不威，强親者雖笑不和。真悲無聲而哀，真怒未發而威，真親未笑而和。真在内者，神動於外，是所以貴真也。其用於人理也，事親則慈孝，事君則忠貞，飲酒則歡樂，處喪則悲哀。忠貞以功爲主，飲酒以樂爲主，處喪以哀爲主，事親以適爲主。功成之美，無一其迹矣。事親以適，不論所以矣；飲酒以樂，不選其具矣；處喪以哀，無問其禮矣。禮者，世俗之所爲也；真者，所以受於天也，自然不可易也。故聖人法天貴真，不拘於俗。愚者反此，不能法天而恤於人，不知貴真，禄禄而受變於俗〔一〕，故不足。惜哉！子之蚤湛於人僞，而晚聞大道也！」

孔子又再拜而起曰：「今者，丘得遇也，若天幸然。先生不羞而比之服役，而身教之。敢問舍所在，請因受業，而卒學大道。」客曰：「吾聞之：可與往者，與之至於妙道；不可與往者，不知其

〔一〕「禄禄」，四庫本作「碌碌」。

道，慎勿與之，身乃無咎。子勉之！吾去子矣，吾去子矣！」乃刺船而去，延緣葦間。顔淵還車，子路授綏，孔子不顧，待水波定，不聞挐音，而後敢乘。子路旁車而問曰：「由得爲役久矣，未嘗見夫子遇人如此其威也。萬乘之主、千乘之君，見夫子，未嘗不分庭伉禮，夫子猶有倨傲之容〔一〕。今漁父杖挐逆立，而夫子曲要磬折，言拜而應〔二〕，得無太甚乎？門人皆怪夫子矣，漁父何以得此乎？」孔子伏軾而歎曰：「甚矣，由之難化也！湛於禮義有間矣，而樸鄙之心，至今未去。進，吾語汝！夫遇長不敬，失禮也；見賢不尊，不仁也。彼非至仁〔三〕，不能下人，下人不精，不得其真，故長傷身。惜哉！不仁之於人也，禍莫大焉，而由獨擅之。且道者，萬物之所由也。庶物失之者死；得之者生；爲事逆之則敗，順之則成。故道之所在，聖人尊之。今漁父之於道，可謂有矣，吾敢不敬乎！」

內直而不假於物者，真也；內直者本於精也，不假於物者出於誠也。故曰：「真者，精誠之至也。」故精全則與天爲一也，誠至則可動於天也，如此，則豈不動於人歟？惟不精不誠，不能與

---

〔一〕「有」，四庫本作「存」。

〔二〕「言」，四庫本作「再」。

〔三〕「仁」，四庫本作「人」。

天爲徒而動於天，亦不能動於人矣〔一〕，故曰：「不精不誠，不能動人。」此篇亦屬於寓言。

## 列禦寇篇

夫知道達德，而外不能遺形忘己而與物同，則未爲至人而已矣，此莊子因而作列禦寇之篇。

列禦寇之齊，中道而反，遇伯昏瞀人。伯昏瞀人曰：「奚方而反？」曰：「吾驚焉。」曰：「惡乎驚？」曰：「吾嘗食於十漿〔二〕，而五漿先饋。」伯昏瞀人曰：「若是，則汝何爲驚已？」曰：「夫内誠不解，形諜成光，以外鎮人心，使人輕乎貴老，而整其所患。夫漿人，特爲食羹之貨，多餘之贏，其爲利也薄，其爲權也輕，而猶若是〔三〕，而況於萬乘之主乎！身勞於國，而知盡於事，彼將任我以事，而效我以功，吾是以驚。」伯昏瞀人曰：「善哉，觀乎！汝處己，人將保汝矣。」無幾何而往，則户外之屨滿矣。伯昏瞀人北面而立，敦杖蹙之乎頤，立有間，不言而出。賓者以告列子。列子提屨，跣而走，暨乎門，曰：「先生既來，曾不發藥乎？」曰：「已矣！吾固告汝曰『人

〔一〕「動」，原本缺，據四庫本補。
〔二〕「漿」，四庫本作「饕」，下同。
〔三〕「是」，原本作「食」，據四庫本改。

將保汝』，果保汝矣。非汝能使人保汝，而汝不能使人無保汝也，而焉用之感豫出異也！必且有感，摇而本性，又無謂也。

夫至人者，内所以藏其真，外所以和其光。藏真者固欲遺其形，和光者要不異於物。故所處則使人不貴已，所爲則使人不可知，與俗況冥而中心自得，此至人之道如此也。至于禦寇則不然，雖曰乘風適性，而未能遺形齊物，而外有所矜飾之齊，則致五漿之先饋也。夫漿之先饋者，此人之所以致恭也，恭而不已則生悦慕之心，悦慕之心生則皆歸從而保聚，是己之所以反爲於物先也，豈爲至人之道歟？此伯昏瞀人所以有人將保汝之言也。

「與汝遊者，又莫汝告也。彼所小言，盡人毒也。莫覺莫悟，何相孰也！巧者勞而知者憂，無能者無所求，飽食而遨遊，汎若不繫之舟，虚而遨遊者也。」

巧者愈務其巧也，其形所以嘗勞矣，故曰「巧者勞」。智者慮其有失也，其心所以嘗憂矣，故曰「知者憂」。此皆矜能役物之累也。惟聖人敦兮若朴，而未嘗見其能，寂然無心，而未嘗見其求，逍遥於天地之間，若虚舟之不繫也。故曰：「無能者無所求，飽食而遨遊，汎若不繫之舟，虚而遨遊者也。」

鄭人緩也，呻吟裘氏之地，祇三年而緩爲儒。河潤九里，澤及三族，使其弟墨。儒、墨相與辯，其父助翟。十年而緩自殺。其父夢之曰：「使而子爲墨者，予也。闔胡嘗視其良，既爲秋柏之實矣！」夫造物者之報人也，不報其人，而報其人之天。彼故使彼。夫人以己爲有以異於人，以賤其親，齊人之井飲者相捽也。故曰：今之世皆緩也。自是有德者以不知也，而況有道者乎！古者謂之遁天之刑。

夫鄭緩之爲儒，弟翟之爲墨，因其性之所然也。性者，天之所付也。人受天之性，而其才各有所從也。緣其所從而習貫，則同於自然而已矣。故緩之才性從於學，其終所以爲儒也；翟之才性從於儉，其終所以爲墨也。故曰：「造物者之報人，不報其人，而報其人之天。」報其人之天者，所謂使之習貫而同自然也。緩不知其所以，而以弟由己化而反勝己，故感激怨憤以傷生，所謂大惑而已矣。莊子所以譏其所惑也。

聖人安其所安，不安其所不安；衆人安其所不安，不安其所安。

聖人安其所安者，所謂存其正正也；不安其所不安者，所謂亡其不正也。衆人安其所不安者，所謂存其不正也；不安其所安者，所謂亡其正正也。正正存則所以爲聖人，不正存則所以爲衆人矣。

莊子曰：「知道易，勿言難。知而不言，所以之天也；知而言之，所以之人也。古之人，天而不人。」朱泙漫學屠龍於支離益，單千金之家三，年枝成而無所用其巧。

道若大路然，知之所以爲易也，故曰「知道易」。知於大道，則勿言所以爲難也，故曰「勿言難」。夫知道而晦默，則無爲也，故曰「知而不言，所以之天也」。知道而騰説，則有爲也，故曰「知而言之，所以之人也」。惟聖人心得於道而無爲，不有爲，故曰「古之人，天而不人」也。

聖人以必不必，故無兵；衆人以不必必之，故多兵。順於兵，故行有求。兵，恃之則亡。

道者，無爲之朴也；兵者，有爲之器也。聖人體道，無爲而順物情，所以無兵而已矣。故曰：「聖人以必不必，故無兵。」衆人亡道，有爲而迕物情，所以多兵而已矣，故曰：「衆人以不必必之，故多兵。」多兵則順兵而外求也，故曰：「順於兵，故行有求。」然兵者，聖人不得已而用之也，豈務樂用而持之歟？持之則固難以存也，故曰：「兵，恃之則亡。」

小夫之知，不離苞苴竿牘，敝精神蹇淺，而欲兼濟道物，太一形虛。若是者，迷惑于宇宙，形累不知太初。彼至人者，歸精神乎無始，而甘冥乎無何有之鄉。水流乎無形，發泄乎太清。悲哉乎！汝爲知在豪毛，而不知大寧！

天下之世俗，以遺問之具爲其道，而以蹇淺之知爲其智，勞形敝神，而欲以澤世而導物，是迷於妙有之至道，而暗於太初之真理，所謂心惑而力不贍也，安知至人之所爲乎？夫至人入道之至妙，遊心於太初，出處寢臥於無盡之域，而其行所以不窒，其用所以無方，澤世整物而天下莫知其爲也，豈若世俗之所爲乎？故曰：「彼至人者，歸精神乎無始，而甘冥乎無何有之鄉〔一〕。水流乎無形，發泄乎太清。」

闕傳

宋人有曹商者，爲宋王使秦。其往也，得車數乘；王悦之，益車百乘。反於宋，見莊子，曰：「夫處窮閭阨巷，困窘織屨，槁項黄馘者，商之所短也；一悟萬乘之主，而從車百乘者，商之所長也。」莊子曰：「秦王有病，召醫。破癰潰痤者，得車一乘；舐痔者，得車五乘。所治愈下，得車愈多。子豈治其痔邪？何得車之多也！子行矣！」

魯哀公問乎顔闔曰：「吾以仲尼爲貞幹，國其有瘳乎？」曰：「殆哉，圾乎！仲尼方且飾羽而

〔一〕「冥」，原作「瞑」，據莊子原文及四庫本改。

畫，從事華辭，以支爲旨，忍性以視民，而不知不信受乎心、宰乎神，夫何足以上民！彼宜汝與，予頤與〔二〕，誤而可矣。今使民離實學僞，非所以視民也。爲後世慮，不若休之，難治也。」施於人而不忘，非天布也。商賈不齒，雖以事齒之，神者弗齒。

聖人者，與天地合其德，與陰陽同其功，不露其神而付物自化，不顯其迹而使人相慕，窈兮無爲而復歸於樸素，豈欲爲臣於時歟？此魯哀欲用仲尼，而顔闔告之以「殆哉圾乎」也。夫奥妙虚静者，聖人之道也；窈冥晦默者〔三〕，聖人之迹也。道不可以知，而迹不可以見。今用於魯而爲輔臣，則是道可知而迹可見，天下必飾外尚辭而擬之矣。如此，則聖人不得不有爲，而天下不得不喪真，非所以爲致治之理也。故曰「方且飾羽而畫，從事華辭，以支爲旨」，又曰「難治也」。此顔闔能知聖人無用之用矣。

爲外刑者，金與木也；爲内刑者，動與過也。宵人之離外刑者，金木訊之；離内刑者，陰陽食之。夫免乎外内之刑者，惟真人能之。

〔二〕「予」，原本作「于」，據四庫本改。
〔三〕「晦」，原本作「悔」，據四庫本改。

闔蔽之人，所以有我有心也，故有我則與物不齊諧，有心則與物相靡刃，此所以離内外之刑也。夫與物不齊諧者，自拘而所以傷生也，故曰：「離外刑者，金木訊之。」與物相靡刃者，焚和而亦所以傷生也，故曰：「離内刑者〔一〕，陰陽食之。」此非不爲闔蔽之人乎？故曰「宵人」。惟真人無我無心，而物莫爲之累，安有傷生之患也？故曰：「夫免乎内外之刑者，惟真人能之。」

孔子曰：「凡人心險於山川，難於知天。天猶有春秋冬夏旦暮之期，人者，厚貌深情。故有貌願而益，有長若不肖，有順懁而達，有堅而縵，有緩而釬。

人之心，處於至虚之地，而居於杳寂之際，不可以智度而已，故曰：「人心險於山川，難於知天。」天由有其用，而可知；人心亦有其用，而不可以知之。故春秋冬夏旦暮之期，是天之用也；情貌願達緩釬之殊，是心之用也〔二〕。天之用所期必至，而可以知；心之用所爲難副〔三〕，而不可知，此孔子之深歎也。

〔一〕「刑」，原本缺，據：莊子原文及四庫本補。
〔二〕四庫本「心」上有「人」字，下句同。
〔三〕「副」，四庫本作「測」。

「故其就義若渴者，其去義若熱。

就義若渴者，見義而爲，如得於飲也。其去義若熱者，見而不爲，而必熱於中也。是有爲而已，安若不爲之爲歟？非至人孰能與此！

「故君子遠使之而觀其忠，近使之而觀其敬，煩使之而觀其能，卒然問焉而觀其知，急與之期而觀其信，委之以財而觀其仁，告之以危而觀其節，醉之以酒而觀其則，雜之以處而觀其色。九徵至，不肖人得矣。」

夫君子之人，端而虚，勉而一，内直而外不役物也。故其忠足以致主，其敬足以奉上，其能足以剸煩，其智足以應變，其信足以不約，其仁足以兼濟，其節足以拯危。酒不足以亂其神，色不足以悦其心，此君子所藏如此，而挫鋭解紛，而與物無異，小人所以同之而難也。然而必欲知於君子者，此莊子所以有「遠使之而觀其忠〔一〕，近使之而觀其敬，煩使之而觀其能，卒然問焉而觀其知，急與之期而觀其信，委之以財而觀其仁，告之以危而觀其節，醉之以酒而觀其則，雜之以處而觀其色」之言也。夫忠、敬、智、能、仁、信、節、法者，此君子皆備於身而可以觀

〔一〕「而」，原本作「以」，據四庫本改。

之也。觀之而不僞，則小人固可以别矣，故曰：「九徵至，不肖人得矣。」

正考父一命而傴，再命而僂，三命而俯，循墻而走，孰敢不軌！如而夫者，一命而吕鉅，再命而於車上儛，三命而名諸父，孰協唐、許！

曾子再仕而心再化，正考父三命而身愈恭。蓋曾子以禄秩雖厚，而不足以爲貴；考父知軒冕儻來，而不足以爲榮。汝曾子謂之心化，而考父可謂形化者乎？不如是，則莊子安得取之也。

賊莫大乎德有心而心有眼〔一〕，及其有眼也而内視，内視而敗矣。

夫不思而得，則所謂德之無心也；求而後得，則所謂德之有心也。有心之德則害性也，故曰「賊莫大乎德有心」。有心則心悦於外也，故曰「心有眼」。有眼則不能反視而觀於復，惟務自内視外，而喪其真，故曰「及其有眼也而内視，内視而敗矣」。

〔一〕「眼」，四庫本作「睫」，下同。

凶德有五，中德爲首。何謂中德？中德也者〔二〕，有以自好也，而吡其所不爲者也。窮有八極，達有三必，形有六府。美、髯、長、大、壯、麗、勇、敢，八者俱過人也，因以是窮。緣循、偃佒、困畏不若人，三者俱通達。知慧外通，勇敢多怨，仁義多責。

窮有八極，達有三必，形有六府者，皆生有我者也。惟能無我，則八極不足以爲累，三必不足以爲役，六府不足以傷生。非至人孰能與於此！

達生之情者傀，達於知者肖；達大命者隨，達小命者遭。

達於生則無生也，達於智則無智也，達於命則順命也。無生則形復於無爲也，故曰「達生之情者傀」。無智則心無所係也，故曰「達於智者肖」。順命則任其壽天也，故曰「達大命者隨，達小命者遭」。然而達生所謂窮理也，達知所謂盡性也〔三〕，達命所謂至命也。

人有見宋王者，錫車十乘，以其十乘驕稚莊子。莊子曰：「河上有家貧恃緯蕭而食者，其子没於

〔二〕「德也者」，原本爲空格，據四庫本補。
〔三〕「知」，原本作「性」，據四庫本改。

淵，得千金之珠。其父謂其子曰：『取石來，鍛之！夫千金之珠，必在九重之淵，而驪龍頷下。子能得珠者，必遭其睡也。使驪龍而寤，子尚奚微之有哉！』今宋國之深，非直九重之淵也；宋王之猛，非直驪龍也。子能得車者，必遭其睡也。使宋王而寤，子爲虀粉夫！」或聘於莊子，莊子應其使曰：「子見夫犧牛乎？衣以文繡，食以芻菽。及其牽而入於太廟，雖欲爲孤犢，其可得乎！」

莊子者，可謂無心於物也。前有楚之召，則引在笥之龜以自況；而後有人之聘，則指人廟之犧以爲喻，是貴富不能累心也。貴富不能累於心，則死生焉足以動乎？此所以繼言其死也。

莊子將死，弟子欲厚葬之。莊子曰：「吾以天地爲棺槨，以日月爲連璧，星辰爲珠璣，萬物爲齎送，吾葬具豈不備邪？何以加此！」弟子曰：「吾恐烏鳶之食夫子也。」莊子曰：「在上爲烏鳶食，在下爲螻蟻食，奪彼與此，何其偏也！」以不平平，其平也不平；以不徵徵，其徵也不徵。

夫死者，時之適去也，氣之暫散也。去必有其來，而散必有其聚，至人知其如此，而豈顧形骸之不葬歟？此莊子所以有「吾以天地爲棺槨，以日月爲連璧，星辰爲珠璣，萬物爲齎送，吾具豈不備邪？何以加此」之言，以言不葬之葬也。夫不葬之葬，反真也。弟子尚惑而恐其烏鳶之所食，非所以知莊子之達觀也。

明者唯爲之使，神者徵之。夫明之不勝神也久矣，而愚者恃其所見入於人，其功外也，不亦悲乎！

神明者，佛氏之所謂大神大明也。大神無方，大明有徼，明不勝神，用有差别，故曰明不勝神。夫神之所用，見獨也；明之所用，見有也。見獨則所以入於天，而見有則所以入於人。入於人則未免於惑也，故曰：「愚者恃其所見入於人，其功外也，不亦悲乎！」

# 南華真經新傳　卷二十

## 天下篇

夫聖人之道不欲散，散則外，外則雜，雜則道德不一於天下矣，此莊子因而作天下篇。

天下之治方術者多矣，皆以其有爲不可加矣。古之所謂道術者，果惡乎在？曰：「無乎不在。」曰：「神何由降？明何由出？」「聖有所生，王有所成，皆原於一。」

聖人之道散而百家之學盛，其術行於天下而不一，各以所爲盡道而不可增益也，故曰：「天下之治方術者多矣，皆以其有爲不可加矣。」〔一〕安知道不止於一方乎？故曰：「古之所謂道術者，果惡在？曰：『無乎不在。』」夫道無乎不在，則其妙所以爲神，而其徼所以爲明，内所以爲聖，而外所以爲王，皆出於妙本之一也，故曰：「神何由降？明何由出？聖有所生，王有所成，皆原於一。」此莊子極明大道於終篇，以言及神、明、聖、王四者矣。

---

〔一〕「有」，原本缺，據莊子原文及四庫本補。

不離於宗，謂之天人。不離於精，謂之神人。不離於真，謂之至人。以天爲宗，以德爲本，以道爲門，兆於變化，謂之聖人。以仁爲恩，以義爲理，以禮爲行，以樂爲和，薰然慈仁，謂之君子。以法爲分，以名爲表，以參爲驗〔二〕，以稽爲決，其數一二三四是也。百官以此相齒。以事爲常，以衣食爲主，蕃息畜藏老弱孤寡爲意，皆有以養，民之理也。

宗者，道之原本也。道之原本出於天，故曰：「不離於宗，謂之天人。」精者，未離乎陽也。未離乎陽，則天德之至也，故曰：「不離於精，謂之神人。」真者，内直而不假於物也，故曰：「不離於真，謂之至人。」天者，自然也。德者，自得也。道者，無爲也。任於自然而自得以無爲，則所以與化爲一也，故曰：「以天爲宗，以德爲本，以道爲門，兆於變化，謂之聖人。」仁者愛也，義者宜也，禮者履也，樂者和也，出於道之散而及遠也，故曰：「以仁爲恩，以義爲理，以禮爲行，以樂爲和，薰然慈仁，謂之君子。」君子、至人不及天人、神人、聖人矣。

古之人其備乎！配神明，醇天地，育萬物，和天下，澤及百姓，明於本數，係於末度。六通四辟，小大精粗，其運無乎不在。其明而在數度者，舊法世傳之史，尚多有之。其在於詩、書、禮、樂

〔二〕「參」，四庫本作「操」。

者，鄒、魯之士、搢紳先生多能明之。

聖人之道，其妙所以無方，而其徼所以及物，其精粹所以同於天地，其生成所以周於萬物，其惠所以霑天下，而其澤所以被群民，存於妙本，著於粗末，推而行之，發而至之，未嘗不小，未嘗不大，自精至粗，而無有不在，此聖人之道也。故曰：「配神明，醇天地，育萬物，和天下，澤及百姓，明於本數，係於末度。六通四辟，小大精粗，其運無乎不在。」夫聖人之道，其精本於至妙，而所以爲其獨見；其粗存於法度，而所以使衆人之可行，是以搢紳之士能明之也。故曰：「其明在數度者，舊法世傳之史，尚多有之。其在於詩、書、禮、樂者，鄒、魯之士、搢紳先生多能明之。」此莊子所以卒明孔子之道也。

詩以道志，書以道事，禮以道行，樂以道和，易以道陰陽，春秋以道名分。其數散於天下，而設於中國者，百家之學，時或稱而道之。天下大亂，賢聖不明，道德不一，天下多得一察焉以自好。譬如耳目鼻口，皆有所明，不能相通。猶百家衆技也，皆有所長，時有所用。雖然，不該不徧，一曲之士也。判天地之美，析萬物之理，察古人之全，寡能備於天地之美，稱神明之容。

夫莊子之德，不以萬物干其慮，而能信其道者也。彼非不知仁義也，以爲仁義小而不足行已；彼非不知禮樂也，以爲禮樂薄而不足化天下。故老子曰：「道失而後德，德失而後仁，仁失而後義，義失而後禮。」是知莊子非不達於仁義禮樂之意也。彼以爲仁義禮樂者，道之末也，故薄之云爾。夫儒者之言善也，然未嘗求莊子之意。好莊子之言者，固知讀莊子之書也，然亦未嘗求莊子之意也。昔者先王之澤，至莊子之時竭矣。天下之俗，譎詐大作，質樸並散，雖世之學士大夫，未有知貴己賤物之道者也。於是棄絶乎禮義之緒，奪攘乎利害之際，趨利而不以爲辱，殞身而不以爲怨，漸漬陷溺，以至乎不可投已〔二〕。莊子病之，思以其説矯天下之弊而歸之於正也〔三〕。其心過慮，以爲仁義禮樂皆不足以正之，故同是非，齊彼我，一利害，而以足乎心爲得，此其所以矯天下之弊者也。既以其説矯弊矣，不懼來世之遂實吾説，而不見天地之純，古人之大體也，於是寄其心於此篇以自解。故其篇曰：「詩以道志，書以道事，禮以道行，樂以道和，易以道陰陽，春秋以道名分。」由此觀之，莊子豈不知聖人之道哉！又曰：「譬如耳目鼻口，皆有所明，不能相通。由百家衆技也，皆有所長，時有所用。」用是明聖人之道，其全在彼而不在此。而亦自列其書於宋鈃、慎到、墨翟、老聃之徒，俱爲不該不偏一曲之士，蓋欲以明吾之言有爲而作，非大道之全爾。然則莊子豈有意於天下之弊，而存聖人

〔二〕「投」，四庫本作「救」。

〔三〕「矯」，原本作「教」，據四庫本改。

之道乎？伯夷之清，柳下惠之和，皆有矯於天下者也。莊子之用心，亦二聖人之徒矣！是故内聖外王之道，闇而不明，鬱而不發，天下之人，各爲其所欲焉以自爲方。悲夫！百家往而不反，必不合矣。後世之學者，不幸不見天地之純，古人之大體，道術將爲天下裂。道藏於内則聖也，顯於外則王也。百家之術競起，而殽亂其道，所以晦而不顯也，故曰：「内聖外王之道，闇而不明，鬱而不發。」天道既不明而不發，世俗焉能見其全純乎？又曰：「後世之學者，不幸不見天地之純，古人之大體。」夫不見其全純者，是道之所以滅裂，而諸子之言交起也。故復言道術將爲天下裂，而繼言諸子之異術，此莊子爲言始終之序也。

不侈於後世，不靡於萬物，不暉於數度，以繩墨自矯，而備世之急；古之道術有在於是者，墨翟、禽滑釐聞其風而説之。爲之大過，已之大循。作爲非樂，命之曰節用，生不歌，死無服。墨子氾愛兼利而非鬬，其道不怒；又好學而博，不異，不與先王同，毁古之禮樂。黄帝有咸池，堯有大章，舜有大韶，禹有大夏，湯有大濩，文王有辟雍之樂，武王、周公作武。古之喪禮，貴賤有儀，上下有等，天子棺槨七重，諸侯五重，大夫三重，士再重。今墨子獨生不歌，死不服，桐棺三寸而無槨，以爲法式。以此教人，恐不愛人；以此自行，固不愛己。未敗墨子道。雖然，歌而非歌，哭而非哭，樂而非樂，是果類乎？其生也勤，其死也薄，其道大觳。使人憂，使人悲，其行難爲也；恐其不可以爲聖人之道，反天下之心，天下不堪。墨子雖獨能任，奈天下何！離於天下〔二〕，其去王也遠矣。墨子稱道曰：「昔者禹之湮洪水，決江、河，而通四夷九州也，名川三百，支川三千，小者無數。禹親自操橐耜，而九雜天下之川；腓無胈，脛無毛，沐甚雨，櫛疾風〔三〕，置萬國。禹大聖也，而形勞天下也如此。」使後世之墨者，多以裘褐爲衣，以跂蹻爲服，日夜不休，以自苦爲極，曰：「不能如此，非禹之道也，不足謂墨。」相里勤之弟子五侯之徒，南方之墨者苦獲、已齒、鄧陵子之屬，俱誦墨經，而倍譎不同，相謂別墨；以堅白同異之辯相訾，以觭偶不仵之辭相應；以巨子爲聖人，皆願爲之尸，冀得爲其後世，至今不決。墨翟、禽滑釐之意則是，其行則非也。將使後世之墨者，必自苦以腓無胈、脛無毛，相進而已矣。亂之上也，治之下也。雖然，墨子，真天下之好也，將求之不得也，雖枯槁不舍也。才士也夫！不累於俗，不飾於物，不苟於人，不忮於衆，願天下之安寧，以活民命，人我之養，畢足而止，以此白心；古之道術有在是者，宋鈃、尹文聞其風而悦之。作爲華山之冠以自表，接萬物以別宥爲始。語心之容，命之曰心之

〔二〕「離」，原本作「未」，據四庫本改。

〔三〕「雨」、「風」，四庫本二字互乙。

行，以聏合驩，以調海内，請欲置之以爲主。見侮不辱，救民之鬭；禁攻寢兵，救世之戰。以此周行天下，上説下教，雖天下不取，强聒而不舍者也。故曰：上下見厭而强見也。雖然，其爲人太多，其自爲太少，曰：「請欲固置，五升之飯足矣。先生恐不得飽，弟子雖飢，不忘天下。」日夜不休，曰：「我必得活哉！」圖傲乎救世之士哉！曰：「君子不爲苛察，不以身假物。」以爲無益於天下者，明之不如已也。以禁攻寢兵爲外，以情慾寡淺爲内，其小大精粗，其行適至是而止。公而不當〔一〕，易而無私，決然無主，趣物而不兩，不顧於慮，不謀於知，於物無擇，與之俱往；古之道術有在於是者，彭蒙、田駢、慎到聞其風而悦之。齊萬物以爲首，曰：「天能覆之，而不能載之；地能載之，而不能覆之；大道能包之，而不能辯之。知萬物皆有所可，皆有所不可，故曰：選則不徧，教則不至，道則無遺者矣。」是故慎到棄知去己，而緣不得已；泠汰於物，以爲道理。曰：「知不知，將薄知而後鄰傷之者也。」謑髁無任，而笑天下之尚賢也；縱脱無行，而非天下之大聖。椎拍輐斷，與物宛轉，舍是與非，苟可以免，不師知慮，不知前後，魏然而已矣。推而後行，曳而後往，若飄風之還，若羽之旋，若磨石之隧，全而無非，動静無過，未嘗有罪。是何故？夫無知之物，無建己之患，無用知之累，動静不離於理，是以終身無譽。故曰：「至於若無知之

〔一〕「當」，四庫本作「黨」。

物而已，無用賢聖，夫塊不失道。」豪桀相與笑之，曰：「慎到之道，非生人之行，而至死人之理，適得怪焉。」田駢亦然，學於彭蒙，得不教焉。彭蒙之師曰：「古之道人，至於莫之是、莫之非而已矣。其風窢然，惡可而言？」常反人，不聚觀[二]，而不免於魭斷。其所謂道非道，而所言之韙，不免於非。彭蒙、田駢、慎到不知道。雖然，概乎皆嘗有聞者也。以本爲精，以物爲粗，以有積爲不足，澹然獨與神明居；古之道術有在於是者，關尹、老聃聞其風而悦之。建之以常無有，主之以太一；以濡弱謙下爲表，以空虛不毁萬物爲實。關尹曰：「在己無居，形物自著。其動若水，其静若鏡，其應若響。芴乎若亡，寂乎若清。同焉者和，得焉者失。未嘗先人，而常隨人。」老聃曰：「知其雄，守其雌，爲天下谿；知其白，守其辱，爲天下谷。」人皆取先，己獨取後，曰：「受天下之垢。」人皆取實，己獨取虚，無藏也，故有餘，巋然而有餘。其行身也，徐而不費，無爲也而笑巧。人皆求福，己獨曲全，曰：「苟免於咎。」以深爲根，以約爲紀，曰：「堅則毁矣，鋭則挫矣。」常寬容於物，不削於人，可謂至極。關尹、老聃乎！古之博大真人哉！芴漠無形[三]，變化無常，死與生與！天地並與！神明往與！芒乎何之？忽乎何適？萬物畢羅，莫足以歸；

[二]「聚」，四庫本作「見」。
[三]「芴」，四庫本作「寂」。

古之道術有在於是者，莊周聞其風而説之。以謬悠之説，荒唐之言，無端崖之辭，時恣縱而不儻，不以觭見之也。以天下爲沈濁，不可與莊語；以巵言爲曼衍，以重言爲真，以寓言爲廣。獨與天地精神往來，而不敖倪於萬物，不譴是非，以與世俗處。其書雖環瑋而連犿，無傷也；其辭雖參差，而淑詭可觀。彼其充實不可以已，上與造物者遊，而下與外死生、無終始者爲友。其於本也，弘大而辟，深閎而肆；其於宗也，可謂調適而上遂矣。雖然，其應於化而解於物也，其理不竭，其來不蜕；芒乎昧乎，未之盡者。惠施多方，其書五車；其道舛駁，其言也不中。歷物之意，曰：「至大無外，謂之大一；至小無内，謂之小一。無厚不可積也，其大千里。天與地卑，山與澤平。日方中方睨，物方生方死。大同而與小同異，此之謂小同異；萬物畢同畢異，此之謂大同異。南方無窮而有窮，今日適越而昔來。連環可解也。我知天下之中央，燕之北、越之南是也。氾愛萬物，天地一體也。」惠施以此爲大，觀於天下，而曉辯者。天下之辯者，相與樂之。卵有毛；雞三足；郢有天下；犬可以爲羊；馬有卵；丁子有尾；火不熱；山出口；輪不蹍地；目不見；指不至，至不絶；龜長於蛇；矩不方，規不可以爲圓；鑿不圍枘；飛鳥之景，未嘗動也；鏃矢之疾，而有不行不止之時；狗非犬；黄馬、驪牛三；白狗黑；孤駒未嘗有母；一尺之捶，日取其半，萬世不竭。辯者以此與惠施相應，終身無窮。桓團、公孫龍，辯者之徒。飾人之心，易人之意；能勝人之口，不能服人之心，辯者之囿也。惠施日以其知與人之辯，特與天下之辯者爲怪，此其柢也。然惠施之口談，自以爲最賢，曰：「天地其壯乎！施存雄而無術。」南方有倚人焉，曰黄繚，問天地所以不墜不陷，風雨雷霆之故。惠施不辭而應，不慮而對，徧爲萬物説；説而不休，多而無已；猶以爲寡，益之以怪。以反人爲實，而欲以勝人爲名，是以與衆不適也。弱於德，强於物，其塗隩矣。由天地之道，觀惠施之能，其猶一蚊一虻之勞者也。其於物也何庸！夫充一尚可曰愈，貴道幾矣！惠施不能以此自寧，散於萬物而不厭，卒以善辯爲名。惜乎！惠施之才，駘蕩而不得，逐萬物而不反，是窮響以聲，形與影競走也。悲夫！

夫莊子敘墨子、宋鈃、尹文、彭蒙、田駢、慎到、關尹、老聃、惠施、桓團、公孫龍之徒，而皆言古之道術在此者，蓋明諸子酌取聖道之緒餘，而各爲一家之言也。然以關尹、老聃爲真人者，以二子不假於物，而爲言出於性之至真也，故曰古之博大真人哉。周又自以其説爲謬悠〔二〕，其言爲荒唐，其辭爲無端崖者，蓋高言盡道，而矯世俗之弊。天下必以其書爲謬悠、荒唐、無崖也，故自言之而窒非，可謂明達而先知也。

---

〔二〕「又」，原本作「人」，據四庫本改。

# 南華真經拾遺

太廟之犧　周之爲書，特有寓而言耳。討其文而不以意原之，此爲周者之所以訟也。周曰：「上必無爲而用天下，下必有爲而爲天下用。」又自以爲處昏上亂相之間，故窮而無所見，其材孰爲？周之言皆不可措乎君臣父子之間，而遭世遇主，終不可使有爲也。及其引太廟之犧以辭楚之聘使，彼蓋危言拒衰世之常人爾。夫以周之才，豈迷出處之方，而專畏犧者哉？蓋孔子所謂隱居放言者，周殆其人也。

春秋經世　聖人有論議，無辨；諸子有辯，無論議。論者，論説而止；議者，議評而止；辨者，辨其事之是非如何耳。六合之外，聖人存而勿論；六合之内，聖人論而不議，聖人有論也。春秋議而不辨，春秋經世之迹，第議而已，聖人有議也。聖人之有議，非得已也，豈若衆人務辨以相示歟？

罔兩問影　莊子之書兩言罔兩之問影，以影之爲影，似待乎形而實不相待也〔二〕。而不知者

〔二〕「似」，四庫本作「以」。

以起坐俯仰爲在形，豈知影寔不待於形歟？夫以影必待形，形必待造物者，是不能冥於獨化耳。能冥於獨化，則知影之不待形，形之不待造物，極於無有而已。故曰：「惡識其所以然不然！」

夢爲胡蝶　莊子以其自適，則言夢爲胡蝶；以其自樂，則言如魚之樂。以胡蝶微小飛揚，而無所不至矣；以魚處深渺，而能活其身矣。所以寓其自適、自樂之意於二物，在於齊諧萬物也。

卮言　卮言，不一之言也。言之不一，則動而愈出，故曰「日出」。言不一而出之必有本，故曰「和以天倪」。天倪，自然之妙本也。言有其本則應變而無極，故曰「因以曼衍」。言應變無極，則古今之年有時而窮盡，而吾之所言無時而極也，故曰「所以窮年」。此周之爲言，雖放縱不一，而未嘗離於道本也。故郭象以周爲知本者，所謂知莊子之深也。

## 雜説

萬物之所道者，道也。道者，物之所道而無有不在，故在大則未嘗有所過，而在細則未嘗有所遺。是以萬物之才性分中亦各有所取，而此莊周之爲書，而言及鯤鵬、蜩鷽、斥鴳、鷦鷯、蝗、羊、魚、蝶、馬、牛、山木之類也。

道之本在太極之先而不爲高，根在六極之下而不爲深。未有天地也，先天地生而不爲久。自古以固存也，長於上古而不爲壽。萬有不同謂之富，不同同之之謂大，富有之謂大業，此聖人也。

有形然後有名，有名然後有分，有分然後有守。莊子曰：「形名已明，分守次之。」莊子所謂不折鏌鋣，不怨飄瓦，與夫不怒虚舟之意同也。

天地有大美而不言，四時有明法而不議，萬物有成理而不説，是以孔子欲無言也，則曰：「天何言哉？四時行焉，百物生焉。」非體道者，孰能與此！

率性者，自然也；修道者，使然也。自然者，天也；使然者，人也。在自然之中者，有也；在使然之外者，無也。人安能奪其所有，益其所無哉？故所有者，性也；所無者，莊子之所謂侈也。德者，己之所有也，於己之所有人益之，是侈也。故曰：「駢拇枝指，出乎性哉？而侈於德；附贅縣疣，出乎形哉？而侈於性。」

君子之迹有窮通，聖人之道無鈍利，民之所見者然也。君子之迹有窮通，其心則無窮通之異也，故曰「窮亦樂，通亦樂」，以窮通爲寒暑風雨之序也。

莊子曰：「無以故滅命。」人道之謂故，天道之謂命。

道譬則歲也，聖譬則時也。莊周所以作秋水而言時至者，當其時而已。奈曲士指此而非之，宜其憤夏蟲之不可以語於冰，井蛙之不可以語於海也。

莊子言顔回忘仁義矣，未能忘禮樂。仁義先忘而禮樂後忘，是仁義不如禮樂也，此莊子先言忘内而後忘外。仁義内也，未能忘外；禮樂外也，内外忘然後能坐忘，此其言之所以不同也。

聖人以必不必，衆人以不必必，何謂也？大人者，言不必信，行不必果，必不必也；言必信，行必果，以不必必也。莊子之言有與聖賢相似者，不可全非而已矣。

聖人不自立意，而意常存；不自有我，而我常在。迫之而後動，不得已而後起，非有意而動也，非有我而起也，亦曰應之而已。

莊子曰「物物者，不物於物」，與荀子「精於道者物物」之言相合也〔二〕。

静者，本也；動者，末也。静與物爲常，動與物爲應者，聖人也。静與物爲離，動與物爲構者，衆人也。聖人物物，衆人物於物，知斯而已矣。

孔子曰：「君子學以致其道。」莊周曰：「道不可致。」孔子曰：「中庸之爲德也，其至矣乎！」莊周曰：「德不可至。」何也？曰：孔子言其在人，莊周言其在天。以其在天，則自然之道奚由致？而自得之德奚由至？以其在人，則深造之道不可致，何由得道？日新之德不至，何由

〔二〕「荀」，原作「苟」，據四庫本改。

得德？惟夫能致，然後可以不致；惟夫能至，然後可以不至。

莊周之書究性命之幽，合道德之散，將以去其昏昏而易之以昭昭，此歸根復命之説，剖斗折衡之言，所以由是起矣。雖然，道於心而會於意，則道問而無應，又奚俟於言者歟？蓋無言者雖足以盡道之妙，而不言者無以明，故不得已而後起，感而後動，迫而後應。則駕其所説而載之於後，而使夫學者得意則亡象〔一〕，得象則亡言，此亦莊子之意有異於世也。莊子言澤雉之處樊中，以其失於真性也。古之至人則能忘其機心，息其外慮，心與太虛齊，道以陰陽會，以天地爲一朝，以曠代爲一府。無人非爲異，故物不得而親，不得而疏，此其迭出於範圍之外，而又非澤雉之在乎樊中也。

莊子曰：古之真人，過而弗悔，當而不得，則是聖人未嘗無過也。過而不自以爲悔，與天同也。若其與人同者，則有改過不吝，其更也，人皆仰之者矣。冬而燠，夏而寒，天地之過也。天地且有過，況聖人乎？大恐之謂懼，小恐之謂惴。莊子曰：「大恐漫漫，小恐惴惴。」莊子之書，其通性命之分，而不以死生禍福動其心，其近聖人也。自非明智，不能及此明知矣。讀聖人之説亦足以及此。不足以及此而陷溺於周之説，則其爲亂大矣。

〔一〕「亡」，四庫本作「忘」，下句同。

夜氣存者，萬慮息也。不定以存者，謂不能朝徹也。能朝徹，則所謂復德之本也。神有甚於聖，而鼓舞萬物者，神也；與萬物同憂者，聖也。神不聖則不行，聖不行不藏。莊周之言尚神而賤聖，矯枉之過也。

莊子曰：自本自根。本者，一在於木下；根者，木止於艮旁。本出於根而根附於本，相須而生也。故本者，命也；根者，性也。老子曰「歸根曰静」，以言性也；「静曰復命」，以言本也。

莊子之書，有言真人、至人者，以真者言乎其性也，至者人道之至也。明者神之散，神者明之藏，是明由神之所致也，故曰「明不勝神」。

老子曰「天門開闔」，莊子曰「天門無有」。以其萬物由之而出，故曰開闔；以其萬物由之而藏，故曰無有。

莊子之言涬溟者，所謂無盡之際，復無盡也。萬物芸芸而生成於中，所以不見其極也。萬物備之於天地之中，而天地非有意於萬物也，故曰：「大備矣，莫若天地。」然奚求焉而大備矣？萬物亦備於我身，而我非外更役物也，故曰「知大備者無求」。如此，則自得而不遺於道也，安能舍己而逐物歟？故曰：「無失無棄，不以物易己也。」

莊子曰：有名有實，是物之居者，所謂在體爲體，在用爲用，而萬物之所由是也。無名無實，在物之虚者，所謂不聞不見，而必集於虚是也。可言可意，言而愈疏者，無言無意，而道所以親也。

莊周之書，載道之妙也。蓋其言救性命未散之初，而所以覺天下之世俗也，豈非不本於道乎？夫道，海也；聖人，百川也。道，歲也；聖人，時也。百川雖不同，而所同者海；四時雖不同，而所同者歲。孔、孟、老、莊之道，雖適時不同，而要其歸則豈離乎此哉！讀莊子之書，求其意而忘其言，可謂善讀者矣。

# 元澤佚文

張鈺翰　輯録

# 整理説明

王雱（一〇四四—一〇七六），字元澤，王安石長子。據郡齋讀書志、東都事略、宋史等記載，雱未冠時即著書數萬言。雖一生年僅三十三歲，而著述甚豐，有論語口義十卷、孟子注十四卷、爾雅、老子注二卷、莊子内篇注、南華真經新傳二十卷、拾遺一卷、佛書義解、元澤先生文集三十六卷。據記載，三經新義中的尚書義完全由王雱撰寫，詩義也有王雱的參與。可惜這樣龐大的著述，除南華真經新傳及拾遺全書傳世外，其他皆已亡佚。

由於宋神宗熙寧期間的變法由王安石主導，王雱在其中也起到了重要的輔助作用，因此在新法被整體否定的語境下，宋人筆記以至正史之中對王雱頗多貶詞。宋史即載雱「爲人慓悍陰刻，無所顧忌……常稱商鞅爲豪傑之士，言不誅異議者法不行。安石與程顥語，雱囚首跣足，攜婦人冠以出，問父所言何事。曰：『以新法數爲人所阻，故與程君議。』雱大言曰：『梟韓琦、富弼之頭於市，則法行矣。』」此條記載的史源應該是北宋邵伯温的聞見録。今人已有駁此記載之不實，未必實有是事，然却可由此窺見當時之人對於王雱的認識。在反變法派的眼中，王雱基本屬於大言不慚、殘忍囂張的人物。

但另一方面，親新法派也有關於王雱的正面記載傳世。曾布孫女壻王銍的默記卷下記載：「先公（名華）言：與閻二丈詢仁同赴省試，遇少年風骨竦秀於相國寺。及下馬去毛衫，乃王元澤也。是時盛冬，因相與於一小院中擁火。詢仁問荆公出處，曰：『舍人何久召不赴？』答曰：『大人久病，非有他也。近以朝廷恩數至重，不晚且來。雱不惟赴省試，蓋大人先遣來京尋宅子爾。』詢仁云：『舍人既來，誰不願賃宅，何必預尋？』元澤答曰：『大人之意不然，須與司馬君實相近者。每在家中云：「擇鄰必須司馬十二，此人居家事事可法，欲令兒曹有所觀效焉。」』」這個故事展現出一個沉穩謹厚的王雱形象。又如沈括夢溪筆談卷十三載：「王元澤數歲時，客有以一麞一鹿同籠，以問雱何者是麞，何者是鹿。雱實未識，良久對曰：『麞邊是鹿，鹿邊是麞。』客大奇之。」此事朱熹亦曾引述，藉以表示王氏父子解經之穿鑿，却也不能不承認王雱「幼即穎悟」。

綜合正反兩方面的記載來看，王雱的形象顯示出了相當大的歧異。我們今天已難確知王雱究竟是一個什麼樣的人，只能從歷史記載的隻鱗片爪，以及王雱殘存的文字中去努力追尋。

除南華真經新傳、拾遺以及重新輯佚的尚書義、老子注之外，本佚文集輯録了王雱的其他文字，包括片段性的論語口義、孟子注，以及傳世的詩文。雖所存不多，亦庶幾可略窺王雱的才學與思想，促進我們對於新學的認識。

# 目録

# 論語口義

子謂公冶長，「可妻也，雖在縲絏之中，非其罪也」。以其子妻之。子謂南容，「邦有道不廢，邦無道免於刑戮」。以其兄之子妻之。

王元澤曰：君子之處其子，與處其兄之子，固不同也。（朱熹論語精義卷三上引楊時曰。）

子曰：「泰伯，其可謂至德也已矣。三以天下讓，民無得而稱焉。」

王元澤曰：三以天下讓，好名者能之，唯民無得而稱焉，是以爲至德。周未有天下，而曰三以天下讓，以彼其德當文王與紂之事，亦可以朝諸侯、有天下矣。（朱熹論語精義卷四下引謝良佐曰。）

子見齊衰者、冕衣裳者與瞽者，見之，雖少必作，過之必趨。

元澤曰：孔子於此，有愛敬之道焉。冕衣裳，貴者之服。（朱熹論語精義卷五上引謝良佐曰。）

顏淵死，門人欲厚葬之。子曰：「不可。」門人厚葬之。子曰：「回也視予猶父也，予不得視猶子也。非我也夫，二三子也。」

元澤曰：不與之車以爲之椁者，義也；哭之慟者，恩也；不得視猶子者，分也。（朱熹論語精義卷六上引謝良佐曰。）

季康子問政於孔子，曰：「如殺無道以就有道，何如？」孔子對曰：「子爲政，焉用殺。子欲善而民善矣。君子之德風，小人之德草，草上之風，必偃。」

元澤曰：教之化民也深於命，民之效上也捷於令。（朱熹論語精義卷六下引謝良佐曰、王應麟困學紀聞卷七。）

孔子曰：「人而不爲周南、召南，其猶正墻面而立。」

元澤謂：爲學始於詩，詩始於二南。（宋黄朝英靖康緗素雜記卷五。）

## 孟子注

孟子云：「盡信書，不如無書。」

王元澤引古本孟子云：「盡信書，不如無爲書。」書安可無也，學者慎所取而已。不知慎所取，則不如勿學而已矣。（宋姚寬西溪叢語卷下。）

# 元澤詩文

## 答吴子經書

某啓：冬寒，伏惟子經舅動止萬福。使至，蒙賜書并示以先志。發緘伏讀，悸不自定，若舒錦繡於麗日之下，光彩浮動，眸子爲之眩晃，徐而視之，則經横緯縱，各有條理。嗚呼！何其文之盛也。某愚且懶，自視缺然，若天下之最不肖者。而於性命之理，自少有所得，而未嘗輒與世俗人道。此非敢爲高而秘藏不與衆共也，誠以爲彼之所見者不過尺寸之間耳，吾方稱其無邊際之説，以震駭其聽，則不唯不能使之信受，而笑譏怒罵將緣此而至。故特陰觀默數，深究天地萬物之情，而以心語口。每有所悟，則未嘗不撫髀浩歎，悼世之人不與於此，而思得高明獨見之士與之稱説也。嘗與許文舉言及此意，云「此獨子經當能知子耳」。某時盖大服其知人，而恨不能一走見，則常歉然，若久癢而待搔爬者。方其如此，而忽辱先志之貺，則其慰悦宜如何也！雖然，子經之所稱聖人則是也，而所言佛者，似乎未至也。子經之序則以謂受教於先正，而愚特疑其不能盡當時受教之旨。始時欲講其大概，而核其得失，以進于左右。既已爲書近數千言，已而中輒自止。以爲子經既已得之於聖人，不當終失之於佛、老者，聖人之異名耳。且人之於此世，若白駒過隙耳，而不如意之事常至百千万數，若不期解脱，則何時而已乎？若子經之志，蓋不可常得於造化者。不及是時了所謂大事因緣，而待何時邪？某之所懷，非子經殆無可與言者，何時得侍坐乎？文舉所持論不甚分明，過蒙稱道，良以增愧。莊子内篇亦嘗作得注，頗有可采者。止有一本，適爲相知借在臨江，俟取得，傳一本寄上。次歲暮旅寄，歸心如飛，而勢未可去，鬱鬱可知矣。叔父在彼，常相見否？大人近有人至此，甚安，尚在金陵，恐欲知耳。餘惟爲道自愛。諸意悽悽，非書所能具。文舉必在庠舍，君子人，可敬爱，若相見，幸再三道微懇。諸舅不及一一奉書。不宣。某再拜。（國朝二百家名賢文粹卷一〇九。）

## 與巖老書

頓首。某行天下久，而閲士多矣。好學樂善，操一節以自終者不爲少，而其識明趣正者蓋亦罕見。豈非講之不精，取之不慎也？此比見足下出所爲文，徐聽其論説，委曲周旋，不違於義，而至者或造乎性命之理、神化之妙。鄙心所仰歎伏爱之不暇，而恨足下迫於行李，不能留此以希講習之益，亦自嗟貧不得已之仕無緣脱去，以希足下之教也。奉惟日以履動佳否，爲學進業宜有大過人者。其發于文章，想亦多矣，又以不得親見爲憾也。某縻於吏守，而往往見役於人，比自京師還，遽感寒疾，情思日益牢落，舊學無所增進。由是益思足下餘論，鼓我之懦氣也。足下年少力强，喜學不倦，惟精講而慎所以，要大成而後已。鄙人之望如此。未由一展，千萬以道自重。（國朝二百家名賢文粹卷一〇九。）

## 乞應差子孫弟姪押賜生日禮不用取旨謝恩奏

差押賜父安石生日禮物。勘會自來押賜例有書送人事，赴閤門繳書，申密院取旨，密院出劄子許收，兼下牓子謝恩。緣父子同財，禮無饋遺，取旨謝恩，一皆僞詐〔二〕。竊恐君臣、父子之際，爲禮不宜如此。欲乞今後應差子孫弟姪押賜，並不用此例。（宋會要輯稿刑法二之三四，又見續資治通鑑長編卷二二八。）

〔二〕「詐」，原作「作」，據續資治通鑑長編卷二二八改。

# 乞置監作甲胄弓弩當務求精良奏

漢宣帝號稱中興之賢主，而史之所敘，獨以爲技巧工匠，皆精于元、成之時。然則此雖有司之事，而上係于朝廷之政，爲政者所宜留意也。方今外禦兩邊之患，而內虞剽盜之變，征伐擒捕之策，未嘗不以爲首務。而至于戎器，則獨不爲之卹。蓋今天下歲課弓弩甲胄之類，入充武庫之積以千萬數，而無堅完輕利真可爲武備者。臣嘗觀于諸州將作院，至有兵匠乏缺，而拘市人以備役所作之器，但形質既具，則精窳之實，一切無所問。武庫吏亦惟計多寡之數，以藏而未有責其實用者，故所積雖多，大抵敝惡不可復舉。夫爲政如此，而猶用抗威決勝，外攝鄰敵之强獷，內沮姦凶之竊發，臣愚未見其可也。倘欲廢弛武備，觀天下以無事，則金木、絲枲、筋角、膠漆、竹羽之材，一出于民力，而無故聚工以毁之，此可惜也。臣私計其便，莫若更制其法度，斂數州之所作而聚以爲一處，若今錢監之比。而每監擇知工事之臣，使專于其職，且募天下之良工，徵爲匠師於諸監，而朝廷亦當内置工官以總制其事，然後察其精窳之實，而重爲賞罰，則人人各求勝，不飭而皆精矣。或聞今武庫，太祖時所爲弓尚有弓絃如新者，而近世所造，往往不可用。審如此，則又有以見法禁之張弛也。昔者垂爲共工，而歷代資其竹矢所以爲至治，此其一事也。

（續資治通鑑長編卷二四五，宋史卷一九七兵志一一。又見九朝編年備要卷一九，文獻通考卷一六一，歷代名臣奏議卷二三〇。）

## 題長沙北禪經室觀音印像

都官鞏彦輔郎中嘗魘去，初兩緋衣召入一大府，嚴甚，有紫衣當案者曰：「此王也，置廡下。」授以沙盆，剔囚目，使研之。餘斷腕截耳，不可勝數，或恐懼失便溺。頃一官至，呵鞏解衣，鞏以有官無罪，官怒曰：「此治殺生獄，豈問官耶？」鞏窘，呼觀音，因者皆和，而殘者完，繫者釋，俱出，鞏亦出，乃蘇。余友吴居易與鞏同官開封府，言「鞏性朴直，不苟於獄，以故或忤在勢者」云。壬子歲，王雱元澤記，會稽關杞刻之，以廣其傳，庶乎世之聞見者，有所警焉。戊午歲題。（宋釋文瑩玉壺清話卷五。）

## 慧力寺輪藏記

臨江慧力禪院無藏經，僧善周住持之明年，始募衆得錢寫經，作轉輪藏貯之。藏前設佛、菩薩、龍神之相餘百軀，刻雕金碧之麗，觀者駭矚而不盡也。凡更八年，週七歲，而當熙寧四年二月十五日，工告畢。嗚呼，可謂勤矣！予嘗以謂佛之爲法，無乎不在，而天下有不聞佛法之處，蓋衆生之法，有焉而不能自悟，必有推而廣之、辨而明之者，然後法行焉。然則彼無法之處，非無法也，無行法之人也。以衆生之迷沉愛海，攖癡疾，不知幾千萬億劫，漂淪之痛毒，莫知所濟息。而是經也，實爲之船艥醫藥。假令有人拯溝瀆之溺，療痟癢之疹，而非報之求，則是必以爲善人長者。若周捐鬚髪，絶親好，垢衣菜食，苦其形體，宜其無求於世矣。而獨能憂衆生之患，方建是藏，以爲愛海之船艥，癡疾之醫藥，則其於施也，豈徒善人長者之謂哉！然則佛作於前，而行之於後者，周乃其一也。周以禪自名，其於辨而明之必有功矣，而予未之親聞。若夫推而廣之，則作轉輪藏其效也，予故樂爲之記。（明秦鏞纂修清江縣志卷之八，四庫全書存目叢書影印明崇禎刻本。）

## 陽武重修門銘

熙寧三年四月，李侯治陽武既久矣，厥政大修，上下咸穆。乃與庶役之當治者，首徹縣門而新之。民不知有役而工告畢，於是侯爲循吏矣。天子明聖，照知天下之能否，至於幽荒遐阻，莫之或遺。而侯之在畿内如此，吾疑侯且將見，不久於兹也。爲之銘曰：

惟帝畿土，有邑陽武。百年□今[一]，摧厥棟宇。逮時惟熙，有賢獻甫。敏而循之，庶政具舉。曰居不嚴，俾民曷瞻。乃以其門，弗亟弗淹。重扉曉闢，有垣而直。莫有其來，布令之德。雅耆感仰，燦以華傍。既高且明，令德是象。他山之石，爰伐爰刻。有來繼侯，視令之式。（國朝二百家名賢文粹卷一八三。）

## 父王公畫像贊

列聖垂教，參差不齊。集厥大成，光於仲尼。（宋邵博邵氏聞見後録卷二〇。）

## 自撰宋故王先生墓志

先生名雱，字元澤，登第於治平四年，釋褐授星子尉，起身事熙寧天子，裁六年，拜天章閣待制，以病廢於家。（宋釋文瑩玉壺清話卷五。）

[一] 「今」上之字漶漫不清，疑爲「于」字。

## 度關山

萬馬度關山，關山三尺雪。馬盡雪亦乾，沙飛石更裂。歸來三五騎，旌旗映雪滅〔一〕。不見去時人，空流磧中血。（劉克莊後村集卷一八〇，厲鶚宋詩紀事卷二五。）

## 古樂府・無以加春懷

朝日上屋角，百鳥鳴不休。豈復辨名字，但聞鬧鈎輈。亂我讀書語，驚我夢寐游。彎弓彈使去，暫去還啾啾。彈十不得一，丸窮來愈稠。拔弓坐榻上，咄咄空自尤。時節使汝鳴，我何爲汝讎。（劉克莊後村集卷一八〇。）

〔一〕「雪」，宋詩紀事作「雲」。

## 絶句

一雙燕子語簾前[一]，病客無憀盡日眠[二]。開徧杏花人不到[三]，滿庭輕雨緑如煙[四]。（劉克莊後村集卷一八〇，李壁王荆公詩注卷四四，厲鶚宋詩紀事卷二五。）

## 絶句

霏微細雨不成泥，料峭輕寒透夾衣[五]。處處園林皆有主，欲尋何地看春歸。（劉克莊後村集卷一八〇，厲鶚宋詩紀事卷二五。）

---

〔一〕「一雙」，李壁王荊公詩注作「雙雙」。

〔二〕「憀」，王荆公詩注作「聊」。

〔三〕「不到」，王荆公詩注作「不見」。

〔四〕「輕」，王荆公詩注作「細」，宋詩紀事作「春」。

〔五〕「夾」，宋詩紀事作「裌」。

## 白苧行

君心莫厭頻歡樂，請看雲間日西入。（詩話總龜卷三十二。）

## 鍾山絶句

當年睥睨此山阿，欲着紅樓貯綺羅。今日重來無一事，却騎羸馬下坡陀。〔二〕（許顗彦周詩話。）

## 翠雲寺

寺古無鄰家，千山抱虚碧。門開猿鳥路，殿鎖烟霞積。老木森回溪，飛湍自淙激。曾無車

---

〔二〕胡仔苕溪漁隱叢話後集卷二十五引許彦周詩話，「著」作「戀」，「事」作「字」。

馬到，絶境間今昔。逍遥賢大夫，肯此攜佳客。鳴騶清曉来，歸時日常昃。不使訟庭空，誰能傲泉石。（光緒撫州府志卷二一。）

## 柳永[一]

賴有樂章傳樂府，落落驪珠照今古。（全閩詩話卷二。）

## 倦尋芳[二]

露晞向晚[三]，簾幕風輕，小院閒晝。翠徑鶯來，驚下亂紅鋪繡。倚危闌[四]，登高榭，海棠著

〔一〕代擬題。
〔二〕樂府雅詞拾遺卷上作倦尋芳慢（中吕宫）。
〔三〕「晚」，原作「曉」，據樂府雅詞拾遺卷上改。
〔四〕「闌」，樂府雅詞拾遺卷上作「墻」，草堂詩餘卷三作「欄」。

雨胭脂透〔二〕。算韶華，又因循過了，清明時候。倦游燕，風光滿目，好景良辰，誰共攜手。恨被榆錢，買斷兩眉長皺〔三〕。憶得高陽人散後，落花流水仍依舊。這情懷，對東風，盡成消瘦。（黄昇花菴詞選卷二，樂府雅詞拾遺卷上，草堂詩餘卷三。）

## 眼兒媚 又名秋波媚

楊柳絲絲美金柔，烟雨織成愁。〔三〕海棠未雨，梨花先雪，一半春休。而今往事難重省，歸夢遶秦樓。相思只在，丁香枝上，豆蔻梢頭。（花草稡編卷七。）

## 雜語

君子多喜食酸，小人多喜食鹹。蓋酸得木性而上，鹹得水性而下也。（宋魏泰東軒筆録卷

〔二〕「著」，樂府雅詞拾遺卷上作「經」。
〔三〕「皺」，樂府雅詞拾遺卷上、草堂詩餘卷三作「鬭」。
〔三〕古今詞話詞辨上卷，「美金柔」作「弄輕柔」，「煙雨」作「煙縷」。

十五。）

作文字易，識文字難。删詩定書，須仲尼乃可，蕭統文選之有不當，又何怪也？（宋張戒歲寒堂詩話卷上。）

# 王安石全集

修訂增補版

第五册

臨川先生文集（一）

王水照　主編

復旦大學出版社

# 臨川先生文集（一）

聶安福　整理

# 整理説明

現存王安石的文集主要有兩個版本系統，一是紹興二十一年（一一五一）王安石曾孫王珏於杭州刊刻的臨川先生文集一百卷本，世稱「杭本」，存宋刻殘帙及宋刻元明遞修本；一是紹興年間於龍舒刊刻的王文公文集一百卷本，世稱「龍舒本」，存兩部宋刻殘帙。這兩個系統，「龍舒本」除宋刻本外，幾無他本沿襲，而「杭本」則自宋以來可謂獨行天下。宋代以後，明刻王安石文集頗多，國内現在能見到的最早明刻本是嘉靖十三年（一五三四）劉氏安正堂臨川王先生荊公文集一百卷，之後嘉靖二十五年（一五四六）應雲鸑重刻臨川王先生荊公文集一百卷，嘉靖三十九年（一五六〇）何遷又校刻臨川先生文集一百卷，萬曆四十年（一六一二）王鳳翔光啓堂刊刻新刻臨川王介甫先生文集一百卷等，至清新刻王安石文集則又有光緒九年（一八八三）聽香館和繆德棻小峴山館刊王臨川全集一百卷。以上諸版相互沿襲而各有校勘，均不出「杭本」範圍。關於王安石文集的版本流傳刊刻情況，可參考王嵐宋人文集編刻流傳叢考（江蘇古籍出版社，二〇〇三年）及祝尚書宋人别集敍録（中華書局，一九九九年）的相關内容。

在以上「杭本」系統中，嘉靖三十九年何遷刻本流傳最廣，接受度最高，本次整理即以四部叢刊初編影印本爲底本，校以中華書局上海編輯所一九六二年影印的王文公文集（簡稱「龍舒本」）、宋集珍本叢刊所收宋刻元明遞修本（簡稱「宋刻本」）以及應刻本、光啓堂本、聽香館本、小岯山館本等，個別文句還利用了他校法。另外，考慮到王安石的詩歌李壁注本有自己獨立的版本傳承，而且上海古籍出版社已經出版了高克勤整理的王荆文公詩箋注，故不再列爲本次整理的參校本，僅在輯佚等工作中加以利用。一些原題爲王安石的作品現在已經確定爲他人所作，但依然在臨川先生文集或王文公文集中收録，爲了保持歷史原貌，我們也不作删除，僅在校勘記中説明。

「龍舒本」與「杭本」雖同爲一百卷，但兩個系統差别極大，不僅篇目、編次不同，而且同一作品的名稱也存在許多差異，我們對此作了必要的校勘。特别是「龍舒本」溢出「杭本」的作品數量尤爲可觀，作爲臨川先生文集的散佚作品，單獨附後，以示源流，而其他來源的輯佚作品另行編排。

本次整理工作由聶安福負責卷一至卷三十七，侯體健負責卷三十八至卷六十九，趙惠俊負責卷七十至卷一百，最後由侯體健統稿。整理參考了全宋詞、全宋詩、全宋文以及中華書局上海編輯所一九五九年臨川先生文集、上海人民出版社一九七四年王文公文集的校勘成果，特此致謝。

# 目録

## 臨川先生文集　卷一

**臨川先生文集　卷二**……（一五五）

## 臨川先生文集　卷三……（一六九）

## 臨川先生文集　卷四

## 臨川先生文集　卷五



## 臨川先生文集　卷六

## 臨川先生文集　卷七……（二二七）

## 臨川先生文集　卷八……（二四三）

**臨川先生文集　卷九**

## 臨川先生文集　卷十

## 臨川先生文集　卷十一…………（二八五）

## 臨川先生文集　卷十二

## 臨川先生文集　卷十六……（三七〇）

## 臨川先生文集　卷十八……（四〇二）

## 臨川先生文集　卷二十……（四三五）

## 臨川先生文集　卷二十一……（四五〇）

## 臨川先生文集　卷二十三……（四八〇）

## 臨川先生文集　卷二十五……（五〇九）

## 臨川先生文集　卷二十六……（五二五）

## 臨川先生文集　卷二十七……（五四五）

臨川先生文集　卷二十八…………（五六四）

律詩　七言絶句…………（五六四）

## 臨川先生文集　卷三十……（五九九）

臨川先生文集　卷三十一……………………（六一八）

律詩　七言絶句……………………（六一八）

## 臨川先生文集　卷三十二……（六三七）

## 臨川先生文集　卷三十三……（六五一）

**臨川先生文集　卷三十四**

## 臨川先生文集　卷三十五……（六八五）

## 臨川先生文集　卷三十六……（七〇二）

## 臨川先生文集　卷三十七……（七二一）

## 臨川先生文集　卷四十六……（八五七）

## 臨川先生文集　卷四十七……（八七一）

# 臨川先生文集　卷四十九

臨川先生文集　卷五十……（九二三）

## 臨川先生文集　卷五十一……（九四三）

**臨川先生文集　卷五十三**……（九九三）

## 臨川先生文集　卷五十四……（一〇一四）

## 臨川先生文集　卷五十五……（一〇三五）

## 臨川先生文集　卷五十六

## 臨川先生文集　卷五十七

## 臨川先生文集　卷五十八……（一〇八四）



## 臨川先生文集　卷五十九……（一〇九五）

臨川先生文集　卷六十一……（一一二五）

## 臨川先生文集　卷六十二……（一一三九）



## 臨川先生文集　卷六十三……（一一五〇）

## 臨川先生文集　卷六十八……（一二三四）


## 臨川先生文集　卷六十九……（一二四九）

臨川先生文集　卷七十六……（一三五一）



臨川先生文集　卷七十七……（一三六七）

## 臨川先生文集　卷七十八……（一三八三）

**臨川先生文集　卷七十九**……（一三九七）

臨川先生文集　卷八十二……………………（一四四六）



臨川先生文集　卷八十三……………………（一四六二）

臨川先生文集　卷八十四……（一四七八）

## 臨川先生文集　卷八十五……（一四九二）

## 臨川先生文集　卷八十六



## 臨川先生文集　卷八十七

## 臨川先生文集　卷九十……（一五五五）



## 臨川先生文集　卷九十一……（一五七六）

## 臨川先生文集　卷九十二……（一五九〇）



## 臨川先生文集　卷九十三……（一六〇六）

**臨川先生文集　卷九十八**……（一六八一）

**臨川先生文集　卷九十九**……（一六九八）

# 臨川先生文集　卷一百……（一七一二）



## 附録一：臨川先生文集佚文……（一七二五）

## 附録二：王安石文集序跋與提要

# 臨川先生文集　卷一

## 古詩

### 元豐行示德逢

四山翛翛映赤日，田背坼如龜兆出。湖陰先生坐草室，看踏溝車望秋實。雷蟠電掣雲滔滔，夜半載雨輸亭皋〔一〕。旱禾秀發埋牛尻，豆死更蘇肥莢毛。倒持龍骨挂屋敖，買酒澆客追前勞。三年五穀賤如水，今見西成復如此。元豐聖人與天通，千秋萬歲與此同。先生在野故不窮，擊壤至老歌元豐。

〔一〕「雨」，光啓堂本作「兩」。

## 後元豐行

歌元豐，十日五日一雨風〔一〕。麥行千里不見土，連山没雲皆種黍。水秧綿綿復多稌，龍骨長乾挂梁梠。鰣魚出網蔽洲渚，荻筍肥甘勝牛乳。百錢可得酒斗許，雖非社日長聞鼓。吴兒蹋歌女起舞，但道快樂無所苦。老翁塹水西南流，楊柳中間杙小舟。乘興欹眠過白下〔二〕，逢人歡笑得無愁。

## 夜夢與和甫别如赴北京時和甫作詩覺而有作因寄純甫

水菽中歲樂，鼎茵暮年悲。同胞苦零落，會合尚悽其〔三〕。況乃夢乖闊，傷懷而賦詩。詩言道路寒，乃似北征時。叔兮今安否，季也來何遲。中夜遂不眠，輾轉涕流離。老我孤主恩，結草以爲期。冀叔善事國，有知無不爲。千里永相望，昧昧我思之。幸唯季優游，歲晚相攜持。於

〔一〕「雨風」，光啓堂本、聽香館本作「風雨」。
〔二〕「欹」，光啓堂本作「歌」。
〔三〕「悽其」，龍舒本作「棲遲」。

焉可晤語，水木有茅茨。畹蘭佇歸憩，遶屋正華滋〔一〕。

## 純甫出釋惠崇畫要予作詩〔二〕

畫史紛紛何足數〔三〕，惠崇晚出吾最許。旱雲六月漲林莽，移我翛然墮洲渚。黄蘆低摧雪翳土，鳬雁静立將儔侶。往時所歷今在眼，沙平水澹西江浦〔四〕。暮氣沈舟暗魚罟，欹眠嘔軋如聞櫓〔五〕。頗疑道人三昧力，異域山川能斷取。方諸承水調幻藥，灑落生綃變寒暑。金坡巨然山數堵，粉墨空多真漫與〔六〕。大梁崔白亦善畫〔七〕，曾見桃花浄初吐。酒酣弄筆起春風，便恐漂零作紅雨。流鶯探枝婉欲語，蜜蜂掇蕊隨翅股。一時二子皆絶藝，裘馬穿羸久羈旅。華堂豈惜萬黄金，苦道今人不如古。

〔一〕「遶」，龍舒本作「遠」。
〔二〕「釋」，龍舒本作「僧」。
〔三〕「何」，宋刻本作「莫」。
〔四〕「西江」，龍舒本作「江西」。
〔五〕「聞」，龍舒本作「鳴」。
〔六〕「漫」，龍舒本作「謾」。
〔七〕「大」，龍舒本作「濠」。

## 徐熙花〔一〕

徐熙丹青蓋江左，杏枝偃蹇花婀娜。一見真謂值芳時〔二〕，安知有人槃礴臝。同朝衆史共排娼，亦欲學之無自可。錦囊深貯幾春風，借問此木何時果。

## 燕侍郎山水〔三〕

往時濯足瀟湘浦，獨上九疑尋二女。蒼梧之野煙漠漠，斷壠連岡散平楚。暮年傷心波浪阻，不意畫中能更睹。燕公侍書燕王府，王求一筆終不與。奏論讞死誤當赦，全活至今何可數。仁人義士埋黄土，祇有粉墨歸囊褚〔四〕。

〔一〕龍舒本「徐」上有「題」字。
〔二〕「謂」，龍舒本作「爲」。
〔三〕龍舒本「燕」上有「題」字，末有「圖」字。
〔四〕「褚」，龍舒本作「楮」。

## 陶縝菜〔一〕

江南種菜漫阡陌，紫芥緑菘何所直。陶生畫此共言好，一幅往往黄金百。北山老圃不外慕〔二〕，但守荒畦斸荆棘。陶生養目渠養腹，各以所能爲物役〔三〕。

## 己未耿天騭著作自烏江來予逆沈氏妹于白鷺洲遇雪作此詩寄天騭

辛酉冬，天騭復來，誦之，遂書于壁，請天騭書所酬于右。〔四〕

朔風積夜雪，明發洲渚浄。開門望鍾山，松石皓相映。故人過我宿，未盡躋攀興。而我方渺然，長波一歸艇。款段庶可策，柴荆當未暝。與子出東岡，牆西掃新徑。

---

〔一〕龍舒本題末有「示德逢」三字。

〔二〕「外慕」，龍舒本作「慕此」。

〔三〕「能」，龍舒本作「長」。

〔四〕龍舒本題末有「云云」二字，無題注。

## 招約之職方并示正甫書記

往時江總宅，近在青溪曲。井滅非故桐，臺傾尚餘竹。池塘三四月，菱蔓芙蕖馥。蒲柳亦競時，冥冥一川緑。方坻最所愛，意謂可穿築。欲往無舟梁，長年寄心目。故人晚得此，心事付草木。消摇棡宇新，攬結蹊隧熟〔二〕。更能適我願，中水開茆屋。鬼誉誅荒梗，人境掃喧黷。濠魚浄留連，海鳥暖追逐。豈無方外客，於此停高躅。憶初桑落時，要我豈非夙。蠶眠忽欲老，一个未言速〔三〕。當緣東門水，尚溜南浦舳。吾廬雖隱翳，賞眺還自足。横陂受後澗，直塹輸前瀆。跳鱗出重錦，舞羽墮軟玉。碧箭遞舒卷，紫角聯出縮。千枝孫嶧陽，萬本母淇澳。滿門陶令株，彌岸韓侯蔌。尚復有野物，與公新聽矚。金鈿擁蕪菁，翠被敷苜蓿。蝦蟆能作技，科斗似可讀。櫺軒俯北渚，花氣時度谷。耘耡聊效顰，締搆行可續。荒乘儻不倦，一晝敢辭卜。雖無北海酒，乃有平津肉。翛翛仙李枝，城市久煩促。寄聲與俱來，蔭我臺上穀。

〔二〕「結」，龍舒本作「辔」。
〔三〕「个」，宋刻本、龍舒本作「介」。

# 同王濬賢良賦龜得升字

世傳一尾龜百齡，此龜逮見隋唐興〔一〕。雖然天幸免焦灼，想屢縮頸愁嚴凝。前年赴海不量力，欲替鼇負三峻嶒〔二〕。番禺使君邂逅見，知困簸蕩因嗟矜。疾呼余且設網取〔三〕，以組系首䋲穿繩。北歸與俱度大庾，兩夫贔屭苦不勝。艤船秦淮擔送我〔四〕，云此一可當十朋。昔人寶龜謂神物，奉事槁骨尤兢兢。殘民滅國遞争奪，有此乃敢司黎烝。於時睹甲別貴賤，太卜藏法傳昆仍。豈如元君須見夢，初知歡喜得未曾。自從九江罷納錫，衆漁賤棄秋不登。卜人官廢亦已久，果獮誰復知殊稱。今君此寶世莫識，我亦坐視心瞢瞢。揞牀纔堪比瓦礫，當粟孰肯捐斗升。糝頭腥臊何足嗜，曳尾污穢適可憎。盛溲除聾豈必驗，蹈背出險安敢憑。刳腸以占幸無事，卷殼而食病未能。如聞翕息可視效，乃往有墮崖千層〔五〕。仰窺朝陽俯引氣，亦得難老如岡陵。諒能學

---

〔一〕「逮」，龍舒本作「殆」。
〔二〕「峻」，龍舒本作「崩」。
〔三〕「余」，龍舒本作「豫」。
〔四〕「擔」，龍舒本作「檐」。
〔五〕「乃往」，龍舒本作「往乃」。

此真壽類，世論妄以蟲疑冰。嗟余老矣倦呼吸，起晏光景難瞻承。但知故人所玩惜〔二〕，每戒異物相侵陵。唯憂盜賊今好卜，夜半劫請無威懲。復恐饞夫負之走，并竊老木爲薪蒸〔三〕。淺樊荒圃不可保，守視且寄鍾山僧。

## 示元度 營居半山園作。

今年鍾山南，隨分作園囿。鑿池搆吾廬，碧水寒可漱。溝西雇丁壯，擔土爲培塿〔三〕。扶疏三百株，蒔楝最高茂〔四〕。不求鵷鶵實，但取易成就。中空一丈地，斬木令結搆〔五〕。五楸東都來，斸以遶簷溜。老來厭世語〔六〕，深卧塞門竇。贖魚與之游，餵鳥見如舊〔七〕。獨當邀之子，商略終宇宙〔八〕。

〔一〕「故」，龍舒本作「古」。
〔二〕「蒸」，宋刻本作「烝」。
〔三〕「擔」，龍舒本作「檐」。
〔四〕「楝」，龍舒本作「揀」；光啓堂本、聽香館本作「棟」。
〔五〕「搆」，光啓堂本作「措」。
〔六〕「語」，聽香館本作「喧」。
〔七〕「餵」，龍舒本作「餧」。
〔八〕龍舒本原校：「終，一作經。」

更待春日長，黄鸝弄清晝〔一〕。

## 仲明父至宿明日遂行〔二〕

初登張公門，公子始冠幘。於今見公子，與我偕鬢白〔三〕。山林坐語笑，宛然在公側〔四〕。豈惟貌如之，侃侃有公德。憶公營懶鄉，許我歸作客。我歸公既逝，惆悵難再得。得子如得公〔五〕，交懷我忻戚。漂揺將安往，税駕止一昔。寤言且勿寐，庶以永今夕。何時復能還，裹飯冶城宅〔六〕。

## 杏花

石梁度空曠，茅屋臨清炯〔七〕。俯窺嬌饒杏〔八〕，未覺身勝影。嫣如景陽妃，含笑墮宮井。怊悵

〔一〕「弄」，龍舒本作「哢」。
〔二〕「仲明父」，龍舒本作「張明甫」。
〔三〕「偕」，龍舒本、聽香館本作「皆」。
〔四〕「然」，原作「我」，據龍舒本校改。
〔五〕「得」，龍舒本作「我」。
〔六〕「宅」，龍舒本作「側」。
〔七〕「炯」，聽香館本作「迥」。
〔八〕「饒」，聽香館本作「嬈」。

有微波，殘妝壞難整。

## 奉酬約之見招

君家段干木，爲義畏人侵。馮軾信厚禮，踰垣終褊心。川坻寧有此〔一〕，園屋諒非今。雨過梅柳净，潮來蒲稗深。種芳彌近渚，伐翳取遥岑。清節亦難尚，曠懷差易尋。子猷憐水竹，逸少愜山林。況復能招我，親題漢上襟〔二〕。

## 寄吴氏女子〔三〕

伯姬不見我，乃今始七齡。家書無虚月，豈異常歸寧。汝夫綴卿官，汝兒亦搢綖〔四〕。兒已受師學，出藍而更青。女復知女功，婉嫕有典刑。自吾捨汝東，中父繼在廷。小父數往來，吉音

〔一〕「川坻」，龍舒本作「溪山」。
〔二〕「襟」，龍舒本作「衿」。
〔三〕龍舒本題末有「一首」二字。
〔四〕「綖」，龍舒本作「紳」。

汝每聆。既嫁可顧懷，孰如汝所丁[一]。而吾與汝母，湯熨幸小停。丘園禄一品，吏卒給使令。膏粱以晚食，安步而車軿。山泉皋壤間，適志多所經。汝何思而憂，書每説涕零。吾廬所封殖，歲久愈華菁。豈特茂松竹，梧楸亦冥冥。芰荷美花實，瀰漫争溝涇。諸孫肯來游，誰謂川無舲。姑示汝我詩，知嘉此林坰。末有擬寒山，覺汝耳目熒。因之授汝季，季也亦淑靈。

## 贈約之

君胸寒而痞，我齒熱以摇。無方可捄藥，相值久無憀。欲尋秦越人，魂逝莫能招。但當觀此身[二]，不實如芭蕉。

## 寄楊德逢

山樊老憚暑，獨痡無所適。湖陰宛在眼，曠若千里隔。遥聞青秧底，復作龜兆坼。占歲以知子，將勤而後食。穿溝取西港，此計當未獲。翛翛兩龍骨，豈得長掛壁。晤言久不嗣，作苦何

[一]「丁」，聽香館本作「叮」。
[二]「但」，龍舒本作「且」。

時息。炎天不可觸，悵望新春白。

## 再次前韻寄楊德逢

一雨洗炎蒸，曠然心志適。如輪浮幢海，滅火十八隔〔一〕。俯觀風水涌，仰視電雲坼。知公開霽後，過我言不食。翻然陂路長，泥淖困臧獲。明明吾有懷，如日照東壁。莫逢田父歸〔二〕，倚杖問消息。渠來那得度，南蕩今已白。

## 仲明父不至 張名軒民，仲明父其字也。〔三〕

月出映溝坻，煙升隱墟落。寒魚占窟聚，暝鳥投枝泊。亭皋閉晚市，隴首歸新穫。佇子終不來，青燈耿林壑。

〔一〕「十八」，龍舒本作「忽相」。
〔二〕「莫」，龍舒本作「暮」。
〔三〕龍舒本題作「示張秘校」，無題注。

## 與呂望之上東嶺

靖節愛吾廬，猗玗樂吾耳。適野無世諠，吾今亦如此。紛紛舊可厭，俗子今掃軌。使君氣相求，眷顧未云已。追隨上東嶺，俯仰多可喜。何以況清明，朝陽麗秋水。微雲會消散，豈久汚塵滓。所懷在分衿，藉草淚如洗。

## 與望之至八功德水

念方與子違，戃怳夜不眠。起視明星高，整駕出東阡。聊爲山水遊，以寫我心悁。知子不餔糟，相與酌雲泉。

## 要望之過我廬〔一〕

念子且行矣，要子過我廬。汲我山下泉，煮我園中蔬。知子有仁心，不忍鉤我魚〔二〕。我池

〔一〕「要」，龍舒本作「邀」，詩中同。
〔二〕「鉤」，宋刻本作「釣」。

在人境〔一〕，不與獱獺居。亦復無蟲蛆，出没争腐餘。食罷往遊觀，鱍鱍藻與蒲。清波映白日，擺尾揚其鬚。豈魚有此樂，而我與子無？擊壤謡聖時，自得以爲娱。

## 聞望之解舟

子來我樂只，子去悲如何。謂言且少留〔二〕，大舸已凌波。閶闔雖莫測，皇明邁羲娥。脩門歸有時〔三〕，京水非汨羅。

## 法雲

法雲但見脊〔四〕，細路埋桑麻。扶輿度焰水，窈窕一川花。一川花好泉亦好，初晴漲緑深於草〔五〕。汲泉養之花不老，花底幽人自衰槁〔六〕。

〔一〕「人」，龍舒本作「仁」。
〔二〕「且少」，龍舒本「少淹」。
〔三〕「時」，龍舒本作「期」。
〔四〕「脊」，光啓堂本「眷」。
〔五〕「晴」，光啓堂本作「情」。「深」，龍舒本作「濃」。
〔六〕「槁」，光啓堂本作「稿」。

## 彎碕

殘暑安所逃，彎碕北窗北。伐翳作清曠，培芳衛岑寂。投衣挂青枝，敷簟取一息。涼風過碧水，俯見遊魚食。永懷少陵詩，菱葉淨如拭。誰當共新甘，紫角方可摘。

## 月夜二首〔一〕

山泉墮清陂，陂月臨静路。惜哉此佳境，獨賞無與晤。埭口哆陂陰，要予水西去。呼僮擁草坐〔二〕，復使東南注〔三〕。

### 二

蹋月看流水，水明摇蕩月。草木已華滋，山川復清發。褰裳伏檻處，緑淨數毛髮。誰能挽姮娥〔四〕，俯濯淩波襪。

〔一〕龍舒本題作「步月」，爲第一首。

〔二〕「僮」，龍舒本作「童」。

〔三〕龍舒本原校：「一云復改東南注。」

〔四〕「姮」，光啓堂本、聽香館本作「嫦」。

## 兩山間

自予營北渚，數至兩山間。臨路愛山好，出山愁路難。山花如水浄〔一〕，山鳥與雲閑。我欲抛山去，山仍勸我還。祇應身後冢〔二〕，亦是眼中山〔三〕。且復依山住，歸鞍未可攀。

〔一〕「山」，宋刻本作「此」。
〔二〕「祇」，光啓堂本作「祗」。
〔三〕「亦」，龍舒本作「便」。

# 臨川先生文集　卷二

## 古詩

### 題南康晏使君望雲亭〔一〕

南康父老傳使君，疾呼急索初不聞。未嘗遺汲谷簾水〔二〕，三歲只望香爐雲〔三〕。雲徐無心澹無滓〔四〕，使君恬静亦如此。飈然一去掃遺陰〔五〕，便覺歊煩悵千里。歸田負戴子與妻，圃蔬園果西山西。出門亭皋百頃緑，望雲纔喜雨一犁。我知新亭望雲好，欲斸比鄰成二老。莫嫌鷄黍數往

〔一〕龍舒本無「南康」二字。「使君」，原作「史君」，據龍舒本改，本詩正文同改。
〔二〕「簾」，聽香館本作「廉」。
〔三〕「歲」，龍舒本作「載」。
〔四〕「澹」，龍舒本作「静」。
〔五〕「飈」，龍舒本作「欻」。

來，爲報襄陽德公嫂。

## 涔亭

朝尋東郭來，西路歷涔亭。衆山若怨思，慘澹長眉青。迸水泣幽咽，復如語丁寧。豈予久忘之，而欲我小停？歇鞍松柏間，坐起俯軒欞。秋日幸未暮，奈何雨冥冥。

## 光宅寺〔二〕

翛然光宅淮之陰，扶輿獨來止中林。千秋鍾梵已變響，十畝桑竹空成陰。昔人倨堂有妙理，高座翳繞天花深。紅葵紫莧復滿眼，往事無迹難追尋。

## 春日晚行〔三〕

門前楊柳二三月，枝條緑煙花白雪。呼僮羈我果下騮，欲尋南岡一散愁。緣岡初日溝港

〔二〕龍舒本題作「光宅寺二首」，此爲第一首。
〔三〕龍舒本題作「散愁」。

淨，與我門前緑相映。隔淮仍見裊裊垂，佇立怊悵去年時。杏花園西光宅路，草暖沙晴正好渡。興盡無人檝迎我，却隨倦鵶歸薄暮。

## 新花[一]

老年少忻豫[二]，況復病在牀。汲水置新花，取慰此流芳。流芳袛須臾，我亦豈久長。新花與故吾，已矣兩可忘。

## 四皓二首

四皓秦漢時，招招莫能致。紫芝可以飽，粱肉非所嗜[三]。谷廣水渙渙，山長雲泄泄。與其貴而拘，不若賤而肆。

### 二

秦毆九州逃，知力起經綸。重利誘衆策，頗知聚秦民。頹然此四老，上友千載魂。采芝商

[一] 龍舒本題作「絶筆」。
[二] 「忻」，龍舒本作「懽」。
[三] 「粱」，原作「梁」，據聽香館本改。

山中，一視漢與秦。靈珠在泥沙，光景不可昏。道德雖避世，餘風迴至尊。嫡孽一朝正，留侯果知言。出處但有禮，廢興豈所存。

## 真人

予常值真人〔一〕，能藏毒而寧。能納穢若浄，能易羶使馨。能解身赫赫，能逆知冥冥。日唯汝心攖，而汝耳目熒。廓然而無營，其孰擾汝靈。神奇實主汝〔二〕，厥通莫之令。嘻予豈不知，黄帝與焦螟〔三〕。死心而廢形，乃可少聞霆。顧今親遘之，於吾獨剽聆。刳心事斯語，自儆以書銘。

## 寄蔡氏女子二首

建業東郭，望城西堠。千嶂承宇，百泉繞霤。青遥遥兮纚屬〔四〕，緑宛宛兮横逗。積李兮縞夜，崇桃兮炫晝。蘭馥兮衆植，竹娟兮常茂。柳蔫綿兮含姿，松偃蹇兮獻秀。鳥跂兮下上，魚跳

〔一〕「常」，宋刻本作「嘗」。
〔二〕「主汝」，宋刻本作「汝主」。
〔三〕「與」，宋刻本作「覺」。
〔四〕「纚」，龍舒本作「灑」。

兮左右。顧我兮適我，有斑兮伏獸。感時物兮念汝，遲汝歸兮攜幼。

## 二

我營兮北渚，有懷兮歸女。石梁兮以苫蓋，緑陰陰兮承宇。仰有桂兮俯有蘭，嗟汝歸兮路豈難〔一〕。望超然之白雲，臨清流而長嘆。

## 夢黄吉甫

夢傳失之妄〔二〕，晝冀見而想。豈伊不可懷，而使我心往。山林老顛眴，數日占黄壤。舟輿來何遲，北望屢懺怳。西城薺花時，落魄隨兩槳。歲晚洲渚净，水消煙渺莽。躊躕壁上字，期我無乃迋。

## 遊土山示蔡天啓祕校〔三〕

定林瞰土山，近乃在眉睫。誰謂秦淮廣，正可藏一艓。朝予欲獨往，扶憊强登涉。蔡侯聞

〔一〕「汝」，龍舒本作「女」。
〔二〕「妄」，原校：「一作悲。」
〔三〕「祕校」二字，原無，據目録及龍舒本、光啓堂本、聽香館本補。

之喜，喜色見兩頰。呼鞍追我馬，亦以兩黥挾。斂書付衣囊，裹飯隨藥笈。翛翛阿蘭若，土木老山脅。鼓鐘卧空曠，篝簾雕捷業。外堂廓無主〔一〕，考擊誰敢輒。坡陁謝公冢〔二〕，藏槨久穿劫。百金買酒地，野老今行饁。緬懷起東山，勝踐比稠疊。於時國累卵，楚夏血常喋。外實備艱梗，中仍費調燮。公能覺如夢，自喻一蝴蝶。桓温適自斃，苻堅方天厭。且可緩九錫，寧當快一捷。彼哉斗筲人，得喪易矜怯。妄言屐齒折，吾欲刊史牒。傷心新城埭，歸意終難愜。漂搖五城舟，尚想浮河檝。千秋隴東月，長照西州堞。豈無華屋處，亦捉蒲葵箑。碎金諒可惜，零落隨秋葉。好事所傳玩，空殘法書帖。清談眇不嗣，陳迹恍如接。東陽故侯孫，少小同鼓篋。一官初嶺海，仰視飛鳶跕。窮歸放款段，高卧停遠蹀。牽襟肘即見，著帽耳纔壓。數椽危敗屋，爲我炊陳浥。雖無膏污鼎，尚有羹濡筴。縱言及平生，相視開笑靨。邯鄲枕上事，且飲且田獵。或昏眠委翳，或妄走超躐。或叫號而寤，或哭泣而魘。幸哉同聖時，田里老安帖〔三〕。易牛以寶劍，擊壤勝彈鋏。追憐衰晉末，此土方岌嶪。强偷須臾樂，撫事終愁慄。予雖天戮民，有械無接摺。翁今貧而静，内熱非復葉。予衰極今歲，儻與雞夢協。委蜕亦何恨，吾兒已長鬣。翁雖齒長我，未見白

〔一〕「外」，宋刻本、龍舒本作「升」。

〔二〕「冢」，龍舒本作「家」。

〔三〕「帖」，龍舒本作「怗」。

可鑷。祝翁尚難老，生理歸善攝。久留畏年少，譏我兩呫囁。束火扶路還，宵明狐兔慴。蔡侯雄俊士，心憭形亦諜。異時能飛鞚，快若五陵俠。胡爲阡陌間，跪足僅相躡。諒欲交讆語，呿子不能嗋[二]。

## 再用前韻寄蔡天啓

蔡侯東方來，取友無所挾。翛翛一囊衣，偶以一書笈。定林朝自炊，有匕或無筴。時時羹藜藿，鑊大苦難燮。驕頑遂敢侮，有甚覿駢脅。澹然山谷中，變色未嘗輒。始見類欺魄，寒暄粗酬接。從容與之語，爛漫無不涉。奇經可治疾，秘祝可解魘。巫醫之所知，瞽史之所業。載車必百兩，獨以方寸攝。微言歸易悟，疾若髭赴鑷。天機信卓越，學等何足躐。縱談及既往，每與唐許協。揚雄尚漢儒，韓愈真秦俠。好大人謂狂，知微乃如諜。惟知造文字，人惑鬼愁慴。秦愚既改皋，新旺仍易疊。六書遂失指，隸草矜敏捷[三]。誰珍檀山刻，共賞蘭亭帖。東京一祭酒，收拾偶予愜。少嘗妄思索，老懶因退怯。侯方習篆籀，寸管靜嘗擪。深原道德意，助我耕且獵。

[二]「子」，宋刻本作「予」。

[三]「捷」，龍舒本作「揵」。

昔功恐唐捐，異味今得饁。京口媚學子，追師嘗劫劫。陸贏淮汴糧，水僦湖海艓。遠求而近遺〔一〕，如目不見睫。僞鳳易悦楚，真龍反驚葉。聞予再三歎，往往心不厭。或自逸而走，或呿而不噆。或嗤元郎漫，或訾白翁囁〔二〕。鑠金徒欲消，韞玉豈愁浥。賢愚有定分，咄汝無喋喋。跨鞍隨我遊，曳屣聯我跕。照泉挹清泚，跂石緣嵬嶪。東陂數儵魚，西崦追蛺蝶。翳林窺搏黍，藉草聽批頰。黃尋遠蓮鬚，紅閲鄰杏靨。荏苒光景流，楊園忽無葉。扶痾歸未久，吾見喜寧帖〔三〕。褰裳告我去，禄仕當隨牒。蕭晨秣款段，歸騎得追躡。謂言循東路，復出西城堞。行矣忍羈旅，無魚勿彈鋏。天閑久索驥，駿足方騰蹀。長驅勿驕矜，小踠亦勿慄。鵬飛九萬里，勿借風一箑。溟波浩難窮，勉自養鱗鬣。爵禄實天械，功名爲接摺。寧能復與我，摇漾秦淮檝。附書勿辭頻，隔歲期滿篋。

## 用前韻戲贈葉致遠直講

葉侯越著姓，冑出實楚葉。縉雲雖窮遠，冠蓋傳累葉。心大有所潛，肩高未嘗脅。飄飄凌

〔一〕「遺」，龍舒本作「違」。
〔二〕「囁」，光啓堂本、聽香館本作「赫」。
〔三〕「帖」，龍舒本作「怗」。

雲意，强禦莫能懾。辟雍海環流，用汝作舟檝。開胸出妙義，可發曚起魘。詞如太阿鋒，誰敢觸其鋏。聽之心凜然，難者口因噙。摶飛欲峨峨，鍛隳今跕跕〔一〕。忘情塞上馬，適志夢中蝶。若金静無求，在治惟所挾。載醪但彼惑，饋漿非我諜。經綸安所施，有寓聊自愜。棋經看在手，棋訣傳滿篋。坐尋棋勢打，側寫棋圖貼。攜持山林屐，刺擿溝港艓。一抨嘗自副〔二〕，當熱寧忘箑。反嗤褦襶子，但守一經笈。亡羊等殘生，朽筴何足摺〔三〕。歡然值手敵，便與對匕筴。縱横子墮局，腷膊聲出堞。樵父弛遠擔，牧奴停晏饁。旁觀各技癢，竊議兒女囁。所矜在得喪，聞此更心惵〔四〕。熟視籠兩手，徐思撚長鬣。微吟静愔愔，堅坐高帖帖。未快巖谷叟，斧柯嘗爛浥。趨邊恥局縮，穿腹愁危業。或撞關以攻，或覰眼而擪。或羸行伺擊，或猛出追躡。垂成忽破壞，中斷俄連接。或外示閒暇，伐事先和燮。或冒突超越，鼓行令震疊。或粗見形勢，驅除令遠蹀。或開拓疆境〔五〕，欲并包總攝。或僅殘尺寸〔六〕，如黑子著靨。或横潰解散，如尸僵血喋。或懦如告

〔一〕「鍛」，龍舒本作「鍜」。

〔二〕「抨」，光啓堂本作「枰」。

〔三〕「摺」，龍舒本作「挾」；聽香館本作「慴」。

〔四〕「惵」，光啓堂本作「堞」。

〔五〕「拓」，光啓堂本作「招」。

〔六〕「尺」，光啓堂本作「大」。

亡，或喜如獻捷。陷敵未甘虜，報仇方借俠。諱輸寧斷頭，悔悞乃批頰。終朝已罷精，既夜未交睫。翻然悟且嘆，此何宜劫劫。孟軻惡妨行，陶侃懲廢業。揚雄有前言，韋曜存往牒。晉臣抑帝手，挼侯何啻涉。冶城子争道，拒父乃如輒。争也實逆德，豈如私鬭怯。藝成况窮苦，此殆天所厭。如今劉與李，倫等安可躐。試令取一毫，亦乏寸金鑷。以此待君子，未與回參協。操具投諸江，道耕而德獵。

## 白鶴吟示覺海元公

白鶴聲可憐，紅鶴聲可惡。白鶴静無匹，紅鶴喧無數。白鶴招不來，紅鶴揮不去。長松受穢死，乃以紅鶴故。北山道人曰：美者自美，吾何爲而喜？惡者自惡，吾何爲而怒？去自去耳，吾何闕而追？來自來耳，吾何妨而拒？吾豈厭喧而求静，吾豈好丹而非素。汝謂松死吾無依邪？吾方捨陰而坐露。

## 示安大師

道人深北山爲家，宴坐白露眠蒼霞。手扶梲杖雖老矣，走險尚可追麏麚。踞堂俯視何所有，窈窕樛木垂榠樝[二]。深尋石路仍有栗，持以饋我因烹茶。

## 示寶覺

宿雨轉歊煩，朝雲擁清迥。蕭蕭碧柳軟，脈脈紅蕖靚。默卧如有懷，荒乘豈無興？幽人適過我，共取牆陰徑。

## 定林示道原

昨登定林山，俯視東南陔。但見一方白，莫知所從來。濕銀注寒晶，奩以青培堆。迢迢晻靄中，疑有白玉臺。是夕清風興，煩雲豁然開。常娥攀桂枝，顧景久徘徊[三]。杖藜忽高秋，陳迹與子陪。壯觀非復昔，平蕪夜莓苔。

---

[二]「榠」，光啓堂本、聽香館本作「枳」。

[三]「景」，光啓堂本作「影」。

## 我所思寄黄吉甫

我所思兮在彭蠡，一奩寒晶徑千里。天低紺滑風静止〔一〕，月澹星渟尤可喜。亦復可憐波浪起，琉璃崩嵌湧顛紊。萬斛之舟簸一葦，超邑越都如歷指。岸沙雪積山雲委，雲半飛泉挂龍尾。跳空散作平地水，牛乳芳甘那得比。蘿蔦冥冥蔭演迤，稍上尋源出奇詭。像圖釋迦祠老子，臺殿晻靄相重累。石槽環除逗清泚，松竹靚深無虎兕。其徒翛然棄塵滓，雖未應真終適己。黄侯可與談妙理，視棄榮宦猶弊屣〔二〕。每採紫芝求石髓，我欲從之勸游徙。穀城公孫能若此，五老聞之當啓齒。寄聲五老吾念爾，相見無時老將死。

## 寄朱昌叔

西安春風花幾樹，花邊飲酒今何處。一杯塞上看黄雲，萬里寄聲無雁去。世事紛紛洗更新，老來空得滿衣塵。青山欲買江南宅，歸去相招有此身。

〔一〕「紺」，光啓堂本、聽香館本作「緋」。
〔二〕「宦」，宋刻本、龍舒本作「官」。

## 與僧道昇二首

昇也初見我，膚腴仍潔白。今何苦而老，手脚皴以黑。聞有道人者，於今號禪伯。嬲汝以一句，西歸瘦如腊。汝觀青青枝，歲寒好顔色。此松亦有心，豈問庭前柏。

二〔二〕

跋陀羅師能幻物，幻穢爲浄持幻佛。佛幻諸天以戲之，幢幡香果助設施〔三〕。茫然悔欲除所幻，還爲幻佛力所持。佛天與汝本無間，汝今何恭昔何慢。十方三世本來空，受記豈非遭佛幻。

## 贈彭器資

鄱水滔天竟東注，氣澤所鍾賢可慕。文章浩渺足波瀾，行義迢迢有歸處。中江秋浸兩崖間，遡洄與我相往還。我挹其清久未竭，復得縱觀於波瀾。放言深入妙雲海，示我仙聖本所寰。楞伽我亦見髣髴，歲晚所悲行路難。

---

〔二〕龍舒本題作「佛幻」，題注「重」。

〔三〕「果」，龍舒本作「花」。

## 贈王居士

武林王居士，與子俱學佛。以財供佛事，不自費一物。

## 贈李士雲

李子山水人，而常寓城郭。毫端出窈窕，心手初不著。我聞大梵天，擎跨雞孔雀。執鈴揚赤幡，浩劫淨無作。佳哉子能圖，可以慰寂寞。相與驗其真，他年在寥廓。

# 臨川先生文集　卷三

## 古詩

### 題半山寺壁二首[一]

我行天即雨，我止雨還住。雨豈爲我行，邂逅與相遇。

二

寒時暖處坐，熱時涼處行[二]。衆生不異佛，佛即是衆生。

[一]「寺」，龍舒本作「亭」。
[二]「處」，光啓堂本作「起」。

## 定林寺

衆木凜交覆，孤泉静横分。楚老一枝筇，於此傲人群。城市少美蔬，想今困惔焚。且憑東北風，持寄嶺頭雲。

## 題定林壁

定林自有主，我爲林下客。客主各有心，還能共岑寂。

## 移桃花示俞秀老

舍南舍北皆種桃，東風一吹數尺高。枝柯蔫綿花爛熳〔二〕，美錦千兩敷亭皋。晴溝漲春緑周遭，俯視紅影移漁舠。山前邂逅武陵客，水際髣髴秦人逃。攀條弄芳畏晼晚，已見黍雪盤中毛。仙人愛杏令虎守，百年終屬樵蘇手。我哀此果復易朽〔三〕，蟲來食根那得久。瑶池紺絶誰見有，

〔二〕「熳」，聽香館本作「漫」。

〔三〕「哀」，原作「衰」，據聽香館本改。

更值花時且追酒〔一〕。君能酩酊相隨否〔二〕。

## 對棋與道源至草堂寺〔三〕

北風吹人不可出，清坐且可與君棋。明朝投局日未晚〔四〕，從此亦復不吟詩。

## 書八功德水庵

幽獨若可厭，真實爲可喜。見山不礙目，聞水不逆耳。翛然無所爲，自得而已矣。

## 放魚

捉魚淺水中，投置最深處。當暑脱煎熬，翛然泳而去。豈無良庖者，可使供匕箸。物我皆畏苦，捨之寧啖茹。

〔一〕「值」，光啓堂本、聽香館本作「入」。「追」，聽香館本作「進」。
〔二〕「能」，光啓堂本作「來」。
〔三〕龍舒本題作「對棋呈道原」。
〔四〕「日」，龍舒本作「亦」。

## 霾風

霾風摧萬物，暴雨膏九州。卉花何其多，天闕亦已稠。白日不照見，乾坤莽悲愁。時也獨奈何，我歌無有求。

## 偶書

惠施説萬物，槃特忘一句。寄語讀書人，呶呶非勝處〔一〕。

## 即事二首

雲從鍾山起，却入鍾山去。借問山中人，雲今在何處？

二

雲從無心來，還向無心去。無心無處尋，莫覓無心處。

〔一〕「勝」，光啓堂本、聽香館本作「一」。

## 擬寒山拾得二十首〔一〕

牛若不穿鼻，豈肯推人磨。馬若不絡頭，隨宜而起卧。乾地終不涴，平地終不墮。擾擾受輪迴，衹緣疑這箇。

## 二

我曾爲牛馬，見草豆歡喜。又曾爲女人，歡喜見男子。我若真是我，衹合長如此。若好惡不定，應知爲物使。堂堂大丈夫，莫認物爲己。

## 三

凡夫當夢時，眼見種種色。此非作故有，亦非求故獲。不知今是夢，道我能畜積。貪求復守護，嘗怕水火賊。既覺方自悟〔二〕，本空無所得。死生如覺夢，此理甚明白。

## 四

風吹瓦墮屋，正打破我頭。瓦亦自破碎，豈但我血流。我終不嗔渠，此瓦不自由。衆生造衆

〔一〕「二十」，龍舒本作「十九」，詩爲前十九首。

〔二〕「既」，聽香館本作「自」。

惡，亦有一機抽。渠不知此機，故自認愆尤。此但可哀憐，勸令真正脩。豈可自迷悶，與渠作冤讎。

## 五

若言夢是空，覺後應無記。若言夢非空，應有真實事。燔燒陽自招，沈溺陰自致。令汝嘗驚魘，豈知安穩睡。

## 六

人人有這箇，這箇没量大。坐也坐不定，走也跳不過。鋸也解不斷，鎚也打不破。作馬便搭鞍，作牛便推磨。若問無眼人，這箇是甚麽。便遭伊纏繞，鬼窟裏忍餓。

## 七

我讀萬卷書，識盡天下理。智者渠自知，愚者誰信爾。奇哉閑道人，跳出三句裏。獨悟自根本，不從他處起。

## 八

幸身無事時，種種妄思量。張三袴口窄，李四帽簷長。失脚落地獄，將身投鑊湯。誰知受熱惱，却不解思涼。

## 九

有一即有二，有三即有四。一二三四五，有亦何妨事。如火能燒手，要須方便智。若未解傳薪，何須學鑽燧。

十

昨日見張三，嫌他不守己。歸來自悔責，分別亦非理。今日見張三，分別心復起。若除此惡習，佛法無多子。

十一

傀儡袛一機，種種没根栽。被我入棚中，昨日親看來。方知棚外人，擾擾一場獃。終日受伊謾，更被索錢財。

十二

季生坦蕩蕩〔一〕，所見實奇哉。問渠前世事〔二〕，答我燒炭來。炭成能然火，火過却成灰。灰成即是土，隨意立根裁〔三〕。

十三

衆生若有我，我何能度脱？衆生若無我，已死應不活。衆生不了此，便聽佛與奪。我無我

〔一〕「季」，光啓堂本、聽香館本作「李」。
〔二〕「渠」，光啓堂本作「奇」。
〔三〕「裁」，聽香館本作「栽」。

不二，四天王獻鉢。

十四

莫嫌張三惡，莫愛李四好。既往念即晚，未來思又早。見之亦何有，欻然如電掃。惡既是磨滅，好亦難長保。若令好與惡，可積如財寶。自始而至今，有幾許煩惱。

十五

失志難作福，得勢易造罪。苦即念快樂，樂即生貪愛。無苦亦無樂，無明亦無昧。不屬三界中，亦非三界外。

十六

打賊賊恐怖，看客客喜歡。亦有客是賊，切莫受伊謾。樂哉貧兒家，無事役心肝。既無賊可打，豈有客須看。

十七

有一種貧兒，不能自營生。若不作客走，即須隨賊行。復有一種貧，常時腹彭亨。若有亦不畜，若無亦不營。

十八

汝無名高者，以見利貪叨。汝無行實者，以取著名高。行實尚非實，利名豈堅牢。一朝投土窟〔一〕，魂魄散逃逃〔二〕。

十九

勇有孟施舍，能無懼而已。若人學佛法，勇亦當如此。休來講下坐〔三〕，莫入禪門裏。但能一切捨，管取佛歡喜。

二十

利瞋汝刀山，濁愛汝灰河。汝癡分别心，即汝澮魔羅。圓成但一性，一切法依他。偏了一切法，不如且頭陀。

自遣

閉户欲推愁，愁終不肯去。底事春風來，留愁愁不住。

〔一〕「土」，光啓堂本作「上」。
〔二〕「逃逃」，聽香館本作「迢迢」。
〔三〕「下坐」，聽香館本作「座下」。

## 自喻

岸涼竹娟娟，水浄菱帖帖。鰕摇浮遊鬚，魚鼓嬉戲鬣。釋杖聊一愒，褰裳如可涉。自喻適志歟，翾然夢中蝶。

## 古意

采芝天門山，寒露浄毛骨。帝青九萬里，空洞無一物。傾河略西南，晶射河鼓没。蓬萊眼中見，人世歎超忽。當時棄桃核，聞已撑月窟。且當呼阿環，乘輿弄溟渤。

## 吾心

吾心童稚時，不見一物好。意言有妙理，獨恨知不早。初聞守善死，頗復吝肝腦。中稍歷艱危，悟身非所保。猶然謂俗學，有指當窮討。晚知童稚心，自足可忘老。

## 無營

無營固無尤，多與亦多悔。物隨擾擾集，道與翛然會。墨翟真自苦，莊周吾所愛。萬物莫足歸〔一〕，此言猶有在〔二〕。

## 病起

稚金敷新涼，老火弛殘濁〔三〕。桃枝煖洪溷〔四〕，散髮晞曉捉。煩痾脱然愈〔五〕，静若遺身覺。移榻欹獨眠，欣佳恐難數。

## 獨歸

鍾山獨歸雨微冥，稻畦夾岡半黄青。疲農心知水未足，看雲倚木車不停。悲哉作勞亦已久，暮歌如哭難爲聽。而我官閑幸無事，北窗枕簟風泠泠。於時荷花擁翠蓋，細浪嫐雪千娉婷。誰能欹眼共此樂〔六〕，秋港雖淺可揚舲。

---

〔一〕「莫足歸」，光啓堂本、聽香館本作「皆自得」。

〔二〕「猶自在」，光啓堂本、聽香館本作「真可佩」。

〔三〕「弛」，龍舒本作「灺」。

〔四〕「煖」，龍舒本作「軟」。

〔五〕「愈」，龍舒本作「醒」。

〔六〕「眼」，宋刻本、龍舒本作「眠」。

## 獨卧有懷

午鳩鳴春陰，獨卧林壑静。微雲過一雨，淅瀝生晚聽。紅緑紛在眼，流芳與時競。有懷無與言，佇立鍾山暝。

## 無動

無動行善行，無明流有流。種種生住滅，念念聞思修。終不與法縛，亦不着僧裘。

## 夢

知世如夢無所求，無所求心普空寂。還似夢中隨夢境，成就河沙夢功德。

## 車載板二首

荒哉我中園，珍果所不産。朝暮惟有鳥，自呼車載板。楚人聞此聲，莫有笑而莞。而我更歌呼，與之相往返。視遇若摶黍，好音而睍睆。壤壤生死夢[一]，久知無可揀[二]。物弊則歸土，吾歸其不晚。歸歟汝隨我，可相蒿里挽。

## 二

烏有車載板，朝暮嘗一至。世傳鵩似鴞，而此與鴞似。唯能預人死，以此有名字。疑即賈長沙，當時所遭値。洛陽多少年，擾擾經世意。粗聞方外語，便釋形骸累。吾衰久捐書，放浪無復事。尚自不見我，安知汝爲異。憐汝好毛羽，言音亦清麗。胡爲太多知，不默而見忌。楚人既憎汝，彈射將汝利。且長隨我遊，吾不汝羹胾。

## 跋黄魯直畫

江南黄鶴飛滿野，徐熙畫此何爲者。百年幅紙無所直，公每玩之常在把。

[一]「壤壤」，聽香館本作「攘攘」。

[二]「可」，光啓堂本作「所」。

## 過楊德逢莊

攜僧出西路，日晏昧所投。循河望積穀，一飽覺易謀。稚子舉桉出，咄嗟見盤羞。飯新秔有香，煮菜旨且柔。暮從秀巖歸，秣蹇得少留〔一〕。捧腹笑相語，果然無所求。

## 秋熱

火騰爲虐不可摧，屋窄無所逃吾骸。織蘆編竹繼檐宇，架以松櫟之條枚。豈惟賓至得清坐，因有餘地蘇陪臺。從陽陵秋更暴横，欻我欲作昆明灰。金流玉熠何足怪，鳥焚魚爛爲可哀。憶我少時亦值此〔二〕，翛然但以書自埋。老衰奄奄氣易奪，撫卷豈復能低徊。西風忽送中夜濕，六合一氣窑新開。簾窗幕户便防冷，且恐霰雪相尋來〔三〕。

〔一〕「秣」，龍舒本作「抹」。
〔二〕「時」，龍舒本作「年」。
〔三〕「尋」，龍舒本作「隨」。

## 秋早

暮尋蔡墩西，獨覺秋尚早。山路葩卉繁，野田風日好。禪林烏未泊，經屋塵初掃。蠻藤五花簟，復足休吾老。

# 臨川先生文集　卷四

## 古詩

### 同沈道源遊八功德水

寒雲静如癡，寒日慘如戚[一]。解鞍寒山中[二]，共坐寒水側。新甘出短綆，一酌煩可滌。仰攀青青枝，木醴何所直。

### 望鍾山

佇立望鍾山，陽春更蕭瑟。暮尋北郭歸，故遶東岡出。

[一]「日」，宋刻本作「月」。

[二]「中」，光啓堂本、聽香館本作「下」。

## 思北山

日日思北山，而今北山去。寄語白蓮庵，迎我青松路。

## 上南崗

暮塢屋荒涼，寒陂水清淺。捐書息微倦，委轡隨小蹇。偶攀黄黄柳，却望青青巘。幽尋復有興，未覺西林晚。

## 謝公墩

走馬白下門，投鞭謝公墩。昔人不可見，故物尚或存。問樵樵不知，問牧牧不言。摩挲蒼苔石，點檢屐齒痕。想此絓長檣，想此倚短轅。想此玩雲月，狼籍盤與樽。井逕亦已没，漫然禾黍村。擢藏羊曇骨，放浪李白魂。亦已同山丘，緬懷蒔蘭蓀。小草戲陳迹，甘棠咏遺恩。萬事付鬼籙，恥榮何足論。天機自開闔，人理孰畔援。公色無懼喜，儻知禍福根。涕淚對桓伊，暮年無乃昏。

## 秋夜泛舟

池塹秋水浄，扁舟遡涼飆〔一〕。的皪荷上珠，俯映疏星摇。深尋畏魚驚，中路且回橈。冥冥菰蒲中，乃復有驚跳。

## 和耿天騭同遊定林

道人深閉門，二客來不速。攝衣負朝暄，一笑皆捧腹。逍遥烟中策，放浪塵外躅。晤言或世聞〔二〕，誰謂非絶俗。

## 次韻約之謝惠詩

魚跳桑柳陰，鳥落蒲葦側。已無溪姑祠，何有江令宅？故人耽田里，老脱尚方舄。開亭捐百金，於此掃塵迹。地偏人罕至，心遠境常寂。我行西州旋，税駕候顔色。相隨望南山，水際因一

〔一〕「遡涼飆」，宋刻本作「涼颸颸」。
〔二〕「聞」，龍舒本作「閒」。

息。公時指岸木，謁此可尋尺〔一〕。伐之營中沚，持用自怡懌。歡言俟其成，邀我堂上食。百憂每多違，一諸還自惕。春風欄楹新，坐久膝前席。倐然忘故約，北郭疑有適。長謡舒永懷，佇想對以臆。摛辭甚有理，竊比書石鷁。知公不欺我，把玩果心惻。嘉肴既夙設，麗藻仍虚擲。左車公自迎，右券吾敢責。聞説毛羹臛，芬香出鄰壁。婦休機杼事，兒失刀槧職。何膠膠擾擾，而紛紛籍籍。攜持欲一往，繼此方如織。元龍但高眠，司馬勿親滌。幾能孩童舊，握手皆鬢白。有興即聯轡，東阡與南陌。

## 次韻舍弟江上

岸紅歸欲稠，渚緑合猶晚。晴沙上屐輕，暖水隨帆遠。吹波戲魚動，掠葉飛禽返。著意覓幽蹊，桃花悮劉阮。

## 酬王濬賢良松泉二詩

**松**

世傳壽可三松倒，此語難爲常人道。人能百歲自古稀，松得千年未爲老。我移兩松苦不

〔一〕「謁」，龍舒本、聽香館本作「謂」。

早，豈望見渠身合抱？但憐衆木總漂摇，顔色青青終自保。兔絲茯苓會當有，邂逅食之能壽考。不知篝火定何人，且看森垂覆荒草。君詩愛我亦古意，秀眉昔比南山栲。復謂留侯不及我，人或笑君無白皂。求僊辟穀彼誠悮，未見赤松饑已槁。豈如强飯適志遊，封殖蒼官蔭華皓。赤松復自無特操〔一〕，上下隨烟何慅慅。蒼官受命與舜同，真可從之忘髮縞。詩雖祝我以再黑，積雪已多安可掃。試問蒼官值歲寒，戴白孰與蒼然好。

## 泉

宋興古刹今長干，靈躍臺殿荒檀欒〔二〕。二泉相望棄不渫，西泉尚累三石槃。其流散漫爲沮洳，稍集小礫生微瀾。東泉土梗久蔽塞，穿治乃見甃甓完。道人慈哀波及遠〔三〕，溝蕩兩取合土山。山前灌輸各自足，轆轤罷轉井口閑。取遥比甘覺近美，與舊争冽知新寒。爞爞夏秋百源乾〔四〕，抱甕復道愁蹣跚。疾傾横逗勢未足〔五〕，嗟此善利何時殫。慮長易脆有大檀，伐堅羌廬窟

〔一〕「特」，光啓堂本作「持」。

〔二〕「躍」，龍舒本作「曜」。

〔三〕「及」，宋刻本作「汲」。

〔四〕「爞爞」，龍舒本作「蟲蟲」。

〔五〕「傾」，光啓堂本、聽香館本作「須」。

孱顔。金多匠手肯出巧〔二〕，風水千里安知難。没羽之虎行林間，籜龍失職因藏跧。循除静投悲瑟瑟，映瓦微見清潺潺。三年營之一日就，有口共以成爲歡。論功信可多後觀〔三〕，何似當時萬竹蟠。

## 答俞秀老

諸偶緣安有，實相非相偶。雖神如季咸，終亦失而走。

## 清涼寺送王彦魯

空懷誰與論，夢境偶相值。莫將漱流齒，欲挂功名事。

## 送惠思上人

黄鶴撫四海，翻然落中州。一聽笙與鏞，低回如有求。飛鳴阿閣上，好與鳳皇遊。顧憐魯

〔二〕「肯」，光啓堂本、聽香館本作「宜」。
〔三〕「多」，龍舒本作「侈」。

東門，無事反悲愁。歲晏忽驚矯，問胡不少留。因知網羅外，猶有稻粱謀〔一〕。

## 老景 哀古人名。〔二〕

老景春可惜，無花可留得。繞屋褚先生，蕭蕭何所直。每嫌柳渾青，追悵李太白〔三〕。多謝安石榴，向人紅蘂拆。

## 雜詠八首

萬物余一體，九州余一家。秋毫不爲小，徼外不爲遐。不識壽與夭，不知貧與賒〔四〕。忘心乃得道，道不去紛華〔五〕。近迹以觀之，堯舜亦泥沙。莊周謂如此，而世以爲夸。

---

〔一〕「粱」，原作「梁」，據龍舒本、聽香館本校改。
〔二〕「哀」，原作「哀」，據宋刻本改。
〔三〕「悵」，龍舒本作「恨」。
〔四〕「賒」，龍舒本作「奢」。
〔五〕「華」，聽香館本作「拏」。

二

神龍豢可致，猛虎擾亦留。變生父子間，上聖不能謀。常情在欲得，義養或成仇。他人恩更輕，患禍信難周。

三

古風致遜悌[一]，班白見尊優。薄俗謬爲恭，獨在勢權尤。伏波迷俯仰，愛禮坐成仇。齗齗洙泗間，豈是老者羞。

四

羔豚窘虎豹，鳩雀窮鷹鸇。巧者具機弋[二]，鷙猛還拘攣。論功莫如神，論大莫如天。悲哉區區人，乃欲逃其間。

五

黄雀死彈丸，厥罪在啄粟。翠鵠不近人，何爲亦窮辱。材爲世所利，高下同僵仆。能逃天地間，蟣蠓無不足。

[一] 「致」，龍舒本作「知」。
[二] 「具」，光啓堂本作「且」。

六

關雎后之淑，棫樸王之明。兔罝尚好德，況乃公與卿。所以彼行葦，敦然遂其生。誰能絃且歌〔一〕，爲我發古聲。

七

召公方伯尊，材亦聖人亞。農時憚煩民，聽訟甘棠下。嗟今千室長，已恥問耕稼。彈琴高堂上，欲以世爲化。

八

任公蹲海濱，一釣飽千里。用力已云多，鈎緡亦難理。巨魚暖更逃，壯士饑欲死。游鯈不可數，空滿滄浪水。

## 張良

留侯美好如婦人，五世相韓韓入秦。傾家爲主合壯士，博浪沙中擊秦帝。脱身下邳世不知，舉國大索何能爲。素書一卷天與之，穀城黄石非吾師。固陵解鞍聊出口，捕取項羽如嬰兒。

〔一〕「且」，原作「者」，據宋刻本改。

從來四皓招不得，爲我立棄商山芝。洛陽賈誼才能薄，擾擾空令絳灌疑。

## 司馬遷

孔鸞負文章，不忍留枳棘。嗟子刀鋸間，悠然止而食。成書與後世，憤悱聊自釋。領略非一家，高辭殆天得。雖微樊父明，不失孟子直。彼欺以自私，豈啻相十百？

## 諸葛武侯〔一〕

漢日落西南，中原一星黃。群盜伺昏黑，聯翻各飛揚〔二〕。武侯當此時，龍卧獨摧藏。掉頭梁甫吟，羞與衆争光。邂逅得所從，幅巾起南陽。崎嶇巴漢間，屢以弱攻强。暉暉若長庚，孤出照一方。勢欲起六龍，東迴出扶桑。惜哉淪中路，怨者爲悲傷。豎子祖餘策，猶能走强梁。

〔一〕「武侯」，宋刻本無此二字。
〔二〕「翻」，宋刻本、龍舒本作「翩」。

## 讀墨

誰爲堯舜徒，孔子而已矣。人皆是堯舜，未必知孔子。伯夷不辱身，柳下援而止。孔子尚有言，我則異於是。兼愛爲無父，排斥固其理。孔墨必相用，自古寧有此？退之嘲魯連，顧未知之耳。如何蔽於斯，獨有見於彼？凡人工自私，翟也信奇偉。惜乎不見正，遂與中庸詭。退之醇孟軻，而駮荀楊氏。至其趣舍間，亦又蔽於己。化而不自知，此語孰云俚？詠言以自警，吾詩非好詆。

## 讀秦漢間事

秦徵天下材，入作阿房宫。宫成非一木，山谷爲窮空。子羽一炬火，驪山三月紅。能令掃地盡，豈但焚人功。

## 幽谷引

雲翳翳兮谷之幽，天將雨我兮田者之稠。有繩于防兮有畚于溝，我公不出兮誰省吾憂。日暉暉兮山之下，歲則熟兮收者舞。吾收滿車兮棄者滿筥，誰吾與樂兮我公燕語。山有木兮谷有泉，公與客兮醉其間。芳可搴兮甘可漱，無壯無稚兮環公以笑。公歸而醉兮人則喜，公好我州兮殆其肯止。公歸不醉兮我之憂，豈其不懌兮將舍吾州？公一朝兮去我，我歲歲兮來遊。完公亭兮使勿毁，以慰吾兮歲歲之愁。

## 明妃曲二首〔一〕

明妃初出漢宮時，淚濕春風鬢脚垂。低徊顧影無顔色，尚得君王不自持。歸來却怪丹青手，入眼平生幾曾有〔二〕。意態由來畫不成，當時枉殺毛延壽。一去心知更不歸，可憐着盡漢宮衣。寄聲欲問塞南事，只有年年鴻雁飛。家人萬里傳消息，好在氈城莫相憶。君不見咫尺長門閉阿嬌，人生失意無南北。

### 二

明妃初嫁與胡兒，氈車百兩皆胡姬。含情欲説獨無處，傳與琵琶心自知。黄金捍撥春風手，彈看飛鴻勸胡酒。漢宮侍女暗垂淚，沙上行人却回首。漢恩自淺胡自深，人生樂在相知心。

〔一〕龍舒本題下有注「續入」二字。
〔二〕「幾」，龍舒本作「未」。

可憐青冢已蕪没，尚有哀絃留至今。

## 桃源行

望夷宫中鹿爲馬，秦人半死長城下。避時不獨商山翁，亦有桃源種桃者。此來種桃經幾春？採花食實枝爲薪〔一〕。兒孫生長與世隔，雖有父子無君臣。漁郎漾舟迷遠近，花間相見因相問。世上那知古有秦，山中豈料今爲晉？聞道長安吹戰塵，春風回首一霑巾。重華一去寧復得？天下紛紛經幾秦。

## 食黍行

周公兄弟相殺戮，李斯父子夷三族。富貴常多患禍嬰，貧賤亦復難爲情。身隨衣食南與北，至親安能常在側。謂言黍熟同一炊，欻見隴上黄離離。遊人中道忽不返，從此食黍還心悲。

〔一〕「採」，聽香館本作「探」。

## 歎息行

官驅群囚入市門，妻子慟哭白日昏。市人相與説囚事，破家劫錢何處村？朝廷法令亦寬大，汝罪當死誰云寃？路傍年少歎息汝，貞觀元元之子孫。

## 送春

武陵山下朝買船，風吹宿霧山花鮮。萬家笑語横青天，綺窗羅幕舞嬋娟。小鬟折花叩船舷，玉琖寫酒酬金錢。朱甍飛動浮雲巘，天外笎簫來宛轉。斷橋人行夕陽路，樓觀琉璃影中見[一]。酡顔未分驊騮催，燭入坐客猶徘徊。豈知閶闔門邊住，春盡不見芳菲開。日月紛紛車走坂，少年意氣何由挽。洞庭浪與天地白，塵昏萬里東浮眼。黑貂裘敝歸幾時，相見緑樹啼黄鸝。榮華俯仰憂患隨，命駕吾與高人期。

---

〔一〕「琉」，宋刻本作「瑠」。

## 兼并

三代子百姓，公私無異財。人主擅操柄，如天持斗魁。賦予皆自我，兼并乃姦回。姦回法有誅，勢亦無自來。後世始倒持，黔首遂難裁。秦王不知此，更築懷清臺。禮義日已偷，聖經久堙埃。法尚有存者，欲言時所咍。俗吏不知方，掊克乃爲材。俗儒不知變，兼并可無摧〔一〕。利孔至百出，小人私闔開。有司與之争，民愈可憐哉。

〔一〕「可」，龍舒本作「豈」。

# 臨川先生文集　卷五

## 古詩

### 和吴御史汴渠[一]

鄭國欲弊秦，渠成秦富彊[二]。本始意已陋，末流功更長。維汴亦如此，浚源在淫荒。歸作萬世利，誰能弛其防？夷門築天都，横帶國之陽。漕引天下半，豈云獨荆揚。貨入空外府，租輸陳太倉。東南一百年，寡老無殘粻。自宜富京師，乃亦窘蓋藏。征求過夙昔，機巧到莛芒。御史閔其然，志欲窮舟航。此言信有激，此水存何傷。救世詎無術，習傳自先王。念非老經綸，豈易識其方。我懶不足數，君材仍自强。他日聽施設，無乃棄篇章。

〔一〕「渠」下，龍舒本有「詩」字。

〔二〕「彊」，聽香館本作「疆」。

## 酬王詹叔奉使江南訪茶利害〔一〕

余聞古之人，措法貽厥後。命官惟賢材，職事又習狃。止能權輕重，王府則多有。豈嘗搉其子，而爲民父母。當時所經營，今十已毁九。其一雖幸在，漂摇亦將朽。公卿患才難，州縣固多苟。詔令雖數下，紛紛誰與守？官居甚傳舍，位以聲勢受。既不責施爲，安能辨賢不？區區欲捄弊〔二〕，萬謗不容口。天下大安危，誰當執其咎？勞心適有罪，養譽終天醜。豈惟祖子孫〔三〕，教戒及朋友。貴者大其領，詩人歌四牡。至尊空獨憂，不敢樂飲酒。哿矣富阡陌，哀哉此無糗。鄉閭人所懷，今或棄而走。豈無濟時術，使爾安畎畝？故今二三公，戮力思矯揉。永惟東南害，茶法蓋其首。私藏與竊販，犴獄常紛糾。輸將一不足，往往死鞭杻。販陳彼雜惡〔四〕，强賣曾非誘。已云困關市，且復搔林藪。將更百年弊，謂民知可否。出節付群材，詢謀欲經久。朝廷每若此，自可躋仁壽。因知從今始，漸欲人財阜。吾宗恢奇士，選使自朝右。聰明諒多得，爲上歸析剖。王

〔一〕龍舒本題「茶」下有「法」字，末有「見寄」二字。
〔二〕「捄」，龍舒本作「救」。
〔三〕「祖」，龍舒本作「詔」。
〔四〕「販」，龍舒本作「敗」。

程雖薄遽，邦法難鹵莽。願君博諮諏，無擇壯與耇。余知茶山民，不必生皆厚〔一〕。獨當征求任，尚恐難措手。孔稱均無貧，此語今可取。譬欲輕萬鈞，當令衆人負。强言豈宜當，聊用報瓊玖。

## 酬王伯虎

吾聞人之初，好惡尚無朕。帝與鑿耳目，賢愚遂殊品。爾來百千年，轉化薄愈甚。父翁相販賣，浮詐誰能審？睢盱猴纓冠，狼籍鼠穴寢。滄海恐值到，誰論魚鼈淰？鴞聲雖云惡，革去在食葚。嗟誰職教化，獨使此風稔。恬覩不知救，坐費太官廩。予生少而戇〔二〕，好古乃天禀。念此俗衰壞，何嘗敢安枕。有時不能平，悲吒失食飲。唯子同我病〔三〕，亦或涕沾衽。謂子可告語〔四〕，密以詩來諗。爛然辭滿紙，秋水濯新錦。窮覩何拳拳〔五〕，静念復凛凛。賤貧欲救世，無寧猶拾瀋。説窮且版築，尹屈唯烹飪。逢時豈遽廢，避俗聊須噤。徂年幸未暮，此意可勤恁。

〔一〕「茶山民不必生皆厚」，光啓堂本、聽香館本作「君恤民不好爲煩擾」。
〔二〕「而」，龍舒本作「小」。
〔三〕「同」，龍舒本作「自」。
〔四〕「子」，聽香館本作「予」。「可」，龍舒本作「何」。
〔五〕「何」，龍舒本作「可」。

## 答虞醇翁

輟學以從仕，仕非吾本謀。欲歸諒不能，非敢忘林丘。臨餐恥苟得，冀以盡心酬。萬事等晝熯，雖勤亦何收。揚揚古之人，彼職乃無憂。感子撫我厚，欲言祇慚羞。

## 送潮州吕使君

韓君揭陽居，戚嗟與死鄰。吕使揭陽去，笑談面生春。當復進趙子，詩書相討論。不必移鱷魚，詭怪以疑民。有若大顛者，高材能動人。亦勿與爲禮，聽之汩彝倫。同朝敘朋友，異姓接婚姻。恩義乃獨厚，懷哉余所陳。

## 寄曾子固二首

巖巖中天閣，藹藹層雲樹。爲子望江南，蔽虧無行路。平生湖海士，心迹非無素。老矣不自知，低徊如有慕〔一〕。傷懷西風起〔二〕，心與河漢注〔三〕。哀鴻相隨飛，去我終不顧。

---

〔一〕「慕」，光啓堂本、聽香館本作「悮」。
〔二〕「西」，宋刻本作「面」。
〔三〕「漢」，宋刻本作「刺」；龍舒本作「刺」。

二

崔嵬天門山，江水遶其下。寒渠已膠舟，欲往豈無馬？時恩繆拘綴，私養難乞假。低徊適爲此，含憂何時寫？吾能好諒直，世或非詭詐。安得有一廛，相隨問耕者。

## 虎圖

壯哉非羆亦非貙，目光夾鏡當坐隅。横行妥尾不畏逐，顧眄欲去仍躊躇〔一〕。卒然我見心爲動，熟視稍稍摩其鬚。固知畫者巧爲此，此物安肯來庭除？想當槃礴欲畫時，睥睨衆史如庸奴。神閑意定始一掃，功與造化論錙銖。悲風颯颯吹黄蘆，上有寒雀驚相呼。槎牙死樹鳴老烏，向之俛噣如哺雛。山牆野壁黄昏後，馮婦遥看亦下車。

## 次韻信都公石枕蘄簟〔二〕

端溪琢枕緑玉色，蘄水織簟黄金紋〔三〕。翰林所寶此兩物，笑視金玉如浮雲。都城六月招客

〔一〕「眄」，聽香館本作「盼」。
〔二〕龍舒本題作「次韻歐陽永叔端溪石枕蘄竹簟」。
〔三〕「紋」，龍舒本作「文」。

語，地上赤日流黄塵。燭龍中天進無力，客主歙然各疲劇。形骸直欲坐棄忘，冠帶安能强修飾。恃公寬貸更不疑，箕倨豈復論官職？笛材平瑩家故藏，硯璞坳清此新得。掃除堂屋就陰翳，公不自眠分與客。知公用意每如此，真能與物同其適。豈比法曹空自私，却願天日長炎赫。公才卓犖人所驚，久矣四海流聲名。天方選取欲扶世，豈特使以文章鳴？深探力取常不寐〔二〕，思以正議排縱横〔三〕。奈何甘心一榻上，欲卧潁尾爲潔清。賢愚勞佚非一軌，顧我病昏惟未死。心於萬事久翛然〔三〕，身寄一官真偶爾。便當買宅歸偃休，白髮溪山如願始。看公勠力就太平，却上青天跨箕尾。

## 和吴沖卿雪〔四〕

陽回力猶亶，陰合勢方鞏。填空忽汗漫，造物誰慫慂。輕於擘絮紛，細若吹毛氄。雲連晝

〔一〕「常」，龍舒本作「當」。
〔二〕「議」，宋刻本作「論」。
〔三〕「翛」，龍舒本作「蕭」。
〔四〕龍舒本題末有「詩」字。

已窅〔一〕，風助宵仍洶。憑陵雖一時，變態亦千種。簾深卷或避，户隘闢猶擁。滔天有凍浪〔二〕，匝地無荒隴。飛揚類挾富〔三〕，委翳等辭寵。穿幽偶相重，值險輒孤聳。積慘會將舒〔四〕，群輕那久重。紛華始滿眼〔五〕，消釋不旋踵。槁樹散飛花，空簷落縣湩〔六〕。還當困炎熱〔七〕，以此滌煩壅。共約市南人，收藏不爲冗。

## 和沖卿雪詩并示持國〔八〕

地卷江海浮，天吹河漢湧。北風散作花，巧麗世無種。霾昏得照曜，塵滓歸掩擁。荒林無空枝，幽瓦有高隴。分纔一毛細，聚或千鈞重。飛颺窺已眩〔九〕，摧壓聽還兇。漁舟平繫舷，樵屩

---

〔一〕「晝」，原作「畫」，據龍舒本校改。
〔二〕「浪」，龍舒本作「痕」。
〔三〕「富」，龍舒本作「霤」。
〔四〕「慘」，龍舒本作「墋」。
〔五〕「始」，龍舒本作「初」。
〔六〕「縣」，龍舒本作「寒」。
〔七〕「還」，龍舒本作「何」。
〔八〕龍舒本題作「和吴沖卿雪并示韓持國」。
〔九〕「颺窺」，龍舒本作「揚目」。

没歸踵。空令物象瑩，豈免川塗壅。争光姮娥妒〔一〕，失色羲和恐。賴逢陽氣蒸〔二〕，轉作水波溶。舞庭稱賀嚴，掃路傳呼寵〔三〕。衝遊謝壯少〔四〕，避卧甘閑冗。吴侯絶俗唱，韓子當敵勇。勝負觀兩豪，吾衰但陰拱。

## 送石賡歸寧

虚名誤長者，邂逅肯經過。所操十餘篇，浩蕩決江河。側身朝市間，樂少悲慚多。文章舊所好，久已廢吟哦。開編喜有得〔五〕，一讀瘳沉痾。裹飯北城陰，永懷從晤歌。又欲及歲晚，空堂掃絲窠。稍出平生言，道藝相琢磨。忽隨雁南飛，當此葉辭柯。去去梨嶺高〔六〕，想見青坡陀。黄花一杯酒，爲壽樂如何？微詩等瓦礫，持用報隋和。

〔一〕「姮」，龍舒本作「常」。
〔二〕「蒸」，龍舒本作「烝」。
〔三〕「掃」，龍舒本作「埽」。
〔四〕「衝遊」，龍舒本作「遊衝」；「少」，龍舒本作「小」。
〔五〕「開」，光啓堂本、聽香館本作「簡」。
〔六〕「梨」，光啓堂本、聽香館本作「黎」。

## 送張拱微出都

歸卧不自得，出門無所投。獨尋城隅水[一]，送子因遠遊。荒林纏悲風，慘慘吹駝裘。捉手共笑語，顧瞻中河舟。嗟人皆行樂，而我方坐愁。腸胃繞鍾山，形骸空此留。念始讀詩書，豈非亦有求？一來裹青衫，觸事自悔尤。誤爲世所容，榮禄今白頭。塞責以區區，一毛施萬牛。不足助時治，但爲故人羞。寬恩許自劾，終欲東南流。子今涉冬江，船必泊蔡洲。寄聲冶城人，爲我問一丘。

## 寄題睡軒

劉侯少忼慨，天馬脱馵羈。一官不得意，州縣老委蛇。新居當中條，牆屋稍補治。疏軒以睡名，從我遠求詩。朝廷法令具，百吏但循持。又况佐小邑，有才安所施？賦租如簿領，獄訟了鞭笞。倏然即高枕，於此樂可知。王官有空谷，隱者常棲遲。拂榻夢其人，亦足慰所思。嗟予久留連，竊食坐無爲。浩歌臨西風，更欲往從之。

[一] 「尋」，光啓堂本作「等」。

## 沖卿席上得作字〔一〕

咨予乏時才〔二〕，始願乃丘壑。强走十五年，朱顏已非昨。低回大梁下，屢歎風沙惡。所欣同舍郎，誘我文義博。古聲無慆淫，真味有淡泊。追攀風月久，貌簡非心略。君恩忽推徙，所望頗乖錯。尚憐得經過，未比參辰各。留連惜餘景，從子至日落。明燈照親友，環坐傾杯杓〔三〕。别離寬後悲，笑語盡今樂。論詩知不如，興至亦同作。

## 塞翁行

塞翁少小壟上鋤，塞翁老來能捕魚。魚長如人水滿眼，桑柘死盡生芙蕖。漢家新堤廣能築〔四〕，胡兒壯馬休南牧。北風卷却波浪聲，衹放田車行轣轆。

〔一〕「作」，龍舒本作「昨」。
〔二〕「咨」，龍舒本作「嗟」。
〔三〕「杓」，光啓堂本、聽香館本作「酌」。
〔四〕「漢」，龍舒本作「家」。

## 白溝行

白溝河邊蕃塞地，送迎蕃使年年事。蕃使常來射狐兔〔二〕，漢兵不道傳烽燧。萬里鋤耰接塞垣，幽燕桑葉暗川原。棘門灞上徒兒戲，李牧廉頗莫更論。

## 河間

北行出河間，千歲想賢王。胡麻生蓬中，詰曲終自傷。好德尚如此，恃材宜見戕。乃知陰自脩，彼不爲傾商。區區三世家，廟册富文章。教子以空言，得祚果不良。

## 陳橋

走馬黄昏渡河水，夜争歸路春風裏。指點韋城太白高，投鞭日午陳橋市。楊柳初回陌上塵，烟脂洗出杏花勻〔三〕。紛紛塞路堪追惜，失却新年一半春。

〔二〕「使」，宋刻本、龍舒本作「馬」。

〔三〕「烟」，聽香館本作「胭」。

## 澶州

去都二百四十里，河流中間兩城峙。南城草草不受兵，北城樓櫓如邊城〔一〕。城中老人爲予語，契丹此地經鈔虜。黄屋親乘矢石間，胡馬欲踏河冰渡。天發一矢胡無酋〔二〕，河冰亦破沙水流〔三〕。歡盟從此至今日，丞相萊公功第一。

〔一〕「櫓」，龍舒本作「鹵」。
〔二〕「發」，光啓堂本作「馬」。「無」，光啓堂本、聽香館本作「爲」。
〔三〕「冰」，龍舒本作「水」。

# 臨川先生文集　卷六

## 古詩

### 北客置酒

紫衣操鼎置客前，巾鞲稻飯隨粱饘。引刀取肉割啖客，銀盤擘臑薨與鮮〔一〕。殷勤勸侑邀一飽，卷牲歸館觴更傳〔二〕。山蔬野果雜飴蜜，獾脯豕腊加炰煎〔三〕。酒酣衆吏稍欲起〔四〕，小胡捽耳争留連。爲胡止飲且少安，一杯相屬非偶然。

〔一〕「擘」，龍舒本作「臂」。

〔二〕「館」，龍舒本作「舍」。「觴」，龍舒本作「長」。

〔三〕「腊」，龍舒本作「［月胃］」。

〔四〕「酣」，龍舒本作「酬」。「吏」，原作「史」，據龍舒本校改。

## 奉使道中寄育王山長老常坦〔一〕

道人少賈海上游，海舶破散身沈浮〔二〕。抱金滿篋人所寄，吹簸偶得還中州。贏身歸金不受報〔三〕，祇取斗酒相獻酬。歡娱慈母終一世，脱棄妻子藏巖幽。蒼煙寥寥池水漫〔四〕，白玉菡萏吹高秋。夜燃柏子煮山藥，憶此東望無時休。塞垣春枯積雪溜〔五〕，沙礫盛怒黄雲愁〔六〕。五更匹馬隨雁起，想見鄮郭花今稠〔七〕。百年夸奪終一丘，世上滿眼真悠悠。寄聲萬里心綢繆，莫道異趣無相求。

〔一〕龍舒本無「奉使道中」四字，「坦」作「垣」。
〔二〕「沈」，龍舒本作「波」。
〔三〕「贏」，龍舒本作「羸」。「金」，龍舒本作「來」。
〔四〕「煙」，龍舒本作「燈」。「漫」，龍舒本作「慢」。
〔五〕「溜」，龍舒本作「留」；光啓堂本、聽香館本作「流」。
〔六〕「盛」，龍舒本作「感」。
〔七〕「鄮」，龍舒本作「郊」。「今」，龍舒本作「稠」。

送李屯田守桂陽二首

泊船香爐峰，始與子相識。寄書邗江上[一]，詒我峰下石。緣以湘水竹，携持與南北。永懷故人歡，不顧百金易。竹枯歸樵蘇，石爛棄沙礫。夷門得邂逅，緑髮皆半白。追思少時事，俛仰如一夕。老矣無所爲，空知念疇昔。常思一杯酒，要子相解釋。出門事紛紛，歸卧意還甋[二]。聞當上溢水，持詔守嶺阨[三]。方爲萬里别[四]，執手先慘戚。兹游信浩蕩，山水多所得[五]。爲我謝香爐，風塵每相憶。

二

蒼黄離家問南北，中路思歸歸不得。風濤何處不驚人，雨雪前村更欺客。舊交旌旆此盤桓，見我即令兒解鞍。荒山樂官歌舞拙，提壺沽酒聊一歡。行藏欲語眉不展，互歎别離心繾綣。

〔一〕「邗江上」，龍舒本作「向江山」。
〔二〕「甋」，龍舒本作「迫」。
〔三〕「守」，龍舒本作「出」。
〔四〕「别」，龍舒本作「州」。
〔五〕「水」，光啓堂本作「氶」。

行年半百勞如此，南畝催耕未宜晚。

## 送吴仲庶出守潭州〔一〕

吴公治河南，名出漢廷右。高才有公孫，相望千歲後〔二〕。平明省門開，吏接堂上肘。指撝談笑間〔三〕，静若在林藪〔四〕。連牆畫山水，隱几詩千首。浩然江湖思，果得東南守。傳鼓上清湘，旌旗蔽牛斗。方今河南治，復在荆人口〔五〕。自古楚有材，酃渌多美酒。不知樽前客，更得賈生否？

## 雜詠三首〔六〕

懷王自墮馬，賈傅至死悲。古人事一職，豈敢苟然爲？哭死非爲生，吾心良不欺。滔滔聲利間，絳灌亦何知。

〔一〕「送」，龍舒本作「和」。

〔二〕「歲」，龍舒本作「載」。

〔三〕「撝」，龍舒本作「麾」。

〔四〕「在」，龍舒本作「入」。

〔五〕「荆」，聽香館本作「今」。

〔六〕此三首爲龍舒本即事六首之第三、四、五首。

二

先生善鼓瑟，齊國好吹竽。操竽入齊人，雅鄭亦復殊。豈不得禄賜，歸卧自欷歔。寥寥朱絲絃，老矣誰與娱。

三

商陽殺三人，每輒不忍視。亦云食君食，報禮當如此。波瀾吹九州，金石安得止。永懷南山阿，慷慨中夜起。

## 即事三首〔一〕

我起影亦起，我留影逡巡。我意不在影，影長隨我身。交游義相好，骨肉情相親。如何有乖睽，不得同苦辛。

二

昏昏白日卧，皎皎中夜愁。明月入枕席，涼風動衾幬。蛬蟬相鳴悲〔二〕，上下無時休。徒能

〔一〕此三首爲龍舒本即事六首之第一、二、六首。
〔二〕「蛬」，龍舒本作「巷」。

感我耳，顧爾安知秋〔一〕。

## 三

日月隨天旋，疾遲與天謀。寒暑自有常，不顧萬物求。蜉蝣蔽朝夕，蟪蛄疑春秋。眇眇上古曆，回環今幾周？

## 送鄭叔熊歸閩

鄭子喜論兵，魁然萬人敵。嘗持一尺箠〔二〕，跨馬河南北。方今邊利害，口手能講畫。疑師穀城翁，方略已自得。天兵卷甲老，壯士不肉食。低徊向詩書，文字鋭鐫刻〔三〕。科名又齟齬，棄置非人力。黄塵彫罽裘，逆旅同偪仄。秋風吹殘汴，霰雪已驚客。浩歌隨東舟，別我無慘惻。閩生今好遊，往往老妻息。南陔子所慕，天命豈終塞。

〔一〕「顧」，龍舒本作「故」。
〔二〕「嘗持」，龍舒本作「當時」。
〔三〕「鋭」，龍舒本作「鑱」。

## 寄二弟時往臨川〔一〕

蕭條冬風高，吹我冠上霜。我行歲已寒，悲汝道路長。持以犬馬心〔二〕，千里不得將〔三〕。使汝身百憂，辛苦冒川梁。青燈照詩書，仰屋涕數行。不有親戚思，詎知遠遊傷。

## 李氏沅江書堂

沅江水有梁與罾，沅田樹桑可蠶耕〔四〕。君於其間恥射利，獨岸清泚留朱甍。詩書當前日開闔，冠帶滿坐相逢迎。勉求高論出施設〔五〕，無以私智爲公卿。

## 休假大佛寺

罷𤺋得休假，衣冠倦趨翔。挾書聊自娱，解带寺東廊〔六〕。六龍高徘徊，光景在我裳。冬屋

---

〔一〕「往」，龍舒本作「在」。

〔二〕「以」，原本小注：「一作此」；龍舒本作「此」。

〔三〕「得」，龍舒本作「能」。

〔四〕「田」，光啓堂本、聽香館本作「山」。

〔五〕「出」，龍舒本作「坐」。

〔六〕「寺東」，龍舒本作「步寺」。

稍暄暖，病身更强梁〔一〕。從我有不思，捨我有不忘。問誰可與言，攜手此徜徉。婉婉吾所愛，新居乃鄰牆。寄聲能來遊，維用寫愁腸〔二〕。

## 别謝師宰

閶闔城西地如水，雞鳴黄塵波浪起。窮年一馬望扶桑，東得省門身輒止。簿書期會老紛紛，邂逅論心喜有君。數日未多還捨我，相看愁思亂於雲。

## 解使事泊棠陰時三弟皆在京師二首〔三〕

始吾泊棠陰，三子不在舟。今當捨之去，三子還遠遊。茫然千里水，今見荻花洲。俛仰换春冬，紛紛空百憂。懷哉山川異，往矣霰雪稠。登高一涕泗，寄此寒江流。

---

〔一〕「身」，光啓堂本作「骨」。

〔二〕「腸」，龍舒本作「傷」。

〔三〕龍舒本無「二首」二字。

二

泊船棠陰下，灘水清且淺。回首望孤城，浮雲一何緬。久留非吾意〔一〕，欲去猶繾綣。馳心故人側，一望三四反。蕭蕭東堂竹，異日留息偃。無恩被南國，疑此行當翦。

驊騮

龍德不可係，變化誰能謀〔二〕？驊騮亦駿物，卓犖地上遊。怒行追疾風，忽忽跨九州。轍迹古所到，山川略能周。鴻蒙無人梯，沆漭邈天浮。巉巖拔青冥，仙聖所止留。欲往輒不能，視龍乃知羞。

寄朱氏妹

昔來高郵居，我始得朱子。從容談笑間，已足見奇偉。行尋城陰田，坐釣渠下沚。歸來同食眠，左右皆圖史。入視爾諸幼，歡言亦多祉。當時獨張倩，遠在廬山趾。沈君未言昏〔三〕，名已

〔一〕「吾」，龍舒本作「可」。
〔二〕原校：「一本無此二句。」
〔三〕「昏」，宋刻本作「婚」。

習吾耳。安知十年來，乖隔非願始。相逢輒念遠，悲吒多於喜。今茲豈人力，所念皆聚此。諸甥昔未有，滿眼秀而美。低徊吾親側，亦足慰勞止。嗟予迫時恩，一傳日千里。爾舟亦已戒，五兩翩然起。蕭蕭東南縣，望爾何時已。空知夢爲魚，逆上西安水。

## 贈陳君景初

吾嘗奇華佗，腸胃真割剖。神膏既傅之，頃刻活殘朽。昔聞今則信，絶伎世嘗有。堂堂潁川士，察脉極淵藪。珍丸起病瘠，鱠蟲隨泄嘔。攣足四五年，下針使之走。一言儻不合，萬金莫可誘。又復能賦詩，往往吹瓊玖。卷紙誇速成，語怪若神授。名聲動京洛，蹤迹晦莨莠。相逢但長嘯，遇飲輒掩口。獨醒竟何如，無乃寡俗偶。顧非避世翁，疑是壁中叟。安得斯人術，付之經國手？

## 贈張康

昔在歷陽時，得子初江津。手中紫團參，一飲寬吾親。捨舟城南居，杖屨日相因。百口代起伏，呻呼聒比鄰。叩門或夜半，屢費藥物珍。欲報恨不得，腸胃盤車輪。今逢又坎坷，令子馳風塵。顛倒車馬間，起先冰雪晨。嗟我十五年，得禄尚辭貧。所讀漫累車，豈能蘇一人？無求愧子義，有施慚子仁。逝將收桑榆，邀子寂寞濱。

## 送程公闢守洪州〔一〕

畫船插幟摇秋光，鳴鐃傳鼓水洋洋〔二〕。豫章太守吴郡郎，行指斗牛先過鄉。鄉人出郭航酒漿，包鼈鱠魚炊稻粱。芡頭肥大菱腰長，醽醻喧呼坐滿牀。怪君三年寓瞿塘〔三〕，又驅傳馬登太行。纓旄脱盡歸大梁〔四〕，翻然出走天南疆〔五〕。九江左投貢與章，揚瀾吹漂浩無旁。老蛟戲水風助狂，盤渦忽拆千丈强〔六〕。君聞此語悲慨慷，迎吏乃前持一觴。鄙州歷選多儁良，鎮撫時有諸侯王。拂天高閣朱鳥翔，西山蟠繞鱗鬣蒼。下視城塹真金湯，雄樓傑屋鬱相望。中户尚有千金藏，漂田種秔出穰穰〔七〕。沉檀珠犀雜萬商，大舟如山起牙檣〔八〕。輸瀉交廣流荆揚，輕裾利屣列名倡〔九〕。春

〔一〕「守洪州」，龍舒本作「之豫章」。
〔二〕「傳」，龍舒本作「伐」。
〔三〕「寓」，宋刻本、龍舒本、光啓堂本、聽香館本作「滯」。
〔四〕「梁」，原作「粱」，據宋刻本、龍舒本、光啓堂本改。
〔五〕「疆」，光啓堂本、聽香館本作「彊」。
〔六〕「拆」，龍舒本作「拆」。
〔七〕「漂」，宋刻本作「瀌」。
〔八〕原校：「一本無此句。」
〔九〕「裾」，龍舒本作「裙」。

風踴謡能斷腸，平湖灣塢煙渺茫。樹石珍怪花草香，幽處往往聞笙簧〔一〕。地靈人秀古所臧〔二〕，勝兵可使酒可嘗。十州將吏隨低昂，談笑指麾回雨暘。非君才高力方剛，豈得跨有此一方？無爲聽客欲霑裳，使君謝吏趣治裝。我行樂矣未渠央〔三〕。

## 鳳凰山〔四〕

驅馬信所適，落日望九州。青山滿天地，何往爲吾丘？貧賤身衹辱，富貴道足羞。涉世諒如此，惜哉去無由。

## 夢中作

青門道北雲爲屋，大壚貯酒千萬斛。獨龍注雨如車軸〔五〕，不畏不售畏不續。

〔一〕「簧」，龍舒本作「篁」。
〔二〕「臧」，龍舒本作「藏」。
〔三〕「未渠」，龍舒本作「渠未」。
〔四〕此詩爲龍舒本鳳凰山二首之第一首。
〔五〕「獨」，龍舒本作「燭」。

## 彭蠡

茫茫彭蠡春無地，白浪春風濕天際。東西捩柂萬舟回，千歲老蛟時出戲。少年輕事鎮南來，水怒如山帆正開。中流蜿蜒見脊尾，觀者膽墮予方咍。衣冠今日龍山路，廟下沽酒山前住。老矣安能學佽飛，買田欲棄江湖去〔二〕。

## 牛渚

歷陽之南有牛渚，一風微吹萬舟阻。華戎蠻蜀支百川，合爲大江神所躔。山盤水怒不得泄，到此乃有無窮淵。朱衣乘車作官府，操制生殺非無權。陰靈秘怪不欲露，燬犀得禍豈偶然〔三〕。

## 東門

東門白下亭，摧甓蔓寒葩。淺沙杙素舸，一水宛秋蛇。漁商數十室，門巷隱桑麻。翰林謫

〔二〕「欲」，光啓堂本作「及」；聽香館本作「亟」。
〔三〕「豈」，龍舒本作「却」。

仙人，往歲酒姥家。調笑此水上，能歌楊白花。楊花飛白雪，枝裊緑煙斜。舞袖卷煙雪，綺裘明紫霞。風流翳蓬顆，故地使人嗟。迢迢陌頭青，空復可藏鴉。

## 和王微之登高齋三首〔一〕

寒雲沈屯白日埋，河漢蕩坼天如篵。衡門兼旬限泥潦，臥聽窽木鳴相挨。蕭辰忽掃纖翳盡〔二〕，北嶺初出青嵬嵬。微之新詩動我目，爛若火齊金盤堆。想攜諸彦眺平野，高論歷詆秦以來。觥船淋浪始快意，忽憶歸雲胡爲哉〔三〕。念君少壯輟游衍，發揮春秋名玉杯。書成不得斷國論，但此空語傳八垓。登臨興罷因感觸，更欲遠引追宗雷。君知富貴亦何有，諂譽未足償譏排。風豪雨横費調燮，坐使髮背爲黄台。留賓往往夜參半，雖有罇俎無由開。江南佳麗非一日，況乃故園名池臺。能招過客飲文字，山水又足供歡咍。剩留官屋貯酒母，取醉不竭當如淮。

〔一〕「三首」，龍舒本作「二首」，爲第一、三首。
〔二〕「辰」，龍舒本作「晨」。
〔三〕「憶」，光啓堂本作「億」。

二〔一〕

六朝人物隨煙埃，金輿玉几安在哉？鍾山石城已寂寞，祇見江水雲端來。百年故老有存者，尚憶世宗初伐淮〔二〕。魏王兵馬接踵出，旗纛千里相搪挨。當時謀臣非不衆，上國拔取多陪臺。龍騰九天跨四海，一水欲阻爲可咍〔三〕。降王北歸樓殿坼〔四〕，棄屋尚鎖殘金堆。神靈變化自真主，將帥何力求公台〔五〕。山川清明草木静，天地不復屯雲雷。使君登高訪古昔〔六〕，傷此陳迹聊持杯。因留嘉客坐披寫〔七〕，酃渌笑語傾如簁〔八〕。酒酣重惜功業晚，老矣萬卷徒兼該。攢峰列壑動歸興〔九〕，憂端落筆何崔嵬〔一〇〕。餘年無歡易感激，亦愧莊叟能安排。青燈明滅照不寐，但把君詩

〔一〕龍舒本題作「和微之登高齋」。
〔二〕「憶」，宋刻本作「億」。
〔三〕「爲可」，龍舒本作「真堪」。
〔四〕「坼」，龍舒本作「拆」。
〔五〕「求」，龍舒本作「登」。
〔六〕「訪古昔」，龍舒本作「一訪古」。
〔七〕「嘉」，龍舒本作「佳」。
〔八〕「渌」，龍舒本作「醁」。
〔九〕「列」，龍舒本作「刻」。
〔一〇〕「落」，龍舒本作「前」。

闔且開。

三

干戈六代戰血埋，雙闕尚指山崔嵬。當時君臣但兒戲，把酒空勸長星杯〔一〕。臨春美女閉黄壤，玉枝自蘂繁如堆〔二〕。後庭新聲散樵牧〔三〕，興廢倏忽何其哀。咸陽龍移九州坼，遺種變化呼風雷。蕭條中原碭無水，崛强又此憑江淮。廣陵衣冠掃地去，穿築隴畝爲池臺。吴儂傾家助經始，尺土不借秦人篭。珠犀磊落萬艘入，金璧照耀千門開。建隆天飛跨兩海，南發交廣東温台。中間業業地無幾，欲久割據誠難哉。靈旗指麾盡貔虎，談笑力可南山排。樓船蔽川莫敢動，扶伏但有謀臣來。百年滄洲自潮汐，事往不與波争迴。黄雲荒城失苑路，白草廢畤空壇垓〔四〕。使君新篇韻險絶，登眺感悼隨嘲咍。嗟予愁憊氣已竭，對壘每欲相劘挨。揮毫更想能一戰，數窘乃見詩人才。

〔一〕「空」，龍舒本作「究」。
〔二〕「自」，原校：「一作白。」龍舒本同。
〔三〕「散」，龍舒本作「歎」。
〔四〕「垓」，龍舒本作「埃」。

# 臨川先生文集　卷七

## 古詩

### 董伯懿示裴晉公平淮右題名碑詩用其韻和酬〔一〕

元和伐蔡何危哉，朝廷百口無一諧。盜傷中丞偶不死，利劍白日投天街。裹瘡入相議軍旅，國火一再更檀槐。上前慷慨語發涕，誓出按撫除睽乖〔二〕。指撝光顏戰洄曲，鬭如怒虎搏虺豺。愬能捕虜取肝鬲〔三〕，護送密乞完形骸。笞兵夜半投死地〔四〕，雪瀑不敢燃薪藍。空城豎子已

〔一〕龍舒本題作「和董伯懿詠裴晉公平淮西將佐題名」。

〔二〕「按」，龍舒本作「安」。

〔三〕「鬲」，龍舒本作「膈」。

〔四〕「笞」，龍舒本作「箝」。

可縛〔一〕，中使尚作嗁兒哇〔二〕。退之道此尤儁偉，當鏤玉牒東燔柴〔三〕。欲編詩書播後嗣，筆墨雖巧終類俳。唐從天寶運中圮，廊廟往往非忠佳。諸侯縱横代割據，疆土豈得無離佤？德宗末年懲戰禍，一矢不試塵蒙韔。憲皇初起衆未信，意欲立掃除昏霾。追還清明救薄蝕〔四〕，屢敕主府拘窮蛙。王師傷夷征賦窘，千里亦忌毫釐差。小夫偷安自非計，長者遠慮或可懷。桓桓晉公忠且壯，時命適與功名偕。是非末世主成敗，烜赫今古誰譏排。賢哉韋純議北赦，倉卒兩伐尤難皆。重華聲明彌萬國，服苗干羽舞兩階。宣王側身内脩政，常德立武能平淮。昔人經綸初若緩，欲棄此道非吾儕。千秋事往蹤迹在，嶽石款記如湘崖。文嚴字麗皆可喜，黄埃蔽没蒼蘚埋。當時將佐盡豪傑，想此兵禱陪祠齋〔五〕。君曾西遷爲拓本，濡麝割蜜親劘揩〔六〕。新篇波瀾特浩蕩，把卷熟讀迷津涯。褒賢樂善自爲美，當挂廟壁爲詩牌〔七〕。

〔一〕「堅子」，龍舒本作「堅守」。
〔二〕「嗁」，龍舒本作「號」。
〔三〕「牒」，龍舒本作「版」。
〔四〕「救」，龍舒本作「捄」。
〔五〕「兵」，龍舒本作「共」。
〔六〕「蜜」，龍舒本作「密」。
〔七〕「當挂」，光啓堂本、聽香館本作「賞佳」。

## 用王微之韻和酬即事書懷

秦惜逝者耋，晉嘉良大休[一]。古人皆好樂，哀此歲月遒。嗟我抱愁毒，殘年自羈囚。但爲兔得蹄，非復天上鷗。雖知林塘美，欲往輒回輈。名園一散策，笑語隨觥籌。探題遶梅花，高詠接應劉。宿雨洗荒壍，寒蛟沈老湫。沿泂信畫舸，歸路子城幽。冬風不改緑，忽見新陽浮。歡事去如夢，嘉時念難留。明發得君句，謂將續前遊。語我飲倡樂，不如詩獻酬。淮洲秦鍾馨，雅刺德不猶。文墨有真趣，荒淫何足收？來篇信時女，窈窕衆所求。兹理儻可諧，華簪爲君抽。

## 和仲求即席分題得庶字[二]

刀筆漫無營，圖書紛不御。平生携手人，邂逅賞心處。名卿邵朱邑[三]，膚使超嚴助[四]。都官富篇章，博士熟經據。豈特好微言，又多知大慮。從容故天幸，倜儻盡人譽。千艘來交荆，萬舸

[一] 「大」，光啓堂本、聽香館本作「士」。

[二] 龍舒本題作「和吴仲庶」。

[三] 「邵朱邑」，龍舒本作「等邵朱」。

[四] 「膚」，龍舒本作「邑」。

去揚豫。良無此嘉客，式飲吾所庶。

出鞏縣

昭陵落月煙霧昏，篝火度谷行山根。投鞭委轡涉數村，寤出鞏縣城東門。向來宫闕不可見，但有洛水流渾渾。

書任村馬鋪

兒童繫馬黄河曲，近岸河流如可掬。任村炊米朝食魚，日暮滎陽驛中宿。投老經過身獨在，當時洲渚今平陸。秫黍冥冥十數家，仰視荒蹊但喬木。冰盤鱠美客自知〔一〕，起看白水還東馳。爾來百口皆年少，歸與何人共此悲。

葛藴作巫山高愛其飄逸因亦作兩篇

巫山高，十二峰。上有往來飄忽之猨猱，下有出没瀺灂之蛟龍，中有倚薄縹緲之神宫。神

〔一〕「鱠」，原爲墨釘，據龍舒本校補。光啓堂本、聽香館本作「羹」。

人處子冰雪容，吸風飲露虛無中[一]。千歲寂寞無人逢，邂逅乃與襄王通。丹崖碧嶂深重重，白月如日明房櫳。象牀玉几來自從，錦屏翠幔金芙蓉。陽臺美人多楚語，祇有纖腰能楚舞，争吹鳳管鳴鼉鼓。那知襄王夢時事，但見朝朝暮暮長雲雨。

## 二

巫山高，偃薄江水之滔滔。水於天下實至險，山亦起伏爲波濤。其巔冥冥不可見，崖岸斗絶悲猨猱。赤楓青櫟生滿谷，山鬼白日樵人遭。窈窕陽臺彼神女，朝朝暮暮能雲雨。以雲爲衣月爲褚，乘光服暗無留阻。崑崙曾城道可取，方丈蓬萊多伴侶。塊獨守此嗟何求，況乃低徊夢中語。

## 西風

少年不知秋，喜聞西風生。老大多感傷，畏此蟋蟀鳴。況乃捨親友，抱病獨遠行。中夜卧不周，惻惻感我情。起視天正黑，弱雲亂縱横。似有霰雪飄，不復星斗明。時節忽如此，重令壯心驚。諒無同憂人，樽酒安可傾？

[一]「無」，原作「无」，據光啓堂本、聽香館本改。

## 久雨

煤炲著天無寸空，白沫上岸吹魚龍。羲和推車出不得，河伯欲取山爲宫。城門晝開眠百賈，飢孫得糟夜哺翁。老人慣事少所怪，看屋箕踞歌南風。

## 和王勝之雪霽借馬入省

泥水填馬不受轍，瓦雪得火猶藏溝。宿霧紛紛度城闕，朔氣凜凜吹衣裘。窮閻閉門無一客，剥啄驚我有前騶。强隨傳呼出屋去，鼻息涷合髭繆繆。投韁馬鬣任欹側，欲出操箠手還抽。行思江南悲故事，溪谷冬暖花常流。前年臘歸三見白，霽色嶺上班班留。杖藜此時將邑子，登眺置酒身優游。豈如都城今日事，祇恐一蹶爲親憂。因知田里駕款段〔一〕，昔人豈即非良謀。君家洛陽名實大，談笑枯槁回春柔。平生意氣故應在，白髮未敢相尋求。從容退食想佳節，豈無歌聲相獻酬〔二〕。奈何亦作苦寒調〔三〕，歎息朝夕無驊騮。超然遂有江湖意，滿紙爲我書窮愁。相

〔一〕「因」，龍舒本作「困」。
〔二〕「聲」，龍舒本作「舞」。
〔三〕「苦」，龍舒本作「居」。

如正應居客右，子路且莫乘桴浮。

## 和吴沖卿鵶鳴樹石屏

寒林昏鵶相與還，下有跂石蒼孱顔。曾於古圖見髣髴，已怪刀筆非人間。君家石屏誰爲寫？古圖所傳無似者。鵶飛歷亂止且鳴，林葉慘慘風煙生。高齋日午坐中見，意似落日空上行〔二〕。君詩雄盛付君手，云此非人乃天巧。嗟哉渾沌死，乾坤至，造作萬物醜妍巨細各有理。問此誰主何其精，恢奇譎詭多可喜。人於其間乃復雕鑱刻畫出智力，欲與造化追相傾。拙者婆娑尚欲奮，工者固已窮夸矜。吾觀鬼神獨與人意異，雖有至巧無所争。所以虢山間，埋没此寶千萬歲，不爲見者驚。吾又以此知妙偉之作不在百世後〔三〕，造始乃與元氣并。畫工粉墨非不好，歲久剥爛空留名。能從太古到今日，獨此不朽由天成。世人尚奇輕貨力，山珍海怪採掇今欲索。此屏後出爲君得，胡賈欲價著不識。吾知金帛不足論，當與君詩兩相直。

〔二〕「上」，龍舒本作「山」。
〔三〕「知」下，龍舒本有「工」字。

## 送李宣叔倅漳州

閩山到漳窮，地與南越錯。山川鬱霧毒，瘴癘春冬作。荒茅篁竹間，蔽虧有城郭。居人特鮮少，市井宜蕭索。野花開無時，蠻酒持可酌。窮年不用客，誰與分杯杓？朝廷尚賢俊，磊砢充臺閣。君能喜節行，文藝又該博。超然萬里去，識者爲不樂。予聞君子居，自可救民瘼。苟能禦外物〔一〕，得地無美惡。似聞最南方，北客今勿藥。林麓換風氣，獸蛇凋毒蠚。如漳猶近州，氣冷又銷鑠。珍足海物味，其厚不爲薄。章舉馬甲柱，固已輕羊酪。蕉黄荔子丹，又勝楂梨酢。逢衣比多士，往往在丘壑。從容與笑語，豈不慰寂寞。太守好觴詠，嘉賓應在幕。想即有新詩，流傳至京洛。

## 送裴如晦宰吴江

霜澤與天杳〔二〕，旁臨無限情〔三〕。他時散髮處，最愛垂虹亭。飄然平生遊，捨我戴吴星。欲往

〔一〕「能」，聽香館本作「然」。
〔二〕「霜」，原校：「一作震。」
〔三〕「限情」，龍舒本作「地形」。

獨不得，都門看揚舲。到縣問疾苦，爲子求所經。當知耕牧地〔一〕，往往茭蒲青。三江斷其二，滏水何由寧？微子好古者，此歌尚誰聽？

## 韓持國從富并州辟

韓侯冰玉人，不可塵土雜。官雖衆俊後，名字久訇磕。并州天下望，撫士威愛愜。千金棄不惜，賓客常滿閤。遥聞餘風高，爲子置一榻。親交西門餞，百馬驕雜遝。子材宜用世，談者爲嗚唈。矧今名主人，氣力足呵欱〔二〕。推賢爲時輔，勢若朽易拉。會當薦還朝，立子在閶闔。惜哉秣騏驥，賦以升龠合。咨予栖栖者，氣象已摧塌。他年佐方州，説將尚不納。況於聲勢尊，豈易取酬答。有如持寸莛，未足感鞳鞈。顧於山水間，意願多所合。匡廬與韶石，少小已嘗蹋。風遊會稽春，雪宿天柱臘。淮湖江海上，慣食蝦蟹蛤。西南窮岷嶓，東北盡濟漯〔三〕。身雖未嘗歷，魂夢已稠沓。荆溪最所愛，映燭多廟塔。溪果點丹漆，溪花團繡罨。扁舟

〔一〕「耕」，龍舒本作「種」。

〔二〕「呵」，龍舒本作「吁」。

〔三〕「北」，龍舒本作「南」。「濟」，龍舒本作「洛」。

信所過，行不廢樽榼。一從捨之去，霜雪行滿頷[一]。思之不能寐，蹙若虻蚋嚼。方將築其濱，畢景謝噂𠴲。安能孤此意，顛倒就衰颯。唯子余所嚮[二]，嗜好此鶼鰈[三]。何時歸相過，遊屐尚可蠟。

## 寄吴沖卿

物變極萬殊，心通纔一曲。讀書謂已多，撫事知不足。與君語承華，念此非不夙。恨無數頃田，歸耕使成熟[四]。當官拙自計，易用忤流俗。窮年走區區，得謗大於屋。歸來污省舍，又繼故人躅。相逢衹數步[五]，吏案常填目[六]。切磋非無傷[七]，阻闊嗟何速。孤危失所助，把卷常恨獨。虚名終自誤，謬恩何見蹙。清明有沖卿，奥美如晦叔。時謂當還升，屈指尚五六。

[一]「頷」，光啓堂本作「頷」；聽香館本作「頰」。
[二]「余」，龍舒本作「命」。
[三]「此」，龍舒本、光啓堂本作「比」。「鰈」，龍舒本作「鴨」。
[四]「耕」，龍舒本作「講」。
[五]「衹」，光啓堂本、聽香館本作「止」。
[六]「案」，光啓堂本、聽香館本作「按」。
[七]「磋」，龍舒本作「瑳」。「傷」，龍舒本作「朋」。

撥才最不稱，饕寵寧無悳？殷勤故人書，紙尾又見勗。君雖好德言，我自望忠告。易稱動不括，傳論大明服。進爲非成材，罪恐不容贖。歲殘東風生，陝樹塵翳𥣫。何緣一杯酒，談笑相追逐？

## 韓持國見訪

余生非匏瓜，於世不無求。弱力憚耕稼，衣食當周流。起家始二十，南北今白頭。愁傷意已敗，罷病恐難瘳。江湖把一節，屢乞東南州。治民豈吾能，閒僻庶可偷。謬恩當徂冬，黽勉始今秋。豈敢事高蹇〔一〕，茫然乖本謀。撫心私自憐，仰屋竊歎愀。强騎黄飢馬，欲語將誰投？賴此城下宅，數蒙故人留。攬衣坐中庭，仰視白雲浮。白雲御西風，一一向滄洲。安得兩黄鵠，跨之與雲遊？

## 思王逢原

自吾失逢原，觸事輒愁思。豈獨爲故人，撫心良自悲。我善孰相我？孰知我瑕疵？我思誰

〔一〕「蹇」，聽香館本作「騫」。

能謀？我語聽者誰？朝出一馬驅，暝歸一馬馳。馳驅不自得，談笑强追隨。仰屋卧太息，起行涕淋漓。念子冢上土，草茅已紛披。婉婉婦且少，煢煢一女嫠〔一〕。高義動閭里，尚聞致財貲。嗟我衣冠朝，略能具饘糜。葬祭無所助，哀顔亦何施〔二〕？聞婦欲北返，跂予常望之。寒汴已閉口，此行又參差。又説當産子，産子知何時？賢者宜有後，固當夢熊羆。天方不可恃，我願適在兹。我疲學更誤，與世不相宜。宿昔心已許，同岡結茅茨。此事今已矣，已矣尚誰知？渺渺江與潭，茫茫山與陂。安能久竊食，終負故人期。

## 登景德塔

放身千仞高，北望太行山。巴屋如螘冢〔三〕，蔽虧塵霧間。念此屋中人，當復幾人閑？雞鳴起四散，暮夜相與還。物物各自我，誰爲賢與頑？賤氣即易凌，貴氣即難攀。愧予心未齊，俛首一破顔。

〔一〕「女」，龍舒本作「兄」。
〔二〕「哀」，龍舒本作「衰」。
〔三〕「巴」，宋刻本作「邑」。

## 和劉貢甫燕集之作

馮侯天馬壯不羈，韓侯白鷺下清池。劉侯羽翰秋欲擊，吳侯葩萼春争披。沈侯玉雪照人潔，蕭灑已見江湖姿。唯予貌醜駭公等，自鏡亦正如蒙倛。忘形論交喜有得，杯酒邂逅今良時。心親不復異新舊，便脱巾屨相諧嬉。空堂無塵小雨定，濃緑翳水浮秋曦。高談四坐掃炎熱，木末更送涼風吹。此歡不盡忽分散，明月照屋空參差。平明餘清在心耳，洗我重得劉侯詩〔二〕。劉侯未見聞已熟，吾友稱誦多文辭。才高意大方用世，自有豪俊相攀追。咨予後會恐不數，魂夢久向東南馳。何時扁舟却顧我，還欲迎子遊山陂。

## 寄王逢原

北風吹雲埋九垓，草木零落空池臺。六龍避逃不敢出，地上獨有寒崔嵬。披衣起行愁不愜，歸坐把卷闔且開。永懷古人今已矣，感此近世何爲哉？申韓百家爇火起〔三〕，孔子大道寒於

〔二〕「詩」，光啓堂本作「時」。

〔三〕「申」，龍舒本作「莊」。

灰。儒衣紛紛欲滿地，無復氣焰空煤炲〔二〕。力排異端誰助我，憶見夫子真奇材。楩柟豫章概白日〔三〕，祇要匠石聊穿裁。我方官拘不得往，子有閑暇宜能來。晤言相與入聖處，一取萬古光芒迴。

## 寄正之

少時已感韓子詩，東西南北俱欲往。新年尤覺此語悲，恨無羽翼超惚恍。肺肝欲絶形骸外，涕洟自落衣巾上。此憂難與世共知，憶子論心更惆悵。

## 思古

古之士方窮，材行已云貴。大臣公聽采，左右不得蔽。或從蒿藜間，入據廊廟勢。小夫不敢望，云我非其彙。朝遊儁者羞，暮出逢者避。所以後世愚，人人願高位。

〔二〕「氣」，光啓堂本、聽香館本作「風」。
〔三〕「柟」，龍舒本作「楠」。

## 惜日

白日照四方，當在中天留。春風地上行，當與時周遊。和氣所披拂，槁乾却濕柔。愛欲傳萬物，勢難停一州。棲棲孔子者，惜日此之由。不能使此邦，利澤施諸侯。豈若駕以行，使我遇者稠。當時三千人，齊宋楚陳周。小者傳吾粗，大能傳奥幽〔一〕。道散學以聖，衆源乃常流。吾初如匏瓜，彼亦孰知丘？唯士欲自達，窮通非外求。暨必相天子〔二〕，乃能經九疇。行雖恥强勉，閉户非良謀。

## 送裴如晦即席分題三首 以「黯然消魂惟别而已」爲韻，擬而、惟字韻作。

飄然五湖長，昨日國子師。緑髮約略白，青衫欲成緇。牽舟推河水〔三〕，去與山水期。春風垂虹亭，一杯湖上持。傲兀何賓客，兩忘我與而。能復記此飲，詩成酒淋漓。

---

〔一〕「能」，光啓堂本、聽香館本作「者」。

〔二〕「暨」，龍舒本作「豈」。

〔三〕「水」，聽香館本作「冰」。

## 二

十月款水冰，問君行何爲。行不顧斗米，自與五湖期。平生湖上遊，幽事略能知。此後君最樂，窮年得遊嬉。彩鯨抗波濤，風作鱗之而。鳴鼓上洞庭，笑看紅橘垂。漠漠大梁下，黄沙吹酒旗。應憐故人愁，回首一相思。

## 三

邂逅君子堂，一杯相與持。便應取酩酊，萬事不足惟。平明蔡河風，回首成差池。獨我漫浪者，尚得行相追。磨刀鱠嚴冬，宿昔少陵詩。還當捕鱸魚，載酒與我期。甫里松菊盛，洞庭柑橘垂。文章爲我唱，不數陸與皮。

# 臨川先生文集　卷八

## 古詩

### 兩馬齒俱壯

兩馬齒俱壯，自驕千里材。生姿何軒軒，或是龍之媒。一馬立長衢，顧影方徘徊。一馬裂銜轡，犇嘶逸風雷。立豈飽芻豆，戀棧常思迴。犇豈欲野齕，久羈羨駑駘。兩馬不同調，各爲世所猜。問之不能言，使我心悠哉。

### 春從沙磧底

春從沙磧底，轉上青天際。靄靄桑柘墟，浮雲變姿媚。游人出暄暖，鳥語辭陰翳。心知歸有日，我亦無愁思。所嗟獨季子，尚客江湖澨。萬里卜鳳凰，飄飄何時至。

## 晨興望南山

晨興望南山，不見南山根。草樹露顛頂，樛枝空復繁。銅瓶取井水，已至尚餘温。天風一吹拂，的皪成璵璠。

## 結屋山澗曲

結屋山澗曲，挂瓢秋樹顛。鳴不中律吕，時時驚我眠。吾兒亦惡聒，勠力事棄捐。止我爲爾歌，不如恣其然。狂風動地至，萬竅各啾喧。一瓢雖易除，豈在有無間。皪皪山下石，泠泠手中弦。臨流寫所愛，坐聽以窮年。

## 朝日一曝背

朝日一曝背，欣然忘夜寒。樵松煮澗水，既食取琴彈。彈作南風歌，歌罷坐長歎。寤彼栖栖者，遺世良獨難。

## 黄菊有至性

團團城上日，秋至少光輝。積陰欲滔天，況乃草木微。黄菊有至性，孤芳犯群威。采采霜露間，亦足慰朝饑。

## 少狂喜文章

少狂喜文章，頗復好功名。稍知古人心，始欲老甿耕。低徊但志食，邂逅亦專城。仰慚冥冥士，俯愧擾擾甿。良夜未遽央，青燈數寒更。撥書置左右，仰屋慨平生。

## 三戰敗不羞〔一〕

三戰敗不羞，一官遷輒喜。古人思慰親，愧辱寧在己。於陵避兄食，織屨仰妻子。恩義有相權，潔身非至理〔二〕。

〔一〕龍舒本題作「涓涓乳下子」。
〔二〕「潔」，龍舒本作「絜」。

## 少年見青春

少年見青春，萬物皆嫵媚。身雖不飲酒，樂與賓客醉。一從鬢上白，百不見可喜。心腸非故時，更覺日月駛。聞歡已倦往，得飽還思睡。春歸只如夢，不復悲憔悴。寄言少年子，努力作春事。亦勿怪衰翁，衰强自然異。

## 白日不照物

白日不照物，浮雲在寥廓。風濤吹黄昏，屋瓦更紛泊。行觀蔡河上，負土私力弱〔一〕。隋堤散萬家，亂若春蠶箔〔二〕。仍聞決數道，且用寬城郭。婦子夜號呼，西南漫爲壑。

## 草端無華滋

草端無華滋，陰氣已盤固。暄妍却如春，歲晚曾不寤。一裘可以暖，貧士終難豫。忽忽遠

〔一〕「力」，光啓堂本作「有」。
〔二〕「蠶」，宋刻本作「風」。

枝空，寒蟲欲坏户[一]。

一日不再飯

一日不再飯，飯已八九眠。忽忽返照間[二]，頓羸不可還。筋骸徽纆束[三]，肺腑鼎鐺煎。長往理不惜，高堂思所牽。

秋枝如殘人

秋枝如殘人，顔色先憔悴。微寒吹已空，性命一何脆。寧當記疇昔，葩葉相嫵媚。歲行誰使然，好殺豈天意。

青青西門槐

人情甘阿諛，我獨倦請謁。尤於權門疏，萬事亦已拙。平生江湖期，夢寐不可遏。青青西

---

[一]「坏」，龍舒本作「坯」。

[二]「忽忽」，龍舒本作「怱怱」。

[三]「纆」，原作「纏」，據龍舒本校改。

門槐，少解馬上暍。

## 天下不用車

天下不用車，人人乘馬馳。王良雖善御，攬轡欲從誰？漢武伐大宛，殺人若京坻。孝文却走馬，獨行先安之。萬物命在天，取舍各有時。陰陽更用事，冬暖豈所宜？卞氏强獻玉，兩刖亦已癡。幸終遇良工，已剖得不疑。

## 山田久欲拆

山田久欲拆，秋至尚求雨。婦女喜秋涼，踏車多笑語。朔雲卷衆水〔二〕，慘淡吹平楚。横陂與直塹，疑即没洲渚。霍霍反照中，散絲魚幾縷。鴻蒙不可問，且往知何許〔三〕。欹眠露下舸，側見星月吐。龍骨已嘔啞，田家真作苦。

〔二〕「水」，聽香館本作「木」。

〔三〕「且」，光啓堂本作「旦」；聽香館本作「但」。

## 聖賢何常施

聖賢何常施，所遇有伸屈。曲士守一隅，欲以齊萬物。喪非不欲富，言爲南宫出。世無子有子，誰敢救其失〔一〕？

## 散髮一扁舟

散髮一扁舟，夜長眠屢起。秋水瀉明河，迢迢藕花底。愛此露的皪，復憐雲綺靡。諒無與歌絃，幽獨亦可喜。

## 道人北山來

道人北山來，問松我東岡〔二〕。舉手指屋脊，云今如此長。開田故歲收，種果今年嘗。告叟去復來，耘鋤尚康强。死狐正首丘，遊子思故鄉。嗟我行老矣，墳墓安可忘。

〔一〕「救」，宋刻本作「捄」。

〔二〕「我」，龍舒本作「栽」。

## 今日非昨日

今日非昨日，昨日已可思。明日異今日，如何能勿悲。當門五六樹，上有蟬鳴枝。朝聽尚壯急，暮聞已衰遲。仰看青青葉，亦復少華滋。萬物同一氣，固知當爾爲。我友南山居，笑談解人頤。分我秋柏實，問言歸何時。衣冠污窮塵，苟得猶苦飢。低徊歲已晚〔一〕，恐負平生期。

## 秋日不可見

秋日不可見，林端但餘黄。杖藜思平野，俛仰畏無光。栗栗澗谷風，吹我衣與裳。娟娟空山月，照我冠上霜。

## 騏驥在霜野

騏驥在霜野，低徊向衰草。入櫪聞秋風，悲鳴思長道。黄金作鞭轡，粲粲空外好。人生貴得意，不必恨枯槁。

---

〔一〕「已」，龍舒本作「忽」。

## 悲哉孔子没

悲哉孔子没，千歲無麒麟。蚩蚩盡鉏商，此物誰能珍？漢武得一角，燔烹誣鬼神。更以鑄黄金[一]，傳夸後世人。

## 秋庭午吏散

秋庭午吏散，予亦歸息偃。豈無嘉賓客[二]，欲往心獨懶[三]。北窗古人篇，一讀三四反。悲哉不蚤計，失道行畹晚。

## 秋日在梧桐

秋日在梧桐，轉陰如急轂。冥冥蔽中庭，下視今可暴[四]。高蟬不復嘒，稍得寒鴉宿。百遶

---

[一]「鑄黄金」，龍舒本作「黄金鑄」。
[二]「嘉」，龍舒本作「佳」。
[三]「往」，龍舒本作「住」。
[四]「暴」，龍舒本作「曝」。

有衰翁，行歌待春緑。

## 我欲往滄海

我欲往滄海，客來自河源。手探囊中膠，救此千載渾。我語客徒爾，當還治崑崙。歎息謝不能，相看涕翻盆。客止我且往，濯髮扶桑根。春風吹我舟，萬里空目存〔二〕。

## 前日石上松

前日石上松，斸移沙水際。青青折釵股，俯映幽人砌。蟠根今鬯茂，落子還蒼翠。三年一楮葉，世事真期費。

## 日出堂上飲

日出堂上飲，日西未云休〔三〕。主人笑而歌，客子歎以愀。指此堂上柱，始生在巖幽。雨露

〔二〕「目」，龍舒本作「自」。

〔三〕「休」，光啓堂本作「倦」。

飽所滋，凌雲亦千秋。所託願求久〔二〕，何言值君收。乃令卑濕地，百蟻上窮鎪。丹青空外好，鎮壓已堪憂。爲君重去之，不使一蟻留。蟻力雖云小，能生萬蚍蜉。又能高其礎，不爾繼者稠。語客且勿然，百年等浮漚。爲客當酌酒，何豫主人謀。

〔二〕「求」，龍舒本作「永」。

# 臨川先生文集　卷九

## 古詩

### 孔子

聖人道大能亦博，學者所得皆秋毫。雖傳古未有孔子，蠛蠓何足知天高。桓魋武叔不量力，欲撓一草摇蟠桃。顏回已自不可測，至死鑽仰忘身勞。

### 揚雄二首

子雲游天禄，華藻鋭初學。覃思晚有得，晦顯無適莫。寥寥鄒魯後，於此歸先覺。豈嘗知符命，何苦自投閣？長安諸愚儒，操行自爲薄。謗嘲出異己，傳載因疏略。孟軻勸伐燕，伊尹干説亳。叩馬觸兵鋒，食牛要禄爵。少知羞不爲，况彼皆卓犖。史官蔽多聞，自古喜穿鑿。

## 二

子雲平生人莫知，知者乃獨稱其辭。今尊子雲者皆是，得子雲心亦無幾。聖賢樹立自有師，人知不知無以爲。俗人賤今常貴古[一]，子雲今存誰女數[二]。

### 漢文帝

輕刑死人衆，喪短生者偷。仁孝自此薄，哀哉不能謀。露臺惜百金，灞陵無高丘。淺恩施一時，長患被九州。

### 秦始皇

天方獵中原，狐兔在所憎。傷哉六孱王，當此鷙鳥膺[三]。搏取已掃地[四]，翰飛尚憑淩。遊將

---

〔一〕「常」，龍舒本作「尊」。

〔二〕「女」，宋刻本、龍舒本作「汝」。

〔三〕「鷙」，龍舒本作「摯」。

〔四〕「搏」，龍舒本、光啓堂本、聽香館本作「摶」。

跨蓬萊〔一〕，以海爲丘陵。勒石頌功德，群臣助驕矜。舉世不讀易，但以刑名稱。蚩蚩彼少子，何用辨堅冰。

## 韓信

韓信寄食常歉然，邂逅漂母能哀憐。當時噲等何由伍，但有淮陰惡少年。誰道蕭曹刀筆吏，從容一語知人意。壇上平明大將旗，舉軍盡驚王不疑。捄兵半楚濰半沙〔二〕，從初龍且聞信怯。鴻溝天下已横分，談笑重來卷楚氛。但以怯名終得羽，誰爲孔費兩將軍〔三〕？

## 叔孫通

先生秦博士，秦禮頗能熟。量主欲有爲，兩生皆不欲。草具一王儀，群豪果知肅。黄金既

〔一〕「遊」，龍舒本作「逝」。

〔二〕原校：「一作搏兵擊楚濰半涉。」龍舒本作「搏兵擊楚濰半涉。」

〔三〕「孔」，龍舒本作「張」。

偏賜〔一〕，短衣亦已續。儒術自此凋〔二〕，何爲反初服？

## 東方朔

平原狂先生，隱翳世上塵。材多不可數，射覆亦絶倫。談辭最詼怪，發口如有神。以此得親幸，賜予頗不貧〔三〕。金玉本光瑩，泥沙豈能堙〔四〕。時時一悟主，驚動漢庭臣。不肯下兒童，敢言詆平津。何知夷與惠，空復忤時人。

## 楊劉

人各有是非，犯時爲患害。唯詩以譎諫，言者得無悔。汾王昔監謗〔五〕，變雅今尚載。末俗忌諱繁，此理寧復在。南山詠種豆，議法過四罪。玄都戲桃花，母子受顛沛。疑似已如此，況欲

〔一〕「偏」，宋刻本「偏」。
〔二〕「凋」，龍舒本作「雕」。
〔三〕「予」，原作「子」，據光啓堂本、聽香館本校改。
〔四〕「泥」，宋刻本、龍舒本作「浮」。
〔五〕「汾」，龍舒本作「厲」。

諄諄誨。事變故不同，楊劉可爲戒。

臧倉

位在萬乘師，孟軻猶不遇。豈云貧與賤，世道非吾趣。意行天下福，事忤由然去。命也固有在，臧倉汝何與？

田單

湣王萬乘齊，走死區區燕。田單一即墨，掃敵如風旋。舞鳥怪不測，騰牛怒無前。飄飄樂毅去，磊砢功名傳。掘葬與劓降，論乃愧儒先。深誠可奮士，王蠋豈非賢？

戴不勝

昔在宋王所，皆非薛居州。區區一不勝，辛苦亦何求？懷禄詎有恥，知命乃無憂。此士自可憐，能復識此不？

## 陸忠州

虞人以士招，御者與射比。當時尚羞爲，況乃天下士。英英陸忠州，學問輔明智。低徊得坎坷，勳業終不遂。

## 開元行

君不聞開元盛天子，糾合儁傑披姦猖。幾年辛苦補四海，始得完好無疽瘡〔二〕。一朝寄託誰家子，威福顛倒那復理？那知赤子偏愁毒〔三〕，祇見狂胡倉卒起。茫茫孤行西萬里，傴仄歸來竟憂死。子孫險不失故物，社稷陵夷從此始。由來犬羊著冠坐廟堂，安得四鄙無豺狼？

## 相送行效張籍

一車南，一車北，身世匆匆俱有役。憶昔論心兩綢繆，那知相送不得留。但聞馬嘶覺已遠，

〔二〕「始」，龍舒本作「如」。

〔三〕「偏」，宋刻本、龍舒本作「徧」。

欲望應須上前坂。秋風忽起吹泥塵，雙目空回不見人。

## 陰漫漫行

愁雲怒風相追逐，青山滅没滄江覆。少留燈火就空床，更聽波濤圍野屋。憶昨踏雪度長安，夜宿木瘤還苦寒。誰云當春便妍暖，十日九八陰漫漫〔二〕。

## 一日歸行

賤貧奔走食與衣，百日奔走一日歸。平生歡意苦不盡，正欲老大相因依。空房蕭瑟施繐帷，青燈半夜哭聲稀。音容想像今何處，地下相逢果是非。

## 汴水

汴水無情日夜流，不肯爲我少淹留。相逢故人昨夜去，不知今日到何州。州州人物不相

〔二〕「九八」，宋刻本、龍舒本作「八九」。

似，處處蟬鳴令客愁。可憐南北意不就〔一〕，二十起家今白頭。

## 陰山畫虎圖

陰山健兒鞭鞚急，走勢能追北風及。逶迤一虎出馬前，白羽橫穿更人立。回旗倒戟四邊動，抽矢當前放蹄入。爪牙蹭蹬不得施，磧上流丹看來濕。胡天朔漠殺氣高，煙雲萬里埋弓刀〔二〕。穹廬無工可貌此〔三〕，漢使自解丹青包。堂上絹素開欲裂，一見猶能動毛髮。低徊使我思古人，此地摶兵走戎羯〔四〕。禽逃獸遁亦蕭然，豈若封疆今晏眠。契丹弋獵漢耕作，飛將自老南山邊，還能射虎隨少年。

## 杜甫畫像

吾觀少陵詩，爲與元氣侔〔五〕。力能排天斡九地，壯顔毅色不可求。浩蕩八極中，生物豈不

〔一〕「意不」，龍舒本作「志未」。
〔二〕「弓」，光啓堂本、聽香館本作「中」。
〔三〕「穹」，光啓堂本、聽香館本作「窮」。「貌」，龍舒本作「藐」。
〔四〕「摶」，龍舒本作「搏」。
〔五〕「爲」，龍舒本作「謂」。

稠？醜妍巨細千萬殊，竟莫見以何雕鎪。惜哉命之窮，顛倒不見收。青衫老更斥，餓走半九州。瘦妻僵前子仆後，攘攘盜賊森戈矛。吟哦當此時，不廢朝廷憂。常願天子聖，大臣各伊周。寧令吾廬獨破受凍死，不忍四海寒颼颼〔二〕。傷屯悼屈止一身，嗟時之人死所羞〔三〕。所以見公畫〔三〕，再拜涕泗流。惟公之心古亦少，願起公死從之游。

## 吴長文新得顔公壞碑

魯公之書既絶倫，歲久更爲時所珍。荒壇壞冢朽崖屋，剥落風雨埋煨塵。斷碑數尺誰所得？點畫入紙完如新。延陵公子好事者，拓取持寄情相親。六書篆籀數變改，訓詁後世多失真。誰初妄鑿妍與醜，坐使學士勞骸筋。堂堂魯公勇且仁，出遇世難親經綸。揮毫卓犖又驚俗，豈亦以此誇常民。但疑技巧有天得，不必勉强方通神〔四〕。詩歌甘棠美召伯，愛惜蔽芾由思人。時危忠誼常恨少，寶此勿復令埋堙。

〔一〕「海」下，龍舒本有「赤子」二字。「颼」，龍舒本作「颸」。

〔二〕「死」，龍舒本作「我」。

〔三〕「畫」，龍舒本作「像」。

〔四〕「勉强」，龍舒本作「强勉」。

## 答揚州劉原甫 因君古人風〔一〕，更欲投吾簪。

少食苦不足〔二〕，一官聊自謀。爲生晚更拙，懷禄尚遲留。黽勉詎有補，强顔包衆羞。謂我古人風，知君以相優。君實高世才，主恩正綢繆。智矣哀此民，華簪寧易投。

## 寄鄂州張使君〔三〕

昔人寧飲建業水，共道不食武昌魚。公來建業每自如，亦復不厭武昌居。武昌山川今可想，緑水逶迤煙莽蒼。白鷗晴飛隨兩槳，岸薺茸茸映魚網。投老留連陌上塵，思公一語何由往。

## 送元厚之待制知福州

海隅山谷間，人物最多處。平旦息相吹，連城黕如霧。閩王舊宫室，丹漆美無度。今爲大帥府，千里來赴愬。元侯文章翁，更以吏能著。峨峨中天閣，鳴玉新改步。銜詔出梨嶺，方爲遠

〔一〕「因」上，龍舒本有「詩云」二字。
〔二〕「食」，光啓堂本、聽香館本作「貧」。
〔三〕「鄂」，原作「岳」，據目録及宋刻本、龍舒本改。

人慕。旌旗滿流水，冠蓋東門駐。四坐共咨嗟，疑侯不當去。張仲稱孝友，樊侯正求助。名城雖云樂，行矣未宜遽。

## 悼四明杜醇〔一〕

杜生四五十，孝友稱鄉里。隱約不外求，耕桑有妻子。藜杖牧鷄豚，筠筒釣魴鯉。歲時沽酒歸，亦不乏甘旨。天涯一杯飯，夙昔相逢喜。談辭足詩書，篇詠又清泚。都城問越客，安否常在耳。日月未渠央，如何棄予死？古風久凋零，好學少爲己。悲哉四明山，此士今已矣。

## 哭梅聖俞

詩行於世先春秋，國風變衰始柏舟。文辭感激多所憂，律吕尚可諧鳴球。先王澤竭士已偷，紛紛作者始可羞，其聲與節急以浮。真人當天施再流，篤生梅公應時求。頌歌文武功業優，經奇緯麗散九州。衆皆少鋭老則不，翁獨辛苦不能休，惜無采者人名遒。貴人憐公青兩眸，吹噓可使高岑樓，坐令隱約不見收。空能乞錢助饋餾，疑此有物司諸幽。棲棲孔孟葬魯鄒，後始

〔一〕龍舒本題作「傷杜醇」。

卓犖稱軻丘。聖賢與命相楯矛，勢欲强達誠無由[二]。詩人况又多窮愁，李杜亦不爲公侯。公窺窮阸以身投，坎軻坐老當誰尤？吁嗟豈即非善謀，虎豹雖死皮終留。飄然載喪下陰溝，粉書軸幅懸無旒。高堂萬里哀白頭，東望使我商聲謳。

## 遊章義寺

九日章義寺，倦遊因解鑣。拂榻寄午夢，起尋北山椒。岑蔚鳥絶迹，悲鳴唯一蜩。歡言與僧期，於此共簞瓢。斬松八九根，窗壁具一朝。伏檻何所見？蒼蒼圜寂寥。巖谷寒更静，水泉清不摇。安得有車馬，尚無漁與樵。神茂真觀復，心明衆塵消。陰嶺有嘉客[三]，儻來不須招。

## 飯祈澤寺

駕言東南遊，午飯投僧館。山白梅蘂長，林黄柳芽短。笭箵沙際來，略彴桑間斷。春映一

---

[二] 「達」，龍舒本作「違」。

[三] 「嘉」，龍舒本作「佳」。

川明，雪消千壑漫。魚隨竹影浮，鳥誤人聲散。翫物豈能留？干時吾自懶。

## 答瑞新十遠

遠水悠然碧，遠山天際蒼。中有山水人，寄我十遠章。我時在高樓，徙倚觀八荒。亦復有遠意，千載不相忘。

## 送文學士倅邛州

文翁出治蜀，蜀士始文章。司馬唱成都，嗣音得王揚[一]。犖犖漢守孫[二]，千秋起相望。操筆賦上林，脱巾選爲郎[三]。擁書天禄閣，奇字校偏傍。忽乘駟馬車，牛酒過故鄉。時平無諭檄，不訪碧雞祥。問君行何爲，關隴正繁霜。中和助宣布，循吏綴前芳。豈特爲親榮，區區夸一方。

---

〔一〕「王揚」，光啓堂本、聽香館本作「琳瑯」。
〔二〕「守」，光啓堂本作「寄」。
〔三〕「巾」，龍舒本作「身」。

## 送宋中道倅洺州〔一〕

漳水不灌鄴，不知幾何時。後世有史起，乃能爲可爲。余嘗憐洺民，舄鹵半不治。頗覺漳可引，但爲談者嗤。高議不同俗，功成人始思。夫子到官日，勿忘吾此詩。

## 送張公儀宰安豐

楚客來時雁爲伴，歸期祇待春冰泮。雁飛南北三兩回，回首湖山空夢亂。祕書一官聊自慰〔二〕，安豐百里誰復歎？揚鞭去去及芳時，壽酒千觴花爛熳〔三〕。

## 送陳諤

有司昔者患不公，翻名謄書今故密〔四〕。論才相若子獨棄，外物有命真難必。鄉閭孝友莫如

〔一〕「倅」，龍舒本作「通判」。

〔二〕「慰」，龍舒本作「尉」。

〔三〕「熳」，聽香館本作「漫」。

〔四〕「謄」，龍舒本作「謄」。

子，我願卜鄰非一日。朱門奕奕行多慚，歸矣無爲惡蓬蓽。

## 送孫長倩歸輝州

溪澗得雨潦，奔溢不可航。江海收百川，浩浩誰能量？溪澗之日短，江海之日長。願生畜道德，江海以自方。

## 送喬執中秀才歸高郵

薄飯午不羹，空爐夜無炭。寥寥日避席，烈烈風欺幔。謂予勿惡此，何爲向子歎？長年客塵沙，無婦助親爨。寒暄慰白首，我弟纔將冠。邅迴歲又晚，想見淮湖漫。古人一日養，不以三公换。田園在戮力，且欲歸鋤灌〔一〕。行矣子誠然，光陰未宜翫。負米力有餘，能無讀書伴？

〔一〕「灌」，光啓堂本、聽香館本作「畔」。

## 雲山詩送正之

雲山參差碧相圍，溪水詰曲帶城陴。溪窮壤斷至者誰？予獨與子相諧熙〔二〕。山城之西鼓吹悲，水風蕭蕭不滿旗。子今去此來無時，予有不可誰予規？

〔二〕「熙」，龍舒本作「嬉」。

# 臨川先生文集　卷十

## 古詩

### 和甫如京師微之置酒

季子將北征，貂裘解亭皋。使君擁鳴騶，出餞載酒醪。作詩寵行色，坐客多賢豪。信知大夫才，能賦在登高。陟圮憂未已，强歌反哀號。問言歸何時，逮此冬風饕。川塗良阻脩，筆轡慎所操。黄屋初啓聖，萬靈歸一陶〔二〕。詢謀及疏賤，拔取皆時髦。往矣果有合，可辭州縣勞。

### 别孫莘老

逢原未熟我，已與子相知。自吾得逢原，知子更不疑。把手湖上舟，望子欲歸時。茫然乃

〔二〕「一」，龍舒本作「之」。

分散，獨背東南馳。寥寥西城居，邂逅與子期。鷄鳴入省門，朱墨來紛披。含意不自得，强顔聊爾爲。會合常在夜，青燈照書詩。往往並衾語，至明不言疲。匆匆捨我去，使我當從誰？送子不出門，我身方羈縻。我心得自如，今與子相隨。隨子至湖上，逢原所嘗嬉。想見荷葉盡，北風卷寒漪。已懷今日愁，更念昔日悲。相逢亦何有，但有鏡中絲。

## 寄丁中允 寶臣〔一〕

人生九州間，泛泛水中木。漂浮隨風波，邂逅得相觸。始我與夫子，得官同一州。相逢皆偶然，情義乃綢繆。我於人事疏，而子久矣修〔二〕。磨礱以成我，德大不可讎。乖離今六年，念子未嘗休。豈不道相逢，但得頃刻留。歡喜不滿顔〔三〕，長年抱離憂。古人有所思，千里駕車牛。如何咫尺間，而不與予遊〔四〕？顧惜五斗米，無辜自拘囚。念彼磊落者，心顔兩慚羞。剡山碧榛榛，剡水日夜流。山行苦無巘，水淺亦可舟。使君子所善，來檄自可求。何時子來意，待子南

〔一〕龍舒本無題注「寶臣」二字。

〔二〕「矣」，宋刻本、龍舒本作「已」。

〔三〕「歡」，光啓堂本作「欣」。

〔四〕「予」，宋刻本、龍舒本作「子」。

山頭。

## 示平甫弟

汴渠西受崑崙水，五月奔湍射黄矢。高淮夜入忽倒流，碕岸相看欲生觜。萬檣如山矻不動，嗟我仲子行亦止。自聞留連且一月，每得問訊猶千里。老工取河天上落，伏礫邅沙卷無底。土橋立馬望城東，數日知有相逢喜。牆隅返照媚槐穀，池面過雨蘇筸葦。欣然把手相與閑，所願此時無一詭。豈無他憂能老我？付與天地從今始。閉門爲謝載酒人，外慕紛紛吾已矣。

## 憶北山送勝上人〔一〕

蒼藤翠木江南山，激激流水兩山間。山高水深魚鳥樂〔二〕，車馬迹絶人長閑。雲埋樵聲隔葱蒨，月弄釣影臨潺湲。黄塵滿眼衣可濯〔三〕，夢寐惆悵何時還？

〔一〕龍舒本題作「憶蔣山」。

〔二〕「深」，光啓堂本作「遠」。

〔三〕「衣」，光啓堂本作「依」。

## 相國寺啓同天節道場行香院觀戲者〔一〕

侏優戲場中，一貴復一賤。心知本自同，所以無欣怨。

## 馬上轉韻

三月楊花迷眼白，四月柳條空老碧。年光如水儘東流，風物看看又到秋。人世百年能幾許？何須戚戚長辛苦。富貴功名自有時，簞瓢捽茹亦山雌。

## 乙巳九月登冶城作

欲望鍾山岑〔二〕，因知冶城路〔三〕。躋攀隱木杪，稍記曾遊處。紅沉渚上日，蒼起榛中霧。即事有哀傷，山川自如故。

〔一〕龍舒本無「節」字。
〔二〕「岑」，龍舒本作「嶺」。
〔三〕「知」，龍舒本作「得」。

## 過劉貢甫

去年約子遊山陂，今者仍爲大梁客。天旋日月不少留，稱意人間寧易得？天明徑欲相就語，雲雪填城萬家白。冬風吹鬣馬更驕，一出何由問行迹？能言奇字世已少，終欲追攀豈辭劇？枕中鴻寶舊所傳，飲我寧辭酒或索。吾願與子同醉醒，顔狀雖殊心不隔。故知今有可憐人，回首紛紛斗筲窄。

## 估玉

潼關西山古藍田，有氣鬱鬱高拄天。雄虹雌霓相結纏，晝夜不散非雲煙。秦人挾斤上其巔，視氣所出深鑱鐫。得物盈尺方且堅，以斤試叩聲泠然。持歸市上求百錢，人皆疑嗟莫愛憐。大梁老估聞不眠，操金喜取走蹁躚。深藏牢包三十年，光怪鄰里驚相傳，欲獻天子無由緣。朝廷昨日鍾鼓縣，呼工琢圭寘神筵，玉材細瑣不中權。賈孫抱物詔使前，紅羅複疊帕紫氈〔一〕，發視

〔一〕「帕」，原作「怕」，據聽香館本校改。

紺碧光屬聯。詔問與價當幾千，衆工讓口無敢先，嗟我豈識真與全〔一〕？

## 信都公家白兔

水精爲宮玉爲田〔二〕，姮娥縞衣洗朱鉛〔三〕。宮中老兔非日浴，天使潔白宜嬋娟。揚鬚弭足桂樹間〔四〕，桂花如霜亂後前。赤鵶相望窺不得，空疑兩瞳射日丹。東西跳梁自長久，天畢橫施亦何有。憑光下視罝網繁〔五〕，衣褐紛紛漫回首。去年驚墮滁山雲，出入虛莽猶無群。奇毛難藏果亦得，千里今以窮歸君。空衢險幽不可返，食君庭除嗟亦窘。令予得爲此兔謀，豐草長林且遊衍。

〔一〕「真」，原校：「一作厖。」龍舒本同。光啓堂本、聽香館本作「龎」。
〔二〕「精」，宋刻本作「晶」。
〔三〕「姮」，龍舒本作「常」；光啓堂本、聽香館本作「嫦」。「鉛」，光啓堂本作「訟」。
〔四〕「弭」，光啓堂本作「彌」。
〔五〕「網」，龍舒本作「罔」。

## 車螯二首

車螯肉甚美，由美得烹燔。殻以無味棄，棄之能久存。予嘗憐其肉，柔弱甘咀吞。又嘗怪其殻，有功不見論。醉客快一啖，散投牆壁根。寧能爲收拾，持用訊醫門。

**二**

車螯肉之弱，恃殻保厥身。自非身有求，不敢微啓唇。尚恐擉者得，泥沙常埋堙。往往湯火間，身盡殻空存。維海錯萬物，口牙且咀吞。爾無如彼何，可畏寧獨人。無爲久自苦，含匿不暴陳。豁然從所如，游蕩四海濆。清波躍其污〔一〕，白日曬其昏。死生或有在，豈遽得烹燔？

## 與平甫同賦槐

冰雪泊楚岸，萬株同飄零。春風都城居，初見葉青青。歲行如車輪，蔭翳忽滿庭。秋子今在眼，何時動江舲？

〔一〕「躍」，全宋詩校改作「濯」。

## 甘棠梨

甘棠詩所歌，自足誇衆果。愛其凌秋霜，萬玉懸磊砢。園夫盛採摘，市賈争包裹〔一〕。車輪動盈箱，舟載輒連柁。朝分不知數，暮在知幾顆。但使甘有餘，何傷小而橢。主人捐千金，飣餖留四坐。柑椑與橙栗，在口亦云可。都城紛華地，内熱易生火。問客當此時，蠲煩孰如我？

## 獨山梅花

獨山梅花何所似？半開半謝荆棘中。美人零落依草木，志士顛頓守蒿蓬。亭亭孤艷带寒日，漠漠遠香隨野風。移栽不得根欲老，回首上林顔色空。

## 同昌叔賦雁奴

雁雁無定棲，隨陽以南北。嗟哉此爲奴，至性能恳惻。人將伺其殆，奴輒告之亟。舉群寤而飛，機巧無所得。夜或以火取，奴鳴火因匿。頻驚莫我捕，顧謂奴不直。嗷嗷身百憂，泯泯衆

〔一〕「賈」，龍舒本作「買」。

一息。相隨入熷繳，豈不聽者惑？偷安與受紿，自古有亡國。君看雁奴篇，禍福甚明白。

## 老樹

去年北風吹瓦裂，牆頭老樹凍欲折。蒼葉蔽屈忽扶疏，野禽從此相與居。禽鳴無時不可數，雌雄各自應律呂。我牀撥書當午眠，能驚我眠聒我語。古詩鳥鳴山更幽，我念不若鳴聲收。但憂此物一朝去，狂風還來欺老樹。

## 賦棗 得燭字。〔一〕

種桃昔所傳，種棗予所欲。在實爲美果，論材又良木。餘甘入鄰家，尚得饞婦逐。況余秋盤中，快噉取饜足。風包墮朱繒，日顆皺紅玉。贄享古已然，豳詩自宜録。紓懷青齊間，萬樹蔭平陸。誰云食之昏，匿知乃成俗。廣庭觴聖壽，以此參肴蔌。願比赤心投，皇明儻予燭。

〔一〕龍舒本題無「賦」字，題注無「得」字。

## 飛雁

雁飛冥冥時下泊，稻粱雖少江湖樂。人生何必慕輕肥，辛苦將身到沙漠。漢時蘇武與張騫，萬里生還值偶然。丈夫許國當如此，男子辭親亦可憐。

## 寓言九首〔一〕

詵詵古之士，出必見禮樂。群游與群飲〔二〕，仁義待揚搉。心疲歌舞荒，耳聒米鹽濁。所以後世賢，絶俗乃爲學。

### 二

不得君子居，而與小人游。疵瑕不相摩，況乃祻釁稠〔三〕。高語不敢出，鄙辭强顏酬。始云避世患，自覺日已偷。如傅一齊人〔四〕，以萬楚人咻。云復學齊言〔五〕，定復不可求。仁義多在野，

〔一〕此爲龍舒本寓言十五首之九首。
〔二〕「群」，龍舒本作「衆」。
〔三〕「祻」，龍舒本作「禍」。
〔四〕「傅」，龍舒本作「無」。
〔五〕「言」，光啓堂本、聽香館本作「語」。

欲從苦淹留。不悲道難行，所悲累身修。

三

周公歌七月，耕稼乃王術。宣王追祖宗，考牧與宮室。甘棠能聽訟，召伯聖人匹。後生論常高，於世復何實？

四

婚喪孰不供，貸錢免爾縈〔一〕。耕收孰不給，傾粟助之生。物贏我收之，物窘出使營。後世不務此，區區挫兼并。

五

貞觀業萬世，經營豈非艱？其子一搖之，宗廟靈幾殫〔二〕。開元始聰明〔三〕，一眚犇岷山〔四〕。功高後毀易〔五〕，德薄人存難。

〔一〕「縈」，龍舒本作「營」。
〔二〕「靈」，宋刻本作「能」。
〔三〕「元」，宋刻本作「基」。
〔四〕「眚」，光啓堂本作「青」。「岷」，宋刻本作「西」。
〔五〕「功高」，龍舒本作「高功」。

六

言失於須臾，百世不可除。行失几席間，惡名滿八區。百年養不足，一日毀有餘。諒彼恥不仁，戒哉惟厥初。

七

鐘鼓非樂本，本末猶相因。仁聲入人深，孟子言之醇。如何貞觀君，從古同隋陳？風俗不粹美，惜哉世無臣。

八

遊鯨厭海濁，出戲清江湄。風濤助翻騰，網罟不敢窺。失身洲渚間，螻蟻乘其機。物大苦易窮，一窮無所歸。

九

猛虎卧草間，群烏從噪之〔一〕。萬物忌强梁，寧獨以其私。虎終機械得，烏亦彈丸隨。山鷄不忤物，默與鳳凰期。

〔一〕「烏」，龍舒本作「烏」。本首下同。

## 舟中讀書

冉冉木葉下〔一〕，蕭蕭山水秋。浮雲带田野，落日抱汀洲。歸卧無與語，出門何所求。未能忘感慨，聊以古人謀。

## 和王樂道讀進士試卷〔二〕

文章始隋唐，進取歸一律。安知鴻都事，竟用程人物。變今嗟未能〔三〕，於己空自咄。流波亦已漫，高論常見屈。故令俶儻士，往往棄堙鬱〔四〕。皋陶敘九德，固有知人術。聖世欲爾爲，徐觀異人出。

〔一〕「木」，光啓堂本作「水」。
〔二〕龍舒本無「和王樂道」四字。
〔三〕「嗟」，龍舒本作「差」。
〔四〕「堙」，龍舒本作「江」。

## 自訟

孔子見南子，子路爲不怡。欲從公山氏，勃鬱見色辭。道如天之蒼，萬物不能緇。弟子尚不信，況余乏才資。明知古人仁，語默各有時。苟出不自慎，果爲聽者疑。白圭尚有磨，駟馬猶能追。一言成不智〔一〕，雖悔欲何爲？

## 彼狂

上古杳默無人聲，日月不忒山川平。人與鳥獸相隨行，祖孫一死十百生。萬物不給乃相兵，伏羲畫法作後程〔二〕。漁蟲獵獸寬群争，勢不得已當經營，非以示世爲聰明。方分類别物有名，夸賢尚功列恥榮。蠱僞日巧雕元精，至言一出衆輒驚。上智閉匿不敢成〔三〕，因時就俗救刖

〔一〕「智」，龍舒本作「知」。
〔二〕「程」，光啓堂本作「城」。
〔三〕「成」，聽香館本作「呈」。

黥。惜哉彼狂以文鳴，强取色樂要聾盲，震蕩沈濁終無清〔一〕。詼詭徒亂聖人氓，豈若泯默死蠶耕〔二〕。

## 衆人

衆人紛紛何足競，是非吾喜非吾病。頌聲交作莽豈賢，四國流言旦猶聖。唯聖人能輕重人，不能銖兩爲千鈞。乃知輕重不在彼，要之美惡由吾身〔三〕。

〔一〕「蕩」，光啓堂本作「湯」。
〔二〕「蠶」，龍舒本作「蠢」。
〔三〕「之」，龍舒本作「知」。「由」，龍舒本作「猶」。

# 臨川先生文集　卷十一

## 古詩

### 寄題郢州白雪樓

折楊黄華笑者多，陽春白雪和者少。知音四海無幾人，况乃區區郢中小。千載相傳始欲慕，一時獨唱誰能曉？古心以此分冥冥，俚耳至今徒擾擾。朱樓碧瓦何年有，榱桷連空欲驚矯。郢人爛漫醉浮雲，郢女參差躡飛鳥。丘墟餘響難再得，欄檻兹名復誰表？我來欲歌聲更吞，石城寒江暮雲繞。

### 聖俞爲狄梁公孫作詩要予同作

虎豹不食子，鴟梟不乘雄。人惡甚鳥獸，吾能與成功。愛有以計留，去有勢不容。吾謀適合意，幾亦齒姦鋒[一]。時恩淪九泉[二]，褒取異代忠。堂堂社稷臣，近世孰如公？空使苗裔稱[三]，稱揚得詩翁。一讀亦使我，慨然想餘風。

## 蒙亭

隱者委所逢，在物無不足。山林與城市，語道歸一轂。詩人論巨細，此指尚局束。頗知區區者，自屏忍所欲。孰識古之人[四]，超然遺耳目。豈於喧與静，趣舍有偏獨。命亭今何爲，似乃畏驚俗。至意不標揭，小名聊自屬。夏風簷楹寒，冬雪窗户燠。春樊亂梅柳，秋徑深松菊。壺觴日笑傲，裙屐相追逐。此樂已難言，持琴作新曲。

---

〔一〕「鋒」，原作「銘」，據龍舒本、光啓堂本、聽香館本改。

〔二〕「恩」，龍舒本作「思」。

〔三〕「空」，龍舒本作「當」。「稱」，全宋詩校改作「孫」。

〔四〕「孰」，宋刻本作「熟」。

# 和王樂道烘蝨

秋暑汗流如炙輠〔一〕，敝衣濕蒸塵垢涴。施施衆蝨當此時，擇肉甘於虎狼餓。咀嚙侵膚未云已，爬搔次骨終無那。時時對客輒自捫，千百所除纔幾箇〔二〕。皮毛得氣强復活，爪甲流丹真暫破。未能湯沐取一空，且以火攻令少挫。踞爐熾炭已不暇，對竈張衣誠未過。飄零乍若蛾赴燈，驚擾端如蟻旋磨。欲毆百惡死焦灼，肯貸一凶生棄播？已觀細黠無所容〔三〕，未放老奸終不墮。然臍郿塢患溢世，焚寶鹿臺身易貨。冢中燎入化秦屍，池上焮隨遷莽坐〔四〕。彼皆勢極就煙埃，況汝命輕侔涕唾。逃藏壞絮尚欲索，埋没死灰誰復課〔五〕？熏心得禍爾莫悔，爛額收功吾可賀。猶殘衆蟣恨未除，自計寧能久安卧。

〔一〕「暑」，原作「水」，據龍舒本校改。
〔二〕「千」，宋刻本、龍舒本作「十」。
〔三〕「黠」，龍舒本作「點」。
〔四〕「焮」，龍舒本作「惞」。
〔五〕原校：「一本無此八句」。

## 和聖俞農具詩十五首

### 田廬

田父結田廬，聊容一身息。呼兒取茅竹，不借鄉人力。起行廬旁朝，歸卧廬下夕。悠悠各有願，勿笑田廬窄。

### 樵斧

百金聚一冶，所賦以所遭。此豈異莫耶〔一〕，奈何獨當樵？朝出在人手，暮歸在人腰。用捨各有時，此日兩無邀〔二〕。

### 耕牛

朝耕草茫茫，暮耕水潏潏。朝耕及露下，暮耕連月出〔三〕。自無一毛利〔四〕，主有千箱實。睆彼天上星，空名豈余匹？

〔一〕「莫耶」，宋刻本、龍舒本作「鏌鋣」。
〔二〕「日」，宋刻本、龍舒本作「心」。
〔三〕「月」，龍舒本作「野」。
〔四〕「自」，宋刻本、龍舒本作「身」。

## 水車

取車當要津，膏潤及遠野。與天常斡旋，如雨自潨瀉。置心亦何有，在物偶相假。此理乃可言，安得圓機者？

## 牧笛

緑草無端倪，牛羊在平地。芊綿杳靄間，落日一横吹。超遥送逸響〔一〕，澶漫寫真意〔二〕。豈比賣餳人，吹簫販童穉。

## 颺扇

精良止如留，疏惡去如擯。如擯非爾憎，如留豈吾吝？無心以擇物，誰喜亦誰愠。翁乎勤簸颺，可使糠粃盡。

## 田漏

占星昏晚中〔三〕，寒暑已不疑。田家更置漏，寸晷亦欲知。汗與水俱滴，身隨陰屢移。誰當哀此勞，往往奪其時。

---

〔一〕「超」，光啓堂本、聽香館本作「迢」。

〔二〕「澶」，龍舒本作「誕」。

〔三〕「晚」，龍舒本作「曉」。

**牛衣**

百獸冬自暖，獨牛非氄毛。無衣與卒歲，坐恐得空牢。主人覆護恩，豈啻一綈袍？問爾何以報，離離滿東皋。

**耬種**〔一〕

富家種論石，貧家種論斗。富貧同一時，傾瀉應心手。行看萬壟空，坐使千箱有。利物博如此，何慚在牛後。

**耒耜**

耒耜見於易，聖人取風雷。不有仁智兼，利端誰與開？神農后稷死，般爾相尋來。山林盡百巧，揉斵無良材。

**錢鎛**

於易見耒耜，於詩聞錢鎛。百工聖人爲，此最功不薄。欲收禾黍善，先去蒿萊惡。願同歆器悟〔二〕，更使臣工作。

〔一〕「耬」，原作「樓」，據宋刻本、聽香館本校改。
〔二〕「同」，龍舒本作「因」。

**穫耡**

鍛金以爲曲〔一〕，揉木以爲直。直曲相後先，心手始兩得。秦人望屋食，以此當金革。君勿易穫耡，穫耡勝鋒鏑。

**襏襫**

采采霜露下，披披煙雨中。蒲茅以爲友，短褐相與同〔二〕。勿妒市門人，綺紈被奴僮。當慚邊城戍〔三〕，擐甲徂春冬。

**臺笠**〔四〕 史記索隱謂：「蓬累，立也〔五〕。」

耕有春雨濡，耘有秋陽暴。二物應時須，九州同我服〔六〕。欲爲生少慕〔七〕，得此自云足。君思

〔一〕「鍛」，原爲墨釘，據宋刻本校補。

〔二〕「短」，宋刻本作「裋」。

〔三〕「戍」，原作「戊」，據宋刻本、光啓堂本、聽香館本校改。

〔四〕「臺」，龍舒本作「薹」。

〔五〕「立」，光啓堂本作「笠」。

〔六〕「服」，龍舒本作「欲」。

〔七〕「欲」，龍舒本作「孰」。

周伯陽，所願豈華轂〔一〕？

**耘鼓**

逢逢戲場聲〔二〕，壤壤戰時伍。日落未云休，田家亦良苦。問兒今壟上，聽此何莽鹵。昨日應官繇，州前看歌舞。

## 次韻酬微之贈池紙并詩

微之出守秋浦時，椎冰看擣萬穀皮。波工龜手咤今樣，魚網肯數荆州池。霜紈奪色賈不售〔三〕，虹玉喪氣山無輝。方船穩載獻天子，善價徐取供吾私。十年零落尚百一〔四〕，持以贈我隨清詩。君寧久寄金穀地，方執賜筆磨坳螭。當留此物朝上國，日侍帝側書新儀。不然名山副史本，褒拔元凱誅窮奇。咨予文章非世用〔五〕，畫鏤空爾靡冰脂〔六〕。揮毫才足記姓字，竊學又恥從師

〔一〕「轂」，龍舒本作「穀」。
〔二〕「逢逢」，龍舒本作「蓬蓬」。
〔三〕「色」，光啓堂本作「手」。
〔四〕「十」，龍舒本作「千」。
〔五〕「咨」，龍舒本作「嗟」。
〔六〕「畫」，龍舒本作「盡」。「靡」，龍舒本作「糜」。

宜。匆匆點污亦何忍？嘉貺但覺難爲辭。篇終有意責趙璧，窮國恐誤連城歸。傾囊倒篋聊一報，安敢坐以秦爲雌。

## 酬沖卿月晦夜有感

夜雲不見天，況乃星與月。蕭蕭暗塵走〔二〕，坎坎寒更發。樓歌客尚飲，酩酊不畏雪。巷哭復有人，鄰風送幽咽。紛然各所遇，悲喜孰優劣。君方感莊周，浩蕩擺羈紲。歸來亦置酒，玉指調絃撥。獨我坐無爲，青燈對明滅。

## 送子思兄參惠州軍

沄沄曲江水，天借九秋色。樓臺飛半空，秀氣盤韶石〔三〕。載酒填里閭，吹花换朝夕。笙簫震河漢，錦繡爛冠幘。地靈瘴癘絶，人物傾南極。先朝有名臣，卧理訟隨息。稍稍延諸生，談笑與賓

〔二〕「走」，龍舒本作「定」。

〔三〕「盤」，龍舒本作「槃」。

客[一]。子來適妙年，謁入交履舄。寂寥九齡後，此獨望一國。虞翻禮丁氾[二]，韓愈俟趙德。孤岸鎮頹波，俗流未易識。我方文葆中，旋逐旌旗蹟。去思今豈忘？耳目熟遺迹。吏含殷勤言，俛仰問乖隔。當時府中兒，侵尋鬢邊白。下帷雖著書[三]，不救寒饑迫。謂宜門闌士，宦路久烜赫。奈何猶差池[四]，更捧丞掾檄。驥摧千里蹄，鵬墮九霄翮。人生無巧愚，天運有通塞。試觀馳騁人，意氣宇宙窄。榮華去路塵，謗辱與山積。優游禄仕間，較計誰失得？送君强成歌，陟岵翻感激。

## 送董伯懿歸吉州

我來以喪歸，君至因謫徙。蒼黄憂患中，邂逅遇於此。去年服初除，聽赦相助喜。看君數歸月，但屈兩三指。茫然冬更秋，一笑非願始。籃輿楊柳下，明月芙蕖水。僮饑屢闞門，客罷方隱几。是非評衆詩，成敗斷前史。時時對奕石，漫浪争生死[五]。送迎皆幅巾，設食但陳米。亦曾戲篇章，揮翰疾蒿矢。君豪才有餘，我老憊先止。東城景陽陌，南望長干紫。欲斸三畝蔬，於

[一]「與」，龍舒本作「預」。
[二]「氾」，全宋詩校改作「覽」。
[三]「下帷」，龍舒本作「王推」。
[四]「猶」，龍舒本作「由」。
[五]「生」，龍舒本作「先」。

焉寄殘齒。經過許後日，唱和猶在耳〔二〕。新恩忽捨我，欣悵生彼己。江湖北風帆，捩柂即千里。相逢知何時，莫惜縑與紙。

## 八月十九日試院夢沖卿

空庭得秋長漫漫，寒露入幕愁衣單。喧喧人語已成市，白日未到扶桑間。永懷所好却成夢，玉色髣髴開心顔。逆知後應不復隔〔三〕，談笑明月相與閒。

## 平甫歸飲

無田士相弔，亦以廢燕樂。我官雖在朝，得飲乃不數。詩書向牆户，賓至無杯杓。空取上古言，𬪩之等糟粕。有如揚子雲，歲晚天禄閣。但無載酒人，識字真未博。叔兮歸自東，一笑堂上酌。緒餘不及客，兒女聊相酢。高談非世歡，自慰亦不惡。寄言繁華子，此趣由來各。

---

〔二〕「猶」，龍舒本作「由」。

〔三〕「逆」，龍舒本作「迎」。

## 答陳正叔

天馬志萬里，駕鹽不如閑。壯士困局束，不如棄之完。利行有阨轍，勢涉無恬瀾。明明千年羞，促促一日歡。孰肯避此世，引身取平寬。超然子有意，爲我歌考槃。予方慕孔氏，委吏久盤桓。得失未云殊，聊各趨所安。

## 過食新城藕

他年過食新城藕，枕藉船中載親友。今年却到經行處，獨坐昏煙對舞柳。甘酸向口無所適，牢落盤餐與樽酒。冰房玉節漫自好，欲御還休涕垂手。曾參宦學居常近，陽城離别初不久。人間此願兩未能，西風落日空迴首。

## 明州錢君倚衆樂亭

使君幕府開東部〔二〕，名高海曲人知慕。艤船談笑政即成，洗滌山川作嘉趣〔三〕。平泉浩蕩銀

〔二〕「使」，光啓堂本、聽香館本作「侯」。
〔三〕「嘉」，龍舒本作「佳」。

河注，想見明星弄機杼。載沙築成天上路，投虹爲橋取孤嶼。掃除荊棘水中央，碧瓦朱甍隨指顧。春風滿城金版舫，來看置酒新亭上。百女吹笙綵鳳悲，一夫伐鼓靈鼉壯。安期羨門相與遊，方丈蓬萊不更求。酒酣忽跨鯨魚去，陳迹空令此地留。

## 愛日

雁生陰沙春，冬息陽海澨。冥冥取南北，豈以食爲累。咨予愁病軀，朴鄙人所戲。無才治時難，量力當自棄。豈知塞上霜，飄然亦何事。高堂已白髮，愛日負明義。悲風吹平原〔一〕，秣馬聊一愒。含懷孰與語，仰屋思嘆喟〔二〕。孟母知身從，萊妻恥人制〔三〕。一肉儻易謀，萬鍾非得計。

## 答裴煜道中見寄

君遊苦數歸苦晚，一驛險有千里遠。知君陟降旦暮間，馬力不勁厭長坂。雨脚墜地花枝低，風頭入溪蒲葉偃。此處登臨不奈愁，瓊樹森森遮疊巘。

---

〔一〕「悲」，龍舒本作「怨」。
〔二〕「嘆喟」，龍舒本作「漢噲」。
〔三〕此句龍舒本作「來人恥妻制」。

## 餘寒

餘寒駕春風，入我征衣裳。捫鬢祇得凍，蔽面尚疑創。士耳恐猶墜，馬毛欲吹僵。牢持有失箸，疾飲無留湯。曈曈扶桑日，出有萬里光。可憐當此時，不濕地上霜。冥冥鴻雁飛，北望去成行。誰言有百鳥？此鳥知陰陽。豈時有必至，前識聖所臧。把酒謝高翰，我知思故鄉。

## 孤城〔一〕

孤城回望距幾何〔二〕，記得好處常經過〔三〕。最思東山煙樹色〔四〕，更憶南湖秋水波〔五〕。百年顛倒如夢寐〔六〕，萬事乖隔徒悲歌〔七〕。應須飲酒不復道，今夜江頭明月多。

〔一〕龍舒本題作「憶鄞縣東吴大白山水」。
〔二〕「望」，原校：「一作首。」龍舒本同。
〔三〕「記」，龍舒本作「憶」。
〔四〕「煙樹色」，龍舒本作「湖樹靄」。
〔五〕「南湖」，龍舒本作「山春」。
〔六〕「百年顛倒」，原校：「一作三年飄忽。」龍舒本同。
〔七〕「萬事乖隔」，原校：「一作萬事感激。」龍舒本同。

## 和微之藥名勸酒

赤車使者錦帳郎，從客珂馬留閑坊〔一〕。紫芝眉宇傾一坐，笑語但聞雞舌香。藥名勸酒詩實好，陟釐爲我書數行。真珠的皪鳴槽牀，金罍琥珀正可嘗。史君子細看流光，莫惜覓醉衣淋浪，獨醒至死誠可傷〔二〕。歡華易盡悲酸早，人間没藥能醫老。寄言歌管衆少年，趁取烏頭未白前。

## 客至當飲酒二首

結屋在牆陰，閉門讀詩書。懷我平生友，山水異秦吴。杖藜出柴荆，豈無馬與車。窮通適異趣，談笑不相愉。豈復求古人，浩蕩與之俱。客至當飲酒，日月無根株。

### 二

天提兩輪光，環我屋角走。自從紅顔時，照我至白首。纍纍地上土，往往平生友。少年所種樹，磥砢行復朽。古人有真意，獨在無好醜。冥冥誰與論，客至當飲酒。

〔一〕「客」，聽香館本作「容」。

〔二〕「獨」，光啓堂本、聽香館本作「猶」。

## 乙未冬婦子病至春不已

天旋無窮走日月，青髮能禁幾回首？兒呻婦嘆冬復春，强欲笑歌難發口。黄卷幽尋非貴嗜，藜牀穩卧雖貧有。二物長乖亦可憐，一生所得猶多苟。

## 强起

寒堂耿不寐，轆轆聞車聲。不知誰家兒，先我霜上行。歎息夜未央，遽呼置前楹。推枕欲强起，問知星正明。昧旦聖所勉，齊詩有雞鳴。嗟予以竊食，更覺負平生。

## 飲裴侯家

裴侯飲我日向中，四坐賓客顔皆紅。掃除高館邀我入，自出糶麥憐民窮。天邊眼力破萬里，桑麻冥冥山四起。野心探尋殊未已，更欲湔衣北城水。忽見碧樹櫻桃懸，下馬恣食不論錢。赤星磊落入我眼，恐是半醉遊青天。裴侯方坐塵沙裏，役身救物當如此〔二〕。我曹偶脱簿領間〔三〕，

〔二〕「役」，光啓堂本、聽香館本作「没」。

〔三〕「脱」，宋刻本作「挽」。

何忍愛惜一日閑。且歸拂席飽眠睡，明日更看滁南山。

### 送謝師宰赴任楚州二首〔一〕

珠玉不自貴，故爲人所憐。賢愚亦如此，好惡有自然。聞子欲東南，使我抱幽悁。炎風沙土中，甘與子留連。大梁非無客，跪起廢食眠。相看獨不厭，以此知子賢。衰氣已難强，壯心方少年。才高豈易得？勗子在雕鐫。

二

崑崙一支流向東，七月八月船如風。愛君少壯此行樂，恨我留連成老翁。神頭兩岸水無窮〔二〕，伏檻荷花滿地紅。當時不得君攜手，今日山川在眼中。

### 次韻遊山門寺望文脊山

宣城百山間，文脊尤奇峰。拔出飛鳥上，圖畫難爲容。聞昔有幽人，捫蘿追赤松。遺形此

〔一〕「二首」，原無，據目録補。

〔二〕「神」，聽香館本作「伸」。

古室，孤坐鹿裘重。人去邈不反，洞壑空藏龍。側行蒼崖煙，俯仰求靈蹤。遊者如可得〔二〕，甘棄萬户封。安能久塵土，傾倒相迎逢。

## 車螯

海於天地間，萬物無不容。車螯亦其一，埋没沙水中。獨取常苦易，衛生乏明聰。機緘誰使然？含蓄略相同。坐欲腸胃得，要令湯火攻。置之先生盤，噉客爲一空。蠻夏怪四坐，不論殼之功。狼籍堆左右，棄置任兒童。何當强收拾，持問大醫工。

## 疥

浮陽燥欲出，陰濕與之戰。燥濕相留連，蟲出乃投間。搔膚血至股，解衣燎鑪炭。方其愜心時，更自無可患。呼醫急治之，莫惜千金散。有樂即有苦，愜心非所願。

〔二〕「如」，宋刻本作「追」。

# 臨川先生文集　卷十二

## 古詩

### 和平甫舟中望九華山二首〔一〕

楚越千萬山，雄奇此山兼。盤根雖巨壯，其末乃脩纖。去縣尚百里，側身勇前瞻。蕭條煙嵐上，縹緲浮青尖。徐行稍復逼，所矚亦已添。精神去亹亹，氣象來漸漸。卸席取近岸，移船傍蒼葭。窺覷坐窮晡，未覺晷刻淹。江空萬物息，四面波瀾恬。峨然九女鬟，争出一鏡匳〔二〕。卧送秋月没，起看朝陽暹。遊氛蕩無餘，瑣細得盡覘。陵空翠轟直，照影寒鋩銛。冢木立紺髮，崖林張紫髯。變態生倏忽，雖神詎能占？當留老吾身，少駐誰云饜？惜哉秦漢君，黄屋上衡灊〔三〕。

〔一〕龍舒本題無「二首」二字。
〔二〕「争」，光啓堂本作「爲」。
〔三〕「灊」，龍舒本作「潛」。

等之事嬉遊，捨此何其廉。我疑二后荒，神物久已厭。埋藏在雲霧，不欲登昏儉。又疑避褒封，蔽匿以爲謙。或是古史書，脱落簡與籤。當時備巡遊，今不在緗縑。終南秦之望，泰山魯所詹〔一〕。天王與秩祭，俎豆羅醯鹽。苟能澤下民，維此遠亦沾。方今東南旱，土脉燥不黏。尚無膚寸功，豈免竊食嫌？神莽吾難知，士病吾能砭。文章巧傅會，智術工飛箝。薦寶互珪璧，論材自楩柟。苟以飾婦妾，謬云活蒼黔。豈如幽人樂，茲山謝閭閻。穴石作户牖，垂泉當門簾。尋奇出後徑，覽勝倚前簷。超然往不返，舉世徒呫呫。高興寄日月，千秋伴烏蟾。遐追商洛翁，秦火不能炎。近慕楚穆生，竟脱楚人鉗〔二〕。吾意竊所尚，人謀諒難僉。

## 二〔三〕

誰謂九華遠，吾身未嘗詹。唱篇每起予，予口安能箝？憶在秋浦北，空江上新蟾。光潔寫一鏡，迴環兩堤奩。露坐引衣裓，風行欹帽簷。維舟當此時，巨細得盡瞻。試嘗論大略，次乃述微纖。此山廣以深，包畜萬物兼。嘘雲吐霧雨，生育靡不漸。巍然如九皇，德澤四海沾。此山相後先，各出群峰尖。毅然如九官，羅立在堂廉。挺身百辟上，附麗無姦憸。此山高且寒，五月

〔一〕「泰」，龍舒本作「太」。

〔二〕「竟」，光啓堂本、聽香館本作「意」。

〔三〕龍舒本題作「重和」。

不覺炎。草樹萋已緑，冰霜尚涵淹。頹然如九老，白髮連蒼髯。此山當無雲，秀色鬱以添。姹然如九女，靚飾出重簾。珮環與巾裙，紺玉青紈縑。遠之妍西施，近或醜無鹽。變態不可窮，詩者徒呫呫。我初勇一往，役世難安恬。浪荒不走職，民瘼當誰砭？乖離今數旬，夢想欲窺覘。自期得所如，何啻釋囚鉗。念昔太白巔，下視海日暹〔一〕。朅來天柱遊，屐齒尚苔黏。猶之健飲食，屢饗亦云饜。胡爲慕攀踏〔二〕，已憊且不嫌〔三〕。豈其仁智心，山水固所潛。男兒有所學，進退不在占。功名苟不諧，廊廟等閭閻。況乃掄椽杙〔四〕，其誰辨梗柟？歸歟巖崖居，料理带與籖。得石坐兀兀，逢泉飲厭厭。取舍斷在獨，豈必詢謀僉。子語實慰我，寧殊邑中黔。玉枝將在山，當倚以葭蒹。詩力我已屈，鋒鋩子猶銛。扶傷更一戰〔五〕，語汝其無謙。

---

〔一〕龍舒本此句下有注：「太白，鄞之名山。」

〔二〕「踏」，聽香館本作「蹟」。

〔三〕「且」，龍舒本作「具」。

〔四〕「掄」，光啓堂本作「棆」；聽香館本作「論」。

〔五〕「傷」，原作「復」，據龍舒本校改。

## 和中甫兄春日有感〔一〕

雪釋沙輕馬蹄疾，北城可遊今暇日。濺濺溪谷水亂流，漠漠郊原草争出。嬌梅過雨吹爛熳〔二〕，幽鳥迎陽語啾唧。分香欲滿錦樹園，剪綵休開寶刀室。胡爲我輩坐自苦，不念兹時去如失。飽聞高遥動車輪〔三〕，甘卧空堂守經帙。淮蝗蔽天農久餓，越卒圍城盜少逸。至尊深拱罷簫韶，元老相看進刀筆。春風生物尚有意〔四〕，壯士憂民豈無術？不成歡醉但悲歌，回首功名古難必。

## 信陵坊有籠山樂官

萬里山林姿，羽毛何璀璀？鳴聲應律吕，唯有知者愛。都門市井兒，誰翫汝文采？應須鎖樊籠，勿受丸熁害。

〔一〕龍舒本題「和」上有「次韻」二字。
〔二〕「熳」，聽香館本作「漫」。
〔三〕「聞」，光啓堂本、聽香館本作「開」。
〔四〕「春」，龍舒本作「盲」。

## 收鹽

州家飛符來比櫛，海中收鹽今復密。窮囚破屋正嗟欷，吏兵操舟去復出。海中諸島古不毛，島夷爲生今獨勞。不煎海水餓死耳，誰肯坐守無亡逃？爾來賊盜往往有，劫殺賈客沈其艘。一民之生重天下，君子忍與争秋毫？

## 省兵

有客語省兵，兵省非所先。方今將不擇，獨以兵乘邊。前攻已破散，後距方完堅。以衆亢彼寡，雖危猶幸全。將既非其才，議又不得專。兵少敗孰繼，胡來飲秦川。萬一雖不爾，省兵當何緣？驕惰習已久，去歸豈能田？不田亦不桑，衣食猶兵然。省兵豈無時，施置有後前。王功所由起，古有七月篇。百官勤儉慈，勞者已息肩。游民慕草野，歲熟不在天。擇將付以職，省兵果有年。

## 發廩

先王有經制，頒賚上所行。後世不復古，貧窮主兼并。非民獨如此，爲國賴以成。築臺尊寡婦，入粟至公卿。我嘗不忍此，願見井地平。大意苦未就，小官苟營營。三年佐荒州，市有棄餓嬰。駕言發富藏，云以救鰥惸。崎嶇山谷間，百室無一盈。鄉豪已云然，罷弱安可生。兹地昔豐實，土沃人良耕。他州或呰窳〔一〕，貧富不難評。豳詩出周公，根本詎宜輕？願書七月篇，一寤上聰明。

## 感事

賤子昔在野，心哀此黔首。豐年不飽食，水旱尚何有？雖無剽盜起，萬一且不久。特愁吏之爲，十室災八九。原田敗粟麥，欲訴嗟無賕。間關幸見省，笞扑隨其後。況是交冬春，老弱就僵仆。州家閉倉庾，縣吏鞭租負。鄉鄰銖兩徵，坐逮空南畝。取貲官一毫，姦桀已云富。彼昏方怡然，自謂民父母。朅來佐荒郡〔二〕，懍懍常慚疚〔三〕。昔之心所哀，今也執其咎。乘田聖所勉，況乃余之陋。内訟敢不勤，同憂在僚友。

〔一〕「呰」，聽香館本作「皆」。
〔二〕「郡」，宋刻本作「邦」。
〔三〕「慚」，原作「漸」，據聽香館本校改。

## 美玉

美玉小瑕疵，國工猶珍之。大賢小玷缺，良交豈其絶。小缺可以補，小瑕可以磨〔二〕。不補亦不磨，人爲奈爾何〔三〕。

## 寄曾子固

吾少莫與合，愛我君爲最。君名高山嶽，嵑嶭嵩與太〔三〕。低心收惷友，似不讓塵壒。又如滄江水，不逆溝畎澮。君身揭日月，遇輒破氛靄。我材特窮空，無用補倉廥。謂宜從君久，垢污得洮汰。人生不可必，所願每顛沛〔四〕。乖離五年餘，牢落千里外。投身落俗穽，薄宦自鉗釱。平居每自守，高論從誰丐？摇摇西南心，夢想與君會。思君挾奇璞，願售無良儈。窮閻抱幽憂，凶禍費禳禬。州窮吉士少，誰可婿諸妹？仍聞病連月，醫藥誰可賴？家貧奉養狹，誰與通貨

〔二〕此二句，宋刻本作「小瑕可磨琢，小缺可補磨」。

〔三〕「乃爾」，宋刻本作「交工」。

〔三〕「嵑嶭」，光啓堂本作「蝎嶭」。

〔四〕「每」，宋刻本作「在」。

貝？詩人刺曹公，賢者荷戈祋。奈何遭平時，德澤盛汪濊。鸞鳳鳴且下〔一〕，萬羽來翽翽。呦呦林間鹿，争出噬苹蘋〔二〕。乃令高世士〔三〕，動輒遭狼狽。人事既難了，天理尤茫昧。聖賢多如此，自古云無奈。周人貴婦女，扁鵲名醫滯。今世無常勢，趨舍唯利害。而君信斯道，不閔身窮泰。棄捐人間樂，濯耳受天籟。諒知安肥甘，未肯顧糠檜。龍螭雖蟠屈，不慕蛇蟬蜕。令人重感奮，意勇忘身蕞。何由日親炙，病體同砭艾。功名未云合，歲月尤須愒。懷思切劘效，中夜淚霶霈。君嘗許過我，早晚治車軑。山溪雖峻惡〔四〕，高眺發蒙眛。峰巒碧參差，木樹青晻藹。桐江路尤駛，飛槳下鳴瀨。魚村指暮火，酒舍瞻晨旆。清醪足消憂，玉鯽行可膾。行行願無留，日夕佇傾蓋。會將見顔色，不復謀蓍蔡。延陵古君子，議樂恥言鄶。細事豈足論？故欲論其大。披披發鞬櫜，懔懔見戈鋭。探深犯巖壁，破惑翻强擔。離行步荃蘭，偶坐陰松檜。宵牀連衾幬，晝食共麄糲。兹歡何時合，清瘦見衣带。作詩寄微誠，誠語無綵繪。

〔一〕「且」，聽香館本作「上」。
〔二〕「苹蘋」，光啓堂本作「臣蘋」。
〔三〕「乃」，聽香館本作「方」。「士」，聽香館本作「事」。
〔四〕「溪」，宋刻本作「蹊」。

## 同杜史君飲城南

山公遊何處，白馬鳴翩翩。檀那十畝碧〔一〕，五月浮寒烟。留客聽其間，風吹江海縣。出樽不見日，竹外空青天。焚蠟助月出，酒光發金船。狂客惜不去，醉翁舞回旋。何必吹簫人，玉枝自嬋娟。歸路借紅燭，雨星低馬前。

## 有感

憶昔與胡子〔二〕，戲娱西城幽〔三〕。放斥僕與馬，獨身步田疇。牛豎歌我旁，聽之爲久留。一接田父語，嘆之勝王侯。追逐恨不恣，暮歸輒懷愁。顧常輕千乘，祇願足一丘。子時怪我少，好此寂寞遊。笙簧不入耳，又不甘醪羞。那知抱孤傷，罷頓不能遒。世味已鮮少，但餘野心稠。乖離今十年，班髮滿我頭。昔興亦略盡〔四〕，食眠常百憂。每逢佳山水，欲往輒復休。方壯遂如此，

〔一〕「那」，全宋詩校改作「欒」。
〔二〕「昔」，宋刻本作「昨」。
〔三〕「城」，光啓堂本作「域」。
〔四〕「亦」，宋刻本作「不」。

況乃高春秋。

## 送孫叔康赴御史府

古人喜經綸，萬事慚强聒。時來上青冥，俯仰但一節。危言回丘山，聲利盡毫末。由來治亂體，宿昔心已達。肯隨俗好惡，議論輕自決。遺風何寥寥，萝寐待豪傑。天書下東南，趣召赴嚴闕。長材晦朝倫，高行隱家閫。新除疇問望，宿蘊行施設。念吾非忘形〔一〕，此理未易説。

## 别馬祕丞

伯夷惡一世，季也皆鄉人。吾嘗論夫子，有似季之倫。人情路萬殊，近世頗荆榛。唯君遊其間，坦坦得所循。意君誠愷悌，慕向從宿昔。奈何初相懽〔二〕，鷁首已云北。莓莓郊原青〔三〕，漠漠風雨黑。冠蓋滿津亭，君今去何適？

〔一〕「吾非」，龍舒本作「非吾」。
〔二〕「懽」，龍舒本作「勸」。
〔三〕「青」，龍舒本作「清」。

## 到郡與同官飲時倅舒州。〔一〕

瀉碧沄沄横带郭，浮蒼靄靄遥連閣。草木猶疑夏鬱葱，風雲已見秋蕭索。荒歌野舞同醉醒，水果山肴互酬酢。自嫌多病少歡顔，獨負嘉賓此時樂。

## 自舒州追送朱氏女弟憩獨山館宿木瘤僧舍明日度長安嶺至皖口〔二〕

晨霜踐河梁，落日憩亭皋。念彼千里行，惻惻我心勞。攬轡上層岡，下臨百仞濠。寒流咽欲絶，魚鼈久已逃。暮行苦邅迴，細路隱蓬蒿。驚麏出馬前，鳥駭亡其曹。投僧避夜雨，古檠昏無膏。山木鳴四壁，疑身在波濤。平明長安嶺，飛雪忽滿袍。天低浮雲深，更覺所向高。

## 招同官遊東園

青青石上蘗〔三〕，霜至亦已凋。冉冉水中蒲，爾生信無聊。感此歲云晚，欲歡念誰邀。嘉我

---

〔一〕「飲」，原缺，據龍舒本、聽香館本校補。龍舒本無題注。

〔二〕龍舒本題無「舒」、「憩獨山館」五字。

〔三〕「蘗」，龍舒本作「柏」。

二三子，爲回東城鑣。幽菊尚可泛，取魚繫榆條。毋爲百年憂，一日以逍遥。

## 九日隨家人遊東山遂遊東園〔一〕

暑往詎幾時？涼歸亦云暫。相隨東山樂，及此身無憾。聊回清池棹，更伏荒城檻。采采黄金花，持杯爲君泛。

## 秋懷

城南平野寒多露，窗壁含風秋氣度。鄰桑摵摵漸欲空〔二〕，悲蟲啾啾促機杼。柴門半掩掃鳥迹〔三〕，獨抱殘編與神遇。韓公既去豈能追？孟子有來還不拒。

〔一〕龍舒本無「遂遊東園」四字。
〔二〕「摵摵漸」，原作「槭槭已」，據龍舒本校改。
〔三〕「掩」，龍舒本作「開」。

## 既别羊王二君與同官會飲于城南因成寄 用藥名。〔一〕

赤車使者白頭翁，當歸入見天門冬〔二〕。與山久别悲匆匆，澤瀉半天河漢空。羊王不留行薄晚，酒肉從容追路遠。臨流黄昏席未卷，玉壺倒盡黄金盞。羅列當辭更繾綣，預知子不空青眼。嚴徐長卿誤推挽，老年揮翰天子苑〔三〕。送車陸續隨子返，坐聽城鷄腸宛轉。

## 試茗泉〔四〕

此泉地何偏，陸羽曾未閱〔五〕。坻沙光散射，竇乳甘潛洩。靈山不可見，嘉草何由啜？但有夢中人，相隨掬明月。

---

〔一〕龍舒本「成」下有「一篇追」三字，無題注「用藥名」三字。

〔二〕「冬」，龍舒本作「東」。

〔三〕「翰」，龍舒本作「汗」。

〔四〕龍舒本題注「得月字」。

〔五〕「閲」，光啓堂本作「濶」；聽香館本作「括」。

## 躍馬泉

古水縮蛟螭，憎山欲隳突。山祇來伐之，半嶺跳齧膝。玉珂鳴塞空，組練光照日。崩騰赴不測，一陷常萬匹。神戰異人間，千秋爲儵忽。泉旁往來客，夜寄幽人室。但聽鳴蕭蕭，何由見神物。

## 白紵山

白紵衆山頂〔一〕，江湖所縈帶。浮雲卷晴明，可見九州外。肩輿上寒空，置酒故人會。峰巒帳錦繡，草木吹竽籟。登臨信地險，俯仰知天大。留歡薄日晚，起視飛鳥背。殘年苦局束，往事嗟摧壞。歌舞不可求，桓公井空在。

## 七星硯

余聞星墮地，往往化爲石。石上有七星，此理余莫測。持來當白日，光彩不爲匿。恍如起

〔一〕「頂」，光啓堂本作「須」；聽香館本作「巔」。

鴻蒙〔二〕，俛仰帝垣側。當由偶然似，見取參筆墨。豪心蕩珍異，樂以萬金得。南工始爲僞，傅合巧無隙〔三〕。亦時疑世人，故自有能識。

## 九鼎

禹行掘山走百谷，蛟龍竄藏魑魅伏。心誌幽妖尚覬隙，以金鑄鼎空九牧。冶雲赤天漲爲黑，韛風餘吹山拔木。鼎成聚觀變怪索〔三〕，夜人行歌鬼晝哭。功施元元後無極，三姓衛守相傳屬。弱周無人有宜出〔四〕，沈之九幽拆地軸〔五〕。始皇區區求不得，坐令神姦窺邑屋。

〔一〕「恍」，龍舒本作「悦」。

〔二〕「傳」，龍舒本作「附」；光啓堂本作「傳」。

〔三〕「索」，光啓堂本、聽香館本作「素」。

〔四〕「周」，龍舒本作「固」。「宜」，龍舒本作「功」。

〔五〕「拆」，龍舒本、聽香館本作「折」。

## 九井 得盈字。〔一〕

沿崖涉澗三十里，高下犖確無人耕。捫蘿挽蔦到山趾〔二〕，仰見吹瀉何峥嶸。餘聲投林欲風雨，末勢卷土猶溪阬。飛蟲凌兢走獸慄〔三〕，霜雪夏落雷冬鳴。野人往往見神物，鱗甲漠漠雲隨行。我來立久無所得，空數石上菖蒲生。中官繫龍沉玉册〔四〕，小吏磔狗澆銀觥。地形偶爾藏險怪，天意未必司陰晴。山川在理有崩竭，丘壑自古相虛盈。誰能保此千世後〔五〕，天柱不折泉常傾？

## 寄題衆樂亭

陵陽遊觀吾所好，恨不即過衆樂亭。嘗聞髣髴入夢寐，吟筆自欲圖丹青。千峰秀出百里

〔一〕龍舒本無「得盈字」三字。
〔二〕「挽蔦」，宋刻本作「俛首」。「山」，龍舒本作「嵓」。
〔三〕「兢」，龍舒本作「驚」。「慄」，龍舒本作「駭」；光啓堂本、聽香館本作「慄」。
〔四〕「沉」，龍舒本作「投」。
〔五〕「世」，龍舒本作「歲」。

外，忽於其上峥簷楹。朝雲嘘巖日暖暖〔一〕，夜水落澗風泠泠。春花窈窕鳥争舞，夏木蔭鬱猿哀鳴。潦收葉落天地爽〔二〕，海月影到山川明。籃輿晨出誰與適，坐與萬物觀虚盈。令思民事不忍後，田間笑語催蠶耕。吏休歸舍獄訟少，墟落飲酒欲秋成。唯愁一日奪令去，出來老稚交逢迎〔三〕。彼民安知方禄仕〔四〕，徒喜使我寬逋征〔五〕。令知道義士林服〔六〕，遺愛豈用吾詩評？

## 書會别亭

西城路，居人送客西歸處。年年借問去何時，今日扁舟從此去。春風吹花落高枝，飛來飛去不自知。路上行人亦如此，應有重來此處時。

〔一〕「暖暖」，聽香館本作「暧暧」。
〔二〕「爽」，龍舒本作「美」。
〔三〕「來」，龍舒本作「郊」。「交」，龍舒本作「來」。
〔四〕「民安知」，龍舒本作「安知此」。
〔五〕「逋」，龍舒本作「途」。
〔六〕「令」，龍舒本作「今」。

## 題舒州山谷寺石牛洞泉穴

皇祐三年九月十六日，自州之太湖，過懷寧縣山谷乾元寺宿。與道人文銳、弟安國擁火遊石牛洞，見李翺習之書，聽泉久之。明日復遊，乃刻習之後。〔一〕

水泠泠而北出，山靡靡而旁圍〔二〕。欲窮源而不得〔三〕，竟悵望以空歸。

〔一〕龍舒本題作「留題三祖山谷寺石壁」，無題注。
〔二〕「而」，龍舒本作「以」。
〔三〕「源」，龍舒本作「原」。

# 臨川先生文集　卷十三

## 古詩

### 泊舟姑蘇

朝遊盤門東，暮出閶門西。四顧茫無人，但見白日低。荒林帶昏煙，上有歸鳥啼。物皆得所託，而我無安棲。

### 崑山慧聚寺次孟郊韻

僧蹊蟠青蒼，莓苔上秋牀。露翰饑更清，風蘤遠亦香。掃石出古色，洗松納空光。久遊不忍還，迫迮冠蓋場。

## 如歸亭順風

春江窈窈來無地，飛帆浩浩窮天際。朝出吴川夕霅溪，回首喬林吹岸薺。柁師高卧自嘯歌〔一〕，戲彼挽舟行復止。人生萬事反衍多〔二〕，道路後先能幾何？

## 垂虹亭

三江五湖口，地與天不隔。日月所蔽虧，東西渺然白。漫漫浸北斗，浩浩浮南極。誰投此虹蜺，欲濟兩間阸。中流雜蜃氣，欄楯相承翼〔三〕。初疑神所爲，滅没在頃刻。晨興坐其上，傲兀至中昃。猶憐變化功，不謂因人役。今君持酒漿，談笑顧賓客。頗誇九州物，壯麗此無敵。熒煌丹沙柱，璀璨黄金壁。中家不慮始，助我皆豪殖。喟予獨感此，剥爛有終極。改作不可無，還當采民力。

〔一〕「柁」，龍舒本作「篙」。
〔二〕「衍」，聽香館本作「覆」。
〔三〕「承」，光啓堂本、聽香館本作「本」。

## 張氏静居院

動者利進爲，静者樂止居[一]。物性有偏得，惟賢時卷舒。張侯始出仕，所至多名譽。老矣歸偃休，買地斸荒蕪。屋成爲令名，名實與時俱。南堂棲幽真，晨起瞻像圖。北堂畫五禽，游戲養形軀。燕有諸賓庭，學有諸子廬。問侯年幾何，矯矯八十餘。問侯何能爾，心不藏憂愉。問侯客何爲，弦歌飲投壺。問侯兒何讀，夏商及唐虞。嵩山塡門户，洛水遶階除。疾於山水間[二]，結駟有通衢。我念老退者，古多賢大夫。留侯亦養生，乃欲凌空虛。閉門不飲酒，豈異山中臞。疏傅稍喜客[三]，揮金能自娱。不聞喜教子，滿屋青紫朱。張侯能兼取，勝事古所無。褒稱有樂石，丞相爲之書。而我不自量，聞風亦歌呼。

---

[一] 「止」，光啓堂本、聽香館本作「正」。

[二] 「疾」，宋刻本、龍舒本作「俠」。

[三] 「傅」，龍舒本作「父」。

## 丙戌五日京師作二首

北風閣雨去不下〔一〕，驚沙蒼茫亂昏曉。傳聞城外八九里，雹大如拳死飛鳥。

二

浮雲離披久不合，太陽獨行乾萬物。誰令昨夜雨霶霈，北風蕭蕭寒到骨。

## 答客

士常疑西伯，何至羑里辱。瞽鰥親父子，尚脱井廩酷。昏主雖聖臣，飛禍安可卜？致命遂其志，雖窮不爲戮。

## 次韻唐彦猷華亭十詠

**顧林亭** 野王所居也。

寥寥湖上亭，不見野王居。平林豈舊物，歲晚空扶疏。自古聖賢人，邑國皆丘墟。不朽在

〔一〕「風閣」，龍舒本作「閣風」。

名德，千秋想其餘。

**寒穴**

神農冽冰霜[一]，高穴與雲平。空山渟千秋，不出嗚咽聲。山風吹更寒，山月相與清。北客不到此，如何洗煩酲？

**吴王獵場**

吴王好射虎，但射不操戈。匹馬掠廣場，萬兵助遮羅。時平事非昔，此地桑麻多。猛獸亦已盡，牛羊在田坡。

**始皇馳道**

穆王得八駿，萬事得期修。茫茫萬載間，復此好遠游。車輪與馬跡，此地亦嘗留。想當治道時，勞者尸如丘。

**柘湖** 湖中有山，生柘，故名柘湖。記云：秦有女入湖爲神。今有廟。

柘林著湖山，菱葉蔓湖濱。秦女亦何事，能爲此湖神。年年賽雞豚，漁子自知津。幽妖窟險阻，禍福易欺人。

---

[一] 「農」，全宋詩校改作「泉」。

**陸瑁養魚池**

野人非昔人，亦復水上居。紛紛水中游，豈是昔時魚？吹波浮還没，競食糟糠餘。吞舟不可見，守此歲月除。

**華亭谷** 水行三百里入松江。

巨川非一源，源亦在衆流。此谷乃清淺，松江能覆舟。蟲魚何所知，上下相沉浮。徒嗟大盈北，浩浩無春愁。華亭水自大盈入松江而北入海。

**陸機宅**

故物一已盡，嗟此歲年深。野桃自著花，荒棘自生鍼。芊芊谷水陽，鬱鬱崑山陰。俛仰但如昨，遊者不可尋。

**崑山** 世傳陸氏家生機、雲，故名崑山，言生玉也。

玉人生此山，山亦傳此名。崖風與穴水，清越有餘聲。悲哉世所珍，一出受欹傾。不如鶴與猿，棲息尚全生。

**三女崗** 吴王葬三女於此。

自古世上雄，慷慨擅功名。當時豈有力，能使死者生？三女共一丘，此憾亦難平。音容若有作，無力傾人城。

## 太白嶺

太白龍嵸東南馳，衆嶺環合青紛披。煙雲厚薄皆可愛，樹石疏密自相宜。陽春已歸鳥語樂，溪水不動魚行遲。生民何由得處所，與兹魚鳥相諧熙。

## 秃山

吏役滄海上，瞻山一停舟。怪此秃誰使？鄉人語其由。一狙山上鳴，一狙從之遊。相匹乃生子，子衆孫還稠。山中草木盛，根實始易求。攀挽上極高，屈指亦窮幽〔二〕。衆狙各豐肥，山乃盡侵牟。攘争取一飽，豈暇議藏收。大狙尚自苦，小狙亦已愁。稍稍受咋嚙，一毛不得留。狙雖巧過人，不善操耡耰。所嗜在果穀，得之常似偷〔三〕。嗟此海山中，四顧無所投。生生未云已，歲晚將安謀？

〔二〕「指」，全宋詩校改作「曲」。
〔三〕「似」，龍舒本作「以」。

## 贈曾子固

曾子文章衆無有，水之江漢星之斗。挾才乘氣不媚柔，群兒謗傷均一口。吾語群兒勿謗傷，豈有曾子終皇皇？借令不幸賤且死，後日猶爲班與揚。

## 鮑公水

村南鮑公山，山北鮑公水。高穴逗遠源，泠泠落山觜。玉色與飴味，不可他味比。竹樹四蒙密，翠藤相披靡。漫郎昔少年，幽居得之此。臨窺若有遇，愛歎無時已。浮名未污染，永矢終焉爾。奈何中棄入長安，十載風塵化舊顔〔一〕。讙囂滿耳不可洗，此水泠泠空在山。

## 寄李士寧先生

樓臺高聳間晴霞，松檜陰森夾柳斜。渴愁如箭去年華，陶情滿滿傾榴花。自嗟不及門前水，流到先生雲外家。

〔一〕「十載」，龍舒本作「千載」，光啓堂本作「十年」。

## 僧德殊家水簾求予詠

淙淙萬音落石顛，皎皎一派當簷前。清風高吹鸞鶴唳，白日下照蛟龍涎。浮雲粧額自能卷，缺月琢鈎相與縣。朱門試問幽人價，翡翠鮫綃不直錢。

## 杭州修廣師法喜堂〔一〕

浮屠之法與世殊，洗滌萬事求空虚。師心以此不挂物，一堂收身自有餘。堂陰置石雙嵽嵲，石脚立竹青扶疏。一來已覺肝膽豁〔二〕，況乃宴坐窮朝晡。憶初救時勇自許，壯大看俗尤崎嶇。豐車肥馬載豪傑，少得志願多憂虞。始知進退各有理，造次未可分賢愚。會將築室返耕釣，相與此處吟山湖。

〔一〕龍舒本無「杭州」二字。

〔二〕「肝」，龍舒本作「心」。

## 復至曹娥堰寄剡縣丁元珍

溪水渾渾來自北，千山抱水清相射。山深水急無艇子，欲從故人安可得。故人昔日此水上，罇酒扁舟慰行役。津亭把手坐一笑，我喜滿懷君動色。論新講舊惜未足，落日低徊已催客〔一〕。離心自醉不復飲〔二〕，秋果寒花空滿席。今年却坐相逢處，怊悵難求別時迹。可憐溪水自南流，安得溪船問消息？

## 答曾子固南豐道中所寄

吾子命世豪，術學窮無閒。直意慕聖人〔三〕，不問閔與顔。彼昏何爲者？誣構來嚬嚬。應逮犯秋陽，動爲人所歎。不恤我躬瘁，乃嗟天澤慳。令人念公卿，煒煒趨王班〔四〕。泊無憫世意〔五〕，

〔一〕「客」，聽香館本作「迫」。
〔二〕「離」，聽香館本作「我」。
〔三〕「慕」，原作「暮」，據聽香館本校改。
〔四〕「王」，宋刻本、龍舒本作「玉」。
〔五〕「泊」，龍舒本作「伯」。

狙猿而佩環。愛子所守卓，憂予不能攀。永矢從子遊，合如扉上鐶。願言借餘力，迎浦疏潺潺。亦有衣上塵，可攀禪太山[一]。大江秋正清，島溆相縈彎。四盻浩無主[二]，日暮煙霞斑。水竹密以勁，霜楓衰更殷。賞託亦云健，行矣非間關。相期東北遊，致館淮之灣。無爲襲甯羸[三]，悠然及溫還[四]。

## 寄贈胡先生 并序[五]

孔、孟去世遠矣，信其聖且賢者，質諸書焉耳。翼之先生與予並世，非若孔、孟之遠也，聞薦紳先生所稱述，又詳於書，不待見而後知其人也。歎慕之不足，故作是詩。

先生天下豪傑魁，胸臆廣博天所開。文章事業望孔孟，不復睥睨蔡與崔。十年留滯東南州，飽足藜藿安蒿萊。獨鳴道德驚此民，民之聞者源源來。高冠大带滿門下，奮如百蟄乘春

[一]「太」，光啓堂本、聽香館本作「泰」。
[二]「盻」，宋刻本、聽香館本作「盼」。
[三]「羸」，原作「嬴」，據宋刻本校改。
[四]「還」，原作「遠」，據宋刻本校改。
[五]龍舒本題無「并序」二字。

雷〔二〕。惡人沮服善者起，昔時蹻跖今蹇回。先生不試乃能爾，誠令得志如何哉？吾願聖帝營太平，補葺廊廟枝傾頹。披旒發纊廣耳目，照徹山谷多遺材。先收先生作梁柱，以次構架桷與榱。群臣面向帝深拱，仰戴堂陛方崔嵬。

## 得曾子固書因寄〔三〕

始吾居揚日，重問每見及。云將自親側，萬里同講習。子行何舒舒，吾望已汲汲。窮年夢東南，顔色不可挹。仁賢豈欺我，正恐事維縶。嚴親抱憂衰，生理賴以給。不然航江外，天寒北風急。無乃山路惡，僕弱馬行澀。孤懷未肯開，歲物忽如蟄。竭來高郵住，巷屋頗卑濕。蓬蒿稍芟除，茅竹隨補葺。苟云禦風氣，尚恐憂雨汁。故人莫在眼，屢獨開巾笈。忠信蓋未見，吾敢誣兹邑？出關誰與語？念子百憂集。眺聽聊自放，日暮城頭立。徐歸坐當户，使者操書入。時開識子意，如渴得美湆。驪駒日就道，玉手行可執。舊學待鐫磨，新文得删拾。重登城頭望，喜氣滿原隰。

〔二〕「春」，宋刻本、龍舒本作「雲」。

〔三〕龍舒本無「曾」字。

## 寄虔州江陰二妹

貢水日夜下，下與章水期。我行二水間，無日不爾思。飄若越鳥北，心常在南枝。又如岐首蛇，南北兩欲馳。逝者日已遠，百憂詎能追？生存苦乖隔，邂逅亦何時？女子歸有道，善懷見於詩。庶云留汝車，慰我堂上慈。

## 登越州城樓

越山長青水長白，越人長家山水國。可憐客子無定宅，一夢三年今復北。浮雲縹緲抱城樓〔一〕，東望不見空回頭。人間未有歸耕處，早晚重來此地遊。

## 憶昨詩示諸外弟

憶昨此地相逢時，春入窮谷多芳菲。短垣囷囷冠翠嶺，躑躅萬樹紅相圍。幽花媚草錯雜出，黄蜂白蝶參差飛。此時少壯自負恃，意氣與日争光輝。乘閑弄筆戲春色，脱略不省旁人譏。

〔一〕「縹緲」，宋刻本作「漂渺」。

坐欲持此博軒冕，肯言孔孟猶寒飢。丙子從親走京國，浮塵坌並緇人衣。明年親作建昌吏，四月挽船江上磯。端居感慨忽自寤，青天閃爍無停暉。男兒少壯不樹立，挾此窮老將安歸？吟哦圖書謝慶弔，坐室寂寞生伊威〔一〕。材疏命賤不自揣，欲與稷契遐相希〔二〕。旻天一朝畀以禍，先子泯没予誰依？精神流離肝肺絶，眥血被面無時晞。母兄呱呱泣相守，三載厭食鍾山薇。屬聞降詔起群彦，遂自下國趨王畿。刻章琢句獻天子，釣取薄禄歡庭闈。身着青衫手持版，奔走卒歲官淮沂。淮沂無山四封庳，獨有廟塔尤峨巍。時時憑高一悵望，想見江南多翠微。歸心動蕩不可抑，霍若猛吹翻旌旂。騰書漕府私自列，仁者惻隱從其祈。暮春三月亂江水，勁櫓健帆如轉機。還家上堂拜祖母，奉手出涕縱横揮〔三〕。出門信馬向何許？城郭宛然相識稀。永懷前事不自適，却指舅館接山扉〔四〕。當時髫兒戲我側，于今冠佩何頎頎。況復丘樊滿秋色，蜂蝶摧藏花草腓。令人感嗟千萬緒，不忍蒼卒回驂騑。留當開樽强自慰，邀子劇飲毋予違。

〔一〕「寂」，龍舒本作「寥」。
〔二〕「希」，龍舒本作「晞」。
〔三〕「手」，光啓堂本作「乎」。
〔四〕「接」，宋刻本、龍舒本作「排」。

# 臨川先生文集　卷十四

## 律詩 五言八句

### 欣會亭[一]

數家鄰水竹，一塢共雲林[二]。晚食静適己，獨謡欣會心。移牀隨漫興[三]，操筴取幽尋。未愛神錐汝，猶憐妙斵琴。

### 東皋

起伏晴雲徑，縱横暖水陂。草長流翠碧，花遠没黄鸝。楚製從人笑，吴吟得自怡。東皋興

[一] 龍舒本題作「過景德僧院」。

[二] 「塢」，龍舒本作「烏」。

[三] 「興」，宋刻本、龍舒本作「與」。

不淺，遊走及芳時。

## 歲晚

月映林塘澹，風含笑語涼〔二〕。俯窺憐綠淨〔三〕，小立佇幽香。攜幼尋新的〔三〕，扶衰坐野航。延緣久未已，歲晚惜流光。

## 半山春晚即事

春風取花去，酬我以清陰〔四〕。翳翳陂路靜，交交園屋深。牀敷每小息，杖屨或幽尋。惟有北山鳥，經過遺好音。

〔二〕「風含」，龍舒本作「天涵」。
〔三〕「綠淨」，光啓堂本、聽香館本作「淨綠」。
〔三〕「的」，光啓堂本、聽香館本作「菂」。
〔四〕「酬」，龍舒本作「遺」。

## 欹眠

翠幕卷東岡，欹眠月半牀。松聲悲永夜，荷氣馥初涼。清話非無寄，幽期故不忘。扁舟亦在眼，終自懶衣裳。

## 露坐

露坐看溝月，飄然風度荷。珠跳散作點，金湧合成波。老失芳歲易，静知良夜多。陵秋久不寐〔一〕，吾樂豈弦歌。

## 山行

出寫清淺景，歸穿蒼翠陰。平頭均楚製，長耳嗣吴吟。暮嶺已佳色，寒泉仍好音。誰同此真意？倦鳥亦幽尋。

〔一〕 上三句，龍舒本作「芳歲老易晚，良宵閑獨多。秋風不成寐」。

## 題雱祠堂在寶公塔院。〔一〕

斯文實有寄，天豈偶生才？一日鳳鳥去，千秋梁木摧。煙留衰草恨，風造暮林哀。豈謂登臨處，飄然獨往來。

## 定林〔二〕

漱甘涼病齒，坐曠息煩襟。因脱水邊屨，就敷巖上衾。但留雲對宿，仍值月相尋。真樂非無寄，悲蟲亦好音。

## 送張甥赴青州幕

人情每期費，之子適予心。老餞城東陌，悲分歲暮襟。少留班露草，遂往隔雲林。未覺青丘遠，因風嗣好音。

〔一〕龍舒本題作「寶公塔院祠堂」，無題注。
〔二〕此詩爲龍舒本定林院三首之第三首。

## 送張宣義之官越幕二首〔一〕

會稽遊宦鄉，海物錯句章。土潤箭萌美，水甘茶串香。今君誠暫屈〔二〕，他日恐難忘。唯有西興渡，靈胥或怒張。

### 二

誰謂貴公子，乃如寒士家。真宜舉敦樸，已自勝浮華。洲荻藏迷子，溪篁擁若耶。相望只在眼，音問莫言賒。

## 送贊善張軒民西歸〔三〕

柴荆雀有羅，公子數經過。邂逅相知晚〔四〕，從容所得多。百憂生暮齒，一笑隔滄波。早晚西州路，遥聽下坂珂。

〔一〕龍舒本題無「幕二首」三字，詩爲第一首。
〔二〕「今君誠」，龍舒本作「君今試」。
〔三〕「張軒民」，龍舒本作「張君」。
〔四〕「知」，龍舒本作「逢」。

## 送鄧監簿南歸

不見驪塘路，茫然四十春。長爲異鄉客，每憶故時人。水閲公三世，雲浮我一身。濠梁送歸處，握手但悲辛。

## 秋夜二首

客卧書顛倒，蟲鳴坐寂寥。殘燈生暗暈，重露集寒條。真樂閑尤見，深禪静更超。此懷無與晤，擁鼻一長謡〔二〕。

### 二

幔逗長風細，窗留半月斜。浮煙暝緑草，泫露冷黄花。獨曳緣雲策，仍尋度水槎。歸時參夜半，鄰犬静中譁。

〔二〕「鼻」，龍舒本作「被」。

## 即事〔一〕

徑暖草如積，山晴花更繁。縱横一川水，高下數家村。静憩雞鳴午〔二〕，荒尋犬吠昏。歸來向人説，疑是武陵源。

## 晝寢 甲子四月十七日午時作。

井逕從蕪漫，青藜亦倦扶。百年唯有且，萬事總無如。棄置蕉中鹿，驅除屋上烏。獨眠窗日午，往往夢華胥。

## 過故居〔三〕

泝栰開新屋，扶輿遶故園。事遺心獨寄，路翳目空存。野果寒林寂，蠻花午篳温。難忘舊時處，欲宿愧桑門。

〔一〕此詩爲龍舒本即事十五首之第七首。
〔二〕「雞」，龍舒本原校：「一作鳩。」
〔三〕龍舒本題作「泝栰」。

## 雁

北去還爲客，南來豈是歸？倦投空渚泊，飢帖冷雲飛[一]。垣栅雞長暖，溝池鶩自肥。憐渠不知此，更墮野人機。

## 與道原過西莊遂遊寶乘二首 元豐四年十月二十四日。[二]

桑楊已零落[三]，藻荇亦消沈[四]。園宅在人境，歲時傷我心。强穿西埭路[五]，共望北山岑。欲覓道人語[六]，跨鞍聊一尋。

## 二

親朋會合少，時序感傷多。勝踐聊爲樂，清談可當歌。微風淡水竹，净日暖煙蘿。興極猶

[一]「帖」，龍舒本作「貼」。
[二]龍舒本題作「與道原遊西菴遂至草堂寶乘寺二首」，無題注。
[三]「楊」，原校：「一作麻。」
[四]「亦」，原校：「一作復。」
[五]「西」，原校：「一作南。」
[六]「覓」，原校：「一作與。」

難盡，當如薄暮何。

## 送陶氏婦兼寄純甫

雲結川原暗，風連草木萎。遥瞻季行役，正對女傷悲。夢事中千變，生涯老百罹。更慚無道力，臨路涕交頤。

## 自府中歸寄西庵行詳[一]

意衰難自力，扶路便思還。强逐蕭騷水，遥看慘淡山。行尋香草遍，歸漾晚雲間。西崦分明見，幽人不可攀。

## 贈上元宰梁之儀承議

梁多留詩在江寧僧舍。[二]

白下有賢宰，能歌如紫芝[三]。民欺自不忍，縣治本無爲。風月誰同賞？江山我亦思。粉牆

[一] 龍舒本題作「寄西庵祥師」。「詳」下，光啓堂本有「師」字。

[二] 龍舒本無「梁之儀承議」五字及題注。

[三] 「歌」，龍舒本作「詩」。

侵醉墨，怊悵緑苔滋。

贈殊勝院簡道人〔一〕

早悟耆山善，今爲洛社豪。有生常寂寞，所得是風騷。露夕吟逾苦，雲收思共高〔二〕。此懷差自適，千社一牛毛。

懷吴顯道

南郭紅亭泠，西山白道嘌。江光凌翠氣，洲色亂黄雲。歲暮誰邀客〔三〕，情親故憶君。天涯獨惆悵，歸鳥黑紛紛。

〔一〕「簡道人」，龍舒本作「簡師」。

〔二〕「收」，龍舒本作「秋」。

〔三〕「誰」，龍舒本作「惟」。

## 静照堂

任公蹲會稽，海上得招提。浄觀堂新搆，幽尋客屢攜。飛檐出風雨，灑翰落虹蜺〔二〕。投老黄塵陌，東看路恐迷。

## 重遊草堂次韻三首〔三〕

垣屋荒葛藟，野殿冷檀沈。鶴有思顒意，鷹無戀遁心。禪房閉深竹，齋鉢度遥岑。寂寞黄塵裏，金身倚一尋。

### 二

僧殘尚食少，佛古但泥多。寒守三衣法，飢傳一鉢歌。寬閑每迸竹，危朽漫牽蘿。怊悵庭前柏，西來意若何？

〔二〕「蜺」，光啓堂本作「霓」。
〔三〕「堂」下，龍舒本有「寺」字。

三

野寺真蘭若，山僧老病多。疏鍾挾谷響，悲梵入樵歌。水映茅篁竹，雲埋蔦女蘿。拂塵書所見，因得擬陰何。

## 題齊安寺山亭〔一〕

此山無躑躅〔二〕，故國有楊梅。悵望心常折，慇懃手自栽。暮年逢火改，晴日對花開。萬里烏塘路，春風自往來。

## 自白門歸望定林有寄

蹇驢愁石路，余亦倦躋攀。不見道人久，忽然芳歲殘。朝隨雲暫出，暮與鳥爭還。杳杳青松壑，知公在兩間。

〔一〕龍舒本無「山亭」二字，又題作「山亭楊梅」。
〔二〕「此」，龍舒本作「北」。

## 宿定林示無外 名務周。〔一〕

天女穿林至，姮娥度隴來。欲歸今晼晚，相值且徘徊〔二〕。誰謂我忘老，如聞蟲造哀。鄰衾亦不寐，共盡白雲杯。

## 宿北山示行詳上人

都城羈旅日，獨許上人賢。誰爲孤峰下，還來宴坐邊。是身猶夢幻，何物可攀緣？坐對青燈落，松風咽夜泉。

## 獨飯

窗明雨不借，榻淨一籧篨。栩栩幽人夢，夭夭老者居。安能問香積，誰可告華胥？獨飯牆陰轉，看雲坐久如。

〔一〕「名務」，光啓堂本、聽香館本作「行移」。龍舒本「無外」作「寶覺」，無題注。

〔二〕「值」，龍舒本作「阻」。

## 草堂

草堂今寂寞，往事翳山椒。蕙帳空留鶴[一]，蘿衣終換貂[二]。生皆墮天衮，隱或寄公朝。疊潁何勞怒[三]，東風汝自摇。

## 示耿天騭[四]

挾策能傷性，捐書可盡年。弦歌無舊習，香火有新緣。白土長岡路，朱湖小洞天。望公時顧我，於此暢幽悁。

## 光宅[五]

今知光宅寺，牛首正當門。臺殿金碧毀，丘墟桑竹繁。蕭蕭新犢卧，冉冉暮鵶翻。回首千

〔一〕「空」，龍舒本作「今」。
〔二〕「終换」，龍舒本作「空掛」。
〔三〕「疊」，龍舒本作「巢」。
〔四〕龍舒本此題二首，此詩爲第一首。
〔五〕龍舒本題作「光宅寺二首」，此爲第二首。

歲夢，雨花何足言。

## 示無外[一]

支頤横口語，椎髻曲肱眠。莫問誰賓主，安知汝輩年？鄰雞生午寂，幽草弄秋妍。却憶東窗簟，蠻藤故宛然。

## 北山暮歸示道人[二]

千山復萬山，行路有無間。花發蜂遞繞，果垂猿對攀。獨尋寒水度，欲趁夕陽還。天黑月未上，兒童初掩關。

---

[一] 此詩爲龍舒本示寶覺三首之第二首。

[二] 龍舒本此題二首，此詩爲第一首。

## 懷古二首[一]

日密畏前境，淵明欣故園。那知飯不賜，所喜菊猶存。亦有牀座好[二]，但無車馬喧。誰爲吾侍者？稚子候柴門。

### 二

長者一牀室，先生三徑園。非無飯滿鉢，亦有酒盈樽。不起華邊坐，常開柳際門。漫知談實相[三]，欲辯已忘言。

## 與寶覺宿精舍

擾擾復翩翩，秋牀燭屢昏。真爲説萬物，豈止挾三言。問義曹溪室，捐書闕里門。若知同二妄，目擊道逾存。

---

[一] 龍舒本題作「半山歲晚即事二首」。
[二] 「座」，龍舒本作「坐」。
[三] 「漫」，龍舒本作「謾」。

## 中書偶成

忽忽余年往，茫茫不自知。慇懃照清淺，邂逅見衰遲。輔世無賢業，容身有聖時。歸歟今可矣，何以長人爲？

## 華藏寺會故人得泉字。

百憂成阻闊，一笑得留連。城郭西風裏，園林落照前。共知官似夢，莫負酒如泉。興罷重攜手，江湖即渺然。

## 求全

求全傷德義，欲速累功名。玉要藏而待，苗非揠故生。未妨徐出晝，何苦急隳成。此道今亡矣，嗟誰可與明？

## 秋風

擊斂一何饕，天機亦自勞。牆隈小翻動，屋角盛呼號。漠漠驚沙密，紛紛斷柳高。江湖豈在眼，昨夜夢波濤。

## 次韻昌叔歲暮

城雲漏日晚，樹凍裹春深。槮密魚雖暖，巢危鶴更陰。橫風高彍弩，殘溜細鳴琴。歲换兒童喜，還傷老大心。

## 次韻酬昌叔羈旅之作

君方困旅食，予亦誤朝簪。自索東方米，誰多季子金？高門萬馬散，窮巷一燈深。客主竟何事？蕭條梁父吟。

# 臨川先生文集　卷十五

## 律詩 五言八句

### 次韻唐公三首

**東陽道中**

山蔽吴天密，江蟠楚地深。浮雲堆白玉，落日寫黄金[一]。渺渺隨行旅，紛紛换歲陰。强將詩咏物，收拾濟時心。

**江行**[二]

材非當世用，轂有故人推。使節春冬换，征帆日夜開。南遊取干越，東望得州來。試盡風

[一]「寫」，龍舒本作「瀉」。

[二]龍舒本題作「次韻唐公江行」。

波惡，生涯亦可哀。

**旅思**

此身南北老，愁見問征途。地大蟠三楚，天低入五湖。看雲心共遠，步月影同孤。慷慨秋風起，悲歌不爲鱸。

烏塘

地僻居人少，山稠伏獸多。怒貍朝搏雁，饞虎夜窺騾。籬落生孫竹，門庭上女蘿。未應悲寂寞，六載一經過。

欲歸

水漾青天暖，沙吹白日陰。塞垣春錯莫，行路老侵尋。緑稍還幽草，紅應動故林。留連一杯酒，滿眼欲歸心。

發館陶

促轡數殘更，似聞雞一鳴。春風馬上夢，沙路月中行。笳鼓遠多思，衣裘寒始輕。稍知田父穩，燈火閉柴荆。

王村

晻靄王村路，春風北使旗。塵催輕騎走，寒咽短簫吹。攬轡聯貂帽，投鞭各酒巵。紛紛小兒女，何事倚牆窺？

長垣北

攬轡長垣北，貂寒不自持。霜風急鼓吹，煙月暗旌旗。騎火流星點，牆桑亞戟枝。柴荆掩春夢，誰見我行時？

冬日

擾擾今非昔，漫漫夜復晨。風沙不貸客，雲日欲迷人。散髮愁邊老，開顔醉後春。轉思江海上，一洗白綸巾。

## 壬辰寒食

客思似楊柳，春風千萬條。更傾寒食淚，欲漲冶城潮。巾髮雪争出，鏡顔朱早雕。未知軒冕樂，但欲老漁樵。

## 雨中

尚疑櫻欲吐，已怪菊成漂。紫莧淩風怯，青苔挾雨驕。長閑故有味，多難自無聊。牢落柴荆晚〔一〕，生涯付一瓢。

## 宿雨

緑攬寒蕪出，紅争暖樹歸。魚吹塘水動，雁拂塞垣飛。宿雨驚沙盡，晴雲晝漏稀。却愁春夢短，燈火著征衣。

〔一〕「落」，龍舒本作「勞」。

## 乘日

乘日塞垣入，御風塘路歸。胡皆躍馬去，雁却背人飛。煙水吾鄉似，家書驛使稀。匆匆照顔色，恨不洗征衣。

## 秋露

日月凋何急，荒庭露送秋。初疑宿雨泫，稍怪曉霜稠。曠野將馳獵，華堂已御裘。空令半夜鶴，抱此一端愁。

## 還自河北應客

愧客問謡俗，舊傳今自如。材難知驥馬〔一〕，味美賽河魚。塞水移民久，川防動衆初。北人雖異論，時議或非疏。

〔一〕「驥」，龍舒本作「冀」。

## 將次洺州憩漳上

漠漠春風裏，茸茸緑未齊。平田鵶散啄，深樹馬迎嘶。地入河流曲，天隨日去低。高城已在眼，聊復解輕齎。

## 和仲庶夜過新開湖憶沖之仲涂共泛

水遠浮秋色，河空洗夜氛。行隨一明月，坐失兩孤雲。露髮此時濕，風顏何處醺？淹留各有趣，不比漢三君。白樂天有「二處成孤雲」之句。

## 送契丹使還次韻答浄因老〔一〕

老欲求吾志，時方摭我華。强將愁出塞，空得病還家。日轉山河暖，風含草木葩。勝遊思一往，不敢問三車。

〔一〕龍舒本「老」上有「長」字。

## 送吴叔開南征

摻袂不勝情，犀舟擊汰行。倦遊無萬里，惜别有千名。春草凄凄緑，江楓湛湛清〔一〕。金陵多麗景〔二〕，此去屬蘭成〔三〕。

## 遊棲霞庵約平甫至因寄〔四〕

渺渺林間路，蕭蕭物外僧。高陰涼易入，閑貌老難增。官事真傷錦，君恩更飲冰。求田此山下，終欲忤陳登。

## 和棲霞寂照庵僧雲渺平甫同作。〔五〕

蕭然一世外，所樂有誰同？宴坐能忘老，齋蔬不過中。無心爲佛事，有客問家風。笑謂西

〔一〕「清」，光啓堂本、聽香館本作「青」。
〔二〕「陵」，龍舒本作「吾」。
〔三〕「成」，光啓堂本作「城」。
〔四〕「棲」，龍舒本作「西」。
〔五〕「同作」，原無，據全宋詩校補。龍舒本無題注。

來意，雖空亦不空。

宜春苑

宜春舊臺沼，日暮一登臨。解带行蒼蘚，移鞍坐緑陰〔一〕。樹疏啼鳥遠，水静落花深。無復增修事，君王惜費金。

春日

冉冉春行暮，菲菲物競華。鶯猶求舊友，燕不背貧家。室有賢人酒，門無長者車。醉眠聊自適，歸夢到天涯。

癸卯追感正月十五事

正月端門夜，金輿縹緲中。傳觴三鼓罷，縱觀萬人同。警蹕聲如在，嬉遊事已空。但令千載後，追詠太平功。

〔一〕「鞍」，原校：「一作鞍。」龍舒本作「鞍」。

## 晚興和沖卿學士

剡剡風生晚，娟娟月上初。白沙眠緑驥〔一〕，清浪浴鱏魚。竟欲從君飲，猶便讀我書。斜陽不到處，牆角樹扶疏。

## 秋興和沖卿

雲浮朝慘淡，風起夜颼飀。欲作冰霜地，先迴草樹秋。征人倚笛怨，思婦向砧愁。爲問隨陽雁，哀鳴豈有求？

## 次韻沖卿除日立春

猶殘一日臘，併見兩年春。物以終爲始，人從故得新。迎陽朝翦綵，守歲夜傾銀。恩賜隨嘉節，無功秖自塵。

---

〔一〕「緑」，全宋詩校改作「騄」。

## 題友人郊居水軒

田中三畝宅，水上一軒開。爲有漁樵樂，非無仕進媒。槎頭收晚釣，荷葉卷新醅。坐說魚腴美，功名挽不來。

## 遊賞心亭寄虔州女弟

秀發千峰霽，清涵萬里秋。滄江天上落，明月鏡中流。眼與魂俱斷，身依影獨留。爲憐幽興極，不見爾來遊。

## 江亭晚眺

日下崦嵫外，秋生沆碭間。清江無限好，白鳥不勝閑。雨過雲收嶺，天空月上灣。歸鞍侵調角，回首六朝山。

## 金山寺〔一〕

重經高處寺，一與白雲親。樹木有春意，江山如故人。幽軒含氣象，偏影落風塵。日暮臨歸去，徘徊欲損神。

## 揖仙閣

結閣揖仙子，疏塘臨隱扉。水花紅四出，山竹翠相圍。雲度疑軿下，鳧驚恐舃飛。蜀轞寧可恃〔二〕？投釣此忘歸。

## 舟夜即事

火炬臨遥岸〔三〕，餘光照客船。水明魚中餌，沙暖鷺忘眠。感概無窮事〔四〕，遲回欲曉天。山泉

〔一〕此詩爲龍舒本金山寺五首之第一首。
〔二〕「轞」，全宋詩校改作「蘁」。
〔三〕「炬」，原作「距」，據宋刻本、龍舒本校改。
〔四〕「概」，光啓堂本、聽香館本作「慨」。

如有意，枕上送潺湲。

## 何處難忘酒二首 擬白樂天作。

何處難忘酒？英雄失志秋。廟堂生莽卓，巖谷死伊周。賦斂中原困，干戈四海愁。此時無一盞，難遣壯圖休。

二

何處難忘酒？君臣會合時。深堂拱堯舜，密席坐皋夔。和氣襲萬物，歡聲連四夷。此時無一盞，真負鹿鳴詩。

## 送孫子高

蕩漾江南客，融怡席上珍。一樽相别酒，千里獨歸人。客路貧堪病，交情遠更親。自嘶兒女意，失淚滴衣巾〔一〕。

〔一〕「失」，光啓堂本作「夫」。

## 送董傳

悠悠隴頭水，日夜向西流。行路未云已，歸人空復愁。文章合用世，顔髮未驚秋。一聽秦聲罷，還來上國遊。

## 寄深州晁同年

秀色歸荒隴，新聲換氄毛。日催花蘂急〔一〕，雲避雁行高。駐馬旌旗暖，傳觴鼓吹豪。班春不知負〔二〕，短髮爲君搔。

## 白雲然師

白首一山中，形骸槁木同。苔争庵徑路，雲補衲穿空。塵土隨車轍，波濤信柂工。昏昏老南北，應謝此高風。

〔一〕「催」，龍舒本作「摧」。

〔二〕「不知」，聽香館本作「知不」。

## 自白土村入北寺二首

木杪田家出，城陰野逕分。溜渠行碧玉，畦稼卧黄雲。薄槿烟脂染，深荷水麝焚。夕陽人不見，雞鶩自成群。

### 二

雨過百泉出，秋聲連衆山。獨尋飛鳥外，時渡亂流間。坐石偶成歇，看雲相與還。會須營一畝，長此聽潺湲〔一〕。

## 題朱郎中白都莊

蕭灑桐廬守，滄洲寄一廛。山光隔釣岸，江氣雜炊煙。藜杖聽鳴艣〔二〕，籃輿看種田。明時須共理，此興在他年。

---

〔一〕「湲」，宋刻本、龍舒本作「潺」。

〔二〕「艣」，龍舒本作「櫓」。

## 史教授獨善堂

湖海十年舊，林塘三畝餘。静非談者隱，貧勝富人居。列鼎亦何有，幅巾聊自如。猶應不獨善，學子滿階除。

## 寄福公道人

帝力護禪林，滄洲側布金。樓依水月觀，門接海潮音。開士但軟語，遊人多苦吟。曾同方丈宿，燈火夜沉沉。

## 身閑

身閑宜晚食，歲晏忌晨興。人自嘲便腹，吾方樂曲肱。睡蛇雖不去，夢虺已無憑。寄語中林客，思禪病未能。

## 還家〔一〕

還家豈不樂？生事未應閑。朝日已復出，征鞍方更攀〔二〕。傷心百道水，閡目萬重山〔三〕。何以忘羈旅，翛然醉夢間。

## 題湯泉壁示諸子有欲閑之意

吟哦一水上，披寫衆峰間。偶運非彭澤，留名比峴山。君才今卨稷，家行古原顔。平世雖多士〔四〕，安能易地閑？

## 和唐公舍人訪浄因

西城方外士，傳法自南華。高蹈玩一世，旁通兼數家。來遊仁者浄〔五〕，傳詠正而葩。乘興

〔一〕此詩爲龍舒本北山暮歸示道人二首之第二首。
〔二〕「更」，龍舒本作「便」。
〔三〕「萬」，龍舒本作「數」。
〔四〕「士」，龍舒本作「學」。
〔五〕「浄」，全宋詩校改作「静」。

何時再〔一〕？還能託後車。

## 沂溪懷正之

故人何處所，天角浪漫漫。寂寞斷音驛，徘徊愁肺肝。世情紛可怪，旅況浩難安。願化東南鵠，高飛託羽翰。

## 答許秀才

高陽有才子，負笈求晨饘。所趣少知者，其辭多慨然。樵妻竟謝絶，漂母嘗哀憐。尚友古之人，于今猶壯年。

〔一〕「再」，原作「載」，據宋刻本校改。

# 臨川先生文集　卷十六

## 律詩　五言八句　五言長篇附

### 次韻景仁雪霽

新聲生屋霤，殘點着垣衣。委翳無多在，飄零不更飛。坳中餘宿潤，暖處自朝暉。稍見青青色，還從柳上歸。

### 次韻范景仁二月五日夜風雪〔一〕

何知此邂逅，談笑接清揚。對雪知春淺，回燈惜夜長。密雲通炫晃，殘月墮冥茫。故有臨邛客，抽毫興未忘。

〔一〕「雪」，光啓堂本作「雲」。

## 次韻沖卿過睢陽

宫廟此神鄉，留親泊楚艎。天開今壯麗，地積古悲涼。不改山河舊，猶餘草木荒。還聞足賓客，誰是漢鄒陽？

## 答沖卿

風作九衢黄，南窗坐正涼。破瓜青玉美，浮蒻白雲香。詩懶猶能强，官閑肯便忘。賢愚各有用，尺寸果誰長？

## 得書知二弟附陳師道舟上汴

兒童聞太丘，邂逅兩心投。與汝今爲伴，知吾不復憂。園桃已解萼，沙水欲驚舟。一見南飛雁，江邊肯更留。

## 初憩和州

衣足一囊弊，粟餘三釜陳。猶依食貧地，已愧省煩人。塵土病催老，風波愁過春。詩書今在眼，還欲討經綸。

## 瘧起舍弟尚未已示道原

側足呻吟地，連甍瘴瘧秋。窮鄉醫自絀〔一〕，小市藥難求。肝膽疑俱破，筋骸漫獨瘳〔二〕。慚君遠從我，契闊每同憂。

## 送杜十八之廣南

東南炎海外，尋訪又輸君。過嶺猿啼暖，貪程馬送曛。清談消瘴癘，秀句起煙雲。及早來鄉薦，朝廷尚右文。

## 崑山慧聚寺次張祜韻〔三〕

峰嶺互出没，江湖相吐吞。園林浮海角，臺殿擁山根。百里見漁艇，萬家藏水村。地偏來

---

〔一〕「絀」，龍舒本作「拙」。
〔二〕「漫」，龍舒本作「謾」。
〔三〕龍舒本無「崑山」二字。

客少，幽興祇桑門。

吴江

莽莽昔登臨，秋風一散襟。地留孤嶼小，天入五湖深。柑橘無千里，魚蝦有萬金。吾雖輕范蠡，終欲此幽尋。

江

靈源開闢有，贏縮但相隨。逆折山能礙，奔流海與期。泥沙拆蚌蛤，雲雨暗蛟螭。欲問深何許〔一〕，馮夷祇自知。

江南

江南春起柂，秋至尚波濤。問舍才能定，呼舟已復操。行歌付浩蕩，歸夢得蕭騷。冉冉欲何補，紛紛爲此勞。

〔一〕「許」，龍舒本作「處」。

## 賈生

漢有洛陽子，少年明是非。所論多感概〔一〕，自信肯依違。死者若可作，今人誰與歸？應須蹈東海，不但涕沾衣。

## 還自舅家書所感

行行過舅居，歸路指親廬。日苦樹無賴，天空雲自如。黄焦下澤稻，緑碎短樊蔬。沮溺非吾意，憫嗟聊駐車。

## 世事〔二〕

世事一何稠，論心日已偷。尚蒙今士笑，宜見古人羞。老圃聊須問，良田亦欲求。非關畏皺冕，無責易身修。

〔一〕「概」，光啓堂本、聽香館本作「慨」。

〔二〕此詩爲龍舒本無題二首之第一首。

## 寄純甫

塞上無花草，飄風急我歸。梢林聽澗落，卷土看雲飛。想子當紅蘂，思家上翠微。江寒亦未已，好好著春衣。

## 招丁元珍

默默不自得，紛紛何所爲？晝墁聊取食，獵較且隨時〔二〕。秋入江湖暗，風生草樹悲。黄花一杯酒，思與故人持。

## 遊杭州聖果寺

登高見山水，身在水中央。下視樓臺處〔三〕，空多樹木蒼。浮雲連海氣，落日動湖光。偶坐吹横笛，殘聲入富陽。

〔二〕「且」，宋刻本、龍舒本作「久」。

〔三〕「處」，宋刻本、龍舒本作「起」。

京兆杜嬰大醇能讀書其言近莊其爲人曠達而廉清自託於醫無貴賤請之輒往卒也以詩二首傷之

蕭瑟野衣巾，能忘至老貧。避囂依市井，蒙垢出埃塵。接物工齊物，勞身恥爲身。傷心宿昔地，不復見斯人。

二

叔度醫家子，君平卜肆翁。蕭條昨日事，髣髴古人風。舊宅雨生菌，新阡寒轉蓬。存亡誰一問，嗟我亦窮空。

江上二首〔一〕

潮連風浩蕩，沙引客淹留。落日更清坐，空江無近舟。共看蒹葦宅，聊即稻粱謀。未敢嗟艱食，凶年半九州。

〔一〕　此二詩爲龍舒本江上五首之第四、五首。

二

書自江邊使，鄉鄰病餓稠。何言萬里客，更作百身憂。補敗今誰卹？趨生我自羞。西南雙病眼，落日倚扁舟。

## 夏夜舟中頗涼因有所感[一]

扁舟畏朝熱[二]，望夜倚桅檣[三]。日共火雲退，風兼水氣涼。未秋輕病骨[四]，微曙浣愁腸。堅我江湖意，滔滔興不忘。

## 孤桐

天質自森森，孤高幾百尋。陵霄不屈己，得地本虛心。歲老根彌壯，陽驕葉更陰。明時思解慍，願斲五絃琴。

[一]「有」，龍舒本作「風」。
[二]「舟」，原作「身」，據宋刻本、龍舒本校改。
[三]「桅」，龍舒本、聽香館本作「危」。
[四]「輕」，宋刻本作「經」。

## 遲明

欹枕浩無情，蘧蘧獨遲明。霜繁紅樹老，雲散素蟾清〔一〕。倦鵲猶三帀，寒雞未一鳴。故山何處所？應有曉猿驚。

## 陪友人中秋夕賞月

海霧看如洗，秋陽望却昏。光明疑不夜，清瑩欲無坤〔二〕。掃掠風前坐，留連露下尊。苦吟應到曉，況有我思存。

## 慎縣修路者

畚築今三歲，康莊始一修。何言野人意，能助令君憂。勠力非無補，論心豈有求？十年空志食，因汝起予羞。

〔一〕「散」，原作「月」，據宋刻本校改。
〔二〕「坤」，聽香館本作「垠」。

## 河勢

河勢浩難測，禹功傳所聞。今觀一川破，復以二渠分。國論終將塞，民嗟亦已勤。無災等難必，從衆在吾君。

## 送河間晁寺丞

公孫富文墨，名字世多知。談笑取高第，弦歌當此時。臨河薪石費，近塞繭絲移。緩急常愁此，看君有所爲。

## 暮春

春期行晼晚〔二〕，春意牓芳菲。曲水應修禊，披香未試衣。雨花紅半墮，煙樹碧相依。悵望夢中地，王孫底不歸？

〔二〕「晼」，原作「畹」，據宋刻本、聽香館本校改。

## 遊北山

攬轡出東城，登臨目暫明。煙雲藏古意，猿鶴弄秋聲。客坐苔紋滑，僧眠樾蔭清。賞心殊未已，山下日西榮。

## 吴正仲謫官得故人寄蟹以詩謝之余次其韻

越客上荆舠，秋風憶把螯。故煩分巨跪，持用佐清糟。飲量寬滄海，詩鋒捷孟勞。甘飡飽觴詠，餘事付鈞陶。

## 陳師道宰烏程縣

嘗聞太丘長，德不負公卿。墟墓今千載，昆雲亦一城。本懷深閉蓄，餘論略施行。故自有仁政，能傳家世聲。

## 冬至

都城開博路，佳節一陽生。喜見兒童色，歡傳市井聲。幽閑亦聚集，珍麗各攜擎。却憶他年事[一]，關商閉不行。

## 湯泉

寒泉詩所詠，獨此沸如烝。一氣無冬夏，諸陽自廢興。人游不附火，蟲出亦疑冰。更憶驪山下，歊然雪滿塍。

## 讀鎮南邸報癸未四月作

賜詔寬言路，登賢壯陛廉。相期正在治，素定不煩占。衆喜夔龍盛，予虞絳灌憸。太平詎可致，天意慎猜嫌。

[一]「他」，光啓堂本、聽香館本作「外」。

擬和御製賞花釣魚

雲暖蓬萊日，風酣太液春。水光承步輦，花氣入鈎陳。伏檻留清蹕，傳觴屬從臣。霏香連釣餌，落葉亂游鱗。鎬飲恩知厚，衢樽賜願均。更看追夏諺，先此詠逢辰。

和吴沖卿雪霽紫宸朝

虎士開閶闔，雞人唱九霄。雲移銀闕角，日轉玉廊腰。箒動川收潦，靴鳴海上潮。舞袍沾宿潤，拜笏擁殘飄。賜飲人何樂，歸嘶馬亦驕。低徊但忘食，吟咏得逍遥。

和吴沖卿集禧齋祠

緘封祝辭密，占寫御名真。帝坐遥臨物，星圖俯映人。風含煙外節，月點霧中茵。沈藿升煙遠，槐檀取燎新。羽衣歸寂寞，金鏤立逡巡〔二〕。却想來時路，還疑隔一塵。

〔二〕「鏤」，龍舒本作「鍰」。

## 送周都官通判湖州

渌水烏程地，青山顧渚濱。酒醪猶美好，茶荈正芳新。聚泛樽前月，分班焙上春。仁風已入俗〔二〕，樂事始關身。橘柚供南貢，楓槐望北宸。知君白羽扇，歸日未生塵。

## 雙廟 張巡、許遠。

兩公天下駿，無地與騰驤。就死得處所，至今猶耿光。中原擅兵革，昔日幾侯王〔三〕。此獨身如在，誰令國不亡？北風吹樹急，西日照窗涼。志士千年淚，泠然落奠觴。

## 和子瞻同王勝之游蔣山 并序

子瞻同王勝之游蔣山，有詩。余愛其「峰多巧障日，江遠欲浮天」之句，因次其韻。

金陵限南北，形埶豈其然？楚役六千里，陳亡三百年。江山空幕府，風月自觵船。主送

〔二〕「入」，宋刻本、龍舒本作「及」。

〔三〕「幾」，龍舒本作「起」。

悲涼岸[一]，妃埋想故蓮。臺傾鳳久去，城踞虎争偏。司馬墻廟域，獨龍層塔顛。森疏五願木，蹇淺一人泉。棁杖窮諸嶺，籃輿罷半天[二]。朱門園淥水，碧瓦第青煙。墨客真能賦，留詩野竹娟。

## 送鄆州知府宋諫議

盛世千齡合，宗工四海瞻。天心初籥俊，雲翼首離潛。德望完圭角，儀形壯陛廉。徐鳴蒼玉佩，盡校碧牙籤。綸掖清光注，鑾坡茂渥霑。文明誠得主[三]，政瘼尚煩砭。右府參機務，東塗贊景炎。廟談資石畫[四]，兵略倚珠鈐。坐鎮均勞逸，齋居養智恬。謳謡喧井邑，惠化穆蒼黔。進律朝章舊，疏恩物議僉。通班三殿邃，徙部十城兼。申甫周之翰，龜蒙魯所詹。地靈奎宿照，野沃汶河漸。首路龍旗盛，提封虎節嚴。賜衣纏紫艾，衛甲綴朱縿。海谷移文省，溪堂燕豆添。班春回紺幰，問俗卷彤襜。舟檝商巖命，熊羆渭水占。治裝行入覲，金鼎重調鹽。

[一]「送」，光啓堂本、聽香館本作「迷」。
[二]「籃」，原作「藍」，據聽香館本改。
[三]「誠」，龍舒本作「誰」。
[四]「廟談」，宋刻本、龍舒本作「府謨」。

## 見遠亭上王郎中〔一〕

高亭豁可望，朝暮對溪山。野色軒楹外，霞光几席間。樹侵蒼靄没，鳥背夕陽還。草带平沙闊，烟籠别戍閑。圃畦荷氣合〔二〕，田徑燒痕斑。樵笛吟晴塢，漁帆出暝灣。登臨及芳節，宴喜發朱顔。夾砌陳旌旜，褰簾進佩環。觀風南國最，應宿紫宸班。康樂詩名舊，蕪音詎可攀？

〔一〕龍舒本無「上王郎中」四字。此詩前四句，龍舒本又題作「見遠亭一絶上王郎中」。

〔二〕「荷」，龍舒本作「花」。

# 臨川先生文集　卷十七

## 律詩 七言八句

### 歲晚懷古

先生歲晚事田園，魯叟遺書廢討論。問訊桑麻憐已長，按行松菊喜猶存。農人調笑追尋壑，稚子歡呼出候門。遥謝載醪袪惑者，吾今欲辯已忘言。

### 段約之園亭

愛公池館得忘機，初日留連至落暉。菱暖紫鱗跳復没，柳陰黄鳥囀還飛。徑無凡草唯生竹，盤有嘉蔬不采薇。勝事閬州雖或有，終非吾土豈如歸？

## 又段氏園亭

欹眠隨水轉東垣，一點炊煙映水昏。漫漫芙蕖難覓路，翛翛楊柳獨知門。青山呈露新如染，白鳥嬉游静不煩。朱雀航邊今有此，可能摇蕩武陵源〔二〕？

## 回橈〔三〕

柴荆散策静涼飈，隱几扁舟白下潮。紫磨月輪升靄靄，帝青雲幕卷寥寥。數家鷄犬如相識，一塢山林特見招。尚憶木瓜園最好，興殘中路且回橈。

## 酴醾金沙二花合發

相扶照水弄春柔，發似矜夸斂似羞。碧合晚雲霞上起，紅争朝日雪邊流。我無丹白知如夢，人有朱鉛見即愁。疑此冶容詩所忌，故將樛木比綢繆。

〔二〕「摇蕩」，龍舒本作「遥望」。

〔三〕龍舒本題作「泛舟」。

## 次韻公闢正議書公戲語申之以祝助發一笑〔一〕

故人辭禄未忘情，語我猶能作扞城。身不自遭如貢薛，兒應堪教比韋平。老羆豈得長高卧？雛鳳仍聞已閒生。把盞祝公公莫拒〔二〕，緇衣心爲好賢傾。

## 次韻致遠木人洲二首〔三〕

迷子山前漲一洲，木人圖志失編收。年多但有柳生肘，地僻獨無茅蓋頭。河側鮑生乾尚立〔四〕，江邊屈子槁將投。未妨他日稱居士，能使君疑福可求。

二

杌爾何年客此洲，飄流誰棄止誰收？無心使口肝使目，有幹作身根作頭。暴露神靈難寄託，禱祠村落幾依投。紛紛翦紙真虚負，立槁安知富可求？

〔一〕「次韻公闢正議」，龍舒本作「輒次公闢韻」。
〔二〕「盞」，龍舒本作「酒」。
〔三〕龍舒本無「洲」字。
〔四〕「生」，龍舒本作「焦」。

## 次韻酬龔深甫二首

恩容楚老護松楸〔一〕，復得一龔從我遊。講肆劇談兼祖謝，舞雩高蹈異求由。北尋五柞故未愁〔二〕，東挽三楊仍有樛。陟巘降原從此始，但無瑶玉與君舟。〔三〕

### 二

握手東岡雪滿簪，後期惆悵老吴蠶。芳辰一笑真難值〔四〕，暮齒相思豈久堪？他日杜詩傳渭北，幾時周宅對漳南？百年邂逅能多少，且可勤來共草菴。

## 次葉致遠韻

生涯聊占水中洲，豈即乘桴逐聖丘。身與鳧飛仍雁集，心能茅靡亦波流。由來杞梓常先

---

〔一〕「楚」，龍舒本作「衰」。

〔二〕「未」，光啓堂本、聽香館本作「乘」。

〔三〕龍舒本原校：「此詩舊集作兩絶句，今併爲一首。」

〔四〕「辰」，龍舒本作「晨」。

伐，誰謂菰蒲可久留？乘興吾廬知未厭，故移脩竹擬延騶。〔一〕

## 次韻酬朱昌叔五首

點也自殊由與求，既成春服更何憂？拙於人合且天合，静與道謀非食謀。未愛京師傳谷口，但知鄉里勝壺頭。嗟予老矣無一事，復得此君相與遊。

### 二

去年音問隔淮州〔二〕，百謫難知亦我憂。前日杯盤共江渚，一歡相屬豈人謀？山蟠直瀆輸淮口，水抱長干轉石頭。乘興舟輿無不可，春風從此與公遊。

### 三

烏榜登臨興未休，共言何許更消憂。聯裾蕭寺尋真覺，方駕孫陵弔仲謀。語罷每開歡笑口，詩來仍掉苦吟頭〔三〕。已知軒冕真吾累，且可追隨馬少游。

---

〔一〕原校：「一作：知君聊占水中洲，去即東浮逐聖丘。憂國無時須問舍，得坻有興即乘流。由來要路當先據，誰謂窮鄉可久留？他日五湖尋范蠡，想能重此駐前騶。」龍舒本同。

〔二〕「淮」，龍舒本作「涯」。

〔三〕「掉」，原作「悼」，據宋刻本、龍舒本校改。

四

白下門東春水流，相看一噱散千憂。穿梅入柳曾莫逆，度壍緣岡初不謀。世事但如吹劍首，官身難即問刀頭。長臨鍛竈真自苦，有興復來從我遊。

五

樂世閑身豈易求，巖居川觀更何憂？放懷自事如初服，買宅相招亦本謀。名譽子真矜谷口，事功新息困壺頭。知君於此皆無累，長得追隨壙埌遊〔一〕。

## 次韻送程給事知越州〔二〕

千騎東方占上頭〔三〕，如何誤到北山遊？清明若睹蘭亭月，暖熱因忘蕙帳秋。投老始知歡可惜〔四〕，通宵豫以别爲憂。西歸定有詩千首〔五〕，想肯重來賁一丘。

〔一〕龍舒本「得」作「約」、「壙埌」作「曠蕩」。
〔二〕龍舒本題作「次程公闢韻」。
〔三〕「千騎」，龍舒本作「旌節」。
〔四〕「始」，龍舒本作「更」。
〔五〕「西歸定」，龍舒本作「歸來若」。

## 次韻酬徐仲元

投老逍遥屺與堂，天刑真已脱桁楊。緣源静翳無魚淰，度谷深追有鳥頏〔一〕。每苦交游尋五柳，最嫌尸祝擾庚桑。相看不厭唯夫子，風味真如顧建康。

## 詩奉送覺之奉使東川〔二〕

三秋不見每惓惓，握手山林復悵然〔三〕。後會敢期黄耇日，相看且度白雞年。畏途石棧王尊馭〔四〕，榮路金門祖逖鞭。一代官儀新藻拂，得瞻宸宇想留連。

〔一〕「度」，龍舒本作「渡」。
〔二〕龍舒本題作「奉酬許承議」。
〔三〕「握」，宋刻本作「捉」。
〔四〕「尊」，光啓堂本作「遵」。

## 次韻奉酬覺之〔一〕

久知乘傳入西州，雞黍從容本不謀。户外驚塵尺書至〔二〕，眼中飛浪片帆收〔三〕。山林病骨煩三顧，湖海離腸欲萬周〔四〕。尚有光華賁岑寂，篋中佳句得長留。

## 送程公闢得謝歸姑蘇〔五〕

東歸行路嘆賢哉，碧落新除寵上才。白傅林塘傳畫去，吴王花鳥入詩來〔六〕。唱酬自有微之在，談笑應容逸少陪。少保元絳謝事居姑蘇，又王中甫善歌詞，與相唱酬燕集〔七〕。除此兩翁相見外，不知三徑爲誰開。

---

〔一〕龍舒本題作「次韻許覺之」。

〔二〕「尺」，光啓堂本作「天」。

〔三〕「片」，宋刻本、龍舒本作「白」。

〔四〕「離腸」，龍舒本作「傷離」。

〔五〕龍舒本無「得謝」二字。

〔六〕「鳥」，龍舒本作「草」。

〔七〕龍舒本無夾注。

## 送項判官

斷蘆洲渚落楓橋，渡口沙長過午潮〔一〕。山鳥自呼泥滑滑〔二〕，行人相對馬蕭蕭。十年長自青衿識，千里來非白璧招。握手祝君能强飯，華簪常得從雞翹。

## 次韻張德甫奉議〔三〕

知君非我載醪人，終日相隨免污茵。賞盡高山見流水，唱殘白雪值陽春。中分香積如來鉢，對現毗耶長者身〔四〕。誰拂定林幽處壁？與君圖寫繼吾真。

## 北山三詠

### 寶公塔

道林真骨葬青霄，窣堵千秋未寂寥。實勢旁連大江起，尊形獨受衆山朝。雲泉别寺分三

〔一〕「沙長」，聽香館本作「長沙」。
〔二〕「呼」，龍舒本作「鳴」。
〔三〕龍舒本無「德甫」二字。
〔四〕「現」，龍舒本作「見」。

徑，香火幽人止一瓢[一]。我亦鷲峰同聽法，歲時歌唄豈辭遥？

**覺海方丈**

往來城府住山林，諸法翛然但一音。不與物違真道廣，每隨緣起自禪深。舌根已净誰能壞？足迹如空我得尋。歲晚北窗聊寄傲，蒲萄零落半牀陰。

**道光泉**

籜龍將雨繞山行，注遠投深静有聲。雲涌浴槽朝自暖，虹垂齋鑊午還晴。銅瓶各滿幽人意，玉甃因高正士名[二]。神力可嗟妨智巧，桔槔零落便苔生[三]。

## 登寶公塔

倦童疲馬放松門，自把長筇倚石根。江月轉空爲白晝，嶺雲分暝與黄昏。鼠摇岑寂聲隨起，鴉矯荒寒影對翻。當此不知誰客主[四]，道人忘我我忘言。

[一]「止」，龍舒本作「袛」。
[二]「玉」，原作「王」，據宋刻本校改。
[三]「便」，原作「箯」，據宋刻本校改。
[四]「客主」，龍舒本作「主客」。

## 重登寶公塔復用前韻二首〔一〕

空見方墳涌半霄，難將生死問參寥。應身東返知何國，瑞像西歸自本朝。遺寺有門非輦路，故池無鉢但僧瓢〔二〕。獨龍下視皆陳迹，追數齊梁亦未遥。

## 二

碧玉旋螺恍隔霄，冠山仙冢亦寥寥。空餘華構延風月，無復靈蹤落市朝。帳座追嚴多獻寶，供盤隨施有操瓢。他方出没還如此，與物何心作邇遥。

## 紙暖閤〔三〕

聯屏蓋障一尋方，南設鈎簾北置牀。側座對敷紅絮暖，仰窗分啓碧紗涼。氈廬易以梅柔

〔一〕龍舒本無「復用前韻」四字。

〔二〕「故」，龍舒本作「改」。

〔三〕「暖閤」，原無，據底本卷首目録補。龍舒本題作「紙閤」。

壞〔一〕，錦幄終於草野妨。楚穀越藤真自稱〔二〕，每糊因得減書囊。

## 雨花臺

盤互長干有絶陘，并包佳麗入江亭。新霜浦溆綿綿浄，薄晚林巒往往青。南上欲窮牛渚怪，北尋難忘草堂靈。箯輿却走垂楊陌〔三〕，已戴寒雲一兩星。

## 北窗

病與衰期每强扶，雞壅桔梗亦時須。空花根蒂難尋摘，夢境煙塵費掃除。耆域藥囊真妄有，軒轅經匱或元無。北窗枕上春風暖，漫讀毗耶數卷書〔四〕。

〔一〕「烝」，龍舒本作「蒸」。
〔二〕「穀」，龍舒本作「縠」。
〔三〕「箯」，原作「便」，據宋刻本改。
〔四〕「漫」，龍舒本作「謾」。

## 小姑

小姑未嫁與蘭支，何恨流傳樂府詩？初學水仙騎赤鯉，竟尋山鬼從文貍。繽紛雲襹空棠檝〔一〕，綽約煙鬟獨桂旗。弄玉有祠終或往，飛瓊無夢故難知。

## 榮上人遽欲歸以詩留之

道人傳業自天台，千里翛然赴感來。梵行毗沙爲外護，法筵靈曜得重開。已能爲我迂神足，便可隨方長聖胎。肯顧北山如慧約，與公西崦斸莓苔。

## 呈陳和叔 并序

嘉祐末，和叔以集賢校理判登聞鼓院，同知太常禮院。宅皮場街〔二〕，有園數畝，中置二椁〔三〕，甋甃丈。北户臨溝，略彴通街。旁作小屋，毁輜車爲蓋。某以直集賢院爲三司度支

〔一〕「雲」，龍舒本作「文」。
〔二〕「宅」，原缺，據龍舒本校補。
〔三〕「椁」，龍舒本作「墩」。

判官，以知制誥糾察在京刑獄，同管句三班院。間度彴，飯車蓋下〔一〕，隨所有無，坐卧輒上，笑語常至夜，如此三歲，而和叔遭太夫人憂，未幾，某亦喪親以去，時永昭陵尚未復土也。後與和叔皆蒙今上拔用〔二〕，數會議語，皆憂傷之餘，責厚事叢，無復故情。元豐元年，某食觀使禄，居鍾山南，和叔經略廣東，道舊悵然〔三〕。某作詩以敘其事。

南陔不洎公歸里，蒼墓垂成我喪親。後會縱多無此樂，山林投老一傷神。

毀車爲屋僅容身，三歲相要薄主人。晝寓槨甎常至夜〔四〕，冬沿溝彴復尋春。

## 招吕望之使君

潮溝東路兩牛鳴〔五〕，十畝漪漣一草亭。委質山林如許國，寄懷魚鳥欲忘形。紛紛易變浮雲白，落落誰鍾老柏青〔六〕？尚有使君同好惡，想隨秋水肯揚舲。

〔一〕「蓋」下，龍舒本有「屋」字。

〔二〕「後」，光啓堂本、聽香館本作「復」。

〔三〕「舊」下，龍舒本有「故」字。

〔四〕「槨」，龍舒本作「墩」。

〔五〕「東路」，龍舒本作「直下」。

〔六〕「誰」，聽香館本作「難」。

## 公闢枉道見過獲聞新詩因敘歎仰

青丘神父能爲政，碧落仙翁好作詩。舊事齊兒應共記，新篇楚老得先知。懷甎大峴如迎日，供帳閶門勝去時〔一〕。若與鴟夷鬬百草，錦囊佳麗敵西施。

## 全椒張公有詩在北山西菴僧者墁之悵然有感

十年怊悵躡山阡，終欲持杯滴到泉。東路角巾非故約，西州華屋漫脩椽。幽明永隔休炊黍，真俗相妨久絶弦。遺墨每看疑邂逅，復隨人事散如煙。

## 嶺雲

嶺雲合處小盤桓，人得敷衾馬解鞍。寒莢著天榆歷歷，净華浮海桂團團。交游涣散淵明喜，吏卒蕭條叔夜寬。方丈老翁無一髮，更知來不爲皮冠。

〔一〕「勝」，龍舒本作「憶」。

## 蓼蟲

蓼蟲事業無餘習，芻狗文章不更陳。隱几自憐居喪我，倨堂誰覺似非人？難堪藏室稱中士，祇合箕山作外臣。尚有少緣灰未死，欲持新句惱比鄰。

## 莫疑

莫疑禪伯未知禪，莫笑仙翁不學仙。靈骨肯傳黄蘗燼，真心自放赤松煙。蓮華世界何關汝？楮葉工夫浪費年。露鶴聲中江月白，一燈岑寂擁書眠。

# 臨川先生文集　卷十八

## 律詩 七言八句

### 示俞秀老〔一〕

繚繞山如涌翠波，人家一半在煙蘿。時豐笑語春聲早，地僻追尋野興多。窣堵朱甍開北向，招提素脊隱西阿。暮年要與君攜手，處處相煩作好歌。

### 外厨遺火示公佐〔二〕

刀匕初無欲清七姓切人〔三〕，如何竈鬼尚嫌嗔？翛翛短褐方煬火〔四〕，冉冉青煙已被宸。邂逅

〔一〕龍舒本此題三首，此爲第一首。

〔二〕龍舒本題作「示江公佐外厨遺火」。

〔三〕「清」，龍舒本作「清」，無夾注。

〔四〕「煬」，原校：「一作圍。」龍舒本同。

焚巢連鳥雀，倉黄濡幕愧比鄰。王陽幸有囊衣在，報賞焦頭亦未貧。

## 讀眉山集次韻雪詩五首

若木昏昏末有鴉〔一〕，凍雷深閉阿香車。摶雲忽散簁爲屑，翦水如分綴作花。擁篲尚憐南北巷〔二〕，持杯能喜兩三家。戲挼弄掬輸兒女，羔袖龍鍾手獨叉。

### 二

神女青腰寶髻鴉，獨藏雲氣委飛車。夜光往往多聯璧，白小紛紛每散花。珠網纚連拘翼座，瑶池淼漫阿環家。銀爲宫闕尋常見，豈即諸天守夜叉。

### 三

惠施文字黑如鴉，於此機緘漫五車。皭若易緇終不染，紛然能幻本無花。觀空白足寧知處，疑有青腰豈作家？慧可忍寒真覺晚，爲誰將手少林叉？

〔一〕「末」，宋刻本作「未」。
〔二〕「巷」，宋刻本作「港」。

四

寄聲三足阿環鵶，問訊青腰小駐車。一一照肌寧有種，紛紛迷眼爲誰花？争妍恐落江妃手，耐冷疑連月姊家。長恨玉顔春不久，畫圖時展爲君叉。

五

戲摇微縞女鬟鵶，試咀流酥已煩車。歴亂稍埋冰揉粟，消沉時點水圓花。豈能舴艋真尋我，且與蝸牛獨卧家。欲挑青腰還不敢，直須詩膽付劉叉。

## 讀眉山集愛其雪詩能用韻復次韻一首

靚妝嚴飾曜金鵶，比興難工漫百車。水種所傳清有骨，天機能織皦非花〔二〕。嬋娟一色明千里，綽約無心熟萬家。長此賞懷甘獨卧，袁安交戟豈須叉？

## 八功德水

雪山馬口出琉璃，聞説諸天與護持。此水遥連八功德，供人真浄四威儀。當時迦葉無塵

〔二〕「織」，原作「識」，據宋刻本校改。

染，何事閔鄉有土思。道力起緣非一路，但知瓢飲是生疑。

## 寄題程公闢物華樓

吴楚東南最上游〔一〕，江山多在物華樓。遥瞻旌節臨尊俎〔二〕，獨卧柴荆阻獻酬〔三〕。想有新詩傳素壁，怪無餘墨到滄洲。湡浯南望重重緑〔四〕，章水還能向此流〔五〕？

## 酬俞秀老

灑掃東庵置一牀，於君獨覺故情長。有言未必輸摩詰，無法何曾泥飲光？天壤此身知共弊，江湖他日要相忘。猶貪半偈歸思索，却恐提桓妄揣量〔六〕。

〔一〕此句龍舒本作「千里名城楚上游」。

〔二〕「瞻旌」，龍舒本作「知玉」。

〔三〕「荆阻」，龍舒本作「門隔」。

〔四〕「湡浯」，龍舒本作「偶陪」。

〔五〕「流」，龍舒本作「留」。

〔六〕「桓」，宋刻本作「洹」。

## 次韻吴沖卿召赴資政殿聽讀詩義感事

沖卿詩云：「雪銷鳷鵲御溝融，燕見殊恩綴上公。晝日乍驚三接寵，正風獲聽二南終。解頤共仰天顔喜〔一〕，牆面裁容聖域通。午漏漸長知禹錫，侍臣何術補堯聰？」時修撰經義所初進二南，有旨資政殿讀云。

周南麟趾聖人風，未有騶虞繫召公。雅頌兼陳爲四始，笙歌合奏以三終。討論詔使成書上，休澣恩容著籍通。牆面豈能知奥義，延陵聽賞自爲聰。

## 張侍郎示東府新居詩因而和酬二首

得賢方慕北山萊〔二〕，赤白中天二府開。功謝蕭規慚漢第，恩從隗始詫燕臺。曾留上主經過跡，更費高人賦詠才。自古落成須善頌，掃除東閤望公來〔三〕。

### 二

榮觀流傳動草萊，中官賜設上尊開。鼓歌窅窱聽疑夢，肴果聯翩餽有臺。斧藻故應宜舊

〔一〕「頤」，原作「頭」，據宋刻本改。

〔二〕「得」，聽香館本作「待」。

〔三〕「閤」，龍舒本作「閣」。

德，棟梁非復稱凡材。虛堂欲踵曹參事，試問齊人或肯來。

## 次韻沖卿上元從駕至集禧觀偶成〔一〕

昭陵持橐從遊人，更見熙寧第四春。寶構中開移玉座〔二〕，華燈錯出映朱塵〔三〕。輦前時看新歌舞，仗外還如舊徼巡〔四〕。投老逢時追往事，却含愁思度天津。

## 次韻陪駕觀燈

繡筤含風下玉除，宫商挾奏斐然殊。福祥周室流爲火，恩澤堯樽散在衢。伏枕但能知廣樂，揮毫何以報明珠？願留巾篋歸田日，追詠公歡每自娱。

---

〔一〕龍舒本題作「上元從駕集禧觀」。

〔二〕「玉」，原作「王」，據宋刻本、龍舒本校改。

〔三〕「朱塵」，龍舒本作「垂紳」。

〔四〕「如」，光啓堂本、聽香館本作「從」。

## 和吴相公東府偶成

承華往歲幸躊躇，風月清談接緒餘。並轡趁朝今已老，連牆得屋喜如初。誅茅我夢江皋地，澆薤公思洛水渠。斂退故應容拙者，先營環堵祭牢蔬。

## 和蔡樞密孟夏旦日西府書事

宫闕初晴氣象饒，寶車攢轂會東朝。重輪慶自離明發，内壤陰隨解澤消〔一〕。賜篚外廷紛錦繡，燕庖中禁續薪樵。聯翩入賀知君意，咫尺威顔不隔霄。

## 和蔡副樞賀平戎慶捷

城郭名王據兩陲，軍前一日送降旗。羌兵自此無傳箭，漢甲如今不解纍。幕府上功聯舊代〔二〕，朝廷稱慶具新儀。周家道泰西戎喙〔三〕，還見詩人詠串夷。

〔一〕「消」，龍舒本作「銷」。
〔二〕「代」，龍舒本作「伐」。
〔三〕「周」，龍舒本作「國」。

## 次韻奉和蔡樞密南京種山藥法

蔡詩并序云：「蒙見索南都種山藥法，並以生頭數十莖送上，輒成小詩：青青正是中分天，區種何妨試玉延〔一〕。即見引須緣夏木，定知如蹠薦冬筵。（俗傳種時以足按之〔二〕，即如人足。）潤還御水冰霜結，蔭近堯雲雨露偏。自裹自題還自愧，揠苗應笑宋人然。〔三〕」

區種抛來六七年，春風條蔓想宛延。難追老圃莓苔徑，空對珍盤玳瑁筵。嘉種忽傳河右壤〔四〕，靈苗更長闕西偏。故畦穿斸知何日，南望鍾山一慨然。

## 次韻元厚之平戎慶捷

來詩有「何人更得通天帶，謀合君心只晉公」之句。

朝廷今日四夷功，先以招懷後殪戎。胡地馬牛歸隴底，漢人煙火起湟中。投戈更講諸儒藝，免胄争趨上將風。文武佐時慚吉甫，宣王征伐自膚公。

〔一〕「妨」，光啓堂本、聽香館本作「抛」。「延」，宋刻本作「筵」。
〔二〕「種」，原作「睡」，據光啓堂本、聽香館本校改。
〔三〕龍舒本題無「次韵奉」三字，「京」作「都」，無題注。
〔四〕「河」，聽香館本作「向」。

## 謁曾魯公即赴會時。

翊戴三朝冕有蟬，歸榮今作地行仙。且開京闕蕭何第[一]，未放江湖范蠡船[二]。老景已鄰周呂尚，慶門方似漢韋賢。一觴豈足爲公壽，願賦長虹吸百川。

## 駕自啓聖還内

衣冠原廟漢家儀，羽衛親來此一時。天子當懷霜露感，都人亦歎鼓簫悲。紛紛瑞氣隨雲漢，漠漠榮光上日旗。塵土未驚閶闔閉，緑槐空覆影參差。

## 集禧觀池上詠野鵝

池上野鵝無數好，晴天鏡裹雪毰毸。似憐暄暖鳴相逐，疑戀寬閑去却回。京洛塵沙工點污，江湖矰弋飽驚猜。羽毛的的人難近，嗟此謀身或有才。

[一]「闕」，宋刻本原校：「一作洛。」龍舒本作「洛」。

[二]「放」，龍舒本作「泛」。

## 次韻東廳韓侍郎齋居晚興〔一〕

齋禁雖嚴異太常，蕭然高卧意何長。煙含欲暝宮庭紫，日映新秋省闥黄。壯節易摧行踽踽，華年相背去堂堂。追攀坐歎風塵隔，空聽鈞天夢帝鄉。

## 酬和甫祥源觀醮罷見寄

竊禄祠官久見容，每持金石薦宸衷。鈞天忽忽清都夢，方丈寥寥弱水風。知結勝緣人意外，想尋陳迹馬蹄中。新詩起我超然興，更感鍾山蕙帳空。

## 和御製賞花釣魚二首〔二〕

蔭幄晴雲拂曉開，傳呼仙仗九天來。披香殿上留朱輦，太液池邊送玉杯。宿蘂暖含風浩蕩，戲鱗清映日徘徊。宸章獨與春争麗，恩許賡歌豈易陪。

〔一〕「次韻東廳韓侍郎」，龍舒本作「和韓子華」。

〔二〕「二首」，原無，據底本卷首目録補。

## 二

靄靄祥雲輦路晴，傳呼萬歲雜春聲。蔽虧玉仗宮花密，映燭金溝御水清。珠蘂受風天下暖，錦鱗吹浪日邊明。從容樂飲真榮遇，願賦嘉魚頌太平。

## 次楊樂道韻六首

### 後殿朝次偶題[一]

百年文物士優游，萬國今方似綴旒。發策東堂招儁乂，回輿北苑罷倡優。忽隨諸彦登龍尾，尚憶當年應鶚頭。獨望清光無補報，更慚虚食太官羞。

### 御溝

渺渺金河漲欲平，數支分緑報清明[二]。常縈輦路漂花去，更引流杯送酒行。静見金輿穿樹影，清含玉漏過牆聲。衰顏一照自多感，迴首江南春水生。

---

[一] 龍舒本題注「後殿試進士詳定幕次次韻和楊樂道舍人」。

[二] 「緑」，龍舒本作「淥」。

## 幕次憶漢上舊居〔一〕

漢水泱泱繞鳳林，峴山南路白雲深。如何憂國忘家日，尚有求田問舍心。直以文章供潤色，未應風月負登臨。超然便欲遺榮去，却恐元龍會見侵。

## 後苑詳定書懷〔二〕

文墨由來妙禁中，家傳豈獨賦河東。平生聽想風聲早，數日追隨笑語同。御水新如鴨頭緑，宫花更有鶴翎紅。看花弄水聊爲樂，不晚朝廷相弱翁。

## 上巳聞苑中樂聲書事〔三〕

苑中誰得從春遊？想見漸臺瓦欲流〔四〕。御水曲隨花影轉，宫雲低繞樂聲留。年華未破清明節，日暮初回祓禊舟。更覺至尊思慮遠，不應全爲拙倡優。

〔一〕龍舒本題注「和楊樂道詳定」。
〔二〕龍舒本題作「次韻樂道詳定後苑書懷」。
〔三〕龍舒本無「書事」二字。
〔四〕「流」，龍舒本作「留」。

用樂道舍人韻書十日事呈樂道舍人聖從待制〔一〕

東門人物亂如麻，想見新鞴照路華。午鼓已傳三刻漏，從官初賜一杯茶。匆匆殿下催分首，擾擾宫前聽賣花。歸去莫言天上事，但知呼客飲流霞。

詳定幕次呈聖從樂道

殿閣掄材覆等差，從臣今日擅文華。揚雄識字無人敵，何遜能詩有世家。舊德醉心如美酒，新篇清目勝真茶。一觴一詠相從樂，傳説猶堪異日誇。

崇政殿詳定幕次偶題

嬌雲漠漠護層軒，嫩水濺濺不見源。禁柳萬條金細撚，宫花一段錦新翻。身閑始更知春樂，地廣還同避世喧。不恨玉盤冰未賜，清談終日自蠲煩。

〔一〕龍舒本無「用樂道舍人韻」六字。

## 詳定試卷二首[一]

簾垂咫尺斷經過，把卷空聞笑語多。論衆勢難專可否，法嚴人更謹誰何。文章直使看無纇[二]，勳業安能保不磨？疑有高鴻在寥廓，未應迴首顧張羅。

## 二

童子常誇作賦工，暮年羞悔有揚雄。當時賜帛倡優等[三]，今日論才將相中。細甚客卿因筆墨，卑於爾雅注魚蟲。漢家故事真當改，新詠知君勝弱翁。

## 奉酬楊樂道

邂逅聯裾殿閣春，却愁容易即離群。相知不必因相識，所得如今過所聞。近代聲名出盧駱，前朝筆墨數淵雲。與公家世由來事，愧我初無百一分。

---

〔一〕此二詩第一首，龍舒本題作「詳定述懷」。

〔二〕「看」，光啓堂本作「有」。

〔三〕「帛」，聽香館本作「錦」。

## 奉酬聖從待制

班行想望歲空多，知有龍門未敢過。和近聖人師展季，勇爲君子盜荆軻。三刀舊協庭闈夢〔一〕，五袴今傳里巷歌。復道諫書嘗滿篋，不唯詩句似陰何。

## 次韻吴仲庶省中畫壁

畫史雖非顧虎頭，還能滿壁寫滄洲。九衢京洛風沙地，一片江湖草樹秋。行數鯈魚賓共樂〔二〕，卧看鷗鳥吏方休。知君定有扁舟意，却爲丹青肯少留。

## 夜讀試卷呈君實待制景仁内翰

篝燈時見語驚人，更覺揮毫捷有神〔三〕。學問比來多可喜，文章非特巧争新。蕉中得鹿初疑夢，牖下窺龍稍眩真。邂逅兩賢時所服，坐令孤朽得相因。

〔一〕「闈」，聽香館本作「幃」。
〔二〕「鯈魚」，龍舒本作「魚鯈」。
〔三〕「更」，光啓堂本作「便」。

## 答張奉議

五馬渡江開國處，一牛吼地作菴人。結蟠茅竹纔方丈，穿築溝園未過旬。我久欲忘言語道，君今來見句文身。思量何物堪酬對，棒喝如今總不親[二]。

[二]「棒」，龍舒本作「捧」。

# 臨川先生文集　卷十九

## 律詩 七言八句

### 次韻和吴仲庶池州齊山畫圖 知制誥時作。〔一〕

省中何忽有崔嵬？六幅生綃坐上開。指點便知巖石處，登臨新作使君來。雅懷重向丹青得，勝勢兼隨翰墨回。更想杜郎詩在眼，一江春雪下離堆。

### 次韻祖擇之登紫微閣二首

漠漠秋陰護掖垣，青雲秖在兩楹間。宫樓唱罷雞人遠〔二〕，門闕朝歸虎士閑。華蓋北瞻天帝

〔一〕龍舒本題作「和仲庶池州齊山圖」，無題注。
〔二〕「遠」，光啓堂本、聽香館本作「退」。

座〔一〕，蓬萊東想道家山。却慚久此隨諸彦，文采初無豹一斑。

二

掖門相對敞銅鐶，轇轕飛甍在兩間。潤色平生知地禁，登臨此日愧身閑。浮雲倒影移窗隙〔二〕，落木回飆動屋山。忽憶初來秋尚早，紫微花點緑苔斑。

## 送沈興宗察院出使湖南〔三〕

諫書平日皂囊中〔四〕，朝路争看一馬驄。漢節飽曾衝海霧〔五〕，楚帆聊復借湖風。皇華命使今爲重，直道酬君遠亦同。投老承明無補助，得爲湘守即隨公。

## 春風

一馬春風北首燕，却疑身得舊山川。陽浮樹外滄江水，塵漲原頭野火煙。日借嫩黄初著

〔一〕「天」，原作「夭」，據宋刻本、龍舒本校改。
〔二〕「雲」，宋刻本作「書」。
〔三〕龍舒本無「使」字。
〔四〕「皂」，光啓堂本作「早」。
〔五〕「飽」，光啓堂本作「鮑」。

柳，雨催新緑稍歸田。回頭不見辛夷發〔一〕，始覺看花是去年。

## 永濟道中寄諸舅弟〔二〕

燈火匆匆出館陶，回看永濟日初高。似聞空舍烏烏樂〔三〕，更覺荒陂人馬勞。客路光陰真棄置，春風邊塞衹蕭騷。辛夷樹下烏塘尾，把手何時得汝曹？

## 道逢文通北使歸

朱顔使者錦貂裘，笑語春風入貝州。欲報京都近消息，傳聲車馬少淹留。行人盡道還家樂，騎士能吹出塞愁。回首此時空慕羨〔四〕，驚塵一段向南流。

〔一〕「發」，龍舒本作「樹」。
〔二〕龍舒本無「舅」字。
〔三〕「烏烏」，龍舒本作「烏鳶」。
〔四〕「慕羨」，龍舒本作「羨慕」。

## 將次相州

青山如浪入漳州，銅雀臺西八九丘〔一〕。螻蟻往還空壟畝，騏驎埋没幾春秋。功名蓋世知誰是〔二〕？氣力迴天到此休。何必地中餘故物，魏公諸子分衣裘。

## 次韻平甫喜唐公自契丹歸 予辭北使而唐公代往。

留犁撓酒得戎心〔三〕，繡袷通歡歲月深。奉使由來須陸賈，離親何必强曾參？燕人候望空甌脱，胡馬追隨出蹛林。萬里春風歸正好，亦逢佳客想揮金。

## 尹村道中

滿眼霜吹宿草根，謾知新歲不逢春〔四〕。却疑青嶂非人世，更覺黄雲是塞塵。萬里張侯能奉

〔一〕「八」，光啓堂本作「入」。
〔二〕「是」，龍舒本作「氏」。
〔三〕「撓」，聽香館本作「澆」。
〔四〕「謾」，龍舒本作「漫」。

使，百年曾子肯辭親？自憐許國終無用，何事紛紛客此身？

次韻王勝之詠雪

萬户千門車馬稀，行人却返鳥休飛。玲瓏翦水空中墮，的皪裝春樹上歸。素髮聯華驚老大，玉顔争好羡輕肥。朝來已賀豐年瑞〔一〕，更問田家果是非。

次韻酬府推仲通學士雪中見寄

朝來看雪詠君詩，想見朱衣在赤墀〔二〕。爲問火城將策試，何如雲屋聽窗知。曲牆稍覺吹來密〔三〕，窮巷終憐掃去遲。欲訪故人非興盡，自緣無路得傳巵。

〔一〕「來」，光啓堂本作「年」。
〔二〕「墀」，光啓堂本作「遲」。
〔三〕「吹」，光啓堂本作「次」。

次韻宋次道憶太平早梅〔一〕

大梁春費寶刀催，不似湖陰有早梅。今日盤中看翦綵，當時花下就傳杯。紛紛自向江城落，杳杳難隨驛使來。知憶舊游還想見，西南枝上月徘徊。

和曾子翊授舒掾之作〔二〕

皖城終歲静如山，府掾應從到日閑〔三〕。一水碧羅裁繚繞，萬峰蒼玉刻孱顔。舊遊筆墨苔今老，浪走塵沙鬢已斑。攬轡羡君橋北路，春風枝上鳥關關。

送劉和父奉使江西〔四〕

劉郎今日擁旌麾，傳到江南喜可知。上冢還須擊羊豕，下車應不問狐狸。無人敢效公榮

〔一〕龍舒本無「宋」字，「早」上有「州宅」二字。
〔二〕龍舒本題作「次韻曾子翊赴舒州官見詒之詩」。
〔三〕「府掾」，龍舒本作「官府」。
〔四〕「西」，龍舒本作「南」。

酒〔一〕，爲我聊尋逸少池。亦見嶺頭花爛熳，更將春色寄相思。

次韻張子野竹林寺二首

澗水横斜石路深，水源窮處有叢林。青鴛幾世開蘭若，黄鶴當年瑞卯金。敗壁數峰連粉墨，涼煙一穗起檀沈。十年親友半零落，回首舊遊成古今。

二

京峴城南隱映深，兩牛鳴地得禪林。風泉隔屋撞哀玉，竹月緣階貼碎金。藻井仰窺塵漠漠，青燈對宿夜沈沈。扁舟過客十年事，一夢此山愁至今〔二〕。

送吴龍圖知江寧〔三〕

才高明主睠方深，屬郡聞風自革心。閭里不須多按治，山川從此數登臨。茅簷坐隔雲千里，柏壟初抽翠一尋。東望泫然知有寄，但疑公豈久分襟。

〔一〕「效」，原校：「一作勸。」龍舒本作「勸」。
〔二〕「此」，龍舒本作「北」。
〔三〕「寧」，光啓堂本作「寄」。

## 送直講吴殿丞宰鞏縣

青嵩碧洛曾遊地，墨綬銅章忽在身。擁馬尚多畿甸雪，隨衣無復禁城塵。古來學問須行己，此去風流定慰人。更憶少陵詩上語，知君不負鞏梅春。

## 送真州吴處厚使君〔一〕

江上齋船駐彩橈，鳴笳應滿緑楊橋。久爲漢吏知文法，當使淮人服教條。拱木延陵瞻故國，叢祠瓜步認前朝。登臨莫負山川好，終欲東歸聽楚謡。

## 送李質夫之陜府〔二〕

平世求才漫至公〔三〕，悠悠羈旅士多窮〔四〕。十年見子尚短褐，千里隨人今北風。户外屨貧虚

〔一〕龍舒本題作「送吴仲純守儀真」。
〔二〕龍舒本無「李」字。
〔三〕「漫」，龍舒本作「謾」。
〔四〕「士」，龍舒本作「已」。

自滿，樽中酒賤亦常空。共嫌欲老無機械，心事還能與我同？

## 題儀真致政孫學士歸來亭〔一〕

彭澤陶潛歸去來，素風千歲出塵埃〔二〕。明時儁老心無累，故里高門子有才。更作園林負城郭〔三〕，常留花月映池臺〔四〕。却尋五柳先生傳，柴水區區但可哀〔五〕。

## 次韻吴季野題岳上人澄心亭

高亭五月尚寒生〔六〕，回首塵沙自鬱蒸。砌水亂流穿石底，檻雲高出蔽山層〔七〕。躋攀欲絶人

〔一〕龍舒本無「儀真」二字。
〔二〕「素風千歲」，龍舒本作「餘風千載」。
〔三〕「作」，龍舒本作「築」。
〔四〕「常」，龍舒本作「長」。
〔五〕「柴水」，龍舒本作「山水」，光啓堂本作「柴木」。
〔六〕「高」，龍舒本作「空」。
〔七〕「檻」，龍舒本作「野」。

間世，締構知從物外僧〔一〕。腸胃坐來清似洗〔二〕，神奇未怪佛圖澄〔三〕。

## 送彦珍

挾筴窮鄉滿鬢絲，陂田荒盡豈嘗窺〔四〕。未應谷口終身隱，正合菑川舉國推。握手百憂空往事，還家一笑即芳時。柘岡定有辛夷發，亦見東風使我知。

## 寄張先郎中

留連山水住多時，年比馮唐未覺衰。篝火尚能書細字，郵筩還肯寄新詩。胡牀月下知誰對？鑾榼花前想自隨。投老主恩聊欲報，每瞻高躅恨歸遲。

---

〔一〕「知」，龍舒本作「應」。

〔二〕「洗」，光啓堂本作「先」。

〔三〕「奇」，光啓堂本作「寄」。

〔四〕「陂」，龍舒本作「阪」。

## 汜水寄和甫

虎牢關下水逶迤，想汝飄然過此時。灑血衹添波浪起，脱身難借羽翰追。留連厚禄非朝隱，乖隔殘年更土思。已卜冶城三畝地〔一〕，寄聲知我有歸期。

## 寄黄吉甫

朱顔去似朔風驚，白髮多於野草生。挾策讀書空有得，求田問舍轉無成。解鞍烏石岡邊坐〔二〕，携手辛夷樹下行。今日追思真樂事，黄塵深處走雞鳴。

## 次韻平甫村墅春日

昨日青青尚未齊，忽看春色滿高低。陂梅弄影争先舞，葉鳥藏身自在啼。樵蹻踏雲歸舊徑，漁簑背雨向前溪。似知我欲逃軒冕，談笑相過各有攜。

〔一〕「冶」，龍舒本作「治」。
〔二〕「岡」，龍舒本作「江」。

## 即席次韻微之泛舟

畫舸幽尋北果園，應將陳迹問桑門。地隨牆墅行多曲〔一〕，天著岡巒望易昏。故國時平空有木，荒城人少半爲村。悠悠興廢皆如此，賴付乾愁酒一罇。

## 示長安君

少年離别意非輕，老去相逢亦愴情。草草杯盤供笑語，昏昏燈火話平生。自憐湖海三年隔，又作塵沙萬里行。欲問後期何日是，寄書應見雁南征。

## 和平甫招道光法師

練師投老演真乘〔二〕，像劫空王爪與肱。於總持門通一路，以光明藏續千燈。從容發口酬摩詰，邂逅持心契慧能〔三〕。新句得公還有賴，古人詩字恥無僧。

〔一〕「墅」，宋刻本、龍舒本作「塹」。
〔二〕「乘」，光啓堂本作「聖」。
〔三〕「契」，聽香館本作「近」。

## 和祖仁晚過集禧觀

妍暖聊隨馬首東，春衫猶未著方空。煙霞送色歸瑶水，山木分香繞閶風。壯髮已輪塵外緑，衰顔漫到酒邊紅。日斜歸去人間世，却記前遊似夢中。

## 程公闢轉運江西〔一〕

江西一節鑄黄金，最慰章濱父老心〔二〕。長孺向來真强予〔三〕，次公今不異重臨。餘風尚有歡謡在，陳迹非無勝事尋。豫想新詩能寄我，十年華省故情深。

## 次韻微之即席

釀成吴米野油囊，却愛清談氣味長。閑日有僧來北阜，平時無盗出南塘。風亭對竹酬孤

〔一〕龍舒本題作「寄江西程公闢」。
〔二〕「章」，龍舒本作「漳」。
〔三〕「長」，龍舒本作「直」。

峭，雪逕尋梅認暗香。江水中灊應未變[一]，一杯終欲就君嘗。

## 和王微之秋浦望齊山感李太白杜牧之

齊山置酒菊花開，秋浦聞猿江上哀。此地流傳空筆墨，昔人埋没已蒿萊。平生志業無高論，末世篇章有逸才。尚得使君驅五馬，與尋陳迹久徘徊。

## 次韻王微之登高齋[二]

臺殿荒墟辱井堙，豪華不復見臨春。北山漠漠雲垂地，南埭悠悠水映人。馳道蔽虧松半死，射埸埋没雉多馴[三]。登高一曲悲亡國，想繞紅梁落暗塵。

[一]「灊」，龍舒本作「泠」，光啓堂本、聽香館本作「濡」。

[二]龍舒本題作「次韻登微之高齋有感」。

[三]「埸」，光啓堂本作「揚」。

## 和微之重感南唐事

叔寶傾陳衍弊梁，可嗟曾不見興亡。齋祠父子終身費，酣詠君臣舉國荒。南狩皖山非故地，北師淮水失名王。天移四海歸真主，誰誘昏童肯用良〔一〕？

## 李君暠弟訪別長蘆至淮陰追寄〔二〕

怒水憑風雪壟高〔三〕，亂流追我祇魚舠。忽看淮月臨寒食〔四〕，想映江春聽伯勞〔五〕。道義當成麟一角〔六〕，文章已禿兔千毫〔七〕。後生可畏吾知子，南北何時見兩髦〔八〕。

〔一〕「良」，龍舒本作「長」。
〔二〕龍舒本題作「寄李秀才兄弟」。
〔三〕「憑」，龍舒本作「摶」。
〔四〕「淮月臨寒食」，龍舒本作「槐月臨秋渚」。
〔五〕此句龍舒本作「更聽漁人雜佩濤」。
〔六〕「當成」，龍舒本作「終期」。
〔七〕「已」，龍舒本作「先」。
〔八〕「南北」，龍舒本作「握手」。「兩」，龍舒本作「二」。

## 貴州虞部使君訪及道舊竊有感惻因成小詩

韶山秀拔江清寫，氣象還能出搢紳。當我垂髫初識字，看君揮翰獨驚人。郵籤忽報旌麾入，齋閤遥瞻組綬新〔一〕。握手更誰知往事？同時諸彦略成塵。

## 沖卿席上得行字〔二〕

二年相值喜同聲，並轡塵沙眼亦明。新詔各從天上得，殘樽同向月邊傾。已嗟後會歡難必，更想前官責尚輕〔三〕。黽勉敢忘君所勗，古人憂樂有違行。

〔一〕「閤」，光啓堂本、聽香館本作「閣」。
〔二〕龍舒本無「得行字」。
〔三〕「責」，龍舒本作「老」。

## 示董伯懿

穿橋度塹祇閑行，詠石嘲花亦漫成〔二〕。嚼蠟已能忘世味，畫脂那更惜時名。長干里北寒山紫，白下門西野水明。此地一廛須卜築，故人他日訪柴荆。

〔二〕「漫」，龍舒本作「謾」。

# 臨川先生文集　卷二十

## 律詩 七言八句

### 思王逢原三首〔一〕

布衣阡陌動成群，卓犖高才獨見君。杞梓豫章蟠絶壑，騏驎騕褭跨浮雲。行藏已許終身共，生死那知半路分？便恐世間無妙質，鼻端從此罷揮斤。

### 二

蓬蒿今日想紛披，冢上秋風又一吹。妙質不爲平世得，微言唯有故人知。廬山南墮當書案，湓水東來入酒巵。陳迹可憐隨手盡，欲歡無復似當時。

〔一〕龍舒本此題二首，爲第二、三首。第一首，龍舒本題作「哭王令」。

三

百年相望濟時功，歲路何知向此窮。鷹隼奮飛凰羽短，騏驎埋没馬群空。中郎舊業無兒付，康子高才有婦同。想見江南原上墓，樹枝零落紙錢風。

和吳御史臨淮感事

柵鏁城扉曉一開，栧牙車軸轉成雷。黄塵欲礙龜山出，白浪空分汴水來。澄觀有材邀昧陋〔一〕，霽雲無力報奸回。騷人此日追前事，悲氣隨風動管灰。

和文淑湓浦見寄

多難漂零歲月賖，空餘文墨舊生涯。相看楚越常千里，不及朱陳似一家。髮爲感傷無翠葆，眼從瞻望有玄花。唯詩與我寬愁病，報爾何妨賦棣華。

〔一〕「材」，光啓堂本作「林」。

次韻吴季野再見寄

衣裘南北弊風塵，志趣卑污已累親〔一〕。流俗尚疑身察察，交遊方笑黨頻頻。遠同魚樂思濠上，老使鷗驚恥海濱。邂逅得君還恨晚，能明吾意久無人。

次韻平甫贈三靈山人程惟象

家山松菊半荒蕪，杖策窮年信所如。占見地靈非卜筮，算知人貴自陶漁。久諳郭璞言多驗，老比顏含意更疏。祇欲勒成方士傳，借君名姓在新書。

次韻和甫詠雪

奔走風雲四面來，坐看山壟玉崔嵬。平治險穢非無德，潤澤焦枯是有才。勢合便疑包地盡，功成終欲放春回。寒鄉不念豐年瑞，只憶青天萬里開。

〔一〕「趣」，龍舒本作「格」。

## 次韻張氏女弟詠雪

天上空多地上稀，初寒風力故應微。那能鎮壓黄塵起，强欲侵凌白日飛。邑犬横來矜意氣，窟蟾偷出助光輝。都城只有袁安僡，我亦年年幸賜衣。

## 次韻徐仲元詠梅二首

溪杏山桃欲占新，高梅放蘂尚嬌春〔一〕。額黄映日明飛燕，肌粉含風冷太真。玉笛悲凉吹易散，冰紈生澀畫難親。争妍喜有君詩在，老我翛然敢效顰〔二〕？

二

舊挽青條冉冉新，花遲亦度柳前春。肌冰綽約如姑射，膚雪參差是太真。摇落會應傷歲晚，攀翻賸欲寄情親。終無驛使傳消息，寂寞知誰笑與顰？

〔一〕「高」，龍舒本作「亭」。
〔二〕「老我」，原校：「一作我老。」

## 詩呈節判陸君名彦回。〔一〕

中郎筆墨妙他年，晚與君遊喜象賢。款款故情初未憖，飄飄新句總堪傳。英才但未遭文舉，明主寧當棄浩然。投贈臨分加組麗，小詩能不强雕鎸？

## 留題曲親盆山和州曲敘。

巧與天成未覺殊，國工施手豈須臾？根連滄海蓬萊闊，勢壓黄河砥柱孤。坐上煙嵐生紫翠，影中樓閣見青朱。爲山觀水皆良喻，誰向君家識所趨？

## 不到太初兄所居遂已十年以詩攀寄

一水衣巾翦翠綃，九峰環珮刻青瑶。生才故有山川氣，卜築兼無市井囂。三葉素風門閥在，十年陳迹履綦銷。歸榮早晚重攜手，莫負幽人久見招。

〔一〕龍舒本題作「次韻酬陸彦回」。

## 偶成二首

漸老偏諳世上情，已知吾事獨難行。脱身負米將求志，勠力求田豈爲名？高論頗隨衰俗廢，壯懷難值故人傾。相逢始覺寬愁病〔一〕，搔首還添白髮生。

二〔二〕

懷抱難開醉易醒，曉歌悲壯動秋城。年光斷送朱顔去，世事栽培白髮生。三畝未成幽處宅，一身還逐衆人行。〔三〕可憐蝸角能多少，獨與區區觸事争。

## 雨過偶書

霈然甘澤洗塵寰，南畝東郊共慰顔。地望歲功還物外，天將生意與人間。霽分星斗風雷静，涼入軒窗枕簟閒。誰似浮雲知進退，纔成霖雨便歸山。

〔一〕「覺」，龍舒本作「欲」。

〔二〕此詩爲龍舒本有感五首之第一首。

〔三〕此四句又爲龍舒本偶成二首之第二首，「年」作「風」。

## 季春上旬苑中即事

輦路行看斗柄東，簾垂殿閣轉春風。樹林隱翳燈含霧，河漢欹斜月墜空。新蕊漫知紅簌簌[一]，舊山常夢直叢叢。賞心樂事須年少，老去應無日再中。

## 上西垣舍人[二]

共說才高世所珍，諸賢誰敢望光塵？討論潤色今爲美，學問文章老更醇。賦擬相如真復似，詩看子建的應親。仍聞悟主言多直，許史家兒往往嗔。

## 退朝

門外鳴騶送轡頻，披衣强起赴雞人。火城夜闇雲藏闕，玉座朝寒雪被宸[三]。邂逅欲成雙白鬢，蕭條難得兩朱輪。猶憐退食親朋在，相與吟哦未厭貧。

---

〔一〕「漫」，龍舒本作「謾」。
〔二〕龍舒本題作「西垣當直」。
〔三〕「座」，龍舒本作「坐」。

## 與微之同賦梅花得香字三首

漢宮嬌額半塗黄，粉色淩寒透薄妝〔一〕。好借月魂來映燭，恐隨春夢去飛揚。風亭把盞酬孤艷，雪徑回輿認暗香〔二〕。不爲調羹應結子，直須留此占年芳。

### 二

結子非貪鼎鼐嘗，偶先紅杏占年芳。從教臘雪埋藏得，却怕春風漏洩香。不御鉛華知國色，秖裁雲縷想仙裝〔三〕。少陵爲爾牽詩興，可是無心賦海棠。〔四〕

### 三

淺淺池塘短短牆，年年爲爾惜流芳。向人自有無言意，傾國天教抵死香。鬚裊黄金危欲墮，蒂團紅蠟巧能裝。嬋娟一種如冰雪，依倚春風笑野棠。

〔一〕「妝」，龍舒本作「裝」。

〔二〕「認」，光啓堂本作「諳」。

〔三〕「裝」，光啓堂本、聽香館本作「裳」。

〔四〕龍舒本注云：「鄭谷海棠詩云：『子美無心爲發揚。』而子美有『東閤官梅動詩興』之句。」

## 和晚菊

不得黄花九日吹，空看野葉翠葳蕤。淵明酩酊知何處？子美蕭條向此時。委翳似甘終草莽，栽培空欲傍藩籬。可憐蜂蝶飄零後，始有閑人把一枝。

## 景福殿前柏

香葉由來耐歲寒，幾經真賞駐鳴鑾。根通御水龍應蟄，枝觸宫雲鶴更盤。怪石誤蒙三品號，老松先得大夫官。知君勁節無榮慕，寵辱紛紛一等看。

## 四月果

一春强半勒花風，幾日園林幾樹紅。汲汲追攀常恨晚，紛紛吹洗忽成空。行看果下蒼苔地，已作人間白髮翁。豈惜解鞍留夜飲，此身醒醉與誰同？

## 牆西樹

牆西高樹結陰稠，步屧窮年向此留。白日屢移催我老，清風一至使人愁。紛紛暝鳥驚還合，渺渺涼蟬咽欲休。回首舊林歸未得，看看知復幾春秋〔一〕。

## 度麾嶺寄莘老

區區隨傳換冬春，夜半懸崖託此身。豈慕王尊能許國〔二〕，直緣毛義欲私親。施爲已壞生平學，夢想猶歸寂寞濱。風月一歌勞者事，能明吾意可無人。

## 狄梁公陶淵明俱爲彭澤令至今有廟在焉刁景純作詩見示繼以一篇

嘉祐中提點江東刑獄時作。

梁公壯節就夔魖，陶令清身託酒徒。政在房陵成底事？年稱甲子亦何須。江山彭澤空遺像，歲月柴桑失故區。末俗此風猶不競，詩翁歎息未應無。

〔一〕「看看」，龍舒本作「相看」。
〔二〕「尊」，光啓堂本作「遵」。

### 寄沈鄱陽時爲江東提刑。

離家當日尚炎風，叱馭歸時九月窮。朝渡藤溪霜落後，夜過麾嶺月明中〔一〕。山川道路良多阻，風俗謡言苦未通。唯有番君人共愛〔二〕，流傳名譽滿江東。

### 送裴如晦宰吴江〔三〕

青髮朱顔各少年，幅巾談笑兩歡然。柴桑别後餘三徑，天禄歸來盡一廛。邂逅都門誰載酒？蕭條江縣去鳴弦〔四〕。猶疑甫里英靈在，到日憑君爲艤船。

### 次韻樂道送花

沁水名園好物華，露盤分送子雲家。新妝欲應何人面？彩筆知書幾葉花。曾和郢中歌白

〔一〕「麾」，龍舒本作「翬」。
〔二〕「番」，龍舒本作「鄱」。
〔三〕龍舒本「送」上有「席上賦得然字」六字。
〔四〕「條」，光啓堂本、聽香館本作「然」。

雪，亦陪天上飲流霞。春風已得同心賞，更擬擕詩載酒誇。

## 籌思亭 在江東轉運司南廳後園。[一]

昔人何計亦何思？許國憂民適此時。寓興中園爲遠趣[二]，託名華榜有新詩。數株碧柳蒼苔地，一丈紅蕖渌水池[三]。坐聽楚謡知歲美，想銜杯酒問花期。

## 愁臺

頹垣斷壍有平沙，老木荒榛八九家。河勢東南吹地坼[四]，天形西北倚城斜。傾壺語罷還登眺，岸幘詩成却嘆嗟。萬事因循今白髮，一年容易即黄花。

[一] 龍舒本題注無「江東」二字。
[二] 「園」，龍舒本作「原」。
[三] 「渌」，龍舒本作「緑」。
[四] 「拆」，龍舒本作「拆」。

## 和正叔懷其兄草堂

茆堂竹樹水之濱，耕稼逍遥似子真。小吏一身今倦宦，先生三畝獨安貧。欲抛縣印辭黄綬，來伴山冠戴白綸。衹恐明時收士急，不容家有兩閑人。

## 鄭子憲西齋〔一〕

漫搆軒窗意亦深〔二〕，滔滔浮俗倦登臨。詩書千載經綸志，松竹四時蕭灑心。曉枕不容春夢到，夜燈唯許月華侵。行看富貴酬勤苦，車馬重來拾翠陰〔三〕。

## 寄題思軒

名郎此地昔徘徊，天誘良孫接踵來。萬屋尚歌餘澤在，一軒還向舊堂開。右軍筆墨空殘沼，内史文章祇廢臺。邑子從今誇勝事，豈論王謝世稱才。

〔一〕「西」上，龍舒本有「新起」二字。
〔二〕「漫」，龍舒本作「謾」。
〔三〕「拾」，龍舒本作「瑣」。

## 陳君式大夫恭軒

恭軒静對北堂深[一]，新斸檀欒一畝陰。膝下往來前日事，眼中封植去年心[二]。每懷罇斝沾餘瀝，獨喜弦歌有嗣音。肯構會須門閥大，世資何用滿籯金？

## 寄黄吉甫

學兼文武在吾曹，别後應看虎豹韜。欲問廟堂誰鎮撫，尚傳邊塞敢驚騷。旌旗急引飛黄下，時發騎士南征。烽火遥連太白高。聞説荆人亦憔悴，家家還願獻春醪。

## 高魏留

魏留十七助防邊，埋没鹽州十八年[三]。衣屨窮空委胡婦，糗糧辛苦待山田。關河舊路頻回首，腹背他時兩受鞭。邂逅得歸耶戰死，母隨人去亦蕭然。

[一]「深」，宋刻本、龍舒本作「林」。
[二]「植」，龍舒本作「殖」。
[三]「八」，龍舒本作「九」。

## 丁年

丁年結客盛遊從，宛洛氈車處處逢。吟盡物華愁筆老，醉消春色愛醅濃。壚間寂寞相如病，鍛處荒涼叔夜慵。早晚青雲須自致，立談平取徹侯封。

# 臨川先生文集　卷二十一

## 律詩 七言八句

### 送王詹叔利州路運判

王孫舊讀五車書，手把山陽太守符。未駕朱幡辭輦轂，却分金節佐均輸。人才自古常難得，時論如君豈久孤？去去便看歸奏事，莫嗟行路有崎嶇。

### 送周仲章使君

看君東下霅溪船，迴首紛紛已五年。簪筆少留吾所望，剖符輕去此何緣？高麾行路穿秦樹，駿馬歸時著蜀鞭。子墨文章應滿篋，承明宣室正詳延。

送王蒙州

請郡東南促去程〔一〕，拍堤江水照紅旌。仁聲已逐春風到，使節猶占夜斗行。箭落皂雕毚兔避〔二〕，句傳炎海鱷魚驚。麒麟不是人間物，漢詔先應召賈生。

送龐簽判

北都兩去不辭勤，仕路論材況出群。一相開藩嘗負弩，三年通籍更從軍。清談猶得當時事，遺愛應從此日聞〔三〕。我憶荆溪山最樂，看君摩翮上青雲。

送潘景純

東都曾以一當千，場屋聲名十五年。晚賜緑衣隨宦牒，始操丹筆事戎旃。明時正欲精蒐選，榮路何當力薦延。賴有史君能好士，方看一鶚在秋天。

〔一〕「促」，龍舒本作「没」。
〔二〕「皂」，光啓堂本作「早」。
〔三〕「此」，宋刻本作「北」。

## 送僧無惑歸鄱陽

晚扶衰憊寄人間，應接紛紛祇强顔。挂席每諳東匯水，採芝多夢舊遊山。故人獨往今爲樂，何日相隨我亦閑。歸見江東諸父老，爲言飛鳥會知還。

## 送遜師歸舒州

山川相對一悲翁，往事紛紛夢寐中。邂逅故人恩意在，低徊今日笑言同。看吹陌上楊花滿，忽憶巖前蕙帳空。亦見桐鄉諸父老，爲傳衰颯病春風。

## 寄育王大覺禪師

單已安那示入禪，草堂難望故依然[一]。山今歲暮終岑寂，人更天寒最静便。隱蹟亦知甘自足，憑心豈吝慰相憐。所聞不到荆門耳，人老禾新又一年。

[一]「難」，聽香館本作「南」。

寄無爲軍張居士

南陽居士月城翁，曾習禪那問色空。卓犖想超文字外，低徊却寄語言中。真心妙道終無二，末學殊方自不同。此理世間多未悟，因君往往嘆西風。

次韻酬鄧子儀二首

青溪相值各青春，老去臨流輒損神。事事只隨波浪去，年年空得鬢毛新。論心未忍遺橫目，干世還憂近逆鱗。嘉句感君邀我厚，自嗟才不異常人。

二

金陵邂逅府東偏，手得新蒲每共編。采石偶耕垂百日，青溪並釣亦三年。君才有用方求禄，我志無成稍問田。一笑欲論心迹事，白頭相就且欹眠。

送李璋

湖海聲名二十年，尚隨鄉賦已華顛。却歸甫里無三徑，擬傍胥山就一廛。朱轂風塵休悵望，青鞋雲水且留連。故人亦見如相問，爲道方尋木雁篇。

## 送章宏

道合由來不易謀，豈無和氏識荆璆？一川濁水浮文鷁，千里輕帆落武丘。身退豈嫌吾道進，學成方悟衆人求。西風乞得東南守，杖策還能訪我不？

## 别葛使君

邑屋爲儒知善政，市門多粟見豐年。追攀更覺相逢晚〔一〕，談笑難忘欲别前。客幕雅遊皆置榻，令堂清坐亦鳴弦。輕舟後夜滄江北，迴首春城空黯然。

## 送王龍圖守荆南〔二〕

壯志高才偃一藩，更嗟賢路此時難。長幡欲動何妨屈，老驥能行豈易閑？沙市放船寒月白，渚宫留御古苔斑。知公未厭還隨詔，歸看功名重太山。

〔一〕「追」，光啓堂本作「迫」。
〔二〕龍舒本無「守荆南」三字。

## 次韻酬宋中散二首

初見彤庭賜履雙，便參東閣寄南邦[一]。時聞正論除疑網，每讀高辭折慢幢。陳迹欲尋無復日，舊恩思報有如江。風流今見佳公子，投老心旌一片降。

### 二

超然京洛諒難雙，處在家庭譽在邦。道義門中窺户牖，風騷壇上見麾幢。素書款款誰憐杜？彩筆遒遒獨勝江。信美賢公有才子，篤誠真復類尨降[二]。

## 和宋太博服除還朝簡諸朋舊

呼門初起外廷臣，秀氣稜稜動搢紳。談論坐來能慰我，篇章傳出亦驚人。生芻一束他年闕，伐木相求此地新。便欲與君同樂處，窮通餘事不關身。

---

[一]「閤」，龍舒本作「閣」。

[二]「尨」，光啓堂本、聽香館本作「危」。

## 次韻酬宋玘六首

洗雨吹風一月春，山紅漫漫緑紛紛。褰裳遠野誰從我？散策空陂忽見君。青眼坐傾新歲酒，白頭追誦少年文。因嗟涉世終無補，久使高材雍上聞〔一〕。

### 二

東風渺渺客天涯，病眼先春已見花。遠欲報君羞强聒，老知隨俗厭雄誇。窮通往事真如夢，得失秋毫豈更嗟？邂逅故人唯有醉，醉中衣幘任欹斜。

### 三

城中燈火照青春，遠引吾方避糾紛。遊衍水邊追野馬〔二〕，嘯歌林下應山君。愁尋徑草無求仲，喜對簷花有廣文。邂逅一樽聊酩酊，聲名身後豈須聞？

### 四

遠迹荒郊謝儁豪，春風誰與駐干旄？故交重跰恩何厚，新句連篇韻更高。美似狂酲初噉

---

〔一〕「雍」，龍舒本作「擁」。

〔二〕「衍」，龍舒本作「冶」。

蔗〔一〕，快如衰病得觀濤。久知坯冶成天巧〔二〕，豈與人間共一陶！

**其五**

無能私願祇求田，時物安能學計然〔三〕。鑿井未成歌擊壤，射熊猶得夢鈞天。遥思故國歸來日，留滯新恩已去年。攜手與君遊最樂，春風陂上水濺濺〔四〕。

**其六**

山陂疇昔從吾親，諸父先生各佩紛〔五〕。零落長年誰語此？遲回故地却逢君〔六〕。衣冠偶坐論經術，褦襶當時刺繡文。更怪高材終未遇，有司何日選方聞？

## 寄吴正仲却蒙馬行之都官梅聖俞太博和寄依韻酬之

山水玄暉去後空，騷人還向此間窮。小詩聊與論孤憤，大句安知辱兩雄。秦甲久愁荆劍

〔一〕「醒」，龍舒本作「醒」。
〔二〕「坯」，原作「坏」，據宋刻本、龍舒本校改。
〔三〕「時」，龍舒本作「財」。
〔四〕「陂」，龍舒本作「波」。
〔五〕「紛」，龍舒本作「帉」。
〔六〕「遲」，龍舒本作「遷」。

利，趙兵今窘漢旗紅。背城不敢收餘燼，馬首翩翩只欲東。

寄平甫

少時爲學豈身謀，欲老低徊各自羞。乘馬從徒真擾擾，求田問舍轉悠悠。弦歌舊國平生樂，鞍馬新年幾日留。坐想摇鞭楊柳路，春風先我入皇州。

次韻舍弟常州官舍應客

霜雪紛紛上鬢毛，憂時自悔目空蒿。桑麻秖欲求三畝，勢利誰能算一毫？此地舊傳公子札〔一〕，吾心真慕伯成高。飄然更有乘桴興，萬里寒江正復艚〔二〕。

〔一〕「札」，宋刻本、龍舒本作「禮」。

〔二〕「艚」，龍舒本作「槽」。

## 舟還江南阻風有懷伯兄

幾時重接汝南評，兩槳留連不計程。白浪黏天無限斷[一]，玄雲垂野少晴明[二]。平皋望望欲何向？薄宦嗟嗟空此行。會有開樽相勸日，鶺鴒隨處共飛鳴。

## 同陳伯通錢材翁遊山二君有詩因次元韻[三]

秋來閑興每登臨，因叩精藍望碧岑。強策羸驂尋水石，忽驚幽鳥下煙林。同時覽物悲歡異[四]，自古忘名趣向深。安得湖山歸我手，静看雲意學無心。

---

[一]「限」，聽香館本作「間」。
[二]「晴明」，龍舒本作「陰晴」。
[三]「二」，光啓堂本作「且」。
[四]「同」，龍舒本作「經」。

## 夢張劍州

萬里憐君蜀道歸，相逢似喜語還悲。江淮別業依前處，日月新阡卜幾時。自説曲阿猶未穩〔一〕，即尋湓水去猶疑。茫然却是陳橋夢，昨日春風馬上思。

## 酬慕容員外 嘗爲王宫教授，以武舉入宫被謫。〔二〕

初駕王門學者師，晚漂湖海衆人悲。吹毛未識腰間劍〔三〕，刺股猶藏袖裏錐。衛霍功名還有命，蘇張才氣久非時。江尤亦見應須飲，莫放窮愁入兩眉。

〔一〕「猶」，宋刻本、龍舒本作「留」。

〔二〕「宫被」，宋刻本作「官被」，聽香館本作「宫掖」。「謫」，原缺，據全宋詩校補。

〔三〕「識」，聽香館本作「試」。

## 次韻張唐公馬上

揭節初悲力不任〔一〕，賜身終愧謬恩臨〔二〕。病來氣弱歸宜早，偷取官多責恐深。膏澤未施空謗怨〔三〕，瘡痍猶在豈謳吟。黄昏信馬江城路，欲訪何人話此心？

## 和王司封會同年

收科天陛頃同時，回首相歡事亦稀〔四〕。追講舊遊犀麈脱，交酬新唱彩牋飛。直須傾倒罇中酒，休惜淋浪坐上衣。日暮主翁留客轄〔五〕，會稽聊滯買臣歸。

〔一〕「揭」，龍舒本作「竭」。
〔二〕「謬」，龍舒本作「繆」。
〔三〕「怨」，宋刻本、龍舒本作「怒」。
〔四〕「回」，龍舒本作「白」。
〔五〕「翁」，龍舒本作「公」。

## 次韻酬子玉同年

子玉詩云：「過盡金湯知帝策，見求貂虎識軍儀。男兒本有四方志，祇在蓬瀛恐不知。」

盛德無心漠北窺，蕃胡亦恐勢方羸。塞垣高壘深溝地，幕府輕裘緩帶時。趙將時皆思李牧，楚音身自感鍾儀。慚君許我論邊鎖〔一〕，俎豆平生却少知。

## 和舍弟舟上示沈道源

還裝欲盡喜舟輕，更喜嘉賓伴此行。野飲不忘魚可釣，旅羹何惜雁能鳴。西山壯馬先歸牧，南穴殘梟欲就烹。憂國自多廊廟宰，與君詩酒盡交情。

## 過山即事

却過兹山已九年，江湖身世只飄然。曲城丘墓心空折，鹽步庭闈眼欲穿。慘慘野雲生隴底，蕭蕭飢馬立風前。轉多愁思催華髮，早晚輕舟上秀川。

〔一〕「鎖」，龍舒本作「璅」。

### 酬裴如晦

二年羈旅越人吟，乞得東南病更侵。傷子未安莊氏義[一]，壽親還慰魯侯心。鮮鮮細菊霜前蘂，漠漠疏桐日下陰。濁酒一杯秋滿眼，可憐同意不同斟。

### 酬鄭閎中

蕭條行路欲華顛，迴首山林尚渺然。三釜祗知爲養急，五漿非敢在人先。文章滿世吾誰慕？行義如君衆所傳。宜有至言來助我，可能空寄好詩篇。

### 寄余温卿

雲散風流不自禁，天涯無路盍朋簪。空馳上國青泥信，誰和南山白石音？平日離愁寬帶眼，訖春歸思滿琴心。終回一命翩翩駕，獨過稽山鍛樹陰[二]。

〔一〕「傷」，龍舒本、聽香館本作「殤」。
〔二〕「稽」，全宋詩校改作「嵇」。

## 寄郎侍郎

兩朝人物歎賢豪，凛凛清風晚見褒。江漢但歸滄海闊，丘陵難學太山高。放懷詩酒機先息，迴首功名世自勞。久願作公樽俎客，恨無三畝斲蓬蒿。

## 送道光法師住持靈巖

靈巖開闢自何年？草木神奇鳥獸仙。一路紫苔通窅窱，千崖青靄落潺湲。山祇嘯聚荒禪室，象衆低摧想法筵。雪足莫辭重跰往，東人香火有因緣。

# 臨川先生文集　卷二十二

## 律詩 七言八句

### 奉酬永叔見贈

欲傳道義心猶在〔一〕，强學文章力已窮〔二〕。他日若能窺孟子，終身何敢望韓公？摳衣最出諸生後〔三〕，倒屣嘗傾廣座中。祇恐虚名因此得，嘉篇爲貺豈宜蒙。

〔一〕「猶在」，原校：「一作雖壯。」龍舒本同。
〔二〕「强學」，原校：「一作學作。」龍舒本同。
〔三〕「摳」，龍舒本作「樞」。

## 送陳舜俞制科東歸

諸賢發策未央宮，獨得菑川一老翁。曲學暮年終漢相，高談平日漫周公。君今壯歲收科第〔一〕，我欲它時看事功。聞説慨然真有意，贈行聊似古人風〔二〕。

## 送何正臣主簿

何郎冰雪照青春，應敵皆言筆有神。魯國儒人何獨少？元君畫史故應真。百年冠蓋風雲會，萬里山川日月新。可但諸公能品藻，會須天子擢平津。

## 與舍弟華藏院此君亭詠竹〔三〕

一逕森然四座涼，殘陰餘韻去何長〔四〕？人憐直節生來瘦，自許高材老更剛。曾與蒿藜同雨

---

〔一〕「今」，龍舒本作「能」。

〔二〕「似」，宋刻本、龍舒本作「以」。

〔三〕龍舒本題作「華藏院此君亭」。

〔四〕「去」，龍舒本作「興」。

露，終隨松柏到冰霜。煩君惜取根株在，欲乞伶倫學鳳凰〔二〕。

## 上元戲呈貢父

車馬紛紛白晝同，萬家燈火暖春風。别開閶闔壺天外，特起蓬萊陸海中。盡取繁華供俠少，祇分牢落與衰翁。不知太乙遊何處〔三〕，定把青藜獨照公。

## 次韻楊樂道述懷之作

素心非不慕前修，自怪因循欲白頭。獵較趣時終瑣瑣，晝墁營職信悠悠。濠梁最憶知魚樂，牢筴翻慚爲彘謀。尚有故人能慰我，詩成珠玉每相投。

## 和楊樂道見寄

宅带園林五畝餘，蕭條還似茂陵居。殺青滿架書新繕，生白當窗室久虚。孤學自難窺奥

〔二〕「欲乞」，龍舒本作「乞與」。
〔三〕「乙」，宋刻本、龍舒本作「一」。

密，重言猶得慰空疏。相思每欲投詩社，只待春蒲葉又書〔一〕。

## 寄吴沖卿二首

平生身事略相同，三歲連牆左廄中。更得謬恩分省舍，又將衰鬢作鄰翁。聯翩久傍官槐緑〔二〕，契闊今看楚蓼紅。不欲與君爲遠别，沙臺吹帽約秋風。

二　時吴晉州方得辠。

塞垣花氣欲飛浮，眼底紛紛緑漸抽〔三〕。悠遠山川嗟我老，急難兄弟想君愁。舊知白日諸曹滿，試問紅燈幾客留。時節只應無意思，亦如行路判春休〔四〕。

## 酬沖卿見别

同官同齒復同科，朋友婚姻分最多。兩地塵沙今齟齬，二年風月共婆娑。朝倫孰與君材

〔一〕「書」，聽香館本作「舒」。
〔二〕「官」，龍舒本、聽香館本作「宫」。
〔三〕「緑漸抽」，龍舒本作「緑漸油」。
〔四〕「休」，光啓堂本、聽香館本作「秋」。

似，使指將如我病何？升黜會應從此異，願偷閑暇數經過。

## 次御河寄城北會上諸友

客路花時祇攪心，行逢御水半晴陰。背城野色雲邊盡，隔屋春聲樹外深。香草已堪回步履，午風聊復散衣襟。憶君載酒相追處，紅萼青跗定滿林。

## 寄友人三首

萬里書歸説我愁，知君不忘北城幽。一篇封禪才難學，三畝蓬蒿勢易求。欲與山僧論地券，願爲鄰舍事田疇。應須急作南征計，漠北風沙不可留。

二

水邊幽樹憶同攀，曾約移居向此間。欲語林塘迷舊徑，却隨車馬入他山。飛花著地容難冶，鳴鳥窺人意轉閑。物色可歌春不返，相思空復慘朱顔。

三

一別三年至一方[一]，此身漂蕩只殊鄉[二]。看沙更覺蓬萊淺，數日空驚霹靂忙。渺渺水波低赤岸[三]，濛濛雲氣淡扶桑。登臨舊興無多在，但有浮槎意未忘。

## 寄張襄州

襄陽州望古來雄，耆舊相傳有素風。四葉表閭唐尹氏，一門逃世漢龐公。故家遺俗應多在，美景良辰定不空。遥憶習池寒夜月，幾人談笑伴詩翁？

## 次韻昌叔懷灊樓讀書之樂[四]

志食長年不得休，一巢無地拙於鳩。聊爲薄宦容身者，能免高人笑我不？道德文章吾事

[一]「至」，全宋詩校改作「各」。

[二]「漂」，光啓堂本作「渺」。

[三]「渺渺」，光啓堂本作「渺漂」。

[四]「次韵昌」，龍舒本作「和君」。

落〔一〕，塵埃波浪此生浮。看君别後行藏意，回顧灊樓衹自羞。

## 酬浄因長老樓上翫月見懷有疑君魂夢在清都之句〔二〕

道人心與世無求，隱几蕭然在此樓。坐對高梧傾曉月，看翻清露洗新秋。登臨更欲邀元亮，披寫還能擬惠休。顧我不知天上樂，虚疑昨夜夢仙遊。

## 寄張諤招張安國金陵法曹

我老願爲臧丈人，君今少壯豈長貧〔三〕。好須自致青冥上〔四〕，可且相從寂寞濱。深谷黄鸝驕引子〔五〕，曲碕翠碧巧藏身〔六〕。尋幽觸静還成興，何必區區九陌塵？

---

〔一〕「落」，聽香館本作「樂」。

〔二〕龍舒本無「酬」、「有」二字。

〔三〕「少壯豈」，龍舒本作「年少未」。

〔四〕「冥」，龍舒本作「雲」。

〔五〕「驕」，全宋詩校改作「嬌」。

〔六〕「碕」，龍舒本作「崎」。

## 欲往浄因寄涇州韓持國

紫荆山下物華新，只與都城共一春。令節想君攜緑酒，故情憐我踏黄塵。泔魚已悔他年事，搏虎方收末路身[一]。欲寄微言書不盡，試尋僧閣望西人。

## 送别韓虞部

客舍街南初著巾，與君兄弟即相親。當年豈意兩家子，今日更爲同社人？京洛風塵嗟阻闊，江湖杯酒惜逡巡。歸帆嶺北茫茫水，把手何時寂寞濱？

## 懷舒州山水呈昌叔

山下飛鳴黄栗留，溪邊飲啄白符鳩[二]。不知此地從君處，亦有他人繼我不？塵土生涯休蕩滌，風波時事只飄浮。相看髮秃無歸計，一夢東南即自羞。

---

[一] 「搏」，龍舒本作「摶」。

[二] 「飲」，聽香館本作「欲」。「符」，龍舒本作「浮」。

## 呈柳子玉同年

三年不上鄴王臺，鴻雁歸時又北來。水底舊波吹歲換，柳梢新葉卷春回。塵沙漠漠凋雙鬢，簫鼓匆匆把一杯。勞事欲歌無與和，衰顔思見故人開。

## 次韻陸定遠以謫往來求詩

牢落何由共一樽，相望空復歎芝焚。濟時尚負生平學，慰我應多别後文。可但風流追甫白，由來家世出機雲。行吟强欲偷新格，自笑安能到萬分。

## 李璋下第

浩蕩宫門白日開，君王高拱試群材。學如吾子何憂失？命屬天公不可猜。意氣未宜輕感概[一]，文章尤忌數悲哀。男兒獨患無名爾，將相誰云有種哉？

[一]「概」，光啓堂本、聽香館本作「慨」。

## 送楊驥秀才歸鄱陽

客舍風塵弊綵衣，悲吟重見雁南飛。荆山和氏方三獻，太學何生且一歸。曠野已寒諳獨宿，長年多難惜分違。巾箱所得皆幽懿，亦見鄉人爲發揮。

## 平山堂

城北横岡走翠虬，一堂高視兩三州。淮岑日對朱欄出，江岫雲齊碧瓦浮。墟落耕桑公愷悌，杯觴談笑客風流。不知峴首登臨處，壯觀當時有此不？

## 示德逢

先生貧敝古人風，緼想柴桑在眼中〔一〕。憐愍雞豚非孟子，勤勞禾黍信周公。深藏組纚三千牘〔二〕，静占寬閑五百弓。處世但令心自可，相知何藉一劉龔。

〔一〕「柴」，原作「榮」，據龍舒本校改。

〔二〕「纚」，龍舒本、聽香館本作「麗」。

示四妹

孟光求婿得梁鴻，廡下相隨不諱窮。卓犖才名今日事，蕭條門巷古人風。五噫尚與時多忤，一笑兼忘我屢空。六月塵沙不相貸，泫然搔首又西東。

寄酬曹伯玉因以招之

寒鴟對立西風樹，幽草環生白露庭。清坐苦無公事擾[一]，高談時有故人經。思君異日投朱紱，過我何時載渌醽？及北江湖氣蕭爽[二]，最宜相值倒吾瓶。

次韻奉酬李質夫

逸少池邊有舊山，幾年征淚染衣斑。駑駘自飽方争路，騕褭長飢不在閑。雪漲江南歸浩蕩，煙埋河朔去間關。勞歌一聽皆愁思，況我心非木石頑。

〔一〕「苦」，聽香館本作「喜」。
〔二〕「北」，龍舒本作「此」。

## 寄袁州曹伯玉使君

宜春城郭繞樓臺，想見登臨把一杯。濕濕嶺雲生竹箘，冥冥江雨熟楊梅。政成定入邦人詠，詩就還隨驛使來。錯莫風沙愁病眼，不知何日爲君開？

## 邢太保有鶴折翼以詩傷之客有記翎經冥三韻而忘其詩者因作四韻〔一〕

不爲摧傷改性靈，静中猶見好儀形。每憐今日長垂翅，却悔當時誤翦翎。醫得舊創猶有法，相知多難豈無經？稻粱且向人間覓，莫羡摶風起北冥。

## 寄致政吴虞部

白鷗生意在滄波，不爲風塵有網羅。年抵馮唐初未半，才方疏廣豈能多。孤清楚國知誰繼？遺愛郴人想共歌〔二〕。嗟我欲歸真未晚，雪舟乘興會相過。

〔一〕「客」、「三」，龍舒本作「家」、「二」。

〔二〕「郴」，光啓堂本作「彬」。

## 再至京口寄漕使曹郎中

漂流曾落此江邊，憶與詩翁賦浩然。浩然，堂名。鄉國去身猶萬里，驛亭分首已三年。北城紅出高枝靚，南浦青回老樹圓[一]。還似昔時風露好，只疑談笑在君前。

## 次韻平甫金山會宿寄親友

天末海門横北固[二]，煙中沙岸似西興。已無船舫猶聞笛，遠有樓臺衹見燈。山月入松金破碎，江風吹水雪崩騰。飄然欲作乘桴計，一到扶桑恨未能。

## 送何聖從龍圖

射策曾稱蜀郡雄，朝廷重得漢司空。應留賜席丹塗地，誤責飛芻紫塞功。三徑欲歸無舊業，百城先至有清風。潞山直與天爲黨，回首孫高想見公。

[一]「青」，龍舒本作「春」。

[二]「門」，龍舒本作「雲」。「北」，原作「比」，據宋刻本、龍舒本、光啓堂本校改。

## 送趙學士陝西提刑

遥知彼俗經兵後，應望名公走馬來。陛下柬求今日始，胸中包畜此時開。山西豪傑歸囊牘，渭北風光入酒杯。堪笑陋儒昏鄙甚，略無謀術贊行臺。

## 丙申八月作

秋風摧剥利如刀，漠漠昏煙玩日高。眼看南山露崖嶷，心隨東水轉波濤。歸期正自憑蓍蔡，生理應須問酒醪。還有詩書能慰我，不多霜雪上顛毛。

## 登西樓

樓影侵雲百尺斜，行人樓上憶天涯。情多自悔登臨數，目極因驚悵望賒〔二〕。一曲平蕪連古樹，半分殘日帶明霞。潘郎何用悲秋色，祇此傷春髮已華。

〔二〕「因」，全宋詩校改作「應」。

## 即事〔一〕

河流南苑岸西斜〔二〕，風有晶光露有華。門柳故人陶令宅〔三〕，井桐前日總持家。嘉招欲覆杯中渌〔四〕，麗唱仍添錦上花。便作武陵樽俎客，川源應未少紅霞〔五〕。

〔一〕龍舒本題作「次韻酬段約之見招」。

〔二〕「河」，龍舒本作「淮」。「苑」，龍舒本作「宛」。

〔三〕「陶令」，龍舒本作「元亮」。

〔四〕「嘉」，龍舒本作「佳」。

〔五〕「源」，龍舒本作「原」。

# 臨川先生文集　卷二十三

## 律詩 七言八句

### 酬吴仲庶小園之句

舊年臺榭掃流塵，職閉朱門歲又新。花影隙中看裊裊，車音牆外去轔轔〔一〕。相逢豈少佳公子，一醉何妨薄主人。祇向東風邀載酒，定知無奈帝城春。

### 始與韓玉汝相近居遂相與遊今居復相近而兩家子唱和詩相屬因有此作

羈旅兒童得近鄰，相知邂逅即情親。當時豈意兩家子，此地更爲同社人。勳業彈冠知白首，文章投筆讓青春。萬金雖愧君多産，比我淵明亦未貧。

〔一〕「去」，龍舒本作「聽」。

## 春寒

春風滿地月如霜，拂曉鍾聲到景陽。花底裌衣朝宿衛，柳邊新火起嚴妝。冰殘玉甃泉初動，水澀銅壺漏更長。從此暄妍知幾日，便應鶗鴂損年芳。

## 次韻再遊城西李園

京師花木類多奇，常恨春歸人未歸。車馬喧喧走塵土〔一〕，園林處處鏁芳菲。殘紅已落香猶在，羈客多傷涕自揮。我亦悠悠無事者，約君聯騎訪郊圻。

## 予求守江陰未得酬昌叔憶江陰見及之作

黄田港北水如天，萬里風檣看賈船。海外珠犀常入市〔二〕，人間魚蟹不論錢。高亭笑語如昨日，末路塵沙非少年。强乞一官終未得，祇君同病肯相憐。

〔一〕「走」，光啓堂本、聽香館本作「起」。
〔二〕「外」，宋刻本作「月」。

## 送蘇屯田廣西轉運

置將從來欲善師，百城蹉跌起毫釐。驅除久費兵符出，按撫紛煩使節移。恩澤易行窮苦後，功名常見急難時。孺文此日風流在，直筆他年豈愧辭。

## 酬淮南提刑邵不疑學士

來詩及予送沈常州之詩，而卒有「素壁鑱詩尚未泯」之句。

曾詠常州送主人，豈知身得兩朱輪。田疇汎濫川方壅，厨傳蕭條市亦貧。以我薄材思拊傴〔一〕，賴君餘教得因循。詢求故有風謡在，不獨鑱詩尚未泯。

## 酬王太祝

一馬常隨世事馳，豈論江徼與河湄。已成白髮潘常侍，更似青衫杜拾遺。勳業儻來知有命，文章聊欲見無期〔二〕。喜君材俊能從我，力學何妨和子思〔三〕。

〔一〕「以」，龍舒本作「似」。
〔二〕「欲」，聽香館本作「以」。
〔三〕「妨」，龍舒本「方」。

## 出城訪無黨因宿齋館

關外尋君信馬蹄，漫成詩句任天倪。花枝到眼春相照〔一〕，山色侵衣晚自迷。今日笑談還喜共〔二〕，經年勞逸固難齊。生涯零落歸心懶，多謝慇懃杜宇啼。

## 寄張氏女弟

十年江海別常輕〔三〕，豈料今隨寡嫂行。心折向誰論宿昔？魂來空復夢平生。音容想像猶如昨〔四〕，歲月蕭條忽已更。知汝此悲還似我，欲爲西望涕先横。

## 奉寄子思以代別

南北蹉跎成兩翁，悲歡邂逅笑言同。全家欲出嶺雲外，匹馬肯尋山雨中。趨府折腰嗟踽

---

〔一〕「照」，原校：「一作映。」龍舒本同。
〔二〕「喜」，龍舒本作「許」。
〔三〕「輕」，原校：「一作經。」
〔四〕「容」，光啓堂本作「察」。

踽，聽泉分手惜匆匆。寄聲但有加飡飯，才業如君豈久窮？

## 次韻劉著作過茆山今平甫往遊因寄

華陽仙伯有茆卿〔一〕，官府今傳在赤城。三鶴不歸猶地勝，二君能到亦心清。詩中慷慨悲陳迹，篇末慇懃奬後生。遥想青雲知可附，坐看閭巷得名聲。

## 次韻十四叔賜詩留别

窮冬追路出西津，得侍茫然兩見春。發册久嗟淹國士〔二〕，起家初命慰鄉人。行辭北闕樓臺麗，歸佐南州縣邑新。班草數行衣上淚，何時杖屨却相親。

〔一〕「卿」，光啓堂本作「鄉」。

〔二〕「册」，龍舒本作「策」。

## 次韻耿天騭大風[一]

雲埋月缺暈寒灰，颷發齊如巨象豗[二]。縱勇萬川冰柱立，紛披千障土囊開。魯門未怪爰居至，鄭圃何妨禦寇來。終夜不眠誰與共？坐忘唯有一顔回。

## 法喜寺

門前白道自縈回，門下青莎間緑苔。雜樹繞花鶯引去，壞簷無幕燕歸來。寂寥誰共樽前酒，牢落空留案上杯。我憶故鄉誠不淺，可憐鶗鴂重相催[三]。

## 長干寺

梵館清閑側布金，小塘回曲翠文深。柳條不動千絲直，荷葉相依萬蓋陰。漠漠岑雲相上

---

[一]「耿天騭」，龍舒本作「耿憲」。
[二]「齊」，龍舒本作「聲」。
[三]「鶗」，龍舒本作「鵜」。

下，翩翩沙鳥自浮沈。羈人樂此忘歸思[一]，忍向西風學越吟。

## 落星寺在南康軍江中

崒雲臺殿起崔嵬[二]，萬里長江一酒杯。坐見山川吞日月，杳無車馬送塵埃。雁飛雲路聲低過，客近天門夢易迴。勝概唯詩可收拾，不才羞作等閑來。

## 清風閣

飛甍孤起下州牆，勝勢峥嶸壓四方。遠引江山來控帶，平看鷹隼去飛翔。高蟬感耳何妨静，赤日焦心不廢涼[三]。況是使君無一事，日陪賓從此傾觴。

---

[一]「思」，龍舒本作「志」。
[二]「崒」，龍舒本作「窣」。
[三]「日」，龍舒本作「目」。

## 留題微之廨中清輝閣

故人名字在瀛洲，邂逅低徊向此留。鷗鳥一雙隨坐笑〔一〕，荷花十丈對冥搜〔二〕。水涵樽俎清如洗〔三〕，山染衣巾翠欲流。宣室應疑鬼神事，知君能復幾來遊。

## 次韻和甫春日金陵登臺〔四〕

鍾山漠漠水洄洄，西有陵雲百尺臺〔五〕。萬物已隨和氣動，一樽聊與故人來。天邊幽鳥鳴相和，地上晴煙掃不開。悲眼看春長恐盡〔六〕，直須去取六龍回。

---

〔一〕「笑」，龍舒本作「嘯」。

〔二〕「十」，龍舒本作「千」。

〔三〕「涵」，龍舒本作「含」。

〔四〕龍舒本此題二首，此詩爲第一首。

〔五〕「陵」，龍舒本作「凌」。

〔六〕「長」，原校：「一作唯。」

## 慶老堂 陳繹。

板輿去國宦三年，華屋歸來地一偏。種竹常疑出冬筍，開池故合涌寒泉。身閑楚老猶能戲，道勝鄒人不更遷。嗟我强顔無所及，想君爲樂更焦然。

## 寄陳宣叔

扁舟欲動更徘徊，一笑相看病眼開。事忤貴人今見節，政行豪縣衆稱材。忽驚歲月侵雙鬢，却喜山川共一杯。落日亂流江北去，離心猶與水東迴。

## 寄張劍州并示女弟 時張以太夫人喪，自劍州歸。

劍閣天梯萬里寒，春風此日白衣冠。烏辭反哺顛毛黑，烏引思歸口血丹。行路想君今眚瘦，相逢添我老悲酸。浮雲渺渺吹西去，每到原頭勒馬看。

## 元珍以詩送緑石硯所謂玉堂新様者

玉堂新様世争傳，況以蠻溪緑石鐫。嗟我長來無異物，愧君持贈有佳篇。久埋瘴霧看猶濕，一取春波洗更鮮。還與故人袍色似，論心於此亦同堅。

和微之林亭

爲有檀欒占雒陽，憶歸杖策此徜徉。觀魚得意還知樂，入鳥忘機肯亂行。未敢許君輕去國，不應如我漫爲郎〔二〕。中園日涉非無趣，保此千鍾慰北堂。

酬微之梅暑新句

江梅落盡雨昏昏，去馬來牛漫不分。當此沈陰無白日，豈知炎旱有彤雲。琴絃欲緩何妨促，畫蠹微生故可熏。回首涼秋知未遠，會須重曝阮郎褌〔三〕。

〔二〕「漫」，龍舒本作「謾」。

〔三〕「褌」，龍舒本作「裩」。

## 平甫與寶覺遊金山思大覺并見寄及相見得詩次韻二首〔一〕

寵參時宰道人琳〔二〕，氣蓋諸公弟季心。勝踐肯論山在險，冥搜欲與海争深。摇摇北下隨帆影，踽踽東來想足音。握手更知禪伯遠，隔雲靈鷲碧千尋。

### 二

漳南開士好叢林，慧劍何年出水心？獨往便應諸漏盡，相逢未免故情深〔三〕。檻窺山鳥有真意，窗聽海潮非世音。一笑上方人事外，不知衰境兩侵尋。

## 金陵懷古四首

霸祖孤身取二江，子孫多以百城降。豪華盡出成功後，逸樂安知與禍雙。東府舊基留佛刹，後庭餘唱落船窗。黍離麥秀從來事，且置興亡近酒缸。

〔一〕龍舒本題作「平甫游金山同大覺見寄相見後次韻二首」。
〔二〕「寵」、「琳」，龍舒本作「名」、「林」。
〔三〕「未」，宋刻本作「求」。

二

天兵南下此橋江，敵國當時指顧降。山水雄豪空復在，君王神武自難雙〔二〕。留連落日頻回首，想像餘墟獨倚窗。却怪夏陽纔一葦〔三〕，漢家何事費罌缸。

三

地勢東回萬里江，雲間天闕古來雙。兵纏四海英雄得，聖出中原次第降。山水寂寥埋王氣，風烟蕭颯滿僧窗。廢陵壞冢空冠劍，誰復沾纓酹一缸。

四

憶昨天兵下蜀江，將軍談笑士争降。黄旗已盡年三百，紫氣空收劍一雙。破堞自生新草木，廢宫誰識舊軒窗？不須搔首尋遺事，且倒花前白玉缸。

次韻舍弟遇子固憶少述 時舍弟在臨川。

歸計何時就一廛？寒城回首意茫然。野林細錯黄金日，溪岸寬圍碧玉天。飛兔已聞追驟

〔二〕「難」，龍舒本作「無」。
〔三〕「纔」，龍舒本作「裁」。

裹，太阿猶恨失龍泉。遥知更憶河濱友，從事能忘我獨賢。

次韻昌叔詠塵[一]

塵土輕颺不自持，紛紛生物更相吹。翻成地上高烟霧，散在人間要路岐。一世競馳甘睬目[三]，幾家清坐得軒眉。超然衹有江湖上，還見波濤恐我時。

石竹花

退公詩酒樂華年，欲取幽芳近綺筵。種玉亂抽青節瘦，刻繒輕染絳花圓。風霜不放飄零早，雨露應從愛惜偏。已向美人衣上繡，更留佳客賦嬋娟。

古松

森森直幹百餘尋，高入青冥不附林。萬壑風生成夜響，千山月照掛秋陰。豈因糞壤栽培

[二]「詠塵」，龍舒本作「塵土」。
[三]「睬」，龍舒本作「眯」。

力，自得乾坤造化心。廊廟乏材應見取，世無良匠勿相侵。

玉晨大檜鶴廟古松最爲佳樹

壇廟千年草不生，幽真曾此蔭餘清。月枝地上流雲影，風葉天邊過雨聲。材大賢於人有用，節高仙與世無情。秦山陂下今迷處，苦里宫中漫得名〔二〕。

次韻董伯懿松聲

天機自動豈關情，能作人間物外聲〔三〕。瞑聒一堂無客夢，曉悲千嶂有猿驚。廟中奏瑟沈三嘆，堂下吹簫失九成。俚耳紛紛多鄭衛，直須聞此始心清。

次韻答平甫

高蟬抱殼悲聲切，新鳥争巢誶語忙。長樹老陰欺夏日，晚花幽艷敵春陽。雲歸山去當簷

〔二〕「漫」，龍舒本作「謾」。
〔三〕「物」，龍舒本作「意」。

静，風過溪來滿坐涼。物物此時皆可賦，悔予千里不相將。

## 次韻質夫兄使君同年

樓堞相望一日程，春風吹急似摇旌。莫言樂國無愁夢，賴把新詩有故情。客舍五漿非所願，私田三徑會須成。青雲自致歸公等，如我何緣得此聲？

# 臨川先生文集　卷二十四

## 律詩 七言八句

### 金明池

宜秋西望碧參差，憶看鄉人禊飲時。斜倚水開花有思，緩隨風轉柳如癡。青天白日春常好，緑髮朱顔老自悲。跋馬未堪塵滿眼，夕陽偷理釣魚絲。

### 葛溪驛

缺月昏昏漏未央，一燈明滅照秋牀。病身最覺風露早，歸夢不知山水長。坐感歲時歌慷慨，起看天地色凄涼。鳴蟬更亂行人耳，正抱疏桐葉半黄。

## 泛舟青溪入水門登高齋奉呈康叔

簿領紛紛惜此時，起攜佳客散沈迷。十圍但見諸營柳，九曲難尋故國溪。牽埭欲隨流水遠，放船終礙畫橋低。子猷清興何曾盡，想憶高齋更一躋。

## 爲裴使君賦擬峴臺

君作新臺擬峴山，羊公千載得追攀。歌鍾殷地登臨處，花木移春指顧間。城似大堤來宛宛，溪如清漢落潺潺。時平不比征吴日，緩带尤宜向此閑。

## 送李才元校理知邛州

朝廷孝治稱今日，鄉郡榮歸及壯時。關吏相呼迎印綬，里兒争出望旄麾〔二〕。北堂已足誇三釜，南畝當今識兩歧〔三〕。獨我尚留真有命，天於人欲本無私。

〔二〕「旄」，龍舒本作「旌」。
〔三〕「當今」，聽香館本作「今當」。

## 送張頡仲舉知奉新

故人爲邑士多稱，繇賦寬賒獄訟平。老吏閉門無重糈，荒山開隴有新粳。方揮玉麈日邊坐，又結銅章天外行。此去料君歸不久〔二〕，挾材如此即名卿。

## 張劍州至劍一日以新憂罷〔三〕

客舍飛塵尚滿韉，却尋東路想茫然。白頭反哺秦烏側，流血思歸蜀鳥前。今日相逢知悵望，幾時能到與留連。行看萬里雲西去，倚馬春風不忍鞭。

## 次韻子履遠寄之作

飄然逐客出都門，士論應悲玉石焚。高位紛紛誰得志，窮途往往始能文。柴桑今日思元亮，天禄何時召子雲？直使聲名傳後世，窮通何必較功勳？

〔二〕「此」，龍舒本作「去」。
〔三〕「新」，龍舒本作「親」。

## 送李太保知儀州

北平上谷當時守，氣略人推李廣優。還見子孫持漢節，欲臨關塞撫羌酋〔一〕。雲邊鼓吹應先喜，日下旌旗更少留。五字亦君家世事〔二〕，一吟何以稱來求？

## 送西京簽判王著作

兒曹曾上洛城頭，尚記清波遶驛流。却想山川常在夢〔三〕，可憐顔髮已驚秋〔四〕。辟書今日看君去，著籍長年歎我留。三十六峰應好在，寄聲多謝欲來遊。

〔一〕「臨」，龍舒本作「令」。
〔二〕「亦」，龍舒本作「出」。
〔三〕「常」，龍舒本作「嘗」。
〔四〕「驚」，光啓堂本作「經」。

## 送劉貢父赴秦州清水

劉郎高論坐噓枯，幕府調聊用緒餘〔二〕。筆下能當萬人敵，腹中嘗記五車書。聞多望士登天禄，知有名臣薦子虚。且復弦歌窮塞上，袛應非晚召相如。

## 送純甫如江南

青溪看汝始蹣躚，兄弟追隨各少年。壯爾有行今納婦，老吾無用亦求田。初來淮北心常折，却望江南眼更穿。此去還知苦相憶，歸時快馬亦須鞭。

## 送郊社朱兄除郎東歸

手持官牒出神皋，迎客遥知賀酒醪。照映里門非白屋，欺凌春草有青袍。宦遊雖晚何妨久〔三〕，餓顯從來不必高。孝友父兄家法在，想能清白遺兒曹。

〔二〕「聊」，光啓堂本、聽香館本作「聊」。

〔三〕「宦」，宋刻本作「官」。

## 送沈康知常州

作客蘭陵迹已陳，爲傳謡俗記州民。溝塍半廢田疇薄〔二〕，厨傳相仍市井貧。常恐勞人輕白屋，忽逢佳士得朱輪。慇懃話此還惆悵，最憶荆溪兩岸春。

## 安豐張令修芍陂

桐鄉振廩得周旋，芍水修陂道路傳。日想僝功追往事，心知爲政似當年〔三〕。魴魚鱍鱍歸城市，秔稻紛紛載酒船。楚相祠堂仍好在，勝遊思爲子留篇。

## 送復之屯田赴成都

槃礴西南江與岷，石犀金馬世稱神。桑麻接畛餘無地，錦繡連城別有春。結綬相隨通籍久，推車此去辟書新。知君不爲山川險，便忘吾家叱馭人。

〔二〕「塍」，龍舒本作「川」。
〔三〕「似」，龍舒本作「自」。

## 送經臣富順寺丞

故人爲縣楚江邊，海角猶聞政事傳。萬井已安如赤子，一麾今去上青天。應開醉眼酴醾下，莫起歸心杜宇前。報主代親俱有地，幾人忠孝似君全？

## 送張卿致仕

子房籌策漢時功，身退超然慕赤松。餘烈尚能開後世，高材今復繼前蹤。執鞭始負平生願，操几何知此地逢？竊食一官慚未艾，緒言方賴賜從容。

## 送梅龍圖

子真家世子雲鄉，風力才華豈易當？回首古人多隱約，致身今日獨輝光。謨明久合分三府，治劇聊須試一方。從此政成何所報？百城無事祇耕桑。

## 送李祕校南歸

四十青衫更旅人，悠悠鐵馬傍沙塵。久留上國言空富，却走南州食轉貧。自作詩書能見志〔二〕，應知時命不關身。江湖勝事從今數，肯但悲歌寂寞濱。

## 送蕭山錢著作

才高諸彦故無嫌，兄弟同時舉孝廉。東觀外除方墨綬，西州相見已蒼髯。靈胥引水清穿市，神禹分山翠入簾。好去弦歌聊自慰，郡人誰敢慢陶潛。

## 送靈山裴太博

一官留隱太常中，生事蕭然信所窮。有力尚期當世用，無求今見古人風。邅迴舊學皆殘稿，邂逅相看各老翁。他日卜居何處好？溪山還欲與君同。

〔二〕「志」，光啓堂本作「息」；聽香館本作「意」。

送趙燮之蜀永康簿

蜀山萬里一青袍，石棧天梯筆轡高。多學似君寧易得？小官於此亦徒勞。行追西路聊班草，坐憶南州欲夢刀。他日寄聲能問我，應從錦水至江皋。

酬吴季野見寄 時被召，來詩以賈誼見方。

漫披陳蠹學經綸〔一〕，捧檄生平衹爲親。聞道不先從事早，課功無狀取官頻。豈堪置足青冥上，終欲回身寂寞濱。俯仰謬恩方自歉，慚君將比洛陽人。

和平甫寄陳正叔

强行南仕莫辭勤，聞説田園已曠耘。縱使一區猶有宅，可能三月尚無君？且同元亮傾罇酒，更與靈均續舊文。此道廢興吾命在，世間滕口任云云〔二〕。

〔一〕「漫」，龍舒本作「謾」。

〔二〕「滕」，龍舒本作「騰」。

## 送王太卿致政歸江陵

九卿初命亞三司，朝吏相瞻得老師。南闕便還新印綬，東舟只載舊書詩。漢庭餞客無佳句，越水歸裝有富貲[一]。回首千年見疏范，共疑今事勝當時[二]。

## 送叔康侍御

詔取名郎入憲臺，此時方急濟時才。聖聰應已虚心待，姦黨寧無側目猜？白筆豈知權可畏，皂囊還請上親開。佇聞讜論能醫國，飛報頻隨驛騎來。

## 寄朱昌叔

清江浸浸遶城流[三]，尚憶城邊繫小舟。射虎未能隨李廣，割雞空欲戲言游。雲埋塞路驚塵合，霜入春風滿鬢愁。此日君書苦難得，漫多鴻雁起南洲。

[一] 「裝」，宋刻本作「來」。
[二] 「疑」，宋刻本作「娱」。
[三] 「浸浸」，全宋詩校改作「漫漫」。

## 九日登東山寄昌叔

城上啼烏破寂寥，思君何處坐岧嶤。應須緑酒酧黄菊，何必紅裙弄紫簫。落木雲連秋水渡，亂山煙入夕陽橋。淵明久負東籬醉，猶分低心事折腰。

## 到舒次韻答平甫

夜別江船曉解驂，秋城氣象亦潭潭〔一〕。山從樹外青争出，水向沙邊緑半涵。行問嗇夫多不記，坐論公瑾少能談。只愁地僻無賓客，舊學從誰得指南？

## 舒州七月十一日雨〔二〕

行看野氣來方勇，卧聽秋聲落竟慳。淅瀝未生羅豆水，蒼忙空失皖公山〔三〕。火耕又見無遺種，肉食何妨有厚顔。巫祝萬端曾不救，只疑天賜雨工閑。

〔一〕「城」，龍舒本作「成」。

〔二〕「一」，宋刻本、龍舒本作「七」。

〔三〕「忙」，全宋詩校改作「茫」。

## 次韻答丁端州〔一〕

莫嗟荒僻又離群，且喜風謡嶺北聞。銅柱雖然蠻徼接，竹符還是漢家分。春書來逐衡陽雁，秋騎歸看隴首雲。相見會知南望苦，病骸今似沈休文。

## 答劉季孫

偶著儒冠敢陋今，自憐多負少時心。輕軒已任人前後，揭厲安知世淺深。挾筴有思悲慷慨，負薪無力病侵淫。愧君緑綺虚投贈，更覺貧家報乏金。

## 次韻酬王太祝

塵土波瀾不自期，飄然身與願相違。衰根要路知難植，病羽長年欲退飛。高論已嗟能聽少，力行還恨賦材微。慚君俊少今知我，一見心如客得歸。

〔一〕「丁端州」，龍舒本作「端州丁元真」。

## 寄吴成之

緑髪溪山笑語中，豈知翻手兩成翁。辛夷屋角摶香雪，躑躅岡頭挽醉紅〔一〕。想見舊山茅徑在，近隨今日板輿空〔二〕。渭陽車馬嗟何及，榮禄方當與子同。

## 寄曾子固

斗粟猶慚報禮輕，敢嗟吾道獨難行。脱身負米將求志，戮力乘田豈爲名？高論幾爲衰俗廢，壯懷難值故人傾。荒城回首山川隔，更覺秋風白髮生。

## 至開元僧舍上方次韻舍弟二月一日之作〔三〕

溪谷濺濺嫩水通，野田高下緑蒙茸。和風滿樹笙簧雜，霽雪兼山粉黛重。萬里有家歸尚隔，一廛無地去何從？傷春故欲西南望〔四〕，迴首荒城已暮鍾。

〔一〕「岡」，光啓堂本、聽香館本作「江」。
〔二〕「近」，龍舒本作「追」。
〔三〕龍舒本題作「和平甫春日」。
〔四〕「故」，龍舒本作「政」。

## 寄王回深甫

少年倏忽不再得，後日歡娛能幾何？顧我面顔衰更早，憐君身世病還多。窗間暗淡月含霧，船底飄颻風送波。一寸古心俱未試，相思中夜起悲歌。

## 次韻答彦珍

手得封題手自開，一篇美玉綴玫瑰。衆知圓媚難論報，自顧窮愁敢角才〔一〕？君卧南陽惟畎畝，我行西路亦風埃。相逢不必嗟勞事，尚欲賡歌詠起哉。

## 寄闕下諸父兄兼示平甫兄弟

父兄爲學衆人知，小弟文章亦自奇。家勢到今宜有後，士才如此豈無時〔二〕。久聞陽羨溪山好，頗與淵明性分宜。但願一門皆貴仕，時將車馬過茆茨。

〔一〕「愁」，宋刻本、龍舒本作「通」。
〔二〕「士」，龍舒本作「人」。

# 臨川先生文集　卷二十五

## 律詩 七言八句　七言長篇附

### 鍾山西庵白蓮亭

山亭新破一方苔，白帝留花滿四隈。野艷輕明非傅粉，秋光清淺不憑材。鄉窮自作幽人伴，歲晚誰爲静女媒？可笑遠公池上客，卻因松菊賦歸來。

### 贈老寧僧首

秀骨厖眉倦往還，自然清譽落人間。閑中用意歸詩筆，静外安身比太山。欲倩野雲朝送客，更邀江月夜臨關。嗟予蹤迹飄塵土，一對孤峰幾厚顔。

## 次韻舍弟賞心亭即事二首

檻折簷傾野水傍，臺城佳氣已消亡。難披榛莽尋千古〔一〕，獨倚青冥望八荒。坐覺塵沙昏遠眼，忽看風雨破驕陽。扁舟此日東南興，欲盡江流萬里長。

二

霸氣消磨不復存，舊朝臺殿祇空村。孤城倚薄青天近，細雨侵凌白日昏。稍覺野雲成晚霽〔二〕，却疑山月是朝暾。此時江海無窮興，醒客忘言醉客喧。

## 次韻陳學士小園即事

牆屋雖無好鳥鳴，池塘亦未有蛙聲。樹含宿雨紅初入，草倚朝陽緑更生。萬物天機何得喪，百年心事不將迎〔三〕。與君杖策聊觀化，搔首春風眼尚明。

---

〔一〕「榛」，原作「梗」，據龍舒本校改。
〔二〕「成」，龍舒本作「乘」。
〔三〕「心」，宋刻本作「新」。

## 寄友人

飄然羈旅尚無涯，一望西南百嘆嗟。江擁涕洟流入海，風吹魂夢去還家。平生積慘應銷骨，今日殊鄉又見花。安得此身如草樹，根株相守盡年華。

## 登大茅山〔一〕

一峰高出衆山顛，疑隔塵沙道里千〔二〕。俯視煙雲來不極，仰攀蘿蔦去無前。人間已換嘉平帝，地下誰通句曲天？陳迹是非今草莽，紛紛流俗尚師仙。

## 登中茅山

翛然杖屨出塵囂，雞犬無聲到泬寥。欲見五芝莖葉老，尚攀三鶴羽翰遥〔三〕。容溪路轉迷横

〔一〕「山」下，龍舒本有「頂」字。

〔二〕「道」，宋刻本作「萬」。

〔三〕「尚」，聽香館本作「向」。

彴〔二〕，仙几風來得墮樵。興罷日斜歸亦懶，更磨碑蘚認前朝。

登小茅山〔三〕

捫蘿路到半天窮，下視淮洲杳靄中〔三〕。物外真游來几席，人間榮願付苓通。白雲坐處龍池杳，明月歸時鶴馭空。回首三君誰更似？子房家世有高風。

送張仲容赴杭州孫公辟

萬屋相誇漆與丹，笑歌長在綺紈間。綵船春戲城邊水，畫燭秋尋寺外山。憶我屢隨遊客入，喜君今赴辟書還。遥知曼倩威行久，赤筆應從到日閑。

贈李士寧道人

季主逡巡居卜肆，彌明邂逅作詩翁。曾令宋賈歎車上，更使劉侯驚坐中。杳杳人傳多異

〔一〕「彴」，龍舒本作「徑」。
〔二〕「山」，龍舒本作「峰」。
〔三〕「淮洲」，龍舒本作「茅州」。

事，冥冥誰識此高風？行歌過我非無謂，唯恨貧家酒盞空。

## 次韻春日即事〔一〕

人間尚有薄寒侵，和氣先薰草樹心。丹白自分齊破蕾，青黃相向欲交陰。潺潺嫩水生幽谷，漠漠輕煙動遠林〔二〕。病得一官隨太守，班春無助愧周任。

## 次韻答陳正叔二首

青衫憔悴北歸來〔三〕，髮有霜根面有埃。群吠我方憎猘子，一鳴誰更識龍媒？功名落落求難值，日月沄沄去不回。勝事與身何等近，酒樽詩卷數須開。

### 二

田宅荒涼去復來，詩書顔髮兩塵埃。忘機自許鷗相狎，得禍誰期鶴見媒。此道未行身有待，古人不見首空回。何當水石他年住，更把韋編静處開。

〔一〕「即」，龍舒本作「感」。
〔二〕「煙」，龍舒本作「寒」。
〔三〕「北」，光啓堂本作「此」。

## 送崔左藏之廣東

怪石巉巉上泬寥，昔人於此奏簫韶。水清但有嘉魚出，風暖何曾毒草摇。今日淹留君按節，當時嬉戲我垂髫。因尋舊政詢遺老，爲作新詩變俚謡。

## 苦雨〔一〕

靈場奔走尚無功，去馬來車道不通。風助亂雲陰更密，水争高岸氣尤雄。平時溝洫今多廢，下户京囷久已空。肉食自嗟何所報，古人憂國願年豐〔二〕。

## 江上〔三〕

村落家家有濁醪，青旗招客解祇裯。春風似補林塘破，野水遥連草樹高。寄食舟車隨處弊，行歌天地此身勞。遲回自負平生意，豈是明時惜一毛？

〔一〕龍舒本題作「閔旱」。

〔二〕「人」，龍舒本作「今」。

〔三〕此詩爲龍舒本江上五首之第一首。

## 午枕

百年春夢去悠悠，不復吹簫向此留〔一〕。野草自花還自落，鳴禽相乳亦相酬。舊蹊埋没開新徑，朱户欹斜見畫樓。欲把一杯無伴侣，眼看興廢使人愁。

## 寄石鼓寺陳伯庸〔二〕

鯨海無風白日閑〔三〕，天門當面險難攀。塵埃掉臂離長陌〔四〕，琴酒和雲入舊山。仁義未饒軒冕貴，功名莫信鬼神慳。郭東一點英雄氣，時伴君心夜斗間。

〔一〕「此」，宋刻本作「北」，龍舒本作「比」。
〔二〕龍舒本無「寺」字。
〔三〕「海」，龍舒本作「魚」。
〔四〕「掉」，光啓堂本、聽香館本作「挨」。

送熊伯通

歲暮欣逢蓋共傾，川塗南北豈忘情。事經官路心應折〔二〕，地入家山眼更明。江上月華空自照，梅邊春意恰相迎。關河不鏁真消息，野客猶能聽治聲。

送王覃

分走人間十五年，塵沙吹鬢各蒼然。山林渺渺長回首，兒女紛紛忽滿前。知子有才思奮發，嗟余無地與迴旋。相看一作秦吴别，身世何時兩息肩。

送明州王大卿

大曆才臣有此州，昆雲今駕鹿轓游。從來所至邦人喜，真復能分聖主憂。千里封疆何足治，一時名跡故應留。屬城舊吏雖疲懶，尚可揮毫敵李舟。

〔二〕「官」，宋刻本作「宦」。「折」，宋刻本、龍舒本作「達」。

## 姑胥郭

誤褫雲巾别故山，抵吴由越兩間關。千家漁火秋風市，一葉歸舟暮雨灣。旅病愔愔如困酒，鄉愁脉脉似連環。情知帶眼從前緩，更恐顛毛自此斑。

## 嚴陵祠堂

漢庭來見一羊裘，默默俄歸舊釣舟。迹似磻溪應有待，世無西伯可能留。崎嶇馮衍才終廢，索寞桓譚道不謀。勺水果非鱣鮪地，放身滄海亦何求。

## 藏春塢詩獻刁十四丈學士

蒜山東渡得林丘，邂逅籃輿亦少留。今日更知萊氏隱，暮年長憶武陵遊。欲營垣屋隨穿斸，尚歎塵沙隔獻酬。遥約句吴亭下路〔一〕，春風深駐五湖舟。

〔一〕「句」，原作「向」，據宋刻本改。

## 太湖恬亭

檻臨溪上緑陰圍，溪岸高低入翠微〔一〕。日落斷橋人獨立，水涵幽樹鳥相依。清遊始覺心無累，静處誰知世有機。更待夜深同徙倚，秋風斜月釣船歸。

## 蒙城清燕堂

清燕新碑得自蒙，行吟如到此堂中。吏無田甲當時氣，民有莊周後世風。庭下早知閑木索〔二〕，坐間遥想御絲桐。飄然一往何時得，俛仰塵沙欲作翁。

## 次韻酬吴彦珍見寄二首 時彦珍爲教授〔三〕，學有右軍墨池〔四〕。

君作新詩故起予，一吟聊復報雙魚。杖藜高徑誰來往？散帙空堂自卷舒。樹外鳥啼催晚

〔一〕「岸」，龍舒本作「月」。
〔二〕「木索」，龍舒本作「索木」。
〔三〕「爲」下，全宋詩校補「撫州」二字。
〔四〕「右」上，龍舒本有「王」字。

種，花間人語趁朝虚。春風處處堪攜手，何事臨池苦學書？

二

篁竹荒茅五畝餘，生涯山蕨與泉魚。家貧殖貨羞端木，鄉里傳書比仲舒。白日憶君聊遠望，青林嗟我似逃虚。春風渺渺烏塘尾，漫得東來一紙書〔一〕。

自金陵如丹陽道中有感〔二〕

數百年來王氣消，難將前事問漁樵〔三〕。苑方秦地皆蕪没〔四〕，山借揚州更寂寥。荒埭暗雞催月曉，空場老雉挾春驕。豪華祇有諸陵在，往往黄金出市朝。

初去臨川

東浮溪水渡長林，上坂回頭一拊心。已覺省煩非仲叔，安能養志似曾參。憂傷遇事紛紛

〔一〕「漫」，龍舒本作「謾」。
〔二〕「如」，龍舒本作「至」。
〔三〕「前」，龍舒本作「往」。
〔四〕「苑」，龍舒本作「花」。

出，疾病乘虚亹亹侵。未有半分求自贖，恐填溝壑更霑襟。〔二〕

## 讀史

自古功名亦苦辛，行藏終欲付何人？當時黮闇猶承誤，末俗紛紜更亂真。糟粕所傳非粹美，丹青難寫是精神。區區豈盡高賢意，獨守千秋紙上塵。

## 讀詔書 慶曆七年。

去秋東出汴河梁，已見中州旱勢强。日射地穿千里赤，風吹沙度滿城黄。近聞急詔收群策，頗説新年又亢陽。賤術縱工難自獻，心憂天下獨君王。

〔二〕　原校：「一作：馬頭西去百霑襟，一望親庭更苦心。已覺省煩非仲叔，安能養志似曾參。憂傷遇事紛紛出，疾病乘虚亹亹侵。手把詩篇卧空屋，欲歌商頌不成音。」龍舒本同，題作「西去」。

每見王太丞邑事甚冗而剸劇之暇能過訪山館兼出佳篇爲贈仰嘆才力因成小詩[一]

我看繁訟頻搔首，君富才明見亦常。尚有閑襟尋水石，更留佳句似池塘。松苗地合分高下，鳧鶴天教有短長。徐上青雲猶未晚，可無音問及滄浪。

王浮梁太丞之聽訟軒有水禽三巢于竹林之上恬而自得邑人作詩以美之因次元韻

水邊舟動多驚散，何事林間近絶疑。野意肯從威令至，舊巢猶有主人知。見王太丞詩。不關飲啄春江暖，自在飛鳴夏日遲。覽德豈無丹穴鳳，到時應讓向南枝。

[一] 「暇」下，龍舒本有「猶」。

## 寄虞氏兄弟

一身兼抱百憂虞，忽忽如狂久廢書。疇昔心期俱喪勇，此來腰疾更乘虚〔一〕。久聞陽羨安家好〔二〕，自度淵明與世疏。亦有未歸溝壑日，會應相近置田廬。

## 除夜寄舍弟

一尊聊有天涯憶，百感翻然醉裏眠。酒醒燈前猶是客，夢回江北已經年。佳時流落真何得，勝事蹉跎只可憐。唯有到家寒食在，春風因泛潁溪船〔三〕。

## 答熊本推官金陵寄酒

鬱金香是蘭陵酒，枉入詩人賦詠來。庭下北風吹急雪，坐間南客送寒醅。淵明未得歸三徑，金陵有舊廬。叔夜猶同把一杯。吟罷想君醒醉處，鍾山相向白崔嵬。

〔一〕「此」，聽香館本作「比」。
〔二〕「陽」原作「楊」，據全宋詩校改。
〔三〕「潁」，聽香館本作「預」。

## 和錢學士喜雪

手把詩翁憶雪詩，坐愁窮海瘴煙霏。誰令天上蒼茫合，忽見空中散漫飛。閶闔與風生氣勢，姮娥交月借光輝〔一〕。山鵶瑟縮相依立，邑犬跳梁未肯歸。點綴丘園榮樹木，埋藏溝壍亂封圻。高歌業已傳都市，逸興何當叩隱扉。頗欲攜樽邀使騎，幾忘温席薦親闈。公今早晚班春去，强勸滂田補歲饑。

## 送江寧彭給事赴闕

西江望士衆長兼，卓犖傳家在一男。壯志異時開史牒，妙齡終日對書龕。桂堂發策收科選，櫻苑頒詩豫宴酣。大邑援琴聊試可，小州懷紱果才堪。分臺拜職榮先入，抗疏辭恩恥横覃。勁操比松寒不撓，忠言如藥苦非甘。龍鱗直爲當官觸，虎穴寧闢射利探。朱轂獸頭終協夢，粉闈雞舌更須含。均輸北轉荆門鷁，勸課西臨蜀市蠶。期信有兒迎郭伋，食貧無地乞羊曇。櫜垂鈴棧駝鳴圜，節擁棠郊虎視眈。歸見廣墀瞻斧藻，對揚初服改朱藍。進班華省財方阜，出按窮

〔一〕「姮」，龍舒本作「常」。

邊虜稍戢。帝命賈琮當冀北，民歌姬奭次周南。投壺饗客魚無乙，伐鼓蒐兵馬有驔。鯨鬣掀紅旗杳杳，虬髯吒黑纛髿髿。威加諸部風霜肅，惠浸連營雨露涵。大斗時時能劇飲，輕裘往往秖清談。乾龍已應天飛五，晉馬徐觀晝接三。道在君臣方自合，德侔卿長亦誰慚？便蕃肯較平生寵，放曠皆知雅性妉。委佩去辭廷殖殖，揚舲來得府潭潭〔二〕。一尊客語從容盡，千里人情委曲諳。豈但搢紳稱召杜，故多扶杖祝彭聃。幕中俊乂閑刀筆，帳下驍雄冷劍鐔。楚地怪須留汲黯，蕭規疑欲付曹參。從來貴勢公何慕？自是賢名上所貪。未信逸身今以老〔三〕，且當憂國每如惔。論心邂逅膠投漆，搔首低徊雪滿簪。鎮撫未驚移歲月，追攀曾許賞煙嵐。餘歡遽隔新亭餞，宿惠難忘舊館驂。卷曲尚誰知散櫟，崢嶸空此詠枯楠。

〔二〕「舲」，龍舒本作「艅」。

〔三〕「以」，光啓堂本、聽香館本作「已」。

# 臨川先生文集　卷二十六

## 律詩　五言絶句　回紋　六言詩附

### 聊行[一]

聊行弄芳草，獨坐隱團蒲。問客茅簷日，君家有此無？

### 染雲[二]

染雲爲柳葉，剪水作梨花。不是春風巧，何緣有歲華？

[一] 此詩爲龍舒本絶句九首之第二首。
[二] 此詩爲龍舒本絶句九首之第六首。

## 溝港〔一〕

溝港重重柳，山坡處處梅。小輿穿麥過，狹徑礙桑回。

## 霹靂溝

霹靂溝西路，柴荆四五家。憶曾騎款段，隨意入桃花。

## 午睡

簷日陰陰轉，牀風細細吹。翛然殘午夢，何許一黄鸝。

## 題齊安壁

日淨山如染，風暄草欲薰。梅殘數點雪，麥漲一溪雲。

〔一〕此詩爲龍舒本絶句九首之第七首。

## 昭文齋 米黻題余定林所居，因作。

我自山中客〔一〕，何緣有此名？當緣琴不鼓，人不見虧成。

## 臺上示吴愿〔二〕

細書妨老讀，長簟愜昏眠〔三〕。取簟且一息，抛書還少年。

## 示道原

久不在城市〔四〕，少留心悵然。幽芳可攬結，佇子飲雲泉。

〔一〕「山中」，原作「中山」，據龍舒本校改。
〔二〕「愿」，光啓堂本作「思」。
〔三〕「愜」，宋刻本、龍舒本作「怯」。
〔四〕「在」，光啓堂本、聽香館本作「仕」。

## 傳神自讚[一]

此物非他物，今吾即故吾。今吾如可狀，此物若爲摹。

## 題何氏宅園亭

荷葉參差卷，榴花次第開。但令心有賞，歲月任渠催。

## 草堂一上人[二]

一公持一鉢，想復度遥岑。地瘦無黄犢，春來草更深。

## 題黄司理園

爲憶去年梅，凌寒特地來。閏前空臘盡，渾未有花開。

---

〔一〕此詩爲龍舒本真讚二首之第二首。

〔二〕「上人」，龍舒本作「山主」。

## 北山涔亭〔一〕

西崦水泠泠〔二〕，沿岡有涔亭。自從春草長，遥見秪青青。

## 題永昭陵〔三〕

神闕澹朝暉〔四〕，蒼蒼露未晞。龍車不可望，投老涕霑衣〔五〕。

## 詠穀

可憐臺上穀，轉目已陰繁。不解詩人意，何爲樂彼園？

〔一〕龍舒本無「北山」二字。
〔二〕「泠泠」，光啓堂本作「冷冷」。
〔三〕龍舒本無「題」字。
〔四〕「澹」，龍舒本作「淡」。
〔五〕「霑」，龍舒本作「沾」。

## 池上看金沙花數枝過酴醾架盛開〔一〕

故作酴醾架，金沙秪謾栽。似矜顔色好，飛度雪前開。

## 五柳

五柳柴桑宅，三楊白下亭。往來無一事，長得見青青。

## 移松皆死〔二〕

李白今何在？桃紅已索然。君看赤松子，猶自不長年。

## 山中

隨月出山去，尋雲相伴歸。春晨花上露，芳氣著人衣。

〔一〕此詩爲龍舒本薔薇四首之第四首。

〔二〕龍舒本題注「重」，又題作「李白」。

## 送王補之行風忽作因題四句於舟中

淮口西風急，君行定幾時？故應今夜月，未便照相思。

## 被召作〔二〕

榮禄嗟何及，明恩愧未酬。欲尋西掖路，更上北山頭。

## 再題南澗樓

北山雲漠漠，南澗水悠悠。去此非吾願，臨分更上樓。

## 南浦

南浦隨花去，迴舟路已迷。暗香無覓處，日落畫橋西。

〔二〕龍舒本題作北山，又爲遊鍾山四首之第四首。

## 題定林壁懷李叔時

雲與淵明出，風隨禦寇還。燎爐無伏火，蕙帳冷空山。

## 離蔣山

出谷頻回首，逢人更斷腸。桐鄉豈愛我，我自愛桐鄉。

## 江上〔一〕

江水漾西風，江花脱晚紅。離情被横笛，吹過亂山東。

## 春雨

苦霧藏春色，愁霖病物華。幽奇無可奈，强釂一杯霞〔二〕。

〔一〕此詩爲龍舒本江上五首之第三首。

〔二〕「釂」，光啓堂本作「嚼」。

## 歸燕

馬上逢歸燕，知從何處來？貪尋舊巢去，不帶錦書迴。

## 和惠思波上鷗

翩翩白皂鷗，汎汎水中游。西來久不見，夢想在滄洲。

## 秣陵道中口占二首

經世才難就，田園路欲迷。慇懃將白髮，下馬照青溪。

### 二

歲熟田家樂，秋風客自悲。茫茫曲城路，歸馬日斜時。

## 次青陽〔一〕

十載九華邊，歸期尚渺然。秋風一乘傳，更覺負林泉。

---

〔一〕「陽」，龍舒本作「春」。

## 代陳景元書于太一宫道院壁〔一〕

官身有吏責，觸事遇嫌猜。野性豈堪此，廬山歸去來。

## 山雞〔二〕

山雞照淥水，自愛一何愚！文采爲世用，適足累形軀。

## 雜詠四首〔三〕

故畦抛汝水，新壟寄鍾山。爲問揚州月，何時照我還？

二

已作湖陰客，如何更遠遊？章江昨夜月，送我到揚州。

---

〔一〕龍舒本「元」作「文」，無「于太一宫道院壁」七字。

〔二〕此詩爲龍舒本金陵絶句四首之第四首。

〔三〕此四首爲龍舒本雜詠絶句十五首之第十一、十二、十三、十四首。

三

證聖南朝寺，三年到百回。不知牆下路，今日幾荷開？

四

桃李石城塢，餉田三月時。柴荆常自閉，花發少人知。

卧聞

卧聞黄栗留，起見白符鳩。坐引魚兒戲，行將鹿女遊。

秋興有感

宿雨清畿甸，朝陽麗帝城。豐年人樂業，隴上踏歌聲。

題八功德水

欲尋阿練若，曳屐出東岡。澗谷芳菲少，春風著野桑。

## 口占〔一〕

去歲别南嶽，前年返溈潭。臨機一句子，今日遇同參。

## 偶書〔二〕

雄也營身足，聃兮悞汝多。捐書知聖已，絶學奈禽何？

## 送陳景初金陵持服舉族貧病煩君藥石之功〔三〕

舉族貧兼病，煩君藥石功。長安何日到？一一問歸鴻。

〔一〕「占」下，龍舒本有「示禪師」三字。
〔二〕龍舒本題作「雄聃」。
〔三〕龍舒本題末有「小詩二首」四字，此詩爲第一首。

## 泊姚江〔一〕

軋軋櫓聲急，蒼蒼江日低。吾行有定止，潮汐自東西。

## 樓上

蕩漾舟中客，徘徊樓上人。滄波浩無主，兩槳邈難親。

## 春晴

新春十日雨，雨晴門始開。静看蒼苔紋，莫上人衣來。

## 浄相寺

浄相前朝寺，荒涼二十秋。曾遭滅劫壞〔二〕，今遇勝緣修。

〔一〕此詩爲龍舒本泊姚江二首之第二首。

〔二〕「滅」，聽香館本作「塵」。

## 將母[一]

將母邗溝上，留家白紵陰。月明聞杜宇，南北總關心。

## 朱朝議移法雲蘭

幽蘭有佳氣，千載閟山阿。不出阿蘭若，豈遭乾闥婆。

## 晚歸

岸迴重重柳，川低渺渺河。不愁南浦暗，歸伴有姮娥。

## 題舫子

愛此江邊好，留連至日斜。眠分黄犢草，坐占白鷗沙。

[一] 此詩爲龍舒本雜詠絶句十五首之第十五首。

## 惠崇畫

斷取滄州趣，移來六月天。道人三昧力，變化只和鉛。

## 蒲葉

蒲葉清淺水，杏花和暖風。地偏緣底緑，人老爲誰紅？

## 芳草[一]

芳草知誰種，緣階已數叢。無心與時競，何苦緑匆匆？

## 與徐仲元自讀書臺上定林

横絶潺湲度[二]，深尋犖确行。百年同逆旅，一壑我平生。

[一]「草」，原缺，據底本卷首目録及宋刻本、龍舒本、光啓堂本、聽香館本校補。

[二]「度」，龍舒本作「渡」。

## 病中睡起折杏花數枝二首〔一〕

獨卧南窗榻，翛然五六旬。已聞鄰杏好，故挽一枝春。

二

獨卧無心起，春風閉寂寥。鳥聲誰唤汝，屋角故相撩。

## 送望之赴臨江

黄雀有頭顱，長行萬里餘。想因君出守，暫得免包苴。

## 送丁廓秀才歸汝陰〔二〕

風駛柳條乾，駝裘未勝寒。慇懃陌上日，爲客暖征鞍。

〔一〕龍舒本題作「庵中睡起二首」，第一首又題作「折花病中」。

〔二〕此詩爲龍舒本送丁廓秀才三首之第三首。

送王彦魯

北客憐同姓，南流感似人。相分豈相忘，臨路更情親。

送吕望之

池散田田碧，臺敷灼灼紅。年華豈有盡，心賞亦無窮。

别方劭祕校

迢迢建業水，中有武昌魚。别後應相憶，能忘數寄書？

梅花

牆角數枝梅，凌寒獨自開。遥知不是雪，爲有暗香來。

紅梅

春半花纔發，多應不奈寒。北人初未識，渾作杏花看。

## 病起過寶覺

執手乍欣悵，霜毛應更新。依然舊童子，却想夢前身。

## 書定林院窗 問遠大師，師云：「夜來夢與説十波羅蜜。」

道人今輟講，卷被寄松蘿〔一〕。夢説波羅蜜，當如習氣何。

## 題徐浩書法華經〔二〕

一切法無差，水牛生象牙。莫將無量義，欲覓妙蓮華。

## 碧蕪 回紋〔三〕

碧蕪平野曠，黄菊晚村深。客倦留甘飲，身閑累苦吟。

〔一〕「被」，光啓堂本、聽香館本作「被」。

〔二〕龍舒本題作「示無著上人」。

〔三〕此詩爲龍舒本回文三首之第一首。「紋」，聽香館本作「文」。

夢長[一]

夢長隨永漏，吟苦雜疏鍾。動蓋荷風勁，沾裳菊露濃。

迸月[二]

迸月川魚躍，開雲嶺鳥翻。徑斜荒草惡，臺廢冶花繁。

泊雁

泊雁鳴深渚，收霞落晚川。柝隨風斂陣，樓映月低弦。

二

漠漠汀帆轉，幽幽岸火然。壑危通細路，溝曲繞平田。

[一] 此詩爲龍舒本回文三首之第二首。

[二] 此詩爲龍舒本回文三首之第三首。

## 題西太一宫壁二首 六言

草色浮雲漠漠，樹陰落日潭潭〔一〕。三十六陂流水〔二〕，白頭想見江南。

二

三十年前此路〔三〕，父兄持我東西。今日重來白首，欲尋陳迹都迷。

## 西太一宫樓

草際芙蕖零落，水邊楊柳欹斜。日暮炊煙孤起，不知魚網誰家。

〔一〕原校：「一作：柳葉鳴蜩緑暗，荷花落日紅酣。」龍舒本同。

〔二〕「陂流」，原校：「一作宫煙。」龍舒本同。

〔三〕「路」，原校：「一作地。」

# 臨川先生文集　卷二十七

## 律詩 七言絶句

### 歌元豐五首〔一〕

水滿陂塘穀滿篝，漫移蔬果亦多收〔二〕。神林處處傳簫鼓，共賽元豐第一秋〔三〕。

### 二

露積成山百種收〔四〕，漁粱亦自富蝦鰌。無羊説夢非真事，豈見元豐第一秋？

〔一〕此五首爲龍舒本半山即事十首之第四、七、八、五、九首。

〔二〕「漫」，龍舒本作「謾」。

〔三〕「一」，龍舒本作「二」。

〔四〕「成山」，龍舒本作「山禾」。

三

湖海元豐歲又登，稆生猶足暗溝塍〔一〕。家家露積如山壠，黄髮咨嗟見未曾。

四

放歌扶杖出前林，遥和豐年擊壤音。曾侍玉階知帝力〔二〕，曲中時有譽堯心。

五

豚栅雞塒晻靄間〔三〕，暮林摇落獻南山。豐年處處人家好，隨意飄然得往還。

## 棋

莫將戲事擾真情，且可隨緣道我贏。戰罷兩奩分白黑〔四〕，一枰何處有虧成。

〔一〕「稆」，龍舒本作「旅」，光啓堂本作「穭」，聽香館本作「秬」。
〔二〕「玉」，原作「土」，據龍舒本校改。
〔三〕「栅」，宋刻本作「筴」。
〔四〕「分」，宋刻本原校：「一作收。」龍舒本作「收」。「白黑」，龍舒本作「黑白」。

## 題畫扇〔一〕

玉斧修成寶月團，月邊仍有女乘鸞〔二〕。青冥風露非人世，鬢亂釵斜特地寒。

## 夢

黄粱欲熟且留連〔三〕，漫道春歸莫悵然〔四〕。蝴蝶豈能知夢事，蘧蘧飛墮晚花前。

## 清明〔五〕

東城酒散夕陽遲，南陌鞦韆寂寞垂。人與長瓶卧芳草，風將急管度青枝。

〔一〕龍舒本無「畫」字。

〔二〕「鸞」，光啓堂本作「鑾」。

〔三〕「粱」，光啓堂本、聽香館本作「梁」。

〔四〕「漫」，龍舒本作「謾」。

〔五〕龍舒本題作「東城」。

## 東岡

東岡歲晚一登臨，共望長河映遠林。萬竅怒呺風喪我，千波競湧水無心。

## 春郊

青秧漫漫出初齊，雞犬遥聞路却迷。但見山花流出水，那知不是武陵溪。

## 元日〔一〕

爆竹聲中一歲除，東風送暖入屠蘇〔二〕。千門萬户曈曈日，争插新桃换舊符〔三〕。

〔一〕「元」，龍舒本作「除」。
〔二〕「東」，龍舒本作「春」。
〔三〕「争插」，原校：「一作總把。」龍舒本同。

## 九日

九日無歡可得追，飄然隨意歷山陂。蔣陵西曲風煙慘〔二〕，也有黄花一兩枝。

## 初晴

幅巾慵整露蒼華〔三〕，度隴深尋一徑斜。小雨初晴好天氣，晚花殘照野人家。

## 南蕩〔三〕

南蕩東陂水漸多，陌頭車馬斷經過。鍾山未放朝雲散，奈此黄梅細雨何？

〔一〕「曲」，原校：「一作面。」「慘」，原校：「一作澹。」

〔二〕「蒼」，光啓堂本作「光」。

〔三〕此詩爲龍舒本即事十五首之第一首。

## 芙蕖〔一〕

芙蕖耐夏復宜秋〔二〕，一種今年便滿溝〔三〕。南蕩東陂無此物，但隨深淺見游儵。

## 溝西〔四〕

溝西直下看芙蕖，葉底三三兩兩魚。若比濠梁應更樂，近人渾不畏春鉏。

## 東皋〔五〕

東皋攬結知新歲，西崦攀翻憶去年〔六〕。肘上柳生渾不管，眼前花發即欣然。

〔一〕此詩爲龍舒本即事十五首之第二首。
〔二〕「耐」，龍舒本作「奈」。
〔三〕「便」，龍舒本作「已」。
〔四〕此詩爲龍舒本即事十五首之第三首。
〔五〕此詩爲龍舒本即事十五首之第四首。
〔六〕「攀翻」，龍舒本作「翻攀」。

一陂〔一〕

一陂焰水蔣陵西〔二〕，含風却轉與城齊。周遭碧銅磨作港，逼塞緑錦剪成畦〔三〕。

園蔬〔四〕

園蔬小摘嫩還抽，畦稻新春滑欲流。枕簟不移隨處有，飽餐甘寢更無求。

翛然〔五〕

翛然三月閉柴荆〔六〕，緑葉陰陰忽滿城。自是老年遊興少〔七〕，春風何處不堪行？

〔一〕此詩爲龍舒本即事十五首之第五首。

〔二〕「陂」，原校：「一作段。」

〔三〕「逼」，宋刻本作「畐」。

〔四〕此詩爲龍舒本即事十五首之第六首。

〔五〕此詩爲龍舒本即事十五首之第八首。

〔六〕「翛然」，龍舒本作「蕭蕭」。

〔七〕「老年」，龍舒本作「往來」。

## 杖藜[一]

杖藜隨水轉東岡，興罷還來赴一牀。堯桀是非時入夢[二]，固知餘習未全忘。

## 圖書[三]

圖書老矣尚紛披，神劓天黥以有知。茅竹結蟠聊一愒，却尋三界外愚癡。

## 老嫌[四]

老嫌智巧累形軀，欲就田翁學破除。百歲用癡能幾許，救吾黥劓可無餘。

[一] 此詩爲龍舒本即事十五首之第九首。
[二] 「時」，龍舒本作「猶」。
[三] 此詩爲龍舒本即事十五首之第十首。
[四] 此詩爲龍舒本即事十五首之第十一首。

## 移柳[一]

移柳當門何啻五，穿松作徑適成三。臨流遇興還能賦，自比淵明或未慚[二]。

## 誰將[三]

誰將石黛染春潮，復撚黄金作柳條。西崦東溝從此好，筍輿追我莫辭遥。

## 雪乾[四]

雪乾雲浄見遥岑[五]，南陌芳菲復可尋。换得千顰爲一笑，春風吹柳萬黄金。

---

〔一〕此詩爲龍舒本即事十五首之第十五首。

〔二〕「臨流」二句，龍舒本作「能令心與身無累，未覺公於長者慚」。

〔三〕此詩爲龍舒本半山即事十首之第一首。

〔四〕此詩爲龍舒本半山即事十首之第二首。

〔五〕「浄」，龍舒本作「静」。

## 南浦〔一〕

南浦東岡二月時，物華撩我有新詩。含風鴨緑粼粼起，弄日鵝黄裊裊垂。

## 竹裏

竹裏編茅倚石根，竹莖疏處見前村。閑眠盡日無人到，自有春風爲掃門。

## 隨意〔二〕

隨意柴荆手自開，沿岡度塹復登臺。小橋風露扁舟月，迷鳥羈雌竟往來。

〔一〕此詩爲龍舒本半山即事十首之第三首。

〔二〕此詩爲龍舒本半山即事十首之第六首。

## 秋雲〔一〕

秋雲放雨静山林，萬壑崩湍共一音。欲記荒寒無善畫〔二〕，賴傳悲壯有能琴。

## 春風〔三〕

春風過柳緑如繰，晴日烝紅出小桃。池暖水香魚出處，一環清浪湧亭皋。

## 陂麥〔四〕

陂麥連雲慘淡黄，緑陰門巷不多涼。更無一片桃花在，借問春歸有底忙？

〔一〕此詩爲龍舒本半山即事十首之第十首。

〔二〕「畫」，光啓堂本、聽香館本作「處」。

〔三〕此詩爲龍舒本雜詠絶句十五首之第一首。

〔四〕此詩爲龍舒本絶句九首之第一首。

## 木末[一]

木末北山煙冉冉，草根南澗水泠泠。繰成白雪桑重緑，割盡黄雲稻正青。

## 進字説二首

正名百物自軒轅，野老何知强討論。但可與人漫醤瓿，豈能令鬼哭黄昏。

二[二]

鼎湖龍去字書存，開闢神機有聖孫。湖海老臣無四目，謾將糟粕污脩門。

## 窺園[三]

杖策窺園日數巡，攀花弄草興常新。董生只被公羊惑，肯信捐書一語真？

---

[一] 此詩爲龍舒本絶句九首之第九首。

[二] 龍舒本題作「成字説後」。

[三] 龍舒本題作「杖策」。

## 嘲白髮

久應飄轉作蓬飛，眷惜冠巾未忍違。種種春風吹不長，星星明月照還稀。

## 代白髮答

從衰得白自天機，未怪長青與願違。看取春條隨日長，會須秋葉向人稀。

## 外厨遺火二首〔一〕

竈鬼何爲便赫然，似嫌刀机苦無羶。圖書得免同煨燼，却賴厨人清不眠〔二〕。

### 二

青煙散入夜雲流，赤焰侵尋上瓦溝。門户便疑能炙手，比鄰何苦却焦頭。

---

〔一〕「首」，龍舒本作「絶」。

〔二〕「清」，龍舒本、光啓堂本、聽香館本作「清」。

## 初夏即事

石梁茅屋有彎碕，流水濺濺度兩陂。晴日暖風生麥氣，緑陰幽草勝花時。

## 千蹊〔一〕

千蹊百隧散林丘，圖畫風煙一色秋。但有興來隨處好，楊朱何苦涕横流。

## 和陳輔秀才金陵書事

南郭先生比鶺鴒，年年過我未愆期。休論王謝當時事，大抵烏衣祇舊時。

## 和耿天騭以竹冠見贈四首

竹根殊勝竹皮冠，欲著先須短髮乾。要使山林人共見，不持方帽禦風寒。

---

〔一〕龍舒本題作「秋興」。

二

無物堪持比此冠，竹皮柔脆縠皮乾。故人戀戀綈袍意，豈爲哀憐范叔寒。

三

玉潤金明信好冠[一]，錯刀剜出蘚紋乾。不忘君惠常加首，要使歡盟未可寒。

四

冠工新意斲檀欒，霧卷雲烝久未乾[二]。遺我山林真自稱，何須貂暖配金寒。

## 和郭公甫[三]

且欲相邀臥看山[四]，扁舟自可送君還。留連山郭今如此[五]，知復何時伴我閒？

〔一〕「玉」，光啓堂本、聽香館本作「滋」。
〔二〕「霧卷」，宋刻本、龍舒本作「卷會」。
〔三〕「公」，宋刻本作「功」。
〔四〕「且」，光啓堂本作「兄」。
〔五〕「山」，龍舒本作「城」。

## 葉致遠置洲田以詩言志次其韻二首[一]

吟歎君詩久掉頭，知君興不負滄洲。土山欲爲羊曇賭，且可專心學奕秋。

二

若將有限計無涯，自困真同算海沙。隨順世緣聊戲劇，莫言河渚是吾家。

## 又次葉致遠韻二首[二]

庵成有興亦尋春，風暖荒萊步始勻。若遇好花須一笑，豈妨迦葉杜多身。

二

明時君尚富春秋，豈比衰翁遠自投。智略未應施畎畝，上前他日望吾丘。

[一] 此二詩爲龍舒本次韻葉致遠五首之第二、三首。
[二] 此二詩爲龍舒本次韻葉致遠五首之第四、五首。

## 次昌叔韻

寄公無國寄鍾山，垣屋青松晻靄間。長以聲音爲佛事，野風蕭颯水潺湲。

## 次張唐公韻

憶昨同追八馬蹄，約公投老此山棲。公乘白鳳今何處？我適新年值白雞。

## 次俞秀老韻

解我葱珩脱孟勞，暮年甘與子同袍。新詩比舊增奇峭，若許追攀莫太高。

## 酬宋廷評請序經解

未曾相識已相憐〔一〕，香火靈山亦有緣〔二〕。訓釋雖工君尚少，不應忽務世人傳〔三〕。

〔一〕「已」，龍舒本作「每」。
〔二〕「亦」，龍舒本「或」。
〔三〕「忽」，全宋詩校改作「急」。

送耿天騭至渡口

雪雲江上語依依，不比尋常恨有違。四十餘年心莫逆，故人如我與君稀。

永慶院送道原還儀真作詩要之〔一〕

歲暮青條已見梅，餘花次第相争開〔二〕。淮南無此山林勝，作意春風更一來。

送方劭祕校

南浦柔條拂地垂〔三〕，攀翻聊寄我西悲。武昌官柳年年好，他日春風憶此時。

〔一〕「永」，原作「承」，據卷首目録校改。龍舒本題作「送道原至永慶院」。
〔二〕「相」，宋刻本、龍舒本作「想」。
〔三〕「地」，龍舒本作「面」。

## 芙蓉堂二首〔一〕

投老歸來一幅巾，尚私榮禄備藩臣。芙蓉堂下疏秋水，且與龜魚作主人。

## 二〔二〕

乞得膠膠擾擾身，五湖煙水替風塵。祇將鳧雁同爲侶，不與龜魚作主人。

## 長干釋普濟坐化〔三〕

投老唯公最故人，相尋長恨隔城闉。百年俯仰隨薪盡，畫手空傳浄戒身。

〔一〕此二詩之第一首，龍舒本題作「答韓持國芙蓉堂」。

〔二〕此詩爲龍舒本初到金陵二首之第二首。

〔三〕龍舒本題作「哭慈照大師」。

# 臨川先生文集　卷二十八

## 律詩 七言絶句

### 送黄吉甫入京題清涼寺壁

薰風洲渚薺花繁，看上征鞍立寺門。投老難堪與君别〔一〕，倚江從此望還轅〔二〕。

### 與道原自何氏宅步至景德寺 元豐七年三月十九日。〔三〕

前時偶見花如夢，紅紫紛披競淺深。今日重來如夢覺，静無餘馥可追尋。

---

〔一〕「君」，龍舒本作「公」。

〔二〕「江」，龍舒本作「崗」。「還」，龍舒本作「回」。

〔三〕龍舒本無「自何氏宅」四字及題注。

## 過法雲[一]

路過潮溝八九盤，招提雪脊隱雲端。金鈿一一花總老，翠被重重山更寒。

## 光宅寺 梁武帝宅也。其北齊安，隔淮齊武帝宅也。宋興又在其北。[二]

齊安孤起宋興前，光宅相仍一水邊。蜂分蟻争今不見，故窠遺埡尚依然。

## 題勇老退居院[三]

道人投老寄山林，偶坐翛然洗我心。夢境此身能且在，明年寒食更相尋。

---

[一] 「雲」下，龍舒本有「寺」字。

[二] 龍舒本無題注。

[三] 龍舒本題注「今鐵索」。

## 與寶覺宿龍華院三絶句

舊有詩云：「京口瓜洲一水間，鍾山只隔數重山。春風自緑江南岸，明月何時照我還。」〔一〕

老於陳迹倦追攀，但見幽人數往還。憶我小詩成悵望，鍾山只隔數重山〔二〕。

二

世間投老斷攀緣，忽憶東遊已十年。但有當時京口月，與公隨我故依然。

三

與公京口水雲間，問月何時照我還。邂逅我還還問月，何時照我宿金山？

## 清涼寺白雲庵〔三〕

庵雲作頂峭無鄰，衣月爲衿静稱身。木落岡巒因自獻，水歸洲渚得横陳。

〔一〕龍舒本題無「句」字，無題注。「舊」上，全宋詩校補「某」字。「瓜」，光啓堂本作「派」。

〔二〕「鍾」，龍舒本作「金」。

〔三〕「寺」字原無，據龍舒本補。

## 自定林過西庵

午雞聲不到禪林，柏子煙中静擁衾。忽憶西巖道人語，杖藜乘興得幽尋。

## 歸庵

稻畦藏水緑秧齊，松鬣初乾尚有泥。縱蹇尋岡歸獨卧，東庵殘夢午時雞。

## 雪中遊北山呈廣州使君和叔同年

南州歲晚亦花開〔一〕，有底堪隨驛使來。看取鍾山如許雪，何須持寄嶺頭梅。

## 謝安墩二首

我名公字偶相同，我屋公墩在眼中。公去我來墩屬我，不應墩姓尚隨公。

〔一〕「州」，龍舒本作「枝」。

二

謝公陳迹自難追，山月淮雲祇往時。一去可憐終不返，暮年垂淚對桓伊。

## 東陂二首

東陂風雨卧黄雲，塍水翻溝隔壠分〔一〕。春玉取新知不晚，腰鎌今日已紛紛。

二〔二〕

荷葉初開筍漸抽，東陂南蕩正堪游。無端壠上翛翛麥，横起寒風占作秋。

## 山陂

山陂院落今揺種，城郭樓臺已放燈。白髮逢春唯有睡，睡間啼鳥亦生憎。

〔一〕「塍」，龍舒本作「塍」。
〔二〕此詩龍舒本題作「隴麥」。

## 欲往北山以雨止〔一〕

北山朝氣澹高秋，欲往愁霔獨少留〔二〕。散策緣岡初見日，興隨雲盡復中休。

## 耿天騭惠梨次韻奉詶三首〔三〕

故人家果獨難忘，秋實初成便得嘗。直使紫花形味勝，豈能終日望咸陽。

**二**

淮圃新陰百畝涼，分甘每得助秋嘗。張公大谷雖云美，誰肯苞苴出晉陽。

**三**

甘滋南北共傳誇，栽接還如老圃家。誰謂交梨非外獎，因君澆灌已萌芽。

---

〔一〕「北」，龍舒本作「鍾」。

〔二〕「霔」，龍舒本作「霖」。

〔三〕「三首」，原無，據底本卷首目録補。

## 北山有懷

香火因緣寄此山，主恩投老更人間。傷心躑躅岡頭路，明日春風自往還。

## 定林〔一〕

窮谷經春不識花，新松老柏自欹斜。慇懃更上山頭望，白下城中有幾家。

## 封舒國公三首

陳迹難尋天柱源，疏封投老誤明恩。國人欲識公歸處，楊柳蕭蕭白下門。

二

桐鄉山遠復川長，紫翠連城碧滿隍。今日桐鄉誰愛我？當時我自愛桐鄉。

三

開國桐鄉已白頭，國人誰復記前遊。故情但有吴塘水，轉入東江向我流。

〔一〕此詩爲龍舒本定林院三首之第一首。

## 北陂杏花[一]

一陂春水繞花身，花影妖饒各占春。縱被春風吹作雪，絶勝南陌碾成塵。

## 五更

青燈隔幔映悠悠[二]，小雨含煙凝不流。祇聽蛩聲已無夢，五更桐葉强知秋。

## 與薛肇明奕棋賭梅花詩輸一首[三]

華髮尋春喜見梅，一株臨路雪培堆。鳳城南陌他年憶，杳杳難隨驛使來。

---

[一] 龍舒本題作「水花」。

[二] 「幔」，龍舒本作「慢」。

[三] 「肇明」，龍舒本作「秀才」。

## 又代薛肇明一首〔一〕

野水荒山寂寞濱，芳條弄色最關春。故將明艷凌霜雪，未怕青腰玉女嗔。

## 溝上梅花欲發〔二〕

亭亭背暖臨溝處，脉脉含芳映雪時。莫恨夜來無伴侣，月明還見影參差。

## 江梅

江南歲盡多風雪，也有紅梅漏洩春。顔色凌寒終慘澹，不應摇落始愁人。

## 耿天騭許浪山千葉梅見寄

聞有名花即謾栽，慇懃準擬故人來。故人歲歲相逢晚〔三〕，知復同看幾度開。

〔一〕「肇明」，龍舒本作「秀才」。

〔二〕龍舒本無「欲發」二字。

〔三〕「相逢晚」，原校：「一作能相見。」

## 與天鷺宿清涼廣惠僧舍〔一〕

故人不惜馬虺隤，許我年年一度來。野館蕭條無準擬，與君封殖浪山梅〔二〕。

## 池上看金沙花數枝過酴醿架盛開二首〔三〕

午陰寬占一方苔，映水前年坐看栽。紅蘂似嫌塵染污，青條飛上別枝開〔四〕。

二

酴醿一架最先來，夾水金沙次第栽。濃緑扶疏雲對起，醉紅撩亂雪争開。

## 北山〔五〕

北山輸緑漲横陂，直塹回塘灧灧時。細數落花因坐久，緩尋芳草得歸遲。

〔一〕龍舒本題作「與天鷺宿清涼寺」。

〔二〕「殖」，龍舒本作「植」。

〔三〕此二詩爲龍舒本薔薇四首之第一、二首。

〔四〕「飛」，光啓堂本作「風」。

〔五〕此詩爲龍舒本薔薇四首之第三首。

## 詠菊二首

補落迦山傳得種，閻浮檀水染成花。光明一室真金色，復似毗耶長者家。

二

院落秋深數菊叢[一]，緣花錯莫兩三蜂[二]。蜜房歲晚能多少[三]，酒盞重陽自不供[四]。

## 楊柳

楊柳杏花何處好？石梁茅屋雨初乾。緑垂静路要深駐，紅寫清陂得細看[五]。

[一]「秋」，光啓堂本、聽香館本作「深」。
[二]「緣」，光啓堂本作「緑」。「蜂」，原作「峰」，據龍舒本、光啓堂本校改。
[三]「少」，光啓堂本、聽香館本作「數」。
[四]「盞」，光啓堂本作「盡」。
[五]「陂」，光啓堂本、聽香館本作「波」。

## 北山道人栽松〔一〕

陽坡風暖雪初融，度谷遥看積翠重。磊砢拂天吾所愛，他生來此聽樓鐘〔二〕。

## 山櫻

山櫻抱石蔭松枝，比並餘花發最遲〔三〕。賴有春風嫌寂寞，吹香渡水報人知。

## 償薛肇明秀才榿木〔四〕

濯錦江邊木有榿，小園封植佇華滋。地偏或免桓魋伐，歲晚聊同庾信移。

〔一〕龍舒本題作「文師種松」。
〔二〕「生」，聽香館本作「年」。
〔三〕「發最」，龍舒本作「最發」。
〔四〕龍舒本無「肇明」二字。

### 馬斃〔一〕

恩寬一老寄松筠，晏卧東窗度幾春。天厩賜駒龍化去，謾容小蹇載閑身。

### 出郊

川原一片緑交加，深樹冥冥不見花。風日有情無處著，初迴光景到桑麻。

### 懷府園

槐陰過雨盡新秋，盆底看雲映水流。忽憶小金山下路，緑蘋稀處看游鯈。

### 江寧夾口二首

鍾山咫尺被雲埋，何況南樓與北齋。昨夜月明江上夢，逆隨潮水到秦淮。

〔一〕龍舒本題作「馬死」。

二

日西江口落征帆，却望城樓淚滿衫。從此夢歸無別路，破頭山北北山南。

蔣山手種松

青青石上歲寒枝，一寸巖前手自移。聞道近來高數尺，此身蒲柳故應衰。

中年

中年許國邯鄲夢，晚歲還家壙埌遊。南望青山知不遠，五湖春草入扁舟。

寄四姪旊二首〔一〕

數篇持往助歡咍，想見封題手自開。春草已生無好句，阿連空復夢中來。

〔一〕「二首」，原無，據目録補。「旊」，龍舒本作「航」。

## 二

一日東岡上幾迴，百重雲水隔蘇臺。[一]遥知别後詩無數[二]，黄犬歸時總寄來。

## 寄吴氏女子

夢想平生在一丘，暮年方此得優游。江湖相忘真魚樂[三]，怪汝長謡特地愁。

## 寄蔡天啓

杖藜緣塹復穿橋，誰與高秋共寂寥。佇立東岡一搔首，冷雲衰草暮迢迢。

---

[一] 此二句原校：「一作：一日東岡望百迴，迢迢雲水隔蘇臺。」龍舒本同。

[二] 「詩無數」，龍舒本作「多新句」。

[三] 「忘」，龍舒本作「望」。

## 呈陳和叔二首〔一〕

數椽生草覆莓苔〔二〕，一徑牆陰斸雪開。王吉囊衣新徙舍〔三〕，杖藜從此爲君來。

二

數椽庳屋茨生草〔四〕，三畒荒園種晚蔬。永日終無一杯酒〔五〕，可能留得故人車？

## 招葉致遠

白下長干一水間，竹雲新筍已斑斑〔六〕。明朝若有扁舟興，落日潮生尚可還〔七〕。

---

〔一〕「二首」，原無，據目録補。龍舒本題首有「絶句」二字。

〔二〕此句原校：「一作數椽牢落長莓苔。」龍舒本同。

〔三〕「王吉」，光啓堂本、聽香館本作「玉匣」。

〔四〕「茨生」，龍舒本作「生茨」。

〔五〕「杯」，龍舒本作「樽」。

〔六〕「雲」，龍舒本作「匀」。「斑斑」，龍舒本作「班班」。

〔七〕「落日」，龍舒本作「日落」。

## 招楊德逢

山林投老倦紛紛，獨卧看雲却憶君。雲尚無心能出岫，不應君更懶於雲。

## 和叔招不往

門前秋水可揚舲，有意西尋白下亭。只欲往來相邂逅，却嫌招唤苦丁寧。

## 和叔雪中見過

捐書去寄老山林，無復追緣往事心〔一〕。忽值故人乘雪興，玉堂前話得重尋。

## 俞秀老忽然不見〔二〕

忽去飄然遊冶盤，共疑枝策在梁端〔三〕。禪心暫起何妨寂，道骨雖清不畏寒。

---

〔一〕「緣」，原校：「一作尋。」

〔二〕龍舒本題作「陳俞二君忽然不見用前日韻作口號用過法雲寺韻」。

〔三〕「枝策」，龍舒本作「策杖」。

## 與耿天騭會話

邯鄲四十餘年夢，相對黄粱欲熟時。萬事衹如空鳥迹〔一〕，怪君强記尚能追。

〔一〕「衹」，龍舒本作「盡」。

# 臨川先生文集　卷二十九

## 律詩 七言絶句

### 與道原過西莊遂遊寶乘〔一〕

周顒宅作阿蘭若，婁約身歸窣堵坡〔二〕。今日隱侯孫亦老，偶尋陳迹到煙蘿。〔三〕

### 庚申正月遊齊安〔四〕

水南水北重重柳，山後山前處處梅。未即此身隨物化，年年長趁此時來。

〔一〕「與」下，聽香館本有「沈」字。龍舒本題作「草堂懷古」。

〔二〕「坡」，宋刻本、龍舒本作「波」。

〔三〕此二句原校：「一作：蕙帳銅屏皆舊事，飄然陳迹翳松蘿。」龍舒本同。

〔四〕龍舒本題作「庚申遊齊安院」。

庚申正月遊齊安有詩云水南水北重重柳壬戌正月再遊〔一〕

招提詩壁漫黄埃〔二〕，忽忽籠紗兩過梅〔三〕。老值白雞能不死，復隨春色破寒來。

壬戌正月晦與仲元自淮上復至齊安〔四〕

風暖柴荆處處開，雪乾沙浄水洄洄。意行却得前年路，看盡梅花看竹來。

壬戌五月與和叔同遊齊安〔五〕

繰成白雪桑重緑，割盡黄雲稻正青。它日玉堂揮翰手，芳時同此賦林坰。

---

〔一〕龍舒本題作「庚申正月遊齊安院有語云港南港北重重柳」。

〔二〕「漫」，龍舒本作「謾」。

〔三〕「忽忽」，宋刻本作「怱怱」。

〔四〕龍舒本題作「壬戌正月再遊齊安次韻」。

〔五〕龍舒本題作「同陳和叔遊齊安院」。

成字説後與曲江譚君丹陽蔡君同遊齊安〔一〕

據梧枝策事如毛〔二〕，久苦諸君共此勞。遥望南山堪散釋，故尋西路一登高。

元豐二年十月政公改路故作此詩〔三〕

獨龍東路得平岡〔四〕，始免遊人屐齒妨。更有主林身半現，與公隨轉作陰涼。

書定林院窗 與安大師同宿，既曉，問：「昨夜有何夢？」師云：「有數夢，皆忘記。」〔五〕

竹雞呼我出華胥，起滅篝燈擁燎鑪。試問道人何所夢，但言渾忘不言無。

〔一〕 龍舒本「譚君」作「譚掞」，「蔡君」作「蔡肇」，無「寺」字。

〔二〕 「枝」，龍舒本作「杖」。

〔三〕 龍舒本題作「僧修定林路成」。

〔四〕 「東」，龍舒本作「新」。

〔五〕 龍舒本題注「問安大師：『昨夜有何夢？』師云：『有數夢，皆忘記。』」。

## 同熊伯通自定林過悟真二首〔一〕

與客東來欲試茶，倦投松石坐欹斜。暗香一陣連風起，知有薔薇澗底花。

二

城郭紛紛老倦尋，幅巾來寄北山岑。長遭客子留連我，未快穿雲涉水心。

## 悟真院

野水從橫漱屋除，午窗殘夢鳥相呼。春風日日吹香草，山北山南路欲無。

## 傳神自讚〔二〕

我與丹青兩幻身，世間流轉會成塵。但知此物非他物，莫問今人猶昔人。

---

〔一〕「悟」，光啓堂本作「梧」。

〔二〕龍舒本題作「真讚二首」，此詩爲第一首。

## 定林院昭文齋

定林齋後鳴禽散，只有提壺守屋簷〔一〕。苦勸道人沽美酒，不應無意引陶潛。

## 經局感言 罷相出守江寧，仍領經局。〔二〕

自古能全已不才，豈論騏驥與駑駘。放歸自食情雖適，絡首猶存亦可哀。

## 鍾山晚步

小雨輕風落楝花，細紅如雪點平沙。槿籬竹屋江村路，時見宜城賣酒家。

〔一〕「守」，龍舒本作「遶」。
〔二〕龍舒本無題注。

## 散策〔一〕

散策東岡亦已勞〔二〕，橫塘西轉有亭皋〔三〕。絮飛度屋何許柳，花落填溝無數桃。

## 書静照師塔〔四〕

簡老已歸黄土陌，淵師今作白頭翁。百憂三十餘年事，陳迹山林草野中。

## 記夢

辛酉九月二十二夜，夢高郵土山道人赴蔣山北集雲峰爲長老，已而坐化。復出山南興國寺，與余同卧一榻。探懷出片竹數寸〔五〕，上繞生絲，屬余藏之。余弃弗取，作詩與之。〔六〕

月入千江體不分，道人非復世間人。鍾山南北安禪地，香火他時共兩身〔七〕。

---

〔一〕龍舒本題作「晚春」。
〔二〕「岡」，龍舒本作「崗」。
〔三〕「塘」，龍舒本作「堂」。
〔四〕「師」上，龍舒本有「禪」字。
〔五〕「探」、「出」，原作「禪」、「山」，據龍舒本校改。
〔六〕「之」下，龍舒本有「曰」字。
〔七〕「共」，原校：「一作供。」龍舒本同。

## 勘會賀蘭溪主

賀蘭溪，洛京地名，陳繹買地築居。於鄆中問之。

賀蘭溪上幾株松，南北東西有幾峰。買得住來今幾日，尋常誰與坐從容。

## 書湖陰先生壁二首

茆簷長掃静無苔，花木成畦手自栽。一水護田將緑遶，兩山排闥送青來。

二

桑條索漠楝花繁〔一〕，風斂餘香暗度垣。黄鳥數聲殘午夢，尚疑身屬半山園〔二〕。

## 過劉全美所居

西崦晴天得强扶，出林知有故人居。數能過我論奇字，當復令公見異書。

---

〔一〕「楝」，宋刻本、龍舒本作「柳」。

〔二〕「屬」，龍舒本作「在」。

書何氏宅壁

有興提魚就公煮，此言雖在已三年。皖灊終負幽人約，空對湖山坐惘然。

題永慶壁有雱遺墨數行〔一〕

永慶招提墨數行，歲時風露每悽傷。殘骸豈久人間世，故有情鍾未可忘。

江寧府園示元度〔二〕

畫船南北水遥通，日暮幅巾篁竹中。行到月臺逢翠碧，背人飛過子城東。

金陵郡齋

談經投老捹悠悠，爲吏文書了即休。深炷鑪煙閉齋閤〔三〕，卧聽簷雨瀉高秋。

---

〔一〕「有雱」，龍舒本作「元澤」。

〔二〕龍舒本題作「示元度秘校」。

〔三〕「煙」，原校：「一作香。」龍舒本同。

## 戲示蔣穎叔

扶衰南陌望長楸，燈火如星滿地流。但怪傳呼殺風景，豈知禪客夜相投。

## 遊城東示深之德逢

欲牽淮舸共尋源，且踏青青繞杏園。憶我舊時光宅路〔二〕，依然桑柳映花繁。

## 麗澤門〔三〕

麗澤門西日未俄，水明沙凈卷纖羅。緑瓊洲渚青瑶嶂，付與詩工敢琢磨。

## 示公佐

殘生傷性老躭書，年少東來復起予。各據槁梧同不寐，偶然聞雨落堦除。

〔二〕「時」，龍舒本作「詩」。

〔三〕此詩爲龍舒本示耿天騭二首之第二首。

## 示俞秀老二首〔一〕

不見故人天際舟，小亭殘日更回頭。繰成白雪三千丈，細草孤雲一片愁。

**二**

君詩何以解人愁？初日紅蕖碧水流。未怕元劉妨獨步，每思陶謝與同遊。

## 示李時叔二首

知子鳴絃意在山，一官聊復戲人間。能爲白下東南尉，藜杖緇巾得往還。

**二**

千山訪我幾摧輈〔二〕，清坐來看十日留。勢利白頭何足道，古人傾蓋有綢繆。

---

〔一〕龍舒本此題三首，此爲第二、三首。

〔二〕「輈」，光啓堂本、聽香館本作「舟」。

## 示寶覺二首〔一〕

火暖窗明粥一盂〔二〕，晨興相對寂無魚。超然聖寺山林外〔三〕，别有禪天好浄居。

### 二

重將壞色染衣裙，共卧鍾山一塢雲。客舍黄粱今始熟〔四〕，鳥殘紅柹昔曾分。

## 仲元女孫

雙鬟嬉戲我庭除，争挽新花比繡襦。親結香纓知不久，汝翁那更鑷髭鬚。

## 示永慶院秀老

禪房借枕得重欹，陳迹翛然尚有詩。嗟我與公皆老矣，拂天松柏見栽時。

〔一〕龍舒本此題三首，此爲第一、三首。
〔二〕「暖」，宋刻本作「輭」。
〔三〕「超然聖寺」，龍舒本作「翛然迥出」。
〔四〕「粱」，原作「梁」，據宋刻本、聽香館本校改。

示王鐸主簿

君正忙時我正閑，如何同得到鍾山。夷門二十年前事，回首黄塵一夢間。

戲城中故人〔一〕

城郭山林路半分，君家塵土我家雲。莫吹塵土來污我，我自有雲持寄君。

戲贈段約之〔二〕

竹柏相望數十楹，藕花多處復開亭。如何更欲通南埭，割我鍾山一半青。

示俞處士

魯山眉宇人不見，只有歌辭來向東。借問樓前踏于蔿，何如雲卧唱松風。

〔一〕此詩爲龍舒本戲贈約之二首之第一首。
〔二〕此詩爲龍舒本戲贈約之二首之第二首。

## 懷張唐公

直諒多爲世所排，有懷長向我前開。暮年惆悵誰知此，南陌東阡獨往來。

## 憶金陵三首

覆舟山下龍光寺，玄武湖畔五龍堂。想見舊時遊歷處，煙雲渺渺水茫茫。

### 二

煙雲渺渺水茫茫，繚繞蕪城一帶長。蒿目黄塵憂世事，追思陳迹故難忘[二]。

### 三

追思陳迹故難忘[三]，翠木蒼藤水一方。聞説精廬今更好，好隨殘汴理歸艎。

[二]「陳」，龍舒本作「塵」。

[三]「陳」，龍舒本作「塵」。

## 離昇州作[一]

殘菊冥冥風更吹，雨如梅子欲黄時。相看握手總無語，愁滿眼前心自知。

## 望淮口

白煙彌漫接天涯，黯黯長空一道斜。有似錢塘江上望，晚潮初落見平沙。

## 入瓜步望揚州

落日平林一水邊[二]，蕪城掩映祗蒼然。白頭追想當時事，幕府青衫最少年。

## 泊船瓜洲

京口瓜洲一水間，鍾山祗隔數重山。春風自緑江南岸，明月何時照我還？

---

[一] 此詩爲龍舒本離昇州作二首之第二首。

[二] 「林」，龍舒本作「村」。

## 重過余婆岡市

憶我東遊未有鬚，扶衰重此駐肩輿。市中年少今誰在？魯叟當街六十餘。

## 秦淮泛舟

强扶衰病牽淮舸，尚怯春風泝午潮。花與新吾如有意，山於何處不相招？

## 中書即事

投老翻爲世網嬰，低徊終恐負平生〔一〕。何時白上岡頭路〔二〕，渡水穿雲取次行。

## 萬事〔三〕

萬事黄粱欲熟時，世間談笑漫追隨。雞蟲得失何須算，鵬鷃逍遥各自知。

〔一〕「負」，龍舒本作「誤」。
〔二〕「上」，龍舒本作「石」；聽香館本作「下」。
〔三〕此詩爲龍舒本絶句九首之第五首。

## 寄金陵傳神者李士雲

衰容一見便疑真，李子揮毫故有神〔一〕。欲去鍾山終不忍，謝渠分我死前身。

## 贈外孫

南山新長鳳凰雛，眉目分明畫不如。年小從他愛梨栗，長成須讀五車書。

## 東流頓令罷官阻風示文有按風伯奏天閽之語答以四句

令尹犀舟失去期，憮然憑几占文移。勸君慎莫譏風伯，會有開帆破浪時。

## 楊德逢送米與法雲二老作此詩

盧仝不出憎流俗，我卜郊居避俗憎。仝有鄰僧來乞米，我今送米乞鄰僧。

〔一〕「故有」，龍舒本作「妙入」。

## 送黄吉父將赴南康官歸金谿三首〔一〕

柘岡西路白雲深，想子東歸得重尋。亦見舊時紅躑躅，爲言春至每傷心。

**二**

還家一笑即芳辰，好與名山作主人。邂逅五湖乘興往，相邀錦繡谷中春。

**三**

歲晚相逢喜且悲，莫占風日恨歸遲。我如逆旅當去客〔二〕，復會有無那得知〔三〕。

---

〔一〕龍舒本題作「送黄吉父三首」，題注「將赴南康官」。

〔二〕「去」，龍舒本作「還」。

〔三〕「復」，宋刻本、龍舒本作「後」。

# 臨川先生文集　卷三十

## 律詩　七言絶句

### 金陵即事三首〔一〕

水際柴門一半開，小橋分路入青苔。背人照影無窮柳，隔屋吹香併是梅。

二

結綺臨春歌舞地，荒蹊狹巷兩三家〔二〕。東風漫漫吹桃李，非復當時仗外花。

〔一〕　此三詩爲龍舒本金陵絶句四首之前三首。第一、二首，龍舒本又爲即事十五首之第十三、十四首。第三首又爲龍舒本雜詠絶句十五首之第八首。

〔二〕　「荒蹊狹巷」，龍舒本原校：「一云頽城斷壍。」

三

昏黑投林曉更驚〔一〕，背人相喚百般鳴。柴門長閉春風暖，事外還能見鳥情。

## 烏塘

烏塘渺渺緑平堤〔二〕，堤上行人各有攜。試問春風何處好？辛夷如雪柘岡西。

## 柘岡

萬事紛紛祇偶然，老來容易得新年。柘岡西路花如雪，迴首春風最可憐。

## 城北〔三〕

青青千里亂春袍，宿雨催紅出小桃。迴首北城無限思，日酣川浄野雲高。

〔一〕「曉」，龍舒本作「晚」。
〔二〕「緑」，龍舒本作「淥」。
〔三〕龍舒本題作「開元上方」。

## 金陵〔一〕

金陵陳迹老莓苔〔二〕，南北遊人自往來。最憶春風石城塢，家家桃杏過牆開〔三〕。

## 午枕〔四〕

午枕花前簟欲流〔五〕，日催紅影上簾鈎。窺人鳥唤悠颺夢，隔水山供宛轉愁。

## 州橋〔六〕

州橋蹋月想山椒，迴首哀湍未覺遥〔七〕。今夜重聞舊嗚咽，却看山月話州橋。

〔一〕此詩爲龍舒本即事十五首之第十二首。

〔二〕「莓」，光啓堂本作「梅」。

〔三〕「杏」，光啓堂本、聽香館本作「李」。

〔四〕此詩爲龍舒本獨卧三首之第三首。

〔五〕「簟」，光啓堂本作「簞」。

〔六〕此詩爲龍舒本絶句九首之第四首。

〔七〕「未覺」，龍舒本作「故未」。

## 觀明州圖〔一〕

明州城郭畫中傳，尚記西亭一艬船。投老心情非復昔，當時山水故依然。

## 九日賜宴瓊林苑作

金明馳道柳參天〔二〕，投老重來聽管絃。飽食太官還惜日，夕陽臨水意茫然。

## 壬子偶題 熙寧五年，東府庭下作盆池，故作。〔三〕

黄塵投老倦匆匆，故遶盆池種水紅。落日欹眠何所憶，江湖秋夢艣聲中〔四〕。

〔一〕龍舒本又題作「憶鄞」，「畫中」作「畫圖」，「尚記」作「尚憶」，「心情」作「光陰」，「山水」作「風月」。

〔二〕「馳」，龍舒本作「池」。

〔三〕龍舒本題作「懷舊」，無題注。

〔四〕「艣」，龍舒本作「櫓」。

## 和張仲通憶鍾陵二首〔一〕

一夢章江已十年，故人重見想皤然。祇應兩岸當時柳，能到春來尚可憐。

### 二

逸少池邊有一丘，西山南浦慣曾遊。殘年歸去終無樂，聞説章江即淚流。

## 送和甫至龍安暮歸

隱隱西南月一鈎，春風落日澹如秋〔二〕。房櫳半掩無人語〔三〕，鼓角聲中始欲愁。

## 鍾山即事〔四〕

澗水無聲繞竹流，竹西花草弄春柔。茅簷相對坐終日，一鳥不鳴山更幽。

---

〔一〕此爲龍舒本和張仲通憶鍾陵絶句四首之第一、二首。

〔二〕「日」，宋刻本作「晚」。

〔三〕「櫳」，光啓堂本作「襲」。

〔四〕此詩爲龍舒本鍾山絶句二首之第一首。

## 南澗樓在江寧尉司。〔一〕

撲撲烟嵐遶四阿，物華終恨未能多。故應陡起三千丈〔二〕，始奈重山複嶺何。

## 京城

三年衣上禁城塵，撫事悁然愧古人〔三〕。明月滄波秋萬頃，扁舟長寄夢中身。

## 隴東西二首

隴東流水向東流，不肯相隨過隴頭。祇有月明西海上〔四〕，伴人征戍替人愁。

二

隴西流水向西流，自古相傳到此愁。添却征人無限淚，怪來嗚咽已千秋。

〔一〕龍舒本題作「南澗橋」，題注「重」。
〔二〕「陡」，宋刻本、龍舒本作「斗」。
〔三〕「悁」，宋刻本作「茫」。
〔四〕「海」，宋刻本作「河」。

## 斜徑

斜徑偶通南埭路，數家遥對北山岑。草頭蛺蝶黄花晚，菱角蜻蜓翠蔓深。

## 暮春

北山吹雨送殘春〔一〕，南澗朝來緑映人〔二〕。昨日杏花渾不見〔三〕，故應隨水到江濱。

## 雨晴

晴明山鳥百般催，不待桃花一半開。雨後緑陰空繞舍，總將春色付莓苔。

## 日西

日西階影轉梧桐，簾卷青山簟半空。金鴨火銷沈水冷，悠悠殘夢鳥聲中。

〔一〕「山」，龍舒本作「風」。
〔二〕「緑」，龍舒本作「渌」。
〔三〕「渾」，龍舒本作「都」。

## 禁直

翠木交陰覆兩簷，夜天如水碧湉湉〔一〕。帝城風月看常好，人世悲哀老自添。

## 御柳

御柳新黄已迸條，宫溝薄凍未全消。人間今日春多少，衹看東方北斗杓〔二〕。

## 祥雲

冰入春風漲御溝，上林花氣欲飛浮。未央屋瓦猶殘雪，却爲祥雲映日流。

## 題中書壁

夜開金鑰詔辭臣，對御抽毫草帝綸。須信朝家重儒術，一時同榜用三人。

〔一〕「湉湉」，龍舒本作「恬恬」。

〔二〕此詩原校：「一作：習習春風拂柳條，御溝春水已冰消。欲知四海春多少，先向天邊問斗杓。」龍舒本同，題作「作翰林時」。

## 禁中春寒

青煙漠漠雨紛紛〔一〕，水殿西廊北苑門。已著單衣猶禁火，海棠花下怯黄昏。

## 試院中

少時操筆坐中庭，子墨文章頗自輕。聖世選材終用賦〔二〕，白頭來此試諸生。

## 學士院燕侍郎畫圖〔三〕

六幅生綃四五峰，暮雲樓閣有無中。去年今日長干里，遥望鍾山與此同。

〔一〕「青」，原校：「一作浮。」

〔二〕「材」，龍舒本作「才」。

〔三〕「燕侍郎畫圖」，龍舒本作「畫屏」。

### 道旁大松人取以爲明

龍甲虯髯不可攀〔一〕，亭亭千丈蔭南山〔二〕。應嗟無地逃斤斧〔三〕，豈願争明爝火間。

### 見鸚鵡戲作四句〔四〕

雲木何時兩翅翻，玉籠金鎖秖煩冤。真須强學人間語〔五〕，舉世無人解鳥言。

### 池雁

羽毛摧落向人愁，當食哀鳴似有求。萬里衡陽冬欲暖，失身元爲稻粱謀。

---

〔一〕此句龍舒本作「虬甲龍髯不易攀」。

〔二〕「丈」，龍舒本作「尺」。

〔三〕「無地逃」，龍舒本作「此地無」。

〔四〕龍舒本無「四句」二字。

〔五〕「真」，龍舒本作「直」。

六年[一]

六年湖海老侵尋，千里歸來一寸心。西望國門搔短髮，九天宮闕五雲深。

世故[二]

世故紛紛漫白頭[三]，欲尋歸路更遲留。鍾山北繞無窮水，散髮何時一釣舟？

邵平

天下紛紛未一家，販繒屠狗尚雄夸。東陵豈是無能者，獨傍青門手種瓜。

---

[一] 此詩爲龍舒本雜詠絶句十五首之第十首。

[二] 龍舒本題作「省中絶句」。

[三] 「漫」，龍舒本作「謾」。

中牟

潁城百雉擁高秋，驅馬臨風想聖丘。此道門人多未悟，爾來千載判悠悠〔一〕。

王章

壯士軒昂非自謀〔二〕，近臣當爲國深憂。區區女子無高意，追念牛衣暖即休。

神物〔三〕

神物登天擾可騎，如何孔甲但能羈？當時若更無劉累，龍意茫然豈得知。

〔一〕「判」，龍舒本作「拚」。
〔二〕「壯」，原校：「一作志。」龍舒本同。
〔三〕此詩爲龍舒本雜詠絶句十五首之第四首。

文成[一]

文成五利老紛紛，方丈蓬萊但可聞。萬里出師求寶馬，飄然空有意淩雲。

讀漢書

京房劉向各稱忠，詔獄當時跡自窮。畢竟論心異恭顯，不妨迷國略相同。

賜也[二]

賜也能言未識真[三]，誤將心許漢陰人。桔槔俯仰妨何事，抱甕區區老此身。

[一] 此詩爲龍舒本雜詠絶句十五首之第五首。
[二] 此詩爲龍舒本絶句九首之第八首。
[三] 「未識真」，聽香館本作「識真未」。

## 重將〔一〕

重將白髮旁牆陰，陳迹茫然不可尋。花鳥總知春爛熳，人間獨自有傷心。

## 載酒〔二〕

載酒欲尋江上舟，出門無路水交流。黄昏獨倚春風立，看却花開觸地愁。

## 楚天〔三〕

楚天如夢水悠悠，花底殘紅漫不收。獨繞去年揮淚處，還將牢落對滄洲。

---

〔一〕此詩爲龍舒本有感五首之第二首。

〔二〕此詩爲龍舒本有感五首之第三首。

〔三〕此詩爲龍舒本有感五首之第五首。

## 江上[一]

江北秋陰一半開，晚雲含雨却低回。青山繚繞疑無路，忽見千帆隱映來。

## 春江

春江渺渺抱牆流，煙草茸茸一片愁。吹盡柳花人不見[二]，青旗催日下城頭。

## 春雨

城雲如夢柳僛僛[三]，野水横來强滿池。九十日春渾得雨，故應留潤作花時。

---

[一] 此詩爲龍舒本江上五首之第二首。

[二] 「柳」，龍舒本作「楊」。

[三] 「夢」，龍舒本作「雪」。

## 初到金陵〔一〕

江湖歸不及花時，空遶扶疏緑玉枝。夜直去年看蓓蕾，晝眠今日對紛披。

## 送和甫至龍安微雨因寄吴氏女子

荒煙涼雨助人悲，淚染衣巾不自知。除却春風沙際緑，一如看汝過江時。

## 與北山道人

蒔果疏泉帶淺山，柴門雖設要常關。别開小徑連松路，衹與鄰僧約往還。

## 過外弟飲

一自君家把酒杯〔二〕，六年波浪與塵埃。不知烏石岡邊路〔三〕，至老相尋得幾回？

〔一〕龍舒本此題二首，此詩爲第一首。

〔二〕「自」，龍舒本作「日」。

〔三〕「岡」，龍舒本作「崗」。

若耶溪歸興

若耶溪上踏莓苔，興罷張帆載酒回。汀草岸花渾不見，青山無數逐人來。

烏石〔一〕

烏石岡邊繚繞山，柴荆細路水雲間〔二〕。吹花嚼蘂長來往〔三〕，祇有春風似我閑。

定林〔四〕

定林青木老參天〔五〕，横貫東南一道泉。六月杖藜尋石路，午陰多處弄潺湲。

〔一〕「烏」，原作「馬」，據宋刻本、光啓堂本、聽香館本校改。龍舒本題作「遊草堂寺」。
〔二〕「路」，原校：「一作徑。」龍舒本作「徑」。
〔三〕「吹」，原校：「一作拈。」龍舒本作「拈」。「蘂」，原作「藥」，據聽香館本校改。
〔四〕此詩爲龍舒本定林院三首之第二首。
〔五〕「青」，原校：「一作修，又作喬。」龍舒本作「修」。

## 定林所居

屋繞灣溪竹繞山，溪山却在白雲間。臨溪放艇依山坐，溪鳥山花共我閑。

## 臺城寺側獨行

春山撩亂水縱横，籬落荒畦草自生。獨往獨來山下路，筍輿看得緑陰成。

## 遊鍾山[一]

終日看山不厭山，買山終待老山間。山花落盡山長在，山水空流山自閑。

## 松間 被召將行作。[二]

偶向松間覓舊題，野人休誦北山移。丈夫出處非無意，猿鶴從來不自知[三]。

---

〔一〕此詩爲龍舒本遊鍾山四首之第一首。

〔二〕此詩爲龍舒本遊鍾山四首之第三首。

〔三〕「不自」，宋刻本、龍舒本作「自不」。

## 雨未止正臣欲行以詩留之〔一〕

紛紛應接使人愁，與子從容喜問訓。他日故將泥自庇，今朝欲以雨相留。

〔一〕「正」，光啓堂本、聽香館本作「王」。

# 臨川先生文集　卷三十一

## 律詩 七言絶句

### 題張司業詩

蘇州司業詩名老，樂府皆言妙入神。看似尋常最奇崛，成如容易却艱辛。

### 同陳和叔遊北山

春風蕩屋雨填溝，東閤翛然擁罽裘[一]。鄰壁黄糧炊未熟，唤迴殘夢有鳴騶。

[一]「閤」，光啓堂本作「閣」。

## 次吴氏女子韻

吴氏詩云：「西風不入小窗紗，秋氣應憐我憶家。極目江南千里恨，依前和淚看黄花。」[一]南朝九日臺在孫陵曲街旁，去吾園只數百步。[二]

孫陵西曲岸烏紗，知汝凄涼正憶家。人世豈能無聚散，亦逢佳節且吹花。

## 再次前韻[三]

秋燈一點映籠紗，好讀楞嚴莫念家。能了諸緣如夢事，世間唯有妙蓮花。

## 即席[四]

曲沼融融泮盡澌[五]，暖煙籠瓦碧參差。人情共恨春猶淺，不問寒梅有幾枝。

---

〔一〕此詩龍舒本題作蓬萊詩，題注「蓬萊縣君，荆公長女」。「前」，光啓堂本、聽香館本作「然」。

〔二〕龍舒本此題二首，此詩爲第一首，題注「南朝九日臺在孫陵曲街旁，去吾園只數百步」。

〔三〕此詩爲龍舒本次吴氏女子韻二首之第二首。

〔四〕此詩爲龍舒本春日席上二首之第二首。

〔五〕「融融」，龍舒本作「溶溶」。

## 遊城南即事二首

神姦變化久難知，禹鼎由來更不疑。螭魅合謀非一日，太丘真復社亡遲。

二

泰壇東路遶重營，獨背朝陽信馬行。漫道城南天尺五，荒林時見一柴荆。

## 寄沈道原

城郭千家一彈丸，蜀岡擁腫作蛇蟠。眼前不道無蒼翠，偷得鍾山隔水看。

## 哭張唐公

堂邑山林久寂寥〔一〕，屬車前日駐雞翹。冥冥獨鳳隨雲霧〔二〕，南陌空聞引葬簫〔三〕。

〔一〕「堂」，原校：「一作棠。」
〔二〕「隨雲霧」，原校：「一作知何處。」
〔三〕「引葬」，光啓堂本、聽香館本作「自引」。

## 生日次韻南郭子二首

救顛醫劓世無方，斷簡陳編付藥房。祝我壽齡君好語，毗耶一夜滿城香。

二

寒逼清枝故有梅，草堂先對白頭開。殘骸已若雞年夢，猶見騷人幾度來。

## 八公山

淮山但有八公名，鴻寶燒金竟不成。身與仙人守都厠，可能雞犬得長生。

## 過徐城

七年五過徐城縣，自笑皇皇此世間。安得身如倉庚氏〔一〕，一官能到子孫閑。

〔一〕「庚」，聽香館本作「廩」。

## 送丁廓秀才歸汝陰二首〔一〕

好去翩然丁令威，昔人且在不應非。淮雲豈與遼天闊，想復留情故一歸。

**二**

西州行路日蕭條，執手傷懷不自聊。遊子故鄉終念返，豈能無意冶城潮。

## 和惠思韻二首〔二〕

**醴泉觀**〔三〕

邂逅相隨一日閑，或緣香火共靈山〔四〕。夕陽興罷黄塵陌，直似蓬萊墮世間。

〔一〕此二詩爲龍舒本送丁廓秀才三首之第一、二首。

〔二〕龍舒本無此題。

〔三〕龍舒本題作「和僧惠岑遊醴泉觀」。

〔四〕「共」，龍舒本作「住」。

## 蟬[一]

白下長干何可見？風塵愁殺庾蘭成。去年今日青松路，亦自聞蟬第一聲[二]。

## 送王石甫學士知湖州[三]

吴興太守美如何[四]？柳惲詩才未足多[五]。遥想郡人迎下檐[六]，白蘋洲渚正滄波。

## 懷鍾山

投老歸來供奉班，塵埃無復見鍾山。何須更待黄粱熟[七]，始覺人間是夢間。

[一]龍舒本又題作「和惠思聞蟬」。
[二]「亦自」，龍舒本作「憶似」。
[三]「王石甫」，龍舒本作「王介」。「湖」，光啓堂本作「潮」。
[四]「吴興」，龍舒本作「東吴」。
[五]「未」，龍舒本作「不」。
[六]「檐」，聽香館本作「擔」。
[七]「粱」，原作「梁」，據聽香館本校改。

## 江寧夾口三首〔一〕

茅屋滄洲一酒旗，午煙孤起隔林炊。江清日暖蘆花轉，衹似春風柳絮時〔二〕。

### 二

月墮浮雲水捲空，滄洲店坼五更風〔三〕。北山草木何由見，夢盡青燈展轉中。

### 三

落帆江口月黄昏，小店無燈欲閉門。側出岸沙楓半死〔四〕，繫船應有去年痕〔五〕。

## 寄碧巖道光法師

去馬來車擾擾塵，自難長寄水雲身。碧巖後主今爲客，何況開山説法人。

〔一〕龍舒本此題五首，此爲第一、二、五首。
〔二〕「衹」，原校：「一作恰。」
〔三〕「店坼」，龍舒本作「夜泝」。
〔四〕「側」、「半」，龍舒本作「半」、「欲」。
〔五〕「應」，龍舒本作「猶」。

## 省中二首〔一〕

萬事悠悠心自知，强顔於世轉參差。移牀獨卧秋風裏〔二〕，静看蜘蛛結網絲〔三〕。

### 二

大梁春雪滿城泥，一馬常瞻落日歸。身世自知還自笑，悠悠三十九年非。

## 崇政殿後春晴即事

悠悠獨夢水西軒，百舌枝頭語更繁。山鳥不應知地禁，亦逢春暖即啾喧。

## 省中沈文通廳事

竹上秋風吹網絲，角門常閉吏人稀。蕭蕭一榻卷書坐，直到日斜騎馬歸。

---

〔一〕「二首」，原無，據目録補。此詩第一首，龍舒本題作「金陵郡齋偶作」。

〔二〕「卧」，龍舒本作「向」。

〔三〕「静」，龍舒本作「卧」。「蛛」，原作「珠」，據宋刻本校改。

## 吴任道説應舉時事

縣瓠城南陂水深[一]，春泥滿眼路嶇嶔。獨騎瘦馬銜殘雨，前伴茫茫不可尋。

## 送河中通判朱郎中迎母東歸

綵衣東笑上歸船，萊氏歡娱在晚年。嗟我白頭生意盡，看君今日更悽然。

## 寄題杭州明慶院修廣師明碧軒[二]

明碧軒南竹數叢，别來江外幾秋風。道人無復人間世，嗟我今爲白髮翁。

## 夜直

金爐香盡漏聲殘，翦翦輕風陣陣寒。春色惱人眠不得，月移花影上欄干。

[一] 「縣」，龍舒本作「懸」。

[二] 龍舒本題作「寄題修廣明碧軒」。

## 試院中四首〔一〕

白髮無聊病更侵，移牀卧竹向秋陰。朝來雁背西風急，吹折江湖萬里心。

二

咫尺淹留可奈何，東西虚共一姮娥。堦前棗樹應摇落，此夜清光得幾多。

三

青燈照我夢城西，坐上傳觴把菊枝。忽忽覺來頭更白，隔牆聞語趁朝時。

四

蕭蕭疏雨吹簷角，噎噎暝蛩啼草根。閑却荒庭歸未得，一燈明滅照黄昏。

## 人間

人間投老事紛紛，才薄何能强致君？一馬黄塵南陌路，眼中唯見北山雲。

〔一〕「四首」，原無，據目録補。

## 後殿牡丹未開

紅襆未開如婉娩〔一〕，紫囊猶結想芳菲。此花似欲留人住，山鳥無端勸我歸。

## 春日

柴門照水見青苔，春遶花枝漫漫開。路遠遊人行不到，日長啼鳥去還來。

## 寄韓持國

淥遶宫城漫漫流〔二〕，鶺黄小蝶弄春柔〔三〕。問知公子朝陵去，歸得花時却自愁。

## 答韓持國

知公尚憶洛城中，醉裏穿花滿袖風。花亦有知還有恨，今爲紅藥主人翁。

〔一〕「襆」，龍舒本作「樸」。
〔二〕「淥遶宫城」，龍舒本作「淥水環宫」，校云：「一本作浸遶宫城漫漫流。」
〔三〕「鶺」，光啓堂本作「鳴」；聽香館本作「明」。

## 出城

慣作野人多野興，欲爲時用少時材。出城偶與沙塵背[一]，轉覺溪山入眼來。

## 涿州[二]

涿州沙上望桑乾，鞍馬春風特地寒。萬里如今持漢節，却尋此路使呼韓。

## 出塞

涿州沙上飲盤桓，看舞春風小契丹。塞雨巧催燕淚落，濛濛吹濕漢衣冠。

---

[一] 「與」，光啓堂本作「興」。

[二] 此詩爲龍舒本入塞二首之第二首，題注「此一首誤在題試院壁，觀其文，乃是出塞辭，奉使詩録不載，恐脱，不敢補次之，輒收附於入塞之後」。

## 入塞[一]

荒雲涼雨水悠悠，鞍馬東西鼓吹休。尚有燕人數行淚，回身却望塞南流[二]。

## 書汜水關寺壁

汜水鴻溝楚漢間，跳兵走馬百重山。如何咫尺商於地，便有園公綺季閑？

## 題北山隱居王閑叟壁

荒村日午未開門，雨後餘花滿地存。舉世位能旌隱逸[三]，誰人知道是王孫？

〔一〕龍舒本此題二首，此詩爲第一首。
〔二〕「身」，龍舒本作「頭」。
〔三〕「位」，全宋詩校改作「但」。

## 和惠思歲二日二絶〔一〕

懶讀書來已數年，從人嘲我腹便便。爲嫌歸舍兒童聒，故就僧房借榻眠。

二

沙礫藏春未放來，荒庭終日守陳荄。遥憐草色裙腰緑，湖寺西南一徑開。

## 赴召道中

海氣冥冥漲楚氛，汀洲回薄水横分〔二〕。青松十里鍾山路，祇隔西南一片雲。

## 江東召歸

昨日君恩悮賜環，歸腸一夜繞鍾山。雖然眷戀明時禄，羞見琅邪有邴丹。

〔一〕「絶」，原無，據目録補。
〔二〕「回」，龍舒本、光啓堂本作「洄」。

## 平甫如通州寄之

北山摇落水峥嶸，想見揚帆出廣陵。平世自無憂國事，求田應不忤陳登。

## 寄顯道

舟約刀頭止歲前[一]，故人專使手書傳。出門江口問消息，極目寒沙空渺然[二]。

## 和平父寄道光法師[三]

欲見道人非一朝，杖藜無路到青霄。千巖萬壑排風雨，想對銅鑪柏子燒。

---

[一]「舟」，龍舒本作「前」。
[二]「空渺」，龍舒本作「已渺」。
[三]龍舒本題作「寄北山詳大師」。

三品石

草没苔侵棄道周，誤恩三品竟何酬？國亡今日頑無恥，似爲當年不與謀〔二〕。

和崔公度家風琴八首

屋山終日信飄飄，似與幽人破寂寥。爲有機心須强聒，直教懸解始聲消。

**二**

簾幕無風起泬寥，誰悲精鐵任飄飄。隨商應角知無意，不待歌成韻已消。

**三**

萬物能鳴爲不平，世間歌哭兩營營。君知此物心何欲，自信天機自有聲。

**四**

風鐵相敲固可鳴，朔兵行夜響行營。如何清世容高卧，翻作幽窗枕上聲。

---

〔二〕「與」，龍舒本作「豫」。

**五**

南風屋角響蕭蕭，白日簾垂坐寂寥。愛此宫商有真意，與君傾耳盡今朝。

**六**

風來風去豈嘗要，隨分鏗鏘與寂寥。不似人間古鍾磬，從來文飾到今朝。

**七**

繫身高處本無心，萬竅鳴時有玉音。欲作鏌耶爲物使，知君能笑不祥金。

**八**

疏鐵簷間挂作琴，清風纔到遽成音。伊人欲問無真意，向道從來不博金。

## 送陳靖中舍歸武陵

知君欲上武陵溪，水自東流人自西。到日桃花應已謝，想君應不爲花迷。

## 北山

刳木爲舟數丈餘，卧看風月映芙蕖。清香一陣渾無暑，時有驚根躍出魚。

## 適意

一燈相伴十餘年[二]，舊事陳言知幾編。到了不如無累後，困來顛倒枕書眠。

## 辱井

結綺臨春草一丘，尚殘宫井戒千秋。奢淫自是前王恥，不到龍沈亦可羞。

## 題金沙

海棠開後數金沙，高架層層吐絳葩。咫尺西城無力到，不知誰賞魏家花。

## 夜聞流水

千丈崩奔落石碕，秋聲散入夜雲悲。州橋月下聞流水，不忘鍾山獨宿時。

---

〔二〕「一」，原爲空格，據宋刻本校補。

## 詠月三首

寒光乍洗山川瑩，清影遥分草樹纖。萬里更無雲物動，中天只有兔隨蟾。

**二**

江海清明上下兼，碧天遥見一毫纖。此時只欲浮雲盡，窟穴何妨有兔蟾。

**三**

一片清光萬里兼，幾回圓極又纖纖。君看出没非無意，豈爲辛懃養玉蟾。

# 臨川先生文集　卷三十二

## 律詩 七言絶句

### 次韻杏花三首

只愁風雨刦春回，怕見枝頭爛熳開〔一〕。野鳥不知人意緒，啄教零亂點蒼苔。

二

心憐紅蘂與移栽，不惜年年糞壤培。風雨無時誰會得？欲教零亂强催開。

三

看時高艷先驚眼，折處幽香易滿懷。野女强簪看亦醜，少教憔悴逐荆釵。

〔一〕「熳」，宋刻本作「漫」。

## 杏園即事

蟠桃移種杏園初，紅抹燕脂嫩臉蘇。聞道飄零落人世，清香得似舊時無？

## 宋城道中

都城花木久知春，北路餘寒尚中人。宿草連雲青未得，東風無賴只驚塵。

## 對客

窗壁風回午枕涼，清談相對一胡牀。心知帝力同天地，能使人間白日長。

## 愍儒坑

智力區區不爲身，欲將何力助强秦。只應埋没千秋後，更足詩書發冢人。

## 遇雪

定知花發是歸期，不奈歸心日日歸。風雪豈知行客恨，向人更作落花飛。

殊勝淵師八十餘因見訪問之近來如何答曰隨緣而已至示寂作是詩〔一〕

寄託荒山鬼與鄰，一生黄卷不離身。百年薪盡隨緣去，莫學緇郎更誤人。

懷舊

吹破春冰水放光〔二〕，山花澗草百般香。身閑處處堪行樂，何事低徊兩鬢霜。

訪隱者

童子穿雲晚未歸，誰收松下著殘棋。先生醉卧落花裏，春去人間總不知。

海棠花

緑驕隱約眉輕掃〔三〕，紅嫩妖饒臉薄妝。巧筆寫傳功未盡，清才吟詠興何長。

---

〔一〕龍舒本題作「淵師示寂」。
〔二〕「冰」，光啓堂本、聽香館本作「風」。
〔三〕「驕」，龍舒本、聽香館本作「嬌」。

## 證聖寺杏接梅花未開

紅蘂曾遊此地來，青青今見數枝梅。只應尚有嬌春意，不肯淩寒取次開。

## 雜詠五首〔一〕

勳業無成照水羞，黄塵入眼見山愁。煙中漠漠江南岸，更與家人一少留。

**二**

白頭重到太寧宫，玉珮瓊琚在眼中。歌舞可憐人暗换，花開花落幾春風。

**三**

朝陽映屋擁書眠，夢想鍾山一慨然。投老安能長忍垢，會當歸此濯寒泉。

**四**

烏石岡頭躑躅紅，東江柳色漲春風。物華人意曾相值，永日留連草莽中。

〔一〕此五首前四首爲龍舒本雜詠絶句十五首之第二、三、六、七首。

五

小雨蕭蕭潤水亭〔一〕，花風颭颭破浮萍。看花聽竹心無事，風竹聲中作醉醒。

## 書陳祈兄弟屋壁

千里歸來倦宦身，欲尋田宅豫求鄰。能將孝友傳家世，鄉邑如君更幾人？

## 郊行

柔桑採盡緑陰稀，蘆箔蠶成密繭肥。聊向村家問風俗，如何勤苦尚凶飢？

## 破冢二首

埋没殘碑草自春，旋風時出地中塵。墦間夜半分珠玉，猶是當時乞祭人。

二

殘椁穿來欲幾春？蕭蕭長草没騏驎。墦間或有樵蘇客，未必他年醉飽人。

〔一〕「蕭蕭」，光啓堂本作「瀟瀟」。

## 題景德寺試院壁至和三年八月十日。

屋東瓜蔓已扶疏，小石藍花破萼初。從此到寒能幾日，風沙還見一年除。

## 金陵報恩大師西堂方丈二首

簷花映日午風薰，時有黄鸝隔竹聞。香炧一鑪春睡足，上方車馬正紛紛。

二

蕭蕭出屋千竿玉，靄靄當窗一炷雲。心力長年人事外，種花移石尚殷勤。

## 題正覺院籜龍軒二首

北軒名字經平子〔一〕，愛此吾能爲賦詩。山雨江風一披拂，籜龍還自有吟時。

二

仙事茫茫不可知，籜龍空此見孫枝。壺中若有閑天地，何苦歸來問葛陂。

〔一〕「北」，聽香館本作「此」。

## 相州古瓦硯

吹盡西陵歌舞塵，當時屋瓦始稱珍〔一〕。甄陶往往成今手，尚託聲名動世人。

## 望夫石

雲鬟煙鬢與誰期，一去天邊更不歸。還似九疑山下女，千秋長望舜裳衣。

## 山前

山前溪水漲潺潺，山後雲埋不見山。不趁雨來耕水際，即穿雲去卧山間。

## 江雨

冥冥江雨濕黃昏，天入滄洲漫不分。北澗欲通南澗水，南山正遶北山雲。

〔一〕「屋瓦」，光啓堂本、聽香館本作「瓦硯」。

## 揚子二首

儒者陵夷此道窮，千秋止有一揚雄。當時薦口終虛語，賦擬相如却未工。

二

道真沉溺九流渾〔二〕，獨泝頽波討得源。歲晚强顔天禄閣，祇將奇字與人言。

## 獨卧二首

誰有耡耰不自操，可憐園地滿蓬蒿。欲尋春物無蹊徑，獨卧南牀白日高〔三〕。

二

茅簷午影轉悠悠，門閉青苔水亂流。百囀黄鸝看不見，海棠無數出牆頭。

〔二〕龍舒本作「九流沉溺道真渾」，原校：「一本作道真沉溺九流渾。」

〔三〕「白日高」，原校：「一作日自高。」

孟子

沉魄浮魂不可招，遺編一讀想風標。何妨舉世嫌迂闊，故有斯人慰寂寥。

商鞅

自古驅民在信誠，一言爲重百金輕。今人未可非商鞅，商鞅能令政必行。

蘇秦

已分將身死勢權，惡名磨滅幾何年。想君魂魄千秋後，却悔初無二頃田。

范雎

范雎相秦傾九州，一言立斷魏齊頭。世間禍故不可忽，簀中死屍能報讎。

## 張良

漢業存亡俯仰中，留侯當此每從容〔一〕。固陵始議韓彭地，複道方圖雍齒封。

## 曹參

束髮河山百戰功，白頭富貴亦成空。華堂不著新歌舞，却要區區一老翁。

## 韓信

貧賤侵凌富貴驕，功名無復在芻蕘。將軍北面師降虜，此事人間久寂寥。

## 伯牙

千載朱弦無此悲〔二〕，欲彈孤絶鬼神疑。故人捨我閉黄壤，流水高山心自知〔三〕。

---

〔一〕「當」，原校：「一作於。」

〔二〕「千」，原作「十」，據宋刻本、龍舒本、光啓堂本、聽香館本校改。

〔三〕「心」，龍舒本作「深」。

## 范增二首

中原秦鹿待新羈，力戰紛紛此一時。有道弔民天即助，不知何用牧羊兒。

二

鄛人七十漫多奇〔一〕，爲漢敺民了不知。誰合軍中稱亞父，直須推讓外黄兒。

## 賈生

一時謀議略施行，誰道君王薄賈生？爵位自高言盡廢，古來何啻萬公卿。

## 兩生

兩生才器亦超群，黑白何勞强自分。好與騎奴同一處，此時俱事衛將軍。

〔一〕「漫」，龍舒本作「謾」。

謝安

謝公才業自超群，誤長清談助世紛。秦晉區區等亡國，可能王衍勝商君？

世上

范蠡五湖收遠迹，管寧滄海寄餘生。可憐世上風波惡，最有仁賢不敢行。

讀後漢書

錮黨紛紛果是非，當時高士見精微。可憐竇武陳蕃輩，欲與天争漢鼎歸。

讀蜀志

千載紛争共一毛，可憐身世兩徒勞。無人語與劉玄德，問舍求田意最高。

讀唐書

志士無時亦少成，中才隨世就功名。并汾諸子何爲者？坐與文皇立太平。

## 讀開成事

姦罔紛紛不爲明，有心天下共無成。空令執筆螭頭者，日記君臣口舌争。

## 别和甫赴南徐〔一〕

都城落日馬蕭蕭，雨壓春風暗柳條。天際歸艎那可望，只將心寄海門潮。

## 寄茶與和甫

綵絳縫囊海上舟，月團蒼潤紫煙浮。集英殿裏春風晚，分到并門想麥秋。

## 寄茶與平甫

碧月團團墮九天，封題寄與洛中仙。石樓試水宜頻啜〔二〕，金谷看花莫漫煎〔三〕。

〔一〕龍舒本無「赴南徐」三字。

〔二〕「樓」，龍舒本作「城」。

〔三〕「漫」，龍舒本作「謾」。

## 戲長安嶺石

附巘憑崖豈易躋，無心應合與雲齊。横身勢欲填滄海，肯爲行人惜馬蹄？

## 代答

破車傷馬亦天成，所託雖高豈自營。四海不無容足地，行人何事此中行？

## 促織

金屏翠幔與秋宜〔一〕，得此年年醉不知。祇向貧家促機杼，幾家能有一約絲？

## 臘享

明星慘澹月參差，萬竅含風各自悲。人散廟門燈火盡，却尋殘夢獨多時。

〔一〕「幔」，龍舒本作「慢」。

# 臨川先生文集　卷三十三

## 律詩七言絶句

### 杏花

垂楊一徑紫苔封，人語蕭蕭院落中。獨有杏花如唤客，倚牆斜日數枝紅。

### 城東寺菊

黄花漠漠弄秋暉，無數蜜蜂花上飛。不忍獨醒孤爾去〔一〕，殷懃爲折一枝歸。

〔一〕「孤」，龍舒本作「辜」。

## 拒霜花

落盡群花獨自芳，紅英渾欲拒嚴霜〔一〕。開元天子千秋節，戚里人家承露囊。

## 燕

處處定知秋後别，年年長向社前逢。行藏自欲追時節，豈是人間不見容？

## 吐綬雞

樊籠寄食老低摧，組麗深藏肯自媒。天日清明聊一吐，兒童初見互驚猜。

## 黄鸝

野花吹盡竹娟娟，尚有黄鸝最可憐。婭姹不知緣底事，背人飛過北山前。

〔一〕「渾」，宋刻本作「爲」。

## 蝶

翅輕於粉薄於繒，長被花牽不自勝。若信莊周尚非我〔一〕，豈能投死爲韓憑？

## 暮春

無限殘紅著地飛〔二〕，谿頭煙樹翠相圍。楊花獨得東風意〔三〕，相逐晴空去不歸。

## 真州東園作

十年歷遍人間事〔四〕，却遶新花認故叢。南北此身知幾日，山川長在淚痕中。

〔一〕「我」，龍舒本作「夢」。

〔二〕「紅」，光啓堂本、聽香館本作「春」。

〔三〕「東」，龍舒本作「春」。

〔四〕「歷遍」，龍舒本作「遍歷」。

## 過皖口

皖城西去百重山，陳迹今埋杳靄間。白髮行藏空自感，春風江水照衰顔[一]。

## 發粟至石陂寺

蘄水穿山近更賒[二]，三更燃火飯僧家。乘田有秩難逃責，從事雖勤敢嘆嗟。

## 別皖口

浮煙漠漠細沙平，飛雨濺濺嫩水生。異日不知來照影，更添華髮幾千莖。

[一]「衰」，光啓堂本作「空」。
[二]「更」，光啓堂本、聽香館本作「水」。

## 别瀼皖二山

鄉壘新恩借舊朱，欲辭瀼皖更躊躕。攢峰列岫應譏我[一]，飽食窮年報禮虛[二]。

## 舒州被召試不赴偶書

戴盆難與望天兼，自怪虛名亦自嫌[三]。槁壤太牢俱有味，可能蚯蚓獨清廉。

## 舟過長蘆

木落草搖洲渚昏，泊船深閉雨中門。回燈只欲尋歸夢，兒女紛紛强笑言。

---

[一]「岫」，龍舒本作「秀」。

[二]「窮年報」，龍舒本作「虛年執」。

[三]「怪」，龍舒本作「笑」。

## 金山三首〔一〕

北檝南檣泊四垂，共憐金碧爛參差。孤根萬丈滄波底，除却蛟龍世不知。

**二**

波瀾蕩沃乾坤大，氣象包藏水石閒〔二〕。衹有此中宜曠望，誰令天作海門山。

**三**

天日蒼茫海氣深，一船西去此登臨〔三〕。丹樓碧閣皆時事，只有江山古到今。

## 泊姚江〔四〕

山如碧浪翻江去，水似青天照眼明。唤取仙人來住此，莫教辛苦上層城。

〔一〕第一首爲龍舒本金山寺五首之第二首，第二、三首爲龍舒本金山寺五首之第四、五首。

〔二〕「包」，光啓堂本作「色」。

〔三〕此句龍舒本作「空來高處一登臨」。

〔四〕龍舒本此題二首，此詩爲第一首。

## 遊鍾山〔一〕

兩山松櫟暗朱藤，一水中間勝武陵。午梵隔雲知有寺，夕陽歸去不逢僧。

## 龍泉寺石井二首

山腰石有千年潤，海眼泉無一日乾〔二〕。天下蒼生待霖雨，不知龍向此中蟠〔三〕。

二

人傳湫水未嘗枯〔四〕，滿底蒼苔亂髮麤。四海旱多霖雨少，此中端有卧龍無？

## 興國樓上作

松篁不動翠相重，日射流塵四散紅。地上行人愁暍死，那知高處有清風。

〔一〕此詩爲龍舒本遊鍾山四首之第二首。

〔二〕「海」，原校：「一作石」。

〔三〕「蟠」，光啓堂本、聽香館本作「看」。

〔四〕「湫水」，龍舒本作「此井」。

## 别灊閣

一溪清瀉百山重，風物能留邴曼容。後夜肯思幽興極，月明孤影伴寒松。

## 杭州望湖樓回馬上作呈玉汝樂道〔一〕

水光山氣碧浮浮，落日將歸又少留。從此祇應長入夢，夢中還與故人遊。

## 奉和景純十四丈三絶〔二〕

身先諸老榦樞機，再見王門闔左扉。但恨東歸相值晚，豈知臨別更心違。

### 二

幾年相約在林丘，眼見京江更阻遊。遺我珠璣何以報，恨無瑶玉與公舟。

〔一〕龍舒本無「杭州」二字。

〔二〕龍舒本無「奉」字。

三

藏春花木望中迷，水複山長道阻躋。怊悵老年塵世累，無因重到武陵溪。

臨津〔一〕

臨津艷艷花千樹，夾徑斜斜柳數行。却憶金明池上路，紅裙争看緑衣郎。

汀沙〔二〕

汀沙雪漫水溶溶，睡鴨殘蘆晻靄中。歸去北人多憶此，每家圖畫有屏風。

西山〔三〕

西山映水碧潭潭，楚老長謡淚滿衫。但道使君留不得，那知肯更憶江南。

〔一〕此詩爲龍舒本次韻和甫春日金陵登臺二首之第二首。
〔二〕此詩爲龍舒本和張仲通憶鍾陵絶句四首之第三首。
〔三〕此爲龍舒本和張仲通憶鍾陵絶句四首之第四首。

## 和文淑張氏女弟。〔一〕

天梯雲棧蜀山岑，下視嘉陵水萬尋。我得一舟江上去，恐君東望亦傷心。

## 春入〔二〕

春入園林百草香，池塘冰散水生光。身閑是處堪攜手，何事低徊兩鬢霜？

## 暮春

芙蕖的歷抽新葉，苜蓿闌干放晚花。白下門東春已老，莫嗔楊柳可藏鴉。

## 烏江亭

百戰疲勞壯士哀，中原一敗勢難迴。江東子弟今雖在，肯與君王卷土來？

---

〔一〕龍舒本無題注。

〔二〕此詩爲龍舒本有感五首之第四首。

## 漢武

壯士悲歌出塞頻，中原蕭瑟半無人。君王不負長陵約，直欲功成賞漢臣。

## 諸葛武侯

慟哭楊顒爲一言〔一〕，餘風今日更誰傳？區區庸蜀支吴魏〔二〕，不是虚心豈得賢？

## 望越亭

亂山千頃翠相圍，衮衮滄江去復歸。安得病身生羽翼，長隨沙鳥自由飛。

## 春日席上

十年流落負歸期，臨水登山各有思。今日樽前千萬恨，不堪頻唱鷓鴣辭。

〔一〕「楊」，原作「何」，據龍舒本校改。

〔二〕「吴」，龍舒本作「全」。

## 句容道中

荒煙寒雨暮山重，草木冥冥但有風。二十四年三往返，一身多在百憂中。

## 晏望驛釋舟走信州

病起行山山更險，下窮溪谷上通天。乘高欲作東南望，青壁松杉滿我前〔二〕。

## 祈澤寺見許堅題詩

藹藹春風入水村，森森喬木映朱門。高人遺蹟空佳句，誰識旌陽後世孫？

## 送陳景初 陳善醫。〔三〕

慘淡淮山水墨秋，行人不飲奈離愁。藥囊直入長安市，誰識柴車載伯休？

〔二〕「我」，龍舒本作「眼」。

〔三〕此詩爲龍舒本送陳景初金陵持服舉族貧病煩君藥石之功小詩二首之第二首。

## 巫峽

神女音容詎可求？青山回抱楚宫樓。朝朝暮暮空雲雨，不盡襄王萬古愁。

## 徐秀才園亭

茂松脩竹翠紛紛，正得山阿與水濆。笑傲一生雖自樂，有司還欲選方聞。

## 中茅峰石上徐鍇篆字題名

百年風雨草苔昏，尚有當年墨法存。祇恐終隨嶧碑盡，西風吹燒滿秋原。

## 欲雪

天上雲驕未肯同，晚來雪意已填空。欲開新酒邀嘉客，更待天花落坐中。

## 上元夜戲作

馬頭乘輿尚誰先〔一〕？曲巷橫街一一穿。盡道滿城無國艷，不知朱户鎖嬋娟。

## 石竹花

春歸幽谷始成叢，地面芬敷淺淺紅。車馬不臨誰見賞？可憐亦解度春風。

## 黄花

四月揚州芍藥多，先時爲别苦風波。還家忽忽驚秋色，獨見黄花出短莎。

## 木芙蓉

水邊無數木芙蓉，露染燕脂色未濃〔二〕。正似美人初醉着，强擡青鏡欲妝慵。

〔一〕「先」，光啓堂本、聽香館本作「見」。
〔二〕「燕」，光啓堂本作「臙」。

## 精衛

帝子銜冤久未平，區區微意欲何成？情知木石無云補，待見桑田幾變更〔二〕。

## 戲贈育王虚白長老

白雲山頂病禪師，昔日公卿各贈詩。行盡四方年八十，却歸荒寺有誰知？

## 黄河

派出崑崙五色流，一支黄濁貫中州。吹沙走浪幾千里，轉側屋閭無處求〔三〕。

## 東江

東江木落水分洪，伐盡黄蘆洲渚空。南澗夕陽煙自起，西山漠漠有無中。

---

〔二〕「幾」，龍舒本作「我」。

〔三〕「屋」，聽香館本作「尾」。

## 北望

欲望淮南更白頭，杖藜蕭颯倚滄洲。可憐新月爲誰好，無數晚山相對愁。

## 驪山

六籍燃除士不磨，驪山如此盜兵何？五陵珠玉歸人世，却爲詩書發冢多。

## 縣舍西亭二首〔一〕

山根移竹水邊栽〔二〕，已見新篁破嫩苔。可惜主人官便滿，無因長向此徘徊。

二

主人將去菊初栽，落盡黄花去却迴。到得明年官又滿〔三〕，不知誰見此花開？

---

〔一〕龍舒本題作「起縣舍西亭三首」，此二詩爲第一、二首。

〔二〕「栽」，光啓堂本作「裁」。

〔三〕「滿」，宋刻本作「立」。

## 鐵幢浦

憶昨初爲海上行，日斜來往看潮生。如今身是西歸去，迴首山川覺有情。

## 臨吴亭作〔二〕

補穿葺漏僅區區，志義殊嗟士大夫。欲致太平非一日，謾勞使者報新書。

## 蘇州道中順風

北風一夕阻東舟，清早飛帆落虎丘〔三〕。運數本來無得喪，人生萬事不須謀。

〔二〕龍舒本無「作」字。

〔三〕「早」，宋刻本、龍舒本作「曉」。

# 臨川先生文集　卷三十四

## 律詩 七言絶句

### 送僧惠思歸錢塘

淥浄堂前湖水淥，歸時正復有荷花。花前亦見餘杭姥，爲道仙人憶酒家。

### 松江

來時還似去時天，欲道來時已惘然。祇有松江橋下水，無情長送去來船。

## 秋日

莫言草木未知秋〔一〕，今日風雲已自愁。獨傍黄塵騎一馬，行看蕭索聽颼颼。

## 中秋夕寄平甫諸弟

浮雲吹盡數秋毫，爚爚金波滿滿醪。千里得君詩挑戰，夜壇誰敢將風騷？

## 靈山

靈山寧與世爲仇？斤斧侵凌自不休。水玉比來聞長價，市人無數起相讎。

## 荷花

亭亭風露擁川坻，天放嬌嬈豈自知？一舸超然他日事，故應將爾當西施。

〔一〕「草木」，龍舒本作「秋草」。

殘菊

黄昏風雨打園林，殘菊飄零滿地金。攟得一枝猶好在〔一〕，可憐公子惜花心。

竹窗〔二〕

竹窗紅莧兩三根，山色遥供水際門。只我近知牆下路，能將屐齒記苔痕。

出定力院作

江上悠悠不見人，十年塵垢夢中身。慇懃爲解丁香結，放出枝間自在春。

寄育王大覺禪師

山木悲鳴水怒流，百蟲專夜思高秋。道人方丈應無夢，想復長吟擬慧休。

〔一〕「攟」，龍舒本作「折」。「猶」，龍舒本作「還」。
〔二〕此詩爲龍舒本鍾山絶句二首之第二首。

送僧遊天台

天台一萬八千丈[一]，歲晏老僧攜錫歸。前程好景解吟否？密雪亂雲緘翠微。

次韻張仲通水軒

池雨含煙暝不收，草根長見水交流。愛君古錦囊中句，解道今秋似去秋。

送陳令

長溪流水碧潺潺，古木蒼藤暗兩山。把臂道人今在否？長官白首尚人間。

無錫寄正之[二]

健席高檣送病身，亂山荒隴障歸津。應須一曲千回首，西去論心更幾人？

[一]「八」，原作「六」，據宋刻本、龍舒本校改。
[二]「寄」下，全宋詩校補「孫」字。

## 謾成

清時無路取封侯，病卧牛衣已數秋。日月不膠時易失，感今懷昔使人愁。

## 初晴

一抹明霞黯淡紅，瓦溝已見雪花融。前山未放曉寒散，猶鎖白雲三兩峰。

## 釣者

釣國平生豈有心，解甘身與世浮沉。應知渭水車中老，自是君王著意深。

## 將次鎮南

豫章江面朔風驚，浩蕩帆船破浪行。目送家山無幾許，千年空想蟪蛄聲。

## 出金陵

白石岡頭草木深，春風相與散衣襟。浮雲映郭留佳氣，飛鳥隨人作好音。

酬王微之

一雨迴飈助蓐收，炎曦不復畏金流。君家咫尺堪乘興，想岸烏紗對奕秋[一]。

題玉光亭

傳聞天玉此埋堙[二]，千古誰分僞與真？每向小庭風月夜，却疑山水有精神。

贈僧

紛紛擾擾十年間，世事何嘗不强顔。亦欲心如秋水静，應須身似嶺雲閑。

嘲叔孫通

馬上功成不喜文，叔孫緜蕝共經綸。諸君可笑貪君賜，便許當時作聖人。

[一] 「紗」，宋刻本、龍舒本作「巾」。
[二] 「玉」，原作「下」，據龍舒本校改。

## 和浄因有作

朝紅一片墮窗塵，禪客翛然感此辰。更覺城中芳意少，不如山野早知春。

## 張工部廟

使節紛紛下禁中，幾人曾到此城東？獨君遺像今如在，廟食真須德與功。

## 次韻和張仲通見寄三絶句〔一〕

高山流水意無窮，三尺空絃膝上桐。默默此時誰會得？坐憑江閣看飛鴻。

二

收拾乾坤付一壺，世間無物直錙銖。醉鄉舊業拋來久，更欲因君稍問塗。

三

欹枕狂歌擊唾壺，直將軒冕等錙銖。醉鄉岐路君知否，不似人間足畏塗。

〔一〕龍舒本無「次韻」二字。

## 宣州府君喪過金陵

百年難盡此身悲，眼入春風衹涕洟。花發鳥啼皆有思，忍尋棠棣鶺鴒詩。

## 觀王氏雪圖

崔嵬相映雪重重，茅屋柴門在半峰。想有幽人遺世事，獨臨青峭倚長松。

## 韓子

紛紛易盡百年身，舉世何人識道真〔二〕？力去陳言夸末俗，可憐無補費精神。

## 宰嚭

謀臣本自繫安危，賤妾何能作禍基。但願君王誅宰嚭，不愁宫裏有西施。

〔二〕此句原校：「一本作默默誰令識道真。」

## 郭解

藉交唯有不貲恩〔一〕，漢法歸成棄市論。平日五陵多任俠，可能推刃報王孫？

## 古寺

寥寥蕭寺半遺基，遊客經年斷屐綦。猶有齊梁舊時殿，塵昏金像雨昏碑。

## 越人以幕養花因遊其下二首

幕天無日地無塵，百紫千紅占得春。野草自花還自落，落時還有惜花人。

二

尚有殘紅已可悲，更憂回首祇空枝。莫嗟身世渾無事，睡過春風作惡時。

〔一〕「唯」，龍舒本作「雖」。

## 魚兒

遶岸車鳴水欲乾，魚兒相逐尚相歡。無人挈入滄江去，汝死那知世界寬。

## 離鄞至菁江東望

村落蕭條夜氣生，側身東望一傷情。丹樓碧閣無處所，衹有溪山相照明。

## 信州迴車館中作二首

太白山根秋夜静，亂泉深水遶牀鳴。病來空館聞風雨，恰似當年枕上聲。

二

山木漂摇卧弋陽，因思太白夜淋浪。西窗一榻芭蕉雨〔一〕，復似當時水遶牀。

〔一〕 此句原校：「一作芭蕉一枕西窗雨。」龍舒本同。

## 天童山溪上

溪水清漣樹老蒼，行穿溪樹踏春陽。溪深樹密無人處，唯有幽花渡水香。

## 鄞縣西亭〔一〕

收功無路去無田，竊食窮城度兩年。更作世間兒女態，亂栽花竹養風煙。

## 寄和甫

水村悲喜拆書看，聞道并州九月寒。憶得此時花更好，舉家憐女不同盤〔二〕。

## 寄伯兄

身留海上去何時？祇看春鴻北向飛。安得先生同一飲，蕨芽香嫩鬻魚肥。

〔一〕此詩爲龍舒本起縣舍西亭三首之第三首。
〔二〕「女」，宋刻本、龍舒本作「汝」。

## 别鄞女

行年三十已衰翁〔一〕，滿眼憂傷祇自攻〔二〕。今夜扁舟來訣汝〔三〕，死生從此各西東〔四〕。

## 真州馬上作

身隨飢馬日中行，眼入風沙困欲盲〔五〕。心氣已勞形亦弊，自憐於世欲何營。

## 登飛來峰

飛來山上千尋塔，聞説雞鳴見日昇。不畏浮雲遮望眼，自緣身在最高層。

〔一〕「行年」，龍舒本作「年登」。
〔二〕「憂」，龍舒本作「離」。
〔三〕「夜」，龍舒本作「泛」。
〔四〕「死生從此」，龍舒本作「此生蹤迹」。
〔五〕「困」，光啓堂本、聽香館本作「因」。

## 讀漢功臣表

漢家分土建忠良，鐵券丹書信誓長。本待山河如帶礪，何緣葅醢賜侯王？

## 詠月

追隨落日盡還生，點綴浮雲暗又明。江有蛟龍山虎豹，清光雖在不堪行。

## 金山〔一〕

怪祕陰靈與護持，重丹複碧焕參差。滄江見底應無日，萬丈孤根世不知。

## 疊翠亭

煙籠遠浦迷芳草，日照澄湖浸碧峰。幸有清樽堪酩酊，忍陪良友不從容。

〔一〕　此詩爲龍舒本金山寺五首之第三首。

默默〔一〕

默默長年有所思，世間談笑强追隨。蒼髯欲出朱顔謝〔二〕，更覺求田問舍遲。

達本〔三〕

未能達本且歸根，真照無知豈待言。枯木巖前猶失路〔四〕，那堪春入武陵原〔五〕。

寓言二首

太虚無實可追尋，葉落松枝謾古今。若見桃花生聖解，不疑還自有疑心。

二

本來無物使人疑，却爲參禪買得癡。聞道無情能説法，面牆終日妄尋思。

〔一〕此詩爲龍舒本無題二首之第二首。
〔二〕「謝」，龍舒本作「去」。
〔三〕此詩爲龍舒本寓言三首之第三首。
〔四〕「巖」，龍舒本作「發」。
〔五〕「原」，龍舒本作「源」。

## 偶書

穰侯老擅關中事，長恐諸侯客子來。我亦暮年專一壑，每逢車馬便驚猜。

## 揚子

千古雄文造聖真，眇然幽思入無倫。他年未免投天禄〔一〕，虚爲新都著劇秦。

## 讀維摩經有感

身如泡沫亦如風，刀割香塗共一空。宴坐世間觀此理，維摩雖病有神通。

## 春日即事

池北池南春水生，桃花深處好閑行。細思擾擾夢中事，何用悠悠身後名。

---

〔一〕「禄」，宋刻本作「閣」。

## 贈安大師〔一〕

獨龍岡北第三峰，逋客歸來老更慵。敗屋數椽青繚繞，冷雲深處不聞鍾。

## 送李生白華巖修道

白華巖主是金仙〔二〕，假作山僧學道禪。珍重此行吾不及，爲傳消息結因緣。

## 寄道光大師

秋雨漫漫夜復朝，可嗟蔀屋望重霄。遥知宴坐無餘念，萬事都從劫火燒。

## 示報寧長老

白下亭東鳴一牛，山林陂港浄高秋。新營棗棫我檀越，曾悟布毛誰比丘？

〔一〕「大」，原作「太」，據宋刻本、聽香館本校改。
〔二〕「主」，光啓堂本作「王」。

## 紅梨〔一〕

紅梨無葉庇花身，黄菊分香委路塵。歲晚蒼官纔自保，日高青女尚横陳。

## 鴟

依倚秋風氣象豪，似欺黄雀在蓬蒿。不知羽翼青冥上，腐鼠相隨勢亦高。

## 驢二首

力侔龍象或難堪，脣比仙人亦未慚。臨路長鳴有真意，盤山弟子欠同參〔二〕。

### 二

雖得康莊亦好還，每逢溝壍便知難。由來此物非他物，莫道何曾似仰山。

〔一〕此詩爲龍舒本絶句九首之第三首。
〔二〕「欠」，龍舒本作「久」。

# 臨川先生文集　卷三十五

## 挽辭

### 仁宗皇帝挽辭四首

去序三朝聖，行崩萬國天。憂勤無曠古，治洽最長年。仁育齊高厚，哀思罄幅員。欲知千載美，道德冠遺編。

二

憑几微言絶，群臣涕泗揮。哀號三級陛，縞素九重圍。天上仙遊遠，宫中御座非。最悲帷幄侍，不復未明衣。

三

厭代人間世，收神天上游。遽然虚玉座，不復望珠旒。待旦移巾幘，饔人改膳羞。尋常飛白几，寂寞暗塵浮。

四

同軌群方至〔二〕，因山十月催。永違天日表，空有肺肝摧。帳殿流蘇卷，鈴歌薤露哀。宮中垂曉軔，西去不更回。

## 英宗皇帝挽辭二首

御氣方尊極，乘雲已泬寥。衣冠萬國會，陵寢百神朝。夏鼎傳歸啓〔三〕，虞羹想見堯。誰當授椽筆，論德在瓊瑶。

二

玉册上鴻名，猶殘警蹕聲。忽辭千歲祝，虚卜五年征。羽衛悲哀送，山陵指顧成。謳歌歸聖子，世孝在持盈。

〔二〕「同」，宋刻本作「問」。
〔三〕「傳」，宋刻本作「金」。

## 神宗皇帝挽辭二首

將聖由天縱，成能與鬼謀。聰明初四達，俊乂盡旁求。一變前無古，三登歲有秋。謳歌歸子啓，欽念禹功修。

二

城闕宫車轉，山林隧路歸。蒼梧雲未遠，姑射露先晞。玉暗蛟龍蟄，金寒雁鶩飛。老臣他日淚，湖海想遺衣。

## 慈聖光獻皇后挽辭二首〔一〕

國賴姜任盛，門歸馬鄧高。關雎求窈窕，卷耳念勤勞。聖淑才難擬，休明運繼遭。岡原今獻卜，帷扆正攀號〔二〕。

〔一〕「慈聖光獻皇后」，龍舒本作「太皇太后」。

〔二〕「帷」，龍舒本作「維」。

二

塗山女德茂，京室母才難。具美多前志，餘光永後觀。遺衣遷館御，祖載出宫莪。終始神孫孝，長留萬國歡。

## 正肅吴公挽辭三首

公嘗舉賢良，終河南守，葬鄭。予舉進士時，公知舉。〔一〕

從容邊塞議，慷慨廟堂争。曲突非無驗，方穿有不行。搢紳終倚賴〔二〕，贈襚極哀榮。豈慕公孫貴〔三〕，平生學董生。

二

應世文章手，宜民政事才。朝多側目忌，士有拊心哀。書蠹平生簡，香寒後夜灰。悠悠國西路，空得葬車回。

三

昔繼吴公治，今從子産遊。里門無舊客，鄉國有新丘。謀讓裨諶遠，文歸賈誼優。此時宰

〔一〕龍舒本「正肅吴公」作「吴正肅公」，無題注。
〔二〕「搢紳」，龍舒本作「朝廷」。
〔三〕「慕」，龍舒本作「愧」。

怨寵，西望涕空流。

## 文元賈公挽辭二首〔一〕

功名烜赫在三朝，經術從容輔漢條。儒服早紆丞相紱，戎冠再插侍中貂。開倉六塔流人復〔二〕，出甲甘陵叛黨銷。東第祇今空畫像，當時於此識風標。

### 二

銘旌蕭颯九秋風，薤露悲歌落月中。華屋幾人思賈傅〔三〕，佳城今日閉滕公。名垂竹帛書勳在，神寄丹青審象同。天上貂蟬曾夢賜，歸魂應佩紫陽宮〔四〕。

〔一〕「文元賈公」，龍舒本作「賈魏公」。
〔二〕「人」，龍舒本作「民」。
〔三〕「賈」，龍舒本作「謝」。
〔四〕「佩」，龍舒本作「侍」。

## 元獻晏公挽辭三首〔一〕

文章晉康樂，經術漢公孫。舊秩疑丞貴，前功保傅尊。傳呼猶在耳，會哭已填門。蕭瑟城南路，鳴笳上九原。

### 二

終賈年方妙，蕭曹地已親。優游太平日，密勿老成人。抗論辭多祕，賡歌迹已陳。功名千載下，不負漢庭臣〔二〕。

### 三

感會真奇遇，飛揚獨妙齡。他年西餞日，此夜上騎星。宿惠留藩屏，餘忠在禁庭〔三〕。音容無處所，髣髴寄丹青。

〔一〕「元獻晏公」，龍舒本作「晏元獻」。
〔二〕「庭」，龍舒本作「廷」。
〔三〕「庭」，龍舒本作「廷」。

## 忠獻韓公挽辭二首〔一〕

心期自與衆人殊，骨相知非淺丈夫〔二〕。獨斡斗杓環帝座，親扶日轂上天衢〔三〕。鋤耰萬里山無盜，衮繡三朝國有儒。爽氣忽隨秋露盡，但留陳迹在龜趺〔四〕。

## 二

兩朝身與國安危，典策哀榮此一時。木稼嘗聞達官怕〔五〕，山頹果見哲人萎。英姿爽氣歸圖畫，茂德元勳在鼎彝〔六〕。幕府少年今白髮〔七〕，傷心無路送靈輀。

---

〔一〕「忠獻韓公」，龍舒本作「韓忠獻」。
〔二〕「淺」，龍舒本作「賤」。
〔三〕「上」，原校：「一作繼。」
〔四〕「但留」，龍舒本作「謾憑」。
〔五〕「嘗」，龍舒本作「曾」。
〔六〕「茂」，宋刻本作「舊」。
〔七〕「今」，光啓堂本、聽香館本作「多」。

## 正憲吴公挽辭〔二〕

丙魏雖遭漢道昌，豈如公出值虞唐？秀鍾舊國山川氣，榮附中天日月光。更化事功參虎變，贊元時序得金穰。傷心鼓吹城南陌，回首新阡柏一行。

## 孫威敏公挽辭

功名一世事，興廢豈人謀。重爲蒼生起，終隨逝水流。凄涼歸部曲，零落掩山丘。許國言猶在，姦諛可使羞。

## 崇禧給事同年馬兄挽辭二首

慶曆公偕起，元豐我獨傷。兩楹終昔夢，五鼎繼前喪。薰歇曾攀桂，甘留所憩棠。素風知不墜，能世有諸郎。

〔二〕「正憲吴公」，龍舒本作「故吴相公」。

二

藏室亡三篋，得之公最多。露晞當晚景，川逝作前波。惠寄輿人誦，悲傳挽者歌。竹西攜手處，清淚邈山河〔一〕。

陳動之祕丞挽辭二首

年高漢賈誼，官過楚荀卿。望古君無憾，論今我未平。有風吹畫翣，無日照佳城。空復文章在，流傳世上名。

二

人間三十六，追逐孔鸞飛。似欲來爲瑞，如何去不歸？琴樽已寂寞，筆墨尚光輝。空復平生友，西華豈易依？

〔一〕「清淚」，龍舒本作「漬洒」。

## 贈工部侍郎鄭公挽辭〔一〕

地蟠江漢久知靈，通德門中見老成。南去伏波推將略，北來光禄擅詩名。密章贈襚連三組，畫翣喪車載一旌。陰德故應多後福，可能生子但升卿。

## 致仕虞部曲江譚君挽辭

同時獻賦久無人，握手悲歡迹已陳。它日白衣霄漢志，暮年朱紱水雲身。虚容劍几今長夜，小隱山林祇舊春。豈惜埋辭追往事，齒衰才盡獨傷神。

## 馬玘大夫挽辭

冠蓋青門道，知君自少時。從容他日喜，奄忽暮年悲。江月明丹旐，湖風冷繐帷。音容雖可想，材力竟何施？

〔一〕「贈」下，龍舒本有「尚書」二字。

## 宋中道挽辭

文史傳家學，聲名動帝除。蘭堂空作賦，金匱不讎書。勝事悲疇昔，清談想緒餘。吹簫索上去，歸國有魂車。

## 王中甫學士挽辭

同學金陵最少年，奏書曾用牘三千。盛名非復居人後，壯歲如何棄我先？種橘園林無舊業，採蘋洲渚有新篇。蒜山東路春風緑，埋没誰知太守阡？

## 王逢原挽辭

蒿里競何在〔一〕，死生從此分。謾傳仙掌籍，誰見鬼修文？蔡琰能傳業，侯芭爲起墳。傷心北風路，吹淚濕江雲。

〔一〕「競」，全宋詩校改作「竟」。

## 葛興祖挽辭

憶隨諸彦附青雲，場屋聲名看出群。孫寶暮年猶主簿，卜商今日更修文〔二〕。山川凛凛平生氣，草木蕭蕭數尺墳。欲寫此哀終不盡，但令千載少知君。

## 河中使君修撰陸公挽辭三首〔三〕

文采機雲後，知名寶妙年。銀鈎工壯麗，金薤富清研〔三〕，批鳳多新貴，憑熊數外遷。空令猗氏監，遺愛有良田。

### 二

皖城初得故人詩，歎息龍媒踠壯時。太史滯留終不偶，中郎制作遂無施。二千石禄今何有？四十車書昔漫知〔四〕。海曲冷雲埋拱木，延州空掛暮年悲。

〔二〕「卜」，龍舒本作「上」。

〔三〕龍舒本「河」上有「追傷」二字，無「挽辭」二字。

〔三〕「研」，全宋詩校改作「妍」。

〔四〕「漫」，龍舒本作「謾」。

三

前旌一幅粉書名〔一〕，行路知君亦涕零。遂失詞人空甫里，謾留悲鶴老華亭。主張壽禄無三甲，收拾文章有六丁。歸處仙龕終不遠，新墳東見海山青。

王子直挽辭

多才自合至公卿，豈料青衫困一生。太史有書能敘事〔二〕，子雲於世不徼名。丘墳慘淡箕山緑，門巷蕭條潁水清。握手笑言如昨日，白頭東望一傷情。

孫君挽辭 名適。〔三〕

喪車上新壟，哀挽轉空山。名與碑長在，魂隨帛暫還。無兒漫黄卷，有母亦朱顔。俛仰平生事，相看一夢間〔四〕。

〔一〕「名」，龍舒本作「銘」。
〔二〕「敘」，宋刻本作「序」。
〔三〕龍舒本題作「孫適挽辭」，無題注。
〔四〕「相看」，宋刻本作「人生」。

## 處士葛君挽辭

楚人黄歇地，晉代葛洪家。特擅山川秀[一]，相承黻冕華。猗君有清尚，於世不雄夸[二]。令子能傳業，流光未可涯。

## 永壽縣太君周氏挽辭二首 鄧忠臣母。[三]

永壽開新邑[四]，長沙返舊塋[五]。金葩冷鈿軸，粉字暗銘旌。薤久露難濕，蘭餘風尚清。慶鍾知有在，令子合升卿。

### 二

子引金閨籍，身開石窌封。靈輴悲吉路，象服儼虚容。楚挽雖多相，萊衣不更縫。誰知逝

〔一〕「特」，龍舒本作「獨」。
〔二〕「雄」，原作「雍」，據龍舒本校改。
〔三〕龍舒本無題注。
〔四〕「新」，龍舒本作「封」。
〔五〕「塋」，聽香館本作「瑩」。

川底，劍自喜相逢〔一〕。

## 致仕邵少卿挽辭二首

謝朓城中守，梁鴻基下歸〔二〕。素車馳吉路，丹旐卷寒輝。撫几虛容在，瞻圖實貌非。無因置一酹，空此嘆長違。

二

杯酒邗溝上，紛紛已十年。音容常想見，風跡每流傳。老去元卿位，新開太守阡。慶門當更大，子弟固多賢。

## 葛郎中挽辭二首

卷卷繐帷輕，空堂晝哭聲。衣冠遺故物〔三〕，杯案若平生。白馬有悲送，赤車非古行。低徊九原日，光景在銘旌。

〔一〕「逢」，龍舒本作「從」。
〔二〕「基」，全宋詩校改作「墓」。
〔三〕「物」，聽香館本作「日」。

二

蠻荆長往地，湖海獨歸時。旅櫬蛟龍護，銘旌雁鶩隨。此生要有盡，何物告無期。一片幽堂石，公知我不欺。

## 悼王致處士〔一〕

處士生涯水一瓢，行年七十更蕭條。老妻稻下分遺秉，弱子松間拾墮樵〔二〕。豈有聲名高後世〔三〕，遂無饘粥永今朝。窮魂散漫知何處，甬水東西不可招。

## 蘇才翁挽辭二首

空餘一丹旐，無復兩朱轓。寂寞蒜山渡，陂陀京口原。音容歸繪畫，才業付兒孫。尚有故人淚，滄江相與翻。

〔一〕龍舒本題作「吊王先生致」。

〔二〕「弱」，龍舒本作「稚」。

〔三〕「豈」，龍舒本作「雖」。

二

翰墨隨談嘯，風流在弟兄。浮名同逆旅，壯志負平生。使節何年去？喪車故老迎。悠悠京口外，落日照銘旌。

## 悼慧休

休公遂不起，難料復難忘。玉骨隨薪盡，空留一分香。

# 臨川先生文集　卷三十六

## 集句 古律詩

### 送吴顯道五首

五湖大浪如銀山，問君西遊何當還？以手撫膺坐長歎，空手無金行路難。丈夫意有在〔一〕，吾徒且加餐。屏風九疊雲錦張，千峰如連環。上有横河斷海之浮雲，可望不可攀。飛空結樓臺，動影褭窕沖融間〔二〕。沛然乘天遊，下看塵世悲人寰〔三〕。泊舟潯陽郭，去去翔寥廓〔四〕。君今幸未成老翁，衰老不復如今樂。

〔一〕「意」，龍舒本作「志」。
〔二〕「動影褭窕」，龍舒本作「影動杳裊」。
〔三〕「看塵世」，龍舒本作「視塵土」。
〔四〕「寥」，龍舒本作「虚」。

## 二

滕王高閣臨江渚，東邊日出西邊雨。十五年前此會同，天際張帷列樽俎。公今此去何時歸〔一〕，我今停杯一問之。春風兩岸水楊柳，昔日青青今在否〔二〕？偶向東湖更向東，杏花兩株能白紅。落拓舊遊應記得〔三〕，插花走馬月明中〔四〕。荏苒荏苒瞻西海〔五〕，明年花開復誰在。杏花楊柳年年好，南去北來人自老。少壯幾時奈老何，與君把箸擊盤歌。歌罷仰天歎，六龍忽蹉跎。眼中了了見鄉國，自是不歸歸便得。欲往城南望城北，此心炯炯君應識。

## 三

臨川樓上梶園中，羅幃繡幕圍香風〔六〕。觥船一棹百分空，看朱成碧顔始紅。杏花楊柳年年好，南去北來人自老。舊事無人可共論〔七〕，惟君與我同懷抱。

〔一〕此句龍舒本作「君今此去歸何時」。
〔二〕「昔日」，龍舒本作「顔色」。
〔三〕「拓」，龍舒本作「拍」。
〔四〕「月明」，龍舒本作「明月」。
〔五〕「荏苒」，龍舒本作「流光」。
〔六〕「香」，龍舒本作「春」。
〔七〕「無人可」，龍舒本作「何人與」。

四

忽憶舊鄉頭已白，牙齒欲落真可惜。臨江把臂難再得，江水江花豈終極。

五

百年多病獨登臺〔一〕，知有歸日眉放開〔二〕。功名富貴何足道，且賦淵明歸去來。

## 送吴顯道南歸

君不見蔡澤栖遲世看醜，豪氣英風亦何有。忽然變軒昂，盛事傳不朽。君今幸未成老翁，二十八宿羅心胸。何不上書自薦達，封侯起第一日中。秋月春風等閑度，山中舊宅無人住。宅中青桑葉宛宛〔三〕，澗水流過田中路。遥知楊柳是門處，萬里蒼蒼煙水暮。我欲尋之不憚遠，君又暫來還徑去。紅亭驛路掛城頭〔四〕，憶君衹欲苦死留〔五〕。天際張帷列樽俎，君歌聲酸辭且苦。

〔一〕「多」，龍舒本作「衰」。
〔二〕「放」，龍舒本作「方」。
〔三〕「宅」，龍舒本作「園」。
〔四〕「紅」，龍舒本作「江」。
〔五〕「憶」，聽香館本作「惜」。

人生憔悴生理難，使人聽此凋朱顔。勸君更盡一杯酒，明日路長山復山。

## 送劉貢甫謫官衡陽

劉郎劉郎莫先起，遇酒當歌且歡喜。船頭朝轉暮千里，眼中之人吾老矣。九疑聯緜皆相似〔一〕，負雪崔嵬插花裹。萬里衡陽雁〔二〕，尋常到此迴。行逢二三月〔三〕，好與雁同來。雁來人不來，如何不飲令心哀。莫厭瀟湘少人處，謫官樽俎定常開。

## 贈寶覺 并序

予始與寶覺相識於京師，因與俱東。後以翰林學士召，會宿金山一昔。今復見之。聞化城閣甚壯麗，可登眺，思往遊焉，故賦是詩。

大師京國舊，興趣江湖迥〔四〕。往與惠詢輩，一宿金山頂。懷哉若留戀〔五〕，王事有朝請。别來

〔一〕「疑聯緜皆」，龍舒本作「嶷連天荒」。

〔二〕「萬里」，龍舒本作「聞道」。

〔三〕「二三」，龍舒本作「三二」。

〔四〕「興」，龍舒本作「志」。

〔五〕「若」，龍舒本作「苦」。

能幾時，浮念劇含梗〔一〕。今朝忽相見，眸子清炯炯。夜闌接軟語，令人發深省。化城出天半，遠色有諸嶺。白首對汀洲〔二〕，猶思理煙艇。

## 金山寺

招提憑高岡，四面斷行旅。勝地猶在險，浮梁裹相拄。大江當我前，颭灩翠綃舞。通流與厨會，甘美勝牛乳。扣欄出黿鼉，幽姿可時覩。夜深殿突兀，太微凝帝宇。壁立兩崖對，迢迢隔雲雨。天多牖得月，月落聞津鼓。夜風一何喧，大舶夾雙艣。顛沉在須臾，我自檝迎汝。始知像教力，但度無所苦。憶昨狼狽初，只見石與土。榮華一朝盡，土梗空俯僂。人事隨轉燭〔三〕，蒼茫竟誰主？咄嗟檀施開，繡楹盤萬礎。高閣切星辰，新秋照牛女。湯休起我病，轉上青天去。攝身凌蒼霞，同憑朱欄語。我歌爾其聆，幽憤得一吐。誰言張處士，雄筆映千古。

〔一〕「劇」，龍舒本作「極」。
〔二〕「汀」，龍舒本作「滄」。
〔三〕「燭」，龍舒本作「軸」。

## 化城閣

曾宫憑風回，兩岸聞鍾聲。百里見秋毫[一]，搆雲有高營。化城若化出，仰攀日月行。俛視大江奔，衆山遥相迎[二]。大江蟠嵌根，旋流自成浪[三]。却略羅翠屏，秀色各異狀。楞伽海中山，迥出霄漢上[四]。中有不死庭，天龍盡回向。惜哉不得往，側坐渺難望。擁掩難恕宥[五]，意欲鏟疊嶂。登臨獨無語，一望一惆悵[六]。忽憶少年時[七]，孤嶼坐題詩。空懷焉能果，唯有故人知。

## 明妃曲

我本漢家子，早入深宫裏。遠嫁單于國，憔悴無復理。穹廬爲室旃爲牆[八]，胡塵暗天道路

〔一〕此句原校：「一作鑿翠開户牖。」龍舒本同。
〔二〕此句原校：「一作茫茫與天平。」龍舒本同。
〔三〕「旋流」，原校：「一作回波。」龍舒本同。
〔四〕「迥」，原校：「一作杳。」龍舒本同。
〔五〕此句原校：「一作登兹翻百憂。」龍舒本同。
〔六〕原校：「一本無此二句。」龍舒本同。
〔七〕「少年」，龍舒本作「年少」。
〔八〕「室」，龍舒本作「屋」。

長。去住彼此無消息，明明漢月空相識。死生難有却回身，不忍回看舊寫真〔一〕。玉顔不是黄金少，愛把丹青錯畫人。朝爲漢宫妃，暮作胡地妾〔二〕。獨留青塚向黄昏〔三〕，顔色如花命如葉。

## 懷元度四首

秋水纔深四五尺〔四〕，扁舟斗轉疾於飛〔五〕。可憐物色阻攜手，正是歸時君不歸。

**二**

舍南舍北皆春水，恰似蒲萄初醱醅〔六〕。不見祕書心若失，百年多病獨登臺。

**三**〔七〕

思君攜手安能得，上盡重城更上樓。時獨看雲淚横臆，長安不見使人愁。

---

〔一〕「回看舊寫」，龍舒本作「重看寫舊」。

〔二〕此二句原校：「一作：今日漢宫妃，明朝胡地妾。」

〔三〕「獨」，龍舒本作「猶」。

〔四〕「四五」，龍舒本作「八九」。

〔五〕「於」，龍舒本作「如」。

〔六〕「初醱」，龍舒本作「新撥」。

〔七〕此詩龍舒本題作「示元度」。

四

自君之出矣，何其挂懷抱。孤坐屢窮辰〔二〕，山林跡如掃。數枝石榴發，豈無一時好。不可持寄君，思君令人老。

招元度〔三〕

早知皆是自拘囚〔三〕，年少因何有旅愁〔四〕。自是不歸歸便得，陸乘肩輿水乘舟〔五〕。

示黄吉甫〔六〕

三山半落青天外，勢比凌歊宋武臺〔七〕。塵世難逢開口笑〔八〕，生前相遇且銜杯。

〔一〕「孤」，龍舒本作「隱」。
〔二〕龍舒本題作「寄昌叔」。
〔三〕「皆」，原校：「一作身。」龍舒本同。
〔四〕「因何」，原校：「一作何因。」
〔五〕「肩輿」，原校：「一作籃轝。」龍舒本同。
〔六〕龍舒本題作「寄元度」。
〔七〕「勢」，龍舒本作「遠」。
〔八〕「塵」，龍舒本作「人」。

## 送張明甫

舭船一棹百分空，十五年前此會同。南去北來人自老，桃花依舊笑春風。

## 贈張軒民贊善

潮打空城寂寞迴，百年多病獨登臺〔一〕。誰人得似張公子〔二〕，有底忙時不肯來。

## 望之將行

江涵秋景雁初飛，沙尾長檣發漸稀〔三〕。惆悵無因見范蠡，夕陽長送釣船歸。

〔一〕「多」，龍舒本作「衰」。
〔二〕「人」，龍舒本作「能」。
〔三〕「長」，龍舒本作「帆」。

## 招葉致遠

山桃野杏兩三栽〔一〕，嫩葉商量細細開〔二〕。最是一年春好處，明朝有意抱琴來。

## 獨行〔三〕

朱顔日夜不如故〔四〕，深感杏花相映紅。盡日獨行春色裏，醉吟誰肯伴衰翁？

## 江口〔五〕

六朝文物草連空〔六〕，今古無端入望中〔七〕。江上晚來堪畫處，參差煙樹五湖東。

---

〔一〕「野」，龍舒本作「溪」。
〔二〕「葉」，原校：「一作蘂。」宋刻本、龍舒本同。
〔三〕龍舒本題作「贈吴顯道」。
〔四〕「夜」，原校：「一作漸。」
〔五〕龍舒本題作「江口送道源」。
〔六〕「文」，龍舒本作「人」。
〔七〕「古」，龍舒本作「日」。

## 戲贈湛源

恰有三百青銅錢，憑君爲算小行年〔一〕。坐中亦有江南客，自斷此生休問天。

## 與北山道人〔二〕

可惜昂藏一丈夫，生來不讀半行書。子雲識字終投閣，幸是元無免破除。

## 梅花〔三〕

白玉堂前一樹梅，爲誰零落爲誰開？唯有春風最相惜〔四〕，一年一度一歸來。

〔一〕「算」，龍舒本作「看」。
〔二〕此詩爲龍舒本戲贈湛源二首之第二首。
〔三〕此詩爲龍舒本送吴顯道五首之第五首。
〔四〕「最相」，龍舒本作「應最」。

## 即事五首

漸老逢春能幾回，蓬門今始爲君開〔一〕。莫嫌野外無供給，更向花前把一杯。

**二**

一樹籠鬆玉刻成〔二〕，遊蜂多思正經營。攀枝弄雪時回顧〔三〕，還繞櫻桃樹下行。

**三**

幽棲地僻經過少，鍾梵聲中掩竹門。唯有多情枝上雪，暗香浮動月黄昏。

**四**〔四〕

遮莫鄰雞下五更，願爲閑客此閑行。欲知前面花多少〔五〕，顛倒青苔落絳英。

〔一〕「蓬」，龍舒本作「柴」。
〔二〕「籠鬆」，龍舒本作「瓏璁」。
〔三〕「枝弄雪」，龍舒本作「條弄蘂」。
〔四〕此詩龍舒本題作「閑行」。
〔五〕「少」，龍舒本作「處」。

五

春光冉冉歸何處，細雨斜風作夜寒。猶有數葩紅好處〔一〕，老年花似霧中看。

春風〔二〕

春風吹園雜花開，青天露坐始此迴。一杯一杯復一杯，笑言溢口何歡咍。古人白骨生青苔〔三〕，我獨不飲何爲哉？何時出得禁酒國〔四〕，壘麴便築糟丘臺。

春雪

春雪墮如箎，渾家醉不知。泥留虎鬭跡〔五〕，愁殺路傍兒。

〔一〕「處」，原爲墨釘，據全宋詩校補。
〔二〕此詩爲龍舒本即事三首之第三首。
〔三〕「青」，龍舒本作「莓」。
〔四〕「何時出得」，龍舒本作「幾時得出」。
〔五〕此句龍舒本作「樵歸説逢虎」。

## 花下

花下一壺酒，定將誰舉杯？雪英飛落近〔一〕，疑是故人來。

## 春山

春山春水流，曲折方屢渡。荒乘不知疲，行到水窮處。依然舊童子，要予竹西去。歸時始覺遠，草蔓已多露。

## 金陵懷古

六代豪華空處所，金陵王氣黯然收〔二〕。煙濃草遠望不盡，物换星移度幾秋。畢竟江山誰是主〔三〕？却因歌舞破除休。我來不見當時事，上盡重城更上樓。

---

〔一〕「落」，龍舒本作「舞」。
〔二〕「黯」，原作「漠」，據龍舒本校改。
〔三〕「畢」，原作「至」，據龍舒本校改。

## 沈坦之將歸溧陽值雨留吾廬久之三首

天雨蕭蕭滯茅屋，冷猿秋雁不勝悲。牀牀屋漏無乾處，獨立蒼茫自詠詩。

二

簷雨亂淋幔，風悲蘭杜秋。相看更促膝，人老自多愁。

三

片雲頭上黑，淅淅野風秋。室婦歎鳴鸛，分爲兩地愁。

## 示蔡天啓三首

蔡子勇成癖，能騎生馬駒。銛鋒瑩鸊鵜[一]，價重百硨磲。脱身事幽討，禪龕只晏如[二]。劃然變軒昂[三]，慎勿學哥舒。

[一] 此句龍舒本作「霜刀瑩碧蹄」。
[二] 「龕」，龍舒本作「榻」。
[三] 「劃」，龍舒本作「忽」。

二

蔡子勇成癖，劍可萬人敵。讀書百紙過，穎鋭物不隔。開口取將相，志氣方自得。偪仄何偪仄，未見有一獲。蕭條兩翅蓬蒿下，未能生彼升天翼。焉能學堂上燕，絢練新羽翮。

三〔二〕

身着青衫騎惡馬，日馳三百尚嫌遲。心源落落堪爲將，卻是君王未備知。

## 烝然來思 并序〔三〕

烝然來思〔三〕，送程公也。公來以羮麋饋我，我飲餞之，宿西水滸〔四〕，故作是詩。

念我獨兮，亦莫我顧。烝然來思〔五〕，程伯休父。我有旨酒，爾殽伊脯〔六〕。酌言疇之，式歌且

〔一〕此詩龍舒本題作「贈蔡肇秘校」。
〔二〕龍舒本無此六字。
〔三〕「烝」，龍舒本作「賁」。
〔四〕「宿」，龍舒本作「率」。
〔五〕「烝」，龍舒本作「賁」。
〔六〕「爾」，聽香館本作「兩」。

舞。不留不處，適彼樂土。言秣其馬，率西水滸。有客宿宿，于時語語。山有橋松江有渚〔一〕，式遄其歸不我與。作此好歌，倡予和女〔二〕。

示楊德逢〔三〕

我行其野，春日遲遲。有菀者柳，在水之湄〔四〕。有鳴倉庚，豈曰不時。求其友聲，頡之頏之。嗟我懷人，何日忘之。六日不詹〔五〕，方何爲期〔六〕。期逝不至，我心西悲。跂予望之，其室則邇。一者之來，我心則喜。我之懷矣，升彼虛矣。愛而不見，云何吁矣。

〔一〕「橋」，龍舒本、光啓堂本、聽香館本作「喬」。
〔二〕「倡」，光啓堂本作「唱」。「女」，龍舒本作「汝」。
〔三〕龍舒本無「楊」字。
〔四〕「水」，龍舒本作「河」。
〔五〕「不」，光啓堂本、聽香館本作「詹」。
〔六〕「期」，龍舒本作「其」。

## 示道光及安大師

春日載陽，陟彼高岡。樂彼之園，維水泱泱[一]。維筍及蒲，既生既育。拚飛維鳥[二]，集于灌木。嚶其鳴矣，亂我心曲。有懷二人，在彼空谷。既往既來，獨寐寤宿[三]。陟則在巘，或降于阿。瞻望弗及，傷如之何。

## 老人行

老人低心逐年少，年少還爲老人調。兩家挾詐自相欺，四海傷真誰復誚。翻手作雲覆手雨，當面輸心背面笑。古來人事已如此，今日何須論久要。

[一]「維」，龍舒本作「淮」。
[二]此句龍舒本作「拚彼飛鳥」。
[三]「寤」，龍舒本作「寐」。

## 離昇州作〔一〕

相看不忍發，慘澹暮潮平。語罷更攜手，月明洲渚生。

## 倉頡〔二〕

倉頡造書，不詁自明。於乎多言，祇誤後生。

〔一〕龍舒本此題二首，此詩爲第一首。

〔二〕龍舒本題作「不詁自明」。

# 臨川先生文集　卷三十七

## 集句

### 胡笳十八拍十八首

中郎有女能傳業，顔色如花命如葉。命如葉薄將奈何，一生抱恨常咨嗟。良人持戟明光裏[一]，所慕靈妃媲簫史。空房寂寞施繐帷，棄我不待白頭時。

#### 二

天不仁兮降亂離，嗟余去此其從誰？[二]自胡之反持干戈，翠蕤雲旓相蕩摩。流星白羽腰間插，疊鼓遥翻瀚海波。一門骨肉散百草，安得無淚如黄河[三]。

〔一〕「持」，龍舒本作「執」。
〔二〕龍舒本無此二句。
〔三〕此句下，龍舒本有「我生之初尚無爲，嗚呼吾意其蹉跎」二句。

**三**

身執略兮入西關〔一〕，關山阻脩兮行路難。水頭宿兮草頭坐，在野只教心膽破〔二〕。更鞴彫鞍教走馬〔三〕，玉骨瘦來無一把。幾迴抛鞚抱鞍橋，往往驚墮馬蹄下。

**四**

漢家公主出和親，御厨絡繹送八珍。明妃初嫁與胡時〔四〕，一生衣服盡隨身。眼長看地不稱意，同是天涯淪落人。我今一食日還併，短衣數挽不掩脛。乃知貧賤别更苦，安得康强保天性。

**五**

十三學得琵琶成，繡幕重重卷畫屏。一見郎來雙眼明，勸我酤酒花前傾。齊言此夕樂未央，豈知此聲能斷腸〔五〕。如今正南看北斗，言語傳情不如手。低眉信手續續彈，彈看飛鴻勸胡酒。

〔一〕「入西」，龍舒本作「西入」。
〔二〕「膽」，聽香館本作「力」。
〔三〕「鞴」，聽香館本作「備」。
〔四〕「時」，龍舒本作「兒」。
〔五〕「聲」，龍舒本作「曲」。

六

青天漫漫覆長路，一紙短書無寄處。月下長吟久不歸，當時還見雁南飛。彎弓射飛無遠近，青塚路邊南雁盡。兩處音塵從此絶，唯向東西望明月〔一〕。

七

明明漢月空相識，道路只今多擁隔〔二〕。去住彼此無消息，時獨看雲淚横臆。豺狼喜怒難姑息，自倚紅顔能騎射。千言萬語無人會，漫倚文章真末策〔三〕。

八

死生難有却回身，不忍重看舊寫真。暮去朝來顔色改〔四〕，四時天氣總愁人。東風漫漫吹桃李，盡日獨行春色裏。自經喪亂少睡眠，鶯飛燕語長悄然〔五〕。

〔一〕「向」，龍舒本作「看」。

〔二〕「擁」，龍舒本作「壅」。

〔三〕「漫」，龍舒本作「謾」。

〔四〕「改」，宋刻本作「故」。

〔五〕「飛」，龍舒本作「啼」。

九

柳絮已將春去遠，攀條弄芳畏晼晚〔一〕。憂患衆兮歡樂鮮，一去可憐終不返。日夕思歸不得歸，山川滿目淚沾衣。葦圭苑裏西風起，歎息人間萬事非。

十

寒聲一夜傳刁斗，雲雪埋山蒼兕吼。詩成吟詠轉凄涼，不如獨坐空搔首。漫漫胡天叫不聞，胡人高鼻動成群。寒盡春生洛陽殿，回首何時復來見？

十一

晚來幽獨恐傷神，唯見沙蓬水柳春。破除萬事無過酒，虜酒千杯不醉人。含情欲說更無語，一生長恨奈何許〔二〕。饑對酪肉兮不能餐，强來前帳臨歌舞。

十二

歸來展轉到五更，起看北斗天未明。秦人築城備胡處〔三〕，擾擾唯有牛羊聲。萬里飛蓬映天

〔一〕「晼晚」，龍舒本作「婉娩」。

〔二〕「恨」，聽香館本作「懼」。

〔三〕「人」，原校：「一作家。」

過〔一〕，風吹漢地衣裳破。欲往城南望城北，三步回頭五步坐。

十三

自斷此生休問天，生得胡兒擬棄捐。一始扶牀一初坐〔二〕，抱攜撫視皆可憐。寧知遠使問名姓〔三〕，引袖拭淚悲且慶。悲莫悲于生別離〔四〕，悲在君家留二兒〔五〕。

十四

鞠之育之不羞恥〔六〕，恩情亦各言其子〔七〕。天寒日暮山谷裏，腸斷非關隴頭水〔八〕。兒呼母兮嗁失聲〔九〕，依然離別難爲情。灑血仰頭兮訴蒼蒼〔一〇〕，知我如此兮不如無生。

---

〔一〕「天」，龍舒本作「水」。

〔二〕「初」，龍舒本作「始」。

〔三〕「寧」，原校：「一作誰。」龍舒本作「那」。

〔四〕「于」，原校：「一作兮。」聽香館本作「兮」。

〔五〕「二」，原校：「一作兩。」聽香館本作「兩」。

〔六〕「恥」，光啓堂本作「取」。

〔七〕「恩」，聽香館本作「思」。

〔八〕「腸斷」，龍舒本作「斷腸」。

〔九〕「兒」聽香館本作「時」。「嗁」，龍舒本作「號」。

〔一〇〕「頭」，龍舒本作「面」。「蒼」，龍舒本作「天」。

十五

當時悔來歸又恨〔一〕，洛陽宫殿焚燒盡〔二〕。紛紛黎庶逐黄巾，心折此時無一寸。慟哭秋原何處村，千家今有百家存。争持酒食來相饋，舊事無人可共論。

十六

此身飲罷無歸處，心懷百憂復千慮。天翻地覆誰得知，魏公垂淚嫁文姬。天涯憔悴身，託命於新人。念我出腹子，使我歎恨勞精神〔三〕。新人新人聽我語，我所思兮在何所。母子分離兮意難任，死生不相知兮何處尋？

十七

燕山雪花大如席，與兒洗面作光澤。怳然天地半夜白〔四〕，閨中祇是空相憶。點注桃花舒小紅，與兒洗面作華容。欲問平安無使來，桃花依舊笑春風。

〔一〕「悔」，龍舒本作「愁」。
〔二〕「燒」，聽香館本作「又」。
〔三〕「恨」，聽香館本作「懼」。
〔四〕「天地半夜」，龍舒本作「半夜天地」。

十八

春風似舊花仍笑，人生豈得長年少。我與兒兮各一方，憔悴看成兩鬢霜。如今豈無騕裹與驊騮，安得送我置汝傍？胡塵暗天道路長，遂令再往之計墮眇芒〔一〕。胡笳本出自胡中，此曲哀怨何時終？笳一會兮琴一拍，此心炯炯君應識。

## 虞美人

虞美人，態濃意遠淑且真。同輦隨君侍君側，六宮粉黛無顔色。楚歌四面起，形勢返蒼黄〔二〕。夜聞馬嘶曉無迹，蛾眉蕭颯如秋霜。漢家離宫三十六，緩歌慢舞凝絲竹。人間舉眼盡堪悲，獨在陰崖結茅屋〔三〕。美人爲黄土，草木皆含愁。紅房紫莟處處有〔四〕，聽曲低昂如有求。青天漫漫覆長路，今人犁田昔人墓。虞兮虞兮奈若何，不見玉顔空死處。

---

〔一〕「遂」，聽香館本作「隨」。「眇芒」，龍舒本「渺茫」。
〔二〕「返」，聽香館本作「反」。
〔三〕「在陰」，龍舒本作「背蒼」。
〔四〕「紅房紫莟」，龍舒本作「紅芳紫苔」。

## 甘露歌〔一〕

折得一枝香在手，人間應未有。疑是經春雪未消，今日是何朝？盡日含毫難比興，都無色可並。萬里晴天何處來，真是屑瓊瑰。天寒日暮山谷裏，的皪愁成水〔二〕。地上漸多枝上稀，唯有故人知。

# 歌曲

## 桂枝香

登臨送目。正故國晚秋，天氣初肅。千里澄江似練，翠峰如簇。歸帆去棹殘陽裏，背西風、酒旗斜矗。彩舟雲淡，星河鷺起，畫圖難足。　念往昔、繁華競逐。歎門外樓頭，悲恨相續。千古憑高，對此謾嗟榮辱。六朝舊事隨流水，但寒烟、芳草凝緑。至今商女，時時猶歌〔三〕，後庭

〔一〕此詩梅苑、樂府雅詞録作詞，花草粹編、歷代詩餘分爲三闋，全宋詞從之。
〔二〕「皪」，龍舒本作「礫」。
〔三〕「歌」，全宋詞據樂府雅詞校改作「唱」。

遺曲。

菩薩蠻

數家茅屋閑臨水，單衫短帽垂楊裏〔一〕。今日是何朝？看予度石橋。　梢梢新月偃，午醉醒來晚。何物最關情，黄鸝三兩聲〔二〕。

漁家傲二首

燈火已收正月半，山南山北花撩亂。聞説洊亭新水漫。騎款段，穿雲入鳥尋游伴〔三〕。　却拂僧牀褰素幔，千巖萬壑春風暖〔四〕。一弄松聲悲急管〔五〕。吹夢斷〔六〕，西看窗日猶嫌短。

〔一〕「單」，龍舒本作「輕」。
〔二〕「三」，龍舒本作「一」。
〔三〕「鳥」，龍舒本作「島」，全宋詞據樂府雅詞校改作「塢」。「游」，龍舒本作「幽」。
〔四〕「暖」，龍舒本作「滿」。
〔五〕「一」，光啓堂本、聽香館本作「播」。
〔六〕「吹」，龍舒本作「驚」。

## 二

平岸小橋千嶂抱，柔藍一水縈花草。茅屋數間窗窈窕。塵不到，時時自有春風掃。午枕覺來聞語鳥，欹眠似聽朝雞早。忽憶故人今總老。貪夢好，茫然忘了邯鄲道〔一〕。

## 清平樂

雲垂平野，掩映竹籬茅舍。闃寂幽居實瀟灑，是處緑嬌紅冶。丈夫運用堂堂，且莫五角六張。若有一巵芳酒，逍遥自在無妨。

## 浣溪沙

百畝中庭半是苔，門前白道水縈迴。愛閑能有幾人來。小院回廊春寂寂，山桃溪杏兩三栽。爲誰零落爲誰開。

---

〔一〕「了」，宋刻本作「却」。

## 浪淘沙令

伊呂兩衰翁，歷遍窮通。一爲釣叟一耕傭。若使當時身不遇，老了英雄。湯武偶相逢，風虎雲龍。興王祇在笑談中。直至如今千載後，誰與争功？

## 南鄉子二首

嗟見世間人，但有纖毫即是塵。不住舊時無相貌，沈淪。只爲從來認識神。作麽有疏親，我自降魔轉法輪。不是攝心除妄想，求真。幻化空身即法身。

二

自古帝王州，鬱鬱葱葱佳氣浮。四百年來成一夢，堪愁。晉代衣冠成古丘。繞水恣行游，上盡層城更上樓。往事悠悠君莫問，回頭。檻外長江空自流。

## 訴衷情五首 和俞秀老鶴詞。

常時黄色見眉間，松桂我同攀。每言天上辛苦，不肯餌金丹。憐水静，愛雲閑，便忘還。高歌一曲，巖谷迤邐，宛似商山。

二

練巾藜杖白雲間，有興即躋攀。追思往昔如夢，華轂也曾丹。塵自擾，性長閑，更無還。達如周召，窮似丘軻，秖箇山山。

三

芒然不肯住林間，有處即追攀。將他死語圖度，怎得離真丹〔一〕？漿水價，匹如閑，也須還。何如直截〔二〕，踢倒軍持，贏取潙山。

四

營巢燕子逞翺翔，微志在雕梁。碧雲舉翮千里，其奈有鸞皇。臨濟處，德山行，果承當。自時降在〔三〕，一切天魔，掃地焚香。

五

莫言普化秖顛狂，真解作津梁。驀然打箇筋斗，直跳過羲皇。臨濟處，德山行，果承當。將他建立，認作心誠，也是尋香。

〔一〕「真」，龍舒本作「金」。
〔二〕「截」，龍舒本作「下」。
〔三〕「在」，聽香館本、全宋詞作「住」。

## 望江南歸依三寶讚

歸依衆，梵行四威儀。願我遍游諸佛土，十方賢聖不相離。永滅世間痴。

歸依法，法法不思議。願我六根常寂静，心如寶月映琉璃。了法更無疑。

歸依佛，彈指越三祇〔二〕。願我速登無上覺，還如佛坐道場時。能智又能悲。

三界裏，有取總災危。普願從生同我願，能於空有善思惟。三寶共住持〔三〕。

〔二〕「祇」，原作「秖」，據宋刻本、龍舒本、聽香館本校改。

〔三〕「住」，聽香館本作「扶」。

# 王安石全集

修訂增補版

第十册

王安石全集附録

王水照　主編

復旦大學出版社

# 王安石全集附録

戎默、蘇賢　輯録

# 輯録凡例

一、本附録旨在收集歷代與王安石相關之傳記、評論、軼事等資料，收集範圍包括史傳、詩文集、詩話、筆記等，取其相關度較高者收之。

一、本附録編排以文體劃分。分爲年譜、傳記、祭文挽辭、詔制、奏議、記、像贊、序題跋、論、語録、軼事以及詩文評十二類，其中除「軼事」類外，每類之中皆以文章作者之時間先後順序排列。而「軼事」類，則略以事件發生之先後順序排列，以便讀者考見荆公之生平梗概。

一、歷代典籍關於王安石之資料甚夥，限於篇幅，本附録僅收録與王安石相關度高的整篇或整段文字，其他著述、文章中偶一論及王安石者，一概不節録；「語録」類中只收講學家專論王安石，論他事而涉及王安石者則不收；「詩文評」類則選擇與其詩文風格、美惡相關度較高者擇優收録，故稱「詩文評選輯」。

一、本附録之「序題跋」一類，因與三經新義、臨川先生文集、唐百家詩選等書相關之序跋，已各附本書之末，故不重收。所收者唯散見於各家詩文集中之題帖、跋詩、書後及其他與荆公有關著作之序、跋。

一、本附録中，各篇目後皆注明出處，抄録所據各書皆常見版本，遇有可疑處，則參校他本，訛、脱、倒、衍字則徑改，不一一出校勘記，偶有大段異文，則隨文説明。

一、高克勤先生王安石著述考一文，對王安石著作之存佚、真僞、寫作年代及結集過程等多有考辨，足資參考，今徵得同意，置於本附録之末。

# 引用書目（略依作者時代及摘録先後爲次）

王荆文公詩箋注　〔宋〕李壁　上海古籍出版社二〇一〇年版
王安石年譜三種　〔宋〕詹大和等　中華書局一九九四年版
名臣碑傳琬琰集　〔宋〕杜大珪　鐵琴銅劍樓藏本
東都事略　〔宋〕王偁　文淵閣四庫全書本（臺灣商務印書館影印，下同。）
陶山集　〔宋〕陸佃　武英殿聚珍版叢書本
龍雲集　〔宋〕劉弇　文淵閣四庫全書本
青山集　〔宋〕郭祥正　中華再造善本影印南宋刻本
彭城集　〔宋〕劉攽　武英殿聚珍版叢書本
西溪集　〔宋〕沈遘　四部叢刊三編景明翻宋刻本
南陽集　〔宋〕韓維　文淵閣四庫全書本
鄖溪集　〔宋〕鄭獬　文淵閣四庫全書本
司馬光集　〔宋〕司馬光　四川大學出版社二〇一〇年版

華陽集　〔宋〕王珪　文淵閣四庫全書本
宋大詔令集　中華書局一九六二年版
蘇軾文集　〔宋〕蘇軾　中華書局二〇〇四年版
斐然集　〔宋〕胡寅　中華書局一九九三年版
歐陽脩全集　〔宋〕歐陽脩　中華書局一九九一年版
宋諸臣奏議　〔宋〕趙汝愚　上海古籍出版社一九九九年版
皇朝文鑑　〔宋〕吕祖謙　四部叢刊景宋本
古靈先生文集　〔宋〕陳襄　中華再造善本影印宋紹興三十一年贛州陳輝刻本
龜山集　〔宋〕楊時　文淵閣四庫全書本
靖康要録　〔宋〕佚名　十萬卷樓叢書本
（乾道）四明圖經　〔宋〕張津　清咸豐四年刻宋元四明六志本
陸九淵集　〔宋〕陸九淵　中華書局一九八〇年版
攻媿集　〔宋〕樓鑰　文淵閣四庫全書本
黄庭堅全集　〔宋〕黄庭堅　四川大學出版社二〇〇一年版
邵氏聞見後録　〔宋〕邵博　中華書局一九八三年版

通鑑長編紀事本末 〔宋〕楊仲良 清嘉慶宛委別藏本
仇池筆記 〔宋〕蘇軾 文淵閣四庫全書本
姑溪居士文集 〔宋〕 李之儀 文淵閣四庫全書本
四明尊堯集 〔宋〕陳瓘 清康熙刻本
王十朋全集 〔宋〕王十朋 上海古籍出版社二〇一二年版
鄱陽三洪集 〔宋〕洪适等 江西人民出版社二〇一一年版
文定集 〔宋〕汪應辰 文淵閣四庫全書本
南澗甲乙稿 〔宋〕韓元吉 武英殿聚珍版叢書本
陸游全集校注 〔宋〕陸游 錢仲聯校注 浙江教育出版社二〇一一年版
文忠集 〔宋〕周必大 文淵閣四庫全書本
楊萬里集箋校 〔宋〕楊萬里 中華書局二〇〇七年版
朱子全書 〔宋〕朱熹 上海古籍出版社、安徽教育出版社二〇一〇年版
張栻集 〔宋〕張栻 嶽麓書社二〇一〇年版
悦齋文鈔 〔宋〕唐仲友 金華叢書本
緣督集 〔宋〕曾豐 明萬曆刻本

九華集　〔宋〕員興宗　文淵閣四庫全書本
葉適集　〔宋〕葉適　中華書局一九六二年版
洺水集　〔宋〕程珌　明崇禎元年刻本
鶴山先生大全文集　〔宋〕魏了翁　四部叢刊景宋本
二程集　〔宋〕程頤等　中華書局二〇〇四年版
元城語録　〔宋〕馬永卿　清雍正鈔本
老學庵筆記　〔宋〕陸游　中華書局一九七九年版
家世舊聞　〔宋〕陸游　中華書局一九九三年版
入蜀記　〔宋〕陸游　文淵閣四庫全書本
鐵圍山叢談　〔宋〕蔡絛　中華書局一九八三年版
雲麓漫鈔　〔宋〕趙彦衛　中華書局一九九六年版
鶴林玉露　〔宋〕羅大經　中華書局一九八三年版
貴耳集　〔宋〕張端義　中華書局一九五八年版
默記　〔宋〕王銍　中華書局一九八一年版
涑水記聞　温公瑣語　〔宋〕司馬光　中華書局一九八九年版

邵氏聞見録　〔宋〕邵伯温　中華書局一九八三年版
韻語陽秋　〔宋〕葛立方　歷代詩話本
吕氏雜記　〔宋〕吕希哲　全宋筆記第一編　大象出版社二〇〇三年版
東軒筆録　〔宋〕魏泰　中華書局一九八三年版
臨漢隱居詩話　〔宋〕魏泰　陳應鸞校注本　巴蜀書社二〇〇一年版
苕溪漁隱叢話　〔宋〕胡仔　人民文學出版社一九六二年版
避暑録話　〔宋〕葉夢得　全宋筆記第二編　大象出版社二〇〇六年版
石林詩話　〔宋〕葉夢得　歷代詩話本
石林燕語　〔宋〕葉夢得　中華書局一九八四年版
巖下放言　〔宋〕葉夢得　全宋筆記第二編
西塘集耆舊續聞　〔宋〕陳鵠　中華書局二〇〇二年版
墨客揮犀　續墨客揮犀　〔宋〕彭乘　中華書局二〇〇二年版
侯鯖録　〔宋〕趙令畤　中華書局二〇〇二年版
步里客談　〔宋〕陳長方　全宋筆記第四編　大象出版社二〇〇八年版
曲洧舊聞　〔宋〕朱弁　中華書局二〇〇二年版

風月堂詩話　〔宋〕朱弁　中華書局一九八八年版
過庭録　〔宋〕范公偁　中華書局二〇〇二年版
泊宅編　〔宋〕方勺　中華書局一九八三年版
芥隱筆記　〔宋〕龔頤正　全宋筆記第五編　大象出版社二〇一二年版
卻掃編　〔宋〕徐度　全宋筆記第三編　大象出版社二〇〇八年版
聞見近録　〔宋〕王鞏　全宋筆記第二編
甲申聞見二録補遺　〔宋〕王鞏　文淵閣四庫全書本
捫虱新話　〔宋〕陳善　全宋筆記第五編
西清詩話　〔宋〕蔡絛　宋詩話全編本　鳳凰出版社一九九八年版
晁氏客語　〔宋〕晁説之　全宋筆記第一編
能改齋漫録　〔宋〕吴曾　上海古籍出版社一九七九年版
北窗炙輠録　〔宋〕施德操　全宋筆記第三編
自警編　〔宋〕趙善璙　文淵閣四庫全書本
楓窗小牘　〔宋〕袁褧　全宋筆記第四編
獨醒雜志　〔宋〕曾敏行　上海古籍出版社一九八六年版

春渚紀聞　〔宋〕何遂　中華書局一九八三年版
道山清話　〔宋〕王暐　全宋筆記第二編
桯史　〔宋〕岳珂　中華書局一九八一年版
錢氏私志　〔宋〕錢世昭　全宋筆記第二編
珍席放談　〔宋〕高晦叟　全宋筆記第三編
四六話　〔宋〕王銍　歷代文話本　復旦大學出版社二〇〇七年版
上蔡語録　〔宋〕謝良佐　文淵閣四庫全書本
澠水燕談録　〔宋〕王辟之　清知不足齋叢書本
僧寶傳　〔宋〕釋惠洪　文淵閣四庫全書本
石門文字禪　〔宋〕釋惠洪　〔日〕釋廓門貫徹注　中華書局二〇一二年版
冷齋夜話　〔宋〕釋惠洪　中華書局一九八八年版
容齋續筆　〔宋〕洪邁　中華書局二〇〇五年版
高齋漫録　〔宋〕曾慥　全宋筆記第四編
孫公談圃　〔宋〕孫升　中華書局二〇一二年版
澗泉日記　〔宋〕韓淲　上海古籍出版社一九九三年版

退齋筆録　〔宋〕侯延慶　全宋筆記第三編
詩話總龜　〔宋〕阮閱　人民文學出版社一九八七年版
觀林詩話　〔宋〕吴聿　宋詩話全編本
後山談叢　〔宋〕陳師道　中華書局二〇〇七年版
墨莊漫録　〔宋〕張邦基　中華書局二〇〇二年版
青瑣高議　〔宋〕劉斧　上海古籍出版社一九八三年版
萍洲可談　〔宋〕朱彧　中華書局二〇〇七年版
四六談塵　〔宋〕謝伋　歷代文話本
宋朝事實類苑　〔宋〕江少虞　上海古籍出版社一九八一年版
詩林廣記　〔宋〕蔡正孫　中華書局一九八二年版
賓退録　〔宋〕趙與旹　上海古籍出版社一九八三年版
夷堅丙志　夷堅支志　〔宋〕洪邁　中華書局一九八一年版
五總志　〔宋〕吴坰　全宋筆記第五編
欒城先生遺言　〔宋〕蘇籀　全宋筆記第三編
揮麈後録　〔宋〕王明清　上海書店二〇〇九年版

海陵三仙傳　〔宋〕闕名　古今説海本
類説　〔宋〕曾慥　文淵閣四庫全書本
彦周詩話　〔宋〕許顗　歷代詩話本
嘉祐雜志　〔宋〕江休復　文淵閣四庫全書本
埤雅　〔宋〕陸佃　文淵閣四庫全書本
畫墁録　〔宋〕張舜民　全宋筆記第二編
清波雜志校注　〔宋〕周煇　劉永翔校注　中華書局一九九五年版
癸辛雜識　〔宋〕周密　中華書局一九九一年版
夢溪筆談校證　夢溪補筆談校注　〔宋〕沈括　胡道静校注　上海古籍出版社一九八七年版
齊東野語　〔宋〕周密　中華書局一九八三年版
野客叢書　〔宋〕王楙　中華書局一九八七年版
中吴紀聞　〔宋〕龔明之　全宋筆記第三編
珊瑚鉤詩話　〔宋〕張表臣　歷代詩話本　中華書局一九八一年版
孔氏談苑　〔宋〕孔平仲　中華書局二〇一二年版

可書　〔宋〕張知甫　中華書局二〇〇二年版
庚溪詩話　〔宋〕陳巖肖　宋詩話全編本
後山詩話　〔宋〕陳師道　歷代詩話本
竹坡詩話　〔宋〕周紫芝　歷代詩話本
演繁露　〔宋〕程大昌　全宋筆記第四編
黄氏日抄　〔宋〕黄震　文淵閣四庫全書本
唐子西文録　〔宋〕强幼安　歷代詩話本
歲寒堂詩話　〔宋〕張戒　歷代詩話續編本　中華書局一九八三年版
優古堂詩話　〔宋〕吴幵　歷代詩話續編本
環溪詩話　〔宋〕吴沆　中華書局一九八八年版
誠齋詩話　〔宋〕楊萬里　歷代詩話續編本
艇齋詩話　〔宋〕曾季貍　歷代詩話續編本
竹莊詩話　〔宋〕何汶　中華書局一九八四年版
滄浪詩話　〔宋〕嚴羽　歷代詩話本
江湖小集　〔宋〕陳起　文淵閣四庫全書本

直齋書録解題　〔宋〕陳振孫　上海古籍出版社二〇一五年版
雲莊四六餘話　〔宋〕楊囦道　歷代文話本
古文關鍵　〔宋〕吕祖謙　歷代文話本
荆溪林下偶談　〔宋〕吴子良　歷代文話本
辭學指南　〔宋〕王應麟　歷代文話本
滹南遺老集　〔金〕王若虚　四部叢刊景舊鈔本
宋史　〔元〕脱脱等撰　中華書局一九七七年版
虞集全集　〔元〕　虞集　天津古籍出版社二〇〇七年版
蒲室集　〔元〕釋大訢　文淵閣四庫全書本
桐江集　〔元〕方回　清嘉慶宛委別藏本
王惲全集匯校　〔元〕王惲　楊亮等匯校　中華書局二〇一三年版
袁桷集校注　〔元〕袁桷　楊亮校注　中華書局二〇一二年版
黄溍集　〔元〕黄溍　浙江古籍出版社二〇一三年版
禮部集　〔元〕吴師道　文淵閣四庫全書本
梅磵詩話　〔元〕韋居安　歷代詩話續編本

言行龜鑑　〔元〕張光祖　文淵閣四庫全書本
研北雜志　〔元〕陸友仁　文淵閣四庫全書本
文章精義　〔元〕李淦　歷代文話本
願學集　〔明〕鄒元標　文淵閣四庫全書本
東里文集　〔明〕楊士奇　中華書局一九九八年版
陳獻章集　〔明〕陳獻章　中華書局一九八七年版
青溪漫稿　〔明〕倪岳　武林往哲遺著本
紫柏老人集　〔明〕釋真可　明天啓七年本
玄晏齋文抄　〔明〕孫慎行　明崇禎刻本
呆齋存稿　〔明〕劉定之　明萬曆刻本
船山全書　〔明〕王夫之　嶽麓書社一九八八年版
靳史　〔明〕查應光　明天啓刻本
六研齋筆記　〔明〕李日華　鳳凰出版社二〇一〇年版
何氏語林　〔明〕何良俊　文淵閣四庫全書本
説郛　〔明〕陶宗儀　文淵閣四庫全書本

太平清話　〔明〕陳繼儒　叢書集成初編本
歸田詩話　〔明〕瞿佑　歷代詩話續編本
麓堂詩話　〔明〕李東陽　歷代詩話續編本
四溟詩話　〔明〕謝榛　歷代詩話續編本
升庵詩話　〔明〕楊慎　歷代詩話續編本
升庵集　〔明〕楊慎　明刻本
藝苑卮言　〔明〕王世貞　歷代詩話續編本
詩藪　〔明〕胡應麟　中華書局一九六二年版
歸震川先生論文章體則　〔明〕歸有光　歷代文話本
四友齋叢説　〔明〕何良俊　歷代文話本
唐宋八大家文鈔引　〔明〕茅坤　歷代文話本
由拳集　〔明〕屠隆　明萬曆刻本
文通　〔明〕朱荃宰　歷代文話本
蓄齋二集　〔清〕黄中堅　清乾隆刻本
榕村全書　〔清〕李光地　福建人民出版社二〇一三年版

沈德潛詩文集　〔清〕沈德潛　人民文學出版社二〇一一年版
穆堂類稿　〔清〕李紱　清道光刻本
全祖望集彙校集注　〔清〕全祖望　上海古籍出版社二〇〇〇年版
小倉山房詩文集　〔清〕袁枚　上海古籍出版社一九八八年版
因寄軒集　〔清〕管同　清道光十三年刻本
潛研堂文集　〔清〕錢大昕　四部叢刊景印潛研堂全書本
廿二史劄記　〔清〕趙翼　清嘉慶五年湛貽堂刻本
堅瓠四集　〔清〕褚人獲　浙江人民出版社一九八六年版
鈍吟雜録　〔清〕馮班　歷代詩話續編本
蓮坡詩話　〔清〕查爲仁　清詩話本　上海古籍出版社一九七八年版
寒廳詩話　〔清〕顧嗣立　清詩話本
漁洋詩話　〔清〕王士禛　清詩話本
援鶉堂筆記　〔清〕姚範　清道光刻本
隨園詩話　〔清〕袁枚　人民文學出版社一九八二年版
北江詩話　〔清〕洪亮吉　人民文學出版社一九九八年版

昭昧詹言　〔清〕方東樹　人民文學出版社一九六一年版
藝概　〔清〕劉熙載　上海古籍出版社一九七八年版
日録論文　〔清〕魏禧　歷代文話本
緄齋論文　〔清〕張謙宜　歷代文話本
西圃文説　〔清〕田同之　歷代文話本
論文偶記　〔清〕劉大櫆　歷代文話本
惺齋論文　〔清〕王元啓　歷代文話本
四六叢話　〔清〕孫梅　歷代文話本
初月樓古文緒論　〔清〕吴德旋　清宣統武進盛氏刻常州先哲遺書後編本
朱梅崖文譜　〔清〕朱仕琇　歷代文話本
藝舟雙楫論文　〔清〕包世臣　歷代文話本
讀文雜記　〔清〕方宗誠　歷代文話本
論文集要　〔清〕薛福成　歷代文話本
盋山談藝録　〔清〕顧雲　歷代文話本

文微　〔清〕林紓　歷代文話本

石遺室詩話　〔民國〕陳衍　人民文學出版社二〇〇四年版

詩學淵源　〔民國〕丁儀　民國詩話叢編本　上海書店二〇〇二年版

# 目録

**記**

**畫像贊**

## 序、題跋

論……（一七八）



語録……（二一八）



**王安石軼事**……（二三六）

**詩文評選輯**……（三四〇）



**王安石著述考**　高克勤……（三七〇）

# 年譜

## 王荆文公年譜

〔宋〕詹大和

**真宗皇帝天禧五年辛酉**

公生於是年。

**仁宗皇帝慶曆二年壬午**

公二十二歲。楊寘牓中甲科，以祕書郎簽書淮南節度判官廳公事。時韓魏公作鎮。公後有入瓜步望揚州詩：「白頭追想當時事，幕府青衫最少年。」又，魏公挽詞亦有述。

**慶曆三年癸未　四年甲申**

在揚州。有憶昨示諸外弟等詩。

**慶曆五年乙酉**

有與徐兵部書。

**慶曆六年丙戌**

馬漢臣墓誌曰：「慶曆六年，漢臣從余入京待進士舉。」蓋揚州官滿，是年方趨京師。尋授明州鄞縣宰。

**慶曆七年丁亥**

曾子固作喜似贈黄御史曰：「五年時，送别介父於洪州。」又曰：「介父時爲縣於鄞。」蓋慶曆七年也。公有「自縣出，屬民使浚渠川」等語，及經游記、鄞女墓誌并詩。

**慶曆八年戊子**

作縣齋詩：「收功無路去無田，竊食窮城度兩年。」又：「到得明年官又滿，不知誰見此花開。」

**皇祐元年己丑**

二月二十八日，刻善救方，立之縣門外。

**皇祐二年庚寅**

别鄞女詩：「年登三十已衰翁。」公生辛酉，是歲庚寅，三十矣。

**皇祐三年辛卯**

改殿中丞、通判舒州。是年召試館職，有狀免試，發赴舒州。

**皇祐四年壬辰**

到舒。有答平甫等詩：「只愁地僻經過少，舊學從誰得指南？」晚封舒國，謝表亦云：「惟兹邦土之名，昔者宦游之壤。」

**皇祐五年癸巳**

是年，歐陽文忠公奏：「伏見殿中丞王安石，德行文學爲衆所推，守道安貧，剛而不屈，久更吏事，兼有時材。曾召試館職，久而不就。乞用此人充補諫官。」公以祖母年高辭之。是年祖母吴氏卒，曾子固誌其墓亦載此。

**至和元年甲午**

免試特除集賢校理。公有狀，以私計辭。歐陽公言：「群牧司領内外坊監，判官比他司俸入最優。」乃以公兼群牧司判官。

**至和二年乙未**

王逢原寄公詩：「借使牛羊雖有責，獨於鳳鳥豈無嗟。」是年有酬答等詩。

**嘉祐元年丙申**

公上執政書曰「方今仁聖在上，而安石得以此時被使畿内，而有不樂於此」云云。王逢原有送公行畿縣詩，公亦有酬答。

**嘉祐二年丁酉　三年戊戌**

改太常博士、知常州。謝表云：「比在群牧，常求外官。伏蒙朝廷改職畿縣，未試賢勞之力，已纏悸眩之痾。區區本懷，懇懇自訴。」遂承優詔，特與便州。

**嘉祐四年己亥**

有酬提刑部學士詩：「曾詠常州送主人，豈知身得兩朱輪。」蓋先曾有詩送沈康知常州也。

**嘉祐五年庚子**

改江東提刑。有寄沈鄱陽，并度麾嶺寄孫莘老等詩。

**嘉祐六年辛丑**

除三司度支判官。尋除直集賢院。

**嘉祐七年壬寅**

除同修起居注，力辭不許。尋除工部郎中、知制誥，糾察在京刑獄，管幹三班院。

**嘉祐八年癸卯**

仁宗皇帝登遐。

英宗皇帝即位。是年八月，丁母憂，事見送陳和叔詩引。

**治平元年甲辰　二年乙巳**

公持服。

**治平三年丙午**

十一月，有狀辭赴闕，乞分司於江寧府居住。

**治平四年丁未**

英宗皇帝登遐。

神宗皇帝即位。起以故官知江寧府。狀辭赴闕，且乞分司。又狀辭江寧府，若未許分司，則乞一留臺宫觀差遣。不許，冬方就職。謝表云「先帝登遐，既不獲奔馳道路。陛下即位，又未嘗瞻望闕廷」云云。

**熙寧元年戊申**

除翰林學士。

**熙寧二年己酉**

以右諫議大夫參知政事。

**熙寧三年庚戌**

十月，自參知政事拜同中書門下平章事、史館大學士。

**熙寧四年辛亥　五年壬子　六年癸丑**

作相。

**熙寧七年甲寅**

以觀文大學士知江寧府。

**熙寧八年乙卯**

自金陵復拜平章事、昭文館大學士。是年以經義成，進加左僕射兼門下侍郎。未幾，喪子雱，復求去位。

**熙寧九年丙辰**

以使相再鎮金陵。到任未幾，納節與平章事。懇請數四，乃改右僕射。未幾，又求宫觀，累表得會靈觀使。

**熙寧十年丁巳**

是年，大禮加恩，特授開府儀同三司、舒國公。再恩，方改特進，封荆國公。

**元豐元年戊午**

食觀使禄，居鍾山。有示蔡元度詩、寄吴氏女等詩。

**元豐二年己未**

有半山園即事、歌元豐等詩。

**元豐三年庚申　四年辛酉**

**元豐五年壬戌**

是年，字説成，進表繫銜「觀文殿大學士、集禧觀使、特進、上柱國、荆國公」。

**元豐六年癸亥**

是年冬，公被疾。

**元豐七年甲子**

公引病，奏乞以住宅爲寺，有旨，賜名「報寧」。既而疾愈，税城中屋以居，不復别造。

**元豐八年乙丑**

神宗皇帝登遐。

哲宗皇帝即位。

覃恩，公守司空，謝表曰：「居竊萬鍾，初未知於辭富；坐彌九載，方有俟於黜幽。」蓋自熙寧十年至是食觀使禄，適九年矣。又有寄吴氏女子等詩。

元祐元年丙寅

是年四月，公薨，贈太傅。

# 傳記

## 宋史本傳

王安石字介甫，撫州臨川人。父益，都官員外郎。安石少好讀書，一過目終身不忘。其屬文動筆如飛，初若不經意，既成，見者皆服其精妙。友生曾鞏攜以示歐陽脩，脩爲之延譽。擢進士上第，簽書淮南判官。舊制，秩滿，許獻文求試館職，安石獨否。再調知鄞縣，起堤堰，決陂塘，爲水陸之利；貸穀與民，出息以償，俾新陳相易，邑人便之。通判舒州。文彦博爲相，薦安石恬退，乞不次進用，以激奔競之風。尋召試館職，不就。脩薦爲諫官，以祖母年高辭。脩以其須禄養言於朝，用爲群牧判官，請知常州。移提點江東刑獄，入爲度支判官，時嘉祐三年也。

安石議論高奇，能以辨博濟其説，果於自用，慨然有矯世變俗之志。於是上萬言書，以爲：「今天下之財力日以困窮，風俗日以衰壞，患在不知法度，不法先王之政故也。法先王之政者，法其意而已。法其意，則吾所改易更革，不至乎傾駭天下之耳目，囂天下之口，而固已合先王之政矣。因天下之力以生天下之財，收天下之財以供天下之費，自古治世，未嘗以財不足爲公患也，患在治財無其道爾。在位之人才既不足，而閭巷草野之間亦少可用之才，社稷之託，封疆之守，陛下其能久以天幸爲常，而無一旦之憂乎？願監苟且因循之弊，明詔大臣，爲之以漸，期合於當世之變。臣之所稱，流俗之所不講，而議者以爲迂闊而熟爛者也。」後安石當國，其所注措，大抵皆祖此書。

俄直集賢院。先是，館閣之命屢下，安石屢辭；士大夫謂其無意於世，恨不識其面，朝廷每欲畀以美官，惟患其不就也。明年，同修起居注，辭之累日。閤門吏齎敕就付之，拒不受；吏隨而拜之，則避於廁；吏置敕於案而去，又追還之；上章至八九，乃受。遂知制誥，糾察在京刑獄，自是不復辭官矣。

有少年得鬥鶉，其儕求之不與，恃與之昵輒持去，少年追殺之。開封當此人死，安石駁曰：「按律，公取、竊取皆爲盜。此不與而彼攜以去，是盜也；追而殺之，是捕盜也，雖死當勿論。」遂劾府司失人。府官不伏，事下審刑、大理，皆以府斷爲是。詔放安石罪，當詣閤門謝。安石言：「我無罪。」不肯謝。御史舉奏之，置不問。

時有詔舍人院無得申請除改文字，安石爭之曰：「審如是，則舍人不得復行其職，而一聽大臣所爲，自非大臣欲傾側而爲私，則立法不當如此。今大臣之弱者不敢爲陛下守法；而彊者則挾上旨以造令，諫官、御史無敢逆其意者，臣實懼焉。」語皆侵執政，由是益與之忤。以母憂去，終英宗世，召不起。

安石本楚士，未知名於中朝，以韓、吕二族爲巨室，欲藉以取重。乃深與韓絳、絳弟維及吕公著交，三人更稱揚之，名始盛。神宗在潁邸，維爲記室，每講説見稱，輒曰：「此非維之説，維之友王安石之説也。」及爲太子庶子，又薦自代。帝由是想見其人，甫即位，命知江寧府。數月，召爲翰林學士兼侍講。熙寧元年四月，始造朝。入對，帝問爲治所先，對曰：「擇術爲先。」帝曰：「唐太宗何如？」曰：「陛下當法堯、舜，何以太宗爲哉？堯、舜之道，至簡而不煩，至要而不迂，至易而不難。但末世學者不能通知，以爲高不可及爾。」帝曰：「卿可謂責難於君，朕自視眇躬，恐無以副卿此意。可悉意輔朕，庶同濟此道。」

一日講席，群臣退，帝留安石坐，曰：「有欲與卿從容論議者。」因言：「唐太宗必得魏徵，劉備必得諸葛亮，然後可以有爲，二子誠不世出之人也。」安石曰：「陛下誠能爲堯、舜，則必有臯、夔、稷、卨；誠能爲高宗，則必有傅説。彼二子皆有道者所羞，何足道哉？以天下之大，人民之衆，百年承平，學者不爲不多。然常患無人可以助治者，以陛下擇術未明，推誠未至，雖有臯、夔、稷、卨、傅説之賢，亦將爲小人所蔽，卷懷而去爾。」帝曰：「何世無小人，雖堯、舜之時，不能無四凶。」安石曰：「惟能辨四凶而誅之，此其所以爲堯、舜也。若使四凶得肆其讒慝，則臯、夔、稷、卨亦安肯苟食其禄以終身乎？」登州婦人惡其夫寢陋，夜以刃斮之，傷而不死。獄上，朝議皆當之死，安石獨援律辨證之，爲合從謀殺傷減二等論。帝從安石説，且著爲令。二年二月，拜參知政事。上謂曰：「人皆不能知卿，以爲卿但知經術，不曉世務。」安石對曰：「經術正所以經世務，但後世所謂儒者，大抵皆庸人，故世俗皆以爲經術不可施於世務爾。」上問：「然則卿所施設以何先？」安石曰：「變風俗，立法度，最方今之所急也。」上以爲然。於是設制置三司條例司，命與知樞密院事陳升之同領之。安石令其黨吕惠卿任其事。而農田水利、青苗、均輸、保甲、免役、市易、保馬、方田諸役相繼並興，號爲新法，遣提舉官四十餘輩，頒行天下。

青苗法者，以常平糴本作青苗錢，散與人户，令出息二分，春散秋斂。均輸法者，以發運之職改爲均輸，假以錢貨，凡上供之物，皆得徙貴就賤，用近易遠，預知在京倉庫所當辦者，得以便宜蓄買。保甲之法，籍鄉村之民，二丁取一，十家爲保，保丁皆授以弓弩，教之戰陣。免役之法，據家貲高下，各令出錢雇人充役，下至單丁、女户，本來無役者，亦一概輸錢，謂之助役錢。市易之法，聽人賒貸縣官財貨，以田宅或金帛爲抵當，出息十分之二，過期不輸，息外每月更加罰錢百分之二。保馬之法，凡五路義保願養馬者，户一匹，以監牧見馬給之，或官與其直，使自市，歲一閲其肥瘠，死病者補償。方田之法，以東、西、南、北各千步，當四十一頃六十六畝一百六十步爲一方，歲以九月，令、佐分地計量，驗地土肥瘠，定其色號，分爲五等，以地之等，均定税數。又有免行錢者，約京師百物諸行利入厚薄，皆令納錢，與免行户祗應。自是四方争言農田水利，古陂廢堰，悉務興復。又令民封狀增價以買坊場，又增茶鹽之額，又設措置河北糴便司，廣積粮穀于臨流州縣，以備饋運。由是賦斂愈重，而天下騷然矣。

御史中丞吕誨論安石過失十事，帝爲出誨，安石薦吕公著代之。韓琦諫疏至，帝感悟，欲從之，安石求去。司馬光答詔，有「士夫沸騰，黎民騷動」之語，安石怒，抗章自辨，帝爲巽辭謝，令吕惠卿諭旨，韓絳又勸帝留之。安石入謝，因爲上言中外大臣、從官、臺諫、朝士朋比之情，且曰：「陛下欲以先王之正道勝天下流俗，故與天下流俗相爲重輕。流俗權重，則天下之人歸流俗；陛下權重，則天下之人歸陛下。權者與物相爲重輕，雖千鈞之物，所加損不過銖兩而移。今姦人欲敗先王之正道，以沮陛下之所爲。於是陛下與流俗之權適争輕重之時，加銖兩之力，則用力至微，而天下之權，已歸于流俗矣，此所以紛紛也。」上以爲然。安石乃視事，琦説不得行。

安石與光素厚，光援朋友責善之義，三詒書反覆勸之，安石不樂。帝用光副樞密，光辭未拜而安石出，命遂寢。公著雖爲所引，亦以請罷新法出潁州。御史劉述、劉琦、錢顗、孫昌齡、王子韶、程顥、張戩、陳襄、陳薦、謝景温、楊繪、劉摯，諫官范純仁、李常、孫覺、胡宗愈皆不得其言，相繼去。驟用秀州推官李定爲御史，知制誥宋敏求、李大臨、蘇頌封還詞頭，御史林旦、薛昌朝、范育論定不孝，皆罷逐。翰林學士范鎮三疏言青苗，奪職致仕。惠卿遭喪去，安石未知所託，得曾布，信任之，亞於惠卿。

三年十二月，拜同中書門下平章事。明年春，京東、河北有烈風之異，民大恐。帝批付中書，令省事安静以應天變，放遣兩路募夫，責監司、郡守不以上聞者。安石執不下。開封民避保甲，有截指斷腕者，知府韓維言之，帝問安石，安石曰：「此固未可知，就令有之，亦不足怪。今士大夫睹新政，尚或紛然驚異；況於二十萬户百姓，固有惷愚爲人所惑動者，豈應爲此遂不敢一有所爲邪？」帝曰：「民言合而聽之則勝，亦不可不畏也。」東明民或遮宰相馬訴助役錢，安石白帝曰：「知縣賈蕃乃范仲淹之壻，好附流俗，致民如是。」又曰：「治民當知其情僞利病，不可示姑息。若縱之使妄經省臺，鳴鼓邀駕，恃衆僥倖，則非所以爲政。」其彊辯背理率類此。

帝用韓維爲中丞，安石憾曩言，指爲善附流俗以非上所建立，因維辭而止。歐陽脩乞致仕，馮京請留之，安石曰：「脩附麗韓琦，以琦爲社稷臣。如此人在一郡則壞一郡，在朝廷則壞朝廷，留之安用？」乃聽之。富弼以格青苗解使相，安石謂不足以阻姦，至比之共、鯀。靈臺郎尤瑛言天久陰，星失度，宜退安石，即黥隸英州。唐坰本以安石引薦爲諫官，因請對極論其罪，謫死。文彦博言市易與下争利，致華嶽山崩。安石曰：「華山之變，殆天意爲小人發。市易之起，自爲細民久困，以抑兼并爾，於官何利焉？」閼其奏，出彦博守魏。於是呂公著、韓維，安石藉以立聲譽者也；歐陽脩、文彦博，薦己者也；富弼、韓琦，用爲侍從者也；司馬光、范鎮，交友之善者也：悉排斥不遺力。

禮官議正太廟太祖東嚮之位，安石獨定議還僖祖於祧廟，議者合争之，弗得。上元夕，從駕乘馬入宣德門，衞士訶止之，策其馬。安石怒，上章請逮治。御史蔡確言：「宿衞之士，拱扈至尊而已，宰相下馬非其處，所應訶止。」帝卒爲杖衞士，斥内侍，安石猶不平。王韶開熙河奏功，帝以安石主議，解所服玉帶賜之。

七年春，天下久旱，饑民流離，帝憂形於色，對朝嗟嘆，欲盡罷法度之不善者。安石曰：「水旱常數，堯、湯所不免，此不足招聖慮，但當修人事以應之。」帝曰：「此豈細事，朕所以恐懼者，正爲人事之未修爾。今取免行錢太重，人情咨怨，至出不遜語。自近臣以至后族，無不言其害。兩宮泣下，憂京師亂起，以爲天旱更失人心。」安石曰：「近臣不知爲誰，若兩宮有言，乃向經、曹佾所爲爾。」馮京曰：「臣亦聞之。」安石曰：「士大夫不逞者以京爲歸，故京獨聞此言，臣未之聞也。」監安上門鄭俠上疏，繪所見流民扶老攜幼困苦之狀，爲圖以獻，曰：「旱由安石所致。去安石，天必雨。」俠又坐竄嶺南。慈聖、宣仁二太后流涕謂帝曰：「安石亂天下。」帝亦疑之，遂罷爲觀文殿大學士、知江寧府，自禮部侍郎超九轉爲吏部尚書。

吕惠卿服闋，安石朝夕汲引之，至是，白爲參知政事，又乞召韓絳代己。二人守其成模，不少失，時號絳爲「傳法沙門」，惠卿爲「護法善神」。而惠卿實欲自得政，忌安石復來，因鄭俠獄陷其弟安國，又起李士寧獄以傾安石。絳覺其意，密白帝請召之。八年二月，復拜相，安石承命，即倍道來。三經義成，加尚書左僕射兼門下侍郎，以子雱爲龍圖閣直學士。雱辭，惠卿勸帝允其請，由是嫌隙愈著。惠卿爲蔡承禧所擊，居家俟命。雱風御史中丞鄧綰，復彈惠卿與知華亭縣張若濟爲姦利事，置獄鞫之，惠卿出守陳。

十月，彗出東方，詔求直言，及詢政事之未協於民者。安石率同列疏言：「晉武帝五年，彗出軫；十年，又有孛。而其在位二十八年，與乙巳占所期不合。蓋天道遠，先王雖有官占，而所信者人事而已。天文之變無窮，上下傅會，豈無偶合。周公、召公，豈欺成王哉？其言中宗享國日久，則曰『嚴恭寅畏，天命自度，治民不敢荒寧』。其言夏、商多歷年所，亦曰『德』而已。裨竈言火而驗，欲禳之，國僑不聽，則曰『不用吾言，鄭又將火』。僑終不聽，鄭亦不火。有如裨竈，未免妄誕，況今星工哉？所傳占書，又世所禁，謄寫譌誤，尤不可知。陛下盛德至善，非特賢於中宗，周、召所言，則既閱而盡之矣，豈須愚瞽復有所陳。竊聞兩宫以此爲憂，望以臣等所言，力行開慰。」帝曰：「聞民間殊苦新法。」安石曰：「祁寒暑雨，民猶怨咨，此無庸恤。」帝曰：「豈若并祁寒暑雨之怨亦無邪？」安石不悦，退而屬疾卧，帝慰勉起之。其黨謀曰：「今不取上素所不喜者暴進用之，則權輕，將有窺人間隙者。」安石是其策。帝喜其出，悉從之。時出師安南，諜得其露布，言：「中國作青苗、助役之法，窮困生民。我今出兵，欲相拯濟。」安石怒，自草敕牓詆之。

華亭獄久不成，雱以屬門下客呂嘉問、練亨甫共議，取鄧綰所列惠卿事，雜他書下制獄，安石不知也。省吏告惠卿于陳，惠卿以狀聞，且訟安石曰：「安石盡棄所學，隆尚縱横之末數，方命矯令，罔上要君。此數惡力行於年歲之間，雖古之失志倒行而逆施者，殆不如此。」又發安石私書曰「無使上知」者。帝以示安石，安石謝無有，歸以問雱，雱言其情，安石咎之。雱憤恚，疽發背死。安石暴綰罪，云「爲臣子弟求官及薦臣壻蔡卞」，遂與亨甫皆得罪。綰始以附安石居言職，及安石與呂惠卿相傾，綰極力助攻惠卿。上頗厭安石所爲，綰懼失勢，屢留之於上，其言無所顧忌；亨甫險薄，諂事雱以進，至是皆斥。

安石之再相也，屢謝病求去，及子雱死，尤悲傷不堪，力請解幾務。上益厭之，罷爲鎮南軍節度使、同平章事、判江寧府。明年，改集禧觀使，封舒國公。屢乞還將相印。元豐二年，復拜左僕射、觀文殿大學士。換特進，改封荆。哲宗立，加司空。

元祐元年，卒，年六十六，贈太傅。紹聖中，謚曰文，配享神宗廟庭。崇寧三年，又配食文宣王廟，列于顔、孟之次，追封舒王。欽宗時，楊時以爲言，詔停之。高宗用趙鼎、呂聰問言，停宗廟配享，削其王封。

初，安石訓釋詩、書、周禮，既成，頒之學官，天下號曰「新義」。晚居金陵，又作字説，多穿鑿傅會。其流入於佛、老。一時學者，無敢不傳習，主司純用以取士，士莫得自名一説，先儒傳注，一切廢不用。黜春秋之書，不使列於學官，至戲目爲「斷爛朝報」。

安石未貴時，名震京師，性不好華腴，自奉至儉，或衣垢不澣，面垢不洗，世多稱其賢。蜀人蘇洵獨曰：「是不近人情者，鮮不爲大姦慝。」作辯姦論以刺之，謂王衍、盧杞合爲一人。

安石性强忮，遇事無可否，自信所見，執意不回。至議變法，而在廷交執不可，安石傅經義，出己意，辯論輒數百言，衆不能詘。甚者謂「天變不足畏，祖宗不足法，人言不足恤」。罷黜中外老成人幾盡，多用門下儇慧少年。久之，以旱引去，洎復相，歲餘罷，終神宗世不復召，凡八年。

子雱。

宋史卷三二七

## 王荆公安石傳

元祐元年四月癸巳，觀文殿大學士、守司空、充集禧觀使、荆國公王安石薨。

安石字介甫，撫州臨川人。父益，都官員外郎。安石少有大志，慶曆二年登進士甲科，簽書淮南節度判官廳公事。代還，例當進所業試館職，安石獨不進，特召試，亦固辭。知明州鄞縣，通判舒州，除知建昌軍，不赴。召爲群牧判官，差提點府界諸縣鎮公事，出知常州，提點江南東路刑獄。入爲三司度支判官，獻萬言書，極陳當世之務。居頃之，除直集賢院，累辭不獲命，始就職。嘉祐五年四月，除同修起居注，固辭不拜。十一月申前命，章又五上，不許。遂除知制誥，糾察在京刑獄，移判三班院，同知嘉祐八年貢舉。丁母憂，服除，英宗朝累召不赴。

神宗在藩邸，見其文異之，及即位，就除知江寧府，召爲翰林學士。初入對，上曰：「方今治當何先？」安石曰：「以擇術爲先。」上曰：「唐太宗何如？」安石曰：「陛下當以堯、舜爲法，太宗所知不遠，所爲不盡合先王，但乘隋亂，子孫又皆昏惡，所以獨見稱述。堯、舜所爲，至簡而不煩，至要而不迂，至易而不難。但末世學者不能通知，常以爲高不可及，不知聖人經世立法，以中人爲制也。」上曰：「卿可謂責難於君。朕自視眇然，恐無以副卿此意。可悉意輔朕，庶同濟此道。」

一日講席，群臣退，上留安石坐，曰：「有欲從容與卿議論者。」因言：「唐太宗必得魏鄭公，劉備必得諸葛亮，然後可以有爲，二子誠不世出之人也。」安石曰：「陛下誠能爲堯、舜，則必有臯、夔、稷、契；陛下誠能爲高宗，則必有傅説。魏鄭公、諸葛亮皆有道者所羞，何足道哉！以天下之大，人民之衆，百年承平，學者不爲不多，然常患無人可以助治者，以陛下擇術未明，推誠未至，雖有臯、夔、稷、契之賢，亦必爲小人所蔽，因卷懷而去耳。自古患朝廷無賢者，以人君不明，好近小人故也。好近小人，則賢人雖欲自達，無由矣。」上曰：「自古治世，豈能使朝廷無小人？雖堯、舜之時，豈能無四凶？」安石曰：「唯能辨四凶而誅之，此乃所以爲堯、舜也。若使四凶得肆其讒慝，則皋、夔、稷、契亦安能苟食其禄以終身乎？」未幾，除諫議大夫、參知政事。

安石既執政，上曰：「人皆不能知卿，以爲卿但知經術，不可以經世務。」安石曰：「經術者，所以經世務也。後世所謂儒者，大抵皆庸人，故世俗皆以爲經術不可施於世務。」上曰：「朕察人情，比於卿，有欲造事傾摇者。朕嘗以吕誨爲忠實，嘗毁卿於時事不通，趙抃、唐介數以言扞塞，惟恐卿進用，卿當力變此風俗。不知卿所施設，以何爲先？」安石曰：「變風俗，立法度，最方今所急也。」於是青苗、市易、坊場、保甲、保馬、導河、免役之政相繼並興，設制置三司條例司，與知樞密院事陳升之同領之。

御史中丞吕誨論安石十事，以爲慢上無禮，見利亡義，要君取名，用情罔公，以私報怨，怙勢招權，專政害國，凌轢同位，朋姦害政，商榷財利，以動摇天下。疏奏，安石求去位，上爲出誨。知雜御史劉述、侍御史劉琦、侍御史裏行錢顗又交論安石專肆胸臆，輕易憲度，與陳升之合謀侵奪三司吏柄，願罷免以慰天下；殿中侍御史孫昌齡亦繼言，皆坐貶。同知諫院范純仁既抗疏論辨，又申中書，謂：「安石欲求近功，忘其舊學。尚法令則稱商鞅，言財利則背孟軻。鄙老成爲因循之人，棄公論爲流俗之語。異己者指爲不肖，合意者即謂才能。」且謂「宰相曾公亮依隨，參知政事趙抃不能力救，請罷安石機務，留之經筵」。詔罷純仁諫職。吕公著代吕誨爲中丞，亦請罷條例司并青苗等法；諫官孫覺、李常、胡宗愈，御史張戩、王子韶、陳襄、程顥，皆論列安石變法非是，以次罷去。

前宰相韓琦上疏論青苗法，乞罷諸路提舉官，委提點刑獄官依常平舊法行之。奏至，安石稱疾求分司，上不許。時翰林學士司馬光當批答，安石指言有「士大夫沸騰，黎民騷動」之語。上以手詔論曰：「詔中二語，乃爲文督迫之過，而朕失於詳閲，當令吕惠卿諭指。」翌日，安石入謝，因爲上言中外大臣、從官、臺諫、朝士朋比之情，且曰：「陛下欲以先王之正道勝天下流俗，故與流俗相爲輕重。流俗權重，則天下之人歸流俗；陛下權重，則天下之人歸陛下。權者與物相爲輕重，雖千鈞之物，所加損不過銖兩而移。今姦人欲敗先王之正道，以沮天下，與流俗之權適争輕重之時，加銖兩之力，則用力至微，而天下之權已歸於流俗矣，此所以紛紛也。」上以爲然，安石乃視事。

熙寧三年十二月，拜禮部侍郎、同中書門下平章事、監修國史。御史中丞楊繪陳免役有難行者五，御史劉摯陳十害，坐黜。御史林旦、薛昌朝、范育皆以言李定忤安石，罷。知雜御史謝景温初附安石，亦以不合去。六年三月，命知制誥吕惠卿修撰經義，以安石提舉，而子雱兼同修撰，固辭，弗聽。王韶取熙、河、洮、岷、叠、宕等州，安石率群臣入賀，上解所服玉帶賜安石，遣内侍諭旨曰：「洮、河之舉，小大並疑，惟卿啓迪，迄有成功。今解所御帶賜卿，以旌卿功。」安石再拜固辭，不許。安石益自任，時論卒不與，上疑之。慈聖光獻宣仁聖烈皇后間見上，流涕言新法之不便者，且曰：「王安石亂天下。」上亦流涕，退命安石議裁損之，安石重爲解，乃已。

熙寧七年四月，上以久旱，百姓流離，憂形顔色，每輔臣進見，嗟歎懇惻，益疑法之不便。安石不悦，求避位，上固留之，請愈堅，遂拜吏部尚書、觀文殿大學士、知江寧府。仍詔出入如二府儀，大朝會綴中書門下班，依舊提舉修撰經義。明年二月，拜同中書門下平章事、昭文館大學士。六月，三經義成，拜尚書左僕射、門下侍郎。

初，吕惠卿爲安石所知，驟引至執政。安石去，惠卿遂背之。安石再相，於是起華亭詔獄，而徐禧、王古、蹇周輔三輩按之，惠卿情不得。緣練亨甫、吕嘉問以鄧綰所條惠卿事交鬬其間，復爲惠卿所中，語連安石子雱，既病，坐此憤恚而卒。安石憂傷，益不堪，祈解機務。九年十月，拜檢校太傅，依前尚書左僕射、鎮南節度、同中書門下平章事、判江寧府。安石懇辭，丐以本官領宫觀。上遣内侍王從政齎詔敦諭，須視事乃還。從政留金陵累月，安石請不已，許以使相爲集禧觀使；又累辭使臣，乃以本官爲觀文殿大學士，領使如故。

元豐三年九月，拜特進，封荆國公。哲宗即位，拜司空。明年四月癸巳薨，年六十六。再輟視朝，贈太傅，推遺表恩七人，詔所在給葬事。

紹聖初，謚文公，配享神宗廟廷，用子雱郊祀恩，贈太師。崇寧二年，詔配祀文宣王廟。政和三年，封舒王。靖康元年，從諫議大夫兼國子祭酒楊時言，停文宣王廟配享，列于從祀。建炎二年夏，以久陰不解，詔百執事赴都堂，給札條具時政闕失。司勳員外郎趙鼎言：「自紹聖以來，學術政事敗壞殘酷，禍貽社稷，其源實出於安石。今安石之患未除，不足以言政。」於是罷安石配享神宗廟廷。靖康初，廷臣有建議乞罷安石配享者，争議紛然，卒無定論，至是始決。紹興四年八月，吏部員外郎吕聰問請奪安石謚，有詔追所贈王爵。

初，安石提舉修撰經義，訓釋詩、書、周官，既成，頒之學官，天下號曰「新義」。晚歲居金陵，爲字説二十四卷，學者争傳習之，凡以經試于有司，必宗其説，少異輒不中程。先儒傳注既盡廢，士亦無復自得之學，故當時議者謂王氏之患在好使人同。靖康初，始詔有司取士擇經説優長者，無專主王氏。

安石早有盛名，其學以孟軻自許，荀況、韓愈不道也。性强忮，遇事無可否，信所見，執意不回。司馬光謂其泥古，所爲迂闊；吴奎謂嘗與安石同領群牧，備見其自用護前。嘉祐末，韓琦作相，安石糾察在京刑獄，争刑名不當，有旨釋罪，安石堅不入謝，意琦抑之。會以憂去職，服除，三召，終琦在相位不至。神宗謂人言安石姦邪則過，但太執，不曉事耳。唐介謂安石好學，惟護前。初，除安石爲翰林學士，命下數日，琦罷相，安石始造朝。其初執政也，宰相在告，進除目出侍從官，趙抃引故事争，安石辨益强，卒從之。至議變法，上未嘗不疑，在廷臣交執不可。安石傳經義出己意，辨論輒數百言，衆人不能詘，甚者謂「天變不足畏，祖宗不足法」，又以人言是非一歸之流俗。故二年間，遍諫官、御史以安石去者凡二十人，而安石不恤也。久之，上聞兩宫言，意感悟，安石因旱引去，洎復相，歲餘罷，終神宗朝不復召者凡八年云。子雱、旁。

名臣碑傳琬琰集下卷一四

## 王安石傳

王安石字介甫，撫州臨川人也。父益都官員外郎。安石蚤有盛名，博聞强記，爲文動筆如飛，觀者服其精妙。舉進士高第，僉書淮南節度判官。召試館職，固辭，乃知鄞縣。安石好讀書，三日一治縣事。起堤堰，決陂塘，爲水陸之利；貸穀於民，立息以償，俾新陳相易；興學校，嚴保伍，邑人便之。通判舒州。文彦博爲相，薦安石恬退，不次進用，可以激奔競之風。尋再召試，又固辭，乃以爲群牧判官，出知常州。由是名重天下。

提點江東刑獄，入爲三司度支判官，獻書萬餘言，極陳當世之務。居頃之，除直集賢院。累辭，不獲命，始就職。除同修起居注，固辭不拜，遂除知制誥，自是不復辭官矣。以母憂去，服除，英宗朝累召不起。

神宗即位，除知江寧府，召爲翰林學士。初入對，神宗曰：「方今治當何先？」安石曰：「以擇術爲先。」神宗曰：「唐太宗何如？」安石曰：「陛下當以堯、舜爲法，太宗所知不遠，所爲不盡合先王，但乘隋亂，子孫又皆昏愚，所以獨見稱述。堯、舜所爲，至簡而不煩，至要而不迂，至易而不難。但末世學者不能通知，常以爲高不可及，不知聖人經世立法，以中人爲制也。」神宗曰：「卿所謂責難於君，朕自視眇然，恐無以副卿此意。可悉意輔朕，庶同濟此道。」

一日講席，群臣退，神宗留安石坐，曰：「有欲從容與卿論議者。因言唐太宗必得魏鄭公，劉備必得諸葛亮，然後可以有爲，二子誠不世出之人也。」安石曰：「陛下誠能爲堯、舜，則必有皋、夔、稷、卨；陛下誠能爲高宗，則必有傅說。魏鄭公、諸葛亮皆有道者所羞，何足道哉！以天下之大，人民之衆，百年承平，學者不爲不多，然常患無人可以助治者，以陛下擇術未明，推誠未至，雖有皋、夔、稷、卨、傅說之賢，亦必爲小人所蔽，因卷懷而去耳。自古患朝廷無賢者，以人君不明，好近小人故也。好近小人，則賢人雖欲自達無由矣。」神宗曰：「自古治世，豈能使朝廷無小人？雖堯、舜之時，不能無四凶。」安石曰：「惟能辨四凶而誅之，此乃所以爲堯、舜也。若使四凶得肆其讒慝，則皋、夔、稷、卨亦安肯苟食其禄以終身乎！」

未幾，除右諫議大夫、參知政事。安石既執政，神宗曰：「人皆不能知卿，以爲卿但知經術，不可以經世務。」安石曰：「經術者，所以經世務也。後世所謂儒者，大抵皆庸人，故世俗皆以經術不可施於世務。」神宗曰：「朕察人情，比於卿，有欲造事傾摇者。朕常以吕誨爲忠實，毁卿於時事不通；趙抃、唐介數以言扞塞，惟恐卿進用。卿當立變此風俗，不知卿所施設以何爲先？」安石曰：「變風俗，立法度，最方今所急也。」於是設制置三司條例司。與知樞密院陳升之同領之。而青苗、免役、市易、保甲等法相繼興矣。

常平倉法，以豐歲穀賤傷農，故增價收糴，使蓄積之家無由抑塞，農夫須令賤糴，凶歲穀貴傷民，故減價出糴，使蓄積之家無由邀勒，貧民須令貴糴。物價常平，公私兩利也。安石以常平法爲不善，更將糴本作青苗錢，散與人户，令出息二分，置提舉官以督之。古者，百姓出力以供在上之役，安石以爲百姓惟苦差役破産，不憚增税，乃請據家貲高下，各令出錢，雇人充役。鄉者，役人皆上等户得之，其下等、單丁、女户及品官、僧道本來無役，安石乃使之一概輸錢，於是賦斂愈重。市易之法，聽人賒貸縣官貨財，以田宅或以金帛爲抵當，三人相保則給之，皆出息什分之二，過期不輸，息外每月更加罰錢百分之二。保甲之法，始因戎狄驕傲，侵據漢、唐故地，有征伐開拓之志，故置保甲。乃籍鄉村之民，二丁取一，皆授以弓弩，教之戰陣，又令河北、陝西、河東三路，皆五日一教閲，每一丁教閲，一丁供送及諸縣弓手，亦皆易以保甲，其保甲習於游惰，不復務農。京東、西兩路保甲養馬，仍各置提舉官，權任比監司。自是四方争言農田水利，古陂廢堰，悉務興復。又立賒貸之法，又令民封狀增價以買坊場，又增茶鹽之額，又設措置河北糴便司，廣積糧穀於臨流州縣，以備饋運。而天下騷然矣。

自安石變法以來，御史中丞呂誨首論其過失，安石求去位，神宗爲出誨。御史劉琦、錢顗、劉述又交論安石專肆胸臆，輕易憲度；殿中侍御史孫昌齡亦繼言，皆坐貶。同知諫院范純仁亦論安石欲求近功，忘其舊學，罷諫職。呂公著代呂誨爲中丞，亦力請罷條例司并青苗等法，諫官孫覺、李常、胡宗愈，御史張戩、王子韶、陳襄、程顥皆論安石變法非是，以次罷去。

前宰相韓琦上疏，論青苗之害，乞罷諸路提舉官，依常平舊法行之。奏至，安石稱疾，求分司，神宗不許。時翰林學士司馬光當批答，安石指言光有「士夫沸騰，黎民騷動」之語，神宗諭安石曰：「詔中二語，乃爲文督迫之過，而朕失於詳閲，當令呂惠卿諭旨。」翌日，安石入謝，因爲神宗言中外大臣、從官、臺諫、朝士朋比之情，且曰：「陛下欲以先王之正道勝天下流俗，故與流俗相爲輕重。流俗權重，則天下之人歸流俗；陛下權重，則天下之人歸陛下。權者與物相爲輕重，雖千鈞之物，所加損不過銖兩而移。今姦人欲敗先王之正道，以沮陛下之所爲。是於陛下與流俗之權適爭輕重之時，加銖兩之力，則用力至微，而天下之權已歸於流俗矣，此所以紛紛也。」神宗以爲然，安石乃視事。

熙寧三年，拜禮部侍郎，同中書門下平章事、監修國史。御史中丞楊繪、御史劉摯陳免役之害坐黜，御史林旦、薛昌朝、范育皆以忤安石罷，知雜御史謝景温初附安石，亦以不合去。

六年，命知制誥吕惠卿修撰經義，以安石提舉，而以子雱兼同修撰。王韶取熙、河、洮、岷、疊、宕等州，安石率群臣入賀，神宗解玉帶賜之，以旌其功。慈聖光獻皇后、宣仁聖烈皇后間見神宗，流涕言新法之不便者，且言：「王安石亂天下。」神宗亦流涕，退，命安石裁損之。安石重爲解，乃已。七年，神宗以久旱，益疑新法之不便，安石不悦，求避位，遂拜吏部尚書、觀文殿大學士、知江寧府。明年，復拜同中書門下平章事，昭文館大學士。三經義成，拜尚書左僕射兼門下侍郎。

初，吕惠卿爲安石所知，驟引至執政，安石去位，惠卿遂叛安石。洎安石再相，苟可以中安石，無不爲也。會安石子雱卒，安石力求去，九年，拜鎮南軍節度使、同平章事、判江寧府，安石丐奉祠，以使相爲集禧觀使，封舒國公。又辭使相，乃以左僕射爲觀文殿大學士。元豐三年，封特進，改封荆國公。安石退居金陵，始悔恨爲吕惠卿所誤，每歎曰：「吾昔交游，皆以國事相絶。」意甚自愧也。哲宗即位，拜司空，明年，薨，年六十六，贈太傅。紹聖初，謚曰文，配享神宗廟廷。崇寧二年，配享文宣王廟。政和三年，封舒王。靖康元年，停文宣王配享，列于從祀；後又罷安石配享神宗廟，而奪其王爵。

初，安石提舉修撰經義，訓釋詩、書、周官，既成，頒之學官，天下號曰「新義」。晚歲，爲字説二十四卷，學者争傳習之，日以經試于有司，必宗其説，少異，輒不中程。先儒傳注既盡廢，士亦無復自得之學，故當時議者謂王氏之患，在好使人同己。安石又著日録七十卷，如韓琦、富弼、文彦博、司馬光、吕公著、范鎮、吕誨、蘇軾及一時之賢者，重爲毁詆，而安石不卹也。

安石性强忮，遇事無可否，自信所見，執意不回。至議變法，而在廷交執不可，安石傅經義，出己意，辨論輒數百言，衆皆不能詘。甚者謂「天變不足畏，祖宗不足法，人言不足卹」。罷黜中外老成人幾盡，多用門下儇慧少年。久之，以旱引去，洎復相，歲餘罷，終神宗世，八年不復召，而恩顧不久衰云。弟安國、安禮，子雱。

臣偁曰：「安石之遇神宗，千載一時也，而不能引君當道，乃以富國强兵爲事，擯老成，任新進，黜忠厚，崇浮薄，惡鯁正，樂諛佞，是以廉恥汩喪，風俗敗壞，孟子所謂『作於其心，害於其事，作於其事，害於其政』者，豈不然哉？烏虖！安石之學既行，則姦宄得志，假紹述之説以脅持上下，立朋黨之論以禁錮忠良，卒之民愁盜起，夷狄亂華，其禍有不可勝言者，悲夫。」

東都事略卷七九

# 祭文、挽辭

## 祭丞相荆公文

〔宋〕陸佃

維元祐元年，歲次丙寅，四月某朔某日某甲子，門生朝奉郎、試尚書吏部侍郎、充實録修撰陸某，謹以清酌庶羞，致祭于故司空、觀文殿大學士、贈太傅、荆國王公先生之靈。維公之道，形在言行。言爲詩、書，行則孔、孟。孰挽而生？孰推以死？天乎人乎，抑莫之使？於皇神宗，更張治具。夔一而足，二則仲父。迨龍之升，奄忽换世。公則從邁，天不憖遺。嗚呼哀哉！德喪元老，道亡真儒。疇江、漢以濯之，而泰山其頹乎？承學諸生，無問識否，齋戒是修，矧從公久。祝之使肖，成就長養。聞訃失聲，形留神往。回也昔何敢死？賜也今將安仰？慟貌象之誰如，悦音塵之可想。嗚呼已矣，病不請禱，葬不反築，寄哀一觴，百身何贖！尚饗。

## 江寧府到任祭丞相荆公墓文

〔宋〕陸佃

維元祐七年，歲次壬申，某月朔某日某甲子，門生朝奉大夫、充龍圖閣待制、知江寧軍府事、充江南東路兵馬鈐轄陸某，謹致祭于故司空、觀文殿大學士、贈太傅、荆國王公先生之墓。嗚呼，法始乎羲，樸散而器。列靈嗣興，文始具備。祖述憲章，約成六藝。大明西没，群星争麗。派别支分，散作百氏。歷漢更唐，衆説蠭起。天錫我公，放黜淫詖。發揮微言，貽訓萬祀。卒相裕陵，真真僞僞。義兼師友，進退鮮儷。荆山鼎成，龍去不回。公從而上，梁壞山頽。某始以諸生，得依門牆。一見如素，許以升堂。春風濯我，暴之秋陽。今也受命，來守是邦。公之所憩，蔽芾甘棠。蕙帳一空，墓柏已行。俯仰陳迹，失涕沾裳。論德敘情，以侑一觴。尚饗。

以上陶山集卷一三

## 代祭王荆公文

〔宋〕劉弇

一

噫嗟公乎，何爲其然乎！豈富貴迫而賢有智累乎？將造物者畀付施予，或嗇或賸，而羌不可以力騁乎？抑亦靈芝慶雲，止爲瑞物，而固不免夫翕霍而散與濯濯而萎者乎？且從古以爲難者，莫甚于掃不振之蠱，起久仆之痿，以與一世期乎有成。而甚者至使天子快登平之適，遭斯民無睚眙之斗駭，非守能固其初、力足以劭其後者，能之乎？然士或勇于有爲，而昧于知經，求完乎此者不踦則躓。而于斯時也，有能爍傳注之秋燐，探百聖乎虞淵，偉然號爲一家，而使後世于此有攷者，方自我作訓，則可不謂睨聖人之閫而直躋者乎！已而擲去事權，一毛九牛，凡此者人皆難之，而公或以爲易；人皆偏焉，而公可得而兼。若公者，其殆命世乎！其有待而未已者乎！然則我尚何悲乎？夫惟周衮旋待于公歸，商霖更期于説作。天下之有望于公者以此。與夫識公于四十年之契闊，而遇我如旦暮之頃，訪公于千餘里之鍾山，而輒申我以縞紵之好，吾之有得于公者亦以此。而厥望未償，撫惠方爾，一旦歸窆于漠漠之九原，功業之及人者未能幾何，而塊獨遺此平生，則吾尚何可無悲乎！噫嗟公乎，庶其來，舉予觴乎！尚饗！

## 二

嗚呼，麟鳳儀游，抃舞走飛，傑立一世，有公于兹。江河取東，吞吐源委，厥彙洗光，非公而誰？自古在昔，革則實難，睢盱回沉，衆所共患。或拊而跳，或諗而讙，及公有爲，卒底于安。久矣聖經，理鬱弗通，傳注披披，帊覆幏蒙。繇漢迄唐，大陊厥宗。及公有訓，孰敢啅訌？奎輝不揚，蕆我文造，冗長戚促，孰訂孰攷？朱藍等妍，鏤句雕藻。及公有作，霾翳一掃。始公熙寧，□□賓舟。蕃錫大賚，天子是優。蓍蔡國經，天子是諏。人謂公進，説商旦周。公熙寧季，以位告去。孰視富貴，擲如遺屣。我徂東阡，甕牖蓬户。人謂公退，留侯疏傅。嗟嗟我公，今則已矣。來軫孔遒，未税先梲。壽則大耇，及中斯止，平先磊砢，尚可僂指。曩子晚遭，公力是藉。方公長往，余吊莫暇。音徽永沫，碎影何謝，長跽薦辭，播哀脩夜。尚饗。

龍雲集卷三〇

## 王丞相荆公挽詞二首

〔宋〕郭祥正

間世君目會，中天日月圓。裕陵龍始蟄，鍾阜鶴隨仙。畜德何人紹，成書闔國傳？回頭盡陳迹，麟石卧孤煙。

公在神明聚，公亡泰華傾。文章千古重，富貴一豪輕。若聖丘非敢，猶龍耳强名。悲風白門路，啼血送銘旌。

青山集卷一九

# 詔、制

## 王安石可三司户部副使張燾可兵部郎中制

〔宋〕劉攽

考績三歲，進官一等，先帝所以勵群臣也。具官某秉哲迪義，有聲于時，能勵厥修，以宜官政，序功增位，其善厥承。

彭城集卷二十

## 三司度支判官祠部員外郎直集賢院同脩起居注王安石可刑部員外郎餘如故制

〔宋〕沈遘

敕某：左右史以記言動，以立書法，以觀後嗣，其任莫重焉。故朕選于衆，以爾安石爲之。惟爾安石，經明行修，秉君子之節；材劇志大，通聖人之方。信其可以任重而致遠，簡在乎朕心者矣。今遷爾郎位一等，蓋有司之常法，亦非朕所以畜爾之意也。爾其往服，待我之用。可。

西溪集卷六

## 工部郎中知制誥王安石可舊官服闋制

〔宋〕韓維

敕：三年之喪，禄之於家，而不敢煩以事，此朝廷所以待近臣而申孝子之情也。若夫既除而從政，則下之所當勉也。具官某，學通經術，行應法義，銜哀服禮，内外竭盡，可謂邦之俊良，民之表儀者矣。朕臨政願治久矣，想聞生之奇論，以佐不逮。其悉朕意，亟復於位。可。

南陽集卷一六

## 工部郎中知制誥王安石可翰林學士制

〔宋〕鄭獬

文王有四友，孔子曰，自吾得回，門人益親，亦有四友焉。維予之翰林先生，文章議論以輔不逮者，蓋爲先後左右之臣矣。具官某，學爲世師，行爲人表。廉於自進，優處於東藩。兹有僉言，宜還中禁。俾夫左右先後，以道義輔於予，豈特專文墨視草而已哉。可。

鄖溪集卷一

## 召翰林學士王安石入院口宣

〔宋〕鄭獬

有敕：卿賢具素優，德名絶出。行潔而才茂，學深而志通。嘗奮高文，入司雅誥。適佩符於藩府，宜促駕於鋒車。更宜禁林，發潤天藻，攄忠嘉之閎論，補密勿之沈謀。副我虚懷，服兹優數。今差某官召卿入院充學士。

鄖溪集卷十

## 賜參知政事王安石乞退不允批答

〔宋〕司馬光

省表具之。卿文學高一時，名譽專四海，勇於立事，急於進賢。朕心倚之以安平，士論待之以康濟。蓋居位之尚淺，或改命之未孚，雖群言之正讙，豈同德之有間？遽求分務，深用駭聞。居就乃功，期副予望。所乞宜不允。

## 賜参知政事王安石不允斷來章批答

〔宋〕司馬光

省表具之。朕以卿材高古人，名重當世，召自巖穴，寘諸廟朝，推心委誠，言聽計用，人莫能間，衆所共知。今士夫沸騰，黎民騷動，乃欲委遠事任，退處便安。卿之私謀，固爲無憾，朕所素望，將以諉誰？祇復官常，無用辭費。所乞宜不允，仍斷來章。

以上温國文正司馬公文集卷五六

## 賜参知政事王安石生日禮物詔

〔宋〕王珪

敕：適正仲冬，陽氣孳于物始，乃生碩輔，忠謨翼於政幾。頒内閣之賜常，助高門之續祉。宜爾昌熾，屬予寵私。

華陽集卷二三

## 除王安石制

〔宋〕韓維

門下：朕考大駕親祠之制，蓋爲歲必三；稽路寢嚴配之文，其成禮者再。肆追盛典，肅舉精禋。賴上下之靈，克成熙事；酬左右之助，首及元臣。具官王安石，德蹈中和，器函方大。高議足以謀王體，純誠足以享帝心。惟民式瞻，實朕攸倚。剌六經而考制，允協厥中；總衆職以奉詞，不愆於素。仗其忠力，成我考名。峻階品所以明等威，崇表號所以識功實。陪敦多賦，流衍真封。併茂褒恩，式昭眷禮。於戲，薦四時之和氣，已賴爕諧；得萬國之歡心，更期勵翼。茂綏吉禄，永弼丕基。可特授光禄大夫，依前行尚書禮部侍郎、同中書門下平章事、監修國史、加食邑一千户、實封四百户，仍賜推忠協謀同德佐理功臣，勳封如故，主者施行。

南陽集卷一五

## 王安石授金紫光禄大夫禮部侍郎同中書門下平章事監修國史進封開國公加封邑功臣制

〔宋〕王珪

門下：夫天地至神也，非統氣運物，則功不足見於時；聖賢一道也，非經世裕民，則名不足見於後。故士莫不待辰而欲奮，志莫如得位而遂行。矧夫居三公之官，而有臨四海之勢，豈不能究利澤，躬義榮，以事施於一時，而譽動於後世者哉。具官某，良心不外，德性攸尊，至學窮於聖人，貴名薄於天下。不以榮辱是非易其介，不以安危利害辭其難。方予訪落之初，勞於用賢之務，昭發猷念，預裁政幾。衆訾所傷，曾靡捐身之憚；孤忠自許，唯知報國之圖。朕與其知道者深，倚以爲相者久，兹合至公之首，肆敭大命之休。若作室，用汝爲垣墉；若濟川，用汝爲舟檝。予有違而汝弼，汝有爲而予從。於時大亨，蓋出絶會。於戲，自成湯至於帝乙，靡不懷畏相之心；若孟子學於仲尼，其唯達事君之道。尚祈交敕，卒俾蒙成。可。特授金紫光禄大夫、行尚書禮部侍郎、同中書門下平章事、監修國史、上柱國，進封開國公，食邑一千户，食實封四百户，仍賜推忠協謀佐理功臣。

華陽集卷三七，宋大詔令集卷五六

## 王安石罷相進吏部尚書觀文殿大學士知江寧府制

門下：入則冠宰路之重，百辟之所儀刑；出則寄帥垣之尊，萬邦之所憲法。苟非令德，奚稱異恩？粤予端揆之臣，久託機衡之任。錫之寵渥，均厥賢勞。推忠協謀同德佐理功臣、光禄大夫、行尚書禮部侍郎、同中書門下平章事、監修國史、上柱國、太原郡開國公、食邑三千一百户、食實封八百户王安石，禀明質之資，蹈柔嘉之則。學問淵博，爲時儒者之宗；議論堅明，有古直臣之烈。間疇偉望，升冠近司，憂勤百爲，夷險一節，方籍壯猷之助，且觀盛化之流。遽上封章，願還政事，確誠莫奪，茂典載加。正位天官之聯，升華殿幄之侍。仍加賦邑，以重藩維。於戲，納忠告猷，卿所素尚；尊德樂道，朕豈或忘。毋怠乃心，而不予輔。可特授行吏部尚書、觀文殿大學士、知江寧軍府事、兼管内勸農使、兼江南東路屯駐駐泊兵馬鈐轄、加食邑一千户、食實封四百户、改賜推誠保德崇仁翊戴功臣。

宋大詔令集卷六九

## 王安石拜昭文相制

門下：乾健坤順，二氣合而萬物通；君明臣良，一德同而百度正。眷予元老，時迺真儒。若礪與舟，世莫先於汝作；有衮及繡，人久佇於公歸。越升冢席之崇，播告路朝之聽。推誠保德崇仁翊戴功臣、觀文殿大學士、特進、行吏部尚書、知江寧府、上柱國、太原郡開國公、食邑四千六百户、食實封一千二百户王安石，信厚而簡重，敦大而高明。潛於神心，馳天人之極摯；尊厥德性，泝道義之深源。延登傑才，禆參魁柄。傳經以謀王體，考古而起治功。訓齊多方，新美萬事。爾則許國，予惟知人。讒波稽天，孰斧斫之敢缺；忠氣貫日，雖金石而自開。向厭機衡之煩，出宣屏翰之寄。遽周歲歷，殊拂師瞻。宜還冠於宰司，以大鼇於邦采。兼華上館，衍食本封。載更功號之隆，用侈台符之峻。於戲，制天下之動，爾惟樞梲；通天下之志，爾惟蓍龜。繫國重輕於乃身，毆民仁壽於當代。往服朕命，圖成厥終。可特授依前行吏部尚書、同中書門下平章事、昭文館大學士、兼譯經潤文使、加食邑一千户、食實封四百户、改賜推忠協謀同德佐理功臣。

宋大詔令集卷五六

## 王安石進左僕射制

周公之制禮樂，位斯貴於一時；孔子之删詩書，道蓋尊於萬世。惟三經之甚奥，曠千載以難明。若咨宗師，爰建義訓。果成編於至當，足貽惠於將來。詳竄定之勞，並霈遷官之賞。唱導主張之任，宜加異數之文。屬兹良辰，告迺庶位。推忠協謀同德佐理功臣、特進、行吏部尚書、同中書門下平章事、昭文館大學士、兼譯經潤文使、上柱國、太原郡開國公、食邑五千六百户、食實封一千六百户王安石，識貫古今，術該聖賢。服仁義以維其功，仗公忠而奮其節。覺斯民也，任同伊尹之心；如蒼生何，居起謝安之志。入籌當世之務，闢至治於無窮；出納聖人之書，彰微言於不朽。質舊説之難到，正先儒之未安。理既炳于丹青，義可刊于金石。覽觀具悉，開發洪多。是用升左揆之榮，班兼東臺之要職。仍陪封邑，併示褒恩。於戲，斥乎異端，功已齊於荀、孟；見於行事，名當邁於皋、夔。往懋訏謨，輔成美化。可特授尚書左僕射兼門下侍郎、同中書門下平章事、昭文館大學士、兼譯經潤文使、加食邑一千户、食實封四百户。

宋大詔令集卷六一

## 王安石罷相拜太傅鎮南軍節度同中書門下平章事判江寧府制

門下：入居丞弼，用表儀於百官；出總翰藩，將師帥於九牧。地雖中外之異，體亦重輕之均。推忠協謀同德佐理功臣、特進、尚書左僕射兼門下侍郎、同中書門下平章事、昭文館大學士、監修國史、兼譯經潤文使、上柱國、太原郡開國公、食邑六千六百户、食實封二千户王安石，得古人之風，藴真儒之學，眷方深於台甫，志彌懋於政經。挈持綱維，糾正法度。俄屬伯魚之逝，遽興王導之悲。引疾自陳，匄閑斯確。宜仍宰路之秩，載加衮鉞之榮。於戲，大官大邑以庇身，建節雖臨于鄉郡；嘉謀嘉猷而告居，乃心猶在於朝廷。約忠不忘，懷德甚邇。可特授檢校太傅、依前尚書左僕射、同中書門下平章事、使持節都督洪州諸軍事、行洪州刺史、鎮南軍節度、洪州管内觀察處置等使、判江寧府、兼管内勸農使、充河南東路兵馬鈐轄、加食邑一千户、食實封四百户、改賜推誠保德崇仁翊戴功臣。

宋大詔令集卷六九

## 賜王安石免陪位詔

敕：朕獲典天神，三就郊見，而在外元老，乃以疾辭，不能相予之祀，雖懷之憮然，顧不得聽也。可免赴闕陪位。故兹詔示，想宜知悉。

宋大詔令集卷一二二

## 王安石贈太傅制

〔宋〕蘇軾

敕：朕式觀古初，灼見天意。將有非常之大事，必生希世之異人。使其名高一時，學貫千載。智足以達其道，辯足以行其言。瑰瑋之文，足以藻飾萬物；卓絶之行，足以風動四方。用能於期歲之間，靡然變天下之俗。具官王安石，少學孔、孟，晚師瞿、聃。罔羅六藝之遺文，斷以己意；糠粃百家之陳迹，作新斯人。屬熙寧之有爲，冠群賢而首用。信任之篤，古今所無。方需功業之成，遽起山林之興。浮雲何有，脱屣如遺。屢争席於漁樵，不亂群於麋鹿。進退之美，雍容可觀。朕方臨御之初，哀疚罔極。乃眷三朝之老，邈在大江之南。究觀規模，想見風采。豈謂告終之問，在予諒闇之中。胡不百年，爲之一涕。於戲，死生用舍之際，孰能違天；贈賻哀榮之文，豈不在我？寵以師臣之位，蔚爲儒者之光。庶幾有知，服我休命。可。

蘇軾文集卷三八，宋大詔令集卷二二一

## 故荆國公王安石配饗孔子廟廷詔

敕門下：道術裂於百家，俗學弊於千載。士以傳注之習，汩亂其聰明，不見天地之純全，古人之大體，斯已久矣。

故荆國公王安石，由先覺之智，博聖人之經，闡性命之幽，合道德之散。訓釋奥義，開明士心，總其萬殊，會于一理。於是學者廓然如覩日月，咸知六經之爲尊，有功于孔子至矣。其施於有政，則相我神考，力追唐、虞、三代之隆，因時制宜，創法垂後。小大精粗，靡有遺餘；内聖外王，無乎不備。蓋天降大任以興斯文，孟軻以來，一人而已。朕方丕承先志，崇建膠庠，命教四方，遍于郡邑，推原其本，想見儀刑，夫時有後先，人無今昔，孔子之道，得公而明，求其所同，若合符節。春秋釋奠，其與饗之。王安石可配饗孔子廟廷，故兹詔示，想宜知悉。

宋大詔令集一五六

## 王安石封舒王御筆手詔

昔我神考，憫天下弊於俗學，訓釋經典，作新斯人。追述先王，興起萬事，得王安石，相與有爲，咸有一德，格于皇天。朕述而明之，聲名文物，禮樂法度，於是大備。推原所自，迄至有成，其可弭忘。夫有功而未褒，有德而未顯，非所以報功崇德也。昔趙普、潘美，王於韓、鄭；鄭康成、孔安國，從祀孔子。安石被遇先帝，與其子雱修撰經義，功不在數子之下，安石可封王爵，雱可配享文宣王廟廷。

宋大詔令集卷二二二

## 王安石封舒王制

敕：朕恭惟神考，追述先王，訓釋群經，以作新于俗學；興起萬世，以垂裕於後昆。蓋得兆常之人，輔成不世之烈。肆頒顯號，追賁元臣。故特進、守司空、贈太師、荆國公、食邑五千户、食實封一千七百户王安石，降命應期，自天生德。學術精微，足以窮道奧；器識宏遠，足以用事幾。負命世亞聖之才，有尊主庇民之志。入輔機政，延登宰司，力贊斯文於將興，獨爲多壬之先覺。若伊尹佐佑，厥辟咸一德以格天；若周公勤勞，王家用朞年而變俗。千載之遇，萬世有辭。朕祇遹貽謀，克篤前烈，名正而朝廷辨治，化行而華夏敉寧。道德一而風俗同，法度彰而禮樂著。原其所自，安可弭忘。想風采以如生，蓋典刑之具在。相攸南土，實既舊封。參國考章，申加王爵。噫，繼志述事，孝莫大于奉先；崇德報功，禮務隆于追遠。尚其精爽，歆此褒崇。可追封舒王，餘如故。

宋大詔令集卷二二二

## 追廢王安石配饗詔

［宋］胡寅

仰惟神祖英睿之資，勵精圖治，將以阜安宇内，威服四夷，甚盛德也。王安石首被眷求，進秉國政，所當致君堯、舜，措俗成、康，以副委屬之重。而乃文飾姦説，附會聖經，名師帝王，實慕非、鞅。以聚斂爲仁術，以法律爲德政，排擯故老，汲引憸人，變亂舊章，戕毁根本。高言大論，詆訾名節。歷事五代者，謂之知道；劇秦美新者，謂之合變。逮其流弊之極，賢人伏處，天地閉塞，禍亂相踵，率獸食人，三綱五常，寖以堙滅。而習俗既久，猶未以爲安石罪，朕甚懼焉。昔者世衰道微，暴行有作，孔子撥亂反正，寓王法于春秋，以俟後世。朕臨政願治，表章斯文，將以正人心，息邪説，使不淪胥于異學。荆舒禍本，可不懲乎？安石廢絶春秋，實與亂賊造始。今其父子從祀孔廟，禮文失秩，當議黜之。夫安石之學不息，則孔子之道不著。子大夫體朕至意，倡率于下，塞源拔本，無俾世迷，庶幾于抑水膺戎，驅猛距詖，崇夫子之事，爲聖人之徒，則予一人有辭于永世。惟子大夫之休烈，尚明聽之哉。

# 奏議

## 薦王安石吕公著劄子

〔宋〕歐陽脩

臣伏見陛下仁聖聰明，優容諫諍，雖有狂直之士犯顔色而觸忌諱者，未嘗不終始保全，往往亟加擢用，此自古明君賢主一作「聖王」之所難也。然而用言既難，獻言者亦不爲易。論小事者既可鄙而不足爲，陳大計者又似迂而無速效，欲微諷則未能感動，將直陳則先忤貴權。而旁有群言，奪於衆力，所陳多未施設，其人遽已改遷。致陛下有聽言之勤，而未見用言之效，頗疑言事之職，但爲速進之階。蓋緣臺諫之官，資望已峻，少加進擢，便履清華。而臣下有厭人言者，因此亦得進説，直云此輩務要官職，所以多言。使後來者其言益輕，而人主無由取信，辜陛下納諫之意，違陛下賞諫之心。臣以謂欲救其失，惟宜擇沉默端正、守節難進之臣，置之諫署，則既無干進之疑，庶或其言可信。

伏見殿中丞王安石，德行文學，爲衆所推，守道安貧，剛而不屈。司封員外郎吕公著，是夷簡之子，器識深遠，沉静寡言，富貴不染其心，利害不移其守。安石久更吏事，兼有時才，曾召試館職，固辭不就，公著性樂閑退，淡於世事，然所謂夫人不言，言必有中者也。往年陛下上遵先帝之制，增置臺諫官四員，已而中廢，復止兩員。今諫官尚有虚位，伏乞用此兩人，補足四員之數，必能規正朝廷之得失，裨益陛下之聰明。臣叨被恩榮，未知報效，苟有所見，不敢不言，取進止。

## 論王安石姦詐十事狀〔一〕

〔宋〕吕誨

臣竊以大姦似忠，大詐似信。惟其用捨，繫時之休否也。至如少正卯之才，言僞而辨，行僞而堅，順非而澤，强記而博，非宣父聖明，孰能去之？唐盧杞，天下謂之姦邪，惟德宗不知，終成大患。所以言知人之難，堯、舜其猶病諸。

陛下即位之初，起王安石就知江寧府，未幾召爲學士，搢紳皆慶陛下之明，擢有文之人得以

〔一〕宋文鑑卷五〇題作「論王安石」。

適其用也。及進貳台席，僉論未允，衡石之下，果不得欺其重輕也。〔二〕臣伏覩參知政事王安石，外示樸野，中藏巧詐，驕蹇慢上，陰賊害物，斯衆所共知者。臣略疏十事，皆目覩之實迹，冀上寤於宸鑒。一言近誣，萬死無避。

安石向在嘉祐中判糾察刑獄司，因開封府争鵪鶉公事，舉駁不當，御史臺累移文催促謝恩，倨傲不恭，相次仁宗皇帝上僊，未幾安石丁憂，其事遂已。安石服滿，託疾堅卧，累詔不起，終英宗朝不臣。就如有疾，陛下即位，亦合赴闕一見，稍有人臣之禮。及就除江寧府，於私計安便，然後從命。慢上無禮，其事一也。安石任小官，每一遷轉，遜避不已。自知江寧府，除翰林學士，不聞固辭。先帝臨朝，則有山林獨往之思；陛下即位，乃有金鑾侍從之樂。何慢於前而恭於後？見利忘義，豈其心乎？好名欲進，其事二也。人主延對經術之士，講解先王之道，設侍講、侍讀常員。執經在前，乃進説，非傳道也。安石居是職，遂請坐而講説，將屈萬乘之重，自取師氏之尊。真不識上下之儀，君臣之分，况明道德以輔益聰明者乎？但要君取名而已，其事三也。安石自居政府，事無大小，與同列異議，或因奏對留身進説，多乞御批自中而下，以塞同列、沮公論，是則掠美於己，非則斂怨於君。用情罔公，其事四也。安石自糾察司舉駁多不中理，與

〔二〕宋文鑑卷五〇「果不得欺其重輕也」後尚有「古人曰：廟堂之上，非草茅所當言，正謂是也」一句。

法官争論刑名不一，常懷忿隙。昨許遵誤斷謀殺公事，力爲主張，妻謀殺夫，用按問欲舉減等科罪，挾情壞法，以報私怨。兩制定奪，但聞朋附，二府看詳，亦皆畏避。徇私報怨，其事五也。主試安石初入翰林，未聞進一士之善，首率同列稱弟安國之才。朝廷與狀元恩例，猶謂之薄。主試者定文卷不優，其人遂罹中傷。小惠必報，纖仇必復，及居政府纔及半年，賣弄威福，無所不至。自是畏之者勉意俯從，附之者自鬻希進，奔走門下，唯恐其後。背公死黨，今已盛矣。怙勢招權，其事六也。宰相不視事旬日，差除自專，逐近臣補外，皆不附己者，妄言盡出聖衷，若然，不應是安石報怨之人。丞相不書敕，本朝故事未之聞也。意示作威，聳動朝著。然今政府同列依違，宰臣避忌，遂專恣而行，何施不可。專威害政，其事七也。凡奏對黼座之前，唯肆强辨。向與唐介争論謀殺刑名，遂致諠譁，衆非安石而是介。介忠勁之人，務守大體，不能以口舌勝，不幸憤懣發疽而死。自是同列尤甚畏憚，雖丞相亦退縮不敢較。其是非任性，陵轢同列，其事八也。陛下方稽法唐堯，敦睦九族，奉親愛弟，以風天下。而小人章辟光獻言，俾岐王遷居于外，離間之罪，固不容誅，上尋有旨送中書，欲正其罪。安石堅拒不從，仍進危言，以惑聖聽，意在離間，遂成其事。朋姦之迹甚明，其事九也。今邦國經費，要會在於三司，安石居政府，與知樞密者同制置三司條例，兵與財兼領之，其掌握重輕可知矣。又舉三人者勾當，八人者巡行諸路，雖名之曰商榷財利，其實動摇天下也。臣未見其利，先見其害，其事十也。

臣指陳猥瑣，煩黷高明，誠恐陛下悦其才辯，久而倚毗，情僞不得知，邪正無復辨。大奸得路，則賢者漸去，亂繇是生。臣究安石之迹，固無遠略，唯務改作，立異於人，徒文言而飾非，將罔上而欺下。臣竊憂之，誤天下蒼生，必斯人矣。伏望陛下圖治之宜，當稽于衆。方天災屢見，人情未和，唯在澄清，不宜撓濁。如安石久居廟堂，必無安静之理。臣所以瀝懇而言，不虞横禍，期感動於聰明，庶判别於真僞。況陛下志在剛決，察於隱伏，當質於士論，然後知臣之言中否。然訐訐大臣之罪，不敢苟道，孤危若寄，職分難安，當復露章，請避怨敵。

宋諸臣奏議卷一〇九、皇朝文鑑卷五〇

## 論王安石姦詐十事第二狀

〔宋〕吕誨

臣伏蒙宸慈，差内臣李舜舉宣諭，爲言王安石事，敢不上體聖意，震恐無地。況臣世受國恩，家有忠範，惟知死節，以圖報效。

竊以我朝開基一百餘年，四方無事，前古未聞。然太平之久，事固有繫于聖慮者。以是思之，尤當謹於措置。謀謨在於得人，安危在所倚任。圖任舊德，推廣恩信，以至萬務講求利病，在乎沈機默運，不當形迹。因事制宜，修敝補廢，上應天災，務以安静，乃今日之事也。

王安石者，本以文章進，豈意遽爲輔弼？惟逢迎陛下之意，張皇一時之事。祖宗法度，首議變更。天下利源，皆欲摇動。斥逐近侍，盜弄威權。傾危老臣，欲速相位。人情甚鬱，公議不容。獨陛下未悟，信任安石，與之講求治道之要，進退天下之士。臣恐無益於盛時，徒有累於知人。陸象先曰：「天下本無事，但庸人擾之。」賈誼曰：「天下大器也，置之安處即安，置之危處即危。」斯真廟堂之論，可爲保邦之術也。臣伏望陛下深思社稷之重，判别忠邪之人，應天以篤實之誠，置器審安危之地，垂拱泰寧，天下之福也。安石進説，少加澄省。如臣者久居要職，實無補報，陛下不當奪生靈之資而益無用之臣。雖聖度并容，而公議不與，敢偷安處，以累公朝？瀝懇而言，惟祈鑒照。熙寧二年六月上。

宋諸臣奏議卷一〇九

## 上神宗論王安石

〔宋〕李常

臣聞易曰：「王臣蹇蹇，匪躬之故。」臣自惟狂瞽，冒拂天威，固已數矣。然其縷縷之誠，所以不已者，切服大易之義，知有犯無隱，不知其身之可保也。然臣非不知朝夕蒙誅，不忍輒有伏藏不盡之意，爲無窮之恨，請一二陳之，惟陛下裁擇。

臣伏見陛下即位未幾，起王安石於江湖之上，曾未數對，遂參機務，方是之時，中外相慶，以爲三代之隆可以立俟也。安石乃首建制置三司條例，天下之人始議其身任大政而專有司之事，然善士猶或恕之，謂其先公家之所不足，將佐陛下以仁義理財賦，節儉先天下，交物以道，奉養以禮，重損浮費，圖實廩庾，凡教化之事，猶有待也。已而立均輸之議，造青苗之法，天下之人固已大駭，而善士猶未之深議，謂其志在便民，均一有無，遠希先王，補耕助斂，以爲於理無嫌。及降詔取利，牽合經旨，謂周公資用於國服之息，利害已白而持之不改，雖善士不復以爲是，直謂其誑惑朝廷，愚瞽海内，所以議論交起，不可抑止者。其故何也？義與利之爲道異也。始稱倣古以行義，故君子猶或恕之，終則不顧以嗜利，雖衆人莫之與也。及發七難以拒言者，其辭迂，其理僻，天下之人，益知其所存盡於此，不復有義理之實，徒欲文過求勝，豈以生靈存亡之命、社稷安危之機爲計哉？今條例司於浮費無所節損，日造罔民之法；均輸官不能通天下之有無，百端以射利；提舉官奉青苗之令，納民於困窮。陛下固嘗謂溥天沸騰，黎民騷擾矣。夫政莫酷於剥民以無度，禍莫大於知過而不改。古之所以亡國喪天下，未有不漸於此者。

噫，今日之弊，豈難濟哉？改之而已。昔者周公蓋有過矣，孟子曰：「其爲過也，人皆見之；及其更也，人皆仰之。」孔子則自訟其過矣，曰：「丘也幸，苟有過，人必知之。」又曰：「過則勿憚改。」又曰：「過而不改，是爲過矣。」安石不知慮此，陛下又從而不悟，何也？臣亦略聞其所以遂非而不改者有三焉：不堪怨仇，與士大夫之所譏議而不改，一也；狹中自信，悦諂諛，惡誠直，遂不以爲非而不改，二也；憑依小人，日滿其門，進退榮悴，繫於事之興廢，競爲諂辭以悦之，忿言以怒之，使其持之益堅，期於必勝，不問義理之所在，因以不改，三也。此三者，皆安石自爲也。所以受敝者，陛下之百姓也；所以當慮者，陛下之社稷也。此臣所以竊爲陛下惑也。陛下仁明睿智，早聞道要，未壯御宇，享祖宗久安之基。視圖按籍，惻然悼黔首之未乂；延見卿士，慨然歎人才之不足。方欲盡收天下之英俊，共講平治之術，創爲可繼之業。今乃相與守區區之弊法，又欲卿士大夫阿意順旨而奉行之，其不然者從而竄逐之，非獨安石負陛下任使之意，陛下亦負天下所以用安石之初心矣。臣不知陛下甘其所以得利，而力行之耶？徒悦其順適心意而惡違忤之耶？抑曲徇安石而苟爲之耶？臣請陳此三者，凡苛朘巧削之不可，臣前論列多矣，不待再講而後明也。今陛下深居九重，豈盡知百姓之困苦，謂其比户温飽，倉有餘粟，篋有餘帛，可以任權數而採取之耶？四海一家，皆陛下之赤子，而欲效管仲以千里之齊罔鄰國之人耶？又況術疏策陋，爲之輒有後災乎？方今中下之户，農桑之所得，纔足以輸税者，往往皆是也。歲惡不入，不食草根木皮者寡矣，尚忍以巧斂之法而虐之乎？

今陛下甘其所以得利，臣姑以利言之。凡百姓之有兩税，猶人之有終身之病也。夏税之輸，常至九月十月，秋税之輸，常至明年四五月，秋税未絶，夏税又起催矣。每催理不足，縣令懼踰限之責，必强人吏代納，然後以鞭笞追還之，非爲令者懈慢不職，民貧不可以迫遽取辦故也。兩税病民如是，青苗錢又可及時以斂之乎？且十八路之廣，一歲之間，必有三路罹蟲蝗、水旱之災者，則其逋亡倚閣失陷之數不爲少也，又況不幸遭大饑饉，捐瘠流離，起爲盜賊。所謂本利者，復何有哉？假如一歲貸錢千萬，爲利纔二百萬，臣恐二百萬之利，不足以償失陷之數，尚可望其息錢以資國用耶？且以利言之，不足以得利，較然甚著，矧悖義傷化，殘民害物，斂怨召亂，不可一二道哉？陛下雖甘其利而力行之，其無益可謂明矣。今朝廷患財用之不足，未聞陛下以節儉先天下，而一宫殿之費，或以百萬計；一宴游之費，或以數萬計。而欲錙銖取於困窮之民，偏聽獨任，非順適心意之言不取，又將悉誅而去之，是欲上下雷同，小大阿黨而無一言異者，陛下謂如此爲朝廷之福耶？非也。

孟子曰，入無法家拂士，則國常亡，又稱文王之德者曰「以謂謂昌」。凡古之所謂衆賢和於朝，與舜命九官，濟濟然和之至者，非雷同阿黨，能順適人主之心意之謂也。昔齊景公謂梁丘據曰：「據與我和。」晏子曰：「是同也，非和也。」公曰：「和與同，異乎？」曰：「和如羹焉，君所謂可而有否焉，臣獻其否，以成其可。君所謂否而有可焉，臣獻其可，以去其否。」古之君臣，以獻可替否爲和，非雷同之謂也。君臣之間，既不可雷同如此，卿士大夫進則陳力就列，退則游從講習，又可得而阿黨哉？周公之事，召公嘗不悦矣；孔子之舉，子路嘗愠見矣；子夏之言，子張嘗不取矣。昔趙宣子用韓厥爲軍司馬，厥戮其僕，宣子以爲可賀。左雄薦周舉爲尚書，舉劾其罪，雄自以爲知人。吕公著、孫覺，與王安石皆平日相友善之人也，豈欲一旦遽相絶哉？蓋朝廷之事，不可以私好廢公議，不得以枉道爲阿黨也。是朝廷之所樂得，安石所當願聞也。前日孫覺之奉詔出按，非以其法爲可行也，已而避免，豈有他哉？直以爲不俟往而知其法不可行也。陛下原其心，爲有罪者耶？吕公著，陛下任爲御史中丞矣，臣雖不知其言之詳，然禍亂之機，危亡之漸，御史中丞且不得言，孰得而言者？今摘其造辟之言以爲罪，臣恐上下顧避，大小觀望，交事鉗默，陛下聰明，不復廣矣。陛下雖罪孫覺爲反覆，公著爲誣藩鎮，天下之人，皆謂陛下爲其忤旨，又爲其忤安石之意也。儻陛下之意，皆不爲前所陳二者，姑欲曲徇安石而苟行之，則復有大駭深憂者。安石狹中自信，寖違義理，以必行爲期，以取勝爲事，無復以生靈之存亡、社稷之安危爲念，凡異己者，必致之罪而擠去之，同己者，無問能否而進擢之。臣不知陛下負扆南面，傳祖宗百年之業，而總四海九州之命，爲其遂非角勝之資；以慶賞刑誅之柄，爲其立朋報怨之具，深爲陛下不取也。

近者司馬光移書安石，條例之司、常平之使，曰可罷，則天下之人咸被其澤；曰不可罷，則天下之人咸被其害。方今生民之憂樂，國家之安危，係安石之一言爾。誠如光言，則是行與否，雖陛下不得專矣。況安石忽事而輕信，徒有忿克之心？因其性蔽而陰導之者，吕惠卿也，今安石喜怒好惡，事之用舍，唯惠卿之聽，則是生民之憂樂，國家之安危，亦不獨係於安石之一言，又係於惠卿矣。嗚呼！古之陪臣執國命，政逮大夫者，豈異此也？司馬光固非狂悖不思以出此言也，陛下將不以爲慮耶？噫，社稷，大寶也，生靈，重事也，蓋不可忽易守也。昔詩人傷周室之大壞，不過曰：「曾是强禦，曾是掊克，曾是在位，曾是在服。」陛下試察此四者，於今爲少耶？詩曰：「不自爲政，卒勞百姓。」又曰：「盜言孔甘，亂是用餤。」臣願陛下燭之以獨智，斷之以心術，博取輿論，曲循至理，純取先王之道，改謀長世之策，無爲盜言之孔甘，殘弊百姓以階亂，豈獨臣之幸，社稷生靈之幸也。

孔子曰：「不曰如之何如之何者，吾未如之何也已矣。」蓋言智者察於未萌，明者見於未形，不使無可奈何之悔至大駭而後圖之也。臣鄙野之人，分甘貧賤，自去夏以来，四乞外任，不蒙俞允，誤被責任，復不獲避，自顧狂妄，譏訕爲多。今復發憤懣，悉肺腑愚直之誠，期死而後已。設陛下終不以其言爲然，願懲任使之失，早賜竄戮，不勝幸甚。

# 上神宗論王安石

〔宋〕司馬光

臣之不才，最出群臣之下。先見不如呂誨，公直不如范純仁、程顥，敢言不如蘇軾、孔文仲，勇決不如范鎮。誨於安石始知政事之時，已言安石爲姦邪，謂其必敗亂天下，臣以謂安石止於不曉事與狠愎爾，不至如誨所言。今觀安石引援親黨，盤據津要，擯排異己，占固權寵。常自以己意陰贊陛下内出手詔，以決外廷之事，使天下之威福在己，而謗議悉歸於陛下。臣乃自知先見不如誨遠矣。純仁與顥皆與安石素厚，安石拔於庶寮之中，超處清要，純仁與顥覩安石所爲，不敢顧私恩、廢公議，極言其短。臣與安石南北異鄉，取舍異道，臣接安石素疏，安石待臣素薄，徒以屢嘗同寮之故，私心眷眷，不忍輕絶而預言之，因循以至今日。是臣不負安石而負陛下甚多，此其不如純仁與顥遠矣。臣承乏兩制，逮事三朝，於國家義則君臣，恩猶骨肉，覩安石專逞其狂愚，使天下生民被荼害之苦，宗廟社稷有累卵之危，臣畏懦惜身，不早爲陛下别白言之。軾與文仲皆疏遠小臣，乃敢不避陛下雷霆之威、安石虎狼之怒，上書對策，指陳其失，隳官獲譴，無所顧慮，此臣不如軾與文仲遠矣。人情誰不貪富貴、戀俸禄，鎮覩安石熒惑陛下，以佞爲忠，以忠爲佞，以是爲非，以非爲是，不勝憤懣，抗章極言，自乞致仕，甘受醜詆，杜門家居。臣顧惜禄位，爲妻子計，包羞忍恥，尚居方鎮，此臣不如鎮遠矣。

臣聞居其位者必憂其事，食其禄者必任其患，苟或不然，是爲盜竊。臣雖無似，嘗受教於君子，不忍以身爲盜竊之行。今陛下唯安石之言是信，安石以爲賢則賢，以爲愚則愚，以爲是則是，以爲非則非，諂附安石者謂之忠良，攻難安石者謂之讒慝，臣之才識，固安石之所愚，臣之議論，固安石之所非，今日所言，陛下之所謂讒慝者也。伏望陛下聖恩，裁處其罪。若臣罪與范鎮同，即乞依范鎮例致仕，若罪重於鎮，或竄或誅，所不敢逃。

宋諸臣奏議卷一一五

## 論王安石劄子

〔宋〕陳襄

臣竊以天下之道常存乎公議，公議廢，斯道或幾乎熄矣。夫人皆有是非可否之心，蓋出于理義之性，雖聖人無以異也。方其是非可否之時，苟其心不至乎有所好惡，則其言未始不公，雖匹夫匹婦之愚，猶有可取，而況士君子者乎？彼君民者，凡施一政，立一事，方且自謂吾思慮之甚精，議論之甚熟，聞其言而莫之省也，且以爲流俗之論，亦不思之甚矣。故天下之公議，常起于好惡未發之前，而失于是非相勝之後。君人者，不可不察乎此也。己以爲是而天下以爲非，己以爲非而天下以爲是焉，未可也，必待天下之人皆以爲非，然後捨焉，是衆人捨之也。故其取之於人也，無貴賤戚疏賢愚，惟恐其謀之者不多，論之者不博。道之所存，議之所從也。古者天子聽政，使公卿至于列士獻詩，瞽獻典，史獻書，師箴，瞍賦，矇誦，百工諫，庶人傳語，近臣盡規，親戚補察，瞽史教誨，耆艾脩之，而後王斟酌焉，是以事行而不悖。厲王暴虐，使人監謗，召公用是諫之而不聽，遂至流亡之患。宣王既立，用周、召以爲輔相，修文、武、成、康之遺風，而雅道復行。故其政善者，詩人美之，若雲漢、崧高之類是也。其不善者，詩人亦或箴焉，庭燎是也；或規焉，沔水是也；或誨焉，鶴鳴是也；或刺焉，祈父、白駒之類是也。故天下諸侯復宗周而王室中興焉。夫言之于人君，其取捨興亡如此之明效也。

伏自陛下享國以來，咨嗟求治，惟恐一言之不獲，一事之未聞，親降詔書，詢求闕政，每遇便殿，延訪群臣之言，至于日昃，仍命百寮轉對，得以封事上聞，求之前王，未有陛下兼收廣聽如此之勤也。然而興事改作，惟聖其難。王安石者，道德之臣，經藝明誠，足以開導人主，不當責以有司財利之事。近置條例一司，失于過聽，事不由于宰府，謀不及于士民，耆艾不與聞，臺諫不得議，所建議者，惟門下屬吏而已矣。天下雖有是非之論，一切不聽，事行之日，中外莫不悱然非之，謂不可行。此由責任太專，而不取人言之過也。易之蠱曰：「先甲三日，後甲三日。終則有始，天行也者。」言有事而待能之時，人君欲創制申令，必先慎慮于始，又當圖成其終，猶天道之行，四時以成變化，奈何獨以一二臣之臆見而議天下之法哉？陛下雖欲從之，其如天下何？

昔者子產相鄭，鄭人有遊鄉校以論執政者，然明請毁鄉校，子產止之，曰：「夫人朝夕退而遊焉，以議執政之善否。其所善者，吾則行之，其所惡者，吾則改之，是吾師也，若之何毁之？」孔子聞之，曰：「人謂子產不仁，吾不信也。」韓愈爲之頌曰：「誠率是道，相天下君。旁通交暢，施及無垠。」蓋惜其不遇也。又曰：「四海所以不治，有君無臣，誰其嗣之？我思古人，蓋傷今不復有斯人也。」伏望陛下復雅道以行宣王之政，責近臣以子產之用心，無任一人之私言，無廢天下之公論，舉一事必稽于衆，施一政必順于民，罷去誅求之法以安人心，牽復放斥之臣以開言路，使百工群吏咸得以職事持議箴補王闕，則可以無偏係過舉之患矣。易曰：「同人于野，亨，利涉大川。」言所同者遠，無所係吝，則道光亨，可濟大事矣。伏惟陛下留神聽納，則天下之福也。取進止。

古靈先生文集卷一八

## 上神宗論王安石之文有異志

〔宋〕楊繪

臣竊見人君獨享天下之奉，其勢至隆也；以一人而塊居深宫之中，其身至孤也。以其勢之至隆，固不可不先絶乎覬覦也；以其身之至孤，固不可不深防乎危禍也。故周易之垂訓，未嘗不戒之於無焉。如坤之初六，當一陰生之時，應建午之月，豈惟無堅冰而已，兼亦無履霜也，而曰「履霜，堅冰至」，斯不謂戒之於無哉？其象曰：「履霜堅冰，陰始凝也；馴致其道，至堅冰也。」其文言曰：「陰疑於陽必戰」、「由辨之不早辨也」。一陰始生，其卦爲姤，其九五曰「有隕自天，志不舍命也」，臨卦才二陰始生爾，聖人已逆戒之曰「至於八月有凶」，豈亦不謂戒之於無哉？蓋謂必無而忽之，則有時而或有也。謂之爲或有而備之，則必無矣。是以古聖賢者之著書立言，垂教於後世，未嘗不先以辨君臣尊卑爲首務也。昔高郢作魯議，夫以天子禮樂祀於周公之廟，止施於死者也。高郢猶著論以非之者，蓋天子之禮樂不可以兩用之。臣觀古史，凡有得建天子旌旗者，未有不至于大故，然後知高郢之論，於防微之道著也。唐陳越伊尹論亦斯之類焉，云此皆賢聖之權。臣竊謂古聖賢未嘗不以尊君卑臣爲常道，至於權者，出於聖賢之不得已，亦未敢明著於書者，蓋懼後世亂臣賊子如莽、操、師、温之輩假之以爲名也。

臣欲一言於陛下，然未委陛下恕之乎？不恕之乎？恕之，則不漏其言，臣之禍猶賒；不恕之乎，臣之禍不測。然臣豈得畏不測之禍而不進忠於陛下也？臣竊見唐賢多以所爲之文，見其人一生行事，如蓍蔡之不謬，如李紳作閔農詩，士稱其有宰相器。韓愈稱歐陽詹亦曰：「讀其書，知其於慈孝最隆也。」丁謂詩有「天門九重開，終當掉臂入」，王禹偁讀之曰：「入公門，鞠躬如也。天門豈可掉臂入乎？此人必不忠。」後果如其言。臣聞王安石文章之名久矣，嘗聞其詩曰「今人未可輕商鞅，商鞅能令政必行」，今覩其行事，已頗類之矣。臣竊嘗惑其文，今謹昧死而條之，乞陛下恕臣罪而反覆詳之。王安石雜説曰：「魯之郊也，可乎？曰：有伊尹之志，則放其君可也。有湯之仁，則絀其君可也。有周公之功，則用郊，不亦可乎？」王安石雜説曰：「周公用天子禮樂，可乎？周公之功，人臣所不能爲，天子禮樂，人臣所不得用。有人臣所不能爲之功，而報之以人臣所不得用之禮樂，此之謂稱。」王安石雜説曰：「有伊尹之志而放君，可也。有周公之功而伐兄，可也。有周之后妃之賢而求賢審官，可也。夫以后妃之賢，而佐王以有天下，其功豈小補哉？與夫婦人女子從夫子者，可同日語乎？」臣竊謂孟子勸齊王無毁明堂者，蓋當時天下無定主，故敢爾。若言之于一統之世，則孟子豈不爲罪人？今王安石於君尊臣卑、重熙累盛之朝，而顯然再三丁寧於伊尹放君、周公用天子禮樂之事，臣願陛下詳其文而防其志，臣言必死，罪不敢辭。

宋諸臣奏議卷八三

## 上神宗論王安石

〔宋〕王巖叟

臣聞事之急者無徐行，心之痛者無緩聲。今天下事急而臣已痛矣，尚忍徐行緩聲以忽君親之憂哉？臣爲此書，唯恐人知，臣不盜名；今日之事，唯恐君父不知，臣不避禍。使陛下自無心於生靈，臣雖抱忠，姑亦已矣。蓋潛聽天下深識之士相與而言曰，夫畋遊之快心，聲色之悦意，浮華之玩情，喜有溢賞，怒有過刑，雖古之歷嘗艱難而老於爲國者之所難免。而吾君以鼎盛之春秋，臨無事之天下，乃能不快心於畋遊，不悦意於聲色，不玩情於浮華，賞不以喜，刑不以怒，憂勤恭儉，唯以治道未舉於堯、舜、三代之隆爲急，此可謂盛德矣。然而有人焉，有逆常理，蠹壞萬事，以蠹陛下盛德，而使四海内外，不得覩日新之光輝，而同登於堯、舜、三代之域，此忠臣義士之所以拊膺而切齒也。

臣謹按，王安石性非忠良，心不造道，徒能著空文而欺世，談高致以要君，可謂借鳳羽翰以文梟音者矣，人以爲鳳，臣以爲梟。天下皆知陛下所存，則是求治之心，而安石所爲，乃召亂之本，陛下以腹心委安石，而安石不以腹心事陛下，自求死黨，據滿要津。司農曰布，彊悍而險刻；中丞曰綰，善柔而陰讒；曰向，剥下附上；曰起，很深；曰絳，苛佞；曰繹、曰琥，險回忮忌；曰定、曰秩，藏姦包慝；曰埛、曰確，狂誕輕狡；曰子厚、曰將，阿諛辯巧；曰宦官昉，暴横兇忍，荼毒一方，威焰所向，人莫敢指；曰唯惠卿，姦邪之才，又冠其黨，雖持喪家居，而中外畏之，猶若在朝。其下蜮狐山鬼，夜號窟居，以恐動人者，處處皆是，不足一一爲陛下道也。蓋未嘗公心求一吉士以爲朝廷，故天下謂其不以腹心事陛下者，非妄也。陛下知以權與之，而不知與之之過；知以誠信之，而不知信之之蔽。與之過，故難制；信之蔽，故易欺。三四年來，天下不知有朝廷而只知有安石，福隨其喜，禍逐其怒，四方之人，如瘖如啞，不敢吐氣，以至青天白日，舞姦攘權以斲王室而曾不畏人，此臣所以不能徐行緩聲而告也。臣知王室作之甚苦，成之甚難，陛下豈不爲祖宗愛惜之，而容他人壞之耶？臣請爲陛下疏其大者，至於紛紛交舉，以撓萬類者，未暇種種而數也。

夫王室之所以重者，雖以人主之尊，不敢以名器輕授人也，而今也塗巷之人朝遊私門，則暮紆金朱矣，取名器於萬乘之旁，而曾不少顧，安石可謂陵王室矣；王室之所以尊者，以老成在側，忠鯁在庭也，而今也離間老成，棄逐忠鯁，獨爲陛下引頑童，進柔佞，安石可爲卑王室矣；王室之所以彊者，以綱紀振、法度修、賞罰正也，而今也綱紀則亂之、法度則毁之、賞罰則倒之，安石可謂弱王室矣；王室之所以安者，以能使百姓有餘力而樂其生也，而今也斂於民者煩、督於民者急、奪於民者盡，而人人救死恐不暇，安石可謂危王室矣；夫王室之所以明者，以人情不壅於上聞，而萬里兼聽也，而今也朋邪壅之，或近在輦轂之下、國門之外，而君父不知，赤子嗷嗷，控告無路，安石可謂翳王室矣；忠臣義士，言之及此，往往聲淚俱發，臣知陛下方倚望太平，必以臣言爲非是，然願陛下密擇一二正人，以他事使於四方，使潛採公議。及遴選一二親信，訪於都城，使盡録衆説，則必有甚於臣所陳者矣，臣猶恐未必敢以其實告陛下也。其爲忿嫉，億兆所同，唯陛下穆然凝邃，獨不得聞。臣每思奉天之變，盧杞養成，未嘗不爲陛下寒心。故人怨而不知，天下之深忌也；以危爲安，天下之深禍也。惟陛下念之無忽。

臣嘗讀易，至於孔子之雜卦曰「親寡，旅也」，不覺爲君父掩書而泣。夫惟天下之忠信爲可親，陛下試察今左右前後之臣，皆忠信耶？非耶？爲權臣用耶？爲陛下用耶？彼其唯相朋以逢迎陛下，以窺伺陛下，以蒙蔽陛下，爲權臣地爾。而君父獨立於群邪之中，可謂所親者寡矣。奈何以南面之尊、天下之勢、多士之盛，而自謂旅人也？陛下學備古今，獨不見朱温之事乎？先使昭宗孑然寄身於汴人之間，而後爲亂。唯天下之至明，爲能見之於至微，而破之於未大。願陛下少回天幾以照之，社稷幸甚。陛下若惓惓於其賢，以爲用之未盡，則何不静心潛思，自用之以來，四年于今，其益于陛下者何事？成於天下者何功？施於生民者何惠？可垂後來者何法？進於列位者何賢？投於四荒者何佞？陛下心通目明，能不昭覺，豈待臣一一指其人而條其事也？意者陛下數年以來，力排天下之議，主張斯人，而赧於卒不效，不果去之耶？此又臣以爲固無傷陛下之明，而適足示陛下之聖也。前日聞天下譽之則用，今日見天下怨之則舍，是用以天下，舍以天下也，陛下何私哉？不出反掌之間，而取泰於否，轉危爲安，聖人之能，孰過此者？陛下幸思臣言，勿復以爲疑。

且歷古以來，賢王英主所與取天下、守天下者，莫非中原偉人。今陛下坐中原，不與中原端厚之士共之，而獨引遠荒奇邪輕淺之人與議大計，臣切恐中原豪傑有侮笑陛下於林間者矣。以陛下天資如此，自勵又如此，真得忠賢而用之，堯、舜、三代不難到，天下何時無真賢？今日取之者，非其道爾。彼真賢不以辯給爲能，不以文采爲高，不以聚斂爲智，獨能平心正意深思遠謀，爲社稷久計爾，顧肯屑圖近利以誤蒼生哉？然其人誰不欲爲君父用者，但恥以其身出於權臣之門，故逡巡晦縮而不肯進，豈嘗須臾忘陛下？陛下曠然奮英斷，自收主權，誅大姦而竄群惡，以一清中外，而下半紙詔書以謝天下，曰：「聽任之偏，大事幾去。天啓朕明，洞掃疑蔽。今願復與士民相親也。」則可以激忠義於已闌，消禍災於欲起，堯、舜之治，咫尺在前，可不爲陛下賀也？如不留意於斯焉，後日之事，臣不忍言矣。惟陛下察之。

宋諸臣奏議卷一一六

## 上欽宗論王安石學術之謬

〔宋〕楊時

臣伏見蔡京用事二十餘年，蠹國害民，幾危宗社，人所切齒，而論其罪者，曾莫知其所本也。蓋京以繼述神宗爲名，實挾王安石以圖身利，故推尊安石，加以王爵，配享孔子廟廷。而京之所爲，自謂得安石之意，使人無得而議，其小有異者，則以不忠不孝之名目之，痛加竄黜，人皆結舌，莫敢爲言，而京得以肆意妄爲，則致今日之禍者，實安石有以啓之也。

臣謹按，安石挾管、商之術，飾六藝以文奸言，變亂祖宗法度，當時司馬光已言其爲害當見於數十年之後，今日之事，若合符契。其著爲邪説，以塗學者耳目，敗壞其心術者，不可縷數，姑即其爲今日之害尤甚者一二事以明之，則其爲邪説可見矣。

神宗皇帝常稱美漢文惜百金以罷露臺，曰：「朕爲天下守財耳。」此慎乃儉德，惟懷永圖，正宜將順，安石乃言：「陛下能以堯、舜之道治天下，雖竭天下以自奉不爲過，守財之言非正理。」曾不知堯、舜茅茨土階，未嘗竭天下自奉，其稱禹曰「克儉于家」，則竭天下以自奉者，必非堯、舜之道。其後王黼、朱勔祖其説，以應奉花石之事，竭天下之力，號爲享上，實安石竭天下自奉之説有以倡之也。其釋鳧鷖守成之詩，於末章則謂：「以道守成者，役使群動，泰而不爲驕；宰制萬物，費而不爲侈。」夫鳧鷖之五章特曰：「鳧鷖在亹，公尸來止熏熏。旨酒欣欣，燔炙芬芬，公尸燕飲，無有後艱。」詩之所言，正謂能持盈，則神祇祖考安樂之而無艱難耳。自古釋之者，未有爲「泰而不爲驕，費而不爲侈」之説也，安石獨倡爲此説，以啓人主之侈心。其後蔡京輩輕費妄用，專以侈靡爲事，蓋祖此説耳。則安石邪説之害，豈不甚哉？臣伏望睿斷，正王安石學術之謬，追奪王爵，明詔中外，毁去配享之像，使邪説淫辭，不爲學者之惑，實天下萬世之幸。

楊龜山先生集卷一、宋諸臣奏議卷八三

## 論學校去取不宜黜王氏學疏

〔宋〕馮澥

臣聞太學者，道義之所由出，風化之源，賢士之關也。博士講明訓迪于上，子弟切磋琢磨于下，委委蛇蛇，人無異論，此誠太學之盛也。國家自崇、觀以來，行貢試之法，而鄉舉里選，徒蹈虚文，自是士失所守，而大學教養之法一切不振，士不自重，務爲輕浮，博士先生狃于黨與，各自爲説，無復至當，煽以成風。附王氏之學，則醜詆元祐之文；附元祐之學，則譏誚王氏之説，風流至此，頽敝莫回，兹今日之大患也。比者朝廷罷元祐學術之禁，不專王氏之學，陛下固欲中立不倚，六經之旨，惟其説通者取之，其謬者舍之，不主于一，此固甚盛之舉也。臣訪聞太學，校試去取于其上者，或主一偏之説；守經肄業于其下者，或執一偏之見。上下嘵嘵，甚非陛下開設學校、教養多士之意。臣又聞，臣僚上言乞罷安石配享，而謂安石之説爲邪説。朝廷從言者請罷安石配享，而列于從祀。此固公議所在，其誰以爲不然？若言者以安石之説爲邪説，則過矣。安石之釋經固不能無失也，夫孟子所謂息邪説者，謂楊朱、墨翟之言，若以安石之説，便同楊、墨之言爲邪説，則復當禁之，此所以起學者之謗，而致爲紛紛也。士之擔簦負笈，赴于天子之學，以就教養者，非特欲以進取爵禄爲心，亦顧其所養所學與操守者何如耳。今科舉在邇，爲士者若引用王氏之説，有司懷私，便爲邪説而黜落之，則其利害所係甚重，臣固不得不論也。臣願陛下明詔有司，訓敕中外，凡學校科舉考校去取，不得專主元祐之學，亦不得專主王氏之學，或傳注、或己説，惟其説之當理而已。倘有司輒敢以私好惡去取者，乞重賜斥責，庶使天下學者曉然無惑，而庠序多士得以安其心矣。

靖康要録卷六、宋蜀文輯存卷三一

## 上欽宗論王氏及元祐之學

〔宋〕崔鶠

臣伏覩詔書，詔諫臣直論得失以求實是，此見陛下求治之切也。然數十年來，王公卿相皆自蔡京出，其餘擢居要路，以待相繼而用者，又充塞乎臺省，使一門生死則一門生生，一故吏逐則一故吏來，更持政柄，互秉鈞軸。歷千百年，無一人立異；雖萬世子孫，無一人害己。此蔡京之本謀也，安得實是之言？

聞於陛下，且如馮澥近日上章，其言曰：「熙寧、元豐之間，士無異論，太學之盛也，此姦言也。」昔王安石用事，除異己之人，當時名臣如富弼、韓琦、司馬光、吕公著、吕誨、吕大防、范純仁等，咸以異論斥逐，布衣之士，誰敢爲異乎？士𢹂策負笈，不遠千里，游乎學校，其意不過求仕宦耳。安石著三經之説，用其説者入官，不用其説者黜落，於是天下靡然雷同，不敢可否，陵夷至于今大亂，此無異論之大效也，而尚敢爲此説以熒惑人主乎？又曰：「崇寧以來，博士先生狃於黨與，各自爲説，附王氏之學，則詆毁元祐之文；服元祐之學，則詆誚王氏之説。」尤爲欺罔，豈有博士先生敢有爲元祐之學而詆誚王氏之説乎？自崇寧以來，京賊用事，以學校之法馭士人，如軍法之馭卒伍，大小相制，内外相轄，一有異論居其間，則累及上下學官，以黜免廢錮之刑待之。其意以爲一有異論，則己之罪必暴於天下、聞於人主故耳。博士先生有敢詆誚王氏者乎？

欲乞下太學，取博士講解覆視，則瀚之誕謾見矣。至如蘇軾、黄庭堅之文集，范鎮、沈括之雜説，畏其或記祖宗之事，或記名臣之説，於己不便，故一切禁之，坐以嚴刑，示以重賞，不得藏匿，則禁士異論，其法亦已密矣。瀚言爲元祐之學詆誚王氏之説，其欺罔不亦甚乎？欺罔之言公行，則實是何從而見也？然先王之求實是，亦有道矣。皇帝清問下民，周官詢于衆庶，孟子不以左右卿大夫之言爲然，必詢于國人，則實是見矣。臣乞以瀚所上言章，并臣之章，垂于象魏，揭于通衢，以驗國人之論，而賞罰之，以戒小人欺罔君父者。此陛下之福，天下之幸也。

靖康要録卷七、皇朝文鑑卷第六二

## 論王氏及元祐之學

〔宋〕李光

臣愚昧樸拙，當陛下初政，偶承乏擢寘言路，每因進對，備聞德言，未嘗不以紹復祖宗法度爲説。忠臣義士，莫不懽欣鼓舞，日須德化之成也。

臣今月十七日入臺，伏覩三省降到黄牓一道，臣寮上言，以王安石爲名世之學，發明要妙，著爲新經，天下學者翕然宗師；又言熙寧、元豐間，内外安平，公私充實，法令備具，賦役均平，其意專以王氏之説爲是，公肆誕謾，無復忌憚。以陛下聖明，未可遽欺。既以司馬光與安石俱爲天下之大賢，又云優劣等第，自有公論。觀言者之意，必不肯以光爲優，以安石爲劣。夫光與安石，行事之是非，議論之邪正，皎若白黑，雖兒童走卒，粗有知識者，莫不知之。當熙寧、元豐間，如韓琦、富弼、歐陽脩之屬尚皆無恙，安石惡其議己，皆指爲因循之人，擯斥不用，卒以憤死。恭惟太祖、太宗創業之艱難，真宗、仁宗守成之不易，規模宏遠矣。安石欲盡廢祖宗法度，則爲説曰「陛下當制法而不當制於法」；欲盡逐元老大臣，則爲説曰「陛下當化俗而不當化於俗」。蔡京兄弟，祖述其説，五十年間，搢紳受禍，生靈被害，海内流毒，而祖宗法度、元老大臣，掃蕩禁錮，幾無餘藴矣。幸賴宗廟社稷之靈，上皇悔悟，以祖宗不拔之基，全付陛下，今言者又創爲熙、豐之説，以安石爲大賢，臣恐此論一出，流聞四方，鼓惑民聽，人心一失，不可復收，非朝廷之福也。

# 記

## 重建經綸閣記

〔宋〕徐度

或謂君子之仕爲郡邑，既去而能使人思之不忘，在古或有，後世則難，而邑其無也，何哉？古之爲邑，位均子男，南面聽事，生殺予奪，悉繇以出，而無有齟齬於其間，故得以行其志。後世爲邑，品秩卑而法令繁。品秩卑則選任輕，法令繁則牽制衆。以秩卑之吏，而迫於繁令之拘，其治效之難成固宜。是或一理也，而未之思。夫君子惟無仕則已，仕則未嘗擇官焉。居是官也，則必事其事，就其力之所可爲而爲之。上可以裨於公，下可以及於民。安有難易之時云乎？惟怠者將以遂其媮，則常以不得爲自解；誕者將以肆其夸，則常有所不屑也。胡不以聖人之事觀之乎？昔孔子初仕爲中都宰，制爲養生送死之節，長幼異食，强弱異任，男女别塗，路無拾遺，器不雕僞，行之一年，而四方之諸侯則焉。孔子固覆生人之器也，顧屈爲一邑，而諄諄於教化如此，惟其無有不屑之心故歟？且迹夫聖人之所爲，其稽之當今之法令，皆明示勸獎，而誘使爲之者也。

故相國荆文王公慶曆中嘗以廷尉評事來爲鄞令，于時年甚小，氣甚鋭，而學甚富，其志意之所存遠矣。蕞爾一邑，固區區者宜若無足以爲。而公初無不屑之心，日夜惟以爲民興利除害爲事，距今蓋一百九年矣，而其所興造之蹟，尚班班可考。遺民子孫，常相與傳誦其事，指其蹟而懷思之。是非真知學夫聖人之爲，安能及此？宜邑人思之愈久而愈不忘也。

初公既没，當元祐中，爲令者嘗因一人之思，即治所公昔燕休之地，作爲重屋，肖公之象而祠之，名曰經綸閣。中遭兵火，久廢弗復。紹興二十有四年，公之弟校理府君諱安國之曾孫右通直郎爗來莅兹邑，自以獲踵其先世故治爲榮，規規焉推前人之心以施於治，不敢少自怠弛。居無幾何，邑人安焉。相與言曰：「文公之德，邑人所不敢忘也。而公之諸孫復來治我，就使無意於民，猶當謹以事之，況其賢稱其家哉？惟是經綸之閣久廢未復，其何以示吾子孫而慰吾賢大夫之思？矧朝廷清明，郡政安静，治新斯閣，今也其時。」乃鳩工聚材，而請于太守貳卿王公。公方以儒術爲治，亦樂夫有助於教化也，而許焉。閲七十日而告訖功，凡材甓、甎坯、葦竹之費，土木、工人之直，一出於民之願輸，而官無所預焉。既而爗以書來告度曰：「閣之復也，非我實使之，民惟吾家相國之不忘，是不可以不有紀述也。子於我有連，其爲我書其事。」度辭謝不敢當，書再三返而請益勤，曰：「吾石具已久，待子之文以刻，乃爲敘邑人所以不忘者，且誌歲月焉。」爗字子華，謹飭好學，能守其家法者也。紹興二十五年二月旦日。

（乾道）四明圖經卷九

# 荆國王文公祠堂記

〔宋〕陸九淵

唐、虞、三代之時，道行乎天下，夏、商叔葉，去治未遠，公卿之間，猶有典刑。伊尹適夏，三仁在商，此道之所存也。周歷之季，跡熄澤竭，人私其身，士私其學，横議蜂起，老氏以善成其私，長雄於百家，竊其遺意者，猶皆逞於天下。至漢而其術益行，子房之師，實維黄石，曹參避堂，以舍蓋公，高、惠收其成績，波及文、景者，二公之餘也。自夫子之皇皇，沮、溺、接輿之徒，固已竊議其後。孟子言必稱堯、舜，聽者爲之藐然，不絶如綫，未足以喻斯道之微也。陵夷數千百載，而卓然復見斯義，顧不偉哉？

裕陵之得公，問：「唐太宗何如主？」公對曰：「陛下每事當以堯、舜爲法，太宗所知不遠，所爲未盡合法度。」裕陵曰：「卿可謂責難於君，然朕自視眇然，恐無以副此意。卿宜悉意輔朕，庶同濟此道。」自是君臣議論，未嘗不以堯、舜相期。及委之以政，則曰：「有以助朕，勿惜盡言。」又曰：「須督責朕，使大有爲。」又曰：「天生俊明之才，可以覆庇生民，義當與之戮力，若虚捐歲月，是自棄也。」秦、漢而下，南面之君亦嘗有知斯義者乎？後之好議論者之聞斯言也，亦嘗隱之於心，以揆斯志乎？曾魯公曰：「聖知如此，安石殺身以報，亦其宜也。」公曰：「君臣相與，各欲致其義耳。爲君則自欲盡君道，爲臣則欲自盡臣道，非相爲賜也。」秦、漢而下，當塗之士亦嘗有知斯義者乎？後之好議論者之聞斯言也，亦嘗隱之於心，以揆斯志乎？惜哉，公之學不足以遂斯志，而卒以負斯志；不足以究斯義，而卒以蔽斯義也。

昭陵之日，使還獻書，指陳時事，剖析弊端，枝葉扶疏，往往切當，然覈其綱領，則曰「當今之法度，不合乎先王之法度」。公之不能究斯義，而卒以自蔽者，固見於此矣。其告裕陵，蓋無異旨。勉其君以法堯、舜，是也，而謂每事當以爲法，此豈足以法堯、舜者乎？謂太宗不足法，可也，而謂其所爲未盡合法度，此豈足以度越太宗者乎？不知言，無以知人也。公疇昔之學問，熙寧之事業，舉不遁乎使還之書。而排公者，或謂容悅，或謂迎合，或謂變其所守，或謂乖其所學，是尚得爲知公者乎？氣之相迕而不相悅，則必有相訾之言，此人之私也。公之未用，固有素訾公如張公安道、吕公獻可、蘇公明允者。夫三公者之不悅於公，蓋生於其氣之所迕。公之所蔽，則有之矣，何至如三公之言哉？英特邁往，不屑於流俗，聲色利達之習，介然無毫毛得以入於其心，潔白之操，寒於冰霜，公之質也。掃俗學之凡陋，振弊法之因循，道術必爲孔、孟，勳績必爲伊、周，公之志也。不蘄人之知，而聲光燁奕，一時鉅公名賢爲之左次，公之得此，豈偶然哉？用逢其時，君不世出，學焉而後臣之，無愧成湯、高宗。君或致疑，謝病求去，君爲責躬，始復視事，公之得君，可謂專矣。

新法之議，舉朝讙譁，行之未幾，天下恟恟，公方秉執周禮，精白言之，自信所學，確乎不疑。

君子力争，繼之以去，小人投機，密贊其決，忠樸屏伏，憸狡得志，曾不爲悟，公之蔽也。典禮爵刑，莫非天理，洪範九疇，帝實錫之，古所謂憲章、法度、典則者，皆此理也。公之所謂法度者，豈其然乎？獻納未幾，裕陵出諫院疏與公評之，至簡易之説，曰：「今未可爲簡易。修立法度，乃所以簡易也。」熙寧之政，粹於是矣。釋此弗論，尚何以費辭於其建置之末哉？爲政在人，取人以身，修身以道，修道以仁。仁，人心也。人者，政之本也，身者，人之本也，心者，身之本也。不造其本而從事其末，末不可得而治矣。大學不傳，古道榛塞，其來已久。隨世而就功名者，淵源又類出於老氏。世之君子，天常之厚，師尊載籍，以輔其質者，行於天下，隨其分量，有所補益，然而不究其義，不能大有所爲。其於當時之弊有不能正，則依違其間，稍加潤飾，以幸無禍。公方恥斯世不爲唐、虞，其肯安於是乎？蔽於其末而不究其義，世之君子，未始不與公同，而犯害則異者，彼依違其間，而公取必焉故也。熙寧排公者，大抵極詆訾之言，而不折之以至理。平者未一二，而激者居八九。上不足以取信於裕陵，下不足以解公之蔽，反以固其意，成其事，新法之罪，諸君子固分之矣。

元祐大臣，一切更張，豈所謂無偏無黨者哉？所貴乎玉者，瑕瑜不相揜也。古之信史，直書其事，是非善惡靡不畢見，勸懲鑑戒，後世所賴。抑揚損益，以附己好惡，用失情實，小人得以藉口而激怒，豈所望於君子哉？紹聖之變，寧得而獨委罪於公乎？熙寧之初，公固逆知己説之行，人所不樂，既指爲流俗，又斥以小人。及諸賢排公，已甚之辭，亦復稱是。兩下相激，事愈戾而理益不明。元祐諸公，可易轍矣，又益甚之。六藝之正，可文姦言，小人附託，何所不至。紹聖用事之人如彼其傑，新法不作，豈將遂無所竄其巧以逞其志乎？反復其手，以導崇寧之姦者，實元祐三館之儲。元豐之末，附麗匪人，自爲定策，至造詐以誣首相，則疇昔從容問學，慷慨陳義，而諸君子之所深與者也。格君之學，克知灼見之道，不知自勉，而戛戛於事爲之末，以分異人爲快，使小人得間，順投逆逞，其致一也。近世學者，雷同一律，發言盈庭，豈善學前輩者哉？

公世居臨川，罷政徙于金陵。宣和間，故廬丘墟，鄉貴人屬縣立祠其上。紹興初，常加葺焉。逮今餘四十年，隳圮已甚，過者咨嘆。今怪力之祠，綿綿不絶，而公以蓋世之英，絶俗之操，山川炳靈，殆不世有，其廟貌弗嚴，邦人無所致敬，無乃議論之不公，人心之畏疑，使至是耶？郡侯錢公，期月政成，人用輯和。繕學之既，慨然撤而新之，視舊加壯，爲之管鑰，掌于學官，以時祠焉。余初聞之，竊所敬嘆。既又屬記於余，余固悼此學之不講，士心不明，隨聲是非，無所折衷。公爲使時，舍人曾公復書切磋，有曰：「足下於今，最能取於人以爲善，而比聞有相曉者，足下皆不足之，必其理未有以奪足下之見也。」竊不自揆，得從郡侯，敬以所聞薦於祠下，必公之所樂聞也。淳熙十有五年，歲次戊申，正月初吉，邦人陸某記。

## 鄞縣經綸閣記

〔宋〕樓鑰

始慶曆七年，荆國王文公宰明之鄞縣，元祐中縣治建閣，以紀遺愛，名曰「經綸」，肖公之像而祠其下。俯仰百餘年間，嘗再興于紹興、淳熙而又廢壞。紹熙五年，知縣事莆陽吴君泰初新之，起于三月戊寅，踰月而訖工。舊觀復還而有加焉，求記于郡人樓鑰。鑰以史牒攷之，公爲縣時，世當承平，公方讀書爲文章，率三日一治縣事。垂意斯民，爲之起隄堰，決陂塘，爲水陸之利。貸穀于民，立息以償，俾新陳相易。興學校，嚴保伍，又刻善救方，立縣門外，邑人便之。此相業之權輿也。公之于鄞厚矣。觀經游之記，皆爲農田，而行歷東西十有四鄉，鄉之民畢已乎事而遂歸。上書外臺，極論浚河捕鹽利害，則公之爲政可知。詩文之傳于世，爲鄞而作者班班也。鄉有五先生，鑰之五世祖及王公、杜公皆與之定交，是以教化興行，學者競勸。後有憶鄞及憶東吴太白山等詩，則又知公之戀戀于鄞也。熙寧遇主，千載一時，盡以所行于鄞者推廣之。嗚呼，使一時奉行者皆能如公之在鄞，則天下豈以爲病哉？天下雖病之，然吾邑人之于公不敢忘也。故尸而祝之，以至于今。若吴君，可謂知務矣。政成且去，如始至然。一新縣樓，出于人之樂輸。以其餘材又爲此舉，蓋將以表先正仁民之效，慰父老甘棠之思，而示後日循吏之勸，一舉而三善具，非直爲是觀美而已也。

——攻媿集卷五五

# 王文公祠堂記

〔元〕虞集

至順二年冬，中順大夫、撫州路總管府達魯花赤塔不台始至郡，時守以下官多闕，侯迺以民事爲己任，先事而憂，惻怛周至，平易之政，人甚宜之。雨暘稍愆，若致自己，且備且祈，得不爲菑。歲豐時和，郡邑安静，則求其所當爲者而盡心焉。明年，故翰林學士吴公澄就養郡中，過故宋丞相荆國王文公之舊祠，見其頽圮而歎焉。侯聞之，曰：「是吾責也。」乃出俸錢，命郡吏董彦誠、譚繼安、儒學直學饒約揭車使經營焉，樂安縣達魯花赤前進士爕理溥化，興國路經歷、前臨川縣尉張雱與郡士之有餘力者，各以私錢來助。經始於某年某月某日，以某年某月某日告成。侯介予從子宣來求篆其事于石。

按郡志，宋崇寧四年，郡守田登爲堂於守居之側，肖公像而祠之。淳熙十五年，郡守錢某更築祠，而象山陸公九淵爲之記。公故宅在城東偏鹽步嶺，有祠在焉，作而新之，則侯用吴公之言也。郡人危素將重刻公文集，吴公爲之序，既而吴公殁，侯是以徵文於予也。嗚呼，昔人之言曰，周公殁，天下無善治，奮乎百世之下，必欲建立法度，以堯、舜其君民，而又得君以行其志，則未有如公者也。況乎冰霜之操，日星之文，卓然命世之大才者乎？陸、吴二子之言，既足以極公志之所存，今昔不足於公者，又有以盡破其偏私之蔽，而世俗口耳相承之議，遂無復容喙於其間，雖公復生，亦將憮然於斯，可謂千載之定論矣。然則今侯新公祠，豈直爲觀美也哉！世之從政，果如陸子所謂出乎老氏之緒餘者，久已鮮矣，而波頽風靡之中，求如公之所謂因循、所謂流俗而不足與有爲者，亦且無之，安得有如公立志操行者哉？廉耻道喪，士習愈下，表而章之，使人士拜公之祠，瞻公之象，誦公之文，考公之行，以求公之志而有所感發焉。則貪者可以廉，懦者可以立矣。其於人心風俗豈小補哉？若夫其所以爲學者，陸、吴之言備矣，學者尚有考焉。乃作迎享送神，辭以遺之。其詞曰：

天高日晶，百世之師。野水秋雲，悠悠我思。澮澮荒陂，晨曦載暉。言采其芹，遲公來歸。山川出雲，無往不復。草有零露，在彼靈谷。尋窮于原，亦企于石。父母之邦，庶幾來食。盈庭之言，匪今斯今。邦人之云，式究予心。作者之興，實命自天。哀哀民生，何千萬年。

道園類稿卷二五

## 崇儒書院記

〔明〕鄒元標

撫州，海内名郡也。其先多明德大儒，如王荆國、曾文定、陸文安伯仲、吴草廬、康齋諸先生者，醇學粹行，斯文岱宗，遐荒遠裔，且私淑而俎豆之，矧其鄉乎？先是，明水陳公以學爲郡人士倡，曾祀象山、二吴於臨汝已，盱江近溪羅公至，每講禪刹，月餘別去，諸縉紳繼峰舒公、愚所陳公、儆默曾公、若士湯公後先議曰：「吾撫在宋，黄勉齋氏創有南湖書院以開來學，是時人材彬彬，家有絃誦，今吾等寄跡招提，謂先訓何？」屢圖恢復而議弗克就。頃，侍御督學懷魯周公歸，讀禮暇時，集諸耆碩究心名理，學博李公惟本、布衣周子某、徐子吉甫告於公曰：「昔人謂工必有肆，書院吾儒之肆也。南湖淤塞，不可復矣。臨汝稍遠，東城闉下橋禪林方圮，其東隅隙地，背峴臺而面青雲，靈谷汝水，金堤百雉，回環左右几席間，跡左隅而宫之，庶幾復還有宋遺風乎？」周公乃告邑明府吴公，吴公曰：「予以不穀牧兹土，常懼無以化誨諸人士，闡幽迪後，吾責也。」遂與周公捐金爲倡，周公復首捐田，以助來學。郡剌史張公、司理程公，力贊其成，暨縉紳諸生咸樂從事，聚材鳩工，興役於七月。其規制，臨孔道爲門，門東折而南爲大門，直甬道而上，爲堂後、爲祠，甬道東西爲號，舍悉南向，左爲閣、爲橋，江水如帶，帆檣下上，面北爲亭、爲圃，池塘晻映，竹樹蔽虧，頓還南湖偉觀，顔曰「崇儒書院」。夫以廿餘年不克就者，不三月告成，則吴公與學使之所感人者深也。諸公將涓吉，祀諸先生於堂。徐子吉甫持明府吴公、侍御周公書，及學博李公所志書院顛末，走吉水謁鄒子元標爲記。元標懷古有志，目長足短，方執筆徘徊間，偶宿禪龕，松風謖謖，明月在天，忽夢肅剌迎一儒冠者，面古眉龐，曰吴康齋先生，予請曰：「伊、周事業，先生能否？」先生曰：「老矣，惟啓沃主德，尚能效力一二。」心喜而覺，曰：「予方有事崇儒之委末，就神交名儒，豈無意乎？」謹爲之記。記曰：

夫道，一而已矣。無聖無儒，語體也；有聖有儒，語造也。孟軻氏曰「終條理者，聖之事也」，曰「大而化之之謂聖」。曰「終條理」，則必有所以始者；曰「不可知」，則必有善、信、美、大爲之基者，非聖學之正宗歟？夫子詔子夏爲儒，提衡君子、小人二語，儒本爲君子，而復有小人贋出其間，何哉？聖道如天，天體圓，圓則不可端倪；儒學如地，地體方，方則不無廉隅。蓋常論儒至有宋盛矣。其弊至模倣形跡之似，鹵莽自得之義，象山氏出，直指本心，不假修證，足醒俗學之支離，聖學至象山明矣。其弊至以情識爲性，而放蕩禮法之場，康齋氏出，嚴毅方正，師道自任，足挽末俗之頹波。迺世儒之宗聖者，一曰吾心明矣，跡涉有爲，皆足以障性而礙道；一曰吾行敦矣，語涉心性，未免逃儒而入佛，則意之過也。眎二先生之教，何如哉？二先生者，撫産也，其知則圓，其行則方，翊先聖而開來學，功灼灼如是，生其鄉不知其教，可乎？雖然，聖其的也，儒又希聖之梯也。予讀禮至儒行篇，其懿美未更僕數然，曰自立、曰特立、曰獨立、曰剛毅有執。聖人語自立、特立不一而足，命儒之意，概可想見。他日又曰：「可與適道，未可與立。」象易之恒曰：「君子以立不易方。」則立誠，儒者居身之珍也。夫所謂立者，戴仁而行，抱義而處，非禮弗履，可貧可賤，可生可死，而不可辱。六七先生者，其於聖體所見，或全或微，雖不能盡同，然居廣居，立正位，行大道，不淫、不移、不屈，則一而已。聖人者，與乾坤而合德，諸先生得易之恒者也。恒其德，洵足信今而傳後；苟不恒其德，惡足以共學而適道？登斯堂者，願勉旃哉！知欲圓而崇效天，行欲方而卑法地。若儒行闊略，藉口聖真，徹藩籬而毁廉隅，無論不足以入聖，而害政害事，良非淺鮮，亦非諸君子重道崇儒之旨矣。

或曰：「三陸孝友，二吴篤實，南豐有功六經，粹然無疵，獨荆國史有遺議，何耶？」鄒子曰：「荆公，儒而無欲者也，拜相之日，矢寒山以自老；罷相之後，托頹垣以終身。徬徨塵垢之外，逍遥無爲之業。斯其人可得而磷淄耶？當時爲諸人攻者，惟新法耳。新法之行，荆國固失之驟，新法之罷，君實亦失之激。急於罷者，若以爲弊政不可一日有，而今一一以爲良法，公固儒而有爲者也。身未執政，天下譽之不加信，及既執政，天下毁之不加沮。彼其心視毁譽如浮靄之往來太虚，公又儒而自信者也。六先生享有令譽，如無瑕之玉，公犯衆怒群猜，如百煉之金，其趣操何後先殊焉？且麟經絶響，是非無憑久矣，九原有作，執鞭吾所忻願焉，子於公又奚疑？」

鄉縉紳樂相厥成者，則瑞泉伍公、龍津陳公、谷南高公、春江劉公、養和謝公、文臺吴公、望坪祝公、念庭周公、念初聶公、繼疎吴公、諸生某等，予昔侍諸君子同官於朝，今復同棲於野，諸君子慨然先哲，示我周行，可謂一世盛事。予迂儒也，於諸先生學術，徒啜其糟粕，亡能有所發明，謹爲述其崖略如此。憶昔登太華，望金、臨諸峰，龍躍霄漢，允矣仁賢都會。於他日當齋心而來，跬武法席，謦欬德音，增所未聞，諸先生許我乎？是爲記。

# 畫像贊

## 書王荆公騎驢圖

〔宋〕黄庭堅

荆公晚年删定字説，出入百家，語簡而意深，常自以爲平生精力盡於此書。好學者從之請問，口講手畫，終席或至千餘字。金華俞紫琳清老嘗冠秃巾，衣掃塔服，抱字説追逐荆公之驢，往來法雲、定林，過八功德水，逍遥游亭之上，龍眠李伯時曰：「此勝事，不可以無傳也。」

豫章黄先生文集卷二七

## 父王公畫像贊

〔宋〕王雱

列聖垂教，參差不齊。集厥大成，光於仲尼。

邵氏聞見後録卷二〇

## 王安石配享孔廟大成殿座像贊

〔宋〕某學士〔一〕

孔、孟云遠，六經中微。斯文載興，自公發揮。推闡道真，啓迪群迷。優入聖域，百世之師。

通鑑長編紀事本末卷一三〇

## 王荆公畫像贊

〔宋〕翁彦深

壯長圖書癖，老大禪寂痼，枉教黄閤開，竟把蒼生誤。

斐然集卷二六右朝奉大夫集英殿修撰翁公神道碑引

〔一〕通鑑長編紀事本末卷一三〇：「（紹聖）三年六月戊申，詔荆國公王安石配享孔子廟廷。四年五月癸亥，河東提舉學事言絳州州學申荆國公王安石未有贊，國子監乞依鄒國公例詔學士院撰贊頒降。學士，張康國、鄧洵仁也，不知撰贊者誰，當考。」

## 書王荆公遊鍾山圖

〔宋〕陸佃

荆公退居金陵，多騎驢遊鍾山，每令一人提經，一僕抱字説，前導一人，負木虎子隨之。元祐四年六月六日，伯時見訪坐小室，乘興爲予圖之。其立松下者，進士楊驥、僧法秀也。後此一夕，夢侍荆公如平生，予書「法雲在天，寶月便水」二句，「便」初作「流」字，荆公笑曰：「不若『便』字之爲愈也。」既覺，悵然自失。念昔横經座隅，語至言極，迨今閲二紀，無以異于昨夕之夢。人之生世何如也，伯時能爲我圖之乎？

陶山集卷一一

## 題王荆公尋僧圖

〔元〕釋大訢

荆公操守學問，以經濟自任，及爲相，不酌夫時世之異，取周官國服爲息之意，行青苗、市易之法，如唐相房琯用春秋車戰而敗也。公猶以望重，時君相如哲宗、温公莫敢終非之。始蔣山元老期公於早歲，爲能甘澹泊如頭陀，棄名利如脱髮。故晚年閒居，若悟其失，以應夫外者，既慭於用，而是非榮辱，復何足較？不若齊得喪，一死生，以策勛于内，可窮天地、振萬世之爲得也，乃日尋禪老游，有深旨矣。後人不能悼其才，悲其志廣而用迂，復過爲詆毁，吾故取唐史論琯事，以見其義云。

蒲室集卷一四

## 題王荆公畫像

〔清〕彭家屏

公名安石，字介甫，撫州臨川人也。生宋天禧之己未年，以元祐元年卒於金陵，葬鍾山之麓。予同年顧君棟高欲爲公編緝年譜，以補藝苑之闕，且求公像繪於簡端。予因從公裔孫處得遺像覽之，橅其副本，應顧君之請，重裝潢是軸，并爲題識，付公子孫藏之，至公之文章政事，前人論之詳矣。兹不多贅，時乾隆十五年季冬月，中州彭家屏書於紫薇官舍。

王荆公年譜考略卷首之二

## 王荆公真贊

〔清〕蔡上翔

嗚呼，此何人哉？是世所傳「囚首喪面垢污不洗」，則有辨姦之蘇洵，而黄魯直云：「予嘗熟觀其風度，真視富貴如浮雲，不溺於財利酒色，一世之偉人也。」二説背馳，一越一秦，而真安在哉？我拜公像，是身非身，亦讀其書，誰與爲鄰？其爲年譜也，非徒爲面洗其垢、整風度而常新，固將貽諸衆惡必察者，而迢遥以俟乎千春也。

# 序、題跋

## 跋王荆公書

〔宋〕蘇軾

荆公書得無法之法，然不可學，無法故。僕書盡意作似蔡君謨，稍得意似楊風子，更放似言法華。

仇池筆記卷下

## 跋王荆公書陶隱居墓中文

〔宋〕黄庭堅

熙寧中，金陵、丹陽之間，有盜發冢，得隱起甎於冢中，識者買得之。讀其書，蓋山中宰相陶隱居墓也。其文尤高妙，王荆公常誦之，因書於金陵天慶觀齋房壁間，黄冠遂以入石。予常欲摹刻於僰道，有李祥者聞之，欣然礱石來請。斯文既高妙，而王荆公書法奇古，似晉、宋間人筆墨，此固多聞廣見者之所欲得也。李君字聖祺，僰道人，喜炎黄岐雷之書，嗜好酸鹹，與世殊絶。

常從軍，得守國子四門助教。歸而杜門，家有山水奇觀，教諸子讀書而宴居，自從其所好。不喜俗人，一再見輒駡絶之，此孟子所謂有所不爲者也。

## 跋王荆公惠李伯牖錢帖

〔宋〕黄庭堅

此帖是唐輔文初捐館時也。荆公不甚知人疾痛苛癢，於伯牖有此賻卹，非常之賜也。及伯牖以疾棄官，歸金陵，又借官屋居之，間問其飢寒，以釋氏論之，似是宿債也。

## 跋王介甫帖

〔宋〕黄庭堅

余嘗評東坡文字，言語歷劫，贊揚有不能盡，所謂竭世樞機，似一滴投于巨壑者也。而此帖論劉敞侍讀晚年文字，非東坡所及，蝍蛆甘帶，鴟鴉嗜鼠，端不虚語。

以上宋黄文節公全集正集卷二五

## 跋王荆公禪簡

〔宋〕黄庭堅

荆公學佛，所謂「吾以爲龍又無角，吾以爲蛇又有足」者也。然余嘗熟觀其風度，真視富貴如浮雲，不溺於財利酒色，一世之偉人也。莫年小語，雅麗精絶，脱去流俗，不可以常理待之也。

## 題王荆公書後

〔宋〕黄庭堅

王荆公書字得古人法，出於楊虚白。虚白自書詩云：「浮世百年今過半，校它蘧瑗十年遲。」荆公此二帖近之。往時李西臺喜學書，題少師大字壁後云：「枯杉倒檜霜天老，松煙麝煤陰雨寒。我亦生來有書癖，一回入寺一回看。」西臺真能賞音，今金陵定林寺壁，荆公書數百字，未見賞音者。

以上宋黄文節公全集正集卷二六

## 跋元章所收荆公詩

〔宋〕李之儀

荆公得元章詩筆，愛之而未見其人。後從辟金陵幕下，既到而所主者去，遂不復就職。荆公奇之，總不可留。後親作行筆，録近詩凡二十餘篇寄之，字畫與常所見不類，幾與晉人不辨。頃見此字，乃知荆公未嘗不學書者也。元章懷舊戀知，故過其墳爲之形容，讀其詩可見其意也。

姑溪居士文集卷三九

## 跋荆公金剛經書

〔宋〕李之儀

骨多肉少則瘦，肉多骨少則肥。惟骨肉相稱，然後爲盡善。或謂荆公知骨而不知肉，今見此經，則知傳者不識荆公書，遽以常所見清勁爲瘦也。

姑溪居士文集卷四〇

## 跋荆國公書

〔宋〕李之儀

魯直嘗謂學顔魯公者，務期行筆持重，開拓位置，取其似是而已。獨荆公書得其骨，君謨書得其肉。君謨喜書多學，意嘗規摹。而荆公則固知其未嘗學也，然其運筆如插兩翼，凌轢于霜空雕鶚之後。比其晚年所作，紙上直欲飛動，信所謂得之心而應之手，左右逢其原者也。

## 跋荆公所書藥方後

〔宋〕李之儀

一

用藥如用人，非知其老可以任此責，則未嘗輒用，故能終始以收其功。古之人多用單方，蓋識病知藥乃如是。後人浸昧兹理，遂雜用諸品，至有君、有臣、有使，强自主宰，以文其所昧，良可嘆也。

## 二

作字爲文，初必謹嚴于法，造語須有所出，行筆須有所自，往往涉前人轍跡，則爲可喜。久之，語以不蹈襲爲工，字則縱横皆中程度，故能名家傳世，自成標準。凡學者從此卷首尾求之，當知吾言爲不妄發也。宛陵巨孝叔書，余三十年前曾見于李正叔家，宛陵乃其人也，最後一絶，集中不載，故未嘗見。

## 跋荆公薦醫生德餘奏章

〔宋〕李之儀

始余居當塗，蕭然環堵間，人不堪之。一人秀眉明目，持刺字前見，如有位與有聞于時者，逡巡前後，却而不敢進。余亟與之接，則以醫自名，稍即之，蓋有識，能文詞，表表秀出一時之士也。云：「我以君流落至此，邂逅此行，故相過焉。」又云：「我家金陵，世以醫行。先人從王荆公遊，寓于家學，實則雅相師友者。荆公屢勉其進取，而辭焉，曰：『是亦爲政，奚其爲爲政？醫與仕何擇？能不愧于人，不怍其行足矣。』荆公曰：『子果不凡也。』即以其術上之，其所草奏，則當時親筆，我以是藏之。非謂荆公而有夸也，姑誌一時之事，以見我先人之所不可奪。」余未之信，遂請見其藏，而聊識于後。比徙金陵，居久之，而後信其所守爲不妄，相與周旋，日愈親而愈可愛。然其相過，不辨色，則燭下。問之，乃以病告者户外之足相踵也。其來至奔走旁數百地，得一脈，死生無所憾；得一藥，無異自天而下。巧發奇中，藥入病去，如易置肘掖。獨不與在事者俱，而在事者亦莫之知也。余與所待哺者，皆恃以安。而日下徐德父兄弟亦深知之，嘗曰：「德父兄弟，君子也。我得其知，而君實先焉，他不復計。」其名修，字德餘。大觀二年八月十一日書。

## 跋荆公補成良臣充太醫生奏草後

〔宋〕李之儀

山濤啓事蓋以一時人物爲己先務，故上自朝廷公相，下至草澤方技，山所啓者，往往名世。荆公自任以天下之重，固不可以濤比，然其所因與夫因之者則異也。崇寧三年十月二十四日。

以上姑溪居士文集卷四一

## 四明尊堯集序

〔宋〕陳瓘

「臣聞先王所謂道德者，性命之理而已矣。」此王安石之精義也。有三經焉，有字説焉，有日録焉，皆性命之理也。蔡卞、蹇序辰、鄧洵武等，用心純一，主行其教。其所謂大有爲者，性命之理而已矣；其所謂繼述者，亦性命之理而已矣。其所謂一道德者，亦以性命之理而一之也；其所謂同風俗者，亦以性命之理而同之也。不習性命之理者謂之曲學，不隨性命之理者謂之流俗。黜流俗則竄其人，怒曲學則火其書。故自卞等用事以來，其所謂國是者，皆出于性命之理，不可得而動揺也。臣昨在諫省，所上章疏嘗以安石比于伊尹。伊尹，聖人也，而臣迺以安石比之者，臣于時猶蔽于國是故也。又臣所上章疏，謂安石爲神考之師。神考，堯、舜也，任用安石止于九年而已矣。初用後棄，何嘗終以安石爲是乎？臣以安石爲神考之師者，臣于此時猶蔽于國是故也。臣昨者以言取禍，幾至誅殛，賴陛下委曲保全，賜臣餘命。臣感激流涕，念念循省，得改過之義焉。蓋臣之所當改者，亦性命之理而已矣。孔子曰：「乾道變化，各正性命。」又曰：「地道無成，而代有終也。」性命之理，其有以易此乎？臣伏見治平中安石唱道之言曰：「道隆而德駿者，雖天子北面而問焉，而與之迭爲賓主。」自安石唱此説以來，幾五十年矣，國是之淵源蓋兆于此。臣聞天尊地卑，乾坤定矣，定則不可改也。天子南面，公侯北面，其可改乎？今安石性命之理，迺有天子北面之禮焉。夫天子北面以事其臣，則人臣何面以當其禮？臣于性命之理安得而不疑也？傳曰：「君之所以不臣于其臣者二：當其爲祭主，則弗臣也；當其爲師，則弗臣也。」師無北面，則是弗臣之禮也，豈有天子而可使北面者乎？漢顯宗之于桓榮，所以事之者可謂至矣，而所施之禮，亦不過滎坐東嚮而已矣。若乃以君而朝臣，以父而拜子，則是齊東野人之語，龐勛無父之教，以此爲教，豈不亂名分乎？亂名分之教，豈可學乎？臣既誤學其教，豈可以不悔乎？易曰：「不遠復，无祗悔，元吉。」臣于既往之誤，豈敢祗悔而不改乎？臣昔以安石爲神考之師，是臣重安石而輕神考也；臣昔以安石比伊尹之聖，是臣戴安石而誣陛下也。臣爲陛下耳目之官，而妄進輕誣之言，臣之罪惡如丘山矣。臣若不洗心自新，痛絶王氏，則何以明臣改過之心乎？臣之所以著尊堯集者，爲欲明臣改過之心而已矣。莊周曰：「明此以南嚮，堯之爲君也；明此以北面，舜之爲臣也。」莊周之道，虚誕無實，而不可以治天下，然于名分之際不敢不嚴也。飛蜂走蟻猶識上下，豈可以人臣自聖，而至于缺名分哉？孔子曰：「名不正則言不順，言不順則事不成。」安石北面之言，可以謂之順乎？崇此不順之教，則所述熙、豐之事何日而成乎？廢大法而立私門，啓攘奪而生後患，可謂寒心，孰大于此？臣請序而言之。

昔紹聖史官蔡卞，專用王安石日録以修神考實録，薄神考而厚安石，尊私史而壓宗廟。臣居諫省，請改裕陵實録，及在都司，進日録辨。當是之時，臣于日録未見全帙，知其爲私史而已，未知其爲增史也。自去闕以來，尋訪此書，偶得全編，遂獲周覽。竄身雖遠，不廢討論。路過長沙，曾留轉藏之語；待盡合浦，又著垂絶之文。考詆誣譏玩之言，見蔡卞僞增之意。尚謂安石趣録，皆可憑據，卞之所增，迺有誣僞。當是之時，臣于日録考之未熟，知其爲增史而已，未知其爲悖史也。蓋由臣智識昏鈍，覺悟不早，追思諫省奏章，乃至合浦舊述，語乖正理，隨俗妄談，既輕神考，又誣陛下。若他時後日，陛下以此怒臣，臣將何以自救，敢不悔乎？日録云「卿，朕師臣也」，乃安石矯造之言；又云「督責朕有爲」，豈神考親發之訓？既託訓以自譽，又託訓以輕君。輕君則訕侮譏薄，欲棄名分；自譽則驕蹇陵犯，前無祖宗。其語實繁，聊具一二，其日録云：「朕自覺材極凡庸，恐不足以有爲，恐古之賢君，皆須天資英邁。」此非託訓以輕君乎？又云：「朕頑鄙，初未有知，自卿在翰林，始得聞道德之説，心稍開悟。」此非託訓以輕君乎？又云：「卿初任講筵，勸朕以講學爲先，朕意未知以此爲急。」此非託訓以輕君乎？又云：「卿莫只是爲在位久，度朕終不足與有爲，故欲去？」此非託訓以輕君乎？又云：「所以爲君臣者，形而已矣，形故不足累卿。」此非託訓以輕君乎？訕侮輕薄，欲棄名分，可以略見于此矣。日録又云：「王安石造理深，能見得衆人所不能見。」此託詞以自譽也。又云：「如安石不是智識高遠精密，不易抵當流俗。天生明俊之才，可以庇覆生民。」此託訓以自譽也。又云：「卿無利欲，無適莫，非獨朕知卿，人亦盡知，若餘人則安可保？」此託訓以自譽也。又云：「卿才德過于人望，朕知卿了天下事有餘。」此託訓以自譽也。又云：「朕用卿豈與祖宗時宰相一般。」此託訓以自譽也。驕蹇陵犯，前無祖宗，可以略見于此矣。聖上以奉先爲孝，群臣以承上爲忠，明知其誣，誰敢覈實？則可以箝塞衆口，可以熒惑聖聽，誣脅之術，莫工于此！始則留身乞批，以脅制于同列；終則著書矯訓，以傳述于後人。誣脅臣鄰，何足縷道，上干君父，可不辨乎！自到闕以來，至爲參政之始，不録經筵之款對，但書七對之遊辭。載神考降問之咨詞，無一問仰及于三代。言神考但慕魏、葛，謂厥身不異皋、伊。仍于供職之初辰，首論理財之不可，恐宣利而壞俗，陳孟子之恥言。凡他人極論之辭，掠爲己説；彼所獻管、商之術，歸過先猷。書神考之謙辭，則曰「以朕比文王，豈不爲天下後世笑」；論太祖之征伐，則曰「江南李氏何嘗理曲」。恣揮悖躁之筆，盡假烈考之詞，矯誣上天，孰甚于此！祖宗之威靈如在，聖主之繼述日新，若不辨託訓之誣，何以解在天之怒？而況託訓之外，肆詆尤多。神考小心慎微，彼則曰「好察細務」；神考畏天省事，彼則曰「畏慎過當」；神考欲除苛細之法，彼則曰「元首叢脞」；神考欲寬疑似之獄，彼則曰「陛下含糊」；神考體貌勳賢，彼則曰「含容奸慝」；神考嘉納忠直，彼則曰「不懲小人」，又謂「奸罔之徒，陛下能誅殺否」？比忠良于元濟，責神考爲憲宗。謂不可以罷兵，當必殺而後已。神考守祖宗不殺之戒，以天地好生爲心，厭棄其言，眷待寖薄，先逐鄧綰，次出安石。至熙寧之末，而安石前日之所怒者復見收矣。至于元豐之末，司馬光等前日之所言者復見思矣。卞等不遵神考末命，但務圖己之私，以專紹安石爲心，以必行誅殺爲事。請于哲宗，而哲宗不許；請于陛下，而陛下拒之。人心歸仁，天助有德，遂使奸謀内潰，逆黨自彰。卞既不敢居金陵，人亦不復聖安石，悔從王氏，豈獨臣哉？朝廷縉紳，協心享上；庠序義理，士所同然。科舉藝能，孰肯遽陳其所蘊；有用之士，亦將先忍而後爲。變王氏誣君之習，合春秋尊元之義。濟濟多士，何患無人？又況安石所施，其事既往，若不自述于文字，後人安知其用心？著爲此書，天使之也。然安石著書之意，豈是便欲施行？卞所安排，非無次序。自謂舉無遺策，何乃急于流傳，宣示遠近，不太速乎？然則流傳之速，天使之也。天之右序我宋，而不助王氏，亦可知也。如臣昔者妄推安石，謂之聖人，如視蟻垤以爲泰山，如指蹄涔以爲大海。易言無責，鬼得而誅；駟不可追，齰舌何補！聖人，人倫之至也，傲上亂倫，豈聖人乎？聖人，百世之師也，教人誣僞，豈聖人乎？孔子，集大成者也，尚以不居爲謙；光武，有天下者也，猶下禁言之詔。豈可身處北面人臣之位，而甘受子雱驕僭之名乎？雱爲安石畫像贊曰：「列聖垂教，參差不齊。集厥大成，光乎仲尼。」蔡卞書之，大刻于石，與雱所撰諸書經義並行于世。臣昔以答義應舉，析字談經，方務趣時，何敢立異？改過自新，請自今始。

于是取安石日録，編類其語，得六十五段，釐爲八門：一曰聖訓，二曰論道，三曰獻替，四曰理財，五曰邊機，六曰論兵，七曰處己，八曰寓言。事爲之論，又于逐門總而論之，凡爲論四十有九篇。合二門爲一卷，并序一卷，共爲五卷。臣以憂患之餘，精力困耗，披文索義，十不得一。加以海隅衰陋，人無賜書，神考御集，無由恭録。又日録矯誣，與御批、日歷、時政記牴牾同異，無文可考，欲校不得，但專據私書，略分真僞。雖不能盡究底蘊，亦可以闚其大概矣。凡臣之所論，以紹述宗廟爲本，以辨明聖訓爲先。蓋所述在彼，則宗廟不尊，誣詰未判，則真訓不白，何以光揚神考有爲之心？何以將順陛下述事之志？凡今之士，學古入官，身雖未試于朝廷，心亦不忘于畎畝，戴天履地，寧忍同誣？日拙心勞，徒唱爾僞。犯古今之公議，極典籍之所非，陰奉竊言，顯違格訓。安石欲置四輔，神考以爲不可；神考欲建都省，安石以爲不然。今則四輔成矣，都省毁矣，道路爲之流涕，聖主能不痛心？皆獨罪于一京，安知謀發于蔡卞？至于宿衛之法，亦敢更張；變亂舊規，創立三衛。用私史包藏之計，據新經穿鑿之文，以畏憚不改爲非，以果斷變易爲是。按書定計，以使其兄，當面贊成，退而竊喜。京且由之而不悟，他人豈測其用心？事過而闚，蹤跡乃露。齎咨痛恨，雖悔何追。在私家何足備論，于國事豈宜如此？謂塘濼未必有補，可以決水爲田；謂河北要省民徭，可以減州爲縣。至於言江南利害，則曰州縣可析；論民兵將領，則曰獎拔豪傑。四海本是一家，何爲分彼分此？大法無過宿衛，安得率爾動揺？棄舊圖新，厥意安在？昔元祐更張之始，方安石身歿之初，衆皆獨罪于惠卿，或以安石爲樸野，優加贈典，欲鎮浮薄。司馬光簡尺具存，吕惠卿責詞猶在。深懲在列，曲恕元台。凡同時議論之臣，無一人指黜安石，往往言章疑似，或干裕陵。致卞以窺伺爲心，包藏而待，潤色誣史，增污忠賢。凡愠慰曾布之言，與怒駡惠卿之語，例皆刊削，意在牢籠，欲使共述私書，將以濟其大欲。布等在其術内，卞計無一不行。良由議贈之初，不稽其敝；若使早崇名分，何至横流？司馬光誤國之罪，可勝言哉！臣聞熙寧之初，論安石之罪而中其肺肝之隱者，吕誨一人而已矣。熙寧之末，論安石之罪而中其肺肝之隱者，吕惠卿一人而已矣。吕誨之言曰：「大奸似忠，大詐似信。外視樸野，中藏巧詐。驕蹇傲上，陰賊害物。」吕惠卿之言曰：「安石盡棄素學，而隆尚縱横之末數，以爲奇術。以至譖怨脅持，蔽賢黨奸，移怒行狠，方命矯令，罔上要君。凡此數惡，莫不備具。雖古之失志倒行而逆施者，殆不如此。平日聞望，一旦掃地，不知安石何苦而爲此也？謀身如此，以之謀國，實無遠圖。而陛下既以不可少而安之，臣固未易言也。」又曰：「陛下平日以何如人遇安石，安石平日以何等人自任？不意窘急，乃至于此。」又曰：「君臣防嫌，豈可爲安石而廢哉！」又曰：「臣之所論，皆中其肺肝之隱。」臣某竊謂，元祐臣僚于吕誨之言則譽之太過，于惠卿之言則毁之太過。此二臣者，趣向雖異，至于論安石之罪，獻忠于神考，則其言一也，豈可專譽吕誨而偏毁吕惠卿乎？偏毁惠卿，此王氏所以益熾也。元祐之偏，可不鑑哉！臣竊以天下譬如一舟，舟平則安，舟偏則危。臣之以言取禍，初緣此語，然臣自視此語，猶野人之視芹也。切于愛君，又欲貢獻，前日之欲殺臣者必益瞋矣。然臣之肝腦本是報國之物，臣若愛吝此物，則陛下不得聞安石之罪矣。陛下不得聞安石之罪，則人臣之利美咸在矣。爲我宋之臣，豈可以不思乎？乃者天子幸學，拜謁宣尼，本朝故臣，坐而不立。躋此逆像，卞倡之也。輔臣縱逆而養交，禮官舞禮而行謟。僭自内始，達于四方，萬國寒心，外夷非笑。鶩冕夷俟，載籍所無，履加于冠，何以示訓？自有中國以來，五品不遜，未有此比。然則觀此一像，而八十卷之大概可以未讀而知矣。蔡氏、鄧氏、薛氏皆塑安石之像，祠于家廟。朝拜而頌之曰：「聖矣！聖矣！」暮拜而頌之曰：「聖矣！聖矣！」國學，風化之首也，豈三家之家廟乎？臣故曰，廢大法而立私門，啓攘奪而生後患，可爲寒心，莫大于此。尊主愛國之士，孰敢以此爲是乎？是非之心，人皆有之，極天下之所非，而可以謂之國是哉！嗚呼，講先王之道，而以咈百姓爲先；論周公之功，而以僭天子爲禮。咈民歲久，蠹國日深；僭語爲胎，遂産逆像。以非爲是，態度日移，廢道任情，今甚于昔。昔者初立國是，使惇行之；惇既竄逐，移是于布；布又竄逐，移是于京。三是皆發于卞謀，三罪同歸乎誤國。然則果國是乎？果卞是乎？若以卞是爲是，則操心頗僻，賦性奸回，如鄧綰者，不當逐也；若以卞是爲是，則以塗炭必敗之語詆誣神考，如常立者，不當竄也。神考逐綰，可以見悔用安石之心；哲宗竄立，可以見斥絶安石之意。兩朝威斷，天下皆以爲至明。陛下光揚，亦以去卞爲先務。掃除舊穢，允協人心；布澤日新，上合天意。樂于將順，搢紳所同，夢闕馳誠，各恨疎遠。彼元祐、元符之籍雖漸縱弛，而人未見用；應詔上書之罪雖已釋放，而士猶沮辱。沮辱者不可復問，未用者自當退藏。其餘雖在朝廷，或非言路，明哲之士，又務保身，縱有彊聒之流，自無私史之隙。惟臣因論私史，禍隙至深，得存餘命，全由獨斷，臣之所以報聖恩者，敢不勉乎！兼臣年老病多，決知處世難久，與其齎志于殁後，寧若取義于生前？義在殺身，志惟尊主，故以臣所著日録論，名之曰四明尊堯集云。

## 四明尊堯集後序

〔宋〕陳瓘

右四明尊堯集者，芻蕘改過之書也。昔諫省所論，合浦所述，妄推王荆公以爲神考之師，又妄以王荆公擬於伊尹，議論乖錯，得罪公議，室惕悔恨，故不敢不改也。夫芻蕘者，匹夫之采薪者爾，其人未必有知，而其言或不可廢，心竊效之，此集之所以作也。聖主詢知，因命取焉，此集之所以達於上也。野人之芹，欲獻無路，適逢詔索，鼓舞而進之，自以爲適及其時，不知其可不可也。集有序，進集有表，自得罪至臺，又有謝表，瓘所以改過之因，并所以得罪之由，皆具於二序一表之中矣。夫辟雍坐像，天下之有目者無不見也；天子無北面之禮，天下之有耳者無不聞也；神考任相，先舉後黜之序，合於虞舜，天下之有心者無不知也。芻蕘雖是，亦有目有耳有心之民耳。四海九州豈獨一芻蕘哉？集衆説而進之者，乃芻蕘之任，易輕生者爾。其心以我宋爲重，而不合乎明哲保身之義，下愚不移，不可改也已。

政和元年十一月，始至竄所。二年正月，尚書省劄子委台守取索尊堯集副本。副本在明州徐璋秀才家，台守於朝旨之外遣兵官突來追攝，囚之於石佛寺，然後遣兵官入家搜索，并牒明州遣兵官搜索徐璋之家。初，瓘之所撰尊堯集有二，合浦其一也，四明其二也。凡合浦所著，不忍以荆公爲非，故其論皆回隱不直之辭。每自覽此書，内愧外汗，是故離家之日，獨取改過一集置於行篋。到台不敢復閲，即以寄於數百里之外，屬友人藏之。及自石佛寺得釋，又遣僕往通州本家取索前集之藁，以俟再索。五月，果又有旨取合浦集副本。然切考批中之詔，辭旨温潤，然後知正月之索，奉行峻切，非聖主之意也。瓘自抵丹丘，詭䛘尤極，人情畏惡，日甚一日。當此之時，察之於衆毁之中，知其有愛君之意，雖在危辱，或庶幾乎無憾者，復何人哉？賢士大夫嗟憫之餘，或惡其以訐爲直，或責其干時而動，或疑其所以著書者初緣私隙，或謂其所以忘生者專爲取名，往往多中其病。嗚呼，直而不訐，動而不干時，以公滅私，名實相副，此皆賢知之事也。愚不肖者，而責之以此，是乃賢士大夫樂成人之美者汎愛長厚之情爾。又或以謂，善善惡惡者，春秋之義也，芻蕘之書，曷可僭此？瓘則以爲不然。孔子曰：「吾志在春秋。」孟子曰：「乃所願，則學孔子也。」夫孔子乃萬世聖賢之父，孟子乃百世學者之兄。父其父、兄其兄者，皆子弟也。父之志、兄之願皆本於春秋，則天下之爲子爲弟者當繼其志、隨其願而已矣。義當繼隨，乃古今子弟日日常講之事，若以是爲僭，則是棄此而取彼者爲不僭矣。又況天尊地卑，即是君臣之義，凡在覆載之間，有心知血氣之類，皆由其理；由之而不知者，非不具也。父坐而子立，羔羊有之；君一而臣二，螻蟻有之。夫羊蟻芻蕘，其性雖異，而同具之本皆出乎一理。自太古易其位，則此理倒矣。芻蕘之所論者，論此而已爾。故瓘進四明表云：「豈敢有善善惡惡之辭，但欲明尊尊卑卑之義。」何嘗有僭擬之論乎？取諸羊、蟻，驗諸天地，然後知辟廱坐像及天子北面之説爲不然耳。初，建中靖國元年，蒙恩除實録院檢討官，瓘辭不敢受。當是之時，未有辟廱坐像，而王氏自聖之書已在史院矣。鋪張短薄之詞，紀述我宋之事，知而爲之，其亦忍乎？自王氏作畫贊以來，宗王氏者皆以荆公爲過孔子矣。畫贊唱於前，坐像應於後，迨今三十餘年，元祐學術雖已焚蕩，而熙寧之異論，其在人心者未泯也。如中丞吕公所陳十事，瓘盡取其言載於集中。又日録所造熙寧之初對上之言曰：「他時共致太平，惟吕惠卿一人可望。」又嘗謂：「吕太尉之學出於生知。」又熙寧之末，吕太尉宛丘奏劄之言曰：「安石聞望一旦掃地。」又謂「臣之所言，皆中安石肺肝之隱」。瓘於尊堯集亦載此語，因繫之以言曰：「吕某吕某，其趣雖異，而中其肺肝之隱，則一也。」凡集中所載，如此之類雖曰得之公議，然而取捨之際亦繫芻蕘一時之見，豈敢以私意斷其是非乎？更在後之君子審辨而已。

瓘竊謂，天下大理，譬如一身。衆賢之在身，猶手之有拳指也。其爲拳也，融納而不貳；其爲指也，分布而不一。指縮而爲拳，拳舒而爲指，或弛或張，皆此手也，一動一寂，皆此身也。身者，天下之大理也，鼓身之物，其唯手乎！聖主聖度如天，無不包覆，前日放廢之臣，時一敘復，不終棄也。一日舉而詢之，則必各有對上之言矣。開陳大理，博訪公議，則神考任相終始之意，我宋强盛不拔之本，何患於不白哉？今日芻蕘之死生何足算也！俚諺曰：「市無丹砂，勿棄赤埴。盧、華並試，野醫退藏。」此亦自然之勢也，敢不知乎！敢不知乎！前年初抵丹丘，即杜其門，默自喻曰：心所欲陳，苟已無憾，而今而後，可以忘言矣。然而録取副本，内外紛擾，又半年而後定。方追逮囚閉之時，旨外施行既不可測，顧計日前，因有係吝之意。既而愧且嘆曰：「口談致命，而心則動摇，將何以善其死哉？」念自離合浦以後，十年之間，光陰精力畢於此集矣，終誤咨詢，聲實俱墮，尚欲操之而不捨乎？初政典局，奉旨取索，瓘以此集未經奏御，非人臣所得先見，故亟封具奏，請於御前開拆，由是徑達一覽。方舜主繼堯之時，聞尊堯之説，舜心開納，留中不復降出，昔者竊聞之矣。及尚書省取索本副，劄子付台守，乃云：「其尊堯集元初進本在張商英家，已下衡州取索，兹乃實封，不下司。」密劄之語，非萬方疎遠所可遽闕者也。今除副本之外，尚如此藁，不敢復藏於私室矣。欲罄其餘語，跋於此集之後，以俟後賢。而心力疲乏，恍忽健忘，每思索文字，則悸眩不寧。臨紙數休，勉强累日，僅能終篇。人知其軀𣨼且死，而不知其衰耗又如此矣，雖復戀此餘生，將何以哉！又況絶禄以來，苟營活路，積垢如山，死有餘愧，雖並舉百川之水，其將何以自滌乎？就使鵂鶹之命，幸脱寬網，而身心垢懤，亦明時之棄物矣，敢不知乎！敢不知乎！

「安養不在彼，浮雲非我有」，此涑水公所謂安樂國也，洗心之藥莫良於此。晁文元公亦云：「但以無生一方偏治衆病。」前哲之所自悟，先覺之所躬行，實告之矣，心不頓革，敢不習乎！淵冰之地，死將及之，尚敢懈乎！蓋捐書不讀，亦不復爲文，冥心待盡，自今日始。嗚呼！生而爲太平采薪之民，殁作我宋無憾之鬼，復何事哉！而今而後，真可以忘言矣。此可與知者道，難與不知者言也。政和六年八月二日，特勒停送台州羈管、前宣德郎賜緋魚袋陳瓘書於寶城之南。

四明尊堯集卷一〇

## 書歐陽公贈王介甫詩

〔宋〕王十朋

「翰林風月三千首，吏部文章二百年。老去自憐心尚在，後來誰與子争先？」此歐公贈介甫詩也。介甫不肯爲退之，故答歐公詩云：「他日略曾窺孟子，終身何敢望韓公？」由今日觀之，介甫之所成就，與退之孰優孰劣，必有能辨之者。予謂歐公此詩，可移贈東坡，贈者不失言，當者無愧色。

梅溪先生文集卷一九

## 跋王順伯所藏荆公詩卷

〔宋〕洪适

予頃在會稽，整比隸釋，始識臨川王厚之，好古博聞，賴其助爲多。作别十年，千里命駕，出其先正荆國公遺墨，展玩再三，敬書其後。

盤洲文集卷六三

## 跋王荆公所書佛偈

〔宋〕汪應辰

荆公贈太傅，其制云「少學孔、孟，晚師瞿、聃」，世或以爲有所譏。然公自謂「余幼習孔子，長聞佛、老之風而悦之」，則制詞，蓋公志也。公所書彌勒偈，此特其一爾，可見公之于異學，其篤好如此。

## 跋王荆公與吕申公書

〔宋〕汪應辰

右王介甫與吕申公書。介甫自少氣高一世，而于申公屈服推重如此。然一旦同朝議論少異，則詆之惟恐不力，況疎遠之人而欲與之較長短哉？觀末後一紙，無復異時之綢繆矣。

以上文定集卷一一

## 跋荆公書彌勒偈

〔宋〕韓元吉

阿逸多偈，讖悔法也。蔡元度自謂荆公好書此，不知幾本。豈平時行事，于心有所不安，亦如暮年捨居爲蘭若者耶？不然，是蓋學佛之末耳。

南澗甲乙稿卷一六

## 跋荆公詩

〔宋〕陸游

右荆公手書詩一卷。前六首，贈黄慶基；後七首，贈鄧鑄。石刻皆在臨川。淳熙七年七月十七日，陸某謹題。

## 跋半山集

〔宋〕陸游

右半山集二卷，皆荆公晚歸金陵後所作詩也。丹陽陳輔之嘗編纂刻本于金陵學舍，今亡矣。淳熙戊申上巳日，笠澤陸某書。

以上渭南文集卷二七

## 題王荆公家書

〔宋〕周必大

右王荆公與和甫二書。前一幅嘉祐五年爲江東提刑時，後一幅當在熙寧末或元豐初也。卷首十字，乃亡弟子柔遺跡，展讀隕涕。淳熙七年三月一日，周某子充題。

文忠集卷一五

## 跋王介甫彌勒偈

〔宋〕周必大

王荆公書楷法如此者絶少，端明胡公己茂所謂不敢以易心爲之者是也。又平生儉約，未嘗輕用縑帛，獨于佛語用之。

文忠集卷一七

## 跋半山老人帖

〔宋〕楊萬里

半山老人此帖，蓋與劉丞相之子元忠待制也。紙尾云「外物之來，寬以處之」，此老心法也。佩玉廟堂而面帶騎驢荒陂之色，觀其字，見其人。

誠齋集卷九八

## 題伯恭所抹荆公日録

〔宋〕朱熹

伯恭病中讀書，漏刻不去手。既定詩説，記古今大事，而其餘力又及此，然皆未及終篇而卒，讀者恨之。此書經楊、陳二公掊擊不遺餘力，而其肺腑之際，猶有未盡白者。今觀伯恭於書首四卷乃不加一詞，而其幾微毛髮之間皆不得有所遁。學者於此，不唯可以究觀前事而極夫治亂之源，抑亦可以反求諸心而審其得失之端矣。淳熙壬寅正月十七日，來哭伯恭之墓，而叔度出此編視予，感歎之餘，爲書其左。朱熹仲晦父。

## 題荆公帖　〔宋〕朱熹

先君子自少好學荆公書，家藏遺墨數紙，其僞作者率能辨之。先友鄧公志宏嘗論之，以其學道於河雒，學文於元祐而學書於荆舒爲不可曉者。今觀此帖，筆勢翩翩，大抵與家藏者不異，恨不使先君見之，因感咽而書于後。朱熹書。

## 題荆公帖　〔宋〕朱熹

熹家有先君子手書荆公此數詩，今觀此卷，乃知其爲臨寫本也。恐後數十年未必有能辨之者，略識于此。新安朱熹云。

以上晦庵先生朱文公文集卷八二

## 跋王荆公進鄴侯遺事奏稿〔一〕

〔宋〕朱熹

先君子少喜學荆公書，每訪其蹟。晚得此稿，以校集本，小有不同，意此爲未定也。熹常恨不曉寫進李鄴侯傳於宇文泰、蘇綽事何所預，而獨愛其紙尾三行語氣淩厲，筆勢低昂，尚有以見其跨越古今、斡旋宇宙之意，疑此非小故也。後讀熙寧奏對日録，乃得其説如此。甚矣，神宗之有志而公之得君也！然其後募兵之費竟不能損，而保甲之擾遍天下，則所謂定計數於前，必事功於後者，果何如哉？因抄日録、家傳本語以附于後，覽者有考焉。紹熙壬子春二月十九日，新安朱熹。

## 再跋王荆公進鄴侯遺事奏稿

〔宋〕朱熹

熹家所藏荆公進鄴侯家傳奏草，臨川石刻摹本，丞相益公論之詳矣。然所議上番義勇，當時竟不聞有所施行，而保甲、保馬之法，人多不以爲便，蓋鄴侯所謂得時用勢，舍勢用力，利害相

〔一〕按，此文文首尚有一段朱熹抄撮王安石奏稿及熙寧日録之語，今删去。

遠，固如此也。抑公此紙，詞氣激烈，筆勢低昂，高視一時，下陋千古。而版本文集所載，乃更爲卑順容悦之意，是必自疑其亢厲已甚而抑損之，其慮深矣。然論其實，似不若此紙之云，發於邂逅感觸之初，尤足以見其胸懷本趣之爲快也。夫以荆公之得神祖，可謂千載之一時矣。顧乃低徊若此，而猶未免有鬱鬱未盡之懷，君臣之際，功名之會。嗚呼，難哉！紹熙甲寅臘月辛巳夜讀有感，因書以識其後。

以上晦庵先生朱文公文集卷八三

## 跋王介甫帖一

〔宋〕張栻

後一帖，大理少卿許遵守京口時王丞相與之書，遵刻之石。始遵在登州論阿云獄事，丞相爲從臣，力主之。自後殺人至十惡，亦許案問自首減死，長惡惠姦，甚逆天理。今此帖乃謂遵「壽考康寧，子孫蕃衍」，由其議法求所以生之之故。蓋丞相炫於釋氏報應之説，故以長惡惠姦爲陰德。議國法而懷私利，有所爲則望其報，其心術之所安，蓋莫掩於此，予故表而出之。

## 跋王介甫帖二

〔宋〕張栻

金陵王丞相書初若不經意，細觀其間，乃有晉、宋間人用筆佳處。但與人書帖，例多匆匆草草。此數紙及予所藏者皆然，丞相平生何有許忙迫時邪？

## 跋王介甫帖三

〔宋〕張栻

予喜藏金陵王丞相字畫，辛卯歲過霅川，有持此軸來售而得之。丞相於天下事多鑿以己意，顧於字畫獨能行其所無事如此。此又其晚年所書，尤覺精到，予所藏他帖皆不及也。

以上南軒集卷三五

## 題王介甫荀卿論下

〔宋〕唐仲友

不盡仁智之道，不足以知己而愛己；能知己愛己，未有不能知人愛人者也。若其使人知己愛己，則所謂在彼者，聖人之所不能必也。今子路之言曰：「智者使人知己，仁者使人愛己。」是未知所謂在我者當盡，而在彼者不必求也。子貢之言曰：「智者知人，仁者愛人。」是雖知仁智之用，而未知其本也。獨顔淵不然，不責之人，不求之遠，反諸身而已，是可謂深知仁智者也。孔子不云乎：「克己復禮，天下歸仁焉。」孟子不云乎：「仁者如射，射者正己而後發。」由是言之，則卿之所載，誠孔子之言，闕之者過爾。

悦齋文鈔卷九

## 跋王荆公帖後

〔宋〕曾豐

右荆公手筆。外著顛頷之形，中函嫖姚之氣，頎乎喬松之聳壑，挺乎修竹之皷風，頹乎疏梅之横水也。態度不同，同歸於清，所謂瘦硬通神幾是耶？大抵公之字猶其人。蓋嫖姚者，公得志於時，又若顛頷，則公所守固，不爲富所淫。雖身享廟廊之奉，日饜棧羊，終猶有飯蔬氣習在，其貌曾未改山澤之臞也歟？

緣督集卷二〇

## 跋王荆公字帖

〔宋〕員興宗

右一紙，荆國王文公筆也，其體簡遠殊甚。某得之於先翁通儒，通儒得之於伯祖文饒。公在翰苑時，文饒故爲賓客者也，家是以有此帖。乾道己丑冬，敬拜於大丞相圖書之聚。或曰：「世故放紛，起諸斯人，是應流爲逸塵，蕩爲冷埃，固也，是安足寶乎？相國豈少此哉？」蓋不知夫天地之間，英靈形實之相遭，凡才絶人而用物。壯者，皆當不磨者也。昔歐陽子集古之以李斯爲冠，而蘇彦瞻所受乞銘之硯，乃許敬宗物也，而況是紙也乎？相國其試以是觀之。門人九華子員某書。

九華集卷二〇

## 題荆公詩後

〔宋〕葉適

或言：「蘇公書荆公『高下數家村』詩，疑『武陵源』句爲不工，且云：『也是别無好韻。』」審爾則「欲宿愧桑門」，當又疑矣。

水心集卷二九

## 書陳忠肅公尊堯書後

〔宋〕程珌

金陵半山寺，王荆公故宅也。頃於其寺見其象，漫面不髭，氣狠而盈，故上不知有君父，中不知有賢者，下不知有生民。傲兀冥行，略無旁忌，睹象誅心，令人鬱然。讀了翁尊堯一書，千百世之下聞者爲之興起。

洺水集卷九

## 跋陳了齋辯王荆公日録

〔宋〕魏了翁

古人之學自格物致知，誠意正心，修身齊家，治國平天下，初無二本。自本諸身至證諸庶民，考諸三王，建諸天地，質諸鬼神，俟諸後聖，亦是一理。今曰不通政事却深於經術，又曰其人節行過人甚多，審如其説，是能格物致知，能正心誠意，而不能以行之天下國家。本諸身矣，而於庶民且不合，三王、後聖、天地、鬼神從可知也。此理曉然易知，而能惑世誣民於十九年間，以養成亂本，又能使紹聖以後守其説而莫之改。嗚呼，天不欲使斯世平治邪！何了齋諸人聯章累疏而莫一省也。後了齋之死一百三年，臨邛魏某撫卷太息而書其後。

鶴山先生大全文集卷六二

## 讀王荆公詩説跋

〔元〕方回

王荆公詩説極有佳者。其説七月之詩曰：「仰觀日星霜露之變，俯察蟲魚草木之化，以知天時，以授民事，女服事乎内，男服事乎外，治自内而外，化自上而下。上以誠愛下，下以忠利上。父父子子、夫夫婦歸，養老而慈幼，食力而助弱。不作無益也，備豫乎桑田之事而已，非特備豫乎桑田之事而已也，苟可以除患者，皆備豫焉；不貴異物也，致美乎桑田之器而已，非特致美乎桑田之器而已也，苟可以成禮者，皆致美焉。人無遺力矣，故事不足治也；地無遺利矣，故物不可勝用也。女不淫而仁也，又有禮焉；士不惰而武也，又有義焉。其祭祀也時，其燕享也節。夫然故天不能災，人不能難，上下内外和睦而以逸樂終焉。此七月之義也。」回謂此一段文，鏗鏘瀏亮。

又「流火」至「栗烈」説：「彼曰七月、九月，此曰一之日、二之日，何也？陽生矣則言日，陰生矣則言月。與易臨至于八月有凶、復七日來復同意。然則四月，正陽也，秀葽言月，何也？秀葽以言陰生也。陰始於四月，生於五月，而於四月言陰者，氣之先至者也。周正建子，而此所言皆夏時者，夏時稼人所見，所謂人正也，授民時則用人正，固其理也。」此説回得之王厚齋，極喜之。惟「剥棗」説云：「剥棗者，剥其皮而進之，養老故也。」古注音朴，讀爲剥皮之剥，非也。荆公集中已有奏狀，乞删改矣。

回謂荆公之學似管仲，管子書今行於世，其所以興利致富强之術，與先王之意相背馳如冰炭矣。而其言語議論亦時出於先王之緒餘。觀之者以爲此先王之所爲也，而實則不然。荆公説七月之詩，論先王之治如指諸掌，然卒亂天下者何也？其少也，以文章學問知名，未必有自任治天下之意。文章學問之名既盛，位日以高，主眷日隆，於是一旦以其意治天下，而文之以先王之言，於道理規模，實則未有真見，非若管仲猶有所見於一二也。然管仲之禍，止於齊國，而荆公之禍，至今未艾者，管仲止於治一國，身死之後，伯移於晉，故其禍淺；荆公合天下宗其説，身已死而姻黨盤錯於中外，諸君子攻之不勝，繼之以章惇、曾布、京、卞之報復，舉天地間心術皆壞焉，而莫敢爲異，是以其禍如此其烈也。管子之書，文多可觀，而其術有市井之所不爲，太史公及蘇子由或不盡信之，以爲游士附益之説。荆公之書，往往可觀，勝於管仲，今天下亦不甚宗之，然前輩鉅公不以其行事廢其立言，或猶有味其説焉，是重可嘆也。管仲明知王霸之異，急於立功救時，故託王之名，行霸之實，霸功成而王道衰，開天下後世功利之習，自管仲始，而一時尊周攘狄，亦中國之一幸。故回嘗謂，管仲者，一時之功臣，而萬世之罪人，功取其事之可取，而罪以誅其心之當誅；荆公者，其心灼然以爲王者之始止於如吾所爲，其聚斂也，其用兵也，其疎君子、進小人也，自以爲此皆王道也，聖人亦不過如是，則其所見又出管仲下矣。荆公者，尚不識王霸之分者也。

## 跋荆公墨蹟

〔元〕王惲

予嘗觀壽國高公所藏心畫水鏡，知此爲臨川所書無疑。雖風骨遒勁而筆勢散落，無繩削可據，殆似公當軸時，變新法，調夸毗子，青苗助役，無所紀極。噫，一念之差，至於筆墨間尚能髣髴其爲人如此，後之學者，處心擇術，當如何哉？至元壬申重陽前四日，書於平陽官舍。

桐江集卷三

秋澗先生大全集卷七一

## 跋荆公帖

〔元〕袁桷

吕嘉問以元豐元年自金陵改知潤州，二年四月，落職罷郡。方是時，朝廷積息之弊極矣。公時家居，然猶不悟其非，何哉？昔山谷老人嘗言：「荆公不甚知人痛痒。」余謂此説殊不近理。夫人之厚薄，皆生於情之好惡，方熙寧間，荆公之所惡者多矣。至於晚年，而其所好者又皆背叛構禍，宜其平昔簡牘漠然，若無世俗之情。今觀此帖，勞問勤懇，且憂其乏絶。噫，以嘉問之姦，何得公之深若此？余嘗讀荆公與嘉問詩，末章云：「所懷在分襟，藉草淚如洗。」惜不爲范蜀公、司馬公諸賢發之。

## 跋荆公帖

〔元〕黄溍

廣漢張子言：公書如大忙中寫。新安朱子以爲切中其病，而又謂先君喜學公書。今觀此帖，風神閒逸，韻度清美，臨學之家，宜有取焉。評書者未可以彼而廢此也。金華黄先生文集卷二一

## 跋王荆公手書

〔元〕吴師道

丞相荆公與人書問每有「匆匆」字，先儒謂丞相何緣有許多忙迫時，今此帖亦云俗事紛紛，滅裂上問，豈以爲信筆常語而不之察耶？公書字學王濛，要爲蕭散高遠，非餘人所可及也。禮部集卷一八

## 跋王荆公詩

〔明〕楊士奇

王荆公與其弟平甫此君堂詠竹詩二首，相傳皆公所書，石刻在今應天府學。公書氣韻飄逸，勢若率然，而未嘗無從容整暇之意，亦自成一家。昔人論公書類忙時所作，此説非也，但學書者不可爲法耳。

東里文集卷十

## 次王半山韻詩跋

〔明〕陳獻章

一日忽興動，和得半山詩一十八首，稿寄時矩收閲。作詩當雅健第一，忌俗與弱，予嘗愛看子美、后山等詩，蓋喜其雅健也。若論道理，随人深淺，但須筆下發得精神，可一唱三嘆，聞者便自鼓舞，方是到也。須將道理就自己性情上發出，不可作議論説去。離了詩之本體，便是宋頭巾也，大概如此。中間句格聲律，便一一洗滌平日習氣，涣然一新，所謂濯去舊見，以來新意，作詩亦正用得著也。批判去改定，乞再録來見示爲幸，稿中有工拙，請下一轉語，以觀識趣高下，可乎？

白沙子卷之五

## 跋荆公絶句

〔明〕倪岳

右荆公天童山溪絶句一首，思致幽曠，有唐人風。愛者書之縑素，筆法清勁，可謂二美矣。吾鄉陳君明遠實先世所藏，因裝褫成卷，屬題其後。昔之論者，謂公令鄞時，行青苗法，甚便於民，及入相，遂欲推之天下，竟以爲民害。聖賢所行良法美意，並施而不可者，此説其信然歟？明遠與兄聖遠皆爲令佐郡邑間久，其於民情亦稔矣。政令之行，固有宜於此而不宜於彼者歟？此詩正公令鄞時所作，故因明遠之請，聊與論之。

青溪漫稿卷二〇

## 半山老人擬寒山詩跋

〔明〕釋真可

月在秋水，春在花枝。若待指點而得者，則非其天矣。吾讀半山老人擬寒山詩，恍若見秋水之月，花枝之春，無煩生心而悦，果天耶？非天耶？具眼者試爲薦之。

## 跋半山老人擬寒山子詩

〔明〕釋真可

受持千百萬過，心地花開，香浮鼻孔，鼻孔生香，香不聞香，善知此者，則半山老人，舌根拖地，亦不分外也。

以上紫柏老人集卷八

## 書辨姦論

〔明〕孫慎行

蘇明允不過一文士，其言曰：「天之所與我者，豈偶然哉？雖天子宰相不能奪之。」常怪其自許之過，及讀辨姦論，知安石爲不世大姦，比之王衍，敗壞天下，乃知其籌世之明，非真有大負者不能也。堯夫見安石相，發喟於天津橋之杜鵑，當時賢達，推爲内聖外王，夫堯夫固有道術，能先知者，明允何有堯夫之見也？明道每教人尋孔、顔之樂，輒吟風弄月而歸，至今不識其底裏，直以爲樂道耳。近乃知孔、顔不遇三桓，則必不樂飲水曲肱之樂；明道不遇安石，則必不樂吟風弄月之樂，故至今號稱醇儒。然至事後乃知，明允何早有明道之見也？因此知豪傑奮身文章，非真有超越時俗之識、敝蹝富貴之懷，必不能弘遠自立。東坡、子由，屢與奸人角逐，不肯同事，其家庭論議，有自來夫？文必如明允也，乃稱立言，而列于三不朽。又作管仲論曰：「國以一人興，以一人亡。」今更知其痛切，與辨姦同不朽者也。他文皆老大精深，識者以爲非二子所及。

玄晏齋文抄卷三

## 書王介甫度支廳壁題名記後

〔清〕黄中堅

介甫此作，文筆甚美，然其説則邪説也。夫人有知愚賢否之異，而貧富因之，愚不肖之不能不見役於智能，貧者之不能不見役於富，自古有然。雖有善齊物者，不能强之使齊也。傳曰：「天有十日，人有十等。故王臣公、公臣大夫、大夫臣士、士臣皂、皂臣輿、輿臣隸，隸臣僚，僚臣僕，僕臣臺，馬有圉，牛有牧，以待百事。」然則使輿、臺、圉、牧之屬一有不備，即事必有所不集矣。且夫公卿以下，雖各有相君之勢，而亦孰非天子之臣？設天子而有所役使，則雖王公之貴，孰敢不竭蹶以趨事，而況乎其下者？故曰：「振其綱則目自張，挈其領則末自舉。」今夫富民設財役貧，内有臧獲婢妾，外有田丁園户，然一奉徵發之令，州縣之符，則皆相率供辦奔走恐後，安在其能與人主争黔首也？吾謂富民乃助人主養黔首者，非謂其能好行其德也。役人者食人，役於人者食於人，其勢然也。故周禮以保息六養萬民，六曰安富，而介甫顧首欲擾之，苟如其説，必將使利孔盡歸於上，而齊民之才且智者皆終身於甽畝，其愚不肖者至無所得食而後已，是大亂天下之道也。異日青苗、市易之禍不已，兆端于此言哉！

蓄齋二集卷七

## 書王荆公答司馬諫議書後

〔清〕李光地

公之鋭志强氣，此書可以觀矣。惜乎公之褊於心而疎於術也。夫起千年之積弊，復往古之明規，非精於術者不能也。自謂術之素矣，非公於心而盡於理者亦不能也。公以其所學者，欲試之行，自謂世莫加焉。然周公心法治要布方策者甚多，顧獨取其制度之末、漢儒解釋之誤者以爲據，不可爲精；民議洶洶而不采，多聞直諒之友溢於朝著而不諮，不可爲公且盡。彼夫立功名、破俗論、齊法令、矯民情者，商鞅之餘喙，非聖人之至訓也。

榕村集卷二二

# 書王介甫三聖人論後

〔清〕沈德潛

孟子論伯夷、伊尹、柳下惠之聖，曰「清」，曰「任」，曰「和」，而於孔子之聖曰「時」。三子若春秋冬夏，各擅其一，而孔子爲天地一元之氣，有兼四時而渾其跡者。又原四聖人所以偏全之故，而一歸於智，此千古不易之論也。後王介甫作三聖人論，謂有伊尹，而後世多進而寡退，苟得而害義，於是伯夷矯之；有伯夷，而後世多退而寡進，過廉而復刻，於是柳下惠矯之；有柳下惠，而後世多污而寡潔，惡異而尚同，故孔子集其行而製成法於天下。由是言之，三子之聖，好異戾俗矯激而成，非本乎天、率乎性，特立獨行，以各造其極者也。流弊無窮，變亂風俗，非百世之下可以聞風興起者也。是孔子之聖，適當三子之後，古人流弊勢無復之，於是兼三子之行，而集乎大成者。使夷、尹、惠生於孔子之時，則皆時焉而已；使孔子生於夷、尹、惠之時，則亦清焉而已，任焉而已，和焉而已。三子何不幸而居於其前，孔子何幸而居於其後哉！

又云，聖人之大過人者，能以其身救弊於天下，如使三子皆欲爲孔子之聖，而忘天下之弊，不足以爲聖人。果如介甫之説，將以孔子之聖，爲不能轉移乎天下，而仕止久速，各當其可者，祇同于鄉原之行；而孔子之時中，反出清、任、和之下矣，此尤論之繆戾而狂惑者也。

總之，矯弊救時之説，介甫常以之自任，故於論三聖人而發之，遂不覺其多所抵牾，而他日變更成法之禍，即基於此。嗚呼，士君子之學術，可苟也哉！

歸愚文鈔卷一九

## 書辨姦論後二則

〔清〕李紱

### 一

老泉嘉祐集十五卷，原本不可見，今行世本有辨姦一篇，世人咸因此文稱老泉能先見荆公之誤國，其文始見於邵氏聞見録中。聞見録編於紹興二年至十七年。婺州學教授沈斐編老蘇文集，附録二卷，載有張文定公方平所爲老泉墓表，中及辨姦，又有東坡謝張公作墓表書一通，專敘辨姦事，竊意此三文皆贋作，以當日情事求之，固參差而不合也。

按，墓表言：「嘉祐初王安石名始盛，黨友傾一時，其命相制曰：『生民以來，數人而已。』造作語言，至以爲幾於聖人。歐陽脩亦已善之，勸先生與之遊，而安石亦願交於先生。先生曰：『吾知其人矣，是不近人情者，鮮不爲天下患。』」而聞見録敘辨姦緣起，與墓表正同，其引用之耶？當明言墓表云云，不當作自敘語氣。其暗合耶？不應辭句皆同。然則斯言其然耶？抑無有也？攷荆公嘉祐之初，未爲時所用，黨友亦稀，嘉祐三年，始除度支判官，上萬言書，並未施行，明年命修起居注，辭章八九上，始受知制誥，糾察在京刑獄，旋以駁開封尹失入，爲御史舉奏，又以争舍人院申請除改文字忤執政，遂以母憂去，終英宗之世召不赴。乃云嘉祐初黨友傾一時，誤亦甚矣。以荆公爲聖人者，神宗也，命相之制辭在熙寧二年，而老泉卒於英宗治平三年，皆非其所及聞也。墓表又云：「安石母死，士大夫皆弔，先生獨不往，作辨姦論一篇。」按曾文定公作荆公母夫人墓志云卒於嘉祐八年，敘七子官階，稱安石爲工部郎中知制誥，是荆公母卒時官甚卑，安見士大夫皆往弔哉？張文定與荆公同時，其爲此表不應舛錯如是。又考文定鎮益州，已爲大臣，老泉始以布衣見知，年又小於文定，其卒也，官止丞簿，而墓表以先生稱之，北宋風氣近古，必不爲此。曾文定爲二蘇同年友，其作老泉哀辭直稱明允，乃伉直如張文定，反謙抑過情如是？疑墓表與辨姦，皆邵氏於事後補作也。老泉之卒也，歐陽公志其墓，曾子固爲之哀辭，老泉以文字見知於歐陽公，又以不近人情之説相謝，果嘗爲此文，則歐陽公必見之，而墓志中不及辨姦，子固哀辭亦不及辨姦。即當時或不然之，而歐、曾全集從不及辨姦，表謂當時見者多謂不然，是此文已流布矣，何歐、曾獨未之見乎？且子固謂志以納之壙中，哀詞則刻之墓上，是既有哀辭，不應復有墓表矣。老泉以治平三年卒，四年葬，張文定又同時在京師，欲爲墓表，宜即在葬時，今墓表不著作表年月，固已非體，而表中及荆公命相，則神宗之世矣，何其遲耶？瀧岡阡表之遲，蓋云有待，此表豈亦有待？何不言其所以遲也？墓表有「蜀無人」之語，而東坡謝書又云「秦無人」，辭既重複，文氣又相類，則亦邵氏贋作耳。不然，東坡謝書感激至於流涕，其後爲張文定志墓，敘其與父相知，絶不及此論，何耶？

老泉文峻潔無長語，嘗言作文比喻不可太多，而辨姦一篇，援引膚漫，既引王、盧，又引豎刁三人，又引用兵者，何其多耶？其立論既勉强而不可通，其措詞亦粗鄙而不可解也。謂其人口誦孔、老之言，身履夷、齊之行矣，又謂其陰賊險狠，與人異趨。人之爲人，言與行二者而已，言孔、老，行夷、齊，又何多求焉？孟子謂伯夷爲聖人，而百世之師也，履夷、齊之行，可謂之陰賊險狠乎？衣巨盧之衣，所食狗彘之食，不知其爲何等衣食？聞有牛衣，不聞有犬衣；聞犬彘食人食，不聞人食犬彘之食也。或以巨盧爲臣虜，蓋用李斯語；犬彘之食，亦極言其粗惡如監門之養。果爾，則益不當訾議，臣虜之衣、監門之養，蓋昔人以述堯、舜、神禹者，孔子以恥惡衣食者爲不足與議於道，今不恥惡衣食而談詩、書，乃反以爲姦，豈老泉所見賢於孔子耶？荆公祖父並由進士歷官，兄弟登制科者四人，簪纓華胄，衣食宜不至甚惡，況惡衣惡食固不足恥乎？若夫收召好名之士、不得志之人，相與造作言語，以爲顔淵、孟軻復出，則荆公本傳與荆公全集具存，並無此事，荆公生平孤立，曾文定而外，不妄交一人，本傳謂借援韓、吕爲重，亦本聞見録揣度之妄言耳。韓持國之賢，明道以爲最不可及，康節以持國與君實、晦叔、伯淳並稱，作洛陽四賢吟。申公尤二程所深交，而元祐所謂賢相也，非有以深服其心，安肯冒昧爲人援引，而吕、韓世家，又非所謂好名而不得志者也。荆公執政之後，或有依附之徒，而老泉已没，匪能逆知。若老泉所及見之荆公，則官卑跡遠，非有能收召之力，吾不知所謂好名而不得志者果何人？蓋辨姦論斷非老泉作也。

夫人之作姦，必有所利而爲之，荆公生平以皋、夔、稷、契自命，千駟弗視，三公不易，此天下所共信者，復何所爲而爲姦？彼誠見夫宋之積弱傀然不可以終日，而公卿大臣如處堂之燕雀，晏然自以爲安，不得不出而任天下之重，而又幸遭大有爲之主，遂毅然相與立制度、變風俗、排衆議而行之，凡以救國家之弊，圖萬世之安，非有絲毫自私自利之意，其術即未善，而心則可原，曾何姦之有哉？自宋至今，天下所共信其言者，無若程、朱二子，然明道上書，首言變法，荆公新法之行，首用明道爲條例司官，十閲月而後求外。考亭論當時駁新法者，其議論識見皆出荆公下。觀二子之言，則以新法爲姦者，其論果足據乎？或謂蘇氏尚機謀而薄經術，故老泉以荆公爲姦；喜放達而惡檢繩，故東坡以伊川爲姦。辨姦之作，容或有之，惟其論不足憑耳。東坡元祐之奏，謂臣素嫉程頤之姦，今之人固未有因東坡之言，遂確以伊川爲姦者，論之真贋，又無足辨也。

二

余少時閲世俗刻本老泉集，嘗書其辨姦論後，力辨其非老泉作，覽者猶疑信相半，欲得宋本參攷之，而購求多年，未之得也。蓋馬貴與經籍考列載蘇明允嘉祐集十五卷，而世俗所刻，不稱嘉祐，書名既異，又多至二十卷，併刻入洪範、謚法等單行之書，又增附録二卷，意必有佗人贋作闌入其中。近得明嘉靖壬申年太原守張鏜翻刻巡按御史澧南王公家藏本，其書名卷帙並與經籍考同，而諸論中獨無所謂辨姦論者，乃益信爲邵氏贋作確然而無疑，而又歎作僞者之心勞日拙，蓋僞固未有不破者也。

## 書邵氏聞見録後

〔清〕李紱

虞書戒無稽之言，而周禮大司徒以鄉八刑糾萬民，七曰造言之刑。造言必加之刑者，誠以其妄言無實，足以變亂是非，使當之者受禍，即在身後，亦蒙詬於無窮也。幸而其言出於浮薄小人，聞之者猶疑信相半，不幸而造言者謬附於清流，則雖賢人君子亦且信之，而受之者之誣，乃萬世而不白，豈不酷哉？自唐人好爲小説，宋、元益盛，錢氏之私志，魏泰之筆録，聖主賢臣，動遭污衊，至碧雲騢、焚椒録而悖亂極矣。其若可信者，無過邵氏聞見録，由今觀之，其游談無根，誣枉而失實，與錢、魏諸人，固無以異也。邵氏所録最駭人聽覩者，莫甚於記王元澤論新政一事，嚴君之前，賢者在座，乃囚首跣足，攜婦人冠，矢口妄談，欲斬韓、富，容貌辭氣，癡妄醜惡，至於如是，使天下後世讀之者惡元澤，因併惡荆公。余雖鄉曲之私，亦且切齒而莫能以相恕也。顧嘗思之，元澤以庶幾之資，早窮經學，著書立説，未及弱冠以數萬言，豈中無知識者？是荆公薨後，門祚衰落，苟非經明行修，雖私好者，安能舉癡妄少年排公論而從祀孔廟？恐邵氏之説未可憑信。今歲銷暑，餘暇偶一翻閲，略爲稽攷時日，乃知聞見録蓋無端造謗，絶無影響。舉向時之切齒於元澤者，轉而切齒於邵氏也。考荆公以熙寧二年二月參知政事，夏四月始行新法，八月以明道爲條例司官，明年五月明道即以議論不合外轉簽書鎮寧節度使判官，而元澤以治平四年丁未科登許安世榜進士第，明年戊申，即熙寧元年也，至二年，則元澤久已由進士授旌德尉，遠宦江南，是明道與荆公議新政時，元澤並未在京，直至熙寧四年，召元澤除太子中允、崇政殿説書，然後入京師，則明道外任已逾年矣，安得如邵氏所録與聞明道之議政哉？邵氏欲形容元澤醜劣，則誣爲囚首跣足，欲實其囚首跣足，則以爲是日盛暑，不知明道以八月任條例司，至次年五月即已外轉，始深秋訖初夏，中間並無盛暑之日也。明道長元澤僅九歲，成進士僅早十年，蓋兄事之列，而韓、富年輩則尤在荆公之前，論是時德望，亦非明道可比，邵氏乃謂明道正色言：方與參政論國事，子弟不當預，姑退。而雱即避去。是元澤敢言斬韓、富，獨於年輩不甚遠，又爲其父屬官之人，一斥而即去，抑何前倨而後恭耶？此皆情事所不然者。元澤既除中允、崇政殿説書，即預修三經義，書成，進天章閣待制，凡歷五年，至熙寧九年遷學士，始以病辭。中允、説書、待制，皆侍從之官也，邵氏乃謂宰相子無帶職者，神宗特命雱爲從官，而雱已病，不能朝，皆妄説也。邵氏又曰，荆公在鍾山，恍惚見雱荷枷杻如重囚，因施所居爲寺，則鬼魅之妄説，尤不足辨。司馬温公謂三代以前，何故並無一人誤入地獄，見所謂十王者，伯温爲温公通家子，獨未之聞乎？吾不知伯温所聞於父師者，果何學也？今邵氏此説，編入正史，故不可不辨，無使元澤蒙惡聲於後世，而稗官小説作僞之風滋長，重爲人心風俗之害也。或曰：聞見録蓋伯温没後，紹興二年其子博所編，伯温不應作僞至此，或博之爲之，蓋是時天下方攻王氏，博欲藉此造言，希世而取寵，未可知也。

以上穆堂類稿初稿卷四五

## 王荆國文公年譜序

〔清〕顧棟高

余編次温公年譜既成，家玉停謂余：「汴宋之局，温公與荆公二人爲乘除，盍將荆公事敘次之，則於熙寧及元祐之故益瞭然。」余然其言，因就公集，參以史氏記及他書舊聞，得熟觀公前後本末，乃喟然歎曰：宋以相忍爲國，積且百年；神廟思雪歷代之恥，奮然欲刷幽冀、笞靈夏，特念其事重大，未敢明言於廷。得一荆公者，拔於庶僚之中，而驟用之。公入對，口稱堯、舜之道，實挾管、商之術，以傾動主上。故神廟之悉心聽命於公者，此如燕昭之築臺，以禮望諸；昭烈之枉駕，以迎諸葛，欲伸其積志，而舉國以聽其所欲爲也。

公之設計，以爲欲用兵，必先聚財，欲聚財，不得不立法。而貸民出息，興修水利，己所親試之，而歷有效，因益恣意更張。其用兵也，先於交趾及西南諸夷，非其本意也。特欲擊滅一二弱小之國，以試吾武力，而足吾甲兵。待吾輿圖日廓，賦入益廣，儲待充而士卒練，然後可以惟吾所爲，而無不如志。而靈夏之强，次於幽薊，乃用昔人攻瑕之策，並力從事，欲先舉西夏，以漸及於契丹，此公設施次第本謀也。故凡可以斂天下之財者無不爲，凡言財利者無不用，迨一旦靈夏稽首，幽燕遠遁，然後息財利而言仁義，絀心計之臣，而崇用老成之士。公所日夜圖謀者如是。卒之大欲難酬，契丹見形生疑，更求地界，而公持「欲取姑與」之説，捐地七百里矣。西夏禍結，兵連不解，最後興永樂之師，得不償失，喪師徒六十萬矣。財詘于上，民怨於下，譬如爲人行賈，罄其人之家貲，商於巨洋絶島之區，一出而遇颶風，再出而罹寇盜，家貲蕩盡，猶復持籌不已。噫，謀國如此，豈不殆哉？自古居甚美之名，而欲行難成之事，違衆人之欲，以僥倖不可必之功，力小任重，鮮不蹶者。使非温公從其後而補救之，則汴宋之亡，當不待青城之辱。余於兩公循環終始之故，不禁三歎息也。

既因家玉停之言，而敘公生平，編以年月先後，爲上、中、下三卷，並論其所以然者，附於温公年譜之後。雍正乙卯九月中浣書。

王荆國文公年譜卷首

## 荆公周禮新義題詞

〔清〕全祖望

三經新義，盡出於荆公子元澤所述，而荆公門人輩皆分纂之，獨周禮則親出於荆公之筆，蓋荆公生平用功此書最深，所自負以爲致君堯、舜者俱出於此。是固熙、豐新法之淵源也，故鄭重而爲之。蔡絛以爲政和祕閣所藏，其書法如斜風細雨，定爲荆公手蹟。其後國學頒行之板，爲國子司業莆田黄隱所毁，世間流傳遂少，僅見王氏訂義所引而已。而明文淵閣書目所有，當猶屬政和底本，顧世之人無從見，今則無矣。相傳崑山徐尚書雕經解，以千金購之，不能得。

雍正乙卯，予於永樂大典中得之，亟喜而鈔焉。會修三禮，予因語局中諸公，令鈔大典所有經解，而荆公書尤爲眉目，惜其地、夏兩官已佚，終不得其足本也。荆公解經，最有孔、鄭諸公家法，言簡意賅，惟其牽纏於字説者，不無穿鑿，是固荆公一生學術之祕，不自知其爲累也。蓋嘗統荆公之經學而言之，易傳不在三經之内，説者謂荆公不愜意而置之，然伊川獨令學者習其書。容齋記毛詩「八月剥棗」，荆公一聞野老之言輒改其説，則亦非任情難挽者。朱子於尚書推四家，荆公與焉，且謂其不强作解事，而禮記之方、馬數家，亦稟荆公之意而爲之者，至今禮記注中不能廢。爾雅成於陸氏，而以其餘爲埤雅，既博且精，彼其門人所著，尚有不可掩者如此。至若春秋之不立學官，則公亦以其難解而置之，而並無「斷爛朝報」之説，見於和靖語録中所辨。予觀宋志，荆公嘗作左氏解一卷，則非不欲立明矣。荆公又嘗與陳用之、許允成解論、孟，然則去其字説之支離，而存其菁華，所謂六藝不朽之妙，良不可雷同而詆也。而況是書，又荆公所最屬意者乎？

荆公之書，五官而已，有鄭宗顔者采其説，别注攷工記二卷，今新義已缺其一，而攷工尚有存者，并附之。

## 題雁湖注荆公詩

〔清〕全祖望

荆公詩注五十卷，見於昭德讀書志，而不詳誰作。今雁湖之卷與之合，然晁侍郎年輩不及見嘉定以後書，則志所列别是一本，非雁湖作也。但不知雁湖之前既有注，何以絶不一引及之，不可解矣。雁湖居撫州，築峨峰草堂以箋公詩，又引曾景建以自助，其功甚勤，其材甚博，然尚不能無失者，如錢公輔築偃月堤於四明，故公贈之詩曰：「載沙築成天上路。」今泛引唐人宰相沙堤以證之，疏矣。江鰩柱爲春産，車螯爲冬産，今雁湖謂江鰩柱即車螯，謬之甚者。又謂曾文定公未第時，嘗游四明，其説無據。三者皆關吾鄉掌故，故特詳之。至引後山、紫微詩句入注，益屬無謂。荆公乃後山前輩，豈有反引用後山詩者？紫微則荆公不及見矣。以雁湖之多學，而譌誤在所不免，信乎，注書之難也！

鮚埼亭集外編卷三一

## 跋王荆公改正經義劄子

〔清〕全祖望

荆公改正經義劄子，其中第二道曰：「臣近具劄子，奏乞改正經義，尚有七月詩剥棗者，剥其皮而進之，養老故也，謂亦合删去。如合聖心，乞付外施行，取進止。」案毛傳解剥爲擊，故釋文音普卜翻。荆公不以爲是，乃以養老解之。偶一日到野老家，問主人何在？其家曰：「撲棗去矣。」荆公悵然自失，歸而請刊去之，見容齋隨筆。古人訓詁之學不可輕易如此。

結埼亭集外編卷三四

## 題王半山鄞女志

〔清〕全祖望

舒王之葬殤女，在吾鄉崇法院旁，謝皋羽過而題句者。相傳院中多舒王與會老往來墨跡，戴曾伯「驚風急雨」之詩是也。先侍郎少女許嫁屠侍郎子本畯，未笄而卒，附葬於檢討公墓，啓土得一石，則舒王志也，因揜之而稍移於北。嘻，是一塊土者，世爲殤女之壙耶？先侍郎曾有文記之，今失去，乃補之集中。

結埼亭集外編卷三五

## 書王荆公文集後

〔清〕袁枚

荆公上仁宗書，通識治體，幾乎王佐之才，何以新法一行，天下大病？讀其度支廳壁記，而後嘆其心術之謬也。

夫財者，先王以之養人聚人而非以之制人也。今其言曰：「苟不理財，則閭巷之賤人，皆可以擅取與之利，以與人主争黔首，而放其無窮之欲。」然則荆公之所以理財者，其意不過奪賤人取與之權，與之争黔首，而非爲養人、聚人計也。是乃商賈角富之見，心術先乖，其作用安得不悖？三代聖人，無理財之官，但求足民，不求足國，其時黔首熙熙，一心歸附，譬之臧獲婢妾，仰食于家主，然所以畜之者，恃有恩意德教維繫其間，不徒恃財力以相制也。後世秦、隋兩朝，專求足國，不求足民，卒之與争黔首者，陳涉、竇建德之流，貧民乎？富民乎？

夫物之不齊，物之情也。民之有貧富，猶壽之有長短，造物亦無如何，先王因物付物，使之强不凌弱，衆不暴寡而已。春秋時，阡陌未開，豪强未并。孔門弟子業已富者自富，貧者自貧，而聖人身爲之師，亦不聞哀多益寡，損子貢以助顔淵，勸子華使養原憲者，何也？

宋室之貧，在納幣、郊費、冗員諸病，荆公不揣其本，弊弊然以賒貸取贏，考其所獲不逮桑、孔而民怨則過之，以利爲利，不以義爲利，爭黔首反失黔首矣。悲夫！



## 王荆公年譜考略序

〔清〕蔡上翔

予竊不自揆，編次荆國王文公年譜有年。所閲正史及百家雜説，不下數千卷，則因年以考事，考其事而辨其誣，已略具於斯編矣。因名其書曰考略。

古之著書者，必推原其所以作是書之意，而予於是譜告成，顧惝然若失，言有所不能盡，意有所不必達，則又何也？君子疾没世而名不稱焉，則凡善有可紀，與惡之當褫，不出於生前事實。而後之論者，雖或意見各殊，褒貶互異，而事實固不可得而易也。唯世之論公者則不然。公之没，去今七百餘年。其始，肆爲詆毁者，多出於私書。既而采私書爲正史，而此外事實愈增，欲辨尤難，由此更千百年，又將何所底止耶？所謂言有所不能盡者此也。

若其意尤有所不必達，因憶公有上韶州張殿丞書，其言曰：「昔三代之時，國各有史，而當時之史，多世其家，往往以身死職，不負其意。蓋其所傳，皆可考據。後既無諸侯之史，而近世非尊爵盛位，雖雄奇俊烈，道德滿衍，不幸不爲朝廷所稱，輒不得見於史。而執筆者，又雜出一時之貴人，觀其在廷論議之時，人人得講其然否，尚或以忠爲邪，以異爲同，誅當前而不慄，訕在後而不羞，苟以饜其忿好之心而止耳。而況陰挾翰墨，以裁前人之善惡，疑可以貸褒，似可以附毁，往者不能訟當否，生者不得論曲直，賞罰謗譽，又不施其間，以彼其私，獨安然無欺於冥昧之間耶？」嗚呼，盡之矣！此書不知作於何年，要必爲先人而發，在乎慶曆、皇祐間，當是時公已見稱於名賢鉅公，而未嘗有非毁及之者也。然每讀是書，而不禁歔欷累歎，何其有似後世詆公者，而公已先言之也。

自古前代有史，必由繼世者修之。而其所考據，則必有所自來。若爲宋史者，元人也，而元人盡采私書爲正史。當熙寧新法初行，在朝議論蜂起，其事實在新法，猶爲有可指數者。及乎元祐諸臣秉政，不惟新法盡變，而黨禍蔓延，尤在范、吕諸人初修神宗實録。其時邵氏聞見録、司馬温公瑣語、涑水記聞，魏道輔東軒筆録，已紛紛盡出，則皆陰挾翰墨，以饜其忿好之私者爲之也。又繼以范沖朱墨史、李仁甫長編，凡公所致慨於往者不能訟當否，生者不得論曲直，若重爲天下後世惜者。而不料公以一身當之，必使天下之惡皆歸，至謂宋之亡由安石，豈不過甚已哉！宋自南渡至於元，中間二百餘年，肆爲詆毁者，已不勝其繁矣。由元至明中葉，則有若周德恭，謂神宗合赧、亥、桓、靈爲一人；有若楊用修，斥安石合伯鯀、商鞅、莽、操、懿、温爲一人，抑又甚焉。又其前，若蘇子瞻作温國行狀，至九千四百餘言，而詆安石者居其半，無論古無此體，即子瞻安得有如是之文？後則明有唐應德，著史纂左編，傳安石至二萬六千五百餘言，而亦無一美言，一善行，是尚可與言史事乎哉！昔唐朱敬則爲正議大夫並修國史，韋安石閱其史稿，歎曰：「董狐無以加。」世人不知史官權重于宰相，宰相能制生人，而史官兼制生死。夫以彼好爲私書者，無宰相之權，而有重于史官之勢，豈所謂不能無欺於冥昧之間非耶？且夫温柔敦厚，詩教也，書以道政事，春秋辨是非，尤在於屬辭比事而不亂，而後世有著春秋者曰「讞」，嗚尚書者曰「冤辭」，則又有講學同門異户，而亦明之曰「公案」。若皆以爰書從事，此豈談經術言道德者所宜然。惟是非乎安石者，累累若公案，若冤辭，雖有明哲若交相讞焉，欲從而復説之不能。故曰意有所不必達也。

嗚呼！以予之爲斯譜，既不免類發憤者所爲，然言有所不能盡，意有所不必達，終於公上張殿丞書，不能無感於斯文。後之覽者，即以知予作是書之意可也。夫好而不知其惡，惡而不知其美，均辟也。予固好公者，然則予又焉敢居一於此也哉？嘉慶九年甲子夏五月上澣日，金溪後學蔡上翔元鳳謹書，時年八十有八。

# 書蘇明允辨姦論後

〔清〕管同

蘇明允辨姦論詆斥荆公，宋方勺泊宅編言其本末甚備，頃見周密浩然齋雅談，謂嘗見陳振孫説此論亦間及二程。此本臆説無憑，而近世闢宋儒者多喜道之，其亦謬矣。明允之卒，張方平爲墓碣，特載此文爲荆公而作，子瞻有謝書可考也。當明允至京，蓋在嘉祐、治平之世，其時歐公既爲介甫延譽，而潞公爲相，又請不次擢用，以激奔競之風。故論曰：「蓋世之名而賢者有不知。」若明道、伊川則自神、哲兩朝始出仕，其於是論無一可合焉。夫面垢不洗、衣垢不澣者，介甫之實事，當其少年，嘗見戒於韓魏公矣，世豈有因首喪面之二程也？嗚乎！道學之尊，猶天地日月也。縱使明允著論譏之，於二程亦何損？又況牽合臆決，絶不考其當時之事，彼振孫與密者，亦何心哉？

因寄軒二集卷一

# 論

## 辨姦論

舊題〔宋〕蘇洵〔一〕

事有必至，理有固然。惟天下之静者，乃能見微而知著。月暈而風，礎潤而雨，人人知之。事之推移，理之相因，其疏闊而難知，變化而不可測者，孰與天地陰陽之事。而賢者有不知，其故何也？好惡亂其中，而利害奪其外也。

昔者，山巨源見王衍曰：「誤天下蒼生者，必此人也！」郭汾陽見盧杞曰：「此人得志，吾子孫無遺類矣！」自今而言之，其理固有可見者。以吾觀之，王衍之爲人，容貌言語，固有以欺世而盜名者。然不忮不求，與物浮沉。使晉無惠帝，僅得中主，雖衍百千，何從而亂天下乎？盧杞之姦，固足以敗國。然而不學無文，容貌不足以動人，言語不足以眩世，非德宗之鄙暗，亦何從而用之？由是言之，二公之料二子，亦容有未必然也！

〔一〕按，是篇作者自清代李紱以來，學者多有争議，今姑從舊説，題作蘇洵，又於前加「舊題」二字。

今有人，口誦孔、老之言，身履夷、齊之行，收召好名之士、不得志之人，相與造作言語，私立名字，以爲顔淵、孟軻復出，而陰賊險狠，與人異趣，是王衍、盧杞合而爲一人也，其禍豈可勝言哉？夫面垢不忘洗，衣垢不忘浣，此人之至情也。今也不然，衣夷狄之衣，食犬彘之食，囚首喪面而談詩、書，此豈其情也哉？凡事之不近人情者，鮮不爲大姦慝，豎刁、易牙、開方是也。以蓋世之名，而濟其未形之患，雖有願治之主、好賢之相，猶將舉而用之，則其爲天下患，必然而無疑者，非特二子之比也。

孫子曰：「善用兵者，無赫赫之功。」使斯人而不用也，則吾言爲過，而斯人有不遇之歎，孰知其禍之至於此哉？不然，天下將被其禍，而吾獲知言之名，悲夫！

皇朝文鑑卷九七

## 論王安石

〔明〕劉定之

### 一

帝問翰林學士王安石以唐太宗何如？曰：「陛下當法堯、舜，何以唐太宗爲哉？」帝深納之，尋以爲參知政事，行新法。

安石爲神宗變法，大取民財與力，而用之也在於兵，兵之所用，至於破遼而志願畢矣。取民財之法曰「青苗」，春貸而秋償之，收息十二；秋又貸而春償之，亦收息十二。歲再收息，則名爲十二，其實十四也。名爲貸償，其實無故歲取民財也。曰「免役」，凡民出力以役於官者，皆無出力而但輸錢，官自以錢雇民應役，名爲均役，而其實欲自操其雇錢之奇贏也。夫民孰皆不貸償而自足哉？私貸償焉，治世之所不免，今也禁其貸償，而官與之貸償，以利其息錢之入，民孰皆不雇募而自役哉？私雇募焉，亦治世之所不禁，今也免其自役，而官與之雇募，以利其雇錢之餘。即此二端言之，其他取民財之法無遺巧矣。而又編保伍以練兵，則民自爲兵，而養兵之費不以煩官，是曰「保甲」。編保伍以養馬，則馬皆在民，而養馬之費不以煩官，是曰「保馬」。豈不謂古者寓兵於農也，然今既有保甲矣，而待餔之兵何嘗爲之廢？亦豈不謂漢嘗括民馬，今使民養無害也，然民既增保馬之勞，而他勞何嘗爲之損？是其取民力幾於竭矣。民財與力，悉歸於我，自以爲我非用之於土木、非用之於狗馬聲色、非用之於仙佛，欲用之於兵而復漢、唐之故疆，無不可也。然畏遼之大，故將於遼，必先於夏，又先於群小夷狄，自小至大，嘗試以圖之。安石君臣相與深謀密議，而悉掃異己者之論，無非此心也。於是王韶試於熙、河，章惇試於湖北，熊本試於瀘夷，郭逵試於交趾，皆能尚有所得。而試於夏，則馴至於徐禧之死，得不償其失。彼遼者，不待其試而先來求地，安石低徊躊躇，爲「欲取之必與之」之説，卒遣韓縝割與七百里之地，無得而有失焉。若獵者，罝狐兔、刺鹿豕而辟易於虎，失其所操以歸，蓋安石之技窮，而神宗漸以沮悔矣。然所援引共事之人固在也，踵其故智以用於哲、徽之時，互起迭進，以至賢路盡壅、民命僅存之秋，適值遼有釁，躍然攻之，以卒安石之所圖，而遽以國斃焉。故前宋之亡，本於安石爲神宗謀破遼而已，向使其不謀破遼，則不用兵；不用兵，則不大取民財與力；不大取民財與力，則何至俾群小爲之交攫互噬於天下也？抑遂其始謀，亦不過如唐太宗擒頡利可汗，然太宗用魏徵，先以養民爲務，而兵自强；安石先弊其民，不及魏徵矣，乃動以堯、舜、周、孔藉口，其誣矣哉！

## 二

安石創製三司條例司，以蘇轍爲檢詳文字，使使者八人查訪農田、水利、役法，程顥與焉，轍與顥皆以議不和，相繼罷去。

鋭意以新法爲善而行之者，安石也；其附和者，志在於求富貴而已，未必其心皆以新法爲善也。其口則云然，爾後使神宗覺悟新法之不善，安知附和者不群然毁訾之也？何以知其然也？陳升之附和新法至宰相，志願滿矣則立異，欲不與條例司事，以自解免於公議，□事變而□受責也。吕惠卿附和新法，思天下皆以安石爲愈己，乃起鄭俠、李士寧之獄，發其無使上知之書以□□之。其餘若唐坰附和新法，未得美官，乃歷數安石之惡於朝；陳舜俞以論新法被罷，抑鬱無聊，又上書言青苗實便，皆迷不知爾。其乍合乍離，或譽或毁，惟繫乎富貴之得不得，豈計新法之善不善哉？

惟君子則不然，若轍與顥，始焉有檢詳之權、察訪之遺，爲安石用者，欲於其法有所斡旋增損，以去其不善而就其善，故受職而不辭也。已而知其不可化誨則去之者，富貴不足以動其心，由其識之明、志之高、量之宏、藴之美而能然也。識明者謂富貴因有命矣，詎可爲非義以求之？志高者謂吾當自□□用世，何庸託權要以進，而爲此□攀狐媚也？量宏者孤貧賤隱，約自能安，有不熱中□欲去之之急□□者，其中足以自樂，所謂飲□□者，不□於□□；□□□者，不易於羊皮也。當時元老□德居高□顯之君子，言新法取忤者固多，而轍與顥新進之士，蒙安石引致富貴之途，乃直道□□以爲絶之，其猶可謂之難也。其後轍克助元祐清明之政，而顥遂傳道學繼絶之統。孟子曰：「人有不爲也，而後可以有爲。」不其然乎？

# 論王安石

〔明〕陈汝錡

## 一

介甫以新法負謗於當時，貽指摘於後世，善狀不彰而惡聲之嘈嘈滿耳，此古今一大冤案，卒未有開而赦之者，何也？今姑無論其立法之是非，與閭閻之利病，試就攻介甫之人而反覆其議論，有以見攻之者之好勝而不情，而曲不在介甫也。

熙寧新法，所稱爲民最害者，莫如免役、青苗，而齗齗新法立赤幟而攻之者，在當時莫如蘇子瞻、范堯夫，而在後莫如朱元晦。子瞻論免役之害，謂役人必差用鄉户，如衣之必用絲麻，食之必用五穀，不得以他物代换。及君實議復差役，又極言役可雇不可差，雖聖人復起，不能易農民應差。官吏百端需求，比於傭役，苦樂十倍。而堯夫亦謂差役一事當熟講，不然滋爲民害。然則向之所謂必不可行，而以爲有錢荒之弊者，又後之所謂必不可罷，罷則滋害而以俟聖人於百世者也。朱元晦恨介甫汲汲財利，使天下囂然喪其樂生之心。及建社倉，則夏受粟而秋息以償，猶之乎青苗法也。有問之者，元晦奮然曰：「介甫獨散青苗一事是耳。」因作社倉記以述其意，復上其法於朝，朝以其法下之於諸路。而堯夫當元祐時，亦嘗有復散青苗足國用之請。然則熙寧諸老所鬬争而以爲有蠶食、督責之弊者，又堯夫所復請以足國，而元晦所陽避其名而陰祖其實者也。即三君子以例餘人，而一時争辨皆好勝可知。即免役法之不可罷，青苗法之可已罷而復行，乃可易名爲社倉，以例餘法，而一切設施皆便盡可知。周茂叔不嘗喜好介甫與語連日夜乎？不娓娓頌熙寧新政之美乎？事具蒲宗孟墓碣。以茂叔所嘉與而樂頌者，而流俗嘵嘵不已，後之人又從而吠聲焉。嘻，甚哉！

原介甫所以負當時謗而貽後世指摘不解者，一則峻逐言者以期於法之必行，而爲士大夫所不喜；一則更張無序，講非常之原於旦夕間，以與愚民慮始，紛紛而爲閭里市井所驚疑，重以用事諸臣，推行太過，浸違初旨者，比比有之，此則介甫所不得不任其咎者，而法無恙也，奈之何咎介甫而遷怒於介甫之法哉？豈惟遷怒於其法，且併遷怒於其所與之人，而俾之無所容於天地，如李定是已。定之自秀州入也，舉朝喙齧爲匿服不孝，而定自辨實不知爲仇氏所生，疑不敢服，故以父老侍養解官。本傳亦謂定分財賑族，家無餘資，得任子以與兄息，死之日諸子皆布衣，用情厚矣。世有厚於宗族與兄之子，而反薄於其母乎？世有能解官侍養父，而不能持所生母服乎？此事理之必不然者。今徒以附合新法之故，横而被之以不孝之名，不以本傳求之，一往污衊，無浣濯之路矣。嗚呼，厚士而忍污衊之甘心焉，又何怪良法而不嘵嘵争曰罪之魁而禍之首也？

## 二

楊中立當靖康初，論蔡京以繼述神宗爲名，實挾安石以圖身利，故推尊加王，配享孔廟，今日之事，雖成於蔡京，實釀於安石。此語既倡，口實翩翩以熙寧爲禍敗靖康之始基，以安石爲鼓舞蔡京之前茅，不惟下誣安石，抑亦上累神考。

今史牒具在，凡京所逢迎，如虛無是溺，土木是崇，脂膏朘剥於下而墮慢盤樂於上，蠹國害民非一政，然何者爲熙寧之政？凡京所交結，如内侍則童貫、李彦、梁師成，佞倖則沖、勔父子，執政則王黼、白時中、李邦彦輩，挑釁召亂非一人，然何者爲熙寧之人？雖京弟卞館甥介甫，而京不以卞故受知介甫，用事於熙寧、元豐之間也，何與介甫事而以爲致有今日之禍者王安石乎？推尊配享，特借此爲欺君盜寵之地，而庶幾彌縫其不肖之心耳。如篡漢爲魏者，未嘗不藉口於舜、禹之事，造作符命；弄孺子嬰於股掌者，未嘗不以周公之居攝爲解。然豈可謂三讓登壇，厲階于讓德稽首，而負扆南面，乃教後世以稱假皇帝成即真之謀哉？

夫京惟不能繼述熙寧之法，京而繼述熙寧之法，即保甲一事，已足以尊武救敗，杜南牧之萌，而寢北轅之釁矣。何者？宋，武衰而積弱之國也。將權釋於杯酒，而藩方之兵弱；天子之禁軍以戍邊備征討，而王畿之兵弱；招遊手而涅刺之，既違土著，兼困民供，而所在防禦之兵弱。以故金虜一訌，陷朔、代，圍太原，下燕、薊，直擣汴京，有南朝無人之嘆，而太后手詔亦有人不知兵之恨。使保甲不廢，則訓練以時，韜、鈐日熟，家有干櫓而人皆敵愾，縱胡馬南嘶，亦何至掉臂行数千里，無一城一壘攖其鋒者？而又何至紛紛召集，下哀痛勤王之詔哉？故吾以爲編保甲，習民兵，已逆知他日之必有靖康，而靖康之所以河決魚爛者，正以保甲之法壞，蒙其名而棄其實，額日廣而鋭日銷，驅病婦弱子張空拳以與餓豺狼鬭，而立碎於爪吻之下耳。尚介甫之詛且詈乎？

抑又有疑熙寧新法，皆法所不得不新，而獨增置宫觀使以處異議落職之人，爲崇左道而紊官制。然先後諸老靡不喋喋新法之争者，至於宫觀有差，則以天子之心膂侍從勾管昏淫之鬼而提舉之，反安焉噤不聞出一語，而太一、神霄、醴泉、萬壽之踵相望而奉祠者，皆前日扼腕新法之人也。豈祠禄實便於己而諸法乃無一便於國，而更以爲靖康禍本乎？信矣夫，宋人之議論多也。

## 王夫之論王安石

〔明〕王夫之

### 王安石以堯舜震神宗

言有大而無實，無實者，不祥之言也。明主知之，知其拓落而以是相震，則一聞其説，而屏退之惟恐不速。唯智小而圖大，志陋而欲飾其短者，樂引取之，以箝天下之口而遂其非。不然，望而知其爲妄人，豈難辨哉？

王安石之入對，首以大言震神宗。帝曰：「唐太宗何如？」則對曰：「陛下當法堯、舜，何以太宗爲哉？」又曰：「陛下誠能爲堯、舜，則必有皋、夔、稷、契，彼魏徵、諸葛亮者，何足道哉！」嗚呼，使安石以此對颺于堯、舜之廷，則靖言庸違之誅，膺之久矣。抑誠爲堯、舜，則安石固氣沮舌噤，而不敢以此對也。夫使堯、舜而生漢、唐之後邪，則有稱孔明治蜀，貞觀開唐之政於前者，堯、舜固且揖而進之，以畢其説，不鄙爲不足道而遽斥之。何以知其然也？舜於耕稼陶漁之日，得一善則沛然從之，豈耕稼陶漁之侶，所言善言，所行善行，能軼太宗、葛、魏之上乎？大其心以函天下者，不見天下之小；藏於密以察天下者，不見天下之疏。方步而言趨，方趨而言走，方走而言飛，步、趨、走猶相近也，飛則固非可欲而得者矣。故學者之言學，治者之言治，奉堯、舜以爲鎮壓人心之標的，我察其情，與緇黄之流推高其祖以樹宗風者無以異。韓愈氏之言曰：堯以是傳之舜，舜以是傳之禹，相續不斷以至于孟子。愈果灼見其所傳者何道邪？抑僅高舉之以誇其所從來邪？愈以俗儒之詞章，安石以申、商之名法，無不可曰堯、舜在是，吾甚爲言堯言舜者危也。

夫堯、舜之學與堯、舜之治，同條而共貫者也。安石亦知之乎？堯、舜之治，堯、舜之道爲之；堯、舜之道，堯、舜之德爲之。二典具存，孔、孟之所稱述者不一，定以何者爲堯、舜之治法哉？命岳牧，放四凶，敬郊禋，覲群后，皆百王之常法。唯以允恭克讓之心，致其精一以行之，遂與天同其巍蕩。故堯曰「無名」，舜曰「無爲」，非無可名而不爲其爲也，求一名以爲獨至之美，求一爲以爲一成之例，不可得也。今夫唐太宗之于堯、舜，其相去之遠，夫人而信之矣，而非出號令、頒科條之大有異也。藉令堯、舜而舉唐太宗所行之善政，允矣其爲堯、舜；抑令唐太宗而倣堯、舜所行之成蹟，允矣其僅爲唐太宗而止；則法堯、舜者之不以法法，明矣。德協於一，載於王心，人皆可爲堯、舜者此也。道貞乎勝，有其天綱，湯、武不師堯、舜之已迹，無所傳而先後一揆者此也。法依乎道之所宜，宜之與不宜，因乎德之所慎。舍道與德而言法，韓愈之所云「傳」，王安石之所云「至簡、至易、至要」者此也。皋、夔、稷、契以其恭讓之心事堯、舜，上畏天命，下畏民嵒。匹夫匹婦有一善，而不敢驕以所不屑，唐、虞之所以時雍也。顧乃取前人經營圖度之苦心以撥亂扶危者而淩躐之，枵然曰：「堯、舜之道至易，而無難旦夕致也。」商鞅之以脅秦孝公者，亦嘗用此術矣。小人而無忌憚，夫亦何所不可哉？

揚堯、舜以震其君，而誘之以易；揭堯、舜以震廷臣，而示之以不可攻。言愈高者志愈下，情愈虚者氣愈驕。言及此，而韓、富、司馬諸公亦且末如之何矣。曹丕曰吾舜、禹也，則舜、禹矣；源休曰吾蕭何也，則蕭何矣。姦人非妄不足以利其姦，妄人非姦無因而生其妄。妄人興而不祥之禍延於天下，一言而已蔽其生平矣，奚待其潰隄決岸，而始知其不可遏哉！

## 王安石以桑弘羊劉晏自任

君子之道，有必不爲，無必爲；小人之道，有必爲，無必不爲。執此以察其所守，觀其所行，而君子小人之大辨昭矣。必不爲者，斷之自我，求諸己者也。雖或誘之，而爲之者必其不能自固而躬冒其爲焉。不然，熒我者雖衆，弗能驅我於叢棘之中也。必爲者，强物從我，求諸人者也。爲之雖我，而天下無獨成之事，必物之從而後所爲以成，非假權勢以迫人之應，則鋭於欲爲，勢沮而中止，未有可必於成也。以此思之，居心之邪正，制行之得失，及物之利害，其樞機在求人求己之間，而君子小人相背以馳，明矣。

夫君子亦有所必爲者矣。子之事父也，臣之事君也，進之必以禮也，得之必以義也。然君子之事父不敢任孝，而祈免乎不孝；事君不敢任忠，而祈免乎不忠。進以禮者，但無非禮之進，而非必進；得以義者，但無非義之得，而非必得。則抑但有所必不爲，而無必爲者矣。况乎任人家國之政，以聽萬民之治。古今之變遷不一，九州之風土不齊，人情之好惡不同，君民之疑信不定。讀一先生之言，暮夜得之，雞鳴不安枕而揣度之，一旦執政柄而遽欲行之，從我者愛而加之膝，違我者怒而墜諸淵，以迫脅天下而期收功於旦夕；察其中懷，豈無故而以一人犯兆民之指摘乎？必有不可問者存矣。夫既有所必爲矣，則所迫以求者人，而所惛然忘者己矣。故其始亦勉自鈐束，而有所不欲爲；及其欲有爲也，爲之而成，或爲之而不成，則喜怒横行，而乘權以逞。於是大不韙之事，其夙昔之所不忍與其所不屑者，苟可以濟其所爲而無不用。於是而其獲疚於天人者，昭著而莫能揜。夫苟以求己、求人、必爲、必不爲之衡，而定其趨嚮，則豈待決裂已極而始知哉！

故王安石之允爲小人，無可辭也。安石之所必爲者，以桑弘羊、劉晏自任，而文之曰周官之法，堯、舜之道，則固自以爲是，斥之爲非而不服。若夫必不可爲者，即令其反己自攻，固莫之能遁也。夫君子有其必不可爲者，以去就要君也，起大獄以報睚眦之怨也，辱老成而奬游士也，喜諂諛而委腹心也，置邏卒以察誹謗也，毁先聖之遺書而崇佛、老也，怨及同産兄弟而授人之排之也，子死魄喪而捨宅爲寺以丐福於浮屠也。若此者，皆君子所固窮瀕死而必不爲者也，乃安石則皆爲之矣。抑豈不知其爲惡而冥行以蹈污塗哉？有所必爲，骨彊肉憤，氣溢神馳，而人不能遂其所欲，則荆棘生於腹心，怨毒興於骨肉，迨及一躓，而萎縮以沈淪，其必然者矣。

夫君子相天之化，而不能違者天之時；任民之憂，而不能拂者民之氣。思而得之，學而知其未可也；學而得之，試而行之未可也；行而得之，久而持之未可也。皆可矣，而人猶以爲疑，則且從容權度以待人之皆順。如是而猶不足以行，反己自責，而盡其誠之至。誠至矣，然且不見獲於上，不見信於友，不見德於民，則奉身以退，而自樂其天。唯是學而趨入於異端，行而沈没於好利，興羅織以陷正人，畏死亡而媚妖妄，則弗待遲回，而必不以自喪其名節。無他，求之己者嚴，而因乎人者不求其必勝也。唯然，則決安石之爲小人，非苛責之矣。

或曰，安石而爲小人，何以處夫黷貨擅權導淫迷亂之蔡京、賈似道者？夫京、似道能亂昏荒之主而不能亂英察之君，使遇神宗，驅逐久矣。安石唯不如彼，而禍乃益烈。諓諓之辯，硜硜之行，奚足道哉！

# 神宗蓄志理財備邊

神宗有不能暢言之隱，當國大臣無能達其意而善謀之者，於是而王安石乘之以進。帝初莅政，謂文彦博曰：「養兵備邊，府庫不可不豐。」此非安石導之也，其志定久矣。國家之事，相仍者之必相變也，勢也。大張之餘，仍之以弛；大弛之餘，必仍之以張。善治者，酌之於未變之前，不極其數；持之於必變之日，不毁其度。不善治者反此，而大張大弛，相乘以勝，則國乃速敝。夫神宗固承大弛而勢且求張之日也。仁宗在位四十一年，解散天下而休息之。休息之是也，解散以休息之，則極乎弛之數，而承其後者難矣。歲輸五十萬於契丹，而頫首自名曰「納」；以友邦之禮禮元昊父子，而輸繒帛以乞苟安，仁宗弗念也。宰執大臣、侍從臺諫，胥在廷在野賓賓嘖嘖以争辨一典之是非，置西北之狡焉若天建地設而不可犯，國既以是弱矣。抑幸無耶律德光、李繼遷鷙悍之力，而暫可以賂免。非然，則劉六符虚聲恐喝而魄已喪，使疾起而捲河朔以嚮汴、雒，其不爲石重貴者何恃哉？於是而神宗若處栫棘之臺，晝然不容已於傷心，奮起而思有以張之，固仁宗大弛之反授之以決裂之資。然而弗能昌言於衆，以啓勁敵之心，但曰「養兵備邊」，待廷臣之默喻。宰執大臣惡容不與其焦勞，而思所以善處之者乎？

夫神宗之誤，在急以貧爲慮，而不知患不在貧，故以召安石聚斂之謀而敝天下。然而無容怪也，凡流俗之説言彊國者，皆不出於聚財之計，太祖亦嘗爲此言矣。餉不宿則軍易潰，賞不重則功不興。器仗、甲胄、牛馬、舟車、糗糒、芻稿、椎牛、釃酒，不庀不腆，則進不速而守不固。夫孰謂其不然者，要豈有國者之憂哉！漢高起於亭長，無儋石之儲，秦據六國之資，斂九州之賦于關中，而不能與爭一戰之生死，且以爲興亡之大數，置勿論也。劉裕承桓玄播亂、盧循内訌之餘，以三吴一隅之物力，俘姚泓、縛慕容超，拓拔氏束手視其去來，而莫之敢較。唐積長安之金帛米粟，安禄山擁之，而肅宗以朔方斥鹵之鄉，崛起東嚮，驅之速遁。德宗匹馬而入梁州磽确之土，困朱泚而誅夷之。則不待積財已豐，然後可彊兵而挫寇，亦較然矣。

若夫仁宗之過於弛而積弱也，實不在貧也。密勿大臣如其有定識與，正告神宗曰：「以今日之力，用今日之財，西北之事無不可爲也。仁宗之休養四十年，正留有餘，聽之人心，以待後起之用。而國家所以屈於小醜者，未得人耳。河北之能固圉以待用者，誰恃而可也？綏、延之能建威以制寇者，誰恃而可也？守先皇之成憲，而益之殷憂，待之十年，而二虜已在吾指掌。」則神宗不言之隱，早授以宅心定志之弘圖，而戢其求盈無已之妄，安石揣摩雖工，惡能攻無瑕之玉哉？

夫宋之所以財窮於薦賄，國危於坐困者，無他，無人而已矣。仁宗之世，亦孔棘矣。河北之守，自畢士安撤備以後，置之若遺。西事一興，韓、范二公，小爲補葺，輒貢心膽寒裂之謡，張皇自炫。二公雖可分閫，固不能出張子房、李長源之上，藉使子房執桴鼓以敵秦、項，長源佩櫜鞬以決安、史，勢固不能。而其爲彭、韓、李、郭者何人？宋固不謀也。懷黄袍加身之疑，以痛抑猛士，僅一王德用、狄青而猜防百至。夫豈無可恃之才哉？使韓、岳、劉、吴生北宋之代，亦且束身偏裨，老死行間，無以自振；黄天蕩、朱僊鎮、藕塘、和尚原之績，豈獲一展其赳雄邪？唯不知此，而早以財匱自沮，乃奪窮民之銖累，止以供無益之狠戾，而畜其所餘，以待徽宗之奢縱。若其所恃以挑敵者，王韶已耳，徐禧已耳，高遵裕已耳，又其下者，宦者李憲已耳，以兵爲戲，而以財爲彈鵲之珠。當國大臣，無能以定命之訏謨，爲神宗辰告，徒欲摧抑其有爲之志，宜神宗之厭薄已亟，固必曰：贊仁宗四十餘年養癰之患者，皆此儔也。言之徒長，祇益其驕而已。

嗚呼，宋自神宗而事已難爲矣。仁宗之弛已久，仍其弛而固不可，張其弛而又已乖。然而酌其所自弛以漸張之，猶可爲也，過此而愈難矣。安石用而宋敝，安石不用而宋亦敝。神宗急進富公與謀而無以對也，宋之日敝以即於亡也，可於此而決之矣。

## 温公明道之善王安石

王安石之未試其虐也，司馬君實於其新參大政，而曰衆喜得人。明道亦與之交好而不絶，迨其後悔前之不悟而已晚矣。知人其難，洵哉其難已！子曰：「不知言，無以知人也。」夫知言者，豈知其人之言哉！言飾於外，志藏於中；言發於先，行成於後。知其中，乃以驗其外；考其成，乃以印其先。外易辨而中不可測，後易覈而先不能期。然則知言者，非知其人之所言可知已。商鞅初見孝公而言三王，則固三王之言矣。王莽進漢公而言周公，則固周公之言矣。而天下或爲其所欺者，知鞅、莽之言，而不知三王與周公之言也。知言者，因古人之言，見古人之心，尚論古人之世，分析古人精意之歸，詳説群言之異同，而會其統宗；深造微言之委曲，而審其旨趣。然後知言與古合者，不必其不離矣；言與古離者，不必其不合矣。非大明終始以立本而趣時，不足以與于斯矣。

立聖人之言於此以求似，無不可似也。爲老氏之言者曰「虚静」，虚静亦聖人之德也。爲釋氏之言者曰「慈閔」，慈閔亦聖人之仁也。爲申、韓、管、商之言者曰「足兵食，正刑賞」，二者亦聖人之用也。匿其所師之邪慝，而附以君子之治教，奚辨哉？揣時君之所志，希當世之所求，以獵取彝訓，而跡亦可以相冒。當其崇異端、尚權術也，則弁髦聖人以恣其云爲。及乎君子在廷，法言群進，則抑挧拾堯、舜、周公之影似，招摇以自詭於正。夫帝王經世之典，與貪功謀利之邪説，相辨者在幾微。則苟色莊以出之，而不易測其懷來之所挾，言無大異於聖人之言，而君子亦爲之動。無惑乎温公、明道之樂進安石而與之言也。

夫知言豈易易哉！言期於理而已耳，理期于天而已耳。故程子之言曰：「聖人本天，異端本心。」雖然，是説也，以折浮屠唯心之論，非極致之言也。天有成象，春其春，秋其秋，人其人，物其物，秩然各定而無所推移，此其所昭示而可言者也。若其密運而曲成，知大始而含至仁，天奚在乎？在乎人之心而已。故聖人見天於心，而後以其所見之天爲神化之主。知言者，務知其所以言之密藏，而非徒以言也。如其有一定之是非，而不待求之于心，則惻怛不生于中，言仁者即仁矣；羞惡不警於志，言義者即義矣。飾其言於仁義之圃，而外以毒天下，内以毁廉隅，皆隱伏於内，而仁義之言抑可不窮。安石之所能使明道不斥絶而與之交者，此也。當其時，秀慧之士或相奬以寵榮，或相溺於詩酒。而有人焉，言不及於戲豫，行不急於進取，則奉天則以鑒之，而不見其過；將以爲合於聖人之言，而未知聖人之言初不僅在於此。乃揖而進之，謂是殆可與共學者與！實則繇言之隱，與聖人傳心之大義微言相背以馳，尤甚於戲豫詭遇之徒。何則？彼可裁之以正，而此不可也。

若温公則愈失之矣。其於道也正，其於德也疏矣。聖人之言，言德也，非言道也，而公所篤信者道。其言道也，尤非言法也，而公所確持者法。且其憂世也甚，而求治也急，則凡持之有故，引之有徵，善談當世之利病者，皆嘉予之，而以爲不謬於聖人之言。於明道肅然敬之矣，於安石竦然慕之矣，乃至於蕩閑敗度之蘇氏，亦翕然推之矣。侈口安危，則信其愛國；極陳利病，則許以憂民；博徵之史，則喜其才之有餘；雜引於經，則羨其學之有本。道廣而不精，存誠而不知閑邪，於以求知人之明，不爲邪慝之所欺，必不可得之數矣。凡彼之言，皆聖人之所嘗言者，不可一概折也。惟於聖人之言，洗心藏密，以察其精義，則天之時，物之變，極乎深而研以其幾，然後知堯、舜、周、孔之治教，初無一成之軌則，使人揭之以號於天下。此之謂知言，而人乃可得而知，固非温公之所能及也。窮理，而後詭於理者遠；盡性，而後淫於性者詘；至於命，而後與時偕行之化，不以一曲而敝道之大全。知言者，「窮理盡性以至於命」之謂也。明道早失之而終得之，温公則一失已彰，而又再失焉，悔之於安石敗露之餘，而又與蘇氏爲緣。無他，唯知其人之言，而不知古今先哲之言也。

## 熙豐新法

熙、豐新法，害之已烈者，青苗、方田、均輸、手實、市易，皆未久而漸罷。哲、徽之季，姦臣進紹述之説，亦弗能强天下以必行。至於後世，人知其爲虐，無復有言之者矣。其元祐廢之不能廢，迄至於今，有名實相仍行之不革者，經義也，保甲也；有名異而實同者，免役也，保馬也。數者之中，保馬之害爲最烈。

保馬者，與民以值使買馬，給以牧地而課其孳生以輸之官。洪武以後，固舉此政於淮北、山東而廢牧苑。愚民貪母馬之小利於目前，幸牧地之免征於後世，貿貿然而任之。迨其子孫貧弱，種馬死，牧地徙，間歲納馬，馬不能良，則折價以輸，一馬之值至二十五金。金積於冋寺，而國無一馬，户有此役，則貧餓流亡，求免而不得，皆保馬倡之也。夫馬，非其地弗良，非其人弗能牧也。水旱則困於芻粟，寒暑則死於疾疫。唯官有牧苑，而群聚以恣其游息；官有牧人，而因時以蠲其疾；官有牧資，而水旱不窮於飼；則一虚一盈，孳産自倍。自成周以迄於唐，皆此制也。漢、唐車騎之盛，用捍邊陲，而不憂其匱，奈何以誘愚民而使陷於死亡哉？行此法者，曾不念此爲王安石之虐政，徒以殃民，而無益於國馬，相踵以行，禍延無已，故曰害最烈也。

保甲之法，其名美矣，好古之士，樂稱説之；飾文具以塞責之俗吏，亟舉行之。以爲可使民之親睦而勸於善邪？則非片紙尺木之能使然矣。以爲團聚而人皆兵，可以禦敵邪？則寇警一聞而攜家星散，非什保之所能制矣。以爲互相覺察而姦無所容邪？則方未爲盜，誰能詰之；既已爲盜，乃分罪於鄰右，民皆重足以立矣。以爲家有器仗，盜起而相援以擒殺之邪？則人持數尺之梃，蝕鏽之鐵，爲他人以與盜争生死，誰肯爲之？責其不援而加以刑，賕吏猾胥且乘之以索賄，而民尤無告矣。如必責以器仗之精，部隊之整，拳勇者賞之，豪桀者長之；始勸以梟雄，終任以嘯聚。當熙、豐之世，乘以爲盜者不一，而禍尤昭著者，則鄧茂七之起，殺掠徧於閩中，實此致之也。溺古不通之士，無導民之化理、固國之洪猷，寶此以爲三代之遺美，不已愚乎！

免役之愈於差役也，當温公之時，朝士已群争之，不但安石之黨也。民寧受免役之苛索，而終不願差役者，率天下通古今而無異情。驅遲鈍之農人，奔走於不習知之政令，未受役而先已魂迷，既受役而弗辭家破，輸錢畢事，酌水亦甘，不復怨杼柚之空於室矣。顧免役之害日增而民重困者，有自來也。自宇文氏定租庸調之三法以徵之民也，租以田，庸以夫。庸者，民之應役於官，而出財以輸官，爲雇役之稍食也。庸有征而役免矣。承平久而官務簡，則庸恒有餘，而郡庫之積以豐，見於李華所論清河之積財，其徵也。及楊炎行兩税之法，概取之而斂所餘財歸之内帑，於是庸之名隱，而雇役無餘資。五代僭僞之國，地狹兵興，兩税悉充軍用，於是而復取民於輸庸之外，此重征之一也。安石唯務聚財，復行雇役之法，取其餘羨以供國計，而庸之外又征庸矣。然民苦於役，乃至破産而不償責，抑不復念兩税之已輸庸，寧復納錢以脱差役之苦。繇是而或免或差，皆瑣屑以責之民；民雖疲於應命，然止於所應派之役而已。朱英不審，而立一條鞭之法，一切以輸之官，聽官之自爲支給。民乍脱於煩苛，而欣然以應，乃行之漸久，以軍興設裁減之例，截取編徭於條鞭之内，以供邊用。日減日削，所存不給，有司抑有不容已之務，酷吏又以意爲差遣，則條鞭之外，役又興焉。於是免役之外，凡三徵其役，概以加之田賦，而游惰之民免焉。至於亂政已亟，則又有均差之賦而四征之。是安石之立法，已不念兩税之已有雇貲；

而温公之主差役，抑不知本已有役，不宜重差之也。此歷代之積敝已極，然而民之願雇而不願差者，則脂竭髓乾而固不悔也。

若夫經義取士，則自隋進士科設以來，此爲正矣。納士於聖人之教，童而習之，窮年而究之，涵泳其中而引伸之。則耳目不淫，而漸移其不若之氣習。以視取青妃白，役心於浮華蕩冶之中者，貞淫之相去遠矣。然而士不益端，學不益醇，道不益明，則上之求之也亡實，而下之習之也不令也。六經、語、孟之文，有大義焉，如天之位於上，地之位於下，不可倒而置也。有微言焉，如玉之韞於山，珠之函於淵，不可淺而獲也。極之於小，而食息步趨之節，推求之而各得其安也。擴之於大，經邦制遠之猷，引伸之而各盡其用也。研之於深，保合變化之真，實體之而以立其誠也。所貴乎經義者，顯其所藏，達其所推，辨其所異於異端，會其所同於百王，證其所得於當人之心，而驗其所能於可爲之事，斯焉尚矣。乃司試者無實學，而干禄者有鄙心，於是而王鏊、錢福之徒，起而爲苟成利試之法。法非義也，而害義滋甚矣。大義有所自止，而引之使長；微言有所必宣，而抑之使隱；配之以比偶之詞，絡之以呼應之響，竊詞賦之陋格，以域窮理體道之文，而使困於其中。始爲經義者，在革詞賦之卑陋，繼乃以詞賦卑陋之成局爲經義，則侮聖人之言者，白首經營，傾動天下，而於道一無所覩。如是者凡屢變矣。而因其變以變之，徒争肥癯勁弱於鏡影之中，而心之不靈，已瀕乎死。風愈降，士愈偷，人争一牘，如兔園之册，復安知先聖之爲此言者將以何爲邪？是經義之納天下於聾瞽者，自成、弘始，而潰決無涯，豈安石之爲此不善哉？

合此數者觀之，可知作法之難矣。夫安石之以成憲爲流俗而亟改之者，遠奉堯、舜，近據周官，固以脅天下曰：「此聖人之教也。」夫學聖人者，得其精意，而古今故以一揆矣。詩云：「思無疆，思馬斯臧。」此國自牧畜之證，而保馬可廢矣。子曰：「苟子之不欲，雖賞之不竊。」此不責民以弭盜之證也，而保甲徒勞矣。周官行於千里之畿，而胥盈於千，徒溢於萬，皆食於公田，則此民不充役之驗也。則差役之虐政捐，而免役之誅求亦止矣。記曰：「順先王詩、書、禮、樂以造士。」則經義者，允爲良法也。而曰順者，明不敢逆也。爲瑣瑣之法以侮聖言者，逆也。絀其逆，而士可得而造，存乎其人而已矣。誠得聖人之精意以行之，而天下大治。自立辟以擾多辟之民，豈學古之有咎哉！

## 王安石奇王韶圖夏之策

老氏之言曰：「以正治國，以奇用兵。」言兵者師之，爲亂而已矣。王韶請擊西羌，收河湟以圖夏，王安石稱爲奇策而聽之，誠奇矣，惟其奇也，是以進無尺寸之功，而退有邱山之禍也。以奇用兵而利者有之矣。正不足而以奇濟之，可以暫試，不可以常用；可以脱險，不可以制勝；可乘疲寇而速平，不可禦彊敵而徐效。如其用之，抑必有可正而後可奇也。舍正用奇，而恃奇以爲萬全之策，此古今畫地指天之妄人，誤人家國者所以積也。論者皆咎陳餘之不用李左車也，使餘用左車之策，韓信抑豈輕入其阱中者？前車偶涉，伏起受挫，信亦自有以制之。以漢之彊，信之勇，加脆弱之孤趙，井陘小蹶，四面環攻，餘固無術以繼其後，惡足以救其亡哉？一彼一此，一死一生，視其力而已矣。唯在兩軍相持而不犯，不須臾之頃，姑試其奇，發於其所不及防而震撓之，可矣。然而其不可震撓者，固自若也。議之於朝廷，傳之於天下，明示以奇，而延之歲月以一試，吹劍首者之一吷而已矣。

夏未嘗恃西羌以爲援，西羌未嘗導夏以東侵，河、湟之於朔方，不相及也。拓拔、赫連端視劉裕之拔姚泓而不爲之動，知裕之適爲已滅泓也。則使宋芟盡群羌，全有河湟之土，十郡孤懸，固不能守，祇爲夏效驅除，其能乘風席捲，進叩諒祚之壘乎？如其能大舉以西征，與擇大將、整六師，壓諒祚之疆以討僭逆之罪，而諒祚據賀蘭以自保，於是遣偏師掠西羌以潰其腹心，是或一策也，收蜀者棧道、夔門夾攻之術也。然而西羌各保其穴，固且阻頓而不能前。今一矢不及於銀、夏，而遠涉沙磧、河、洮之險，薄試之於羌，一勝一負，一叛一服，且不能制羌之死命，夏人睥睨而笑之。然且栩栩自矜曰：「此奇策也。」安石之愚，不可砭矣。

在昔繼遷死，德明弱，謂從曹瑋之請捕滅之，可以震讋契丹者，彼一時也。席太宗全盛之餘，外無澶州納賂之辱，宋無所屈於契丹，内無畢士安散甲歸農之令，兵雖力未有餘，而尚未自形其不足。且繼遷肉袒稱臣，與契丹爲脣齒，則威伸於德明而契丹自震，固必然之勢也。抑謂兵不可狃於不戰，而以征夏之役，使習勇而不倦，亦其時夙將猶存，部曲尚整，有可用之資，勿以不用竄之也。今抑非其時矣。弛不虞之防，狎安居之樂者，凡數十年。徒以群羌散弱，乘俞龍珂内附之隙，徼幸以圖功；然且謀之五年而始城武勝，七年而始降木征，操彈雀之弓，欲射猛虎，惡足以自彊，而使彼畏我以不相侵乎？木征之降未幾，而孱懦之秉常且憑凌而起，宋之死者六十萬人，其於正也，無毫髮之可恃，而孤持一奇以相當，且其奇者，又非奇也，然而不敗者，未之有也。

是故奇者，舉非奇也。用兵者，正而已矣。不以猜疑任將帥，不以議論爲謀略，不以文法責進止。峙芻糧，精甲仗，汰老弱，同甘苦，習擊刺，嚴營陳，堂堂正正以臨之，攻其所必救，搏其所必争。誠有餘也，而後臨機不決，間出奇兵以迅薄之，而收速效。故奇者將帥應變之權也，非朝廷先事之算也。趙充國曰：「帝王之兵，以全取勝。」此之謂也。老氏者，持機械變詐以徼幸之祖也，師之者，速斃而已矣。

## 王安石引呂惠卿蔡確章惇諸姦

國民之交敝也，自苛政始。苛政興，足以病國虐民，而尚未足以亡；政雖苛，猶然政也。上不任其君縱欲以殄物，下不恣其吏私法以戕人，民怨漸平，而亦相習以苟安矣。唯是苛政之興，衆論不許，而主張之者，理不勝而求贏於勢，急引與己同者以爲援，群小乃起而應之，竭其虔矯之才、巧黠之慧，以爲之效。於是汎濫波騰，以導諛宣淫蠱其君以毒天下，而善類壹空，莫之能挽。民乃益怨，釁乃倐生，敗亡沓至而不可禦。嗚呼，使以蔡京、王黼、童貫、朱勔之所爲，俾王安石見之，亦應爲之髮指。而群姦尸祝安石，奉爲宗主，彈壓天下者，抑安石之所不願受。然而盈廷皆安石之仇讎，則呼將伯之助於呂惠卿、蔡確、章惇諸姦，以引凶人之旅進，固勢出於弗能自已，而聊與爲緣也。勢漸迤者趨愈下，志蕩於始而求正於末者，未之有也。是故苛政之足以敗亡，非徒政也；與小人爲類，而害乃因緣以蔓延。倡之者初所不謀，固後所必至也。

夫欲使天下之無小人，小人之必不列於在位，雖堯、舜不能。其治也，則惟君子勝也，君子勝而非無小人；其亂也，則惟小人勝也，小人勝而固有君子；其亡也，則惟通國之皆小人，通國之皆小人，通國之無君子，而亡必矣。故苛政之興，君子必力與之争；而争之之權，抑必有所歸而不可以泛。權之所歸者，德望兼隆之大臣是已。大臣不能持之於上，乃以委之於群工，於是而争者競起矣。其所争者正也，乃以正而争者成乎風尚，而以争爲正。越職弗問矣，雷同弗問矣。以能言爲長，以貶削爲榮，以罷閒爲樂，任意以盡言，而惟恐不給。乃揆其所言，非能弗相刺謬也，非能弗相剿襲也；非能無已甚之辭，未然而斥其然也；非能無蔓延之語，不然而强謂然也。擿舉及於纖微之過，訐譎及於風影之傳，以激天子之厭惡，以授群小之反攻，且躍起而自矜爲君子，而君子小人遂雜糅而莫能致詰。如攻安石者，無人不欲言，無言不可出，豈其論之各協于至正，心之各發於至誠乎？乃至懷私不逞之唐坰，反覆無恒之陳舜俞，亦大聲疾呼，咨嗟涕洟，而惟舌是出。於是人皆乞罷，而空宋庭以授之小人。迨乎蔡京、王黼輩興，而言者寂然矣。通國無君子，何怪乎通國之皆小人哉！

乃其在當日也，非無社稷之臣，德重望隆，足以匡主而倚國是，若韓、富、文、吕諸公者，居輔弼之任，而持之不堅，斷之不力，如先世李太初之拒梅詢、曾致堯，王子明之抑王欽若、陳彭年；識皆有所不足，力皆有所不逮，而以潔身引退，倒授其權於新進之庶僚；人已輕而言抑瑣，不足聳人主之聽，祇以益安石之横。且徒使才氣有裨之士，挫折沈淪，不爲國用，而驅天下干禄者懲其覆軌，望風遥附，以群陷於邪。諸公過矣，而韓公尤有責焉。躬任兩朝定策之重，折母后之垂簾，斥權奄以獨斷，德威樹立，亘絶古今。神宗有營利之心，安石挾申、商之術，發乎微已成乎著，正其恩怨死生獨任而不可委者，曾公亮、王陶之瑣瑣者，何當榮辱，而引身遽退，虚端揆以待安石之縱横哉？韓公尤過矣！雖然，抑非公之過也。望之已隆，權之已重，專政之嫌，先起於嗣君之肺腑。則功有不敢居，位有不敢安，權有不敢執，身有不可辱，公亦末如之何也。夫秉正以拒邪，而使猝起争鳴之安石不得逞者，公之責也。斥曾公亮之姦，訟韓公之忠，以覺悟神宗安韓公者，文、富二公之責也。乃文之以柔居大位，無獨立之操；富抑以顧命不與，懷同堂之忌，睨韓公之遠引，而隱忍忘言。及安石之狂興，而姑爲緩頰，下與小臣固争緒論，不得，則乞身休老，而自詡不污，亦將何以質先皇而謝當世之士民乎？韓公一去，而無可爲矣。白日隱而繁星熒，嘒彼之光，固不能與妖孛競燿也。

夫神宗有收燕雲、定銀夏之情，起仁宗之積弛，宋猶未敝，非不可圖也。和平中正之中，自有固本折衝之道。而籌之不素，問之莫能酬答，然且懷私以聽韓公之謝政，安得謂宋有人哉？無大臣而小臣瓦解，小臣無可效之忠，而宵小高張，皆事理之必然者。司馬、范、吕諸公强挽已發之矢而還入於彀，宜其難已。然則宋之亡也，非法也，人也。無人者，無大臣也。李太初、王子明而存焉，豈至此乎！

以上宋論卷六

## 元祐罷新法

極重之勢，其末必輕，輕則反之也易，此勢之必然者也。順必然之勢者，理也；理之自然者，天也。君子順乎理而善因乎天；人固不可與天争，久矣。天未然而争之，其害易見；天將然而猶與之争，其害難知。争天以求盈，雖理之所可，而必過乎其數。過乎理之數，則又處於極重之勢而漸以嚮輕。君子審乎重以嚮輕者之必漸以消也，爲天下樂循之以不言而辨，不動而成，使天下各得其所，嶷然以永定而不可復亂。夫天之將然矣，而猶作氣以憤興，若旦夕之不容待，何爲者邪？古之人知此也審，故生民塗炭之極，察其數之將消，居貞以俟，徐起而順衆志以圖成。湯之革夏，武、周之勝殷，率此道也。況其非革命改制之時乎！

漢武帝鋭意有爲，而繁苛之政興，開邊牟利，淫刑崇侈，進群小以荼苦其民，勢甚盛而不可撲也。然而溢於其量者中必餒，馳於其所不可行者力必困，怨浹於四海者，心必怵而不安。故其末年罷兵息役，弛刑緩征，不待人言之洊至，而心已移矣，圖已改矣。其未能盡革以復文、景之治者，霍光輔孝昭起而承之，因其漸衰之勢，待其自不可行而報罷。於是而武帝之虐劉天下者，日消月沈，不知其去而自已。無他，唯持之以心，應之以理，一順民志，而天下不見德，大臣不居功，順天以承祐。承天之祐者，自無不利也。

考神宗之初終，蓋類是矣。當其始也，開邊之志，聚財之情，如停水於脆土之隄而待決也。王安石乘之以進，三司條例使一設，而震動天下以從其所欲。於是而兩朝顧命之老，且引退而不能盡言；通國敢言之士，但一鳴而即逢貶竄；群小揣意指而進者，喧不可息也。此勢之極重者也，然而固且輕矣。安石之所執以必爲者，爲之而無效矣。河不可疏，而淤田不登矣；田不可方，而故籍難廢矣；青苗之收息無幾，而逋欠積矣；保馬之孳息不蕃，而苑牧廢矣；民怨於下，士怨於廷，而徹乎上聽矣。高遵裕之敗，死尸盈野，棄甲齊山，而天子且爲之痛哭矣。安石則不肖之子撓之於内，反面之黨訟之於廷，神宗亦不復以心膂相信。鄧綰、呂嘉問且嬰顯罰，王安禮糾兄之過，而亟進升庸。手實、方田，自安石創者，皆自神宗而報罷矣。使神宗有漢武之年，其崩不速，則輪臺之詔，必自己先之，弗待廷臣之亟諫。蓋否極而傾，天之所必動，無待人也。幾已見矣，勢已移矣。則哲宗立，衆正升，因其欲熸之餘燄，撤薪以息之者，平其情，澄其慮，抑其怒張之氣以莅之。其不可行者，已昭然其不可行；無所利者，已昭然其有害；敝而弗爲之修，弛而弗爲之督，三年之中，如秋葉之日向於凋，坐而待其隕矣。而諸君子積怒氣以臨之，弗能須臾忍也，曾霍光之弗若，奚論古先聖哲之調元氣而養天下於和平哉！

牛之鬬虎，已斃而鬬之不已，牛乃力盡而死。安石既退，呂惠卿與離叛而兩窮。呂申公、司馬温公以洎孫固、吴充，漸起而居政地。彼蔡確、章惇、王珪、曾布之流，無安石博聞彊識之學、食淡衣麤之節，豈元祐諸公之勁敵哉？操之已蹙者，畏之已甚；疾之已亟者，疑之已深。授之以不兩立之權，而欲自居於畸重，則昔之重在彼者輕，而今之重在諸公者，能長保其重哉？天方授我，而我不知，力與天爭，而天且去之矣。夫豈有蒼蒼不可問之天哉？天者，理而已矣；理者，勢之順而已矣。此之不察，乃曰：「天祚社稷，必無此慮。」天非不祚宋也，謀國者失之於天，而欲强之於人以居功而樹德者爲之也。

宋論卷七

## 蔡京復行新法

政之善者，一再傳而弊生，其不善者，亦可知矣。政之善者，期以利民，而其弊也，必至於厲民。立法之始，上昭明之，下敬守之，國受其益，人受其賜。已而奉行者非人，假其所寬以便其弛，假其所嚴以售其苛，則弊生於其間，而民且困矣。政之不善者，厲民以利國，而其既也，國無所利，因以生害，而民之厲亦漸以輕。立法之始，刻意而行之，令必其行，禁必其止，怨怒積於下而不敢違，已而亦成故事矣。牧守令長之賢者，可與士民通議委曲，以苟如其期會而止，而不必盡如其法。若其不肖者，則雖下不恤民喦，上亦不畏國法，但假之以濟其私，而塗飾以應上，亦苟且塞責而無行之之志。則其爲虐於天下者，亦漸解散而不盡如其初，則害亦自此而殺矣。故即有不善之政，亦不能操之數十年而民無隙之可避。繇此言之，不善之政，未能以久賊天下；而唯以不善故，爲君子所争，乃進小人以成其事，則小人乘之以播惡，而其禍乃延。故曰：「有治人，無治法。」則亂天下者，非亂法亂之，亂人亂之也。

蔡京介童貫以進，與鄧洵武、温益諸姦勦紹述之邪説，推崇王安石，復行新法。乃考京之所行，亦何嘗盡取安石諸法，督責吏民以必行哉！安石之晝謀夜思，搜求衆論，以曲成其申、商、桑、孔之術者，京皆故紙視之，名存而實亡者十之八九矣。則京之所爲，固非安石之所爲也。天下之苦京者，非其苦安石者也。是安石之法，未足以致宣、政之禍；唯其雜引吕惠卿、鄧綰、章惇、曾布之群小，以授賊賢罔上之秘計於京，則安石之所以貽敗亡於宋者此爾。載考熙、豐之時，青苗、保甲、保馬、市易之法，束濕亟行，民乃毁室鬻子，殘支體，徙四方，而嘑號徧野。藉令迄乎宣、政，無所寬弛，則天下之氓，死者過半，揭竿起者，不減秦、隋之季。乃紹聖踵行，又二十餘年，而不聞天下之怨毒倍於前日。方臘之反，敺之者朱勔花石之擾，非新法迫之也。此抑可以知政無善惡，俱不足以持久，倚法以求贏，徒爲聚訟而已矣。

神宗之求治也迫，安石之欲售其邪僻之術也堅，交相鶩而益之以戾氣，力持其是以與君子争，無從欲偷安之志以緩之，故行之决而督之嚴，吏無所容其曲折，民無所用其推移，則如烈火之初炎，而無幸存之宿艸。及哲宗而以怠心行之，及徽宗而抑以侈心行之矣。則吏民但可有盈餘以應誅求，飾文具以免勘督者，自相遁於下而巧避之。且如保甲之法，固可以一紙報成功；青苗之息，固可洒派於户口土田而分勞於衆。醉夢之君，狹邪之相，苟足其欲，而以號於人曰：「神宗之所爲，吾皆爲之矣。」而民之害，亦至此而稍紓矣。

繇此言之，政無善惡，統不足以持久。吏自有其相沿之習，民自有其圖全之計。士大夫冒譴以争訟於庭而不足，里胥編户協比以遁於法而有餘。故周公制六官，敘六典，纖悉周詳，規天下於指掌，勒爲成書，而終不以之治周。非不可行也，行之而或遁之，或乘之，德不永而弊且長也。

人主而爲國計無疆之休，任賢而已矣；大臣而爲君建有道之長，進賢而已矣。所舉賢，而以類升者，即不如前人之懿德，而沿流風以自淑，必不爲蠢賊者也。所舉不肖，而以類升者，豈徒相效以邪哉！趨而愈下，流而愈淫，即求前人之不韙而不可得。嗚呼！安石豈意其支流之有蔡京哉？而京則曰：「吾安石之嫡系也。」諸君子又從而目之曰：「京所法者，安石也。」京之惡乃益以昌矣。故善治天下者，章民者志也，貞民者教也，樹之百年者人也。知善政之不足恃，則非革命之始，無庸創立己法；知惡政之不可久，則雖苛煩之法，自可調之使馴。讀一先生之言，欲變易天下而從己，吾未見其愈於安石也，徒爲蔡京之口實而已。

# 論王安石

〔清〕沈德潛

辨姦者，辨不近人情之姦易，辨近人情之姦難。彼蓋以近人情者，爲蠱惑人君之本，而旋以不近人情之術恣肆行之，斯天下受其毒，不至于亡國敗家不止。則夫借近人情以售其姦者，所當燭其微而防其漸也。

蘇洵之論王安石也，謂合王衍、盧杞爲一人，而其所以爲姦者，總以不近人情斷之。其言誠然，然此見其陰賊險狠之已露其迹，而不知其先之立説以欺世者，固本乎王道，而無一不近人情者也。觀其上仁宗皇帝一書，意在法先王之政，而其所由法先王者，在于裕人才、修教養、因人力、足財用，而一歸於至誠惻怛之心，果如其言，雖二帝、三王之政莫踰乎此。又觀其議茶法一篇，引桑弘羊興榷酤之利，霍光屈其論、罷其法以爲義能勝利之鑒。繹其立言，凡古今聚斂之臣，欲盡財利於毫末者，一推其弊而曲中之，此皆當乎理而近乎人情者也。彼若謂我如是以立言，則英君哲相皆在我籠絡中矣。而果也，諸大臣信之而薦之，而人主引而近之。迨乎得君既專，羽翼既盛，即盡反向日之言，而攫民之利以肆其虐，以固其位，以遍傾陷天下之賢人，當日即有侃侃力争如司馬光諸人者，彼若曰予已知之，予前已言之矣，則彼之稱先王引經術者，非正藉以爲曲行其姦地哉？

且從來爲大姦慝者，惟以一身害及天下，獨安石之新法，繼起者紹述之，吕惠卿、章惇、鄧綰以後，蔡確、蔡卞以及蔡京六賊之徒，轉相流毒，直至徽、欽亡國而後已焉。而原其始禍，實以近人情之論逢君媚世，以至此極也。而其時正人君子，祇以學術偏頗，執拗不曉事目之，似安石爲愚人而非姦人也者，即蘇氏之論亦就其矯拂人情論之，而豈知尚未直窺其巧詐也耶？故曰，辨不近人情之姦易，辨近人情之姦難也。然則何以辨之？曰：誠至明生，由窮理知言以尋究其所以、所由、所安，斯姦人不得而蒙蔽也夫。

歸愚文鈔卷六

## 與方靈皋論删荆公虔州學記書

〔清〕李紱

殿中編校事煩，屢辱迴車左顧，缺爲趨荅，悚仄非言，讀所删荆公虔州學記文氣益加遒緊，前賢畏後生，今乃信之。反覆省觀，似尚有未安者，曾、王學記，發明古聖王修己治人之術於周、程未顯之前，蓋昔人所謂佐佑六經之作也。荆公生平爲文最爲簡古，其簡至於篇無餘語，語無餘字，往往束千百言、十數轉於數行中，其古至於不可攀躋踪跡。引而高如緣千仞之崖，俯而深如縋千尋之谿，而曠而愈奥，如平楚蒼然而萬象無際。其爲此文乃獨不以簡而以詳，不以奇拔峭急爲古而以雍容温潤爲古，以其爲學記也。蓋論學之法，不得不詳，而教學者之辭氣，必安詳而恭敬也。

今就所删者觀之：「士牧民」數語，由士以及民也，删之則遺民矣。「庸之、承之、威之」，所謂則古昔、稱先王也，删之則似憑空立論矣。「諸侯之所教」一段，就州縣學言，蓋上文所陳，皆天子之事也，此等皆不可删。「是心非特秦也」一段，又推秦所以廢學校之原，蓋人知秦之廢學，而不知其所以廢亦漸而然也，以漸而廢，亦以漸而興，故引楊子之説。又曰「今天子新即位，庶幾能及此」，意似少緩，亦可删可不删也。至「守吏實古諸侯」句，亦不可删，删之則下文所謂「受於朝廷」者孰受之耶？其删之而無甚關者，惟「政非爲勸沮」及「又不止此」二語而已。至所謂見甚卓而格調近時，亦似未然。文之高下，因乎所見，未有所見高而格調反低者。爲時文之人，固有摹古文之形似者矣，摹之而反疑古文之近時，則何以異於黎邱之老不怪鬼之似其子而反疑其子之似鬼也，毋乃傎乎？其雍容優裕之氣與參差屈折之姿，究亦非時文所能似也。

安溪先生深於經術，其爲文皆六籍之腴，弟所心悦而誠服者，既以所删爲是，自不可易，然嘗與先生論文，間有未合，亦未嘗阿所好，惟不阿所好，則所服者乃真心悦而誠服耳。足下吾畏友，故亦不敢阿焉。

# 王安石論

〔清〕錢大昕

世稱王安石誤用周禮而宋以亡，非也。安石曷嘗用周禮哉？記云：「經禮三百，曲禮三千。」經禮者，周官也；曲禮者，儀禮也。晉韓宣子觀易象與魯春秋，而知周禮之盡在魯，安石立經義法，廢儀禮、春秋不用，至詆聖人之經爲斷爛朝報，而驅士大夫以習其所爲新經義者，其妄且誕如此，安知所謂周禮哉？所以尊周禮者，將以便其新法也。六官之中，大綱細目，無所不備，獨取泉府一官以證其青苗、市易之法，安石曷嘗用周禮哉？

安石之入對也，勸神宗每事當以堯、舜爲法，而譏唐太宗所爲不盡合法度，可謂責難於君矣。及觀其詩，有云「今人未可輕商鞅，商鞅能令政必行」，而其子雱遂亟稱鞅爲豪傑之士。夫鞅之所爲，三尺童子恥之，安石將以經術致君堯、舜而稱鞅不置，何爲乎？

安石平生好爲大言欺當世，一旦得君，欲去舊臣及異己者，而惟其所欲爲，於是乎亟變法令，而以富强之説進，又以爲不託於聖人之法，則無以堅人主之信而箝異己者之口，此即商鞅之挾三術以鑽孝公者也。其託於用周禮者，安石之僞也。予嘗論安石之學出於商鞅，而鞅之法專而一，安石之法繁而紛，則才已不逮。鞅自言其治之不如三代，而安石藉口講學，動必稱先王，以揜其言利之名，則鞅猶不若是之詐也。此所以敗壞決裂，不如鞅之尚有小效也。范純仁中中書狀，謂其「捨堯、舜知人安民之道，講五伯富國强兵之術，尚法令則稱商鞅，言財利則背孟軻」。蓋切中安石之病，後之人重其文辭，因欲末減其誤國之罪，如公議何？

潛研堂文集卷二

## 王安石之得君

〔清〕趙翼

王安石以新法害天下，引用奸邪，更張法令，馴至靖康之難。人皆咎安石爲禍首，而不知實根柢於神宗之有雄心也。帝自命大有爲之才，嘗欲克復燕雲，恢張先烈。當其爲潁王時，已與韓維論功名。見維傳。及即位，富弼因奏對，即曰：「願陛下二十年不談兵。」蓋已窺見意旨矣。見弼傳。帝又與王安禮論漢文帝，恨其才不能立法更制。見安禮傳。蘇頌使契丹歸，帝問以山川人情，頌曰：「彼講和日久，未有他意。若漢武久勤征討，匈奴終不服，至宣帝時呼韓邪單于稽首稱藩。唐中葉以後，河湟陷於吐蕃，憲宗欲復之而不能，至宣宗時乃以三關七州來歸。蓋外國之叛服不常，不繫乎中國之盛衰也。」頌意蓋有所諷云。見頌傳。初，藝祖嘗欲積縑帛二百萬，以取幽薊，别儲於景福殿。後神宗題此庫云：「五季失圖，玁狁孔熾。藝祖造邦，思有懲艾。爰設內府，基以募士。曾孫保之，敢忘厥志？」又詩曰：「每虔夕惕心，妄意遵遺業。顧予不武姿，何日成戎捷？」見食貨志。是帝久有取燕雲之志。後帝與大臣定議，將遂舉兵，朝慈聖光獻太后白其事，太后曰：「吉凶悔吝生乎動，得之不過南面受賀而已，萬一不諧，生靈所係，可勝言哉？苟可取則太祖、太宗已取之，何待今日？」見慈聖光獻曹后傳。觀此數傳，則帝意在用武開邊，復中國舊地，以成蓋世之功，而環顧朝臣皆習故守常，莫有能任其事者。安石一出，悉斥爲流俗，別思創建非常，突過前代，帝遂適如所願，不覺如魚得水，如膠投漆，而傾心納之。欲用兵必先聚財，於是青苗、免役之法行；欲聚財必先用人，於是呂惠卿、章惇之徒進。雖舉朝争之，甚至內而慈聖光獻太后，外而韓琦、富弼諸老臣，俱以安石爲不可用，而帝持之愈力，護之愈堅。故當時有謂帝與介甫如出一人者。史臣亦謂神宗以好大喜功之資，王安石出而與之遇，宜其流毒不能止。然則非安石之誤帝，實帝一念急功名之心自誤也。厥後兵不敢用於北而稍試於西，靈武之役，喪師覆將，塗炭百萬，帝中夜得報，起環榻行，徹旦不寐。見宣仁高后傳。蓋至是始知非常之事之不可倖成也，已晚矣。善乎韓維之論曰：「聖人功名，因事而見，不可先有功名心。」此真深識治道之論也哉！

# 語録

## 二程論王安石

明道先生曰：「必有關雎、麟趾之意，然後可行周官之法度。」

近思録卷八

伯淳先生嘗曰：「熙寧初，王介甫行新法，並用君子小人。君子正直不合，介甫以爲俗學，不通世務，斥去。小人苟容諂佞，介甫以爲有才，知變通，適用之。君子如司馬君實不拜副樞以去，范堯夫辭修注得罪，張天祺以御史面折介甫被責。介甫性很愎，衆人以爲不可，則執之愈堅。君子既去，所用小人争爲刻薄，故害天下益深。使衆君子未與之敵，俟其勢久自緩，委曲平章，尚有聽從之理，則小人無隙可乘，其害不至如此之甚也。」

王介甫爲舍人時，有雜説行於時，其粹處有曰：「莫大之惡，成於斯須不忍。」又曰：「道義重，不輕王公，志意足，不驕富貴。」有何不可？伊川嘗曰：「若使介甫只做到給事中，誰看得破？」

以上河南程氏外書卷一二

問：「荊公可謂得君乎？」曰：「後世謂之得君可也，然荊公之智識，亦自能知得，如表云：『忠不足以信上，故事必待於自明；智不足以破姦，故人與之爲敵。』智不破姦，此則未然；若君臣深相知，何待事事使之辨明也？舉此一事便可見。」曰：「荊公『勿使上知』之語，信乎？」曰：「須看他當時因甚事説此話。且如作此事當如何，更須詳審，未要令上知之；又如説一事，未甚切當，更須如何商量體察，今且勿令上知。若此類，不成是欺君也？凡事未見始末，更切子細、反復推究方可。」

河南程氏遺書卷一八

問：「如荊公窮物，一部字解，多是推五行生成。如今窮理，亦只如此著工夫，如何？」曰：「荊公舊年説話煞得，後來却自以爲不是，晚年盡支離了。」

「易有百餘家，難爲徧觀。如素未讀，不曉文義，且須看王弼、胡先生、荊公三家。理會得文義，且要熟讀，然後却有用心處。」

以上河南程氏遺書卷一九

## 劉安世論王安石

先生因言及王荆公學問，先生曰：「金陵亦非常人，其操行與老先生略同。」先生呼温公則曰「老先生」，呼荆公則曰「金陵」。其質朴儉素，終身好學，不以官職爲意，是所同也。但學有邪正，各欲行其所學爾，而諸人輒溢惡，此人主所以不信與夫？天下之士，至今疑之，以其言不公，故愈毁之而愈不信也。嘗記漢時大臣於人主之前説人短長，各以其實，如朱雲，是其一也，僕退而檢朱雲傳，華陰守丞嘉封事薦朱雲爲御史大夫，下其事問公卿，衡對以爲雲素好勇，數犯法亡命，受易頗有師道。僕後見先生，因舉此言，先生曰：「是矣，凡人有善有惡，故人有毁有譽，若不稱其善而併以爲惡而毁之，則人必不信有是惡矣。」故攻金陵者，只宜言其學乖僻，用之必亂天下，則人主必信；若以爲以財利結人主如桑弘羊，禁人言以固位如李林甫，姦邪如盧杞，大佞如王莽，則人不信矣。蓋以其人素有德行，而天下之人素尊之，而人主夷考之無是事，則與夫毁之之言亦不信矣。此進言者之大戒。

先生問僕曰：「世之所以罪金陵者，何也？」僕以新法對。先生曰：「此但一事耳。其爲大害，不在是也。且論新法多成周之法，且五帝之法尚不同，而金陵乃以成周之法行於本朝，何哉？且祖宗所以不多爲法令者，正恐官吏緣此以撓民也。正如莊子言，剖斗折衡，則民不争。使天下人皆如莊周，自可不争；使天下吏人皆如臨川，可以不要人錢也。」僕曰：「所謂大害何也？」先生曰：「正在僥倖路開耳。譬如一大室中，聚天下珍寶，只有一門，門前有一正路甚廣大，然極迂遠難到，若非其人，輒趨此路者必有人約迴之，然此室又有數小邪路可到，有數小門可入，自古聖君賢臣相與同心極力閉此門，若有由邪路来者，則拒之使不得入，或時放一兩人入，亦不至甚害也。若乃廣開此路，大開此門，則人乘此徑路而入，自此門一開之後，不復可閉，何況有人於室中招之乎？嘉祐之末，天下之弊，在於舒緩，金陵欲行新法，恐州縣慢易，因擢用新進少年，而僥倖之路從此遂啓。又教人主作福作威之術，故有不次用人，至於特旨、御前處分、金字牌子、一時指揮之類，紛紛而出，以爲賞罰人主之柄，且此柄自持可也。若其勢必爲姦臣所竊，則賞罰綱紀大壞，天下欲不亂，得乎？」

先生曰：「金陵有三不足之説，聞之乎？」僕曰：「未聞。」先生曰：「金陵用事，同朝起而攻之，金陵闢衆論，進言於上，曰：『天變不足懼，祖宗不足法，人言不足恤。』此三句，非獨爲趙氏禍，乃爲萬世禍也。老先生嘗云：『人主之勢，天下無能敵者，或有過舉，人臣欲回之，必思有大於此者巴攬，庶幾可回也。天子者，天之子也。今天變乃天怒也，必有災禍，或可回也。今乃教人主使不畏天變、不法祖宗、不卹人言，則何等事不可爲也？」僕曰：「此言爲萬世禍，或有術以禁絶其説，使不傳於後世乎？」先生曰：「安可絶也，此言一出，天下莫不聞之，不若著論明辨之曰：此乃禍天下後世之言。雖聞之，必不從也。譬如毒藥不可絶，而神農與歷代名醫言之曰：此乃毒藥，如何形色，食之必殺人，故後人見而識之，必不食也。今乃絶之不以告人，既不能絶而人誤食之，死矣。」先生又曰：「『巴攬』兩字，賢可記取，極有意思。」

先生與僕論變法之初，僕曰：「神廟必欲變法，何也？」先生曰：「蓋有説矣。天下之法，未有無敝者，祖宗以来以忠厚仁慈治天下，至於嘉祐末年，天下之事似乎舒緩，委靡不振，當時士大夫亦自厭之，多有文字論列，然其實於天下根本牢固。至神廟即位，富於春秋，天資絶人，讀書一見便解大旨，是時見兩蕃不服，及朝廷州縣多舒緩，不及漢、唐全盛時，每與大臣論議，有佛然不悦之色，當時執政從官中有識者，以謂方今天下，正如大富家，上下和睦，田園開闢，屋舍牢壯，財用充足，但屋宇少設飾，器用少精巧，僕妾樸魯遲鈍，不敢作過，但有鄰舍來相凌侮，不免歲時以物贈之，其來已久，非自家做得如此，遂不敢承當。上意改革法度，獨金陵揣知上意，以身當之，以激切奮怒之言以動上意，遂以仁廟爲不治之朝，神廟一旦得之，以爲千載會遇。改法之初，以天下公論謂之流俗，内則太后，外則顧命大臣等，尚不能回，何況臺諫、侍從、州縣乎？

祇增其勢爾。雖天下之人群起而攻之，而金陵不可動者，蓋此八個字，吾友宜記之。」僕曰：「何等八字？」先生曰：「『虛名、實行、强辯、堅志。』當時天下之論以金陵不作執政爲屈，此虛名也。平生行止無一點污，語者雖欲誣之，人主信乎？此實行也。論議人主之前，貫穿經史，今古不可窮詰，故曰『强辯』。前世大臣欲任意行一事，或可以生死禍福恐動之回，此老實不可以此動，故曰『堅志』。因此八字，此法所以必行也。得君之初，與主上若朋友，一言不合己志，必面折之，反覆詰難，使人主伏弱乃已。及元豐之初，人主之德已成，又大臣尊仰將順之不暇，天容毅然正君臣之分，非與熙寧初比也。」

以上元城語録卷上

## 楊時論王安石

「荆公在上前争論，或爲上所疑，則曰：『臣之素行，似不至無廉恥，如何不足信？』且論事，當問事之是非利害如何，豈可以素有廉恥劫人使信己也夫？廉恥在常人足道，若君子更自矜，其廉恥亦淺矣。蓋廉恥自君子所當爲者，如人守官，曰：『我固不受贓。』不受贓豈分外事乎？」

龜山先生語録卷一

「荆公云：『利者，陰也，陰當隱伏。義者，陽也，陽當宣著。』此説源流發於董仲舒，然此正王氏心術之蔽，觀其所爲，雖名爲義，其實爲利。」

「荆公言云『天使我有是之謂命，命之在我之謂性』，是未知性命之理。其曰『使我』，正所謂使然也，然使者可以爲命乎？以命在我爲性，則命自一物，若中庸言『天命之謂性』，性即天命也，又豈二物哉？如云在天爲命，在人爲性，此語似無病，然亦不須如此説。性、命初無二理，第所由之者異耳。率性之謂道，如易所謂聖人之作易，將以順性命之理是也。」

因論荆公法云：「青苗、免役亦是法，然非藏於民之道。如青苗取息雖不多，然歲散萬緡，則奪民二千緡入官，既入官，則民間不復可得矣。免役法取民間錢雇人役於官，其得此錢，用者蓋皆州縣市井之人，不及鄉民，鄉民惟知輸而已，而不得用，故今鄉民多乏於財也。」「青苗二分之息可謂輕矣，而不見有利於百姓，何也？今民間舉債，其息少者，亦須五七分，多者或倍，而亦不覺其爲害。」曰：「惟其利輕，且官中易得。人徒知目前之利，而不顧後患，是以樂請。若民間舉債，則利重，又百端要勒，得之極難，故人得已且已。又青苗雖名取二分之息，其實亦與民間無異，蓋小民既有非不得已而請者，又有非不得已用之，且如請錢千，或遇親舊於州縣間，須有

龜山先生語録卷二

酒食之費，不然亦須置小小不急之物，只使二百錢，已可比民間四分之息。又請納時往來之用，與官中門户之賂遺，至少亦不下百錢，況又有胥吏追呼之煩，非貨不行，而公家期限，又與私家不同，而民之畏法者，至舉債以輸官，往往沿此遂破蕩産業者固多矣。此所以有害而無利也。或云官中息輕，民得之可以自爲經營，歲豈無二分之息乎？蓋未之思也。若用之商販，則錢散而難集，正公家期逼，卒收不聚，失所指準，其患不細。往年富家知此患也，官中配之請，不得已請而藏之，比及期，出私錢爲息輸之官，乃無患。然使民如此，是無事而侵擾之也，何名補助之政乎？」

以上龜山先生語録卷三

「神宗賜金荆公，荆公即時賜蔣山僧寺爲常住。了翁云：『嘗見人説以此爲曠古所難，其實能有多少物，人所以難之，蓋自其眼孔淺耳。』曰：『荆公作此事，絶無義理，古者人君賜之果，尚懷其核，懷核所以敬君賜也。所賜金，義當受則受，當辭則辭，其可名而受之而施之僧寺乎？是賤君賜也，金可賤，君賜不可賤。書曰：「人不易物，惟德其物。」若於義當受而家已足，不願藏之家，而班諸昆弟之貧者，則合禮矣。』」

「孟子言大人正己而物正，荆公却云正己而不期於正物則無義，正己而必期於正物則無命。

若如所論，孟子自當言正己以正物，不應言正己而物正矣。物正，物自正也。大人只知正己而已，若物之正，何可必乎？惟能正己，物自然正，此乃篤恭而天下平之意。荆公之學，本不知此。」

「字説所謂『大同于物者，離人焉』。曰：楊子言『和同天人之際，使之無間』，不知是同是不同？若以爲同，未嘗離人。又所謂『性覺真空者，離人焉』，若離人而之天，正所謂頑空。通總老言經中説十識，第八庵摩羅識，唐言白浄無垢；第九阿賴邪識，唐言善惡種子。白浄無垢，即孟子之言性善是也。言性善，可謂探其本。言善惡混，乃是于善惡已萌處看。荆公蓋不知此。」

以上龜山先生語録卷四

## 朱熹論王安石

問荆公得君之故。曰：「神宗聰明絶人，與群臣説話，往往領略不去；才與介甫説，便有『於吾言無所不説』底意思，所以君臣相得甚懽。向見何萬一之少年時所著數論，其間有説云：本朝自李文靖公、王文正公當國以來，廟論主於安静，凡有建明，便以生事歸之，馴至後來天下弊事極多。此説甚好。且如仁宗朝是甚次第時節！國勢卻如此緩弱，事多不理。英宗即位，已自有性氣要改作，但以聖躬多病，不久晏駕，所以當時謚之曰『英』。神宗繼之，性氣越緊，尤欲更新之。便是天下事難得恰好，卻又撞著介甫出來承當，所以作壞得如此！」又曰：「介甫變法，固有以召亂。後來又卻不別去整理，一向放倒，亦無緣治安。」儒用。

論王荆公遇神宗，可謂千載一時，惜乎渠學術不是，後來直壞到恁地。問：「荆公初起，便挾術數？爲後來如此？」曰：「渠初來，只是要做事。到後面爲人所攻，便無去就。不觀荆公日録，無以知其本末。它直是强辯，邈視一世，如文潞公，更不敢出一語。」問：「温公所作如何？」曰：「渠亦只見荆公不是，便倒一邊。如東坡當初議論，亦要變法，後來皆改了。」又問：「神宗元豐之政，又卻不要荆公。」曰：「神宗盡得荆公許多伎倆，更何用他？到元豐間，事皆自做，只是用一等庸人備左右趨承耳。」又問：「明道、横渠初見時，皆許以峻用，後來乃如此，莫是荆公説已行故然？」曰：「正如吾友適説徐子宜上殿極蒙褒獎，然事卻不行。」曰：「設使横渠、明道用於當時，神宗盡得其學，他日還自做否？」曰：「不然。使二先生得君，卻自君心上爲之，正要大家商量，以此爲根本。君心既正，他日雖欲自爲，亦不可。」又云：「富韓公召來，只是要去，語人云：『入見上，坐亦不定，豈能做事？』」某云：「韓公當仁廟再用時，與韓魏公在政府十餘年，皆無所建明，不復如舊時。」曰：「此事看得極好，當記取。」又問：「使范文正公當此，定不肯回。」曰：「文正卻不肯回，須更精密似前日。」可學。

「荆公初作江東提刑，回來奏事，上萬言書。其間一節云：『今之小官俸薄，不足以養廉，必當有以益之。然當今財用匱乏，而復爲此論，人必以爲不可行。然天下之財未嘗不足，特不知生財之道，無善理財之人，故常患其不足。』神宗甚善其言。後來纔作參政第二日，便專措置理財，遍置回易庫，以籠天下之利，謂周禮泉府之職正是如此。卻不知周公之制，只爲天下之貨有不售，則商旅留滯而不能行，故以官錢買之，使後來有欲買者，官中卻給與之，初未嘗以此求利息也。」時舉云：「『凡國之財用取具焉』，則是國家有大費用皆給於此，豈得謂之不取利耶？朝廷財用，但可支常費耳。設有變故之來，定無可以應之。」曰：「國家百年承平，其實規模未立，特幸其無事耳。若有大變，豈能支耶？神宗一日聞回易庫零細賣甚果子之類，因云：『此非朝廷之體。』荆公乃曰：『國家創置有司，正欲領其繁細。若回易庫中，雖一文之物，亦當不憚出納，乃有司之職，非人君所當問。若人君問及此，則乃爲繁碎而失體也。』其説甚高，故神宗信之。」時舉。

「新法之行，諸公實共謀之，雖明道先生不以爲不是，蓋那時也是合變時節。但後來人情洶洶，明道始勸之以不可做逆人情底事。及王氏排衆議行之甚力，而諸公始退散。」道夫問：「新法之行，雖塗人皆知其有害，何故明道不以爲非？」曰：「自是王氏行得來有害。若使明道爲之，必不至恁地狼狽。」問：「若專用韓、富，則事體如何？」曰：「二公也只守舊。」「專用温公如何？」曰：「他又別是一格。」又問：「若是二程出來擔負，莫須別否？」曰：「若如明道十事，須還他全別方得。只看他當時薦章，謂其『志節慷慨』云云，則明道豈是循常蹈故塊然自守底人！」道夫。

「吕氏家傳載荆公當時與申公極相好，新法亦皆商量來，故行新法時，甚望申公相助。又用明道作條例司，皆是望諸賢之助，是時想見其意好。後來盡背了初意，所以諸賢盡不從。明道行狀不載條例司事，此卻好分明載其始末。」

「荆公德行，學則非。」若海。

先生論荆公之學所以差者，以其見道理不透徹。因云：「洞視千古，無有見道理不透徹，而所説所行不差者。但無力量做得來，半上落下底，則其害淺。如庸醫不識病，只胡亂下那没緊要底藥，便不至於殺人。若荆公輩，他硬見從那一邊去，則如不識病證，而便下大黄、附子底藥，便至於殺人！」燾。

劉叔通言：「王介甫，其心本欲救民，後來弄壞者，乃過誤致然。」曰：「不然。正如醫者治病，其心豈不欲活人？卻將砒礵與人吃。及病者死，卻云我心本欲救其病，死非我之罪，可乎？介甫之心固欲救人，然其術足以殺人，豈可謂非其罪？」僩。

因語荆公，陸子静云：「他當時不合于法度上理會。」語之云：「法度如何不理會？只是他所理會非三代法度耳。」居甫問：「荆公節儉恬退，素行亦好。」曰：「他當時作此事，已不合中。如孔子於飲食衣服之間，亦豈務滅裂？它當初便只苟簡，要似一苦行然。」某問：「明道『共改』之説亦是權？」曰：「是權。若從所説，縱未十分好，亦不至如它日之甚。」問：「章子厚説温公以母改子不是，此説卻好。」曰：「當時亦是温公見得事急，且把做題目。」問：「温公當路，卻亦如荆公，不通商量。」曰：「温公亦只是見得前日不是，己又已病，急欲救世耳。哲宗于宣仁有憾，故子厚輩得入其説。如親政次日，即召中官。范淳夫疏拳拳君臣之間，只説到此，向上去不得，其如之何？」問：「宣仁不還政，如何？」曰：「王彦霖繫年録一段可見。嘗對宣仁論君子小人，彦霖云：『太皇於宫中須説與皇帝。』曰：『亦屢説，孫兒都未理會得。』觀此一節，想是以未可分付，故不放下。宣仁性極剛烈，蔡新州之事，行遣極重。」曰：「當時若不得范忠宣救，殺了他，他日諸公禍又重。」曰：「賴有此耳。」又問：「韓師朴、曾子宣建中事如何？」曰：「渠二人卻要和會，子宣日録極見渠心跡。當時商量云，左除卻軾、轍，右除卻京、卞，此意亦好。後來元祐人漸多，頗攻其短，子宣卻反悔，師朴無如之何。」又問：「蔡京之來，乃師朴所引，欲以傾子宣。」曰：「京入朝，師朴遣子迎之十里，子宣卻遣子迎之二十里。京既入，和二人皆打出。」可學。

或録云「韓師朴是個鶻突的人，薦蔡京，欲使之排曾子宣」云云。

汪聖錫嘗問某云：「了翁攻日録，其説是否？」應之曰：「不是。」曰：「如何不是？」曰：「若言荆公學術之繆，見識之差，誤神廟委任，則可。壯祖録云：「若言荆公學術不正，負神廟委任之意，是非謬亂，爲神廟聖學之害，則可。」卻云日録是蔡卞增加，又云荆公自增加。如此，則是彼所言皆是，但不合增加其辭以誣宗廟耳。又以其言『太祖用兵，何必有名？真宗矯誣上天』，爲謗祖宗，此只是把持他，元不曾就道理上理會，如何説得他倒！」方子。

伯豐問四明尊堯集。曰：「只似討鬧，卻不于道理上理會。蓋它止是於利害上見得，于義理全疏。如介甫心術隱微處，都不曾攻得，卻只是把持。如曰『謂太祖濫殺有罪，謂真宗矯誣上天』，皆把持語也。龜山集中有攻日録數段，卻好，蓋龜山長於攻王氏。然三經義辨中亦有不必辨者，卻有當辨而不曾辨者。」嵤。

「王氏新經盡有好處，蓋其極平生心力，豈無見得著處？」因舉書中改古注點句數處，云：「皆如此讀得好。此等文字，某嘗欲看一過，與摭撮其好者而未暇。」賀孫。

「三舍士人守得荆公學甚固。」銖。

「陳後山説，人爲荆公學，唤作『轉般倉，模畫手，致無羸餘，但有虧欠』。東坡云：『荆公之學，未嘗不善，只是不合要人同己。』此皆説得未是。若荆公之學是，使人人同己，俱入於是，何不可之有？今卻説『未嘗不善，而不合要人同』，成何説話！若使彌望者黍稷，都無稂莠，亦何不可？只爲荆公之學自有未是處耳。」銖。

「介甫解佛經亦不是，解『揭帝揭帝』云：『揭其所以爲帝者而示之。』不知此是胡語！」璘。

蜚卿問荆公與坡公之學。曰：「二公之學皆不正，但東坡之德行那裏得似荆公？東坡初年若得用，未必其患不甚于荆公，但東坡後來見得荆公狼狽，所以都自改了。初年論甚生財，後來見青苗之法行得狼狽，便不言生財；初年論甚用兵，如曰『用臣之言，雖北取契丹可也』，後來見荆公用兵用得狼狽，更不復言兵。他分明有兩截底議論。」道夫。

「荆公後來所以全不用許多儒臣，也是各家都説得没理會。如東坡以前進説許多，如均户口、較賦役、教戰守、定軍制、倡勇敢之類，是煞要出來整理弊壞處。後來荆公做出，東坡又卻盡底翻轉，云也無一事可做。如揀汰軍兵，也説怕人怨；削進士恩例，也説士人失望。恁地都一齊没理會，始得。且如役法，當時只怕道衙前之役，易致破蕩，當時於此合理會，如何得會破蕩？晁以道文集有論役法處，煞好。」賀孫。

「熙寧更法，亦是勢當如此。凡荆公所變更者，初時東坡亦欲爲之。及見荆公做得紛擾狼狽，遂不復言，卻去攻他。如荆公初上底書，所言皆是，至後來卻做得不是。自荆公以改法致天下之亂，人遂以因循爲當然。天下之弊，所以未知所終也。」必大。

「介甫初與吕吉甫好時，常簡帖往來，其一云：『勿令上知。』後來不足，吕遂繳奏之，神宗亦胡亂藏掩了。介甫只好人奉己，故與吕合。若東坡們不順己，硬要治他，如何天生得恁地狠！」義剛。

問：「萬世之下，王臨川當作如何評品？」曰：「陸象山嘗記之矣，何待它人問？」「莫只是學術錯否？」曰：「天資亦有拗强處。」曰：「若學術是底，此樣天資卻更有力也。」曰：「然。」琮。

「世上有『依本分』三字，只是無人肯行。且如蘇氏之學，卻成個物事。若王氏之學，都不成物事，人卻偏要去學，這便是不依本分。近看博古圖，更不成文理，更不可理會，也是怪。其中説一『旅』字云：『王曰：「衆也。」』這是自古解作衆，他卻要恁地説時，是説王氏較香得些子。這是要取奉那王氏，但恁地也取奉得來不好。」義剛。

先生取荆公奏稿進鄴侯家傳者，令人傑讀之。廣録云：「取荆公議府兵奏稿，及鄴侯與德宗議復府兵之説，令諸生誦之。曰：『如今得個宰相如此，甚好。』」又讀益公跋。先生曰：「如益公説，則其事都不成做。」人傑云：「鄴侯有智略，如勸肅宗先取范陽，亦好。」曰：「此策誠善。彼勸肅宗未可取兩京者，欲以兩京縶其四將，惜乎不用也！」人傑云：「荆公保甲行於畿甸，其始固咈人情，元祐諸公盡罷之，卻是壞其已成之法。」曰：「固是。近張元德亦有此議論寄來。」因言：「元祐諸公大略有偏處，多如此。」人傑云：「如棄地與西夏，亦未安。」曰：「當時如吕微仲，自以爲不然。蓋吕西人，知其利害。其他諸公所見，恨不得納諸其懷；其意待西夏倔强時，只欲卑巽請和耳。」因言：「本朝養兵蠹國，更無人去源頭理會，只管從枝葉上去添兵添將。太祖初定天下，將諸軍分隸州郡，特寄養耳，故謂之『第幾指揮』，謂之『禁軍』，明其爲禁衛也。其將校乃衙前，今所謂『都知兵馬使』，謂之『教練』，乃其軍之將也。若都監，乃唐末監軍之遺制。鈐轄、都部署，皆國初制也。部署，即今之總管。今州鈐、路鈐、總管，皆無職事，但大閱時供職一兩日耳。潭州有八指揮，其制皆廢弛。而飛虎一軍獨盛，人皆謂辛幼安之力。以某觀之，當時何不整理親軍？自是可用。卻别創一軍，又增其費。又今之江上屯駐，祖宗時亦無之。某之意，欲使更戍於州郡，可以漸汰將兵，然這話難説。又今之兩淮、荆襄義勇皆可用，但人多不之思耳。」人傑。廣録云：「京畿保甲之法，荆公做十年方成。至元祐時，温公廢了，深可惜！蓋此是已成之事，初時人固有怨者，後來做得成，想人亦安之矣。卻將來廢了，可惜！因言軍政後來因事而添者甚多，添得新者，卻不理會舊時有者。祖宗只有許多禁軍散在諸州，謂之禁軍者，乃天子所用之軍，不許他役。而今添得許多御前諸軍分屯了，故諸州舊有禁軍皆不理會。又如潭州緣置飛虎一軍了，都不管那禁軍與親兵。」

以上朱子語類卷一三〇

# 王安石軼事

王荆公父名益，故其所著字説無「益」字。老學庵筆記卷六

傅獻簡云：「王荆公之生也，有貛入其室，俄失所在，故小字貛郎。」

昔與小王先生者言：「王舒公介甫何至於無後？」小王先生曰：「介甫，上天之野狐也。又安得有後？」吾默然不平，歸白諸魯公。魯公曰：「有是哉！」吾益駭。魯公始迺爲吾言，曰：「頃有李士寧者，異人也。一旦因上七日入醴泉觀，獨倚殿所之楯柱，視卿大夫絡繹登階拜北神者。適睹一衣冠，亟問之曰：『汝非貛兒乎？』衣冠者爲之拜，迺介甫也。士寧謂介甫：『汝從此去，踰二紀爲宰相矣。其勉旃！』蓋士寧出入介甫家，識介甫之初誕生，故竟呼小字曰『貛兒』也。邵氏聞見後録卷三〇

王荆公之生也，有貛出於市。一道人首常戴花，時人目爲戴花道人，來訪其父，曰：「此文鐵圍山叢談卷四

字之祥，是兒當之，他日以文名天下。」因述其出處甚詳，俟至執政，自當見之。荆公父書於册，自後休證不少差，荆公甚神之。洎拜兩地，戒閽者，有戴花道人來，不問早暮即通。一日，道人果來，荆公見之，述父所記，渴見之意。道人曰：「自此益得君，謹無復讎。」荆公扣之，曰：「公前身，李王也，戒之。」遂辭去。

雲麓漫鈔卷四

長安西去蜀道有梓檀神祠者，素號異甚。士大夫過之，得風雨送，必至宰相；進士過之，得風雨則必殿魁。自古傳無一失者。有王提刑者過焉，適大風雨，王心因自負，然獨不驗。時介甫丞相年八九歲矣，侍其父行，後乃知風雨送介甫也。

鐵圍山叢談卷四

王荆公少年，不可一世士，獨懷刺候濂溪，三及門而三辭焉。荆公恚曰：「吾獨不可自求之六經乎！」乃不復見。

鶴林玉露甲編卷五

神宗嘗問文定識王安石否？曰：「安石視臣大父行也。臣見其大父日，安石髮未丱，衣短褐布，身瘡疥，役灑埽事，一蒼頭耳。」

邵氏聞見後録卷二〇

荆公在鍾山讀書，有一長老曰：「先輩必做宰相，但不可念舊惡，改壞祖宗格法。」荆公云：「一第未就，奚暇問作宰相，并壞祖宗格法？僧戲言也。」老僧云：「曾坐禪入定，見秦王入寺來，知先輩秦王後身也。」

王介甫乃進賢饒氏之甥，其舅黨以介甫膚理如虵皮，目之曰：「此行貨亦欲求售耶？」介甫尋舉進士，以詩寄之曰：「世人莫笑老虵皮，已化龍鱗衣錦歸。傳語進江饒八舅，如今行貨正當時。」　貴耳集卷中

慶曆二年，御試進士，時晏元獻爲樞密使。楊察，晏壻也，時自知制誥，避親，勾當三班院。察之弟寘時就試畢，負魁天下望。未放牓間，將先宣示兩府，上十人卷子。寘因以賦求察問晏公己之高下焉。晏公明日入對，見寘之賦已考定第四人，出以語察。察密以報寘。……不久唱名，再三考定第一人卷子進御。賦中有『孺子其朋』之言，不懌曰：『此語忌，不可魁天下。』即王荆公卷子。第二人卷子即王珪，以故事，有官人不爲狀元；令取第三人，即殿中丞韓絳；遂取第四人卷子進呈，上欣然曰：『若楊寘可矣。』復以第一人爲第四人。寘方以鄙語罵時，不知自爲第一人也。然荆公平生未嘗略語曾考中狀元，其氣量高大，視科第爲何　靳史卷二一

等事而增重耶！

王荆公於楊寘榜下第四人及第。是時，晏元獻爲樞密使，上令十人往謝。晏公俟衆人退，獨留荆公，再三謂曰：「廷評乃殊鄉里，久聞德行鄉評之美。況殊備位執政，而鄉人之賢者取高科，實預榮焉。」又曰：「休沐日相邀一飯。」荆公唯唯。既出，又使直省官相約飯會，甚慇懃也。比往時，待遇極至。飯罷，又延坐，謂荆公曰：「鄉人他日名位如殊坐處，爲之有餘矣。」且歎慕之又數十百言，最後曰：「然有二語欲奉聞，不知敢言否？」晏公言至此，語欲出而擬議久之。晏公泛謂荆公曰：「能容於物，物亦容矣。」荆公但微應之，遂散。公歸至旅舍，歎曰：「晏公爲大臣，而教人者以此，何其卑也！」心頗不平。荆公後罷相，其弟和甫知金陵時，說此事，且曰：「當時我大不以爲然。我在政府，平生交友，人人與之爲敵，不保其終。今日思之，不知晏公何以知之，復不知『能容於物，物亦容焉』二句，有出處，或公自爲之言也。」默記卷下

王安石……好讀書，能强記，雖後進投贄及程試文有美者，讀一周輒成誦在口，終身不忘。其屬文，動筆如飛，初若不措意，文成，見者皆伏其精妙。友愛諸弟，俸禄入家，數日輒盡爲諸弟所費用，家道屢空，不一問。議論高奇，能以辯博濟其説，人莫能詘。始爲小官，不汲汲於仕進。默記卷中

皇祐中，文潞公爲宰相，薦安石及張瓌、曾公定、韓維四人恬退，乞朝廷不次擢用，以激澆競之風。有旨，皆籍記其名。至和中，召試館職，固辭不就，乃除群牧判官，又辭，不許，乃就職。少時，懇求外補，得知常州。由是名重天下，士大夫恨不識其面，朝廷常欲授以美官，唯患其不肯就也。自常州徙提點江南東路刑獄。嘉祐中，召除館職、三司度支判官，固辭，不許。未幾，命修起居注，辭以新入館，館中先進甚多，不當超處其右，章十餘上。有旨，令閤門吏齎敕就三司授之，安石不受，吏隨而拜之，安石避之於廁，吏置敕於案而去，安石使人追而與之，朝廷卒不能奪。歲餘，復申前命，安石又辭七八章，乃受。尋除知制誥，自是不復辭官矣。

温公瑣語

韓魏公自樞密副使以資政殿學士知揚州，王荆公初及第爲僉判，每讀書至達旦，略假寐，日已高，急上府，多不及盥漱。魏公見荆公少年，疑夜飲放逸。一日從容謂荆公曰：「君少年，無廢書，不可自棄。」荆公不答，退而言曰：「韓公非知我者。」魏公後知荆公之賢，欲收之門下，荆公終不屈，如召試館職不就之類是也。故荆公熙寧日録中短魏公爲多，每曰：「韓公但形相好爾。」作畫虎圖詩詆之。至荆公作相，行新法，魏公言其不便，神宗感悟，欲罷其法。荆公怒甚，取魏公章送條例司疏駁，頒天下。又誣呂申公有言藩鎮大臣將興晉陽之師，除君側之惡，自草申公謫詞，昭著其事，因以摇魏公。賴神宗之明，眷禮魏公，終始不替。魏公薨，帝震悼，親製墓碑，恩意甚厚。荆公有挽詩云：「幕府少年今白髮，傷心無路送靈輀。」猶不忘魏公少年之語也。

邵氏聞見録卷九

維揚芍藥甲天下，其間一花若紫袍而中有黄緣者，名「金腰帶」。金腰帶不偶得之。維揚傳一開則爲世瑞，且簪是花者位必至宰相，蓋數數驗。昔韓魏公以樞密副使出維揚，一日，金腰帶忽出四蘂，魏公異之，乃燕平生所期望者三人，與共賞焉。時王丞相禹玉爲監郡，王丞相介甫同一人俱在幕下，及將燕，而一客以病方謝不敏。及旦日，吕司空晦叔爲過客來，魏公尤喜，因留吕司空。合四人者，咸簪金腰帶。其後四人果皆輔相矣。

鐵圍山叢談卷六

皇祐三年，荆公倅舒，與道人文鋭、弟安國擁火遊石牛洞，玩李習之題字，聽泉而歸。故有詩曰：「水泠泠而北出，山靡靡而旁圍。欲窮源而不得，竟悵望而空歸。」

韻語陽秋卷一三

嘉祐中，正獻公言：「君子當正其衣冠，尊其瞻視。王介甫之衣冠不整，亦一大病。」

吕氏雜記卷下

熙寧二年，韓魏公自永興軍移判北京，過闕上殿。王荆公方用事，神宗問曰：「卿與王安石議論不同，何也？」魏公曰：「仁宗立先帝爲皇嗣時，安石有異議，與臣不同故也。」帝以魏公之語問荆公，公曰：「方仁宗欲立先帝爲皇子時，春秋未高，萬一有子，措先帝於何地？臣之論所以與韓琦異也。」荆公强辯類如此。當魏公請册英宗爲皇嗣時，仁宗曰：「少俟，後宫有就閣者。」公曰：「後宫生子，所立嗣退居舊邸可也。」蓋魏公有所處之矣。然荆公終英宗之世，屢召不至，實自慊也。

邵氏聞見録卷九

韓魏公知揚州，介甫以新進士簽書判官事，韓公雖重其文學，而不以吏事許之。介甫數引古義争公事，其言迂闊，韓公多不從。介甫秩滿去。會有上韓公書者，多用古字，韓公笑而謂僚屬曰：「惜乎王廷評不在此，其人頗識難字。」介甫聞之，以韓公爲輕己，由是怨之。及介甫知制誥，言事復多爲韓公所沮。會遭母喪，服除，時韓公猶當國，介甫遂留金陵，不朝參。曾魯公知介甫怨忌韓公，乃力薦介甫於上，强起之，其意欲以排韓公耳。

涑水記聞卷一六

韓魏公，慶曆中以資政殿學士知揚州，時王荆公初及第，爲校書郎、簽書判官廳事，議論多與魏公不合。洎嘉祐末，魏公爲相，荆公知制誥，因論蕭注降官詞頭，遂上疏争舍人院職分，其言頗侵執政；又爲糾察刑獄，駁開封府斷争鵪鶉公事，而魏公以開封爲直，自是往還文字甚多。及荆公秉政，又與常平議不合，然而荆公每評近代宰相，即曰：「韓公德量才智，心期高遠，諸公皆莫及也。」及魏公薨，荆公爲輓詞曰：「心期自與衆人殊，骨相知非淺丈夫。」又曰：「幕府少年今白髮，傷心無路送靈輀。」

王介甫令吾浙之鄞。鄞濱海，其民冬夏乘筏採捕爲生。有田率在山麓，取灌泉水，澇則泄以達海，旱則瀦以養田，故民得指田爲質，以貸豪右之金，豪右得乘急重息之。介甫特出官錢輕息以貸，至秋則田畝之入安然足償，所謂青苗法也。於鄞實善政，及爲相，必欲推而遍於天下，則非矣。鄞人至今德之，立祠陀山下，神亦至靈。東軒筆録卷六

荆公嘗在歐公坐上賦虎圖，衆客未落筆，而荆公草已就。歐公亟取讀之，爲之擊節稱歎，坐客閣筆不敢作。六研齋筆記卷一

王荆公初未識歐文忠公，曾子固力薦之公，願得游其門，而荆公終不肯自通。至和初，爲群牧判官，文忠還朝，始見知，遂有「翰林風月三千首，吏部文章二百年」之句。然荆公猶以爲非知己也，故酬之曰：「他日儻能窺孟子，此身安敢望韓公。」自期以孟子，處公以爲韓愈，公亦不以爲歉。及在政府，薦可爲宰相者三人同一劄子，吕司空晦叔、司馬温公與苕溪漁隱叢話前集卷三四引漫叟詩話

荆公也。

中書待制公翌新仲，嘗言：「後學讀書未博，觀人文字不可輕詆。且如歐陽公與王荆公詩云：『翰林風月三千首，吏部文章二百年。』荆公答云：『他日若能窺孟子，終身安敢望韓公。』歐公笑曰：『介甫錯認某意，所用事乃謝朓爲吏部尚書，沈約與之書，云二百年來無此作也。若韓文公迨今何止二百年耶！』前後名公詩話，至今博洽之士莫不以歐公之言爲信，而荆公之詩爲誤。不知荆公所用之事，乃見孫樵上韓退之吏部書『二百年來無此文也』，歐公知其一而不知其二，故介甫嘗曰：『歐公坐讀書未博耳。』雖然，荆公亦有强辯處。嘗有詩云：『黄昏風雨滿園林，殘菊飄零滿地金。』歐公見而戲之，曰：『秋英不比春花落，傳語詩人仔細吟。』荆公聞之，曰：『永叔獨不見楚詞「夕餐秋菊之落英」耶？』殊不知楚詞雖有『落英』之語，特寓意『朝夕』二字，言吞陰陽之精蕊，動以香浄自潤澤爾。所謂『落英』者，非飄零滿地之謂也。夫百卉皆彫落，獨菊花枝上枯，雖童孺莫不知之。荆公作事，動輒引經爲證，故新法之行，亦取合於周官之書，其大概類此爾。」避暑録話卷上

司馬温公嘗曰：「昔與王介甫同爲群牧司判官，包孝肅公爲使，時號清嚴。一日，群牧司牡西塘集耆舊續聞卷一

丹盛開，包公置酒賞之；公舉酒相勸，某素不喜酒，亦强飲，介甫終席不飲，包公不能强也。某以此知其不屈。」

舒王性酷嗜書，雖寢食間手不釋卷，晝或宴居默坐，研究經旨。知常州，對客語，未嘗有笑容。一日，大會賓佐，倡優在庭，公忽大笑，人頗怪之。乃共呼優人厚遺之，曰：「汝之藝能使太守開顏，真可賞也。」有一人竊疑公笑不由此，因乘間啓公，公曰：「曏日席上偶思咸、恒二卦，豁悟微旨，自喜有得，故不覺發笑耳。」邵氏聞見録卷一〇

王介甫詭詐不通，外除自金陵過揚州，劉原父作守，以州郡禮邀之，遂留。方營妓列庭下，介甫作色，不肯就坐。原父辨論久之，遂去營妓，顧介甫曰：「燒車與船。」延之上坐。墨客揮犀卷四

王介字中甫，衢州人，博學善譏謔。嘗舉制科不中，與王荆公遊甚款曲，然未嘗降意少相下。熙寧初，荆公以翰林學士被召，前此屢召不起，至是始受命。介以詩寄云：「草廬三顧動幽蟄，蕙帳一空生曉寒。」用蕙帳事，蓋有所諷，荆公得之大笑。他日作詩，有「丈夫出處非無意，猿

鶴從來自不知」之句，蓋爲介發也。

熙寧戊申，邵堯夫聞杜鵑啼，不樂，或問之，曰：「將有人起東南爲相，以文教亂天下，此禍非六十年不已。」未幾，王介甫召自江寧。介甫所建明經術法令，至建炎戊申方熄。石林詩話卷下

王荆公熙寧初召還翰苑。初侍經筵之日，講禮記「曾參易簀」一節，曰：「聖人以義制禮，其詳見於牀笫之間；君子以仁行禮，其勤至於垂死之際。姑息者，且止之辭也，天下之害，未有不由於且止者也。」步里客談卷上

熙寧元年冬，介甫初侍經筵，未嘗講説。上欲令介甫講禮記，至曾子易簀事，介甫於倉卒間進説曰：「聖人以義制禮，其詳至於牀笫之際；君子以仁循禮，其勤見於將死之時。」上稱善。安石遂言：「禮記多駁雜，不如講尚書帝王之制，人主所宜急聞也。」於是罷禮記。老學庵筆記卷九

熙寧初，吴沖卿問王介甫：「若見吴江小龍，怕耶不怕耶？」介甫曰：「亦怕亦不怕。若不曲洧舊聞卷九

怕，無以與民同患；若怕，無以退藏于密。」

東坡中制科，王荆公問吕申公：「見蘇軾制策否？」申公稱之。荆公曰：「全類戰國文章，若安石爲考官，必黜之。」故荆公後修英宗實録，謂蘇明允有戰國縱横之學云。吕氏雜記卷下

王介甫在館閣時，僦居春明坊，與宋次道宅相鄰。次道父祖以來藏書最多，介甫借唐人詩集日閲之，過眼有會于心者，必手録之，歲久殆遍。或取其本鏤行于世，謂之百家詩選，既非介甫本意，而作序者曰：「公獨不選杜、李與韓退之，其意甚深。」則又厚誣介甫而欺世人也。不知李、杜、韓退之外，如元、白、夢得、劉長卿、李義山輩，尚有二十餘家。以予觀之，介甫固不可厚誣，而世人豈可盡欺哉？蓋自欺耳。邵氏聞見後録卷一四

吕晦叔、王介甫同爲館職，當時閣下皆知名士，每評論古今人物治亂，衆人之論必止於介甫，介甫之論又爲晦叔止也。一日論劉向當漢末，言天下事反復不休，或以爲知忠義，或以爲不達時變，議未決。介甫來，衆問之，介甫卒對曰：「劉向强聒人耳。」衆意未滿。晦叔來，又問之，風月堂詩話卷下

則曰：「同姓之卿歟！」衆乃服。故介甫平生待晦叔甚恭，嘗簡晦叔曰：「京師二年，鄙吝積於心，每不自勝。一詣長者，即廢然而反。夫所謂德人之容使人之意消者，於晦叔得之矣。以安石之不肖，不得久從左右，以求於心而稍近於道。」又曰：「師友之義，實有望於晦叔。」故介甫作相，薦晦叔爲中丞。晦叔迫於天下公議，及言新法不便，介甫始不悦，謂晦叔有驩兜、共工之姦矣。邵氏聞見録卷一二

韓子華爲閣長，一時名公如劉原父、王介甫之徒，皆在館職。介甫最爲子華所服，事多折衷於介甫。一日，館中會話，論及劉更生。介甫以當漢衰靡，王莽擅權，勢不復興，而更生嘵嘵强聒，近不知時，其中是非者相半。子華繼自外至，問曰：「諸公所談何事？」或以更生對。子華問介甫曰：「如何？」介甫具告。子華曰：「不然，更生同姓之卿，安得默默就斃哉！」一坐服子華至論。過庭録

温公在翰苑時，嘗飯客，客去，獨老蘇少留，謂公曰：「適坐有囚首喪面者何人？」公曰：「王介甫也，文行之士。子不聞之乎？」洵曰：「以某觀之，此人異時必亂天下，使其得志立朝，雖聰明之主，亦將爲其誑惑。内翰何爲與之游乎？」洵退，於是作辯姦論行於世。是時介甫方作館職，而明允猶布衣也。泊宅編卷上

蘇明允本好言兵，見元昊叛，西方用兵久無功，天下事有當改作，因挾其所著書，嘉祐初來京師，一時推其文章。王荆公爲知制誥，方談經術，獨不嘉之，屢詆于衆，以故明允惡荆公甚于仇讎。會張安道亦爲荆公所排，二人素相善，明允作辨姦一篇密獻安道，以荆公比王衍、盧杞，而不以示歐文忠。荆公後微聞之，因不樂子瞻兄弟，兩家之隙遂不可解。辨姦久不出，元豐間，子由從安道辟南京，請爲明允墓表，特全載之。蘇氏亦不入石，比年少傳于世。避暑録話卷上

王荆公爲館職，與滕甫同爲開封試官，甫屢稱一試卷，荆公重違其言，寘在高等。及拆封，乃王觀也。觀平日與甫親善，其爲人薄於行，荆公素惡之，至是疑爲滕所賣，公見於辭色。滕遽操俚言以自辨，且曰：「苟有意賣公者，令甫老母下世。」荆公怏然答曰：「公何不愷悌？凡事須權輕重，豈可以太夫人爲咒也。」荆公又不喜鄭獬，至是目爲「滕屠鄭沽」。東軒筆録卷一一

荆公在歐公坐，分韻送裴如晦知吴江，以「黯然消魂唯别而已」分韻。時客與公八人，荆公、子美、聖俞、平甫、老蘇、姚子張、焦伯强也。時老蘇得「而」字押「談詩究乎而」，荆公乃又作「而」字二詩：「采鯨抗波濤，風作鱗之而。」蓋用周禮考工記：「梓人深其爪，出其目，作其鱗之而。」又云：「春風垂虹亭，一杯湖上持。傲兀何賓客，兩忘我與而。」最爲工。君子不欲多上人，

王、蘇之憾，未必不稔於此也。

詩人之盛莫如唐，故今唐人之詩集行於世者，無慮數百家。宋次道龍圖所藏最備，嘗以示王介甫，且俾擇其尤者。公既爲擇之，因書其後曰：「廢日力於是，良可歎也。然欲知唐人之詩者，眡此足矣。」其後此書盛行於世，唐百家詩選是也。芥隱筆記

晁以道言：「王荆公與宋次道同爲群牧司判官，次道家多唐人詩集，荆公盡即其本擇善者籤帖其上，令吏抄之。吏厭書字多，輒移荆公所取長詩籤置所不取小詩上。荆公性忽略，不復更視，唐人衆詩集以經荆公去取皆廢。今世所謂唐百家詩選曰荆公定者，乃群牧司吏人定也。」郤掃編卷中

王荆公編百家詩選，從宋次道借本，中間有「暝色赴春愁」，次道改「赴」字作「起」字，荆公復定爲「赴」字，以語次道曰：「若是『起』字，人誰不能到？」次道以爲然。邵氏聞見後録卷一九

黄魯直嘗問王荆公：「世謂四家選詩，丞相以歐、韓高于李太白耶？」荆公曰：「不然，陳和叔嘗問四家之詩，乘間簽示和叔。時書史適先持杜集來，而和叔遂以其所送先後編集，初無高

下也。李、杜自昔齊名者也，何可下之？」魯直歸問和叔，和叔與荆公之説同。聞見近録

荆公編李、杜、韓、歐四家詩，而以歐公居太白之上，曰：「李白詩語迅快無疏脱處，然其識污下，十句九句言婦人、酒爾。」

嘉祐初，李仲昌議開六漯河，王荆公時爲館職，頗祐之。既而功不成，仲昌以贓敗。劉敞侍讀以書戲荆公，曰：「要當如宗人夷甫，不與世事可也。」荆公答曰：「天下之事所以易壞而難合者，正以諸賢無意如鄙宗夷甫也，但仁聖在上，故公家元海未敢跋扈耳。」捫虱新話卷一〇

嘉祐末，王介甫以知制誥糾察在京刑獄。有少年得鬭鶉，其同儕借觀之，因就乞之。鶉主不許，借者恃與之狎昵，遂持去，鶉主追及之，踢其脅下，立死。開封府捕按其人，罪當償死。及糾察司録問，介甫駁之曰：「按律，公取、竊取皆爲盜。此不與而彼强攜以去，乃盜也。此追而毆之，乃捕盜也，雖死當勿論，府司失入平人爲死罪。」府官不伏，事下審刑、大理詳定，以府斷爲是，有旨王安石放罪。舊制，放罪者詣殿門謝，介甫自言我無罪，不謝。御史臺及閤門累移牒趣東軒筆録卷一〇

之，終不肯謝。臺司因劾奏之，執政以其名重，遂不問，介甫亦竟不謝。温公瑣語

仁廟嘉祐中開賞花釣魚燕，王介甫以知制誥預末坐。帝出詩示群臣，次第屬和。傳至介甫，日將夕矣，亟欲奏御。得「披香殿」字，未有對。時鄭毅夫獬接席，顧介甫曰：「宜對『太液池』。」故其詩有云：「披香殿上留朱輦，太液池邊送玉杯。」翌日，都下盛傳王舍人竊柳詞「太液波翻，披香簾捲」，介甫頗卹之。西清詩話卷下

仁宗皇帝朝，王安石爲知制誥。一日，賞花釣魚宴，内侍各以金楪盛釣餌藥置几上，安石食之盡。明日，帝謂宰輔曰：「王安石詐人也。使誤食釣餌，一粒則止矣；食之盡，不情也。」帝不樂之。後安石自著日録，厭薄祖宗，於仁宗尤甚，每以漢文帝恭儉爲無足取者，其心薄仁宗也。故一時大臣富弼、韓琦、文彦博而下，皆爲其詆毁云。邵氏聞見録卷二

王荆公知制誥，吴夫人爲買一妾，荆公見之，曰：「何物也？」女子曰：「夫人令執事左右。」安石曰：「汝誰氏？」曰：「妾之夫爲軍大將部米運失舟，家資盡没猶不足，又賣妾以償。」公愀然曰：「夫人用錢幾何得汝？」曰：「九十萬。」公呼其夫，令爲夫婦如初，盡以

錢賜之。

王荆公爲小學士時，嘗訪君謨，君謨聞公至，喜甚，自取絶品茶，親滌器烹點以待公，冀公稱賞。公於夾袋中，取消風散一撮，投茶甌中併食之。君謨失色，公徐曰：「大好茶味。」君謨大笑，且歎公之真率也。邵氏聞見録卷一一

嘉祐中，士大夫之語曰：「王介甫家，小底不如大底；南陽謝師宰家，大底不如小底。」謂安石、安禮、安國、安上，謝景初、景温、景平、景回也。墨客揮犀卷四

王荆公、司馬温公、吕申公、黄門韓公維，仁宗朝同在從班，特相友善，暇日多會於僧坊，往往談燕終日，他人罕得而預，時目爲「嘉祐四友」。默記卷中

安石在仁宗時，論立英宗爲皇子與韓魏公不合，故不敢入朝。安石雖高科有文學，本遠人，未爲中朝士大夫所服，乃深交韓、吕二家兄弟。韓、吕，朝廷之世臣也，天下之士，不出於韓，即出於吕。韓氏兄弟絳，字子華，與安石同年高科；維字持國，學術尤高，不出仕，用大臣薦入館。郤掃編卷中

吕氏公著字晦叔，最賢，亦與安石爲同年進士。子華、持國、晦叔争揚於朝，安石之名始盛。安石又結一時名德之士如司馬君實輩，皆相善。先是治平間，神宗爲潁王，持國翊善，每講論經義，神宗稱善。持國曰：「非某之説，某之友王安石之説。」至神宗即位，乃召安石，以至大用。邵氏聞見録卷三

先公言：與閻二丈詢仁同赴省試，遇少年風骨竦秀於相國寺。及下馬去毛衫，乃王元澤也。是時盛冬，因相與於一小院中擁火。詢仁問荆公出處，曰：「舍人何久召不赴？」答曰：「大人久病，非有他也。近以朝廷恩數至重，不晚且來。雱不惟赴省試，蓋大人先遣來京尋宅子爾。」詢仁云：「舍人既來，誰不願賃宅，何必預尋？」元澤答曰：「大人之意不然，須與司馬君實相近者，每在家中云：『擇鄰必須司馬十二，此人居家事事可法，欲令兒曹有所觀效焉。』」默記卷下

王荆公知制誥，丁母憂，已五十矣。哀毁過甚，不宿於家，以藁秸爲薦，就廳上寢于地。是時，潘夙公所善，方知荆南，遣人下書金陵。急足至，升廳，見一人席地坐，露頭瘦損，愕以爲老兵也，呼院子令送書入宅。公遽取書，就鋪上拆以讀。急足怒曰：「舍人書而院子自拆可乎！」喧呼怒叫。左右曰：「此即舍人也。」急足皇恐趨出，且曰：「好舍人！好舍人！」默記卷下

西塘先生鄭俠，字介夫，福州福清人。父監江寧府稅時，先生就清涼寺讀書，不交人事，惟正旦至日一歸省親。時荆公以舍人居憂，聞而奇之。有楊驥者，自鄱陽來學於荆公，公使依先生學。一夕大雪，先生讀書過夜半，寒甚，呼驥起飲。酒酣登樓，觀雪賦詩，氣宇浩然。詩云：「濃雪暴寒齋，寒齋豈怕哉！漏隨書卷盡，春逐酒瓶開。一酌招孔孟，再斟留賜回。醺酣入詩句，同上玉樓臺。」他日驥謁荆公，語次誦先生詩，公歎賞曰：「真好學者。」累誦其「漏隨書卷盡，春逐酒瓶開」之句。先生將應舉，因贄所業謁荆公，公益稱獎。梅礀詩話卷上

荆公與魏公議事不合，曰：「如此則是俗吏所爲。」魏公曰：「公不相知，某真一俗吏也。」使爾多財，吾爲爾宰，共財最是難事。」

神宗初即位，猶未見群臣，王樂道、韓持國維等以宮僚先入，慰於殿西廊。既退，獨留維，問王安石今在甚處，維對在金陵。上曰：「朕召之肯來乎？」維言：「安石蓋有志經世，非甘老於山林者。若陛下以禮致之，安得不來？」上曰：「卿可先作書與安石，道朕此意，行即召矣。」維曰：「若是，則安石必不來。」上問何故，曰：「安石平日每欲以道進退，若陛下始欲用之，而先使人以私書道意，安肯遽就？然安石子雱見在京師，數來臣家，臣當自以陛下意語之，彼必能達。」晁氏客語

上曰：「善。」於是荆公始知上待遇眷屬之意。石林燕語卷七

王安石爲翰林學士，因萊州阿芸謀殺夫，以爲案問，欲舉免所因之罪，主上決意用爲輔相。東軒筆録卷三

王荆公議阿云按問自首法，舉朝紛紛，惟韓持國與公議同。一日晚，見持國歎曰：「此法至近而易知之事，乃與時議如此大異！」持國因曰：「此事維與介甫同，因夜來枕上不能寐，細思之亦有可議也。」荆公歎曰：「此一事安石理會來三十年矣，持國以一夕聰明勝之，不亦難乎！」默記卷中

熙寧元年，兩府辭郊賜。王荆公以爲兩府郊賚不多，減之未足以富國，今軍人郊賚不能減，而徒減兩府，失大體。兩府果能益國，雖增禄十倍，不足辭；苟爲不能，當辭位，不當辭禄。司馬文正曰：「方今國用窘竭，非痛裁省浮費，不能復振。苟裁省不自貴近始，則在下不服。臣非謂今日得兩府郊賚能富國也，欲陛下以此爲裁省之始耳。且陛下彊裁省之，則傷體；今大臣以河北災傷，憂公體國，自求省郊賚，從其請，所以成其美，何傷體之有？且陪祀無功」云云。荆公曰：「窘乏非今日之急，得善理財者，何患不富？」文正曰：「善理財者，不過浚民之膏血耳。」神

宗令且爲不允詔，會荆公當直，遂以其意爲之。能改齋漫録卷一三

是時荆公方得君，鋭意新美天下之政，自宰執同列無一人議論稍合，而臺諫章疏攻擊者無虚日，吕誨、范純仁、錢顗、程顥之倫尤極詆訾，天下之人皆目爲生事。熙寧初，富鄭公弼、曾魯公公亮爲相，唐質肅公介、趙少師抃、王荆公安石爲參知政事。是時鄭公以病足，魯公以年老，皆引例去，唐質肅屢争於上前，不能勝，未幾，疽發于背而死，趙少師力不勝，但終日歎息，遇一事更改，即聲苦者數十，故當時謂中書有生、老、病、死、苦，言介甫生、明仲老、彦國病、子方死、閲道苦也。東軒筆録卷九

熙寧中，朝廷有「生老病死苦」之語：時王荆公改新法，目爲生事；曾魯公以年老依違其間；富、韓二公稱病不出；唐參政與荆公争，按問欲理直不勝，疽發背死；趙清獻唯聲苦。時范忠宣公爲侍御史，皆劾之，言荆公章云：「志在近功，忘其舊學。」言富公章云：「謀身過於謀國。」言曾公、趙公章云：「依違不斷可否。」忠宣每曰：「以王介甫比莽、卓過矣，但急於功利，遂忘素守。」荆公猶欲用忠宣爲同修起居注，忠宣不從，出爲陝西漕，又移成都漕。荆公不悦，竟以事罷之。邵氏聞見録卷一三

王荆公與唐質肅公介同爲參知政事，議論未嘗少合。荆公雅愛馮道，嘗謂其能屈身以安人，如諸佛菩薩之行。一日於上前語及此事，介曰：「道爲宰相，使天下易四姓，身事十主，此得爲純臣乎？」荆公曰：「伊尹五就湯、五就桀者，正在安人而已，豈可亦謂之非純臣也？」質肅公曰：「有伊尹之志則可。」荆公爲之變色，其議論不合，多至相侵，率此類也。

東軒筆録卷九

至和中，范景仁爲諫官，趙閱道爲御史，以論陳恭公事有隙。熙寧中，介甫執政，恨景仁，數訐之於上，且曰：「陛下問趙抃，即知其爲人。」他日，上以問閱道，對曰：「忠臣。」上曰：「卿何以知其忠？」對曰：「嘉祐初，仁宗違豫，鎮首請立皇嗣以安社稷，豈非忠乎？」既退，介甫謂閱道曰：「公不與景仁有隙乎？」閱道曰：「不敢以私害公。」

涑水記聞卷一四

安國嘗力諫其兄，以天下恟恟，不樂新法，皆歸咎於公，恐爲家禍。介甫不聽，安國哭於影堂，曰：「吾家滅門矣！」

涑水記聞卷一六

王荆公初爲參知政事，閒日因閱讀晏元獻公小詞而笑曰：「爲宰相而作小詞，可乎？」平甫曰：「彼亦偶然自喜而爲爾，顧其事業豈止如是耶！」時吕惠卿爲館職，亦在坐，遽曰：「爲政必先放鄭聲，況自爲之乎！」平甫正色曰：「放鄭聲，不若遠佞人也。」

劉貢甫舊與王荆公游甚款，荆公在從班，貢甫以館職居京師，每相過，必終日。其後荆公爲參知政事，一日，貢甫訪之，值其方飯，使吏延入書室中，見有稿草一幅在硯下，取視之，則論兵之文也。貢甫性强記，一過目輒不忘，既讀，復寘故處。獨念吾以庶僚謁執政，徑入其便坐非是，因復趨出，待於廡下。荆公飯畢而出，始復邀入坐語。久之，問貢甫：「近頗爲文乎？」貢甫曰：「近作兵論一篇，草創未就。」荆公問所論大概如何，則以所見稿草爲己意以對。荆公不悟其嘗見己之作也，默然良久，徐取硯下稿草裂之。蓋荆公平日論議必欲出人意之表，苟有能同之者，則以爲流俗之見也。

東軒筆録卷五

荆公置條例司，初用程顥伯淳爲屬。伯淳賢士，一日盛暑，荆公與伯淳對語，雱者囚首跣足，手攜婦人冠以出，問荆公曰：「所言何事？」荆公曰：「以新法數爲人沮，與程君議。」雱箕踞以坐，大言曰：「梟韓琦、富弼之頭於市，則新法行矣。」荆公遽曰：「兒誤矣。」伯淳正色曰：「方與參政論國事，子弟不可預，姑退。」雱不樂去。伯淳自此與荆公不合。

卻掃編卷中

邵氏聞見録卷一一

荆公嘗與明道論事不合，因謂明道曰：「公之學如上壁。」言難行也。明道曰：「參政之學如捉風。」及後來逐不附己者，獨不怨明道，且曰：「此人雖未知道，亦忠信人也。」河南程氏遺書卷一九

先生嘗語王介甫曰：「公之談道，正如説十三級塔上相輪，對望而談曰，相輪者如此如此，極是分明。如某則戇直，不能如此，直入塔中，上尋相輪，辛勤登攀，邐迤而上，直至十三級時，雖猶未見相輪，能如公之言，然某却實在塔中，去相輪漸近，要之須可以至也。至相輪中坐時，依舊見公對塔談説此相輪如此如此。」河南程氏遺書卷一

介甫用事，張邰、李承之薦惇可用，介甫曰：「聞惇大無行。」承之曰：「某所薦者才也，顧惇才可用於今日耳，素行何累焉！公試召與語，自當愛之。」介甫召見之，惇素辯，又善迎合，介甫大喜，恨得之晚。邵氏聞見録卷一三

熙寧初，子厚爲崇文院校書，天祺與伯淳同爲監察御史。時介甫行新法，伯淳自條例司官爲御史，與臺諫官論其不便，俱罷。上猶主伯淳，介甫亦不深怒之。除京西北路提點，伯淳力辭，乞與同列俱貶，改澶州簽判。天祺尤不屈，一日至政事堂言新法不便，介甫不答，以扇障面

而笑，天祺怒曰：「參政笑某，不知天下人笑參政也。」

祖無擇字擇之……嘉祐中，與王介甫同爲知制誥，擇之爲先進。時詞臣許受潤筆物，介甫因辭一人之饋不獲，義不受，以其物置舍人院梁上。介甫以母憂去，擇之取爲本院公用。介甫聞而惡之，以爲不廉。熙寧二年，介甫入爲翰林學士，拜參知政事，權傾天下。時擇之以龍圖閣學士、右諫議大夫知杭州。介甫密諭監司求擇之罪，監司承風旨以贓濫聞於朝廷，遣御史王子韶按治。子韶小人也，攝擇之下獄，鍛鍊無所得，坐送賓客酒三百小瓶，責節度副使安置。邵氏聞見録卷一五

新法之變，議者紛然。伯淳見介甫，介甫聞伯淳至，盛怒以待之。伯淳既見，和氣藹然見眉宇間，即笑謂介甫曰：「今日諸公所争皆非私，實天下事爾。相公少霽威色，且容大家商量。管子云：下令如流水之源，令順民心也，管子猶知爾，況乃相公高明乎，何苦作逆人事？」介甫爲伯淳所薰，不覺心醉，即謂伯淳曰：「業已如此，奈何？」伯淳曰：「尚可改也。」介甫遂有改法之意，許明日見上白之。及明日見上，有張天驥者，實横渠弟也，自處士徵爲諫官，遂於上前面折荆公之短，荆公不勝其忿，遂不肯改。邵氏聞見録卷一六　北窗炙輠録卷上

神宗問：「周世宗何如？」馮公京曰：「世宗威勝於德，故享國不永。」王荆公曰：「世宗之殂，遠邇哀慕，非無德也。」荆公率以强辯勝同列，不知馮公之對，迺藝祖之語，見三朝寶訓云。

王荆公初參政事，下視廟堂如無人。一日，争新法，怒目諸公曰：「君輩坐不讀書耳。」趙清獻同參政事，獨折之曰：「君言失矣。如皋、夔、稷、契之時，有何書可讀？」荆公默然。以上邵氏聞見後録卷二〇

王荆公在臺閣侍從時，每爲人言：「唐太宗令諫官隨宰相入閤，最切於政道，後世所當行也。」及入司政事，而孫莘老、李公擇在諫職，二人者，熟荆公此論，遂列奏請舉行之，荆公不可，曰：「是又益兩參知政事也。」自警編卷九引吕氏家塾記

王荆公初執政，對客悵然曰：「投老欲依僧耳。」客曰：「急則抱佛脚。」公微笑曰：「投老欲依僧，古人全句。」客曰：「急則抱佛脚，亦全俗語也。然上去投，下去脚，豈不爲的對邪？」公遂大笑。邵氏聞見後録卷一九

王介甫未達，韓子華、富彦國愛其才，皆力薦於朝。王秉政，頗失士望，二公悔惡之。張安

道歸南京，富公守陳，安道由陳見富公，尊俎間談疾介甫不已。安道略不答，富公曰：「安道是介甫耶？」安道曰：「某何嘗謂是，公自不知人，今將何尤！」富公默然無語。過庭録

滕元發言：杜祁公作相，夜召元發作文字，因觀其狀貌，歎曰：「此骨相窮寒，豈宰相之狀也？」徐命左右秉燭，手展書卷，起而觀之，見眼有黑光徑射紙上。元發默然曰：「杜公之貴者此也。」後與王介甫同作館職，同夜直。忽見介甫展書燭下，黑光亦徑射紙上。因爲荆公説祁公之事，言介甫他日必作相。介甫歎曰：「子勿相戲，安石豈願作宰相哉？」十年之間，果如元發之言。默記卷上

介甫在朝，每有中使宣召，及賜予所贈之物，常倍舊例。陰結内侍都知張若水、押班藍元振，因能固上之寵。上使中使二人潛察府界青苗，還，皆言民便之，故上堅行不疑。苕溪漁隱叢話後集卷二五引司馬文正公日録

荆公柄國時，有人題相國寺壁云：「終歲荒蕪湖浦焦，貧女戴笠落柘條。阿儂去家京洛遥，驚心寇盜來攻剽。」人皆以爲夫出婦憂荒亂也。及荆公罷相，子瞻召還，諸公飲蘇寺中，以此詩問之，蘇曰：「于『貧女』句，可以得其人矣。『終歲』，十二月也，十二月爲『青』字。『荒蕪』，田有草也，草田爲『苗』字。『湖浦焦』，水去也，水旁去爲『法』字。『女戴笠』爲『安』字。『柘落木

條』剩『石』字。『阿儂』是吴言，合吴言爲『誤』字。『去家京洛』爲『國』，『寇盜』爲『賊民』。蓋言青苗法安石誤國賊民也。」

熙寧初，王丞相介甫既當軸處中，而神廟方赫然一切委聽。號令驟出，但於人情適有所離合，於是故臣名士往往力陳其不可，且多被黜降，後來者乃寖結其舌矣。當是時，以君相之威權而不能有所帖服者，獨一教坊使丁仙現爾。丁仙現，時俗但呼之曰「丁使」。丁使遇介甫法制適一行，必因燕設，於戲場中迺便作爲嘲諢，肆其誚難，輒有爲人笑傳。介甫不堪，然無如之何也，因遂發怒，必欲斬之。神廟乃密詔二王，取丁仙現匿諸王邸。二王者，神廟之兩愛弟也。故一時諺語，有「臺官不如伶官」。楓窗小牘卷上

熙寧四年，王荆公當國，欲以朱柬之監左藏庫，柬之辭曰：「左帑有火禁，而年高，宿直非便。」聞欲除某人勾當進奏院，實願易之。」荆公許諾。翌日，於上前進某人監左藏庫，上曰：「不用朱柬之監左藏庫，何也？」荆公震駭，莫測其由。上之神機臨下，多知外事，雖纖微，莫可隱也。鐵圍山叢談卷三

王荆公當國，郭祥正知邵州武岡縣，實封附遞奏書，乞以天下之計專聽王安石區畫，凡議論東軒筆録卷五

有異於安石者，雖大吏亦當屏黜。表辭亦甚辨暢，上覽而異之，一日問荊公曰：「卿識郭祥正否？其才似可用。」荊公曰：「臣頃在江東嘗識之，其爲人才近縱横，言近捭闔，而薄於行，不知何人引薦，而聖聰聞知也。」上出其章以示荊公，荊公恥爲小人所薦，因極口陳其不可用而止。是時祥正方從章惇辟，以軍功遷殿中丞，及聞荊公上前之語，遂以本官致仕。東軒筆録卷六

尚書李公風度凝遠，與人有恩意，而遇事强毅，不爲苟合。初善王荊公，荊公當國，冀其助，而詆之乃力於他人。荊公嘗遣雱諭意曰：「所争者國事，盍少存朋友之義？」公曰：「大義滅親，况朋友乎！」自守益確。士論以此歸之。自警編卷二

故事，進士第一人初命官，以將作監丞遷著作郎，次遷右正言。熙寧中，許沖元將以磨勘當遷，王荊公爲相，欲抑甲科三名前恩例，擬令轉太常博士。太常博士與右正言同爲一等，然祖宗分别流品，以太常博士爲有出身人遷轉，非以待第一人也。荊公方下筆作「太」字時，堂吏以手約筆，具陳祖宗之制，荊公乃改「太」字右筆作「口」字，沖元遂遷右正言。獨醒雜志卷一

李師中與王介甫同年進士，自幼負材氣。一日廣坐中稱其少年豪傑，介甫方識之，見衆人

稱舉其豪傑，乃云：「唐太宗十八歲起義兵，方是豪傑，渠是何豪傑？」衆不敢以對。

默記卷中

李師中平日議論多與荆公違戾，及荆公權盛，李欲合之，乃於舒州作傅巖亭，蓋以公嘗倅舒，而始封又在舒也。吴孝宗對策，方詆熙寧新法，既而復爲巷議十篇，言閭巷之間，皆議新法之善，寫以投荆公。荆公薄其翻覆，尤不禮之。

東軒筆録卷六

歐陽文忠公自歷官至爲兩府，凡有建明於上前，其詞意堅確，持守不變，且勇於敢爲，王荆公嘗歎其可任大事。及荆公輔政，多所更張，而同列少與合者。是時歐陽公罷參知政事，以觀文殿學士知蔡州。荆公乃進之爲宣徽使，判太原府，許朝覲，意在引之執政，以同新天下之政。而歐陽公懲濮邸之事，深畏多言，遂力辭恩命，繼以請老而去。荆公深歎惜之。

東軒筆録卷九

光禄卿鞏申，佞而好進，老爲省判，趨附不已。王荆公爲相，每生日，朝士獻詩頌，僧道獻功德疏以爲壽，輿皂走卒皆籠雀鴿就宅放之，謂之放生。申既不閑詩什，又不能誦經，於是以大籠貯雀，詣客次，搢笏開籠，且祝曰：「願相公一百二十歲。」時有邊塞之主帥妻病，而虞候割股以獻者，天下駭笑。或對曰：「虞候爲縣君割股，大卿與丞相放生。」

東軒筆録卷一〇

熙寧時，劉涇爲太學頌曰：「有四大儒，越出古今。王氏父子，吕氏兄弟。」荆公聞之，怒曰：「我四分中只得一分。」

吕氏雜記卷下

荆公、禹玉熙寧中同在相府。一日同侍朝，忽有虱自荆公襦領而上，直緣其鬚。上顧之而笑，公不自知也。朝退，禹玉指以告公，公命從者去之。禹玉曰：「未可輕去，輒獻一言，以頌虱之功。」公曰：「如何？」禹玉笑而應曰：「屢遊相鬚，曾經御覽。」荆公亦爲之解頤。

墨客揮犀卷四

姚麟爲殿帥，王荆公當軸，一日，折簡召麟，麟不即往。荆公因奏事白之裕陵，裕陵詢之，麟對曰：「臣職掌禁旅，宰相非時以片紙召臣，臣不知其意，故不敢擅往。」裕陵是之。

春渚紀聞卷一

李常爲言官，言王安石理財不由仁義，且言安石遂非喜勝，日與其徒吕惠卿等陰籌竊計，思以口舌以文厥過。以公論同乎流俗，以憂國爲震驚朕師，以百姓愁歎爲出自兼并之言，以卿士僉議爲生乎怨嫉之口，而又妄取經據，傅會其説。且言：「理財用而不由仁與義，不上匱則下窮矣。臣自知朝夕蒙戮，不憚開垂閉之口，吐將腐之舌，爲陛下反覆道之。」凡數千言。上覽之，驚歎再三，撫諭曰：「不意班行中乃有卿也。從前無臣僚説得如此分明，待便爲施行。」明日，安石登對，神宗正色視安石：「昨覽李常奏，豈不誤他百姓？」安石垂笏低手，作怠慢之狀，笑而不對。神宗愈怒，遂再問之。安石略陳數語，人不聞安石所言何事，但見上連點頭曰：「極是，極是。」常之奏竟不見降出。常後對人言：「不知安石有甚狐媚厭倒之術？」

王荆公相熙寧，神祖虚心以聽，荆公自以爲遭遇不世出之主，展盡底藴，欲成致君之業，顧謂君不堯、舜，世不三代，不止也。然非常之云，諸老力争，紛紜之議，殆偏天下，久之不能堪。又幸其事之集，始盡廢老成，務汲引新進，大更弊法，而時事斬然一新。至于元豐，上已漸悔，罷政居鍾山，不復再召者十年。其後元祐群賢迭起，不推原遺弓之本意，急於民瘼，無復周防，激成黨錮之禍，可爲太息。余嘗侍樓宣獻及此，宣獻誦荆公是時嘗因天雪有絶句曰：「勢合便疑埋地盡，功成直欲放春回。農夫不解豐年意，祇欲青天萬里開。」其志蓋有在。余應曰：「不然，舊聞京師隆冬，嘗有官檢凍死秀才腰間繫片紙，啓視之，乃喜雪詩四十韻，使來年果豐，已無救溝中之瘠矣。況小人合勢，如章、曾、蔡、吕輩，未知竟許放春否？」宣獻忻然是其説。及今觀

道山清話

之，發冢之議，同文之獄，以若人而居位，豈不如所臆度，荆公初心，於是孤矣。

元豐間，宋閹使者善人倫，上知而問云：「朕相法如何？」對云：「陛下天日之表，神明之格，下臣不得而名。」又問王安石，云：「牛行虎視，牛行足以任重，虎視足以威遠。」程史卷一一

熙寧庚戌冬，荆公自參知政事拜同中書門下平章事、史館大學士。是日，百官造門奔賀者無慮數百人，荆公以未謝恩，皆不見之，獨與余坐西廡之小閣。荆公語次，忽顰蹙久之，取筆書窗曰：「霜筠雪竹鍾山寺，投老歸與寄此生。」放筆揖余而入。後三年，公罷相知金陵。明年，復拜昭文館大學士。又明年，再出判金陵，遂納節辭平章事，又乞宫觀，久之，得會靈觀使，遂築第於南門外。元豐癸丑春，余謁公於第，公遽邀余同遊鍾山，憩法雲寺，偶坐於僧房，余因爲公道平昔之事及誦書窗之詩，公憮然曰：「有是乎！」微笑而已。錢氏私志

王荆公作相，裁損宗室恩數，於是宗子相率馬首陳狀訴云：「均是宗廟子孫，且告相公看祖宗面。」荆公厲聲曰：「祖宗親盡，亦須祧遷，何況賢輩！」於是皆散去。東軒筆録卷一二 老學庵筆記卷二

王荆公爲宰相，每與百官争一事，皆親書細字，至數十劄子猶不已。

荆公在政府，鼎新百度，真大有爲也。有小詩云：「金明池道柳參天，投老歸來聽管絃。飽食大官猶昔日，夕陽流水思茫然。」此乃失意無聊者語也。公方君臣相遇，謀合計從，不應有此句，識者頗怪之也。其後去國，久居閑地，遂如所詠爾。北窗炙輠録卷下

介甫初爲政，每贊上以獨斷，上專信任之。軾爲開封府試官，策問進士，以晉武平吴以獨斷而克，苻堅伐晉以獨斷而亡，齊桓專任管仲而霸，燕噲專任子之而敗，事同而功異，何也？介甫見之不悦。軾弟轍辭條例司，言青苗不便，介甫尤怒，乃定制策登科者不復試館職，以軾、轍兄弟故也。珍席放談卷下

王荆公與吕申公素相厚，荆公嘗曰：「吕十六不作相，天下不太平。」又曰：「晦叔作相，吾輩可以言仕矣。」其重之如此。議按舉時，其論尚同。荆公薦申公爲中丞，欲其爲助，故申公初多舉條例司人作臺官。既而天下苦條例司之爲民害，申公乃言新法不便。荆公怒其叛己，始有逐申公意矣。方其薦申公爲中丞，其辭以謂有八元、八凱之賢，未半年，所論不同，復謂有驩兜、

共工之姦，荊公之喜怒如此。初亦未有以罪申公也，會神宗語執政，呂公著嘗言：「韓琦乞罷青苗錢，數爲執事者所沮，將興晉陽之甲以除君側之惡。」荊公因用此爲申公罪，除侍讀學士，知潁州。宋次道當制辭，荊公使之明著其語，陳相暘叔以爲不可，次道但云：「敷奏失實，援據非宜。」荊公怒，自改之曰：「比大臣之抗章，因便殿之與對，輒誣方鎮有除惡之謀，深駭予聞，無事理之實。」

呂晦叔族子嘉問，先以晦叔欲論王介甫之疏告介甫，故晦叔爲介甫所逐。

邵氏聞見録卷一二

四六話卷上

王荊公父名益，以都官員外郎通守金陵，而元厚之作金陵幕官，其契分久矣。荊公既相，神宗欲慎選翰林學士，時厚之久在外，老於從官，荊公對曰：「有真翰林學士，但恐陛下不能用耳。」上固問之，因道姓名。上久之曰：「元絳在外久，不以文稱，且令爲制誥如何？」荊公曰：「陛下果不能用爾，況已作龍圖閣直學士，難下遷知制誥。」遂自外徑除翰林學士，中外大驚。既就列，有稱職之譽，不久遂參大政，故厚之深德荊公。其後荊公居金陵，厚之以太子少保致仕歸平江，以啓謝荊公曰：「眷林泉之樂，方遂乞骸；望衮繡之歸，徒深引脰。」

邵氏聞見後録卷八

王荆公平生養得氣完，爲他不好做官職，作宰相只喫魚羹飯，得受用底不受用，緣省便，去就自在。嘗上殿進一劄子擬除人，神宗不允，對曰：「阿除不得！」又進一劄子擬除人，神宗亦不允，又曰：「阿也除不得！」下殿出來，便乞去，更留不住，平生不屈也奇特。

上蔡語録卷一

荆公以詩賦決科，而深不樂詩賦。試院中五絶，其一云：「少年操筆坐中庭，子墨文章頗自輕。聖世選才終用賦，白頭來此試諸生。」後作詳定官，復有詩云：「童子常誇作賦工，暮年羞悔有揚雄。當年賜帛倡優等，今日掄才將相中。細甚客卿因筆墨，卑於爾雅注魚蟲。漢家故事真當改，新詠知君勝弱翁。」熙寧四年既預政，遂罷詩賦，專以經義取士，蓋平日之志也。

韻語陽秋卷五

王荆公之次子名雱，爲太常寺太祝，素有心疾，娶同郡龐氏女爲妻，逾年生一子，雱以貌不類己，百計欲殺之，竟以悸死，又與其妻日相鬭鬨。荆公知其子失心，念其婦無罪，欲離異之，則恐其誤被惡聲，遂與擇壻而嫁之。是時有工部員外郎侯叔獻者，荆公之門人也，娶魏氏女爲妻，少悍，叔獻死而幃箔不肅，荆公奏逐魏氏婦歸本家。京師有諺語曰：「王太祝生前嫁婦，侯工部死後休妻。」

東軒筆録卷七

汴渠舊例，十月關口，則舟檝不行。王荆公當國，欲通冬運，遂不令閉口，水既淺澀，舟不可行，而流冰頗損舟檝。於是以船脚數千，前設巨碓，以搗流冰，而役夫苦寒，死者甚衆。京師有諺語曰：「昔有磨法磨平聲漿水，今見巨碓搗冬凌。」

東軒筆録卷七

前判都水監李立之云：介甫前作相，嘗召立之問曰：「有建議欲決白馬河堤以淤東方之田者，何如？」立之不敢直言其不可，對曰：「此策雖善，但恐河決，所傷至多。昔天聖初，河決白馬東南，汎濫十餘州，與淮水相通，徐州城上垂手可掬水，且横貫韋城，斷北使往還之路，無乃不可？」介甫沉吟良久，曰：「聽使一淤亦何傷，但恐妨北使路耳。」乃止。

涑水記聞卷一五

王荆公好言利，有小人諂曰：「決梁山泊八百里水以爲田，其利大矣。」荆公喜甚，徐曰：「策固善矣，決水何地可容？」劉貢父在坐中曰：「自其旁別鑿一八百里泊則可容矣。」荆公笑而止。

王荆公會客食，遽問：「孔子不徹薑食，何也？」劉貢父曰：「草木書：薑多食損知，道非明之，將以愚之。孔子以道教人者，故云。」荆公喜以爲異聞，久之，乃悟其戲也。

以上邵氏聞見後録卷三〇

介甫請并京師行陜西所鑄折二錢，既而宗室及諸軍不樂，有怨言，上聞之，以問介甫，欲罷之。介甫怒曰：「朝廷每舉一事，定爲浮言所移，如此何事可爲？」退，遂移疾，卧不出。上使人諭之，曰：「朕無間於卿，天日可鑑，何遽如此？」乃起。

上以外事問介甫，介甫曰：「陛下從誰得之？」上曰：「卿何必問所從來？」介甫曰：「陛下與他人爲密，而獨隱於臣，豈君臣推心之道乎？」上曰：「得之李評。」介甫由是惡評，竟擠而逐之。他日，介甫復以密事質於上，上問於誰得之，介甫不肯對，上曰：「朕無隱於卿，卿獨有隱於朕乎？」介甫不得已，曰：「朱明之爲臣言之。」上由是惡明之。明之，介甫妹夫也。以上涑水記聞卷一六

舊中書南廳壁間，有晏元獻題詠上竿伎一詩云：「百尺竿頭裊裊身，足騰跟挂駭旁人。漢陰有叟君知否？抱甕區區亦未貧。」當時固必有謂。文潞公在樞府，嘗一日過中書，與荆公行至題下，特遲留誦詩久之，亦未能無意也。荆公他日復題一篇於詩後云：「賜也能言未識真，誤將心許漢陰人。桔槔俯仰何妨事，抱甕區區老此身。」石林詩話卷中

頃有秉政者，深被眷倚，言事無不從。一日御宴，教坊雜劇爲小商，自稱姓趙名氏，負以瓦

瓿賣沙糖，道逢故人，喜而拜之。伸足誤踏瓿倒，糖流于地，小商彈指歎息曰：「甜采你即溜也，怎奈何！」左右皆笑。俚語以王姓爲「甜采」。澠水燕談録卷一〇

王舒公介甫被遇神廟，方眷仗至深，忽一旦爲人發其私書者，介甫慚，於是丐罷累表，不待報，徑出東水門，中使宣押不復還矣。神廟大不樂，遂復聽其去，然重其操節，且約再召期。當是時，既出，挈其家且登舟，而元澤爲從者，誤破其頮面瓦盆，因復命市之，則亦一瓦盆也。其父子無嗜欲，自奉質素如此。鐵圍山叢談卷三

舒王初丁太夫人憂，讀經山中，與元游如昆弟。問祖師意旨，元不答，王益扣之，元曰：「公般若有障三，有近道之質一，更一兩生來恐純熟。」王曰：「願聞其説。」元曰：「公受氣剛大，世緣深，以剛大氣遭深世緣，必以身任天下之重，懷經濟之志，用舍不能必，則心未平，以未平之心持經世之志，何時能一念萬年哉？又多怒，而學問尚理，於道爲所知愚。此其三也。特視利名如脱屣，甘澹薄如頭陁，此爲近道，且當以教乘滋茂之可也。」王再拜受教。……元豐之初，王罷政府，舟至石頭，夜造山拜墳，士大夫車騎兵填山谷。王入寺，已二鼓，元出迎，一揖而退。王坐東偏，從官賓客滿坐。王環視，問元所在，侍者對曰：「已寢久矣。」王笑之。王結屋定林，往來

山中又十年，稍覺煩動，即造元，相向默坐終日而去。有詩贈之，其略曰：「不與物違真道廣，每隨緣起自禪深。舌根已淨誰能壞，足跡如空我得尋。」人以爲實録。

僧寶傳卷二七

王荆公初罷相，知金陵，作詩曰：「投老歸來一幅巾，君恩猶許備藩臣。芙蓉堂上觀秋水，聊與龜魚作主人。」及再罷，乞宫觀，以會靈觀使居鍾山，又作詩曰：「乞得膠膠擾擾身，鍾山松竹絶埃塵。只將鳧雁同爲客，不與龜魚作主人。」

東軒筆録卷六

熙寧七年四月，王荆公罷相，鎮金陵。是秋，江左大蝗，有無名子題詩賞心亭，曰：「青苗免役兩妨農，天下嗷嗷怨相公。惟有蝗虫感恩德，又隨鈞旆過江東。」荆公一日餞客至亭上，覽之不悦，命左右物色，竟莫知其爲何人也。

桯史卷九

熙寧七年，王荆公初罷相，以吏部尚書、觀文殿學士知金陵，薦吕惠卿爲參政而去。既而吕得君怙權，慮荆公復進，因郊祀，薦荆公爲節度使平章事。方進札，上察見其情，遽問曰：「王安石去不以罪，何故用赦復官？」惠卿無以對。明年，復召荆公秉政，而王、吕益相失矣。

東軒筆録卷五

王介甫罷相守金陵，呂吉父參知政事，起鄭俠獄，欲害介甫。先罷王平甫，放歸田野。王、呂由是爲深仇。又起李逢獄，以李士寧，介甫布衣之舊，以寶刀遺宗室世居事，欲陷介甫。會朝廷再起介甫作相。韓子華爲次相，急令介甫赴召，其事遂緩。故介甫星夜來朝，而得解焉。李之儀端叔言：「元祐中，爲六曹編敕删定官，見斷案：李士寧本死罪，荆公就案上親筆改作徒罪；王鞏本配流，改作勒停；劉瑾、滕甫凡坐此事者，皆從輕比焉。」

默記卷上

老先生（司馬光）嘗謂金陵曰：「介甫行新法，乃引用一副當小人，或在清要，或在監司，何也？」介甫曰：「方法行之初，舊時人不肯向前，因用一切有才力者。候法行已成，即逐之，却用老成者守之。所謂智者行之，仁者守之。」老先生曰：「介甫誤矣。君子難進易退，小人反是。若小人得路，豈可去也？若欲去，必成讎敵，他日將悔之。」介甫默然。後果有賣金陵者，雖悔之亦無及也。

元城語録卷上

老先生號爲黨魁，故金陵以兩府啗之，欲絶其辭。然老先生是豈可以官職啗者也？故聞政府之命，其去愈牢，當時臺諫皆金陵之黨，遂醖造一件大事，點污老先生如霍光事，神宗謂金陵曰：「前日言章大無謂，司馬某豈有此事？」金陵請事目，神宗曰：「置之，讒言不足道也。」

元城語録卷中

熙寧六年十一月，吏有不附新法者，介甫欲深罪之，上不可。介甫固争之，曰：「不然，法不行。」上曰：「聞民間亦頗苦新法。」介甫曰：「祁寒暑雨，民猶有怨咨者，豈足顧也！」上曰：「豈若并祁寒暑雨之怨亦無邪？」介甫不悦，退而屬疾家居。數日，上遣使慰勞之，乃出。其黨爲之謀曰：「今不取門下士上所素不喜者暴進用之，則權輕，將有窺人間隙者矣。」介甫從之。既出，即奏擢章惇、趙子幾等，上喜其出，勉强從之，由是權益重。涑水記聞卷一六

王荆公秉政，惠卿自知不安，乃條荆公兄弟之失凡數事面奏，意欲上意有貳。上封惠卿所言以示荆公，故公表云：「忠不足以取信，故事事欲其自明；義不足以勝奸，故人人與之立敵。」蓋謂是也。言行龜鑑卷三

呂惠卿附王介甫甚固，司馬公言利合必離，後果發介甫手簡云「無使上知」。蘇子瞻改鑄顔淵之語曰：「吾聞覿君子者，問彫人不問彫木，曰：『人可彫歟？』曰：『呂惠卿彫王安石。』」步里客談

荆公深知呂吉甫，力薦於上，遽位要津。不數年，同在政府，勢焰相軋，遂致嫌隙。呂並不安，謂人曰：「惠卿讀儒書，只知仲尼之可尊。看外典，只知佛之可貴。今之世，只知介甫之可

師。不意爲人讒，失平日之歡，且容惠卿善去。」人有達其言於公者，公聞之，語其子元澤曰：「吕六却如此，使人不忍。」其子答云：「公雖不忍，人將忍公矣。」公默然。珍席放談卷下

吕吉甫既叛介甫，介甫再用，遂令人廉其事，乃得吉甫託秀水通判張君濟置田一事。君濟置田時，吉甫有舅鄭，不知其名，謂之鄭三舅，往來君濟間。介甫乃發其事，即拘君濟、鄭皆下獄，鄭遂死獄中。已而奉赦，張君濟決配某州。臨刑日，士大夫莫不哀傷之。決訖，有内臣出白紙一大幅，輒印其脊血而去。人大驚，問之，答曰：「欲呈相公也。」嗚呼，介甫酷烈乃至如此乎！

吕惠卿與王荆公相失，惠卿服除，荆公爲宫使，居鍾山，以啓講和，荆公謝之，今具載于此。北窗炙輠録卷上

吕書曰：「惠卿啓：合乃相從，疑有殊於天屬；析雖或使，殆不自於人爲。然以情論形，則已析者，宜難於復合；以道致命，則自天者，詎知其不人。如某叨蒙一臂之交，謬意同心之列。忘懷履坦，失戒同巇。關弓之泣非疏，碾足之辭亦已。而溢言皆達，弟氣並生。既莫知其所終，兹不疑於有敵。而門牆責善，數移兩解之書；殿陛對休，親奉再和之詔。固其願也。方且圖之，重罹苦塊之憂，遂稽簡牘之獻。然以言乎昔，則一朝之過，不足害平生之懽。以言乎今，則八年之

間，亦將隨數化之改。内省涼薄，尚無細故之嫌；仰揆高明，夫何舊惡之念。恭惟觀文特進相公知德之奥，達命之情。親疏寘於所同，愛憎融於不有。冰炭之息豁然，儻示於至思；桑榆之收繼此，請圖於改事。側恭以待，惟命之從。」荆公答曰：「安石啓：與公同心，以至異意，皆緣國事，豈有他哉？同朝紛紛，公獨助我，則我何憾於公？人或言公，吾無預焉，則公亦何尤於我？趨時便事，則吾不知其説焉；考實論情，公亦宜照於此。開諭重悉，覽之悵然。昔之在我，誠無細故之疑；今之在躬，尚何舊惡足念？然公以壯烈，方進爲於聖世；而某薾然衰疾，將待盡於山林。趨舍異事，則相呴以濕，不若相忘之愈也。趨召想在朝夕，惟良食自愛。」荆公巽言自解如此。

東軒筆録卷一四

王荆公在修撰經義局，因見舉燭，言：「佛書有日月燈光明佛，燈光豈足以配日月乎？」吕惠卿曰：「日煜乎晝，月煜乎夜，燈煜乎日月所不及，其用無差别也。」公大以爲然，蓋發言中理，出人意表云。

容齋續筆卷七引萍洲可談

熙寧中，詔王荆公及子雱同修經義，經成，加荆公左僕射兼門下侍郎，雱龍圖閣直學士，同日授命，故韓參政絳賀詩曰：「陳前輿馬同桓傅，拜後金珠有魯公。」

東軒筆録卷一〇

公父子皆以經術進，當時頌美者多以爲周、孔，或曰孔、孟。范鏜爲太學正，獻詩云：「文章雙孔子，術業兩周公。」公大喜曰：「此人知我父子。」王荆文公詩箋注卷二二

熙寧中，三經義成，介甫拜尚書左僕射，吕吉甫遷給事中。王元澤自天章閣待制進龍圖閣直學士，力辭不受，裕陵欲終命之。吉甫言雱以疾避寵，宜從其志，由是王、吕之怨益深。吉甫未幾以鄧綰等交攻，出知陳州，而發私書之事作矣。曲洧舊聞卷二

王元澤奉詔脩三經義，時王丞相介甫爲之提舉，蓋以相臣之重，所以假命於其子也。吾後見魯公與文正公二父，相與談往事，則每云：「詩、書蓋多出元澤暨諸門弟子手，至若周禮新義，實丞相親爲之筆削者。」及政和時，有司上言天府所籍吴氏資居檢校庫，而吴氏者王丞相之姻家也，且多有王丞相文書，於是朝廷悉命藏諸祕閣，用是吾得見之。周禮新義筆跡，猶斜風細雨，誠介甫親書，而後知二父之談信。鐵圍山叢談卷三

王荆公詩新經「八月剥棗」解云：「剥者，剥其皮而進之，所以養老也。」毛公本注云：「剥，擊也。」陸德明音普卜反，公皆不用。後從蔣山郊步至民家，問其翁安在？曰：「去撲棗。」始悟

前非。即具奏乞除去十三字，故今本無之。容齋續筆卷一五

王荆公詩經義成書，神宗令以進呈，閲其序篇未畢，謂荆公曰：「卿謂朕比得文王，朕不敢當也。」公曰：「陛下進德不倦，從諫弗咈，於文王何愧？」上曰：「詩稱『陟降庭止』之類，豈朕所能？」公曰：「人皆可以爲堯舜，陛下何自謙如此？」上摇首曰：「不若改之。」獨醒雜志卷一

王荆公五經義初成，裕陵嘗問曰：「禹貢稱導淮自桐柏，導渭自鳥鼠同穴，至導河但云積石，不言自何也。」荆公無以爲對。高齋漫録

荆公亦有所失，如周官言「贊牛耳」，荆公言取其順聽，不知牛有耳而無竅，本以鼻聽。詩「誰謂鼠無牙」，荆公謂鼠實無牙，不知鼠實有牙。昔魯有人引一牛與荆公辨之，又嘗捕一鼠與之較，公曰然。孫公談圃卷中

東坡倅錢塘日，答劉道原書云：「道原要刻印七史固善，方新學經解紛然，日夜摹刻不暇，何力及此。近見京師經義題：『國異政，家殊俗，國何以言異？家何以言殊？』又有：『其善喪

厥善，其厥不同何也？』又說易觀卦本是老鸛，詩大小雅本是老鴉，似此類甚衆，大可痛駭。」時熙寧初，王氏之學，務爲穿穴至此。邵氏聞見後録卷二〇

昔見上稱介甫之學，對曰：「王安石之學不是。」上愕然問曰：「何故？」對曰：「臣不敢遠引，止以近事明之。臣嘗讀詩，言周公之德云：『公孫碩膚，赤舄几几。』周公盛德，形容如是之盛。如王安石，其身猶不能自治，何足以及此！」河南程氏遺書卷二

張戩嘗於政事堂與介甫争辨事，因舉經語引證。介甫乃曰：「安石却不會讀書，賢却會讀書？」戩不能答。

介甫謂周公有人臣不能爲之功，故得用人臣所不得用之禮。以上河南程氏遺書卷一九

神宗論孫武書，愛其文辭意指。王安石曰：「孫武談兵，言理而不言事，所以文約而所該者博。」上論及韓信，安石曰：「信但用孫武一兩言，即能成功名。」上曰：「如韓信自是奇才，稱兵書乃是因諸將問及，引以應之，度其所知，非因讀兵書而能及此也。」澗泉日記卷下

熙寧八年十一月，介甫以疾居家。上遣中使問疾，自朝至暮十七返，醫官脉狀皆使駃行親事齎奏。既愈，復給假十日將治，又給三日，又命兩府就第議事。涑水記聞卷一六

王舒公介甫，熙寧末復坐政事堂，每語叔父文正公曰：「天不生才且奈何！是孰可繼吾執國柄者乎？」乃舉手作屈指狀，數之曰：「獨兒子也。」蓋謂元澤，因下一指。又曰：「次賢也。」又下一指。即又曰：「賢兄如何？」謂魯公，則又下一指。沈吟者久之，始再曰：「吉甫如何？且作一人。」遂更下一指。則曰：「無矣。」當是時，元澤未病，吉甫則已隙云。鐵圍山叢談卷三

介甫使徐禧、王古按秀獄，求惠卿罪不得；又使蹇周輔按之，亦無狀迹。王雱危之，以讓練亨甫、呂嘉問，亨甫等請以鄧綰所言惠卿事雜他書下秀獄，不令丞相知也。惠卿素加恩結堂吏，吏遽報惠卿於陳州。惠卿列言其狀，上以示介甫，介甫對「無之」，歸以問雱，乃知其狀。介甫以咎雱，雱時已寢疾，憤怒，遂絶。介甫以是慚於上，遂堅求退。涑水記聞卷一六

熙寧八年，王荆公再秉政，既逐呂惠卿，而門下之人復爲諛媚以自安，而荆公上告求去尤切。有練亨甫者謂中丞鄧綰曰：「公何不言於上，以殊禮待宰相，則庶幾可留也。所謂殊禮者，

以丞相之子雱爲樞密使，諸弟皆爲兩制，壻姪皆館職，京師賜第宅田邸，則爲禮備矣。」綰一一如所戒而言，上察知其阿黨，亦頷之而已。一日，荆公復於上前求去，上曰：「卿勉爲朕留，朕當一一如卿所欲，但未有一穩便第宅耳。」荆公駭曰：「臣有何欲，而何爲賜第？」上笑而不答。翌日，荆公懇請其由，上出綰所上章，荆公即乞推劾。先是，綰欲用其黨方揚爲臺官，懼不厭人望，乃并彭汝礪而薦之，其實意在揚也。無何，上黜彭汝礪，綰遽表言：「臣素不知汝礪之爲人，昨所舉鹵莽，乞不行前狀。」即此二事，上察見其姦，遂落綰中丞，以本官知虢州。亨甫奪校書，爲漳州推官。

東軒筆録卷六

交趾之圍邕州也，介甫言於上曰：「邕州城堅，必不可破。」上以爲然。既而城陷，上欲召兩府會議於天章閣，介甫曰：「如此則聞愈彰，不若只就東府。」上從之。介甫憂沮，形於言色，王韶曰：「公居此尚爾，況居邊徼者乎？願少安重，以鎮物情。」介甫曰：「使公往，能辨之乎？」韶曰：「若朝廷應副，何爲不能辨？」介甫由是始與韶有隙。

涑水記聞卷一六

安南不滅，議者歸咎王荆公進郭逵而退李憲，荆公笑曰：「使逵無功，勝憲有功。使宦者得志，吾屬異日受禍矣。」他日，有朝士在中書稱李憲字，荆公厲聲叱之曰：「是何人！」即出爲監當。

興化縣尉胡滋，其妻宗室女也，自言夢人衣金紫，自稱王待制來爲夫人兒，妻尋産子。介甫聞之，自京師至金陵，與夫人常坐於船門簾下，見船過輒問：「得非胡尉船乎？」既而得之，舉家悲喜，亟往撫視，涕泣，遺之金帛不可勝數，邀與俱還金陵。滋言有捕盜功，應詣銓求賞，介甫使人爲營致，除京官，留金陵且半年，欲匄其兒，其母不可，乃遺之。孫公談圃卷下

元豐中，王荆公乞罷機政，寓於劉沆相宅幾兩月，神宗未許其去。沆之子瑨嘗謁公坐間，聞公云：「化成住處在近，可令呼來。」化成者，工課命老僧也。少頃，化成至，公作一課，更爲看命，化成曰：「三十年前與相公看命，今仕至宰相，更復何問？」公微作色曰：「安石問命，又不待做官，但力乞去，上未許，只看易便去得否？」化成曰：「相公得意濃時正好休，要去，在相公，不在上，不疑何卜。」公悵然歎服，去意遂決。涑水記聞卷一六

李希聲云：舒王罷政事時，居州東劉相宅，於東院小廳，題「當時諸葛成何事，只合終身作卧龍」者數十處。至今尚有三兩處在。希聲劉氏壻，故知其詳，云曾見數紙屏，亦只退齋筆録

寫此兩句。

半山晚年所至處，書窗屏間云：「當時諸葛成何事，只合終身作卧龍。」蓋痛悔之詞，此乃唐薛能詩句。詩話總龜前集卷一九

孫少述一字正之，與王荆公交最厚。故荆公别少述詩云：「應須一曲千回首，西去論心有幾人！」又云：「子今此去來何時，後有不可誰予規？」其相與如此。及荆公當國，數年不復相聞，人謂二公之交遂睽。故東坡詩云：「蔣濟謂能來阮籍，薛宣真欲吏朱雲。」劉舍人貢父詩云：「不負興公遂初賦，更傳中散絶交書。」然少述初不以爲意也。及荆公再罷相歸，過高沙，少述適在焉。亟往造之，少述出見，惟相勞苦及弔元澤之喪，兩公皆自忘其窮達。遂留荆公置酒共飯，劇談經學，抵暮乃散。荆公曰：「退即解舟，無由再見。」少述曰：「如此更不去奉謝矣。」然惘惘各有惜别之色。人然後知兩公之未易測也。觀林詩話

王荆公與曾南豐平生以道義相附。神宗問南豐：「卿交王安石最密，安石何如人？」南豐曰：「安石文學行義，不減揚雄，以吝故不及。」神宗遽曰：「安石輕富貴，不吝也。」南豐曰：老學庵筆記卷七

「臣謂吝者，安石勇於有爲，吝於改過耳。」神宗頷之。

邵氏聞見後録卷二〇

介甫爲相，引用一時之人，最爲不次，及再罷相，頗有賣之者。公性不殺物，至金陵，每得生魚，多放池中。有門生作詩曰：「直須自到池邊看，今日誰非鄭校人。」公喜而笑之。

續墨客揮犀卷七

王荆公再罷政，以使相判金陵，到任，即納節讓同平章事，懇請賜允，改左僕射。未幾，又求宫觀累表，得會靈觀使。築第於南門外七里，去蔣山亦七里，平日乘一驢，從數僮遊諸山寺。欲入城，則乘小舫，泛潮溝以行，蓋未嘗乘馬與肩輿也。所居之地，四無人家，其宅僅蔽風雨，又不設垣牆，望之若逆旅之舍，有勸築垣牆，輒不答。元豐末，荆公被疾，奏捨此宅爲寺，有旨賜名報寧。既而荆公疾愈，税城中屋以居，竟不復造宅。

東軒筆録卷一二

王荆公在金陵，神宗嘗遣内侍凌文炳傳宣撫問，因賜金二百。荆公望闕拜跪受已，語文炳曰：「安石閑居無所用。」即庭下發封，顧使臣曰：「送蔣山常住置田，祝延聖壽。」

石林燕語卷一〇

元豐末，有以王介甫罷相歸金陵後資用不足達裕陵睿聽者，上即遣使以黄金二百兩就賜之。介甫初喜，意召己，既知賜金，不悦，即不受，舉送蔣山修寺，爲朝廷祈福。裕陵聞之不喜。即有詩云：「穰侯老擅關中事，嘗恐諸侯客子來。我亦暮年專一壑，每聞車馬便驚猜。」此未能忘情在丘壑者也。避暑録話卷上

神宗聞安石之貧，命中使甘師顔賜安石金五十兩。安石好爲詭激矯厲之行，即以金施之定林僧舍，師顔因不敢受常例，回，具奏之，上諭御藥院牒江寧府，於安石家取甘師顔常例。安石約吕惠卿「無令上知」一帖，惠卿既與安石分黨，乃以其帖上之；上問熙河歲費之實於安石，安石喻王韶，不必盡數以對，韶既叛安石，亦以安石言上之。不知自昔配饗大臣，嘗有形迹如此之類乎？安石不學孔子春秋而配饗孔子，晚見薄於神宗而配饗神宗，無乃爲國家政事之累乎？侯鯖録卷三

王荆公不耐静坐，非卧即行。晚卜居鍾山謝公墩，自山距州城適相半，謂之半山。畜一驢，每食罷，必日一至鍾山，縱步山間，倦則即定林而睡，往往至日昃乃歸，率以爲常。有不及終往，亦必跨驢中道而還，未嘗已也。邵氏聞見後録卷二四

程光禄師孟，吴下人，樂易純質，喜爲詩，效白樂天，而尤簡直，至老不改吴語，與王荆公有場屋之舊，荆公頗喜之，晚相遇，猶如布衣時。自洪州致仕歸吴，過荆公蔣山，留數日。時已年七十餘，荆公戲之曰：「公尚欲仕乎？」曰：「猶可更作一郡。」荆公大笑，知其無隱情也。

（真浄和尚）元豐之末，思爲東吴山水之游，捨其居，扁舟東下，至鍾山謁丞相舒王。王素知其名，閲謁喜甚，留宿定林庵。時公方病起，樂聞空宗，恨識師之晚。謂師曰：「諸經皆首標時處，圓覺經獨不然，何也？」師曰：「頓乘所談，直示衆生，日用現前，不屬今古。只今老僧與相公同入大光明藏，游戲三昧，互爲賓主，非關時處。」又曰：「經云『一切衆生，皆證圓覺』，而圭峰易『證』爲『具』，謂譯者之訛，其義如何？」師曰：「圓覺如可改，則維摩亦可改也。維摩豈不曰『亦不滅受而取證』？夫不滅受藴而取證，與皆證圓覺之義同，蓋衆生現行無明，即是如來根本大智。圭峰之言非是。」公大悦，因捨第爲寺以延師，爲開山第一祖。又以神宗皇帝問安湯藥之賜崇成之，是謂報寧。歲度僧買莊土，以供學者，而自撰請疏，有「獨受正傳，力排戲論」之句者，敘師語也。又以其名請於朝，賜紫方袍，號真浄大師。金陵江淮大會，學者至如稻麻粟葦，寺以新革，堂宇不能容。士大夫經游無虚日，師未及嗽盥，而户外之屨满矣，殆不堪勞。於是浩然思

還高安，即日渡江，丞相留之不可。石門文字禪卷三〇雲庵真淨和尚行狀

王荆公再罷相，居鍾山，無復他學，作字説外，即取藏經讀之，雖厠溷間亦不廢，自言字説深處，亦多出於佛書。作金剛經解，裕陵嘗宣取，令行於世。其餘楞嚴、華嚴、維摩、圓覺，皆間有説，意以爲盡其所言。至謂禪學爲無有，其徒自作法門以動世之未有知者爾。晚清秀、圓通住蔣山，首出所作諸經解示秀，秀不之許，公不樂，秀亦棄去。後捨宅爲寺，以文關西主之。未幾，文亦封其所奏紫衣師號制書，不告而去，蓋亦有不契。然者荆公方有勢位，且爾不少假，二人亦可謂勍敵，近歲蓋未之見。或云非荆公無所得，蓋二人自主張其教門，以爲使世知荆公以爲然，則其徒無復可言。巖下放言卷上

王荆公平生不喜坐，非睡即行。居鍾山，每早飯已，必跨驢一至山中，或之西庵，或之定林，或中道捨驢，偏過野人家，亦或未至山復還，然要必須出，未嘗輟也。作字説時，用意良苦，嘗置石蓮百許枚几案上，咀嚼以運其思。遇盡未及益，即齧其指，至流血不覺。巖下放言卷中

元豐癸亥春，余謁王荆公於鍾山，因從容問公比作詩否，公曰：「久不作矣，蓋賦詠之言，亦

近口業。然近日復不能忍，亦時有之。」余曰：「近詩自何始，可得聞乎？」公笑而口占一絶云：「南圃东岡二月時，物華撩我有新詩。含風鴨緑鱗鱗起，弄日鵝黄嫋嫋垂。」此真佳句也。

臨漢隱居詩話

王荆公再爲相，承黨人之後，平日肘腋盡去，而在者已不可信，可信者又才不足以任事。平日惟與其子雱謀議，而雱又死，知道之難行也，於是慨然復求罷去，遂以使相再鎮金陵。未幾，納節，求閑地，久之，得會靈觀使，居於金陵。一日，豫國夫人之弟吴生者，來省荆公，寓止於佛寺行香廳。會同天節建道場，府僚當會於行香廳，太守葉均使人白遣吴生，吴生不肯遷。洎行香畢，大會于其廳，而吴生於屏後嫚駡不止。葉均俛首不聽，而轉運毛抗、判官李琮大不平之，牒州令取問。州遣二皂持牒追吴生，吴生奔荆公家以自匿，荆公初不知其事也。頃之，二皂至門下，云「捕人」，而誼忿于庭，荆公偶出見之，猶紛紜不已，公叱二皂去。葉均聞之，遂杖二皂，而與毛抗、李琮皆詣荆公，謝以公皂生疏，失於戒束。荆公唯唯不答，而豫國夫人於屏後叱均、抗等曰：「相公罷政，門下之人解體者十七八，然亦無敢捕吾親屬于庭者。汝等乃敢爾耶？」均等趨出，會中使撫問適至，而聞争廳事。中使回日，首以此奏聞。於是葉鈞、毛抗、李琮皆罷，而以吕嘉問爲守。又除王安上提點江東刑獄，俾建治於所居金陵。

王介甫先封舒公，改封荆公。詩曰：「戎狄是膺，荆舒是懲。」識者曰：「宰相不學之過也。」（仇池筆記卷上）

荆公熙寧、元豐間既閒居，多騎驢遊肆山水間，賓朋至者亦給一驢。蘇子瞻詩所謂「騎驢渺渺入荒陂」是也。後好乘江州車，坐其一箱，其相對一箱不可虚，苟無賓朋，則使村僕坐焉，共載而行。其真率如此。（呂氏雜記卷下）

王荆公辭相位，居鍾山，惟乘驢。或勸其令人肩輿，公正色曰：「自古王公雖不道，未嘗敢以人代畜也。」（邵氏聞見録卷一一）

王荆公在鍾山，有馬甚惡，蹄嚙不可近。一日，兩校牽至庭下告公，請鬻之。蔡天啓時在坐，曰：「世安有不可調之馬，第久不騎，驕耳！」即起捉其鬃，一躍而上，不用銜勒，馳數十里而還。荆公大壯之，即作集句詩贈天啓，所謂「蔡子勇成癖，能騎生馬駒」者。後又有「身著青衫騎惡馬，日行三百尚嫌遲。心源落落堪爲將，卻是君王未備知」。士大夫自是盛傳荆公以將帥之材許天啓。（石林詩話卷中）

王介甫與蘇子瞻初無隙，呂惠卿忌子瞻才高，輒間之。神宗欲以子瞻爲同修起居注，介甫難之。又意子瞻文士，不曉吏事，故用爲開封府推官以困之。子瞻益論事無諱，擬廷試策，獻萬言書，論時政甚切，介甫滋不悦子瞻。子瞻外補官。中丞李定，介甫客也。定不服母喪，子瞻以爲不孝，惡之。定以爲恨，劾子瞻作詩謗訕。子瞻自知湖州下御史獄，欲殺之，神宗終不忍，貶散官，黄州安置。移汝州，過金陵，見介甫甚歡。子瞻曰：「某欲有言于公。」介甫色動，意子瞻辨前日事也，子瞻曰：「某所言者，天下事也。」介甫色定，曰：「姑言之。」子瞻曰：「大兵大獄，漢、唐滅亡之兆。祖宗以仁厚治天下，正欲革此。今西方用兵，連年不解，東南數起大獄，公獨無一言以救之乎？」介甫舉手兩指示子瞻曰：「二事皆惠卿啓之，某在外安敢言！」子瞻曰：「固也，然在朝則言，在外則不言，事君之常禮耳。上所以待公者非常禮，公所以事上者豈可以常禮乎？」介甫厲聲曰：「某須説。」又曰：「出在安石口，入在子瞻耳。」蓋介甫嘗爲惠卿發其「無使上知」私書，尚畏惠卿，恐子瞻泄其言也。介甫又語子瞻曰：「人須是知行一不義，殺一不辜，得天下弗爲，乃可。」子瞻戲曰：「今之君子争減半年磨勘，雖殺人亦爲之。」介甫笑而不言。

邵氏聞見録卷一二

蘇公自黄移汝，過金陵，見王荆公。公曰：「好箇翰林學士，某久以此奉待。」公曰：「撫州出杖鼓鞚，淮南豪子以厚價購之，而撫人有之保之已數世矣，不遠千里，登門求售，豪子擊之曰

『無聲』，遂不售。撫人恨怒，至河上，投之水中，呑吐有聲，熟視而歎曰：『你早作聲，我不至此。』」

東坡自黄徙汝，過金陵，荆公野服乘驢謁於舟次。東坡不冠而迎揖曰：「軾今日敢以野服見大丞相。」荆公笑曰：「禮爲我輩設哉！」東坡曰：「軾亦自知相公門下用軾不著。」荆公無語，乃相招遊蔣山。在方丈飲茶次，公指案上大硯，曰：「可集古人詩聯句賦此硯。」東坡應聲曰：「軾請先道一句。」因大唱曰：「巧匠斵山骨。」荆公沈思良久，無以續之，乃曰：「且趁此好天色，窮覽蔣山之勝，此非所急也。」田晝承君是日與一二客從後觀之。承君曰：「荆公尋常好以此困人，而門下士往往多辭以不能，不料東坡不可以此懾伏也。」後山談叢卷四

東坡自黄移汝，過金陵，見舒王。適陳和叔作守，多同飲會。一日，遊蔣山，和叔被召將行。舒王顧江山，曰：「子瞻可作歌。」坡醉中書云：「千古龍蟠并虎踞，從公一弔興亡處，渺渺斜風細雨。芳草路，江南父老留公住。公駕飛軿凌紫霧，紅鸞驂乘青鸞馭，却訝此洲名白鷺。非吾侶，翩然欲下還飛去。」和叔到任數日而去。舒王笑曰：「白鷺者得無意乎！」曲洧舊聞卷五

侯鯖録卷八

元豐中，王文公在金陵，東坡自黄北遷，日與公游，盡論古昔文字，閑即倶味禪悦。公歎息謂人曰：「不知更幾百年，方有如此人物。」東坡渡江至儀真，和游蔣山詩，寄金陵守王勝之益柔，公亟取讀，至「峰多巧障日，江遠欲浮天」，乃撫几曰：「老夫平生作詩，無此二句。」又在蔣山時，以近製示東坡，東坡云：「若『積李兮縞夜，崇桃兮炫晝』，自屈宋没世，曠千餘年，無復離騷句法，乃今見之。」荆公曰：「非子瞻見諛，自負亦如此，然未嘗爲俗子道也。」當是時，想見俗子掃軌矣。

西清詩話卷上

東坡得請宜興，道過鍾山，見荆公。時公病方愈，令坡誦近作，因爲手寫一通以爲贈。復自誦詩俾坡書以贈己，仍約坡卜居秦淮。故坡和公詩云：「騎驢渺渺入荒陂，想見先生未病時。勸我試求三畝宅，從公已覺十年遲。」

苕溪漁隱叢話前集卷三五引潘子真詩話

王荆公元豐末居金陵，蔣大漕之奇夜謁公于蔣山，騶喝甚都。公取松下喝道語作詩戲之云：「扶衰南陌望長楸，燈火如星滿地流。但怪傳呼殺風景，豈知禪客夜相投。」自此「殺風景」之語頗著于世。

苕溪漁隱叢話前集卷二二引西清詩話

王荆公領觀使，歸金陵，居鍾山下，出即乘驢。予嘗謁之，既退，見其乘之而出，一卒牽之而行。問其指使：「相公何之？」指使曰：「若牽卒在前，聽牽卒；若牽卒在後，即聽驢矣。或相公欲止即止，或坐松石之下，或田野耕鑿之家，或入寺。隨行未嘗無書，或乘而誦之，或憩而誦之。仍以囊盛餅十數枚，相公食罷，即遺牽卒，牽卒之餘，即飼驢矣。或田野間人持飯飲獻者，亦爲食之。蓋初無定所，或數步復歸，蓋近於無心者也。」

甲申聞見二録補遺

王荆公退居金陵，建宅於半山。蓋自城至鍾山，此寶公塔，路之半，因以得名。宅後有謝公墩，乃謝安石居東山之所也。荆公詩云：「我名公字偶相同，我屋公墩在眼中。公去我來墩屬我，不應墩姓尚隨公。」其後公捨宅爲報寧寺，寺今亦廢未復舊，而墩巋然獨存。

荆公退居鍾山，嘗獨遊山寺，有人擁數卒按膝據牀而坐，驕氣滿容，慢罵，左右爲之辟易。公問爲誰，僧云押綱張殿侍也。公即索筆題一詩於扉云：「口銜天憲手持鈞，已是龍墀第一人。回首三千大千界，此身猶是一微塵。」

以上墨莊漫録卷四

王文公居鍾山，嘗與薛處士棋，賭梅詩，輸一首曰：「華髪尋香始見梅，一枝臨路雪培堆。鳳城南陌他年憶，杳杳難隨驛使來。」又嘗與俞秀老至報寧，公方假寐，秀老私跨驢入法雲謁寶覺禪師，公知之。有頃，秀老至，公佯作睡起，遣秀老下階曰：「爲僧子乃敢盜跨吾驢！」秀老叩頭，願有以自贖其罪，寺僧亦爲之解勸。公徐曰：「罰松聲詩一首。」秀老立就，其詞極佳，山中人忘之，予爲補曰：「萬壑摇蒼烟，百灘渡流水。下有跨驢人，蕭蕭吹醉耳。」冷齋夜話卷五

陳秀公罷相，以鎮江軍節度使判揚州。其先塋在潤州，而鎮江即本鎮也。每歲十月旦、寒食，詔許兩往鎮江展省。兩州送迎，旌旗舳艫，官吏錦繡，相屬於道，今古一時之盛也。是時，王荆公居蔣山，騎驢出入。會荆公病愈，秀公請于朝，許帶人從往省荆公，詔許之。舟楫銜尾，蔽江而下，街告而於舟中喝道不絶，人皆歎之。荆公聞其來，以二人肩鼠尾轎，迎于江上。秀公鼓旗艦舳正喝道，荆公忽於蘆葦間駐車以俟。秀公令就岸，大船回旋久之，乃能泊而相見。秀公大慚，其歸也，令罷舟中喝道。

元豐末，王荆公在蔣山野次，跨驢出入。時正盛暑，而提刑李茂直往候見，即於道左遇之。荆公捨蹇相就，與茂直坐於路次。荆公以兀子，而茂直坐胡牀也。語甚久，日轉西矣，茂直令張傘，而日光正漏在荆公身上。茂直語左右，令移傘就相公。公曰：「不須。若使後世做牛，須着與他日裏耕田。」以上默記卷中

荆公賜馬死，命俞秀老作詩。秀老口占曰：「相君高卧朝天晚，立損階前白玉麟。此去定生獅子國，却來重載法王身。」荆公亦用此韻作一篇，末句云：「天廐賜駒龍化去，空餘小蹇載閒身。」蓋公晚年嘗跨驢出游也。

王荆公在鍾山，與客對棋，云：「彼亦不敢先，此亦不敢先，惟其不敢先，是以不敢争，惟其不敢争，故能入於不死不生。」客莫曉其意，公曰：「此持棋謎也。」家世舊聞卷下

舒王在鍾山，有道士求謁，因與棋，輒作數語曰：「彼亦不敢先，此亦不敢先，惟其不敢先，是以無所争，惟其無所争，故能入於不死不生。」舒王笑曰：「此特棋隱語也。」高齋漫録

王和父守金陵，荆公退居半山，每出跨驢，從二村僕。一日入城，忽遇和父之出，公亟入編户家避之。老姥自言病痁求藥，公隨行偶有藥，取以遺之。姥酬以麻線一縷云：「相公可將歸，人事相婆也。」公笑而受之。冷齋夜話卷三

王荆公介甫退處金陵，一日，幅巾杖屨，獨遊山寺，遇數客盛談文史，詞辨紛然。公坐其下，高齋漫録

人莫之顧。有一客徐問公曰：「亦知書否？」公唯唯而已，復問公何姓，公拱手答曰：「安石姓王。」衆人惶恐，慚俯而去。青瑣高議後集卷二

舒王退居金陵，結茅鍾山下，策杖入村落。有老氓張姓，最稔熟。王每步至其門，即呼張翁，張應聲呼相公。一日，公忽大咍曰：「我作宰相許時，止與汝一字不同耳！」萍洲可談卷三

王荆公退居金陵，一日，與門人山行，少憩松下。公忽回顧周穜曰：「司馬十二，君子人也。」穜默不對。公復前行，言之再四，人莫知其意。公此時豈深悔爲惠卿輩所誤耶？獨醒雜志卷四

王荆公晚年於鍾山書院多寫「福建子」三字，蓋悔恨於吕惠卿者，恨爲惠卿所陷，悔爲惠卿所誤也。每山行多恍惚，獨言若狂者。田晝承君云，荆公嘗謂其姪防曰：「吾昔好交游甚多，皆以國事相絶。今居閒復欲作書相問。」防忻然爲設紙筆案上，公屢欲下筆作書，輒長歎而止，意若有所愧也。公既病，和甫以邸吏狀視公，適報司馬温公拜相，公悵然曰：「司馬十二作相矣。」公所謂日録者，命防收之。公病甚，令防焚去，防以他書代之。後朝廷用蔡卞請，下江寧府，至防家取日録以進。卞方作史，懼禍，乃假日録減落事寔，文致姦僞，上則侮薄神宗，下則誣毁舊

臣，盡改元祐所修神宗正史。蓋荆公初相，以師臣自居，神宗待遇之禮甚厚。再相，帝滋不悦，議論多異同，故以後日録卞欺神宗匿之。今見於世止七十餘卷，陳瑩中所謂尊私史以壓宗廟者也。伯温竊謂，荆公聞温公入相則曰：「司馬十二作相矣。」蓋二公素相善，荆公以行新法作相，温公以不行新法辭樞密使，反復相辯論，三書而後絶。荆公知温公長者，不修怨也。至荆公薨，温公在病告中聞之，簡吕申公曰：「介甫無他，但執拗耳，贈卹之典宜厚。」

邵氏聞見録卷一二

荆公在鍾山，嘗恍惚見雱荷鐵枷杻如重囚者，荆公遂施所居半山園宅爲寺，以薦其福。後荆公病瘖良苦，嘗語其姪曰：「亟焚吾所謂日録者。」姪紿公，焚他書代之，公乃死。或云又有所見也。

邵氏聞見録卷一一

荆公退居金陵，蔣山學佛者，俗姓吴，日供灑掃，山下田家子也。一日，風墮掛壁舊烏巾，吴舉之，復置于壁。公適見之，謂曰：「乞汝歸遺父。」數日，公問幞頭安在？吴曰：「父村老無用，貨於市中。」嘗賣得錢三百金供父，感相公之賜也。」公嘆息之，因呼一僕同吴以原價往贖，且戒苟以轉售，即不須訪索，果以弊惡猶存，乃贖以歸。公命取小刀自於巾脚刮磨，燦然黄金也，蓋禁中所賜者，乃復遺吴。吴後潦倒，竟不能祝髪，以竹工居真州。政和丙申年，予嘗令造竹器，親説如此。

墨莊漫録卷一

王荆公在金陵，有中使傳宣撫問，并賜銀合茶藥。令中外各作一表，既具稿，無可於公意者，公遂自作，今見集中。其詞云：「信使恩言，有華原隰，寶奩珍劑，增賁丘園。」蓋五事見四句中，言約意盡，衆以爲不及也。四六談麈

曾子先持母喪過金陵，公往弔之。登舟，顧所服紅帶。適一虞候挾笏在旁，公顧之，即解易其皂帶入弔。既出，復易之而去。石林燕語卷一〇

舒王在鍾山，有客自黄州來。公曰：「東坡近日有何妙語？」客曰：「東坡宿于臨臯亭，醉夢而起，作成都聖像藏記千有餘言，點定纔一兩字。有寫本，適留舟中。」公遣人取而至。時月出東南，林影在地，公展讀于風簷，喜見眉鬚曰：「子瞻人中龍也，然有一字未穩。」客曰：「願聞之。」公曰：「『日勝日貧』，不若曰『如人善博，日勝日負』耳。」東坡聞之，拊手大笑，亦以公爲知言。冷齋夜話卷五

王荆公居鍾山，時與金華俞秀老過故人家飲。飲罷，少坐水亭，顧水際沙間有饌器數件，皆黄白物，意吏卒竊之，故使人問司之者。乃小兒適聚于此食棗栗，食盡棄之而去。荆公謂秀老

曰：「士欲任大事，閲富貴如群兒作息乃可耳。」冷齋夜話卷一〇

王荆公築草堂于半山，引八功德水作小港，其上疊石作橋。爲集句填菩薩蠻云：「數間茅屋閑臨水，窄衫短帽垂楊裏。花是去年紅，吹開一夜風。稍稍新月偃，午醉醒來晚。何物最關情？黄鸝三兩聲。」能改齋漫録卷一七

舒王居前有横塘，嘗放魚於其間，而夜多爲盜以手網得之。王與門人閑步，因曰：「可以揭牒。」時葉致遠戲云：「不須爾也，宜以一集句示之。」乃書橋柱曰：「門前秋水碧鱗鱗，赤鯉躍出如有神。君欲釣魚須遠去，愼勿近前丞相嗔。」王爲之啓齒。宋朝事實類苑卷六七引漢皋詩話

荆公居鍾山，一日晝寢，夢有服古衣冠者，貌偉甚，曰：「我桀也。」與公論治道，反覆百餘語，不相下。公既覺，猶汗流被體，若作氣劇。因笑語客曰：「吾習氣尚若是乎？」乃作小詩識之，有「堯桀是非猶入夢，因知餘習未能忘」之句。詩林廣記後集卷二引蔡寬夫詩話

工部侍郎王公召試學士院，王荆公爲考官，於簾下見其試畢，就壁間題字，荆公使人録之，

乃一詩也。詩云：「古木陰森白玉堂，長年來此試文章。日斜奏罷長楊賦，閑拂塵埃看畫牆。」荆公改「奏罷長楊賦」作「奏賦長楊罷」。元豐末，荆公在金陵，好事者求書，猶多寫此詩。宋朝事實類苑卷三八

田承君云：頃爲金陵酒官，有王荆公處老兵，時來沽酒，必問公之動止。兵云：「相公每日只在書院讀書，時時以手撫牀而歎，人莫測其意。」研北雜志卷下

王荆公在半山，使一老兵，方汲泉埽地當其意，譽之不容口；忽誤觸燈檠，即大怒，以爲不力，逐去之。參寥在坐，私語他客云：「公以喜怒進退一老兵，如在朝廷以喜怒進退士大夫也。」

元豐中，王荆公居半山，好觀佛書，每以故金漆版書藏經名，遣人就蔣山寺取之。人士因有用金漆版代書帖與朋儕往來者。邵氏聞見後録卷二〇

王荆公一日訪蔣山元禪師，坐間談論，品藻古今。元曰：「相公口氣逼人，恐著述搜索勞役，心氣不正，何不坐禪，體此大事？」又一日，謂元曰：「坐禪實不虧人。余數年欲作胡笳十八

拍不成，夜坐間已就。」元大笑。賓退録卷五

朱世英言：予昔從文公定林數夕，聞所未聞，嘗曰：「子曾讀游俠傳否？移此心學無上菩提，孰能禦哉？」又曰：「成周、三代之際，聖人多生儒中。兩漢以下，聖人多生佛中。此不易之論也。」又曰：「吾止以雪峰一句語作宰相。」世英曰：「願聞雪峰之語。」公曰：「這老子嘗爲衆生，自是什麽。」冷齋夜話卷一〇

道者呂翁如金陵，過王荊公，而公知之，伏拜請道。翁曰：「子障重，不可。」公又勤請，曰：「我能去障，則爲子去之矣。」竟去。以語廣陵王某，王曰：「先生何取焉？」曰：「吾愛其目爾。」王以語余曰：「如金陵者，翁之真身也。翁察之久矣，欲度，故自往。」余語禪者普仁，仁曰：「障必自去，非人能去也。渠如此道而不解乎！」後山談叢卷四

王荊公居金陵半山，又建書堂於蔣山道上，多寢處其間。客至必留宿，寒士則假以衾裯，其去也，舉以遺之。臨安薛昂秀才來謁，公與之夜坐，遣取被於家。吳夫人厭其不時之須，應曰：「被盡矣。」公不懌，俄而曰：「吾自有計。」先有狨坐挂梁間，自持叉取之以授薛。明日，又留飯，

與弈棋，約負者作梅花詩一章。公先輸一絶句，已而辭敗，不能如約，公口占代之云：「野水荒山寂寞濱，芳條弄色最關春。欲將明艷凌霜雪，未怕青腰玉女嗔。」

夷堅丙志卷一九

王文公歸金陵，四方種學緝文之士多歸之。一經題品，號爲雲霄中人。嘗有徽名自稱詩客者見公，四坐笑曰：「此罌水詫海漢也。」客云：「某學有年，稿山筆塚矣，恨未耦知者耳，願受一題。」公曰：「古今詠物，獨未有沙詩，生能賦此乎？」乃韻曰「星」。客應聲曰：「茫茫黃出塞，漠漠白鋪汀。鳥散風迴篆，潮平日射星。」公厚禮之。

西清詩話卷中

王荆公一日與郭功甫飯于半山宅，食已，忽有一僧名義了者，自稱詩僧，投謁于公。功甫大不平之，曰：「於丞相前自稱詩僧，定狂夫也，不必見之。」公曰：「姑見之，何害？」因詢以爲詩，且令即席而作。僧云：「願乞題并韻。」公欲試以尋常題目，復疑其宿成，偶一老卒取沙入宅，公令以是爲題，且以「汀」字爲韻。功甫云：「亦願得紙數十幅，爲百韻詩。」蓋以氣壓之也。須臾筆札至，功甫揮毫如風雨，將及二十幅，僧徐取紙一幅，以指甲染墨，對功甫不敢仰視，僅書一絶云：「茫茫黃出塞，漠漠白連汀。鳥去風平篆，潮回日射星。」公賞味之，因目功甫，功甫乃袖所作，亦復稱歎。僧始厲聲謂功甫：「山僧不學，殊無思致，但未覺『鳥飛不盡暮天碧，漁歌忽斷蘆

花風』爲工耳。」功甫殊病之，竟無以報也。五總志

元祐初，温公拜相，更易熙、豐政事。荆公在鍾山，親舊恐傷其意，不敢告語。有舉子自京師歸，公問有何新事，對曰：「近有指揮不得看字説。」公曰：「法度可改，文字亦不得作乎？」是夜，聞公繞牀行至達旦，於屏上書「司馬光」三字凡數百。其胸次不平之氣，概可見也。高齋漫録

王荆公在金陵，聞朝廷變其法，夷然不以爲意。及聞罷役法，愕然失聲曰：「亦罷至此乎？」良久曰：「此法終不可罷，安石與先帝議之二年乃行，無不曲盡。」後果如其言。三朝名臣言行録卷六引卮史

荆公作字説時，只在一禪寺中。禪床前置筆硯，掩一龕燈。人有書翰來者，拆封皮埋放一邊。就倒禪床睡少時，又忽然起來寫一兩字，看來都不曾眠。

介甫每得新文字，窮日夜閲之。喜食羊頭鹼，家人供至，或值看文字，信手撮入口，不暇用筯，過食亦不覺，至於生患。且道將此心應事，安得會不錯！不讀書時，常入書院。有外甥懶學，怕他入書院，多方討新文字，得之，只顧看文字，不暇入書院矣。以上朱子語類卷一三〇

王荆公作字説，一日躊躇徘徊，若有所思而不得。子婦適侍見，因請其故，公曰：「解『飛』字未得。」婦曰：「鳥反爪而升也。」公以爲然。

王荆公晚喜説字。客曰：「覇」字何以從西？荆公以西在方域主殺伐，累言數百不休。或曰：霸從雨，不從西也。荆公隨輒曰：如時雨化之耳。其學務鑿，無定論類此。如三經義頒於學官數年之後，又自列其非是者，奏請易去，視古人懸諸日月不刊之説，豈不誤學者乎？　獨醒雜志卷五

王荆公喜説字至於成俗，劉貢父戲之曰：「三鹿爲麤，鹿不如牛。三牛爲犇，牛不如鹿。」謂宜三牛爲麤，三鹿爲犇，若難於遽改，欲令各權發遣。荆公方解縱繩墨，不次用人，往往自小官暴據要地，以資淺，皆號「權發遣」，故并謔之。　邵氏聞見後録卷二〇

王介甫解佛經三昧之語，用字説，示關西僧法秀。秀曰：「相公文章，村和尚不會。」介甫悻然，又問之如何，秀曰：「梵語三昧，此云正定。相公用華言解之，誤也。」　邵氏聞見後録卷三〇

荆公解「蔗」字，不得其義。一日行圃，見畦丁蒔蔗横瘞之，曰：「它時節節皆生。」公悟曰：　欒城先生遺言

「蔗，草之庶生者也。」字義固有可得而解者，如一而大謂之天，是誠妙矣，然不可强通者甚多。世傳東坡問荆公：「何以謂之波？」曰：「波者，水之皮。」坡曰：「然則滑者，水之骨也？」

荆公字説成，以爲可亞六經。作詩云：「鼎湖龍去字書存，開闢神機有聖孫。湖海老臣無四目，漫將糟粕污脩門。正名百物自軒轅，野老何知强討論。但可與人漫醬瓿，豈能令鬼哭黄昏。」蓋蒼頡四目，其制字成，天雨粟，鬼夜哭。漫瓿之句，言知者少也。

以上鶴林玉露甲編卷三

東坡聞荆公字説新成，戲曰：「以竹鞭馬爲篤，以竹鞭犬有何可笑？」又曰：「『鳩』字從九從鳥，亦有證據。詩曰『鳴鳩在桑，其子七兮』，和爺和娘，恰是九箇。」

高齋漫録

劉貢父言：「每見介甫道字説，便待打諢。」

張文潛言：嘗問張安道云：「司馬君實直言王介甫不曉事，是如何？」安道云：「賢只消去看字説。」文潛云：「字説也只是二三分不合人意思處。」安道云：「若然，則足下亦有七八分不解事矣。」文潛大笑。

以上道山清話

元豐七年春，公有疾，兩日不言，少蘇，與蔡元度書曰：「風疾暴作，心雖明了，口不能言。」語吴國夫人曰：「夫婦之情偶合耳，不須它念，强爲善而已。」執葉濤手曰：「君聰明，宜博讀佛書，慎勿徒勞作世間言語。安石生來多枉費力，作閑文字，深自悔責。」吴國勉之曰：「公未宜出此言。」曰：「生死無常，吾恐時至不能發言，故今敘此。時至則行，何用君勸？」公疾瘳，乃自悔曰：「雖識盡天下理，而定力尚淺。或者未死，應尚竭力修爲。」

荆公在金陵，未病前一歲，白日見一人上堂再拜，乃故群牧吏，其死也已久矣。荆公驚問：「何故來？」吏曰：「蒙相公恩，以待制故來。」荆公愴然問：「雱安在？」吏曰：「見今未結絶了，如要見，可於某夕幕廡下，切勿驚呼，唯可令一親信者在側。」荆公如其言。頃之，見一紫袍博帶，據案而坐，乃故吏也。獄卒數人枷一囚，自大門而入，身具桎梏，曳病足立廷下，血污地，呻吟之聲殆不可聞，乃雱也。雱對吏云：「告早結絶。」良久而滅。荆公幾失聲而哭，爲一指使掩其口。明年，荆公薨。三朝名臣言行録卷六引荆公語録

舒王一日與葉濤坐蔣山本府，一牙校來參，公問來意，其人乞屏左右言：「昨夕夢至陰府，見待制帶鐵枷良苦，令某白相公，意望有所薦拔。某恐相公不信，遲疑間，待制云：『但説某時孫公談圃卷中

某處所議之事，今坐此備受慘毒。』」公悟其事，不覺大慟。公既薨，有武弁死而復甦言：「王氏父子皆鐵枷，竊問何罪，曰緣曾議復肉刑致此。」乃與前校之夢略同，今士大夫往往皆知之。泊宅編卷中

吴頤云：荆公薨之前一歲，凌晨，閽者見一蓬頭小青衣送白楊木笏，裹以青布，荆公惡甚，棄之墻下，曰：「明年祖龍死。」

徐君平，金陵人，親見荆公病革時，獨與一醫者對床而寢，荆公矍然起云：「適夢與王禹玉露髻不巾，同立一壇上。」已而遂薨。此可怪也。孫公談圃卷中

王荆公在鍾山，乘驢薄莫行荒村中。有婦人蒙首執文書一紙遮公曰：「妾有冤訴。」公喻以退居不預公事，當自州縣理之。婦人曰：「妾冤訴關相公，乞留文書一觀。」公不能卻，令執藥囊老兵取狀。至半山園視之，素紙一幅耳。公以是月薨。猶子防爲王性之云爾。孫公談圃卷下

荆公病革甚，吴夫人令蔡元度詣茅山謁劉混康問狀。劉曰：「公之病不可爲已。適見道士數十人往迎公，前二人執幡，旛面有字，若金書然。左曰『中函法性』，右曰『外習塵紛』。」元度邵氏聞見後録卷三〇

自言如此。或者又云：「荆公臨薨，頗有陰譴怪異之事。」與此不同，未知孰是。墨莊漫録卷二

王荆公在金陵，有僧清曉於鍾山道上見有童子數人，持幡幢羽蓋之屬。僧問之，曰：「往迎王相公。」幡上書云：「中含法性，外習塵氛。」到寺未久，聞荆公薨。揮麈後録卷六

王介甫居金陵，求書徐神翁，示「敕舒王」三字，而「敕」字不全，且曰：「敕不須用人也。」未幾薨。政和中追封王爵。海陵三仙傳

王荆公自稱楚老。類説卷五七引陳輔之詩話

荆公愛看水中影，此亦性所好。彦周詩話

舒王有云：「却憶金明池上路，紅裙争看緑衣郎。」歐公謂舒王曰：「謹愿者亦復爲之耶？」詩話總龜前集卷八

楚公尤愛毛詩，注字皆能暗誦，見門生或輕注疏，歎曰：「吾治平中至金陵，見王介甫有

詩正義一部在案上，揭處悉已漫壞穿穴，蓋繙閲頻所致。介甫觀書，一過目盡能，然猶如此。」家世舊聞卷上

王介甫喜談經術，雖館閣諸公莫與爭鋒，惟劉原父兄弟來，介甫爲之小屈。何氏語林卷九

神考問荆公云：「卿曾看歐陽公五代史否？」公對曰：「臣不曾仔細看，但見每篇首必曰『嗚呼』，則事事皆可嘆也。」余謂公真不曾仔細看也，若使曾仔細看，必以『嗚呼』爲是。五代之事，豈非事事可嘆者乎？說郛卷四〇下引東皋雜録

王介甫意輕五代史。一日，因平甫案間有之，遂問曰：「此書何如？」平甫曰：「以明白易曉之言，敘擾攘難盡之事，未易議也。」始誠其言，以爲切當。五總志

往年歐陽文忠公作五代史，或作序記其前，王荆公見之曰：「佛頭上豈可着糞？」山谷老人刀筆卷三

荆公爲許子春作家譜，子春寄歐陽永叔而隱其名。永叔未及觀，後因曝書，讀之稱善。初

疑荆公作，既而曰：「介甫安能爲，必子固也。」　孫公談圃卷上

荆公爲弟作志銘，而絶不露「兄」字，亦不書其出官之績。

王介甫云：明州有一講僧夜中爲鬼物来請，講欣然從命。舁行數十里，寘在猪圈中。比曉方悟爲鬼所侮。　太平清話卷下

黄庭堅嘗言：「人心動則目動。」王介甫終日目不停轉。　嘉祐雜志

今相家説：龍，人臣得其一體，當至公相，曾公亮得龍之脊，王安石得龍之睛。　道山清話

熙寧中，蕭注上殿，神宗曰：「臣僚中孰貴？」注曰：「文彦博。」又問其次，曰：「王安石。」上曰：「何謂？」注曰：「牛形人，任重而道遠。」　埤雅卷一

（蕭）注累任邊要，以知人自許。上曰：「聞卿有袁許之學。」因問韓絳、王安石、馮京，注　畫墁録

曰：「安石牛耳虎頭，視物如射，意行直前，敢當天下大事。然不如絳得和氣多，惟和氣能養萬物。京得五行之秀，遠之若可愛，近之若廉隅。」清波雜志卷四

劉貢父與王介甫最爲故舊。荆公嘗戲拆貢父名曰：「劉攽不值一分文。」謂其名也。貢父復戲拆荆公名曰：「失女便成宕，無宀真是妬，下交亂真如，上交誤當宁。」荆公大歎而心銜之。默記卷中

劉貢父平生不曾議人長短，人有不韙，必當面折之。雖介甫用事，諸公承順不及，惟貢父屢當面攻之，然退與人言，未嘗出一語。人皆服其長者，雖介甫亦敬服之。道山清話

王荆公性不善緣飾，經歲不洗沐，衣服雖弊，亦不浣濯。與吴沖卿同爲群牧判官，時韓持國在館中，三數人尤厚善，無日不過從。因相約：每一兩月，即相率洗沐。定力院家，各更出新衣，爲荆公番，號「折洗」。王介甫云：出浴見新衣輒服之，亦不問所從來也。石林燕語卷一〇

王荆公性簡率，不事修飾奉養，衣服垢污，飲食粗惡，一無所擇，自少時則然。蘇明允著辨姦，其言「衣臣虜之衣，食犬彘之食，囚首喪面而談詩、書」，以爲不近人情者，蓋謂是也。然

少喜與吕惠穆、韓獻肅兄弟游，爲館職時，玉汝嘗率與同浴於僧寺，潛備新衣一襲，易其敝衣，俟其浴出，俾其從者舉以衣之，而不以告。荆公服之如固有，初不以爲異也。及爲執政，或言其喜食獐脯者，其夫人聞而疑之，曰：「公平日未嘗有擇於飲食，何忽獨嗜此？」因令問左右執事者，曰：「何以知公之嗜獐脯耶？」曰：「每食不顧他物，而獐脯獨盡，是以知之。」復問：「食時，置獐脯何所？」曰：「在近匕筯處。」夫人曰：「明日姑易他物近匕筯。」既而果食他物盡而獐脯固在。而後人知其特以其近故食之，而初非有所嗜也。人見其太甚，或者多疑其僞云。曲洧舊聞卷一〇

王荆公介甫在政事堂，只喫魚羹飯。一日因事乞去，云：「世間何處無魚羹飯！」胡文定公云：「只爲介甫緣累輕，故去住自在。」言行龜鑑卷五

王荆公在相位，子婦之親蕭氏子至京師，因謁公，公約之飯。翌日，蕭氏子盛服而往，意謂公必盛饌。日過午，覺飢甚而不敢去。又久之，方命坐，果蔬皆不具，其人既心怪之。酒三行，初供胡餠兩枚，次供彘臠數四，頃即供飯，傍置菜羹而已。蕭氏子頗驕縱，不復下箸，惟啖胡餠中間少許，留其四傍。公取顧自食之，其人愧甚而退。人言公在相位，自奉類

不過如此。

王介甫以次女適蔡卞，吴國夫人吴氏驟貴，又愛此女，乃以錦爲帳，未成禮而華俊之聲已聞於外。神宗一日問介甫云：「卿大儒之家，用錦帳嫁女？」介甫諤然無以對，歸問之，果然。乃舍之開寶寺福勝閣下爲佛帳，明日再對，惶懼謝罪而已。獨醒雜志卷二

王荆公嫁女蔡氏，慈壽宫賜珠褥直數十萬。説郛卷四一下引蓼花洲閒録

沈起待制諸子有見荆公者，頗喜之，許以薦擢。一日，沈盛飾出遊，過相府，公聞其在門，呼入與共匕箸。先令褫帶，沈辭不得已，公以手褰沈所衣真珠繡直繫，連稱「好，好」。自後不得復見，坐此沈廢。後山談叢卷三

王荆公妻越國吴夫人，性好潔成疾，公任真率，每不相合。自江寧乞骸歸私第，有官藤牀，吴假用未還，吏來索，左右莫敢言。公一旦跣而登牀，偃仰良久，吴望見，即命送還。

荆公吴夫人有潔疾，其意不獨恐污己，亦恐污人。長女之出，省之於江寧，夫人欣然裂綺縠製衣，將贈其甥，皆珍異也。忽有猫卧衣笥中，夫人即叱婢揭衣置浴室下，終不肯與人，竟腐敗無敢取者。

以上萍洲可談卷三

王荆公于富貴聲色，略不動心，得耿天騭憲竹根冠，愛詠不已。

老學庵筆記卷五

王荆公平生只用小竹紙一種。

邵氏聞見後録卷二八

簡槧古無有也，陸務觀謂始於王荆公，其後盛行。

癸辛雜識前集

有獻硯于王荆公云：「呵之得水。」公笑而却之曰：「縱得一擔，能直幾何？」

五總志

丞相荆公喜放生，每日就市買活魚縱之江中，莫不洋然。

夢溪補筆談卷三

荆公嗜睡，夏月常用方枕。或問何意，公云：「睡氣蒸枕熱，則轉一方冷處。」此非真知睡味，未易語此也。

江之神今封安濟順澤王，凡江行，有水族登舟，舟人以爲神見。王荆公嘗泛江歸金陵，或見於舟，狀稍異，舟人請公致禮，公從容至前炷香，揖之曰：「朝廷班爵，公無拜侯之禮。」俄頃不見。蓋其時未封王爵也。齊東野語卷一八

王荆公教元澤求門賓須博學善士，或謂發蒙，恐不必然。公曰：「先入者爲之主。」獨醒雜志卷五

荆公凡處事，必要經據。托人賣金，零賣了，銖兩不足，甚怒，元澤云：「銖銖而較之，至兩必差。」遂解。以上晁氏客語

世傳王荆公嘗問張文定公曰：「孔子去世百年，生孟子亞聖，後絶無人，何也？」文定曰：「豈無？只有過孔子上者。」公曰：「誰？」文定曰：「江西馬大師、汾陽無業禪師、雪峰、巖頭、丹霞、雲門是也。」公暫聞，意不甚解，乃問曰：「何謂也？」文定曰：「儒門淡薄，收拾不住，皆歸釋氏爾。」荆公忻然歎服，其後説與張天覺，天覺撫几歎賞曰：「達人之論也。」遂記於案間。捫蝨新話卷一〇

馮公京爲樞密使，嘗薦王鞏可用，王荆公安石曰：「鞏止是一小男女，陪涉馮京，故薦之。」馮公曰：「王鞏與臣陪涉，誠如安石所言，若以爲小男女，則鞏戊子生。」上變色久之。神宗皇帝戊子生故也。

王荆公一日見婢持練帛付外浣湅，公戲作謎云：「雖居色界中，不染色界塵。一朝鮮纏縛，見性自分明。」

王荆公游山，題壁云：「欲據而食又無木，欲飼吾蠶又無木，有木則利用刑人，無木則不可伐而燒。」乃「安石至此」四字。

以上高齋漫録

荆公嘗訪一高士不遇，題其壁曰：「牆角數枝梅，凌寒特地開。遥知不是雪，爲有暗香來。」

冷齋夜話卷五

芸叟好古博學，喜爲詩，然皆有思致，緩而不迫，非徒爲矯忿者。初謫時，言五路事者，其賓客各自爲主不同，芸叟每折中之，以故人皆不樂。會道中聞蛙聲，乃有詩曰：「一夜蛙聲不暫停，近如相和遠如争。信知不爲官私事，應恨流螢徹夜明。」荆公見而笑曰：「舜民此語不爲過。」

巖下放言卷下

東坡作表忠觀碑，荊公寘坐隅，有客問曰：「相公亦喜斯人之作？」公曰：「斯絶似西漢。」坐客歎譽不已。公笑曰：「西漢誰文可擬？」坐客或比以司馬相如、揚雄之流，公曰：「相如賦子虛、大人，洎諭蜀文、封禪書耳。雄所著太玄、法言以準易，未見其敘事典贍若此。直須與子長馳騁上下，如楚漢以來諸侯王年表。」野客叢書卷六引潘子真詩話

東坡初爲趙清獻公作表忠觀碑，或持以示王荊公，公讀之，沉吟曰：「此何語邪？」時客有在傍者，遽指摘而詆訿之，公不答。讀至再三，又攜之而起，行且讀，忽嘆曰：「此三王世家也，可謂奇矣。」客大慚。郤掃編卷下

王文公見東坡醉白堂記，徐云：「此定是韓、白優劣論。」東坡聞之曰：「不若介甫虔州學記，乃學校策耳。」二公相誚或如此，然勝處未嘗不相傾慕。元祐間，東坡奉祠西太乙，見公舊題：「楊柳鳴蜩緑暗，荷花落日紅酣。三十六陂春水，白頭想見江南。」注目久之，曰：「此老野狐精也。」西清詩話卷中

王介甫論揚子投閣爲史臣之誤，劇秦美新之作亦後人誣子雲。它日，與東坡論及

此，東坡曰：「軾亦疑一事。」荆公曰：「疑何事？」東坡云：「不知西漢果有子雲否？」聞者皆大笑。

東坡在黄州日，作雪詩云：「凍合玉樓寒起栗，光摇銀海眩生花。」人不知其使事也。後移汝海，過金陵，見王荆公，論詩及此，云：「道家以兩肩爲玉樓，以目爲銀海，是使此否？」坡笑之，退謂葉致遠曰：「學荆公者，豈有此博學哉！」北窗炙輠録卷上

東坡自海外歸，至南康軍語劉羲仲壯輿曰：「軾元豐中過金陵，見介甫論三國志曰：『裴松之之該洽，實出陳壽上，不能别成書而但注三國志，此所以□陳壽下也，蓋好事多在注中。安石舊有意重脩，今老矣，非子瞻，他人下手不得矣。』軾對以：『軾於討論非所工。』蓋介甫以此事付託軾，軾今以付壯輿也。」侯鯖録卷一

王丞相嘗云：「自議新法，始終言可行者曾布也，言不可行者司馬光也，餘皆前叛後附，或出或入。」默記卷中

宋朝事實類苑卷八引澠水燕談録

錢公輔與王荆公坐，忽語荆公曰：「周武王真聖人也。」荆公曰：「何以言之？」公輔曰：「武王年八十，猶爲太子，非聖人誰能如是？」荆公曰：「是時文王尚在，安得不爲太子也。」

余友人相訪，指案間荆公日録曰：「僕不喜閲此書。」余問其故。客曰：「凡稱上曰某事如何，則言曰余不然。凡稱某事，余則曰如何，則言上曰極是。此尤可笑也。」東軒筆録卷一五

吕惠卿嘗語王荆公曰：「公面有䵟，用園荽洗之當去。」荆公曰：「吾面黑耳，非䵟也。」吕曰：「園荽亦能去黑。」荆公笑曰：「天生黑於予，園荽其如予何！」墨莊漫録卷二

王荆公病喘，藥用紫團山人蔘，不可得。時薛師政自河東還，適有之，贈公數兩，不受。人有勸公曰：「公之疾，非此藥不可治，疾可憂，藥不足辭。」公曰：「平生無紫團蔘，亦活到今日。」竟不受。公面黧黑，門人憂之，以問醫，醫曰：「此垢汗，非疾也。」進澡豆令公頮面，公曰：「天生黑於予，澡豆其如予何！」東軒筆録卷一二

夢溪筆談卷九

王文公安石爲相日奏事殿中，忽覺偏頭痛不可忍，遽奏上，請歸治疾。裕陵令且在中書偃卧，已而小黄門持一小金杯藥少許賜之，云：「左痛即灌右鼻，右即反之；左右俱痛，並灌之。」即時痛愈。明日，入謝，上曰：「禁中自太祖時，有此數十方，不傳人間，此其一也。」因并賜此方。蘇軾自黄州歸過金陵，安石傳其方，用之如神。墨莊漫録卷五

王荆公言：「月中彷佛有物，乃山河影也。」

荆公以雱病，夜焚紙錢。平甫戲曰：「天曹也行倉法。」時新立倉法，胥吏重禄者皆用焉，人以爲不便，故平甫譏之也。春渚紀聞卷七

王平甫該洽善議論。與其兄介甫論新政，多援據，介甫不能聽。姪雱病亟，介甫命道士作醮，大陳楮泉。平甫啓曰：「兄在相位，要須令天下後世人取法。雱雖疾，丘之禱久矣，爲此奚益！且兄嘗以倉法繩吏奸，今乃以楮泉徼福，安知三清門下獨不行倉法耶！」介甫大怒。孫公談圃卷中

王荆公絶句云：「京口瓜洲一水間，鍾山祇隔數重山。春風又緑江南岸，明月何時照我

還。」吴中士人家藏其草，初云「又到江南岸」，圈去「到」字，注曰「不好」，改爲「過」，復圈去而改爲「入」，旋改爲「滿」，凡如是十許字，始定爲「緑」。容齋續筆卷八

「風定花猶舞，鳥鳴山更幽。」世傳荆公改「舞」字作「落」字，其語頓工。彦周詩話

杜少陵宿龍門詩有云「天闕象緯逼」，王介甫改「闕」爲「閲」，黄魯直對衆極言其是。貢父聞之曰：「直是怕他。」道山清話

唐人詩云：「嫩緑枝頭紅一點，動人春色不須多。」不記作者名氏。王荆公親書此兩句於書上。類説卷四七引遁齋閑覽

荆公題金陵此君亭詩云：「誰憐直節生來瘦，自許高才老更剛。」賓客每對公稱頌此句，公輒顰蹙不樂。晚年與平甫坐亭上，視詩牌曰：「少時作此題榜，一傳不可追改，大抵少年題詩，可以爲戒。」平甫曰：「此揚子雲所以悔其少作也。」苕溪漁隱叢話前集卷三四引高齋詩話

荆公嘗有詩曰：「功謝蕭規慚漢第，恩從隗始詫燕臺。」或謂公曰：「蕭何萬世之功，則功字固有來處，若恩字未見有出也。」荆公答曰：「韓集鬭雞聯句，則孟郊云『受恩慚始隗』。」則知荆公詩用法之嚴如此。韻語陽秋卷二

荆公問山谷云：「作小詞，曾看李後主詞否？」云：「曾看。」荆公云：「何處最好？」山谷以「一江春水向東流」爲對，荆公云：「未若『細雨夢回雞塞遠，小樓吹徹玉笙寒』，又『細雨濕流光』最好。」苕溪漁隱叢話前集卷五九引雪浪齋日記

王逢原以書上介甫，且以南山之詩求學於荆公。師資之禮已定，故逢原未死以前，荆公贈之詩曰：「楩柟豫章概白日，只要匠石聊穿裁。」逢原既死之後，荆公思之曰：「便恐世間無妙質，鼻端從此罷揮斤。」皆以師道自任也。韻語陽秋卷一八

廣陵先生王逢原嘗詠暑熱思風詩云：「力卷雨來無歲旱，盡驅雲去放天高。」客有傳示王介甫，嘆曰：「有致君澤民之志，惜乎不振也。」墨莊漫録卷一

王逢原作過唐論，介甫云：「可方賈誼過秦，論不及而馳騁過之。」墨莊漫録卷三

江南進士王令逢原少不羈，好爲狂詭之行，或跨驢入山，每以蒸餅十數掛驢項上。後改節師事王介甫，介甫雅重之。……死時纔二十三，早慧而夭。逢原見器於荆公，公以夫人女弟妻之，爲嫁其遺腹女與吴師禮。呂氏雜記卷下

方惟深字子通……最長於詩，嘗過黯淡灘，題一絶云：「溪流怪石礙通津，一一操舟若有神。自是世間無妙手，古來何事不由人？」王荆公見之大喜，欲收致門下。蓋荆公欲行新法，沮之者多，子通之詩，適有契於心，故爲其所喜也。後子通以詩集呈荆公，侑以詩云：「年來身計欲何爲，跌宕無成一軸詩。懶把行藏問詹尹，願將生死遇秦醫。丹青效虎留心拙，斤匠良工入手遲。此日知音堪屬意，枯桐正在半焦時。」凡有所作，荆公讀之必稱善，謂深得唐人句法。嘗遺以書曰：「君詩精淳警絶，雖元、白、皮、陸，有不可及。」子通游王氏之門，極蒙愛重。中吴紀聞卷三

方子通一日謁荆公未見，作詩云：「春江渺渺抱牆流，煙草茸茸一片愁。吹盡柳花人不見，

春旗催日下城頭。」荆公親書方册間，因誤載臨川集，後人不知此詩乃子通作也。中吴紀聞卷四

盧秉侍郎，嘗爲江南郡掾，于傳舍中題詩云：「青衫白髮病參軍，旋糶黄粱置酒樽。但得有錢留客醉，也勝騎馬傍人門。」王荆公見而稱之，立薦于朝，不數年登貳卿。珊瑚鉤詩話卷二

賀方回題一絶于定林云：「破冰泉脉漱籬根，壞衲遥疑掛樹猿。蠟屐舊痕尋不見，東風先爲我開門。」舒王見之大稱賞，緣此知名。詩話總龜前集卷一一

郭祥正有句云「明月随人渡流水」，王介甫愛之，曰：「此言如有神助。」能改齋漫録卷八引呂氏詩事録

劉季孫初以左班殿直監饒州酒，王荆公爲江東提刑，巡歷至饒，按酒務。始至廳事，見屏間有題小詩曰：「呢喃燕子語梁間，底事來驚夢裏閒？説與旁人應不解，杖藜攜酒看芝山。」大稱賞之。問專知官誰所作，以季孫言。即召與之語，嘉歎升車而去，不復問務事。既至傳舍，適郡學生持狀立庭下，請差官攝州學事，公判監酒殿直，一郡大驚，遂知名云。石林詩話卷下

王公韶少日讀書於廬山東林寺老庵，庵前有老松，因賦詩云：「緑皮皴剥玉嶙峋，高脚分明似古人。解與乾坤生氣概，幾因風雨長精神。裝添景物年年换，擺捭窮愁日日新。惟有碧霄雲裏月，共君孤影最相親。」王荆公爲憲江東，過而見之，大加稱賞，遂爲知己。

苕溪漁隱叢話後集卷三六引復齋漫録

王介性輕率，語言無倫，時人以爲心風。與王荆公舊交，公作詩曰：「吴興太守美如何？柳渾詩才未足多。遥想郡人臨下擔，白蘋洲上起風波。」其意以水值風即起波也。介諭其意，遂和十篇，盛氣而誦於荆公，其一曰：「吴興太守美如何？太守從來惡祝鮀。正直聰明神鬼畏，死時應合作閻羅。」荆公笑曰：「閻羅見闕，可速赴任也。」

東軒筆録卷七

俞秀老紫芝，物外高人，喜歌謳，醉則浩歌不止。故荆公贈之詩曰：「魯山眉宇人不見，只有歌辭來向東。借問樓前蹋于蔿，何如雲卧唱松風。」又云：「暮年要與君攜手，處處相煩作好歌。」不知者以爲賦詩也。紫芝之弟清老，欲爲僧，荆公名之曰紫琳，因手簡目之爲琳公，然清老卒未嘗祝髮也。

老學庵筆記卷七

丹陽陳輔每歲清明過金陵上冢，事畢，則過蔣山謁湖陰先生，歲率爲常。元豐辛酉、癸亥，兩歲訪之不遇，因題一絶於門云：「北山松粉未飄花，白下風輕麥脚斜。身似舊時王謝燕，一年一度到君家。」湖陰歸見其詩，吟賞久之，稱於荆公，荆公笑曰：「此正戲君爲尋常百姓耳。」湖陰亦大笑。

苕溪漁隱叢話前集卷五四引王直方詩話

王介甫有江寧夾口詩云：「茅屋滄洲一酒旗，午烟孤起隔林炊。江清日暖蘆花轉，恰似春風柳絮時。」人或題之於壁，續其後云：「江南村裏老翁子，不解吟他富貴詩。」荆公聞之，但笑而已。

孔氏談苑卷二

或薦王迥於荆公，介甫唯唯，既而曰：「奈奇俊何？」客不喻。或哂曰：「此介甫諧也。」

畫墁録

魏泰數舉進士不利。荆公戲云：「眼下有臣卧蠶者貴，如文潞公有之而爲相。公亦有而未遇也，豈非白殭者乎！」

可書

大覺璉禅師學外工詩，舒王少與遊，嘗以其詩示歐公。歐公曰：「此道人作肝臟饅頭也。」舒王不悟其戲，問其意，歐公曰：「是中無一點菜氣。」

冷齋夜話卷六

蔡天啓肇嘗從王介甫游。一日，語及盧仝月蝕詩辭語奇嶮，介甫曰：「人少有誦得者。」天啓立誦之，不遺一字。一日，又與介甫同泛舟，適見群鳧數百掠舟而過。介甫戲曰：「子能數之乎？」天啓一閲，即得其數。因遣人詢之放畜者，其數不差。可謂機警也。庚溪詩話

世傳王迴芙蓉城鬼仙事，或云無有，蓋託爲之者。迴字子高，蘇子瞻與迴姻家，爲作歌，人遂以爲信。俞澹清老云王荆公嘗和子瞻歌，爲其兄紫芝誦之，紫芝請書于紙，荆公曰：「此戲耳，不可以訓。」故不傳。避暑録話卷上

近世婦人多能詩，往往有臻古人者。王荆公家最衆。臨漢隱居詩話

王荆公暮年喜爲集句，唐人號爲四體，黄魯直謂正堪一笑爾。後山詩話

王荆公作集句，得「江州司馬青衫濕」之句，欲以全句作對，久而未得。一日問蔡天啓：「『江州司馬青衫濕』，可對甚句？」天啓應聲曰：「何不對『梨園弟子白髮新』？」公大喜。竹坡詩話

昔有刺字至半山之前，自稱集句詩人，坐客駭然。公寘之坐末，問曰：「『江州司馬青衫濕』何以爲對？」應聲曰：「梨園弟子白髮新。」公甚悦。攻媿集卷七五跋郭適之集句梅雪詩

山谷云：江南野中有一種小白花，木高數尺，春開極香，野人謂之鄭花。王荆公嘗欲作詩而陋其名，予請名曰山礬。苕溪漁隱叢話前集卷四七

荆公在鍾山興國寺，見一尼入寺，使蔡天啓集句嘲之云：「不住薰爐換好香，爲他人作嫁衣裳。因過竹院逢僧話，始覺空門氣味長。」苕溪漁隱叢話後集卷二五引東皋雜録

舒王嗜佛書，曾子固欲諷之，未有以發之也。居一日，會于南昌，少頃，潘延之亦至。延之談禪，舒王問其所得，子固熟視之。已而又論人物，曰某人可秤。子固曰：「弇用老而逃佛，亦可一秤。」舒王曰：「子固失言也。善學者讀其書，惟理之求，有合吾心者，則樵牧之言猶不廢；言而無理，周、孔所不敢從。」子固笑曰：「前言第戲之耳。」冷齋夜話卷六

子方一日見介甫誦華嚴經，因勸介甫不若早休官去，介甫問之，子方曰：「公之爲官，止是

作業，更做執政數年，和佛也費力。」介甫不答。一日，子方在朝，介甫乃以子方之言白於上，將以危之，上大笑而止。

道山清話

王荆公爲錢公輔銘母夫人蔣氏墓，不稱公輔甲科，但云：「子官於朝，豐顯矣，里巷之士以爲太君榮。」後云：「孫七人皆幼。」不書其名。公輔意不滿，以書言之，公復書曰：「比蒙以銘文見屬，輒爲之而不辭。不圖乃猶未副所欲，欲有所增損。鄙文自有意義，不可改也。宜以見還，而求能如足下意者爲之。如得甲科爲通判，何足以爲太夫人之榮？一甲科通判，苟粗知爲辭賦，雖市井小人，皆可以得之，何足道哉！故銘以謂閭巷之士以爲太夫人榮，明天下有識者不以置榮辱也。至於諸孫，亦不足列，孰有五子而無七孫者乎！」

容齋續筆卷一三

陳輔之爲先君言：荆公元祐改元三月末間，疾已甚，猶折花數枝，置牀前，作詩曰：「老年少歡豫，況復病在牀。汲水置新花，取慰此流光。流光只須臾，我亦豈久長。新花與故吾，已矣兩相忘。」自此至没，不復作詩，此篇蓋絶筆也。

家世舊聞卷下

介甫嘗晝寢，謂葉濤曰：「適夢三十年前所喜一婦人，作長短句贈之，但記其後段：『隔岸

桃花紅未半，枝頭已有蜂兒亂。惆悵武陵人不管。清夢斷，亭亭佇立春宵短。』」泊宅編卷一

半山嘗於江上人家壁間見一絶云：「一江春水碧揉藍，船趁歸潮未上帆。渡口酒家賒不得，問人何處典春衫。」深味其首句，爲躊躇久之而去。已而作小詞，有「平漲小橋千嶂抱，揉藍一水縈花草」之句，蓋追用其語。

荊公戲作四句謎示吉甫云：「畫時圓，寫時方。冬時短，夏時長。」吉甫亦作四句解云：「東海有一魚，無頭亦無尾。更除脊梁骨，便是這箇謎。」觀林詩話

唐人初未有押字，但草書其名以爲私記，故號「花書」，韋陟「五雲體」是也。余見唐誥書名，未見一楷字。今人押字，或多押名，猶是此意。王荆公押「石」字，初横一畫，左引脚，中爲一圈。公性急，作圈多不圓，往往窩匾，而收横畫又多帶過。常有密議公押「歹」字者，公知之，加意作圈。一日書楊蟠差遣敕，作圈復不圓，乃以濃墨塗去，旁别作一圈，蓋欲矯言者。楊氏至今藏此敕。石林燕語卷四

續墨客揮犀卷六

熙寧初，荆公用事，一時字多以「甫」，押多以圈。時語曰：「表德皆連甫，花書盡帶圈。」類説卷五七引王直方詩話

王介甫當神宗正眷注時，其書「石」字爲「○」，人皆效之。故時人嘲之曰：「表德皆聯甫，花書盡帶圈。」演繁露卷二

頃年嘗與王荆公評詩，余謂凡爲詩，當使挹之而源不窮，咀之而味愈長，至如歐陽永叔之詩，才力敏邁，句亦健美，但恨其少餘味耳。荆公曰：「不然，如『行人仰頭飛鳥驚』之句，亦可謂有味矣。」東軒筆録卷一二

荆公嘗言：「世間好語言已被老杜道盡，世間俗言語已被樂天道盡。」苕溪漁隱叢話前集卷一四引陳輔之詩話

功甫曾題人山居一聯云：「謝家莊上無多景，只有黄鸝三兩聲。」荆公命工繪爲圖，自題其上云：「此是功甫題山居詩處。」即遣人以金酒鍾并圖遺之。苕溪漁隱叢話前集卷三七引遁齋閑覽

荆公素輕沈文通，以爲寡學，故贈之詩曰：「翛然一榻枕書卧，直到日斜騎馬歸。」及作文通

墓誌，遂云：「公雖不常讀書。」或規之曰：「渠乃狀元，此語得無過乎？」乃改「讀書」作「視書」。

老學庵筆記卷一

諫議大夫程師孟嘗請於介甫曰：「公文章命世，師孟多幸，生與公同時，願得公爲墓誌，庶傳不朽，惟公矜許。」介甫問：「先正何官？」師孟曰：「非也，師孟恐不得常侍左右，自欲豫求墓誌，俟死而刻之耳。」介甫雖笑不許，而心憐之。及王雱死，有習學檢正張安國者，被髮藉草，哭於柩前曰：「公不幸，未有子，今郡君妊娠，安國願死，托生爲公嗣。」京師爲之語曰：「程師孟生求速死，張安國死願托生。」

涑水記聞卷一六

荆公棋品殊下，每與人對局，未嘗致思，隨手疾應，覺其勢將敗，便斂之，謂人曰：「本圖適性忘慮，反苦思勞神，不如且已。」與葉致遠敵手，嘗贈致遠詩云：「垂成忽破壞，中斷俄連接。」是知公棋不甚高。又云：「諱輸寧斷頭，悔誤仍搏頰。」是又未能忘情於一時之得喪也。

苕溪漁隱叢話前集卷三三引遁齋閑覽

荆公棋將敗，則隨手斂之，嘗作詩曰：「莫將戲事擾真情，且可隨緣道我嬴。戰罷兩奩收黑白，一枰何處有虧成。」

荆公爲江西漕，夢小龍呼「相公」，求夾注維摩經十卷，久而忘之。後至友人家，見佛堂中有是經，因録而送廟。及在相府，夢小龍來謝。堅瓠四集卷三引遁齋閑覽

王荆公改科舉，暮年乃覺其失，曰：「欲變學究爲秀才，不謂變秀才爲學究也。」蓋舉子專誦王氏章句而不解義，正如學究誦注疏爾。孫公談圃卷上

荆國王文公，以多聞博學爲世宗師，當世學者得出其門下者，自以爲榮，一被稱與，往往名重天下。公之治經，尤尚解字，末流務多新奇，浸成穿鑿。朝廷患之，詔學者兼用舊傳注，不專治新經，禁援引字解。于是學者皆變所學，至有著書以詆公之學者，且諱稱公門人。故芸叟爲挽詞云：「今日江湖從學者，人人諱道是門生。」傳士林。及後詔公配享神廟，贈官并謚，俾學者復治新經，用字解。昔從學者，稍稍復稱公門人，有無名子改芸叟詞云：「人人却道是門生。」後山談叢卷一

澠水燕談録卷一〇

王荆公初拜僕射，握壻蔡卞手曰：「吾止於此乎！昔年作舉人時，夢升一廳事，人指其榜有

『僕射廳』字曰：『他日君當爲此官。』今夢驗矣。」官制行，换爲特進。元祐初，加司空，卞幸其夢之不應也。公讓不拜，半年方報。再讓，又數月，方報。此告下，公薨八日矣。竟終於特進焉。

孔氏談苑卷二

蔡京作相，弟卞爲元樞，卞乃王安石壻，尊崇婦翁，當孔廟釋奠時，躋于配享而封舒王。優人設孔子正坐，顔、孟與安石侍坐側。孔子命之坐，安石揖孟子居上，孟辭曰：「天下達尊，爵居其一，軻僅蒙公爵，相公貴爲真王，何必謙光如此？」遂揖顔子，顔曰：「回也陋巷匹夫，平生無分毫事業，公爲名世真儒，位號有間，辭之過矣。」安石遂處其上。夫子不能安席，亦避位，安石皇懼拱手不敢，往復未決。子路在外，憤憤不能安，徑趨從祀堂挽公冶長臂而出，公冶長爲窘迫之狀，謝曰：「長何罪？」乃責數之曰：「汝全不救護丈人，看取别人家女壻。」其意以譏卞也。時方議欲升安石於孟子之右，爲此而止。

夷堅支志乙卷四

初制顔、孟配享，左顔而右孟。熙、豐新經盛行，以王安石爲聖人，没而躋之配享，位顔子下。故左則顔子及安石，右則孟子。未幾，安石女壻蔡卞當國，謂安石不當在孟子下，遷安石於右，與顔子對，而移孟子位第三，次顔子之下，遂左列顔、孟而右列安石。又未幾，蔡卞再欲升安石壓顔子，漸次而升，爲代先聖張本。優人有以藝諫於殿下者，設一大言之士，戲薄先聖，顔子出争之，不勝；子貢出争之，不勝；子路出而盛氣争之，又不勝。然後設爲公冶長，有擊其首而叱之曰：『汝何不出一争？汝且看他人家女壻。』蓋蔡卞，安石壻，而公冶長，先聖壻也。蔡卞聞之，遂不敢進安石於顔子上，顔、孟左而安石右，遂爲定制。

黄氏日抄卷三二

晨至鍾山道林真覺大師塔焚香。……塔後又有定林菴。舊聞先君言，李伯時畫文公像於菴之昭文齋壁，著帽束帶，神彩如生。文公没，齋常扃閉，遇重客至，寺僧開户。客忽見像，皆驚聳，覺生氣逼人，寫照之妙如此。今菴經火，尺椽無復存者。

入蜀記卷二

王荊公所賜玉帶，闊十四稻，號玉抱肚，真廟朝趙德明所貢。至紹興中，王氏猶藏之，曾孫奉議郎璹始復進入禁中。

老學庵筆記卷七

淳祐改元正月十九日，理宗皇帝駕幸太學，御筆云：「王安石謂天命不足畏，祖宗不足法，人言不足信。此三語爲萬世之罪人，豈宜祀孔子廟庭？合與削去，以正人心，息邪説。關係不小，合議指揮。」有旨令國子監日下施行。

說郛卷二〇下引豹隱紀談

# 詩文評選輯

## 論詩

荆公詩云：「力去陳言誇末俗，可憐無補費精神。」而公平生文體數變，暮年詩益工，用意益苦，故言不可不慎也。

詩欲其好，則不能好矣。王介甫以工，蘇子瞻以新，黄魯直以奇。

魯直謂荆公之詩暮年方妙，然格高而體下，如云「似聞青秧底，復作龜兆坼」，乃前人所未道，又云「扶輿度陽焰，窈窕一川花」，雖前人亦未易道也，然學二謝，失於巧爾。以上後山詩話

山谷云：「天下清景，初不擇賢愚而與之遇，然吾特疑端爲我輩設。」荆公在鍾山定林，與客

夜對，偶作詩曰：「殘生傷性老耽書，年少東來復起予。各據槁梧同不寐，偶然聞雨落階除。」東坡宿余杭山寺，贈僧曰：「暮鼓朝鐘自擊撞，閉門欹枕對殘紅。白灰旋撥通紅火，卧聽蕭蕭雪打窗。」人以爲山谷之言爲確論。冷齋夜話卷三

對句法，詩人窮盡其變，不過以事、以意、以出處具備，謂之妙。如荆公曰：「平昔離愁寬帶眼，迄今歸思滿琴心。」又曰：「欲寄荒寒無善畫，賴傳悲壯有能琴。」乃不若東坡徵意特奇。如曰：「見説騎鯨游汗漫，亦曾捫蝨話辛酸。」又曰：「蠶市風光思故國，馬行燈火記當年。」又曰：「龍驤萬斛不敢過，漁舟一葉從掀舞。」以「鯨」爲「蝨」對，以「龍驤」爲「漁舟」對，小大氣焰之不等，其意若玩世。謂之秀傑之氣終不可没者，此類是也。

用事琢句，妙在言其用，不言其名耳。此法唯荆公、東坡、山谷三老知之。荆公曰：「含風鴨緑鱗鱗起，弄日鵝黄褭褭垂。」此言水柳之用而不言水柳之名也。冷齋夜話卷四

舒王宿金山寺，賦詩，一夕而成長句，妙絶。如曰「天多剩得月，月落聞歸鼓」，又曰「乃知像教力，但渡無所苦」之類，如生成。

唐詩有曰：「長因送人處，憶得别家時。」又曰：「舊國别多日，故人無少年。」荆公用其意，作古今不經人道語。荆公詩曰：「木末北山烟冉冉，草根南澗水泠泠。繰成白雪桑重緑，割盡黄雲稻正青。」東坡曰：「桑疇雨過羅紈膩，麥隴風來餅餌香。」如華嚴經舉因知果，譬如蓮花方其吐華而果具蘂中。

造語之工，至于荆公、東坡、山谷，盡古今之變。荆公曰：「江月轉空爲白晝，嶺雲分暝與黄昏。」又曰：「一水護田將緑遶，兩山排闥送青來。」東坡海棠詩曰：「只恐夜深花睡去，高燒銀燭照紅妝。」又曰：「我攜此石歸，袖中有東海。」山谷曰：「此皆謂之句中眼，學者不知此妙語，韻終不勝。」以上冷齋夜話卷五

王荆公晚年詩律尤精嚴，造語用字，間不容髮。然意與言會，言隨意遣，渾然天成，殆不見有牽率排比處。如「含風鴨緑鱗鱗起，弄日鵝黄裊裊垂」，讀之初不覺有對偶。至「細數落花因坐久，緩尋芳草得歸遲」，但見舒閒容與之態耳。而字字細考之，若經隱括權衡者，其用意亦深刻矣。嘗與葉致遠諸人和「頭」字韻詩，往返數四，其末篇有云：「名譽子真矜谷口，事功新息困壺頭。」以谷口對壺頭，其精切如此。後數日，復取本追改云：「豈愛京師傳谷口，但知鄉里勝壺

頭。」至今集中兩本並存。

詩下雙字極難，須使七言五言之間除去五字三字外，精神興致，全見於兩言，方爲工妙……近世王荆公「新霜浦漵綿綿白，薄晚林巒往往青」，與蘇子瞻「浥浥爐香初泛夜，離離花影欲摇春」，皆可以追配前作也。

王荆公少以意氣自許，故詩語惟其所向，不復更爲涵蓄。如「天下蒼生待霖雨，不知龍向此中蟠」，又「濃緑萬枝紅一點，動人春色不須多」，「平治險穢非無力，潤澤焦枯是有材」之類，皆直道其胸中事。後爲群牧判官，從宋次道盡假唐人詩集，博觀而約取，晚年始盡深婉不迫之趣。乃知文字雖工拙有定限，然亦必視初壯，雖此公，方其未至時，亦不能力强而遽至也。以上石林詩話卷上

荆公詩用法甚嚴，尤精於對偶，嘗云用漢人語，止可以漢人語對，若參以異代語，便不相類。如「一水護田將緑去，兩山排闥送青來」之類，皆漢人語也。此法惟公用之不覺拘窘卑凡。如「周顒宅在阿蘭若，婁約身隨窣堵波」，皆以梵語對梵語，亦此意。嘗有人面稱公詩「自喜田園安五柳，但嫌尸祝擾庚桑」之句，以爲的對。公笑曰：「伊但知柳對桑爲的，然庚亦自是數。」蓋以

十千數之也。

以上石林詩話卷中

東坡海南詩、荆公鍾山詩，超然邁倫，能追逐李、杜、陶、謝。

畫山水詩，少陵數首後，無人可繼者。惟荆公觀燕公山水詩前六句差近之，東坡烟江疊嶂圖一詩，亦差近之。

以上彦周詩話

王荆公五字詩，得子美句法，其詩云：「地蟠三楚大，天入五湖低。」

唐子西文録

王介甫詩，山谷以爲學三謝。

王介甫只知巧語之爲詩，而不知拙語亦詩也。

以上歲寒堂詩話卷上

前輩讀詩與作詩既多，則遣詞措意，皆相緣以起，有不自知其然者。荆公晚年閒居詩云：「細數落花因坐久，緩尋芳草得歸遲。」蓋本於王摩詰「興闌啼鳥換，坐久落花多」。而其辭意益工也。徐師川自謂：荆公暮年，金陵絶句之妙傳天下，其前兩句與渠所作云「細落李花那可數，偶行芳草步因遲」，偶似之邪？竊取之邪？喜作詩者，不可不辨。予嘗以爲王因於唐人，而徐又因於荆公，無可疑者。但荆公之詩，熟味之，可以見其閒適優游之意，至於師川，則反是矣。優古堂詩話

集句近世往往有之，惟王荆公得此三昧。前人所傳，如「雨荒深院菊，風約半池萍」之句，非不切律，但苦無思耳。竹坡詩話

律詩中間對聯兩句意甚遠，而中實潛貫者，最爲高作。如介甫示平甫詩云：「家世到今宜有後，士才如此豈無時。」韻語陽秋卷一

王儉七志曰：宋高祖遊張良廟，並命僚佐賦詩。謝瞻所賦，冠於一時，今載於文選者是也。其曰「鴻門銷薄蝕，陔下隕欃槍。爵仇建蕭宰，定都護儲皇。肇允契幽叟，翻飛指帝鄉」，則子房輔漢之策，盡于此數語矣。王荆公云：「素書一卷天與之，穀城黄石非吾師。固陵解鞍聊出口，捕取項羽如嬰兒。從來四皓招不得，爲我立棄商山芝。」亦用此數事，而議論格調，出瞻數等。韻語陽秋卷九

張劍州以太夫人喪劍州歸，荆公予之詩并示女弟云：「烏辭反哺顛毛黑，烏引思歸口舌丹。」又有張劍州至劍一日以親憂罷詩云：「白頭反哺秦烏側，流血思歸蜀鳥前。」所賦皆一時之事，而語意重複如此，何邪？

伯兄一日又看荆公詩，至「繰成白雪桑重緑，割盡黄雲稻更青」，云：「白雪不是雪，黄雲不是雲。但將一『割』字，便見黄雲是禾；將一『繰』字，便見白雪是蠒。如此用意，可謂工矣。」韻語陽秋卷十

如「十里人家雞犬静，竹扉斜掩護蠶眠」，又如「繰成白雪桑重緑，割盡黄雲麥更青」，又如「麥秋天氣易寒熱，蠶月人家忌往來」，此三聯乃農桑之紀實，曲盡人情，皆賦也。以上環溪詩話卷下

南朝蘇子卿梅詩云：「祇言花是雪，不悟有香來。」介甫云：「遥知不是雪，爲有暗香來。」述者不及作者。陸龜蒙云：「殷勤與解丁香結，從放繁枝散誕香。」介甫云：「慇懃爲解丁香結，放出枝頭自在春。」作者不及述者。

五七字絶句最少，而最難工，雖作者亦難得四句全好者，晚唐人與介甫最工於此。……如

介甫云：「更無一片桃花在，爲問春歸有底忙。」「祇是蟲聲已無夢，三更桐葉强知秋。」「百囀黄鸝看不見，海棠無數出牆頭。」「暗香一陣風吹起，知有薔薇澗底花。」不減唐人，然鮮有四句全好者。……介甫云：「水際柴扉一半開，小橋分路入青苔。背人照影無窮柳，隔屋吹香併是梅。」……四句皆好矣。以上誠齋詩話

荆公「北山梅花何所似」一篇，詩意高遠。

東萊不喜荆公詩，云：「汪信民嘗言荆公詩失之軟弱，每一詩中，必有依依裊裊等字。」予以東萊之言考之，荆公詩每篇必用連緜字，信民之言不繆。然其精切藻麗，亦不可掩也。

東湖言荆公詩多學唐人，然百首不如晚唐人一首。

東湖言荆公「月移花影上闌干」不是好詩，予以爲止似小詞。

絶句之妙，唐則杜牧之，本朝則荆公，此二人而已。

南朝人詩云:「蟬噪林逾静,鳥鳴山更幽。」荆公嘗集句云:「風定花猶落,鳥鳴山更幽。」説者謂上句静中有動意,下句動中有静意,此説亦巧矣。至荆公絶句云「茅檐相對坐終日,一鳥不鳴山更幽」,却覺無味。蓋鳥鳴即山不幽,鳥不鳴即山自幽矣,何必言更幽乎?此所以不如南朝之詩爲工也。

荆公「種種春風吹不長,星星明月照還稀」,詠白髮也。「種種」出左氏,音董。「星星」對「種種」,甚工。

荆公詠史詩,最於義理精深。如留侯詩,伊川謂説得留侯極是。予謂武侯詩,説得武侯亦出。又如范增詩云:「有道弔民天即助,不知何用牧羊兒。」又:「誰合軍中稱亞父,直須推讓外黄兒。」詠史詩有如此等議論,它人所不能及。

以上艇齋詩話

蔡百衲詩評:「王介甫詩,雖乏風骨,一番清新,方似學語小兒,酷令人愛。」

山谷云:「荆公暮年作小詩,雅麗精絶,脱去流俗,每諷味之,便覺沆瀣生牙頰間。」

禁臠云：「沙、草則衆人所謂水邊林下之物，所與之遊處者，牛羊鷗鳥耳。而荆公造而爲語曰：『眠分黄犢草，坐占白鷗沙。』其筆力高妙，殆若天成。」

禁臠云：「王維、舒王兩詩，皆有不盡之意，蘇子由謂之不帶聲色也。」以上竹莊詩話

以人而論，則有……王荆公體，公絶句最高，其得意處，高出蘇、黄、陳之上，而與唐人尚隔一關。滄浪詩話 詩體

集句惟荆公最長。胡笳十八拍渾然天成，絶無痕迹，如蔡文姬肺肝間流出。滄浪詩話 詩評

舒王詩云：「投老歸來供奉班，塵埃無復見鍾山。何須更待黄粱熟，始信人間是夢間。」又云：「黄粱欲熟日流連，謾道春歸莫悵然。蝴蝶豈能知夢事，蘧蘧先墮晚花前。」又云：「客舍黄粱今始熟，鳥殘紅柿昔分甘。」蓋三用黄粱而意義皆妙。詩話總龜卷八引王直方詩話

送吴仲庶待制守潭云：「自古楚有材，醽醁多美酒。不知樽前客，更待賈生否？」賈誼初爲

河南吴公召置門下而謫死長沙，其用事之精，余以爲可詩法。

陳無己云：「山谷最愛介甫『扶輿度陽焱，窈窕一川花』，謂包含數箇意。」

陳無己云：「荆公晚年詩傷工，魯直晚年詩傷奇。」以上苕溪漁隱叢話前集卷三三引王直方詩話

荆公嘗云：「詩家病使事太多，蓋皆取其與題合者類之，如此乃是編事，雖工何益？若能自出己意，借事以相發明，情態畢出，則用事雖多，亦何所妨？」故公詩如「董生只爲公羊惑，豈肯捐書一語真」「桔槔俯仰何妨事，抱甕區區老此身」之類，皆意與本題不類，此真所謂使事也。苕溪漁隱叢話前集卷四二引王直方詩話

荆公定林後詩，精深華妙，非少作之比，嘗作歲晚詩云：「月映林塘静，風涵笑語涼。俯窺憐浄緑，小立佇幽香。攜幼尋新的，扶衰上野航。延緣久未已，歲晚惜流光。」自以比謝靈運，議者亦以爲然。苕溪漁隱叢話後集卷二五引王直方詩話

苕溪漁隱叢話前集卷三三引漫叟詩話

荆公如鄧艾縋兵入蜀，要以險絶爲功。江湖小集卷四六敖陶孫詩評

荆公詠雪云：「試問火城將策試，何如雲屋聽窗知。」苑極之不爱其上句。滹南遺老集卷三九詩話

金陵半山寺，乃荆公舊宅，屋後有謝公墩，下臨深溝，上有古木，余嘗與漕幕諸公同遊。荆公舊有詩云：「我名公字偶相同，我屋公墩在眼中。公去我來墩屬我，不應墩姓尚隨公。」他人欲隱括此意，非累數十言不可，而公以二十八字盡之，真得束廣就狹體。

荆公詠鵶云：「依倚秋風氣勢豪，似欺黄雀在蓬蒿。不知羽翼青冥上，腐鼠相隨勢亦高。」梅磵詩話卷上

又詠小魚云：「遶岸車鳴水欲乾，魚兒相逐尚相歡。無人挈入滄溟去，汝死那知世界寬。」二詩皆托物興詞，而有深意。歸田詩話卷上

王介甫點景處，自謂得意，然不脱宋人習氣。其詠史絶句，極有筆力，當别用一具眼觀之。若商鞅詩，乃發洩不平語，於理不覺有礙耳。麓堂詩話

作詩有三等語：堂上語、堂下語、階下語。知此三者，可以言詩矣。……凡訟者説得顛末詳盡，猶恐不能勝人，若王介甫「茅簷長掃浄無苔，花木成蹊手自栽」，此階下語也。有學晚唐者，再變可躋上乘，學宋者，則墮下乘，而變之難矣。四溟詩話卷四

王介甫詩：「山木悲鳴水怒流。」此老善用古人好字面。升庵詩話卷三

宋詩信不及唐，然其中豈無可匹休者？在選者之眼力耳。王半山雨詩云：「山中十日雨，雨晴門始開。坐看蒼苔紋，欲上人衣来。」升庵詩話卷四

王籍「鳥鳴山更幽」雖遜古質，亦是雋語，第合上句「蟬噪林逾静」讀之，遂不成章耳。又有可笑者，「鳥鳴山更幽」本是反不鳴山幽之意，王介甫何緣復取其本意而反之？且「一鳥不鳴山更幽」，有何趣味？宋人可笑，大概如此。

臨川氏法而狹。以上藝苑卮言卷三

王半山「山中十日雨，雨晴門始開。坐看蒼苔色，欲上人衣來」，後二語全用輞川，已是下乘，然猶彼我趣合，未致足厭至。藝苑卮言卷四

介甫用生重字力於七言絶句及頷聯内，亦從老杜律中來。但所謂差之毫釐，謬以千里耳。骨格既定，宋詩亦不妨看。藝苑卮言卷五

六一雖洗削西昆，然體尚平正，特不甚當行耳，推轂梅堯臣詩，亦自具眼。至介甫創撰新奇，唐人格調，始一大變，蘇、黄繼起，古法蕩然。推原科鬬時事，實舒王生此厲階，其爲宋一代禍，蓋不特青苗法也。

介甫五七言絶，當代共推，特以工致勝耳，于唐自遠。六言「水泠泠而北出」四語，超然玄詣，獨出宋體之上，然殊不多見。五言「南浦隨花去，回舟路已迷。暗香無處覓，日落畫橋西」，頗近六朝，至七言諸絶，宋調坌出，實蘇、黄前導也。以上詩藪外編卷五

奪胎換骨，宋人謬説，只是向古人集中作賊耳。冷齋稱王荊公菊花詩「千花萬卉凋零後，始

見閑人把一枝」，以爲勝鄭都官十日菊，謬也。荆公詩多滲漏，上句「凋零」二字不妥，下句云「一枝」，似梅花；「閑人」二字牽湊，何如微之云「不是花中偏愛菊，此花開後更無花」，語意俱足，鄭詩亦混成，非荆公所及。鈍吟雜録卷四

半山詩：「道人北山來，問松我東岡。舉手指屋脊，云今如許長。」極平澹中意味無窮，漁洋聽琴詩：「曲罷孤月明，溪光散清泚。主客無一言，露坐攬衣起。」二詩皆可細參。蓮坡詩話

證山最喜王半山詠史絶句，以爲多用翻案法，深得玉谿生筆意。如范增詩云：「中原群鹿待新羈，力戰紛紛此一時。有道吊民天即祝，不知何用牧羊兒？」千古别具只眼。寒廳詩話

王介甫唐百家詩，宋牧仲尚書從常熟毛扆得古本刻之。余閲一過，寄牧仲書云：百家選古物自可寶惜，然去取大謬，謂爲佳選，則未敢聞命。其書載王建詩，多至兩卷，不啻數百篇，而王、楊、沈、宋、陳子昂、張燕公、張曲江、王右丞、韋蘇州、劉賓客諸大家，不録一首，若謂宋次道家無此數十家文集，何以謂之藏書家？若有之，而一字不入選，尚得爲有目人耶？後閲嚴滄浪詩話已先余言之：安石一生相業，所謂好惡拂人之性，此選亦然。漁洋詩話卷中

張浮休云：「荆公詩如空中之音，相中之色，欲有執著而曾不可得。」余謂公亦未能耳。援鶉堂筆記卷四十

昔人言白香山詩，無一句不自在。故其爲人和平樂易；王荆公詩無一句自在，故其爲人拗强乖張。愚謂荆公古文逼昌黎，宋人不敢望其肩項，若論詩，則終身在門外，尤可笑者。隨園詩話卷一

王荆公作文落筆便古，王荆公論詩，開口便錯，何也？文忌平衍而公天性拗執，故琢句選詞，迥不猶人；詩貴温柔而公性情刻酷，故鑿險縋幽，自墮魔障。隨園詩話卷六

王荆公言學子美而究不及子美。北江詩話卷二

王荆公七律似夢得，然荆公卻造句苦思，用力有足取法處。昭昧詹言續卷五

王荆公詩學杜，得其瘦硬，然杜具熱腸，公惟冷面，殆亦如其文之學韓，同而未嘗不異也。藝概卷二詩概

讀荆公集竟，摘句如下。……以上荆公佳句，皆山林氣重而時覺黯然銷魂者，所以雖作宰

相，終爲詩人也。余嘗語子培：荆公詩甚妖冶，子培曰：「何以言之？」余曰：「『怊悵俯凌波，殘妝壞難整』，不謂之妖冶，得乎？」　石遺室詩話卷一七

（王安石）少以意氣自許，故詩亦不爲涵蓄。論者謂其有工緻，無悲壯，學久則令人筆拘而格退，而議論過多，亦是一病。然半山七言歌行，思致、句調并多雅馴，第起承轉合之際，未極自然之妙，往往爲格律所縛，故句法多異；至其議論，於宋人已較爲該括；惟五古艱澀，則不逮遠甚，而近體五七言，拙於使事，語多木强，風趣盡損，去唐音遠矣。　詩學淵源卷八

## 論文

文章蓋自建安以來，好作奇語，故其氣象衰薾，其病至今猶在。唯陳伯玉、韓退之、李習之，近世歐陽永叔、王介甫、蘇子瞻、秦少游乃無此病耳。　宋黄文節公全集正集卷十八

先公言本朝自楊、劉，四六彌盛，然尚有五代衰陋氣，至英公表章，始盡洗去。四六之深厚

廣大，無古無今皆可施用者，英公一人而已，所謂四六集大成者，至王岐公、元厚之四六，皆出於英公。王荆公雖高妙，亦出英公，但化之以義理而已。

文章有彼此相資之事，有彼此相須之對，有彼此相須而曾不及當時事，此所以助發意思也。唐人方有此格，謂之「互换格」，然語猶拙，至後人襲用講論而意益妙。……荆公賀韓魏公罷相啓略云：「國無危疑，人以静一。周勃、霍光之於漢，能定策而終以致疑；姚崇、宋璟之於唐，善致理而未嘗遭變。記在舊史，號爲元功，固未有獨運廟堂，再安社稷，弼亮三世，敉寧四方，崛然在諸公之先，焕乎如今日之懿。若夫進退之當於義，出入之適其時，以彼相方，又爲特美。」此又妙矣。

以上四六話卷上

四六偶儷之文，起於齊、梁，歷隋、唐之世，表章詔誥多用之。然令狐楚、李商隱之流，號爲能者，殊不工也。本朝楊、劉諸名公，猶未變唐體，至歐、蘇始以博學富文爲大篇長句，敘事達意，無艱難牽强之態。而王荆公尤深厚爾雅，儷語之工，昔所未有。

直齋書録解題卷一八

王荆公在金陵，有中使傳宣撫問，并賜銀合茶藥，令中外各作一表。既具稿，無可於公意者，公遂自作，今見集中，其詞云：「信使恩言，有華原隰。寶奩珍劑，增賁丘園。」蓋五事見四句中，言約意盡，衆以爲不及也。

皇朝四六，荆公謹守法度，東坡雄深浩博，出於準繩之外，由是分爲兩派。近時汪浮溪、周益公諸人類荆公，孫仲益、楊誠齋諸人類東坡。大抵制、誥、牋、表，貴乎謹嚴；啓、疏、雜著，不妨宏肆，自各有體，非名世大手筆，未易兼之。雖詩亦然，荆公留意唐詩，山谷乃自成一家，爲江西派。近有以唐詩自勉者，而趙紫芝諸人出焉。四六之文當有能辨之者。四六談麈

王文純潔。學王不成，遂無氣焰。雲莊四六餘話

本朝四六以歐公爲第一，蘇、王次之。然歐公本工時文，早年所爲四六見別集，皆排比而綺靡，自爲古文後，方一洗去，遂與初作迥然不同。他日見二蘇四六，亦謂其不減古文，蓋四六與古文同一關鍵也。然二蘇四六尚議論，有氣焰，而荆公則以辭趣典雅爲主。能兼之者，歐公耳。古文關鍵卷首看古文要法

文字之雅淡不浮，混融不琢，優游不迫者，李習之、歐陽永叔、王介甫、王深甫、李太白、張文荆溪林下偶談卷二

潛，雖其淺深不同而大略相近，居其最則歐公也。荆溪林下偶談卷三

先公常談崔德符詩，又稱王荆公四六好。

東萊先生曰：先擇史記、漢書、文選、韓、柳、歐、蘇、曾子固、王介甫、陳無己、張文潛文，雖不能偏讀，且擇其易見、世人所愛者誦之。先讀秦、漢、韓、柳、歐、曾文字以養根本，四六且看歐、王、東坡三集。澗泉日記卷下

四六當看王荆公、岐公、汪彦章、王履道，擇而誦之。

前輩制詞，惟王初寮、汪龍溪、周益公最爲可法，蓋其體格與場屋之文相近故也。以上辭學指南卷一 其他如王荆公、岐公、元章簡、翟忠惠、綦北海之文亦須編。

見行程文爲格外，更將前輩制詞如張樂全、王荆公、岐公、元厚之、東坡、潁濱、曾曲阜、王初寮、汪龍溪、綦北海、周益公所作，裒集熟讀，則下筆自中程度矣。

水心曰：「荆公取經史語組綴，有如自然，謂之典雅，自是後進相率效之。」

東坡制詞有議論，荆公、南豐外制佳。

散文當以西漢詔爲根本，次則王岐公、荆公、曾子開詔，熟觀然後約以今時格式，不然則似今時文策題矣。

前輩表章，如夏英公、宋景文、王荆公、歐陽公、曾曲阜、二蘇、王初寮、汪龍溪、綦北海、孫鴻慶諸公之文，皆須熟誦。以上辭學指南卷二

誠齋楊公曰：「有用古人全語而雅馴妥帖如己出者，介甫賀册妃表云：『關雎之求淑女，無險詖私謁之心；雞鳴之思賢妃，有警戒相成之道。』」以上辭學指南卷三

文章有短而轉折多氣長者，韓退之送董邵南序、王介甫讀孟嘗君傳是也；有長而轉折少且氣短者，盧襄西征記是也。

王半山之文，愈短愈妙，如書刺客傳後云：「曹沫將而亡人之城，又劫天下盟主，管仲因勿倍以市信，一時可也。予獨怪智伯國士豫讓，豈顧不用其策耶？讓誠國士也，曾不能逆策三晉，救智伯之亡，一死區區，尚足校哉？其亦不欺其意者也。聶政售於嚴仲子，荆軻豢於燕太子丹，此兩人者，污隱困約之時，自貴其身，不妄願知，亦曰有待焉。彼挾道德以待世者，何如哉？」味此文何讓史記乎？與讀孟嘗君傳同關紐矣。 文章精義

文章簡短，難得氣長，惟王半山讀孟嘗君傳内有許多轉折，讀之不覺氣長，真妙手也。 升庵集卷五二論文

誥敕起於六朝，然其來甚遠，肇自舜命九官與命羲仲、和仲之詞，後君奭、君牙、蔡仲之命，皆其遺制也，此是皇帝語，即所謂口代天言者，古人謂之訓詞。唐時獨稱常、楊、元、白，今觀其誥敕中皆有訓飭戒勵之言，猶有訓誥之風。至宋，陶穀已有「依樣畫葫蘆」之譏矣。後王介甫、蘇子瞻最爲得體，余觀今世之誥敕，其即所謂一箇八寸三帽子，張公帶了李公帶者耶？六朝之文以圓轉流便爲美，苟過於晦澀，失其本色矣。 歸震川先生論文章體則 四友齋叢説卷二三

王荊公湛深之識，幽渺之思，大較並本之古六藝之旨，而於其中別自爲調，鑱刻萬物，鼓鑄群情，以成一家之言者也。其尤最者上仁宗皇帝書與神宗本朝百年無事諸劄子，可謂王佐之才。此所以於仁廟之鎮静博大，猶未能入，而至於熙寧、元豐之間，劫主上而固魚水之交，譬則武丁之於傅説、孔明之於昭烈，不是過已。惜也，公之學問，本之好古者多，而其措注，當時亦狃於泥古爲患，況以矯拂之行而兼之以獨見，以執拗之資而恣之以私臆。所以吕、章、邢、蔡以下，紛紛附會，熒惑天子，流毒四海。新法既壞，并其文學知而好之者半，而厭而訾之者亦半矣。以予觀之，荊公之雄不如韓，逸不如歐，飄宕疏爽不如蘇氏父子兄弟，而匠心所注，意在言外，神在象先，如入幽林邃谷而杳然洞天，恐亦古來所罕者。予每讀其碑誌、墓銘，及他書所指次世之名臣、碩卿、賢人、志士，一言之予，一字之奪，並從神解中點綴風刺，翩翩乎凌風之翮矣，於史、漢外別爲三昧也。予首録其上仁宗皇帝書一首，次及劄子、疏狀七首，表啓三十六首，與友人書三十五首，序十二首，記二十二首，論、原、説、解、雜著二十五首，碑狀、墓誌銘、表及祭文五十九首。釐爲一十六卷。

唐宋八大家文鈔卷八一王文公文鈔引

歐、蘇、曾、王之文，大都出於韓子，讀之可一氣盡也，而翫之則使人意消。余每讀諸子之文，蓋幾不能終篇也。

由拳集卷二三雜著

蘇伯衡曰：「三代以來，爲文者至多，尚論臻其妙者，春秋則左丘明，戰國則荀況、莊周、韓非，秦則李斯，漢則司馬遷、賈誼、董仲舒、班固、劉向、揚雄，唐則韓愈、柳宗元、李翱，宋則歐陽脩、王安石、曾鞏及吾祖老泉、東坡、潁濱，上下數千百年間，不過二十人爾。」文通卷二八染説

唐宋八大家文……介甫如斷岸千尺，又如高士谿刻，不近人情。

或問，學八大家而不善，其病何如？曰：學子厚易失之小，學永叔易失之平，學東坡易失之衍，學子固易失之滯，學介甫易失之枯，學子由易失之蔓，惟學昌黎、老泉少病。然昌黎易失之生撰，老泉易失之粗豪，病终愈於他家也。以上日録論文

老泉、荆公各學申、韓，而各成一門户，善於變也。

論韓文者，無不首稱碑誌，第韓公碑誌多奇崛險譎，不得史、漢序事法，故於風神處，或少遒逸。至歐陽碑誌之文，可謂獨得史遷之髓矣。王荆公則又別出一調，當細繹之。覵齋論文

宋代序事文，當以廬陵爲最，以其調自史遷出，一切結構剪裁有法，而中多感慨俊逸處。曾之大旨近劉向，然逸調少矣。王之結構剪裁，極多鑱洗苦心處，往往矜而嚴，潔而則，然較之曾，特屬伯仲，須讓歐一格。

以上西圃文説卷一

介甫出於注疏諸文。

王荆公爲文，字字不苟，讀者不知其用事。

王半山之文，極高峻難識，學之有得，便當舍去。

子固於文多有襲用介甫者。如禮閣新儀目録序「其所改易更革，不至乎拂天下之勢，駭天下之情，而固昌合乎先王之意矣」，此介甫語也；又與杜相公書「犖多難而貧且賤」一篇，近孫元規侍郎兩書；鵝湖院佛殿記緊健亦類介甫。

王荆公堅瘦，又昌黎一節之奇。

論文偶記

王文可謂惜墨如金。

王文公萬言書不免低頭説話之病。以上援鶉堂筆記卷四四

文以意爲主，古來惟司馬、歐陽二家足當此語。他如班固、王安石輩，文極雕繪之功，然止於意盡言中。惺齋論文

宋人説經如此，此八股所濫觴也。「以義制禮」四句，宛是兩小比矣，義精辭確，故荆公爲制義之始。四六叢話卷二六「王荆公熙寧初召翰苑」條按語

古來博洽而不爲積書所累者，莫如王介甫。渠作文，直不屑用前人一字，此所以高。其削盡膚庸，一氣轉折處最當玩。初月樓古文緒論

學古文宜且先看曾子固、王介甫作者，得其淡樸純潔之趣。朱梅崖文譜

尋常小文，强推大義，二者之蔽，王、曾尤多。

藝舟雙楫卷一與楊季子論文書

介甫詞完氣健，饒有遠勢。

藝舟雙楫卷一再與楊季子書

介甫之文長於掃，東坡之文長於生，掃故高，生故贍。

王介甫文取法孟、韓。曾子固與介甫書述歐公之言曰：「孟、韓文雖高，不必似之也，取其自然耳。」則其學之所幾與學之過當，俱可見矣。

介甫文之得於昌黎，在「陳言務去」，其譏韓有「力去陳言誇末俗」之句，實乃心鄉往之。

介甫文兼似荀、揚，荀好爲其矯，揚好爲其難。

荆公文是能以品格勝者，看其人取我棄，自處地位儘高。

半山文善用揭過法，只下一二語，便可掃卻他人數大段，是何簡貴！

謝疊山評荆公文曰：「筆力簡而健。」余謂南人文字，失之冗弱者十常八九，殆非如荆公者不足以矯且振之。

半山文瘦硬通神，此是江西本色，可合黄山谷詩派觀之。

荆公遊褒禪山記云：「入之愈深，其進愈難，而其見愈奇。」余謂「深」、「難」、「奇」三字，公之學與文，得失並見於此。

介甫文於下愚及中人之所見，皆剗去不用，此其長也；至於上智之所見，亦剗去不用，則病痛非小。

介甫上邵學士書云：「某嘗患近世之文，辭弗顧於理，理顧於事，以襞積故實爲有學，以雕繪語句爲精新，譬之擷奇花之英，積而玩之，雖光華馨采、鮮縟可愛，求其根柢濟用則蔑如也。」

又上人書云：「所謂文者，務爲有補於世而已矣。所謂辭者，猶器之有刻鏤繪畫也。誠使巧且華，不必適用；誠使適用，亦不必巧且華。」余謂介甫之文，洵異於尚辭巧華矣，特未思免於此弊，仍未必濟用適用耳。

半山文其猶藥乎？治病可以致生，養生或反致病。

半山説得世人之病好，只是他立處未是。

介甫文每言及骨肉之情，酸惻嗚咽，語語自腑肺中流出，他文卻未能本此意擴而充之。以上藝概卷一文概

宋賢之文，惟歐公有儒者氣象，其次則曾子固，至王介甫、三蘇，皆非儒者氣象。讀文雜記

王介甫格調，蓋有取諸公羊傳，故峭而曲。論文集要卷三曾文正公論文

臨川最嚴最峻，轉折處皆骨。或謂非北宋諸人所敢望，持論雖少偏，亦不爲無見。盋山談藝録

半山神微肖於昌黎，而形貌亦類似，遂不免拖泥帶水。

茅順甫謂半山爲文應接不暇，其實不然，半山之長在善用提筆補筆。文有摶、縮二訣，惟昌黎能之，荆公亦間能也。荆公祭范潁州文，將潁州生平事略打碎，而以簡語出之，所謂摶也；儘説大事，不説閒話，所謂縮也。故其文包括得住，甚難作到。至上仁宗萬言書，詞鋒疏廣，本不易縮，而能精心調度，善用其才，故摶、縮亦好。

前人謂介甫給事中孔公墓志銘爲其墓文中第一，説甚當也。其文提後又補，補後再提，步步照映，恰似鎖骨觀音。

荆公王深甫墓志銘學韓最肖，但須看其脱卸法。泰州海陵縣主簿許君墓志銘，須看其譏笑法。工夫在不説平之夤緣，專架空發議，「有所待」三字點眼，極圓極好；結穴「彼有所待而不悔」，又從對面寫來，倍見力量。

以上文微

# 王安石著述考

高克勤

北宋政治家、思想家、文學家王安石，一生著述豐富。然而，由於北宋末年的黨派之爭，以及後世的毁譽之論，其著作散佚頗夥。因此，本文擬對現知王安石撰著、提舉、編修和選輯的所有著作，作以下幾方面的考察：一、記録存佚；二、辨别真僞；三、考定寫作年代；四、考察結集過程和同書異名情況。各書的内容不作具體介紹。其版本源流及明清兩代著録情況，亦從略。明清兩代抽出單行之著作及選節本，概不闌入。各書先後次第，依四庫全書著録之序例。爲節省篇幅，凡前人已有結論者從簡；徵引較多的典籍用簡稱，在第一次徵引時出注。

**易義二十卷，佚，有輯本。**

此書又名易解。晁公武郡齋讀書志（袁州本，簡作晁志）卷一上著録王介甫易義二十卷，龔原注易二十卷，耿南仲注易二十卷，云：「介甫三經義皆頒學官，獨易解自謂少作未善，不專以取士。故紹聖後復有龔原、耿南仲注易。三書偕行於場屋。」據此，可知此書宋哲宗紹聖年間（一〇九四—一〇九八）尚存。今王安石臨川先生文集（簡作臨川集，以下僅標卷數）中尚存易泛論、卦名解、河圖洛書義（卷六十三）、易象論解（卷六十五）、大人論、致一論（卷六十六）、九卦論（卷六十六）等篇，亦可窺其治易之一斑。

據晁志所言，易解爲王安石之「少作」。檢臨川集中，有作於宋英宗治平元年（一〇六四）的答韓求仁書（卷七十二）。其云：「某嘗學易矣，讀而思之，自以爲如此，則書之以待知易者質其義。當是時，未可以學易也，惟無師友之故，不得其序，以過於進取。乃今而後，知昔之爲可悔，而其書往往已爲不知者所傳，追思之，未嘗不愧也。」清人蔡上翔謂此「爲不知者所傳」之書就是易解（王荆公年譜考略，簡作蔡譜），與晁志所言相合。據此，易解之作不遲於治平初年。又，王安石集中多處提到讀易，如作於宋仁宗皇祐二年（一〇五〇）的上蔣侍郎書（王文公文集卷二）以及答徐絳書（卷七十三）、答史諷書（卷七十五）等。李壁王荆文公詩箋注（簡作李注）朝鮮活字本卷二十寄贈胡先生詩「先生天下豪杰魁」句下收有王安石佚文題王昭素易論要纂後一篇。文曰：

予嘗苦王先生易論晦而難讀，徐徽生删取其略以示予，又取其義可傳及雖不足傳而猶可觀者存之。

按，王昭素爲宋初人，宋史卷四三一入儒林傳。傳稱其「博通九經，兼究莊、老，尤精詩、易。嘗著易論二十三篇」。宋史藝文志一著録有「王昭素易論三十三卷」。寄贈胡先生詩作於嘉祐元年（一〇五六），胡先生即胡瑗，有周易口義傳世。可證王安石對前人時賢的易學著作曾廣泛涉玁。又，宋人彭乘墨客揮犀載，王安石知常州時，席上思咸、常二卦，「豁悟微旨，自喜有得」，不覺發笑。王安石知常州在嘉祐二年（一〇五七），此時當已撰易解。綜此，王安石撰成易解，當在嘉祐年間（一〇五六—一〇六三）。

易義，陳振孫直齋書録解題（簡作陳録）卷一著録爲易解十四卷，宋史藝文志一同。又，尤袤遂初堂書目（簡作尤目）著録此書爲王文公易傳。

易義後佚。今人王鐵有王安石易義輯存（載其著宋代易學，上海古籍出版社，二〇〇五年版），劉成國有王安石易解輯佚（載其著荆公新學研究，上海古籍出版社，二〇〇六年版），各輯得佚文數百條。今人張鈺翰復從諸書中輯録易解，收入王安石全集（復旦大學出版社，二〇一六年版）。

**洪範傳一卷，存。**

晁志卷一上云：「安石以劉向、董仲舒、伏生明災異爲弊，而思别著此傳。……大意言天人不相干，雖有變異，不足畏也。」今存王安石文集兩種，皆收入此傳。

李燾續資治通鑑長編（簡作長編）卷二一六載：「熙寧三年十月甲戌，安石嘗進所著洪範傳，上手詔答之。及奏事罷，因留身謝。」其進洪範表（卷五十六）云：「臣嘗以蕪廢腐餘之學，得備論思勸講之官，擢與大政，又彌寒暑。……謹取舊所著洪範傳，删潤繕寫。輒以草芥之微，求裕天地。」陸佃陶山集卷十五付府君墓誌云：「淮之南，學士大夫宗安定先生之學，予獨疑焉。及得荆公淮南雜説與其洪範傳，心獨謂然，於是願掃臨川先生之門。後余見公，亦驟見稱獎。」按，陸佃從王安石學，在治平三年（一〇六六）。據此，洪範傳撰成於治平三年前，而「删潤繕寫」於熙寧初年。

**尚書新義十三卷，佚，有輯本。**

此書又稱新經尚書義，爲三經新義之一，由王安石提舉，子王雱撰。王安石書義序（卷八十四）云：「熙寧二年，臣安石以尚書入侍，遂與政，而子雱實嗣講事。有旨爲之説以獻。八年，下其説太學班焉。」按，三經新義的撰修，始於熙寧六年（一〇七三）三月，見長編卷二四三，成於熙寧八年（一〇七五）六月，見長編卷二六五。元豐三年（一〇八〇）八月，王安石上乞改三經義誤字劄子二道，對書中的誤字作了訂正。

晁志卷一上著録新經尚書義十三卷，云：「右皇朝王雱撰。雱，安石之子也。熙寧六年，命呂惠卿兼修撰國子監經義，王雱同修撰。王安石提舉，而雱董是經，頒於學官。用以取士，或少違異，輒不中程。由是獨行於世者六十年。而天下學者喜攻其短。自開黨錮之禁，世人鮮稱焉。」可見此書北宋末年尚存。宋史藝文志著録爲新經書義十三卷，又洪範傳一卷。晁志著録宋人楊時有書義辯一卷，「專攻王雱之失」。楊著今已佚。宋人黄倫尚書精義引有尚書新義若干條。趙希弁郡齋讀書志附志卷一王令論語十卷條載：「解堯曰篇云：『四海不困窮，則天禄不永終矣。』王安石書新義取之。」凡此，略可知此書之消息。今人臺灣大學教授程元敏從諸書中輯得佚文五百餘條，成尚書新義輯考彙評，爲其三經新義輯考彙評之一，先於一九八六年由臺灣編譯館刊行，二〇一一年華東師範大學出版社影印出版。復旦大學出版社王安石全集（二〇一六年版）亦采用程氏輯考彙評本加以整理，並增補陳良中輯王荆公書説百餘條（原刊傳統中國研究集刊九、十合輯，上海人民出版社，二〇一二年版）。

尤目著録此書爲王文公書傳。

**毛詩新義二十卷，佚，有輯本。**

此書又稱新經毛詩義，爲三經新義之一。王安石詩義序（卷八十四）云：「詩三百六篇，其義具存，其辭亡者，六篇而已。上既使臣雱訓其辭，又使臣安石等訓其義。」據此，此書爲王安石與子王雱合撰。

王安石對詩經素有研究。陸佃云：「荆公有詩正義一部，朝夕不離手，字大半不可辨。世謂荆公忽先儒之言，蓋不然也。」（陸游老學庵筆記卷一）

此書，晁志著録爲新經毛詩義二十卷，宋史藝文志同；陳録著録爲三十卷，文獻通考同。此書後佚，宋人吕祖謙吕氏家塾讀詩記中引有若干條。今人邱漢生輯有詩義鈎沈二十卷（中華書局，一九八二年版），頗有失收、脱誤之處。今人程元敏復從諸書中輯得佚文千餘條，成詩經新義輯考彙評，爲其三經新義輯考彙評之二，先於一九八六年由臺灣編譯館刊行，二〇一一年華東師範大學出版社影印出版。復旦大學出版社王安石全集（二〇一六年版）亦采用程氏輯考彙評本加以整理。

宋史藝文志一著録有舒王詩義外傳十二卷，未詳。

**周禮新義二十二卷，佚，有輯本。**

此書又稱周官新義，爲三經新義之一。王安石周禮義序云：「謹列其書爲二十有二卷，凡十餘萬言。」晁志卷一上云：「熙寧中設經義局，介甫自爲周官義十餘萬言，不解考工記。」陳録卷二亦云：「其解止於周官，不及考工記。」此書曾佚。四庫全書總目卷十九云：「周禮新義本二十二卷，明萬曆中重編内閣書目尚載其名，故朱彝尊經義考不敢著其已佚，但注曰未見。然外間實無傳本，即明以來内閣舊籍亦實無此書。惟永樂大典中所載最夥。」四庫館臣從永樂大典中輯出周官新義十六卷，計天官五卷、地官二卷、春官四卷、夏官二卷、秋官三卷，收入四庫全書。錢儀吉又爲之增補有三十餘條，刻入經苑。陳壽祺又據宋人魏了翁周禮要義補入數條。今人程元敏重輯周禮新義輯考彙評，爲其三經新義輯考彙評之三，先於一九八七年由臺灣編譯館刊行，二〇一一年華東師範大學出版社影印出版。復旦大學出版社王安石全集（二〇一六年版）亦采用程氏輯考彙評本加以整理，並增補張濤輯周禮新義佚文二十五條。晁志著録宋人楊時有周禮辯疑一卷，今佚。

此書尤目著録爲王文公周禮新經。

**考工記解二卷，有輯本。**

四庫全書總目卷十九云：「安石本未解考工記，而永樂大典乃備載其説。據晁公武讀書志，蓋鄭宗顔輯安石字説爲之，以補其闕。」四庫館臣乃將之附於周官新義之後，以備一家之書。

**禮記要義二卷，佚。**

趙希弁郡齋讀書志附志卷五上著録，他書不載。

今人張鈺翰從南宋衛湜禮記集説中輯得王安石禮記發明一卷，收入王安石全集（復旦大學出版社，二〇一六年版）。

**考經解一卷，佚。**

晁志卷一下著録。趙希弁郡齋讀書志附志卷五上著録爲孝經義一卷，並云：「凡十七章，喪親章闕之。」今佚。

**論語解十卷，佚。**

文獻通考經籍考卷十一云：「王介甫撰，並其子雱口義、其徒陳用之解，紹聖後皆行於場屋。或曰：「用之書乃鄒浩所著，托之用之云。」晁志卷一下亦云：「紹聖後，亦行於場屋。」今佚。

此書作年不詳。然王安石對論語一書用力頗勤。早在慶曆三年（一〇四三）所作的同學一首別子固一文中，王安石就指出要「轥中庸之廷，而造於其室」。其文多引論語爲證，如勇惠、仁智、中述、行述（卷六十七）等文。

又，宋史藝文志經部「論語」類著録有王安石著通類一卷，列王雱著論語解十卷之前。

**孟子解十四卷，佚。**

趙希弁郡齋讀書志附志卷二云：「介甫素喜孟子，自爲之解。其子雱與其門人許允成皆有注，崇、觀間場屋舉子宗之。」據此，可證此書在宋徽宗崇寧、大觀年間（一一〇二—一一一〇）尚存。今佚。

此書作年亦不詳。王安石對孟子十分推崇，用力甚勤。慶曆二年（一〇四二），他作送孫正之序，即云：「以孟（子）、韓（愈）之心爲心。」嘉祐元年（一〇五六），他作奉酬永叔見贈，更云「他日若能窺孟子，終身何敢望韓公」，表達他對孟子的企慕之情。其文屢引孟子爲證，並闡發孟子一書的觀點。

**字説二十四卷，佚，有輯本。**

字説有二十卷、二十四卷諸説。王安石字説序（卷八十四）云：「余讀許慎説文，而於書之意時有所悟，因序録其説爲二十卷。」而其進字説表（卷五十六）則云：「謹勒成字説二十四卷，隨表上進。」而晁志著録此書爲二十卷，或晁公武時已有二十卷本字説行世，或以爲二十四卷内有序、目四卷。

字説初撰於治平年間。王安石進字説劄子（卷四十三）云：「臣在先帝時，得許慎説文古字，妄嘗覃思，究釋其意，冀因自竭，得見崖略。若蒙視天，終以罔然，念非所能，因晝而已。」其成則在熙寧年間，曾頒於學官，故又稱爲熙寧字説。其改定本則成於元豐年間。詹大和王荆文公年譜云：「元豐五年壬戌，是年字説成，進表繫銜觀文殿大學士、集禧觀使、特進、上柱國、荆國公。」蔡譜云爲元豐三年。按元豐更制改官名在三年九月。王安石有成字説後與曲江譚掞丹陽蔡肇同游齊安院詩（卷二十七）等，皆作於春日。故進字説不可能在元豐三年，兹依詹説定於元豐五年（一〇八二）。由此可以認爲，王安石序、表所指，當不是同一本子，當時流傳也不止一種本子。黄庭堅書王荆公騎驢圖有「荆公晚年删定字説」語，可知字説有或繁或簡、定本與非定本之别。陸游跋重廣字説亦云：「字説凡有數本，蓋先後之異，此猶非定本也。」皆可佐證。

字説後佚。晁志卷一下云：「元祐中，言者指其糅雜釋、老，穿鑿破碎，聾瞽學者，特禁絶之。」然字説在當時流傳甚廣，影響很大，宋人著作筆記中多有引者。楊時龜山集卷七有王氏字説辯一卷，引有字説數十條；陸佃埤雅、沈括夢溪筆談、黄朝英靖康緗素筆記、曾敏行獨醒雜志、葉大慶考古質疑、袁文瓮牖閑評、朱翌猗覺寮雜記、劉昌詩蘆浦筆記、王觀國學林、洪邁容齋隨筆等筆記，以及明人李時珍本草綱目等書，亦引有字説，凡數十條。今人胡雙寶有王安石字説輯佚，得字説佚文五百八十七字，刊古籍整理與研究一九八七年第二期（上海古籍出版社出版）。今人張宗祥有王安石字説輯（福建人民出版社，二〇〇五年版），收字頭六百一十八字，雙音節詞十二個。今人張鈺翰復輯字説五卷，收入王安石全集（復旦大學出版社，二〇一六年版）。

**群經新説十二卷，佚。**

趙希弁郡齋讀書志附志卷五下著録，他書不載。同書又著録有王安石論五經疑難新説三卷，疑與上書爲同一書。今皆佚。

**左氏解一卷，佚。**

宋史藝文志著録。尤目著録爲王文公左氏辯，不録卷數。清人李紱穆堂别稿書周麟之孫氏春秋傳後序云：「荆公嘗自爲春秋左氏解十卷，言言精核，辯左氏爲戰國時人，其明驗十有一事，自來治經者未之能及。」今佚。陳録云：此書「專辯左氏爲六國時人，其明驗十有一事。題王安石撰，其實非也」。李紱之論或據此而言，可備一説。

此書作年不詳。王安石對春秋三傳的研究頗早，其答韓求仁書（卷七十二）曾云：「至於春秋三傳，既不足信，故於諸經尤爲難知。」相傳王安石視春秋爲「斷爛朝報」，清人蔡上翔辨之甚詳，著有荆公不信春秋辨一文，見蔡譜卷十一。

**熙寧奏對日録七十八卷，佚，有輯本。**

此書名稱數異，著録也多不同。宋史藝文志於「故事」類著録熙寧奏對日録七十八卷，又於「傳記」類著録舒王日録十二卷。通志卷六五藝文略著録熙寧奏對日録一百卷。晁志卷二下著録鍾山日録二十卷，並云：「紹聖間，蔡卞合曾布獻於朝，添入神宗實録。」尤目著録有王文公實録、王文公日録遺稿。陳録卷七著録熙寧日録四十卷。凡此，當爲一書之别本。

史載此書爲王安石記載執政時事，「皆當日君臣對面反復之語」（長編卷二一九曾布語），爲王安石在熙寧、元豐間成。王安石卒後，至紹聖元年（一〇九四）書始出。時蔡卞言神宗實録非是，奏請重修，以王安石日録添入。後人有疑日録爲蔡卞改作者，朱熹讀兩陳諫議遺墨等文已駁其非。清人蔡上翔撰實録考上下篇，辨神宗實録的撰修和日録甚詳，見蔡譜卷二十五。

日録後佚。陳録云：「書本有八十卷，今止有其半。」可證南宋時日録已有散佚。今存宋人陳瑩中四明尊堯集、楊時龜山集神宗日録辯、朱熹朱文公文集等都存有日録佚文，長編引用日録者尤多。今人顧宏義、李文輯録熙寧日録二百餘條，凡六萬言，刊入宋代日記叢編（上海書店出版社，二〇一三年版）。顧宏義等又據此修訂，收入王安石全集（復旦大學出版社，二〇一六年版)。

**南郊式一百十卷,佚。**

宋史藝文志三著録此書於「儀注」類。王安石進修南郊敕式表(卷五十六)云:「郊丘事重,筆削才難,猥以微能,叨承遴選。臣某等誠惶誠恐,頓首頓首。……蓋已行之品式,曾莫紀於官司。故國家講燎禋之上儀,而臣等承撰次之明詔。迢兹彌歲,僅乃終篇,猶因用於故常,特删除其紛冗。」據此可知,此書爲王安石主持編修之作。

沈括夢溪筆談卷一載:「上親郊廟,册文皆曰『恭薦歲事』。先景靈宫,謂之『朝獻』;次太廟,謂之『朝飨』;末乃有事於南郊。予集郊式時,曾預討論,常疑其次序,若先爲尊,則郊不應在廟後;若後爲尊,則景靈宫不應在太廟之先。求其所從來,蓋有所因。」宋史卷三三一沈括傳云:「故事,三歲郊丘之制,有司按籍而行,藏其副,吏沿以干利。壇下張幔,距城數里。爲園囿,植采木,刻鳥獸,綿絡其間。將事之夕,法駕臨觀,御端門,陳仗衛,以閱嚴禁;游幸登賞,類非齋祠所宜。乘輿一器,而百工侍役者六七十輩。括考禮沿革,爲書曰南郊式。即詔令點檢事務,執新式從事,所省萬計,神宗稱善。」又,沈括長興集卷十三有進南郊式表云:「臣某等言,伏奉敕命,編修南郊式者。……臣等編修到南郊式共一百一拾卷,並目録一卷,謹隨表上進以聞。」文中省略部分與王安石進修南郊敕式表同。綜上所述,可知南郊式一書爲沈括所從事纂集。

宋會要輯稿載：「熙寧元年八月，詔將來南郊，除祇奉天地宗廟依典禮外，其餘供應乘輿服飾等事件務從簡約，應不須雅飾之物，不得妄有中舉，枉有勞費。」胡道靜夢溪筆談校證謂：「疑此即考撰南郊式之緣起也。」據此，此書之編修當在熙寧元年（一〇六八）八月後不久。此書今佚。

**熙寧詳定編敕等二十五卷，佚。**

宋史藝文志三著録此書於「刑法」類。王安石進熙寧編敕表（卷五十六）云：「方裁成輔相之休運，宜修飾潤色之難能，顧匪其人，與於此選。……具慚淺學，莫副詳延，屢彌歲年，僅就篇帙，删除煩復，搜補闕遺。」知此書亦爲王安石編修之作。

長編卷二一〇載：「熙寧三年四月乙丑，命王庭筠爲編敕删定官。庭筠嘗奏疏稱頌王安石所定謀殺刑名。」據此，則此書之撰修當在熙寧三年（一〇七〇）前後。

又，趙希弁郡齋讀書志附志卷一著録有王安石斷例四卷，並云：「在皇朝王安石執政以後，士大夫頗重意律令。此熙豐、紹聖中法寺決獄比也。」書今亦佚。

**三司令式，佚。**

此書，史志及各家目録皆失載。長編卷二一八載：「熙寧三年十二月庚辰，命王安石提舉編修三司令式。」長編卷二五一載：「熙寧七年三月乙巳，王安石言提舉編修敕式成四百卷，乞繕寫，付三司等處。從之。」宋史職官志一載：「提舉修敕令，自熙寧初編修三司令式命宰臣王安石提舉，是後皆以宰執爲之。」此書後佚。

**時政記，佚。**

此書，史志及各家目録皆失載。長編卷二一〇載：「熙寧三年四月，王安石著時政記曰」云云。按，時政記記載宰相、執政議事及皇帝問對答内容，由宰相或執政修撰。宋代大量的時政記都已散佚，包括王安石修撰的此書，現存僅南宋李綱所撰的建炎時政記三卷。

**淮南雜説二十卷，佚。**

宋史藝文志著録此書爲二十卷。趙希弁郡齋讀書志附志卷二著録爲王氏雜説十卷，並引蔡京所作王安石傳云：「初著雜説數萬言，世謂其言與孟軻相上下，於是天下之士始原道德之意，窺性命之端。」此書後佚。

由於此書大旨在於「道德性命」之學，故有人疑臨川先生文集卷六十五至七十諸卷議論文即淮南雜説。然此論似不能成立。一則此六卷中包括洪範傳一卷，據前引陸佃付府君墓誌所言，淮南雜説和洪範傳當爲兩書。再則，如依此論，禮論、禮樂論、致一論（卷六十六）、性情（卷六十七）、性論、原性（卷六十八）等文，當是淮南雜説中的篇目，可是，這幾篇文章的主旨與孟子中有關内容有明顯的牴牾之處，如原性指名道姓批評孔子，似不可能「世謂其言與孟軻相上下」。

此書撰寫年代，可能開始於慶曆初年王安石入淮南幕時。其慶曆二年（一〇四二）所作的送孫正之序云「以孟、韓之心爲心」，對孟子十分推崇。此書的完成年代，當在嘉祐年間（一〇五六—一〇六三），所以陸佃在治平初年已見到此書。

**老子注二卷，佚，有輯本。**

晁志卷三上著録此書，並云：「介甫平生最喜老子，故解釋最所致意。」王安石「少學孔孟，晚師瞿聃」（蘇軾王安石贈太傅敕），著有老子（卷六十八）等文。其注老子，可能在他元豐年間（一〇七八—一〇八五）隱居鍾山時。

此書後佚。彭耜編道德真經集注、劉惟永編道德真經集義和李霖編道德真經取善集保存了此書的若干注釋。今人容肇祖據此三書輯有王安石老子注輯本（中華書局，一九七九年版）。蒙文通道書輯校十種（巴蜀書社，二〇〇一年版）亦收其佚文若干條，其中有爲容輯本未收者。臺灣學者嚴靈峰有老子崇寧五注王安石老子注（臺北，成文出版社，一九七九年版），輯録較多。今人羅家湘將容、蒙、嚴三家所輯整理爲王安石老子注輯佚會鈔（華東師範大學出版社，二〇一三年版）。王安石全集（復旦大學出版社，二〇一六年版）所收老子注即爲羅氏輯本。

**莊子解四卷，佚。**

晁志卷五上著録此書，他書不載。王安石有莊周二篇（卷六十八）等文，其他提及莊子處頗多，略可窺王安石對莊子的評價。此書今佚。

**楊子解一卷，佚。**

晁志卷五上著録此書，他書不載。王安石有楊孟（卷六十四）、楊墨、對難（卷六十八）等文論及楊朱及其著作。其書今佚。

**維摩詰經注三卷，佚。**

宋史藝文志四著録此書。王安石進二經劄子（王文公文集卷二十）云：「臣蒙恩免於事累，因得以疾病之餘日，覃思内典。切觀金剛般若、維摩詰所説經，謝靈運、僧肇等注多失其旨；又疑世所傳天親菩薩、鳩摩羅什、慧能等所解，特妄人竊借其名，輒以己見，爲之訓釋。不圖上徹天聽，許以投進。……方大聖以神道設教、覺悟群生之時，羽毛皮骼之物，尚能助發實相。況臣區區嘗備顧問，又承制旨，安敢蔽匿？謹繕録上進，干涜天威。」王安石晚研佛典，有讀維摩經有感（卷三十四）等詩。其注此經亦當在元豐年間（一〇七八—一〇八五）隱居鍾山時。此書今佚。

**金剛經注，佚。**

尤目著録此書。晁志卷三下著録有金剛經會解一卷，並云：「後秦僧鳩摩羅什譯，唐僧宗密、僧知恩、皇朝元仁、賈昌朝、王安石五家注。」據前引王安石進二經劄子，此書當與王安石維摩詰經注同時所撰。此書今佚。

**楞嚴經解十卷，佚，有輯本。**

晁志卷五上著録此書。王安石有書楞嚴經旨要卷手跡（刊藝苑掇英第十五期，上海人民美術出版社，一九八二年版），其卷末題記云：「余歸鍾山，道原假楞嚴本，手自校正，列之寺中，時元豐八年四月十一日。臨川王安石稽首敬書。」按，道原爲王安石妹婿沈季長字。據此可知，楞嚴經解亦當撰於元豐年間（一〇七八—一〇八五）。此書後佚。今人張煜輯得楞嚴經解百十餘條，收入王安石全集（復旦大學出版社，二〇一六年版）。

**臨川先生文集一百卷，存。**

王安石詩文，其生前未及結集。宋徽宗重和元年（一一一八），薛昂等承詔編集王安石遺文，是爲王集有刊本之始，惜未傳世。南渡後，杭州、龍舒、臨川、麻沙等地都有刻本。宋高宗紹興十年（一一四〇），撫州知州詹大和刻臨川先生文集一百卷，詹本原刻不傳。紹興二十一年（一一五一），王安石曾孫王珏在杭州刻臨川王先生文集，今有中國國家圖書館藏本。明嘉靖年間，臨川知縣應雲鸑據詹本翻刻，爲明清兩代王集的通行本。應本與王珏本大致相同，僅數首詩編次略異。

今本臨川集爲一百卷。晁志卷四下著録爲一百三十卷，文獻通考卷二三五著録同。臨川縣志卷四十九著録王文公臨川集一百四十卷，並有元吴澄序。吴序云：「金溪危素好古文，慨公集之零落，搜索諸本增補校訂，總之凡若干卷，比臨川、金陵、麻沙、浙西數處舊本，頗爲備悉。」危素之增補本亦不傳。四庫全書總目引明焦竑國史經籍志云王安石有别集八十卷。陳録亦云：「汪藻彦章得半山别集，皆罷相山居時老筆，過江失之。」皆不傳。王安石詩文早有散佚，薛昂編集時已嘆不全。至「靖康之禍，官書散失，私集竟無完善之本，弗如歐集、老蘇、大蘇之集盛行於時也」（吴澄序）。陸游放翁題跋（津逮秘書本）卷二跋半山集載：「右半山集二卷，皆荆公晚歸金陵後所作詩也。丹陽陳輔之嘗編纂刻本於金陵學舍，今亡矣。」

由於王安石詩文散佚甚多，故後人屢有輯佚。清人勞格讀書雜識，嘗於群書輯出臨川集中未收詩文篇目；陸心源續加增輯，成臨川集補一卷，刊入潛園總集群書校補。清末，日本宫内省圖書寮所藏宋槧本王文公文集一百卷爲世人發現，日人島田翰據以輯出臨川集中未收詩文，收入古文舊書考。一九一八年，羅振玉將以上兩種補輯本合爲一帙，題爲臨川集拾遺付梓。中華書局上海編輯所一九五九年編輯出版臨川先生文集，即用明嘉靖三十九年（一五六〇）撫州覆紹興十年詹大和刊本爲底本，並用鐵琴銅劍樓舊藏宋紹興刊本、繆氏小岯山館刊本，及清綺齋本王荆文公詩箋注、嘉業堂本沈欽韓王荆文公詩文集注、宋文鑑、宋詩紀事等校勘，校語附在每卷之末。該本還在羅本基礎上，又據朱孝臧彊村叢書本臨川先生歌曲、唐圭璋全宋詞卷三十九增輯王安石詞七首，編爲臨川集補遺一卷附於卷末，是爲迄今爲止臨川先生文集的最佳整理本。然而，此書仍有不少遺留。例如，李壁王荆文公詩箋注中有七十二首詩，臨川先生文集未收；王文公文集中亦有少量爲臨川集失收詩文，島田翰所輯亦失收；此外，散佚詩文亦不少。來雲從歷代方志、詩話，以及宋趙汝愚國朝諸臣奏議、元馬端臨文獻通考等書中，又輯出王安石散佚詩文若干，編爲王安石散佚詩文輯存，刊中國古典文學叢考第二輯（復旦大學出版社，一九八七年版）。

**王文公文集一百卷，存。**

此書爲現存王安石文集的最早刊行本。清末，日本宫内省圖書寮發現此書的宋槧本。一九六二年，中華書局上海編輯所用江安傅氏從食舊德齋原藏本（現藏上海博物館）攝存玻璃片影印，缺卷以北京圖書館藏日本宫内省圖書寮藏本照片補足，版匡尺寸悉準原書。一九七四年，上海人民出版社又據此出版了唐武標校的王文公文集。此書爲南宋龍舒刻本。趙萬里撰有宋龍舒本王文公文集題記，於此書的版本源流等情況敘述頗詳。書中避宋高宗趙構諱。又，王珏本跋文稱：「比年龍舒版行，尚循舊本。」皆可證龍舒在紹興年間刻過王集，而且時間先於王珏本。

此本一百卷，然編次與他本迥異，並互有缺漏。龍舒本先文後詩，與臨川集編次正相反。龍舒本古詩部分五、七言古詩，律詩部分各體律詩和絶句，都雜厠在一起。臨川集則經過一番加工，整齊劃一，不少詩巧立名目，不如龍舒本尚存舊題。龍舒本缺後者所收詩一百八十餘篇；而後者亦缺龍舒本中所收詩七十二篇，此七十二首詩又見於李壁王荆文公詩箋注。兩本文章互相缺漏者亦有數十篇之多。兩本對勘，除篇題和字句間的異文層見疊出之外，兩本脱文可互爲校補，兩本佚篇亦可互爲補輯。龍舒本重出舛亂較多，其中重出詩達十七首；又誤收一些他人詩作。

**王荆文公詩箋注五十卷，存。**

此本爲南宋李壁箋注。李壁（一一五九—一二二二），字季章，號雁湖，眉州丹稜（今屬四川）人，著名史學家李燾之子。宋史卷三九八有傳。開禧三年（一二〇七）至嘉定二年（一二〇九），他謫居臨川（今江西撫州）時撰此書。陳録云：「注荆公集五十卷，參政眉山李壁季章撰，謫居臨川時所爲也。助之者曾極景建，魏鶴山爲作序。」魏序作於嘉定七年（一二一四），序云：李壁「嗜公之詩，遇與興合，往往隨筆疏於其下。涉日既久，命史纂輯，固已粲然盈編」。李壁本出後，元大德五年（一三〇一），劉辰翁將此書加以評點删略，由門人王常予以刊行。元本今藏中國國家圖書館。以後，明清刊行之本皆出於此，其中最著名者爲張宗松於清乾隆六年（一七四一）重刻的清綺齋本。中華書局上海編輯所一九五八年據此本重新刊行。一九八四年秋，王水照先生應東京大學文學部的邀請，赴日講學，在名古屋市蓬左文庫發現一部李壁注的朝鮮古活字本，較國內通行本多出注文一倍左右，且附有「補注」和「庚寅增注」兩個部分。遂將此本影印回國，由上海古籍出版社於一九九三年影印出版。二〇一〇年，上海古籍出版社又出版了高克勤據此本標校的整理本。

此書收王安石詩數量爲諸本之冠。凡龍舒本和臨川集兩本中互相缺漏的二百餘首詩，皆見於此本。此書向以注釋詳備、重視實物資料以及輯佚補遺了王安石的不少詩文等特點，爲學林所推重。然而，亦有不少舛誤之處，有的篇目重出，有的篇目闌入他人之作，或與他人詩作互見者。其中，卷四對棋與道原至草堂寺與卷四十八對棋呈道原重出，卷四十一長干釋普濟坐化與卷五十哭慈照大師重出。卷十七送孫叔康赴御史府，卷二十一汝瘿和王仲儀、江鄰幾邀觀三館書畫爲梅堯臣所作；卷二十一寄慎伯筠爲王令所作；卷四十宫詞，李注云「此王建宫詞，初非公作」，但仍闌入王安石詩中；卷四十一竹里，苕溪漁隱叢話前集卷五十七云爲僧顯忠詩，王安石書之於牆，以致後人誤以此詩爲王安石所作；卷四十四春江，中吴紀聞卷四云爲吴人方子通所作，「荆公親書方册間，因誤載臨川集」。與他人詩作互見者有：卷二十一勿去草，一云爲楊次公所作；卷三十七寄程給事，又見於王珪華陽集卷三、鄭獬鄖溪集卷二十七、秦觀淮海後集卷上；卷四十歸雁、卷四十六訪隱者或言皆爲鄭獬所作；卷四十七晚春一云爲盧秉作；卷四十八鴟，又見於歐陽脩居士外集卷七，題作鶻。此外，王安石詩亦有闌入他人之集者，如畫寢（卷二十二）闌入劉敞公是集卷十八。

**伴送北朝人使詩，原書佚，詩今存。**

此書，史志及各家目録皆不録。王安石伴送北朝人使詩序（卷八十四）云：「某被敕送北客至塞上，語言之不通，而與之並轡十有八日，亦默默無所用吾意。時竊詠歌以娱愁思，當笑語鞍馬之勞，其言有不足取者。然比諸戲謔之善，尚宜爲君子所取。故悉録以歸示諸親友。」王安石使北在嘉祐五年（一〇六〇）春。據序所云，此書可能未付梓刊行，然其詩尚存。今王安石集中尚存可考知的使北詩有四十首左右。

又，龍舒本王文公文集卷七十入塞二首其二題下原注云：「此一首誤在題試院壁，觀其文乃是出塞辭，奉使詩録不載，恐脱，不敢補次之，輒收附於入塞之後。」此詩曰：「涿州沙上望桑乾，鞍馬春風特地寒。萬里如今持漢節，却尋此路使呼韓。」李注卷四十五收此詩，題作涿州，臨川先生文集卷三十一亦收此詩，題亦作涿州。據龍舒本題注所云，王安石有奉使詩録集行世。

此集今佚，其内容當同伴送北朝入使詩，可能爲一書而異名。

又，尤目著録有王文公送伴録和王介甫送伴録，當爲同一書。此書與伴送北朝人使詩，也有可能爲一書而異名。

**建康酬唱詩一卷，原書佚，詩今存。**

宋史藝文志八著録此書於「總集」類。據書題所云，此書似爲王安石在建康（江寧）和友人酬唱之詩。按，王安石於宋英宗治平年間（一〇六四—一〇六七）在江寧丁内艱；宋神宗元豐年間（一〇七八—一〇八五），他退居江寧隱居。集中酬唱以這兩時期爲多。原書佚，其詩今散見於王安石集中。

**送朱壽昌詩三卷，佚。**

宋史藝文志八著録此書於「總集」類。據書題所云，可知爲熙寧三年（一〇七〇）前後所作。朱壽昌，宋史卷四五六有傳。長編卷二一二載：熙寧三年六月，以朱壽昌通判河中府。朱壽昌尋母迎母事，在當時傳爲美談。一時文人如蘇軾、文同、司馬光等皆有詩贈之。王安石亦有送河中通判朱郎中迎母東歸（卷三十一）。據此，疑此書爲時人匯編諸賢送朱壽昌詩而成，不是王安石一人之作。此書今佚。

## 杜工部詩後集，佚。

此書，史志及各家目録皆不載。王安石老杜詩後集序（卷八十四）云：「予之令鄞，客有授予古之詩世所不傳者二百餘篇。觀之，予知非人之所能爲，而爲之實甫者，其文與意之著也。然甫之詩其完見於今者，自予得之。……自洗兵馬下序而次之，以示知甫者，且用自發焉。」王安石爲鄞縣令在慶曆七年（一〇四七）至皇祐二年（一〇五〇）間，此序作於皇祐四年（一〇五二）。由序可知此書溢出洗兵馬以下二百餘篇。此書今佚。元豐五年（一〇八二），温陵宋宜序陳浩然所編析類杜詩，云曾見過此書，並曾將此書與王洙本杜甫集比勘，「互有詳略」。惜陳書今亦佚。

## 四家詩選，佚。

此書，史志及各家目録皆不載，然宋人詩話中多有論及。此書編選以杜甫爲第一，歐陽脩、韓愈次之，以李白爲最後。對其先後次序，「或以爲存深意，或以爲初無意」（王直方詩話）。王定國聞見録引王安石語曰：「陳和叔嘗問四家之詩，乘間簽示和叔。時書史適先持杜詩來，而和叔遂以其所送先後編集，初無高下也。李、杜自昔齊名者也，何可下之。」按，陳繹字和叔，元豐中曾出知江寧府，宋史卷三二九有傳。據此，此書的編選在元豐年間。

此書後佚。紹興三年（一一三三），吴若校杜甫集時曾參用此書，今尚有若干存於錢注杜詩、影宋本杜工部集配本、蔡夢弼杜工部草堂詩箋附黄鶴補注之中。例如，錢注杜詩卷十二遠游「迷芳著處家」句，「芳」字下云「荆作方」；卷十四刈稻了詠懷「寒風疏落木」句，「落」字下云「荆作草」等。宋人蔡寬夫詩話亦載有王安石注杜詩若干條。

**唐百家詩選二十卷，存。**

王安石唐百家詩選序（卷八十四）云：「余與宋次道同爲三司判官時，次道出其家藏唐詩百餘編，誘余擇其精者，次道因名曰百家詩選。」按，宋敏求字次道，宋史卷二九一有傳。嘉祐五年（一〇六〇），王安石與宋敏求同爲三司判官，此書的編選當在此時。

唐百家詩選，宋紹興年間撫州刻本今存卷一至卷九，現藏上海圖書館；中國國家圖書館藏宋刻遞修本卷九至卷十六。清康熙年間宋犖據宋刊殘本配以抄本刊印成足本，即雙清閣影宋本。清人何焯曾據相關集本校，校本後存於陸心源皕宋樓，現存於日本静嘉堂文庫。一九三六年，日本静嘉堂文庫據以影印出版宋刊分類本唐百家詩選。復旦大學出版社二〇一六年版王安石全集所收唐百家詩選即以何氏校本爲底本整理。

**先大夫集，佚。**

此書，史志及各家目録皆不載。王安石先大夫集序（卷七十一）云：「先大夫少而博學，及强年有仕進之望，其志欲有以爲而遽没，其於文所不暇也。一日，諸子閲橐中，乃得歌詩百餘篇。雖此不足盡識其志，然諷詠情性，其亦有以助於道者，不忍棄去也，輒次序之。」按，先大夫爲王安石之父王益。王益始字損之，改字舜良，宋史翼卷十八有傳。明人楊慎所編全蜀藝文志卷十四上著録有王益（損之）與梅摯（公儀）的唱和詩三首，即和梅公儀新繁縣顯曜院詩、和梅公儀留題重光寺羅漢院贈憲上人詩、留題清涼院；卷十九著録有王益的新繁縣東湖瑞蓮歌。前三詩爲七律，後一詩爲七古。王益卒於宋仁宗寶元二年（一〇三九），終年四十六歲。慶曆八年（一〇四八），王安石爲父安葬，書當編於此時。此書後佚。據序所云，可能未付梓刊行。

附考一：宋人所撰王安石傳記，有琬琰集下卷十四所載王荆公安石傳（實録）等；所撰年譜，有李燾王安石年譜三卷（佚，見周必大撰敷文閣學士李文簡公燾神道碑，周益公大全集平園續稿卷二十六）、詹大和王荆文公年譜（今存）。清人所撰年譜，有顧棟高王荆國文公年譜三卷（求恕齋刻本）、蔡上翔王荆公年譜考略三十卷（中華書局，一九五九年版）、楊希閔王文公年譜考略節要附存二卷（附蔡譜後）。

附考二：王安石子王雱著作，除他與王安石同修撰三經新義，並主撰尚書新義外，另有：論語解口義十卷，晁志、尤目並著録，不傳；孟子注十四卷，晁志、宋史藝文志並著録，不傳；爾雅注，文獻通考卷一九〇著録，有項平甫跋，尤目著録爲王元澤諸經爾雅，不傳；老子注二卷，晁志著録，尤目著録爲老子解，道藏本老子四家注有若干引文；莊子注十卷，晁志著録，不傳；

元澤先生文集三十六卷，趙希弁郡齋讀書志附志卷五下著録，並云：「雱未弱冠，著書已數千百言。舉進士，爲旌德尉，作策三十餘篇，極論天下事。又作老子訓傳及佛書義解，亦數萬言。有以雱書聞者，召見，除太子中允、崇政殿説書，被旨撰詩、書義，擢天章閣待制。書成，遷龍圖閣直學士，不拜而卒。雱議論刻深，常稱商君以爲豪杰之士，言不誅異議者法不行，嘗勸安石誅不用命大臣。政和中，封臨川伯，從祀於學。靖康初罷之。集乃崇寧中盧崇編。」其書不傳。然長編卷二四五熙寧六年八月戊戌注引王雱論軍器監條，可以看出王雱在變法進程中的作用。復旦大學出版社二〇一六年版王安石全集外編收入今人尹志華輯録的王雱老子訓傳、今人張鈺翰輯録的王雱南華真經新傳和元澤佚文。

原載復旦學報社會科學版一九八八年第一期，收入本書時有訂補。

**圖書在版編目(CIP)數據**

王安石全集:修訂增補版:全十册/王水照主編.—上海:復旦大學出版社,2023.1
ISBN 978-7-309-16423-7

Ⅰ.①王…　Ⅱ.①王…　Ⅲ.①王安石(1021-1086)-全集　Ⅳ.①B244.51

中國版本圖書館 CIP 數據核字(2022)第 181639 號

**王安石全集:修訂增補版　全十册**
王水照　主編
出品人/嚴　峰
責任編輯/杜怡順
裝幀設計/馬曉霞

復旦大學出版社有限公司出版發行
上海市國權路 579 號　郵編:200433
網址:fupnet@fudanpress.com　http://www.fudanpress.com
門市零售:86-21-65102580　團體訂購:86-21-65104505
出版部電話:86-21-65642845
江陰市機關印刷服務有限公司

開本 890×1240　1/32　印張 177.375　字數 3 406 千
2023 年 1 月第 1 版
2023 年 1 月第 1 版第 1 次印刷

ISBN 978-7-309-16423-7/B·762
定價:980.00 圓

# 王安石全集

修訂增補版

第六册

臨川先生文集（二）

王水照　主編

復旦大學出版社

# 臨川先生文集（二）

侯體健、趙惠俊　整理

# 臨川先生文集　卷三十八

## 四言詩

### 潭州新學詩 并序

治平元年，天章閣待制興國吴公治潭州之明年正月，改築廟學于城東南，越五月告成，孔子用幣。潭人曰：「公爲善政以德我，又不勤我，而爲此學以嘉我，士子誰能詩乎？以誦我公於無窮。」皆辭不敢，乃使來請。詩曰：

有嘉新學，潭守所作。守者誰歟？仲庶氏吴。振養矜寡，衣之襃襦。黔首鼓歌，吏静不求。乃相廟序，生師所廬。上漏旁穿，燥濕不除。曰嘻遷哉，迫阸卑污。當其壞時，適可以謀。營地慮工，伐梗楠櫧。撤故就新，爲此渠渠。潭人來止，相語而喜。我知視成，無豫經始。公升在堂，從者如水。公曰誨汝，潭之士子。古之讀書，凡以爲己。躬行孝悌，由義而仕。神聽汝助，況於閭里。無實而荂〔一〕，非聖自是。雖大得意，吾猶汝恥。士下其手，公言無尤。請詩我歌，以遠公休。

## 新田詩 并序〔二〕

唐治四縣，田之入於草莽者十九，民如寄客，雖簡其賦、緩其傜，而不可以必留。尚書比部郎中趙君尚寬之來，問敝於民，而知其故。乃委推官張君恂〔三〕，以兵士興大渠之廢者一、大陂之廢者四，諸小渠陂教民自爲者數十。一年，流民作而相告以歸。二年，而淮之南、湖之北操橐耜以率其妻子者，其來如雨。三年，而唐之土不可賤取，昔之菽粟者多化而爲稌。環唐皆水矣〔四〕，唐獨得歲焉。船漕車輓負擔出于四境，一日之間，不可爲數。唐之私廩固有餘。循吏之無稱於世久矣，予聞趙君如此，故爲作詩，詩曰：

離離新田，其下流水。孰知其初，灌莽千里。其南背江，其北逾淮。父抱子扶，十百其來。

〔一〕「荂」，龍舒本作「夸」。
〔二〕龍舒本題作「新田序并詩」。
〔三〕「委」，龍舒本作「使」。
〔四〕「皆」，光啓堂本、聽香館本均作「背」。

其來僕僕，鏝我新屋〔一〕。趙侯劬之，作者不飢。歲仍大熟，飽及雞鶩。僦船與車，四鄙出穀。今游者處，昔止者流。維昔牧我，不如今侯。侯來適野，不有觀者。税于水濱，問我鰥寡。侯其歸矣，三歲于兹。誰能止侯，我往求之〔二〕。

## 獵較詩 并序〔三〕

獵較，刺時也。昔孔子仕於魯，魯人獵較，孔子亦獵較。或問乎孟軻曰：「孔子之仕，非事道歟？」曰：「事道也。」「事道奚獵較也？」曰：「孔子先簿正祭器，不以四方之食供簿正。」不獵較，則若無以祭然。蓋孔子所以小同於俗，猶有義也，義固在於可爲之域。而後之人習於隨者，一不權以義之可否〔四〕，污身貶道，豫然以和衆自得，甚者傷人倫、敗風俗，至於無號，則諉曰「孔子亦嘗獵較矣」。悲夫！作是詩以刺焉。

獵較獵較，誰禽我有。國人之惏，君子所醜。獵較獵較，祭占其祥。國人之序，君子何傷？

〔一〕「鏝」，龍舒本作「慢」；「新」，龍舒本作「雜」。

〔二〕「求」，龍舒本作「來」。

〔三〕龍舒本題作「獵較」。

〔四〕「以義」，原作「義以」，據小岯山館本乙，龍舒本無「以」字。

## 雲之祁祁答董傳

雲之祁祁，或雨于淵。苗之翹翹，或槁于田。雲之祁祁，或雨于野。有槁于田，豈不自我？薈兮其隮，其在西郊。匪我爲之，我歌且謡。蔚兮其復，南山之側。我歌且謡，維以育德。

# 古賦

## 龍賦〔一〕

龍之爲物，能合能散，能潛能見，能弱能强，能微能章。惟不可見，所以莫知其鄉；惟不可畜，所以異於牛羊。變而不可測，動而不可馴，則常出乎害人；而未始出乎害人，夫此所以爲仁。爲仁無止，則常至乎喪己；而未始至乎喪己〔二〕，夫此所以爲智。止則身安，曰惟知幾；動則物利〔三〕，曰惟知時。然則龍終不可見乎？曰：與爲類者常見之。

〔一〕「賦」，龍舒本作「説」。
〔二〕「至」，龍舒本作「出」。
〔三〕「物利」，龍舒本作「利物」。

## 歷山賦 并序

餘姚縣人有與季父争田于縣〔一〕、于州、于轉運使，不直，提點刑獄令余來直之。將歸，閔然望歷山而賦之。歷山在縣西上虞縣界中，或曰舜所耕云。

歷山之巖巖兮予汝耕之，孰汝彊之？此匪予私云然兮誰汝使，子人之子兮余師。歷山之巖巖兮則維其常，人之子兮云曷而亡。云曷而亡兮我之思，今孰繼兮我之悲，嗚呼已矣兮來者爲誰？

## 思歸賦

蹇吾南兮安之？莽吾北兮親之思〔二〕。朝吾舟兮水波，暮吾馬兮山阿。亡濟兮維夷，夫孰驅兮亡孅。風脩脩兮來去，日翳翳兮溟濛之雨。萬物紛披蕭索兮，歲逶迤其今暮。吾感不知夫塗兮，徘徊傍徨以反顧。盍歸兮，盍去兮，獨何爲乎此旅？

〔一〕「餘姚」，原作「餘杭」，據龍舒本改。
〔二〕「北」，原無，據宋文鑑補。

## 釋謀賦

雲冥冥兮蔽日，風浩浩兮吹沙。出予馳兮不得，塊獨處兮咨嗟。嗟天地兮無窮，暑與寒兮相客。以短褐兮憂親，孰知予兮孔棘。維抱關兮擊柝，乃予仕兮所宜。禄可辭兮尚冒，養孰割兮方虧。豈吾事兮固拙，寧我辰兮獨悖？信物默兮有制，尚可侔兮内外。

# 樂章

## 明堂樂章二首

### 歆安之曲

穆穆在堂，肅肅在庭。於顯辟公，來相思成〔一〕。神既歆止，有聞惟馨。錫我休嘉，燕及群生。

### 皇帝還大次憩安之曲

有奕明堂，萬方時會。宗予聖考，作帝之配。樂酌虞典，禮從周制。釐事既成，於皇來塈。

〔一〕「相」，光啓堂本、聽香館本作「想」。

## 上梁文

### 景靈宫修蓋英宗皇帝神御殿上梁文[一]

兒郎偉！天都左界，帝室中經。誕惟僊聖之祠，夙有神靈之宅。嗣開宏構，追奉晬容。方將廣舜孝於無窮，豈特尚漢儀之有舊？先皇帝道該五泰，德貫二儀。文摛雲漢之章，武布風霆之號。華夏歸仁而砥屬，蠻夷馳義以駿奔。清蹕甫傳，靈輿忽往。超然姑射，山無一物之疵；邈矣壽丘，臺有萬人之畏。已葬鼎湖之弓劍，將游高廟之衣冠。今皇帝孝奉神明，恩涵動植。纂禹之服，期成萬世之功；見堯於羹，未改三年之政。乃眷熏修之吉壤，載營館御之新宫。考協前彝，述追先志。孝嚴列峙，寢門可象於平居；廣祐旁開[二]，輦路故存於陳跡。官師肅給，斤築隆施。揆吉日以庀徒，舉修梁而考室。敢申善頌，以相歡謡。

[一] 龍舒本題作「英德殿上梁文」。

[二] 「祐」，原作「拓」，據龍舒本改。

兒郎偉！抛梁東，聖主迎陽坐禁中。明似九天昇曉日，恩如萬國轉春風。

兒郎偉！抛梁西，瀚海兵銷太白低。王母玉環方自獻〔一〕，大宛金馬不須齎。

兒郎偉！抛梁南，丙地星高每歲占。千障滅烽開嶺徼〔二〕，萬艘輸賮引江潭。

兒郎偉！抛梁北，邊城自此無鳴鏑〔三〕。即看呼韓渭上朝，休誇竇憲燕然勒。

兒郎偉！抛梁上，彷彿神遊今可想。風馬雲車世世來，金輿玉斝年年享〔四〕。

兒郎偉！抛梁下，萬靈隤祉扶宗社。天垂嘉種已豐年，地産珍符方極化。

伏願上梁之後，聖躬樂豫，寶命靈長。松茂獻兩宫之壽，椒繁占六寢之祥。宗室蕃維之彦，朝廷表幹之良。家傳慶譽，代襲龍光。有一心而顯相〔五〕，保饋祀之無疆。皇帝萬歲！

〔一〕「獻」，龍舒本作「執」。
〔二〕「開」，龍舒本作「聞」。
〔三〕「城」，龍舒本作「頭」。
〔四〕「享」，龍舒本作「往」。
〔五〕「有」，宋刻本、光啓堂本作「肩」。

# 銘

## 蔣山鍾銘

於皇正覺，訓用音聞。肆作大鍾，以警沉昏。

## 明州新刻漏銘[一]

戊子王公，始治于明。丁亥孟冬，刻漏具成。追謂屬人，嗟汝予銘。自古在昔，挈壺有職。匪器則弊，人亡政息。其政謂何？弗棘弗遲。君子小人，興息維時。東方未明，自公召之。彼寧不勤，得罪于時。厥荒懈廢，乃政之疵。嗚呼有州，謹哉維茲！茲惟其中[二]，俾我後思。

[一]「新」下，龍舒本有「修」字。

[二]「茲惟」，龍舒本作「維茲」。

# 伍子胥廟銘〔一〕

予觀子胥出死亡逋竄之中，以客寄之一身，卒以説吴，折不測之楚，仇執恥雪〔二〕，名震天下，豈不壯哉！及其危疑之際，能自慷慨不顧萬死，畢諫於所事，此其志與夫自恕以偷一時之利者異也。孔子論古之士大夫，若管夷吾、臧武仲之屬，苟志於善而有補於當世者，咸不廢也。然則子胥之義又曷可少耶？

康定二年，予過所謂胥山者，周行廟庭，嘆吴亡千有餘年，事之興壞廢革者不可勝數，獨子胥之祠不徙不絶，何其盛也！豈獨神之事吴之所興，蓋亦子胥之節有以動後世，而愛尤在於吴也。後九年，樂安蔣公爲杭使，其州人力而新之，余與爲銘也。

烈烈子胥，發節窮逋。遂爲册臣，奮不圖軀。諫合謀行，隆隆之吴。厥廢不遂，邑都俄墟。以智死昏，忠則有餘。胥山之顔〔三〕，殿屋渠渠。千載之祠，如祠之初。孰作新之？民勸而趨。維忠肆懷，維孝肆乎。我銘祠庭，示後不誣。

〔一〕「銘」，龍舒本作「記」。
〔二〕「執」，聽香館本作「報」。
〔三〕「顔」，龍舒本作「巔」。

## 璨公信心銘[一]

沔彼有流，載浮載沈。爲可以濟，一壺千金。法譬則水，窮之彌深。璨公所傳，等觀初心。

# 讚

## 蔣山覺海元公真讚

賢哉人也！行厲而容寂，知言而能默。譽榮弗喜，辱毁弗戚。弗矜弗克，人自稱德。有緇有白，自南自北。弗句弗逆，弗抗弗抑。弗觀汝華，惟食已寔。孰其嗣之？我有遺則。

## 梵天畫讚

梵天尚實，厥乘孔雀。雞知時語，鈐戒沈濁。皜身黄衣，於浄無著。乃持赤幡，歸趣正覺。

[一]「璨」上，龍舒本有「讚」字。

## 維摩像讚

是身是像，無有二相。三世諸佛，亦如是像。若取真實，還成虛妄。應持香花，如是供養。

## 空覺義示周彦真

覺不偏空而迷，故曰覺迷。空不偏覺而頑，故曰空頑。空本無頑，以色故頑。覺本無迷，以見故迷。

# 臨川先生文集　卷三十九

## 書疏

### 上仁宗皇帝言事書〔一〕

臣愚不肖，蒙恩備使一路，今又蒙恩召還闕廷，有所任屬，而當以使事歸報陛下。不自知其無以稱職，而敢緣使事之所及，冒言天下之事，伏惟陛下詳思而擇其中，幸甚。

臣竊觀陛下有恭儉之德，有聰明睿智之才，夙興夜寐，無一日之懈，聲色狗馬、觀游玩好之事，無纖介之蔽，而仁民愛物之意，孚於天下；而又公選天下之所願以爲輔相者，屬之以事，而不貳於讒邪傾巧之臣。此雖二帝、三王之用心，不過如此而已。宜其家給人足，天下大治；而效不至於此，顧内則不能無以社稷爲憂，外則不能無懼於夷狄，天下之財力日以困窮，而風俗日

〔一〕龍舒本題作「上皇帝萬言書」。

以衰壞，四方有志之士，諰諰然常恐天下之久不安。此其故何也？患在不知法度故也。

今朝廷法嚴令具，無所不有，而臣以謂無法度者，何哉？方今之法度，多不合乎先王之政故也。孟子曰：「有仁心仁聞，而澤不加於百姓者，爲政不法於先王之道故也。」以孟子之説，觀方今之失，正在於此而已。

夫以今之世，去先王之世遠，所遭之變、所遇之勢不一，而欲一二修先王之政，雖甚愚者，猶知其難也。然臣以謂今之失，患在不法先王之政者，以謂當法其意而已。夫二帝、三王，相去蓋千有餘載，一治一亂，其盛衰之時具矣。其所遭之變、所遇之勢，亦各不同，其施設之方亦皆殊，而其爲天下國家之意，本末先後，未嘗不同也。臣故曰：當法其意而已。法其意，則吾所改易更革，不至乎傾駭天下之耳目，囂天下之口，而固已合乎先王之政矣。

雖然，以方今之勢揆之，陛下雖欲改易更革天下之事，合於先王之意，其勢必不能也。陛下有恭儉之德，有聰明睿智之才，有仁民愛物之意，誠加之意，則何爲而不成，何欲而不得？然而臣顧以謂陛下雖欲改易更革天下之事，合於先王之意，其勢必不能者，何也？以方今天下之人才不足故也〔二〕。

〔二〕 龍舒本無「人」字。

臣嘗試竊觀天下在位之人，未有乏於此時者也。夫人才乏於上，則有沈廢伏匿在下，而不爲當時所知者矣。臣又求之於閭巷草野之間，而亦未見其多焉。豈非陶冶而成之者非其道而然乎？臣以謂方今在位之人才不足者，以臣使事之所及，則可知矣。今以一路數千里之間，能推行朝廷之法令，知其所緩急，而一切能使民以修其職事者甚少，而不才苟簡貪鄙之人，至不可勝數。其能講先王之意以合當時之變者，蓋闔郡之間，往往而絶也。朝廷每一令下，其意雖善，在位者猶不能推行，使膏澤加於民，而吏輒緣之爲姦，以擾百姓。臣故曰：在位之人才不足，而草野閭巷之間，亦未見其多也。夫人才不足，則陛下雖欲改易更革天下之事，以合先王之意，大臣雖有能當陛下之意而欲領此者〔一〕，九州之大，四海之遠，孰能稱陛下之指，以一二推行此，而人人蒙其施者乎？臣故曰：其勢必未能也。孟子曰「徒法不能以自行」，非此之謂乎？然則方今之急，在於人才而已。誠能使天下之才衆多〔二〕，然後在位之才可以擇其人而取足焉。在位者得其才矣，然後稍視時勢之可否，而因人情之患苦，變更天下之弊法，以趨先王之意，甚易也。今之天下，亦先王之天下。先王之時，人才嘗衆矣，何至於今而獨不足乎？故曰：陶冶而成之

〔一〕「欲」，宋刻本在「有」字下。
〔二〕「之」，龍舒本作「人」。

者非其道故也。

商之時，天下嘗大亂矣，在位貪毒禍敗，皆非其人。及文王之起，而天下之才嘗少矣。當是時，文王能陶冶天下之士，而使之皆有士君子之才，然後隨其才之所有而官使之。詩曰「豈弟君子，遐不作人」，此之謂也。及其成也，微賤兔罝之人，猶莫不好德，兔罝之詩是也。又況於在位之人乎？夫文王惟能如此，故以征則服，以守則治。詩曰「奉璋峨峨，髦士攸宜」，又曰「周王于邁，六師及之」，言文王所用，文武各得其才，而無廢事也。及至夷、厲之亂，天下之才又嘗少矣。至宣王之起，所與圖天下之事者，仲山甫而已。故詩人歎之曰：「德輶如毛，維仲山甫舉之，愛莫助之。」蓋閔人士之少，而山甫之無助也。宣王能用仲山甫，推其類以新美天下之士，而後人才復衆。於是内修政事，外討不庭，而復有文、武之境土。故詩人美之曰：「薄言采芑，于彼新田，于此菑畝。」言宣王能新美天下之士，使之有可用之才，如農夫新美其田，而使之有可采之芑也。由此觀之，人之才，未嘗不自人主陶冶而成之者也。

所謂陶冶而成之者，何也？亦教之、養之、取之、任之有其道而已。

所謂教之之道，何也？古者天子諸侯，自國至於鄉黨皆有學，博置教導之官而嚴其選〔一〕。

〔一〕「導」，龍舒本作「道」。

朝廷禮樂刑政之事，皆在於學。士所觀而習者，皆先王之法言德行治天下之意，其材亦可以爲天下國家之用。苟不可以爲天下國家之用，則不教也；苟可以爲天下國家之用者，則無不在於學。此教之之道也。

所謂養之之道，何也？饒之以財，約之以禮，裁之以法也。何謂饒之以財？人之情，不足於財，則貪鄙苟得，無所不至。先王知其如此，故其制禄，自庶人之在官者，其禄已足以代其耕矣。由此等而上之，每有加焉，使其足以養廉恥而離於貪鄙之行。猶以爲未也，又推其禄以及其子孫，謂之世禄。使其生也，既於父子、兄弟、妻子之養，昏姻、朋友之接，皆無憾矣；其死也，又於子孫無不足之憂焉。何謂約之以禮？人情足於財而無禮以節之，則又放僻邪侈，無所不至。先王知其如此，故爲之制度。婚喪、祭養、燕享之事，服食、器用之物，皆以命數爲之節，而齊之以律度量衡之法。其命可以爲之，而財不足以具，則弗具也；其財可以具，而命不得爲之者，不使有銖兩分寸之加焉。何謂裁之以法？先王於天下之士，教之以道藝矣，不帥教則待之以屏棄遠方、終身不齒之法。約之以禮矣，不循禮則待之以流、殺之法。王制曰：「變衣服者，其君流。」酒誥曰：「厥或誥曰〔二〕：『群飲，汝勿佚。盡執拘以歸于周，予其殺。』」夫群飲、變衣服，小罪

〔二〕「或」，原作「成」，據龍舒本、光啓堂本、聽香館本改。

也；流、殺，大刑也。加小罪以大刑，先王所以忍而不疑者，以爲不如是，不足以一天下之俗而成吾治。夫約之以禮，裁之以法，天下所以服從無抵冒者，又非獨其禁嚴而治察之所能致也，蓋亦以吾至誠懇惻之心，力行而爲之倡。凡在左右通貴之人，皆順上之欲而服行之，有一不帥者，法之加必自此始。夫上以至誠行之，而貴者知避上之所惡矣，則天下之不罰而止者衆矣。故曰：此養之之道也。

所謂取之之道者，何也？先王之取人也，必於鄉黨，必於庠序，使衆人推其所謂賢能，書之以告于上而察之〔二〕。誠賢能也，然後隨其德之大小、才之高下而官使之。所謂察之者，非專用耳目之聰明而聽私於一人之口也。欲審知其德，問以行；欲審知其才，問以言。得其言行，則試之以事。所謂察之者，試之以事是也。雖堯之用舜，亦不過如此而已，又況其下乎？若夫九州之大，四海之遠，萬官億醜之賤〔三〕，所須士大夫之才則衆矣。有天下者，又不可以一二自察之也，又不可以偏屬於一人，而使之於一日二日之間考試其行能而進退之也。蓋吾已能察其才行之大者，以爲大官矣，因使之取其類以持久試之，而考其能者以告于上，而後以爵命、禄秩予之

〔二〕「書」，龍舒本作「出」。
〔三〕「萬」，龍舒本作「百」。

而已。此取之之道也。

所謂任之之道者，何也？人之才德，高下厚薄不同，其所任有宜有不宜。先王知其如此，故知農者以爲后稷，知工者以爲共工。其德厚而才高者以爲之長，德薄而才下者以爲之佐屬。又以久於其職，則上狃習而知其事，下服馴而安其教，賢者則其功可以至於成，不肖者則其罪可以至於著，故久其任而待之以考績之法。夫如此，故智能才力之士，則得盡其智以赴功，而不患其事之不終、其功之不就也。偷惰苟且之人，雖欲取容於一時，而顧僇辱在其後，安敢不勉乎？若夫無能之人，固知辭避而去矣。居職任事之日久，不勝任之罪，不可以幸而免故也。彼且不敢冒而知辭避矣，尚何有比周、讒諂、爭進之人乎？取之既已詳，使之既已當，處之既已久，至其任之也又專焉，而不一二以法束縛之，而使之得行其意，堯、舜之所以理百官而熙衆工者，以此而已。書曰：「三載考績，三考，黜陟幽明。」此之謂也。然堯、舜之時，其所黜者則聞之矣，蓋四凶是也。其所陟者，則皋陶、稷、契，皆終身一官而不徙。蓋其所謂陟者，特加之爵命、禄賜而已耳。此任之之道也。

夫教之、養之、取之、任之之道如此，而當時人君又能與其大臣，悉其耳目心力，至誠惻怛，思念而行之，此其人臣之所以無疑，而於天下國家之事，無所欲爲而不得也。

方今州縣雖有學，取牆壁具而已，非有教導之官、長育人才之事也。唯太學有教導之官，而亦未嘗嚴其選。朝廷禮樂刑政之事，未嘗在於學。學者亦漠然自以禮樂刑政爲有司之事，而非己所當知也。學者之所教，講説章句而已。講説章句，固非古者教人之道也〔二〕。近歲乃始教之以課試之文章。夫課試之文章，非博誦强學、窮日之力則不能。及其能工也，大則不足以用天下國家，小則不足以爲天下國家之用。故雖白首於庠序，窮日之力以帥上之教〔三〕，及使之從政，則茫然不知其方者，皆是也。蓋今之教者，非特不能成人之才而已，又從而困苦毁壞之，使不得成才者，何也？夫人之才，成於專而毁於雜。故先王之處民才，處工於官府，處農於畎畝，處商賈於肆，而處士於庠序，使各專其業而不見異物，懼異物之足以害其業也。所謂士者〔三〕，又非特使之不得見異物而已，一示之以先王之道，而百家諸子之異説，皆屏之而莫敢習者焉。今士之所宜學者，天下國家之用也。今悉使置之不教，而教之以課試之文章，使其耗精疲神，窮日之力以從事於此。及其任之以官也，則又悉使置之，而責之以天下國家之事。夫古之人，以朝夕專其業於天下國家之事，而猶才有能有不能。今乃移其精神，奪其日力〔四〕，以朝夕從事於無補之

〔二〕「非」，龍舒本作「在」。
〔三〕「帥」，龍舒本作「師」。
〔三〕「士」，龍舒本作「此」。
〔四〕「日」，光啓堂本作「目」。

學；及其任之以事，然後卒然責之以爲天下國家之用，宜其才之足以有爲者少矣。臣故曰：非特不能成人之才，又從而困苦毀壞之，使不得成才也。又有甚害者，先王之時，士之所學者，文武之道也。士之才，有可以爲公卿大夫，有可以爲士，其才之大小，宜不宜則有矣；至於武事，則隨其才之大小，未有不學者也。故其大者，居則爲六官之卿，出則爲六軍之將也；其次則比、閭、族、黨之師，亦皆卒、兩、師、旅之帥也。故邊疆、宿衛，皆得士大夫爲之，而小人不得奸其任。今之學者，以爲文武異事，吾知治文事而已，至於邊疆、宿衛之任，則推而屬之於卒伍，往往天下姦悍無賴之人。苟其才行足自託於鄉里者，亦未有肯去親戚而從召募者也。邊疆、宿衛，此乃天下之重任，而人主之所當慎重者也。故古者教士以射、御爲急，其他技能，則視其人才之所宜而後教之，其才之所不能，則不强也。至於射，則爲男子之事。人之生〔二〕，有疾則已，苟無疾，未有去射而不學者也。在庠序之間，固當從事於射也，有賓客之事則以射，有祭祀之事則以射，别士之行同能偶則以射。於禮樂之事，未嘗不寓以射，而射亦未嘗不在於禮樂、祭祀之間也。易曰：「弧矢之利，以威天下。」先王豈以射爲可以習揖讓之儀而已乎？固以爲射者武事之尤大，而威天下、守國家之具也。居則以是習禮樂，出則以是從戰伐。士既朝夕從事於此而能者衆，

〔二〕「人」上，龍舒本有「苟」字。

則邊疆、宿衛之任，皆可以擇而取也。夫士嘗學先王之道，其行義嘗見推於鄉黨矣，然後因其才而託之以邊疆、宿衛之事〔一〕，此古之人君所以推干戈以屬之人，而無内外之虞也。今乃以夫天下之重任，人主所當至慎之選，推而屬之姦悍無賴、才行不足自託於鄉里之人，此方今所以諰諰然常抱邊疆之憂，而虞宿衛之不足恃以爲安也。今孰不知邊疆、宿衛之士不足恃以爲安哉？顧以爲天下學士以執兵爲恥，而亦未有能騎射、行陣之事者，則非召募之卒伍，孰能任其事者乎？夫不嚴其教、高其選，則士之以執兵爲恥，而未嘗有能騎射、行陣之事，固其理也。凡此皆教之非其道故也。

方今制禄，大抵皆薄。自非朝廷侍從之列，食口稍衆，未有不兼農商之利而能充其養者也。其下州縣之吏，一月所得，多者錢八九千，少者四五千，以守選、待除、守闕通之，蓋六七年而後得三年之禄，計一月所得，乃實不能四五千，少者乃實不能及三四千而已。雖廝養之給，不窘於此矣〔二〕，而其養生、喪死、婚姻、葬送之事，皆當出於此〔三〕。夫出中人之上者，雖窮而不失爲君子，出中人之下者，雖泰而不失爲小人。唯中人不然，窮則爲小人，泰則爲君子。計天下之士，出中

〔一〕「事」，龍舒本作「士」。
〔二〕「不」，原作「亦」，據龍舒本、宋刻本改。
〔三〕「出」，原無，據龍舒本補。

人之上下者，千百而無十一，窮而爲小人，泰而爲君子者，則天下皆是也。先王以爲衆不可以力勝也，故制行不以己，而以中人爲制，所以因其欲而利道之。以爲中人之所能守，則其志可以行乎天下而推之後世。以今之制禄，而欲士之無毁廉耻，蓋中人之所不能也。故今官大者，往往交賂遺、營貲産，以負貪污之毁；官小者，販鬻乞丐，無所不爲。夫士已嘗毁廉耻以負累於世矣，則其偷惰取容之意起，而矜奮自强之心息，則職業安得而不弛，治道何從而興乎？又況委法受賂，侵牟百姓者，往往而是也。此所謂不能饒之以財也。

婚喪、奉養、服食、器用之物，皆無制度以爲之節，而天下以奢爲榮，以儉爲耻。苟其財之可以具，則無所爲而不得，有司既不禁，而人又以此爲榮。苟其財不足，而不能自稱於流俗，則其婚喪之際，往往得罪於族人親姻，而人以爲耻矣。故富者貪而不知止，貧者則强勉其不足以追之。此士之所以重困，而廉耻之心毁也。凡此所謂不能約之以禮也。

方今陛下躬行儉約，以率天下，此左右通貴之臣所親見。然而其閨門之内，奢靡無節，犯上之所惡，以傷天下之教者，有已甚者矣，未聞朝廷有所放絀，以示天下。昔周之人，拘群飲而被之以殺刑者，以爲酒之末流生害，有至於死者衆矣，故重禁其禍之所自生。重禁禍之所自生，故其施刑極省，而人之抵於禍敗者少矣。今朝廷之法所尤重者，獨貪吏耳。重禁貪吏，而輕奢靡之法，此所謂禁其末而弛其本。然而世之識者，以爲方今官冗，而縣官財用已不足以供之，其亦蔽於理矣。今之入官誠冗矣，然而前世置員蓋甚少，而賦禄又如此之薄，則財用之所不足，蓋亦有説矣，吏禄豈足計哉？臣於財利，固未嘗學，然竊觀前世治財之大略矣。蓋因天下之力以生天下之財，取天下之財以供天下之費。自古治世，未嘗以不足爲天下之公患也，患在治財無其道耳。今天下不見兵革之具，而元元安土樂業，人致己力〔二〕，以生天下之財。然而公私常以困窮爲患者，殆以理財未得其道，而有司不能度世之宜而通其變耳。誠能理財以其道而通其變，臣雖愚，固知增吏禄不足以傷經費也。方今法嚴令具，所以羅天下之士，可謂密矣。然而亦嘗教之以道藝，而有不帥教之刑以待之乎？亦嘗約之以制度，而有不循理之刑以待之乎？亦嘗任之以職事，而有不任事之刑以待之乎？夫不先教之以道藝，誠不可以誅其不帥教；不先約之以制度，誠不可以誅其不循理〔三〕；不先任之以職事，誠不可以誅其不任事。此三者，先王之法所尤急也〔三〕，今皆不可得誅。而薄物細故，非害治之急者，爲之法禁，月異而歲不同，爲吏者至於不可勝記，又況能一二避之而無犯者乎？此法令所以玩而不行〔四〕，小人有幸而免者，君子有不

〔一〕「人」，光啓堂本、聽香館本作「各」。「己」，龍舒本作「其」。
〔二〕「理」，聽香館本作「禮」。
〔三〕「尤」，龍舒本作「先」。
〔四〕「玩」，龍舒本作「滋」。

幸而及者焉。此所謂不能裁之以刑也。凡此皆治之非其道也。

方今取士，强記博誦而略通於文辭，謂之茂才異等、賢良方正。茂才異等、賢良方正者，公卿之選也。記不必强，誦不必博，略通於文辭，而又嘗學詩賦，則謂之進士。進士之高者，亦公卿之選也。夫此二科所得之技能，不足以爲公卿，不待論而後可知。而世之議者，乃以爲吾常以此取天下之士，而才之可以爲公卿者，常出於此，不必法古之取人而後得士也，其亦蔽於理矣。先王之時，盡所以取人之道，猶懼賢者之難進，而不肖者之雜於其間也。今悉廢先王所以取士之道，而毆天下之才士，悉使爲賢良、進士，則士之才可以爲公卿者，固宜爲賢良、進士，而賢良、進士亦固宜有時而得才之可以爲公卿者也。然而不肖者，苟能雕蟲篆刻之學，以此進至乎公卿，才之可以爲公卿者，困於無補之學，而以此絀死於巖野，蓋十八九矣。夫古之人有天下者，其所以慎擇者，公卿而已。公卿既得其人，因使推其類以聚於朝廷，則百司庶物〔一〕，無不得其人也。今使不肖之人，幸而至乎公卿，因得推其類聚之朝廷，此朝廷所以多不肖之人，而雖有賢智，往往困於無助，不得行其意也。且公卿之不肖，既推其類以聚於朝廷；朝廷之不肖，又推其類以備四方之任使；四方之任使者，又各推其不肖以布於州郡，則雖有同罪舉官之科，豈足

〔一〕「物」，龍舒本作「府」。

恃哉？適足以爲不肖者之資而已。其次九經、五經、學究、明法之科，朝廷固已嘗患其無用於世，而稍責之以大義矣。然大義之所得，未有以賢於故也。今朝廷又開明經之選，以進經術之士。然明經之所取，亦記誦而略通於文辭者，則得之矣。彼通先王之意，而可以施於天下國家之用者，顧未必得與於此選也。其次則恩澤子弟，庠序不教之以道藝，官司不考問其才能，父兄不保任其行義，而朝廷輒以官予之，而任之以事。武王數紂之罪，則曰：「官人以世。」夫官人以世，而不計其才行，此乃紂之所以亂亡之道，而治世之所無也〔一〕。又其次曰流外，朝廷固已擠之於廉恥之外，而限其進取之路矣，顧屬之以州縣之事，使之臨士民之上，豈所謂以賢治不肖者乎？以臣使事之所及，一路數千里之間，州縣之吏，出於流外者，往往而有，可屬任以事者，殆無二三，而當防閑其姦者，皆是也。蓋古者有賢不肖之分，而無流品之別。故孔子之聖，而嘗爲季氏吏，蓋雖爲吏，而亦不害其爲公卿。及後世有流品之別，則凡在流外者，其所成立，固嘗自置於廉恥之外，而無高人之意矣。夫以近世風俗之流靡，自雖士大夫之才，勢足以進取，而朝廷嘗奬之以禮義者，晚節末路，往往怵而爲姦；況又其素所成立，無高人之意，而朝廷固已擠之於廉恥之外，限其進取者乎？其臨人親職，放僻邪侈，固其理也。至於邊疆、宿衛之選，則臣固已言

〔一〕「世」，龍舒本、宋刻本作「古」。

其失矣。凡此皆取之非其道也。

方今取之既不以其道，至於任之〔一〕，又不問其德之所宜，而問其出身之後先，不論其才之稱否，而論其歷任之多少。以文學進者，且使之治財。已使之治財矣，又轉而使之典獄。已使之典獄矣，又轉而使之治禮。是則一人之身，而責之以百官之所能備，宜其人才之難爲也。夫責人以其所難爲，則人之能爲者少矣。人之能爲者少，則相率而不爲。故使之典禮，未嘗以不知禮爲憂，以今之典禮者〔二〕，未嘗學禮故也。使之典獄，未嘗以不知獄爲恥，以今之典獄者，未嘗學獄故也。天下之人，亦已漸漬於失教，被服於成俗，見朝廷有所任使，非其資序，則相議而訕之。至於任使之不當其才，未嘗有非之者也。且在位者數徙，則不得久於其官，故上不能狃習而知其事，下不肯服馴而安其教，賢者則其功不可以及於成，不肖者則其罪不可以至於著。若夫迎新將故之勞，緣絕簿書之弊，固其害之小者，不足悉數也。設官大抵皆當久於其任，而至於所部者遠，所任者重，則尤宜久於其官，而後可以責其有爲。而方今尤不得久於其官，往往數日輒遷之矣。

〔一〕「之」，龍舒本作「人」。

〔二〕「者」，龍舒本作「皆」。

取之既已不詳，使之既已不當，處之既已不久，至於任之則又不專，而又一二以法束縛之〔一〕，使不得行其意〔二〕。臣故知當今在位多非其人，稍假借之權，而不一二以法束縛之，則放恣而無不爲。雖然，在位非其人，而恃法以爲治，自古及今，未有能治者也。即使在位皆得其人矣，而一二以法束縛之，不使之得行其意，亦自古及今，未有能治者也。夫取之既已不詳，使之既已不當，處之既已不久，任之又不專，而一二之以法束縛之，故雖賢者在位，能者在職，與不肖而無能者，殆無以異。夫如此，故朝廷明知其賢能足以任事，苟非其資序，則不以任事而輒進之，雖進之，士猶不服也。明知其無能而不肖，苟非有罪，爲在事者所劾〔三〕，不敢以其不勝任而輒退之，雖退之，士猶不服也。彼誠不肖無能，然而士不服者何也？以所謂賢能者任其事，與不肖而無能者，亦無以異故也。臣前以謂不能任人以職事，而無不任事之刑以待之者，蓋謂此也。

夫教之、養之、取之、任之，有一非其道，則足以敗天下之人才〔四〕。又況兼此四者而有之，則在位不才、苟簡、貪鄙之人，至於不可勝數，而草野閭巷之間，亦少可任之才，固不足怪。詩曰：

〔一〕「法」下，龍舒本有「約」字。
〔二〕「使」，原無，據龍舒本補。
〔三〕「事」，龍舒本作「上」。
〔四〕「敗」下，龍舒本有「亂」字。

「國雖靡止，或聖或否，民雖靡膴，或哲或謀，或肅或艾。如彼泉流，無淪胥以敗。」此之謂也。

夫在位之人才不足矣，而閭巷草野之間，亦少可用之才，則豈特行先王之政而不得也，社稷之託，封疆之守，陛下其能久以天幸爲常，而無一旦之憂乎？蓋漢之張角，三十六方同日而起〔二〕，所在郡國，莫能發其謀；唐之黄巢，横行天下，而所至將吏，無敢與之抗者。漢、唐之所以亡，禍自此始。唐既亡矣，陵夷以至五代，而武夫用事，賢者伏匿消沮而不見，在位無復有知君臣之義、上下之禮者也。當是之時，變置社稷，蓋甚於弈棋之易，而元元肝腦塗地，幸而不轉死於溝壑者無幾耳！夫人才不足，其患蓋如此，而方今公卿大夫，莫肯爲陛下長慮後顧，爲宗廟萬世計，臣竊惑之。昔晉武帝趣過目前，而不爲子孫長遠之謀，當時在位亦皆偷合苟容，而風俗蕩然，棄禮義，捐法制，上下同失，莫以爲非，有識固知其將必亂矣。而其後果海内大擾，中國列於夷狄者二百餘年。伏惟三廟祖宗神靈所以付屬陛下，固將爲萬世血食，而大庇元元於無窮也。臣願陛下鑒漢、唐、五代之所以亂亡，懲晉武苟且因循之禍，明詔大臣，思所以陶成天下之才，慮之以謀，計之以數，爲之以漸，期爲合於當世之變，而無負於先王之意，則天下之人才不勝用矣。人才不勝用，則陛下何求而不得，何欲而不成哉？夫慮之以謀，計之以數，爲之以漸，則

〔二〕「方」，原作「萬」，據後漢書皇甫嵩傳改。

成天下之才甚易也。

臣始讀孟子，見孟子言王政之易行，心則以爲誠然。及見與慎子論齊、魯之地，以爲先王之制國，大抵不過百里者，以爲今有王者起，則凡諸侯之地，或千里，或五百里，皆將損之至於數十百里而後止。於是疑孟子雖賢，其仁智足以一天下[一]，亦安能毋劫之以兵革，而使數百千里之强國，一旦肯損其地之十八九，比於先王之諸侯？至其後，觀漢武帝用主父偃之策，令諸侯王地悉得推恩封其子弟[二]，而漢親臨定其號名，輒别屬漢。於是諸侯王之子弟，各有分土，而勢强地大者，卒以分析弱小。然後知慮之以謀，計之以數，爲之以漸，則大者固可使小，强者固可使弱，而不至乎傾駭變亂敗傷之釁。孟子之言不爲過。又況今欲改易更革，其勢非若孟子所爲之難也。臣故曰：慮之以謀，計之以數，爲之以漸，則其爲甚易也。

然先王之爲天下，不患人之不爲，而患人之不能，不患人之不能，而患己之不勉。何謂不患人之不爲，而患人之不能？人之情所願得者，善行、美名[三]、尊爵、厚利也，而先王能操之以臨天下之士。天下之士，有能遵之以治者，則悉以其所願得者以與之。士不能則已矣，苟能，則孰肯

[一]「足以一」，宋刻本作「是非□」。
[二]「封」，龍舒本作「分」。
[三]「美」，原作「矣」，據光啓堂本、聽香館本、應氏本、小峴山館本改。

舍其所願得，而不自勉以爲才？故曰：不患人之不爲，患人之不能。何謂不患人之不能，而患己之不勉？先王之法，所以待人者盡矣，自非下愚不可移之才，未有不能赴者也。然而不謀之以至誠惻怛之心，力行而先之，未有能以至誠惻怛之心，力行而應之者也。〔一〕故曰：不患人之不能，而患己之不勉。陛下誠有意乎成天下之才，則臣願陛下勉之而已。

臣又觀朝廷異時欲有所施爲變革，其始計利害未嘗熟也，顧一有流俗僥倖之人不悦而非之〔二〕，則遂止而不敢爲〔三〕。夫法度立，則人無獨蒙其幸者。故先王之政，雖足以利天下，而當其承弊壞之後，僥倖之時，其創法立制，未嘗不艱難也。以其創法立制，而天下僥倖之人亦順説以趨之，無有齟齬，則先王之法，至今存而不廢矣。惟其創法立制之艱難，而僥倖之人不肯順悦而趨之，故古之人欲有所爲，未嘗不先之以征誅，而後得其意。詩曰「是伐是肆，是絶是忽，四方以無拂」，此言文王先征誅而後得意於天下也。夫先王欲立法度，以變衰壞之俗而成人之才，雖有征誅之難，猶忍而爲之，以爲不若是，不可以有爲也。及至孔子，以匹夫遊諸侯，所至則使其君臣捐所習，逆所順，强所劣，憧憧如也，卒困於排逐。然孔子亦終不爲之變，以爲不如是，不可以

〔一〕「然而」至「者也」，龍舒本作「然而不謀之以至誠惻怛之心，亦未有能力行而應之者」。
〔二〕「一有」，原倒，據龍舒本乙。
〔三〕「爲」，原無，據龍舒本補。

有爲。此其所守，蓋與文王同意。夫在上之聖人，莫如文王，在下之聖人，莫如孔子，而欲有所施爲變革，則其事蓋如此矣。今有天下之勢，居先王之位，創立法制，非有征誅之難也。雖有僥倖之人不悦而非之，固不勝天下順悦之人衆也。然而一有流俗僥倖不悦之言，則遂止而不敢爲者，惑也。陛下誠有意乎成天下之才，則臣又願斷之而已。

夫慮之以謀，計之以數，爲之以漸，而又勉之以成，斷之以果，然而猶不能成天下之才，則以臣所聞，蓋未有也。

然臣之所稱，流俗之所不講，而今之議者以謂迂闊而熟爛者也。竊觀近世士大夫所欲悉心力耳目以補助朝廷者有矣，彼其意，非一切利害，則以爲當世所不能行者〔一〕。士大夫既以此希世，而朝廷所取於天下之士，亦不過如此。至於大倫大法、禮義之際，先王之所力學而守者，蓋不及也。一有及此，則群聚而笑之，以爲迂闊。今朝廷悉心於一切之利害，有司法令於刀筆之間，非一日也，然其效可觀矣。則夫所謂迂闊而熟爛者，惟陛下亦可以少留神而察之矣。昔唐太宗貞觀之初，人人異論，如封德彝之徒，皆以爲非雜用秦、漢之政，不足以爲天下。能思先王

〔一〕「不」，原無，據龍舒本補。

之事開太宗者，魏文貞公一人爾[二]。其所施設，雖未能盡當先王之意，抑其大略，可謂合矣。故能以數年之間，而天下幾致刑措，中國安寧，蠻夷順服，自三王以來，未有如此盛時也。唐太宗之初，天下之俗，猶今之世也，魏文貞公之言，固當時所謂迂闊而熟爛者也，然其效如此。賈誼曰：「今或言德教之不如法令，胡不引商、周、秦、漢以觀之？」然則唐太宗之事亦足以觀矣。

臣幸以職事歸報陛下，不自知其駑下無以稱職，而敢及國家之大體者，以臣蒙陛下任使〔三〕，而當歸報。竊謂在位之人才不足，而無以稱朝廷任使之意，而朝廷所以任使天下之士者，或非其理，而士不得盡其才，此亦臣使事之所及，而陛下之所宜先聞者也。釋此一言，而毛舉利害之一二，以汚陛下之聰明，而終無補於世，則非臣所以事陛下惓惓之義也。伏惟陛下詳思而擇其中，天下幸甚！

## 上時政疏

年月日，具位臣某昧死再拜上疏尊號皇帝陛下：臣竊觀自古人主享國日久，無至誠惻怛憂

〔二〕「文貞公」，龍舒本作「鄭公」。

〔三〕「以」前，龍舒本有「誠」字。

天下之心，雖無暴政虐刑加於百姓，而天下未嘗不亂。自秦已下，享國日久者，有晉之武帝、梁之武帝、唐之明皇。此三帝者，皆聰明智略有功之主也。享國日久，内外無患，因循苟且，無至誠惻怛憂天下之心，趨過目前，而不爲久遠之計，自以禍災可以無及其身，往往身遇災禍，而悔無所及。雖或僅得身免，而宗廟固已毁辱，而妻子固以困窮，天下之民固以膏血塗草野，而生者不能自脱於困餓劫束之患矣。夫爲人子孫，使其宗廟毁辱，爲人父母，使其比屋死亡，此豈仁孝之主所宜忍者乎？然而晉、梁、唐之三帝，以晏然致此者，自以爲其禍災可以不至於此，而不自知忽然已至也。

蓋夫天下至大器也，非大明法度，不足以維持，非衆建賢才，不足以保守。苟無至誠惻怛憂天下之心〔二〕，則不能詢考賢才，講求法度。賢才不用，法度不脩，偷假歲月，則幸或可以無他，曠日持久，則未嘗不終於大亂。

伏惟皇帝陛下，有恭儉之德，有聰明睿智之才，有仁民愛物之意，然享國日久矣，此誠當惻怛憂天下，而以晉、梁、唐三帝爲戒之時。以臣所見，方今朝廷之位，未可謂能得賢才，政事所

〔二〕「至」，龍舒本作「志」。

施，未可謂能合法度。官亂於上，民貧於下，風俗日以薄，財力日以困窮[二]，而陛下高居深拱，未嘗有詢考講求之意。此臣所以竊爲陛下計而不能無慨然者也。

夫因循苟且，逸豫而無爲，可以徼倖一時，而不可以曠日持久。晉、梁、唐三帝者，不知慮此，故災稔禍變，生於一時，則雖欲復詢考講求以自救，而已無所及矣！以古準今，則天下安危治亂，尚可以有爲。有爲之時，莫急於今日。過今日，則臣恐亦有無所及之悔矣！然則以至誠詢考而衆建賢才，以至誠講求而大明法度，陛下今日其可以不汲汲乎！書曰：「若藥不瞑眩，厥疾弗瘳。」臣願陛下以終身之狼疾爲憂，而不以一日之瞑眩爲苦。

臣既蒙陛下採擢，使備從官，朝廷治亂安危，臣實預其榮辱，此臣所以不敢避進越之罪，而忘盡規之義。伏惟陛下深思臣言，以自警戒，則天下幸甚！

## 進戒疏

熙寧二年五月十一日，朝散大夫、右諫議大夫、參知政事、護軍、賜紫金魚袋臣某昧死再拜上疏皇帝陛下：臣竊以爲陛下既終亮陰，考之於經，則群臣進戒之時，而臣待罪近司，職當先事

〔二〕「財」，原作「才」，據本卷上仁宗皇帝言事書改。

有言者也。竊聞孔子論爲邦，先放鄭聲，而後曰遠佞人。仲虺稱湯之德，先不邇聲色，不殖貨利，而後曰用人惟己。蓋以謂不淫耳目於聲色玩好之物，然後能精於用志；能精於用志，然後能明於見理；能明於見理，然後能知人；能知人，然後佞人可得而遠，忠臣良士與有道之君子類進於時，有以自竭，則法度之行，風俗之成，甚易也。若夫人主雖有過人之材，而不能早自戒於耳目之欲，至於過差，以亂其心之所思，則用志不精，用志不精，則見理不明，見理不明，則邪說詖行必窺間乘殆而作，則其至於危亂也豈難哉！

伏惟陛下即位以來，未有聲色玩好之過聞於外，然孔子聖人之盛，尚自以爲七十而後敢縱心所欲也。今陛下以鼎盛之春秋，而享天下之大奉，所以惑移耳目者[一]，爲不少矣。則臣之所豫慮，而陛下之所深戒，宜在於此。天之生聖人之材甚吝，而人之值聖人之時甚難。天既以聖人之材付陛下，則人亦將望聖人之澤於此時。伏惟陛下自愛以成德，而自强以赴功，使後世不失聖人之名，而天下皆蒙陛下之澤，則豈非可願之事哉？臣愚不勝惓惓，唯陛下恕其狂妄而幸賜省察。

[一]「移」，宋刻本、光啓堂本、聽香館本作「於」。

# 臨川先生文集　卷四十

## 奏狀

### 乞免就試狀

准中書劄子，奉聖旨，依前降指揮發來赴闕就試者。伏念臣祖母年老，先臣未葬，二妹當嫁〔一〕，家貧口衆，難住京師。比嘗以此自陳，乞不就試。慢廢朝命，尚宜有罪，幸蒙寬赦，即賜聽許。不圖遜事之臣，更以臣爲恬退。令臣無葬嫁奉養之急〔二〕，而逡巡辭避，不敢當清要之選，雖曰恬退可也；今特以營私家之急，擇利害而行，謂之恬退，非臣本意。兼臣罷縣守闕，及今二年有餘，老幼未嘗寧宇，方欲就任，即令赴闕，實於私計有妨。伏望聖慈察臣本意止是營私，特寢

〔一〕「二妹」，原作「弟妹」，據本卷辭集賢校理狀改。
〔二〕「令」，原作「今」，據龍舒本、聽香館本、小峴山館本改。

召試指揮，且令終滿外任，一面發赴本任去訖。

## 辭集賢校理狀四

右，臣今月二十二日准中書差人賫到敕牒一道，除臣集賢校理。聞命震怖，不知所以。伏念臣頃者再蒙聖恩召試，臣以先臣未葬，二妹當嫁，家貧口衆，難住京師，乞且終滿外任。比蒙矜允，獲畢所圖。而門衰祚薄，祖母、二兄、一嫂，相繼喪亡，奉養昏嫁葬送之窘，比於向時爲甚。所以今兹纔至闕下，即乞除一在外差遣，不願就試。以臣疵賤，謬蒙拔擢，至於館閣之選，豈非素願所榮，然而不願就試，正以舊制入館則當供職一年，臣方甚貧，勢不可處。此臣所以不敢避干紊朝廷之辠〔一〕，而苟欲就其營養之私。不圖朝廷不加考試，有此除授。臣若避犯命之罰，受而不能自列，則是臣前所乞爲以私養要君，而誤陛下以無名加寵也。又聞朝廷特與推恩，不候一年即與在外差遣。且一年供職，乃是朝廷舊制，臣以何名敢當此恩，而累朝廷隳廢久行公共之法？又見新制，近臣薦舉官吏，非條詔指揮，不得用例施行。令出已來，未能十日。今臣有此除授，乃因近臣薦舉，不加考試，又非條詔指揮。臣雖不肖，獨何敢冒過分之寵，而以身爲廢法

〔一〕「紊」，原作「譽」，據龍舒本、宋刻本改。

之首乎？伏望聖慈察臣本意，從臣私欲，追還所授，特與除一在外合入差遣。則使公義不虧於上，私行不失於下，臣不任激切祈恩待報之至。所有敕牒，臣不敢受，謹具狀奏聞。

## 二

右，臣三月二十二日准中書差人賫到敕牒一道，除臣集賢校理。臣以分不當得，已具狀陳列，乞追還所授。今月五日，又准中書差人賫到敕牒，令臣受職，不得辭免。臣以微賤，誤蒙采拔，非臣隕首足以報稱。然分有所不敢受，名有所不敢居，寧以慁上得辠，終不敢冒恩苟止。何則？臣以擇利辭試，而朝廷因與免試推恩，是臣以辭試上要朝廷，而朝廷果以恩澤副之也。不獨傷臣私義，固以上累國體，此臣所以惓惓至於再三，而終不敢止。且勸沮之方，失不在大。如臣心實擇利，而跡有辭讓之嫌，以故朝廷特有優假，臣恐進趨之士有以窺度聖世，將或立小異以近名，託虚名以邀利，浸成弊俗，非復法令所能禁止。此亦朝廷所宜慎惜，不當遂已成之命而難於追改也。竊見近臣比有辭讓官職，皆義所當得，而特以禮辭讓，朝廷固宜必使受之而不聽。如臣卑賤，今所陳列，直以分不當得，非敢以爲讓也。伏望聖慈聽臣所守，特與追還所授。臣區區之誠，期於得請而後敢已。所有敕牒，臣不敢受。

## 三

右，臣三月二十二日准中書差人賫到敕牒一道，除臣集賢校理。臣以分不當得，已再具狀奏聞，乞追還所授。今月九日，又准中書差人賫到敕牒，令臣不得辭免。是臣區區之意，終未蒙朝廷省察。臣於他官苟可以得，則或悉力以求之，唯恐利之不多，而勢之不便，非能有所辭讓也。至於私養之不給，則苟求冒取，亦無所不至。今朝廷特除以爲校理，則再三干紊朝廷，終不敢受者，誠以要君罔上之罪大，故寧以他得罪，而於此不敢順命苟止也。所謂要君者，臣前狀已言之矣。所謂罔上者，朝廷除校理必先考試，今獨推恩，異於尋常，朝廷不以臣爲小有異能，則必以臣爲小有異行，臣無其實而敢冒此恩，此乃所謂罔上也。且臣蒙恩與試久矣，臣非敢終辭也，特以勢未便爾。若朝廷且從臣，欲使臣他日之力足以供職京師，而無乏養之憂，則臣自當援恩求試，豈敢上煩朝廷敦迫！何必遽加特恩，使朝廷爲苟舉，而臣爲苟得者乎？臣聞之古人曰「明主可以理奪」，又曰「匹夫不可奪志」，臣敢守此語，以至於再三。伏乞聖慈特賜矜允。煩冒天威，臣無任祈恩待報惶恐迫切之至。

## 四

右，臣蒙恩除集賢校理，以分不當得，已累曾具狀奏聞，乞追還所授。今月二十四日，准中書劄子，奉聖旨更不許辭讓。臣以小官，非敢以禮爲讓也，直以分不當得，理當自言。蓋聞當得而讓，則上有所不得聽；不當得而授，則下有所不敢承。不聽不爲迫下，不承不爲慢上，以其義也[一]。臣誠不肖，然區區之私，具狀四奏者，竊以爲匹夫之志，有近於義，是以仰迫恩威，至於再三，終不敢受。伏望聖慈俯察臣愚，特與追還所授。臣無任。

## 辭同修起居注狀七

臣蒙恩差臣同修起居注者。聖恩深厚，非臣隕首所能報稱。然臣去年始蒙恩特除直集賢院，當是時，臣黽勉不敢久違恩指[二]。至今就職纔及數月，又蒙恩有此除授。臣竊觀朝廷用人，皆以資序。臣入館最爲日淺，而材何以異人？終不敢貪冒寵榮，以干朝廷公論。伏望聖慈察臣誠心，非敢飾讓，特賜追還所授。

## 二

臣昨進狀，乞追還所授同修起居注敕，准中書劄子，奉聖旨不許辭讓，便令受敕供職。伏念臣前奏所陳，實繫朝廷用人之禮[三]，非特於臣私義有所不安[四]。伏望聖慈檢會臣前奏，特賜追

---

[一]「其」下，龍舒本有「有」字。
[二]「臣」下，龍舒本有「已」字。
[三]「禮」，龍舒本、宋刻本、光啓堂本、聽香館本作「體」。
[四]「非」，原作「今」，據龍舒本改。

還所授。

### 三

臣昨進狀，乞追還所授同修起居注敕，准中書劄子，奉聖旨不許辭讓，便令受敕供職。疏遠小臣，上煩朝廷敦獎如此，而區區所陳，終不敢止者，誠以謂進在臣先，而才行當蒙選擢〔一〕，則與之宜有先後。臣入館資序最爲在後，而獨先被選，竊以爲非朝廷用人之體，此臣所以不敢也〔二〕。念臣異時得以敘進，臣雖不肖，豈敢復辭？且臣已緣辭避職事而不爲朝廷所察，今若又迫於敦喻，黽勉供職，則是臣每飾辭讓之虛文，以玩黷朝廷。人雖不以爲言，臣亦何顔以立於世？蓋以臣事君〔三〕，苟心知其甚不可，則寧得罪而有不從。況臣幸在聖人至仁隆寬盡下之時，謹分守以辭其所不當得之寵榮，必無方命之罰。則朝廷之命，雖欲必行而不改；臣之愚心，亦將固守而不移。伏望聖慈察臣如此，早賜追還所授。

### 四

臣累進狀，乞免同修起居注，又准中書劄子，奉聖旨不許辭讓，便令受敕供職。卑賤之臣，

---

〔一〕「擢」下，龍舒本有「而與之」三字。

〔二〕「敢」下，龍舒本有「受」字。

〔三〕「以」，龍舒本作「人」。

屢煩聖恩敦喻，誠惶誠恐，不知所措。然臣聞人無信不立，臣事君以忠，忠者不飾行以徼榮，信者不食言以從利。臣固嘗曰，朝廷之命雖欲必行而不改，臣之愚心亦將固守而不移。若臣既有此言，而終於託不得已以饕寵授，則是臣飾行食言〔一〕，而實無自守之義，非所以稱朝廷奬遇之意，而明區區避讓之本心。寧以違命受譴，終不敢身爲浮僞之首，以傷聖時忠實之化。伏望聖慈早賜追還所授。

## 五

臣進狀，乞免同修起居注，准中書劄子，奉聖旨，依累降指揮，更不得辭讓，便令受敕供職。聖恩所以加臣者如此，非臣陷胸隕首所能報稱。然臣愚不肖，不知朝廷必欲度越衆人而加臣以此者何也？爲其賢於人也，固有廉讓忠信之實也。度越衆人而貪其所不當得，非所以爲廉讓；知其不當得而辭於上，以爲朝廷之命雖欲必行而不改，臣之愚心亦將固守而不移，然終於託不得已以私其寵利，非所以爲忠信。無廉讓，無忠信，然而朝廷必欲度越衆人，而加之以其所不當得之職事，臣恐執政大臣必受比周朋黨之嫌，陛下必獲不察蔽欺之謗，臣亦不得自託於忠廉之行，而居下姦利之人，窺朝廷之間，爭飾僞讓，以徼一時之幸，而有傷忠厚之俗。其事如此，在朝

〔一〕「行」，龍舒本作「僞」。

廷不可以不深思而聽臣之辭〔二〕，臣亦不可以不固守而違朝廷之命。誠願陛下日月之明，察臣今日之請。辭窮理極，非如向時避讓職事〔三〕，猶在可冒之地。雖由此得罪，必不敢以身爲亂俗之首。伏乞斷自聖心，無牽於左右大臣之過論，特賜追還所授。

## 六

臣累進狀，乞免同修起居注，奉聖旨，不許進狀辭讓者。聖恩深厚，一至於此，臣誠惶誠恐，震怖不知所出。竊觀朝廷近日辭讓職事，未嘗有蒙聽許者，而臣又嘗辭讓職事，而不爲朝廷聽許矣。今復守辭讓之説，以請於朝廷，固宜聖恩不即聽許。然臣已習見朝廷未嘗許人辭讓職事，而猶惓惓自陳所守，不避僞讓之嫌，誠以螻蟻微誠，自誓終不敢受，冀蒙天聰，終初省察而已。今若迫於恩指，遂叨寵利，則人雖不以爲言，臣實無顔以處。使臣負僞讓之謗，則朝廷豈免濫恩之譏？臣雖不肖，義實不敢安此。且方今之所患而務絶者，方在於進取，而不在於辭讓，方在於欺罔，而不在於忠信。臣若託不得已，終叨寵利，不顧其已出之言，則是去辭讓而引進取，毁忠信而爲姦罔。朝廷本欲拔取人才，而所得者乃有去辭讓、毁忠信之嫌，恐非所以示天下而

〔二〕「在」，龍舒本作「矧」。
〔三〕「避」，光啓堂本、聽香館本作「辭」。

厲士大夫之操也。此臣所以不敢避方命之罰[一]，而守其區區之説，誠不敢以身累國，非特欲全其私義而已也。伏望聖慈即賜聽許，令朝廷不失所授之宜，臣亦不失所守之信。

## 七

臣昨進狀，乞免同修起居注，准中書劄子，奉聖旨，朝廷已行擢用，依累降指揮，不得違避者。孤賤之臣，行能淺薄，當朝廷清明收用賢俊之時，幸得著位外庭，豈非榮顯？況又蒙拔擢，備任清要，丁寧奬勵，使必就官，此雖隕首刳心，自知無以報稱。然臣所以不敢受命，而猶守其區區之説者，誠以資在臣前尚有未蒙選者。臣若苟見寵利之可得，而忘避讓之義，苟知避讓而不能固其所守，非朝廷所以拔擢臣之意，又非臣所以報稱朝廷之心。且詘已行之命以伸自守之志者，朝廷之令名；食言喪志，以順命爲悦而饕寵利者[二]，臣之醜行。今朝廷重得令名，而使臣輕爲醜行，此臣之所不諭也。臣幸蒙任使，備官三司，列職儒館，若朝廷以爲可任，異時以次升擢，於分不爲進越，則臣雖不肖，其亦何説之敢辭！誠望聖慈哀臣懇迫，檢會臣前後所奏，察其理有可言，特賜追還所授。

---

[一]「方」，龍舒本作「放」。

[二]「而」，原無，據龍舒本補。

## 再辭同修起居注狀五

右，臣今月二十六日准敕差臣同修起居注。伏念臣行能無異衆人，入館最爲日淺，向叨選擢，嘗已固辭，幸蒙聖恩，方賜聽許。今同館之士，才能資序出臣右者尚多，而又蒙誤恩，有此除授，在臣理分固不敢當。兼臣久住京師，親老口衆，而自春至今，疾病相仍，醫藥百端，未得平愈，近已進狀乞一知州軍差遣。伏望聖慈察臣誠懇，特賜追還所授，除一知州軍差遣，使臣無進越冒榮之罪，而得紓私養之急。所有同修起居注敕牒，臣不敢受。謹具狀奏聞，伏候敕旨。

## 二

右，臣進狀乞免同修起居注，准中書劄子，奉聖旨不許辭讓，便令受敕。臣愚不肖，幸當朝廷拔擢賢雋之時，獨蒙不次之選，豈不榮哉！然臣入館最爲日淺，而行能無異衆人，故不敢度越衆人，以饕寵利。向時守此説以辭朝廷之命，至於八九，而聖恩不以臣言爲不信，幸賜聽許。今纔數月，同館之士，資序在臣右而行能足充此選者尚多，遽蒙聖恩，有此除授，令臣今而可受，則向之辭命至於八九者，果何心也？昔鄭以伯石爲卿〔一〕，則辭，太史退，則又使之命己，命己則又辭焉，三辭而後受策，於是子産始惡其爲人。夫子産所以惡之者，不以其飾辭讓而無忠實之志乎？臣之蒙恩雖出於無求，然始則託辭讓之名，以煩恩朝廷，終則徼一日之利，以忘前言之信，推事考情，亦何以異於伯石？臣誠固陋，終不敢奸子産之所惡，以上昭聖時任人之失。且朝廷必以臣粗習文藝，而忠信可使，則臣固嘗曰，異時循次選用，則臣不敢辭。伏望聖恩察臣誠懇，特賜追還所授，除臣一知州軍差遣，使臣得遂前言之信，而又有以紓親養之急。臣不任祈恩待報之至。

## 三

右，臣近進狀，乞免同修起居注，准中書劄子，奉聖旨，令依前後指揮，不許辭免，便令受敕者。聖恩加臣無窮，臣愚固守無已，臣誠惶恐震怖，不知所爲。然臣義有所不敢爲，故不敢冒恩而苟止。伏念臣以資序在臣右而行能宜蒙此選者尚多，故嘗自列至於八九。幸蒙聖恩聽察，而所除始祖無擇一人，若臣今遂冒居，則是謂在臣右者已無可選。臣以應舉入仕，磨勘遷官，本圖宦達，非敢苟爲高抗。至於恩踰理分，度越衆人，官謗所歸，臣亦不敢苟得，以忘前言之信。兼

〔一〕「伯石」，龍舒本作「子石」，本篇下同。

臣自春至今，疾病相仍，加以氣衰，舊學幾廢，親老口衆，久住京師，近嘗進狀，乞一閑慢州軍差遣。伏見近例，見任修起居注，以便親求罷出補外官，嘗蒙朝廷聽許。蓋當聖時，務以仁恕優容臣下，則以便親而求外補，意朝廷之所宜從〔一〕。伏望聖慈哀臣懇迫，特賜追還所授，除臣一知州軍差遣，以便私養，且令臣無進越冒榮之罪。所有同修起居注敕牒，臣不敢受，臣不任祈恩待報激切之至。

## 四

右，臣近進狀，乞免同修起居注，准中書劄子，奉聖旨，令依累降指揮，便受敕，更不得辭免者。臣之懇懇，已具前奏，螻蟻微誠，未能上動聖聽，臣誠惶怖，不知所爲。然臣愚不肖，以謂朝廷革因循之弊，以不次官人，當得異能之士，然後允衆人之望，而因循之弊可以遂除。臣治身則行能不備，居官則職業無稱，雖知好學，而所得未可以施於實用。故嚮蒙選擢，即自以行能無異衆人，而不敢度越衆人受職，幸蒙聽許。纔及數月，即欲度越衆人，言行本末不相顧如此，豈稱朝廷選擢之意？雖令言者不以是爲臣罪，臣實無顔以處。伏望聖慈察臣累奏，情理備盡，特賜追還所授。臣不任祈恩待報激切之至。

〔一〕「意」，原無，據龍舒本補。

五

右，臣近進狀，乞免同修起居注，准中書劄子，奉聖旨，依前降指揮，便受敕供職。臣之區區，辭説已窮，然不敢避逋慢之罪而苟止者，非特欲守前言之信，亦不敢上累朝廷。蓋臣有冒榮失守之罪，則朝廷亦有選授失人之謗，因啓天下好利之士僞讓以要君，則甚傷聖時風俗，此臣之所大懼也。若聖恩幸聽臣言，使臣得安理分，則臣爲不失所守。臣能不失所守，則朝廷不失所選矣。朝廷不失所選，而又隆寬廣裕以曲盡臣志，謂宜無傷，而適足以感厲天下之士。且朝廷以臣粗涉藝文，忠信可使，不復責其行能之備，必欲擢置從官，則臣固嘗曰，臣已備官三司，列職儒館。若終免於辠戾，則循次受選，自不爲遲。當朝廷清明，拔用賢儁有志之士，孰不幸願寵榮？如臣之愚，豈獨異於衆人，誠以不敢度越衆人，故嘗自列至於八九。朝廷隆寬盡下，已嘗幸聽臣言。曾未數月，臣即不復自顧前言之信，若令言者謂臣要君以僞，臣誠無辭可以自明。伏望聖慈察臣所守如此，臣誓堅死節，上報聖知。臣不任祈恩待報之至。

## 辭赴闕狀三 治平二年七月二十七日。

右，臣准中書劄子，伏奉聖恩，以臣喪服既除，特授故官，召令赴闕。辠逆餘生，尚蒙齒録，非臣隕首所能報稱。理當即日奔走就塗，而臣抱病日久，未任跋涉，見服藥調理，乞候稍瘳，即時赴闕。謹具狀奏聞。

## 二

右，臣伏准中書劄子，奉聖旨，令體認朝廷累降指揮，疾速發來赴闕。臣愚無狀，屢蒙聖恩逮及，自非抱疢不任職事，豈敢故爲逋慢？臣近已奏陳，乞一分司官於江寧府居住。伏望聖慈特賜矜許，所冀便於將理，終獲有瘳。則臣雖自知無補於聖時，猶當乞備官使，仰副朝廷眷録之意。

## 三

右，臣伏准中書劄子，奉聖旨，令依累降指揮〔二〕，發來赴闕。螻蟻微誠，不能感動，至煩朝廷恩旨屢降，臣實惶怖，不知所爲。伏念臣本以孤生，實無才用，誤蒙仁宗拔擢，備數從官。當大行皇帝亮陰之際，始以親喪解職，久尸榮禄，無補聖時。今陛下以仁孝之資，紹承聖緒〔三〕，臣於私養既無所及，唯當追先帝之遇，致身於陛下之時。若自度力用堪任職事，何敢逋慢朝廷詔令，至於經涉歲時？緣臣自春以來，抱疢有加，心力稍有所營，即所苦滋劇，所以昧冒奏陳，乞且分

〔二〕「令」，原作「合」，據龍舒本改。

〔三〕「紹」，龍舒本、宋刻本作「纘」。

司，實冀稍可支持，即乞復備官使。天聽高邈，未蒙矜允，雖欲扶伏奔走闕庭，而力與願違，不能自强。伏望聖慈察臣懇迫，令檢會臣累奏，特賜指揮。臣無任瞻天屏營激切之至。

## 辭知江寧府狀

右，臣今月十九日進奏院遞到敕牒〔二〕，蒙恩差知江寧軍府事。犬馬之疢，自隔清光；天地之恩，曲垂眷恤。以臣丘墓所在，就付兵民之權，非臣肝膽塗地所能報稱萬一。然臣所抱疾病，迄今無損，若輒冒恩黽勉，典領當路大藩〔三〕，恐力用無以上副朝廷寄任，伏望陛下察臣如此。儻以臣逮侍先帝，未許分司，則乞除臣一留臺宮觀差遣，冀便將理，終獲有瘳，誓當捐軀，少報聖德。所有敕牒，臣未敢祗受，已送江寧府收管。謹具狀奏聞。

## 舉陳樞充錢穀職司狀

前件官，明敏方直，有政事之材。臣奉使江東時，樞爲旌德縣令，聽訟鞫獄，尤爲精明，隨所

---

〔二〕「十」，龍舒本、宋刻本作「初」。

〔三〕「領當」，原倒，據龍舒本、宋刻本乙。

施設，皆有方略。

舉錢公輔自代狀

伏覩尚書兵部員外郎、知制誥錢公輔，忠信篤實，富於文學，職事所及，不爲苟且。以臣鄙薄，實爲不如。寘之禁林，必有補助。今舉自代。

舉吕公著自代狀

具某官吕公著，沖深而能謀，寬博而有制，其器可以大受，而退然似不能言，故衆人知之有所不盡。如蒙選用，得試其才，必有績效，不孤聖世。臣實不如，今舉自代。

舉謝卿材充升擢任使狀

前件官，公廉自守，曉達民事，嘗知撫州臨川縣，縣人至今稱説，以爲良吏。督率百姓，修復陂防，所溉頃畝甚多，水旱皆蒙其利。若朝廷興修功利，或選人才典領劇郡，皆可任使。

## 舉屯田員外郎劉彝狀

屯田員外郎、温州通判劉彝，聰明敏達，有濟務之材，堪充升擢繁難任使。

## 敕舉兵官未有人堪充狀

具位臣某，准今年六月二十三日宣，令臣同皐保舉大使臣堪充主兵官二員，限一月内具姓名聞奏，即不得舉見任兩府親戚并已係路分都監及知軍州已上人數。右，具如前。伏緣臣所職，不係路分都監及知州軍大使臣，即不見有堪充主兵官者。謹具狀奏聞，伏候敕旨。

## 舉渭州兵馬都監蓋傳等充邊上任使狀

具位臣某，准宣同皐保舉不拘路分，有武勇謀略三班使臣二員〔一〕，不得舉見任兩府親戚者。右〔二〕，謹具如前。臣伏覩東頭供奉官、權渭州兵馬都監、兼在城巡檢蓋傳，有智略，能訓治軍

〔一〕「使」，原作「度」，據宋刻本改。
〔二〕「右」，原作「始」，據宋刻本、小峴山館本改。

旅；東頭供奉官、江寧府龍安鎮巡檢王崇稷，有武勇，能擒捕盜賊。臣今保舉堪充邊上任使。如蒙朝廷擢用後，犯正入己贓，不如舉狀，臣甘當同辠。其人並不是臣親戚，亦無親戚見任兩府。謹具狀奏聞，伏候敕旨。

## 舉古渭寨都監段充充兵官任使狀

具位臣某，准宣節文，同辠保舉大使臣堪充主兵官二員，姓名聞奏，即不得舉見任兩府親戚并已係路分都監及知州軍已上人數者。右，謹具如前。臣伏覩内殿崇班、閤門祗候、秦州古渭寨都監段充，武勇才略可用，嘗以戰鬭有功，堪充主兵官任使。如蒙朝廷擢用後，不如所奏，及犯正入己贓，臣甘當同辠。其人與臣不是親戚，亦無親戚見任兩府，不係路分都監及知州軍已上人資敘。所准宣命令舉兩人，今且保舉到段充一員，尚闕一員，見訪求别狀舉次。謹具狀奏聞，伏候敕旨。

# 臨川先生文集　卷四十一

## 劄子

### 擬上殿劄子

臣蒙恩奉使，歸報陛下，敢因邊事之所及，冒言天下之事，伏惟陛下詳思而擇其中，天下幸甚。臣竊見陛下有恭儉之德，有聰明睿智之才，有仁民愛物之意，顧内不能無以社稷爲憂，外則不能無患於夷狄，天下之財力日以窮困[一]，而風俗日以衰壞，四方有志之士[二]，慖慖然常恐天下之不久安，此其故何也？患在無法度故也。今朝廷法嚴令具，無所不有，而臣以謂無法度者，方今之法度多不合於先王之法度故也。孟子曰：「有仁心仁聞而人不被其澤者，爲政不法先王之

[一]「財」，原作「才」，據本書卷三十九上仁宗皇帝言事書改。
[二]「志」，原作「智」，據本書卷三十九上仁宗皇帝言事書改。

道故也。」非此之謂乎？

以今之時方先王之時，遠矣。所遭之時、所遇之變不同，而欲一二修先王之政，雖甚愚者，猶知其難也。而臣以謂當今之失，患在不法先王之政者，以謂當法其意而已。夫五帝、三王相去蓋千有餘歲，一治一亂，盛衰之時具矣。其所遭之變、所遇之勢不同，其施設之方亦皆殊，而其爲國家之意，本末先後，未嘗不同也。臣故曰：當法其意而已。法其意，則吾所改易更革，不至乎傾駭天下之耳目，囂天下之口，而固已合乎先王之政矣。

雖然，以方今之勢揆之，陛下雖欲改易更革天下之事，合於先王之意，其勢未必能也。陛下有恭儉之德，有聰明睿知之才，有仁民愛物之意，則何爲而不成，何欲而不得？而臣固以謂雖欲改易更革天下之事，合於先王之意，其勢未必能者，何也？方今天下之吏才少故也。朝廷之人才，固嘗簡在陛下之聰明，以臣使事之所及，則一路數千里之間，能推行朝廷之法，知其所緩急，而一切能修其職事者甚少，而不才苟簡貪鄙之人至不可勝數。其能講先王之意，以合當世之變者，蓋闔郡之間，往往而絕也。夫人才不足，則陛下雖欲改易更革天下之事，以合先王之意，大臣雖有能當陛下之意而領此者，九州之大，四海之遠，萬官之衆，孰能一二推行之，使人人蒙其施者乎？臣故曰，其勢未必能也〔二〕。

然則方今之急，在乎人才而已。今之天下亦先王之天下，先王之時，人材嘗衆矣，蓋其所以陶冶而成之者有道。所謂陶冶以成之者，詩、書、傳記之所載，其大略可見矣。陛下嘗試詳延大臣左右及天下智能才諝之士，使其論先王所以成天下之才者，其設施之方如何？今之所以異於先王而人才不足者，其咎安在？其欲變而通之以合於先王之意而成天下之才，宜何施爲而可？陛下因擇其言之近於理者，使之相與上下反覆爲論焉，因取其宜於時者施焉，則人才宜衆矣。

夫成人之才甚不難。人所願得者尊爵厚禄，而所榮者善行，所恥者惡名也。今操利勢以臨天下之士，勸之以其所榮，而予之以其所願，則孰肯背而不爲者？特患不能爾。而吾所以責之者，又中人之所能爲，則不能者又少矣。夫成人之才甚不難，而自古往往不能成人之才，何也？以人主之才不足故也。蓋人主無恭儉之德，無聰明睿智之才，無仁民愛物之意，則嬖倖諂諛、姦罔蔽欺、殘賊放恣之人，皆得志於時，而推其類以亂天下，雖有良法，不能成天下之才矣。

今陛下有恭儉之德，有聰明睿智之才，有仁民愛物之意，而又因天下之所願以爲輔相者，公聽並觀，以進退天下之士，則所以成天下之才，特患無良法。而陛下推至誠惻怛之心以行之，則

〔二〕「能」，龍舒本作「然」。

臣雖愚，固知人之才不難成也。人才既衆，則陛下何爲而不成？何欲而不得？夫然後改易更革天下之事，以合乎先王之意甚易也。陛下不能如此，苟於積敝之末流，因不足任之才，而修不足爲之法，臣恐在軍者日以勞，而士民愈以窮困污濫，而於天下國家愈其無補也〔一〕。臣幸以使事歸報，徒舉利害之一二，而無補於世，非臣之所以事陛下惓惓之義也。輒不自知其駑下，而敢言國家之大體，伏惟陛下詳擇其中，天下幸甚也。

## 上五事劄子

陛下即位五年，更張改造者數千百事，而爲書具，爲法立，而爲利者何其多也。就其多而求其法最大、其效最晚、其議論最多者，五事也：一曰和戎，二曰青苗，三曰免役，四曰保甲，五曰市易。

今青唐、洮、河幅員三千餘里，舉戎羌之衆二十萬獻其地，因爲熟户，則和戎之策已效矣。昔之貧者，舉息之於豪民，今之貧者，舉息之於官，官薄其息，而民救其乏，則青苗之令已行矣。惟免役也、保甲也、市易也，此三者有大利害焉。得其人而行之，則爲大利，非其人而行之，則爲

〔一〕「其」，光啓堂本、聽香館本作「甚」。

大害；緩而圖之，則爲大利，急而成之，則爲大害。傳曰：「事不師古，以克永世，匪説攸聞。」若三法者，可謂師古矣。然而知古之道，然後能行古之法，此臣所謂大利害者也。

蓋免役之法，出於周官所謂府、史、胥、徒，王制所謂「庶人在官」者也。然而九州之民，貧富不均，風俗不齊，版籍之高下不足據。今一旦變之，則使之家至户到，均平如一，舉天下之役，人人用募，釋天下之農，歸於畎畝，苟不得其人而行，則五等必不平，而募役必不均矣。

保甲之法，起於三代丘甲，管仲用之齊，子産用之鄭，商君用之秦，仲長統言之漢，而非今日之立異也。然而天下之人，鳧居雁聚，散而之四方而無禁也者，數千百年矣。今一旦變之，使行什伍相維，鄰里相屬，察姦而顯諸仁，宿兵而藏諸用，苟不得其人而行之，則搔之以追呼，駭之以調發，而民心摇矣。

市易之法，起於周之司市、漢之平準。今以百萬緡之錢，權物價之輕重，以通商而貰之，令民以歲入數萬緡息。然甚知天下之貨賄未甚行，竊恐希功幸賞之人，速求成效於年歲之間，則吾法隳矣。臣故曰：三法者，得其人，緩而謀之，則爲大利；非其人，急而成之，則爲大害。故免役之法成，則農時不奪，而民力均矣；保甲之法成，則寇亂息，而威勢彊矣；市易之法成，則貨賄通流，而國用饒矣。

## 議入廟劄子

臣今日曾公亮傳聖旨，以臣寮上言「郊祀不當入廟」，令臣詳議。臣愚以爲制天下之事，當令本末終始相稱。今既奉先帝遺詔，外行以日易月之禮，又諸所以崇事祖宗，皆循本朝制度，獨於入廟則欲變先帝故事，而遠從三代之禮，臣恐於事之本末終始不爲相稱。必欲盡除近世之制度，一以三代爲法，則今陛下尚在諒陰之中，非可以制禮之時。且言者以爲喪三年不祭於廟，禮也。而今乃欲令公卿代告，此何禮也？臣竊以爲今之禮不合於三代者多矣，言者不以爲非，而專疑不當入廟者，蓋於所習見則安，於所罕見則怪，恐不足留聖聽也。臣學術淺陋，誤蒙訪逮，敢不盡愚？取進止。

## 言尊號劄子 庚戌六月七日。

臣伏以陛下緝熙光明，如日之方升；布利施澤，如川之方至。號名於實，豈能有所增加？輒復卷卷，妄有陳請，徒以祖宗故事，適在此時，臣子之心，懷不能已。陛下受而不拒，足以俯順人心，臣獨不能無疑者，陛下以西垂之勞，方以過爲在己，遽膺徽册，似或未安。臣等以歸美爲忠，陛下以撝謙爲德，布之海内，誰曰不然？伏惟聖心更賜詳酌。

## 論罷春燕劄子

臣竊以邊夷外畔，士卒内潰，吏民騷動，死傷接踵，恐非燕而用樂之時。且此月休假已多，又加兩日，即恐急奏或致留滯。臣愚謂宜罷燕，以副聖心仁惻，且又不妨應接機速公事。如蒙省察，乞賜中旨施行。

## 論館職劄子二

臣伏見今館職一除乃至十人[一]，此本所以儲公卿之材也。然陛下試求以爲講官，則必不知其誰可；試求以爲諫官，則必不知其誰可；試求以爲監司，則必不知其誰可。此患在於不親考試以實故也[二]。孟子曰：「國人皆曰賢，然後察之，見賢焉，然後用之。」今所除館職，特一二大臣以爲賢而已，非國人皆曰賢。國人皆曰賢，尚未可信用，必躬察見其可賢而後用。況於一二大臣以爲賢而已，何可遽信而用也？臣願陛下察舉衆人所謂材良而行美可以爲公卿者，召令三

[一] 「乃」，宋刻本作「方」。
[二] 「特」，宋刻本作「將」。

館祗候。雖已帶館職，亦可令兼祗候。事有當論議者，召至中書，或召至禁中，令具條奏是非利害及所當施設之方。及察其才可以備任使者，有四方之事，則令往相視問察，而又或令參覆其所言是非利害〔一〕。其所言是非利害，雖不盡中義理可施用，然其於相視問察能詳盡而不爲蔽欺者，即皆可以備任使之才也。其有經術者，又令講説。如此至於數四，則材否略見，然後罷其否者，而召其材者，更親訪問以事。訪問以事，非一事而後可以知其人之實也，必至於期年，所訪一二十事，則其人之賢不肖審矣。然後隨其材之所宜任使，其尤材良行美可與謀者，雖嘗令備訪問可也。此與用一二大臣薦舉，不考試以實而加以職，固萬萬不侔。然此説在他時或難行，今陛下有堯、舜之明，洞見天下之理，臣度無實之人不能蔽也，則推行此事甚易。既因考試可以出材實，又因訪問可以知事情。所謂敷納以言，明試以功，用人惟己，闢四門，明四目，達四聰者，蓋如此而已。以今在位乏人，上下壅隔之時，恐行此不宜在衆事之後也。

然巧言令色孔壬之人，能伺人主意所在而爲傾邪者，此堯、舜之所畏，而孔子之所欲遠也。如此人，當知而遠之，使不得親近。然如此人亦有數，陛下博訪於忠臣良士，知其人如此，則遠而弗見；誤而見之，以陛下之仁聖，以道揆之，以人參之，亦必知其如此，知其如此，則宜有所

〔一〕「參覆」，宋刻本作「各陳」。

懲。如此，則巧言令色孔壬之徒消，而正論不蔽於上。今欲廣聞見，而使巧言令色孔壬之徒得志，乃所以自蔽。畏巧言令色孔壬之徒爲害，而一切疏遠群臣，亦所以自蔽。蓋人主之患在不窮理，不窮理則不足以知言，不知言則不足以知人，不知人則不能官人，不能官人則治道何從而興乎？陛下，堯、舜之主也，其所明見，秦、漢以來欲治之主，未有能彷彿者，固非群臣所能窺望。然自堯、舜、文、武皆好問以窮理，擇人而官之以自助。其意以爲王者之職，在於論道，而不在於任事；在於擇人而官之，而不在於自用。願陛下以堯、舜、文、武爲法，則聖人之功必見於天下。至於有司叢脞之務，恐不足以棄日力、勞聖慮也。以方今所急爲在如此，敢不盡愚！

臣愚才薄，然蒙拔擢，使豫聞天下之事。聖旨宣諭富弼等，欲於講筵召對輔臣，討論時事，顧如臣者，材薄不足以望陛下之清光，然陛下及此言也，實天下幸甚！自備位政府，每得進見，所論皆有司叢脞之事。至於大體，粗有所及，則迫於日晷，已復旅退〔一〕。而方今之事，非博論詳說，令所改更施設、本末先後、小大詳略之方，已熟於聖心，然後以次奉行，則治道終無由興起。然則如臣者非蒙陛下賜之從容，則所懷何能自竭？蓋自古大有爲之君，未有不始於憂勤而終於逸樂。今陛下仁聖之質，秦、漢以來人主未有企及者也，於天下事又非不憂勤。然所操或非其

〔一〕「旅」，光啓堂本作「旋」。

要，所施或未得其方，則恐未能終於逸樂無爲而治也。則於博論詳説豈宜緩？然陛下欲賜之從容，使兩府並進，則論議者衆而不一，有所懷者或不得自竭。謂宜使中書、密院迭進，則人各得盡其所懷，而陛下聽覽亦不至於煩。陛下即以臣言爲可，乞明喻大臣，使各舉所知，無限人數，皆實封以聞。然後陛下推擇，召置以爲三館祗候。其不足取者，旋即罷去，則所置雖多，亦無所害也。

## 二

臣伏見某人云云，皆衆人所謂材良行美，宜蒙陛下訪問任使者。凡此九人，臣或熟聞而未識，或熟識而未敢任，或敢任其可以爲公卿。臣雖未識，然衆人之所謂賢，臣不敢蔽也。臣雖敢任其可以爲公卿，然陛下不親見其可賢，亦難遽信而用。若陛下以臣前所論奏爲合於義理，即乞悉置此九人者以爲三館祗候，親考試其材行，若不可用，旋即罷去。若其可用，然後留備訪問、任使。如此，則所置雖多，未有濫得官職者。然此但臣一人所聞所知，恐執政大臣各有所聞所知，陛下若令各舉所聞所知，而如此考試，庶幾人材無所遺逸。

經曰：「舉逸民，天下之民歸心焉。」善人君子者，天下之民心所願舉，欲其延問，視其所在而從之者也。陛下自即位已來，以在事之人或乏材能，故所拔用者，多士之有小材而無行義者。此等人得志則風俗壞，風俗壞則朝夕左右者皆懷利以事陛下，而不足以質朝廷之是非；使於四方者皆懷利以事陛下，而不可以知天下之利害。其弊已效見於前矣，恐不宜不察也。欲救此弊，亦在親近忠良而已。伏惟陛下仁聖，已深察此理，臣愚猶敢及此者，忠臣惓惓之義也。

## 本朝百年無事劄子

臣前蒙陛下問及本朝所以「享國百年，天下無事」之故。臣以淺陋，誤承聖問，迫於日晷，不敢久留，語不及悉，遂辭而退。竊惟念聖問及此，天下之福，而臣遂無一言之獻，非近臣所以事君之義，故敢昧冒而粗有所陳。

伏惟太祖躬上智獨見之明，而周知人物之情僞，指揮付託必盡其材，變置施設必當其務。故能駕馭將帥，訓齊士卒，外以扞夷狄，内以平中國。於是除苛賦，止虐刑，廢强横之藩鎮，誅貪殘之官吏，躬以簡儉爲天下先。其於出政發令之間，一以安利元元爲事。太宗承之以聰武，真宗守之以謙仁，以至仁宗、英宗，無有逸德。此所以享國百年而天下無事也。仁宗在位，歷年最久，臣於時實備從官，施爲本末，臣所親見。嘗試爲陛下陳其一二，而陛下詳擇其可，亦足以申鑒於方今。伏惟仁宗之爲君也，仰畏天，俯畏人，寬仁恭儉，出於自然，而忠恕誠慤，終始如一。未嘗妄興一役，未嘗妄殺一人，斷獄務在生之，而特惡吏之殘擾。寧屈己棄財於夷狄，而終不忍加兵。刑平而公，賞重而信。納用諫官、御史，公聽並觀，而不蔽於偏至之讒。因任衆人耳目，拔舉疏遠，而隨之以相坐之法。蓋監司之吏，以至州縣，無敢暴虐殘酷，擅有調發，以傷百姓。自夏人順服，蠻夷遂無大變，邊人父子夫婦得免於兵死，而中國之人安逸蕃息，以至今日者，未嘗妄興一役，未嘗妄殺一人，斷獄務在生之，而特惡吏之殘擾，寧屈己棄財於夷狄，而不忍加兵之效也。大臣貴戚、左右近習莫敢强横犯法，其自重慎，或甚於閭巷之人，此刑平而公之效也。募天下驍雄横猾以爲兵，幾至百萬，非有良將以御之，而謀變者輒敗。聚天下財物，雖有文籍，委之府史，非有能吏以鈎考，而斷盜者輒發。凶年饑歲，流者填道，死者相枕，而寇攘者輒得。此賞重而信之效也。大臣貴戚、左右近習莫能大擅威福，廣私貨賂，一有姦慝，隨輒上聞。貪邪横猾，雖間或見用，未嘗得久。此納用諫官、御史，公聽並觀，而不蔽於偏至之讒之效也。自縣令、京官以至監司、臺閣，陞擢之任，雖不皆得人，然一時之所謂才士，亦罕蔽塞而不見收舉者，此因任衆人之耳目，拔舉疏遠，而隨之以相坐之法之效也。升遐之日，天下號慟，如喪考妣，此寬仁恭儉，出於自然，忠恕誠慤，終始如一之效也。

然本朝累世因循末俗之弊，而無親友群臣之議，人君朝夕與處，不過宦官女子，出而視事，又不過有司之細故，未嘗如古大有爲之君，與學士大夫討論先王之法，以措之天下也。一切因任自然之理勢，而精神之運有所不加，名實之間有所不察。君子非不見貴，然小人亦得厠其間；正論非不見容，然邪説亦有時而用。以詩賦記誦求天下之士，而無學校養成之法；以科名資歷敘朝廷之位，而無官司課試之方。監司無檢察之人，守將非選擇之吏。轉徙之亟，既難於考績，而游談之衆，因得以亂真。交私養望者多得顯官，獨立營職者或見排沮。故上下偷惰取容而已，雖有能者在職，亦無以異於庸人。農民壞於繇役，而未嘗特見救恤，又不爲之設官，以修其水土之利。兵士雜於疲老，而未嘗申敕訓練，又不爲之擇將，而久其疆埸之權。宿衛則聚卒伍無賴之人，而未有以變五代姑息羈縻之俗。宗室則無教訓選舉之實，而未有以合先王親疏隆殺之宜。其於理財，大抵無法，故雖儉約而民不富，雖憂勤而國不强。賴非夷狄昌熾之時，又無堯、湯水旱之變，故天下無事，過於百年。雖曰人事，亦天助也。蓋累聖相繼，仰畏天，俯畏人，寬仁恭儉，忠恕誠慤，此其所以獲天助也。

伏惟陛下躬上聖之質，承無窮之緒，知天助之不可常恃，知人事之不可怠終，則大有爲之時，正在今日。臣不敢輒廢將明之義，而苟逃諱忌之誅。伏惟陛下幸赦而留神，則天下之福也。取進止。

# 臨川先生文集　卷四十二

## 劄子

### 相度牧馬所舉薛向劄子

臣等竊觀自古國馬盛衰，皆以所任得人失人而已。汧、渭之間，未嘗無牧，而非子獨能蕃息於周；河、隴之間，未嘗無牧，而張萬歲獨能蕃息於唐。此前世得人之明效也。使得人而不久其官，久其官而不使得專其事，使得專其事而不臨之以賞罰，亦不可以成功。今臣等相度陝西一路買馬監牧利害大綱，已具奏聞[一]。伏見權陝西轉運副使薛向，精力强果，達於政事，河北便糴，陝西榷鹽，皆有已試之效。今來相度陝西馬事，尤爲詳悉。臣等前奏，已乞就委薛向提舉陝

[一]「聞」，原作「門」，據宋刻本、光啓堂本、聽香館本、應氏本、小峴山館本改。

西買馬及監牧公事〔二〕，今欲乞降指揮，許令久任。

緣今來馬價多出於解池鹽利，三司所支銀、紬、絹等，又許令於陝西轉運司兑换見錢。今薛向既掌解鹽，又領陝西財賦，則通融變轉，於事爲便。兼臣等訪問得薛向，陝西係官空地可以興置監牧處甚多，若將來稍成次第，即可以漸興置。蓋得西戎之馬，牧之於西方，不失其土性，一利也；因未嘗耕墾之地，無傷於民，二利也；因向之材，而就令經始，三利也。又河北有河防塘泊之患，而土多舄鹵不毛，戎馬所屯，地利不足。諸監牧多在此路，所占草地多是肥饒，而馬又不堪，未嘗大段孳息。若陝西興置監牧，漸成次第，即河北諸監有可存者，悉以陝西良馬易其惡種；有可廢者，悉以肥饒之地賦民。於地不足而馬所不宜之處〔三〕，以肥饒之地賦民，而收其課租，以助戎馬之費；於地有餘而馬所宜之處，以未嘗耕墾之地牧馬，而無傷於民。此又利之大者也。

如允臣等所奏，即乞薛向所奏舉官員及論改舊弊，朝廷一切應副，成功則無愛賞，敗事則無憚罰。如此，則臣等保任薛向必能上副朝廷改法之意。如將來敗事，臣等各甘同辠。取進止。

〔二〕「買」，光啓堂本、聽香館本作「貿」。

〔三〕「處」，原作「費」，據聽香館本、小峫山館本改。

## 論許舉留守令敕劄子

臣伏奉今月二十九日中書降到敕語：「諸州知州、知軍、知縣、縣令内，有清白不擾，而政迹尤異，實惠及民，有如係三周年或三十個月替，到任已及成資，係二周年替，到任已及一年已上，其知州、軍，許本路安撫轉運使副判官、提點刑獄，知縣、縣令即更與本處知州軍、通判，並連署同罪保舉再任。仍須於奏狀内將本官到任以來政迹可紀實狀，一一條列，奏委中書門下更加察訪。如不是妄舉，即進呈取旨，當議量所述政迹及合入資序，推恩許令再任。」令臣撰敕辭者。

臣竊以謂朝廷欲使守令之宜民者久於其官，誠亦方今政務之先急，然敕意有於方今事變尚未合者。今審官除知州、軍，皆待一年八月闕，知縣、縣令亦大抵待闕一年以上。今若使係三年及三十月替者，須候成資，方得舉留再任，比及朝廷報許，即其人係三十月替者，已及替期；係三年替者，亦已去替期不遠。待闕之人，亦已赴任；雖未赴任，亦多已待闕一年。方復使之還就審官别求差遣，即於人情有所未安。兼朝廷欲使守令久於其官，爲其自知勢可以久，則果於有爲，而又上下相安，莫有苟且之意。則必候成資，然後許之再任，孰若一年以上，即皆許之舉留？如此，則已除待闕之人，免往返之勞弊；而被留之守令，又早自知其當久，而於興利除害敢有所爲。

所有敕詞，臣雖已具草，如以臣議爲允，只乞於所降敕語内除去「如係三周年或三十個月替，到任已及成資，係二周年替」二十二字。取進止。

## 乞朝陵劄子

臣當仁宗皇帝、英宗皇帝遷坐之時，方以遭喪、疾病在外，今蒙召還，復備從官。伏見朝廷將命官朝拜諸陵，臣欲備使，冀得少紓螻蟻區區感慕之情。伏望聖慈特賜矜許。取進止。

## 乞免修實録劄子

臣准閤門報敕，差臣與吴充同修英宗皇帝實録。竊緣臣於吴充爲正親家，慮有共事之嫌。今來實録院止闕吕公著一人，臣於討論綴緝，不如吴充精密，若止差吴充一人，以代公著，自足辦事。伏望聖恩詳酌指揮，所有敕牒，臣未敢受。取進止。

## 乞改科條制劄子〔一〕

伏以古之取士，皆本於學校，故道德一於上，而習俗成於下，其人材皆足以有爲於世。自先王之澤竭，教養之法無所本，士雖有美材而無學校師友以成就之，議者之所患也。今欲追復古制以革其弊，則患於無漸〔二〕。宜先除去聲病對偶之文，使學者得以專意經義，以俟朝廷興建學校，然後講求三代所以教育選舉之法，施於天下，庶幾可復古矣。

所對明經科欲行廢罷，并諸科元額内解明經人數添解進士，及更俟一次科場，不許新應諸科人投下文字，漸令改習進士。仍於京東、陝西、河東、河北、京西五路先置學官，使之教導。於南省所添進士奏名，仍具别作一項，止取上件京東等五路應舉人并府監諸路曾應諸科改應進士人數。所貴合格者多，可以誘進諸科嚮習進士科業。如允所奏，乞降敕命施行。

〔一〕「科」下疑脱「舉」字。

〔二〕「無」下，龍舒本有「其」字。

## 廟議劄子

准中書門下奏，准治平四年閏三月八日敕，遷僖祖廟主藏之夾室。臣等聞萬物本乎天，人本乎祖，故先王廟祀之制，有疏而無絶，有遠而無遺。商、周之王斷自稷、契以下者，非絶嚳以上遺之，以其自有本統承之故也。若夫尊卑之位、先後之序，則子孫雖齊聖有功，不得以加其祖考，天下萬世之通道也。

竊以本朝自僖祖以上，世次不可得而知，則僖祖有廟，與稷、契疑無以異。今毁其廟而藏其主夾室，替祖考之尊而下附於子孫，殆非所以順祖宗孝心事亡如事存之義。求之前載，雖或有然，考合於經，乃無成憲。因情制禮，實在聖時。

伏惟皇帝陛下仁孝聰明，紹天稽古，動容周旋，惟道之從。宗祀重事，所宜博考。乞以臣等所奏付之兩制詳議而擇取其當。

## 議服劄子

先王制服也[一]，順性命之理而爲之節。恩之深淺、義之遠近、禮之所與奪、刑之所生殺，皆於此乎權之。

傳曰：「三年之喪，未有知其所從來者也。」蓋期年及緦麻，緣是以爲衰，而其輕重遲速之制，非得與時變易。唯貴之於賤，或降或絶或否。蓋在先王之時，諸侯大夫各君其父兄，欲尊尊之義有所伸，則宜親親之恩有所屈，此其所以降絶之意也。自封建之法廢，諸侯大夫降絶之禮無所復施，士大夫無宗，其適孫傳重之屬，不可純用周制。臣愚以謂方今惟諸侯大夫降絶之禮可廢，而適子死，非傳爵者，無衆子，乃可於適孫承重。自餘喪服，當用周制而已。何則？先王制服，三年之喪以爲差，非得與時變易故也。然自秦、漢以來，言禮者或失經旨，而歷代承用，傳守至今，與夫近世改制，亦皆有説，非以義折衷則不明，故臣於所欲定則爲議以辯之。

末學寡陋，獨用己見決千歲以來之所惑，恐不能盡。伏乞以付學士大夫博議，令臣得與反復。

〔一〕「制」，光啓堂本、聽香館本作「議」。

## 議南郊三聖並侑劄子

臣等聞推尊尊以享帝，義之至；推親親以享親，仁之極。尊尊不可以瀆，故郊無二主；親親不可以僭，故廟止其先。今三后並配，欲以致孝也，而適所以瀆乎享帝；後宫有廟，欲以廣恩也，而適所以僭乎享親。推存事亡，則非所以寧親也。臣等今詳議，欲乞各如禮官所議。

## 議郊祀壇制劄子

先王所以交於神明，壇坎、牲幣、器服、時日、形色、度數莫不依其象類。易曰：「一陰一陽之謂道。」乾，陽物也；坤，陰物也。冬日至，祀天於地上之圜丘，所謂爲高必因丘陵，而因天事天也。夏日至，祭地於澤中之方丘，所謂爲下必因川澤，而因地事地也。蓋陽以圓爲形，其性動；陰以方爲體，其性静。天陽而動，故祀於地上之圜丘，而禮神以蒼璧，璧亦圓也。地陰而静，故祭於澤中之方丘，而禮神以黄琮，琮亦方也。今祀天地爲圜壇[一]，而於國陽之地上，豈聖人以類求神之意哉？熙寧郊儀，祭皇地示，壇八角，祭神州地示，壇廣四十八步，高五尺。今則

[一]「今」，原作「合」，據龍舒本改。

變方爲圓壇，神州築方壇而復無坎，皆不應禮。伏請皇地示、神州地示爲方壇，壇之外爲坎，庶協古制。〔一〕

## 議郊廟太牢劄子

謹按禮記王制「祭宗廟之牛角握」，周禮小司徒「凡小祭祀奉牛牲」。又古者諸侯五廟〔二〕，礿、祠、烝、嘗，每廟一太牢。大夫三廟，有天子之大夫，故曰「大夫用索牛」，謂之索者，求得而用之，但不在滌而已〔三〕。諸侯之祫祭用太牢，吉祭則少牢。自諸侯與天子之大夫，時祭用牲如此，然則天子之祭用牛者可知矣。唐郊祀，并宗廟、社稷等祭悉用太牢，其後稍易舊制，九廟時享，有攝事，共用一犢。國朝開寶初，冬至親郊，詔有司宗廟共用犢一，郊壇用犢三。又詔其常祀，惟昊天上帝用犢，自餘大祀悉以羊豕代之〔四〕。嘉祐中，仁宗親祫，即每室用太牢，自餘三年親祀，八室共用一犢，有司攝事，惟以羊豕。

〔一〕「庶協古制」下，龍舒本有「右奉聖旨改圓壇爲方丘，餘不行」十六字。
〔二〕「又」，原作「入」，據龍舒本改。
〔三〕「滌」，龍舒本作「時」。
〔四〕「餘」下，龍舒本有「宮」字。

記曰：「先王之制禮也，不可多也，不可寡也，唯其稱也。是故君子大牢而祭，謂之禮。」曰君子，謂大夫以上也。夫以天下奉其祖禰，而廟享牲牢用過乎儉，不可謂稱。今三年親祠而八室共用一犢，及祫享盛祭〔一〕，有司攝事而用少牢〔二〕，則非稱。欲乞三年親祠并時饗〔三〕，有司攝事，伏請太廟每室並用太牢一。

貼黄：竊恐朝廷以牛數多，或乞時饗且仍舊制。

右，奉聖旨：唯親祠并祫享每室用太牢。

## 議皇地示神州地示不合燎燔事劄子

伏爲北郊所祭皇地示，并神州地示，祇合坎瘞，自來卻如祭天升煙之義，别建一壇，燔祝版。臣昨累次具狀奏聞，乞行改正，雖蒙聖旨下有司詳定，又緣所定壇壝儀注條件不少，考求典故，未能遽革。

伏覩今月二十一日，神州地示亦依襲故常，泥飾壇燎依舊行事。臣昨亦備述自古以來祭祀

〔一〕「祭」，龍舒本作「禮」。
〔二〕「用」，原無，據龍舒本補。
〔三〕「時」，原作「食」，據聽香館本、小峴山館本改。

皆爲瘞坎，蓋取就下求陰之義，及考先儒，所祭地示即無槱燎之文。伏覩國朝祀儀所載祀辭，亦曰瘞儀，卻行燔燎之禮，顯是從來差錯，恐瀆於神。欲乞不候議定諸壇壝等制度〔一〕，先次考正。今來瘞埋之義，更不於壇上燔燎祝版，以别天神、地示之異，上副陛下修誠致孝、肅恭祠享之意。

奏聞候敕旨。狀前批：送太常禮院。本所謹案：古者祀天神燔柴登煙，祭皇地示埋瘞，蓋燔柴則升煙於上，瘞埋則達氣於下，求神必以其類故也。王涇唐郊祀録：凡祭祀地示，則爲瘞埳於神壇之壬地，方深取足容物，祭訖，置牲幣祝饌於其中而埋之。熙寧祀儀，皇地示、神州地示皆爲燎壇，方一丈，高一丈有二尺，開上南出方六尺，在壇南二十步丙地。祭大社大稷，又設燎柴於西神門外道北。以地示而同之天神之祀，殊悖於禮。所有今來王某起請，實合禮制。伏請自今祭皇地示、神州地示、大社大稷，其祝版與牲幣饌物並瘞於埳，更不設燎，所有皇地示、神州地示燎壇，並乞除去。

## 進鄴侯遺事劄子

臣前日伏奉聖旨，許進鄴侯遺事。今繕録已具，然無别本參校，恐不能無脱誤。竊以宇文

〔一〕「議」，龍舒本作「詳」。

黑獺之中材，遇傾側窮困之時，而輔之以區區之蘇綽，然其爲法，尚有可取。伏惟陛下天縱上智卓然之材，全有百年無事萬里之中國，欲創業垂統，追堯、舜、三代，在明道制衆，運之而已。如李泌所稱，豈足道哉！顧求多聞以考古今得失之數，則此書亦或可備省覽。謹隨劄子上進。

# 臨川先生文集　卷四十三

## 劄子

### 辭男雱説書劄子

臣今日伏奉聖旨，除男雱太子中允、崇政殿説書，臣雖已奏論非宜，尚未蒙恩開允。事有關於國體，豈敢冒昧不言？臣竊觀陛下即位已來，慎惜名器，一介之任，必欲因能，講藝之臣，尤爲遴選。如雱學問荒淺，加以未更事任，試之筦庫，尚懼不勝，論經之地，實非所據。陛下必欲誤加奬擢，實恐上累知人任使之明。伏乞聖慈察臣懇款，追還成命，以合衆論之公。取進止。

### 辭男雱授龍圖劄子三

臣伏承聖恩，以修撰經義罷局，除臣男雱龍圖閣直學士，臣雖已懇辭，未蒙昭察。伏念臣男雱誤蒙陛下知奬〔二〕，特以粗知承學，比奉聖旨，撰進經義，尚未了畢，遂自太子中允、崇政殿説書，擢授右正言、充天章閣待制兼侍講。當是時，所叨恩命，已駭衆人觀聽。在臣父子，已所難安。伏蒙宣喻，令臣更勿辭免，臣亦以謂聖恩録進書微效，遂不敢辭。自爾以來，雱以疾病隨臣，不復與聞經義職事。今兹罷局，在雱更無尺寸可紀之勞，不知何名更受褒賞。非特於臣父子私義所不敢安，竊恐朝廷賞罰之公，如此極爲有累。伏望聖慈察臣懇悃，追寢誤恩，非特臣父子曲蒙保全，亦免衆人於聖政有所譏議。

## 二

臣伏奉詔書，以臣乞免臣男雱恩命，未賜允俞。臣之懇款，已備前陳，螻蟻微誠，未能昭徹。然國家之賞典，務在報功，施之非宜，實累國體，非特在臣父子私義所不敢安。伏惟大明無所不燭，察臣非敢妄干聖聽，早賜追寢誤恩。謹再具劄子陳免以聞。

## 三

臣近累具劄子，辭免臣男雱恩命，伏蒙聖慈特降詔書不允者。臣之懇誠，已具前奏，聖恩深厚，未即矜從，在臣區區，實不寧處。如臣叨昧，尚所難勝，況又賤息，何名享此？賞而無勸，累

〔二〕「蒙」，光啓堂本作「受之」，聽香館本作「受」。

國實多。伏望聖慈察臣懇款，早賜追還成命〔一〕，使臣父子皆荷陛下全度之至恩。所以上報，生當隕首，死當結草而已。謹三具劄子陳免以聞。

## 進字説劄子〔二〕

臣在先帝時，得許慎説文古字，妄嘗覃思，究釋其意，冀因自竭，得見崖略。若矇視天，終以罔然，念非所能，因畫而止。頃蒙聖問俯及，退復黽勉討論，賴恩寬養，外假歲月，而桑榆憊眊，久不見功。甘師顔至，奉被訓敕，許録臣愚妄謂然者，繕寫投進。伏惟大明，旁燭無疆〔三〕，豈臣熒爝所敢裄冒？承命遑迫，置慚無所〔四〕。如蒙垂收，得御宴閒，千百有一，儻符神恉，愚所逮及，繼今復上。干污宸扆，臣無任。

〔一〕「臣懇款早賜追還成命使」，原無，據龍舒本補。
〔二〕「字説」，龍舒本作「説文」。
〔三〕「旁」，龍舒本作「包」。
〔四〕「置」，龍舒本作「兢」。

# 乞改三經義誤字劄子二道 元豐三年八月二十八日奉聖旨，宜令國子監依所奏照會改正。

臣頃奉敕提舉修撰經義，而臣聞識不該，思索不精，校視不審，無以稱陛下發揮道術、啓訓天下後世之意，上孤眷屬，没有餘責。幸蒙大恩，休息田里，坐竊榮禄，免於事累。因得以疾病之間，考正誤失，謹録如右。伏望清燕之間，垂賜省觀，儻合聖心，謂當刊革，即乞付外施行。臣干冒天威，無任云云。取進止。

## 尚書義

皋陶謨「按見其惡」，當作「按其見惡」。

益稷「故懋使之化」，當作「則懋使之化」。

微子「純而不雜，故謂之犧」，「犧」當作「牷」。「完而無傷，故謂之牷」，「牷」當作「犧」。

洪範「有器也然後有法。此書所以謂之範者，以五行爲宗故也。五行猶未離於形而器出焉者也。擴而大謂之弘，積而大謂之丕，合而大謂之洪。此書合五行以成天下之大法，故謂之洪範也」。已上七十一字，今欲删去。

又云「陶復陶穴尚矣，後世易之棟宇，而其官猶曰司空，因其故不忘始也」。已上二十六字，今亦欲删去。

周官「唐虞稽古」字上漏「曰」字。

## 周禮義

小宰「其財用」，上「其」字當作「共」。

大府「受藏之府，則若職内掌邦之賦入是也，受用之府，則若職歲掌邦之賦出是也」。已上三十字，今欲删去。

黨正「歲屬其民者四」，「四」當作「五」。

誦訓「以詔王觀事」，當去「王」字。

典瑞「手足腹背」，「手」當作「首」。

冢人「山林之尸則以山虞」，已上八字，今欲删去。

御僕「掌萬民之復」，「復」當作「逆」。

大馭「有軓也」，「軓」當作「軌」。

大行人「三公八命，出封加一命，則謂之上公」。已上十四字，今欲删去。

## 詩義

北風「北風以言其威〔一〕，雨雪以言其虐。涼者氣也，喈者聲也。雱蓋言聚，霏蓋言散。氣之所被者近，聲之所加者遠。聚則一方而已，散則無所不加。此言其爲威虐，後甚於前也」。已上六十三字，今欲删去，改云「北風之寒也而以爲涼，北風之厲也而以爲喈，此以言其爲威。雨雪之散也而以爲雱，雨雪之集也而以爲霏，此以言其爲虐」。

君子偕老「『玼兮玼兮，其之翟也』者，服之盛也」，「服之盛」字下，今欲添「質宜之」三字。又云「『瑳兮瑳兮，其之展也，蒙彼縐絺，是泄袢也』者，亦服之盛也」，「亦服之盛」字上，欲減「亦」字，「服之盛」字下，欲添「文宜之」三字。

定之方中「説于桑田者」，「者」當作「則」。

干旄「州里之士所建」，今欲改爲「鄉黨之官所建」。

有女同車「公子五争」，「争」當作「爭」〔二〕。

駟鐵「駟馬既閑」，「駟」當作「四」。

〔一〕「風」，原無，據龍舒本、聽香館本補。

〔二〕「爭」，龍舒本作「静」。

墓門「食椹而甘」，「椹」當作「葚」。

七月「去其女桑而猗之，然後柔桑可得而求也」。已上十六字，今欲删去，改云「承其女桑而猗之，然後遠揚可得而伐也」。

又「蠶月者非一月，故不指言某月也」，下添云「蠶，女事也，故稱月焉」。

又云「猗，薪之也，言猗女桑則遠揚可知矣，言伐遠揚則女桑可知矣，皆伐而猗之也」。已上三十字，今欲删去。

車攻「言其連絡布散衆多，若弈棋然」。已上十二字，今欲删去。

小旻「發言盈廷」，「廷」當作「庭」。

桑扈「受福不那」，「那」當作「那」。

生民「麻麦幪幪」，「麦」當作「麥」。

公劉「篤之字，從竹從馬。馬行地無疆，以竹策之，則力行而有所至。篤之爲言，力行而有所至也」。已上三十四字，今欲删去。

卷阿「藹藹然盛多」，「然」當作「其」。又云「故次以『既醉太平』也」，多「太平」二字，今合删去。

召旻「昏非所以爲哲」字上漏「明」字，今合添。

時邁「政之所加，孰敢不動懼」，今欲改云「政之所加，孰敢不震動疊息」。那「磬管將將」，「管」當作「筦」。

二

臣近具劄子奏乞改正經義，尚有七月詩「剥棗者，剥其皮而進之，養老故也」十三字，謂亦合删去。如合聖心，亦乞付外施行。取進止。

## 論改詩義劄子

臣子雱奉聖旨撰進經義，臣以當備聖覽，故一一經臣手，乃敢奏御。及設官置局，有所改定，臣以文辭義理，當與人共，故不敢專守己見爲是。既承詔頒行，學者頗謂所改未安。竊惟陛下欲以經術造成人材，而職業其事，在臣所見，小有未盡，義難自默。所有經置局改定諸篇，謹依聖旨，具録新舊本進呈。内雖舊本，今亦小有删改處，并略具所以删復之意。如合聖旨，即乞封降檢討吕升卿，所解詩義依舊本頒行。小有删改，即依聖旨指揮。取進止。

## 答手詔言改經義事劄子 九月十一日。

臣伏奉手詔，依違之罪，臣愚所不敢逃。然陛下既推恩惠卿等，而除其所解，臣愚不敢安此。若以其釋説有甚乖誤者，責臣更加删定，臣敢不祇承聖訓？取進止。

## 改撰詩義序劄子

臣伏奉手詔，以臣所進三經義序，有過情之言，宜速删去。臣雖嘗敷奏，以爲文字所宜，又奉聖訓再三，但令序述解經之意，不須過有稱道。伏惟皇帝陛下盛德至善，孚於四海，非臣筆墨所能加損，然因事宣著，人臣之職也。誠以言之不足爲懼，不以近於媚諛爲嫌。而上聖所懷深仁謙損，臣敢不奉承詔旨，庶以仰稱堯、禹不争不伐之心？所改撰到詩義并前進書〔一〕、周禮義序〔二〕，謹隨劄子投進。昧冒天明，臣無任。

## 乞以所居園屋爲僧寺并乞賜額劄子

臣幸遭興運，超拔等夷。知獎眷憐，逮兼父子。戴天負地，感涕難勝。顧迫衰殘，糜捐何補？不勝螻蟻微願，以臣今所居江寧府上元縣園屋爲僧寺一所，永遠祝延聖壽。如蒙矜許，特

〔一〕「改」，原作「解」，聽香館本作「辭」，據龍舒本改。
〔二〕「周」，龍舒本無。

賜名額，庶昭希曠，榮遇一時〔一〕。仰憑威神，誓報無已。

## 乞將田割入蔣山常住劄子

臣父子遭值聖恩，所謂千載一時。臣榮禄既不及於養親，雱又不幸嗣息未立，奄先朝露。臣相次用所得禄賜及蒙恩賜雱銀置到江寧府上元縣荒熟田，元契共納苗三百四十二石七斗七升八合，䕸一萬七千七百七十二領，小麥三十三石五斗二升〔二〕，柴三百二十束，鈔二十四貫一百六十二文省〔三〕，見託蔣山太平興國寺收歲課，爲臣父母及雱營辦功德。欲望聖慈特許施行充本寺常住〔四〕，令永遠追薦。昧冒天威，無任祈恩屏營之至。取進止。

## 謝宣醫劄子

食浮挺災，自取危疾，敢籲天聽，上煩愍惻？不圖聞徹，特冒慈憐，亟遣内臣，挾醫馳降。臣

---

〔一〕「遇」，原作「與」，據龍舒本改。
〔二〕「三十三」，龍舒本作「三十二」。
〔三〕「鈔二十四」，龍舒本作「錢五十四」。
〔四〕「行」，原無，據龍舒本補。

背瘡餘毒，即得仇鼐敷貼平完。尚以風氣冒悶，言語蹇澀，又賴杜壬診療，尋皆痊愈。臣迫於衰暮，自分捐没聖時，朽骴更生，實叨殊賜。戴天荷地，感涕難言。臣瞻望闕庭，不任屏營汍瀾激切之至〔二〕！

〔二〕「汍」，原作「汎」，據龍舒本、聽香館本、小岯山館本改。

# 臨川先生文集　卷四十四

## 劄子

### 乞解機務劄子六道〔一〕

臣以羈旅之孤，蒙恩收録，待罪東府，於今四年。方陛下有所變更之初，内外小大紛然，臣實任其罪戾，非賴至明辨察，臣宜誅斥久矣。在臣所當圖報〔二〕，豈敢復有二心？徒以今年以來，疾病浸加，不任勞劇，比嘗粗陳懇款，未蒙陛下矜從，故復黽勉至今，而所苦日甚一日。方陛下勵精衆治，事事皆欲盡理之時，乃以昏疲，久尸宰事。雖聖恩善貸，而罪釁日滋，至於不可復容，則終上累陛下知人之明，非特害臣私義而已，臣所以昧冒有今日之乞也。伏奉宣諭，未賜哀矜，

〔一〕「六道」，原無，據底本目録補。
〔二〕「報」，龍舒本作「謀」。

彷徨屏營，不知所措。然臣所乞，固已深慮熟計而後敢言，與其廢職而至誅，則寧違命而獲譴。且大臣出入，以均勞逸，乃是祖宗成憲。蓋國論所屬，怨惡所歸，自昔以擅其事〔一〕，鮮有不遭辠黜。然則祖宗所以處大臣，不爲無意也。臣備位亦已久矣，幸蒙全度，偶免譴呵。實望陛下深念祖宗所以處大臣之宜，使臣粗獲安便〔二〕。異時復賜驅策，臣愚不敢辭。

## 二

臣某螻蟻微誠，屢煩天聽，每蒙訓荅，未賜矜從。惶怖征營，不知所措。臣今日奏對，近於日旰，不敢久留，以勤聖體，所以依違遂退，即非敢食其言。以道事君，誠爲臣之素守，苟可强勉而免違忤之罪，臣亦何敢必其初心？實以疾病浸加，恐隳陛下所付職事，上累陛下知人之哲，下違臣不能則止之義，此所以彷徨迫切而不能自止也。且臣所乞，特冀暫均勞逸，非敢遂即田里之安，竊謂聖恩不難賜許。謹具劄子陳乞，伏望聖慈特垂開允。

## 三〔三〕

臣今日得望陛下清光，伏蒙敦喻奬激，可謂備厚矣，臣雖愚戇，豈敢忘陛下至恩盛德？然臣

〔一〕「以」，龍舒本作「久」。
〔二〕「粗獲」，原倒，據龍舒本乙。
〔三〕「三」，原作「二」，據宋刻本、光啓堂本、聽香館本改。

之懇款亦已具陳，實望陛下照察哀憐，使臣得休養其疲昏，以免曠職之負，而不累陛下知人之明也。臣干忤天威，無任惶怖之至！

## 四

臣今日伏蒙陛下令吕惠卿宣道聖旨，又令馮宗道隨賜手詔，趣令復位，眷顧之厚，非臣殺身所能上報。然臣不才，無補時事，肝鬲懇懇，已具面陳。君臣之義，實均父子，苟尚可以黽勉，豈敢輕爲去就？誠以義不獲已，須至昧冒天威。陛下至仁，常恐一物失所，况臣特蒙獎擢，久備驅策，夙夜之勞，簡在聖心，豈容不思所以全安之，而令終於顛躓也？伏望哀憐匹夫之志有不可奪，早賜處分。臣無任瞻天祈恩激切之至！　取進止。

## 五

臣伏蒙聖恩，特降中使傳宣，封還所上表，不允所乞。臣誠惶誠感，不知所措。竊念臣蒙陛下恩德至深至厚，方陛下旰食焦思之時，豈宜自求安佚？實以疾疢所嬰，曠廢職事，若不早避賢路，必且仰誤任使。懇懇所愬，具如前奏。伏惟陛下天地父母，曲賜矜憐，察臣干祈出於甚不得已。臣生當隕首，死當結草。謹再具劄子陳乞。臣無任惶怖懇迫祈恩之至！

## 六

臣伏奉聖恩，特降中使令臣入見供職。臣之懇誠，略已昧冒，天聽高邈，未蒙垂惻，輒復陳敘，仰冀哀憐。伏念臣孤遠疵賤，衆之所棄，陛下收召拔擢，排天下異議，而付之以事，八年於此矣。方陛下興事造功之初，群臣未喻聖志，臣當是時，志存將順，而不知高明彊禦之爲可畏也。然聖慮遠大，非愚所及，任事以來，乖失多矣。區區夙夜之勞，曾未足以酬萬一之至恩。今乃以久擅寵利，群疑並興，衆怨總至，罪惡之釁，將無以免。而天又被之疾疢，使其意氣昏惰而體力衰疲，雖欲彊勉以從事須臾，勢所不能，然後敢干天威，乞解機務。竊以謂陛下天地父母，宜垂矜憐。論其無功則雖可誅，閔其有志則或宜宥，終始全度，使無後艱。而未蒙天慈顧哀，猶欲彊以重任。使臣黽勉尚能有補聖時，則雖滅身毀宗，無所避憚。顧念終無來效，而方以危辱上累朝廷，此臣所以不敢也。陛下明並日月，何所不燭，願賜容光之地，稍委照焉，則知臣之惓惓，非敢苟忤恩指也。臣乞且於東府聽候朝旨，伏望陛下垂恩，早賜裁處。臣不任昧死干祈激切之至！

## 謝手詔慰撫劄子

臣昨日伏奉手詔，所以慰撫備厚，非臣疵賤之所宜蒙，伏讀不任感激屏營之至！今日呂惠卿至臣第，具宣聖旨，臣雖糜軀隕首，豈能上酬獎遇？臣自江南召還，獲侍清光，竊觀天錫陛下聰明睿智，誠不難興堯、舜之治，故不量才力之分、時事之宜，敢以不肖之身，任天下怨誹，欲以奉承聖志。自與聞政事以來，遂及期年，未能有所施爲。而内外交構，合爲沮議，專欲誣民，以惑聖聽。流俗波蕩，一至如此！陛下又若不能無惑，恐臣區區終不足以勝，而久妨衆邪之路，則或誣罔出於不意，有甚於今日，以累陛下知人任使之明。故因疢疾，輒求自放。陛下不以臣狂獧，賜之臯戾，而屈至尊之意，反復誨喻。臣豈敢尚有固志，以煩督責？只候開假，即入謝。區區所懷，冀得面奏。臣無任感天荷聖激切屏營之至！謹具劄子奏知。

## 謝手詔訓諭劄子

臣以不才，久曠高位，昧冒求解，屢煩聖聽。曲蒙矜允，實荷至恩。繼奉手詔，俯垂訓喻，非臣隕首所能報稱。伏惟陛下躬堯、舜盛德，舉千載一隆之政，以福休斯民，萬邦黎獻，所願致死。況臣疏遠疵賤，首蒙察舉，陛下任之至重，而眷之至優。一旦違離，誠非獲已。苟異時陛下未賜棄絶，而臣犬馬之力尚足以效，則豈宜背負恩德，長自絶於聖時哉？臣瞻天荷聖，無任激切之至！

## 答手詔封還乞罷政事表劄子

臣今日具表乞罷政事，方屏營俟命，而吕惠卿至臣第，傳聖旨趣臣視事。續又奉手詔，還臣所奏，喻以「天下之事，盡力固可成就，以卿所學，不宜中輟」。俛聽伏讀，不勝螻蟻區區感慨惻怛之至！臣蒙拔擢，備數大臣，陛下所以視遇，不爲不厚矣，豈敢輕爲去就？誠以陛下初訪臣以事，臣即以「變風俗、立法度」爲先。今待辠期年，而法度未能一有所立，風俗未能一有所變，朝廷内外詖行邪説乃更多於鄉時，此臣不能啓迪聖心以信所言之明效也。雖無疾疢，尚當自劾，以避賢路。況又昏眩，難以看讀文字，即於職事當有廢失。雖貪陛下仁聖卓然之資，冀憑日月末光，粗有所成，而自計如此，豈容偷假名位，坐棄時日，以負所學，上孤陛下責任之意？伏望陛下哀憐矜察，許臣所乞，毋令臣得要君之嫌，重爲流俗小人所毁。臣不勝祈天俟聖激切之至！取進止。

## 答手詔令就職劄子

臣累奏乞解機務歸田里，伏奉手詔，令臣無復有請。祗服聖訓，便宜就職。然臣所以致身許國，正欲行事君之義而已，若致身於辱殆之地，以累陛下知人之明，而令天下後世譏議及國，則非臣所學事君之義也。昔仲山父既明且哲，以保其身，故宣王有任賢使能中興之功。臣既不自知，又昧於知人，信己妄行，以至今日，免於大戮，實陛下天地父母之賜也。若猶冒恩，不即自弛，終恐傷陛下保全臣子之仁，是以不敢。伏望陛下哀臣懇至，特賜矜許。臣無任瞻天祈恩激切之至！取進止。

## 答手詔留居京師劄子

臣伏奉手詔，欲留臣京師，以爲論道官，「宜體朕意，速具承命奏來」。臣才能淺薄，誤蒙陛下拔擢，歷職既久，無以報稱。加以精力衰耗，而咎釁日積，是以冒昧乞解重任，幸蒙聖恩已賜矜允。而繼蒙恩遣呂惠卿傳聖旨，欲臣且留京師，以備顧問。臣竊伏惟念父子荷知遇，誠不忍離左右。既又熟計，論道之官固非所宜，且以置之閑地，似爲可處。陛下付託既已得人，推誠委任，足以助成聖治。臣義難以更留京師，以速官謗。若陛下付臣便郡，臣不敢不勉。至於異時或賜驅策，即臣已嘗面奏，所不敢辭。伏望聖心特賜矜察，臣無任感天荷聖激切征營之至！伏取進止。

## 辭僕射劄子三道〔一〕

臣伏奉制恩，以提舉修撰經義了畢，特授臣尚書左僕射兼門下侍郎，加食邑實封。承命惶

〔一〕「三道」，原無，據底本目録補。

怖，已曾面辭，宣喻稠疊，未垂聽允。伏念臣特蒙陛下知遇任使，實以稍知經術。叨塵非一，每愧無功。更以訓釋微勞，過受褒遷殊禮。格之公論，孰以爲宜？況在私誠，尤難安此。伏望陛下俯昭悃愊，特賜哀憐，追還誤恩，以保危拙。謹具劄子陳免以聞。

## 二

臣近具劄子辭免恩命，伏蒙聖慈特降詔書不允者。區區所陳，備出肝膈，重煩睿訓，以懼以慚。伏念臣蒙恩自外召還，復得與聞政事，智衰耄及，筋力弗支，仰惟駿德之日躋，深懼薄材之難副。雖未敢以妨賢自弛，顧豈宜以非分妄遷？賞浮於勞，實累國體，豈惟私義所不敢安？伏望聖慈深以保全臣子爲念，早賜追還成命，以允中外論議之公。謹再具劄子陳免以聞。

## 三

臣近累具劄子辭免恩命，伏蒙聖慈特降詔書不允者。睿訓丁寧，豈宜逋慢？顧惟懇款，實有可矜。干忤天威，良非獲已。伏念臣出於孤遠，遭值聖時，弱力而重任，薄功而厚享。夙興夜寐，深懼顛隮，豈敢非分，更叨殊奬？且方陛下發明經術，啓迪人材，而臣偶以乏人，遂當器使。遺經殘缺，既不易知；聖學高明，又難仰副。雖已强顔應詔，實恐難以頒行。豈意天度，包荒藏疾，褒崇奬勵，在所難勝。隆儒尚學，誠陛下盛德；量能知分，亦臣之私義。伏望聖慈俯照誠悃，以其終難昧冒，早賜追寢誤恩。謹三具劄子陳免以聞。

## 乞宫觀劄子五道〔一〕

臣某頃被召還，復污宰司，行以亢滿易隳，事以衰疾多廢。幸蒙恩釋重寄，尚兼將相之官。自惟憂傷病疚之餘，復當辭劇就閒之日。過叨榮禄，非分所宜，黽勉方州，亦將不逮。故因賜對，輒預奏陳，俟到江寧，須至上煩聖慮，乞以本官外除一宫觀差遣，於江寧養疾。過蒙眷奬，喻以毋然，非臣糜殞所能仰稱。而臣自離闕庭，所苦日侵，目眩頭昏，背寒膈壅，加之喘逆，稍勞輒劇。若非蒙恩許免藩任，且令休養，即恐瘳復無期。輒敢昧冒天威，具陳前日悃愊。伏望陛下特垂睿聽，俯亮愚誠，早賜矜從，使得寧濟。即異時稍堪驅策，誓復罄竭疲駑。臣無任。

### 二

臣某近輸悃愊，仰丐恩憐，干忤天威，方懷憂畏。伏蒙聖慈特遣使人賚賜訓敕，諭以至意，撫存顧念，逮及存没，負荷恩德，無以勝任。瞻望闕庭，唯知感涕。然臣之懇懇，實有可言。伏念臣抱疾以來，衰疲浸劇。若黽勉從事，必不能上副憂勤，而應接之勞，適足以自妨休養。又地閑禄厚，非分所宜。聖心雖示優容，臣終難於叨昧。伏望陛下俯垂燭察，早賜矜從。他日苟獲

〔一〕「五道」，原無，據底本目録補。

夷瘳，餘年敢辭驅策？臣無任。

## 三

臣某比因馮宗道還闕，已具輸區區螻蟻之情。繼蒙撫存，曲賜訓諭，臣誠惶誠感，已具表稱謝以聞。竊惟天慈終始眷憐〔二〕，故欲賦以厚禄，示以優禮。不然一州之守，豈憂付屬乏人！臣憂患餘生，加之疾病，喘焉朝夕，難冀久存。陛下所以愛臣，何啻天地父母。令臣多尸廩賜，重貽亢滿之殃，豈若賜以安閑，使有寧瘳之福？伏望深垂簡照，早賜矜從。他日旅力復可驅馳，敢不致死以圖報效！臣無任。

## 四

臣某備位七年，初無分毫績效，以病自列，獲解繁機。而誤恩曲加，寵禄並過，豈臣庸朽所可堪任？況自涉春以來，衆病並作，氣滿力憊，殆不可支。其勢如此，以尸厚禄，則有食浮之憂，以任州事，則有官曠之責。計臣之分，無一可爲。故願乞其不肖之身，休養歲月。而璽書繼至，訓敕加嚴。雖陛下示眷奬之意始終不渝〔三〕，而臣竊自度量，終難黽勉，以稱萬一。傍徨跼蹐，不

〔二〕「眷」，龍舒本作「見」。

〔三〕「渝」，原作「逾」，據龍舒本、應氏本改。

知所言。輒復干冒天威，期於得請而後已。伏望陛下深垂簡照，早賜矜從。他日若獲寧瘳，顧雖晚節末路，尚知補報，惟所驅策，豈敢辭免。除已具表，謹具劄子陳乞。臣無任。

五

臣某近四上表，乞以本官外除一宫觀差遣。伏蒙聖慈特降詔書，不允所乞，仍斷來章。螻蟻之微，頻煩寵諭。臣之懇誠，已具累表。愚衷激切，終冀矜從。伏念臣荷國厚恩，未報萬一，若非疾苦不能任事，豈敢數違訓敕，以自取逋慢之誅？但以病勢日增，雖外視形色若無甚苦，而神耗於中，力憊於外，一有動作，即不可支，思慮恍然，事多遺忘。以此居官，豈能塞責？且一方之任，非獨簿書獄訟在所省察，至於儆戒盜賊，輯安兵民，責在守臣，事實至重。此豈精神衰耗、體力疲憊之人所可堪任？伏望陛下加惠留聽，察其所請出於誠然，早賜開允，則非獨於臣私分得以自安，亦於陛下任使之際，無曠官廢事之悔。臣愚不勝至願，謹復具劄子陳乞。臣無任。

求退劄子

臣伏奉手詔，令臣二十三日入見，臣明日當入見。然臣之懇款，具如前奏所陳，匹夫之志有不可奪。實望聖慈，必賜矜從。

## 已除觀使乞免使相劄子四道〔一〕

臣某衰疾疲曳，難於自力，干慁天聽，至于三四，逋慢訓獎，皐當誅殛。伏奉敕命，就除觀使，俯從燕安之願欲，猶假非分之名器。鴻慈覆載，不啻天地，感激涕泗，無言以諭。然以將相之禄，養疾於田里，歷選近世勳賢，未有若斯比例。臣愚無狀，績效不昭，欲以何名，敢此叨昧！且臣蒙陛下識拔，序之群臣之右，當以粗知分義爲異庸人。今若以衰殘向盡之年貪非所據，豈不自隳素守，而仰累陛下知人之明？伏望聖慈察臣累奏，許以本官充使，於江寧府居住。冀蒙瘳復，終誓糜捐。所有敕命，臣未敢祗受。除已具表，謹復具陳乞以聞。干忤天威，臣無任〔二〕。

## 二

臣某伏奉詔書，不允所乞。祇荷聖訓，丁寧備至，非臣庸朽所可堪稱。伏自惟念，臣以疾病不勝從事之勞，而欲自休養，退歸田里，乃分之宜。尚恃眷憐，私竊自恕，而求以本官食宫觀之禄于外，於臣之義愧負已多。而陛下乃欲使之兼將相之重而處於此，雖仰戴恩德爲至厚矣，而

〔一〕「四道」，原無，據底本目録補。

〔二〕「臣無任」下，龍舒本有「惶懼祈恩之至」六字。

臣歷選前代，近至本朝，所以寵待勳舊之臣，無有斯比。況臣久尸重任，績效不昭，豈可度越前人，有此叨據？是且上虧陛下名器不以假人之道，下傷愚臣知止之義。伏望特垂睿聽，早賜允從。則非獨於臣私分得以自安，亦於天下公論爲協。除已具表，謹復具劄子陳乞以聞。臣無任。

## 三

臣某近以懇誠，上干天聽，伏蒙聖慈特降中使賚賜詔書，仍斷來章。臣以樸愚，久逋明命，罪譴之及，所不敢辭。而陛下加惠寬矜，慰喻備至。仰荷天地厚恩，非臣殞越所能報稱。然臣之懇懇，亦累具聞。分義既所難受〔二〕，臣亦何敢自已。竊惟人君之御臣，以其任隆而責重，故委之高爵重禄而無難；人臣自度其智力足以勝任而塞責，故受其高爵重禄而無愧。〔三〕此上下所以兩得而能治安也。今臣既以疲瘵退歸閭里，尚恃陛下眷存，謂其嘗預政事，有夙夜之微勤，故敢求以本官食宫觀之禄於外，已於理分爲所非宜。而陛下乃疏誤恩，使兼將相之重。臣愚不肖，病不任事，顧於陛下勵精求治之時，不能自力以裨補萬一，而坐尸名器如此其厚；不知人臣之

〔二〕「分」，龍舒本作「奏」。
〔三〕「難人臣自度其智力足以勝任而塞責故受其高爵重禄而無」二十四字，原無，據龍舒本補。

出力赴功〔一〕，方任隆責重而有勳勞者，陛下將復何以處之？此臣所以不敢當也〔二〕。臣若苟貪，仰副訓敕，而不知慮此，則非獨於臣私義無以自全，亦於國家大體所損非細。故復冒昧，期於得請而後已。伏望陛下始終念察，早賜聽許，則非獨臣爲幸〔三〕。臣無任。

## 四

臣某近再以懇誠，上干睿聽，逋慢明訓，方虞譴讁。伏蒙天慈特差臣弟某賚賜詔書，不允所乞。傳諭德意，撫存備厚。仰荷天地至恩，捐軀隕首，無以上報。伏自惟念臣以衰病無勞之身，得請于外，雖能爲上陳力，任一方之寄，以忝將相，尚爲非分。況今蒙恩寬假，得就燕閒，豈可坐而尸此，以養痾田里之中？此臣所以不敢忘止足之義，而自取辱殆也。所懷懇激，已具累奏。雖陛下申加獎勵，恩德有隆，而愚臣竊自揣稱，終無可以叨昧之理。伏望陛下俯垂閔察，早賜開允，則非獨臣爲幸甚。除已具表，謹復具劄子陳乞以聞。臣無任。

〔一〕「不知」，原無，據龍舒本補。
〔二〕「當」，原無，據龍舒本補。
〔三〕「幸」下，龍舒本有「甚」字。

## 宣諭蘇子元劄子

臣適已見蘇子元，具宣聖旨，然兵事貴速，憂在失時，恐子元往不如期。郵行之疾，亦恐子元道路偶或有故稽留，則無及事。臣愚謂宜遞中賜郭逵等劄子，更録付子元，令申喻曲折。

# 臨川先生文集　卷四十五

## 内制　册文　表本　青詞

### 郊祀昊天上帝册文

伏以眷命作邦，百年於此，蒙休承福，外内用寧。施及沖人，嗣膺歷服。燎禋有典，稱秩惟時。

### 郊祀皇地祇册文

伏以大報于郊，有典咸秩，厥作成物，配天同功。合食泰壇，義存一體。猥以沖眇，紹休前人，絜承昭事，不敢不察。

## 郊祀配帝太祖皇帝册文

伏以命于帝廷，肇造區夏，掃除僭悖，人以永寧。陟配天郊，實存舊典。靈承圭薦，其敢忘初！

## 朝享景靈宫聖祖大帝册文

伏以靈德在天，實基皇命，降依下土，臨況後人。方以眇躬，進承郊廟，神遊所御，獻享惟時。庶幾顧歆，永有蒙賴。

## 朝享仁宗皇帝册文

伏以體道邁德，寵綏臣民，休嘉垂延，燕及于後。肆以寡昧，獲承郊宫，祼饋有儀，敢忘用舊！

## 朝享英宗皇帝册文

伏以靈德美行，實兆初潛，神民所歆，寶命自至。祗紹考服，循而弗改，用謚士宇，以詒沖人。登祔新宫，歷兹嘉月，燎禋有舊，祼享惟時。

## 皇后册文

維熙寧二年，歲次己酉，四月丁酉朔，二十六日壬戌，皇帝若曰：自昔有天下，必擇建厥配，以承宗廟，以御家邦。肆朕受命，奉循前烈，考慎典册，以祈協于神民。咨爾向氏，懿柔淑恭，舊有顯聞。肇功惟祖，弼亮帝室。流德之澤，覃延後嗣。是産碩媛，比賢姜、任。越朕初載，來嬪藩邸，盥饋在中，率禮無違。以至嗣服，祇承内事，齋明夙夜，罔有曠失。宜崇位號，表正宫庭。

今遣攝太尉、推忠協謀同德佐理功臣、樞密使、光禄大夫、檢校太傅、行尚書刑部侍郎、上柱國、東平郡開國公、食邑五千户、食實封一千户吕公弼，攝司徒、朝散大夫、右諫議大夫、參知政事、護軍、太原郡開國侯、食邑一千一百户、賜紫金魚袋王珪，持節册命爾爲皇后。

夫惟興王，釐厥士女，咸自内始，達於四海。朕克勤，人用弗怠；朕克儉，人用弗奢；朕克正，人用無敢側頗僻。爾勵朕相〔一〕，乃濟登兹。於戲！匪初惟艱，惟慎厥終。爾忱念兹，朕以

〔一〕「勵」，原作「勵」，據宋刻本、應氏本改。

永享天禄，爾亦豫有無疆之福〔一〕，豈不韙哉！

## 先天節皇帝謝内中露香表

伏以眇躬無似，實膺駿命之休；釐事有初，敢廢靈承之舊？冀蒙僊聖，俯監齋精。

## 天貺節皇帝謝内中露香表

伏以靈命告休，嘉名紀節。用露熏之故事，酬乾施之至恩。仰賴監觀，俯垂歆祐。

## 降聖節皇帝謝内中露香表

伏以昊天錫命，實佑永圖，良月御時，載臨嘉節。率循故事，升薦至誠。仰冀靈明，溥垂庇貺。

〔一〕「有」，光啓堂本、聽香館本作「膺」。

## 冬至節皇帝謝内中露香表

伏以四氣隨旋，一陽來復。仰瞻穹昊，祗薦芬香。所冀含生，並蒙垂福。

## 南郊青城皇帝問太皇太后皇太后聖體表

臣名言：自宫徂郊，夙夜祗事。方此寒沍，闕於定省，伏惟比日，寢食宜加。

## 太皇太后回答皇帝問聖體書

太皇太后致書于皇帝：奉祠郊宫，爲國大事，夙興夜寐，固已勤勞，勉慎節宣，以膺禧福。

## 皇太后回答太廟皇帝問聖體書

太后致書于皇帝：躬率群臣，肇見祖考，孝思之至，何以自勝？尚慎興居，以保休福。

## 寒食節起居永定陵宣祖諸陵等處表

伏以榆火戒時，栢城在望。薦豆籩之新物，弗獲躬親；象几席之平居，實存館御。𨰉烝有舊，紖慕無窮。

## 寒食節起居諸陵昭憲等諸后表

伏以桐華伊始，火令載嚴。獲嗣慶圖，仰蒙慈芘。追淑靈而莫逮，歷時序以增思。

## 中元節三陵起居諸后表

伏以素秋伊始，華月既盈，物御氣以夷傷，心感時而悽愴。伏惟尊謚皇后，惠風無斁，慈範有詒。猥以眇沖，仰承慶裕，瞻幽靈之所宅，結永慕之至懷。

## 八月一日永昭陵旦表

伏以暑往御時，宵中應律，載班秋朔，申薦廟嘗。伏惟尊謚皇帝，體道成乾，施仁應物。率土方涵於聖化，賓天遽愴於神游。追龍駕於空衢，莫知所税；瞻鳥耘之新隴，但有至懷。

## 十月一日永昭陵奏告仁宗皇帝旦表

伏以月乘該閡，時御閉藏。歲回薄以將更，物盛多而可享。恭惟尊謚皇帝，德符穹昊，功濟黎元。方求大隗之居，遂兆成周之葬。光靈在望，感惻交懷。

十月一日起居永安陵等處諸陵表

伏以日星隨旋，歲月從邁，物更收擴之候，人積悽愴之懷。恭惟尊謚皇帝，躬睿廣之材，撫休明之運，協九皇而高世，追三后之在天。方以眇躬，嗣膺神器，想威靈之如在，感氣序以增欷。

十月一日起居永安陵等處諸后陵表

伏以哀恫在疚，未盡通喪，弦晦如流，載更良月。恭惟尊謚皇后，降釐嬀汭，播美河洲，著慈範以如存，流徽音而可想。遡陵永望，感節深追。

冬至節上諸陵表

伏以氣復黄宫，晷移北陸，物驗土灰之應，官修雲物之占。恭惟尊號皇帝，睿廣應期，休明作乂，收功既往，垂範方來。感時序之變流，想威靈而慘結。

## 冬至節上諸皇后陵表

伏以四時交御，一氣潛萌。慶雖屬於履長，悲豈忘於追慕？恭惟尊謚皇后，升儷尊極，協成休明。德範有詒，方美王雎之摯；容衣不閟，尚瞻褕翟之華。永想光靈，詎勝摧感？

## 寒食節上南京鴻慶宫等處太祖諸帝表

伏以火禁肇修，春祺溥被。維是奉粢之禮，適當濡露之時。恭惟尊謚皇帝，德協上穹，功施後裔。傃神鄉而弗返，廞聖像以如存。緬慕威靈，載懷感怵。

## 中元節起居外州諸宫觀諸帝神御殿表

伏以夷則御辰，商聲甫協，望舒戒節，陰魄既盈。伏惟尊號皇帝，道邁往初，恩涵品彙〔一〕。於屬車之所御，有原廟之舊儀。方此戒寒，豈勝追遠？

〔一〕「彙」，宋刻本作「庶」。

## 中元節起居諸陵表

伏以方秋厥初，既月之望，昊天始肅，繁露未晞。伏惟尊謚皇帝，若昔大猷，受天明命，躬有靈德，燕及後昆。猥以眇躬，紹膺慶緒。垂恩罔極，寧忘駿命之休〔二〕；釐事有初，敢廢靈承之舊？冀蒙僊聖，俯鑒齋精。

## 十月一日起居揚州諸帝神御殿表

伏以徂歲如流，甫更良月，遺衣所御，實有經祠。方屬投艱，仰承錫羨。瞻威靈而如在，歷時序以增思。

## 冬至節上南京鴻慶宮等諸帝表

伏以子位杓回，黄宫氣應，既兆天正之始，方扶陽律之微。恭惟尊號皇帝，體道邁仁，膺時建極。豫游所次，館御如存。撫時序之變更，仰威神而感惻。

〔二〕「垂恩罔極寧忘」，原無，據光啓堂本、聽香館本、小岯山館本補。

## 先天節奏告仁宗皇帝表

伏以金氣御時，商聲應律。仰閲火流之速，俯沾露降之凄。伏惟仁宗皇帝，功協聖謀〔二〕，道侔乾則。垂至仁而不冒，慶實無窮；感素節以深追〔三〕，悲何有極！

## 南郊下元節更不於景靈宫朝拜奏告聖祖大帝表

伏以帝繫所元，僊遊如在。載更令節，當款殊庭；以卜禋祠，將陳祼獻。惟祭儀之難黷，冀神監之具昭。

## 南郊禮畢皇帝謝内中功德表

伏以蠲烝廟祧，潔告郊時，實蒙芘貺，以獲顧歆。惟錫福之無窮，曷歸誠之有已！

〔二〕「謀」，龍舒本、聽香館本作「謨」。
〔三〕「素」，龍舒本作「急」。

## 南郊禮畢福寧殿奏謝英宗皇帝表

伏以膺命紹休，諏時協吉。告潔粢於廟室，奠嘉玉於郊丘。雖祇奉聖謨，獲無疆之慶賴；而深追神眷，重罔極之哀摧。

## 真宗皇帝忌辰奏告永定陵景靈宫慈德殿表

伏以慶靈回薄，永芘後昆。時序徂遷，奄更諱日。威神在望，感怵兼懷。

## 集禧觀開啓爲民祈福祈晴道場默表

伏以雨淫爲菑，民用愁墊，式陳浄供，以致誠祈。冀格靈明，遂蒙開霽。惟潔粢之無害，仰休饗之有依。

## 南京鴻慶宫開啓皇帝本命道場青詞

伏以寶命有詒，以自求而致福；至神無體，隨所感而應誠。祇奉靈科，實存故事，冀蒙垂福，俯曁含生。

延祥觀開啓太皇太后本命道場青詞二道

伏以寶曆有詒，眇躬實嗣，獲承慈範，仰荷神休。方元命之在辰，按舊儀而庀事。庶蒙慶祐，永錫壽祺。

二

伏以聖功輔世，已大濟於艱虞；神道示人，用寵綏於祉福。敢因穀旦，祇奉靈科。冀大錫於壽祺，得永承於慈範。

崇先觀奉元殿開啓皇太后本命靈寶道場青詞

伏以克紹慶基，實蒙慈訓。遘兹元命，若昔宗祈。冀靈鑑之俯昭，垂壽祺之永錫。

靈鼇内殿開啓太皇太后生辰道場青詞

伏以壇席盛陳，科儀肅設。眷言慈廕，祝此誕辰。永綏壽考之祺，上賴神靈之祐。

## 靈鼇内殿開啓皇太后生辰道場青詞

伏以集黄冠之勝衆，仰紫極之真游。按用科儀，營祈祉福。仰求聰鑒，俯應誠心。

## 西太一宫開啓皇太后生辰道場青詞

伏以真聖在天，式序照臨之位；眇沖嗣歷，永惟顧復之恩。敢因誕毓之辰，祗薦熏修之事。仰祈眷祐，俯察傾輸，推純嘏以及親，與群生而均貺。

## 龍圖閣開啓皇太后生辰道場青詞

伏以妙善可依，每俯從於誠悃；至恩難報，唯仰祝於壽祺。祗奉靈科，隆施浄供。上賴監歆之力，永綏顧復之慈。

## 廣聖宫開啓真宗皇帝忌辰道場青詞

伏以深追諱日，祗奉靈科。仰求神福之繁，率用邦儀之舊。永惟道廕，昭此誠祈。

福寧殿罷散三長月祝聖壽道場青詞

伏以順長嬴之嘉月，按齋祓之靈科，庶用熏修，溥膺眷祐。精衷以薦，釐事既成。仰賴聖真，俯昭誠悃。

福寧殿開啓三長月道場青詞

伏以降年有永，實繇陰騭之功；嗣歷無疆，必謹靈承之志。帥時典故，若昔科儀。仰賴監觀，俯垂庇貺。

福寧殿罷散三長月道場青詞

伏以監觀在上，禳祝有儀，祇率舊章，仰祈況施，茂惟休福，俯逮烝黎。

福寧殿開啓三長月道場青詞

伏以皋月紀時，凱風應律。罄齋精而上禱，冀真聖之俯臨。永賴監觀，普垂庇祐，敢忘寅畏，仰答顧歆？

## 福寧殿罷散三長月道場青詞

伏以協用靈科，宗祈永命。惟神心之降格，獲釐事之告成。冀與群元，並膺遐福。

## 福寧殿開啓南郊道場青詞

伏以欽柴宗祈，爲國大事。前期齋禱，舊典有稽。仰冀靈明，俯垂眷祐。

# 臨川先生文集　卷四十六

## 内制

青詞　密詞　祝文　齋文

### 景靈宫三殿看經堂開啓中元節道場青詞

伏以三元令節，釐事有經。祇薦潔誠，宗祈祉福。仰緊庇貺，覃及庶黎。

### 景靈宫保寧閣下元節道場青詞

伏以殊廷外建，嘉節俯臨。夙設靈壇，蠲烝順祝。冀蒙真聖，垂祐群黎。

### 醴泉觀寧聖殿開啓爲民祈福保夏道場青詞

伏以聖真丕冒，品庶具依。當蕃啓之盛時，用熏修之故事。仰祈聰直，俯鑒齋精。溥垂庇祐之仁，申錫壽康之福。

醴泉觀寧聖殿開啓年交道場青詞

伏以像圖夙設，壇席載嚴。當此歲陰之交，率時禳祝之舊。仰惟庇貺，俯逮黎元。

集禧觀洪福殿開啓謝雨道場青詞

伏以旱暵成災，懼物生之疵癘；祓齋以禱，荷神睠之顧綏。載闢靈場，式陳昭報。尚冀涵濡之施，以終庇祐之仁。

在京諸宫觀景靈宫等處祈雪青詞

伏以華歲幾終，同雲未兆，物將疵癘，咎在眇沖。敢罄齋精，上求嘉應，冀蒙貺施，孚佑含生。

謝晴青詞

伏以密雲作雨，暘不時若。蒙神賜祐，菑沴用除。奔走祓齋，以謝靈貺。祀儀有秩，不敢怠忘。

## 坊州秋祭聖祖大帝青詞

伏以祠城在望，御館如存。敢因揫斂之辰，祇用吉蠲之薦。冀蒙垂祐，俯賜降歆。

## 滄瀛州地震設醮青詞二道〔一〕

伏以地德安静，震非其常，陰陽厥愆，以告咎罰。禬禳有典，仰賴監歆。所冀方隅，具膺庇貺。

### 二

伏以自河以北，坤載不寧，敷置浄筵，以祈後福。仰惟皇覺，敷祐群生，監此齋精，俯垂庇貺。

## 北嶽廟爲定州地震開啓祭禱道場青詞

恭以地職持載，静惟其常。今兹震摇，以警不德。涉河而北，又用驚騒。惟嶽有神，芘綏厥

〔一〕「二道」，原無，據底本目録補。

壤。祓除祠館，按用祈儀。請命上靈，冀蒙孚佑。敢忘夤畏，以答眷歆？

集禧觀開啓保夏祝聖壽金籙道場密詞

伏以時在炎烝，物方蕃祉。即祠庭之精閟，竭清道之嚴祇。仰冀監觀，俯垂庇祐。具綏福履，申弭疾殃。覃及群黎，永膺戩穀。

崇先觀開啓保夏祝聖壽金籙道場密詞

伏以眷祐無疆，熏修有舊。當朱明之紀候〔一〕，祈蒼昊之垂仁。申錫休嘉，外覃品庶。敢怠靈承之志，永膺丕冒之恩？

延福宫開啓皇后生辰道場密詞

伏以統洽后宫，協承先廟。誕辰俯及，釐事有常，惟萬德之博臨，冀百祥之永錫。

〔一〕「當」，光啓堂本、聽香館本作「尚」。

延福宫開啓皇太后生辰場道密詞

伏以協承寶命，恩維拊育之深；俯應群情，法有總持之妙。齋場夙設，慶事備終。敢祈西竺之威神，永佑東朝之福履。

金明池開啓謝雨道場密詞

伏以蕃啓在時，蘊隆爲虐。罄齋精而上禱，蒙膏潤之旁流。祇報靈休，式陳浄供。尚祈終賜，無使後艱。

興國寺開先殿奏告太祖皇帝孝明皇后祝文

伏以像設有嚴，神游所御。瞻衣冠而如在，懼風雨之弗除。庀事將興，涓辰既吉。永賴靈明之鑒，俯昭怵惕之懷。

西京應天禪院奏告太祖太宗真宗皇帝御容祝文告遷奉安還本殿之意。

伏以殊庭有侐，館御如存。吉日既蠲，繕修惟謹。式陳嘉薦，以妥明靈。

啓聖院永隆殿奏告太宗皇帝元德皇后祝文

伏以威神所感，營繕有期。考禮舊章，宜時潔告。茂惟靈德，俯鑒至懷。

太廟八室奉慈諸廟奏告南郊等處祝文

伏以三歲一郊，實昭大報。前期潔告，國有故常。仰冀靈明，俯垂鑒祐。

諸皇后陵奏告謝南郊禮畢祝文

伏以禋饗郊宫，國之重事，唯蒙慈庇，以獲休成。筴祝有經，敢忘用舊？

景靈宫英德殿奉安英宗皇帝御容祝文

伏以先聖舊祠，祖宗所御。嗣興寶構，追奉靈游。諏日既嘉，具儀以妥。徂惟在上，永保厥寧。

天章閣延昌殿權奉安英宗皇帝御容祝文

伏以相名山於洛宅，既兆寢園；倣原廟於漢儀，將遷館御。潔除秘宇，嚴奉睟容。冀靈躍之少安，副衷情之罔極。

西京應天禪院拆修太祖神御殿祭告祝文

廟刹有嚴，威神所御。將改新於寶構，永欽奉於睟容。仰冀靈明，俯垂鑒祐。

景靈宫修蓋英宗皇帝神御殿上梁祭告太歲已下諸神祝文

伏以欽奉僊遊，肇營寶構。舉修梁而揆日，具蠲餚以寧神。祓此後艱，仰繄大祐。

慈孝寺崇真彰德殿爲經霖雨垂脊脱落奏告祝文

伏以雨淫告災，垣屋或壞。惟神所御，有圮弗支。諏用靈辰，改新厥構。蠲爲祇薦，於禮有常。

## 太廟后廟奉慈廟雅飾告祝文

伏以三歲一郊，祖宗成法。靈明所御，繪飾有時。方此僝工，禮當潔告。

## 西太一宫立秋祝文

伏以候火既流，占灰甫應；真游所御，靈畤具存。率循舊章，作薦常事，仰祈錫福，大芘含生。

## 中太一宫立冬祝文

伏以館御國郊，庇貺天物。祠宫筴祝，在禮有初。涓選吉時，作薦常事，敢祈孚祐，施及群黎。

## 九宫貴神祝文

伏以卜用靈辰，躬修禋享。清壇所兆，潔告有常。

景靈宫里域真官祝文

伏以宗祈陽郊，祗見神祖。葆兹淨域，夙賴真靈。祗率舊章，式陳嘉薦。

天地社稷宫觀等處祈晴青詞祝文

積陰爲沴，淫雨弗止，蕩決漂墊，將爲民菑。懼德不類，以干咎罰，是用齋祓，宗祈明靈。冀蒙垂矜，遂獲開霽，休嘉之錫，實被含生。

五嶽四瀆諸廟祈晴祝文

淫雨弗止，將爲民菑。懼德不孚，以罹咎罰，是用奔走，禱於明神。惟神監觀，惠以時暘。非民獨蒙嘉福，神亦永有休享。

定州北嶽爲地震祭禱祝文

伏以自河以北，陽出鎮陰。人用不寧，咎由菲德。永惟聰直，庇祐一方。祗飭使人，齋精以禱。尚蒙歆鑒，無有後艱。

## 文德殿告遷御容祝文

伏以緌冠即事，喪紀有終；黼座歆神，哀懷靡極。度新宫而館御，諏吉日以徂遷。式冀靈明，永歆豐潔。

## 南郊青城綵内畢功大殿上開啓保安祝壽諷孔雀明王經齋文

伏以祀兆方嚴，齋場夙設。賓延浄衆，開誦梵文。既蒙大施之仁，助錫丕平之福。

## 南郊青城綵内畢功大殿上開啓保安祝壽諷法華經齋文

伏以帷宫既具，皇邸將臨。發誦秘文，施其景福。仰惟覺慈之覆，俯綏禋享之成。

## 五臺開啓南郊禮畢道場齋文

伏以靈承在上，懼休命之難；大報于郊，惟盛儀之獲，祇循故事，恪報厥成。仰賴顧歆，終垂庇貺。

## 内中延福宫性智殿開啓太皇太后生辰道場齋文

伏以大陰協兆，良月御時。猥以眇躬，獲承慈範。敢因穀旦，祗集勝緣。實賴等慈，具綏景福。

## 十月一日永昭陵下宫開啓資薦仁宗皇帝道場齋文

伏以大明光藏，上智之所發揮；妙總持門，群靈之所歸賴。歲陰逝矣，陵闕超然。憑浄衆以有祈，冀真遊之無礙。

## 福寧殿開啓資薦英宗皇帝道場齋文

伏以憑几之言未遠，滌場之候更新。摧慕安窮，攀號靡及。旁招浄衆，歸誠甘露之門；仰祝靈游，取證法雲之地。

## 中元節福寧殿水陸道場資薦英宗皇帝道場齋文

伏以正等上緣，含生永賴。薦龍施之浄供，助宿植於神游。仰冀靈明，俯昭哀懇。

萬壽觀廣愛殿資薦章惠皇太后忌辰道場齋文

伏以諱日俯臨，祠庭外闢。遴柬黄冠之衆，宗祈紫極之神。按用前科，追營後福。庶超升之莫禦，繄庇貺之有加。

天章閣延昌殿開啓權奉安英宗皇帝御容道場齋文

伏以翠旄所御，玉色如存。將改涖於清閑，少即安於秘近。旁招浄衆，仰助勝緣。憑妙覺之總持，冀皇靈之升濟。

温成皇后陵獻殿内開啓冬節道場齋文

伏以光靈所宅，崇奉有儀。因令節以熏修，冀貝乘之祈助。仰希錫福，俯逮含生。

## 金明池上開啓祈雨粉壇道場齋文

伏以肅設祠壇，宗祈解澤。膏潤之祥甫兆，赫炎之懼更深〔一〕。實恃靈明，厚矜黎庶。遂令沾足，用格豐穰。

## 金明池上開啓謝雨道場齋文

伏以常暘告罰，將害粢盛。夙設靈場，載祈膏澤。神休既格，昭報有儀。尚惟孚佑之仁，終保嘉生之享。

## 龍圖天章寶文閣接續開啓祈雪道場齋文

伏以歲序就窮，尚愆嘉雪。能仁應世，閔此含生。冀佑上靈，錫之休證。式陳浄供，以告齋誠。

---

〔一〕「赫」，原爲墨丁，據光啓堂本、聽香館本、小峴山館本補。「懼」，光啓堂本、聽香館本作「慶」。

## 泗州塔謝晴齋文

天菑於民，淫雨不止。祓除齋戒，並走以祈。實蒙等慈，俯應誠悃。永惟庇貺，其敢弭忘！

## 後苑天王殿圻修了畢齋文

伏以擬辰居之奥密，飭祆像之嚴威。繕治告功，祓齋祈福，庶憑至善，永保多盤。

# 臨川先生文集　卷四十七

## 内制 詔書

### 敕牓交趾

敕交州管内溪峒軍民官吏等：眷惟安南，世受王爵。撫納之厚，實自先朝。含容厥愆，以至今日。而乃攻犯城邑，殺傷吏民。干國之紀，刑兹無赦；致天之討，師則有名。已差吏部員外郎、充天章閣待制趙卨充安南道行營馬步軍都總管、經略安撫招討使、兼廣南安撫使，昭宣使、嘉州防禦使、入内内侍省都押班李憲充副使，龍衛四廂都總管指揮使、忠州刺史燕達充副都總管，順時興師，水陸兼進。

天示助順，已兆布新之祥；人知侮亡，咸懷敵愾之氣。然王師所至，弗迓克奔。咨爾士庶，久淪塗炭，如能諭王内附，率衆自歸，爵禄賞賜，當倍常科，舊惡宿負，一皆原滌。乾德幼稚，政非己出，造廷之日，待遇如初。朕言不渝，衆聽無惑。比聞編户，極困誅求，已戒使人，具宣恩旨，暴征横賦，到即蠲除。冀我一方，永爲樂土。

## 提轉考課敕詞

先王考績之次序，雖見於經，而其詳不傳於後世。朕若稽古，以修衆功，而諸路刺舉之官，未有以考其賢否。比敕有司，詳議厥制。條奏來上，詢謀悉同。其使布宣，以勵能者，而擇左右可信之良使典治之。古人有言，徒善不足以爲政，徒法不能以自行。今朕有念功樂善之志焉，而又繼之黜陟幽明之法，以待天下之大吏矣。然非夫任事之臣躬率以正而考慎其實，與士大夫宣力於外者皆安于禮義，而不以便文徼幸爲姦，則朕之志，豈能獨信於天下，而法亦何恃以行哉！咨爾在位，其各悉力一心，務祇新書，以稱朕至誠惻怛之意。

## 韓琦加恩制

門下：朕祇率舊章，肇稱吉禮。對越天地，具獲靈明之歆；相維公卿，並膺休顯之賜。其孚大號，以寵元勳。

推誠保德崇仁守正協恭贊治亮節翊戴功臣〔二〕、淮南節度、揚州管内觀察處置營田等使、開府儀同三司、守司徒、檢校太師兼侍中、行揚州大都督府長史、上柱國、魏國公、食邑一萬三千七百户、食實封五千户韓琦，躬受偉材，出陪熙運。保茲天子，進無浮實之名；正是國人，退有顧言之行。間朝廷之兩社，揉方域之萬邦。辰猷具臧，器寶加重。中辭機軸之要，外即藩屏之安。衡紞紘綖，備三公服飾之盛；櫜兜戟纛，兼大將威儀之多。序績既崇，修方彌謹。協成宗祈之禮〔三〕，與有顯助之勞。肆衍本封，申加美稱。

於戲！恩典徽數，所以旌帝臣；明德茂功，所以獎王室。往惟勵翼，服此褒嘉。可特授依前守司徒、檢校太師兼侍中、行揚州大都督府長史、魏國公、充淮南節度、揚州管内觀察處置營田等使，加食邑七百户，食實封四百户，仍賜推誠保德崇仁守正協恭贊治亮節佐運翊戴功臣，散官、勳如故。主者施行。

〔二〕「節」下，龍舒本有「佐運」二字。
〔三〕「祈」，龍舒本作「社」。

## 李璋加恩制

門下：朕若昔大猷，紹天明命。必有獻享之禮，作民恭先；必有褒嘉之恩，自國貴始。翊衛功臣、奉寧軍節度、鄭州管内觀察處置河堤等使、光禄大夫、檢校司空、使持節鄭州諸軍事、鄭州刺史、兼御史大夫、上柱國，平原郡開國公、食邑四千三百户、食實封一千户李璋，世載忠善，躬服儉勤，以后家之洪支，爲帝室之隆棟。入總營衛，則兵師無譁；出乘蕃維，則吏屬不怠。近付京都之籥，外更方鎮之旄。貢職惟修，祀儀獲考。進加功號，申衍邑封。以疇服采之勤，其協勸勞之典。

於戲！貴富有危溢之可戒，禄位匪侈驕之與期。圖惟慶譽之終，尚協龍光之施。可特授依前檢校司空、使持節鄭州諸軍事、鄭州刺史、兼御史大夫、充奉寧軍節度、鄭州管内觀察處置等使，加食邑七百户，仍賜翊衛忠果功臣，散官、勳、封如故。主者施行。

## 皇伯祖威德軍節度使榮國公承亮加恩制

門下：朕祼獻廟室，燎禋郊丘。内蒙祖考之居歆，外獲神祇之顧饗。嘉我近屬，與有陪輔之勞；揚於大庭，使膺褒顯之福。具官某德義自表，爵齒兼尊。魁然肅艾之材，尚矣神靈之胄。

世承厥慶，有跗蕚之芬華；朝賴以寧，若翰蕃之嚴密。乃相肆祀，實綏思成。進加奠食之封，申錫詔功之號。於戲！孝恭可以儀宗室，信厚可以化邦人，匪時親賢，孰朕承翼？往肩寵獎，尚協榮懷。可。

## 李日尊加恩制

門下：朕紹膺駿命，稽用上儀。祇事郊宫，並受三神之福；推恩方夏，外交四表之歡。告于有司，錫是在服。推誠保節同德守正順化翊戴功臣、静海軍節度觀察處置等使、同中書門下平章事李日尊，躬懷德善，世濟忠勤。奠兹南邦，居有扞城之效；衛我中國，使無疆埸之虞。賜之大將之旄，胙之真王之爵。往踐厥位，知欣戴於寵章；來獻其琛，用協成於熙事。陪敦采邑，褒進文階。載加真食之封，式允懋功之典。於戲！人之所助，惟怙冒於王靈；國以永存，顧循守於侯度。率時新命，保乃舊邦。可。

## 馮翊郡君連氏等賀皇帝南郊禮畢表

伏以廟饎躅烝，郊柴昭報，仰格神靈之饗，俯均夷夏之歡。中賀。伏惟皇帝陛下，道協欽明，德兼神武。攬御今之皇策，考嚴上之帝儀。祲威盛容，茂實存乎六世；恩典徽數，賚并及於萬方。妾備數先朝，叨榮中禁，親逢累洽，竊用交欣。妾無任。

德妃苗氏上賀皇帝南郊禮畢表

伏以靈承廟祏，祇載郊丘，既來萬國之歡，遂格三靈之祐。中賀。恭惟皇帝陛下，徇齊成性，睿廣膺期。神罔時恫，方紹休於大業；聖爲能饗，乃獲考於上儀。妾逮侍先朝，親逢盛事，觀瞻有煒，欣賴實多。妾無任。

賜太子太傅致仕梁適太子太師致仕張昪特赴闕南郊陪位詔

朕肇稱圭幣，祇見郊宫。嘉得萬國之歡心，以承配天之大事。永念元老，著勳先朝。當與辟公，序于祠位，冀能顯相，綏我休成。可發來赴闕，南郊陪位。故兹詔示，想宜知悉。

賜允太子太傅致仕梁適陳乞不赴南郊陪位詔

敕梁適：省所上表，「遞到詔書一道，令臣赴闕陪位者，臣以久病，不獲奔走前去」事，具悉。朕肅將圭幣，祇見郊丘，嘉與舊臣，協承熙事。乃聞疢疾，旅力尚愆，優老寵賢，義誠難强。

賜允太子太師致仕張昪不赴南郊陪位詔

敕張昪：郊丘大事，群辟具來，舊老元勳，所宜顯相。乃以疾苦，惻於朕心。尚慎興居，以膺康福。

賜宣徽北院使判大名府王拱辰乞南郊赴闕不允詔

敕拱辰：朕嗣命典神，肇稱吉禮，稽循故事，不敢愆忘。卿既率貢職，以來助祭，又求入覲，陪侍郊宫。緬彼都畿，方須鎮撫，永惟重寄，難徇至懷。

賜允守司徒兼檢校太師兼侍中韓琦乞相州詔

敕韓琦：卿以公師之官，將相之位，統臨四路，屏扞一方，寄重任隆，群臣莫比。雖罹疢疾，冀即有瘳。而章書頻頻，來以病告。宗工元老，視遇有加，恩禮之間，然何敢薄？重違懇惻，姑即便安。

賜守司徒兼檢校太師兼侍中判永興軍韓琦再乞相州詔

卿當國家之多難，任社稷之至憂，實能忠勤，以濟勳績。方均逸豫，適此外虞，煩我元功，良非得已，亦惟體國，義不辭勞。今雖尚謀經武之時，非有蒐兵伐罪之事，坐臨諸帥，固可優游，何必舊邦，乃能休養？勉綏居息，以副倚毗。

賜守司徒檢校太師兼侍中韓琦詔

便道之鎮，朝廷故常；來朝京師，朕意所欲。使事曲折，既當聞知；忠言嘉謨，又所飢渴。雖知勤勩，可不勉哉！

賜韓琦依所乞詔

敕韓琦：奏乞由河陰本路赴相州安泊骨肉行李訖，徑乘遞馬赴闕朝見奏事訖，還赴本任，稍從私便，事具悉。舊德元功，久於方面；嘉言讜論，所欲亟聞。其來造朝，然後之鎮，義當黽勉，無或告勞。

賜守司徒檢校太師兼侍中判永興軍韓琦乞相州舊任不允詔三道

敕韓琦：卿明德茂勳，具書帝籍，祖考所付以屏毗朕躬。比辭國均，已會邊隙，故煩元老，屬此憂勤。今羌雖來柔，疆事多弛，經營科治，改命爲難。莫府坐籌，制其大略，雖聞稍憊，冀可少安。義有固然，朕言無戲。

## 二

敕韓琦：羌夷變態，未易究知；邊塞繕完，所宜申飭。以卿望實，分朕顧憂。當并群策以有爲，遂措一方於無事。乃來告疾，冀得燕閒。主爾忘身，忠賢之義，勉膺重寄，務體至懷。

## 三

敕韓琦：卿茂德雋功，朝廷所賴，方解政幾之劇，重分疆事之憂。種落綏和，酋渠嚮順。永惟邊鎮，猶恃老成，所須經武之遠謀，及此暇時而備豫。當思體國，無郤告勞。

## 賜守司徒檢校太師兼侍中判永興軍韓琦乞致仕不允詔

敕韓琦：朕初嗣位，不敢暇逸，惟畏天命，亦惟閔民。蠢茲一方，尚戒羌夷。制變備豫，扞蓄禦侮，庶幾元老，克協朕心。若其憚勤，誰與謀此？勉祗厥服，用副至懷。

## 賜判永興軍韓琦湯藥詔[一]

敕韓琦：任隆三事，寄重一方。比聞經制之勞，或爽節宣之序，特馳使傳，往喻朕懷。宜有

[一]「永興」，原作「承興」，據宋刻本、聽香館本、小峴山館本改。

分頒，以資衛養。

## 賜允觀文殿學士尚書左僕射新除集禧觀使富弼辭免乞判汝州詔

敕富弼：省所三上劄子，奏蒙授臣集禧觀使敕牒，乞早賜追納，且乞赴汝州本任事，具悉。〔一〕卿翊朕祖考，功施于時，德善在躬，終始如一。祠庭置使，實近闕門，邦有大疑，庶幾求助。忠賢體國，義乃可留，而引喻再三，便於出守。重違懇惻，姑即所安。故兹詔示，想宜知悉。

## 賜判汝州富弼乞致仕不允詔

敕富弼：卿忠純亮直，爲國元老，朕所恃賴，急於典刑。優游小邦，足以養疾，冀綏福履，來副詢謀。何必言歸〔二〕，以孤眷矚？

〔一〕「敕富弼」至「具悉」三十四字，原無，據龍舒本補。

〔二〕「言」，龍舒本作「告」。

## 賜判汝州富弼乞假養疾詔

眷我元老，數更悲傷，比飭使人，往宣至意。乃觀來諗，未即康寧，姑順誠懷，勉綏吉禄。

## 賜判汝州富弼乞赴安州避災養疾詔

比飭使人，具宣至意，就令賜告，冀遂寧瘳。卿嚴祇朕命，不敢遑息，顧念吏卒，閔其滯留〔一〕，觸熱載馳，用忘勤勩。恭以事上，卿實有之，仁及賤微，又能如此，忠誠所惻，豈獨朕心？從容小邦，姑以養福，勉綏吉禄，毋恤後艱。故兹詔示，想宜知悉。

## 賜判汝州富弼赴闕詔二道

敕富弼：卿中解政機，外分符守，久於窮僻，衛養或愆。優游京師，可以治疾。謂當趣駕，以副虛懷。

## 二

敕富弼：久解政機，荐分符守，元功茂德，朕所注心。渴聞嘉猷，以輔不逮。

〔一〕「滯」，龍舒本作「久」。

## 賜富弼赴闕并茶藥詔

敕富弼：適自州藩，來還朝位。眷馳驅之良苦，懼衛養之或愆。當有寵頒，以昭勤伫。

## 賜判汝州富弼辭免南郊禮畢支賜詔

敕富弼：省所奏免南郊支賜。受釐于神，賚及鑾貊。卿勳德兼茂，中外具瞻，恩典所加，當先群辟，區區一賜，何足以辭？當體眷懷，共膺貺施。

## 賜宰相曾公亮已下辭南郊賜賚不允詔

敕公亮等：朕初嗣服，於祖宗之制未有所改也。卿等選於黎獻，位冠百工，或受或辭，人用觀政。朝廷予奪，所以馭臣，貴賤有差，勢如堂陛。惟先王之制國用，視時民數之多寡。方今生齒既蕃，而賦入又爲不少，理財之義，殆有可思。此之不圖，而姑務自損，祇傷國體，未協朕心。方與勳賢，慮其大者，區區一賜，何足以言？〔一〕

〔一〕「何足以言」下，龍舒本有「故兹詔示，想宜知悉」八字。

賜觀文殿學士新除刑部尚書知大名府陳升之辭免恩命不允詔

敕升之：設都置守，綏御一方，付得其材，乃能往乂。卿嘉謀美績，簡在朕心，選於群臣，用有畀屬。申明紀律[一]，臨制事幾，中外踐更，效皆已試。勉祗厥服，於義爲宜。

賜觀文殿學士刑部尚書知大名府陳升之赴闕朝見茶藥詔

敕升之：往司宫鑰，來次郊闉。炎歊之序未徂，跋涉之勤已至。當馳榮賜，以示眷懷。

賜觀文殿學士刑部尚書知亳州歐陽脩上表奏乞致仕不允詔

敕脩：股肱名臣，與國同體，禮當得謝，朕尚難之。況年非告老之時，而勳在受遺之籍，不留屏輔，人謂斯何？姑體至懷，少安厥位。

賜知亳州歐陽脩陳乞致仕第二表不允詔

敕脩：卿勳德之舊，簡在帝心，從容一州，足以休養。而抗奏至於四五，必以田里爲歸，豈

[一]「紀律」，光啓堂本、聽香館本作「經略」。

朕視遇故老有不足於禮乎？何其求去之果也！欲喻至意，莫知所言。惟能勉留，實副勤佇。

## 賜知亳州歐陽脩第三表并劄子陳乞致仕不允詔

敕脩：省所三上表并劄子，奏乞致仕事，具悉。卿翊戴三朝，清明諒直，有言有績，著在朕心。重違勤求，外寄藩屏。邦之雋老，不以遐遺，所冀輸誠，常存帝室。而納禄與職，至于再三。雖潔身之風，可激貪冒；顧許國之義，未協忠嘉。姑體眷懷，勉膺圖任。所請宜不允。

## 賜觀文殿學士兵部尚書歐陽脩辭知青州不允詔二道

敕脩：海岱名都，太公舊履，鎮撫一路，朕難其材。卿實元勳，以忠許國，謂當亟往，卧以治之。冀能優游，寧此東土。

### 二

敕脩：卿純誠直諒，中外所知。辭禄就閑，志非有激；進官治劇，義乃無嫌。矧兹東州，可以居息，方之守亳，勞逸殆均。朕命惟行，謂當遄往。

## 賜答曾公亮詔

眚災變異，以戒人君，推之股肱，朕所不取。元勳舊德，實賴交修；譴告之來，必緣象類。明喻朕志，使當天心，庶幾君臣，並受遐福。不務出此，而果於辭讓，是惟保身，豈曰謀國？

## 賜張方平免特支請俸詔

敕方平：省所奏劄子陳免特支請俸事具悉。卿躬肅艾之材，豫辯章之論。致喪無貳，雖非謀國之時；班禄有差，是乃養賢之意。抗言來諗，引義甚明。重盭素懷，姑循近制。

## 賜樞密副使右諫議大夫邵亢乞郡詔

敕邵亢：卿先帝所命，以翊朕躬。升執事樞，方觀勳效，遽欲辭位，殆非所宜。衛養少愆，何憂不已？勉共厥服，思協朕心。

## 賜皇伯新除彰化軍節度觀察留後安定郡王從式乞免新命不允詔

敕從式：卿躬雋乂之材，出神明之胄。選於宗室，則屬近而行尊；聞在朝廷，又年高而德邵。膺兹褒顯，人以爲宜。勉服官封，永綏吉禄。

賜涇原路經略使蔡挺茶藥詔

卿方用時材，出分帥路。適兹寒苦，良已勤勞。特推撫賜之恩，以示睠懷之意。

賜天章閣待制知渭州蔡挺獎諭詔

封疆之虞，責在將帥，厥有績效，不忘于心。卿久以才稱，外分方任，乘機踐事，能兆厥謀。板築告功，于疆就募，保彼居圉，可無後憂。倚言若兹，朕所嘉歎。

賜知唐州光禄卿高賦獎諭詔

召、杜南陽，世稱循吏，其亡久矣，朕尚思之。卿招懷飢流，墾闢荒梗，繕修陂堨，績效具昭。前人之良，何以逮此〔一〕！閲奏歎美，不忘於心。

〔一〕「逮」，龍舒本作「遠」。

# 臨川先生文集　卷四十八

## 内制 詔書　批答　口宣

### 賜天章閣待制知審刑院齊恢獎諭詔

敕齊恢：省所奏，據大理寺日奏司狀，四月一日已前下寺公案，並已斷絶，無見在事，具悉。卿以才被選，典領祥刑，蔽罪讞疑，遂無留獄。囹空之隆，朕庶幾焉。閲奏歎嘉，不忘乃績。

### 又賜知審刑院齊恢獎諭詔

敕齊恢：犴獄之留，易以爲戒。卿躬有美行，服在近班。典兹祥刑，致用明慎，濟之敏給，廷讞用空。吏稱厥官，朕心所喜。

## 賜敕獎諭審刑院詳議官大理寺詳斷官等

敕趙文昌等：省知審刑院齊恢奏，據大理寺日奏司狀，四月一日已前下寺公案，並已斷絶，無見在事。朕初嗣服，德化未孚，永念元元，多罹犴獄。汝等並膺選擢，任在讞疑，能勵厥官，以無留事。覽奏歎尚，不忘于懷〔一〕。

## 又賜獎諭審刑院詳議官大理寺詳斷官等

敕趙文昌等：四方罪獄，常患稽留。豈唯呼嗟，或以瘐死。汝等能勤且敏，論讞用單。閱奏念勞，朕心以喜。

## 賜敕獎諭權大理寺少卿蔡冠卿

敕蔡冠卿：省知審刑院齊恢奏，據大理寺日奏司狀，四月一日已前下寺公案，並已斷絶，無

〔一〕「懷」，光啓堂本作「世」，聽香館本作「心」。

見在事[二]。天下之獄，決於大理。汝能審克，丕蔽厥成[三]，來讞之疑，遂無留者。惟明以敏，朕實汝嘉。

## 賜特放諫議大夫知潭州燕度待罪詔

卿受命方隅，助宣德化。姦凶弗率，乃觸大誅。引慝自歸，謂當譴黜。萬方有罪，責在朕躬。雖爾長民，豈專任此！

## 賜外任臣寮進奉功德疏

卿方以時材，外分邦寄。備修禧事，來會誕辰。廣伽梵之勝緣，協華封之善意。載惟勤至，良用歎嘉。

---

〔二〕「事」，原無，據龍舒本、聽香館本、小岯山館本補。

〔三〕「丕」，龍舒本作「以」。

賜特放知成德軍韓贄待罪詔

夫婦相殘，政之大恥，引愆自劾，於義爲宜。然德化之美，厥成在久，任斯責者，豈特長然？

賜特放懷州傅卞待罪詔

敕傅卞：先王教民，長幼有序。厥或不率，歸之義刑。卿受任方州，罪人既得。閔斯弗迪，引責在躬。美俗之成，蓋非朝夕，一夫抵冒，未足以言。

賜答德妃苗氏賀南郊禮畢詔

敕德妃苗氏：列職内官，逮承先帝，祀儀獲考，慶慰惟均。比覽奏陳，具昭誠意。

賜答修儀楊氏等馮翊郡君連氏等賀南郊禮畢詔

敕修儀楊氏：舊繇德選，列職禁闈，釐事之成，實均慶賴。摛文贊喜，良慰朕心。

賜大遼賀正旦人使茶藥詔

敕：卿以膚使之才，將善鄰之禮，川塗悠遠，風氣沍寒。永念馳驅，當加勞賜。

賜大遼賀正旦副使茶藥詔

敕：卿夙駕使車，遠將信幣，方兹寒凓，固已勤勞。宜申諭於至懷，仍就加於寵錫。

賜大遼皇太后賀正旦人使茶藥詔

敕：卿奉將書幣，更涉川途，方兹沍寒，久於勤勩。宜加勞賜，以示眷存。

賜大遼皇太后賀正旦副使茶藥詔

敕：卿將幣造朝，方申舊好，建旜取道，適會祁寒。永惟跋涉之勞，當有匪頒之寵。

皇帝問候大遼皇帝書

嘉生備舍，華歲幾終。惟素講於鄰懽，想具膺於時福。彌加葆衛，永御吉康。

祝永年。

## 皇帝賀大遼皇太后生辰書

玉燭告和，方御閉藏之候；椒庭集慶，載臨誕毓之辰。具飭使車，肅將禮幣，式修舊好，申祝永年。

## 賜南平王李日尊加恩告敕書

敕南平王日尊：朕躬執圭幣，禮成郊丘，無有遠邇，並膺休福。卿鎮撫南服，功昭于時。乃眷忠勤，尚加褒顯。永肩臣節，茂對寵章。

## 賜溪洞知蔣州田元宗等進奉助南郊并賀冬賀正敕書

敕田元宗：附綏種落，葆衛疆陲。能來獻琛，以贊鳌事。忠勤之意，良有可嘉。

## 賜占城蕃王楊卜尸利律陁般摩提婆敕書

敕：卿世荷百禄，躬有一邦。雖道阻荒遐，而志存欽順。具書遣使，航海獻琛。載念忠勤，豈忘歎尚！因加褒賜，式示眷懷。

## 批答文武百寮曾公亮已下上尊號第一表不允

朕以薄德，嗣膺基緒，繼天理物，常懼弗任。方賴交修，以熙衆治。群公卿士，外暨庶黎，欲舉鴻名，措之眇質。臣民歸美，爲義則多，揣實揆時，朕猶不取。

## 批答文武百寮曾公亮已下上尊號第二表不允

王者奉元以先後天時，憲道以始終人事，以文制禮作樂，以武戢兵豐財，以成萬物之性爲仁，以得四海之心爲孝。惟聖時克，朕無能焉，被之此名，祇有慚德。矧家多難，創鉅未夷，備章而郊，欲止不敢，因自尊顯，良非本懷。

## 批答宰臣曾公亮已下賀壽星見

省表具之。乾象粲然，官占以告，壽祺之應，於傳有稽。卿等寅亮帝工，阜成邦采，摛文告慶，歸福朕躬。書瑞史篇，已循故事；星隆晷德，尚賴交修。

### 批答樞密使文彦博等賀壽星見

省表具之。穹旻見象，以告壽昌，嘉與臣民，並膺兹福。卿等進繇德選，登翊事樞，敷奏兆祥，請書史策。忠嘉之意，朕所不忘。

### 批答富弼

卿有憂國愛君之心，而忠以忘乎己；有經邦信時之業，而用未究其能。夫蓄久而積博者施之無窮，慮深而計熟則謀無不獲，此朕所以有望於卿也。矧卿正直不回，姦邪素忌，小人所異，君子所同。是以在外十年，而左右之譽弗及；處躬一德，而搢紳之望愈隆。朕内度于心，外詢于衆，自謂有得，卿其何辭？

### 批答不允皇伯祖威德軍節度使榮國公承亮辭免恩命第一表

卿相予祠事，既獲休成，膺國寵章，所宜祗受。苟爲謙避，未協眷懷。

批答不允承亮辭免恩命第二表仍斷來章

卿位重朝廷，望隆宗室，駿奔郊廟，助朕休成，受錫爲宜，可無確避。

批答不允承亮辭免

省表具之。受釐於神，人與有慶。矧惟近屬，德齒兼尊；膺此褒嘉，於事爲稱。往其祗命，以副眷懷。

批答不允承亮辭免

省表具之。古者脤膰之福，與同姓共之。矧兹大賚，外及蠻貊，爲吾近屬，相協休成，恩典所加，豈容固避？

批答樞密副使韓絳邵亢知樞密院事陳升之等辭免恩命仍斷來章

省表具之。祭有惠術，賚及庶黎。矧吾政事之臣，當在褒揚之首，膺斯恩典，於體爲宜。毋或終辭，以勤訓告。

## 批答韓絳邵亢陳升之等辭恩命不允仍斷來章

卿等位爲臣宗，躬相祠事，膺斯褒顯，於體爲宜。往服寵章，可無謙避。

## 宣答文武百寮稱賀宣德門肆赦

有制：朕升煙泰畤，登就吉儀。駐蹕端門，布宣惠澤。臣鄰協豫，黎庶交欣。賴天之休，與卿等内外同慶。

## 宣答文武百寮稱賀南郊禮畢

有制：朕祼獻清廟，燎禋泰壇。協相祀儀，既嘉勤績；旅陳賀禮，彌見歡誠。賴天之休，與卿等内外同慶。

## 宣答樞密使以下賀南郊禮畢

有制：朕親稱幣玉，祇見郊宫，能底熙成，實繇顯相。群靈率籲，黎獻交欣。朕賴天之休，與卿等内外同慶。

## 賜皇伯祖東平郡王允弼生日口宣

有敕：卿齒尊德茂，屬近位崇。惟時獻歲之期，實兆元精之慶。當加好賜，以助燕私。

## 賜皇伯祖威德軍節度使榮國公承亮加恩口宣

有敕：朕躬率百辟，褒封萬靈。乃眷親賢，實陪大事，當懋寵嘉之數，以昭褒錫之恩。

## 賜皇弟岐王顥生日禮物口宣

有敕：卿地親魯、衛，德茂閒、平，方誕毓之嘉辰，有匪頒之故事。當馳膚使，往喻隆恩。

## 賜皇弟高密郡王生日禮物口宣

有敕：卿德名方邵，爵寵兼崇。誕毓之辰，甫當穀旦，匪頒之禮，式示至恩。

## 賜淮南節度使守司徒兼侍中判相州韓琦加恩口宣

有敕：卿位高朝廷，德茂百辟。相予釐事，厥有成勞。膺國寵章，是爲常典。

### 賜判永興軍韓琦生日禮物口宣

有敕：卿位重將旄，望隆宰席。方懋蕃官之績，載臨誕毓之辰。當有匪頒，以昭眷遇。

### 賜樞密使西川節度使守司空兼侍中文彦博生日差内臣賜羊酒米麵等口宣

有敕：卿明謨經國，碩望冠朝。方兹誕育之辰，宜有燕私之禮。當加賜賚，以示眷懷。

### 賜文彦博生日差男押賜生日禮物口宣

有敕：卿才隆國棟，位極臣宗。惟時盈月之良，實兆元精之慶。載臨穀旦，當致異恩。

### 賜樞密使吕公弼生日禮物口宣

有敕：卿爲皇世臣，掌國幾命。門弧告慶〔一〕，是謂嘉時；臺餽致恩，式昭厚遇。

〔一〕「告」，宋刻本作「吉」。

賜觀文殿大學士尚書左僕射富弼赴闕茶藥口宣

有敕：卿久辭劇位，外寄方州。惟召節之既嚴，想朝旂之甚邇。宜頒珍劑，以喻至懷。

賜觀文殿大學士尚書左僕射富弼湯藥并賜詔口宣

有敕：卿屏翰元功，台衡舊德，數更悲釁，有惻朕心。因喻至懷，宜頒珍劑。

賜觀文殿學士刑部尚書知大名府陳升之赴闕朝見并賜茶藥口宣

有敕：卿擁節過都，斂關請覲。方兹炎溽，固已勤勞，當有匪頒，以資輔養。

賜觀文殿大學士尚書左僕射判汝州富弼加恩口宣

有敕：卿望隆時棟，德茂臣宗，方兹釐事之成，爰有命書之賜。往膺褒顯，當體眷懷。

撫問判永興軍韓琦口宣

有敕：卿内辭鼎軸，出撫方垂。載惟莅事之勤，宜饗啬神之福。特申勞問，以示眷懷。

## 撫問觀文殿學士陳升之兼賜夏藥口宣

有敕：卿久參台路，方部將符。輯瑞之來，虚懷以竚。宜加勞賜，式示眷存。

## 撫問鄜延路臣寮口宣

有敕：卿等並膺廷選，外寄邊虞，永念撫循，備更勞勩。方兹妍暖，宜各寧安。

## 撫問延州沿邊臣寮口宣

有敕：卿等並因材選，外寄邊虞，方履盛秋，想膺多福。特申撫喻，當體顧懷。

## 撫問河北西路臣寮兼賜夏藥口宣

有敕：卿等時方鬱烝，氣或疵癘，永惟黎獻，方寄外憂。當有分頒，以助調養。

## 撫問并代州路臣寮并將校口宣

有敕：卿等方以材能，外分寄屬，當此沍寒之極，永惟勞勩之多。當飭使人，往宣朕意。

## 撫問高陽關路俵散諸軍特支銀鞋錢并傳宣撫問臣寮口宣

有敕：卿等各以選掄，外膺寄屬。比更時序，邈在邊防，永懷扞禦之勞，當致拊循之意。

## 撫問送伴大遼賀正旦人使副沿路相逢賀大遼皇太后皇帝生辰使副口宣

有敕：卿等抗旜出聘，擁傳還朝。方春尚寒，涉道良苦，當加撫勞，以示眷懷。

## 撫問雄州白溝驛賜北朝賀正旦人使御筵口宣

有敕：卿等並膺朝選，實搆鄰歡。擁節在疆，方豫稱觴之禮；馳軺喻指，姑推折俎之恩。

## 賜大遼國賀正旦人使已下生餼口宣

有敕：卿等奉將鄰聘，來會歲元。永懷跋涉之勞，宜有餼牽之禮。式昭勤遇，當體誠懷。

## 賜大遼國賀正旦人使却迴瀛州御筵口宣

有敕：卿等奉將書幣，既獲驩成。跋涉川途，固更勤勩，宜頒燕衎，以示眷懷。

## 賜大遼國賀正旦人使見訖就驛賜酒果口宣

有敕：卿等奉將鄰聘，夙駕使軺。既造見於闕庭，方即安於舍館。宜加好賜，以致誠懷。

## 北京賜大遼賀正旦人使却迴御筵口宣

有敕：卿等奉幣造朝，抗旜歸國。緜懷使節，方次都畿，特示燕私，以將勤遇。

## 雄州賜大遼賀同天節人使却迴御筵兼撫問口宣

有敕：卿等抗旜歸國，總轡在疆。方茲炎歊，亦既勤勩，就頒燕衎，式示眷懷。

## 就驛賜大遼賀同天節人使却迴朝辭訖酒果口宣

有敕：卿等奉將聘禮，來會誕期。惟鄰好之踐修，嘉使容之飭備。當申頒賚，以侑燕私。

## 賜真定府路臣寮等初冬衣襖口宣

有敕：卿等水澤將堅，風飆載厲。永懷黎獻，方寄外憂，當飭使軺，就頒篋服。

賜召學士馮京入院口宣

有敕：卿文備國華，學該世務。祥琴既御，吉服以朝，宜復禁塗，往供辭職。

賜召滕甫入院口宣

有敕：卿夙稱才敏，久擅文華。當解風憲之嚴，以豫論思之密。

# 臨川先生文集　卷四十九

## 外制

召試三道

### 節度使加宣徽使制

門下：推轂授師，擁旄乘塞，擅生殺之柄于外，繫安危之體于中，厥有顯庸，宜膺寵數，誕揚孚號，明示庶工。具官某，學足以通大方，謀足以斷衆事，有經天之業，有扞城之材。比以明揚，屢更煩使，遂躋膴仕，良副訏謨。維塞路之要藩，實兵防之重寄，職爾鎮撫，紓予顧憂。蓋爵賞之加，不遺於近小，豈藩維之任，顧可以弭忘？用是疇其展寀之勞，寵以宣猷之號。繫人謀之衆允，匪朕志之汝私。

夫任重者其憂不可以不深，位高者其責不可以不厚。號名之美，禮秩之崇，非期假寵以擅榮，兹用論功而取稱。矧夫守國之圉，謀王之師，聯輔相之籍於殿中，居士民之瞻於天下。其思祇慎，以副褒優。可。

## 翰林學士除三司使制

敕：三司使，天下之盛選也。自尚書六官名存實去，而三司之職事所總居多。則非夫仁明肅艾足以輔世濟物者，奚宜任此哉？具官某，有疏通之才，有直亮之操。閎言崇議，足以經綸王家；高文典策，足以鼓動當世。遂以人望，揚于禁林。若夫施政之後先，生財之本末，蓋嘗深思而熟講，殫見而洽聞。則居天下之盛選，主朝廷之大計，詢考在位，孰如汝宜？

夫聚天下之衆者莫如財，理天下之財者莫如法，守天下之法者莫如吏。維予任汝，其聽勿疑！法之不善者汝得以議而更，吏之不良者汝得以察而去。則夫調度之不時，費出之無常，邦用之不給，元元困於征求而愁怨於下者，直汝之恥也。夫行己有恥而後可以爲士，矧吾左右信任，詢謀所同，而觀聽之所在者乎？往祗厥官，其亡以寵利而爲士恥。可。

## 誡勵諸道轉運使經畫財利寬恤民力制

夫閔仁百姓而無奪其時，無侵其財，無耗其力，使其無憾於衣食，而有以養生喪死，此禮義廉恥之所興，而二帝三王誠敕百工諸侯之所先，後世不可以忽者也。朕夙興夜寐，聽治不怠，囿游宮室之觀無所增飾〔一〕，而躬以節儉先天下之士。然而不忍人之政，考諸先王，未有以及之也。凶年饑歲，民之父子夫婦，猶有不得保其家室而放乎溝壑。意者吏或不良，不知所以賑救省憂之方，而使之至此耶？今吾於諸道置使者〔二〕，使得察吏之良否而視民之疾苦，輒具以言。而任事者或不惟朕志之所急〔三〕，而以侵牟之爲故，甚非所以遣使者慰安元元之意也。

夫轉輸天下之財，以給有司之費，皆有常數，而無横求。誠能御輕重斂散之權，而禁因緣之姦，則何患乎經入之不足？彼前世良吏，能紓其民而官事亦不耗廢者，豈有他哉？亦在乎勉之而已。若乃操聚斂之羸以爲功，而不知百姓與足之義，非惟逆於朕志，而有司考績之法，亦將不汝容焉。朕言維服，其聽毋怠！可。

皇姪右衛大將軍岳州團練使宗實可起復舊官泰州防禦使知宗正寺制

敕：先王糾合宗族而分職以治之，所以嚴宗廟也。宗廟嚴，則禮俗成而天下治，其事豈可以輕哉？今朕選於近屬，以修宗正之官，亦先王治親之意也。以爾具官某，惠仁孝恭，忠信純

---

〔一〕「游」，龍舒本作「苑」。

〔二〕「於」，原作「别」，據龍舒本改。

〔三〕「任」，龍舒本作「在」。

篤，故還厥位，以稱禦侮之實，而使任事焉。夫士之欲施於政，未有不學而能者。學所以修身也，身修則無不治矣。朕言維服，爾往懋哉！可。

## 皇姪右衛大將軍泰州防禦使知宗正寺宗實可岳州刺史充本州團練使制

敕：孝子之思慕無窮，而送終有既者，先王之禮也。具官某，祗慎克孝，能良於喪，去位家居，三年於此矣。其還位號，復序内朝。朕命維新，往欽無斁！可。

## 起居舍人直秘閣同修起居注司馬光知制誥制

敕：先王誥命之文，何其雅馴而奥美！雖出命非有司之事，而討論潤色，蓋有助焉。以爾具官某，操行修潔，博知經術，庶乎能以所學，施於訓辭。俾掌贊書，往諧朕志！可。

## 起居舍人直秘閣同修起居注司馬光改天章閣待制制

敕：揚雄曰：「周之士也貴，秦之士也賤；周之士也肆，秦之士也拘。」蓋先王以禮讓爲國，士之有爲有守，得伸其志，而在上不敢以勢加焉。朕率是道，以君多士。以爾具官某，文學行治〔一〕，有稱于時，故明試以言，使司告命。而乃固執辭讓，至于八九。改序厥職，以伸爾志。是亦高選，往其懋哉！可。

## 翰林侍讀學士右正言馮京改翰林學士知制誥權知開封府制

敕：學士職親地顯，而開封典治京師，非夫忠厚仁恕而有文學政事之能，孰可以任此？具官某，造行直方，受材博敏，踐更中外，休顯有稱。論思禁林，尹正畿甸，詢謀惟允。其往懋哉！可。

## 范鎮加修撰制

敕：昔周人藏上古之書以爲大訓，而孔子春秋，天子之事也。蓋夫討論一代之善惡，而撰次以法度之文章，非夫通儒達才，有識足以知先王，不欺足以信後世，則孰能託尚書、春秋之義，勒成大典，而稱吾屬任之指乎？以爾具官某，有該通之材，有純潔之操，辯論深博，溢於文辭，論

〔一〕「治」，龍舒本作「義」。

思禁林，時議惟允。則夫案善惡見聞之實，斷是非去取之疑，人之所難，宜以命爾。爾其精思熟考，自勉以古之良史，毋襲近世比事屬辭之失，使來者無所考稽〔二〕！可。

## 右司諫趙抃禮部員外郎兼侍御史知雜事制

敕某：朕置御史以爲耳目，非更事久而能自稱職，則不以知雜事也。以爾嘗任言責，有猷有爲，行義之修，士人所譽，故遷郎位，使在此官。悉其誠心，迪上視聽，義之與比，時乃顯哉！可。

## 屯田員外郎韓縝改殿中侍御史制

敕某：朕使學士五人舉二人以爲御史，又於二人擇取一人，而以汝爲之。汝名臣之子，世載榮問，愷悌忠信，學知大方。無蔽于憸人，無撓于大吏，無迪上以非先王之典而同乎流俗。時汝稱職，往其勉哉！可。

〔二〕「使來者無所考稽」，龍舒本作「使無以考焉」。

## 兵部郎中沈立可依前官充三司户部判官制

敕某：擅一道之財，而開闔斂散之，以給縣官之費，而又察舉吏士之賢不肖，問民之疾苦，與夫入佐三司，而四方之言利者必稽焉〔一〕，其職事之責等爾〔二〕。汝以才能屢試，而行義加修，使于東南，歲月久矣。還裨掌計之治〔三〕，所以慰將命之勞。惟爾博學多聞，固嘗知夫百姓與足之義。古人有言曰：「尊其所聞則高明，行其所知則光大矣。」可不勉哉！可。

## 度支員外郎充秘閣校理李大臨三司度支判官制

敕某：天下之食貨，皆領於三司，故朕常難於置使，而又考慎其屬以稱之。爾以文學爲官，而政事嘗有所試，清明敏達，可使治煩。往踐厥官，其知所守矣！可。

---

〔一〕「稽」，龍舒本作「稱」。
〔二〕「等爾」，龍舒本作「重」。
〔三〕「治」，龍舒本作「位」。

## 金部郎中朱壽隆三司鹽鐵判官制

敕某：取於山海之無窮，以助縣官之不給，所以開闔斂散之，不可以無術也。非夫廉辨敏明之吏，孰能任此者乎？爾純行美材，久於煩使，往共厥服，維是勉哉！可。

## 度支員外郎李壽朋開封府推官制

敕某：朕布大慶於天下，惟士之有能有爲而不獲盡者，豈一日而忘哉？爾以政事之材而濟之文學，無所避憚，以修厥官，陷于吏議，失職久矣。尹正畿甸，四方所瞻，姑往佐之，以永民譽。可。

## 殿中丞充集賢校理陸經開封府推官制

敕某：天下無事，休養生息，百年於此。而京師之人衆矣，獨開封以一尹治之，故朕常慎擇材士以爲之佐，庶幾乎其不勞而治也。爾材茂質美，久於湮阨，而智能彌劭，行義加修。姑使治煩，往其自勉！可。

## 太常博士充秘閣校理張洞開封府推官制

敕某：開封任重事叢，故常擇才士以爲之佐。爾以文章學問，列職校讎，出試一州，風績彌劭。膺此遴選，往其勉哉！可。

## 左司諫王陶皇子伴讀制

敕某：自天子至於士，未有不待學而成者。今朕欲進諸子於學，求可與居者，而大臣以爾爲言。爾久在諫工〔一〕，有聞於世，兹惟慎選，可不勉哉！可。

## 樞密直學士施昌言知渭州制

敕：夫出河祕文，中嚴於禁閣；臨渭分閫，外肅於戎亭。進陪侍從之聯，往膺經略之寄，兹爲異數，授受惟艱。具官施某，才劭兼人，問望映世，早攄素藴，寖陟清塗。南榻計庭，裨贊之功可紀；西廂樞府，論思之效尤彰。洎出總於藩條，且屢制於邊瑣，事經畢舉，政績用成。宜易餘

〔一〕「工」，龍舒本作「垣」。

杭之符，就撫氐羌之塞。爾其坐護諸將，善固吾圉。而今而後，無西顧之憂者，緊爾之力，可不勉哉！可。

## 知制誥沈遘知杭州制

敕：東南奥區，杭越重鎮。眷惟師帥之選，屬于侍從之良。宜有褒優，式示毗倚。具官某，風姿爽拔，器宇閎深。早登高妙之科，亟躋通顯之列。校文東觀，典學擅乎多聞；演誥西垣，英辭鼓乎群動。比抗章而請郡，期調膳以奉親。曾未期年，已聞報政。乃就更於淮海，庶益便於庭闈。載念錢塘之邦，方虚銅虎之守，宜共易俗之命〔一〕，仍選應宿之資。服我新恩，寵爾故里，與夫引會稽之紱，又相萬也。爾惟懋哉！可。

## 龍圖閣直學士知河陽李兑給事中依前龍圖閣直學士知鄧州制

敕：鄧於京西，爲一都會，提兵以守，常擇大吏，且有加命，寵榮其行。具官某，寬和静深，方厚篤實，嘗由御史，遂爲諫官。延閣侍從之班，方維師守之任，焯有績效，見於事爲。序于東

〔一〕「俗」，原爲墨釘，據光啓堂本、聽香館本、小峴山館本補。

省之華，寄以南陽之重。按撫吏士，治軍牧民，敷宣詔條，鎮靖風俗，緊汝能力，往其勉哉！可。

## 龍圖閣直學士李柬之刑部侍郎充集賢院學士判西京留守司御史臺制

敕：古之仕者，難進易退。陵夷至於後世，而禮義廉恥幾乎息，恬於勢利者鮮矣，而苟得躁進者不乏於朝。教之未孚，朕甚患之。顧吾左右親近之臣，行義合於古之仕者，宜從其志，使在位之貪者有愧而慕焉。具官某，名臣之子，能自修敕，出備蕃維之任，入爲侍從之官。而乃力辭顯榮，退就閑職。别都執憲，地清務簡，特峻秋官之秩，仍通麗正之班。吾惟爾嘉，其往居息！可。

## 知雜王綽吏部郎中直龍圖閣知徐州制

敕某：知雜御史於朝廷之士爲高選，非精明彊直，不能稱其任也。爾更踐多矣，有聞於時，故從遠方，召置此位。乃以病告，至于再三。出臨大州，進直嚴閣，又增郎位，以寵爾行。其亦懋哉，往共厥服！可。

## 集賢校理鞠真卿可光禄寺丞依舊充集賢校理知壽州制

敕某：付之千里之地，能禁暴去悍，拊循鰥寡，使良民有以休息，而吏不敢爲侵冤，豈非所謂能者哉？若爾之材，歷選于朝〔一〕，而久試于外，固時之所謂能者，朕所加省而不忘。今夫壽，劇郡也，故徙汝以治之。而稽汝歲功，當得遷位，丞于光禄。其往勉哉！可。

## 何郯知永興軍制

敕：朕初即位，慎考俊乂之臣，付之方鎮。具官某，廉清質直，敦大詳敏，藝文之學，政事之材，左右具宜，以有聲績。作國西屏，雍維大都，鎮撫一方，老成是賴。序遷厥位，往牧其人。其勸猷爲，以膺任屬！可。

## 潘夙轉官知桂州制

敕某：桂於西南，爲一都會，蠻夷荒忽，鎮撫有宜，故於用人，常慎其選。爾清明敏達，寬博

---

〔一〕「選」，龍舒本作「遷」。

惠和，更事有功，簡在朝論。遷序郎位，往其勉哉！可。

## 尚書左丞余靖制

敕：朕有大賚，雖疏逖微細必加焉。況於位序高，任屬重，寵章徽數，其可略乎？具官某，政事之材，藝文之學，踐更中外，光顯有聲。濟登大官，鎮撫荒服，能率厥職，相時休成。衍食序勳，往其祇服！可。

## 天章閣待制司馬光制

敕：陟降左右，司朕躬之闕者，至親篤信之臣也。邦有大賚，其可以後而忘乎？具官某，政事藝文操行之美，有聞於世，簡在朕心。相時明禋，庀事惟謹。進階序爵，其往懋哉！可。

## 尚書户部郎中知制誥張瓌制

敕：朕宗祀先帝，以配昊天，而均福釐於在位，疏遠微賤無遺者矣，又況於侍從之臣乎？具官某，德厚資深，志方行潔，安於義命，爲世賓臣。考慎樂禮，相時大事。進階序爵，其往懋哉！可。

## 翰林學士知制誥賈黯轉官加勳邑制

敕：朕初即位，奉行先帝故事，不敢有廢也。具官某，剛毅篤實，閎深博敏，先帝所遺以論思左右者也。其遷厥位，加賜恩典。其往欽哉！可。

## 翰林學士知制誥權三司使蔡襄轉官加食邑制

敕：朕祗若先帝之初，大賚以勞天下。職親地禁之臣，皆先帝所遺以助朕者也，其可以後而忘哉？具官某，率德秉義，以綏寵禄，主國大計，功昭于時。班命有章，往欽無斁！可。

## 翰林學士兼侍讀學士知制誥充史館修撰王珪轉官加食邑制

先帝投天下之艱以屬朕身，永惟所與濟此者，豈非左右之良哉？具官某，秉哲迪義，士民所望，論思潤色，有補於時。大賚之恩，外通四海，況於親近，豈可以忘？往服寵章，愈其慎毖！可。

## 翰林學士知制誥充史館修撰范鎮轉官加勳邑制

敕：朕雖哀恫，永惟付託之重，不敢忘先帝寵綏海内、褒厚群臣之意。具官某，敦大閎博，清明敏達，職親地密，爲國信臣。遷序位等，申之恩典。惟慎厥服，往膺顯榮！可。

## 翰林學士知制誥權知開封府馮京轉官加勳邑制

先帝以盛德成功，克終天禄。眇然在疚，永念嗣訓，非左右之良，孰與濟此哉？具官某，秉哲蹈義，士民所望，尹正京邑，善聲流聞。邦有大賚，當由貴始，往膺榮禄，無替厥修！可。

## 集賢院學士余靖轉官加勳邑制

先帝君臨天下餘四十年，功德之所及博矣。非文武之士，協力中外，何以致此哉！在後之侗，纂修成法，敢忘大賚，以勞衆工〔一〕？具官某，敦大閎深，清明敏達，蕃屏帝室，厥功茂焉。恩典寵章，往其欽服！可。

〔一〕「工」，光啓堂本、聽香館本作「士」。

## 集賢院學士李柬之轉官加勳邑制

先帝棄天下，不及班命以勞群臣。朕繼大統，其承厥志。具官某，廉静忠恕，濟以詳敏，能紹世美，爲時名臣。膺服寵章，往其思勵！可。

## 龍圖閣直學士給事中吕公弼改工部侍郎制

敕：褒德序功，制爲禄位，先帝所以熙庶政也。朕雖在疚，所不敢忘。具官某，保身慎行，舊有榮聞〔一〕，陟降左右，是爲世臣，惠綏西南，風績尤顯。冬官之貳，其往欽哉！可。

## 待制司馬光禮部郎中制

敕：左右侍從之臣，皆先帝所遺以助興政理者也。有勞可録，朕敢忘哉？具官某，行義信於朝廷，文學稱於天下。比更任使，會課當遷，進位二等，以嘉爾績。爾方以經術入侍，而又兼諫争之官，往其思致厥身，使朕之聰明無所不通，爾亦維有無窮之聞。可。

---

〔一〕「聞」，龍舒本作「問」。

## 周沆右諫議大夫制

敕：堯、舜黜陟幽明之法，其詳不見於經，蓋其考績之次序，必始於朝廷之貴者。朕率是道，進退百官，故於邇臣，無有私德。以爾具官某，忠厚謹潔，惠和寬博，嘗被方維之重任，久參侍從之要官，内外之勞，皆宜有賞。而以稱士失實，控于吏議，爲郎武部，七歲于兹。著論積功，進位西省。夫職在盡規之地，官又以諫爲稱，維是將明，往其思勉！可。

## 右正言知制誥知越州沈遘起居舍人制

敕：列名侍從，分職方維，厥有庸勳，朕其甄序。具官某，端良足以有守，精敏足以有謀。爲時賓臣，典掌明命；出撫州部，治聲流聞。内外之勞，進遷惟允，序官一等，以懋厥勤。是謂寵榮，往其祗服！可。

## 掌禹錫趙良規並祕書監制

敕：祕書，圖籍藝文之府，而置監在光禄、衛尉諸卿之右，其材實德望，當有以稱之。以爾具官某等，歷官兹多，服采惟謹，序于卿位，簡在朝廷。宣布詔條，討論典故，久於任使，亦各有勞。宜推增秩之恩，以信懋功之法。往從官次，無或不祗！可。

王綽祕書少監制

敕：朕初嗣位，大賜天下，文武在位，各以序遷。具官某，出入踐更，名聞休顯〔一〕，奉常之副，用勞厥勤。乃辭官榮，以避親諱。綏予孝子，改貳祕書。往服寵章，靖共無斁！可。

光禄少卿李丕緒少府監制

敕：少府古官，於朝廷之位尊顯矣。具官某，行義祇飭，材能敏達。外更器使，績用每成。有司以聞，又當增位。往膺秩物，無怠厥修！可。

司封郎中宋任太常少卿制

敕：士以序遷至於卿位，亦榮矣。非才智有以任事，行義有以保身，豈能致此？具官某，中外踐更，久於郎選，明習衆事，見稱於時。往即厥官，勉之無斁！可。

〔一〕「聞」，龍舒本作「問」。

## 江南西路轉運使吕公孺太常少卿制

敕某：太常兼夔與伯夷之事，非夫藝實德望有以過人，孰宜爲之貳也？爾名相之子，以才見稱，出入踐更，休有風績。序遷厥位，其往欽承！可。

## 職方郎中通判太原府馬從先太常少卿制

敕某：太常禮秩異於諸卿，非文學入官，則不得爲其貳也。以爾行治之美，才能之敏，踐更多矣，皆有可稱。會課于朝，躋登此位。往求自稱，惟既厥心。可。

## 解賓王太常少卿制

敕某：今之太常，兼夔與伯夷之官，非夫寅恭清明，博習於禮樂，則孰能爲之貳也？今朕考行序勞，而以爾爲貳於太常。維爾嘗以材稱，而屢更任使，雖身在外，而名位亦云顯矣。所以稱此者，可無勉哉！可。

# 臨川先生文集　卷五十

## 外制

### 三司鹽鐵副使陳述古衛尉少卿制

敕某：考課黜陟之法，雖疏逖未嘗不信，又況於近而顯者乎？具官某，以才自奮，能世其家，出入踐更，休有風績。列卿之貳，其往勉哉！可。

### 郭永可光禄少卿制

敕某：外廷之位，能至於九列者少矣！具官某，踐更衆職，功善自昭，年除歲遷，以致卿位。進寵一等，往承惟休。可。

## 林億司封郎中制

敕某：朕有官禄慶賞以序功，而其施始於朝廷之近。爾以藝文被選，而多所踐更，通籍禁中，庀官闕下。序遷郎位，既極左曹，往即寵榮，愈其勵勉！可。

## 薛求司勳郎中制

敕某：朕布大號，在廷文武之士，皆得進官一等，而伐閱當遷者，又各得以序遷。爾中外踐更，以才自顯。膺此恩典，往其勵哉！可。

## 權提點成都府路刑獄齊恢度支郎中制

敕某：朝廷選寘才臣以使諸路，而察庶獄之不辜。厥有庸勳，朕當甄序。爾才能行義，士論所稱，會課有司，實應遷法。往膺休顯，其愈懋哉！可。

## 淮南轉運副使張景憲金部郎中制

敕某：入佐三司，出使諸路，皆朝士大夫之高選。有勞當録，其可忘哉？爾行義之修，才能之邵〔二〕，見稱當世，簡在朝廷。會課進官，往其欽服！可。

三司鹽鐵副使陳述古朝奉大夫司封郎中三司度支副使趙抃户部員外郎加上輕車都尉權三司户部副使張燾朝散大夫刑部郎中制

敕某人等：朕初嗣位，奉行先帝故事，不敢有廢也。具官某等，行義稱於世，才能見於朝，佐國大計，爲功多矣。序遷位等，其往欽哉！可。

朱處約祠部郎中制

敕某：爾嘗爲御史，持論不阿；出守方州，稍遷使任。序功增秩，邦法有常。往懋厥修，以須進選！可。

孫抗孫琳祠部郎中制

敕某人等：都水之官廢久矣，朕修之，而用爾爲丞。爾維才能，懋建厥事，有司論課，當以

〔二〕「邵」，龍舒本作「效」。

時遷。進序名曹，往祇無斁！可。

提點福建路諸州刑獄公事王陶祠部郎中制

敕某：朕選置使者清明于諸路，所以待之非輕也。爾踐更衆矣，才美有稱，備在遠方，能修其職。進遷位等，往愈懋哉！可。

權提點廣南西路刑獄杜千能祠部郎中制

敕某：朕初即位，群臣朝者，皆增位一等。有功當遷，又皆得以序進。爾材諝行治，見稱於衆，奉使于外，治聲流聞。會課進官，往其祇服！可。

三司户部副使張燾兵部郎中制

敕某：考績三歲，進官一等，先帝所以勵群臣也。具官某，秉哲迪義，有聲于時，能勵厥修，以宜官政。序功增位，其往欽承！可。

## 苗振職方郎中制

敕某：尚書郎中，序列五品，其於朝廷之位，亦已顯矣。爾用選擢，嘗更任使，積功久次，得在此位。所居三歲，宜進一官，至今而後得遷，乃以爾嘗有謫。朕於黜陟，豈苟然哉？自爾取之而已。往思自勉，以稱褒升。可。

## 王舉元刑部郎中制

敕某：薦非其人，而與其罰，古之道也。爾久以才實，外更任使，風績之卲，靡人不稱。而任舉有失，法當坐免。雖更教令，猶褫一官，以懲上報之稽，而塞人言之衆。膺踐厥服，往其勉哉！可。

## 侍御史知雜事判都水監王綽刑部郎中制

敕某：御史皆吾耳目之官，而折百工以法刑之中者也。考其功狀，在法當遷，則吾豈可以忘哉？以爾具官某，忠厚諒直，有稱於世，踐更衆職，皆以能聞。故寘之臺中，位次執法。名實之善，允于人言，姑疇積功，序進一等。位亦顯矣，往其勉哉！可。

## 胡況都官郎中制

敕某：爾以才行，自昭于時，外分將符，内序郎位，致勤厥職，三歲于兹。稽狀有司，法當增位。進遷一等，其往懋哉！可。

## 周燮都官郎中制

敕某：褒善録勤，邦有常法。爾以才能行義，登顯朝廷，序正郎位，三年於此矣。進遷一等，以懋厥勤。勵治我民，乃其能稱。可。

## 宋孝孫比部郎中制

敕某：褒功録善，邦法有常。爾共厥官，服采惟謹，久於郎選，會課當遷。愈其勉哉，以稱新命！可。

## 監在京都鹽院錢暄比部郎中制

敕某：古者官有職而命有數，非有職不足以序群才，非有數不足以差衆功。今官有品，猶古之命數也。命之數，自一推而上之至于九；官之品，自九推而上之至於一。大略蓋無以異，而其詳如此不同。唯其欲得賢者之在位，則古今一也。爾以才能行治，進序於朝，年除歲授，既得列於五品，久於職事，法又當遷，其亦可謂寵榮光顯矣。其思自勉，以稱吾欲得賢者在位之意哉！可。

### 三司户部判官充祕閣校理王繹工部郎中制

敕某：三司理財之吏與館閣校文之官，皆朝廷雋乂之選也，其於進秩，有異數焉。爾以藝文世家，而祗慎謹飭，久在此位，有勞當遷。序于名曹，其往思稱！可。

### 李章屯田郎中制

敕某：褒善録勤，朝廷之政。爾才能行治，比見推稱，會考績之法，當增位序。進遷一等，其往懋哉！可。

### 周延雋屯田郎中制

敕某：郎中五品，而司田以待藝文之士。爾大臣之子，强學贍辭，出典一州，序功當進。往祇厥位，其克懋哉！可。

職方員外郎竇綱可屯田郎中制

敕某：漢明不以郎官假貴戚，以出宰百里爲不可以非其人。今之郎選，其重非漢比也，而郎中序于五品，其授豈可以輕哉？爾以文藝起家，以吏能從政，序遷此位，嘉寵爾勞。往服訓辭，勉求報稱！可。

職方員外郎卜紳可屯田郎中制〔一〕

敕某：郎中序列三等，其品皆爲弟五，非積功久次，則不得至焉。爾以文藝入官，而濟之謹潔，久於任使，當得進遷。茲維爾階，其往祇服！可。

職方員外郎朱從道可屯田郎中制

敕某：尚書郎選，於今爲重，而郎中列于五品。爾精敏强果，號爲才臣，積功累勤，以致此

〔一〕「紳」，原作「伸」，據底本目録及光啓堂本、聽香館本改。

位。往共厥服，其愈懋哉！可。

## 晁仲綽鄭隨可屯田郎中制

敕某：郎中序列五品，非久於任使，有勞而無罰，則罕得至焉。爾以文藝起家，以才能爲吏，稱功累善，當得進遷。往其懋哉，思稱新命！可。

## 太常博士權御史臺推官杜訢可屯田員外郎制

敕某：尚書郎位，吾所重也〔一〕。爾名臣之子，行義修飭，才能有譽，而職事無過，審官稽狀，當以時遷。新命維休，往其祗服！可。

## 駕部員外郎薛仲孺可虞部郎中制

敕某：郎中五品，於朝廷爲顯位。爾悉心爲吏，才敏見稱，嘗所踐更，咸有功最。進遷惟允，其往懋哉！可。

---

〔一〕「重」，原作「量」，據宋刻本、聽香館本、小峴山館本改。

## 提刑楚建中可司封員外郎制

敕某：朕置使者以察天下之獄，其選擇甚難，而視遇之甚厚。序功録善，其可忘乎？爾行治才能，有聲於世，服官惟稱，會課當遷。以懋爾勞，往其祗訓！可。

## 侍御史邢夢臣可司封員外郎制

敕某：侍御史於御史之選爲高，而尚書郎以司封爲前列。爾才能行義，嘗見推稱，於有言職，爲一臺高選。任責未久，序勞當遷。往副司封，愈其自勉！可。

## 都官員外郎充祕閣校理王異可司封員外郎制

敕某：爾以藝文高第，進仕朝廷，廉靖謹良，有稱於世。校文祕閣，典事方州，甄序歲勞，進遷惟允。往共厥服，其愈懋哉！可。

## 權梓州路提刑都官員外郎張師顔可司封員外郎制

敕某：爾修潔精敏，達於從政，嘗更任使，皆以才稱，故以一路之庶獄，寄之督察。方行就事，會課當遷。往懋厥修，以求稱職！可。

度支員外郎充崇文院檢討晏成裕可司封員外郎制

敕某：爾以文藝之學，在討論之官，丞于太常，典掌禮樂。有勞可録，其以序遷。於世大家，爾爲能保。往思淑慎，無廢厥勤！可。

祠部員外郎充祕閣校理蔡抗可度支員外郎制

敕某：序功録最，邦法有常，惟敏厥修，乃能自稱。爾以校讎之選，受吾蕃屏之寄，材能行治，見譽於時。而會課有司，番遷厥位。官無虚授，往可勉哉！可。

權利州路轉運使度支員外郎蘇寀可兵部員外郎制

敕某：朕欲明清于吏民，而擇使以涖之，非特使之轉貨財以贍有司而已也。爾彊敏謹潔，達於從政，往充其選，克有成勞。序進一官，愈祗乃服！可。

## 三司鹽鐵判官度支員外郎集賢校理王益柔可兵部員外郎制

敕某：任賢使能，而繼之以黜陟，先王之所以治，未有改此者也。爾惟賢，故序于校讎之職；爾惟能，故列于會計之官。稽狀有司，法當增位。其遷一等，以懋爾勞。可。

## 太常博士充集賢校理同修起居注判三司度支勾院錢公輔可祠部員外郎制

敕某：序功黜陟，邦法有常。爾文章博美，行義純潔，施於政事，又以材稱。會課進遷，蓋維常法。往祇厥位，其亦懋哉！可。

## 國子博士朱延世可虞部員外郎制

敕某：尚書虞部，掌天下之山澤，而修其時禁。郎官職事雖廢，而官名猶貴於時，非歷試而有勞，即不得以在此位。若爾之潔廉畏慎，蓋知所以自保矣。其愈懋哉！可。

## 比部員外郎鄭紳可駕部員外郎制〔一〕

敕某：爾勤敏謹潔，以修厥官，會課有司，當得遷位。司輿之副，其往懋哉！可。

## 都官員外郎許遵可職方員外郎制

敕某：爾進以藝文，而兼通律令之學，故於爲吏，常以才稱。第課有司，當得進位。祇予新命，厥往懋哉！可。

## 都官員外郎陳汝羲可職方員外郎制

敕某：審官之法，吏有勞而無罪，至於三歲，則遷位一等，亦所以勸也。爾文學政事，有稱於世，久更任使，會課當遷。往服寵章，愈其思勵。可。

〔一〕「紳」，原作「伸」，據底本目録及聽香館本改。

## 都官員外郎章俞可職方員外郎制

敕某：爾以藝文之學，政事之材，所更滋多，皆有善最。三載考績，法當進遷。往踐厥官，愈其思勉！可。

## 韓繹可職方員外郎制

敕某：三歲一遷，審官馭吏之常法也。然非智謀忠力能舉其職事者，亦何以稱此哉？爾纘德善之慶，而以藝文自奮，施於吏政，强敏有聲。膺此寵榮，其知勉矣！可。

## 都官員外郎劉牧可職方員外郎制

敕某：朕置使者以察諸路，而選才士以佐之。爾行義智能，比見稱述，往共職事〔一〕，會課當遷。懋勉厥勤，以稱官使。可。

---

〔一〕「共」，原作「其」，據聽香館本、小峴山館本改。

## 都官員外郎王易知可職方員外郎制

敕某：爾久於試用，常以才稱，出守一州，可有爲矣。而有司會録，當得進官。往既厥心，以祇予訓！可。

## 屯田員外郎謝景初可都官員外郎制

敕某：周官司士，三歲則稽士任，進其爵禄，而方今審官之法用焉。爾名臣之子，操行修潔，文學政事，有稱於時。審官序勞，當以時進。往踐爾位，厥維懋哉！可。

## 屯田員外郎何世昌可都官員外郎制

敕某：尚書之實多廢矣，而郎位尚爲朝廷所重。爾藝文操行，政事之材，推舉進遷，以至於此。出佐州治，論功應條。改序中行，往其祇服！可。

## 屯田員外郎陳安道可都官員外郎制

敕某：士夫奉法循理以共厥服，至於三歲而無咎罰，其可無進遷之法以慰勉之哉？爾藝文起家，而行義修飭，比更器使，實以才稱。往服寵章，愈其思勉！可。

## 屯田員外郎晁仲約可都官員外郎制

敕某：褒善録勤，朝廷之政。爾清明敏達，士類所稱，典治一州，風政彌劭。有司序績，當得進遷。往服寵章，愈其思勉！可。

## 屯田員外郎唐諲可都官員外郎制

敕某：爾藝文行治，進有可稱，爲郎尚書，三年於此矣。職事之最，法當進遷。愈其懋功，以對新命！可。

## 屯田員外郎林大年可都官員外郎制

敕某：士之有爲者，豈必慶賞而後勸哉？然黜陟者勵世之通法，而爲天下者所不能廢也。爾被文蓄德，從政有聲，會課當遷，序官一列。往其勵勉，膺此寵榮！可。

太常博士胥元衡可屯田員外郎制

敕某：仕於朝廷者，有勞而無罪，至於三歲，則遷位一等，所以明有勸也。爾名臣之子〔一〕，行義修飭，以才自奮，從政有稱。往服寵章，愈其思勉！可。

太常博士李處厚可屯田員外郎制

敕某：爾政事之材，藝文之學，潔身慎行，皆以有稱。試請利權，是亦煩使。序功録最，當得進遷。列職南宮，往其祗服！可。

比部員外郎吕元規可駕部員外郎制

敕某：褒善録勤，邦有常法。爾護軍糴，將邊漕，悉心營職，才諝見稱。會課序遷，往其祗服！可。

〔一〕「子」，原作「世」，據聽香館本、小峴山館本改。

## 吴充轉官制

敕某：士之好德樂善而無求，則爵賞有不足以勸焉，而爵賞固不廢乎無求之士。爾文章行義政事之實，士友之所服〔一〕，朝廷之所稱。然方試爾于外，以觀爾爲，而審官上爾歲月之勞，法當遷位一等。此雖不足以爲爾勸，而天下至公之法不可以廢者也。往其懋承之哉！可。

## 劉敞轉官制

敕某：褒善録最，朝廷至公，況吾邇臣，在法當陟！具官某，文章博美，政事詳敏，心通道德之意，躬率仁義之行。久於侍從，實允詢謀；付以方維，又能鎮撫。甄序乃績，進遷厥官。朕命惟休，往其祇服！可。

## 劉覺等轉員外郎制

敕某：官所以制禄位之等，職所以敘才分之宜，視職之廢舉與行之失得而下上其官，此吾

〔一〕「士」，龍舒本作「僚」。

爲天下立法以廢置賞誅之大體也。爾持其行而無失〔二〕，修其職而無廢，三年於此矣，不可以徒置也，宜有賞焉。序進一官，往欽乃服！可。

## 王伯恭轉官制

敕某：方今仕於朝廷者，率三歲而一遷，論者患其不足以勸功。然日月久矣，能祗慎不怠，免於罪悔，則亦宜有以褒嘉，此朕所以使爾得遷之意也。士之爲義，蓋有常心，何必利焉，然後知勸？可。

## 王允轉官制

敕某：爾能誦先王之言，以得禄位，施於有政，又以才稱，丞于殿中，歲月久矣。博士之選，儒者所宜，以爲爾官，其往祗載！可。

---

〔二〕「行」，龍舒本作「法」。

## 李正臣轉官制

敕某：書曰：「欽哉欽哉，惟刑之恤哉！」此吾所以建審刑之職，而擇取智能之士以爲詳議之官。爾以藝文起家，又能明習法令，靖共厥位，有伐當遷〔一〕。姑使序于太常，而仍其覆讞之事。往爲審克，以稱欽恤之意。可。

## 劉叔寶轉官制

敕某：士之修身慎行，宣力四方，豈皆以取爵禄之報哉？蓋其志有以謂義當如此。然而爵禄必稽行治勞烈而加焉。今吾序進爾官，以有積功之實，義不可以無報也。在爾自爲，則欲知夫義當如此，而無志乎寵利，然後可以事君。往其勉哉，尚有終譽！可。

〔一〕「伐」，龍舒本作「秩」。

# 臨川先生文集　卷五十一

## 外制

### 樞密院編脩周革轉官制

敕某：語曰：「前事不忘，後事之師也。」今吾樞密之府，自祖宗以至於今，不啻百年。捍患持危應變之大計，與夫將相論議之臣，密謀要策，有補於世者，皆具在此。而文書貿亂淆雜而無紀，亦何以待後事乎？故擇能臣，使序次焉。而爾以才稱，實當其任，今遷爾位，唯是勉哉！可。

### 屯田員外郎任迥等加勳制

敕某等：朕獲休享于神，而嘉與在位同其福禄。爾等並由材選，列在郎位，相時釐事，能勵厥勤。甄序有差，往其祗服！可。

## 張慎修等改官制

敕某等：士之選於吏部者多矣，以貌以言而取，吾皆不足以得之。此吾所以推耳目之任而付之刺舉之臣，使各察其所部，而以賢才告上。今爾等從政于外，而爲刺舉者所稱，故吾召見于庭，而秩以省寺之官。往其勉思所以事君，無使稱爾者，受不任之咎！可。

## 徐師回等改官制

敕某等：詩曰：「不解于位，民之攸塈。」蓋吏能夙夜不懈於其職事以無過失，然後民得以服勤，而有勸功樂業之意。吾所以制爲禄位以待天下之吏，以時論其功狀而進退之，凡以爲民也。爾等並列於朝〔一〕，而久於其職。序遷爾位，惟是勉哉！可。

## 磨勘轉官制二道

敕某等：有司考爾等之伐閱，而揚爾等於朝廷，朕親覽焉，皆應遷法。夫命官賦禄之事，朕

---

〔一〕「並」，龍舒本作「久」。

非輕之也，維以章有德，序有功。名在審官，則三歲而一遷，亦維以閔夫職事之勞，而勉之盡力。爾等勿謂名器之可計日以自取也，而無報上之意焉。可。

## 二

敕某：虞以九載黜陟庶官，周以三歲誅賞群吏，其爲法異，而勸沮之意同。爾之積功，實應遷法，序進厥位，維以勸能。書不云乎：「德懋懋官，功懋懋賞。」爾則善也〔一〕，朕何愛焉！可。

## 明堂宗室加恩制〔二〕

敕某：朕既肆祀於明堂，而大賚以布神之福。爾列名屬籍，序位內朝，肅雝在庭，克相釐事。以差受寵，其往懋哉！可。

## 皇姪孫左屯衛大將軍登州防禦使世永改隴州防禦使制

敕：朕永惟太祖皇帝德加於後世博矣，而諸孫爵位莫有顯者，甚非所以惇敘九族，承宗廟

〔一〕「也」，龍舒本作「懋」。
〔二〕龍舒本題作「皇親叔敖轉官加勳二」之二。

之意也。具官某，躬率德義，克承厥休，方將營衛之屯，而領兵防之任。其正使號，稱朕志焉。可。

## 皇姪右衛大將軍蘄州防禦使從古登州防禦使制

敕：朕選於近屬，以治親親，唯賢與能，宜在此位。具官某，躬率德善，自昭于時，以選攝事，久勤不懈，其遷使號而正其職服之名焉。往踐寵榮，愈思慎毖！可。

## 皇姪曾孫太子右内率府率令磋右千牛衛將軍制

敕某：治天下自人道始，而以治親爲先務。爾序于屬籍，率履不違，遷率東宫，十年於此矣。進踐禄次，往其欽承！可。

## 鄭穆太常博士制

敕某：士之著籍審官者，雖在疏遜，猶三歲而一遷。又况以才被選，有職事於禁門之内者哉？嘉爾言行，發聞于世。膺此恩典，往其欽承！可。

## 錢衮太常博士制

敕某：太常，古宗伯之官，而博士掌其掾法，增損因革皆合於事〔二〕，久而不失先王之禮意，然後可以爲能，其任固已重矣。今雖職廢，而非文學出仕，則不得以名官。爾以敘進而膺此選，其尚能勉以求稱哉！可。

## 集賢校理周豫太常博士餘如故制

敕某：籍於審官之士，雖身在外，有司會其伐閱，歲滿輒遷，況於以才進選而列職祕近者哉？爾維畯良，膺此恩典。往其祗勵，以服寵榮。可。

## 楊南仲太常博士制

敕某：爾文學藝能，見稱於世，服官惟謹，克以有勞，丞于太常，是謂華選。遷秩博士，往其欽哉！可。

---

〔二〕「革」，龍舒本作「造」。

## 姚原道太常博士制

敕某：爾以藝文出仕，而才諝見稱，備任遠方，有勞當録。博士之選，往其欽哉！可。

## 晏崇讓太常博士制

敕某：爾名臣之子，行義修飭，能以藝文自奮，而於職事有勞。序遷厥官，其往祇服！可。

## 劉温太常博士制

敕某：爾丞祕書三年矣，故稽爾功狀，秩于太常。爾行義才能，有稱於世。無曰官小，往其欽哉！可。

## 柴餘慶國子博士制

敕某：爾於爲吏，才敏見稱，會課有司，當得遷位。博士之選，往其勉哉！可。

## 邵亢太常丞制

敕某：古者尚賢而輕爵，好藝而賤禄，所以士樂羞其行而爲時用也。爾列于東宫之職事，三年於此矣。群牧之任，開封之選，皆能稱職，遂佐三司。其序爾功，進官一等。若爾之藝文政事，吾豈有愛於爵禄乎哉？往懋厥修，以需其後。可。

## 蔡説殿中丞制

敕某：宗祀之成，慶覃疏逖，爾久於常選，丁此殊恩。甄序有榮，往其祗服！可。

## 晁仲熙殿中丞制

敕某：爾以謹潔，能不失其世守，故積功久次，致位於朝，往佐一州，又應遷法。愈其懋勉，以稱褒嘉。可。

## 王元甫殿中丞制

敕某：吏之有籍於審官者，三歲一遷，所以勸勞也。爾以才備任，積課應條。往服命書，愈其思勉！可。

## 高應之國子博士張俅太常丞范褒殿中丞制

敕某等：爾等親吾民于外，而吾使有司會課于中，皆能有勞，以應遷法。夫上之爵賞無私，德惟以治，人臣能率職以治人，則可謂能報上矣。各踐爾位，惟時勉哉！可。

## 胡掖殿中丞制

敕某：汝官在東宫，而得列於朝廷之位，有司奏課，當以時遷。夫禄所以等功，位所以序德，朕所以命汝者，每加厚矣。汝所以報稱者，亦可以勉哉！可。

## 王介祕書丞制

敕某：朕設科以來異能之士，而親發策問之，爾言不阿，而學問多中乎義理。其遷厥位，以嘉爾之能言。夫士無不能，有不爲爾。若爾之修潔有志，而濟之以明敏之才，惟所施焉，將無不至。況於一官之小，豈以不稱爲患也哉！可。

## 毛篪祕書丞制

敕某：古人有言曰：「無常産而有常心者，唯士爲能。」夫所謂士者，不以無常産而變易其心，又奚俟於爵賞而後勸哉？然士之有功，則爵賞加焉，天下大公之法也。爾以進士起而序於王官之列，出長一邑之民，有勞而無罪，三年於此矣。其使遷秩，以信大公之法。朝廷之位，亦加顯矣，所以爲士者，可不勉哉！可。

## 許懋傅顔並祕書丞制

敕某：爾雖任職于外，而功罪之籍，實在審官之府。以時會課，於法當遷。夫三歲而序一官，在會之所同〔一〕，然材實行治，不有以稱其位，則孰以爲非苟得也？爾以藝文自奮，而由稱舉以至於此，其知之矣，可不勉哉！可。

〔一〕「會」，宋刻本作「位」。

## 陳舜俞祕書丞制

敕某：爾以賢良應詔，朕嘗親册而秩以京官。幕府三年，序遷一等，此特有司之常法爾，豈所以待異能之士哉？往其勉之，以俟時用！可。

## 句士良祕書丞制

敕某：爾佐著作于祕書三年矣，審官稽狀，當進一官。惟爾以文藝起家，而以吏能爲邑。往欽新命，其克勉哉！可。

## 國子監直講商傅光禄寺丞制

敕某：爾博讀群經而能通知其義〔一〕，故選於衆以教國子。有司稽任，當以勞遷。往服爾官，愈其思懋！可。

〔一〕「博」，原無，據龍舒本補。

## 張璘光禄寺丞制

敕某：爾父爲吾執政之官，而爾能夙夜祇飭，以修其職事，可謂能世其家矣。今有司會課，而吾以爾丞于光禄。往思勵勉，以永燕譽之終哉！可。

## 王峋光禄寺丞制

敕某：詩曰：「維其有之，是以似之。」以爲賢者之後，功臣之世，非有以存之，則無以似續其前人也。爾以蔭籍入官，而能舉其職，以應有司之遷法，可謂知似續其前人矣。丞于光禄，其往勉哉！可。

## 王佺光禄寺丞制

敕某：爾大臣之家，賢者之後，能自策勵，不瘝其官。序勞當遷，往踐厥位。無忝爾祖，乃惟顯哉！可。

## 奏舉人前陝州節推郎凡衛尉寺丞制

敕某：選於吏部者多矣，非使在位者舉其類，則善人豈能自進乎？爾能勵厥官，以多薦者，丞于衛尉，其愈祗修。可。

## 孫琪衛尉寺丞張次元大理評事制

敕某等：材施於一邑，知效於一官，至於三年而無職事之負焉，不可以無報也。序進一等，往其懋哉！可。

## 柴元謹衛尉寺丞制

敕某：商之有征久矣，所以銷沮游末，而勸之力本，非特收其嬴財，佐公上之急而已也。爾勤其事，以有累日之功。序進一官，以從大雅「無德不報」之義。爾維世族，尚克勉哉！可。

奏舉人前梓州鄭縣主簿陳巨卿衛尉寺丞奏舉人前權復州軍事推官孫琬大理寺丞制

敕某：選於吏部者多矣，非使在位者舉其類，則善人豈能自進乎？爾能勵厥官，以多薦者，丞于卿寺。其愈祇修！可。

張服尹忠恕張慎言孫昱太子中舍制〔一〕

敕某：周官「三歲則大計群吏之治而誅賞之」，故朕時憲以爲考績之法。夫吏者三歲能率職礪行而無罪悔，是宜有賞。序官一等，以慰爾勞〔二〕。維爾良能，宜加報稱。可。

薛昌弼雷宋臣太子中舍劉師旦殿中丞制

敕某：審官考課之法，成於先帝之時。朕維奉循，以職名器，無有親疏遠近，使有司一是以

〔一〕龍舒本題作「大理寺丞張服改太子中舍」。
〔二〕「勞」下，龍舒本有「績」字。

待之。嘉爾有勞，序遷一等。勉共爾位，率志忘私，庶乎能稱爵賞之公，而終無尤於職事。可。

## 方蘋高安世張湜傅充並太子中舍制

敕某等：吾於爵禄甚慎，閔仁百姓甚篤。爾等或事一縣，或佐一軍，而皆列於卿丞之籍，蓋嘗有所試矣。今有司序功，當得遷位，吾雖甚慎爵禄，而於爾等無所愛焉。其勉思拊循百姓，以稱吾閔仁甚篤之意。可。

## 黄汾太子中舍制

敕某：吾擢天下之才而立民長伯，萬家之縣，又有戎馬之任焉，其稱甚難。而爾能其事，有勞遷秩，毋廢爾成。可。

## 王塾太子中舍制

敕某：爾丞于理，亦既三年，有職事之勞，無行義之過。使還厥位，著籍外廷。夫與於燕而坐於朝，報禮亦云異矣。往祗乃服，其可不思！可。

## 奏舉人前永興軍節度掌書記王申等太子中允制

敕某等：皆以藝文起家，而久於常選，才能行義，數見推稱。揚于朝廷，各命以位。往共厥服，可不勉哉！可。

## 雷宋臣太子洗馬制

敕某：周人事神以諱，而不諱嫌名，持循至今，遂著爲律。爾以難避之諱，而辭當拜之官，自言冒榮，有所不忍。其更位號，以慰孝思。慎爾百爲，勉求稱此！可。

## 熊本著作佐郎制

敕某：吾歲取吏部之選者，以爲宫監省寺之官，常不啻乎百人，論者患其多焉。詩不云乎：「濟濟多士，文王以寧。」有天下者，豈以士多爲患哉？顧其所取何如爾。汝藝文政事，皆見稱述，往踐禄次，蓋將有補於時。使人視吾所取而不以爲多，在汝勉之而已。可。

## 高旦著作佐郎制

敕某：唐、虞以三考黜陟幽明，而其所命或終身於一職。然則其所謂陟者，蓋爵服之加而已。今之增位，猶古之加爵服也。以爾久於職事，而功用應於有司之法，故使增位以報焉。雖考績之歲月與黜陟之方〔一〕，古今不同，而吾所以褒勵庶工，非與唐、虞異意。爾其毋怠，思稱厥官。可。

## 國子監直講孫思恭著作佐郎制

敕某：爾才能行義，有超卓之譽於時，故選於衆以教國子〔二〕，而又寵以校讎之官。有司稽勞，當得遷位。列職東觀，往其懋哉！可。

## 奏舉人前祁州深澤縣令王廣廉著作佐郎制

敕某：爾用舉者爲縣，又能修其職事，而舉者衆多。升序厥官，屬之東觀。夫士之有能有

〔一〕「考績」，龍舒本作「所更」。
〔二〕「選」，原作「遷」，據龍舒本改。

爲也，豈必戒敕而後勉哉？爾以才稱，其知自勸矣。可。

奏舉人編校昭文館書籍孫覺著作佐郎制

先帝置校讎之官，所取皆天下望士。爾惇行力學，爲時俊傑，治民有紀，稱者衆多。會課進遷，往共厥服！可。

奏舉人姚闢著作佐郎制

敕某：祕書省有著作之官，所以待藝文之士。爾贍辭博學，而爲吏有聲，甄績序材，以登茲選。往共職服，其亦勉哉！可。

奏舉人游烈等著作佐郎制

敕：某等皆以藝文起家，而久於常選，才能行義，數見推稱。揚于朝廷，各命以位。往共厥服，可不勉哉！可。

## 奏舉人張公庠著作佐郎制

敕某：爾嘗爲令，而能以材謂爲在勢所稱。寘諸京官，以懋乃績。往踐祿次，愈其勉哉！可。

## 高膚敏崇大年並著作佐郎制

敕某：爾等皆以才能，序于莫府，舉其職事，稱者衆多。會課超遷，往其祗服！可。

## 潘及甫著作佐郎制

敕：某等選於吏部久矣，皆能以才自奮，爲在位者所稱。稽狀有司，列官省寺。往須器使，無替厥修！可。

## 奏舉人阮邈著作佐郎馬好賢大理寺丞制

敕某等：省寺之有丞郎，其名位高下不同，而於今皆爲遴選。爾等從事于外，以能見稱。有司書勞，朕所親覽。各踐厥位，往惟慎哉！可。

## 直講劉仲章大理寺丞制

敕某：爾方以經術教國子，而有司會課，當得進遷。爾以通經發聞于世，允蹈所學，尚何訓哉！可。

## 施遜大理寺丞制

敕某：三歲一遷，朝廷之法。爾共其職事，在法當遷。往懋厥修，以祗朕訓！可。

## 奏舉人周同大理寺丞制

敕某：爾能勤厥官以有舉者，有司條奏，在法宜遷，使得傅籍於審官，以爲大理之屬。當知夫名器之不可以徒得也，往思懋勉以稱之！可。

## 吴安操大理寺丞制

敕某：爾名臣之家，能自修飭。考論功最，當得進遷。往服官成，勿墮所守。可。

## 高定大理寺丞制

敕某：朕布功賞之信，苟有功可以中率，則無擇小大遠邇而加焉。今有司條奏爾勞，在法當賞。往丞于理，其懋厥官！可。

## 林宗言大理寺丞制

敕某：有司言爾當遷，而朕視功狀如有司之言，故使遷爾位一等。吾嘗詔有司以時視士大夫功狀而敘進之，毋使自言，欲夫在位知有禮讓而不以官爲利也。爾知之矣，可不勉哉！可。

## 徐縝大理寺丞制

敕某：爾出於世禄之家，而服勤筦庫之事，行不愆於法，才不曠其官。遷以報功，往其思勗！可。

## 李文卿大理寺丞制

敕某：吏之近民者莫如令，故位非高也，禄非多也，而吾不輕以與人。爾得爲之，以有稱者，往施於政，又以才稱。寘諸京官，以待任使。思永終譽，厥惟勉哉！可。

## 奏舉人陳仲成大理寺丞制

敕某：歙之爲州也，窮於山谷之間，吏常患乎州窮，而刺舉者有所不知。爾勤其官，而稱者甚衆，可謂能矣，其進以爲京官。往懋乃成，以終有譽！可。

## 張諲大理寺丞制

敕某：古之爵賞與士共之，雖有衆譽，而功實不副焉，亦不可以幸而得也。此吾所以閲稱舉之衆，而又稽歷試之勞，然後命爾以丞于大理也。夫去吏部之選，而有録於審官，能祗慎不懈，以免於文吏之議，則雖高位，尚可以循而至，可不勉哉！可。

## 鄭民表韓燁大理寺丞制

敕某：爾服勞州縣，才諝見稱。甄序厥功，使丞于理。往祇休命，惟既爾心。可。

## 吴太元大理寺丞制

敕某：審官之法，三歲一遷。爾嘗有罪，故使序于大理，四年而後遷以爲丞。賞誅黜陟，吾無私焉，皆爾自取也。施於有政，可不勉哉！可。

## 奏舉人劉公臣白贇並大理寺丞制

敕某等：今吾大吏舉非其人，有坐斥廢。其於舉人，豈顧不慎哉！然而坐斥廢者，時時有之，此殆求舉者不一其始終以負之爾。今爾等皆以衆舉，故吾命以京官。勉思一其始終，以無負於舉者。可。

## 國子監直講編校集賢院書籍錢藻大理寺丞制

敕某：朕設科以招方正之士，而爾應其求；置局以儲雋乂之材，而爾充其選。有司會課，當得進官。若爾之諒直多聞，方且善其行以爲時用。往祗厥位，可不勉哉！可。

## 段叔獻大理寺丞制

敕某：以爾典京師之獄，滿歲於此矣，而未嘗有失。丞于卿位，以懋爾勞。維朕哀矜庶獄之有不辜[一]，爾所知也。守爾常操，尚無誤哉！可。

## 奏舉人于觀大理寺丞制

敕某：方今漕瀕海之鹽以食東南，而收其息以佐有司之急。倉庾之官，一失職而至於耗惡，則足以匱國而傷民。故稱舉能吏而待之厚賞，所以勸也。爾從其事，能有成勞。丞于理官，往踐無懈！可。

## 馮翊辛景賢大理寺丞制

先帝使大吏推舉常選之士，以補省寺之屬。爾能修其職事，而舉者衆多。率由舊章，命爾以位。往祗厥服，以稱甄升！可。

---

〔一〕「辜」，原作「幸」，據龍舒本、聽香館本改。

## 試大理司直兼監察御史朱柬之大理寺丞制

敕某：爾以幹□謹潔，能舉其職事，而屢爲在位者所舉。歲滿序功，法宜有賞。理官之屬，其往懋哉！可。

## 陳確大理寺檢法官制〔一〕

敕某：朕制中典以刑四方，非惟不失天下之姦，唯以使人無犯有司而已。今明試爾才之可使，而後以爲屬於理官。爾其知恤庶獄之不辜，而求所以出之，以稱朕哀矜元元之意。可。

## 魏絪大理評事制

敕某：爾備屬奉常，亦已久矣。序進厥等，以旌有勞。夫三歲一遷，雖厚禄可以馴而致。欲爲善者，亦如此矣。能積智累勤而不已，則亦何所不至乎？在爾勉之，以求爲可進也。可。

〔一〕「確」下，宋刻本有墨釘。

## 石祖良大理評事制

敕某：士之有籍於審官者，皆三歲而一遷。今爾歲滿，故吾進爾位，加爾禄。夫禄以等功而不以志，位以序德而不以勞。爾世厥家，其知勉矣！可。

## 應才識兼茂明於體用科守河南府福昌縣主簿蘇軾大理評事制

敕某：爾方尚少，已能博考群書，而深言當世之務，才能之異，志力之强，亦足以觀矣。其使序于大理，吾將試爾從政之才。夫士之强學贍辭，必知要然後不違於道。擇爾所聞，而守之以要，則將無施而不稱矣。可不勉哉！可。

## 何景先何景元並大理評事制

敕某：春秋之義，以貴治賤，以賢治不肖。今天下人民之衆，賢者不爲不多，爾得列于京官，其賢於人，宜如何也？今爾累日之課，又當遷序，其位亦云不賤矣。其爲賢也，亦可以勉哉！可。

## 張瑲大理評事制

敕某：吾推恩大臣之子，爾得列於祠官，能任事而有勞，其以備士官之屬。爾父起於閭巷，以能大其家室者，豈一日之力哉？爾惟積勤累善，法象而不違，則豈特有慶于而宗，又將有賞于而國。可。

## 前鄉貢進士許將大理評事簽書昭慶軍節度判官廳公事制

敕將〔二〕：先帝親第進士於廷，而以爾爲第一。爾於藝文，可謂能矣。所以施於政者，朕將有所試而觀焉。夫士之遇時，不患無位，患所以立而已〔三〕。往其勵勉，以副柬求！可。

〔二〕「敕將」，原無，據龍舒本補。
〔三〕「患」，原作「思」，據龍舒本改。「而已」，原無，據龍舒本補。

# 臨川先生文集　卷五十二

## 外制

### 孫寔大理評事制

敕某：爾名臣之子，能飭身慎行，强學自奮。而有司會課，當以序遷。其進一等，以爲士官之屬。往共爾職，其克懋哉！可。

### 韓鐸試大理評事充天平軍節度推官知遂州遂寧縣制

敕某：爾用薦者爲令，又以修治見稱。試職士官，序于幕府。字人之任，其愈懋哉！可。

### 王任試大理評事充節推知縣制

敕某：爾任舉者爲令，而能修其職，以見推稱。命爾以爲幕府之官，而又試以字人之事。

夫南面而聽百里，豈輕也哉？維能强恕以求仁，然後副吾置吏爲民之意。可。

徐瑗試大理評事充保信軍節推知梓州射洪縣制

敕某：有百里之地，而人民社稷之事繫焉，其任豈可以輕哉？爾嘗試矣，見謂辨治，故又任爾以吾所重，而寵以幕府之官。往其勉哉，無慢予訓！可。

王夢易試大理評事充永興軍節推知遂州青石縣事制

敕某：朕嘗命汝以幕府之官，使長百里之民，而汝以喪自解。今除之矣，其就故官。有社與民，往其思勉！可。

縣尉廖君玉太常寺奉禮郎制

敕某：爾職在追胥，有功中率，故褒序爾，使得列於太常之屬。朝廷慶賞之信如此，爾其可不勉哉！可。

## 陳周翰太常寺奉禮郎制

敕某：爾久於職事，能以有勞，命課于朝，當得遷敘奉常之屬。其往欽哉！可。

## 太常寺太樂署副樂正李允恭可太常寺太樂署太樂正太常寺攝樂正耿允恭包文顯可並太常寺太樂署副樂正制

敕某等：太常上其屬有闕，而以爾等聞。惟爾等皆善於修聲，而任職久矣。其遷副正以爲署長，而使攝正署副正。往勵厥官，無敢豫怠！可。

## 英宗即位覃恩轉官龍圖閣學士至龍圖閣直學士制

敕：永惟左右有能有爲之臣，皆先帝遺朕以熙衆功者也。方惟大賚，以勞天下，其可以忘而不及哉？具官某，惠和敦大，明允忠篤，列職近侍，實爲名臣。褒序有加，往欽乃服！可。

## 發運轉運提刑判官等制

先帝享國四十餘年，内外晏然，克終天禄，豈非獻臣才士佽助之力哉？不及班命以勞功，而朕承厥志。爾奉將使指，久以才稱，膺此寵章，往其思勵！可。

## 卿監館職制

敕：朕初即位，奉行先帝故事，以勞天下。其施及於疏遠，而可以忘於近者哉？具官某，序于書林，伐閱多矣，率德迪義，有稱于時。膺踐寵榮，往其思毖！可。

## 京官館職制

先帝棄天下，朕初即位，纂修故事，以勞群臣。爾等序于書林，皆以才選。褒進有典，往其欽承！可。

## 分司致仕正郎以下京官等制

敕某等：朕初嗣位，敷錫庶工，非特勞在事之勤，亦以禮天下之賢者。爾等以才出仕，登序王官，或就里居，或分留務。往膺寵數，咸懋厥修！可。

## 諸司使副至崇班内常侍帶遥郡不帶遥郡制〔一〕

敕某等：朕初即位，奉行先帝故事，大賚四海，阻深幽遐，無所不及矣，又況朝廷之近臣〔二〕，豈可以忘哉？爾等能以忠力靖共職事，進位一等，往其欽承！可。

## 皇兄叔大將軍以下制

先帝顧哀宗親，德念至深厚矣，在後之侗，其可以忘哉？具官某，躬執義行，序于屬籍，承休席寵，亦既顯融。褒進有章，往欽無斁！可。

## 皇弟姪大將軍以下制〔三〕

敕某：朕大賜於天下，雖疏以遠無遺者矣，又況於宗室之近哉？爾序官内朝，克有善問〔四〕，

〔一〕龍舒本題作「覃恩轉官二道」之二。
〔二〕「近臣」，龍舒本作「上」。
〔三〕龍舒本題作「皇親叔敖轉官加勳制」；「弟」，光啓堂本、聽香館本作「兄」。
〔四〕「善」，龍舒本作「嘉」。

繩繩之慶，協於聲詩。褒命有加，往其祇服！可。

## 覃恩昭憲杜皇后孝惠賀皇后淑德尹皇后孫姪等轉官制

敕某等：予大祭于廟祧，而哀夫先后之家，寖替而不章〔一〕，乃詔有司，博求其世。爾等名在戚里，序于王朝，各因其官，增位一等。冀以上稱神靈之意，豈特慰予追遠之心？可。

## 中書提點堂後官制

敕某等：朕大賚于天下，有政有事者，皆得以序遷。爾等各以選掄，備官宰旅，增位一等。往其欽哉！可。

## 李端卿等舊官服闋制

敕某：孝子之悲哀思慕其親，豈有窮哉！然喪以三年而止者，聖人之政也。爾以喪致事，日月既除，其就故官，以聽新命。夫人之行莫大於孝，而孝亦在乎事君能致其身，而不愆於義以

〔一〕「寖」上，龍舒本有「或」字。

辱其名，然後可以爲孝子。此宜爾之所知也，其勉矣哉！可。

前太常寺太祝張德温舊官服闋制

敕某：喪三年，亦已久矣，而人子之志無窮。故欲爲不善，則思貽父母惡名而終於不果，不如是，則不足以爲人子。復爾禄次，維時勉哉！終於立身，可謂孝矣！可。

前屯田員外郎任迥舊官服闋制

敕某：汝有列於朝廷，而以憂去位。人子之事親終矣，則君臣之義其可以忘乎？夫移於君而忠，移於官而治，然後可以爲孝。往共爾服，惟是勉哉！可。

前太常寺奉禮郎宋輔國等並舊官服闋制

敕某：爾以親喪去位，日月既除。其來造朝，復就官次。終身之孝，可不勉哉！可。

前大理寺丞劉辯前衛尉寺丞孫公亮並舊官服闋制

敕某：爾服縗去位，順變當除。三年之喪，亦已久矣，君臣之義，其可廢乎？趣還于朝，使即舊秩。勉思移孝之事，以就顯親之名。可。

## 前大理寺丞王忠臣舊官服闋制

敕某：御史言爾以喪釋位，日月當除。故吾下命書于御史，以俟爾之來見。爾雖舊官，吾命維新。其加勸勉，求合於以孝事君之義。可。

## 前太子中舍張諷舊官服闋制

敕某：喪三年，天下之達禮也。爾能率禮，以至終喪。其來造朝，復爾禄次。事君之義，爾實知之，無違厥初，是謂能孝。可。

## 前職方員外郎元居中舊官服闋制

敕某：尚書郎位三等，而爾方以勞序于前列，乃以喪去，三年于家。今既禫除，其還禄次。維爾才美，有稱於時，移孝事君，當知勉矣！可。

## 前太常博士張詵舊官服闋制

敕某：爾去位里居，三年於此。既除喪矣，其就故官。忠以事君，是爲孝子。爾惟知義，可不勉哉！可。

## 前將作監主簿張扶舊官服闋制

敕某：爾遭齊斬之喪而去位，釋祥禫之服而還朝。斑吾命書，授爾禄次。孝子之事，終於立身，施于有官，可以勉矣！可。

## 前駕部員外郎李安期前殿中丞張德淳並舊官服闋制

敕某：禮有三年之喪者，無貳事也，知喪而已矣。先王以爲不如是不足以盡人心。此吾所以歸爾于家而不敢勞以事。今日月除矣，故吾班命書于御史，而召爾以來。往踐故官，勉思終孝！可。

## 前内殿崇班馬文德舊官服闋制

敕某：爾執親之喪，三年於此矣。其班新命，以復故官。維孝有終，爾宜思勉！可。

## 供備庫副使康璹舊官服闋制

敕某：三年之喪，苴麻哭泣之哀一也，而亦有權制以趣時，此吾獨使武吏之有籍於樞密者，得終喪于家之意也。爾能率禮，今服既除，其就故官，以承新命。可。

## 皇姪右監門衛大將軍仲詧服闋舊官制

敕某：送終者人子之大事也。爾以喪釋位，亦既三年。能以禮自致，而不犯詩人素冠之義，於爲人子，亦可謂孝矣。還就禄次，帥初無違！可。

同中書門下平章事韓琦奏親姪孫恬守祕校同中書門下平章事曾公亮親男孝純將作監主簿姪孫諶試祕校樞密使張昇奏親孫男戒守祕校參知政事歐陽脩奏男辨太常寺太祝參知政事趙概奏孫男尤緒太常寺太祝樞密副使吴奎奏長男璟守太常寺太祝次男瓌試祕校制

敕某：朕受純嘏於神靈而布之在位，其官顯者，得任其子弟以及孫曾。爾生大臣之家，是爲賢者之類。往保禄秩，可無慎哉！可。

同中書門下平章事韓琦奏親姪女之子曹復真定府户曹制

敕某：維名與器，朕未嘗輒以假人。爾緣大臣相祀之恩，遂階一命之寵。出而從仕，可不勉哉！可。

## 樞密副使胡宿奏親兄亶守祕校制

敕某：宗祀之恩，仕之顯者，皆得官其親族。爾躬率善行，而有弟爲吾政事之臣。往服寵榮，懋修無斁！可。

## 天章閣待制司馬光親兄之子宏試將作監主簿制

先帝有大慶，推恩群臣子弟，而爾有叔父，實爲近臣。往即厥官，無墮世禄！可。

## 廣南東路轉運使祕閣校理蔡抗男潛試將作監主簿制

敕某：將漕遠方者，皆得官其子弟，爾父以才自奮，有顯於時。往懋厥修，以綏世禄！可。

## 故贈司空兼侍中龐籍遺表男太常博士元英可屯田員外郎制

敕某等：爾考有庸先朝，致位將相，歸安第室，而以壽終。爾等服采于時，實能嗣訓。並膺恩典，其往勉哉！可。

## 龐籍遺表男内殿崇班元常大理寺丞制

敕某：士之文武異用久矣，爾世以儒學顯，而有官籍於内朝。從爾父之遺言，而以丞于大理。往惟嗣訓，乃克保家！可。

## 龐籍遺表孫保孫寅孫並將作監主簿制

敕某：爾祖嘗爲將相，佐佑帝室，朕哀其亡也，故序爾於工官。夫大臣之家，能久而不失其世者鮮矣。往承厥慶，可不勉哉！可。

## 龐籍外孫陳仲師試將作監主簿制

敕某：朕命爾以試工官之屬者，特以爾之外祖常爲將相於先朝而已。然士之由保任而後能自奮，以至休顯者多矣。往踐爾次，可無勉哉！可。

## 太子少傅致仕田況遺表男守祕校至安太常寺太祝制

敕某：雋哲之輔，有勞於時，福禄既成，而爾嗣厥後，於其將死，以爾爲言。膺此寵章，宜知勉矣！可。

故資政殿大學士知河南府吴育遺表孫男儼俅並守將作監主簿制

敕某等：朕所以顧恤大臣之家而序録其子孫，未嘗有愛焉。况如爾祖，賢明諒直，有補於世，朕常思而不忘者乎！其各加爾一命，以爲工官之屬。詩曰：「夙興夜寐，無忝爾所生。」往其勉哉，可以爲孝矣！可。

翰林學士承旨宋祁遺表男俊國廣國守祕書省正字令持服制

敕某等：爾考承密命于翰林，而不幸至於大故。眷懷舊德，甄序爾官。往其有成，祗服予采！可。

宋祁遺表孫松年延年頤年並守將作監主簿制

敕某等：貴臣之世，賢者之後，朕所不能忘也。故爾等皆在沖幼，而列于工官。兹所以佑序爾家，亦云至矣，爾所以保其禄位，可不勉哉！可。

## 刑部侍郎致仕崔嶧遺表親孫男俞將作監主簿制

敕某：爾祖嘗服高位，考終于家。以爾爲言，朕其甄序。工官之屬，往矣懋哉！可。

## 户部郎中直龍圖閣知明州范師道遺表第三男世文守將作監主簿制

敕某：爾父嘗以才選，列官于朝，出臨一州，奄至大故。錫爾一命，爾其勉哉！可。

## 光禄卿直龍圖閣張旨遺表親男平易守將作監主簿制

敕某：朕惟爾父，致位九卿，服勞于官，爲日久矣。故命爾以工官之屬，以稱其將死之言。爾其思爾父之顧厥家，與朕心之哀爾父，夙興夜寐，無或弗欽！可。

## 光禄少卿知單州吕師簡遺表次男昌宗試將作監主簿制

敕某：爾父且死，而爲爾求官，故以爾試于工官之屬。夫推恩既往，覃及子孫，吾所以待人臣者，有常法矣。修敕自奮，而以保禄位者，爾所以爲人子也，可不勉哉！可。

## 故光禄卿致仕張鑄遺表親次孫彩試將作監主簿制〔一〕

敕某：爾祖以九卿歸第，而遺奏以爾爲言。顧哀舊臣，而官使其子孫，此先王使仕者世禄之意，而吾之所不忘也。其使試于工官之屬，以稱爾祖之志焉。詩曰：「無念爾祖，聿修厥德。」爾方就學，可不勉哉！可。

## 司農卿致仕余良孺遺表曾孫涣試將作監主簿制

敕某：爾之曾祖，仕至九卿，退處于家，考終厥命。推恩及爾，以試工官。往慎猷爲，且膺器使！可。

## 故光禄卿致仕張温之孫基試將作監主簿制〔二〕

敕某：爾祖嘗爲侍從之臣，而有公忠之節。今其亡矣，秩爾以官。能善似之，乃其無

〔一〕「鑄」，原作「璹」，據底本卷首目録及聽香館本改。

〔二〕「温」，疑當作「昷」，宋史卷三百三有張昷之傳。

悔！可。

## 客省使眉州防禦使張亢遺表孫在至茟並將作監主簿制

敕某：爾祖起於文吏，而能以才武致力於封疆，扞患之功，書在王府。今其亡矣，故各命爾一官。往懋爾成，毋忘爾祖之勤於國！可。

## 司農卿致仕魏琰男太廟齋郎紓守將作監主簿制

敕某：爾世載榮禄，而父以九卿去位，推恩改命，序位工官。維恪慎可以保家，往其勉矣！可。

## 虞部員外郎致仕張應符男遘試將作監主簿制

敕某：少盡其力，至於老則養之不可以不終；使之免農而爲士，則禄之不可以不世。此先王不忍人之政，而吾未能逮也。今爾父去位，而命爾一官，使得世其禄，以終爾父之養焉。此亦庶幾有合乎先王之政。爾惟忠惟孝，尚稱吾命，爾之意哉！可。

## 職方員外郎致仕徐仲容男公輔試將作監主簿制

敕某：爾父辭禄，而爲爾請命於朝。傳曰：「君子之善善也長，故善善及子孫。」此吾命爾以一官之意也。經曰：「事親孝，故忠可移於君；居家理，故治可移於官。」爾其念此，以自勉哉！可。

## 虞部員外郎致仕李卓男元之試將作監主簿制

敕某：爾父積勤，序于郎位，老而致事，録爾一官。思世厥家，往其無怠！可。

## 諸州軍并轉運提刑弟姪男恩澤等並試監簿制

敕某：朕始嗣位，推恩宇內。爾執方貢，以來造朝。加賜一官，往惟祇服！可。

## 王孝叔充春州軍事推官通判春州兼知本州制

敕某：南方荒遠之州，吏多憚往，而爾請行焉，故優爾禄賜，而以勸賞隨其後。往其勉矣，思乂我民！可。

## 縣尉李執中可察推制

敕某：先王之政，荒則緩刑。至於彊不忌死，而傷吾良民，則去之亦不可以不急。此朕所以嚴追胥之令，信購賞之科，不以歲凶多暴之時而爲之廢格。爾能除盜，實舉其官。遷以懋功，往祇乃服！可。

## 吕開權淄州軍事推官依前充鎮南軍節度推官制

敕某：爾有除盜之功，故賞以一邑，而序官于大府。辭而有請，以便爾私。吾用不違，往其祇服！可。

## 蘇州長洲縣尉富翱潤州丹徒縣令制

敕某：朕布爵賞之令，以待吏之有勞。爾能舉其官，以除盜賊。遷以爲令，使之牧民。又將試爾爲政之才，非特示朕報功之信。可。

## 晉州襄陵縣尉葛頤單州成武縣令制〔一〕

敕某：爾職在追胥，而能上功中率。畀之一縣，以懋爾能。夫爲令之所事，則不特追胥而已，必也使人無盜，是乃能稱其官。可。

## 杭州於潛縣令趙君序虢州玉成縣令制〔二〕

敕某：予嘉爾之有功於追胥也，故畀爾邑於東南，又從爾父之請焉，而移爾於虢。吾於用賞，而顧恤爾私，亦云備矣，則爾之施於有政，可不勉哉！可。

## 信州鉛山縣尉齊景甫杭州餘杭縣令制

敕某：爾追胥有功，遷令一邑，百里之人，視爾以爲休戚矣。施於政事，可不勉哉！可。

〔一〕「成武」，原作「武成」，據宋史卷八十五地理志一乙，光啓堂本、聽香館本作「武城」。
〔二〕「於潛縣令」，聽香館本作「於潛縣尉」。

## 單州成武縣令李燾江陰軍録事參軍制

敕某：爾修其官，能中賞率，有司會課，予懋爾功。愈其勉哉，以涖厥事！可。

## 潞州屯留縣尉李昌言徐州録事參軍制

敕某：爾能捕盜，當得賞官。遷督一州之郵，往其思稱厥職！可。

## 殿前都虞候利州觀察使賈逵依前官充侍衛親軍步軍副指揮使制

敕：朕有貔虎熊羆之士，以衛中國而制四夷，考求其人，以副統督。具官某，久更任使，才武有稱，扞城之勞，宿衛之最，簡于先帝，以暨朕躬。思懋厥修，往膺休顯！可。

## 衛州防禦使錢晦霸州防禦使制

敕：朕初即位，奉行先帝故事，以勞天下，雖疏且遠無遺矣，又況於朝廷之顯者哉！具官某，忠勞奕世，簡在帝室，能勵厥德，自昭于時。膺此寵章，愈其思勉！可。

## 東上閤門使陵州團練使李端慤眉州防禦使制

敕：朕初嗣位，奉行故事，以勞天下。具官某，清明敏達，和慎祗修。奉侍先帝，陟降左右，厥勤茂矣，其可忘哉？膺服寵榮，往欽乃服！可。

## 捧日左廂都指揮使嘉州團練使周翰制

先帝棄天下，朕初嗣位，永惟武力忠勞之士，爲國禦侮，其功多矣，豈可以忘哉？具官某，部督有方，踐修無過，營衛之最，簡于朝廷。膺此寵章，愈其奮勵！可。

## 天武左第三軍都指揮使封州刺史程榮可蒙州刺史充御前忠佐馬步軍副都軍頭制

敕某等：熊羆之士，爲國爪牙，均其逸勤，率用成法。爾等忠勞之實，簡在朝廷。遷序有差，往惟欽服！可。

## 轉員制

先帝遺朕熊羆之士以蕃帝室，所使統督，豈可以非其人哉？爾等以扞城之材，共禁衛之服，忠勞武力，皆有可稱。各以序遷，往欽無懈！可。

## 落權團練刺史制

敕某等：忠勞之士，武力之臣，獎衛帝室，其功多矣。當序厥位，以均逸勤。爾等部督有方，踐修無過。兵團州刺，遷進有差。往膺寵榮，懋建勳績！可。

## 單州團練使劉永年可齊州防禦使知代州制

敕：代地邊要吾所重，常擇將以守之。以爾具官某，武力智謀，濟以馴謹，踐更中外，皆有可稱，故進使號，往共厥服。禦侮之實，爾其勉哉！可。

## 捧日天武四厢都指揮使端州防禦使趙滋可依前充侍衛親軍步軍都虞候制〔一〕

敕：營衛之士，皆天下武力之高選也，所使虞度軍中之事者，豈可以非其人哉？具官某等，造行謹良，致位休顯，勳勞之實，簡在朕心。各以序遷，往惟祗服！可。

〔一〕龍舒本題作「宋守約殿前都虞候制」。

# 臨川先生文集　卷五十三

## 外制

### 李端慤東上閤門使制

敕：閤門置使，官盛地親，非有嘉績令名，不能勝其任也。具官某，於朝廷有詳練之實，於戚里有茂勉之聲。非專爲恩，以致此位，積功久次，當得右遷。其愈勵哉，往共厥服！可。

### 石遇四廂都指揮使制〔一〕

敕：虎賁之士，周公以爲人主所當知恤者也，又況所使將此哉？具官某，比以材選，服勞

〔一〕「石遇」，龍舒本總目作「石知遇」。

于邊〔二〕，折衝禦侮，嘗有所試矣。遷進使號，付之部督。往其欽慎，以報寵榮！可。

## 竇舜卿四廂都指揮使制

敕：國家置帥兵以爲衛，所選皆天下之材，付之部督，未嘗輕其授也。具官某，踐更邊要，忠力有聞，選將營屯，衆論惟允。序遷厥位，其往欽哉！可。

## 甘昭吉入内副都知制

敕：古者王之正内，必有任職之臣，予若稽古而思得吉士以充其選。以爾服勤左右，多歷歲年，有專良之稱，無側媚之毁，其使序于正内，以允廷論之公焉〔三〕。爾其審門闈，謹房闥，入宣宫令，出贊朝事，悉心夙夜，一以忠信，則維予爾嘉，爾亦永綏于寵禄。可。

〔二〕「于」，原作「牙」，據龍舒本、宋刻本、光啓堂本、聽香館本、小峄山館本改。
〔三〕「允」，原作「充」，據龍舒本改。

## 入内内侍省内東頭供奉官宋有志東染院副使制

敕某：爾久於内侍，承事有勞，自求外遷，以便醫藥。超升位等，往服恩榮！可。

## 李用和六宅副使制

敕：爾忠力武敏，有稱于時，出將一州，亦能用治。西南之屏，總制戎兵，比難其人，以爾攝事。夫以才得選而久於險遠之勞，不先有賞以加焉，何以勸夫能者？躐遷位等，兹實異恩。往祇官成，無廢吾事！可。

## 内殿承制閤門祇候宋良禮賓副使制

敕某：爾典制一軍，有民有社，論功考最，當得序遷。惟爾以才，嘗更選擢，往欽新命，其愈懋哉！可。

## 内殿承制閤門祇候王嵩禮賓副使制

敕某：爾以才智勳效，自昭于時，董督徼循，實任邊要。序勞當進，以介諸司。朕命維休，往其欽服！可。

西京左藏庫副使李景賢文思副使制

敕某：戎馬之寄，常難其選，爾以才謂，久於任使，一州之政，比有可稱。超進位等，往膺寄屬。勉思報稱，無或不祗！可。

西京左藏庫副使穆遂文思副使制

敕某：爾徼循蠻方，爲日久矣，更書且下，而使者乞留。超進厥官，以共舊服。往惟勵勉，膺此寵榮！可。

西京左藏庫副使石用休文思副使制

敕某：爾以才選，比更任使，有司會課，當得進官。往服訓辭，無瘝乃事！可。

西染院副使兼閤門通事舍人夏偉内園副使依舊閤門通事舍人制

敕某：賓贊受事之職，吾以武吏爲之，而甚難其選。爾能祗飭，以稱厥官。會課有司，序遷位等。往祇休寵！可。

內殿承制譚德潤供備庫副使制

敕某：朕永惟陵寢之嚴，而選使以護之。爾往任事，靖共厥職。有勞可録，其以序遷。祇服寵章，勉求稱位！可。

內殿承制楊宗禮供備庫副使制

敕某：監一路之軍而按撫其人，又典一州之政，非才能行治有紀于時，孰可以稱此哉？爾久於煩使，能勤厥事。故遷爾位，以介諸司，而使往焉。其慎以防患而敏於趨功，以稱推擇之意。可。

樞密院副承旨張繼渥供備庫副使制

敕：爾典掌機要，服勞歲久，以疾自上，求爲外官。遷介諸司，往膺器使！可。

## 内殿承制朱漸供備庫副使制

敕某：賦禄序官，邦有常法。爾勤厥服，會課當遷。維器與名，職思其稱，乃其無罰，可不勉哉！可。

## 承制王欽李惟正並供備庫副使制

敕某等：嘉我耒老而經營四方，詩人之所謂賢勞也，可無報稱哉？以爾欽戍于南方之窮，而任監護之官；以爾惟正屯于西路之要，而服追胥之事。其役遠，其責重，而能祗慎所職，以有累日之勞。其各遷位，介于内朝之使，以爲報稱。夫有功而見知則説矣，此人之情也。以所願乎上施乎下，則士孰不樂爲爾用哉？其亦勉之而已。可。

## 崇班胡珙等改官制

敕某等：功懋懋賞，先王之所以厲天下而成衆治也。今吾使某監兵馬于外〔一〕，而使某典治

〔一〕「某」，龍舒本作「珙」。

材于中[二]，皆積日月以赴功。其各賜官一等，以稱吾懋賞之意。可。

## 軍員等換諸司使副承制崇班制

敕某等：褒嘉忠勞，被以禄秩，先帝有成法[三]，朕不敢違。爾等序列禁中，有宿衛之最。外遷厥位，以慰久勤。進服寵榮，往圖勳效！可。

## 王保常内殿承制制

敕某：朕布大號於天下，文武在位，皆升一等。序勞當遷者，又皆得以時遷。爾服采禁中，積功有賞。膺此休寵，往惟勉哉！可。

## 靳宗永内殿承制制

敕某：承制之官，本朝所置，非積善累勤之武吏，則不得在此位焉。爾服采有庸，校年當

[二]「某」，龍舒本作「可一」。
[三]「先」上，原有「一」字，據宋刻本、光啓堂本、聽香館本删。

進。其往祇踐，以稱寵榮！可。

閤門祇候狄詢内殿崇班依前職制

敕某：爾名臣之子，任事邊陲，積歲有勞，序官一等。往其淑慎，思世厥家！可。

楊元内殿崇班制

敕某：爾爲廷臣，奔走厥職，有勞可録，序進厥官。惟忠與勤，所以報稱，往踐禄次，可無勉哉！可。

張建中内殿崇班制

敕某：爾總戎馬，地濱不毛，爲之三年，能固吾圉。遷秩一等，往其懋哉！可。

慶州肅遠寨蕃官都巡檢崇儀使慕恩北作坊使制

敕某：爾武力智謀，有稱種落，徼循扞禦，勳效焯然。莫府條陳，允於衆論。超遷使號，往愈懋哉！可。

## 陳奇太子中允致仕制

敕：士之疲癃老耄以至失職而不能自止者，蓋有之矣。爾年尚强，而疾不至乎瘝官，刺舉之官，未嘗以爾爲言，而能自列致其職事，可謂行己有恥而無負於周任之言。寵爾以東宫之官，其勉終行義，歸教鄉閭之子弟以所聞，而求自比於古之仕焉而已者。可。

## 孫戾太子中允致仕制

敕某：大夫七十而致仕，其禮見於經，而於今爲成法。爾以經術起家爲吏，既聞夫古之禮，又見夫今之法矣。年至而求止，可謂行其所知。宜列序於朝廷，使歸榮其邑里。夫惟爾之筋力不足以有爲也，故可無職事之責焉。若夫德義，則爾尚可以勉之，吾亦不以爾老而無責也。可。

## 樞密副使吴奎父太常丞致仕制

敕某：德善之賚，子孫與焉，況於其親，宜有崇獎。具官某，克生賢子，教以義方，協于詢謀，掌國機密。超遷厥位，以佐共工。往服寵章，就安榮養！可。

## 江陰軍録事參軍李燾父文俊守秘書省校書郎致仕制

敕某：先王之政，未有遺年者也。故朕因宗祀之慶，而有爵命之施焉。爾躬率義方，又能教子，享其禄養，以至耄期。膺此寵榮，往綏壽善！可。

## 工部侍郎充集賢院學士崔嶧刑部侍郎致仕制

敕：仕焉而告老者，自一命以上，必有以慰其歸。況吾邇臣，恩紀所厚，宜增位序，以示褒優。以爾具官，比以明揚，久於煩使，入參侍從，出備藩維。踐更滋多，寄屬惟允。引年辭位，得禮之宜。進貳秋卿，以營居息。古之老者〔一〕，非苟自佚其身，唯慎行祇法，以助成王德，爾所知也，往其懋哉！可。

## 前著作佐郎周濤太常太祝梁構光禄寺丞致仕制

敕某：爾嘗辭禄，而在位以爾爲材，寘諸京官，使長一邑，果能有績，以見推稱。將疇爾勞，

〔一〕「老」，龍舒本作「仕」。

遽以疾告。夫學士大夫之去位，豈苟自佚而無爲？古之仕焉而已者，爾蓋聞其風矣。丞于卿位，維是懋哉！可。

殿中丞致仕郝中和國子博士致仕制

敕某：爾謹廉爲吏，得列朝廷，不隳厥官，以至告老。宜有褒進，用爲歸榮。序于成均，往服無斁！可。

前荆門軍當陽縣令商瑗太子中舍致仕制

敕某：爾從仕久矣，而不失廉稱，方踐老境，乃能知止。東宫之秩，歸服厥榮。可。

處州録事參軍趙九言太子中舍致仕制

敕某：爾以學入官，老而能止，踐更多矣，不失廉稱。著籍東宫，以爲爾寵。可。

鼎州録事參軍張構太子中舍致仕制

敕某：爾方仕于州縣，而寵爾以東宫之官，有列于庭，亦云顯矣。用嘉知止，歸矣勉哉！可。

前江寧府觀察推官試大理評事董安太子中舍致仕制

敕某：爾學古入官，稱譽者衆，方圖乃績，遽欲歸休。進秩東宫，以嘉知止。可。

舒州録事參軍龍輿太子中舍致仕制

敕某：爾仕焉欲致其官，故吾寵以東宫之秩。歸安田里，是亦顯榮。其慎厥修，以終燕譽！可。

復州録事參軍鄭旦太子中舍致仕制

敕某：爾居官無疵，而以病告。知止不殆，是維可嘉。東宫之官，其往祗服！可。

前南儀州推官試大理評事馬房衛尉寺丞致仕制

敕某：京官，吾所重也，選於吏部者，非有尤異之績與治行爲衆所稱，則莫能得之。爾旅力既愆，而能自止，丞于衛尉〔一〕，其往欽哉！可。

## 前知連州連山縣袁仲友太子洗馬致仕制

敕某：爾以經術中科，久於銓集，老而能已，義有可嘉。列職東宫，以榮歸息。惟慎所止，克完厥終！可。

## 縣令東野瓘太子中舍致仕制

敕某：仕者七十而致事，禮也。爾年未至，而願歸田里，比夫旅力已愆而不知止者，豈不賢哉！進位于朝，錫從居息。可。

## 主簿王正臣守祕書省校書郎致仕制

敕某：爾仕焉而欲去其位，故吾寵以宫署之官。夫還州縣之勞，而就里居之佚，無賦徭之役，而有重禄之加。惟慎厥終，乃其不愧！可。

〔一〕「丞」，原作「承」，據聽香館本、小峴山館本改。

## 主簿孫檢守祕書省校書郎致仕制〔一〕

敕某：爾以貲爲吏，請老于朝。列職祕書，以爲爾寵。歸安田里，惟慎厥終！可。

## 主簿李琳國子監丞致仕制

敕某：仕者七十而告老，古之道也。爾能率禮，朕用褒嘉。往即新恩，勿忘初服！可。

## 縣令郭震太子中允致仕制

敕某：爾進士起家，而久於州縣之職，春秋未艾，自請罷休。列職東宫，以榮歸息。知止不殆，愈其懋哉！可。

## 李日新左清道率府副率致仕制

敕某：爾考授命於戎行，而爾得列於仕籍。老而知止，褒序厥官。歸休之榮，往服無

〔一〕「校」，宋刻本作「秘」。

戮！可。

右侍禁王餘慶率府副率致仕制

敕某：爾能知止，義有可嘉。以東宫率府之官，爲爾居里之寵。是亦榮矣，往其勉哉！可。

右侍禁段獻右清道率府副率西頭供奉官劉友俊右清道率府率並致仕制

敕某：爾久於官使，請老于朝。宜有進遷，以爲光寵。歸安爾止，惟慎厥終！可。

文思副使陳惟信左驍衛將軍致仕制

敕某：旅力已愆，而不能自止者有矣。爾能告老，於義無慚。遷將衛兵，往綏榮禄！可。

内殿崇班袁政李周道並左監門衛將軍致仕制

敕某：爾服勞久矣，奉事無過，能自知止，義有可嘉。登進厥官，以帥門衛。歸安榮禄，尚克勉哉！可。

## 西京左藏庫副使馮維禹文思副使前行漢陽軍録事參軍兼司法事施章于太子中舍致仕制

敕某：仕焉而已者，考其行治，能以潔白自終，宜有褒嘉，以慰其意。爾嘗學禮，得仕州縣，老而知止，可謂有終。遷位於朝，往欽無斁！可。

## 東頭供奉官趙伯世左清道率府率致仕制〔一〕

敕某：老聃有言曰：「知止不殆。」爾服勤于官久矣，而能以疾辭位，無負於老聃之言。故吾命以東宮衛府之官，以嘉爾之有勞而知止。往哉居息，思慎厥終！可。

## 主簿朱涇等太子洗馬致仕制

敕某等：爾等晚而出仕，皆以廉稱，老矣告休，是能知止。其各遷秩，以爲歸榮。可。

〔一〕「伯」，光啓堂本、聽香館本作「行」。

## 李昌言許州司馬致仕制

敕某：掌書以贊計官之治久矣。致其職事，宜有賚焉。司馬于州，往欽無斁！可。

## 皇太后三代制九道

### 曾　祖

敕：位尊者享大，德盛者流遠，追崇之禮，於國有初。皇太后曾祖某，體仁蹈義，不躬榮禄，慶垂厥後，光大顯融，乃生碩女，坤育天下。命書爵號，申賁諸幽。尚其靈明，嘉此休寵！可。

### 曾祖母

敕：朕雖煢然在疚，而不敢忘顧復之慈，肆有命書，以上稱追遠顯親之志。皇太后曾祖母，柔惠安婉，來宜大家，垂休後昆，作合先帝。追崇爵號，其尚知榮！可。

### 祖

敕：惠術尚均，而自親貴始，古今一體也，其可以忘哉？皇太后祖某，明德大功，簡于帝室，配食宗廟，始終哀榮，慶流于孫，母育四海。追褒有典，庶或知歆！可。

### 祖　母

敕：邦有大賚，夫人待於下流，豈外戚之尊，所當褒而可以忘哉？皇太后祖母高氏，承慶淑人，來嬪巨室，蓄德之厚，垂休無窮，協兆塗山，世滋以大。追錫爵命，冀能歆嘉！可。

### 祖　母

敕：佐佑先帝，顧復朕躬，追誦寒泉之詩，永惟欲報之義。當有爵命，以上副顯親之心。皇太后祖母劉氏，柔良靚專，被服華問，寵禄光大，集于後昆，啓佑碩人，比賢文母。追褒大國，其尚知榮！可。

### 祖　母

先帝褒厚母黨，致仁盡孝。朕雖在疚，而奉承故事，不敢愆忘。皇太后祖母劉氏，内順外嚴，罄無不淑，德祚流衍，遠而彌興。追命有章，尚慰窀穸！可。

### 祖　母

敕：朕以薄德，奉承大統，永惟先帝故事，不敢有忘。皇太后祖母高氏，温柔靚深，有婦之道，相協君子，卓爲臣宗，垂延後昆，福禄滋大。膺此休命，尚知榮歆！可。

### 父

先帝奄忽，棄捐萬邦，不及推恩，以勞幽顯，予末小子，敢忘遺訓？皇太后父某，循德秉義，聞于當世，發祥流祉，燕及後人，篤生聖女，母育天下。褒封有數，尚慰於幽！可。

母

敕：朕眇然之躬，當奉匕鬯以承宗廟，大賚及於幽顯矣。永惟母黨之重，可以後而忘哉？皇太后母，志順德嚴，克配君子，光大之福，集于聖女，有輔佐之功於先帝，而施及在後之侗。命書追崇，尚慰營魄！可。

## 皇后三代制十道

**曾祖瓊皇任忠武軍節度使贈侍中累贈尚書令兼中書令追封韓國公贈太師**

敕：后率六宮，以教天下之婦順，其位尊如此，則所以褒崇其祖考，禮不可以無稱也。皇后曾祖某，忠勞武力，爲國虎臣，慶集後昆，比隆任、姒。追加位號，以顯厥魂。尚其有知，膺此休寵！可。

**曾祖母潘原縣太君追封滕國太夫人**〔二〕

敕：朕初即位，褒厚異姓，率由先帝故事，不敢有忘。皇后曾祖母李氏，柔惠静嘉，能循法

〔二〕「曾」，原作「贈」，據宋刻本、聽香館本、應氏本、小峴山館本改。

度，來嬪巨室，休有淑聲，慶流厥孫，正位宫壼。胙封名國，其尚知榮！可。

**曾祖母隴西郡夫人李氏追封舒國太夫人**

敕：朕奉循先帝故事，以勞天下，阻深疏逖，皆有以加之矣，又况於外戚之貴哉？皇后曾祖母李氏，嬪于高門，率德唯謹，詒慶厥後，是生碩人，兆協厥祥，登儷尊極。追褒有禮，其尚知榮！可。

**祖繼勳建雄軍節度使累贈太師中書令可特贈兼尚書令**

敕：尚書録天下之政，而令一品也，人臣位號，於是爲盛。皇后祖某，忠勞奕世，能壯厥猶，爲國扞城，有庸休顯，娀莘之慶，乃集後昆。膺此追榮，尚知嘉享！可。

**祖母會稽縣君康氏追封祁國太夫人**

敕：朕承先帝聖緒，大賚及於幽顯，疏逖以賤者加之矣，貴而戚者其可忘哉？皇后祖母康氏，馴行婉容，協于雋德，慶垂厥後，坤育萬方。追命有邦，尚榮窀穸！可。

**祖母太原郡太夫人郭氏追封鄖國太夫人**

敕：夫治内政，修陰教，以助朕調一天下者，所以褒崇其世，可不厚哉？皇后祖母郭氏，率德秉義，協于君子，關雎之詠，傳祉厥孫。申錫賛書，啓封名國。尚其靈淑，嘉此追榮！可。

**祖母金城縣太君王氏追封成國太夫人**

敕：傳稱德厚者其流澤廣，故今追命之數，視其子孫位號之卑尊。矧夫後世登儷尊極，則致隆其封爵，豈不宜哉？皇后祖母王氏，來嬪大家，率循德禮，有開後嗣，協慶塗、娀。申錫名邦，尚榮幽穸！可。

### 父遵甫皇任北作坊使特贈檢校太傅保信軍節度使

敕：春秋書季姜之歸，而傳有褒紀之義，崇寵異姓，其所從來久矣。皇后父某，承世之慶，列官于朝，雖德義有稱，而不終榮禄，祚流後世，正位内宫。追命有加，以慰窀穸！可。

### 母鉅鹿郡君曹氏特追封沂國太夫人

敕：國有大賚，凡在廷之士，皆得追褒其父母，而況於異姓之貴哉？皇后母曹氏，胄於名王，歸得吉士，率禮蹈義，有稱閨門，迎渭之祥，實開厥後。膺此恩典，尚知歆榮！可。

### 母樂壽縣君李氏進封均國夫人

敕：人主之所以風天下者，豈非外戚之助哉？故夫封爵褒厚之禮，其所從來久矣，未嘗有改也。皇后母李氏，躬以德義，嬪于令人，能大厥家，比隆任、姒。錫之象服，胙以名邦。往即寵榮，勉綏壽善！可。

# 臨川先生文集　卷五十四

## 外制

### 辛相富弼三代制六道

#### 曾　祖

敕：大臣有慶於國，則爵命上施其考祖，所以章賢德、廣褒勸也。具官某曾祖某，躬執義善，發身揚名，詒于曾孫，集有福禄，登踐樞極，卓爲臣宗。申命有加，尚榮幽穸！可。

#### 曾祖母

敕：宗工之選，所以寵雋良；大國之封，所以褒賢淑。具官某曾祖母某氏，順足以有相，嚴足以有臨，來嬪名家，詒禄厥後，爲國元老，儀刑萬方。開號全齊，既光大矣。徙之北國，其愈知榮。可。

## 祖

敕：列爵五等，莫尊於公，必有盛德之士，然後可以膺此號。具官某祖某，秉哲迪義，不躬顯榮，祚流聞孫，爲世碩輔。追褒之禮，既極寵崇。序爵啓封，尚其嘉享！可。

## 祖　母

敕：天子之宰，朕所恃以綱紀四方者也，爵命加其祖妣，豈不宜哉？具官某祖母某氏，蓄德在躬，以成家室，發祥于後，以遺子孫。申錫有邦，蓋惟舊典。魏大名也，以是追封。豈特爲窀穸之榮，亦所以佑其後世。可。

## 父

敕：士以有子爲榮，子以顯親爲孝。宗公元老，世恃以寧，當有追崇之恩，稱其致孝之意。具官某父某，惠和敦大，明允忠篤，位不侔德，乃生碩人，寅亮先帝，寵綏四海，方興就事，佐佑朕躬。申命有章，兼榮幽顯。可。

## 亡　母

敕：朕初纂服，登用舊臣，褒厚其親，率循故事。具官某母某氏，顯相吉士，篤生碩人，壽善康寧，考終福禄。追榮新窆，申命大邦。尚其淑靈，膺此休寵！可。

## 參知政事歐陽脩三代制六道

### 曾祖郴贈太子少保可贈太子太保

敕：君子善善之義，下及子孫。況推而上之至其祖考，所以褒美崇寵，豈顧可以不稱哉？故先王宗廟之制，視其爵位之高下，以爲世數之遠近，而本朝追命之禮，亦從其子孫名數之卑尊。具官某曾祖某，潛于丘園，躬有善行，畜積之慶，施于曾孫，爲時宗工，名重天下。圖任以登于右府，褒嘉當及其前人。東宫之孤，位已顯矣。進秩一品，尚其享哉！可。

### 曾祖母追封延安郡太夫人劉氏可追封榮國太夫人

敕：尊之欲其貴，親之欲其富，豈特人主有是心哉？推是心以施於人，此人主所以與天下同憂樂之意也。禄有厚薄，故禮有隆殺；位有高下，故施有遠近。古之道也，其可忘哉？具官某曾祖母某氏，含德在躬，作嬪令族，積善之慶，覃其後昆。惟時聞孫，實朕良弼，登與政事，人無間言。其疏大邦之封，以報流澤之施。寵靈之極，尚克享哉！可。

## 祖贈某官[一]

敕：朕惟有天下者得推其祖考上配于天，蓋孝子慈孫所以極其尊崇之意。推是心以及夫在位，則其寵禄之厚者，豈不欲以及其所謂尊親者哉？此朕所以褒寵大臣之先以尊爵貴官，而有至乎三世者也。具官某祖某，積德累善，施于後嗣，爲予輔弼，始大厥家。東宫之孤，既以命汝。增榮一品，尚克享哉！可。

## 祖母

敕：朕疏郡縣以君諸臣之母，欲以慰慈孫孝子之心[二]。至於政事之臣，則封國及其王母，所以望其功者厚矣，則慰其心者，顧可以薄哉？具官某祖母某氏，來嬪名家，克配君子，積善之福，覃於其孫，左右朕躬，豫圖政事。嘉而有後，錫以大邦。維靈在幽，尚克膺此！可。

## 父

敕：大臣得爵命其先人至乎公師，非古也。然禮者人情而已矣，當於人情而義足以勸士，則何必古之有哉？具官某父某，蓄其德善[三]，不顯於世，克生賢佐，爲朕股肱。東宫一品，人臣

---

[一] 龍舒本將此制屬「樞密使張昇祖贈某官」。

[二] 「慰」，龍舒本作「稱」。

[三] 「善」，宋刻本作「著」。

高位，追以命汝，用嘉有子。尚其享此，以稱饋祀之盛哉！可。

母

敕：古者子爲諸侯大夫而父爲士，則其祭以諸侯大夫之禮。朕以謂得享其禮而位號不稱，則不足以盡孝子之心，故今有列於朝廷，皆得追崇其考妣，又況於爲吾左右輔弼之臣哉？具官某母某氏，婦順母嚴，稱於天下，能教其子，爲時名臣，協于詢謀，進斷國論。雖禄養不及，而饋享有加。啓封大邦，於禮爲稱。尚其幽穸，知享此榮！可。

## 樞密使張昇封贈三代制八道

曾祖某贈某官

敕：傳曰：「學士大夫則知尊祖矣。」若夫流澤之施於後世者博矣〔二〕，則其崇報亦當有以稱焉，此予所以隆寵大臣〔三〕，而追命之禮有至於三世也。具官某曾祖某，以武力充選，以忠勞備使，積善之施，覃及後昆，爲時老成，宰制密命。帝傅之位，厥惟尊榮，今予爾嘉，舉以追錫。尚

〔二〕「施」，宋刻本作「推」。
〔三〕「隆」，宋刻本作「陞」。

其幽穸，知享此哉？可。

## 曾祖母贈某國太夫人

敕：祖考之富且貴，則其澤流於子孫，而諸婦與榮；子孫有爵禄之寵，則其尊歸於祖考，而饋祀之盛，亦及乎其母。古之道也，後世因焉。今朕尊禮大臣，而爵命上施其三世，於經未嘗有也，而豈害於先王制禮之意哉？具官某曾祖母某氏，嬪于令人，躬有馴德，積善之施，久而愈彰。至于曾孫，克協朕心，爲世元老，執邦之樞。福禄之來，實維爾慶，改封大國，以寵淑靈。尚其有知，享此休命！可。

## 祖〔一〕

敕：爲吾政事之臣，所以崇寵之者備矣，於其尊大前人之志，亦宜有以稱焉。具官某祖某，積行在躬，潛而不耀，畜其善慶，以賴後昆。厥有聞孫，爲朕良弼，典司機要，海内所瞻。追命之榮，至于帝傅，進登師位，以極褒嘉。尚其冥靈，膺此休顯！可。

## 祖母

敕：義莫大於尊祖，仁莫高於顯親。今吾追命大臣之考妣以及其祖者，豈有它哉？凡以稱

〔一〕龍舒本將此制屬「參知政事歐陽脩祖贈某官制」。

其尊祖顯親之心而已。其德博者其施遠，其位盛者其報豐。具官某祖母某氏，徽柔静恭，克相宗事。佑啓後世，爲時元臣，執國之樞，以佐吾治。其施可謂遠矣，其報可以薄哉？改錫大邦，以爲爾寵。賁于窀穸，尚克知榮！可。

**父惠贈太師可贈中書令餘如故**

敕：朕有高爵厚禄以禮天下之士而與之共政，又本其流澤之所自而追命以尊官，豈特崇寵大臣，亦所以勉人親之教子。具官某父某，潛德晦行，榮于丘園，積仁之慶，實在其子，終有成德，爲吾宗工，踐更二府，執國機要。追褒之命，登爾太師，其遷令于中書，以極褒崇之數。尚其窀穸，享此休榮！可。

**嫡母追封德國太夫人劉氏可追封許國太夫人**

敕：先王制禮，及後世而彌文，顧所以順理而即人情，古今一也。夫福禄之盛，流澤尚及乎子孫，則名數之崇，追命當加其考妣。具官某嫡母某氏，柔良之行，温惠之德，輔相君子，克成厥家。以有賢息，掌予機密，及親之寵，厥有舊章。顧爾位號，既榮極矣，其班新命，寵以大邦。賁于無窮，尚克嘉享！可。

**所生母追封慶國太夫人王氏可追封蜀國太夫人**

敕：傳稱春秋之義，母以子貴。説者或非焉。而人子之愛其親，豈有窮哉？已則富貴，而親不與焉，固人情之甚可哀者也。當有追崇之禮，稱其思慕之心。具官某所生母某氏，温柔惠和，得媲君子，克生賢佐，爲朕寶臣，允于庶言，秉國樞要。追榮之典，既啓爾邦，其改新封，以鴻後慶。尚其冥漠，享此恩榮！可。

### 亡妻田氏可追封京兆郡夫人彭城縣君劉氏可追封彭城郡夫人

敕：臣之德善勳勞，稱其位而有施於國，君之爵禄慶賞，疇其功而有報於家。股肱之良，參決政事，施於國者，其責厚矣，報於家者，亦宜稱焉。以爾具官某妻某氏，温柔静嘉，嘗配君子，遭會不淑，不終顯榮。某言于朝，爲爾請命。考諸恩典，厥有故常。乃疏大郡之封，錫以小君之號，所以崇貴窀穸，而副吾大臣追往求舊之心。尚其有知，享此休寵！可。

### 樞密副使胡宿封贈三代制六道

#### 曾祖

先帝褒厚群臣，德施及乎窀穸，朕奉承遺訓，不敢以哀恫之故廢。具官某曾祖某，蓄德深博，久而彌興，焯有偉人，出其後世，佐佑先帝，以暨朕躬。追命于幽，尚嘉營魄！可。

#### 曾祖母

敕：大臣有賞於國，則爵命上施乎三世，先帝所以褒功德也，朕敢忘哉？具官某曾祖母某氏，齊嚴靚專，柔嫕安婉，集有祉福，施于孫曾，爲時宗工，德望休顯。膺此追命，尚其知榮！可。

## 祖

敕：詩曰：「不愆不忘，率由舊章。」朕遵先帝之法，以勞賜大臣及其父母，不敢以哀恫之故廢。具官某祖某，躬率令德，以成厥家，有孫而賢，執國機要。膺此休顯，尚能嘉歆！可。

## 祖母

敕：朕初即位，遵先帝故事，大賚于四海，而大臣之祖妣與焉。具官某祖母某氏，以順爲令妻，以嚴爲賢母，集有戩穀，以詒厥孫，爲時宗臣，世禄滋大。追錫休命，尚其知榮！可。

## 父

先帝棄萬國，朕初即位，凡在廷者，皆班爵命顯其親，所以稱先帝顧哀群臣之意。具官某父某，蓄積德義，以成福禄，燕及厥後，爲時宗工。追錫之榮，既光大矣。褒嘉有數，其尚知歆！可。

## 母

先帝有大賚，必及群臣之父母，朕初嗣位，不敢有廢也。具官某母某氏，以順爲婦而能正，以嚴爲母而能慈，肆有福禄，集其後世。徙封大國，以顯厥魂。可。

## 樞密副使吴奎封贈制二道

**父**

敕：朕初即位，班爵命以寵諸臣之父母，蓋惟先帝故事，不敢愆忘。具官某父某，德善之修，有聞于世，義方之教，能大厥家。序位朝廷，既隆顯矣。褒遷有典，其往欽哉！可。

**母**

敕：永惟政事之臣，天下國家所恃以安且治者也，所以褒厚及其父母，豈可忘哉？具官某母某氏，馴德淑行，來寧巨室，母有賢子，爲時宗工。班命于朝，既疏名郡，徙封之寵，其往欽承！可。

## 皇故第十三女追封楚國公主制

敕：先王制禮，有卑尊疏戚之宜，惟至親得以致悼痛之恩，唯至貴得以極褒崇之意。皇故第十三女方在襁褓，尚其有成，位號未正，奄與物化〔一〕。蓋王姬之車服，下后一等而不視其夫，

〔一〕「與」，龍舒本作「忽」。

情文之隆，於是爲稱。則雖夭閼，其可弭忘？追命啓封，胙之全楚，以終天性之愛，且慰幽穸之靈焉。可。

## 故充媛董氏贈婉儀制

敕：雞鳴思賢妃，而關雎樂得淑女。永懷邦媛，内助宫闈，愍飾厥終，當加位號。故充媛董氏，有德讓之美，無險謁之私，進登嬪婦之官，率循保阿之訓。奄忽至於大故，兹用愴于朕心。恩典寵章，以賁幽穸。尚其弗泯，知享此榮！可。

## 樞密副使吴奎亡妻趙氏追封信都郡夫人制

敕：追遠念舊而不忘者行之厚，而大臣有求於此，朕豈可以忘哉？具官某亡妻某氏，柔嘉在躬，作配君子，不克偕老，兹惟永懷。能辭生者之恩，以丐追封之寵。胙以名郡，尚其知榮！可。

## 樞密副使胡宿亡妻崇仁縣君吴氏追封蘭陵郡夫人制

敕：婦人能相其君子終以休顯，而不與享其福禄，豈非人情之所愍惻哉？具官某妻某氏，躬率德善，嬪于大家，纘夫之榮，肇啓爵邑，方吾良弼，登執事樞。嗟爾淑人，既嘗封壤，賜之名郡，追賁諸幽。尚其雖没而有知，亦以慰夫生者。可。

## 故董淑妃養女御侍張氏安福縣君依舊御侍制

敕某氏：爾爲妃所鞠而序于女御之數。啓邑賜號，以廣逮下之恩。往服命書，勉循陰教！可。

## 故董淑妃養女御侍李氏仁和縣君依舊御侍制

敕某氏：爾以徽柔，備數女御。賜封大邑，用示褒嘉。往服寵榮，愈其淑慎！可。

## 聽宣蔣氏張氏並司言制

敕某：後宫之職，各有等差，必來淑女，以贊内治。爾惠和安婉，服采維勤。遷序厥官，往欽休命！可。

## 淑妃董氏遺表父右侍禁安内殿崇班制

敕某：卿大夫之終于位者，朕所以顧恤其家，未嘗不備也。永惟良淑，有助宫闈，序位既崇，則推恩宜厚。閲其遺表，爲爾求遷。超進厥官，往求自稱！可。

## 德妃沈氏姪孫獻卿可試大理評事制

敕：朕於后妃之家，不欲以恩撓法。法之所當得者〔一〕，義亦無所愛焉。爾方眇然，未克有知，而以外戚之恩，得試理卿之屬。時乃邦制，不爲爾私。勉哉有成，以待官使！可。

## 沂國公主趙氏奏苗賢妃親姊永安縣君苗氏男張士端試將作監主簿制

敕某：朕布大慶，而士緣外内族親之故以得官者衆矣。雖進非用德，然能致其材以保禄位，則亦足以自昭於時。爾與此榮！當知懋勉！可。

〔一〕「得」，原無，據龍舒本補。

## 右監門衛大將軍令襄故母錢氏可追封仁和縣君制

先帝以孝治天下，故因宗祀大慶，施及諸臣之父母。具官某母錢氏，躬率德善，來宜宗室，雖不終榮禄，而有子克家。追錫寵章，冀能嘉享！可。

## 大將軍從信故所生母許氏追封平原縣太君制

敕許氏：朕於在廷之臣，皆有以褒厚其親也，況於近屬恩禮所先者乎？爾順善和恭，甚宜家室，克生宗子，實胙大邦。當號爾封，遽棄榮養。進君一邑，以慰孝心。尚惟淑靈，知享此寵！可。

## 大理寺丞蘇唐卿母孫氏萬年縣君制

敕孫氏：朕既肆祀於明堂，而錫命以褒諸臣之母。尚惟高年及養，而禮秩有所不加，故推異恩，以慰其意。爾年耄矣，而有子列于王官，其疏爵邑之榮，以厚閨門之慶。可。

## 試監簿祁元振亡母丁氏追封昭德縣太君制

敕某母丁氏：爾嬪于名卿，不預寵封之慶；没有良子，乃蒙增秩之褒。願移恩榮，追慰顧復。俾疏大邑，以燕孝思！可。

## 參知政事歐陽脩女樂壽縣君制

敕歐陽氏：汝父爲吾政事之臣，而緣國大賚，丐恩及汝。賜之封邑，亦有故常。祇戒勿違，以承兹寵！可。

## 同中書門下平章事文彦博女大理評事龐元直妻特封安福縣君制

敕文氏：爾父爲時元老，而爾母當得褒封，辭其寵章，爲爾求邑。爾承德義之慶，而嬪宗公之家，膺兹顯榮，可謂稱矣。可。

## 同中書門下平章事宋庠親孫女特封永寧縣君制

敕宋氏：朕有大封之慶，而爾母與焉，辭其寵章，爲爾請邑。爾惟名族，率禮有常。象服之宜，是亦榮矣。可。

故贈司空兼侍中龐籍遺表長女南安縣君冀州支使陳琪妻安康郡君制

敕龐氏：封爵吾所重也。爾考嘗爲將相，而其没也以爾爲言。加錫郡封，蓋非常典。爾維令淑，往服寵榮！可。

第五女大理評事趙彦若妻德安縣君制

敕龐氏：爾考嘗輔佐先帝，而有勞於國。今其不幸，爲爾請封。夫以女子受爵於朝，而不繫其夫，其亦榮矣。往惟順淑，以服寵榮！可。

第七女壽安縣君制

敕龐氏：女子，從人者也，故封爵視其夫子而已矣。爾父嘗勤勞於國，而爲先帝大臣。今其薨殂，爲爾請邑，考於恩典，厥亦有初。往服寵榮，勉之無斁！可。

## 節度使允初長女殿直梁鑄妻特封嘉興郡君制

敕趙氏：朕於宗室，親疏有秩也。今爾既成婦矣，而宗正爲爾請封。爾維懿恭，循禮無失，以君大郡，可謂顯榮。其往懋哉，爾宜欽服！可。

## 宗説第十八女右班殿直楚奎妻永泰縣君制

敕趙氏：朕初即位，敷錫庶邦。爾躬行柔嘉，實維宗女。賜封大邑，往服厥榮！可。

## 右屯衛大將軍茂州刺史克洵第二女右班殿直宋玘妻等並特封縣君制

敕趙氏：凡内女之嫁者，爵邑不繫其夫，所以廣親親也。爾嬪于世族，率禮有常。錫命啓封，是爲恩典。思稱厥服，愈其懋哉！可。

## 右屯衛大將軍登州防禦使邢國公世永第三女左班殿直徐鎮妻特封金城縣君制

先帝褒厚宗室女子之嫁者，爵命有不繫其夫。朕初即位，不敢忘也。具官某女某人妻趙氏，夙承禮教，率用祗德，歸于世族，婦順有稱。錫以縣封，往膺休寵！可。

右監門衛大將軍仲勸新婦陳氏封邑制

先帝布大慶於天下，朕初即位，永惟嗣訓，不敢有忘。具官某妻陳氏，順善和嫕，嬪于宗室。賜命大邑，示均神釐。率禮勿違，以稱休顯！可。

皇兄故保康軍節度觀察留後承簡贈彰化軍節度追封安定郡王制

敕：樂其生而哀其死，欲其富貴之無窮，仁人於親戚莫不然，而王者得盡其褒崇之意。具官某，於宗室爲近屬，於朝廷爲大官，有温恭恪慎之稱，無驕嫚逸欲之過。不幸至於窀穸，用震悼于朕心。義兼親賢，恩禮當稱。今夫建牙樹纛，節制一軍，而封爵至於稱王，人臣之極也，朕其追命以賜焉。尚其有知，享此休顯！可。

皇弟故右屯衛大將軍霸州防禦使承俊贈崇信軍節度觀察留後追封樂平郡公制

敕：詩曰：「死喪之威，兄弟孔懷。」以天下之貴富，而得盡其親親之禮，則榮名尊爵，豈宜有愛於此哉！具官某，馴德謹行，稱於宗室。奄終厥命，實悼朕心。寵之以留後之官，褒之以郡公之號。尚其幽穸，克享兹榮！可。

## 皇姪孫世芬贈洺州防禦使追封廣平侯制

敕：置使以扞防爲職，建邦以察候爲名，非親且賢，何以堪此？以爾具官某，序于近屬，舊有令名，未加褒崇，遂至窀穸。其追賜命，以慰厥靈。尚克有知，享兹休顯！可。

## 供備庫副使李詵父皇任鎮潼軍節度觀察留後贈感德軍節度使兼侍中端懿贈司空兼侍中制

敕某：朕有釐事於上神，而幽顯並蒙其福。具官某父某，纘承德義，被服文儒，出入踐更，有榮爵禄，能以才業，自昭于時。壽善不兼，慶流厥子。追崇位號，尚克知歆！可。

## 武勝軍節度觀察留後王凱贈節度使制

敕：將帥之臣，出乘疆場，而有執敵捍患之材，入總營屯，而有折衝銷萌之用，則序功録德，當以厚終。以爾具官某，戰攻之多〔二〕，守衛之最，有賞於國，有稱於時，而能悉心夙夜，祇慎厥職。不幸至於大故，朕用臨弔而悼焉。其追加一命，使得建節樹纛，稱其襚葬之禮。没而有知也，尚能享吾休顯之報哉！可。

## 太常少卿權判太僕寺馬從先父震贈右領軍衛大將軍特贈尚書工部侍郎制

敕：朕獲執玉幣以承上帝，燕及聖考者，豈非士大夫之助哉？肆有大賚，以稱其念親之志。具官某父某，資兼文武，而用不極其材，能以義方，勗成厥子，服在卿位，相兹休成。追命有加，尚知榮享！可。

## 屯田員外郎句諶父希仲已贈吏部侍郎贈金紫光禄大夫工部尚書制

敕：士以功善有慶而欲移之親，苟無害於義，則其可以不從乎？具官某，嘗以才名，序于卿位。慶集厥子，有勞當遷。願推恩典，以賁幽穸。膺此顯服，尚知榮享！可。

〔二〕「攻」，龍舒本作「功」。

## 都官員外郎何若谷亡兄若沖追贈試大理評事制

敕某：爾躬率善行，而不克自昭于時。有弟在廷，法當增位。固辭恩典，冀得追榮。慼錫一官，尚其能享！可。

## 故崇儀使康州刺史内侍押班盧昭序贈正刺史制

敕某：所居之地禁，所事之職親，恩禮所加，亦宜異數。爾以忠力，備任宮闈，歷年滋多，率履惟謹。今其亡矣，追惻厥勤，考於故常，當得褒序。遷正位號，尚能知榮！可。

## 故内殿承制宋士堯等贈官制

敕某等：蠢兹蠻方，犯我邊吏，爾等以身死職，朕用哀惘。夫見危授命，士之美行；褒善録功，國之令典。故吾有以慼錫，而慰爾等窀穸之靈。没而有知，其尚能享！可〔二〕。

〔二〕「可」，原無，據龍舒本、宋刻本、聽香館本、應氏本、小岯山館本補。

# 臨川先生文集　卷五十五

## 外制

### 建州敦遺進士彭彝特授將仕郎秘書省校書郎制

敕某：朕惟衆科不足以盡天下之士，故因赦令而委諸路以特招。爾以守節見稱，而論議亦嘗試矣。賜之一命，使力行者有勸焉。往其增修，以稱兹舉！可。

### 新授齊州章丘縣尉鄭珪瀛州司户參軍制

敕某：爾嘗爲大臣所稱，當得遷序。自求一掾，往事上州。其慎猷爲，以膺器使！可。

### 御前五經及第劉元規通利軍司法參軍制

敕某：朕雖趣時爲法，而其義亦考於經。爾以經術決科，而試於法吏。勉思所誦，尚有合哉！可。

敕賜同進士出身顧立守漢陽軍司理參軍制

敕某：爾經明行潔，特見推揚，考覈以言，有足稱者。試諸獄掾，其往懋哉！可。

高州茂名縣尉兼主簿李伯英永州録事參軍兼司户參軍制

敕某：小人當平歲爲盜，爾職當捕，而能得之。甄敘厥勤，國有常法。往就禄次，勉圖後功！可。

御前尚書學究及第張宗臣亳州司法參軍制

敕某：爾少而知學，能以決科，今也成人，遂從官政。往共厥事，可不勉哉！可。

御前三禮及第韓伯莊海州東海縣尉兼主簿制

敕某：爾幼而知學，能以決科，今也成人，往其從政。有猷有守，惟慎厥初！可。

敕賜同進士出身王祁試祕校守青州益都縣主簿制

敕某：察行於鄉里，考言於朝廷，而試之以事，此自古所以能得士也。今汝言行，皆見稱引。姑使佐于大縣，以觀從政之材。無曰民寡，亦可以有爲矣！可。

太廟齋郎黄景先守常州宜興縣主簿制

敕某：爾考以使事没身於瘴癘，故爾得序於有司。往踐一官，其思所以保禄位，而無失前人義方之訓！可。

李資濰州北海縣主簿制

敕某：爾父以身死制，而加爾以一命之榮。今又以爾母有言，而使得佐于大邑。能以忠順保其禄位而守其祭祀者，士之孝也。往其祗服，可不勉哉！可。

皇姪信州團練使宗懿改郢州防禦使制

敕：原皋眚，振滯淹，朝廷之慶施及乎遠者矣，又況於宗室之近哉？具官某，於服屬爲親，於爵列爲貴，造行不能無情〔二〕，以自困於煩言。肆祀之恩，與人更始，滌其前吝〔三〕，寵以故官。往思自修，保此榮禄！可。

## 邢王孫右武衛大將軍道州團練使宗望舒州防禦使餘如故制

敕：朝廷爵賞，與士共之，親愛之欲其富貴，亦先王之道也。具官某，序于近戚，服在顯官，嘗坐小何，自今久次，能補前吝，歷年兹多。往以序遷，勉綏寵禄！可。

## 未復舊官人兵部員外郎知池州吕溱吏部郎中制

敕某：朕初即位，原咎眚，振廢淹。爾爲先帝近臣，以才敏諒直稱天下！嘗坐吏議，久於左遷。稍復故官，往其祗訓！可。

〔二〕「情」，龍舒本、宋刻本作「惰」。
〔三〕「吝」，龍舒本作「咎」。

## 追官人前司封員外郎蕭固司封員外郎制

敕某：宗祀之慶，外覃四海，況於嘗任事之臣哉？爾備使南方，實以才選，控于吏議，用失厥官。錫命示恩，往其祇服！可。

## 追官人前都官員外郎陳昭素都官員外郎制

敕某：爾嘗更任使，而以才稱於世，陷于吏議，失職久矣，再更赦令，稍復故官。夫士有智能，固不可以一眚而終廢。惟慎厥後，以須選求！可。

## 陳憲臣屯田員外郎制

敕某：爾嘗坐法，用失厥官。宗祀之成，推恩博矣。復爾禄次，往其欽哉！可。

## 孫夷甫屯田員外郎制

敕某：爾嘗坐譴何，再更赦宥，能自節勵，以補厥愆。序進一官，往其祇服！可。

## 安保衡都官員外郎制

先帝有事明堂，而大賚于四海，爾嘗在郎選，困於一眚。膺此慶施，序遷厥官。往其慎哉，以服休命！可。

## 未復舊官人殿中丞王超太常博士制

敕某：爾挂文吏之議以失職久矣。朕方推慶賜以勞天下，疏逖幽賤，並膺厥服。矧爾智謀績用爲世所稱，而特困於一眚之細哉？其還故官，以勸能者。可。

## 追官勒停人國子博士沈扶國子博士制

敕某：士之可用者，朕不以一眚而忘之也，又况於以才任使，而特以薦士爲累哉？爾行義智能，有聞于家；久於使事，績效可稱。任非其人，以坐廢斥。宗祈之慶，覃及萬方，甄序厥官，往惟祗服！可。

## 追官人前太常博士王拱己太常博士制

敕某：爾以舉非其人，而久坐斥廢。宗祈之慶，賚及萬方。復爾故官，往其祗服！可。

## 追官人著作佐郎沈士龍祕書丞制

敕某：爾嘗棄其官守而坐廢于家[一]。今宗祀之恩，吏之免者多復用矣[二]，況如爾之得罪，特以有志於善乎？其就故官，以須器使。可。

## 未復舊官人檢校水部員外郎懷州團練副使任慶之大理寺丞制

敕某：爾嘗譴何，比更赦宥。序進厥位，往其慎哉！可。

---

[一] 「爾」，原無，據小峴山館本補。

[二] 「吏」，原作「使」，據聽香館本、小峴山館本改。

## 未復舊官人光禄寺丞趙瑾改大理寺丞制

敕某：爾造行不謹，陷于法理，比更赦宥，復序故官。謀惟厥終，無重前悔！可。

## 特勒停人前西京左藏庫副使劉起西京左藏庫副使制

敕某：宗祈之慶，覃及萬方。爾嘗以才選，典領州事〔一〕，不知淑慎，以祇厥愆。恩復故官，往其祇訓！可。

## 特勒停人試將作監主簿郭慶基將作監主簿制

敕某：宗社之恩，外覃四海。爾嘗坐法，用廢于家。復即故官，其知慎矣！可。

## 特勒停人前守將作監主簿張及孫復舊官制

敕某：爾嘗坐斥免。既更赦令，其班新命，使就故官。惟慎以遠罪而敏於赴功，則足以補

〔一〕「州」，宋刻本作「煩」。

前負矣！可。

## 追官人徐并太常寺奉禮郎制

敕某：朕初即位，布大號於天下。爾比以罪負，久於廢斥。既更赦宥，當序一官。夫士之嘗有譴尤而後以才復爲世用者衆矣。往其淑慎，以待異恩！可。

## 特勒停人光禄寺丞周延年光禄寺丞制

敕某：爾坐廢于家，爲日久矣。宗祈之慶，復就故官。往慎厥修，以須器使！可。

## 建州管内觀察使李瑋安州管内觀察使制

敕：釐事既成，慶流宇内，簡于朕志，當有異恩。具官某，以元舅之家，膺下嫁之選，飭身厲行，休顯有稱。嘗坐譴何，外更藩屏。付之舊節，使得造朝。往服寵榮，愈其慎毖！可。

## 檢校水部員外郎充秦州團練副使不簽書本州公事蕭注依前檢校水部員外郎充奉寧軍節度副使不簽書本州公事制

敕某：朕初即位，肆大眚以勞天下。爾嘗爲邊將，以辠失職。稍遷位號，徙置大邦。夫士之有能，固不以瑕釁而終廢。往其修省，以服異恩！可。

## 蕭注責授團練副使制

敕某：爾以州縣尺寸之功，未閱數期，而官顯禄厚，遂專一州之寄。當思勠力，以稱所待遇。乃公爲姦污，不忌邊禁，以至擅發丁壯，采金蠻夷，侵騷邊人，廢業失職。無鈎考之檢，有盜攘之嫌。朕惟遠方羈縻之義，不欲重爲煩擾，故寧失爾辠惡，而不卒究窮。副于團練之軍，寘諸安閑之地。其思自訟，以服寬宥之恩焉。可。

## 儀鸞使英州刺史張師正落刺史依舊儀鸞使制

敕某：人道貴讓，而以巽爲利者，武人之正也。朕以爾材諝爲能治邊，故超進使號，又擇令名之州，使爾刺焉，而共其舊服。當知竭力，報稱所蒙。而乃觖望鄙争，果於慢上，自干邦法，以致人言。稍褫前恩，尚附輕典，往其修省，思補厥愆！可。

## 皇城使巴州刺史宋安道落巴州刺史制

敕某等：班禄所以勸能，制罰所以懲事。爾等執技備官久矣，一有所試，而其效皆無可言。竊位素餐之辠，法不可以無懲也。稍從降絀，示有典刑。往其深省厥愆，以稱食功之意！可。

## 皇城使宋安道責授檢校水部員外郎充衛州團練副使不簽書本州公事制

敕某：爾等以醫入侍，先帝疾殆，至於弗瘳，而皆莫能知。居其官而不能，與食焉而怠其事，皆法刑之所當施。深惟先帝之仁，故不忍加誅，而宥爾等于外。顧省厥罪，往其戒哉！可。

## 追官人文思副使王用内殿承制制

敕某：爾嘗犯禮，以失厥官。宗祀既成，均休宥辠。序于廷内，其往慎哉！可。

## 未復舊官人劉舜臣禮賓副使制

敕某：爾嘗爲州，坐法以免。既更新令，未即故官。寵以命書，介于諸使。惟慎厥後，以稱恩榮！可。

## 追官人前供備庫副使崔懷忠内殿承制制

敕某：朕閔士大夫或以一眚之故，棄而不録，故常因赦令，使得復序厥官。爾久以才能，外更任使，雖嘗廢免，有足哀矜〔一〕。列職内朝，往其祗服！可。

## 特勒停人守祕校胡柬之守秘校制

敕某：爾嘗坐小何，既更大慶，往就禄次，以須器使。朕於用士，固不以一眚而廢材。惟敏厥修，以永終譽！可。

## 堂後官大理寺丞張慶隨右贊善大夫餘如故制

敕某：爾職爲宰屬，名在理官，祇慎無疵，至于三歲。進官一等，有籍於朝。往其懋哉，是亦榮矣！可。

〔一〕「矜」，原作「務」，據宋刻本、聽香館本改。

右班殿直彭士方容州别駕制

敕某：爾爲小吏，自致廷臣，能稱厥修，至于告老。列職州佐，以爲歸榮！可。

攝荆南文學張鋭守荆南府參軍制

敕某等：異時設科以待武力智謀之士，而爾等實應令焉，嘗攝一官。既更新令，稍即序録，其往勉旃！可。

單州文學周大亨密州司馬制

敕某：爾不勉厥修，以取辠廢。既更赦令，復齒官聯。善補悔尤，尚有終譽！可。

廣南東路經略安撫使余靖奏高郵軍醫博王沂試國子四門助教不理選限制

敕某：爾以方伎，有聲淮南。今方維按撫之臣，以爾自隨，而請加一命。爾宜知夫名之不欲以假人也，而能慎行以稱焉。可。

## 蔡襄奏醫人李端試國子四門助教不理選限制

敕某：爾從事於醫久矣，而吾左右親信之臣稱爾之行能，請一命焉。厥有故常，以爲爾寵。其思淑慎，以稱褒嘉！可。

## 程戡奏延州醫助教房用和試國子四門助教不理選限制〔二〕

敕某：延州鎮撫一方，而將吏皆吾扞城之用。爾共醫事，莫府所稱。甄序以官，往祗厥服！可。

## 胡宿奏醫人夏日宣試國子四門助教不理選限制

敕某：夫論思勸講之臣，實吾耳目腹心之賴，而爾能執技調護，其家請命于朝，以爲爾寵。吾其錫爾，往矣勉哉！可。

〔二〕「試」，原無，據小峴山館本補。

## 范鎮奏成都府醫人王獻臣試國子四門助教不理選限制

敕某：爾有邦人，爲吾近侍，稱爾嘗學，尤良於醫。序試一官，往其祇服！可。

## 歐陽脩奏醫人夏日華試國子四門助教不理選限制

敕某：天下安危治亂，其責在乎政事之臣。責之如此其深，則遇之豈可以不厚？故其有求於上，吾皆聽許而不違。今脩以爾能醫而爲之請命，吾其加錫，以示不違於大臣。爾往懋哉，當知夫名不可假！可。

## 趙概奏醫人武世安試國子四門助教不理選限制

敕某：古者聖人爲醫藥以濟民命，而又建官制禄，考其所治之全失而上下以勸焉，其於愛人也深矣。爾能執技以濟衆而見稱於大臣，使試一官，以爲爾勸〔二〕，其思勉勵，以稱褒嘉！可。

〔二〕「勸」，原作「勤」，據聽香館本、小岯山館本改。

## 贈安遠軍節度使馬懷德遺表門客吴戛試將作監主簿不理選限制

敕某：懷德嘗將衛兵，而其卒也，求官其客。觀爾所主，以知爾材。往試一官，勉思自稱！可。

## 河東都轉運使龍圖閣直學士何郯奏梓州醫博士謝愈試國子四門助教不理選限制

敕某：爾以方技自名，爲邇臣所薦，其於行藝，必有可稱。俾試一官，以爲爾寵！可。

## 殿中省尚藥奉御直醫官院仇鼎充翰林醫官副使制

敕某：古者視疾醫之全失而上下其食，所以明沮勸也。爾以技事上，久而有勞。遷序厥官，往欽無斁！可。

## 學士院孔目官梓州司户參軍周元亨成都府温江縣主簿制

敕某：爾服采禁林，有勞可録。宗祈之慶，外序一官。往慎典刑，保兹禄仕！可。

## 昭文館正名守當官陳旦利州司户參軍依前充職制

敕某：朕初即位，大賚四海。爾役于書林久矣，序官州掾，往慎厥修！可。

## 朝堂知班引贊官遊擊將軍守右金吾衛長史魏昭永恩州録事參軍制

敕某：宗祀之成，並蒙禔福。爾儐贊朝事，有年於此矣。出長州掾，往其勉哉！可。

## 朝堂正名知班驅使官楊忠信吴安期何惟慶並特授將仕郎制

敕某：爾等駿奔于朝，以給煩使，致勤厥職，爰及再期。甄序一官，往共舊服！可。

## 都省正名驅使官袁士宗守蓬州蓬山縣主簿依前充職制

敕某：爾以勤服采，積有歲年。外序一官，往共初服。守爾禄次，厥惟慎哉！可。

## 中書守當官鄆州司户參軍衛進之青州司户參軍制

敕某：爾給事相府，服勤歲久。因時慶賜，求得外遷。往掾大州，勉共厥服！可。

## 朝堂知班驅使官張歸一李汶並開州開江縣主簿依前充職制

敕某等：爾駿奔走以給朝廷之事久矣，有勞可録，序以一官。往懋厥勤，乃其無罰！可。

## 三司開拆司守闕前行滑州別駕王亨鄭州司馬制

敕某：爾實掌書以佐計官之治，老而知止。予念爾勞，司馬于州，往惟祗服！可。

## 學士院勸留官遂州司户參軍莊詡青州壽光縣尉制

敕某：宗祈成禮，覃澤萬方。駿奔之吏，遷有常法。序爾一尉，往其勉哉！可。

## 中書録事守成都府別駕魏貫游擊將軍充中書守闕主事中書守闕録事守大名府別駕張世長中書録事制

敕某等：隸名中書，能自祗飭。今吏員有闕，故遷以補之。往懋厥勤，無瘝于職！可。

客省承受李懷曦秦宗古遂州司户參軍制

敕某：宗祀之恩，覃於小吏。爾服勤久矣，宜序一官。往勵厥修，以共舊服！可。

沿堂五院副行首左千牛衛長史周成務金吾衛長史制

敕某等：役于宰屬，積歲有勞。升秩衛官，序遷職服。往共厥事，惟既乃心！可。

沿堂五院正名驅使官鄭州司户參軍吕昭序常州宜興縣尉制

敕某：爾以州掾之名，而役于宰屬。豫蒙慶施，當得外遷。往惟廉清，可以保禄！可。

祕閣選滿楷書充編修院權書庫官袁舜卿濰州北海縣尉制

敕某：掌書贊事，積歲有勞。甄序一官，往其祗服！可。

尚書都省額外正名年滿令史邊士寧青州益都縣尉制

敕某：爾以書贊治，積歲有勞。請命于朝，序官一尉。往共厥職，無敢弗祗！可。

## 太常寺太樂署院官郭餘慶應州金城縣主簿制

敕某：爾隸于太常久矣。吏員有闕，當得進遷。命以一官，往其祗服！可。

## 右街司正名孔目官張文仲蓬州蓬山縣主簿依前充職制

敕某：祗載厥職，於今十年。稽狀有司，序于官簿。往共舊服，無棄前勞！可。

## 吏部侍郎平章事曾公亮奏勾當人趙化基制

敕某：朕布神之惠，而陪隸與焉。爾服厥勤，受兹甄寵。名者先王所慎以與人者也，往思淑慎以稱之！可。

## 青州奏壽光縣豐城村張贇獨孤用和各年一百一歲並本州助教制

敕某：人壽至於百年，則閱天下之故多矣。寵以官號，使助守令教馴百姓，豈不宜哉！爾實應書，往其欽服！可。

## 安化中下州北遐鎮蠻人一百一十人並銀酒監武制

敕某：聲教所覃，爾惟祗服，克有名位，榮于種落，又輸方物，來效厥勤。其錫異恩，以嘉能亨。可。

## 壽州税户李仲宣李仲淵本州助教制

敕某：淮人阻飢，朕欲賙餼。爾能輸米，來助有司。賞以一官，往其祇服！可。

## 宿州臨涣縣柳子鎮市户進納斛斗人朱億弟傑本州助教制

敕某：賙恤阻飢，朝廷之政，爾能輸積，以助有司。褒賜一官，往其祇服！可。

## 空名助教并試監簿制

敕某：河水衍溢，且爲民菑。爾能輸薪，以佐有司之急。加爾以試官之賞，其思慎行以稱焉！可。

# 臨川先生文集　卷五十六

## 表

### 百寮賀復熙河路表

臣某等言：伏覩修復熙、河、洮、岷〔一〕、疊、宕等州，幅員二千餘里，斬獲不順蕃部一萬九千餘人，招撫大小蕃族三十餘萬各降附者。奮張天兵，開斥王土。旌旃所指，燕及氐、羌；樓櫓相望，誕彌河、隴。中賀。竊以三年鬼方之伐，高宗所以濟時；六月玁狁之征，宣王所以復古。政由人舉，道與世升。伏惟皇帝陛下，温恭而文，睿知以武，講周、唐之百度，拔方、虎於一言。我陵我阿，既飭鷹揚之旅；實墉實壑，遂平烏竄之戎。用夏變夷，以今準古，是基新命，厥邁往圖〔二〕。

〔一〕「岷」，原作「泯」，據聽香館本改。
〔二〕「往」，龍舒本作「永」。

臣等均被明恩，具膺榮禄。接千歲之統，適遭會於斯時；上萬年之觴，敢忽忘於故事？臣無任。

## 賜玉帶謝表

臣某言：伏蒙聖恩，以收復熙、河、洮、岷、疊、宕等州，特加褒諭，親解玉帶賜臣者。尸臣列侍，方臨極辨之朝；贊御占傳〔二〕，獨拜非常之賜。寵綏狎至，懇避弗俞，焜燿有加，凌兢無措。中謝。竊以洮、河之業，兆自聖謨；方、虎之材，進非師錫。片言投匭，遂察見其有孚；衆詘盈庭，豫照知其無眚。以至授兵算食〔三〕，蒐卒第功，能畢協於始謀，實仰歸於獨斷。如臣蕞爾，何力有焉？伏惟皇帝陛下，善貸且成，勞謙不伐，弛曠瘝之大責，録將明之小忠。揚于廣除，委以珍御，瑟彼英瑤之質，焕乎華袞之言。臨授用光，顧榮踰於古昔；退藏惟謹，知燕及於雲來。施更厚於解衣，報敢忘於結草？臣無任。

---

〔二〕「占」，龍舒本作「瞻」。

〔三〕「授」，原作「綬」，據龍舒本改。

## 詔進所著文字謝表

雲漢之光，俯加賁冒；菅蒯之賤，仰誤詢求〔一〕。中謝。臣聞百王之道雖殊，其要不過於稽古；六藝之文蓋缺，所傳猶足以範民〔二〕。唯其測之而彌深，故或習矣而不察。紹明精義，允屬昌時〔三〕。伏惟皇帝陛下，有舜之文明〔四〕，有湯之勇智。以身爲度，動皆應於乾行；肆筆成書，言必稽於聖作。欲推闡先王之大道，以新美天下之英材，宜得醇儒，使陪休運〔五〕。臣初非秀穎〔六〕，衆謂迂愚，徒以弱齡，粗知强學。服膺前載，但傳糟粕之餘；追首大方，豈逮室家之好！過叨睿奬，使緝舊聞。永惟少作可棄之浮辭，豈能上副旁搜之至意？伏望皇帝陛下，矜其聞道之晚，假以歷時之淹，使更討論，粗如成就，然後上塵於聰覽，且復取決於聖裁。庶收寸長，稍副時用。臣無任。

〔一〕「誤」，龍舒本作「俟」。
〔二〕「所傳」，龍舒本作「其教」。
〔三〕「昌時」，龍舒本作「休辰」。
〔四〕「舜」，龍舒本作「堯」。
〔五〕「休運」，龍舒本作「能事」。
〔六〕「初」，龍舒本作「生」。

## 進熙寧編敕表

臣某等言：竊以觀天下之至動而御其時，輔萬物之自然而節其性，匿而不可不爲者事，麤而不可不陳者法，厥惟無弊，乃以不膠。故造象於正月之始和，改禮以五載之巡狩。一代之典，成於緝熙；百世可知，在所加損。方裁成輔相之休運，宜修飾潤色之難能，顧匪其人，與於此選。中謝。蓋聞道有升降，政有弛張，緩急詳略，度宜而已。使民不倦，唯聖爲能。伏惟皇帝陛下，天德地業，體堯蹈禹，永念憲禁之舊，或失防範之中。選建有官，付之論定，具慚淺學，莫副詳延。屢彌歲年，僅就篇帙，删除煩複，蒐補闕遺。於趣時因民〔一〕，則粗捄抗敝之實；以方古垂後，則或俟新美之才。冒昧天威〔二〕，姑塞明詔。

## 賜元豐敕令格式表

臣某言：伏蒙聖慈，特賜臣元豐敕令格式一部，計四十策者。新厥品章，著之方册，雖孤眷

〔一〕「因民」，龍舒本作「治世」。

〔二〕「天」，原作「大」，據龍舒本、光啓堂本、小峴山館本改。

寄，尚冒分頒。中謝。竊以后辟之所訓裁，臣工之所承守。歷觀既往，或仍踳駁之餘；緒正厥遺，實待緝熙之久。恭惟皇帝陛下，操天縱之智，御物昌之時。創法於群幾之先，收功於異論之後。慮無愆素，舉必要終。然趨變以制宜，或非初令；則取新而垂裕，宜有成書。神機俯授於有官，聖制遂攄於無極。部居彪列，科指盱分。雲漢之回甚昭，日月之照方久。臣進陪國論，退即里居。在昔討論，嘗負曠瘝之責；於今尊閣，更知被受之榮。臣無任。

## 賜弟安國及第謝表

臣某言：伏蒙聖恩，召試臣弟安國，賜進士及第，注初等職官者。雋乂之求，外覃草野；龍光之施，首逮門庭。中謝。竊以躬國論聽斷之煩，而察知孤遠之行；略門資貢舉之法，而拔取滯淹之才。山林之所誦説而難遭，閭巷之所驚嗟而罕見。伏惟皇帝陛下，協德穹昊，比明羲皇〔一〕，博臨四方，洞照萬物。如臣同産，爲世畸人，少遭閔凶，自奮寒苦。雖强學力行，粗有時名；而少偶寡徒，幾絶榮望。豈期聖聽，俯及幽潛，遂使窮途，坐階華寵，奬以詔書而試藝，賜之科第而命官。禄不逮親，既永乖於養志；仕非爲己，當共誓於捐軀。臣無任。

〔一〕「皇」，龍舒本作「和」。

## 除弟安國館職謝表

臣某言：伏蒙聖恩，以臣弟安國充崇文院校書者。書林置職，方儲高位之材；詔板推恩，遂假私門之寵。在於疵賤，實以兢慚。中謝。伏念臣初起孤生，非謀膴仕，中參近侍，特荷先朝。屬憂患之相仍，分湮淪而自棄，敢圖收召，俯暨幽潛。服在臣鄰，驟冠論思之列；恩加子弟，具膺慶賞之延。有昧冒於殊私，或超踰於常法。惟數奇之同産，嘗久困於稠人。第册西垣，比前叨於睿獎；校文東觀，更曲被於明揚。此蓋伏遇皇帝陛下，與善無方，使能以類，欲阜成於大治，務博取於衆材。遂忘形跡之嫌，以溥龍光之施。衰宗既亢，唯知上報之難；小己易盈[一]，彌懼先顛之疾。臣無任。

## 除雱中允崇政殿説書謝表

臣某言：伏蒙聖恩，授臣男雱守太子中允，充崇政殿説書，尋具劄子辭免，蒙降詔書不允者。恩驟加於私室，多所超踰；事或累於公朝，誠難昧冒。仰煩睿訓，曲喻至懷。永惟眷奬之

〔一〕「己」，聽香館本作「器」。

殊，實重兢慚之至。中謝。伏念臣首叨召節，得侍辭林，隨被贊書，使陪經幄，稍更歲月，莫補涓埃。竊觀上智之日躋，内訟淺聞而知困。況如賤息，厥有童心。尚迷鑽仰之方，豈稱招延之禮？恕己量主，非敢以私而自嫌；爲官擇人，顧雖成命而宜改。輒布可辭之義，上干難犯之威。伏蒙皇帝陛下，屈體優容，垂精寵答。謂大人照臨之道廣，當養以蒙；意小夫誦説之智專，遽忘其賤。褒稱備厚，訓飭加嚴。揣實未安，寄顔有恧。重念自古君臣之相與，未有如臣父子之所遭。蓋當用儒之時，尤難講藝之職。典謨方御，實參備於討論；誥誓未終，已繼叨於奬擢。獲世官於閭巷，嗣家學於朝廷，自非忘軀，何以報國？知人而官以哲，慨已誤於明揚；委質而教之忠，誓永肩於素守。臣無任。

## 除雱正言待制謝表

臣某言：伏奉聖恩，除臣男雱右正言、天章閣待制兼侍講，特降中使宣諭，令便受告敕，不須辭免者。孚號明恩，實由中出；美官要職，弗以次加。知榮耀之及私，顧僭差而累國。雲天在望，冰炭交懷。中謝。臣出於羈窮，好是拙直。道常違俗，宜芻狗之致妖；才不逮人，何藿蠋之能化？皇帝陛下收之末路，付以繁機。距滔天之衆讒，責經世之來效。施及賤息，度越稠人。延登朝行，使嗣講業。方仰陪於膝席，俄中廢於肝瘍。雖進趨之禮久妨，而問勞之恩狎至。莫知報稱，但負兢慚；豈意眷憐，更加超擢。待制之爲職，以陪侍禁嚴；正言之爲官，以諫救遺失。承金華之舊學，親玉色於燕朝。併叨殊私，甚駭群聽。此蓋伏遇皇帝陛下，攬取同智，無小大之遺；搜揚衆材，無久近之間。苟或不肖，概嘗有聞。必垂甄收，以示勸奬。四方之訓于我，無競維人；多士之生斯時，不顯亦世。永惟遭值，孰與等夷！君臣以事道相求，是惟希世；父子以傳經見用，鮮或同時。雖愧皋陶濟美之材，敢忘狐突教忠之義？臣無任。

## 進字説表

臣某言：竊以書用於世久矣，先王立學以教之，設官以達之，置使以喻之，禁誅亂名，豈苟然哉！凡以同道德之歸，一名法之守而已〔一〕。道衰以隱，官失學廢，循而發之，實在聖時，豈臣愚憧，敢逮斯事？中謝。

蓋聞物生而有情，情發而爲聲，聲以類合，皆足相知。人聲爲言，述以爲字。字雖人之所制，本實出於自然。鳳鳥有文，河圖有畫，非人爲也，人則效此。故上下内外，初終前後，中偏左右，自然之位也；衡衺曲直，耦重交析，反缺倒仄，自然之形也；發斂呼吸，抑揚合散，虚實清

〔一〕「法」，龍舒本作「分」。

濁，自然之聲也；可視而知，可聽而思，自然之義也。以義自然，故先聖所宅[一]，雖殊方域，言音乖離，點畫不同，譯而通之，其義一也。道有升降，文物隨之，時變事異，書名或改，原出要歸，亦無二焉。乃若知之所不能與，思之所不能至，則雖非即此而可證，亦非舍此而能學。蓋唯天下之至神爲能究此。

伏惟皇帝陛下，體元用妙，該極象數，稽古創法，紹天覺民。乃惟兹學，隕缺弗嗣，因任衆智，微明顯隱[二]。蓋將以祈合乎神指者，布之海内。衆妙所寄，窮之實難。而臣頃御燕閒，親承訓敕，抱痾負憂，久無所成，雖嘗有獻，大懼冒浼。退復自力，用忘疾憊，咨諏討論，博盡所疑，冀或涓塵，有助深崇。謹勒成字説二十四卷，隨表上進以聞。臣某誠惶誠懼，頓首謹言。

## 進洪範表

臣某言：臣聞天下之物，小大有彝，後先有倫。敘者天之道，敘之者人之道。天命聖人以敘之，而聖人必考古成己，然後以所嘗學，措之事業，爲天下利。苟非其時，道不虚行。中謝。伏

〔一〕「先」，原作「僊」，據龍舒本改。
〔二〕「顯」，龍舒本作「幽」。

惟皇帝陛下，德義之高，術智之明，足以黜天下之嵬瑣，而興其豪傑，以圖堯、禹太平之治。而朝廷未化，海内未服，綱紀憲令，尚或紛如。意者殆當考箕子之所述，以深發獨智，趣時應物故也[一]。臣嘗以蕪廢腐餘之學，得備論思勸講之官，擢與大政，又彌寒暑，勳績不效，俛仰甚慚。謹取舊所著洪範傳删潤繕寫，輒以草芥之微，求裕天地。臣無任。

## 進修南郊敕式表

郊丘事重，筆削才難，猥以微能，叨承遴選。中謝。蓋聞孝以配天爲大，聖以饗帝爲能。越我百年之休明，因時五代之流弊。前期戒具，人輒爲之騷然；臨祭視成，事或幾乎率爾。蓋已行之品式，曾莫紀於官司。故國家講燎禋之上儀，而臣等承撰次之明詔。迨兹彌歲，僅乃終篇。猶因用於故常，特删除其紛冗。恭惟皇帝陛下，體聖神之質，志文武之功。嘉與俊髦，靈承穹昊。物方緼茂，以薦信而無慚；人且昭明，知因陋之爲恥[二]。固將制禮作樂，以復周、唐之舊；豈終循誦習傳，而守秦、漢之餘？則斯書也，譬大輅之椎輪，與明堂之營窟[三]。推本知變，實有

[一]「物」，龍舒本作「變」。
[二]「因」，龍舒本作「固」。
[三]「窟」，龍舒本作「室」。

考於將來；隨時施宜，亦不爲乎無補。臣無任。

## 除知制誥謝表

臣某言：今月初二日，伏蒙聖恩，賜臣誥敕，除臣知制誥者。高華之選，欲報常艱；固陋之身，以榮爲懼。中謝。竊以自昔招智能之士，因使爲侍從之官〔二〕。豈特賴其虛名，謂能華國；蓋將收其實用，相與致君。矧號令文章之爲難，而討論潤色之所寄，苟失職不稱，則爲時起羞。伏惟皇帝陛下，躬上聖之姿，撫久安之運。趣時有救弊之急，守器有持盈之難。當得俊良，使陪遺忘。則典司明命，出入禁門，一有瘝官，尤爲累上。臣羈單賤士，樸鄙常人，仕初有志於養親，學遂不專於爲己。比更煩使，稍竊謬恩，内懷尸祿之慚，仰負食功之意，又蒙采擢，以致超踰。蓋君之視臣，不使同犬馬之賤；則下之報上，亦欲致岡陵之崇。況臣少習藝文，粗知名教，遭逢一旦，度越衆人，唯當盡節於明時，豈敢尚懷於私計！臣無任〔三〕。

〔二〕「官」，龍舒本作「臣」。
〔三〕「臣無任」下，龍舒本有「瞻天荷聖激切屏營之至」十字。

## 知制誥知江寧府謝上表

稽違詔令，經涉歲時。先帝登遐，既不獲奔馳道路；陛下即位，又未嘗瞻望闕廷。所憂後至之刑誅，敢冀就加於官使。雖知黽勉，尚懼顛隮。中謝。蓋聞因任以責群材，原省以通衆志，厥或抱能而可用，則雖負疾而見容。如臣者，逮侍先朝，叨官外制。惓惓許國，雖有愚忠；没没隨人〔一〕，但尸榮禄。銜哀去位，嬰疢彌年，望絶寵光，分投冗散。伏遇皇帝陛下，紹膺尊極，俯燭幽微，延之以三節之嚴，付之以十城之重。比緣禋祀，特有褒封，申命曲加，因郵併賜。唯是土風之美，素無犴獄之煩。久寄託於丘墳，粗諳知其閭里。念雖閉閤，殆弗廢於承流；以比造朝，或未妨於養疾。矧恩勤之已迫〔二〕，且遜避之不容。敢不少嘗體力之所任，祗奉詔條而爲治。冀逃大戾，仰稱殊私。臣無任。

---

〔一〕「没没」，龍舒本作「役役」。
〔二〕「已」，光啓堂本作「屢」。

## 除翰林學士謝表

臣聞人臣之事主，患在不知學術，而居寵有昧冒之心；人主之畜臣，患在不察名實，而聽言無惻怛之意。此有天下國家者，所以難於任使，而有道德者，亦所以難於進取也。學士職親地要，而以討論諷議爲官，非夫遠足以知先王，近足以見當世，忠厚篤實廉恥之操足以咨諏而不疑，草創潤色文章之才足以付託而無負，則在此位爲無以稱。如臣不肖，涉道未優。初無犖犖過人之才，徒有區區自守之善。以至將順建明之大體，則或疏闊淺陋而不知。加以憂傷疾病，久棄里閭，辭命之習，蕪廢積年，黽勉一州，已爲忝冒，禁林之選，豈所堪任？伏惟皇帝陛下，躬聖德，承聖緒，於群臣賢不肖已知考慎，而於言也又能虚己以聽之，故聰明睿知神武之實，已見於行事。日月未久，而天下翹首企踵，以望唐、虞、成周之太平。臣於此時，實被收召，所以許國，義當如何？敢不磨礪淬濯已衰之心，紬繹温尋久廢之學，上以備顧問之所及，下以供職司之所守？臣無任。

## 賜衣帶等謝表

出大庭之顯服，束以精鏐；引内廐之名駒，傅之錯采。隆恩所逮，朽質知榮。中謝。竊念臣弱力淺聞，久憂積疢。中與從官之選，外分守將之權。僅免譴何，更蒙收召。論思潤色，曾莫效於微勞；衣被服乘，乃前叨於異數。此蓋伏遇皇帝陛下，醲於慶賞，詳在招延，因示眷懷，使知奮勵。誓竭愚忠之報，冀無虚授之嫌。臣無任。

敕設謝表

職與論思，恩加犒餼，禮雖有舊，寵實難當。中謝。伏念臣本乏才稱，中緣疾廢，適從孤遠，獲侍清光。已污禁林之廬，重叨太官之賜。蓋飲食有文王之雅，實始憂勤；顧來歸無吉甫之勞，徒多燕喜。敢忘自竭，粗稱所蒙？臣無任。

# 臨川先生文集　卷五十七

## 表

### 辭免參知政事表

臣某言：伏奉制命，特授臣右諫議大夫、參知政事，餘如故者。才薄望輕，恩隆責重，敢緣聰聽，冒進忱辭。中謝。竊以建用宗工，與圖大政，以人賢否，爲世盛衰。矧休運之有開，須偉材而爲輔。豈容虚受，以誤明揚？如臣者，承學未優，知方尤晚。先朝備位，每懷竊食之慚；故里服喪，重困采薪之疾。皇帝陛下紹膺皇統，俯記孤忠。付之方面之權，還之禁林之地。固已人言之可畏，豈云國論之敢知〔一〕？忽被寵靈〔二〕，滋懷愧恐。伏望皇帝陛下，考慎所與，燭知不能，

〔一〕「敢」，龍舒本作「與」。
〔二〕「忽」，龍舒本作「敢」。

許還謬恩，以允公議。庶少安於鄙分，無甚累於聖時。臣無任〔二〕。

## 除參知政事謝表

承弼之任，賢智所難，顧惟缺然，何以堪此！仰膺成命，弗獲固辭。中謝。竊以古先哲王，考慎厥輔，皆有一德，用成衆功。伏惟皇帝陛下，含獨見之明，踐久安之運。甫終諒闇，將大施爲，宜得偉人，與圖庶政。如臣者，徒以承學，粗知義方，本無它長，可備官使。退安私室，自絶榮塗。既負采薪之憂，因逃竊位之責。大明繼燭，正路宏開，付以蕃宣，還之侍從。清閒之宴，或賜開延；淺陋所聞，每蒙知獎。以爲奉令承教，庶幾無尤；至於當軸處中，良非所稱。寵光曲被〔三〕，震愧交懷。此蓋伏遇皇帝陛下，德懋旁求，志存遠舉。隆寬盡下，故忠良有以輸心；公聽並觀，故讒慝不能肆志。矧睿謀之天縱，方聖治之日躋。思稱所蒙，敢忘自竭？遠猷經國，雖或愧於前修；直道事君，期不隳於素守。臣無任。

〔二〕「臣無任」下，龍舒本有「祈天俟命激切屏營之至」。

〔三〕「寵」，龍舒本作「龍」。

## 辭免平章事監修國史表二道〔一〕

材薄位高，恩隆責重。輒敷悃款，仰瀆睿明。中謝。臣聞大有爲之君，必考慎厥相，趣舍施設，相與如一，乃能協濟功治，永綏黎元。伏惟唐、虞、三代之迹，滅熄久矣。天錫皇帝陛下以上聖之才，修身齊家，外正天下。典謨所紀，風雅所歌，以今揆古，未有慚德。宜求碩輔，朝夕左右，率勵衆志，輔成太平。如臣區區，孤陋淺拙。知學以爲己，而昧於趣時；聞以道事君，而謬於合衆。與聞大政，已積疵瑕。伏望皇帝陛下，量能賦任，使無譴尤，追還誤恩，以協公議。臣無任。

### 二〔二〕

臣某言：臣近上表辭免恩命，伏蒙聖慈特降，批答不允者。天地之施，厚矣不貲；螻蟻之情，微而未達。重煩獎訓，彌集震兢。中謝。臣聞論德序官，明主所以御世；度能就位，忠臣所以事君。臣偶以薄材，過私榮禄。雖以捐軀而自誓，顧於諉上而多慚。竊觀聖制之所以褒揚，終

〔一〕「二道」，原無，據底本本卷目録補。龍舒本題作「辭史館相公表」。

〔二〕龍舒本題作「辭拜相表」。

非朽質之所能副稱。矧叨任遇，稍歷歲時。必欲詭責其後勳，謂宜考觀於已事。今內或怵奇衺之俗，無喻德宣譽之忠；外或扇苟簡之風，有犯令陵政之悖。百姓以安平無事之時，而未免流離餓莩；四夷以衰弱僅存之勢，而猶能跋扈飛揚。皇帝陛下以聖人之高材，有天下之利勢。憂勤已積[一]，功化未昭。此亦由臣陳力就列以來，不能助國立經陳紀之故。方謀自弛，以謝素餐；豈意誤恩，更加崇秩。誠憂官謗，能上累於明時；所望天慈，遂敕還於新命。庶以通賢者之路，且又協衆人之言。臣無任。

## 除平章事監修國史謝表[二]

臣某言：伏奉恩命，特授金紫光禄大夫、行尚書禮部侍郎、同中書門下平章事、監修國史、上柱國，進封開國公，加食邑一千户、實封四百户，仍賜推忠協謀佐理功臣，尋具表陳免，蒙批答不允，仍斷來章者。揚于大廷，寵以高位。歸之翊戴之重，諉之宰制之平。聖心方慎於旁求，小己知難於上稱。中謝。臣聞人君代天而理物，人臣資父以事君。然而君臣之大義有方，非若父子

[一]「勤」，龍舒本作「勞」。

[二]龍舒本題作「謝除史館表」。

之至恩無間。須倡而後和，則誠意每患於難通；不入而後量，則忠力或嫌於自獻。唯成湯之聽伊尹，與傅説之遇高宗，皆以疏遠而相求，何其親厚之獨至！蓋所趣非由於二道，故所爲若出於一身。夫豈干、越、夷、貉之異心〔一〕，是謂元首股肱之同體。二臣既以此獲展事君之義，兩君亦以此得成理物之功。苟非其人，孰與於此？臣受材單寡，逢運休明。初涉獵於藝文，稍扳緣於禄仕。曩塵近侍，積愧空餐。悲遽隔於庭闈，分長依於丘壠。俄值纂承之慶，繼叨收召之榮。責以論經，尚少知於訓詁；使之與政，曾莫助於猷爲。矧以拙直而見知，遂爲姦回之所忌。伏遇皇帝陛下，納之以天地之量，照之以日月之明。數加奬勵之恩，每辨讒誣之巧。重遭卜相，申敕備官，終遜避之無繇，更兢慚於非據。伏惟皇帝陛下，樂古訓之獲而忘其勢，惡邪辭之害而斷以心。勿貳於任賢，務本以除惡。使萬邦有共惟帝臣之志，萬姓有一哉王心之言。則進無求名之私，退有補過之善。臣之願也，天實臨之！臣無任。

〔一〕「干」，原作「于」，據龍舒本、宋刻本、光啓堂本、小岘山館本改。

## 遷入東府賜御筵謝表

伏奉差中使傳宣，今月七日辰時三刻遷入新府，并借宮軍就賜御筵者〔一〕。恩厚不貲，誠優賢之務稱〔二〕；頑冥無似，欲報國而知難。中謝。臣等過以凡材，並膺殊選，久壅賢路，上孤聖時。伏惟皇帝陛下，謀德在容，求仁以恕。謂大臣方宣勞於王室，則上主當加恤其私家〔三〕。發使禁闈之中，視圖魏闕之下〔四〕。取材置臬〔五〕，一皆斷於睿謀；成事告功，初不煩於宰旅。重紆衡蓋，周視庭除，申以中人，喻之良月。使及日辰之吉，即于堂寢之安。輟車府之傍牽，載其帑重；移饔官之亨割，侑以鼓歌。歡更逮於邇臣，寵已加於小己〔六〕。陰陽或謬，未知燮理之方；風雨其除，徒賴帡幪之賜。臣無任。

〔一〕「宫軍」，龍舒本作「官車」。
〔二〕「優」，龍舒本作「先」。
〔三〕「上」，龍舒本作「明」。
〔四〕「視圖」，龍舒本作「伻視」。
〔五〕「臬」，龍舒本作「業」。
〔六〕「己」，龍舒本作「先」。

## 觀文殿學士知江寧府謝上表

臣某言：伏奉制命授臣觀文殿學士、吏部尚書、知江寧軍府事，臣已於六月十五日到任訖。久妨賢路，上負聖時。苟逃放殛之刑，更濫褒揚之典。逸其犬馬將盡之力，寵以丘墓所寄之邦〔一〕。仰荷恩私，皆踰分願。中謝。臣操行不足以悦衆，學術不足以趣時。獨知義命之安，敢望功名之會？值遭興運，總領繁機。惟睿廣之日躋，顧卑凡而坐困。秋水方至，因知海若之難窮；大明既升，豈宜爝火之弗熄？加以精力耗於事爲之衆，罪戾積於歲月之多，雖恃含垢之寬，終懷覆餗之懼。伏蒙陛下，志存善貸，爲在曲成。記其事國之微誠，閔其籲天之至懇。撓黜幽之常法，示從欲之至仁。經體贊元，廢任莫追於既往；承流宣化，收功尚冀於方來。臣無任。

## 辭免除平章事昭文館大學士表二道〔二〕

臣某言：爲君所艱，尤慎厥與；命相不善，將壞於成。矧當責實之時，敢替知難之義！中

〔一〕「墓」，龍舒本作「園」。

〔二〕「二道」，原無，據底本本卷目録補。

謝。臣知不足以及遠，學不足以窮深。比誤國恩，嘗尸宰事。初無薄效，稱萬一之褒揚；止有多言，煩再三之辨釋。終逃譴負，實賴保全。恭惟皇帝陛下，若古以堯之欽明，御今以禹之勤儉。矜修積美，山無一簣之虧；因任致隆，臺存九層之累〔二〕。小大祗若，遐邇允懷。畬而不菑，雖或許其繼事；灌以既雨，豈不昧於知時？況惟疲曳之餘，過重休明之累。且用人而過矣，固不免於敗材；苟改命而當焉，亦何嫌於反汗？敢期聖哲，俯亮愚忠。

## 二

臣某言：臣近上表辭免恩命，伏蒙聖慈特降，批答不允者。愚誠盡布，所冀矜從，聖志未移，申加奬訓。輒守可辭之義，更干難犯之威。中謝。臣聞冢宰之於周，則曰統百官而均四海；丞相之於漢，亦以附百姓而撫四夷。位尊則自古以然，材薄則其何能稱？臣之所守，未有以過人；臣之所知，又不足盡物。姑使承流宣化，託備藩維；或令補闕拾遺，追參侍從。尚能罄竭，小補緒餘。若乃秉操鈞衡，承輔樞極。仰陪休運，俯稱具瞻。事已試而可知，力弗能而當止。苟不量鼎實之所任，必且致棟橈於斯時。伏望皇帝陛下，隨其器能，付以職事。圖惟大任，改命上材。則熒爝末光，不獲干時之咎；榱楹近用，亦參構廈之功。

〔二〕「存」，龍舒本、宋刻本、聽香館本作「有」。

## 除平章事昭文館大學士謝表

臣某言：伏奉制命，特授臣同中書門下平章事、昭文館大學士兼譯經潤文使，加食邑一千户、食實封四百户，仍改賜推忠協謀同德佐理功臣，尋具表陳免，蒙降批答不允，仍斷來章者。承流宣化，方虞失職之誅；經體贊元，更誤選賢之舉。中謝。臣竊惟人物之會通常寡，實以君臣之遇合至難。自匪同聲氣之求，孰能偕功名之享？伏惟皇帝陛下，天縱大聖，人與成能。乘百年久安之機，飭千歲積壞之蠱。士誠服矣，而持禄養交之習未殄；民允懷矣，而樂事勸功之志未純。近或長阨，而仁義之澤未流；遠或虛憍〔一〕，而道德之威未立。宜選於衆，舉格于皇天之材；使暨乃僚，纘迪我高后之事。冀勝所任，以濟斯時。而臣蚤見知於隱約之中，久獨立於傾搖之上。勳庸弗效，恩禮更加。託備外藩，俯鄰期歲；遂叨詔獎，還冠宰司。自視羈單，所懷蹇淺。方古耕築，則有其陋；爲世聘求，則無其賢。然以投老之軀，而遭難值之運。苟貪歲月，趣就涓埃。且上之施既光，則下之報宜厚。與之戮力，仰承睿知之臨；罔不同心，俯賴忠良之協。誓殫疏拙，圖稱休明。臣無任。

〔一〕「憍」，原作「僑」，據龍舒本、宋刻本改。

## 辭左僕射表二道[一]

臣某言：近累具劄子辭免恩命，伏蒙聖慈，特賜詔書不允者。賞典越踰，訓辭稠疊，涣汗所被，是爲至榮[二]。朽材難勝，更以多懼；輒輸危悃，敢冒威尊。中謝。竊以左相位崇，東臺地要。雖置員而久曠，蓋授任之常難。臣晚值聖時，久妨賢路。奉揚成命，蚊力困於負山；敷繹微言，蠡智窮於測海。方譴何之爲畏，豈寵獎之敢圖？忽此兼叨，敻無前比。深惟淺薄，仰累休明；伏望聖慈，俯昭愚款。斷從公論，追寢誤恩。豈惟私義之獲安[三]，實亦物情之歸允。臣無任。

### 二

臣某言：近具表辭免恩命，伏蒙聖慈特降，批答不允者。恩言狎至，鄙守難移，敢冒德威，更陳私義。中謝。竊以高秩厚禮，以疇莫盛之勳勞；綿力薄材，豈稱非常之爵寵？人之所畏，物有固然。臣議行見知[四]，而涉世多爲衆毁；論材受任，而居官無以自昭。顧惟屈首受書，幾至

[一]「二道」，原無，據底本本卷目録補。
[二]「是」，龍舒本作「足」。
[三]「獲」，光啓堂本作「徒」。
[四]「議行」，龍舒本作「誤」。

殘生傷性。逮承聖問，乃知北海之難窮；比釋微言，更悟南箕之無實。疏榮特異，揣分非宜。苟叨昧以自安，懼譴尤之隨至。伏望皇帝陛下，俯矜危拙，曲賜全安。不以反汗之小嫌，爲能累國；則是捐軀之大節，實在報君。臣無任。

## 除左僕射謝表

臣某言：伏奉制命，特授臣尚書左僕射兼門下侍郎、同中書門下平章事、昭文館大學士兼譯經潤文使，加食邑一千户、食實封四百户，臣累具辭免，伏蒙聖慈特降，批答不允，仍斷來章者。貳令中臺，兼官左省。惟時遴選，蓋嘗久曠而弗除；忽此叨居，顧豈微勞之可稱？陪敦厥邑，敷告于廷。是皆至榮，難以虛辱。中謝。竊以經術造士，實始盛王之時；僞説誣民，是爲衰世之俗。蓋上無躬教立道之明辟，則下有私學亂治之姦氓。然孔氏以羈臣而與未喪之文〔一〕，孟子以游士而承既没之聖。異端雖作，精義尚存。逮更煨燼之災，遂失源流之正。章句之文勝質，傳注之博溺心。此淫辭詖行之所由昌，而妙道至言之所爲隱。篤生上主，純佑下民。成能協乎人謀，將聖出乎天縱。作於心而害事，放斥幾殫；通於道以治官，延登既衆。尚懼膠庠之黎獻，未昭典籍之群疑。

〔一〕「與」，原作「興」，據龍舒本改。

乃集師儒，具論科指，繕書來上，褒典俯加。臣趣操弗高，知識尤淺。少嘗勤苦，但爲裘氏之吟；晚更耄衰，豈免輪人之議？初備使令之乏，即知稱愜之難。敢意誤恩，獨當殊獎？此蓋伏遇皇帝陛下，以化民成俗爲事，故急在誨人；以尊德樂道爲懷，故易於縻爵。因忘固陋，特假龍光；祗服訓辭，深惟報禮。雖無博學，對揚稽古之鴻名；庶以雅言，助廣右文之美化。臣無任。

## 辭免使相判江寧府表二道〔一〕

臣某言：伏奉制命，特授檢校太傅，依前尚書左僕射、同中書門下平章事，使持節都督洪州諸軍事，充鎮南節度管内觀察處置使，判江寧府，加食邑一千户、食實封四百户，仍改賜推誠保德崇仁翊戴功臣者。恩典有加，事勞弗稱。陳力況難於黽勉，輸情終冀於矜哀。中謝。伏念臣晚出窮鄉，首陪興運。恕心量己，雖知容膝之易安；營職趣時，更似絶筋而稱力。既及眊衰而成疾，重遭憂釁以傷生，姑欲補完，唯當休愒。若任州藩之寄，仍兼將相之崇。是爲擇地以自營，非復籲天之素志。伏望皇帝陛下，追還涣號，俯徇愚衷〔二〕，許守本官，退依先壟。儻憐積歲〔三〕，

〔一〕「二道」，原無，據底本本卷目録補。
〔二〕「徇」，龍舒本作「遂」。
〔三〕「儻」，龍舒本作「矜」。

參大議於廣朝；或賜誤恩，食舊勞於外觀。尚繄眷獎，非敢干祈。臣無任〔一〕。

## 二

臣某言：近具表辭免恩命，伏蒙聖慈，批答不允者。寵私未愸，更加褒勉之恩；分義所存，敢冒叨貪之恥？中謝。伏念臣江湖一介，特荷聖知；帷幄七年，再陪國論。久居亢滿，所以深懼災危；積致衰疲，所以懇辭機要。若猶尸將相之厚禄，且復殿方面之大邦。則是於惡盈之時，欲富而弗止；以宣力之地，養痾而自營。聖慈雖或優容，官謗何由解免？伏望皇帝陛下，俯垂念聽，特賜矜從。使盛世無虛授之嫌，孤臣有少安之幸。臣無任。

## 除集禧觀使乞免使相表

臣某言：近具表乞以本官充使，伏蒙聖慈特降，詔書不允者。愚誠屢黷，方負憂兢；聖聽未移，更加獎勵。顧仰關於國體，敢終冒於天威？中謝。伏念臣頃污近司，久虛大受。晚罹疾疢，自當辭禄而里居；尚恃眷憐，故敢祈恩而家食。將相之爲重寄，朝野之所具瞻。若免於事任之勞，而尸此名器之寵。在昔之茂勳明德，尚莫敢居；如臣之綿力薄材，豈宜非據？伏望皇帝陛下，俯矜危懇，追寢誤恩。豈惟私義之所安，是固物情之衆允。臣無任。

〔一〕「臣無任」下，龍舒本有「祈天俟命激切屏營之至」十字。

# 進聖節功德疏右語四〔一〕

臣竊以紹皇策以降神，千齡莫擬；歸寶坊而獻福，萬寓惟均。矧荷眷之特殊，固輸誠之獨至。伏願三靈協祐，十力證知。常儲有羨之祥，永御無疆之曆。臣無任〔二〕。

## 二

臣竊以星虹獻瑞，實啓聖於嘉時；鍾唄乞靈，敢歸誠於妙道。伏願備膺多福，大庇群生。人永恬愉之安，物無疵癘之苦。天枝彌茂，神睠具依。臣無任。

## 三

臣竊以誕降聖神，適天人之嘉會；虔祈祉福，乃臣子之至情。伏願萬寶偕昌，三靈協慶。永御無疆之寶曆，丕承未艾之閎休。臣無任。

## 四

臣伏以握符踐運，與時物以偕昌；歸德謝生，在情文而莫稱。敢憑慈祐，申祝壽祺。伏願皇帝陛下，算比天崇，業侔地富。常御華胥之至樂，永錫皇極於黎元。臣無任。

〔一〕「四」，原無，據底本本卷目録補。
〔二〕「臣無任」下，龍舒本有「傾蕲之至」四字。

# 臨川先生文集　卷五十八

## 表

### 封舒國公謝表

臣某言：伏奉制命，特授開府儀同三司，封舒國公者。發號端門，外覃慶賜；疏恩列辟，俯逮空飡。舞手均歡，捫心獨幸。中謝。伏念臣久孤眷遇，當即譴訶。曠歲籲天，尚辭榮而未獲；新恩賜國，仍席寵以有加。唯兹邦土之名，乃昔宦遊之壤〔一〕。久陶聖化，非復魯僖之所懲；積習仁風，乃嘗朱邑之見愛。鴻私所被，朽質更榮。此蓋皇帝陛下道冒群才，彌天之所覆；恩涵庶品，并物之所包。以釐事備於郊宫，而惠澤均於海宇。故雖幽屏，弗以遐遺。顧冒昧之不貲，豈糜捐之可報！臣無任。

〔一〕「乃」，龍舒本作「自」。

## 除依前左僕射觀文殿大學士集禧觀使謝表

臣某言：伏奉制命，除授依前行尚書左僕射〔一〕，充觀文殿大學士、集禧觀使者。屢黷天威，坐彌年所。曲從危懇，仰荷至慈。中謝。伏念臣學止求心，行多違俗。少隨官牒，徒有志於養親；晚誤聖知，欲忘身而許國。疲曳久瘝於宰事，閔凶適在於私門。中解繁機，特上煩於矜惻；外分憂寄，復難强於支持。方累鴻私，更尸殊寵。既兢慚於非據，輒冒昧以終辭。伏蒙陛下，示以優容，屢垂訓獎；赦其逋慢，終賜矜全。猶加祕殿之隆名，俯慰窮閻之衰疾。地崇禄厚，尚非空食之所宜；歲晚力愆，雖欲捐軀而曷報。臣無任。

## 朱炎傳聖旨令視府事謝表

臣某言：三月二日提舉江南路、太常丞朱炎傳聖旨，令臣便視府事者。使指遄臻，訓詞俯逮。敢圖衰疾，尚誤眷存。中謝。伏念臣曲荷搜揚，久孤付屬。有能必獻，未嘗擇事而辭難；無力可陳，乃始籲天而求佚。然方焦思有爲之日，以此懷恩未報之身。苟營燕安，豈免慚悸？伏

〔一〕「左」，龍舒本作「右」。

蒙陛下，仁惟求舊〔一〕，義不忘遐。乃因乘軺將命之臣〔二〕，更喻推轂授方之意。踦屨無用，誠弗忍於棄捐；朽株匪材，尚奚勝於器使？永惟奬勵，徒誓糜捐。臣無任。

## 差弟安上傳旨令授敕命不須辭免謝表

臣某言：伏蒙聖恩，差弟安上提點江南東路刑獄，以臣衰疾，就令照管，仍傳聖旨，令臣便授敕命更不須辭免者。江海衰殘，雲天悠遠。恩言狎至，感涕交流。中謝。伏念臣積荷知憐，初無報稱，豈圖賤質〔三〕，上簡聖心。數遣中人，間因外使。喻以眷懷之至意，慰其憂苦之餘生。惠焉既久而彌加，告矣雖頑而未捨。乃至召見同産，馳賜十行之書；使營私門，就捐一路之寄。訪逮纖悉，矜及隱微。追千載之遭逢，殆無前比；顧百身之糜殞〔四〕，安可仰酬？唯當祗聖訓之鴻私，豈敢固愚衷之小諒！重念無傷於國體，乃爲不負於天慈。欲以里居之安，而尸官廩之厚。固已犯明義而累食功之實，況復干隆名而長昧利之風？至於詞窮，雖兢慚於屢黷；可以理

〔一〕「仁」，宋文鑑作「人」。
〔二〕「將」，龍舒本作「賦」。
〔三〕「賤質」，龍舒本作「殘息」。
〔四〕「百」，龍舒本作「一」。

奪，終冀幸於矜從。臣無任。

## 孫珪傳宣許罷節鉞謝表

臣某言：二月二十二日，江東轉運使孫珪到府，伏奉聖慈宣諭，以臣誠請甚確，志不可奪，故罷節鉞，春時更宜慎愛者。囊封屢黷，特荷矜從，使傳載馳，重煩慰撫。中謝。伏念臣久尸名寵〔一〕，莫報恩私。既逃不職之誅，更竊無功之禄。閉門養疾，曾未慗於朝榮；擊壤歌時，顧難忘於聖力。伏蒙皇帝陛下，義惟求舊，仁不棄遐。故雖簪屨之遺，尚蒙簡記；曾是筋骸之束，敢愛糜捐！臣無任。

## 封荆國公謝表

臣某言：伏奉敕命，授臣特進、荆國公，加食邑四百户、食實封一百户，勳如故者。宫庭嘉享，推惠術以及人；田里空餐，濫宸恩而累國。中謝。伏念臣苦窳賤質，卷曲散材；遭值休辰，登備貴器。有未償之厚責，無可録之微勞。敢冀瘝身，尚叨徽數。此蓋皇帝陛下備成熙事，答四

〔一〕「名」，龍舒本作「榮」。

表之歡心；董正治官，建一代之明制。因令疲苶，與被光榮。雖自誓於糜捐，顧何讎於賁幬！臣無任。

## 賀貴妃進位表

祲盛之禮，發於宫闈；驩康之聲，播於寰海。中賀。恭惟皇帝陛下，放古之憲，刑家以身。乃資婦德之良，俾貳坤儀之政。蓋關雎之求淑女，以無險詖私謁之心；雞鳴之得賢妃，則有警戒相成之道。於以求助，不專爲恩。臣生逢明時，竊觀盛事。祝聖人之多子，輒慕堯封；思令德以式歌，豈慚周雅？臣無任。

## 賀生皇子表六道

臣某言：都進奏院狀報誕生皇子者。宫闈嗣慶，寰海交欣，凡逮戴天，惟均擊壤。中賀。臣聞螽斯之言衆子，是爲王者之詩〔一〕；華封之祝多男，亦曰聖人之事。恭惟皇帝陛下，紹祖休顯，憲天昭明。致文、武之憂勤，成堯、舜之仁孝。宅師無競，莞簟之寢既安；傳類有祥，弓韣之祠

〔一〕「詩」，原作「時」，據龍舒本改。

屢應。詒謀方永，錫羡用光。臣託備藩維，叨承睿獎。不顯亦世，家實與於榮懷；於萬斯年，心敢忘於慶賴？臣無任〔一〕。

## 二

臣某言：伏覩進奏院狀報誕生皇子者。嘉慶係傳，歡欣總集。中賀。臣歷觀古昔，誕受福祥。厥配天所以久長，乃有子至於千億。伏惟皇帝陛下，凫鷖之雅，媚于神祇；芣苢之風，燕及黎庶。弓韣嗣燕禖之報，旐旟仍羆夢之祥。無疆惟休，永保桑苞之固；有室大競，方觀椒實之蕃〔二〕。臣嘗污近司，久尸榮禄，特荷殊憐之至，豈勝竊喜之情〔三〕？臣無任。

## 三

臣某言：伏覩都進奏院狀報誕生皇子者。皇運郅隆，天枝彌茂，照臨所曁，鼓舞攸均。中賀。臣聞史紀文慶之延，豈惟十子；詩歌姒徽之繼，爰至百男。肇敏于修，乃繁厥祉。恭惟皇帝陛下，道冒區宇，德冠往初。品庶蒙休，既饗和平之樂；神靈錫羡，果膺蕃衍之祥。臣嘗污近

〔一〕「臣無任」下，龍舒本有「瞻天云云」。
〔二〕「蕃」，龍舒本作「繁」。
〔三〕「情」，龍舒本作「深」。

司，備叨殊獎，以宿痾而自困，欲旅進以無階。臣無任[一]。

## 四

臣某言：伏覩都進奏院狀報七月四日誕生皇子者。慶兆六宮，欣交九服，照臨所暨[二]，鼓舞惟均。中賀。竊以莞寢告祥，實帝臨之釐事；牢祠錫羡，乃神保於昌時。伏惟皇帝陛下，追放堯勳，嗣承犧象。鴻名敷播，已協九皇之高；純嘏垂延，方覃千子之衆。維祺有俶，俾熾無疆。臣夙冒恩憐，久尸榮禄。適此驩嘉之會[三]，苶然趨造之難。臣無任。

## 五

臣某言：伏覩都進奏院狀報誕生皇子者。元精孚佑，聖種挺生。慶係集於宮庭，歡忭交於寰宇[四]。中賀。竊以熊羆見夢，穜稑獻祥。厥撫會昌之期，乃膺錫羡之福。恭惟皇帝陛下，德高振古，仁浹含生。故神明之冑浸蕃，而福履之將未艾。臣久尸多禄[五]，特荷異恩。顧衰疢之滋

---

[一]「臣無任」下，龍舒本有「瞻天望聖歡呼抃蹈激切屏營之至」十四字。
[二]「暨」，龍舒本作「洎」。
[三]「驩」，龍舒本作「亨」。
[四]「忭」，原作「外」，據聽香館本、小峴山館本改。
[五]「多」，龍舒本作「榮」。

多，望清光而獨遠。臣無任。

六

臣某言：伏覩都進奏院狀報誕生皇子者。燕禖饗德，方儲錫羨之祥；羆夢生賢，克協會昌之運。與在照臨之廣，敷同慶賴之深。切以思齊神罔時恫，假樂民之攸墍。天所保佑，厥惟太姒之多男；國之榮懷，亦曰成王之衆子。恭惟皇帝陛下，令德光乎洛誦，康功茂乎岐昌。鴻休無疆，景命有僕。蓋芣苢之薄言采采，衆皆先成〔一〕；則螽斯之宜爾振振，宗强孰禦？臣久叨眷遇，適阻進趨，親值本支百世之盛時，敢忘壽考萬年之善祝！

## 賀魏國大長公主禮成表 并周德妃進封。

臣某言：伏以明告治庭，寵頒恩册。家邦之慶，海宇以欣。中賀。恭惟皇帝陛下，荷天閎休，若古丕式。自禰率而尊祖，備極靈承；謂姊親而先姑，特加徽數。改錫厥壤，增褒所生。大號已孚，庶言惟允。臣久尸榮禄，竊睹盛儀。臚傳雖異於九賓，率舞尚同於百獸。臣無任。

〔一〕「皆」，龍舒本作「樂」。

## 賀冀國大長公主出降表

慶事備成，恩紀隆洽。有榮夷夏之觀〔一〕，厥乎邦國之休。中賀。蓋聞勿恤於有家，以祉而歸吉。禮儀卒獲，風化所原。不有在躬之清明，其能由内而成熾？恭惟皇帝陛下，道光覆照，教始親戚。篤念祖之至情，致先姑之美義。庶言無間，徽典有加。臣叨昧殊憐，衰瘝遠屏。親值榮懷之日，用忘呼舞之勞。臣無任。

## 賀魯國大長公主出降表

臣某言：伏覩進奏院報魯國大長公主出降者。占虵聘夢，祥實發於先朝；奠雁告期，禮甫成於外館。中賀。臣聞親戚經五禮之始，睦婣貫六行之中。善與物昌，慶惟時賴。恭惟皇帝陛下，齊家而國治，睦族而民雍。恩隆天屬之尊，禮重王姬之降。慎所選尚，燕及文母之慈；厚於送歸，追成穆考之孝。臣叨陪輿運，獲覩盛儀。雖句臚中絶於九賓，然呼舞外均於百獸。臣無任。

〔一〕「觀」，龍舒本作「望」。

## 賀康復表

臣某言：天佑俊德，永錫康寧，三靈一心，所共欣慶。中賀。竊以執契踐運[一]，寶命在躬，無疆惟休，何恙不已！伏惟皇帝陛下，堯仁舜孝，充假彰聞，惠於神民，循道不越。雖勤勞庶慎，衛養小愆，而福履綏將，旋日底豫。平格獲祐，效驗甚明。而臣衰疾所嬰，久違宸宇，聞傳踴躍，倍百群黎。臣無任。

## 賀南郊禮畢肆赦表二道

臣某言：伏覩十一月二十五日南郊禮畢大赦天下者。精意上昭，神靈底豫；茂恩旁暢，夷夏接和[二]。中賀。臣聞道以饗帝爲難，禮以配天爲至。有秩斯祜，唯四表之歡心；胡臭亶時，匪九州之美味。自古在昔，若聖與仁，厥遭昌辰，乃覩熙事。恭惟皇帝陛下，邁種三德，敷奏九功。率籲奉璋之衆髦，肇稱奠璧之新禮。廟籩致孝，郊血告幽。誠既格於穹旻，福遂均於品庶。振

[一]「踐運」，龍舒本作「從道」。

[二]「接」，聽香館本作「綏」。

憂矜寡，原宥眚裁。第五玉以褒封，善人是富；發三錢而慶賜，賤者不虚。天其居歆，人以呼舞。臣夙叨寵奬，親值休成。雖無與於駿奔，實不勝於竊抃。臣無任。

## 二

臣某言：伏覩今月初五日南郊禮畢大赦天下者。精明條達，神睠顧而依懷；膏澤川流，人歡呼而蹈厲。中賀。臣聞語孝之至，莫大於配天；議禮而輕，不足以享帝。能舉釐事，實歸聖時。恭惟皇帝陛下，鴻化已昭，康年屢應。奔走籩豆，有董正之治官；潔豐粢盛，有底慎之財賦。禮成轂旦，恩浹繇區。雖洛誦之休明，尚難譬稱；豈兒寬之淺吶，能盡揄揚？臣夙荷慈憐，方嬰衰瘵。望九賓之紳笏，獨遠句傳；狎百獸於山林，猶知率舞。臣無任。

## 賀明堂禮畢肆赦表

臣某言：伏覩今月二十二日明堂禮畢大赦天下者。蒐講上儀，神天底豫；敷施大號，夷夏交欣。中賀。蓋聞聖以享帝爲難，孝以嚴父爲至。周右烈考，或委政而弗專；漢記諸神，或竊禮而無實。恭惟皇帝陛下，道包衆甫，運會丕平。巍巍成功，堯之所謂大；業業致孝，舜之所由昌。涓選休辰，肇稱嘉饗。百禮既至，而正惟己獨；萬壽攸酢，而福與衆均。臣久冒眷憐，方嬰疢疾。奉承籩豆，乃獨後於臣工；蹌舞笙鏞，竊自同於鳥獸。臣無任。

# 臨川先生文集 卷五十九

## 表

### 賀冬表八道

臣某言：伏以庶彙潛萌，上儀亞歲。室告氣行之協，臺占瑞至之嘉。恭惟皇帝陛下，考敦復以大中，籲朋來之衆俊。剛健之德，與陽皆亨；壽昌之期，如日方永。臣叨榮近列，攖疾殊方。凫趨獨後於在庭，爵躍實深於存闕。臣無任。

二

臣某言：伏以寶曆無疆，嘉時有俶。物潛萌而赤色，氣順動於黄宫。中賀。恭惟皇帝陛下，道協乾行，德孚陽感。體一元而獨復，毓萬寶以皆昌。永御丕平，備膺純嘏。臣寖嬰衰疾，久隔清光。迹雖屏於丘園，志不忘於宸宇。臣無任。

## 三

臣某言：伏以萬寶潛萌，應黃宮之協氣〔一〕，百工胥慶，亞正歲之上儀。中賀。恭惟皇帝陛下，體御至神，詡揚獨智。武烈丕承乎前載，堯明光被乎多方。茂對斯時，備膺諸福。臣比緣衰疾，獨遠清光，雖存闕之不忘，尚造庭之未獲。臣無任。

## 四

臣某言：伏以氣復黃宮，茂對物滋之始；晷移北陸，寅賓日至之長。中賀。恭惟皇帝陛下，道與時行，化猶天運。嗣無疆而履位，建有極以宜民。甫臨陽長之期，大襲福綏之慶。臣恩容居里，病阻造庭。雖薦壽以無階，顧馳心而曷已。臣無任。

## 五

臣某言：伏以陰偕物極，陽與朋來。推曆玩占，乃見潛萌之信；體元御辨，以知敦復之中。中賀。恭惟皇帝陛下，舜孝禹功，文謨武烈。茂對時之福嘏，靈承旅以壽康。臣久冒朝榮，外叨方任。弗與稱觴之末，豈勝存闕之深！臣無任〔二〕。

〔一〕「宮」，龍舒本作「鍾」。
〔二〕「臣無任」下，龍舒本有「瞻天望聖激切屏營之至」十字。

## 六

臣某言：伏以候始三微，氣萌萬彙。謹觀臺之占瑞，亞獻歲以陳儀。中賀。恭惟皇帝陛下，祇遹燕謀，靈承休運。先一陽而獨復，斂諸福以朋來。臣屬此養痾，茶然在遠。傾心舜日，欣覩景之踐長；仰首堯天，祝壽祺而等久。臣無任。

## 七

臣某言：伏以運與陽升，晷偕日至。儀亞三朝之會，氣先五刻之占。中賀。恭惟皇帝陛下，茂對斯時，備膺諸福。御至和之玉燭，撫大順於璿璣。臣竊望清光，獨嬰衰疾。徒有懷於率舞，乃弗預於稱觴。臣無任。

## 八

臣某言：伏以一陽氣復，萬寶萌生。天效五雲之祥，律應三統之首。兹爲大慶，允屬熙朝。中賀。恭惟皇帝陛下，道泰犧、軒，德深堯、禹。文物聲明之昭爛，神祇祖考之安寧。適丁至治之期，矧及履長之序。萬靈隤祉，四海交歡。而臣身處江湖，地遥宸極。瞻天日之表，阻獻於壽觴；望雲龍之庭，徒傾於驩頌。臣無任。

## 賀正表五道

臣某言：伏以漢儀高會，方登四海之圖；周曆俯頒，乃憲百官之象。中賀。恭惟皇帝陛下，含德淵懿，撫辰休嘉。乘姑射之雲龍，所更者化；存胥敖於蓬艾，各遂其生。運與日升，道侔乾始。臣尚依枌社，獨隔楓宸。緬瞻朝著之班，竊慕封人之祝。臣無任。

### 二

獻歲初吉，端月始和。萬寶取新之元，九儀告慶之會。中賀。恭惟皇帝陛下，體神蹈智，抱一建中，允迪謨勳，永膺孚祐。德日新而有俶，福時萬以無疆。臣特荷寵光，久嬰衰疾。雲天在望，惟緬想於句傳；麋鹿與遊，豈暫忘於率舞！臣無任。

### 三

寶曆無疆，嘉生有俶。厥初獻歲之吉，乃始端月之和。中賀。恭惟皇帝陛下，常德日新，景福時萬。體泰元而難老，閲衆甫以皆昌。臣久負異恩，尚嬰衰疾。瞻雲紛郁，想朝路以載欣〔一〕；愒日舒長，與疇人而胥樂。臣無任。

〔一〕「路」，龍舒本作「露」。

四

寶曆無疆，嘉生有俶。門憲始和之象，庭充元會之儀。中賀。伏惟皇帝陛下，膺保永圖，綏將純嘏。撫五辰而致順，毓萬物以皆昌。臣久負異恩，尚嬰衰疾。瞻雲焕爛，欣逢舜旦之華；擊壤消揺，樂得夏時之正。臣無任。

五

馭正夏時，更端周曆。體一元而敷惠，適與春浮；斂諸福以代新，方佯川至。中賀。恭惟皇帝陛下，誕昭明德，祇燕孫謀。齊七政以當天，順五辰而凝績。用求協氣，以阜嘉生。閲千古之上儀，肆三朝之盛會。仰同星拱，竦百辟以在庭；追效嵩呼，極萬年而薦壽。臣桑榆晚景，麋鹿並遊。進莫與於臚傳，退但知於率舞。臣無任。

## 辭免南郊陪位表

伏奉詔書，令發來赴闕南郊陪位者。萬國駿奔，焯上儀之殊觀〔一〕；一夫幽屏，叨明命之特招。中謝。伏念臣竊禄已多，冒恩最渥。自致惓惓之義，實有素情；再瞻穆穆之容，豈非榮願？

〔一〕「焯」，龍舒本、宋刻本作「燁」。

而荼然暮景，攖以沉痾。伏畎畝以負兹〔一〕，於今未已；侍壇垓而踐豆，用此爲妨。臣無任。

## 辭免明堂陪位表

臣某言：伏奉詔書，令發來赴闕明堂陪位者。合宫丕享，寰宇駿奔。冒被優詔之加，使陪顯相之末。中謝。伏念臣投身荒遠，上負眷憐；企踵禁嚴，久勞監寐。況宗祈之盛禮，辱號召之明恩。當即辦嚴，豈容辭疾？而沉冥浸劇，黽勉實難。心若子牟，雖每存於魏闕；身如楊僕，乃自外於漢關。臣無任。

## 詔免南郊陪位謝表

臣某言：近具表爲疾病乞免赴闕南郊陪位，伏蒙聖慈，特賜詔書許免者。螻蟻惓惓，上干旒扆；雲天顥顥，下賁丘園〔二〕。中謝。臣僡矣微生，頽然暮齒。冒恩鼎食，非堅卧以爲高；承命旌招，宜駿奔而反後。顧緣衰疢，致隔清光。伏蒙皇帝陛下，特赦尤違，曲垂念聽。蔀昏難望，

〔一〕「兹」，龍舒本作「薪」。
〔二〕「下」，龍舒本作「俯」。

尚延舜日之華，荒翳易遺，更獲堯雲之潤。臣無任〔二〕。

## 詔免明堂陪位謝表

臣某言：近具表爲疾病乞免赴闕明堂陪位，伏蒙聖慈，特賜臣詔書許免者。駿奔弗獲，内懷逋慢之誅；寵答曰俞，上荷眷憐之至。中謝。伏念臣久違祕近，遂迫衰殘。長負異恩，固難逃於幽黜；敢圖釐事，乃復與於詳延。輒冒布陳，重煩矜允。鴻私所被，藏一札以知榮；旅力已愆，殞百身而何及。臣無任。

## 加食邑謝表二道

臣某言：伏奉誥命，加食邑四百户、實封一百户者。顯相郊宫，固宜寵獎；曠居田里，乃濫褒嘉。中謝。伏念臣尚負宿痾，久尸榮禄。無可論之薄效，有未報之隆恩。方國明禋，庶工祗載，奉璋執豆，旅幣獻琛。具輸奔走之勞，獨抱滯留之歎。豈圖疏逖，亦冒龍光！此蓋皇帝陛下荷休駿厖，斂福敷錫，故雖幽屏，弗以遐遺。身每被於慈憐，心敢勞於勤策？臣無任。

〔二〕「臣無任」下，龍舒本有「感天荷聖激切屏營之至」十字。

## 二[一]

解澤旁流，明綸俯被。永惟叨昧，深以兢榮。中謝。竊以時郊丘之承，所以尊上帝；疇官邑之賜，所以富善人。盛福靡專，至恩惟稱。臣久塵要近，上累昭明。方玉輅之親祠，以銅符而外守。逮均休慶，例獲褒嘉。此蓋伏遇皇帝陛下以平施於萬方，無遐遺之一物。矧蒙圖任之舊，特荷奬知之深。祗服訓辭，敢忘報禮！臣無任。

## 賜生日禮物謝表五道

璽書加奬，臺餽示優。屈使者之光華，發里門之榮耀。中謝。竊念臣才非秀穎，勢又羈單。方少也，臣父教臣以爲己之方；及長也，臣母勉臣以許國之節。叨踰至此，稱效缺然。慈訓久孤，每感劬勞之日；恩頒荐至，更慚明盛之朝。此蓋伏遇皇帝陛下，智臨方來，慈保臣庶。嘉以物多而備禮，使知意厚而盡心。敢不自竭斷斷之能，庶以少申惓惓之義。臣無任。

[一] 龍舒本題作「謝加南郊恩表」。

二

慰藉溢言，匪頒異數。荷恩勤之及此，思報稱以芒然〔一〕。中謝。伏念臣謬簡神心〔二〕，叨陪大政。以久孤之樸學，當難遇之盛時〔三〕。雖罄愚忠，何裨聖治？門弧可想，方永念於劬勞；臺餽有加，更上煩於寵奬。此蓋伏遇皇帝陛下，施仁品物，致禮臣鄰。將備責於安危，故俯同於憂樂。所願輸勞而後食〔四〕，敢知得賜之爲榮？矧生己之至恩，已云不報；獨事君之大義，庶或無慚。臣無任。

三

臣某言：伏蒙聖慈，以臣生日，特降詔書賜臣羊酒米麵者。書名閭史，適在斯辰；拜使家庭，猥叨異數。中謝。伏念臣才非經國，幸實遭時。徒塵宰席之延，初乏辰猶之告。敢圖恩奬，俯逮燕私！此蓋伏遇皇帝陛下，寵厚近班，率循前憲。因令疵賤，獲被龍光。敢忘夙夜之勤，以稱乾坤之施！臣無任。

〔一〕「芒」，龍舒本作「蔑」。
〔二〕「謬簡神心」，龍舒本作「繆簡帝心」。
〔三〕「當」，宋刻本作「賞」。
〔四〕「勞」，龍舒本作「忠」。

## 四

臣某言：伏蒙聖慈，特差臣男太子中允雱押賜臣生日禮物：衣一對、衣著一百匹、金花銀器一百兩、馬二匹、金鍍銀鞍轡一副者。劬勞之感，方愴於私懷；寵獎之加，更慚於異數。中謝。伏念臣早塵禄仕，多歷歲年。初無横草之勞，但有敗林之愧。進膺重任，久曠隆恩。敢圖誕毓之辰，更冒匪頒之澤。此蓋伏遇皇帝陛下，惇修故事，優眷近司。屈聖制以褒嘉，示殊私於錫予。永惟叨昧，彌積震驚。撫己冥頑〔一〕，亮難酬於盛德；惟時忠慎，竊自誓於愚誠。臣無任。

## 五

臣某言：伏蒙聖慈，特差入内内侍省内東頭供奉官馮宗道傳宣撫問，及就府賜臣生日禮物：金花銀器一百兩、衣著一百匹、衣一對、金鍍銀鞍轡一副并纓複、馬二匹、湯藥一銀合御封全者。微勞不效，僅逃三典之科；厚禮有加，尚躐九儀之等。中謝。臣外叨寄屬，仰誤眷憐。已隳考翼之基，重負母慈之教。迫劬勞於晚節，方不自勝；惟蕃庶之舊恩，終無以稱。伏蒙皇帝陛下，更馳膚使，曲喻至懷。駔駿靈珍，琛奇組麗。豈下流之敢及，皆前此之所無。金卮淑旂，多錫誠榮於既往；鉛刀駑馬，强扶難冀於將來。雖天地弗責其謝生，顧臣子敢忘於致死！臣

〔一〕「頑」，原爲空格，據聽香館本、小岯山館本補，宋刻本作「炬」。

無任。

## 給蔡卞假傳宣撫問謝表

伏蒙聖恩，以臣疾病，特給蔡卞假，將臣女子省侍，令卞傳宣撫問，諭以調養者。飭醫遣使，已叨訓勉於提身；輟侍予寧，重累顧哀於慈子。敉言狎至〔一〕，感涕交流。臣趣尚缺如，遭逢榮甚。竊食浮而廢任，特負知憐；昧禄殖以挻災，終貽罪疾。伏遇皇帝陛下，地容天幬，雲蔭露濡。呴吹晚出於更生，拊傴申加於瀕死。譬如造化，難紀敘於曲成；雖曰糜捐，敢稱論而上報！臣無任。

## 甘師顔傳宣撫問并賜藥謝表

臣某言：膚使寵辭，載華原隰；寶奩珍劑，加賁丘園。臣中謝。伏念臣少出衡茅，晚陪帷幄。德輶寄重，才淺知深。但念里居，長負丘山之責；敢期宸眷，尚留簪履之矜？此蓋伏遇皇帝陛下，天幬無疆，海函不棄。戴難忘之盛德，豈特銘肌；撫易盡之餘生，唯當結草。臣無任。

〔一〕「敉」，原作「教」，據龍舒本改。

## 李舜舉賜詔書藥物謝表

臣某言：輟宫闈親近之臣，臨湖海寬閑之野。授之藥物，撫以訓辭。尸厚禄而無勞，謂當誅絶；捐大恩而不報，彌所兢慚。臣中謝。伏念臣本出羈單，自甘淪棄。晚由樸學，上誤聖知。智曾昧於保身，忠每懷於許國。讒誣甚巧，切憂解免之難；危拙更安，特荷眷憐之至。況遠迹久孤之地，實邇言易間之時，而離明昭晣於隱微，解澤頻繁於疏逖。此蓋伏遇皇帝陛下，以上仁含垢，以大智容愚。弗使南箕得侈簸揚之狀，更令北户坐蒙臨照之光。苶然垂盡之病軀，沱若横流之感涕。惟困窮無俚〔二〕，猶致命於一餐；顧冒昧不貲，敢忘懷於九死！臣無任。

## 中使撫問謝表

臣某言：孤臣疲曳，自阻進趨，上主慈憐，猶加撫諭。中謝。伏念臣晚陪休運，特荷異恩。横草無功，每恨棄軀之晚；負薪有疾，仍慚制禄之優。豈謂陛下所總萬機，不忘一物。乃因輶軒之出，俯逮跨屨之遺。仰荷眷私，唯知感涕。臣無任。

〔二〕「俚」，原作「理」，據龍舒本改。

二

臣某言：去國彌年，屢煩慰恤；乘軺便道，復賜撫存。中謝。伏念臣冒恩殊深，奉事多廢。久素餐而無責，方宿疢之有加。弗以遐遺，實仰慚於眷遇；莫知上報，徒永誓於糜捐。臣無任。

## 賜湯藥謝表

臣某言：隆恩博施，弗以遐遺；弱力薄才，豈能仰稱？中謝。臣久孤重任，上誤聖知，特荷眷憐，備昭誠悃。付以便安之郡，休其疲曳之軀。跋涉之路未窮，問勞之恩先至。璽書甚厚，藥物兼珍。此蓋伏遇皇帝陛下，丕冒海隅，寵綏臣庶。簪屨之舊，不忍於棄忘；雲天之高，每存於庇幬。永惟報效，徒誓糜捐。臣無任。

## 中使傳宣撫問并賜湯藥及撫慰安國弟亡謝表

臣某言：便蕃曲澤，雖遠不忘；畹晚餘年，懼終莫報。伏念臣辭恩機要，藏疾里閭，既疲瘵之未夷，顧憂傷之重至。仰煩眷獎，特示閔憐。中飭使軺，備宣恩厚；寵頒藥物，深念衰殘。此蓋伏遇皇帝陛下，日月照臨，乾坤覆燾，俯矜舊物，曲軫睿慈。始終顧遇之私，人知無替；存没榮懷之感，情實難勝。臣無任。

## 李友詢傳宣撫問及賜湯藥謝表

臣某言：伏奉聖慈，特差李友詢扶護亡男雱棺柩到府并撫問者。孤臣特荷慈憐，未獲捐軀報德；賤息比叨寵奬，復以遺骨累恩。臣中謝。伏念臣釁積自躬，凶流及嗣。因仍積歲，藏厝不時，敢謂私憂，上貽聖慮！伏蒙皇帝陛下，飭遣親使，護致旅棺。使亡子之魂即安於窀穸〔一〕，天性之愛得盡於莫年。申之訓辭，撫以藥物。眷被終始，施兼存亡。銘骨不足以敘欲報之心，瀝肝不足以繼感泣之血。獨恨既惌之力，莫知自效之方。臣無任。

## 賜衣服銀絹等謝表

臣某言：今月十一日，准都進奏院遞到詔書并别録賜臣衣服、金帶、魚袋、銀器、絹、銀鞍轡、馬者。慰藉溢言，上宰寵眷，匪頒異數，特荷慈憐〔二〕。臣晚以薄材，嘗陪興運。華原之簪未愁，每辱矜收；橋山之劍初遺，獨悲淪沮。伏蒙皇帝陛下，勤追考翼，厚勉臣中，遽被寵光，申加

〔一〕「亡」，龍舒本作「土」。
〔二〕「慈」，龍舒本作「恩」。

蕃庶。雖負薪之末力，難效驅馳；顧結草之殘魂，猶知報稱。臣無任。

## 中使宣醫謝表

臣某言：乘衰攖厲〔二〕，敢意浼聞！軫舊垂矜，曲加寵數。即馳近御，兼飭太醫，錫以寶奩，實之珍劑。創殘再肉，顛眴更蘇，沓被慈憐，不勝負荷！臣叨恩缺報，昧禄取災，果祟降以疾殃，至上煩於愍惻。此蓋伏遇皇帝陛下，屢簪念厚，軒幄眷深。天弗籲而亦臨，雲甫瞻而既雨。哀逾察父，感劇孤臣。論可報之涓埃，難知稱效；顧未填之溝壑〔三〕，徒誓糜捐。撫涕汍瀾，捫心躑躅。臣無任。

## 差張諤醫男雱謝表

臣某言：伏蒙聖慈，特差中使傳宣撫問，并賜臣男雱湯藥，押沖静處士張諤至本府醫治者。蕞爾餘生，備叨眷撫，苶然賤息，更荷哀憐。中謝。臣初乏將明之材，適遭開泰之運。父子並蒙寵

〔二〕「攖」，龍舒本作「遘」。
〔三〕「顧」，光啓堂本、聽香館本作「塞」。

獎，臣鄰莫與等夷。去闕以來，歷時未久，問勞狎至，憂軫俯加。以察父之鴻私，施具臣之晚節。但慚疲曳，莫副馳驅。冀憑天地之恩，得全駒犢之命。永依鞭策，共誓糜捐。臣無任。

## 賜曆日謝表二道〔一〕

臣伏以太史序年，將謹人正之授；遠臣尸禄，乃叨天指之加。臣中謝。竊以欽若昊穹，靈承黎庶。正時所以作事，治曆所以明時。恭惟皇帝陛下，道邁古初，德綏方夏。治教之象，上協於天心；正朔所加，外通乎海表。敢圖幽屏，亦誤寵頒。徒尊閣以知榮，曷糜捐之可報！臣無任。

### 二

臣伏以清臺課曆，肇明一歲之宜；列郡仰成，欽布四時之事。闚文切抃，拜賜爲榮。恭惟皇帝陛下，躬包曆數，政順璣衡。齊日月之照臨，體乾坤之闔闢。考觀新度，遠存堯象之明；推步大端，猶得夏時之正。盡俯仰察觀之理，概裁成輔相之宜。歲事備存，詔文偕下。先天誕告，間無杪忽之差；率土逢占，驗若節符之合。臣敢不恭承睿旨〔二〕，順考時行。贊聖神化育之功，極天人和同之效。奉而行政，期不戾於陰陽；推以治人，庶克躋於富壽。臣無任。

〔一〕「二道」，原無，據底本卷首目録補。

〔二〕「睿」，原爲墨丁，據龍舒本、小岯山館本補。

# 臨川先生文集　卷六十

## 表

### 兩府待辠表

臣某等伏覩内降德音，以陝西、河東兩路外勤師旅，内耗黎元，引咎推恩者。辠己以興，方懋日新之德；經邦弗效，敢辭天討之刑？中謝。臣等昔以凡材，過叨重任。内不能定國家之論，以協士民；外不能成疆埸之謀，以綏夷狄。用開邊隙，亟使人勞。至深惻於聖懷，實大慙於榮禄。瘝官若此，即辠爲宜。唯並寘於嚴科，乃大符於公論。臣等無任〔二〕。

〔二〕「臣等無任」下，龍舒本有「祈天俟命激切屏營之至」十字。

## 請皇帝御正殿復常膳表二道

臣等言：奉聖旨以祈雨未應避正殿減常膳者。陽春生物，偶霑澤之稍愆；睿意恤民，遽側身而自抑。德已修於銷變，數或係於非常。當復彝儀，用安群下。中謝。恭惟皇帝陛下，天仁博施，神智曲成。躬忘旰食之勞，坐講日新之政。四時協序，萬物致和。適當化養之辰，宜得涵濡之澤。少違常候，深軫淸衷。退師氏之正朝，約太官之盛饌。仰窺謙德，志在閔民。然而遐虜來朝，當即法官之位；誕辰入慶，合陳燕俎之珍。事有所先，禮難偏廢。伏願仰回淵聽，俯徇輿情。夙御九筵之居，並羞十閣之具。上以全於國體，下以副於臣誠。臣無任〔一〕。

## 二

臣某等言：近上表請御正殿復常膳〔二〕，蒙降批答不允者。時澤偶愆，屢勤齋禱，聖衷愈勵，曲盡焦勞。將損己以召休，因退次而貶食。列陳剡奏，尚闕嗣音。在臣列之靡遑，伏帝閽而再扣。中謝。恭惟皇帝陛下，體居離正，德稟乾剛。期揉俗以致康，嘗納隍而興念。七載于此，繼獲

〔一〕「臣無任」下，龍舒本有「祈天俟命激切屏營之至」十字。
〔二〕「復」，龍舒本作「服」。

豐穰；一春而來，或罹沴亢。皇慈深軫，群祀徧修。恐猘犴乖則親慮其囚，懼黼黻美則躬變其服。仍損内饔之舉，兼虚正宁之朝。然而禮貴從宜，事難泥古。而況甫臨誕節，交舉慶儀，有列辟拜萬年之觴，有殊俗修兩朝之好。苟虧彝制，難副群情。少屈淵衷，特從誠懇，天臨廣廈，日御常珍。親事法宫，廓宣於政治；惟辟玉食，昭示於等威。仰以慰兩宫之慈，俯以安群下之望。臣等無任〔二〕。

## 乞罷政事表三道

臣某言：竊以使陪國論，惟亮天工。必用强明，乃能協濟；豈容昏瞀，可以叨居！進冒聰明，罄陳危悃。中謝。伏念臣逮侍先帝，列官外朝，晚以喪歸，因爲病廢。伏遇皇帝陛下，召還辭禁，擢豫經筵。收於衆惡之中，諏以萬機之事。構讒誣而並至，輒賜辨明；推孤拙以直前，每蒙開納。陛下所以遇臣者可謂厚矣，臣之所以報國者終於缺然。豈理勢之獨難，抑才能之素薄。方懼過尤之積，乃罹疢疾之加。比欲外乞州藩，冀以就營醫藥。重念采薪之弗給，尚何守土之敢謀？輒緣不能者止之言，庶免貪以敗官之悔。伏望皇帝陛下，曲垂仁惻，俯記愚忠。賜以分

〔二〕「臣等無任」下，龍舒本有「祈天荷聖激切屏營之至」十字。

司一官，許於江寧居止。則天地之德，實有施於餘年；犬馬之勤，冀或輸於異日。臣無任。

## 二

臣某言：近具表乞罷政事分司，伏奉手詔封還，不允所乞者。私懷懇至，已具布聞；聖訓丁寧，未蒙開納。敢冒崇高之聽，再輸悃愊之情。中謝。臣聞任賢之方，要其有用；陳力之義，止於不能。苟弗集於事功，且重罹於疢疾。豈容叨據，以累明揚！伏念臣猥以孤生，親逢盛世。昧於量己，志欲補於休明；失在信書，事浸成於迂闊。每煩衆論，上慁聖聰。久知素願之難諧，繼以積痾而自困。辭而去位，庶逃竊食之誅；勉以就工，重荷包荒之德。雖貪順命，終懼妨功。伏望皇帝陛下，闊度并容，大明俯燭，特垂矜允，俾遂退藏。如此則孤進之身，獲全生於末路；具瞻之地，得改命於時材。臣無任。

## 三

臣某言：近再具表乞罷政事，伏奉批答不允者。封奏上昭，未能感徹；訓辭下逮，更誤褒嘉。中謝。臣聞恕以及物者君之仁，量而受事者臣之義。蓋世之道有升而有降，故士之行或肆而或拘。遭聖治之尚容，冀私誠之獲遂。伏念臣自蒙任使，已歷歲時。雖或售於小忠，曾莫裨於大政。迨兹攖疢，乃始告勞。姑以免邦憲之詰誅，何足污上恩之獎勵！使人狎至，詔指屢頒，祗荷顧憐，重懷感悸。非不願粗施其樸學，庶幾以仰副於鴻私。顧惟剛德之浸亨，方奮睿謀而獨斷。辨忠賢之可任，既示弗疑；察姦罔之爲朋，將知所畏。人宜盡力，朝豈乏材？寧容昏憊之餘，尚冒寵靈之厚。伏望皇帝陛下，離明俯燭，解澤旁施。矜綿力之既憊，監近司之或曠。俯從控愬，實允詢謀。雖已事之無稱，難言報國；冀餘生之未泯，尚獲捐軀。臣無任。

## 乞出表二道

臣某言：竊以丞相之職，天子是毗。方當圖政之憂勤，難以養痾而昧冒。輒輸情素，仰丐恩憐。中謝。臣叨被鴻私，誤尸榮禄。堯仁天覆，幸荒穢之兼包；湯聖日躋，顧卑凡而自絶。尚惟許國，姑誓忘軀。豈意眩昏，甫新年而寖劇；更知駑蹇，難重任之久堪。伏惟皇帝陛下，明燭隱微，惠綏羸拙。閔其積疢，收還上宰之印章；賜以餘年，歸展先臣之丘壟。生當擊壤，以詠矜容之德；死當結草，以酬含育之恩。臣無任。

## 二

臣某言：今月十一日輒輸情素，仰丐恩憐。實以抱疢之深，難於竊位之久。過蒙敦獎，未賜矜從。事有迫於懇誠，理必祈於哀惻。中謝。臣信書自守，與俗多違。審容膝之易安，因忘擇地；知戴盆之難望，遂廢占天。豈圖憂患之餘，更值清明之始。寒之之日長而暴之之日短，植之之人寡而拔之之人多。尚誤聖知，驟妨賢路。摩頂放踵，雖願效於微勞；以蚊負山，顧難勝於重任。矧復瞀昏而曠事，若猶冒昧以尸官。是乃明憲之所不容，豈特煩言之爲可畏？伏惟皇帝陛下，天地覆載，日月照臨，賜以曲成，容其少愒。區區旅力，或未憖於餘年；斷斷小能，冀尚施於異日。臣無任。

## 乞退表四

臣忠於爲國，故進而能致其身；君恕以及人，故病則閔勞以事。此今昔共由之通義，實上下相與之至情。敢觸冒昧之誅，冀蒙哀矜之聽。中謝。臣受材鄙劣，遭運休明。陳愚或會於聖心，承乏遂尸於宰事。謀謨淺拙，謾不見其有成；操行陵夷，又或幾於無恥。久宜辭位，尚苟貪恩。豈圖養拙以乖方，重以瞀昏而廢務。粗嘗陳列，未獲矜從。黽勉以來，浸淫遂劇。大懼典司之曠，上煩程督之嚴。伏惟陛下，詢事考言，循名責實。或輟夜分之寐，常臨日昃之朝。萬方黎獻之多，略皆祗辟；三事大夫之守，豈可瘝官？仰冀高明，俯昭悃愊。念其服勞之久，愍其攖瘵之深。及未干鈇鉞之時，令遂解機衡之任。豈特少安於私義，兹惟畢協於師虞。臣無任。

### 二

臣昨具表乞解機政，伏奉手詔未賜俞允者。明主訓辭之寵，宜即奉承；匹夫志守之愚，敢覬矜允！中謝。竊以品制百爲，總裁萬務。任怨蓋難於持久，服勞安可以獨賢？所以中外迭居，是爲祖宗故事。況於疲曳，加以瞀昏。若由昧冒而無慚，其必顛隮而不救。臣過叨睿獎，備進近司。當循名責實之時，故任怨特多於前輩；兼觸令改制之事，故服勞尤在於一身。雖蒙全度之恩，僅免譴訶之域。某於多故〔一〕，實以難支。矧疾疢之交攻，且事爲之浸廢。伏望陛下，昭其悃愊，假以優游。使得休養於衰疲，以示保全於孤拙。臣無任。

三

臣某言：近具表乞解機務，伏奉手詔未賜俞允者。聖恩所及，有隆天重地之施；私義未安，有深淵薄冰之懼。中謝。竊惟成湯、高宗之世，有若伊尹、傅説之臣。其道則格于帝而無疑，其政則加乎民而有變。后惟時乂，相亦有終。迨乎中世之陵夷，非復古人之髣髴。忠或不足以取信，而事事至於自明；義或不足以勝姦，而人人與之爲敵。以此乘權而久處，孰能持禄以少安？此臣之慮危於居寵之時，而昧死有均勞之乞。況於抱病，浸以瘝官。伏惟陛下，道與日躋，德侔乾覆。哀一夫之失所，樂萬物之皆昌。矧夫眷遇之優，既已勤劬之久。宜蒙善貸，使獲曲全。賜其疲賤之身，假以安閑之地。則敝車無用，猶可具於勞薪；棄席未忘，或再施於華幄。臣無任。

〔一〕「某」，龍舒本、宋刻本、聽香館本作「其」。

四

臣某言：伏奉聖旨令臣入見，赴中書供職者。螻蟻微誠，屢闕省覽；天地大德，未賜矜從。中謝。臣聞周之士也貴，秦之士也賤；周之士也肆，秦之士也拘。其縱之爲貴，其拘之爲賤。賤故尚勢利而忘善惡，貴故尊行義而矜廉恥。士知尊行義而矜廉恥，宗廟社稷之安而天下自治也。伏惟陛下，言必稽堯、舜，動必憲文、武。故視遇天下之士，欲其貴不欲其賤，欲其肆不欲其拘。臣以羈孤，旁無攸助，一言寤意，特見甄收。適遭欲治之盛時，實預扶衰之大義。事或乖於衆口，而陛下力賜辯明；言有逆於聖心，而陛下常垂聽納。此臣所以履艱虞而不忌，服勤苦而不辭。雖百度搶攘，未就平成之敘；然四年黽勉，非無夙夜之勞。今特以心氣之衰疲，目力之昏耗，哀祈外補，冀幸小休。而乾剛確然，莫可回奪。則是親值周家之忠厚，獨爲秦士之賤拘。事與願違，能無竊歎；理當情恕，豈免上煩？實望聖慈，俯昭愚款。外賜優閑之地，少安疾疢之身。須其有瘳，乃責外效。臣生當捐軀以報德，死當結草以酬恩。

乞宫觀表四道

臣某言：疏榮特異，敢忘圖報之忠？陳力弗能，當布可辭之義。中謝。伏念臣晚陪興運，久污近司。戇愚弗逮於清光，衰疾更成於瘝曠。苟免大訶之責，乃叨異數之加。授以戎旃，班之宰席。松楸舊國，實使鎮臨；蒲柳殘年，足爲榮耀。顧在宣化承流之地，方當循名責實之時。疲曳難支，顛隮可畏。仰祈睿眷，俯徇愚衷。并解將相之官，外除宫觀之任。託依田里，瞻守丘墳。儻憑休養之私，終獲夷瘳之福。敢忘策勵，復誓糜捐。臣無任。

二

臣某言：近具表乞以本官外除一宫觀差遣，伏蒙聖慈，特降中使賜臣詔書不允者。天地至恩，實知難報；螻蟻微息，尚竊有懷。輒冒隆威，更輸危悃。伏念臣遭逢異甚，稱效蔑如。苟旅力之可陳，豈餘生之足惜？覯以憂傷而至弊，重爲疢疾之所攖。偷假便州，必負曠瘝之責；過尸厚禄，更懷叨昧之慚。伏望陛下本末燭知，始終護念。俯徇籲天之懇，俾無累國之尤。尚冀寧瘳，誓終糜殞。臣無任。

三

臣某言：輒傳俯臨，璽書狎至。仰荷眷存之厚，第懷感悸之深。任有不勝，勉非所及。輒輸危懇，再冒天威。伏念臣久誤至恩，難圖報稱；過尸榮禄，易取災危。力憊矣而弗支，氣喘焉而將蹶。窮閻掃軌，斯爲待盡之時；莫府建旄，豈曰養痾之地？所懼曠瘝之責，敢辭逋慢之誅！伏望陛下，照以末光，遂其微請。使壇陸之鳥，無眩視之悲；濠梁之魚，有從容之樂。庶蒙瘳復，更誓糜捐。臣無任。

**四**

臣某言：筋骸衰苶，僅有餘生；肝膈精微，簡在聖聽。豈圖寵獎，未賜矜從，輒冒威尊，更輸情素。中謝。伏念臣久妨機要，初乏涓埃。苟免庶尤，實荷恩私之至；敢緣多疾，更尸名器之崇？比辱使軺，傳宣詔旨〔一〕；深惟策勵，仰稱龍光。而況病瘵有加，療治無損。辭榮家食，乃爲理分之宜；干澤自營，尚恃眷憐之舊。伏惟皇帝陛下，衡聽萬事，器使衆材。念其黽勉之終難，假以便安而少愒。庶完體力，圖報毫分。臣無任。

## 手詔令視事謝表

臣某言：伏蒙宣示言者所奏，輒具劄子，乞博延公議，改用賢人，伏奉詔獎勵，令視事如故者。謗議升聞，已賴舜聰之豁達；懇誠上訴，更煩周誥之丁寧。竊以作威者主之權，待察者臣之禮。蓋雖蒙非常之厚遇，亦將避可畏之煩言。臣志尚非高，才能無異。舊惟所學之迂闊，難以趨時；因欲自屏於寬閑，庶幾求志。惟聖人之時不可失，而君子之義必有行。故當陛下即政之初，輒慕昔賢際可之仕。越從鄉郡，歸直禁林。或因勸講而賜留，或以論思而請對。愚忠偶

〔一〕「傳」，原作「係」，據聽香館本、小岾山館本改。

合，即知素願之獲申；睿聖日躋，更懼淺聞之難副。重叨殊奬，忝秉洪鈞。所宜引分以固辭，乃敢冒恩而輕就。實恃明主知臣之有素，故以孤身許國而無疑。人習玩於久安，吏循緣於積弊。竊言不忌，詖行無慚。論善俗之方，始欲徐徐而變革；思愛日之義，又將汲汲於施爲。以物役己，則神志有交戰之勞；以道徇衆，則事功無必成之望。恐上辜於眷屬，誠竊幸於退藏。猶貪仰附於末光，亦冀粗成於薄效。比聞獨斷，謂合僉言。但輸承命之忠，遂觸招權之毁。因請避衆賢之路，庶以厭異議之人。伏蒙皇帝陛下，敦大兼容，清明旁燭。賜之神翰，諭以至懷。君臣之時，嘗千載而難值；天地之造，豈一身之可酬？敢不自忘形迹之嫌，庶協神明之運。臣無任。

## 添差男旁勾當江寧府糧料院謝表

臣某言：近輒冒昧陳乞男旁勾當江寧府糧料院一次，伏蒙特恩添差者。去寄卧家，猶尸厚禄；祈榮及嗣〔一〕，更荷殊私。中謝。伏念臣汗馬之勞，初無可紀；舐犢之愛，乃敢有言。顔雖腆以知慚，心固甘於獲譴。豈謂陛下矜軒幄之舊，録簪屨之微。示特出於上恩，俾遽叨於世禄。繄曲成之造化，弗以遐遺；徒共誓於糜捐，安能仰稱？臣無任。

〔一〕「祈」，龍舒本作「所」。

## 詔以所居園屋爲僧寺及賜寺額謝表

臣某言：基迹叢祠，冀鴻延於萬壽；錫名扁榜，竊榮遇於一時。臣生乏寸長，世叨殊獎。賤息奄先於犬馬，頹齡俯迫於桑榆。獨念親逢，莫有涓埃之補報；永惟宏願，豈忘香火之因緣？伏蒙皇帝陛下，俯徇祈誠，特加美稱。所懼封人之祝，終以堯辭；乃塵長者之園，遽如佛許。仰憑護念，誓畢熏修。臣無任。

## 依所乞私田充蔣山太平興國寺常住謝表

臣某言：緣恩昧冒，方虞罿上之誅；加意畀矜，遂竊終天之幸。伏念臣少嘗陻阨，晚誤褒崇。榮禄雖多，不逮養親之日；餘年向盡，更爲哭子之人。追營香火之緣，仰賴金繒之賜。尚復祈恩而不已，乃將徼福於無窮。伏蒙陛下，眷遇一於初終，愛恤兼夫存没。特撓常法，俯成私求。雖老矣無能，莫稱漏泉之施；若死而未泯，豈忘結草之酬？臣無任[一]。

[一]「臣無任」下，龍舒本有「瞻天望聖激切屏營之至」十字。

## 辭免司空表二道

臣某言：今月十一日，三班差使崔汝諧至，奉宣詔旨及賫賜制誥一道，除授臣司空，依前觀文殿大學士、集禧觀使，加食邑四百户、食實封一百户，餘如故者。使軺馳授，祇忝明恩；家巷卧居，敢叨虚獎？中謝。竊以事官之所命，異於時制之今除。名稱三公，班序一品。逢辰特幸，稱位實難。臣晚玷誤恩，嘗尸劇任，曾無尺寸，粗報眷憐，獨有丘山，莫知負載。荒遠攖痾之久，休明嗣服之初。緜力薄材，適甘於屏棄；高秩厚禮，更冒於褒崇。惟器與名，恐身累國，仰祈還令，追寢贊書。庶以衰殘，獲所安之終吉；亦令蹇淺，免非據於具瞻。臣無任。

## 二

臣某言：近具表乞追寢恩命，伏蒙聖慈，特降詔書不允者。隆施所逮，懇辭弗俞，輒冒天威，更輸微款。中謝。臣事勞無紀，操行不修。居竊萬鍾，初未知於辭富；坐彌九載，方有俟於黜幽。豈圖邦命之新，尚眷求人之舊？寵靈覃被，危厲增加。位高疾顛，力少任重。實前修之切戒，敢小醜之冒膺？仰冀睿明，顧憐衰朽。改兹非服，免貽官謗之憂；宥以罔功，使獲里居之佚。臣無任。

## 乞致仕表 此表不曾奏發，薨後檢見遺稿。

臣某言：瘝以曠官，嘗恃食功之舊；老而辭禄，敢忘知止之廉？輒冒天威，具輸微款。伏念臣小聞寡識，薄力淺材。信獨善以一心，昧自營之百慮。久辜視遇，特幸遭逢。昔也壯時，尚無可紀；今而耄矣，豈有能爲？敢望睿明，許之致仕；實矜危朽，賜以全生。庶以衰殘，豫佚太平之樂；亦令遲暮，免離大耋之嗟。

# 臨川先生文集　卷六十一

## 表

### 賀册仁宗英宗徽號禮成表

臣某言：伏覩進奏院狀報册告仁宗皇帝、英宗皇帝徽號禮成者。肇稱縟禮，追薦鴻名。揚二聖之閎休，風四海以純孝。惠心昭假，釐事備成。臣中謝。恭惟仁祖以堯之巍巍，丕冒區夏；英考以舜之業業，祇承廟祧。紹隆德至於難名，崇報義存於無已。皇帝陛下仰稽前憲，俯采庶言。命册使而致嚴，告匰主而歸美。神靈率籲，其啓後於無疆；品庶交欣，以奉先而不匱。臣備叨殊眷，獲睹上儀。顧久負於沉痾，乃獨妨於旅進。

### 賀景靈宫奉安列聖御容表

臣某言：新一代之上儀，極二端之美報。經始有俶，實自睿謀；歡成無疆，乃惟衆志。臣中謝。竊以閟宫鬼享，周特腆於姜嫄；原廟神游，漢獨隆於高帝。遠或遺祖，近止及親。恭惟皇帝陛下，服卑而即功，食菲以致孝。嚴祖宗之衆像，依仙釋而異宫。館御因時，初豈忘於苟簡；修除備物，乃有待於純熙。宸宇祕嚴，扁榜崇麗。裸獻式序，妥侑維時。藐然往初，孰此倫擬？臣久尸榮禄，尚負宿痾。聞釐事之既成，與群情而偕樂。臣無任。

## 賀哲宗皇帝登極表

臣某言：伏覩赦書，皇帝陛下今月五日登寶位者。郊廟神靈，永有宗依；華夏蠻夷，永有歸賴。中謝。恭惟皇帝陛下，光御歷服，大承統緒，以聖繼聖，純祐無疆。臣遭遇先朝，久叨榮禄，不獲奔走，瞻望清光。臣無任〔二〕。

## 賀升祔禮成表

臣某言：伏覩進奏院狀報七月十二日升祔禮成者。涓選休辰，肇稱吉禮，神靈底豫，品庶交欣。中謝。竊以登儷紫庭，歸配清廟，於稽在昔，有舉維時。恭惟皇帝陛下，德茂承祧，志深念

〔二〕「臣無任」，龍舒本作「無任歡呼抃蹈激切之至」。

祖。倣唐文而制作，致舜孝於烝嘗。釐事既成，歡心溥協。臣尚攖衰疾，久隔清光。陪九賓之臚傳，獨無厚幸；偕四方而來賀，徒有微誠。臣無任。

英宗山陵禮畢慰皇帝表

臣某言：須百祀之材，已襄葬故；設九虞之主，方考祔儀。伏惟皇帝陛下，德懋欽明，道隆勤孝。雖送終之禮已備，而追遠之念甫深。惟順變以抑哀，實含生之至願。臣限分鎮守，阻豫班朝。臣無任。

慰太皇太后表

臣某言：宫車云返，陵邑既營。凡在照臨，豈勝摧慕？伏惟太皇太后，道侔坤育，仁出天成。永懷愛孝之隆，尤積悲恫之感。稍舒慈念，實慰輿情。臣叨備從官，限分符守。徒有攀號之至痛，初無辦護之微勞。臣無任。

慰皇太后表

臣某言：威靈有集，方祔於廟祧；感慕無窮，外覃於蠻貊。伏惟太后，比賢任、姒，纘慶塗、莘，祗協孫謀，克襄大事。地非蒼梧之遠，勢有霸陵之安。唯割至哀，尚膺遐福。臣備官有守，奔問無階。臣無任。

## 英宗祔廟禮畢慰皇帝表

臣某言：七月而葬，既克奉於寢園〔一〕；萬世不祧〔二〕，遂崇成於廟室。凡居覆燾，同盡攀號。伏惟皇帝陛下，膺保聖神，踐行仁孝，纏哀罔極，率禮無違。仙遊既集於宗祊，聖念彌勤於翼室，仰祈順變，俯睠含生。臣符守所攖，班朝莫豫。臣無任。

## 慰太皇太后表

臣某言：威靈來返，祠廟有嚴。序陳昭穆之倫，定列祖宗之次。哀號罔極，遐邇所同。伏惟太皇太后，功佐帝圖，德齊坤載。永惟孝愛，尤積悲懷。冀紓天性之慈，以永母儀之福。臣無任。

〔一〕「克」，原作「充」，據聽香館本、小岯山館本改。
〔二〕「祧」，光啓堂本、聽香館本、小岯山館本作「朽」。

## 慰皇太后表

臣某言：宗祏告成，皇靈來燕，凡居覆露，同盡哀摧。伏惟太后，協慶塗山，比賢太姒。方正坤儀之位，上同乾施之仁。虞祔奄終，攀號靡極。冀哀恫之有節，膺福履之無疆。臣限守州符，阻趨天陛。臣無任。

## 慈聖光獻皇后昇遐慰皇帝表

臣某言：伏以上天降禍，太皇太后奄棄大養。伏惟皇帝陛下，攀號感慕，聖情難居。臣限以衰疾在遠，不獲奔赴闕庭。臣無任〔一〕。

## 慈聖光獻皇后啓殯及復土返虞慰皇帝表二道〔二〕

臣某言：伏以日月徂遷，伏承太皇太后諏辰協吉，肇啓殯宫。聖情攀號，何以勝處！恭惟

---

〔一〕「臣無任」下，龍舒本有「屏營摧迫之至」。

〔二〕「二道」，原無，據底本卷首目録補。

皇帝陛下，聖孝發中，天報備至。感嘆摧咽，遐邇一情。臣無任。

## 二

臣某言：伏承太皇太后神宫復土，奄及返虞。聖心傷摧，何以勝處！恭惟太皇太后，天助懿德，以扶昌運，輔佐保佑，功施三朝。粤自棄捐宫闈，爰及襄事，陛下哀恫夙夜，發於至情。追奉致隆，有溢常禮，顯情報德，内外單盡。孝治所形，人用感欷。臣伏限在遠，無緣奔走，瞻望闕庭。臣無任〔一〕。

## 慈聖光獻皇后神主祔廟慰皇帝表

臣某言：伏承慈聖光獻皇后神主祔廟，既克禮成。伏惟皇帝陛下，聖孝終始，哀慕難勝。日月徂遷，禮有順變。伏望少抑至情，以幸天下。臣無任。

## 慈聖光獻皇后期祥除慰皇帝表

臣某言：伏以日月流邁，太皇太后捐棄大養，奄及期祥。仰惟聖孝，攀慕無極。伏望深加

〔一〕「臣無任」下，龍舒本有「憂迫屏營之至」六字。

裁抑，以幸萬方。臣限以衰疾，無緣奔詣闕庭。臣無任。

## 正旦奉慰表

臣某言：伏以日晷流邁，歲曆肇新。太皇太后棄捐宫闈，奄歷時序。伏惟皇帝陛下，聖孝天至，感慕難勝。臣以衰疾，無緣奔走，瞻望闕庭。臣無任。

## 魯國大長公主薨慰表

臣某言：伏覩進奏官狀報魯國大長公主薨背。伏惟聖情痛悼，臣以衰疾，無緣奔走。伏望以理寬釋，俯慰群情。臣瞻望闕庭，無任〔一〕。

## 八皇子薨慰皇帝表

臣某言：伏覩進奏院報八皇子薨背。伏惟聖情悲悼難任，敢乞抑割天慈，以幸萬邦。臣瞻望闕庭，無任。

---

〔一〕「無任」下，龍舒本有「激切屏營之至」六字。

## 八皇子葬慰皇帝表

臣某言：伏聞鄆王襄事有日，靈輴即路。伏惟聖情悲悼難勝，敢乞割抑天慈，以幸天下。臣瞻望闕庭，無任〔二〕。

## 謝宰相笏記

祇荷寵靈，載懷感懼。竊念臣志雖慕古，才不逮時，誤蒙記憐，特賜收用。伏惟皇帝陛下，紹膺天統，遵養聖功，旁招俊良，横及疏賤。誓當罄竭，仰稱寵光。臣無任。

## 謝翰林學士笏記〔三〕

含哀去國，扶憊造朝，黼坐禁嚴，許之燕見。玉堂閎麗，賜以叨居，申飭使人，就傳德意。事雖有故，寵實非常。莫知報稱之謂何，徒荷眷求之如此。臣無任。

〔二〕「無任」下，龍舒本有「憂惶懇迫之至」六字。
〔三〕龍舒本題作「謝宣召表」。

## 常州謝上表

臣某言：以貧擇利，以病辭勞[一]。此於督責之朝，皆在譴何之域。中謝。伏念臣比在群牧，常求外官，蒙恩朝廷，改職畿縣。未識賢勞之力，已纏悸眩之痾。區區本懷，懇懇自訴。遂蒙優詔，特與便州。維臣之愚，所學非敏，受禄則辭貧而取富，當官則讓劇而求閒。使有以臨，知罪其極。此蓋伏遇皇帝陛下，明照萬物，寬惠四方。在宥而不探其可誅，因能而不責其所乏。顧雖無用於當世，嘗以有聞於先臣。思報所蒙，敢忘盡瘁？然而州郡撫循之勢，患在數更；官司考課之方，要諸久任。惟此弊邑，比多凶年，歲行兩周，守吏八易。當郡人煩勞之後，以臣身疲病之餘。自非少假以歲時，將必上孤於器使。所祈降鑒，姑使息肩。則斷斷一臣，不獨免於大戾；元元萬室，儻有望於小休。臣瞻天禱聖，無任。

## 南郊進奉表 江寧

臣某言：伏以郊兆宗祈，臣工顯相。慶九畿之藩屏，備萬物之貢輸。前件物掌於邦財，斂

[一]「勞」，原爲空格，據龍舒本補。

自民職，竊覩燎禋之盛，式修幣獻之常。臣無任。

## 代鄆州韓資政謝上表

臣某言：秘殿升華，名城借重，寵靈溢分，愧懼交懷。中謝。竊念臣世系單平，天姿滯固。親逢文雅之會，首玷秀廉之科。黽勉在公，優游過紀。被蒙眷與，度越等夷。省寺備官，禁庭充衛。分無可采，懼抵冒於憲章；寸有所長，使裨參於治政。樸忠自信，智慮罕通。未盡將明之才，已干訶譴之典。至寬之度，横貸其愆。褫夫左右之聯，寄以東南之屏。敗財傷錦，宜有衆多之譏；增秩賜金，本非平素之望。豈繄薄材，稱是煩使？此蓋皇帝陛下遇臣之造，於遠不忘；燭物之明，雖微必逮。追惟跨屨之舊，特借叢雲之休。切自揣循，將安報稱？敢不激昂志尚，陳悉政經。宣布詔條之寬，綏安風俗之厚。庶幾一得，少補萬分。臣無任。

## 代王魯公乞致仕表三道〔一〕德用

臣某言：臣聞下之所以忠於上，力已愆則不敢瘝厥官；君之所以愛其臣，年已至則不思勞

〔一〕「三道」，原無，據底本本卷目録補。

以事。敢緣兹義，冒盡所言。中謝。伏念臣以斗筲之材，加犬馬之齒，比嘗得謝，誤復見收。血氣既衰，日月逾邁。固已積妨賢者之路[一]，豈獨多曠朝廷之儀？伏望聖慈，許令致仕。則賴天之力，使終晚節之優游；訖臣之身，得免大誅之憒眊。臣無任。

## 二

臣某言：愚臣之在暮年，禮當求去；聖主之於舊物，恩不忍捐。顧在禮之可言，敢緣恩而苟止？中謝。伏念臣起身疵賤，逢世休嘉。年除歲遷，遂塵於非望；夙興夜寐，常愧於無勞。惟是寵榮，殊非所欲；矧知固陋，豈敢爲高？徒以歲路之向窮，不勝人言之甚衆。争前而冒寵，則辱之在後也或多；蓋衆以擅榮，則患之及身也常酷。是亦有傷於國體，豈惟無補於臣身？此臣所以迫切於歸誠，而彷徨於受命也。況陛下接三后之烈，享百年之平。勢盈則非易以持，法久則當通其變。此誠致慎於安危之際，而責難於將相之時。雖臣旅力之方剛，亦宜知止；豈此餘生之無幾，尚可妨賢？伏望天慈，俯循人欲。上以終愛人之德，下以免累國之誅。則膂力既愆，雖負捐軀之素志；餘忠未訖，猶知請祝於明時。干冒宸嚴，臣無任。

[一]「妨」，光啓堂本作「效」。

## 三

臣某言：竊以將相之權，臣之所貪得；君親之命，臣之所憚違。懇懇至於辭説之窮，區區亦惟義理之迫。中謝。伏念臣典司機密，陪輔清光。年之侵尋，職以曠廢。假息幸蒙於寬政，引身輒丐於餘年。豈期愚衷，未動聖察！令臣股肱便敏，足以趨賓贊之儀；耳目精明，足以副謀謨之託。雖知當退，猶願自强。奈何獨以罷癃之軀，而欲久私要劇之地。自計且知其不可，人言孰以爲當然？伏望聖慈，哀憐悃愊，無空敦獎，使得罷休。臣無任。

## 代人賀壽星表

臣某言：上靈儲祉，南極效祥，凡在觀瞻，實增慶抃。伏以皇帝陛下紹休三聖，博愛萬方。唯乾則之棐常，宜星文之底應。臣叨塵要近，親會休嘉。豫聞太史之占[一]，敢後封人之祝？臣無任[二]。

## 代人上明州到任表

臣某言：奉敕差知明州，已於某月到任訖。夷越故區，東南窮處。施澤之下，歡然有生；

---

[一]「占」，原作「古」，據宋刻本、光啓堂本、聽香館本、應氏本、小岵山館本改。

[二]「臣」，原無，據宋刻本、光啓堂本、聽香館本、小岵山館本補。

庇身於兹，坐以無事。中謝。臣受材素薄，推數頗奇，居有樸忠之心，進無通顯之路。晚塵郎位，頗切郡章[一]。歸待辠於省中，退得藩於海上。自初受命，以至造官。歷年兩周，取道萬里。備更艱阸，職臣之分使然；卒就宴安，賴上之恩抵此。餘年且索，旅力已愆。尚何施爲，可以報稱？於苟利國家之事，靡所不思；及未填溝壑之時，庶幾無愧[二]。臣無任。

## 代王魯公德用乞罷樞密使表三道[三]

臣聞周任有言曰：「陳力就列，不能者止。」自惟賤官之守，猶或不敢冒居。況於任重責大，安危所繫；豈其癃昏僡耄，可以久饕？敢緣前言，上冒聖聽。伏念臣以疵賤之身，遭逢陛下拔擢。兼官將相，典領機密。内之無陪輔將明之效，外之無折衝禦侮之勞。是陛下所以寵臣者不可勝此言，而臣之所以報陛下者未嘗能稱。況今犬馬之齒，七十有七，不能者止，宜在此時。顧貪戀聖世，未敢乞身田里，長違陛下左右。惟機務之衆，非臣疲曳所能勉强。伏望陛下憫臣無狀，賜罷樞密院職事，毋使久塞賢者之路。臣不任祈恩待命激切之至！

[一]「頗」，龍舒本作「頻」。
[二]「無」，龍舒本作「自」。
[三]「三道」，原無，據底本本卷目録補。

## 二

臣比以殘餘之生，久壅賢路，願還要職，退就散地。天聽高邈，未蒙照省。惓惓之私，竊不自寧，敢緣厚恩，求必愚瞀。臣聞量臣以授官者，君之所以仁於下也；審己以從事者，臣之所以忠於上也。今臣罷老，雖近在臣身，謀之有所不給，況於官隆事劇，所總不一？以臣審己，誠不宜久叨權寵，畏負陛下任使之意。伏惟陛下量臣之聰明不足以逮事，量臣之强力不足以副禮。聽臣所丐，毋令四方有議陛下信任之失，而臣亦賴陛下之賜，免於官謗。臣無任。

## 三

惓惓之私，至于再三，上慁聖德，而終未蒙省察。獎誘過渥，非臣所堪，區區之愚，豈敢苟止！伏念臣以顓蒙，遭遇拔擢，人臣貴寵，少在臣右，而勢烈行治，無稱於時。機密之地，安危所繫，雖臣方壯，固懼不稱，況於殘年餘日，豈宜尚污印紱，爲朝廷羞？方今明明在上，濟濟多士，足以典司樞要，補敝救失，稱陛下任使、副元元之望者甚衆。陛下雖欲苟私愚臣，臣雖欲自侍左右，稱所以幸臣之意，豈惟公論於臣有所不容？誠恐覆餗以虧陛下知人之明，而令賢能宜在高位者久跲於聖世，則夷身毁宗，不足以塞責矣。伏惟陛下哀臣懇迫，聽臣所丐，以終陛下眷寵老臣之賜。臣無任。

# 臨川先生文集　卷六十二

## 論議

### 郊宗議 伏奉聖問，撰議繳進。

問：郊祀后稷以配天，宗祀文王於明堂以配上帝，二者皆配天也，或於郊之圓丘，或於國之明堂，或以冬之日至，或以季秋之月，或以祖，或以禰，或曰配天，或曰配上帝，其義何也？

對曰：天道升降於四時。其降也，與人道交；其升也，與人道辨。冬日，上天與人道辨之時也，先王於是乎以天道事之；秋則猶未辨乎人也，先王於是乎以人道事之。以天道事之，則宜遠人，宜以自然，故於郊、於圓丘；以人道事之，則宜近人，宜以人爲，故於國、於明堂。始而生之者，天道也；成而終之者，人道也。冬之日至，始而生之之時也；季秋之月，成而終之之時也。故以天道事之，則以冬之日至；以人道事之，則以季秋之月。遠而尊者，天道也；邇而親者，人道也。祖遠而尊，故以天道事之，則配以祖；禰邇而親，故以人道事之，則配以禰。郊天，祀之大者也，徧於天之群神，故曰以配天；明堂則弗徧也，故曰以配上帝而已。夫天與人異道也，天神以人事之〔一〕，何也？曰：所謂天者，果異於人邪？所謂人者，果異於天邪？故先王之於人鬼也，或以天道事之。蕭合稷黍，臭陽達於墻屋者，以天道事之也。嗚呼！天人之不相異，非知神之所爲，其孰能與於此？此禮也尚矣，孔子何以獨稱周公？曰：嚴父配天者〔二〕，以得天爲盛〔三〕，天自民視聽者也，所謂得天，得民而已矣。自生民以來，能繼父之志，能述父之事而得四海之驩心以事其父〔四〕，未有盛於周公者也。

## 答聖問賡歌事

臣聞敘有典，秩有禮，命有德，討有辠，皆天命也。人君能敕正則治，不能敕正則亂，所以敕

〔一〕「神」，龍舒本作「而」。
〔二〕「父」下，龍舒本有「莫大於」三字。
〔三〕「得天」，龍舒本作「德」。
〔四〕「父」，龍舒本作「親」。

之不可以無[二]。其爲一也，然爲於可爲之時則治，爲於不可爲之時則亂，故人君不可以不知時。時有難易，事有大細，爲難當於其易，爲大當於其細，幾者事細而易爲之時也，故人君不可以不知幾。「帝庸作歌曰：『敕天之命，惟時惟幾。』」此之謂也。人君雖知此，然賢臣不心悦而服從，則不能興事造業而熙百工。「乃歌曰：『股肱喜哉，元首起哉，百工熙哉！』」此之謂也。夫欲股肱之喜，蓋有其道矣。蓋人君率其臣作而興事，在明乎善而已，明乎善，在所爲法以示人者當，所爲法以示人者當，乃股肱之所以喜也。股肱喜而事功成，事功成而能屢省以不怠廢，此又股肱之所以喜也。爲是者在欽而已矣。「皋陶拜手稽首，颺言曰：『念哉！率作興事，慎乃憲，欽哉！屢省乃成，欽哉！』」此之謂也。蓋憲者，爲法以示人之謂也。所爲法以示人者，當率法慎爲能，然欽慎而不明乎善，亦何能濟？故人君者以明乎善爲難，苟明乎善矣，則人臣孰敢爲不善，人臣無敢爲不善，事其有不治者乎？「乃賡載歌曰：『元首明哉，股肱良哉，庶事康哉！』」此之謂也。人君不務近其人，論先王之道以自明，而苟欲以耳目所見聞，總天下萬事而斷之以私智，則人臣皆將歸事於其君，而不任其責，淫辭邪説並至，而人君聽斷不知所出，此事之所墮也。「又歌曰：『元首叢脞哉，股肱惰哉，萬事墮哉！』」此之謂也。然則人君欲股肱良而庶事康，不

〔二〕「敕」下，宋刻本有「正」字。

在乎他，在明乎善而已，明乎善，不可以責諸人也。

伏惟天錫陛下以堯、舜之材，自秦、漢以來欲治之主，固未有能髣髴者。然百工未熙，庶事未康者，殆所謂近其人、論先王之道以自明者，尚有所缺，而非可以他求也。臣昨日蒙德音，喻及尚書賡歌之事，而愚憧倉卒，言不及究，故敢復具所聞以獻，伏惟聖心加察，幸甚！

## 看詳雜議

臣今月二日至中書，曾公亮傳聖旨，以雜議一卷付臣看詳，臣謹具條奏如後：

議曰：官有定員，則進趣雖多，不能爲濫。宜定臺、省、監、寺之員，須有闕然後用。

臣某曰：今之臺、省、監、寺之官，雖名曰職事官，而實非前代之所謂職事官，而與前代刺史等所帶檢校官無以異。前代檢校官之類，亦不能定員，待有闕然後擬。前代所謂職事官，即今所謂差遣是也。今之差遣，固已有定員，須有闕然後用人矣。若欲令今所謂職事官亦有定員，則今職事官以差遣員數校之，幾至兩倍，而有功有考當陟者，又未有以禦之。欲有定員，所謂可言而不可行者也。

議曰：内外之官，正其名稱，出則正刺史、縣令之名，入則還臺、省之名。

臣某曰：前代有勳官，有散官，有檢校官，有職事官。勳官、散官當其有辠則皆得議請減，而應免官則又可以當官，而檢校官與今行、守之官無異，故朝廷與奪，皆足以爲人榮辱利害。今散官、勳官、檢校官既不足以爲人榮辱利害，爲人榮辱利害者，唯有職事官與差遣而已。今若令内外官正其名稱，出則正刺史、縣令之名，入則還臺、省之名，則是丞郎知州謂之刺史，京朝官知州亦謂之刺史，不知職事官之貴賤何以别乎？又其禄秩位次，不知當復如何？若同之，則理不可行，若不同，則與未名之時又何以異？臣以爲今州郡長吏謂之知州，非不正名，所領職事官乃與前代刺史等帶檢校官無異，何傷於正名而欲改之乎？且漢以丞相史刺察州郡謂之刺史。今欲名州郡長吏爲刺史，則何得謂之正名？

議曰：罷官而止俸。

臣某曰：文王治岐，仕者世禄；武王克商，庶士倍禄。蓋人主於士大夫，能饒之以財，然後可責之以廉恥。方今士大夫所以鮮廉寡恥，其原亦多出於禄賜不足，又以官多員少之故，大抵罷官數年而後復得一官。若罷官而止俸，恐士大夫愈困窮而無廉恥。士大夫無廉恥，最人主所當憂。且邦財費省之大原〔一〕，乃不在此。議者但知引據唐事，乃不知唐時官人俸厚，故罷爲前資，未至困乏。今官人俸薄，則與唐時事不得同。且不吝於與人以官，而欲吝於與官以禄，非計

〔一〕「邦」，光啓堂本、聽香館本作「節」。

之得也。

議曰：以鼇務實日併爲三年，以敍磨勘之法，以符考績之義。

臣某曰：今欲以鼇務實日併爲三年，以敍磨勘之法。竊以爲不鼇務者非人情之所欲也，鼇務者非人情之所苦也。今等之無功，而鼇務則計日得遷，等之無罪，而不鼇務則不得計日而遷，恐未足以符考績之義，而適足以致不均之怨也。且黜陟之法，務在沮勸罪功，不知立法如此，有何沮勸？

議曰：置兵部審官院。

臣某曰：崇班以上置兵部審官院，此恐可議而行。然崇班以上差遣，盡付之兵部，則不可行。當約文字之法〔二〕，相度所任輕重緩急，有付之審官者，有屬之樞密者。至於磨勘，則官視卿監以下，皆付之兵部審官可也。

議曰：置兵部流内銓，以代三班及置南曹。

臣某曰：三班院無以異於兵部流内銓，何必以代三班乎？今三班自無闕事，而又增置南曹，則非省官之意。

〔二〕「字」，宋刻本作「吏」。

議曰：廢江淮荆浙發運使。

臣某曰：江淮荆浙發運使嘗廢矣，未幾復置者，以不可廢故也。蓋發運使廢，則其本司職事，必令淮南轉運使領之。淮南轉運所總州軍已多，地里已遠，而發運司據六路之會，以應接轉輸及他制置，事亦不少。但以淮南轉運使領發運，則發運一司事多壅廢。此蓋其所以廢而復置也。臣比見許元爲發運使時，諸路有歲歉米貴，則令輸錢以當年額，而爲之就米賤路分糴之，以足年額。諸路年額易辦，而發運司所收錢米常以有餘，或以其餘借助諸路闕乏。其所制置利便，多如此類。要在揀擇能吏以爲發運而已，廢之不爲便也。

議曰：廢都水監。

臣某曰：都水監亦恐不可廢。今議者以謂比三司判官主領之時，事日煩，費日廣，舉天下之役，其半在於河渠隄埽，故欲廢之。此臣之所未喻也。朝廷以爲天下水利領於三司，則三司事叢，不得專意。而河渠隄埽之類，有當經治，而力不暇給，故别置都水監，此所謂修廢官也。官修則事舉，事舉則雖煩何傷？財費則利興，利興則雖費何害？且所謂舉天下之役，半在於河渠隄埽者，以爲不當役而役之乎？以爲當役而役之乎？以爲不當役而役之，則但當察官吏之不才，而不當廢監；以爲當役而役之，則役雖多，是乃因置監，故吏得修其職而無廢事也，何可以廢監乎？且今水土之利，患在置官不多，而不患其冗也。

議曰：合三部句院。

臣某曰：三部句院臣未知其詳，然恐由近歲三司帳籍鈎考之法大壞而不舉，故三司句院有事簡處。若不然，則此三部勾院理不可合。

議曰：提舉百司，不當用内制，但用如張師顔者。

臣某曰：提舉百司多用内制，而今患其與三司並行指揮，庫務異同難稟。臣以爲唯權均體敵，乃可以相檢制，事有異同，則理有枉直。近在闕門之外，則非理皆得上聞，庫務官司，亦何嫌於難稟？今若只用如張師顔者一人與三司表裏綱紀細務，則恐與三司權不均、體不敵，雖足以綱紀細務，而三司措置，百司失理，莫能與之抗議。今使内制一人總其權以敵三司，又使如張師顔者一人躬親點檢細事，小既足以究察諸司姦弊，大又足以檢制三司。如此處置，未爲失也。若以爲費而當省，則提舉百司，於内制但爲兼職，廢之何所省乎？

議曰：廢宮觀使副都監。

臣某曰：宮觀置使、提舉、都監，誠爲冗散。然今所置，但爲兼職，其有特置，則朝廷禮當尊寵，而不以職事責之者也。廢與置，其爲利害亦不多。若議冗費，則宮觀之類，自有可議，非但置使、提舉、都監爲可省也。

議曰：外則并郡縣。

臣某曰：中國受命至今百餘年，無大兵革，生齒之衆，蓋自秦、漢以來莫及。臣所見東南州縣，大抵患在户口衆而官少，不足以治之。臣嘗奉使河北，疑其所置州縣太多，如雄、莫二州，相去纔二十餘里。聞如此者甚衆，其民徭役固多，財力彫弊，恐亦因此。然臣不深知其利害，不敢有言。

議曰：詔執事之臣下逮有司，俾行審官銓選之職，稍稍寬假，使時有簡拔。

臣某曰：今朝廷使監司守倅及知雜以上，各以所知同皁薦舉人材，然尚患其所舉不如舉狀。今若令有司行審官銓選之職，時有簡拔，臣恐以一二人之耳目，不足以盡天下之材，而所簡拔，不足以塞士大夫之非議。又其所任或不免交私，則於時政徒有所損而已。

議曰：擇判、司、簿、尉三考四考有兩紙三紙舉狀者引對，給筆札，條爲治目，不拘文辭，咸以事對。命官考驗，有理趣者除縣令。三考績效有聞，委提刑、轉運上其實狀，除京官，再入兩任知縣，如政績顯白，與減一任通判，便除知州。

臣某曰：議者以爲近世縣令最卑，有出身三考，無出身四考，不問其人材如何，但非贓犯，則以次而授焉，甚非重民安本之誼。臣以爲今有出身三考，無出身四考，皆有三人舉主，乃得爲縣令，非不問其人材如何而特以次授也。蓋近歲朝廷舉令之法最善，故近歲縣令亦稍勝於往時。但朝廷誘養之道未純，督察之方未盡。大抵人才難得，非特縣令乏人。今議者欲擇判、司、簿、尉三考四考有兩紙三紙舉狀者引對，欲除以爲令，則與舉令之法無甚異也。若欲以箏札條對，求治民之材，臣恐不必得治材之實，但得能文辭談説者爾。又以爲績效有聞，則提刑、轉運上其實狀，即除京官。若令提刑、轉運舉者至於五人，而後與轉京官，則得轉京官者少。若但要提刑、轉運舉狀，不必五人而後轉，則如此選擢之人，何以知其賢於舉令，而遽優異之如此？又以爲兩任知縣，政績顯白，與減一任通判，便除知州。不知政績如何而可以謂之顯白？若有殊尤可賞，則朝廷自當選擢及有升任指揮；若不足以致選擢及升任指揮，則其政績不爲甚異。政績無甚異，而更不用關陞之法，便減一任通判，與除知州，臣恐入知州者愈冗，而所除又未必賢。

右，臣所聞淺陋，不足以知治體，謹具條奏，并元降雜議封上。取進止。

## 詳定十二事議

起居舍人司馬光起請：「舊官九品之外，别分職任差遣爲十二等，以進退群臣。十二等之制：宰相第一，兩府第二，兩制以上第三，三司副使、知雜御史第四，三司判官、轉運使第五，提點刑獄第六，知州第七，通判第八，知縣第九，幕職第十，令録第十一，判、司、簿、尉第十二。其餘文武職任差遣，並以此比類爲十二等。若上等有闕，則於次之中擇才以補之。」奉聖旨，兩制詳定聞奏。王珪等詳定：司馬光起請難盡施行外，「致治之要，在任官之久。欲乞知州令滿三年爲一任；通判人緣審官院見今員多闕少，候將來差遣得行，亦別取指揮；知縣人今後初入者，並滿六周年方入通判。仍乞下審官詳定條約聞奏」者。臣愚以謂司馬光十二等之説，王珪等既以爲難行，而珪等所議知州三年爲一任，知縣六年方入通判，亦無補於官人失得之數。朝廷必欲大修法度，甄序人材，則以至誠惻怛求治之心博延天下論議之士，而與之反復，必有至當之論可施於當世。凡區區變更，而終無補於事實者，臣愚竊恐皆不足爲。

# 臨川先生文集　卷六十三

## 論議

### 易泛論

柔巽隱伏、制得其道則易制者，魚也，民之象也，小人、女子之象也。貪暴而止乎高者，隼也。貪竊而動乎陰者，鼠也。狐，疑也，不果也。牛，順而强也。羊，很也。羊，前其剛以觸者也。鮒，物之在下污而微者也。鳥，飛而止則困者也。雉，文明見乎外者也。豹，文之蔚然者也。虎，文之炳然者也。虎豹剛健，君子大人之象也。虎之搏物，擬而後動，動而有獲者也。鶴，潔白以遠舉，鳴之以時而遠聞者也。鴻，進退以時而有序者也。禽，飲井之無擇者也。豶，豕之牙能畜其剛而不可犯者也。豕，污穢也；豚，豕之微者也。龜有靈德，潛見以時而不志於養者也。龜，人之所恃以知吉凶者也。龍，天類也，能見，能躍，能飛，能雲雨，而變化不測，人不可係而服者也。馬，地類也，能行而係乎人，其爲物有常者也。鬼，物之無形者也。

几，尊物也，所馮以爲安者也。牀，安上以止者也。車，載其上以行者也。輪，有運動之材，而非車之全也，可以爲車之一器者也。輿，有承載之材，而亦非車之全者也。輻，車輿所以行者也。缶，圓虚以容而應者也。矢，直而利乎行者也。弧，攻遠之器也。鼎，成物之器也。鉉，所舉鼎而行之者也。鼎耳，虚中以受鉉者也。瓶，井之上水者也。甕，井水之已出乎上而受之者也。筐，女所以承實者也。匕鬯，所以事宗廟社稷之器也。樽酒簋貳，祭之約也。貳簋，享之約也。

幽而能正時者，斗也。暮夜者，陰盛之時也。日中者，豐之時也。日昃者，過中當退之時也。晝日者，明進已盛而未至乎中之時也，日中則照天下矣；日以明進，至晝日，其極盛也。甲，仁屬也。庚，義屬也。月幾望，陰盛而不亢也。雲，陰上也。雨，陰陽應也。霜，陰剛之微也。堅冰，陰剛而疑陽也。

膏，陽之澤也。血，陰之傷也。汗，出而不反也。膚，柔物之爲間而易侵者也。趾，在下而行者也。拇，在下之微而無能爲者也。腹，容物者也。頄，上體之見乎外而無能爲者也。臀，下體之無能爲者也。身，躬己也。頂，首之上者也。面，見乎外者也。心，體之主也。限，上下之所同也。夤，上體之接乎限者也。須，柔而附剛者也，陽物之飾也。背，體之不接乎物而上者也〔一〕。尾，後也。首，先也，上也。足，下也。角，剛之上窮者也。肱，上體之隨而附者也。股，下體之隨而附者也。腓，趾之上、股之下而體之隨而附者也。垂其翼，下也。耳，所聽也。

東北，止以近險也。西南，順以遠險也。西南，衆也。南，明也。西南，坤之地也。東北，違坤之所也。西，陰所也。東，陽所也。左，下也。右，上也。

載者，載上也。負，後也。負者，下道也；乘者，上道也。載鬼，以鬼爲在上也。負塗，以塗爲在後也。往，從之也；往，之外也；往，之上也。來，之己也；來，之内也。渝，變其德也。億，安也。居，不行也。安，以静居也。逐，從求之也。血，去不來也。出，自穴出不去也。復，反而得其所也。反，自外來而復也。見，見彼也。處，不行也。征，進也。盤桓，動未進也。枕，止而安之也。動，方征也。起，方往也。遇，逢而見之也。躋，升也。孕，女之得其配也，以有爲而未功也。字，育女之功也。

田，興事之大者也。弋，興事之小者也。飛，宜下不宜上者也。且，方然也。或，疑辭也，方也，後也。乃，徐也，方此爻之時未可以然也，要其終則然也。田，平夷著見之地也，非龍之所宜宅也。大川，險也。沙，近險而無難也；泥，則近險而有難也。沛，澤之困乎水者也。穴，陰之

〔一〕「上」，龍舒本、宋刻本作「止」。

宅也。在穴，動物在陰之小者也。淵，龍之宅也。在天，則龍有爲之地。陸，高平也。陵，陸之大也。塗，污也。井，泥濁也。谷，下也。井谷，旁出而下流也。鮠陒，乘剛也。石，堅而不動者也。金，剛而趣變者也。玉，温潤粹美、剛而不可變者也。干，鴻之在下而不失其宜者也，鴻所宜居者也。桷，木之在上者也。株，木不能庇蔭其下者也。磐，進於干而不失其安者也。

甘，物之所美也。苦，物之所惡也。黄，地色也。玄，天色也。黄，中之見乎色者也。白，成色之主也。白，未受飾乎物者也。朱紱，天子飾下者也。赤紱，人臣飾下者也。

泣血，陰之憂也。涕，憂之見乎容貌者也。號、嗟，憂之見乎音聲者也；號，甚乎嗟者也。藩，内外之隔也。廬，人所庇也。升虛邑，小而易之也。升階，平易以有序〔一〕，以漸升而得位也。伐邑者，小之也。伐國，大事也；伐邑，小事也。城，地道上承而外扞也；復于隍，則不上承、不外扞矣。墉，扞外以保内也，自下之高者也。二簋，陰象也。門，陰象也。户，陽象也。易曰：「猶未離其類也，故稱血焉。」易象之大概，見於乾、坤之説，推而長之，則凡易之象可不疑矣。棟，室壁之所恃也。野，空曠也。同人于野，無適莫也。龍戰于野，無君臣也。邑，有事之地也，趣時而爲之者也。郊，遠乎有事之地。次，師旅之安舍也。巷，出門庭而未易道也。自牖，自幽

〔一〕「平易以有序」，光啓堂本、聽香館本作「平地以方升」。

以即明也。

婚媾，内外之合也。鄰，比己者也。妻，配也。王母，幽以遠也，以父爲陽，以母爲幽也；以母爲近，則王母爲遠也。妣，以順配祖者也。臣，以順承君者也。考，父之有成德之稱也。長子，一也；弟子，不一也。僕，卑以順也。童，未有與也。婦，一乎順者也。妾，配之不正者也。士，未成夫之辭也。女，未成婦之辭也。娣，女歸而不得正配者也。

衣，上飾也。袽，所以窒隙也。裳，下之飾也。鞶帶，在下體之上而以柔爲飾也。袂，體乎衣者也。囊，所以畜物也。茀，所以蔽車也。履，踐下而承上也。履，上道也。載，下道也。

不可，甚乎不利也。可，其爲利僅也。有凶，不必凶而凶在其中也。有厲，不必厲而厲在其中也。有悔，不必悔而悔在其中也。

## 卦名解

剛柔始交而難生，動乎險中，故曰「雲雷屯」。屯已大亨，則雷雨之動滿盈，而爲解，故曰「雷雨作，解」，「動而免乎險，解」。山下有險，非險在前也，可往而止焉，必蒙者也，故爲蒙。蹇，則險在前者也，險在前則不可以往，故爲蹇。彖曰：「見險而能止，知矣哉。」知者，反乎蒙者也。需，亦險在前也，其不爲乾健而進也，非若艮之止也，非坎之所能陷也，待時而進耳，故爲需。柔得位而上下應之，小者之畜也。小者畜，則其畜亦小矣，故爲小畜。以小而畜大，非柔之中也。柔得位而不中，不中而上下應之，小畜之道也。能止健，大者之畜也。大者畜，則其畜亦大矣，故爲大畜。四陽過二陰，而陽得中，故爲大過。大過者，大者過也。大者過，則亦事之大過越也。四陰過二陽，而陰得中，故爲小過。小過者，小者過也。小者過，則亦事之小過越者耳。大有，能有大者也，大者應之也；柔得尊位，大有者也。同人，同乎人者也，柔得位、得中而應乎乾者也。巽而麗乎內，故爲家人；止而麗乎外，故爲旅。少男長女必惑，山下有風必撓。蠱者，撓惑之名也，爲天下之蠱者事也，故爲蠱。少女少男，男下女上，故爲咸。咸者，交感之名也。長男長女，男上女下，故爲恒。姤陰遇陽，故爲姤。陽終決陰，故爲夬。柔履剛，故爲履。履，禮也。禮者，以柔履剛者也。剛應順而以動，故爲豫。上下交，故爲泰；不交，故爲否。以剛中爲主而下順從，故爲比。順而止，故爲謙。動而說，故爲隨。大者在上，故爲觀。大者壯，故爲大壯。剛浸長以臨柔，故爲臨。臨者，大臨小之名，故曰「臨者大也」。柔來文剛，分剛上而文柔，故爲賁。柔變剛爲剥。剥者，消爛之名也。剥窮上而剛反，故曰復。復者，反而得其所之名也。天下雷行，物應之，故爲無妄。雷之感物，物之所以應，無妄者也。剛退，故爲遯。明入地中，故爲明夷。明者，傷於暗之名也，文王與紂當其象矣。以爻考之，自三以下，周象也；自四以上，殷象也。明出地上，晉，臣進之象卦也。明出地上，則方晝而未至乎中，中則照天下。晝則進之盛而不亢乎王者也。損上益下，主於自損者也，故爲益；損下益上，主於自益者也，故爲損。乾道成男，坤道成女。凡女卦皆受損者也，凡男卦皆受益者也。損上益下，損下益上，此之謂也。巽乎水而上水，故爲井。以木巽火，故爲鼎。明以動，故爲豐。豐者，光明盛大之卦也。剛上下而實在其間，頤中有物之象也。頤中有物必噬，噬則合矣，故爲噬嗑。嗑者，有間而通之之卦也。上險下説，説以行險，故爲節。柔在内而剛得中，説而巽，故爲中孚。柔亦在内，可謂對矣。中孚者，至誠之卦也；無妄，則不妄而已。一陽陷於二陰，故爲坎。坎者，陷也；内明，水象也。一陰麗於二陽，故爲離。離，麗也；外明，火象也。水之爲物，陷者也；火之爲物，麗者也。推此則震、巽、艮、兑可以類知之也。上火下澤，睽。睽者，不合之名也，二女之卦也。火在水上，未濟。未濟者，有濟之道也，男女之卦也。水上火下，男女相逮之卦也，故爲既濟。澤上火下，二女不相得之卦也，故爲革。不相得而相違，革之所以生也。以衆行險，故爲師。上剛而下險，險而健，故爲訟。上動而下止，止而動，故爲頤。止而動，頤之道也。上説而下順，故爲萃。上巽而下險，險而巽，故爲涣。涣者，離散之名也。巽而免乎險，則不蹇不困，下雖險，上巽而不健，則不訟，故爲涣而已。困則剛見揜者也，在難中者也，不可以不動矣。蹇，則難在前者也，不可以往而已，故彖曰「利西南」也。順而巽，其進也孰禦焉？故爲升。止而巽，有止之道，故爲漸。歸妹者，歸女之卦也。妹，少女也；少女爲主於内，故曰「歸妹」。歸妹，女歸之以其時也。

故曰「動而說，所以爲歸妹」也。陽在下，則動而進，故爲震。進在陰上，已得其所則止，故爲艮。内柔伏，故爲巽；外柔見，故爲兑。

此其文皆在繫辭。或象、繫所不言，以其所言反求其所不言，則知其所以然也。

## 河圖洛書義〔一〕

孔子曰：「河出圖，洛出書，聖人則之。」圖必出於河而洛不謂之圖，書必出於洛而河不謂之書者，我知之矣。圖以示天道，書以示人道故也。蓋通於天者河，而圖者以象言也。成象之謂天，故使龍負之，而其出在於河。龍善變，而尚變者天道也。中於地者洛，而書者以法言也。效法之謂人，故使龜負之，而其出在於洛〔二〕。龜善占，而尚占者人道也。此天地自然之意，而聖人於易所以則之者也。

## 諫官論

以賢治不肖，以貴治賤，古之道也。所謂貴者何也？公、卿、大夫是也。所謂賤者何也？

---

〔一〕此文又見陸佃陶山集卷九，題作河圖洛書説并注云：「誤載荆公集中。」

〔二〕「在」，龍舒本作「必」。

士、庶人是也。同是人也，或爲公、卿，或爲士，何也？爲其不能公、卿也，故使之爲士；爲其賢於士也，故使之爲公、卿。此所謂以賢治不肖，以貴治賤也。

今之諫官者，天子之所謂士也，其貴則天子之三公也。惟三公於安危治亂存亡之故，無所不任其責，至於一官之廢，一事之不得，無所不當言，故其位在卿大夫之上，所以貴之也。其道德必稱其位，所謂以賢也。至士則不然，修一官而百官之廢不可以預也，守一事而百事之失可以毋言也。稱其德，副其材，而命之以位也。循其名，傃其分，以事其上而不敢過也。此君臣之分也，上下之道也。今命之以士，而責之以三公，士之位而受三公之責，非古之道也。孔子曰：「必也正名乎！」正名也者，所以正分也。然且爲之，非所謂正名也。身不能正名，而可以正天下之名者，未之有也。

蚳鼃爲士師，孟子曰：「似也，爲其可以言也。」鼃諫於王而不用，致爲臣而去。孟子曰：「有言責者不得其言則去，有官守者不得其職則去。」然則有官守者莫不有言責，有言責者莫不有官守，士師之諫於王是也。其諫也，蓋以其官而已矣，是古之道也。古者官師相規，工執藝事以諫。其或不能諫，謂之不恭，則有常刑。蓋自公、卿至於百工，各以其職諫，則君孰與爲不善？自公、卿至於百工，皆失其職，以阿上之所好，則諫官者，乃天子之所謂士耳，吾未見其能爲也。

待之以輕，而要之以重，非所以使臣之道也。其待己也輕，而取重任焉，非所以事君之道也。不得已，若唐之太宗庶乎其或可也。雖然，有道而知命者，果以爲可乎？未之能處也。唐太宗之時，所謂諫官者，與丞弼俱進於前。故一言之謬，一事之失，可救之於將然，不使其命已布於天下，然後從而争之也。君不失其所以爲君，臣不失其所以爲臣，其亦庶乎其近古也。今也上之所欲爲，丞弼所以言於上，皆不得而知也。及其命之已出，然後從而争之。上聽之而改，則是士制命而君聽也；不聽而遂行，則是臣不得其言而君恥過也。臣不得其言，士制命而君聽，二者上下所以相悖而否亂之勢也。然且爲之，其亦不知其道矣。及其諄諄而不用，然後知道之不行，其亦辨之晚矣。或曰：「周官之師氏、保氏，司徒之屬而大夫之秩也。」曰：嘗聞周公爲師，而召公爲保矣，周官則未之學也。

## 伯夷

事有出於千世之前，聖賢辯之甚詳而明，然後世不深考之，因以偏見獨識，遂以爲説，既失其本，而學士大夫共守之不爲變者，蓋有之矣，伯夷是已。

夫伯夷，古之論有孔子、孟子焉，以孔、孟之可信而又辯之反復不一，是愈益可信也。孔子曰：「不念舊惡，求仁而得仁，餓于首陽之下，逸民也。」孟子曰：「伯夷非其君不事，不立惡人之朝，避紂居北海之濱，目不視惡色，不事不肖，百世之師也。」故孔、孟皆以伯夷遭紂之惡，不念以怨，不忍事之，以求其仁，餓而避，不自降辱，以待天下之清，而號爲聖人耳。然則司馬遷以爲武王伐紂，伯夷叩馬而諫，天下宗周，而恥之，義不食周粟，而爲采薇之歌。韓子因之，亦爲之頌，以爲微二子，亂臣賊子接迹於後世，是大不然也。

夫商衰而紂以不仁殘天下，天下孰不病紂？而尤者，伯夷也。嘗與太公聞西伯善養老，則往歸焉。當是之時，欲夷紂者，二人之心豈有異邪？及武王一奮，太公相之，遂出元元於塗炭之中，伯夷乃不與，何哉？蓋二老所謂天下之大老，行年八十餘，而春秋固已高矣。自海濱而趨文王之都，計亦數千里之遠，文王之興以至武王之世，歲亦不下十數，豈伯夷欲歸西伯而志不遂，乃死於北海邪？抑來而死於道路邪？抑其至文王之都而不足以及武王之世而死邪？如是而言伯夷，其亦理有不存者也。

且武王倡大義於天下，太公相而成之，而獨以爲非，豈伯夷乎？天下之道二，仁與不仁也。紂之爲君，不仁也；武王之爲君，仁也。伯夷固不事不仁之紂，以待仁而後出。武王之仁焉，又不事之，則伯夷何處乎？余故曰，聖賢辯之甚明，而後世偏見獨識者之失其本也。嗚呼，使伯夷之不死，以及武王之時，其烈豈獨太公哉〔二〕！

〔二〕「獨」，龍舒本作「滅」。

# 臨川先生文集　卷六十四

## 論議

### 三聖人

孟子曰：「可欲之謂善，有諸己之謂信，充實之謂美，充實而有光輝之謂大，大而化之之謂聖。」聖之爲名，道之極、德之至也。非禮勿動，非禮勿言，非禮勿視，非禮勿聽，此大賢者之事也。賢者之事如此，則可謂備矣，而猶未足以鑽聖人之堅，仰聖人之高。以聖人觀之，猶太山之於岡陵，河海之於陂澤。然則聖人之事可知其大矣。易曰：「與天地合其德，與日月合其明，與鬼神合其吉凶。」此蓋聖人之事也。德苟不足以合於天地，明苟不足以合於日月，吉凶苟不足以合於鬼神，則非所謂聖人矣。

孟子論伯夷、伊尹、柳下惠，皆曰：「聖人也。」而又曰：「伯夷隘，柳下惠不恭，隘與不恭，君子不由也。」夫動、言、視、聽，苟有不合於禮者，則不足以爲大賢人，而聖人之名非大賢人之所得擬也，豈隘與不恭者所得僭哉？

蓋聞聖人之言行不苟而已，將以爲天下法也。昔者，伊尹制其行於天下曰：「何事非君，何使非民，治亦進，亂亦進。」而後世之士多不能求伊尹之心者，由是多進而寡退，苟得而害義，此其流風末俗之弊也。聖人患其弊，於是伯夷出而矯之，制其行於天下曰：「治則進，亂則退，非其君不事，非其民不使。」而後世之士多不能求伯夷之心者，由是多退而寡進，過廉而復刻，此其流風末世之弊也。聖人又患其弊，於是柳下惠出而矯之，制其行於天下曰：「不羞汚君，不辭小官，遺逸而不怨，阨窮而不憫。」而後世之士多不能求柳下惠之心者，由是多汚而寡潔，惡異而尚同，此其流風末世之弊也。此三人者，因時之偏而救之，非天下之中道也，故久必弊。至孔子之時，三聖人之弊，各極於天下矣，故孔子集其行而制成法於天下曰：「可以速則速，可以久則久，可以仕則仕，可以處則處。」然後聖人之道大具，而無一偏之弊矣。其所以大具而無弊者，豈孔子一人之力哉？四人者相爲終始也。故伯夷不清不足以救伊尹之弊，柳下惠不和不足以救伯夷之弊。聖人之所以能大過人者，蓋能以身救弊於天下耳。如皆欲爲孔子之行而忘天下之弊，則惡在其爲聖人哉？

是故使三人者當孔子之時，則皆足以爲孔子也，然其所以爲之清、爲之任、爲之和者，時耳，豈滯於此一端而已乎？苟在於一端而已，則不足以爲賢人也，豈孟子所謂聖人哉？孟子之所謂

「隘與不恭，君子不由」者，亦言其時爾。且夏之道豈不美哉？而殷人以爲野；殷之道豈不美哉？而周人以爲鬼。所謂隘與不恭者，何以異於是乎？

當孟子之時，有教孟子枉尺直尋者，有教孟子權以援天下者，蓋其俗有似於伊尹之弊時也。是以孟子論是三人者，必先伯夷，亦所以矯天下之弊耳。故曰聖人之言行，豈苟而已，將以爲天下法也。

## 周公

甚哉，荀卿之好妄也！載周公之言曰：「吾所執贄而見者十人，還贄而相見者三十人，貌執者百有餘人，欲言而請畢事千有餘人。」是誠周公之所爲，則何周公之小也！

夫聖人爲政於天下也，初若無爲於天下，而天下卒以無所不治者，其法誠修也。故三代之制，立庠於黨，立序於遂，立學於國，而盡其道以爲養賢教士之法，是士之賢雖未及用，而固無不見尊養者矣。此則周公待士之道也。誠若荀卿之言，則春申、孟嘗之行，亂世之事也，豈足爲周公乎？且聖世之士〔二〕，各有其業，講道習藝，患日之不足，豈暇遊公卿之門哉？彼遊公卿之門，

〔二〕「士」，原作「事」，據聽香館本改。

求公卿之禮者，皆戰國之奸民，而毛遂、侯嬴之徒也。荀卿生於亂世，不能考論先王之法著之天下，而惑於亂世之俗，遂以爲聖世之士亦若是而已〔二〕，亦已過也。且周公之所禮者大賢與，則周公豈唯執贄見之而已，固當薦之天子，而共天位也；如其不賢，不足與共天位，則周公如何其與之爲禮也？

子産聽鄭國之政，以其乘輿濟人於溱、洧，孟子曰：「惠而不知爲政。」蓋君子之爲政，立善法於天下，則天下治，立善法於一國，則一國治。如其不能立法，而欲人人悦之，則日亦不足矣。使周公知爲政，則宜立學校之法於天下矣；不知立學校，而徒能勞身以待天下之士，則不唯力有所不足，而勢亦有所不得也〔三〕。

或曰：「仰禄之士猶可驕，正身之士不可驕也。」夫君子之不驕，雖闇室不敢自慢，豈爲其人之仰禄而可以驕乎？嗚呼！所謂君子者，貴其能不易乎世也。荀卿生於亂世，而遂以亂世之事量聖人，後世之士，尊荀卿以爲大儒而繼孟子者，吾不信矣。

〔二〕「士」，原作「事」，據宋文鑑改。
〔三〕「得」下，龍舒本有「周公亦可謂愚」六字。

# 子貢

予讀史所載子貢事，疑傳之者妄，不然，子貢安得爲儒哉？夫所謂儒者，用於君則憂君之憂，食於民則患民之患，在下而不用則修身而已。當堯之時，天下之民患於洚水，堯以爲憂，故禹於九年之間，三過其門而不一省其子也。回之生，天下之民患有甚於洚水，天下之君憂有甚於堯，然回以禹之賢，而獨樂陋巷之間，曾不以天下憂患介其意也。夫二人者，豈不同道哉？所遇之時則異矣。蓋生於禹之時而由回之行，則是楊朱也；生於回之時而由禹之行，則是墨翟也。故曰賢者用於君則以君之憂爲憂，食於民則以民之患爲患，在下而不用於君則修其身而已，何憂患之與哉？夫所謂憂君之憂、患民之患者，亦以義也〔二〕。苟不義而能釋君之憂，除民之患，賢者亦不爲矣〔三〕。

史記曰：齊伐魯，孔子聞之，曰：「魯，墳墓之國，國危如此，二三子何爲莫出？」子貢因行，説齊以伐吳，説吳以救魯，復説越，復説晉，五國由是交兵，或强，或破，或亂，或霸，卒以存

〔二〕「義」下，龍舒本有「而後可以爲之謀」七字。

〔三〕「不爲」，龍舒本作「恥爲之」。

魯。觀其言，迹其事，乃與夫儀、秦、軫、代無以異也〔一〕。嗟乎！孔子曰：「己所不欲，勿施於人。」己以墳墓之國而欲全之，則齊、吴之人豈無是心哉，奈何使之亂歟？吾所以知傳者之妄，一也。於史考之，當是時，孔子、子貢爲匹夫〔二〕，非有卿相之位、萬鍾之禄也，何以憂患爲哉？然則異於顔回之道矣。吾所以知其傳者之妄，二也。墳墓之國，雖君子之所重，然豈有憂患而謀爲不義哉〔三〕？借使有憂患爲謀之義，則豈可以變詐之説亡人之國而求自存哉？吾所以知其傳者之妄，三也。子貢之行雖不能盡當於道〔四〕，然孔子之賢弟子也，固不宜至於此〔五〕，矧曰孔子使之也？

太史公曰：「學者多稱七十子之徒，譽者或過其實，毁者或損其真。」子貢雖好辯，詎至於此邪？亦所謂毁損其真者哉！

〔一〕「乃與夫」，原無，據龍舒本補。
〔二〕「爲」上，龍舒本有「窮」字。
〔三〕「爲不」，龍舒本作「之」。
〔四〕「道」，龍舒本作「義」。
〔五〕「固」上，龍舒本有「孔子之賢弟子之所爲」九字。

# 揚孟

賢之所以賢，不肖之所以不肖，莫非性也；賢而尊榮壽考，不肖而厄窮死喪，莫非命也。論者曰：「人之性善，不肖之所以不肖者，豈性也哉？」此學乎孟子之言性，而不知孟子之指也。又曰：「人爲不爲命也，不肖而厄窮死喪，豈命也哉？」此學乎揚子之言命，而不知揚子之指也。孟子之言性，曰「性善」，揚子之言性，曰「善惡混」。孟子之言命，曰「莫非命也」，揚子之言命，曰「人爲不爲命也」。孟、揚之道未嘗不同，二子之説非有異也，其所以異者，其所指者異耳〔一〕，此孔子所謂言豈一端而已，各有所當者也。孟子之所謂性者，正性也，揚子之所謂性者，兼性之不正者言之也。揚子之所謂命者，正命也，孟子之所謂命者，兼命之不正者言之也。

夫人之生〔二〕，莫不有羞惡之性，且以羞惡之一端以明之〔三〕。有人於此，羞善行之不修，惡善名之不立，盡力乎善，以充其羞惡之性，則其爲賢也孰禦哉？此得乎性之正者，而孟子之所謂性也。有人於此，羞利之不厚，惡利之不多，盡力乎利，以充羞惡之性，則其爲不肖也孰禦哉？此

〔一〕「其所以異者其所指者異耳」十一字，原無，據龍舒本補。
〔二〕「生」，聽香館本作「命」。
〔三〕「且以羞惡之一端以明之」十字，原無，據龍舒本補。

得乎性之不正，而揚子之兼所謂性者也。有人於此，才可以賤而賤，辠可以死而死，是人之所自爲也。此得乎命之不正者，而孟子之兼所謂命者也〔一〕。有人於此，才可以貴而賤，德可以生而死，是非人之所爲也。此得乎命之正者，而揚子之所謂命也。今夫羞利之不厚，惡利之不多，盡力乎利而至乎不肖，則揚子豈以謂人之性而不以辠其人哉？亦必惡其失性之正也。才可以賤而賤，罪可以死而死，則孟子豈以謂人之命而不以罪其人哉？亦必惡其失命之正也。孟子曰：「口之於味也，目之於色也，耳之於聲也，鼻之於臭也，四支之於安逸也，性也，有命焉，君子不謂性也。仁之於父子也，義之於君臣也，禮之於賓主也，知之於賢者也，聖人之於天道也，命也，有性焉，君子不謂命也。」然則孟、揚之説果何異乎？

今學者是孟子則非揚子，是揚子則非孟子，蓋知讀其文而不知求其指耳，而曰我知性命之理，誣哉！

## 材論

天下之患，不患材之不衆，患上之人不欲其衆；不患士之不欲爲，患上之人不使其爲也。

---

〔一〕「兼所」，原倒，據龍舒本乙。

夫材之用，國之棟梁也，得之則安以榮，失之則亡以辱。然上之人不欲其衆、不使其爲者，何也？是有三蔽焉。其尤蔽者〔一〕，以爲吾之位可以去辱絕危，終身無天下之患，材之得失無補於治亂之數，故偃然肆吾之志，而卒入於敗亂危辱，此一蔽也。又或以謂吾之爵禄貴富足以誘天下之士，榮辱憂戚在我，吾可以坐驕天下之士，而其將無不趨我者〔二〕，則亦卒入於敗亂危辱而已，此亦一蔽也。又或不求所以養育取用之道，而諰諰然以爲天下實無材於古〔三〕，則亦卒入於敗亂危辱而已，此亦一蔽也。此三蔽者，其爲患則同。然而用心非不善而猶可以論其失者，獨以天下爲無材者耳。蓋其心非不欲用天下之材，特未知其故也。

且人之有材能者，其形何以異於人哉？惟其遇事而事治，畫策而利害得，治國而國安利，此其所以異於人也。上之人苟不能精察之，審用之，則雖抱臯、夔、稷、契之智，且不能自異於衆，況其下者乎？世之蔽者方曰：「人之有異能於其身，猶錐之在囊，其末立見，故未有有其實而不

〔一〕「尤」，龍舒本作「敢」。
〔二〕「而其」，原無，據龍舒本補。
〔三〕「於古」，原無，據龍舒本補。

可見者也。」此徒有見於錐之在囊，而固未覩夫馬之在廄也。駑驥雜處，飲水食芻〔一〕，嘶鳴蹄齧〔二〕，求其所以異者蔑矣〔三〕。及其引重車，取夷路，不屢策，不煩御，一頓其轡而千里已至矣。當是之時，使駑馬並驅方駕〔四〕，則雖傾輪絶勒，敗筋傷骨，不舍晝夜而追之，遼乎其不可以及也，夫然後騏驥騕褭與駑駘別矣。古之人君知其如此，故不以天下爲無材，盡其道以求而試之，試之之道，在當其所能而已。

夫南越之修簳，簇以百鍊之精金，羽以秋鶚之勁翮，加强弩之上而彍之千步之外，雖有犀兕之捍，無不立穿而死者，此天下之利器，而決勝覿武之所寶也。然用以敲扑〔五〕，則無以異於朽槁之梃。是知雖得天下之瑰材桀智，而用之不得其方，亦若此矣。古之人君知其如此，於是銖量其能而審處之，使大者小者、長者短者、强者弱者無不適其任者焉。如是，則士之愚蒙鄙陋者，皆能奮其所知以效小事，況其賢能智力卓犖者乎？嗚呼！後之在位者，蓋未嘗求其説而試之

〔一〕「飲」上，龍舒本有「其所以」三字。
〔二〕「蹄」，原作「啼」，據龍舒本改。
〔三〕「蔑矣」，龍舒本作「蓋寡」。
〔四〕「方駕」，原無，據龍舒本補。
〔五〕「然用以敲扑」，龍舒本作「然而不知其所宜用而以敲扑」。

以實也，而坐曰天下果無材，亦未之思而已矣。

或曰〔二〕：「古之人於材有以教育成就之，而子獨言其求而用之者何也？」曰：天下法度未立之先〔三〕，必先索天下之材而用之；如能用天下之材，則能復先王之法度；能復先王之法度，則天下之小事無不如先王時矣，況教育成就人材之大者乎？此吾所以獨言求而用之之道也。

噫！今天下蓋嘗患無材可用者〔三〕。吾聞之，六國合從而辯説之材出，劉、項並世而籌畫戰鬭之徒起，唐太宗欲治而謨謀諫諍之佐來。此數輩者，方此數君未出之時，蓋未嘗有也，人君苟欲之，斯至矣，今亦患上之不求之、不用之耳〔四〕。天下之廣，人物之衆，而曰果無材可用者，吾不信也。

## 命解

先王之俗壞，天下相率而爲利，則强者得行無道，弱者不得行道，貴者得行無禮，賤者不得

〔一〕「或曰」，龍舒本作「蓋聞」。
〔二〕「先」，原作「後」，據聽香館本、小岯山館本改。
〔三〕「可用者」，原無，據龍舒本補。
〔四〕「今亦患上之不求之不用之耳」十二字，原無，據龍舒本補。

行禮。孔子修身潔行，言必由繩墨，陳、蔡大夫惡其議己，率衆而圍之，此乃所謂不得行道也。公行有子之喪，右師往弔，入門，有進而與右師言者，有出位而與右師言者。孟子不與右師言，右師不説。孟子曰：「我欲爲禮也。」方是時，不獨右師不説，凡與右師言者蓋皆不説也，此乃所謂不得行禮也。然孔子不以弱而離道，孟子不以賤而失禮，故立乎千世之上而爲學者師。右師、陳蔡之大夫卒亦不得傷焉，以其有命也。

今不知命之人，剛則不以道御之，而曰：「有命焉，彼安能困我？」由此則死乎巖墻之下者猶正命也。柔則不以禮節之，而曰：「不出，懼及禍焉。」由此則是貧賤可以智去也。夫柔而不以禮節之，剛而不以道御之，其難免一也，故易旅之初六與上九同患。悲夫！離道以合世，去禮以從俗，苟命之窮矣，孰能恃此以免者乎？

## 對疑

己亥敕書：「自今内殿崇班以上，大喪致其事，供奉官以下則勿致，如其故。」於是有疑者，以爲供奉官以下亦士大夫也，而朝廷獨遇之如此，顧而問曰：「今子以謂如何？」嘗竊原朝廷之意以對曰：

先王之制喪禮，不飲酒，不食肉，不御於内，以致其哀戚者，所謂禮之實，而其行之在我者也。不論其人之貴賤，不視其世之可否，而使之同者也。然而有疾，則雖賤者，亦使之飲酒而食肉，此所謂以權制者也。或不言而事行，或言而後事行，或身執事而後行者，所謂禮之文，而其行之在物者也。論其人之貴賤，視其世之可否而爲之節者也。視其世之可否而爲之節，故金革之事，則雖貴者亦有時乎而無辟，此所謂以權制者也。

今欲使三班趨走給使之吏，大喪則皆無以身執事，而從古者卿士大夫之禮，此固盛世之所宜急，而先王以孝理天下之意。然而事又有先於此者。古之時，卿大夫之喪，所以聽身不執事者，爲其可以不身執事也。其可以不身執事者何也？古之人君於其卿士大夫之喪，所以存問養恤者，蓋不詘於其在事之時，其有大喪而得不以身執事者，以其臣屬足使而禄賜足以事養故也。今三班趨走給使之吏，其素所以富養之，非備厚也。一日使去位而治喪，則朝廷視遇與庶人之在野者無以異。庶人之在野者，所以葬祭其先人，畜養其妻子，有常産矣。三班趨走給使之吏，去位而治喪，則其使令非有臣屬，事養非有禄賜，一日無常産，則其窮乃有欲比於庶人而不得者。若用事者不爲之憂此，而曰汝必無以身執事，則亦有餓而死者耳！然而世之議者方曰：「今之小吏去位而治喪者衆矣，吾未見有餓而死者。」夫今之去位而治喪者，自非多積餘藏〔二〕，有

〔二〕「自」，龍舒本作「身」。

以活身，則孰能無以身執事者乎？今欲使之去位而治喪，故欲使其致喪之實而無以身執事也。苟不能使之無以身執事，而徒使之去位，則豈盛世之所急，而先王以孝理天下之意也？愚故曰事又有先於此者，謂所以存問恤養士大夫如古之時者，今之所先也。

夫明吾政以贍天下之財，而存問恤養士大夫如古之時，此吾之所易爲也。仰無以葬祭其先人，俯無以畜養其妻子，然且去位而治喪，無以身執事，以致古者士大夫之禮，此人所難行也。捨吾之所易爲而忽不謀，曰：是皆先王之事，非吾今日之所能爲也。操人之所難行而誅之不釋，曰：古之士大夫皆然，爾奚事而不爲？朝廷或者以爲此非先王以權制喪、内恕及人之道，故止而不爲。雖然，愚亦有疑焉，欲内恕以及人，而不爲吾之所易爲者，何也？

# 臨川先生文集　卷六十五

## 論議

### 洪範傳

五行，天所以命萬物者也，故「初一曰五行」。五事，人所以繼天道而成性者也，故「次二曰敬用五事」。五事，人君所以修其心、治其身者也。修其心、治其身而後可以爲政於天下，故「次三曰農用八政」。爲政必協之歲、月、日、星辰、曆數之紀，故「次四曰協用五紀」。既協之歲、月、日、星辰、曆數之紀，當立之以天下之中，故「次五曰建用皇極」。中者，所以立本，而未足以趣時，趣時則中不中無常也，唯所施之宜而已矣，故「次六曰乂用三德」。有皇極以立本，有三德以趣時，而人君之能事具矣。雖然，天下之故猶不能無疑也。疑則如之何？謀之人以盡其智，謀之鬼神以盡其神，而不專用己也，故「次七曰明用稽疑」。雖不專用己，而參之於人物、鬼神，然而反身不誠不善，則明不足以盡人物，幽不足以盡鬼神，則其在我者不可以不思。在我者，其得失微而難知，莫若質諸天物之顯而易見，且可以爲戒也，故「次八曰念用庶證」。自五事至於庶證，各得其序，則五福之所集；自五事至於庶證，各失其序，則六極之所集，故「次九曰嚮用五福、威用六極」。

敬者何？君子所以直内也，言五事之本在人心而已。農者何？厚也，言君子之道施於有政，取諸此以厚彼而已。有本以保常，而後可立也，故皇極曰建。有變以趣時，而後可治也，故三德曰乂。嚮者，慕而欲其至也；威者，畏而欲其亡也。

「五行：一曰水，二曰火，三曰木，四曰金，五曰土」，何也？五行也者，成變化而行鬼神，往來乎天地之間而不窮者也，是故謂之行。天一生水，其於物爲精，精者，一之所生也。地二生火，其於物爲神，神者，有精而後從之者也。天三生木，其於物爲魂，魂，從神者也。地四生金，其於物爲魄，魄者，有魂而後從之者也。天五生土，其於物爲意，精、神、魂、魄具而後有意。自天一至於天五，五行之生數也。以奇生者成而耦，以耦生者成而奇，其成之者皆五。五者，天數之中也，蓋中者所以成物也。道立於兩，成於三，變於五，而天地之數具。其爲十也，耦之而已。蓋五行之爲物，其時、其位、其材、其氣、其性、其形、其事、其情、其色、其聲、其臭、其味，皆各有耦，推而散之，無所不通。一柔一剛，一晦一明，故有正有邪，有美有惡，有醜有好，有凶有吉，性命之理、道德之意皆在是矣。耦之中又有耦焉，而萬物之變遂至於無窮。其相生也，所以相繼也；其相克也，所以相治也。語器也以相治，故序六府以相克；語時也以相繼，故序盛德所在以相生。洪範語道與命，故其序與語器與時者異也。道者，萬物莫不由之者也。命者，萬物莫不聽之者也。器者，道之散；時者，命之運。由於道、聽於命而不知者，百姓也；由於道、聽於命而知之者，君子也。道萬物而無所由，命萬物而無所聽，唯天下之至神爲能與於此。夫火之於水，妻道也，其於土，母道也。故神從志，無志則從意。志致一之謂精，唯天下之至精爲能合天下之至神。精與神一而不離，則變化之所爲在我而已。是故能道萬物而無所由，命萬物而無所聽也。

「水曰潤下，火曰炎上，木曰曲直，金曰從革，土爰稼穡」，何也？北方陰極而生寒，寒生水，南方陽極而生熱，熱生火，故水潤而火炎，水下而火上。東方陽動以散而生風，風生木，木者，陽中也，故能變，能變故曲直。西方陰止以收而生燥，燥生金，金者，陰中也，故能化，能化，故從革。中央陰陽交而生濕，濕生土，土者，陰陽沖氣之所生也，故發之而爲稼，斂之而爲穡。曰者，所以命其物。爰者，言於之稼穡而已。潤者，性也。炎者，氣也。上下者，位也。曲直者，形也。從革者，材也。稼穡者，人事也。冬，物之性復，復者，性之所，故於水言其性。夏，物之氣交，交者，氣之時，故於火言其氣。陽極上，陰極下，而後各得其位，故於水火言其位。春，物之形著，故於木言其形。秋，物之材成，故於金言其材。中央，人之位也，故於土言人事。水言潤，則火熯，土溽，木敷，金斂，皆可知也。火言炎，則水洌，土烝，木温，金清，皆可知也。水言下，火言上，則木左，金右，土中央，皆可知也。推類而反之，則曰後，曰前，曰西，曰東，曰北，曰南，皆可知也。木言曲直，則土圜，金方，火鋭，水平，皆可知也。金言從革，則木變，土化，水因，火革，皆以知也。土言稼穡，則水之井洫，火之爨冶，木、金之爲械器，皆可知也。所謂木變者何？灼之而爲火，爛之而爲土，此之謂變。所謂土化者何？能熯，能潤，能敷，能斂，此之謂化。所謂水因者何？因甘而甘，因苦而苦，因蒼而蒼，因白而白，此之謂因。所謂火革者何？革生以爲熟，革柔以爲剛，革剛以爲柔，此之謂革。金亦能化，而命之曰從革者何？可以圜，可以平，可以鋭，可以曲直，然非火革之，則不能自化也，是故命之曰從革也。夫金，陰精之純也，是其所以不能自化也。蓋天地之用五行也，水施之，火化之，木生之，金成之，土和之。施生以柔，化成以剛，故木撓而水弱，金堅而火悍，悍堅而濟以和，萬物之所以成也，奈何終於撓弱而欲以收成物之功哉？

「潤下作鹹，炎上作苦，曲直作酸，從革作辛，稼穡作甘」，何也？寒生水，水生鹹，故潤下作鹹。熱生火，火生苦，故炎上作苦。風生木，木生酸，故曲直作酸。燥生金，金生辛，故從革作辛。濕生土，土生甘，故稼穡作甘。生物者，氣也；成之者，味也。以奇生則成而耦，以耦生則成而奇。寒之氣堅，故其味可用以耎；熱之氣耎，故其味可用以堅。風之氣散，故其味可用以收；燥之氣收，故其味可用以散。土者，沖氣之所生也，沖氣則無所不和，故其味可用以緩而已〔一〕。氣堅則壯，故苦可以養氣；脉耎則和，故鹹可以養脉；骨收則强，故酸可以養骨；筋散則不攣，故辛可以養筋；肉緩則不壅，故甘可以養肉。堅之而後可以耎，收之而後可以散；欲緩則用甘，不欲則弗用也。古之養生治疾者，必先通乎此，不通乎此而能已人之疾者，蓋寡矣。

「五事：一曰貌，二曰言，三曰視，四曰聽，五曰思。貌曰恭，言曰從，視曰明，聽曰聰，思曰睿。恭作肅，從作乂，明作哲，聰作謀，睿作聖」，何也？恭則貌欽，故作肅；從則言順，故作乂；明則善視，故作哲；聰則善聽，故作謀；睿則思無所不通，故作聖。五事以思爲主，而貌最其所後也。而其次之如此，何也？此言修身之序也。恭其貌，順其言，然後可以學而至於哲。既哲矣，然後能聽而成其謀。能謀矣，然後可以思而至於聖。思者，事之所成終而所成始也，思所以作聖也。既聖矣，則雖無思也，無爲也，寂然不動，感而遂通天下之故可也。

「八政：一曰食，二曰貨，三曰祀，四曰司空，五曰司徒，六曰司寇，七曰賓，八曰師」，何也？食、貨，人之所以相生養也，故一曰食，二曰貨。有相生養之道，則不可不致孝於鬼神，而著不忘其所自，故三曰祀。有所以相生養之道，而知不忘其所自，然後能保其居，故四曰司空。司

〔一〕「緩」，原作「綏」，據龍舒本、宋刻本、聽香館本、小岯山館本改。

空所以居民，民保其居，然後可教，故五曰司徒。司徒所以教民，教之不率，然後俟之以刑戮，故六曰司寇。自食、貨至於司寇，而治内者具矣，故七曰賓，八曰師。賓所以接外治，師所以接外亂也。自食、貨至於賓、師，莫不有官以治之，而獨曰司空、司徒、司寇者，言官則以知物之有官，言物則以知官之有物也。

「五紀：一曰歲，二曰月，三曰日，四曰星辰，五曰曆數」，何也？王省惟歲，卿士惟月，師尹惟日，上考之星辰，下考之曆數，然後歲月日時不失其政，故一曰歲，二曰月，三曰日，四曰星辰，五曰曆數。曆者，數也；數者，一二三四是也，五紀之所成終而所成始也。非特曆而已，先王之舉事也，莫不有時；其制物也，莫不有數。有時，故莫敢廢；有數，故莫敢踰。蓋堯、舜所以同律度量衡，協時月正日，而天下治者，取諸此而已。

「皇極，皇建其有極，斂時五福，用敷錫厥庶民」，何也？皇，君也；極，中也。言君建其有中，則萬物得其所，故能集五福以敷錫其庶民也。

「惟時厥庶民，于汝極，錫汝保極」，何也？言庶民以君爲中，君保中，則民與之也。

「凡厥庶民，無有淫朋，人無有比德，惟皇作極」，何也？言君中則民人中也。庶民無淫朋，人無比德者，惟君爲中而已。蓋君有過行偏政，則庶民有淫朋，人有比德矣。

「凡厥庶民，有猷、有爲、有守，汝則念之，不協于極，不罹于咎，皇則受之，而康而色，曰予攸好德，汝則錫之福，時人斯其惟皇之極」，何也？言民之有猷、有爲、有守，汝則念其所猷、所爲、所守之當否。所猷、所爲、所守不協于極，亦不罹于咎[一]，君則容受之，而康汝顔色以誘之。不協于極，不罹于咎，雖未可以錫之福，然亦可教者也，故當受之而不當譴怒也。詩曰：「載色載笑，匪怒伊教。」康而色之謂也。其曰我所好者德，則是協于極，則非但康汝顔色以受之，又當錫之福以勸焉。如此則人惟君之中矣。

不言「攸好德，則錫之福」，而言「曰予攸好德，則錫之福」，何也？謂之皇極，則不爲已甚也。攸好德，然後錫之福，則獲福者寡矣，是爲已甚，而非所以勸也。曰予攸好德，則錫之福，則是苟革面以從吾之攸好者，吾不深探其心，而皆錫之福也，此之謂皇極之道也。

「無虐煢獨而畏高明」，何也？言苟曰好德，則雖煢獨，必進寵之而不虐；苟曰不好德，則雖高明，必皋廢之而不畏也。蓋煢獨也者，衆之所違而虐之者也；高明也者，衆之所比而畏之者也。人君蔽於衆，而不知自用其福威，則不期虐煢獨而煢獨實見虐矣，不期畏高明而高明實見畏矣。煢獨見虐而莫勸其作德，則爲善者不長；高明見畏而莫懲其作僞，則爲惡者不消。善不長，惡不消，人人離德作僞，則大亂之道也。然則虐煢獨而寬朋黨之多，畏高明而忽卑晦之賤，

〔一〕「罹」，原作「惟」，據龍舒本、宋刻本、光啓堂本、聽香館本、應氏本改。

最人君之大戒也。

「人之有能、有爲，使羞其行，而邦其昌。」何也？言有能者，使在職而羞其材，有爲者，使在位而羞其德，則邦昌也。人君孰不欲有能者羞其材，有爲者羞其德，然曠千數百年而未有一人致此。蓋聰不明而無以通天下之志，誠不至而無以同天下之德，則智以難知而爲愚者所詘，賢以寡助而爲不肖者所困，雖欲羞其行，不可得也。通天下之志，在窮理；同天下之德，在盡性。窮理矣，故知所謂咎而弗受，知所謂德而錫之福；盡性矣，故能不虐煢獨以爲仁，不畏高明以爲義。如是則愚者可誘而爲智也，雖不可誘而爲智，必不使之詘智者矣；不肖者可革而爲賢也，雖不可革而爲賢，必不使之困賢者矣。夫然後有能、有爲者得羞其行，而邦賴之以昌也。

「凡厥正人，既富方穀，汝弗能使有好于而家，時人斯其辜」，何也？言凡正人之道，既富之然後善。雖然，徒富之，亦不能善也，必先治其家，使人有好於汝家，然後人從汝而善也。汝弗能使有好於汝家，則人無所視效，而放僻邪侈亦無不爲也。蓋人君能自治，然後可以治人；能治人，然後人爲之用；人爲之用，然後可以爲政於天下。爲政於天下者，在乎富之、善之，而善之必自吾家人始。所謂自治者，「惟皇作極」是也；所謂治人者，「弗協于極，弗罹于咎，皇則受之，而康而色，曰予攸好德，汝則錫之福，無虐煢獨而畏高明」是也；所謂人爲之用者，「有能、有爲，使羞其行，而邦其昌」是也；所謂爲政於天下者，「凡厥正人」是也。既曰能治人，則人固已善矣，又曰富之然後善，何也？所謂治人者，教化以善之也；所謂富之然後善者，政以善之也。徒教化不能使人善，故繼之曰「凡厥正人，既富方穀」，徒政亦不能使人善，故卒之曰「汝弗能使有好于而家，時人斯其辜」也。

「于其無好德，汝雖錫之福，其作汝用咎」，何也？既言治家不善不足以正人也，又言用人不善不足以正身，言崇長不好德之人而錫之福，亦用咎作汝而已矣。

「無偏無陂，遵王之義；無有作好，遵王之道；無有作惡，遵王之路；無偏無黨，王道蕩蕩；無黨無偏，王道平平；無反無側，王道正直；會其有極，歸其有極。曰皇極之敷言，是彝是訓，于帝其訓」，何也？言君所以虛其心，平其意，唯義所在，以會歸其有中者。其說以爲人君以中道布言，是以爲彝，是以爲訓者，于天其訓而已。夫天之爲物也，可謂無作好，無作惡，無偏無黨，無反無側，會其有極，歸其有極矣。蕩蕩者言乎其大〔一〕，平平者言乎其治。大而治，終於正直，而王道成矣。無偏者，言乎其所居；無黨者，言乎其所與。以所居者無偏，故能所與者無黨，故曰「無偏無黨」；以所與者無黨，故能所居者無偏，故曰「無黨無偏」。偏不已，乃至於側；陂不已，乃至於反。始曰「無偏無陂」者，率義以治心，不可以有偏陂也；卒曰「無反無側」者，及

〔一〕「者」，原作「乎」，據龍舒本、宋刻本、光啓堂本、聽香館本、小岾山館本改。

其成德也，以中庸應物，則要之使無反側而已。路，大道也；正直，中德也。始曰「義」，中曰「道」、曰「路」，卒曰「正直」，尊德性而道問學，致廣大而盡精微，極高明而道中庸之謂也。

孔子以爲「示之以好惡，而民知禁」，今曰「無有作好，無有作惡」，何也？好惡者，性也，天命之謂性；作者，人爲也，人爲則與性反矣。書曰：「天命有德，五服五章哉；天討有辠，五刑五用哉。」命有德，討有罪，皆天也，則好惡者豈可以人爲哉？所謂示之以好惡者，性而已矣。

「凡厥庶民，極之敷言，是訓是行，以近天子之光。曰天子作民父母，以爲天下王」，何也？言凡厥庶民，以中道布言。「是訓是行，以近天子之光」者，其説以爲天子作民父母，以爲天下王，當順而比之，以效其所爲，而不可逆。蓋君能順天而效之，則民亦順君而效之也〔一〕。二帝、三王之誥命，未嘗不稱天者，所謂「于帝其訓」也，此人之所以化其上也。及至後世，矯誣上天以布命于下，而欲人之弗叛也，不亦難乎？

「三德：一曰正直，二曰剛克，三曰柔克」，何也？直而不正者有矣，以正正直乃所謂正也；曲而不直者有矣，以直正曲乃所謂直也。正直也者，變通以趣時，而未離剛柔之中者也。剛克也者，剛勝柔者也；柔克也者，柔勝剛者也。

〔一〕「順」，龍舒本作「近」。

「平康正直，彊弗友剛克，燮友柔克」，何也？燮者，和孰上之所爲者也；友者，右助上之所爲者也；彊者，弗柔從上之所爲者也；弗友者，弗右助上之所爲者也；君君臣臣，適各當分，所謂正直也。若承之者，所謂柔克也；若威之者，所謂剛克也。蓋先王用此三德，於一嚬一笑未嘗或失，況以大施於慶賞刑威之際哉！故能爲之其未有也，治之其未亂也。

「沈潛剛克，高明柔克」，何也？言人君之用剛克也，沈潛之於內；其用柔克也，發見之於外。其用柔克也，抗之以高明；其用剛克也，養之以卑晦。沈潛之於內，所以制姦慝；發見之於外，所以昭忠善。抗之以高明，則雖柔過而不廢；養之以卑晦，則雖剛過而不折。易曰：「道有變動，故曰爻；爻有等，故曰物；物相雜，故曰文；文不當，故吉凶生焉。」吉凶之生，豈在夫大哉？蓋或一嚬一笑之間而已。

洪範之言三德，與舜典、皋陶謨所序不同，何也？舜典所序，以教胄子，而皋陶謨所序，以知人臣，故皆先柔而後剛；洪範所序，則人君也，故獨先剛而後柔。至於正直，則舜典、洪範皆在剛柔之先，而皋陶謨乃獨在剛柔之中者，教人、治人宜皆以正直爲先，至於序德之品，則正直者中德也，固宜在柔剛之中也。

「惟辟作福，惟辟作威，惟辟玉食。臣無有作福、作威、玉食。臣之有作福、作威、玉食，其害于而家，凶于而國，人用側頗僻，民用僭忒」，何也？執常以事君者，臣道也；執權以御臣者，君道也。三德者，君道也。作福，柔克之事也；作威，剛克之事也。以其侔於神天也，是故謂之福。作福以懷之，作禍以威之，言作福則知威之爲禍，言作威則知福之爲懷也。皇極者，君與臣民共由之者也。三德者，君之所獨任而臣民不得僭焉者也。有其權，必有禮以章其別，故惟辟玉食也。禮所以定其位，權所以固其政，下僭禮則上失位，下侵權則上失政，上失位則亦失政矣。上失位失政，人所以亂也。故臣之有作福、作威、玉食，其害于而家，凶于而國，人用側頗僻，民用僭忒也。側頗僻者，臣有作福、作威之效也；僭忒者，臣有玉食之效也。民側頗僻也易，而其僭忒也難。民僭忒則人可知也，人側頗僻則民可知也。其曰「庶民有淫朋，人有比德」，亦若此而已矣。

於淫朋曰庶民，於僭忒曰民而已，何也？僭忒者，民或有焉，而非衆之所能也。天子、皇、王、辟，皆君也，或曰天子，或曰皇，或曰王，或曰辟，何也？皇極于帝其訓者，所以繼天而順之，故稱天子；建有極者道，故稱皇；好惡者德，故稱王；福威者政，故稱辟。道所以成德，德所以立政，故言政於三德而稱辟也。建有極者道，故稱皇，則其曰「天子作民父母，以爲天下王」，何也？吾所建者道，而民所知者德而已矣。

「七稽疑〔一〕，擇建立卜筮人，乃命卜筮，曰雨，曰霽，曰蒙，曰驛，曰克，曰貞，曰悔，凡七，卜五，占用二，衍忒」，何也？言有所擇，有所建，則立卜筮人。卜筮凡七，而其爲卜者五，則其爲筮者二可知也。先卜而後筮，則筮之爲貞悔亦可知也。衍者，吉之謂也；忒者，凶之謂也。吉言衍，則凶之爲耗可知也；凶言忒，則吉之爲當亦可知也。此言之法也，蓋自始造書，則固如此矣。福之所以爲福者，於文從畐，畐則衍之謂也；禍所以爲禍者，於文從咼，咼則忒之謂也。蓋忒也、當也，言乎其位；衍也、耗也，言乎其數。夫物有吉凶，以其位與數而已。六五得位矣，其爲九四所難者，數不足故也；九四得數矣，其爲六五所制者，位不當故也。數衍而位當者吉，數耗而位忒者凶，此天地之道、陰陽之義，君子小人之所以相爲消長，中國夷狄之所以相爲强弱。易曰：「人謀鬼謀，百姓與能。」蓋聖人君子以察存亡，以御治亂，必先通乎此，不通乎此而爲百姓之所與者，蓋寡矣。

「立時人作卜筮，三人占，則從二人之言」，何也？卜筮者，質諸鬼神，其從與違爲難知，故其占也從衆而已也。

「汝則有大疑，謀及乃心，謀及卿士，謀及庶民，謀及卜筮」，何也？言人君有大疑，則當謀之

〔一〕「七」，原作「士」，據龍舒本、宋刻本、光啓堂本、聽香館本改。

於己，己不足以決，然後謀之於卿士，又不足以決，然後謀之於庶民，又不足以決，然後謀之於鬼神。鬼神尤人君之所欽也，然而謀之反在乎卿士、庶民之後者，吾之所疑而謀者，人事也，必先盡之人，然後及鬼神焉，固其理也。聖人以鬼神爲難知，而卜筮如此其可信者，易曰：「成天下之亹亹者，莫大乎蓍龜。」唯其誠之不至而已矣，用其至誠，則鬼神其有不應，而龜筮其有不告乎？

「汝則從，龜從，筮從，卿士從，庶民從，是之謂大同，身其康彊，子孫其逢吉」，何也？將有作也，心從之，而人神之所弗異，則有餘慶矣，故謂之大同，而子孫其逢吉也。

「汝則從，龜從，筮從，卿士逆，庶民逆，吉。卿士從，龜從，筮從，汝則逆，庶民逆，吉。庶民從，龜從，筮從，汝則逆，卿士逆，吉」，何也？吾之所謀者疑也，可以作，可以無作，然後謂之疑。疑而從者衆，則作而吉也。

「汝則從，龜從，筮逆，卿士逆，庶民逆，作内吉，作外凶」，何也？尊者從，卑者逆，故逆者雖衆，以作内，猶吉也〔一〕。

「龜筮共違于人，用静吉，用作凶」，何也？所以謀之心、謀之人者盡矣，然猶不免於疑，則謀

〔一〕「吉」，原作「言」，據光啓堂本、聽香館本改。

及於龜筮，故龜筮之所共違，不可以有作也。

「庶徵：曰雨，曰暘，曰燠，曰寒，曰風，曰時」者，何也？曰雨，曰暘，曰燠，曰寒，曰風者，自「肅時雨若」以下是也；曰時者，自「王省惟歲」以下是也。

「五者來備，各以其敘，庶草蕃廡」，何也？陰陽和，則萬物盡其性、極其材，言庶草者，以爲物之尤微而莫養，又不知自養也，而猶蕃廡，則萬物得其性皆可知也。

「一極備凶，一極無凶」，何也？雨極備則爲常雨，暘極備則爲常暘，風極備則爲常風，燠極無則爲常寒，寒極無則爲常燠，此饑饉疾癘之所由作也，故曰凶。

「曰休徵：曰肅時雨若，曰乂時暘若，曰哲時燠若，曰謀時寒若，曰聖時風若。曰咎徵：曰狂恒雨若，曰僭恒暘若，曰豫恒燠若，曰急恒寒若，曰蒙恒風若」，何也？言人君之有五事，猶天之有五物也。天之有五物，一極備凶，一極無亦凶，其施之小大緩急無常，其所以成物者，要之適而已。人之有五事，一極備凶，一極無亦凶，施之小大緩急亦無常，其所以成民者，亦要之適而已。故雨、暘、燠、寒、風者，五事之證也。降而萬物悦者，肅也，故若時雨然；升而萬物理者，乂也，故若時暘然；哲者，陽也，故若時燠然；謀者，陰也，故若時寒然；睿其思，心無所不通，以濟四事之善者，聖也，故若時風然。狂則蕩，故常雨若；僭則亢，故常暘若；豫則解緩，故常燠若；急則縮栗，故常寒若；冥其思，心無所不入，以濟四事之惡者，蒙，故常風若也。

孔子曰：「見賢思齊，見不賢而內自省也。」君子之於人也，固常思齊其賢，而以其不肖爲戒。況天者固人君之所當法象也，則質諸彼以驗此，固其宜也。然則世之言災異者，非乎？曰：人君固輔相天地以理萬物者也，天地萬物不得其常，則恐懼修省，固亦其宜也。今或以爲天有是變，必由我有是罪以致之；或以爲災異自天事耳，何豫於我，我知修人事而已。蓋由前之説，則蔽而葸；由後之説，則固而怠。不蔽不葸、不固不怠者，亦以天變爲己懼，不曰天之有某變必以我爲某事而至也，亦以天下之正理考吾之失而已矣，此亦「念用庶證」之意也。

「王省惟歲，卿士惟月，師尹惟日」，何也？言自王至於師尹，猶歲、月、日三者相繫屬也。歲、月、日有常而不可變，所總大者不可以侵小，所治少者不可以僭多。自王至于師尹，三者亦相繫屬，有常而不可變，所總大者亦不可以侵小，所治少者亦不可以僭多。故歲、月、日者，王及卿士、師尹之證也。

「歲、月、日時無易，百穀用成，乂用明，俊民用章，家用平康。日、月、歲時既易，百穀用不成，乂用昏不明，俊民用微，家用不寧」，何也？既以歲、月、日三者之時爲王及卿士、師尹之證也，而王及卿士、師尹之職，亦皆協之歲、月、日時之紀焉，故歲有會，月有要，日有成。大者省其大而略，小者治其小而詳。其小大、詳略得其序，則功用興，而分職治矣，故百穀用成，乂用明，俊民用章，家用平康；小大、詳略失其序，則功用無所程，分職無所考，故百穀用不成，乂用昏不明，俊民用微，家用不寧也。

「庶民惟星，星有好風，星有好雨」，何也？言星之好不一，猶庶民之欲不同。星之好不一，待月而後得其所好，而月不能違也。庶民之欲不同，待卿士而後得其所欲，而卿士亦不能違也，故星者，庶民之證也。

「日月之行，則有冬有夏」，何也？言歲之所以爲歲，以日月之有行，而歲無爲也，猶王之所以爲王，亦以卿士、師尹之有行，而王無爲也。春秋者，陰陽之中；冬夏者，陰陽之正。陰陽各致其正，而後歲成。有冬、有夏者，言歲之成也。

「月之從星，則以風雨」，何也？言月之好惡不自用而從星，則風雨作而歲功成，猶卿士之好惡不自用而從民，則治教政令行而王事立矣。書曰：「天聽自我民聽，天視自我民視。」夫民者，天之所不能違也，而況於王乎，況於卿士乎？

「五福：一曰壽，二曰富，三曰康寧，四曰攸好德，五曰考終命」，何也？人之始生也，莫不有壽之道焉，得其常性則壽矣，故一曰壽。少長而有爲也，莫不有富之道焉，得其常産則富矣，故二曰富。得其常性，又得其常産，而繼之以毋擾，則康寧矣，故三曰康寧也。夫人君使人得其常性，又得其常産；而繼之以毋擾，則人好德矣，故四曰攸好德。好德，則能以令終，故五曰考終命。

「六極：一曰凶短折，二曰疾，三曰憂，四曰貧，五曰惡，六曰弱」，何也？不考終命謂之凶，蚤死謂之短，中絶謂之折。禍莫大於凶短折，疾次之，憂次之，貧又次之，故一曰凶短折，二曰疾，三曰憂，四曰貧。凶者，考終命之反也；短折者，壽之反也；疾憂者，康寧之反也；貧者，富之反也。此四極者，使人畏而欲其亡，故先言人之所尤畏者，而以猶愈者次之。夫君人者，使人失其常性，又失其常産，而繼之以擾，則人不好德矣，故五曰惡，六曰弱。惡者，小人之剛也；弱者，小人之柔也。

九疇曰初，曰次，而五行、五事、八政、五紀、三德、五福、六極特以一二數之，何也？九疇以五行爲初，而水之於五行，貌之於五事，食之於八政，歲之於五紀，正直之於三德，壽、凶短折之於五福、六極，不可以爲初故也。

或曰：箕子之所次，自五行至於庶證，而今獨曰自五事至于庶證，各得其序，則五福之所集，自五事至于庶證，各爽其序〔一〕，則六極之所集，何也？曰：人君之於五行也，以五事修其性，以八政用其材，以五紀協其數，以皇極建其常，以三德治其變，以稽疑考其難知，以庶證證其失得，自五事至于庶證，各得其序，則五行固已得其序矣。

〔一〕「爽」，龍舒本作「失」。

或曰：世之不好德而能以令終與好德而不得其死者衆矣，今曰好德則能以令終，何也？曰：孔子以爲「人之生也直，罔之生也幸而免」。君子之於吉凶禍福，道其常而已，幸而免與不幸而及焉，蓋不道也。

或曰：孔子以爲「富與貴，人之所欲；貧與賤，人之所惡」，而福極不言貴賤，何也？曰：五福者，自天子至于庶人，皆可使慕而欲其至；六極者，自天子至於庶人，皆可使畏而欲其亡；若夫貴賤，則有常分矣。使自公侯至於庶人，皆慕貴欲其至，而不欲賤之在己，則陵犯篡奪之行日起，而上下莫安其命矣。詩曰：「肅肅宵征，抱衾與裯，寔命不猶。」蓋王者之世，使賤者之安其賤如此。夫豈使知貴之爲可慕而欲其至，賤之爲可畏而欲其亡乎？

## 易象論解

君子之道，始於自强不息，故於乾也，「君子以自强不息」。自强不息，然後厚德載物，故於坤也，「君子以厚德載物」。自强積德以有載也，乃能經綸，故於屯也，「君子以經綸」。經綸者，君子有事之時，故於蒙也，「君子以果行育德」。果行育德則無事矣，故於需也，「君子以飲食宴樂」。飲食宴樂，所以待人而與之從事者也，故於訟也，「君子以作事謀始」。作事謀始則能爲物主，故於師也，「君子以容民畜衆」。建萬國，親諸侯，容民畜衆之大者，故於比也，「先王以建萬國，親諸侯」。諸侯親則無所用武，故於小畜也，「君子以懿文德」。德以禮爲體，故於履也，「君子以辨上下、定民志」。禮也者，因時之會通，以財成輔相天地者也，故於泰也，「后以財成天地之道，輔相天地之宜，以左右民」。物不能終泰，故於否也，「君子以儉德避難，不可榮以禄」。泰則通，否則辨，故於同人也，「君子以類族辨物」。族各有其類，物各有其辨，則君子小人見矣，故於大有，「君子以遏惡揚善，順天休命」。雖遏惡也，不可以爲偏亢，故於謙也，「君子以裒多益寡，稱物平施」。順天休命而以謙平施，則人樂之，故於豫也，「先王以作樂崇德，殷薦之上帝，以配祖考」。樂成而息，故於隨也，「君子以嚮晦入宴息」。物不可終息，故於蠱也，「君子以振民育德」。振民育德，莫大乎教思無窮，容保民無疆，故於臨也，「君子以教思無窮，容保民無疆」。教思無窮，容保民無疆，莫大乎省方觀民設教，故於觀也，「先王以省方觀民設教」。教至矣，則明罰敕法繼之，故於噬嗑也，「先王以明罰敕法」。明罰敕法者，所以待之，而非敢於折獄，故於賁也，「君子以明庶政，無敢折獄」。無敢折獄者，將以厚下也，故於剥也，「上以厚下安宅」。厚下者，將使人無失其性命之情也，欲不失其性命之情，則亦不違其性命之理而已，故於復也，「先王以至日閉關，商旅不行，后不省方」者，所以應時。知應時，然後知對時育物，故於無妄也，「先王以茂對時育萬物」。對時育物者，非稽古畜德之主則不能，故於大畜也，「君子以多識前言往行，以畜其德」。畜德莫大乎養，故於頤也，「君子以慎言語，節飲食」。知自養，然後出處皆有以大過人，故於大過也，「君子以獨立不懼，遯世無悶」。出則欲獨立不懼，處則欲遯世無悶，則德不可無習，故於坎也，「君子以常德行，習教事」。德行不失其事，教事不廢其習，然後可以繼明照四方，故於離也，「大人以繼明照於四方」。所謂明者，非恃其所明，則資諸人而已，故於咸也，「君子以虚受人」。惟以虚受人而有節於内，故於恒也，「君子以立不易方」。所以有時而遠小人，故於遯也，「君子以遠小人，不惡而嚴」。所謂嚴者，亦禮而已矣，故於大壯也，「君子以非禮勿履」。非禮勿履，德之所以昭也，故於晉也，「君子以自昭明德」。明者自明，非所以莅衆，故於明夷也，「君子以莅衆，用晦而明」。知自明，又知所以莅衆，則言有物而行有常，故於家人也，「君子以言有物而行有常」。言有物，行有常，則知所同、知所異，故於睽也[二]，「君子以同而異」。同故能有容，異故能有辨，反身修德，言有辨也，故於蹇也，「君子以反身修德」。赦過宥辠，言有容也，故於解也，「君子以赦過宥辠」。能反身修德，赦過宥辠，則其慾也懲而窒矣，故於損也，「君子以懲忿窒慾」。能懲忿窒慾然後見善遷，有過改，故於益也，「君子以見善則遷，有過則改」。以居則修德，以動則有功，功不可以擅，德不可以居也，故於夬也，「君子以施禄及下，居德則忌」。能施禄及下，居德則忌，則衆之所聽也，故於姤也，「后以施命誥四方」。衆之所聽，不可

[二]「故」，原無，據聽香館本、小岯山館本補。

不戒，故於萃也，「君子以除戎器，戒不虞」。不虞知戒矣，德之所以積也，故於升也，「君子以順德，積小以高大」。積小以至高大而至於命，則志遂矣，故於困也，「君子以致命遂志」。至於命則所以成己也，而後可以成民教，故於井也，「君子以勞民勸相」。勞民勸相，莫大乎恭愛，故於革也，「君子以治歷明時」。能治歷明時，然後能正位凝命，故於鼎也，「君子以正位凝命」。正位凝命不可恃，故於震也，「君子以恐懼修省」。修省之道在於正己而已，故於艮也，「君子以思不出其位」。能正己則賢德可居，俗可善，故於漸也，「君子以居賢德善俗」。俗善矣，其終不能無愛，愛則敝矣，故於歸妹也，「君子以永終知敝」。知敝則所以待人者盡矣，故於豐也，「君子以折獄致刑」。折獄以刑，君子所以明慎之時也，故於旅也，「君子以明慎用刑而不留獄」。不留獄則治道終矣，終則有始，故於巽也，「君子以申命行事」。申命行事不可以無學，故於兑也，「君子以朋友講習」。所講習者仁義而已，故於涣也，「先王以饗帝立廟」。饗帝立廟則仁之至、義之盡矣，其推行之也，度數不可以無制。德行不可以無議，故於節也，「君子以制數度，議德行」。制數度，議德行，則欲急己以緩人，故於中孚也，「君子以議獄緩死」。急己以緩人者，依於仁而已，故於小過也，「君子以行過乎恭，喪過乎哀，用過乎儉」。依於仁則無患矣，故於既濟也，「君子以思患而豫防之」。物不窮也，故於未濟也，「君子以慎辨物居方」。辨物居方者，物之終始也。

# 臨川先生文集　卷六十六

## 論議

### 周南詩次解

王者之治，始之於家，家之序，本於夫婦正，夫婦正者，在求有德之淑女爲后妃以配君子也，故始之以關雎。夫淑女所以有德者，其在家本於女工之事也，故次以葛覃。有女功之本，而后妃之職盡矣，則當輔佐君子求賢審官。求賢審官者，非所能專，有志而已，故次之以卷耳。有求賢審官之志以助治其外，則於其内治也，其能有嫉妒而不逮下乎？故次之以樛木〔一〕。無嫉妒而逮下，則子孫衆多，故次之以螽斯。子孫衆多，由其不妒忌，則致國之婦人亦化其上，則男女正，婚姻時，國無鰥民也，故次之以桃夭。國無鰥民，然後好德，賢人衆多，故次之以兔罝。好德，賢

〔一〕「以」，原無，據龍舒本補。

人衆多，是以室家和平，而婦人樂有子，則后妃之美具矣，故次之以芣苢。后妃至於國之婦人樂有子者，由文王之化行，使南國江漢之人無思犯禮，此德之廣也，故次之以漢廣。德之所及者廣，則化行乎汝墳之國，能使婦人閔其君子而勉之以正，故次之以汝墳。婦人能勉君子以正，則天下無犯非禮，雖衰世公子皆能信厚，此關雎之應也，故次之以麟之趾焉。

## 禮論

嗚呼，荀卿之不知禮也！其言曰：「聖人化性而起僞。」吾是以知其不知禮也。知禮者貴乎知禮之意，而荀卿盛稱其法度節奏之美，至於言化，則以爲僞也，亦烏知禮之意哉？故禮始於天而成於人，知天而不知人則野，知人而不知天則僞。聖人惡其野而疾其僞，以是禮興焉。今荀卿以謂聖人之化性爲起僞，則是不知天之過也。然彼亦有見而云爾。凡爲禮者，必詘其放傲之心，逆其嗜欲之性。莫不欲逸，而爲尊者勞；莫不欲得，而爲長者讓，擎跽曲拳以見其恭。夫民之於此，豈皆有樂之之心哉？患上之惡己，而隨之以刑也。故荀卿以爲特劫之法度之威，而爲之於外爾，此亦不思之過也。

夫斲木而爲之器，服馬而爲之駕，此非生而能者也，故必削之以斧斤，直之以繩墨，圓之以規，而方之以矩，束聯膠漆之，而後器適於用焉。前之以銜勒之制，後之以鞭策之威，馳驟舒疾，無得自放，而一聽於人，而後馬適於駕焉。由是觀之，莫不劫之於外而服之以力者也。然聖人捨木而不爲器，捨馬而不爲駕者，固亦因其天資之材也。今人生而有嚴父愛母之心，聖人因其性之欲而爲之制焉，故其制雖有以强人，而乃以順其性之欲也。聖人苟不爲之禮，則天下蓋將有慢其父而疾其母者矣，此亦可謂失其性也。得性者以爲僞，則失其性者乃可以爲真乎？此荀卿之所以爲不思也。

夫狙猿之形非不若人也，欲繩之以尊卑而節之以揖讓，則彼有趨於深山大麓而走耳，雖畏之以威而馴之以化，其可服邪？以謂天性無是而可以化之使僞耶，則狙猿亦可使爲禮矣。故曰禮始於天而成於人，天則無是而人欲爲之者，舉天下之物，吾蓋未之見也。

## 禮樂論

氣之所禀命者，心也。視之能必見，聽之能必聞，行之能必至，思之能必得，是誠之所至也。不聽而聰，不視而明，不思而得，不行而至，是性之所固有，而神之所自生也，盡心盡誠者之所至也。故誠之所以能不測者，性也。賢者，盡誠以立性者也；聖人，盡性以至誠者也。神生於性，性生於誠，誠生於心，心生於氣，氣生於形。形者，有生之本。故養生在於保形，充形在於育氣，養氣在於寧心，寧心在於致誠，養誠在於盡性，不盡性不足以養生。能盡性者，至誠者也；能至誠者，寧心者也；能寧心者，養氣者也；能養氣者，保形者也；能保形者，養生者也；不養生不足以盡性也。生與性之相因循，志之與氣相爲表裏也。生渾則蔽性，性渾則蔽生，猶志一則動氣，氣一則動志也。先王知其然，是故體天下之性而爲之禮，和天下之性而爲之樂。禮者，天下之中經；樂者，天下之中和。禮樂者，先王所以養人之神，正人氣而歸正性也。是故大禮之極，簡而無文；大樂之極，易而希聲。簡易者，先王建禮樂之本意也。世之所重，聖人之所輕；世之所樂，聖人之所悲。非聖人之情與世人相反，聖人內求，世人外求，內求者樂得其性，外求者樂得其欲，欲易發而性難知，此情性之所以正反也。衣食所以養人之形氣，禮樂所以養人之性也〔二〕。禮反其所自始，樂反其所自生，吾於禮樂見聖人所貴其生者至矣。世俗之言曰：「養生非君子之事。」是未知先王建禮樂之意也。

養生以爲仁，保氣以爲義，去情却欲以盡天下之性，修神致明以趨聖人之域。聖人之言，莫大於顔淵之問〔三〕，「非禮勿視，非禮勿聽，非禮勿言，非禮勿動」，則仁之道亦不遠也。耳非取人而後聽，目非取人而後視，口非取諸人而後言也，身非取諸人而後動也，其守至約，其取至近，有

〔二〕「性」，龍舒本作「情」。

〔三〕「於」，原無，據龍舒本補。

心有形者皆有之也。然而顏子且猶病之，何也？蓋人之道莫大於此。非禮勿聽，非謂掩耳而避之，天下之物不足以干吾之聰也；非禮勿視，非謂掩目而避之，天下之物不足以亂吾之明也；非禮勿言，非謂止口而無言也，天下之物不足以易吾之辭也；非禮勿動，非謂止其躬而不動，天下之物不足以干吾之氣也。天下之物豈特形骸自爲哉？其所由來蓋微矣。不聽之時，有先聰焉；不視之時，有先明焉；不言之時，有先言焉；不動之時，有先動焉。聖人之門，惟顏子可以當斯語矣。是故非耳以爲聰，而不知所以聰者，不足以盡天下之聽；非目以爲明，而不知所以明者，不足以盡天下之視。聰明者，耳目之所能爲；而所以聰明者，非耳目之所能爲也。是故待鐘鼓而後樂者，非深於樂者也；待玉帛而後恭者，非深於禮者也。蕢桴土鼓，而樂之道備矣；燔黍捭豚，污尊杯飲，禮既備矣。然大裘無文，大輅無飾，聖人獨以其事之所貴者何也？所以明禮樂之本也。故曰：禮之近人情，非其至者也。

曾子謂孟敬子：「君子之所貴乎道者三：動容貌，斯遠暴慢矣；正顏色，斯近信矣；出辭氣，斯遠鄙倍矣。籩豆之事，則有司存。」觀此言也，曾子而不知道也則可，使曾子而爲知道，則道不違乎言貌辭氣之間，何待於外哉？是故古之人目擊而道已存，不言而意已傳，不賞而人自勸，不罰而人自畏，莫不由此也。是故先王之道可以傳諸言、效諸行者，皆其法度刑政，而非神明之用也。易曰：「神而明之，存乎其人；默而成之，不言而信，存乎德行。」去情却欲而神明生矣，修神致明而物自成矣，是故君子之道鮮矣。齊明其心，清明其德，則天地之間所有之物皆自至矣。君子之守至約，而其至也廣；其取至近，而其應也遠。易曰：「擬之而後言，議之而後動，擬議以成其變化。」變化之應，天人之極致也。是以書言天人之道，莫大於洪範，洪範之言天人之道，莫大於貌、言、視、聽、思。大哉，聖人獨見之理，傳心之言乎，儲精晦息而通神明〔一〕！

君子之所不至者三：不失色於人，不失口於人，不失足於人。不失色者，容貌精也；不失口者，語默精也；不失足者，行止精也。君子之道也，語其大則天地不足容也，語其小則不見秋毫之末，語其强則天下莫能敵也，語其約則不能致傳記。聖人之遺言曰：「大禮與天地同節，大樂與天地同和。」蓋言性也。大禮性之中，大樂性之和，中和之情通乎神明。故聖人儲精九重而儀鳳凰〔二〕，修五事而關陰陽，是天地位而三光明，四時行而萬物和。詩曰：「鶴鳴於九皋，聲聞于天。」故孟子曰：「我善養吾浩然之氣，充塞乎天地之間。」揚子曰：「貌、言、視、聽、思，性所有，潛天而天，潛地而地也。」

嗚呼，禮樂之意不傳久矣！天下之言養生修性者，歸於浮屠、老子而已。浮屠、老子之説

〔一〕「息」，龍舒本作「思」。

〔二〕「而」，原無，據龍舒本補。

行，而天下爲禮樂者獨以順流俗而已。夫使天下之人驅禮樂之文以順流俗爲事，欲成治其國家者，此梁、晉之君所以取敗之禍也。然而世非知之也者，何耶？特禮樂之意大而難知，老子之言近而易曉〔二〕。聖人之道得諸己，從容人事之間而不離其類焉；浮屠直空虛窮苦，絶山林之間，然後足以善其身而已。由是觀之，聖人之與釋老，其遠近難易可知也。是故賞與古人同而勸不同，罰與古人同而威不同，仁與古人同而愛不同，智與古人同而識不同，言與古人同而信不同。同者道也，不同者心也。

易曰：「苟非其人，道不虛行。」昔宓子賤爲單父宰，而單父之人化焉。今王公大人有堯、舜、伊尹之勢而無子賤一邑之功者，得非學術素淺而道未明歟？夫天下之人非不勇爲聖人之道，爲聖人之道者，時務速售諸人以爲進取之階。今夫進取之道，譬諸鈎索物耳，幸而多得其數，則行爲王公大人；若不幸而少得其數，則裂逢掖之衣爲商賈矣。由是觀之，王公大人同商賈之得志者也，此之謂學術淺而道不明。由此觀之，得志而居人之上，復治聖人之道而不捨焉，幾人矣？內而好愛之容蠱其欲，外有便嬖之諛驕其志，向之所能者日已忘矣，今之所好者日已至矣。孔子曰：「有顏回者，好學，不遷怒，不貳過。」又曰：「吾見其進，未見其止也。」夫顏子之

〔二〕「曉」，原作「輕」，據龍舒本改。

所學者，非世人之所學。不遷怒者，求諸己；不貳過者，見不善之端而止之也。世之人所謂退，顏子之所謂進也；人之所謂益，顏子之所謂損也。易曰：「損，先難而後獲。」顏子之謂也。耳損於聲，目損於色，口損於言，身損於動，非先難歟？及其至也，耳無不聞，目無不見，言無不信，動無不服，非後得歟？是故君子之學，始如愚人焉，如童蒙焉。及其至也，天地不足大，人物不足多，鬼神不足爲隱，諸子之支離不足惑也。是故天至高也〔一〕，日月星辰陰陽之氣可端策而數也；地至大也，山川丘陵萬物之形、人之常産可指籍而定也。是故星曆之數、天地之法、人物之所，皆前世致精好學聖人者之所建也，後世之人守其成法，而安能知其始焉？傳曰：「百工之事，皆聖人作。」此之謂也。

故古之人言道者，莫先於天地；言天地者，莫先乎身；言身者，莫先乎性；言性者，莫先乎精。精者，天之所以高，地之所以厚，聖人所以配之。故御，人莫不盡能，而造父獨得之，非車馬不同，造父精之也。射，人莫不盡能，而羿獨得之，非弓矢之不同，羿精之也。今之人與古之人一也，然而用之則二也。造父用之以爲御，羿用之以爲射，盜蹠用之以爲賊。

〔一〕「至」，原作「之」，據龍舒本改。

# 大人論

孟子曰：「充實而有光輝之謂大，大而化之之謂聖，聖而不可知之之謂神。」夫此三者皆聖人之名，而所以稱之之不同者，所指異也。由其道而言謂之神，由其德而言謂之聖，由其事業而言謂之大人。古之聖人，其道未嘗不入於神，而其所稱止乎聖人者，以其道存乎虛無寂寞不可見之間。苟存乎人，則所謂德也。是以人之道雖神，而不得以神自名，名乎其德而已。夫神雖至矣，不聖則不顯，聖雖顯矣，不大則不形，故曰此三者皆聖人之名，而所以稱之之不同者，所指異也。

易曰：「蓍之德圓而神，卦之德方以智。」夫易之爲書，聖人之道於是乎盡矣，而稱卦以智不稱以神者，以其存乎爻也。存乎爻，則道之用見於器，而剛柔有所定之矣。剛柔有所定之，則非其所謂化也。且易之道，於乾爲至，而乾之盛莫盛於二、五，而二、五之辭皆稱「利見大人」，言二爻之相求也。夫二爻之道，豈不至於神矣乎？而止稱大人者，則所謂見於器而剛柔有所定爾。蓋剛柔有所定，則聖人之事業也；稱其事業以大人，則其道之爲神、德之爲聖可知也。

孔子曰：「顯諸仁，藏諸用，鼓萬物而不與聖人同憂，盛德大業至矣哉！」此言神之所爲也。神之所爲，雖至而無所見於天下。仁而後著，用而後功，聖人以此洗心，退藏於密。及其仁濟萬物而不窮，用通萬世而不倦也，則所謂聖矣。故神之所爲，當在於盛德大業。德則所謂聖，業則所謂大也。世蓋有自爲之道而未嘗知此者，以爲德業之卑不足以爲道，道之至在於神耳，於是棄德業而不爲。夫爲君子者皆棄德業而不爲，則萬物何以得其生乎？故孔子稱神而卒之以德業之至，以明其不可棄。蓋神之用在乎德業之間，則德業之至可知矣。故曰神非聖則不顯，聖非大則不形。此天地之全，古人之大體也。

## 致一論

萬物莫不有至理焉，能精其理則聖人也。精其理之道，在乎致其一而已。致其一，則天下之物可以不思而得也。易曰「一致而百慮」，言百慮之歸乎一也。苟能致一以精天下之理，則可以入神矣。既入於神，則道之至也。夫如是，則無思無爲寂然不動之時也。雖然，天下之事固有可思可爲者，則豈可以不通其故哉？此聖人之所以又貴乎能致用者也。

致用之效，始見乎安身。蓋天下之物，莫親乎吾之身，能利其用以安吾之身，則無所往而不濟也。無所往而不濟，則德其有不崇哉？故易曰「精義入神以致用，利用安身以崇德」，此道之序也。孔子既已語道之序矣，患乎學者之未明也，於是又取於爻以喻焉。非其所困而困，非其所據而據，不恥不仁，不畏不義，以小善爲無益，以小惡爲無傷，凡此皆非所以安身、崇德也。苟欲安其身、崇其德，莫若藏器於身，待時而後動也，故君子舉是兩端以明夫安身、崇德之道。蓋身之安不安、德之崇不崇，莫不由此兩端而已。身既安、德既崇，則可以致用於天下之時也。致用於天下者，莫善乎治不忘亂，安不忘危；莫不善乎德薄而位尊，智小而謀大。孔子之舉此兩端，又以明夫致用之道也，蓋用有利不利者，亦莫不由此兩端而已。

夫身安德崇而又能致用於天下，則其事業可謂備也。事業備而神有未窮者，則又當學以窮神焉。能窮神，則知微知彰，知柔知剛。夫於微彰剛柔之際皆有以知之，則道何以復加哉？聖人之道，至於是而已也。且以顏子之賢而未足以及之，則豈非道之至乎？聖人之學至於此，則其視天下之理皆致乎一矣。天下之理皆致乎一，則莫能以惑其心也。故孔子取損之辭以明致一之道曰：「三人行則損一人，一人行則得其友也。」夫危以動、懼以語者，豈有他哉？不能致一以精天下之理故也。故孔子舉益之辭以戒曰：「立心勿恒，凶。」勿恒者，蓋不一也。

嗚呼！語道之序，則先精義而後崇德，及喻人以修之之道，則先崇德而後精義。蓋道之序則自精而至粗，學之之道則自粗而至精，此不易之理也。夫不能精天下之義，則不能入神矣；不能入神，則天下之義亦不可得而精也。猶之人身之於崇德也，身不安則不能崇德矣；不能崇德，則身豈能安乎？凡此宜若一，而必兩言之者，語其序而已也。

## 九卦論

處困之道，君子之所難也，非夫智足以窮理、仁足以盡性、内有以固其德而外有以應其變者，其孰能無患哉？古之人有極天下之困而其心能不累、其行能不移、患至而不傷其身、事起而不疑其變者，蓋有以處之也。處之之道，聖人嘗言之矣。易曰：「履以和行，謙以制禮，復以自知，恒以一德，損以遠害，益以興利，困以寡怨，井以辯義，巽以行權。」此其處之之道也。夫君子之學，至於是則備矣，宜其通於天下也，然而猶困焉者，非吾行之過也，時有利不利也。蓋古之所謂困者，非謂夫其行自困者，謂夫行足以通而困於命者耳。蓋於此九卦者，智有所不能明，仁有所不能守，則其困也，非所謂困，而其處困也疏矣。夫惟深於此九者而能果以行之者，則其通也宜，而其困也有以處之，惟其學之之素也。

且君子之行大矣，而待禮以和，仁義爲之内，而和之以禮，則行之成也。而禮之實存乎謙。謙者，禮之所自起；禮者，行之所自成也。故君子不可以不知履，欲知履，不可以不知謙。夫禮雖發乎其心，而其文著乎外者也。君子知禮而已，則溺乎其文而失乎其實，忘性命之本而莫能自復矣。故禮之弊，必復乎本，而後可以無患，故君子不可以不知復。雖復乎其本，而不能常其德以自固，則有時而失之矣，故君子不可以不知恒。雖能久其德，而天下事物之變相代乎吾之前，如吾知恒而已，則吾之行有時而不可通矣，是必度其變而時有損益而後可，故君子不可以不知損益。

夫學如此其至，德如此其備，則宜乎其通也，然而猶困焉者，則向所謂困於命者也。困於命，則動而見病之時也，則其事物之變尤衆，而吾之所以處之者尤難矣，然則其行尤貴於達事之宜而適時之變也。故辯義行權，然後能以窮通。而井者，所以辯義；巽者，所以行權也。故君子之學至乎井、巽而大備，而後足以自通乎困之時。孔子曰：「作易者其有憂患乎？」謂其言之足以自通乎困之時也。嗚呼！後世之人一困於時，則憂思其心而失其故行，然卒至於不能自存也。是豈有他哉？不知夫九者之義故也。

# 臨川先生文集　卷六十七

## 論議

### 九變而賞罰可言

萬物待是而後存者，天也；莫不由是而之焉者，道也；道之在我者，德也；以德愛者，仁也；愛而宜者，義也。仁有先後，義有上下，謂之分；先不擅後〔一〕，下不侵上，謂之守。形者，物此者也；名者，命此者也。所謂物此者何也？貴賤親疏所以表飾之，其物不同者是也。所謂命此者何也？貴賤親疏所以稱號之，其命不同者是也。物此者，貴賤各有容矣；命此者，親疏各有號矣。因親疏貴賤任之以其所宜爲，此之謂因任。因任之以其所宜爲矣，放而不察乎，則又將大弛。必原其情，必省其事，此之謂原省。原省明而後可以辨是非，是非明而後可以施賞罰。

〔一〕「先不擅後」，聽香館本作「後不擅先」。

故莊周曰：「先明天而道德次之，道德已明而仁義次之，仁義已明而分守次之，分守已明而形名次之，形名已明而因任次之，因任已明而原省次之，原省已明而是非次之，是非已明而賞罰次之。」是説雖微莊周，古之人孰不然。古之言道德所自出而不屬之天者〔一〕，未之有也〔二〕。

堯者，聖人之盛也，孔子稱之曰「惟天爲大〔三〕，惟堯則之」，此之謂明天；「聰明文思安安」，此之謂明道德；「允恭克讓」，此之謂明仁義；次九族，列百姓，序萬邦，此之謂明分守；修五禮，同律度量衡，以一天下，此之謂明形名；棄后稷，契司徒，臯陶士，垂共工，此之謂明因任；三載考績，五載一巡狩，此之謂明原省；命舜曰「乃言底可績」，謂禹曰「萬世永賴，時乃功」，「蠢兹有苗，昏迷不恭」，此之謂明是非；「臯陶方祇厥敘，方施象刑，惟明」，此之謂明賞罰。至後世則不然，仰而視之曰：「彼蒼蒼而大者何也？其去吾不知其幾千萬里，是豈能知我何哉？吾爲吾之所爲而已，安取彼？」於是遂棄道德，離仁義，略分守，慢形名，忽因任，而忘原省，直信吾之是非，而加人以其賞罰。於是天下始大亂，而寡弱者號無告。聖人不作，諸子者伺其間而出，於是言道德者至於窈冥而不可考，以至世之有爲者皆不足以爲，言形名者守物誦數，罷苦以

〔一〕「不」，原無，據龍舒本補。

〔二〕「之」，龍舒本作「嘗」。

〔三〕「爲」，原作「惟」，據龍舒本、聽香館本改。

至於老而疑道德，彼皆忘其智力之不贍，魁然自以爲聖人者此矣，悲夫！莊周曰：「五變而形名可舉，九變而賞罰可言」，「語道而非其序，安取道？」善乎，其言之也！莊周，古之荒唐人也，其於道也蕩而不盡善，聖人者與之遇，必有以約之，約之而不能聽，殆將擯四海之外而不使之疑中國。雖然，其言之若此者，聖人亦不能廢。

## 夫子賢於堯舜

孟子曰：「可欲之謂善，有諸己之謂信，充實之謂美，充實而有光輝之謂大，大而化之之謂聖，聖而不可知之謂神。」聖之爲稱，德之極；神之爲名，道之至。故凡古之所謂聖人者，於道德無所不盡也。於道德無所不盡，則若明之於日月，尊之於上帝，莫之或加矣。易曰：「大人者與天地合其德，與日月合其明，與四時合其序，與鬼神合其吉凶。」此之謂也。由此觀之，則自傳記以來，凡所謂聖人者，宜無以相尚，而其所知宜同。〔一〕宰我曰：「以予觀於夫子，賢於堯、舜遠矣。」而世之解者必曰：「是爲門人之私言，而非天下公共之論也。」而孟子亦曰：「生民以來，未有如夫子。」是豈亦門人之私言，而非天下公共之論哉？爲是言者，蓋亦未之思也。

〔一〕「孟子曰」至「而其所知宜同」，原缺，據龍舒本補。

夫所謂聖賢之言者，無一辭之苟。其發也，必有指焉，其指也，學者之所不可不思也。夫聖者，至乎道德之妙而後世莫之增焉者之稱也，苟有能加焉者，則豈聖也哉？然孟子、宰我之所以爲是説者，蓋亦言其時而已也。

昔者道發乎伏羲，而成乎堯、舜，繼而大之於禹、湯、文、武。此數人者，皆居天子之位，而使天下之道寖明寖備者也；而又有在下而繼之者焉，伊尹、伯夷、柳下惠、孔子是也。夫伏羲既發之也，而其法未成，至於堯而後成焉。堯雖能成聖人之法，未若孔子之備也。夫以聖人之盛，用一人之知，足以備天下之法，而必待至於孔子者何哉？蓋聖人之心不求有爲於天下，待天下之變至焉，然後吾因其變而制之法耳。至孔子之時，天下之變備矣，故聖人之法亦自是而後備也。易曰「通其變，使民不倦」，此之謂也。故其所以能備者，豈特孔子一人之力哉？蓋所謂聖人者，莫不預有力也。孟子曰「孔子集大成者」，蓋言集諸聖人之事，而大成萬世之法耳。此其所以賢於堯、舜也。

## 三不欺

昔論者曰：「君任德，則下不忍欺；君任察，則下不能欺；君任刑，則下不敢欺。」而遂以德、察、刑爲次，蓋未之盡也。此三人者之爲政，皆足以有取於聖人矣，然未聞聖人爲政之道也。

夫未聞聖人爲政之道，而足以有取於聖人者，蓋人得聖人之一端耳。且子賤之政使人不忍欺，古者任德之君宜莫如堯也，然則驩兜猶或以類舉於前，則德之使人不忍欺〔二〕，豈可獨任也哉？子産之政使人不能欺，夫君子可欺以其方，故使畜魚而校人烹之，然則察之使人不能欺〔三〕，豈可獨任也哉？西門豹之政使人不敢欺，夫不及於德而任刑以治，是孔子所謂「民免而無恥」者也，然則刑之使人不敢欺〔三〕，豈可獨任也哉？故曰：此三人者，未聞聖人爲政之道也。

然聖人之道有出此三者乎？亦兼用之而已。昔者堯、舜之時，比屋之民皆足以封，則民可謂不忍欺矣。放齊以丹朱稱於前〔四〕，曰：「嚚訟，可乎？」則民可謂不能欺矣。四罪而天下咸服，則民可謂不敢欺矣。故任德則有不可化者，任察則有不可周者，任刑則有不可服者。然則子賤之政無以正暴惡，子産之政無以周隱微，西門豹之政無以漸柔良，然而三人者能以治者，蓋足以治小具而高亂世耳，使當堯、舜之時所大治者，則豈足用哉？蓋聖人之政，仁足以使民不忍欺，智足以使民不能欺，政足以使民不敢欺，然後天下無或欺之者矣。

〔二〕「忍」，原無，據龍舒本補。
〔三〕「能」，原無，據龍舒本補。
〔三〕「敢」，原無，據龍舒本補。
〔四〕「放齊」，原作「驩兜」，據龍舒本改。

或曰：刑亦足任以治乎？曰：所任者，蓋亦非專用之而足以治也。豹治十二渠以利民，至乎漢，吏不能廢，民以爲西門君所爲，不從吏以廢也，則豹之德亦足以感於民心矣。然則尚刑，故曰任刑焉耳。使無以懷之而惟刑之見，則民豈得或不能欺之哉？

## 非禮之禮

古之人以是爲禮，而吾今必由之，是未必合於古之禮也；古之人以是爲義，而吾今必由之，是未必合於古之義也。夫天下之事，其爲變豈一乎哉？固有迹同而實異者矣。今之人諰諰然求合於其迹，而不知權時之變，是則所同者古人之迹，而所異者其實也。事同於古人之迹而異於其實，則其爲天下之害莫大矣，此聖人所以貴乎權時之變者也。

孟子曰：「非禮之禮，非義之義，大人不爲。」蓋所謂迹同而實異者也。夫君之可愛而臣之不可以犯上，蓋夫莫大之義而萬世不可以易者也，桀、紂爲不善而湯、武放弑之，而天下不以爲不義也。蓋知向所謂義者，義之常，而湯、武之事有所變，而吾欲守其故，其爲蔽一，而其爲天下之患同矣。使湯、武暗於君臣之常義，而不達於時事之權變，則豈所謂湯、武哉？

聖人之制禮也，非不欲儉，以爲儉者非天下之欲也，故制於奢儉之中焉。蓋禮之奢爲衆人之欲，而聖人之意未嘗不欲儉也。孔子曰：「麻冕，禮也，今也純，儉，吾從衆。」然天下不以爲非禮也。蓋知向之所謂禮者，禮之常，而孔子之事爲禮之權也。且奢者爲衆人之所欲而制，今衆人能儉，則聖人之所欲而禮之所宜矣，然則可以無從乎？使孔子蔽於制禮之文而不達於制禮之意，則豈所謂孔子哉？故曰：「非禮之禮，非義之義，大人不爲。」釋者曰：「非禮之禮，若娶妻而朝暮拜之者是也。非義之義，若藉交以報仇是也。」夫娶妻而朝暮拜之，藉交以報仇，中人之所不爲者，豈待大人而後能不爲乎？嗚呼，蓋亦失孟子之意矣！

## 王霸

仁、義、禮、信，天下之達道，而王、霸之所同也。夫王之與霸，其所以用者則同，而其所以名者則異，何也？蓋其心異而已矣。其心異則其事異，其事異則其功異，其功異則其名不得不異也。

王者之道，其心非有求於天下也，所以爲仁、義、禮、信者，以爲吾所當爲而已矣。以仁、義、禮、信修其身而移之政，則天下莫不化之也。是故王者之治，知爲之於此，不知求之於彼，而彼固已化矣。霸者之道則不然，其心未嘗仁也，而患天下惡其不仁，於是示之以仁；其心未嘗義也，而患天下惡其不義，於是示之以義。其於禮、信，亦若是而已矣。是故霸者之心爲利，而假王者之道以示其所欲；其有爲也，唯恐民之不見而天下之不聞也。故曰其心異也。

齊桓公劫於曹沫之刃而許歸其地，夫欲歸其地者，非吾之心也，許之者，免死而已。由王者之道，則勿歸焉可也，而桓公必歸之地。晉文公伐原，約三日而退，三日而原不降，由王者之道，則雖待其降焉可也，而文公必退其師，蓋欲其信示於民者也。凡所爲仁、義、禮、信，亦無以異於此矣。故曰其事異也。

王者之大，若天地然，天地無所勞於萬物，而萬物各得其性，萬物雖得其性，而莫知其爲天地之功也。王者無所勞於天下，而天下各得其治，雖得其治，然而莫知其爲王者之德也。霸者之道則不然，若世之惠人耳，寒而與之衣，飢而與之食，民雖知吾之惠，而吾之惠亦不能及夫廣也。故曰其功異也。

夫王、霸之道則異矣。其用至誠，以求其利，而天下與之，故王者之道，雖不求利而利之所歸〔二〕。霸者之道，必主於利〔三〕，然不假王者之事以接天下，則天下孰與之哉？

〔二〕「而利」，原無，據龍舒本補。

〔三〕「必」，原作「不」，據龍舒本改。

## 性情

性、情一也。世有論者曰「性善情惡」，是徒識性情之名而不知性情之實也。喜、怒、哀、樂、好、惡、欲未發於外而存於心，性也；喜、怒、哀、樂、好、惡、欲發於外而見於行，情也。性者情之本，情者性之用，故吾曰性、情一也。

彼曰性善，無它，是嘗讀孟子之書，而未嘗求孟子之意耳。彼曰情惡，無它，是有見於天下之以此七者而入於惡，而不知七者之出於性耳。故此七者，人生而有之，接於物而後動焉。動而當於理，則聖也、賢也；不當於理，則小人也。彼徒有見於情之發於外者爲外物之所累，而遂入於惡也，因曰情惡也，害性者情也。是曾不察於情之發於外而爲外物之所感，而遂入於善者乎！蓋君子養性之善，故情亦善；小人養性之惡，故情亦惡。故君子之所以爲君子，莫非情也；小人之所以爲小人，莫非情也。彼論之失者，以其求性於君子，求情於小人耳。

自其所謂情者，莫非喜、怒、哀、樂、好、惡、欲也。舜之聖也，象喜亦喜，使舜當喜而不喜，則豈足以爲舜乎？文王之聖也，王赫斯怒，使文王當怒而不怒[一]，則豈足以爲文王乎？舉此二者

〔一〕「使文王」，原脱，據龍舒本補。

而明之，則其餘可知矣。如其廢情，則性雖善，何以自明哉？誠如今論者之説，無情者善，則是若木石者尚矣。是以知性、情之相須，猶弓、矢之相待而用，若夫善、惡，則猶中與不中也。曰：「然則性有惡乎？」曰：「孟子曰『養其大體爲大人，養其小體爲小人』，揚子曰『人之性，善惡混』，是知性可以爲惡也。」

## 勇惠

世之論者曰：「惠者輕與，勇者輕死。臨財而不訾，臨難而不避者，聖人之所取，而君子之行也。」吾曰不然。惠者重與，勇者重死。臨財而不訾，臨難而不避者，聖人之所疾，而小人之行也。

故所謂君子之行者有二焉：其未發也，慎而已矣；其既發也，義而已矣。慎則待義而後決，義則待宜而後動，蓋不苟而已也。易曰「吉凶悔吝生乎動」，言動者賢、不肖之所以分，不可以苟爾。是以君子之動，苟得已，則斯静矣。故於義有可以不與、不死之道而必與、必死者，雖衆人之所謂難能，而君子未必善也；於義有可與、可死之道而不與不死者，雖衆人之所謂易出，而君子未必非也。是故尚難而賤易者，小人之行也；無難無易而惟義之是者，君子之行也。傳曰：「義者，天下之制也。」制行而不以義，雖出乎聖人所不能，亦歸於小人而已矣。

季路之爲人，可謂賢也，而孔子曰：「由也好勇過我，無所取材。」夫孔子之行，惟義之是，而子路過之，是過於義也。爲行而過於義，宜乎孔子之無取於其材也。勇過於義，孔子不取，則惠之過於義，亦可知矣。

孟子曰：「可以與，可以無與，與傷惠；可以死，可以無死，死傷勇。」蓋君子之動，必於義無所疑而後發，苟有疑焉，斯無動也。語曰：「多見闕殆，慎行其餘，則寡悔。」言君子之行當慎處於義爾。而世有言孟子者曰：「孟子之文，傳之者有所誤也。孟子之意當曰『無與傷惠』、『無死傷勇』。」嗚呼，蓋亦弗思而已矣！

## 仁智

仁者聖之次也，智者仁之次也，未有仁而不智者也，未有智而不仁者也。然則何智、仁之別哉？以其所以得仁者異也。仁，吾所有也，臨行而不思，臨言而不擇，發之於事而無不當於仁也，此仁者之事也。仁，吾所未有也，吾能知其爲仁也，臨行而思，臨言而擇，發之於事而無不當於仁也，此智者之事也。其所以得仁則異矣，及其爲仁則一也。

孔子曰：「仁者静，智者動。」何也？曰：譬今有二賈也，一則既富矣，一則知富之術而未富也，既富者雖焚舟折車無事於賈可也，知富之術而未富者則不得無事也，此仁、智之所以異其動静也。吾之仁足以上格乎天，下浹乎草木，旁溢乎四夷，而吾之用不匱也，然則吾何求哉？此仁者之所以能静也。吾之知欲以上格乎天，下浹乎草木，旁溢乎四夷，而吾之用有時而匱也，然則吾可以無求乎？此智者之所以必動也。故曰：「仁者樂山，智者樂水。」山者，静而利物者也；水者，動而利物者也。其動静則異，其利物則同矣。

曰：「仁者壽，智者樂。」然則仁者不樂，智者不壽乎？曰：智者非不壽，不若仁者之壽也；仁者非不樂，樂不足以盡仁者之盛也。

能盡仁之道，則聖人矣，然不曰仁而目之以聖者，言其化也。蓋能盡仁道則能化矣，如不能化，吾未見其能盡仁道也。顔回，次孔子者也，而孔子稱之曰「三月不違仁」而已，然則能盡仁道者，非若孔子者誰乎？

## 中述

君子所求於人者薄，而辨是與非也無所苟。孔子罪宰予曰：「於予與何誅！」罪冉有曰：「小子鳴鼓而攻之可也。」二子得罪於聖人若當絶也，及爲科以列其門弟子，取者不過數人，於宰予有辭命之善則取之，於冉求有政事之善則取之，不以不善而廢其善。孔子豈阿其所好哉？所求於人者薄也。管仲功施天下，孔子小之。門弟子三千人，孔子獨稱顔回爲好學，問其餘，則未爲好學者。閔損、原憲、曾子之徒不與焉，冉求、宰我之得罪又如此，孔子豈不樂道人之善哉？辨是與非無所苟也。

所求於人者薄，所以取人者厚。蓋辨是與非者無所苟，所以明聖人之道。如宰予、冉求二子之不得列其善，則士之難全者衆矣，惡足以取人善乎？如管仲無所貶，則從政者若是而止矣；七十子之徒皆稱好學，則好學者若是而止矣，惡足以明聖人之道乎？取人如此，則吾之自取者重，而人之所處者易。明道如此，則吾之與人，其所由可知已。故薄於責人，而非匿其過，不苟於論人，而非求其全〔一〕，聖人之道本乎中而已。春秋之旨，豈易於是哉？

## 行述

古之人僕僕然勞其身以求行道於世，而曰「吾以學孔子者」，惑矣。孔子之始也，食於魯，魯亂而適齊，齊大夫欲害己，則反而食乎魯。魯受女樂不朝者三日，義不可以留也，則烏乎之？曰：「甚矣，衛靈公之無道也！其遇賢者，庶乎其猶有禮耳。」於是之衛。衛靈公不可與處也，於是不暇擇而之曹，以適於宋、鄭、陳、蔡、衛、楚之郊，其志猶去衛而之曹也，老矣，遂歸於魯以

〔一〕「而非」，原作「所以」，據龍舒本改。

卒。孔子之行如此，烏在其求行道也？

夫天子、諸侯不以身先於賢人，其不足與有爲明也，孔子而不知，其何以爲孔子也？曰：「沽之哉！沽之哉！我待價者也。」僕僕然勞其身以求行道於世，是沽也。子路曰：「君子之仕，行其義也；道之不行，已知之矣。」蓋孔子之心云耳。然則孔子無意於世之人乎？曰：「道之將興歟，命也；道之將廢歟，命也。苟命矣，則如世之人何？」

# 臨川先生文集　卷六十八

## 論議

### 夔説

舜命其臣而敕戒之，未有不讓者焉，至於夔，則獨無所讓，而又稱其樂之和美者，何也？夫禹、垂、益、伯夷、龍，皆新命者也，故疇於衆臣而後命之，而皆有讓矣。棄、契、皋陶、夔當是時，蓋已爲是官，因命是五人者而敕戒之焉耳，故獨無所讓也。孔氏曰禹、垂、益、伯夷、夔、龍皆新命者，蓋失之矣。聖人之聰明雖大過於人，然未嘗自用聰明也，故舜之命此九人者，未嘗不咨而後命焉，則何獨於夔而不然乎？使夔爲新命者，則何稱其樂之和美也？使夔之受命之日已稱其樂之和美，則賢人之舉措亦少輕矣。孔氏之説，蓋惑於「命汝典樂」之語爾。夫「汝作司徒」、「汝作士」之文，豈異於「命汝典樂」之語乎？且所以知其非新命者，蓋舜不疇而命之，而無所讓也。舜之命夔也，亦無所疇，夔之受命也，亦無所讓，則何以知其爲新命乎？

夫擊石拊石，而百獸率舞，非夔之所能爲也，爲之者，衆臣也。非衆臣之所能爲也，爲之者，舜也。將有治於天下，則可以無相乎？故命禹以宅百揆也。民窘於衣食，而欲其化而入於善，豈可得哉？故次命棄以爲稷也。民既富而可以教矣，則豈可以無教哉？故次命契以爲司徒也。既教之，則民不能無不帥教者，民有不帥教，則豈可以無刑乎？故次命皋陶以爲士也。此皆治人之所先急者，備矣，則可以治末之時也。工者，治人之末者也，故次命垂以爲共工也。於是治人之事具，則宜及於鳥獸草木也，故次命益以爲虞也。夫其所以治，至於鳥獸草木，則天下之功至矣，治天下之功至，則可以制禮之時也，故次命伯夷以爲典禮也。夫治至於鳥獸草木，而人有禮以節文之，則政道成矣，可以作樂以樂其成也，故次命夔以爲典樂也。借使禹不能總百揆，稷不能富萬民，契不能教，皋陶不能士，垂不能共工，伯夷不能典禮，然則天下亂矣。天下亂，而夔欲擊石拊石，百獸率舞，其可得乎？故曰爲之者衆臣也。使舜不能用是衆臣，則是衆臣亦不能成其功矣，故曰非衆臣之所能爲也，爲之者，舜也。夫夔之所以稱其樂之和美者，豈以爲伐耶？蓋以美舜也。孔子之所謂「將順其美」者，其夔哉！

## 鯀説

堯咨孰能治水，四岳皆對曰：「鯀。」然則在廷之臣可治水者，惟鯀耳。水之患不可留而俟人，鯀雖方命圮族，而其才則群臣皆莫及，然則舍鯀而孰使哉？當此之時，禹蓋尚少，而舜猶伏於下而未見乎上也。夫舜、禹之聖也，而堯之聖也，群臣之仁賢也，其求治水之急也，而相遇之難如此。後之不遇者，亦可以無憾矣。

## 季子

先王酌乎人情之中以制喪禮，使哀有餘者俯而就之，哀不足者企而及之。哀不足者，非聖人之所甚善也，善之者，善其能勉於禮而已。

延陵季子其長子死，既封而號者三，遂行。孔子曰：「延陵季子之於禮，其合矣乎！」夫長子之喪，聖人爲之三年之服，蓋以謂父子之親，而長子者爲親之後，人情之所至重也。今季子三號遂行，則於先王之禮爲不及矣。今論者曰：當是之時，季子聘於齊，將君之命。若夫季子之心，則以謂不可以私義而緩君命，有勢不得以兩全者，則當忍哀以徇於尊者之事矣。今將命而聘，既聘而返，遂少緩而盡哭之哀，則於事君之義豈爲不足而害於使事哉？君臣父子之義，勢足以兩全而不爲之盡禮也，則亦薄於骨肉之親而不用先王之禮爾。其言曰：「骨肉歸復於土，命也；若魂氣，則無所不之矣。」夫骨肉之復於土，魂氣之無不之，是人情之所哀者矣。君子無所不言命，至於喪則有性焉，獨不可以謂命也。昔莊周喪其妻，鼓盆而歌；東門吳喪其子，比於未有。此棄人齊物之道，吾儒之罪人也。觀季子之説，蓋亦周、吴之徒矣。父子之親，仁義之所由始，而長子者繼祖考之重，故喪之三年，所以重祖考也。今季子不爲之盡禮，則近於棄仁義、薄祖考矣。

孔子曰：「喪事不敢不勉也。」又曰：「臨喪不哀，吾何以觀之哉？」臨人之喪而不哀，孔子猶以爲不足觀也，況禮之喪三年者乎？然則此言宜非取之矣。蓋記其葬深不至於泉，斂以時服，既葬而封，廣輪掩坎，其高可隱。孔子之稱之，蓋稱其葬之合於禮爾。獨稱葬之合於禮，則哀之不足可知也。衛有送葬者，夫子觀之，曰：「善哉，此可以爲法矣！」若此，則夫子之所美也。聖人之言辭隱而義顯，豈徒然哉？學者之所不可不思也。

## 荀卿

荀卿載孔子之言曰：「『由，智者若何？仁者若何？』子路曰：『智者使人知己，仁者使人愛己。』子曰：『可謂士矣。』子曰：『賜，智者若何？仁者若何？』子貢曰：『智者知人，仁者愛人。』子曰：『可謂士君子矣。』子曰：『回，智者若何？仁者若何？』顔淵曰：『智者知己，仁者愛己。』子曰：『可謂明君子矣。』」是誠孔子之言歟？吾知其非也。夫能近見而後能遠察，能利狹而後能澤廣，明天下之理也。故古之欲知人者必先求知己，欲愛人者必先求愛己，此亦理之所必然，而君子之所不能易者也。請以事之近而天下之所共知者諭之。

今有人於此，不能見太山於咫尺之内者，則雖天下之至愚，知其不能察秋毫於百步之外也，蓋不能見於近則不能察於遠，明矣。而荀卿以謂知己者賢於知人者，是猶能察秋毫於百步之外者，爲不若見太山於咫尺之内者之明也。今有人於此，食不足以厭其腹，衣不足以周其體者，則雖天下之至愚，知其不能以贍足鄉黨也，蓋不能利於狹則不能澤於廣明矣。而荀卿以謂愛己者賢於愛人者，是猶以贍足鄉黨爲不若食足以厭腹、衣足以周體者之富也。由是言之，荀卿之言，其不察理已甚矣。故知己者，智之端也，可推以知人也；愛己者，仁之端也，可推以愛人也。夫能盡智、仁之道，然後能使人知己、愛己，是故能使人知己、愛己者，未有不能知人、愛人者也。能知人、愛人者，未有不能知己、愛己者也。今荀卿之言，一切反之，吾是以知其非孔子之言而爲荀卿之妄矣。

揚子曰：「自愛，仁之至也。」蓋言能自愛之道，則足以愛人耳，非謂不能愛人而能愛己者也。噫！古之人愛人不能愛己者有之矣，然非吾所謂愛人，而墨翟之道也。若夫能知人而不能知己者，亦非吾所謂知人矣。

# 楊墨

楊、墨之道，得聖人之一而廢其百者是也。聖人之道，兼楊、墨而無可無不可者是也。墨子之道，摩頂放踵以利天下，而楊子之道，利天下拔一毛而不爲也。夫禹之於天下，九年之間三過其門，聞呱呱之泣而不一省其子，此亦可謂爲人矣。顏回之於身，簞食瓢飲以獨樂於陋巷之間，視天下之亂若無見者，此亦可謂爲己矣。楊、墨之道，獨以爲人、爲己得罪於聖人者，何哉？此蓋所謂得聖人之一而廢其百者也。是故由楊子之道則不義，由墨子之道則不仁，於仁義之道無所遺而用之不失其所者，其唯聖人之徒歟！

二子之失於仁義而不見天地之全，則同矣，及其所以得罪，則又有可論者也。楊子之所執者爲己，爲己，學者之本也。墨子之所學者爲人，爲人，學者之末也。是以學者之事必先爲己，其爲己有餘而天下之勢可以爲人矣，則不可以不爲人。故學者之學也，始不在於爲人，而卒所以能爲人也。今夫始學之時，其道未足以爲己，而其志已在於爲人也，則亦可謂謬用其心矣。謬用其心者，雖有志於爲人，其能乎哉？由是言之，楊子之道雖不足以爲人，固知爲己矣；墨子之志雖在於爲人，吾知其不能也。嗚呼！楊子知爲己之爲務，而不能達於大禹之道也，則亦可謂惑矣。墨子者，廢人物親疏之別，而方以天下爲己任，是以所欲以利人者，適所以爲天下害患也，豈不過甚哉？故楊子近於儒，而墨子遠於道，其異於聖人則同，而其得罪則宜有間也。

## 老子

道有本有末。本者，萬物之所以生也；末者，萬物之所以成也。本者，出之自然，故不假乎人之力而萬物以生也；末者，涉乎形器，故待人力而後萬物以成也。夫其不假人之力而萬物以生，則是聖人可以無言也、無爲也；至乎有待於人力而萬物以成，則是聖人之所以不能無言也、無爲也。故昔聖人之在上而以萬物爲己任者，必制四術焉。四術者，禮、樂、刑、政是也，所以成萬物者也。故聖人唯務修其成萬物者，不言其生萬物者，蓋生者尸之於自然，非人力之所得與矣。

老子者獨不然，以爲涉乎形器者皆不足言也、不足爲也，故抵去禮、樂、刑、政，而唯道之稱焉。是不察於理而務高之過矣。夫道之自然者，又何預乎？唯其涉乎形器，是以必待於人之言也、人之爲也。其書曰：「三十輻共一轂，當其無，有車之用。」夫轂輻之用，固在於車之無用，然工之琢削未嘗及於無者，蓋無出於自然之力，可以無與也。今之治車者，知治其轂輻，而未嘗及於無也，然而車以成者，蓋轂輻具，則無必爲用矣。如其知無爲用而不治轂輻，則爲車之術固已疏矣。

今知無之爲車用，無之爲天下用，然不知所以爲用也。故無之所以爲車用者〔一〕，以有轂輻也；無之所以爲天下用者，以有禮、樂、刑、政也。如其廢轂輻於車，廢禮、樂、刑、政於天下，而坐求其無之爲用也，則亦近於愚矣。

## 莊周上

世之論莊子者不一，而學儒者曰：「莊子之書，務詆孔子以信其邪説，要焚其書、廢其徒而後可，其曲直固不足論也。」學儒者之言如此，而好莊子之道者曰：「莊子之德，不以萬物干其慮而能信其道者也。彼非不知仁義也，以爲仁義小而不足行已；彼非不知禮樂也，以爲禮樂薄而不足化天下。故老子曰：『道失後德，德失後仁，仁失後義，義失後禮。』是知莊子非不達於仁、義、禮、樂之意也，彼以爲仁、義、禮、樂者，道之末也，故薄之云耳。」夫儒者之言善也，然未嘗求莊子之意也；好莊子之言者固知讀莊子之書也，然亦未嘗求莊子之意也。

昔先王之澤，至莊子之時竭矣，天下之俗，譎詐大作，質樸並散，雖世之學士大夫，未有知貴己賤物之道者也。於是棄絶乎禮義之緒，奪攘乎利害之際，趨利而不以爲辱，殞身而不以爲怨，

〔一〕「車」，原無，據聽香館本、小岯山館本補。

漸漬陷溺，以至乎不可救已。莊子病之，思其説以矯天下之弊而歸之於正也。其心過慮，以爲仁、義、禮、樂皆不足以正之，故同是非，齊彼我，一利害，則以足乎心爲得，此其所以矯天下之弊者也。既以其説矯弊矣，又懼來世之遂實吾説而不見天地之純、古人之大體也，於是又傷其心於卒篇以自解。故其篇曰：「詩以道志，書以道事，禮以道行，樂以道和，易以道陰陽，春秋以道名分。」由此而觀之，莊子豈不知聖人者哉？又曰：「譬如耳目鼻口皆有所用〔二〕，不能相通，猶百家衆技皆有所長，時有所用。」用是以明聖人之道，其全在彼而不在此，而亦自列其書於宋鈃、慎到、墨翟、老聃之徒，俱爲不該不徧一曲之士，蓋欲明吾之言有爲而作，非大道之全云耳。然則莊子豈非有意於天下之弊而存聖人之道乎？伯夷之清，柳下惠之和，皆有矯於天下者也，莊子用其心亦二聖人之徒矣。然而莊子之言不得不爲邪説比者，蓋其矯之過矣。夫矯枉者，欲其直也，矯之過則歸於枉矣。莊子亦曰：「墨子之心則是也，墨子之行則非也。」推莊子之心以求其行，則獨何異於墨子哉？

後之讀莊子者，善其爲書之心，非其爲書之説，則可謂善讀矣，此亦莊子之所願於後世之讀其書者也。今之讀者，挾莊以謾吾儒曰：「莊子之道大哉，非儒之所能及知也。」不知求其意，而

〔二〕「用」，原作「明」，據聽香館本、小岯山館本改。

以異於儒者爲貴，悲夫！

## 莊周下

學者詆周非堯、舜、孔子，余觀其書，特有所寓而言耳。孟子曰：「説詩者，不以文害辭，不以辭害意，以意逆志，是爲得之。」讀其文而不以意原之，此爲周者之所以詆也〔一〕。周曰：「上必無爲而用天下，下必有爲而爲天下用。」又自以爲處昏上亂相之間〔二〕，故窮而無所見其材。孰謂周之言皆不可措乎君臣父子之間，而遭世遇主終不可使有爲也？及其引太廟犧以辭楚之聘使，彼蓋危言以懼衰世之常人耳。夫以周之才，豈迷出處之方而專畏犧者哉？蓋孔子所謂隱居放言者，周殆其人也。然周之説，其於道既反之，宜其得罪於聖人之徒也。

夫中人之所及者，聖人詳説而謹行之，説之不詳，行之不謹，則天下弊。中人之所不及者，聖人藏乎其心而言之略，不略而詳，則天下惑。且夫諄諄而後喻，譊譊而後服者，豈所謂可以語上者哉？惜乎，周之能言而不通乎此也！

〔一〕「詆」，龍舒本作「訟」。
〔二〕「上」，宋刻本、光啓堂本、聽香館本作「相」。

## 原性

或曰：「孟、荀、揚、韓四子者，皆古之有道仁人，而性者，有生之大本也。以古之有道仁人而言有生之大本，其爲言也宜無惑，何其説之相戾也？吾願聞子之所安。」

曰：「吾所安者，孔子之言而已。夫太極者，五行之所由生，而五行非太極也。性者，五常之太極也，而五常不可以謂之性。此吾所以異於韓子。且韓子以仁、義、禮、智、信五者謂之性，而曰天下之性惡焉而已矣。五者之謂性而惡焉者，豈五者之謂哉？孟子言人之性善，荀子言人之性惡。夫太極生五行，然後利害生焉，而太極不可以利害言也。性生乎情，有情然後善惡形焉，而性不可以善惡言也。此吾所以異於二子。孟子以惻隱之心人皆有之，因以謂人之性無不仁。就所謂性者如其説，必也怨毒忿戾之心人皆無之，然後可以言人之性無不善，而人果皆無之乎？孟子以惻隱之心爲性者，以其在内也。夫惻隱之心與怨毒忿戾之心，其有感於外而後出乎中者有不同乎？荀子曰：『其爲善者僞也。』就所謂性者如其説，必也惻隱之心，人皆無之，然後可以言善者僞也，爲人果皆無之乎？荀子曰：『陶人化土而爲埴，埴豈土之性也哉？』夫陶人不以木爲埴者，惟土有埴之性焉，烏在其爲僞也？且諸子之所言，皆吾所謂情也、習也，非性也。揚子之言爲似矣，猶未出乎以習而言性也。古者有不謂喜、怒、愛、惡、慾情者乎？喜、怒、愛、惡、欲而善，然後從而命之曰仁也、義也；喜、怒、愛、惡、欲而不善，然後從而命之曰不仁也、不義也。故曰：有情，然後善惡形焉。然則善惡者，情之成名而已矣。孔子曰：『性相近也，習相遠也。』吾之言如此。」

「然則『上智與下愚不移』，有説乎？」

曰：「此之謂智愚，吾所云者，性與善惡也。惡者之於善也，爲之則是；愚者之於智也，或不可强而有也。伏羲作易，而後世聖人之言也，非天下之至精至神，其孰能與於此？孔子作春秋，則游、夏不能措一辭。蓋伏羲之智，非至精至神不能與，惟孔子之智，雖游、夏不可强而能也，况所謂下愚者哉？其不移明矣。」

或曰：「四子之云爾，其皆有意於教乎？」

曰：「是説也，吾不知也。聖人之教，正名而已。」

## 性説

孔子曰：「性相近也，習相遠也。」吾是以與孔子也。韓子之言性也，吾不有取焉。然則孔子所謂「中人以上可以語上，中人以下不可以語上，惟上智與下愚不移」，何説也？曰：習於善而已矣，所謂上智者；習於惡而已矣，所謂下愚者；一習於善，一習於惡，所謂中人者。上智也、下愚也、中人也，其卒也命之而已矣。有人於此，未始爲不善也，謂之上智可也；其卒也去而爲不善，然後謂之中人可也。有人於此，未始爲善也，謂之下愚可也；其卒也去而爲善，然後謂之中人可也。惟其不移，然後謂之上智；惟其不移，然後謂之下愚。皆於其卒也命之，夫非生而不可移也。

且韓子之言弗顧矣，曰：「性之品三，而其所以爲性五。」夫仁、義、禮、智、信，孰而可謂不善也？又曰：「上焉者之於五，主於一而行之四；下焉者之於五，反於一而悖於四。」是其於性也，不一失焉，而後謂之上焉者；不一得焉，而後謂之下焉者。是果性善，而不善者，習也。

然則堯之朱、舜之均，瞽瞍之舜、鯀之禹，后稷、越椒、叔魚之事，後所引者，皆不可信邪？曰：堯之朱、舜之均，固吾所謂習於惡而已者；瞽瞍之舜、鯀之禹，固吾所謂習於善而已者。后稷之詩以異云，而吾之所論者常也。詩之言，至以爲人子而無父。人子而無父，猶可以推其質常乎？夫言性，亦常而已矣。無以常乎，則狂者蹈火而入河，亦可以爲性也。越椒、叔魚之事，徒聞之左丘明，丘明固不可信也。以言取人，孔子失之宰我；以貌，失之子羽。此兩人者，其成人也，孔子朝夕與之居，以言、貌取之而失。彼其始生也，婦人者以聲與貌定，而卒得之，婦人者獨有過孔子者邪？

## 對難[一]

予爲揚孟論以辨言性命者之失，而有難予者曰：「子之言性則誠然矣，至於言命則予以爲未也。今有人於此，其才當處於天下之至賤，而反處於天下之至貴；其行當得天下之大禍，而反得天下之大福；其才當處於天下之至貴，而反處於天下之至賤；其行當得天下之至福，而反得天下之至禍。此則悖於人之所取，而非人力之所及者矣。於是君子曰，爲之者天也。所謂命者，蓋以謂命之於天云耳。昔舜之王天下也，進九官，誅四凶；成王之王天下也，尊二伯，誅二叔。若九官之進也，以其皆聖賢也；四凶之誅者，以其皆不肖也。二伯之尊者，亦以其皆聖賢也；二叔之誅者，亦以其皆不肖也。是則人之所爲矣。使舜爲不明，進四凶而誅九官，成王爲不明，尊二叔而誅二伯，則所謂非人力之所及而天之所命者也。彼人之所爲，可强以爲之命哉？」

曰：「聖賢之所以尊進，命也；不肖之所以誅，命也。昔孔子懷九官、二伯之德，困於亂世，脱身於干戈者屢矣。遑遑於天下之諸侯，求有所用，而卒死於旅人也。然則九官、二伯雖曰聖

[一]「難」，光啓堂本、聽香館本作「辨」。

賢，其尊進者，亦命也。盜跖之罪浮於四凶、二叔，竟以壽死，然則四凶、二叔雖曰不肖，其誅者，亦命也。是以聖人不言命，教人以盡乎人事而已。嗚呼，又豈唯貴賤禍福哉？凡人之聖賢不肖，莫非命矣！」

曰：「貴賤禍福皆自外至者，子以謂聖賢之貴而福，不肖之賤而禍，皆有命，則吾既聞之矣，若夫聖賢不肖之所以爲聖賢不肖，則在我者也，何以謂之命哉？」

曰：「是誠君子志也，古之好學者之言，未有不若此者也。然孟子曰：『仁之於父子也、義之於君臣也、禮之於賓主也、知之於賢者也、聖人之於天道也，命也，有性焉，君子不謂命也。』由此而言之，則聖賢之所以爲聖賢，君子雖不謂之命，而孟子固曰命也已。不肖之所以爲不肖，何以異於此哉？」

# 臨川先生文集　卷六十九

## 論議

### 禄隱

孔子敘逸民，先伯夷、叔齊而後柳下惠，曰：「不降其志，不辱其身，伯夷、叔齊也，柳下惠降志辱身矣。」孟子敘三聖人者，亦以伯夷居伊尹之前，而揚子亦曰：「孔子高餓顯，下禄隱。」夫聖人之所言高者，是所取於人而所行於己者也；所言下者，是所非於人而所棄於己者也。然而孔、孟生於可避之世而未嘗避也，蓋其不合則去，則可謂不降其志，不辱其身矣。至於揚子，則吾竊有疑焉爾。當王莽之亂，雖鄉里自喜者知遠其辱，而揚子親屈其體，爲其左右之臣，豈君子固多能言而不能行乎？抑亦有以處之，非必出於此言乎？

曰：聖賢之言行，有所同，而有所不必同，不可以一端求也。同者道也，不同者迹也，知所同而不知所不同，非君子也。夫君子豈固欲爲此不同哉？蓋時不同，則言行不得無不同，唯其不同，是所以同也。如時不同而固欲爲之同，則是所同者迹也，所不同者道也。迹同於聖人而道不同，則其爲小人也孰禦哉！

世之士不知道之不可一迹也久矣。聖賢之宗於道，猶水之宗於海也。水之流，一曲焉，一直焉，未嘗同也，至其宗於海，則同矣；聖賢之言行，一伸焉，一屈焉，未嘗同也，至其宗於道，則同矣。故水因地而曲直，故能宗於海；聖賢因時而屈伸，故能宗於道。

孟子曰：「伯夷、柳下惠，聖人也，百世之師也。」如其高餓顯，下禄隱，而必其出於所高，則柳下惠安擬伯夷哉？揚子曰：「塗雖曲而通諸夏，則由諸；川雖曲而通諸海，則由諸。」蓋言事雖曲而通諸道，則亦君子所當同也。由是而言之，餓顯之高，禄隱之下，皆迹矣，豈足以求聖賢哉？唯其能無係累於迹，是以大過於人也。如聖賢之道皆出於一而無權時之變，則又何聖賢之足稱乎！聖者，知權之大者也；賢者，知權之小者也。昔紂之時，微子去之，箕子爲之奴，比干諫而死。此三人者，道同也，而其去就若此者，蓋亦所謂迹不必同矣。易曰「或出或處，或默或語」，言君子之無可無不可也。使揚子寧不至于耽禄於弊時哉？蓋於時爲不可去，必去，則揚子之所知亦已小矣。

## 太古

太古之人不與禽獸朋也幾何？聖人惡之也，制作焉以别之。下而戾於後世，侈裳衣，壯宫室，隆耳目之觀以嚻天下。君臣、父子、兄弟、夫婦皆不得其所當然，仁義不足澤其性，禮樂不足錮其情，刑政不足網其惡〔一〕，蕩然復與禽獸朋矣。聖人不作，昧者不識所以化之之術，顧引而歸之太古。太古之道果可行之萬世，聖人惡用制作於其間？必制作於其間，爲太古之不可行也。顧欲引而歸之，是去禽獸而之禽獸，奚補於化哉？吾以爲識治亂者當言所以化之之術，曰歸之太古，非愚則誣。

## 原教

善教者藏其用，民化上而不知所以教之之源。不善教者反此，民知所以教之之源，而不誠化上之意。

善教者之爲教也，致吾義忠，而天下之君臣義且忠矣；致吾孝慈，而天下之父子孝且慈

---

〔一〕「網」，龍舒本作「綱」。

矣；致吾恩於兄弟，而天下之兄弟相爲恩矣；致吾禮於夫婦，而天下之夫婦相爲禮矣。天下之君君臣臣、父父子子、兄兄弟弟、夫夫婦婦，皆吾教也。民則曰：「我何賴於彼哉？」此謂化上而不知所以教之之源也。

不善教者之爲教也，不此之務，而暴爲之制，煩爲之防，劬劬於法令誥戒之間，藏於府，憲於市，屬民於鄙野，必曰臣而臣，君而君，子而子，父而父，兄弟者無失其爲兄弟也，夫婦者無失其爲夫婦也，率是也有賞，不然則罪。鄉閭之師，族酇之長，疏者時讀，密者日告〔一〕，若是其悉矣。顧有不服教而附于刑者〔二〕，於是嘉石以慚之，圜土以苦之，甚者弃之於市朝，放之於裔末，卒不可以已也。此謂民知所以教之之源，而不誠化上之意也。

善教者浹於民心，而耳目無聞焉，以道擾民者也。不善教者施於民之耳目，而求浹於心，以道强民者也。擾之爲言，猶山藪之擾毛羽，川澤之擾鱗介也，豈有制哉？自然然耳。强之爲言，其猶囿毛羽、沼鱗介乎！一失其制，脱然逝矣。噫！古之所以爲古，無聞焉〔三〕，由前而已矣；

〔一〕「日」，龍舒本作「月」。

〔二〕「有不」，原倒，據龍舒本乙。

〔三〕「聞」，龍舒本、光啓堂本、聽香館本作「異」。

今之所以不爲古，無聞焉〔一〕，由後而已矣。

或曰：「法令誥戒不足以爲教乎？」曰：「法令誥戒，文也，吾云爾者，本也，失其本，而求之文，吾不知其可也。」

## 原過

天有過乎？有之，陵歷鬭蝕是也。地有過乎？有之，崩弛竭塞是也。天地舉有過，卒不累覆且載者何？善復常也。人介乎天地之間，則固不能無過，卒不害聖且賢者何？亦善復常也。故太甲思庸，孔子曰勿憚改過，揚雄貴遷善，皆是術也。

予之朋有過而能悔，悔而能改，人則曰：「是向之從事云爾，今從事與向之從事弗類，非其性也，飾表以疑世也。」夫豈知言哉？

天播五行於萬靈，人固備而有之。有而不思則失，思而不行則廢。一日咎前之非，沛然思而行之，是失而復得，廢而復舉也。顧曰非其性，是率天下而戕性也。且如人有財，見篡於盜，已而得之，曰：「非夫人之財，向篡於盜矣。」可歟？不可也。財之在己，固不若性之爲己有也。

〔一〕「聞」，龍舒本、光啓堂本、聽香館本作「異」。

財失復得，曰非其財，且不可，性失復得，曰非其性，可乎？

## 進説

古之時，士之在下者無求於上，上之人日汲汲惟恐一士之失也。古者士之進，有以德，有以才，有以言，有以曲藝。今徒不然，自茂才等而下之至于明法，其進退之皆有法度。古之所謂德者、才者，無以爲也。古之所謂言者，又未必應今之法度也。誠有豪傑不世出之士，不自進乎此，上之人弗舉也。誠進乎此，而不應今之法度，有司弗取也。夫自進乎此，皆所謂枉己者也。孟子曰：「未有枉己能正人者也。」然而今之士，不自進乎此者未見也，豈皆不如古之士自重以有恥乎？

古者井天下之地而授之氓，士之未命也，則授一廛而爲氓，其父母妻子裕如也。自家達國〔一〕，有塾，有序，有庠，有學，觀游止處，師師友友，弦歌堯、舜之道自樂也。磨礱鐫切，沉浸灌養，行完而才備，則曰：「上之人其舍我哉？」上之人其亦莫之能舍也。

今也地不井，國不學，黨不庠，遂不序，家不塾。士之未命也，則或無以裕父母妻子，無以處

〔一〕「國」，原無，據聽香館本、小岯山館本補。

行完而才備，上之人亦莫之舉也，士安得而不自進？嗚呼！使今之士不若古，非人則然，勢也。勢之異，聖賢之所以不得同也。孟子不見王公，而孔子爲季氏吏，夫不以勢乎哉？士之進退，不惟其德與才，而惟今之法度，而有司之好惡，未必今之法度也。是士之進，不惟今之法度，而幾在有司之好惡耳。今之有司，非昔之有司也，後之有司，又非今之有司也。有司之好惡豈常哉？是士之進退，果卒無所必而已矣。噫！以言取人，未之失也，取焉而又不得其所謂言，是失之失也，況又重以有司好惡之不可常哉！古之道，其卒不可以見乎？士也有得已之勢，其得不已乎？得已而不已，未見其爲有道也。

楊叔明之兄弟，以父任皆京官，其勢非吾所謂無以處、無以裕父母妻子，而有不得已焉者也。自枉而爲進士，而又枉於有司，而又若不釋然。二君固常自任以道，而且朋友我矣，懼其猶未寤也，爲進説與之。

## 取材

夫工人之爲業也，必先淬礪其器用，掄度其材榦，然後致力寡而用功得矣。聖人之於國也，必先遴柬其賢能，練覈其名實，然後任使逸而事以濟矣。故取人之道，世之急務也，自古守文之君，孰不有意於是哉！然其間得人者有之，失士者不能無焉，稱職者有之，謬舉者不能無焉。必欲得人稱職，不失士，不謬舉，宜如漢左雄所議諸生試家法、文吏課牋奏爲得矣。

所謂文吏者，不徒苟尚文辭而已，必也通古今，習禮法，天文人事，政教更張，然後施之職事，則以詳平政體，有大議論，使以古今參之是也。所謂諸生者，不獨取訓習句讀而已，必也習典禮，明制度，臣主威儀，時政沿襲，然後施之職事，則以緣飾治道，有大議論，則以經術斷之是也。

以今準古，今之進士，古之文吏也；今之經學，古之儒生也。然其策進士，則但以章句聲病，苟尚文辭，類皆小能者爲之；策經學者，徒以記問爲能，不責大義，類皆蒙鄙者能之。使通才之人或見贅於時，高世之士或見排於俗。故屬文者至相戒曰：「涉獵可爲也，誣豔可尚也，於政事何爲哉？」守經者曰：「傳寫可爲也，誦習可勤也，於義理何取哉？」故其父兄勖其子弟，師長勖其門人，相爲浮豔之作，以追時好而取世資也。何哉？其取舍好尚如此，所習不得不然也。若此之類，而當擢之職位，歷之仕塗，一旦國家有大議論，立辟雍明堂，損益禮制，更著律令，決讞疑獄，彼惡能以詳平政體，緣飾治道，以古今參之，以經術斷之哉？是必唯唯而已。

文中子曰：「文乎文乎，苟作云乎哉？必也貫乎道。學乎學乎，博誦云乎哉？必也濟乎義。」故才之不可苟取也久矣，必若差別類能，宜少依漢之牋奏家法之義。策進士者，若曰邦家之大計何先，治人之要務何急，政教之利害何大，安邊之計策何出，使之以時務之所宜言之，不直以章句聲病累其心。策經學者，宜曰禮樂之損益何宜，天地之變化何如，禮器之制度何尚，各傳經義以對，不獨以記問傳寫爲能。然後署之甲乙以升黜之，庶其取舍之鑑灼于目前，是豈惡有用而事無用，辭逸而就勞哉？故學者不習無用之言，則業專而修矣，一心治道，則習貫而入矣。若此之類，施之朝廷，用之牧民，何嚮而不利哉？其他限年之議，亦無取矣。

## 興賢

國以任賢使能而興，棄賢專己而衰。此二者必然之勢，古今之通義，流俗所共知耳。何治安之世有之而能興，昏亂之世雖有之亦不興？蓋用之與不用之謂矣。有賢而用，國之福也；有之而不用，猶無有也。商之興也有仲虺、伊尹，其衰也亦有三仁。周之興也同心者十人，其衰也亦有祭公謀父、内史過。兩漢之興也有蕭、曹、寇、鄧之徒，其衰也亦有王嘉、傅喜、陳蕃、李固之衆。魏、晉而下，至於李唐，不可偏舉，然其間興衰之世，亦皆同也。由此觀之，有賢而用之者，國之福也，有之而不用，猶無有也，可不慎歟！

今猶古也，今之天下亦古之天下，今之士民亦古之士民。古雖擾攘之際，猶有賢能若是之衆，況今太寧，豈曰無之，在君上用之而已。博詢衆庶，則才能者進矣；不有忌諱，則讜直之路開矣；不邇小人，則讒諛者自遠矣；不拘文牽俗，則守職者辨治矣；不責人以細過，則能吏之志得以盡其效矣。苟行此道，則何慮不跨兩漢、軼三代，然後踐五帝、三皇之塗哉！

## 委任

人主以委任爲難，人臣以塞責爲重，任之重而責之重可也，任之輕而責之重不可也。愚無他識，請以漢之事明之。

高祖之任人也，可以任則任，可以止則止。至於一人之身，才有長短，取其長則不問其短；情有忠僞，信其忠則不疑其僞。其意曰：「我以其人長於某事而任之，在它事雖短何害焉？我以其人忠於我心而任之，在它人雖僞何害焉？」故蕭何，刀筆之吏也，委之關中，無復西顧之憂。陳平，亡命之虜也，出捐四萬餘金，不問出入。韓信，輕猾之徒也，與之百萬之衆而不疑。是三子者，豈素著忠名哉？蓋高祖推己之心而寘於其心，則它人不能離間而事以濟矣。

後世循高祖則鮮有敗事，不循則失。故孝文雖愛鄧通，猶逞申屠之志；孝武不疑金、霍，終定天下大策。當是時，守文之盛者，二君而已。元、成之後則不然，雖有何武、王嘉、師丹之賢，而脅於外戚、豎宦之寵，牽於帷嬙近習之制，是以王道寖微，而不免負謗於天下也。中興之後，唯世祖能馭大臣，以寇、鄧、耿、賈之徒爲任職，所以威名不減於高祖。至於爲子孫慮則不然，反以元、成之後，三公之任多脅於外戚、豎宦、帷嬙近習之人而致敗，由是置三公之任，而事歸臺閣，以虚尊加之而已。然而臺閣之臣，位卑事冗，無所統一，而奪於衆多之口，此其爲脅於外戚、豎宦、帷嫱近習者愈矣。至於治有不進，水旱不時，災異或起，則曰三公不能燮理陰陽而策免之，甚者至於誅死，豈不痛哉！沖、質之後，桓、靈之間，因循以爲故事。雖有李固、陳蕃之賢，皆挫於閹寺之手，其餘則希世用事，全軀而已，何政治之能立哉？此所謂任輕責重之弊也。

噫！常人之性，有能有不能，有忠有不忠，知其能則任之重可也，謂其忠則委之誠可也。委之誠者人亦輸其誠，任之重者人亦荷其重，使上下之誠相照，恩結於其心，是豈禽息烏視而不知荷恩盡力哉！故曰：「不疑於物，物亦誠焉。」且蘇秦不信天下，爲燕尾生，此一蘇秦傾側數國之間，於秦獨以然者，誠燕君厚之之謂也。故人主以狗彘畜人者，人亦狗彘其行，以國士待人者，人亦國士自奮。故曰：常人之性，有能有不能，有忠有不忠，顧人君待之之意何如耳。

## 知人

貪人廉，淫人潔，佞人直，非終然也，規有濟焉爾。王莽拜侯，讓印不受，假僭皇命，得璽而喜，以廉濟貪者也。晉王廣求爲冢嗣，管絃遏密，塵埃被之，陪㞐未幾，而聲色喪邦，以潔濟淫者也。鄭注開陳治道，激昂顏辭，君民翕然，倚以致平，卒用姦敗，以直濟佞者也。於戲！「知人則哲，惟帝其難之」，古今一也。

## 風俗

夫天之所愛育者民也，民之所係仰者君也。聖人上承天之意，下爲民之主，其要在安利之。而安利之要不在於它〔一〕，在乎正風俗而已。故風俗之變，遷染民志，關之盛衰，不可不慎也。君子制俗以儉，其弊爲奢。奢而不制，弊將若之何？夫如是，則有殫極財力、僭瀆擬倫以追時好者矣。且天地之生財也有時，人之爲力也有限，而日夜之費無窮。以有時之財，有限之力，以給無窮之費，若不爲制，所謂積之涓涓、洩之浩浩，如之何使斯民不貧且濫也？國家奄有諸夏，四聖繼統，制度以定矣，紀綱以緝矣，賦斂不傷於民矣，徭役以均矣，升平之運未有盛於今矣，固當家給人足，無一夫不獲其所矣。然而窶人之子，短褐未盡完，趨末之民，巧僞未盡抑，其故何也？殆風俗有所未盡淳歟？

且聖人之化，自近及遠，由内及外。是以京師者風俗之樞機也，四方之所面内而依倣也。

〔一〕「安利之要」，龍舒本作「能安利之之要」。

加之士民富庶，財物畢會，難以儉率，易以奢變。至於發一端，作一事，衣冠車馬之奇，器物服玩之具，旦更奇制，夕染諸夏。工者矜能於無用，商者通貨於難得，歲加一歲，巧眩之性不可窮，好尚之勢多所易。故物有未弊而見毁於人，人有循舊而見嗤於俗。富者競以自勝，貧者恥其不若，且曰：「彼人也，我人也，彼爲奉養若此之麗，而我反不及！」由是轉相慕效，務盡鮮明，使愚下之人有逞一時之嗜欲，破終身之貲産而不自知也。

且山林不能給野火，江海不能實漏巵。淳朴之風散，則貪饕之行成；貪饕之行成，則上下之力匱。如此則人無完行，士無廉聲，尚陵逼者爲時宜，守檢押者爲鄙野，節義之民少，兼并之家多，富者財産滿布州域，貧者困窮不免於溝壑。夫人之爲性，心充體逸則樂生，心鬱體勞則思死，若是之俗，何法令之能避哉！故刑罰所以不措者此也。

且壞崖破岩之水，原自涓涓；干雲蔽日之木，起於青葱。禁微則易，救末者難。所宜略依古之王制，命市納賈，以觀好惡。有作奇技淫巧以疑衆者，糾罰之，下至物器饌具，爲之品制以節之，工商逐末者，重租税以困辱之。民見末業之無用，而又爲糾罰困辱，不得不趨田畝。田畝闢，則民無饑矣。以此顯示衆庶，未有輦轂之内治而天下不治矣。

## 閔習

父母死，則燔而捐之水中，其不可，明也；禁使葬之，其無不可〔一〕，亦明也。然而吏相與非之乎上，民相與怪之乎下。蓋其習之久也，則至於戕賊父母而無以爲不可，顧曰禁之不可也。嗚呼！吾是以見先王之道難行也。先王之道不講乎天下，而不勝乎小人之説，非一日之積也。而小人之説，其爲不可，不皆若戕賊父母之易明也。先王之道，不皆若禁使葬之之易行也。嗚呼！吾是以見先王之道難行也。貞觀之行其庶矣，惜乎其臣有罪焉。作閔習〔二〕。

〔一〕「無」，龍舒本無。
〔二〕「罪焉作」，光啓堂本、聽香館本作「深慨於」。

# 臨川先生文集　卷七十

## 論議

### 復讎解

或問復讎，對曰：

非治世之道也。明天子在上，自方伯、諸侯以至于有司，各修其職，其能殺不辜者少矣。不幸而有焉，則其子弟以告于有司；有司不能聽，以告于其君；其君不能聽，以告于方伯；方伯不能聽，以告于天子，則天子誅其不能聽者，而爲之施刑於其讎。亂世則天子、諸侯、方伯皆不可以告。故書說紂曰：「凡有辜罪，乃罔恒獲。小民方興，相爲敵讎。」蓋讎之所以興，以上之不可告，辜罪之不常獲也。方是時，有父兄之讎而輒殺之者，君子權其勢，恕其情而與之，可也。故復讎之義，見於春秋傳，見於禮記，爲亂世之爲子弟者言之也。

春秋傳以爲父受誅，子復讎，不可也。此言不敢以身之私而害天下之公。又以爲父不受誅，子復讎，可也。此言不以有可絶之義，廢不可絶之恩也。周官之説曰：「凡復讎者，書于士，殺之無罪。」疑此非周公之法也〔一〕。凡所以有復讎者，以天下之亂，而士之不能聽也。有士矣，不使聽其殺人之罪以施行，而使爲人之子弟者讎之，然則何取於士而禄之也？古之於殺人，其聽之可謂盡矣，猶懼其未也，曰：「與其殺不辜，寧失不經。」今書于士則殺之無罪，則所謂復讎者，果所謂可讎者乎？庸詎知其不獨有可言者乎？就當聽其罪矣，則不殺於士師，而使讎者殺之，何也？故疑此非周公之法也。

或曰：世亂而有復讎之禁，則寧殺身以復讎乎？將無復讎而以存人之祀乎？曰：可以復讎而不復，非孝也；復讎而殄祀，亦非孝也。以讎未復之恥〔二〕，居之終身焉，蓋可也。讎之不復者，天也；不忘復讎者，己也。克己以畏天，心不忘其親，不亦可矣〔三〕！

## 推命對

吴里處士有善推命知貴賤禍福者，或俾予問之，予辭焉。他日復以請，予對曰：「夫貴若

〔一〕「法」，龍舒本作「説」。
〔二〕「恥」，龍舒本作「禮」。
〔三〕「矣」下，宋刻本有「乎」字。

賤，天所爲也；賢不肖，吾所爲也。吾所爲者，吾能自知之；天所爲者，吾獨懵乎哉！吾賢歟，可以位公卿歟，則萬鍾之禄固有焉；不幸而貧且賤，則時也。吾不賢歟，不可以位公卿歟，則簞食豆羹無歉焉；若幸而富且貴，則咎也。此吾知之無疑，奚率於彼者哉？且禍與福，君子置諸外焉。君子居必仁，行必義，反仁義而福，君子不有也，由仁義而禍，君子不屑也。是故文王拘羑里，孔子畏於匡，彼聖人之智，豈不能脱禍患哉？蓋道之存焉耳。」

曰：「子以爲貴若賤，天所爲也，然世賢而賤，不肖而貴者，亦天所爲歟？」

曰：「非也，人不能合於天耳。夫天之生斯人也，使賢者治不賢，故賢者宜貴，不賢者宜賤，天之道也；擇而行之者，人之謂也。天人之道合，則賢者貴，不肖者賤；天人之道悖，則賢者賤，而不肖者貴也。天人之道悖合相半，則賢不肖或貴或賤。堯、舜之世，元凱用而四凶殛，是天人之道合也；桀、紂之世，飛廉進而三仁退，是天人之道悖也；漢、魏而下，賢不肖或貴或賤，是天人之道悖合相半也。蓋天之命一，而人之時不能率合焉，故君子脩身以俟命，守道以任時，貴賤禍福之來，不能沮也。子不力於仁義以信其中，而屑屑焉甘意於誕謾虚怪之説，不已溺哉！」

## 使醫

「一人疾焉而醫者十，並使之歟？」

曰：「使其尤良者一人焉爾。」

「烏知其尤良而使之？」

曰：「衆人之所謂尤良者，而隱之以吾心，其可也。夫能不相逮，不相爲謀，又相忌也，況愚智之相百者乎？人之愚不能者常多，而智能者常少，醫者十，愚不能者烏知其不九邪？並使之，智能者何用？愚不能者何所不用？一日而病且亡，誰者任其咎邪？故予曰，使其尤良者一人焉爾。」

使其尤良者有道，藥云則藥，食云則食，坐云則坐，作云則作。夫然，故醫也得肆其術而無憾焉，不幸而病且亡則少矣。藥云則食，坐云則作，曰姑如吾所安焉爾，若人也，何必醫？如吾所安焉可也。凡疾而使醫之道皆然，而腹心爲甚，有腹心之疾者，得吾說而思之，其庶矣！

## 汴說〔一〕

古者卜筮有常官，所諏有常事。若考步人生辰星宿所次，辔相人儀狀色理，逆斥人禍福〔二〕，

〔一〕「汴」，聽香館本作「卜」，下同。

〔二〕「斥」，聽香館本作「測」。

考信於聖人無有也，不知從何許人傳〔一〕。宗其説者，澶漫四出，抵今爲尤蕃，舉天下而籍之，以是自名者，蓋數萬不啻，而汴不與焉。舉汴而籍之，蓋亦以萬計。

予嘗睎汴之術士，善挾奇而以動人者〔二〕，大祀宫廬服輿食飲之華〔三〕，封君不如也。其出也，或召焉，問之，某人也，朝貴人也；其歸也，或賜焉，問之，某人也，朝貴人也。坐其廬旁，歷其人之往來，肩相切，踵相籍，窮一朝暮，則已錯不可計。竊異之，且竊歎曰：「吾儕治先聖人之言而脩其術，張之能爲天子營太平，斂之猶足以禔身正家，顧未嘗有公卿徹官若是其即之勤也。」

或曰：「子知乎？渴者期於漿，疾者期於醫，治然也。子誠能爲天子營太平，禔身正家。彼所存勢與位爾。勢不盈，位不充，則熱中，熱中則惑。勢盈位充矣，則病失之，病失之則憂。惑且憂，則思決。以彼爲能決，子亦能乎？不能，則無異其即彼疏此也。」因痁不復異。

久之，補吏淮南，省親江南，有金華山人者，率然相過，自言能逆斥禍福〔四〕。噫！今之世子

〔一〕「傳」，原爲空格，據龍舒本、宋刻本、聽香館本補。

〔二〕「善」，底本作「菩」，據龍舒本改，聽香館本作「若」。

〔三〕「祀」，龍舒本作「抵」。

〔四〕「斥」，聽香館本作「測」。

之術奚適而不遇哉！因以汴説諗之。

# 雜著

## 議茶法

國家罷搉茶之法，而使民得自販，於方今實爲便，於古義實爲宜。而有非之者，蓋聚斂之臣將盡財利於毫末之間，而不知「與之爲取」之過也。

夫茶之爲民用，等於米鹽，不可一日以無。而今官場所出皆粗惡不可食，故民之所食大率皆私販者。夫奪民之所甘，而使不得食，則嚴刑峻法有不能止者，故鞭扑流徒之罪未常少弛，而私販、私市者亦未嘗絶於道路也。既罷搉之之法，則凡此之爲患，皆可以無矣。然則雖盡充歲入之利，亦爲國者之所當務也。況關市之入，自足侔昔日之利乎？

昔桑弘羊興榷酤之議，當時以爲財用待此而給，萬世不可易者，然至霍光不學無術之人，遂能屈其論而罷其法，蓋義之勝利久矣。今朝廷之治，方欲剗百代之弊，而復堯、舜之功，而其爲法度，乃欲出於霍光之所羞爲者，則可乎？以今之勢，雖未能盡罷搉貨，而能緩其一，亦所以示上之人恤民之深而興治之漸也。彼區區聚斂之臣，務以求利爲功，而不知與之爲取，上之人亦當斷以義，豈可以人人合其私説然後行哉？

揚雄曰：「爲人父而搉其子，縱利，如子何？」以雄之聰明，其講天下之利害宜可信。然則今雖國用甚不足，亦不可以復易已行之法矣。是以國家之勢，苟修其法度，以使本盛而末衰，則天下之財不勝用，庸詎而必區區於此哉？

## 茶商十二説

臣竊以須仰巨商有十二之損，爲害甚廣，請試陳之。

須仰巨商〔一〕，巨商數少，相率既易，邀賤遂繁，故有場饒明減闇減，累累不已，歲數百萬，是饒減之損，一也。又既仰巨商〔二〕，巨商稀少，積壓等候，陳損既多，或棄或焚，或充雜用，此税既陷，正税又饒，是陷税之損，二也。又既仰巨商，饒豐價薄，園民困耗，逋欠歲程，至如石橋一場，祖額一百七萬，而近歲買納，才得十萬〔三〕，而虧及累年〔四〕，便乞減額，是退額之損，三也。又既仰

〔一〕「須」，光啓堂本、聽香館本作「既」。

〔二〕「又」，龍舒本作「人」。

〔三〕「才」，光啓堂本、龍舒本作「財」。

〔四〕「而」，龍舒本作「有餘」，句讀從上句。

巨商，須憑力禁，是以捕捉之旅所在屯布，掩緝之衆彌占川落，官員請俸，卒旅衣糧，擾民費財，總計不細，是力禁之損，四也。又既仰巨商，須置搉務，諸郡津置，或數千里，所載綱運，率自省破，船材兵費，風波盜竊，每歲之計，不爲不甚，是遠萃之損〔一〕，五也。又既仰巨商，必先多備，茶體輕怯，難掌易損，架閣利燥，封角利密，而官數浩瀚，堆積敖廩，風枯雨濕，氣味失奪，俟售待給，已反陳損〔二〕，是堆積之損，六也。又失物分輕則得衆〔三〕，得衆則易竭。今仰巨商，本不及數千緡則不能行，是分重而不得衆也，故難竭而成積滯，分重之損，七也。又凡貨利己則精心，精心則貨善，貨善則易售。今仰巨商，非己甚衆，始從小户，次輸主人，方納官場，復支商旅，是以小户偷竊，主人殺雜，姦吏容庇，皆以非己而致貨不善也，是非己之損，八也。又既仰巨商，遂爲二等，新好者支箄商旅，低陳者留賣南中，食用不堪，遂皆私易，故一縣大率每歲以茶被刑者往往百數，是煩刑之損，九也。又既仰巨商，茶多積壞，壞不堪賣，遂轉蠶茶，俵給户民，悉不堪食，虚納所直，諸郡甚多，是剜本之損，十也。又巨商悉係通商南方，盡從官賣，官賣既不堪食，多配寺院、茶坊，茶多棄損，錢實虚斂，是削民之損，十一也。既仰巨商，貨終難盡，諸般折給，從是生

〔一〕「萃」，龍舒本作「卒」。
〔二〕「反」，聽香館本作「及」。
〔三〕「失」，聽香館本作「凡」。

焉，雖依元價折錢變賣，雜收什一，請實虛損，官亦虛損，是刻士之損，十二也。

其爲害廣也如此，不可不去也。

## 乞制置三司條例

竊觀先王之法，自畿之内，賦入精粗，以百里爲之差。而畿外邦國各以所有爲貢，又爲經用通財之法以懋遷之。其治市之貨財，則亡者使有，害者使除；市之不售、貨之滯於民用，則吏爲斂之，以待不時而買者。凡此非專利也。蓋聚天下之人，不可以無財；理天下之財，不可以無義。夫以義理天下之財，則轉輸之勞逸不可以不均，用度之多寡不可以不通，貨賄之有無不可以不制，而輕重斂散之權不可以無術。

今天下財用窘急無餘，典領之官拘於弊法，内外不以相知，盈虛不以相補。諸路上供，歲有定額，豐年便道，可以多致，而不敢不贏；年儉物貴，難於供備，而不敢不足。遠方有倍蓰之輸，中都有半價之鬻。三司發運使按簿書、促期會而已，無所可否增損於其間。至遇軍國郊祀之大費，則遣使剗刷，殆無餘藏，諸司財用事〔一〕，往往爲伏匿，不敢實言，以備緩急。又憂年計之不

〔一〕「財」，聽香館本作「則」。

足，則多爲支移、折變以取之，民納租税數至或倍其本數。而朝廷所用之物，多求於不産，責於非時，富商大賈因時乘公私之急，以擅輕重斂散之權。

臣等以謂發運使總六路之賦入，而其職以制置茶、鹽、礬税爲事，軍儲國用，多所仰給，宜假以錢貨，繼其用之不給，使周知六路財賦之有無而移用之。凡糴買税斂上供之物，皆得徙貴就賤，用近易遠，令在京庫藏年支見在之定數所當供辦者，得以從便變賣，以待上令。稍收輕重斂散之權歸之公上，而制其有無，以便轉輸，省勞費，去重斂，寬農民，庶幾國用可足，民財不匱矣。所有本司合置官屬，許令辟舉，及有合行事件，令依條例以聞奏，下制置司參議施行。

## 相鶴經

鶴者，陽鳥也，而遊於陰，因金氣依火精以自養。金數九，火數七，六十三年小變，百六十年大變，千六百年形定。生三年頂赤，七年飛薄雲漢，又七年夜十二時鳴，六十年大毛落，茸毛生，乃潔白如雪，泥水不能污。百六年雌雄相視而孕，一千六百年飲而不食，胎化産爲仙人之騏驥也。夫聲聞於天故頂赤，食於水故喙長，輕於前故毛豐而肉疏，脩頸以納新故天壽不可量。所以體無青黄二色，土木之氣内養，故不表於外也。是以行必依洲渚，止不集林木，蓋羽族之清崇也。其相曰：「隆鼻短喙則少瞑，露睛赤白則視遠，長頸竦身則能鳴[一]，鳳翼雀尾則善飛，龜背鼈腹會舞，高脛促節足力。」

其文，李浮丘伯授王子晉，又崔文子學道於子晉，得其文，藏嵩山石室，淮南公采藥得之，遂傳於近代[二]。熙寧十年正月一日，臨川王某筆[三]。

## 策問[四]

問：堯舉鯀，於書詳矣。堯知其不可，然且試之邪，抑不知之也？不知，非所以爲聖也。知其不可，然且試之，則九載之民其爲病也亦久矣。幸而群臣遂舉舜、禹[五]，不幸復稱鯀，此亦將以九載試之邪？以堯之大聖知鯀之大惡，其知之也足以自信不疑矣，何牽於群臣也？必曰：「吾唯群臣之聽，不自任也。」聖人之心急於救民，其趣舍顧是否何如，豈固然邪？必以爲後世

---

[一]「竦」，原作「踈」，據小峴山館本改。
[二]「代」，龍舒本無。
[三]「臨川王某筆」，龍舒本作「臨川王安石筆」，宋刻本作「臨川王某降」。
[四] 龍舒本題作「策問十道」。
[五]「舉」，宋刻本作「畢」。

法，得無明哲之主牽制以召敗者邪〔一〕？或曰：「堯知水之數，故先之以鯀。」或曰：「久民病以大禹功。」是皆不然，堯必不以民病私禹，禹必不以利民病而大己功。以民病私其臣，利民病以爲己功，烏在其爲堯、禹也？又以爲泥於數，其探聖人滋淺矣。且謂之有數，鯀何罪其殛死也？聖人之所以然，愚不能釋，吾子無隱焉耳。

## 二

問：皋陶曰：「在知人，在安民。」大哉，古之君臣相戒如此！夫雖有知人之明，而無安民之惠心，未可與爲治也。有安民之惠心，而無知人之明，則不能任人，雖欲安民，亦有所不能焉。然而天子之尊也，四海之富也，自公至于士凡幾位？自正至于旅凡幾職？所謂知人者，其必有術，可以一二三子而不知乎？

## 三

問：聖人治世有本末，其施之也有先後。今天下困敝不革〔二〕，其爲日也久矣，治教政令未嘗放聖人之意而爲之也。失其本，求之末，當後者反先之，天下靡靡然入於亂者凡以此。夫治

〔一〕「哲」，宋刻本作「推」。

〔二〕「困」，龍舒本作「因」。

天下不以聖人所以治，其卒不治也；則爲士而不閑聖人之所以治，非所以爲士也。願二三子盡道聖人所以治之本末與其所先後，以聞於有司。

## 四

問：記曰：「追王太王、王季、文王，不以卑臨尊也。」夏、商受命，固有祖考，奚無追王之事邪？

## 五

問：聖人之爲道也，人情而已矣。考之以事而不合，隱之以義而不通，非道也。洪範之陳五事，合於事而通於義者也，如其休咎之效，則予疑焉。人君承天以從事，天不得其所當然，則戒吾所以承之之事可也。必如傳云人君行然，天則順之以然，其固然邪？「僭常暘若」，「狂常雨若」，使狂且僭，則天如何其順之也？堯、湯水旱，奚尤以取之邪？意者微言深法，非淺者之所能造，敢以質於二三子。

## 六

問：述詩、書、傳記、百家之文〔二〕，二帝、三王之所以基太平而澤後世，必曰禮樂云，若政與

---

〔二〕「述」，龍舒本作「迹」。

刑，乃其助爾。禮節之，樂和之，人已大治之後，其所謂助者幾不用矣。下三王而王者，亦有識禮樂之情者乎[一]？其所謂禮樂如何也？儒衣冠而言制作者，文采聲音云而已。基太平而澤後世[二]，儻在此邪？宋之爲宋久矣，禮樂不接於民之耳目何也？抑猶未可以制作邪？董仲舒、王吉以爲王者未制作，用先王之禮樂宜於世者。如欲用先王之禮樂，則何者宜於世邪？

## 七

問：舜命九官，三后在焉。呂刑所謂三后恤功于民，乃堯命之，何也？曰：「伯夷降典，折民惟刑；禹平水土，主名山川；稷降播種，農殖嘉穀。」以功次之，禹也、稷也、伯夷也，其可也。以事次之，民之災也、富之也、教之也，其可也。今考其文辭，未有次焉，何也？曰：「士制百姓于刑之中，以教祇德。」降典也，則以民云，制于刑之中，則以百姓云，何也？

## 八

問：夏之法至商而更之，商之法至周而更之，皆因世就民而爲之節，然其所以法，意不相師乎？

[一]「識」，原作「議」，據龍舒本改。
[二]「澤」，光啓堂本、聽香館本作「傳」。

## 九

問：易曰：「黄帝、堯、舜垂衣裳而天下治，蓋取諸乾、坤。」説者曰：「垂衣裳以辨貴賤，乾坤，尊卑之義也。」夫垂衣裳以辨貴賤，自何世始？始於黄帝，獨曰黄帝可也；於堯、舜，曰堯曰舜可也。兼三世而言之，吾疑焉。二三子姑爲之解。

## 一〇

問：詩論商之所以王，本之契；論周，本之后稷。夫成湯、文、武之仁聖而以當桀、紂之天下，此夏、商所以破滅而商、周得之也，彼千歲之稷、契何功焉？其本之也，不有説邪？

## 一一

問：挂兵於夷狄，以弊百姓，畋游倡樂，賞賜無節，而臺榭、陂池、宫室之觀侈，此國之所以貧。今皆無此，而有司之所講，常出於權利，然亦不足於財。信任親戚後宫之家，尊顯公卿大臣之世，布衣巖穴之秀，蔽鄣而不得仕，此官之所以曠。今皆無此，而所使在位，皆公天下之選也，然亦不足於士。異時嘗多兵矣，而不以兵多故費財。今民之壯者多去而爲兵，而租賦盡於糧餉，然亦不足於兵。異時嘗多馬矣，而不以馬多故費土。今内則空可耕之地以爲牧，蓋鉅萬頃，外則棄錢幣以取之四夷，然亦不足於馬。此其故何也？

# 臨川先生文集　卷七十一

## 雜著

### 先大夫述 并集序附

王氏，其先出太原，今爲撫州臨川人，不知始所以徙。其後有隱君子某，生某〔一〕，以子故贈尚書職方員外郎。職方生衛尉寺丞某〔二〕，公考也。公諱某〔三〕，始字損之〔四〕，年十七，以文干張公詠，張公奇之，改字公舜良。

祥符八年，得進士第，爲建安主簿。時尚少，縣人頗易之。既數月，皆畏，翕然，令賴以治。

〔一〕「某」，聽香館本作「明」。
〔二〕「某」，聽香館本作「用之」。
〔三〕「某」，聽香館本作「益」。
〔四〕「損之」，原作「捐之」，據宋刻本、聽香館本及曾鞏王公墓誌銘改。

嘗疾病，闔縣爲禱祠。縣人不時入税，州咎縣，公曰：「孔目吏尚不時入税，貧民何獨爲邪[一]？」即與校至府門，取孔目吏以歸[二]，杖二十，與之期三日。盡期，民之税亦無不入，自將已下皆側目。爲判官臨江軍，守不法，公遇事輒據争之以故事。一政吏爲文書謾其上，至公輒閣。軍有蕭灘，號難度，以腐船度輒返，吏呼公爲「判官灘」云。豪吏大姓，至相與出錢，求轉運使下吏出公[三]。領新淦縣[四]，縣大治，今三十年，吏民稱説如公在。改大理寺丞，知廬陵縣，又大治。移知新繁縣，改殿中丞。到縣，條宿姦數人上府，流惡處，自餘一以恩信治之，嘗歷歲不笞一人。知韶州，改太常博士、尚書屯田員外郎。夷越無男女之别，前守類以爲俗然，即其得可已，皆弗究。公曰：「同是人也[五]，不可瀆其倫。夫所謂因其俗者，豈謂是邪？」凡有萌蘖，一切擿矜窮治之[六]。時未幾，男女之行于市者，不敢一塗。胡先生瑗爲政範，亦掇公此事。部縣翁源多虎，公教捕之。民言虎自斃者五，令斷虎頭，輿致州，爲頌以獻。公麾輿者出，

〔一〕「爲」，龍舒本作「急」。
〔二〕「吏」下，龍舒本有「校」字。
〔三〕「求」，宋刻本作「米」，句讀從上句。
〔四〕「新淦」，龍舒本作「新淦」。
〔五〕「是」，龍舒本作「之」。
〔六〕「矜」，龍舒本作「發」，聽香館本作「鈐」。

以頌還令。其不喜怪，不以其道説之不説也如此。蜀效忠士屯者五百人，代不到，謀叛。詔，小州，即有變，無所可枝梧，佐吏始殊恐，公不爲動，獨捕其首五人，即日斷流之，護出之界上。初〔一〕，佐吏固争請付獄，既而聞其徒謀，若以首赴獄，當夜劫之以叛，衆乃愈服。公完營驛倉庫，建坊道，隨所施設有條理。長老言自嶺海服朝廷，爲吾置州守未有賢公者。丁衛尉府君憂，服除，通判江寧府，閲兩將，一以府倚公辦。寶元二年二月二十三日，以疾棄諸孤官下，享年四十六。

公於忠義孝友，非勉也。宦游常奉親行，獨西川以遠，又法不聽。在新繁未嘗劇飲酒，歲時思慕，哭殊悲。其自奉如甚嗇者，異時悉所有以貸於人〔二〕。治酒食，須以娱其親，無秋毫愛也，人乃或以爲奢。居未嘗怒笞子弟，每置酒，從容爲陳孝悌仁義之本、古今存亡治亂之所以然，甚適。其自任以世之重也，雖人望公則亦然，卒之官不充其材以夭。嗚呼，其命也！

母謝氏，以公故封永安縣君。娶某氏，封長壽縣君。子男七人〔三〕。女一人，適張氏，處兩人。將以某月日葬其處，子某等謹撰次公事如右，以求有道而文者銘焉，以取信於後世。

〔一〕「初」，原作「劫」，據龍舒本改。
〔二〕「以」，原作「又」，據龍舒本改。
〔三〕「子男七人」，聽香館本作「子女八人」。

## 先大夫集序

君子於學，其志未始不欲張而行之以致君，下膏澤於無窮。唯其志之大，故或不位於朝。不位於朝，而執不足以自效。則思慕古之人而作爲文辭，亦不失其所志也。二帝、三王、群聖人之時，賢俊並用，雖窮處巖穴，亦扳而在高位〔一〕，其志莫不得施，而文之傳于後者少矣。後之時非古之時也，人之不得志者常多，而以文自傳者紛如也。

先大夫少而博學，及强年，有仕進之望，其志欲有以爲而遽没，其於文所不暇也。一日，諸子閲槖中〔二〕，乃得舊歌詩百餘篇。雖此不足盡識其志，然諷詠情性〔三〕，其亦有以助于道者，不忍棄去也，輒序次之。嗚呼！公之詩〔四〕，君子視之，當自知矣，不敢贊也。

---

〔一〕「扳」，聽香館本作「援」。
〔二〕「槖」，光啓堂本、聽香館本作「囊」。
〔三〕「然諷詠情性」，宋刻本作「然調詠情性」，光啓堂本作「而歌詠情性」，聽香館本作「然歌詠情性」。
〔四〕「輒序次之嗚呼公之詩」，光啓堂本、聽香館本作「故序次之於所集選詩」。

## 題王逢原講孟子後

逢原在常、江陰時，學者有問以孟子，而逢原爲之論説，是以如是其詳也。未幾而逢原卒，故其書纔終於一篇，而考之時不同，蓋其志猶未就也。雖然，觀其説，亦足以概見之矣。若逢原，所謂見其進未見其止也。其卒時年二十八，嗚呼，惜哉！逢原卒於嘉祐己亥六月，後七年，講義方行。

## 許氏世譜

伯夷〔一〕，神農之後也，佐堯、舜有大功，賜姓曰姜。其後見經者四目〔二〕：曰申，詩所謂申伯者是也；曰吕，書所謂吕侯者是也；曰齊，曰許，春秋内書齊侯、許男是也〔三〕。

〔一〕「伯夷」，龍舒本作「伯陽」，下同。
〔二〕「目」，龍舒本作「國」，宋刻本作「回」。
〔三〕「内」，龍舒本作「所」。

周衰，許男嘗從大侯侵伐會盟〔一〕，竟於春秋。及後世復國〔二〕，而子孫以其封姓。然世傳有許由者，堯以天下讓由，由不受，逃之箕山，箕山上蓋有許由冢焉。其事不見於經，學者疑之。或曰：「由亡求於世者耳，雖與之天下，蓋不受也，故好事者以云。」而由與伯夷，其生後先，所祖同不同，莫能知也。

漢興，許氏侯者六人：柏至侯盎、宋子侯瘛、嚴侯猜，此三侯者，其始以將封，而史不書其州里；平恩侯廣漢、博望侯舜、樂成侯延壽，此三侯者，同産昆弟也，以外戚起於宣、元之世，昌邑人也。盎孫昌嘗爲丞相，延壽及廣漢弟子嘉，嘗爲大司馬。至王莽敗，許氏始皆失其封云。

後漢會稽有許荆者，循吏也。許慎者，以經術顯。許峻者，爲易林傳於世。許楊者，治鴻隙陂，有德於汝南，汝南之民報祭焉。許靖者，避地交州，後入蜀，先主以爲太傅，與從弟劭俱善論人物。劭兄虔，亦知名，世稱平輿淵有二龍焉。慎、峻、楊、靖皆汝南人也。許褚者，家於譙，以忠力事魏，封侯牟鄉。許慈者，家南陽，入蜀，父子爲博士。

司馬晉時有許孜者〔三〕，東陽人也，德行高，察孝廉不起，老於家，其子曰生，亦有至性焉。

---

〔一〕「侵」，龍舒本作「征」。

〔二〕「世」下，龍舒本有「無」字。

〔三〕「許孜」，原作「許攻」，據龍舒本改。

初，許氏爵邑於周，子孫播散四方，有紀者猶不乏焉，至昌邑始大者〔一〕，間興於汝南，其後祖高陽者爲最盛。然高陽之族，不見其所始。有據者，仕魏，歷校尉、郡守，生允，爲鎮北將軍。允三子，皆仕司馬晉。奇，司隸校尉；猛，幽州刺史。奇子遐，侍中；猛子式，平原太守〔二〕。自允至式皆知名。允後五世詢，司馬晉嘗召官之，不起。詢孫珪，爲旌陽太守於齊。珪生勇慧，齊太子家令、冗從僕射。勇慧生懋，篤學，以孝聞，卒於梁，爲中庶子。懋生亨，爲陳衛尉卿，嘗領史官，次齊、梁時事。有子善心，爲之卒業。

是時，有許紹者，善心族父也，通守夷陵，治有恩，流户自歸數十萬，卒有勞於唐，爵安陸郡公，圉師、欽寂、欽明其後也。圉師，紹少子，寬博有器幹，别自封平恩侯〔三〕，與敬宗俱龍朔中宰相。欽寂謂紹曾大父也，萬歲中，帥師當契丹，爲所敗，執以如安東，使説守者降。至安東，曰：「賊今且破滅，公勉守，無忘忠也。」契丹即殺之。是歲，弟欽明亦遇殺。欽明爲涼州都督，案行，

〔一〕「者」，龍舒本作「著」。
〔二〕「守」，原作「子」，據龍舒本、聽香館本改。
〔三〕「侯」，原作「勇」，據龍舒本改。

卒與突厥遇〔一〕，亦執使降，至靈州〔二〕，顧爲虜言告守者所以破賊〔三〕。兄弟將兵，一旦同以身徇邊鄙，賢者榮之。

敬宗者，善心子也，始以公開郡於高陽，與其孫令伯以文稱當世。天寶之亂，敬宗有孫曰遠，與張巡以睢陽抗賊，自以不及巡，推巡爲將，而親爲之下。久之，食已盡〔四〕，煮茶、紙以食，猶堅守。賊所以不得南向，以睢陽弊其鋒也。卒與俱死者，皆天下豪傑義士云〔五〕。

唐亡，遠孫儒，不義朱梁，自雍州入于江南，終身不出焉。儒生稠，沈毅有信，仕江南李氏，參德化王軍事。稠生規，好道家言，不以事自慁。嘗羈宣、歙間，聞旁舍呻呼，就之，曰：「我某郡人也，察君長者，且死，願以骸骨屬君。」因指槖中黄金十斤，曰：「以是交長者。」規許諾，敬負其骨千里，并黄金置死者家。家大驚，愧之，因請獻金如兒言以爲許君壽〔六〕，規不顧竟去。於是

〔一〕「卒與突厥遇」，龍舒本作「卒遇突厥」。
〔二〕「亦執使降至靈州」，龍舒本作「亦執使説降靈州」。
〔三〕「守」，光啓堂本、聽香館本作「急」。
〔四〕「食已盡」，龍舒本作「食乏無助」。
〔五〕「傑」，龍舒本、宋刻本作「俊」。
〔六〕「兒」上，龍舒本有「亡」字。

聞者滋以規爲長者。卒，葬池州。後以子故贈大理評事。生遂、遜、迴三子〔一〕。

遂，善事母，里母勵其子，輒曰：「汝獨不慚許伯通乎？」祥符中，天子有事於泰山，加恩群臣，遜當遷，讓其兄遂，天子以遂試將作監主簿〔二〕。遂子俞，字堯言〔三〕，名能文章，大臣屢薦之，有與不合者，官以故不遂。嘗知興國軍大冶縣，縣人至今稱之。俞兩子，均爲進士。

遜字景山，嘗上書江南李氏，李氏嘆奇之，以爲崇文館校書郎，歲終〔四〕，拜監察御史。後復上書太宗論邊事，宰相趙普奇其意，以爲與己合。知興元府，起鄭侯廢堰以利民。治澧〔五〕、荆、揚三州，爲盜者逃而去。其事兄如事父，使妻事其長姒如事母。故人無後，爲嫁其女如己子。有子五人：恂，黄州録事參軍；恢，尚書虞部員外郎；怡，今爲太子中舍，簽書淮南節度判官廳公事；元，今爲江淮、荆湖、兩浙制置發運使；平，泰州海陵主簿。五人者咸孝友如其先人，故士大夫論孝友者歸許氏。元以國子博士發運判官，七年遂爲其使，待制天章閣，自天子大臣莫

〔一〕「迴」，龍舒本作「迵」，下同。
〔二〕「試」，龍舒本作「爲」。
〔三〕「字」上，龍舒本有「俞」字。
〔四〕「終」，龍舒本作「中」。
〔五〕「澧」，原作「灃」，據龍舒本改。

不以爲材。其勞烈方在史氏記，余故不論而著其家行云。

迥字光遠，其事母如伯通之孝，事其兄如景山之爲弟也。慷慨有大意，少嘗仕李氏〔二〕，後不復仕，與其兄俱葬顔村。有子會，爲進士，方壯時，亦慨然好議天下事，今爲太廟齋郎。

臨川王某曰：余譜許氏，自據以下，其緒傳始顯焉。然自許男見於周，其後數封，而有紀之子孫多焉。攷是論之〔三〕，夫伯夷之所以佐其君治民，余讀書，未嘗不喟然嘆思之也。傳曰：「盛德者必百世祀。」若伯夷者，蓋庶幾焉。彼其後世忠孝之良，亦使之遭時，沐浴舜、禹之間以盡其材，而與夫夔、皋、羆虎之徒俱出而馳焉，其孰能概之耶？

## 傷仲永

金谿民方仲永，世隸耕。仲永生五年，未嘗識書具，忽啼求之。父異焉，借旁近與之，即書詩四句，并自爲其名。其詩以養父母、收族爲意，傳一鄉秀才觀之。自是指物作詩立就，其文理皆有可觀者。邑人奇之，稍稍賓客其父，或以錢幣乞之。父利其然也，日扳仲永環謁於邑人，不

〔二〕「仕李氏」，龍舒本作「仕進」。
〔三〕「攷」，龍舒本作「於」。

使學。

予聞之也久。明道中，從先人還家，於舅家見之，十二三矣。令作詩，不能稱前時之聞。又七年，還自揚州，復到舅家，問焉，曰：「泯然衆人矣。」

王子曰：仲永之通悟，受之天也。其受之天也〔一〕，賢於材人遠矣，卒之爲衆人，則其受於人者不至也。彼其受之天也，如此其賢也，不受之人，且爲衆人；今夫不受之天，固衆人，又不受之人，得爲衆人而已邪？

## 同學一首別子固

江之南有賢人焉，字子固，非今所謂賢人者，予慕而友之。淮之南有賢人焉，字正之，非今所謂賢人者，予慕而友之。二賢人者，足未嘗相過也，口未嘗相語也，辭幣未嘗相接也，其師若友，豈盡同哉？予考其言行，其不相似者，何其少也！曰，學聖人而已矣。學聖人，則其師若友，必學聖人者。聖人之言行豈有二哉？其相似也適然。

〔一〕「天」，原作「人」，據龍舒本、光啓堂本、聽香館本改。

予在淮南，爲正之道子固，正之不予疑也[一]。還江南，爲子固道正之，子固亦以爲然。予又知所謂賢人者，既相似，又相信不疑也。

子固作懷友一首遺予，其大略欲相扳以至乎中庸而後已。正之蓋亦常云爾。夫安驅徐行，轥中庸之庭，而造於其堂，舍二賢人者而誰哉？予昔非敢自必其有至也，亦願從事於左右焉爾。輔而進之其可也。

噫！官有守，私有繫，會合不可以常也，作同學一首別子固，以相警且相慰云。

## 書瑞新道人壁

始瑞新道人治其衆於天童之景德，予知鄞縣，愛其材能，數與之遊。後新主此山之四年，予自淮南來視蘇州之積水，卒事，訪焉，則新既死於某月某日矣。人知與不知，莫不愴焉，而予與之又久以深，宜其悲也。夫新之材信奇矣，然自放於世外，而人悼惜之如此。彼公卿大夫操治民之勢，而能以利澤加焉，則其生也榮，其死也哀，不亦宜乎！皇祐五年六月十五日，臨川王某介甫題。

---

〔一〕「正之」，原作「子固」，據龍舒本、光啓堂本、聽香館本改。

## 讀孟嘗君傳

世皆稱孟嘗君能得士，士以故歸之，而卒賴其力以脱於虎豹之秦。嗟乎！孟嘗君特雞鳴狗盗之雄耳，豈足以言得士？不然，擅齊之强，得一士焉，宜可以南面而制秦，尚何取雞鳴狗盗之力哉！夫雞鳴狗盗之出其門，此士之所以不至也。

## 讀柳宗元傳

余觀八司馬，皆天下之奇材也，一爲叔文所誘，遂陷於不義。至今士大夫欲爲君子者，皆羞道而喜攻之。然此八人者，既困矣，無所用於世，往往能自强以求列於後世，而其名卒不廢焉。而所謂欲爲君子者，吾多見其初而已，要其終，能毋與世俯仰以自别於小人者少耳，復何議彼哉！

## 讀江南録

故散騎常侍徐公鉉，奉太宗命撰江南録，至李氏亡國之際，不言其君之過，但以歷數存亡論之。雖有愧於實録，其於春秋之義、春秋，臣子爲君親諱，禮也。箕子之説，周武王克商，問箕子商所以亡，箕子不忍言商惡，以存亡國宜告之。〔一〕徐氏録爲得焉。

然吾聞國之將亡，必有大惡，惡者無大於殺忠臣。國君無道，不殺忠臣，雖不至於治，亦不至於亡。紂爲君，至暴矣，武王觀兵於孟津，諸侯請伐紂，武王曰：「未可。」及聞其殺王子比干〔二〕，然後知其將亡也，一舉而勝焉。季梁在隨，隨人雖亂，楚人不敢加兵。虞以不用宫之奇之言，晉人始有納璧假道之謀。然則忠臣，國之與也，存與之存，亡與之亡。予自爲兒童時，已聞金陵臣潘佑以直言見殺，當時京師因舉兵來伐，數以殺忠臣之罪。及得佑所上諫李氏表觀之，詞意質直，忠臣之言。予諸父中舊多爲江南官者，其言金陵事頗詳，聞佑所以死則信。然則李氏之亡，不徒然也。

今觀徐氏録言佑死，頗似妖妄，與予舊所聞者甚不類。不止於佑，其它所誅者，皆以辠戾，何也？予甚怪焉〔三〕。若以商紂及隨、虞二君論之，則李氏亡國之君，必有濫誅，吾知佑之死信爲無辠，是乃徐氏匿之耳。

何以知其然？吾以情得之。大凡毁生於嫉，嫉生於不勝，此人之情也。吾聞鉉與佑皆李氏

〔一〕「忍」，龍舒本作「悉」；「宜」，龍舒本作「祚」。

〔二〕「及」，宋刻本作「又」。

〔三〕「予」，原作「子」，據龍舒本、光啓堂本、聽香館本改。

臣，而俱稱有文學，十餘年争名於朝廷間。當李氏之危也，佑能切諫，鉉獨無一説。以佑見誅，鉉又不能力諍，卒使其君有殺忠臣之名，踐亡國之禍，皆鉉之由也。鉉懼此過，而又恥其善不及於佑，故匿其忠而汚以它辠[一]，此人情之常也。以佑觀之，其它所誅者又可知矣。噫！若果有此，吾謂鉉不唯厚誣忠臣，其欺吾君不亦甚乎！

## 書李文公集後

文公非董子，作仕不遇賦，惜其自待不厚。以予觀之，詩三百，發憤於不遇者甚衆。而孔子亦曰：「鳳鳥不至，河不出圖，吾已矣夫！」蓋嘆不遇也。文公論高如此，及觀於史，一不得職，則詆宰相以自快[二]。今吾於人也，聽其言而觀其行，言不可獨信久矣。雖然，彼宰相名實固有辨。彼誠小人也，則文公之發，爲不忍於小人可也。爲史者，獨安取其怒之以失職耶[三]？世之淺者，固好以其利心量君子[四]，以爲觸宰相以近禍，非以其私則莫爲也。夫文公之好惡，蓋所謂

[一]「它」，光啓堂本作「生」。
[二]「快」，原作「怏」，據聽香館本改。
[三]「之以」，龍舒本作「以已」。
[四]「利」，聽香館本作「私」。

皆過其分者耳。

方其不信於天下，更以推賢進善爲急。一士之不顯，至寢食爲之不甘，蓋奔走有力，成其名而後已。士之廢興，彼各有命。身非王公大人之位，取其任而私之，又自以爲賢，僕僕然忘其身之勞也，豈所謂知命者耶？記曰：「道之不行，賢者過之，不肖者不及也。」夫文公之過也，抑其所以爲賢歟？

## 書刺客傳後

曹沫將而亡人之城，又劫天下盟主，管仲因勿倍以市信一時，可也。予獨怪智伯國士豫讓，豈顧不用其策耶？讓誠國士也，曾不能逆策三晉，救智伯之亡，一死區區，尚足校哉！其亦不欺其意者也。聶政售於嚴仲子，荆軻豢於燕太子丹。此兩人者，污隱困約之時，自貴其身，不妄願知，亦曰有待焉。彼挾道德以待世者，何如哉？

## 孔子世家議

太史公敘帝王則曰「本紀」，公侯傳國則曰「世家」，公卿特起則曰「列傳」，此其例也。其列孔子爲世家，奚其進退無所據耶？孔子，旅人也。棲棲衰季之世，無尺土之柄，此列之以傳宜矣，曷爲世家哉？豈以仲尼躬將聖之資，其教化之盛，舄奕萬世，故爲之世家以抗之？又非極摯之論也。夫仲尼之才，帝王可也，何特公侯哉？仲尼之道，世天下可也，何特世其家哉？處之世家，仲尼之道不從而大；置之列傳，仲尼之道不從而小。而遷也自亂其例，所謂多所抵牾者也。

## 書洪範傳後

王某曰：古之學者，雖問以口，而其傳以心；雖聽以耳，而其受以意。故爲師者不煩，而學者有得也。孔子曰：「不憤不啓，不悱不發，舉一隅不以三隅反，則不復也。」夫孔子豈敢愛其道，驁天下之學者，而不使其蚤有知乎？以謂其問之不切，則其聽之不專；其思之不深，則其取之不固。不專不固，而可以入者，口耳而已矣。吾所以教者，非將善其口耳也。

孔子没，道日以衰熄，浸淫至於漢，而傳注之家作。爲師則有講而無應，爲弟子則有讀而無問，非不欲問也，以經之意爲盡於此矣，吾可無問而得也。豈特無問，又將無思，非不欲思也，以經之意爲盡於此矣，吾可以無思而得也。夫如此，使其傳注者皆已善矣，固足以善學者之口耳，不足善其心，況其有不善乎？宜其歷年以千數，而聖人之經卒於不明，而學者莫能資其言以施於世也〔二〕。

予悲夫洪範者，武王之所以虚心而問，與箕子之所以悉意而言，爲傳注者汨之，以至於今冥

〔二〕「能」，宋刻本作「徒」。

冥也。於是爲作傳以通其意。嗚呼！學者不知古之所以教，而蔽於傳注之學也久矣。當其時，欲其思之深、問之切而後復焉，則吾將孰待而言邪？孔子曰：「予欲無言。」然未嘗無言也。其言也，蓋有不得已焉。孟子則天下固以爲好辯，蓋邪説暴行作，而孔子之道幾於熄焉，孟子者不如是，不足與有明也。故孟子曰：「予豈好辯哉？予不得已也。」夫予豈樂反古之所以教，而重爲此譊譊哉？其亦不得已焉者也。

## 題張忠定書

忠定公没久矣，士大夫至今稱之，豈不以剛毅正直有勞於世如公者少歟？先公年十七，以文見公，實見稱賞。遂易字舜良，時在昇州也。竊觀遺蹟，不勝感惻之至。

## 題燕華仙傳

燕華仙事異矣，黄君所爲傳，亦辯麗可憙〔一〕。十方世界，皆智所幻，推智無方，幻亦無窮。必有合焉，乃與爲類。則王夫人之遇，豈偶然哉！

〔一〕「憙」，宋刻本作「惠」。

## 書金剛經義贈吴珪

惟佛世尊，具正等覺，於十方刹，見無邊身，於一尋身，説無量義。然旁行之所載，累譯之所通，理窮於不可得，性盡於無所住。金剛般若波羅蜜爲最上乘者，如斯而已矣。

## 與妙應大師説

妙應大師智緣，診父之脉，而知子之禍福，翰林王承旨疑其古之無有。緣曰：「昔秦醫和診晉侯之脉，而知良臣必死。良臣之死，乃見於晉侯之脉。診父而知子，又何足怪哉？」熙寧庚戌十二月十九日，某書。

## 題旁詩〔一〕 仲子正字。

旁近有詩云：「杜家園上好花時，尚有梅花三兩枝。日莫欲歸巖下宿，爲貪香雪故來遲。」俞秀老一見，稱賞不已，云絶似唐人。旁喜作詩，如此詩甚工也。

〔一〕「旁」，宋刻本作「雱」，下同。

# 臨川先生文集　卷七十二

## 書

### 答韓求仁書

比承手筆，問以所疑。哀荒久不爲報，勤勤之意，不可以虚辱，故略以所聞致左右，不自知其中否也，唯求仁所擇爾。

蓋序詩者不知何人，然非達先王之法言者，不能爲也。故其言約而明，肆而深，要當精思而熟講之爾，不當疑其有失也。二南皆文王之詩，而其所繫不同者，周南之詩，其志美，其道盛，微至於赳赳武夫、兔罝之人，遠至於江漢、汝墳之域，久至於衰世之公子，皆有以成其德。召南則不能與於此，此其所以爲諸侯之風，而繫之召公者也。夫事出於一人，而其不同如此者，蓋所入有淺深，而所施有久近故爾。

所謂小雅、大雅者，詩之序固曰〔一〕：「政有小大，故有小雅焉，有大雅焉。」然所謂大雅者，積衆小而爲大。故小雅之末，有疑於大雅者，此不可不知也。又作詩者，其志各有所主，其言及於大而志之所主者小，其言及於小而志之所主者大，此又不可不知也。司馬遷以爲大雅言王公大人，而德逮黎庶；小雅譏小己之得失，而其流及上。此言可用也。又宣王之大雅，其善疑於小；而幽王之小雅，其惡疑於大。蓋宣王之善微矣，其大者如此而已；幽王之惡大矣，其小者猶如此也。

凡序言刺某者，一人之事也；言刺時者，非一人之事也。刺言其事，疾言其情。或言其事，或言其情，其實一也。何以知其如此？「墻有茨，衛人刺其上也」，而卒曰「國人疾之而不可道也」，是以知其如此也。刺亂，爲亂者作也；閔亂，爲遭亂者作也。何以知其如此？平王之揚之水，先束薪而後束楚；忽之揚之水，先束楚而後束薪。周之亂在上，而鄭之亂在下故也。亂在上則刺其上，亂在下則閔其上，是以知其如此也。管、蔡爲亂，成王幼沖，周公作鴟鴞以遺王，非疾成王而刺之也，特以救亂而已，故不言刺亂也。言刺亂、刺褊、刺奢、刺荒，序其所刺之事也。言刺時者，明非一人之事爾，非謂其不亂也。

〔一〕「固」，龍舒本作「故」。

關雎之詩所謂「悠哉悠哉，輾轉反側」者，孔子所謂「哀而不傷」者也。何彼襛矣之詩所謂「平王」者，猶格王、寧王而已，非東周之平王也；所謂「齊侯」者，猶康侯、寧侯而已，非營丘之齊侯也。鄭緇衣之詩宜也、好也、蓆也，此其先後之序也。此詩言武公父子善善之無已，故序曰：「以明有國善善之功焉。」蓆，多也。宜者，以言其所善之當也；多者，以言其所善之衆也。緇衣者，君臣同朝之服也；「適子之館」者，就之也；爲之改作緇衣而授之以粲者，舉而養之也。能就之，又能舉而養之，此所以爲有國者之善善，而異於匹夫之善善也。夫有國善善如此，則優於天下矣，其能父子善於其職，而國人美之，不亦宜乎！

生民之詩所謂「是任是負，以歸肇祀」者，言后稷既開國，任負所種之穀以歸而肇祀爾，非以謂兆帝祀於郊也。所謂「卬盛于豆〔一〕，于豆于登，其香始升，上帝居歆」者，言我既爲天子得祀郊，則盛于豆登，其香始升，而上帝居歆爾，非以爲后稷得郊也。其卒曰「胡臭亶時〔二〕，庶無罪悔，以迄于今」者，言上帝所以居歆，何臭之亶時乎？乃以后稷肇祀，則庶無罪悔，以迄于今，得郊祀之時爾。蓋所謂「文武之功，起於后稷，故推以配天」者此也。

〔一〕「卬」，諸本皆作「卭」，據嘉慶刻本阮元校刻毛詩正義改。
〔二〕「胡」，原作「故」，據龍舒本、宋刻本、光啓堂本、聽香館本改。

衞有邶、鄘之詩，而説者以謂衞後世并邶、鄘而取之，理或然也。既無所受之，則疑而闕之可也。

意誠而心正，心正則無所爲而不正。故孔子曰：「詩三百，一言以蔽之，曰思無邪。」此詩之言，故曰「詩三百，一言以蔽之」也，非以它經爲有異乎此也。吾之所受者爲此，則彼者吾之所棄也。所謂「彼哉彼哉」者，蓋孔子之所棄也。孔子曰「管仲如其仁」，仁也。揚子謂「屈原如其智」，不智也。猶之詩以不明爲明，又以不明爲昏。考其辭之終始，則其文雖同，不害其意異也。

忠足以盡己，恕足以盡物，雖孔子之道，又何以加於此？而論者或以謂孔子之道，神明不測，非忠恕之所能盡。雖然，此非所以告曾子者也。「好勇過我」也者，所謂能勇而不能怯者也，能勇而不能怯，非成材也，故孔子無所取。

古者鳳鳥至，河出圖，皆聖人在上之時。其言「鳳鳥不至，河不出圖」者，蓋曰無聖人在上而已矣。顔子具聖人之體而微，所謂美人也。其於尊五美、屏四惡，非待教也。若夫鄭聲佞人，則由外鑠我者也。雖若顔子者，不放而遠之，則其於爲邦也，不能無敗。書曰：「能哲而惠，何憂乎驩兜？何畏乎巧言令色孔壬？」由此觀之，佞人者，堯、舜之所難，而況於顔子者乎！夫佞人之所以入人者，言而已。言之入人，不如聲之深，則鄭聲之可畏，固又甚矣。孔子曰：「如有所譽，其有所試矣。」謂顔子「三月不違仁」者，蓋有所試矣。雖然，顔子之行，非終於此，其後孔子告之以「克己復禮」，而「請事斯語」矣。夫能言、動、視、聽以禮，則蓋已終身未嘗違仁，非特三月而已也。

語道之全，則無不在也，無不爲也，學者所不能據也，而不可以不心存焉。道之在我者爲德，德可據也。以德愛者爲仁，仁譬則左也，義譬則右也。德以仁爲主，故君子在仁義之間，所當依者仁而已〔二〕。

孔子之去魯也，知者以爲爲無禮也。乃孔子則欲以微辠行也。以微辠行也者，依於仁而已。禮，體此者也；智，知此者也；信，信此者也。孔子曰「志於道，據於德，依於仁」，而不及乎義、禮、智、信者，其説蓋如此也。

揚子曰：「道以道之，德以得之，仁以人之，義以宜之，禮以體之，天也。合則渾，離則散，一人而兼統四體者，其身全乎！」老子曰：「失道而後德，失德而後仁，失仁而後義，失義而後禮。」揚子言其合，老子言其離，此其所以異也。韓文公知「道有君子有小人，德有凶有吉」，而不知仁義之無以異於道德，此爲不知道德也。

管仲九合諸侯，一正天下〔三〕，此孟子所謂天之大任者也。不能如大人正己而物正，此孔子

〔二〕「所」，聽香館本作「則」。
〔三〕「正」，聽香館本作「匡」。

所謂小器者也。言各有所當，非相違也。

昔之論人者，或謂之聖人，或謂之賢人，或謂之君子，或謂之仁人，或謂之善人，或謂之士。微子一篇，記古之人出處去就，蓋略有次序。其終所記八士者，其行特可謂之士而已矣。當記此時，此八人之行，蓋猶有所見。今亡矣，其行不可得而考也。無君子小人，至於五世則流澤盡，澤盡則服盡，而尊親之禮息。萬世莫不尊親者，孔子也。故孟子曰：「予未得爲孔子徒也，予私淑諸人也。」

孟子所謂「市，廛而不征，法而不廛」者，先儒以國中之地謂之廛，以周官考之，此説是也。廛而不征者，賦其市地之廛，而不征其貨；法而不廛者，治之以市官之法，而不賦其廛。或廛而不征，或法而不廛。蓋制商賈者惡其盛，盛則人去本者衆，又惡其衰，衰則貨不通。故制法以權之，稍盛則廛而不征，已衰則法而不廛。文王之時，關，譏而不征，及周公制禮，則凶荒札喪，然後無征，蓋所以權之也。貢者，夏后氏之法，而孟子以爲不善者。不善，非夏后氏之罪也，時而已矣。

責難於君者，吾聞之矣，責善於友者，吾聞之矣。雖然，其於君也，曰「以道事之，不可則止」，其於友也，曰「忠告而善道之，不可則止。」王驩於孟子，非君也，非友也。彼未嘗謀於孟子，則孟子未嘗與之言，不亦宜乎！

求仁所問於易者，尚非易之藴也。能盡於詩、書、論語之言，則此皆不問而可知。某嘗學易矣，讀而思之，自以爲如此，則書之以待知易者質其義。當是時，未可以學易也，唯無師友之故，不得其序，以過於進取。乃今而後，知昔之爲可悔，而其書往往已爲不知者所傳，追思之未嘗不愧也。以某之愧悔，故亦欲求仁慎之。蓋以求仁之才能而好問如此，某所以告於左右者，不敢不盡，冀有以亮之而已。至於春秋，三傳既不足信，故於諸經尤爲難知。辱問皆不果答，亦冀有以亮之。

## 答龔深父書

某得手筆，感慰，尤喜侍奉萬福。所示王深父事甚曉然。不爲小廉曲謹以投衆人耳目，而趣舍必度於仁義，是乃深父所以合於古人，而衆人所以不識深父者也。言之於深父何病〔一〕？揚雄亦用心於内，不求於外，不修廉隅以徼名當世。故某以謂深父於爲雄，幾可以無悔。揚雄者，自孟軻以來未有及之者，但後世士大夫多不能深考之爾。孟軻，聖人也。賢

〔一〕「病」，光啓堂本、聽香館本作「傷」。

人則其行不皆合於聖人，特其智足以知聖人而已。故某以謂深父其知能知軻，其於爲雄幾可以无悔。揚雄之仕，合於孔子「無不可」之義，奈何欲非之乎？若以深父不仕爲過於雄，則自雄以來能不仕者多矣，豈皆能過於雄乎？若以深父之不仕爲與雄異，則孟子稱禹、稷、顔回同道。深父之於爲雄，其以强學力行之所至，仕不仕特其所遭義命之不同，未可以議於此。

深父，吾友也，言其美，尤不敢略，亦不敢誣，所以致忠信於吾友。然以久廢學，恐所論尚不中，不惜更詳喻及也。

## 再答龔深父論語孟子書

某啓〔一〕：所論及異論具曉然〔二〕。道德性命，其宗一也。道有君子有小人，德有吉有凶，則命

〔一〕「某啓」後，龍舒本有「黽俛從學，不能無勞。略嘗奉書，想已得達。承手筆，知與十二娘子侍奉萬福，欣慰可知」三十三字。

〔二〕「所論及異論具曉然」，龍舒本作「所示異論其曉然」。

有順有逆、性有善有惡，固其理，又何足以疑？伊尹曰：「茲乃不義〔一〕，習與性成。」出善就惡〔二〕，謂之性亡，不可謂之性成，伊尹之言何謂也？召公曰「惟不恭厥德，乃早墜厥命」者，所謂命凶也。命凶者，固自取，然猶謂之命。若小人之自取，或幸而免，不可謂之命，則召公之言何謂也？夫古之人以無君子道爲無道〔三〕，以無吉德爲無德，則出善就惡謂之性亡〔四〕，非不可也。雖然，可以謂之無道，而不可謂之道無；小人可謂之無德，而不可以謂德無；凶可以謂之性亡，而不可以謂之性無惡。孔子曰：「性相近也，習相遠也。」言相近之性以習而相遠，則習不可以不慎，非謂天下之性皆相近而已矣。孔子見南子爲有禮，則孔子不可告子路曰「是禮也」，而曰「天厭之」乎？孟子曰：「男女授受不親，禮也。嫂溺援之以手者，權也。」若有禮而無權，則何以爲孔子？天下之理，固不可以一言盡。君子有時而用禮，故孟子不見諸侯；有時而用權，故孔子可見南子。孔子與蒲人盟而適衛者，將以行法也；不如是，則要盟者得志矣。且有制於人而不得行〔五〕，則聖

〔一〕「乃」，原作「爲」，據龍舒本改。
〔二〕「出」，龍舒本作「去」。
〔三〕「夫古之人以無君子道爲無道」，原作「是古之人以無君子爲無道」，據龍舒本改。
〔四〕「出」，龍舒本作「去」。
〔五〕「制」，原作「至」，據龍舒本改。

人之無所奈何，孔子適衛，非蒲之所能制〔二〕，則孔子何爲而不適衛？蓋適衛然後足以明義，此孔子之所以適衛也〔三〕。

凡此，皆略爲深甫道之。以深甫之明，何難於答是，而千里以書見及，此固深甫之好問嗜學之無已也。久廢筆墨，言不逮意，幸察！〔三〕

## 答王深甫書三〔四〕

某拘於此，鬱鬱不樂，日夜望深甫之來，以豁吾心。而得書，乃不知所冀。況自京師去潁良不遠，深甫家事，會當有暇時，豈宜愛數日之勞而不一顧我乎？朋友道喪久矣，此吾於深甫不能無望也。

向説天民，與深甫不同。雖蒙丁寧相教，意尚未能與深甫相合也。深甫曰：「事君者，以容於吾君爲悦；安社稷者，以安吾之社稷爲悦；天民者，以行之天下而澤被於民爲達。三者皆執

〔二〕「制」，原作「至」，據龍舒本改。

〔三〕「以適衛」，原作「微」，據龍舒本改。

〔三〕「察」下，龍舒本有「知罷官，遂見過，幸甚。然某疲病，恐不能久堪州事，不知還得相見於此否。向秋，自愛」三十二字。

〔四〕「三」，原無，據底本卷首目録補。

其志之所殖而成善者也，而未及乎知命，大人則知命矣。」某則以謂善者所以繼道而行之可善者也。孔子曰：「智及之，仁能守之，莊以涖之，動之不以禮，未善也。」又曰：「武盡美矣，未盡善也。」孔子之所謂善者如此，則以容於吾君爲悦者，未可謂能成善者也，亦曰容而已矣。以容於吾君爲悦者，則以不容爲戚；安吾社稷爲悦，則以不安爲戚。吾身之不容，與社稷之不安，亦有命也，而以爲吾戚，此乃所謂不知命也。夫天民者，達可行於天下而後行之者也。彼非以達可行於天下爲悦者也，則其窮而不行也，豈以爲戚哉？視吾之窮達，而無悦戚於吾心，不知命者，其何能如此？且深甫謂以民繫天者，明其性命莫不禀於天也。有匹夫求達其志於天下，以養全其類，是能順天者，敢取其號亦曰天民。安有能順天而不知命者乎？

深甫曰：「安有能視天以去就，而德顧貶於大人者乎？」某則以謂古之能視天以去就，其德貶於大人者有矣，即深甫所謂管仲是也。管仲，不能正己者也。然而至於不死子糾而從小白，其去就可謂知天矣。天之意，固嘗甚重其民。故孔子善其去就，曰：「豈若匹夫匹婦之爲諒也，自經於溝瀆而莫之知也。」此乃吾所謂德不如大人，而尚能視天以去就者。

深甫曰：「正己以事君者，其道足以致容而已，不容，則命也。何悦於吾心哉？正己而安社稷者，其道足以致安而已，不安，則命也，何悦於吾心哉？正己以正天下者，其道足以行天下而已，不行，則命也，何窮達於吾心哉？」某則以謂大人之窮達，能無悦戚於吾心，不能毋欲達。孟子曰：「我四十不動心。」又曰：「何爲不豫哉？然而千里而見王，是予所欲也。不遇故去，豈予所欲哉？王庶幾改之，予日望之。」夫孟子可謂大人矣，而其言如此，然則所謂無窮達於吾心者，殆非也，亦曰無悦戚而已矣。深甫曰：「惟其正己而不期於正物，是以使萬物之正焉。」某以謂期於正己而不期於正物，而使萬物自正焉，是無治人之道也。無治人之道者，是老、莊之爲也。所謂大人者，豈老、莊之爲哉？正己不期於正物者，非也；正己而期於正物者，亦非也。正己而不期於正物，是無義也；正己而期於正物，是無命也。是謂大人者，豈顧無義命哉？揚子曰：「先自治而後治人之謂大器。」揚子所謂大器者，蓋孟子之謂大人也。物正焉者，使物取正乎我而後能正，非使之自正也。武王曰：「四方有辠無辠，惟我在，天下曷敢有越厥志！」一人横行於天下，武王恥之。孟子所謂「武王一怒而安天下之民」。不期於正物而使物自正，則一人横行於天下，武王無爲怒也。孟子没，能言大人而不放於老、莊者，揚子而已。

深甫嘗試以某之言與常君論之，二君猶以爲未也，願以教我。

## 二〔一〕

某學未成而仕，仕又不能俛仰以赴時事之會；居非其好，任非其事，又不能遠引以避小人

〔一〕龍學文集題作「王荆公又手書回答龍學」。

之謗讒。此其所以爲不肖而得辠於君子者，而足下之所知也。

往者，足下遽不棄絶，手書勤勤，尚告以其所不及，幸甚幸甚！顧私心尚有欲言，未知可否，試嘗言之。

某嘗以謂古者至治之世，然後備禮而致刑。不備禮之世，非無禮也，有所不備耳；不致刑之世，非無刑也，有所不致耳。故某於江東，得吏之大辠有所不治，而治其小辠。不知者以謂好伺人之小過以爲明，知者又以爲不果於除惡[二]，而使惡者反資此以爲言[三]。某乃異於此，以爲方今之理勢，未可以致刑。致刑則刑重矣，而所治者少，不致刑則刑輕矣，而所治者多，理勢固然也。一路數千里之間，吏方苟簡自然，狃於養交取容之俗，而吾之治者五人，小者罰金，大者纔絀一官，而豈足以爲多乎？工尹商陽非嗜殺人者，猶殺三人而止，以爲不如是不足以反命。某之事，不幸而類此。若夫爲此紛紛，而無與於道之廢興，則既亦知之矣。抑所謂君子之仕行其義者，竊有意焉。足下以爲如何？

自江東日得毀於流俗之士，顧吾心未嘗爲之變。則吾之所存，固無以媚斯世，而不能合乎

[二]「知」，光啓堂本作「治」。

[三]「而使惡者反資此以爲言」，龍舒本作「然使怒者不資此以爲言乎」。

流俗也。及吾朋友亦以爲言，然後怵然自疑，且有自悔之心。徐自反念：古者一道德以同天下之俗，士之有爲於世也，人無異論。今家異道，人殊德，又以愛憎喜怒變事實而傳之，則吾友庸詎非得於人之異論、變事實之傳，而後疑我之言乎？況足下知我深，愛我厚，吾之所以日夜向往而不忘者，安得不嘗試言吾之所自爲，以冀足下之察我乎？使吾自爲如此，而可以無辠，固夫善〔一〕，即足下尚有以告我，使釋然知其所以爲辠，雖吾往者已不及，尚可以爲來者之戒。幸留意以報我，無忽！

三〔二〕

## 與王深父書二〔三〕

某頓首。自與足下别，日思規箴切劘之補，甚於飢渴。足下有所聞，輒以告我，近世朋友，豈有如足下者乎？此固某所望於足下者，惜乎與足下相去遠，過失日甚，而不肯傳聞於足下。誠使盡聞而盡教之，雖某之愚，其庶幾少有成乎？惟足下不以數附書爲勤。幸甚幸甚！

〔一〕「夫」，龍舒本作「大」。
〔二〕此篇與卷七十八答王逢原書全同，今删，參見該篇校記。
〔三〕「二」，原無，據底本卷首目録補。

## 二

某頓首。近已奉狀，不知到否，竟不得脱省中。而今日就職，聞足下當入都下，幸能蚤來，冀得一見。若足下來差池，則某此月乞去至淮南迎親矣。出不過三四十日，則還至都下。幸足下且留，以待某還，事欲講於左右者甚衆，切勿遽去。若今不得一見，又不知何時奉見，切勿亟歸也。

有王逢原者，卓犖可駭，自常州與之如江南，已見其有過人者。及歸而見之，所學所守，愈超然殆不可及。忽得報死矣，天於善人君子如此，可歎可歎！如逢原者，求之於時，殆未見比，不知常君方之孰賢耳。可痛可痛！恨足下不得見之耳。書不盡意，自愛自愛！

## 答劉讀秀才書

久不聞問，忽得書，承侍奉萬福，良以爲慰。見問進退去就之意，蓋道之所存，意有所不能致，而意之所至，言有所不能盡。第深考微子一篇，則古之聖人君子所以趣時合變，蓋可睹矣。阻闊愈遠，惟自愛，數以書見及。

# 臨川先生文集　卷七十三

## 書

### 答徐絳書

某啓：　某鄙朴，未嘗得邂逅，而蒙以書辱於千里之遠，固已幸甚。足下求免於今之世〔一〕，而求合於古之人，不以問世之能言，而欲有取於不肖，此某之所以難於對也。自生民以來，爲書以示後世者，莫深於易。易之所爲作，不出足下之所求。文王以伏羲爲未足以喻世也，故從而爲之辭。至於孔子之有述也，蓋又以文王爲未足。此皆聰明睿智，天下至神，然尚於此不能以一言盡之，而患其喻之難也。況以區區之中材，而遇變故之無窮〔二〕，其能皆有所合而卒以自免

〔一〕「足」上，龍舒本有「然」字。
〔二〕「遇」，龍舒本作「御」。

乎？雖能有所合而有以自免，其可以易言而遽曉乎？此某夙夜勉焉而懼終不及者也，其能遽有以進左右者乎？然學者患其志之不同，而有志者欲其爲之不已。某與足下，幸志同矣。如爲之不已，他日邂逅，得各講其所聞，擇其可以守之，庶其卒將有得焉。蓋古之人其成未嘗不以友者，此亦區區有望於君子也。

## 答李資深書

某啓：辱書勤勤，教我以義命之説，此乃足下忠愛於故舊，不忍捐棄，而欲誘之以善也。不敢忘。不敢忘。雖然，天下之變故多矣，而古之君子，辭受取舍之方不一，彼皆内得於己，有以待物，而非有待乎物者也。非有待乎物，故其迹時若可疑；有以待物，故其心未嘗有悔也。若是者，豈以夫世之毁譽者概其心哉？若某者，不足以望此，然私有志焉，顧非與足下久相從而熟講之，不足以盡也。多病無聊，未知何時得復晤語。書不能一一，千萬自愛！

## 答韶州張殿丞書

某啓：伏蒙再賜書，示及先君韶州之政，爲吏民稱誦，至今不絶。傷今之士大夫不盡知，又恐史官不能記載，以次前世良吏之後。此皆不肖之孤言行不足信於天下，不能推揚先人之功緒餘烈，使人人得聞知之，所以夙夜愁痛，疢心疾首而不敢息者以此也。

先人之存，某尚少，不得備聞爲政之迹。然嘗侍左右，尚能記誦教誨之餘。蓋先君所存，嘗欲大潤澤於天下，一物枯槁，以爲身羞。大者既不得試，已試乃其小者耳，小者又將泯没而無傳，則不肖之孤，罪大釁厚矣，尚何以自立於天地之間耶？閣下勤勤惻惻，以不傳爲念，非夫仁人君子樂道人之善，安能以及此？

自三代之時，國各有史，而當時之史，多世其家，往往以身死職，不負其意。蓋其所傳，皆可考據。後既無諸侯之史，而近世非尊爵盛位，雖雄奇儁烈，道德滿衍，不幸不爲朝廷所稱，輒不得見於史。而執筆者又雜出一時之貴人，觀其在廷論議之時，人人得講其然不，尚或以忠爲邪，以異爲同，誅當前而不慄，訕在後而不羞，苟以饜其忿好之心而止耳。而況陰挾翰墨，以裁前人之善惡，疑可以貸褒，似可以附毁，往者不能訟當否，生者不得論曲直，賞罰謗譽又不施其間，以彼其私，獨安能無欺於冥昧之間邪？善既不盡傳，而傳者又不可盡信如此，唯能言之君子，有大公至正之道，名實足以信後世者，耳目所遇，一以言載之，則遂以不朽於無窮耳。

伏惟閣下，於先人非有一日之雅，餘論所及，無黨私之嫌，苟以發潛德爲己事，務推所聞，告世之能言而足信者，使得論次以傳焉，則先君之不得列於史官，豈有恨哉！

## 答司馬諫議書

某啓：昨日蒙教，竊以爲與君實游處相好之日久，而議事每不合，所操之術多異故也。雖欲强聒，終必不蒙見察，故略上報，不復一一自辨。重念蒙君實視遇厚，於反覆不宜鹵莽，故今具道所以，冀君實或見恕也。

蓋儒者所争〔一〕，尤在於名實。名實已明，而天下之理得矣。今君實所以見教者，以爲侵官、生事、征利、拒諫，以致天下怨謗也〔二〕。某則以謂受命於人主，議法度而修之於朝廷，以授之於有司，不爲侵官；舉先王之政，以興利除弊，不爲生事；爲天下理財，不爲征利；闢邪説，難壬人〔三〕，不爲拒諫。至於怨誹之多，則固前知其如此也。人習於苟且非一日，士大夫多以不恤國事，同俗自媚於衆爲善。上乃欲變此，而某不量敵之衆寡，欲出力助上以抗之，則衆何爲而不洶

〔一〕「争」，龍舒本作「重」。

〔二〕「而天下之理」至「以致天下怨謗也」三十二字，龍舒本作「而天下侵官、生事、征利、拒諫以致天下怨謗，皆不足問也。」

〔三〕「壬」，龍舒本作「任」。

洶然？盤庚之遷，胥怨者民也，非特朝廷士大夫而已。盤庚不爲怨者故改其度〔二〕，度義而後動，是而不見可悔故也。如君實責我以在位久，未能助上大有爲，以膏澤斯民，則某知罪矣。如曰今日當一切不事事，守前所爲而已，則非某之所敢知。無由會晤，不任區區向往之至。

## 答曾公立書

某啓：示及青苗事。治道之興，邪人不利，一興異論，群聾和之，意不在於法也。孟子所言利者，爲利吾國、如曲防遏糴。利吾身耳。至狗彘食人食則檢之，野有餓莩則發之，是所謂政事。政事所以理財，理財乃所謂義也。一部周禮，理財居其半，周公豈爲利哉？姦人者因名實之近，而欲亂之，以眩上下〔三〕，其如民心之願何？始以爲不請，而請者不可遏；終以爲不納，而納者不可却。蓋因民之所利而利之，不得不然也。然二分不及一分，一分不及不利而貸之，貸之不若與之。然不與之而必至於二分者，何也？爲其來日之不可繼也。不可繼則是惠而不知爲政，非惠而不費之道也，故必貸。然而有官吏之俸、輦運之費、水旱之逋、鼠雀之耗，而必欲廣之，以待

---

〔二〕「盤庚不爲怨者故改其度」，龍舒本作「盤庚不罪怨者，亦不改其度」。

〔三〕「以眩」，龍舒本作「眩惑」。

其飢不足而直與之也，則無二分之息可乎？則二分者，亦常平之中正也，豈可易哉？公立更與深於道者論之，則某之所論，無一字不合於法，而世之譊譊者，不足言也。因書示及，以爲如何？

## 答吕吉甫書

某啓：與公同心，以至異意，皆緣國事〔二〕，豈有它哉？同朝紛紛，公獨助我，則我何憾於公！人或言公，吾無與焉，則公何尤於我？趣時便事，吾不知其説焉；攷實論情，公宜昭其如此。開喻重悉，覽之悵然。昔之在我者，誠無細故之可疑〔三〕；則今之在公者，尚何舊惡之足念？然公以壯烈，方進爲於聖世；而某茶然衰疢，特待盡於山林。趣舍異路〔三〕，則相呴以濕，不如相忘之愈也。想趣召在朝夕，惟良食，爲時自愛！〔四〕

〔二〕「事」，龍舒本作「論」。

〔三〕「誠」，龍舒本作「既」；「之」，龍舒本無。

〔三〕「路」，龍舒本作「事」。

〔四〕「爲時自愛」後，龍舒本多「承累幅勤勤，爲禮過當，非所敢望于故人也。不敢視此以爲報禮，想蒙恕察。承已祥除，伏惟尚有餘慕。知有所論著，恨未見之。惟賴恩覆，以得優遊，然以疾憊棄日，茫然未有獲也。諸令弟各想禔福」七十五字。

## 與王子醇書四

某啓：得書，承動止萬福，良以爲慰。洮河東西，蕃漢集附，即武勝必爲帥府，今日築城，恐不當小。若以目前功多難成，城大難守，且爲一切之計，亦宜勿隳舊城，審處地勢，以待異時增廣。城成之後，想當分置市易務，爲蕃巡檢大作廨宇，募蕃漢有力人，假以官本，置坊列肆，使蕃漢官私兩利，則其守必易，其集附必速矣。因書希詳喻經畫次第。秋涼自愛。不宣。

## 二

某啓：承已築武勝，又討定先羌，甚善。聞郢成珂等諸酋，皆聚所部防拓，恩威所加，於此可見矣。然久使暴露，能無勞費？恐非所以慰悦衆心，令見内附之利。謂宜喻成珂等，放散其衆，量領精壯人馬防招，隨宜犒勞，使悉懷惠。城成之後，更加厚賞。人少則賞不費財，賜厚則衆樂爲用。不知果當如此否？請更詳酌。蕩除强梗，必有穀可獲以供軍，有地可募人以爲弓箭手。特恐新募，未便得力。若募選秦鳳、涇原舊人投換，仍許其家人刺手承占本名，官土人員節級更與轉資〔一〕，即素教之兵足以鎮服初附。事難遥度，心所謂然，聊試言之爾。諸當條奏，想不

〔一〕「土」，光啓堂本、聽香館本作「士」。

憚煩。露次勞苦，爲時自愛。不宣。

## 三

某啓：得書，喻以禦寇之方。上固欲公毋涉難冒險，以百全取勝，如所喻，甚善，甚善。方今熙河所急，在修守備，嚴戒諸將勿輕舉動。武人多欲以討殺取功爲事，誠如此而不禁，則一方憂未艾也。竊謂公厚以恩信撫屬羌，察其材者，收之爲用。今多以錢粟養戍卒，乃適足備屬羌爲變，而未有以事秉常、董氈也。誠能使屬羌爲我用，則非特無内患，亦宜賴其力以乘外寇矣。自古以好坑殺人致畔，以能撫養收其用，皆公所覽見。且王師以仁義爲本，豈宜以多殺斂怨耶？喻及青唐既與諸族作怨，後無復合，理固然也。然則近董氈諸族，事定之後，以兵威臨之，而宥其罪，使討賊自贖，隨加厚賞，彼亦宜遂爲我用，無復與賊合矣。與討而驅之，使堅附賊爲我患，利害不侔也。事固有攻彼而取此者服，誠能挫董氈，則諸羌自服，安所事討哉？又聞屬羌經討者，既亡蓄積，又廢耕作，後無以自存，安得不屯聚爲寇，以梗商旅往來？如募之力役，及伐材之類，因以活之，宜有可爲。幸留意念恤。

邊事難遥度，想公自有定計，意所及，嘗試言之。春暄，爲國自愛。不宣。

## 四

某啓：久不得來問，思仰可知。木征内附，熙河無復可虞矣。唯當省冗費，理財穀，爲經久之計而已。上以公功信積著，虚懷委任，疆埸之事，非復異論所能摇沮。公當展意，思有以報上，餘無可疑者也。

某久曠職事，加以疲病，不能自支，幸蒙恩憐，得釋重負，然相去彌遠，不勝惓惓。唯爲國自愛，幸甚！不宣。

## 與趙卨書

某啓：議者多言遽欲開納西人，則示之以弱，彼更倔强。以事情料之，殆不如此。以我衆大，當彼寡小，我尚疲弊厭兵，即彼偷欲得和可知。我深閉固距，使彼不得安息，則彼上下忿懼，并力一心〔一〕，致死於我，此彼所以能倔强也。我明示開納，則彼孰敢違衆首議欲爲倔强者？就令有敢如此，則彼舉國皆將德我而怨彼，孰肯爲之致死？此所以怒我而怠寇也。老子曰「抗兵相加，哀者勝矣」，此之謂也。至於開納之後，與之約和〔二〕，乃不可遽，遽則彼將驕而易我。蓋明示開納，所以怠其衆而紓吾患；徐與之議〔三〕，所以示之難而堅其約。聖上恐龍圖未喻此指，故

〔一〕「并力一心」，龍舒本作「并心一力」。
〔二〕「約」，龍舒本作「議」。
〔三〕「議」，龍舒本作「和」。

令以書具道前降指揮。如西人有文字，詞理恭順，即與收接聞奏。宜即明示界上，使我吏民與彼舉國皆知朝廷之意。

## 回蘇子瞻簡

某啓：承誨喻累幅，知尚盤桓江北，俯仰踰月，豈勝感悵！得秦君詩，手不能捨，葉致遠適見，亦以爲清新嫵麗，與鮑、謝似之，不知公意如何？餘卷正冒眩，尚妨細讀，嘗鼎一臠，旨可知也。公奇秦君，數口之不置，吾又獲詩，手之不捨。然聞秦君嘗學至言妙道，無乃笑我與公嗜好過乎？未相見，跋涉自愛，書不宣悉。

## 與陳和叔内翰簡

某啓：今日承以券致饋[一]，喻令來取[二]。與和叔交游三十年，豈敢復相求於末度[三]！然

[一]「今日」，龍舒本作「早」。
[二]「喻令來取」，龍舒本作「喻使來請」。
[三]「豈敢復相求」，龍舒本作「非敢相求」。

人道所以相交際，亦宜粗有禮〔一〕，非苟以豢養爲利而已。是以不敢拜貺〔二〕，竊恐此非公指。然久客於此，每以煩費公帑爲慚，自是臺無餽，不亦善乎？餘留面敘。不宣。〔三〕

## 答許朝議書

某啓：連得誨示，豈勝感慰！歲暮泫寒，想比日安佳。頃在朝廷，觀公議法，每求所以生之，想今爲州，亦用此意。公壽考康寧，子孫蕃衍，當以此也。咫尺思一相見，情何有已！唯冀良食自愛，永綏福履。不宣。

## 答蔡天啓書〔四〕

某啓：近附書，想達。比日安否如何？何時南來？日以企佇。得書説同生基，以色立，誠如是也。所謂猶如野馬，熠熠清擾者，日光入隙，所見是也。衆生以識精冰合此而成身。衆生

〔一〕「亦宜粗有禮」，龍舒本作「又須以禮」。
〔二〕「不敢拜貺」，龍舒本作「不果拜賜」。
〔三〕「餘留面敘不宣」，龍舒本作「勒此布右不宣某上」。
〔四〕「書」，原無，據底本卷首目録及聽香館本補。

爲想所陰，不依日光，則不能見。想陰既盡，心光發宣，則不假日光，了了見此。此即所謂見同生基也。未即會晤，爲道自愛！數以書見及。尊教授想比日安佳，未及爲書。

## 與參政王禹玉書二〔一〕

某啓：越宿，伏惟台候萬福。某久尸宰事，每念無以塞責。而比者憂患之餘，衰疹浸加，自惟身事，漫不省察，持此謀國，其能無所曠廢，以稱主上任用之意乎？況自春以來，求解職事，至於四五。今則疾病日甚，必無復任事之理。仰恃契眷，謂宜少敦僚友之義，曲爲開陳，使得蚤遂所欲，而不宜廸上見留，以重某逋慢之罪也。區區之懷，言不能盡，惟望深賜矜憐而已。不宣。

### 二

某啓：繼蒙賜臨，傳喻聖訓，徬徨踧踖，無所容措。某羈孤無助，遭值大聖，獨排衆毁，付以宰事。苟利於國，豈辭糜殞？顧自念行不足以悦衆，而怨怒實積於親貴之尤；智不足以知人，而險詖常出於交游之厚。且據勢重而任事久，有盈滿之憂；意氣衰而精力弊，有曠失之懼。歷觀前世大臣，如此而不知自弛，乃能終不累國者，蓋未有也。此某所以不敢逃逋慢之誅，欲及罪

〔一〕「二」，原無，據底本卷首目録補。

戾未積，得優游里閭，爲聖時知止不殆之臣，庶幾天下後世，於上拔擢任使無所譏議。伏惟明公，方佐佑大政，上爲朝廷公論，下及僚友私計，謂宜少垂念慮，特賜敷陳。某既不獲通章表，所恃在明公一言而已。心之精微，書不能傳，惟加憫察。幸甚！不宣。

## 答曾子固書

某啓：久以疾病不爲問，豈勝鄉往！前書疑子固於讀經有所不暇，故語及之。連得書，疑某所謂經者佛經也，而教之以佛經之亂俗。某但言讀經，則何以別於中國聖人之經？子固讀吾書每如此，亦某所以疑子固於讀經有所不暇也。

然世之不見全經久矣，讀經而已，則不足以知經。故某自百家諸子之書，至於難經、素問、本草，諸小説無所不讀，農夫、女工無所不問，然後於經爲能知其大體而無疑。蓋後世學者與先王之時異矣，不如是不足以盡聖人故也。揚雄雖爲不好非聖人之書，然於墨、晏、鄒、莊、申、韓，亦何所不讀？彼致其知而後讀，以有所去取，故異學不能亂也。惟其不能亂，故能有所去取者，所以明吾道而已。子固視吾所知爲尚可以異學亂之者乎？非知我也。

方今亂俗不在於佛，乃在於學士大夫沉没利欲，以言相尚，不知自治而已。子固以爲如何？苦寒，比日侍奉萬福，自愛！

# 臨川先生文集　卷七十四

## 書

### 上相府書

某聞古者極治之時，君臣施道以業天下之民[一]，匹夫匹婦有不與其澤者，爲之焦然耻而憂之，瞽聾侏儒亦各得以其材食之有司。其誠心之所化，至於牛羊之踐[二]，不忍不仁於草木，今行葦之詩是也，況於所得士大夫也哉！此其所以上下輯睦而稱極治之時也。

伏惟閣下，方以古之道施天下[三]，而某之不肖，幸以此時竊官於朝，受命佐州，宜竭罷駑之

[一]「施」，龍舒本作「盡」。
[二]「踐」，龍舒本作「賤牧」。
[三]「施」，龍舒本作「治」。

力，畢思慮〔一〕，治百姓，以副吾君吾相於設官任材〔二〕、休息元元之意，不宜以私慁上，而自近於不敏之誅。抑其勢有可言〔三〕，則亦閣下之所宜憐者。某少失先人，今大母春秋高，宜就養於家之日久矣。徒以内外數十口，無田園以託一日之命，而取食不腆之禄，以至於今不能也。今去而野處，念自廢於苟賤不廉之地，然後有以共裘葛、具魚菽，而免於事親之憂，則恐内傷先人之明，而外以累君子養完人材之德；濡忍以不去，又義之所不敢出也。故輒上書闕下，願濱先人之丘家〔四〕，自託於筦庫〔五〕，以終犬馬之養焉。

伏惟閣下，觀古之所以材瞽聾侏儒之道，覽行葦之仁，憐士有好修之意者，不窮之於無所據以傷其操，使老者得養，而養者雖愚無能，無報盛德，於以廣仁孝之政，而曲成士大夫爲子孫之誼，是亦君子不宜得已者也。黷冒威尊，不任皇恐之至。

〔一〕「思」，光啓堂本作「忠」。
〔二〕「設」，龍舒本作「建」。
〔三〕「勢」，宋刻本作「中」。
〔四〕「濱」，原作「殯」，據龍舒本、宋刻本改。
〔五〕「庫」，宋刻本作「廩」。

## 上富相公書

某不肖，當朝廷選用才能〔一〕，修立法度之時〔二〕，不以罪廢而蒙器使，此其幸固已多矣。某竊自度，守一州尚不足以勝任，任有大於一州者，固知其不勝也。自被使江東，夙夜震恐，思得脱去，非獨爲私計，凡以此也。三司判官，尤朝廷所選擇，出則被使漕運。而金穀之事，某生平所不習，此所以蒙恩反側而不敢冒也。惟不肖常得出入門下，蒙眷遇爲不淺矣。平居不敢具書，以勤左右之觀省，幸緣恩惠所及，敢布其私心。誠望閤下哀其忠誠〔三〕，載賜一州〔四〕，處幽閒之區，寂寞之濱。其治民非敢謂能也，庶幾地閒事少，夙夜悉心力，易以塞責，而免於官謗也。若夫私養之勢，不便於京師，固嘗屢以聞朝廷，而熟於左右者之聽矣。今兹蒙恩厚，賜禄多，豈宜復言私計不便乎？雖然，所辭者才力所不能，而所願猶未安理分也〔五〕。亦冀閤下哀之。

〔一〕「能」，宋刻本作「猷」。
〔二〕「立」，龍舒本作「舉」。
〔三〕「忠」，龍舒本作「至」。
〔四〕「載賜一州」，龍舒本作「裁賜一小州」。
〔五〕「未安理分也」，龍舒本作「未敢分理也」。

## 上曾參政書

某聞古之君子立而相天下，必因其材力之所宜，形勢之所安，而役使之。故人得盡其材，而樂出乎其時。今也某材不足以任劇，而又多病，不敢自蔽，而數以聞執事矣。而閣下必欲使之察一道之吏，而寄之以刑獄之事，非所謂因其材力之所宜也。某親老矣，有上氣之疾日久，比年加之風眩，勢不可以去左右。閣下必欲使之奔走跋涉，不常乎親之側，非所謂因其形勢之所安也。

伏惟閣下，由君子之道以相天下，故某得布其私焉。論者或以爲事君使之左則左，使之右則右，害有至於死而不敢避，勞有至於病而不敢辭者，人臣之義也。某竊以爲不然。上之使人也，既因其材力之所宜，形勢之所安，則使之左而左，使之右而右，可也。上之使人也，不因其材力之所宜，形勢之所安，上將無以報吾君，下將無以慰吾親，然且左右惟所使，則是無義無命，而苟悦之爲可也。害有至於死而不敢避者，義無所避之也；勞有至於病而不敢辭者，義無所辭之也。今天下之吏，其材可以備一道之使，而無不可爲之勢，其志又欲得此以有爲者，蓋不可勝數。則某之事，非所謂不可辭之地，而不可避之時也。

論者又以爲人臣之事其君，與人子之事其親，其勢不可得而兼也。其材不足以任事，而勢不可以去親之左右，則致爲臣而養可也。某又竊以爲不然。古之民也有常産矣，然而事親者猶將輕其志，重其禄，所以爲養。今也仕則有常禄，而居則無常産，而特將輕去其所以爲養，非所謂爲人子事親之義也。且某之材，固不足以任使事矣，然尚有可任者，在吾君與吾相處之而已爾。固不可以去親之左右矣，然任豈有不便於養者乎？在吾君與吾相處之而已爾。

然以某之賤，未嘗得比於門墻之側，而慨然以鄙樸之辭，自通於閣下之前，欲得其所求。自常人觀之，宜其終齟齬而無所合也；自君子觀之，由君子之道以相天下，則宜不爲遠近易慮，而不以親疏改施。如天之無不燾，而施之各以其命之所宜；如地之無不載，而生之各以其性之所有。彼常人之心，區區好枝而自私，不恕己以及物者，豈足以量之邪？

伏惟閣下垂聽而念焉，使天下士無復思古之君子，而樂出乎閣下之時，而又使常人之觀閣下者不能量也，豈非君子所願而樂者乎？冒黷威尊，不任惶恐之至。

## 上執政書

竊以方今仁聖在上，四海九州冠帶之屬，望其施爲以福天下者，皆聚於朝廷。而某得以此時備使畿内，交遊親戚知能才識之士，莫不爲某願，此亦區區者思自竭之時也。

事顧有不然者。某無適時才用，其始仕也，苟以得禄養親爲事耳，日月推徙，遂非其據。今親闈老矣〔一〕，日夜惟諸子壯大未能以有室家，而某之兄嫂尚皆客殯而不葬也，其心有不樂於此。及今愈思自置江湖之上，以便昆弟親戚往還之勢，而成婚姻葬送之謀。故某在廷二年，所求郡以十數，非獨爲食貧而口衆也，亦其所懷如此。

非獨以此也，某又不幸，今茲天被之疾，好學而苦眩，稍加以憂思，則往往昏瞶不知所爲。以京師千里之縣，吏兵之衆，民物之稠，所當悉心力耳目以稱上之恩施者，蓋不可勝數〔二〕。以某之不肖，雖平居無他，尚懼不給，又況所以亂其心如此，而又爲疾病所侵乎？歸印有司，自請於天子，以待放絀而歸田里，此人臣之明義，而某之所當守也；顧親老矣，而無所養，勢不能爲也。偷假歲月，饕禄賜以徼一日之幸，而不忖事之可否，又義之所不敢爲。竊自恕而求其猶可以冒者〔三〕，自非哀憐。東南寬閒之區，幽僻之濱，與之一官，使得因吏事之力，少施其所學，以庚禄賜之入，則進無所逃其罪，退無所託其身，不惟親之欲有之而已。

蓋聞古者致治之世，自瞽矇、昏瞶、侏儒、籧篨、戚施之人，上所以使之，皆各得盡其才；烏

〔一〕「今親闈老矣」，龍舒本作「今閑老矣」，宋刻本作「今親闈老矣」。

〔二〕「勝」，龍舒本作「稱」。

〔三〕「恕」，原作「怒」，據龍舒本、宋刻本、聽香館本改。

獸、魚鼈、昆蟲、草木，下所以養之〔一〕，皆各得盡其性而不失也。於是裳裳者華、魚藻之詩作於時，而曰〔二〕：「左之左之，君子宜之。右之右之，君子有之。惟其有之，是以似之。」言古之君子，於士之宜左者左之，宜右者右之，各因其才而有之，是以人人得似其先人。又曰：「魚在在藻，依于其蒲。王在在鎬，有那其居。」魚者潛逃深渺之物〔三〕，皆得其所安而樂，王是以能那其居也。方今寬裕廣大，有古之道，大臣之在內，有不便於京而求出，小臣之在外，有不便於身而求歸，朝廷未嘗不可，而士亦未有以此非之者也。

至於所以賜某者，亦可謂周矣。爲其貧也，使之有屋廬而多禄廪，爲其求在外而欲其內也，置之京師，而如其在外之求。顧某之私不得盡聞於上，是以所懷齟齬而有不得也。今敢盡以聞於朝廷，而又私布於執事矣。伏惟執事察其身之疾，而從之盡其才，憐其親之欲，而養之盡其性，以完朝廷寬裕廣大之政，而無使裳裳者華、魚藻之詩作於時，則非獨於某爲幸甚〔四〕。

〔一〕「下」，原脱，據龍舒本補。
〔二〕「而」下，龍舒本有「刺之」二字。
〔三〕「深渺」，龍舒本作「微眇」。
〔四〕「獨」，龍舒本作「特」。

## 上歐陽永叔書四〔二〕

今日造門，幸得接餘論，以坐有客，不得畢所欲言。

某所以不願試職者，向時則有婚嫁葬送之故，勢不能久處京師。所圖甫畢，而二兄一嫂相繼喪亡，於今窘迫之勢，比之向時爲甚。若萬一幸被館閣之選，則於法當留一年，藉令朝廷憐閔，不及一年，即與之外任，則人之多言，亦甚可畏。若朝廷必復召試，某亦必以私急固辭〔三〕，竊度寬政，必蒙矜允。然召旨既下，比及辭而得請，則所求外補，又當遷延矣。親老口衆，寄食於官舟而不得躬養，於今已數月矣。早得所欲，以紓家之急，此亦仁人宜有以相之也。

翰林雖嘗被旨與某試，然某之到京師，非諸公所當知。以今之體須某自言，或有司以報，乃當施行前命耳。萬一理當施行，遽爲罷之，於公義亦似未有害，某私計爲得，竊計明公當不惜此。區區之意，不可以盡，唯仁明憐察而聽從之。

〔二〕「四」，原無，據底本卷首目録補。
〔三〕「亦」，原作「以」，據龍舒本、聽香館本改。

二[一]

某以不肖，願趨走於先生長者之門久矣。初以疵賤，不能自通，閤下親屈勢位之尊，忘名德之可以加入[二]，而樂與之爲善。顧某不肖，私門多故，又奔走職事，不得繼請左右。及此蒙恩，出守一州，愈當遠去門墻，不聞議論之餘，私心眷眷，何可以處！

道途邅迴，數月始至敝邑，以事之紛擾，未得具啓以敘區區鄉往之意。過蒙獎引，迫賜詩書，言高旨遠，足以爲學者師法。惟褒被過分，非先進大人所宜施於後進之不肖，豈所謂誘之欲其至於是乎？雖然，懼終不能以上副也。輒勉强所乏，以酬盛德之貺，非敢言詩也。惟赦其僭越，幸甚！

三

某以五月去左右，六月至楚州，即七舍弟病，留四十日。至揚州，又與四舍弟俱，失郡牧所生一子[三]。七月四日，視郡事。承守將數易之後，加之水旱，吏事亦尚紛冗，故修啓不蚤，伏惟幸察。

〔一〕 本篇及後兩篇，龍舒本題作「與王禹玉書」。
〔二〕 「忘」，龍舒本作「志」。
〔三〕 「郡」，龍舒本作「群」。

閣下以道德爲天下所望，方今之勢，雖未得遠引，以從雅懷之所尚，惟攄所藴，以救時敝，則出處之間，無適不宜〔一〕。此自明哲所及者〔二〕，承餘論及之，因試薦其區區。某到郡侍親，幸且順適，但以不才而臨今日之民，宜得罪於君子，固有日矣。

四

某以疵賤之身，聞門願見〔三〕，非一日積。幸以職事，一年京師，以求議論之補。蒙恩不棄，知遇特深。違離未久，感戀殊甚〔四〕。然以私門多故，未嘗得進一書以謝左右。伏蒙恩憐，再賜手書，推奬存撫，甚非後進所當得於先生大人之門，以愧以恐，何可以言也！秋冷，伏惟動止萬福，惟爲時自重，以副四方瞻望之意。

## 與劉原父書

辱手教勤勤，尤感愧，伏承動止萬福，又良慰也。河役之罷，以轉運賦功本狹，與雨淫不止，

〔一〕「宜」，宋刻本作「官」。
〔二〕「及」，光啓堂本、聽香館本作「發」。
〔三〕「門」，龍舒本作「問」。
〔四〕「戀」，龍舒本作「悉」。

督役者以病告，故止耳。昔梁王墮馬，賈生悲哀；泔魚傷人，曾子涕泣。今勞人費財於前，而利不遂於後，此某所以愧恨無窮也。若夫事求遂，功求成，而不量天時人力之可否，此某所不能，則論某者之紛紛〔一〕，豈敢怨哉？閣下乃以初不能無意爲有憾，此非某之所敢聞也。

方今萬事所以難合而易壞，常以諸賢無意耳。如鄙宗夷甫輩，稍稍騖於世矣，仁聖在上，故公家元海未敢跋扈耳。閣下論爲世師，此雖戲言，願勿廣也。前月被使江東，朝夕當走左右，自餘須面請。

## 答吳孝宗書 孝宗字子經。〔二〕

比得周秀才所示書，即欲奉報，以多病多事，未能如志。重承手問，尤以感愧。知生事彌困，爲之奈何！某亦以姻事見迫，又田入不足，故私計亦未能不以經心。然勞佚有命，當順以聽之耳。

前書所示，大抵不出先志。若子經欲以文辭高世，則世之名能文辭者，已無過矣；若欲以

〔一〕「此某所不能則論某者之紛紛」，龍舒本作「此某所不能也。不能則論者之紛紛」。

〔二〕龍舒本題作「答吳子經書」。

明道，則離聖人之經，皆不足以有明也。自秦、漢已來，儒者唯揚雄爲知言，然尚恨有所未盡。今學士大夫，往往不足以知雄，則其於聖人之經，宜其有所未盡。子經誠欲以文辭高世，則無爲見問矣；誠欲以明道，則所欲爲子經道者，非可以一言而盡也。

子經所謂斜鑿以矯矢，背柄以矯舟，此天下之所同，而舟矢已來，未之改也。先志所論，有非天下之所同，而特出子經之新意者，則與矯舟矢之意爲不類。又子經以爲詩、禮不可以相解，乃如某之學，則惟詩、禮足以相解，以其理同故也。子經以謂如何？

兩家各多難，無由會合，許明年見過，幸甚。未爾，自愛！

## 答吴孝宗論先志書

某辱書，又示以先志，而怪某尚有欲爲吾弟道者，責以一言盡之。

吾弟所爲書博矣，所欲爲吾弟道者，非可以一言盡。然吾弟自以爲才不及子貢，而所言皆子貢所欲聞於夫子而不得者也。則某有欲爲吾弟道者，可勿怪也。

積憂久病，廢學疲懶，書不能逮意。知已就試國學，隆暑，自愛！他俟試罷見過面盡。不宣。

# 答錢公輔學士書

比蒙以銘文見屬，足下於世爲聞人，力足以得顯者銘父母，以屬於不腆之文，似其意非苟然，故輒爲之而不辭。不圖乃猶未副所欲，欲有所增損。鄙文自有意義，不可改也。宜以見還，而求能如足下意者爲之耳。

家廟以今法準之，恐足下未得立也。足下雖多聞，要與識者講之。如得甲科爲通判，通判之署，有池臺竹林之勝〔二〕，此何足以爲太夫人之榮，而必欲書之乎？貴爲天子，富有天下，苟不能行道，適足以爲父母之羞。況一甲科通判，苟粗知爲辭賦，雖市井小人，皆可以得之，何足道哉！何足道哉！故銘以謂閭巷之士，以爲太夫人榮，明天下有識者不以置悲歡榮辱於其心也。太夫人能異於閭巷之士，而與天下有識同，此其所以爲賢而宜銘者也。

至於諸孫，亦不足列。孰有五子而無七孫者乎？七孫業之有可道〔三〕，固不宜略；若皆兒童，賢不肖未可知，列之於義何當也？

---

〔二〕「林」，光啓堂本、聽香館本作「木」。

〔三〕「之」，龍舒本作「文」。

諸不具道，計足下當與有識者講之。南去愈遠，君子惟順愛自重〔一〕。

## 與崔伯易書

伯易足下：得書於京師，所以開我者不敢忘，而人事紛紛，不得修報。以爲到高郵即奉見，得道所欲言者，去軍城止三十里，而遇親舟，遂挽以北。念還軍中，則重煩親友，然遂不得一見足下而西，殊悒悒也。

逢原遽如此，痛念之無窮，特爲之作銘，因吴特起去奉呈。此於平生爲銘，最爲無愧。惜也，如此人而年止如此！以某之不肖，固不敢自謂足以知之，然見逢原所學所爲日進，而比在高郵見之，遂若不可企及，竊以謂可畏憚而有望其助我者，莫踰此君〔二〕。雖足下之言，亦以謂如此。今則已矣，可痛，可痛！然此特可爲足下道爾。人之愛逢原者多矣，亦豈如吾兩人者知之之盡乎？可痛，可痛！莘老必朝夕見之於京師，不别致書，爲致意。

〔一〕「順」，龍舒本作「慎」。文末聽香館本有小字注：「按此書内墓誌，見九十九卷第五葉。」

〔二〕「踰」，龍舒本作「如」，宋刻本作「先」。

## 與郭祥正太博書三〔一〕

某叩頭。得手筆存問〔二〕，區區哀感，所不可言。示及詩篇，壯麗俊偉，乃能至此，良以嘆駭也。輒留巾匭〔三〕，永以爲玩。山邑少事，不足以煩剸治，想多暇日，足以吟詠。無緣一至左右，惟自愛重，以副鄉往之私，幸甚！

### 二

某叩頭。罪逆餘生，奄經時序，咫尺無由自訴。伏承存録，貺以詩書，不勝區區哀感。詩已傳聞兩篇，餘皆所未見。豪邁精絶，固出於天才，此非力學者所能逮也。雖在哀疚，把翫不能自休，謹輒藏之巾匭，永以爲好也。知導引事稍熟，希爲人慎疾自愛，幸甚！

### 三

某叩頭。承示新句，但知嘆愧。子固之言，未知所謂，豈以謂足下天才卓越，更當約以古詩

〔一〕「三」，原無，據底本卷首目録補。
〔二〕「筆」，光啓堂本、聽香館本作「書」。
〔三〕「巾」，光啓堂本、聽香館本作「中」。

之法乎？哀荒未能劇論〔一〕，當俟異時爾。聞有殤子之釁，想能以理自釋情累也。某辠逆荼毒，奄忽時序，諸非面訴，無以盡。

## 與吴特起書

某啓：適見鍾檢正世美，言上舍吴師禮，浙人也，有文學節行，欲爲逢原壻。彼極多人欲壻之，而慕逢原節義，故欲娶其女。鍾爲人不妄，吴亦有名，故欲作書奉報，乃得來書，更請審擇。特起肯遠相過，甚慰思渴。老年待盡，若復得一相見，豈非幸願！

今歲暑雨特甚，多逃於北山。平生未嘗畏暑，年老氣衰，復值此非常氣候，殊爲憊頓。書不及悉，千萬自愛。

## 與曾子山書

某啓：比聞上下呶呶，何故？人不患無材，患韜晦之爲難。况州縣之勢，固已相遼，郡若摧縣，易於拉朽，此不可知也。冬寒，千萬自愛。

〔一〕「劇」，宋刻本作「遽」。

## 與吴司録議王逢原姻事書二[一]

某啓：仲冬嚴寒，伏惟尊體動止萬福。王令秀才，近見文學、才智、行義皆高過人，見留他來此修學。雖貧不應舉，爲人亦通，不至大段苦節過當。他恐二舅不欲與作親，久不得委曲。不審尊意如何？傳聞皆不可信也。某目見其所爲如此，甚可愛也。

未拜見，千萬乞保尊重。

## 二

某啓：新正。伏惟二舅都曹尊體動止萬福。

向曾上狀，不審得達左右否？王令秀才見在江陰聚學，文學智識與其性行誠是豪傑之士。或傳其所爲過當，皆不足信。某此深察其所爲，大抵只是守節安貧耳。近日人從之學者甚衆，亦不至絶貧乏；況其家口寡，亦易爲贍足。雖然不應舉，以某計之[二]，今應舉者未必

〔一〕「二」，原無，據底本卷首目録補。

〔二〕「計」，光啓堂本、聽香館本作「謀」。

不困窮。更請斟酌。此人但恐久遠非終困窮者也，雖終困窮，其畜妻子，當亦不至失所也。渠却望二舅有信來決知親事，終如何，幸一賜報也。

尚寒，伏乞善保尊重。

# 王安石全集

修訂增補版

第八册

唐百家詩選

王水照　主編

復旦大學出版社

# 唐百家詩選

任雅芳整理

# 整理説明

唐百家詩選宋刊本，清初已稀見，宋犖據宋刊殘本再配以鈔本刊印成足本，世所傳之刊本多爲此本，亦稱雙清閣影宋本，何焯曾以其爲底本據相關集本校過一遍，校本後存於陸心源皕宋樓，現存於日本静嘉堂文庫。承静永健教授相助，得到全書之複印本。本次校點即以何氏校本爲底本（簡稱何校本），並參校以下版本：

一、中華再造善本之宋刻本王荆公唐百家詩選（據上海圖書館藏宋刻本影印，簡稱宋刻本），僅存九卷。另，又録黄永年校本所參之宋刊本多出二卷之校語（簡稱黄録宋本）。

二、日本静嘉堂文庫影印宋刊分類本唐百家詩選十卷本，原爲陸心源所藏，一九三六年作爲静嘉堂秘笈之一影印出版（簡稱分類本）。

三、首都師範大學圖書館藏宋犖刊本（簡稱清宋犖本）、復旦大學圖書館藏光緒年間印雙清閣本（簡稱雙清閣本）、臺灣廣文書局印行唐百家詩選［底本爲日本享和二年（一八〇二年）刊本，此本亦是宋犖本之翻刻（簡稱和刻本）］。各本刊印時間不同，頗多異文，對其相異處，稍作説明。

四、文淵閣四庫全書本、臺灣世界書局四庫全書本唐百家詩選排印本。

五、遼寧教育出版社刊黄永年校唐百家詩選，黄校底本爲蔣杲過録之何校本，比静嘉堂何校原本多出一些校語及批語，疑爲後人所增，本書基本鈔録並注明「黄録何校」與「黄録何批」。

六、文苑英華相關部分。王安石選詩與文苑英華時代相近。宋人周必大、彭叔夏多取唐百家詩選校文苑英華，其校記多存於今刊之文苑英華本中，此次整理多有參照。

七、宋蜀刻別集孟浩然詩集、張承吉文集、許用晦文集、杜荀鶴文集之相關部分。蜀刻本唐人別集與唐百家詩選之底本關係甚近，對校頗能解決問題，且内容不多，故亦列入，以供讀者參考。

本書的整理得到查屏球教授的大力支持，特此致謝。

# 目録[一]



[一]　本目録據正文編製，凡涉校改處請參見正文。

## 唐百家詩選　卷二……（八九）

## 唐百家詩選　卷三

**唐百家詩選　卷七**

**唐百家詩選　卷八**……………（二八三）

**唐百家詩選　卷九**……（三一六）

**唐百家詩選　卷十**

## 唐百家詩選　卷十一……（三七二）

唐百家詩選　卷十三……（四三三）

## 唐百家詩選　卷十四

## 唐百家詩選　卷十五

## 唐百家詩選　卷十六……（五二八）

## 唐百家詩選　卷十七

**唐百家詩選　卷十八**……（五八八）

**唐百家詩選　卷十九**……（六一七）

**唐百家詩選　卷二十**……（六三八）

附録：唐百家詩選序跋與提要……（六七一）

# 唐百家詩選 卷一

## 明皇二首

### 早渡蒲關〔一〕

鍾鼓嚴更曙，山河野望通。鳴鑾下蒲坂，飛旆入秦中。地險關逾壯，天平鎮尚雄。春來津樹合，月落戍樓空。馬色分朝景，雞聲逐曉風。所希常道泰，非復俟繻同。

〔一〕「蒲關」，文苑英華作「蒲津關」。

經魯祭孔子而歎之〔一〕

夫子何爲者，栖栖一代中。地猶鄹氏邑，宅即魯王宫。歎鳳嗟身否，傷麟怨道窮。今看兩楹奠，當與夢時同。

## 德宗一首

送徐州張建封還鎮

牧守寄所重，才賢生爲時。宣風自淮甸，授鉞膺藩維。入覲展遐戀，臨軒慰來思。忠誠在方寸，感激陳情詞。報國爾所向，恤人予是資。歡宴不盡懷，車馬當還期。穀雨將應候，行春猶未遲。勿以千里遥，而云無己知。

〔一〕「魯」，文苑英華、分類本作「鄹魯」。

# 薛稷一首

## 秋日還京陝西十里作〔一〕

驅車越陝郊，北顧臨大河。隔河見鄉邑〔二〕，秋風水增波。〔三〕西登咸陽途，日暮憂思多。傅巖既紆鬱，首山亦嵯峨。〔四〕操築無昔老，採薇有遺歌。〔五〕客遊既回換〔六〕，人生知幾何〔七〕。

〔一〕「秋日」，文苑英華無。

〔二〕「見」，文苑英華作「望」。

〔三〕「隔河見鄉邑，秋風水增波」，黄録何批作「回換」。

〔四〕「西登咸陽途，日暮憂思多。傅巖既紆鬱，首山亦嵯峨」，黄録何批作：「以下皆言日暮途遠也。」

〔五〕「操築無昔老，採薇有遺歌」，黄録何批作：「獨傳其歌，亦謂無其人也。自寓出處兩無所成之意。其慷慨出於劉越石，故宜見推哲匠。」

〔六〕「既」，文苑英華、四庫本作「節」。

〔七〕「知」，文苑英華作「能」。

## 劉希夷九首

希夷字庭芝，武后時〔一〕。

### 故園置酒

酒熟人須飲，春還鬢已秋。願逢千日醉，得緩百年憂。舊里多青草，新知盡白頭。風前燈易滅，川上月難留。卒卒周姬旦，棲棲魯孔丘。平生能幾日，不及且遨遊。

### 晚憩南陽旅館

旅館何年廢，征夫此日過。途窮人自哭，春至鳥還歌。行路新知少，荒田古路多。池篁覆丹谷，墳樹遶清波。日照蓬陰轉，風微野氣和。傷心不可去，回首怨如何。

〔一〕「武后時」，四庫本作「武后時人」。

## 採桑

楊柳送行人，青青西入秦。誰家採桑女〔一〕，樓上不勝春。盈盈灞水曲〔二〕，步步春芳緑。紅臉曜明珠，絳唇含白玉。回首渭橋東，遥憐樹色同。釵梳映落日〔三〕，細綺弄春風。攜籠長歎息，逶迤戀春色〔四〕。看花若有情，倚樹疑無力。薄暮思悠悠，使君南陌頭。相逢不相識，歸去夢青樓。

## 代閨人春日

珠簾的曉光，玉顔豔春彩。林間鳥鳴唤，户外花相待。花鳥惜芳菲，鳥鳴花亂飛。人今伴花鳥，日暮不能歸。池月憐歌扇，山雲愛舞衣。佳期楊柳陌，攜手莫相違。

〔一〕「誰」，文苑英華作「秦」。

〔二〕「水」，文苑英華作「池」，又注：「一作『水』。」

〔三〕「釵梳」，文苑英華作「青絲」。「映落日」，文苑英華作「映日落」，又注：「一作『嬌落日』。」

〔四〕「迤」，文苑英華作「遲」，又注：「一作『迤』。」

## 秋日題汝陽潭壁〔一〕

獨坐秋陰至〔二〕，悲來從所適〔三〕。行見汝陽潭，飛蘿蒙水石。懸瓢木葉上，風吹何歷歷。幽人不耐煩，振衣步閑寂〔四〕。回流清見底，金沙覆銀礫。洛水非一丈〔五〕，空朧幾千尺。魚鱗可憐紫〔六〕，鴨毛自然碧。秋水弄清光〔七〕，渺焉忘損益。遊山隨形影〔八〕，清濁混心跡。歲暮歸去來，東山余宿昔。

〔一〕「汝」，文苑英華作「南」。
〔二〕「至」，文苑英華作「生」。
〔三〕「適」，文苑英華作「滴」。
〔四〕「衣」，文苑英華作「杖」。「步閑」，文苑英華作「閑步」。
〔五〕「洛水非一丈」，黄録何校作「英華作錯落非一文」。「洛水」，文苑英華、四庫本作「錯落」。
〔六〕「魚鱗可憐紫」，文苑英華作「江湘魚鱗紫」。
〔七〕「秋水弄清光」，文苑英華、四庫本作「吟詠秋水篇」。
〔八〕「遊山」，文苑英華、四庫本作「秋水」。

## 代悲白頭翁〔一〕

洛陽城東桃李花〔二〕，飛來飛去落誰家？洛陽女兒惜顏色〔三〕，行逢落花長歎息。今年花落顏色改〔四〕，明年花開復誰在。已見松柏摧爲薪，更聞桑田變成海。古人無復洛城東〔五〕，今人還對落花風。年年歲歲花相似，歲歲年年人不同。寄言全盛紅顏子，須憐半死白頭翁〔六〕。此翁白頭真可憐，伊昔紅顏美少年〔七〕。公子王孫芳樹下，清歌妙舞落花前。〔八〕光禄池臺間錦繡〔九〕，將軍樓閣盡神仙〔一〇〕。一朝卧病無人識〔一一〕，三春行樂在誰邊？宛轉蛾眉能幾時，須臾鶴髮亂如絲。但

〔一〕本首篇題，宋刻本作「悲代白頭翁」，文苑英華作「白頭吟」，題作者爲「劉希夷」，又注：「文粹作『宋之問』。」

〔二〕「東」，文苑英華作「中」。

〔三〕「洛陽」，文苑英華校注：「一作『幽閨』。」「惜」，文苑英華作「好」。

〔四〕「落」，文苑英華作「開」。

〔五〕「洛城」，文苑英華作「洛陽」。

〔六〕「須」，文苑英華作「應」。「死」，宋刻本作「謝」。

〔七〕「伊昔」，文苑英華作「憶惜」。

〔八〕「公子王孫芳樹下，清歌妙舞落花前」兩句，文苑英華在「光禄池臺文錦繡，將軍樓閣畫神仙」兩句之後。

〔九〕「間」，清宋犖本作「開」，文苑英華作「文」。

〔一〇〕「盡」，清宋犖本作「畫」。

〔一一〕「人」，文苑英華作「相」。

看舊來歌舞地〔一〕，唯有黄昏鳥雀悲〔二〕。

## 巫山懷古

巫山幽陰地，神女豔陽年。襄王伺容色，落日望悠然。歸來高堂夜〔三〕，金缸燄青煙〔四〕，頽想卧瑶席。夢魂何翩翩，摇落殊未已。榮華倏徂遷，愁思瀟湘浦。悲涼雲夢田，猿啼秋風夜，雁飛明月天。巴歌不可聽，聽此益潺湲。

## 春女行

春女顔如玉，怨歌陽春曲。巫山春樹紅，沅湘春艸緑。自憐妖豔姿，妝成獨見時。愁心伴楊

〔一〕「舊」，文苑英華作「古」。
〔二〕「悲」，文苑英華作「飛」，又注：「一作『悲』。」
〔三〕「堂」，黄録何校作「唐」。
〔四〕「缸」，文苑英華作「釭」。

柳，春盡亂如絲。目極千餘里，悠悠春江水。顆想玉關人，愁卧金閨裏。尚言春花落，不知秋風起。嬌愛猶未終，悲涼從此始。憶昔楚王宫，玉樓妝粉紅。纖腰弄明月，長袖舞春風。容華委西山，光陰不可還。桑林没東海，富貴今何在？寄言桃李容，胡爲閨閤重。但看楚王墓，唯見數株松。

## 孤松篇

蠶月桑葉青，鶯時柳花白。澹豔煙雨滋，敷芬陽春陌。如何秋風起，零落從此始。獨有南澗松，不歎東流水。玄陰天地冥，皓雪朝夜零。豈不罹寒暑，爲君留青青。青青好顔色，落落任孤直。群樹遥相望〔二〕，衆艸不敢逼。靈龜卜真隱，仙鳥宜棲息。耻受秦帝封，願言唐侯食。〔三〕寒山夜月明，山冷氣清清。淒兮歸風集，吹之作琴聲。松子卧仙岑，寂聽凝野心。清泠有真曲，樵採無知音。美人何時來，幽逕委緑苔。吁嗟深澗底，棄捐廣厦材。

〔二〕「相」，宋刻本作「想」。

〔三〕「耻受秦帝封，願言唐侯食」，黄録何批作：「列仙傳，偓佺以松子遺堯，堯不報。」

## 王適一首

### 詠江濱梅〔一〕

忽見寒梅樹，開花漢水濱。不知春色早，疑是弄珠人。

## 韋述一首

### 晚度伊水〔二〕

悠悠涉伊水，伊水清見石。是時春向深，兩岸草如積。迢遞望洲嶼，逶迤亙津陌。新樹落

〔一〕黄録何批作：「南朝體惟存此小詩。」

〔二〕「度」，四庫本作「渡」。

疏紅，遥原上深碧〔二〕。回瞻洛陽苑〔三〕，遽有長山隔。煙霧猶辨家，風塵已爲客。登涉多異趨〔三〕，往來見行役。雲起早已昏〔四〕，鳥飛日將夕。光陰逝不借，超然慕疇昔。遠遊亦何爲，歸來存竹帛〔五〕。

## 盧象十首 開元、天寶時人。

### 雜詩二首

家居五原上，征戰是平生。獨負山西勇，誰當塞上名。死生遼海戰，雨雪薊門行。諸將封侯盡，論功獨不成。

〔一〕「深」，宋刻本、文苑英華作「新」。
〔二〕「苑」，文苑英華作「遠」。
〔三〕「涉」，四庫本作「陟」，文苑英華作「陟」，校注：「詩選作『涉』。」「趨」，文苑英華作「趣」。
〔四〕「早」，文苑英華作「蚤」。
〔五〕「存竹帛」，黄録何批作：「『存竹帛』，謂以文章自通於後也。」

君家御溝上，垂柳夾朱門。列鼎會中貴，鳴珂朝至尊。死生在片議，窮達獨一言〔一〕。須識苦寒士，莫矜狐白温。

## 八月十五日象自江東止田園移莊慶會未幾歸汶上小弟幼妹尤悲其別兼賦是詩〔二〕

謝病始告歸，依然入桑梓〔三〕。家人皆佇立，相候衡門裏。疇類皆長年〔四〕，成人舊童子。上堂家慶畢〔五〕，願與親姻邇〔六〕。論舊或餘悲〔七〕，思存且相喜〔八〕。田園轉蕪没，但有寒泉水。衰柳

---

〔一〕「獨」，四庫本作「由」。

〔二〕「八月十五日象」，分類本無。本首篇題，文苑英華作「休假還舊業便使」，題作者爲「王維」。

〔三〕「然」，文苑英華作「依」。

〔四〕「疇類」，文苑英華作「時輩」。「皆」，文苑英華作「今」，又注：「集作『皆』。」

〔五〕「家」，文苑英華作「嘉」。

〔六〕「願」，宋刻本作「顧」。「親姻邇」，文苑英華作「姻親齒」。

〔七〕「或」，文苑英華作「忽」，又注：「一作『或』。」

〔八〕「思」，文苑英華作「自」，又注：「集作『目』。」

日蕭條，秋光清邑里。入門乍如客，休騎非便止〔一〕。中飲顧王程，離憂從此始。兩妹日成長，雙鬟將及人。已能持寶瑟，自解掩羅巾。念昔别時小，未知疏與親。今來識離恨，掩淚方殷勤。小弟更孩幼，歸來不相識。同居雖漸慣，見人猶默默。宛作越人言，殊鄉甘水食。别此最爲難，淚盡有餘憶〔二〕。

## 寄江上段十六

與君相識即相親，聞道君家住孟津。爲見行舟試借問，客中時有洛陽人。

## 贈劉藍田〔三〕

籬中犬迎吠，出屋候柴扉。歲晏輸井税，山村人暮歸。晚田始家食，餘布成我衣。對此能

〔一〕「休」，文苑英華作「歸」，又注：「集作『休』。」

〔二〕文苑英華無「兩妹日成長」之後詩句。

〔三〕本首篇題，分類本作「贈劉藍田集」。

無事，勞君問是非。

## 白髮

我年一何長，鬢髮日已白。俛仰天地間，能爲幾時客？惆悵故山雲，徘徊空日夕。何事與時人，東城復南陌。

## 鄉賦後自鞏還田家鄰友見過之作〔一〕

雞鳴出東邑，馬倦登南巒。落日見桑柘，翳然丘中寒。鄰家多舊識，投暝來相看。且問春税苦，兼陳行路難。園場邊陰壑〔二〕，草木皆凋殘。峰暗雪猶積，澗深冰已團。浮名知何用，歲晏不成歡。置酒共君飲，當歌聊自寛。

〔一〕「自鞏」，分類本無。「鄰友」，四庫本作「因謝鄰友」。

〔二〕「邊」，四庫本作「近」。

## 竹里館

江南冰不閉，山澤氣潛通。臘月聞山鳥，寒崖見蟄熊。柳林青半合，荻筍亂無叢。回首金陵岸，依依向北風。

## 和徐侍郎叢篠詠〔一〕

中禁夕沈沈，幽篁別作林。色連雞樹近，影落鳳池深。爲重凌霜節，能虚應物心〔二〕。年年承雨露，長對紫庭陰。

〔一〕　本首篇題，文苑英華作「奉和徐侍郎中書叢篠」，題作者爲「蔣涣」，又注：「一作『盧象』。」按：此詩在本書卷六「蔣涣一首」中重出。

〔二〕　「應」，文苑英華作「爽」，又注：「一作『應』。」

## 宴別趙都護〔一〕

結客候旌麾，元戎復在斯。門開都護府〔二〕，兵動羽林兒。黠虜多翻覆，謀臣有別離。智同天所授，恩共日相隨。漢使開賓幕，胡笳送酒巵。風霜迎馬首，雨雪事魚麗。在策應無戰〔三〕，深情屬載馳。不應行萬里，明主寄安危。

## 孟浩然三十三首

字浩然，襄陽人，開元、天寶間，以詩聞於時，不仕，卒年五十二。

### 湘中旅泊寄閻九司户防〔四〕

桂水通百越，扁舟期曉發〔五〕。荆雲蔽三巴〔六〕，夕望不見家。襄王夢行雨，才子謫長沙。長沙饒

〔一〕本首篇題，宋刻本作「趙都護宴別」，文苑英華作「趙都護宅宴別」。
〔二〕「門」，文苑英華作「文」。
〔三〕「在」，四庫本作「上」。
〔四〕「閻九司户防」，蜀刻別集作「閻防」。
〔五〕「曉」，蜀刻別集作「晚」。
〔六〕「蔽」，蜀刻別集作「閇」。

瘴癘，胡爲苦留滯〔一〕？久别思款顔，承歡懷接袂。接袂杳無由，徒增旅泊愁〔二〕。清猿不可聽，沿月下湘流〔三〕。

## 歲暮歸南山〔四〕

北闕休上書，南山歸弊廬。不才明主棄，多病故人疏〔五〕。白髮催年老〔六〕，青陽逼歲除。永懷愁不寐〔七〕，松月夜窗虚〔八〕。

〔一〕「苦」，蜀刻别集作「久」。

〔二〕「泊」，蜀刻别集作「洎」。

〔三〕「下」，蜀刻别集作「上」。

〔四〕「暮」，蜀刻别集作「晚」。

〔五〕「多」，文苑英華校注：「一作『卧』。」

〔六〕「老」，文苑英華作「去」。

〔七〕「寐」，文苑英華校注：「一作『寢』。」

〔八〕「窗」，蜀刻别集作「堂」。

## 陪張丞相自松滋江入舟東泊渚宮作〔一〕

放溜下松滋，登舟命檝師。詎忘經濟日，不憚沍寒時〔二〕。洗幘豈獨古，濯纓良在茲。政成人自理，機息鳥無疑。雲氣霾孤嶼〔三〕，江天辨四維。晚來風稍急，冬至日行遲。獵響驚雲夢，漁歌激楚詞。渚宮何處是？川暝欲安坻〔四〕。

## 歲暮海上作

仲尼既已歿〔五〕，予亦浮於海。昏見斗柄回〔六〕，始知星歲改〔七〕。虛舟任所適，垂釣非有待〔八〕。

---

〔一〕本首篇題，蜀刻別集作「陪張丞相登當陽城樓」。

〔二〕「沍」，蜀刻別集作「泫」。

〔三〕「氣」，蜀刻別集作「物」。「霾」，蜀刻別集作「吟」。

〔四〕「坻」，蜀刻別集作「抵」，四庫本作「之」。

〔五〕「已」，蜀刻別集作「云」。「歿」，蜀刻別集作「没」。

〔六〕「昏」，文苑英華作「又」。「回」，蜀刻別集、文苑英華作「迴」。

〔七〕「始」，蜀刻別集作「方」。「星歲」，文苑英華作「新歲」，四庫本作「歲星」。

〔八〕「有」，蜀刻別集作「所」。

借問乘查人〔二〕，滄洲復誰在〔三〕。

## 自洛之越

遑遑三十載，書劍兩無成。山水尋吴越，風塵厭洛京。扁舟泛湖海，長揖謝公卿。且樂杯中酒〔三〕，誰論世上名。

## 王山人迴見尋〔四〕

歸閑日無事〔五〕，雲卧晝不起。有客款柴扉，自云巢居子。問君何所之〔六〕，採藥來城市。家

〔一〕「借」，文苑英華作「爲」。「查」，四庫本作「槎」。「人」，蜀刻别集作「久」。

〔二〕「洲」，文苑英華作「浪」。「誰」，蜀刻别集作「何」。

〔三〕「酒」，蜀刻别集作「物」，文苑英華校注：「集作『物』」。

〔四〕本首篇題，蜀刻别集作「白雲先生王迴見訪」。

〔五〕「歸閑」，蜀刻别集作「閑歸」。

〔六〕「之」，宋刻本作「知」，「問君何所之」，蜀刻别集作「居閑好芝術」。

在鹿門山，常遊涸湖水〔一〕。手持白羽扇，脚躡青芒屨〔二〕。聞道鶴書徵，臨流還洗耳。

遊精思觀迴王山人在後〔三〕

出谷未亭午，至家已夕曛〔四〕。回瞻下山路，但見牛羊群。樵子暗相失，草蟲寒不聞。衡門猶未掩，佇立待夫君〔五〕。

〔一〕「涸」，何校本將「澗」塗改爲「涸」，宋刻本作「洞」。蜀刻別集、清宋犖本、雙清閣本、四庫本、和刻本作「澗」。「湖」，蜀刻別集作「澤」。

〔二〕「躡」，蜀刻別集作「步」。

〔三〕「迴」，文苑英華無。「山人」，蜀刻別集、文苑英華作「白雲」。

〔四〕「至」，文苑英華作「到」。「已夕」，蜀刻別集作「日已」。「到家已夕曛」，文苑英華校注：「集作『至家日已曛』。」

〔五〕「待」，蜀刻別集作「望」，文苑英華校注：「集作『童』。」

## 夜泊宣城界〔一〕

西塞沿江島，南陵問驛樓。湖平津濟闊〔二〕，風止客帆收。去去懷前浦〔三〕，茫茫泛夕流。石逢羅刹礙，山泊敬亭幽。火熾梅根治〔四〕，煙迷楊葉洲。離家復水宿，相伴賴沙鷗〔五〕。

## 永嘉上浦館逢張八子容〔六〕

逆旅相逢處，江村日暮時。衆山遥對酒，孤嶼共題詩。廨宇鄰鮫室〔七〕，人煙接島夷。鄉關萬餘里，失路一相悲。

〔一〕本首篇題，文苑英華作「旅行欲泊宣州界」，又注：「集作夜泊宣城界。」

〔二〕「湖平」，蜀刻别集作「平湖」。「濟」，文苑英華作「渡」。

〔三〕「浦」，蜀刻别集作「事」。

〔四〕「熾」，蜀刻别集、宋刻本作「識」。「治」，宋刻本作「治」。

〔五〕「沙」，文苑英華作「江」，又注：「集作『沙』。」

〔六〕「逢張八子容」，蜀刻别集作「送張子容」，文苑英華作「逢張客卿」。

〔七〕「宇」，文苑英華作「院」。

## 宿業師山房期丁鳳進士不至〔一〕

夕陽度西嶺，群壑倏已暝。松月生夜涼〔二〕，風泉滿清聽。樵人歸欲盡，煙鳥棲初定〔三〕。之子期宿來〔四〕，攜琴候蘿徑〔五〕。

## 夕次蔡陽館

日暮馬行疾，荒城人住稀。聽歌知近楚，投館忽如歸。魯堰田疇廣，章陵氣色微。明朝拜家慶〔六〕，須著老萊衣。

〔一〕「期丁鳳進士」，蜀刻別集作「待丁公」。本首篇題，文苑英華作「宿萊師山房期丁大不至」，「萊」，又注：「集作『業』。」「大」，又注：「集作『公』。」

〔二〕「夜涼」，文苑英華作「涼意」，又注：「一作『夜涼』。」

〔三〕「煙」，文苑英華作「磴」，又注：「一作『煙』。」

〔四〕「宿」，文苑英華作「未」。

〔五〕「攜琴」，文苑英華作「孤宿」，又注：「集作『琴』。」

〔六〕「家」，蜀刻別集作「嘉」。

## 過故人莊

故人具雞黍，邀我至田家。綠樹村邊合，青山郭外斜。開筵面場圃，把酒話桑麻。待到重陽日，還來就菊花。

## 登鹿門山懷古〔一〕

清曉因興來，乘流越江峴。沙禽近初識，浦樹遥莫辨。漸到鹿門山，山明翠微淺。巖潭多屈曲，舟檝屢回轉。昔聞龐德公，采藥遂不返。金澗養芝术〔二〕，石床卧苔蘚。紛吾感耆舊〔三〕，結覽事攀踐〔四〕。隱迹今尚存，高風邈已遠。白雲何時去，丹桂空偃蹇。探討竟未窮，回艫夕陽晚〔五〕。

〔一〕本首篇題，蜀刻別集作「題鹿門山」。
〔二〕「養」，蜀刻別集作「餌」。
〔三〕「吾」，宋刻本作「語」。
〔四〕「覽」，四庫本作「攬」、蜀刻別集作「纜」。
〔五〕「艫」，蜀刻別集作「艇」。

## 裴司功員司士見尋〔一〕

府寮能枉駕〔二〕，家醖復新開〔三〕。落日池上酌，清風松下來。廚人具雞黍，稚子摘楊梅。誰道山公醉，猶能騎馬回。

## 送杜晃進士之東吴〔四〕

荆吴相接水爲鄉〔五〕，君去春江正淼茫〔六〕。日暮征帆泊何處，天涯一望斷人腸。

〔一〕「功」，蜀刻别集作「士」。「士」，蜀刻别集作「户」。
〔二〕「寮」，四庫本作「僚」。
〔三〕「家」，蜀刻别集作「喜」。
〔四〕本首篇題，蜀刻别集、文苑英華作「送杜十四」。
〔五〕「相」，蜀刻别集作「日」。「爲」，蜀刻别集作「鳥」，文苑英華作「連」，又注：「絶句詩選作『爲』。」
〔六〕「春江」，文苑英華校注：「一作『江村』。」「淼」，蜀刻别集作「渺」。

## 登江中孤嶼貽王山人迥〔一〕

悠悠清江水，水落沙嶼出。回潭石下深，緑篠岸傍密〔二〕。鮫人潛不見，漁父歌自逸〔三〕。憶與君別時，泛舟如昨日。夕陽開返照〔四〕，中坐興非一。南望鹿門山，歸來恨相失〔五〕。

## 晚泊潯陽望廬峰作〔六〕

挂席幾千里〔七〕，名山都未逢。泊舟潯陽郭，始見香爐峰〔八〕。常讀遠公傳〔九〕，永懷塵外蹤。東

〔一〕「貽王山人迥」，蜀刻別集作「話白雲先生」。
〔二〕「傍」，蜀刻別集作「邊」。
〔三〕「歌自」，蜀刻別集作「自歌」。
〔四〕「開」，蜀刻別集作「門」。「返」，宋刻本「反」。
〔五〕「相」，蜀刻別集作「如」。
〔六〕「峰」，蜀刻別集、文苑英華作「山」。「作」，蜀刻別集、文苑英華無。
〔七〕「席」，文苑英華作「帆」，又注：「一音作『去聲』，集作『席』，恐不知側音耳。」
〔八〕「見」，宋刻本作「看」。
〔九〕「常」，文苑英華、四庫本作「嘗」。

林精舍在〔一〕，日暮空聞鐘〔二〕。

## 同張明府清鏡歎

妾有盤龍鏡，清光常晝發。自從生塵埃，有若霧中月。愁來試取照，坐歎生白髮。寄語邊塞人，如何久離別。

## 宿中山翠微寺空上人房〔三〕

翠微終南裏，雨後宜返照。閉關久沉冥，杖策一遊眺〔四〕。遂造幽人室，始知静者妙。儒道

〔一〕「在」，蜀刻别集作「近」，文苑英華校注：「集作『近』。」
〔二〕「空」，文苑英華校注：「集作『但』。」四庫本作「但」。
〔三〕「宿」，蜀刻别集作「題」。「中山」，四庫本作「終南」。
〔四〕「遊」，蜀刻别集作「登」。

雖異門，雲林頗同調。兩心喜相得〔一〕，畢景共談笑。暝還高窗眠〔二〕，時見遠山燒〔三〕。緬懷赤城標〔四〕，更憶臨海嶠〔五〕。風泉有清音，何必蘇門嘯。

送友人之京

君登青雲去，予望青山歸〔六〕。雲山從此別，淚濕薜蘿衣。

〔一〕「喜相」，蜀刻別集作「相憙」。
〔二〕「眠」，蜀刻別集作「昏」。
〔三〕「燒」，蜀刻別集作「曉」。
〔四〕「標」，蜀刻別集作「摽」。
〔五〕「臨海」，宋刻本作「林海」。
〔六〕「予」，蜀刻別集作「余」。

## 京還留别新豐諸官〔一〕

吾道懵所適〔二〕，驅車還向東。主人開舊館，留客醉新豐〔三〕。樹繞温泉緑，塵昏晚日紅〔四〕。拂衣從此去，高步躡華嵩。

## 江上别流人〔五〕

以我越鄉客〔六〕，逢君謫居者。分飛黄鶴樓〔七〕，流落蒼梧野。驛騎尋雲去〔八〕，孤帆沿溜下〔九〕。

〔一〕本首篇題，蜀刻别集、文苑英華作「東京留别諸公」。
〔二〕「懵」，蜀刻别集、文苑英華作「昧」。
〔三〕「新豐」，黄録何批作：「便以『新豐』代『酒』家。」
〔四〕「昏」，宋刻本、分類本作「障」，蜀刻别集、文苑英華作「遮」。「晚」，文苑英華作「曉」。
〔五〕「流」，蜀刻别集作「留」。
〔六〕「客」，蜀刻别集作「里」。
〔七〕「鶴」，蜀刻别集作「鵠」。
〔八〕「騎」，蜀刻别集作「使」。「尋」，蜀刻别集作「乘」。
〔九〕「孤」，蜀刻别集作「征」。

不知從此分，還袂何時把。

## 上巳日洛中寄王山人迥〔一〕

卜洛成周地，浮盃上巳筵。鬬雞寒石下〔二〕，走馬射堂前。垂柳金堤合，平沙翠幕連。不知王逸少，何處會群賢。

## 秋登萬山寄張五儃〔三〕

北山白雲裏〔四〕，隱者自怡悦。相望試登高〔五〕，心隨鳥飛滅〔六〕。愁因薄暮起，興是清秋發〔七〕。

〔一〕「王山人迥」，蜀刻别集作「黄九」。

〔二〕「石」，清宋犖本同，蜀刻别集、宋刻本、雙清閣本、四庫本、和刻本作「食」。

〔三〕「萬」，蜀刻别集作「蘭」，文苑英華校注：「集作『蘭』。」「儃」，蜀刻别集、文苑英華無。

〔四〕「北」，文苑英華校注：「集作『此』。」

〔五〕「試」，文苑英華作「始」。又注：「集作『試』。」

〔六〕「鳥」，文苑英華作「雁」。「心隨鳥飛滅」，文苑英華校注：「集作『心飛逐鳥滅』。」蜀刻别集作「心飛逐鳥滅」。

〔七〕「秋」，蜀刻别集作「境」，文苑英華校注：「集作『境』。」

時見歸村人〔一〕，沙平渡頭歇〔二〕。天邊樹若薺，江畔洲如月〔三〕。何當載酒來，共醉重陽節。

## 夜歸鹿門寺歌〔四〕

山寺鳴鐘晝已昏〔五〕，漁梁渡頭争渡喧〔六〕。人隨沙路向江村〔七〕，予亦乘舟歸鹿門〔八〕。鹿門月照開煙樹，忽到龐公棲隱處〔九〕。巖扉松徑長寂寥〔一〇〕，唯有幽人夜來去。

〔一〕「歸村人」，文苑英華作「村人歸」，又注：「集作『歸村人』。」

〔二〕「平」，蜀刻別集作「行」，文苑英華校注：「集作『行』。」

〔三〕「洲」，文苑英華作「舟」，又注：「集作『洲』」。

〔四〕「寺」，文苑英華作「山」。「歌」，蜀刻別集無。

〔五〕「鳴鐘」，文苑英華作「鐘鳴」。

〔六〕「漁」，宋刻本作「漢」。「渡」，文苑英華作「喧」，又注：「集作『渡』。」

〔七〕「路」，文苑英華作「道」，又注：「集作『路』。」

〔八〕「予」，文苑英華作「余」。

〔九〕「到」，文苑英華作「辨」，又注：「集作『到』。」

〔一〇〕「松」，文苑英華作「草」，又注：「文粹作『松』。」「巖扉松徑」，蜀刻別集作「樵徑非遥」。文苑英華校注：「四字集作『樵徑非遥』。」

## 與諸子登峴山作[一]

人事有代謝，往來成古今。江山留勝跡，我輩復登臨。水落漁梁淺，天寒夢澤深。羊公碑尚在[二]，讀罷淚沾襟。

## 赴京途中遇雪

迢遞秦京道，蒼茫歲暮天。窮陰連晦朔，積雪滿山川。落雁迷沙渚，飢烏噪野田[三]。客愁空佇立，不見有人煙。

---

[一]「作」，蜀刻別集無。
[二]「尚」，蜀刻別集作「字」。
[三]「烏」，蜀刻別集作「鷹」。「噪」，蜀刻別集作「集」。

## 宿建德江〔一〕

移舟泊滄渚〔二〕，日暮客愁新。野曠天低樹，江清月近人。

## 萬山潭作〔三〕

垂釣坐磐石，水清心自閑〔四〕。魚游潭樹下〔五〕，猿挂島藤間。神女昔解珮〔六〕，傳聞於此山。求之不可得，沿月櫂歌還。

〔一〕本首篇題，蜀刻別集、文苑英華作「建德江宿」。
〔二〕「滄」，蜀刻別集作「煙」，文苑英華作「幽」，又注：「集作『煙』。」
〔三〕本首篇題，蜀刻別集作「山潭」，文苑英華作「萬山潭」。
〔四〕「自」，蜀刻別集、文苑英華作「益」。
〔五〕「游」，蜀刻別集作「行」。
〔六〕「神」，蜀刻別集作「遊」。

## 春中喜王九相尋〔一〕

二月湖水清〔二〕，家家春鳥鳴。林花掃更落，徑草蹋還生〔三〕。酒伴來相命，開尊共解酲〔四〕。當壚已入手，歌妓莫停聲。

## 途中遇晴

已失巴陵雨，猶逢蜀坂泥。天開斜景遍，山出晚雲低。餘濕仍霑草，殘流尚入溪。今宵有明月，鄉思遠悽悽。

〔一〕本首篇題，蜀刻別集作「晚春」。

〔二〕「湖」，宋刻本作「池」。

〔三〕「徑」，蜀刻別集作「遥」。「蹋」，蜀刻別集作「蹈」，宋刻本作「踏」。

〔四〕「尊」，蜀刻別集作「罇」。「酲」，蜀刻別集作「醒」。

## 送從弟邕落第東遊會稽〔一〕

疾風吹征帆，倏爾向空没。千里去俄頃〔二〕，三江坐超忽。向來共歡娱，日夕成楚越。落羽更分飛，誰能不驚骨。

## 和張丞相春朝對雪

迎氣當春立〔三〕，承恩喜雪來。潤從河漢下〔四〕，花逼豔陽開。不覩豐年瑞〔五〕，安知爕理才〔六〕。散鹽如可擬〔七〕，願糝和羹梅〔八〕。

〔一〕「落第東遊會稽」，蜀刻別集作「下第後尋會稽」，宋刻本作「落第後東遊會稽」。
〔二〕「去」，蜀刻別集作「在」。
〔三〕「立」，蜀刻別集作「至」、文苑英華作「至」，又注：「集作『立』。」
〔四〕「下」，文苑英華校注：「集作『落』。」
〔五〕「瑞」，四庫本作「里」。
〔六〕「安」，蜀刻別集作「焉」，文苑英華作「焉」，又注：「集作『安』。」
〔七〕「散」，四庫本作「撒」。
〔八〕「願」，蜀刻別集作「便」。

# 唐百家詩選　卷二

## 高適上五十九首〔一〕

### 淇上酬薛三據兼寄郭主簿〔二〕

自從別京華，我心乃蕭索。十年守章句，萬事空寥落〔三〕。北上登薊門，茫茫見沙漠。倚劍對風塵，慨然思衛霍。拂衣去燕趙，驅馬悵不樂。天長滄州路，日暮邯鄲郭。酒肆或淹留，魚潭

〔一〕「五十九」，原作「六十」，據收詩實際數量改。

〔二〕「薛三據兼寄郭主簿」，文苑英華作「薛據兼寄郭微」，題作者爲「王昌齡」。

〔三〕「事」，文苑英華作「里」。

屢棲泊〔一〕。獨行備艱險〔二〕，所見窮善惡。永願拯蒭蕘〔三〕，孰辭干鼎鑊〔四〕。皇情念淳古，時俗何浮薄。理道資任賢〔五〕，安人在求瘼。故交負靈奇〔六〕，逸氣包蹇諤〔七〕。隱軫經濟具〔八〕，縱横建安作。才望勿先鳴〔九〕，風期無宿諾。飄飖勞州縣，迢遞限言謔。東馳渺貝丘，西顧彌虢略〔一〇〕。淇水徒自流〔一一〕，浮雲不堪託。吾謀適可用，天路豈遼廓〔一二〕。不然買山田，一身與耕鑿。且欲同鳧鷖，焉能志鴻鶴〔一三〕。

〔一〕「魚潭」，文苑英華作「漁澤」。
〔二〕「險」，文苑英華作「難」。
〔三〕文苑英華無「所見窮善惡，永願拯蒭蕘」。
〔四〕「干」，文苑英華作「于」。
〔五〕「資」，文苑英華作「須」。
〔六〕「靈奇」，文苑英華作「奇才」。
〔七〕「蹇」，何校本「謇」塗改作「蹇」，黄録何校作：「何校『蹇』：『晉書王戎傳「無蹇諤之節」，不當從「言」。』」文苑英華、清宋犖本、雙清閣本、和刻本、四庫本作「謇」。
〔八〕「具」，文苑英華作「策」。
〔九〕「勿」，何校本校注：「忽。」文苑英華、四庫本作「忽」。清宋犖本、雙清閣本、和刻本作「勿」。
〔一〇〕「略」，何校本「洛」改作「略」，文苑英華、四庫本作「略」，清宋犖本、雙清閣本、和刻本作「洛」。
〔一一〕「流」，文苑英華作「深」。
〔一二〕「路」，文苑英華作「道」。「遼」，四庫本作「寥」。
〔一三〕「鶴」，四庫本作「鵠」。文苑英華無「且欲同鳧鷖，焉能志鴻鶴」。

## 途中酬李少府贈別之作

西上逢節換，東征私自憐。故人今卧疾，欲别還留連。舉酒臨南軒，夕陽滿中筵。寧知江上興，乃在河梁偏。行李多光輝，扎翰忽相鮮。誰謂歲月晚，交情上貞堅〔二〕。終嗟州縣勞，官謗復迍邅。雖負忠信美，其如方寸懸。連帥扇清風，千里猶眼前。曾是趨藻鏡，不應翻棄捐。日來知自强，風氣殊未痊。可以加藥物，胡爲輒憂煎。驅馬出大梁，原野一悠然。柳色感行客，雲陰愁遠天。皇明燭幽遐，德澤普昭宣。鵷鴻列霄漢，鸒雀何翩翩。余亦惬所從，漁樵十二年。種瓜漆園裏，鑿井廬門邊。去去勿重陳，生涯難勉旃〔三〕。或期遇春事，與爾復周旋。投報空回首，狂歌謝比肩。

〔二〕「上」，四庫本作「尚」。

〔三〕「旃」，何校本「旃」塗改作「旃」，四庫本作「旃」，清宋犖本、雙清閣本、和刻本作「旃」。

## 東平路中遇水〔一〕

天災自古昔〔二〕，昏溺彌今秋〔三〕。霖霔溢川源〔四〕，澒洞涵田疇〔五〕。指途適汶陽，挂席經蘆洲。永望齊魯郊，白雲何悠悠。旁沿鉅野澤，大水縱横流。蟲蛇擁獨樹，麇鹿奔行舟。稼穡隨波瀾，西成不可求。室居相枕籍，蛙黽聲啾啾。仍憐穴蟻漂，益羨雲禽遊。農人無倚著，野老生殷憂。聖主多深仁〔六〕，廟堂運良籌〔七〕。倉廩終爾給，田租應罷收。我心胡鬱陶〔八〕，征旅亦悲愁〔九〕。縱横濟時策〔一〇〕，誰肯論吾謀。

〔一〕「遇水」，何校本「遇」、「水」二字間加注：「大。」

〔二〕「昔」，四庫本作「有」。

〔三〕「溺」，四庫本作「墊」。

〔四〕「霔」，何校本校注：「集作『霪』。」「川」，黄録宋本作「州」。

〔五〕「澒」，何校本「傾」塗改作「澒」，四庫本作「澒」，清宋犖本、雙清閣本、和刻本作「傾」。

〔六〕「多」，何校本校注：「集作『留』。」黄録何校作：「集作『當』。」

〔七〕「運」，分類本作「用」。

〔八〕「胡」，四庫本作「何」。

〔九〕「悲」，分類本作「能」。

〔一〇〕「横」，何校本校注：「懷。」

## 留別洛下諸公兼贈鄭三韋九〔一〕

憶昨相逢論久要，顧君哂我輕常調〔二〕。羈旅雖同白社遊〔三〕，詩書比作青雲料〔四〕。蹇步蹉跎竟不成，年過四十尚躬耕。長歌達者杯中物〔五〕，冷笑前人身後名〔六〕。幸逢明盛多招隱，高山大澤徵求盡。此時也得辭漁樵〔七〕，青袍裹身荷聖朝。牛犂釣竿不復見〔八〕，縣人邑吏來相邀。遠路鳴蟬秋興發，華堂美酒離憂消。不知何時更攜手〔九〕，應念兹辰去折腰〔一〇〕。

〔一〕本首篇題，文苑英華作「留別鄭三韋九兼洛下諸公」。

〔二〕「君」，文苑英華作「公」。「常」，文苑英華作「高」。

〔三〕「羈」，何校本「羈」塗改作「羈」。「雖」，文苑英華作「須」。

〔四〕「比」，何校本校注：「集作『已』。」「比作」，文苑英華作「已得」，又注：「詩選作『比作』。」

〔五〕「者」，文苑英華作「士」，又注：「集作『者』。」

〔六〕「冷」，何校本校注：「集作『大』。」文苑英華作「大」，又注：「詩選作『冷』。」

〔七〕「也」，文苑英華校注：「集作『苟』。」

〔八〕「牛犂」，文苑英華作「棃牛」，又注：「詩選作『牛棃』。」

〔九〕「時」，文苑英華作「日」。

〔一〇〕「去折腰」，文苑英華作「去去遥」，又注：「詩選作『去折腰』，集作『尚折腰』。」

## 封丘作

我本漁樵孟諸野，一生自是悠悠者。乍可狂歌草澤中，寧堪作吏風塵下。祇言小邑無所爲，公門百事皆有期。拜迎官長心欲破〔一〕，鞭撻黎庶令人悲。悲來向家問妻子〔二〕，舉家盡笑今如此〔三〕。生事應須南畝田〔四〕，世情付與東流水。夢想舊山安在哉，爲銜君命日遲迴〔五〕。乃知梅福徒爲爾，轉憶陶潛歸去來〔六〕。

## 贈別韋參軍

二十辭書劍〔七〕，西遊長安城。舉頭望君門，屈指取公卿。國風沖融邁三五，朝廷歡樂彌寰

〔一〕「破」，文苑英華校注：「集作『碎』。」
〔二〕「悲」，何校本校注：「集作『歸』。」文苑英華作「歸」，又注：「集作『悲』。」
〔三〕「笑」，文苑英華作「哭」，校注：「集作『道』。」
〔四〕「應須」，文苑英華作「須依」，又注：「集作『應須』。」
〔五〕「日」，文苑英華校注：「集作『且』。」
〔六〕「轉」，文苑英華作「卻」，又注：「集作『轉』。」
〔七〕「辭」，何校本校注：「集作『解』。」文苑英華作「解」，又注：「詩選作『辭』。」

宇。白璧皆言賜近臣，布衣不得干明主〔二〕。歸來洛陽無負郭，東過梁宋非吾土。兔苑爲農歲不登，雁池垂釣心長苦。世人向我同衆人，唯君於我翻相親〔三〕。且嘉百年有交態〔三〕，未曾一日辭家貧〔四〕。彈棋擊筑白日晚〔五〕，縱酒高歌楊柳春。歡娱未盡分散去，使我惆悵驚心神。終當不作兒女別〔六〕，臨岐涕泗沾衣巾〔七〕。

## 九月九日酬顔少府

簷前白日應可惜，籬下黄花爲誰有。行子迎霜未授衣，主人得錢始沽酒。蘇秦顦顇時多厭，

---

〔一〕「得」，文苑英華校注：「集作『敢』。」

〔二〕「唯」，文苑英華作「惟」。「翻」，何校本校注：「集作『最』。」文苑英華作「情」，又注：「集作『最』。」

〔三〕「嘉」，文苑英華、四庫本作「喜」。

〔四〕「曾」，文苑英華校注：「集作『當』。」

〔五〕「棋」，文苑英華作「琴」。文苑英華自「彈琴擊筑白日晚」開始另起一行，爲第二首詩。

〔六〕「終當」，何校本校注：「集作『丈夫』。」「别」，文苑英華作「悲」，又注：「詩選作『别』。」

〔七〕「泗」，文苑英華作「淚」，又注：「詩選作『四』。」

蔡澤栖惶世看醜〔一〕。縱使登高秖斷腸，不如獨坐空搔首。

送李少府貶峽中王少府貶長沙〔二〕

嗟君此別意何如，駐馬銜杯問謫居。巫峽啼猿數行淚，衡陽歸雁幾封書。青楓江上秋天遠，白帝城邊古木疏。聖代即今多雨露，暫時分手莫躊躇。

平臺夜遇李景參有別

離憂忽浩然〔三〕，策馬對秋天。孟諸薄暮涼風起，歸客相逢渡睢水。昨時攜手已十年〔四〕，明日

〔一〕「栖惶」，何校本校注：「集作『栖遲』。」四庫本作「栖遑」。
〔二〕「送」，分類本無。
〔三〕「憂忽浩」，文苑英華校注：「集作『心忽悵』。」
〔四〕「昨時」，文苑英華作「憶昨」，又注：「集作『昨時』。」「已」，文苑英華校注：「集作『向』。」

分途各千里〔二〕。歲物蕭條滿路岐，此行浩蕩令人悲。家貧羨爾有微禄，欲往從之何所之。

## 别晉處士

有人家住清河源，渡河問我遊梁園。手持道經注已畢，心知内篇口不言。盧門十年見秋艸，此心惆悵誰能道。知己從來不易知，想君爲人與我好〔三〕。别時九月桑葉疏，出門千里行無車。愛君且欲君先達，今日求賢早上書〔三〕。

## 送别

昨夜離心正鬱陶，三更白露西風高。螢飛木落何淅瀝，此時夢見西歸客〔四〕。曉鐘寥亮三四

〔一〕「明」，文苑英華校注：「集作『今』。」

〔二〕「想」，四庫本作「慕」。「我」，四庫本作「君」。

〔三〕「日」，分類本作「上」。

〔四〕「夢見」，文苑英華校注：「集作『忽頡』。」

聲〔二〕，東鄰嘶馬使人驚。攬衣出户一相送，唯見歸雲縱復横〔三〕。

## 燕歌行 并序

開元二十六年〔三〕，有從元戎出塞而還者〔四〕，作燕歌行以示適，感征戍之事，作燕歌行〔五〕。

漢家煙塵在東北，漢將辭家破殘賊。男兒本自重横行，天子非常賜顔色。摐金伐鼓下榆關〔六〕，旌旆逶迤碣石間。校尉羽書飛瀚海，單于獵火照狼山。山川蕭條極邊土，胡騎憑陵雜風雨。戰士軍前半死生，美人帳下猶歌舞。大漠窮秋草木腓〔七〕，孤城落日鬬兵稀。身當恩遇常輕

〔一〕「曉」，文苑英華作「曙」。

〔二〕「唯」，文苑英華作「惟」。

〔三〕「二十六」，文苑英華作「十六」。

〔四〕何校本「年」、「有」二字間加注「客」。「有」，文苑英華作「客有」。「元戎」，文苑英華作「御史大夫張公」。

〔五〕「作燕歌行」，何校本校注：「因而和焉。」文苑英華作「而和焉」，四庫本作「因而和焉」。

〔六〕「榆」，黄録何批作：「『榆』，當作『渝』，渝關在營、平二州間，古所謂臨渝之險也。音喻，與勝州界之榆關字異。不惟傳寫之訛，以詩之音節求之，即達夫亦訛爲『木』旁矣。」

〔七〕「草木」，何校本校注：「集作『塞草』。」「草木腓」，文苑英華作「塞草衰」，又注：「一作『腓』。」

敵〔二〕，力盡關山未解圍。鐵衣遠戍辛勤久，玉筯應啼别離後。少婦城南欲斷腸，征人塞北空回首〔三〕。邊庭飄颻那可度〔三〕，絶域蒼茫何所有〔四〕。殺氣三時作陣雲〔五〕，寒聲一夜傳刁斗〔六〕。相看白刃血紛紛〔七〕，死節從來豈顧勳。君不見沙場征戰苦，至今猶憶李將軍。

## 古大梁行

古城蒼茫多荆榛〔八〕，驅馬荒城愁殺人。魏王宫館盡禾黍〔九〕，信陵賓客隨灰塵。憶昔雄都舊朝市，軒車照耀歌鐘起。軍容帶甲三十萬，國步連營一千里。全盛須臾那可論，高臺曲池無復存。

〔一〕「常」，文苑英華作「恒」。

〔二〕「征」，文苑英華作「行」，又注：「一作『征』。」「塞」，文苑英華作「薊」。

〔三〕「庭」，文苑英華作「風」。「那可度」，文苑英華作「難可越」，又注：「一作『那可度』。」

〔四〕「何所」，文苑英華作「無所」，又注：「一作『更何』。」

〔五〕「時」，文苑英華校注：「一作『日』。」

〔六〕「聲」，文苑英華作「風」，又注：「一作『聲』。」

〔七〕「血」，文苑英華作「徒」，又注：「一作『血』。」

〔八〕「蒼茫」，何校本校注：「莽蒼。」

〔九〕「館」，何校本校注：「觀。」

遺墟但有狐狸窟，古地空餘草木根。暮天摇落傷懷抱，倚劍悲歌對秋草〔一〕。俠客猶傳朱亥名，行人尚識夷門道。白璧黄金萬户侯，寶刀駿馬填山丘。年代淒涼不可問，往來唯有水東流〔二〕。

## 行路難

君不見富家翁，舊時貧賤誰比數〔三〕。一朝金多結豪貴，萬事勝人健如虎〔四〕。子孫成長滿眼前〔五〕，妻能管絃妾歌舞〔六〕。自矜一身忽如此〔七〕，卻笑旁人獨愁苦。東鄰少年安所如，席門窮巷出無車。有才不肯學干謁，何用年年空讀書〔八〕。

〔一〕「倚」，何校本校注：「集作『撫』。」

〔二〕「唯」，四庫本作「惟」。

〔三〕「舊」，文苑英華校注：「一作『昔』。」

〔四〕「萬」，文苑英華作「百」，又注：「一作『萬』。」

〔五〕「成」，文苑英華作「生」，又注：「一作『成』。」「長」，何校本校注：「集作『行』。」四庫本作「行」。

〔六〕「能」，文苑英華作「解」，又注：「一作『能』。」「歌」，文苑英華作「能」。

〔七〕「身」，文苑英華作「朝」。「忽」，文苑英華校注：「一作『見』。」

〔八〕「年年」，文苑英華作「長年」，又注：「一作『年年』。」

## 邯鄲少年行〔一〕

邯鄲城南遊俠子〔二〕，自矜生長邯鄲裏〔三〕。千場縱博家仍富，幾處報讎身不死〔四〕。宅中歌笑日紛紛，門外車馬長如雲〔五〕。未知肝胆向誰是，令人卻憶平原君〔六〕。君不見即今交態薄〔七〕，黄金用盡還疏索。以兹感歎辭舊遊〔八〕，更於時事無所求。且與少年飲美酒，往來射獵西山頭。

〔一〕本首篇題，文苑英華作「少年行」，又注：「一作邯鄲少年行。」

〔二〕「南」，文苑英華校注：「一作『西』。」

〔三〕「矜」，文苑英華作「言」，又注：「一作『矜』。」

〔四〕「處」，文苑英華作「度」，又注：「一作『處』。」

〔五〕「長」，文苑英華、四庫本作「常」，文苑英華又注：「集作『矗』，又作『長』。」「長如雲」，何校本校注：「集作『如雲屯』。」文苑英華校注：「三字一作『如雲屯』。」

〔六〕「令人卻憶平原君」，黄録何批作：「思平原，正爲今人之薄也，脱卸無跡。」

〔七〕「君」，文苑英華無。「即今」，何校本校注：「集作『今人』。」文苑英華校注：「集作『今人』。」

〔八〕「歎」，文苑英華校注：「一作『激』。」

## 薊門行五首

邊城十一月，雨雪亂霏霏。元戎號令嚴，人馬亦輕肥。羌胡無盡日，征戰幾時歸。

幽州多騎射，結髮重橫行。一朝事將軍，出入有聲名。紛紛獵秋草，相向角弓鳴。

黯黯長城外，日没更煙塵。胡騎雖憑陵，漢兵不顧身。古樹滿空塞，黄雲愁殺人。

薊門逢故老，獨立思氛氳。一身既零丁，頭髮白紛紛〔二〕。勳庸今已矣，不識霍將軍。

漢家能用武，開拓窮異域。戍卒厭糟糠，降胡重衣食。關亭試一望，吾欲淚沾臆。

---

〔二〕「髮」，何校本校注：「集作『鬢』。」

## 營州歌〔一〕

營州少年厭原野〔二〕，皮裘蒙茸獵城下〔三〕。虜酒千杯不醉人，胡兒十歲能騎馬。

## 魯郡途中〔四〕

誰謂嵩潁客〔五〕，遂經鄒魯鄉。前臨少昊墟，始覺東蒙長。獨行豈吾心，懷古激中腸。聖人久已矣，游夏遥相望。徘徊野澤間，左右多悲傷。日出見闕里，川平知汶陽。弱冠負高節，十年思自强。終當不得意〔六〕，去去任行藏。〔七〕

〔一〕本首篇題，文苑英華作「營州」。

〔二〕「厭」，文苑英華作「滿」，又注：「集作『厭』。」

〔三〕「皮」，文苑英華作「狐」，又注：「集作『皮』。」

〔四〕本首篇題，文苑英華作「魯郡途中遇徐十八録事」，又注：「時此公學王書嗟别。」

〔五〕「謂」，文苑英華作「爲」。

〔六〕「當」，文苑英華作「然」。

〔七〕文苑英華詩後校注：「高適此詩已見本集及百家詩選中。今英華誤作王昌齡詩。」

## 酬鴻臚裴主簿雨後北樓見贈之作〔一〕

暮霞照新晴，歸雲猶相逐。有懷晨昏暇，想見登眺目。問禮侍彤襜〔二〕，題詩訪茅屋。高樓多古今，陳事滿陵谷。地久微子封，臺餘孝王築。徘徊顧霄漢，豁達俯川陸。遠水對秋城，長天向喬木。公門何清静，列戟森已肅。不歎攜手稀，常思著鞭速〔三〕。終當拂羽翰〔四〕，輕舉隨鴻鵠。

## 宋中遇林慮楊十七山人因而有别

昔予涉漳水，驅車行鄴西。遥見林慮山，蒼蒼戛天倪。邂逅逢爾曹，説君彼巖棲。蘿徑垂野蔓，石房倚雲梯。秋韭一何青〔五〕，藥苗數百畦。栗林隘谷口，栝木森迴谿。耕耘有山田，紡績

〔一〕「雨後北樓」，何校本「雨後」、「北樓」間加注「睢陽」。本首篇題，文苑英華作「酬鴻臚裴主簿雨後北樓見贈」，題作者爲「王昌齡」。

〔二〕「侍」，宋刻本作「待」。

〔三〕「常」，何校本校注：「集作『恒』」。

〔四〕「終」，宋刻本作「然」。

〔五〕「一何青」，何校本校注：「集作『何青青』」。

有山妻。人生但如此，寧事組與珪。誰謂遠相訪，曩情常不迷〔一〕。簷前舉醇醪，舍下烹隻雞〔二〕。朔風忽振蕩，昨夜寒螿啼。遊子益思歸，罷琴傷解攜。出門盡原野，白日黯已低。始驚道路難，終恨言笑暌。因聲謝岑壑，歲暮一攀躋。

送馮判官

碣石遼西地，漁陽薊北天。關山唯一道，雨雪盡三邊。才子方爲客，將軍正愛賢〔三〕。遥知幕府下，書記日翩翩。

酬龐十兵曹

憶昔遊京華，自言生羽翼。懷書訪知己，末路空相識。許國不成名，還家有慚色。託身從

〔一〕「常」，何校本校注：「集作『殊』。」

〔二〕「舍」，何校本校注：「集作『竈』。」四庫本作「竈」。

〔三〕「愛」，何校本校注：「集作『客』。」黄録何校作：「集作『渴』。」文苑英華校注：「集作『渴』。」

畎畝，浪迹初自得。雨澤感天時，耕耘忘帝力。同人洛陽至，問我睢水北。遂爾款津涯，浄然見胸臆。高談懸物象，逸韻投翰墨。别岸迴無垠〔一〕，海鶴鳴不息。梁城多古意，攜手共悽惻。懷賢想鄒枚，登高思荆棘。世情惡疵賤，之子憐孤直。酬贈感并深，離憂豈終極。

## 漣上酬王秀才〔二〕

飄飖經遠道，客思滿窮秋。浩蕩對長漣，君行殊未休。崎嶇山海側，想像無前儔。誰謂照乘珠，忽然欲暗投。東路方蕭條，楚歌復悲愁。暮帆使人感，去鳥兼離憂。行矣當自愛，壯心莫悠悠。予亦從此辭，異鄉難久留。言宴豈終極〔三〕，慎勿滯滄洲。

〔一〕「迴」，黄録宋本、黄録何校作「回」。

〔二〕「酬」，文苑英華校注：「集作『别』。」

〔三〕「言宴」，文苑英華校注：「集作『贈言』。」四庫本作「贈言」。

## 東平留贈狄司馬 曾與田安西充判官〔一〕。

古人無宿諾，兹道未爲難〔二〕。萬里赴知己，一言誠可歎。馬蹄經月窟，劍術指樓蘭。地出北庭盡，城臨西海寒。森然瞻武庫，則是弄儒翰〔三〕。入幕綰銀綬，乘軺兼鐵冠。練兵日精鋭，殺敵無遺殘。獻捷見天子，論功俘可汗。激昂丹墀下，顧盼青雲端〔四〕。誰謂縱横策，翻爲權勢干。將軍既坎壈，使者亦辛酸。耿介挹三事，羈離從一官。知君不得意，他日會鵬摶。

## 餞宋八充彭中丞判官之嶺外〔五〕

覩君濟時略，使我氣填膺。長策竟不用，高才徒見稱。一朝知己達，累日詔書徵。羽翮忽

〔一〕 文苑英華無注「曾與田安西充判官」。

〔二〕 「未」，文苑英華校注：「集作『以』。」

〔三〕 「則是」，文苑英華作「剛若」。

〔四〕 「盼」，宋刻本作「眄」，文苑英華、清宋犖本、雙清閣本、和刻本、四庫本作「盼」。

〔五〕 「外」，文苑英華作「南」。

然動〔一〕，風飆誰敢陵〔二〕。舉鞭趨嶺嶂〔三〕，屈指冒炎蒸。北雁送馳驛〔四〕，南人思飲冰。彼邦本倔强，習俗多驕矜。翠羽干平法，黄金撓直繩。若將除害馬，慎勿信蒼蠅。魑魅寧無患，忠貞適有憑。猿啼山不斷，鳶跕路難登。海岸出交趾，江城連始興。繡衣當節制，幕府盛威稜。勿憚九疑險，須令百越澄。立談多感激，行李即嚴凝。離别胡爲者，雲霄遲爾昇。

## 同群公題鄭少府田家　此公昔任白馬尉，今寄住滑臺。

鄭侯應栖遑，五十頭盡白。昔爲南昌尉，今作東郡客。與語多遠心〔五〕，論交知損益〔六〕。秋林既清曠，窮巷空淅瀝。蝶舞園更閒，雞鳴日云夕。男兒未稱意，其道固無適。勸君且杜門〔七〕，

〔一〕「動」，何校本校注：「集作『就』。」文苑英華校注：「集作『就』。」
〔二〕「陵」，分類本作「淩」。
〔三〕「趨」，文苑英華作「投」。
〔四〕「驛」，宋刻本、分類本作「日」，文苑英華作「駟」。
〔五〕「遠」，分類本作「述」。「心」，何校本校注：「集作『情』。」
〔六〕「交」，何校本校注：「集作『心』。」「損」，何校本校注：「集作『所』。」
〔七〕「且」，宋刻本、分類本作「莫」。

勿嫌人事隔〔一〕。

同顔六少府旅居秋中之作

傳君昨夜悵然悲，獨坐深齋落木時〔二〕。逸氣舊來陵燕雀〔三〕，高才何得混妍蚩。迹勞黄綬人多歎〔四〕，心在青雲世莫知。不是鬼神無正直，從來州縣有瑕玼〔五〕。

酬裴秀才〔六〕

男兒貴得意，何必相知早。飄蕩與物華〔七〕，蹉跎覺身老。長卿無産業，季子慚妻嫂。此事難

〔一〕「嫌」，宋刻本、分類本作「與」。
〔二〕「坐」，何校本校注：「集注『一作卧』。」「落木」，何校本校注：「集作『木落』。」
〔三〕「陵」，四庫本作「凌」。
〔四〕「勞」，黄録何校作：「集作『留』。」
〔五〕「玼」，何校本校注：「一作『疵』。」
〔六〕「裴」，宋刻本作「裘」。
〔七〕「華」，文苑英華校注：「集作『永』。」

重陳〔二〕，未於衆人道〔三〕。

## 宋中送族姪式顔時張大夫貶括州使人召式顔遂有此作

大夫擊東胡，胡塵不敢起。胡人山下哭，胡馬海邊死。部曲盡封侯，輿臺亦朱紫。當時有勳績，末路遭讒毁。轉旆燕趙間，剖符括蒼裏。弟兄莫相見，親族遠枌梓。不改青雲心，仍招布衣士。平生懷感激，本欲候知己〔三〕。去矣難重陳，飄颻自兹始。遊梁且未愜，適越今何以。鄉山西北愁，竹箭東南美。峥嶸縉雲外，蒼茫萬餘里〔四〕。猿鳥亂啾啾，朝昏孰云已。登臨多瘴癘，動息在風水。雖有賢主人，終爲客行子。我攜一尊酒〔五〕，滿酌聊勸爾。與爾唯一言，家聲勿淪滓。

〔二〕「陳」，文苑英華校注：「集作『論』。」

〔三〕「於」，文苑英華作「爲」。

〔三〕「候」，宋刻本、分類本作「厚」。

〔四〕「茫」，何校本校注：「莽。」「萬」，何校本校注：「幾。」「餘」，何校本校注：「千。」

〔五〕「尊」，宋刻本、分類本作「樽」。

## 淇上送韋司倉往滑臺

飲酒莫辭醉，醉多適不愁。熟知非遠别〔一〕，終念對新秋〔二〕。滑臺門外見，淇水眼前流。君去應回首，風波滿渡頭。

## 别魏八〔三〕

更沽淇上酒，還泛驛前舟。爲惜故人去，復憐嘶馬愁。雲山行處合，風雨興中秋。此路方知己〔四〕，明珠莫暗投。

〔一〕「熟」，何校本「孰」改作「熟」。

〔二〕「新」，何校本校注：「集作『窮』。」文苑英華校注：「集作『窮』。」

〔三〕「八」，宋刻本、分類本作「人」。

〔四〕「方」，黄録何校作：「集作『無』。『方』字勝，言方有知己，莫投他處也。」四庫本作「無」。

## 宋中三首〔一〕

逍遥漆園吏，冥没不知年。世事浮雲外，閑居大道邊。古來同一馬，今我亦忘筌。

登高臨舊國，懷策對窮秋。落日鴻雁度，寒城砧杵愁。昔賢不復有，行矣莫淹留。

閼伯去已遠，高丘臨道傍。人皆有兄弟，獨爾爲參商。終古猶如此，而今安可量。

## 自淇涉黄河〔二〕

朝從北岸來，泊船南河滸。試共野人言，深覺農夫苦。去秋雖薄熟，今夏猶未雨。耕耘日

〔一〕分類本將此與宋中四首合併爲組詩。

〔二〕本首篇題，文苑英華作「自淇涉黄河五首」，此爲組詩之一。

劬勞〔一〕，租稅兼舄鹵。園蔬空寥落〔二〕，薄産不足數〔三〕。尚有獻芹心，無因見明主。

## 和崔二少府登楚丘城作

故人亦不遇，異縣久棲託。辛勤失路意，感歎登樓作。清晨眺原野，獨立窮寥廓。雲散芒碭山，水還睢陽郭。遶梁即襟帶，封衛多漂泊。事古悲城池，年豐愛墟落。相逢俱未展，攜手空蕭索。何意千里心，仍求百金諾。公侯皆我輩，動用在謀略。聖心思賢才，朅來刈葵藿。

## 同朱五題盧使君義井

高義惟良牧，深仁自下車。寧知鑿井處，還是飲冰餘。地即泉源久，人當汲引初。體清能

〔一〕「劬」，何校本校注：「集作『勤』。」「日劬」，文苑英華作「自劬」，又注：「集作『日勤』。」

〔二〕「空」，文苑英華作「定」，又注：「詩選作『空』。」

〔三〕「薄産」，文苑英華作「産業」。

鑒物〔一〕，色泊每含虚〔二〕。上善滋來往，中和浹里閭。濟時應未竭，懷惠復何如。

## 哭單父梁九少府〔三〕

開篋淚沾臆，見君前日書。夜臺今寂寞〔四〕，猶是子雲居。疇昔探靈奇〔五〕，登臨賦山水。同舟南楚下〔六〕，望月西江裏。契闊多別離〔七〕，綢繆到生死。九原即何處，萬事皆如昨。晉山徒嵯峨，斯人已寂寞〔八〕。常時禄且薄〔九〕，歿後家復貧〔一〇〕。妻子在遠道，弟兄無一人。十上多苦

〔一〕「鑒物」，分類本作「物鑒」。

〔二〕「泊」，何校本校注：「集作『洞』。」黄録何校作：「集作『汩』。」四庫本作「淡」。

〔三〕「九」，文苑英華作「洽」。

〔四〕「今」，文苑英華校注：「集作『空』。」

〔五〕「探靈」，文苑英華校注：「集作『貪雲』。」

〔六〕「楚下」，文苑英華作「楚夜」，又注：「集作『浦下』。」

〔七〕「多別離」，文苑英華作「多離別」，又注：「集作『當別離』。」

〔八〕「寂」，文苑英華作「冥」。

〔九〕「薄」，文苑英華作「少」，又注：「集作『薄』。」

〔一〇〕「歿」，何校本「没」塗改爲「歿」。文苑英華作「歿」。

心〔二〕，一官恒自哂。青雲將可致，白日忽先盡。唯有身後名〔三〕，空留無遠近〔三〕。

## 送柴司户充劉卿判官之嶺外

嶺外資雄鎮，朝端寵節旄。月卿臨幕府，星使出詞曹。海對羊城闊，山連象郡高。風霜驅瘴癘，忠信涉波濤。别恨隨流水，交情脱寶刀。有才無不適，行矣莫徒勞。

## 雜言賦得還山吟送沈山人

還山吟天高，日暮寒山深。送君還山識君心，人生老大須恣意。看君解作一生事，山間偃仰無不至。石泉淙淙若風雨，松花桂子常滿地〔四〕。賣藥囊中應有錢，還山服藥又長年。白雲勸

〔二〕「心」，文苑英華作「辛」，又注：「詩選作『心』。」

〔三〕「唯有」，文苑英華作「推獨」，又注：「詩選作『有』。」

〔三〕「留」，文苑英華作「流」，又注：「集作『留』。」

〔四〕「松花桂子」，分類本作「桂花松子」。

盡杯中物，明月相隨何處眠。眠時憶問醒時事〔二〕，夢魂可以長周旋。

## 酬岑二十秋夜見贈之什〔三〕

舍下蛩亂鳴，居然自蕭索。緬懷高秋興，忽枉清夜作〔三〕。感物我心勞，涼風驚二毛〔四〕。池空菡萏死〔五〕，月出梧桐高〔六〕。如何異鄉縣，復得交才彥。汩没嗟後時，蹉跎恥相見。箕山别來後〔七〕，魏闕誰不戀〔八〕。獨有江海心，悠然未嘗倦。

〔一〕「眠」，宋刻本、分類本作「時」。「事」，宋刻本、分類本作「意」。
〔二〕本首篇題，文苑英華作「酬岑主簿秋夜見贈」。
〔三〕「忽」，文苑英華作「勿」。
〔四〕「驚」，文苑英華作「生」，又注：「集作『驚』」。
〔五〕「空」，文苑英華作「枯」，又注：「集作『空』」。
〔六〕「出」，文苑英華作「上」，又注：「集作『出』」。
〔七〕「後」，何校本校注：「集作『久』」。「來後」，文苑英華作「未久」。
〔八〕「闕」，文苑英華作「國」。

苦雪

二月猶北風，天陰雪冥冥〔一〕。寥落一室中，悵然惭百齡。苦愁正如此，門柳復青青。

李雲南征蠻〔二〕并序

天寶十一載，有詔伐西南夷。丞相楊公兼節制之寄〔三〕，乃奏前雲南太守李宓涉海自交趾擊之。道路艱難〔四〕，往復數萬里，蓋百王之所未通也。十二載四月，至於長安。君子是以知廟堂使能而李公效節。余忝斯人之舊，因賦是詩。

聖人赫斯怒，詔伐西南戎。肅穆廟堂上，深沉節制雄。遂令感激士，得建非常功〔五〕。料死

〔一〕「雪」，分類本作「雲」。

〔二〕「雲」，宋刻本作「宓」。

〔三〕「丞」，何校本校注：「集作『右』。」

〔四〕「艱難」，何校本校注：「集作『險艱』。」

〔五〕「建」，黄録何校作：「集作『見』。」

不料敵，顧恩寧顧終。鼓行天海外，轉戰蠻夷中。梯巘近高鳥，穿林經毒蟲。鬼門無歸客，北户多南風。蜂蠆隔萬里，風雲隨九攻。長驅大浪破，急擊群山空。餉道忽已遠，縣軍垂欲窮。精誠動白日，憤薄連蒼穹。〔二〕野食掘田鼠，晡餐兼僰僮。〔三〕收兵列亭候〔三〕，拓地彌西東。臨事耻苟免〔四〕，履危能飭躬。將星獨照耀，邊色何溟濛。〔五〕瀘水夜可涉，交州今始通。〔六〕歸來長安道，召見甘泉宫。廉藺若未死，孫吴知暗同。相逢論意氣，慷慨謝深衷。〔七〕

〔二〕「精誠動白日，憤薄連蒼穹」，黄録何批作：「二句言三軍之士窮而呼天耳。」

〔三〕「食」，四庫本作「處」。「晡」，黄録何校作：「集作『餔』。」「僰」，四庫本作「僰」。「野食掘田鼠，晡餐兼僰僮」，黄録何批作：「不能損蠻之毫毛，至於掠人而食，窮迫潛遁，罪狀昭然矣。」

〔三〕「候」，何校本校注：「集作『堠』。」四庫本作「堠」。

〔四〕「臨事耻苟免」，黄録何批作：「正言若反。」

〔五〕「將星獨照耀，邊色何溟濛」，黄録何批作：「言獨宓一人得還，邊事愈棘也。」

〔六〕「瀘水夜可涉，交州今始通」，黄録何批作：「但以交州始通東往，而徒往，而太和城之失利，言外自見。」

〔七〕「歸來長安道，召見甘泉宫。廉藺若未死，孫吴知暗同。相逢論意氣，慷慨謝深衷」，黄録何批作：「宓不自愧死，方且意氣洋洋，比於古來名將，傷朝無折奸之臣，不獨時主爲權戚蔽蒙也。」

## 登百丈峰

朝登百丈峰，遥望燕支道。漢壘青冥冥〔一〕，胡天白如掃。憶昔霍將軍，連年此征討。匈奴終不滅，寒山徒草草。惟見鴻雁飛，令人傷懷抱。

## 送渾將軍出塞

將軍族貴兵且强，漢家已是渾邪王。子孫相承在朝野〔二〕，至今部曲燕支下。控弦盡用陰山兒〔三〕，臨陣常騎大宛馬。銀鞭玉勒繡螯弧〔四〕，每逐嫖姚破骨都。李廣從來先將士，衛青未肯學孫吴。傳有沙場千萬騎，昨日邊庭羽書至。城頭畫角三四聲，匣裏寶刀晝夜鳴。意氣能甘萬里去，辛勤動作一年行〔五〕。黄雲白草無前後，朝建旌旗夕刁斗。塞下應多俠少年，關西不見春楊

〔一〕「冥」，何校本校注：「集作『開』。」「青冥冥」，黄録何校作：「集作『青冥間』。」

〔二〕「朝」，黄録何校作「朔」。

〔三〕「弦」，宋刻本作「强」。

〔四〕「弧」，宋刻本作「狐」。

〔五〕「動」，黄録何校作：「集作『判』。」宋刻本作「效」。

柳。從軍借問所從誰，擊劍酣歌當此時。遠別無輕繞朝策，平戎早賽仲宣詞〔二〕。

## 寄宿田家

田家老翁住東陂，説道平生隱在兹。鬢白未曾記日月，山青每到識春時。門前種柳深成巷，野谷流泉添入池。牛壯日耕十畝地，人閑常掃一茅茨〔三〕。客來滿酌清罇酒，感興平吟才子詩。巖際窟中藏鼴鼠，潭邊竹裹隱鸕鷀。林稀落日行人少〔三〕，醉後無心怯路岐。今夜只應還寄宿，明朝拂曉與君辭。

## 酬司空璲少府〔四〕

飄飄未得意，感激與誰論。昨日偶夫子，乃欣吾道存。江山滿詞賦，扎翰起涼温。吾見風

〔二〕「賽」，宋刻本、清宋犖本同，雙清閣本、和刻本、四庫本作「寄」。

〔三〕「常」，宋刻本作「當」。

〔三〕「林稀落日」，何校本校注：「集作『郁稀日落』。」「少」，宋刻本、分類本作「事」。

〔四〕「璲」，黄録宋本、黄録何校作「璲」。

雅作，人知德業尊。鷙飆蕩萬木，秋氣屯高原。燕趙何蒼茫，鴻雁來翩翻。此時與君別，握手欲無言。

## 同衛八題陸少府書齋

知君薄州縣，好静無冬春。散帙至棲鳥〔二〕，明燈留故人。深房臘酒熟，高院梅花新。若是周旋地，當令風義親〔三〕。

## 同群公題張處士菜園

耕地桑柘間，地肥菜常熟。爲問葵藿資，何如廟堂肉。

〔二〕「帙」，宋刻本作「帙」，分類本作「袟」。

〔三〕「令」，宋刻本、分類本作「今」。

## 同群公出獵海上

畋獵自古昔，況伊心賞俱。偶與群公遊，曠然出平蕪。曾陰漲溟海，殺氣窮幽都。鷹隼何翩翩，馳驟相傳呼。豺狼竄榛莽，麋鹿罹艱虞。高鳥下騂弓，困獸鬬匹夫。塵驚大澤晦，火燎深林枯。失之有餘恨，獲者無全軀。咄彼工拙間，恨非指縱徒〔一〕。猶懷老氏訓，感歎此歡娱。

## 魯西至東平四首

南圖適不就，東走豈吾心。索索涼風動，行行秋水深。蟬鳴木葉落，茲夕更愁霖〔二〕。

昨時好書策，動欲干王公。今日無成事，依依親老農。扁舟向何處，吾愛汶陽中。

〔一〕「縱」，宋刻本、四庫本作「蹤」。

〔二〕「愁」，何校本校注：「集作『秋』。」

清曠涼夜月，飄颻孤客舟。眇然風波上〔一〕，獨夢前山秋。秋到復摇落，空吟行者愁〔二〕。沙岸泊不定，石橋水横流。問津見魯俗〔三〕，懷古傷家丘〔四〕。寥落千歲後，空傳褒聖侯。

## 别韋五

徒然酌杯酒，不覺散人愁。相識仍遠别，欲歸翻旅遊。夏雲滿郊甸，明月照河洲〔五〕。莫恨征途遠，東看漳水流。

---

〔一〕「眇」，四庫本作「渺」。

〔二〕「吟」，四庫本作「令」。

〔三〕「俗」，何校本「谷」改作「俗」，又校注：「集作『俗』，注云：一作『谷』。」四庫本作「俗」。宋刻本、清宋犖本、雙清閣本、和刻本作「谷」。

〔四〕「傷」，宋刻本作「象」。

〔五〕「河」，分類本作「汀」。

# 唐百家詩選　卷三

## 高適下十二首

### 自淇涉黄河四首

川上恒極目，世情今似閑〔一〕。去帆帶落日，征路隨長山。親友若雲霄，可望不可攀。於兹任所愜，浩蕩風波間。

亂流自兹始〔二〕，倚楫時一望。遥見楚漢城，崔嵬高山上。天道昔未測，人心無所向。屠釣稱王侯，龍蛇争霸王。緬懷多殺戮，顧此增慘愴。聖代休甲兵，吾其得閑放。

〔一〕「似」，何校本校注：「集作『已』。」

〔二〕「始」，黄録何校作：「集作『遠』。」

野人盡白頭〔二〕，與我忽相訪。手持青竹竿，日暮淇水上。雖老美容色，雖貧若閑放。約莫三十年，中心無所向。

朝景入平川，川長復垂柳。遥看魏公墓，突兀前山後。憶昔大業中，群雄各奔走〔三〕。伊人何電邁，獨立風塵首。傳檄舉敖倉，擁兵屯洛口。連營一百萬，六合如可有〔三〕。方項終比肩，亂隋將假手。力争固難恃，驕戰曷能久。若使學蕭曹，功名當不朽。

## 宋中四首〔四〕

梁王昔全盛，賓客復多才。悠悠一千年，陳迹唯高臺。寂寞向秋草，悲風千里來。

---

〔二〕「盡白頭」，何校本校注：「集作『頭盡白』。」

〔三〕「各」，何校本校注：「集作『角』。」

〔三〕「可」，宋刻本作「何」。

〔四〕黄録何批作：「集本宋中詩十首，此録其七。然不知何以分編兩處。」分類本將此與宋中三首合併爲組詩。

出門望終古，獨立悲且歌。憶昔魯仲尼，栖栖此經過。衆人不可向，伐樹將如何。

朝臨孟諸上，忽見芒碭間。赤帝終已矣，白雲長不還。時清更何有，禾黍遍空山。

梁苑白日暮，梁山秋草時。君王不可見，修竹令人悲。九月桑葉盡，寒風吹樹枝。

## 宓公琴臺詩　并序

甲子歲〔一〕，適登子賤琴臺〔二〕，賦三首。首章懷宓公之德千祀不朽〔三〕，次章美太守李公能嗣子賤之政再造琴堂〔四〕，末章美邑宰崔公能繼子賤之理。

宓子昔爲政，鳴琴登此臺。琴和人亦閑，千祀稱其才。臨眺忽悽愴，人琴安在哉。悠悠此

〔一〕「子」，何校本校注：「申。」

〔二〕「登」，宋刻本、分類本作「宓」。

〔三〕「首章懷宓公之德千祀不朽」，宋刻本、分類本無。

〔四〕「次章」，宋刻本、分類本作「首章」。「子賤」，宋刻本、分類本作「宓子」。

天壤，空有頌聲來。邦伯感遺事，慨然建琴堂。乃知静者心，千載猶相望。入室想其人，出門何茫茫。唯見白雲合，東臨鄒魯鄉。皤皤邑中老，自言邑中理。何必升君堂，然後知君美。開門無犬吠，早卧常晏起。昔人不忍欺，今我還復爾。

## 贈别沈四山人

沈侯未可測，其況信浮沉。十載常獨坐，幾人知此心。乘舟蹈滄海，買劍投黄金。世務不足煩，有田西山岑。我來遇知己，遂得開神襟。何意闠闤間，沛然江海深。疾風捲秋樹，濮上多鳴砧。耿耿尊酒前，聯雁飛愁陰〔一〕。平生重離别，感激對孤琴。

〔一〕「陰」，何校本校注：「集作『音』。」

## 岑參上五十首

文本之曾孫，天寶初登進士第，由庫部郎中出嘉州刺史，卒。

### 巴南舟中夜書事〔一〕

渡口欲黄昏，歸人争渡喧。近鍾清野寺，遠火點江村。見雁思鄉信，聞猿積淚痕。孤舟萬里夜，秋月不堪論。

### 青山峽口泊舟懷狄侍御

峽口秋水壯，沙邊且停橈。奔濤振石壁，峰勢如動摇。九月蘆花新，彌令客心焦。誰念在江島〔二〕，故人滿天朝。無處豁心胸，憂來醉能銷。〔三〕往來巴山道，三見秋草凋。狄生新相知〔四〕，才

〔一〕「夜書事」，宋刻本、文苑英華作「夜事」，文苑英華又注：「一作『市』。」

〔二〕「誰念在江島」，黄録何批作：「對『鄉關遥』。」

〔三〕「無處豁心胸，憂來醉能銷」，黄録何批作：「言非醉所能銷也。」

〔四〕「新相知」，黄録何批作：「『新知』二字前後相對。」

調陵雲霄〔二〕。賦詩圻造化，入幕生風飆。把筆判甲兵，戰士不敢驕。皆云梁公後，遇鼎還能調。一別倏經時，音塵殊寂寥。何當見夫子，不歎鄉關遥。〔三〕

## 送王大昌齡赴江寧

對酒寂不語，悵然愁送君〔三〕。明時未得用，白首徒工文〔四〕。澤國從一官，滄波幾千里。群公滿天闕，獨去過淮水。舊家富春渚，常憶卧江樓。自聞君欲行，頻夢南徐州。窮巷獨閉門，寒燈静深屋。北風吹微雪，抱被肯同宿。君行到京口，正是桃花時。舟中饒孤興，湖上多新詩。潛虬且深蟠〔五〕，黄鶴舉未晚〔六〕。惜君青雲器，努力加餐飯。〔七〕

---

〔二〕「陵」，分類本作「淩」。

〔三〕「皆云梁公後，遇鼎還能調。一別倏經時，音塵殊寂寥。何當見夫子，不歎鄉關遥」，黄録何批作：「歎故人在天朝者，不能如梁公之樹人，故借侍御見意。『不歎鄉關遥』者，不聽其流落江島也。興寄甚微，回抱無跡。」

〔三〕「愁」，文苑英華校注：「一作『悲』。」

〔四〕「工」，文苑英華校注：「集作『攻』。」

〔五〕「蟠」，宋刻本、分類本作「盤」。

〔六〕「鶴」，四庫本作「鵠」。

〔七〕「潛虬且深蟠，黄鶴舉未晚。惜君青雲器，努力加餐飯」，黄録何批作：「悲王，亦自悲也。於頻夢南徐、抱被同宿中隱躍見之。末四句亦自勖也。」

## 臨河縣客舍呈狄明府兄留題縣南樓

鳳陽城南雪正飛，黎陽渡頭人未歸。河邊酒家堪寄宿，主人小女能縫衣。故人高卧黎陽縣，一别三年不相見。邑中雨雪偏著時，隔河東郡人遥羨。鄴都唯見古時丘，漳水還如舊日流。城上望鄉應不見，朝來好是懶登樓。

## 送楊子〔一〕

斗酒渭城邊，壚頭耐醉眠。梨花千樹雪，楊葉萬條煙〔二〕。惜别添壺酒〔三〕，臨岐贈馬鞭。看君潁上去，新月到家圓。

〔一〕「楊子」，文苑英華作「陽子」。
〔二〕「楊葉」，文苑英華作「柳葉」，又注：「一作『楊』。」
〔三〕「酒」，文苑英華作「醒」。

## 送蓋孺卿落第歸濟州

獻賦頭欲白，還家衣已穿。羞過灞陵樹，歸種汶陽田。客舍少鄉信，床頭無酒錢。聖朝徒側席，濟上獨遺賢。

## 宿太白東溪李老舍寄弟姪〔一〕

渭上秋雨過，北風何騷騷〔二〕。天晴諸山出，太白峰最高。主人東溪老，兩耳生長毫。〔三〕遠近知百歲，子孫皆二毛。中庭井欄上，一架獼猴桃。石泉飯香粳〔四〕，酒甕新開糟〔五〕。愛兹田中趣，

〔一〕本首篇題，文苑英華作「太白東溪張老舍即事寄舍弟姪等」。
〔二〕「何」，文苑英華作「暮」。
〔三〕「主人東溪老，兩耳生長毫」，黄録何批作：「言老於此溪也。」
〔四〕「粳」，文苑英華作「秔」。
〔五〕「新開」，何校本校注：「英華作『開新』。」

始悟世上勞。〔一〕我行有勝事，書此寄爾曹。〔二〕

## 送張郎中赴隴右覲省卿公 時卿公充節度留後〔三〕。

中郎鳳一毛，世上獨英豪〔四〕。弱冠已銀印，出身唯寶刀。還家鄉月迥〔五〕，度隴將星高。幕下多相識，邊書醉懶操。

## 登古鄴城

下馬登鄴城，空城復何見。東風吹野火，日暮飛雲電。城隅南對望陵臺，漳水東流不復回。

〔一〕「愛茲田中趣，始悟世上勞」，黄録何批作：「覆裝句。」

〔二〕「我行有勝事，書此寄爾曹」，黄録何批作：「閲盡『世上勞』，始悟『田中趣』耳。即此便云『勝事』者，此外無一可爲爾曹道也。」

〔三〕「卿公充」，文苑英華作「張卿公亦充」。分類本無注「時卿公充節度留後」。

〔四〕「英」，文苑英華作「賢」。

〔五〕「鄉」，原作「卿」，據宋刻本、分類本改。

武帝宮中人去盡，年年春色爲誰來。

## 送許子擢第歸江寧拜親因寄王大昌齡

建業控京口，金陵款滄溟。君家臨秦淮，傍對石頭城。十年自勤學，一鼓遊上京。青春登甲科，動地聞香名。解榻皆五侯，結交盡時英。六月槐花飛，忽思蓴菜羹。跨馬出國門，丹楊返柴荆〔二〕。楚雲引歸帆，淮水浮客程。到家拜親時，入門有光榮。鄉人盡來賀，置酒相邀迎。閑眺因登樓，醉眠湖上亭。月從海門出，照見茅山青。昔爲帝王州，今幸天地平。五朝變人世，千載空江聲。玄元告靈符，丹洞獲其銘。皇帝受玉册，群臣羅天庭〔三〕。喜氣薄太陽，祥光徹窅冥。奔走朝萬國，崩騰集百靈。王兄尚謫宦，屢見秋雲生。孤城帶後湖，心與湖水清。一縣無諍辭，有時開道經。黄鶴垂兩翅，徘徊悲且鳴。相思不可見，空望牛女星。

〔二〕「楊」，何校本「陽」塗改爲「楊」，宋刻本、分類本、清宋犖本、雙清閣本、和刻本、四庫本作「陽」。

〔三〕「群」，宋刻本、分類本作「君」。

# 武威送劉單判官赴安西行營便呈高開府

熱海亘鐵門，火山赫金方。白草磨天涯，胡沙莽茫茫。夫子佐戎幕，其鋒利如霜。中歲學兵符，不能守文章。功業須及時，立身有行藏。男兒感忠義，萬里忘越鄉。孟夏邊候遲，胡國草未長。馬疾過飛鳥，天窮超夕陽。都護新出師，五月發軍裝。甲兵二百萬，錯落金光揚。揭旗拂崑崙，伐鼓震蒲昌。太白引官庫〔一〕，天威臨大荒。西望雲似蛇，戎夷知喪亡。渾驅大宛馬，繫取樓蘭王。曾到交河城，風土斷人腸。塞驛遠如點，邊烽互相望。赤亭多飄風，鼓怒不可當。有時無人行，沙石亂飄颺。夜静天蕭條，鬼哭夾道傍。地上多髑髏，皆是古戰場。置酒高館夕，邊城月蒼蒼。軍中宰肥牛，堂上羅羽觴。紅淚金燭盤，嬌歌豔新妝。望君仰青冥，短翮難可翔。蒼然西郊道，握手何慨慷。

〔一〕「庫」，何校本校注：「軍。」

## 玉門關蓋將軍歌

蓋將軍，真丈夫，行年三十執金吾，身長七尺頗有鬚。玉門關城迥且孤，黄沙萬里百草枯〔一〕。南鄰犬戎北接胡，將軍到來備不虞。〔二〕五千甲士膽力麤，軍中無事但歡娱。暖屋繡簾紅地爐，織成壁衣花氍毹。燈前侍婢瀉玉壺，金鐺亂點野駝酥。紫紱金章左右趨，問著即是蒼頭奴。〔三〕美人一雙閑且都，朱脣翠眉映明矑〔四〕。清歌一曲世所無，今日喜聞鳳將雛。可憐絶勝秦羅敷，使君五馬謾踟躕〔五〕。野草繡窠紫羅襦，紅牙鏤馬對摴蒱〔六〕。玉盤纖手撒作盧〔七〕，衆中誇道不曾輸。櫪上昂昂皆駿駒，桃花叱撥價最殊。騎將獵向城南隅，臘日射殺千年狐。我來塞外按邊

---

〔一〕「百」，何校本校注：「白。」

〔二〕「南鄰犬戎北接胡，將軍到來備不虞」，黄録何批作：「二句是反覆呼應。」

〔三〕「紫紱金章左右趨，問著即是蒼頭奴」，黄録何批作：「僮奴冒功，皆取金紫，則力戰之士解體矣。」

〔四〕「明」，宋刻本作「月」。「矑」，何校本「眸」塗改作「矑」，四庫本作「矑」，宋刻本、清宋犖本、雙清閣本、和刻本作「眸」。

〔五〕「使君五馬謾踟躕」，黄録何批作：「『使君五馬謾踟躕』，亦借以見其逾分。」

〔六〕「摴蒱」，何校本「樗蒲」塗改作「摴蒱」，宋刻本、清宋犖本、雙清閣本、和刻本、四庫本作「樗蒲」。

〔七〕「撒」，何校本「檄」塗改作「撒」，四庫本作「撒」，宋刻本、清宋犖本、雙清閣本、和刻本作「檄」。

儲〔二〕，爲君取醉酒剩酤〔三〕。醉争酒盞相喧呼，卻憶咸陽舊酒徒。〔三〕

## 天山雪送蕭沼歸京

天山有雪常不開，千峰萬嶺雪崔嵬。北風夜卷赤亭口，一夜天山雪更厚。能兼漢月照銀山，復逐胡風過鐵關。交河城邊飛鳥絶，輪臺路上馬蹄滑。晻濭寒氛萬里凝，闌干陰崖千丈冰。將軍狐裘卧不暖，都護寶刀凍欲斷。正是天山雪下時，送君走馬歸京師。客中何以贈君别，唯有青青松樹枝。

## 涼州館中與諸判官夜集〔四〕

彎彎月出挂城頭，城頭月出照涼州。涼州七城十萬家，胡人半解彈琵琶。琵琶一曲腸堪斷，

〔一〕「按邊」，宋刻本作「接道」。

〔二〕「取」，宋刻本作「聽」。

〔三〕「我來塞外按邊儲，爲君取醉酒剩酤。醉争酒盞相喧呼，卻憶咸陽舊酒徒」，黄録何批作：「邊儲不以養士而坐靡於歡娱，將何以備禦不虞？繼此來按者霜威凛冽，豈似我宿昔飲徒乎？正諷而警之也。」

〔四〕「諸判官」，宋刻本作「諸判」。

風蕭蕭兮夜漫漫。河西幕中多故人，故人別來三五春。花門樓前見秋草〔二〕，豈能貧賤相看老。一年大笑能幾回，斗酒相逢須醉倒。

## 初過隴山途中呈宇文判官

一驛過一驛，驛騎如星流。平明發咸陽，暮及隴山頭。隴水不可聽，嗚咽令人愁。沙塵撲馬汗，霧露凝貂裘。西來誰家子，自道新封侯。前月發安西，路上無停留。都護猶未到，來時在西州。十日過砂磧，終朝風不休。馬走碎石中，四蹄皆血流。萬里奉王事，一身無所求。也知塞垣苦，豈爲妻子謀。山口月欲出，先照關城樓。谿流與松風，靜夜相颼飀。別家賴歸夢，山塞多離憂。與子且攜手，不愁前路修。

〔二〕「門樓」，宋刻本作「樓門」。

## 燉煌太守後庭歌〔一〕

燉煌太守才且賢，郡中無事高枕眠。太守到來山出泉，黄砂磧裏人種田。燉煌耆老鬢皓然，願留太守更五年。城頭月出星滿天，曲房置酒張錦筵。美人紅妝色正鮮，側垂高髻插金鈿。醉坐藏鈎紅燭前〔二〕，不知鈎在若箇邊。爲君手把珊瑚鞭，射得半段黄金錢，此中樂事亦已偏〔三〕。

## 送祁樂歸河東

祁樂後來秀，挺身出河東。往年詣驪山，獻賦温泉宫。天子不召見，揮鞭遂從戎。前月還長安，囊中金已空。有時忽乘興，畫出江上峰。牀頭蒼梧雲，簾下天台松。忽如高堂上，颯颯生清風。〔四〕五月火雲屯，氣燒天地紅。鳥且不敢飛，子行如轉蓬。少華與首陽，隔河勢争雄。新月

〔一〕「庭」，宋刻本作「亭」。
〔二〕「坐」，宋刻本作「卧」。
〔三〕「亦」，宋刻本作「也」。
〔四〕「忽如高堂上，颯颯生清風」，宋刻本、分類本作「忽如高堂颸颸風」。

河上出，清光滿關中。置酒灞亭别〔一〕，高歌披心胸。君到故山時，爲謝吾老翁。

## 送郭乂

地上青草出，經冬今始歸。博陵無近信，猶未换春衣。憐汝不忍别，送汝上酒樓。初行莫早發〔二〕，且宿灞橋頭。功名須及早，歲月莫虚擲。早年已攻詩〔三〕，近日兼注易。何時過東洛，早晚渡盟津。朝歌城邊柳彈地，邯鄲道上花撲人。去年四月初，我正在河朔。曾上君家縣北樓，樓上分明見恒嶽。中山明府待君來，須計行程及早回。到家速覓長安使，待汝書封我自開。

〔一〕「灞」，分類本作「霸」。

〔二〕「初行」，黄録何校作：「劍南詩注中作『初程』。」

〔三〕「攻」，宋刻本、分類本作「改」。

## 安西館中思長安

家在日出處，朝來喜東風。風從帝鄉來，異鄉家信通〔一〕。絶域地欲盡，孤城天遂窮。彌年但走馬，終日隨飄蓬。寂寞不得意，辛勤方在公。胡塵浄古塞，兵氣屯邊空。鄉路眇天外，歸期如夢中。遥憑長房術，爲縮天山東。

## 送魏四落第還鄉〔二〕

東歸不得意，客舍戴勝鳴。臘酒飲未盡，春衫縫已成。長安柳枝春欲來，洛陽梨花在前開。魏侯池館今尚在，猶有太師歌舞臺。君家盛德豈徒然，時人注意在吾賢。莫令別後無佳句，衹向壚頭空醉眠。

---

〔一〕「異鄉」，何校本校注：「不異。」

〔二〕「鄉」，何校本「都」塗改爲「鄉」，又注：「一作『東都』。」黄録何校作：「鄉」，又校：「『都』上疑脱『東』字。」宋刻本、清宋犖本、雙清閣本、和刻本、四庫本作「都」。

## 喜韓樽相過

三月灞陵春已老〔一〕，故人相逢耐醉倒〔二〕。甕頭春酒黄花脂，禄米祇充酤酒資。長安城中足年少，獨共韓侯開口笑。桃花點地紅班班，有酒留君且莫還。與君兄弟日攜手，世上虚名好是閑。

## 送張子尉南海〔三〕

不擇南州尉，高堂有老親。縣樓重蜃氣，邑里雜鮫人。海暗三山雨，花明五嶺春〔四〕。此鄉多寶玉〔五〕，慎莫厭清貧。

〔一〕「灞陵」，宋刻本無。
〔二〕「故人」，宋刻本無。
〔三〕「張子」，文苑英華作「楊瑗」，又注：「集作『張子』。」
〔四〕「花」，何校本「江」改作「花」，黄録何校作「花」：「『江』字自誤。」
〔五〕「鄉」，文苑英華作「方」。

## 澧頭送蔣侯〔一〕

君住澧水北，我家澧水西。兩鄉見喬木，五里聞鳴雞。飲酒溪雨過，彈棋山月低。徒開蔣生逕，爾去誰相攜。

## 滻水東店送唐子歸嵩陽

野店臨官路，重城壓御堤。山開灞水北，雨過杜陵西。歸夢秋能作音佐，鄉書醉懶題。橋回忽不見，征馬尚聞嘶。

〔一〕「澧」，何校本「澧」塗改爲「灃」，下同。

## 南樓送衛馮得歸字〔一〕。

近縣多來客，似君誠亦希〔二〕。南樓取涼好，便送故人歸。鳥向望中滅，雨侵晴處飛。應須乘月去，且爲解征衣。

## 送宇文舍人出宰元城得陽字。

雙鳧出未央，千里過河陽。馬帶新行色，衣聞舊御香。縣花迎墨綬，關柳拂銅章。別後能爲政，相思淇水長。

〔一〕「得歸字」，宋刻本、分類本作大字題目。
〔二〕「希」，分類本作「稀」。

## 贈酒泉韓太守〔一〕

太守有能政，遥聞如古人。俸錢盡供客，家計常清貧。酒泉西望玉關道，千山萬磧皆白草。辭君走馬歸長安，憶君倏忽令人老。

## 餞李郎尉武康〔二〕

潘郎腰綬新，霅上縣花春。山色低官舍，湖光映吏人。不須嫌邑小，莫即耻家貧。更作東征賦，知君有老親。〔三〕

〔一〕「贈」，宋刻本無。
〔二〕「郎」，宋刻本、分類本無。
〔三〕「不須嫌邑小，莫即耻家貧。更作東征賦，知君有老親」，黄録何批作：「不嫌小，爲親屈也。莫耻貧，勿貽親辱也。」

## 過酒泉憶杜陵别業

昨日宿祁連，今朝過酒泉。黄砂西際海，白草北連天。愁裏難銷日，歸期尚隔年。陽關萬里夢，知處杜陵田。

## 武威春暮聞宇文判官安西使還已到晉昌〔二〕

片雨過城頭，黄鸝上戍樓。塞花飄客淚，邊柳挂鄉愁〔三〕。白髮悲明鏡，青春换弊裘。君從萬里使，聞已到瓜州。

〔二〕「威」，文苑英華作「城」，又注：「一作『威』。」「暮」，文苑英華作「寒」，又注：「一作『暮』。」「安」，文苑英華無。

〔三〕「挂」，文苑英華作「送」，又注：「集作『挂』。」

## 宿鐵關西館

馬汗蹋成泥，朝馳幾萬蹄。雪中行地角，火處宿天倪。塞迥心常怯，鄉遥夢亦迷。那知故園月，也到鐵關西。

## 題苜蓿峰寄家人

苜蓿峰邊逢立春，胡蘆河上淚沾巾。閨中只是空相憶，不見沙場愁殺人。

## 玉關寄長安李主簿

去去長安萬里餘，故人何惜一行書。玉關西望腸堪斷，況復明朝是歲除。

## 逢入京使

故園東望路漫漫，雙袖龍鍾淚不乾。馬上相逢無紙筆〔二〕，憑君傳語報平安。

## 暮秋山行

疲馬卧長坂，夕陽下通津。山風吹空林，颯颯如有人。蒼旻霽涼雨，石路無飛塵。千念集暮節，萬籟悲蕭辰。鶗鴂昨夜鳴，蕙草色已陳。況在遠行客，自然多苦辛。

## 函谷關歌送劉評事使關西

君不見函谷關，崩城毀壁至今在。樹根草蔓遮古道，空谷千年長不改。寂寞無人空舊山，聖朝無外不須關。白馬公孫何處去，青牛老人更不還。蒼苔白骨空滿地，月與古時長相似。野

〔二〕「逢」，宋刻本作「迎」。

花不省見行人，山鳥何曾識關吏。故人方乘使者車，吾知郭丹卻不如。請君時懷關外客〔一〕，行到關西多寄書。

## 衛尚書赤驃馬歌

君家赤驃畫不得，一團旋風桃花色。紅纓紫鞚珊瑚鞭，玉鞍錦韉黄金勒。請君鞁出看君騎，尾長窣地如紅絲。自矜諸馬皆不及，卻憶百金新買時〔二〕。香街紫陌鳳城内，行人見者誰不愛。揚鞭驟急白汗流，弄影行驕碧蹄碎。紫髯胡雛金翦刀，平明翦出三騣高。櫪上看時獨意氣，衆中牽出偏雄豪。騎將獵向南山口，城南狐兔不復有。草頭一點疾如飛，卻使蒼鷹翻向後。憶昨看君朝未央，鳴珂擁蓋滿路香。始知邊將真富貴，可憐人馬相輝光。男兒稱意得如此〔三〕，駿馬長鳴北風起〔四〕。待君東去掃胡塵，爲君一日行千里。

〔一〕「懷」，宋刻本、分類本作「憶」。
〔二〕「憶」，宋刻本作「億」。
〔三〕「稱意」，分類本作「意氣」。
〔四〕「長」，四庫本作「常」。

## 郡齋閑望

負郭無良田，屈身狥微禄〔一〕。平生好疏曠，何事就羈束。幸曾趨丹墀，數載侍黄屋。故人盡榮寵，誰念此幽獨。州縣非宿心，雲山忻滿目。頃來廢章句，終日披案牘。佐郡竟何成，自悲徒禄禄〔二〕。

## 潼關使院懷王七秀才

王生今才人，時輩咸所仰。何當見顔色，終日勞夢想。驅車到關下，欲往阻河廣。滿目徒春華，思君罷心賞。開門見太華，朝日映高掌。忽覺蓮花峰，別來更如長。無心顧微禄，有意佳獨往。不負林中期，終當出塵網。

〔一〕「狥」，宋刻本、四庫本作「徇」。

〔二〕「禄禄」，清宋犖本同，宋刻本、雙清閣本、和刻本、四庫本作「碌碌」。

## 宿華陰郭東客舍憶閻防

次舍山郭近，解鞍鳴鍾時。主人炊新粒，行子充夜飢。關月生首陽，照見華陰祠。蒼茫秋山晦〔一〕，蕭瑟寒松悲〔二〕。久從園廬別〔三〕，遂與朋知辭。舊壑蘭杜晚〔四〕，歸軒今已遲。

## 田使君美人如蓮花北鋋歌〔五〕 此曲本出北同城。

如蓮花，舞北鋋，世人有眼應未見。高堂滿地紅氍毹，試舞一曲天下無。此曲胡人傳入漢，諸客見之驚且歎。慢臉嬌蛾纖復穠〔六〕，輕羅金縷花蔥籠。迴裾轉袖若飛雪〔七〕，左鋋右鋋生旋

〔一〕「蒼茫」，宋刻本、分類本作「茫蒼」。
〔二〕「蕭」，宋刻本、分類本作「梢」。
〔三〕「園」，宋刻本、分類本作「遠」。
〔四〕「杜」，宋刻本、分類本作「社」。
〔五〕「如」，四庫本作「舞如」。
〔六〕「臉」，宋刻本作「瞼」。「穠」，宋刻本、分類本作「禯」。
〔七〕「裾」，宋刻本、分類本作「裙」。

風。琵琶横笛和未帀〔一〕，花開山頭黄雲合〔二〕。忽作出塞入塞聲〔三〕，白草明沙寒颯颯〔四〕。翻身入破如有神，前見後見回回新。始知諸曲不可比，採蓮落梅徒聒耳。世人學舞只是舞，姿態豈能得如此。

## 衙郡守還

世事何反覆，一身難可料。頭白翻折腰，還家私自笑。所嗟無産業，妻子嫌不調。五斗米留人，東溪憶垂釣。

〔一〕「帀」，宋刻本、分類本作「匝」。
〔二〕「開」，黄録何校作「門」。
〔三〕「入塞」，宋刻本、分類本無。
〔四〕「明」，分類本作「胡」。

## 陪使君早春東郊游眺 得春字。

太守擁朱輪，東郊物候新。鶯聲隨坐嘯，柳色喚行春。谷口雲迎馬，溪邊水照人。郡中叨佐理，何幸接芳塵。

## 題虢州西樓

錯料一生事，蹉跎今白頭。縱横皆失計，妻子也堪羞。明主雖能棄，丹心亦未休。愁來無去處，只上郡西樓。

## 虢州後亭送李判官使赴晉絳 得秋字。

西原驛路挂城頭，客散江亭雨未休〔一〕。君去試看汾水上，白雲猶似漢時秋。

〔一〕「江」，何校本校注：「紅。」

## 和賈舍人早朝大明宫〔一〕

雞鳴紫陌曙光寒〔二〕，鶯囀皇州春色闌〔三〕。金闕曉鍾開萬户〔四〕，玉堦仙仗擁千官。花迎劍珮星初落〔五〕，柳拂旌旗露未乾。獨有鳳皇池上客〔六〕，陽春一曲和皆難〔七〕。

## 行軍詩二首 時扈從在鳳翔。

吾竊悲此生，四十幸未老。一朝逢世亂，終日不自保。胡兵奪長安，宫殿生野草。傷心五陵樹，不見二京道。我皇在行軍，兵馬日浩浩。胡雛尚未滅，諸將懇征討。昨聞咸陽敗，殺戮淨

---

〔一〕文苑英華題作者爲「崔顥」，又注：「一作『岑參』，附見杜集。」

〔二〕「曙」，文苑英華作「曉」，又注：「集作『曙』。」

〔三〕「色」，黄録何校作：「杜集作『夜』。」文苑英華作「欲」，又注：「集作『色』。」

〔四〕「闕」，黄録何校作：「杜集作『鎖』。」「曉」，宋刻本作「晚」。「闕曉」，文苑英華作「闕曙」，又注：「集作『瑣曉』。」

〔五〕「迎」，文苑英華作「明」。「落」，文苑英華作「没」，又注：「集作『落』。」

〔六〕「獨」，文苑英華作「别」，又注：「集作『獨』。」「皇」，文苑英華作「凰」。「客」，文苑英華作「閣」，又注：「集作『客』。」

〔七〕「皆」，文苑英華作「仍」，又注：「集作『皆』，又作『應』。」

如掃。積屍若丘山，流血漲灃滈。干戈礙鄉國，豺虎滿城堡。村落皆無人，蕭條空桑棗。儒生有長策，無處豁懷抱。塊然傷時人，舉首哭蒼昊。

早知逢世亂，少小謾讀書。悔不學彎弓，向東射狂胡〔一〕。偶從諫官列，謬向丹墀趨。未能匡吾君，虚作一丈夫。撫劍傷世路，哀歌泣良圖。功業今已遲，攬鏡悲白鬚。平生抱忠義，不敢私微軀。

## 送許拾遺歸江寧

詔書下青瑣〔二〕，騆馬還吴洲〔三〕。束帛仍賜衣，恩波漲滄流。微禄將及親，向家非遠遊。看君五斗米，不謝萬户侯。適出西掖垣，如到南徐州。歸心望海日，鄉夢登江樓。大江盤金陵，諸

〔一〕「狂」，四庫本作「林」。
〔二〕「瑣」，宋刻本、分類本作「璅」。
〔三〕「洲」，宋刻本、分類本作「州」。

山橫石頭。楓樹隱茅屋，橘林繫歸舟。種藥疏故畦，釣魚垂舊鈎。對月京口夕，觀濤海門秋。天子憐諫官，論事不可休。早來丹墀下，高駕無淹留。

## 北庭北樓呈幕中諸公

嘗讀西域傳，漢家得輪臺。古塞千年空，陰山獨崔嵬。二庭近西海，六月秋風來。日暮上北樓，殺氣凝不開。大荒無鳥飛，但見白龍埠〔一〕。舊國眇天末，歸心日悠哉。上將新破胡，西郊絶煙埃。邊城寂無事，撫劍空徘徊。幸得趨幕中，託身厠群才。早知安邊計，未盡平生懷。

〔一〕「埠」，黄録何校作「堆」。

# 唐百家詩選　卷四

## 岑參下三十一首

### 使交河郡

郡在火山脚，其地苦熱無雨雪，獻封大夫。

奉使按胡俗〔一〕，平明發輪臺。暮投交河城，火山赤崔嵬。九月尚流汗，炎風吹沙埃。何事陰陽工，不遣雨雪來。吾君方憂邊〔二〕，分閫資大才。昨者新破胡，安西兵馬回。鐵關控天涯，萬里何遼哉？煙塵不敢飛，白草空皚皚。軍中日無事，醉舞傾金罍。漢代李將軍，微功今可咍。

〔一〕「胡」，宋刻本作「故」。
〔二〕「吾君方憂邊」，宋刻本作「吾方憂邊任」。

## 走馬川行奉送出師西行

君不見走馬滄海邊，平砂莽莽黄入天。輪臺九月風夜吼，一川碎石大如斗，隨風滿地石亂走。匈奴草黄馬正肥，金山西見煙塵飛，漢家大將西出師。將軍金甲夜不脱，半夜軍行戈相撥，風頭如刀面如割。馬毛帶雪汗氣蒸，五花連錢旋作冰，幕中草檄硯水凝。虜騎聞之應膽懾，料知短兵不敢接，車師西門佇獻捷。

## 熱海行送崔侍御還京 海中有赤鯉。

側聞陰山胡兒語，西頭熱海水如煮。海上衆鳥不敢飛，中有鯉魚長且肥。岸傍青草常不歇，空中白雲遥旋滅。蒸砂爍石燃虜雲，沸浪炎波煎漢月〔二〕。陰火潛燒天地爐，何事偏烘西一隅。勢入月窟侵太白〔三〕，氣連赤坂通單于。送君一醉天山郭，正見夕陽海邊落。柏臺霜威寒逼

〔二〕「沸」，四庫本作「拂」。
〔三〕「勢」，分類本作「熱」。

人，熱海炎氣爲君薄。

## 終南東溪中作

溪水碧於草，潺潺花底流。沙平堪濯足，石淺不勝舟。洗藥朝與暮，釣魚春復秋。興來從所適，還欲向滄洲。

## 酬成少尹駱谷行見呈

聞君行路難，惆悵臨長衢。豈不憚險艱，王程剩相拘。憶昨蓬萊宫，新授刺史符。明主仍賜衣，價直千萬餘。〔二〕何幸承命日，得與夫子俱。攜手出華省，連鑣赴長途。五馬當路嘶，按節投蜀都。千巖信縈折，一逕何盤紆。〔三〕層冰滑征輪，密竹礙隼旟。深林迷昏旦，棧道陵空虚。飛

〔二〕「直」，四庫本作「值」。「明主仍賜衣，價直千萬餘」，黄録何批作：「何可論價。」

〔三〕「千巖信縈折，一逕何盤紆」，黄録何批作：「駱谷。」

雪縮馬毛，烈風擘我膚。峰攢望天小，亭午見日初。夜宿月近人，朝行雲滿車。泉澆石罅坼，火入松心枯。亞尹同心者，風流賢大夫〔二〕。榮禄上及親，之官隨板輿。高價振臺閣，清詞出應徐。成都春酒香，且用俸錢沽。浮名何足道，海上堪乘桴。

## 韋員外家花樹歌

今年春似去年好，去年人到今年老。知人老去不及花，可惜落花君莫掃。君家兄弟不可當，列卿太史尚書郎。朝回花底常會客，花撲玉缸春酒香。

## 送盧郎中除杭州赴任

罷起郎官草〔三〕，初分刺史符。海雲迎過楚，江月引歸吳。城底濤聲震，樓端蜃氣孤。千家

〔二〕「大」，宋刻本作「丈」。
〔三〕「官」，分類本作「中」。

窺驛舫，五馬飲春湖。柳色供詩用，鶯聲送酒須。知君望鄉處，枉道上姑蘇。

## 趙少尹南亭送鄭侍御歸東臺得長字〔一〕。

江亭酒瓮香〔二〕，白面繡衣郎。砌冷蟲喧座，簾疏雨到床。鍾催離興急，絃緩醉歌長〔三〕。關樹應先落，隨君滿路霜〔四〕。

## 過侯山王處士黑石谷隱居〔五〕

舊居侯山下，偏識侯山雲。處士久不還，見雲如見君。別來餘十秋，兵馬日紛紛。青溪開

〔一〕文苑英華、分類本無注「得長字」。

〔二〕「江」，黄録何校作「紅」，文苑英華校注：「集作『紅』。」

〔三〕「緩」，文苑英華作「逐」，又注：「詩選作『緩』。」

〔四〕「路」，文苑英華校注：「集作『鬢』。」

〔五〕「侯山」，宋刻本、清宋犖本同，雙清閣本、和刻本、四庫本作「緱山」，本篇下同。

戰場，黑谷屯行軍。遂令巢由輩，遠逐麋鹿群。獨有南澗水，潺湲如昔聞。

奉送李太保兼御史大夫充渭北節度〔一〕即太尉光弼弟〔二〕。

詔出未央宫，登壇近總戎。上公周太保，副相漢司空。弓抱關西月〔三〕，旗翻渭北風。弟兄皆許國，天地荷成功。

送秘書虞校書赴虞鄉丞〔四〕

花綬傍腰新，關東縣欲春。殘書厭科斗，舊閣别騏驎。虞坂臨官舍，條山映吏人。看君有知己，坦腹向平津。

〔一〕「節度」，文苑英華作「節度使」。
〔二〕「光弼弟」，文苑英華作「光弼之弟」。
〔三〕「抱」，文苑英華校注：「一作『挽』。」
〔四〕「赴」，宋刻本、分類本無。

## 送王七録事赴虢州

早歲即相知，嗟君最後時。青雲仍未達，白髮欲成絲。小店關門樹，長河華岳祠。弘農人吏待，莫使馬行遲。〔一〕

## 送懷州吴别駕

灞上柳枝黄，壚頭酒正香。春流飲去馬，暮雨濕行裝。驛路通函谷，州城接太行。覃懷人總喜，别駕得王祥。

〔一〕「弘農人吏待，莫使馬行遲」，黄録何批作：「應『後時』。」

## 太白胡僧歌 并序

太白中峰絶頂，有胡僧不知幾百歲，眉長數寸〔一〕，身不製繒帛，衣以草葉，常持楞伽經，路僻迥絶〔二〕，人跡罕到。嘗東峰有鬬虎，弱者將死，僧杖而解之〔三〕。西湫有毒龍，久而爲患，僧器而貯之〔四〕。商山趙叟前年採茯苓，深入太白，偶值此僧宿〔五〕。余常有獨往之意〔六〕，聞而悦之，乃爲歌曰：

聞有胡僧在太白，蘭若去天三百尺。一持楞伽入中峰，世人難見但聞鍾。窗邊錫杖解兩虎，床下鉢盂盛一龍。草衣不針亦不線，兩耳垂肩眉覆面。此僧年紀那得知，手種青松今十圍。心將流水日清淨，身與浮雲無是非。商山老人已曾識，願一見之何由得。山中有僧人不知，城裏看山空黛色。

〔一〕「長」，宋刻本作「已長」。
〔二〕「路僻」，宋刻本、清宋犖本同，雙清閣本、和刻本、四庫本作「雲壁」。
〔三〕「僧杖而」，宋刻本作「而僧以杖」。
〔四〕「僧器而」，宋刻本作「而僧於器」。
〔五〕「宿」，宋刻本、清宋犖本同，雙清閣本、和刻本、四庫本作「訪我而説」。
〔六〕「常」，宋刻本、清宋犖本同，雙清閣本、和刻本、四庫本作「恒」。

## 青門歌送東臺張判官

青門金鑠平旦開，城頭日出使車回。青門柳枝正堪折，路傍一日幾人別。東出青門路不窮，驛樓官樹灞陵東。花撲征衣看似錦，雲隨去馬色疑驄〔一〕。胡姬酒壚日未午〔二〕，絲繩玉缸酒如乳。江頭花落没馬蹄，昨夜微雨花成泥。鸝黄翅濕飛屢低〔三〕，關東尺書醉懶題。須臾望君不可見，揚鞭飛鞚疾於箭。借問使乎何時來，莫作東飛伯勞西飛燕。

## 送費子歸武昌

漢陽歸客悲秋艸，旅舍葉飛愁不掃。秋來倍憶武昌魚，夢著只在巴陵道。曾隨上將過祁連，離家十年恒在邊〔四〕。劍鋒可惜虚用盡，馬蹄無事今已穿。知君開館常愛客，摴蒲百金每一

〔一〕「雲」，宋刻本、分類本作「雪」。
〔二〕「胡」，分類本作「明」。
〔三〕「鸝黄」，四庫本作「黄鸝」。
〔四〕「家」，四庫本作「鄉」。

擲。平生有錢將與人，江上故園空四壁。吾觀費子毛骨奇，廣眉大口仍赤髭。看君失路尚如此，人生貴賤那得知。高秋八月歸南楚，東門一壺聊出祖。路指鳳皇山北雲，衣沾鸚鵡洲邊雨。勿歎蹉跎白髮新，應須守道勿羞貧。男兒何必戀妻子，莫向江村老卻人。

## 送張獻心充副使歸河西雜句〔二〕

將門子，君獨賢，一從授命恒在邊。未年三十已高位，腰間金印色赩然。前日承恩白虎殿，歸來見者誰不羨。篋中賜衣十萬餘〔三〕，案上軍書二千卷。看君智謀若有神，愛君詩句皆清新。澄湖萬頃深見底，清冰一片光照人。雲中昨夜使星動，西門驛樓出相送。玉缾素蟻臘酒香，金鞍白馬紫遊韁。花門南，燕支北，張掖城頭雲正黑，送君一去天外憶。

〔二〕「送」，宋刻本、分類本無。
〔三〕「十」，分類本作「千」。

## 送魏叔虹擢第歸東京因懷魏校書陸渾喬潭〔一〕

井上桐葉赤，灞亭卷秋風。故人適戰勝，走馬歸山東。問君如今三十幾，能使香名滿人耳。君不見三峰直上五千仞，見君文章亦如此。如君兄弟天下稀，雄詞健筆皆若飛。將軍金印𩋌紫綬，御史鐵冠重繡衣。喬生作尉別來久，因君爲問平安否。魏侯校理復何如，前日人來不得書。陸渾山水佳可賞，蓬閣閑時日應往。自料青雲未有期，誰知白髮偏能長。壚頭青絲白玉瓶，別時相顧酒初醒。摇鞭舉袂忽不見，千樹萬樹空蟬鳴。

## 長門怨

君王嫌妾妒，閉妾在長門。舞袖垂新寵，愁眉結舊恩。緑錢生履跡〔二〕，紅粉濕啼痕。羞被桃花笑〔三〕，看春獨不言。

〔一〕「魏」，宋刻本、分類本無。

〔二〕「生」，文苑英華作「侵」，又注：「一作『生』。」

〔三〕「桃花」，文苑英華作「夭桃」，又注：「一作『桃花』。」

## 宿關西客舍寄東山嚴許二山人時天寶高道舉徵〔一〕

雲送關西雨，風傳渭北秋〔二〕。孤燈然客夢〔三〕，寒杵擣鄉愁。灘上思嚴子，山中憶許由。蒼生今有望，飛詔下林丘。

## 尋少室張山人聞與偃師周明府同入都

中峰鍊金客，昨日遊人間。葉縣鳧共去，葛陂龍暫還。暮雲湊深木〔四〕，秋雨懸空山〔五〕。寂寂青溪裏，空餘丹竈閑。

〔一〕「時天寶高道舉徵」，文苑英華作「時天寶初七月初三日在學見有高道舉徵」。

〔二〕「北」，文苑英華作「水」，又注：「集作『北』。」

〔三〕「然」，文苑英華作「燃」。

〔四〕「木」，四庫本作「水」。

〔五〕「秋」，宋刻本作「愁」。

## 題匡城周少府廳壁

婦姑城南風雨秋，婦姑城中人獨愁。愁雲遮卻望鄉處〔一〕，數日不上西南樓。故人薄暮公事閑，玉壺美酒虎魄殷〔二〕。潁陽秋草今黄盡，醉卧君家猶未還。

## 杜公挽歌四首 銀青光禄大夫河西太守。

蒙叟悲藏壑，殷宗惜濟川。長安非舊日，京兆是新阡。黄霸官猶屈，蒼生望已愆。唯餘鄉月在〔三〕，留向杜陵懸。

鼓吹城中出，墳塋郭外新。雨隨思太守，雲慘送夫人。蒿里埋雙劍，松門閉萬春。回瞻北

〔一〕「遮」，宋刻本作「渡」。
〔二〕「虎魄」，分類本作「琥珀」。
〔三〕「鄉」，原本作「卿」，據宋刻本改。

堂上，金印已生塵。

憶昨明光殿，新承天子恩。剖符移北地，受鉞領西門。塞草迎軍幕，邊雲拂使軒。至今聞隴外，戎虜尚亡魂。

漫漫澄波闊，耽耽大厦深。秉心常匪石，行義每揮金。汲引窺蘭室，招攜入翰林。多君有令子，猶注世人心。

## 輪臺歌奉送封大夫出師西征

輪臺城頭夜吹角，輪臺城北旄頭落。羽書昨夜過渠黎〔二〕，單于已在金山西。戍樓西望煙塵黑，漢兵屯在輪臺北。上將擁旄西出征，平明吹笛大軍行〔三〕。四邊伐鼓雪海湧，三軍大呼陰山

---

〔二〕「渠」，宋刻本作「梁」。

〔三〕「平明」，宋刻本作「小胡」。「軍」，宋刻本作「單」。

動。虜塞兵氣連雲屯，戰場白骨纏草根。劍河風急雪片闊，沙口石凍馬蹄脱。亞相勤王甘苦辛，誓將報主静邊塵。古來青史誰不見，今見功名勝古人。

## 白雪歌送武判官

北風卷地白草折[一]，胡天八月即飛雪。忽如一夜春風來，千樹萬樹梨花開。散入珠簾濕羅幕，狐裘不暖錦衾薄。將軍角弓不得控，都護鐵衣冷難著。瀚海闌干千尺冰，愁雲黲澹萬里凝。中軍置酒飲歸客，胡兒琵琶與羌笛[二]。紛紛暮雪下轅門，風掣紅旗凍不翻[三]。輪臺東門送君去，去時雪滿天山路。山回路轉不見君，雪上空留馬行處。

[一]「折」，何校本校注：「本從『斱』，以斤斷草也。」黄録何批作：『折』字本從『斱』，以斤斷草也。唐人取韻不苟類此。」

[二]「兒」，四庫本作「琴」。

[三]「掣」，宋刻本作「繫」。

送張都尉歸東郡

白羽緑弓絃，年年祇在邊。還家劍鋒盡，出塞馬蹄穿。逐虜西踰海，平胡北到天。封侯應不遠，燕頷豈徒然。

行軍九日思長安故園時未收長安〔一〕

强欲登高去，無人送酒來。遥憐故園菊，應傍戰場開。

送賈侍御使江外

新騎驄馬復承恩，使出金陵過海門。荆南渭北難相見，莫惜衫襟著酒痕。

〔一〕分類本「時未收長安」作小注。

## 儲光羲二十一首

魯人，天寶末爲監察御史，安禄山任僞官，賊平貶死。

### 新豐道中作

西下長樂坂，東入新豐道。雨多車馬稀，道上生秋草。太陰蔽皋陸，莫知晚與早。雲雷杳冥冥，川谷漫浩浩。詔書植嘉木，二十八年有詔種果。衆言桃李好。自顧無此容，歸從漢陰老。

### 群鴉詠〔一〕

新宫驪山陰，龍衮時出豫。朝陽照羽儀，清吹肅逵路。群鴉隨天車，夜滿新豐樹。所思在腐餘，不復憂霜露。河低宫閣深，燈隱鼓鍾曙。繽紛起寒枝，矯翼時相顧。冢宰收琳琅，侍臣盡鵷鷺。高舉摩太清，永絶繒繳懼。兹禽亦翱翔，不以微小故。

〔一〕「鴉」，宋刻本作「鵶」，本篇下同。

## 野田黄雀行

嘖嘖野田雀，不知軀體微。閑穿深蒿裏〔一〕，争食復争飛。窮老一頹舍〔二〕，棗多桑樹稀。無棗猶可食〔三〕，無桑何以衣。蕭條空倉暮，相引時來歸。邪路豈不捷〔四〕，渚田豈不肥〔五〕。水長路且敻〔六〕，惻惻與心違。

## 效古

東風吹大河，河水如倒流。河洲沙塵起，有若黄雲浮。頳霞燒廣澤，洪曜赫高丘。野老泣相逢，無地可蔭庥。翰林有客卿，獨負蒼生憂。中夜起躑躅，思欲獻厥謀。君門峻且深，踠足空

〔一〕「深蒿裏」，文苑英華作「疏蒿下」，又注：「一作『深蒿裏』。」

〔二〕「頹」，文苑英華作「犢」，又注：「一作『頹』。」

〔三〕「猶可」，文苑英華作「亦何」，又注：「一作『猶可』。」

〔四〕「邪」，文苑英華作「斜」，又注：「一作『邪』。」

〔五〕「渚」，文苑英華校注：「一作『諸』。」

〔六〕「長」，文苑英華作「漲」，又注：「一作『長』。」「敻」，文苑英華作「壞」。

夷猶。

## 尚書省聽誓誡貽太廟裴丞〔一〕

皇家有恒憲，齋祭崇明祀。嚴車伊洛間，受誓文昌裹。沉沉雲閣見，稍稍城烏起。曙色照衣冠，虚庭鳴劍履。徘徊念私覿，悵望臨清汜〔二〕。點翰欲何言，相思從此始。

## 田家即事〔三〕

蒲葉日已長，杏花日已滋〔四〕。老農要看此，貴不違天時。迎晨起飯牛，雙駕耕東菑。蚯蟥

〔一〕「聽」，分類本作「廳」。「誡」，四庫本作「戒」。

〔二〕「汜」，宋刻本、分類本作「記」。

〔三〕「即事」，文苑英華作「書情」，又注：「集作『即事』。」

〔四〕「杏」，文苑英華作「荷」，又注：「集作『荇』，疑作『杏』。」

土中出，田烏隨我飛。群合亂啄噪，嗷嗷如道飢。我心多惻隱，顧此兩傷悲〔一〕。撥食與田烏〔二〕，日暮空筐歸。親戚更相誚，我心終不移。

田家雜興三首〔三〕

春至鶬鶊鳴，薄言向田墅。不能自力作，黽勉娶鄰女〔四〕。既念生子孫，方思廣園圃。閑時相顧笑，喜悦好禾黍。夜夜登嘯臺，南望洞庭渚。百草被霜露〔五〕，秋山響砧杵。卻羨故年時，中情無所取。

〔一〕「傷悲」，宋刻本、分類本作「復非」。
〔二〕「撥食與」，文苑英華作「發食飼」，又注：「集作『撥食與』。」
〔三〕「三首」，文苑英華作「四首」。無「春至」一首。「梧桐」、「楚山」二首分别爲組詩之二、四。
〔四〕「黽勉」，分類本作「僶俛」。
〔五〕「百」，宋刻本、分類本作「白」。

梧桐蔭我門〔一〕，薜荔網我屋。超超兩夫婦〔二〕，朝出暮還宿。稼穡既自種〔三〕，牛羊還自牧。日旰懶耕鋤，登高望川陸。空山足禽獸，墟落多喬木。白馬誰家兒，聯翩相馳逐。

楚山有高士，梁國有遺老。築室既相鄰，向田復同道。糧糒常共飯〔四〕，兒孫每更抱〔五〕。忘此耕耨勞，愧彼風雨好。蟪蛄鳴空澤，鶗鴂傷秋草〔六〕。日夕寒風來，衣裳苦不早。

## 同王十三維偶然作四首

野老本貧賤，冒暑鋤瓜田。一畦未及終，樹下高枕眠。荷蓧者誰子，皤皤來息肩。不復問

〔一〕「蔭」，文苑英華作「陰」，又注：「去聲。」

〔二〕「超超」，文苑英華作「迢迢」。

〔三〕「種」，文苑英華作「務」，又注：「集作『種』。」

〔四〕「糧」，文苑英華作「糗」。

〔五〕「每」，宋刻本、分類本作「日」，文苑英華校注：「集作『日』」。

〔六〕「傷」，文苑英華作「生」，又注：「集作『傷』。」

鄉墟，相見但依然。腹中無一物〔二〕，高話羲皇年。落日臨層隅，逍遥望晴川。使婦提蠶筐，呼兒榜魚船。悠悠泛緑水，去摘浦中蓮。蓮花艷且美，使我不能還。

仲夏日中時，草木看欲焦。田家惜功力，把鋤來東皋。顧望浮雲陰，往往誤傷苗。歸來悲困極，兄嫂相共饒。無錢可沽酒，何以解劬勞。夜深星漢明，庭宇虛寥寥。高柳三五株，可以獨逍遥。

浮雲在虛空，隨風復卷舒。我心方處順，動作何憂虞。但言嬰世網，不復得閑居。迢遞别東國，超遥來西都。見人乃恭敬，曾不問賢愚。雖若不能言，中心亦難誣。故鄉滿親戚，道遠情日疏。偶欲陳此意，復無南飛鳧。

北山種松柏，南山種蒺藜。出入雖同趣，所尚各有宜。孔丘貴仁義，老氏好無爲。我心若虛空，此道將安施。暫過伊闕間，晼晚三伏時。高閣入雲中，芙蓉滿清池。要自非我室，還望南山陲。

〔二〕「無一物」，黄録何批作：「『無一物』，言世情頓盡也。」

## 貽余處士〔一〕

故園至新浦，遥復未百里。北望是他邦，紛吾即遊士。潮來津門啓，罷檝信流水。客意乃成歡，舟人亦相喜。遲遲菱荇上，泛泛菰蒲裏。漸聞商旅喧，猶見鳧鷖起。市亭忽雲構〔二〕，方物如山峙。吴王昔喪元，隋帝又滅祀。停艦一以眺，太息興亡理。秋苑故池田，宫門新柳杞。我行苦炎月，乃及清旻始。此地日逢迎，終思隱君子。莫言異卷舒，形音在心耳。

## 泊舟貽潘少府〔三〕時潘少府在後浦。

行子苦風潮，維舟未能發。宵分卷前幔，卧視清秋月。四澤葭葦深，中洲煙火絶。蒼蒼水霧起，落落疏星没。所遇盡漁商，與言多楚越。其如念極浦，又以思明哲。常若千里餘，況之異鄉别。

〔一〕「貽」，分類本作「詒」。

〔二〕「雲」下，宋刻本、分類本校注：「御名。」無「構」。

〔三〕「泊舟」，宋刻本作「泊來舟」。

## 幽居

幽人下山徑，去去夾青林。滑處莓苔濕，暗中蘿薜深。春朝煙雨散，猶帶浮雲陰。

## 薔薇篇〔一〕

褭褭長數尋，青青不作林。一莖獨秀當庭心，數枝分作滿庭陰。春日遲遲欲將半，庭影昑昑正堪翫。枝上鶯嬌不畏人，葉裏蛾飛自相亂。秦家女兒愛芳菲，画眉相唤採葳蕤。高處紅鬚欲就手，低邊緑刺已牽衣。蒲桃架上朝光滿，楊柳園中暝鳥飛。連袂蹋歌從此去〔二〕，風吹香氣逐人歸。

## 臨江亭

晉家南作帝，京鎮北爲關。江水中分地，城樓下帶山。金陵事已往，青蓋理無還。落日空亭

〔一〕本首篇題，分類本作「題薔薇花」，爲朱慶餘題薔薇花後二首，題作「又」。

〔二〕「蹋」，宋刻本、分類本作「踏」。

上，愁看龍尾灣。

## 仲夏入園東陂

方塘深且廣，伊昔俯吾廬。環岸垂緑柳，盈潭發紅蕖。上延北原秀，下屬幽人居。暑雨若混沌，晴明如空虛。此鄉多隱逸，水陸見樵漁。廢賞亦何貴，爲歡良易攄。且言重觀國，當此賦歸歟。

## 洛橋送別

河橋送客舟，河水正安流。遠見輕橈動，遥憐故國遊。海禽逢早雁，江月值新秋。一聽南津曲，分明散别愁。

## 題山中流泉

山中有流水，借問不知名。映地爲天色，飛空作雨聲。轉來深澗滿，分出小池平。恬澹無人見，年年長自清。

## 崔國輔二首

### 古意〔一〕

歸來日尚早，卻欲向芳洲。渡口水流急，回舟不自由〔二〕。

### 對酒吟〔三〕

行行日將夕，荒村古冢無人跡。蒙蘢荆棘一鳥飛，屢唱提壺酤酒喫〔四〕。古人不逢酒不足〔五〕，

〔一〕本首篇題，文苑英華作「古意六首」，此首爲組詩之五。
〔二〕「回舟」，文苑英華作「迴船」。
〔三〕本首篇題，文苑英華作「對酒」。
〔四〕「酤」，文苑英華作「沽」。
〔五〕「逢」，四庫本作「達」。

遺恨精靈傳此曲〔一〕。寄言世上諸少年〔二〕，平生且盡杯中淥〔三〕。

## 崔顥七首

天寶中爲尚書司勳員外郎。

### 黄鶴樓〔四〕

昔人已乘黄鶴去〔五〕，此地空餘黄鶴樓〔六〕。黄鶴一去不復返，白雲千載空悠悠。晴川歷歷漢陽樹，春草萋萋鸚鵡洲〔七〕。日暮鄉關何處是，煙波江上使人愁。

〔一〕「傳」，文苑英華作「成」，又注：「一作『傳』。」

〔二〕「世上」，文苑英華校注：「一作『當代』。」

〔三〕「且」，文苑英華作「須」。

〔四〕本首篇題，文苑英華作「登黄鶴樓」。

〔五〕「黄鶴」，清宋犖本、雙清閣本、和刻本、四庫本同，宋刻本、分類本、文苑英華作「白雲」。

〔六〕「此」，文苑英華作「茲」。「餘」，文苑英華作「遺」。

〔七〕「萋萋」，文苑英華作「青青」。

## 長安道

長安甲第高入雲，誰家居住霍將軍。日晚朝回擁賓從，路旁拜揖何紛紛。莫言炙手手可熱，須臾火盡灰亦滅。莫言貧賤即可欺，人生富貴自有時。一朝天子賜顔色，世上悠悠應始知。

## 渭城少年行二首〔一〕

洛陽二月梨花飛，秦地行人春憶歸。揚鞭走馬城南陌，朝逢驛使秦川客。驛使前日發章臺，傳道長安春早來。棠梨宫中燕初至，蒲桃館裏花正開〔二〕。念此使人歸更早，三月便達長安道。長安道上春可憐，揺風蕩日曲江邊。萬户樓臺臨渭水，五陵花柳滿秦川。〔三〕

---

〔一〕本首篇題，文苑英華作「少年行」，又注：「一作渭城少年行。」

〔二〕「蒲」，文苑英華作「葡」。

〔三〕文苑英華此處無分隔，爲一首詩。

秦川寒食盛繁華，遊子春來喜見家〔一〕。鬭雞下杜塵初合〔二〕，走馬章臺日半斜。章臺帝城稱貴里，青樓日晚歌鍾起。貴里豪家白馬驕〔三〕，五陵年少不相饒。雙雙挾彈來金市，兩兩鳴鞭上渭橋。渭橋壚頭酒新熟，金鞍白馬誰家宿。可憐錦瑟筝琵琶，玉壺清酒就君家。小婦春來不解羞，嬌歌一曲楊柳花。

## 江南曲二首

君家何處住，妾住在横塘。停船暫借問，或可是同鄉。

下渚多風浪〔四〕，蓮舟欲漸稀。那能不相待，獨自逆潮歸。

---

〔一〕「喜見」，文苑英華作「不見」，又注：「一作『喜』。」

〔二〕「杜塵」，文苑英華作「社春」。

〔三〕「驕」，宋刻本、文苑英華作「嬌」，文苑英華又注：「一作『驕』。」

〔四〕「下」，文苑英華作「北」，又注：「一作『下』。」

## 定襄郡獄

我在河東時，使往定襄里。定襄諸小兒，諍訟喧城市。長老莫敢言，太守不能理。謗書盈几案，文墨相填委。牽引肆中翁，追呼田家子。我來折此獄，師聽辨疑似。小大必得情，未嘗施鞭捶。是時三月暮，遍野農桑起。里巷鳴春鳩，田園引流水。此鄉多雜俗，戎夏殊音旨。顧問邊塞人，勞情曷云已。

# 陶翰一首

## 塞下曲〔一〕

進軍飛狐北，窮寇勢將變〔二〕。日落沙塵昏，背河更一戰。駿馬黄金勒〔三〕，彫弓白羽箭〔四〕。

〔一〕文苑英華題作者爲「陶翰」，又注：「文粹作『王季友』。」

〔二〕「勢將」，文苑英華作「兵勢」。

〔三〕「駿」，文苑英華校注：「一作『騂』。」

〔四〕「彫」，文苑英華作「琱」。

射殺左賢王，歸奏未央殿。欲言塞下事，天子不召見。東出咸陽門，哀哀淚如霰〔一〕。

## 常建三首 大曆中爲盱眙尉〔二〕。

### 弔王將軍〔三〕

嫖姚北伐時，深入强千里〔四〕。戰餘落日黄，軍敗鼓聲死。嘗聞漢飛將〔五〕，可奪單于壘。今與山鬼鄰，殘兵哭遼水。

〔一〕「哀哀淚如霰」，文苑英華作「哀淚如散霰」，校注：「一作『哀哀淚如霰』。」

〔二〕「盱」，宋刻本無。

〔三〕「將軍」，文苑英華作「將軍墓」。

〔四〕「强」，文苑英華作「幾」，又注：「文粹作『强』。」

〔五〕「嘗聞」，文苑英華作「常言」，又注：「文粹作『聞』。」

## 題破山寺後禪院

清晨入古寺，初日朗高林〔一〕。竹逕通幽處，禪房花木深。山光悦鳥性，潭影空人心。萬籟此都寂〔二〕，但餘鐘磬音。

## 春詞

宛宛黄柳絲，濛濛雜花垂。日高紅妝卧，倚對春光遲。寧知傍淇水，驂裹黄金羈〔三〕。

〔一〕「朗」，宋刻本、清宋犖本、雙清閣本、和刻本同，文苑英華作「曜」，又注：「一作『朗』。」四庫本作「照」。

〔二〕「都」，宋刻本、文苑英華、清宋犖本、雙清閣本、和刻本同，四庫本作「俱」。

〔三〕「驂」，宋刻本作「驛」。

# 唐百家詩選　卷五

## 王昌齡二十三首

### 塞上曲二首〔一〕

蟬鳴空桑林〔二〕，八月蕭關道。出塞入塞雲，處處黄蘆草。從來幽并客，皆向沙場老〔三〕。莫學遊俠兒〔四〕，矜誇紫騮好。

〔一〕本首篇題，文苑英華作「塞下曲三首」。此二首分别爲組詩之二、一。

〔二〕「林」，文苑英華作「麻」。

〔三〕「向沙場」，文苑英華作「共塵沙」。

〔四〕「學」，文苑英華作「作」。「兒」，文苑英華作「人」。

邊頭何慘慘〔一〕，已葬霍將軍。部曲皆相弔〔二〕，燕南代北聞。功勳多被黜〔三〕，兵馬亦尋分。更遣黄頭戍〔四〕，唯當哭塞雲。

## 長信愁〔五〕

奉箒平明秋殿開〔六〕，且將團扇共徘徊〔七〕。玉顔不及寒鴉色，猶帶昭陽日影來。

〔一〕「頭」，文苑英華作「城」，又注：「一作『頭』。」

〔二〕「部曲」，文苑英華作「士卒」。「相」，文苑英華作「來」。

〔三〕「勳」，文苑英華作「門」，又注：「一作『勳』。」

〔四〕「頭」，文苑英華作「龍」。

〔五〕本首篇題，文苑英華作「長信宫」，又注：「一作長信怨二首。」此首爲組詩之二。

〔六〕「秋」，文苑英華校注：「一作『金』。」

〔七〕「且」，文苑英華校注：「一作『暫』。」

## 放歌行

南渡洛陽津[一]，西望十二樓。明堂坐天子，月朔朝諸侯。清樂動千門，皇風被九州。慶雲從東來，泱漭抱日流。昇平貴論道[二]，文墨將何求。有詔徵草澤，微誠將獻謀[三]。冠冕如星羅，拜揖曹與周。[四]望塵非吾事，入賦且遲留[五]。幸蒙國士識，因脫負薪裘[六]。今者放歌行，以慰梁甫愁。但營數斗禄[七]，奉養每豐羞[八]。願得金膏遂，飛雲亦可儔[九]。

〔一〕「渡」，文苑英華作「望」，又注：「一作『渡』。」
〔二〕「論道」，黄録何批作：「『論道』，謂時方尚道舉也。」
〔三〕「將獻謀」，文苑英華校注：「一作『獻謀猷』。」
〔四〕「冠冕如星羅，拜揖曹與周」，黄録何批作：「齊鬱陵王昭業以直閤將軍曹道剛、周奉叔爲羽翼。」
〔五〕「賦」，文苑英華作「職」，又注：「一作『賦』。」
〔六〕「因」，文苑英華作「自」，又注：「一作『因』。」
〔七〕「但營」，文苑英華作「位榮」，詩後又補注：「類詩作『但營』。」
〔八〕「養每」，文苑英華作「義本」，又注：「一作『養每』。」
〔九〕「願」，文苑英華校注：「一作『若』。」「儔」，文苑英華作「籌」，又注：「一作『儔』。」

## 長歌行

曠野饒悲風，颼颼多蒿草〔一〕。繫馬倚白楊〔二〕，誰知我懷抱。所是同袍者，相逢盡衰老。況登漢家陵〔三〕，南望長安道。上有枯樹根〔四〕，下有石鼠窠〔五〕。高皇子孫盡，千載無人過〔六〕。寶玉頻發掘，精靈其奈何〔七〕。人生須信命〔八〕，有酒且長歌。

## 青樓曲

白馬金鞍從武皇，旌旗十萬宿長楊。樓頭小婦鳴箏坐，遥見飛塵入建章。

〔一〕「多」，文苑英華作「槁」，又注：「一作『黄』。」

〔二〕「倚」，文苑英華校注：「一作『停』。」

〔三〕「況」，文苑英華作「北」，又注：「一作『況』。」

〔四〕「上有枯」，文苑英華校注：「一作『下有古』。」

〔五〕「石」，文苑英華作「鼯」。「下有石」，文苑英華校注：「一作『上有鼷』。」

〔六〕「載」，文苑英華校注：「一作『古』。」

〔七〕「奈」，文苑英華作「若」，又注：「一作『奈』。」

〔八〕「信」，文苑英華作「達」。

## 笳篌引

盧溪郡南夜泊舟，夜聞南岸羌戎謳。其時月黑猿啾啾，微雨霑衣令人愁。有一遷客登高樓，不言不寐彈笳篌。彈作薊門桑葉秋，風沙颯颯青塚頭。將軍鐵驄汗血流，深入匈奴戰未休。黄旗一點兵馬收，亂殺胡人積如丘。瘡病驅來役邊州，仍披漠北羊羔裘。顔色飢枯掩面羞，眼眶淚滴深兩眸。還思本鄉食氂牛，欲語不得指咽喉。或有强壯能咿嚘，意説被他邊將讎。五世屬蕃漢主留，碧毛氈障河曲遊。橐駞五萬部落稠，敕賜飛鳳金兜鍪。爲君百戰如過籌，静掃陰山無鳥投。家藏鐵券特承優，黄金十斤不稱求。九族分離作楚囚，深溪寂寞絃苦幽，草木悲感聲颼飀。僕本東山爲國憂，明光殿前論九疇。籠讀兵書盡冥搜，爲君掌上施權謀。洞曉山川無與儔，紫宸發詔遠懷柔。摇筆飛箱如奪鉤〔二〕，鬼神不得知其由。憐愛蒼生比蚍蜉，朔河屯兵須漸抽。盡遣降來拜御溝，便令海内休戈矛。何用班超定遠侯，史臣書之得已不？

〔二〕「箱」，四庫本作「霜」。

## 從軍行

向夕臨大荒，朔風軫歸慮〔一〕。平沙萬餘里，飛鳥宿何處。虜騎獵長原，翩翩傍河去。邊聲搖白草，海氣生黄霧。百戰苦風塵，十年履霜露。雖投定遠筆，未坐將軍樹〔二〕。早知行路難，悔不理章句。

## 出塞行

白花垣上望京師，黄河水流無盡時。窮秋曠野行人絶，馬首東來知是誰〔三〕？

〔一〕「軫」，何校本「軨」塗改作「軫」，又注：「照樂府改。」四庫本作「軫」，宋刻本、清宋犖本、雙清閣本、和刻本作「軨」。「慮」，何校本「虜」塗改作「慮」，四庫本作「慮」，宋刻本、清宋犖本、雙清閣本、和刻本作「虜」。

〔二〕「未坐將軍樹」，黄録何批作：「『未坐將軍樹』，謂無功可論也。」

〔三〕「東」，何校本校注：「一本作『西』。」黄録何校作：「一本作『西来』，乃與『望京師』相應。」

## 採蓮曲

荷葉羅裙一色裁，芙蓉向臉兩邊開。亂入池中看不見，聞歌始覺有人來。

## 諸官遊招隱寺

山館人已空，青蘿换風雨。自從永明世，月向龍宫吐。鑿井長幽泉，白雲今如古。應真坐松柏，錫杖掛牕户。口云七十餘，能救諸有苦。回指巖樹花，如聞道場鼓。金色身壞滅，真如性無主。僚友同一心，清光遺誰取。

## 沙苑南渡頭〔一〕

秋霧連雲白，歸心浦漵懸。津人空守纜，村館復臨川。峰隔蒼茫雨，波通演漾田。孤舟未

〔一〕「苑」，宋刻本作「花」。

得濟，入夢在何年。

## 鄭縣宿陶大公館贈馮六元二[一]

儒有輕王侯，脱略當世務。本家藍溪中，非爲漁弋故。無何困躬耕，且欲馳永路。幽居與君近，出谷同所鶩。昨日辭石門，五年變秋露。雲龍未相感，干謁亦已屢。子爲黄綬羈，余忝蓬山顧。京門望西岳，百里見郊樹。飛雨祠上來，靄然關中暮。驅車鄭城宿，秉燭論往素。山月出華陰，開此河渚霧。清光比故人，豁達展心晤。馮公尚戢翼，元子仍跼步。拂衣易爲高，論迹難有趣。張范善始終，吾等豈不慕。罷酒當涼風，屈伸備冥數。

## 和振上人秋夜懷士會

白露傷草木，山風吹夜寒。遥林夢親友，高興發雲端。一作「巖巒」。郭外秋聲急，城邊月色

[一]「元二」，宋刻本無。

殘。瑶琴多遠思，更爲客中彈。

寄穆侍御出幽州

一從恩譴度瀟湘，江北江南萬里長。莫道薊門書信少，雁飛猶得到衡陽。

灞上閑居

鴻都有歸客，偃卧滋陽村。軒冕無枉顧，清川照我門。空林網夕陽，寒鳥赴荒園。廓落時得意，懷哉莫與言。庭前有孤鶴，欲啄常翩翻。爲我銜素書，弔彼顔與原。二君既不朽，所以慰其魂。

初日

初日凈金閨，先照牀前暖。斜光入羅幕，稍稍親絲管。雲髪不能梳，楊花更吹滿。

## 採蓮

越女作桂舟，還將桂爲檝。湖上水渺漫，清江初可涉。摘取芙蓉花，莫摘芙蓉葉。將歸問夫壻，顔色何如妾。

## 出塞〔一〕

秦時明月漢時關，萬里長征人未還。但使盧城飛將在〔二〕，不教胡馬度陰山。〔三〕

## 同李四倉曹宅夜飲

霜天留飲故情歡，銀燭金爐夜不寒。欲問吴江別來處，青山明月夢中看。

〔一〕本首篇題，文苑英華作「塞上曲二首」。此首爲組詩之一。

〔二〕「盧城」，文苑英華作「龍城」。

〔三〕「但使盧城飛將在，不教胡馬度陰山」，黄録何批作：「攻不如守，出塞則徒蹈覆轍，在擇邊將而已。」

## 送韋十四兵曹〔一〕

縣職如長纓，終日檢我身。平明趨郡府，不得展故人。故人念江湖，富貴如埃塵。迹在戎府掾，心遊天台春。獨立浦邊鶴，白雲長相親。南風忽至吴，分散還入秦。寒夜天光白〔二〕，海静月色真〔三〕。對坐論歲暮，絃歌起無因〔四〕。平生馳驅分〔五〕，非謂杯酒仁。出處兩不合，忠貞何由申〔六〕。看君孤舟去〔七〕，且欲歌垂綸。

〔一〕「韋」，宋刻本、分類本無。
〔二〕「寒夜」，何校本校注：「一作『夜寒』。」
〔三〕「静」，文苑英華作「浄」，又注：「詩選作『静』。」
〔四〕「弦」，何校本「絃」塗改作「弦」。「歌起」，文苑英華作「悲豈」，又注：「詩選作『歌起』。」
〔五〕「馳驅」，文苑英華作「驅馳」。
〔六〕「貞」，文苑英華作「直」。
〔七〕「孤」，文苑英華作「泛」。

別李南浦之京〔一〕

故園今在灞陵西，江畔逢君醉不迷。小弟鄰莊尚漁獵，一封書寄數行啼。

閨怨

閨中少婦不曾愁，春日凝妝上翠樓。忽見陌頭楊柳色，悔教夫壻覓封侯。

## 李頎二十四首

宋少府東溪泛舟

登岸還入舟，水禽驚笑語。晚葉低衆色，濕雲帶繁暑。落日乘醉歸，溪流復幾許。

〔一〕「南」，宋刻本、分類本無。

## 棨公院各賦一物得初荷

微風和衆草，大葉長圓陰。晴露珠垂合，夕陽花影深。從來不著水，清浄本因心。

## 題璿公山池

遠公遁跡廬山岑，開士幽居祇樹林。片石孤峰窺色相，清池白月點禪心。指揮如意天花落，坐卧閑房春草深。此外俗塵都不染，唯餘玄度得相尋。

## 題盧五舊居〔一〕

物在人亡無見期，閑庭繫馬不勝悲。窗前緑竹生空地，門外青山如舊時。悵望秋天鳴墜葉，巑岏枯柳宿寒鴟。憶君淚落東流水，歲歲花開知爲誰。

〔一〕「五」，分類本作「王」。

## 二妃廟送裴侍御使桂陽

沅上秋草色，蒼蒼堯女祠。無人見精魄，萬古寒猿悲。桂水身殁後，椒漿神降時。回雲迎赤豹，飈雨驟文螭。受命出炎海，焚香徵楚詞。乘驄感遺跡，一弔清川湄。

## 欲之新鄉答崔顥綦毋潛

數年作吏家屢空〔二〕，雖道黑頭成老翁〔三〕。男兒在世無産業，行子出門如轉蓬。吾屬交歡此何夕，南家擣衣動歸客。銅爐將炙相歡飲，星宿縱横露華白。寒風卷葉度滹沲，飛雪覆地悲峨峨。孤城日落見棲鳥，馬上時聞漁者歌。明朝東路把君手，臘日辭君期歲首。自知寂寞無去思，敢望縣人致牛酒。

〔二〕「吏」，宋刻本作「史」。「數年作吏家屢空」，黄録何批作：「去思。」

〔三〕「雖」，四庫本作「誰」。

## 李兵曹壁畫山水各賦得桂水帆

片帆在桂水，落日天涯時。飛鳥看共度，閑雲相與遲。長波無曉夜，泛泛欲何之。

## 王母歌

武皇齋戒承華殿〔一〕，端拱須臾王母見。霓旌照耀騏驎車〔二〕，羽蓋淋漓孔雀扇。手指玄梨遣帝食，可以長生臨寓縣。頭上復戴九星冠〔三〕，總領玉童坐南面。欲聞要言今告汝，帝乃焚香請此語。若能鍊魄去三尸〔四〕，後當見我天皇所。顧謂侍女董雙成，酒闌可奏雲和笙。紅霞白日儼

〔一〕「皇」，文苑英華作「帝」。
〔二〕「騏驎」，文苑英華作「麒麟」。
〔三〕「頭上復戴」，文苑英華作「上元頭戴」。
〔四〕「鍊」，文苑英華作「練」。

不動，七龍五鳳紛相迎[一]。惜哉志驕神不悦[二]，歎息馬蹄與車轍。複道歌鍾杳將暮，深宫桃李花成雪[三]。爲看青玉五枝燈[四]，蟠螭吐火光已絶[五]。

## 古從軍

白日登山望烽火，昏黄飲馬傍交河。行人刁斗風砂暗，公主琵琶幽怨多。野營萬里無城郭，雨雪紛紛連大漠。胡雁哀鳴夜夜飛，胡兒眼淚雙雙落。聞道玉門猶被遮，應將性命逐輕車。年年戰骨埋荒外，空見蒲桃入漢家[六]。

---

[一]「紛」，文苑英華作「來」。

[二]「驕」，宋刻本作「嬌」。

[三]「花」，文苑英華作「飛」。

[四]「爲」，文苑英華作「但」。

[五]「蟠」，文苑英華作「盤」。「吐火」，文苑英華作「火盡」。「已」，文苑英華作「亦」。

[六]「漢」，宋刻本作「數」。

## 晚歸東園二首

出郭喜見山，東行亦未遠。夕陽帶歸鷺〔二〕，靄靄秋稼晚。樵者乘霽歌，野人及星飯。請謝朱輪客，垂竿不復返。

荆扉帶郊郭，稼穡向東菑。倚杖寒山暮，鳴梭秋葉時。迴雲覆陰谷，返景照霜梨。澹泊真吾事，清風别有資。

## 裴尹東溪别業

公才廊廟器，官亞河南守。别墅臨都門，驚湍激前後〔三〕。舊交與群從，十日一攜手。幅巾望

〔二〕「鷺」，黄録何校本作：「一作『路』。」

〔三〕「激」，四庫本作「急」。

寒山，長嘯對高柳。清歡信可尚〔一〕，散吏亦何有。岸雪青城陰〔二〕，水光摇林首。閑觀野人筏，或飲川上酒。幽雲澹徘徊，白鷺飛左右。庭竹垂卧内，村煙隔南阜。始知物外清〔三〕，簪紱固芻狗。

## 送綦毋三謁房給事

夫子大名下，家無鍾石儲。惜哉湖海上，曾校蓬萊書。外物非本意，此生空澹如。所思但乘輿，遠適唯單車。高道時坎軻，舊交願吹噓。徒言青瑣闥，不愛承明廬。百里人户滿，片言諍訟疏。手持蓮花經，目送飛鳥餘。晚景南路别，炎雲中伏初。此行儻不遂，歸食蘆洲魚。

## 送劉昱

八月寒荻花，秋江浪頭白。北風吹五兩，誰是潯陽客。鸕鷀山頭微雨晴，楊州郭裏暮潮生。

---

〔一〕「清」，何校本校注：「一作『青』。」
〔二〕「青」，黄録何校本作：「疑作『清』。」
〔三〕「清」，黄録何校本作：「當作『情』。」

行人夜宿金陵渚，試聽沙邊南雁聲〔二〕。

送郝判官

楚城木葉落，夏口青山遍。鴻雁向南時，君乘使者傳。楓林帶水驛，夜火明山縣。千里送行人，蔡州如眼見〔三〕。江連清漢東逶迤，遥望荆雲相蔽虧。應問襄陽舊風俗，爲余騎馬習家池。

聖善閣送裴迪入京

雪華斂高閣，苔色上鈎欄。藥草空階静，梧桐返照寒。清吟可愈疾，攜手暫同歡。墜葉和金磬，飢烏鳴露盤。伊川惜東别，灞水向西看。舊託含香署，雲霄何足難。

〔二〕「沙」，何校本「砂」塗改作「沙」。

〔三〕「蔡州」，宋刻本、分類本作「萊州」。

## 贈别張兵曹

漢家蕭相國，功蓋五諸侯。勳業河山重，丹青錫命優。君爲禁臠壻，争看玉人遊〔二〕。荀令焚香日，潘郎振藻秋。新成鸚鵡賦，能衣鸘鷫裘。不憚軒車遠，仍尋蘿薜幽。苑一作花。梨飛絳葉〔三〕，伊水浄寒流。雪滿故關道，雲遮祥鳳樓〔三〕。一身輕寸禄，萬物任虚舟。别後如相問，滄波雙白鷗。

## 放歌行答從弟墨卿〔四〕

小來好文恥專武〔五〕，世上功名不解取。雖霑寸禄已後時，徒欲出身事明主。柏梁賦詩不及

〔二〕「争」，宋刻本作「事」。

〔三〕「苑」，黄録宋本作「花」。

〔三〕「鳳」，宋刻本作「風」。

〔四〕本首篇題，文苑英華作「放歌行」。

〔五〕「小來好文」，文苑英華作「少年學文」。「專」，四庫本作「學」。

宴，長楸走馬誰相數。斂迹俛眉心自甘〔一〕，高歌擊節聲半苦〔二〕。由是蹉跎一老夫〔三〕，養雞牧豕東城隅。空歌漢代蕭相國，豈事霍家馮子都〔四〕。虚爾當年聲籍籍，濫作詞林兩京客。故人酒客安陵橋〔五〕，黄鳥春風洛陽陌。吾家令弟才不羈，五言破鏑人共推〔六〕。興來逸氣如濤湧〔七〕，千里長江歸海時。别離短景何蕭索，佳句相思能間作。舉頭遥望魯陽山〔八〕，木葉紛紛向人落。

## 同員外闕一字譓酬答之作〔九〕

洛中高士日沉冥，手自灌園方帶經。王湛牀頭見周易，張康傳裏好丹青〔一〇〕。鷃冠草屨無名

〔一〕「甘」，文苑英華作「高」。

〔二〕「高」，文苑英華作「含」。

〔三〕「老」，文苑英華作「丈」。

〔四〕「豈」，文苑英華作「肯」。

〔五〕「酒客」，文苑英華作「斗酒」。「陵」，文苑英華作「隱」。

〔六〕「鏑」，文苑英華作「的」。

〔七〕「濤」，文苑英華作「溢」。

〔八〕「遥」，文苑英華作「南」。

〔九〕「員外」，四庫本作「張員外」，無注「闕一字」。黄録何批作：「此王維、張譓也。」

〔一〇〕「張」，黄録何校作：「長。」

位，博奕賦詩聊遣意。清言只到衛家兒，用筆能誇鍾太尉。東籬二月種蘭蓀，窮巷人稀烏鵲喧〔一〕。聞道官郎問生事〔二〕，肯令鬢髮老柴門。

## 夏宴張兵曹東堂

重林華屋堪避暑，況乃烹鮮會嘉客。主人三十朝大夫，滿座森然見矛戟。北窗卧簟連心花，竹裏蟬鳴西日斜。羽扇摇風卻珠汗，玉盃貯水割甘瓜〔三〕。雲峰峨峨自冰雪，坐對芳罇不知熱。醉來但掛葛巾眠，莫道明朝有離别。

## 答高三十五留别便呈于十一

累薦賢良皆不就，家近陳留訪耆舊。韓康雖復在人間，王霸終思隱巖岫。清泠池水灌園蔬，

〔一〕「窮巷人稀烏鵲喧」，黄録何批作：「應『沉冥』，反呼末二句。」

〔二〕「官郎」，何校本校注：「當作『郎官』。」黄録何校作：「當作『郎官』，此同王維作也。」四庫本作「郎官」。

〔三〕「盃」，何校本校注：「近刻作『盆』。」

萬物滄江心澹如。妻子歡同數株柳，雲山老對一牀書。昨日公車見三事，明君賜衣遣爲吏。懷章不使郡邸驚，待詔初從闕庭至。散誕由來自不羈，低頭授職爾何爲。故園壁掛烏紗帽，官舍塵生白接羅。寄書寂寂於陵子，蓬蒿没身胡不仕。羹藜被褐環堵中，歲晚將貽故人恥。

## 古行路難〔一〕

漢家名臣楊德祖，四代五公享茅土。父兄子弟綰銀黄，躍馬鳴珂朝建章。火浣單衣繡方領，茱萸錦帶玉盤囊。賓客填街復滿座〔二〕，片言出口生輝光。世人逐勢争奔走，瀝膽隳肝唯恐後。當時一顧登青雲，自謂生死長隨君。一朝謝病還鄉里，窮巷蒼茫絶知己〔三〕。秋風落葉閉重門，昨日論交竟誰是。薄俗嗟嗟難重陳〔四〕，深山麋鹿下爲鄰〔五〕。魯連所以蹈滄海，古往今來稱達人〔六〕。

〔一〕本首篇題，文苑英華作「行路難」。
〔二〕「座」，文苑英華作「堂」，又注：「一作『坐』。」
〔三〕「茫」，文苑英華作「苔」，又注：「一作『茫』。」
〔四〕「嗟」，文苑英華作「之」，又注：「一作『嗟』。」
〔五〕「下爲」，文苑英華、四庫本作「可爲」，文苑英華又注：「一作『下爲』。」
〔六〕「往今」，文苑英華校注：「一作『佳今』。」

## 送盧少府赴延陵

問君從宦所〔一〕，何日府中趨。遥指金陵縣，青山天一隅。行人懷寸禄，小吏獻新圖。北固波濤嶮，南川風俗殊〔二〕。春山連橘柚，晚景媚菰蒲。漠漠花生渚，亭亭雲過湖。灘沙映村火，水霧斂檣烏。回首東門路，鄉書不可無。

## 送馬録事赴永嘉〔三〕

子爲郡從事，主印清淮邊。談笑一州裏，從容群吏先〔四〕。手持三尺令，決遣如流泉。太守既相許，諸公誰不然。孤城臨海樹，萬室帶山煙。春日溪湖浄，芳洲葭菼連。炊飯蟹螯熟，下筯

〔一〕「宦」，分類本、黄録宋本作「官」。
〔二〕「川」，宋刻本、分類本、清宋犖本同，和刻本、雙清閣本、四庫本作「天」。
〔三〕「嘉」，黄録何校作：「新志滁州永陽郡，『嘉』疑作『陽』。」
〔四〕「群」，分類本作「郡」。

鱸魚鮮。野鶴宿簷際，楚雲飛面前。聽歌送離曲，且駐木蘭船。贈爾八行字〔一〕，當聞嘉政傳。

## 戎昱十六首

建中中爲虔州刺史。

### 羅江舍

山縣秋雲闇，茅亭暮雨寒。自傷庭葉下，誰問客衣單。有興時添酒，無聊懶整冠。近來鄉國夢，夜夜到長安。〔二〕

### 採蓮曲

雖聽採蓮曲，詎識採蓮心。漾檝愛花遠，回船愁浪深。煙生極浦色，日落半江陰。同侶憐

〔一〕「爾」，宋刻本、分類本作「你」。

〔二〕全詩，黄録何批作：「老居人下，知己愈少，范叔之寒莫問，況王貢彈冠乎？然則復入長安，固已望斷，付之夢想而已。」

波静，看妝墮玉簪。涔陽女兒花滿頭，毵毵同泛木蘭舟。秋風日暮南湖裏，争唱菱歌不肯休。〔二〕

## 聞笛〔三〕

入夜歸思切〔三〕，笛聲寒更哀〔四〕。愁人不願聽，自到枕前來。風起塞雲斷〔五〕，夜深關月開。平明獨惆悵，飛盡一庭梅。〔六〕

## 漢上題韋氏莊

結茅同楚客，卜築漢江邊。日落數歸鳥，夜深聞扣舷。水痕侵岸柳，山翠借厨煙。調笑提

〔一〕何校本詩上邊欄校注：「集本『涔陽』以下自爲一篇。」

〔二〕本首篇題，文苑英華作「夜上受降城聞笛」，「夜上受降城」，又注：「一無此五字。」題作者为「李益」，又注：「一作『戎昱』。」

〔三〕「歸思」，文苑英華作「思歸」，又注：「一作『歸思』。」

〔四〕「寒」，文苑英華作「清」。

〔五〕「塞」，文苑英華作「寒」，又注：「一作『塞』。」

〔六〕「飛」，文苑英華作「落」，又注：「一作『飛』。」「平明獨惆悵，飛盡一庭梅」，黄録何批作：「定遠詆落句爲劣。」

筐婦，春來蠶幾眠。

## 閨情

側聽宫官説，知君寵尚存。未能開笑頰，先欲换愁魂。寶鏡窺妝影，紅衫裛淚痕〔二〕。昭陽今再入，寧敢恨長門。

## 長安秋夕

八月更漏長，愁人起常早。閉門寂無事，滿院生秋草。昨夜西窗夢，夢行荆南道。遠客歸去來，在家貧亦好。

〔二〕「紅衫裛淚痕」，黄録何批作：「第六所謂痛定思痛也。」

## 衡陽春日遊僧院〔一〕

曾共劉諮議，同時事道林。與君相掩淚〔二〕，來客豈知心〔三〕。堦雪凌春積，爐烟向暝深〔四〕。依然舊童子，相送出花林〔五〕。

## 玉臺體題湖上亭

湖入縣西邊，湖頭勝事偏。緑竿初長笋，紅顆未開蓮。蔽日高高樹，迎人小小船。清風長入坐，夏月似秋天。

〔一〕本首篇題，文苑英華作「春日與劉評事過故證上人院」。「證」，又注：「一作『澄』。」題作者爲「楊巨源」。
〔二〕「相」，文苑英華作「方」。
〔三〕「豈」，文苑英華作「是」。
〔四〕「爐」，文苑英華作「鐘」。「暝」，文苑英華作「夕」。
〔五〕「林」，文苑英華作「陰」。

## 早梅

一樹寒梅白玉條，迥臨村路傍溪橋。應緣近水花先發〔一〕，疑是經春雪未銷〔二〕。

## 移家別湖上亭〔三〕

好是春風湖上亭，柳條藤蔓繫離情。黄鶯久住渾相識，欲別頻啼四五聲〔四〕。

## 客堂秋夕

隔窗螢影滅復流，北風微雨虚堂秋。蟲聲竟夜引鄉淚，蟋蟀何知人自愁。四時不得一日

〔一〕「應緣」，文苑英華作「不知」，又注：「絶句時選作『應緣』。」
〔二〕「春」，文苑英華校注：「一作『冬』。」
〔三〕本首篇題，文苑英華作「題湖亭」，又注：「詩選作移家別湖上亭。」
〔四〕「四」，文苑英華作「三」，又注：「一作『四』。」

樂，以此方悲客遊惡。一作客牢落〔一〕。寂寂江城無所聞，梧桐葉上偏蕭索。

## 湖南雪中留别

草草還草草，湖東别離早。何處愁殺人，歸鞍雪中道。出門迷轍跡，雲水白浩浩。明日武陵西，相思鬢堪老。

## 贈别張駙馬

上元年中長安陌，見君朝下欲歸宅。飛龍騎馬三十匹，玉勒雕鞍照初日。數里衣香遥撲人，長衢雨歇無纖塵。從奴斜抱敕賜錦，雙雙蹙出金騏驎。天子愛壻皇后弟，獨步明時負權勢。一身扈蹕承殊澤，甲第朱門聳高戟。鳳凰樓上伴吹簫，鸚鵡杯中醉留客。泰去否來何足論，宫中晏駕人事翻。一朝負譴辭丹闕，五年待罪湘江源。冠冕淒涼幾遷改，眼看桑田變成海。華堂

〔一〕分類本無注「一作客牢落」。

金屋别賜人，細眼黄頭總何在。渚宫相見寸心悲〔一〕，懶欲今時問昔時。看君風骨殊未歇，不用愁來雙淚垂。

## 苦哉行 寶應中作。

妾家清河邊，七葉承貂蟬。身爲最小女，偏得渾家憐。親戚不相識，幽閨十五年。有時最遠出，祇到中門前。前年狂胡來，懼死翻生全。今秋官軍至，豈意遭戈鋋。匈奴爲先鋒，長鼻黄髮拳。彎弓獵生人，百步牛羊羶。脱身落虎口，不及歸黄泉。苦哉難重陳，暗哭蒼蒼天。

## 涇州觀元戎出師

寒日征西將，蕭蕭萬馬叢。吹笳覆樓雪，祝纛滿旗風。遮虜黄雲斷，燒荒白草空〔二〕。金鐃

〔一〕「渚」，何校本「清」塗改作「渚」，黄録宋本、分類本、清宋犖本、雙清閣本、和刻本、四庫本作「清」。

〔二〕「荒」，黄録宋本作「羌」。

肅天外，玉帳靜霜中。朔野長城閉，河源舊路通。衛青師自老，魏絳賞何功。槍壘依沙迴，轅門壓塞雄。燕然如可勒，萬里願從公。

## 從軍行

昔從李都尉，雙鞬照馬蹄。擒生黑山北，殺敵黄雲西。太白沉虜地，邊草復萋萋。歸來邯鄲市，百尺青樓梯。感激然諾重，平生膽力齊。芳筵暮歌發，艷粉輕鬟低。半酣秋風起，鐵騎門前嘶。遠戎報烽火〔一〕，孤城嚴鼓鼙。揮鞭望塵去，少婦莫含啼。

〔一〕「戎」，何校本校注：「戍。」四庫本作「戍」。

# 唐百家詩選　卷六

## 沈千運四首

### 感懷弟妹

今日春氣暖，東風杏花坼。筋力久不如〔一〕，卻羨澗中石。神仙杳難準，中壽稀滿百。逐世多夭傷，喜見鬢髮白。杖藜竹樹間，宛宛舊行跡。豈非林園主〔二〕，卻是林園客。兄弟可存半，空爲亡者惜。冥冥無再期，哀哀望松柏。骨肉能幾人，年大自疏隔。性情誰免此，與我不相易。唯念得爾輩，時看慰朝夕。平生茲已矣，爲外盡非適〔三〕。

〔一〕「久」，分類本作「又」。
〔二〕「非」，四庫本作「知」。
〔三〕「爲」，分類本、清宋犖本同，雙清閣本、和刻本、四庫本作「此」。

## 贈史修文

故人阻千里，會面非前期。握手於此地，當歡返成悲〔一〕。念離宛猶昨〔二〕，俄已經於朞〔三〕。疇昔皆少年〔四〕，別來髮如絲。不道舊姓名，相逢知是誰〔五〕。曩遊盡騫翥，與君仍布衣。豈曰無其才，命理應有時。前路漸欲少，不覺生涕洟。

## 濮中言懷

聖朝優賢良，草澤無遺匿。人生各有命，在余胡不淑。一生但區區，五十無寸禄。衰退當棄捐，貧賤招禍讟。栖栖去人世，屯躓日窮迫。不如守田園，歲晏望豐熟。壯年失宜盡，老大無

〔一〕「返成」，文苑英華作「反作」。

〔二〕「宛」，文苑英華作「怨」。「昨」，文苑英華作「作」。

〔三〕「俄」，文苑英華作「條」。「於」，何校本校注：「一刻『數』。」四庫本作「數」。「經於」，文苑英華作「二十」。

〔四〕「年」，文苑英華作「壯」。

〔五〕「逢」，文苑英華作「見」。

筋力。始愴前計非，將貽後生福。童兒新學稼，少女未能織。顧此煩知己，終日求衣食。

## 山中作

棲隱非別事，所願離風塵。不辭城邑遊〔一〕，禮樂拘束人。爾來歸山林，庶事皆吾身。何者爲形骸，辨智與諸仁〔二〕。寂寞了閑事，而後知天真。咳唾矜崇華，迂俯相屈伸。如何巢與由，天子不知臣。

# 王季友二首

## 別李季友

棲鳥不戀枝，喈喈在同聲。行子馳出户，依依主人情。昔時霜臺鏡，醜婦羞爾形。閉匣二

〔一〕「辭」，分類本作「醉」。

〔二〕「辨智與諸仁」，四庫本作「誰是智與仁」。

十年，皎潔常猶明。今日照離別，前途白髮生。

## 寄韋子春〔一〕

出山秋雲曙〔二〕，山木已再春〔三〕。食我山中藥，不憶山中人。山中誰余密〔四〕，白髮惟相親〔五〕。雀鼠晝夜無，知我廚廩貧。依依北舍松〔六〕，不厭吾南鄰。有情盡棄捐〔七〕，土石爲同身〔八〕。

---

〔一〕本首篇題，文苑英華作「贈山兄韋祕書」。

〔二〕「秋」，宋刻本作「祕」。「秋雲曙」，文苑英華作「祕芸署」。

〔三〕「木」，文苑英華作「水」。

〔四〕「余密」，文苑英華作「密余」。

〔五〕「惟相」，文苑英華作「日見」。

〔六〕「北」，宋刻本作「此」。「依依北舍松」，文苑英華作「依舍北松下」，又注：「一作『依依舍北松』」。

〔七〕「棄捐」，文苑英華作「捐棄」。

〔八〕文苑英華「有情盡捐棄，土石爲同身」在「依舍北松下，不厭吾南鄰」前，「依舍北松下，不厭吾南鄰」後有「夫子質千尋，天澤枝葉新。今也不材壽，非智免斧斤」。

## 于遬二首

### 野外作

老病無樂事，歲秋悲更長。窮郊日蕭索，生意已蒼黃。小弟髮亦白，兩男俱不强。有才且未達，況我非賢良。幸以朽鈍姿，野外老風霜。寒鴟噪晚景，喬木思故鄉。魏人宅蓬池，結網佇鱣魴。水清魚不來，歲暮空彷徨。

### 憶舍弟

衰門少兄弟，兄弟唯兩人。飢寒各流浪，感念傷我神〔一〕。夏期秋未來，安知無他因。不怨別天長，但願見爾身。茫茫天地間，萬類各有親。安知汝與我，乖隔同胡秦。何時對形影，憤懣當共陳。

---

〔一〕「感念傷」，分類本作「傷感念」。

# 孟雲卿五首

## 古樂府挽歌〔一〕

草草門巷喧〔二〕，塗車儼成位〔三〕。冥寞何得盡〔四〕，載我生人意〔五〕。北邙路非遠，此別終天地。臨穴頻撫棺，至哀反無淚。爾形未衰老，爾息猶童稚〔六〕。骨肉安可離〔七〕，皇天若容易。房帷即靈帳〔八〕，庭宇爲哀次。薤露歌若斯，人生盡如寄。

〔一〕本首篇題，文苑英華作「古挽歌」。
〔二〕「門」，文苑英華作「閭」，又注：「一作『門』。」
〔三〕「塗車儼」，文苑英華作「車儼塗」。
〔四〕「冥寞」，文苑英華作「冥寂」，又注：「一作『冥冥』。」「得盡」，文苑英華作「所須」。
〔五〕「載」，文苑英華作「盡」。
〔六〕「息猶」，文苑英華作「色猶」，又注：「一作『昔纔』。」
〔七〕「安」，文苑英華校注：「一作『不』。」
〔八〕「靈帳」，文苑英華校注：「一作『虛張』。」

## 今別離〔一〕

結髮生別離〔二〕，相思復相保。如何日已遠〔三〕，五變中庭草〔四〕。渺渺天海途〔五〕，悠悠吴江島〔六〕。但恐不出門〔七〕，出門無遠道。遠道行既難，家貧衣服單〔八〕。嚴風吹積雪，晨起鼻何酸。人生爲有志〔九〕，豈不懷所安。分明天上日〔一〇〕，生死誓同歡。

〔一〕本首篇題，文苑英華作「别離曲」。
〔二〕「别離」，文苑英華作「離别」。
〔三〕「遠」，文苑英華作「久」。
〔四〕「中庭」，文苑英華作「庭中」。
〔五〕「渺渺天」，文苑英華作「耿耿大」，又注：「一作『天』。」
〔六〕「悠」，宋刻本作「慤」。
〔七〕「恐」，文苑英華作「懼」，又注：「一作『恐』。」
〔八〕「服」，文苑英華作「正」，又注：「一作『服』。」
〔九〕「人生爲有志」，文苑英華作「生人各有志」，又注：「一作『意』。」
〔一〇〕「天上」，文苑英華作「上天」，又注：「一作『天上』。」

## 悲哉行

孤兒去慈親，遠客喪主人。莫吟苦辛曲，此曲誰忍聞。可聞不可見〔一〕，去去無影跡〔二〕。行人念前程，不待參辰没。朝亦常苦飢〔三〕，暮亦常苦飢。飄飄萬餘里，貧賤多是非。少年莫遠遊，遠遊多不歸。

## 古别離

朝日上高臺，離人愁秋草〔四〕。如見萬里天，不見萬里道。含酸欲誰訴，轉轉傷懷抱〔五〕。君

〔一〕「見」，文苑英華作「説」。

〔二〕「影跡」，文苑英華作「期別」。

〔三〕「常」，文苑英華作「恒」。下句同。

〔四〕「愁」，文苑英華作「怨」。

〔五〕文苑英華「含酸欲誰訴，輾轉傷懷抱」在「宿昔夢同衾，憂心夢顛倒」之後。

行本遥遠，苦樂良難保〔一〕。宿昔夢同衾，憂心轉顛倒〔二〕。結髮年已遲〔三〕，征行去何早。寒暄有時謝，憔悴亦難好〔四〕。人皆笄年壽，死者何曾老。少壯無見期〔五〕，水深風浩浩。

## 傷懷贈故人

稍稍晨鳥翔，淅淅草上霜。人生早艱苦，壽命恐不長。二十學已成，三十名不彰。豈無同門友，貴賤易中腸。驅馬行萬里，悠悠過帝鄉。幸因弦歌末，得上君子堂。衆樂互喧奏，獨予備笙簧。坐中無知音，安得神揚揚。願因高風起，上感白日光。

〔一〕「良」，文苑英華作「誠」，又注：「一作『良』。」

〔二〕「轉」，宋刻本、文苑英華作「夢」。

〔三〕「遲」，文苑英華作「深」，又注：「一作『遲』。」

〔四〕「憔悴亦難好」，文苑英華作「顛頽難再好」。

〔五〕「見」，文苑英華作「會」，又注：「一作『見』。」

## 張彪四首

### 雜詩

富貴多勝事，貧賤無良圖。上德兼濟心，中才不如愚。商者多巧智，農者争膏腴。儒生未遇時，衣食不自如。久與故交别，他榮我窮居。到門懶入門，何況千里餘。君子有褊性，矧乃尋常徒。行行任天地，無爲强親疏。

### 神仙

神仙可學無，百歲名大約。天地何茫茫，人間半哀樂。浮生亮多感，善事翻爲惡。争先等驅逐，中路苦瘦弱。長老思養壽，後生笑寂寞。五穀非長年，四氣乃靈藥。列子何必待，吾心滿寥廓。

## 北遊遠酬孟雲卿〔一〕

忽忽望前事〔二〕，志願能相乖。衣馬久羸弊〔三〕，誰信文與才〔四〕。善道居貧賤，潔服蒙塵埃。行行無定心〔五〕，壈坎難歸來〔六〕。慈母憂疾疢，室家念栖徊〔七〕。與君宿姻親〔八〕，深見中外懷。俟余惜時節〔九〕，悵望臨高臺〔一〇〕。

〔一〕本首篇題，文苑英華作「北遊還酬孟文卿見寄」。「還」，又注：「一作『遠』。」「文」，又注：「一作『雲』。」

〔二〕「望」，文苑英華作「忘」，又注：「一作『望』。」

〔三〕「久」，文苑英華作「日」，又注：「一作『久』。」「弊」，四庫本作「敝」。

〔四〕「文」，宋刻本作「幸」。「誰信文與才」，文苑英華作「誰辨才不才」，又注：「一作『誰信幸與才』。」

〔五〕「心」，文苑英華作「上」，又注：「一作『心』。」

〔六〕「壈坎」，文苑英華作「坎壈」。

〔七〕「徊」，何校本「栖」改作「徊」，宋刻本、清宋犖本、雙清閣本、和刻本作「栖」，四庫本作「哀」。「栖徊」，文苑英華作「低催」，「室家念低催」，又注：「一作『室家念栖徊』。」黄録何校作「栖徊」：「從英華所注『一作』改。」

〔八〕「與」，文苑英華作「幸」，又注：「一作『與』。」「宿」，文苑英華作「夙」。

〔九〕「余」，文苑英華作「予」。

〔一〇〕「高」，文苑英華作「亭」，又注：「一作『高』。」

古別離〔一〕

別離無遠近〔二〕，事歡情亦悲。不聞車輪聲，後會將何時。去日忘寄書，來日乖前期。縱知明當返〔三〕，一息千萬思。

## 趙微明三首

回軍跛者

既老又不全，始得離邊城。一枝假枯木，步步向南行。去時日一百，來時一月程。常恐道路傍，掩棄狐兔塋。所願死鄉里，到日不願生。聞此哀怨調〔四〕，念念不忍聽。惜無異人術，倏忽具爾形。

〔一〕本首篇題，文苑英華作「古別離二首」，此首爲組詩之一。題作者爲「趙微明」。

〔二〕「別離」，文苑英華作「離別」。

〔三〕「返」，文苑英華作「還」。

〔四〕「調」，宋刻本作「詞」。

## 挽歌詞〔一〕

寒日蒿上明〔二〕，淒淒郭東路。素車誰家子，丹旐引將去。原下荆棘叢，叢邊有新墓。人間痛傷别〔三〕，此是長别處。曠野何蕭條〔四〕，青松白楊樹〔五〕。

## 思歸〔六〕

爲别未幾日，去日如三秋〔七〕。猶疑望可見，日日上高樓。惟見分手處，白蘋滿芳洲。寸心寧死别，不忍生離憂。

〔一〕本首篇題，文苑英華作「古挽歌」。題作者爲「王烈」，又注：「郭茂倩樂府作『趙微明』。」

〔二〕「蒿上」，文苑英華作「高不」，又注：「一作『蒿上』。」

〔三〕「間痛傷」，文苑英華作「生病長」，又注：「一作『間痛傷』。」

〔四〕「曠野」，文苑英華作「日暮」，又注：「一作『曠野』。」「條」，文苑英華作「蕭」。

〔五〕「青松」，文苑英華作「風悲」，又注：「一作『青松』。」

〔六〕本首篇題，文苑英華作「古别離二首」，此首爲組詩之二。

〔七〕「去」，文苑英華作「一」。

## 元季川四首

### 泉上雨後作

風雨蕩繁暑〔一〕，雷息佳霽初〔二〕。衆峰帶雲雨〔三〕，清氣入我廬〔四〕。颸颸涼飆來〔五〕，臨窺愜所圖〔六〕。緑蘿長新蔓，裛裛垂坐隅。流水復簷下，丹砂發清蕖〔七〕。養葛爲我衣，種茅爲我蔬〔八〕。誰是畹與畦〔九〕，彌漫連野蕪。

〔一〕「雨」，文苑英華作「動」。「繁」，文苑英華作「煩」。
〔二〕「雷」，文苑英華作「雨」。
〔三〕「雲雨」，文苑英華作「閑雲」。
〔四〕「清」，文苑英華作「秋」。
〔五〕「涼」，文苑英華作「鮮」，又注：「一作『涼』。」
〔六〕「臨窺」，文苑英華作「窺臨」，又注：「一作『臨窺』。」
〔七〕「蕖」，文苑英華、四庫本作「渠」。
〔八〕「茅」，宋刻本、分類本、清宋犖本同，黄録何校作：「一作『芳』。」文苑英華作「芳」，雙清閣本、和刻本、四庫本作「芓」。
〔九〕「是」，文苑英華作「能」，又注：「一作『是』。」

## 登雲中

灌田東山下，取藥在爾休〔二〕。清興相引行，日日三四周。白鷗與我心，不厭此中遊。窮覽頗有適，不極趣無幽。憀然歌採薇，曲盡心悠悠。

## 山中晚興

河漢降玄霜，昨來節物殊。愧無神仙姿，豈有陰陽俱。靈鳥望不見，慨然悲高梧。華葉隨風揚，珍條雜榛蕪。爲君寒谷吟，歎息知何如。

〔二〕「藥」，四庫本作「樂」。

## 古遠行

悠悠遠行者，羈獨當時思。道與日月長，人無第舍期〔一〕。出門萬里心，誰不傷別離。縱遠當白髮，歲月非今時〔二〕。何況異形容，安須與爾悲。〔三〕

## 殷遥二首

潤州人，忠王府倉曹參軍。

## 友人山亭

故人雖薄宦〔四〕，往往涉青溪〔五〕。鑿牖對山月，褰裳拂澗霓〔六〕。遊魚逆水上，宿鳥向風

〔一〕「第」，四庫本作「茅」。

〔二〕「非」，四庫本作「悲」。

〔三〕黄録何批作：「以上七人詩，全取元子篋中集。」

〔四〕「雖」，文苑英華作「從」。

〔五〕「涉青」，文苑英華作「步清」。

〔六〕「拂」，文苑英華作「掃」。

棲。〔二〕一見桃花發，能令秦漢迷。

## 山行〔三〕

寂歷青山曉〔三〕，山行趣不稀。野花成子落〔四〕，江燕引雛飛。暗草薰苔徑〔五〕，晴楊掃石磯〔六〕。俗人猶語此〔七〕，余亦轉忘歸〔八〕。

〔二〕「鑿牖對山月，褰裳拂澗霓。遊魚逆水上，宿鳥向風棲」，黄録何批作：「爲宦而不廢丘壑，政似魚遊逆水，鳥宿向風，於動中求静也。」
〔三〕本首篇題，文苑英華作「春晚山行」，又注：「詩選無『春晚』二字。」
〔三〕「曉」，文苑英華作「晚」。
〔四〕「成」，文苑英華作「垂」。
〔五〕「徑」，文苑英華作「渚」，又注：「一作『徑』。」
〔六〕「掃」，文苑英華作「拂」。
〔七〕「猶語」，文苑英華作「語話」，又注：「一作『猶』。」
〔八〕「余」，文苑英華作「我」，又注：「一作『余』。」

## 李嘉祐十二首 字從一，大曆中爲袁州刺史。

### 晚春宴無錫蔡明府西亭〔一〕

茅簷閑寂寂，無事覺人和。井近時澆圃，城低不見河〔二〕。興緣芳草積，情向遠峰多。別日歸吴地，停橈更一過。

### 送宋中舍遊江東〔三〕

孤城郭外送王孫，越水吴洲共爾論。野寺山邊斜有徑，漁家竹裏半開門〔四〕。青楓獨映摇前

〔一〕「明府」，文苑英華作「長官」，又注：「集作『明府』。」

〔二〕「不」，文苑英華作「下」。

〔三〕「宋」，文苑英華校注：「集作『朱』。」

〔四〕「竹」，文苑英華作「行」。

浦，白鷺閑飛過遠村。若到西陵征戰處，不看秋草自傷魂〔一〕。

## 送王端赴朝

君承明主意，日日上丹墀。東閤論兵後，南宫草奏期。人稀傍河處，槐暗入關時。獨遣吴州客，平陵結夢思。

## 自蘇臺至望亭驛人家盡空春物增思悵然有作因寄從弟紓

南浦菰蔣覆白蘋〔二〕，東吴黎庶逐黄巾。野棠自發空流水〔三〕，江鸛初歸不見人。遠樹依依如

〔一〕「傷」，文苑英華校注：「一作『銷』。」

〔二〕「蔣」，文苑英華作「蒲」。

〔三〕「流」，文苑英華作「臨」。

送客〔一〕，平田渺渺獨傷春。那堪回首長洲苑〔二〕，烽火年年報虜塵〔三〕。

## 題靈臺縣東山村主人

處處征胡人漸稀，山村寥落暮煙微。門臨莽蒼經年閉，身逐嫖姚幾日歸。貧妻白髮輸殘稅，餘寇黄河未解圍。天子如今能用武，祇應歲晚息兵機。

## 至七里灘作

遷客投於越〔四〕，臨江淚滿衣。獨隨流水遠，轉覺故人稀。萬木迎秋序，千峰駐晚暉。行舟猶未已，惆悵暮潮歸。

〔一〕「樹」，文苑英華作「岫」，又注：「集作『樹』。」

〔二〕「那」，文苑英華作「誰」，又注：「集作『那』。」

〔三〕「年」，文苑英華作「連」，又注：「集作『年』。」

〔四〕「於」，何校本校注：「于。」宋刻本作「干」。

## 題前溪館

兩年謫宦在江西，舉目雲山要自迷。今日始知風土異，潯陽南去鷓鴣啼。

## 送樊兵曹潭州謁韋大夫

塞鴻歸欲盡，北客始辭秦。零桂雖逢竹，湘川少見人。江花鋪淺水，山木暗殘春。修刺轅門裏，多憐爾爲親。

## 送從弟歸河朔

故鄉那可到，令弟獨能歸。諸將矜旄節，何人重布衣。空城流水在，荒澤舊村稀。秋日平原路，蟲鳴桑葉飛。

## 送王牧往吉州謁王使君〔一〕

細草緑汀洲，王孫奈薄遊〔二〕。年華初冠帶，文體舊弓裘。野渡花争發，春塘水亂流。使君憐小阮，應念倚門愁。

## 早秋京口旅泊章侍御寄書相問因以贈之〔三〕

移家避寇逐行舟，厭見南徐江水流。吴地征徭非舊日，秣陵凋弊不宜秋。千家閉户無砧杵，七夕何人望斗牛。祇有同時驄馬客，偏題尺牘問窮愁。

〔一〕「使」，宋刻本、分類本作「史」。「使君」，文苑英華作「使君叔」。

〔二〕「奈」，文苑英華作「耐」。

〔三〕文苑英華「贈之」後有「時七夕」。

### 江湖愁思

趨陪禁掖雁行隨，遷向江潭鶴髮垂。素浪遥疑八谿水，青楓忽似萬年枝〔一〕。嵩南春徧傷魂夢，壺口雲深隔路歧〔二〕。共望漢朝多霈澤，蒼蠅早晚得先知。

## 姚係二首

### 送周愿判官歸嶺南

早蟬望秋鳴，夜琴怨離聲。眇然多異感，值子江山行。由來重義人，感激事縱橫。往復念遐阻，淹留慕平生。晨奔九衢餞〔三〕，暮始萬里程。山驛風月樹〔四〕，海門煙霧城。易綃泉源近，拾

〔一〕「青」，宋刻本作「清」。
〔二〕「壺」，何校本校注：「當作『湖』。」
〔三〕「餞」，文苑英華作「棧」。
〔四〕「樹」，文苑英華作「樹」。

翠沙漵明。蘭蕙一爲贈，貧交空復情。

京口遇舊識兼送往隴州〔二〕

蟬鳴一何急，日暮秋風樹。即此不勝愁，隴陰人更去。相逢與相失，共是亡羊路。

## 雍裕之二首 貞元後人。

五雜組 擬古三言〔三〕。

五雜組，刺繡窠。往復還，織錦梭。不得已，戍交河。

〔二〕「口」，文苑英華作「西」。「識」，文苑英華作「職」，又注：「集作『識』。」

〔三〕「言」，原本作「首」，據宋刻本改。

自君之出矣擬後漢徐幹。

自君之出矣，寶鏡爲誰明。思君如隴水，長聞嗚咽聲。

## 蔣涣一首

和徐侍郎中書叢篠詠〔一〕

中禁夕沉沉，幽篁别作林。色連雞樹近，影落鳳池深。爲重陵霜節，能虚應物心〔二〕。年年承雨露，長對紫庭陰。

〔一〕何校本校注：「重出，已見第一卷，作盧象。」本首篇題，文苑英華作「奉和徐侍郎中書叢篠」。題作者爲「蔣涣」，又注：「一作『盧象』」。

〔二〕「應」，文苑英華作「爽」，又注：「一作『應』。」

# 陳羽五首

## 送靈一上人〔一〕

十年勞遠別，一笑喜相逢。又上青山去，青山千萬重。

## 送友人及第歸江東〔二〕

五陵春色泛花枝，心醉花前遠別離。落第恥爲關右客〔三〕，成名空羨里中兒。都門雨歇愁分處，山店燈殘夢到時〔四〕。家住洞庭多釣伴，因來相賀語相思〔五〕。

---

〔一〕本首篇題，文苑英華作「送遠上人」。

〔二〕「人」，文苑英華無。

〔三〕「第」，文苑英華作「羽」，又注：「詩選作『第』。」

〔四〕「山」，文苑英華作「上」。

〔五〕「語」，文苑英華作「話」。

伏翼洞送夏方慶

洞裏春晴花正開，看花出洞幾時回。殷勤好去武陵客，莫引世人相逐來。

春日客舍晴原野望

東風吹暖氣，消散入晴天。漸變池塘色，欲生楊柳煙。蒙茸花向月〔一〕，潦倒客經年。鄉思盈愁望，江湖春水連。

公子行

金羈白面郎，何處蹋青來〔二〕。馬驕郎半醉，躞蹀望樓臺。似見樓上人，玲瓏窗户開。隔花

〔一〕「向月」，黄録何批作：「『向月』，猶言經月。」

〔二〕「蹋」，宋刻本作「踏」。

聞一笑，落日不知回。

## 楊衡七首〔一〕

### 盧十五竹亭送姪偁歸山〔二〕

落葉寒擁壁〔三〕，清霜夜沾石。正是憶山時，復送歸山客。殷勤一樽酒，曉月當窗白。

### 哭李象

白雞黄犬不將去〔四〕，寂寞空餘葬時路。草死花開年復年〔五〕，後人知是何人墓。憶君思君獨

〔一〕何校本校注：「近刻所無者一篇。」
〔二〕「偁」，文苑英華作「儞」，又注：「文粹作『倆』。」
〔三〕「寒」，分類本作「塞」。
〔四〕「去」，宋刻本作「來」。
〔五〕「死」，文苑英華作「苑」。

不眠，夜寒月照青楓樹。

## 白紵詞二首〔一〕

玉纓翠珮雜輕羅，香汗微漬朱顔酡。爲君起唱白紵歌，清聲裛雲思繁多〔二〕。凝笳哀瑟時相和〔三〕，金壺半傾芳夜促，梁塵霏霏暗紅燭。令君安坐聽終曲，墜葉飄花難再復。

躡珠履，步瓊筵。輕身起舞紅燭前，芳姿艷態妖且妍。回眸轉袖暗催絃，涼風蕭蕭漏水急〔四〕。月華泛灔紅蓮濕，牽裙攬帶翻成泣。

〔一〕本首篇題，文苑英華作「長安秋二首」。

〔二〕「思繁」，文苑英華作「繁思」，又注：「一作『思繁』。」

〔三〕「凝」，文苑英華作「疑」。「瑟」，文苑英華校注：「一作『琴』。」

〔四〕「漏水」，文苑英華校注：「一作『流水』。」

## 題花樹

都無看花意，偶到樹邊來。可憐枝上色，一一爲愁開。

## 傷蔡處士〔一〕

篋中遺草是琅玕〔二〕，對此令人灑淚看。三徑尚疑行跡在〔三〕，數螢猶自映書殘〔四〕。晨光不借泉門曉〔五〕，暝色空添隴樹寒〔六〕。欲問皇天天更遠，有才無命説應難。

〔一〕文苑英華題作者爲「釋護國」。
〔二〕「篋中遺草是琅玕」，黄録何批作：「有才。」
〔三〕「疑」，文苑英華作「餘」。
〔四〕「自」，文苑英華作「是」。
〔五〕「晨光不借泉門曉」，黄録何批作：「無命。」
〔六〕「空」，文苑英華作「唯」。「隴」，文苑英華作「壠」。

## 送人流雷州

逐客指天涯，人間此路賒。地圖經大庾，水驛過長沙。臘月雷州雨，秋風桂嶺花。不知荒徼外，何處有人家。

# 唐百家詩選　卷七

## 戴叔倫四十七首〔一〕

### 酬贈張衆甫

野人無本意，散木任天材。分向空山老，何言上苑來。超遥千里道〔二〕，依倚九層臺。出處寧知命，輪轅豈自媒。更慚張處士，相與别蒿萊。

〔一〕何校本校注：「近刻所無者十七篇。」黄録何批作：「近刻所無者十九篇。」

〔二〕「超」，四庫本作「迢」。

## 客舍秋懷呈駱正字士則

無言堪自喻，偶坐更相悲。木落驚年長，門閑惜草衰〔一〕。買山猶未得，諫獵又非時。設被浮名繫〔二〕，歸休漸欲遲。

## 早行寄朱山人放

山曉旅人去〔三〕，天高秋氣悲。明河川上没，芳草露中衰〔四〕。此别又萬里〔五〕，少年能幾時。心知剡溪路〔六〕，聊且寄前期〔七〕。

〔一〕「門閑惜草衰」，黄録何批作：「第四屬對靈變。」

〔二〕「設」，何校本校注：「一作『誤』。」

〔三〕「山」，文苑英華校注：「集作『風』。」

〔四〕「衰」，文苑英華校注：「集作『滋』。」

〔五〕「萬」，何校本校注：「一作『千』。」文苑英華校注：「集作『千』。」

〔六〕「心知」，文苑英華作「青冥」，又注：「詩選作『心知』。」「路」，文苑英華校注：「集作『遠』。」

〔七〕「聊且寄前期」，文苑英華作「心與謝公期」，又注：「詩選作『聊且寄前期』。」

## 贈殷御史亮

日日河邊見水流，傷春未已復悲秋。山中舊宅無人住，來往風塵共白頭。

## 寄中書李舍人紓

萍翻蓬自卷，不共本心期。復入重城裏，頻看百草滋。水流歸思遠，花發長年悲。盡日春風起，無人見此時。

## 贈李山人唐〔一〕

此意無所欲〔二〕，閉門風景遲。柳條將白髮，相對共垂絲。

〔一〕「唐」，文苑英華作「居」。

〔二〕「無所欲」，文苑英華校注：「集作『静無事』」。

## 酬⿱敖皿屋耿少府漳見寄〔一〕

方丈蕭蕭落葉中，暮天深巷起悲風。流年不盡人自老，外事無端心已空。家近小山當海畔〔二〕，身留環衛隱墻東〔三〕。遥聞相訪頻逢雪，一醉寒宵誰與同。

## 贈康老人洽

酒泉布衣舊才子，少小知名帝城裏。一篇飛入九重門，樂府喧喧聞至尊。宮中美人皆唱得，七貴因之盡相識。南鄰北里日經過，處處淹留樂事多。不脱弊裘輕錦綺，長吟佳句掩笙歌。賢王貴主於我厚，駿馬蒼頭如己有。暗將心事隔風塵，盡擲年光逐杯酒。青門幾度見春歸，折柳尋花送落暉。杜陵往往逢秋暮，望月臨風攀古樹。繁霜入鬢何足論，舊國連天不知處。爾來倏忽五十年，卻憶當時思眇然。多識故侯悲宿草，曾看流水没桑田。百人會中一身在，被褐飲

〔一〕「⿱敖皿」，何校本「盩」塗改作「⿱敖皿」，宋刻本、清宋犖本、雙清閣本、和刻本、四庫本作「盩」。

〔二〕「家近小山當海畔」，黄録何批作：「幼公，潤州金壇人。」

〔三〕「環」，何校本「還」改作「環」，四庫本作「環」，宋刻本、清宋犖本、雙清閣本、和刻本作「還」。

瓢終不改。陌頭車馬共營營，不解如君任此生。

### 襄州遇房評事由〔一〕

移家住漢陰，不復問華簪〔二〕。貰酒宜城近，燒田夢澤深。暮山逢鳥入，寒水見魚沉。與物皆無累，終年愜本心。

### 暮春遊長沙東湖贈辛兖州巢父二首

湘流分曲浦，繚繞古城東。岸轉千家合，林開一鏡空。人生無事少，心賞幾回同。且復忘羈束，悠悠落照中。

〔一〕 本首篇題，文苑英華作「漢南遇方評事」，又注：「詩選作襄州遇房評事由。」

〔二〕 「問」，文苑英華校注：「一作『向』。」

回環路不盡，歷覽意彌新。古木畬田火，澄江灔槳人。緩歌尋極浦，一醉送殘春。莫恨長沙遠，他年憶此辰。

同兖州張秀才過王侍御參謀宅賦十韻 柳字。

十年官不進，斂跡無怨咎。漂蕩海内遊，淹留楚鄉久。因參戎幕下，寄宅湘川口。翦竹開廣庭，瞻山敞虚牖。閑門早春至，陋巷新晴後。覆地落殘梅，和風裹輕柳。逢迎車馬客，邀結風塵友。意愜時會文，夜長聊飲酒。秉心轉孤直，沉照隨可否。豈學屈大夫，憂慚對漁叟。

同辛兖州巢父盧副端岳相思獻酬之作因抒歸懷兼呈辛魏二院長楊長寧〔一〕

暮角發高城，情人坐中起。臨觴不及醉，分散秋風裏。雖有明日期，離心若千里。前歡反

〔一〕「抒」，分類本作「杼」。「楊長寧」，分類本題爲作者。

惆悵，後會還如此。焉得夜淹留，一回終宴喜。羈遊復牽役，皆去重湖水。早晚泛歸舟，吾從數君子。

## 對月答元明府

山下孤城月上遲，相留一醉本無期。明年此夕遊何處，縱有清光知見誰。

## 酬袁太祝長卿小湖村山居書懷見寄

背江居隙地，辭職作遺人。耕鑿資餘力，樵漁逐四鄰。麥秋桑葉大，梅雨稻田新。籬落栽山果，池塘養海鱗。放歌聊自足，幽思忽相親。余亦歸休者，依君老此身。

### 清明日送鄧芮二子還鄉〔一〕

鍾鼓喧離室〔二〕，車徒促夜裝。晚厨新變火〔三〕，輕柳暗翻霜〔四〕。傳鏡看華髮〔五〕，持杯話故鄉〔六〕。每嫌兒女淚，今日自沾裳。

### 送汶水王明府

何時別故鄉，歸去佩銅章。親族移家盡，閭閻百戰場〔七〕。背關餘古木，近塞足風霜〔八〕。遺

〔一〕「鄧芮二子」，文苑英華作「友」，又注：「集作『鄧芮』。」
〔二〕「室」，文苑英華作「日」，又注：「集作『室』。」
〔三〕「晚」，文苑英華作「曉」。「變」，文苑英華校注：「集作『出』。」
〔四〕「翻」，文苑英華校注：「集作『飛』。」
〔五〕「傳」，文苑英華校注：「方干集作『轉』。」
〔六〕「持」，文苑英華校注：「方干集作『傳』。」
〔七〕「百」，何校本「不」塗改作「百」，分類本、四庫本作「百」，宋刻本、清宋犖本、雙清閣本、和刻本作「不」。
〔八〕「足」，宋刻本、分類本作「是」。

老應相賀，知君不下堂。

送裴明州郎中徵〔一〕效南朝體。

瀟水連湘水，千波萬浪中。知君未得去〔二〕，慚愧石尤風。

送觀察李判官巡郴州〔三〕

行役各遠路〔四〕，煙波同旅愁。輕橈上桂水，大艑下揚州。何處成後會，今朝分舊遊。離心比楊柳，蕭颯不勝秋。

〔一〕本首篇題，分類本作「送裴明州郎中徵一首」。
〔二〕「君」，何校本校注：「一作『郎』。」
〔三〕本首篇題，文苑英華作「送柳道時余北還」。
〔四〕「行役各遠路」，文苑英華作「征役各異路」，又注：「詩選作『行役各遠路』。」

京口送皇甫司馬副端曾舒州辭滿歸東都〔一〕

潮水忽復過〔二〕，雲帆儼若飛〔三〕。故園雙闕下，左宦十年歸〔四〕。晚景照華髮〔五〕，涼風吹別衣。淹留更一醉，老去莫相違。

奉同汴州李相公勉送郭布殿中出巡

軒車出東閤，都邑遶南河。馬首先春至，人心比歲和。省風傳隱恤，持法去煩苛。卻想埋輪者，論功此日多。

〔一〕本首篇題，文苑英華作「京口逢皇甫司馬副端」。
〔二〕「過」，文苑英華作「至」。
〔三〕「若」，文苑英華作「欲」。
〔四〕「左宦」，文苑英華作「佐官」。
〔五〕「髮」，文苑英華校注：「一作『日』。」

送東陽顧明府罷歸

祖帳臨鮫室，黎人擁鷁舟。坐藍高士去，繼組鄙夫留。白日落寒水，青楓遶曲洲。相看作離别，一倍不禁愁。

戲留顧十一明府

江明雨初歇，山暗雲猶濕。未可動歸橈，前程風浪急。

柳花歌送客往桂陽

滄浪渡頭柳花發，斷續因風飛不絶。摇煙拂水積翠間，綴雪含霜誰忍攀。夾岸紛紛送君去，鳴棹孤尋到何處。移家深入桂水源，種柳新成花更繁。定知别後消散盡，卻憶今朝傷旅魂。

送前上饒嚴明府攝玉山 同山字〔一〕。

家在故林吴楚間，冰爲溪水玉爲山。更將舊政化鄰邑，遥見逋人相逐還。

撫州對事後送外生宋垓歸饒州覲侍呈上姊夫

淮汴初喪亂，蔣山烽火起。與君隨親族，奔迸辭故里。京口附商客，海門正狂風。憂心不敢住，夜發驚浪中。雲開方見日，潮盡爐峰出。石壁轉棠陰，鄱陽寄茅室。淹留三十年，分種越人田。骨肉無半在，鄉園猶未旋。爾家習文藝，旁究天人際。父子自相傳，優游聊卒歲。學成不求達，道勝那厭貧。時入閭巷醉，好是羲皇人。須因物役牽〔二〕，偶逐簪組輩。謗書喧朝市，撫己慚淺昧。世業大小禮，近通顏謝詩。念渠還領會，非敢獨爲師。

〔一〕「同」，分類本作「用」。
〔二〕「須」，四庫本作「頃」。

## 潘處士宅會别

相邀寒景晚〔一〕，惜别故山空。鄰里疏林在，池塘野水通。十年多難後〔二〕，一醉幾人同。復此悲行子，蕭蕭逐轉蓬〔三〕。

## 江上别張勸

年年五湖上，厭見五湖春。長醉非關酒，多愁不爲貧。舊山迷道路，清洛暗風塵。今日扁舟别，倶爲滄海人。

〔一〕「景」，文苑英華作「影」。
〔二〕「多難」，文苑英華作「難遇」。
〔三〕「轉」，文苑英華作「遠」。

## 汝南別董校書〔一〕

擾擾倦行役，相逢陳蔡間。何爲百年内〔二〕，不見一人閑。對酒惜餘景，問程愁亂山。秋風萬里至〔三〕，又出穆陵關〔四〕。

## 留別李道州圻〔五〕

瀧路下丹徼，郵童揮畫橈。山回千騎隱，雪斷兩鄉遥〔六〕。魚滬擁寒溜，畬田落遠燒。維舟更相憶，惆悵坐通宵〔七〕。

〔一〕「別」，文苑英華卷二一八作「逢」。此首文苑英華卷二八七重出，題作「江南別董校書」，「江南別」，又注：「一作『汝南逢』」。

〔二〕「何爲」，文苑英華作「如何」，又注：「集作『何爲』。」

〔三〕「至」，文苑英華校注：「集作『道』。」

〔四〕「出」，文苑英華作「度」，又注：「集作『出』。」

〔五〕「李道州圻」，文苑英華作「道州李使君圻」。

〔六〕「雪」，文苑英華作「雲」，又注：「詩選作『雪』。」

〔七〕「通」，文苑英華作「空」，又注：「詩選作『通』。」

## 永康孫明府頲秩滿將歸枉路訪別

門前水流咽，城下亂山多。非是還家路，寧知枉騎過。風煙復欲隔，悲笑屢相和。不學陶公醉，無因奈別何。

## 將赴湖南留別東陽舊寮兼示吏人

智力苦不足，黎甿殊未安。忽從新命去，復隔舊寮歡。曉路整車馬，離亭會衣冠。冰堅細流咽，燒盡亂峰寒。耆老相餞送，兒童亦悲酸。桐鄉寄生怨，欲話此情難。

## 奉天酬別鄭諫議雲逵盧拾遺景亮見別之作

巨孽盜都城，傳聞天下驚。陪臣九江畔，走馬來赴難。伏奏見龍顔，旋持手詔還。單車不可駐，朱檻未遑攀。故人出相餞，共悲行路遠。臨岐荷贈言，對酒獨傷魂。世故山川險，憂多思慮昏。重陰蔽芳月，疊嶺明舊雪。泥積轍更深，木冰花不發。鄭侯間世賢，忠孝乃雙全。大義棄妻子，至淳易生死。知心三四人，越境千餘里。駿馬帳前發，驚塵路傍起。樓煩俛首看〔一〕，莫敢相留止。拜闕奉良圖，留中沃聖謨。洗兵收魏郡，誘敵討幽都。多亞典屬國〔二〕，良遷諫大夫〔三〕。從容九霄上，談笑解陰符。盧生富才術，特立居近密。採掇獻吾君，明廷視聽新。寬饒狂自比，汲黯直爲鄰。就列繼三事，主文當七人。可憐長守道，不覺五逢春。昔去城南陌，各爲天際客。關河煙霧深，寸步音塵隔。羈旅忽相遇，別離又兹夕。前悲涕未乾，後喜心已慼。而我方老大，頗爲風眩迫。夫君併少年，何爾鬢鬚白。惆悵語不盡，徘徊情轉劇。一罇且共持，以慰長相憶。

## 撫州處士胡泛見送北迴兩館至南昌縣界查溪蘭若別

移罇鋪山曲，祖帳查溪陰。鋪山即遠道，查溪非故林。悽然誦新詩，落淚霑素襟。郡政我何有，別情君獨深。禪庭古樹秋，宿雨清沉沉。揮袂千里遠，悲傷去住心。

〔一〕「煩」，四庫本作「頭」。
〔二〕「多」，四庫本作「名」，黄録何校作：「疑作『名』。」
〔三〕「遷」，四庫本作「選」。

## 將巡郴永途中作

行役留三楚，思歸又一春。自疑冠下髮，聊此鏡中人。機息知名誤，形衰恨道貧。空將舊泉石，長與夢相親。

## 過郴州

江盡湘南戍，山分桂北林。火雲三月合，石路九疑深。暗谷隨風過，危亭共鳥尋。羈魂已愁絶，不復待猿吟。

## 桂陽北嶺偶過野人所居聊書即事呈王永州邕李道州圻

犬吠空山響，林深一逕存。隔雲尋板屋，渡水到柴門。日晝風煙静，花明草樹繁。乍疑秦世客，漸識楚人言。不記逃鄉里，居然長子孫。種田燒險谷，汲井鑿高原。畦葉藏春雉，庭柯宿旅猿。嶺陰無瘴癘，地隙有蘭蓀。内户均皮席，枯瓢沃野飧。遠心知自負，幽賞詎能論。轉步重崖合，瞻途落照昏。他時願攜手，莫比武陵源。

下鼻亭瀧行八十里聊狀艱險寄青苗鄭副端朔陽

瀧水天際來〔一〕，鼻山地中坼。盤渦幾十處，疊溜皆千尺。直寫卷沉沙，驚翻衝絶壁。淙淙振崖谷，洶洶竟朝夕。人語不自聞，日光亂相射。艤舟始摇漾，舉棹旋奔激。既下同建瓴，半空方避石。前危苦未盡，後險何其迫。倏閃疾風雷，蒼皇蕩魂魄。因隨伏流出，忽與跳波隔。遠想欲回軒，豈兹還泛鷁。雲涯多候館，努力勤登歷。

湘南即事

盧橘花開楓葉衰，出門何處望京師。沅湘日夜東歸去，不爲愁人住少時。

〔一〕「瀧」，宋刻本作「瀟」。

## 少女生日感懷

五逢晬日今方見，置爾懷中自惆然。乍喜老身辭遠役，翻悲一笑隔重泉。欲教針線嬌難解，暫弄琴書性已便。還有蔡家殘史籍，可能分與外人傳〔一〕。

## 江鄉故人偶集客舍

天秋月又滿，城闕夜千重。還作江南會，翻疑夢裏逢。風枝驚暗鵲〔二〕，露草覆寒蛩。羈旅長堪醉，相留畏曉鍾。

〔一〕「與」，分類本作「付」。

〔二〕「驚暗」，文苑英華作「鳴散」，又注：「集作『驚暗』。」

## 張評事涉秦居士系見訪郡齋即同賦中字

軺車忽枉轍，郡府自生風。遣吏山禽在〔二〕，開罇野客同〔三〕。古墻抽臘笋，喬木颺春鴻。能賦傳幽思，清言盡至公。城欹殘照入，池曲大江通。此地人來少，相歡一醉中。

## 聽歌回馬上贈崔法曹

秋風裏許杏花開，杏樹傍邊醉客來。共待夜深聽一曲，醒人騎馬斷腸回。

## 去婦怨

出户不敢啼，風悲日悽悽。心知恩義絶，誰忍分明别。下坂車轔轔，畏逢鄉里親。空持牀

---

〔二〕「遣吏山禽在」，黄録何批作：「第三句即伏『人來少』。」

〔三〕「開罇野客同」，黄録何批作：「『居士』只於第四句一帶。」

前幔，卻見家中人。忽辭王吉去，爲是秋胡死。欲比今日情，煩冤不相似。

## 昭君詞

漢宫若遠近，路在寒沙上。到死不得歸，何人共南望。

## 女耕田行

乳燕入巢笋成竹，誰家二女種新穀。無人無牛不及犁，持刀斫地翻作泥。自言家貧母年老，長兄從軍未娶嫂。去年災疫牛囤空，截絹買刀都市中。頭巾掩面畏人識，以刀代牛誰與同。姊妹相攜心正苦，不見路人唯見土。疏通畦隴防亂田〔二〕，整頓溝塍待時雨。日正南崗下餉歸，可憐朝雉擾驚飛。東鄰西舍花發盡，共惜餘芳淚滿衣。

〔二〕「田」，四庫本作「苗」。

## 夜發袁江寄李潁州劉侍郎時二公流泛在此〔一〕

半夜回舟入楚鄉，月明山水共蒼蒼〔二〕。孤猿更發秋風裏〔三〕，不是愁人亦斷腸〔四〕。

# 郎士元二十一首

## 送李將軍赴定州

雙旌漢飛將，萬里愛橫戈〔五〕。春色臨邊盡〔六〕，黄雲出塞多。鼓鼙悲絶漠，烽戍隔長河〔七〕。

〔一〕「流泛」，四庫本作「留貶」。本首篇題，文苑英華作「夜發烏江作」，「烏」，又注：「詩選作『袁』。」
〔二〕「水」，文苑英華作「色」，又注：「詩選作『水』。」
〔三〕「發」，文苑英華校注：「詩選作『叫』。」
〔四〕「亦」，文苑英華作「也」，又注：「詩選作『亦』。」
〔五〕「愛」，文苑英華作「受」。
〔六〕「邊」，文苑英華作「關」。
〔七〕「烽戍」，文苑英華詩題下補注：「又玄集作『烽火』。」

想到陰山北〔一〕，天驕已請和。

## 送張南史 一云寄李紓〔二〕。

雨餘深巷静，獨酌送殘春。〔三〕車馬雖嫌僻，鶯花不棄貧〔四〕。蟲聲黏户網〔五〕，鼠跡印牀塵。借問山陽會〔六〕，如今有幾人。

## 聞蟬寄友人 李端亦有此詩，未知孰是。

昨日始聞鶯，今朝蟬又鳴。朱顔向華髮，定是幾年程。故國白雲遠，閑居青草生。因垂數行淚，書寄十年兄。

〔一〕「想到」，文苑英華作「莫斷」。「北」，文苑英華作「路」。

〔二〕本首篇題，文苑英華卷二五三作「寄李紓」，又注：「一作送張南史。」文苑英華卷二七二作「送張南史」。

〔三〕「雨餘深巷静，獨酌送殘春」，黄録何批作：「貫注結處。」

〔四〕「棄」，文苑英華作「厭」，又注：「一作『棄』。」

〔五〕「聲」，文苑英華作「絲」。

〔六〕「借問山陽會」，文苑英華作「聞道山陰會」，又注：「集作『借問山陽會』。」

## 送長沙韋明府〔一〕

秋入長沙縣，蕭條旅宦心。煙波連桂水，官舍映楓林。雲日楚天暮〔二〕，沙汀白露深。遥知訟堂裏〔三〕，佳政在鳴琴。

## 題劉相三湘圖

昔日醉衡霍，邇來憶南州。今朝平津邸，兼得瀟湘遊。稍辨郢門樹，依然芳杜洲。微明三巴峽，咫尺萬里流。飛鳥不知倦，遠帆生暮愁。涔陽指天末，北渚空悠悠。枕上見漁父，坐中當狎鷗。誰言魏闕下，自有東山幽。

〔一〕本首篇題，文苑英華作「送長沙韋明府之任」。
〔二〕「天」，文苑英華校注：「集作『山』。」
〔三〕「堂」，文苑英華作「庭」，又注：「集作『堂』。」

## 塞下曲〔一〕

寶刀塞下兒〔二〕，輕身百戰曾百勝〔三〕，壯心竟未嫖姚知〔四〕。白草山頭日初没，黄沙戍下悲歌發〔五〕。蕭條静夜邊風吹〔六〕，獨倚營門望秋月。

## 關羽祠送高員外還荆州〔七〕

將軍稟天姿，義勇冠今昔〔八〕。走馬百戰場，一劍萬人敵。誰爲感恩者〔九〕，竟是思歸客〔一〇〕。流

---

〔一〕文苑英華題作者爲「郭士元」。本首篇題，四庫本作「塞上曲」。

〔二〕「下」，文苑英華作「上」。

〔三〕「輕身」，文苑英華作「身經」。

〔四〕「未」，文苑英華作「來」。

〔五〕「戍下悲歌發」，文苑英華校注：「一作『城下歌聲發』。」

〔六〕「静夜」，文苑英華作「夜静」。

〔七〕「州」，文苑英華作「南」，又注：「集作『州』。」

〔八〕「冠」，文苑英華作「貫」，又注：「一作『冠』。」

〔九〕「誰」，宋刻本、分類本作「雖」。「者」，文苑英華作「義」，又注：「集作『者』。」

〔一〇〕「是」，文苑英華作「作」，又注：「集作『是』。」

落荆巫間〔二〕，徘徊故鄉隔。離筵對祠宇，灑酒暮天碧。去去勿復言，銜悲向陳跡〔三〕。

## 郢城西樓吟

連山盡處水縈回〔三〕，山上戍門臨水開。朱欄直下一百丈，日暖遊鱗自相向。昔人愛險閉層城，今人愛閑江復清〔四〕。沙洲楓岸無來客〔五〕，草緑花紅山鳥鳴〔六〕。

〔二〕「荆巫」，文苑英華校注：「一作『巫峽』。」

〔三〕「陳」，文苑英華校注：「集作『塵』。」

〔三〕「處」，文苑英華作「寒」。

〔四〕「愛閑江復清」，文苑英華作「復愛閑江清」。

〔五〕「來」，文苑英華作「求」。

〔六〕「紅」，文苑英華作「開」。

## 宿杜判官江樓

適楚豈吾願，思歸秋向深。故人江樓月，永夜千里心。葉落覺鄉夢〔一〕，鳥啼驚越吟〔二〕。寥寥更何有，斷續空城砧。

## 送韋湛判官

高閣晴江上，重陽古戍閑。聊因送歸客，更此望鄉關〔三〕。惜别心能醉，經秋鬢自班〔四〕。臨流興不盡，惆悵水雲間。

〔一〕「葉落」，文苑英華作「落葉」。
〔二〕「鳥啼」，宋刻本、分類本、文苑英華作「啼鳥」。
〔三〕「關」，何校本校注：「一作『山』」。
〔四〕「班」，宋刻本、分類本、清宋犖本同，雙清閣本、和刻本、四庫本作「斑」。

## 春宴王補闕城東別業〔一〕

柳陌乍隨洲勢轉，花源忽傍竹陰開。能將瀑水清人境〔二〕，直取流鶯送酒杯。山下古松當綺席，簷前片雨滴春苔。地主同聲復同舍，留歡不畏夕陽催〔三〕。

## 柏林寺南望

谿上遥聞精舍鍾，泊舟微徑度深松。青山霽後雲猶在，盡出西南四五峰〔四〕。

## 長安逢故人

數年音信斷，不意在長安。馬上相逢久，人中欲認難。一官今懶道，雙鬢竟羞看。莫問生

〔一〕「王補闕」，文苑英華作「王起」。
〔二〕「將」，文苑英華作「冷」。
〔三〕「歡」，文苑英華作「連」。
〔四〕「盡」，四庫本作「畫」。「西」，四庫本作「東」。

涯事，只應持釣竿。

## 聽鄰家吹笙

鳳吹聲如隔綵霞，不知墻外是誰家。重門深鎖無尋處，疑有碧桃千樹花。

## 贈韋司直〔一〕

聞君感歎二毛初，舊友相依萬里餘。烽火有時驚暫定〔二〕，甲兵無處可安居。〔三〕客來吴越星

〔一〕「贈」，文苑英華作「寄」，又注：「集作『贈』。」題作者爲「皇甫冉」，又注：「百家詩選作『郎士元』。」按：此首唐百家詩選卷十「皇甫冉下六十五首」中重出。

〔二〕「火」，文苑英華作「戍」。

〔三〕「烽火有時驚暫定，甲兵無處可安居」，黄録何批作：「賊勢雖内衰，而武夫悍卒，尾大不掉，用一切之法以剥民，莫能誰何，三四俯仰慨深，蓋自是方鎮擅命，民生不復見承平之盛矣。」

霜久〔一〕，家在平陵音信疏。昨日風光還入户〔二〕，登山臨水意何如〔三〕。

## 蓋少府新除江南尉問風俗〔四〕

聞君作尉向江潭〔五〕，吴越風煙到自諳。客路尋常隨竹影〔六〕，人家大底傍山嵐〔七〕。緣溪花木偏宜遠，避地衣冠盡向南〔八〕。唯有夜猿啼海樹，思鄉望國意難堪〔九〕。

---

〔一〕「越」，文苑英華、四庫本作「地」。

〔二〕「日風光」，文苑英華作「夜春風」。

〔三〕「意」，文苑英華作「復」，又注：「集作『意』。」

〔四〕本首篇題，文苑英華作「送王侍御佐婺州」，又注：「一作蓋少府新除江南尉問風俗」。題作者爲「崔峒」，又注：「一作『郎士元』。」

〔五〕「聞君作尉」，文苑英華作「不須惆悵」，又注：「一作『聞君作尉』。」

〔六〕「隨竹影」，文苑英華作「經竹逕」，又注：「一作『隨竹影』。」

〔七〕「底」，文苑英華作「抵」。

〔八〕「向」，文苑英華作「在」，又注：「一作『向』。」

〔九〕「望國」，文苑英華作「北固」，又注：「一作『國』。」

## 酬二十八秀才見寄

昨夜山月好，故人果相思。清光到枕上，裊裊涼風時。永意能在我，惜無攜手期。

## 湘夫人

蛾眉對湘水，遥哭蒼梧山。萬乘既已歿，孤舟誰忍還。至今楚山上〔二〕，猶有淚痕班〔三〕。南有涔陽路，渺渺多新愁。桂酒神降時，回風江上秋。彩雲忽無處，碧水空安流。

## 酬王季友題半日村别業兼呈李明府

村映寒原日已斜，煙生密竹早歸鴉。長溪南路當群岫，半景東鄰照數家。門通小逕連芳

---

〔二〕「山」，四庫本作「竹」。

〔三〕「班」，清宋犖本同，宋刻本、雙清閣本、和刻本、四庫本作「斑」。

草，馬飲春泉踏淺沙。欲待主人林上月，還思潘令縣中花。

## 冬夕寄青龍寺源公

斂屨入寒竹，安禪過漏聲。高杉殘子落[一]，深井凍痕生。[二]罷磬風枝動，懸燈雪屋明。何當招我宿，乘月上方行。

## 送李騎曹之靈武寧侍

一歲一歸寧，涼天數騎行。河來當塞曲，山遠與沙平。縱獵旗風卷，聽笳帳月生。新鴻引寒色，回日滿京城。

[一] 「杉」，四庫本作「松」。

[二] 「高杉殘子落，深井凍痕生」，黄録何批作：「三四先含『風』、『雪』二字。」

# 唐百家詩選　卷八

## 錢起六首

### 送畢侍御謫居

崇蘭香死玉貞折[一]，志士吞聲甘徇節。忠盡不爲明主知[二]，悲來莫向時人説。滄浪之水見心清，楚客辭天淚滿纓。百鳥喧喧噪一鶚，上林高枝亦難託。寧嗟人世棄虞翻，且喜江山得康樂。自憐黄綬老嬰身，妻子朝來勸隱淪。桃花洞裏舉家去，此别相思復幾春。[三]

[一]「貞」，四庫本作「簪」。

[二]「盡」，宋刻本、分類本、清宋犖本同，雙清閣本、和刻本、四庫本作「藎」。

[三]「自憐黄綬老嬰身，妻子朝來勸隱淪。桃花洞裏舉家去，此别相思復幾春」，黄録何批作：「結是臨河不濟之意也。見其謫而身欲隱去，則畢之枉自愈見矣。又托之妻子交勸，清婉得味外味。」

## 送李秀才落第遊荆楚

翠羽雖成夢，遷鶯尚後群。名逃郤詵策〔一〕，興發謝生文〔二〕。昏旦扁舟去，江山幾路分。上潮吞海日，歸雁出湖雲。詩思應須苦，猿聲莫厭聞。離居見新月，那得不思君。

## 贈閣下閻舍人〔三〕

二月黄鶯飛上林〔四〕，春城紫禁晚陰陰〔五〕。長樂鍾聲花外盡，龍池柳色雨中深。陽和不散窮途恨，霄漢常懸捧日心〔六〕。獻賦十年猶未遇，羞將白髮對華簪。

〔一〕「郤」，四庫本作「郄」。
〔二〕「生」，四庫本作「玄」。
〔三〕本首篇題，文苑英華作「闕下贈閻舍人」。
〔四〕「鶯」，文苑英華校注：「集作『鸝』」。
〔五〕「禁晚陰陰」，文苑英華校注：「集作『陌曉沉沉』」。
〔六〕「常」，文苑英華校注：「集作『長』」。

## 和宣城張太守南亭秋夕懷友

池館蟪蛄聲，梧桐秋露晴。月臨朱戟静，河近畫樓明。卷幔池涼入〔一〕，聞鍾永夜清。片雲懸曙斗，數雁過秋城。羽扇揚風暇，瑶琴寄别情。江山飛麗藻，謝脁讓前名。

## 暮春歸故山〔二〕

谷口殘春黄鳥稀〔三〕，辛夷花盡杏花飛。始憐幽竹山窗下，不改清陰待我歸。

〔一〕「池」，四庫本作「浮」。
〔二〕本首篇題，文苑英華作「晚春歸山居題窗前竹」。題作者為「劉長卿」。
〔三〕「谷口」，文苑英華作「溪上」。

駕幸温泉宮 和李員外作〔一〕。

未央月曉度疏鍾，鳳輦時巡出九重〔二〕。雪霽山門迎瑞日〔三〕，雲開水殿候飛龍。輕煙不入宫中樹〔四〕，佳氣常薰仗外峰〔五〕。遥羨枚皋扈仙蹕〔六〕，偏承霄漢渥恩濃。

## 盧綸三十六首

送吉中孚校書歸楚州舊山中孚自仙官入仕〔七〕

青袍芸閣郎，談笑揖侯王〔八〕。舊籙藏雲穴，新詩滿帝鄉。名高閑不得，到處人争識。誰知

〔一〕本首篇題，文苑英華作「和季員外從駕幸湯泉宫」，「湯」，又注：「一作『温』。」
〔二〕「鳳」，文苑英華作「步」，又注：「集作『鳳』。」「巡」，文苑英華作「從」。
〔三〕「雪」，文苑英華作「雨」，又注：「集作『雪』。」
〔四〕「煙」，文苑英華、四庫本作「寒」。
〔五〕「常」，文苑英華作「嘗」。
〔六〕「扈仙」，文苑英華校注：「集作『先扈』。」
〔七〕「中孚自仙官入仕」，文苑英華作小注。
〔八〕「揖」，分類本作「挹」。

冰雪顔，已雜風塵色。此去復如何，東皋歧路多。藉芳臨紫陌〔一〕，回首憶滄波〔二〕。年來倦蕭索，但説淮南樂。並檝湖上游，連檣月中泊。沿溜入閶門〔三〕，千燈夜市喧。喜逢鄰舍伴，遥語問鄉園。下淮風自急，樹杪分郊邑。送客隨岸行，離人出帆立。漁村遶水田，澹澹隔晴煙〔四〕。欲就林中醉，先期石上眠。林昏天未曙，但向雲邊去。暗入無路山，心知有花處。登高日轉明，下望見春城。洞裏草空長，冢邊人自耕。寥寥行異境，過盡千峰影。雲色凝古壇〔五〕，泉聲落寒井。仙成不可期，多别自堪悲。爲問桃源客，何人見亂時。

## 與從弟瑾同下第後出關言别

同作金門獻賦人，二年悲見故園春。到闕不沾新雨露，還家空帶舊風塵。

〔一〕「芳」，黄録何校作：「一作『茆』。」文苑英華作「茅」。
〔二〕「憶」，文苑英華校注：「一作『望』。」
〔三〕「溜」，文苑英華作「流」。
〔四〕「澹澹」，文苑英華作「澹浦」。
〔五〕「雲」，四庫本作「露」。

雜花飛盡柳陰陰，官路逶迤緑草深。對酒已成千里客，望山空寄兩鄉心。

出關愁暮一沾裳，滿野蓬生古戰場。孤村樹色昏殘雨，遠寺鍾聲帶夕陽。

## 和李使君三郎早秋城北亭宴崔司士因寄關中弟張評事時遇作〔一〕

黄花古城路，上盡見青山。桑柘晴川口，牛羊落照間。野情隨卷幔，軍事隔重關〔二〕。道合偏多賞〔三〕，官微獨不閑。鶴分琴久罷，書到雁應還。爲謝登龍客〔四〕，瓊枝寄一攀〔五〕。

〔一〕「關中弟張評事時遇作」，文苑英華作「關中張評事」，又注：「三字一作『兄弟』。」題作者爲「吕温」。

〔二〕「軍」，文苑英華作「塵」。

〔三〕「多」，文苑英華作「重」。

〔四〕「龍」，文苑英華作「臨」。

〔五〕「枝」，文苑英華作「林」，又注：「一作『枝』。」

## 逢病軍人

行多有病住無粮，萬里還鄉未到鄉。蓬鬢哀吟古城下，不堪秋氣入金瘡。

## 村南逢病叟

雙膝過頤頂在肩，四鄰知姓不知年。臥驅烏雀惜禾黍，猶恐諸孫無社錢。

## 送張郎中還蜀歌

秦家御史漢家郎，親專兩印征殊方。功成走馬朝天子，伏檻論邊若流水。曉離仙署趨紫微，夜接高儒讀青史。瀘南五將望君還，願以天書示百蠻。曲棧重江初過雨，前旌後騎不同山。迎車拜舞多耆老，舊卒新營遍青草。塞口雲生火候遲，烟中鶴唳軍行早。黄花川下水交横，遠映孤霞蜀國晴〔一〕。筇竹筍長椒瘴起〔二〕，荔支花發杜鵑鳴。回首岷峨半天黑，傳觴接膝何由得。空令豪士仰威名，無復貧交恃顏色。垂楊不動雨紛紛，錦帳胡鉼争送君〔三〕。須臾醉起簫笳發，空見紅旌入白雲。

## 臘日觀咸寧王部曲娑勒擒豹歌

山頭曈曈日將出，山下獵圍照初日。前林有獸未識名，將軍促騎無人聲。潛形踠伏草不動，雙雕轉旋群鴉鳴。陰方質子纔三十，譯語受詞蕃語揖。捨鞍解甲疾如風，人忽虎蹲獸人立。欻然扼顙批其頤，爪牙委地涎淋漓。既蘇復吼拗於絞反。仍怒〔四〕，果叶英謀生致之。拖自深叢目如電〔五〕，萬夫失容千馬戰。傳呼賀拜聲相連，殺氣騰凌陰滿川。始知縛虎如縛鼠，敗虜降羌生

〔一〕「映」，文苑英華作「雁」，分類本作「應」。
〔二〕「筇」，文苑英華作「邛」，又注：「集作『筇』。」
〔三〕「君」，分類本作「軍」。
〔四〕文苑英華無注「於絞反」。
〔五〕「自」，宋刻本作「門」。

眼前〔二〕。祝爾嘉詞爾無苦，獻爾將隨犀象舞。苑中流水禁中山，期爾攫持開天顔〔三〕。非熊之兆慶無極〔三〕，願紀雄名傳百蠻。

## 和張僕射塞下曲

月黑雁飛高，單于夜遁逃。欲將輕騎逐，大雪滿弓刀。

## 從軍行

二十在邊城，軍中得勇名。卷旗收敗馬〔四〕，占磧擁殘兵〔五〕。覆陣烏鳶起，燒山草木明〔六〕。

〔一〕「生眼前」，文苑英華作「皆目覩」，又注：「一作『在眼前』。」

〔二〕「持」，宋刻本、清宋犖本、雙清閣本、和刻本同，文苑英華、四庫本作「搏」。

〔三〕「慶」，文苑英華作「度」。

〔四〕「收」，文苑英華作「争」，又注：「集作『收』。」

〔五〕「占」，文苑英華校注：「一作『斲』。」「擁」，文苑英華作「護」，又注：「集作『擁』。」

〔六〕「明」，文苑英華作「鳴」，又注：「集作『明』。」

塞閑思遠獵，師老厭分營。雪嶺無人跡，冰河有雁聲〔二〕。李陵甘此没，惆悵漢公卿。

## 逢南中使因寄嶺外故人

見説南來處，蒼梧接桂林。過秋天更暖，邊海日長陰。巴路緣雲出，蠻鄉入洞深。信回人自老〔三〕，夢到月應沉。碧水通春色，青山寄遠心。炎方難久客，爲爾一沾襟。〔三〕

## 代員將軍罷戰後歸舊里贈朔北故人〔四〕

結髮事疆埸，全生俱到鄉。連雲防鐵嶺〔五〕，同日破漁陽。牧馬胡天晚，移軍磧路長〔六〕。枕

〔一〕「有」，文苑英華作「足」，又注：「集作『有』。」

〔二〕「老」，文苑英華作「説」。

〔三〕「炎方難久客，爲爾一沾襟」，黄録何校作：「一作『炎方無久客，莫使鬢毛侵』。」

〔四〕「舊」，文苑英華無。

〔五〕「雲」，文苑英華作「營」。

〔六〕「軍」，分類本作「車」。

戈眠古戍，吹角立繁霜。歸老勳仍在，酬恩虜未亡〔一〕。獨行過邑里，多病對農桑。雄劍依塵席，陰符寄藥囊。空餘麾下將，猶逐羽林郎。

## 江北憶崔汶

夜問江西客，還知在楚鄉。全身出部伍，盡室逐漁商。晴日游瓜步，新年到漢陽。月昏驚浪白，瘴起覺雲黄。望嶺家何處，登山淚幾行。閩中傳有雪，應且住南康。

## 早春歸盩厔舊居卻寄耿拾遺湋李校書端〔二〕

野日初晴麥隴分，竹園村巷鹿成群。萬家廢井生新草〔三〕，一樹繁花對古墳〔四〕。引水忽驚冰

〔一〕「亡」，文苑英華作「忘」。

〔二〕「居」，文苑英華作「宇」，又注：「集作『居』。」「湋」，宋刻本、分類本、文苑英華作「緯」。

〔三〕「萬」，文苑英華作「百」。「新」，文苑英華作「春」，又注：「集作『新』。」

〔四〕「對」，文苑英華作「傍」，又注：「集作『對』。」

滿磵〔一〕，向田空見石和雲。可憐芳歲青山下，唯有松枝好寄君〔二〕。

夜中得循州趙司馬侍郎書因寄迴使

瘴海寄雙魚，中宵達我居。兩行燈下淚，一紙嶺南書。地説炎蒸極，人稱老病餘。殷勤報賈傅，莫共酒盃疏。

太白西峰偶宿車祝二尊師石室晨登前巘憑眺書懷即事寄呈鳳翔齊員外張侍御

弱齡誠昧鄙，遇勝惟求止〔三〕。如何羈滯中，得步青冥裏。青冥有桂叢，冰雪兩仙翁。毛節

〔一〕「磵」，文苑英華作「澗」。
〔二〕「好寄君」，文苑英華作「寄與君」，又注：「集作『好寄君』。」
〔三〕「勝」，宋刻本作「聖」。

未歸海，丹梯閑倚空。逍遥擬上清，洞府不知名。醮罷雨常至，客辭山忽明。山明鳥聲樂，日氣生巖壑。巖壑樹脩脩，白雲如水流。白雲銷散盡，隴塞儼然秋。積阻關河固，綿聯烽戍稠。五營承廟略，四野失邊愁。吁嗟繫塵役，又負靈仙跡。芝术自芳香，泥沙幾沉溺。書此欲沾衣，平生事每違。烟霄不可仰，鸞鶴自追飛。

同耿湋宿陸澧旅舍〔一〕

當軒雲月開，清夜故人杯。擁褐覺霜下，抱琴聞雁來。迎風君顧步，臨路我遲回。雙鬢共如此，此歡非易陪。

題苗員外竹間亭

高甃絶行塵，開簾似有春。風傾竹上雪，山對酒邊人。步暖先逢日，書空遠見鄰。還同內

〔一〕「湋」，宋刻本作「緯」。

齋暇，登賞及諸姻。

早春遊樊川野居卻寄李端校書兼呈崔峒補闕司空曙主簿耿湋拾遺〔一〕

白水遍溝塍〔二〕，青山對杜陵。晴明人望鶴，曠野鹿隨僧。古柳連巢折，荒堤帶草崩。陰橋全覆雪，瀑溜半垂冰〔三〕。鬬鼠摇松影，遊龜落石層。韶光偏不待，衰敗巧相仍。桂樹曾争折，龍門幾共登。琴師阮校尉，詩和柳吴興。舐筆求書扇〔四〕，張屏看畫蠅。卜鄰空遂約，問卦獨無徵。投足經危路〔五〕，收材遇直繩〔六〕。守農窮自固，行藥病何能。掩帙蓬蒿晚，臨川景氣澄。颯然成

〔一〕「湋」，宋刻本作「緯」。本首篇題，文苑英華作「早春遊樊川墅」。

〔二〕「遍溝」，文苑英華作「搆通」，又注：「一作『遍溝』。」

〔三〕「瀑」，文苑英華作「深」。

〔四〕「舐」，文苑英華作「紙」。

〔五〕「路」，文苑英華作「石」。

〔六〕「遇」，文苑英華作「過」。

一叟，誰更慕騫騰〔二〕。

## 春日登樓有懷

花正濃時人正愁，逢花卻欲替花羞。年來笑伴皆歸去，今日晴明獨上樓。

## 長安春望

東風吹雨過青山，卻望千門草色閑。家在夢中何日到，春來江上幾人還〔三〕。川原繚繞浮雲外，宫闕參差落照間。誰念爲儒逢世難，獨將衰鬢客秦關。

〔二〕「騫」，何校本校注：「鶱。」

〔三〕「來」，黄録何校作：「御覽集作『生』。」

## 山中一絶

飢拾松花渴飲泉〔二〕，偶從山後到山前。陽坡軟草厚如織，因與鹿麛相伴眠。

## 同薛存誠登栖巖寺

衰蹇步難前，上山如上天。塵泥來自晚，猿鳥到何先。萬壑應孤磬，百花通一泉。蒼蒼此明月，下界正沉眠。

## 賊中與嚴越卿曲江看花

紅枝欲折紫枝殷，隔水連宮不用攀。會待長風吹落盡，始能開眼向青山。

〔二〕「拾」，四庫本作「食」。

## 夜投豐德寺謁液上人〔一〕

半夜風中有磬聲〔二〕，偶逢樵者問山名〔三〕。上方月曉聞僧語〔四〕，下路林疏見客行。野鶴巢邊松最老，毒龍潛處水偏清〔五〕。願得遠公知姓字，焚香洗鉢過浮生。

## 酬李端野寺病居見寄

野寺昏鐘山正陰，亂藤高竹水聲深。田夫就餉還依草〔六〕，野雉驚飛不過林。齋沐暫思同靜室，清羸已覺助禪心。寂寞日長誰問疾，料君惟取古方尋。

〔一〕本首篇題，文苑英華卷二二〇作「夜投終南豐德寺謁海上人」。卷二三六重出，作「夜投豐德寺謁海上人」，「海」，又注：「集作『液』。」

〔二〕「風中」，文苑英華卷二二〇、卷二三六作「中峰」，卷二二〇「中」，又注：「集作『山』。」

〔三〕「逢」，文苑英華卷二三六作「尋」。

〔四〕「月曉」，文苑英華卷二二〇作「日晚」，卷二三六作「月晚」，又注：「集作『日曉』。」「語」，文苑英華卷二三六作「話」，又注：「一作『語』。」

〔五〕「毒」，文苑英華卷二二〇作「獨」。

〔六〕「田夫就餉還依草」，黄録何批作：「起誰問疾。」

## 贈别李紛

頭白乘驢縣布囊，一回言别淚千行。兒孫滿眼無歸處，唯到罇前似故鄉。

## 送崔琦赴宣州幕

五馬臨流待幕賓，羨君談笑出風塵。身閑就養寧辭遠，世難移家莫厭貧。天際曉山三峽路，津頭臘市九江人。何處遥知最惆悵，滿湖青草雁聲春。

## 至德中途中書事卻寄李僩〔一〕

亂離無處不傷情，況復看碑對古城。路遶寒山人獨去，月臨秋水雁空驚〔二〕。顔衰重喜歸鄉

〔一〕「書事卻」，文苑英華作「即事」。
〔二〕「水」，文苑英華作「浦」。

國，身賤多慚問姓名。今日主人還共醉，應憐世故一儒生。

送鮑中丞赴太原

分路引鳴騶，喧喧似隴頭。暫移西掖望，全解北門憂。專幕臨都護，分曹制督郵〔一〕。積冰營不下，盛雪獵方休。白草連胡帳，黄金擁戍樓〔二〕。今朝送旌旆，一減魯儒羞。

晚到盩厔耆老家〔三〕

老翁曾舊識，相引到柴門。苦話別時事，因尋溪上村。數年何處客，近日幾家存。冒雨看禾黍，逢人憶子孫。亂藤穿井口，流水到籬根。惆悵不堪住，空山月又昏。

〔一〕「分」，文苑英華作「親」，又注：「一作『分』。」

〔二〕「金」，文苑英華作「雲」。

〔三〕「盩」，何校本「盩」塗改作「盩」，宋刻本、清宋犖本、雙清閣本、和刻本、四庫本作「盩」。

落第後歸終南别業

久爲名所誤，春盡始歸山。落羽羞言命，逢人强破顔。交疏貧病裹，身老是非間。不及東溪月，漁翁夜往還。

送從舅成都丞廣南歸蜀〔一〕

巴字天邊永〔二〕，秦人去是歸。棧長山雨響，溪亂火田稀。俗富行應樂，官雄禄豈微。魏舒終有淚，還濕甯家衣。

〔一〕　文苑英華題作者爲「李端」，又注：「詩選作『盧倫』。」

〔二〕　「字」，文苑英華作「宇」。「永」，文苑英華作「水」。

## 晚次鄂州 至德中作。

雲開遠見漢陽城，猶是孤帆一日程。估客晝眠知浪静，舟人夜語覺潮生。三湘愁鬢逢秋色〔二〕，萬里歸心對月明。舊業已隨征戰盡，更堪江上鼓鼙聲。

## 酬暢當嵩山尋道士見寄

聞逐樵夫行看棋〔三〕，忽逢人世是秦時。開雲種玉嫌山淺，渡海傳書怪鶴遲。陰洞石幢微有字，古壇松樹半無枝。煩君遠示青囊籙，願得相從一問師。

〔二〕「愁」，何校本校注：「衰。」

〔三〕「聞」，四庫本作「閒」。

## 司空曙二十五首

字文明，貞元中爲尚書水部郎中。

### 過寶慶寺[一]

黄葉前朝寺，無僧寒殿開[二]。池晴龜出暴[三]，松暮鶴飛回[四]。古井碑横草，陰廊畫雜苔。禪宫亦銷歇，塵世轉堪哀。

### 送柳震歸蜀

白日雙流静，西看蜀國春。桐花能乳鳥，竹節競祠神。蹇步徒相望，先鞭不可親。知從江僕射，登榻更何人。

〔一〕本首篇題，文苑英華作「廢慶寶寺」。題作者爲「耿緯」。
〔二〕「寒」，文苑英華校注：「一作『閑』。」
〔三〕「暴」，四庫本作「曝」。
〔四〕「暮」，文苑英華作「暝」。

送高勝重謁曹王

江上青楓岸〔一〕，陰陰萬里春。朝辭郢城酒，暮見洞庭人。興比乘舟訪，恩懷倒屣親。想君登舊榭，重喜掃芳塵。

送流人

聞說南中事，悲君重竄身。山村楓子鬼，江廟石郎神。童稚留荒宅，圖書託故人。青門好風景，爲爾一霑巾。

〔一〕「上」，文苑英華作「水」，又注：「詩選作『上』。」

## 題陵雲寺〔一〕

春山古寺遶滄波，石磴盤空鳥道過。百丈金身開翠壁〔二〕，萬龕燈焰隔煙蘿。雲生客到侵衣濕，花落僧禪覆地多。不與方袍同結足〔三〕，下歸塵世竟如何。

## 題江陵臨沙驛樓

江天清更愁，風柳入江樓。雁惜楚山晚，蟬知秦樹秋。淒涼多獨醉，零落半同遊。豈復平生意，蒼然蘭杜洲。

---

〔一〕「陵」，文苑英華作「靈」。
〔二〕「壁」，文苑英華作「殿」。
〔三〕「足」，四庫本作「社」。

## 田家

田家喜雨足，鄰老相招攜。泉溢溝塍壞〔一〕，麥高桑柘低。呼兒催放犢，宿客待烹雞〔二〕。搔首蓬門下，知將軒冕齊。

## 送曲山人衡州〔三〕

白石先生眉髮光〔四〕，已分甜雪飲紅漿〔五〕。衣巾半染煙霞氣〔六〕，語笑兼和藥艸香。茅洞玉聲流暗水，衡山碧色映朝陽〔七〕。千年城郭如相問，華表峨峨有夜霜。

〔一〕「塍」，文苑英華作「偃」。

〔二〕「宿」，文苑英華作「邀」，又注：「集作『宿』。」

〔三〕「衡州」，四庫本作「之衡州」。本首篇題，文苑英華作「送麴山人往衡山」，「往」，又注：「集作『住』。」

〔四〕「光」，文苑英華作「老」，又注：「集作『光』。」

〔五〕「甜」，何校本校注：「英華作『紺』。」文苑英華作「紺」，又注：「集作『甜』。」

〔六〕「氣」，文苑英華作「色」，又注：「集作『氣』。」

〔七〕「色」，文苑英華作「氣」，又注：「集作『色』。」

## 立秋日

律變新秋至，蕭條自此初。花酣蓮報謝，葉在柳呈疏。澹日非雲映〔一〕，清風似雨餘。卷簾涼暗度〔二〕，迎扇暑先除。草静多翻鷰，波澄乍露魚〔三〕。今朝散騎省，作賦興何如。

## 詠古寺花

共愛芳菲此樹中，千跗萬萼裏枝紅。遲遲欲去猶回望，覆地無人滿寺風。

〔一〕「澹」，文苑英華作「淡」。

〔二〕「簾」，文苑英華作「帷」，又注：「百家詩作『簾』。」

〔三〕「乍」，文苑英華作「下」。

## 送魏季羔長沙覲兄〔一〕

蘆荻湘江水，蕭蕭萬里秋。鶴高看迥野，蟬遠入中流。訪友多成滯，還家不厭遊〔二〕。惠連有新作〔三〕，知得從兄酬。

## 送曹同椅〔四〕

青春三十餘，衆藝盡無如。中散詩傳畫〔五〕，將軍扇賣書〔六〕。楚田晴下雁，江日暖多魚〔七〕。悵空相送，歡遊自此疏。

〔一〕「長沙」，文苑英華作「遊長沙」。
〔二〕「還」，文苑英華作「携」。
〔三〕「有新」，文苑英華作「仍有」。
〔四〕「同」，文苑英華作「桐」。
〔五〕「畫」，文苑英華校注：「一作『話』。」
〔六〕「賣」，四庫本作「續」。
〔七〕「多」，文苑英華作「游」，又注：「集作『多』。」

## 雲陽館與韓申卿宿別〔一〕

故人江海別，幾度隔山川。乍見翻疑夢〔二〕，相悲各問年〔三〕。孤燈寒照雨，深竹暗浮煙〔四〕。更有明朝恨，離盃惜共傳。

## 酬張芬有赦後見贈

紫鳳朝銜五色書，陽春忽布網羅除。已將心變寒灰後，豈料光生腐草餘。建水風煙收客淚，杜陵花竹夢郊居。勞君故有詩人贈〔五〕，欲報瓊瑶恨不如。

〔一〕「申」，四庫本作「升」。
〔二〕「疑」，文苑英華作「如」。
〔三〕「相悲」，文苑英華作「悲歡」，又注：「一作『相悲』。」
〔四〕「深」，文苑英華作「濕」。
〔五〕「人」，文苑英華作「相」。

## 哭苗員外呈張參軍[一] 苗公即參軍舅氏。

思君寧家宅，久接竹林期。嘗值偷琴處，親聞比玉時。高人不易合，弱冠早相知[二]。試藝臨諸友[三]，能文即我師。陵寒松未老[四]，先暮槿何衰。[五]季子生前别，羊曇醉後悲。壽堂乖一慟，奠席阻長辭。因瀝殊方淚[六]，遥成墓下詩。

## 金陵懷古

輦路江楓暗[七]，宫潮野草春[八]。傷心庾開府，老作北朝臣。

[一]「哭」，文苑英華作「傷」。

[二]「相知」，文苑英華作「相追」，又注：「集作『相知』。」

[三]「試藝」，文苑英華作「思藝」，又注：「集作『試藝』。」

[四]「陵」，四庫本作「淩」。

[五]「陵寒松未老，先暮槿何衰」，黄録何批作：「『陵寒』句思其德之宜壽，『先暮』句傷其命之獨脆也。」

[六]「殊」，黄録何校作「朱」：「此用大謝『落日次朱方』之句，『殊方』是不知者因下句『遥』字妄改。」

[七]「暗」，文苑英華作「盡」，又注：「詩選作『暗』。」

[八]「潮」，四庫本作「庭」。

## 發渝州卻寄韋判官

紅燭津亭夜見君[一]，繁絃急管雨紛紛[二]。平明分手空江轉[三]，唯有猿聲滿水雲[四]。

## 送盧徹之太原謁馬尚書

榆落雕飛關塞秋，黄雲畫角見并州。翩翩羽騎雙旌後，上客親隨郭細侯[五]。

〔一〕「紅燭津亭夜見君」，文苑英華校注：「一作『紅燭輝高夜送君』。」

〔二〕「雨」，宋刻本、文苑英華、四庫本作「兩」。

〔三〕「分」，文苑英華校注：「或作『携』。」

〔四〕「滿」，文苑英華作「嘯」，又注：「一作『滿』。」

〔五〕「親」，文苑英華校注：「集作『新』。」

## 秋思呈尹植裴涚鄭銅〔一〕

静與懶相偶，年將衰共催。前途歡不集〔二〕，往事恨空來。晝景委紅葉，月華鋪緑苔〔三〕。沉思更何有〔四〕，結坐玉琴哀〔五〕。

## 峽口送友人

峽口花飛欲盡春，天涯去住淚沾巾。來時萬里同爲客，今日翻成送故人。

〔一〕「涚」，文苑英華作「沉」，四庫本作「説」。「銅」，四庫本作「洞」。
〔二〕「不」，文苑英華作「未」。
〔三〕「鋪」，文苑英華作「消」。
〔四〕「更」，文苑英華作「竟」。
〔五〕「結坐」，何校本校注：「集作『坐結』。」文苑英華、四庫本作「坐結」。

## 故郭婉儀挽歌〔一〕

一日辭秦鏡，千秋别漢宫。豈唯泉路掩，長使月輪空。苦色凝朝露，悲聲切暝風。婉儀餘舊德，仍載禮經中。

## 送翰林張學士嶺南勒聖碑〔二〕

漢恩天外洽，周頌日邊稱。文獨司空羨〔三〕，書兼太尉能。出關逢北雁，度嶺逐南鵬。使者翰林客，餘春歸灞陵。

〔一〕黄録何批作：「清新而不入尖纖。」
〔二〕「送」，分類本無。
〔三〕「文獨司空羨」，黄録何批作：「『獨』，言不獨也。」

## 送吉校書東歸

少年芸閣吏，罷直暫歸休。獨與親知别，行逢江海秋。聽猿看楚岫，隨雁到吴洲。處處園林好，何人待子猷。

## 早春遊望

東風春未足，試望秦城曲。青草狀寒蕪，黄花似秋菊。壯將歡共去，老與悲相逐。獨作遊社人，暮過威輦宿。

## 秋日趨府上張大夫

重城洞啓肅秋煙，共説羊公在鎮年。鞞鼓暗驚林葉落，旌旗遥拂雁行偏。石過橋下書曾受，星降人間夢已傳。謫吏何能沐風化，空將歌頌拜車前。

# 唐百家詩選　卷九

## 耿湋六首 大曆中爲左拾遺。〔一〕

### 秋晚卧疾寄司空拾遺曙盧少府綸

寒几坐空堂，疏髯似積霜。老醫迷舊疾，朽藥誤新方。晚果紅低樹，秋苔緑遍墻。慚非蔣生逕，不敢望求羊。

### 早朝

鍾鼓餘聲裏，千官向紫微。冒寒人語少，乘月燭來稀。清漏聞馳道，輕霞映瑣闈。猶看嘶

〔一〕「耿湋」，文苑英華均作「耿緯」。「左」，四庫本作「右」。

馬處，未啓掖垣扉。

## 秋日

反照入閭巷，憂來與誰語。古道少人行，秋風動禾黍。

## 路傍老人

老人獨坐倚官樹，欲語潸然淚便垂。陌上歸心無産業，城邊戰骨有親知。餘生尚在艱難日，長路多逢輕薄兒。緑水青山雖似舊，如今貧病復何爲。

## 送友人遊江南〔一〕

遠別悠悠白髮新，江潭何處是通津。潮聲偏懼初來客，海味唯甘久住人。漠漠煙光前浦

〔一〕「江南」，黄録何校作：「鼓吹作『南海』，但『遊』作『歸』則與三四詞旨不合。」

晚〔一〕，青青草色定山春〔二〕。汀洲更有南迴雁，亂起聯翩北向秦。

邠州留別

終歲山川路，生涯總幾何〔三〕。艱難爲客慣，貧賤受恩多。暮角飄長韻，寒流起細波。懸愁茂陵宅，春色又相過。

## 李端九首

古別離

水國葉黄時，洞庭霜落夜。行舟聞商估，宿在楓林下。此地送君還，茫茫似夢間。後期知

〔一〕「前」，何校本校注：「或作『漁』。」

〔二〕「定山」，何校本校注：「故原。」文苑英華作「故原」，又注：「一作『定山』。」黄録何校作「故原」：「漁浦、定山，皆浙東地，從英華作『故原』近之。」

〔三〕「總」，文苑英華作「竟」。

幾日，前路轉多山。巫峽通湘浦，迢迢隔雲雨。天晴見海檣，月落聞津鼓。人老自多愁，水深難急流。清宵歌一曲，白首對汀洲。

## 過谷口元贊善所居〔一〕

入谷訪君來〔二〕，秋泉已難涉。林間人獨坐，月下山相接。重露濕蒼苔，明燈照黄葉。故交一不見，素髮何稠疊。

## 古別離

與君桂陽別，令君岳陽待。後事忽差池，前期日空在。木落雁嗷嗷，洞庭波浪高。遠山雲

〔一〕「過」，文苑英華作「贈池陽」，又注：「三字，詩選作『過』。」

〔二〕「訪」，文苑英華作「逢」，又注：「詩選作『訪』。」

似蓋，極浦樹如毫。朝發能幾里，暮來風又起。如何兩處愁，皆在孤舟裏。昨夜天月明〔二〕，長川寒且清。菊花開欲盡，薺菜泊來生。下江帆勢速，五兩遥相逐。欲問去時人，知投何處宿。空令猿嘯時，泣對湘潭竹。

## 烏栖曲

白馬逐朱車，黄昏入狹斜。狹斜柳樹烏争宿〔三〕，争枝未得飛上屋〔三〕。東房少婦壻從軍，每聽烏啼知夜分〔四〕。

〔二〕「天」，宋刻本作「大」。

〔三〕「狹斜」，宋刻本無。

〔三〕「争枝」，宋刻本無。

〔四〕「知」，何校本校注：「如。」

## 代從兄衡送友入關〔一〕

聞君帝城去，西望一霑巾。落日見秋草，暮年逢故人。非才長作客〔二〕，有命懶謀身。近更嬰衰病，空思老漢濱。

## 晚夏聞蟬寄戴廣文

前郎士元有此詩，未知孰是。〔三〕

昨日鶯囀聲，今朝蟬忽鳴。朱顔向華髮，定是幾年程。故國白雲遠，閑居青草生。因垂數行淚，書報十年兄。

〔一〕「送友入關」，宋刻本、分類本作「送入關使」。

〔二〕「才」，宋刻本、分類本作「夫」。

〔三〕「前郎士元」，宋刻本作「郎士元」。「孰是」，宋刻本作「誰者」。

## 早春雪夜寄盧綸呈秘書元丞〔一〕

聞君隨謝朓，春夜宿山前〔二〕。看竹雲垂地〔三〕，尋僧雪滿船〔四〕。熊寒方入樹，魚樂稍離泉〔五〕。猶是羈愁客〔六〕，誰知惜故年〔七〕。

## 荆門雨歌送從兄赴夔州〔八〕

余兄佐郡經西楚，餞行因賦荆門雨。霹靂夔夔聲漸繁，浦裏人家收市喧。重陰大點過欲

〔一〕「呈」，文苑英華作「兼呈」。
〔二〕「山前」，文苑英華校注：「集作『前川』。」
〔三〕「地」，文苑英華作「嶺」，又注：「一作『地』。」
〔四〕「雪滿船」，文苑英華作「月滿田」，又注：「一作『雪滿船』。」
〔五〕「泉」，文苑英華作「船」，又注：「一作『泉』。」
〔六〕「猶是」，文苑英華作「獨夜」，又注：「一作『猶是』。」
〔七〕「誰」，文苑英華校注：「集作『唯』。」「故」，文苑英華作「暮」，又注：「一作『故』。」
〔八〕「歌」，分類本作「歇」。

盡，碎浪柔紋相與翻。雲間悵望荆衡路，萬里青山一時暮。琵琶寺裏響空廊，熨斗陂前濕荒戍。沙尾長檣發漸稀，竹竿草屩涉流歸。夷陵遠色半成燒，漢上遊倡始濯衣。船門相對多商估，葛服龍鍾篷下語。自是湘川石燕飛，非關齊地商羊舞。曾爲江客念江行，腸斷秋荷雨打聲。摩天古木不可見，住岳高僧空得名。今朝拜手臨欲別，遥憶荆門雨中發。

## 贈康洽

黄髮康兄酒泉客，平生出入王侯宅。今朝醉卧又明朝，忽憶舊鄉頭已白。流年恍惚瞻西日，陳事蒼茫指南陌。聲名常壓鮑參軍，班位不過楊執戟。爾來七十遂無幾〔二〕，空是咸陽一布衣。後輩輕肥賤衰朽，故侯門館許相依。自言萬物有移改，始信桑田變成海。同時獻賦人皆盡，共壁題詩君獨在。步出東城風景和，青山滿眼少年多。漢家尚壯今則老，髮短心長知奈何。華堂舉杯莫歎晚，龍鍾相見誰能免。君今已及我正來〔三〕，朱顔宜笑能幾回。借問蒙蘢花樹下，

〔二〕「爾」，四庫本作「邇」。
〔三〕「及」，四庫本作「返」。

誰家畚鍤築高臺。

## 于武陵八首 或作于鄴。

### 孤雲

南北各萬里，有雲心更閑。因風離海上，伴月到人間。洛浦少高一作佳。樹〔一〕，長安無舊山。徘徊不可住〔二〕，漠漠又東還。

### 南遊有感

杜陵無厚業，不得駐車輪。重到曾遊處，多非舊主人。東風千嶺樹〔三〕，西日一洲蘋。又渡

〔一〕「高」，文苑英華校注：「百家詩作『佳』。」

〔二〕「住」，文苑英華作「駐」，又注：「百家詩作『住』。」

〔三〕「嶺」，文苑英華作「里」。

湘江水，湘江水復春。

## 客中

楚人歌竹枝，遊子淚沾衣。異國久爲客，寒宵頻夢歸。一封書未返，千樹葉皆飛。南過洞庭水，更應消息稀。

## 洛陽道

浮世若浮雲，千回故復新。旋添青草塚，更有白頭人。歲暮客將老，雪晴山欲春。行行車與馬，不盡洛陽塵。

## 夜與故人别

白日去難駐，故人非舊容。今宵一别後，何處更相逢。過楚水千里，到秦山幾重〔一〕。語來天又曉〔二〕，月落滿城鍾。

## 感懷

青山長寂寞，南望獨高歌。四海故人盡，九原新塚多。西沉浮世日，東注逝川波。不使年華駐，此生看幾何。

## 長信宫

簟涼秋氣初，長信恨何如。拂黛月生指，解鬟雲滿梳。一從悲畫扇，幾度泣前魚。坐聽南

〔一〕「幾」，文苑英華作「萬」，又注：「集作『幾』。」

〔二〕「語」，文苑英華作「話」，又注：「一作『語』。」「又」，文苑英華作「未」，又注：「一作『又』。」

宫樂，清風摇翠裾。

過侯王故第

過此一酸辛，行人淚有痕。獨殘新碧樹，猶擁舊朱門。歌歇雲初散〔一〕，簷空燕尚存。不知彈鋏客，何處感新恩〔二〕。

## 熊孺登一首 貞元中人。

經古墓

碑折松枯山火燒，夜臺曾閉不曾朝〔三〕。那將逝者比流水，流水東流逢上潮。

〔一〕「初」，文苑英華作「應」，又注：「詩選作『初』。」

〔二〕「新」，文苑英華作「深」，又注：「詩選作『新』。」

〔三〕「曾」，四庫本作「從」。

## 張繼三首 字懿孫，大曆中人。

### 楓橋夜泊

月落烏啼霜滿天，江楓漁火對愁眠〔一〕。姑蘇城外寒山寺，夜半鍾聲到客船〔二〕。

### 閶門即事

耕夫占募逐樓船〔三〕，春草青青萬頃田。試上吴門看郡郭〔四〕，清明幾處有新煙。

〔一〕「江楓漁火」，文苑英華作「江村漁父」，又注：「詩選作『江楓漁火』。」

〔二〕「夜半」，文苑英華作「半夜」，又注：「詩選作『夜半』。」

〔三〕「占」，文苑英華作「召」。

〔四〕「看」，文苑英華作「窺」。

## 過春申君廟

春申祠宇空山裏，古柏陰陰石泉水。日暮江南無主人，彌令過客思公子。蕭條寒景傍山村，寂寞誰知楚相尊。當時珠履三千客，趙使懷慚不敢言。

# 包佶四首

字幼正，貞元初，爲秘書監、丹陽郡公。

## 酬于侍郎湖南見寄〔一〕

桂嶺千崖斷，湘流一派通。長沙今賈傅，東海舊于公。章甫經殊俗，離騷繼雅風。金閨文作字，玉匣氣成虹。翰墨時無侶，丹青夙在公〔二〕。主恩留左掖，人望積南宮。巧拙循名異，浮沉顧位同。九遷歸上略，三已契愚衷。責謝庭中禮〔三〕，悲寬塞上翁。楚材欣有適，燕石愧無功。山曉

〔一〕文苑英華「見寄」後有「十四韻」。

〔二〕「公」，文苑英華作「工」。

〔三〕「禮」，文苑英華作「吏」，又注：「詩選作『禮』。」

重嵐外，林春苦霧中。雪花翻海鶴，波影倒江楓。去札頻逢信，回帆早挂空。避賢方有日，非敢愛微躬。

## 贈盧山白鶴觀劉尊師〔一〕

蒼蒼五老霧中壇，杳杳三山洞裏官。手護崑崙象牙簡，心推霹靂棗枝盤。春飛雪粉加毫潤，曉漱瓊膏冰去。齒寒〔二〕。漸恨流年筋力少，唯思露冕事星冠。

## 嶺下卧疾寄劉長卿員外

唯有貧兼病，能令親愛疏。歲時供放逐，身世付空虛。脛弱秋添絮，頭風曉廢梳〔三〕。波瀾

〔一〕「贈」，文苑英華作「宿贈」。
〔二〕文苑英華無注「去」。
〔三〕「廢」，宋刻本作「費」。

喧衆口，藜藿静吾廬。喪馬思開卦〔一〕，占鴞懶發書。十年江海隔，離恨子知予。

## 近獲風痺之疾題寄所懷〔二〕

病夫將已矣，無可答君恩。衾枕同羈客，圖書委外孫。久來從吏道，常欲奉空門。急走機先息〔三〕，欹行力漸煩。無醫能卻老，有變是遊魂。烏宿還依伴，蓬飄莫問根。寓形齊指馬〔四〕，觀境制心猿。唯借南榮地，清晨暫負暄。

〔一〕「喪馬思開卦」，黄録何批作：「睽：『初九，喪馬勿逐，自復見惡人，無咎。』此句義取下文，見惡人以避咎。」

〔二〕「痺」，文苑英華作「㾽」，又注：「集作『痺』。」

〔三〕「急」，文苑英華作「疾」。

〔四〕「寓」，文苑英華作「宿」。

## 包何一首

### 江上田家

近海川原薄〔一〕，人家本自稀。黍苗期臘酒，霜葉是寒衣。市井誰相識〔二〕，漁樵夜始歸。不須騎馬問，恐畏狎鷗飛。

## 鮑防二首

### 雜感

漢家海内承平久，萬國戎王皆稽首。天馬嘗銜苜蓿花，胡人歲獻蒲桃酒。五月荔枝初破

〔一〕「原」，文苑英華作「源」。
〔二〕「誰」，文苑英華作「雖」。

顔，朝辭象郡夕函關。〔一〕雁飛不度桂陽嶺，馬走先過林邑山。甘泉御果垂仙閣，日暮無風香自落。遠物皆重近皆輕，雞雖有德不如鶴。

## 送薛補闕入朝

平原門下十餘人，獨受恩多未殺身。每歎陸家兄弟少，更憐楊氏子孫貧。柴門豈斷施行馬，魯酒那堪醉近臣。賴有軍中遺令在〔二〕，猶將談笑對風塵〔三〕。

〔一〕「天馬嘗銜苜蓿花，胡人歲獻蒲桃酒。五月茘枝初破顔，朝辭象郡夕函關」，黄録何批作：「以此詩觀之，則子瞻專謂天寶歲貢取諸涪者非也。」

〔二〕「軍中」，文苑英華校注：「一作『將軍』。」

〔三〕「對」，文苑英華作「静」。

## 張登二首 貞元中爲漳州刺史。

### 送王主簿遊南海 得錢字。

平生推久要，留滯共三年。明日東南路，窮荒霧露天。曠懷常寄酒，素業不言錢。道在貧非病，時來醜亦妍。過山乘蠟屐，涉海附樓船〔一〕。行矣無爲恨，宗門有大賢。

### 因遇小雪日戲題絶句

甲子徒推小雪天，刺桐猶緑槿花然。陽和長養無時歇，卻是炎洲雨露偏。

〔一〕「樓」，何校本「艛」塗改作「樓」，宋刻本、分類本、清宋犖本、雙清閣本、和刻本作「艛」，四庫本作「樓」。

## 皇甫冉上二十首〔一〕 字茂政，大曆中王縉爲河南節度，鎮徐州，辟掌書記，後終左補闕。

### 巫山峽〔二〕

巫峽見巴東，迢迢出半空〔三〕。雲藏神女館，雨到楚王宫。朝暮泉聲落，寒暄樹色同。清猿不可聽，偏在九秋中。

### 與張補闕王鍊師徐方清河路同舟南下於臺頭寺留别趙員外裴補闕同賦雜韻一首〔四〕

朝朝春事晚，泛泛行舟遠。淮海思無窮，悠颺煙景中。幸將仙子去，復與故人同〔五〕。高枕隨

〔一〕何校本校注：「近刻所無者七篇。」

〔二〕「峽」，文苑英華作「高」。

〔三〕「出半」，文苑英華校注：「一作『半出』」。

〔四〕「徐方」，四庫本作「自徐方」。

〔五〕「故」，分類本作「古」。

流水，輕帆任遠風。鍾聲野寺迥，草色古城空。送别高臺上，徘徊共惆悵。懸知白日斜，定是猶相望。

## 屏風上各賦一物得擕琴客

不是向空林〔一〕，應當就磐石〔二〕。白雲知隱處，芳草迷行跡。如何衹役心，見爾擕琴客。

## 獨孤中丞筵陪餞韋使君赴昇州〔三〕

中司龍節貴，上客虎符新。地控吴襟帶，才光漢搢紳〔四〕。泛舟應度臘，入境便行春。何處

〔一〕「是」，宋刻本、分類本作「見」。
〔二〕「磐」，宋刻本、分類本作「盤」。
〔三〕「筵」，文苑英華作「宅筵」。本首篇題，分類本作「獨孤中丞筵陪餞昇州韋使君」。
〔四〕「光」，文苑英華校注：「間氣集作『高』。」「搢」，分類本作「縉」。

歌來暮，長江建業人〔一〕。

## 酬李郎中侍御秋夜登福州城樓見寄

辛勤萬里道，蕭索九秋殘。月照閩中夜，天凝海上寒。王程無地遠，主意在人安。遥寄登樓作，空知行路難。

## 送元晟還於灊山所居〔二〕

深山秋事早〔三〕，歸去復何如〔四〕。裛露收新稼〔五〕，迎寒葺舊廬。題詩即招隱，作賦是閑居〔六〕。

〔一〕「建業」，分類本作「建鄴」。

〔二〕本首篇題，文苑英華卷二三一作「送王山人歸别業」，又注：「集作送元晟歸灊山所居。」卷二七二重出，作「送元晟還於灊山所居」。

〔三〕「事」，文苑英華校注：「間氣集作『意』。」

〔四〕「歸」，文苑英華校注：「集作『君』。」「復」，文苑英華作「意」，又注：「集作『復』。」

〔五〕「裛」，文苑英華作「浥」。

〔六〕「是」，文苑英華作「足」，又注：「集作『是』。」

別後空相憶，嵇康懶寄書〔一〕。

送康判官往新安賦得江路西南永

不向新安去，那知江路長。猿聲比盧霍，水色勝瀟湘。驛樹收殘雨，漁家帶夕陽。何須愁旅泊，使者有輝光。

酬盧十一過宿

乞還方未遂，日夕望雲林。況復逢春草，何勞問此心。閑門公務散，枉策故情深。遥夜他鄉酒，同君梁甫吟。

〔一〕「寄」，文苑英華校注：「集作『讀』。」

三月三日義興李明府後亭泛舟

江南煙景復如何，聞道新亭更可過。處處蓺蘭春浦緑〔一〕，萋萋藉草遠山多〔二〕。壺觴須就陶彭澤，風俗猶傳晉永和。更使輕橈徐轉去，微風落日水增波。

酬裴十四得宴字。

淮海各聯翩，三年方一見。素心終不易，玄髮何須變。舊國想平陵，春山滿陽羨。鄰雞莫遽唱，共惜良宵宴。

---

〔一〕「蓺」，分類本作「執」，黄録何校作「執」：「當如雜詠作『執蘭』，此用韓詩。」

〔二〕「藉」，宋刻本、分類本作「耕」。

## 夜集張諲所居 得飄字。

江南成久客，門館日蕭條。唯有圖書在，多傷鬢髮凋。諸生陪講誦，稚子給漁樵。虚室寒燈浄〔一〕，空堦落葉飄。滄洲自有趣，誰道隱須招。

## 送顧莀往新安〔二〕

由來山水客，復道向新安。半是乘潮便，全非行路難。晨裝林月在〔三〕，野飯浦沙寒〔四〕。嚴子千年後，何人釣舊灘〔五〕？

〔一〕「浄」，四庫本作「静」。
〔二〕「顧莀」，文苑英華作「顧中史」，又注：「『中』字，詩選作『長』。」
〔三〕「裝」，文苑英華校注：「一作『秋』。」
〔四〕「野飯浦沙寒」，文苑英華作「夜飲渚沙寒」，又注：「詩選作『野飲浦沙寒』。」
〔五〕「何」，文苑英華作「誰」。

## 送段明府

遥夜此何其，霜空殊杳靄。方嗟異鄉別，暫是同心會〔一〕。海林秋更疏，野水寒猶大。離人轉吴岫，旅雁從燕塞。日夕望前期，勞心白雲外。

## 送王司直

西塞雲山遠，東風道路長。人心勝潮水，相送過潯陽。

## 同李蘇州傷美人〔二〕

玉佩石榴裙，當年嫁使君。專房獨見寵，傾國衆皆聞。歌舞嘗無對〔三〕，幽明忽此分。陽臺千

〔一〕「暫」，宋刻本作「慚」。
〔二〕「同」，文苑英華作「奉同」。
〔三〕「嘗」，文苑英華作「長」，四庫本作「常」。

萬里，何處作行雲。

## 題高雲客舍〔一〕

孤興日自深，浮雲非所仰。窗中西城峻，樹外東川廣。晏起簪葛巾，閑吟倚藜杖。阮公道在醉，莊子生恒養。五柳轉扶疏，千峰恣來往。清秋香秔穫〔二〕，白露寒菜長〔三〕。吴國滯風煙〔四〕，平陵延夢想。時人趣纓弁，高鳥違羅網。世事徒糾紛，吾心方浩蕩。唯將山與水，處處諧真賞。

## 同諸公有懷絶句

舊國迷江樹，他鄉近海門。移家南渡久，童稚解方言。

〔一〕黄録何批作：「高雲詩今不傳。通鑑注中載其白著歌二句，云『上元官吏務剥削，江淮之人多白著』，蓋鮑防雜感之流也。」

〔二〕「秔穫」，宋刻本作「穫成」。

〔三〕「露」，宋刻本作「雲」。

〔四〕「滯」，宋刻本作「帶」。

送李録事赴饒州〔一〕

北人南去雪紛紛，雁叫汀沙不可聞〔二〕。積水長天隨遠客，荒城極浦足寒雲〔三〕。山從建業千峰遠〔四〕，江至潯陽九派分〔五〕。借問督郵纔弱冠，府中年少不如君。〔六〕

寄高雲

南徐風日好，悵望毗陵道。毗陵有故人，一見恨無因。獨戀青山久，唯令白髮新。每嫌持手板，時見著頭巾。煙景臨寒食，農桑起仲春。家貧仍嗜酒，生事今何有。芳草遍江南，勞心憶攜手。

〔一〕「李録事」，文苑英華校注：「一作『裴員外』。」

〔二〕「汀沙」，文苑英華作「河洲」。

〔三〕「荒城」，文苑英華作「孤舟」，又注：「一作『荒林』，又作『荒城』。」

〔四〕「遠」，文苑英華校注：「一作『起』。」四庫本作「出」，黄録何校作：「疑『繞』，他本或作『斷』，或作『出』，皆非也。」

〔五〕「至」，文苑英華作「到」。

〔六〕「借問督郵纔弱冠，府中年少不如君」，黄録何批作：「中二連極望遠惜別之情，結句點破。」

## 酬權器

南望江南滿山雪，此情惆悵將誰説。徒隨群吏不曾閑，顧與諸生爲久别。聞君静坐轉耽書，種樹葺茅還舊居。終日白雲應自足，明年芳草又何如。人生有懷苦不展，出入公門猶未免。回舟朝夕待春風，先報華陽洞深淺。

# 唐百家詩選　卷十

## 皇甫冉下六十五首

### 奉和徐州王相公彭祖井之作

上公旌節在徐方，舊井莓苔近寢堂。訪古因知彭祖宅，得仙何必葛洪鄉。清虚不共春池競，盥漱偏宜夏日長。聞道延年如玉液，欲將調鼎獻明光。

### 又和雪〔一〕

春雪偏當夜，暄風卻變寒。庭深不復掃〔二〕，城曉更宜看〔三〕。命酒閑令酌，披裘晚未冠。連

〔一〕本首篇題，文苑英華作「奉賀王相公喜雪」。「王」，又注：「詩選作『徐』。」分類本作「和雪」，又注：「和徐相公。」

〔二〕「庭」，分類本作「夜」。

〔三〕「城曉更宜看」，黄録何批作：「『城曉』二字，已起結句。」

營鼓角動，忽似戰桑乾。

## 送蕭處士〔一〕

惆悵煙郊晚，依然此送君。長河隔旅夢〔二〕，浮客伴孤雲。淇上春山直，黎陽大道分。西陵儻一弔，應有士衡文。

## 之京留别劉方平

客子慕儔侶，含悽整晨裝。邀歡日不足，況乃前期長。離袂惜嘉月，遠懷勞折芳。遲遲越二陵，回首但蒼茫。喬木清宿雨，故關愁夕陽。人言長安樂，其奈緬相望。

〔一〕何校本校注：「集本有『往鄴中』三字。」

〔二〕「長河隔旅夢」，黄録何批作：「第三言夢魂亦難越也。」

## 出塞

吹角出塞門，前瞻即胡地。三軍盡回首，皆洒望鄉淚。轉念關山長，行看風景異。由來征戍客，各負輕生義。

## 館陶李丞舊居

盛名天下挹餘芳，棄置終身不拜郎。詞藻世傳平子賦，園林人比鄭公鄉。門前墜葉浮秋水，籬外寒皋帶夕陽。日日青松成古木，祇應來者爲心傷。

## 送劉兵曹還隴山居

離堂徒讌語，行子但悲辛。雖是還家路，終爲上隴人。先秋雪已滿，近夏草初新。唯有聞羌笛，梅花曲裏春。

## 同裴少府安居寺對雨

共結尋真會，還當退食初〔一〕。鑪煙雲氣合，林葉雨聲餘。溽暑銷珍簟，浮涼入綺疏。歸心從念遠，懷此復何如。

## 贈鄭山人

白首滄洲客，陶然得此生。龐公採藥去，萊氏與妻行。乍見還州里，全非隱姓名。枉帆臨海嶠，貰酒秣陵城。伐木吴山曉，持竿越水清。家人忘貧賤，物外任衰榮。忽爾辭林壑，高歌至上京。避喧心已慣，念遠夢頻成。石路寒花發，江田臘雪明。玄纁儻有命，何以遂躬耕。

## 寄劉八山中

東皋若近遠，苦雨隔還期。閏歲風霜晚，山田收穫遲。茅簷燕去後，樵路菊黄時。平子遊都

〔一〕「退」，分類本作「對」。

久，知君坐見嗤。

## 雜言無錫惠山寺流泉歌

寺有泉兮泉在山，鏘金鳴玉兮長潺潺。作潭鏡兮澄寺内，泛巖花兮到人間。土膏脉動知春早，隈隩陰深長苔草。處處縈回石磴喧〔一〕，朝朝盥漱山僧老。林松自古草自新，清流活活無冬春。任疏鑿兮與汲引，若有意兮山中人。偏依佛界通仙境，明滅玲瓏媚林嶺〔二〕。宛如太室臨九潭〔三〕，詎減天台望三井。〔四〕我來結綬未經秋，已厭微官憶舊遊。且復遲回猶未去，此心只爲靈泉留。

## 田家作

卧見高原燒，閑尋空谷泉。土膏消臘後，麥隴發春前。藥驗桐君録，心齊莊子篇。荒村三

〔一〕「磴」，分類本作「蹬」。

〔二〕「林」，分類本作「休」。

〔三〕「室」，分類本、黄録宋本作「空」。

〔四〕「宛如太室臨九潭，詎減天台望三井」，黄録何批作：「太室九潭，天台三井。」

數處，衰柳百餘年。好就山僧去，時過野舍眠。汲流寧厭遠，卜地本求偏。向子諳樵路，陶家置黍田。雪峰明晚景，風雁急寒天。且復冠名鶡，寧知冕戴蟬。問津夫子倦，荷蓧丈人賢。顧物皆從爾，求心正儻然。嵇康懶慢性，秖自戀風煙。

## 寄劉方平

十年不出蹊林中，一朝結束甘從戎。嚴子持竿心寂歷，寥落荒籬遮舊宅。終日碧湍聲自喧，暮秋黄菊花誰摘。每望南峰如對君，昨來不見多寒雲。石徑幽人何所在，玉泉疏鍾時獨聞。與君從來同語默，豈是悠悠但相識。天畔三秋空復情，袖中一字無由得。世人易合復易離，故交棄置求新知。歎息青青長不改，歲寒霜雪貞松枝。

## 温湯即事

天仗星辰轉，霜冬景氣和。樹含温液潤〔二〕，山入繚垣多。丞相金錢賜，平陽玉輦過。魯人求

〔二〕「含」，分類本作「寒」。

一謁，無路獨如何。〔一〕

## 送張南史〔二〕效何記室體。

馬卿工詞賦，位下年將暮。謝客愛雲山，家貧身不閑。風波杳未極，幾處逢相識。富貴人更變，誰能念貧賤。岸有經霜草，林有故年枝。俱應待春色，獨使客心悲。

## 送孔巢父赴河南軍得河字。

江城相送阻煙波，況復新秋一雁過。聞道全師征北虜，更言諸將會南河。邊心杳杳鄉人絶，塞草青青戰馬多。共許陳琳工奏記，知君名宦未蹉跎。〔三〕

〔一〕「魯人求一謁，無路獨如何」，文苑英華作「接輿來自楚，朝夕值行歌」。

〔二〕「史」，分類本、黄録宋本作「長」。

〔三〕全詩，黄録何批作：「全師北伐，諸將獨南，則是棄甲奔還也。此指九節度鄴城之潰，得詩史遺意，而又渾然無跡。時艱若此，可以知我已晚嫌屈跡戎幕乎？落句釋其抑塞兼致勉也。會南河，謂保河陽。」

和元中丞奉使承恩還終南舊居

軒車尋舊隱〔一〕，賓從滿郊園。蕭散煙霞興，殷勤故老言。謝公山不改，陶令菊猶存〔二〕。苔蘚侵垂釣，松篁長閉門。風霜清吏事，江海諭君恩。祇召趨宣室，沉冥在一論。

酬李司兵直夜見寄

江城聞鼓角，旅宿復何如。寒月清宵半，春風舊歲餘。徒云資薄禄，未必勝閑居。見欲扁舟去，誰能畏簡書。

送薛判官之越

時艱自多務，職小亦求賢。道路無辭遠，雲山併在前。樟亭待潮處，已是越人煙〔三〕。

〔一〕「尋」，分類本作「還」。
〔二〕「菊」，分類本作「策」。
〔三〕「是」，分類本作「見」。

## 同温丹徒登萬歲樓〔一〕

高樓獨上思依依〔二〕，極浦遥山合翠微〔三〕。江客不堪頻北望，塞鴻何事復南飛〔四〕。丹陽古渡寒煙積〔五〕，瓜步空洲遠樹稀。聞道王師猶轉戰，誰能談笑解重圍。

## 送鄒判官赴河南

看君發原隰，四牡去皇皇。始罷滄江吏，還隨粉署郎。海圻軍未息〔六〕，河畔歲仍荒。征税人全少，榛蕪虜近亡。所行知宋遠，相隔嘆淮長。早晚裁書寄，銀鈎佇八行。

〔一〕「丹」，文苑英華作「司」。

〔二〕「獨上」，文苑英華詩後補注：「集作『獨立』。」

〔三〕「合」，文苑英華作「涵」，又注：「詩選作『合』。」

〔四〕「復」，文苑英華作「獨」，又注：「詩選作『復』。」「塞鴻何事復南飛」，黄録何批作：「『塞鴻』，謂避兵而南渡者也。」

〔五〕「丹陽」，文苑英華作「維陽」，詩後補注：「集作『聊陽』。」「丹」，黄録宋本作「聊」。

〔六〕「圻」，何校本校注：「疑作『沂』。」分類本、黄録宋本作「沂」。

## 宿淮陰南樓酬常伯熊

淮陰日落上南樓，喬木荒城古渡頭。浦外野風初入户，窗中海月早知秋。滄波一望通千里，畫角三聲起百憂。獨立宵分遠來客，煩君步屧忽相求。

## 小江懷靈一上人六言。

江上年年春早，津頭日日人行。借問山陰遠近，猶聞薄暮鍾聲。

## 送唐別駕赴郢州

莫歎辭家遠，方看佐郡榮。長林通楚塞，高嶺見秦城。雪向嶢關下，人從郢路迎。翩翩駿馬去，自是少年行。

## 酬李補闕

十年歸客但心傷，三徑無人已自荒。夕宿靈臺伴煙月，晨趨建禮逐衣裳。久因麋鹿隨豐草，謬荷鵷鸞借末行[一]。縱有諫書猶未獻，春風拂地日空長。

## 同韓給事觀畢給事畫松石 入聲[二]。

海嶠微茫那得到，楚關迢遞心空憶。夕郎善画巖間松，遠意幽姿此何極。千條萬葉紛異狀，虎伏螭盤争勁力。扶疏半映晚天青，凝澹全和曙雲黑。煙籠月照安可道，雨濕風吹未曾息。能將積雪辨晴光，每與連峰作寒色。龍樓不競繁花吐，騎省偏宜遥夜直。羅浮道士訪移來，少室山僧舊應識。掖垣深沉晝無事，終日亭亭在人側。古槐衰柳寧足論，還對罘罳列行植。

[一] 「鵷」，黄録宋本作「鴛」。

[二] 分類本無注「入聲」。

## 送令狐明府

行當臘候晚，共惜歲陰殘。聞道巴山遠，如何蜀路難。荒林藏積雪，亂石起驚湍。君有親人術，應令勞者安。

## 送從姪栖閑律師

能知出世法，詎有在家心。南院開門送，東山策杖尋。經年期故里，及夏到空林。念遠長勞望，朝朝草色深。

## 舟中送李觀

江南近別亦依依，山晚川長客伴稀。獨坐相思計行日，出門臨水望君歸。

## 故齊王贈承天皇帝挽歌

禮盛追崇日，人知友悌恩。舊居從代邸，新壠入文園。鴻寶仙書秘，龍旂帝服尊。蒼蒼松裏月，萬古此高原。

## 贈恭順皇后挽歌

徂謝年方久，哀榮事獨稀。雖殊百兩迓，同是九泉歸。詔使傳金册，神人送玉衣。空山竟不從，寧肯學湘妃。

## 送太常大夫加散騎常侍赴朔方〔一〕

故壘煙塵促，新軍河塞間。金貂寵漢將，玉節度蕭關。散漫沙中雪，依稀漠口山。人知竇

〔一〕「太常」，黄録宋本無，空二格。

車騎，計日勒銘還。

## 送王翁信還剡中舊居

海岸耕殘雪，溪沙釣夕陽。家中何所有，春草漸看長。

## 奉寄皇甫補闕

張繼作附此。

京口情人別久，揚州估客來疏。潮至潯陽回去，相思無處通書。

## 酬張繼 并序

懿孫，余之舊好，祗役武昌，有六言詩見懷。今以七言裁答，蓋拙于事者繁而費。

悵望南徐登北固，迢遥西塞限東關〔一〕。落日臨川問音信，寒潮唯帶夕陽還。

## 送柳八員外赴江西

岐路無窮極，長江九派分。行人隨旅雁，楚樹入湘雲。久在征南役，何殊薊北勳。離心不可問，歲暮雪紛紛。

## 送陸邃潛夫 并序

頃者江淮征鎮，屢有掄才之舉，子不列焉，有司之過。子方耕山釣湖，避人如逃寇，徒欲羅高鴻，捕深魚，窮年竭日〔二〕，甚不可得也。今齒髮向暮，執勞無力，衆雛嗷嗷，開口待

〔一〕「遥」，四庫本作「迢」。

〔二〕「竭」，分類本作「渴」，黄録宋本作「愒」。

哺。如有知者，子其行乎，無爲自苦〔二〕。

高山迴欲登〔三〕，遠水深難渡。杳杳復漫漫，行人别家去。

## 又得雲字

何事千年遇聖君，坐令雙鬢老如雲。南行更入山深淺，歧路悠悠水自分。

## 又送陸潛夫延陵尋友

登山自補屐，訪友不齎粮。坐歇青楓晚，行吟白日長。人煙隔水見，草氣入林香。誰作招尋侶，清齋宿紫陽。

〔二〕分類本序後有「題一絶賦長道」。

〔三〕「迴」，黄録宋本、黄録何校作「回」。

## 送鄭二之茅山 六言[一]。

水流絶澗終日，草長深山暮春。犬吠雞鳴幾處，條桑種杏何人。

## 問李二司直所居雲山

門外水流何處，天邊樹遶誰家。山色東西多少[二]，朝朝幾度雲遮。

## 閑居作

多病辭官罷，閑居作賦成。圖書唯藥籙[三]，飲食止藜羹[四]。學謝淹中術，詩無鄴下名。不

---

〔一〕分類本無注「六言」。
〔二〕「色」，分類本作「絶」。
〔三〕「籙」，分類本作「録」。
〔四〕「飲」，分類本作「飯」。

堪趨建禮，詎是厭承明。已輟金門步，方從石路行。遠山期道士，高柳覓先生。性懶尤因疾，家貧自少營。種苗雖尚短，穀價幸全輕。篇詠投康樂，壺觴就步兵。何人肯相訪，開户一逢迎。

和王給事禁省梨花〔一〕

巧解迎人笑，還能亂蝶飛。春風時入户，幾片落朝衣。

歸渡洛水

暝色赴春愁，歸人南渡頭。渚煙空翠合，灘月碎光流。澧浦饒芳草，滄浪有釣舟。誰知放歌客，此意正悠悠。

〔一〕　本首篇題，分類本作「和王給事禁省梨花詩」。

送陸澧郭郎

纔見吴洲百草春〔一〕，已聞燕雁一聲新。秋風何處催年急，偏逐山行水宿人。

重陽日酬李觀

不見白衣來送酒，但令黄菊自開花。愁看日晚良辰過，步步行尋陶令家。

送蔣評事往福州

江上春常早，閩中客去稀。登山怨迢遰，臨水惜芳菲。煙樹何時盡，風帆幾日歸。還看復命處，盛府有光輝。

〔一〕「洲」，分類本作「州」。

## 送從弟豫貶袁州

何事成遷客，思歸不見鄉。遊吴經萬里，弔屈過三湘。水與荆巫接，山通鄢郢長。名嗟黄綬繫，身是白眉良。獨結南枝恨，應思北雁行。憂來沽楚酒，玄鬢莫凝霜。

## 送錢塘路少府赴制舉

公車待詔赴長安〔一〕，客裏新正阻舊歡。遲日未能銷野雪，晴花偏自犯江寒。東溟道路通秦塞，北闕威儀覩漢官。共許郤詵工射策〔二〕，恩榮請向一枝看。

## 賦得荆溪夜湍送蔣逸人歸義興山

驚湍流不極，夜度識雲岑。長帶溪沙淺，時因山雨深。方同七里路，更遂五湖心。揭厲朝

〔一〕「赴」，文苑英華作「詣」，又注：「一作『赴』」。

〔二〕「共」，文苑英華作「時」。「工射」，文苑英華作「能對」。

將夕，潺湲古至今[一]。花源若許到，雖遠亦相尋。

送孔黨赴舉

入貢列諸生，詩書業早成。家承孔聖後，身有魯儒名。楚水通滎浦[二]，秦山擁漢京。愛君方弱冠，爲賦少年行。

送裴陟歸常州

夜雨須停棹[三]，秋風暗入衣。見君常北望，何事卻南歸。

[一]「至」，分類本、黄録宋本作「望」。
[二]「滎」，分類本作「榮」。
[三]「須」，分類本、黄録宋本作「頻」。

## 徐州送丘侍御之越

時鳥催春色，離人惜歲華。遠山隨擁傳，芳草引還家。北固潮當闊，西陵路稍斜。縱令寒食過，猶有鏡中花。

## 送韋山人歸所居鍾山〔一〕

逸人歸路遠，弟子出山迎。服藥顔須駐〔二〕，耽書癖已成。柴扉度歲月〔三〕，藜杖見公卿。更作儒林傳，還應有姓名〔四〕。

〔一〕「歸」，分類本、黄録宋本無。本首篇題，文苑英華作「送韋逸人歸鍾山」，題作者爲「郎士元」。

〔二〕「須」，文苑英華作「猶」。

〔三〕「度」，文苑英華作「多」。

〔四〕「還應有」，文苑英華作「應須載」。

## 和袁郎中破賊後經剡中山水同用溪字〔一〕。

武庫分帷幄，儒衣事鼓鼙。兵連越徼外，寇盡海門西。節比全疏勒，功當雪會稽。旌旗回剡嶺，士馬濯耶溪〔二〕。受律梅初發，班師草未齊。行看佩金印〔三〕，豈得訪丹梯。

## 送處州裴使君赴京

使君朝北闕，車馬發東方。別喜天書召，寧愁地脉長。山行朝復夕，水宿露爲霜。秋草連秦塞，孤帆落漢陽。新銜趨建禮，舊位識文昌。唯有聯翩翼，翻隨南雁翔。

〔一〕文苑英華無注「同用溪字」。
〔二〕「耶」，文苑英華校注：「集作『靈』。」
〔三〕「金」，文苑英華作「侯」，又注：「一作『金』。」

## 送包佶賦得天津橋

洛橋歲暮作征客，□□□□□□□〔一〕。相望依然一水間，相思已如千里隔。晴煙霽景滿天津，鳳闕龍樓映水濱。豈無朝夕軒車度，其奈相逢非所親。鞏樹甘陵愁遠道，他鄉一望人堪老。君報還期在早春，橋邊日日看芳草。

## 宿嚴維宅送包七

江湖同避地，分手自依依。盡室今爲客，經秋空念歸。歲儲無別墅，寒服羨鄰機。草色村橋晚，蟬聲江樹稀。夜涼宜共醉，時難惜相違。何事隨陽侶，汀洲忽背飛。〔二〕

〔一〕分類本、黄録宋本此處無闕，「洛橋歲暮作征客」下接「相望依然一水間」。

〔二〕「何事隨陽侶，汀洲忽背飛」，黄録何批作：「結句回抱『同避地』恰好。」

送延陵陳法師赴上元〔一〕

延陵初罷講，建業去隨緣。翻譯推多學，壇場最少年。浣衣逢野水〔二〕，乞食向人煙。遍禮南朝寺〔三〕，焚香古像前。

賦得海邊樹

歷歷緣荒岸，冥冥入遠天。每同沙草發，長共水雲聯。摇落潮風早，離披海雨偏。故傷游子意，多在客舟前。

〔一〕本首篇題，文苑英華作「送延陵法師往上都」。
〔二〕「逢」，文苑英華作「隨」。
〔三〕「朝寺」，文苑英華作「峰頂」。

## 題昭上人房

沃洲傳教後，百衲老空林。慮盡朝昏磬，禪隨坐卧心。鶴飛湖草迥，門閉野雲深。地與天台接〔一〕，中峰早晚尋。

## 寄韋司直〔二〕 前郎士元有此詩，未知孰是。〔三〕

聞君感歎二毛初，舊友相依萬里餘。烽戍有時驚暫定，甲兵無處可安居。客來吴地星霜久，家在平陵音信疏。昨夜春風還入户〔四〕，登山臨水復何如〔五〕。

〔一〕「地」，文苑英華作「願」，又注：「一作『地』」。
〔二〕「寄」，文苑英華校注：「集作『贈』。」題作者爲「皇甫冉」，又注：「百家詩選作郎士元。」
〔三〕按：此首詩在唐百家詩選卷七「郎士元二十一首」中重出。
〔四〕「昨夜春風還入户」，黄録何批作：「『春風』字誤，『感歎二毛』，『登山臨水』，皆悲秋也。」
〔五〕「復」，文苑英華校注：「集作『意』」。

## 送魏十六還蘇州

秋夜沉沉此送君，陰蟲切切不堪聞。歸舟明日毗陵道，回首姑蘇是白雲。

## 婕妤怨

由來詠團扇，今已值秋風。事逐時皆往，恩無日再中。早鴻聞上苑，寒露下深宫。顔色年年謝，相如賦豈工。

## 送客

旗鼓軍威重，關山客路賒。待封甘度隴，回首不思家。城下春山路，營中瀚海沙。河源雖萬里，音信寄來查〔一〕。

〔一〕「來」，分類本作「東」。

# 唐百家詩選　卷十一

## 劉商九首〔一〕

### 送劉南史往杭州拜覲别駕叔

兄弟漂零自長年〔二〕，見君眉白轉相憐。清揚似玉須勤學，富貴由人不在天〔三〕。萬里榛蕪迷舊國，兩河烽火復相連。林中若使題書信，但向漳濱訪客船。

〔一〕何校本校注：「近刻所無者一篇。」

〔二〕「自長年」，黄録何批作：「『自長年』言己方老病，已無能爲，若乃少年，何可不蚤加勉也。」

〔三〕「富貴由人不在天」，黄録何批作：「喪亂流離，往往安之於命，衰阻不振，故第四以自强激發其志氣。」

## 合溪送王永歸東郭〔一〕

君去春山誰共遊，鳥啼花落水空流。如今送別臨溪水，他日相思來水頭。

## 春日卧病書情

楚客經年病，孤舟人事稀。晚晴江柳變〔二〕，春夢塞鴻歸。今日方知命，前年自覺非〔三〕。不能憂歲計，無限故山薇。

---

〔一〕「送王永歸東郭」，分類本無。
〔二〕「晚晴江柳變」，黄録何批作：「第三用『園柳變鳴禽』。」
〔三〕「前」，何校本校注：「身。」詩上邊欄校注：「衆妙集作『身』。」

## 銅雀妓

魏主矜蛾眉〔一〕，美人美於玉。高臺無晝夜，歌舞竟未足。盛色如轉圜，夕陽落深谷。仍令身殁後，尚縱平生慾。紅粉横淚痕，調絃向空屋。舉頭君不在，唯見西陵木。玉輦豈再來，嬌鬟爲誰緑。那堪秋風裏，更舞陽春曲。曲罷情不勝，闌干向西哭。臺邊生野草，來去罥羅縠。況復陵寢間，雙雙見麋鹿。〔二〕

## 緑珠怨

從來上臺榭，不敢倚欄干〔三〕。零落知成血，高樓直下看。

〔一〕「蛾」，四庫本作「娥」。

〔二〕全詩，黄録何批作：「無味，雖不作可。」

〔三〕「欄」，四庫本作「闌」。

## 醉後口號

春草秋風老此身，一瓢長醉任家貧。醒來還愛浮萍草，漂寄官河不屬人。

## 秋夜聽嚴紳巴童唱竹枝歌

巴人遠從荆江客，回首荆山楚雲隔。思歸夜唱竹枝歌，庭槐葉落秋風多。曲中歷歷敘鄉思，鄉思綿綿楚詞古。身騎吴牛不畏虎，手提蓑笠欺風雨。猿啼日暮江岸邊，緑林連山水連天。來時十三今十五，一成新衣已再補。鴻雁南飛報鄰伍，在家懽樂辭家苦。天晴露白鍾漏遲，淚痕滿面看竹枝。曲終寒竹風裊裊〔二〕，西方日落東方曉〔三〕。

〔二〕「終」，分類本作「中」。

〔三〕「日」，何校本校注：「一刻『月』。」

## 柳條歌送客

露井夭桃春未到，遲日猶寒柳開早。高枝低枝飛鸝黄，千條萬條覆官墻。幾回離別折欲盡，一夜東風吹又長。毵毵拂人行不進，依依送君無遠近。青春去住隨柳條，卻寄來人以爲信。

## 雜言同豆盧郎中郭南七里橋哀悼姚倉曹〔一〕

橋邊足離別，終日爲悲辛。登橋因歎逝，卻羡別離人。橋下東流水，芳樹櫻桃蘂。流水與潮回〔二〕，花落明年開。可憐三語掾，長作九泉灰。宿昔懽遊在何處，花前飲足求仙去。

〔一〕「中」，黄録宋本無。

〔二〕「流水與潮回」，黄録何批作：「鮑詩『寫海有歸潮，衰容不還稚』。」

## 羊士諤十七首

### 過三鄉望女几山早歲有卜築之志〔一〕

女几山頭春雪消〔二〕，路傍仙杏發柔條〔三〕。心期欲去知何日〔四〕，惆悵迴車上野橋。

### 和都官李郎中經宮人斜

翡翠無窮掩夜泉，猶疑一半作神仙。秋來還照長門月〔五〕，珠露寒花是野田。

---

〔一〕「過三鄉」，分類本無。

〔二〕「消」，分類本作「銷」。

〔三〕「路傍仙杏發柔條」，黄録何批作：「第二襯出『望』字，意遠語工。」

〔四〕「期」，分類本作「思」。

〔五〕「門」，分類本、黄録宋本作「明」。

## 郡中即事二首〔一〕

紅衣落盡暗香殘，葉上秋光白露寒。越女含情已無限〔二〕，莫教長袖倚闌干〔三〕。

登臨何事見瓊枝，白露黄花自遶籬。唯有樓中好山色，稻畦殘水入秋池。

## 小園春至偶書呈吏部竇郎中孟員外

松篠雖苦節，冰霜慘其間。欣欣發佳色，如喜東風還。幽抱想前躅，冥鴻度南山。春臺一以眺，達士亦解顔。偃息非老圃，沉吟閟玄關。馳暉忽復失，壯歲不得閑。君子當濟物，丹梯難共攀。心期自有約，去掃蒼苔斑〔四〕。

〔一〕「二首」，分類本作小注。
〔二〕「限」，分類本作「恨」。
〔三〕「闌」，分類本作「欄」。
〔四〕「斑」，分類本作「班」。

## 登樂遊原寄司封孟郎中盧補闕[一]

爽節時清眺，秋懷悵獨過[二]。神皋値宿雨，曲水已增波。白鳥陵風迴，紅蕖濯露多。[三]伊川有歸思，君子復如何。

## 郡樓晴望

霽色朝雲盡，亭皋露亦晞。褰開臨曲檻，蕭瑟換輕衣。地遠秦人望，天晴社燕飛[四]。無功慚歲晚，惟念故山歸。

---

[一]「原」，黄録宋本作「苑」。

[二]「獨過」，黄録何批作：「『獨』字呼起結句。」

[三]「白鳥陵風迴，紅蕖濯露多」，黄録何批作：「第五興歸思，第六所謂『采之欲遺誰，所思在遠道』也。」

[四]「天晴社燕飛」，黄録何批作：「第六所謂『燕知社日辭巢去』也。」

## 九月十日郡樓獨酌

掾史當授衣，郡中稀物役。嘉辰悵已失，殘菊誰爲惜。櫺軒一樽泛，天景洞虚碧。暮節獨賞心，寒江鳴湍石。歸期北州里，舊友東山客。飄蕩海雲深，相思桂花白。

## 梁國惠康公主挽歌詞二首 特詔令百官進詩，駙馬即司空于公之子。

湯沐成塵跡，山林遂寂寥。鵲飛應織素，鳳起獨吹簫。玉殿中參罷，雲輧上漢遥。皇情悲不極，空輟未央朝。

授册榮天使，陳詩感聖恩。河山啓梁國，縞素及于門。泉向金巵咽，霜來玉樹繁。都人聽哀挽，淚盡望寒原。

## 林館避暑

池島清陰裏，無人泛酒船。山蜩金奏響，花露水精圓。静勝朝還暮，幽觀白已玄。家林正如此，何事賦歸田。[一]

## 寒食宴城北山池即故郡守滎陽鄭綱目爲折柳亭[二]

别館青山郭，遊人折柳行。落花經上巳，細雨帶清明。鶗鴂流芳暗[三]，鴛鴦曲水平。歸心何處醉，寶瑟有餘聲。

---

[一]「家林正如此，何事賦歸田」，黄録何批作：「結句翻案，言投荒不異歸田也。」

[二]「綱」，分類本作「絅」。「目」，清宋犖本同，分類本、和刻本、雙清閣本、四庫本作「自」。

[三]「鴂」，分類本作「鴃」。

## 夜聽琵琶

破撥聲繁恨已長，低鬟斂黛更摧藏。潺湲隴水聽難盡，併覺風沙繞杏梁。

## 酬蕭使君出妓夜宴見送

玉顔紅燭忽驚春，微步淩波拂暗塵。自是當歌斂眉黛，不應惆悵爲行人。

## 西川獨孤侍御見寄七言四韻一來爲郡翰墨都捐逮此酬答誠乖拙速

百雉層城上將壇，列營西照雪峰寒〔一〕。文章立事須銘鼎，談笑論功恥據鞍。草檄青油推健筆，曳裾黄閣聳危冠。雙金未比三年字，負弩空慚知者難。

〔一〕「列營」，黄録宋本作「川榮」。

息舟荆溪入陽羨南山遊善權寺呈李功曹巨[一]

結纜蘭渚曉，柴車上連岡[二]。晏温值初霽，去遶山河長[三]。行披煙杉入，激瀾横石梁。層閣表精廬，飛甍切雲翔。沖襟得高步，清眺極遠方。潭嶂積佳氣，蕙英多早芳。具觀澤國秀，重使春心傷。念遵煩促途，榮利騖隟光。勉君脱冠意，共匿無何鄉。

永寧里園亭休沐悵然成詠

雲景含初夏，休歸曲陌深。幽篁宜永日，珍樹始清陰。遲客唯長簟，忘言有匣琴。晝披靈物態，書見古人心。芳草多留步，鮮飆自滿襟。勞形非立事，蕭灑去頭簪。

[一]「巨」，黄録何批作：「近柳。」

[二]「車」，黄録宋本作「居」。

[三]「河」，何校本校注：「疑作『阿』。」

## 長孫佐輔十三首

德宗時人，弟公輔爲吉州刺史，佐輔往依焉〔一〕。

### 尋山家

獨訪山家歇還涉，茅屋斜連隔松葉。主人聞語未開門，繞籬野菜飛黄蝶。

### 答邊信

征人去年戍遼水，夜得邊書字盈紙。揮刀就燭裁紅綺，結作同心答千里。君寄邊書書莫絶，妾答同心心自結。同心再解心不離，書字頻看字愁滅。結成一夜和淚封，貯書只在懷袖中。莫如書字固難久，願學同心長可同。

〔一〕何校本校注：「近刻所無者一篇。」

## 山居雨霽即事

結茅蒼嶺下，自與喧卑隔。況值雷雨晴，郊原轉岑寂。出門看反照，繞屋殘溜滴。古路絶人行，荒陂響螻蟈。籬崩瓜豆蔓，圃壞牛羊跡。斷續古祠鴉，高低遠村笛。喜聞東皋潤，欲往未通屐。杖策試危橋，攀蘿瞰苔壁。鄰翁夜相訪，緩酌聊跂石。新月出污罇，浮雲在巾舄〔二〕。常隳腐儒操，謬習經邦畫。有待時未知，非關慕沮溺。

## 擬古詠河邊枯樹

野火燒枝水洗根，數圍枯樹半心存。應是無機承雨露，卻將春色寄苔痕。〔三〕

〔二〕「巾」，何校本「中」塗改作「巾」，四庫本作「巾」，分類本、清宋犖本、和刻本、雙清閣本、黄録宋本作「中」。

〔三〕「痕」，分類本作「根」。「應是無機承雨露，卻將春色寄苔痕」，黄録何批作：「反透『枯』字。」

## 對鏡吟

憶昔逢君新納娉，青銅鑄出千年鏡。意憐光彩固無瑕，義比恩情永相映。每將鑒面兼鑒心，鑒來不輟情逾深。君非結心空結帶，結處尚新恩已背。開簾覽鏡悲難語，對面相看孟門阻。掩匣徒嘶雙鳳飛，懸臺欲效孤鸞舞。妝成持照尚當時，只畏愁多遽變衰。〔二〕昔日照來人共許，今朝照罷自生疑。鏡上有塵猶可拂，君恩詎肯無迴時。

## 南中客舍對雨送故人歸北〔三〕

猿聲啾啾雁聲苦，卷簾相對愁不語。幾年客吴君在楚，況送君歸我猶阻。家書作得不忍封，北風吹斷堦前雨。

〔二〕「妝成持照尚當時，只畏愁多遽變衰」，黄録何批作：「近刻脱『妝成持照』二句，乃從紀事中掇拾者也。」

〔三〕「送」，分類本無。

## 杭州秋日留别故友

相見又相别，大江秋水深。悲歡一世事，去住兩鄉心。淅瀝籬下葉〔一〕，淒清堦上琴。獨隨孤棹去，何處更同衾。

## 關山月

淒淒還切切，戍客多離别。何處最傷心，關山見秋月。關月竟如何，由來遠近過。始經玄兔塞〔二〕，終繞白狼河。忽憶秦樓婦，流光應共有。已得並蛾眉〔三〕，還知攬纖手。去歲照同行，比翼復連形。今宵照獨立，顧影自煢煢。餘暉漸西落，夜夜看如昨。借問映旌旗，何如鑒帷幕。拂曉朔風悲，蓬驚雁不飛。幾時征戍罷，還向月中歸。

〔一〕「淅」，分類本作「浙」。
〔二〕「玄兔」，四庫本作「玄菟」。
〔三〕「蛾」，分類本作「娥」。

## 别友人

愁多不忍醒時别，想極還尋静處行。誰遣同衾又分手，不如行路本無情。

## 山行書事

日落風颼颼，驅車行遠郊。中心有所悲，古墓穿黄茅。茅中狐兔窠〔一〕，四面烏鳶巢。鬼火時獨出，人煙不相交。行行近破村，一徑欹還坳。迎霜聽蟋蟀，向月看蠨蛸。翁喜客來坐，客來羞厨庖。濁醪誇撥醅，時果仍新苞。相勸對寒燈，呼兒爇枯梢。性朴頗近古，其言無斗筲。憂歡世上并，歲月途中抛。誰知問津客，空作楊雄嘲。

## 古宫怨〔二〕

窗前好樹名玫瑰，去年花落今年開。無情春色尚識返，君心忽斷何時來。憶昔妝成候仙

〔一〕「狐」，四庫本作「孤」。

〔二〕黄録何批作：「此唐初遺制。」

仗，宫瑣玲瓏日新上。拊心卻笑西子嚬，掩鼻誰憂鄭姬誇。草染文章衣下履，花粘甲乙床前帳。三千玉貌休自誇，十二金釵獨相向。盛衰傾奪欲何如，嬌愛翻悲逐佞諛。重遠豈能慚沼鵠，棄前方見泣船魚。看籠不記薰龍腦，詠扇空曾禿鼠鬚。始喜類蘿新託柏，終傷如薺卻甘荼。院深獨開還獨閉，鸚鵡驚飛苔覆地。滿箱舊賜前日衣，漬枕新垂夜來淚。恨多開鏡照還悲，緑鬢青蛾尚未衰。莫道新縑長絶比〔二〕，猶逢故劍會相追。

## 隴西行

陰雲凝朔氣，隴上正飛雪。四月草不生，北風勁如切。朝來羽書急，夜宿長城窟。道隘行不前，相呼抱鞍歇。人寒指欲墮，馬凍蹄亦裂。射雁旋充飢，斧冰還止渴。寧辭解圍鬬，但恐乘疲没。早晚邊候空〔三〕，歸來養羸卒。

〔二〕「比」，黄録宋本作「此」。
〔三〕「候」，四庫本作「堠」。

### 代别後夢别

别中還夢别，悲後更生悲。覺夢俱千里，追尋難再期。翻思夢裏苦，卻恨覺來遲。縱是非真事，何妨夢會時。

## 李約三首

沂國公勉之子，仕爲尚書兵部員外郎。

### 觀祈雨

桑條無葉土生煙，簫管迎龍水廟前。朱門幾處看歌舞，猶恐春陰咽管絃。

### 過華清宫

君王遊樂萬機輕，一曲霓裳四海兵。玉輦升天人已盡〔一〕，故宫猶有樹長生。

〔一〕「升」，分類本作「昇」。

城南訪裴氏昆季

相思起中夜，夙駕訪柴荆。早霧桑柘隱，曉光溪澗明。村蹊蒿棘間，往往斷新耕。貧野煙火微，晝無烏鳶聲。田頭逢餉人，道君南山行。南山千萬峰，盡是相思情。野老無拜揖，村童多裸形。相呼看車馬，顔色喜相驚。荒圃雞豚樂，雨牆禾莠生。欲君知我來，壁上空書名。

**竇常二首** 字中行〔一〕，扶風平陵人，左拾遺叔向之子，與弟牟、群、庠、鞏俱有名，寶曆中爲國子祭酒，致仕卒。

之任武陵寒食日途次松滋渡先寄劉員外〔二〕

杏花榆莢曉風前，雲際離離上峽船。江轉數程淹驛騎，楚曾三户少人煙。看春又遇清明節，筭老重經癸巳年。幸得柱山當郡舍〔三〕，在朝長詠卜居篇。

〔一〕「中行」，四庫本作「仲行」。

〔二〕「途」，分類本無。

〔三〕「柱」，何校本「住」塗改作「柱」，四庫本作「柱」，清宋犖本、雙清閣本、和刻本作「住」，分類本、黄録宋本作「杜」。

## 北固晚眺

水國芒種後，梅天風雨涼。露蠶開晚蔟，江燕繞危檣。山趾北來固，潮頭西去長。年年此登眺，人事幾銷亡。

## 竇牟一首 字貽周，長慶中爲國子司業。

### 秋夕閑居對雨贈别盧七侍御坦

燕燕辭巢蟬蜕枝，窮居積雨壞藩籬。夜長簷溜寒無寢，日晏厨煙濕未炊。悟主一言那可學，從軍五首竟徒爲〔二〕。故人驄馬朝天使〔三〕，洛下秋聲恐要知。

---

〔二〕「首」，何校本「百」改作「首」，黄録何校作「首」：「從軍五首，即文選中王仲宣詩也，得宋本聯珠集，乃祛積歲之惑。」

〔三〕「驄」，何校本「駿」改作「驄」。

## 竇群一首 字丹列，元和中自御史中丞出爲黔中觀察使，貶開州刺史，徙容管經略使，卒。

### 黔中書事

萬事非京國，千山擁麗譙。佩刀看日曬，賜馬傍江調。言語多重譯，壺觴每獨謠。沿流如著翅，不敢問歸橈。

## 竇庠一首 字冑卿，爲婺州刺史。

### 陪留守韓僕射巡内至上陽宫感興

愁雲漠漠草離離，太液鈎陳處處疑。薄暮毁垣春雨裏，殘花猶發萬年枝。

## 竇鞏八首 字友封，元稹爲武昌軍節度使，辟爲秘書少監，兼御史中丞，充節度副使。

### 南遊感興

傷心欲問前朝事，惟見江流去不迴。日暮東風春草緑，鷓鴣飛上越王臺。

### 寄南遊弟兄

書來未報幾時還，知在三湘五嶺間〔一〕。獨立衡門秋水闊，寒鴉飛去日銜山。

### 放魚

金錢贖得免刀痕〔二〕，聞道禽魚亦感恩〔三〕。好去長江千萬里，不須辛苦上龍門。

〔一〕「湘」，何校本「湖」改作「湘」。
〔二〕「金錢」，文苑英華作「黄金」，又注：「雜録作『金錢』。」
〔三〕「感」，文苑英華作「報」，又注：「雜録作『感』。」

## 宫人斜

離宫路遠北原斜，生死恩深不到家。雲雨今歸何處去，黄鸝飛上野棠花。

## 代鄰叟

年來七十罷耕桑，就暖支羸强下床。滿眼兒孫身外事，閑梳白髮向殘陽。

## 新營別墅寄兄

懶性如今成野人，行藏由興不由身〔一〕。莫驚此度歸來晚，買得西山正值春。

〔一〕「身」，四庫本作「人」。

## 自京師將赴黔南

風雨荆州二月天，問人初雇峽中船。西南一望雲和水，猶道黔南有四千。

## 永寧小園與校書接近因寄

故里心期奈别何，手移芳樹憶庭柯。東皋黍熟君應醉，梨葉初紅白露多。

# 唐百家詩選　卷十二

## 楊巨源四十六首〔一〕

### 送太和公主和蕃〔二〕

北路古來難，年光獨認寒。朔雲侵鬢起，邊月向眉殘。蘆井尋沙到，花門度磧看。薰風一萬里，來處是長安。

〔一〕何校本校注：「近刻所無者七篇。」

〔二〕何校本校注：「此篇僅見於衆妙集。」

## 春日奉獻聖壽無疆詞

代是文明晝，春當燕喜時。鑪煙添柳重，宮漏出花遲。漢典方寬律，周官正採詩。〔一〕碧霄傳鳳吹，紅旭在龍旗。〔二〕造化膺神契，陽和沃聖慈。無因隨百獸，率舞奏丹墀。

## 贈鄰家老將〔三〕

白首羽林郎，丁年戍朔方。陰天瞻磧路，秋日渡遼陽。大漠寒山黑，孤城夜月黄。十年依蓐食，萬里帶金瘡。拂雪陳師祭，衝風立教場。箭飛瓊羽合，旗動火雲張。虎翼分營勢，魚鱗擁陳行。誓心清塞色，鬬血雜沙光。戰地晴暉薄〔四〕，軍門曉氣長。寇深争暗襲，關迥勒春防。身賤竟何訴，

〔一〕「漢典方寬律，周官正採詩」，黄録何批作：「尚德緩刑，求民之瘼，此獲福之本，頌聲所由作也。『寬律』、『採詩』一連，與下『神契』、『聖意』呼應。」

〔二〕「碧霄傳鳳吹，紅旭在龍旗」，黄録何批作：「『碧霄』一連如晝，妙是在遠想望，神味已含結句。」

〔三〕黄録何批作：「語少煩而氣自厚。」

〔四〕「暉」，文苑英華作「輝」。

天高徒自傷。功成封寵將，力盡到貧鄉。雀老方悲海，鷹衰卻念霜。空餘孤劍在，開匣一霑裳。

## 和練師索秀才楊柳[一]

水邊楊柳緑煙絲，立馬煩君折一枝。惟有春風最相惜，殷勤更向手中吹。

## 大堤詞

二八嬋娟大堤女，開壚相對依江渚。待客登樓向水看，邀郎卷幔臨花語。細雨濛濛濕芰荷，巴東商侶住帆多。自傳芳酒翻紅袖，誰調妍妝回翠蛾。珍簟華燈夕陽後，當罏理瑟矜纖手。月落星微五鼓聲，春風摇蕩窗前柳。歲歲逢迎沙岸間，背人多整緑雲鬟[二]。無端嫁與五陵少，離别煙波傷玉顔。

---

[一] 「索」，分類本作「素」。

[二] 「背人多整緑雲鬟」，黄録何批作：「『背人多整』，近刻『北人多識』。」

## 聖恩洗雪鎮州寄獻裴相公

天借春光洗緑林，戰塵收盡見花陰。好生本是君王德，忍死何妨壯士心。〔一〕曾賀截雲翻柵遠，仍聞斸凍下營深。井陘昨日雙旗入，蕭相無言淚濕襟。

## 上劉侍中

命代生申甫，承家翊禹湯。廟謨膺間氣，師律動清霜。鍾鼎勳庸大，河山誠誓長〔二〕。英姿凌虎視，逸步壓龍驤。道協陶鈞力，恩回日月光。一言弘社稷，九命備珪璋。政洽軍逾肅，仁敷物已康。朱門重棨戟，丹詔半縑緗。位總興龍野〔三〕，師臨涿鹿鄉。射雕天更碧，吹角塞仍黄。

〔一〕「好生本是君王德，忍死何妨壯士心」，黄録何批作：「此謂穆宗赦王庭凑也。忍死以待朝廷之救，當指牛元翼在深州。」

〔二〕「河山」，文苑英華作「山河」，又注：「一作『河山』。」

〔三〕「興」，文苑英華作「雲」，又注：「一作『興』。」

深入平夷落，横行闢漢疆。功垂貞石遠，名映色絲香。度磧瞻貔武〔一〕，臨池識鳳凰。舞腰凝綺榭，歌響拂雕梁〔二〕。杯浄傳鸚䳇，裘鮮照鷫鸘。吟詩白羽扇，校獵緑沉槍。風景佳人地，煙沙壯士場。幕中邀謝監〔三〕，麾下得周郎。珠影含空徹，瓊枝映坐芳〔四〕。王渾知武子，陳寔奬元方。富貴春無限，歡娱夜未央。管絃隨玉帳，樽俎奉金章。俗理寧因勸，邊城詎假防。軍容雄朔漠，公望冠巖廊。分野鄰孤島，京坻溢萬箱。曙華分碣石，秋色入漁陽。城遠迷玄兔〔五〕，川明辨白狼。忠賢多感激，今古共蒼茫。堤擁紅蕖艷，橋分翠柳行。軒車紛自至，亭館鬱相當。珍簟回煩暑，層軒引早涼。聽琴知思静，説劍覺神揚。佳景燕臺上，清暉鄭驛傍〔六〕。鼓鍾喧北里〔七〕，珪玉映東牀。敢銜由之瑟，甘循賜也牆。官微思假路，戰勝望升堂〔八〕。欲奮三年翼，頻回一夕腸。消

〔一〕「度」，文苑英華作「斷」，又注：「一作『度』。」

〔二〕「雕」，文苑英華作「彫」。

〔三〕「監」，文苑英華作「鑒」，又注：「一作『監』。」

〔四〕「坐」，文苑英華作「座」。

〔五〕「玄兔」，四庫本作「玄菟」。

〔六〕「暉」，文苑英華作「輝」。

〔七〕「鍾」，文苑英華作「鼙」，又注：「或作『鍾』。」

〔八〕「望」，文苑英華作「忝」。

憂期酒聖，乘興任詩狂。海内分桃李〔二〕，天涯剪稻粱〔三〕。升沉門下客〔三〕，誰道在蒼蒼。

## 郊居秋日酬奚贊府見寄

繁菊照深居，芳香春不如。聞尋周處士，知伴庾尚書。日晚汀洲曠，天晴草木疏。閑言揮麈柄，清步掩蝸廬。野老能親牧，高人念遠漁。幽叢臨古岸，輕葉度寒渠。暮色無狂蝶，秋華有嫩蔬。若爲酬郢曲，從此愧璠璵。

## 上裴中丞

六年西掖弘湯誥，三捷東堂總漢科〔四〕。政引風霜成物色，語回天地到陽和。清威更助朝端

〔一〕「分」，文苑英華作「裁」，又注：「一作『分』。」

〔二〕「剪」，文苑英華作「荷」，又注：「一作『剪』。」

〔三〕「升」，文苑英華作「昇」。「客」，文苑英華作「意」，又注：「一作『客』。」

〔四〕「三捷東堂總漢科」，黄録何批作：「第二句暗伏同年。」

重〔二〕，聖澤曾隨筆下多。〔三〕應笑白鬚揚執戟，可憐春日老如何。

## 送裴中丞出使

一清淮甸假朝綱，金印初迎細柳黃。辭闕天威和雨露，出關春色避風霜。龍韜何必陳三略，虎旅由來肅萬方。宣諭生靈真重任，回軒應問石渠郎。

## 酬崔駙馬惠牋紙百張兼貽四韻

百張雲様亂花開，七字文頭艶錦回。浮碧定從天上得，殷紅應自日邊來。〔三〕捧持價重欺雲葉，封裹香深笑海苔。滿篋清光應照眼，欲題凡韻輒徘徊。

〔一〕「清威更助朝端重」，黄録何批作：「中丞。」

〔二〕「政引風霜成物色，語回天地到陽和。清威更助朝端重，聖澤曾隨筆下多」，黄録何批作：「中二連款款敘去，卻已貫注結處。」

〔三〕「浮碧定從天上得，殷紅應自日邊來」，黄録何批作：「三四貼駙馬。」

## 送司徒童子

衛多君子魯多儒〔一〕，七歲聞天笑舞雩。光彩春風初轉蕙，性靈秋水不藏珠。兩經在口知名小，百拜垂髫稟氣殊。況復元侯旌爾善，桂林枝上得鵷鶵。

## 元日含元殿下立仗丹鳳樓下宣赦上門下相公二首〔二〕

天垂台耀拂欃槍〔三〕，壽獻山青祝聖明〔四〕。丹鳳闕前歌九奏〔五〕，金雞竿上鼓千聲〔六〕。衣裳南

〔一〕「衛多君子魯多儒」，黄録何批作：「發端得體。」

〔二〕「樓下」，文苑英華作「樓門下」。「上門下相公二首」，文苑英華作「相公稱賀二首」，「相公稱賀」又注：「四字一作『上相公』。」

〔三〕「拂」，文苑英華作「掃」。「欃」，文苑英華作「攙」。「天垂台耀拂欃槍」，黄録何批作：「相公起。」

〔四〕「山青」，文苑英華作「香山」，又注：「雜詠作『山青』。」

〔五〕「闕」，文苑英華作「樓」，又注：「雜詠作『闕』。」

〔六〕「上」，文苑英華作「下」。

面薰香動〔一〕，文字東方喜氣生。從此登封資廟略〔二〕，兩河連海一時清。〔三〕

臨軒啓扇似雲收，率土朝天劇水流。瑞色含春當正殿，香煙捧日在高樓。〔四〕三朝起草迎恩澤〔五〕，萬歲長聲繞冕旒〔六〕。請問漢家功第一〔七〕，麒麟閣上識酇侯。〔八〕

## 賀田僕射子弟榮拜金吾

五侯恩澤不同年，叔姪朱門穊稍連。鳳沼九重相喜氣〔九〕，雁行一半入祥煙。街衢燭影侵寒

〔一〕「裳」，文苑英華作「冠」。「香」，文苑英華作「風」。

〔二〕「從此登封資廟略」，黄録何批作：「從『東方』二字生下。」

〔三〕全詩，黄録何批作：「中間二事平列，以相公起結，次篇始點元日。」

〔四〕「臨軒啓扇似雲收，率土朝天劇水流。瑞色含春當正殿，香煙捧日在高樓」，黄録何批作：「『雲收』、『捧日』，俱有呼應。」

〔五〕「起草」，文苑英華作「氣蚤」。

〔六〕「長聲」，文苑英華作「聲長」。

〔七〕「請問漢家功第一」，黄録何批作：「相公結。」

〔八〕全詩，黄録何批作：「句句穩愜，張水部頗效其體，卻未到此功夫。」

〔九〕「相喜氣」，黄録何批作：「『相』，猶瞻也。」

月，文武珂聲疊曉天〔一〕。爲數麒麟高閣上，誰家父子勒燕然。

## 觀打毬

親掃毬場如砥平，龍驤驟馬曉光晴。入門百拜瞻雄勢，動地三軍唱好聲。玉勒回時霑赤汗，花騣分處拂紅纓。欲令四海氛煙浄，杖底纖塵不敢生。

## 送人過衛州

憶昔征南府内遊〔二〕，君家東閤最淹留。縱横聯句長侵曉，次第看花直到秋。論舊舉杯先下淚，傷離臨水更登樓。相思前路幾回首，滿眼青山過衛州〔三〕。

〔一〕「文武珂聲疊曉天」，黄録何批作：「第六對變。」

〔二〕「憶」，分類本作「惜」。

〔三〕「滿」，分類本作「舊」。

## 贈李傅

知因公望掩能文，誓激明誠在致君。曾罷雙旌瞻白日，猶將一劍許黄雲。摇窗竹色留僧語，入院松聲共鶴聞。莫被此心生晚計，鎮南人憶杜將軍。

## 送絳州盧使君

應將清静結心期，又共陽和到郡時。絳老問年須筭字，庾公逢月要題詩。朱欄迢遞因高勝，粉堞清明欲下遲。〔二〕他日徵還作霖雨，不須求賽敬亭祠。

〔二〕「堞」，清宋犖本同，雙清閣本、和刻本、四庫本作「蝶」。「朱欄迢遞因高勝，粉堞清明欲下遲」，黄録何批作：「暗起望闕。」

## 和裴舍人觀田尚書出獵〔一〕

聖代司空比玉清，雄藩觀獵見皇情。雲禽已覺高無益，霜兔應知狡不成。飛鞚擁塵寒草盡，彎弓開月朔風生。今朝始賀將軍貴，紫禁詩人看旆旌。〔二〕

## 送李舍人歸蘭陵里

清詞舉世皆藏篋，美酒當山爲滿罇。三畝嫩蔬臨綺陌，四行高樹擁朱門。家貧境勝心無累，名重官閑口不論。惟有道情常自足，啓期天地易知恩。

〔一〕黄録何批作：「舊唐書憲宗本紀元和七年十一月乙丑詔，田興以魏博請命，宜令司封郎中知制誥裴度往彼宣慰。度至魏州，興禮侍甚恭，仍請度至六州諸縣，宣達朝旨。裴詩作於此時也。」「美六州之順命，而歸本於神武駕馭，知體得勢。」

〔二〕「今朝始賀將軍貴，紫禁詩人看旆旌」，黄録何批作：「『詩人』二字，並帶出『和』字，『旆旌』二字，用車攻詩中語收『出獵』，韻脚最穩，亦仍與『皇情』關會也。」

## 和人與人分惠賜冰

天水藏來玉墮空，先頒密署幾人同。映盤皎潔非關露，當扇清涼不在風。瑩質方從綸閣內，凝輝更借錦帷中。麗詞珍貺難雙有〔二〕，迢遞金鑾殿角東〔三〕。

## 寄中書同年舍人

晴明紫閣最高峰〔三〕，仙掖開簾范彥龍。五色天書詞煥爛，九華春殿語從容。綵毫應染鑪煙細，清珮仍含玉漏重〔四〕。二十年前同日喜，碧霄何路得相逢。〔五〕

〔二〕「麗詞」，黄録何批作：「二字帶和詩。」
〔三〕「迢遞金鑾」，黄録何批作：「『密署』。」
〔三〕「晴明紫閣最高峰」，黄録何批作：「發端言其地望之高。」
〔四〕「珮」，四庫本作「佩」。
〔五〕「二十年前同日喜，碧霄何路得相逢」，黄録何批作：「鋪揚正是自傷，結處唤醒。」

## 早春即事呈劉員外

明朝晴暖即相隨，肯信春光被雨欺〔一〕。且任文書堆案上，免令杯酒負花時。馬蹄經歷應須遍，鶯語丁寧已怪遲。更待雜芳成豔錦〔二〕，鄴中争唱仲宣詩。

## 酬于駙馬二首

綺陌塵香曙色分，碧山如畫又逢君。蛟藏秋月一片水，驥鎖晴空千尺雲。戚里舊知何駙馬，詩家今得鮑參軍。陽和本是煙霄曲，須向花間次第聞。

芳時碧落心應斷，今日清詞事不同〔三〕。瑶草秋殘仙圃在，綵雲天遠鳳樓空。晴花曾送金羈影，涼葉還生玉簟風。長得聞詩懽自足，會看春露濕蘭叢。

〔一〕「光」，分類本作「風」。
〔二〕「待」，分類本作「得」。
〔三〕「今日清詞事不同」，黄録何批作：「伏『聞詩』。」

## 和侯大夫秋原觀征人回

兩河罷戰萬方清，原上軍回識舊營。立馬望雲秋塞浄，射雕臨水晚天晴。戍閑部伍分岐路，地遠家鄉寄旆旌。聖代止戈資廟略，諸侯不復更長征。

## 同太常尉遲博士闕下待漏

沉沉延閣抱丹墀，松色苔花顥露滋。爽氣曉來青玉甃〔二〕，薫風宿在翠花旗。方瞻銜陌三條廣，猶覺仙門一刻遲。此地含香從白首，馮唐何事怨明時。〔三〕

---

〔二〕「曉」，分類本作「晚」。

〔三〕「此地含香從白首，馮唐何事怨明時」，黄録何批作：「末句言我白首乃始爲郎，如馮公之老於郎署，又何足怨也。」「作『從任』之『從』亦得。」

## 見薛侍御戴不損裹帽子因贈〔一〕

潘郎對青鏡，烏帽似新裁。曉露鴉初洗，春荷葉半開。堪將護巾櫛，不獨隔塵埃。已見籠蟬翼，無因映鹿胎。何人呈巧思，好手自西來。有意憐衰醜，煩君致一枚。

## 寄昭應王丞

武皇金輅輾香塵，每歲朝元及此辰。光動泉心初浴日，氣蒸山腹總成春。謳歌已入雲韶曲，詞賦方歸侍從臣。瑞靄朝朝猶望幸，天教赤縣有詩人。〔二〕

---

〔一〕「見」，分類本無。「裹」，分類本作「裹」。

〔二〕「瑞靄朝朝猶望幸，天教赤縣有詩人」，黄録何批作：「末二句一收，即是筆力恣肆。」

## 將歸東都別令狐舍人

緑楊紅杏滿城春，一騎悠悠萬井塵。岐路未關今日事，風光欲醉長年人。閑過綺陌尋高寺，强到朱門謁近臣。多病晚來還有策，洛陽山色舊相親。

## 寄江州白司馬

江州司馬平安否，惠遠東林住得無。湓浦曾聞似衣帶，廬峰見説勝香爐。題詩歲晏離鴻斷，望闕天遥病鶴孤。莫謾勾牽雨花社，青雲依舊是前途。

## 薛司空自青州歸朝

天眷君陳久在東，歸朝人看大司空。黄河岸畔長無事，滄海東邊獨有功。已變畏途成雅俗，仍過舊里揖清風。一門累葉凌煙閣，次第儀形漢上公。

## 送章孝標校書歸杭州因寄白舍人

曾過靈隱江邊寺，獨宿東樓看海門。潮色銀河鋪碧落，日光金柱出紅盆。不妨公事資高卧，無限詩情要細論。若訪郡人徐孺子，應須騎馬到沙村。

## 述舊紀勳寄太原李侍中光顔二首

玉塞含悽見雁行，北垣新詔拜龍驤。弟兄間世真飛將，貔虎歸時似故鄉。鼓角因風飄朔氣，旌旗映水發秋光。河源收地心猶壯，笑向天西萬里霜。

倚天長劍截雲孤，報國縱横見丈夫。五載登壇真宰相，六重分閫正司徒。曾聞轉戰平堅寇，共説題詩壓腐儒。料敵知機在方寸，不勞心力講陰符。

## 胡二十拜户部兼判度支

清機果被公材撓，雄拜知承聖主恩。廟略已調天府實，國征方覺地官尊。徒言玉節將分閫，定是沙隄欲到門。爲愛山前新卜第〔二〕，不妨風月事琴罇。

## 酬裴舍人見寄〔三〕

誰道重遷是舊班，自將霄漢比鄉關。二妃樓下宜臨水，五老祠西好看山。再葺吾廬心已足，每來公府跡常閑。詩陪亞相逾三紀，石笥煙霞不共攀。

---

〔二〕「山前」，何校本校注：「疑作『前山』。」「爲愛山前新卜第」，黄録何批作：「收轉『清機』。」

〔三〕黄録何批作：「河中少尹時作。」

## 早朝

鍾傳清禁纔應徹，漏報仙闈儼已開。雙闕薄煙籠菡萏，九城初日照蓬萊。朝時但向丹墀拜，仗下方從碧落回。聖代逍遥更何事，願將巴曲賛康哉。

## 元日呈元逢吉舍人

華夷文物賀新年，霜仗遥排鳳闕前。一片綵霞迎曙日，萬條紅燭動春天。稱觴山色和元氣，端冕爐香疊瑞煙。共説正初當聖澤，試過西掖問群賢。

## 酬盧員外

話舊，感往年相國河東張公弘靖常臨北府，忝寮屬之末，君有鄉里之親有作。

謝傅旌旄控上游，盧郎鐏俎借前籌。舜城風土臨清廟，魏國山川在白樓。雲寺當時接高步，水亭今日又同遊。滿筵舊府笙歌在，獨有羊曇最淚流〔一〕。

## 述美寄申州盧拱使君

領郡仍聞倅虎貔，致身還是見男兒。小船隔水催桃葉，大鼓當風舞柘枝。酒座微酣諸客倒，毬場慢撥幾人隨。從來樂事憎詩苦，莫被窗中遠岫知。

## 贈張將軍

關西諸將揖容光，獨立營門劍有霜。知愛魯連歸海上，肯令王翦在頻陽。天晴紅幟當山滿〔二〕，日暮清笳入塞長。年少功高人最美〔三〕，漢家壇樹月蒼蒼。

〔一〕「羊曇」，黄録何批作：「鄉里。」
〔二〕「天晴紅幟當山滿」，黄録何批作：「功高。」
〔三〕「美」，何校本校注：「一作『羨』。」

## 酬崔博士

自知頑叟更何能，唯學雕蟲謬見稱。長被有情邀唱和，近來無力更祇承〔二〕。青松樹杪千年鶴，白玉壺中一片冰。今日爲君書壁右，孤貞莫怕世人憎。

## 古意贈王常侍

繡户紗窗北里深，香風暗動鳳皇篸〔三〕。組紃長在佳人手，刀尺空摇寒女心。欲學齊謳逐雲管，還思楚練拂霜砧。東家少婦當機織，應念無衣雪滿林。

〔二〕「近來無力更祇承」，黄録何批作：「第四不復覺其屬對。」

〔三〕「皇」，四庫本作「凰」。

## 和杜中丞西禪院看花

一林堆錦映千燈，照眼牽情欲不勝。〔二〕知倚晴明嬌自足，解將顏色醉相仍。好風輕引香煙入，甘露纔和粉艷凝。深處最憐鶯踩踐，嫩時先被蝶侵淩。對持真境應無取，分付空門又未能。迎日似翻紅燒斷，臨流疑映綺霞層。幽含晚態憐丹桂〔三〕，盛續春光識紫藤。每到花枝獨惆悵，山東唯有杜中丞。

# 王建上二十四首

太和中爲陝州司馬。

## 送人

白日向西没，黄河復東流。人生足著地，寧免四方遊。我行無返顧，祝子勿回頭。當須向

---

〔二〕「一林堆錦映千燈，照眼牽情欲不勝」，黄録何批作：「『香煙』、『甘露』一聯從『照眼』生來，『真境』、『空門』一聯從『牽情』生來，爲尤密也。」

〔三〕「幽含晚態憐丹桂」，黄録何批作：「此句松得妙。」

前去，何用起離憂。但恐無廣路，平地作山丘。令我車與馬，欲疾反停留。蜀客多積貨，邊人競封侯。男兒戀家鄉，懽樂爲仇讎。丁寧相勸勉，苦口幸無尤。對面無相成，不如豺虎儔。彼遠不寄書〔一〕，此寒莫寄裘。與君俱絶跡，兩念無因由。

## 將歸故山留别杜侍御

有川不得涉，有路不得行。沉沉百憂中，一日如一生。錯來干諸侯，石田廢春耕。虎戟衛重門，何因達中誠。日月俱照曜，山川異陰晴。如何百里間，開目不見明。我今歸故山，誓與草木并。願君去丘坂，長使道路平。

## 上七泉寺上方

長年好名山，本性今得從。回看塵土遥，稍見麋鹿蹤。老僧雲中居，石門青重重。陰泉養

〔一〕「彼遠不寄書」，黄録何批作：「反足上意。」

成龜，古壁飛卻龍。掃石禮新經，懸幡上高峰。日夕猿鳥合，覓食聽山鍾。將火尋遠泉，煮蓤傍寒松。晚隨采藥人，便宿南磵中。晨起銜露行，濕花枝茸茸。歸依向禪師，願作香火翁。

## 温門山

早入温門山，群峰亂如戟。崩崖欲相觸，呀豁斷行跡。脱履尋淺流，定足畏攲石。路盡十里溪，地多千歲柏。洞門晝陰黑，深處惟石壁。似見丹沙光，亦聞鍾乳滴。靈池出山底，沸水衝地脉。暖氣成濕煙〔一〕，濛濛窗中白。隨僧入古寺，便是雲外客。月出天氣涼〔二〕，夜鍾山寂寂〔三〕。

## 酬柏侍御聞與韋處士同遊靈臺寺見寄

西域傳中説，靈臺屬雍州。有泉皆聖跡，有石皆佛頭。所出薝蔔香，外國俗來求。毒蛇護

〔一〕「暖氣成濕煙」，黄録何批作：「温。」

〔二〕「月」，分類本作「日」。「月出天氣涼」，黄録何批作：「反收『温』字。」

〔三〕「鍾」，分類本作「中」。

其下，樵者不可偷。古碑在雲顛，備載置寺由。魏家移下來，後人始增修。近與韋處士，愛此山之幽。各自具所須，竹籠盛茶甌。牽馬過危棧，襞衣涉奔流。草開平路盡，林下大石稠。回廊轉經峰，忽見東西樓。瀑布當寺門，迸落衣裳秋。石苔鋪紫花，溪葉裁緑油。松根載殿高，飄飖仙山浮。縣中賢大夫〔二〕，一月前此遊。賽神荷得雨，豈暇多停留。二十韻新詩，遠寄尋山儔〔三〕。清令玉磵泣，冷切石磬愁。君名高難閑〔三〕，余身愚終休〔四〕。相將長無因，從今生離憂。

## 送韋處士老舅

憶昨癡小年，不知有經籍。常隨童子遊，多向外家劇。偷花入鄰里，弄筆書墻壁。照水學梳頭，應門未穿幘。人前賞文性，梨果蒙不惜。賦字詠新泉，探題得幽石。自從出關輔，三十年

〔二〕「縣中賢大夫」，黄録何批作：「柏侍御。」

〔三〕「遠寄尋山儔」，黄録何批作：「『儔』字帶出與韋。」

〔三〕「君名高難閑」，黄録何批作：「應『豈暇』句。」

〔四〕「餘身愚終休」，黄録何批作：「對『多停留』。」

作客。風雨一飄颻，親情多阻隔。如何二千里，塵土驅衰瘠〔二〕。良久陳苦辛〔三〕，從頭嘆衰白。既來今又去，暫笑還成慼。落日動征車，春風卷離席。雲臺觀西路，華嶽祠前柏。會得過帝鄉，重尋舊行跡。

## 邯鄲主人

遠客無主人，夜投邯鄲市。飛蛾繞殘燭，半夜人醉起。壚邊酒家女，遺我緗綺被。合成雙鳳花，宛轉不相離。縱令顔色故，勿遣合歡異。一念始爲難，萬金誰足貴。門前長安道，去者如流水。晨風群鳥翔，徘徊别離此。

〔二〕「衰」，黄録何校作：「集作『蹇』。」

〔三〕「苦辛」，四庫本作「辛苦」。

## 泛水曲

載酒入煙浦，方舟泛淥波〔一〕。子酌我復飲，子飲我還歌。蓮深微路通，峰曲幽氣多。閱芳無留瞬，弄桂不停柯。水上秋日鮮，西山碧峨峨。兹歡良可貴，誰復更來過。

## 題壽安南館

明蒙竹間亭，天暖幽桂碧。雲生四面山〔二〕，水接當堦石〔三〕。濕樹浴鳥痕，破苔卧鹿跡。不緣塵駕觸，堪作商皓宅。

〔一〕「淥」，四庫本作「緑」。
〔二〕「山」，分類本作「水」。
〔三〕「水」，分類本作「山」。

## 江南新體二首

江上風翛翛，竹間湘水流。日夜桂花落，行人去悠悠。復見離别處，蟲聲陰雨秋。

處處江草緑，行人發瀟湘。瀟湘回雁多，日夜思故鄉。春夢不知數，空山蘭蕙芳。

## 涼州行

涼州四邊沙皓皓，漢家無人開舊道。邊頭州縣盡胡兵，將軍别築防秋城。萬里征人皆已没，年年旌節發西京。多來中國收婦女，一半生男爲漢語。蕃人舊日不耕犁，相學如今種禾黍。驅羊亦著錦爲衣〔二〕，爲惜氊裘防鬬時。養蠶繰繭成匹帛，那將繞帳作旌旗。城頭山雞鳴角角，洛陽家家教胡樂。

〔二〕「驅羊亦著錦爲衣」，黄録何批作：「『驅羊』句，即中行説教匈奴得漢絮繒，以馳草棘中，衣袴皆裂弊，以視不如旃裘堅善意。」

## 寒食行

寒食家家出古城，老人看屋少年行〔一〕。丘隴年年無舊道，車徒散行入衰草。牧童驅牛下塚頭，畏有家人來洒掃。遠人無墳水頭祭，還引婦姑望鄉拜。〔二〕三日無火燒紙錢，紙錢那得到黄泉。但看壠上無新土，此中白骨應無主。〔三〕

## 促刺詞〔四〕

促促復刺刺〔五〕，水中無魚山無石。少年雖嫁不將歸，白頭猶著父母衣。四邊田宅非所有，我身不及逐雞飛。出門若有歸死處，猛虎當衢向前去。百年不遺踏君門，在家誰喚爲新婦。豈

〔一〕「年」，四庫本作「人」。

〔二〕「遠人無墳水頭祭，還引婦姑望鄉拜」，黄録何批作：「『遠人』二句，插在中間，則前後二段皆誤爲名利所牽，不能上先人之丘，觸目驚心，更不徒變化不直致也。」

〔三〕「但看壠上無新土，此中白骨應無主」，黄録何批作：「與『家人』句反應。」

〔四〕「刺」，黄録何校作「剌」，且注明「下同」。

〔五〕「促促復刺刺」，何校本校注：「集作『促刺復促刺』。」

不見他鄰舍娘，嫁來長在舅姑傍。

## 隴頭水

隴水何年隴頭別，不在山中亦嗚咽。征人塞耳馬不行，未到隴頭聞水聲。謂是西流入蒲海，還聞北去繞龍城。隴東隴西多屈曲，野麋飲水長簇簇。胡兵夜回水傍住，憶著來時磨劍處。向前無井復無泉，放馬回看隴頭樹。〔二〕

## 北邙行

北邙山頭少閑土，盡是洛陽人舊墓。舊墓人家歸葬多，堆著黄金無買處。天涯悠悠葬日促，岡坂崎嶇不停轂。高張素幕繞銘旌，夜唱挽歌山下宿。洛陽城北復城東，魂車祖馬長相逢。

〔二〕「向前無井復無泉，放馬回看隴頭樹」，黄録何批作：「結句可悲更進一層，卻在言外不露。」

車轍廣若長安路，蒿草少於松柏樹〔二〕。山頭澗底石漸稀，盡向墳前作羊虎。誰家石碑文字滅，後人重取書年月。朝朝車馬送葬回，還起大宅與高臺。

## 温泉宫行〔三〕

十月一日天子來，青繩御路無塵埃。宫前内裹湯各别，每箇白玉芙蓉開。朝元閣向山上起，城繞青山龍煖水。夜開金殿看星河，宫女知更月明裏〔三〕。武皇得仙王母去，山雞晝鳴宫中樹。温泉決決出宫流，宫使年年修玉樓。禁兵去盡無射獵〔四〕，日西麋鹿登城頭。梨園弟子偷曲譜，頭白人間教歌舞。

〔二〕「少」，清宋犖本同，雙清閣本、和刻本、四庫本作「多」。

〔三〕本首篇題，文苑英華作「温泉宫」。

〔三〕「月明」，文苑英華作「明月」，又注：「集作『月明』」。

〔四〕「去」，文苑英華作「除」，又注：「集作『去』。」

## 春詞

紅煙滿户日照梁，天絲軟弱蟲飛揚。菱花霍霍繞帷光，美人對鏡著衣裳。庭中並種相思樹，夜夜還栖雙鳳皇〔一〕。

## 遼東行

遼東萬里遼水曲，古戍無城復無屋。黄雲蓋地雪作山，不惜黄金貴衣服。戰回各自收弓箭，正西回面家鄉遠。年年都郡送征人，將與遼東作丘坂。寧爲草木鄉中生，有身不向遼東行。

〔一〕「皇」，四庫本作「凰」。

## 塞上梅

天山路傍一株梅〔二〕，年年花發黄雲下。昭君已没漢使回，前後征人唯繫馬。日夜風吹滿隴頭，還隨隴水東西流。此花若近長安路，九衢年少無攀處。

## 戴勝詞

戴勝誰與爾爲名，木中作窠墻上鳴。聲聲催我急種穀，人家向田不歸宿。紫冠綵綵褐羽斑，銜得蜻蜓飛過屋。可憐白鷺滿緑池，不如戴勝知天時。〔三〕

〔二〕「傍」，四庫本作「上」。

〔三〕「可憐白鷺滿緑池，不如戴勝知天時」，黄録何批作：「末句刺用貪吏而輕本富也。」

## 鞦韆詞

長長絲繩紫復碧，袅袅横枝高百尺。少年女兒重鞦韆，盤巾結帶垂兩邊。身輕裙薄易生力，雙手向空如鳥翼。下來立定重繫衣，復畏斜風高不得。〔一〕旁人送上那足貴，終賭明璫鬭自起。回回若與高樹齊，頭上寶釵從墮地。眼前争勝難爲休，足踏平地看始愁。

## 開池得古釵

美人開池北堂下，拾得寶釵金未化。鳳皇半在雙股齊，鈿花落處生黄泥。當時墮地覓不得，暗想窗中還夜啼。可知將來對夫壻，鏡前學梳古時髻。莫言至死亦不遺，還似前人初得時。

---

〔一〕「下來立定重繫衣，復畏斜風高不得」，黄録何批作：「此句中已藏『愁』字。」

## 賽神曲

男抱琵琶女作舞，主人再拜聽神語。新婦上酒勿辭勤，使爾舅姑無所苦。椒漿湛湛桂座新，一雙長箭繫紅巾。但願牛羊滿家宅，十月報賽南山神。青天無風水復碧，龍馬上鞍牛服軛。紛紛醉舞踏衣裳，把酒路傍勸行客。

# 唐百家詩選　卷十三

## 王建下六十八首

### 田家留客

人客少能留我屋，客有新漿馬有粟。遠行僮僕應苦飢，新婦厨中炊欲熟。不嫌田家破門户，蠶房新泥無風土。行人但飲莫畏貧，明府上來可辛苦〔一〕。丁寧回語屋中妻，有客勿令兒夜啼。雙塚直西有縣路，我教丁男送君去。〔二〕

---

〔一〕「辛苦」，何校本校注：「集作『苦辛』。」

〔二〕「雙塚直西有縣路，我教丁男送君去」，黄録何批作：「結句方是田家非逆旅，意到筆到。」

## 精衛詞

精衛誰教爾填海，海邊石子青磊磊。但得海水作枯池，海中魚龍何所爲。口穿豈爲空銜石，山中草木無全枝。朝在樹頭暮海裏，飛多羽折時墮水。高山未盡海未平，願我身死子還生。

## 老婦歎鏡

嫁時明鏡老猶在，黄金鏤盡雙鳳背〔一〕。憶昔咸陽初買來，燈前自繡芙蓉帶。十年不開一片鐵，長向暗中梳白髮。今日後床重照看，生死終當此長别。

## 望夫石

望夫處，江悠悠。化爲石，不回頭。山頭日日風復雨，行人歸來石應語。

〔一〕「盡」，何校本校注：「集作『畫』。」「鏤盡」，黄録何校本作：「集作『縷畫』。」

## 別鶴曲

主人一去池水絶，池鶴散飛不相别。青天漫漫碧海重，知向何山風雪中。萬里雖知音影在，兩心終是死生同。池邊巢破松樹死，樹頭年年烏生子。

## 烏栖曲

章華宫人夜上樓，君王望月西山頭。夜深宫殿門不鏁，白露滿山山葉墮。

## 雉將雛

雉咿喔，雛出觳。毛斑斑，觜啄啄。學飛未得一尺高，還逐母行旋母脚。麥壟淺淺難蔽身，遠去戀雛低怕人。時時土中鼓兩翅，引雛拾蟲不相離。

## 白紵歌二首

天河漫漫北斗粲[一]，宫中烏啼知夜半。新縫白紵舞衣成，來遲邀得吴王迎。低鬟轉面掩雙袖，玉釵浮動秋風生[二]。酒多夜長夜未曉，月明燈光兩相照，後庭歌聲更窈窕。

館娃宫中春日暮，荔支木瓜花滿樹。城頭烏栖休擊鼓，青娥彈瑟白紵舞。夜天燑燑不見星，宫中火照西江明。美人醉起無次第，墮釵遺佩滿中庭。此時但願可君意，回晝爲宵亦不寐，年年奉君君莫棄。

## 短歌行

人初生，日初出。上山遲，下山疾。百年三萬六千朝，夜裏分將强半日。有歌有舞聞早

[一]「粲」，清宋犖本同，雙清閣本、和刻本、四庫本作「燦」。

[二]「秋」，清宋犖本同，雙清閣本、和刻本、四庫本作「春」。「玉釵浮動秋風生」，黄録何批作：「襯出舞態。」

爲〔二〕，昨日健於今日時。人家見生男女好，不知男女催人老。短歌行，無樂聲。

## 飲馬長城窟

長城窟，長城窟邊多馬骨。古來此地無井泉，賴得秦家築城卒。征人飲馬愁不回，長城變作望鄉堆。蹄蹤未乾人去近，續後馬來泥污盡。枕弓睡著待水生，不見陰山在前陣。馬蹄足脱裝馬頭，健兒戰死誰封侯。

## 烏夜啼

庭樹烏，爾何不向别處栖，夜夜夜半當户啼。家人把燭出洞户，驚栖出群飛落樹〔三〕。一飛直欲飛上天，回回不離舊栖處。未明重繞主人屋，欲下空中黑相觸。風飄雨濕亦不移，君家樹

〔二〕「聞」，四庫本作「須」。

〔三〕「出」，何校本校注：「集作『失』」。

頭多好枝。

## 簇蠶辭

蠶欲老，箔頭作繭絲皓皓。場寬地高風日多，不向中庭𪾔蒿草。神蠶急作莫悠揚，年老爲爾祭神桑。但得青天不下雨，上無蒼蠅下無鼠。新婦拜簇願繭稠，女灑桃漿男打鼓。三日開箔雪團團，先將新繭送縣官。已聞鄉里催織作，去與誰人身上著。

## 渡遼水

渡遼水，此去咸陽五千里。來時父母知隔生，重著衣裳如送死。亦有白骨歸咸陽，營家各與題本鄉。身死應無回渡日〔二〕，住馬相看遼水傍〔三〕。

〔二〕「身」，四庫本作「生」。「死」，何校本校注：「集作『在』。」

〔三〕「住」，何校本校注：「集作『駐』。」

## 空城雀

空城雀，何不飛來人家住，空城無人種禾黍〔一〕。土間生子草間長，滿地蓬蒿幸無主。近村雖有高樹枝，雨中無食常苦飢。八月小兒挾弓箭，家家畏我田頭飛。但能不出空城裏，秋時百草皆有子〔二〕。黄口莫啾啾，長爾得成無横死。

## 水運行

江西運船立紅幟，萬棹千帆繞江水。去年六月無稻苗，已説水鄉人餓死。縣官部船日筭程，暴雨惡風亦不停。在生有樂當有苦，三年作官一年行。壞舟畏鼠復畏漏，恐向太倉折升斗〔三〕。辛勤耕種非毒藥，看著不入農夫口。用盡百金不爲費，但得一金則爲利。遠徵海稻供邊

〔一〕「空城無人種禾黍」，黄録何批作：「對『田頭』。」

〔二〕「子」、「黄」之間，何校本校注：「集有『報言』二字。」

〔三〕「升」，何校本「勝」改作「升」，四庫本作「升」，清宋犖本、雙清閣本、和刻本作「勝」，黄録何批作：「『勝』與『升』古字通用。」

食，豈如多種邊頭地。

當窗織

歎息復歎息，園中有棗行人食。貧家女大富家織，翁母隔墻不得力。水寒手澀絲脆斷，續來續去心腸爛。草蟲促促機下啼，兩日催成一匹半。輸官上頭有零落，姑未得衣身不著〔一〕。當窗卻羨青樓倡，十指不動衣盈箱。〔二〕

失釵怨

貧女銅釵惜於玉，失卻來尋三日哭〔三〕。嫁時女伴與作裝，頭戴此釵如鳳凰。雙杯行酒六親

〔一〕「姑未得衣身不著」，黄録何批作：「應『翁母』句。」

〔二〕「當窗卻羨青樓倡，十指不動衣盈箱」，黄録何批作：「結句刺在上者不恤民病而奉倡優，與『園中有棗行人食』相應，非自棄也。」

〔三〕「來尋」，黄録何校作：「集作『來來』。」

喜，我家新婦宜拜堂。鏡中乍無失髻様，初起猶疑在床上。高樓翠鈿飄舞塵，明日從頭一片新。

## 水夫謡

苦哉生長水驛邊，官家使我牽驛船。苦日多，樂時少，水宿沙行如海鳥。逆風上水萬斛重，前驛迢迢波淼淼。半夜緣堤雪和雨，受他驅遣還復去。夜寒衣濕披短莎〔一〕，臆穿足裂忍痛何。到明辛苦無處説，齊聲騰踏牽船歌。一間茅屋何所直，父母之鄉去不得。我願此水作平田，長使水夫不怨天。

## 田家行

男聲欣欣女顔悦，人家不怨言語别。五月雖熱麥風清，簷頭索索繰車鳴。野蠶作繭人不

〔一〕「莎」，四庫本作「蓑」。

取，葉間撲撲秋蛾生。麥收上場絹在軸，的是輸得官家足[一]。不望入口復上身，且免向城賣黄犢。田家衣食無厚薄，不見縣門身即樂。

## 神樹詞

我家家西老棠樹，須晴即晴雨即雨。四時八節上盃盤，願神莫離神處所。男不著丁女在舍，事官上下無言語。老身長健樹婆娑，萬歲千年作神主。

## 公無渡河

渡頭惡天兩岸遠，波濤塞川如疊坂。幸無白刃驅向前，何用將身自棄捐。蛟龍齧屍魚食血，黄泥直下無青天。男兒縱輕婦人語，惜君性命還須取。婦人無力挽斷衣，舟沉身死悔難追，公無渡河公自爲。

---

〔一〕「是」，黄録何校作：「集作『如』。」

## 行見月

月初生，居人行。見月一年十二月，强半馬上看盈缺。百年歡樂能幾何，在家見少行見多。不緣衣食相驅遣，此身誰願長奔波。篋中有帛倉有粟，豈向天涯走碌碌。家人見月望我歸，正是道上思家時。

## 寄遠客〔一〕

美人別來無處所，巫山明月湘江雨。千回想見不分明〔二〕，井底看星夢中語。兩心相見尚難知〔三〕，何況萬里不相疑。

〔一〕「客」，清宋犖本同，雙清閣本、和刻本、四庫本作「曲」。

〔二〕「想」，四庫本作「相」。「想見」，黄録何校作：「集作『相見』。」

〔三〕「相見」，黄録何校作：「集作『相對』。」

## 春來曲

春欲來，每日望春門早開。黄衫白馬有塵土，逢著探春人卻回。御堤内園曉過急，九衢大宅家家入。青帝少女染桃花〔一〕，露裝初出紅猶濕。光風暾暾蝶宛宛〔二〕，遶樹氣匝枝柯軟。可憐寒食街中郎，早起著得單衣裳。少年即見春雲處〔三〕，似我白頭無好樹。

## 春去曲

春亦去〔四〕，花亦不知春去處。緣岡繞磵卻歸來，百回看著無花樹。就中一夜風來惡，收紅拾紫無遺落。老大不比年少兒，不中數與春別離〔五〕。

〔一〕「青帝少女染桃花」，黄録何批作：「謂少女風。」

〔二〕「暾暾」，何校本「瞰瞰」改作「暾暾」，四庫本作「暾暾」，清宋犖本、雙清閣本、和刻本作「瞰瞰」。

〔三〕「雲」，清宋犖本同，雙清閣本、和刻本、四庫本作「好」。

〔四〕「亦」，清宋犖本同，雙清閣本、和刻本、四庫本作「已」。

〔五〕「不中數與春別離」，黄録何批作：「『中』如字。左傳成三年無能爲役，注：不中爲之役使。」

## 東征行 裴度征淮西事也。

桐柏水西賊星落，梟雛夜飛林木惡。相國刻日波濤清，當朝自請東南征〔二〕。舍人爲賓侍郎副，曉覺蓬萊欠珮聲〔三〕。玉堦蹈舞謝旌節，生死向前山可穴〔三〕。同時賜馬并賜衣，御樓看帶弓刀發。馬前猛士三百人，金書左右紅旗新。司庖嘗膳皆得對，好事將軍封爾身。男兒生殺在手裏，營門老將皆憂死。曈曈白日當南山，不立功名終不還。

## 傷鄰家鸚鵡詞〔四〕

東家小女不惜錢，買得鸚鵡獨自憐。自從死卻家中女，無人更共鸚鵡語。十日不飲一滴漿，淚漬緑毛頭似鼠。舌關啞咽畜哀怨，開籠放飛離人眼。短聲亦絶翠臆翻，新墓崔嵬舊巢遠。

〔二〕「南」，何校本「西」改作「南」。
〔三〕「曉覺蓬萊欠珮聲」，黄録何批作：「『曉覺蓬萊欠珮聲』，此剩語也。」「『欠珮聲』句，亦巷無居人之意。」
〔三〕「生死向前山可穴」，黄録何批作：「『生死向前山可穴』，只似一健兒。」
〔四〕黄録何批作：「善敘致。」

此禽有志女有靈，定爲連理相並生。

## 傷孔雀詞

可憐孔雀初得時，美人見好别開池。池邊鳳凰作伴侣，新聲鸚鵡無言語。雕籠玉架嫌不栖，夜夜思歸向南廡〔一〕。如今憔悴人見惡，萬里更求新孔雀。熱眠雨水飢拾蟲，翠尾拖泥金色落〔二〕。多時人養不解飛，海山風黑無處歸〔三〕。

## 荆門行

江邊行人暮悠悠，山頭殊未見荆州。峴亭西頭路多曲，櫟林深深石鏃鏃。看炊紅米煮白魚，

〔一〕「廡」，何校本校注：「集作『舞』。」四庫本作「舞」。
〔二〕「拖」，何校本校注：「集作『盤』。」「色」，何校本校注：「作『彩』。」
〔三〕「無」，何校本校注：「作『何』。」

夜向雞鳴店家宿。南中三月蚊蚋生，黄昏不聞人語聲。紗帷疏薄如露卧〔二〕，隔衣噆膚耳邊鳴。欲明不待燈火起，唤得官船過蠻水。女兒停客茅屋新，開門掃地桐花裏。火聲朴朴塞溪煙，人家燒竹種山田。巴雲欲雨薰石熱，麋鹿入江蟲出穴。大虵過處一山腥，野牛驚跳雙角折。斜分漢水横湘山，山青水緑荆門間。向前問箇長沙路，舊是屈原沉溺處〔三〕。誰家丹旐已南來，逢著流人從北去。月明山鳥多不栖，下枝飛上高枝啼。主人念遠心不數〔三〕，羅衫對舞章臺夕。紅燭交横各自歸，酒醒還是他鄉客。壯年留滯尚思家，況復白頭在天涯。

## 鏡聽詞

重重摩挲嫁時鏡，夫壻遠行憑鏡聽〔四〕。回身不遺别人知，人意丁寧鏡神聖。懷中收拾雙錦

〔二〕「紗帷疏薄如露卧」，黄録何批作：「集作『生紗帷疏薄如露』，不如此下三字有力。」
〔三〕「是」，四庫本作「時」。
〔三〕「數」，何校本校注：「作『懌』。」
〔四〕「鏡聽」，四庫本作「聽鏡」。

帶，恐畏街頭見驚怪。嗟嗟嚓嚓下堂階，獨自竈前來跪拜。出門不願聞悲哀〔二〕，身在任郎回不回〔三〕。月明地上人過盡，好語多同皆道來。卷帷上床喜不定，與郎裁衣失翻正。可中三日得相見，重繡鏡囊磨鏡面。

## 行宫詞

上陽宫到蓬萊殿，行宫磊磊遥相見。向前天子行幸多，馬蹄車轍山山遍。當時州縣每年脩，皆留内人看玉案。禁兵奪得明堂後，長閉桃源與綺岫〔三〕。開元歌舞百草頭，原州樂世嫌舊遊〔四〕。官家定人作宫户〔五〕，不泥宫墻斫宫樹。兩邊仗屋半崩摧，野火入林燒殿柱。休封中岳六十年，行宫不見人眼穿。

〔二〕「不願」，何校本校注：「作『願不』。」

〔三〕「不」，何校本校注：「作『未』。」

〔三〕「長閉桃源與綺岫」，黄録何批作：「桃源，不見於唐書地理志。」

〔四〕「原」，何校本校注：「集作『梁』。」「樂」、「世」二字之間，何校本校注：「人。」「原州樂世嫌舊遊」，黄録何校作：「集作『梁州樂人世嫌舊』。」

〔五〕「定」，何校本校注：「作『乏』。」四庫本作「乏」。

## 羽林行〔一〕

長安惡少出名字，樓下劫商樓上醉。天明下直明光宮，散入五陵松柏中。一回殺人身合死〔二〕，赦書上有收城功〔三〕。九衢一日消息定，鄉吏籍中重改姓。出來依舊屬羽林，立在殿前射禽〔四〕。

## 射虎行〔五〕

自去射虎得虎歸，官差射虎得虎遲。獨行以死當虎命，兩人相疑終不定。朝朝暮暮空手回，山下緑苗已成徑。遠立不教污箭鏃，聞死還來分虎肉。惜留猛虎著深山，射殺恐畏終身閑。〔六〕

〔一〕黄録何批作：「此刺神策軍士憑借中尉亂京輦也。」
〔二〕「一」，何校本校注：「作『百』。」
〔三〕「上」，何校本校注：「作『尚』。」
〔四〕「番」，四庫本作「翻」。
〔五〕黄録何批作：「細尋結句，乃刺長慶河朔之師。」
〔六〕全詩，黄録何批作：「雖欲在上者聞而知誡，其若不諷而勸之弊何？」

## 遠將歸

遠將歸，勝未别離時。在家相見熟，新歸歡不足。去願車輪遲，回思馬蹄速。但令在舍相對貧，不向天涯金遶身。

## 尋橦歌

人間百戲皆可學，尋橦不比諸餘樂。重梳短髻下金鈿，紅帽青巾各一邊。身輕足捷勝男子，繞竿四面争先緣。習多倚付欺竿滑〔一〕，上下蹁躚皆著襪。翻身搖頸欲落地，卻住把腰初似歇〔二〕。大竿百夫擎不起，裊裊半在青雲裏。纖腰女兒不動容，戴行直舞一曲終。回頭但覺人眼見，矜難恐畏天無風。險中更險何曾失，山鼠懸頭猿挂膝。小垂一手當舞盤，斜慘雙蛾看落日。

〔一〕「付」，四庫本作「附」。
〔二〕「腰」，何校本「煙」夾注：「集作『腰』。」清宋犖本、雙清閣本、和刻本作「煙」，四庫本作「腰」。

斯須改變曲解新〔二〕，貴欲歡他平地人。散時滿面生顔色，行步依前無氣力。

## 杜中丞書院新移小竹

此地本無竹，遠從山寺移。經年求養法，隔日記澆時。嫩緑卷新葉，殘黄收故枝。色經寒不動，聲與静相宜。愛護出常數，稀稠看自知。貧家緣未有，客散獨行遲。〔三〕

## 原上新春二首〔三〕

自掃一閑房〔四〕，唯鋪獨卧床。野羹溪菜滑，山紙水苔香。陳藥初和蜜，新經未入黄。近來心力少，休讀養生方。

〔二〕「變」，何校本校注：「作『遍』。」

〔三〕「貧家緣未有，客散獨行遲」，黄録何批作：「此句反照到中丞。」

〔三〕「春」，清宋犖本同，雙清閣本、和刻本、四庫本作「居」。

〔四〕「閑」，何校本「間」塗改作「閑」。

住處去山近，傍園麋鹿行。野桑穿井長，荒竹過墻生。新識鄰里面，未諳村舍情。名田無力及〔一〕，賤賃與人耕。

## 題所賃宅牡丹

賃宅得花饒，初開恐是妖。粉光深紫膩〔二〕，肉色退紅嬌〔三〕。且願風留著，唯愁日炙銷〔四〕。可憐零落蕊，收取作香燒。

〔一〕「名」，何校本「石」塗改作「名」，黄録何校作：「『石田』，集作『名田』爲是。董仲舒請『限民名田，以澹不足』，注：名田，占田也。方與『無力及』三字相關。若作『石田』，亦不得云『賤賃』也。」

〔二〕「粉」，文苑英華作「霞」，又注：「集作『粉』。」

〔三〕「退」，文苑英華作「遠」。

〔四〕「銷」，文苑英華作「燋」，又注：「雜詠作『銷』。」

## 送人遊塞

初晴天墮絲〔一〕，晚色上春枝〔二〕。城下路分處〔三〕，邊頭人去時。停車數行日，勸酒問回期。亦是茫茫客，還從此别離。

## 邊上逢故人〔四〕

百戰一身在，相逢白髮生。何時得家信，每日算歸程。走馬登寒壠，驅羊入廢城。羌歌三兩曲，人醉海西營。

〔一〕「初晴天墮絲」，黄録何批作：「起三四。」

〔二〕「晚色上春枝」，黄録何批作：「起五六。」

〔三〕「城下路分處」，黄録何批作：「『路分』二字中已暗藏落句。」

〔四〕「逢」，何校本「送」塗改作「逢」。

## 南中

天南多鳥聲，州縣半無城。野市依蠻姓，山村逐水名。瘴煙沙上起，陰火雨中生。獨有求珠客，年年入海行。

## 汴路水驛

晚泊水邊驛，柳塘初起風。〔二〕蛙鳴蒲葉下，魚入稻花中。去舍已行遠〔三〕，問程猶向東。近來多怨別，不與少年同。

---

〔二〕「晚泊水邊驛，柳塘初起風」，黄録何批作：「水驛。」

〔三〕「行」，何校本校注：「作『云』。」

## 淮南使回留别竇侍御

戀戀春恨結，綿綿淮草深。病身愁至夜，遠道畏逢陰。忽逐酒杯會，暫同風景心。從今一分散，還是曉枝禽。

## 汴路即事[一]

千里河煙直，青槐夾岸長。天涯同此路，人語各殊方。草市迎江貨，津橋稅海商。迴看故宫柳，憔悴不成行。

## 山居

屋在瀑泉西，茅房下有溪。閉門留野鹿，分食與山雞。桂熟長收子，蘭生不作畦。初開洞

---

[一] 黄録何批作：「句句是路。」

中路，深處轉松梯。

## 醉後憶山中故人

花開草復秋，雲水自悠悠。因醉暫無事，在生難免愁。遇晴須看月，聞健且登樓。暗想山中伴，如今盡白頭。

## 送流人

且說長沙去〔一〕，無親亦共愁。陰雲鬼門夜，寒雨瘴江秋。水國山魈引，蠻鄉洞主留。漸看歸處遠，垂白住炎洲。

〔一〕「且」，分類本、清宋犖本同，雙清閣本、和刻本、四庫本作「見」，黄録何校作：「集作『見』，『且』字佳，有説不得之意。」

## 宫中三臺詞

魚藻池邊射鴨，芙蓉苑裏看花。日色柘黄相似，不著紅鸞扇遮。

池北池南草緑，殿前殿後花紅。天子千年萬歲，未央明月清風。

## 寄賀田侍中東平功成

使回高品滿城傳，親見沂公在陣前。百里旗幡衝即斷〔二〕，兩重衣甲射皆穿。探知點檢兵應怯，筭得新移柵未堅。營被數驚承勢破，將經頻敗逐生全〔三〕。密招殘寇防人覺，遥斬元兇恐自專。首讓諸軍無敢近，功歸部曲不争先。開通州縣斜連海，交割山河直到燕。戰馬散驅還逐草，肉牛齊散卻耕田。府中獨拜將軍貴，門下兼分宰相權。唐史上頭功第一，春風雙旆好朝天。

〔二〕「幡」，四庫本作「旛」。

〔三〕「逐」，四庫本作「遂」。

## 送裴相公上太原

還攜堂印向并州，將相兼權是武侯。時難獨當天下事，功成卻進手中籌。〔一〕再三陳乞爐煙裏，前後封章玉案頭〔二〕。朱架早朝排立戟，緑槐殘雨看張油。遥知雁塞從今好，直得漁陽以北愁〔三〕。邊鋪恐巡旗盡换〔四〕，山城欲過館重脩。千群白刃兵迎節，十對紅妝妓打毬。聖主分明教暫去，不須高起見京樓。

## 早春五門西望

百官朝下五門西，塵起春風過御堤〔五〕。黄帕蓋鞍呈了馬，紅羅纏項鬭回雞。宫松葉重牆頭

〔一〕「時難獨當天下事，功成卻進手中籌」，黄録何批作：「送李愬云：『閑來不對人論戰，難處長先自請行。』亦名句也。」

〔二〕「封」，何校本「分」塗改作「封」，清宋犖本、雙清閣本、和刻本、四庫本作「分」。

〔三〕「以」，分類本作「已」。

〔四〕「恐」，何校本校注：「集作『警』。」

〔五〕「塵起春風過御堤」，黄録何批作：「中二連皆庾公塵也。」

出〔二〕，渠柳條長水面齊。唯有教坊南草色，古城陰處冷淒淒。〔三〕

## 上李庶子

紫煙樓閣碧沙亭，上界詩仙獨自行。奇險驅回還寂寞，雲山經用始鮮明。藕綃紋縷裁來滑，鏡水波濤濾得清。昏思願因秋露洗，幸容階底禮先生。

## 周家溪亭

少年因病離天仗，乞得歸家自養身。買斷竹溪無別主，散分泉水與新鄰。山頭鹿下長驚犬，池面魚行不怕人。鄉使到門常款語，還聞世上有功臣。

〔二〕「宫」，分類本作「館」。

〔三〕全詩，黄録何批作：「發端二句是賦，下六句皆比也。朝無君子而賢者獨不得志，隱然在言表。張籍集中有贈太常王建藤杖笋鞋、使至藍溪驛寄太常王丞二詩，此云『教坊南草色』，其爲太常丞時所作乎？紀事但言其爲太府丞，蓋失之疏，或訛字也。」

## 從軍後答山友〔一〕

愛仙無藥住溪貧，脱卻山衣事漢臣。夜半聽雞梳白髮，天明走馬入紅塵。村童近去嫌腥食，野鶴高飛避俗人。勞動先生遠相視〔二〕，別來弓箭不離身。

## 唐昌觀玉蕊花

一樹籠鬆玉刻成，飄廊點地色輕輕。女官夜覓香來處，唯見階前碎月明。

## 眼病寄同官

天寒眼病少心情，隔霧看人夜裏行。年少往來常不住，墻西凍地馬蹄聲。

〔一〕「答山友」，文苑英華作「寄山中友人」。
〔二〕「視」，文苑英華作「示」。

九日登叢臺

平原池閣在誰家，雙塔叢臺野菊花。零落故宮無入路，西來磵水繞城斜。

題酸棗縣蔡中郎碑

蒼苔滿字土埋龜，風雨銷磨絶妙詞。不向圖經中舊見，無人知是蔡邕碑。

江陵使至汝州

回看巴路在雲間，寒食離家麥熟還。日暮數峰青似染，商人説是汝州山。

霓裳詞

敕賜宫人澡浴回，遥看美女院門開。一山星月霓裳動，好字先從殿裏來。〔二〕

〔二〕全詩，黄録何批作：「十首中獨存此一首，未喻。」

## 宫中詞五首

雨入珠簾滿殿涼，避風新出石盆湯。内人恐要秋衣著，不住薰籠換好香。

金吾除夜進儺名，畫袴朱衣四隊行。院院燒燈如白日，沉香火底坐吹笙。

蜂鬢蟬翅薄鬆鬆，浮動搔頭似有風。一度出時抛一遍，金條零落滿函中。

樹頭樹底覓殘紅，一片西飛一片東。自是桃花貪結子，錯教人恨五更風。

金殿當頭紫閣重，仙人掌上玉芙蓉。太平天子朝迎日〔一〕，五色雲車駕六龍。

〔一〕「迎」，清宋犖本同，雙清閣本、和刻本、四庫本作「元」。

# 唐百家詩選　卷十四

## 武元衡四首

### 途次近蜀驛蒙恩賜寶刀並借馬使還奉寄中書李鄭二相〔一〕

草草事行役，遲遲出故關〔二〕。碧幢遥隔霧〔三〕，紅旆漸依山。感激慚恩淚〔四〕，風霜去國顔。〔五〕

〔一〕文苑英華卷二五五，「並借馬」作「及飛龍厩馬」，「奉寄中書李鄭二相」作「因寄李鄭二中書」。文苑英華卷二九七重出，「並借馬」作「及飛龍馬」，「使還奉寄中書李鄭二相」作「使還日寄中書二相公」。黄録何批作：「詩情在『途次近蜀』四字。」

〔二〕「出」，文苑英華作「入」，又注：「詩選作『出』。」

〔三〕「隔」，文苑英華作「隱」，又注：「詩選作『隔』。」

〔四〕「慚」，文苑英華校注：「集作『酬』。」

〔五〕「感激慚恩淚，風霜去國顔」，黄録何批作：「虚頓二句，上下縈拂。」

捧刀金賜字〔一〕。歸馬玉連環。龍鳳辭三署，干戈護八蠻。〔二〕應憐宣室召，温樹不同攀。

## 早秋西亭宴徐員外

鼎鉉辭台座，麾幢領益州。曲池連月曉，横笛滿城秋。有美皇華使，曾同白社遊。今來重相見，偏覺艷歌愁。

## 夏夜作〔三〕

夜久喧暫息，池臺唯月明。無因駐清景，日出事還生。

〔一〕「賜」，何校本校注：「一作『錫』。」文苑英華作「錫」，又注：「詩選作『賜』。」

〔二〕「龍鳳辭三署，干戈護八蠻」，文苑英華作「威鳳翔雙闕，征夫護八蠻」，又注：「詩選作『龍鳳辭三署，干戈護八蠻』。」

〔三〕「夏」，分類本作「夏日」。

送唐君次[一]

都門去馬嘶，灞水春流淺。青槐驛路直[二]，白日離亭晚。望望煙景微，草色行人遠。

## 令狐楚四首

發潭州日寄李寧常侍

君今侍紫垣，我已墮青天。委廢從兹日，旋歸在幾年。心爲西靡樹，眼是北流泉。更過長沙去，江風滿驛船。[三]

[一]「君」，文苑英華無。

[二]「直」，文苑英華校注：「集作『長』。」

[三]黄録何批作：「此篇近刻缺後一絶。」

## 郢城秋懷寄江州錢徽侍郎

晚歲俱爲郡，新秋各異鄉。燕鴻一驚叫，郢樹遠青蒼。山露侵衣潤，江風捲簟涼。相思如漢水，日夜向潯陽。〔一〕

## 贈符道士

偶逢蒲家郎，乃是葛仙客。行常乘青竹，飢即煮白石。腰間嫌大組，心内保尺宅。我願從之遊，深山錬玉液〔二〕。

〔一〕全詩，黄録何批作：「此篇於愨士爲高格。」

〔二〕「錬」，何校本「鑠」塗改作「錬」，清宋犖本、雙清閣本、和刻本、四庫本作「鑠」。

鄂州使至竇鞏中丞副使見示與元稹相公獻酬之什余頃任户部尚書日中丞是當司外郎每有篇章多相唱和因題四韻以寄所懷

仙吏秦城别，新詩鄂渚來。才推今八米〔一〕，職副舊三台。雕鏤心偏許，緘封手自開。何年相贈答，卻得在中臺。

## 劉言史十七首〔二〕

瀟湘遊

夷女采山蕉，緝紗浸江水。野花滿髻妝色新，閑歌曖迺深峽裏〔三〕。曖迺知從何處生，當時

〔一〕「米」，四庫本作「斗」。

〔二〕何校本校注：「近刻所無者六篇。」

〔三〕「曖迺」，四庫本作「欸乃」。下句同。

泣舜腸斷聲。翠華寂寞嬋娟没，野篠空餘紅淚情。青煙冥冥覆杉桂，崖壁參天風雨細〔二〕。昔人幽恨此地遺，緑芳紅艷含怨姿。清猿未盡鼯鼠切，淚水流到湘妃祠。北人莫作瀟湘遊，九疑雲入蒼梧愁。

## 放螢怨

放螢去，不須留，聚時年少今白頭。架中科斗萬餘卷，一字千回重照見。青雲杳眇不可親，開囊欲放增餘怨。且逍遥〔三〕，還酩酊，仲舒漫不窺園井。那將寂寞老病身，更就微蟲借光影〔三〕。欲放時，淚沾裳。衝籬落，千點光。〔四〕

〔二〕「參」，何校本「麥」塗改爲「參」，清宋犖本、雙清閣本、和刻本作「麥」，四庫本作「淩」。

〔三〕「且逍遥」，黄録何批作：「頓住。」

〔三〕「就」，四庫本作「求」。

〔四〕「衝籬落，千點光」，黄録何批作：「仍有氣。」

## 觀繩伎 潞府李相公席上作。

泰陵遺樂何最珍，綵繩冉冉天仙人。廣場寒食風日好，百夫伐鼓錦臂新。銀畫青綃抹雲髮，高處綺羅香更切。重肩接立三四層，著屐背行仍應節。兩邊丸劍漸相迎，側身交步何輕盈。閃然欲落卻收得，萬人肉上寒毛生。危機險勢無不有，倒挂纖腰學垂柳。下來一一芙蓉姿，粉薄鈿稀態轉奇。座中還有沾巾者，曾見先皇初教時。

## 買花謠

杜陵村人不田穡，入谷經溪復緣壁。每至南山草木春，即向侯家取金碧。幽艷凝華春景曙，採夫移得將何處。蝶惜芳容送下山，尋斷孤香始回去。豪少居連鳷鵲東，千金使買一株紅。院多花少栽未得，零落綠蛾纖指中。咸陽貴戚長安里，無限將金買花子。澆紅濕綠千萬家，青絲玉轤聲啞啞。

## 送婆羅門歸本國

刹利王孫字迦攝，竹錐横寫吒蘿葉。遥知漢地未有經，手牽白馬繞天行。龜兹磧西胡雪黑，大師凍死來不得。地盡年深始到船，海裏更行三十國。行多耳斷金環落，冉冉悠悠不停脚。馬死經留卻去時，往來應盡一生期。出漢獨行人絶處，磧西天漏雨絲絲。

## 春過趙墟

下馬邯鄲陌頭歇，寂寥崩隧臨車轍。古柏重生枝亦乾，餘漆見風幽燄滅。白蒿微微紫槿新，行人感此復悲春。

## 王中丞宅夜觀舞胡騰

石國胡兒人見少，蹴舞鐏前急如鳥。織成蕃帽虚頂尖，細氎胡衫雙袖小。手中抛下蒲桃醆〔一〕，

〔一〕「蒲桃醆」，分類本作「葡桃盞」。

西顧忽思鄉路遠。跳身轉轂寶帶鳴，弄脚繽紛錦韡軟。四坐無言皆瞪目，横笛琵琶遍頭促。亂騰新毯雪朱毛，傍拂輕花下紅燭。酒闌舞罷絲管絶，木槿花西見殘月〔一〕。

## 葛巾歌 貝州漳南縣贈楊炯燗。

一片白葛巾，潛夫自能結。籬邊折枯蒿，聊用簪華髮。有時醉倒長松側，酒醒不見心還憶。谷鳥銜將卻趁來，野風吹去還尋得。十年紫竹谿南住，跡同玄豹依深霧。草堂窗底漉春醅，山寺門前逢暮雨。臨汝袁郎得相見，閑雲引到東陽縣。魯性將他類此身，還拈野物贈傍人。空留棁杖犢鼻褌，濛濛煙雨歸山村。

## 與孟郊洛北野泉上煎茶

粉細越笋牙，野煎寒谿濱。恐乖靈草性，觸事皆手親。敲石取鮮火，撇泉避腥鱗。熒熒爨風鐺，拾得墜巢薪。潔色既爽別，浮氳亦殷勤。以兹委曲静，求得正味真。宛如摘山時，自歠指

〔一〕「槿」，分類本作「錦」。

下春。湘瓷泛輕花，滌盡昏渴神。此遊愜醒趣，可以話高人。

## 初下東周贈孟郊 時依鄭相。

鶴老耳更工，龜死殻亦靈。正性非外沿，終始全本情。〔一〕童子不戲塵，積書就巖扃。身著木葉衣，養鹿兼牸耕。偶隨下山雲，荏苒失故程。漸入機險中，危思難太行。十髮九縷絲，悠然東周城。言詞野麋態，出口多累形。因依漢元賨，未似羈絏輕〔二〕。冷竈助新熱，静砧與寒聲。斷蓬在闉闍〔三〕，豈當桃李榮。寄食若蠹蟲，侵損利微生。〔四〕固非崛爲强〔五〕，懦劣舛療并〔六〕。素堅冰

〔一〕「鶴老耳更工，龜死殻亦靈。正性非外沿，終始全本情」，黄録何批作：「發端以喻東野但保堅貞，已足自致不朽，無假求諸外也。」

〔二〕「輕」，四庫本作「經」。

〔三〕「闉」，何校本校注：「一作『門』。」

〔四〕「漸入機險中，危思難太行。十髮九縷絲，悠然東周城。言詞野麋態，出口多累形。因依漢元賨，未似羈絏經。冷竈助新熱，静砧與寒聲。斷蓬在闉闍，豈當桃李榮。寄食若蠹蟲，侵損利微生」，黄録何批作：『機險』至『累行』，懦劣也。『冷竈』至『微生』，寂寥也。近刻未爲非。」

〔五〕「崛」，何校本「拙」塗改作「崛」，清宋犖本、雙清閣本、和刻本、四庫本作「拙」。

〔六〕「舛療」，何校本校注：「『寂寥』。『舛』，四庫本作『外』。」

蘖心，潔立保賢貞。修文返正風，刊字齊古經。慚將衰末分，高棲喧世名。〔二〕

## 北原情三首

錯莫天色愁，挽歌出重闉。誰家白綱車，送客入幽塵。銘旌下官道，葬輿去轔轔。蕭條黄蒿中，奠酒花翠新。米雪晚霏微，墓成悄無人。烏鳶下空地，煙火殘荒榛。生人更多苦，入户事盈身。營營日易深，卻到不得頻。寂寥孤隧頭，草緑棠梨春。

洛陽城北山，古今葬冥客。聚骨朽成泥，此山土多白。近來送葬人，亦去聞歸聲。豈能車輪疾，漸是墓侵城。城中人不絶，哀挽相次行。莫非北邙後，重向洛陽生。

卜地起孤墳，全家送葬去。歸來卻到時，不復重知處。疊疊葬相續，土乾草已緑。裂紙瀉

〔二〕「慚將衰末分，高棲喧世名」，黄録何批作：「結似自責，實以諷東野也。本滘巖扃，偶依留守，然有文如此，何不崛强高栖，使當世可聞而不可見，乃以衰末輕就羈紲，懦劣寂寥，得不償失乎？他日東野哭劉詩云：『常於衆中會，顔色兩切磋。』其深有味於此歟。」

壺漿，空向春雲哭。

## 林中獨醒

晚來林沼静，獨坐間瓢罇〔一〕。向已非前跡，齊心欲不言。微涼生亂篠，輕馥起孤萱。未得渾無事，瓜田草正繁。

## 江陵客舍留别樊尚書

信陵門館下，多病有歸思。墜履忘情後，寒灰更濕時。委欄芳蕙晚，憑几雪髩垂。明日秋關外，單車風雨隨。

〔一〕「間」，四庫本作「閒」。

過春秋峽

峭壁蒼蒼苔色新，無風晴景自勝春。不知何樹幽崖裏，臈月開花似北人。

竹裏梅

竹與梅花相並枝，梅花正發竹枝垂。風吹總向竹枝上，直似王家雪下時。

## 張碧二首

題祖山人池上怪石

寒姿數片奇突兀，曾作秋江秋水骨。先生應是壓風雷〔一〕，著向池邊塞龍窟。我來池上傾酒

〔一〕「壓」，分類本作「厭」。

鐏，半酣書破青煙痕〔二〕。參差翠縷擺不落，筆頭驚怪粘秋雲。我聞吴中項容水墨有高價，邀得將來倚松下。鋪卻雙繒直道難，掉首空歸不成畫。

野田行

風昏晝色飛斜雨，冤骨千堆髑髏語。八紘牢落人物稀，盡是田園荒廢主。悲嗟自古爭天子，幾度乾坤復如此。秦皇矻矻築長城，漢主區區白虵死。野田之骨兮又成塵，樓閣風煙兮還復新。願作華山之下長歸馬，野田無復堆冤者。

## 李涉三十七首

渤之兄也，大和中爲太學博士。

濰陽行

黄昏日暮驅羸馬，夜宿濰陽烽火下。此地新經殺戮來，墟落無煙空碎瓦。層冰塞斷隋朝

〔二〕「半酣書破青煙痕」，黄録何批作：「題石。」

水，一道銀河貫千里。愁心翻覆夢難成，病僕呻吟呼不起。泗水三千招義軍，本自征戰邀殊勳。十年麾下畜壯氣，一朝此地爲愁雲。昨日太陽回照燭，轉見天心重含育。早晚東風的發生，古堤春草年年緑。

## 六歎 并序

五噫、四愁、九歌、七啓，皆創文者立意之終，紀其數而名之也。清江、白雲、孤山、遠嶼，皆得時之人吟詠性情耳，余無暇於是焉。窮居歲陰，偶懷無悰，因追感聞見，成文六篇，目曰六歎。慚質文之不備，復何全於比興乎？録之私齋，以示同道。格韻枯缺，多慚見知。

綺幕香風翡翠車，清明獨傍芙蓉渠。上有雲鬟洞仙女，垂羅掩縠煙中語。風月頻驚桃李時，滄波久別鴛鴻侶。欲傳一札孤飛翼，山長水遠無消息。卻鎖重關一院深，半夜空庭明月色。

蓬萊島邊採珠客，西望人寰星漢隔。千重疊浪聳雲高，萬里平沙連月白。海中洞穴尋難極，水底鮫人半相識。玄蚌初開影暫明，驪龍欲近威難逼。辛苦風濤白首期，得珠卻恨求珠時。隋侯歿世幾千載，只今薄俗空嗤嗤。

燕王愛賢築金臺，四方豪俊承風來。秦皇燒書殺儒客，肘腋之中千里隔。去年八月幽并道，昭王陵邊哭秋草。今年二月遊函關，秦家城外悲河山。河上山邊車馬路，殘日青煙五陵樹。

關東病儒客梁城，五歲十回逢亂兵。燒人之家食人肉，狼虎熾心都未足。城裏愁雲晝不開，城頭野草春還緑。五十餘年忠烈臣，臨危守節羞謀身。堂上英髦沉白刃，門前輿隸乘朱輪。千古傷心汴河水，陰天落日悲風起。

漢臣一没丁零塞，牧羊西過陰沙外。朝憑南雁信難回，夜望北辰心獨在。漢家茅土横九州，高門長戟分王侯。但將鍾鼓悦私愛，肯以犬戎爲國羞。夜宿寒雲卧冰雪，嚴風獨刃縣旌節。丁年奉使白頭歸，泣盡李陵衣上血。

深院梧桐夾金井，上有轆轤青絲索。美人清晝汲寒泉，寒泉欲上銀缾落。迢迢碧甃千餘尺，竟日倚欄空歎息。惆悵不來照明鏡，卻掩洞房花寂寂。

## 題清溪鬼谷先生舊居

翠壁開天池，青崖列雲樹。水容不可狀，杳若秋河霧。常聞先生教，指示秦儀路。二子材不同，逞詞過尺度。偶因從吏役，遠到冥棲處。松月想舊山，煙霞了如故。未遑鍊金鼎，日覺容光暮。萬慮隨境生，何由返真素。寂寞天籟息，清迴鳥聲曙。回首望重重，無期挹風馭。

## 閑中紀事想吴楚舊遊寄河陽從事楊潛〔一〕

憶昨天台尋石梁，赤城枕下看扶桑。金烏欲上海如血，翠色一點蓬萊光。安期先生不可見，

〔一〕「紀」，四庫本作「記」。

蓬萊目極滄海長。回舟偶得風水便，煙帆數夕歸瀟湘。瀟湘水清巖嶂曲，夜宿朝遊常不足。一自無名身事閑〔一〕，五湖雲月偏相屬。進者恐不營，退者恐不深。魚遊鳥逝兩雖異，彼此各有遂生心。身解耕耘妾能織，歲晏飢寒免相逼。稚子年才七歲餘，漁樵一半分渠力。〔二〕吾友從軍在河上，腰佩吴鈎佐飛將。偶與嵩山道士期，西尋汴水來相訪。見君顔色猶憔悴，知君未展心中事。落日驅車出孟津，高歌共歎傷心地。洛邑秦城少年别，兩都陳事空聞説。漢家天子不東遊，古木行宫蔽煙月。洛濱老翁年八十，西望殘陽臨水泣〔三〕。自言生長開元中，武皇恩化親霑及。當時天下無甲兵，雖聞賦斂毫毛輕。紅車翠蓋滿衢路，洛中歡笑争逢迎。一從戎馬來幽薊，函谷虎狼無捍制。九重宫殿閉豺狼，萬國生人自相噬。蹭蹬瘡痍今不平，干戈南北常縱横。中原膏血焦欲盡，四郊貪將猶憑陵。〔四〕秦中豪寵争出群，巧將言智寬明君。南山四皓不敢語，渭上釣人何足云。君不見昔時槐柳八百里，路傍五月清陰起。只今零落幾株殘，枯根半死黄

〔一〕「一自無名身事閑」，黄録何批作：「有名則不得不引以爲憂，視以爲負矣。」

〔二〕「稚子年才七歲餘，漁樵一半分渠力」，黄録何批作：「七歲稚子猶雜漁樵，誠不忍見生民之困，惟恐奪其資以自遂也。」

〔三〕「西望殘陽臨水泣」，黄録何批作：「『殘陽』，謂代當季末也。」

〔四〕「中原膏血焦欲盡，四郊貪將猶憑陵」，黄録何批作：「鋒鏑之所倖免者，國家復以重斂浚之，況又不能庇捍，使貪將得從而憑陵恣其徵求乎？」

河水。

醉中贈崔膺

與君兄弟匡嶺故，與君相逢楊子渡。白浪南分吴塞雲，緑楊西入隋宫路。隋家文物今雖改，舞館歌臺基尚在。煬帝陵邊草木深，汴河流水空歸海。今古悠悠人自别，此地繁華終未歇。大道青樓夾翠煙，瓊墀繡帳開明月。與君一言兩相許，外捨形骸中爾汝。揚州歌酒不可追，洛神映箔湘妃語。白馬黄金爲身置，誰能獨羨他人醉。暫到香爐一夕間，能展愁眉百年事。君看白日光如箭，一度别來顔色變。早謀侯印佩腰間，莫遣看花鬢如霰。

岳陽别張祜秀才

十年蹭蹬爲逐臣，鬢毛白盡巴江春。鹿鳴猿嘯雖寂寞，水蛟山魅多精神。山瘧困中聞有赦，死灰不望光陰借。半夜州符唤牧童，虚教衰病生驚怕。巫峽洞庭千里餘，蠻陬水國何親疏。由來真宰不宰我，徒勞歎者懷吹嘘。霸橋昔與張生别，萬變桑田何處説。龍蚍縱在没泥塗，長衢郤爲駑駘設。愛君氣堅風骨峭，文章真把江淹笑。洛下諸生懼刺先，烏鳶不得齊鷹鶚。岳陽西南湖上寺，水閣松房遍文字。新釘張生一首詩，自餘吟著皆無味。策馬前途須努力，莫學龍鍾虛歎息。

## 郤歸巴陵途中走筆寄唐知言

去年臘月來夏口，黑風白浪打頭吼。艣聲軋軋搖不前，看他撩亂張帆走。逾月始到鸚鵡洲，嗚嗚暮角喧城頭。逡巡未得見官長，夢寢但覺生愁憂。軍中賢倅李監察〔一〕，人馬曉來兼手札。教令參謁禮數全，頭頭要處相稱掣。唐氏一門今五龍，聲華殷殷皆如鍾。就中十一最年少，別有俊氣横心胸。巧綴五言才刮骨，郤怕柱天身硉矹。後輩無勞續出頭，坳塘不合窺溟渤。君家三兄舊山侶，方寸久來常許與。不覺淹留兩月餘，風光漫爛生洲渚。宇文文學儒家子，竹遶書齋花映水。醉舞狂歌此地多，有時酩酊扶還起。猥蒙方伯憐飢貧，假名許得陪諸賓。酒家債負有填日，恣意頗敢排青緡。余瞿二家同愛客，園蔬任遣奴人摘。野狐泉頭銀葉方，一別十年今再

〔一〕「軍中」，四庫本作「中軍」。

覿。更有風流歙奴子，能將盤帕來欺爾。白馬青袍豁眼明，許他真是查郎髓。良會芳時難再來，隟光電影長相催。扁舟惆悵人南去，目斷江天凡幾回。

## 春山三揭來

釣魚揭來春日暖，沿溪不厭舟行緩。野竹初裁碧玉長，澄潭欲下青絲短。昔人避世兼避仇，暮栖雲外朝悠悠。我今無事亦如此，赤鯉忽到長竿頭。泛泛隨波凡幾里，碧莎如煙沙似砥。瘦壁横空怪石危，山花鬬日禽争水。有時帶月歸扣舷，身閑自是漁家仙。

山上揭來採新茗，雜花亂發前山頂〔一〕。瓊英動摇鍾乳碧，叢叢高下隨崖嶺。未必蓬萊有仙藥，能向鼎中雲漠漠。越甌遥見裂鼻香，欲覺身輕騎白鶴。

〔一〕「雜」，何校本「新」塗改作「雜」，分類本、清宋犖本、雙清閣本、和刻本、四庫本作「新」。

採藥踢來藥苗盛，藥生只傍人行徑〔一〕。世人重耳不重目，指似藥苗心不足〔二〕。野客住山三十載，妻兒共寄浮雲外。小男學語便分别，已辨君臣知匹配〔三〕。都市廣場開大鋪，疾來求者多相誤。見説韓康舊姓名，識之不識先相怒。

## 山中五無奈何

無奈落葉何，紛紛滿衰草。疾來無氣力，擁户不能掃。欲訪雲外人，都迷上山道。〔四〕

無奈澗水何，喧喧夜鳴石。疏林透斜月，散亂金光滴。欲訪澗底人，路窮潭水碧。

無奈牧童何，放牛喫我竹。隔林呼不應，叫笑如生鹿。欲報田舍翁，更深不歸屋。

〔一〕「人行」，何校本「行人」調换作「人行」，分類本、清宋犖本、雙清閣本、和刻本、四庫本作「行人」。

〔二〕「足」，何校本校注作：「定。」

〔三〕「匹配」，四庫本作「配匹」。

〔四〕全詩，黄録何批作：「未免襲用韋左司語。」

無奈阿鼎何，嬌啼索梨栗。柴門正風雨，千向千回出。欲識老病心，賴渠將過日。

無奈梅花何，滿巖光似雪。春風總未至，獨自驚時節。欲見惆悵心，又看花上月。

## 牧童詞

朝牧牛，牧牛下江曲。夜牧牛，牧牛村口谷。荷蓑出林春雨細，蘆管卧吹沙草緑。亂插蓬蒿箭滿腰，不怕猛虎欺黄犢。

## 題鶴林寺僧室〔一〕

終日昏昏醉夢間，忽聞春盡强登山。因過竹院逢僧話〔二〕，又得浮生半日閑。

〔一〕「僧室」，文苑英華作「上方」。

〔二〕「院」，文苑英華校注：「一作『寺』。」

## 春晚遊鶴林寺寄使府諸公

野寺尋春花已遲，背巖唯有兩三枝。平明攜酒猶堪醉，爲報春風且莫吹。

## 題開聖寺

宿雨初收草木濃，群鴉飛散下堂鍾。長廊無事僧歸院，盡日門前獨看松。

## 再葺夷陵幽居

負郭依山一徑深，萬竿如束翠沉沉。從來愛物多成癖，辛苦移家爲竹林。

## 過襄陽寄上于司空相公

方城漢水舊城池，陵谷依然世自移。歇馬獨來尋故事，逢人唯説峴山碑。〔一〕

## 送魏簡能東遊二首〔二〕

獻賦論兵命未通，卻乘羸馬出關東〔三〕。灞陵原上重回首，十載長安似夢中〔四〕。

燕市悲歌又送君，目隨征雁過寒雲〔五〕。孤亭宿處時看劍，莫使塵埃蔽斗文。

〔一〕全詩，黄録何批作：「疊山云：于頔鎮襄陽，爲政苛刻，詩以羊公之仁而見思，諷其當以爲法，詞婉而妙。」

〔二〕「二首」，文苑英華無，僅有第一首。

〔三〕「出」，文苑英華作「去」，又注：「一作『出』。」

〔四〕「似」，文苑英華作「是」，又注：「一作『似』。」

〔五〕「目」，分類本作「自」。

## 陝中遇赦寄秦洛舊知

天網初開釋楚囚，殘骸已廢自知休。荷蓑不是人間事，歸去滄江有釣舟。

## 題連雲堡

由來天地有關扃，斷壑連山接杳冥。一出縱知邊上事，滿朝誰信語堪聽。

## 從秦城回再題武關

遠别秦城萬里遊，亂山高下出商州。關門不鏁寒溪水，一夜潺湲送客愁。

## 題宇秀才櫻桃

風光莫占少年家〔一〕，白髪殷勤最戀花。今日顛狂君莫笑，趁愁得醉眼麻嗏〔二〕。

## 題月水臺

平流白日無人愛，橋上閑行若箇知。水似晴天天似水，兩重星點碧琉璃。

## 黄葵花

此花莫遣俗人看，新染鵝黄色未乾。好逐秋風天上去，紫陽宮女要頭冠。

〔一〕「風光莫占少年家」，黄録何批作：「倒説風光占少年，婉妙。」

〔二〕「嗏」，黄録何批作：「『嗏』字，廣韻及集韻皆不收。」

## 别南溪二首

如雲不厭蒼梧遠，似雁逢春又北飛。唯有隱山溪上月，年年相望兩依依。

常歎春泉去不回，我今此去更難來。欲知别後留情處，手種巖花次第開。

## 井欄砂宿遇夜客

暮雨蕭蕭江上村，緑林豪客夜知聞。他時不用逃名姓，世上如今半是君。

## 盧仝十三首〔一〕

### 走筆謝孟諫議寄新茶

日高丈五睡正濃，軍將打門驚周公。口云諫議送書信，白絹斜封三道印。開緘宛見諫議面，手閱月團三百片。聞道新年入山裏，蟄蟲驚動春風起。天子須嘗陽羨茶，百草不敢先開花。仁風暗結珠琲瓃，先春抽出黄金牙。摘鮮焙芳旋封裹，至精至好且不奢。至尊之餘合王公，何事便到山人家。柴門反關無俗客，紗帽挂頭自煎喫〔二〕。碧雲引風吹不斷，白花浮光凝椀面。一

〔一〕「十三」，原作「十四」，據收詩實際數量改。

〔二〕「挂」，四庫本作「籠」。

椀喉吻潤，兩椀破孤悶。三椀搜枯腸，惟有文字五千卷〔二〕。四椀發輕汗，平生不平事，盡向毛孔散。五椀肌骨清，六椀通仙靈。七椀喫不得也，唯覺兩腋習習清風生。蓬萊山，在何處，玉川子，乘此清風欲歸去。山上群仙司下土〔三〕，地位清高隔風雨。安得知百萬億蒼生命，墮在顛崖受辛苦。便爲諫議問蒼生，到頭合得蘇息否。〔三〕

## 憶金鵝沈山人

君愛煉藥藥欲成，我愛煉骨骨已清。試自比校得仙者〔四〕，也應合得天上行。天門九重高崔嵬，青空鑿出黄金堆。夜叉守門晝不啓，半夜醮祭半夜開。夜叉喜歡動關鏁，鏁聲㩧地生風雷。地上禽獸重血食，性命血化飛黄埃。太上道君蓮花臺，九門隔闊安在哉？嗚呼沈君大藥成，兼須巧會鬼物情，無貪長生喪厥生。

〔二〕「惟有文字五千卷」，黄録何批作：「無功業及於蒼生，則所以自通於後者，徒有文字而已。」
〔三〕「山上群仙司下土」，黄録何批作：「『山上群仙』，自至尊以及王公皆在焉。」
〔三〕「便爲諫議問蒼生，到頭合得蘇息否」，黄録何批作：「欲使蒼生蘇息，此其夢見周公之志也。發端不是漫爲俳諧。」
〔四〕「比」，分類本作「此」。

## 楊州送伯齡

伯齡不厭山，山不養伯齡。松顛有樵墮，石上無禾生。不忍六尺軀，遂作東南行。諸侯盡食肉，壯氣吞八紘。不啣溜鈍漢，何由通姓名。夷齊餓死日，武王稱聖明。節義士枉死，何異鴻毛輕。努力事干謁，我心終不平。

## 歎昨日

天下薄夫苦耽酒，玉川先生也耽酒。薄夫有錢恣張樂，先生無錢養恬漠。有錢無錢俱可憐，百年驟過如流川。平生心事消散盡，天上白日悠悠懸。上帝版版主何物，日車劫劫西向没。自古聖賢無奈何，道行不得皆白骨。白骨化土鬼入泉，生人莫負平生年。何時出得禁酒國，滿瓮釀酒曝背眠。

## 月蝕詩

新天子即位五年，歲次庚寅。斗柄插子，律調黄鍾。〔一〕森森萬木夜殭立，寒氣贔屓頑無風。爛銀盤從海底出，出來照我草屋東。天色紺滑凝不流，冰光交貫寒曈曨。初疑白蓮花，浮出龍王宫。八月十五夜，比並不可雙。此時怪事發，有物吞食來。輪如壯士斧斫壞，桂似雪山風拉摧。百鍊鏡，照見膽，平地埋寒灰。火龍珠，飛出腦，卻入蚌蛤胎。摧環破璧眼看盡，當天一搭如煤炲。磨蹤滅跡須臾間，便似萬古不可開。不料至神物，有此大狼狽。星如撒沙出，爭頭事光大。〔二〕奴婢炷暗燈，揜烏感菼如玳瑁。今夜吐燄如長虹，孔隟千道射户外〔三〕。玉川子，涕泗下，中庭獨自行。念此日月者，太陰太陽精。皇天要識物，日月乃化生。走天汲汲勞四體，與天作眼行光明。此眼不自保，天公行道何由行。吾見陰陽家有説，望日蝕月月光滅，朔月掩日日光

〔一〕「新天子即位五年，歲次庚寅。斗柄插子，律調黄鍾」，黄録何批作：「是時吐突承璀帥師討王承宗，爲盧從史所侮，弊賦損威，逾年無功，憲宗不加誅竄，此詩蓋嫉中人之蔽明也。詩中所謂『恒州陳斬鄺定進』，即揶揄承璀撓敗之實。唐書藩鎮傳云：承璀至軍，無威略，師不振，神策大將鄺定進號驍將，以擒劉闢功王陽山郡，至是戰北馳而儐，趙人曰鄺王也，害之，師氣益折。發端大書甲子，欲使後之讀者得以論其世也。」

〔二〕「星如撒沙出，爭頭事光大」，黄録何批作：「『星如撒沙出』二句，並爲後伏脈，『蚩尤』句之屬皆該其中。」

〔三〕「隟」，黄録何校作「隙」。

缺。兩眼不相攻，此説吾不容。又孔子師老子云，五色令人目盲。吾恐天似人，好色即喪明。幸且非春時，萬物不嬌榮。青山破瓦色，緑水冰崢嶸。花枯無女艷，鳥死沉歌聲。頑冬何所好，偏使一目盲。〔二〕傳聞古老説，蝕月蝦蟆精。徑圓千里入汝腹，汝此癡骸阿誰生。可從海窟來〔三〕，便解緣青冥。恐是眶睫間，揞塞所化成。黄帝有二目，帝舜重明之〔三〕。二帝懸四目，四海生光輝。吾不遇二帝，滉漭不可知。何故瞳子上，坐受蟲豸欺。長嗟白兔擣靈藥，恰似有意防姦非。藥成滿臼不中度，委任白兔夫何爲。憶昔堯爲天，十日燒九州。金爍水銀流〔四〕，玉燭音炒。丹砂焦。六合烘爲窯，音遥。堯心增百憂。帝見堯心憂，勃然發怒決洪流。立擬沃殺九日妖，天高日走沃不及，但見萬國赤子䰕䰕生魚頭。此時九御導九日，爭持節幡麾幢旒。駕車六九五十四頭蛟螭虬，掣電九火輈。汝若蝕開齱齵輪，御轡執索相爬鉤，推蕩轟訇入汝喉。紅鱗焰鳥燒口快，翎鬣倒側聲醆鄒。撑腸拄肚礧傀如山丘，自可飽死更不偷。不獨填飢坑，亦解堯心憂。恨汝時當

〔二〕「頑冬何所好，偏使一目盲」，黄録何批作：「從來宦者用事，皆由人主遊宴後庭，而憲宗未嘗耽於内寵，故曰非『五色』也。『兩眼不相攻』，言非明於彼而蔽於此，不應南衙得人，反有偏聽奄豎之失也。」

〔三〕「可從海窟來」，黄録何批作：「唐書宦者傳云：是時諸道，歲進閹兒號私白，閩嶺最多，時謂閩爲中官區藪。吐突承璀即閩人，故曰『可從海窟來』也。」

〔三〕「明之」，分類本、清宋犖本同。雙清閣本、和刻本、四庫本作「瞳明」。

〔四〕「爍」，四庫本作「鑠」。

食，藏頭撒腦不肯食。不當食，張脣哆觜食不休。食天之眼養逆命，安得上帝請汝劉。嗚呼，人養虎，被虎齧。天媚蟆，被蟆瞎。乃知恩非類，一一自作孽。吾見患眼人，必索良工訣。想天不異人，愛眼固應一。安得常蛾氏〔一〕，來習扁鵲術。手操舂喉戈，去此睛上物。其初猶朦朧，既久如抹漆。但恐功業成，便此不吐出。玉川子又涕泗下，心禱再拜額榻砂土中〔二〕。地上蟣虱臣仝告愬帝天皇，臣心有鐵一寸，可刳妖蟆癡腸。上天不爲臣立梯磴，臣血肉身無由飛上天，揚天光。封詞付與小心風，颭排閶闔入紫宫。密邇玉几前擘坼，奏上臣仝頑愚胸。敢死横干天，代天長〔三〕。東方蒼龍角插戟，尾捭風，當心開明堂。統領三百六十鱗蟲，坐理東方宫。月蝕不救援，安用東方龍。南方火鳥赤潑血，項長尾短飛跋躠，頭戴井冠高達枅。月蝕鳥宫十三度，鳥爲居停主人不覺察。貪向何人家，行赤口毒舌。毒蟲頭上喫卻月，不啄殺，虚眨鬼眼赤突音抉。竊〔四〕，鳥罪不可雪。西方攫虎立踦踦，音几。斧爲牙，鑿爲齒，偷犧牲，食封豕。大蟆一臠，固當

〔一〕「常」，四庫本作「嫦」。「蛾」，何校本「娥」塗改作「蛾」，分類本、清宋犖本、雙清閣本、和刻本、四庫本作「娥」。

〔二〕「榻」，四庫本作「蹋」。

〔三〕「代天長」，何校本校注：「集作『謀其長』。」黄録何校作：「集作『代天謀其長』，『長』讀如字。」「長」，分類本、清宋犖本同，雙清閣本、和刻本、四庫本作「謀」。

〔四〕「突」，四庫本作「宊」。「赤突」，分類本作「明突」。

軟美。見似不見，是何道理？爪牙根天不念天，天若準擬錯準擬。北方寒龜被蚍縛，藏頭入殼如入獄，蚍筋束緊束破殼。寒龜夏鼈一種味，且當臛其肉〔一〕。一底板，没信處，唯堪支床脚，不堪鑽灼與天卜。歲星主福德〔二〕，官爵奉董秦〔三〕。忍使黔婁生，覆尸無衣巾。天失眼不弔，歲星胡其仁。熒惑矍鑠翁，執法大不中。月明無罪過，不糺蝕月蟲。年年十月朝大微，支盧謫罰何災凶。土星與土性相背，反養福德生禍害。到人頭上死破敗，今夜月蝕安可會。太白真將軍，怒激鋒銋生。恒州陣斬酈定進，項骨脆甚春蔓菁。天唯兩眼失一眼，將軍何處行天兵。辰星任廷尉，天律自主持。人命在盆底，固應樂見天盲時。天若不肯信，試喚皋陶鬼一問。一如今日三台文昌宫，作上天紀綱。環天二十八宿〔四〕，磊磊尚書郎。整頓排班行，劍握他人將。一四太

〔一〕「臛」，分類本作「臞」。

〔二〕「歲星主福德」，黄録何批作：「五緯非月所行，故韓詩但及經星。」

〔三〕「官爵奉董秦」，黄録何批作：「東坡云：董秦，李忠臣也。屢立戰功，後污朱泚僞命誅，考其終始，非無功而享厚禄者，不知玉川子何以有此句。余謂董秦之死，去元和庚寅遠矣，此句蓋借董秦以刺于頔也。頔以貪虐倔强居襄，憚憲宗之英威，爲子季友求尚公主，帝因諷之入朝，自山南東道節度使檢校尚書左僕射，爲守司空同中書門下平章事，時方與杜佑俱爲三公。而宰相表大曆十四年三月丁未前淮西節度使檢校司空同平章事，其除授正相類，蓋謂以董秦官爵奉頔也。以秦醜之，欲言之無罪耳。春渚紀聞謂指董偃、秦宫二人，可謂老不曉事矣。」「李肇國史補：天子目賈僕射爲識字董秦。則德宗之於賈耽已有斯語，故玉川借用之。」

〔四〕「宿」，分類本無。

陽側，一四天市傍〔一〕。操斧代大匠，兩手不怕傷。弧矢引滿反射人，天狼呀啄明煌煌。癡牛與騃女，不肯勤農桑。徒勞含淫思，旦夕遥相望。蚩尤簸旗弄，旬始搥天鼓鳴瑺琅〔二〕。枉矢能蚍行，旺目森森張〔三〕。天狗下舐地，血流何滂滂。譎險萬萬黨，架構何可當。眯目釁成就，害我光明王。請留北斗一星相北極〔四〕，指麾萬國懸中央。此外盡掃除，堆積如山岡，贖我父母光。當時常星没，殞雨如拼漿〔五〕。似天會事發，叱喝誅奸强。何故中道廢，自遺今日殃。善善又惡惡，郭公所以亡。願天神聖心，無信他人忠。玉川子詞訖，風色緊格格。近月黑暗邊，有似動劍戟。須臾癡蟆精，兩吻自決拆〔六〕。初露半箇璧，漸吐滿輪魄。衆星盡原赦，一蟆獨誅磔。腹肚忽脱落，依舊掛穹碧。光彩未蘇來，慘澹一片白。奈何萬里光，受此吞吐厄。再得見天眼，感荷天地力。或問玉川子，孔子修春秋，二百四十年，月蝕盡不收。今子咄咄詞，頗合孔意不？玉川子笑

〔一〕「市」，分類本作「帝」。

〔二〕「旬」，清宋犖本同，分類本、雙清閣本、和刻本、四庫本作「旬朔」。

〔三〕「旺」，黄録何校作：「毛。」

〔四〕「請留北斗一星相北極」，黄録何批作：「錢求赤云：此蓋帝星，故留之。」

〔五〕「拼」，分類本、清宋犖本同，和刻本、四庫本作「迸」，雙清閣本作「遊」。

〔六〕「拆」，分類本作「坼」。

答，或請聽逗遛。孔子父母魯，諱魯不諱周。書外書大惡，故月蝕不見收。〔二〕予命唐天，口食唐土。唐禮過三，唐樂過五。小猶不説，大不可數。災沴無有小大瘉，安引衰周，研覈可否。日分晝，月分夜，辨寒暑。一主刑，一主德，政乃舉。孰爲人面上，一目偏可去。願天完兩目，照下萬方土，萬古更不瞽。萬萬古，更不瞽，照萬古。

## 有所思〔三〕

當時我醉美人家，美人顔色嬌如花。今日美人棄我去，青樓珠箔天之涯。娟娟恒蛾月〔三〕，三五盈又缺。翠眉蟬鬢生别離，一望不見心斷絶。心斷絶，幾千里。夢中醉卧巫山雲，覺來淚滴湘江水。湘江兩岸花木深，美人不見愁人心。含愁更奏緑綺琴，調高絃絶無知音。美人兮美

〔二〕「書外書大惡，故月蝕不見收」，黄録何批作：「『彼月而食，則維其常，此日而食，于何不臧？』詩人之言可與春秋互證也，玉川奈何以己意誣孔意哉？」

〔三〕黄録何批作：「遠追明遠，近擬太白。」

〔三〕「恒蛾」，何校本「姮娥」塗改作「恒蛾」，詩上邊欄校注：「『恒』，集避真宗諱作『常』。」清宋犖本、雙清閣本、和刻本、四庫本作「姮娥」。

人，不知爲暮雨兮爲朝雲。相思一夜梅花發，忽到窗前疑是君。

## 樓上女兒曲

誰家女兒樓上頭，指麾婢子掛簾鈎。林花撩亂心之愁，卷卻羅袖彈箜篌。箜篌歷亂五六絃，羅袖掩面啼向天。相思向天情不斷，落花紛紛心欲穿。心欲穿，凴欄干。相憶柳條緑，相思錦帳寒。直緣感君恩愛一回顧，使我雙淚長珊珊。我有嬌靨待君笑，我有嬌蛾待君掃。鶯花爛漫君不來，及至君來花已老。心腸寸斷誰得知，玉階冪歷生青草。

## 新月

仙宮雲箔卷，露出玉簾鈎。清光無所贈，相憶鳳凰樓。

## 悲新年

新年何事最堪悲，病客遥聞百舌兒。太歲只遊桃李逕，春風肯管歲寒枝。

## 訪含曦上人

三入寺，曦未來。轆轤無繩井百尺，渴心歸去生塵埃。

## 寄崔柳州

使者立取書，疊紙生百憂。使君若不信，他時看白頭。三百六十州，剋情唯柳州。柳州蠻天末，鄙夫嵩之幽。花落隴水頭，各自東西流。凛凛長相逐，爲謝波上鷗。

## 蕭二十三赴歙州婚期僕客揚州，早春寄一絶。

淮上客情殊冷落，蠻方春早客何如。相思莫道無來使，回雁峰前好寄書。

## 出山作

出山忘掩山門路，釣竿插在枯桑樹。當時只有鳥窺窬，更亦無人得知處。家僮若失釣魚竿，定是猿猴把將去。

# 于鵠三首

## 題鄰居

僻巷鄰家少，茅簷喜並居。蒸梨常共竈，澆薤亦同渠。傳屐朝尋藥〔一〕，分燈夜讀書。雖然

〔一〕「傳屐朝尋藥」，黄録何批作：「傳屐。」

在城市，還得似樵漁。

## 過凌霄斷天謁張先生祠〔一〕

戢戢亂峰裏，一峰獨凌天。下看如尖高〔二〕，上有十里泉。志人愛幽深〔三〕，一住五十年〔四〕。懸牘到其上〔五〕，乘牛耕藥田。衣食不下求，乃是雲中仙。山僧獨知處，相引衝碧煙。斷崖晝昏黑，差泉横隻椽〔六〕。面壁攀石稜，養力方敢前。累歇日已没，始到茅堂邊。見客不問誰，禮質無周旋。醉卧枕欹樹〔七〕，寒坐展青氈〔八〕。折松掃藜牀，秋果顔色鮮。鍊蜜敲石炭，洗澡乘瀑泉。

〔一〕「斷」，文苑英華、分類本、清宋犖本同，雙清閣本、和刻本、四庫本作「洞」。
〔二〕「如」，文苑英華作「知」，又注：「一作『如』。」
〔三〕「志」，文苑英華作「至」。
〔四〕「五十」，文苑英華作「十五」，又注：「一作『五十』。」
〔五〕「牘」，分類本、清宋犖本同，文苑英華、雙清閣本、和刻本、四庫本作「犢」，文苑英華又注：「一作『牘』。」
〔六〕「差泉」，文苑英華、分類本、清宋犖本同，雙清閣本、和刻本、四庫本作「槎臬」。「隻」，文苑英華作「雙」，又注：「一作『隻』。」「椽」，分類本作「掾」。
〔七〕「欹」，文苑英華作「歌」。
〔八〕「寒坐」，文苑英華作「坐寒」。

白犬舐客衣，驚走聞腥膻。乃知軒冕徒，寧比雲壑眠。

## 寄盧儼員外秋衣詞

寄遠空以心，心誠亦難知。篋中有秋帛，裁作遠客衣。縫製雖女功，尺度手自持。容貌常目中，長短不復疑。斜縫密且堅，遊客多塵緇。意欲都無言，澣濯耐歲時。殷勤託行人，傳語慎勿遺。别來已年老，亦聞鬢成絲。縱然更相逢，握手唯是悲。所寄莫復棄，願見長相思。

# 朱慶餘一首〔一〕

## 題薔薇花〔二〕

四面垂條密〔三〕，浮陰入夏清。緑攢傷手刺，紅墮斷腸英。粉著蜂須膩，光凝蝶翅明。雨中

〔一〕「朱慶餘」，四庫本作「朱餘慶」。
〔二〕本首篇題，文苑英華作「薔薇」。
〔三〕「四面」，文苑英華作「遶架」，又注：「雜詠作『四面』。」

看亦好〔二〕，況復值初晴。

## 張祜十三首 字永吉，以處士居蘇州，令狐楚嘗薦其詩於朝，不報。〔三〕

### 江南雜題〔三〕

積潦池新漲，頹垣趾舊高〔四〕。怒蛙横飽腹，鬬雀墮輕毛。碧瘦三棱草〔五〕，紅鮮百葉桃。幽棲日無事，痛飲讀離騷。

〔一〕「中」，文苑英華作「來」，又注：「雜詠作『中』。」

〔二〕何校本校注：「近刻所無者五篇。」「永」，黄録何校作：「承。」

〔三〕本首篇題，蜀刻别集作「江南雜題三十首」，此首爲組詩之二十四。

〔四〕「趾」，蜀刻别集作「沚」。

〔五〕「棱」，何校本「稜」塗改作「棱」。

## 賦得福州白竹扇子 探得輕字〔一〕。

金泥小扇謾多情〔二〕，未勝南工巧織成〔三〕。藤縷雪光纏柄滑，篾鋪銀薄露花輕〔四〕。清風坐向羅衫起，明月看從玉手生。猶賴早時君不棄，每憐初作合歡名。

## 哭京兆龐尹〔五〕

楊子津頭昔共迷，一爲京兆隔雲泥。故人昨日同時弔，舊馬今朝别處嘶。向壁愁眉無復畫〔六〕，扶床稚齒已能啼。也知世路名堪貴，誰信莊周論物齊〔七〕。

〔一〕蜀刻别集無注「探得輕字」。
〔二〕「謾」，蜀刻别集作「漫」。
〔三〕「工」，蜀刻别集作「功」。
〔四〕「鋪」，蜀刻别集作「編」。「花」，蜀刻别集作「華」。
〔五〕文苑英華題作者爲「張祐」。黄録何批作：「酷罵，卻仍藴藉。」
〔六〕「畫」，蜀刻别集作「盡」。
〔七〕「論物」，蜀刻别集、文苑英華作「物調」。

## 入關〔一〕

都城連百二〔二〕，雄險此回環。地勢遥尊嶽，河流側讓關。秦皇曾虎視，漢祖亦龍顔〔三〕。何事梟兇輩〔四〕，干戈自不閑。

## 潤州楊別駕宅送蔣侍御收兵歸揚州〔五〕

冷氣清金虎〔六〕，兵威壯鐵冠。揚旌川色暗〔七〕，吹角水風寒。人對輜軿醉，花垂睥睨殘〔八〕。

〔一〕本首篇題，蜀刻别集作「入潼關」。
〔二〕「連百二」，蜀刻别集作「三百里」。
〔三〕「亦」，蜀刻别集作「昔」。
〔四〕「事」，蜀刻别集作「處」。「兇」，蜀刻别集作「雄」。
〔五〕「楊」，文苑英華作「陽」。文苑英華題作者爲「李嘉祐」。
〔六〕「冷」，文苑英華作「沴」。
〔七〕「色」，文苑英華作「邑」。「暗」，文苑英華作「暝」，又注：「一作『暗』。」
〔八〕「垂」，文苑英華作「看」，又注：「集作『垂』。」

羡歸丞相閤〔一〕，空望舊門闌。

## 觀泗州李常侍打毬〔二〕

日出樹煙紅，開場畫鼓雄。驟騎鞍上月〔三〕，輕撥鐙前風。斗轉時乘勢〔四〕，旁梢乍迸空〔五〕。等來低背手，争得旋分騣〔六〕。遠射門斜入，深排馬迴通〔七〕。遥知三殿下，長恨出征東。

〔一〕「閤」，文苑英華作「府」，又注：「集作『閤』，一作『問』。」

〔二〕「打毬」，蜀刻別集作「抛打毬」。

〔三〕「驟」，蜀刻別集作「穩」。

〔四〕「時」，蜀刻別集作「俄」。

〔五〕「旁」，蜀刻別集作「傍」。「梢」，四庫本作「捎」。

〔六〕「旋」，蜀刻別集作「便」。「騣」，蜀刻別集作「鬃」。

〔七〕「馬」，蜀刻別集作「鳥」。

## 寄遷客

萬里南遷客，辛勤嶺路遥。溪行防水弩〔一〕，野店避山魈。瘴海須求藥，貪泉莫舉瓢〔二〕。但能堅志義，白日甚昭昭。

## 閑居〔三〕

僻巷新苔徧，空庭弱柳垂。井欄防稚子，盆水試鵝兒〔四〕。喜客加籩食〔五〕，邀僧長路棋〔六〕。未能抛世事，除此更何爲？

〔一〕「防」，蜀刻别集作「逢」。

〔二〕「貪泉莫舉瓢」，黄録何批作：「第六不是勵遷客語，便不可謂之真詩。」

〔三〕本首篇題，蜀刻别集作「閑居作五首」，此首爲組詩之二。

〔四〕「盆」，蜀刻别集作「溢」。「鵝」，蜀刻别集作「魚」。

〔五〕「喜客加籩食」，黄録何批作：「『加籩』亦與處士不稱。」

〔六〕「棋」，蜀刻别集作「飢」。

## 題金山寺〔一〕

一宿金山頂〔二〕，微茫水國分〔三〕。僧歸夜船月，龍出曉堂雲。樹影中流見〔四〕，鍾聲兩岸聞。因悲在朝市〔五〕，終日醉醺醺。

## 題惠山寺〔六〕

舊宅人何在〔七〕，空門客自過。泉聲到池盡，山色上樓多〔八〕。小洞穿斜竹〔九〕，重欄夾瘦

〔一〕本首篇題，蜀刻別集作「題潤州金山寺」，文苑英華作「金山寺」。
〔二〕「頂」，蜀刻別集作「寺」，文苑英華校注：「集作『寺』」。
〔三〕「微茫水國分」，蜀刻別集作「超然離世群」，文苑英華校注：「集作『超然離世群』。」
〔四〕「影」，蜀刻別集作「色」。
〔五〕「因悲」，蜀刻別集作「翻思」，文苑英華校注：「集作『翻思』。」
〔六〕本首篇題，文苑英華作「常州無錫縣惠山寺」。
〔七〕「宅人」，蜀刻別集作「人宅」。
〔八〕「山」，蜀刻別集作「月」，文苑英華校注：「集作『月』。」
〔九〕「穿」，蜀刻別集作「生」，文苑英華校注：「集作『生』。」

莎〔二〕。殷勤又城市〔三〕，雲水暮鍾和。

## 送楊秀才遊雲南〔三〕

鄂渚逢遊客，瞿唐上去船。〔四〕江連萬里海，峽入一條天。鳥影沉沙日，猿聲隔樹煙。新詩北來便，爲草寄巴牋。

〔一〕「欄」，蜀刻別集作「堦」，文苑英華作「階」。「瘦」，蜀刻別集作「細」。

〔二〕「又」，蜀刻別集作「望」，文苑英華作「入」，又注：「集作『望』。」

〔三〕「雲南」，蜀刻別集、文苑英華作「蜀」。文苑英華題作者爲「張佑」。

〔四〕文苑英華無「江連萬里海」之後詩句。「鄂渚逢遊客，瞿唐上去船」後作：「峽深明月夜，江浄碧雲天。舊俗巴歈舞，離情蜀國絃。不堪揮慘恨，一涕自潸然。」「浄」，又注：「集作『静』。」「離情」，又注：「集作『新聲』。」

## 薔薇花〔一〕

曉風抹破燕支顆〔二〕，夜雨催成蜀錦機。當晝開時正明媚，故鄉疑是買臣歸〔三〕。

## 洛中感寓〔四〕

擾擾都城曉四開〔五〕，不關名利也塵埃。千門甲第身遥入〔六〕，萬里銘旌死後來〔七〕。洛水暮天

〔一〕本首篇題，分類本作「題薔薇花」。
〔二〕「破」，蜀刻别集作「盡」。「支」，分類本作「脂」。「顆」，蜀刻别集作「顋」。
〔三〕「故鄉疑是買臣歸」，黄録何批作：「第四句中仍有一張處士，所以爲工。」
〔四〕「感寓」，蜀刻别集作「寓懷」。
〔五〕「城」，蜀刻别集作「門」。
〔六〕「門」，蜀刻别集作「名」。「入」，蜀刻别集作「占」。
〔七〕「銘旌」，蜀刻别集作「旌旗」。

横莽蒼[一]，邙山秋日露崔嵬[二]。須知此事堪爲鏡，莫遣黄金漫作堆[三]。

## 曹唐二首

### 暮春戲贈吴端公

年少英雄好丈夫，大家望拜漢金吾。閑眠曉日聽鶗鴂，笑倚春風杖轆轤[四]。深院吹笙從漢婢，静街調馬任奚奴。牡丹花外簾鈎下，獨憑紅肌捋虎鬚。

[一]「横」，蜀刻别集作「沉」。

[二]「秋」，蜀刻别集作「終」。「露」，蜀刻别集作「見」，四庫本作「路」。

[三]「漫」，蜀刻别集作「謾」。

[四]「杖」，四庫本作「仗」。

和周侍御買劍

將軍溢價買吴鉤，要與中原静寇讎。試掛窗前驚電轉，略抛床上怕泉流。青天露拔雲霓泣，黑地潛擎鬼魅愁。見説夜深星斗畔，等閑期剋月支頭。

## 賈島二十三首

字閬仙，爲倉曹參軍，會昌二年卒。

寄遠〔一〕

别腸多鬱紆，豈能肥肌膚。始知相結密，不及相結疏。疏别恨應少，密離恨難袪。門前南流水，中有北飛魚。魚飛向北海，可以寄遠書。不惜寄書遠〔二〕，故人今在無。〔三〕況此數尺身，阻

〔一〕黄録何批作：「此篇惟才調集本最善，今賈集中亦脱誤。」

〔二〕「書遠」，文苑英華作「遠書」。

〔三〕「魚飛向北海，可以寄遠書。不惜寄書遠，故人今在無」，黄録何校作：「魚飛向北海，此情復何如。欲剪衣上襟，書作寄遠書。不惜寄遠書，故人今在無。華山苕嶢形，遥望齊平蕪。」

彼萬里途。自非日月光，難以知子軀。

和劉涵

京官始云滿，野人依舊閑。閉扉一畝居，中有古風還〔一〕。市井日已午，幽窗夢南山。喬木覆北齋，有鳥鳴其間。前日遠岳僧，來時與開關。新題驚我瘦，窺鏡見醜顔。〔二〕陶情昔自澹，此意復誰攀〔三〕？

〔一〕「中有古風還」，黄録何批作：「『古風』含下二層意。」

〔二〕「新題驚我瘦，窺鏡見醜顔」，黄録何批作：「身不自覺，乃見劉意之厚。」

〔三〕「誰」，何校本「群」改作「誰」。

## 答王參

寸晷不相待，四時互如競[一]。客思先覺秋，蟲聲各知瞑[二]。霜松積舊翠，露月團新鏡。詩負屬景同，琴孤坐堂聽。相期黄菊節，别約桃花徑[三]。每把式微篇，臨風一長詠。

## 延康吟[四]

寄居延壽里，爲與延康鄰。不愛延康里，愛此里中人。人非十年故，人非九族親。人有不朽語，得之煙山春。

〔一〕「如」，黄録何校作：「集作『苦』。」

〔二〕「各」，何校本校注：「集作『苦』。」

〔三〕「桃花徑」，黄録何批作：「『桃花徑』，追溯初别之時也，應轉『寸晷不待』。」

〔四〕黄録何批作：「樂天寄張十八詩云：『同病者張生，貧僻住延康。』然則此詩爲張水部作也。」

## 戲贈友人

一日不作詩，心源如廢井。筆硯無轆轤〔二〕，吟詠作縻綆〔三〕。朝來重汲引，依舊得清冷。書贈同懷人，詞中多苦辛。

## 哭柏巖禪師

苔覆石床新，師曾占幾春。寫留行道影〔三〕，焚卻坐禪身。塔院關松雪〔四〕，經房鎖隙塵。自嫌雙淚下，不是解空人。

〔二〕「無」，文苑英華作「爲」。
〔三〕「縻」，文苑英華作「縻」。
〔三〕「留」，文苑英華作「流」。
〔四〕「雪」，文苑英華作「路」，又注：「集作『雪』。」

## 山中道士

頭髮梳千下，休粮帶瘦容。養雛成大鶴〔二〕，種子作高松。白石通宵煮，寒泉盡日舂。不曾離隱處，那得世人逢。

## 哭孟郊

身死聲名在，多應萬古傳。寡妻無子息，破宅帶林泉。冢近登山道，詩隨過海船。故人相弔後，斜日下寒天〔三〕。

〔二〕「大」，文苑英華作「老」，又注：「集作『大』。」

〔三〕「寒天」，文苑英華校注：「一作『天邊』。」

## 南池

蕭條微雨後〔一〕，荒岸抱清源。入舫山侵塞，分泉稻接村〔二〕。秋聲依樹色，月影在蒲根。淹泊方難遂〔三〕，他宵關夢魂。

## 寄龍池寺貞空二上人

受命終南住〔四〕，俱妨去石橋。林中秋信絶，峰頂夜禪遥。寒草煙藏虎，高松月照雕〔五〕。霜天期到寺，寺置即前朝。

〔一〕「後」，文苑英華作「絶」。
〔二〕「稻」，文苑英華作「道」。
〔三〕「泊」，分類本作「泪」。
〔四〕「命」，文苑英華作「請」。
〔五〕「松」，文苑英華作「僧」。

## 訪李甘原居

原西居處静，門對曲江開。石縫銜枯草，查根漬古苔。翠微泉夜落，紫閣鳥時來。仍憶尋淇岸，同行採蕨回。

## 題李疑幽居

閑居少鄰並，草徑入荒園。鳥宿池中樹，僧敲月下門。過橋分野色，移石動雲根。暫去還來此，幽期不負言。

## 百門陂留辭從叔謩

幽鳥飛不遠，我行千里間。寒銜陂水路，醉下菊花山。有恥長爲客，無成又入關。何時臨澗柳，吾黨共來攀。

懷博陵故人

孤城易水頭，不忘舊交遊。雪壓圍棋屋，風吹飲酒樓。路遥千里月，人别十三秋。吟苦相思處，天寒江急流。

送友人遊蜀〔一〕

萬岑深積翠〔二〕，路向此中難。欲暮多羈思，因高莫遠看。卓家人寂寞，楊子業凋殘〔三〕。惟有岷江水〔四〕，悠悠帶月寒。

〔一〕本首篇題，文苑英華作「送蜀客還」。題作者爲「耿緯」。
〔二〕「岑」，文苑英華作「峯」。
〔三〕「凋」，文苑英華作「荒」。
〔四〕「惟有」，文苑英華作「唯見」。

## 再投李益常侍

何處初投刺，當時赴尹京。淹留花柳變〔一〕，然諾肺腸傾。避暑蟬移樹，高眠雁過城〔二〕。人家嵩岳色，公府洛河聲。聯句逢秋盡，嘗茶見月生。新衣裁白紵，思從曲江行。

## 送惟一遊清涼寺

去有巡臺侶，荒溪衆樹分。瓶殘秦地水，錫入晉山雲。秋月離喧見，寒泉入定聞。人間臨欲別，旬日雨紛紛。〔三〕

〔一〕「柳」，文苑英華作「木」。

〔二〕「高眠」，文苑英華作「登高」。

〔三〕「人間臨欲別，旬日雨紛紛」，黄録何批作：「落句言不待他時始相思也。」

## 酬張籍王建

疏林荒宅古坡前，久住還因太守憐。漸老更思深處隱，多閑數得上方眠。鼠抛貧屋收田日，雁度寒江擬雪天〔一〕。身事龍鍾應是分，水曹芸閣枉來篇。

## 方鏡

背如刀截機頭錦，面似升量澗底泉〔二〕。銅雀臺南秋日得，照來照去已三年。

## 渡桑乾〔三〕

客舍并州已十霜，歸心日夜憶咸陽。無端更渡桑乾水，卻望并州是故鄉。

〔一〕「擬」，文苑英華校注：「一作『擻』。」

〔二〕「升」，分類本作「勝」。

〔三〕黄録何批作：「此詩見御覽集中作劉皂，慤士選進當元和之初。賈，范陽人，桑乾正其故鄉，詩意亦不相合也。」

## 贈梁蒲秀才斑竹拄杖

揀得林中最細枝，結根石上長身遲。莫嫌滴瀝紅斑少〔一〕，恰是湘妃淚盡時。〔二〕

## 宿杜家亭子〔三〕

牀頭枕是溪中石，井底泉通竹下池。宿客未眠過半夜〔四〕，獨聞山雨到來時。

〔一〕「斑」，分類本作「班」。

〔二〕「莫嫌滴瀝紅斑少，恰是湘妃淚盡時」，黄録何批作：「放翁云：拄杖，斑竹爲上，竹欲老瘦而堅勁，斑欲微赤而點疏，此詩蓋善言拄杖者也。余謂詩中兼寓地寒才退年晚之意，蓋自道也。」

〔三〕「杜家亭子」，文苑英華作「杜司空東亭」。

〔四〕「過」，文苑英華作「當」。

三月晦日贈劉評事〔一〕

三月正當三十日〔二〕，風光别我苦吟身〔三〕。共君今夜不須睡〔四〕，未到曉鍾猶是春〔五〕。

## 趙嘏六首

會昌二年擢進士第，終渭南尉。

長安秋望

雲物凄涼拂曙流，漢家宫闕動高秋。殘星幾點雁横塞，長笛一聲人倚樓。紫艷半開籬菊静，紅衣落盡渚蓮愁。鱸魚正美不歸去，空戴南冠學楚囚。

〔一〕「劉評事」，文苑英華作「録事」，又注：「一作『評事』。」

〔二〕「正」，文苑英華作「更」，又注：「一作『正』。」

〔三〕「風」，文苑英華作「春」，又注：「一作『風』。」

〔四〕「睡」，文苑英華作「寢」，又注：「集作『寐』，一作『睡』。」

〔五〕「到」，文苑英華作「至」。「未至曉鍾」，文苑英華校注：「集作『未到五更』。」

## 長安月夜與友生話故山〔一〕

宅邊秋水浸苔磯〔二〕，日日持竿去不歸。楊柳風多潮未落，蒹葭霜在雁初飛。〔三〕重嘶匹馬吟紅葉，卻聽疏鍾憶翠微。今夜秦城滿樓月，故人相見一沾衣〔四〕。

## 重寄盧中丞

賤子來還去，何人伴使君。放歌迎晚醉，指路上高雲。此夜雁初至，空山雨獨聞。別多頭欲白，惆悵惜餘曛。

〔一〕文苑英華無「月夜」，「話」作「舊」。「長安」，又注：「一有『月夜』二字。」「舊」，又注：「一作『故』。」

〔二〕「浸」，文苑英華作「舊」，又注：「一作『浸』。」「宅邊秋水浸苔磯」，黄録何批作：「『憶翠微』。」

〔三〕「楊柳風多潮未落，蒹葭霜在雁初飛」，黄録何批作：「『潮未落』比身退不得，『雁初飛』則家書又難爲辭也。」

〔四〕「見」，文苑英華作「向」。

## 汾上宴别

雲物如故鄉，山川知異路。年來未歸客，馬上春色暮。一罇花下酒，殘日水西樹。不待絃管終，摇鞭背花去。

## 獻淮南李僕射

早年曾謁富人侯，今日難甘失鵠羞。新諾似山無力負，舊恩如水滿身流。馬嘶紅葉蕭蕭晚，日照長江灎灎秋。功德萬重知不惜，一言抛得百生愁。

## 曲江春望懷江南故人

杜若洲邊人未歸，水寒煙暖想柴扉。故園何處風吹柳，一雁南來雪滿衣。目極思隨原草徧，浪高書到海門稀。此時愁望情多少，萬里春流遶釣磯。

# 唐百家詩選　卷十六

## 許渾三十三首〔一〕 大中末爲郢州刺史。

### 淩歊臺〔二〕 在當塗縣西。宋高祖築。

宋祖高高樂未回〔三〕，三千歌舞宿層臺。湘潭雲盡暮山出，巴蜀雪消春水來。行殿有基荒薺合，寢園無主野棠開。百年便作萬年計〔四〕，巖畔古碑空緑苔〔五〕。

〔一〕「三十三」，原本作「三十二」，據收詩實際數量改。
〔二〕「淩」，文苑英華作「陵」。「歊」，分類本作「敲」。
〔三〕「高高」，蜀刻別集作「淩高」，又注：「一作『歊』。」文苑英華作「高臺」，又注：「集作『陵歊』。」
〔四〕「便」，文苑英華作「應」，又注：「集作『便』。」「萬」，蜀刻別集作「百」。
〔五〕「畔」，蜀刻別集校注：「一作『上』。」文苑英華作「上」，又注：「集作『畔』。」

## 送蕭處士歸緱嶺别業

醉斜烏帽髮如絲，曾看仙人一局棋。賓館有魚爲客久，鄉書無雁到家遲。緱山住近吹笙廟，湘水行逢鼓瑟祠。今夜月明何處宿，九疑雲盡緑參差。

## 贈蕭兵曹

廣陵隄上昔離居，帆轉瀟湘萬里餘〔一〕。楚澤病時無鵩鳥〔二〕，越鄉歸去有鱸魚〔三〕。潮生水郭蒹葭響，雨過山城橘柚疏。聞説攜琴兼載酒，邑人争識馬相如〔四〕。

〔一〕「瀟湘」，蜀刻别集校注：「一作『湘南』。」

〔二〕「澤」，蜀刻别集作「客」。「鵩」，蜀刻别集作「鵩」。

〔三〕「鄉」，蜀刻别集校注：「一作『江』。」「去」，蜀刻别集作「處」。

〔四〕「邑人争識」，蜀刻别集校注：「一作『邛人休羡』。」

## 凌歊臺送韋秀才〔一〕

雲起高臺日未沉，數村殘照半巖陰〔二〕。野蠶成繭桑柘盡，溪鳥引雛蒲稗深〔三〕。帆勢依依投極浦，鍾聲杳杳隔前林。故山迢遞故人去，一夜月明千里心。

## 送嶺南盧判官罷職歸華陰山居

曾到劉琨雁塞空〔四〕，十年書劍似飄蓬〔五〕。東堂舊屈移山志〔六〕，南國新留煮海功。還挂一帆

〔一〕「歊」，文苑英華作「獻」，分類本作「敲」。

〔二〕「巖」，文苑英華注：「一作『蘿』。」

〔三〕「溪」，文苑英華作「山」，又注：「集作『溪』。」

〔四〕「到」，蜀刻別集、文苑英華作「事」，黄録何校作：「事。」

〔五〕「似」，蜀刻別集、文苑英華校注：「一作『任』。」

〔六〕「屈」，蜀刻別集、文苑英華校注：「一作『有』。」

青草上，更開三徑碧蓮中。關西舊友應相問〔一〕，已許滄浪伴釣翁。

## 登故洛陽城

禾黍離離半野蒿，昔人城此豈知勞〔二〕。水聲東去市朝變，山勢北來宫殿高。鵶噪暮雲歸古堞，雁迷寒雨下空壕。可憐緱嶺登仙子，猶自吹笙醉碧桃〔三〕。

## 懷舊居

兵書一篋老無功，故國郊扉在夢中。藤蔓覆梨張谷暗，草花侵菊庾園空。朱門跡忝登龍客，白屋心期失馬翁。楚水吴山何處是，北窗殘月照屏風。

---

〔一〕「舊」，蜀刻別集校注：「一作『親』。」文苑英華作「親」。「應」，蜀刻別集校注：「一作『如』。」文苑英華作「如」。

〔二〕「此」，蜀刻別集作「在」。

〔三〕「猶」，蜀刻別集校注：「一作『獨』。」

## 哭虞將軍〔一〕

白首從軍未有名〔二〕，近將孤劍到江城〔三〕。巴童戍久能番語，胡馬調多解漢行。對雪夜窮黄石略，望雲秋計黑山程〔四〕，可憐身死家猶遠〔五〕，汴水東流無哭聲。

## 晚自朝臺津至韋隱居郊園〔六〕

秋來鳧雁下方塘，繫馬朝臺步夕陽。村逕繞山松葉滑，野門臨水稻花香〔七〕。雲連海氣琴書潤，風帶潮聲枕簟涼。西去磻溪猶萬里，可能垂白待文王。

〔一〕本首篇題，文苑英華校注：「一作傷河東虞押衙。」

〔二〕「白首」，文苑英華作「自昔」，又注：「集作『白首』，一作『十載』。」

〔三〕「將」，文苑英華作「來」。

〔四〕「計」，蜀刻別集校注：「一作『筭』。」「秋計」，文苑英華校注：「集作『秋筭』，一作『朝筭』。」

〔五〕「可憐」，文苑英華校注：「一作『誰知』。」

〔六〕「津」，蜀刻別集無。

〔七〕「野」，蜀刻別集、分類本、清宋犖本同，雙清閣本、和刻本、四庫本作「柴」。

## 嘗與故宋補闕秋夕遊練湖南亭今復登賞愴然有感〔一〕

西風渺渺月連天，同醉蘭舟未十年〔二〕。鵩鳥賦成人已没〔三〕，嘉魚詩在世空傳。榮枯盡寄浮雲外，哀樂猶驚逝水前。日暮長隄更回首，一聲鄰笛舊山川〔四〕。

## 灞上逢元九處士東歸〔五〕

瘦馬頻嘶灞水寒，灞南高處望長安。何人更結王生韤〔六〕，此客虚彈貢氏冠〔七〕。江上蟹螯沙

〔一〕本首篇題，蜀刻别集作「重遊練湖懷書」，又注「并序」。序言作：「余嘗與故宋補闕次都秋夕遊練湖南亭，今復登賞，愴然有感，因賦是詩。」

〔二〕「醉」，蜀刻别集作「泛」。

〔三〕「鵩」，蜀刻别集作「鴞」。

〔四〕「一聲鄰笛舊山川」，蜀刻别集校注：「一作『一聲蟬續一聲蟬』。」

〔五〕「九」，蜀刻别集無。

〔六〕「韤」，蜀刻别集、分類本作「韈」。「何人更結王生韤」，黄録何批作：「『新知』。」

〔七〕「此客虚彈貢氏冠」，黄録何批作：「『舊交』。」

渺渺〔二〕，塢中蝸殼雪漫漫。舊交已盡新知少〔三〕，卻伴漁師把釣竿。

## 經故丁補闕郊居

死酬知己道終全，波暖孤冰且自堅。〔三〕鵬上承塵纔一日，鶴歸華表亦千年〔四〕。風吹藥蔓迷樵逕，水暗蘆花失釣船。四尺孤墳何處是，闔閭城外草連天。〔五〕

〔二〕「江上蟹螯沙渺渺」，黄録何批作：「『伴漁師』。」

〔三〕「盡」，蜀刻别集作「變」，又注：「一作『盡』。」黄録何校作：「集作『變』，方與『虚』字相應。」

〔三〕「孤」，蜀刻别集、分類本、黄録何校作「狐」。「死酬知己道終全，波暖孤冰且自堅」，黄録何批作：「發端反其辭以嗤之，言贊皇當國不能用，何乃以死附之？第二則言其不知時也，李回、鄭亞之徒卒皆離涣，丁之智顧出狐之渡冰下耶？後半則嗤其徒死，而一郊居之莫保耳。許以李玨爲恩門，與杜牧善，集中有元正一篇，詆贊皇爲奸臣，宜乎其爲是言也。」

〔四〕「亦」，蜀刻别集校注：「一作『已』。」

〔五〕「四尺孤墳何處是，闔閭城外草連天」，黄録何批作：「新唐書李德裕傳末載丁柔立事云：德裕當國時，或薦其直清可任諫争官，不果用，大中初爲左拾遺，德裕被放，上書直其冤，坐阿附貶南陽尉。左拾遺，通鑑作右補闕。此詩指柔立也，誼士所羞誦。然柔立爲吾郡先哲，則賴落句爲據云。」

## 祇命南海至廬陵逢表兄軍倅奉使淮海別後卻寄〔一〕

廬橘花香拂釣磯，佳人猶舞越羅衣。三洲水淺魚來少，五嶺山高雁到稀。客路晚依紅樹宿，鄉關暗望白雲歸。交親不念征南吏〔二〕，昨夜風帆去似飛。

## 送王總下第歸丹陽〔三〕

秦橋心斷楚江湄〔四〕，繫馬秋風酒一巵〔五〕。汴水月明東下疾，練塘花發北枝遲〔六〕。青蕪定没

〔一〕 本首篇題，蜀刻別集作「別表兄軍倅」，又注：「并序。」序言作：「余祇命南海至廬陵，逢表兄軍倅奉使南海，別後卻寄是詩。」

〔二〕 「吏」，蜀刻別集校注：「一作『客』。」

〔三〕 「送」，文苑英華作「呈」。

〔四〕 「橋」，文苑英華校注：「一作『樓』。」「心斷」，文苑英華作「西望」。「江湄」，文苑英華作「天涯」，又注：「集作『江清』。」

〔五〕 「秋」，蜀刻別集、文苑英華作「春」。

〔六〕 「枝」，蜀刻別集、文苑英華作「來」，文苑英華又注：「一作『歸』。」

安貧處〔二〕，黄葉應催獻賦時〔三〕。憑寄家書問回報〔三〕，舊居還有故人知〔四〕。

## 登尉佗樓〔五〕

劉項持兵鹿未窮，自乘黄屋島夷中。南來作尉任囂力，北向稱臣陸賈功。〔六〕簫鼓尚陳今世廟，旌旗猶鎮昔時宫。越人未必知虞舜，一奏薰絃萬古風。

〔二〕「蕪」，文苑英華作「山」。「定没」，文苑英華作「虚戀」，又注：「集作『定没』。」「處」，文苑英華作「計」。

〔三〕「黄葉」，文苑英華作「白髮」，又注：「集作『黄葉』。」「時」，文苑英華校注：「一作『期』。」

〔三〕「憑」，文苑英華作「爲」。「問」，蜀刻别集作「爲」，又注：「一作『周』。」「問回報」，文苑英華作「報消息」。文苑英華「爲寄家書報消息」句又注：「集作『憑寄家書爲回報』。」

〔四〕「居」，文苑英華作「鄉」，又注：「集作『君』。」

〔五〕「佗」，原本作「陀」，據蜀刻别集、文苑英華改。

〔六〕「南來作尉任囂力，北向稱臣陸賈功」，黄録何批作：「有功於民則祀之，三四嗤其不應祭法。」

## 題崔處士山居

坐窮今古掩書堂，二頃湖田一半荒。荊樹有花兄弟樂，橘林無實子孫忙。龍歸曉洞雲猶濕，麝過春山草自香。向夜欲歸心萬里，故園松月更蒼蒼。

## 酬綿竹于中丞使君見寄〔一〕

故人書信越褒斜，新意雖多舊約賒。皆就一麾先去國，共謀三逕未還家。荊巫夜隔巴西月，鄢郢春連漢上花。半月離居猶悵望，可堪垂白各天涯。

〔一〕「酬」，蜀刻別集作「詶」。「竹」，蜀刻別集作「州」。

## 金陵懷古

玉樹歌殘王氣終〔一〕，景陽兵合戍樓空〔二〕。松楸遠近千官塚〔三〕，禾黍高低六代宫。石鷰拂雲晴亦雨，江豚吹浪夜還風。英雄一去豪華盡，唯有青山似洛中。

## 秋晚雲陽驛西亭蓮花池〔四〕

心憶蓮塘秉燭遊，葉殘花敗尚維舟。煙開翠扇清風曉〔五〕，水泛紅衣白露秋。神女暫來雲易散，仙娥初去月難留。空懷遠道無持贈〔六〕，醉倚西欄盡日愁。

〔一〕「殘」，蜀刻別集校注：「一作『愁』」。

〔二〕「戍」，蜀刻別集校注：「一作『書』」。

〔三〕「松」，蜀刻別集校注：「一作『梧』」。

〔四〕「秋晚」，文苑英華作「秋晚題」。「花」，蜀刻別集、文苑英華無。

〔五〕「清」，分類本作「青」。「曉」，文苑英華作「晚」。

〔六〕「持」，文苑英華作「時」。

# 題衛將軍廟〔一〕

將軍名逖，陽羨人。少習詩書，學劍〔二〕，二十七遊并、汾間。神堯皇帝始建義旗〔三〕，逖以勇藝進，備行列。洎擒竇建德，逖持挾槍劍〔四〕，前突後翼，太宗顧而奇之。天下既定，録其功，拜將軍宿衛。以母老病，且乞歸侍殘年，辭旨哀激，詔許之。既而以孝敬睦閭門，以然信居鄉里。及卒，邑人懷其賢，廟于荆溪之湄〔五〕，以平生弓甲懸東西廡下，歲時祠祭，頗福其土焉。文士王教撰碑〔六〕，辭實詳備，而國史闕書其人〔七〕，因題是詩于廟壁。〔八〕

武牢關下獲龍旗〔九〕，挾槊彎弧馬上飛〔一〇〕。漢業未興王霸在，秦軍纔散魯連歸。墳穿大澤埋

〔一〕「題衛將軍廟」，蜀刻别集校注：「并序。」

〔二〕「學劍」，蜀刻别集作「學弓劍有武略」。

〔三〕「神堯」，蜀刻别集作「遇神堯」。

〔四〕「持」，蜀刻别集作「時」。

〔五〕「于」，蜀刻别集作「宇」。

〔六〕「王教」，蜀刻别集作「王敖」。

〔七〕「而」，蜀刻别集作「惜乎」。

〔八〕「將軍」至「廟壁」，原連綴於篇題下，據蜀刻别集校注，此段當爲序文，據改。

〔九〕「獲」，清宋犖本同，蜀刻别集、雙清閣本、和刻本、四庫本作「護」。

〔一〇〕「槊」，蜀刻别集校注：「一作『戟』。」「弧」，蜀刻别集作「弓」。

金劍，廟枕長溪挂鐵衣。欲奠忠魂何處問〔一〕，葦花楓葉雨霏霏。

## 歲暮自廣江至新興往復中道題峽山寺四首

夜醉晨方醒，孤吟恐失群。海鰌潮上見，江鵠霧中聞。未臘梅先實，終冬草自薰〔二〕。樹隨山崦合，泉到石稜分。虎跡空林雨，猿聲絶嶺雲。蕭蕭異鄉鬢，明日共絲棼。

薄暮緣西峽，停橈一訪僧。鷺巢横卧柳，猿飲倒垂藤。水曲巖千疊，雲重樹百層。山嵐寒殿磬〔三〕，溪雨夜船燈。灘漲危槎没，泉衝怪石崩。中臺一襟淚，歲杪别良朋。〔四〕

〔一〕「奠」，蜀刻别集校注：「一作『弔』。」

〔二〕「終」，蜀刻别集作「經」，又注：「一作『終』。」

〔三〕「嵐」，蜀刻别集作「風」，黄録何校作：「集作『風』。」

〔四〕「水曲巖千疊，雲重樹百層。山嵐寒殿磬，溪雨夜船燈。灘漲危槎没，泉衝怪石崩。中臺一襟淚，歲杪别良朋」，黄録何批作：「『水曲』二句，言欲訪而復不可即，但風度磬聲而已，已極凄寂。『灘漲』二句，則並停橈亦不可也。一路逼出『淚』字。」

密樹分蒼壁，長溪抱碧岑。海風聞鶴遠，潭日見魚深。〔一〕松蓋環清韻，榕根架緑陰。南方大葉榕樹〔二〕，横枝危者，輒生根垂地如柱大〔三〕。洞丁多斲石，蠻女伴淘金〔四〕。端州斲石，洽涯縣淘金爲業〔五〕。南浦驚春至，西樓送月沉。江流不回嶺〔六〕，何處寄歸心。〔七〕

月在行人起，千峰復萬峰。海虚争翡翠，溪邏鬬芙蓉。南方呼市爲虚，呼戍爲邏，新州有翡翠虚、芙蓉邏〔八〕。古木高生斛，陰池滿種松。木斛花生於他樹槎枿。池沼多松〔九〕，謂之水松也。〔一〇〕火探深洞鷰，香送遠

〔一〕「海風聞鶴遠，潭日見魚深」，黄録何批作：「詩：『鶴鳴于九皋，聲聞于野。』鄭箋：喻賢者雖隱居，人咸知之。『魚潛在淵，或在于渚。』鄭箋：喻賢者世亂則隱，治平則出佐時君也。此正用其意。」

〔二〕「榕」，蜀刻别集作「容」。

〔三〕「垂」，蜀刻别集作「垂入」。

〔四〕「伴」，蜀刻别集作「半」。

〔五〕「涯」，蜀刻别集作「涯」。

〔六〕「回」，蜀刻别集作「過」。

〔七〕「南浦驚春至，西樓送月沉。江流不回嶺，何處寄歸心」，黄録何批作：「『南浦』二句，言但送他人北歸。」

〔八〕「芙蓉邏」，蜀刻别集作「芙蓉邏也」。

〔九〕「多松」，何校本「多」後補入「松」字，蜀刻别集作「多松」。

〔一〇〕「水松也」，何校本「水松」後補入「也」字，蜀刻别集作「水松也」。「古木高生斛，陰池滿種松」，黄録何批作：「『古木』一連，亦自比寄跡失所。前後雜陳嶺外風土，則騷人體源也。」

潭龍。南方持火於乳洞中取薦而食〔一〕，康州悦城縣有媪龍，即虵也，〔二〕隨來往舟船至人家或千里外，皆以香火酒果送之〔三〕。藍塢寒先燒，禾堂晚併舂。種藍多在塢中，先燒其地。人以木槽舂禾〔四〕，謂之禾堂〔五〕。更投何處宿，西峽隔雲鍾。

## 王居士

笻杖倚柴關，都城賣卜還。雨中耕白水，雲外斸青山。有藥身長健，無機性自閑。即應生羽翼，華表在人間。

〔一〕「於」，何校本「以」塗改作「於」，蜀刻別集、清宋犖本、雙清閣本、和刻本作「以」，四庫本作「於」。「洞」，蜀刻別集作「同」。

〔二〕「媪」，何校本原作「温媪」，删「温」字，黄録何校删「温」：「英華注：集本『媪』上有『温』字。」「龍即虵也」，何校本原作「龍池」，「池」塗改作「虵」，前後分别加入「即」、「也」二字，蜀刻别集作「龍即蛇也」。

〔三〕「火」，蜀刻别集無。

〔四〕「木槽舂」，蜀刻别集作「木槽爲舂」。

〔五〕「禾」，蜀刻别集作「舂」。

## 寄題商洛王隱居〔一〕

近逢商洛客，知爾住南塘。草閣平春水，柴門掩夕陽。隨蜂收野蜜〔二〕，尋麝採生香〔三〕。更憶前年醉〔四〕，松花滿石牀。

## 別韋處士〔五〕

南北斷蓬飛，別多相見稀〔六〕。更傷今日酒〔七〕，未換昔年衣〔八〕。舊友幾人在〔九〕，故鄉何處

〔一〕「隱居」，文苑英華作「隱士居」。
〔二〕「隨」，文苑英華作「尋」。
〔三〕「尋」，文苑英華作「隨」。「採」，文苑英華作「拾」，又注：「集作『採』。」
〔四〕「醉」，文苑英華作「別」，又注：「集作『醉』」。
〔五〕「別」，文苑英華作「送」，又注：「集作『別』。」
〔六〕「多」，蜀刻別集作「來」。
〔七〕「酒」，文苑英華作「鬢」，又注：「集作『酒』。」
〔八〕「年」，文苑英華作「時」，又注：「集作『年』。」
〔九〕「人」，蜀刻別集校注：「一作『多』。」

歸〔一〕。秦原向西路，雲晚雪霏霏。

將赴京師留題孫處士山居〔二〕

草堂近西郭，遥對敬亭開〔三〕。枕膩海雲起，簟涼山雨來。高歌懷地肺〔四〕，遠賦憶天台。應學相如志〔五〕，終須駟馬回。

〔一〕「處」，文苑英華作「所」，又注：「集作『處』。」

〔二〕本首篇題，文苑英華、蜀刻别集作「將赴京師留題孫處士山居二首」。文苑英華中此首爲組詩之二，蜀刻别集中此首爲組詩之一。

〔三〕「敬」，文苑英華作「鏡」，又注：「集作『敬』。」

〔四〕「肺」，蜀刻别集作「胏」。

〔五〕「學」，文苑英華作「笑」，又注：「集作『學』。」

## 春日題韋曲野老村舍〔一〕

背嶺枕南塘〔二〕，數家村落長。鶯啼幼婦懶〔三〕，蠶出小姑忙。煙草近溝濕，風花臨路香。自憐非楚客，春望亦心傷。

## 題倪居士舊居

儒翁九十餘，舊向北山居。生寄一壺酒，死留千卷書。欄摧新竹少，池淺故蓮疏。但有子孫在，帶經還荷鋤〔四〕。

〔一〕本首篇題，文苑英華作「題春日韋曲席野老村舍二首」，此首爲組詩之一；蜀刻別集作「春日題韋曲野老村舍二首」，此首爲組詩之二。

〔二〕「嶺」，蜀刻別集作「領」。

〔三〕「幼」，文苑英華作「中」，又注：「一作『幼』。」

〔四〕「荷鋤」，蜀刻別集校注：「一作『自鋤』。」

## 江上喜洛中親友繼至

戰馬昔紛紛〔一〕，風驚嵩少塵。全家南渡遠，舊友北來頻〔二〕。罷酒松桂晚，賦詩楊柳春。誰言今夜月〔三〕，同是洛陽人。

## 獻白尹〔四〕

醉舞任生涯，褐寬烏帽斜。庾公先在郡，疏傅早還家。林晚鳥争樹，園春蝶護花〔五〕。高吟應更逸，嵩路舊煙霞〔六〕。

〔一〕「昔紛紛」，蜀刻别集校注：「一作『兩河湄』。」

〔二〕「舊」，蜀刻别集作「書」。

〔三〕「誰」，蜀刻别集校注：「一作『何』。」

〔四〕「獻白尹」，蜀刻别集校注：「即樂天也。」

〔五〕「蝶」，蜀刻别集作「蜂」。

〔六〕「路」，蜀刻别集作「洛」。

## 送從兄別駕歸蜀川〔一〕

從兄彦昭與桂陽令韋伯達，貞元中俱爲千牛。伯達官至王府長史。長慶中，非罪受譴。前年會赦，復故秩，詔未及而身已没〔二〕。從兄自蜀而南，發旅櫬，歸葬塗上。既而西還，因成十韻贈別。〔三〕

聞與湘南令，童年侍玉墀。家留秦塞曲，官謫瘴溪湄。道直姦臣屏，冤深聖主知。逝川東注疾〔四〕，霈澤北來遲。清漢龍髯失〔五〕，蒼岑馬鬣移〔六〕。風悽聞笛處〔七〕，月慘罷琴時〔八〕。客路黄公廟，鄉關白帝祠。已稱鸚鵡賦，寧望鶺鴒詩〔九〕。遠道書難達，長亭酒莫持〔一〇〕。當憑蜀江水，萬

〔一〕本首篇題，蜀刻别集、文苑英華作「送從兄別駕歸蜀川」，又注：「并序。」

〔二〕「身已没」，蜀刻别集、文苑英華作「已身殁」。

〔三〕「從兄」至「贈別」，原連綴於篇題下，據蜀刻别集、文苑英華，此段當爲序文，據改。

〔四〕「注」，蜀刻别集、文苑英華作「去」。

〔五〕「清」，蜀刻别集、文苑英華作「青」。「失」，文苑英華作「去」。

〔六〕「岑」，蜀刻别集校注：「一作『山』。」文苑英華作「山」。

〔七〕「悽」，蜀刻别集校注：「一作『清』。」文苑英華作「棲」。

〔八〕「月」，文苑英華作「日」。

〔九〕「望」，文苑英華作「誦」。

〔一〇〕「莫」，文苑英華作「重」，又注：「集作『莫』。」

里寄相思。

## 項斯十二首

字子遷，江東人，會昌四年擢進士第，爲潤州丹徒縣尉，卒官。

### 題令狐處士溪居

白髮已過半，無心離此溪。病嘗山藥遍，貧起草堂低。爲月窗從破，因詩壁重泥。近來常夜坐，寂寞與僧齊。

### 山友贈蘚花冠

塵污出山髮，慚君青蘚冠。此身閑未得，終日戴應難。好就松陰挂，宜當枕石看。會須尋道士，簪去遶霜壇。

## 蠻家

領得賣珠錢，還歸銅柱邊。看兒調小象，打鼓試新船。醉後眠神樹，耕時語瘴煙。不逢寒便老，相問莫知年。

## 送華陰隱者

往往到城市，得非徵藥錢。世人空識面，弟子不知年。自説能醫死，相期更學仙。近來移住處，毛女舊峰前。

## 欲别

花時人欲别，每日醉櫻桃。買酒金錢盡，彈筝玉指勞。歸期無歲月，客路有風濤。錦段裁衣贈，騏驎落剪刀。

## 留别張籍郎中〔一〕

省中重拜别，兼領寄人書。已念此行遠〔二〕，不應相問疏〔三〕。子城西並宅〔四〕，御水北同渠。要取春前到，乘閑候起居。

## 寄流人

毒草不曾枯，長流客健無。霧開蠻市合，船散海城孤。象跡頻經水，龍涎遠閉珠。家人秦地老，泣對日南圖。

---

〔一〕本首篇題，文苑英華作「省中留别」。
〔二〕「行」，文苑英華作「程」，又注：「詩選作『行』。」
〔三〕「應」，文苑英華作「憂」。
〔四〕「子」，文苑英華作「禁」，又注：「詩選作『子』。」

## 長安退將

塞外衝沙損眼明，將來養病住秦京。上高樓閣看星坐，著白衣裳把劍行。常説老身思鬭將，最悲無力制蕃營。翠眉紅臉和回鶻，惆悵中原不用兵。

## 遥裝夜

卷蓆貧抛壁下床，且鋪他處對燈光。欲行千里從今夜，猶惜殘春發故鄉。蚊蚋已生團扇急，衣裳未了翦刀忙。誰知更有芙蓉浦，南去令人愁思長。

## 蒼梧雲氣

何年化作愁〔一〕，漠漠便難收。數點山能遠，平鋪水不流。濕連湘竹暮，濃蓋舜墳秋。亦有

〔一〕「化」，分類本作「畫」。

思鄉客，看來盡白頭。

## 送宫人入道

願隨仙女董雙成，王母前頭作伴行[一]。初帶玉冠多誤拜[二]，欲辭金殿别稱名。將敲碧落新齋磬[三]，卻進昭陽舊賜箏。旦暮焚香繞壇上，步虚猶作按歌聲。

## 晚春花

陰洞日光薄，花開不及時。當春無半樹，經燒足空枝[四]。疏與香風會，細將泉影移。此中人到少，開盡幾人知。

[一]「作」，文苑英華作「結」，又注：「百家詩選作『作』」。
[二]「帶」，文苑英華作「戴」。
[三]「落」，文苑英華作「發」。
[四]「燒」，文苑英華作「晚」。

## 李頻十九首

睦州遂安人，乾符初，自尚書工部員外郎爲建州刺史。

### 秦原早望

一忝鄉書薦，長安未得回。年光逐渭水，春色上秦臺。鶯掠平蕪去，人衝細雨來。東風生故里，又過幾花開。

### 送孫明秀才往潘州謁韋卿

北鳥飛不到，北人今去遊。天涯浮瘴水，嶺外問潘州。草木春冬茂，猿猱日夜愁。定知遷客淚，只敢對君流。

## 送友人之揚州〔一〕

一別長安後，晨征便信雞。河聲入峽急，地勢出關低。緑樹叢垓下，青蕪闊楚西〔二〕。路長知不惡，隨處好詩題〔三〕。

## 送人入蜀

天際蜀門開，西看舉别盃。何人不異禮，上客自懷才。花間青林發，煙和緑水來。臨邛行樂處，莫到白頭回。

〔一〕本首篇題，文苑英華作「送人遊淮南」，又注：「詩選作『之揚州』。」

〔二〕「闊」，文苑英華作「濶」。

〔三〕「好」，文苑英華作「得」，又注：「詩選作『好』。」

## 送德清喻明府

棹返霅溪雲，仍參舊使君。州傳多古跡，縣記是誰文。水栅横舟閉，湖田立木分。但如詩思苦，爲政即超群。

## 南遊湘漢寄友人

南去遠三京，三湘五月行。巴江雪水下，楚澤火雲生。向野聊中飲〔一〕，乘涼探暮程。離懷不可説，已近峽猿聲。

## 送鳳翔范書記

京西無暑氣，節候似全秋。大幕來相辟，高人去自由。山川通蜀國，日月近神州。好共將

〔一〕「飲」，何校本校注：「一作『飯』。」黄録何校作：「近刻作『飰』，誤。」

軍話，河蘭地未收。

## 送邊將

防秋戎馬恐來奔，詔發將軍入雁門。遥領短兵登隴首，獨横長劍向河源。悠揚落日黄雲動，莽蒼陰風白草翻。若縱干戈更深入，應聞收得到崑崙。

## 湘口送人

中流欲暮見湘煙，岸葦無窮接楚田〔一〕。去雁遠銜雲夢雪，離人獨上洞庭船。風波盡日緣原轉，星漢通宵向水連〔二〕。回首羡君偏有我，故園歸醉又新年。一本云「歸去及新年」。

〔一〕「田」，黄録何校作：「才調作『天』。」

〔二〕「連」，分類本作「眠」。

## 太和公主還宫

天驕發使犯邊塵，漢將推功遂奪親。離亂應無初去貌，死生難有卻回身。禁花半老曾攀樹，宫女多非舊識人。重上鳳樓追故事，幾多愁思向青春。

## 春日客舍言懷

未識東南此路安，青春日月坐銷難。如何别卻故園後，五度花開五處看。

## 吴門月夜與曹太尉話别

早晚更看吴苑月，西齋長憶月當窗。不知明夜誰家見，應照離人隔楚江。

## 張司馬別業

庭前樹盡手中栽，先後花分幾番開。巢鳥戀雛驚不起，野人思酒去還來。自抛官與青山近，誰許身爲白日催。門外尋常行樂處，重重屐跡在莓苔。

## 鄂州頭陁寺上方

高寺上方無不見，天涯客上思迢迢。西江帆挂東風急，夏口城銜楚塞遥。沙岸漁歸多濕網，桑林蠶後盡空條。感時歎物尋僧話，惟向禪心得寂寥。

## 將赴黔州先寄本府中丞

八月瞿塘倒底翻，孤舟上得已銷魂。幕中職罷猶趨府，闕下官成未謝恩。丹嶂聳空無過鳥，青林覆水有垂猿。感知肺腑終難説，從此辭歸便掃門。

## 和友人下第北遊感懷

聖代爲儒可致身，誰知又別五陵春。青門獨出空啼鳥，紫陌相逢盡醉人。江島去尋垂望遠，塞山來見舉頭頻。且須共漉邊城酒，何必陶家有白綸。

## 長安感懷

一第知何日，全家待此身。空將灞陵酒，酌送向東人。

## 送劉山人歸洞庭

卻共孤雲去，高眠最上峰。〔二〕半湖乘早月，中路入疏鍾。秋盡蟲聲急〔三〕，夜深山雨重。當時

〔二〕「卻共孤雲去，高眠最上峰」，文苑英華作「去意無人會，唯應道是從」。

〔三〕「蟲聲」，文苑英華作「户蟲」。

同隱者〔一〕，分得幾株松。

## 送友人往塞北

朔北已秋風，前程見磧鴻。日西身獨去，山轉路無窮。樹隔高關斷，沙連大漠空。君看河外將，早晚擬平戎。

〔一〕「同」，文苑英華作「將」。

# 唐百家詩選卷十七

## 李遠五首 字求古，大中中爲忠州刺史。

### 贈寫御真李長史

玉坐煙銷硯水清，龍髯不動彩毫輕。乍分隆準山河秀，初點重瞳日月明。宮女卷簾皆暗認，侍臣開殿盡遥驚。六朝供奉應無敵〔一〕，始覺僧繇浪得名。

〔一〕「供奉」，分類本作「天下」。

## 失鶴

秋風吹卻九皋禽〔一〕，一片閑雲萬里心。碧落有情應悵望，青天無路可追尋〔二〕。初來白雪翎猶短〔三〕，欲去丹砂頂漸深〔四〕。華表柱頭留語後〔五〕，更無消息到如今〔六〕。

## 送人入蜀〔七〕

蜀客本多愁，君今是勝遊。碧藏雲外樹，紅壓驛邊樓〔八〕。杜宇呼名語〔九〕，巴江學字流。不知

〔一〕「卻」，文苑英華作「起」，又注：「雜詠作『卻』。」
〔二〕「青天」，文苑英華作「瑶臺」，又注：「詩選作『青天』。」
〔三〕「初來」，文苑英華校注：「一作『來時』。」
〔四〕「欲去」，文苑英華校注：「一作『去日』。」
〔五〕「柱」，文苑英華作「樹」。
〔六〕「更無消」，文苑英華作「不知消」，又注：「類詩作『更無』。」
〔七〕「人」，文苑英華作「友人」。
〔八〕「壓」，文苑英華作「露」，又注：「詩選作『壓』。」
〔九〕「宇」，文苑英華作「魄」。「語」，文苑英華作「叫」。

煙雨夜，何處夢刀州。

## 聽話叢臺〔一〕

有客新從趙地回，自言曾上古叢臺。雲遮襄國天邊盡，樹遶漳河掌裏來〔二〕。絃管變成山鳥哢〔三〕，綺羅留作野花開。金輿玉輦無蹤跡，風雨誰知長碧苔。

## 黄陵廟詞〔四〕

黄陵廟前莎草春，黄陵女兒蒨裙新。輕舟小楫唱歌去〔五〕，水遠山長愁殺人〔六〕。

〔一〕本首篇題，分類本作「聽話叢臺人」。
〔二〕「掌」，四庫本作「地」。
〔三〕「哢」，分類本作「弄」。
〔四〕本首篇題，文苑英華作「黄陵廟二首」，此首爲組詩之二，題作者爲「李群玉」。
〔五〕「唱」，文苑英華作「隨」。
〔六〕「遠」，文苑英華作「闊」。

## 雍陶二十五首 大中中終簡州刺史[一]。

### 廬岳閑居十韻[二]

擾擾走人寰，争如占得閑。防愁心付酒，求静力登山。見藥芳時採，逢花好處攀。望雲開病眼，臨澗洗愁顔。春色流巖下，秋聲碎竹間。錦文苔點點，錢樣菊斑斑。路遠朝無客，門深夜不關。鶴飛高縹緲，鶯語巧綿蠻。養拙甘沉默，忘懷絶險艱[三]。更憐雲外路，空去又空還。

### 蜀中戰後感事十韻

蜀國英靈地，山重水又回。文章四子盛，道路五丁開。詞客題橋去，忠臣叱馭來。卧龍同

[一] 何校本校注：「近刻所無者三篇。」

[二] 「廬」，何校本「盧」改作「廬」。

[三] 「忘」，分類本作「亡」。

駭浪，躍馬比浮埃〔一〕。已謂無妖土，那知有禍胎。蕃兵依漢柳，蠻旆指江梅。戰後悲逢血，燒餘恨見灰。空留犀厭怪，無復酒除災。歲積萇弘怨，春深杜宇哀。〔二〕家貧移未得，愁上望鄉臺。

## 送于中丞使北蕃 同用聲字。

朔將引雙旌，山遥磧雪平。經年通國信，計日得蕃情。野次依泉宿，沙中望火行。遠雕秋有力，寒馬夜無聲。看獵臨胡帳，思鄉見漢城。回鶻中有漢城。來春擁邊騎，新草滿歸程。〔三〕

## 自述

萬事誰能問，一名猶未知。貧當多累日，閑過少年時。燈下和愁睡，花前帶酒悲。無媒常

〔一〕「躍馬比浮埃」，黄録何批作：「『浮埃』，點化莊子『塵埃』、『野馬』之語。」

〔二〕「戰後悲逢血，燒餘恨見灰。空留犀厭怪，無復酒除災。歲積萇弘怨，春深杜宇哀」，黄録何批作：「『犀酒』，承『見灰』。『萇弘』、『杜宇』，承『逢血』。」

〔三〕「來春擁邊騎，新草滿歸程」，黄録何批作：「行寒苦無人之地，歸見路草，亦復可愛，結句有餘味。」

委命，轉覺命堪疑。

## 河陰新城

高城新築壓長川，虎踞龍盤氣色全。五里似雲根不動，一重如月暈初圓。河流暗與溝池合，山色遥將睥睨連。自有此來當汴口，武牢何用鏁風煙。

## 崔少卿池塘詠雙白鷺

雙鷺應憐水滿池，風飄不動頂絲垂。立當青草人先見，行傍白蓮魚未知。一足獨拳寒雨裏，數聲相叫早秋時。林塘得爾須增價，況與詩家物色宜。

## 哀蜀人爲南蠻俘虜五章

**初出成都聞哭聲**

但見城池還漢將，豈知佳麗屬蠻兵。錦江南渡聞遥哭，盡是離家别國聲。

**過大渡河蠻使許之泣望鄉國**

大渡河邊蠻亦愁，漢人將渡盡回頭。此中郵寄思鄉淚，南去應無水北流。

**出青溪關有遲留之意**

欲出鄉關行步遲，此生無復卻回時。千冤萬恨何人見，唯有空山鳥獸知。

**別嶲州一時慟哭雲日爲之變色**

越嶲城南無漢地，傷心從此便爲蠻。冤聲一慟悲風起，雲暗青天日下山。

**入蠻界不許有悲泣之聲**

雲南路出陷河西，毒草長青瘴色低。漸近蠻城誰敢哭，一時收淚羨猿啼。

過舊宅看花 花即昔年手植〔一〕。

山桃野杏兩三栽，樹樹繁花去後開。今日主人相引看，誰知曾是客移來。

---

〔一〕 分類本無「花即昔年手植」。

## 和河南白尹西池北新葺水齋招賞十二韻

二室峰前水，三川府右亭。亂流深竹逕，分遶小花汀。池角通泉脉，堂心豁地形。坐中寒瑟瑟，床下細泠泠。雨夜思巫峽，秋朝想洞庭。千年孤鏡碧，一片遠天青。魚戲摇紅尾，鷗閑退白翎。荷傾瀉珠露，沙亂動金星。藤架如紗帳〔一〕，苔墻似錦屏。龍門人少到〔二〕，仙棹自多停。游憶高僧伴，吟招野客聽。〔三〕餘波不能惜，便欲養浮萍。

## 蜀中經蠻後友人馬乂見寄

茜馬渡瀘水，北來如鳥輕。幾年期鳳闕，一日破龜城。此地有征戰，誰家無死生。人悲還舊里，鳥喜下空營。弟姪意初定，交朋心尚驚。自從經難後，吟苦似猿聲。

〔一〕「紗」，分類本作「紅」。
〔二〕「龍門人少到」，黄録何批作：「起結句。」
〔三〕「游憶高僧伴，吟招野客聽」，黄録何批作：「二句卻放開。」

## 送契玄上人南遊

紅葉落湘川，楓明映水天。尋鍾過楚寺，擁錫上瀧船。病客思留藥，迷人待説禪。南中多古跡，應訪虎溪泉。

## 和劉補闕秋園寓興六首[一]

水木夕陰冷，池塘秋意多。庭風吹故葉，堦露浄寒莎。愁燕窺燈語，情人見月過。砧聲聽已別，蟲響復相和。

閉門無事後，此地即山中。但覺鳥聲異，不知人境同。晚花開爲雨，殘果落因風。獨坐還吟酌，詩成酒已空。

---

〔一〕「秋園」，分類本作「秋園行」。

自得家林趣，常時在外稀。對僧餐野食，迎客著山衣。鬬雀翻簷散，驚蟬出樹飛。功成他日後，何必五湖歸。

秋色庭蕪上，清朝見露華。疏篁抽晚笋，幽藥吐寒芽。引水新渠净，登臺小逕斜。人來多愛此，蕭爽似山家〔一〕。

禁掖朝回後，林園勝賞時。野人來辨藥，庭鶴住看棋。晚日明丹棗，朝霜潤紫梨。還因重風景，猶自有秋詩。

聖代少封事，閑居方屏喧。漏寒雲外闕，木落月中園。山鳥宿簷樹，水螢流洞門。無人見清景，林下自開罇。

〔一〕「山」，分類本作「仙」。

## 送徐山人歸睦州舊隱

君在桐廬何處住，草堂應與戴家鄰。初歸山犬翻驚主，久别江鷗卻避人〔一〕。終日欲爲相逐計，臨時空羡獨行身〔二〕。秋風釣艇遥相憶〔三〕，七里灘西片月新。

## 天津橋春望

津橋春水浸紅霞，煙柳風絲拂岸斜。翠輦不來金殿閉，宫鶯銜出上陽花。

## 寄永樂殷堯藩明府

古縣蕭條秋景晚，昔年陶令亦如君。頭巾漉酒臨黄菊，手板支頤向白雲。百里豈能容驥

〔一〕「江」，文苑英華作「沙」，又注：「集作『江』。」

〔二〕「臨時」，文苑英華作「臨歧」，又注：「集作『當時』。」

〔三〕「相」，文苑英華作「堪」，又注：「集作『相』。」

足，九霄終自別雞群。相思不恨書來少，佳句多從闕下聞。

塞上宿野寺

塞上蕃僧老，天寒疾上關。遠煙平似水，高樹暗如山。去馬朝常急，行人夜始閑。更深聽刁斗，時到磬聲間。

## 章碣四首 唐末人。

旅舍早起

跡暗心多感，神疲夢不遊。驚舟同厭夜，獨樹對悲秋。曉角和人戰，殘星入漢流。門前早行子，敲鐙唱離憂。

## 焚書坑

竹帛煙銷帝業虛，關河空鎖祖龍居。坑灰未冷山東亂，劉項原來不讀書〔二〕。

## 春别

擲下離觴指亂山，趨程不待鳳笙殘。花邊馬嚼金銜去，樓上人垂玉筯看。柳陌雖然風裊裊，葱河猶自雪漫漫。殷勤莫厭貂裘重，恐犯三邊五月寒。

## 送謝進士歸閩

百越風煙接巨鰲，還鄉心壯不知勞。雷霆入地建溪險，星斗逼人梨嶺高〔三〕。卻擁木綿吟麗

---

〔二〕「原」，分類本作「元」。

〔三〕「梨嶺」，四庫本作「黎嶺」。

句，便攀龍眼醉香醪。名場聲利喧喧在，莫向林泉改鬢毛。

## 施肩吾一首 字希聖，洪州人。

### 效古興

金雀無舊釵，緗綺無舊裾。唯有一寸心，長貯萬里夫。南軒夜蟲織已促，北牖飛蛾遶殘燭。祇言衆口鑠千金，誰信獨愁銷片玉。不知歲晚歸不歸，又將啼眼縫征衣。

## 陳陶六首 武、宣時人，自稱三教布衣〔一〕。

### 閑居雜興

一顧成周力有餘，白雲閑釣五溪魚。中原莫道無麟鳳，自是皇家結網疏。

〔一〕何校本校注：「近刻所無者一篇。」

長壽一作愛。真人王子喬，五松山月伴吹簫。從他浮世悲生死，獨駕蒼麟入九霄。

## 鄱陽秋夕

憶昔鄱陽旅遊日，曾聽南家争擣衣。今夜重聞舊砧杵，當時還見雁南飛。

## 旅次銅山途中先寄温州韓使君

亂山滄海曲，中有横陽道。束馬過銅梁，苕華坐堪老。鳩鳴高崖裂〔一〕，熊鬬深樹倒。絶壑無坤維，重林失蒼昊。躋攀寡儔侶，扶接念輿皁。俛仰慄嵌空，無因掇靈草。梯窮聞戍鼓〔二〕，魂續賴丘禱。蔽豁天地歸〔三〕，縈紆村落好。悠悠思蔣徑，擾擾愧商皓。馳想永嘉侯，應傷此懷抱。

---

〔一〕「鳩」，文苑英華作「鳩」。

〔二〕「梯」，文苑英華校注：「疑作『睇』。」

〔三〕「蔽」，文苑英華作「敞」。

## 題徐稺湖亭

伏龍山横洲渚地，人如白蘋自生死。洪崖成道二千年，唯有徐君播青史。

## 泉州刺桐花詠〔一〕

猗猗小艶夾通衢，晴日薰風笑越姝。只是紅芳移不得，刺桐屏障滿中都。

## 李群玉七首

字文山，澧州人。大中中宰相崔鉉進其詩，以處士除弘文館校書郎。

### 經費拾遺所居呈封員外

雲卧竟不起，少微空隕光。惟應孔北海，爲立鄭公鄉。〔二〕舊館苔蘚合，幽齋松菊荒。空餘書

〔一〕「泉」，分類本作「皇」。「刺」，黄録何校作：「刺。」本首篇題，文苑英華作「泉州刺桐花詠五首兼呈趙使君」，此首爲組詩之三。

〔二〕「惟應孔北海，爲立鄭公鄉」，黄録何批作：「三四帶出『呈封』，自然不費辭。」

帶草，日日上堦長。

## 古鏡

明月何處來，朦朧在人境。得非軒轅作，妙絶世莫並。瑶匣開旭日〔一〕，白電走孤影〔二〕。泓澄一尺天，徹底函霜景〔三〕。冰輝凛毛髮，使我肝胆冷。忽驚行深幽，面落九秋井。雲天入掌握，爽朗神魄静。不必負局仙〔四〕，金沙發光炯。陰沉畜靈怪，可與天地永。恐爲悲龍吟，飛去在俄頃。

## 傷思

八月白露濃，芙蓉抱香死。紅枯金粉墮，寥落寒塘水。西風團葉下，疊縠參差起。不見棹

〔一〕「旭日」，黄録何校本作：「集作『地日』。」
〔二〕「孤」，何校本校注：「集作『狐』。」
〔三〕「函」，分類本作「涵」。
〔四〕「局」，分類本作「扃」。「不必負局仙」，黄録何批作：「倔强。」

歌人，空垂緑房子。

## 洞庭入澧江寄巴丘故人

四月桑半枝，吴蠶初弄絲。江行好風日，燕舞輕波時。去事旋成夢，來歡難預期。唯憑東流水，日夜寄相思。

## 自澧浦東遊江表途出巴丘投員外從公虞

短翮後飛者，前攀鸞鶴翔。力微應萬里，矯首空蒼蒼。誰昔探花源〔一〕，考槃西嶽陽。高風動商洛，綺皓無馨香。一朝下蒲輪，清輝照巖廊。孤醒立衆醉，古道何由昌。經術震浮盪，國風掃齊梁。文襟即玄圃，筆下成琳琅。霞水散吟嘯，松筠奉琴觴。冰壺避皎潔，武庫羞鋒鋩。小子書代耕，束髮頗自强。難哉水投石，壯志空摧藏。十年侣龜魚，垂髮在三湘。巴歌掩白雪，鮑

〔一〕「花源」，黄録何校作：「疑『化源』。」

肆埋蘭芳。騷雅道未消，何憂名不彰。饑寒束困厄，默塞飛星霜。百志一不成，東波擲年光。塵生脱粟甑，萬里違高堂。中夜恨火來，焚燒九回腸。平明梁山淚，緣枕霑匡床。依泊洞庭波，木葉忽已黄。哀碪擣秋色，曉月啼寒螿。復此棹孤舟，雲濤浩茫茫。朱門待媒贄，短褐誰揄揚。仰羨野陂鳧，無心憂稻粱〔二〕。不如天邊雁，南北皆成行。男兒白日閒，變化未可量。所希困辱地，剪拂成騰驤。咋筆話肝肺，詠兹枯魚章。何由首西路，目斷白雲鄉。

## 洞庭驛樓雪夜宴集奉贈前湘州張員外

昔與張湘州，閑登岳陽樓。目窮衡巫表，興盡荆吴秋。擲筆落郢曲，巴人不能酬。是時簪裾會，景物窮冥搜。謬忝玳筵秀，得陪文苑遊。幾篇雲楣上，風雨沈銀鉤〔三〕。

〔二〕「粱」，原本作「梁」，據四庫本改。

〔三〕黄録何批作：「近刻此篇『銀鉤』下有脱文，若止此，則此夕開宴及奉贈皆未敘，致不成章也。」

## 盧溪道中

曉發潺湲亭，夜泊潺湲水。風篁拂石瀨，琴聲九十里。光奔覺來眼，寒落夢中耳。曾向三峽行，巴江亦如此。〔一〕

## 章孝標一首 大和中爲山南東道從事，試大理評事。

### 長安秋夜〔二〕

田家無五行，水旱卜蛙聲。牛犢乘春放，兒孫候暖耕。池塘煙未起，桑柘雨初晴。歲晚香醪熟，村村自送迎。

〔一〕「曾向三峽行，巴江亦如此」，黄録何批作：「第四連覆裝便佳。」

〔二〕何校本校注：「題有誤。」黄録蔣杲按：「三體唐詩作『田家』。」

## 馬戴三首 博士。

### 易水懷古

荆卿西去不復返，易水東流無盡期。落日蕭條薊城北，黄沙白草任風吹。

### 送客南遊

擬卜何山隱，高秋指岳陽。葦乾雲夢色，橘熟洞庭香。疏雨殘虹影，回雲背鳥行。靈均如可問，一爲哭清湘。〔二〕

〔二〕 全詩，黄録何批作：「鳥飛逆風，故曰『背』，以比干時而不知否泰消長者。」「五六是動遭阻遏，無成空返，逼起一『哭』字，然造語又何藴藉也。色聲香味觸法，三四以『色』字對『香』字，極工穩。命意則秦風蒹葭、楚辭橘頌，透出上『隱』字也。」

寄襄陽王公子

君馬勒金羈，君家貯玉笄。白雲登峴首，碧樹醉銅鞮。澤廣荆州北，山多漢水西。鹿門知不隱，芳草自萋萋。

# 劉得仁二首

題邵公院〔一〕

無事門多掩〔二〕，陰階竹掃苔〔三〕。勁風吹雪聚，渴鳥啄冰開。樹向寒山得，人從瀑布來。終期天目老，擎錫逐雲回。

〔一〕「題」，文苑英華作「冬日題」。
〔二〕「門」，文苑英華作「闗」。
〔三〕「掃」，文苑英華作「拂」。

悲老宫人

白髮宫娃不解悲，滿頭猶自插花枝。曾緣玉貌君王寵，准擬人看似舊時。

## 高蟾三首

春

明月斷魂清藹藹，平蕪歸思緑迢迢。人生莫遣頭如雪，縱得春風亦不銷。

灞陵亭

一條歸夢朱絃直，一片離心白羽輕。明日灞陵新霽後，馬頭煙樹緑相迎。〔二〕

〔二〕「明日灞陵新霽後，馬頭煙樹緑相迎」，黄緑何批作：「不道經時阻雨，只准擬明日新霽，襯出歸思之迫，味在言外。」

## 偶作

丁當玉珮三更雨，平帖金闉一覺雲。明日薄情何處去，風流春水不知君。

## 崔塗八首

字禮仙，光啓四年登進士第。

### 夕次洛陽道中

秋風吹故城，城下獨吟行。高樹鳥已息，古原人尚耕。流年川暗度，往事月空明。不復嘆岐路，馬前塵夜生。

### 春夕旅懷

水流花謝兩無情，送盡東風過楚城。蝴蝶夢中家萬里，杜鵑枝上月三更。故園書動經年絶，華髮春唯兩鬢生[二]。自是不歸歸便得，五湖煙景有誰争。

上巳日永崇里言懷

未敢分明賞物華，十年如見夢中花。遊人過盡衡門掩[三]，獨自憑欄到日斜。

蜀城春望

天涯憔悴身，一望一沾巾。在處有芳草，滿城無故人。懷材皆得路，失計獨傷春。青鏡不忍照，鬢毛應更新。

[二]「唯」，黄録何校作：「移。」
[三]「遊」，何校本校注：「集作『故』。」

## 鸚鵡洲春眺

悵望春襟鬱未開，重臨鸚鵡益堪哀。曹瞞尚不能容物，黄祖何因解愛才。幽島暖聞燕雁去〔二〕，曉江晴覺蜀波來。誰人正得風濤便，一點輕帆萬里回。

## 感花

繡轂香韉夜不歸，少年争忍最紅枝〔三〕。東風一陣黄昏雨，又到繁華夢覺時。

〔二〕「島」，分類本作「鳥」。
〔三〕「忍」，分類本作「認」。

## 過陶徵君舊居〔一〕

陶令曾居此〔二〕，弄琴遺世情〔三〕。田園三畝緑，軒冕一銖輕。衰柳自無主，白雲猶可耕。不隨陵谷變，應只有高名〔四〕。

## 孤雁

幾行歸塞盡，念爾獨何之。暮雨相呼失，寒塘欲下遲。渚雲低暗渡，關月冷相隨。未必逢矰繳，孤飛自可疑。

〔一〕「陶徵君舊居」，文苑英華作「陶潛故宅」。

〔二〕「曾」，文苑英華作「昔」。

〔三〕「情」，文苑英華作「榮」，又注：「詩選作『情』。」

〔四〕「只有」，文苑英華作「秖是」，「秖」，又注：「詩選作『有』。」

# 唐百家詩選 卷十八

## 李郢十八首

字楚望，大中中進士及第，爲藩鎮從事，兼侍御史〔一〕。

### 夏日登信州北樓

高樓上長望，百里見靈山。雨歇河珠定，雲開谷鳥還。田苗映林合，牛犢傍村閑。始得銷憂處，蟬聲催入關。

### 春晚題山家

偶與樵人熟，春殘日日來。依岡尋紫蕨，挽樹得青梅。燕静銜泥起，蜂喧抱蘂回。嫩茶重攪緑，新酒略吹醅。漠漠蠶生紙，涓涓水弄苔。丁香正堪結，留步小庭隈。

〔一〕何校本校注：「近刻所無者五篇。」

## 送人之嶺南

關山迢遞古交州，歲晏憐君走馬遊。謝氏海邊逢素女，越王潭上見青牛。嵩臺月照啼猿曙〔二〕，石室煙含古桂秋。回望長安五千里，刺桐花下莫淹留〔三〕。

## 江亭春霽

江蘺漠漠荇田田，江上雲亭霽景鮮。蜀客帆檣背歸燕，楚山花木怨啼鵑。春風掩映千門柳，晚色淒寒萬井煙。金磬泠泠水南寺，上方僧室翠微連。

## 友人適越路過桐廬寄題江驛

桐廬縣前洲渚平，桐廬江上晚潮生。莫言獨有山川秀，過日仍聞官長清。麥壠虚涼當水

〔二〕「嵩」，何校本「蒿」塗改作「嵩」，分類本、清宋犖本、雙清閣本、和刻本、四庫本作「蒿」。

〔三〕「刺」，黄録何校作「剌」。

店，鱸魚鮮美稱蓴羹。王孫客棹殘春去，相送河橋羨此行。

## 秦處士移家富陽發樟亭懷寄

潮落空江洲渚生，知君已上富春亭。常聞郭邑山多秀，更説官寮眼盡青。離别幾宵魂耿耿，相思一坐髮星星。仙翁白石高歌調，無復松齋半夜聽。

## 暮春山行田家歇馬〔一〕

雨濕菰蒲斜日明，茅厨煮繭掉車聲〔二〕。青虵上竹一種色，黄蠋隔溪無限情。〔三〕何處樵漁將

〔一〕本首篇題，文苑英華作「澗河館」，又注：「集作暮春山行田家歇馬。」

〔二〕「掉」，文苑英華作「棹」。

〔三〕「蠋」，文苑英華、四庫本作「蝶」，文苑英華又注：「集作『蠋』。」「黄蠋隔溪無限情」，黄録何批作：「詩：『蜎蜎者蠋。』箋云：『蠋蜎蜎然特行，久處桑野，有似勞苦者。』已起『獨行』意。」

遠餉〔一〕，故園田土憶春耕。千峰靄靄水潏潏〔二〕，羸馬此中愁獨行。

## 孔雀

越鳥青春好顔色，晴軒入户看咕衣。一身金翠畫不得，萬里山川來者稀。絲竹慣聽時獨舞，樓臺初上欲孤飛。刺桐花謝芳草歇〔三〕，南國同巢應望歸。

## 茶山貢焙歌

使君愛客情無已，客在金臺價難比。春風三月貢茶時，盡逐紅旌到山裏。焙中清曉朱門開，筐箱漸見新芽來。陵煙觸露不停採，官家赤印連帖催，朝饑暮匐誰興哀〔四〕。喧闐競納不盈

〔一〕「漁」，分類本作「魚」。

〔二〕「靄靄」，文苑英華作「萬瀨」，又注：「集作『靄靄』」。

〔三〕「刺」，黄録何校作「剌」。

〔四〕「饑」，分類本作「肌」。「朝饑暮匐誰興哀」，黄録何批作：「獨多一句，呼起後半。」

掬，一時一餉還成堆。蒸之馥之香勝梅，研膏架動轟如雷。茶成拜表貢天子，萬人争噉春山摧〔一〕。駬騎鞭聲砉流電，半夜驅夫誰復見。十日王程路四千，到時須及清明宴。吾君可謂納諫君，諫官不諫何由聞。九重城裏雖旰食，天涯吏役長紛紛。使君憂民慘容色，就焙嘗茶坐諸客。幾回到口重咨嗟，嫩緑鮮芳出何力。山中有酒亦有歌，樂營房户皆仙家。仙家十隊酒百斛，金絲宴饌隨經過。使君是日憂思多，客亦無言徵綺羅。殷勤繞焙復長歎，官府例成期如何。吴民吴民莫憔悴，使君作相期蘇爾。

## 江亭晚秋

碧江涼冷雁來疏，閑看江雲思有餘。秋館池亭荷葉歇，野人籬落豆花初。無愁自得仙翁術，多病能忘太史書。聞説故園香稻熟，片帆歸去就鱸魚。

〔一〕「萬人争噉春山摧」，黄録何批作：「噉，聲也，非噉食之謂。」

## 鵁兒

臘後閑行村舍邊，黄鵁清水真可憐。何窮散亂隨新草，永日淹留在野田。無事群鳴遮水際，争來引頸逼人前。風吹楚澤蒹葭暮，看下寒溪逐去船。

## 送劉谷

村橋西路雪初晴，雲暖沙乾馬足輕。寒澗渡頭芳草色，新梅嶺外鷓鴣聲。郵亭已送征車發，山館誰將候火迎。落日千峰轉迢遞，知君回首望高城。

## 江上逢王將軍

虬鬚憔悴羽林郎，曾入甘泉侍武皇。雕没夜雲知御苑，馬隨春仗識天香。五湖歸去孤舟月，六國平來兩鬢霜。唯有桓伊江上笛，卧吹三弄送殘陽。

## 秋晚寄題陸勳校書義興禪居時淮南從事

禪居秋草晚，蕭索異前時。蓮幕青雲貴，翱翔絶後期。蘚房樫架掩，山砌石盆欹。劍戟晨趨静，笙歌夜散遲。谷寒霜狖寂，林晚磬蟲悲。惠遠煙霞在，方平屨杖隨。骨清須貴達，神重有威儀。萬卒千蹄馬，横鞭從信期〔一〕。

## 酬友人春暮寄枳花茶

昨日東風吹枳花，酒醒春晚一甌茶。如雲正護幽人塹，似雪纔分野老家。金餅拍成和雨露，玉塵煎出照煙霞。相如病渴今全校，不羨生臺白頸鴉。司馬相如故事。

〔一〕「期」，四庫本作「騎」。

## 郢自街西醉歸馬鞭墜失崔員外趙秘書知其闕用皆許見貽俄頃之間二信俱至短長堅重價不相饒輒抒短章仰酬珍錫

蜀巖陰面冷冥冥，偃雪欺霜半露青。銛刃剪裁多鵲媚，細鞘揮拂帶龍腥。崖垂萬仞知無影，蘚漬千年合有靈。蘭省貴寮蓬閣吏，一時緘贈到雲亭。

## 即目

自笑騰騰者，非憨又不狂。何爲跧似鼠，而復怯於麞。落拓無生計，伶俜戀酒鄉。冥搜得詩窟，偶戰出文場。愛雪愁冬盡，懷人覺夜長。石樓多爽氣，棋案有餘香。運去非關拙，時來不在忙。平生兩閑暇，孤趣滿滄浪。

羅敷東館亭下流泉云至前山擁咽經歲移時掬弄惆悵成章〔一〕

看山亭下小鳴泉，鳴咽難通亦可憐。惆悵無人爲疏鑿，擁愁含恨過年年。

## 薛逢三首

咸通初爲嘉州刺史、將作監。

### 偶題黄花驛

孤戍迢迢蜀路長，鳥鳴山館客思鄉。更看絶頂煙霞外，數樹巖花照夕陽。

### 涼州詞

昨夜蕃軍報國讎，沙州都護破涼州。黄河九曲今歸漢，塞外縱横戰血流。

〔一〕「云」，分類本作「去」。

宫詞河滿子

繫馬宫槐老，持杯店菊黄。故交今不見，流恨滿川光。

## 鄭畋一首

謁昇仙太子廟

在昔靈王子，吹笙遡沉寥。六宫攀不住，三島互相招。亡國原陵古，賓天歲月遥。無蹊窺海曲，有廟訪山椒。石帳龍蛇拱，雲樓彩翠銷。露壇裝琬琰，真像寫松喬。珠館青童宴，琳宫阿母朝。氣輿仙女侍，天馬吏兵調。湘妓紅絲瑟，秦郎白管簫。西城邀綽約，南嶽命嬌嬈。句曲觴金洞，天台嘯石橋。晚花珠弄蘂，春茹玉生苗。二景神光祕，三元寶籙饒。霧垂鴉翅髮，冰束虎章腰。鶴馭争銜箭，龍妃各獻綃。衣從星渚浣，丹就日宫燒。物外花常滿，人間葉自凋。望臺悲漢戾，閲水笑梁昭。古殿香殘地〔一〕，荒堦柳長條。幾曾期七日，無復降重霄。嵩嶺絙天漢，伊瀾

〔一〕「地」，黄録何校作「灺」。

入海潮。何由得真訣，使我珮環飄。

## 薛能二十六首[一]

### 龍門八韻

河浸華夷闊，山横宇宙雄。高波萬丈瀉[二]，夏禹幾年功。川迸晴明雨，林生旦暮風。人看翻進退，鳥性斷西東[三]。氣逐雲歸海，聲驅石落空。近身毛乍竪，當面語難通。沸沫歸何處，盤渦傍此中。從來化鬐者，攀去路應同。

[一]「二十六」，原本作「二十八」，據收詩實際數量改。何校本校注：「近刻所無者三篇。」

[二]「瀉」，分類本作「寫」。

[三]「性」，何校本校注：「作『怯』。」

## 送李溟出塞

邊城官尚惡〔一〕，況乃是羈遊。别路應相憶〔二〕，離亭更少留。黄沙人外闊，飛雪馬前稠。甚險穹廬宿，無爲過代州。

## 山中尋僧

盡日行方到，何年獨此林。客歸唯鶴伴，人少似師心。坐石落松子，禪床摇竹陰。山靈怕驚定，不遣夜猿吟。

〔一〕「尚」，文苑英華校注：「集作『自』。」
〔二〕「相」，文苑英華校注：「一作『多』。」

## 冬日送僧歸吴中[一]

去掃東林下，閑持未遍經[二]。爲山低鑿牖[三]，容月廣開庭。舊業雲千里[四]，生涯水一瓶。還應覓新句，看雪倚禪扃。

## 恭僖皇太后挽歌

八月曾殊選，三皇固異儀。祔陵經灞滻，歸賵雜華夷。旌去題新謚，宫存鏁素帷。重泉應不恨，生見太平時。

〔一〕「吴中」，文苑英華作「吴中舊居」。
〔二〕「持」，文苑英華作「時」。
〔三〕「爲」，文苑英華作「望」。
〔四〕「業」，文苑英華作「日」。

## 題逃户

幾世葺農桑，凶年竟失鄉。朽關生濕菌，傾屋照斜陽。雨水淹殘臼，葵花壓倒墻。明時豈致此，應自負蒼蒼。

## 寓居有懷呈舊知

緑草閉深院，悄然花正開。新年人未去，戊日燕還來。雨地殘枯沫，燈窗積舊煤。歸田語不忘，樗散料非才。

## 夏日蒲津寺居〔一〕

日日閑車馬，誰來訪此身。一門兼鶴静，四院與僧鄰。雨室墻穿溜，風窗筆染塵〔二〕。空餘氣長在，天子用平人。

## 開元觀閑遊因及後溪偶成二韻

山屐經過滿逕蹤，隔溪遥見夕陽舂。當時諸葛成何事，只合終身作卧龍。

〔一〕本首篇題，文苑英華作「夏日蒲津寺居二首」，此首爲組詩之一。
〔二〕「塵」，文苑英華校注：「集作『茵』。」

## 嘉秦驛〔一〕

盡室可招魂〔二〕，巒餘出蜀門。電涼隨雨氣〔三〕，江熱傍山根。鼉月繰絲路〔四〕，農時碌碡村。干將磨欲盡，無位可酬恩。

## 褒斜道中〔五〕

十驛褒斜到處慵，眼前常似接靈蹤。江遥旋入旁來水〔六〕，山闊猶藏向後峰〔七〕。鳥徑惡時應

〔一〕本首篇題，文苑英華作「題嘉秦驛」。

〔二〕「盡」，分類本作「晝」。

〔三〕「電」，文苑英華、分類本作「雹」。

〔四〕「繰」，文苑英華作「繅」。

〔五〕本首篇題，文苑英華作「褒斜道中作」。

〔六〕「旋」，文苑英華作「放」，又注：「詩選作『旋』。」「旁」，文苑英華作「傍」。

〔七〕「闊」，文苑英華作「豁」。

立虎，畬田開日自燒松〔二〕。行吟卻笑公車役〔三〕，夜發星馳半不逢。

## 新雪

細落龘和忽復繁，頓清朝市不聞喧。天迷皓色風何亂，地濕春泥土半翻。香暖會中懷岳寺，樵鳴村外想家園。閑吟只愛煎茶澹〔三〕，斡破平光向近軒。

## 秋夜旅舍寓懷

庭鏁荒蕪獨夜吟〔四〕，西風吹動故山心。三秋木落半年客，滿地月明何處砧。漁唱亂沿汀鷺

〔一〕「開」，文苑英華作「閑」。
〔二〕「笑」，文苑英華作「誚」。「役」，文苑英華作「使」，又注：「詩選作『役』。」
〔三〕「閑」，四庫本作「門」。
〔四〕「庭」，分類本作「夜」。

合，雁聲寒咽隴雲深。平生只有松堪對，露浥霜欺不受侵。〔一〕

## 許州題德星亭〔二〕

瀵水南流東有隄〔三〕，隄邊亭是武陵溪。樣松配石堪僧坐，蘂杏含春欲鳥啼〔四〕。高處月生滄海外〔五〕，遠郊山在夕陽西。頻來不似軍從事〔六〕，只戴紗巾只杖藜。

〔一〕「平生只有松堪對，露浥霜欺不受侵」，黄録何批作：「結句反應平生自負何如，此夕被他吹動，萬箭攢心，惘然失步。妙在不説盡，但見其峥嶸變化也。」

〔二〕「題」，文苑英華無。

〔三〕「瀵水」，文苑英華作「漢水」。

〔四〕「春」，文苑英華作「香」。

〔五〕「滄」，文苑英華作「蒼」。

〔六〕「似」，文苑英華作「是」。

## 送判官赴京

闕下情偏已絶稀，天涯身遠復相依。庭花每對從容落，夜燭多同笑語歸〔一〕。君子是行應柏署，鄙人何望即柴扉。青雲若遇交親話，白璧無心待發揮。

## 獻僕射相公

清如冰玉重如山，百辟嚴趨禮絶攀。强虜外聞應破胆〔二〕，平人長見盡開顔〔三〕。朝廷有道青春好，門館無私白日閑。致卻垂衣更何事，幾多詩句詠關關〔四〕。

---

〔一〕「笑語」，分類本作「語笑」。

〔二〕「應」，文苑英華作「須」，又注：「一作『應』。」

〔三〕「見」，文苑英華作「説」，又注：「一作『見』。」

〔四〕「句詠」，文苑英華作「句定」，又注：「一作『合詠』。」

## 漢南春望

獨尋春色上高臺，三月皇州駕未回。幾處松筠燒後死，誰家桃李亂中開。姦邪用法元非法，唱和求才不是才。自古浮雲蔽白日，洗天風雨幾時來。

## 清河泛舟

都人層立似山丘，坐嘯將軍擁棹遊。遶郭煙波浮泗水，一船絲竹載涼州。城中覩望皆丹雘，旗裏驚飛盡白鷗。儒將不須誇郤縠，未聞詩句解風流。

## 老圃堂

邵平瓜地接吾廬，穀雨晴時偶自鋤。昨日春風欺不在，就床吹落讀殘書。

## 盩厔官舍新竹〔一〕

心覺清涼體似吹，滿風輕撼葉垂垂。無端種在幽閑處，衆鳥嫌寒鳳未知。

## 贈老僧

清瘦形容八十餘，瓠懸籬落似村居。勸師莫羨人間有，幸是元無免破除。

## 折楊柳

和花煙樹九重城，夾路春陰千萬營〔二〕。唯向邊頭不堪望，一株憔悴少人行。

〔一〕「盩」，何校本「盩」塗改作「盩」，清宋犖本、雙清閣本、和刻本、四庫本作「盩」。

〔二〕「千」，清宋犖本同，雙清閣本、和刻本、四庫本作「十」。

## 吴姬四首

樓臺重疊滿天雲，殷殷鳴鼉世上聞。此日楊花初似雪，女兒絲管弄參軍。

畫燭燒蘭暖復迷，殿帷深密下銀泥。開門欲作侵晨散，已是明朝日向西。

冠剪黄綃帔紫羅，薄施鉛粉畫青蛾。因將素手誇纖巧，從此椒房寵更多。

自是三千第一名[一]，内家叢裏獨分明。芙蓉殿上中元日，水拍銀盤弄化生。

---

〔一〕「名」，黄録何校作「身」。

## 秦韜玉四首

### 春雪

雲重寒空思寂寥，玉塵如糝滿春朝。片纔著地輕輕陷，力不禁風旋旋銷。惹砌任從香粉妒，縈叢自學小梅嬌。〔一〕誰家醉捲珠簾看，絃管堂深暖易調。

### 對花

長與韶光闇有期〔二〕，可憐蜂蝶卻先知〔三〕。誰家促席臨低樹，何處横釵帶小枝〔四〕。麗日多情

〔一〕「惹砌任從香粉妒，縈叢自學小梅嬌」，黄録何批作：「第六兼與『春』字相關，第五則尋常體物語也。」

〔二〕「闇」，文苑英華作「暗」。

〔三〕「卻」，文苑英華作「即」，又注：「詩選作『卻』。」

〔四〕「帶」，文苑英華作「戴」，又注：「詩選作『帶』。」

疑曲照〔二〕，和風得路合偏吹。向人雖道渾無語，幾勸王孫到醉時。

## 貧女

蓬門未識綺羅香，擬托良媒益自傷。誰愛風流高格調，共憐時世儉梳妝。敢將十指誇纖巧，不把雙眉鬬畫長。每恨年年壓金線，爲他人作嫁衣裳。

## 送友人罷舉除南陵令

共言愁是酌離杯，況惜弦歌枉大才。獻賦未爲龍化去，除書猶喜鳳銜來。花明驛路煙脂煖〔三〕，山入江亭罨畫開。莫把新詩題別處，謝家臨水有樓臺。

---

〔二〕「疑」，文苑英華作「宜」，又注：「詩選作『疑』。」

〔三〕「煙」，四庫本作「燕」。

## 羅鄴五首

### 牡丹

落盡春紅始著花〔一〕，花時比屋事豪奢。買栽池館恐無地，看到子孫能幾家。門倚長衢攢繡軛〔二〕，幄籠輕日護香霞。歌鍾滿座争歡賞，肯信流年鬢有華。

### 洛水

一道潺湲濺暖莎〔三〕，年年惆悵是春過。莫言行客聽如此，流入深宫恨更多。橋畔月來清見底，柳邊風去緑生波。縱然滿眼添歸思，未把魚竿奈爾何。

〔一〕「著」，文苑英華作「見」，又注：「雜詠作『着』」。
〔二〕「軛」，文苑英華作「轂」，又注：「雜詠作『軛』」。
〔三〕「莎」，分類本作「蓑」。

## 出都門

青門春色一花開，長到花時把酒杯。自覺無家似潮水，不知歸處去還來。

## 水簾

萬點飛泉下白雲，似簾懸處望疑真。若將此水爲霖雨，更勝長垂隔路塵。

## 賞春〔一〕

芳草和煙暖更青，閑門要路一時生。年年點檢人間事，唯有春風不世情。

〔一〕本首篇題，文苑英華作「芳草二首」，此首爲組詩之二。

## 皮日休六首 字襲美，咸通八年登進士第。

### 旅舍除夕〔一〕

永夜誰能守，羈心不放眠。挑燈猶故歲，聽角已新年。出谷空嗟晚，銜杯尚愧先。晚來辭逆旅，雪涕野槐天。

### 過雲居院玄福上人舊居

重到雲居獨悄然，隔窗窺影尚疑禪。不逢野老來聽法，猶見鄰僧爲引泉。龕上已生新石耳，壁間空帶舊茶煙。南宗弟子時時到，泣把山花奠几筵。

〔一〕「夕」，分類本作「夜」。

## 陪江西裴公遊襄州延慶寺

丹霄路上歇征輪，勝地偷閑一日身。不著前驅驚野鳥，惟將後乘載詩人。巖邊候吏雲遮卻，竹下朝衣露滴新。更向碧山深處問，不妨猶有草茅臣。

## 西塞山泊漁家

白綸巾下髮如絲，静倚楓根坐釣磯。中婦桑村挑葉去，小兒沙市買蓑歸。雨來蓴菜流船滑，春後鱸魚墜釣肥。西塞山前終日客，隔波相羡盡依依。

## 襄州春遊

信馬騰騰觸處行，春風相引與詩情。等閑遇事成歌詠，取次衝筵隱姓名。映柳認人多錯誤，透花窺鳥最分明〔一〕。岑牟單絞何曾著，莫道倡狂似禰衡。

## 送從弟歸復州〔二〕

羡爾優遊正少年，竟陵煙月似吴天〔三〕。車螯近岸無妨取〔四〕，舴艋隨風不費牽。處處路傍千頃稻〔五〕，家家門外一渠蓮。慇懃莫笑襄陽住，爲愛南塘縮項鯿〔六〕。

〔一〕「透花窺鳥最分明」，黄録何批作：「鳥亦人也，即花鳥使之意。」

〔二〕「從弟」，文苑英華作「從弟皮崇」。

〔三〕「煙」，文苑英華作「風」，又注：「集作『煙』。」

〔四〕「妨」，文苑英華作「勞」，又注：「詩選作『妨』。」

〔五〕「傍」，文苑英華作「旁」。「傾」，文苑英華、分類本作「頃」。

〔六〕「塘」，文苑英華作「溪」，分類本作「遊」。

# 唐百家詩選 卷十九

## 劉滄四首 字蘊靈，大中八年進士及第。

### 長洲懷古

野燒空原盡荻灰，吴王此地有樓臺。千年事往人何在，半夜月明潮自來。白鳥影從江樹没，清猿聲入楚雲哀。停車日晚薦蘋藻，風静寒塘花正開。

### 經煬帝行宫

此地曾經翠輦過，浮雲流水竟如何。香銷南國美人盡，怨入東風芳草多。殘柳宫前空露葉，夕陽川上浩煙波。行人遥起廣陵思，古渡月明聞棹歌。

與僧話舊

巾舄同時下翠微，舊遊因話事多違。南朝古寺幾僧在，北嶺空林唯鳥歸。莎徑晚煙凝竹塢，石池春色染苔衣。此來相見又相别，即是關河朔雁飛。

咸陽懷古

經過此地無窮事，一望悽然感廢興。渭水故都秦二世，咸原秋草漢諸陵。天空絶塞聞邊雁，葉盡孤村見夜燈。風景蒼蒼多少恨，寒山半出白雲層。

劉威一首

遊東湖黄處士園林

偶向東湖更向東，數聲雞犬翠微中。遥知楊柳是門處，似隔芙蓉無路通。樵客出來山帶雨，漁舟過去水生風。物情多與閑相稱，所恨求安計不同。

## 曹鄴一首

### 始皇陵下作

千金買魚燈，泉下照狐兔。行人上陵過，卻弔扶蘇墓。壘壘壙中物，多於養生具。若使山可移，應將秦國去。舜歿雖在前，今猶未封樹。

## 曹松十四首

### 長安春日

浩浩看花晨，六街揚遠塵。塵中一丈日，誰是晏眠人。御柳垂著水，野鶯啼破春。徒云多失意，猶自惜離秦。

## 晨起

曉色教不睡，卷簾清氣中。林殘數枝月，髮冷一梳風。並鳥含鍾語，欹河隔霧空。莫疑營白日，道路本無窮。

## 秋日送方干遊上元

天高淮泗白，料子趨修程。汲水疑山動，揚帆覺岸行。雲離京口樹，雁入石頭城。後夜分遥念，諸峰霧露生。

## 金谷園

當年歌舞時，不説草離離。今日歌舞盡，滿園秋露垂。

## 夏日東齋

三庚到秋伏，偶來松檻立。熱少清風多，開門放山入。

## 送喻坦之遊太原〔一〕

北鄙征難盡，詩愁滿去程。廢巢侵燒色〔二〕，荒塚入鋤聲〔三〕。逗野河流濁，離雲磧日明〔四〕。并州戎壘地〔五〕，角動引風生。

---

〔一〕「送」，文苑英華作「送進士」。

〔二〕「燒」，文苑英華作「曉」。

〔三〕「荒」，文苑英華作「孤」，又注：「詩選作『荒』。」

〔四〕「日」，文苑英華作「月」。

〔五〕「戎壘地」，文苑英華作「戍壘暮」，又注：「詩選作『戎壘地』。」

## 塞上

邊寒來處闊，今日復明朝。河淩去聲。堅通馬，胡雲缺見雕。砂中程獨泣〔一〕，鄉外隱誰招。回首苦經歲，靈州生柳條。

## 題鶴鳴泉

仙鶴曾鳴處，泉兼半井苔。直峰抛影入，片月寫光來。瀲灧侵顔冷，深沉熨眼開。〔二〕何因值丹頂，滿汲石缾回。〔三〕

〔一〕「砂中程獨泣」，黄録何批作：「所見唯雕，則更無人跡繼至矣，渡到『獨』字。」
〔二〕「直峰抛影入，片月寫光來。瀲灧侵顔冷，深沉熨眼開」，黄録何批作：「中二連言既清且寒，如之何其不食也。」
〔三〕全詩，黄録何批作：「此詩兼采詩之『鶴鳴』、易井九三之『不食』『可汲』二意成之。」

## 己亥歲二首

南國江山入戰圖，生民何計樂樵蘇。憑君莫話封侯事，一將功成萬骨枯。

波間一戰百神愁，兩岸强兵過未休。誰道滄江總無事，近來常共血争流。

## 南海旅次

憶歸休上越王臺，歸思臨高不易裁。爲客正當無雁處，故園誰道有書來。城頭早角吹霜盡，郭裏殘潮蕩月回。心似百花開未得，年年争向被春催〔一〕。

〔一〕「向」，清宋犖本同，雙清閣本、和刻本、四庫本作「發」。

## 陪湖南李中丞宴隱谿璋〔一〕。

竹林啼鳥不知休，羅列飛橋水亂流。觸散柳絲回玉勒，約開蓮葉上蘭舟。酒邊舊侶真何遜，雲裏新聲是莫愁。若值主人嫌晝短，應陪秉燭夜深遊。

## 别湖上主人

門繫釣舟雲滿岸，借君幽致坐移旬。湖村夜叫白蕪雁，菱市曉喧深浦人。遠水日邊重作雪，寒林燒後别生春。不辭更住醒還醉，太一東峰歸夢頻。

## 商山贈野叟

垂白商於原下住，兒孫共死一身忙。木弓未得長離手，猶與官家射麝香。

〔一〕文苑英華無注「璋」。

## 張喬二首

### 送河西從事

結束佐戎旃，河西住幾年。隴頭隨日去，磧裏寄星眠。水近沙連帳，程遥馬入天。聖朝思上策，重待奏安邊。

### 送進士許棠

離鄉積歲年，歸路遠依然。夜火山頭市，春江樹杪船。干戈愁鬢改，瘴癘喜家全。何處營甘旨，潮濤浸薄田。

## 劉駕一首

### 釣臺懷古

澄流可濯纓，嚴子但垂綸。孤坐九層石，遠笑清渭濱。潛龍飛上天，四海豈無雲。清氣不零雨，安使洗塵氛〔一〕。我來吟高風，髣髴見斯人。江月尚皎皎，江石亦磷磷。如何臺下路，明日又迷津。

## 崔魯十二首〔二〕

### 春日長安即事

一百五日又欲來，梨花梅花參差開。行人自笑不歸去，瘦馬獨吟真可哀。杏酪漸香鄰舍

〔一〕「洗塵氛」，文苑英華作「澆埃塵」。「澆」，又注：「詩選作『洗』。」
〔二〕何校本校注：「近刻所無者一篇。」

粥，榆煙將變舊爐灰。玉樓春暖清歌夜，肯信愁腸獨九回。

春晚岳陽城言懷

翠煙如鈿柳如環，晴倚南樓獨看山。江國草花三月晚，帝京塵夢一年閑。虚舟尚笑縈難解，飛鳥空慚倦未還。何似不羈詹父伴，睡煙歌月老潺潺。

煙花零落過清明，異國光陰老客情。雲夢夕陽愁裏色，洞庭春浪坐來聲。天邊一與舊山别，江上幾看芳草生。獨凭欄干意難寫，暮笳嗚軋調孤城。

過鑾溪渡

緑楊如髮雨如煙，立馬危橋獨唤船。山口斷雲迷舊路，渡頭芳草憶前年。身隨遠道徒悲梗，詩賣明時不值錢。歸去楚臺還有計，釣船春雨日高眠。

## 暮春對花

病香無力被風欺，多在青苔少在枝。馬上行人莫回首，斷君腸是欲殘時。

## 華清宮四首〔一〕

銀河漾漾月輝煇，樓礙星邊織女機。横玉叫雲清似水，滿空霜逐一聲飛。

障掩金雞蓄禍機，翠環西拂蜀雲飛。珠簾一閉朝元閣，不見人歸見燕歸。

草遮回磴絶鳴鑾，雲樹深深碧殿寒。明月自來還自去，更無人倚玉闌干〔二〕。

〔一〕黄録何批作：「第一篇近刻作聞笛者近之，恐荆公誤也。紀事與此同。」

〔二〕「闌」，分類本作「欄」。

門横金鏁悄無人，落日秋聲渭水濱。紅葉下山寒寂寂，濕雲如夢雨如塵。

## 春晚泊船江村

芳草青青古渡頭，漁家住處暫維舟。殘花半樹悄無語，細雨滿天風似愁。家信不來春又晚，客程難盡水空流。自憐愛失心期約，看取花時更遠遊。

## 山路見花

曉紅初坼露香新，獨立空山冷笑春。春意自知無主惜，恣風吹逐馬蹄塵。

## 岸梅

含情含態一枝枝，斜壓漁家短短籬。惹袖尚憐香半日，向人如訴雨多時。初開偏稱雕梁畫，未落先愁玉笛吹。行客見來無去意，解帆煙浦爲題詩。

## 張蠙六首 字象文，昭宗時爲尚書膳部員外郎。

### 社日村居〔一〕

鵝湖山下稻粱肥，豘穽雞棲對掩扉。桑柘影斜春社散，家家扶得醉人歸。

### 送友人歸武陵

聞近桃源住，無村不是花。戍旗招海客，廟鼓集江鴉。別島垂橙實，閑田長荻芽〔二〕。遊秦未得意〔三〕，看即更離家〔四〕。

〔一〕黄録何批作：「三體唐詩作張演。」

〔二〕「芽」，文苑英華、分類本作「花」。

〔三〕「秦」，文苑英華作「春」。

〔四〕「更」，文苑英華作「是」。

## 别後寄友人〔一〕

上馬如飛鳥，飄然隔去塵。共看今夜月，獨作異鄉人。就養江田熟，移居井賦新。襄陽所卜隱〔二〕，應與孟家鄰。

## 送友人赴涇州幕〔三〕

杏園沉飲散，榮别就嘉招。日月相期盡，山川獨去遥〔四〕。府樓明蜀雪，關磧轉胡雕。縱有煙塵動，應隨上策銷。

〔一〕「人」，文苑英華作「生」，又注：「詩選作『人』。」

〔二〕「所」，清宋犖本同，文苑英華作「曾」，雙清閣本、和刻本、四庫本作「堪」。

〔三〕本首篇題，文苑英華校注：「一作送李中丞再赴虔州。」

〔四〕「川」，文苑英華作「河」。

## 野泉

遠出白雲中，長年聽不窮〔一〕。細聲縈石亂〔二〕，寒色入潭空〔三〕。挂壁聊成雨，穿林别起風。温泉非爾類，源發在深宫。

## 述懷

白首成何事〔四〕，無歡可替悲。空餘酒中興，猶似少年時。

〔一〕「窮」，文苑英華作「同」，又注：「一作『窮』。」

〔二〕「石亂」，文苑英華作「亂石」，又注：「一作『石亂』。」

〔三〕「潭」，文苑英華作「長」。

〔四〕「何」，何校本「空」塗改作「何」。

## 方干二首

字雄飛，新定人，咸通中進士不第，隱會稽之鏡湖及江東，人謂爲玄英先生。〔一〕

### 君不來

遠路東西欲問誰，寒來無處寄寒衣。去時初種庭前樹，樹已勝巢人未歸。

### 山中

愛山卻把圖書賣，嗜酒空教僮僕賒。只向堦前便漁釣，那知枕上有雲霞。暗泉出石飛仍咽，小徑通橋直復斜。窗竹未抽今夏筍，庭梅曾試當年花。姓名未及陶弘景，髭鬢白於姜子牙。松月水煙千古在，未知終久屬誰家。

〔一〕「雄飛」，分類本作「飛雄」。「及江東人」，分類本作「江東人相」。何校本校注：「近刻所無者一篇。」

## 王駕四首

字大用，河中人，大順初進士及第，仕至尚書禮部員外郎，自稱守素先生，與司空圖、鄭谷相善爲詩友。

### 古意

夫戍蕭關妾在吴，西風吹妾妾憂夫。一行書信千行淚，寒到君邊衣到無？

### 過故友居

鄰笛寒吹日落初，舊居今已别人居。亂來兒姪皆分散，惆悵僧房認得書。

### 晴景

雨前初見花間蘂，雨後兼無葉裏花。蛺蝶飛來過墻去，應疑春色在鄰家。

亂後曲江

憶昔爭遊曲水濱，未春長有探春人。遊春人盡空池在，直至春深不似春。

## 杜荀鶴四首

字彦之，自稱九華山人，大順中登進士第。

春宫怨

早被嬋娟誤，欲妝臨鏡慵。承恩不在貌，教妾若爲容。風暖鳥聲碎，日高花影重。年年越溪女，相憶採芙蓉。

## 雪〔一〕

風攬長空寒骨生〔二〕，先於曉色報窗明。江湖不見飛禽影，巖谷唯聞折竹聲〔三〕。巢穴幾多相似處〔四〕，路岐兼得一般平。擁袍公子莫言冷，中有樵夫跣足行〔五〕。

## 溪興

山雨溪風卷釣絲，瓦甌蓬底獨斟時。醉來睡著無人喚，流下前溪也不知〔六〕。

〔一〕本首篇題，文苑英華作「對雪」。黄録何批作：「能不用粉絮等體物語，故荆公取之。大抵承崑體之後，唯主於脱换故方也。」

〔二〕「攬」，蜀刻別集作「攬」。

〔三〕「唯」，文苑英華作「時」，又注：「集作『唯』。」

〔四〕「巢穴幾多相似處」，文苑英華作「溝壑本深無復滿」，又注：「集作『巢穴幾多相似處』。」

〔五〕「中有樵夫跣足行」，黄録何批作：「結句收到自己。傳云：『足寒傷心，民怨傷國。』又以志倡、昭爲季世也。」

〔六〕「溪」，蜀刻別集作「灘」。

## 哭貝韜〔一〕

交朋來哭我來歌，喜傍山家葬薜蘿〔二〕。四海十年人殺盡，似君埋少不埋多。

〔一〕「貝」，何校本「具」塗改作「貝」。

〔二〕「薜」，蜀刻別集作「荔」。

# 唐百家詩選　卷二十

## 吴融二十七首　字子華，昭宗時爲翰林學士，户部侍郎。

### 壬戌歲閿鄉卜居[一]

六載抽毫侍禁闈，不堪多病决然歸。五陵年少如相問，阿對泉頭一布衣。阿對是楊伯起家僮，嘗引泉灌蔬，其泉至今尚在。

### 野廟

古原荒廟掩莓苔，何處喧喧鼓笛來。日暮鳥啼人散盡，野風吹起紙錢灰。

〔一〕黄録何批作：「昭宗天復二年，又五年而唐亡。」

小逕

礙竹妨花一逕幽，攀緣應對玉峰頭。若教須似康莊好，便有高車駟馬憂。

閑望

三點五點映山雨，一枝兩枝臨水花。蛺蝶狂飛掠芳草，鴛鴦熟睡翹暖沙。闕下新居非己業，江南舊隱是誰家。東還西去都無計，卻羨暝歸林上鴉。

即事

抵鵲山前寄掩扉，便甘終老脱朝衣。曉窺清鏡千峰入，暮倚長松獨鶴歸。雲裏引來泉脉細，雨中移得藥苗肥，何須一筋鱸魚鱠，始挂孤帆問釣磯。

## 書懷

傍巖依樹結簷楹，夏物蕭疏景更清。灘響忽高何處雨，松陰自轉此山晴〔二〕。見多鄰犬遥相認，來慣幽禽近不驚。争敢便誇饒勝事，九衢塵裏免勞生。

## 海棠

太尉園林兩樹春，今番禺太尉徐公興化亭子有海棠兩株。年年奔走探花人。今來獨傍荆山看，回首長安落戰塵。

## 寄貫休

休公何處在，知我宦情無。已似馮唐老，方知武子愚。一身仍更病，雙闕又須趨。若得重

〔二〕「此」，分類本、清宋犖本同，雙清閣本、和刻本、四庫本作「遠」。

相見，冥心學半銖。

## 楚事

悲秋應亦抵傷春，屈宋當年並楚臣[一]。屈原云：目極千里傷春心。宋玉云[二]：悲哉秋之爲氣。何事從來好時節，只將惆悵付詞人。

## 金橋感事

太行和雪疊晴空，二月郊原尚朔風。飲馬早聞臨渭北，射雕今欲過山東。百年徒有伊川歎，五利寧無魏絳功。日暮長亭正愁絶，哀笳一曲戍煙中。

[一]「年」，分類本作「來」。
[二]「玉」，分類本無。

送策上人

昨來非有意，今去亦無心。闕下抛新院，江南指舊林。缾添新澗緑，笠卸晚峰陰。八字如相許〔一〕，終辭尺組尋。

松江晚泊

樹遠天疑盡，江奔地欲隨。孤帆落何處，殘日更新離。客是淒涼本，情爲繫滯枝。寸腸無計免，應只楚猿知。

廢宅

風飄碧瓦雨摧垣，卻有鄰人爲鏁門。幾樹好花虚白晝，滿庭荒草易黄昏。放魚池涸蛙争

〔一〕「八字如相許」，黄録何批作：「『八字』未詳。」

聚，棲燕梁空雀自喧。不獨凄涼眼前事，咸陽一火便寒原。

## 途中

一棹歸何處，蒼茫落照昏。無人應失路〔一〕，有樹始知村。湖岸春耕廢，江城戰鼓喧。儒冠竟相誤，學劍盡乘軒。

## 岐下聞杜鵑

化去蠻鄉北，飛來渭水西。爲多亡國恨，不忍故山啼。怨已驚秦鳳，靈應識漢雞。〔二〕數聲煙漠漠，餘思草萋萋〔三〕。樓迥波無際，林昏日又低。如何不腸斷，家近五雲溪。

---

〔一〕「應」，清宋犖本同，雙清閣本、和刻本、四庫本作「因」。

〔二〕「怨已驚秦鳳，靈應識漢雞」，黄録何批作：「襯句恰貼出岐下。」

〔三〕「萋萋」，分類本作「淒淒」。

## 杏花三韻

春物競相妒[一]，杏花應最嬌。紅輕欲愁殺，粉薄似啼消。頗作南華夢，翩翩逩此條。[二]

## 華清宫三首

中原無鹿海無波，鳳輦鸞旗出幸多。今日故宫歸寂寞，太平功業在山河。

四郊飛雪暗雲端，唯此宫中落旋乾。緑樹碧簷相掩映，無人知道外邊寒。

漁陽烽火照函關，玉輦悤悤下此山。一曲羽衣聽不盡，至今遺恨水潺潺。

---

[一] 「競」，分類本作「竟」。

[二] 全詩黄録何批作：「此亦閑情賦也。」

春寒

固教梅忍落，休與杏藏嬌。已過冬疑剩，將來暖未饒。玉堦殘雪在，羅薦暗香銷。莫問王孫恨，煙蕪尚寂寥。

彭門用兵後經汴路

長亭一望一徘徊，千里關河百戰來。細柳舊營猶鑠月，祁連新冢已封苔。霜凋綠野愁無際，燒接黄雲慘不開。若比江南更牢落，子山詞賦莫興哀。

隋堤風物已淒涼，堤下仍多舊戰場。金鏃有苔人拾得，蘆衣無土鳥銜將〔二〕。秋聲暗促河聲急，野色遥連日色黄。獨上寒城正愁絶，戍鼙驚起雁行行。

〔二〕「衣」，清宋犖本同，雙清閣本、和刻本、四庫本作「花」。「土」，清宋犖本同，雙清閣本、和刻本、四庫本作「主」。

高侍御話皮博士池中白蓮因寄

白玉花開緑錦池，風流御史報人知。看來應是雲中墮，偷去須從月下移。已被亂蟬催晼晚，更禁涼雨動襳褷。習家秋色堪圖畫，只欠山公倒接羅〔二〕。

新安道中翫流水

一渠春碧弄潺潺，密竹繁花掩映間。看處便須終日住，筭來争得此身閑。縈紆似接迷人洞，清冷應連有雪山。上卻征車更回首，了然塵土不相關。

〔二〕「羅」，分類本作「籬」。「接羅」，黄録何批作：「『接羅』，仍與『白』字相關。」

## 憶山泉

穿雲落石細潺潺〔一〕，杳杳疑聞弄管絃。千仞灑來寒碎玉〔二〕，一泓深處碧涵天。煙迷葉亂尋難見，月好風清聽不眠。春雨正多歸未得，只應流恨更潺湲。

## 紅樹〔三〕

一聲南雁已先紅，槭槭淒淒葉葉同。自是孤根非暖地，莫驚他木耐秋風。曉煙散去陰全薄〔四〕，明月臨來影半空。長憶洞庭千萬樹，照山橫浦夕陽中。

〔一〕「穿雲落石細潺潺」，黄録何批作：「含第六。」

〔二〕「千仞灑來寒碎玉」，黄録何批作：「含第五。」

〔三〕黄録何批作：「句句是樹，别有一篇句句是葉。」

〔四〕「曉」，分類本作「燒」。

## 微雨

天清織未遍，風急舞難成。粉重低飛蝶，黄濃不語鶯。乍隨春靄亂，還放夕陽明。惆悵池塘遠，荷珠點點輕。

# 韓偓五十九首[一]

字致光，一云字致堯，昭宗時翰林學士承旨、尚書兵部侍郎。

## 雨後月中玉堂閑坐

銀臺直北金鑾外，暑雨初晴皓月中。唯對松篁聽刻漏，更無塵土翳虚空。緑香熨齒冰盤果，清冷侵肌水殿風。夜久忽聞鈴索動，玉堂西畔響丁東。

---

〔一〕「偓」，原本作「渥」，據雙清閣本、和刻本、四庫本改。

## 六月十七日召對自辰及申方歸本院

清暑簾開散異香，恩深咫尺對龍章。花應洞裏常時發，日向壺中特地長。坐久忽疑槎犯斗，歸來兼恐海生桑。如今冷笑東方朔，唯用詼諧侍漢皇[一]。

## 中秋禁直

星斗疏明禁漏殘，紫泥封後獨憑欄。露和玉屑金盤冷，月射珠光貝闕寒。天襯樓臺籠苑外，風吹歌管下雲端。長卿祇爲長門賦，未識君臣際會難。

---

[一]「詼」，分類本作「談」。

## 錫宴日作〔一〕

是歲大稔，内出金帛錫百官，充觀稼宴，學士院别賜越綾百匹〔二〕，委京尹勾當，後宰相一日宴于輿化亭。

玉銜花馬踏香街，詔遣追懽綺席開。中夜押從天上去〔三〕，是日在外四學士排門齊入，同進狀辭赴宴所，奉差學士院使二人押去〔四〕。外人知自日邊來。臣心浄比漪漣水，聖澤深於瀲灎杯。纔有異恩頒稷卨，已將優禮及鄒枚。清商適向梨園降，妙妓新行峽雨回〔五〕。不敢通宵離禁直，晚乘殘醉入銀臺。〔六〕

〔一〕「日」，分類本無。
〔二〕「越」，分類本作「大」。
〔三〕「夜」，清宋犖本同，雙清閣本、和刻本、四庫本作「使」。
〔四〕「奉」，分類本作「奉宣」。
〔五〕「妙妓新行峽雨回」，黄録何批作：「暗度『晚』字。」
〔六〕「不敢通宵離禁直，晚乘殘醉入銀臺」，黄録何批作：「結與『在外四学士』注又有照應。」

## 冬至夜作 天復二年隨駕在鳳翔府。

中宵忽見動葭灰，料得南枝有早梅。四野便應枯草緑，九重先覺凍雲開。陰冰莫向河源塞，陽氣今從地底回。不道慘舒無定分，卻憂蚊響又成雷。

## 秋霖夜憶家 隨駕在鳳翔府。

垂老何時見弟兄，背燈悲泣到天明。不知短髮能多少，一滴秋霖白一莖。

## 出官經峽石縣 天復三年三月二十日作。

謫宦過東畿，所抵州名濮。故里欲清明，臨風堪慟哭。溪長柳似帷，山暖花如醭。逆旅訝簪裾，南路以久無儒服，經過皆相聚觀。野老悲陵谷。暝鳥影聯翩，驚狐尾毒蔌〔二〕。尚得佐方州，信是

〔二〕「毒蔌」，清宋犖本同，雙清閣本、和刻本、四庫本作「纛遬」。

皇恩沐。

## 訪同年虞部二十五郎中 四年二月在湖南。

策蹇相尋犯雪泥，厨煙未動日平西。門庭野水瀰褷鷺，鄰里短墻咿喔雞。未入慶霄君擇肉，畏逢華轂我吹虀。地爐貰酒成狂醉，更覺襟懷得喪齊。

## 春陰獨酌寄同年李郎中

春陰漠漠土脉潤，寒氣微微風意和。閑噇入甲奔競態，醉唱落調漁樵歌。詩道揣量疑可進，宦情刓缺轉無多。酒酣狂興依然在，無奈千莖鬢雪何。

## 雪中過重湖信筆偶成

道方時險擬如何，謫去甘心隱薜蘿。青草湖將天暗合，白頭浪與雪相和。旗亭臘酎踰年熟，水國春寒向晚多。處困不忙仍不怨，醉來唯是欲傞傞。

## 寄湖南從事

索漠襟懷酒半醒，無人一爲解餘酲。岸頭柳色春將盡，船背雨聲天欲明。去國正悲同旅雁，隔江何忍更啼鶯。蓮花幕下風流客，試與温存譴逐情。

## 翫水禽 此後七首醴陵縣作。

兩兩珍禽渺渺溪，翠衿紅掌浄無泥。向陽眠處莎成毯，踏水飛時浪作梯。依倚雕梁輕社燕，抑揚金距笑晨雞〔一〕。勸君細認漁翁意，莫遣紅羅誤穩棲。

〔一〕「距」，分類本作「鉅」。

## 早雪翫梅有懷親友

北陸候纔變，南枝花已開。無人同悵望，把酒獨徘徊。凍白雪爲伴，寒香風是媒。何因逢越使，腸斷謫仙材〔一〕。

## 小隱

借得茅齋岳麓西，擬將身世老鋤犁。清晨向市煙涵郭，寒夜歸村月照溪。爐爲窗明僧偶坐，松因雪折鳥驚啼。靈椿朝菌由來事，卻笑莊生始欲齊。

〔一〕「材」，黄録何校作「才」。

## 曛黑

古木侵天日已沉〔一〕，露華涼冷潤衣襟。江城曛黑人行絶，唯有啼烏伴夜砧。

## 醉着

萬里清江萬里天，一村桑柘一村煙。漁翁醉着無人唤，過午醒來雪滿船。

## 早起三韻

萬樹緑楊垂，千般黄鳥語。庭花風雨餘，岑寂如村塢。依依官渡頭，晴陽照行旅。

〔一〕「古木侵天」，黄録何批作：「黑。」「日已沉」，黄録何批作：「曛。」

## 即目

萬古離懷憎物色，幾年愁緒溺風光。廢城沃土肥春草，野渡空船蕩夕陽。倚道向人多眽眽〔二〕，爲情因酒易倀倀。宦途棄擲須甘分，回避紅塵是所長。

## 贈易卜崔江處士袁州。

白首窮經通秘義，青山養老度危時。門傳組綬身能退，家學樵漁跡更奇。四海盡聞龜策妙，九霄堪嘆鶴書遲。壺中日月將何用，借與閑人試一窺。

## 乙丑歲九月蕭灘鎮忽得楊迢員外書賀余除戎曹仍舊承旨還緘後因書四十字

旅寓在江郊，秋風正寂寥。紫泥虛寵奬，白髮已漁樵。事往淒涼在，時危志氣銷。若爲將

〔二〕「眽眽」，何校本「脈脈」塗改作「眽眽」。

朽質，猶擬杖於朝。

登南臺僧寺

無奈離腸日九回，强攄懷抱立高臺。中華地向城邊盡，外國雲從島上來。四序有花長見雨，一冬無雪卻聞雷。日宫紫氣生冠冕，試望扶桑病眼開。

花時與錢尊師同醉因成二十字

橋下淺深水，竹間紅白花。酒仙同避世，何用厭長沙。

有屬〔一〕

晚涼閑步向江亭，默默看書旋旋行。風轉滯帆狂得勢，潮來諸水寂無聲。誰將覆轍詢長

〔一〕「屬」，分類本、清宋犖本同，雙清閣本、和刻本、四庫本作「矚」。

策，願把棼絲屬老成。安石本懷經濟意，何妨一起爲蒼生。

## 蜻蜓

碧玉眼睛雲母翅，輕於粉蝶瘦於蜂。坐來迎拂波光舞，可是慇懃爲蓼叢。

## 宫柳 此後二首在内庭作。

莫道秋來芳意違〔二〕，宫娃猶似妒蛾眉〔三〕。幸當玉輦經過處，不怕金風浩蕩時。草色長承垂地葉，日華先照映樓枝。澗松亦有淩雲分，争似盤根太液池。

〔二〕「違」，分類本作「遲」。
〔三〕「蛾」，分類本作「娥」。

## 苑中

上苑離宫處處迷，相風高與露盤齊。金堦鑄出狻猊立，玉柱雕成狒秝啼〔二〕。外使調鷹初得案，五坊外案使，以鷹隼初調習，始能擒獲，謂之得案。中官過馬不教嘶。上每乘馬，必閹官馭以進，謂之過馬，既乘之而後蹀躞嘶鳴也。笙歌繡錦雲霄裏，獨許詞臣醉似泥。

## 即目

書墻暗記移花日，洗瓮先知醖酒期。須信閑人有忙事，早來衝雨覓漁師。

## 過臨淮故里

交遊昔歲已凋零，第宅今來亦變更。舊廟荒涼時饗絶，諸孫飢凍一官成。五湖竟負他年

---

〔二〕「秝」，四庫本作「狁」。「狒秝」，分類本作「翡翠」。

志，百戰空垂異代名。榮盛幾何流落久，遺人襟抱薄浮生。

亂後卻至近甸有感 乙卯年作。

狂童容易犯金門，比屋齊人作旅魂。夜户不扃生茂草，春渠自溢浸荒園。關中卻見屯邊卒，塞外翻聞有漢村。堪恨無情清渭水，渺茫依舊遶秦原。

寄鄰莊道侶

聞説經旬不啓關，藥窗誰伴醉開顔。夜來雪壓村前竹，剩見溪南幾尺山。

亂後春日途經野塘

世亂他鄉見落梅，野塘晴煖獨徘徊。船衝水鳥飛還住，袖拂楊花去又來。季重舊遊多喪逝，子山新賦極悲哀。眼看朝市成陵谷，始信昆明是劫灰。

## 惜花

皺白離情高處切，膩紅愁態静中深。眼隨片片沿流去，恨滿枝枝被雨淋。總得苔遮猶慰意，便教泥污更傷心。臨軒一盞悲春酒，明日池塘是緑陰。

## 半醉

水向東南更不回，紅顔白髮遞相催。壯心暗逐高歌盡，往事空因半醉來。雲護雁霜籠淡月，雨連鶯曉落殘梅。西樓悵望芳菲節，處處斜陽草似苔。

## 漢江行次

村寺雖深已暗知，幡竿殘日迥依依。沙頭有廟青林合，驛步無人白鳥飛。牧笛自由隨草遠，漁歌得意扣舷歸。竹園相接春波暖，痛憶家鄉舊釣磯。

春盡

惜春連日醉昏昏，醒後衣裳見酒痕。細水浮花歸別澗，斷雲含雨入孤村。人閑易有芳時恨，地勝難招自古魂。慚愧流鶯相厚意，清晨猶爲到西園。

贈湖南李思齊處士

兩板船頭濁酒壺，七絲琴畔白髭鬚。三春日日黄梅雨，孤客年年青草湖。燕俠冰霜難狎近，楚狂鋒刃觸凡愚。知余絶粒窺仙事，許到名山看藥爐。

睡起

睡起墻陰下藥欄，瓦松花白閉柴關。斷年不出僧嫌癖，逐日無機鶴伴閑。塵土莫尋行止處，煙波長在夢魂間。終撑舴艋稱漁叟，賒買湖心一崦山。

## 寄友人

傷時惜別心交加，揞頤一向千咨嗟。曠野風吹寒食月，廣庭煙著黄昏花。長擬醺酣遣世事[二]，若爲局促問生涯。夫君亦是多情者，幾度將愁泥酒家。

## 見別離者因贈之

征人草草盡戎裝，征馬蕭蕭立路傍。罇酒闌珊將遠別，秋山邐迤更斜陽。白髭兄弟中年後，瘴海程途萬里長。曾向天涯懷此恨，見君嗚咽更淒涼。

## 傷亂

岸上花根總倒垂，水中花影幾千枝。一枝一影寒山裏，野水野花清露時。故國幾年猶戰

---

[二]「遣」，何校本校注：「一作『遺』」。

鬭，異鄉終日見旌旗。交親流落身羸病，誰在誰亡兩不知。

南亭

每日在南亭，南亭似僧院。人語静先聞，鳥啼深不見。松瘦石稜稜，山光溪瀫瀫。塹蔓墜長茸〔一〕，鳥花垂小蒨。行簪隱士冠，卧讀先賢傳。更有興來時，取琴彈一遍。

太平谷中翫水上花

山頭水從雲外落，水面花自山中來。一溪紅點我獨惜，幾樹密房誰見開。應有妖魂隨暮雨，豈無香跡在蒼苔。凝眸不覺斜陽盡，忘逐樵人躡石回。

〔一〕「塹」，分類本作「壍」。「茸」，分類本作「草」。

## 雨

坐來蔌蔌山風急，山雨隨風暗原隰。樹帶繁聲出竹聞〔一〕，溪將大點穿籬入。餉婦寥翹布領寒，牧童擁苴蓑衣濕。此時高味共誰論，掩鼻吟詩空佇立。

## 幽獨

幽獨起侵晨，山鶯啼更早。門巷掩蕭條，落花滿芳草。煙愁魂共遠，春與人同老。默默又依依，淒然此懷抱。

## 江行

浪蹙青山江北岸，雲含黑雨日西邊。舟人偶語憂風色，行客無聊罷書眠。争似槐花九衢

〔一〕「聞」，分類本作「間」。

裏，馬蹄安穩慢揚鞭。

## 初赴朝集

輕寒着背雨凄凄，九陌無塵未有泥。還是平時舊滋味，慢垂鞭袖向街西。

## 向隅

守道得途遲，中兼遇亂離。剛腸成繞指，玄髮變垂絲。客路少安處，病床無穩時。弟兄消息絶，獨斂向隅眉。

## 秋郊閑望有感

楓葉微紅近有霜，碧雲秋色滿吴鄉。魚銜駭浪雪鱗健，鵶閃夕陽金背光。心爲感恩長慘戚，鬢緣經亂早蒼浪。可憐廣武山前事，楚漢寧教作戰場。

襄漢旅道值鄰境軍新過村落皆空因有此感

水自潺湲日自斜，盡無雞犬有鳴鴉。千村萬落似寒食，不見人煙空見花。

深院

鵝兒唼喋梔黄嘴，鳳子輕盈膩粉腰〔一〕。深院下簾人晝寢，紅薔薇架碧芭蕉。

辛酉冬隨駕日作今方追憶全篇因附於此〔二〕

曳裾談笑殿西頭，忽聽征鐃從冕旒。鳳蓋行時移紫氣，鸞旗駐處認皇州。曉題御服頒群吏，夜發宫嬪詔列侯。雨露涵濡三百載，不知誰擬殺身酬。

〔一〕「鳳」，分類本作「蜂」。

〔二〕黄録何批作：「天復元年。」

## 安貧

手風慵展八行書，眼暗休尋九局圖。窗裏日光飛野馬，案頭筠管長蒲盧。謀身拙爲安蚍足，報國危曾捋虎鬚。滿世可能無默識，未知誰擬試齊竽。

## 殘春旅舍

旅舍殘春宿雨晴，恍然心地憶咸京。樹頭蜂抱花鬚落，池面魚吹柳絮行。禪伏詩魔歸静域，酒衝愁陣出奇兵。兩梁免被塵埃污〔一〕，拂拭朝簪待眼明。

## 鵲

偏承雨露潤毛衣，黑白分明衆所知。高處營巢親鳳闕，静時閑語上龍墀。化爲金印新祥

〔一〕「被」，分類本作「彼」。

瑞，飛向銀河舊路岐。莫怪天涯棲不穩，託身須是萬年枝。

### 隰州新驛

盛德已圖形，胡爲忽搆兵。燎原雖自及，誅亂不無名。擲鼠須防誤，連雞莫憚驚。本期將係虜，末策但嬰城。肘腋人情變，朝廷物論生。果聞荒谷縊，旋覩稾街烹。帝怒今方息，時危喜暫清。始終俱以此，天意甚分明。

### 偶題

俟時輕進固相妨，實行丹心仗彼蒼。蕭艾轉肥蘭蕙瘦，可能天亦妒馨香。

### 湖南絶少含桃偶人以新摘者見惠感事傷懷因成四韻

時節雖同氣候殊，未知堪薦寢園無。合充鳳食留三島，誰許鶯偷過五湖。苦笋恐難同象匕，秦中謂三月爲櫻笋時。酪漿無復瑩蠙珠。湖南無牛酪之味。金鑾歲歲長宣賜，忍淚看天憶帝都。每歲初進之後，先宣賜學士。

## 翠碧鳥

天長水遠網羅稀，保得重重翠碧衣。挾彈少年多害物，勸君莫近五陵飛。

## 憶故都

故都遥想草萋萋〔一〕，上帝深疑亦自迷。塞雁已侵池籞宿，宫鴉猶戀女墻啼。天涯烈士空垂涕，地下强魂必噬臍。掩鼻計成終不覺，馮諼無路效鳴雞。

〔一〕「都」，分類本作「鄉」。

# 附録：唐百家詩選序跋與提要

## 甲、序跋

### 王荆公唐百家詩選序

〔宋〕王安石

余與宋次道同爲三司判官時，次道出其家藏唐詩百餘編，諉余擇其精者，次道因名曰百家詩選。廢日力於此，良可悔也。雖然，欲知唐詩者觀此足矣。

清宋犖刊本王荆公唐百家詩選卷首

### 楊蟠刻唐百家詩選序

〔宋〕楊蟠

詩之所可樂者，人人能爲之，然匠意造語要皆安穩愜當，流麗飄逸，其歸不失正者，昔人之所長也。思採其長，而益己之未至，則非博窺而深討之不可。夫自古風騷之盛無出於唐，而唐之作者不知幾家。其間篇目之多，或至數千，盡致其全編則厚幣不足以購寫，而大車不足以容載。彼幽野之人，何力而致之哉？丞相荆國王公，道德文章，天下之師，於詩尤極其工，雖嬰以萬務，而未嘗忘之。是知詩之爲道也，亦已大矣。公自歷代而下無不考正，於唐選百家，特録其警篇，而杜、韓、李所不與，蓋有微旨焉。噫！詩繫人之好尚，於去取之際，其論猶紛紛，今一經公之手，則帖然無復以議矣。合爲二十卷，號唐百家詩選，得者幾希，因命工刻板，以廣其傳，細字輕帙，不過出斗酒金而直挾之於懷袖中，由是人之几上往往皆有此詩矣。子將命友以文共求昔人之遺意而商榷之，有觀此百家詩而得其所長，及明荆公所以去取之法者，願以見告，因相與哦於西湖之上，豈不樂哉？元符戊寅七月望日章安楊蟠書。

宋刊分類本唐百家詩選卷首

## 倪仲傳唐百家詩選序〔一〕

〔宋〕倪仲傳

音有妙而難賞，曲有高而寡和，古今通然，無惑乎唐百家詩選之淪没於世也。予自弱冠肄業于香溪先生門，嘗得是詩于先生家藏之秘，竊愛其拔唐詩之尤清古典麗，正而不冶，凡以詩鳴於唐，有驚人語者悉羅於選中。於是心惟口誦，幾欲裂去夏課而學焉。先生知之，一日索而鑰諸笥，越至於今，不復過目者有年矣。頃有親戚游宦南昌，因得之於臨川以歸，首以出示，發卷數過，不啻如獲遺珠之喜，惜其道遠難致，且字畫漫滅，近世士大夫嗜此詩者往往不能無恨，故鏤板以新其傳，庶幾丞相荆國公銓擇之意，有所授於後人也，雅德君子儻於三冬餘暇，玩索唐世作者用心，則發而爲篇章，殆見遊刃餘地，運斤成風矣。乾道己丑四月望日蘭皋倪仲傳序。

清宋犖刊本王荆公唐百家詩選卷首

〔一〕倪仲傳，或作倪傅，王士禛香祖筆記卷五曾引用本序，其曰：「王介甫唐詩百家選全本，近牧仲開府寄來新刻，乃常熟毛扆所得江陰某氏藏本，計百有四人。有乾道己丑蘭皋倪仲傳序。」宋犖筠廊偶筆二筆卷上：「王荆公百家唐詩二十卷，淪没已久，余曩得殘帙八卷，付山陽丘邇求迴刻行，近復得乾道間盤谷倪仲傳舊本，所亡十二卷皆在，更屬邇求續刻，稱全書矣。」

## 宋犖刻唐百家詩選序

〔清〕宋犖

昔予嘗購求王荆公唐百家詩選二十卷，僅得殘帙八卷於江南藏書家。庚辰秋，舉示山陽故人子丘邇求。邇求好學嗜古，請依舊式重梓，以廣其傳，予甚誼之，因序其首，略云：

夫物莫不聚於所好，而天地之氣，有開必先。故好龍而龍降，市駿而駿來。天下之大，安知更無嗜古如邇求者，或别購其半，則幾乎全矣。及梓成，果大行於時，寶愛之者，比于吉光片羽，莫不思復得河東三篋，以覩其全焉。先是，吴中毛黼季氏喜刊古本，而家中藏書最多。予因屬其勤求是選，黼季敬諾而去，旁搜遠索，無日以怠。今癸未秋，黼季來謁予曰：「日者扆游江陰，親見王荆公唐百家詩選二十卷於某氏藏書家，特來告公。」予驚喜，趣購得之，凡所亡十二卷皆在焉。總數之得，百有四家，而曰百家者，舉成數也。有乾道己丑盤谷倪仲傳後序。夫荆公没，至孝宗乾道時，不過六七十年間，而序已云唐百家詩選淪没於世。蓋由北轅南渡，播遷喪亂中，其所亡失書籍固不止此也，亦可慨夫！况乾道至今又六百年，而予寤寐之求甚久，一朝忽得，殆如香山居士所云，在在處處有靈物護之者乎？於是復招邇求補刊十二卷，俾成完書，公諸同好，此固陳農之所不能求，而張安世之所不及識者也。天下賞心樂事，無踰於此。昔雷焕得豐城雙劍，以爲靈異之物，終當化去，留一自佩，送一與張華。華報書曰：詳觀劍文，乃干將也，莫邪何復不至？雖然，天生神物，終當合耳。其後果化延津之雙龍。噫！物莫不聚於所好，凡好之而不篤，篤而不久，久而怠倦以忘者，吾未見其能聚也。非邇求嗜古，先梓其半，以爲之招，而黼季又爲予勤求歷久而不倦，其能終拿哉？是故精誠之至，可以貫金石而通神明，凡事盡然，此其一徵也。康熙癸未中秋，西陂宋犖識。

清宋犖刊本王荆公唐百家詩選卷首

## 唐百家詩選跋

〔清〕丘迥

自宋以來，選唐詩者不下數十家，而荆公本爲善，序云：欲知唐詩者，觀此足矣。豈欺我哉？顧近世罕有其書。庚辰秋，吾師商丘宋公購得殘本八卷，授余校梓。斷玦殘璋，固已人争寶重。越三年癸未秋，公復得乾道己丑倪氏本二十卷於嘗熟藏書家。時閱賑邳、徐，道經淮郡，余迎謁舟次，因出以相示曰：「好龍而龍降，市駿而駿來。曩者吾固已言之，今果得全本。子其亟補刊無怠。」余承命，即加讎校，闕者補，譌者正，其字句與他本小異，而意可兩通，或文義間有可疑，而他本弗録，無從考訂者，悉仍其舊，不敢妄易一字。凡三月工畢，於是卷帙完整如初，而荆公精神所注，炯炯紙上，無復不全之憾矣。竊歎是書選自荆公數百年來，寥寥不概見於世，而學士大夫知之者亦寡。復有章安楊蟠僞本亂真欺世。倘非我公精於鑒别，廣爲搜求，獲兹本而重新之，以傳於無窮，則是書之不亡，蓋亦幾矣。余小子，於是有深幸焉。至其選輯之大略，則馬氏通考載之甚詳，學者可案而求，無庸余喋喋爲也。甲申仲春，淮山陽丘迴跋。

清宋犖刊本王荆公唐百家詩選卷末

## 跋初刻唐百家詩選

〔清〕閻若璩

余與宋次道同爲三司判官，時次道出其家藏唐詩百餘編，諉余擇其精者，次道因名曰百家詩選。廢日力於此，良可悔也。雖然，欲知唐詩者觀此足矣。

右王荆公原序，見集中者，宋刻殘本失去，余從集中取以冠卷端，以見復荆公之舊云。嘗聞前輩撰列朝詩集，先採詩於白下，從亡友黄俞邵及丁菡生輩借書，每借輒荷數擔至，前輩以人之書也，不著筆，又不用籤帖其上，但以指甲掐其欲選者，令小胥鈔。胥奉命惟謹，於掐痕侵他幅者亦並鈔，後遂不復省視。此與群牧司吏遺籤置不取小詩上者何異？古今事恒相類，説者謂吏失之懶，胥失之勤，其爲失則一，可發一笑也。今閱殘本八卷，去取頗精，足徵老眼無花，則邵氏聞見録云云，疑傳聞，非實事。而前輩指掐本，余猶就俞邵家見之。回憶五十載前，曾遇閩中書賈持翻刻本，正二十卷，啓中丞公廣購之，卒不可得。五十載之事，約如浮雲，須臾變滅，豈惟書可勝慨歎？雖然，羽陵之蠹復完，河東之亡再覯，安知今不有類於古？爲報中丞公，且珍此以俟，何如？

清文淵閣四庫全書本潛邱札記卷五

## 補刻唐百家詩選序

〔清〕閻若璩

今年中秋後三日，大中丞宋公以賑荒，舟過淮。余以病未往謁。公手唐百家詩選全本授謁者曰：子爲我致百詩作一序，以賀余之遭，彼序固有言，珍此以俟俟焉，果得矣。命竟未達，豈委之於草莽乎？抑謂我老耄而舍我也。既而有獻疑者曰：吴下人好作僞紙，非宋箋刻，易而爲繕寫，安知不復如楊公濟所爲，以博公之一笑乎？余獨以爲不然。公撫軍久，吴人仰若神明，非惟不可欺，實不忍欺。凡事且然，況書籍乎？有試之之法在。高棅見全本以玄宗皇帝早度蒲關爲開卷第一，今其書合乎？合則真矣。陳振孫見全本，非惟不及李、杜、韓三家，而王維、韋應物、元、白、劉、柳、孟郊、張籍皆不及。倘闌入以上之一首，則不合，合又真矣。公觀詩之眼，如月有隙斯昭，苟出近人假託，譬衣布衲者，必不能如前刻八卷一色之精，公固早辨及此。而謂其不真，可乎？馬貴與著文獻通考，憾延壽史無志，故南北日食多異同。其父門下士李謹思序，按唐張太素叔姪撰魏志百卷，天文尤備。中州集，蔡珪補南北志六十卷，今亡矣。夫安得二志忽焉呈現，以爲君書之助，公兹殆有相之道耶？雖然，余更有請焉者。聞前輩云：吳武陵太守謝承後漢書，方從哲從史館持去，世遂不可得。不知吾鄉陽曲縣張氏、傳氏、黄氏皆有，緣城破失去。此永樂年間揚州刊本也，安知世不更有其書乎？前輩苦求李燾續長編，後於内閣抄卷初五大本。此絳雲樓災，遂成燼。後數十年，錫山人從嘉興高氏購得建隆至治平者，質諸前輩，前輩曰：「吾焚香一瓣，首一叩，始敢讀一版。」其欣賞如此，安知世不更有熙寧後以補足乎？日纂志於洞庭，徐司寇出典籍庫中大元大一統志十數本，皆蜀中地記。尚有九百八十餘本。曾見葉文莊家書目，此志與經世大典並列，安知世不更有足本乎？又前輩慨唐會要不可見，今復出；吳草廬周禮考註、儀禮考註，年譜且不載其目，今復出。太常因革禮，亡友吳志伊物也，既失而復爲司寇所收。竊以公之力，上所已出者，或寫或刊，以廣其傳；上所未見者，積誠以求之，寬歲月以待之，如是則大有功於斯文，不獨詩已也。余終始未見其全本，漫以意序之如此云。

清文淵閣四庫全書本潛邱札記卷五

## 初跋王介甫唐百家詩選不全本

〔清〕王士禛

宋中丞牧仲在吴中，得王介甫唐百家詩選殘本，自第五卷王昌齡、李頎起，至第八卷錢起、盧綸、司空曙止。又自十三卷王建起，建詩二卷，逸上卷。至十六卷許渾止。中間第六卷沈千運已下，全取元次山篋中集而益以李嘉祐等七人，通三十八家。蓋亦詳於中、晚而略於初、盛。宋人選唐詩，大概如此。意初唐、盛唐諸人之集，更五代亂離，傳者較少故耶？牧仲謂今世所傳十卷，是章安楊蟠所改竄，非介甫元本。此雖闕本，而真面目尚在。山陽閻百詩若璩云：曾見閩賈持翻刻本，正二十卷，惜無從見之矣。

清康熙五十七年程哲七略書堂刻本帶經堂集卷九十一

## 跋王介甫唐百家詩全本

〔清〕王士禛

王介甫唐詩百家選全本，近牧仲開府寄來新刻，乃常熟毛扆所得江陰某氏藏本，計百有四人，有乾道己丑蘭皋倪仲傳序。略云：予自弱冠肄業於香溪之門，嘗見是書。頃有親戚宦南昌，得之臨川以歸。惜其道遠難致，且字畫漫滅，故鏤版以新其傳云。余按其去取多不可曉者，如李、杜、韓三大家不入選，尚自有説。然沈、宋、陳子昂、張曲江、王右丞、韋蘇州、劉昚虚、劉文房、柳子厚、劉夢得、孟東野概不入選，下及元、白、温、李、皮、陸諸家，不存一字，而高、岑、皇甫冉、王建數子，每人所録幾贏百篇。介甫自序謂欲觀唐詩者，觀此足矣。然乎否耶？世謂介甫一生好惡拂人之性，此選亦然。故物自可寶惜，然謂爲佳選，則未敢謂然。請以質諸後之善言詩者，當知余言不妄。

清康熙五十七年程哲七略書堂刻本帶經堂集卷九十一

## 跋百家詩選

〔清〕王士禛

嚴滄浪云：王荆公百家詩選，蓋本于唐人英靈、間氣集，其初明皇、德宗、薛稷、劉希夷、韋述之詩，無少增損，次序亦同。儲光羲而下，方是荆公自去取。大曆以後，其去取深不滿人意。況如王、楊、盧、駱、沈、宋、陳拾遺、張燕公、張曲江、王右丞、賈至、韋應物、孫逖、祖詠、劉昚虚、綦毋潛、劉長卿、李賀諸公，皆大名家，而集皆無之。其序乃言觀唐詩者觀此足矣，豈不誣哉？今人但以荆公所選，斂衽而莫敢議，可歎也。與予前論暗合若符節，益信予所見非謬。然予實不記滄浪先有此論也。

清康熙五十七年程哲七略書堂刻本帶經堂集卷九十一

## 跋王荆公百家詩選

〔清〕何焯

八卷乃秘閣藏書，商丘公從東海司寇家得之。二十卷全者，斧季得之吴興鬻書人抄本，非宋刻也，書跡類明初人，亦不知與八卷有異同否。商丘喜於復完，不復研覈，但非出於毛之僞造，或真爲荆公之舊耶？

余見錢牧翁手校岑嘉州詩，上有「荆」字印者，或與此不盡合，此則其可疑者，豈牧翁一時疏略耶？康熙己丑重九日前二日，鷥脰湖舟中，焯記。

清宋犖刊本王荆公唐百家詩選卷首

晁氏讀書志云：唐百家詩選二十卷，宋敏求次道嘗取其家所藏唐人一百八家詩，選擇其佳者凡一千二百四十六首爲一編。王介甫觀之，因再有所去取，且題云：欲觀唐詩者，觀此足矣。遂以爲介甫所纂。余按玉海載唐百家詩選二十卷，不言介甫撰録，得晁氏之説，乃涣然無疑。今爲詩一千二百六十首。

清宋犖刊本王荆公唐百家詩選卷末〔一〕

〔一〕以上三跋，另見於陸心源皕宋樓藏書志卷一一二。

荆公之意，以浮文妨要，恐後人蹈其所悔，故有「觀此足矣」之語，非自謂此選乃至極也。後來譏彈之口，並失其本趣。

清乾隆刻本義門先生集卷九

## 跋宋刊本王荆公唐百家詩選

傅增湘

王荆公唐百家詩選二十卷，分類選録各家之詩，今存卷九至十六，計八卷。宋刊本，每半葉九行，每行二十字，注雙行同，白口，左右雙闌，版心題「唐詩選九」、「唐詩選十」不等，下方記刊工姓名，有王仲、王華、王景、徐岳、陳祐、陳彦、謝興等。宋諱玄、殷、弘、敬、貞、曙、恒、佶皆爲字不成。間有補刊及刓修之葉，如卷十五末葉儲光羲詒余處士詩：「市亭忽雲構」，「構」字注「御名」。此書蝶裝廣幅，有水泐痕，無收藏印記，望而識爲内閣大庫佚書，内四卷得之文德韓佑，另四卷張君庾樓所貽，余以明活字印本曹子建集全帙報之，即嘗印入四部叢刊之本也。

案：此書郡齋讀書志、直齋書録解題皆言就宋次道家藏唐人集一百八家選其佳者，而不明著其爲分類與否。今以各家著録考之，其行世實有二本，一爲分人選録，一爲分類選録。分人本黄蕘圃有宋本，存卷一至十一，半葉十行，行十八字，有楊蟠序，即百宋一廛賦注所謂「荆公之百家」者也，今不知在何許。康熙時，商丘宋中丞曾據一宋刊分人本翻雕行世，前有乾道己丑四月望日蘭皋盤谷倪仲傳序。然何義門手校本見皕宋樓藏書志。有跋云：「八卷乃祕閣藏書，商丘公從東海司寇家得之。二十卷全者斧季得之吴興鬻書人，鈔本，非宋刻也，書迹類明初人，亦不知與八卷有異同否。商丘喜於復完，不復研覈，但非出於毛之僞造，或真爲荆公之舊耶？」又曰：「余見錢牧翁手校岑嘉州詩，上有『荆』字印者，或與此不盡合，此則其可疑者，豈牧翁一時疏略耶！」是商丘所刻當時即有致疑者。以今考之，倪序言：「初得是書於香溪先生家藏之祕，嗣得南昌刻本，惜其字畫漫滅，故鏤版以新其傳。」是商丘傳刊實原倪本，倪本又復淵源有自，第所得之本殘缺，以明鈔補之，遂啓人疑竇耳。然自此刻盛行而舉世幾不知有分類本矣。

顧分類本流傳實稀，惟皕宋樓有殘本，存卷一至五，卷十一至十五，凡十卷，編次全然不同，即百宋一廛賦注中所謂「又有分類宋槧殘本，在小讀書堆」者也。其前亦有元符戊寅七月望日章安楊蟠序。余所藏本亦即是刻，其相重各卷，核之類目，正復相符。然有不可解者，楊蟠序言：「細字輕帙，不過出斗酒金而直挾之於懷袖中。」以其詞測之，必爲巾箱本矣。余本則版匡甚高，大字疏朗，豈楊序者爲别一本而兹刻乃轉録楊序歟？其分人之本，倪氏亦傳自南昌舊本。古人一書而兩本並行，詳略互見者，如郡齋讀書志、名臣言行録之類甚多，又烏足致疑乎！至義門謂牧翁校岑嘉州詩，與荆公選不盡合者，是牧翁所據或爲分類本，義門以商丘所刻分人本證之，宜其多所牴牾也。陸本所存，合之余本，去其複者得十三卷，并鈔類目於後，以資參證。若寫補缺卷，異時當於海東静嘉文庫求之焉。乙丑立春前一日，棘人傅增湘記。

卷一：日、月、雨、雪、雲。　卷二：四時、晨昏、節序、泉石。　卷三：花木、茶菓、蟲魚。　卷四：京闕、省禁、屋室、田園。　卷五：樓隱、歸休。　卷九：投謝、慶賀、酬答。　卷十：僧、道。　卷十一：音樂、書畫、親族、墳廟、城驛、雜詠。　卷十二：古宫榭、古京室、古方國、昔人遺賞、昔人居處。　卷十三：送上。　卷十四：送下。　卷十五：别意、有懷。　卷十六：邊塞、軍旅、射獵。

上海古籍出版社一九八九年版藏園群書題記卷十九

## 再跋唐百家詩選

傅增湘

世傳荆公此選其去取之意多不可得，且李、杜大家皆不見録，即入録者亦鮮長篇，因舉聞見後録之言，謂三司吏鈔録移易籤帖所致。今考邵氏書云，晁以道言：王荆公與宋次道同爲群牧司判官，次道家多唐人詩集，荆公盡即其本擇善者籤帖其上，令吏抄之。吏厭書字多，輒移荆公所取長詩籤置所不取小詩上。荆公性忽略，不復更視。唐人衆詩集以經荆公去取皆廢。今世所謂唐百家詩選曰荆公定者，乃群牧司吏人定也云云。按此説清波雜志亦載之，予初未敢遽以爲然。嗣見王氏聞見近録云，黄魯直嘗問王荆公：「世謂四家選詩，丞相以歐、韓高李太白耶？」荆公曰：「不然。陳和叔嘗問四家之詩，乘間簽示和叔。時書吏適先持杜集來，而和叔遂以其所送先後編集，初無高下也。李、杜自昔齊名者也，何可下之！」魯直歸問和叔，和叔與荆公之説同。今人乃以太白下歐、韓而不可破也。以此事證之，是荆公性本疏忽，選録時隨意籤題，不復爲之次第，則百家詩選爲吏人所給，捨長取短，未暇覆審，致貽後人之譏議。晁氏之説，宜若可信也。庚午閏月，書潛又記。

上海古籍出版社一九八九年版藏園群書題記卷十九

## 乙、書目提要

### 郡齋讀書志·唐百家詩選二十卷提要

〔宋〕晁公武

右皇朝宋敏求次道編。次道爲三司判官，嘗取其家所藏唐人一百八家詩，選擇其佳者凡一千二百四十六首爲一編。王介甫觀之，因再有所去取，且題云：欲觀唐詩者，觀此足矣。世遂以爲介甫所纂。

四部叢刊本郡齋讀書志卷四下下

## 直齋書録解題・唐百家詩選二十卷提要

〔宋〕陳振孫

王安石以宋次道家所有唐人詩集選爲此編。世言李、杜、韓詩不與，爲有深意，其實不然。按此集非特不及此三家，而唐名人如王右丞、韋蘇州、元、白、劉、柳、孟東野、張文昌之倫，皆不在選。意荆公所選，特世所罕見，其顯然共知者固不待選耶？抑宋次道家獨有此一百五集，據而擇之，他不復及耶？未可以臆斷也。案晁公武讀書志，宋敏求爲三司判官，嘗取其家所藏唐人一百八家詩，選擇其佳者凡一千二百四十六首爲一編。王介甫觀之，因再有所去取，且題曰：欲觀唐詩者觀此足矣。世遂以爲介甫所纂也。

武英殿聚珍版叢書本直齋書録解題卷十五

## 四庫全書總目·唐百家詩選二十卷提要

舊本題宋王安石編。安石有周禮新義，已著録。是書去取，絶不可解。自宋以來，疑之者不一，曲爲解者亦不一。然大抵指爲安石。惟晁公武讀書志云：「唐百家詩選二十卷，皇朝宋敏求次道編。次道爲三司判官，嘗取其家所藏唐人一百八家詩，選擇其佳者凡一千二百四十六首爲一編。王介甫觀之，因再有所去取，且題曰：『欲觀唐詩者觀此足矣。』世遂以爲介甫所纂。」其説與諸家特異。案讀書志作於南宋之初，去安石未遠，又晁氏自元祐以來，舊家文獻，緒論相承，其言當必有自。邵博聞見後録引晁説之之言，謂：「王荆公與宋次道同爲群牧司判官。次道家多唐人詩集，荆公盡即其本，擇善者籤帖其上，令吏鈔之。吏厭書字多，輒移所取長詩籤置所不取小詩上。荆公性忽略，不復更視。今世所謂唐百家詩選曰荆公定，乃群牧司吏人定也。」其説與公武又異。然説之果有是説，不應公武反不知。考周煇清波雜志亦有是説，與博所記相合。煇之曾祖與安石爲中表，故煇持論多左袒安石。當由安石之黨以此書不愜於公論，造爲是説以解之，託其言於説之，博不考而載之耳。此本爲宋乾道中倪仲傳所刊，前有仲傳序。其書世久不傳，國朝康熙中，商丘宋犖始購得殘本八卷刻之，既又得其全本，續刻以行，而二十卷之數復完。當時有疑其僞者。閻若璩歷引高棅唐詩品彙所稱以玄宗早渡蒲關詩爲開卷第一，陳振孫書録解題所稱非惟不及李、杜、韓三家，即王維、韋應物、元、白、劉、柳、孟郊、張籍皆不及，以證其真。又殘本佚去安石原序，若璩以臨川集所載補之，其文俱載若璩潛邱劄記中。惟今本所録共一千二百六十二首，較晁氏所記多十六首。若璩未及置論，或傳寫讀書志者誤以六十二爲四十六歟？至王昌齡出塞詩，諸本皆作「若使龍城飛將在」，惟此本作「盧城飛將在」，若璩引唐平州治盧龍縣以證之。然唐三百年更無一人稱「盧龍」爲「盧城」者，何獨昌齡杜撰地名？此則其過尊宋本之失矣。

文淵閣本四庫全書總目卷一百八十六

## 皕宋樓藏書志·王荆公唐百家詩選殘本十一卷 宋刊本，汲古閣舊藏 提要

〔清〕陸心源

案每半頁九行，每行十八字，存卷一至卷五、卷十一、卷十二、卷十三、卷十四、卷十五凡十卷。分類編次與宋牧仲刊迥然不同。卷一日、月、雨、雪、雲五類，卷二四時、晨昏、節序、泉石四類，卷三花木、茶菓、蟲魚三類，卷四京闕、省禁、屋室、田園四類，卷五棲隱、歸休二類，卷十一音樂、書畫、親族、墳廟、城驛、雜詠六類，卷十二古宮榭、古京室、古方國、昔人遺賞、昔人居處五

類，卷十三送上一類，卷十四送下一類，卷十五别意、有懷二類，即百宋一廛賦注中所謂小讀書堆分類本也。〔二〕

清光緒萬卷樓藏本皕宋樓藏書志卷一百十三

## 滂喜齋藏書記·北宋刻殘本王荆公唐百家詩選九卷提要 〔清〕潘祖蔭

元符戊寅刊板。前有章安楊蟠序。「眩」、「殷」、「匡」、「恒」、「敬」、「驚」、「警」、「貞」、「徵」、「樹」等字缺筆。每半葉十行，行十八字。字體仿歐陽信本，寫槧精美，真北宋原刻也。惜自十卷以後皆佚。舊爲郡中黄氏藏書，後入藝芸書舍。

附藏印：「百宋一廛」、「黄印丕烈」、「蕘圃」、「汪印士鐘」、「閬源真賞」。

清末刻民國增修本滂喜齋藏書記卷三

---

〔二〕 按，此段前有楊蟠序文，今從略。

## 郎園讀書志·唐百家詩選二十卷 康熙癸未宋犖刻本 提要

葉德輝

荆公此選，多取蒼老一格，意其時西崑盛行，欲矯其失，乃有此舉耶？所選諸詩，雖不能盡唐賢之妙，亦可謂自出手眼，非人云亦云者。乃自宋以來，如嚴滄浪已議其去取不滿人意。邵氏聞見後録則云：「荆公與宋次道同爲群牧司判官，次道家多唐詩，荆公就其本擇善者籤帖其上，令吏鈔之。吏厭書字多，輒移所取長詩籤置所不取小詩上。荆公性忽略，不復更視。今世所謂唐百家詩選者，乃群牧司吏定也。」周煇清波雜記亦云然。似皆爲荆公解嘲，足見當時訾議者必多。新城王文簡所著書如漁洋詩話、香祖筆記、分甘餘話詆之尤力，且謂荆公不近人情，于此可見。余謂嚴、王論詩，崇尚神韻，宜其與此鑿枘。若執其言以論此選，不免一偏之見。憶元遺山詩云：「陶謝風流到百家，半山老眼净無花。北人不拾江西唾，未要曾郎借齒牙。」其推重可謂特具隻眼。欽定四庫全書簡明目録亦云：「所取未爲冗濫，必以惡安石之故，無一處不排擊之，亦門户之見也。」大哉言乎！可謂得千載是非之平矣。丁酉春正月上元後一日葉德輝識。

宋黄伯思東觀餘論云：「王公所選，蓋就宋氏所有之集而編之。適有百餘家，非謂唐人詩盡在此也。其李、杜、韓（韓下當是『柳』字，原本脱。）詩可取者甚衆，故别編爲四家詩。而楊氏謂不與此集，妄意以爲有微旨，何陋甚歟！」觀黄氏此論，乃知當時于李、杜大家别有選本行世，世人不見，妄生雌黄，真所謂癡人説夢矣。宋晁公武郡齋讀書志云：「唐百家詩選二十卷，宋敏求次道編。次道爲三司判官，嘗取其家藏唐人一百八家詩，選擇其佳者，凡一千二百四十六首爲一編。王介甫觀之，因再有所去取，且題曰：『欲觀唐詩者，觀此足矣。』世遂以爲介甫所纂。」此論與黄氏所云就宋氏原有之集而編之者正合，知此書並不出荆公之手。俗儒以人廢言，因荆公之故，群相集矢。觀黄氏、晁氏二家之説，可以釋然矣。丁未上元日葉德輝閲又記。

上海古籍出版社二〇一〇年版郋園讀書志卷十五

# 王安石全集

修訂增補版

第四册

熙寧奏對日録
雜説
老子注
楞嚴經解

王水照　主編

復旦大學出版社

# 本册總目

# 熙寧奏對日録

顧宏義　任仁仁　李文　輯録

# 整理説明

熙寧奏對日録乃王安石在熙寧年間記録朝廷中奏對之語而成，故名，簡稱熙寧日録、日録。又因王安石封荆國公，罷相後退居金陵（今江蘇南京）鍾山，死後追贈舒王，謚曰文，故本日録又稱作荆公日録、鍾山日録、舒王日録、王文公日録等。其卷帙未詳，今所見諸書記載頗不相同：通志卷六五藝文略著録王安石撰熙寧奏對日録一百卷；郡齋讀書志卷六著録王氏日録八十卷，又卷九著録鍾山日録二十卷；直齋書録解題卷七載熙寧日録四十卷，且云「本有八十卷，今止有其半」；宋史藝文志既載王安石熙寧奏對七十八卷，又著録舒王日録十二卷。周煇清波雜志卷二稱「王荆公日録八十卷，毗陵張氏有全帙」。而遂初堂書目著録有王文公日録，又著録王文公日録遺稿。

郡齋讀書志卷六云王氏日録於「紹聖間，蔡卞合曾布獻於朝，添入神宗實録。陳瑩中謂安石既罷相，悔其執政日無善狀，乃撰此書，歸過於上，掠美於己，且歷詆平生所不悦者，欲以欺後世，於是著尊堯集及日録不合神道論等十數書。此書起熙寧元年四月，終七年三月，再起於八年三月，終於九年六月，安石兩執國柄日也。然無八年九月以後至九年四月事，蓋安石攻吕惠卿時。瑩中謂蔡卞除去安石怒駡惠卿之語，其事當在此際也」。可見該書史料價值甚高。史載王安石於神宗初拜翰林學士，於熙寧四年入京進對。日録記事即始於此。故哲宗親政時期、徽宗初年兩次編纂神宗實録，皆多取王安石日録以成書；南宋史家李燾修纂續資治通鑑長編（以下簡稱長編）時，於神宗熙寧時期嘗大量採録王安石日録。因北宋後期新舊黨争激化，故徽宗崇寧年間，陳瓘即認爲史官據王安石日録修纂神宗實録乃屬「變亂是非，不可專信」，故撰四明尊堯集，摘録王安石日録六十五段，分門别類地予以辯駁。稍後楊時（號龜山）亦作日録辨，以辯駁王安石日録之謬。此後，南宋人視王安石變法爲北宋滅亡之一大原因，故此日録日漸散佚。

今次主要據李燾長編、陳瓘四明尊堯集、楊時龜山集輯録王安石日録佚文如左，并對相關事宜簡要説明之：

一、所輯文字，依其年、月、日之序排列。未詳其日或月者，歸於其月或其年末。其年、月、日非原文所有，而據輯録者考訂確定者，則加方括號［　］以爲提示。若其佚文之年、月、日皆無可考證者，則歸於最後，并以原書輯録之序編排。

二、若一條佚文爲兩種或以上文獻所引録，則採録一較完整者，而以「今案」注明引録佚文之其他文獻名。或其他文獻所引佚文雖簡，然文字有較明顯不同時，則録下該異文，加「今案」

以區别。

三、長編引録王安石日録頗衆，因李燾編纂長編，於採録日記時往往摻入或添加己語或其他史料，然今日已無從辨别剔除，故今據長編注文説明以輯録日録佚文時，一般不再區别。

四、今次所據以輯佚之文獻，一般擇其校點整理本或通行本，若遇辭意兩通之異文，即據原書輯録；若遇明顯之文字錯訛、衍文，則加圓括號（ ）以爲提示，并以方括號［ ］標識其正字或補字，而不另出校勘記。

# 目録

# 熙寧元年（戊申　一〇六八年）

［四月一日］。上問：「唐太宗如何主？」對曰：「陛下當以堯、舜爲法，唐太宗所爲不盡合法度。末世學士大夫不能通知聖人之道，故常以堯、舜爲高而不可及，不知聖人經世立法，常以中人爲制也。」楊龜山先生集卷六神宗日録辨引王安石日録。〇今案：據太平治迹統類卷一三神宗任用安石，此段對話在「熙寧元年四月壬寅，詔新除翰林學士王安石越次入對」時。

# 熙寧二年（己酉　一〇六九年）

［二月］。上問如何得陝西錢重，可積邊穀。對曰：「欲錢重，當修天下開闔斂散之法。」因爲言：「泉府一官，先王所以摧制兼并，均濟貧弱，變通天下之財，而使利出於一孔者，以有此也。其言曰『國事之財用取具焉』。蓋經費則有常賦以待之，至於國有事，則財用取具於泉府。後世桑弘羊、劉晏粗合此意。自秦、漢以來，學者不能推明其法，以爲人主不當與百姓争利。」又因請内藏可出幾何，以爲均輸之本。上曰：「三二百萬，或三五百萬可出也。」楊龜山先生集卷六神宗日録辨引王安石日録。○今案：據皇宋通鑑長編紀事本末卷六六三司條例司廢置，此段對話在熙寧二年二月王安石參知政事初。

［是月］。前一日，陳升之言：「制置三司條例司，升之難爲更簽書，只總領商量。」余曰：「如此，則合令誰簽書？」升之曰：「只諫議與押。」余不答。既起與之同行歸廳，余曰：「相公不欲簽書制置司文字，何意？」升之曰：「體不便。」余曰：「參知政事恐非參知宰相政事，參知天子政事。」於是升之欲令孫莘老、吕吉甫領局，余與升之提舉。余曰：「臣熟思之，此事但可如故，向時陛下使輔臣領此局，今亦只是輔臣領局，有何不可？」升之曰：「臣待罪宰相，無所不

統，所領職事難稱司。」余曰：「於文，反后爲司，后者君道也，司者臣道也，人臣稱司，何害於理？」升之曰：「今之有司、曹司皆領一職之名，非執政所稱。」余曰：「古六卿即今執政，故有司徒、司馬、司空各名一職，何害於理？」曾公曰：「今執政古三公，六卿只是今六尚書。」余曰：「三公無官，只以六卿爲官。如周公只以三公爲冢宰，蓋其他三公，或爲司馬，或爲司徒，或爲司空。古之三公，猶今之三師。古之六卿，猶今兩府也。宰相雖無不統，然亦不過如古冢宰，只掌邦治，即不掌邦教、邦政、邦禮、邦刑、邦事，則雖冢宰亦有所分掌。今制置三司條例豈是卑者之事，掌之有何不可？」又云：「制置條例是人主職業，所謂制度也。禮記曰：『非天子不制度。』臣不知制置條例使宰相領之，有何不可？」楊龜山先生集卷六神宗日録辨引王安石日録。○今案：制置三司條例司設於熙寧二年二月，此段文字當在是時。

〔五月八日〕，种諤今在慶州。長編卷二一七熙寧三年十一月癸卯條注引「王安石日録二年五月初八云」。

〔八月十四日〕。初，上言：「三司副使不才，如何更擇人？」王安石以爲才難須務考績，上曰：「劉晏在江、淮，所任多年少俊鋭之人，今如榮諲輩頹墮不曉事，何所用之？」曾公亮曰：「令吳充奏更用人可也。」已而遂罷榮諲、張芻等，皆令補外。上又論判官多不才者，兼三司多侵奪有司職事，事非其事。安石曰：「三司所治，多是生事以取賂養吏人，不然則三司何至事多如此？止如綱運抵京，必令申三司，然後庫務敢納，此不過吏乞千數百錢，然因此留滯綱運，而送綱者所費不但千數百錢而已。又三司所治事，近則太詳，遠則太略，所以詳近者，凡以爲吏人便於取賂而已。若欲省此等事，則當先措置吏人，使廩賜厚而員不冗，然後可爲也。人主理財，當以公私爲一體，今惜厚禄不與吏人，而必令取賂，亦出於天下財物。既令資天下財物爲用，不如以法與之，則於官私皆利。」長編卷二一四熙寧三年八月癸未條注云引「日録三年八月十四日」。

［九月］。上問：「程顥言不可賣祠部添常平本錢事，如何？」余曰：「顥所言以爲王道之正，臣以爲顥所言未達王道之權。男女授受不親，禮也；嫂溺援之以手，權也；嫂溺不援，是豺狼也。今祠部所可致粟四五十萬，若凶年人貸三石，可全十五萬性命。今欲爲凶年計，當以凶歲爲之，而國用有所不暇，故賣祠部所剃三千人頭，而所可救活者十五萬人性命。若以爲不可，是不知權也。」楊龜山先生集卷六神宗日録辨引王安石日録。〇今案：據宋史全文卷一一，此段對話在熙寧二年九月。

熙寧二年閏十一月十九日，上曰：「侯叔獻有言義勇上番文字，必是見制置司商量來。」余曰：「此事似可爲，恐須待年歲間議之。」暘叔曰：「今募兵未消，又養上番義勇，則調度尤不易。」余因爲上言募兵之害，終不可經久，僉以爲如此。余曰：「今養兵雖多，及用則患少，以民與兵爲兩故也。又五代禍亂之虞，終未能去，以此等皆本無賴奸猾之人故也。」上因問府兵之制，曰：「何處言府兵最備？」余曰：「李鄴侯傳言之詳備。」上曰：「府兵與租庸調法相須否？」余曰：「今上番供役，則以衣糧給之，則無貧富皆可以入衛出戍，雖未有租庸調法，亦可爲也。但義勇不須刺手背，刺手背何補於制御之實？今既以良民爲之，當以禮義獎養。刺手背但使其不樂，而實無補也。又擇其鄉閭豪傑爲之將校，量加獎拔，則人自悦服。今募兵爲宿衛，乃有積官至刺史、防、團者，移此與彼，固無不可。況不至如此費官禄，已足使人樂爲之。陛下審擇近臣，使皆有政事之材，則他時可令分將此等軍。今募兵出於無賴之人，尚可爲軍廂主，則近臣以上，豈不可及此輩？此乃先王成法，社稷之大計也。」上良以爲然。朱熹晦庵集卷八三跋王荆公進鄴侯遺事奏稿引熙寧奏對日録，載朱子全書第二十四册。

〔是年〕。上曰：「章辟光者，相公言其爲人果然，所言但爲身計而已，以爲人多排蔽臣者。」余曰：「此人本亦無文學，不知何以能上書合聖旨，疑有所假手。」上曰：「所上書文辭亦甚好。」四明尊堯集卷九寓言門引王安石日録。○今案：涑水紀聞卷一五云：「介甫初參大政，章辟光上言」云云，「上欲竄辟光于嶺南，介甫力營救，止降監當而已。吕獻可攻介甫引辟光之言以聞于上，獻可坐罷中丞，知鄧州」。則此段文字當在熙寧二年。

〔是年〕。余曰：「陛下比見章辟光，在廷之士極怪駭。人主誤見一小人，亦豈遽有傷？但陛下未傳見士大夫，而所特見，乃衆人共知其奸險者，則在廷怪駭固宜。輔臣皆得侍陛下清光，見陛下分别邪正是非詳盡，至於外人，但見陛下數説如章辟光者，則於聖德不能無疑。聖聞所以不早布於天下，誠以時有此等事故也。」四明尊堯集卷九寓言門引王安石日録。○今案：參見上條。

〔是年〕。御批：「近以章辟光入奏言事，内一事防微，言當謹宿衛出入。又言當謹宿衛出入，又言當令岐王建外邸，訪聞乃自傳播云言岐邸事稱旨，故召對。觀其意，乃懷奸間吾骨肉以要利，置君於惡，理不可容。朕誤見此人，曉夕思之，甚爲慚愧。可將此上來取旨。」及呈呂誨言其傳播。上曰：「如何處置？欲加之罪，皆逡巡莫言。」余曰：「辟光疏有何險語？」上曰：「無險語，只言當防微杜漸而已。」「奏對云何？」上曰：「亦不過如此。」余曰：「辟光誠小人，然陛下訪聞之語，恐未必實，且辟光既作傾險事，亦何肯自傳播？或恐奏疏時，疏爲人所見，或恐奏疏後，語從中泄，今以訪聞，便加之罪，恐刑罰不中。兼朝廷施行賞罰，欲後無弊，且言建外邸事，在召對之前，陛下不以爲非，今因傳播而罪之，是陛下納其言而惡其播，恐累陛下至德。」皆曰亦須急與一差遣，令出去。上曰：「莫如此亦好。」余曰：「陛下召見此人，都無奬擢，即是不納用其人可知。今與差遣逐去，則議者必謂陛下納其言，惡其傳播而已，恐非所已聞也。」上曰：「善，只納下文字休。」四明尊堯集卷九寓言門引王安石日録。○今案：參見上條。

［是年］。余爲上言：「與陛下開陳事，退輒録以備自省，及他時去位，當繕録以進。」四明尊堯集卷九寓言門引王安石日録。○長編卷二七八熙寧九年十月戊子條云：「此安石初作參政時，奏于神考之語也。」

# 熙寧三年（庚戌　一〇七〇年）

〔正月九日〕。駕至楚國長公主宅澆奠，上召中書入見，慟哭言「李瑋負仁宗恩，遇長主無恩禮，可便與節度副使安置」。上曰：「瑋都不恤長主，衣服飲食藥物至於呼醫，亦多作阻隔，長主衣衾乃至有蟣虱，至自取炭生火，炭炧傷面。」四明尊堯集卷九寓言門引王安石日録。〇今案：據宋會要輯稿帝系八之二一，楚國長公主卒於熙寧三年正月九日。

〔三月五日〕。呈程顥奏：「王廣淵不當妄意迎合俵粟，乞俵絲錢及折税絹作納錢」云云。呈孫覺劄子，至「周公時天下已無兼并，又公私富實，故爲此法陰相之，不專用此爲治」，余曰：「無兼并，又公私富實，尚須此相；民兼并多，民乏絶者衆，則此法豈可少？且覺言周公不專用此爲治，今豈全廢餘事，專行此法？」又讀至「周公所以取息者，欲民勤生節用，不妄稱貸故也」，余曰：「覺言今法則以爲掊利，言周公之法則以爲欲民勤生節用，不妄稱貸。若説今法之意如説周法，則今法何由致人異論？」又至象箸玉杯及作俑之説，以爲今法雖未有害，及至後世，必有剥膚椎髓者，余曰：「此周公所不以爲慮，而孫覺慮後世乃過於周公，此可謂私憂過計也。」覺所言無理至多，讀不至終而止。楊龜山先生集卷六神宗日録辨引王安石日録。〇今案：據皇宋通鑑長編紀事本末卷六八青苗法上，記熙寧三年三月丙申有「於是進呈孫覺疏。王安石謂覺所言無禮，讀不及終而止」。

〔是年春〕。上問歐陽脩，余稱其性質甚好。問：「何如邵亢？」余曰：「非亢比也。」又問：「何如趙抃？」余以爲勝抃。上曰：「人言先帝服藥時，脩見太皇太后決事，喜曰：『官家病妨甚？自有聖明天子。』」余曰：「語非士大夫之語，必非脩出。若太皇太后決事，有稱歎之言，容或有之，亦是人之常情。但如陛下所聞，必非脩語。」上曰：「語出於趙概。」余曰：「臣修實録，見趙概所進日録一册，如韓琦言語，即無一句，豈是韓琦都不語？如歐陽脩言語，於傳佈爲不便者所録甚多，漏中書語，人以此怨歐陽脩，但謂其淳直不能匿事。及見概所進日録，乃知概非長者也。」四明尊堯集卷八處己門引王安石日録。〇今案：「余以爲勝抃」以上，亦載於長編卷二一一熙寧三年五月庚戌條，有「先是，上復欲用脩執政」，故推知其約在是年春或稍後。

四月五日，張利一奏：「兩屬户不得青苗甚不足。」上曰：「如此是明青苗非抑配。」僉議沿邊更不俵，已日晚，餘不及議而退，當俟別奏。長編卷二一一熙寧三年五月丁酉條注引日録。

〔四月二十六日〕。王韶之議開邊也，師中贊成之。及韶改提舉蕃部兼營田市易，師中始言其不便。向寶言：「蕃部不可以酒食甘言結也，必須恩威並行。且蕃部可合而不可用。」議與韶異。朝廷更命寶兼提舉，王安石恐沮韶事，亟罷之。韶及高遵裕並爲提舉。兩人共排寶，數有違言。時寶方爲師中所信任，安石雅不喜師中，嘗白上曰：「師中前後論奏多侮慢，今於韶事又專務齟齬。陛下若欲保全，宜加訓飭，使知忌憚。當云：『付卿一路，宜爲朕調一將佐，使知朝廷威福。今用一王韶，于向寶有何虧損，遂欲怨望不肯盡命？若果如此，朝廷豈無刑戮以待之？卿爲主帥，亦豈免責？韶所建立，卿皆與議，事之成敗，朝廷誅賞，必以卿爲首，不專在韶。』」上遣使諭師中如安石所陳。長編卷二一二熙寧三年六月丙寅條注引「日録，四月二十六日事」。

〔四月二十七日〕。大理寺丞、鄜延經略司勾當公事薛昌朝爲太子中允、權監察御史裏行。王安石言昌朝可用也。長編卷二一〇熙寧三年四月丁亥條注云「安石欲用昌朝，此據日録」。

〔是日〕。陳升之以母老乞退，上不許。長編卷二一〇熙寧三年四月丁亥條引日録。

〔是月〕。上言：「難得知經善講者，吴申不能講，韓維亦不知經義。」今差吕惠卿説書，退而曾言「師臣不可復兼條例司」。余以爲無害，乃已。四明尊堯集卷九寓言門引王安石日録。○今案：長編卷二一〇熙寧三年四月癸未條有「上曰：吴申全不能講」云云，則知是段文字約在此前後。

〔五月五日〕。吏部侍郎、樞密副使韓絳參知政事。絳間與王安石同奏條例司事，嘗贊上曰：「臣見王安石所陳非一，皆至當之言可用，陛下宜深省察。」故安石尤德之。長編卷二一〇熙寧三年四月己卯條注云「此語據王安石五月五日所録」。

五月五日，又論沿邊青苗指揮，上曰：「兩屬户不欲令異内地百姓，如何指揮無妨。」餘乃從上旨，勿争也。長編卷二一一熙寧三年五月丁酉條注引日録。

「五月六日」。是日，上問王安石：「條例司可入中書否？」安石曰：「待修中書條例有端及已置屬，則自可併爲一，今尚有合與韓絳請間奏事，恐未可。」上曰：「豈防曾公亮異議乎？」又問：「陳升之如何？」安石曰：「升之猶可與共事，公亮多用機巧，又專欲守其故態。自呂公著齟齬以來，及得升之協助，益難與議事。」上曰：「公亮老，亦且去矣。」長編卷二一一熙寧三年五月戊戌條注云「此據日録，在五月六日」。

「五月十七日」。丙午，詔直舍人院只理本資序，候知制誥不闕即罷。始王益柔等遂自謂某爲知制誥，既而上謂益柔等文詞非工，故有是命。長編卷二一一熙寧三年五月丙午條注云「此據日録并日記删修」。

「六月七日」。於是師中亦奏：「竇在邊無由得安，乞罷竇，專委韶及遵裕。」會托碩、隆博二族相仇，董裕以兵助托碩，遵裕乃言于師中，乞使竇還討之。師中復奏：「蕃部非竇不能制，臣已令將兵討托碩族，乞依舊留竇，仍敕韶等令協和。」曾公亮擬從其請，樞密院又請責韶等戒勵狀。安石曰：「韶等豈可但責戒勵，當究見情狀虛實、道理曲直行法。」及進呈，上怪師中奏事前後反覆，欲遣使體量如安石議。文彦博曰：「韶、遵裕得專奏事，不由主帥，主帥反奉韶等。」上曰：「韶所措置事皆關白主帥。」安石曰：「若韶措置有害，師中自合論奏。師中素無忌憚，專侮慢朝廷，何至奉韶等？」因請罷師中，上欲移郭逵代之。曾公亮言：「延州不可闕人。」上又欲復移蔡挺，衆謂不可。安石曰：「若用挺，不如用逵。」文彥博曰：「王安石不知陝西事，延州乃重于秦州，逵不可移。」安石曰：「臣固不知陝西事，然今秦州蕃部旅拒，夏國又時小犯邊城，或遂相連結，則秦州事豈不甚重？且陝西諸路皆與夏國對境，苟一處有隙，夏國來窺，則來窺處即是緊切要人處。逵若不可移，盍使竇舜卿攝領？」韓絳亦謂舜卿可使，上以爲然，故有是命。長編卷二一二熙寧三年六月丙寅條注云「師中罷帥，王安石日録并司馬光日記頗詳，蓋不專坐此疏，今參用日録、日記刪修」。

〔六月十五日〕。翰林學士、端明殿學士、禮部郎中、權御史中丞馮京爲右諫議大夫、樞密副使。上嘗謂王安石曰：「京似平穩。」安石曰：「京獨理不明，若鼓以流俗，即不能自守。」上曰：「作中丞恐失職。」安石曰：「京作中丞，充位耳，非能啓迪陛下聰明。陛下當于幾微之際警策之，勿令迷錯。」上曰：「今作樞密副使，何如？」安石曰：「亦可也。」及京奏疏論薛向，上以手札諭安石曰：「試觀馮京奏疏，恐不宜使久處言職。慮群邪益譸張爲幻，當如何處置？」安石言：「臣伏奉手詔示以馮京奏疏，使得參預處置之宜。顧臣區區，才智淺薄，不能宣暢聖問，使群愚早服，尚何以塞明旨、裨大慮乎？然則初固疑京必出於此，蓋京所恃以爲心腹腎腸者，陳襄、劉攽而已，重爲衆奸所誤，何爲而不出於此？書曰：『惟辟作威。』又曰：『去邪勿疑。』陛下赫然獨斷，發中詔暴其所奏，明其不知邪正是非，必撓國政，而罷黜之，則内外自知服矣。即疑未有可代，使知雜御史攝事，乃是先朝典故，徐擇可用，固未爲晚。若示人以疑，取決於外，必有遷延其事以待衆奸之合，而衆奸知陛下于邪正是非之辨未能果也，必復合而譸張以亂聖德而疑海内，如陛下所料無疑也。若陛下未欲卒然行此，則且委曲訓諭以邪正是非所在，觀其意若可開悟則大善，若度其不可開悟，臣以謂除事之害，莫如早也。近陛下累宣諭胡宗愈事，既已盡其情狀，涵而不決，令久在耳目之地，亦非難壬人、勝流俗之道也。願陛下并慮及此。若陛下以謂如此者衆，不可勝誅，則臣恐邪説紛紛，無有已時，何有定國事乎？且以堯、舜之明而憂驩兜、畏共工，奈何陛下獨欲無所難也！朝廷去邪與疆埸除寇，無以異也，寇衆而强，盤亘歲久，則扞之以勇，持之以不倦，所討多而後聽服，固其理也。臣既預聞大政，又陛下待臣不疑如此，不敢避形跡有所不盡，伏惟陛下赦其狂愚而察其忠，幸甚。所有馮京疏，謹隨劄子進納。」長編卷二一三熙寧三年七月壬辰條注云「上稱京似平穩，又欲用爲樞副，安石稱亦可，日録並在六月十五日」。

［六月二十八日］。上批秦州承受奏，經略司已差向寶等破蕩招安不得蕃部去訖。長編卷二一二熙寧三年六月丁亥條注引王安石日録。

［七月四日］。於是呂公弼將去位，上議所以代之者。曾公亮、韓絳極稱司馬光，上遲疑未決，始欲用京，又欲用蔡挺，既而欲並用京及光。安石曰：「司馬光固佳，今風俗未定，異議尚紛紛，用光即異論有宗主。今但欲興農事，而諸路官司觀望，莫肯向前，若便使異論有宗主，即事無可爲者。」絳徐以安石所言爲然，公亮言：「不當以此廢光。」固請用之，上弗許，乃獨用京。明

日，又謂執政曰：「京弱，并用光如何？」公亮以爲當，安石曰：「比京誠差强，然流俗以爲宗主，愈不可勝，且樞密院事光果曉否？」上曰：「不曉。」安石曰：「不曉，則雖强，于密院何補？但令流俗更有助爾。」上曰：「寇準何所能，及有變，則能立大節。」又論金日磾都無所知，然可託以幼主。安石曰：「金日磾與霍光不爲異，乃可以濟；寇準非能平心忠於爲國，但有才氣，比當時大臣爲勝而已。」公亮曰：「真宗用寇準，人或問真宗，真宗曰：『且要異論相攪，即各不敢爲非。』」安石曰：「若朝廷人人異論相攪，即治道何由成？臣愚以爲朝廷任事之臣，非同心同德、協於克一，即天下事無可爲者。」上曰：「要令異論相攪，即不可。」公亮又論光可用，安石曰：「光言未嘗見從，若用光，光復如前日不就職，欲陛下行其言，則朝廷何以處之？」上遂不用光。他日，安石獨對，又爲上言：「君子不肯與小人廝攪，所以與小人雜居者，特待人主覺悟有所判而已。若終令君子與小人廝攪，則君子但有卷懷而已。君子之仕，欲行其道，若以白首餘年，只與小人廝攪，不知有何所望。」上以爲然。長編卷二一三熙寧三年七月壬辰條注云「此段並據日録並京本傳」。

［七月十五日］。上批：涇原等路諜報，西賊結集舉國人馬七十以下、十五以上，取八月半入寇綏州及分兵犯甘谷城，已差韓縝爲本路經略使，可免謝辭，令上殿訖速赴本任。王安石嘗言：「陝西諸帥稍探得西人欲作過，即勾下番兵馬，宜約束勿使然。慶曆中，西事所陷没不過十萬人許，天下一歲饑饉疾疫，所死何翅十萬人，於天下未覺有損也。天下以西事故大困窮者，緣

妄費糧餉耳。此最方今所當戒。」於是安石奏曰：「西人豈無鄰敵，如何七十以下、十五以上盡來而不憂鄰敵窺奪其國？若果耳，則是西人無謀，亦不足畏。苻堅舉國南伐，故爲東晉所敗。東晉非能敗苻堅，以苻堅敺率舉國之人，既不樂行，則自潰而敗故也。以臣料之，此或是西人張虛聲，使我邊帥聚兵費糧草，糧草費則陝西困，陝西困則無以待西賊，而使我受其實弊也。」上又論及西事，以爲城寨或爲西人大兵所破則不便，所以邊臣不免聚兵。安石曰：「未有事聚兵坐困糧食，則有事無以待敵。且陝西所以困者，以輕費糧草故也。今不聚兵則省糧草。假令西賊以大兵犯城寨，我堅壁以待之，彼悉力攻小城寨，小城寨被破，於彼未爲得利，而于我苟能大省糧草，則猶不爲失計，而況城寨又未必破壞乎？兵法以爲『愛民可煩』、『精潔可辱』。今惜破小城寨，則是可辱也。惜一小城寨而常聚兵費糧草，坐困陝西，則是可煩也。」上悦。長編卷二一四熙寧三年八月戊午條注云「此段乃七月十五日所録」。○今案：自「陝西諸帥稍探得西人欲作過」至「此最方今所當戒」，亦載於楊龜山先生集卷六神宗日録辨所引王安石日録。

〔七月十七日〕。既而王安石白上曰：「陛下初除李定作諫官，定誠非高才，既不能爲陛下濟天下務，然近歲諫官，誰賢于李定？而宰相不肯用定者，正以定私論平直，不肯阿其朋黨，故沮抑之。陛下聽其説，改命爲御史，已是一失。此陛下予奪之權所以分，而正論之士所以不敢恃陛下爲主也。胡宗愈、蘇頌輩又言『用定不合法制。人主制法者，乃欲以法拘制，不得以特旨指揮』。天下事固無此理，況近制又無京官方得爲御史，選人即不得擢爲御史指揮，此是其妄也。若言須用中丞舉，則先朝御史雖有奏舉法，然常有特旨用人，況近日薛昌朝亦然，宗愈輩何以不論？此又其妄也。又蘇頌輩攻李定終不敢言其不服母喪，獨陳薦言者，薦亦知李定無罪，但恃權中丞得風聞言事故也。事已明白不可誣，曾公亮乃疑合追服。定父稱仇氏非定所生，定又無近上尊屬可問，此定所以不敢明乞解官持喪，又疑鄉人所言或是，所以不敢之官。今定所生所養父母皆死，又不曾別訪得近上親屬。昨淮南所問鄰人，乃是定母死後方來僦居，不知令定何據，而今日始追服，此一不當追服也。又定初以仇氏爲乳母，又仇氏生定兄察，即是庶母，庶母、乳母皆服緦，即定已嘗服緦矣。若定今日方知是母，即庶子爲後，不過服緦，如何令定爲母兩次服緦？若言未嘗持心喪，則定乞解官，正爲疑仇氏爲己所生，即是已用心喪自處，如何今日又令定追服心喪？此定不當追服二也。假令定今可驗是母已明，從來未嘗服緦，即小功尚不追服，緦麻固不合追，此定不可追服三也。此事唯陛下明察獨斷而已。」上曰：「李定處此事甚善，兼仇氏爲定母亦未知實否也。」長編卷二一三熙寧三年七月丁酉條注云「王安石云云，日録在此月十七日」。

七月二十一日，與密院進呈慶州得首級官員，上差定其賞，甚精悉。又言林廣先設計謀，故優與遷轉。長編卷二一四熙寧三年八月戊午條注引王安石日録。

[七月二十五日]。上又言：「今兵無紀律，有紀律則足以勝敵矣。」安石曰：「紀律所以自

治，算數所以勝敵，故兵法曰：『多算勝，少算不勝，況於無算乎？』今非但無紀律，尤患無算數。」於是上稱鄜延走馬歐育曉事，言「欲西人和，則不須先自屈。比者作過，即先於問西人牒中説『必是緣邊首領所爲』，如此語當待西人自言」。安石曰：「誠當如此。然今朝廷事未能初終皆舉，若稍示西人以彊，而西人未肯退聽，則朝廷何以待之？若交兵，則今日勢所未能；若不交兵，則如何可已？先示彊而後更摧屈，則尤爲非便。度時事之宜，故姑務柔之，柔之未爲失計也。」上論攻守之計，衆以爲兵須委將帥，難從中制。安石曰：「兵雖不可中御，然邊事大計，亦須朝廷先自定也。」長編卷二一三熙寧三年八月戊午條注云「此段乃七月二十五日所録」。

〔七月二十七日〕。丙辰，鹽鐵副使、兵部郎中韓縝爲天章閣待制、知秦州。先是，蕃僧結吴叱臘及康藏星羅結兩人者潛迎董裕，詣武勝軍，立文法，謀姻夏國，有併吞諸羌意。竇舜卿言：「王韶招誘董裕下人不當，所以致結吴叱臘作過。」又言：「宜喻董氊，令約束董裕。」上曰：「董氊自奈何董裕不得。」王安石曰：「舜卿與李若愚等合黨，欲傾王韶，所奏托碩作過，因甚滅裂，卻專以爲董裕下人作過，其意可見。又朝廷無奈董裕何，反控告董氊，此徒取輕于董氊，而使董氊更驕，于制馭董裕則殊非計。今但當以兵威迫脅，厚立購賞，捕星羅結并結吴叱臘，招安其餘衆。」文彦博曰：「星羅結即須捕。結吴叱臘是生户，宜勿問。」安石曰：「生户侵犯漢界，如何縱舍？」彦博又言「購賞無益，元昊時亦嘗立購賞」。馮京以彦博所言爲然。安石曰：「結吴叱臘非元昊比也，其族類非君臣素定，聞自有敢輕侮之者，以兵威迫脅，重賞購捕，必可得。」上曰：「元昊威行國中，人孰敢犯，購捕誠不可得。今結吴叱臘事乃不類。」安石曰：「若君臣分定，中外協附，雖無元昊威略，亦不可購捕。今秉常亦非可以購捕得也。」上令如安石議，安石曰：「今欲購獲，須邊帥肯盡力行朝廷意。不然，雖張榜購捕而示無推行之意，雖出兵迫脅而不示以必攻之形，不據其要害之地，則雖有迫脅購賞之名而事必無成。」上欲令沈起專責王韶及高遵裕了此事，安石曰：「欲出兵迫脅，非此兩人能任。」又言：「竇舜卿不宜置在秦州。朝廷付舜卿以事，奏報乃爾乖方，雖黜責可也。」上欲用韓縝代舜卿，安石以爲縝兄絳在此方用兵，恐中書論議多形迹，難決當否。彦博亦以爲宜用縝，安石曰：「陛下欲棄形迹嫌疑，則用縝亦奚傷？」於是用縝。縝自河東轉運使入知審官西院，兩月中凡五換差遣及遷職云。初，議購結吴叱臘，彦博曰：「待其復作過，乃議蕩除。」安石曰：「今尚蕩除不得，若今不討，則氣勢愈張；以爲犯漢不敢校，則合黨愈衆；狃前事復來犯漢，則雖欲討除，更費力。古人爲大於其細，圖難於其易。今正細易之時，爲之圖之，不可以不早也。」長編卷二一三熙寧三年七月丙辰條注云「此並據王安石七月二十七日録删修」。

「八月十三日」。先是，上與王安石稱王韶不可得，有建功名之意。安石爲上言：「韶誠不可得，欲結連一帶生羌，又能輕身入俞龍珂帳中，可謂有智勇。今其所擘畫，決知無後害，惟須及早應副。」上曰：「今相度得事已審。」安石曰：「朝廷措置事誠要審，然亦要敏速，乃不失事機。如王韶所擘畫，本路早從之，則無托碩、董裕之變。及有變，若早募獲首惡，亦必已定疊。兩事皆失於不敏速，遂至今未了。」又言：「韶欲于古渭置市易，非特一利而已。使蕃部得與官司交關，不患邊人逋欠，既足以懷來蕃部，又可收其嬴以佐軍費。古渭固宜聚兵，但患財穀不足，若收市易之嬴，更墾辟荒土，即將來古渭可以聚兵決矣。」上曰：「市易、耕田與招納，乃是一事爾。」安石曰：「誠如此。臣聞亓贇說，並滔河一帶爲夏國所有，則絕買馬之路，此又不可不招懷也。」上曰：「誠有此。」安石曰：「秦州常患地闊遠難管攝，若得古渭蕃盛，因建軍令救應側近城寨，分秦州憂責，接引滔河一帶蕃部，極爲長利。如王韶者，令領古渭軍事，亦無害也。臣聞亓贇說青唐族有七八萬人，就令不及七八萬人，固當有三四萬人。朝廷取綏州，所費極多，然所利無幾。今若得青唐，建以爲軍，其首領便與一諸司使副名目，令爲軍使，亦未爲過。何則？秦州要得青唐要領，建以爲軍，使漢官輔之，又建古渭以爲軍，即秦州形勢遂長足以抗西賊，一諸司使副何人不爲而乃惜之乎？此事非陛下特達主張，則邊帥度朝廷自來不能如此行事，必不敢議及。若使樞密院同議，亦必以未曾有此體例沮詰，惟陛下特達主張，然後此事可必成無疑也。向王韶奏狀言一歲不過費二三千貫錢者，此是欲朝廷肯聽從，所以不敢大作擘畫。陛下須恢張此輩意氣，令盡理經畫，勿拘守自來體例。漢高祖封沛令，使乘輪馳騁，由此諸城皆向風慕利而降。今厚撫初附，則諸羌欣慕，争來投漢，然後可以收其酋領，明示約束，使異日爲用。不然，則徒費料錢，不免與西人交通，臨時不爲用，實無補也。」長編卷二一四熙寧三年八月辛未條注「此段並據八月十三日日録」。

〔八月十五日〕。於是，上令安石作書諭韶，具曰：「事當申經略司者，但令奏來。」安石因言：「韓縝雖粗有材氣，然非欲建立功名者，陛下與一待制已滿愜，内迫大臣論議，外又困於衆人語言，又本無立功名志氣，兼見縝所辟人已草草，要恐未能副陛下任使。陛下常須驅策令向前乃可。今陛下主張王韶，議者必以爲因此更令人轉嫉韶，適所以害之，此大不然。漢祖令陳平護軍，平無行受金，諸將不服。高祖令盡護諸將，乃不敢言。人主須彈壓得衆定，乃可立事。陛下用手詔戒飭縝輩，然不如痛行遣李師中使知警懼，則陛下不言，人自奔走以承聖旨。如其不能，雖手詔亦未免壞廢也。譬如天以陽氣興起萬物，不須物物澆灌，但以一氣運之而已。陛下剛健之德長，則天下不命而自隨，若陛下不能長剛德，則流俗群黨日强，陛下權勢日削。以日削之權勢欲勝日强之群黨，必不能也。」長編卷二一四熙寧三年八月辛未條注云「此段見十五日日録」。

〔八月二十六日〕。既而彦博等欲牒夏人以復圭擅出界事，且乞降詔。王安石曰：「夏人但見復圭屢出侵之，不知所以，或當少有畏憚。若便牒報，示以情實，往往旅拒。」上曰：「善。」乃不果牒。長編卷二一四熙寧三年八月己卯條注云「文彦博欲移牒，降手詔，據日録，在二十六日」。

九月一日，王安石、韓繹並薦李綬，除副承旨。長編卷二一六熙寧三年十月辛酉條注引日録。

［九月二日］。己丑，上謂王安石曰：「司馬光言方今是非淆亂。」因曰：「是非難明，誠亦爲患。」安石曰：「以先王法言考之，以事實驗之，則是非亦不可誣。且如司馬光言不當令薛向徙貴就賤，用近易遠，以先王法言考之，則『懋遷有無化居』，有何不可？又言薛向必失陷官物，以事實驗之，向果失陷，即光言爲是；向果無失陷而於官物更能蕃息，即光言爲非。他皆倣此。」上曰：「司馬光云『如李定不孝，王安石乃欲庇護。如蘇軾雖販鹽，亦輕于李定不孝』。然定豈得爲不孝乎？」安石曰：「且勿論李定孝與不孝，陳薦言李定，謝景温言蘇軾，均是令監司體量指實，不知有何偏異？」于是安石又言：「近世執政務進朋黨、蔽塞人主、排抑才士、不可駕御者，故今侍從有實材可用者極少，而其相阿黨、不修職事、趣功實者則如一焉。」上患異論者不悛，曰：「或引黨錮時事以況今，如何？」安石曰：「人主昏亂，宦官姦利，暴横士大夫，污穢朝廷，故成黨錮之事。今日何緣乃如黨錮時事？陛下明智，度越前世人主，但剛健不足，未能一道德以變風俗，故異論紛紛不止。若能力行不倦，每事斷以義理，則人情久自當變矣。陛下觀今秋人情已與春時不類，即可以知其漸變甚明。」上又言：「或以爲西事恐大臣不爲用。」安石曰：「法行，則人人爲用。以天下人了天下事，何至以無可用之人爲患？」因引孟子瞽瞍殺人事曰：「先王制法，雖天子之父犯法，人不得貸也。此孟子所言，堯、舜所行，非申、韓之言也。」上曰：

「武后能駕馭豪傑，以法行而已。」安石曰：「今士大夫孰能如姚元崇、宋璟、狄仁傑者？如此輩人尚可駕馭盡力，況下此者乎？」長編卷二一四熙寧三年九月己丑條注云「此段並見九月二日日録」。

「是日」。兵部郎中楚建中知滄州。建中先爲京西轉運使，時方用兵西方，邊臣多薦建中者，召對不稱旨，故有是命。其後，中書又擬建中爲河北轉運使，上難之，王安石曰：「河北提點刑獄及轉運使三任者已皆嚴急，建中平審，參用爲善。」上從之。長編卷二一五熙寧三年九月己丑條注云「此據本傳及王安石日録」。

九月五日，安石留身，上曰：「見所論陳襄文字「甚善」。」長編卷二一五熙寧三年九月庚寅條注引王安石日録。

# 熙寧四年（辛亥　一〇七一年）

［二月五日］。於是，上問執政曰：「布所言肉刑，可即行否？」安石曰：「理誠如此，即行亦無害，但務斟酌。所當施肉刑者，如禁軍逃走未曾結構爲非，又非在征戰處，諸合斬者，刖足可矣。」馮京以爲壞軍法，安石曰：「前代軍法但行于戰伐時，若罷兵，即解約束。律在軍所與平時法自不同也。」上曰：「如盜賊可用肉刑更無疑，斬趾亦是近世法。」京言唐太宗亦終不用，安石曰：「太宗雖用加役流代斬趾，然流終亦不可獨行，故唐已有決杖配流之法。蓋當時自有別敕施行，不專用律。若專用律，則死罪外即用流法，無以禁奸，決不可行也。」長編卷二一四熙寧三年八月戊寅條注云「王安石日録四年二月五日」。

［是日］。先是，上言陳繹制辭不工，欲用曾布，疑布所領事已多。王安石曰：「布兼之亦不困。」遂以布直舍人院。安石因言：「制辭太繁，如磨勘轉常參官之類，何須作誥稱譽其美，非王言之體，兼令在官者以從事華辭費日力。」上曰：「常參官多不職，每轉官，盛稱其材行，皆非實，誠無謂。」安石曰：「臣愚以爲但可撰定誥辭，云：『朕録爾勞，序進厥位，往率職事，服朕命，欽哉。』他放此撰定，則甚省得詞臣心力，卻使專思慮於實事，亦於王言之體爲當。」馮京以爲不可。

上卒從安石言。上又欲用張琥直舍人院，京復薦劉攽、曾鞏、蘇軾，上不答。攽時通判泰州，鞏通判越州，軾罷開封府推官，通判杭州未赴也。長編卷二二〇熙寧四年二月辛酉條注云「此據王安石日録」。

[二月六日]。壬戌，韓絳乞用陝西路提點刑獄韓鐸權河東轉運使。上曰：「鐸暴刻，恐河東新經瘡痍之後，未可用。」文彥博曰：「韓絳要鐸了邊事，今不用鐸用他人，恐敗事。」馮京曰：「鐸好希向時事。」王安石亦言鐸反覆。上曰：「如肯希向時事，雖小過當擾人，猶勝陳汝羲、張問故意壞事。」安石曰：「故意壞事與希向擾人，皆不可也。」因言：「鐸初助行常平法，後聞臣將罷政事，遂一切沮壞，如此人恐難任以邊事。」上曰：「當察之。」安石曰：「恐察得時已害事。」上曰：「别未有人，張問等必難留在任，且用鐸，如何？」安石曰：「善。」遂從絳請。長編卷二二〇熙寧四年二月壬戌條注云「此據日録」。

[二月二十一日]。詔增開修漳河役兵及萬人，併力于四月以前畢功。上患財用不足，文彥博曰：「要豐財安百姓，須省事，如漳河累年不開何所妨？漳河不在東邊即在西邊，其利害一也。今盛發夫開河，只移得東邊河，卻掘西邊民田，空勞民，何所利？」王安石曰：「若使漳河不由地中行，則或東或西，爲害一也；若治使行地中，則有利而無害。若或東或西，利害一也，則禹何須浚川，盡力溝洫？勞民誠不可輕，然以佚道使民，雖勞不可不勉。」上笑。長編卷二二〇熙寧四年二月丁丑條注云「日録載此於二十一日」。

〔是日〕。上論王猛，王安石曰：「猛宰政公平，流放尸素，拔幽滯，顯賢能，無才而不任，兵强國富，垂及升平。猛至微淺，然不如是，亦不能濟此功。」上曰：「流放尸素，誠爲先急。」安石曰：「但尸素尚宜以流放爲先急，況又沮壞時事，固所不容。臣觀王猛臨終與苻堅所言，尤知猛有智慮。苻堅志大而不見幾，好功而不忍，内有慕容垂之徒不誅，而外欲伐晉，此其所以亡也。猛知堅不能除垂之徒，故勸以勿伐晉。不然，以秦之强，而欲取晉，何難之有？」上曰：「先知害，乃可言利。今内困於財用，則不可以有事北狄，亦猶内有慕容垂之徒未誅，則不可以有事于晉也。」馮京曰：「臣常言天下事不可急。」安石曰：「有一日行之而立見效者，亦不可不急，若流放尸素之類是也。如用兵於强敵，乃當待時而爲之不可過。」長編卷二二〇熙寧四年二月丁丑條注云「日録載此於二十一日」。

〔三月三日〕。上召兩府對資政殿，出慶州軍變文字。潞言「朝廷多所變更，人不安」云云。馮言「府界淤田，又修差役，又作保甲，人極勞弊不易」云云。余曰：云云，「更張事誠非得已，但更張去人害則爲之，更張而更害人則不可爲。又有事誠可爲，而時勢之宜未可以爲者，亦未可以爲。如討夷狄，招邊境，於今時事之宜，是未可爲者。禮記以爲事前定則不跲，今天下事要須前定，不臨時爲人議論所移。」楊龜山先生集卷六神宗日録辨引王安石日録。〇今案：「上召兩府對資政殿」事，載於長編卷二二一熙寧四年三月戊子條。

〔三月四日〕。先是，上問囉兀城存棄，王安石以爲當俟李評等相度至議之。上曰：「如欲守「李評等若以爲可守，何如？」安石曰：「儻不須築堡運糧，則存而守之無害。」上曰：「如欲守之，固當築堡。」安石曰：「築堡則致寇。今撫寧新陷之後，士氣沮怯，乃於賊界中作堡，又必致寇，以沮怯之衆當力争之寇，則其生變必矣。況又陝西人力疲困，難於供饋乎？」上曰：「如此，當不復計惜已費財力，棄之而已。然以見兵三千人在彼爲可慮，及積糧草多爲可惜。」安石曰：「今評等相度急遞聞奏，俟其奏至，棄之未晚。」上曰：「囉兀城非不可營，但舉事倉猝爲非。」安石曰：「三代之事固未及論，但如李牧猶弗肯速争小利。蓋善用兵者，其節短，役不再籍，糧不三載。若誠出此，則囉兀城小利，自不當營，非特失於舉事倉猝也。易稱『君子藏器于身，待時而動』，是以『動而不括』。今動無成算，又非其時，宜其結括也。先王惟知時，故文王事昆夷。方夷狄未可以兼之時，尚或事之，此乃所以爲文王也，豈害其爲聖乎！今人材未練，財用未足，風俗未變，政令未行，出一令尚患州縣不肯服從，則其未能兼制戎狄固宜。宣王當周衰之後，風俗壞，人材少。詩曰：『德輶如毛，維仲山甫舉之，愛莫助之。』當是時惟一仲山甫能好德，群臣無助之者。宣王能與仲山甫協力，以養育成就天下之人材，人材既足，然後征伐，故宣王征伐之時，首曰：『薄言采芑，于彼新田，於此菑畝。』言宣王先成就天下之材，采而用之，所以能征伐也。今欲使戰守，則患將帥非其人；欲使之轉糧餉、運材物，則患轉運使非其人。又國財民力困匱如此，則征伐之事固未可議也。」上以乏材爲患，安石曰：「文吏高者不過能爲詩賦，及其已仕，則所學非所用，政事不免決於胥吏。武吏或出行伍，或出子弟，但厚設飲食稱過使客，則名譽官爵隨之。此風今固未能盡變，則乏材固無足怪者。但陛下力行不已，搜舉能士，責以功實，風俗漸變，政令漸行，則人材終當不可勝用矣。」上悦。及是，遂棄囉兀城而有是詔。長編卷二二一熙寧四年三月癸卯條注云「正月二日戊子，初城囉兀城，上與安石論説。日録並係三月四日」。

［是日］。先是，韓絳奏河外所修荒堆寨，久遠不可守，已令廢拆，且抽兵回，而［呂］大防獨不肯，絳因使大防以便宜往相視，大防又遷延麟州不即往。大風雨，役人暴露，終夜叫號，河外官皆以爲言。王安石白上曰：「朝廷便宜只付韓絳，豈可轉付大防？欲戒大防，凡事當申宣撫司，毋得徑行。荒堆寨乞令毀拆，如宣撫使指揮。」上疑大防方往相視。安石曰：「若不決然可棄，絳豈肯如此？不須竢大防報也！」上既手劄諭大防，乃降是詔。長編卷二二一熙寧四年三月庚寅條注云「此據呂大防家所藏三月四日御劄并王安石日録删修」。

［三月九日］。甲午，上批：樞密院言保甲擾人事，令王安石體量虚實。安石以爲問得頗有之，爲姦人扇惑，恐刺爲義軍故也。欲令提點司人分頭撫諭，馮京言：「不須以五百人爲一保，管仲内政寄軍令亦只是五人爲一保。」上欲且罷都保正，安石曰：「不須罷都保正，保正非所以致人不安也。」上言：「久遠須至什伍百姓爲用，募兵不可恃。」安石曰：「欲公私財用不匱、爲宗

廟社稷久長計，募兵之法誠當變革，不可獨恃。」上曰：「密院以爲必有建中之變。」安石曰：「陛下躬行德義，憂勤政事，上下不蔽，必無此理。」上問建中所以致變，安石曰：「德宗用盧杞之徒而疏陸贄，其不亡者幸也。」長編卷二二一熙寧四年三月甲午條注云「據日録於三月九日載此事」。

［三月十日］。乙未，降工部郎中、寶文閣待制王廣淵爲度支員外郎，依舊職知慶州，右司諫、直龍圖閣趙卨復權發遣延州。上既罷廣淵，用郭逵判永興，而宣撫司亦先命陝西轉運使毋沆權延州，促趙卨往延州，令廣淵須卨到交割訖，於乾州聽旨。會廣淵奏叛兵隨定，上稱廣淵所奏允當，亟詔廣淵、卨未得依宣撫司指揮，又欲徙逵延州，别選重臣鎮永興。王安石曰：「請降廣淵官或職，留治慶，卨治延，逵治永興，皆勿徙。」且言：「今兩州帥臣皆客寄，上下不相保信非便，宜速定，使上下相安，無苟且意。」上從之。故廣淵止坐賊發所部奪兩官，行至奉天復還。初，命逵兼四路安撫使，安石以爲不便，寢之。長編卷二二一熙寧四年三月乙未條注云「今按御集并日録删修」。

［是日］。上曰：「用兵須有名，如何？」余以爲無名則不可用兵。上曰：「恐但顧力如何，不計有名無名。」余曰：「苟可以用兵，不患無名，非兼弱攻昧，則取亂侮亡，欲加兵於弱昧亂亡之國，豈患無名？但患德與力不足耳。」楊龜山先生集卷六神宗日録辨引王安石日録。○今案：四明尊堯集卷七論兵門引王安石日録云：「上論用兵須有名如何，僉以爲無名則不可用兵。余曰：『苟可以用兵，不患無名。』」又，此段文字亦載於長編卷二二一熙寧四年三月乙未條。

［三月十九日］。時樞密院言因置保甲有截指斷腕者。安石初以爲然，既旬日，更白上曰：「臣召問開封差役公人，以爲保甲皆人情願，無不便者，實不如樞密院言。又得趙子幾奏：推究截指者兩人，其一人遍問無有，一人蓋因斫桑誤傷，有三人爲之證。臣所問乃初倡言者也。」長編卷二二一熙寧四年三月甲午條注云「此據日録十九日所書」。

［三月二十二日］。上與王安石論保甲事，以爲誠有斬指者，中官歷十三縣探麥苗問得如此，然百姓亦多會得見。習射九㪷，去帖子常甚遠者亦相勸，以爲若捉得賊，官必有酬獎。又曰：「得大户作都副保正，自言管轄景迹人，若便廢罷，即卻被景迹人讎害。此極是好法，要當緩爲之。」諸縣官吏多不能稱人意，上以爲當以漸，只委知縣爲之。安石以爲知縣多非其人，不可委，上曰：「如此，則罪知縣可也。」安石曰：「令選人爲之，尚不免違失法意致驚擾。若委知縣爲之，其致驚擾但有甚於選人。及其驚擾已甚，乃始罪之，恐已無及。且奉行法令不能稱人意，便加之罪，此陛下所未能行於朝廷也，如何遽責趙子幾輩行之於州縣？」安石又爲上論保甲「致人斬指，亦未可知。就令有之，亦不足怪。以朝廷所選士大夫甚少，陛下一有所爲，紛然驚怪，況于二十萬户百姓固有愚惷爲人所感動者，豈可以此故遂不敢一有所爲？説命曰：『若藥不瞑眩，厥疾弗瘳。』苟欲瘳疾，豈能避瞑眩？今保甲所驚者，畏爲義勇、保捷而已。就令盡刺爲義勇、保捷，陝西、河東固嘗如此」。上曰：「如此則恐不便，須致變。」安石曰：「陝西、河東未嘗

致變，則人情可知，豈有怕爲義勇即造反之理？」上曰：「民合而言之則聖，亦不可不畏；自上制法以使之，雖拂其情，然亦當便於民乃可。」安石曰：「今保甲固疑有斷指以避丁者。然臣召八鄉人問保甲事，皆以爲便。則合衆亦論之，固知其便。設有斬指者，非衆情皆然也。今所以爲保甲，足以除盜，然非特除盜也，固可漸習其爲兵。既人人能射，又爲旗鼓變其耳目，漸與約免税，上番代巡檢下兵士，又令都副保正能捕賊者獎之，或使爲官，則人競勸，然後使與募兵相參，則可以消募兵驕志，省養兵財費，事漸可以復古。此宗廟長久計，非小事也。但要明斷，不爲浮議所奪而已。趙子幾能得府界民情，可久任，付以此事必有成。今保户已願免體量草，養馬事固已有緒。」上大説，曰：「此極好事，然且緩而密。」安石曰：「日力可惜。」上曰：「然亦不可遽，恐卻沮事。」安石曰：「此事自不敢不密，今日獨王珪在此，必不漏此言，所以敢具陳。」長編卷二二一熙寧四年三月丁未條注云「此據日録」。〇今案：四明尊堯集卷七論兵門引王安石日録云：「余曰：『「若藥不瞑眩，厥疾弗瘳。」陛下欲變數百年募兵之弊，則宜果斷，詳立法制，令本末備具，不然無補也。』」

〔是日〕。上不欲用陳箴爲邕州，以與蕭注不相下。余以爲注陵之，故致此。上欲以箴知欽州。前一日，南廳議移桂州經略於邕州，恐交趾反側，且俟交趾入貢，乃議移經略。今日以蘇緘知邕州，上許之。長編卷二一六熙寧三年十月丙子條注引王安石日録，在四年三月二十二日。

〔三月二十五日〕。上改定如安石所草。又讀至見在審官、銓合入遠人令權入近地，上曰：

「當增云次遠及近地。」其後馮京言：「川峽差本土人知州不便。」上問其故，京曰：「今仕宦一任遠，一任近，而四路人許連任就四路，則是常得家便，實爲大幸。」安石曰：「所以分遠近者，均勞佚甘苦。今内地人不樂入四路，四路人樂就家便，用新法即兩得所欲，何須苦之使兩失優便？且此非特便於士人，省吏卒迎送勞費，尤爲善法也。」長編卷二一四熙寧三年八月戊寅條注「其後馮京云云，日録在四年三月二十五日」。○今案：「其後馮京言」以下，又載於長編卷二一四熙寧三年八月戊寅條引日録。

〔三月二十八日〕。上論農兵事，欲行宋道召人免税充弓箭手事。潞以爲決不可行。余曰：「恐不行，但亦不須如此，誠以利害驅民習兵，則何必用宋道之策。臣愚以爲當如差役法，自内修之法成，則可舉而措之天下。」上曰：「差役則如此可也。兵事必須自有兵處始，則人不駭而事易就。」余曰：「誠如此，但恐邊臣未能舉此以副聖意者。」因略爲上言民可以利驅，使趍爲兵。四明尊堯集卷七論兵門引王安石日録。○今案：此段文字亦載於長編卷二二一熙寧四年三月癸丑條。

〔是月〕。上論所以致國治强。余以爲：「非什伍其民而用之，則不可以致治强，他時固未易議此，如陛下明於道德，憂勤政事，上下無弊，乃可以議此。」四明尊堯集卷七論兵門引王安石日録。
○今案：據長編卷二二一熙寧四年三月甲午條并注文所云，本段文字當在此前後。

〔四月十九日〕。知太原府吕公弼言：「請復王慶民前坐所部城不完奪官。」上閲奏，曰：

「慶民首言河外荒堆等處城堡非便，果勞民無功。凡前言囉兀城、荒堆等不可城，城之無利者，宜悉具名以聞。朝廷常患邊吏不忠信，苟先事有言如慶民者，亦可嘉也。」王安石曰：「漢高祖以鄂千秋一言明蕭何功，則封關内侯；自平城歸，諸言匈奴可擊者斬。賞罰明如此，故能不勞而盡群策。」上言：「李清臣等可責。」安石曰：「張景憲言杜詡保明囉兀城道路寬廣，亦不可以無責。」上以爲然。詡初以殿中丞致仕，改授忠武節度推官、書寫宣撫司機密文字，從韓絳所請也。長編卷二二一熙寧四年三月丁酉條注云「據日録，王安石所言在四月十九日」。

是日，王安石白上：「保甲習武藝新法如何？」上曰：「候秋冬閒，差役事了當頒行。」又謂安石曰：「人不能無過失，卿見朕有過失，但極口相救正，勿存形迹。」安石謝曰：「當盡死力，不敢存形迹。」上慮難濟，安石曰：「此在陛下，不可以他求。觀今年人情，聽上所爲，不敢侮慢，孰與去年？」又曰：「陛下聖德日躋，風俗會丕變，何憂難濟！」長編卷二二二熙寧四年四月甲戌條注云「此據日録」。

［四月二十五日］。［閻］綬與提點刑獄孔宗翰嘗爲交代，故宗翰自提點改知蘄州。長編卷二二二熙寧四年四月庚辰條注引日録。

［五月九日］。上曰：「府兵與租庸調法相須。」安石對曰：「今義勇、土軍上番供役，既有廩給，則無貧富皆可以入衛出戍，雖未有租庸調法，亦可爲。第義勇以良民爲之，當以禮義獎

養。今皆倒置，涅其手背，人不樂一也；教閱靡費，人不樂二也；又使運糧，人不樂三也。近更驅之就敵，横被殺戮，尤使人憚爲之。」馮京曰：「義勇近亦有以挽强得試推恩者。」安石曰：「挽强以力有分限，苟力不足，則自絶於進取矣。是朝廷有推恩之濫，而初非勸獎使人趨武事也。今措置義勇，皆當及此，使害在於不爲義勇，而利在於爲義勇，人以得籍名於義勇爲幸。至於以武藝推恩，隨人材之高下，使咸有幸得之心，則俗可變而衆技可成也。臣願擇其鄉閭豪傑爲之將校，稍加獎拔，則人自悦服。矧今募兵爲宿衛，有積官至刺史以上者。移此與彼，固無不可，況此不至如此費官禄，已足使人樂爲之。陛下誠能審擇近臣皆有政事之材，異時可使分將此等軍。今募兵出於無賴之人，尚可爲軍廂主，則近臣以上豈不足此輩？此乃先王成法、社稷之長計也。」上極以爲然。長編卷二二三熙寧四年五月癸巳條注云「此據兵志第二卷，以爲保甲事，但自『今皆倒置』以下至『衆技可成也』，日録係之四年五月九日」。

［是日］。安石又以爲諸軍宜各與錢作銀楪子之類勸獎習藝，然宜爲立條例，使諸路一體，不然，則諸路各務爲厚以相傾，而無藝極。文彦博曰：「付與州郡公使，當聽其自使。向時曾令公使置例册，端午，知州送糉子若干個，亦上例册，人以其削弱爲笑。」安石曰：「周公制禮，籩豆貴賤皆有數。籩豆之實，葅醢果蔬，皆有常物。周公當太平之時，財物最多，豈可制禮務爲削弱可笑。蓋用財多少，人心難一，故須王者事爲之制，則財用得以均節，而厚薄當於人心也。」長編卷

二三一熙寧四年四月壬戌條注云「此段，日録在五月九日」。

［五月十一日］。安石又白上：「前此樞密院言淤田役兵多走死，至一指揮但有軍員五人歸營者。又言府界營婦舉營訴于提點刑獄，乞放淤田兵士。密院遂劄付提點司密切體量。安石取簿歷根究，得淤田兵士走死多處不及三釐，用法走死及八釐，尚合得第一等酬獎。又問密院何以言『但有軍員五人歸營』，云得之曾孝寬，孝寬得之李琮。於是，趙子幾以牒問李琮，令具軍分役處。琮得申狀，乃云：『曾與孝寬言未淤田前一年，滎澤斗門役兵兩處，各前後逃走，每起走卻三十餘人。』又聞得有兩營婦經提點司訴都水監見役修造未放，乞依淤田所例放歸。營婦所以訴，乃以淤田所放早故也。」上曰：「曾孝寬何故如此？」安石曰：「孝寬及琮皆不可知，或止是誤聽，亦不可知。」馮京曰：「人言所聞何害？」上曰：「小人好如此，恐宣力者解體。密院前言淤田如餅薄，朕令取一方土，如麵厚尺餘，問得極有深處。」京曰：「固有薄處。」上曰：「要不皆如餅薄。」安石曰：「薄處若水可到，但當令次年更淤，有何所害？」上曰：「陳薦前日上殿，言喜朝廷覺察，罷卻淤田。問薦何謂，薦言人號訴以爲不便。」安石曰：「陛下用陳薦輩爲股肱耳目。爲股肱當爲身捍患，爲耳目當聽察廣遠。今薦權發遣開封府，府界内淤田其罷與不罷及利害初不曾知，不知陛下耳目何所賴？周公戒成王：『當識其所不享，唯不役志於享，惟事其爽侮。乃惟孺子，頒朕不暇。』今人臣各懷利害愛憎之心，敢誣罔人主，無所忌憚，其爲不享甚矣。

陛下固容有所未察，雖復察見，亦無所懲，即與不察見無以異。如此，則事實何由不爽？小人安能無侮？雖以周公爲相臣，恐徒紛紛不暇，無緣致平治也。」琮，江寧人，時知陽武縣。長編卷二二三熙寧四年五月乙未條注云「今依日録」。

［五月十八日］。王安石因東明訴役錢事稱疾卧家。是日，上遣中使趣安石入見。長編卷二二三熙寧四年五月壬寅條注云「此據王安石日録」。

［五月十九日］。余爲上别白言事實，上固洞見本末矣。長編卷二二三熙寧四年五月癸卯條注「安石日録云」。

［五月二十日］。甲辰，上患邊臣觀望朝廷意度爲緩急，不肯竭情了事。王安石曰：「此在陛下。陛下誠能御群臣以道，使各盡力濟務，莫敢爲欺，則陛下可不勞而天下治。若不能如此，徒役兩耳目聰明，夙夜憂勤於上，而臣爲陛下盡瘁於下，恐終不能致治。邊事且勿論，試論近事。近者慶州兵變，陛下不能不旰食，大臣宜以此時共憂所以消弭。然方共乘陛下恟懼，合爲異論。至於淤田、保甲，與慶州兵變事不相關，此衆人所知，非待至明而後察也，然衆論盡然。陛下雖知其非，能使其有所忌憚否？大臣在前，尚無忌憚如此，則邊鄙疏遠，何可禁其不爲欺罔？臣恐以區區之身爲陛下獨勞，亦不能濟平治也。臣愚以謂大畏衆志，使無實者不敢肆其説，而忠力者不爲小人所沮，則陛下不須憂勞而治道自成。」上曰：「良是。」長編卷二二三熙寧四年五

月甲辰條注云「今乃依日録，特書於五月二十日」。○今案：自「近者慶州兵變」至「何可禁其不爲欺罔」，亦載於四明尊堯集卷六邊機門引王安石日録，個別文字有異。

［是日］。又謂慶州兵變，不當歸咎于保甲、淤田。長編卷二三四熙寧五年六月乙亥條注引「陳瓘論」所引日録。

［五月二十六日］。是日，王安石既對，留身請去，上固留之，曰：「風俗久壞，不可猝正，事有萬緒，卿如何卻要去？且體念朕意，不須恤流俗紛紛。」安石曰：「臣材薄，恐誤陛下屬意。陛下試觀前代興王，亦有爲政數年而風俗不變、紀綱不立如今者乎？」上曰：「前代或因衰亂方生，人情迫急，爲之解患釋難所以易。今頽壞之俗已久，萬事收斂，使就法度，則不得不難，其紛紛亦固宜，但力行不變自當改。如富弼事，向時豈有按劾，今乃案治。如此等事行之已多，人情恐漸變。」安石曰：「以臣所見，似小人未肯革面。臣愚以謂陛下誠能洞見群臣情僞，操利害以馭之，則人孰敢爲邪？但朝廷之人莫敢爲邪，即風俗立變，何憂紀綱不立？如唐太宗時，裴矩尚肯爲正諫，況其素不爲邪者乎？」上追咎西邊事，以爲唐太宗時固無此。安石曰：「臣自接侍清光以來，陛下固未嘗許韓絳以智略，一旦舉一方之事屬之，則邊事自宜如此。」上曰：「朝廷固未嘗令其如此。絳失本指皆出於意外。」安石曰：「陛下許其便宜節制諸路，則其如此固其理也。邊事已往，固無所及。臣愚以謂陛下憂勤衆事，可謂至矣。然事兼於德，德兼於道。陛下誠能

明道以御衆，則不待憂勞而事自治；如其不能，則雖復憂勞，未能使事事皆治也。陛下誠能討論帝王之道，垂拱無爲，觀群臣之情僞，以道揆而應之，則孰敢爲欺？人莫敢爲欺，則天下已治矣，臣敢不且黽勉從事？若但如今日，恐無補聖治也。」長編卷二二三熙寧四年五月庚戌條注云「此段依日録載此」。○今案：四明尊堯集卷三論道門引王安石日録云：「余曰：『唐太宗能使佞人如裴矩者，更肯正諫如此，才能爲唐太宗。陛下聰明睿知，足以遠追三代之主，然剛健篤實，以成天下之務，未有以及唐太宗，恐陛下不可不思。非特唐太宗，至於秦孝公所以擇術濟事，與陛下如何？臣恐優遊退托如此，則無致治之日。』」又，自「臣自接侍清光以來」至「則邊事自宜如此」，亦載於長編卷二三四熙寧五年六月乙亥條注引「陳瓘論」所引日録。

〔是月〕。上聞酸棗有升下户入上户，手敕：「如此，則是有免第四等役錢之名，而無其實」云云。於是司農有狀乞約束升降，并須約見今等第物力，如或敢將物力不及今下等第之人升作上等，務要足約定之數，則官吏並科違制，不在去官赦降原減之限。上以爲然，從司農所奏。余曰：「治百姓當知其情僞利害，不可示以姑息。若驕之使紛紛妄經中書、御史臺，或打鼓截駕，恃衆爲僥倖，則亦非所以爲政。天下事大計已定，其餘責之有司，有不當則罪有司而已。今每一小事，陛下輒再三敕質問，臣恐此體傷於叢脞，則股肱倚辨於上，不得不惰也。」楊龜山先生集卷六神宗日録辨引王安石日録。○今案：據長編卷二二三，「酸棗有升下户入上户」事在熙寧四年五月。

〔六月十二日〕。余曰：「且以近事驗之，方邊事之興，陛下一日至數十批降指揮，城寨糧草多少？使臣將校能否？群臣所不能知，陛下無所不察。邊事更大壞，不如未經營時。此乃于陛下於一切小事勞心，於一大事獨誤。今日國事，亦猶前日邊事也。」四明尊堯集卷六邊機門引王安石日録。○今案：長編卷二三四熙寧五年六月乙亥條注引「陳瓘論」所引日録。又云：「陛下于一切小事勞心，于大事獨誤。今日國亦猶前日邊事也。」

［六月二十一日］。甲戌，武寧軍節度使、左僕射、同平章事富弼落使相，以左僕射判汝州。通判亳州、職方郎中唐諲，簽書判官、都官員外郎蕭傅，屯田員外郎徐公衮，支使石夷庚，永城等七縣令佐等十八人皆衝替，坐不行新法，置獄劾治，而有是命。弼先許給假就西京養疾，於是弼辭汝州，乞依先詔養疾西京，上不許，弼乃赴汝州，仍以老病昏塞，凡新法文字乞免簽書，止令通判以下施行。他日，王安石爲上言：「弼雖責降，猶不失富貴之利，何由沮姦？」又言：「行弼事，要未盡法。鯀以方命殛，共工以象恭流，弼兼此二罪，止奪使相。弼生平自以寬恤百姓爲事，今所以不放税，其情可見也。」上曰：「常平事，壯家所爲，吏獨不能爲，是不能爲吏也。不能爲吏，雖廢爲民未爲過。」安石曰：「誠如此。民所能而吏不能，雖廢爲民不爲過。凡命有德，討有罪，皆天也。人主奉若天道，患所討不當而已。」長編卷二二四熙寧四年六月甲戌條注云「此段據日録」。

［六月二十三日］。東上閤門使、樞密都承旨李評喜論事，往往施行。然天資刻薄，在閤門及樞密院招權不忌，多布耳目，采聽外事自效以爲忠，僥倖大用，中外側目。又嘗極言助役法以

爲不可，王安石尤惡之。長編卷二三三熙寧五年五月壬辰條注云「極言助役不可，此據四年六月二十三日日録」。

〔十二月十八日〕。中書、樞密院同進呈：「王韶奏俞龍珂及旺奇巴等舉種内屬，乞依已得朝旨，除俞龍珂殿直、蕃巡檢，又分其本族大首領四人爲族下巡檢。既分爲四頭項，自此可令不復合爲一，免點集作過。又乞除旺奇巴殿侍、秣邦一帶巡檢。」上曰：「如何便言舉種内屬？」王安石曰：「不知如何不謂之舉種内屬？」上曰：「須點集得，方爲内屬。」安石曰：「不知今欲如何點集？」上曰：「亦須便點閲見户口人數。」安石曰：「羈縻須有漸，如何便令王韶點閲得彼户口人數？」文彦博曰：「若與料錢，又使不得，可知是不易。」安石曰：「如此誠易。然便要點閲，恐卻未有此理。」彦博曰：「在此見不得，到秦州乃見，極微秒，不足慮。」安石曰：「昨拓碩只引一蕃僧來秦州，便奈何不得。今幅員數千里强族，設若有一豪傑自强，外立文法，迤邐内侵，則角蟬之事不可謂無之，非特如托碩事而已。只如董氈、木征自是凡才，若稍桀黠，兼并生羌，日迫内地，即是復生一夏國，豈得以爲微秒不足慮？老子以爲其脆易破，其微易散，其未兆易謀。就今生羌微秒，正是當施謀計之時。若待其黨衆架合，則欲經營，已無所及。」上曰：「然要須點集得，方爲實利。」安石曰：「誠如此。然今朝廷十萬緡錢付王韶等蕃息，收其息以爲内屬人禄賜，非有傷財勞民之事。就令三五年間未可點集，亦終爲我羈縻，免更有創立文法爲邊陲之患，亦自有利無害。若如王韶本謀，即終當爲吾民，不患不可點集也。韶本謀欲以官致首領，以蕃勇敢招其彊人。其彊人服於下，首領附於上，則餘人不患不爲我用。然此事恐須少待歲月，乃見成效耳。」彦博曰：「分卻俞龍珂族下人作四頭項，恐俞龍珂不肯。」又言：「未須與殿直與軍主，恐見得力蕃官觖望生事。」安石曰：「分爲四頭項，既責任王韶，韶必有斟酌，朝廷何由遥度？不知蕃官如何便敢觖望？」彦博曰：「俞龍珂等並不爲用卻與官，既爲用者如何不觖望？」安石曰：「事體有大小，如木征作刺史，董氈作節度使，何嘗爲用？蕃官亦豈可觖望？」上曰：「秦州蕃官如令修已見作殿直，不知有多少族帳？朝廷除與俞龍珂、旺奇巴官，於令修已何事，便敢觖望？」彦博曰：「如韓絳厚蕃兵，便致漢兵作過。」上曰：「此事不類。」令悉依王韶所乞。上又曰：「諒祚不得全以爲狂妄，見韓縝説嫁女與裕勒藏喀木，所資送物極厚，此所以能得裕勒藏喀木也。撫結羌夷須厚。」安石曰：「厚薄要當理分，則能服人。若應接不中事機，施恩不當理分，則雖過厚，適足生驕。此所以當擇人付之，使度事機應接而已。」樞密院退，安石論彦博語曰：「人主御將帥，當有方略。漢高祖拔用亡虜，置之舊將之上，固未嘗待其功績著見，何嘗畏舊人怨望？若令修已輩，亦彈壓不定，即何以制海内？」長編卷二二八熙寧四年十二月戊辰條注云「此據日録」，又云「今並依日録，附此事於十二月十八日」。

# 熙寧五年（壬子　一〇七二年）

〔正月九日〕。余曰：「如西事之初，陛下喻臣與韓絳，中外一體，且相協濟。臣竊謂陛下此言是待臣與韓絳皆欲以事爲己功也。臣以此於西事不能存形跡，然事至不得已，亦不敢嘿嘿。但人臣之義量而後入，故不敢先事極爭。先事極爭，則無後事之驗，臣終身受妨功害能之嫌。」四明尊堯集卷六邊機門引王安石日録。○今案：此段文字亦載於長編卷二二九熙寧五年正月己丑條。

〔正月十七日〕。王安石不以〔范〕育、〔吕〕大忠等所言爲然，白上曰：「臣謂育：『朝廷但遣育於延州立封溝，非遣育於夏州立封溝，於周禮有何違異？』又育言：『周禮但立中國封溝，與夷狄接境，即無之。』臣謂育：『中國是腹裏，卻立封溝；與夷狄接境，乃不立封溝，此何理？』大忠言：『但當擇帥，不當立封溝。』臣謂大忠：『朝廷但遣大忠立封溝，即不責大忠擇帥。』育與大忠恐不可遣，不若但委本路使臣。」上令別擇官換兩人。長編卷二二八熙寧四年十二月甲寅條注云「此據日録，在五年正月十七日」。

〔正月十九日〕。樞密院初不欲立封溝，及議差官，先擬薛昌朝，上既不用昌朝，而育與大忠議復異。昌朝、育皆中書所斥者，故安石每疑文彦博等設意沮己云。長編卷二二八熙寧四年十二月甲寅條注云「此據日録，在五年正月十九日」。

［正月二十三日］。上批：「近中書畫旨施行事，止用申狀，或檢正官取索到文字，此事體不便，可檢會熙寧三年條約遵守。」先是，三年有詔，須急速公事方得用申狀施行也。王安石白上：「近緣河上事急速，所以只用申狀行。且用申狀施行，亦必得旨乃如此，即於事體未有所傷，理分不爲專輒。但要事務早集而已，非過也。臣竊觀陛下所以未能調一天下，兼制夷狄，止爲不明於帝王大略，非謂如此小事有所不察也。」上曰：「天下事只要賞罰當功罪而已。若賞罰或以親近之故，與疏遠所施不同，則人不服。」安石曰：「臣自備位以來，每自省念，惟斷法官罪與在外官失出入人罪不同，蓋以謂不如此，即法官不可爲，非敢私之也。他即不省覺，乞宣諭，令臣得以思愆。」上曰：「法官即當如此。」安石曰：「法官之外，不知陛下所見聞何事？」上曰：「朝廷固無阿私，但外方亦未免有用意不均事，如勘河決事，乃獨遺程昉。」安石曰：「陛下已令分析，但恐有説。緣昉開漳河，後來又在京師提舉淤田，當以此故不勘。兼程昉要作第五埽堤被，外監丞不肯，所以致河決，昉恐不當勘。」上曰：「如此亦合聲説。」安石曰：「若不當勘，又何須聲説？縱失聲説，亦有何利害？未得爲阿私傷政體。」上曰：「程昉性行輕易，昨上殿説：『中書每有河事必問臣，臣説了方會得。』聞張茂則亦被昉迫脅云已得中書意旨，令如此作文字。外官被昉迫脅可想見。然才幹卻可使，但要駕馭爾。」安石曰：「中書所以用程昉者，爲

河事無人諳曉，又無人肯擔當故也。塞河是朝廷事，非臣私利。陛下試思中書所以委任程昉，不知有何情故曾蓋庇卻程昉何等罪惡？不知陛下聞得程昉復有何負犯？」上曰：「聞昉所舉買草官，悉是內臣攬作文字人。」安石曰：「陛下所聞，臣恐亦未必實。豈有許多人悉是攬作內臣文字人？就令如此，中書亦無由知。但轉運司買稍草不得，須至委昉，委昉即須許之舉官。臣愚以謂先王使人用馮河，馮河之人不擇險阻，輕於進取，然其用之，乃不害國，如昉是也。若是妨功害能、膚受浸潤之人，雖能便辟，伺候人主眉睫間，最能敗壞國事。恐如此人乃合覺察。今陛下於此輩人，乃似未能點檢。陛下修身齊家，雖堯、舜、文、武亦無以過，至精察簿書刀筆之事，群臣固未有能承望清光。然帝王大略，似當更討論。今在位之臣有事韓琦、富弼如僕妾者，然陛下不能使之革面。契丹非有政事也，然夏國事之極爲恭順，未嘗得稱國主。今秉常又幼，國人饑饉困弱已甚，然陛下不能使之即敘，陛下不可不思其所以。此非不察於小事也，乃不明於帝王之大略故也。陛下以今日所爲，不知終能調一天下、兼制夷狄否，臣愚竊恐終不能也。陛下若謂方今人才不足，臣又以爲不然。臣蒙陛下所知，拔擢在群臣之右，臣但敢言不欺陛下。若言臣爲陛下自竭，即實未敢。緣臣每事度可而後言，然尚或未見省察。臣若自竭，陛下豈能察臣用意？此臣所以不敢自竭。臣尚不敢自竭，即知餘人未見自竭者。忠良既不敢自竭，而小人乃敢爲誕謾。自古未有如此而能調一天下兼制夷狄者。如臣者又疾病，屢與馮京、王珪言，雖荷聖恩，然疾病衰憊，耗心力於簿書期會之故，已覺不逮，但目前未敢告勞。然恐終不能上副陛下責任之意。」上默然良久，乃曰：「朕欲卿録文字，且早録進。」安石曰：「臣所著述多未成就，止有訓詁文字，容臣綴緝進御。」長編卷二二九熙寧五年正月壬寅條「上批見御集正月二十三日，日録録此段亦在正月二十三日」。今案：長編卷二二五熙寧四年七月辛卯條注引王安石五年正月二十三日日録云「四年七月八日，河決」。又，楊龜山先生集卷六神宗日録辨引王安石日録云：「上曰：『朝廷亦無阿蔽，但外方亦未免有用意不均事，如何？』上勘河事官員，乃獨遺却程昉云云。余曰：云云，『今秉常幼，國人饑饉困弱已甚，陛下不能使之即敘，陛下不可不思其所以。此非不察於小事，乃不明於帝王之大略故也。陛下以今日所爲，不知終能調一天下、兼制夷狄否，臣愚竊恐終不能也。陛下若謂方今人材不足，臣又以爲不然。臣蒙陛下知奬拔擢在群臣之右，臣但敢言不欺陛下，若言爲陛下自竭，臣實未敢。』」

[是日]。安石又白上：「程昉七月八日自淤田所離京赴河上，第四、第五埽乃七月八日決，兼昉自從提舉修漳河，即不曾管勾第四、第五埽，所以不曾取勘。」上以爲然。安石又具言昉所舉買草官五人者姓名，且曰：「陛下昨謂攬作內官文字者，必高晦也。晦嘗以所爲詩來見臣，與語亦惺惺，幹得麤事。今既許昉舉官，止要能買草耳，高節上士豈肯就昉求舉？但能買草，即昉非謬舉。若所舉人曾攬作內臣文字，恐未合罪昉。或作過敗事，然後罪昉可也。中書所以用昉，止爲河事。不然，交結昉將欲何爲？」上曰：「程昉何用交結！」安石曰：「今議河事，如李立之輩計料八百萬工，朝廷必不能應副。即立之輩自不肯任後患，而張茂則與程昉獨肯任此，

比之懷奸自營之人，宜見念察。如李若愚言，恐程昉讒害，乞罷押班。臣與王珪並曾問昉，皆言與若愚無隙。若其有隙，不知是何時有隙，如何今日乃始乞罷押班以避昉？」上曰：「若愚不爲程昉乞罷押班。」安石曰：「臣但見密院如此説。」上曰：「密院只是料其如此，昉不曾有此言。」安石曰：「不然，陛下何以知昉與若愚有隙？」上曰：「爲淤田司事異同，有文字。」安石曰：「陛下自令若愚體量李師中、王韶，中書見其不實，乃具前後情狀，乞別差官。不然，則朝廷賞罰爲奸人所移，安用彼相？既沈起體量王韶果無一罪，文彦博反謂沈起附會，又謂王韶之勢赫赫於關中。陛下以此不能無疑，故奪韶一官。當是時，韶實無一罪，後因韓縝打量韶所言荒地，始明白。然陛下未嘗究問從初體量不實之人。昨王韶奏生羌舉種内屬，陛下便以爲不合如此。況蕃户既受官職請料錢，不肯屬夏國，即是舉種内屬，縱似矜功，未爲誣罔，陛下即已非其如此。至於妨功害能，罔上不實，即一切不問。如此，即人孰肯爲陛下盡力？盡力有何所利？」上曰：「王韶非不拔擢。」安石曰：「妨功害能，沮國害事，而陛下任用，名位過於王韶者，何可勝數？則王韶受拔擢未爲優過，亦未足以勸人爲忠。」長編卷二二九熙寧五年正月壬寅條注云「此二十三日日録」。

［正月二十四日］。其後，知原州种古言：「招降蕃部可用爲鄉導，不當問其願歸。蓋漢官多惡蕃部，恐迫脅令歸，即反害恩信。」上曰：「如王廣淵計，但欲遣歸，蓋廣淵與韓絳不相能。」安石曰：「今絳已被斥。留得蕃户，陛下亦必不以此爲功；縱遣去，亦不復加絳罪。不知廣淵

爲此何意？」上曰：「欲表見絳所爲皆非。」安石曰：「陛下但當論利害，不當探人未必然之私意。臣固嘗論留得此輩無所利，但恐爲患。臣近見張守約言古渭一帶屬户多餓死者，今邊障極虚，中國久來熟户尚不暇救恤，乃更欲招夏國老弱收養，豈爲得計？」上曰：「中國人固多，誠不賴夏人。然言者謂收納夏國人，使彼人少，即於彼有害。」安石曰：「陛下欲弱彼，則先須强此；欲害彼，即先須利此。今陛下所御將帥一心奉陛下所欲爲，然後可任以整緝邊事。邊事各有條理，然後可以撓夏國。今熟户餓死，將帥不能救恤，陛下尚不得聞知，如何乃能困夏國？臣愚以謂方今所急，在知將帥之情，以道御之，使不敢偷惰欺謾，然後邊可治，邊可治，則如秉常者雖欲埽除，極不爲難。若未能如此，即無困夏國之理。人主計事，當先校利害。若利害果合如此，恐不須妄疑。其人心有所挾如此，則人人各懷形跡，孰敢復爲人主盡力？如西事之初，陛下謂臣及韓絳皆欲以西事爲己功，故有此言。臣以此於西事不能不存形跡，然事至不得已，亦不敢嘿嘿。蓋人臣之義，量而後入，故不能先事極争，先事極争，則無後事之驗，臣終身受妨功害能之嫌，臣以爲如此害於臣智，故不敢。然懷不能已，固嘗論奏。非特臣所懷如此，前日執政大臣例皆如此。今日計事，陛下尚疑有傾韓絳者，則誰復敢不避形跡爲陛下計事？」上曰：「王廣淵每事輒言宣撫司過失。如趙卨多奪韓絳所與酬奬人官職，然至降羌事，則以爲但當善遇之，必得其用。廣淵則專欲遣歸。」安石曰：「陛下不當怪廣淵屢奏宣撫司過失。方慶州兵未變，廣淵數爲韓絳言如此役使兵士非便，絳屢詆毁廣淵，以爲不忠，陛下亦疑廣淵，後果如廣淵所奏。廣淵反降兩官，廣淵豈能内無不平之心？内有不平，則其言自然如此。陛下以种古爲曉蕃情，今令問蕃人願歸者聽歸，豈有蕃人不曉蕃情者？若蕃人曉蕃情，即無緣有歸而盡被殺戮之理。」上曰：「恐邊吏欲其歸，不免多方迫脅。」安石曰：「若遣歸果被殺戮，則豈憚内徙？除内徙外，何事可迫脅？兼此事關衆，有何急切，乃非理迫脅，不畏爲人所言？」上曰：「問之無傷，要須別遣人問，僉欲令計會地界人往。」上曰：「如張宗諤即欲遣歸。」文彦博曰：「王文郁乃欲存留，安石令計會地界人與邊吏聚問，必不敢非理迫脅。」上又言：「王慶民前奏，招到人祖膊殺賊甚力，後乃言不可存留，止爲人情反復難信。」安石曰：「彼若誠心内附，已受官職、禄賜，即爲我祖膊殺賊，固本分事，如王慶民所言者是也。彼若父母、妻子皆在彼，乃爲人虜掠而來，欲望其盡心殺賊，即無有此理，如前日結勝是也。此非但不可望其殺賊，亦恐更爲内患。种古但云可爲鄉導，即不知如此人乃能爲賊鄉導。今要推恩，問願留者留，去者去，即留者皆爲我用，去者亦必懷惠，異時討伐固宜有爲内應報德，如食秦繆駿馬、盜袁盎侍兒之類，則我雖遣去，未爲不得其用也。」長編卷二二九熙寧五年正月己丑條注云「自『其後知原州种古云』至『不得其用也』，皆日録正月二十四日事」。

〔正月二十七日〕。劉庠言：「勝少壯武勇，恐歸爲夏人鄉導。」又言：「前保勝者蕃官五十人，殆非實。所以奏者，姑慰衆心耳。今厚賞告者，恐開誣告之路。」王安石曰：「夏人若能深入，豈少如勝者爲鄉導？勝得免罪遣還，夏人又嘗殺其愛女，豈肯爲夏人致死於我？衆蕃官敢爲欺罔，爲將帥者更枉道以慰其心，此皆無理。」文彦博曰：「將帥於事，不得不反復思慮詳合如此。」上曰：「如此思慮非是，告叛得實，顧不敢賞，恐開誣告之路，此甚無謂。」安石曰：「如此，則告變之法皆可除矣。」詔庠依前詔施行，仍與告者麟州差遣，使蕃部具見之。長編卷二二八熙寧四年十二月戊午條注云「此據日録五年二十七日事」。○今案：「五年二十七日」，其中闕月，因此段文字首云「已而」云云，而長編上段文字注有「明年正月九日」云云，故推知此段文字當亦在正月間。

［是日］。先是，曾孝寬爲王安石言：「有軍士深詆朝廷，尤以移并營房爲不便，至云今連陰如此，正是造反時。或手持文書，似欲邀車駕陳訴者。」於是安石具以白上，文彦博曰：「近日朝廷多更張，人情洶洶非一。」安石曰：「朝廷事合更張，豈可因循？如并營事，亦合如此。此輩乃敢紛紛公肆詆毁，誠無忌憚。至言欲造反，恐須深察，又恐摇動士衆爲患。」吴充曰：「并營事已久，人習熟，何緣有此？近惟保甲事，人情不安。昨張琥亦言軍士一日兩教，未嘗得賞賜，而保丁纔射，即得銀楪，又免般糧草夫力，軍人不如也。」安石曰：「禁兵皆厚得衣糧，未嘗在行陣，頃陛下與十分支糧，非不加卹也。今朝廷教誘保丁，於軍士有何所負而遽敢怨望者？以軍士怨望，遂一不敢有所爲，乃是衆卒爲政，非所以制衆卒也。」上曰：「如此，即與唐莊宗無異矣。」充曰：「如慶州事，令屬户在前，募兵在後，當矢石者屬户也，於募兵無所苦，而反，何也？」安石

曰：「募兵與屬户同出戰，其勞費等。至遇賊取功賞，則惟屬户專之，募兵皆不預，至令貧窘無以自活，則其爲亂，固其所也。豈與教誘保丁事類？」上曰：「宣撫司所以致軍人怨怒，非一事：如奪騎士馬，使屬户乘之；又一降羌除供奉官，即差禁軍十人當直，與之控馬。軍人以此尤不平。」安石曰：「如此事，恐未爲失。蓋朝廷既令爲供奉官，即應得禁軍控馬，如何輒敢不平？如漢高祖得陳平，令爲護軍，諸將不服，復令盡護諸將，諸將乃不敢言。小人亦要以氣勝之，使其悖慢之氣銷。但當深察其情，不令有失理分而已。」上言：「太祖善御兵。」又言斬川班事，安石曰：「五代兵驕，太祖若所見與常人同，則因循姑息，終不能成大業。惟能勇，故能帖服此輩，大有所爲。然恃募兵以爲國，終非所以安宗廟社稷。今五代之弊根實未能除。」上曰：「如慶卒柔遠之變，賴屬户乃能定。慶卒所以不敢復偃蹇者，懲柔遠之事，恐屬户乘之故也。然則募兵豈可專恃？」長編卷二二九熙寧五年正月丁未條引日録。

〔二月十一日〕。是日，詔與弼假。長編卷二二三熙寧四年五月辛亥條注云富弼「許給假就西京養疾，實録在五月十八日，誤也，今從會要及王安石日録」。

〔二月十二日〕。涇原經略使蔡挺言：「西事定，宜罷三將訓練萬五千軍馬。」王安石奏西人必無奔衝，糧草可惜，罷戍爲便。上欲議和了徐罷之，文彥博亦以爲然。安石謂西人必不能犯邊，且和議不計戍兵多少，上乃令罷兩將，留河中一將。長編卷二三〇熙寧五年二月壬戌條引日録。

〔二月十五日〕。上曰：「昨岐王府官各轉一官，曾任東宮官宜各與轉一官。」長編卷二三〇熙寧五年二月癸亥條注引二月十五日日録。

〔二月二十一日〕。仍令知綏德城折克雋以此事理與夏人折難商量。先是，秉常有此奏，而近羌議地界首領楊巴凌等與克雋議，乃抵以爲初未嘗約二十里，中間立堠開壕而已。於是，朝廷欲令牒宥州，王安石曰：「但令克雋折難可也，牒之即似示以汲汲。」故有是命。長編卷二三〇熙寧五年二月辛酉條注云「令克雋折難，日録乃二月二十一日事」。

〔三月四日〕。知慶州王廣淵言：「乞移浪斡、臧嵬等于近裏漢界熟户部内買地住坐耕種，應遷徙者作三等給修造價錢，仍委經略司計口貸糧，常加存附。」從之。長編卷二三二熙寧五年四月辛未條注云「此事用日録三月四日……編修」。

〔三月十九日〕。詔趙卨於綏德城界相度要便有水泉處修置堡寨。先是，卨欲乘夏人不意，占據生地築堡寨，上問執政如何，僉以爲卨不肯妄作，宜從所乞。王安石曰：「今若要與夏人絶，即明絶之，要與和，即須守信誓。既約彼商量地界，遽出不意占據生地，非計也。兼我所以待夷狄不在數里地，此數里地不計有無。」上曰：「朕亦疑此計未善。」因令卨具析利害以聞。卨請築堡寨于界内，乃降是詔。安石又曰：「今陝西一路即户口可敵一夏國，以四夏國之衆當一夏國，又以天下財力助之，其勢欲掃除亦宜甚易，然終不能使夏國畏服，以其君臣强武。今其君幼弱，其臣不過親暱闒冗之人，然而終不能兼制彼者，必有以也，將帥未肯出智力爲陛下任事，雖欲出智力任事，亦恐未敢得志。」上曰：「有智力人誠少。」安石曰：「有智力人豈在多？但人人竭心以奉朝廷號令。所與議出號令者，亦豈在多人？但要好惡是非分曉耳。」長編卷二三二熙寧五年四月丙寅條注云「此據三月十九日録」。

三月二十四日，進呈郭逵奏分析緣邊安撫司招俞龍珂屈辱事，上曰：「卻無屈辱，候差官勘王韶事，一處令勘。」長編卷二三〇熙寧五年二月丁丑條注引日録。

三月二十五日，倜諭卻欲叛之兵。長編卷二三二熙寧五年四月乙卯條注引日録。

［四月三日］。廣淵又言：「浪斡、臧嵬地雖見今耕牧，緣前牒報夏國不曾耕牧，將來必争。」王安石曰：「夏國奏狀云依見耕牧爲界，即理不合争。」上以爲必争，安石曰：「彼國主幼，用事者防將來歸責，必且争執，至於甚不得已，衆皆欲割棄，然後敢許我，所以紓將來之責。若敢旅拒，即恐無之。朝廷當知此意，即不須汲汲應之。」長編（四庫全書本）卷二三二熙寧五年四月辛未條注云「此事用日録……四月四日……編修」，又云「廣淵於四月四日奏臧威地事」。○今案：長編卷二三一熙寧五年三月甲申條注引日録云：「王廣淵奏章威地雖見耕牧，緣前報夏國不曾耕占此地，恐必來争。」

［四月二十日］。上戒令綏撫一路，［李］肅之曰：「自是朝廷以常平、助役擾州縣耳。」上不悦。長編卷二三二熙寧五年三月戊申條注云「據四月二十日日録」。

［四月二十五日］。先是，權發遣開封府推官晁端彦言：「雜供庫歲約支九千餘貫，已裁減三分之一。乞下左藏庫借錢爲本，依古公廨錢及今檢校庫召人借貸出息，卻候攢剩撥還。」詔左藏庫支本錢七萬貫，差同勾當司録司檢校庫吴安持與本司户曹孫迪專一置局管勾息錢支給。是日，上批問中書：「昨支左藏庫錢七萬貫與開封府，召人情願借貸，依常平出息，充捕賊賞錢。訪聞本府違法，並不召人情願請領，卻將逐色行人等第配率。」王安石白上：「此臣女壻所領，必無此事，自可令馮京取索文字推究，事極分明，未嘗配率也。」長編卷二三二熙寧五年四月甲戌條注云「此據會要及御集并日録」。

［四月二十六日］。廣淵又言：「浪斡、臧嵬官已買與地，初不曾侵耕西界，惟是宣撫司指揮，後有七十餘户侵耕生地百餘頃，乞令鮮于師中相度。」文彦博曰：「廣淵作帥，豈可卻推師中相度？」安石曰：「廣淵但恐朝廷不信，故欲朝廷質師中，亦不爲避事。」又謂吴充曰：「朝廷亦不須計惜此尺寸地。」充曰：「只恐違卻元降指揮。」安石曰：「若指揮外求索則難，若指揮内自有所裁損，何爲不可？」文彦博、馮京及充問蔡挺，挺言：「地已盡耕，向時所買地皆不可種，有名而已。」上曰：「何如？」彦博曰：「必已盡耕，西人地不止百餘頃。」上曰：「蔡挺必知子細。」挺曰：「臣去慶州後，方招到浪斡等，聞官所買地不堪耕，後來盡耕卻蕃人地。」安石曰：「挺亦止傳聞，此事可案驗，令鮮于師中案驗盡耕與不盡耕及所耕頃畝，皆可見諳實。」上曰：「若專要

退地，即如何措置臧嵬等？」安石曰：「向來只用二千貫買地，一頃才十貫餘，宜其不好。今若以臧嵬等歸附，務在優撫，即捐數萬貫買地給與，必不至失所。」僉以爲無地可買。上曰：「又恐買卻地，熟户無以安存。」安石曰：「熟户亦須自有買賣田地者，官以善價買其地，賣地者不患失所，亦不患無地可買。」上曰：「只恐羌夷性貪，示以弱即轉無厭。」安石曰：「羌夷誠不可狃，然亦計度事勢，若强弱適相當，即狃之更來侵陵無已；若彼方困弱，困弱而示强，即我稍假借以利，更易爲柔服。且邊鄙事須計大勢，即此尺寸地未有所計，彼豈以尺寸地便絶和好？雖固爭不與，彼亦不過聲言點集爲迫脅之計，終未敢便深入也。然此小利恐不須爭。」挺曰：「若相度買地，須候商量界至事定。未定間若彼知買地，即難商量。」上曰：「相度地事，須令經略司密之。」安石曰：「此事不須密，若彼知我買地，必更緩以待我，我若有地可買，自可退地與彼，我若無地可買，可必要彼地，則彼亦知我取之非得已，正恐他路亦有侵地，因此更難商量。」挺以爲諸路地與此不同，此地爲有數山寨，界至分明，故必爭。安石曰：「陛下初議界至，亦料此處難商量，即知他處與此處不同。」上曰：「廣淵作帥，須專委廣淵計置此事。」安石曰：「按驗地即不須要鮮于師中。」上乃從安石言，令廣淵相度以聞。于是，退地與夏國，改徙臧嵬等，廣淵言慶卒尚反側，未可用，不宜有疆事故也。長編（四庫全書本）卷二三二熙寧五年四月辛未條注云「此事用日録……四月……二十六日編修」。

「是日」。先是，御史張商英言薛向罪，王安石白上曰：「臣於衙前押綱事，每事詢聞，極感向照管無稍留滯，及因商英論奏，向齎文字説辨，乃知所聞非謬。向爲三司使，所任已重，又於此事盡力，反見侵辱如此，何由得其心？陛下見商英宜略戒敕。」上曰：「商英意亦無他。」安石曰：「商英雖無他，然如何令薛向堪？臣以爲陛下若見薛向，亦宜稍慰藉，令知陛下知其盡力無過。」上以爲然。長編卷二三二熙寧五年四月乙亥條注云「此段據日録」。

「四月二十七日」。劉孝孫言：「御批降出市易務請如兼并之家，較固取利，令市易司覺察，三司依條施行，此仁厚愛民之意。」至是進呈。余曰：「劉孝孫稱頌此事，以爲聖政。臣愚，竊謂此正是聖政之闕，較固法，是有律以來行用，但申明所以爲均，均無貪，乃孔子之言，於政有何所害。陛下不欲行此，此兼并之家有以窺見陛下於摧制豪强有所不敢，故内連近習，外惑言事官，使之騰口也。」上笑曰：「已有律，自可施行，故不須立條。」余曰：「雖有律，未嘗行，又未嘗使官司振舉。須先申令，使兼并知所避。」上曰：「若設法傾之，則兼并自不能爲害。」余曰：「若不明立法令，但設法相傾，即是紙鋪孫家所爲。紙鋪孫家爲是百姓，故制百姓不得，止當如此。豈有尊爲天下主，乃只如紙鋪孫家所爲，何以謂之人主！」四明尊堯集卷二聖訓門引王安石日録。○今案：此段文字亦載於長編卷二三二熙寧五年四月丙子條。

「五月四日」。又詔增中書審官東、西、三班院，吏部流内銓、南曹，開封府吏禄，其受賕者以倉法論。上曰：「中書吏俸已厚，恐堂後官已不受賕矣。」王安石曰：「中書下等吏人亦多是近上吏人子弟，恐未免受賕也。今欲清諸司，即宜自中書始。今所添錢，除用坊場税錢外，合支三司錢二萬六千緡，然坊場錢方增未已，亦恐所支不盡三司此數。若行此法，即自中書至諸司皆不受賕，亦足觀示四方聖政之美也。前人稱孔子爲政，亦以賓至不求有司爲善。」上曰：「然。」

長編卷二三三熙寧五年五月癸未條注云「日録仍見本日」。

〔五月十三日〕。初，紫宸上壽，舊儀但言樞密、宣徽、三司副使不坐，而故事親王、皇親並坐，惟集英大宴乃有親王、駙馬都尉不坐之儀。時評定新儀，初無改易，而遽劾閤門吏不當令親王、皇親、駙馬於紫宸預坐，以爲不遵新制，賈祐、馬仲良皆坐免官。王安石具奏評所定自不明，而輒妄加他人以非罪。上亦言儀制錯亂不可用，詔評論列不當，與閤門官吏俱放罪。已而評訴上前，自謂所論列非不當，上批付中書，令再進呈放罪指揮。安石執奏：「閤門官吏無罪，評所論列誠不當，賈祐、馬仲良差遣不應罷。又王昭序與祐、仲良俱被劾，及罷祐、仲良，乃遣昭序代兩人者，陛下未嘗作好惡，豈可令評作好惡？凡作威作福，固陛下之任，然臣職任輔導陛下以義，如此與奪，不可謂義。一人横行於天下，武王以爲恥。近在殿陛左右，使横被摧迫，有内懷不平之人，何以爲天下主作民父母？陛下若自作好惡，雖有過當。尚令人畏；陛下若令他人作好惡，即恐威福爲人所竊。臣豈與評争校枉直，但義當如此。」上終以評所定儀制於舊儀制固未嘗增損，非新儀制不明。閤門吏既見相傳坐圖與儀制坐圖差互不同，自合申請，乃一面用相傳坐圖貼定，評劾之不爲不當。詔閤門吏特放罪。安石又執前奏，上曰：「若新儀制果不明，亦非獨評罪。」安石曰：「中書但言新儀制不明，固未嘗專罪李評。所定儀制既如此不明，乃妄劾閤門官吏，此則評之罪也。」上曰：「評固有罪，然亦未可姑罪評也。」長編卷二三三熙寧五年五月壬辰條注云「此段據御集並日録删修」。

〔五月十五日〕。上曰：「天下事方有緒，卿若去，如何了？卿所以爲朕用者，若非爲功名利禄，但以懷道術，有可以澤生民，不當自埋没，使人不被其澤而已。朕所以用卿，亦豈有他天生聰明，所以相與盡其道，以爲民而已，非以爲功名也。自古君臣，如卿與朕相知極少，豈與近世君臣相類？朕頑鄙，初未有知，自卿在翰林，始得聞道德之説，心稍開悟。卿，朕師臣也，斷不許卿出外。」四明尊堯集卷九寓言門引王安石日録。○今案：此段文字亦載於長編卷二三三熙寧五年五月甲午條。

〔六月二十三日〕。余曰：「臣平生操行，本不爲人所疑。在仁宗朝知制誥，只一次上殿，與大臣又無黨。及蒙陛下不次拔擢，曾未有所施爲，吕誨乃便以方盧杞。就今臣所有如杞，亦須有所施爲，其罪狀明白，乃可比杞。今既未有一事以比杞，此不待陛下聰明，然後知其妄。若任事久，疑似之跡多，而讒誣之人材或過於吕誨，則臣未敢保陛下無疑也。」四明尊堯集卷八處己門引王安石日録。○今案：此段文字亦載於長編卷二三四熙寧五年六月辛未條。

〔是日〕。上曰：「周公爲成王所疑，故逃居東，及成王不疑，則歸周。縱朕與卿有疑，今既相見無疑，卿亦可止。」四明尊堯集卷八處己門引王安石日録。○今案：此段文字亦載於長編卷二三四熙寧五年六月辛未條。

〔是日〕。〔上曰〕：「所以爲君臣者形而已，形固不足以累卿。朕既與卿爲君臣，卿宜爲朕少屈。」長編卷二三四熙寧五年六月辛未條注引陳瓘尊堯餘言曰「臣竊考日録，安石書神考聖訓」云云。

〔六月二十七日〕。余曰：「昨來西事，自是陛下失在不詳慮熟計。若陛下詳慮熟計，則必無可悔之事。」四明尊堯集卷六邊機門引王安石日録。○今案：此段文字亦載於長編卷二三四熙寧五年六月乙亥條。

〔是年夏〕。上問：「尚書省制度可復否？」余以爲亦不須如此。余曰：「上欲以近畿郡爲畿輔？」上曰：「不如令屬兵部。」余曰：「上前欲以近畿郡爲畿輔，因推行保甲者，利在使趙子幾等按察官吏易爲照管；若付之諸路，即恐諸路推行滅裂，無以使四方觀法。」上曰：「不如令屬兵部。」陳瓘四明尊堯集卷二聖訓門引王安石日録。○今案：長編卷二三五熙寧五年七月丙申條云：「先是，王安石白上曰：『臣前欲以近畿郡爲畿輔，因推行保甲者，利在使趙子幾等按察官吏差易耳。若付之諸路，即恐諸路推行滅裂，無以使四方觀法。』上曰：『不如令屬兵部置屬官，令出入點檢。』」故推知本條約在是年夏或稍前。

〔七月五日〕。初，議并省考功文字，上問考辭何用，安石曰：「唐以來，州縣申牒中書及諸司奏事、判事，皆有詞，國初猶然。」上曰：「此誠無謂。」安石曰：「天下無道，辭有枝葉，從事虛華乃至此，此誠衰世之俗也。」上以爲然。長編卷二三五熙寧五年七月丙午條注云「此據日録五年七月五日事」。

〔七月十三日〕。上問王安石義勇士如何，安石曰：「奉旨令臣弟安禮選舉相度，觀臣弟必不能選舉，恐合自朝廷差，仍須候趙子幾京西回，令與張京温同去乃濟事。」上曰：「如何只趙子幾偏了得？」安石曰：「宜先了河東一路。河東舊制，每年教一月，今令上番巡檢下半月或十日，人情無不悦；又以東兵萬人所費錢糧，且取一半或三分之二，依保甲養恤其人，即人理無不忻賴者。若更減得舊來諸軍恩澤及程試武藝，又減武舉所推恩例，並令人趨赴此，即一路豪傑無不樂從。此法凡欲用衆，若法不合於衆心，即難經久，若衆心以此法爲便，即此法自然經久。既行之久，人雖破壞，衆必不以爲允，如此乃爲良法。又今義勇須三丁以上，今當如府界兩丁以上盡收，三丁即出戍，出戍即以厚利誘之，兩丁就於巡檢下上番，上番如府界法，大略不過如此。但要遣人與經略、轉運使及諸路長吏商量，令知朝廷立法之意，及要見本路民情所苦、所欲，因以寓法。」上曰：「鼓舞三路人皆成就，人豈少！」安石曰：「此極天下一大事，若成就即宗廟社稷安，夷狄無足畏者。」因論及宿衛儘是四方亡命姦猾，非宗社長計。上曰：「祖宗厚以財帛、官職撫此輩，固爲此。」安石言：「五代之變，皆緣此輩。」上曰：「今百年舊俗未革。」安石曰：「觀仁宗服藥時事，即此輩亦似未能全然革心也。」馮京曰：「義勇雖云三丁以上，今亦有已死一丁，止存兩丁不曾差替者。」安石曰：「既有兩丁不差替，必有三丁不差上者。近聞義州義勇，兩縣户同，其一縣得兩指揮，一縣只一指揮，即收刺有不盡處。今若用府界保甲法，即無收刺不盡，必然更增見在人數。」安石又言：「義勇、保甲爲正長，須選物力高强即素爲其鄉閭所服、又不肯乞取侵牟人户，若貧户即須乞取侵牟，又或與富强有宿怨，倚法陵暴以報其宿怨也。」長編卷二三五熙寧五年七月庚寅條注云「此段據日録」。

［七月十五日］。王安石曰：「臣聞『天造草昧』。天之所造，其初尚草而不齊，昧而不明，及其成功，然後可觀。如保甲事，初已見效如此，矧及其成功？今縱小可未如人意，猶宜遲之待其成就。計天下事，當於未成之時，逆見其必成之理，乃可以制事；不然，須其已成然後悦懌，即事於未成之時，已爲人所破壞矣。」長編卷二三六熙寧五年閏七月壬戌條注云「此日録十五日所載」。

［七月十六日］。太子中允、祕閣校理、管勾秦鳳緣邊安撫司王韶爲右正言、直集賢院，權秦鳳路鈐轄，閤門通事舍人高遵裕爲引進副使，落權字，進士王夏爲江寧府法曹參軍。韶等並以招納蕃部特推恩，而夏者，韶母弟也，始議推韶恩，官其子，而上欲慰其母心，故先及其弟。始欲轉韶兩官，以太常博士直昭文館，王安石曰：「韶功大，恐博士未稱，宜與司諫、正言。」上從之。上又言：「高遵裕欲得一職名。」安石問上：「不知何等職名？」上曰：「欲得御帶。」文彦博曰：「御帶須帶總管方除。」蔡挺曰：「此是要爲將來總管資基，兼自總管便作管軍。」安石曰：「亓贇昨來亦得御帶，與總管不相須。若除管軍，自繫朝廷拔擢，不作御帶亦不妨管軍。」彦博

曰：「亓贇是諸司使，若要除卻合令作諸司使。」上曰：「曹佾亦是横行帶御器械。」密院猶遲疑不決，上令與御帶。長編卷二三五熙寧五年七月庚寅條注云「遵裕除御帶，未見月日，據日録於七月十六日載此」。

［七月二十一日］。丁卯，詔樞密院、入内内侍省，内侍都知、押班並帶御器械係外任差遣時，暫到闕者，除有旨及兼領在京司局並供職外，每日起居退，更不供職。從閤門所請也。長編卷二二七熙寧四年十月丁卯條注云「閤門申請，此據王安石五年七月二十一日日録」。

［七月二十二日］。余曰：「自古作事，未有不以大勢驅率衆人，而能令上下如一者。今運數十萬人爲保甲，又使之上番，乃人人取狀，召其情願。自古作事，未嘗有如此者。此乃以陛下每事過慎，故須如此。」四明尊堯集卷三論道門引王安石日録。○今案：此段文字亦載於長編卷二三五熙寧五年七月己亥條。

［七月二十七日］。上謂王安石曰：「直舍人院文字如許將，殊不佳。」安石曰：「將非但文字不過人，判銓亦多生疏不曉事，爲選人傳笑。臣怪陛下拔令直舍人院，不知何意。」上曰：「止爲將狀元及第。」安石曰：「陛下初未嘗以科名用人，何獨於將如此？」安石又曰：「制誥誠難其人，然於政事亦非急切。」上曰：「説事理不明，不快人意，要當審擇。」又問：「起居注見闕，何人可修？」安石曰：「吕惠卿喪欲除。」上曰：「惠卿最先宣力。」安石曰：「非爲其宣力，如此人自當擢用。」上曰：「惠卿勝曾布。」長編卷二三八熙寧五年九月丁未條注云「此段見日録七月二十七日」。

［閏七月一日］。余曰：「陛下雖夙夜憂夷狄，然所以待夷狄者，不過如争巡馬過來之類，規模止於如此，即終無以勝敵。大抵能放得廣大，即操得廣大。陛下每事未敢放，安能有所操。累世以來，夷狄人衆地大，未有如今日契丹。陛下若不務廣規模，則包制契丹不得。」四明尊堯集卷六邊機門引王安石日録。○今案：此段文字亦載於長編卷二三六熙寧五年閏七月戊申朔條。

［閏七月六日］。石鑑，邕州人，知尚丁次第。長編卷二三三熙寧五年五月庚辰條注引閏七月六日日録。

［閏七月九日］。是日，張利一奏：「雄州與北界商量減鄉巡弓手，令彼罷巡馬，事方有涯，忽奉朝旨依孫永所奏，令抽罷鄉巡弓手。北人既見怯弱，即自侵陵，自抽罷後，巡馬過河人數比前後人數最多，恐漸須移口鋪占兩屬地。及聞要刺兩屬人户手背，兩屬人户見朝廷不主張，更不敢來投訴，兩屬人户必爲彼所占。」王安石曰：「從初自合直罷鄉巡弓手，利一乃令權罷，權罷與直罷有何所校？但直罷即分劃明，所以待敵國當如此。」上曰：「前權罷，探報言彼亦權住巡馬過河爲相應，未幾，又復過河，此事疑利一陰有以致之。」安石曰：「但罷鄉巡弓手，從彼巡馬過河，有何所損哉？我既遇之以静，彼自紛擾，久亦當止。」上曰：「若遂移口鋪來占地，則如之何？」安石曰：「我所以待之已盡，彼有强横非理，即我有辭矣，自可與之必争。」上曰：「争之不從奈何？」安石曰：「彼若未肯渝盟，即我有辭，彼無不服之理。彼若有意渝盟，不知用鄉巡弓手能止其渝盟否？」馮京曰：「且示以争占，即息其窺覦之心，緣契丹自來窺覦兩屬人户，要占

爲己田地。」安石曰：「契丹若有大略，即以如此大國乃窺覦蕞爾屬户，果何爲也？陛下以爲契丹所以争校者，爲陵蔑中國耶，爲中國陵蔑之也？」上曰：「自來契丹要陵蔑中國。」安石曰：「不然。陛下即位以來，未有失德，雖未能强中國，修政事，如先王之時，然亦未至便可陵蔑。所以契丹修城、畜穀爲守備之計，乃是恐中國陵蔑之故也。若陛下計契丹之情如此，即所以應契丹者當以柔静而已。天下人情，一人之情是也。陛下誠自反，則契丹之情可見。以夏國土地人民，非可以比中國之衆大，又以陛下聰明臨秉常小童，至於朝廷紀律雖未盡張，猶百倍勝夏國也，然朝廷終不能兼夏國。送百餘逃人來，即中國人情皆有憐夏國之心，武怒之氣爲之衰沮。以我之遇夏國尚如此，即契丹之遇我可知。不知我以柔静待契丹，何故乃反欲爲吞噬侵陵之計？契丹主即位已二十年，其性情可見，固非全不顧義理、務爲强梁者也。然則陛下以柔静待契丹，乃所以服之也。」文彦博與京又言兩屬地從來如此互相争占，安石曰：「爲中國邊吏與契丹邊吏所見略相同故也。若中國邊吏變舊態以應之，則彼所以應我亦當不同，不知契丹所以紛紛如此者爲何事？」上曰：「爲趙用入界。」吴充曰：「已枷勘趙用，然契丹猶不止。」安石曰：「已枷勘趙用，故契丹但以巡馬過河，應我添鄉巡弓手。若不然，即契丹何憚而不以兵馬過河報趙用放火殺人也？」上曰：「張利一與孫永已相矛盾，難共事。」安石曰：「利一本生事，致契丹紛紛如此。今朝廷既毁拆利一所修館驛，又罷鄉巡弓手，利一與孫永所争皆不用，即利一必不肯了邊事，留之雄州不便。」彦博以爲利一豈肯如此，上曰：「利一如此有何利？」安石曰：「自今邊事不了，即利一歸咎于朝廷用孫永之言。利一從來争議，乃不見其不當。若自今邊事了，則是利一所争議皆不當，永所奏皆當。此即利一利害。利一言議罷巡兵事方有涯，不知陛下見得奏報事果有涯否？」彦博曰：「張利一豈敢如此？」安石曰：「人臣敢如此者甚衆，緣陛下威靈未能使奸邪有畏憚，即人人皆敢縱其忿欲之私，非但利一敢如此也。」上曰：「利一生事，又不能彈壓趙用，皆有罪。」問誰可以代之，或言劉永年，或言王光祖，上曰：「用王道恭。」安石曰：「臣但識道恭，道恭至尋常。前日見文彦博説馮行己，臣不識，不知行己如何？」上曰：「更不如道恭。」安石曰：「如此即竢與密院别商量取旨。」安石又言：「既不能强，又不能弱，非所以保天下。文王事昆夷者，能弱也。今以金帛遺契丹，固有事昆夷之形。既度時事未欲用兵，即當能弱以息邊警；既不能弱，又憚用兵，誠非計也。陛下以爲移口鋪即須争，如臣過計，雖移口鋪亦不足争，要當使我終有以勝彼，即移口鋪何足與校？」上曰：「所以畏彼者，以我内虚故也。内實即何畏彼哉？雖移口鋪不足校也。内虚者但是兵制不修。」安石曰：「所以不可校者，非特爲兵制不修而已。齊景公曰：『君不君，臣不臣，雖有粟，吾得而食諸？』若君不君，臣不臣，即雖精兵，孰能收其用？君道在知人，知人乃能駕御豪傑使爲我用；臣道在事君以忠，事君以忠然後政令行。」安石又白上：「兵無不可用之時，在人主知人情僞，駕御如何而已。太祖時兵非多於今，然所以能東征西討無不服者，知人情僞，善駕御而已。」長編卷二三六熙寧五年閏七月丙辰條引日録。

［是日］。臺官言進奏官遞回奏蝗蟲狀，言新法須候浄盡，方得奏聞。御批：「近據孫求奏進奏官去安撫司不得奏災傷狀，恐亦因此法，可速改，以稱寅畏天威、遇災恐懼之意。檢到新法，令耆申縣，縣申州，州申轉運，轉運具施行事狀。聞奏浄盡則本州、提、轉各聞奏，乃是進奏官誤會條貫。」余曰：「條貫已令本州、提、轉申奏，安撫司自不須令奏。」上曰：「令安撫司奏何妨？」余曰：「朝廷令本州、轉運司奏，已是兩處奏狀，亦足矣。又令提刑司奏，已是多，又恐逐司或有弛慢新法約束。若逐司不職，更互覺察聞奏，不知何用更令安撫司吏人枉費紙筆，遞鋪虚費脚力。又一處有蝗蟲，陛下閲六、七紙奏狀，如此勞弊精神翻故紙，何如惜取目力，深思熟講，御天下大略。只如經略安撫司，有何限合經制事，卻須要管勾奏災傷狀做甚？」四明尊堯集卷二聖訓門引王安石日録。○今案：日録此事，亦載於長編卷二三六熙寧五年閏七月丙辰條。

［閏七月十四日］。辛酉，上與王安石議行河東保甲，曰：「兩丁或不易，只取三丁以上如何？」安石曰：「兩丁止就本州巡檢上番，一歲不過一月半月，又支與糧食，及以武藝較得錢物，何不易之有？若不如此，則三丁番役乃頻。又三丁事力未必便勝兩丁，恐勞佚苦樂不均。」上曰：「聞開封近勘到府界百姓但有作襖，已典買弓箭，因致怨讟，慮亦有不易者。」先是，皇城司察保丁以教閲不時及買弓箭、衣著勞費，往往詘詈，詔開封府鞫其事，故上語及之。安石曰：

「若論不易，則三丁、二丁各有不易者，然府界已累約束毋得抑勒買弓箭。向者冬閱及巡檢下上番，惟就用官弓箭，不知百姓何故至於典作褁？又云六月使人教閲，條貫亦初無此，不知何故云爾，恐皇城探報與開封所劾情實未可知。蓋陛下於所聞易知之事，尚多非實，則探報口語難辨之事，豈可必信？然自生民以來，兵農爲一，男子生則以桑弧蓬矢射四方，明弓矢者男子之所有事。蓋耒耜以養生，弓矢以免死，此凡民所宜，自古未有造耒耜、弓矢以給百姓者也。然則雖驅百姓使置弓矢未爲過，但陛下憂恤百姓至甚，故今立法一聽民便爾。且府界多盜，攻劫殺掠，一歲之間至二百火，逐火皆出賞錢，出賞之人即今保丁也。方其出賞之時，豈無賣易作褁以納官賞者？然人皆以謂賞錢宜出於百姓。夫出賞錢之多，不足以止盜，而保甲之能止盜，其效已見於今日，則雖令民出少錢以置器械，未有損也。」上曰：「賞錢人所習慣。」安石曰：「以習慣故安之，以不習慣故不安者，百姓也。陛下爲人主，當以理制事，豈宜不習慣，故亦以爲不安？」上曰：「民習慣則安之如自然，不習慣則不能無怨。如河決壞民産，民不怨決河，若人壞之則怨矣。」安石曰：「陛下正當爲天之所爲。知天之所爲，然後能爲天之所爲。爲天之所爲者，樂天也，樂天然後能保天下。不知天之所爲，則不能爲天之所爲。不能爲天之所爲，則當畏天。畏天者不足以保天下，故戰戰兢兢，如臨深淵，如履薄冰者，爲諸侯之孝而已。所謂天之所爲者，如河決是也。天地之大德曰生。然河決以壞民産而天不恤者，任理而無情故也。故祈寒暑雨，人以爲怨，而天不爲之變，以爲非祈寒暑雨不能成歲功故也。孔子曰：『惟天爲大，惟堯則之。』堯使鯀治水，鯀汩陳其五行九載。以陛下憂恤百姓之心，宜其寢食不甘，而堯能待如此之久，此乃能爲天之所爲，任理而無情故也。」長編卷二三六熙寧五年閏七月辛酉條引日録。○今案：四明尊堯集卷三論道門引王安石日録文字稍異，云：「上曰：『夫慣習，即安之如自然；不慣習，即能無怨？如河決壞民產，即民不怨；決河壞民產，即民怨。』余曰：『陛下正當爲天之所爲，所謂天之所爲者，亦河決是也。孔子曰：「惟天惟大，唯堯則之。」堯使鯀治水，鯀汩陳五行九載，以陛下憂恤百姓之心，宜其寢食不甘，而堯晏然不以爲慮，此能爲天之所爲，任理而無情故也。』」楊龜山先生集卷六神宗日録辨引王安石日録云：「余曰：『陛下正當爲天之所爲，知天之所爲，然後能爲天之所爲。爲天之所爲者，樂天也。樂天者，然後能保天下。不知天之所爲，則當畏天，畏天者不足以保天下，故戰戰兢兢，如臨深淵，如履薄冰者，爲諸侯之孝而已。所謂天之所爲者，如河決是也。天地之大德曰生，然河決以壞民屋，而天不恤者，任理而無情故也。故祁寒暑雨，人以爲怨，而天不爲之變，以爲非祁寒暑雨不能成歲功故也。「惟天爲大，惟堯則之」。堯使鯀治水，汩陳其五行九載。以陛下憂恤百姓之心，宜其寢食不甘，而堯晏然不以爲慮，此能爲天之所爲，任理而無情故也。』」

〔是日〕。謂安石曰：「逢原必輕俊。」安石曰：「陛下何以知之？」上曰：「見其上書，欲併樞密院、廢募兵。」安石曰：「人才難得，如逢原亦且曉事，可試用也。」長編卷二三五熙寧五年七月丙午條注云「逢原輕俊，見閏七月十四日日録」。

〔閏七月十五日〕。壬戌，執政同進呈河東保甲事。樞密院但欲爲義勇、强壯，不別名保甲，王安石曰：「此非王安禮初議也。」上曰：「今以三丁爲義勇，兩丁爲强壯。三丁遠戍，兩丁本州縣巡檢上番。此即王安禮所奏，但易保丁爲强壯，人習强壯久，恐别名或致不安也。」安石曰：「義勇非單丁不替，强壯則皆第五等户爲之，又自置弓弩及箭寄官庫，須上教乃給。今以府界保甲法推之河東，蓋寬利之，非苦之也。請更遣官相度，不必如聖旨爲定。」上曰：「河東義勇、强壯，已成次第，今欲遣官修義勇、强壯法，又别令人團集保甲，如何？」安石曰：「義勇要見丁數，即須隱括。因團集保甲，即一動而兩業就。今既差官隱括義勇，又别差官團集保甲，即一事分爲兩事，恐民不能無擾。」上曰：「保甲要亦未可便替正軍上番。」安石曰：「王安禮所奏，固云俟其習熟乃令上番。然義勇與東軍武藝亦不相較。臣在江寧，見廣勇、虎翼何嘗有武藝。但使人詣逐路閲試東軍及義勇，比較武藝生熟具奏，即可坐知勝負。今募兵大抵皆偷惰頑猾不能自振之人，爲農者皆朴力一心聽令之人，以此較之，則緩急莫如民兵可用。」馮京曰：「太祖征伐天下，豈嘗用農兵？」安石曰：「太祖時接五代，百姓困極，公侯多自軍中起，故豪傑以從軍爲利。今百姓安業樂生，易以存濟，軍士無復有如向時拔起爲公侯者，豪傑不復在軍，而應募者大抵皆不能自振之人而已。」上曰：「軍强弱在人，五代軍弱，至世宗乃强。」安石曰：「世宗所收多天下亡命强梁之人，此其所以强也。」文彦博曰：「以道佐人主者，不以兵强天下。」安石曰：「以兵强天下，非有道也。然有道者，固能柔能剛，能弱能强，方其能强則兵必不弱。張皇六師，固先王之所務也，但不當專務强兵爾。」上卒從安石議，令盡依王安禮所奏。彦博請令安石就中書一面施行此事，安石曰：「本爲保甲，故中書預議。若止欲作義勇、强壯，即合令樞密院取旨施行。」上曰：「此大事，須共議乃可。」長編卷二三六熙寧五年閏七月壬戌條注云「『彦博請令』至『共議乃可』，兵志所無，今以日録增入」。

〔閏七月十八日〕。初，禮官以非始即位而祧爲疑，安石曰：「此但改正僖祖、順祖當祧與否，於禮無嫌。」上曰：「寧拘忌諱乎？此固無嫌。」長編卷二三六熙寧五年閏七月乙丑條注引王安石日録。

〔是日〕。余曰：「太祖敢於誅殺，然猶爲史珪、丁德裕所欺而濫誅無辜，不知陛下於欺罔之人，能有所誅殺否？」四明尊堯集卷四獻替門引王安石日録。○今案：此段文字亦載於長編卷二三六熙寧五年閏七月乙丑條。

〔八月六日〕。夏國進表不依舊式，但謝恩而不設誓，又不言諸路商量地界事。樞密院共以爲疑，上問如何，王安石曰：「中國與夷狄要以宗祀殄滅爲誓非得已，今彼如此，但降答詔甚善。」文彦博曰：「如此，即今年防秋如何？」上曰：「便得誓表，如何便保彼不爲變？」安石曰：「誠如此。」彦博曰：「盟誓自古所有，要之天地神祇尚恐有變，若更無此，如何可保？」安石曰：「若盟誓可賴，即夏國引前誓足矣，臣恐誓與不誓皆不可保。然彼既得歲賜，必不便敢抗拒。」彦博又以爲：「羌人狡猾，包藏不可知，如何便敢撤備？」安石曰：「其勢可見，即其情可知，恐不足過慮，撤備無妨。」彦博又言：「有盟誓，則彼違盟誓我有辭。」安石曰：「若力足以制夏國，豈患無辭？」馮京曰：「太祖得蜀人與河東蠟書，曰：『我伐蜀有辭矣。』」安石曰：「太祖偶然有此語，若蜀可伐，恐雖無蠟書，太祖不患無辭。如太祖伐江南，豈有蠟書？但我欲行王政，爾乃擅命一方，便爲可伐之罪。如夏國既稱臣，未嘗入覲，以此伐之，亦便有辭。臣以爲不患無辭，患無力制之而已。」上以爲然。又論地界，安石曰：「臣本欲議地界者，爲環慶占夏國地，若不與降誓前約定，即誓後必復紛紜，今既以環慶地與之，則餘路更無足議，不須復問。」乃降答詔。長編卷二三七熙寧五年八月壬午條注云「此據王安石日録」。

［八月十八日］。甲戌，知青州、資政殿學士趙抃爲資政殿大學士、知成都府。抃在青州踰年，於是上欲移抃知成都。或言前執政舊不差知成都，成都今又少有人欲去者。上曰：「今人少欲去，但爲職田不多耳。抃清苦，必不爲職田。蜀人素愛抃，抃必肯去。」王安石曰：「陛下特命之，即無不可。」乃詔加職，遣内侍齎賜召見，勞之曰：「前此無自政府復知成都者，卿能爲朕行乎？」抃曰：「陛下宣言，即敕命也，顧豈有例？」上甚悦。上又欲令吴中復知永興，既而曰：「姑竢中復離成都，東軍在蜀，連三次有謀變者。」安石曰：「聞中復頗弛緩。」上曰：「蜀中東軍不須多，可減。」安石曰：「向所以置東軍，非特彈壓蜀人，亦備蠻寇。」上曰：「今蠻皆衰弱無足慮，即東軍自可減也。」長編卷二三六熙寧五年閏七月甲戌條注云「此據日録，八月十八日事」。

［九月一日］。余曰：「秦、漢以來，中國人衆、地墾辟未有如今日。四夷皆衰弱，數百年來，

亦未有如今日。天其或者以中國久爲夷狄所侮，方授陛下以兼夷狄、安强中國之事。天錫陛下聰明，非不過人，但陛下用之于叢脞，不用之於帝王大略，此所以未能濟大功也。」上以爲兵須久練乃强。余曰：「齊威王三年酣飲不省事，一日烹阿大夫，用即墨大夫，出兵收侵地，遂霸諸侯。人主誠能分別君子、小人情狀，濟以果斷，即兵可使一日而强。」四明尊堯集卷六邊機門引王安石日録。○今案：此段文字亦載於長編卷二三八熙寧五年九月丙午朔條。

［九月二日］。余奏「既立結吴延征，即須處分。王韶招捉木征，然後蕃部無向背專附延征」云云。潞曰：「夷狄自是夷狄，略近勤遠非義。即自已深入險阻，費運饋，不可不計下梢。」曰：「秦、漢以後事不足論。如詩稱高宗奮伐荆楚，深入其阻，『如火烈烈，則莫我敢遏』，非是不攻夷狄。如火烈烈，其師必衆，師衆必用糧食，非是不費運饋。如鎮洮更自是中國地，久爲夷狄所陷，今來經略，亦不至勞費。」楊龜山先生集卷六神宗日録辨引王安石日録。○今案：此段文字亦載於長編卷二三八熙寧五年九月丁未條。

［九月四日］。上欲修河北弓箭社，曰：「須得人人欣賴乃可爲。」王安石曰：「但令豪傑欣賴，即能敺率衆人。若要人人欣賴，恐無許多官職財物應副。若豪傑欣賴敺率衆人，衆人成俗，則法立而不可廢。今召人飲食，尚有倦而不赴者，況欲什伍之，使從我進退，豈有人人欣賴之理？如畿内事，以近故爲異論所摇，陛下以爲疑。如金君卿在江西作保甲，以遠故異論不到陛

下左右，陛下又何嘗疑其擾？事須以道揆，不須聽無稽之異論。」馮京曰：「河北義勇十八萬自足，何須做弓箭社？」安石曰：「河北義勇收人户不盡，河北有許多地，有許多人，何故只令十八萬人習兵爲義勇，而不可令盡習兵？」馮京曰：「須是丁多方可令習兵。」安石曰：「弓箭手不知用丁多少？」京曰：「亦須丁多乃入社。」安石曰：「今義勇尚只用兩丁，如何弓箭社卻要丁多？臣以爲用兩丁爲義勇，更令遠出上番，卻於民不便，然見今如此施行。」京曰：「臣在太原日，若糾得兩丁，即令替。」安石曰：「臣讀義勇敕，初刺時已或奏稱兩丁並已刺盡，見今條貫須單丁乃許替，不知太原何故兩丁卻許糾替？」上令討論修弓箭社法，安石曰：「弓箭社部分不如府界保法，當如今府界保法修定。」京曰：「義勇已有指揮使，指揮使即是鄉豪，如又作保甲，令何人爲大保長？」安石曰：「古者民居則爲比，比有比長，及用兵即五人爲伍，伍有伍司馬，二十五家爲閭，閭有閭胥，二十五人爲兩，兩有兩司馬，兩司馬即是閭胥，伍司馬即是比長，但隨事異名而已。今令二丁即爲義勇，與兩丁之家同籍爲保甲，居則爲大小保長，征戍則爲義勇節級、指揮使，此乃三代六卿六軍之遺法。此法見於書，自夏以來至於周不改。秦雖決裂阡陌，然什伍之法尚如古，此所以兵衆而强也。近代惟府兵爲近之。唐亦以府兵兼制夷狄，安强中國，監于先王成憲，其永無愆。今舍已然之成憲，而守五代亂亡之遺法，其不足以致安强無疑。然人皆恬然不以因循爲可憂者，所見淺近故也。爲天下決非所見淺近之人能致安强也。」上以爲然。長編卷二三八熙寧五年九月己酉條注云「馮京云云據日録，乃是討論弓箭社法，今從日録」。

［九月十五日］。先是，李舜舉言：「探得契丹無移口鋪意，鄉巡弓手擾害百姓，百姓恐，故間牒北界有巡馬事，今已罷鄉巡。又雄州屢移牒北界，令約束巡兵乞覓飲食，巡兵亦不敢擾邊民，邊民甚安。」又言：「張利一妄以每歲民牽牛入城爲避賊，又因責兩屬百姓指説北界巡兵盜豬，百姓恐巡兵挾恨報復，遂移居，利一因以爲巡兵驚動百姓。」又言：「容城令、尉以兩屬户不即申巡馬過河，一決二十人；問一僧見巡馬否，僧云不見，又決之。凡如此妄決非一人。」上曰：「鄉巡果如此擾害生事耶？」王安石曰：「固然。」上又曰：「令、尉何敢妄決人？此必利一使之。」舜舉乃言：「不當便罷鄉巡弓手，須與北界商量，亦令罷巡兵，又恐邊民姦猾，復教北人移口鋪，欲呼北界官吏諭之。」安石固以爲：「不用如此，若召而不至，至而不聽，則於體非宜。」蔡挺曰：「向趙用事，彼理直故肯來，今我理直，彼未必肯來共議也。」上曰：「此皆張利一生事。」安石曰：「利一罪狀明甚，觀令、尉所爲如此，若利一奉法循理，令、尉何敢！然令、尉如此妄決人，不點檢，顧點檢北界巡兵乞覓飲食，巡兵乞覓飲食，百姓自怨北界，預我何事！爲湯、武敺民者桀、紂，彼專爲暴，我專爲德，是北界敺民歸我也。今乃縱我人爲暴，助彼人爲德，非邊吏善計也。」上曰：「聞利一欲殺巡兵，賴其早替，幾至生事。」長編卷二三八熙寧五年九月庚申條注云「據王安石日録附見於此」。

〔十月九日〕。有選人李公義者建言，請爲鐵龍爪以濬河。其法：用鐵數斤爲爪形，沉之水底，繫絙，以船曳之而行。宦官黄懷信以爲鐵爪太輕，不能沉，更請造濬川杷。其法：以巨木長八尺，齒長二尺，列於木下如杷狀，以石壓之；兩旁繫大絙，兩端矴大船，相距八十步，各用牛車絞之，去來撓蕩泥沙，已又移船而濬之。王安石甚善其法，嘗使懷信濬二股河。懷信用船二十二隻，四時辰濬河深三尺至四尺四寸，水既趨之，因又宣刷，一日之間又增深一尺。懷信請以五百兵，二十日開六里直河，順二股河水勢，用杷濬治，可移大河令快。上許依懷信所擘畫。安石請令懷信因便相度天臺等埽，作直河，用杷疏濬。上亦許之。長編卷二四八熙寧六年十一月丁未條注云「此段見日録五年十月九日」。

〔十月十七日〕。上曰：「近習亦有忠信者。」余曰：「以陛下崇信此輩，故欲借其力沮害正論。設如此類甚衆，陛下當審察，不當使奸臣得計。」上曰：「近習亦有忠信者，不爲欺，不可爲〔高〕恭顯小人，便以爲近習之言都不可聽，即爲盧杞、李林甫小人，便以爲大臣都不可信乎？」

四明尊堯集卷二聖訓門引王安石日録。○今案：「以陛下崇信此輩」以下，亦載於長編卷二三九熙寧五年十月壬辰條。

〔十月十九日〕。〔安石〕又言：「開直河一道，計省卻九百萬物料，三百萬夫功。如懷信所造濬川杷，即處處危急可用。直河所以有不可開者，只爲近水，開數尺即見水，施功不得。今但見水即以杷濬之，無不可使水趨直河去處。即一歲所省凡幾百千萬物料夫功。又汴河、廣濟河諸斗門減水河，自此更不須計工開濬，但製百千枚杷，永無淺澱也。」長編卷二四八熙寧六年十一月丁未條注云「此段見日録五年十月十九日」。

［十一月十二日］。余又曰：「上市易務如果于行人事才立得七行法，如此類甚衆，但以陛下檢察太苛，故使臣頗畏縮，不敢經制。臣以謂陛下不當擾之，使怠惰因循，使細民受弊也。王省惟歲，歲月日時無易，乂用明，俊民用章。今陛下未免叢脞，乃責市易務煩細。此乃所謂歲月日時既易，士之有能有爲，若畏縮不敢有爲，俊民與無能偷惰之人同，即微而不章矣。」四明尊堯集卷三論道門引王安石日録。〇今案：此段文字亦載於長編卷二四〇熙寧五年十一月丁巳條。

［是日］。上曰：「市易賣果子煩細，且令罷却如何？」余曰：「市易司但以細民爲官科買所困，下爲兼并取息所困，故自投狀，經市易司乞借官錢出息，行倉法，供納官果子。自立法以來，販者比舊皆便，得見錢無留滯云云。陛下爲其煩細，以爲有傷國體，臣愚竊謂不然。今設官監酒，一升亦沽，設官監税，一錢亦税，豈非細碎？人不以爲非，習見故也。臣以爲酒税如此，不爲非義，何則？自三代之法，固已如此。周官固已征商，然不云幾錢以上乃征之。泉府之法，物貨之不售，貨之滯於民用者，以其價買之，以待不時而買者，亦不言幾錢以上乃買賣。周公制法如此，不以煩細爲恥者，細大並舉，乃爲政體。尊者任其大，卑者務其細，此先王之法，乃天地自然之理。如陛下朝夕檢察市易務事，乃似煩細，非帝王大體，此乃書所謂『元首叢脞』也。」楊龜山

先生集卷六神宗日録辨引王安石日録。○今案：此段文字亦載於長編卷二四〇熙寧五年十一月丁巳條。又，自「如陛下朝夕檢察市易務事」以下，亦載於四明尊堯集卷三論道門引王安石日録。

［十一月十三日］。進呈内東門及諸殿吏人名數，白上曰：「從來諸司皆取賂於果子行人，今行人歲入市易務息錢，幾至萬緡，欲與此輩增禄。」上曰：「諸殿無事，惟東門司事繁，當與增禄。」安石曰：「如入内内侍省吏人亦當與增禄，蓋自修宗室條制，所減貨賂甚多故也。」上又曰：「大宗正司吏人亦宜與定禄法，免困擾宗室。宗室漸有官卑及不得官者，不宜更令吏人乞取困擾之。先帝每遷官，此輩所乞取須數十千。」安石曰：「宗正吏止十二、三人，更與量增禄，即可行重法。」長編卷二四〇熙寧五年十一月丁巳條引日録。

［十一月十八日］。上云：「郊亹且勿移動。」長編卷二四〇熙寧五年十一月癸亥條注引日録。

［是日］。知制誥闕，中書擬用［張］琥，上不許，曰：「琥脱空，又無能，問時事都不對，乃言它事。」王安石曰：「以人望言，琥行義豈不及蔡延慶？」上曰：「延慶行義亦有何所闕？」安石曰：「如此，則難使在職，陛下當明著其反覆罪狀罷之。」上又以爲罪難名，安石曰：「陛下若以言語前後不復放廢人，即左右前後虛位宜多。陛下固有明見其誕謾，而都不以爲非者。」上曰：「見即更不進用也。」於是琥三上章乞出，上謂安石曰：「前議琥得無漏乎？」安石曰：「雖不漏，琥豈容不覺？」故有是命。長編卷二四三熙寧六年三月戊申條注云「張琥事，見日録五年十一月十八日」。

［是日］。初，沈起罷陝西都轉運使，召爲度支副使，三月二十五日。改鹽鐵副使，四月七日。尋命知江寧府，五月二日。代公輔，令公輔歸朝。王安石欲留起知審官西院，上曰：「朕方欲論起在陝西亦無罪。」吴充言：「屢改易非便。」上曰：「宜少待之。」安石曰：「公輔專助小人爲異議，使在内必無補聖政。」因請以代仲甫，曰：「使仲甫在内無傷也。」上從之。起除江寧才三月，竟召入提舉在京諸司庫務。長編卷二二三熙寧四年五月戊戌條注云「九月二十四日，起自江寧入爲提舉百司，今並書。五年十一月十八日日録可考」。

［十二月二十二日］。三司節略却吕嘉問起請儀鸞司供内中綵帛文字，却奏請爲擬吕嘉問起請乞指揮。其意欲以内東門要綵供上元禁中用，而嘉問起請致妨闕，中傷嘉問，又歸咎於中書立法云云。余曰：「如此等事非陛下躬儉，即人臣豈敢如此立法？臣見陛下於殿檻上蓋氈尚御批減省，以此知不肯用上等匹帛，糜費於結絡。」上曰：「本朝祖宗皆愛惜天物，不忍横費。如此糜費，圖作甚？漢文帝曰：『朕爲天下守財耳。』」余曰：「人主若能以堯、舜之政澤天下之民，雖竭天下之力以充奉乘輿，不爲過當，守財之言，非天下之正理。」楊龜山先生集卷六神宗日録辨引王安石日録。○今案：此段文字亦載於長編卷二四一熙寧五年十二月丙申條。

［十二月二十五日］。知太原府劉庠言夏國與董氈結親。上曰：「夷狄合從亦可慮。」王安石曰：「但當修政刑，令中國安强，夷狄合從非所憂。」上曰：「孟子言『小固不可以敵大』，合從

則大，大則難制。」安石曰：「孟子所謂『小固不可以敵大』者，謂地醜德齊者言之，故齊以一服八則不能。若克修其政刑，則王不待大，故曰『以齊王，猶反手也』。湯以七十里，文王以百里，豈復計小大？」又爲上言：「唐回紇合從犯中國，郭子儀以一言伐其交。陛下能用郭子儀之徒爲將帥，則夷狄之交固可伐而離之也。」上曰：「郭子儀豈易得？」安石曰：「有天下之大，所患者非子儀之徒難得也，要分別君子、小人而已。」又爲上言：「曹操與袁紹相抗，紹地大兵衆，操寡弱，自不敢保勝紹。然荀彧逆知操必勝紹者，以操明勝紹、機勝紹、決勝紹故也。」既而安石又白上：「王中正言：『郢城嘉卜力足敵董氈，董氈與夏人結婚，欲以兵援送，借道于嘉卜界内。嘉卜以爲夏、董交婚，即我孤立于兩間，素與董氈爲讎，必被攻襲，明告夏人，如此我必歸漢，亦遣人至王韶處，王韶未敢許納。』臣以爲宜令韶相度事機，以利害諭董氈令絶婚，宜聽，因可以施德于嘉卜，收異時之用。」上以爲然。文彦博請召王中正問狀乃行下，許之。長編卷二四一熙寧五年十二月丁亥條注云「日録載此事於十二月二十五日」。

[是月]。董氈用舊事貽公弼以書，且稱敕，公弼卻之曰：「若藩臣，安得妄稱敕？」董氈自是不敢復稱。長編卷二三〇熙寧五年二月丙寅條注云「據日録，公弼不令董氈稱敕，乃十二月事」。

# 熙寧六年（癸丑　一〇七三年）

［正月五日］。王安石請增三司吏禄，上批：「增禄費多，所減吏又未可遽減，令安石再相度。」安石言禄不可不增，又言不患乏錢之理。安石以爲：「初，市易行倉法，用萬八千緡，以故收市例錢九萬緡，方以次修法，市例所收未有紀極，而團並綱運、減省上供所省牙前酬獎，止京東及成都兩路歲收已一百萬緡，即吏禄不患少可知。」上從其請。安石又言，天下吏人當盡爲之賦禄，上以爲然，曰：「但患役法未就，未有錢應副耳。」長編卷二四二熙寧六年正月己酉條引日録。

［正月十一日］。先是，復圭酬獎將官李克忠金湯戰功，樞密院言：「金湯之役，復圭盡取趙餘慶所得首級繫之克忠，其自洛河川歸慶州，克忠兵又中道爲敵衝斷，有當時轉運使孫坦體量狀及知延州郭逵奏具在。」上怒復圭詐妄，王安石獨明其不然，曰：「復圭雖得罪，克忠等功自當賞。」上曰：「餘人已賞之矣，克忠乃別坐罪。」安石曰：「案復圭劄子論一行將官等，不爲克忠一人，就令克忠一人有罪，罪自論罪，功自論功。陛下斷克忠罪太重。克忠不合取番部甲，原情固與取玉帛子女入己不同。克忠所以獲罪太重者，正坐平時人浸潤復圭，以爲阿黨克忠，克忠無能，又作過壞邊事，故常含怒以待之。適會事發，故特被重斷。且陛下爲人浸潤遊説所誤，非但

此一事。如王廣淵慶州兵變，廣淵撫定有功，乃降兩官。如种診得朝旨令通消息與西人議和，惟不合擅牒韋州，原情有何深罪，乃追一官，又追奪候二年與閤門副使指揮。始時衆議紛然，深咎种診，以爲當令分析者，疑此事出於廣淵故也。及分析到，略不干廣淵事。陛下以人言衆，遂行遣种診如此。論者謂种診緣貪功故累國體，臣愚以爲妨功慢命，即不可容，若趣赴政令，務成事功，縱有過失，豈可深罪？」上曰：「當時方欲與西人議和，种診遽牒去，恐西人因此更旅拒。」安石曰：「臣愚以爲若中國自修政事，西人和與不和非所議，縱度時宜欲與之和，何患西人旅拒？陛下斷王廣淵、种診罪如此，杜純親被旨勘王韶事，陛下無故與轉一官，固已非理，及其奏報欺謾，皆杜純奏狀内自見，非因人媒孽糾摘，然陛下遲疑，令候服闋日行遣，臣力辨論，然止於衝替而已。不知陛下謂种診之罪與杜純孰重，原兩人之情，孰爲欲沮壞政事？」上曰：「种診但欲了事耳，有何罪？」安石曰：「如郭逵之罪固不可與王廣淵同日而論，王廣淵降兩官，郭逵乃止降一官。」上曰：「爲宣徽使重故也。」安石曰：「宣徽使非郭逵所有，乃陛下所與。茲爲天官，天官重則報禮亦宜重。今逵乃敢如此，而陛下譴之止於如此，何足以馭群臣？人固有恥其君不如堯、舜若撻于市者，如此等人豈有肯爲不義，煩陛下威怒？如逵者，乃曾盗官肉決杖，豈可以待有道君子之道待之？惟知畏懼，乃可驅使。陛下以爲逵材亦可用，故愛惜之，不欲深責，臣恐但長逵驕陵，不復爲用。」安石言此，大抵專爲復圭道地也。既而復圭乞降御史所言分析，上曰：「已委官體量，虚實當自見。」安石曰：「但劄與令分析，若有理，固陛下所欲聞；若無理，即復圭更有上書不實之罪。」上乃許之。其後安石又請以復圭所分析事狀送建中等，上亦許之。長編卷二四一熙寧五年十二月己丑條注云「安石辨李克忠功罪，日録在十二月初，以盛陶章傳李復圭在二十三日，今並書之。盛陶再論復圭，實録在二十三日，以復圭分析送建中等，據日録在明年正月十一日，今亦並書之」。

［正月二十五日］。己巳，輔臣同進呈涿州牒，言雄州不當令容城、歸信縣尉巡歷事。樞密院白上：「朝廷已爲北界罷鄉巡弓手，今更如此，意欲占地，轉不遜，恐須亦以不遜答之。」上曰：「只如常應報，不用過當。」王安石曰：「甚善。北界未必有占地意，緣中國亦常言兩屬地合屬中國，中國豈有占地意？我既疑彼占地，彼亦未必不疑我也。」長編卷二四二熙寧六年正月己巳條注云「此據日録」。

［二月十六日］。安石自敘其白上語云：「親從官撾撃坐車及旌旆：臣至宣德門，依常例於門内下馬，又爲守門者撾馬及從人。臣疑親從官習見從來事體，於執政未必敢如此，今敢如此，當有陰使令之。都緣臣居常遇事多抗争曲直，臣所以如此者，乃爲義故，豈敢以私事肆爲驕騃不遜？恐姦人欲以此激怒臣，冀臣不勝忿，因中傷臣以爲不遜。臣初所以不敢辨者，疑有條制，從來承例違越，及退檢會，乃無條制；問皇城司吏，亦稱無條制；及問體例，卻據勾當皇城司繳到皇城巡檢指揮使畢潛等狀稱，從來合於宣德門外下馬。臣初執政，即未嘗於宣德門外下馬，

且宣德門内下馬，非自臣始，臣隨曾公亮從駕，亦如此。」上曰：「朕爲親王時，位在宰相下，亦於門内下馬，不知何故乃如此。」安石曰：「此所以不能無疑，欲具劄子乞勘會，依條例施行。」上許之。安石又言：「檢到嘉祐年後行首司日記，並於門裏下馬。然問馮京，則云『忘之，記得亦有在門外下馬時』。而文彦博遂揚言云：『我從來只於門外下馬。』」安石又云：「中書驅使官温齊古見堂吏看棚者云：『守門人自相與言，擊宰相馬，馬驚致傷損，罪豈小？』一員僚曰：『我豈不解此，但上面逼得緊，將奈何！』齊古以白王珪。」然齊古者憚入獄置對，安石問之，乃言不記堂吏姓名，安石亦不復以齊古言告上也。長編卷二四二熙寧六年二月丁丑條注云「温齊古事，據日録二月十六日所載」。

是日，奏踏白城捷，馮京曰：「羌人愚，可惜枉殺太多。」上曰：「旅拒如此，豈可不殺？」王安石曰：「昏迷不恭，正王誅所宜加。洮河之兵，所謂一月三捷也。」上曰：「涇原人精勇，故雖王寧庸將，亦能克獲。」安石曰：「人無勇怯，在所措置。洮、隴勁兵處，今羌人乃脆弱如此。李抱真所教潞人才二萬，教之非能盡如法，然已能雄視山東。孫武以爲『治亂，數也；强弱，形也；勇怯，勢也』。治軍旅有方，則數無不可使治，形無所不可使强，勢無所不可使勇。」上曰：「士但有技藝則勇。」安石曰：「爲勢所激，則雖無技之人亦可使勇。然所謂王者之兵，則於兵之義理能全之，能盡之，故無敵于天下。」長編卷二四四熙寧六年四月己亥條注云「此據日録，乃二月二十六日」。

「二月二十八日」。上曰：「卿每求罷，朕寢食不安。卿如此，必是以朕終不能有成功，久留無補，所以決去。」余曰：「臣前所以求罷者，皆以陛下因事有疑心，義不敢不求罷。今來直以病故，非有他。」上曰：「雱説卿意似不專爲病。朕亦與雱説卿莫只是在位久，度朕終不足與有爲，故欲去。」四明尊堯集卷八處己門引王安石日録。〇今案：此段文字亦載於長編卷二四二熙寧六年二月壬寅條。

「是日」。云：「朕自覺材極凡庸，恐不足與有爲。恐古之賢君，皆須天資英邁。」邵博邵氏聞見後録卷二三引陳瓘尊堯集所引王安石日録。〇今案：此段文字亦載於長編卷二四二熙寧六年二月壬寅條。

「三月五日」。欲令子幾察訪河北。長編卷二四三熙寧六年三月戊申條注引日録。

「三月八日」。上初閲河州奏，亟令下王韶速具功狀，諭以當厚賞。王安石曰：「但如下熙州時，爲復加厚？」上曰：「熙州已厚。」既而曰：「熙州時許以厚賞，後乃不如儂智高時，人失望。」安石曰：「諭以比下熙州時更優加酬獎可也。」上又曰：「河州戰，人已屢勝，自計各有功，更令復往，恐疲苦，須更代。」僉以爲太宗取河東，遂取幽州無功，正爲如此。安石曰：「人情或未可知，但合問願往者且留，願歸者即聽歸，據數于涇原選代可也。」上曰：「善。」先是，王韶與李憲連奏河州事，于是蔡挺白上：「功狀只下王韶定，或並下李憲？」上令只下王韶，曰：「韶正立事，必不肯爲私。」安石曰：「王韶是大帥，自合委韶，何用更委李憲？」上從之。長編卷二四三熙寧六年三月己未條注「此據日録，係初八日事」。

［三月二十日］。安石又白上曰：「陛下賞功不當倦。人臣用命甚難，人君出爵禄甚易。陛下出爵禄尚倦，則人臣用命豈能無倦？」又曰：「凡軍賞不厭厚，初雖費財，及其士勇勝敵，四夷率服，會當櫜鞭而治，豈復患軍賞費財？」長編卷二四三熙寧六年三月己未條注云「此見日録二十日」。

［是日］。先是，朝廷以臨江寨兵止三百人，而蕃賊攻圍者甚衆，詔王韶分兵救應，而韶奏：「今方修築康樂城，賊欲牽制，故攻圍臨江，若輟兵以往，則賊計得行，不如委臨江與攻弗救，萬一有敗事，俟城康樂畢工，回兵蕩除未晚。」王安石曰：「韶奏甚當，且以臨江委賊攻之，未必能破。」文彦博曰：「此豈可不救？向王韶料河州必不用兵，乃過河殺六、七千人，韶所計未必是。」安石曰：「韶若不領涇原精兵往，爲賊所敗，即是失計。既領精兵八、九千自隨，即是防賊旅拒，非乖本謀也。」安石又曰：「將帥居常未有敢言委城寨與賊攻而不救、以敗事爲不足恤者，王韶獨能如此，亦恃陛下知故也。若非陛下知，則必以疏闊得罪朝廷矣。」上曰：「自來將帥非盡不能，誠不敢爾。」長編卷二四三熙寧六年三月丁卯條云「已上見日録此月二十日」。

［是日］。因論慶曆邊事，安石言：「大臣以門客、故人之故，開方略之科，因此繆及京師市井間富人買策求得官者甚衆。方仁宗旰食、邊人肝腦塗地之時，乃更營不急之私如此，則其不憂邊計可見，何由勝敵乎？」上曰：「此所以書稱『難任人，蠻夷率服』也。」長編卷二四三熙寧六年三月丁卯條云「已上見二十日」。

〔是日〕。上言：「宿衛親事官，有擊指揮使傷首而主名未立，宿衛法不可不急變革。」余曰：「臣固常論法固易變。」四明尊堯集卷七論兵門引王安石日録。○今案：此段文字亦載於長編卷二四三熙寧六年三月癸亥條。

〔三月二十二日〕。「然將來修築次序如何？」安石曰：「韶已有奏，必是先修康樂畢，即修香子，最後修河州也。」上曰：「蕃户既未定，香子如何可守？」安石曰：「蕃人既已屢經討蕩，所存餘衆固已氣索，就令作過圍城，若城中有五百精兵，豈易攻破？況城外儘是蕃户，又未須官軍保護，加以去熙州救援止五十里，豈復難守？」長編卷二四三熙寧六年三月丁卯條云「已上見三月二十二日」。

〔是日〕。安石又白上：「今將校、士卒見殺賊易以得功，則人人且欲以討蕩爲事，恐韶難於逆衆，遂至多殺。今兵威已振，宜施恩德，手詔王韶招撫。」上以爲然。長編卷二四三熙寧六年三月丁卯條云「已上見二十二日」。

〔三月二十四日〕。安石又論李憲獨奏邊事及與王韶連奏經略司事皆非體，文彦博亦以爲韶不當如此。上令指揮憲勿書經略司事及獨奏。蔡挺曰：「如此，即憲卻要奏事不得。」上曰：「憲自要奏事無妨，但不當獨奏及連書經略司兵事爾。」然指揮竟不批出。長編卷二四三熙寧六年三月己未條注云「此據日録，二十四日事」。

〔四月一日〕。〔馮〕行己不欲復鄉弓手。長編卷二五七熙寧七年十月丙子條注引王安石熙寧六年四月一日日録。○今案：此條復見長編卷二三八熙寧五年九月丁卯條注引六年四月一日日録，云：「行已不欲復鄉巡弓手。」

〔四月五日〕。進呈沈起奏狀，上言今起密經制交趾事，諸公皆不與聞也。所奏乞，上皆從之。四明尊堯集卷六邊機門引王安石日録。○今案：此段文字亦載於長編卷二四四熙寧六年四月戊寅條引「安石私記」，云：「上令起密經制交阯事，諸公皆不與聞，凡所奏請，皆報聽。」

〔四月十九日〕。章惇言：「馮宗道欲往新寨，爲兵少，形勢弱，恐蠻人窺見，遂止之。」樞密院具所遣兵，言不少，上曰：「或兵未到。」密院言已到，上嘿然，良久曰：「宗道都無一紙文字奏彼中事情，可怪也。」長編卷二四五熙寧六年六月丁丑條注云「此據日録，四月十九日事」。

〔四月二十一日〕。環慶路經略司言，將官李克忠等三年七月破金湯城有功未賞，詔克忠落「經恩未得敘用」指揮，林廣除本路鈐轄。先是，李復圭爲克忠乞酬獎，樞密院論復圭妄奏，王安石主復圭甚力，乃下經略司驗問。而是役也，廣嘗獲級，克忠但遣兵策應，亦得免罪。上召廣對，謂廣曰：「金湯、石門，卿功爲多。」慰勞甚至，因諭以熙河事。廣辭以不習其山川與人之勇怯，若有它任使，雖萬死不敢辭。乃聽還本路。長編卷二四四熙寧六年四月甲午條注云「今取日録前後論奏語删修」。

〔是日〕。編管人前皇城副使种諤免編管，授華州別駕。以上批「諤自至貶所，累經寬赦，可令自便」故也。王安石私記云：上批初付中書、密院，而密院獨進呈。退，安石問何獨進呈，文彦博乃陽爲不審。安石曰：「上有何指？」曰：「令與中書進呈。」及是進呈，彦博已不入，陳升之曰：「謂欲且與量移。」又進呈，升之不復言，遂有是命，仍免安置。長編卷二四四熙寧六年四月甲午條注云「此據王安石日録增入」。

四月二十二日，呈中丞言李曼事，上曰：「鄧綰頗爲李曼分説，李曼致變，殺卻許多人，恐不可無罪。」蔡挺曰：「彼言張荀龍私書，荀龍在遠方，無所告訴，以書與臣，欲得上達，豈是私？今營救李曼，乃卻是私。」安石曰：「曼措置邊事，恐須有事。如荀龍言其受邊户財利，因別奏恩澤，即恐是誣罔。據鄧綰奏，即曼前未嘗到瀘州，曼既行義爲衆所稱，不容有此。」陳升之亦曰：「曼治民甚好，人極愛之。」上曰：「綰所言夷事多是。」乃令送熊本相度。安石曰：「漢户不得買夷户田土條貫便合廢。」上亦以爲然，曰：「自來有此條貫，何故？」安石曰：「必是爲因典買相混賴，致爭鬭起邊事，故立此條貫。然若能變夷爲漢，此事非所恤。又淯井兩邊地，若捐數萬貫官錢買得，令漢户佃，即久遠淯井更無夷事。」上曰：「本帶一羅才進隨行，云夷人可以利開説其黨，使爲我用，内相攻擊。果如此，最爲上策。」長編卷二四五熙寧六年五月辛未條注引王安石日録。

「是月」。戊戌，詔裁定在京諸司吏請給。先是，吏禄各有定式，後以兼局，增茶湯、紙筆錢，僥倖相因，略無限制，而樞密院有言，故降是詔。已而王安石白上曰：「如吏人馬驤差往西川、陝西，又往湖南、北兩路溪洞。又如中書檢正吏，皆一人兼兩人文字。若不許兼請，即誰肯任勞責者？既是官有兩局，若不許兼，正是占吏人愈多而妨其本司勾當處，且令日食不足爾。」上曰：「一人兼五七處如何？」安石曰：「凡兼局吏，非在一員官之下，即亦不可兼。既無一員官兼五六處差遣者，即豈有兼五七局之吏人？」上乃追前詔寢之。長編卷二四四熙寧六年四月戊戌條注云「追寢前詔，朱史簽貼云：再取到中書省文字。與日録同，今從之」。

［五月二十二日］。先是，起居舍人、直集賢院章衡等使契丹還，言罷河北沿邊鄉巡弓手非便。於是提點刑獄孔嗣宗復以爲言，上曰：「此失之在初也。今若復置，彼必益兵相臨，遂至生事不已，不可不謹。」既而王安石因嗣宗之議修滹沱河枉費，且壞塘泊，忤安石意，遂歷指嗣宗懷姦，曰：「嗣宗前論巡馬過河云：『敵驕蹇，須得奮不顧身，以忠許國，敢與敵抗之人，乃能了邊事。』此蓋專爲張利一遊説也。昨見同時奉使者言罷鄉巡非便，故嗣宗亦言其非便。陛下試思：近歲使契丹人亦嘗有連狀言邊事者否？如章衡是憂國好言事者否？天下事又豈特此一事可言耶？此陛下當深察人臣情態也。」長編卷二四二熙寧六年二月辛丑注云「王安石日録于六年五月二十二日載此事甚詳，……今仍采日録删修」。

［是日］。又同進呈程昉開滹沱河事，便欲從程昉、孔嗣宗等所奏，余白上：「恐須候程昉到，議定別取旨。」上以程昉不計淤塘泊鹵莽，余曰：「要存塘泊利害，臣所不知，若言淤卻此一處塘泊爲不利，即邊吴澱亦淤卻一處塘泊，豈邊吴澱淤卻便過戎馬不得？」上曰：「邊吴已是壞

卻。」余曰：「見韓縝説邊吴見今有水不少，若存得邊吴淀，又更引河從臺山路入御河，即是兩塘泊皆存得，豈不善？」長編卷二四六熙寧六年八月己丑條注引五月二十二日日録。

〔是日〕。余曰：「陛下以爲柴世宗能辟土疆、服天下，何也？」上曰：「莫是能果斷？」余曰：「柴世宗能使兵威復振，非但高平之戰能斬樊愛能等而已。天下賊盗殺人亡命者，皆募以爲禁軍。史臣以爲當時孤子寡婦，見仇讎而不敢校，後悔之，莫有貸者。臣以爲史官不足以知世宗，世宗非悔也。方中國兵弱，以爲非募此等人不足以勝諸僭僞之國，及所募已足，則法不可久弛，故不復貸其死。此乃定計數於前，必事功於後，豈以爲失策而更悔也。」四明尊堯集卷三論道門引王安石日録。○今案：此段文字亦載於長編卷二四五熙寧六年五月甲子條，稍有異同。

〔六月四日〕。是日，上諭王安石令惇勿輕易，蓋宗道言惇所修寨不堅固，又點集丁夫，並不從州縣，後無由知存亡數；又言狤狑與懿、洽合，元未歸附，惇但令人告喻而已。安石言：「今告喻每斫蠻一級，即與絹五匹，能誘降亦然。懿、洽必無如此事力購募狤狑，狤狑又見官軍盛，即必不敢爲懿、洽出力。今以重兵臨之，以精兵擊之，以厚利誘降，其人必誘狤狑及歸明人，所誅者元惡數人而已。官軍按據要害，不妄動，即百全無害而坐取勝。」上曰：「若如此，即善。」安石曰：「已與熟議，李浩等意亦以爲宜如此，必無虞也。」長編卷二四五熙寧六年六月丁丑條注云「此日録六月四、五日事」。

［七月十二日］。龍猛軍級，經章惇出頭，乞於懿、洽效用。上怪禁軍不由軍帥，擅經章惇投狀，王安石曰：「軍士乞效命，雖不由軍帥，恐無條禁止。」上以爲軍制不宜如此，安石曰：「不知如此後有何害？」上曰：「經章惇乞效用猶可，恐別有妄作。」安石曰：「別有妄作，即自有科禁，若經有所征討官司乞效用，正是募兵所欲，不知如何加罪？」吴充曰：「軍當聽於一。今如此，即不一，不如不差往。」安石曰：「今乞效用，不知何害？軍聽於一，若令彼經殿前司投狀，即殿前司必不許，不許，則壯士何所求奮？」蔡挺曰：「若別有結連，奈何？」安石曰：「結連，即自有重法購賞備具。今經朝廷所差官乞效用，不知如何因此卻致得別有連結？」陳升之曰：「臣見韓絳宣撫時，兵級亦經絳求效用。」上乃令勘會進呈。既而上終以爲害事，安石曰：「士卒固欲其願戰，請效死反以爲罪，何以奮其志氣？且未嘗有條貫禁其如此，如何加罪？」上曰：「禁軍令如此不便，若如臨淄王事，其漸豈可長？」安石曰：「經朝廷所差官司，與臨淄王事豈類？且欲防變，即專固人情，使聽於三帥，不得自伸於餘處，亦不可無慮。今經修注官投募，與專固人情，一聽於武帥，孰便？」上曰：「三帥防禁嚴密。」吴充請今後立法，安石曰：「若爲朝廷討賊，乞效死，即無可罪。若不爲朝廷討賊，自相結連，除是謀反，即法已備具，不須別立約束，終不能加謀反之律。」上曰：「如保甲若別司募去，司農亦必有言。」安石曰：「保丁固有經章惇者。」上曰：「司農奏，非經章惇。」安石曰：「亦有經章惇者。」陳升之又言有經韓絳乞效用者。上曰：

「郝質言經絳者，蓋是合往本路軍士。」升之又言非本路。上終欲治其罪，安石固以爲無罪，上令放罪取戒勵。長編卷二四六熙寧六年七月癸丑條注云「此據日録，十二日事」。

〔七月二十五日〕。韓縝奏留馮行己，以爲若罷行己，北人以爲射殺人故罷，即愈驕，若復來必以爲有計議，北人更疑。上曰：「行己奏報亦不覺其昏錯。」或曰昨對北人言展拓城池是錯。上曰：「昨曾孝寬所帶去使臣，乃是張利一所辟人，不過聽此輩語故爾。」縝退，余白上：「孫永言臧景者邢佐臣壻，疑射殺人或非全屬南界地分，此事未可知，然不可不察。」又白上：「趙子幾云人甚稱張利一，臣爲言朝廷所知利一實事數條，乃言都不知有此。」長編卷二四八熙寧六年十一月壬寅條注引七月二十五日日録。

〔八月二日〕。密院進呈張充宗奏狀，盛言因鮮于之邵。余白上：「之邵十一月申中書言不便，并以十二月方賣與白文獻。」上曰：「恐召賣在前。」余曰：「候檢文字别進呈。」長編卷二四四熙寧六年四月乙酉條注引八月二日日録。

〔八月十五日〕。京又言叔獻所開河多浸人墓莊宅，安石以爲不然。既而上問叔獻，乃言若浸人墳莊，當伏軍令。長編卷二四六熙寧六年八月丁亥條注云「此據日録，十五日事」。

〔是日〕。上見王韶去常家族，曰：「韶被將佐煎迫得去。」翊日，余得韶書，將佐乃皆不欲往，韶獨決計，以書白上曰：「誰以爲韶將佐煎迫？」上曰：「王珪言此。」珪心只是料其如此，余見珪但隨上語，非珪唱爲此言也。長編卷二四六熙寧六年八月甲午條注引十五日日録。

八月十六日，同密院進呈程昉言滹沱河事。初，密院令孔嗣宗、劉舜卿等共相度，奏稱所閉蔡家門口等外皆深淵，若開作堰限，即不可復閉。昉以爲若令不可復閉，即二年前如何閉得？嗣宗等又以爲對敵境非便，昉以爲二年前有數十道堰限，如何敵境不以爲言？昉又言：「自密院閉此諸堰限，凡浸民田二十村七、八十里，然此方無一人以爲言。」上乃始言嗣宗所奏皆妄，然亦不以爲可罪也。上令程昉便計度功料，又令計會屯田司相度開堰限，余曰：「須令先與屯田司相度開堰限，無妨礙乃計功料。」上以爲然，而密院欲差官同往相度，擬差蔡天申。天申，挺子，余明言其不可，乃差李南公。長編卷二四六熙寧六年八月己丑條注引日録。

八月二十六日，詔奏洮州降。長編卷二四七熙寧六年十月庚辰條注引日録。

九月十七日，奏至馬練川。長編卷二四七熙寧六年十月庚辰條注引日録。

[是日]。文煥，黔州武進士。長編卷二四七熙寧六年九月丁巳條注引日録。

[九月]十八日，奏瞎吴叱等獻岷州。長編卷二四七熙寧六年十月庚辰條注引日録。

[是月]。上以農事爲最急。余曰：「家可以資國，國可以資天下，天下須資天地。」上曰：「若設法移民，使就寬鄉，亦王者所以生財辟土之道也。」余曰：「陛下每以勸農事爲急。」上曰：「奉先寺進新種稻極好，與一道紫衣。」余曰：「陛下每以勸農事爲急，甚好。」初，蔡河既作重閘，

有餘水，乃勸教河側人種旱地爲稻，而奉先率先種稻。四明尊堯集卷二聖訓門引王安石日録。○今案：「奉先寺進新種稻極好」以下，亦載於長編卷二四七，在熙寧六年九月。

[十月二十二日]。又詔河州置武衛、安鄉城置蕃落各一指揮，仍差鄜延、環慶、秦鳳路走馬承受各就本路選募。上曰：「洮、岷蕃族繁盛，俟召王韶至，令議團結，庶它日可用。」王安石曰：「羌夷之性雖不可猝化，若撫勸得術，其用之也，猶可勝中國之人。」上曰：「昔商之頑民，本居中國，又以畢公主之，尚書『既歷三紀，世變風移』，況蕃夷乎？但日漸月摩，庶幾有就耳。」長編卷二四七熙寧六年十月辛卯條注云「日録二十一日對語與此相類，又重疊六月四日所書，今……但存日録對語」。

[同日]。管勾都水監丞侯叔獻言：「近準詔從所請開白溝等河，欲白溝爲清汴儲三十六陂及京、索二水爲源，倣真、楚州開平河置牐，四時行舟，因罷汴渠。」上曰：「叔獻開白溝河功料未易辦，乃欲來年即廢汴渠，更宜遣官覆驗。且汴渠歲運甚廣，河北、陝西資焉；又都畿公私所用良材，皆自汴口而至，何可遽廢？」王安石曰：「此役若成，蓋無窮之利，當別爲漕河，用黃河一支，乃爲經久耳。」馮京曰：「若白溝成，與汴、蔡皆通輸，爲利誠大。臣恐汴河終不可廢。」上然之，詔劉璯同叔獻覆視以聞。後璯等言：「白溝、濉河簽直至淮八百里，乞分三年興修。其廢汴河行運，候白溝功畢，別相度。」從之。上曰：「璯詳審，此必璯所議，意謂叔獻大促遽也。」仍詔作三年興修。長編二四六熙寧六年八月丁亥條注云「上謂劉璯詳審，據十月二十二日日録」。

［十一月八日］。丁未，王安石言：「以濬川杷浚黄河，自二十八日卯時至二十九日申時，凡增深九寸至一尺八寸，請以杷濬汴。」從之。上曰：「果如此，即大省夫力、物料。聞河北一軍有用夫五千，而本軍丁不過五千，一夫至用錢八貫。歐陽脩常以爲開河如放火，不開河如失火。果用夫勞民如此，即不如不開河。」安石曰：「若兩皆爲害，即開河用夫與放火、失火無異。若以萬人一歲之力，能除千人百歲之害，即猶放火、失火之比也。今以萬人之力，除十萬人之害，即決須爲之。易所謂『毒天下而民從之』者，以其雖毒之，終能使之安利。故祈寒暑雨非不毒也，若無祈寒暑雨亦無以成物也，故亭之毒之，乃爲天道，豈可但亭之而已！」長編卷二四八熙寧六年十一月丁未條注云「此據日録，十一月八日事」。

［十二月二十一日］。王安石白上，欲且罷白溝，修汴南水利，上曰：「人多以爲白溝不可爲，而卿獨見可爲，若遂修成，甚善。」安石曰：「果不可爲，況未曾費用功力，罷之誠宜。若可爲，即俟時爲之，何必計校人言也。」長編卷二四九熙寧七年正月乙丑條注云「安石白上，據日録十二月二十一日事」。

［十二月二十二日］。上善李靖結隊法，召賈逵問之，逵以爲非。詔中書、密院同議之，安石曰：「今但結三人爲隊，又結五人爲伍，相摶執以觀其孰勝，則其可用與否立見矣。」上乃令郭固與殿前司各爲一法，試其可者。然以爲靖能勝狄夷，又數稱黄帝兵法，必曉古人伍法，其用三人

爲隊，或必有意。安石曰：「後世無知兵者，靖能結三人爲隊，以當衰亂散鬬之敵，宜其每勝，比之韓信則已不及。至于黄帝兵法，必非靖所能知。蓋自黄帝以來即有伍法，豈容歷代聖人智不及靖，而不能結三人爲隊也？」上曰：「韓信以數十萬當項羽十萬，靖以萬人當頡利一國，靖未必不如信。」安石曰：「自蚩尤以來未有如項籍者，頡利乃衰亂之夷狄，李靖率習戰之士，深入敵地而發其機，又乘其不戒，則其勝之固易。」上曰：「兵固欲措之于易勝。」安石曰：「措易勝與難勝乃爲奇，措易勝與易勝不足爲奇也。」馮京曰：「陛下論兵高遠，非群臣所及。」安石曰：「天錫陛下聖質高遠，與堯、舜、湯、武固無以異，論兵誠爲高遠。然先王雖曰『張皇六師』，克詰戎兵，其坐而論道，則未嘗及戰陣之事。蓋以爲三軍五兵之運，德之末不足道也。孔子亦曰：『俎豆之事，則嘗聞之矣。軍旅之事，未之學也。』以爲苟知本矣，末不足治也。」上曰：「事亦有趨時者，如宣王乃以北伐爲先。」安石曰：「宣王所以北伐，乃以能分别君子、小人，用吉甫、張仲故也。若十步之内，君子、小人曾無所分别，不知如何能勝玁狁？然則宣王所務又有在北伐之先者。陛下修身齊家誠無愧於堯、舜、湯、武，臣若見陛下少有闕失，豈敢顧望不諫。然即位六七年，未能成堯、舜、武、湯功業，必有與堯、舜、武、湯不同處。詩曰：『思無疆，思馬斯臧』，『思無邪，思馬斯徂。』人君苟出於誠正，則馬可使臧，可使徂，而況於人乎？然則無人爲將率，非陛下所患，況今日四夷類皆非豪傑，無足以累聖慮者。」上以爲然。長編卷二四八熙寧六年十二月庚辰條注云

「已上並見日録十二月二十二日」。

〔十二月二十三日〕。上又論兵，以爲能知陰陽五行之理而役使之，則盡矣，要在通理而已。安石曰：「天地乃爲陰陽五行所使，通陰陽五行之理，是所謂精義入神以致用，所爲無不可者，何但兵而已。」長編卷二四八熙寧六年十二月庚辰條注云「亦見二十三日」。

〔十二月二十五日〕。上復論司馬、孫、吴及李靖團力之法，王安石曰：「古論兵無如孫武者，以其粗見道故也。如日有長短，月有死生，五聲之變不可勝聽，五色之變不可勝觀，奇正之變不可勝窮。蓋粗能見道，故其言有及於此。」上曰：「能知奇正，乃用兵之要。奇者天道也，正者地道也，地道有常，天道則變而無常。至於能用奇正，以奇爲正，以正爲奇，則妙而神矣。」安石曰：「誠如此。天能天而不能地，地能地而不能天，能天能地，利用出入，則所謂神也。神故能以奇爲正，以正爲奇也。」長編卷二四八熙寧六年十二月庚辰條注云「王安石對，見日録十二月二十五日」。

〔十二月二十六日〕。安石云：「昨楊蟠不待劾而罷。」長編卷二四九熙寧七年正月庚戌條注引六年十二月二十六日日録。

# 熙寧七年（甲寅　一〇七四年）

［二月四日］。上又慮契丹若堅要兩屬地，如何？余曰：「若如此，即不可許。」上曰：「不已，如何？」余曰：「不已，亦未須力争，但遣使徐以道理，與之辯而已。」上曰：「若遽交兵，如何？」余曰：「必不至如此。」上曰：「果至如此，如何？」余曰：「以人情計之，不宜便至如此，契丹亦人耳。」馮以爲我理未嘗不直。上曰：「江南李氏何嘗理曲，爲太祖所滅。」（四明尊堯集卷四獻替門引王安石日録。〇今案：此段文字亦載於長編卷二五〇熙寧七年二月壬申條。）

［二月二十三日］。上與輔臣論及市易，馮京曰：「曩時西川因榷買物，致王小波之亂，故今頗以市易爲言。臣檢實録，實有此説。」王安石曰：「王小波自以饑民衆，不爲官司所恤，遂相聚爲盜，而史官乃歸咎般取蜀物上供多而致然。不知般取孟氏府庫物以上供，于饑民有何利害？」上曰：「李杞行未？」安石曰：「未也。然願陛下勿疑，臣保市易必不能致蜀人爲變也。」（長編卷二四九熙寧七年正月癸亥條注云「馮京云云，見日録二月二十三日」。）

二月二十三日，安石云：「如未能無疑，即不如勿遣李杞。」（長編卷二五一熙寧七年三月癸丑條注云「日録二月二十三日安石云：『如未能無疑，即不如勿遣李杞。』凡四五行，今并附此不重出」。）

［是日］。先是，安石與王珪同白上，因李憲往諭王韶少留效用人，省浮費，上令作文字與，安石曰：「恐不須作朝廷文字，陛下以聖旨諭之，彼得聖旨亦有辭以拒來者及裁省公費，今一最下士人亦須月費百千以上，而往者無已，窮邊錢難致，如何經久？昨臣已令人致意王韶，今事功略就，人之多言，更在於傷財，不比初舉事，士人憚往。至於供給，皆可裁減，兼效用人徒費官賞，不如以其財專撫養鬬士也。」及是，上又令憲詣安石問復有何事諭韶，安石具爲憲言之。長編卷二五〇熙寧七年二月辛卯條注云「此據日録，乃二十三日事」。

［三月六日］。邊奏木征、鬼章大兵轉入岷州。上以爲憂，安石與王珪皆言：「彼師已老，必難涉險遠攻，岷州保亡慮。」馮京獨不謂然。已而奏至，果如安石等所料。長編卷二五一熙寧七年三月壬寅條注云「安石、珪言岷州保亡慮，據安石日録」。

［三月十一日］。安石問上：「［李］憲常留在彼否？」上曰：「事已即令還，不常留也。」長編卷二五〇熙寧七年二月辛卯條注云「安石問上，日録在三月十一日」。

［三月十五日］。上論及河北財用器械，患契丹之强，自太宗以來不能制。王安石曰：「太祖經略諸僭僞，未暇及契丹，然契丹亦不敢旅拒。自太宗以來遂敢旅拒者，非爲我財用少、器械不足故也，止以一事失計故爾。郭進守西山可謂盡力，以憸人讒説，故困迫至於自殺。如郭進者既自殺，即憸巧能憑附左右小人者，必得握兵爲用，雖有犯法，必獲遊説之助以免。如此，則

契丹何爲不旅拒?自太宗以來,其失計皆以此類,非以器械不足、財用少故也。」上聞此矍然。安石自敘云:「時景思立憑附李憲干師律,上不肯治,故爲上言此。」長編卷二五〇熙寧七年二月辛卯條注云「日録繫此事於三月十五日」。

[三月十九日]。先是,執政多以爲蕭禧來,必復求關南地。王安石曰:「敵情誠難知。然契丹果如此,非得計,恐不至此。此不過以我用兵於他夷,或漸見輕侮,故生事遣使,示存舊態而已。既示存舊態而已,則必不敢大段非理干求,亦慮激成我怒,别致釁隙也。」禧書未拆,上猶以爲疑,安石謂必無它,或是争河東疆界耳。及拆書果然,上諭禧曰:「此細事,疆吏可了,何須遣使?待令一職官往彼計會,北朝一職官對定,如何?」禧曰:「聖旨如此即不錯。」上問禧復有何事?禧言:「雄州展托關城,違誓書。」上曰:「誓書但云不得創築城池,未嘗禁展托,然此亦細事,要令拆去亦可。」禧曰:「北朝只欲南朝久遠不違誓書。」上曰:「若北朝能長保盟好,極爲美事。」又問禧復有何事?禧曰:「無他事也。」長編卷二五一熙寧七年三月丙辰條注云「此據王安石日録」。

[三月二十二日]。上曰:「京師人素優幸,分外優饒他亦不妨?」余曰:「如此,則是陛下聰明爲左右所蔽,實未知京城百姓疾苦。」四明尊堯集卷二聖訓門引王安石日録。〇今案:此段文字亦載於長編卷二五一熙寧七年三月己未條。

[是日]。余曰:「陛下必欲財用足,須理財。若理財,須專志不惑,不爲小人異論所移,乃

可以有爲。」上曰：「古者什一而税足矣。今取財百端，不爲不少。」余曰：「古非特什一之税而已。」四明尊堯集卷二聖訓門引王安石日録。○今案：此段文字亦載於長編卷二五一熙寧七年三月己未條。

［五月二十四日］。給田募役，乃李承之建議。長編卷二五三熙寧七年五月辛酉條注引日録。

# 熙寧八年（乙卯 一〇七五年）

三月十九日，上用李靖法作陣圖，隊爲四部，將居中，有親兵而無部。前此吕惠卿極論其不可，安石亦爲上言其非是。是日又進呈，僉順上意以爲善，獨安石與惠卿共難，而王珪不言。安石曰：「先王伍法恐必不可改，今作四部，即兵以分合爲變，不知四部分，則大將在中何所依附？若附四部中，則一部乃有兩人大將；若不附四部中，大將反無以自衛，如何待敵？」上默然，乃且令試教。長編卷二六〇熙寧八年二月戊寅條注引王安石日録。

［三月二十二日］。是日，上謂王安石曰：「小人漸定，卿且可以有爲。」又曰：「自卿去後，小人極紛紜，獨賴吕惠卿主張而已。」因稱吕惠卿兄弟不可得，安石曰：「諸兄弟皆不可得。和卿者，臣初不知其人，昨送臣至陳留，道中與語，極曉時事。」安石又曰：「臣父子蒙陛下知遇，所以向時每事消息盈虛，以待陛下深察，誠欲助成陛下盛德大業而已。小人紛紛，不敢安職。今陛下復召用臣，所以不敢固辭者，誠欲粗有所效，以報陛下知遇。然投老餘年，豈能久事左右？欲及時粗有所效，望陛下察臣用心。」上曰：「固所望於卿。君臣之間，切勿存形跡，形跡最害事。」上問外事，安石具道雖勝往時，然監司未盡稱職，上曰：「人材止如此。」安石曰：「誠是人

材少，然亦多觀望不盡力，緣盡力則犯衆怨，犯衆怨則中傷以法，而朝廷或不能察，不能察則反得罪，不如因循偷惰之可以自安。外官固未論，如吕嘉問，内則犯近習、貴戚，外則與三司、開封日夕辦事，以守職事，行法至於置獄推究，奸罔具得，而嘉問乃以不覺察雜買務剩收入，情願納息錢二貫，降小處知州。若剩收息錢可罪，監官宜不免，監官以去官獲免，則嘉問是因罪人以致罪，如何更有罪可科？且自來提轄場務諸省寺之屬，何嘗有坐轄下場務不覺察杖罪降差遣者？天下皆見盡力爲朝廷守法立事如嘉問者不容，則孰肯盡力，不爲因循偷惰之行？」上曰：「嘉問已與復差遣。」安石曰：「李直躬之徒作轉運，卻令嘉問提舉便糴，此豈官人之宜？」上曰：「與移一路轉運。」安石曰：「陛下必欲修市易法，則須卻令嘉問領市易。」上曰：「恐吴安持忌其來，又復失安持心。」安石曰：「臣以女嫁安持，固當爲其審處。今市易事重，須嘉問與協力乃可濟，不然他時有一闕失，必更上煩聖慮。」又薦嘉問及張安國可爲宰屬，上皆以爲可。長編卷二六一熙寧八年三月己未條注云「此據日録」。○今案：自「臣父子蒙陛下知遇」至「以報陛下知遇」，又載於四明尊堯集卷八處己門引王安石日録。

四月二日，上怒劉忱與契丹議地界不分明，余爲上明忱無罪，乃吕大忠作圖不分明有罪也。長編卷二六一熙寧八年三月辛酉條注引王安石日録。

［是日］。［安石］謂「許蕭禧不當滿其欲」。長編卷二六二熙寧八年四月癸亥條注引日録四月二日對語。

「四月三日」。安石論給田募役有十餘害，上曰：「苟如此，初何以有此議？議者必有所利。」翌日，檢初議，乃李承之言募弓手宜如弓箭手爲便，遂作此法，餘無所利。安石曰：「只以田募弓箭手，已不如募弓手之便。弓箭手雖選强壯，然即取足於一家，苟可以爲强壯，則弗卻也。弓手乃選强壯于無方，其所募皆得真强壯者。」上乃令廢以田募役法。長編卷二六〇熙寧八年二月甲申條注引王安石八年四月三日日録。

「四月六日」。「陶臨」自泗州倒行至臨淮謁余。長編卷二六二熙寧八年四月丁卯條注引日録。

「四月十七日」。王安石議廢牧監，吴充欲存之，準備軍行負馱，以爲：「若北狄旅拒，馬不可買，中國何由得馬？」上曰：「雖如此，牧馬亦不濟事。祖宗時，牧監但養大馬，後來孳生，是非明白無可疑。」充曰：「向令認定驢、牛，中書便云騷擾。今中書卻要臨時買驢以供負馱，豈不騷擾？」安石曰：「無事時不問有無驢、牛，宜令五户或十户共認驢、牛一頭，不知此牛、驢令誰作主？且無驢、牛之人，須被配率出錢，此所以爲騷擾。今中書計算，若遇要驢時，用見今第一等價上增一倍買驢，事定後更不收一錢，即每三年一次用兵，比養馬以待用，可省七十萬貫。用第一等價上增一倍買驢，假令括買，亦不爲虚損百姓，此所以異於預認。」上曰：「此利害分明，兼馬皆生梗，豈可負馱也！」長編卷二五八熙寧七年十二月甲申條注云「王安石與吴充争論，據日録八年四月十七日」。

［是日］。上批：「斬馬刀局役人匠不少，所造皆兵刃。舊東、西作坊未遷日，有上禁軍數百人設鋪守宿。可差百人爲兩鋪，以潛火爲名，分地守宿。」先是，斬馬刀局有殺作頭、監官者，以其役苦，又禁軍節級强被指射就役，非其情願，故不勝忿而作難。王安石常與同列白上，以爲宜稍寬之。至是，僉爲上言其事，上以不可，因此遽輟，亦且了矣。安石曰：「凡使人從事，須其情願，乃可長久。」上曰：「若依市價，即費錢多，那得許錢給與？」安石曰：「餼廩稱事，所以來百工。餼廩稱事，來之則無强役之理。且以天下之財，給天下之用，苟知所以理之，何憂不足，而於此靳惜？若以京師僱直太重，則如信州等處鐵極好，匠極工，向見所作器極精，而問得僱直至賤，何不下信州置造也？」長編卷二六二熙寧八年四月己丑條注云「此據日録四月十七日」。

［四月］十九日，上言：「與［趙］世居謀反者醫人劉育嘗遷岐王奏差，而岐王見其多事，不許。又干嘉王，仲銑言此人多事，不宜在王府，乃已。」上因言銑廉静好學知分，王安石曰：「此以知忠信寡欲之人，有補於世。」上曰：「良是。」長編卷二六二熙寧八年四月乙亥條注引日録。

［四月二十一日］。先是，范百禄言徐禧論滕甫事過當。上謂王安石，滕甫不合移鄧州，甫元無罪，因禧有言故移。安石曰：「甫移鄧州，臣尚未至，不與此議。然甫奸慝小人，陛下若廢棄之於田里，乃是陟降上合帝心。今令安撫一路，而妻弟謀反於部中，豈得無不覺察罪？且因妻弟反獄在其部，移與別路安撫，有何所苦於公議，有何不允？」上曰：「若明其平生罪狀，廢放

可也，不當因此事害之。」安石曰：「移鄧州安撫，害甫何事？」上又言：「有言逆於汝心，必求諸道；有言遜於汝志，必求諸非道。」安石曰：「此固然，但恐以非道爲道，以道爲非道，即錯處置事矣。」翼日，王珪、吕惠卿進呈滕甫乃徐禧未言以前，上令移之。上又言劉瑾與世居往還書簡比甫更多，有不容居内之語。安石曰：「不容居内是何意，不知謂陛下不能容，或謂執政不能容，或謂簡汰不容，皆不可知，亦未可深罪瑾也。」上曰：「然要不可令作帥。」聞説瑾甚懼朝廷放棄。」安石曰：「宗室如此事，近世未有，瑾自宜恐懼。」吕惠卿又言：「王鞏與韓絳親戚，取下狀三日不奏，王珪點檢，方奏元狀，甚疑韓知情，後勘得乃無罪。若使鞏與臣及王安石親戚，三日取下狀不奏，因王珪點檢方奏，即大涉嫌疑也。」上曰：「鞏情不佳。」安石曰：「鞏情亦無甚可惡。」上曰：「鞏見徐革言世居似太祖，反勸令焚毁文書。」安石曰：「杜甫贈漢中王瑀詩云『虬鬚似太宗』，與此何異？令燒毁文書，文書若燒毁，即於法無罪。既與之交遊，勸令避法禁，亦有何罪？罪止是不合入宫邸耳。」上問處置世居事，安石曰：「世居當行法，其妻及男女宜寬貸，除屬籍可也。今此一事，既重責監司，厚購告者，恐開後人誣告干賞，官司避罪，將有横被禍者。願陛下自此深加省察。方今風俗，不憚枉殺人命，陷人家族以自營者甚衆。」上曰：「事誠不可偏重也。」及是，斷獄如安石議。士寧初議免真決，韓絳力争之，遂依法。長編卷二六三熙寧八年閏四月壬子條注云「韓絳力争，據二十一日日録」。

［四月二十二日］。比撲河東義勇、保甲養馬，密院檢詳，故落三司狀，妄作比撲數，要作義勇養馬所省不多。上曰：「密院兵房比撲得全不是。」然上欲且依舊令兵士養馬，安石曰：「陛下欲訓習義勇、保甲令可用，故將以省募卒，寬河東一路也。今又不令保甲、義勇養馬，即民兵無馬，民兵無馬則異時何以爲用？且用募兵五千騎之費，可養義勇、保甲萬騎，所養義勇、保甲與募兵之費又不同。義勇、保甲教成之後，精勇但有過于募兵，無不及焉。不知如何不令義勇、保甲養馬？若欲且存騎兵馬額，即義勇、保甲養馬所費，可令三司出備，候一二年教得義勇、保甲精熟，即馬軍别取旨。」上曰：「好。」長編卷二六二熙寧八年四月癸未條注引日録。

［四月二十八日］。金部員外郎、檢正中書户房公事吕嘉問兼提舉市易司。王安石言：「近京師大姓多止開質庫，市易摧兼并之效似可見，方當更修法制驅之，使就平理。」上曰：「均無貧固善，但此事難爾。」安石曰：「秦能兼六國，然不能制兼并，反爲寡婦清築臺。蓋自秦以來，未嘗有摧制兼并之術，以至今日。臣以爲苟能摧制兼并，理財則合與須與，不患無財。臣嘗論廩餼當稱事，政爲此也。」後數日，吴安持辭市易，上不許，安石曰：「臣與嘉問親厚非有他，但與議市易而已。然其被誣，臣以親厚之故已難爲之辨明，況臣女壻，恐有事愈難爲言，乞别選人。」上固不許。長編卷二六二熙寧八年四月甲申條注云「此據日録，二十八日事」。

［是日］。欲令侯叔獻糴淤田麥，上疑叔獻虚誕，向論訾家口，以爲萬世不易之口也。余

曰：「非叔獻虚誕，有自來作奸壞訾家口者。」上令根究。長編卷二六三熙寧八年閏四月甲午條注引八年四月二十八日日録。

閉塞，上令根究。〔閏四月三日〕。前此上言侯叔獻虚誕，以訾家口爲萬世之利，誠可長用，但李立之等作奸常用故也。至是，根究宋昌言不合閉口事狀甚明，此乃馮京使其如此，以余嘗奏訾家口可添六尺。盛陶因索水漲，乃云不合汴河開兩口。今檢到水曆，方是時汴水乃減四寸，索水乃言閉口不當。陶又言嘗溢岸。勘會是歲乃無溢岸。云不合開兩口，乃自來多開兩口。上曰：「宋昌開閉口，一歲凡八次開閉汴口，非特枉費人工物料，又汴水不通，阻滯綱運甚衆。」余曰：「陶前奏以淤田故兩日水淺靠閣，損破舟船甚多，京師惶擾，及勘會得並無一船靠損。及此八度開閉口，勞弊公私，舟船皆不通，乃無言，何也！」上曰：「不干盛陶，卻是薛向。」余曰：「向奏，臣所不知。盛陶即有劄子降在中書，不知薛向爲近臣，如此誣罔聖聽，合行法否？誣罔如此而不治，不知於義理何所當？」上但笑。長編卷二六三熙寧八年閏四月甲午條注引閏四月三日日録。○今案：「盛陶因索水漲」以下，又引録於長編卷二四五熙寧六年六月甲申條注。

〔閏四月五日〕。又詔雄州移牒涿州，沈括回謝，不可以審行商議爲名。先是，契丹欲改括使名爲審行商議，涿州已再牒雄州，又同日牒稱括趁五月二十三日入見。上與輔臣謀之，王安石言：「彼誠有争心，則必不肯令括過界，候改得審行商議指揮，乃令括過界。今同日牒令過界，即其事非堅可知。設若彼要括商議，但答云：『受旨回謝，不合預商議。然南朝本自不欲争小故，務存大體，所以不較曲直，割地與北朝。今北朝卻要審行商議，必是顧信義，不欲無名受地，但請遣泛使盡賫合照證文字來南朝理辨曲直，庶早得了當。』緣契丹習見朝廷憚其泛使，故每言難免往復。今明許其來，來有何傷？」上以爲然。詔雄州牒涿州如安石言。既而復令進呈牒本，謂安石：「彼若果遣泛使來當如何？」安石曰：「彼以我爲憚其泛使，今示以無所憚，彼或不遣；示以憚遣，則其來決矣。泛使於我何苦而憚其來也？」上曰：「來此偃蹇不去如何？」安石曰：「鄉者蕭禧來，陛下兩開天章閣議事，又連遣使就商量地界，乃所以長其偃蹇。今若復遣泛使來，待彼説一句即答一句，若不説即勿語，或不肯去，即厚加館餼節次，牒報契丹，彼亦無所發怒，何由使至交兵？然邊探屢云契丹欲傳國與耶律濬，濬好殺不更事，恐爲其國干賞蹈利之臣所誘，或妄生邊隙，不可不戒，宜早爲之備。」上曰：「善。」令只依前牒指揮。安石曰：「前指揮雄州未得發牒，今令依前指揮。緣雄州機事從來不密，傳聞契丹或有以窺我，謂宜少變前指揮，使不測所以，止住前牒之意。」乃改云候沈括過界數日即牒過。長編卷二六三熙寧八年閏四月丙申條注云「此據日録」。

［閏四月十四日］。余曰：「唐太宗行義至不修，陛下修身與堯、舜無異。然陛下不能使群臣皆忠直敢言者，分曲直，判功罪，不如唐太宗故也。如程昉盡力於河北，與萬三千貫修橋，乃

用此錢修橋了，更修廨舍營房，置都日掠房錢八百文。又置到水植二萬七千貫，所開閉河四處，漳河、黄河外尚有淤溉，又出田四萬頃。自秦以來水利之功，未有及此。以法論之，千頃合轉一官，即昉須轉四十餘官可也。乃並數處功轉一官，又令與宗師同放罪。陛下放宗師罪，已是屈法，又更抑程昉。臣恐非但今日天下以爲非，書之簡册，臣恐後世有以議聖德。」四明尊堯集卷三論道門引王安石日録。○今案：此段文字亦載於長編卷二六三熙寧八年閏四月乙巳條。

［閏四月十七日］。龍圖閣直學士、給事中李師中卒。王安石言師中悉心奉公，畏法勤事，雖見識不高，然近臣如此者至少，謂宜賻之加等，上以爲然。長編卷二六三熙寧八年閏四月乙巳條注云「此據十七日日録」。

［閏四月十八日］。是日，韓琦奏倚閣預買紬絹，賒買、借貸斛斗，倚閣税，今雖或七分熟，須五七年拖帶送納。王安石謂韓絳此不可行，絳曰：「民納不得，須著寬恤。」及進呈，安石曰：「近歲以來，方鎮、監司争以寬恤百姓爲事，以希向朝廷指，倉庫不足，則連乞朝廷應副。如預買紬絹，自祖宗以來，未嘗倚閣，去年李稷乃乞行倚閣，朝廷因亦從之。若言災傷，即祖宗以來，豈是都不曾值災傷？又賒賣銀絹，本因配買傷民，遂令供抵當，情願賒買。韓琦執政十餘年，固嘗值災傷，不知曾倚閣預買否？不知曾配賣銀絹否？向時配賣，一户或陪錢數百貫，無災傷倚閣指揮。今來取人情願賒買，不知如何卻須要五七年拖帶送納？」上欲下監司體量相度，安石

曰：「近歲監司惟以媚民爲事，卻不斟酌有無。河北西路監司乃李稷、吴審禮、韓宗道，李稷固已擅倚閣預買，吴審禮、韓宗道亦必不肯違俗，但恐其過爲寬貸以媚民。今方鎮意必不肯以用度不足故急民也，且寬恤百姓，固是美名好事，人臣優爲之。然如近歲，上下大小争以此爲事，無復屯其膏者，恐國用不繼，緩急卻不免刻剥百姓爾。如去年體量放税，所失至多，但長僥倖，何名寬恤？昔蘇秦説齊厚葬以明孝，高宫室以明得意，用破弊齊。今方鎮用心有如此者，陛下豈宜不察。」上曰：「韓琦用心可知，天時荐饑，乃其所願也。前訪以此事，乃云須改盡前所爲，契丹自然無事。」安石曰：「琦再經大變，於朝廷可謂有功。陛下以禮遇之可也，若與之計國事，此所謂啓寵納侮。」上曰：「初亦不意琦用心如此。琦嘗對使人云：『先帝，臣所立；陛下，先帝兒子，做得好，臣便面闊，做得不好，臣亦負慚愧。』」因稱郭子儀事，代宗以爲忠順。長編卷二六三熙寧八年閏四月己酉條注云「此段據王安石日録」。

［五月十五日］。王韶言：「陛下如此，恐内外相傾成俗。向來軍器監點檢内臣折剥弓弩，自此成隙。今卻以内臣比較，按軍器監，則内外相傾無已。」上曰：「比屢説軍器監事，若不比較見事實，即中外更以爲聽小臣譖愬。今比較見事實行法，乃以明曲直。」王安石曰：「誠要如此，若每事分曲直，明信誕，使功罪不蔽，則天下治久矣。」上曰：「如程昉敢向前勾當，亦爲中書察知，故敢盡力。如昨來衛端之該減降，只合科杖罪放，特追兩官。内小臣有罪，行之必不肯少

貸。」安石曰：「外臣若如衛端之壞卻許多官物，亦未嘗有科杖罪放卻者。如程昉亦恃陛下以公道主張，故敢盡力。然比苟簡偷惰之衆人，則其危殆亦已甚矣。凡如昉者，衆之所疾，有十件罪發，未抵別人一件。緣別人更相容庇，如昉則衆共攻之，若非人主保庸，即何由自立？不知大臣、執政於内外庶官有何適莫？但内臣即要深行，非内臣即便末減，如此用心，必是姦人内懷愛惡利害，欺罔人主。不知如此人，陛下何故使之執政？」上曰：「如卿有道，豈肯如此，然他人豈免如此！」［長編卷二六四熙寧八年五月丁丑條注云「已上見五月十五日日録」］。

［五月十八日］。韓絳先乞罷相，上謂王安石曰：「絳恐爲范純粹，不特爲劉佐也。」［長編卷二六六熙寧八年七月辛巳條注引五月十八日日録］。

［六月三日］。王韶又言軍器監事不須比較。上以爲事不比較，無由見枉直。安石曰：「誠然。庭者，直也。朝廷治事，惟欲直而已。若不考校，何由知其枉直。若爲其有勞，且欲含容，亦須待考校見曲直，然後計其勞與罪孰多，加恩末減可也。不然，則無罪之人或蒙讒謗，乃誤受含容之恩，而實遭誣污之累矣。」［長編卷二六四熙寧八年五月丁丑條注云「已上見六月三日日録」］。

［六月十二日］。司農言保户均出賞錢事，上謂王安石曰：「既出錢免役，又出賞錢如何？」安石曰：「賞錢自來不因役出，兼每户出錢，一火强盜不過六十，竊盜不過三十，貧乏又免，無所苦也，比舊人情必悦。」上曰：「利害加天下，極宜審之。」安石曰：「固應如此。」他日，上又欲以

役錢代賞，且言：「二百五十家同任責非是，當令二十五家均出，寧厚無傷，亦所以懲之。」安石請如聖旨施行，然不可厚也。長編卷二六三熙寧八年閏四月乙巳條注云「此據日録，乃六月十二日事」。

〔六月十六日〕。進呈閉訾家口官，余請以汴口及宋昌言爲一等，奪一官；李立之等爲一等，贖銅。上曰：「卻是劉璯説此事。」余曰：「誠如此，兼璯前開訾家口有功，欲以功免此一罰。」上曰：「好。」更令余勘會侯叔獻勞績取旨。叔獻乃與璯同救得訾家口者也。上又令李立之與郡，珪言昌言專受指去相度，宜更重。余曰：「見王琉言昌言明説得執政意指須要閉，琉屢争不得。」上曰：「既如此，不奏乃依違，何名守官？」余曰：「此所以欲與昌言同罰，然昌言誠當更重。」上乃令與昌言一郡，余曰：「李立之即令替昌言知陝府。」上曰：「好。」長編卷二六三熙寧八年閏四月甲午條注引六月十六日日録。

〔六月二十一日〕。又進呈軍器監比較文字，上曰：「如御前生活所改變橋瓦省功，豈是有指揮令軍器監不如此改變？」安石曰：「自祖宗以來，只是用全木爲橋瓦，今御前改爲木合成，即未經外庭試驗經久牢固比舊如何。假令比較與舊牢固一般，又省費，即御前生活所可奬。軍器監官員未爲有罪，以所造橋瓦是祖宗以來承用法式故也。如昨來三司有人言造三竈留滯言事，令二年甚困苦，而不爲之定奪。及中書差官試驗，果有利如此，乃可以責三司，然朝廷亦不責三司也。今橋瓦事又未嘗有人言此利便於軍器監，而監官沮抑不行，若比三司，尤不可責也。」長編卷二六四熙寧八年五月丁丑條注云「已上見日録，六月二十一日」。

［六月二十二日］。上謂王安石曰：「沈括奏契丹地界事，似已説得了當，不知實如此否？彼或更不遣泛使來。」安石曰：「契丹固宜無他，既見朝廷許再遣泛使無所憚，則必不再遣也。」長編卷二六五熙寧八年六月壬子條注云「此據日録，二十二日事」。

［六月二十三日］。辛未，詔：「修經義檢討官轉一官，選人循兩資。張濟、葉原、劉涇候教授、直講有闕日與差，舉人各賜絹五十匹。」王安石初議舉人酬獎，欲與免解。上不許。長編卷二六六熙寧八年七月辛未條注云「不許免解，據六月二十三日日録」。

［六月二十四日］。上曰：「『周道如砥，其直如矢。』匹夫亦須令自盡，況勾當生活所使臣？」安石曰：「御前生活所使臣何緣不獲自盡？中書既比較了便，送與看詳，彼自不肯看詳，不知令比較官如何措置？陛下若尚疑未盡，即容臣等檢尋文字，子細進呈。」上疑比較不盡，蓋比較官向宗儒與生活所宋用臣有隙故也。上曰：「如生活所支食錢，只令依實比較，然卻言緣生活所支食錢，乞朝廷詳酌指揮，便取工匠狀。若支食錢，亦乞依得生活所便憑虚比較。」安石曰：「若謂御前生活所使臣皆陛下近習，當依違之，則誠如聖旨。陛下於宫中、國中，宜爲一體，陟罰臧否不宜異同。即有司如此比較，不爲過當。且軍器監自然支得食錢，即亦造得如何，抑亦辭以爲造不得？若依所乞，支與食錢，待彼造不得，然後重罰，彼亦何辭？若未見其造不得，

即令用其説比較，兼已依實比較，然後別更作一節聲説。如此比較，非不平直也。」翌日，進呈比較文字，照驗甚明，上乃大悟。長編卷二六四熙寧八年五月丁丑條注云「已上見日録，六月二十四日」。

［是日］。上與王安石論及官員不肅事，安石曰：「震驚百里，乃能不喪匕鬯。」上曰：「造言法令不便者，官員耳。朝廷但見官員紛紛，而百姓便於新法之情無由上達。」安石曰：「誠如此，此所以要耳目得人。」長編卷二六五熙寧八年六月甲寅條注云「此據日録，二十四日事」。

［是日］。王韶論不當罷客軍招河清致費財，上曰：「但當論河清可減而已，罷客軍非不利也。」安石曰：「誠如聖旨。」長編卷二六六熙寧八年七月戊寅條注云「此日録六月二十四日」。

［是日］。内批令改定經義序。余進呈，上曰：「以朕比文王，恐爲天下後世笑。卿言當爲人法，恐如此不便。且如『陟降庭止』之類，朕豈能如此，豈不自知？」四明尊堯集卷八處己門引王安石日録。○今案：此段文字亦載於長編卷二六五熙寧八年六月甲寅條。

［七月十六日］。韓縝等圖上河東緣邊山川、地形、堡鋪分畫利害。詔：「雙井水峪、瓦窯塢分畫地開壕立堠，增置鋪屋控扼處，並依奏。石門子鋪如在三小鋪外，更不拆移。其見安新鋪以東，接胡谷寨地元非分畫處，若北人言及，即以此拒之。如固爭執，奏取朝旨。其白草鋪，西接古長城，先從北與之議，毋得過分畫地界。其古長城以北弓箭手地，聽割移。」上與王安石日論契丹地界曰：「度未能爭，雖更非理，亦未免應副。」安石曰：「誠以力未能爭，尤難每事應副，

國不競亦陵故也。若長彼謀臣猛將之氣，則中國將有不可忍之事矣。」長編卷二六六熙寧八年七月丙子條注云「上與安石論，據日録」。

［七月十七日］。上批：「檢取熙寧初始定兵額文字進入。」王安石言：「中書每取兵數，料兵食，蓋常事。前此蔡挺乃令人傳語云，不敢公然送去，容密寫納。緣樞密院嘗得旨，若中書取兵數，即具奏故也。」安石因請自今乞依例應報，上從之。於是安石又爲上言：「臣不知兵數須密，有何義理也？」長編卷二六六熙寧八年七月丁丑條注云「此據日録八年七月十七日事，今刪取」。

七月十七日，章惇論密院添兵事，上曰：「章惇必别有意，非特爲添兵，前乃乞留中，不降出劄子，因進呈兵數，須得密，有何義理？」長編卷二六七熙寧八年八月壬寅條注引日録。

［七月十九日］。河北第十九將、内藏庫副使楊萬等充夔州路體量安撫司，聽候差使。王安石言萬可了南川獠事也。長編卷二六六熙寧八年七月壬申條注云「王安石薦萬，日録乃七月十九日」。

［七月二十七日］。是日，進呈弓箭手願養馬，上曰：「固知其願如此。」因令具府界保甲養馬數及所免物數進呈。長編卷二六六熙寧八年七月丁亥條注云「進呈願養馬，乃日録七月二十七日事」。

# 熙寧九年（丙辰　一〇七六年）

［五月十四日］。是日，上謂王安石曰：「王韶疑卿迫之，力求去，恐復如吕惠卿。韶幸無他，冀後尚有可任使，卿宜勉留之。」又言：「韶論事時不燭理，然不忌能，平直。」安石曰：「韶緩急足用，誠亦豪傑之士。」王珪言昨緣馬瑊、高遵裕事，必不悦。安石曰：「高遵裕害馬瑊，既不見聽，遂乞自引避。瑊以爲非我莫能守熙河，朝廷竟移瑊江西，若監司才守法，便爲方鎮傾害，則國家紀綱敗壞矣，此臣所以不敢阿韶所奏。臣與韶無他，陛下所知。又熙河事臣始與聞開拓之議，今所以治遵裕等，正欲成就本議，不貽國家後患而已。」長編卷二七五熙寧九年五月己巳條注云「此據日録五月十四日……所書略删取之」。

［是日］。遣周輔鞫華亭獄。長編卷二七五熙寧九年五月丁巳條注云引日録十四日。

［五月十八日］。詔新知渭州、龍圖閣直學士蔡延慶降授天章閣待制，以不能措置茂州邊事也。先是，上謂王安石曰：「昨以御前劄子寬慰延慶，彼無兵固宜敗衄，且善撫存百姓，勿令驚擾，持重以待秦兵至乃攻賊。」安石曰：「陛下慰安延慶，甚善。延慶怯，既敗軍，又畏朝廷譴責，必惶擾失度，得陛下寬慰，乃始有精神處事。如延慶最知向上，不敢有他，其才不足，無奈何，雖

責之何補？人主最欲識人臣嚮與不嚮也。」長編卷二七五熙寧九年五月戊寅條注云「此據日録，十八日事」。

［五月二十三日］。韶又言于上，以爲：「熙河宜且静候年歲，不然有疎失，臣豈免責？」上曰：「治作過官吏，使來者不敢復然，省浮費，實邊備，乃所以使熙河無疎失也。」安石曰：「今按作過官吏及浮浪之人，於熙河安危何所繫？若擾蕃部不撫結使向漢，則熙河危，若使犯法官吏知恐懼，浮浪人不敢往，乃所以静熙河。且人常言省静，省乃能静，煩而能静，難矣。」長編卷二七五熙寧九年五月己巳條注云「此據日録五月……二十三日所書略删取之」。

［是日］。改差淮南西路轉運判官汪輔之代［蹇周輔，乘驛同蔡確鞫熙河路結糴違法官吏］。長編卷二七五熙寧九年五月丁巳條注云引日録二十三日。

［六月三日］。初，季成與馬昌同受命分路募兵赴廣西。既而季成獨不能募，上以爲怯，欲令宣撫司斬之。長編卷二七八熙寧九年十月甲午條注云「上欲斬謝季成，見日録六月三日」。

［六月六日］。上謂安石曰：「宣撫司言兩江溪峒不可令其附賊，大是，温杲之言大非。」安石曰：「方官軍未到，雖不令附賊，安能禁其附賊？既不能禁其附賊，因喻之使不反側，堅心附賊，又或爲内應，此不爲失策。」上曰：「既附賊，便爲賊質其老弱，反爲賊用。」安石曰：「賊力能如此，我雖不指揮，安能禁其如此？」上曰：「不指揮即卻不敢全附賊。」安石曰：「彼力能制兩江，我又不能救，則兩江何爲不附賊？」上曰：「不如團結。」安石曰：「固已令團結。」上曰：

「宣撫司自要團結，温杲乃以爲非。曲珍向是西人，却便入得兩江，温杲與溪峒十親九眷，却不敢入。」安石曰：「温杲事初便要去團結兩江，深入攻交趾。」上曰：「何不去？」安石曰：「後來邕州破，去未得。杲初去時，自云若邕州已破，即去未得。」上曰：「杲何故云團結不得？」安石曰：「杲云人方耕作，又無食，所以難團結。後來朝廷令厚給强壯，又賑贍老弱，如此而温杲尚有言以爲不可，乃有罪。初不如此，而言難團結，杲又何罪？」上曰：「宣撫司要支與錢米。」安石曰：「温杲來説難團結時，未見説支錢米。」王韶言：「昨遣种諤時，欲及春末夏初且攻擾交趾，取其側近州峒，至冬，宣撫司往乃易爲力。」上曰：「兵何由到得？」安石曰：「臣初以爲賊尚攻邕州未下，其國空，可輕行襲滅，則入寇之兵不攻自破。後來邕州已破，則襲滅之事更不可言。然當交趾乾德初立，州峒各欲内附，此事不過募二萬精兵，擇五六中材之將，必了得交趾。竊恐當時料有今日之不軌，則亦不惜一舉。四境事若不圖大於細，爲難於易，則勞師費財，固其所也。」上曰：「前代興王欲有爲，須先練兵而後動。」安石曰：「舉事則材自練，若不舉事亦難練兵，但日夜教之坐作挽射，不知遇敵氣果如何？但舉事使嘗之而有功，則人材不材自見，材者見賞拔，則不材者亦奮矣。」上曰：「舉事亦須自家兵馬可用，若宣王征玁狁，其飭治車馬如何也！又須度力所可能勝。」安石曰：「譬如乾德初立時，用二萬精兵足了，以中國之衆，募二萬人精兵，豈患無之？擇五七中材將帥，亦豈患無之？一舉滅交趾，則威立矣。以嘗勝之衆布之陝西，則陝西之兵人人有勝氣，以其氣臨夏國，不足吞也。吞夏國則中國之氣孰敢干撓？」長編卷二七六熙寧九年六月丁亥條注云「此日録六月六日事」。

［六月八日］。王安石言：「季成勇於戰鬬，非怯也。今與宣撫司不相得，則其不能募兵，誠無足怪，陛下所宜察。」長編卷二七八熙寧九年十月甲午條注云「上欲斬謝季成，見日録六月三日，并八日王安石爲季成解説甚辯」。

［是日］。先是，詔安南招討司招降楊光僭等，於是招討司言：「蔡燁申楊光僭等必以死拒命，恐未易招降，頓兵挫鋭，妨討交阯，兼無故貪其地，非義，不如候招討司回兵討定。」王安石曰：「燁前遣趙楊諭光僭等内附，又與蒲宗孟言，燁不去一兩月須了。今以大兵脅之，乃云必以死拒，又以取其地爲不義，卻候回軍討定，何其前後反覆也？」上曰：「燁在任自不能了，今恐功在他人，故如此。其爲人險薄，大似其父。」安石曰：「迨『天之未陰雨，綢繆牖户』，不及今脅取，恐南師既行，彼見中國無如我何，因交阯未服間，連結撫水，更爲湘潭之患。兼恐南師歸日，軍人有功者自欲就賞，其歸而無功者意氣已索，難更舉事。」上曰：「不知招討司會蔡燁意否？」安石曰：「郭逵對臣自云回軍日相度，臣曾奏此事。」上曰：「今討定與回軍利害等耳，彼見我軍勝，呼之必至，如韓信令燕，從風而靡，光僭必不能過燕。」安石曰：「燕無并吞天下之意，則宜有所附，非附楚則漢爾，漢勝而招之，宜必往，況如韓信者，燕若不附，必不但已。今兵鋭而無事之

時，乃不敢呵問光僭，及軍回之日，思歸之士不可久留。光僭老賊，諳識事機，知南師思歸，將帥又無堅忍之意，逗留不肯遽出，則南師自當捨之而歸。且燕勢必有所附，光僭志自擅而不出，則與韓信燕事不同。」上又曰：「事定後，蔡燁自可行遣。」安石曰：「且令分析前後反覆意狀，亦足以儆姦，朝廷不宜數爲憸人所愚弄也。」長編卷二七六熙寧九年六月壬辰條注云「此日録六月八日事」。

## 年月未詳者

陳升之曰：「已與王安石商量定卻如此，且欲更與王安石商量。」上曰：「此是朝廷法，不干王安石事。」四明尊堯集卷二聖訓門引王安石日録。

余曰：「陛下明是非好惡，使人知理分所在，則中人以下，亦多服從陛下，所爲必不至於敗壞。今多或以爲陛下尚可欺，以其所爲，故未肯悛革。譬如運甕，須在甕外方能運；若坐甕中，豈能運甕？今欲制天下之事，運流俗之人，當自拔於流俗之外，乃能運之。今陛下尚未免坐於流俗之中，何能運流俗，使人順聽陛下所爲也？」四明尊堯集卷三論道門引王安石日録。

余曰：「陛下看商鞅所以精耕戰之法，只司馬遷所以記數行具足。若法令簡而要，則在下易遵行；煩而不要，則在下既難遵行，在上亦難考察。」四明尊堯集卷三論道門引王安石日録。

余曰：「漢宣帝不足法。陛下聖質高遠，當慕堯、舜、三代盛王。如漢宣帝，不足以言。」上曰：「朕自視未有一毫可比漢宣帝。朕意趣誠廣大，但才力庸短，未能運動天下事，所以每事畏慎，不敢妄發。」四明尊堯集卷三論道門引王安石日録。

上問及真宗時邊事。余曰：「真宗實録言當時事，大抵君臣議論，未嘗説到底，上下相與皆滅裂而已，則何以待夷狄！」四明尊堯集卷四獻替門引王安石日録。

上又問：「尊號，此於朕無一加損，雖百字亦何補？」余曰：「受與不受，於理皆可也。」上曰：「三尺童子，亦須知受與不受無加損。」四明尊堯集卷四獻替門引王安石日録。

上曰：「朕疑喪除未聽樂而徹有嫌。」余極論其當如此。上又疑北使在廷，余曰：「此苟合於禮義，乃所以示夷狄也。臣度陛下聖質如此，必不以行此爲難。」上曰：「此有何難，但恐此小節不足爲。」余曰：「動容周旋中禮，所以爲盛德之至。但恐内無其實，而外爲小節以示人，乃非所以應天。」四明尊堯集卷四獻替門引王安石日録。

上曰：「如蕃使坐位會聚處，別設提舉官位，如何？」余曰：「州縣會聚雜壓，各有著令。若令提舉官別設位坐，此事怪異，難以爲條貫。」四明尊堯集卷四獻替門引王安石日録。

上曰：「范純仁又有文字，意甚忿，言：『臣始見陛下用富弼、王安石，臣竊慶忭，以爲必能以堯、舜之道致太平。今富弼家居不出，王安石乃以富國强兵霸者之事佐陛下。』」余曰：「范純仁至中書亦責臣：『本以經術佐人主，今乃以理財爲先。』臣答以『正爲經術以理財爲先，故爲之。若不合經術，必不出此』。」四明尊堯集卷五理財門引王安石日録。

余曰：「近日言事者，更曾及學校事否？」上笑曰：「却更不説著。」余曰：「初，李常宣言，以謂臣但以財利開導陛下，不及庠序之教。及今修成庠序、貢舉之法，即更置而不言。陛下謂此等何意?」四明尊堯集卷五理財門引王安石日録。

余曰:「今欲理財,則須使能。天下但見朝廷以使能爲先,而不以任賢爲急;但見朝廷以理財爲務,而於禮義教化之際未有所及,恐風俗壞,不勝其弊。陛下當深念國體,有先後緩急。」上頷之。四明尊堯集卷五理財門引王安石日録。

余曰:「陛下天資超邁,非前代人主所及。然好理財。凡利於理財者,則汲汲而用。至於講道,則不以爲急。不急於講道,何由見理?見理有不盡,何能運動群臣?」上大以爲然。四明尊堯集卷五理財門引王安石日録。

上又論及榷茶,余以爲難。上曰:「今酒亦榷,礬、鹽亦榷,何獨至於茶而以爲難?」余以爲榷法不宜太多。四明尊堯集卷五理財門引王安石日録。

余曰:「理財誠不可緩,然以理財爲先,以使能爲急,則人將機巧趨利。此俗成,則非人主之利,非天下之福。天下事譬如和羹,當令酸鹹適節,然後爲和。今偏于理財與使能,非所以爲和。明禮義廉恥,以示人崇進忠良,恐不可緩。」四明尊堯集卷五理財門引王安石日録。

上令召何接求試問,余曰:「接求未可知,恐或只是能作文字,又無行義。」上曰:「言財利,恐不須問他行義。」余曰:「陛下即位以來,德義之教未有以加人;至於學校,則又不以爲急。既不得已以理財爲先務,更召致無行義之人,則恐於天下觀聽不足。」四明尊堯集卷五理財門引王安石日録。

上又問榷鐵如何，晹叔亦多言鐵冶利害，見討尋本末。余曰：「漢鹽鐵所以尤致人議論者，以縣官所賣鐵器多苦惡，至於農器多不便於民用。今官吏大勝漢武時，若官鼓鑄鐵器，即必與漢同弊。」四明尊堯集卷五理財門引王安石日録。

上又顧趙抃曰：「王安石造理深，能見得衆人所不見。」四明尊堯集卷八處己門引王安石日録。

上曰：「流俗小人論説不可聽。流俗人所共稱以爲好人者，卻不是好人。如王安石，不是智識高遠精密，不易抵當流俗毁譽，亦何由能安職？朕極知委他，相公且與協心施爲。天生明俊之才，可以庇覆生民，須與他勉强施爲，若虚過卻日月，乃是自棄。」四明尊堯集卷八處己門引王安石日録。

余曰：「正士君子，固有不爲功名爵禄事陛下。陛下似于君子、小人殊未察。」上曰：「知卿無利欲，無適莫，非特朕知卿，人亦具知，若餘人即豈可保？」四明尊堯集卷八處己門引王安石日録。

上曰：「朕仰慕卿道德甚至，卿似未體朕意，諸事切勿爲嫌疑形跡。」四明尊堯集卷八處己門引王安石日録。

密院退，上曰：「人才豈不自知，朕自度不能遠略，不過能保祖宗舊業而已。」余曰：「陛下不宜過自退託，以陛下聖質如此，何所不可企及？」四明尊堯集卷八處己門引王安石日録。

上曰：「張戩言王安石負儒學，並未能爲陛下做得事。朕問他如何做得事？戩言當築招賢館，如常秩者，德行爲衆人所推，必大過人，致之館中，令執政時往訪問政事，陛下亦屈己師之。」四明尊堯集卷九寓言門引王安石日録。

上問：「周公用天子禮樂，有之乎？」對曰：「於傳有之。」「然則人臣固可僭天子？」曰：「周公之功，衆人之所不能爲；天子禮樂，衆人所不得用。若衆人不能爲之功，報之衆人所不得用之禮樂，此所以爲稱也。然周用騂而祭，周公以白牡，雖用天子禮樂，亦不嫌於無別。」楊龜山先生集卷六神宗日録辨引王安石日録。

上問張端河北鹽議，對曰：「亦恐未可爲上言。」韓琦亦有文字，曰：「此事恐須少待，今且當以變通財利爲先。」上曰：「但理財節用，亦足以富，如此事不爲可也。」曰：「今諸路皆用刑辟權鹽，河北雖榷，似未有妨。」因言：「理財誠方今所先，然人主當以禮義成廉恥之俗爲急。凡利者，陰也，陰當隱伏；義者，陽也，陽當宣著。此天地之道，陰陽之理也。若宣著爲利之實，而禮義廉恥之俗壞，則天下不勝其弊，恐陛下不能得終於逸樂無爲而治也。」楊龜山先生集卷六神宗日録辨引王安石日録。

王氏云：「陛下誠能慎察義理，而左右不循理之人，敢爲妄言以沮亂政事，誠宜示之以好惡。經或言知、仁、勇，或言仁、智、勇，未有先言勇者，獨稱湯曰『天乃錫王勇知』者何也？書曰：『肇我邦于有夏，若苗之有莠，若粟之有秕，小大戰戰，罔不懼于非辜，矧予之德言足聽聞。』湯以七十里起於衰亂之中，其初爲流俗小人不悦，艱難如此，若非勇知，何能自濟？所以能自濟，尤在於勇。陛下救今日之弊，誠患不可以不勇。今朝廷異議紛紛，小有才而不便於朝廷任事之人者不過數人，亦不必人人有意。但如今朝士不識理者衆，合爲異論，則舉朝爲所惑。」楊龜山先生集卷六神宗日録辨引王安石日録。

上因問：「誠則明矣，明則誠矣，何謂也？」余曰：「能不以外物累其心者，誠也。誠則於物無所蔽，於物無所蔽則明矣。能學先王之道，以解其心之蔽者，明也。明則外物不能累其心，外物不能累其心則誠矣。人之所以不明者，以其有利欲以昏之，如能不爲利欲所昏，則未有不明也。明者，性之所有也。」楊龜山先生集卷六神宗日録辨引王安石日録。

凡興事造業，振救衰弊，誠須臨事而懼，若顧恤流俗人情，畏其不安，即不能爲周公所爲。商人與三監畔，征之三年，若畏人情不安，則必大赦以安之。及事平，乃更遷其世族庶士，居之洛邑，彰善癉惡，以教訓之，初無畏衆之意。此所以能制禮樂而成周之太平也。柴世宗一日斬大將樊愛能以下二十七人，以能者代之，當時人情豈得帖然無不安者？古之有爲者，上如周公，下如柴世宗，皆不苟畏人情，而但務因循，所以能各隨其材分，興起功業。楊龜山先生集卷六神宗日録辨引王安石日録。

上患内藏、三司見錢少，余曰：「納絹差多而不知變轉見錢，則積日月至於不可勝多。去年三司以斛斗合納見錢，乃令變轉金銀匹帛上京。在京已患金銀匹帛多於見錢，乃更令送金銀匹帛。外方既折納到見錢，却須要金銀匹帛，諸路不免科買；民被科買，至買銀一兩用錢千七八。此皆有司不知開闔斂散輕重之權所致。」又曰：「只爲人人皆言諸路若般却見錢，則錢荒不便。」又曰：「王安石常以爲今錢不少，然人皆患錢少。」余曰：「假令錢少亦無可患，在唐貞觀中米斗數錢，可謂錢少。然其時更爲樂歲，人無所苦。唯唐中世用兩稅法，令百姓以錢爲稅，然後人始苦錢少。此由責人必變粟帛爲錢輸官，則人人皆當以粟帛易錢，則不得不以錢少爲患。此乃上設法爲患，非錢少爲患也。今二稅令人輸粟帛，至今令輸錢則取情願，何由能致人患？」暘叔曰：「於古輸誠然，今如官中給賜用錢不少，若斗米五錢，則斗米可折得五錢，官中合用錢，何由辦給？則錢少亦不得不以爲患。」余曰：「今官司用錢爲多者，莫如糧草。若錢少而重，則糧草更不費錢。今近邊百萬貫，不能糴得百萬石米。若斗米五錢，則五萬貫足致百萬石。至於其他用見錢，亦豈能多於糧草？就令用見錢處多，若錢重自可。如今合賜錢處折以他物，此乃人主輕重之權，何至更以錢少爲患？」楊龜山先生集卷六神宗日録辨引王安石日録。

呈朱越乞小郡，上問朱越，僉取實對，又問越何處人，因甚人説他。余曰：「朱越是江寧人，臣久居江寧，與之相識。言者或以爲臣欲差此人知建州，建州地遠事繁，無職田，無錫賜，無酬獎。朱越素廉潔有行，居官無敗事。又是大卿，比鞏申、王秉彝輩只有過之，即無不及。理須與一郡如建州者。」上曰：「聞亦廉介，可惜年老。」僉言其不老，上曰：「若在京，好一見之。」余曰：「雖在京，陛下亦何須見？建州知州自來只是中書差，何足掛聖念？如臣者忠信誕謾之實，陛下乃當審察。若臣誕謾不足信任，便改命忠信之人，付之政事。以天下之大，豈無忠信可任以差除建州知州者？」上曰：「非爲如此，只是人言欲考實。」余曰：「陛下每事欲考實，甚善，然所當考實乃有急於建州者。」又曰：「人主防人臣爲姦，當博見人，窮理道，考事實。窮理道，考事實，則雖見姦人，無害。博見人，則人臣不能爲朋黨蔽欺。人臣爲奸，尤惡人主博見人。故李逢吉之黨相與謀，以爲人主即位，當深防次對官上説。」楊龜山先生集卷六神宗日録辨引王安石日録。

上論不尚賢，余曰：「尊尊親親賢賢，並用先王之政事也。老子不尚賢，是道德之言。」楊龜山先生集卷六神宗日録辨引王安石日録。

上曰：「使釋老之説行，則人不務爲功名，一切偷惰，則天下何由治？」余曰：「如老子言道德，乃人主所以運天下。但中人以下不明其旨，則相率亂俗，陷爲偷惰，如西晉是也。」上曰：「乃人主所以運天下，非所以訓示衆人者也。」余曰：「誠如此。若夫功名爵禄，乃先王所以役使群衆，使人人薄功名爵禄，上何以使下？故先王所以運天下，必有出於功名爵禄之外者，而未嘗示人以薄功名爵禄也。」楊龜山先生集卷六神宗日録辨引王安石日録。

上曰：「商鞅何嘗變詐？」余曰：「鞅爲國不失於變詐，失於不能以禮義廉恥成民而已。」楊龜山先生集卷六神宗日録辨引王安石日録。

「呂公著正所謂静言庸違，象恭滔天。」又云：「如陳襄姦邪，附下罔上，雖放流竄殛，自其常分。」又云：歐陽永叔乞致仕，馮固留之，上弗許。余論永叔：「以韓琦爲社稷臣，則脩爲忠良，否則脩不免爲附麗邪人。故如脩輩，尤惡綱紀立，風俗變。」又云：「如此人與一州即壞一州，留在朝廷則專附流俗，壞朝廷政令，留之何所用？」又云：「鯀以方命殛，共工以象恭流。富弼兼此二罪，止奪使相，誠爲未盡法。」楊龜山先生集卷六神宗日録辨引王安石日録。

余曰：「如今要作事，何能免人紛紜？三代以前盛王，未有無征誅而治也。文王侵阮徂共，以至伐崇，乃能成王業。用凶器，行危事，尚不得已，何況流俗議論？」楊龜山先生集卷六神宗日録辨引王安石日録。

呈內藏庫紬絹許人户情願納見錢事，因曰上：「今歲兩浙被三司令，人户情願納見錢折税紬絹。薛向近奏添俵預買紬絹錢，乃得平準輕重之意。」楊龜山先生集卷六神宗日録辨引王安石日録。

魯公曰：「議者以爲提舉官將先催常平，如王廣淵義倉事。」余曰：「先催常平物固無害，與義倉事不同。義倉是朝廷令勸誘，豈可先以百姓税物充？常平是出官本貸與，先催有何不可？若不許先催，則是令税足之後，方以枷棒催常平貸物，則自然致人議論。」又云：「枷棒亦不可廢。今和買紬絹若不納，可不決否？今民間賒貸亦須以枷棒理之。若明示百姓不可以枷棒理，即一散之後，何由可斂？既情願貸官物，又收息少縱，使枷棒催之，亦何所妨？」楊龜山先生集卷六神宗日録辨引王安石日録。

諭常平，陳曰：「此只是財利事，不行得有何所妨？臣在政府，日夕紛紛校計財利，臣實恥之。」余曰：「理財用者乃所謂政事，真宰相之職也，何可以爲耻？若爲大臣而畏流俗浮沉，不能爲人主守法者，臣亦恥之。」楊龜山先生集卷六神宗日録辨引王安石日録。

濮王不稱皇，乃御史之力。上曰：「稱皇是不得耶？」余曰：「無臣而爲有臣，孔子以爲欺天。濮王以人臣終而稱皇，是無臣而爲有臣之類。且孝子慈孫事死如事生，事亡如事存，推濮王之心，豈敢當褒崇？然則如此褒崇，非事死亡如生存之道也。」楊龜山先生集卷六神宗日録辨引王安石日録。

潞言：「人多言仁義，鮮能行。」上曰：「實能言仁義者不爲多。仁義之實，亦自難知。」余曰：「楊朱不知義，墨翟不知仁，惟孟子乃能知仁義。」楊龜山先生集卷六神宗日録辨引王安石日録。

韓絳曰：「王安石忠于陛下，所以盡言。」又曰：「安石所言皆是，陛下但聽之，三四年後便見效。」又曰：「安石所陳非一，皆至當之言可用，陛下宜省察。」及韓絳求去，安石則曰：「韓絳不宜如此，如此則遂無一人同正論。」長編卷二三四熙寧五年六月乙亥條注引「陳瓘論」所引日録。

安石曰：「人君爲天地萬物主，須是蓋抹得事過，乃能濟天下。」長編卷四八八紹聖四年五月辛未條引陳瓘尊堯集所引日録。

［上］云：「督責朕有爲。」邵氏聞見後録卷二三引陳瓘尊堯集所引王安石日録。

［上］云：「卿初任講筵，勸朕以講學爲先。朕意未知以此爲急。」邵氏聞見後録卷二三引陳瓘尊堯集所引王安石日録。

［上］云：「卿才德過于人望，朕知卿了得事有餘。」邵氏聞見後録卷二三引陳瓘尊堯集所引王安石日録。

立春日，悉剪綵爲燕子以戴之。故歐永叔云：「不驚樹裏禽初變，共喜釵頭燕已來。」鄭毅夫云：「漢閣鬬簪雙綵燕，併知春色上釵頭。」皆春日貼子詩也。阮閲詩話總龜後集卷五〇引荆公日記。

# 雜説

楊曦　輯

# 整理説明

淮南雜説是王安石早年的重要著作之一。郡齋讀書志卷十二子部雜家類「王氏雜説」條著録爲十卷，並引蔡京王安石傳云：「安石奮乎百世之下，追堯、舜、三代，通乎晝夜陰陽所不能測而入於神。初著雜説數萬言，其言與孟軻相上下。於是天下之士始原道德之意，窺性命之端。」司馬光的弟子劉安世在晚年也回憶説：「金陵在侍從時，與老先生（按：指司馬光）極相好。當時淮南雜説行於時，天下推尊之，以比孟子。」（馬永卿撰、王崇慶解元城語録解卷上）可見此書不僅對瞭解王安石執政前的學術思想至關重要，對於考察整個宋學演變也有不可忽視的作用。

然此書久佚，僅存佚文數條散見於續資治通鑑長編、河南程氏遺書等書中。但臺灣「國家圖書館」所藏吕祖謙編精騎卷二中，存有題爲「雜説」的片段文字三十一則、二千餘字，值得關注。精騎一書，係節録諸家文章片段，用以備考的科舉用書，一般將同一作者的著作彙集在一起，以文集居前，而以同一作者的其他著作居後。雜説部分，緊接王荆公文集，而在蘇洵嘉祐集之前，當爲王安石所作。又王應麟困學紀聞卷十云：「或問『賢』，曰：『顔淵、黔婁、四皓、韋玄成。』王介甫曰：『出乎顔淵，則聖人矣；出乎韋玄成，則衆人矣。』」亦與第二十六則大體相同，可确信爲王安石佚文。

精騎按當時常見文集的篇卷次第節録文字，選文一般在每節末尾以小字附注篇名，如所選超過兩段，或在第一段下標注篇名，下標「同上」；或在最後一段下標注篇名，體例不一，且存在漏標的情況。就雜説前十八則而言，第十六至十八則可能同出於名實，第十一、十二則是否同出於刑罰不能確定。後十三則全未標注篇名，出現如此大面積脱漏的可能性較小，大概這些文章原本即無標題。簡言之，精騎卷二所存雜説，其次序與文本基本反映了原書的面貌。

根據這一部分内容考察可知，淮南雜説原名應爲雜説，當是皇祐三年（一〇五一）至五年（一〇五三）間王安石任舒州通判時所作，臨川先生文集卷六五至卷七〇没有篇目出於雜説。雜説在學術上呈現出尊孟抑韓、重易引莊的思想傾向以及較爲明顯的心學色彩，對進一步考察王安石文章學術及其演變過程有重要意義。

需要説明的是，雜説與王安石經解存在相近甚至完全相同的段落。第一則討論大有、大畜兩卦的關係，與王安石易解大有卦所謂「大有、大畜皆尚賢之卦」，語義相近。第二、三則，與易解晉卦、革卦語句的重合度尤高。第十二則刑罰、第十五則伯夷，則分别與王安石論語解對「苟子之不欲，雖賞之不竊」和「求仁而得仁，又何怨乎」的注解全同。或以爲雜説的内容乃出於王安石的多部經解。但參照精騎的性質、編纂程序以及選録東坡易解的情形，精騎卷二所存雜説應出自一部著作，具有整體性，而不應出於王安石的多部經解。之所以出現會雜説與經解文字相近或相同的情況，當是後出經解採用雜説造成的。

此次即據南宋孝宗年間婺州永康清渭陳宅所刊精騎加以整理，並據有關文獻訂正訛誤。

# 目録

# 雜説

## 一

大畜，剛上而尚賢，能止健；大有，柔得尊位大中，而上下應之。剛上能止健，所以畜之之道也；柔得尊位大中，所以有之之道也。方其畜之，不可以不剛；方其有之，不可以不柔。大有

## 二

常人不見乎，則或急於進，以求有爲而見其材；或急於退，以懟其上之不我知，惟君子爲能不見乎而裕於進止也。然初六最在卦下，未受命者也。未受命，故裕於進止而無咎。其既受命，則有官守[一]，有言責，不得其志，則不可一朝居也。其進止，亦可裕乎？晉罔孚裕無咎

---

[一] 按：「官守」原作「官府」，據孟子・公孫丑下「有官守者，不得其職則去；有言責者，不得其言則去」改。

## 三

九三不如九五之得尊位大中，未占有孚，是以言而後能革也。不待言而能革者，革之上也；待言而後能革者，革之次也。革言三就

## 四

見唐、虞禪，即以爲公天下；見禹、湯繼，即以爲私天下。以禪爲公，則以繼爲私矣。此小人不知聖人，而以其利心量禹、湯、文、武、周公，以爲私其子孫而已，何其陋哉！禮運天下爲家説

## 五

古者，受命之君未嘗無符瑞也。古之人因其有以著之，所以明天命之不可以力求也。或以爲符瑞之説用，則後世之姦人託是以欺世，而莫之能禦也。夫古之人教後世，未嘗不至於誠善也，能以誠善遺後世，而不能止後世矯托以濟其姦者也。惟其得志於天下，則能以義禁之耳。

且使彼詐力以饕天下者，欲符瑞之説焉，則彼之命不可以力求矣。其所以矯託以欺世，惟不信故也。故符瑞之説行，姦人固有畏天命而止者；符瑞之説廢，終不能止奸人干非其命也。〈義命〉

## 六

孔子曰：「微管仲，吾其被髮左衽矣。」假令之世不爲管仲所爲，則民左衽，君子爲之乎？曰：「不爲也。」不爲，可謂仁乎？曰：「天將必大任我乎？吾不必爲管仲所爲。必爲管仲所爲，而後可以免民左衽，則吾雖不爲管仲，其憂非管仲乎？」〈仁説〉

## 七

今徒曰無心則莫怨，莫怨則莫害，是亦不足以爲知矣。夫莠之敗田，無心也，田者不怨也，而豈能使之勿耨乎？夫苟無心而已，則其不得戕於物也，幸矣。〈治心〉

八

或曰：「能言拒楊、墨者，孟子也；能言拒佛、老者，韓子也，吾以謂韓子之功猶孟子也。」亦嘗聞伐燕之語乎？以燕伐燕者，韓子也；爲天吏以伐燕者，孟子也。〔言〕

九

萬物不能憂者，至樂也；萬物不能樂者，至憂也。君子有至樂，亦有至憂。故富有天下、貴爲天子而不能樂，舜之憂；一簞食一瓢飲而不能憂，顔子之樂。〔戒懼〕

十

告宿學之謬，難於始學也。始學虚，宿學實，實其所學而告之，無自入也。〔學説〕

## 十一

化賤者易，化貴者難；化勞者易，化逸者難，故公子之信厚如麟趾，國君之仁如騶虞，所以爲周、召之終。

## 十二

俗之所榮，罰之不能止；俗之所恥，賞之不能誘，故君子無爲也，反身以善俗而已矣。刑罰

## 十三

甚哉，君子之難知也！故淳于髡得齊王於眉睫之間，而不足以知孟子。君子小人

## 十四

詖女用於内，則姦士用於外。詩不云乎："庶姜孽孽，庶子有朅。"任用

## 十五

塗人之小者知有財利，大者知有權勢，其上乃知有名而已。知有財利也，奪之則怨；知有權勢也，絀之則怨；知有名也，毁之則怨。伯夷不知有此三者，知求仁而已。求仁在我，其得之也，無所喜；其不得之也，無所怨。故孔子曰："求仁而得仁，又何怨。"伯夷

## 十六

無功而禄，謂之素餐；無德而隱，謂之素隱。素餐盜實，素隱盜名。

## 十七

以衆之所同爲善，莫善乎鄉原；以衆之所異爲善，莫善乎行怪。

## 十八

君子之過，以人知之爲幸，以其好善行也；小人之過，以人不知爲幸，以其好善名也。〈名實〉

## 十九

夫有思也，思東則忽西；有爲也，爲此則忽彼，則是滯而不通，非所以爲無方無體也。

## 二十

「索鬼神」、「除盜賊」最後者：人事備，然後可以及鬼神；所養盡，然後可以罪盜賊。

## 二十一

德薄而位高者，可以無愧，何也？德又有薄於我者也。亡功而厚禄者，可以無慊，何也？功又有寡於我者也。噫！三公之位，人人皆曰我能爲之；萬鍾之富，人人皆曰我當享之，足以見今之多幸，而爵禄之不幸也。

## 二十二

夫後之視今，與今之視昔，蓋已成已敗之驗，其事之是非，易見也。若夫今之視今，昔之視昔，未成未敗之前，其事之是非，難見也。然則如之何而可？曰：「莫若究夫昔之所以成敗之初，而驗今之所爲是非之端。與治同其初者，莫不興，與亂同其初者，莫不亡。聖人之言，如是而已也。」

## 二十三

三代之法律，不若漢世之密；三代之境土，不若漢世之廣；三代之取斂，不若漢世之巧；三代之宫室，不若漢世之侈。以漢世修法律之精工，議三代之禮樂；以漢世開闢境土之勞苦，講三代之田禄；以漢世務取斂之奇巧，論三代之賦役；以漢世修宫室之功力，復三代之制度，吾見其有餘矣。惜哉！

## 二十四

治世之法，必有可革；亂世之法，必有可因。

## 二十五

祐神者，非神祐我，而我能祐神，莊子所謂「精之又精，反以相天」是也。道未足，則有待於彼，故爲神所祐，未能祐神；道足，則無待於外，故神亦爲我所祐。書言成湯之道，曰：「山川鬼神，亦莫不寧。」山川鬼神，待我而後寧，此祐神之謂也。

二十六

或問賢，楊子曰「顔淵、黔婁、四皓、韋元」者，言賢亦當有局限。自出顔子之上，即聖人矣；自出韋元以下，衆人矣。

二十七

市井輕薄欲群行而罔野民，必一人爲惡，一人爲善。彼非不知皆惡之爲快也，而皆惡，則無以就事；非不知皆善之爲直也，而皆善，則無以就事。

二十八

人之所學，學改其觀而已矣。夫樓船之載其物如山，及船一轉，則如山之物莫不易嚮，心亦如是。夫平生之多聞廣見、博學詳説，皆聚於心。心觀忽遷，則曩之多廣詳博者，盡隨而改。

## 二十九

古之人曰「異端」而不曰「異終」者，其端異可也，其終烏得而爲異？

## 三十

高宗既免喪，其惟弗言；而康王告諸侯，乃父死之九日，何也？義無常情，歸諸是而已，故時每不同，而是無異也。高宗弗言，蓋有所可以弗言也；康王之誥，蓋有所不可不誥也。方其有所弗言，終身弗言，可也，況免喪乎？方其有所不可不誥也，父死之日誥焉，可也，況九日乎？此無它，隨時焉耳。

## 三十一

筋疲而跛倚者，以太山爲固，而不知天下之固，莫固於無力之力，而太山爲易踣；狐疑而求決者，以巫咸爲至神，而不知天下之神，莫神於無知之知而巫咸爲大惷。是以善倚者不倚太山，而倚於無力之力；善決者，不問巫咸，而問於無知之知。

# 老子注

羅家湘 輯

# 整理説明

自南宋至晚清，除了故里後進陸九淵、章衮、陳汝錡、李紱、蔡上翔等有所褒揚外，王安石（一〇二一—一〇八六）變法被看作是北宋滅亡的原因，荆公新學遭受到嚴厲抨擊，被視爲異端邪説。二十世紀疾風暴雨式的社會變革，加深了人們對王安石變法的體認，自一九〇八年梁啓超中國六大政治家王荆公爲王安石變法翻案後〔一〕，對王安石的研究全面深入，有關文獻的整理與研究越來越細密，肯定性的評價逐漸占了上風。〔二〕僅王安石老子注的輯佚本就有四種，其中王介甫老子注佚文時間最早，一九四八年六月發表於四川省立圖書館編印的圖書集刊第八期上，當年是以馮璧如女士名義發表的，但據蒙默考證，此文係其先君蒙文通輯本，並重編收入蒙文通文集道書輯校十種中。〔三〕嚴靈峰一九六五年在臺灣藝文印書館出版無求備齋老子集成輯

〔一〕梁啓超中國六大政治家王荆公，上海：廣智書局一九〇八年版。

〔二〕參考李華瑞王安石變法研究史，北京：人民出版社二〇〇四年版。

〔三〕蒙文通道書輯校十種，成都：巴蜀書社二〇〇一年版。蒙文通將自己的著作用他人名字發表，這在當下屬於學術打假的事件，放到當時的環境中，不過是一種從清代沿襲下來的普通的友情「贈書」行爲。

王安石老子注，但僅從彭耜道德真經集注中輯録王注，過於簡略。一九七九年十月嚴靈峰在前書基礎上又整理出版了老子崇寧五注王安石老子注[一]，成爲目前内容最多的王安石老子注輯本。容肇祖王安石老子注輯本體例最善[二]，所輯每一條佚文皆標明出處、頁碼。但容輯本有漏輯誤輯的内容，蒙默已有所發現；且所用老子乃王弼注通行本，與王安石注文往往抵牾。

王安石老子注所用老子非王弼注本，可舉例如下：

| | 王弼本 | 王安石注引 |
|---|---|---|
| 二章 | 功成而弗居 | 功成不居 |
| 三章 | 使民心不亂 | 使心不亂 |
| 八章 | 正善治 | 政善治 |
| 九章 | 揣而梲之 | 揣而鋭之 |
| 九章 | 功遂身退 | 功成名遂身退 |
| 十章 | 能嬰兒乎 | 能如嬰兒乎 |
| 十章 | 能無知乎 | 能無爲乎 |
| 十章 | 能無雌乎 | 能爲雌乎 |
| 二十章 | 儽儽兮若無所歸 | 乘乘若無所歸 |
| 二十九章 | 善有果而已 | 善者果而已 |

[一] 嚴靈峰老子崇寧五注王安石老子注，臺北：成文出版社一九七九年版。

[二] 容肇祖王安石老子注輯本，北京：中華書局一九七九年版。

經過多方比較，發現王安石老子注所引用老子，與道藏所收吕惠卿道德真經傳之老子經文相同。吕惠卿爲王安石學生輩，二人所讀老子爲同一版本，這也符合事理。今即取吕本老子爲底本，使經注相稱。

蒙、嚴、容三家輯本雖略有不同，選定的輯佚對象則是相同的，主要是從三部書中輯録王安石老子注：一是元成宗元貞二年（一二九六）成書的劉惟永道德真經集義，書中稱王安石爲「王介甫」，原有三十一卷，道藏存十七卷，至十一章止，上海書店出版社、文物出版社、天津古籍出版社一九九四年影印道藏版收録於第十四册；二是南宋理宗紹定二年（一二二九）成書的彭耜道德真經集注十八卷，書中稱王安石爲「臨川王安石」，影印道藏版收録於第十三册；三是金世宗大定十一年（一一七二）成書的李霖道德真經取善集，書中稱王安石爲「舒王」。原六卷，道藏析爲十二卷，影印道藏版收録於第十三册。劉惟永集義雖僅存殘本，但例收全文，據所存十一章注，可以還原王安石老子注體例。

王安石老子注原爲注文單行本，但此本明代已不存，楊士奇等編明初官藏圖書目録文淵閣書目不録，焦竑所撰國史經籍志雖有此書名，然不可信據，四庫全書總目已指責其「叢鈔舊目，無所考核，不論存亡，率爾濫載」。能見到原書最晚的是元代人，據劉惟永集義所録可知此書原爲注文單行本，在每一條注前都要標明所注經文的起止。這種格式符合北宋寫刻書籍的傳統，經注合一的本子是南宋纔興起的。三家輯本將集義中經文起止字句删去不録，遮蔽了原爲注文單行本這一信息。今據集義本恢復所標經文的起止。

蒙文通王介甫老子注佚文前言揭示出王安石老子注有全義、字説、雜説、新説四種體制：「劉惟永集義引王注中別有全義、雜説、字説，足見介甫原書之體制，而王元澤注中有新説一條，集義中又有丞相新説一條，知亦介甫書佚文，亦録入焉。李霖書中介甫注外有字説，有新説，有雜説，知皆介甫書也，亦並取之。」但其間所涉問題較多，今略作如下梳理。

雜説與新説是相對而言的，新説可以理解成新雜説。雜説又稱淮南雜説或王氏雜説，是慶曆二年（一〇四二）至慶曆六年（一〇四六）王安石進士及第後派往揚州以秘書郎簽書淮南節度判官廳公事時期所作，有數萬言，分爲十卷。該書爲王安石贏得巨大聲譽，「世謂其言與孟軻相上下」（蔡京安石傳），「淮南」乃其職官省稱。新説又稱丞相新説，是王安石熙寧二年（一〇六九）二月拜相，以右諫議大夫參知政事後所刊成的作品。王元澤老子注成書于熙寧三年（一〇七〇），是由王安石親自策劃刊成的〔二〕，王元澤書中引用到新説，則新説成書不晚於該年。二書

〔二〕南宋陳均九朝編年備要卷十九熙寧四年七月「王雱爲崇政殿説書」条：「雱既登第，安石暴進用，執政多少年，雱尤欲與選，乃與父謀曰：『執政子雖不可與事，惟經筵可處。』安石欲上知而自用，乃以雱所作策三十篇及注道德經，鏤鬻於市，遂傳達於上，而鄧綰、曾布等又力薦之，遂有是命。」臺灣商務印書館一九八六年影印文淵閣四庫全書本三百二十八册，第四百九十三頁。

皆非專釋老子的作品，其内容應與王文公文集第二十六卷至三十三卷的「雜著」相關或相似。輯佚中有雜説七條，分别在第一、四、八、三十八、四十二、五十七章注中，第一、四、八、四十二章之雜説輯自集義，三十八、五十七章之雜説輯自取善集。其中第四章二條、第四十二章一條皆爲王元澤老子注所引，第八章一條爲劉仲平老子注所引。由第一章注中出現的雜説可以肯定，王安石老子注是引用過雜説的。新説一種，輯佚中有五條，分别在第二、五、十六、二十七、六十五章注中，前兩條輯自集義，第二章注的新説爲王元澤老子注所引，第五章標目爲丞相新説；後三條輯自取善集。劉惟永集義所引注解有諸家姓氏四十一家，而王介甫之後復列有丞相新説，其下劉惟永注云：「見『八注』中，不載其名。」「八注」即「崇寧八注」，出現于「崇寧五注」之後，「崇寧五注」中已有王安石老子注，則丞相新説不應與王安石老子注相混。故今輯在新説前皆標「附」字以示區别。

全義名稱僅見于第一章注。就詞義而言，「全義」指完整的所有的意思，類似于集解集釋。後世以「全義」爲名的書多爲彙編而成，如明徐光啓修，羅雅谷、湯若望撰訂測量全義，清戴震勾股割圜全義圖都不是以學術獨創見長，而是彙聚前人成果編成的數學教科書。王安石老子注在首章標明「全義」，應具有發凡起例的性質，説明這部書具有彙編性質，是用他從前研究老子的成果聯綴而成。

字説二十四卷是王安石晚年與曲江譚掞、丹陽蔡肇等共同編成的著作，成書于元豐三年（一〇八〇）。輯佚中有字説十條，分别見於第一、二、三、四、七、十五、三十九、四十二章注中，第一、二、三、四、七章的五條輯自集義，第十五、三十九、四十二章的三條輯自取善集，還有第四十二章一條輯自集注，其中第三十九章注中的字説存疑。由集義所録五條可知，王安石老子注是引用過字説的。據字説序，王安石的字説是先序録許慎説文之説，然後以門人所推經義附之。王安石推經義作訓詁甚早，熙寧五年（一〇七二）正月壬寅，神宗皇帝命王安石録進所著文字，王安石回答：「臣所著述多未成就，止有訓詁［詁］文字，容臣綴輯進御。」[二]此類訓詁文字後來應融進了字説中。老子注中的字説，應該是王安石推經義的成果之一。

王安石的老子注是什麽時候彙編成書的呢？從其不録丞相新説看，似在熙寧二年拜相以前。但對照兩者，發現其間的區分並非涇渭分明，王安石老子注有與丞相新説相同相似的地方。但這確實是兩本書，而老子注包含了丞相新説中相關的内容。因此，王安石老子注的作時又不必定在熙寧二年拜相以前了。高克勤以爲當著於元豐年間隱居鍾山時[三]，王安石晚年領

---

[一] 李燾續資治通鑑長編卷二二九，臺灣商務印書館一九八六年影印文淵閣四庫全書本三百一十七册，第七百六十三頁。

[二] 據南宋楊仲良皇宋通鑑長編紀事本末卷五九王安石事蹟上「誥」当作「詁」。

[三] 高克勤王安石著述考，復旦學報一九八八年第一期。

集禧觀使，食宫觀祠禄，對於道家著作自有一份親近與責任，將此時作爲其著述老子注的下限，有其合理性。不過，王安石著老子注是爲了鼓吹其變法思想，司馬光熙寧三年二月二十六日與王介甫書曾引老子二十九、五十七、六十章數語批評王安石變法説：

今介甫爲政，盡變更祖宗舊法，先者後之，上者下之，右者左之，成者毁之，矻矻焉窮日力繼之以夜，而不得息。使上自朝廷，下及田野，内起京師，外週四海，士、吏、兵、農、工、商、僧、道，無一人得襲故而守常者，紛紛擾擾，莫安其居，此豈老氏之志乎？

這些話應該是王安石作老子注的動因吧。由此看来，老子注作于王安石主持变法期间更有可能。熙寧六年（一〇七三）三月設置經義局，王安石親任提舉，王元澤、吕惠卿爲修撰，這是一個鼓吹變法的寫作班子，老子注有了編寫條件。經義局雖一直忙於周禮、詩經、尚書三經新義的撰寫，但王安石此時應對老子注做過計劃，下過功夫，那些批評襲故守常、寬緩無爲，主張不愛亦仁（第五章注）、聖人同心，易地皆然（第三十八章注）的注語應作於此時。熙寧八年（一〇七五）六月三經新義頒於學官後，經局解散。熙寧九年（一〇七六）王安石喪子、再罷相，退居鍾山，其後雖有餘暇撰作，但未必有心情寫那些情緒激烈的文字了。老子注本具有彙編性質，王安石於隱退作字説之時，掇拾舊文編次成老子注，是有可能的。

本次輯録老子注，老子經文取吕惠卿道德真經傳之道藏影印本爲底本，王安石的注釋則將蒙文通、嚴靈峰、容肇祖諸賢所輯各條文字與原書一一對照，標明卷數頁碼，略加按語，釐爲上、下二卷，爲大家提供一個方便的讀本。所用吕惠卿道德真經傳在上海書店出版社、文物出版社、天津古籍出版社一九九四年影印版道藏第十二册，元劉惟永道德真經集義在道藏第十四册，南宋彭耜道德真經集注、金李霖道德真經取善集皆在道藏第十三册。標注道藏頁碼時先標册數，後標頁碼。注釋中的異文校勘及解釋性話語放在脚注中。

# 目録

老子注　卷下　德经

# 老子注　卷上　道經

## 第一章

道可道，非常道；

王介甫曰：「道可道，非常道」。常者，莊子謂：「無古無今，無終無始也。」道本不可道，若其可道，則是其跡也。有其跡，則非吾之常道也。（元劉惟永道德真經集義卷一，頁十八，道藏第十四册，頁九十；南宋彭耜道德真經集注卷一，頁二，道藏第十三册，頁一〇九。）

名可名，非常名。

「名可名，非常名」。道本無名，道有可名〔一〕，則非吾之常名。蓋名生於義，故有名也。（集義卷一，頁十八，道藏第十四册，頁九十；集注卷一，頁二，道藏第十三册，頁一〇九。）

〔一〕「道」，集注無。

无名天地之始，有名萬物之母。

「無名」至「萬物之母」。無，所以名天地之始；有，所以名其終，故曰「萬物之母」。（集義卷一，頁十八，道藏第十四册，頁九十。）

全義：無者，形之上者也，自太初至於太始，自太始至於太極，太始生天地，此名天地之始。有，形之下者也，有天地然後生萬物，此名萬物之母。母者，生之謂也。（集義卷一，頁十八，道藏第十四册，頁九十。）

雜説：無名者，太始也，故爲天地之父。有名者，太極也，故爲萬物之母。天地，萬物之合；萬物，天地之離。於父言天地，則萬物可知矣。於母言萬物，則天地亦可知矣。（集義卷一，頁十八，道藏第十四册，頁九十。）

常无，欲以觀其妙；常有，欲以觀其徼。

「常無欲」至「觀其徼」。道之本出於無，故常無，所以自觀其妙。道之用常歸於有，故常有，得以自觀其徼。（集義卷一，頁十八—十九，道藏第十四册，頁九十。）

字説：王育曰：「天屈西北爲無。」蓋制字或以上下言之，或以東西南北言之，或以左右言之，或以先後言之。王育之言無，是也。蓋乾位西北，萬物於是乎資始。方其有始也，則無而已矣。引而伸之，然後爲有。「常無，欲以觀其妙；常有，欲以觀其徼。兩者同謂之玄。玄之又玄，衆妙之門。」蓋不能常無也，無以觀其妙；不能常有也，無以觀其徼。能觀其妙，又觀其徼，則知夫有无者同出之玄矣。（集義卷一，頁十九，道藏第十四册，頁九十。）

全義：道一也，而爲説有二。所謂二者，何也？有、無是也。無則道之本，而所謂妙者也；有則道之末，所謂徼者也。故道之本，出於沖虚杳眇之際；而其末也，散於形名度數之間。是二者，其爲道一也。而世之蔽者，常以爲異，何也？蓋沖虚杳眇者，常存於無；而言形名度數者，常存乎有。有、無不能以並存，此所以蔽而不能自全也。夫無者，名天地之始；而有者，名萬物之母。此爲名則異，而未嘗不相爲用也。蓋有、無者，若東西之相反而不可以相無也〔二〕。故非有則無以見無，而無無則無以出有〔三〕。有無之變，更出迭入，而未離乎道。此則聖人之所謂神者矣。易曰：「無思也，無爲也，寂然不動，感而遂通天下之故。」此之謂也。蓋昔之聖人常以其無思無爲，以觀其妙，常以感而遂通天下之故，以觀其徼。徼、妙並得，而無所偏取也。則非至神，其孰能與於此哉？然則聖人之道亦可見矣。觀其妙，所以窮神；觀其

〔二〕「也」字，據集注補。

〔三〕「而無」，集注作「而非」。

徼，所以知化。窮神知化，則天地之道有復加乎！（集義卷一，頁十九—二十，道藏第十四册，頁九十；集義卷一，頁二十七—二十八，道藏第十四册，頁九十三，王元澤老子注重出。自「蓋有無者」至「無所偏取也」，並見集注卷一，頁八，道藏第十三册，頁一一一。）

此兩者同出而異名，同謂之玄，玄之又玄，衆妙之門。

「此兩者」至「同謂之玄」。兩者，有無之道，而同出於道也。言有無之體用皆出於道。世之學者常以無爲精，有爲粗，不知二者皆出於道。故云「同謂之玄」。「此兩者同出而異名」者，同出乎神，而異者，有、無名異也。聖人能體是以神明其德，故存乎無，則足以見其妙；存乎有，則足以知其徼。而卒離乎有、無之名也。其上有以知天地之本，下焉足以應萬物之治者，凡以此。（集義卷一，頁二十，道藏第十四册，頁九十。）

雖然，觀乎妙者，惟以窮神而已，而非所以爲神也。若夫神，則未嘗離乎此二者，而此二者亦不足以爲名也。故曰兩者同出而異名。同者，同出乎神；而異者，有、無之名異也。聖人者，能體是以神明其德，故存乎無，則足以見妙；而存乎有，則足以知徼。而卒離乎有、無之名也。其下則有以知天地之本〔二〕，而下焉則有以應萬物之治者，凡以此。嗚呼，老子之言可謂協于易矣。然而卒不與孔、孟並者，何也？蓋聖人之于道，未嘗欲有所言也。凡所以言者，皆出於應天下之變，而爲中才之不知者言耳。以其道雖有、無並載，而及其言也，務詳於有而略於無。蓋詩、書、禮、樂、春秋之文，皆所以明有，而及其所謂無，則獨易嘗言之而已矣。然其說也，又必寓之爻象彖繫、吉凶悔吝之間，而使世之學者自上觀之，則見其詳乎事物，而得其所以有；自下而觀之，則見其外乎器用，而得其所以無。所以賢者觀之，愈有以自信；而愚者窺之，亦不至乎疑而得也。蓋其心嘗慮曰：彼道妙者，非中才之所能及；彼能及之者，又將不言而自諭。苟爲不度其如此，而惟妙之欲言也，則是使學者坐而惑之。老子者，知有、無之相爲因，而以爲無有者本也，故其言詳於無而略於有。夫無者無言可也，而可以詳言乎？彼老子者，既以異乎孔、孟矣，而王弼又失孔子之旨。蓋其說以無名也，天地之始。夫神者，天地之至難名者也，而天下既名之以神矣，然物豈有無名者乎？又以爲常有欲也，以觀其徼。夫欲者性之害者也，易曰「懲忿窒欲」，而老子亦曰「不見可欲，使心不亂」，苟爲有欲矣，則將沉溺轉徙，喪我以逐物，而莫知所守矣，又何徼之能觀乎？此之不察，而曰吾知天地之全，古

〔二〕「下」，當作「上」。

人之大體也。吁，可笑哉！（集義卷一，頁二十八—二十九，道藏第十四册，頁九十三。誤繫于王元澤老子注中，尹志華北宋老子注研究考證當爲王安石注文，巴蜀書社二〇〇四年版，頁十二—十五。）

字説：幺而覆入之者，玄也。故玄從幺從入。「兩者同謂之玄」。兩者，謂有、無也。玄又爲黑，而有赤色。北方，黑爲陰，玄爲陽。故易曰：「坤，於地爲黑。」又曰：「天玄而地黄。」舜曰玄德，此聖人之在下者。玄德，言乎其幽也。（集義卷一，頁二十一—二十一，道藏第十四册，頁九十一—九十一。）

## 第二章

天下皆知美之爲美，斯惡已；皆知善之爲善，斯不善已。

王介甫曰：「天下皆知」至「不善已」。夫美者，惡之對，善者，不善之反。此物理之常。惟聖人乃無對於萬物。自非聖人之所爲，皆有對矣。（集義卷五，頁十七，道藏第十四册，頁一三二。）

附：新説：此言美惡、善不善相逐，而妄者溺於美善，不如有惡與不善也[一]。唯聖人超然遠覽，知美之有惡，善之有不善，未嘗有所溺也。（集義卷五，頁二十二，道藏第十四册，頁一三四，王元澤老子注引。）

故有无之相生，難易之相成，長短之相形，高下之相傾，聲音之相和，前後之相隨。

「故有無之相生」至「相隨」。有之與無，難之與易，高之與下，音之與聲，前之與後，是皆不免有所對。唯能兼忘此六者，則可以入神。可以入神[二]，則無對於天地之間矣。（集義卷五，頁十八，道藏第十四册，頁一三二；集注卷一，頁十四，道藏第十三册，頁一一三。）

字説：無，從大幷從亡。蓋大幷者，有之極也，有極則復此於無者矣。老子曰：「有無之相生。」（集義卷五，頁十八，道藏第十四册，頁一三二。）

是以聖人處無爲之事，行不言之教。

[一]「如」，當作「知」。

[二]「可以」，據集注補。

「是以聖人」至「之教」。聖人觀有之有對，於是處無爲之事，行不言之教。聖人未嘗不爲也，蓋爲出於不爲；聖人未嘗不言也，蓋言出於不言。（集義卷五，頁十八，道藏第十四册，頁一三三一。）

萬物作而不辭。生而不有，爲而不恃，功成不居。

「生而不有」至「功成不居」。生之而不有其生，爲之而不恃其爲，功成而不居其功，此三者皆出於無我。惟其無我，然後不失己。非惟不失己，而又不失人。不知無我，而嘗至於有我，則不惟失己，非惟不失己，而又不失人[一]。功成則居，居則與去爲對。聖人不居上之三者，然後道之常在於我而不去也。（集義卷五，頁十八，道藏第十四册，頁一三三一。）

夫唯不居，是以不去。

[一] 容肇祖按：此上二「不」字疑衍。

## 第三章

不尚賢，使民不爭。

王介甫曰：「不尚賢使民不爭」。論所謂不尚賢者，聖人之心未嘗欲以賢服天下。而所以天下服者，未嘗不以賢也。群天下之民，役天下之物，而賢之不尚，則何恃而治哉？夫民於繦褓之中，而有善之性，不得賢而與之教，則不足以明天下之善。善既明於己，則豈有賢而不服哉？故賢之法度存，猶足以維後世之亂，使之尚於天下，則民其有爭乎？求彼之意，是欲天下之人，盡明於善，而不知賢之可尚。雖然，天之於民不如是之齊也，而況尚賢之法廢，則人不必能明天下之善也。噫！彼賢不能養不賢之敝，孰知夫能使天下中心悦而誠服之賢哉？齊桓公問于管仲曰：「仲，不幸而至於不可諱，則惡乎屬國？」桓公賢易牙，而仲以爲「易牙於己不若者，不比數之。無若隰朋者，上忘而下不畔[一]，愧不若黃帝而哀不己若」。夫使其得上忘而下不畔之人，而尊之於上，則孰有尚賢之弊哉？或曰：彼豈不謂是耶？特以弊而論之爾。

---

[一] 容肇祖按：上文兩「易牙」當是「鮑叔牙」之誤，見莊子徐無鬼篇、列子力命篇。莊子「上忘而下畔」，列子作「上忘而下不叛」。畔、叛通。列子多一「不」字，張湛注云：「居高而自忘，則不憂下之離散。」王先謙莊子集解説：「力命篇『畔』上有『不』字，是，此脱。」今據補。下同。

（集義卷七，頁十五—十六，道藏第十四册，頁一五六。）

不貴難得之貨，使民不爲盜。不見可欲，使心不亂。

「不貴難得之貨」至「使心不亂」。尚賢則争興，貨難得則民爲盜。此二者，皆起於心之所欲也。故聖人在上，不使人不尚賢〔一〕，不貴難得之貨。不見此二者，則能使心不亂而已矣。尚賢則善也，不貴難得之貨〔二〕，爲盜，惡也。二者皆不欲，何也？蓋善者惡之對也，有善則必有其惡〔三〕，皆使善惡俱忘也。世之言欲者有二焉：有可欲之欲，有不可欲之欲。若孟子謂「可欲之謂善」，若目之於色，耳之於聲，鼻之於臭，是不可欲之欲也。（集義卷七，頁十六—十七，道藏第十四册，頁一五六；自「尚賢則善也」至「不可欲之欲也」並見集注卷一，頁二十一，道藏第十三册，頁一一六。）

字説：谷，能受也；欠者，不足也。能受而能當，患不足者，欲也。老子曰：「不尚賢使民不争，不貴難得之貨，使民不爲盜，不見可欲，使心不亂。」此老子不該不偏，一曲之言也。蓋先

〔一〕容肇祖按：「不」字疑衍。
〔二〕容肇祖按：「不」字疑衍。
〔三〕「則」，集注無。

王不尚賢，亦非不尚賢；不貴難得之貨，亦非不貴難得之貨；不見可欲，亦非不見可欲。雖然，老子之所言，形而上者也。不尚賢，則不累於爲善；不貴難得之貨，則不累於爲利。惟其如此，故能不見可欲。孟子曰：「可欲之謂善。」夫善，積而充之，至於神，及其至於神，則不見可欲矣。（集義卷七，頁十七，道藏第十四册，頁一五六。）

是以聖人之治也，虚其心，實其腹，弱其志，强其骨。

「是以聖人之治」至「强其骨」。夫虚其心，所以明不尚賢；實其腹，所以不貴難得之貨；强其骨，所以明不見可欲。夫人之心，皆有賢不肖之别，尚賢，不肖則有所争矣。故虚其心，則無賢不肖之辨，而所以不尚賢也。腹者，能納物者也；能納物則貴難得之貨矣；貴難得之貨，則民爲盗矣。腹既實，則雖有難得之貨，亦財、聲、色而已。凡所可欲者，皆爲欲。弱其志，所以無求。强其骨，所以有立。惟其無求也，故不見可欲而有立矣；無所求而有所立，君子之所貴也。惟其能貴於此，則無不治矣。（集義卷七，頁十七—十八，道藏第十四册，頁一五六—一五七。）

常使民无知无欲，

「常使民無知無欲」。虛其心，弱其志，使民無知也。實其腹，强其骨，使民無欲也。（集義卷七，頁十八，道藏第十四册，頁一五七。）

使夫知者不敢爲也，

「使夫知者不敢爲也」。民貪其莫皆無知無欲，雖有知者，亦不敢爲也。（集義卷七，頁十八，道藏第十四册，頁一五七。）

爲无爲，則无不治矣。

「爲無爲，則無不治矣」。有爲無所爲，無爲無不爲。聖人爲無爲，則無不治矣。（集義卷七，頁十八，道藏第十四册，頁一五七；金李霖道德眞經取善集卷一，頁十三，道藏第十三册，頁八四八。）

## 第四章

道沖，而用之或不盈。淵兮，似萬物之宗。

王介甫曰：「道沖，而用之或不盈」。道有體有用，體者，元氣之不動；用者，沖氣運行於天地之間。其沖氣至虛而一，在天則爲天五，在地則爲地六。蓋沖氣爲元氣之所生，既至虛而一，則或如不盈。（集義卷九，頁九，道藏第十四册，頁一七九；集注卷二，頁二，道藏第十三册，頁一一七。）

字説：沖氣以天一爲主，故從水；天地之中也，故從中。又水平而中，不盈而平者，沖也。淵兮似萬物之宗。淵，深也，道之爲物，淵深而能萬物；不應於物，而物自恃以生，又能供萬物之求。故曰「似萬物之宗」。似者，不敢正名其道也。（集義卷九，頁九，道藏第十四册，頁一七九。集注卷二，頁二，道藏第十三册，頁一一七有「似者，不敢正名其道也」九字。）

雜説：以其淵深，而常生於物也。故曰「似萬物之宗」。（集義卷九，頁十三，道藏第十四册，頁一八〇，王元澤老子注引。）

挫其鋭，解其紛，和其光，同其塵，湛兮似或存，

「挫其鋭」至「同其塵」。鋭者，火之形；紛者，絲之形。挫其鋭，圓成也；解其紛，静一也。和其光，不皦於上；同其塵，不昧於下。「湛兮似或存」，湛，静也。言其道湛静，雖不見其跡，然又似或存。（集義卷九，頁九—十，道藏第十四册，頁一七九；自「鋭者」至「不昧於下」並見

集注卷二，頁四，道藏第十三册，頁一一八。）

雜説：彼鋭則挫之，紛則解之，光則和之，塵則同之。非有也，非無也。（集義卷九，頁十三—十四，道藏第十四册，頁一八〇—一八一，王元澤老子注引。）

吾不知誰之子，象帝之先。

「吾不知其誰之子，象帝之先」。吾不知道是誰所生之子，象帝之先。象者，有形之始也。帝者，生物之祖也。故繫辭曰「見乃謂之象」，「帝出乎震」，其道乃在天地之先也。（集義卷九，頁十，道藏第十四册，頁一七九；集注卷二，頁五，道藏第十三册，頁一一八。）

## 第五章

天地不仁，以萬物爲芻狗；

王介甫曰：「天地不仁，以萬物爲芻狗」。天地之于萬物，聖人之于百姓，有愛也，有所不愛也。愛者，仁也；不愛者，亦非不仁也。惟其愛，則不留於愛，有如芻狗，當祭祀之用也，盛之以篋衍〔二〕，巾之以文繡，尸祝齋戒然後用之；及其既祭之後，行者踐其首脊〔三〕，樵者焚其支體，其天地之於萬物，當春生夏長之時，如其有仁愛以及之；至秋冬萬物彫落，非天地之不愛也，物理之常也。（集義卷十，頁八，道藏第十四册，頁一九四；集注卷二，頁六，道藏第十三册，頁一一八。）

聖人不仁，以百姓爲芻狗。

「聖人不仁，以百姓爲芻狗」。且聖人之于百姓，以仁義及天下，如其仁愛。及乎人事，有終始之序，有死生之變，此物理之常也。此亦物理之常，非聖人之所固爲也。此非前愛而後忍，蓋理之適然耳。故曰：不仁乃仁之至。莊子曰：「至人無親」〔三〕，「大人不仁。」〔四〕與此合矣。（集義卷十，頁八，道藏第十四册，頁一九四。）

〔二〕「衍」，集注作「函」。
〔三〕「脊」，集注作「跡」。
〔三〕「人」，莊子天運作「仁」。
〔四〕「人」，莊子齊物論作「仁」。

天地之間，其猶槖籥乎？虚而不屈，動而愈出。

「天地之間」至「動而愈出」。道無體也，無方也。以沖和之氣，鼓動於天地之間，而生養萬物；如槖籥虚而不屈，動而愈出。（集義卷十，頁八，道藏第十四册，頁一九四。）

多言數窮，不如守中。

「多言數窮，不如守中」。出言則有方，有體，大言所以明道也。有言則有指，指則不能無過。故多言則數窮，故不如守中以應萬變。（集義卷十，頁八—九，道藏第十四册，頁一九四。）

附：丞相新説曰：聖人不仁，以百姓爲芻狗。静而不污，潔而不垢，其祭祀足以隆禮而致恭者，芻狗之爲物也，始之將用，則被之以文繡，盛之以篋衍；及其已用，則行者踐其首，樵者爨其軀；不膠其所愛，不泥其所有。通則用之，與時宜之；過則棄之，與物從之。而天地、聖人之仁豈離乎此哉！　蓋天之體不能生生，而生生者，真君也；而真君未嘗生。地之體不能化化，而化化者，真宰也，而真宰未嘗化。則出顯諸仁，故凡在天地之間，形、物、聲、色也，皆制於我，而物不得以疏；及夫已生已化，則入而藏諸用，故物有分之類有群，各以附離而忘有於我，而物不得以親。雖然，天能生而不能成，地能成而不能治，聖人者出而治之也。是故體顯以爲仁，而其出也，同吉凶之患。故凡萬物之生，皆輔相而不失其宜。體藏以爲用，而其入也，雖聖人不與之同憂。故泯跡冥心而視物以異。嗚呼！聖人之于天地，又豈以仁憂累其心者歟？故物之出，與之出而不辭；物之入，與之入而不拒。生而不有，爲而不恃，長而不宰，功成不居，萬物有以稱，亦有以憾。而老子所謂「天地不仁，以萬物爲芻狗；聖人不仁，以百姓爲芻狗」，其言豈離乎此哉！後學者專孑孑之仁，而忘古人之大體。故爲人則失於兼愛，爲己則失於無我，又豈知聖人不失己亦不失人歟？與時推移，與物運轉，而天地之間其猶橐籥乎！故動而愈出，則正己而無我者，所以應物，而非以敵物。虚而不屈，則無己而喪我者，所以絶物，而非所以成物。噫！天地、聖人之道，其仁以百姓、萬物爲芻狗者，可以一言而盡矣。（集義卷十，頁十六—十七，道藏第十四册，頁一九七。）

## 第六章

谷神不死，是謂玄牝。

王介甫曰：「谷神不死，是爲玄牝」。谷者，能虛也，能容也，能盈也，能應也。有此四德，不知所以然，故謂之神。有其神則不死，死則不生；不生，故能生生而不見其跡。牝，取生物之意，生物而不見其跡，故謂之玄。易曰：「太極生兩儀。」是亦玄牝之謂也。（集義卷十一，頁六—七，道藏第十四册，頁二一〇。）

玄牝之門，是謂天地根。

「玄牝之門，是謂天地根」。其門，則天地所由生之本也。謂之有，則若存而已。（集義卷十一，頁七，道藏第十四册，頁二一〇。）

綿綿若存，用之不勤。

「綿綿若存，用之不勤」。綿綿者，遠而不絶之辭。天道之體，雖綿綿若存，故聖人用其道，未嘗勤於力也，而皆出於自然。蓋聖人以無爲用天下之有爲，以有餘用天下之不足故也。（集義卷十一，頁七，道藏第十四册，頁二一〇。）

## 第七章

天長地久。天地所以能長且久者，以其不自生，故能長生。

王介甫曰：「『天長地久』至『故能長生』。長者，言其遠也。久者，言其恒也。以其不自生，故能長生。天地所以長久者，以其不自生，任萬物之所生；既任萬物之所生，乃能長生萬物，而無生之累也。又曰：于天言長，於地言久，則重於久可知也。（集義卷十二，頁七，道藏第十四册，頁二三二六。）

是以聖人後其身而身先，

「是以聖人」至「而身先」。聖人，無我也，有我則與物構，而物我相引矣。萬物，敵我也，吾不與之敵，故後之。（集義卷十二，頁八，道藏第十四册，頁二三二七。）

外其身而身存。

「外其身而身存」。萬物莫不累我也，吾不與之累，故外之也。故曰：「外其身而身存。」（集義卷十二，頁八，道藏第十四册，頁二三二七。）

非以其无私耶？故能成其私。

「非以其無私耶？故能成其私」。字説：韓非曰：「自營爲私，背私爲公。」〔二〕夫自營者，未有能成其私者也。故其字爲自營而不周之形。故老子曰：「夫非以無私也，故能成其私。」私，從禾從厶，厶，自營也。厶不能不自營，然自營而不害於利物，則無怨於私矣。（集義卷十二，頁八，道藏第十四册，頁二二七。）

## 第八章

上善若水，

王介甫曰：「上善若水」。善者可以繼道，而未足以盡道，故上善之人若水矣。（集義卷十三，頁十—十一，道藏第十四册，頁二四〇；集注卷二，頁十七，道藏第十三册，頁一二二。）

水善利萬物而不爭。處衆人之所惡，故幾於道。

〔二〕「背私爲公」，原本作「背公爲私」。容肇祖按：説文「厶」字下引韓非語「蒼頡作字，自營爲厶」；「公」字下引韓非語「背厶爲公」。韓非子五蠹篇説：「自環者謂之私，背私謂之公。」今據改。

「水善利」至「故幾於道」。水之性善利萬物，萬物因水而生。然水之性至柔而弱，故曰不爭。衆人好高而惡卑，而水處衆人之所惡也。（集義卷十三，頁十一，道藏第十四册，頁二四〇。）

居善地，心善淵，與善仁，言善信，政善治，事善能，動善時。

「居善地」。「居善地」，下也；「心善淵」，淵，静也；「與善仁」，施而不求報也；「言善信」，萬折必東也；「政善治」，至柔勝天下之至剛；「事善能」，適方則方，適圓則圓；「動善時」，春則泮也，冬則凝也。（集義卷十三，頁十一，道藏第十四册，頁二四〇。）

雜説：動善時，蓋因時而動，動之善也。書亦曰：「慮善以動，動惟厥時。」詩美南仲，「薄伐西戎」，而言「喓喓草蟲，趯趯阜螽」者，以其動而則應也。自非因時而動，孰能至於此乎？（集義卷十三，頁十四，道藏第十四册，頁二四一，劉仲平老子注引。）

夫唯不争，故无尤。

## 第九章

持而盈之，不如其已；

王介甫曰：「持而盈之，不如其已」。抱持其器之盈者，必易覆。（集義卷十四，頁八，道藏第十四册，頁二二五六。）

揣而鋭之，不可長保。

「揣而鋭之，不可長保」。揣摩其物之鋭者，不可長保。（集義卷十四，頁八，道藏第十四册，頁二二五六。）

金玉滿堂，莫之能守。

「金玉滿堂，莫之能守」。堂者，虛而受物者也。金玉滿之，則是盈矣，故不能守。（集義卷十四，頁八，道藏第十四册，頁二二五六；取善集卷二，頁六，道藏第十三册，頁八五四。）

富貴而驕，自遺其咎。

「富貴而驕，自遺其咎」。夫富貴不期於驕而驕自至[一]，所以遺咎患也。（集義卷十四，頁八，道藏第十四册，頁二五六；取善集卷二，頁七，道藏第十三册，頁八五四。）

功成名遂身退，天之道。

「功成名遂身退，天之道」。夫聖人功既成，名既遂，則身退之者矣。此乃天之道也。夫天之道，高者抑之，下者舉之。又曰「天道虧盈而益謙」[二]；書又曰「謙受益，滿招損」之謂也。（集義卷十四，頁八，道藏第十四册，頁二五六。）

## 第十章

載營魄，

王介甫曰：「載營魄」。營，止也。載，乘也，如易之「下乘剛也」，「精氣爲物，遊魂爲變」，魂，

[一] 取善集無「夫」字、「於」字。

[二] 容肇祖按：「又」字當作「易」。

陽也，故常動；魄，陰也，故常静。陰者，陽之配，亦陽之賊。魂者，魄之輔，亦魄之寇。惟其魂動，而魄常至於止，故使魂常載於魄，而陽常勝於陰，則全其天守矣。蓋魂能營魄，魄能載魂，而不載於魂者，有爲嗜欲之蔽，魂雖在而有生始死矣。（集義卷十五，頁十六—十七，道藏第十四册，頁二七〇—二七一。）

抱一，能無離乎？

「抱一，能無離乎」。一者，精也，魂魄既具，則精生；精生，則神從之。（集義卷十五，頁十七，道藏第十四册，頁二七一；取善集卷二，頁九，道藏第十三册，頁八五五。）

專氣致柔，能如嬰兒乎？

「專氣致柔，能如嬰兒乎」。志者，氣之帥；氣者，適善惡之馬。氣之所作，志使之然。今專守其氣於内，而致極其柔，能如嬰兒乎？言如嬰兒之柔弱也。夫嬰兒者，終日號而乃嗌不嗄，終日視而不瞬目。孟子言「其氣則謂至大至剛，塞乎天地之間」，老子乃謂「專氣致柔」，何也？孟子立本者也，老子反本者也，故言之所以異。（集義卷十五，頁十七，道藏第十四册，頁二七一。）

滌除玄覽，能無疵乎？

「滌除玄覽，能無疵乎」。滌除，洗心也。玄覽，觀妙也。如月之明，如珠之瑩，能無疵乎？（集義卷十五，頁十七，道藏第十四册，頁二七一；集注卷三，頁十二，道藏第十三册，頁一二八。）

愛民治國，能無爲乎？

「愛國治民，能無爲乎」。愛民者以不愛愛之乃長，治國者以不治治之乃長。惟其不愛而愛，不治而治，故曰無爲。夫無爲者用天下之有爲，有餘者用天下之不足〔二〕。然老子方言其反本，而曰「愛民治國」者，何也？蓋老子爲言其反本，遂自道而起教，所謂吉凶與民同患是也〔三〕。易曰「聖人以此洗心，退藏於密，吉凶與民同患」是也。不惟老子之言若是，凡古之聖人皆如此也。（集義卷十五，頁十七—十八，道藏第十四册，頁二七一；集注卷三，頁十四，道藏第十三册，頁一二八。）

---

〔二〕「餘」，集注作「爲」。

〔三〕「是」字，據集注補。

天門開闔，能爲雌乎？

「天門開闔，能爲雌乎」。夫萬物由是而出，由是而入，故謂之天門。有開闔，則有動静；有動静，則有雌雄。惟其守雌以勝雄，守静以勝動，故曰：「天門開闔，能爲雌乎？」（集義卷十五，頁十八，道藏第十四册，頁二七一；集注卷三，頁十六，道藏第十三册，頁一二九。）

明白四達，能無知乎？生之畜之，生而不有，爲而不恃，長而不宰，是謂玄德。

「生之畜之」。生之，道也；畜之，德也。是謂玄德。道之在我者，德也。生而不有，爲而不恃，長而不宰，是謂玄德。三者歸於無我，故謂之玄德。（集義卷十五，頁十八，道藏第十四册，頁二七一。）

## 第十一章

三十輻共一轂，當其无，有車之用。埏埴以爲器，當其无，有器之用。鑿户牖以爲室，當其无，有室之用。故有之以爲利，无之以爲用。

王介甫曰：「三十輻共一轂」至「無之以爲用」。道有本有末。本者，萬物之所以生也〔一〕；末者，萬物之所以成也。本者，出之自然，故不假乎人之力〔二〕，而萬物之所以生也〔三〕。末者，涉乎形器，故待人力而後萬物以成也。夫其不假人之力而萬物以生，則是聖人可以無言也、無爲也〔四〕。至乎有待乎人力而萬物以成〔五〕，則是聖人之所以不能無言也、無爲也。故昔之聖人之在上，而以萬物爲己任者〔六〕，必制四術焉〔七〕。四術者〔八〕，禮、樂、刑、政是也，所以成萬物者也。故聖人惟務修其成萬物者，不言其生萬物者。蓋生者尸之於自然〔九〕，非人力之所得與矣。老子者獨不然，以爲涉乎形器者皆不足言也、不足爲也。故大抵去禮、樂、刑、政，而惟道

〔一〕「以」，原無，據王文公文集老子補。
〔二〕「故」，原無，據王文公文集老子補。
〔三〕「以」，原無，據王文公文集老子補。
〔四〕「聖」，原無，據王文公文集老子補。
〔五〕「乎」，原無，王文公文集老子作「於」。
〔六〕「以」，原無，據王文公文集老子補。
〔七〕「制」，原無，據王文公文集老子補。
〔八〕此三字，原無，據王文公文集老子補。
〔九〕「者」、「於」字，原無，據王文公文集老子補。

之稱焉，是不察於理而務高之過也〔一〕。夫道之自然者又何預乎？惟其涉乎形器〔二〕，是以必待於人之言也、人之爲也。其言曰〔三〕：「三十輻共一轂，當其無，有車之用。」夫轂輻之用，故在於車之無用，然工之斲削未嘗及於無者〔四〕，蓋無出於自然，人之力可以無與也。今之治車者，知治其轂輻，而未嘗及於無也。然而車以成者，蓋轂輻具，則亦必爲用矣〔五〕。如其知無之爲用，而不治轂輻，則爲車之術固已疎矣〔六〕。今知無之爲車用，無之爲天下用，然不知所以爲用也。故無之所以爲車用者，以其有轂輻也。無之所以爲天下用者〔七〕，以其有禮、樂、刑、政也。如其廢轂輻于車，廢禮、樂、刑、政於天下，而坐求其無之爲用也〔八〕，則亦近於愚矣〔九〕。（集義卷十七，頁十一—十二，道藏第十四册，頁二九八—二九九；王文公文集卷二十七老子，上海人

〔一〕「也」，王文公文集老子作「矣」。
〔二〕「乎」，原無，據王文公文集老子補。
〔三〕「言」，王文公文集老子作「書」。
〔四〕「言」，王文公文集老子作「琢」。
〔五〕「亦」，王文公文集老子作「無」。
〔六〕「則爲車之術」五字，原無，據王文公文集老子補。
〔七〕「用」，原無，據王文公文集老子補。
〔八〕「其」，原無，據王文公文集老子補。
〔九〕「亦」，原無，據王文公文集老子補。

民出版社一九七四年版，頁三一〇—三一一。）

## 第十二章

五色令人目盲，五音令人耳聾，五味令人口爽，馳騁田獵令人心發狂，難得之貨令人行妨。是以聖人爲腹不爲目，故去彼取此。

## 第十三章

寵辱若驚，

舒王曰：寵之所以爲辱者，以其若驚也。（取善集卷二，頁十五，道藏第十三册，頁八五七。）

貴大患若身。何爲寵辱？寵爲下。得之若驚，失之若驚，是謂寵辱若驚。

臨川王安石曰：得失若驚，此寵之所以爲辱也。（集注卷四，頁四，道藏第十三册，頁一三四。）

何謂貴大患若身？吾所以有大患者，爲吾有身；及吾无身，吾有何患？故貴以身爲天下，若可寄天下。愛以身爲天下，若可託天下。

## 第十四章

視之不見名曰夷，聽之不聞名曰希，搏之不得名曰微。此三者不可致詰，故混而爲一。其上不皦，其下不昧，繩繩兮不可名，復歸於无物。是謂无狀之狀，无物之象，是謂惚恍。迎之不見其首，隨之不見其後。執古之道，以御今之有。能知古始，是謂道紀。

## 第十五章

古之善爲士者，微妙玄通，深不可識。

舒王曰：士者，事道之名，始乎爲士，則未離乎事道者也。終乎爲聖人，則與道爲一，事道不足以言之，與道爲一，則所謂微妙玄通，深不可識是已。（取善集卷三，頁四—五，道藏第十三册，頁八六〇。）

夫唯不可識，故强爲之容：豫若冬涉川，猶若畏四鄰，儼若客，涣若冰將釋，敦兮其若樸，曠兮其若谷，渾兮其若濁。

臨川王安石曰：雖然亦不可不反諸本也，故「敦兮其若樸」。而守之以素也，故「曠兮其若谷」。谷者，虚而能應者也。然而其道亦不可得而别也，故「混兮其若濁」而已矣。此所謂善爲士者也。夫豫也，猶也，以至於混而其若濁也。皆所爲不可識而强爲之容也。（集注卷四，頁十八，道藏第十三册，頁一三八。）

字説曰：奂而散爲涣。夫水本無冰，遇寒則凝；性本無礙，有物則結。有道之士，豁然大悟，萬事銷亡，如春冰頓釋。（取善集卷三，頁七，道藏第十三册，頁八六一。）

孰能濁以静之徐清，孰能安以動之徐生。保此道者，不欲盈。夫唯不盈，故能敝不新成。

## 第十六章

致虚極，守静篤。萬物並作，吾以觀其復。

臨川王安石曰：復，本也。萬物並作，吾能觀其復；非致虚極、守静篤者，不能與於此。（集注卷四，頁二十五，道藏第十三册，頁一四一。）

夫物芸芸，各復歸其根。歸根曰静，静曰復命。

臨川王安石曰：命者，自無始以來，未嘗生，未嘗死者也。故物之歸根曰静，静則復於命矣。（集注卷四，頁二十七，道藏第十三册，頁一四一。）

復命曰常，知常曰明；

舒王曰：常者，乃無始以來不變之稱也。知其常，則謂之明也。（取善集卷三，頁十二，道藏第十三册，頁八六二。容肇祖輯本還有「自道之外，皆非常也。道雖真，常無形無名。非有自知之明，鮮有不爲物蔽者矣」。）

不知常，妄作凶。知常容，容乃公，公乃王，

舒王曰：背私則爲公，盡制則爲王。公者，德也。王者，業也。以德則隱而内，以業則顯而外。公與王合内外之道也。（取善集卷三，頁十三，道藏第十三册，頁八六三。）

王乃天，

臨川王安石曰：王者，人道之極也。人道極，則至於天道矣。（集注卷四，頁三十一，道藏第十三册，頁一四三。）

天乃道，

臨川王安石曰：天與道合而爲一。（集注卷四，頁三十一，道藏第十三册，頁一四三。）

道乃久。没身不殆。

附：新説曰：天之所法者，道也。故曰「天乃道」。道則無古無今，故曰「道乃久」。夫道，至於久而可以没身不殆，其孰能致於此哉？（取善集卷三，頁十四，道藏第十三册，頁八六三。）

## 第十七章

太上，下知有之。其次，親之譽之。其次，畏之侮之。信不足，有不信。猶其貴言，功成事遂，百姓謂我自然。

## 第十八章

大道廢，有仁義；智慧出，有大僞；六親不和，有孝慈；國家昏亂，有忠臣。

舒王曰：道隱於無形，名生於不足。道隱於無形，則無小大之分；名生於不足，則有仁義、智慧差等之别。仁者，有所愛也。義者，有所别也。以其有愛有别，此大道所以廢也。智者，知也。慧者，察也。以其有知有察，此大僞所以生也。孝者，各親其親。慈者，各子其子。此六親所以不和也。忠者，忠於己之君謂之忠，於他人謂之叛。（取善集卷三，頁十八，道藏第十三册，頁八六四；老子翼卷一，文淵閣四庫全書影印本第一〇五五册，頁三四六。容肇祖輯本還有「不明謂之昏，不治謂之亂。昏亂之世，乃有忠臣匡救其君。傳曰：『亂世見誠臣。』若龍逢名芳于夏桀，比干譽美于殷紂。此章言道隱于小成，名生於不足故也」。取善集卷三，頁十八—十九，道藏第十三册，頁八六四—八六五。）

## 第十九章

絶聖棄智，

臨川王安石曰：所以返樸也。（集注卷五，頁八，道藏第十三册，頁一四六。）

民利百倍；絶仁棄義，民復孝慈；絶巧棄利，盜賊无有。此三者，以爲文不足，故令有所屬。見素抱樸，少私寡欲。

臨川王安石曰：不言守素而言見素，不言返樸而言抱樸，不言無私而言少私，不言絶欲而言寡欲，蓋見素然後可以守素，抱樸然後可以返樸，少私然後可以無私，寡欲則致於不見所欲者也〔二〕。（集注卷五，頁十一，道藏第十三册，頁一四七；取善集卷三，頁二十，道藏第十三册，頁八六五。容肇祖輯本還有「見素則見性之質而物不能雜，抱樸則抱性之全而物不能虧」。取善集卷三，頁二十一二十一，道藏第十三册，頁八六五。）

## 第二十章

絶學无憂。唯之與阿，相去幾何？善之與惡，相去何若？人之所畏，不可不畏。荒兮其未

〔二〕「者」，據取善集補。

央哉！

臨川王安石曰：道之荒大，而莫知畔岸。（集注卷五，頁十六，道藏第十三册，頁一四八。）

衆人熙熙，如享太牢，如登春臺。我獨泊兮其未兆，如嬰兒之未孩；乘乘兮若无所歸。

臨川王安石曰：「乘乘若無所歸」者，以其游心於無何有之鄉。（集注卷五，頁十七，道藏第十三册，頁一四九。）

衆人皆有餘，而我獨若遺。我愚人之心也哉！純純兮。俗人昭昭，我獨若昏；俗人察察，我獨悶悶。忽若晦，寂兮似无所止。衆人皆有以，我獨頑似鄙。我獨異於人，而貴食母。

## 第二十一章

孔德之容，惟道是從。

臨川王安石曰：孔德，孟子所謂盛德是也。故曰：動容周旋中禮，盛德之至。蓋惟道是從，則孔德之容矣。（集注卷五，頁二十三，道藏第十三册，頁一五一。）

道之爲物，唯恍唯惚。

臨川王安石曰：道非物也，然謂之道，則有物矣，恍惚是也。（集注卷五，頁二十四，道藏第十三册，頁一五一。）

惚兮恍，其中有象。恍兮惚，其中有物。窈兮冥兮，其中有精。其精甚真，其中有信。自古及今，其名不去，以閱衆甫。吾何以知衆甫之然哉，以此。

## 第二十二章

曲則全，枉則直，窪則盈，敝則新，少則得，多則惑。

臨川王安石曰：方則易挫，曲以應之，此所以能全也。直則易折，故枉以待之，此所以能直也。海者，常處於卑，而爲百川之所委，故窪則盈。無春夏之榮華，秋冬之彫落，故弊則新。少者，復本則得矣；多者，有爲則惑矣。（集注卷六，頁三，道藏第十三册，頁一五三。）

是以聖人抱一爲天下式。不自見故明，不自是故彰，不自伐故有功，不自矜故長。夫唯不争，故天下莫能與之争。

臨川王安石曰：不自見，乃無所不見，故常明。不自是，乃無所不是，故常彰。不自伐，則善不喪，故有功。不自矜，則不有能，故能可久矣。「夫惟不争，故天下莫能與之争」者，書曰：「汝惟不矜，天下莫與汝争能。」（集注卷六，頁六—七，道藏第十三册，頁一五四；取善集卷四，頁七，道藏第十三册，頁八七〇只有「不自伐，則善不喪，故有功」句。）

古之所謂曲則全者，豈虚言哉！誠全而歸之。

## 第二十三章

希言自然。

臨川王安石曰：多言數窮，故希言則自然。（集注卷六，頁九，道藏第十三册，頁一五五。）

飄風不終朝，驟雨不終日。孰爲此者？天地。天地尚不能久，而況於人乎？故從事於道者，道者同於道，德者同於德，失者同於失。同於道者，道亦得之；同於德者，德亦得之；同於失者，失亦得之。信不足，有不信。

## 第二十四章

跂者不立，跨者不行。自見者不明，

舒王曰：自見者不明，則前所謂不自見者，乃能無所不見。（取善集卷四，頁十二，道藏第十三册，頁八七二。）

自是者不彰，自伐者无功，自矜者不長。其在道也，曰：餘食贅行，物或惡之，故有道者不處。

## 第二十五章

有物混成，先天地生。寂兮寥兮，

舒王曰：寂者止也，寥者遠也。（取善集卷四，頁十三，道藏第十三册，頁八七二。容肇祖輯本還有「寂無遺響，太空寥廓」。取善集卷四，頁十四，道藏第十三册，頁八七二。）

獨立而不改，周行而不殆，可以爲天下母。吾不知其名，字之曰道，强爲之名曰大，大曰逝，

舒王曰：大者，雖六合之外而不能逃其𪓐，毫末之小不能遺其細，故「大曰逝」。（取善集卷四，頁十五，道藏第十三册，頁八七三。）

逝曰遠，遠曰反。

舒王曰：遠之極，則反于樸矣，故「遠曰反」。反者，反於本也。用之彌滿六虚，故曰遠。近則不離己身，故曰反。遠者，出於無極之外，不窮也；近在於己，人不見之。（取善集卷四，頁十五—十六，道藏第十三册，頁八七三。）

故道大、天大、地大、王亦大。域中有四大，而王居一焉。人法地，地法天，天法道，道法自然。

舒王曰：人法地，「王亦大」是也；地法天，「地大」是也；天法道，「天大」是也；道法自然，「道大」是也。蓋自然者，猶免乎有因有緣矣。非因非緣，亦非自然，然道之自然，自學者觀之，則所謂妙矣。由老子觀之，則未脱乎因緣矣。然老子非不盡妙之妙，要其言且以盡法爲法，故曰道法自然。（取善集卷四，頁十六—十七，道藏第十三册，頁八七三。）容肇祖輯本還有「人謂王也。人法地之安静，故無爲而天下功。地法天之無爲，故不長而萬物

育。天法道之自然，故不産而萬物化。道則自本自根，未有天地，自古以固存，無所法也。無法者，自然而已，故曰：『道法自然。』此章言混成之道，先天地生，其體則卓然獨立，其用則周流六虚，不可稱道，强以大名。雖二儀之高厚，王者之至尊，咸法於道。夫道者，自本自根，無所因而自然也」。取善集卷四，頁十六—十七，道藏第十三册，頁八七三。）

## 第二十六章

重爲輕根，静爲躁君。

臨川王安石曰：輕者必以重爲依，躁者必以静爲主。（集注卷七，頁一，道藏第十三册，頁一六〇。）

是以君子終日行，不離輜重。雖有榮觀，燕處超然。奈何萬乘之主，而以身輕天下。輕則失臣，躁則失君。

臨川王安石曰：臣者佐也，君者主也。静爲動之主，重爲輕之佐。輕而不知歸於重，則失於佐矣。動而不知反於静，則失其主矣。（集注卷七，頁三，道藏第十三册，頁一六一。）

# 第二十七章

善行无轍跡，善言无瑕謫，善計不用籌算，善閉无關楗而不可開，

臨川王安石曰：善行不疾而速〔一〕，不行而至是也〔二〕，故無轍跡。巵言日出，和之以天倪，因之以曼衍，故無瑕謫。六合之内，萬物之間，不能逃其數，故不用籌算。善閉者萬物不得其門而入〔三〕，故無關楗而不可開。（集注卷七，頁四—五，道藏第十三册，頁一六一—一六二；取善集卷四，頁十九，道藏第十三册，頁八七四有「善行不疾而速，不行而至是也，故無轍跡」。頁二十，道藏第十三册，頁八七四有「善閉者萬物不得其門而入，故無關楗而不可開」。）

善結無繩約而不可解。是以聖人常善救人，故无棄人；常善救物，故无棄物。

新説曰：萬物有成理，固有拂其理而逆之者。萬物有常性，固有戾其性而梏之者。萬物有正

〔一〕「善行」，據取善集補。
〔二〕「是也」，據取善集補。
〔三〕「善閉者」，據取善集補。

命，固有違其命而絶之者。聖人惻然於是，惟其所寶之慈以濟之。因其悖於理也，發其塞而通之。因其戾於性也，除其害而若之。因其違於命也，繼其絶而復之。（取善集卷四，頁二十二，道藏第十三册，頁八七五。）

是謂襲明。故善人，不善人之師；不善人，善人之資。

舒王曰：善人，教不善人者也，故善人，不善人之師。無不善，則不知善之爲善，故不善人，善人之資。（取善集卷四，頁二十三，道藏第十三册，頁八七五。）

不貴其師，不愛其資，雖知大迷，是謂要妙。

## 第二十八章

知其雄，守其雌，爲天下谿。爲天下谿，常德不離，復歸於嬰兒。知其白，守其黑，爲天下式。爲天下式，常德不忒，復歸於无極。知其榮，守其辱，爲天下谷。

舒王曰：知其榮，守其辱，則守之以謙，虚而善應，故爲天下之谷。（取善集卷五，頁三，道藏第十三册，頁八七六。）

爲天下谷，常德乃足，復歸於樸。樸散則爲器，聖人用之則爲官長。故大制不割。

## 第二十九章

將欲取天下而爲之，吾見其不得已。天下神器，不可爲也。爲者敗之，執者失之。夫物或行或隨，或歔或吹，或强或羸，或載或隳。是以聖人去甚、去奢、去泰。

臨川王安石曰：安于所安，則能去甚。以儉爲寶，則能去奢。以不足自處，則能去泰矣。（集注卷七，頁二十一，道藏第十三册，頁一六七。）

## 第三十章

以道佐人主者，不以兵强天下。其事好還。師之所處，荆棘生焉。大軍之後，必有凶年。

臨川王安石曰：明則人報之，幽則天報之。殺人之父，人亦殺其父；殺人之兄，人亦殺其兄，人報之也。「師之所處，荆棘生焉，大軍之後，必有凶年」者，天報之也。（集注卷八，頁一，道藏第十三册，頁一六八。）

故善者果而已，不敢以取强。

臨川王安石曰：用兵者，不過勝而已。故曰：「善者果而已。」果者，勝之辭也。（集注卷八，頁三，道藏第十三册，頁一六八。）

果而勿矜，果而勿伐，果而勿驕，果而不得已。果而勿强。物壯則老，是謂不道，不道早已。

## 第三十一章

夫佳兵者不祥之器，物或惡之，故有道者不處。

舒王曰：佳兵者，堅甲利兵也。兵，凶器也，所以爲不祥之器。前篇言之已詳，萬物無有不被其凶害者，故惡之。有道者以慈爲心，故不處。（取善集卷五，頁十二，道藏第十三册，頁八七九。容肇祖輯本還有「兵者凶器，動則萬物尚惡，故有道者必無處此」。取善集卷五，頁十二，道藏第十三册，頁八七九。）

君子居則貴左，用兵則貴右。兵者不祥之器，非君子之器，不得已而用之，恬淡爲上。勝而不美，而美之者，是樂殺人。夫樂殺人者，不可得志於天下。

臨川王安石曰：夫戰，非得已也。非得已，則雖勝猶不足以爲善。勝而爲善者，樂致人於死矣。此所以不嗜殺人者能一之是也。（集注卷八，頁六，道藏第十三册，頁一六九。）

吉事尚左，凶事尚右。偏將軍處左，上將軍處右。言以喪禮處之。殺人衆多，以悲哀泣之，戰勝則以喪禮處之。

## 第三十二章

道常无名。樸雖小，天下不敢臣。

臨川王安石曰：道常無名矣。名者，强名之也。樸者，道之本而未散者也。小者，至微而不可見者也。樸未散，則雖小足以爲物之君。樸散則爲器，器，則雖聖人，足以爲官長而已。故曰：「樸雖小，天下莫能臣。」（集注卷八，頁九，道藏第十三册，頁一七〇。）

侯王若能守，萬物將自賓。天地相合，以降甘露，人莫之令而自均。始制有名，名亦既有，夫亦將知止，知止所以不殆。

臨川王安石曰：名者，非道之本也。以其始有所制，則於是有名矣。論語堯曰「蕩蕩乎民無能名焉」，以其有所制也，故名隨之。故曰：「始制而有名。」有名矣不止，則用有時而竭，身有時而殆，故堯老而舜攝也。故曰：「夫亦將知止，知止所以不殆。」（集注卷八，頁十二——十三，道藏第十三册，頁一七一——一七二。）

譬道之在天下，猶川谷之與江海。

## 第三十三章

知人者智，自知者明。勝人者有力，自勝者强。知足者富。强行者有志。

臨川王安石曰：上士聞道，厘而行之[一]。故强行者有志也[二]。（集注卷八，頁十八—十九，道藏第十三册，頁一七三—一七四；取善集卷五，頁二十一，道藏第十三册，頁八八二。容肇祖輯本還有：「或志于名高，或志於厚利，非所謂志也。惟强行於道，斯可謂有志之士。」取善集卷五，頁二十一，道藏第十三册，頁八八二。）

不失其所者久，死而不亡者壽。

臨川王安石曰：聖人死而不亡者，無異於生。故曰：「死而不亡者壽。」（集注卷八，頁二十，道藏第十三册，頁一七四。）

## 第三十四章

大道汎兮，其可左右。萬物恃之以生而不辭，功成不居，

---

〔一〕取善集「厘」作「强」。

〔二〕「也」，據取善集補。

臨川王安石曰：萬物之資貸以生，則亦恃之而不辭矣。功成而不居，巍巍乎其有成功，蕩蕩乎民無能名，是也。（集注卷九，頁二，道藏第十三册，頁一七五。）

衣被萬物而不爲主，常无欲可名於小。萬物歸焉，而不知主，可名於大。是以聖人終不爲大，故能成其大。

## 第三十五章

執大象，天下往。往而不害，安平泰。

臨川王安石曰：大象者，道之喻。執其大，則爲萬物之所歸向。吾能順性命之理，受之而不逆，故往而不害。能安則能平，能平則能泰。善安然後至於平，平然後至於泰也。（集注卷九，頁五，道藏第十三册，頁一七六。）

樂於餌，過客止。道之出口，淡乎其無味。視之不足見，聽之不足聞，用之不可既。

臨川王安石曰：夫五味之於口，五音之於耳，世皆沉溺而不知反者，以其悦之於口耳之間也。

唯道之於口，則非味而常淡然耳。惟其不悦於味，而視道之無味；不悦於聲，而視道之無聲。則視之不足見，聽之不足聞，而其用不可盡矣。（集注卷九，頁八，道藏第十三册，頁一七七。）

## 第三十六章

將欲歙之，必固張之。將欲弱之，必固强之。將欲廢之，必固興之。將欲奪之，必固與之。

臨川王安石曰：天下之人常爲陰陽轉徙，而不知反。故欲張者必歙，欲强者必弱。知雄之爲動，而當守其雌。知白之爲明，而當守其黑。故處之以歙，則天下之張皆歸之，而不爲彼之所歙。持之以弱，則天下之强皆歸之，而不爲彼之所弱。（集注卷九，頁九—十，道藏第十三册，頁一七七—一七八。）

是謂微明。

臨川王安石曰：非見機者，不能與於此。（集注卷九，頁十，道藏第十三册，頁一七八。）

柔弱勝剛强。魚不可脱于淵，國之利器不可以示人。

臨川王安石曰：魚之爲物，深潛退伏而藏於深淵之中，而不可脱於淵。聖人之利器，常隱于微妙，而不可離于樸也。（集注卷九，頁十二，道藏第十三册，頁一七八。）

## 第三十七章

道常无爲而无不爲。

舒王曰：前言道常無名，言道之主。此章言道常無爲，言道之變。（取善集卷五，頁三十三，道藏第十三册，頁八八六。）

侯王若能守，萬物將自化。

舒王曰：言道之主，故曰「萬物將自賓」。言道之變，故曰「萬物將自化」。（取善集卷五，頁三十四，道藏第十三册，頁八八七。容肇祖輯本還有：「侯王守道則無爲也。萬物將自化於道，故無不爲也。莊子曰：『無爲而萬物化』。」取善集卷五，頁三十四，道藏第十三册，頁八八七。）

化而欲作，

舒王曰：化而裁之謂之變，言化欲作，作則動而已。（取善集卷五，頁三十四，道藏第十三册，頁八八七。）

吾將鎮之以无名之樸。無名之樸，亦將不欲。不欲以静，天下將自正。

# 老子注 卷下 德经

## 第三十八章

上德不德，是以有德；下德不失德，是以无德。上德无爲而无以爲，下德爲之而有以爲，上仁爲之而无以爲，上義爲之而有以爲，

舒王曰：仁者有所愛有所親也。惟其有所親愛，則不能無爲矣，其下者可知也。（取善集卷六，頁四，道藏第十三册，頁八八九。）

雜説曰：上德無爲而無以爲，羲皇也。上仁爲之而無以爲，堯、舜也。上義爲之而有以爲，湯、武也。上義，下德也。或曰：湯、武大聖人也，謂之下德，可乎？曰：聖人之所同者，心也。德之所以有上下者，時也。大聖人者，易地則皆然。（取善集卷六，頁五，道藏第十三册，頁八八九。）

上禮爲之而莫之應，則攘臂而仍之。故失道而後德，失德而後仁，失仁而後義，失義而後禮。夫

禮者忠信之薄而亂之首。前識者，道之華而愚之始。是以大丈夫處其厚不處其薄，居其實不居其華。故去彼取此。

## 第三十九章

昔之得一者，天得一以清，地得一以寧，神得一以靈，谷得一以盈，萬物得一以生，侯王得一以爲天下貞。其致之，天无以清將恐裂，地无以寧將恐發，神无以靈將恐歇，谷无以盈將恐竭，萬物无以生將恐滅，侯王无以爲貞而貴高將恐蹶。故貴以賤爲本，高以下爲基。是以侯王自謂孤、寡、不穀，此其以賤爲本邪，非乎？故致數譽無譽。

字説曰：知一者以賤爲本，而内韜至貴，故世不得而貴，亦不得而賤。苟爲己而數致稱譽，豈真譽乎？（取善集卷六，頁十二，道藏第十三册，頁八九一—八九二，王元澤老子注引。尹志華北宋老子注研究附録：輯校王雱老子注則認爲「字」字當屬前句，原注文當爲：「王元澤曰：『數』字作入聲，『輿』字爲『譽』字。説曰：……」否認這些文字引自字説。巴蜀書社二〇〇四年版，頁三一一。）

不欲琭琭如玉，珞珞如石。

## 第四十章

反者道之動。弱者道之用。天下之物生於有，有生於无。

臨川王安石曰[一]：道之用所以在於弱者，以虚而已。即在天者而觀之，指我亦勝我，蹭我亦勝我，則風之行乎太虚，可謂弱矣。然無一物不在所鼓舞，無一形不在所披拂，則風之用在乎弱也。即在地者而觀之，決諸東方則東流，決之西方則西流，則水之託於淵虚，可謂弱矣。然處衆人之所惡，而攻堅强有莫之能先，則水之用在乎弱也。弱非所以爲强，然有所謂强者，蓋弱則能强也。又曰：反非所以爲動，然有所謂動者，動於反也。雖然[二]，言反而不言静，言弱而不言强，言動則知反之爲静，言弱則知用之爲强。天下之物生於有，有生於無，亦若此而已矣[三]。（集注卷十，頁二十一，道藏第十三册，頁一八七；取善集卷七，頁一—二，道藏第十

[一]「臨川王安石曰」，老子翼作「介甫解」。

[二]「道之」至「雖然」，據取善集補。

[三]「天下之物生於有」至「亦若此而已矣」，據取善集補。

三册，頁八九二—八九三；老子翼卷二，文淵閣四庫全書影印本第一〇五五册，頁三七一。容肇祖輯本還有「弱之勝强，道之妙用。如水至弱，能攻堅强」。取善集卷七，頁二，道藏第十三册，頁八九三。）

## 第四十一章

上士聞道，勤而行之。中士聞道，若存若亡。

舒王曰：中士者，知道之爲美，而不知所以爲道也。知道之爲美，故若存。大音不入俚耳。（取善集卷七，頁三，道藏第十三册，頁八九三。蒙文通疑注文末奪「故若亡」三字。道書輯校十種王介甫老子注佚文，巴蜀書社二〇〇一年版，頁六九八。）

下士聞道，大笑之，不笑不足以爲道。建言有之：

舒王曰：孔子嘗曰：「述而不作，竊比于我老彭。」蓋老子稱古之建言者。古之人嘗有此三者之言，故老子述之而已。（取善集卷七，頁五，道藏第十三册，頁八九四。）

明道若昧，進道若退，夷道若纇。上德若谷，大白若辱，廣德若不足，建德若偷，質真若渝。大方無隅，大器晚成，大音希聲，大象無形，道隱無名。夫唯道善貸且成。

舒王曰：善貸者，萬物資而不匱是也。然復歸於所自生，故曰且成。（取善集卷七，頁十一，道藏第十三册，頁八九六。容肇祖輯本還有：「此章言道深微妙，隱奥難見。自明道至於大象，皆道也。道之妙，不可以智索，不可以形求，可謂隱矣。道之體，隱乎無名，而用乃善貸且成。上士悟之，特然勤行。下士聞之，所以大笑。誠如篇中所云，豈流俗所能識乎？」取善集卷七，頁十一，道藏第十三册，頁八九六。）

## 第四十二章

道生一，一生二，二生三，三生萬物。萬物負陰而抱陽，沖氣以爲和。

臨川王安石曰：字説：沖氣以天一爲主，故從水；天地之中也，故從中。（集注卷十一，頁十，道藏第十三册，頁一九〇。）

雜説：「萬物負陰而抱陽，沖氣以爲和。」則沖者，陰陽之和也。陰爲虚，陽爲盈，道之體則沖，而其用之則或不盈，其體沖也。故有欲、無欲同謂之玄，其用之不盈也。（集義卷九，頁十三，道藏第十四册，頁二八〇，王元澤老子注引。）

人之所惡，唯孤、寡、不穀，而王公以爲稱。故物或損之而益，益之而損。

臨川王安石曰：天道虧盈而益謙，唯其益謙，故能損者乃所以爲益〔一〕；唯其虧盈，故其益者乃所以爲損〔二〕。然則王公所稱，乃所以致益而處貴高之道〔三〕。（集注卷十一，頁十二，道藏第十三册，頁一九一；取善集卷七，頁十三—十四，道藏第十三册，頁八九六—八九七。）

人之所教，亦我義教之。强梁者不得其死，

字説曰：屋梁兩端，乘實如之。物之强者莫如梁，所謂强梁者，如梁之强。人之强者，死之徒也。子路好勇，不得其死，羿善射，奡盪舟，俱不得其死然。是皆失柔弱之義也。（取善集卷七，頁十四，道藏第十三册，頁八九七。）

〔一〕「能」，據取善集補。
〔二〕「其」，據取善集補。
〔三〕「然則」至「之道」，據取善集補。

吾將以爲教父。

## 第四十三章

天下之至柔，馳騁天下之至堅。无有入於無間，吾是以知无爲之有益。不言之教，无爲之益，天下希及之。

## 第四十四章

名與身孰親？身與貨孰多？得與亡孰病？是故甚愛必大費，多藏必厚亡。知足不辱，知止不殆，可以長久。

## 第四十五章

大成若缺，

臨川王安石曰：萬物始乎是，終乎是，是大成也。（集注卷十二，頁二，道藏第十三册，頁一九四。）

其用不敝。大盈若沖，其用不窮。大直若屈，大巧若拙，大辯若訥。躁勝寒，静勝熱，清静爲天下正。

## 第四十六章

天下有道，卻走馬以糞。天下无道，戎馬生於郊。罪莫大於可欲，禍莫大於不知足，咎莫大於欲得。故知足之足常足矣。

臨川王安石曰：墨子曰：「非無安居也，我無足心也。非無足財也，我無足心也。」萬物常至於足，而有所謂不足者，以其無足心也。得道者知其足心足財，故曰：「知足之足常足矣。」（集注卷十二，頁七—八，道藏第十三册，頁一九六；取善集卷七，頁二十六—二十七，道藏第十三册，頁九〇一。）

## 第四十七章

不出户知天下，不窺牖見天道。其出彌遠，其知彌少。是以聖人不行而知，不見而名，不爲而成。

## 第四十八章

爲學日益，爲道日損。損之又損之，以至於无爲，无爲而无不爲。

臨川王安石曰：爲學者，窮理也；爲道者，盡性也。性在物謂之理，則天下之理無不得，故曰日益。天下之理宜存之於無，故曰「日損」。窮理盡性，必至於復命，故「損之又損之，以至於無爲」者，復命也。然命不亟復也，必至於消之，復之，然後至於命，故曰：「損之又損之，以至於無爲。」然無爲也，亦未嘗不爲，故曰：「無爲而無不爲。」（集注卷十二，頁十二，道藏第十三册，頁一九八；取善集卷八，頁四，道藏第十三册，頁九〇二有「窮理盡性」至「以至於無爲」，其中兩「又損」下皆無「之」字。）

故取天下常以無事，及其有事，不足以取天下。

## 第四十九章

聖人无常心，以百姓心爲心。

臨川王安石曰：聖人無心，故無思無爲。雖然，無思也未嘗不思，無爲也未嘗不爲，以吉凶與民同患故也。（集注卷十二，頁十五，道藏第十三册，頁一九九。）

善者吾善之，不善者吾亦善之，德善。信者吾信之，不信者吾亦信之，德信。聖人在天下慄慄，爲天下渾其心。百姓皆注其耳目，聖人皆孩之。

## 第五十章

出生入死。生之徒十有三，死之徒十有三，人之生，動之死地，十有三。

臨川王安石曰：有求生以惡滅者，生之徒十有三是也；有求滅以惡生者，死之徒十有三是也；有生無異于死者，動之死地，亦十有三是也。惟其不悟真滅、真生，是以不脱輪回，故曰：「生之徒，十有三。死之徒，十有三。動之死地，亦十有三。」（集注卷十二，頁二十一，道藏第十三册，頁二〇一。）

夫何故？以其生生之厚。蓋聞善攝生者，陸行不遇兕虎，入軍不被甲兵。

舒王曰：惟善攝生者，則能無我；無我，則不害於物，而物亦不能害之矣。（取善集卷八，頁十一，道藏第十三册，頁九〇五。容肇祖輯本還有：「莊子曰：『人能虚己以遊世，其孰能害之。』」取善集卷八，頁十一，道藏第十三册，頁九〇五。）

兕无所投其角，虎无所措其爪，兵无所容其刃。夫何故？以其无死地。

## 第五十一章

道生之，德畜之，物形之，勢成之。是以萬物莫不尊道而貴德。道之尊，德之貴，夫莫之爵而常自然。故道生之畜之，長之育之，成之熟之，養之覆之。生而不有，爲而不恃，長而不宰。是謂玄德。

臨川王安石曰：此三者，皆出於無我，故謂之玄德。（集注卷十二，頁二十七，道藏第十三册，頁二〇三。）

## 第五十二章

天下有始，以爲天下母。既得其母，以知其子；既知其子，復守其母，歿身不殆。

臨川王安石曰：一陰一陽之謂道，而陰陽之中有沖氣；沖氣生於道，道者，天也。萬物之所自生，故爲天下母。夫物芸芸，各歸其根，歸根曰静，静曰復命，則得以返其本也，故曰復守其母也。（集注卷十三，頁二，道藏第十三册，頁二〇三。）

塞其兑，閉其門，終身不勤。開其兑，濟其事，終身不救。

舒王曰：没者存之對，終者始之對。以事對門者，閉其門則事之不入可知矣。濟其事，則門之不閉可知矣。（取善集卷八，頁十七，道藏第十三册，頁九〇七。）

見小曰明，守柔曰强。用其光，復歸其明，無遺身殃。是謂襲常。

臨川王安石曰：「見小曰明」者，微而見之，則可謂之明；見於大，則不足以謂之明。故曰「見小曰明」。至柔馳騁天下之至堅也，故曰「守柔曰强」。「用光復歸其明」者，蓋光者明之用，明者光之體。言强，則知柔之爲體；言明，則知光之爲用。唯其能用其光，復歸其根，則終身不至於有咎，而能密合常久之道。故曰：「無遺身殃，是謂襲常。」（集注卷十三，頁五—六，道藏第十三册，頁二〇四—二〇五。）

## 第五十三章

使我介然有知，行于大道，唯施是畏。大道甚夷，民甚好徑。朝甚除，田甚蕪，倉甚虚。

臨川王安石曰：朝甚除治也，其田反至於蕪，其倉反至於虚。倉，本也，今乃蕪虚〔二〕，此逐末也，是猶人趨邪徑〔三〕，而棄大道也。（集注卷十三，頁九，道藏第十三册，頁二〇六；取善集卷

〔二〕「朝甚」至「蕪虚」，據取善集補。
〔三〕「是」，據取善集補。

八，頁二十—二十一，道藏第十三册，頁九〇八。）

服文采，帶利劍，厭飲食，資財有餘。是謂盜誇，非道也哉。

## 第五十四章

善建者不拔，善抱者不脱，子孫以祭祀不輟。

臨川王安石曰：善建者，德建也，能德建則不拔矣。善抱者，抱一也，抱一而不離，則不脱矣。能建德、抱一，則德之盛。故盛德百世祭祀。祭祀者，見於愈遠而不忘。故曰子孫祭祀不輟。（集注卷十三，頁十，道藏第十三册，頁二〇六；取善集卷九，頁一，道藏第十三册，頁九〇九，只有「抱一也」至「則不脱矣」數句。）

修之身，其德乃真。修之家，其德乃餘。修之鄉，其德乃長。修之國，其德乃豐。修之天下，其德乃普。故以身觀身，以家觀家，以鄉觀鄉，以國觀國，以天下觀天下。吾何以知天下之然哉？以此。

臨川王安石曰：身有身之道，故以身觀身；家有家之道，故以家觀家；以至於鄉國天下。「吾何以知天下之然哉？以此」者，蓋以此道觀之也。言以此者，此則同於道，彼則異於道。同則取之，異則去之。（集注卷十三，頁十三，道藏第十三册，頁二〇七。）

## 第五十五章

含德之厚，比於赤子。

臨川王安石曰：赤子者，天守全而陽不散，故「含德之厚比於赤子」。（集注卷十三，頁十五，道藏第十三册，頁二〇八。）

毒蟲不螫，猛獸不據，攫鳥不搏。

臨川王安石曰：赤子之心，非有害物也。無害物，則物亦莫能害。（集注卷十三，頁十七，道藏第十三册，頁二〇八。）

骨弱筋柔而握固，未知牝牡之合而峻作，精之至。終日號而嗌不嗄，和之至。

臨川王安石曰：終日號而聲不嗄，乃和之至，蓋和者主於氣也。（集注卷十三，頁二十，道藏第十三册，頁二〇九。）

知和曰常，

臨川王安石曰：和之爲用，則常而不變。故曰：「知和曰常。」〔二〕（集注卷十三，頁二十一，道藏第十三册，頁二一〇；取善集卷九，頁七，道藏第十三册，頁九一一。）

知常曰明，

臨川王安石曰：不明，則不足以知常。（集注卷十三，頁二十一，道藏第十三册，頁二一〇；取善集卷九，頁八，道藏第十三册，頁九一一。）

益生曰祥，

舒王曰：夫生不可益，而人常求益於生，則有凶祥。（取善集卷九，頁八，道藏第十三册，頁九

---

〔二〕「故曰知和曰常」，據取善集補。

一一。）

心使氣曰强。

臨川王安石曰：氣者，當專氣致柔，今反爲心之所使，不能專守於内，則爲暴矣。故曰：「心使氣曰强。」書曰：「作善，降之百祥。」上章曰「守柔曰强」〔一〕，此祥者非作善之祥，乃災異之祥；此强者非守氣之强〔二〕，乃勝暴之强〔三〕。夫言，豈一端而已，各有所當也。（集注卷十三，頁二十三，道藏第十三册，頁二一〇；取善集卷九，頁八，道藏第十三册，頁九一一。）

物壯則老，是謂不道。不道早已。

臨川王安石曰：惟道，則先於天地而不爲壯，長於上古而不爲老。（集注卷十三，頁二十四，道藏第十三册，頁二一一。）

---

〔一〕「故曰」至「曰强」，據取善集補。

〔二〕「氣」，取善集作「柔」。

〔三〕勝暴，取善集作「强梁」。

## 第五十六章

知者不言，言者不知。塞其兑，閉其門，挫其鋭，解其紛，和其光，同其塵，

臨川王安石曰：「挫其鋭……同其塵」，此文兩見。蓋道德莫不皆如此。（集注卷十三，頁二十五，道藏第十三册，頁二一一。）

是謂玄同。不可得而親，不可得而疎；不可得而利，不可得而害；不可得而貴，不可得而賤。

故爲天下貴。

## 第五十七章

以正治國，以奇用兵，以無事取天下。

雜説曰：正可以治一國而已，奇可以用五兵而已，唯其無事者，然後可以取天下。故曰取天下常以無事。及其有事，不足以取天下。然而湯放、武伐，亦可以無事乎？曰：然。則湯、武者，順乎天，應乎人，其放、伐也，猶放、伐一夫爾，未聞有事也。（取善集卷九，頁十四，道藏第

十三册，頁九一三。）

吾何以知其然哉？以此。天下多忌諱而民彌貧。人多利器，國家滋昏。人多技巧，奇物滋起。法令滋彰，盜賊多有。

舒王曰：法令者，禁天下之非。因其禁非，所以起僞。蓋法出奸生，令下詐起，故曰：「法令滋彰，盜賊多有。」（取善集卷九，頁十五—十六，道藏第十三册，頁九一三—九一四。）

故聖人云：我無爲而民自化，我無事而民自富，我好静而民自正，我無欲而民自樸。

## 第五十八章

其政悶悶，其民淳淳。其政察察，其民缺缺。

舒王曰：悶悶者，無所分别。唯其無所分别，則常使民無知無欲，故其民淳淳。察察者，有所分别也。有所分别，則其民不能無知無欲，而常缺缺矣。（取善集卷九，頁十八，道藏第十三册，頁九一四。）

禍兮福所倚，福兮禍所伏，孰知其極？其無正邪？正復爲奇，善復爲妖，民之迷，其日固久。

臨川王安石曰：種種分别，遂生妄想。（集注卷十四，頁七，道藏第十三册，頁二一五。）

是以聖人方而不割，廉而不劌，直而不肆，光而不耀。

臨川王安石曰：聖人無方、無隅，故方而不割；崖岸而不畏，故廉而不劌；大直若屈，故直而不肆。用其光，復歸其明，故光而不耀。（集注卷十四，頁八，道藏第十三册，頁二一五。）

## 第五十九章

治人事天莫如嗇。

臨川王安石曰：夫人莫不有視、聽、思，目之能視，耳之能聽，心之能思，皆天也。然視而使之明，聽而使之聰，思而使之正，皆人也。然形不可太勞，精不可太用，太勞則竭，太用則瘦。唯能嗇之而不使至於太勞、太用，則能盡性。盡性，則至於命。早復者，復於命也。（集注卷十四，頁十，道藏第十三册，頁二一六。）

夫唯嗇，是謂早復，早復謂之重積德。重積德則無不克，無不克則莫知其極。莫知其極，可以有國。有國之母，可以長久。

舒王曰：國者，皆出於道也，故以道爲母。如此，則没身不殆也，故曰可以長久。（取善集卷九，頁二十四，道藏第十三册，頁九一六。）

是謂深根固蔕，長生久視之道。

## 第六十章

治大國若烹小鮮，以道莅天下，其鬼不神。非其鬼不神，其神不傷民。非其神不傷民，聖人亦不傷民。夫兩不相傷，故德交歸焉。

## 第六十一章

大國者下流，

臨川王安石曰：大國下流者，如衆人之所惡也，非君子惡居之下流也。（集注卷十四，頁十六，道藏第十三册，頁二一八。）

天下之交，天下之交牝。牝常以静勝牡，以静爲下。

臨川王安石曰：交者，衆人之會[一]，能處衆人之所惡，則天下之動莫不歸之矣。故曰天下之交牝者[二]，蓋天下之交，交於牝而已。蓋牝常以静勝牡，以静爲下，故静爲君而常處於下，則足以勝牡矣，故曰：「以静勝牡，以静爲下。」[三]（集注卷十四，頁十八，道藏第十三册，頁二一八；取善集卷十，頁四，道藏第十三册，頁九一八。）

故大國以下小國，則取小國。小國以下大國，則取大國。故或下以取，或下而取。大國不過欲兼畜人，小國不過欲入事人。兩者各得其所欲，故大者宜爲下。

舒王曰：蓋以小事大者，人之易；以大事小者，人之難。唯其人之所難，故老子以大者宜爲

---

[一]「人」，取善集作「生」。

[二]「者」，據取善集補。

[三]「蓋牝」至「爲下」，據取善集補。

下。（取善集卷十，頁六，道藏第十三册，頁九一九。）

## 第六十二章

道者，萬物之奧，善人之寶，不善人之所保。

臨川王安石曰：莫非道也，善人求之，足以至於道；不善而求之，則足以免於罪。（集注卷十五，頁二，道藏第十三册，頁二二〇。）

美言可以市，尊行可以加人。人之不善，何棄之有。故立天子，置三公，雖有拱璧以先駟馬，不如坐進此道。

臨川王安石曰：立天子，置三公，雖有合拱之璧，先乘駟馬，足以迎賢者之來，而不如坐進此道而已。（集注卷十五，頁四，道藏第十三册，頁二二〇；取善集卷十，頁十，道藏第十三册，頁九二〇。）

古之所以貴此道者何？不日求以得，有罪以免邪？故爲天下貴。

## 第六十三章

爲无爲，事无事，味无味。大小，多少，報怨以德。圖難於其易，爲大於其細。天下難事必作於易，天下大事必作於細，是以聖人終不爲大，故能成其大。夫輕諾必寡信，多易必多難。是以聖人由難之，故終無難。

## 第六十四章

其安易持，其未兆易謀，其脆易破，其微易散。爲之於未有，治之於未亂。合抱之木生於毫末，九層之臺起於累土，千里之行始於足下。爲者敗之，執者失之。是以聖人无爲故无敗，无執故无失。民之從事，常於幾成而敗之，慎終如始，則无敗事。是以聖人欲不欲，不貴難得之貨；學不學，復衆人之所過；以輔萬物之自然，而不敢爲。

## 第六十五章

古之善爲道者，非以明民，將以愚之。民之難治，以其智多。

舒王曰：夫聖智者，國家之利器也。言古之善爲道者，不以聖智示人，欲使人無知無欲而愚之也。故莊子曰：「上誠好智而無道，則天下大亂矣。何以知其然？夫弓弩畢弋機變之智多，則鳥亂於上矣；鈎餌網罟罾笱之智多，則魚亂於水矣；削格羅落罝罘之智多，則獸亂於澤矣。智詐漸毒頡滑堅白解垢同異之變多，則俗惑於辯矣。故天下每每大亂，罪在於好智。」（取善集卷十，頁二十二—二十三，道藏第十三册，頁九二四。容肇祖輯本還有「愚則無知，智則多詐。民多智詐，巧僞滋生，所以難治」。取善集卷十，頁二十二—二十三，道藏第十三册，頁九二四。）

故以智治國國之賊，不以智治國國之福。

新說曰：堯、舜之智，在於不徧物；禹之智，在於行其所無事。不徧物則不察物以爲明；行所無事，則不鑿物以爲利。則可謂善用智者也。若夫老子所謂不以智治國者，則在於存之，然後民利百倍。（取善集卷十，頁二十四，道藏第十三册，頁九二五。）

知此兩者，亦楷式。常知楷式，是謂玄德。玄德深矣、遠矣，與物反矣，然後乃至大順。

## 第六十六章

江海所以能爲百谷王者，以其善下之，故能爲百谷王。是以聖人欲上人，以其言下之。欲先人，以其身後之。是以處上而人不重，處前而人不害。是以天下樂推而不厭。以其不争，故天下莫能與之争。

## 第六十七章

天下皆謂我道大，似不肖。夫唯大，故似不肖。若肖，久矣其細也夫。

臨川王安石曰：夫道之大則不可以名，故似不肖；小則可以名，故若肖。故曰：「若肖，久矣其細也夫。」（集注卷十六，頁二，道藏第十三册，頁二一三七。）

我有三寶，保而持之：一曰慈，二曰儉，三曰不敢爲天下先。夫慈故能勇，儉故能廣，不敢爲天下先故能成器長。今捨其慈且勇，捨其儉且廣，捨其後且先，死矣！

臨川王安石曰：慈則能柔，柔則能勝天下之至堅，故能勇。儉則知足，知足則常足，故能廣。不敢爲天下先，則物莫爲之先，故能成其器長。勇、廣、先三者，人之所共疾也。爲衆所疾，故常近於死。（集注卷十六，頁三一四，道藏第十三册，頁二二七；取善集卷十一，頁六，道藏第十三册，頁九二七，僅引「不敢爲天下先，則物莫爲之先，故能成其器長」數句。）

夫慈，以戰則勝，以守則固。天將救之，以慈衛之。

## 第六十八章

善爲士者不武，善戰者不怒，

舒王曰：不怒，則善戰。（取善集卷十一，頁八，道藏第十三册，頁九二八。）

善勝敵者不争，善用人者爲之下。是謂不争之德，是謂用人之力，是謂配天，古之極。

## 第六十九章

用兵有言：吾不敢爲主而爲客，不敢進寸而退尺。是謂行无行，攘无臂，仍无敵，執无兵。禍莫大於輕敵，輕敵則幾喪吾寶。故抗兵相加，哀者勝矣。

## 第七十章

吾言甚易知，甚易行。天下莫能知，莫能行。言有宗，事有君。夫唯無知，是以不我知。知我者希，則我貴矣。

臨川王安石曰：中士聞道，若存若亡；下士聞道，則大笑之。惟其大笑，故知我者希。惟其若存，故知我者貴。（集注卷十六，頁十四—十五，道藏第十三册，頁二三一。）

是以聖人被褐懷玉。

## 第七十一章

知不知，上；不知知，病。夫唯病病，是以不病。聖人不病，以其病病，是以不病。

## 第七十二章

民不畏威，則大威至。無狹其所居，無厭其所生。夫唯不厭，是以不厭。是以聖人自知不自見，自愛不自貴。故去彼取此。

## 第七十三章

勇於敢則殺，勇於不敢則活。

舒王曰：莊子曰：「聖人以必不必，故無兵；衆人以不必必之，故多兵。」勇於敢，以不必必之，故多兵而殺；勇於不敢，以必不必，故無兵而活。（取善集卷十一，頁二十一，道藏第十三册，頁九三三二。）

此兩者或利或害。天之所惡，孰知其故？是以聖人猶難之。天之道，不爭而善勝，不言而善應，不召而自來，

臨川王安石曰：陰陽代謝，四時往來，日月盈虛〔二〕，與時偕行，故不召而自來。（集注卷十七，頁六，道藏第十三册，頁二二三五。）

坦然而善謀。

臨川王安石曰：以其常易，故坦然；以其知險，故善謀。（集注卷十七，頁六，道藏第十三册，頁二二三五。）

天網恢恢，疏而不失。

〔二〕「來日月盈虛」，容肇祖據道藏輯要本補。

## 第七十四章

民常不畏死，奈何以死懼之。若使人常畏死，而爲奇者，吾得執而殺之，孰敢。常有司殺者殺，而代司殺者殺，是代大匠斲。夫代大匠斲，稀有不傷其手矣。

## 第七十五章

民之飢，以其上食税之多，是以飢。民之難治，以其上之有爲，是以難治。人之輕死，以其生生之厚，是以輕死。惟无以生爲者，是賢於貴生。

## 第七十六章

人之生也柔弱，其死也堅强。草木之生也柔脆，其死也枯槁。故堅强者死之徒，柔弱者生之徒。是以兵强則不勝，木强則共。

臨川王安石曰：共者，不順之辭，故曰「木强則共」。（集注卷十七，頁十六，道藏第十三册，頁二三九。）

堅强居下，柔弱處上。

## 第七十七章

天之道，其猶張弓乎！高者抑之，下者舉之，有餘者損之，不足者與之。天之道，損有餘，補不足；人之道則不然，損不足以奉有餘。孰能以有餘奉天下？唯有道者。是以聖人爲而不恃，功成不處，其不欲見賢耶？

## 第七十八章

天下柔弱莫過於水，而攻堅强者，莫之能先，其無以易之。

臨川王安石曰：天下之物，能小而不能大，能方而不能圓。水則不然，因地而爲小大，隨器而爲方圓，不失其常，故曰「無以易」。（集注卷十八，頁一，道藏第十三册，頁二四〇。）

故柔勝剛，弱勝强，天下莫不知，莫能行。是以聖人言：受國之垢，是謂社稷主；受國不祥，是謂天下王。正言若反。

## 第七十九章

和大怨，必有餘怨，安可以爲善？是以聖人執左契，而不責人。故有德司契，無德司徹。

臨川王安石曰：司徹通於事，則不能無責於人；不能無責於人，則不能使人之無怨。此其所以爲無德也。（集注卷十八，頁九，道藏第十三册，頁二四三；取善集卷十二，頁十一—十二，道藏第十三册，頁九三八。）

天道無親，常與善人。

## 第八十章

小國寡民，使有什伯之器而不用，

舒王曰：夫民之寡，則吾之用亦狹矣。故小國之寡民，雖有什佰之器不用矣。（取善集卷十二，頁十三，道藏第十三册，頁九三九。）

使民重死而不遠徙。雖有舟輿，無所乘之。雖有甲兵，無所陳之。

臨川王安石曰：民自足於性分之内，則無遠遊、交戰之患。（集注卷十八，頁十三，道藏第十三册，頁二二四四。）

使民復結繩而用之。甘其食，美其服，安其居，樂其俗，鄰國相望，雞犬之音相聞，民至老死不相往來。

臨川王安石曰：夫德之被於民，及其極也，則能使民無知無欲。惟知耕而食，蠶而衣，而不知其所以然。（集注卷十八，頁十六，道藏第十三册，頁二二四五。）

## 第八十一章

信言不美，美言不信。

臨川王安石曰：信者，性也。言近於性，則極天下之至順；故言之信者不美，夫治天下至於甘其食，美其服，安其居，樂其俗，老死而不相往來，則治之極，復收斂而歸於道。故次之以信言不美。〔二〕言之美則不能近於性矣。故美言不信。〔三〕（集注卷十八，頁十七，道藏第十三册，頁二四六；取善集卷十二，頁十七—十八，道藏第十三册，頁九四〇。）

善者不辯，辯者不善。知者不博，博者不知。聖人无積，既以爲人，已愈有，既以與人，已愈多。天之道，利而不害。聖人之道，爲而不争。

〔二〕「夫治」至「不美」，據取善集補。

〔三〕「故美言不信」，據取善集補。

# 附録一　晁公武郡齋讀書志中與王安石老子注相關著作的目録

字説二十卷

右皇朝王安石介甫撰。蔡卞謂介甫晚年閒居金陵，以天地萬物之理，著爲此書，與易相表裏。而元祐中，言者指其糅雜釋、老，穿鑿破碎，聾瞽學者，特禁絶之。（晁公武撰，孫猛校證郡齋讀書志校證，上海：上海古籍出版社一九九〇年版，頁一六五。）

王安石注老子二卷，王雱注二卷，吕惠卿注二卷，陸佃注二卷，劉仲平注二卷

右皇朝王安石介甫注。介甫平生最喜老子，故解釋最所致意。首章皆斷「無」、「有」作一讀，與温公同。後其子雱及其徒吕惠卿、陸佃、劉仲平皆有老子注。（郡齋讀書志校證，頁四七一。）

## 王氏雜説十卷

右皇朝王安石介甫撰。蔡京爲安石傳，其略曰：「自先王澤竭，國異家殊。由漢迄唐，源流浸深。宋興，文物盛矣，然不知道德性命之理。安石奮乎百世之下，追堯、舜、三代，通乎晝夜陰陽所不能測而入於神。初著雜説數萬言，世謂其言與孟軻相上下，於是天下之士始原道德之意，窺性命之端云。」所謂雜説，即此書也。以京之誇至如此，且不知所謂「通乎晝夜陰陽所不能測而入於神」者，爲何等語，故著之。（郡齋讀書志校證，頁五二五。）

# 附録二　任繼愈主編道藏提要中收録王安石老子注相關著作提要

## 彭耜道德真經集注十八卷

自序撰於紹定二年(一二二九年)。序謂是書「凡分一十二卷」,道藏本析爲一十八卷。卷前分録史記老子傳及宋諸帝尊尚老子之事,並有注。彭耜以老子注釋繁多而矛盾迭興,流派亦多,門户各異,因輯宋人注二十家,于宋徽宗注稱「政和御注」,刊於首。此外有碧虚子陳景元、司馬光、蘇轍、王安石、王雱、陸佃、劉槩、劉涇、道真仁静先生曹道沖、達真子、三峨了一子李文、陳象古、葉夢得、清源子劉驥、朱熹、黄茂材、程大昌、林東、本來子邵若愚等十九家,皆宋人之説。然所輯亦有取捨。二十家注各持一説,亦有相抵牾者。彭耜謂:「此經以自然爲體,無爲用,治世出世之法皆在焉。」「以之治世,則返樸而還淳;以之出世,則超凡而入聖。」(自序)儒言治世,道言出世,而皆統於老子,故曰:「孔、老無異法。」而視丹窖、奇技、符籙小數爲道之緒餘土苴。二十家中僅政和御注、陳景元道德真經藏室纂微、司馬光道德論述要、蘇轍老子注、陳象古道德真經解、邵若愚道德真經真解諸書，尚有傳本，餘並亡佚。或竟有史志未著者。即葉夢得老子解，今亦輯本而非全書也。故徵引諸家，殊可珍惜。其中宋解經姓氏，均略注名字事蹟，亦可貴之資料。（任繼愈主編道藏提要，北京：中國社會科學出版社一九九一年，頁三〇六。）

## 李霖道德真經取善集十二卷

宋李霖撰。是書採集淮南子、嚴君平、河上公、鍾會、王弼、郭象、孫登、顧歡、羊祜、楊子、陶弘景、唐明皇、成玄英、張君相、王真、盧裕、蔡子晃、杜光庭、車惠弼、松靈仙、羅什、李榮、唐耜、藏玄静、陸希聲、劉進喜、劉仁會、司馬光、吕吉甫、王元澤、蘇子由、陳景元、宋徽宗、馬巨濟、陸佃、曹道沖、舒王、劉仲平、李畋等數十家。其自序謂「今取諸家之善，斷以一已之善」，故名曰取善集。卷前有劉允昇撰于金世宗大定壬辰（一一七二）序，謂霖「會聚諸家之長，並敘己見，成六卷」。今十二卷，蓋後人所析。

李霖推崇老子具内聖外王之道。曰：「性命兼全，道德一致。」「言不踰於五千，義實貫於三教。内則修心養命，外則治國安民，爲群言之首，萬物之宗。」（自序）卷末有道德一合論，闡述司馬光「道德連體，不可偏舉」之旨。謂：「未形之先，道與德俱冥；既形之後，道與德俱顯。」「道非德無以顯，德非道無以明。」「道德合而爲一，不可分而爲二。」是書取材繁富，先列諸家之説，並殿以己意。所哀衆説，如志蹤、林靈素、唐耜、淩遘、舒王等道德經注，不見書志，唯賴本書存其鱗爪，尤足珍惜。（道藏提要，頁三二〇—三二一。）

## 劉惟永、丁易東編道德真經集義二十卷

原題劉惟永編集，丁易東校正。劉惟永跋曰：「今得石潭丁編修以其家藏名賢之注，與惟永所藏之書合而爲一。」（道德真經集義大旨卷下，頁二十三。）由是可知是書諸家之注乃劉、丁二人所搜羅編輯。是書創始於元至大初，歷十餘年，至元貞二年（一二九六）乃成。後由惟永與其徒募捐刊印。

惟永跋曰集義「總八十一章爲三十一卷」（道德真經集義大旨卷下，頁二三）。張與材跋亦曰劉惟永「爲三十一卷，集注七十有八氏」（道德真經集義大旨卷下，頁二六）。今道藏所收，分爲兩書，一曰道德真經集義大旨，一曰道德真經集義。前者三卷，上卷爲道德經圖説，包括圖十六幅，如谷神圖等；次爲道德真經集義諸家姓氏，收入集義中之七十六家注和旁證五子（關尹、

列、莊、文子、韓非）；道德真經諸家序。卷中爲道德真經説，輯諸家之説闡述老子要旨。卷下録程大昌易老通言中之老子概論部分。卷末有楊恪、劉惟永、蘇敬静、喻清中及張與材五家序跋，蓋集義大旨乃本書之前編或附録，不應别出獨自成書。今合爲一種。原書三十一卷。今大旨三卷，集義存十七卷至「三十輻」章而止。兩者凡二十卷，較原書三十一卷，缺佚尚多。

集義體例首列考異，考校文字之異同，每章首有總説，概括本章旨意。次經文，然後集諸家之注釋。張與材跋論集義曰：「若仙、若儒、若釋、若隱、若顯，以至鸞筆恍惚微妙之辭，亦所不棄。……富矣哉！所謂集大成者，非耶？」續修四庫全書提要謂：「所取者，今多散佚。其可珍貴，自不待言。即其存者，亦可籍以校訂。而諸家姓氏，尤可資參證也。」（道藏提要，頁三一〇——三一一。）

# 附録三　今人王安石老子注輯佚著作序跋匯録

## 蒙文通王介甫老子注佚文前言

介甫老子注不見於宋史藝文志，本傳亦未敘及。惟彭耜老子集注序録有之，不言卷數。劉惟永老子集義序稱宋荆國公作注。宋元學案言荆公書有老子注二卷，而未知所據。補宋史藝文志者亦失於考論。其書久佚，惟李霖老子取善集及彭、劉二家書頗徵引之。劉氏集義例收全文，惟劉書自十二章以後已佚，故荆公原注之存，亦僅十一章而已。彭、李兩家書於所收舊注，多所删落，故荆公老注自十二章後惟有碎句佚文已耳。北宋之學三家，蘇潁濱、司馬涑水二家老注尚存，惜荆公之書不傳。蘇注宋人注老者尚多徵之，司馬之注則僅有引用者，知此二注于宋代學者影響不大，而荆公之注，則宗之者多，如當時稱爲崇寧五注者，皆宗荆公者也。今吕惠卿、王元澤之注尚存，而荆公之注忽焉沈没，尋學術流變者，將何以討其源耶！茲特就三書所引萃爲一編，亦足以見梗概。館中年來於老注多所纂述，成玄英、李榮二家，唐之名著也，已輯得完璧，先後印行，以嘉惠學林。王弼、河上公二注則校勘精勤，頗多是正。宋代道家者流，多宗陳景元，館中于陳氏老、莊二注皆輯校成書，雖辛勤累年，幸已蔚成大觀，足以闡揚絶學。念介甫之注，亦一代宗匠也，未得與蘇、馬二注並顯，殊以爲憾，僅輯所見，以彌此缺。劉惟永集義引王注中别有全義、雜説、字説，足見介甫原書之體制，而王元澤注中有新説一條，集義中又有丞相新説一條，知亦介甫書佚文，亦録入焉。李霖書中介甫注外有字説，有新説，有雜説，知皆介甫書也，亦並取之。於纂輯之事，每有疑惑，皆就蒙文通先生請質焉，承多所審正，得以蕆事。誤失之處，倘猶未能免，海内賢達，幸垂教之。（蒙文通道書輯校十種王介甫老子注佚文，成都：巴蜀書社二〇〇一年版，頁六七三—六七四。）

## 蒙默整理後記

右王介甫老子注佚文，係先君子于一九四七年前後長四川省立圖書館時所輯，輯稿前言亦係先君手筆，按之文字風格可以驗也。而該稿繕録之勞則館中同仁馮璧如女士之力爲多，遂於圖書集刊第八期發表該稿時（一九四八年六月四川省立圖書館編印于成都）署以馮名。先君於一九五八年撰道教史瑣談嘗言：「荆公注老子最有精義，其解三十輻共一轂章即集中之老子説，立義甚辯，余輯其佚文散見群書所引寫爲二卷。」（載中國哲學第四輯，一九八〇年一月北京三聯書店）可以證也。今茲整理，物歸故主，前言不改，存原貌也。整理時，曾取原引各書檢核之，補輯二條，改正譌奪六、七字，删去誤録王元澤注一段。聞容肇祖先生於介甫注曾有輯校本，因取相校。容書有序言四千餘言，略析此注思想，作於一九七八年六月，一九七九年五月北京中華書局出版。容輯於第十六、十八、十九、二十五、三十一、三十三、三十七、四十一、七十九各章，皆各有一條爲先君輯稿所無者；而先君輯稿于王注之字説、全義、雜説、新説並皆輯録，其中六條又爲容輯所無。案劉惟永道德經集義於所收取例引全文，其首章録王注有全義，有雜説，有字説，可以略窺王注之體制。容氏雖全録其文，然删去全義、雜説二標目，而獨存字説一目，不審于義何取？又集義第五章有丞相新説一條，第二章王元澤注中引新説一條，顯皆介甫之注，而容輯但取前條不取後條，亦不審何故？殆皆以未解于王注之體制耶？無怪容輯于李霖道德經取善集中僅取其所引字説，而於所引新説、雜説各條並皆棄置不顧也。又就容氏溢出各條核按，凡此諸條皆係介甫注後之提行另段，此顯爲李氏於徵引他家義説後，别行以申己意者，不僅于王氏之注如此，於他家之注亦多有之，昧于李書此例，遂不免于李冠王戴矣。而于彭耜道德經集注第五十章引「臨川王安石曰」云云八十餘字則又漏輯，是容氏之書顯有輯、漏失當者矣。又聞嚴靈峰君亦有王注輯本，因取無求備齋老子集成本校之，而嚴書則惟輯彭耜集注所引，劉、李二家所引並皆失取，誠所謂自檜以下者也。輯校古籍固爲學問之餘事，然亦非可掉以輕心而草率從事者也。以客有語默以容、嚴兩輯已出書行世者，謹記于異同於此。（道書輯校十種王介甫老子注佚文，頁七〇七—七〇九。）

## 嚴靈峰老子崇寧五注輯校自序

晁公武郡齋讀書志載：王介甫注老子二卷、王元澤注二卷、陸佃注二卷、劉仲平注二卷，並云：「右皇朝王安石介甫注。介甫平生最喜老子，故解釋最所致意。如『無名天地之始，有名萬物之母』；常無欲以觀其妙，常有欲以觀其徼。』皆於『有』、『無』字下斷句，與先儒不同；他皆類此。後其子雱，其党吕惠卿、陸佃、劉仲平皆有老子注。」又：劉巨濟老子注二卷，云：「右皇朝劉涇巨濟注。涇，蜀人，篤志於學，文詞奇偉；早登蘇子瞻之門，晚受知于蔡京，除太學博士。」

彭耜道德真經集注宋解經姓氏略稱：

臨川王安石，字介甫；臨川人，荆國文公。

王雱，字元澤；荆公之子。

陸佃，字農師；山陰人，門人號曰：陶山先生。

劉概，字仲平；開封人。

劉涇，字巨濟；簡州陽安人，自號：前溪。

自荆公下至此，總名：「崇寧五注」。

又：劉惟永道德真經集義諸家姓氏内有：

王介甫，注：宋太傅，荆國公；諱安石，字介甫；作注。

陸農師，注：宋中大夫，知亳州；諱佃，作解。

王元澤，注：宋龍圖閣直學士，左諫議大夫，臨川伯；諱雱，作解。

劉仲平，注：宋臣，作解。

劉巨濟，注：宋職方郎中；諱涇，作解。

丞相新説，注：見「八注」中，不載其名。

現存吕惠卿道德真經傳，收入正統道藏洞神部中；王雱老子注，則分散于張氏道德真經四家集注（四家爲：河上公、王弼、唐明皇、王雱）；餘皆殘闕不完。又有所謂：「崇寧八注」，見引于劉惟永集義。其第三章：「不尚賢，則民不争」句後，云：

「人生而静，天之性也；感於物而動，性之欲也。蓋聖人在上，不尚賢，不貴貨；使民不累於爲善，不累於爲利也。心不虚則亂，腹不實則有欲，志不弱則有剛，骨不强則不立；

實其腹，則無嗜欲矣。孟子曰：『行有不慊於心，無是餒也。』又云：『人無饑渴之患，心爲患也。』莊子曰：『嗜欲深，則天機淺』；淺則困矣。弱其志，無暴其氣；又云：『士尚志。』而此謂『弱其志』，何也？孟子方以士人言，故進之；老子以反本言之，故退之。」未明何人所注。

今從彭耜集注、劉惟永集義、李霖道德真經取善集及焦竑老子翼各書，輯其叢殘；而王雱所注，則刺取張氏四家集注，較爲完備；安石注本，曾於一九六四年多予以匯輯，並收入「無求備齋老子集成初編」，當時倉促將事，過於簡略，不免疏失。兹重加董理，並採王氏所著：全義、新說、雜說、字說，以及王雱、陸佃、劉概、劉涇諸家所注，詳爲斠正，以見「崇寧五注」之大略。晁氏讀書志有：「安石字說，二十卷。」新說，即劉惟永所引丞相新說；司馬光曾稱介甫爲「丞相」者。又取善集内有「舒王」注，核與安石所注無異；安石卒于哲宗元祐元年（西元一〇八六年），年六十八歲，徽宗崇寧三年，配享孔子廟，于顔、孟之次，追封「舒王」，則「舒王」即安石之注也。然元祐元年距崇寧元年（西元一一〇二年），相去十有六年，書稱：「崇寧五注」者，蓋後人所輯，而「八注」，則更在其後矣。

竊謂：安石爲有宋一代名臣，曁其子雱，皆才華横溢，以推行「新法」而不見諒於當世；蘇洵竟斥之爲「不近人情，鮮不爲大奸慝」，觀其所注老子，第五十七章曰：「法令者，禁天下之非；因其禁非，所以起僞；蓋法出奸生，令下詐起。故曰：『法令滋彰，盜賊多有。』」又注第十一章云：「無之所以爲（用）天下者，以其有禮、樂、刑、政也；如其廢轂、輻于車，廢禮、樂、刑、政於天下，而坐求無之爲用也，則近於愚矣。」王氏豈有不知新法之利弊與夫治國之大體乎？其所修爲，蓋亦尊重儒術，固未可厚誣也。嗚呼！黨同伐異，常起于泥古之士，安于成事，趙宋衰亡，非無故也。

臨川王氏父子，學問詞章，爲世所重；其所注老子，因有散佚，不爲人所重視。今輯録其書，可見一家之學，並其僚屬：陸佃、劉概、劉涇三家之注。内附宋史王安石本傳、論老子、王雱老子注序及梁迴張氏道德真經四家集注後序，凡愛好荆公學術而研究其思想者，於此不無少補焉。（嚴靈峰老子崇寧五注王安石老子注，臺北：成文出版社一九七九年十月版。）

## 容肇祖王安石老子注輯本序

王安石（西元一〇二一—一〇八六年）是我國歷史上著名的政治改革家（列寧在修改工人政黨的土地綱領中提到，見列寧全集第十卷，一五二頁），同時是卓有聲譽的哲學家、文學家。他的著作很豐富。由於他主張變法，實行政治改革，遭到當時以司馬光爲首的頑固保守派的强烈反對，變法失敗後，他的著作有的被嚴禁，有的遭到毁滅不傳。王安石老子注二卷，早已散佚。在我讀到周官新義輯本後，每思對王安石老子注加以輯集，爲研究他的哲學思想提供方便。現在纔能將散見於以下三書的王安石老子注加以整理。我所根據的三書，即：

一、李霖編輯道德真經取善集十二卷。李霖在引王安石老子注時稱「舒王曰」。爲什麽稱爲「舒王」？宋徽宗趙佶政和三年（西元一一一三年）正月追封王安石爲舒王，見楊仲良通鑒長編紀事本末卷一百三十。（顧楝高王荆公年譜卷後説：徽宗崇寧三年，即西元一一〇四年，追封舒王。誤。）至宋高宗趙構建炎二年（西元一一二八年）削王安石王爵。從王安石被宋徽宗封爵至被宋高宗削爵，首尾計十五年。李霖輯道德真經取善集，自稱「宋饒陽居士李霖集」。劉允昇爲之作序云：「李霖字宗傳，性恬淡，自幼至老，研精於五千之文。……會聚諸家之長，並敘己見，成六卷（按今本分十二卷）。……王賓，乃先生之舊友也，賞其勤而成其志，命工鏤版，俾好事者免繕寫之勞。……時大定壬辰重午日，河間劉允昇冪。」按饒陽、河間俱屬今河北省。大定壬辰，即金世宗完顔雍大定十二年，宋孝宗趙昚乾道八年，西元一一七二年，時河北早已屬金。河北入金後，李霖如尚存，當不知王安石之被削爵，至金大定時，李霖或者已去世了。

二、彭耜集道德真經集注十八卷。凡王安石老子注部分，彭耜均以「臨川王安石曰」區别之。彭耜自題「宋鶴林真逸彭耜纂集」。彭耜的集注作於紹定己丑（自序末書「紹定己丑重九日」）。紹定己丑即宋理宗趙昀紹定二年（西元一二二九年）。集注是採集各家的注釋而成。自序云：「合本朝注釋之書，畢力纂集，尊御注（宋徽宗趙佶注）於其首，列諸子於其下，凡分一十二卷。」按這書實分十八卷。並附釋文一卷，集注雜説二卷。集注純係採集宋人注釋而成。集注中保留王安石老子注多條，但從内容看，卻不如劉惟永的集義之詳細、集中。

三、劉惟永編集道德真經集義十七卷。題「凝遠大師常德路玄妙觀提點觀事劉惟永編集；前朝奉大夫、太府寺簿兼樞密院編修丁易東校正」。附有道德真經集義大旨三卷。大旨末有跋，敘述了編者編集這書收羅各家注的廣泛，所付出的時間之長，花費精力之大及付印之不易等。跋云：「每專心致志，搜羅百家之注，究諸妙義，欲編爲集義而與同志者共。今得石潭丁編修（按指丁易東）以其家藏名賢之注，與惟永所藏之書，合而爲一，乃總八十一章爲三十一卷。第繡梓之費浩大，非獨力所能爲，遂與徒弟趙以莊、劉以鑒持疏編往各路，叩諸仕宦君子及知音黄冠，捐金共成其美。今經一十餘年，凡寢食之間，未嘗忘焉。……大德三年歲次己亥上元日晚褐劉惟永謹跋。」按大德即元成宗鐵木耳的年號，三年是西元一二九九年。集義中凡引用王安石老子注，均稱「王介甫曰」。集義是保留王安石老子注前十一章部分最多的。這書原爲三十一卷，惜今存道藏本僅十七卷，止於「三十輻章第十一」。

以上三書是王安石老子注輯本的主要根據。此外也參校了明焦竑老子翼轉引自道德真經取善集的二條。在編輯時，均按章節彙集。凡同見於以上三書或其中二書者，均一一注明所在各書卷頁，便於查對。有異文者亦予注明。關於老子本文這裏主要是據王弼注通行本。如本文與王安石注不合時，並記别本異文，間或加考證改正。

王安石老子注雖保存下來的僅其中之一部分，但卻顯示出這位元十一世紀傑出的政治家、哲學家、文學家的樸素唯物主義和辯證法觀點。王安石讀書很廣泛，他博覽古代經書和諸子百家，醫藥方書，以至老莊和佛教學説等。他學習上刻苦謹嚴，以批判的態度有所去取。他在一定程度上也注意到從群衆的經驗去檢驗和豐富自己的知識。與曾子固（鞏）書説：「讀經而已，則不足以知經。故某自百家諸子之書，至於難經、素問、本草、諸小説無所不讀，農夫、女工無所不問，然後於經能知其大體而無疑。蓋後世學者與先王之時異矣，不如是，不足以盡聖人故也。」（臨川集卷七十二）因而他和同時代的學者有很大的不同，他以新的進步的「新故相除」觀點來觀察社會，以樸素的唯物主義思想來指導他的政治改革。

老子書中所蘊藏的辯證法因素是豐富的。王安石解釋「革」字説：「三十年爲一世，則其所因，必有革。革之要，不失中而已。治獸皮去其毛謂之革者，以能革其形。革有革其心，有革其形。若獸，則不可以革其心者。不從世而從廿、從十者，世必有革，革不必世也。又作䩬，革，有爲也，故爪掌焉。」（原注：「按[illegible]爲爪，彐爲掌，故曰爪掌。」按「𦥑」即古「爲」字。以上見周官新義附考工記卷上，頁十七。）他又解釋「除」字説：「有陰有陽，新故相除者，天也。有處有辨，新故相除者，人也。」（楊時龜山集卷七引王氏字説）處是因，辨是革；處是停留，辨是變化。王安石認爲自然和社會人事一切都受新陳代謝的變化規律的支配或影響。這種認識，包含著樸素唯物主義的辯證法，反對了形而上學的不變觀點。他這些認識，爲他的變法革新提供了理論根據，也是對頑固保守派「祖宗舊法不可變」等説法的有力回擊。

王安石從他的唯物主義哲學思想出發，把老子虛無的「道」，説成是物質性的。他批判老子以「道」爲「無」的思想。他説：「道非物也，然謂之道，則有物矣，恍惚是也。」（集注卷五，頁二十四）又説：「聖人務修其成萬物者，而不言其生萬物者。……故抵去禮、樂、刑、政而唯道之稱焉，是不察於理而務高之過矣。」他解釋老子「三十輻，共一轂，當其『無』，有車之用」説：「如其廢輻轂于車，廢禮、樂、刑、政於天下，而坐求其『無』之爲用也，則亦近於愚矣。」（集義卷十七頁十二；又臨川集卷六十八老子）批判了老子的「道」「無」和「無爲」是「務高之過」，是「近於愚」。他又説：「無治人之道者，是老莊之爲也。」（臨川集卷七十二答王深父書）王安石認爲道是物質的，他説：「道有體有用，體者，元氣之不動；用者，沖氣運行於天地之間。其沖氣至虛而一，在天則爲天五，在地則爲地六。蓋沖氣爲元氣之所生，既至虚而一，則如或不盈。」（集注卷二頁二）他認爲宇宙的起源是先有天地然後有萬物。他説：「無者，形之上者也。自太初至於太始，自太始至於太極。太極生天地，此名天地之始。有，形之下者也。有天地然後有萬物，此名萬物之母，母者，生之謂也。」（集義卷一頁十八）他這裏説的「太始生天地」，與淮南鴻烈天文篇説的：「天墜（地）未形……故曰太昭（王引之説「太昭」是「太始」之誤，見王念孫讀書雜誌淮南内篇卷三）。道始于虚霩（王念孫説：應作「太始生虚霩」，御覽引此作「道始生虚霩」，「太」字已誤作「道」字，而「生」字尚不誤），虚霩生宇宙。……故天先成而地後定」等一些古天文學家關於天地生成的唯物主義思想相符合。

王安石認爲人的認識是後天産生的，隨著環境、學習和鍛煉而發展的。他説：「夫人莫不有視、聽、思。目之能視，耳之能聽，心之能思，皆天也；然視而使之明，聽而使之聰，思而使之正，皆人也。」（集注卷十四頁十）這是唯物主義的認識論。

王安石借鑒老子的辯證法，認識到事物的對立統一關係。他説：「夫美者，惡之對，善者，不善之反，此物理之常。」（集義卷五頁十七）「有之與無，難之與易，長之與短，高之與下，音之與聲，前之與後，是皆不免有所對。」（集義卷五頁十八）但他接著又説：「惟聖人乃無對於萬物。自非聖人之所爲，皆有對矣。」「唯兼忘此六者（按指有無、難易、長短、高下、音聲、前後），則可以入神，入神則無對於天地之間矣。」（見同上）結果又陷於取消矛盾，不免由辯證法滑入形而上學，表明他的辯證法思想的不徹底性。他說：「反非所以爲動，然有所謂動者，動於反也。」（道德真經取善集卷七頁一）承認事物是可以動於反。但又說：「言動則知反之爲静，言弱則知用之爲强。」（同上）這又是以静爲主，不免又受老子的「重爲輕根，静爲躁君……輕則失本，躁則失君」的約束。他還説：「臣者佐也，君者主也。静爲動之主，重爲輕之佐。輕而不知歸於重，則失於助矣；動而不知反於静，則失其主矣。」（集注卷七頁三）又主張一切反於静，以静爲主。這些自相矛盾的看法，反映出他仍維護著封建道德倫理關係，因而他的變法革新主張不可能超出封建制度所能容許的範圍，表明他受時代和地主階級思想的局限。

王安石在政治上渴望爲社會改革作番事業，他反對老子「示人以薄功名爵禄」（見楊時龜山集卷六神宗日録辨引）。但在封建社會裏，他不能主宰自己的命運，他不能不受老莊思想影響，以老莊思想來解決理想與現實之間的矛盾。在個人修養上，他認爲「不以死生禍福累其心」是「明智」（見臨川集卷七七答陳梠書）。他曾解釋老子「功成、名遂、身退，天之道」説：「夫聖人功既成，名既遂，則身退之者矣。此乃天之道也。夫天之道，高者抑之，下者舉之。」（集義卷十四頁八）王安石兩次辭去宰相之職：第一次是在宋神宗趙頊熙寧七年（西元一〇七四年），是宋神宗趙頊對新法有動摇，王安石以辭職來堅定趙頊的決心。第二次是在熙寧九年（西元一〇七六年)，他的兒子王雱病死，而神宗趙頊對王安石的信任又産生動摇。王安石急流勇退，後來連判江寧府的官銜也辭了，食退休官吏的集禧觀使禄，達九年之久，生活恬淡寂寞，人稱爲「山野之人」。但在司馬光任宰相後，新法一切廢罷，至罷免役法，實行差役法時，王安石禁不住歎道：「亦罷至此乎！」他内心的矛盾變得沉重了，他的道德修養也支持不住了，病情日益加重，于哲宗趙煦元祐元年(西元一〇八六年)四月六日逝世。

在輯集王安石老子注後，附録宋人桐廬詹大和甄老所作王荆文公年譜，主要是爲了證明王安石出生的確切年代。詹大和在宋高宗趙構紹興十年(西元一一四〇年)任撫州知州事，重刊臨川先生文集。豫章黄次山爲之作序云：「紹興重刊臨川集者，郡人王丞相介父之文，知州事桐廬詹大和甄老所譜而校也。」譜即所編年譜，校即校刻臨川集。明世宗朱厚熜嘉靖三十九年(西元一五六〇年)應雲鸑重刊臨川集，前有黄次山臨川文集序，可證應雲鸑本和紹興刻本有淵源關係，但是詹大和所撰年譜不在應刻臨川集中。西元一九二二年海鹽張氏清綺齋據元刻本重印宋李壁王荆文公詩注(劉辰翁評點)，卷首載此年譜，現據以録出。宋以來，流傳於世的王安石年譜以此爲最早本。清顧棟高有王荆公年譜，據宋史本傳以定王安石生年，實提早了兩年。顧棟高先作司馬文正公年譜，基於他對司馬光的崇拜，後作王荆公年譜，以樹立司馬光的對立面，故不加考據，以爲司馬光與王安石屬同年生、同年死，這是錯誤的。蔡上翔王荆公年譜今予輯公年譜，凡後人指考略所定王安石生年與詹大和所作王荆文公年譜相同。蔡上翔云：「今予輯公年譜，凡後人指公瑕疵，妄誕無稽，非同小差，則多於年數不合得之。」（考略卷一頁一）因此，我認爲詹大和所撰王荆文公年譜有重印的必要，用附於後。（容肇祖王安石老子注輯本，北京：中華書局一九七九年五月版。）

# 楞嚴經解

張煜　輯

# 整理説明

王安石曾注金剛經、維摩詰所説經，據王文公文集卷二十進二經劄子：「臣蒙恩免於事累，因得以疾病之餘日，覃思内典。切觀金剛般若、維摩詰所説經，謝靈運、僧肇等注多失其旨，又疑世所傳天親菩薩、鳩摩羅什、慧能等所解，特妄人竊借其名，輒以己見，爲之訓釋。不圖上徹天聽，許以投進。伏維皇帝陛下宿殖聖行，生知妙法，方册所載，象譯所傳，如天昭曠，靡不幬察。豈臣愚淺，所敢冒聞？然方大聖以神道設教，覺悟群生之時，羽毛皮骼之物，尚能助發實相，況臣區區嘗備顧問，又承制旨，安敢蔽匿？謹繕録上進，干浼天威。臣無任惶愧之至。」其中維摩詰經注三卷于宋史卷二百五「藝文志四」有著録，金剛經會解一卷于晁公武郡齋讀書志卷三下有著録，並云：「右後秦僧鳩摩羅什譯，唐僧宗密、僧知恩、皇朝元仁、賈昌朝、王安石五家注」〔一〕，此二書現已均佚。

王安石又曾著楞嚴經解十卷，晁志卷五上著録此書。宋惠洪林間録卷下云：「王文公罷

〔一〕嚴靈峰編輯書目類編六十九，成文出版社一九七八年版。

相，歸老鍾山，見衲子必探其道學，尤通首楞嚴。嘗自疏其義，其文簡而肆，略諸師之詳，而詳諸師之略。非識妙者，莫能窺也。每曰：『今凡看此經者，見其所示性覺妙明，本覺明妙，知根身器界，生起不出我心。竊自疑今鍾山山川一都會耳，而游於其中無慮千人，豈有人内心共一外境耶？借如千人之中，一人忽死，則此山川，何嘗隨滅？人去境留，則經言山河大地生起之理不然。何以會通，稱佛本意耶？』」〔一〕今人柯昌頤王安石評傳云：「（荆公）退相以後，時與禪僧往來。著字説，頗引佛説。嘗撰楞嚴經疏解，惜今不傳。苟非深造自得，曷克臻此？」〔二〕

今于卍續藏經中，翻檢各家楞嚴注疏，輯得楞嚴經解百十餘條，依楞嚴經原文釐爲十卷。雖吉光片羽，亦彌足珍貴也。明錢謙益楞嚴經疏解蒙鈔卷首之一古今疏解品目云：「王文公介甫楞嚴經解：文公罷相，歸老鍾山之定林，著首楞嚴疏義，洪覺範稱之。以謂其文簡而肆，略諸師之詳，而詳諸師之略，非識妙者莫能窺也。有宋宰執大臣，深契佛學，疏解首楞者，文公與張觀文無盡也。文公之疏解，與無盡之海眼，平心觀之，手眼俱在。具隻眼者，自能了別。蒙不敢以宗門之軒輊，輒分左右袒也。」〔三〕

〔一〕四庫全書本。
〔二〕上海商務印書館一九三六年版，頁二一二—二一三。
〔三〕楞嚴經疏解蒙鈔二十八卷（以下簡稱蒙鈔），明錢謙益鈔，卍續藏經第二十一册。

# 目録

# 楞嚴經解 卷一

經彼城隍，徐步郭門。嚴整威儀，肅恭齋法。

定林云：佛與比丘，在辰巳間應供。名爲齋者，與衆生接，不得不齋。又以佛性故，等視衆生，而以交神之道見之。故曰：嚴整威儀，肅恭齋法。（蒙鈔。）

汝今欲研無上菩提，真發明性。應當直心，酬我所問。

荆公云：真妙覺明，若以空明，則有空現。地水火風，各各發明，則各各現。若俱發明，則有俱現。衆生爲妄發明性，如來爲真發明性，是名生滅與不生滅二發明性。〔二〕

阿難白佛言：「世尊。一切世間，十種異生。同將識心，居在身内。縱觀如來，青蓮花眼，亦在佛面。」

〔二〕楞嚴經集注十卷（以下簡稱集注），宋思坦集注，卍續藏經第十七册。

荆公云：於十二類生，除空散消沈，土木金石二類，是爲十種異生。（集注。）

我今觀此浮根四塵，只在我面。如是識心，實居身内。

荆公云：正出爲本，旁出爲根。首爲元本，爲命元，爲性根，爲相根，若所謂浮根四塵。離塵無相，故根爲相元，若所謂根元。清净四大，四大性空，清净本然，故元爲性本，即如來藏也。涅槃皆從如來藏出，本一而已，根則不一。涅槃受性於本，故本爲命。所謂浮根者，以有根元故。流逸奔境者名爲浮根也。所言塵者，一切有相，皆攬塵成體，及其蔽也，還散爲塵。如此經則以摇動者名爲塵義。根亦塵也。謂之根者，譬如木根以塵爲相，無有自性，非四塵不生，非四塵不養。若根離塵，即乾而死，死即還空。衆生六根，亦復如是。以塵爲相，無有自性，非四塵不生，非四塵不養。若根離塵，欲愛乾枯無復法潤，即現前殘質，不復續生。還合空性，本異於此。但以根元所出，得名爲本。故經以無住無本，爲無住本。（集注。）

爾時世尊，從其面門，放種種光。其光晃耀，如百千日。普佛世界，六種震動。如是十方微塵國土，一時俱現，佛之威神。令諸世界，合成一界。其世界中所有一切諸大菩薩，皆住本國，合掌承聽。

荆公云：將從見根，説是本覺明心，故面門放光，如百千日。此大因緣，法爾動地，故六種震動。此心現圓，則覺遍法界，故十方國土，一時開現。將令會衆，悟根隔合開故。佛之威神，令諸世界，合成一界。十方菩薩，同學此法。故各住本國，合掌承聽。六種震動者，震、遍震、等遍震，動、遍動、等遍動也。衆生或喜或駭則心動，心動則身動。動或不遍，遍或不等。等遍動則甚矣，震亦如之。佛説妙法，有大因緣。則諸天魔梵，人與鬼神，或喜或駭，身心震動。故地應之如此。衆生身與地，通一性耳。佛之威神者，陰陽不測之謂神。神也者，妙萬物而爲言者也。神在萬物，更爲可測。不可測者，在佛而已。故佛言威神。（集注。）

何况清淨妙淨明心，性一切心，而自無體。

荆公云：離垢而淨，名爲清淨。即垢而淨，名爲妙淨。此心亦即亦離，故名清淨妙淨明心。此明心者，一切心皆受性於此。（集注。）

我非敕汝，執爲非心。但汝於心，微細揣摩。若離前塵，有分别性，即真汝心。

定林云：此亦是心，但達本心，則此亦是妄。（蒙鈔。）

其光晃昱，有百千色。十方微塵，普佛世界，一時周遍。遍灌十方，所有寶刹，諸如來頂。旋至阿難，及諸大衆。

定林云：對説如來藏心，應阿難等所問，故從胸卍字，湧出寶光。如來藏心，含攝一切，故有百千色。十方如來，同此頂法，今將普示法會，故遍灌十方佛頂，旋及阿難大衆。（蒙鈔。）

告阿難言：「吾今爲汝建大法幢。亦令十方一切衆生，獲妙微密性淨明心，得清淨眼。」

定林云：幢以摧伏異類，表示我所建立。如寶積經所謂「心性清静」。（蒙鈔。）

大王，汝年幾時，見恒河水？王言：我生三歲，慈母攜我，謁耆婆天，經過此流。爾時即知，是恒河水。佛言大王：如汝所説。二十之時，衰於十歲。乃至六十。日月歲時，念念遷變。則汝三歲，見此河時。至年十三，其水云何？王言：如三歲時，宛然無異。乃至於今，年六十二，亦無有異。佛言：汝今自傷，髮白面皺。其面必定皺於童年。則汝今時觀此恒河，與昔童時觀河之見，有童耄不？王言：不也，世尊。

荆公云：童而瞭、老而眊者相見也，所觀無改者性見也。相者瞭、眊之變，故知隨塵變滅。性則所觀無改，故知常住不壞。（集注。）

云何汝等，遺失本妙，圓妙明心，寶明妙性，認悟中迷？

荆公云：本妙，即本覺明妙也。圓妙明心，寶明妙性，皆承此本妙。妙明心即性覺妙明所現之心。明妙性即本覺明妙所現之性。於心言圓，則知性之爲方。於性言寶，則知心之爲器。性心非有方圓寶相，但以不住名圓、不動名方耳。（集注。）

汝等即是，迷中倍人。如我垂手，等無差别。如來説爲，可憐愍者。

荆公云：於虚妄中，重執迷妄，是爲迷中倍人。然此但如垂手，若能背迷合覺，即舉手上指。（集注。）

佛告阿難，且汝見我，見精明元。此見雖非，妙精明心。如第二月，非是月影。汝應諦聽，今當示汝，無所還地。

定林云：見精明元者，見受識精，又受覺明。以有見根，根首爲元也。既爲見元，不可互用，即非妙精明心，故如第二月。所謂第一月者，本覺所現妙精明心也。所謂月影者，相見無性，見聞覺知也。若無真月，則無第二月，亦無月影。第二月依真月旁出，故如見元。月影離月别見，故如相見。相見待緣，如影待月，與俱生滅。見元雖妄，不待外緣。但無見勞，則滅此妄。見精明元，如第二月，尚不可還。則妙精明心，如一月真，其不可還明矣。見精明元，即是見性。性見覺明，妙德瑩然。而以見元，譬第二月者，若背本起見，即揑所成月。若了見唯心，不背本明，即所謂彼見真精，見非眚者。（蒙鈔。）

阿難，是諸近遠諸有物性，雖復差殊同汝見精清浄所矚。則諸物類，自有差别，見性無殊。此精妙明，誠汝見性。

荆公云：言衆生以至菩薩如來，明見有差別，而見性無殊。言日月宫以至草芥人畜，明物有差别，而見性無殊。（蒙鈔。）

汝可微細，披剥萬象。析出精明，净妙見元，指陳示我。同彼諸物，分明無惑。

定林云：清静性識，明妙性覺，合二不離，是謂精明，净妙見元。（蒙鈔。）

世尊，如佛所説。況我有漏，初學聲聞，乃至菩薩，亦不能于萬物象前，剖出精見。離一切物，别有自性。

定林云：相見爲粗，性見爲精。相見無性，性見無相。以無相故，無相非物，亦不離物。故不能于萬物象前，剖出精見。（蒙鈔。）

如來知其魂慮變慴，心生憐愍。安慰阿難，及諸大衆：「諸善男子。無上法王，是真實語。如所如説，不誑不妄。非末伽梨，四種不死，矯亂論議。汝諦思惟，無忝哀慕。」

荆公云：佛真語與二乘共者也。實語與菩薩共者也。如語不共，無實無虚。無虚故不誑，無實故不異。今言不妄者，妄以對真得名。所謂真，直一如而已，則雖實亦妄。故如所如説，乃名不妄。如所如者，所謂如如。四種矯亂，下文務矣。哀慕，猶見憐。弟子所以仰慕本師者，以聞道也。今不能思惟，恐辱其所以見憐之意耳。（集注。）

是以汝今，觀見與塵。種種發明，名爲妄想。不能於中，出是非是。由是精真，妙覺明性。故能令汝，出指非指。

定林云：不能出是非是者，見二法故。令汝出指非指者，知一性故。（蒙鈔。）

阿難，若明爲自，應不見暗。若復以空爲自體者，應不見塞。如是乃至諸暗等相，以爲自者，則于明時，見性斷滅，云何見明？

荆公云：凡言自者，非無所從生，又必有他爲對。但一性耳，即非自然。（集注。）

見見之時，見非是見。見猶離見，見不能及。

定林云：見見，然後爲見，則見非是見也。知見無見，斯則涅槃真淨無漏。見見之見，離於相見。則非相見所能及也。夫相見者，相見而已，不能見性。（蒙鈔。）

云何名爲同分妄見?阿難,此閻浮提,除大海水。中間平陸,有三千洲。正中大洲,東西括量。大國凡有二千三百。其餘小洲,在諸海中。其間或有三兩百國。或一或二,至於三十四十五十。阿難,若復此中,有一小洲,只有兩國。唯一國人,同感惡緣。則彼小洲當土衆生,覩諸一切不祥境界。或見二日,或見兩月。其中乃至暈蝕珮玦,彗孛飛流,負耳虹蜺,種種惡相。但此國見,彼國衆生,本所不見,亦複不聞。

荆公云:暈,暈氣也。蝕,所謂蝕,見於日月之災。珮玦,氣狀如此彗。所謂掃星,偏指曰彗。芒氣四出曰孛。飛星自下而升者,流星自上而降者。負氣背日如負者,耳氣旁日如耳者。(集注。)

阿難,如彼衆生,別業妄見。矚燈光中,所現圓影。雖現前境,終彼見者,目眚所成。眚即見勞,非色所造。

荆公云:以動爲動,故曰見勞。(集注。)

見所緣眚,覺即見眚。本覺明心,覺緣非眚。覺所覺眚,覺非眚中。此實見見,云何復名,覺聞知見。

荆公云：所謂見精明元者，是元非本，是我非物，是見非心。即所謂見精明元也。所謂本覺明心者，是本非元，是心非見，非有我非無我。何則衆生認物爲己，則謂之無我計我；迷己爲物，則謂之我見無我。然則無我者物也，有我者己也。性見覺明，是我非物，所謂性也。若本覺明心，則是從本所現一心心一而已，誰與爲敵，云何有我？性一切物未嘗滅，云何無我？故維摩經曰：我無我不二，是無我義。以心如此，故我不足以言之。見所緣眚，覺見即眚者。覺明起見，而見所緣眚。彼所覺見，即是眚也。本覺明心，覺緣非眚者。此本覺明心覺彼見覺能緣所緣，而此本覺明心非是眚也。覺所覺眚、覺非眚中者，覺明起見，覺有所，是名所覺。此本覺明心，覺彼所覺即眚。而此本覺明心，非眚中也。覺非眚中，即是見見也。（集注。）

若能遠離諸和合緣，及不和合，則復滅除諸生死因。圓滿菩提，不生滅性。清净本心，本覺常住。

荆公云：和合，衆生法也；不和合，二乘法也。（集注。）

阿難，汝雖先悟本覺妙明，性非因緣，非自然性。而猶未明如是覺元，非和合生，及不和合。

荆公云：本覺所起妙明性，非因緣性也，則非和合可知。非自然性也，則非不和合可知。而阿難未明，故佛爲詳説。（集注。）

阿難，譬如有人，以清浄目觀晴明空。唯一精虚，逈無所有。其人無故，不動目睛。瞪以發勞，則於虚空，别見狂花。復有一切狂亂非相。色陰當知，亦復如是。

定林云：以空頑故，非有現有，而爲色空。（蒙鈔。）

阿難，譬如有人，手足宴安，百骸調適。忽如忘生，性無違順。其人無故，以二手掌，於空相摩。於二手中，妄生澀滑、冷熱諸相。受陰當知，亦復如是。

荆公云：以覺迷，故無所生所，而爲受陰。（集注。）

阿難，譬如有人，談説醋梅，口中水出。思踏懸崖，足心酸澀。想陰當知，亦復如是。

荆公云：談説醋梅，但有名言。思踏懸崖，初無實事。而能令心真受酸澀。此足知爲妙真如性。（集注。）

如是阿難，若因空生，則諸十方，無盡虚空，成無盡流。世界自然，俱受淪溺。若因水有，則此暴流，性應非水。有所有相，今應現在。若即水性，則澄清時，應非水體。若離空水，空非有外，水外無流。

荆公云：識精，水也，其性爲空。行如水流，依此空水。若無空水，則流無所生。若無識性，則行無所起。（集注。）

阿難，譬如有人，取頻伽瓶。塞其兩孔，滿中擎空。千里遠行，用餉他國。識陰當知，亦復如是。

荆公云：性覺真空，空遍法界。所妄既立，明理不逾。則此識生，如瓶盛空。與外空有間，而實無間，妄分別耳。（集注。）

# 楞嚴經解 卷三

阿難，即彼目精，瞪發勞者。兼目與勞，同是菩提，瞪發勞相。

定林云：菩提，一切如也。以合空則寂，以合塵則勞。（蒙鈔。）

因於明暗，二種妄塵，發見居中。吸此塵象，名爲見性。此見離彼，明暗二塵，畢竟無體。

定林云：由塵發見，故名眼入。離塵無性，是謂虛妄。（蒙鈔。）

阿難，若即心者，法則非塵。非心所緣，云何成處。若離于心，别有方所，則法自性，爲知非知。知則名心，異汝非塵。同他心量，即汝即心。云何汝心，更二於汝？若非知者，此塵既非，色聲香味，離合冷暖，及虛空相，當於何在？今於色空，都無表示。不應人間，更有空外。心非所緣，處從誰立？

荆公云：法自性空，非是塵也。此若有知，即是汝心。以何爲法？此若異汝，又非是塵，則同他人心量。以何爲法？（集注。）

阿難，如汝所言，四大和合發明世間種種變化。阿難，若彼大性，體非和合，則不能與諸大雜和。猶如虚空，不和諸色。若和合者，同於變化。始終相成，生滅相續。生死死生，生生死死。如旋火輪，未有休息。阿難，如水成冰，冰還成水。

定林云：如水成冰，留礙不通。冰還成水，流通無礙。此水與冰，但是一性。四大和合，則如水成冰。性真圓融，則冰還成水。（蒙鈔。）

分空分見，本無邊畔，云何非同？見暗見明，性非遷改，云何非異？

定林云：相見無性，離三元無。性見無相，本無生滅。（蒙鈔。）

阿難，汝性沉淪，不悟汝之見聞覺知，本如來藏。汝當觀此見聞覺知，爲生爲滅，爲同爲異。爲非生滅，爲非同異。汝曾不知，如來藏中，性見覺明，覺精明見。清浄本然，周遍法界。隨衆生心，應所知量。如一見根，見周法界。聽嗅嘗觸，覺觸覺知，妙德瑩然，遍周法界。圓滿十虚，寧有方所，循業發現。

荆公云：六根皆受性於覺，故於見言性見覺明，覺精明見。耳聽鼻嗅，舌覺身觸，及意知根，亦與見同，皆受覺性。言覺觸，則身根性覺。言覺知，則意與舌根性覺。耳鼻二根，推類可知。所謂性見覺明，覺精名見者。覺明，從覺起明。覺精，合神有覺，亦與知同體。以見非知，故可言精，而不可言知也。上言見覺無知，則其不可言知明矣。見性屬覺，以明合精，故先言覺明，復言覺精矣。（集注。）

若此識心，本無所從。當知了別，見聞覺知。圓滿湛然，性非從所。兼彼虚空，地水火風。均名七大，性真圓融。皆如來藏，本無生滅。

荆公云：識雖在六根，而性非從所。性非從所，即非因緣，亦非自然。（集注。）

阿難，汝心麁浮，不悟見聞、發明、了知，本如來藏。汝應觀此六處識心，爲同爲異，爲空爲有。爲非同異，爲非空有。汝元不知，如來藏中，性識明知，覺明真識。妙覺湛然，遍周法界。含吐十虚，寧有方所，循業發現。

荆公云：於空云汝心昏迷，空性覺故。于見云汝心沈淪，見性外現故。於識云汝心粗浮，識心内潛故。浮則但認浮根，粗則不達識精。所謂性識明知、覺明真識者，明知受明於覺，覺明從覺起明。識體是知，受明於覺。故先言明知，後言覺明。言妙覺者，覺妙於此。言十虚者，識及六根，所起用處，有而不實，故云十虚。風無實體，依土發現，故云國土。水火爲世間用，故云世間。色不言世間國土者，離色無世間國土，離世間國土無色。空所圓滿，非特世間國土，又非有而不實，故云十方。方無遷流，空亦如是。（集注。）

願今得果成寶王，還度如是恒沙衆。
將此深心奉塵剎，是則名爲報佛恩。
伏請世尊爲證明，五濁惡世誓先入。
如一衆生未成佛，終不於此取泥洹。
大雄大力大慈悲，希更審除微細惑。
令我早登無上覺，於十方界坐道場。
舜若多性可鎖亡，爍迦囉心無動轉。

定林曰：識精爲水，水不搖則名之爲湛。所謂圓湛者，清浄本然，周遍法界，不分爲六，則湛圓矣。所謂妙湛者，以妙力總持，不動則湛妙矣。所謂覺湛明性者，覺合識精，如日合水，而有明性也。所謂精湛圓常者，即圓湛識精也。〔二〕

〔二〕楞嚴經合論十卷（以下簡稱合論。），宋德洪造論，宋正受會合，卍續藏經第十八册。

覺非所明，因明立所。所既妄立，生汝妄能。無同異中，熾然成異。異彼所異，因異立同。同異發明，因此復立，無同無異。如是擾亂，相待生勞。勞久發塵，自相渾濁。由是引起塵勞煩惱。起爲世界，静成虚空。虚空爲同，世界爲異。彼無同異，真有爲法。覺明空昧，相待成搖。故有風輪，執持世界。因空生搖，堅明立礙。彼金寶者，明覺立堅。故有金輪，保持國土。堅覺寶成，搖明風出。風金相摩，故有火光，爲變化性。寶明生潤，火光上蒸。故有水輪，含十方界。火騰水降，交發立堅。濕成巨海，乾爲洲潭。以是義故，彼大海中，火光常起。彼洲潭中，江河常注。水勢劣火，結爲高山。是故山石，擊則成炎，融則成水。土勢劣水，抽爲草木。是故林藪，遇燒成土，因絞成水。交妄發生，遞相爲種。以是因緣，世界相續。

定林曰：若無妙湛總持，則虚妄發生。覺既離空生明，空亦離覺生昧。（合論。）

復次，富樓那，明妄非他，覺明爲咎。所妄既立，明理不踰。

定林云：世界以空昧爲體，衆生以覺明爲性。由覺明故，得有空昧。世界如此，衆生力也。二者相續，故曰覺明爲咎。（蒙鈔。）

定林云：從性見起，名爲見明，見明然後色發。如盲眼前，唯見黑暗，則不能發色。從見明起，見爲明見，明見然後想成。如明眼人，無分別見，則不能成想。（蒙鈔。）見明色發，明見想成。異見成憎，同想成愛。

流愛爲種，納想爲胎。交遘發生，吸引同業。故有因緣，生羯囉藍、遏蒱曇等。胎卵濕化，隨其所應。卵唯想生，胎因情有。濕以合感，化以離應。情想合離，更相變易。所有受業，逐其飛沉。以是因緣，衆生相續。

定林云：識合色生愛而動，應是而有風。成摇爲順，立堅爲逆。愛心生惡爲礙，應是而有金。愛惡相摩，起煩惱性，應是而有火。愛爲貪著，惡爲厭離。煩惱緣貪著起，得厭離滅，生已必滅，滅則還源，應是而有水。水即識也，識受習氣，還合煩惱，背覺起塵，應是復生土矣。依塵發識，取動爲身，身境交動，應是復生木矣。（合論。）

故我宣揚，令汝但於一門深入。入一無妄，彼六知根一時清淨。

定林曰：土，色也；水，識也。識色相雜，故名爲濁。若根不緣塵，則識色不偶；識色不偶，則水離土，成清瑩矣。（合論。）

# 楞嚴經解　卷六

覺海性澄圓，圓澄覺元妙。

元明照生所，所立照性亡。

定林云：亡者，入亡而已。（蒙鈔。）

若諸比丘，不服東方絲綿絹帛，及是此土靴履裘毳、乳酪醍醐。如是比丘，於世真脱，酬還宿債，不遊三界。何以故？服其身分，皆爲彼緣。如人食其地中百穀。足不離地，必使身心于諸衆生，若身身分。身心二途，不服不食。我説是人，真解脱者。

荆公云：此爲凡夫求解脱者説，所謂凡地修聖行者也。若果地所習，非凡夫法，非聖人法。苟可與彼爲緣，乃將所以度脱之。（集注。）

# 楞嚴經解　卷七

佛告阿難，若末世人，願立道場。先取雪山大力白牛。食其山中肥膩香草。此牛唯飲雪山清水，其糞微細。可取其糞，和合栴檀，以泥其地。若非雪山，其牛臭穢，不堪塗地。别于平原，穿去地皮，五尺已下，取其黄土。和上栴檀、沈水、蘇合、熏陸、欝金、白膠、青木、零陵、甘松，及雞舌香。以此十種，細羅爲粉。合土成泥，以塗場地。方圓丈六，爲八角壇。

荆公云：水性劣火，結爲高山。山，土也。土，信也。雪山廣大，香草清水所生，此譬廣大信心。大力白牛，純白無雜，雖有大力，而隨順衆生，譬大乘佛性。肥膩香草，譬妙善。清水，譬浄智。糞，譬遺餘。栴檀除熱風腫，譬能除苦惱。浄善大乘佛性，依廣大信心，以浄智妙善，資養成就。其遺余尚非粗穢，可和合除苦惱。浄善與衆生，嚴成寂滅場地。平原，譬起信者，平等廣心。上有五色，以黄爲正，此譬中道正信。十香譬十度，能窮智淵底爲智度。栴檀或赤或黑或白，上栴檀則若所謂一銖聞四十里者也。以精合神，得佛力持。一切魔事，不能留難，爲願度。蘇合殺鬼精物，除邪通神明者也。一切能入無非善行，爲方便度。雞舌可入諸香，令人身香者也。畜精智，起明見，爲慧度。零陵能止精，明目者也。治心調氣，除毒去邪，滅穢起浄，爲禪度。郁金除心氣蠱毒、鬼疰及臭者也。離睡眠蓋，寤寐常覺，爲精進度。青木能寤魘寐者也。一切能忍如無痛覺，爲忍度。薰陸能止痛者也。除身不善，獲得解脱，無瘡疣色，爲戒度。白膠能除身惡氣，去瘡癧者也。和合諸度，令衆不實所有，以脱内苦，爲施度。甘松能和合衆香，除腹脹下氣者也。若不能如前，但能以平等廣心，起中道正信。依此諸度，發清浄行，爲入佛性方便，亦足以嚴場地。細羅爲粉，合土成泥，則以甚微細智，合中道正信也。（集注。）

每以食時，若在中夜。取蜜半升，用酥三合。壇前别安一小火爐，以兜樓婆香，煎取香水。沐浴其炭，然令猛熾。投是酥蜜於火爐内。燒令煙盡，享佛菩薩。

荆公云：壇前南方，正等覺地。蜜五合，蘇三合，參伍和合。别安小爐，則應粗而大，趣妙而小。兜樓婆赤香，合覺浄善也。煎取香水，合覺浄智也。沐浴其炭，則浄治無煩惱煙，合覺慈力也。然令猛熾，則欲熾盛光明。投蘇與蜜，燒令煙盡，則欲滅和合煩惱令盡。食時與物交，中夜與爲辨。于此二時，皆饗正等覺，以合覺浄善浄智。無愛見慈力，熾然光明。滅和合行，令煩惱盡。此乃所以享佛菩薩。（集注。）

令其四外，遍懸幡華。於壇室中，四壁敷設十方如來，及諸菩薩所有形像，應于當陽，張盧舍那、釋迦、彌勒、阿閦、彌陀，諸大變化，觀音形像，兼金剛藏，安其左右。帝釋梵王，烏芻瑟摩，並藍地迦，諸軍茶利，與毘俱知，四天王等，頻那夜迦，張於門側，左右安置。

荊公云：陀羅尼集經，壇場法，有藍毗迦、軍茶利座。孔雀明王經，藍毗迦，羅刹也。有大神力，具大光明，藍地迦蓋即藍毗迦也。蘇悉地經，有忿怒軍茶利菩薩，從執金剛問法。又陀羅尼集經，有金剛軍茶利菩薩。所謂軍茶利者，當是此菩薩。一字佛頂輪王經，有毗俱胝菩薩。又毗盧遮那神變經曰：右邊毗俱胝，手垂數珠鬘。三目持髮髻，尊形猶皓素。圓光色無比，所謂毗俱胝，當是此菩薩。頻那夜迦，障礙神也。蘇悉地經云：一切魔族，頻那夜迦。自帝釋四王皆護法。涅槃云：我今所供，雖復微少。令汝具足，檀波羅蜜。斯乃因少果多也。（集注。）

荊公云：舊云，頻那是豬頭，夜迦是象鼻，二使者名。（蒙鈔。）

又取八鏡，覆懸虛空。與壇場中，所安之鏡，方面相對。使其形影，重重相涉。

荊公云：此八鏡，佛智也。與彼八鏡，互相攝入。（集注。）

于初七日中，至誠頂禮十方如來、諸大菩薩，及阿羅漢。恒于六時，誦咒繞壇，至心行道。一時常行一百八遍。第二七中，一向專心，發菩薩願，心無間斷。我毘奈耶，先有願教。第三七中，于十二時，一向持佛般怛羅咒。至第四七日，十方如來，一時出現。鏡交光處，承佛摩頂。

荆公云：三各七日，合覺數也。建立道場，以禮佛法僧爲最初方便。故初七中，至誠頂禮如來、菩薩、阿羅漢號。誦咒行道，則依不思議力發行。一時常行一百八遍，則示以此除百八煩惱。二七發願，則已發行，方以願力持之。有願無行，則願不實。三七十二時一向持咒，則純依佛不思議力。十二時則倍初七中七，行道道場。以精進成就，故十方如來，一時出現。鏡交光處，則所謂能以妙力，回佛慈光。向佛安住，猶如雙鏡，光明相對。其中妙影，重重相入也。（集注。）

荆公云：能感佛出現，交光摩頂。如第八住中，回光向佛，雙鏡光明，重重相入也。（蒙鈔。）

若我滅後，末世衆生有能自誦，若教他誦，當知如是誦持衆生，火不能燒，水不能溺，大毒小毒所不能害。如是乃至龍天、鬼神、精祇、魔魅，所有惡咒，皆不能著，心得正受。一切詛咒，魘蠱毒藥，金毒銀毒，草木蟲蛇，萬物毒氣，入此人口，成甘露味。一切惡星，並諸鬼神，磣心毒人，於如是人不能起惡。毘那夜迦，諸惡鬼王，並其眷屬，皆領深恩，常加守護。

定林云：正受，亦名正定。正定中所受境界，謂之正受，異於無明所緣境故。圓覺云：三昧正受。（蒙鈔。）

阿難，當知是咒，常有八萬四千那由他恒河沙俱胝金剛藏王菩薩種族，一一皆有諸金剛衆，而爲眷屬，晝夜隨侍。設有衆生，於散亂心，非三摩地，心憶口持。是金剛王，常隨從彼諸善男子。何況決定菩提心者。此諸金剛、菩薩藏王，精心陰速，發彼神識。是人應時心能記憶八萬四千恒河沙劫。周遍了知，得無疑惑。

定林云：慈恩翻首楞嚴爲金剛藏。此諸菩薩，證此定故，因爲爲名。（蒙鈔。）

由因世界，變易輪回，假顛倒故。和合觸成八萬四千新故亂想。如是故有化相羯南，流轉國土。轉蜕飛行，其類充塞。

定林云：變易輪回，與變易生死爲類。而此非真，故名爲假。相待輪回，則假物者也，故名爲僞。濕以合感，故爲執著。濕待外暖，化身觸而已。（蒙鈔。）

由因世界，銷散輪回，惑顛倒故。和合暗成八萬四千陰隱亂想。如是故有無色羯南，流轉國土。

空散銷沉，其類充塞。

定林云：空散銷沉，有想無色。覺迷爲因，故惑顛倒。（蒙鈔。）

由因世界，罔象輪回，影顛倒故。和合憶成八萬四千潛結亂想。如是故有想相羯南，流轉國土。神鬼精靈，其類充塞。

定林云：鬼神精靈，無實狀也，故名罔象。但有想念，故名爲憶。有想羯南者，有想羯南，有羯南也，然但是想。（蒙鈔。）

由因世界，愚鈍輪回，癡顛倒故。和合頑成八萬四千枯槁亂想。如是故有無想羯南，流轉國土。精神化爲，土木金石，其類充塞。

定林云：土木金石，有色無想。空頑爲因，故癡顛倒。無想羯南者，無想羯南，有羯南也，但無想耳。（蒙鈔。）

由因世界，相待輪回，僞顛倒故。和合染成八萬四千因依亂想。如是故有非有色相，成色羯南，流轉國土。諸水母等，以蝦爲目，其類充塞。

定林云：非有色成色羯南者，水母等有色羯南，然以蝦爲目，待彼色相，非有色也。（蒙鈔。）

由因世界，相引輪回，性顛倒故。和合咒成八萬四千呼召亂想。由是故有非無色相，無色羯南，流轉國土。咒咀厭生，其類充塞。

定林云：相引輪回，非此有性，彼亦能引，故名爲性。非無色無色羯南者，咒咀厭生，無色羯南。然亦能變現，非無色也。（蒙鈔。）

由因世界，合妄輪回，罔顛倒故。和合異成八萬四千回互亂想。如是故有非有想相，成想羯南，流轉國土。彼蒲盧等，異質相成，其類充塞。

定林云：合妄輪回，令彼類我。以妄化妄，故名爲罔。非有想有想羯南者，知蒲盧等，本自異類。非如卵胎，想中傳命，非有想也。其卒相成，非無想也。（蒙鈔。）

# 楞嚴經解　卷八

心光密回，獲佛常凝。無上妙浄，安住無爲。得無遺失，名戒心住。

荆公云：前言以妙力回，淺矣。此言心光密回，深矣。前言妙影相入，淺矣。此言獲佛妙浄，深矣。所謂密回者，機括獨運，非粗浮所見。經言：因戒生定，因定發慧。今慧心在定心前，戒心在定心後。此所謂定，非發慧定，乃超過慧境，周遍寂湛，寂妙常凝者也。此所謂戒，非生定戒。乃獲佛常凝，無常妙浄，無爲性戒者也。（集注。）

佛告文殊師利：是經名大佛頂悉怛多般怛囉無上寶印十方如來清浄海眼。

介甫云：白以實相純浄爲義，傘以圓成蔭覆衆生爲義。（蒙鈔。）

阿難，諸愛雖别，流結是同。潤濕不升，自然從墜，此名内分。

荆公云：趣身而入，故名内分。（集注。）

阿難，諸想雖別，輕舉是同。飛動不沈，自然超越。此名外分。

荆公云：遺身而出，故名外分。（集注。）

阿難，一者淫習交接，發於相磨，研磨不休。如是故有大猛火光，於中發動。如人以手自相磨觸，暖相現前。

荆公云：淫習研磨不休，自耗其精，則火果熾然。其生尚有消渴、内熱、癰疽等疾。則其死淫習以磨生火，則貪習以及生水。此與陽盛夢火、陰盛夢水，亦無以異。雖彼以是復我，然我所見，非彼所成，皆以我所習起。是故衆生，當慎所習。（集注。）

二習相然，故有鐵床、銅柱諸事。

荆公云：銅柱、鐵床，則是抱持寢臥，堅覺妄想餘習。（集注。）

是故十方一切如來，色目行淫，同名欲火。菩薩見欲，如避火坑。

荆公云：如來了法平等，得念失念，無非解脱。但爲衆生，色目行淫，爲欲火耳。菩薩或尚有煩惱習氣，故見欲如避火坑，如淫貪等亦爾。（集注。）

三者，慢習交淩，發於相恃，馳流不息。如是故有騰逸奔波，積波爲水。如人口舌，自相綿味，因而水發。二習相鼓，故有血河、灰河、熱沙、毒海、融銅、灌吞諸事。是故十方一切如來，色目我慢，名飲癡水。菩薩見慢，如避巨溺。

荆公云：愛已調動，故積波爲水。令彼傷惱，故有血河、熱沙等事。（集注。）

四者，嗔習交沖，發於相忤，忤結不息。心熱發火，鑄氣爲金。如是故有刀山、鐵橛、劍樹、劍輪、斧鉞、鎗鋸。如人銜冤，殺氣飛動。二習相擊，故有宫刑、斬斫、剉刺、搥擊諸事。是故十方一切如來，色目嗔恚，名利刀劍。菩薩見嗔，如避誅戮。

荆公云：嗔能起陽，於五性屬木。木起陽則發火，火克金則鑄氣。氣雖屬金，要待火力成體。又從火革，乃能兵傷物。（集注。）

五者，詐習交誘，發於相調，引起不住。如是故有繩木絞校，如水浸田，草木生長。二習相延，故有杻械、枷鎖、鞭杖、撾棒諸事。是故十方一切如來，色目奸僞，同名讒賊。菩薩見詐，如畏豺狼。

荆公云：詐習，信性劣智，即是土性劣水。故抽爲木，而有繩木絞校。然信性劣智以造惡，故受此惡報。若以善權方便，能攝衆生，與之利樂。雖亦信劣，更當以此，受功殿園林福報，非此惡故。（集注。）

六者，誑習交欺，發於相罔，誣罔不止。飛心造奸，如是故有塵土屎尿，穢汙不浄。如塵隨風，各無所見。二習相加，故有没溺、騰擲、飛墜、漂淪諸事。是故十方一切如來，色目欺誑，同名劫殺。菩薩見誑，如踐蛇虺。

荆公云：誑習，屎尿穢汙，如塵隨風。信性散壞，智不浄故。没溺、漂淪，智勝信故。騰擲、飛墜，飛心造奸故。詐引起不住，故能有所生。誑誣罔不止，故能壞而已。凡此造因受報，各以類應。如見業先見猛火，聞業先見波濤，觸業先見大山來合，思業先見吹壞國土。（集注。）

八者，見習交明，如薩迦耶見，戒禁取，邪悟諸業。發於違拒，出生相返。如是故有王使主吏，證執文藉。如行路人，來往相見。二習相交，故有勘問，權詐考訊，推鞫察訪，披究照明，善惡童子，手執文簿，辭辯諸事。是故十方一切如來，色目惡見，同名見坑。菩薩見諸，虛妄徧執，如入毒壑。

定林云：有身見，則物亦自我，故發於違拒。有禁戒取、邪悟諸業，則起輪回性，故出生相返。

是非善惡，既有所在，則辯鞫隨之矣。（蒙鈔。）

四者味報，招引惡果。此味業交，則臨終時，先見鐵網猛炎熾烈，周覆世界。亡者神識，下透掛網，倒懸其頭，入無間獄，發明二相。

定林云：先見鐵網等者，以堅覺著味，罔害衆生，令無所逃故。舌識屬火，故神識下透掛網，倒懸其頭，以當納味時，受想隨之故。（蒙鈔。）

阿難，此三勝流，一切苦惱所不能逼。雖非正修，真三摩地。清淨心中，諸漏不動。名爲初禪。

荆公云：諸漏不動，雖未能伏漏，然能持使不動，此天有覺觀支故。（集注。）

阿難，此三勝流，一切憂愁所不能逼。雖非正修，真三摩地。清淨心中，麤漏已伏。名爲二禪。

荆公云：粗漏已伏者，有内淨支故。然尚有喜支，但能以伏下地粗漏而已。上地微細，未能伏也。（集注。）

阿難，如是天人，圓光成音，披音露妙。發成精行，通寂滅樂。如是一類，名少淨天。

荆公云：披音露妙者，能披發音元，知教之所由成；能開發妙性，見光之所從生。此天有慧支故。（集注。）

世界身心，一切圓淨。淨德成就，勝托現前，歸寂滅樂。如是一類，名遍淨天。

荆公云：發成精行，通寂滅樂，能通而已。浄空現前，引發無際。身心輕安，然後樂成。勝托現前，則有所托地，故曰歸寂滅樂。（集注。）

阿難，此三勝流，具大隨順。身心安隱，得無量樂。雖非正修，真三摩地。安隱心中，歡喜畢具。名爲三禪。

荆公云：安隱心中，歡喜畢具，是爲樂支，非喜動也。（集注。）

阿難，如是地獄、餓鬼、畜生、人及神仙、天洎修羅，精研七趣，皆是昏沈諸有爲相。妄想受生，妄想隨業。於妙圓明，無作本心。皆如空花，元無所有。但一虚妄，更無根緒。阿難，此等衆生，不識本心，受此輪回。經無量劫，不得真浄。皆由隨順殺、盗、淫故。反此三種，又則出生無殺、盗、淫。有名鬼倫，無名天趣。有無相傾，起輪回性。

荆公云：有對則有待，有執則有釋。執有以爲樂，則與苦對，其釋也苦代之，故人樂終於壞。執無以爲浄，則與染對，其釋也染代之，故天浄終於墜。墜則所無更有，壞則所有更無。（集注。）

阿難，不斷三業，各各有私。因各各私，衆私同分。非無定處，自妄發生。生妄無因，無可尋究。

荊公云：與物有合，故淫業不斷。與物有分，故殺偷不斷。有分有合，以取我故。既取我矣，各各有私矣。同分妄業，非無定處。若了唯心，則無此取著。（集注。）

# 楞嚴經解　卷十

汝今欲知，因界淺深。唯色與空，是色邊際。唯觸及離，是受邊際。唯記與忘，是想邊際。唯滅與生，是行邊際。湛入合湛，歸識邊際。

定林云：如波瀾滅化爲澄水，名行陰盡，内内湛明。入無所入，名識陰區宇。則所謂湛入者，識陰也。湛入爲識陰，則湛爲性識明知，明知即智。智之與識，是識邊際。故説五陰，而曰湛入合湛，歸識邊際，性識不名湛入。所謂内内湛明，入無所入者，湛出爲行，行如水流。湛入爲識，識滅行陰，則内内湛明。入至想元，更無所入矣。（蒙鈔。）

# 王安石全集

修訂增補版

第一册

易解

禮記發明

字説

王水照　主編

復旦大學出版社

國家古籍整理出版專項經費資助項目
第八届高等學校科學研究優秀成果獎一等獎
第十五届上海圖書獎一等獎

王安石像（中國國家博物館藏）

王安石故居半山園（毛蒙莎攝影）

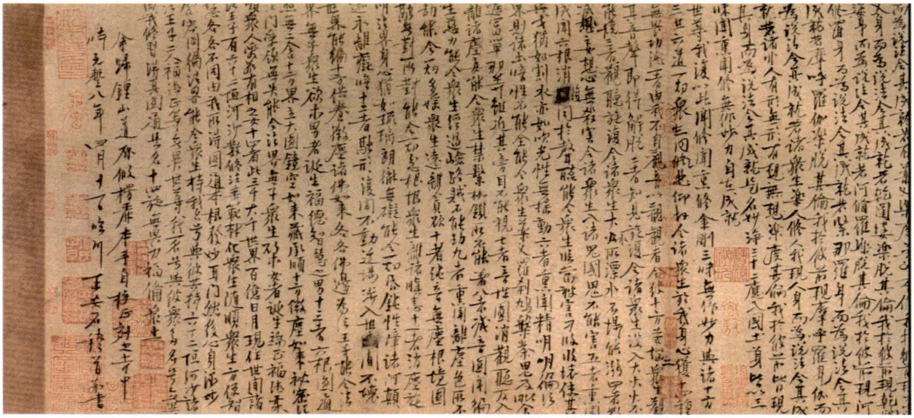

王安石手跡《行書楞嚴經旨要》（上海博物館藏）

欽定四庫全書

周官新義卷二　　宋　王安石　撰

天官二

小宰之職掌建邦之宫刑以治王宫之政令凡宫之糾禁

小宰治王宫之政令而内宰治王内之政令王内后宫也内宰治后宫之政令故小宰獨治王宫之政令至于后宫之糾禁則小宰兼之故曰凡宫之糾禁也



四庫全書薈要本《周官新義》（臺北故宫博物院藏）

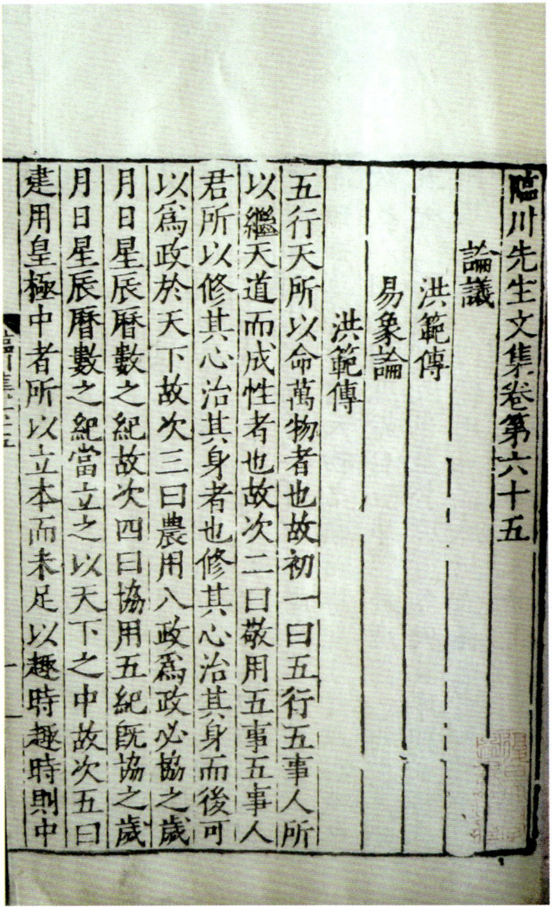
臨川先生文集卷第六十五

論議

洪範傳

易象論

洪範傳

五行天所以命萬物者也故初一曰五行五事人所以繼天道而成性者也故次二曰敬用五事五事人君所以修其心治其身者也修其心治其身而後可以爲政於天下故次三曰農用八政爲政必協之歲月日星辰曆數之紀故次四曰協用五紀既協之歲月日星辰曆數之紀當立之以天下之中故次五曰建用皇極中者所以立本而未足以趣時趣時則中

明嘉靖刻本《臨川先生文集》（復旦大學圖書館藏）

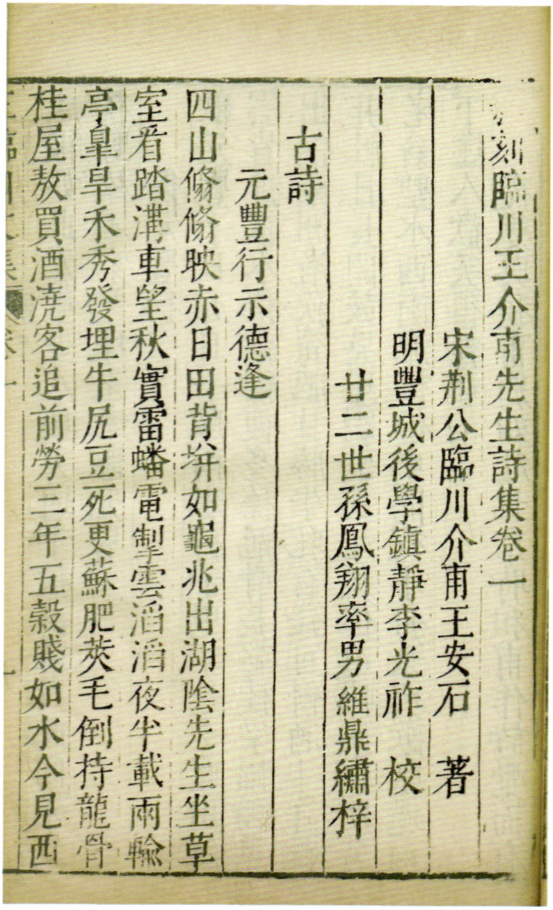
刻臨川王介甫先生詩集卷一

宋荆公臨川介甫王安石　著

明豐城後學鎮靜李光祚　校

廿二世孫鳳翔率男維鼎　繡梓

古詩

元豐行示德逢

四山翛翛映赤日田背坼如龜兆出湖陰先生坐草室看踏溝車望秋實雷蟠電掣雲滔滔夜半載雨輸亭皐皐禾秀發埋牛尻豆死更蘇肥莢毛倒持龍骨挂屋敖買酒澆客追前勞三年五穀賤如水今見西

明萬曆光啓堂刻本《臨川先生文集》（復旦大學圖書館藏）

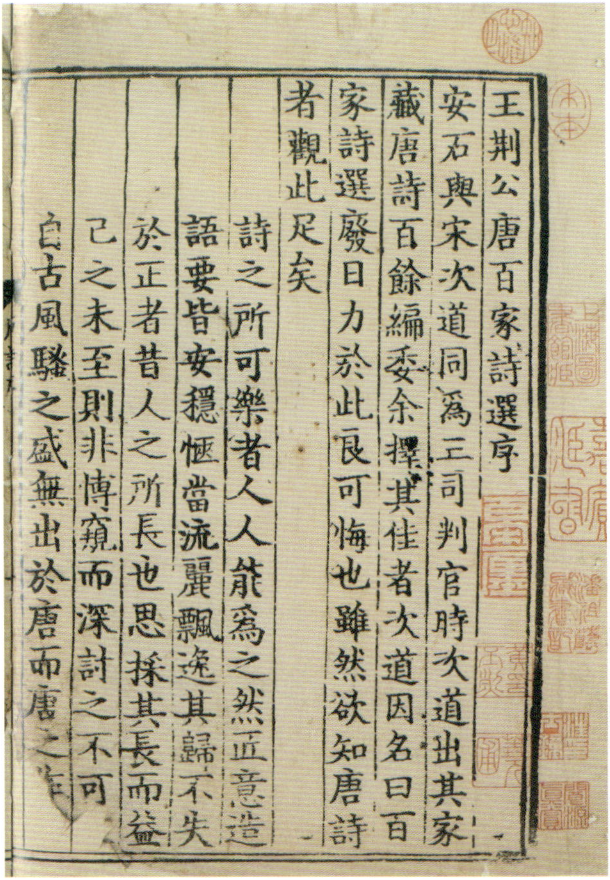
王荆公唐百家詩選序
安石與宋次道同爲三司判官時次道出其家藏唐詩百餘編委余擇其佳者次道因名曰百家詩選廢日力於此良可悔也雖然欲知唐詩者觀此足矣
詩之所可樂者人人能爲之然正意造語要皆安穩愜當流麗飄逸其歸不失於正者昔人之所長也思採其長而益己之未至則非博窺而深討之不可
自古風騷之盛無出於唐而唐之詩

宋刻本《王荆公唐百家詩選》（上海圖書館藏）

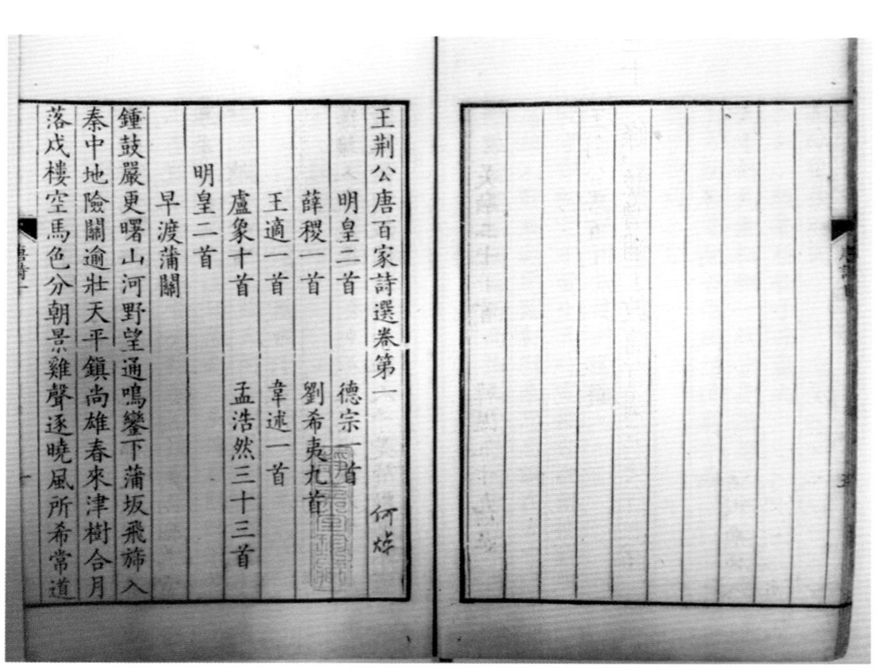

王荊公唐百家詩選卷第一　何焯

明皇二首　德宗一首

薛稷一首　劉希夷九首

王適一首　韋述一首

盧象十首　孟浩然三十三首

明皇二首

早渡蒲關

鍾鼓嚴更曙山河野望通鳴鑾下蒲坂飛旆入秦中地險關逾壯天平鎮尚雄春來津樹合月落戍樓空馬色分朝景雞聲逐曉風所希常道

雙清閣影宋刻本《王荊公唐百家詩選》（何焯校，日本静嘉堂文庫藏）

# 修訂增補版説明

王安石是中國古代著名的政治家、思想家、文學家，其變法運動、學術思想和文學創作均在當時和後世産生了廣泛而深遠的影響。其著作廣涉四部，是典型的「百科全書式」的文化巨子。

復旦大學出版社於二〇一六年出版了由復旦大學資深教授王水照先生主編的王安石全集。這是史上王安石存留作品的首次匯集整理。出版以來，受到了學術界和大衆的廣泛關注。二〇二一年，時值王安石千年誕辰，復旦大學出版社擬出版王安石全集的修訂增補版，趁此機會，我們對全書進行了增補修訂工作，主要涉及以下兩方面：

一、增補新發現的文獻。修訂增補版補入了由上海師範大學楊曦博士輯佚的王安石早年學術著作雜説三十一條，並增補了數篇有關王安石生平及學術思想的資料。

二、改正原版訛誤。通過對原書的全面審核，改正了原版中的一些文字及標點錯誤，同時對一些舊字形、異體字等進行了統一。

在修訂過程中，我們得到了全集各位編者、整理者，以及相關學界專家的大力支持，在此深表感謝！

不當之處，祈廣大讀者不吝指正。

復旦大學出版社

二〇二二年九月

# 王安石全集出版緣起

宋孝宗淳熙八年辛丑春二月，陸象山受朱子之約至白鹿洞書院，講「君子喻于義，小人喻于利」一章，特别强調「學者於此，當辨其志」，他説「人之所喻由其所習，所習由其所志」，據説「聽者莫不悚然動心焉」。明嘉靖四十四年乙丑夏，王龍溪吊羅念庵返回途中，入白鹿洞書院與諸生講學，重温陸象山此義，延續老師陽明先生重視學者立志的教導。

王文公挺生於宋興百年之際，負伊周之志，宗孔孟之學，得君行道，當時及後世諸儒常常嘆羨，這裏面的甚深因緣，在於文公回答曾魯公的話：「君臣相與，各欲致其義耳。爲君則自欲盡君道，爲臣則欲自盡臣道，非相爲賜也。」文公解經超邁群倫，却眼孔易開，骨根難换，一生習氣過重，密制其命，終究未能掙脱這一牢籠，是他事業成敗的關鍵所在。濫觴於邵伯温之鑠金毁骨，甚而流變爲無所不用其極之怪力亂神，爲君子所不取。程明道身處斯世，同此炎涼，批評文公「必有關雎、麟趾之意，然後可行周官之法度」，却仍説天下事勢至此，實由我輩激成之，真見儒門性定之明哲。文公之子王元澤其人其學亦湮没千年，著婦人服飾大言斬元老大臣以推行新法，此類子虛烏有，竟能被人津津乎言之，誠咄咄怪事。今次全集亦收録整理元澤全部現存文字，讀之可知。

陸象山荆國王文公祠堂記，作於王文公身後約百年，當時詆毁言論充斥宇内，而他能以大公之心，見道之睿，照出文公肺腑，實爲判斷王文公之第一流文字，陸象山與胡季隨云：「王文公祠記乃是斷百年未了的大公案，自謂聖賢復起，不易吾言。餘子未嘗問學，妄肆指議，此無足怪。同志之士，猶或未能盡察，此良可慨嘆。」學有歸宿，則不需沿門持鉢，習心習境不能束縛，故而陸象山自信如此。

此次王安石全集的整理出版，因緣具足，王水照先生惠爲主編並撰寫長序，程元敏先生慨允責編修訂三經新義輯佚彙評巨著，十幾位參與輯佚整理及審稿的諸賢認真負責，二位責編總其事。諸君於千載之下各致其義，各盡其道，千載斯學，或能復見。

復旦大學出版社

# 總序

王水照

## 一

宋代在中國歷史上是個具有轉型意義的朝代，在社會、政治、經濟、文化諸方面都呈現出不同於此前統一王朝的種種特徵。北宋知識精英的社會身份，大都是集官僚、學者、文士三者於一身的複合型人才，這與宋朝偏重文治的政治取向息息相關。宋太祖時還致力於征伐、平定各個地方政權，太宗時開始確立文治的方向，真宗承襲繼踵，但未成熟。至第四代仁宗時，纔彬彬大盛，崇儒尊道，對傳統文化吸收、整合，呈現恢宏的氣象。僅以宋古文六家而言，歐陽脩生於一〇〇七年，蘇轍年最少，死於一一一二年，前後貫串一個世紀，也可以説，十一世紀的北宋，是一個精英人才井噴式湧現的時期。歐陽脩、司馬光、王安石、蘇軾就是最突出的代表，他們都是傑出的政治家、思想家和文學家，是比較嚴格意義上的「百科全書式」的人物。

出現這一現象不是偶然的，也不是孤立的，除了個人的秉賦、勤奮以外，實是適應了當時社會政治的需求。宋神宗欲重用王安石，唐介出面反對，神宗爲其回護道：「文學不可任耶？吏事不可任耶？經術不可任耶？」（宋史卷三一六唐介傳），儼然規定了這三條任人標準。宋代又是一個成熟的科舉社會，歷年所取進士成了官僚隊伍的主要來源，由此形成文官政府。科舉諸科最重進士科，而進士考試的科目可概括爲三類：一類爲詩、賦，一類爲論、時務策，一類爲貼經及墨義（或經義）。這與宋神宗的三項任人標準一一對應，若合符節。北宋舉士六十九次，其中以嘉祐二年（一〇五七）最爲「得士」，録取進士三百八十八名，其中以文學見優者有蘇軾、蘇轍、曾鞏，宋古文六家中，一舉而佔其半；又有號稱「關中三傑」的程顥、張載、朱光庭同時中式，其首倡的「洛學」、「關學」均爲北宋顯學；政壇人物則有呂惠卿、曾布、王韶、呂大鈞等，爲王安石新黨和元祐舊黨的重要人物（呂惠卿等三人爲新黨，呂大鈞爲「元祐更化」主要人物呂大防之弟）。他們雖各有偏至，實均兼綜文學、思想、政治之域。蘇軾曾稱讚他的同年友、狀元章衡，也突出他「文章之美，經術之富，政事之敏」三項（送章子平詩敘）。時代精英的理想標準是政治家、思想家和文學家的統一，這已成爲宋代士論的共識和士人的終身追求。

因此，爲這批精英人物編纂「全集」，就不能只局限於傳統目録學中的「集部」，而應囊括經、史、子、集四部，纔能貼切反映他們全面的精神遺産和文化創造。這對王安石而言尤顯重要。王安石自稱「某自百家諸子之書，至於難經、素問、本草、諸小説，無所不讀」（答曾子固書），以博學多才、器局宏大而聞名於世。但由於他遭遇不公，著作嚴重散佚，僅傳的臨川先生文集（或王文公文集），與他的實績相距甚大。四庫全書收録歐陽脩著作十三種，司馬光十五種，蘇軾八種，而王安石僅周禮新義、臨川集（另有著録的王荆公詩注已可包括在臨川集中）、唐百家詩選三種，遠不能反映王安石著作的全貌。

這套新編的王安石全集採取經、史、子、集的傳統書目分類方法，收入王氏著作共十四種，包括經部六種（易解、尚書新義、詩經新義、周禮新義、禮記發明、字説），史部一種（熙寧奏對日録），子部二種（老子注、雜説、楞嚴經解），集部兩種（臨川先生文集及文集補遺、唐百家詩選），王氏現存著作彙於一書，真正做到了「全集」之「全」；在輯佚方面用功尤深，融合兩岸學術力量，汲取前賢已有成果，對目前尚少注意的易解、禮記發明、老子注、楞嚴經解等，傾力而爲，盡可能完善地恢復王氏著作的原貌；對於一直有成本流傳的詩文集部分和唐百家詩選也進行了詳校、廣輯與彙批。同時，考慮到王安石之子王雱與其父在思想與創作上的一脉相承，故又收入王雱的現存著述（老子訓傳、南華真經新傳、元澤佚文）作爲全集的「外編」。我們相信，在王安石集的編纂史上，這部新編的全集算得上一個創舉，便於展示王氏精神創造的整體風貌，爲認識和評價王安石這位「百科全書式」人物，提供了真實可信的基礎文獻。當然，我們也期待它在使用過程中不斷得到補益和完善。

## 二

王安石是廣涉四部、具有恢宏格局的文化巨子，但又是生前和死後聚訟紛紜、毁譽參半的争議性人物。其變法活動是争論的焦點。檢閲一部王安石研究史，無論政治評價、思想考量、文學論析均爲變法問題所左右，而意圖前置的泛政治化成爲王安石研究史上的一個突出傾向。這影響了研究的科學性和客觀性，不僅不能正確認識王安石的政治思想和政治實踐，也不能正確認識「荆公新學」和他的詩詞文創作在文學史上的地位。

如果説，王安石當年和司馬光、蘇軾等人的矛盾還屬於政見不同之争，彼此不失道德人格上的互相尊敬；至北宋末南渡後，王安石即被定性爲北宋滅亡的禍首。洛黨楊時在靖康國難當頭之際，首倡「今日之禍，實安石有以啓之」的説法，嗣後口誅筆伐，一片駡聲。誠如魯迅所説，此一論調已成爲「北宋末士論之常套」（中國小説史略）。尤爲怪異的，曾被陸九淵評爲「潔白之操，寒於冰霜」的王安石，沈與求却在紹興年間上奏朝廷，認爲「喪亂之際，甘心從僞，無仗節死義之風，實安石倡之」，要求治罪，其證據竟只是王安石曾説過揚雄和馮道的好話，這連陳振孫在直齋書録解題中也以爲「此論前未之及也」。在這樣的社會輿論籠罩下，要實事求是地研究王安石，是不可能的。

直到清中期以降，纔出現過平反辯誣的呼聲，褒貶立場雖異，但思想方法仍未完全脱離意圖前置的泛政治化傾向。蔡上翔的王荆公年譜考略和梁啓超的王荆公是兩部代表性的翻案之作。蔡譜材料翔實，考證縝密，然而過度强烈的辯誣目的夾雜着鄉邦之誼的情緒化色彩，使不少論斷失之偏頗；梁氏之「傳」從大處著墨，影響深遠，但顯有借古喻今、爲戊戌變法申雪張目的印痕，也損害了其學術内容。

新中國成立以來，王安石被置放於崇高的地位，列寧説的「王安石是中國十一世紀時的改革家」，一時成爲研究的基礎和社會的共識。其實，列寧這句話是他的修改工人政黨的土地綱領中的一個注解，内容是肯定王安石主張「土地國有化」；但我們知道，中國自古就有「普天之下，莫非王土」的觀念，王安石的「方田均税法」，只是劃分户等、均定税役的一項新政，並不涉及土地所有制的國有或私有問題。但列寧的這條注解，却使王安石研究避免了「左」傾思潮「大批判」之風的干擾，從而使研究論著和文本資料的出版頗爲豐富，不像蘇軾研究一度成了禁區。到了「文革」大搞「評法批儒」時期，王安石被派定爲大法家，一束束耀眼的光環阻擋了人們對他的認識，正如蘇軾被强扣上一頂頂「投機派」、「保守派」、「兩面派」帽子而被弄得面目全非一樣，或榮或辱，都偏離了學術研究的正途。

從學術研究的自身立場而言，無論是對王安石的肆意攻擊，還是無限拔高，都是不正常的，都無法科學地認識和評價這位歷史人物的實際面目和歷史地位，也無法揭示他於當下社會的意義和價值。新時期以來，學術研究迎來「春天」，對王氏的肯定評價仍是主流，也有不同的聲音，但均屬於正常的學術探討，有助於認識的深入和發展。

公元九六〇年，後周歸德軍節度使、檢校太尉、殿前都點檢趙匡胤，發動陳橋兵變，「黄袍加身」，建立宋王朝，繼梁、唐、晉、漢、周以後，演出了又一場武臣奪權的新劇。如何力免淪爲承襲五代的第六代，成爲宋朝君臣治國理政的關心焦點，不久發生的「杯酒釋兵權」事件就是重要的標誌。開國君主們殫精竭慮設計的種種「祖宗家法」，目的即爲維護和鞏固趙宋政權，防止篡權政變，其核心即在建立高度的中央集權制度，把軍權、政權、財權最大限度地集中到皇帝手中。朱熹説過：「本朝鑒五代藩鎮之弊，遂盡奪藩鎮之權，兵也收了，財也收了，賞罰刑政一切收了。」（朱子語類卷一二八）這對鞏固宋朝的統一，安定社會秩序，發展經濟和抵禦少數民族統治者的侵擾，起過一定的積極作用，北宋未發生過一次政變、兵變，也未發生過動摇其政權根基的民變，出現了「百年無事」的表面承平局面。但同時存在著消極因素，而且越到後來越嚴重。在軍權集中方面，北宋王朝爲了防範武人跋扈擅權，把軍隊交由文臣統率，又立「更戍法」，士兵經常輪換駐防，終年來往道路，致使「兵不識將，將不識兵」，這就造成軍隊訓練不良，戰鬥力薄弱；兵種複雜，禁兵、廂兵、鄉兵、藩兵重叠設置，造成嚴重的「冗兵」之弊。在政權集中方面，北宋王朝在制度上削弱相權，相位常年缺額，厲行權力制衡，鼓勵「異論相攪」；規定地方長官由中央官吏兼攝，加强對地方的各種監視；但又優待官吏，所謂「恩逮於百官者唯恐其不足，財取於萬民者不留其有餘」（趙翼廿二史劄記卷二五宋制禄之厚），使得官僚機構龐大臃腫，腐敗無能；「任子」封蔭，差遣、寄禄官重叠，造成嚴重的「冗官」之弊。在財權集中方面，規定地方財賦絕大多數上交中央，又刺激了上層統治集團的窮奢極欲，揮霍享樂。到宋仁宗時，國庫空虛，「惟存空簿」。再加上每年向遼、西夏輸納大量「歲幣」（銀、絹），「冗費」之弊日趨嚴重，釀成了「積貧積弱」的危機。因而，改革弊政的呼聲日益高漲，包括後來反對王安石變法的士子，都加入這一行列。改革的迫切性和必要性是不言而喻的。

熙寧二年（一〇六九），王安石在宋神宗的重用下，以參知政事而位居權力中樞，登上了全國性變法運動的大舞臺，可謂應運而生。他是位有志於改革的政治家，在多年地方官任上已試行過若干改革措施，在此基礎上，逐漸形成了一整套變法理論和具體方案。

針對「積貧積弱」的危機，王安石以「理財」和「整軍」爲兩大目標，提出了頗具系統性的「新法」設計。屬於理財的有青苗法、免役法、均輸法、市易法、方田均税法、農田水利法等；屬於整軍的有減兵併營、將兵法、保馬法、保甲法等。此外，他又改革科舉制度，以便爲推行新法提拔人才。

「理財」和「整軍」針對「積貧」和「積弱」兩大弊病，而成爲王安石變法重要的兩翼，其重點是理財。王安石經濟思想要點則是：「因天下之力以生天下之財，取天下之財以供天下之費。」（上仁宗皇帝言事書）也就是調動人們的勞動創造力，向自然界開發資源，創造財富，以滿足人們的需求。他理財的總目標是「善理財者，民不加賦而國用饒」，是開源和節流的結合。司馬光却認爲，「天地所生，財貨百物，止有此數，不在民間則在公家」（司馬光邇英奏對，見傳家集卷四二），把天下財富看作停滯不變的常數，否認人們不斷創造的能力，這不合常識。改革在某種意義上，是財富再分配，如青苗法把原屬高利貸者的四分利息轉歸「公家」，「民間」的借貸農民減負舒困，單從政策設計本意而言，是合情合理的。從變法理論和具體方案的層面來看，王安石不愧爲治國經邦的實幹家，既有敏鋭的經濟頭腦，又有周密的通盤擘畫。然而，問題在於實踐，如何使「良法美意」收到富國惠民的預期成效，王安石面臨三大困境：

一是聲勢强大的反對派。比之「慶曆新政」，王安石在全國範圍内掀起一場更有力度和深度的改革運動，首先激起一批元老重臣的反對，變法開始後，韓琦、歐陽脩、富弼等紛紛上奏指斥，隨後形成以司馬光爲首的反對派。面對這一嚴峻形勢，王安石没有及時調整自己的策略，力争化解矛盾，變消極負面因素爲正面支持力量。這種轉化工作雖不一定有望成功，但存在很大的可能性：一是他們之間純屬政見不同的君子之争，忠君體國，不謀私利，且反對派中不少是慶曆、嘉祐時期主張或參與改革的中堅人物，並非頑固顢頇之徒；二是王氏與他們均有私交，有的相知甚深，歐陽脩甚至把王安石視作文壇盟主的接班人，期許很高；三是舊黨中也有主張新舊兩黨應該調和折衷的思潮，司馬光指令蘇軾起草的王安石贈太傅制稱頌王氏「罔羅六藝之遺文，斷以己意；糠粃百家之陳跡，作新斯人」，乃至「建中靖國」年號的擬定，即是顯證。然而，王安石却顯出「道不同不相爲謀」的姿態，司馬光於熙寧三年（一〇七〇）連續給他三通信函，細説新法推行過程中的流弊，娓娓剖析，長達三千餘言，而王氏的答司馬諫議書僅以不足三百字回復，話鋒犀利，不容置喙，對這位比他年長的老友，確屬「鹵莽」了，儘管這是一篇古今傳誦的名文。富弼、韓琦、文彦博、司馬光先後被罷免，蘇轍退出「三司條例制置司」，忌諱蘇軾被神宗重用，傾力排擠，都見出他急於求成，以致容人胸襟之狹隘，無法與反對派溝通與合作，直接造成他無人可用、無機構可倚的難題。

執行機構的倉猝建置和辦事官吏們良少莠多，是王安石面臨的另一困境。以理財爲重點的變法，本應由三司即户部司、度支司、鹽鐵司等機構來負責推行。但宋朝的三司脱離相權而獨立，直接向皇帝負責。於是，王氏創立「制置三司條例司」，名義上僅是制定條例，實際上是主持新法的新的權力機構。草創伊始，百廢待興，行政運作不容許有走上正軌的準備期，熙寧二年二月成立，四月即派遣劉彝、謝卿材等八人巡行全國，考察農田水利、賦役，企求事繁而速成，於是大批新鋭之士紛紛加入執行新法的隊伍；不得不依靠原有的地方行政管理機器，又未經整頓和訓練，官吏差役上下其手，因緣爲奸，弊端叢生。陸佃從越州歸，面告王氏：「法（新政）非不善，但推行不能如初意，還爲擾民。」如青苗法，地方州縣以多散爲功，有錢者不願借而「抑配」强借，無錢者患其無力償還而拒貸；偶獲貸款，又在城中揮霍一空，難怪蘇軾要寫詩加以譏諷：「杖藜裹飯去匆匆，過眼青錢轉手空。贏得兒童語音好，一年强半在城中。」（山村）此類推行中産生的流弊是實際存在的。

三是推行進度緩急的把握。蘇軾曾爲試館職而草擬過一道策題，云：「欲師仁祖（仁宗）之忠厚，而患百官有司不舉其職，或至於媮；欲法神考（神宗）之厲精，而恐監司守令不識其意，流入於刻。」不僅精確地概括出仁宗朝因循苟且、得過且過和神宗朝勵精圖治、大刀闊斧兩種政風的差别，而且隱含著施政進程必須掌握緩急有度的節奏，既不敷衍推諉，又不急躁冒進，這種政治藝術有時起到了決定成敗的關鍵作用。王安石明白，當時積弊深重，不下猛藥已無法療救；他更清楚，他推行新法的權力僅僅來自宋神宗對他的信任，而這種信任具有不確定性，宋神宗可以隨時收回權力，事實上他在熙寧七年（一〇七四）第一次罷相已暴露出君臣之間的疏遠。這都是王安石採取激進方式的深層次原因。至於他個人性格上的急躁執拗，只是次要的因素。

熙寧二年他剛受命任參知政事，就在七、九、十一月，下令推行均輸、青苗、農田水利三法，每法之頒行僅隔兩個月，這些新法均涉及全國範圍内的經濟民生，實非長時間的縝密試點、逐步推廣不可，如此密集推行新政，超出了全社會的承受能力，更無論具體執行機構和辦事官吏能否跟進，種種亂象的産生遂勢不可免。

王安石變法長達十六年（王氏親自主持者近七年，其他時間由神宗獨自主持），其效果如何，迄無定論。大致説來，國家財政有所增加，社會生産力有所提高，西北邊防形勢有所起色（王韶收復河、岷，拓境二千餘里），積貧積弱的局勢有所扭轉。至於章惇、蔡京等人在崇寧直至靖康長達二十多年所推行的「新法」，實已變質，演成殘民以逞的工具，排斥異己、傾軋報復的招牌，倒行逆施，國勢日危，蔡京等人纔是真正的亡國禍首。這與王安石無關，應作歷史的劃分。

元祐元年（一〇八六），當新法逐一廢罷的消息傳到病居金陵的王安石耳中，他還「夷然不以爲意」，及至聽説免役法也被取消，他「愕然失聲曰：『亦罷至此乎？』良久曰：『此法終不可罷。安石與先帝議之二年乃行，無不曲盡。』」（朱熹三朝名臣言行録卷六之二丞相荆國王文公）他滿懷悲憤，賫志而殁，我們對他的報國雄心、理國智慧、奮鬥精神，尤對他悲劇性的一生，油然産生敬意。

與對王安石變法評價的不公密切相關、甚或互爲表裏，王安石的學術思想也備受貶抑，充滿曲解與誤解，歪曲了他作爲傑出思想家的歷史真相。近年來，它自然地成爲學術界撥亂反正的討論議題，逐漸形成了共識。

## 三

鄧廣銘先生在王安石在北宋儒家學派中的地位一文中，明確指出，「從其對儒家學說的貢獻及其對北宋後期的影響來說，王安石應爲北宋儒家學者中高踞首位的人物」，賦予他以崇高的歷史地位。具有很大學術話語權的宋元學案却以程朱理學作爲整個宋代學術思想的主軸綫，不僅把「荆公新學」列於全書之末（卷九十八），表露出將其邊緣化之旨趣，又以「荆公新學略」題名，不得與其他諸子之「學案」同列，就隱含有視之爲異端邪説之意了。這是思想家王安石評價史中的重要一筆，尖鋭地提出兩個問題：「荆公新學」在當時居於主流還是邊緣？它代表宋學發展的正途還是邪路？王安石「荆公新學」有個開創、發展與終結的過程。宋仁宗慶曆初，他中舉後出任淮南判官，廣交同好，切磋經學，並於慶曆二年至四年（一〇四二——〇四四）撰成淮南雜説十卷。此書今佚，但「當時淮南雜説行於時，天下推尊之，以比孟子」（元城語録卷上）。蔡卞也記述：「初著雜説數萬言，世謂其言與孟軻相上下，於是天下之士始原道德之意，窺性命之端。」（郡齋讀書志卷十二引)標誌著「新學」之濫觴，起點甚高。我們知道，王安石慶曆二年(一〇四二)中進士，早於程顥、張載、蘇軾等人十五年，王安石正式登上學術史壇坫之時，二程洛學、張載關學、蘇軾蜀學均未成型，聲名不彰，即使被宋元學案列爲首位的胡瑗，在宋學中地位突出，但其重要性及社會影響力遠不及後起之秀王安石，因此，王安石應屬於開創宋學方向的先驅人物之一。及至宋神宗熙寧六年(一〇七三)，王安石奉旨設立經義局，主持三經新義的修撰；熙寧八年(一〇七五)書成奏上，頒行全國，作爲衡文取士的標準，一躍而爲官方哲學，其他宋學諸子均瞠乎其後，已不可同日而語了。晚年退居金陵，王安石仍孜孜於字說的著述，試圖從文字的「字畫奇耦横直」中，去推究「深造天地陰陽造化之理」，「與易相表裏」(蔡卞語，見郡齋讀書志所引)。他在熙寧字説序中説，治經必須先從治文字入手：「故其教學必自此始。能知此者，則於道德之意已十九矣。」字説雖也不免存在穿鑿附會之處，爲人們所詬病，但王安石繼續完善「新學」之志，可謂至老不輟。

元祐更化時期，「新學」一度受壓，到北宋哲宗、徽宗時期，在特定的政治局勢影響下，又掀起力度更强、廣度更大的崇王高潮。誠如陳瓘四明尊堯集所言：「臣聞先王所謂道德者，性命之理而已矣。此王安石之精義也，有三經焉，有字説焉，有日録焉，皆性命之理也……故自(蔡)卞等用事以來，其所謂『國是』者，皆出於性命之理，不可得而動揺也。」陳淵在十二月上殿劄子中更概括説：「自王氏之學達於天下，其徒尊之與孔子等」，「行之以六十餘年」。可以説，在北宋中後期的六十多年間，王氏新學高踞於社會政治意識形態的頂層，居於無可抗衡的中心地位。即使南宋以後，程朱理學盛行，也無法擺脱王氏新學無所不在的持續的影響力，進入所謂「後王安石時代」，其發揮的正面或對立面作用，適足展示出宋學的多元性、豐富性和複雜性。

王氏新學的影響力不僅時間延續長久，輻射區域廣大，不像其他諸子往往冠以地域限制之語，而它是籠罩政壇、學林全局的「新學」。還有一個現象也值得注意，即作爲學派群體的規模與格局。據荆公新學研究一書的精密考證，新學門人人數衆多，堪與「歐門」、「蘇門」相匹，甚或過之。王安石在慶曆時即有孫適、馬仲舒、胡舜元等人向他問學，英宗治平年間及晚年隱退金陵時，均聚徒授學，門户隆盛。班班可考列入「王門」者有王无咎、陸佃、沈憑、龔原、郟僑、張僅、吴點、楊訓、楊驥、丘秀才、王伯起、晏防、王沇之、王迥、華峙、郭逢原、沈銖、汪澥、張文剛、方惟深、李定、董必、楊畏、成倬、周種、鮑慎由、侯叔獻、蔡淵、蔡肇、薛昂、葉濤、韓宗厚、許允成、陳祥道、鄭俠、蔡卞、吕希哲、錢景諶、吴埑、吴頤、陳度、王雱、劉發、徐君平等，他們有數十種著作問世，亦可一一考知，只是由於「變法」遭遇不公的原因，淹没在茫茫典籍大海之中，連同這個學派的人物也大都沉晦不聞，似乎在歷史上不曾存在過。陳寅恪先生論韓愈中肯定韓愈「奠定後來宋代新儒學之基礎」，乃是「開啓宋代新儒學家治經之途徑者」，其重要貢獻之一就是「獎掖後進，開啓來學」，形成「韓門」，而「『韓門』遂因此而建立，韓學亦更緣此而流傳也」，揭示出學術群體與學術流傳的因果關係。「王門」在當時人多勢衆，既是王氏新學極强社會影響力與號召力的結果，也是其社會地位和歷史定位的可靠標誌。

王氏新學能够居於社會意識形態的中心，乃是因爲它得風氣之先，較早體現出「宋學」即宋代新儒學的特質和特徵，引導了宋學發展和演進的方向。陳寅恪先生論韓愈明確指出，韓愈之所以能開闢宋代新儒學家治經之途徑，在於他堅決擯斥「南北朝以來正義義疏繁瑣之章句學」，而從禮記的大學篇中，「闡明其説，抽象之心性與具體之政治社會組織可以融會無礙，即盡量談心説性，兼能濟世安民，雖相反而實相成」。鄧廣銘先生在略談宋學中，把「宋學」定義爲「萌興於唐代後期而大盛於北宋建國以後的那個新儒家學派」，「理學是從宋學中衍生出來的一個支派」，不能把「理學等同於宋學」；又概括「宋學」的特點有二：一是「都力求突破前代儒家們尋章摘句的學風，向義理的縱深處進行探索」，二是「都懷有經世致用的要求」，這與陳寅恪先生的論述是一脉相承的。王安石雖在理論上曾「非韓」，但在學術祈向上却承響接流，完全一致：他也堅持以義理之學、道德性命之學取代繁瑣的章句之學，以經世致用取代空談蹈虚，更以「内聖外王」等形式取得兩者的「相反相成」，獲得彼此推進，取得平衡和統一。

早在簽書淮南時，王安石在送孫正之序中説：「時然而然，衆人也；己然而然，君子也。己然而然，非私己也，聖人之道在焉爾。」顯示出獨拔流俗、立志高遠的「有道君子」的學術姿態。

他以「聖人之道」的捍衛者、闡釋者、踐行者自任，自信具備睥睨破碎瑣屑、斤斤於名物訓詁之辨的天然正當性，超邁於芸芸俗儒之上，擔當起引領思想潮流的「大任」。他當時撰寫的最早新學著作淮南雜説今已失傳，但從熙寧四年御史中丞楊繪的奏駁中，即可見出其不同流俗的見解。楊繪上疏題名論王安石之文有異志（宋諸臣奏議）引述淮南雜説「有伊尹之志而放君可也，有周公之功而代兄可也，有周之后妃之賢而求賢審官可也」等語，繼承前賢孟子之旨趣，進一步闡發對絶對君權的非議，被指爲「異志」不軌，確非餖飣堆垛的「漢學」之徒所可望其項背。這種獨立思考、放膽議政的精神貫穿於他的整個建構「新學」的學術活動之中。

王氏新學具有鮮明的政治目的性。熙寧二年王安石對神宗説：「經術正所以經世務，但後世所謂儒者，大抵皆庸人，故世俗皆以爲經術不可施於世務爾。」（宋史王安石本傳）在他看來「經術」與「治世」是密不可分的互爲推轂、互爲表裏的關係。經世濟時的原則、方法均已藴含在傳統經典之中，儒家經典中存在著無限的新的意義世界，後人的責任在於闡明、詮釋，加以實踐推行，三經新義即著眼於「新義」的呈現。王安石以極大的精力從事周禮、詩經、尚書這三部經典的訓解，詩義由其子王雱「訓其辭」，他自己「訓其義」，書義由他父子合力撰寫，唯有周禮義由他獨力完成，見出他對此書的特殊關注。周禮或名周官，是關於周朝官制、禮制的典籍，王安石關注於此書，正是由於它與當時推行的新法理論和實踐關係最爲緊密，青苗法、方田均税法等都能從中找出歷史的依據，三經新義實際上是王安石變法的有機組成的一環，經術與治世合二爲一。

王安石學以致用的原則自然是正當合理的，一種學術自身發展的升降盛衰也取決於它是否適應社會需要與政治訴求。但是政治和學術的關係錯綜複雜，學術發展又要求獨立自主，要求個性化、自由度和多元性，這一學術的自身規律也必須得到充分的尊重。王安石爲達到「一道德、同風俗」的政治目的，把學術部分地變成了實現政治目的的工具，這又造成頗爲嚴重的負面效果。蘇軾在王安石贈太傅制中説：「罔羅六藝之遺文，斷以己意；糠粃百家之陳跡，作新斯人。」儘管是爲朝廷代言，但評價尚稱平允。而在多封給友人的信函中，蘇軾又予以嚴厲批評：「文字之衰，未有如今日者也，其源實出於王氏。王氏之文，未必不善也，而患在於使人同己。自孔子不能使人同，顏淵之仁、子路之勇，不能以相移，而王氏欲以其學同天下。地之美者，同於生物，不同於所生。惟荒瘠斥鹵之地，彌望皆黄茅白葦，此則王氏之同也。」（答張文潛縣丞書）蘇軾的這個批評比起他代表官方所作的「蓋棺定論」來，包含更深的意義與教訓。

# 四

王安石是位具有强烈個性的文學家，兼擅散文、詩、詞，在中國文學史上佔據重要的一席。

他的文學創作歷來受到的評價，褒多貶少，相對於政治、學術評價，較爲公允，這也表明政治與文學能保持一定疏離的空間，但王安石的文學創作其實仍然顯示出鮮明的政治目的性。陳善捫虱新話卷五云：「唐文章三變，本朝文章亦三變矣。荆公以經術，東坡以議論，程氏以性理，三者要各立門户，不相蹈襲。」這裏的「文章」泛指學術文化而言。但在當時的散文理論中，確有政治家、古文家和道學家三派，王安石就是政治家文論的代表。

王安石的文論，以重道崇經、濟世致用爲核心，强調「文」與「道」、「經」、「政」的一致性。慶曆六年（一〇四六），他在汴京爲獻文而作的四封書簡，即與祖擇之書、上張太博書二首、上人書，是他文學思想最早的集中體現。他開宗明義地説：「嘗謂文者，禮教治政云爾」（上人書），「治教政令，聖人之所謂文也」（與祖擇之書），把「文」直接歸結爲「禮教治政」、「治教政令」的載體。他進一步闡述「治教政令」的來源説：「聖人之於道也，蓋心得之。作而爲治教政令也，則有本末先後，權時制義，而一之於極。其書之策也，則道其然而已。」指出「治教政令」來源於「道」，來源於聖人對道的深有心得。他還説過：「若欲以明道，則離聖人之經，皆不足以有明也」（答吴孝宗書），「夫聖人之術，修其身，治天下國家，在於安危治亂，不在章句名教焉而已」（答姚闢書）等等，在他的心目中，「文」與「道」、「經」、「術」、「治政」之類是完全融合爲一的，並把這看成「聖人作文之本意」。但是，王安石重内容、輕形式的觀點還没有導致對辭章技巧的完全否定。在上人書中也接着補充道：「且所謂文者，務爲有補於世而已矣；所謂辭者，猶器之有刻鏤繪畫也……要之以適用爲本，以刻鏤繪畫爲之容而已。不適用，非所以爲器也；不爲之容，其亦若是乎？否也。然容亦未可已也，勿先之，其可也。」這裏對辭章技巧等藝術形式作了明確的肯定，即「未可已也」，是不能或缺的；但比之內容畢竟又是第二位的，未能認識到它具有獨立的審美價值。

王安石的這些觀點在我國散文理論史中並非罕見，其本身說不上具有特殊的文學理論價值，對內容和形式關係的理解也有片面性、機械性。但是，它却是當時社會政治改革思潮的産物，有著相應的時代背景。這些觀點與其說是散文理論，毋寧說是政治改革的主張。一是爲了反對「時文」，即當時科場流行的空洞無物的詩賦貼經墨義；二是爲了反對西崑體追求華靡的詩文。作爲「唐宋古文八大家」之一的王安石，他的寫作實踐更不是按照這些理論觀點而亦步亦趨地進行的，其作品不是刻板的官方文件、政策圖解、高頭講章、道德說教，他在中國散文史上所創作的一大批名篇佳作，完全是按照美的法則，遵循散文藝術規律而寫成的。它們所呈現的廣闊多彩的社會現實生活，所表現的散文風格和高超技巧，以及對辭章之美的傾心追求，確乎說明王安石已達到了散文大師的藝術水平。

王安石的各體散文都取得很高的成就，尤以論說、書序、記、墓銘、祭文爲突出，並形成拗折剛勁、簡古瘦硬的個人風格。

他的論説文以結構嚴謹、論辯犀利著稱，而特别注重文章的氣勢和情辭相得，因而具有獨特的文學色彩。如上仁宗皇帝萬言書，被梁啓超稱爲「秦漢後第一大文」。此文以人才問題爲中心，而又廣泛涉及當時的各類弊政，頭緒紛繁而又題旨集中，段段自爲一意而又互相勾聯，呈現出網狀結構的形態，在奏書中獨創一格。本朝百年無事劄子堪稱正題反作的妙文，「無事」是爲了突出和反襯「有事」。他的多篇有關變法的奏書，都充分展示出一位傑出改革家的恢弘氣度和縝密思索，文中自有「人」在。他的史論善作翻案文章，如夔説、伯夷、孔子世家議、讀孟嘗君傳等。讀孟嘗君傳全文僅四句九十個字，首句提出論題，語勢緩和；二、三兩句爲駁論，辭氣凌厲，頓作巨瀾；結句似老吏斷獄，牢確不移。起得緩，接得陡，結得疾，真乃短論傑構。

他的書序也大多屬於議論文。歐陽脩長於詩文集序，曾鞏工於目録序，王安石的三篇經義序，即周禮義序、詩義序、書義序却以獨特的風貌成爲書序中的卓然名篇。方苞指出，「三經義序，指意雖未能盡應於義理，而辭氣芳潔，風味邈然，於歐、曾、蘇氏諸家外，别開户牖」（唐宋文舉要引），所謂「辭氣芳潔，風味邈然」，主要指其共同的語言特色，即大量引用經典之語，經過作者的鎔裁組織，别有一番典雅雋美的語言風味。

王安石主張爲文「常先體制」，他曾譏諷蘇軾醉白堂記乃是韓白優劣論，有違「記」體規範。

但他筆下的記體文章，却常突破常規，變化多端，尤其是普遍地加重了議論成分。名作遊褒禪山記、芝閣記、度支副使廳壁題名記，或記遊洞，或記靈芝，或記任官姓名，却都是特殊的説理文。前篇通過一次遊洞經歷，表達反對淺嘗輒止、半途而廢，提倡深入探索、百折不回之意。他提出必須具有志、力、物即理想、能力和客觀物質條件的三者融合，纔能做到這一點。文章採用邏輯推理和論證或對照反襯等手法，加强説服力。芝閣記的議論不以邏輯嚴密見長，而是融注着俯仰唱嘆的人生感慨，因物喻人，由小及大，作者從靈芝的際遇中看到士子的榮辱乃至自己的進退升沉，筆端含情，寄興遥深。「廳壁題名記」原是刻寫在官府墻壁上記述歷任官吏姓名、吏跡的官樣文字，但王氏此篇却從「衆」、「財」、「法」、「吏」四者關係出發，提出只有通過理財纔能「不失其民」，而理財的兩個重要條件就是法善和吏良，這是王安石變法思想的核心。不死粘題目，而能開掘深廣，正是他雜記文的共同特點。在人事雜記中，他的傷仲永也是膾炙人口的名篇。

臨川集所收王安石的墓誌、神道碑、行狀等傳記文達十四卷，一百二十多篇，量多質高，歷來爲人們所稱道。他對這類文字自覺提出要求：一是傳「善」，二是傳「信」，三是傳「要」，説明態度之嚴肅認真。他的碑誌文堪與歐陽脩並肩，而又各有特色。華希閔書臨川集文後云：「金陵焦弱侯（焦竑）亟稱之。志銘自廬陵外，不得不推介甫。廬陵迤邐而行，介甫突兀而起；廬陵於閒冷中點染，介甫於整齊處錯綜；廬陵爲相知者倍著精神，介甫不問何人皆有生趣。虛實互用，變化多姿，觀止矣。」所言頗爲中肯。

與歐陽脩一樣，王安石也善於撰寫祭文。祭文通常用四言韻語，王安石的祭范潁州文、祭丁元珍學士文即是。也有全用不押韻的散體句子構成，如韓愈祭十二郎文，卻較罕見。宋人喜用長短參差的句式，但又多排偶成分，更用長距離的押韻，形成祭文中的一種新風氣。王安石祭歐陽文忠公文就是代表作，其中贊頌歐氏的氣節剛毅和出處不苟，以「離」、「非」、「衰」和「危」、「時」、「湄」押韻，馳騁筆墨，組織藻繪，抒情隨敘事、議論噴薄而出，與他的一般議論文是兩副面目。

宋代散文家的寫作大都趨向平易婉轉的風格，王安石卻取徑韓愈奇崛雄健一路。早在慶曆年間，歐陽脩在看了王安石文章後，托曾鞏傳話給他：「孟、韓文雖高，不必似之也，取其自然耳。」（曾鞏與王介甫第一書）説明他早年是學韓的，這也奠定了他一生以拗折剛勁、簡古瘦硬爲特點的散文風格。劉熙載指出，「王介甫文，取法孟、韓」，「介甫文得於昌黎，在陳言務去。其譏韓有『力去陳言誇末俗』之句，實乃心嚮往之」（藝概文概）。姚範援鶉堂筆記卷四十四云：「王荆公堅瘦，又昌黎一節之奇。」都揭示他理論上非韓、寫作上學韓的矛盾，這應是事實；然而他卻因此而在「宋古文六家」中獨樹一幟，爲宋代散文增添異彩。

王安石現存詩歌一千六百多首，在北宋詩人中位居前幾名，尤在藝術創造方面有着多方面的成就，成爲一大名家。嚴羽滄浪詩話詩體中，列舉北宋詩體五種，即有「王荆公體」，與「東坡體」、「山谷體」、「後山體」、「邵康節體」並稱，標誌着他的詩歌已經形成個人的獨特風貌，並對宋詩發展和演變産生直接的影響。

以熙寧九年（一〇七六）他罷相退居金陵爲界，他的詩歌可分爲前後兩期。前期作品以社會詩、詠史詩爲主，呈現出一位政治改革家的思想、胸懷與抱負，既是他「有補於世」、「適用爲本」的文學思想的體現，也是他政治活動的延伸。如河北民、感事、兼并、省兵等，用筆直露，詠史詩如商鞅、賈生、明妃曲二首等，則反映他對歷史人物迴乎流俗的見解，也曲折地表達他内心理想和感情波瀾，因而引起當時和後世人們的注目，反響巨大而深遠。而在藝術上，則表現出熔鑄字句，妙選句眼，鑲嵌典故，工於對仗，尤其善於化用前賢時輩的詩句，一併納入他創造形象、營造意境之中，其想落天外、苦心經營的功夫令人嘆爲觀止。這些與當時正在成形的宋詩特徵是一致的，惠洪冷齋夜話一再指明：「造語之工，至於荆公、東坡、山谷，盡古今之變。」又説：「用事琢句，妙在言其用，不言其名耳。此法惟荆公、東坡、山谷三老知之。」而從年歲論，王安石又年長於蘇軾、黄庭堅、陳師道等人，他是起到導夫先路的作用的。後期作品在題材取向上有巨大變化，寫景和日常生活感受之作，大量奔赴他的筆下，社會政治時事問題逐漸退出詩人的視野，詩歌藝術上除繼續沿承前期作派外，體裁上則以絶句爲主，既新奇工巧又含蓄深婉，表現爲從「宋調」到部分回歸「唐音」的傾向。黄庭堅説「荆公暮年作小詩，雅麗精絶，脱去流俗，每諷詠之，便覺沆瀣生牙頰間」，當指這一傾向而言。錢鍾書先生在談藝録、宋詩選注中對王詩頗多評論，在不同語境中有褒有貶，貶多於褒；在近年問世的手稿集中文筆記第二册中却有大段評述，尚未見稱引，特予表出。他説：「荆公兼擅各體，而五七古、七絶尤爲粹美。其古詩凝而不生澀，有力，於歐逸，於梅勁，而能適未酣放耳。其以文爲詩，直起直落，北宋無第二人。惟説理語、參禪語太多而不佳。五律雅有唐音，往往有似摩詰（如半山春晚即事、定林、即事、自白土村入北寺）……拗相公恬淡如是，亦一奇也。七律對仗精切，一代無兩，筆氣矯挺。惜太半爲詞頭所壞，純粹者少。七絶則幾乎篇篇可傳矣。大體論之，荆公詩勁挺，是其所長，稍欠頓宕開闔，故筆陣輕疾稍單。要之是大作手，不下東坡，袁隨園、潘養一輩正未知也。」此從體裁著眼分評王詩，與上述從年序論析，適可互補。

王安石今存詞二十九首，數量雖少，而當時詞名甚藉。王灼碧雞漫志即云：「王荆公長短句不多，合繩墨處，自雍容奇特。」清人劉熙載藝概詞曲概認爲其識力、境界，當能「一洗五代舊習」。如桂枝香（「登臨送目，正故國晚秋，天氣初肅」）一闋，在倚紅偎翠、淺斟低唱的詞風瀰漫詞壇時，能首倡豪放一路，確乎難能可貴。

# 凡例

一、本全集在對傳世王安石著作進行全面調查的基礎上，確定王安石撰著和編纂的全部著作，大致按經、史、子、集四部分類法編排。另收録王安石之子王雱現存的全部著作，作爲全集的外編。

二、本全集各種著作所用之底本，以出版時間較早、内容完整、錯誤較少、校刻精良爲標準，並選擇其他版本系統中具有代表性的祖本作爲校本。所用底本、校本的大致情況，在各書整理説明中作具體交代。

三、本全集所收的散佚著作，力争彙集前賢時彦的研究成果，盡可能全面地展現王氏父子著作的原貌。

四、本全集之校勘，以對校爲主，輔以本校和他校，慎用理校。校改原則如下：

（一）凡底本可確定有訛、脱、衍、倒者，據校本補正删改，並出校勘記。

（二）凡底本文字與校本有異，文義兩可而難以判斷者，不改原文，出異同校。

（三）凡底本不誤，校本有誤者，一般不出校。

（四）爲更好反映底本原貌，對底本的用字盡可能予以保留，古今字、通假字一般不改，異體字、俗體字酌情改爲通行正字，傳刻過程中産生的避諱字予以回改。

（五）底本字跡不清且無他本可校者，用□代替。

五、各書之整理説明主要介紹該書的主要内容、版本源流、所使用底本和校本的情况及整理過程中的一些其他需要説明的問題。

六、各書附録，包括歷代書目著録、歷代刻本序跋。

七、全書附録，包括歷代王安石相關之傳記、評論、軼事等資料。所收文獻，止於清末。

# 總目

# 本册總目

# 易解

張鈺翰輯録

# 整理説明

易經是北宋儒者在重建天人秩序之中最爲重視的經典之一，幾乎所有重要學者皆有解易之作。新學作爲北宋中後期最重要的學術流派，對於易經也十分重視，解者自王安石以下，不下十餘家。尤以王安石、龔原、耿南仲三家最爲有名，在北宋後期盛行於場屋之中。龔作今爲完璧，耿作大體亦存，惜乎唯王作不傳於世！

王安石的解易之作，有易解、易義二名，卷數亦不同。馮椅厚齋易學附録一載：「中興書目：易解十四卷（讀書志云易義二十卷，建本二十七卷），本朝司空王安石撰。安石字介父，臨川人。始封荆公，後封舒王。有上、下經至雜卦，外有卦象論統解易象。」直齋書録解題、宋史藝文志一以及俞琰讀易舉要等均作「易解十四卷」。郡齋讀書志、玉海則作「易義二十卷」，文獻通考經籍考三亦作二十卷，但書名則爲「易解」。吕惠卿曾言，王安石之「洪範義凡有數本，易義亦然」（續資治通鑑長編卷二百六十八）。而諸書所引王安石部分卦爻辭解説，周易義海撮要與厚齋易學、明潘士藻讀易述等書所引，有文字大體相同者，亦有無一語相同者。由此推測，王安石解易之作有過多次修訂，流傳後世者有十四卷易解與二十卷易義兩種。

與設局所修三經義不同，王安石的易經解説並没有由朝廷頒定，作爲官方欽定的教科書。郡齋讀書志的解釋是「介父三經義皆頒學官，謂之新經，獨易解自謂少作，不專以取士」。而正是因爲易解爲王安石少作，没有走上穿鑿、僵化的道路，反倒得到在政治立場和學術見解方面與新學大異其趣的學者，尤其是道學家的推崇。程頤教育弟子即認爲「易有百餘家，難爲偏觀。如素未讀，不曉文義，且須看王弼、胡先生、荆公三家」（二程遺書卷十九）。又如朱熹學校貢舉私議云：「如易則兼取胡瑗、石介、歐陽脩、王安石、邵雍、程頤、張載、吕大臨、楊時；書則兼取劉敞、王安石、蘇軾、程頤、楊時、晁説之、葉夢得、吴棫、薛季宣、吕祖謙；詩則兼取歐陽脩、蘇軾、程頤、張載、王安石、吕大臨、楊時、吕祖謙；周禮則劉敞、王安石、楊時；儀禮則劉敞；二戴禮記則劉敞、程頤、張載、吕大臨；春秋則啖助、趙匡、陸淳、孫明復、劉敞、程頤、胡安國；大學、論語、中庸、孟子則又皆有集解等書，而蘇軾、王雱、吴棫、胡寅等説亦可採。」是知朱熹認爲王安石父子的解經之作均有其參考價值在。相對而言，「易是荆公舊作，卻自好；三經義是後來作底，卻不好」（朱子語類卷七十八）。透過作爲宋學之集大成者的朱熹的評價，可以推知王安石的易説頗有助於學者理解易經，在易學史上當佔有一席之地。

據上引厚齋易學和讀易舉要可知，二書所引王安石易説均出自十四卷之易解，其他諸書所引則難以斷定出自易解抑或易説。本次整理則姑以易解爲名，從宋以來各家易解中輯録，釐爲三卷，卷一、卷二爲上、下經，卷三爲易傳。除大過、萃、未濟三卦和序卦之外，各卦及諸傳皆有王安石之解説。部分解説爲多書所引者，以早出者爲準，其他唯標明爲哪幾種所引及所引範圍；對於其中之文字差異，對不影響文義者不重出，差異雖小而影響理解者加校記説明，歧異較大者則并存。部分書中描述王安石的易説，或唯舉其大意，或言與他人之説同，或點明句讀，如此之類，雖非王安石原文，然亦不無價值，今則作爲附説附於相關經文之後。由於本人才疏學淺，離校後資料使用亦多不便，此次輯録定有不當之處，尚祈方家不吝指正。

## 引用書目：

（宋）司馬光温公易説　清武英殿聚珍版叢書本
（宋）程顥、程頤二程遺書　清文淵閣四庫全書本（臺灣商務印書館影印，下同。）
（宋）朱震漢上易傳　清文淵閣四庫全書本
（宋）鄭剛中周易窺餘　清文淵閣四庫全書本
（宋）林栗周易經傳集解　清文淵閣四庫全書本
（宋）程迥周易章句外編　清文淵閣四庫全書本
（宋）李衡周易義海撮要　清通志堂經解本
（宋）方聞一大易粹言　清文淵閣四庫全書本
（宋）馮椅厚齋易學　清文淵閣四庫全書本
（宋）王宗傳童溪易傳　宋開禧刻本
（宋）李心傳丙子學易編　清通志堂經解本
（宋）朱鑑晦庵先生朱文公易説　元刻本
（宋）黄震黄氏日抄　元後至元刻本
（宋）趙汝楳筮宗　清通志堂經解本

〔宋〕方實孫　淙山讀周易　清文淵閣四庫全書本

〔宋〕董楷　周易傳義附録　元延祐二年刻本

〔宋〕俞琰　周易集説　清通志堂經解本

〔宋〕俞琰　讀易舉要　清文淵閣四庫全書本

〔宋〕李燾　續資治通鑑長編　中華書局二〇〇四年版

〔元〕熊良輔　周易本義集成　清通志堂經解本

〔元〕李簡　學易記　清通志堂經解本

〔元〕董真卿　周易會通　元刻本

〔明〕胡廣等　周易傳義大全　明内府刻本

〔明〕蔡清　易經蒙引　清文淵閣四庫全書本

〔明〕熊過　周易象旨決録　清文淵閣四庫全書本

〔明〕潘士藻　讀易述　清文淵閣四庫全書本

〔明〕張獻翼　讀易紀聞　清文淵閣四庫全書本

〔明〕何楷　古周易訂詁　清文淵閣四庫全書本

〔清〕黄宗炎　周易尋門餘論　清文淵閣四庫全書本

〔清〕徐在漢易或　清順治間蕉白居刻易原易或合集本
〔清〕毛奇齡仲氏易　清皇清經解本
〔清〕李光地周易折中　清文淵閣四庫全書本
〔清〕查慎行周易玩辭集解　清文淵閣四庫全書本
〔清〕胡煦周易函書約註　清乾隆刻本
〔清〕晏斯盛學易初津　清文淵閣四庫全書本
〔清〕沈起元周易孔義集説　清文淵閣四庫全書本
〔清〕王又樸易翼述信　清文淵閣四庫全書本
〔清〕趙繼序周易圖書質疑　清文淵閣四庫全書本
〔清〕程廷祚大易擇言　清文淵閣四庫全書本
〔清〕翟均廉周易章句證異　清文淵閣四庫全書本

# 目録

# 易解　卷一

## 周易上經

### 乾卦第一

䷀ 乾下乾上

乾：元，亨，利，貞。

初九，潛龍勿用。

王介甫曰：龍，行天之物也，故以象乾；馬，行地之物也，故以象坤。（厚齋易學卷五，周易本義集成卷一、周易會通卷一、周易傳義大全卷一同。）

九二，見龍在田，利見大人。

九三，君子終日乾乾，夕惕若，厲无咎。

九四，或躍在淵，无咎。

九五，飛龍在天，利見大人。

上九，亢龍有悔。

用九，見群龍，无首吉。

介：九六，陰陽之變。下見衆陽，不自爲首。如堯咨四嶽、揚側陋以禪舜是也。（周易義海撮要卷一。）

龜山楊氏曰：或問乾坤用九、六。荆公曰：進君子，退小人。（大易粹言卷一，又卷七十一。）

荆公言，用九只在上九一爻。（二程遺書卷十九。）

王介甫有云：「用九」八字當合上節。（仲氏易卷三。）

附一：程子曰：先儒以六爲老陰，八爲少陰，固不是。介甫以爲進君子而退小人，則是聖人旋安排義理也。（周易傳義附録卷首上。）

附二：項平庵曰：人但知内卦爲貞，外卦爲悔，不知其何説也。王介甫謂静爲貞，動爲悔，亦臆之而已。（讀易舉要卷一）

附三：乾用九，坤用六，荆公以爲承上九、上六而言，各合爲一節。（學易初津卷下。）

附四：用九節，説者不一。介甫王氏謂蒙上九而言。（易翼述信卷二。）

附五：宋衷、王弼以「見群龍」句，「无首吉」句。王安石同。（周易章句證異卷一。）

附六：王安石合用九、上九爲一節。（周易章句證異卷一。）

彖曰：大哉乾元，萬物資始，乃統天。雲行雨施，品物流形。大明終始，六位時成，時乘六龍以御天。乾道變化，各正性命，保合太和，乃利貞。首出庶物，萬國咸寧。

王安石曰：分爲四德，統惟一元，故統天。（仲氏易卷三。）

象曰：天行健，君子以自强不息。「潛龍勿用」，陽在下也。「見龍在田」，德施普也。「終日乾乾」，反復道也。「或躍在淵」，進无咎也。「飛龍在天」，大人造也。「亢龍有悔」，盈不可久也。用九，天德不可爲首也。

文言曰：元者，善之長也；亨者，嘉之會也；利者，義之和也；貞者，事之幹也。君子體仁足以長人，嘉會足以合禮，利物足以和義，貞固足以幹事。君子行此四德者，故曰「乾，元，亨，利，貞」。初九曰「潛龍勿用」，何謂也？子曰：「龍德而隱者也。不易乎世，不成乎名；遯世无悶，不見是而无悶。樂則行之，憂則違之，確乎其不可拔，潛龍也。」九二曰「見龍在田，利見大人」，何謂也？子曰：「龍德而正中者也。庸言之信，庸行之謹；閑邪存其誠，善世而不伐，德博而化。易曰『見龍在田，利見大人』，君德也。」九三曰「君子終日乾乾，夕惕若，厲无咎」，何謂也？子曰：「君子進德修業。忠信，所以進德也；修辭立其誠，所以居業也。知至至之，可與言幾也；知終終之，可與存義也。是故居上位而不驕，在下位而不憂。故乾乾因其時而惕，雖危无咎矣。」

介甫：忠信，行也；修辭，言也。知九五之位可至而至之，舜、禹、湯、武是也。非常義也，故曰可與幾也。知此位可終則終之，伊、周、文王是也，可與存君臣之大義也。（周易義海撮要卷一。）

九四曰「或躍在淵，无咎」，何謂也？子曰：「上下无常，非爲邪也；進退无恒，非離群也。君子進德修業，欲及時也，故无咎。」九五曰「飛龍在天，利見大人」，何謂也？子曰：「同聲相應，同氣相求；水流濕，火就燥；雲從龍，風從虎；聖人作而萬物覩；本乎天者親上，本乎地者親下，則各從其類也。」上九曰「亢龍有悔」，何謂也？子曰：「貴而无位，高而无民，賢人在下位而无輔，是以動而有悔也。」

介：上九不得九五天之中，故曰「无位」。下陽皆歸五，故曰「无民」。二非己應，故曰「无輔」。（周易義海撮要卷一，周易孔義集説卷二十引至「无民」。）

「潛龍勿用」，下也。「見龍在田」，時舍也。「終日乾乾」，行事也。「或躍在淵」，自試也。「飛龍在天」，上治也。「亢龍有悔」，窮之災也。乾元用九，天下治也。「潛龍勿用」。陽氣潛藏。「見龍在田」，天下文明。「終日乾乾」，與時偕行。「或躍在淵」，乾道乃革。「飛龍在天」，乃位乎天德。「亢龍有悔」，與時偕極。乾元用九，乃見天則。乾元者，始而亨者也；利貞者，性情也。乾始能以美利利天下，不言所利，大矣哉！大哉乾乎！剛健中正，純粹精也；六爻發揮，旁通情也；時乘六龍，以御天也；雲行雨施，天下平也。君子以成德爲行，日可見之行也。潛之爲言也，隱而未見，行而未成，是以君子弗用也。君子學以聚之，問以辯之，寬以居之，仁以行之。易曰「見龍在田，利見大人」，君德也。九三重剛而不中，上不在天，下不在田，故乾乾因其時而惕，雖危无咎矣。九四重剛而不中，上不在天，下不在田，中不在人，故或之。「或之」者，疑之也，故无咎。夫大人者，與天地合其德，與日月合其明，與四時合其序，與鬼神合其吉凶。先天而天弗違，後天而奉天時。天且弗違，而況于人乎？況于鬼神乎？亢之爲言也，知進而不知退，知存而不知亡，知得而不知喪。其唯聖人乎！知進退存亡，而不失其正者，其唯聖人乎！

## 坤卦第二

䷁ 坤下坤上

坤：元，亨，利牝馬之貞。君子有攸往，先迷後得，主利。西南得朋，東北喪朋。安貞吉。

附一：當以「先迷後得」爲句，介甫亦以爲句。（周易義海撮要卷一。）

附二：王介甫以「後得主」爲句。（周易函書約註卷二。）

附三：王安石以「先迷後得」句，「主利」句。（周易章句證異卷一。）

象曰：至哉坤元！萬物資生，乃順承天。坤厚載物，德合无疆；含弘光大，品物咸亨。牝馬地類，行地无疆。柔順利貞，君子攸行。先迷失道，後順得常。西南得朋，乃與類行；東北喪朋，乃終有慶。安貞之吉，應地无疆。

象曰：地勢坤，君子以厚德載物。

初六，履霜，堅冰至。象曰：履霜堅冰，陰始凝也；馴致其道，至堅冰也。

六二，直方大，不習无不利。象曰：六二之動，直以方也；「不習无不利」，地道光也。

介甫解「直方大」云：因物之性而生之，直也；成物之形而不易，方也。（二程遺書卷十九。）介：六二之動者，直方之德[一]，動而後可見也。因物之性而生之，是其直也；成物之形而不易，是其方也。（周易義海撮要卷一。）

六三，含章可貞。或從王事，无成有終。象曰：「含章可貞」，以時發也。「或從王事」，知光大也。

六四，括囊，无咎无譽。象曰：「括囊无咎」，慎不害也。

六五，黄裳，元吉。象曰：「黄裳元吉」，文在中也。

介：六五陽位，而陰居之。陽在内，陰在外，是藏其文章，隐晦其明，以守臣道。而又居中體正，不敢不兢兢自處，上不見疑，遂獲元吉。（周易義海撮要卷一。）

上六，龍戰于野，其血玄黄。象曰：「龍戰于野」，其道窮也。

王介甫曰：陰盛於陽，故與陽俱稱龍；陽衰於陰，故與陰俱稱血。（厚齋易學卷五，周易傳義大全卷二同。）

陰盛於陽，故與陽俱稱龍；陽衰於陰，故與陰俱稱血。謂之龍戰，則陽固龍，而陰亦龍也；謂

[一]「直方」，周易折中卷十一、周易孔義集説卷一作「六二」。

之玄黄，則陽固傷，而陰亦傷也。此王介甫之言也（易經蒙引卷一下。）

臨川王氏謂：陰盛而與陽俱稱龍。（大易擇言卷二。）

用六，利永貞。象曰：「用六永貞」，以大終也。

介：此「終」字與「知終終之」之義合。處上六而能用六，能以大終，伊、周是已。（周易義海撮要卷一。）

文言曰：坤至柔而動也剛，至静而德方。後得主，而有常，

附：陸氏及王介甫、吴幼清皆以「得主」斷句。（周易象旨決録卷一。）

含萬物而化光。坤道其順乎！承天而時行。積善之家，必有餘慶；積不善之家，必有餘殃。臣弑其君，子弑其父，非一朝一夕之故，其所由來者漸矣！由辯之不早辯也。易曰「履霜堅冰至」，蓋言順也。直其正也，方其義也。君子敬以直内，義以方外，敬義立而德不孤。直方大，不習无不利，則不疑其所行也。陰雖有美，含之以從王事，弗敢成也。地道也，妻道也，臣道也。地道无成而代有終也。天地變化，草木蕃；天地閉，賢人隱。易曰「括囊，无咎无譽」，蓋言謹也。君子黄中通理，正位居體，美在其中，而暢於四支，發於事業，美之至也！陰疑於陽必戰。爲其嫌

於无陽也，故稱龍焉。

王介父曰：「嫌」與春秋「不以嫌代嫌」之「嫌」同，「疑」與「臣疑於君」之「疑」同。（厚齋易學卷四十八。）

猶未離其類也，故稱血焉。夫玄黄者，天地之雜也，天玄而地黄。

## 屯卦第三

䷂ 震下坎上

屯：元亨，利貞。勿用有攸往，利建侯。

彖曰：屯，剛柔始交而難生；動乎險中，大亨貞。雷雨之動滿盈，天造草昧；宜建侯而不寧。

象曰：雲雷，屯。君子以經綸。

介：剛柔始交，則貴者不必上，賤者不必下，不可謂貞也。難生也，動乎險中也，不可謂亨也。此雲雷之時也，故曰「雲雷，屯」。卒至於雷雨之動滿盈，然後能免乎險而屯難解，故曰「屯，元亨，利貞」。「大亨貞」，要屯之終而爲言也。（周易義海撮要卷一，周易折中卷九節引略同。）

初九，磐桓，利居貞，利建侯。象曰：雖磐桓，志行正也。「以貴下賤」，大得民也。

介：「利居」，宜不失其居也。「利貞」，宜不失其貞也。「以貴下賤」，居正而天下從之，則宜建侯而經綸天下矣。（周易義海撮要卷一。）

六二，屯如，邅如。乘馬班如，匪寇婚媾。女子貞不字，十年乃字。象曰：六二之難，乘剛也。十年乃字，反常也。

王氏安石曰：易之辭有「婦」，有「婦人」，有「女」，有「女子」。婦，有夫之稱也。婦人，言其爲母也。女，未有夫之稱也。女子，又言其爲子也。此言女子，何也？以有所怙也。以有所怙，故乘剛而不失正也。其有所怙者，何也？以九五爲之應也。（周易會通卷二。）

六三，即鹿无虞，惟入于林中。君子幾，不如舍，往吝。象曰：「即鹿无虞」，以從禽也。君子舍之，往吝窮也。

王介父曰：夫屯之時，可以有爲，而非可舍之時也。時欲有爲，而從非其應，殆不如舍之愈也。不舍而往，雖君子，不能无吝矣。（厚齋易學卷六。）

附：朱熹云：介甫以「舍」爲止，「幾」爲近。（周易義海撮要卷一。）

六四，乘馬班如，求婚媾，往吉，无不利。象曰：求而往，明也。

九五，屯其膏。小，貞吉；大，貞凶。象曰：「屯其膏」，施未光也。

王介父曰：膏者陽之澤。（厚齋易學卷六。）

上六，乘馬班如，泣血漣如。象曰：「泣血漣如」，何可長也？

王介父曰：易之辭有「泣」，有「出血」，未有「泣者血」。遇屯而道大窮。（厚齋易學卷六。）

王介父曰：困之上六，亦乘剛上窮而无應，乃以征吉，何也？在兑之終，以説而散也。其无應，乃以免乎險也。屯終於坎，故窮而不能變。（厚齋易學卷六。）

## 蒙卦第四

䷃ 坎下艮上

蒙：亨。匪我求童蒙，童蒙求我。初筮告，再三瀆，瀆則不告。利貞。

象曰：蒙，山下有險，險而止，蒙。「蒙亨」，以亨行時中也。「匪我求童蒙，童蒙求我」，志應也。「初筮告」，以剛中也。「再三瀆，瀆則不告」，瀆蒙也。蒙以養正，聖功也。

介：能告所筮，剛中者也。不剛則不能有所不告，剛不中則不能有以告。（周易義海撮要卷一。）

象曰：山下出泉，蒙。君子以果行育德。

初六，發蒙。利用刑人，用説桎梏以往，吝。象曰：「利用刑人」，以正法也。

介：不辨之於蚤，而至於上九，則蒙之罪大矣。不懲之於小，而至於上九，則蒙之難極矣。當蒙之初，不能正法以懲其小，而用説桎梏以縱之以往，則吝道也。（周易義海撮要卷一，周易圖書質疑卷五「當蒙之初」以下略同，惟「桎梏」下無「以」字。又周易折中卷一、大易擇言卷三節引略同。）

王介父曰：「發蒙」，辨之於蚤也。「利用刑人」，懲之於小也。不辨之於蚤，而至於上九，則擊之然後能勝，故有「擊蒙」之辭焉。不懲之於小，而至於上九，則桎梏不能制，故有「禦寇」之辭焉。不能正法以懲其小，而縱之以往，則吝道也。（厚齋易學卷六。）

附：王安石「用説桎梏以往」句。（周易章句證異卷一。）

九二，包蒙，吉。納婦，吉。子克家。象曰：「子克家」，剛柔接也。

六三，勿用取女。見金夫，不有躬，无攸利。象曰：「勿用取女」，行不順也。

六四，困蒙，吝。象曰：「困蒙」之吝，獨遠實也。

六五，童蒙，吉。象曰：「童蒙」之吉，順以巽也。

上九，擊蒙。不利爲寇，利禦寇。象曰：「利用禦寇」，上下順也。

王介父曰：夫不能發蒙於初以懲之於小，使之浸長，則治之不能勝，而寇亂作矣。（厚齋易學卷六。）

## 需卦第五

䷄ 乾下坎上

需：有孚，光亨，貞吉，利涉大川。

象曰：需，須也，險在前也。剛健而不陷，其義不困窮矣。「需，有孚，光亨，貞吉」，位乎天位，以正中也。「利涉大川」，往有功也。

象曰：雲上于天，需。君子以飲食宴樂。

初九，需于郊，利用恒，无咎。象曰：「需于郊」，不犯難行也。「利用恒，无咎」，未失常也。

九二，需于沙，小有言，終吉。象曰：「需于沙」，衍在中也。雖「小有言」，以終吉也。

九三，需于泥，致寇至。象曰：「需于泥」，災在外也。自我致寇，敬慎不敗也。

六四，需于血，出自穴。象曰：「需于血」，順以聽也。

王介甫曰：血者，陰之傷也；穴者，陰之宅也。（厚齋易學卷七。）

九五，需于酒食，貞吉。象曰：酒食貞吉，以中正也。

上六，入于穴，有不速之客三人來，敬之，終吉。象曰：不速之客來，敬之終吉，雖不當位，未大失也。

## 訟卦第六

䷅ 坎下乾上

訟：有孚窒惕，中吉，終凶。利見大人，不利涉大川。

王介甫曰：坎爲心亨，有孚也。二、五有心象。（厚齋易學卷七。）

象曰：訟，上剛下險，險而健，訟。「訟，有孚窒惕，中吉」，剛來而得中也。「終凶」，訟不可成也。

「利見大人」，尚中正也。「不利涉大川」，入于淵也。

介：象言乎其才也。「訟，有孚窒惕，中吉」，此言九二之才也；「終凶」，此言上九之才也；「利見大人」，言九五之才也；「不利涉大川」，言一卦之才也。有孚而見窒，窒而後訟，訟而能惕，不敢過中，則吉。（周易義海撮要卷一，周易本義集成卷三、周易折中卷九略同。）

王介甫曰：剛揜見窒者也。（厚齋易學卷七。）

王介甫曰：乾之所以爲乾，以知險也，故需則剛健而不陷。以訟涉險，則不可謂知險矣。（厚齋易學卷七。）

象曰：天與水違行，訟。君子以作事謀始。

初六，不永所事。小有言，終吉。象曰：「不永所事」，訟不可長也。雖「小有言」，其辯明也。

九二，不克訟，歸而逋，其邑人三百户，无眚。象曰：「不克訟」，歸逋竄也。自下訟上，患至掇也。

六三，食舊德，貞厲，終吉。或從王事，无成。象曰：「食舊德」，從上吉也。

介：柔失位而不中，以當上壯爭勝之時，以之爲厲，而保舊物可也。以從王事，則不得行其志；不得行其志，則不獨无成，亦不可以有終矣。（周易義海撮要卷一。）

九四，不克訟。復即命，渝，安貞吉。象曰：「復即命，渝」，安貞不失也。

九五，訟，元吉。象曰：「訟，元吉」，以中正也。

介：九五爲聽訟之主，不克訟則自反，而親就聽者之命。雖即命，猶有剛動之志，變志而爲安貞則吉。（周易義海撮要卷一。）

上九，或錫之鞶帶，終朝三褫之。象曰：以訟受服，亦不足敬也。

介：以訟得賞，侮而侵之者衆。三者，衆詞。（周易義海撮要卷一。）

## 師卦第七

䷆ 坎下坤上

師：貞，丈人吉，无咎。

象曰：師，衆也；貞，正也。能以衆正，可以王矣。剛中而應，行險而順，以此毒天下，而民從之，吉又何咎矣！

介：凡藥之攻疾者謂之毒[一]。（周易義海撮要卷一。）

象曰：地中有水，師。君子以容民畜衆。

初六，師出以律，否臧凶。象曰：「師出以律」，失律凶也。荆公曰：「律」如「同律聽軍聲」之「律」。法律之律，三代未有。律書曰：六律爲萬事根本，其於兵械尤所重。武王伐紂，吹律聽聲。（丙子學易編。）

九二，在師，中吉，无咎。王三錫命。象曰：「在師，中吉」，承天寵也。「王三錫命」，懷萬邦也。

六三，師或輿尸，凶。象曰：「師或輿尸」，大无功也。介：輿，衆也；尸，主也。師之命，正夫一也，不一則師惑矣。九二，一也；六三，不一也。六三之不一何也？陽爻奇，陰爻耦，不一也。（周易義海撮要卷一。）王介父曰：師之命，貞夫一者也。陽畫奇，陰畫耦。耦，不一者也。（厚齋易學卷八。）

六四，師左次，无咎。象曰：「左次，无咎」，未失常也。王介父曰：上無承，下無應，不可以動之時也。（厚齋易學卷八。）

[一] 「藥」，厚齋易學卷三十三作「藥石」。

六五，田有禽，利執言，无咎。長子帥師，弟子輿尸，貞凶。象曰：「長子帥師」，以中行也。「弟子輿尸」，使不當也。

介：「執言」，猶書所謂「奉辭」也。（周易義海撮要卷一。）

上六，大君有命，開國承家，小人勿用。象曰：「大君有命」，以正功也。「小人勿用」，必亂邦也。

介：師之事，必曰「王」、曰「大君」、曰「天子」。征伐宜自天子出，萬世之通法也。（周易義海撮要卷一。）

## 比卦第八

☵☷ 坎上坤下

比：吉。原筮，元永貞，无咎。不寧方來，後夫凶。

象曰：比，吉也；比，輔也，下順從也。「原筮，元永貞，无咎」，以剛中也。「不寧方來」，上下應也；「後夫凶」，其道窮也。

王介父曰：水附于地，未必聚也。鍾之以澤然後聚，此比之所以異于萃也。（厚齋易學卷八。）

象曰：地上有水，比。先王以建萬國，親諸侯。

介：水不離地而行，有親比之象。（周易義海撮要卷一。）

初六，有孚比之，无咎。有孚盈缶，終來有它，吉。象曰：比之初六，有它吉也。

介：比乎人者，己從往它而爲它之所有；人之所比者，它來從己而己有之也。比之初，上下之分未定，唯盛德則能有它吉也。（周易義海撮要卷一。）

六二，比之自内，貞吉。象曰：「比之自内」，不自失也。

六三，比之匪人。象曰：「比之匪人」，不亦傷乎？

介：比之非陽也。（周易義海撮要卷一。）

六四，外比之，貞吉。象曰：外比於賢，以從上也。

介：不志乎内而比於外，无適莫也。（周易義海撮要卷一。）

王介父曰：四宜應内者也，内无可比，而比乎外，亦義之與比而无適莫者也。剛柔正而位當，故貞吉〔一〕。（厚齋易學卷八。）

九五，顯比。王用三驅，失前禽，邑人不誡，吉。象曰：顯比之吉，位正中也。舍逆取順，「失前禽」也；「邑人不誡」，上使中也。

介：田不合圍，三面而驅，所失者前禽而已。上六，前禽之象。舍逆取順，雖有所比，道之光也。湯、武不能服楚、越，非湯、武之恥，舍逆之道。唐太宗之伐高麗，是失矣。上下相比，强不陵弱，衆不暴寡，雖邑人可以不戒。民心罔中，惟爾之中，故曰「上使中也」。（周易義海撮要卷一。）

上六，比之无首，凶。象曰：「比之无首」，无所終也。

王介父曰：上六，在前禽之象也。（厚齋易學卷八。）

介：陰之爲物，以陽爲首而比之者也。乘九五而不承，比之无首者也。以陽爲首，則有所終。先陽則迷而失道，況无首乎？（周易義海撮要卷一，大易擇言卷五、周易孔義集説卷二同。）

荆公曰：陰之爲物，以陽爲首而比之者也。乘九五而不承焉，比之无首也。有陽爲之首，則陰有所終，无首則无所終矣。陰先則迷而失道也。（學易記卷一。）

---

〔一〕「吉」，原脱，據周易會通卷三補。

## 小畜卦第九

☴ 乾下巽上

小畜：亨。密雲不雨，自我西郊。

象曰：小畜，柔得位而上下應之，曰「小畜」。健而巽，剛中而志行，乃亨。「密雲不雨」，尚往也；「自我西郊」，施未行也。

象曰：風行天上，小畜。君子以懿文德。

介：不可以暴爲之也。（周易義海撮要卷一。）

荆公曰：小者之畜，其可以暴爲之乎？「懿文德」，爲之以不暴也。（童溪易傳卷六、周易孔義集説卷十七。）

初九，復自道，何其咎？吉。象曰：「復自道」，其義吉也。

九二，牽復，吉。象曰：「牽復」在中，亦不自失也。

介：无應於上，不能自復。（周易義海撮要卷一。）

九三，輿説輻，夫妻反目。象曰：「夫妻反目」，不能正室也。

六四，有孚，血去惕出，无咎。象曰：有孚惕出，上合志也。

九五，有孚攣如，富以其鄰。象曰：「有孚攣如」，不獨富也。

上九，既雨既處，尚德載。婦貞厲，月幾望。君子征凶。象曰：「既雨既處」，德積載也；「君子征凶」，有所疑也。

## 履卦第十

☱☰ 兑下乾上

履虎尾，不咥人，亨。

象曰：履，柔履剛也。説而應乎乾，是以「履虎尾，不咥人，亨」。剛中正，履帝位而不疚，光明也。

介：六三應乎上九，進退皆履二剛，所謂「柔履剛」也。柔而履剛，其爲禮乎！（周易義海撮要卷一。）

王介父曰：乾之爲物，剛健而不可履，虎之象也。兑與之應，則由其後履之而往焉，履虎尾不咥人之象也。（厚齋易學卷九。）

象曰：上天下澤，履。君子以辯上下，定民志。

初九，素履，往无咎。象曰：「素履」之往，獨行願也。

附：程正叔曰：夫人不能安于貧賤之素，則其進也，乃貪躁而動，求去貧賤爾，故往則有咎。初位卑下。又曰：欲貴之心與行道之心交戰于中，豈能安履其素哉！「素履」之説，王介父、游定夫、楊中立、郭立之、子和、蘭惠卿、朱子皆同。（厚齋易學卷九。）

九二，履道坦坦，幽人貞吉。象曰：「幽人貞吉」，中不自亂也。

介：上无其應，而以剛處陰，故曰「幽人」。而以中行，故曰正吉。中不自亂，則无巽言屈身之患。（周易義海撮要卷一。）

六三，眇能視，跛能履，履虎尾咥人，凶。武人爲于大君。象曰：「眇能視」，不足以有明也。「跛能履」，不足以與行也。咥人之凶，位不當也。「武人爲於大君」，志剛也。

介甫曰：武人以有爲爲大君。（周易章句外編。）

九四，履虎尾，愬愬，終吉。象曰：「愬愬終吉」，志行也。

九五，夬履，貞厲。象曰：「夬履貞厲」，位正當也。

上九，視履考祥，其旋元吉。象曰：「元吉」在上，大有慶也。

介：其歸元吉。（周易義海撮要卷一。）

附：王安石作視履考祥句。（周易章句證異卷一。）

## 泰卦第十一

☷☰ 乾下 坤上

泰：小往大來，吉，亨。

象曰：「泰，小往大來，吉，亨。」則是天地交而萬物通也，上下交而其志同也。內陽而外陰，內健而外順，內君子而外小人：君子道長，小人道消也。

象曰：天地交，泰。后以財成天地之道，輔相天地之宜，以左右民。

介：上下交，始可修法度，以左右民之時也。天地之宜，輔相之而已。其餘不足、過與不及也，則財成之。此左右民之大方也。（周易義海撮要卷二。）

初九，拔茅茹，以其彙，征吉。象曰：拔茅征吉，志在外也。

介：志在外者，可出之時也。（周易義海撮要卷二。）

九二，包荒，用馮河，不遐遺。朋亡，得尚于中行。象曰：包荒得尚于中行，以光大也。

九三，无平不陂，无往不復。艱貞无咎，勿恤其孚，于食有福。象曰：「无往不復」，天地際也。

介：天之際地而平也，其卒无不陂；地之際天而往也，其卒无不復。艱正以處之，乃无咎。不恤上之孚己，則于食有福。苟恤其孚，思有以取信于上，不知命者也。不知命則不敢直己以行志，離道失義，无不爲矣。（周易義海撮要卷二。）

六四，翩翩，不富，以其鄰不戒以孚。象曰：「翩翩不富」，皆失實也。「不戒以孚」，中心願也。

六五，帝乙歸妹，以祉元吉。象曰：「以祉元吉」，中以行願也。

上六，城復于隍。勿用師，自邑告命，貞吝。象曰：「城復于隍」，其命亂也。

介：「城復于隍」，下不承上，外不衛內〔一〕，小者擅命，故曰「自邑告命」，雖貞亦吝。（周易義海撮要卷二，讀易述卷三、古周易訂詁卷二節引略同。）

王介甫曰：衆心已離，不可收拾，用師徒驅民於潰散而速其禍，故曰「勿用師」。（讀易述卷三。）

〔一〕「衛內」，原作「內衛」，據讀易述卷三互乙。

## 否卦第十二

䷋ 坤下乾上

否之匪人，不利君子貞，大往小來。

彖曰：「否之匪人，不利君子貞，大往小來。」則是天地不交而萬物不通也，上下不交而天下无邦也。内陰而外陽，内柔而外剛，内小人而外君子：小人道長，君子道消也。

介：否之者匪人也，天也，故君子遇此，則儉德辟難而不憂也，樂天而已矣。孔子曰：「道之將廢也與，命也。」孟子曰：「予之不遇魯侯，天也。」與否之彖合矣。匪人非爲致否言，爲君子遇否者言之也。（周易義海撮要卷二。）

臨川王氏曰：「否之匪人」者，天也，非人之所能爲也。（周易經傳集解卷六。）

象曰：天地不交，否。君子以儉德辟難，不可榮以禄。

初六，拔茅，茹以其彙。貞吉，亨。象曰：「拔茅貞吉」，志在君也。

介：如有用我者，則以其類往矣。（周易義海撮要卷二。）

六二，包承，小人吉，大人否，亨。象曰：「大人否，亨」，不亂群也。

六三，包羞。象曰：「包羞」，位不當也。

介：處臣之盛位，而不能發舒以正其君，是可羞也。（周易義海撮要卷二。）

九四，有命无咎，疇離祉。象曰：「有命无咎」，志行也。

九五，休否，大人吉。其亡其亡，繫于苞桑。象曰：大人之吉，位正當也。

上九，傾否，先否後喜。象曰：否終則傾，何可長也！

王氏安石曰：「傾否」，言其才也。「先否後喜」，言其時也。（周易會通卷三。）

## 同人卦第十三

☰☲ 離下乾上

同人于野，亨，利涉大川，利君子貞。

象曰：同人，柔得位得中而應乎乾，曰同人。同人曰「同人于野，亨，利涉大川」，乾行也。文明以健，中正而應，君子正也。唯君子爲能通天下之志。

象曰：天與火，同人。君子以類族辨物。

初九，同人于門，无咎。象曰：出門同人，又誰咎也！

六二，同人于宗，吝。象曰：「同人于宗」，吝道也。

九三，伏戎于莽，升其高陵，三歲不興。象曰：「伏戎于莽」，敵剛也。「三歲不興」，安行也？

九四，乘其墉，弗克攻，吉。象曰：「乘其墉」，義「弗克」也。其「吉」，則困而反則也。

王介父曰：墉，保内以扞外也。（厚齋易學卷十一。）

九五，同人，先號咷而後笑。大師克相遇。象曰：同人之先，以中直也。大師相遇，言相克也。

王介父曰：兩剛雖俱抗五，然各欲擅其私，而非同心者也，是以不能克五，而爲五之所克。商、周之不敵，此之謂也。（厚齋易學卷十一。）

王介甫曰：言兩剛之盛欲克五，五中直能克之。（厚齋易學卷三十八。）

上九，同人于郊，无悔。象曰：同人于郊，志未得也。

# 大有卦第十四

䷍ 乾下離上

大有：元亨。

彖曰：大有，柔得尊位大中，而上下應之，曰「大有」。其德剛健而文明，應乎天而時行，是以元亨。

介：「元亨」，元善而亨通。（周易義海撮要卷二。）

象曰：火在天上，大有。君子以遏惡揚善，順天休命。

初九，无交害，匪咎。艱則无咎。象曰：大有初九，无交害也。

九二，大車以載，有攸往，无咎。象曰：「大車以載」，積中不敗也。

九三，公用亨于天子，小人弗克。象曰：「公用亨于天子」，小人害也。

介：當大有之時，得尊盛之位，行重剛而不中之事者也。以其有大事之才，是以能亨于天子也。重剛而不中，非君子之常，其趨時則有時而行之，君子猶以爲惕，況小人乎！（周易義海撮要卷二。）

王介父曰：易之辭有「王」，有「先王」，有「帝」，有「天子」，有「后」，又有「大君」。王以德業言，先王以垂統言也，帝以主宰言，天子以正位言也。后者，天子、諸侯之通稱。大君，天子之尊稱也。（厚齋易學卷十一，大易擇言卷八、周易會通卷四、周易傳義大全卷六同。）

附：亨，王弼讀許庚反，王安石讀如王，訓「通」。（周易章句證異卷一。）

九四，匪其彭，无咎。象曰：「匪其彭，无咎」，明辯晢也。

介：君子遇此時而立於朝，謀之當告者，不以告於用事之臣，而告諸其君，所以明上下之禮，而著君臣之義也。（周易義海撮要卷二。）

附一：廣平游氏曰：舒王以「匪其彭」爲「匪其旁」。（大易粹言卷十四。）

附二：「彭」，子夏傳作「旁」。（勾微、王安石、朱震同。）（周易章句證異卷一。）

六五，厥孚交如，威如，吉。象曰：「厥孚交如」，信以發志也。「威如」之吉，易而无備也。

上九，自天祐之，吉无不利。象曰：大有上吉，自天祐也。

王介父曰：大有、大畜皆尚賢之卦。乾，陽物，所謂賢也。（厚齋易學卷十一。）

# 謙卦第十五

☶艮下 ☷坤上

謙：亨，君子有終。

彖曰：謙，亨。天道下濟而光明，地道卑而上行。天道虧盈而益謙，地道變盈而流謙，鬼神害盈而福謙，人道惡盈而好謙。謙尊而光，卑而不可踰，君子之終也。

象曰：地中有山，謙。君子以裒多益寡，稱物平施。

介：寡者以謙爲益，則由寡而可以多；多者以謙爲益，則愈多而不爲溢。（周易義海撮要卷二。）

初六，謙謙君子，用涉大川，吉。象曰：「謙謙君子」，卑以自牧也。

介：「利涉大川」，非涉大川然後吉也，其才、其時利涉大川耳。「用涉大川」者，用此以涉大川，然後吉耳。（周易義海撮要卷二。）

王介父曰：利涉則其材、其時利於涉耳，用涉則用此以涉然後吉也。（厚齋易學卷十二，周易會通卷四、周易傳義大全卷六同。）

六二，鳴謙，貞吉。象曰：「鳴謙，貞吉」，中心得也。

介：鳴之爲言接於物而感之也。六二接於九三，而感之以謙，剛上柔下，中正以相與，其志得而可以有功矣。（周易義海撮要卷二。）

九三，勞謙，君子有終，吉。象曰：「勞謙君子」，萬民服也。

六四，无不利，撝謙。象曰：「无不利，撝謙」，不違則也。

介：能撝去三之承己，以爲謙也。（周易義海撮要卷二。）

六五，不富以其鄰，利用侵伐，无不利。象曰：「利用侵伐」，征不服也。

介：得尊位而无應，故有「征不服」之辭。（周易義海撮要卷二、讀易述卷三。）

上六，鳴謙，利用行師，征邑國。象曰：「鳴謙」，志未得也。可用行師，征邑國也。

介：上六接於九三，而感之以謙者也，故曰「鳴謙」。三爲衆陰所附以止於下，己雖接而感之，未得其來應，故曰「志未得」。九三宜應己而不來，有邑國不服之象。師，衆也；邑國，所據也。所用者衆，所征者狹，不若九五之正位大中也。（周易義海撮要卷二。）

## 豫卦第十六

䷏ 坤下 震上

豫：利建侯行師。

彖曰：豫，剛應而志行，順以動，豫。豫，順以動，故天地如之，而況建侯行師乎？天地以順動，故日月不過，而四時不忒；聖人以順動，則刑罰清而民服。豫之時義大矣哉！

象曰：雷出地奮，豫。先王以作樂崇德，殷薦之上帝，以配祖考。

介：子曰：樂者，人情之所不能免也。人情不能免，而不能節文以正之，則民德亂矣。（周易義海撮要卷二。）

初六，鳴豫，凶。象曰：初六「鳴豫」，志窮凶也。

介：鳴者，接於物而感之者也。於位爲下，於時爲始，於德爲柔不中。接於上而感之以豫，所以凶。（周易義海撮要卷二。）

六二，介于石，不終日，貞吉。象曰：「不終日，貞吉」，以中正也。

介：當豫之時，知上下之无交而不動，知幾者也。（周易義海撮要卷二。）

六三，盱豫悔，遲有悔。象曰：盱豫有悔，位不當也。

介：視上而承之以豫，其行不順，則不得其與。近不得乎九四，而遠遲上六，則上六不應，故「遲有悔」。動而承上以豫，其悔必矣。有者，不必悔而不能必无悔也。（周易義海撮要卷二。）

九四，由豫，大有得。勿疑，朋盍簪。象曰：「由豫，大有得」，志大行也。

王氏安石曰：有者，不必有悔而不能必无之辭也。（周易會通卷四。）

介：上下无陽，而莫不由我以豫，物之從己可以勿疑，是以朋合疾也。道不可以爲物之主，而時不可以受物之歸，則可以勿疑而當其任乎？（周易義海撮要卷二。）

附：簪，王弼云，疾也。王安石本王氏訓疾。（周易章句證異卷一。）

六五，貞疾，恒不死。象曰：六五「貞疾」，乘剛也。「恒不死」，中未亡也。

上六，冥豫成，有渝无咎。象曰：冥豫在上，何可長也？

# 隨卦第十七

䷐ 震下兑上

隨：元亨，利貞，无咎。

象曰：隨，剛來而下柔，動而説。隨，大亨，貞无咎，而天下隨時。隨時之義大矣哉！

介：不曰「隨之時」，而曰「隨時」者，在泰則隨泰之時，在否則隨否之時也。（周易義海撮要卷二。）

象曰：澤中有雷，隨。君子以嚮晦入宴息。

初九，官有渝，貞吉。出門交有功。象曰：「官有渝」，從正吉也。「出門交有功」，不失也。

六二，係小子，失丈夫。象曰：「係小子」，弗兼與也。

介：凡有係而隨，則不能兼與，此其所以失丈夫。（周易義海撮要卷二。）

六三，係丈夫，失小子。隨有求得，利居貞。象曰：「係丈夫」，志舍下也。

介：臣不應君，失隨之道。（周易義海撮要卷二。）

九四，隨有獲，貞凶。有孚在道，以明，何咎！象曰：「隨有獲」，其義凶也。「有孚在道」，明功也。

介：明足以趨時，孚足以守道，非知權者，孰能與於此！故孔子曰「明功也」，言明則有功。（周易義海撮要卷二。）

王氏安石曰：明故有功。（周易會通卷四。）

九五，孚于嘉，吉。象曰：「孚于嘉，吉」，位正中也。

介：六二柔順中正而應乎上，嘉而宜孚者也。（周易義海撮要卷二。）

上六，拘係之，乃從，維之。王用亨于西山。象曰：「拘係之」，上窮也。

介：不從則威執之、拘係之也，從則以德懷之、維之也。西者，陰之所；山者，君之德。未離乎陰之所，而有君德者也。（周易義海撮要卷二。）

附：王安石言拘係之，「覆」乃「維」也。（周易章句證異卷一。）

## 蠱卦第十八

☶☴ 巽下艮上

蠱：元亨，利涉大川。先甲三日，後甲三日。

象曰：蠱，剛上而柔下，巽而止蠱。「蠱，元亨」而天下治也。「利涉大川」，往有事也。「先甲三日，後甲三日」，終則有始，天行也。

王介甫：剛止乎上，无爲以用下者也；柔巽乎下，有爲以爲上用者也。事之來，如日月四時，終而有始。先甲者，先事而圖其患，事至而能濟。既濟矣，又圖其方來之患而豫防之，後甲之謂。（周易義海撮要卷二。）

象曰：山下有風，蠱。君子以振民育德。

初六，幹父之蠱，有子考，无咎，厲終吉。象曰：「幹父之蠱」，意承考也。

介：父以剛中首事，子以柔順幹之。父在觀其志，父没觀其行。其事雖從，而意欲違者多矣。（周易義海撮要卷二。）

九二，幹母之蠱，不可貞。象曰：「幹母之蠱」，得中道也。

介：母，從子者也，宜巽乎内以應外，反止乎外；子，制義者也，宜止乎外以制内，而反巽乎内，宜不可以爲貞矣。然九二剛巽乎中，得趨時之宜，而未失道者也。若魯莊公能哀痛思，莊謹以事母，而防閑之以禮，母子相與之際，雖不可謂正，亦可謂能幹母之蠱而得中道者矣。（周易義海撮要卷二。）

王介甫曰：剛巽乎中，趣時之宜而不失道者也。（厚齋易學卷三十八。）

九三，幹父之蠱，小有悔，无大咎。象曰：「幹父之蠱」，終无咎也。

介：九三之所謂父，上九也，剛而不中，不能无不義。三亦不中，不能无争，未失子道。（周易義海撮要卷二。）

六四，裕父之蠱，往見吝。象曰：「裕父之蠱」，往未得也。

六五，幹父之蠱，用譽。象曰：「幹父用譽」，承以德也。

上九，不事王侯，高尚其事。象曰：「不事王侯」，志可則也。

介：在卦之終，事成也。在卦之上而无所承，身退者也。在外卦而心不累乎内，志之高者也。（周易義海撮要卷二。）

王介父曰：无爲而用臣子者，君父也；有爲而爲君父用者，臣子也。蠱者，臣子之任也，故其爻雖得尊位，亦幹父而已。有父子然後有君臣，君臣之義，取諸父子而移之者也。故自初至五，皆以父母與子爲言。能幹父母之蠱，則國蠹可知矣。至上九，則其義有進退去就，而不可施於父子，故特以君臣爲言也。在一卦之外，家道不可有外也。（厚齋易學卷十二。）

## 臨卦第十九

䷒ 兑下坤上

臨：元亨，利貞。至于八月有凶。

彖曰：臨，剛浸而長，説而順，剛中而應。大亨以正，天之道也。

王氏曰：有凶者，不必凶、不必无凶也，善求之而已矣。（周易經傳集解卷十。）

王介父曰：陽大陰小，來者信，往者屈，大者信則臨小者之屈矣，此以大臨小言也。爻則貴賤以其位之上下。四陰皆臨下之二陽，二陽有應於上，皆見臨於陰，此以上臨下言也。（厚齋易學卷十三。）

至于八月有凶，消不久也。

介：有凶者，不必有凶，而不能必无凶。能戒之於蚤，則不必凶，故曰「消不久也」。（周易義海撮要卷二。）

王介父曰：有凶者，不必凶而不能必无凶。能戒之於早，則至於八月，可无凶矣。（厚齋易學卷十三。）

象曰：澤上有地，臨。君子以教思无窮，容保民无疆。

初九，咸臨，貞吉。象曰：「咸臨，貞吉」，志行正也。

九二，咸臨，吉无不利。象曰：「咸臨，吉无不利」，未順命也。

介：二陽皆浸長而欲變柔，故曰「志行正也」。未順者，君所受教，而非君所教也。（周易義海撮要卷二。）

六三，甘臨，无攸利。既憂之，无咎。象曰：「甘臨」，位不當也。「既憂之」，咎不長也。

介：比於浸長之剛而能變，是以无咎。（周易義海撮要卷二。）

六四，至臨，无咎。象曰：「至臨，无咎」，位當也。

介：至，以至誠順乎剛也。（周易義海撮要卷二。）

六五，知臨，大君之宜，吉。象曰：「大君之宜」，行中之謂也。

介：知柔知剛，用晦而明，委物以能，以行其中，非如六四一乎柔而已。（周易義海撮要卷二。）

上六，敦臨，吉，无咎。象曰：「敦臨」之吉，志在內也。

## 觀卦第二十

☷坤下
☴巽上

觀：盥而不薦，有孚顒若。

象曰：大觀在上，順而巽，中正以觀天下。「觀，盥而不薦，有孚顒若」，下觀而化也。觀天之神道，而四時不忒。聖人以神道設教，而天下服矣。

王介父曰：剥，大者失位，則不足觀矣。（厚齋易學卷十三。）

象曰：風行地上，觀。先王以省方觀民設教。

初六，童觀，小人无咎，君子吝。象曰：初六「童觀」，小人道也。

六二，闚觀，利女貞。象曰：「闚觀女貞」，亦可醜也。

六三，觀我生，進退。象曰：「觀我生，進退」，未失道也。

六四，觀國之光，利用賓于王。象曰：「觀國之光」，尚賓也。

九五，觀我生，君子无咎。象曰：「觀我生」，觀民也。

上九，觀其生，君子无咎。象曰：「觀其生」，志未平也。

介：以陽處卦之上，道大成也；在卦之外，位不當也；猶有觀焉，將有爲也；吉凶與民同患，志未平也；可仕則仕，可已則已，觀其生也。知微知彰，知柔知剛，然後能觀其生，而不失進退之幾焉，故曰「君子无咎」。（周易義海撮要卷二。）

## 噬嗑卦第二十一

☲ 震下離上

噬嗑：亨，利用獄。

象曰：頤中有物，曰噬嗑。噬嗑而亨，剛柔分，動而明，雷電合而章。柔得中而上行，雖不當位，「利用獄」也。

象曰：雷電，噬嗑。先王以明罰敕法。

初九，屨校，滅趾，无咎。象曰：「屨校，滅趾」，不行也。

六二，噬膚，滅鼻，无咎。象曰：「噬膚，滅鼻」，乘剛也。

六三，噬腊肉，遇毒。小吝，无咎。象曰：「遇毒」，位不當也。

九四，噬乾胏，得金矢。利艱貞，吉。象曰：「利艱貞，吉」，未光也。

附：荆公已嘗引周禮鈞金之説。（晦庵先生朱文公易説卷四。）

六五，噬乾肉，得黄金。貞厲，无咎。象曰：「貞厲，无咎」，得當也。

上九，何校滅耳，凶。象曰：「何校滅耳」，聰不明也。

## 賁卦第二十二

䷕ 離下艮上

賁：亨，小利有攸往。

象曰：賁，亨，柔來而文剛，故亨。分剛上而文柔，「故小利有攸往」，天文也；文明以止，人文也。觀乎天文，以察時變；觀乎人文，以化成天下。

象曰：山下有火，賁。君子以明庶政，无敢折獄。

初九，賁其趾，舍車而徒。象曰：「舍車而徒」，義弗乘也。

六二，賁其須。象曰：「賁其須」，與上興也。

九三，賁如，濡如，永貞吉。象曰：「永貞」之吉，終莫之陵也。

介：賁如，自飾；濡如，六二飾之。剛上柔下，各得其正，柔之正者又麗而柔焉。二待上而興，不足以稱吉。（周易義海撮要卷三。）

六四，賁如，皤如，白馬翰如。匪寇，婚媾。象曰：六四當位，疑也。「匪寇，婚媾」，終无尤也。

王介父曰：馬者，不動以進之象，謂初九不從二而來應己也。翰如，其志疾也。離體而陽爻，故疾。（厚齋易學卷十四。）

六五，賁于丘園，束帛戔戔。吝，終吉。象曰：六五之吉，有喜也。

介：戔戔，損少儉而用禮，未失中也。（周易義海撮要卷三。）

附：戔戔，至宋儒蘇軾、王安石、程子、朱子，始有「殘小」之釋。（周易章句證異卷一。）

上九，白賁，无咎。象曰：「白賁，无咎」，上得志也。

## 剥卦第二十三

坤下
艮上

剥：不利有攸往。

象曰：剥，剥也，柔變剛也。不利有攸往，小人長也。順而止之，觀象也。君子尚消息盈虚，天行也。

介：尚消息盈虚，與天地合德、四時合序也。（周易義海撮要卷三。）

象曰：山附於地，剥。上以厚下安宅。

介：行葦之詩，可謂厚下。上不見剥，可必安宅。（周易義海撮要卷三。）

初六，剥牀以足，蔑，貞凶。象曰：「剥牀以足」，以滅下也。

六二，剥牀以辨，蔑，貞凶。象曰：「剥牀以辨」，未有與也。

六三，剥，无咎。象曰：剥之无咎，失上下也。

六四，剥牀以膚，凶。象曰：「剥牀以膚」，切近災也。

六五，貫魚以宫人寵，无不利。象曰：「以宫人寵」，終无尤也。

上九，碩果不食，君子得輿，小人剥廬。象曰：「君子得輿」，民所載也。「小人剥廬」，終不可用也。

## 復卦第二十四

䷗ 震下坤上

復：亨。出入无疾，朋來无咎。反復其道，七日來復，利有攸往。

象曰：「復，亨」，剛反。動而以順行，是以「出入无疾，朋來无咎」。「反復其道，七日來復」，天行也。「利有攸往」，剛長也。復，其見天地之心乎！

臨川王氏曰：陰陽之往復，以日論之，可也；以月、以歲論之，可也。（周易經傳集解卷十二。）

象曰：雷在地中，復。先王以至日閉關，商旅不行，后不省方。

初九，不遠復，无祇悔，元吉。象曰：「不遠」之復，以脩身也。

六二，休復，吉。象曰：休復之吉，以下仁也。

介：以卦言之，陽反爲主[一]。以爻言之，陽以進爲復，初九是也；陰以退爲復，六二、六三、六四是也。陰以退爲復，故六二乘初，有下初之意。（周易義海撮要卷三。）

六三，頻復，厲无咎。象曰：「頻復」之厲，義无咎也。

六四，中行獨復。象曰：「中行獨復」，以從道也。

六五，敦復，无悔。象曰：「敦復，无悔」，中以自考也。

介：考，自省考。能以中道自考，則動作不離於中。（周易義海撮要卷三。）

臨川王氏曰：能以中道自考，則動作不離於中。（大易擇言卷十三、周易折中卷十一。）

上六，迷復，凶，有災眚。用行師，終有大敗；以其國，君凶，至于十年不克征。象曰：「迷復」之凶，反君道也。

---

[一]「主」，讀易述卷五作「復」，義較長。

## 无妄卦第二十五

☰☳ 震下乾上

无妄：元亨，利貞。其匪正有眚，不利有攸往。

彖曰：无妄，剛自外來而爲主於内，動而健，剛中而應。大亨以正，天之命也。「其匪正有眚，不利有攸往。」无妄之往，何之矣？天命不祐，行矣哉！

象曰：天下雷行，物與无妄。先王以茂對時育萬物。

介：欽授人時，茂對時育萬物。（周易義海撮要卷三。）

初九，无妄，往吉。象曰：无妄之往，得志也。

六二，不耕獲，不菑畬，則利有攸往。象曰：「不耕獲」，未富也。

六三，无妄之災，或繫之牛，行人之得，邑人之災。象曰：行人得牛，邑人災也。

九四，可貞，无咎。象曰：「可貞，无咎」，固有之也。

介：以无爲有，以虚爲實，材不足而位有餘者，妄也；材有餘而位不足，雖不爲正當，亦不爲妄者也。不妄則固有其位，固有其位則可正而无咎。（周易義海撮要卷三。）

九五，无妄之疾，勿藥有喜。象曰：无妄之藥，不可試也。

上九，无妄，行有眚，无攸利。象曰：无妄之行，窮之災也。

介：初陽在下宜動，進故往吉；上陽在上宜止，行則妄矣。（周易義海撮要卷三。）

## 大畜卦第二十六

䷙ 乾下 艮上

大畜：利貞。不家食吉，利涉大川。

象曰：大畜，剛健篤實，輝光日新其德。剛上而尚賢，能止健，大正也。「不家食吉」，養賢也。「利涉大川」，應乎天也。

象曰：天在山中，大畜。君子以多識前言往行，以畜其德。

初九，有厲，利己。象曰：「有厲，利己」，不犯災也。

九二，輿説輹。象曰：「輿説輹」，中无尤也。

九三，良馬逐，利艱貞。曰閑輿衛，利有攸往。象曰：「利有攸往」，上合志也。

六四，童牛之牿，元吉。象曰：六四元吉，有喜也。

介：童牛私欲不行而順，順而物不犯，以其有牿也。乾自下承之，爕友也。柔得位以乘乾，柔克也。（周易義海撮要卷三。）

附：侯果以「楅衡」釋「牿」，宋儒王安石從之。（周易章句證異卷一。）

六五，豶豕之牙，吉。象曰：六五之吉，有慶也。

上九，何天之衢，亨。象曰：「何天之衢」，道大行也。

## 頤卦第二十七

䷚ 震下艮上

頤：貞吉。觀頤，自求口實。

象曰：「頤，貞吉」，養正則吉也。「觀頤」，觀其所養也。「自求口實」，觀其自養也。天地養萬物，聖人養賢以及萬民，頤之時大矣哉！
象曰：山下有雷，頤。君子以慎言語，節飲食。
初九，舍爾靈龜，觀我朵頤，凶。象曰：「觀我朵頤」，亦不足貴也。
六二，顛頤，拂經，于丘頤，征凶。象曰：六二「征凶」，行失類也。
介：以上養下，頤之常也；以下養上，則違常矣。六五止乎尊位，養道不足，亦順以從上，而待二以養者也。不待己而己致養焉，以征則不得志而凶，故曰「于丘頤，征凶」。二、五皆陰，所謂類也。陰與陽相養，以陰養陰，故曰「失類」。（周易義海撮要卷三。）
王介父曰：於體爲震，是以有征之辭焉。（厚齋易學卷十六。）
附：王安石作顛頤句，拂經句，于丘頤句，征凶句。（周易章句證異卷一。）
六三，拂頤。貞凶，十年勿用，无攸利。象曰：「十年勿用」，道大悖也。
王介父曰：易之辭，或稱「年」，或稱「歲」。歲者，舉四時之周而言也。以言其久。至於十年，則未有稱歲者。蓋十年則亦已久矣，不必言歲而後可以爲久也。（厚齋易學卷十六。）
六四，顛頤，吉。虎視眈眈，其欲逐逐，无咎。象曰：顛頤之吉，上施光也。
六五，拂經，居貞吉，不可涉大川。象曰：「居貞」之吉，順以從上也。

上九，由頤，厲吉，利涉大川。象曰：「由頤，厲吉」，大有慶也。

## 大過卦第二十八

䷛ 巽下兑上

大過：棟橈。利有攸往，亨。

象曰：大過，大者過也。「棟橈」，本末弱也。剛過而中，巽而説行，「利有攸往」，乃亨。大過之時大矣哉！

象曰：澤滅木，大過。君子以獨立不懼，遯世无悶。

初六，藉用白茅，无咎。象曰：「藉用白茅」，柔在下也。

九二，枯楊生稊，老夫得其女妻，无不利。象曰：老夫女妻，過以相與也。

九三，棟橈，凶。象曰：「棟橈」之凶，不可以有輔也。

九四，棟隆，吉。有它，吝。象曰：「棟隆」之吉，不橈乎下也。

九五，枯楊生華，老婦得其士夫，无咎无譽。象曰：「枯楊生華」，何可久也？老婦士夫，亦可醜也。

上六，過涉滅頂，凶，无咎。象曰：「過涉」之凶，不可咎也。

## 坎卦第二十九

䷜ 坎下坎上

習坎：有孚，維心亨，行有尚。

介：書曰「卜不習吉」，非便習也，重也。（周易義海撮要卷三。）

象曰：習坎，重險也，水流而不盈。行險而不失其信，「維心亨」，乃以剛中也。「行有尚」，往有功也。天險不可升也，地險山川丘陵也，王公設險以守其國。險之時用大矣哉！

象曰：水洊至，習坎。君子以常德行，習教事。

初六，習坎，入于坎窞，凶。象曰：習坎入坎，失道凶也。

九二，坎有險，求小得。象曰：「求小得」，未出中也。

介：九二未能出險，爲六三所揜，可以求比於初而已。（周易義海撮要卷三。）

六三，來之坎坎，險且枕，入于坎窞，勿用。象曰：「來之坎坎」，終无功也。

介：來則乘剛，之則无應；苟安以止，則入于窞。（周易義海撮要卷三。）

六四，樽酒，簋貳，用缶，納約自牖，終无咎。象曰：「樽酒，簋貳」，剛柔際也。

九五，坎不盈，祇既平，无咎。象曰：「坎不盈」，中未大也。

介：不能過中以出險，所謂大，則過中以趨時而施行矣。（周易義海撮要卷三。）

上六，係用徽纆，寘于叢棘，三歲不得。凶。象曰：上六失道，凶三歲也。

介：以陰在上，用險以督察，久則爲險以反其上，而上受患矣。不得者，罪人不服之辭也。（周易義海撮要卷三。）

## 離卦第三十

䷝ 離下離上

離：利貞，亨。畜牝牛吉。

彖曰：離，麗也。日月麗乎天，百穀草木麗乎土。重明以麗乎正，乃化成天下。柔麗乎中正，故亨，是以「畜牝牛吉」也。

王介父曰：以柔爲主也，故晦則麗乎明，弱則麗乎彊，小則麗乎大，賤則麗乎貴。（厚齋易學卷十七。）

象曰：明兩作，離。大人以繼明照于四方。

初九，履錯然，敬之，无咎。象曰：「履錯」之敬，以辟咎也。

六二，黄離，元吉。象曰：「黄離，元吉」，得中道也。

王介父曰：黄者，中之見乎色者也。（厚齋易學卷十七。）

九三，日昃之離，不鼓缶而歌，則大耋之嗟，凶。象曰：「日昃之離」，何可久也！

九四，突如其來如，焚如，死如，棄如。象曰：「突如其來如」，无所容也。

六五，出涕沱若，戚嗟若，吉。象曰：六五之吉，離王公也。

上九，王用出征，有嘉折首，獲匪其醜，无咎。象曰：「王用出征」，以正邦也。

介：折首者，殲厥渠魁之謂。（周易義海撮要卷三。）

# 易解　卷二

## 周易下經

### 咸卦第三十一

䷞ 艮下兑上

咸：亨，利貞。取女吉。

彖曰：咸，感也。柔上而剛下，二氣感應以相與。止而説，男下女，是以「亨，利貞，取女吉」也。天地感而萬物化生，聖人感人心而天下和平。觀其所感，而天地萬物之情可見矣！

王臨川所謂有心曰感，无心曰咸。（童溪易传卷十四。）

象曰：山上有澤，咸。君子以虛受人。

初六，咸其拇。象曰：「咸其拇」，志在外也。

六二，咸其腓，凶，居吉。象曰：雖凶居吉，順不害也。

九三，咸其股，執其隨，往吝。象曰：「咸其股」，亦不處也。志在隨人，所執下也。

九四，貞吉，悔亡。憧憧往來，朋從爾思。象曰：「貞吉，悔亡」，未感害也。「憧憧往來」，未光大也。

王介父曰：思者，心之動也。（厚齋易學卷十八、周易會通卷七。）

九五，咸其脢，无悔。象曰：「咸其脢」，志末也。

上六，咸其輔頰舌。象曰：「咸其輔頰舌」，滕口説也。

## 恒卦第三十二

䷟ 巽下震上

恒：亨，无咎，利貞，利有攸往。

王介父曰：亨，然後无咎。（厚齋易學卷十八。）

象曰：恒，久也。剛上而柔下，雷風相與，巽而動，剛柔皆應，恒。「恒，亨，无咎，利貞」，久於其道也。天地之道，恒久而不已也。「利有攸往」，終則有始也。日月得天而能久照，四時變化而能久成，聖人久於其道而天下化成。觀其所恒，而天地萬物之情可見矣！

象曰：雷風，恒。君子以立不易方。

初六，浚恒，貞凶，无攸利。象曰：「浚恒」之凶，始求深也。

介：巽，入也。以柔越二剛而深入於四，入不以漸，而求深於始，以是爲常，物不能堪，雖正亦凶。（周易義海撮要卷四。）

九二，悔亡。象曰：九二「悔亡」，能久中也。

九三，不恒其德，或承之羞，貞吝。象曰：「不恒其德」，无所容也。

介：重剛而不中，剛之過也。巽而順乎柔，巽之過也。不恒如此，承之者其志不一而羞矣，雖貞亦吝，況不貞乎？豈惟下所恥承，亦上之所不與，故无所容。夫可以爲常者莫如中，故九二失位而能悔亡，九三得位而无所容。以中爲常，則出處語嘿，其趣无方，而不害其常。（周易義海撮要卷四，「夫可以」下讀易述卷六同。）

九四，田无禽。象曰：久非其位，安得禽也？

六五，恒其德，貞。婦人吉，夫子凶。象曰：婦人貞吉，從一而終也。夫子制義，從婦凶也。

上六，振恒，凶。象曰：「振恒」在上，大无功也。

介：終乎動，以動爲恒者也。動静宜不失時，以交相養。以動爲恒，而在物上，其害大矣。

（周易義海撮要卷四，讀易述卷六、周易折中卷十二同。）

## 遯卦第三十三

☰☶ 艮下乾上

遯：亨，小利貞。

象曰：遯，亨，遯而亨也。剛當位而應，與時行也。「小利貞」，浸而長也。遯之時義大矣哉！

象曰：天下有山，遯。君子以遠小人，不惡而嚴。

初六，遯尾，厲，勿用有攸往。象曰：「遯尾」之厲，不往何災也？

六二，執之用黄牛之革，莫之勝説。象曰：執用黄牛，固志也。

九三，係遯，有疾厲。畜臣妾，吉。象曰：「係遯」之厲，有疾憊也。「畜臣妾，吉」，不可大事也。

九四，好遯，君子吉，小人否。象曰：君子好遯，小人否也。

介：九四已在外而遠初，故三爲「係」，四爲「好」。（周易義海撮要卷四。）

王介父曰：有應在内，所謂好也。有好而遯，何也？已在外，而遠於初也。（厚齋易學卷十九、周易會通卷七。）

九五，嘉遯，貞吉。象曰：「嘉遯，貞吉」，以正志也。

上九，肥遯，无不利。象曰：「肥遯，无不利」，无所疑也。

## 大壯卦第三十四

䷡ 乾下震上

大壯：利貞。

介：君子之道，不壯則不可以勝小人。壯不可過也，四陽足以勝二陰，可止而不可征，故曰「利貞」。雜卦則曰「大壯則止」也。（周易義海撮要卷四，讀易述卷六略同。）

象曰：大壯，大者壯也。剛以動，故壯。「大壯，利貞」，大者正也。正大而天地之情可見矣！

象曰：雷在天上，大壯。君子以非禮弗履。

初九，壯于趾，征凶，有孚。象曰：「壯于趾」，其孚窮也。

九二，貞吉。象曰：九二貞吉，以中也。

九三，小人用壯，君子用罔。貞厲，羝羊觸藩，羸其角。象曰：「小人用壯」，君子罔也。

介：以很壯犯九四之陽，求上六之陰。九四，藩也。（周易義海撮要卷四。）

九四，貞吉，悔亡。藩決不羸，壯于大輿之輹。象曰：「藩決不羸」，尚往也。

六五，喪羊于易，无悔。象曰：「喪羊于易」，位不當也。

介：剛柔者，所以立本；變通者，所以趨時。方其趨時，則位正當而有咎凶，位不當而无悔者有矣。大壯之時，得尊位大中而處之以柔，能喪其很者也。子絶四，類是矣。（周易義海撮要卷四。）

臨川王氏曰：剛柔者，所以立本；變通者，所以趨時。方其趨時，則位正當而有咎凶，位不當而无悔者有矣。大壯之時，得中而處之以柔，能喪其狠者也。（大易擇言卷十八，周易折中卷十二、周易孔義集説卷九略同。）

上六，羝羊觸藩，不能退，不能遂，无攸利。艱則吉。象曰：「不能退，不能遂」，不詳也。「艱則吉」，咎不長也。

介：四爲剛動之首，而已應在三，不度德量力而用壯很[一]，觸四以求三。很壯則不能自反，是不能退；雖進而求三，四爲之藩，不能遂也，无所利矣。（周易義海撮要卷四。）

## 晉卦第三十五

䷢ 坤下離上

晉：康侯用錫馬蕃庶，晝日三接。

象曰：晉，進也。明出地上，順而麗乎大明，柔進而上行，是以「康侯用錫馬蕃庶，晝日三接」也。

象曰：明出地上，晉。君子以自昭明德。

[一]「壯很」，據上下文，當作「很壯」。

初六，晉如摧如，貞吉。罔孚，裕，无咎。象曰：「晉如摧如」，獨行正也。「裕，无咎」，未受命也。

介：初六，以柔進君子也，度義以進退者也〔一〕。常人不見孚，則或急於進以求有爲，或急於退以懟上之不知。孔子曰：「我待價者也。」此罔孚而裕於進也。孟子久於齊，此罔孚而裕於退也。（周易義海撮要卷四，周易孔義集説卷十略同。）

六二，晉如愁如，貞吉。受兹介福，于其王母。象曰：「受兹介福」，以中正也。

介：修德於幽，而无應於明，故愁如。在幽无應而不爲邪，鬼神之幽且福之矣。王母，至幽之象。（周易義海撮要卷四。）

王介甫曰：王母，幽以遠也。以父爲陽，以母爲幽也。以母爲近，則王母爲遠也。（讀易述卷六。）

六三，衆允，悔亡。象曰：「衆允」之志，上行也。

九四，晉如鼫鼠，貞厲。象曰：「鼫鼠貞厲」，位不當也。

六五，悔亡，失得勿恤。往吉，无不利。象曰：「失得勿恤」，往有慶也。

上九，晉其角，維用伐邑，厲吉，无咎，貞吝。象曰：「維用伐邑」，道未光也。

〔一〕「義」，周易折中卷五作「禮義」。

## 明夷卦第三十六

☷☲ 離下坤上

明夷：利艱貞。

象曰：明入地中，明夷。内文明而外柔順，以蒙大難，文王以之。「利艱貞」，晦其明也。内難而能正其志，箕子以之。

象曰：明入地中，明夷。君子以莅衆，用晦而明。

初九，明夷于飛，垂其翼。君子于行，三日不食。有攸往，主人有言。象曰：「君子于行」，義不食也。

介：飛者，以下爲順；「垂其翼」，飛而下者也。明夷難在上，是以宜下不宜上。二老避紂，不食之象；伊尹就桀，有攸往之象。（周易義海撮要卷四，周易孔義集説卷十略同。）

王介父曰：「三日不食」，棄其應之象也。（厚齋易學卷十九，周易會通卷七同。）

六二，明夷，夷于左股，用拯馬，壯吉。象曰：六二之吉，順以則也。

介：股，輔下體者也。三，下體也。二輔焉，三未離下體，馬之象。二，拯馬者也。三得二之拯，二得其所附，是以吉也。此若太顛、閎夭之徒輔周之興也。（周易義海撮要卷四。）

九三，明夷于南狩，得其大首。不可疾，貞。象曰：「南狩」之志，乃大得也。

王介父曰：凡易之所謂「戈」者，興事之小者也。其所謂「田」者，則興事之大者也。狩則田之大者也。（厚齋易學卷十九。）

六四，入于左腹，獲明夷之心，于出門庭。象曰：「入于左腹」，獲心意也。

王介父曰：與上同體，以六五、上六爲門庭。（厚齋易學卷十九。）

六五，箕子之明夷，利貞。象曰：箕子之貞，明不可息也。

介：諫而死，所以存義，貞而不利；去之，所以達權，利而不貞。（周易義海撮要卷四。）

上六，不明晦。初登于天，後入于地。象曰：「初登于天」，照四國也。「後入于地」，失則也。

## 家人卦第三十七

䷤ 離下巽上

家人：利女貞。

彖曰：家人，女正位乎内，男正位乎外。男女正，天地之大義也。家人有嚴君焉，父母之謂也。父父，子子，兄兄，弟弟，夫夫，婦婦，而家道正。正家而天下定矣。

象曰：風自火出，家人。君子以言有物而行有恒。

初九，閑有家，悔亡。象曰：「閑有家」，志未變也。

六二，无攸遂，在中饋，貞吉。象曰：六二之吉，順以巽也。

九三，家人嗃嗃，悔厲，吉。婦子嘻嘻，終吝。象曰：「家人嗃嗃」，未失也。「婦子嘻嘻」，失家節也。

介：剛嚴之過，雖未失吉，婦子怨望，至於嘻歎，終亦吝而已，未若九五之懿也。（周易義海撮要卷四，周易孔義集説卷十同。）

附：嗃嗃，王安石等從王弼訓嚴酷。（周易章句證異卷二。）

六四，富家，大吉。象曰：「富家，大吉」，順在位也。

九五，王假有家，勿恤，吉。象曰：「王假有家」，交相愛也。

介：剛上柔下，中正以相與，極有家之道。（周易義海撮要卷四。）

上九，有孚，威如，終吉。象曰：「威如」之吉，反身之謂也。

## 睽卦第三十八

䷥ 兑下 離上

睽：小事吉。

象曰：睽，火動而上，澤動而下。二女同居，其志不同行。説而麗乎明，柔進而上行，得中而應乎剛，是以「小事吉」。天地睽而其事同也，男女睽而其志通也，萬物睽而其事類也。睽之時用大矣哉！

介：剛得中而上行，爲物之所應，而无所麗，則可大有爲。（周易義海撮要卷四。）

象曰：上火下澤，睽；君子以同而異。

介：小人能同而不能異，能異則不能同。君子同乎道，異者，異乎時與事而已。（周易義海撮要卷四。）

臨川王氏云：同其道而異其事。（周易經傳集解卷十九。）

初九，悔亡。喪馬，勿逐自復。見惡人，无咎。象曰：「見惡人」，以辟咎也。

九二，遇主于巷，无咎。象曰：「遇主于巷」，未失道也。

六三，見輿曳，其牛掣。其人天且劓。无初有終。象曰：「見輿曳」，位不當也。「无初有終」，遇剛也。

介：九二在下而載己，九四在上而引己。命者，吾所受於天也。上九疑而欲劓之，非吾有以取之，所謂天地志應而不爲邪？上九終有以明之，二剛亦不能爲患。（周易義海撮要卷四。）

附：王安石等同云：天且刑之，非人爲也。（周易章句證異卷二。）

九四，睽孤。遇元夫，交孚，厲无咎。象曰：「交孚无咎」，志行也。

六五，悔亡，厥宗噬膚，往何咎？象曰：「厥宗噬膚」，往有慶也。

臨川解睽六五「噬膚」曰：膚，六三之象，以柔爲物之間，可噬而合。（漢上易傳叢説。）

附：睽之噬膚在離體。謂離爲膚者，王安石謂其以柔間剛也。（周易窺餘卷六。）

上九，睽孤，見豕負塗，載鬼一車，先張之弧，後説之弧。匪寇，婚媾，往遇雨則吉。象曰：遇雨之吉，群疑亡也。

介：上九睽極，有應而疑之，以三爲穢而污於二。其稱負者，以二在三之後也。以三爲乘四而載之，其言載者，以四爲在上也。夫睽之極，則物有似是而非者，雖明猶疑。疑之已甚，則以无爲有，无所不至，況於不明者乎！上九剛過中，用明而過者也，故其始不能无疑。（周易義海撮要卷四，周易折中卷十二無「以三爲穢」至「在上也」。）

## 蹇卦第三十九

䷦ 艮下坎上

蹇：利西南，不利東北。利見大人，貞吉。

象曰：蹇，難也，險在前也。見險而能止，知矣哉！「蹇，利西南」，往得中也。「不利東北」，其道窮也。「利見大人」，往有功也。當位「貞吉」，以正邦也。蹇之時用大矣哉！

介：見險而止，未必能安而樂之，智者之所及也。困之材則險以説，困而不失其所亨，能安而樂之也，故曰「其唯君子乎」。君子則具仁、智也。（周易義海撮要卷四。）

象曰：山上有水，蹇。君子以反身修德。

初六，往蹇，來譽。象曰：「往蹇，來譽」，宜待也。

六二，王臣蹇蹇，匪躬之故。象曰：「王臣蹇蹇」，終无尤也。

介：蹇蹇，上下皆蹇。二五中正，相與修德於此，而難解於彼，是以終无尤也。（周易義海撮要卷四，周易孔義集説卷十一引前六字。）

九三，往蹇，來反。象曰：「往蹇，來反」，内喜之也。

六四，往蹇，來連。象曰：「往蹇，來連」，當位實也。

九五，大蹇，朋來。象曰：「大蹇，朋來」，以中節也。

介：六二之應，六四之承，居其所而朋來也。（周易義海撮要卷四。）

上六，往蹇，來碩。吉，利見大人。象曰：「往蹇，來碩」，志在内也。「利見大人」，以從貴也。

## 解卦第四十

䷧ 坎下震上

解：利西南。无所往，其來復吉；有攸往，夙吉。

象曰：解，險以動，動而免乎險，解。「解，利西南」，往得衆也。「其來復吉」，乃得中也。「有攸往，夙吉」，往有功也。天地解而雷雨作，雷雨作而百果草木皆甲坼。解之時大矣哉！

介：有難則往而出乎中，所以濟難；難已則來而復其中，所以保常。濟難以權，保常以中，此所以吉。（周易義海撮要卷四。）

王介甫曰：在解之始者屯，而在屯之終者解也。屯難解矣，與民更始之象也。（厚齋易學卷二十。）

王氏安石曰：有難則往，所以濟難。難已則來而復，所以保常。濟難以權，保常以中，此所以吉。（周易折中卷十。）

象曰：雷雨作，解。君子以赦過宥罪。

介：罪者宥之。更始之時，有不可赦者也。（周易義海撮要卷四。）

初六，无咎。象曰：剛柔之際，義无咎也。

九二，田獲三狐，得黄矢，貞吉。象曰：九二貞吉，得中道也。

介：小過剛失位而不中，是以不可大事。九二雖不當位，剛中而應，故能大有爲，得群疑而順服也。（周易義海撮要卷四。）

六三，負且乘，致寇至，貞吝。象曰：「負且乘」，亦可醜也。自我致戎，又誰咎也？

介：六者，小人之才；三者，君子之位。六之爲小人也，乘非其位，而又上慢下暴，所以致寇也。以解爲道，解，緩也，而不能應上，故曰上慢；以柔乘剛，故曰下暴，宜寇之來也。（周易義海撮要卷四。）

王介甫曰：負者，小人之事；六，小人之材也。乘者，君子之器；三，君子之位也。（厚齋易學卷二十、大易擇言卷二十一、周易會通卷八、周易傳義大全卷十四同。）

九四，解而拇，朋至斯孚。象曰：「解而拇」，未當位也。

介：未得尊位，能解初而已，所解者小矣；能孚其朋，所孚者寡矣。（周易義海撮要卷四。）

六五，君子維有解，吉，有孚于小人。象曰：君子有解，小人退也。

上六，公用射隼于高墉之上，獲之，无不利。象曰：「公用射隼」，以解悖也。

## 損卦第四十一

☶☱ 兑下艮上

損：有孚，元吉，无咎，可貞，利有攸往。曷之用？二簋可用享。

象曰：損，損下益上，其道上行。損而「有孚，元吉，无咎，可貞，利有攸往。曷之用？二簋可用享」。二簋應有時，損剛益柔有時。損益盈虚，與時偕行。

象曰：山下有澤，損。君子以懲忿窒欲。

初九，已事遄往，无咎。酌損之。象曰：「已事遄往」，尚合志也。

介：損己益上，不以己事出位者也。在下而剛不中，故可損之。損之已過，則亦失中，故當酌損。六四，能納己者也，故曰「合志」。遄，剛進也。（周易義海撮要卷四。）

王介甫曰：損己益上，不以己事出位者也。在下而剛不中，故可損之。損之已過，則亦不中，故當酌損。六四，能納己者也，故曰「尚合志」。遄往，剛往也。（讀易述卷七。）

九二，利貞，征凶。弗損益之。象曰：九二利貞，中以爲志也。

六三，三人行，則損一人；一人行，則得其友。象曰：「一人行」，三則疑也。

介：此其所謂「爲物不貳，則其生物不測」者也。（周易義海撮要卷四。）

六四，損其疾，使遄有喜，无咎。象曰：「損其疾」，亦可喜也。

介：凡不得陰陽之中而所偏者，皆謂之疾。以陰處陰，而承乘皆陰，所謂疾也。偏乎陰者資之以陽，則其疾損而有喜矣。柔之弊常失之緩[一]，故遄乃无咎。（周易義海撮要卷四。）

六五，或益之十朋之龜，弗克違，元吉。象曰：六五元吉，自上祐也。

上九，弗損益之。无咎，貞吉，利有攸往，得臣无家。象曰：「弗損益之」，大得志也。

## 益卦第四十二

䷩ 震下巽上

益：利有攸往，利涉大川。

象曰：益，損上益下，民説无疆；自上下下，其道大光。「利有攸往」，中正有慶。「利涉大川」，木道乃行。益動而巽，日進无疆。天施地生，其益无方。凡益之道，與時偕行。

象曰：風雷，益。君子以見善則遷，有過則改。

[一]「柔」，讀易述卷七作「陰柔」。

初九，利用爲大作，元吉，无咎。象曰：「元吉，无咎」，下不厚事也。

六二，或益之十朋之龜，弗克違，永貞吉。王用享于帝，吉。象曰：「或益之」，自外來也。

六三，益之用凶事，无咎。有孚中行，告公用圭。象曰：「益用凶事」，固有之也。

介：六三以陰居陽位，以過損而爲益者也。徹樂殺禮，衣大布之衣、大帛之冠，所以用凶事者也。能用凶事，以至誠而中行，則不獨无咎，可以成功而上告之以圭也。圭者，上之所以告公侯之成功也。三，下卦之極；四，近尊之位，皆所謂公也。（周易義海撮要卷四。）

王氏安石曰：以至誠而中行，則不獨无咎，可以成功。圭者，所以告成功也。（周易折中卷六。）

六四，中行告公從，利用爲依遷國。象曰：「告公從」，以益志也。

九五，有孚惠心，勿問元吉，有孚惠我德。象曰：「有孚惠心」，勿問之矣。「惠我德」，大得志也。

介：「勿問」，所謂益无方。「有孚惠我德」，所謂反乎爾者也。（周易義海撮要卷四。）

上九，莫益之，或擊之。立心勿恒，凶。象曰：「莫益之」，偏辭也。「或擊之」，自外來也。

## 夬卦第四十三

☱ 乾下兑上

夬：揚于王庭，孚號有厲。告自邑，不利即戎，利有攸往。

介：凡決去柔邪，當先明信其法，宣其號令。一小人猶在上，故須常懷危厲，故彖曰「危乃光也」。（周易義海撮要卷五，周易孔義集説卷十二同。）

附：號，荀爽、虞翻、王弼、干寶讀「號令」之「號」。去聲。王安石等俱同。（周易章句證異卷二。）

彖曰：夬，決也，剛決柔也。健而説，決而和。「揚于王庭」，柔乘五剛也。「孚號有厲」，其危乃光也。「告自邑，不利即戎」，所尚乃窮也。「利有攸往」，剛長乃終也。

介：柔乘五剛，上六乘九五之剛，衆陽比五親決，五爲王位，故曰「揚于王庭」。（周易義海撮要卷五，周易孔義集説卷十二同。）

象曰：澤上於天，夬。君子以施禄及下，居德則忌。

介：以夬施禄，則果於養賢。以夬居德，則果於自用，衆之所惡。（周易義海撮要卷五。）

初九，壯于前趾，往不勝爲咎。象曰：不勝而往，咎也。

九二，惕號，莫夜有戎，勿恤。象曰：「有戎勿恤」，得中道也。

九三，壯于頄，有凶。君子夬夬獨行，遇雨若濡，有愠，无咎。象曰：「君子夬夬」，終无咎也。

介：頄在上而見於外，體之无能爲者也。九三乾體之上，剛亢外見，壯于頄者也。陽未上行，未可以勝陰之時也。應在上六，未可以決之之位也。夬夬者，必乎夬之辭也。必乎夬與壯于頄何異？以其能待時而動，知時之未可而不失其和也。應乎上六而與之和，疑於污也，故曰「若濡」。君子之所爲，衆人固不識，若濡則有愠之者矣。和而不同，有夬夬之志焉，何咎之有！然君子與之和也，僞歟？曰：誠信而與之和，何僞焉？使彼能遷善以從己，與之和同而无夬矣。（周易義海撮要卷五，讀易述卷七同，周易折中卷六、周易孔義集説卷十二節引略同。）

九四，臀无膚，其行次且。牽羊悔亡，聞言不信。象曰：「其行次且」，位不當也。「聞言不信」，聰不明也。

九五，莧陸夬夬，中行无咎。象曰：「中行无咎」，中未光也。

上六，无號，終有凶。象曰：「无號」之凶，終不可長也。

介：不能號咷以憂，而改修其道。（周易義海撮要卷五。）

附：朱子云：三「號」皆當音如嗥。胡瑗、王安石、朱震諸人皆同。（周易章句證異卷二。）

## 姤卦第四十四

巽下
乾上

姤：女壯，勿用取女。

介：陽在上之物，自下上則反其所，故曰復。陰者在下之物，自下上則與陽遇，故曰姤。（周易義海撮要卷五。）

象曰：姤，遇也，柔遇剛也。「勿用取女」，不可與長也。天地相遇，品物咸章也。剛遇中正，天下大行也。姤之時義大矣哉！

象曰：天下有風，姤。后以施命誥四方。

初六，繫于金柅，貞吉。有攸往，見凶，羸豕孚蹢躅。象曰：「繫于金柅」，柔道牽也。

九二，包有魚，无咎，不利賓。象曰：「包有魚」，義不及賓也。

王介父曰：四自外至，賓之象也。（厚齋易學卷二十二。）

九三，臀无膚，其行次且，厲，无大咎。象曰：「其行次且」，行未牽也。

九四，包无魚，起凶。象曰：无魚之凶，遠民也。

九五，以杞包瓜，含章，有隕自天。象曰：九五含章，中正也。「有隕自天」，志不舍命也。

上九，姤其角，吝，无咎。象曰：「姤其角」，上窮吝也。

## 萃卦第四十五

䷬ 坤下 兑上

萃：亨，王假有廟。利見大人，亨，利貞。用大牲吉，利有攸往。

象曰：萃，聚也。順以説，剛中而應，故聚也。「王假有廟」，致孝享也。「利見大人，亨」，聚以正也。「用大牲吉，利有攸往」，順天命也。觀其所聚，而天地萬物之情可見矣！

象曰：澤上於地，萃。君子以除戎器，戒不虞。

初六，有孚不終，乃亂乃萃。若號，一握爲笑，勿恤，往无咎。象曰：「乃亂乃萃」，其志亂也。

六二，引吉，无咎，孚乃利用禴。象曰：「引吉，无咎」，中未變也。

六三，萃如嗟如，无攸利，往无咎，小吝。象曰：「往无咎」，上巽也。

九四，大吉，无咎。象曰：「大吉，无咎」，位不當也。

九五，萃有位，无咎。匪孚，元永貞，悔亡。象曰：「萃有位」，志未光也。

上六，齎咨涕洟，无咎。象曰：「齎咨涕洟」，未安上也。

## 升卦第四十六

☷ 坤上
☴ 巽下

升：元亨。用見大人，勿恤，南征吉。

象曰：柔以時升，巽而順，剛中而應，是以大亨。「用見大人，勿恤」，有慶也。「南征吉」，志行也。

附：荆公、程子皆云：用此道以見大人。（丙子學易編。）

象曰：地中生木，升。君子以順德，積小以高大。

初六，允升，大吉。象曰：「允升，大吉」，上合志也。

九二，孚乃利用禴，无咎。象曰：九二之孚，有喜也。

王介父曰：升之九二以剛升，孚乃能无咎，故先言「孚乃利用禴」，而後言「无咎」。（厚齋易學卷二十三。）

九三，升虛邑。象曰：「升虛邑」，无所疑也。

介：剛得位而有應，前无難之者，其升无疑。升虛邑者，易而小之也，湯、武之升是矣。（周易義海撮要卷五。）

六四，王用亨于岐山，吉，无咎。象曰：「王用亨于岐山」，順事也。

六五，貞吉，升階。象曰：「貞吉，升階」，大得志也。

上六，冥升，利于不息之貞。象曰：冥升在上，消不富也。

## 困卦第四十七

坎下兌上

困：亨。貞，大人吉，无咎。有言不信。

象曰：困，剛揜也。險以說，困而不失其所亨，其唯君子乎！「貞，大人吉」，以剛中也。「有言不信」，尚口乃窮也。

象曰：澤无水，困。君子以致命遂志。

初六，臀困于株木，入于幽谷，三歲不覿。象曰：「入于幽谷」，幽不明也。

介：初在下不中，臀之象，株木不能芘蔭其下。九四困於九二，不敢進而應初，株木之象也。（周易義海撮要卷五。）

九二，困于酒食，朱紱方來，利用亨祀，征凶，无咎。象曰：「困于酒食」，中有慶也。

六三，困于石，據于蒺蔾，入于其宮，不見其妻，凶。象曰：「據于蒺蔾」，乘剛也。「入于其宮，不見其妻」，不祥也。

介：石之爲物，安而不能動者也。應在上六，而上六不能應，故曰「困于石」。（周易義海撮要卷五。）

九四，來徐徐，困于金車，吝，有終。象曰：「來徐徐」，志在下也。雖不當位，有與也。

九五，劓刖，困于赤紱，乃徐有說，利用祭祀。象曰：「劓刖」，志未得也。「乃徐有說」，以中直也。「利用祭祀」，受福也。

上六，困于葛藟，于臲卼，曰動悔有悔，征吉。象曰：「困于葛藟」，未當也。「動悔有悔」，吉行也。

介：凡困者，其所欲則以失之爲困，困于酒食是也；其所惡則以得之爲困，石、金車、葛藟是也。葛藟，謂六三牽己。今以柔居柔，所牽則愈困矣。（周易義海撮要卷五。）

附：葛藟，纏糾之象。臲卼，不安之貌。「困于葛藟」，謂牽於六三之柔。于臲卼，謂乘乎九五之剛。柔不可牽，舍之可也；剛不可乘，去之可也。上六，柔儒之過。若計曰動，則恐有悔，遂不動，乃所以有悔。曰「征吉」，謂吉在乎行也。諸卦上極，多不以征，此困時也。困有出困之義，征則免困矣，是以征吉。集臨川、伊川語。（學易記卷五。）

## 井卦第四十八

䷯ 巽下坎上

井：改邑不改井，无喪无得，往來井井。汔至亦未繘井，羸其瓶，凶。

象曰：巽乎水而上水，井，井養而不窮也。「改邑不改井」，乃以剛中也。「汔至亦未繘井」，未有功也。「羸其瓶」，是以凶也。

象曰：木上有水，井。君子以勞民勸相。

介：荀子曰：不足者，非天下之公患也[一]。苟知勞民勸相之道，而以不足爲患者，未之有也。（周易義海撮要卷五，讀易述卷八同。）

初六，井泥不食，舊井无禽。象曰：「井泥不食」，下也。「舊井无禽」，時舍也。

九二，井谷射鮒，甕敝漏。象曰：「井谷射鮒」，无與也。

九三，井渫不食，爲我心惻，可用汲，王明並受其福。象曰：「井渫不食」，行惻也。求王明，受福也。

介：求王明，孔子所謂「異乎人之求」也。君子之於君也，以不求求之；其於民也，以不取取之；其於天也，以不禱禱之；其於命也，以不知知之。井之道，无求也，以不求求之而已。（周易義海撮要卷五，周易尋門餘論卷上略同。）

〔一〕「非」，原無。按：荀子富國篇曰：「墨子之言，昭昭然爲天下憂不足。夫不足，非天下之公患也，特墨子之私憂過計也。」據補。

六四，井甃，无咎。象曰：「井甃，无咎」，脩井也。

王介甫曰：井之道，以不求求之，是子貢所謂「異乎人之求」者，不達於卦爻之情，以人事君之義矣。（周易象旨决録卷四。）

九五，井洌，寒泉食。象曰：寒泉之食，中正也。

上六，井收勿幕，有孚元吉。象曰：元吉在上，大成也。

臨川王氏專主「收」作去聲，云：古者以「收」名冠，以收髮爲義。井收者，井口之臼，亦一井之體，收於此也。掘井及泉，渫之使清，甃之使固，自下而上至於井收，則井之功畢矣。井甃者，所以禦惡於內；井收者，所以禦惡於外。收以禦惡，而非杜人之汲也，故禁之使勿幕。（黄氏日抄卷六。）

聞王荆公云：瓶，井之上水者也。甕，井水之已出乎上而受之者也。谷，下也，井谷旁出而下流也。鮒，物之在下，污而微者也。禽，飲井之无擇者也。可用汲以上是象，下是占，五非應也。曰王明，周公特筆也。微明哲之帝堯，則大舜雷澤之漁父；微明哲之高宗，則傅説岩野之胥靡。初才柔，有井泥象；三之渫渫，初之泥也。二位柔，有井谷象；四之甃甃，二之谷也。渫與甃，其皆日新之功乎？日新而不已，寒泉之來不窮矣。（讀易紀聞卷四。）

附：王介甫以井口之臼爲「收」，讀去聲，訓作收口之義，即井欄也。（周易玩辭集解卷六。）

# 革卦第四十九

䷰ 離下兑上

革：已日乃孚，元，亨，利，貞，悔亡。

象曰：革，水火相息，二女同居，其志不相得，曰革。「已日乃孚」，革而信之。文明以説，大亨以正，革而當，其悔乃亡。天地革而四時成，湯、武革命，順乎天而應乎人。革之時大矣哉！

王介父曰：澤在上則欲下，火在下則欲上。澤火非如離、坎有陰陽相逮之道也，其相遇，則相息而已矣；其相息也，唯勝者能革其不勝者耳。（厚齋易學卷二十五，「澤火」以下周易會通卷九、周易孔義集説卷十三、周易傳義大全卷十七同。）

象曰：澤中有火，革。君子以治歷明時。

初九，鞏用黄牛之革。象曰：「鞏用黄牛」，不可以有爲也。

介：初九剛大而文明，其材可以有爲也。在下无應，雖材，不可以有爲也。用中順，固其志，待上革而已。（周易義海撮要卷五。）

王介甫曰：初九剛大而文明，其材可以有爲。在下无應，用中順，固其志而已。（周易孔義集説卷十三。）

六二，已日乃革之，征吉，无咎。象曰：「已日革之」，行有嘉也。

王介父曰：臣道不爲事首，故已日乃革之〔二〕。柔順，故征乃吉无咎。（厚齋易學卷二十五。）

九三，征凶，貞厲。革言三就，有孚。象曰：「革言三就」，又何之矣！

介：革之爲道，宜剛中而已。九三剛過中，故「征凶，貞厲」。以過中之剛，其能革物也必矣，故「革言三就」。則雖過中而不失正，故「有孚」。其稱三者，衆辭也，言從革者衆而有成功也。三過中，是以言而後能革，革之次也。九五尊位盛德，不言而能革，革之上也。有位无德，有德无位，必至於告戒丁寧，然後能感喻其人而成革之功也。盤庚、大誥之所以革民者，不可謂未占有孚也。所謂不言者，非无言也，其所待於言也略矣。（周易義海撮要卷五。）

九四，悔亡，有孚改命，吉。象曰：改命之吉，信志也。

九五，大人虎變，未占有孚。象曰：「大人虎變」，其文炳也。

〔二〕「已」，卦爻辭或作「己」，或作「已」，其義不同。

上六，君子豹變，小人革面，征凶，居貞吉。象曰：「君子豹變」，其文蔚也。「小人革面」，順以從君也。

## 鼎卦第五十

☲☴ 巽下離上

鼎：元吉，亨。

象曰：鼎，象也。以木巽火，亨飪也。聖人亨以享上帝，而大亨以養聖賢。巽而耳目聰明，柔進而上行，得中而應乎剛，是以元亨。

象曰：木上有火，鼎。君子以正位凝命。

初六，鼎顛趾，利出否。得妾以其子，无咎。象曰：「鼎顛趾」，未悖也。「利出否」，以從貴也。

介：顛趾，變常也。得妾，詭正也。變常而義，詭正而道，故无咎，所謂可與權者也。（周易義海撮要卷五。）

九二，鼎有實。我仇有疾，不我能即，吉。象曰：「鼎有實」，慎所之也。「我仇有疾」，終无尤也。

荆公曰：資九二之中以爲實。（丙子學易編。）

九三，鼎耳革，其行塞，雉膏不食。方雨虧悔，終吉。象曰：「鼎耳革」，失其義也。

九四，鼎折足，覆公餗，其形渥，凶。象曰：「覆公餗」，信如何也！

六五，鼎黄耳金鉉，利貞。象曰：「鼎黄耳」，中以爲實也。

上九，鼎玉鉉，大吉，无不利。象曰：玉鉉在上，剛柔節也。

## 震卦第五十一

䷲ 震下震上

震：亨。震来虩虩，笑言啞啞。震驚百里，不喪匕鬯。

象曰：震，亨。「震來虩虩」，恐致福也。「笑言啞啞」，後有則也。「震驚百里」，驚遠而懼邇也。出可以守宗廟社稷，以爲祭主也。

王安石謂：易之震懼百里，嚴刑以震天下，所以守宗廟社稷。（淙山讀周易卷十四。）

象曰：洊雷，震。君子以恐懼脩省。

初九，震來虩虩，後笑言啞啞，吉。象曰：「震來虩虩」，恐致福也。「笑言啞啞」，後有則也。

六二，震來，厲。億喪貝，躋于九陵，勿逐，七日得。象曰：「震來，厲」，乘剛也。

介：剛動以震，而己乘之。動而來，則遇剛進而危矣。億，安也。安其位而不知避，則喪其位矣。貝者，人之所寶。六二之所寶者，位也。陵者，高大而平者也。動之時高大而无難者，可以爲動之主矣。進而得主，初不能爲己難，而己之喪可以勿逐而復之矣。九，陽數也，動之主也。七日者，從其陰以反復之時也。（周易義海撮要卷五，周易孔義集説卷十四節引「貝者」以下十四字。）

億，王安石云：安也，言安處不避則喪貝也。（周易章句證異卷二。）

六三，震蘇蘇，震行无眚。象曰：「震蘇蘇」，位不當也。

九四，震遂泥。象曰：「震遂泥」，未光也。

六五，震往來，厲。億无喪，有事。象曰：「震往來，厲」，危行也。其事在中，大无喪也。

上六，震索索，視矍矍，征凶。震不于其躬，于其鄰，无咎。婚媾有言。象曰：「震索索」，中未得也。雖凶无咎，畏鄰戒也。

# 艮卦第五十二

䷳ 艮下艮上

艮其背，不獲其身；行其庭，不見其人，无咎。

彖曰：艮，止也。時止則止，時行則行；動靜不失其時，其道光明。艮其止，止其所也。上下敵應，不相與也，是以「不獲其身，行其庭，不見其人，无咎」也。

象曰：兼山，艮。君子以思不出其位。

初六，艮其趾，无咎，利永貞。象曰：「艮其趾」，未失正也。

六二，艮其腓，不拯其隨，其心不快。象曰：「不拯其隨」，未退聽也。

介：腓，應上而動者也。六二承九三，宜應九三而動者也。遇艮之時，是以艮其腓也。剛上而柔下，得位以相比，欲拯其隨，固其理也。六二之中正，固欲循理以拯三，而九三以剛亢遇艮之時，未肯退聽二之拯己也。欲拯之而不得，方且違之，而有不快之心，雖未失中正，與夫樂則行之、憂則違之者，固有閒矣。（周易義海撮要卷五。）

九三，艮其限，列其夤，厲薰心。象曰：「艮其限」，危薰心也。

王介父曰：心者，體之主也。體之上下不相爲用，則其危及主矣。（厚齋易學卷二十六。）

六四，艮其身，无咎。象曰：「艮其身」，止諸躬也。

六五，艮其輔，言有序，悔亡。象曰：「艮其輔」，以中正也。

上九，敦艮，吉。象曰：「敦艮」之吉，以厚終也。

## 漸卦第五十三

䷴ 艮下巽上

漸：女歸吉，利貞。

象曰：漸之進也，「女歸吉」也。進得位，往有功也。進以正，可以正邦也。其位，剛得中也。止而巽，動不窮也。

象曰：山上有木，漸。君子以居賢德善俗。

王介甫曰：俗以漸善者也。竊謂居德體艮，善俗體巽，居則久於其道，而化成善俗以漸也。

（厚齋易學卷四十二。）

初六，鴻漸于干，小子厲有言，无咎。象曰：小子之厲，義无咎也。

介：鴻，水鳥。漸于干，不失其宜也。小子，三、四；干非其應，應非其正，小子之象也。孔子曰：「未信而諫，以爲厲己也。」初當應四，時三與之比，以初爲進，而于己所比，故厲有言。初守其分，不求其應四，雖小子厲有言，義无咎矣。（周易義海撮要卷五。）

六二，鴻漸于磐，飲食衎衎，吉。象曰：「飲食衎衎」，不素飽也。

九三，鴻漸于陸，夫征不復，婦孕不育，凶。利禦寇。象曰：「夫征不復」，離群醜也。「婦孕不育」，失其道也。「利用禦寇」，順相保也。

六四，鴻漸于木，或得其桷，无咎。象曰：「或得其桷」，順以巽也。

介：木雖在上，非鴻之所安，以其乘剛也。比於兩剛之間，而疑於所與，是以稱「或」。桷之爲木，在上者也。或得其桷，與上而承之也。上順也，順以巽，故乘剛而无咎。（周易義海撮要卷五。）

九五，鴻漸于陵，婦三歲不孕，終莫之勝，吉。象曰：「終莫之勝，吉」，得所願也。

上九，鴻漸于陸，其羽可用爲儀，吉。象曰：「其羽可用爲儀，吉」，不可亂也。

王介父曰：其進也以漸而不失時，其翔也以群而不失序，所謂進退可法者也。六爻皆鴻也，至于上而後曰「其羽可用爲儀」，要其終而不可亂也。（厚齋易學卷二十七，周易會通卷十、周易孔義集説卷十四略同，周易折中卷七無「六爻」以下。）

## 歸妹卦第五十四

䷵ 兑下震上

歸妹：征凶，无攸利。

象曰：歸妹，天地之大義也。天地不交而萬物不興，歸妹，人之終始也。説以動，所歸妹也。「征凶」，位不當也。「无攸利」，柔乘剛也。

介：少女歸長男，得其常不失其時，故曰「説以動，所歸妹也」。（周易義海撮要卷五。）

象曰：澤上有雷，歸妹。君子以永終知敝。

初九，歸妹以娣，跛能履，征吉。象曰：「歸妹以娣」，以恒也。「跛能履」，吉相承也。

介：初承二，娣承嫡之象；二承五，嫡承夫之象，故曰「跛能履，吉相承也」〔一〕。（周易義海撮要卷五。）

九二，眇能視，利幽人之貞。象曰：「利幽人之貞」，未變常也。

六三，歸妹以須，反歸以娣。象曰：「歸妹以須」，未當也。

九四，歸妹愆期，遲歸有時。象曰：「愆期之志」，有待而行也。

六五，帝乙歸妹，其君之袂，不如其娣之袂良。月幾望，吉。象曰：「帝乙歸妹」，「不如其娣之袂良」也。其位在中，以貴行也。

介：六五在上，歸妹之爲女君者也。九二在下，歸妹之爲娣者也。二以陽處陰，娣之盛也。五以陰處陽，女君之謙者也。應乎九二，能逮下者也。能逮下而謙，故「帝乙歸妹，其君之袂，不如其娣之袂良」也。（周易義海撮要卷五。）

上六，女承筐，无實；士刲羊，无血，无攸利。象曰：上六无實，承虚筐也。

介：六三以陰居陽，失夫之道；上六以陰在上，失女之道。六三爲士，刲羊无血。羊之爲物，很者也。血者，陰之傷也，刲羊而无血，陰很而不可勝之象也。此士之不得其所御者也。上

〔一〕「吉」，原脱，據易文補。

六失爲婦之道，而不得其所承；六三失爲夫之道，而不得其所御，是以无攸利也。（周易義海撮要卷五。）

## 豐卦第五十五

䷶ 離下震上

豐：亨，王假之。勿憂，宜日中。

象曰：豐，大也，明以動，故豐。「王假之」，尚大也。「勿憂，宜日中」，宜照天下也。日中則昃，月盈則食。天地盈虚，與時消息，而況於人乎？況於鬼神乎？

象曰：雷電皆至，豐。君子以折獄致刑。

初九，遇其配主，雖旬无咎，往有尚。象曰：「雖旬无咎」，過旬災也。

六二，豐其蔀，日中見斗，往得疑疾，有孚發若，吉。象曰：「有孚發若」，信以發志也。

九三，豐其沛，日中見沬，折其右肱，无咎。象曰：「豐其沛」，不可大事也。「折其右肱」，終不可用也。

介：九三遇豐之時，有大事之材，可以豐其澤者也。上六以幽闇爲之主，不可與有爲，故曰「折其右肱，无咎」。（周易義海撮要卷六。）

荆公曰：肱，輔上體者也。九三遇豐之時，有可大事之才，而上六不可以有爲，故曰「折其右肱，无咎」。（學易記卷六。）

九四，豐其蔀，日中見斗，遇其夷主，吉。象曰：「豐其蔀」，位不當也。「日中見斗」，幽不明也。「遇其夷主」，吉行也。

附：李氏元達曰：以剛遇柔，而六五有常易之德，爲能用豐焉，則四亦得以盡其可行之材矣。此遇其夷主，所以特異於二之往得疑疾也。夷主之象，石守道、王介甫、李氏、路氏、程可久、李季辨皆同。（厚齋易學卷二十八。）

六五，來章，有慶譽，吉。象曰：六五之吉，有慶也。

上六，豐其屋，蔀其家，闚其户，闃其无人，三歲不覿，凶。象曰：「豐其屋」，天際翔也。「闚其户，闃其无人」，自藏也。

## 旅卦第五十六

䷷ 艮下離上

旅：小亨，旅貞吉。

彖曰：旅，小亨。柔得中乎外而順乎剛，止而麗乎明，是以「小亨，旅貞吉」也。旅之時義大矣哉！

象曰：山上有火，旅。君子以明慎用刑而不留獄。

王介父曰：巽，入也，入而麗乎内，所以爲家人。艮，止也，止而麗乎外，所以爲旅。（厚齋易學卷二十八，周易傳義大全卷十九、周易玩辭集解卷七節引略同。）

初六，旅瑣瑣，斯其所取災。象曰：「旅瑣瑣」，志窮災也。

六二，旅即次，懷其資，得童僕，貞。象曰：「得童僕，貞」，終无尤也。

九三，旅焚其次，喪其童僕，貞厲。象曰：「旅焚其次」，亦以傷矣。以旅與下，其義喪也。

九四，旅于處，得其資斧，我心不快。象曰：「旅于處」，未得位也。「得其資斧」，心未快也。

介：居陰不得行而處者也，有剛動能斷之志焉，故能安。其不可爲之時，而樂之者也，故心不快。此知者之旅也。（周易義海撮要卷六，周易孔義集説卷十五引首句九字。）

附：資斧，陸希聲云：資于斧以斷也。王安石等同。（周易章句證異卷二。）

六五，射雉，一矢亡，終以譽命。象曰：「終以譽命」，上逮也。

上九，鳥焚其巢，旅人先笑，後號咷。喪牛于易，凶。象曰：以旅在上，其義焚也。「喪牛于易」，終莫之聞也。

## 巽卦第五十七

☴ 巽下
☴ 巽上

巽：小亨，利有攸往，利見大人。

彖曰：重巽以申命。剛巽乎中正而志行，柔皆順乎剛，是以「小亨，利有攸往，利見大人」。

象曰：隨風，巽。君子以申命行事。

初六，進退，利武人之貞。象曰：「進退」，志疑也。「利武人之貞」，志治也。

九二，巽在牀下，用史巫紛若吉，无咎。象曰：紛若之吉，得中也。

九三，頻巽，吝。象曰：頻巽之吝，志窮也。

六四，悔亡，田獲三品。象曰：「田獲三品」，有功也。

介：田者，興事之大者也。三品，有功之盛者也。柔而可以大有功者，巽乎正而得所附也〔一〕。（周易義海撮要卷六，周易孔義集説十五同，周易折中卷八引至「盛者也」。）

九五，貞吉，悔亡，无不利，无初有終。先庚三日，後庚三日，吉。象曰：九五之吉，位正中也。

上九，巽在牀下，喪其資斧，貞凶。象曰：「巽在牀下」，上窮也。「喪其資斧」，正乎凶也。

介：處上以此，雖正亦凶，況不貞乎？（周易義海撮要卷六。）

---

〔一〕「得」，讀易述卷九作「德」。

## 兑卦第五十八

☱☱ 兑下兑上

兑：亨，利貞。

彖曰：兑，説也。剛中而柔外，説以利貞，是以順乎天而應乎人。説以先民，民忘其勞。説以犯難，民忘其死。説之大，民勸矣哉！

王介父曰：説則亨矣，非貞而後亨也。（厚齋易學卷二十九。）

象曰：麗澤，兑。君子以朋友講習。

初九，和兑，吉。象曰：「和兑」之吉，行未疑也。

介：九二剛中而説，君子也。初九説君子而與之和，是以吉。（周易義海撮要卷六。）

九二，孚兑，吉，悔亡。象曰：「孚兑」之吉，信志也。

六三，來兑，凶。象曰：「來兑」之凶，位不當也。

九四，商兑未寧，介疾有喜。象曰：九四之喜，有慶也。

王介父曰：易之文稱「仇」、稱「朋」、稱「介」、稱「疇」、稱「夷」，皆稱其事而立辭。（厚齋易學卷二十九。）

九五，孚于剥，有厲。象曰：「孚于剥」，位正當也。

王介父曰：有厲者，不必厲而不能必无厲之辭。（厚齋易學卷二十九。）

上六，引兑。象曰：上六「引兑」，未光也。

## 涣卦第五十九

☴ 巽上
☵ 坎下

涣：亨。王假有廟，利涉大川，利貞。

象曰：「涣，亨」，剛來而不窮，柔得位乎外而上同。「王假有廟」，王乃在中也。「利涉大川」，乘木有功也。

介：遇涣之時，兩陰不能陷一陽。五免於險，四不應内而上同乎五，此涣之所以亨。九五以王德居王位，能拯天下之難，得四海之歡心，以事其親，能假有廟矣。（周易義海撮要卷六。）

象曰：風行水上，渙。先王以享于帝立廟。

介：享帝立廟，推尊親仁義之極，可以无渙矣。（周易義海撮要卷六。）

初六，用拯馬，壯吉。象曰：初六之吉，順也。

介：九二在下，而有能行之材，馬象也。初承之以失險，拯馬之象也。二得其拯，而初得其隨，是以壯吉。（周易義海撮要卷六。）

附：孔穎達用拯馬句，壯吉句。王安石同。（周易章句證異卷二。）

九二，渙奔其机，悔亡。象曰：「渙奔其机」，得願也。

王介父曰：奔者，速辭。剛之爲物，能速者也。（厚齋易學卷三十。）

王氏安石曰：奔，速辭。剛，能速者也。（周易會通卷十一。）

六三，渙其躬，无悔。象曰：「渙其躬」，志在外也。

六四，渙其群，元吉。渙有丘，匪夷所思。象曰：「渙其群，元吉」，光大也。

介：山，地之高以止，而物附焉者也，尊位之象也。丘，山之次也，近尊而德上同之象。渙有丘，大公至正，心无偏係，則非等夷所思，不與六三，而初六不應也。渙其群，匪夷所思也。

（周易義海撮要卷六。）

九五，涣汗其大號，涣王居，无咎。象曰：「王居无咎」，正位也。

上九，涣其血，去逖出，无咎。象曰：「涣其血」，遠害也。

介：六三以柔乘剛，在内困於有難之地，陰之傷也，故曰血。上九應之，則與之俱傷矣，去而逖出，則遠害矣。（周易義海撮要卷六。）

王介甫曰：六三以柔乘剛，在内困于有難之地，陰之傷也，故曰血。上九應之，則與之俱傷矣，去而逖出，則遠害矣。（周易義海撮要卷六、周易孔義集説卷十五。）

附一：涣之時，難在内也。三居險陷之極，上與之應，從之則與俱傷矣。九以陽剛處險之外，有出險之象；又居巽之極，爲能巽避其者所有也。血，傷也。逖，遠也。夫履險之小人，鮮不夷滅，能與涣離，則其傷免矣。避險尚遠，故逖出而後无咎。張翰避趙王倫，得此道也；蔡邕不遠董卓而卒及於禍。集臨川、伊川、雷氏。（學易記卷六。）

附二：王弼、孔穎達涣其血句，去逖出句。王安石等同。（周易章句證異卷二。）

# 節卦第六十

䷻ 兑下坎上

節：亨。苦節不可，貞。

彖曰：「節，亨」，剛柔分而剛得中。「苦節不可，貞」，其道窮也。説以行險，當位以節，中正以通。天地節而四時成。節以制度，不傷財，不害民。

象曰：澤上有水，節。君子以制數度，議德行。

初九，不出户庭，无咎。象曰：「不出户庭」，知通塞也。

王介父曰：九二近而不相得，隔塞之時也。（厚齋易學卷三十、周易會通卷十一。）

九二，不出門庭，凶。象曰：「不出門庭，凶」，失時極也。

六三，不節若，則嗟若，无咎。象曰：「不節」之嗟，又誰咎也！

王介父曰：不能節而嗟，則是能自悔者也，故无咎。（厚齋易學卷三十。）

王介甫云：此與同人同，猶云不節而能嗟，則可无咎也。（周易函書約註卷十二。）

六四，安節，亨。象曰：「安節」之亨，承上道也。

王介父曰：屯者，剛柔始交之時，故六四以從初爲正。節者，剛柔分之時，故六四以承五爲正。以初爲屯之侯，五爲節之主也。中孚、既濟之六四，與此同義。（厚齋易學卷三十。）

九五，甘節，吉，往有尚。象曰：「甘節」之吉，居位中也。

上六，苦節，貞凶，悔亡。象曰：「苦節，貞凶」，其道窮也。

附：程正叔曰：守固則凶，悔則凶亡。王介父亦有此說。（厚齋易學卷三十。）

## 中孚卦第六十一

☴ 兑下巽上

中孚：豚魚吉，利涉大川，利貞。

象曰：「中孚」，柔在内而剛得中，説而巽，孚乃化邦也。「豚魚吉」，信及豚魚也。「利涉大川」，乘木舟虚也。中孚以「利貞」，乃應乎天也。

象曰：澤上有風，中孚。君子以議獄緩死。

初九，虞吉，有它不燕。象曰：「初九，虞吉」，志未變也。

九二，鳴鶴在陰，其子和之。我有好爵，吾與爾靡之。象曰：「其子和之」，中心願也。

介：君子之言行，至誠而善，則雖在幽隱，亦聞于遠。爲己類者，亦以至誠從而應之。靡好爵，其尤難者也。上欲與之靡好爵而不疑，中孚之至也。（周易義海撮要卷六，周易折中卷八節引略同。）

六三，得敵，或鼓或罷，或泣或歌。象曰：「或鼓或罷」，位不當也。

六四，月幾望，馬匹亡，无咎。象曰：「馬匹亡」，絶類上也。

九五，有孚攣如，无咎。象曰：「有孚攣如」，位正當也。

上九，翰音登于天，貞凶。象曰：「翰音登于天」，何可長也！

介：聲聞過情，雖貞亦凶，況不貞乎？（周易義海撮要卷六。）

## 小過卦第六十二

䷽ 艮下震上

小過：亨，利貞。可小事，不可大事。飛鳥遺之音，不宜上，宜下，大吉。

象曰：小過，小者過而亨也。過以利貞，與時行也。柔得中，是以小事吉也。剛失位而不中，是以「不可大事」也。有飛鳥之象焉，「飛鳥遺之音，不宜上，宜下，大吉」，上逆而下順也。

象曰：山上有雷，小過。君子以行過乎恭，喪過乎哀，用過乎儉。

初六，飛鳥以凶。象曰：「飛鳥以凶」，不可如何也。

六二，過其祖，遇其妣，不及其君，遇其臣，无咎。象曰：「不及其君」，臣不可過也。

九三，弗過防之，從或戕之，凶。象曰：「從或戕之」，凶如何也。

九四，无咎，弗過，遇之，往厲，必戒，勿用，永貞。象曰：「弗過遇之」，位不當也。「往厲必戒」，終不可長也。

介：九四不得位，而比於六五，是以宜遇之也。以陽遇小過之時，居陰而應下，則雖於卦爲震，不志於動以進者，故曰「无咎」。弗能過六五而與之比，故曰「弗過遇之」。遇者，若孔子之遇陽虎也，可遇也，不可往也，往則厲矣。必戒備勿有爲，則永貞矣。（周易義海撮要卷六，周易孔義集説卷十六節引略同。）

附：陸希聲勿過句，遇之句，往厲句，必戒句，勿用句，永貞句。王安石等同。（周易章句證異卷二。）

六五，密雲不雨，自我西郊。公弋取彼在穴。象曰：「密雲不雨」，已上也。

上六，弗遇過之。飛鳥離之，凶，是謂災眚。象曰：「弗遇過之」，已亢也。

介：小者爲過越大者之事，至於亢逆之甚，則天下之所疾也。天曰災，人曰眚，天人一道也。

（周易義海撮要卷六。）

## 既濟卦第六十三

☵ 離下
坎上

既濟：亨小，利貞。初吉終亂。

象曰：「既濟，亨」，小者亨也。「利貞」，剛柔正而位當也。「初吉」，柔得中也。終止則亂，其道窮也。

象曰：水在火上，既濟。君子以思患而豫防之。

初九，曳其輪，濡其尾，无咎。象曰：「曳其輪」，義无咎也。

介：輪有剛動之才，而爲車之用，剛不及中，材不足者，體又在後，是以「曳其輪，濡其尾」。志在應上，趣既濟之時，是以无咎。（周易義海撮要卷六。）

六二，婦喪其茀，勿逐，七日得。象曰：「七日得」，以中道也。

介：茀所以蔽車，九五所以蔽六二，而六二賴以行者也。九五與四，則六二喪茀矣。心无偏係，中正以待，則上終與之而不能違也，故曰「勿逐，七日得」。（周易義海撮要卷六。）

王介父曰：茀者，所以蔽車者也。此爻柔順在中，婦象也。兩剛爲之蔽，茀象焉。棄二剛以應五，故曰「婦喪其茀」。苟得志乎五，則二剛猶主已而爲之蔽，又焉用逐？七日者，從其應以往反之時。（厚齋易學卷三十二。）

王氏安石曰：此爻巽順在中，婦象也。兩剛爲之蔽，茀象也。棄二剛以應五，故曰「婦喪其茀」。苟得志乎五，則雖二剛猶在上下爲之蔽，又焉用逐？七日者，從其應以往返之時言。（周易會通卷十一。）

附：鄭玄作「茀」。車蔽也。王安石等同。（周易章句證異卷二。）

九三，高宗伐鬼方，三年克之，小人勿用。象曰：「三年克之」，憊也。

六四，繻有衣袽，終日戒。象曰：「終日戒」，有所疑也。

九五，東鄰殺牛，不如西鄰之禴祭，實受其福。象曰：「東鄰殺牛」，不如西鄰之時也。「實受其福」，吉大來也。

上六，濡其首，厲。象曰：「濡其首，厲」，何可久也！

## 未濟卦第六十四

䷿ 坎下 離上

未濟：亨。小狐汔濟，濡其尾，无攸利。

彖曰：「未濟，亨」，柔得中也。「小狐汔濟」，未出中也。「濡其尾，无攸利」，不續終也。雖不當位，剛柔應也。

象曰：火在水上，未濟。君子以慎辨物居方。

初六，濡其尾，吝。象曰：「濡其尾」，亦不知極也。

九二，曳其輪，貞吉。象曰：九二「貞吉」，中以行正也。

六三，未濟，征凶，利涉大川。象曰：「未濟，征凶」，位不當也。

九四，貞吉，悔亡。震用伐鬼方，三年有賞于大國。象曰：「貞吉，悔亡」，志行也。

六五，貞吉，无悔。君子之光，有孚吉。象曰：「君子之光」，其暉吉也。

上九，有孚于飲酒，无咎。濡其首，有孚失是。象曰：飲酒濡首，亦不知節也。

# 易解　卷三

## 繫辭上

天尊地卑，乾坤定矣。

臨川王氏曰：此言易書未作以前之易，雖未有乾坤之卦，自天尊地卑而乾坤已定。此言自然之易。（黄氏日抄卷六。）

卑高以陳，貴賤位矣。

王介父曰：高者不能自高，唯有卑然後見其高。（厚齋易學卷四十三。）

動静有常，剛柔斷矣。方以類聚，物以群分，吉凶生矣。在天成象，在地成形，變化見矣。

附：胡雲峰曰：乾坤之卦未畫，觀之天尊地卑，乾坤之位已定矣。貴賤之位未齊，觀天地之卑高，卦爻之貴賤已位矣。易未有卦、爻，則未有剛柔之稱也。天地間陽者常動，可見其爲剛；陰者常静，可見其爲柔矣。易未有爻位，則未有吉凶之辭也。天地間事事物物，善惡各以其類而分，善者可知其爲吉，惡者可知其爲凶矣。易未有蓍卦，固未見所謂陽變陰、陰化陽也。天成象，地成形，蓍卦之變化于是乎見矣。此一節言畫前之易，固如是也。其説本于臨川王氏。（周易玩辭集解卷九。）

是故剛柔相摩，八卦相盪。

王氏謂：言自然之八卦。（黄氏日抄卷六。）

臨川王氏謂：言自然之八卦。（周易玩辭集解卷九。）

鼓之以雷霆，潤之以風雨。日月運行，一寒一暑。乾道成男，坤道成女。

乾知大始，坤作成物。乾以易知，坤以簡能；易則易知，簡則易從；易知則有親，易從則有功；有親則可久，有功則可大；可久則賢人之德，可大則賢人之業。易簡，而天下之理得矣；天下之理得，而成位乎其中矣。

王氏謂：此言乾坤以造化之用付之六子，而其所自處者甚易簡也。（黄氏日抄卷六，周易玩辭集解卷九引作「臨川王氏」。）

聖人設卦觀象，繫辭焉而明吉凶，

王氏云：前言易書之未作，此言易書之既作也。（黄氏日抄卷六，周易玩辭集解卷九引作「臨川王氏」。）

剛柔相推而生變化。是故吉凶者，失得之象也；悔吝者，憂虞之象也；變化者，進退之象也；剛柔者，晝夜之象也。六爻之動，三極之道也。是故君子所居而安者，易之序也；所樂而玩者，爻之辭也。是故君子居則觀其象而玩其辭，動則觀其變而玩其占，是以自天祐之，吉无不利。

象者，言乎象者也；爻者，言乎變者也。吉凶者，言乎其失得也；悔吝者，言乎其小疵也；无咎者，善補過也。是故列貴賤者存乎位，齊小大者存乎卦，

附：晦菴曰：「齊」猶「定」也。小謂陰，大謂陽。此本荆公説。（丙子學易編。）

辯吉凶者存乎辭，憂悔吝者存乎介，震无咎者存乎悔。

附：唯王介甫於此不用王弼略例。（周易章句外編。）

是故卦有小大，辭有險易；辭也者，各指其所之。

王氏云：此因前之義，而言聖人設卦繫辭，學者觀變玩占之要也。（黄氏日抄卷六。）

易與天地準，故能彌綸天地之道。仰以觀於天文，俯以察於地理，是故知幽明之故；

臨川曰：日月星辰之有明晦，山川草木之有盛衰，此所謂幽明之故。故者，有所因也。因天文地理而後知幽明，是稱故焉。（學易記卷七。）

原始反終，故知死生之説。精氣爲物，遊魂爲變，是故知鬼神之情狀。與天地相似，故不違；知周乎萬物而道濟天下，故不過；旁行而不流，樂天知命，故不憂；安土敦乎仁，故能愛。

介甫曰：安土，謂不擇地而安之。（温公易説卷五、周易章句外編。）

王介父曰：傃富貴行乎富貴，傃貧賤行乎貧賤，所謂樂天也。傃夷狄行乎夷狄，傃患難行乎患難，所謂安土也。（厚齋易學卷四十三。）

範圍天地之化而不過，曲成萬物而不遺，通乎晝夜之道而知，故神无方而易无體。

王氏云：前言易之書，此言易之道。（黄氏日抄卷六。）

一陰一陽之謂道。繼之者善也，成之者性也。仁者見之謂之仁，知者見之謂之知，百姓日用而不知，故君子之道鮮矣。顯諸仁，藏諸用，鼓萬物而不與聖人同憂。盛德大業至矣哉！富有之謂大業，日新之謂盛德。生生之謂易，成象之謂乾，效法之謂坤，極數知來之謂占，通變之謂事，陰陽不測之謂神。

夫易廣矣大矣！以言乎遠則不禦，以言乎邇則静而正，以言乎天地之間則備矣。夫乾，其静也專，其動也直，是以大生焉；夫坤，其静也翕，其動也闢，是以廣生焉。廣大配天地，變通配四時，陰陽之義配日月，易簡之善配至德。

子曰：易其至矣乎！夫易，聖人所以崇德而廣業也。知崇禮卑，崇效天，卑法地。天地設位，而易行乎其中矣。成性存存，道義之門。

聖人有以見天下之賾，而擬諸其形容，象其物宜，是故謂之象。聖人有以見天下之動，而觀其會通，以行其典禮，繫辭焉以斷其吉凶，是故謂之爻。

王氏云：此言聖人推其所獨見者，立象生爻，使天下皆有所見，而得以善其言動也。舉「鶴鳴在陰」以下七爻。（黄氏日抄卷六。）

言天下之至賾，而不可惡也；言天下之至動，而不可亂也。擬之而後言，議之而後動，擬議以成其變化。「鳴鶴在陰，其子和之；我有好爵，吾與爾靡之」。子曰：君子居其室，出其言善，則千里之外應之，況其邇者乎？居其室，出其言不善，則千里之外違之，況其邇者乎？言出乎身，加乎民；行發乎邇，見乎遠。言行，君子之樞機。樞機之發，榮辱之主也。言行，君子之所以動天地也。可不慎乎？「同人，先號咷而後笑。」子曰：君子之道，或出或處，或默或語。二人同心，其利斷金；同心之言，其臭如蘭。「初六，藉用白茅，无咎。」子曰：苟錯諸地而可矣，藉之用茅，何咎之有？慎之至也。夫茅之爲物薄，而用可重也。慎斯術也以往，其无所失矣。「勞謙，君子有終，吉。」子曰：勞而不伐，有功而不德，厚之至也。語以其功下人者也。德言盛，禮言恭。謙也者，致恭以存其位者也。「亢龍有悔。」子曰：貴而无位，高而无民，賢人在下位而无輔，是以動而有悔也。「不出户庭，无咎。」子曰：亂之所生也，則言語以爲階。君不密則失臣，臣不密則失身，幾事不密則害成。是以君子慎密而不出也。子曰：作易者其知盜乎？易曰：「負且乘，致寇至。」負也者，小人之事也；乘也者，君子之器也。小人而乘君子之器，盜思奪之矣；上慢下暴，盜思伐之矣。慢藏誨盜，冶容誨淫。易曰「負且乘，致寇至」，盜之招也。

大衍之數五十，其用四十有九。

臨川王氏曰：大衍之數五十，其用四十有九，此自然之數也，未有知其所以然者也。又曰：五十之所宗者五，而四十九之所宗者一。（周易經傳集解卷三十三。）

臨川王氏曰：五十之所宗者五。（筮宗釋本第一。）

分而爲二以象兩，掛一以象三，揲之以四以象四時，歸奇於扐以象閏；五歲再閏，故再扐而後掛。天數五，地數五，五位相得而各有合。天數二十有五，地數三十，凡天地之數五十有五。此所以成變化而行鬼神也。乾之策二百一十有六，坤之策百四十有四，凡三百有六十，當期之日。

二篇之策，萬有一千五百二十，當萬物之數也。是故四營而成易，十有八變而成卦，八卦而小成。引而伸之，觸類而長之，天下之能事畢矣。顯道神德行，是故可與酬酢，可與祐神矣。子曰：知變化之道者，其知神之所爲乎？

易有聖人之道四焉：以言者尚其辭，以動者尚其變，以制器者尚其象，以卜筮者尚其占。是以君子將有爲也，將有行也，問焉而以言，其受命也如響，无有遠近幽深，遂知來物。非天下之至精，其孰能與於此？參伍以變，錯綜其數，通其變，遂成天地之文；極其數，遂定天下之象。非天下之至變，其孰能與於此？易无思也，无爲也，寂然不動，感而遂通天下之故。非天下之至神，其孰能與於此？夫易，聖人之所以極深而研幾也。唯深也，故能通天下之志；唯幾也，故能成天下之務；

附：欲成天下之務，在通天下之志，若不能通天下之志，即不能運動天下，變移風俗，則何由成天下之務？（續資治通鑑長編卷二百三十四，熙寧五年六月甲戌對神宗語。）

唯神也，故不疾而速，不行而至。子曰「易有聖人之道四焉」者，此之謂也。

天一、地二，天三、地四，天五、地六，天七、地八，天九、地十。子曰：夫易何爲者也？夫易，開物成務，冒天下之道，如斯而已者也。是故聖人以通天下之志，以定天下之業，以斷天下之疑。是故蓍之德圓而神，卦之德方以知，六爻之義易以貢。聖人以此洗心，退藏於密，吉凶與民同患；神以知來，知以藏往，其孰能與此哉？古之聰明叡知，神武而不殺者夫！是以明於天之道，而察於民之故，是興神物，以前民用。聖人以此齊戒，以神明其德夫！是故闔户謂之坤，闢户謂之乾，一闔一闢謂之變，往來不窮謂之通。見乃謂之象，形乃謂之器，制而用之謂之法，利用出入、民咸用之謂之神。是故易有太極，是生兩儀，兩儀生四象，四象生八卦，八卦定吉凶，吉凶生大業。是故法象莫大乎天地，變通莫大乎四時，縣象著明莫大乎日月，崇高莫大乎富貴。備物致用，立成器以爲天下利，莫大乎聖人。探賾索隱，鉤深致遠，以定天下之吉凶，成天下之亹亹者，莫大乎蓍龜。是故天生神物，聖人則之；天地變化，聖人效之；天垂象，見吉凶，聖人象之；河出圖，洛出書，聖人則之。易有四象，所以示也；繫辭焉，所以告也；定之以吉凶，所以斷也。

易曰：「自天祐之，吉无不利。」子曰：祐者，助也。天之所助者，順也；人之所助者，信也。履信思乎順，又以尚賢也，是以「自天祐之，吉无不利」也。

王氏曰：疑在下繫諸爻之後。（黄氏日抄卷六。）

子曰：「書不盡言，言不盡意。」然則聖人之意其不可見乎？子曰：聖人立象以盡意，設卦以盡情僞，繫辭焉以盡其言，變而通之以盡利，鼓之舞之以盡神。乾坤，其易之緼邪乾坤成列，而易立乎其中矣；乾坤毁，則无以見易；易不可見，則乾坤或幾乎息矣。

王氏云：此言自有天地已有易，易與天地相無窮。（黄氏日抄卷六。）

是故形而上者謂之道，形而下者謂之器，化而裁之謂之變，推而行之謂之通，舉而錯之天下之民謂之事業。

王云：此言聖人用易致治。（黄氏日抄卷六。）

是故夫象，聖人有以見天下之賾，而擬諸其形容，象其物宜，是故謂之象。聖人有以見天下之動，而觀其會通，以行其典禮，繫辭焉以斷其吉凶，是故謂之爻。極天下之賾者存乎卦，鼓天下之動者存乎辭，化而裁之存乎變，推而行之存乎通，神而明之存乎其人，默而成之，不言而信，存乎德行。

## 繫辭下

八卦成列，象在其中矣；因而重之，爻在其中矣；剛柔相推，變在其中矣；繫辭焉而命之，動在其中矣。悔吝者，生乎動者也；剛柔者，立本者也；變通者，趣時者也。吉凶者，貞勝者也；天地之道，貞觀者也；日月之道，貞明者也；天下之動，貞夫一者也。夫乾，確然示人易矣；夫坤，隤然示人簡矣。爻也者，效此者也；象也者，像此者也。爻象動乎内，吉凶見乎外；功業見乎變，聖人之情見乎辭。天地之大德曰生，聖人之大寶曰位。何以守位？曰仁。何以聚人？曰財。理財正辭，禁民爲非曰義。

介甫曰：内隱而外顯。（周易章句外編。）

王氏云：此言聖人以仁義參天地，而全其生生之用也。（黄氏日抄卷六。）

古者包犧氏之王天下也，仰則觀象於天，俯則觀法於地，觀鳥獸之文，與地之宜，近取諸身，遠取諸物，於是始作八卦，以通神明之德，以類萬物之情。作結繩而爲罔罟，以佃以漁，蓋取諸離。包犧氏没，神農氏作，斲木爲耜，揉木爲耒，耒耨之利，以教天下，蓋取諸益。

王氏曰：「取諸益」之類，當時未有是卦，蓋八卦成列，象在其中矣。且以益言之，雖未有益卦，而已有巽與震矣，合震、巽則爲益。蓋「取」云者，夫子知前聖之心而言之也。（黄氏日抄卷六。）

日中爲市，致天下之民，聚天下之貨，交易而退，各得其所，蓋取諸噬嗑。神農氏没，黄帝、堯、舜氏作，通其變，使民不倦；神而化之，使民宜之。易窮則變，變則通，通則久，是以「自天祐之，吉无不利」。黄帝、堯、舜垂衣裳而天下治，蓋取諸乾、坤。

王介甫曰：舟楫杵臼而次，以一聖人足以具此，必至於五六聖而備焉，何也？聖人也者，因物之變而通之者也。物之所未厭，聖人不彊去；物之所未安，聖人不彊行。故曰「通其變，使民不倦」。（厚齋易學卷四十五。）

臨川曰：爲網罟，爲耒耜，爲舟楫，爲杵臼，爲弧矢，爲宫室，爲棺槨，服牛乘馬，重門擊柝，以一聖人之材足以兼此，而一一皆具之，必至於五六聖人、數世而後備者，何也？曰：夫聖人也者，因物之變而通之者也。物之所未厭，聖人不强去；物之所未安，聖人不强行，故曰「通其變，使民不倦」。（學易記卷八。）

刳木爲舟，剡木爲楫，舟楫之利以濟不通，致遠以利天下，蓋取諸涣。服牛乘馬，引重致遠，以利天下，蓋取諸隨。重門擊柝，以待暴客，蓋取諸豫。

王介父曰：一陽能禦外之二陰，故下之三陰得其安矣。（厚齋易學卷四十五。）

斷木爲杵，掘地爲臼，臼杵之利，萬民以濟，蓋取諸小過。弦木爲弧，剡木爲矢，弧矢之利，以威天下，蓋取諸睽。上古穴居而野處，後世聖人易之以宫室，上棟下宇，以待風雨，蓋取諸大壯。古之葬者，厚衣之以薪，葬之中野，不封不樹，喪期无數，後世聖人易之以棺椁，蓋取諸大過。上古結繩而治，後世聖人易之以書契，百官以治，萬民以察，蓋取諸夬。

王氏曰：言聖人居大寶之位，然後能用易以致利於天下。（黄氏日抄卷六。）

是故易者，象也；象也者，像也。彖者，材也；爻也者，效天下之動者也。是故吉凶生而悔吝著也。

陽卦多陰，陰卦多陽。其故何也？陽卦奇，陰卦耦。其德行何也？陽一君而二民，君子之道也；陰二君而一民，小人之道也。

易曰：「憧憧往來，朋從爾思。」子曰：天下何思何慮？天下同歸而殊塗，一致而百慮，天下何思何慮？日往則月來，月往則日來，日月相推而明生焉。寒往則暑來，暑往則寒來，寒暑相推而歲成焉。往者屈也，來者信也，屈信相感而利生焉。尺蠖之屈，以求信也；龍蛇之蟄，以存身也。精義入神，以致用也；利用安身，以崇德也。過此以往，未之或知也。窮神知化，德之盛也。易曰：「困于石，據于蒺藜，入于其宫，不見其妻，凶。」子曰：非所困而困焉，名必辱；非所據而據焉，身必危。既辱且危，死期將至，妻其可得見邪？易曰：「公用射隼于高墉之上，獲之，无不利。」子曰：隼者，禽也；弓矢者，器也；射之者，人也。君子藏器於身，待時而動，何不利之有？動而不括，是以出而有獲，語成器而動者也。

王介父曰：上六在卦之中，故曰「成器」。（厚齋易學卷四十五。）

子曰：小人不恥不仁，不畏不義，不見利不勸，不威不懲。小懲而大誡，此小人之福也，易曰「屨校滅趾，无咎」，此之謂也。善不積不足以成名，惡不積不足以滅身。小人以小善爲无益而弗爲也，以小惡爲无傷而弗去也，故惡積而不可掩，罪大而不可解。易曰：「何校滅耳，凶。」子曰：危者，安其位者也；亡者，保其存者也；亂者，有其治者也。是故君子安而不忘危，存而不忘亡，治而不忘亂。是以身安而國家可保也。易曰：「其亡其亡，繫于苞桑。」子曰：德薄而位尊，知小而謀大，力小而任重，鮮不及矣！易曰：「鼎折足，覆公餗，其形渥，凶。」言不勝其任也。子曰：知幾其神乎？君子上交不諂，下交不瀆，其知幾乎！

王介父曰：上非其應而求焉，諂也；下非其與而求焉，瀆也。（厚齋易學卷四十五。）

幾者，動之微，吉之先見者也。

附：事物方兆之初，故曰微。見，今現形也。震動在四，二已知其微。朱子曰：漢書云「吉凶之先見」。程正叔曰：吉見于先，豈復至有凶也！王介父同。（厚齋易學卷四十五。）

君子見幾而作，不俟終日，易曰：「介于石，不終日，貞吉。」介如石焉，寧用終日？斷可識矣！君子知微知彰，知柔知剛，萬夫之望。子曰：顔氏之子，其殆庶幾乎？有不善，未嘗不知；知之，未嘗復行也。易曰：「不遠復，无祇悔，元吉。」天地絪緼，萬物化醇；男女構精，萬物化生。易曰：「三人行，則損一人；一人行，則得其友。」言致一也。子曰：君子安其身而後動，易其心而後語，定其交而後求：君子脩此三者，故全也。危以動，則民不與也；懼以語，則民不應也；无交而求，則民不與也：莫之與，則傷之者至矣。易曰：「莫益之，或擊之，立心勿恒，凶。」

子曰：乾、坤，其易之門邪？乾，陽物也；坤，陰物也。陰陽合德而剛柔有體，以體天地之撰，以通神明之德。其稱名也，雜而不越，於稽其類，其衰世之意邪？夫易，彰往而察來，而微顯闡幽。

王介父曰：顯者，微之則神；幽者，闡之則明。（厚齋易學卷四十六。）

開而當名辨物，正言斷辭則備矣。

王荆公曰：聖人作易，所以朋明未悟者。名舉其當，言舉其正，以開明之也。未形之物不可辨，必以名之已立者辨之，是謂當名。未然之辭不可斷，必以言之已驗者斷之，是謂正言。（周易玩辭集解卷十。）

其稱名也小，其取類也大，其旨遠，其辭文，其言曲而中，其事肆而隱。因貳以濟民行，以明失得之報。

易之興也，其於中古乎？作易者，其有憂患乎？是故履，德之基也。謙，德之柄也。復，德之本也。恒，德之固也。損，德之脩也。益，德之裕也。困，德之辨也。井，德之地也；巽，德之制也。履和而至，謙尊而光，復小而辨於物，恒雜而不厭，損先難而後易，益長裕而不設，困窮而通，井居其所而遷，巽稱而隱。履以和行，謙以制禮，復以自知，恒以一德，損以遠害，益以興利，困以寡怨，井以辯義，巽以行權。

易之爲書也，不可遠。爲道也屢遷，變動不居，周流六虛，上下无常，剛柔相易，不可爲典要，唯變所適。其出入以度，外內使知懼。又明於憂患與故，无有師保，如臨父母。初率其辭，而揆其方，既有典常。苟非其人，道不虛行。

王介父曰：位虛而爻實也。（厚齋易學卷四十六。）

易之爲書也，原始要終以爲質也。六爻相雜，唯其時物也。其初難知，其上易知，本末也。初辭擬之，卒成之終。若夫雜物撰德，辯是與非，則非其中爻不備。噫！亦要存亡吉凶，則居可知矣。知者觀其彖辭，則思過半矣。二與四同功而異位，其善不同；二多譽，四多懼，近也。柔之爲道，不利遠者；其要无咎，其用柔中也。三與五同功而異位，三多凶，五多功，貴賤之等也。

其柔危，其剛勝邪？

易之爲書也，廣大悉備，有天道焉，有人道焉，有地道焉。兼三才而兩之，故六；六者，非它也，三才之道也。道有變動，故曰爻；爻有等，故曰物；物相雜，故曰文；文不當，故吉凶生焉。

易之興也，其當殷之末世，周之盛德邪？當文王與紂之事邪？是故其辭危。危者使平，易者使傾；其道甚大，百物不廢。懼以終始，其要无咎，此之謂易之道也。

夫乾，天下之至健也，德行恒易以知險。夫坤，天下之至順也，德行恒簡以知阻。

王介父曰：陰陷陽爲險，陽距陰爲阻，此以天道言也。（厚齋易學卷四十六。）

能説諸心，能研諸侯之慮，定天下之吉凶，成天下之亹亹者。是故變化云爲，吉事有祥；象事知器，占事知來。天地設位，聖人成能；人謀鬼謀，百姓與能。八卦以象告，爻、彖以情言；剛柔雜居，而吉凶可見矣。變動以利言，吉凶以情遷；是故愛惡相攻而吉凶生，遠近相取而悔吝生，情僞相感而利害生。凡易之情，近而不相得則凶；或害之，悔且吝。將叛者其辭慙，中心疑者其辭枝，吉人之辭寡，躁人之辭多，誣善之人其辭游，失其守者其辭屈。

臨川王氏曰：六者之辭，於易無有。（周易經傳集解卷三十四。）

王介父曰：易之辭，亦必不慙、枝、游、屈也。（厚齋易學卷四十六，周易孔義集説卷十九略同。）

## 説卦

昔者聖人之作易也，幽贊於神明而生蓍，參天兩地而倚數，

王氏曰：蓍，神物也。天地生其形，聖人生其法。方其蓍法之未生，則蓍之爲物，特庶草之一耳，豈知其爲神明也哉？天地神明不能與人接，聖人幽有以贊之而傳其命，於是起大衍之數。（黄氏日抄卷六。）

王云：數無常用，人倚之而有所托焉。（黄氏日抄卷六。）

觀變於陰陽而立卦，發揮於剛柔而生爻，和順於道德而理於義，窮理盡性以至於命。

昔者聖人之作易也，將以順性命之理。是以立天之道曰陰與陽，立地之道曰柔與剛，立人之道曰仁與義。兼三才而兩之，故易六畫而成卦；分陰分陽，迭用柔剛，故易六位而成章。

天地定位，山澤通氣，雷風相薄，水火不相射，八卦相錯。數往者順，知來者逆，是故易逆數也。

雷以動之，風以散之，雨以潤之，日以烜之，艮以止之，兑以説之，乾以君之，坤以藏之。

帝出乎震，齊乎巽，相見乎離，致役乎坤，説言乎兑，戰乎乾，勞乎坎，成言乎艮。萬物出乎震，震東方也。齊乎巽，巽東南也；齊也者，言萬物之絜齊也。離也者，明也，萬物皆相見，南方之卦也；聖人南面而聽天下，嚮明而治，蓋取諸此也。

王介父曰：離爲火，爲日，故曰明。聽，平聲，聽天下之治也，周官所謂「眡治朝則贊聽治」之「聽」。今官舍謂之聽事，亦此義也。（厚齋易學卷四十七。）

坤也者，地也，萬物皆致養焉，故曰「致役乎坤」。兑，正秋也，萬物之所説也，故曰「説言乎兑」。戰乎乾，乾西北之卦也，言陰陽相薄也。坎者，水也，正北方之卦也，勞卦也，萬物之所歸也，故曰「勞乎坎」。艮東北之卦也，萬物之所成終而所成始也，故曰「成言乎艮」。

神也者，妙萬物而爲言者也。動萬物者莫疾乎雷，橈萬物者莫疾乎風，燥萬物者莫熯乎火，説萬物者莫説乎澤，潤萬物者莫潤乎水，終萬物、始萬物者莫盛乎艮。故水火相逮，雷風不相悖，山澤通氣，然後能變化既成萬物也。

乾，健也。坤，順也。震，動也。巽，入也。坎，陷也。離，麗也。艮，止也。兑，説也。

乾爲馬，坤爲牛，震爲龍，巽爲雞，坎爲豕，離爲雉，艮爲狗，兑爲羊。

王介父曰：外順而内狠，陽在内，陰在外也。（厚齋易學卷四十七。）

王介甫曰：此只以一物象一卦。至廣八卦，則天地間物物可以取象。以此悟聖人無所謂卦畫，有有無無之間，皆屬寓言。（易或卷九。）

乾爲首，坤爲腹，震爲足，巽爲股，坎爲耳，離爲目，艮爲手，兑爲口。

乾，天也，故稱乎父。坤，地也，故稱乎母。震一索而得男，故謂之長男。巽一索而得女，故謂之長女。坎再索而得男，故謂之中男。離再索而得女，故謂之中女。艮三索而得男，故謂之少男。兑三索而得女，故謂之少女。

乾爲天，爲圜，爲君，爲父，爲玉，爲金，爲寒，爲冰，爲大赤，爲良馬，爲老馬，爲瘠馬，爲駁馬，爲木果。

王介父曰：象陽氣之消長於四時也。（厚齋易學卷四十七。）

坤爲地，爲母，爲布，爲釜，爲吝嗇，爲均，爲子母牛，爲大輿，爲文，爲衆，爲柄，其於地也爲黑。震爲雷，爲龍，爲玄黄，爲旉，爲大塗，爲長子，爲決躁，爲蒼筤竹，爲萑葦，其於馬也爲善鳴，爲馵足，爲作足，爲的顙，其於稼也爲反生，其究爲健，爲蕃鮮。巽爲木，爲風，爲長女，爲繩直，爲工，爲白，爲長，爲高，爲進退，爲不果，爲臭，其於人也爲寡髮，爲廣顙，爲多白眼，爲近利市三倍，其究爲躁卦。

王荆公曰：言巽爲躁卦，則知艮爲静卦矣。（周易集説卷三十八。）

坎爲水，爲溝瀆，爲隱伏，爲矯輮，

王氏安石曰：水之勢，一曲一直，一方一圓，皆順其勢之所利，而因其人之所導，故爲矯輮。（周易會通卷十四、周易傳義大全卷二十四。）

爲弓輪，其於人也爲加憂，爲心病，爲耳痛，爲血卦，爲赤，其於馬也爲美脊，爲亟心，爲下首，爲薄蹄，爲曳，其於輿也爲多眚，爲通，爲月，爲盜，其於木也爲堅多心。離爲火，爲日，爲電，爲中女，爲甲胄，爲戈兵，其於人也爲大腹，爲乾卦，王荆公曰：離爲乾卦，則坎爲濕卦可知矣。（周易集説卷三十八。）

爲鱉，爲蟹，爲蠃，爲蚌，爲龜，其於木也爲科上槁。艮爲山，爲徑路，爲小石，爲門闕，爲果蓏，爲閽寺，爲指，爲狗，爲鼠，爲黔喙之屬，其於木也爲堅多節。兑爲澤，爲少女，爲巫，爲口舌，

王氏安石曰：爲巫、爲口舌，皆以口取説之象。（周易會通卷十四。）

爲毁折，爲附決，其於地也爲剛鹵，爲妾，爲羊。

## 序卦

有天地然後萬物生焉。盈天地之間者唯萬物，故受之以屯；屯者盈也，屯者物之始生也。物生必蒙，故受之以蒙；蒙者蒙也，物之穉也。物穉不可不養也，故受之以需；需者飲食之道也。飲食必有訟，故受之以訟。訟必有衆起，故受之以師；師者衆也。衆必有所比，故受之以比；比者比也。比必有所畜，故受之以小畜。物畜然後有禮，故受之以履。履而泰，然後安，故受之以泰；泰者通也。物不可以終通，故受之以否。物不可以終否，故受之以同人。與人同者，物必歸焉，故受之以大有。有大者不可以盈，故受之以謙。有大而能謙必豫，故受之以豫。豫必有隨，故受之以隨。以喜隨人者必有事，故受之以蠱；蠱者事也。有事而後可大，故受之以

臨；臨者大也。物大然後可觀，故受之以觀。可觀而後有所合，故受之以噬嗑；嗑者合也。物不可以苟合而已，故受之以賁；賁者飾也。致飾然後亨則盡矣，故受之以剥；剥者剥也。物不可以終盡，剥窮上反下，故受之以復。復則不妄矣，故受之以无妄。有无妄然后可畜，故受之以大畜。物畜然后可養，故受之以頤；頤者養也。不養則不可動，故受之以大過。物不可以終過，故受之以坎；坎者陷也。陷必有所麗，故受之以離；離者麗也。

有天地然後有萬物，有萬物然後有男女，有男女然後有夫婦，有夫婦然後有父子，有父子然後有君臣，有君臣然後有上下，有上下然後禮義有所錯。夫婦之道不可以不久也，故受之以恒；恒者久也。物不可以久居其所，故受之以遯；遯者退也。物不可以終遯，故受之以大壯。物不可以終壯，故受之以晉；晉者進也。進必有所傷，故受之以明夷；夷者傷也。傷於外者必反其家，故受之以家人。家道窮必乖，故受之以睽；睽者乖也。乖必有難，故受之以蹇；蹇者難也。物不可以終難，故受之以解；解者，緩也。緩必有所失，故受之以損。損而不已必益，故受之以益。益而不已必決，故受之以夬；夬者決也。決必有所遇，故受之以姤；姤者遇也。物相遇而後聚，故受之以萃；萃者聚也。聚而上者謂之升，故受之以升。升而不已必困，故受之以困。困乎上者必反下，故受之以井。井道不可不革，故受之以革。革物者莫若鼎，故受之以鼎。主器者莫若長子，故受之以震；震者動也。物不可以終動，止之，故受之以艮；艮者止也。物不可以終止，故受之以漸；漸者進也。進必有所歸，故受之以歸妹。得其所歸者必大，故受之以豐；豐者大也。窮大者必失其居，故受之以旅。旅而无所容，故受之以巽；巽者入也。入而後説之，故受之以兑；兑者説也。説而後散之，故受之以涣；涣者離也。物不可以終離，故受之以節。節而信之，故受之以中孚。有其信者必行之，故受之以小過。有過物者必濟，故受之以既濟。物不可窮也，故受之以未濟終焉。

## 雜卦

王氏曰：序卦先後有倫，雜卦則揉雜衆卦以暢無窮之用。（黄氏日抄卷六，周易玩辭集解卷十引作「王介甫曰」。）

乾剛坤柔，比樂師憂。臨觀之義，或與或求。屯見而不失其居，蒙雜而著。震起也，艮止也；損益盛衰之始也。大畜時也，无妄災也。萃聚而升不來也，謙輕而豫怠也。噬嗑食也，賁无色也；兑見而巽伏也。隨无故也，蠱則飭也。剥爛也，復反也。晉晝也，明夷誅也；井通而困相遇也。咸速也，恒久也；涣離也，節止也。解緩也，蹇難也。睽外也，家人内也；否泰反其類也。大壯則止，遯則退也。大有衆也，同人親也。革去故也，鼎取新也。小過過也，中孚信也。豐多故也，親寡旅也；離上而坎下也。小畜寡也，履不處也。需不進也，訟不親也。大過顛也，姤遇也，柔遇剛也。漸女歸待男行也。頤養正也，既濟定也。歸妹女之終也，未濟男之窮也。夬決也，剛決柔也；君子道長，小人道憂也。

# 禮記發明

張鈺翰 輯録

# 整理説明

禮記發明一卷，宋王安石撰。趙希弁郡齋讀書附志又著録王安石禮記要義二卷，今佚。

在王安石主導的熙寧四年（一〇七一）貢舉新制中，禮記是被保留的五部正經之一。但王安石並没有組織學者對禮記加以訓釋，如尚書義、詩義和周禮義一般。相反，熙寧之初王安石入侍經筵，在講禮記時，他以爲其中錯處甚多，不符合或者算不上是聖人法言，從而促成了經筵廢禮記而改講尚書。由此似可見王安石對於禮記並不以爲然。其原因，或許由於禮記本身相對駁雜，從王安石追求系統性的角度來説，很難做出整體性理解，也並不適宜於用來構建其學術體系。但是，禮記又畢竟是新學主導下科舉考試的經典之一，對天下爲求入仕的士人之讀書治學具有非常大的指嚮性。因此，王安石的弟子、後學之中，注釋甚多，有方慤禮記解、馬晞孟禮記解、陸佃禮記解、陳暘禮記解義、陳祥道禮記講義等。

今存各類書目中，並不見有禮記發明之著録，唯南宋衛湜禮記集説引有臨川王氏安石之禮記發明一卷。禮記集説匯集了大量宋人的禮記解説，且較少偏見，不僅收録了程朱道學一脈的解釋，對於新學一派，如王安石、陸佃、方慤、馬晞孟等之禮記注釋，也收録甚夥，使新學對禮記的看法由是得以存世。王安石之禮記發明，即賴此書得存片段。今所存王安石解禮記之文字，涵蓋曲禮上下、檀弓上下、王制、曾子問、禮運、哀公問、坊記、中庸、表記諸篇。對比於禮記集説所收陸佃、方慤、馬晞孟之解説，幾乎涵蓋禮記的所有篇章，則在此似可作一大膽猜測，即禮記發明本身並非對禮記的全部解説，而是王安石對於他有所心得、特別關注的部分予以集録，因此對研究王安石之學術思想頗有助力。諸篇之中，以解中庸之文字最夥，既可見王安石對於心性之學的重視，也可窺宋真宗始賜新及第進士中庸所造成之影響。

本次輯録，以中華再造善本影印南宋刻本禮記集説爲底本，以清四庫薈要本爲校本，同時參校了元吴澄禮記纂言中所引數條。

# 目録

# 禮記發明

## 曲禮上

大夫七十而致事，若不得謝，則必賜之几杖，行役以婦人，適四方乘安車，自稱曰老夫，於其國則稱名，越國而問焉，必告之以其制。

臨川王氏曰：越國而問，謂老者自有事越出他國，他國問之也。（卷三。）

夫爲人子者，三賜不及車馬。

臨川王氏曰：三賜不及車馬，若以謂有辭遜之心，而終必受之，則雖不爲人子，不害辭遜。若以爲人子則辭遜而不敢受，則舜亦人子，而未嘗辭百官、牛羊、倉廪之奉也。車服、爵命，所以序功德。天下之公義，古今之達禮，苟當其功，苟稱其德，雖人子弟有辭遜之心，而終必不敢不受以申其遜弟之志者，不以小廉小遜害天下之大公也。凡禮有辭遜之文者，以難進易退爲道也。辭遜自是君子之常，豈繫爲人子哉？（卷三。）

見父之執，不謂之進不敢進，不謂之退不敢退，不問不敢對，此孝子之行也。

臨川王氏曰：心存於父者，見父之執猶父也。則其進退對問之際，安得不如此！（卷三。）

客若降等，執食興，辭。主人興，辭於客，然後客坐。主人延客祭。祭食，祭所先進。殽之序，徧祭之。三飯，主人延客食胾，然後辯殽。主人未辯，客不虚口。

臨川王氏曰：主人延客祭，先王制禮，無非教也，無終食之間違仁者，其祭之謂乎？（卷六。）

侍飲於長者，酒進則起，拜受於尊所。長者辭，少者反席而飲。長者舉未釂，少者不敢飲。

臨川王氏曰：拜受於尊所，此是初進酒時一拜受耳，不然則已煩矣。（卷六。）

博聞强識而讓，敦善行而不怠，謂之君子。君子不盡人之歡，不竭人之忠，以全交也。

臨川王氏曰：盡人之歡愛，竭人之忠誠〔一〕，則求人已深，能全交者鮮矣。盡歡以交人而不盡人之歡，竭忠以交人而不竭人之忠，此所謂躬自厚而薄責於人也。（卷七。）

〔一〕「愛」、「誠」，四庫薈要本無此二字。

禮曰：君子抱孫不抱子。此言孫可以爲王父尸，子不可以爲父尸。爲君尸者，大夫、士見之，則下之。君知所以爲尸者，則自下之。尸必式，乘必以几。齊者不樂不弔。

臨川王氏曰：於祭之有尸，見君子所以事鬼神之盡也。鄭註：國君幼少，有告者乃下之。君必有告者，不必幼也。（卷七。）

弔喪弗能賻，不問其所費。問疾弗能遺，不問其所欲。見人弗能館，不問其所舍。賜人者不曰來取，與人者不問其所欲。

臨川王氏曰：不問其所費，不問其所欲，不問其所舍，辭口惠而實不至也。賜人者不曰來取，與人者不問其所欲，爲人養廉也。（卷七。）

君所無私諱，大夫之所有公諱。詩、書不諱，臨文不諱，廟中不諱。夫人之諱，雖質君之前，臣不諱也。婦諱不出門。大功、小功不諱。入竟而問禁，入國而問俗，入門而問諱。

臨川王氏曰：邑國皆有竟，竟内各有禁。俗繫於國，國殊則有異俗。國非特城中而已也。（卷八。）

故君子式黄髮，下卿位。入國不馳，入里必式。

臨川王氏曰：入國不馳，愛敬之道也。（卷九。）

## 曲禮下

君大夫之子不敢自稱曰余小子。大夫、士之子不敢自稱曰嗣子某，不敢與世子同名。

臨川王氏曰：君大夫之子，國君及大夫之子也。（卷十。）

去國三世，爵禄有列於朝，出入有詔於國，若兄弟宗族猶存，則反告於宗後。去國三世，爵禄無列於朝，出入無詔於國，唯興之日，從新國之法。

臨川王氏曰：有列則有詔，先王脩其教不易其俗，故國各有法也。（卷十。）

大夫、士去國，踰竟爲壇位，鄉國而哭。素衣，素裳，素冠，徹緣，鞮屨，素簚，乘髦馬，不蚤鬋，不祭食，不説人以無罪。婦人不當御，三月而復服。

臨川王氏曰：孔氏云大夫三年待放竟上，士不待放，恐無此禮。孔子屢仕屢去，豈常行待放之禮乎?或者古之大夫有得罪被放於竟上,三年而後聽其去者乎?故季孫請囚於費以待察,春秋有放大夫之文,蓋緣此禮也。又三諫不從則去,亦不可必以爲常。要之三諫不從而不能去,則苟禄者也。如孔子去國,乃未嘗一諫也。且待放得環則還,是以待放要君耳。三諫不從,以爲不合則可以去,雖有庶幾其君或改之心,如孟子三宿然後出晝可也,何至三年?(卷十一。)

## 檀弓上

事親有隱而無犯,左右就養無方,服勤至死,致喪三年。事君有犯而無隱,左右就養有方,服勤至死,方喪三年。事師無犯無隱,左右就養無方,服勤至死,心喪三年。

臨川王氏曰:君之喪重於師者,既教之又養之也。(卷十五。)

孔子哭子路於中庭,有人弔者,而夫子拜之。既哭,進使者而問故,使者曰:「醢之矣。」遂命覆醢。

臨川王氏曰:孔子乃哭子路與師同,或者哭弟子之禮當如師,猶服之有報乎?(卷十五。)

夏后氏尚黑，大事斂用昏，戎事乘驪，牲用玄。殷人尚白，大事斂用日中，戎事乘翰，牲用白。周人尚赤，大事斂用日出，戎事乘騵，牲用騂。

臨川王氏曰：此似見詩有「駟騵彭彭」，遂有乘騵、乘翰之别。馬以共戎事，若皆以一物，則可以給戎者鮮矣。或者止以此物供貴者，則理可以通也。（卷十五。）

曾子之喪，浴於爨室。

臨川王氏曰：此自元、申失禮。於記曾子無遺言，鄭何以知其矯之以謙儉也？（卷十六。）

縣子瑣曰：「吾聞之，古者不降，上下各以其親。滕伯文爲孟虎齊衰，其叔父也；爲孟皮齊衰，其叔父也。」

臨川王氏曰：親親之敝，君不尊則命不一，而争奪之禍繁矣，故繼之以尊尊。尊尊，周道也。親親，殷道也。（卷十八。）

子游問喪具。夫子曰：「稱家之有亡。」子游曰：「有無惡乎齊？」夫子曰：「有毋過禮。苟亡矣，斂首足形，還葬，縣棺而封，人豈有非之者哉？」

臨川王氏曰：凡禮言封者，復土以閉瘞之名爾，何用改爲窆乎？王制庶人不封不樹，易以不封不樹爲古，則周有封樹之制，不必下逮庶人。（卷十九。）

既殯，旬而布材與明器。

臨川王氏曰：布，陳也。（卷十九。）

## 檀弓下

孔子謂爲明器者，知喪道矣，備物而不可用也。哀哉！死者而用生者之器也，不殆於用殉乎哉？其曰明器，神明之也。塗車芻靈，自古有之，明器之道也。孔子謂爲芻靈者善，謂爲俑者不仁，不殆於用人乎哉？

臨川王氏曰：用生者之器，必非殷盛時之禮。或者生者之器非祭器乎？此言果孔子，則周不爲俑矣。言周作俑亦無據。（卷二十一。）

季康子之母死，公輸若方小。斂，般請以機封，將從之。公肩假曰：「不可，夫魯有初：公室視豐碑，三家視桓楹。般，爾以人之母嘗巧，則豈不得以？其母以嘗巧者乎，則病者乎？噫！」弗果從。

臨川王氏曰：言公室視豐碑[一]，見下陵上僭成俗，人不復以僭爲非矣。（卷二十二。）

戰于郎。公叔禺人遇負杖入保者息，曰：「使之雖病也，任之雖重也，君子不能爲謀也，士弗能死也，不可。我則既言矣。」與其鄰重汪踦往，皆死焉。魯人欲勿殤重汪踦，問於仲尼。仲尼曰：「能執干戈以衛社稷，雖欲勿殤也，不亦可乎？」

臨川王氏曰：以此知先王制禮，大爲之防，而事有變常，不可以常禮治之者，可變而從宜也。小德出入可也。（卷二十二。）

工尹商陽與陳弃疾追吴師，及之，陳弃疾謂工尹商陽曰：「王事也，子手弓而可。」手弓。「子射諸。」射之，斃一人，韔弓。又及，謂之，又斃二人。每斃一人，揜其目。止其御曰：「朝不坐，燕不與，殺三人，亦足以反命矣。」孔子曰：「殺人之中，又有禮焉。」

[一]「豐碑」下，吴澄禮記纂言卷十四中下有「三家視桓楹」五字。

臨川王氏曰：春秋末世，諸侯無義戰。士庶人不幸而在軍旅之間，君命既不可廢，爲之强戰則又爲愈於不仁，如商陽者可也。是以孔子善之也。（卷二十二。）

仕而未有禄者，君有饋焉曰獻，使焉曰寡君，違而君薨，弗爲服也。

臨川王氏曰：經言君有饋焉，而解之曰有饋於君，似非也。且臣之饋君謂之獻，豈問有禄未有禄乎？（卷二十二。）

軍有憂，則素服哭於庫門之外，赴車不載櫜韔。

臨川王氏曰：禮者，將以恩止争，且務脩己，而不責人。不載櫜韔。如鄭義，則禮亦悖矣。（卷二十二。）

延陵季子適齊，於其反也，其長子死，葬於嬴、博之間。孔子曰：「延陵季子，吴之習於禮者也。」往而觀其葬焉。其坎深不至於泉，其斂以時服，既葬而封，廣輪揜坎，其高可隱也。既封，左袒，右還其封，且號者三，曰：「骨肉歸復于土，命也。若魂氣，則無不之也，無不之也。」而遂行。孔子曰：「延陵季子之於禮也，其合矣乎！」

臨川王氏曰：先王之制，爲長子三年，服之如此其重，則其哀戚不可不稱是也。三號而遂行，哀不足矣。孔子曰：「喪事不敢不勉。」又曰：「喪不若禮不足而哀有餘也。」謂其葬於禮爲合爾，稱其合於禮，所以譏其哀不足也。哀不足則不可謂仁矣。延陵之言，蓋老莊之徒也。或曰：「而遂行者，君命不可緩也。」君命亦不可若此其急也。不若此其急，則命廢乎？不廢，則少遼緩之，何爲而不可得也？（卷二十三。）

子思之母死於衛，赴於子思。子思哭於廟。門人至，曰：「庶氏之母死，何爲哭於孔氏之廟乎？」子思曰：「吾過矣，吾過矣。」遂哭於他室。

臨川王氏曰：似嫁庶氏耳。鄭云母姓庶氏〔二〕，非也。（卷二十三。）

## 王制

天子之田方千里，公侯田方百里，伯七十里，子男五十里。不能五十里者，不合於天子，附於諸

〔二〕「庶」，原缺，據吳澄禮記纂言卷十四中補。

侯，曰附庸。

臨川王氏曰：王制封國三等，古者九州之地以及四海之内，莫不各有君長。苟斥而大之，而增百里至五百里，則所絀廢削滅非一國也。此於人情似不合也，或者以商末諸侯各相侵并，合爲大國〔一〕，至周始裁損就五百里至百里之制，則不當云分土惟三也〔二〕。武王分土惟三，則至周公又何增國至五百里也？且孟子之言，何可廢也！孟子之言乃與魯人之言不同，此時魯已不知其始封之大小，又子産一同之言與孟子合，則五百里之言亦不足信也。凡言王制，亦豈皆商制也？鄭氏以國之大小故云耳。（卷二十四。）

凡四海之内九州，州方千里。州建百里之國三十，七十里之國六十，五十里之國百有二十，凡二百一十國。名山大澤不以封。其餘以爲附庸、間田。八州，州二百一十國。

臨川王氏曰：王制千七百國，乃周事也。若執玉帛者萬國，以爲禹會塗山之時，此左氏之妄也。禹之會塗山東方，不過見東方諸侯爾〔三〕，豈使四海之内會於一山之下哉？以禹之時有萬

〔一〕「合」，原作「各」，據四庫薈要本改。
〔二〕「惟」，原作「爲」，據四庫薈要本改。
〔三〕「見」，四庫薈要本作「會」。

國，則不當指塗山而言也。書曰萬邦者，總四海之内大略而言也。鄭以畿内五百里國，爲設法而言也。爲設法言之，則萬國又未可以爲實數也。且九州之地，今可以見。若皆以爲國，則山川沮澤不可以居民，獨立一君，孰爲之民乎？此蓋去古久遠，書籍散亡，自孟子時已不得周家班爵禄之詳，況於焚詩、書之後，漢文之世乎？（卷二十五。）

天子百里之内以共官，千里之内以爲御。

臨川王氏曰：此一説亦不知是何時，於他經亦不見其有此，恐於事亦難如此。蓋當合王府之財而通其調度，乃可也已。（卷二十六。）

千里之外設方伯。五國以爲屬，屬有長；十國以爲連，連有帥；三十國以爲卒，卒有正；二百一十國以爲州，州有伯。八州，八伯，五十六正，百六十八帥，三百三十六長。八伯各以其屬屬於天子之老二人，分天下以爲左右，曰二伯。

臨川王氏曰：千里之外設方伯，方伯連帥，固宜有之。五國、十國、三十國〔一〕，亦宜或然也。

〔一〕「三」，原作「二」，據王制經文及四庫薈要本改。

但州必二百一十國，恐不必然也。（卷二十六。）

諸侯之於天子也，比年一小聘，三年一大聘，五年一朝。

臨川王氏曰：孔氏謂虞、夏歲朝，以尚書考之，恐無此禮。巡守則朝于方岳之下，此謂五年一朝，疑即是方岳之朝也。（卷二十八。）

天子無事與諸侯相見曰朝。考禮，正刑，一德，以尊于天子。天子賜諸侯樂，則以柷將之；賜伯子男樂，則以鼗將之。諸侯賜弓矢然後征，賜鈇鉞然後殺，賜圭瓚然後爲鬯。未賜圭瓚，則資鬯於天子。

臨川王氏曰：疏言晉文不受鈇鉞，不得專殺，然鄰國有此大惡，雖不受鈇鉞，宜亦得討殺之。（卷二十九。）

天子命之教，然後爲學。小學在公宮南之左，大學在郊。天子曰辟廱，諸侯曰頖宮。

臨川王氏曰：古之教法，德則異之以智、仁、聖、義、中、和，行則同之以孝、友、睦、婣、任、恤，藝則盡之以禮、樂、射、御、書、數。淫言詖行詭怪之術不足以輔世，則無所容乎其時。而諸侯之所以教，一皆聽命於天子。天子命之矣，然後興學。命之曆數，所以時其遲速；命之權量，所以節其豐殺。命不在是，則上之人不以教，而爲學者不以道也[一]。士之奔走、揖遜、酬酢、笑語、升降出入乎此，則無非教者。高可以至於命，其下亦不失爲人用。其流及乎既衰矣，尚可以鼓舞群衆，俱有以異乎後世之人。故當是時，婦人之所能言，童子之所可知，有後世老師宿儒之所惑而不悟者也。武夫之所道，鄙人之所守，有後世豪傑名士之所憚而愧者也。堯、舜、三代從容無爲，同四海於一堂之上，而流風遺俗咏嘆之不息，凡以此也。[二]

又曰：天下不可一日無教，學不可一日廢於天下。王制所謂「命之教，然後爲學者」，何也？曰：學固不可一日無於天下，然其教不可不資之天子。資之天子，道德所以一也。命之教然後爲學，禮乎？曰：立諸侯矣，未有不命之教而不得立學也。蓋古之立國也，必資禮於天子，所謂命之教矣。（卷二十九。）

天子將出征，類乎上帝，宜乎社，造乎禰，禡於所征之地。受命於祖，受成於學。出征，執有罪

[一]「以」，原缺，據四庫薈要本補。
[二] 按：此段與虔州學記同。

反，釋奠于學，以訊馘告。

臨川王氏曰：受命于祖，此即載主而受命，用命賞于祖是也。上「已造乎禰」疏云即是造禰，非也。（卷二十九。）

庶人縣封，葬不爲雨止，不封，不樹。喪不貳事，自天子達於庶人。喪從死者，祭從生者，支子不祭。

臨川王氏曰：「喪不貳事」當連「自天子至於庶人」爲句。三年不從政，所謂不貳事，使壹於喪事也。金革無辟上使之，非也。或權制也。孟子前以士後以大夫，謂棺槨衣衾之不同，與此喪從死者、祭從生者似異。（卷三十。）

凡居民，量地以制邑，度地以居民。地邑、民居必參相得也。無曠土，無游民，食節事時，民咸安其居，樂事勸功，尊君親上，然後興學。

臨川王氏曰：樂事勸功，尊君親上，然後興學，禮乎？曰：學者，先王之所以教。有教然後使人能樂事勸功，尊君親上。教成然後立學，似非先王之法也。孔子謂富而後教之者，民窘於衣食，固不可驅而之善也。故富之者，王道之始也。雖然，所以教者，未嘗待民已大富足之後乃始興之也，隨其力之厚薄，勢之緩急而爲之禮，皆所以教之也。教不可以一日廢，則學不可一日亡於天下也。（卷三十二。）

## 曾子問

「如壻親迎，女未至而有齊衰、大功之喪，則如之何？」孔子曰：「男不入，改服於外次；女入，改服於内次。然後即位而哭。」曾子問曰：「除喪則不復昏禮乎？」孔子曰：「祭，過時不祭，禮也，又何反於初？」

臨川王氏曰：正義引期不使三月不從政爲據，以此論昏姻不幸而過時，雖齊衰之末，以昏姻，不亦可歟？昏禮重於冠，大功之末可冠，小功之末可娶。通典引鄭義云：已許嫁，使降從大功，理或然也。（卷四十七。）

## 禮運

後聖有作，然後脩火之利，范金，合土，以爲臺榭、宫室、牖户。以炮以燔，以亨以炙，以爲醴酪。

治其麻絲以爲布帛，以養生送死，以事鬼神上帝。皆從其朔。

臨川王氏曰：皆從其初，皆從其朔，或言初，或言朔，何也？初者一始而不可變，朔則終而復始，故於始諸飲食則言初，於後聖有作則言朔。蓋先王爲後世所因，乃其所以爲朔也。（卷五十四。）

然後退而合亨，體其犬、豕、牛、羊，實其簠、簋、籩、豆、鉶羹，祝以孝告，嘏以慈告，是謂大祥。此禮之大成也。

臨川王氏曰：禮之大成，此亦禮之一節耳。孔子曰：「禮云禮云，玉帛云乎哉！」籩豆玉帛，非禮之本。雖禮以祭祀爲重，要其義，亦不在乎元酒羹胾之爲急，而謂之禮之大成也。（卷五十五。）

孔子曰：「嗚呼，哀哉！我觀周道，幽、厲傷之，吾舍魯何適矣！魯之郊、禘，非禮也，周公其衰矣。杞之郊也，禹也；宋之郊也，契也，是天子之事守也。故天子祭天地，諸侯祭社稷。祝嘏莫敢易其常古，是謂大假。」

臨川王氏曰：「吾舍魯何適矣？」魯當孔子時屢遭亂，與周何異？孔子乃問禮於魯，則魯未必愈於周也。如明堂，皆推魯美，皆非其實，疑於此皆魯儒之妄也〔一〕。魯一變至於道，或者其是乎？

又曰：魯有周公之功，而用郊，不亦可乎？魯之郊也可乎？曰：有伊尹之心，則放其君可也；有湯、武之仁，則絀其君可也；有周公之功，用郊不亦宜乎？（卷五十五。）

何謂人情？喜、怒、哀、懼、愛、惡、欲，七者弗學而能。何謂人義？父慈、子孝、兄良、弟弟、夫義、婦聽、長惠、幼順、君仁、臣忠十者，謂之人義。講信脩睦，謂之人利。爭奪相殺，謂之人患。故聖人之所以治人七情，脩十義，講信脩睦，尚辭讓，去爭奪，舍禮何以治之？

臨川王氏曰：喜、怒、哀、懼、愛、惡、欲，此之謂七情。中庸止言喜、怒、哀、樂，喜、樂一也，何以所言不同？曰：皆情也。喜可以兼愛、欲，怒可以兼惡、懼。中庸言中和，則兼性言之，故止言喜、怒、哀、樂。此言七情之實，故詳言之。（卷五十六。）

四體既正，膚革充盈，人之肥也。父子篤，兄弟睦，夫婦和，家之肥也。大臣法，小臣廉，官職相

〔一〕「於」，原作「與」，據四庫薈要本改。

序，君臣相正，國之肥也。天子以德爲車，以樂爲御；諸侯以禮相與，大夫以法相序，士以信相考，百姓以睦相守，天下之肥也，是謂大順。大順者，所以養生送死，事鬼神之常也。

臨川王氏曰：德無所不容，以樂章之；車無所不載，以御行之。（卷五十八。）

故禮之不同也，不豐也，不殺也，所以持情而合危也。故聖王所以順：山者不使居川，不使渚者居中原，而弗敝也；用水、火、金、木，飲食必時；合男女，頒爵位，必當年德，用民必順。故無水、旱、昆蟲之災，民無凶、饑、妖孽之疾。

臨川王氏曰：禮運言水、火、金、木，飲食必時，何以不及土？曰：諸書以水、火、金、木、土、穀爲六府[一]，禮運飲食則兼土、穀而言也。（卷五十八。）

## 哀公問

公曰：「敢問何謂成親？」孔子對曰：「君子也者，人之成名也。百姓歸之名，謂之君子之子，是

[一]「諸」，四庫薈要本無。

使其親爲君子也，是爲成其親之名也已。」孔子遂言曰：「古之爲政，愛人爲大。不能愛人，不能有其身；不能有其身，不能安土；不能安土，不能樂天；不能樂天，不能成其身。」公曰：「敢問何謂成身？」孔子對曰：「不過乎物。」

臨川王氏曰：所遇於地者，不擇而安之謂之安土。所受於天者，不怨而樂之謂之樂天。治民至於樂，治之至也。脩身至於樂，脩之至也。（卷一百十八。）

## 坊記

子云：「君子不盡利以遺民。詩云：『彼有遺秉，此有不斂穧，伊寡婦之利。』故君子仕則不稼，田則不漁，食時不力珍，大夫不坐羊，士不坐犬。詩云：『采葑采菲，無以下體，德音莫違，及爾同死。』以此坊民，民猶忘義而争利以亡其身。」

臨川王氏曰：於物有所遺則爲不盡利，於事有所遺則爲不盡察，貴者之道也。（卷一百二十二。）

# 中庸

天命之謂性，率性之謂道，脩道之謂教。

臨川王氏曰：人受天而生使我有是之謂命，命之在我之謂性。不唯人之受而有是也，至草木、禽獸、昆蟲、魚鼈之類，亦禀天而有性也。然則性果何物也？曰：善而已矣。性雖均善，而不能自明，欲明其性，則在人率循而已。率其性不失，則五常之道自明。然人患不能脩其五常之道以充其性，能充性而脩之，則必以古聖賢之教爲法而自養其心。不先脩道，則不可以知命。易曰「窮理盡性以至於命」，易何以不先言命，而此何以首之？蓋天生而有是性命，不脩其道，亦不能明其性命也。是中庸與易之説合。此皆因中人之性言也，故曰：「自誠明謂之性，自明誠謂之教。」[一]夫教者，在中人脩之則謂之教，至於聖人，則豈俟乎脩而至也？若顔回者，是亦中人之性也，唯能脩之不已，故庶幾於聖人也。（卷一百二十三。）

喜、怒、哀、樂之未發謂之中，發而皆中節謂之和。中也者，天下之大本也。和也者，天下之達道

[一] 此二句「謂之」，原作「之謂」，據中庸經文及四庫薈要本改。

也。致中和，天地位焉，萬物育焉。

臨川王氏曰：人之生也，皆有喜、怒、哀、樂之事。當其未發之時謂之中者，性也。能發而中喜、怒、哀、樂之節謂之和者，情也。後世多以爲性爲善而情爲惡，夫性、情一也，性善則情亦善，謂情而不善者，設之不當而已〔一〕，非情之罪也。禮曰：「人生而靜，天之性也。感物而動，性之欲也。」則是中者，性之在我者之謂中；和者，天下同其所欲之謂和。夫所謂大本也者，性非一人之謂也，自聖人愚夫皆有是性也。達道也者，亦非止乎一人，舉天下皆可以通行。致中和，天地位焉，萬物育焉，此論中和之極，雖天地之大亦本乎中和之氣。天位於上，地位于下，陽氣下降，陰氣上烝，天地之間薰然春生夏長，而萬物得其生育矣。易曰「天地交而萬物生」，其中和之致也。（卷一百二十四。）

子曰：「中庸其至矣乎，民鮮能久矣。」

臨川王氏曰：孔子歎此中庸爲德之至，而當時之人鮮能久之。語亦曰：「中庸之德至矣乎，民鮮久矣。」蓋孔氏重傷政化已絶，天下之人執乎一偏，中庸之道所以不能行也。（卷一百二

〔一〕「設」，四庫薈要本作「説」。

十五。）

子曰：「道之不行也，我知之矣，知者過之，愚者不及也。道之不明也，我知之矣，賢者過之，不肖者不及也。人莫不飲食也，鮮能知味也。」

臨川王氏曰：中庸之道不行不明於世者，孔子言我固知其然矣。當孔子之時，治化已絶，處士横議，各信一偏之見，是故知賢者止知用心之切，求過於道，中庸之理所以不明不行。夫知者知其行道於世，使愚者皆可企及。賢者謂不行道於世，則當明之於己，而使不肖者皆可以法傚。若舜之知，可謂能行也；顔回之擇善，可謂能明也。愚不肖者固可以勉而行中庸之道矣。今因其知與賢者求過於道，是以望道而不可企及，所以聖人於此深責其知與賢者之過，而非愚不肖之罪。若伯夷、柳下惠之徒，皆非中道，故孟子但言其聖人清、和之一節耳。人孰不飲食也，然鮮能知正味，如酸鹹辛苦之類，皆得其中和可也。人莫不欲行道也，鮮能知中和之理，反棄聖道而務爲異行，孔子所以歎之也。（卷一百二十五。）

子曰：「人皆曰予知，驅而納諸罟擭陷阱之中，而莫之知辟也。人皆曰予知，擇乎中庸，而不能期月守也。」

臨川王氏曰：孔子歎人既以知稱，反不能辟羅網陷阱之患〔一〕，是豈足爲知哉！君子之知則不然，守乎中庸之道，能周旋委曲俯順天下之情，時剛則剛，時柔則柔，可行則行，可止則止，素患難行乎患難，素夷狄行乎夷狄，故禍不能及也。宋桓魋欲害孔子，而孔子曰：「天生德於予。」唯有德者能受正命，則死生豈患之乎？又厄於陳、蔡，而弦歌不衰，此見其窮而不困，憂而不畏，知禍福之終始而不惑者也。蓋能守中庸，所以然也。（卷一百二十五。）

子曰：「回之爲人也，擇乎中庸，得一善則拳拳服膺而弗失之矣。」

臨川王氏曰：易曰：「有不善未嘗不知，知之未嘗復行。」在易言顔子之去惡，在中庸言顔子之就善也。（卷一百二十六。）

子路問强，子曰：「南方之强與？北方之强與？抑而强與？寬柔以教，不報無道，南方之强也，君子居之。衽金革死而不厭，北方之强也，而强者居之，故君子和而不流，强哉矯；中立而不倚，强哉矯。國有道，不變塞焉，强哉矯；國無道，至死不變，强哉矯。」

〔一〕「反」，四庫薈要本作「乃」。

臨川王氏曰：强哉矯者，言此强可以矯北方之過，矯枉而歸諸道者也。國有道者，泰通之時，君子出而行道，不可變而爲蔽塞焉，此其强可以矯素隱行怪之枉也。語曰：「邦有道，貧且賤焉，恥也。」國無道者，上下不交之時也，當守道於己，至死而不變其節。孔子蓋惡當時之人爲中庸，道不用於世，遂半塗而廢，故曰「至死不變」，此其强可以矯半塗之枉。下文蓋傷之也。（卷一百二十六。）

子曰：「素隱行怪，後世有述焉，吾弗爲之矣。君子遵道而行，半塗而廢，吾弗能已矣。君子依乎中庸，遯世不見知而不悔，唯聖者能之。」

臨川王氏曰：申屠負石赴河，仲子辟兄離母，是行怪也。君子必遵中庸之道，行之悠久，不爲變易。苟半塗而廢，非君子所爲也。昔子貢謂孔子之道至大，天下莫能容，而請少貶焉。公孫丑謂孟子宜若登天然，使人不能幾及。此二子者不知孔、孟遵中庸之道而行之，故反欲貶之也。樊遲請學稼，此蓋廢聖人之道，欲學野夫之事，故夫子鄙之。（卷一百二十六。）

誠者，自成也，而道自道也。誠者，物之終始，不誠無物，是故君子誠之爲貴。誠者非自成己而已也[一]，所以成物也。成己，仁也；成物，知也。性之德也，合外内之道也，故時措之宜也。

臨川王氏曰：以實於己者言之，則爲誠；以誠而行之，則曰道，其實一理也。是理也，本與生俱生，非由外鑠。使人能反身而誠，則是誠也，豈非自誠也[二]？人能率此以行之，則是道也，豈非自道乎？使自外而爲之，則非誠道矣。（卷一百三十三。）

故至誠無息，不息則久，久則徵，徵則悠遠，悠遠則博厚，博厚則高明。博厚所以載物也，高明所以覆物也，悠久所以成物也。博厚配地，高明配天，悠久無疆。如此者，不見而章，不動而變，無爲而成，天地之道可壹言而盡也。其爲物不貳，則其生物不測，天地之道博也、厚也、高也、明也、悠也、久也。今夫天，斯昭昭之多，及其無窮也，日月星辰繫焉，萬物覆焉。今夫地，一撮土之多，及其廣厚，載華嶽而不重，振河海而不洩，萬物載焉。今夫山，一卷石之多，及其廣大，草木生之，禽獸居之，寶藏興焉。今夫水，一勺之多，及其不測，黿鼉鮫龍魚鱉生焉，貨財殖焉。詩曰：「維天之命[三]，於穆不已」，蓋曰天之所以爲天也。「於乎不顯，文王之德之純」，蓋曰文王之

[一]「成」，原作「誠」，據四庫薈要本改。

[二]「誠」，四庫薈要本作「成」。

[三]「維」，原作「惟」，據四庫薈要本改。

所以爲文也，純亦不已。

臨川王氏曰：「於乎不顯，文王之德之純」，傳、註以爲文王之德非不顯也，此固不然。此言文王之德純粹不露，人不可得而見，如詩之遵養時晦，易之内文明而外柔順。孟子曰：「文王視民如傷，望道而未之見。」此皆言文王之守其德而不顯也，此其所以爲文王也。純亦不已者，所以通上句言。文王之所以爲文王，以其守之以至誠，純而不窮已，亦如天之高明不已也。蓋周家唯文王受命作周，積德無窮，故詩曰，周家「世世修德，莫若文王」。又曰：「不識不知，順帝之則。」又曰：「陟降庭止，在帝左右。」凡詩之美文王，皆美其至誠不已也。（卷一百三十四。）

王天下有三重焉，其寡過矣乎！上焉者雖善無徵，無徵不信，不信民弗從。下焉者雖善不尊，不尊不信，不信民弗從。故君子之道，本諸身，徵諸庶民，考諸三王而不繆，建諸天地而不悖，質諸鬼神而無疑，百世以俟聖人而不惑。質諸鬼神而無疑，知天也；百世以俟聖人而不惑，知人也。是故君子動而世爲天下道，行而世爲天下法，言而世爲天下則，遠之則有望，近之則不厭。詩曰：「在彼無惡，在此無射，庶幾夙夜以永終。」譽君子未有不如此而蚤有譽於天下者也。

臨川王氏曰：傳註之學，多謂三重接上下之意，此甚不然。蓋言王天下之事者有三最重，有此三者，則可以寡過矣。何謂三重？下文徵信、民從是矣。上焉者居富貴之地，雖有善，必當有徵驗於民，無徵驗不足爲信矣。既已不信，則天下之民安能服從哉？固不從矣。三重者，言有徵而可信，可信而民從是也。下焉者，居貧賤之位者也。既居貧賤，雖有善，亦當不失其自重之道可也。尊者如上文尊德性、尊其性之所自得，而重其所爲也。雖有善，不自致其尊且重，則不信於外，不信則民弗從矣。居上而必欲有徵者，乃是達則兼善天下也；居下而必欲尊者，乃是窮則獨善其身也。（卷一百三十五。）

仲尼祖述堯、舜，憲章文、武，上律天時，下襲水土，辟如天地之無不持載，無不覆幬，辟如四時之錯行，如日月之代明，萬物並育而不相害，道並行而不相悖。小德川流，大德敦化，此天地之所以爲大也。

臨川王氏曰：中庸論道，欲合天人、一精粗，使學者知精之由於粗，天之始於人，則用力而不爲誕矣。故由夫婦之與知而極之於聖人之所不知，致曲之誠而極之於聖人之能化。故以仲尼之事實之，亦以其始之。稽前聖，法天地，而後至於與天地相似。由與天地相似而化之，遂至於與天地爲一。嘗觀孔子之道，至於從心之妙[一]，而本之於十五之志學；性與天道之不可聞，而本之於日用之文章。子思言道，則極於變化之誠，而其本自致曲之誠。孟子言道，則由仁之於父子而至於聖人之於天道[二]，由可欲之善而至於不可知之神。君子之教人，將使人之皆可爲也，必使之由易以至難，而皆有用力之地。故起於夫婦之有餘，而推之於聖人所不及，舉天下之至易，而通之於至難，使天下其至難者與其至易者無異也。（卷一百三十五。）

唯天下至聖，爲能聰明叡知，足以有臨也；寬裕温柔，足以有容也；發强剛毅，足以有執也；齊莊中正，足以有敬也；文理密察，足以有别也。溥博淵泉而時出之。溥博如天，淵泉如淵。見而民莫不敬，言而民莫不信，行而民莫不説。是以聲名洋溢乎中國，施及蠻貊，舟車所至，人力所通，天之所覆，地之所載，日月所照，霜露所隊，凡有血氣者，莫不尊親，故曰配天。

臨川王氏曰：聰明者，先聰明於己，而後聰明於天下。叡則書之「思曰睿」。知則易之「知周萬物」。有聰明而無叡知以行則不可，書曰「無作聰明亂舊章」，獨任聰明則亂舊章矣。故全

[一] 「從」，原作「縱」，據四庫薈要本改。
[二] 後「於」字，原缺，據四庫薈要本補。

此四者，然後可以有臨於天下也。寬則寬大，裕則有餘，温則温良，柔則書之「柔而立」是也。易曰「容保民無疆」〔一〕，是有此四者，然後可以有容於天下也。發者遇事而發其端緒，强者若上文「强哉矯」之强，有執非「子莫」之謂，若「擇善而固執之」之謂也；中者處中道，正者守之以正，守正而不處中道則不可，處中道而不守正亦不可，二者必在相須。足以有敬於天下，常人論敬，不過指敬鬼神、敬祭祀而言，未嘗有言敬天下之民。此言聖人亦不敢輕天下之民也，能敬於民，民亦敬於上。文理者，人倫之理密謹嚴也。察，明察也。雖有文理，不加密察，則制度文法必有亂於天下；既以謹嚴明察，則足以有别於天下，則天下之人亦自知有别矣。溥博者，廣大也；淵泉者，深峻也。上能有此五者之德，而又上下能察乎天地，然須時而出之，若上文「君子時中」，又曰「時措之宜」是也。苟時可以温柔，而反用剛毅，則不可；時可以剛毅，而反用温柔，則亦不可。此言中庸之道，所貴者應時而已。（卷一百三十五。）

〔一〕「疆」，原作「彊」，據四庫薈要本改。

## 表記

子曰：「裼襲之不相因也，欲民之毋相瀆也。」〔一〕子曰：「祭極敬不繼之以樂，朝極辨不繼之以倦。」

臨川王氏曰：表記曰「祭極敬，不繼之以樂」，祭義曰「祭之日，樂與哀半」，何以不同？曰：不繼以樂者，樂之在身；哀與樂半者，樂之在親也。（卷一百三十七。）

仁者，右也；道者，左也。仁者，人也；道者，義也。厚於仁者薄於義，親而不尊；厚於義者薄於仁，尊而不親。道有至，義有考。至道以王，義道以霸。考道以爲無失。

臨川王氏曰：可以相勝者，仁義也，故厚於仁而薄於義則親而不尊，厚於義而薄於仁則尊而不親。不可以相勝者，禮樂也，故曰樂勝則流，禮勝則離。仁義相勝則相治，禮樂相勝則相賊。（卷一百三十七。）

〔一〕「毋」，原作「母」，據四庫薈要本改。

# 字說

張鈺翰輯録

# 整理説明

王安石之壻蔡卞言，「（安石）晚以所學考字畫奇耦横直，深造天地陰陽造化之理，著字説，包括萬象，與易相表裏。」對字説予以極高之評論，歷來被引用以説明字説的基本學術取向。而對於字説之價值與意義，王安石亦自許甚高：「庸詎非天之將興斯文也，而以余贊其始。」（熙寧字説序）可以説，字説在王安石的著述和學術中佔有非常重要的地位，對理解王安石之「道德性命之理」與「天人一體之道」的學術體系，極有幫助。

字説之卷數，有二十卷、二十二卷和二十四卷三説。王安石熙寧字説序言「序録其説爲二十卷」，而進字説表中則言「謹勒成字説二十四卷」。至其弟子龔原於紹聖元年（一〇九四）十一月上奏稱「王安石在先朝時嘗進所撰字説二十二卷，其書發明至理，欲乞差人就安石家繕寫足本，降付國子監雕印」，乃又有二十二卷之説。至南宋以後，二十卷本與二十四卷本皆有流傳，如郡齋讀書志著録爲二十卷，密齋筆記卷一載「新刊荆公字説二十四卷」，玉海則兩説並存，卷四十三言「元豐五年（一〇八二）王安石表上字説二十四卷」，次卷又載「王安石字説二十卷，以會意一體貫通六書」。至於二十二卷本，則未見龔原所言以外之其他記録，或龔原偶誤，或傳寫之訛。另外，南宋又有所謂重廣字説，陸游渭南文集卷三十一有跋重廣字説，曰：「字説凡有數本，蓋先後之異，此猶非定本也。」綜合諸説，大體可以推知，王安石於熙寧中初成二十卷本，後經修訂，復於元豐五年上進二十四卷本。

字説成書以後，雖没有立即得到朝廷之認可與頒行，但在學者間廣爲流傳，在學校之中也迅速得到講官的重視。如宋史陳次升傳即記其「入太學時，學官始得王安石字説，招諸生訓之」。陳次升爲熙寧六年進士，可見在此之前字説實以準教科書之身份，爲太學教官所宗師與教授，故後來變法派與反對派皆將三經新義與字説連言。書成之後，至北宋末期，注解頗多，有雷抗字説注，唐耜字説集解，韓兼字説解，劉全美字説偏旁音釋、字説備檢、字會，太學生字説音訓等。新學解經之作，史亦言多用字説之義。可見字説之風行天下。陸游在老學庵筆記卷二中記載了此書廣爲流傳的盛況：

字説盛行時，有唐博士耜、韓博士兼皆作字説解數十卷，太學諸生作字説音訓十卷，又有劉全美者作字説偏旁音釋一卷、字説備檢一卷，又以類相從，爲字會二十卷。故相吴元中試辟雍，程文盡用字説，特免省。門下侍郎薛肇明作詩奏御亦用字説中語。予少時見族伯父彦遠和霄字韻詩云「雖貧未肯氣如霄」，人莫能曉，或叩之，答曰：「此出字説，霄字云，凡氣升此消焉。」其奥如此。鄉中前輩胡浚明尤酷好字説，嘗因浴出，大喜曰：「吾適在浴室中有所悟，字説『直』字云『在隱可使十目視者直』，吾力學三十年，今乃能造此地。」近時此學既廢。予平生惟見王瞻叔參政篤好不衰，每相見必談字説，至暮不雜他語，雖病，亦擁被指畫，誦説不少輟。其次晁子止侍郎亦好之。

與此相應，當時斥字説穿鑿者亦復不少，尤以蘇軾爲甚。至新學廢罷，在與道學之競争中失敗，字説及相關著作遂湮滅不可復見，唯有零星引語傳世。

字説之輯録，前有張宗祥、胡道静、朱瑞熙、黄復山等多家，多寡不同，而搜羅甚夥。本次輯録，則以可確定屬字説者爲準，其他，如陸佃埤雅、蔡卞毛詩名物解、王昭禹周禮詳解等書中解字之語，雖宋人即已言其多用字説、以字説爲宗，然而嚴格來説，並無法判定其語究竟是否爲字説原文。甚至如王氏自著之周禮義，其中定有與字説重合者，卻因未曾標明，不可斷其解字者皆屬於或同於字説。故此，爲審慎起見，此類未曾明言者皆不予收録。又宋人筆記小説中，記載了很多有關譏諷王安石及其學術穿鑿可笑的故事，如鶴林玉露載「世傳東坡問荆公：『何以謂之波？』曰『波者，水之皮。』坡曰：『然則滑者，水之骨也？』」高齋漫録載「東坡聞荆公字説新成，戲曰：『以竹鞭馬爲篤，以竹鞭犬，有何可笑？』又曰：『鳩字從九從鳥，亦有證據，詩曰鳲鳩在桑，其子七兮。和爺和娘，恰是九箇。』」澠水燕談録亦載劉敞就解犇、麤二字言之，以牛之體壯於鹿，鹿之行速於牛，而積三爲字，王安石解其義皆反之。此類文字，主旨在譏王安石之穿鑿，非必實有其事，亦非必字説實有其語，故亦不予收録。

字説原本以何爲序，今不可見。唯甕牖閒評卷四云「字説於種字韻中入穜字」，楊時字説辨各條之次序亦以韻爲次，則字説蓋以韻分卷。至其所用何韻，如何分卷，皆不可攷。今則以成書於治平中之集韻爲韻部劃分之標準。以其存者不多，姑以韻爲次，釐爲五卷。要之，本次輯録，其在多大程度上符合字説之原貌不敢斷言，唯庶幾求其貼近而已。

# 引用書目：

〔宋〕陸佃埤雅　明成化刻嘉靖重修本

〔宋〕陸佃爾雅新義　清嘉慶十三年陸氏三間草堂刻本

〔宋〕蔡卞毛詩名物解　清通志堂經解本

〔宋〕李之儀姑溪居士後集　清文淵閣四庫全書本（臺灣商務印書館影印，下同。）

〔宋〕楊時龜山先生集　明萬曆刻本

〔宋〕陳師道後山談叢　清文淵閣四庫全書本

〔宋〕黄朝英靖康緗素雜記　清守山閣叢書本

〔宋〕王黼博古圖　清乾隆亦政堂刻本

〔宋〕馬永卿嬾真子　明稗海本

〔宋〕李綱梁谿集　清道光刻本

〔宋〕吕本中童蒙訓　明刻本

〔宋〕朱翌猗覺寮雜記　清知不足齋叢書本

〔宋〕王觀國學林　清武英殿聚珍版叢書本

〔宋〕陳善捫蝨新話　明毛氏汲古閣刻津逮祕書本

〔宋〕袁文　甕牖閒評　清武英殿聚珍版叢書本

〔宋〕林之奇　尚書全解　清通志堂經解本

〔宋〕陸游　老學庵筆記　明毛氏汲古閣刻津逮祕書本

〔宋〕周煇　清波雜志　四部叢刊續編景宋本

〔宋〕羅愿　爾雅翼　明天啓刻本

〔宋〕葉大慶　考古質疑　清武英殿聚珍版叢書本

〔宋〕羅大經　鶴林玉露　明刻本

〔宋〕羅璧　識遺　清文淵閣四庫全書本

〔宋〕歐陽守道　巽齋文集　清文淵閣四庫全書本

〔宋〕李霖　道德真經取善集　明正統道藏本

〔元〕劉惟永　道德真經集義　明正統道藏本

〔明〕李時珍　本草綱目　清文淵閣四庫全書本

〔明〕何楷　詩經世本古義　明崇禎十四年刻本

# 目録

# 字說　卷一　平聲上

## 東第一

同：彼亦一是非也，此亦一是非也，物之所以不同。冂一口，則是非同矣。（龜山先生集卷七辨二王氏字說辨。）

童：始生而蒙，信本立矣；方起而穉，仁端見矣。（龜山先生集卷七辨二王氏字說辨。）字說所謂大同於物者離人焉。（龜山先生集卷十四。）

籠：從竹從龍，内虛而有節，所以籠物，雖若龍者，亦可籠焉。（龜山先生集卷七辨二王氏字說辨。）

聰：於事則聽，思聰於道，則聽忽矣。（龜山先生集卷七辨二王氏字說辨。）

蔥：字說曰：蔥，疏關節，達氣液，忽也。所謂蔥珩，其色如此。繱亦如此。（埤雅卷十八。）

洪：洪則水共而大。洪範所謂洪者，五行也，亦共而大。（龜山先生集卷七辨二王氏字說辨。）

紅紫：紅，以白入赤也。火革金，以工器成焉，凡色，以系染也。紫，以赤入黑也。赤與萬物相見，黑復而辨於物，爲此而已。夫有彼也，乃有此也。道所貴，故在系上。工者事也，此者德也。（龜山先生集卷七辨二王氏字説辨。）

鴻鴈：大曰鴻，小曰鴈，所居未嘗有正，可謂反矣。然而大夫贄此者，以知去就爲義，小者隨時，如此而已。乃若大者隨時，則能以其智興事造業矣。鴻，從水，言智；工，言業，故又訓大。易曰：「隨時之義大矣哉！」若大夫者，不能充也。（龜山先生集卷七辨二王氏字説辨。）

空：無土以爲穴，則空無相；無工以空之〔一〕，則空無作。無相無作，則空名不立。（龜山先生集卷七辨二王氏字説辨；捫虱新話上集卷三。）

初作：工能穴土，則實者空矣，故空從穴從工。（捫虱新話上集卷三。）

字説：……又所謂性覺真空者離人焉。（龜山先生集卷十三。）

倥侗：真空者，離人焉，倥異於是，特中無所有耳。大同者，離人焉，侗異於是，特不能爲異耳。（龜山先生集卷七辨二王氏字説辨。）

公：公雖尊位，亦事人，亦事事。（龜山先生集卷七辨二王氏字説辨。）

---

〔一〕「空」，捫虱新話上集卷三作「穴」。

豐：豐者，用豆之時。（龜山先生集卷七辨二王氏字説辨。）

終：無時也，無物也，則無終始。（龜山先生集卷七辨二王氏字説辨。）

崇高：高言事，崇指物陰陽。（龜山先生集卷七辨二王氏字説辨。）

中：中通上下，得中，則制命焉。（龜山先生集卷七辨二王氏字説辨。）

王安石釋其字云：上以交乎下，下以交乎上，左以交乎右，右以交乎左。（博古圖卷十四。）

忠：有中心，有外心。所謂忠者，中心也。（龜山先生集卷七辨二王氏字説辨。）

中心爲忠。（考古質疑卷三；巽齋文集卷六。）

沖：字説：沖氣以天一爲主，故從水；天地之中也，故從中。又水平而中，不盈而平者，沖也。

熊羆：字説曰：熊，强毅有所堪能，而可以其物火之。羆亦熊類，而又强焉，然可網也。（埤雅卷三。）

（道德真經集義卷九。）

## 冬第二

冬：春徂夏爲天出而之人，秋徂冬爲人反而之天。（龜山先生集卷七辨二王氏字説辨。）

## 鍾第三

松柏：王文公曰：松華猶槐也，而實亦玄。然華以春，非公所以事上之道。柏視松也，猶伯視公，伯用詘所執躬圭者以此，公用直所執桓圭者以此。（埤雅卷十四；又龜山先生集卷七辨二王氏字説辨。）王安石字説云：松柏爲百木之長，松猶公也，柏猶伯也，故松從公，柏從白。（本草綱目卷三十四。）

訟：訟者，言之于公。（考古質疑卷三。）

穜：字説於種字韻中入穜字，云：物生必蒙，故從童。艸木亦或種之，然必穜而生之者，禾也，故從禾。（甕牖閒評卷四。）

## 支第五

追：追，所追者止，能追者辵而從之。（捫蝨新話上集卷三。）

蜘蛛：字説曰：設一面之網，物觸而後誅之。蜘蛛，義者也。（埤雅卷十一。）

字説曰：設一面之網，蟲至而獲焉，知誅義者也。（爾雅翼卷二五。）

王安石字説云：設一面之網，物觸而後誅之，知乎誅義者，故曰蜘蛛。（本草綱目卷四十。）

犧牲：殘而殺之，和所以制物；完而生之，義所以物始。（龜山先生集卷七辨二王氏字説辨。）

義和：斂仁氣以爲羲，散義氣以爲和。（龜山先生集卷七辨二王氏字説辨。）

王氏云：散義氣以爲羲，斂仁氣以爲和。日出之氣爲羲，羲者，陽也；利物之謂和，和者，陰也。（尚書全解卷一。）

戲：自人道言之，交則用豆，辨則用戈，慮而後動，不可戲也，戲實生患。自道言之，無人焉用豆，無我焉用戈，無我無人，何慮之有？用戈用豆，以一致爲百慮，特戲事耳。戲非正事，故又爲於戲、傾戲之字。（龜山先生集卷七辨二王氏字説辨。）

虧壞：王文公曰：懷乃所以壞，聲虐、氣于，皆虧之道。危，毀也，壞亦毀焉；圮，毀也，虧亦毀也。（爾雅新義卷一。）

僞：人爲之謂僞。（考古質疑卷三。）

## 脂第六

私：字說：韓非曰：「自營爲私，背公爲私。」夫自營者，未有能成其私者也，故其字爲自營而不周之形。故老子曰：「夫非以無私也，故能成其私。」私從禾從厶，厶，自營也。厶不能不自營也，然自營而不害於利物，則無怨於私矣。（道德真經集義卷十二。）

葵：字說曰：草也，能揆日嚮焉，故又訓揆。本草曰「葵爲百菜之主」，豈亦以此乎？（埤雅卷十七。）

## 之第七

之：有所之者，皆出乎一。或反隱以之顯，或戾静以之動，中而卜者，所之正也。（龜山先生集卷七辨二王氏字說辨。）

詩：又說字說：詩字，從言從寺。詩者，法度之言也。（童蒙訓卷下。）

王舒王解字云：詩字從言從寺。寺者，法度之所在也。（姑溪居士後集卷十五。）

王臨川謂：詩，製字從寺。九寺，九卿所居，國以致理，乃理法所也。釋氏名以主法，如寺人掌禁近嚴密之役，皆謂法禁所在。詩從寺，謂理法語也。故雖世衰道微，必止乎禮義，雖多淫奔之語，曰思無邪。（識遺卷九。）

思：出思不思，則思出於不思，若是者，其心未嘗動出也，故心在内。（龜山先生集卷七辨二王氏字説辨。）

仔：爾雅曰：「仔，肩任也。」（學林卷七。）

## 微第八

薇：字説曰：……薇，禮豕用焉。然微者所食，故詩以采薇言戍役之苦，而草蟲序於蕨後，喻求取之薄。（埤雅卷十八。）

王文公曰：薇，微者所食也。（爾雅翼卷四。）

王安石字説云：微賤所食，因謂之微，故詩以采薇賦戍役。（本草綱目卷二十七。）

## 魚第九

除：有陰有陽，新故相除者，天也。有處有辨，新故相除者，人也。（龜山先生集卷七辨二王氏字説辨。）

舉：王安石字説：舉字從手從與，以手致而與人之意，獻酬之義也（博古圖卷七。）

## 虞第十

無：字説：無，從𣞤、從亡。蓋𣞤者，有之極也；有極則復此於無者矣。老子曰：「有無之相生。」（道德真經集義卷五。）

无：天屈西北爲无。蓋東南爲春夏，陽之伸也，故萬物敷榮；西北爲秋冬，陽之屈也，故萬物老死，老死則無矣。（鶴林玉露卷九。）

字説：王育曰：「天屈西北爲无。」蓋制字或以上下言之，或以東西南北言之，或以左右言之，或以先後言之；王育之言無是也。蓋乾位西北，萬物於是乎資始。方其有始也，則無而已；引而伸之，然後爲有。（道德真經集義卷一。）

鴝鵒：字説：鴝從勾，鵒從欲，解云：鴝鵒多欲，尾而足勾焉。（靖康緗素雜記卷八。）

鸜鵒勾其足而欲墮。（猗覺寮雜記卷上。）

字説云：尾而足勾焉。（爾雅翼卷一四。）

王氏字説以爲：其行欲也，尾而足勾，故曰鴝鵒。從勾從欲省。（本草綱目卷四十九。）

## 模第十一

榆枌：字説曰：榆瀋滑，故謂之俞〔一〕，莖俞而有刺〔二〕，所以爲至枌俞而已〔三〕，安可長也。以俞爲合，乃卒乎分，夫根如朌、俞如枌，皆分之道。（埤雅卷十四；又毛詩名物解卷五略同。）

王安石字説云：榆瀋俞柔，故謂之榆。其枌則有分之之道，故謂之枌。其莢飄零，故曰零榆。（本草綱目卷三十五下。）

## 齊第十二

雞鶡：字説曰：奚也、曷也，皆無知也。雞可畜焉，以放於死，奚物而無知者也。鶡善鬭焉，以

〔一〕「俞」，毛詩名物解卷五作「榆」。
〔二〕「俞」，毛詩名物解卷五作「榆」。
〔三〕「至」，毛詩名物解卷五作「主」；「俞」，毛詩名物解卷五作「榆」。

放於死，曷物而無知者也。（埤雅卷七。）

## 皆第十四

豺：字説曰：豺亦獸也，乃能獲獸，能勝其類，又知以時祭，可謂才矣。（埤雅卷三。）字説云：豺能勝其類，又知祭獸，可謂才矣，故字從才。（本草綱目卷五十一下。）

## 灰第十五

槐：王文公曰：槐，黄中，其華又黄，懷其美以時發者也，故公位焉。（埤雅卷十四。）王安石釋云：槐，黄中懷其美，故三公位之。春秋元命包云：槐之言歸也。古者樹槐，聽訟其下，使情歸實也。（本草綱目卷三十五上。）

楳：字説云：楳用作羹，和異味而合之，如媒也。（甕牖閒評卷四。）

## 咍第十六

鼒：王安石字説謂：鼒，鼎之有才者。蓋大鼐則孕其氣，而鼒則小有才而已。（博古圖卷五。）

## 真第十七

貧：分貝爲貧。（考古質疑卷三、後山談叢卷二。）

## 諄第十八

年：禾一成爲年（猗覺寮雜記卷上。）

## 文第二十

羒羖：字説曰：夷羊謂之羒而夏羊謂之羖，則由中國之道無分也，處之有宜而已。夷羊謂之牂而夏羊謂之羭，則由中國之道，非特承上以爲羬，有可否之義焉。以羖合羒言之，以羭合牂言之，是以羖爲牯，羭爲牝也。（爾雅翼卷二三。）

## 元第二十二

軒渠：字説：軒上下，渠一直一曲，受衆小水將達而不購也。（靖康緗素雜記卷三。）

## 魂第二十三

門：二户相合而爲門。（考古質疑卷三。）

## 寒第二十五

鸙：字説曰：善鬭謂之鸙。非不健也，然尾長，故飛不能遠。譬諸强學務末勝本，則其出入亦不能遠。（爾雅翼卷一五。）

# 桓第二十六

萑葦菼薍荻：字説曰：蘆謂之葭，其小曰萑；荻謂之蒹，其小曰葦。其始生曰菼，又謂之薍。荻强而葭弱，荻高而葭下，故謂之荻。菼中赤，始生末黑〔一〕，黑已而赤，故謂之菼。其根旁牽揉槃互，其行無辨矣，而又强焉，故又謂之薍。薍之始生，常以無辨，唯其强也，乃能爲亂。（埤雅卷十六。）

蘆謂之葭，其小曰萑；荻謂之蒹，其小曰蘿。其始生之時又謂之薍。蒹能兼地，於葭所生能侵有之，然不如葭所生之遐，不宜下故也。萑則宜下矣。葭能遐，假水焉。蒹又謂之兼，雖兼地，然惡下。荻强而葭弱，荻高而葭下，故謂之荻，荻猶逖也。蘆秀而蘆葦可織以爲薄席。荻亦可織，雖完，而用不如蘆；而或析也，故音完。菼中赤，始生未黑也而赤，故謂之菼。其根旁行强揉槃互，其行無辨矣，而又强焉，故又謂之薍。薍之始生，常以無辨，惟其

〔一〕「末」，原作「未」，據毛詩名物解卷四改。

强也，乃能爲亂。（毛詩名物解卷四。）[一]

## 山第二十八

閑暇：王文公曰：惟閑暇，故得閑習；亦閑暇，則宜閑習。（爾雅新義卷二。）

〔一〕此條毛詩名物解不言出於字説，而大體多同於埤雅中所引，是其中必有出自字説者，惟不知何者節引，何者全引，故並附焉。

# 字說　卷二　平聲下

## 先第一

天示：一而大者，天也。二而小者，示也。天得一而大，地得一而小。（龜山先生集卷七辨二王氏字說辨。）

天一而大。天之爲言填也，居高理下，含爲太一，分爲殊形，故立字一而大。（猗覺寮雜記卷上。）

一而大，謂之天。（鶴林玉露卷十三。）

蓮：王文公曰：蓮華有色有香，得日光乃開。敷生卑濕淤泥，不生高原陸地。雖生於水，水不能没；雖在淤泥，泥不能汙；即華時有實，然華事始則實隱，華事已則實現；實始於黄，終於玄，而莖葉緑；葉始生也，乃有微赤；實既能生根，根又能生實，實一而已，根則無量；一與無量，互相生起。其根曰蕅，常偶而生；其中爲本，華實所出；蕅白有空，食之心歡；本實有黑，然其生起爲緑、爲黄、爲玄、爲白、爲青、爲赤，而無有黑，無見無用而有見有用，皆因以出，其名曰薀，退藏於密故也。（埤雅卷十七。）

玄：字説：幺而覆入之者，玄也，故玄從幺從入。……玄又爲黑而有赤色。北方黑爲陰，玄爲陽，故易曰「坤於地爲黑」，又曰「天玄而地黄」。舜曰玄德，此聖人之在下者，玄德言乎其幽也。（道德真經集義卷一。）

## 仙第二

牷：國語曰：「毛以告全。」（學林卷七。）

## 蕭第三

貂：字説曰：貂或凋之，毛自召也。（埤雅卷四。）

## 宵第四

霄：字説霄字云：凡氣升此而消焉。（老學庵筆記卷二。）

搖：王文公曰：物俞乃可搖，俞甚可也。（爾雅新義卷八。）

鷸：字説曰：从喬，尾長，而走且鳴，則其首尾喬如也。鷸走且鳴，行止不能自舍，女有取節爾。故詩以爲淑女之譬，而又與鷩冕之義異也。詩曰：「依彼平林，有集維鷸。」言王后無妬忌之行、險詖之心，能庇其所賴，而淑女從焉，則如平林之集鷸雉也。（埤雅卷八。）

## 爻第五

郊：與邑交則曰郊。（考古質疑卷三。）

## 豪第六

羔：字説曰：羔，从羊从火。羊，火畜也。羔火在下，若火始然，可進而大也。（埤雅卷五。）

鼗：以兆鼓則曰鼗。（考古質疑卷三。）

## 歌第七

莪：字説曰：莪，以科生而俄。詩曰「匪莪伊蒿」，「匪莪伊蔚」。莪俄而蒿直，蔚麤而莪細。育材之詩，正言莪者以此。（埤雅卷十七；毛詩名物解卷四略同。）

鵝：字説曰：鵝，飛能俄而已，是以不免其身。若馴鵝者，可也。馴鵝者，鵝也，而非鵝。禽經曰：「鵝見異類，差翅鳴；雞見同類，拊翅鳴。」（埤雅卷六。）

## 戈第八

戈：王安石云：戈，从一，不得已而用，欲一而止〔一〕。（博古圖卷六，卷九「王安石云」作「王安石字書」。）

蛇蝮：字説曰：蛇，螫人也，而亦逃人也，是爲有它。蝮，觸之則復；其害人也，人亦復焉。（埤雅卷十。）

〔一〕「止」，卷九作「已」。

## 麻第九

豝：字説曰：豝，所謂婁豬。巴，猶婁也。（爾雅翼卷二三。）

蝦蟆：字説云：雖或遐之，常慕而反之。〔一〕（埤雅卷二。）

## 陽第十

羊：字説曰：羊大則充實而美，美成矣，則羊有死之道焉。老子曰：「天下皆知美之爲美，斯惡已。」（埤雅卷三。）

麞：字説曰：赤與白爲章，麞見章而惑者也。樂以道和，麇可以樂道而獲焉。麇不可畜，又不健走，可縛者也，故又訓縛。（埤雅卷三；靖康緗素雜記卷六。）

梁：字説曰：屋梁兩端乘實如之。物之强者莫如梁，所謂强梁者，如梁之强；人之强者死之徒

〔一〕 本草綱目卷四十二，「雖或」前有「俗言蝦蟇懷土，取置遠處，一夕復還其所」，然此句於埤雅中位於「字説」二字之前，非字説之語，今不取。

也，子路好勇，不得其死；羿善射，奡盪舟，俱不得其死然。是皆失柔弱之義也。（道德真經取善集卷七。）

蘁：王安石字説云：蘁能彊禦百邪，故謂之蘁。初生嫩者，其尖微紫，名紫蘁，或作子蘁。宿根謂之母蘁也。（本草綱目卷二十六。）

## 唐第十一

犅牂：字説曰：犅以乘而不逆爲剛，牂以承而不隨爲臧。所謂牂，牂言小狠也。牂柯者，以能入爲柯，所入爲牂，欲小狠焉。蓋牛之性順，犅雖牡而猶有順性，故爲乘而不逆。羊性狠，牂雖牝而猶有狠性，故爲承而不隨。（爾雅翼卷二三；「牂柯」至「爲牂」，又見捫蝨新話上集卷三。）

## 庚第十二

羹：字説曰……又曰：羹，从美从羔，羊大而美成，羔未成也。美成爲下，和羹是也；未成爲上，大羹是也。禮，豆先大羹。（埤雅卷五。）

莔莧蓫：字説曰：莔除眩，莧除瞖，蓫逐水，亦逐蠱。（埤雅卷十七。）

盟：歃血自明而爲盟。（考古質疑卷三。）

## 耕第十三

鸚䳇：字説曰：嬰不能言，已而能言，母從人而後能言。（埤雅卷九。）

字説曰：嬰兒生不能言，母教之言，已而能言，以言此鳥之能言類是也。亦其舌似小兒，故能委曲其音聲，以象人爾。（爾雅翼卷一四。）

字説云：鸚䳇如嬰兒之學母語，故字從嬰、母，亦作鸚䳇。（本草綱目卷四十九。）

## 清第十四

征：王安石字説：征，正行也。（博古圖卷十九。）

檉：字説曰：知雨而應，與於天道。木性雖仁聖矣，猶未離夫木也。小木既聖矣，仁不足以名之。音頳則赤之貞也，神降而爲赤云。檉非獨能知雨，亦能負霜雪，大寒不彫，有異餘柳。蓋莊子以松柏獨受命於地，冬夏青青，比舜之受命於天。檉之從聖，亦以此歟！（爾雅翼卷九。）

櫻栲：字説云：櫻主實，么稺柔澤如嬰者。栲主材，成就堅久如考者。（埤雅卷十四。）

## 青第十五

星：物生於下，精成於列。（猗覺寮雜記卷上。）

麢：字説云：鹿比其類，環其角，外嚮以自防。麢獨棲其角木上，是所謂靁。夫其如此，亦以遠害其靁也，亦所以爲靈也。（埤雅卷五。）

王安石字説云：鹿則比類，而環角外向以自防。麢則獨棲，懸角木上以遠害，可謂靈也，故字從鹿從靈省文。後人作羚。（本草綱目卷五十一上。）

蛉：字説云：蛉，蜻蜓也。動止常廷，故又謂之蛉，令出於廷者也。（埤雅卷十一。）

## 侯第十九

牟：牟者，爾雅曰：「牟，進也。」（學林卷七。）

## 侵第二十一

金銅：金，正西也，土於此終，水於此始。銅，赤金也，爲火所勝而不自守，反同乎火。（龜山先生集卷七辨二王氏字説辨。）

# 字説　卷三　上聲

## 紙第四

坴：大坐爲坴。（後山談叢卷二。）

## 旨第五

隹：王文公曰：……隹，集也。（爾雅新義卷十。）

麂：字説曰：麂，虎所在，必鳴以告，麂屬馮而安者；亦其聲几几然。（爾雅翼卷二十。）字説云：山中有虎，麂必鳴以告，其聲几几然，故曰麂。（本草綱目卷五十一上。）

美：美，從羊從大，謂羊之大者方美。（清波雜志卷九。）

## 止第六

巳：舒王字説云：巳，正陽也，無陰焉。（靖康緗素雜記卷五。）

## 語第八

旅：王安石字説：衆曰旅。（博古圖卷九。）

## 噳第九

雨：王文公曰：雨，零也。（爾雅新義卷十。）

## 姥第十

祖：字説：祖，從示從且。後所神事，方來有繼。行神謂之祖者，祭于行始，方來有繼之意。

（靖康緗素雜記卷四。）

杜棠：字説云：詩言「蔽芾甘棠」，以杜之美；言「有杕之杜」，以棠之惡。説詩者以意逆志，乃能得之。（埤雅卷十三。）

虎：字説曰：虎，西方之獸。故敔爲伏虎，二十七䶒䶜者三九之數。陽成于三，變于九，櫟之長尺十之數也。陽三九而陰十，勝之所以止樂。（爾雅翼卷十九。）

伍：五人爲伍。（考古質疑卷三。）

## 薺第十一

茝：字説曰：茝可以養鼻，又可以養體。𦣞者，養也。（埤雅卷十六。）

王安石字説云：茝，香可以養鼻，又可養體，故茝字從𦣞。𦣞音怡，養也。（本草綱目卷十四。）

## 小第三十

妙：荆公字解，妙字云：爲少爲女，爲無妄少女，即不以外傷内者也。（嬾真子卷五。）

## 巧第三十一

搔：搔，手能搔所搔。（捫蝨新話上集卷三。）

## 養第三十六

象：字説曰：象齒感雷，莫之爲而文生，天象亦感氣，莫之爲而文生。人於象齒也，服而象焉，於天象也，象而服焉。像，象之也。周官：「玉路以祀，象路以朝。」玉，仁也；象，義也；仁者，人也；義者，道也。故象路一名道車。弁師掌皮弁，會五采玉璂、象邸。玉璂以況基德，而象邸即莊周所謂託宿於義者也。（埤雅卷四。）

王安石字説云：象牙感雷而文生，天象感氣而文生，故天象亦用此字。（本草綱目卷五十一上。）

薑：字説曰：……薑，彊也，彊我者也。於毒邪、臭腥、寒熱皆足以禦之。（埤雅卷十八。）

## 梗第三十八

礦：（學林卷十：荆公字説收「礦」字而不收「卝」字，恐卝字未可遽爾削去也。）

秉：（博古圖卷一：「王安石字説秉作[illegible]，從又，從禾。」）

## 迥第四十一

黽：字説：……又云：黽善怒，故音猛，而謂怒力爲黽。詩曰「黽勉同心」，亦蛙善踊，故謂之猛。（埤雅卷二。）

## 有第四十四

蕅茄蓮藺萏蕸蔤荷：字説曰：蕅，藏於水，其自處卑，無所加焉。其所與汙，潔白自若，中有空焉。不偶不生，若此可以偶物矣。茄無枝附，泥不能汙，水不能没，挺出而立，若此可以加物矣。蓮既有以自白，又會而屬焉，若此可以連物矣。藺萏實若臽，隨昏昕闔闢焉。蕸假根以立，而不如蕅之有所偶；假莖以出，而不如茄之有所加；假華以生，而不如蓮之有所連、蔤菡之有菡也。若此可謂遐矣。夫函物者終於吐，連物者終於散，偶物者或析之，加物亦不可爲常，故遐在此不在彼也。蔤退藏於无用，而可用可見者本焉，若此可謂密矣。合此衆美，則可以何物，可以爲夫，可以爲渠，故曰：「荷，芙蕖也。」荷以何物爲義，故通於負荷之字。（埤雅卷十七。）

# 字説　卷四　去聲

## 用第三

㗊：王文公曰：口一則衆聽而静，口不一則爲吅矣。（爾雅新義卷八。）

## 至第六

位：位者，人之所立。（考古質疑卷三。）

懿徽：壹而恣之者，懿也，俊德之美也。微而糾之者，徽也，玄德之美也。（龜山先生集卷七辨二王氏字説辨。）

## 志第七

置罷：上取數備，有以用下，則直者可置，使無貳適，惟我所措而已；能者可罷，使無妄作，惟我所爲而已。（龜山先生集卷七辨二王氏字説辨。）

## 御第九

恕：如心爲恕。（考古質疑卷三、巽齋文集卷六。）

## 遇第十

戍：字説云：戍則操戈。（甕牖閒評卷四。）

## 霽第十二

綟紫：字説曰：綟，紫也。綟以莀染，故系在左；紫或染或不，故系在下。綟，人染也，其爲此也，有戾焉，或不，則無戾也，此而已。（爾雅翼卷四。）

## 仌第十四

檜樅：字説曰：檜，柏葉松身，則葉與身皆曲。樅，松葉柏身，則葉與身皆直。樅以直而從之，檜以曲而會之。以直而從之，故音從容之從；以曲而會之，故音會計之會。（爾雅翼卷九；埤雅卷十四作「王文公曰」，無「以直而下」二句。）

## 恠第十六

芥：字説曰……芥，介也，界我者也。汗能發之，氣能散之。（埤雅卷十八。）按王安石字説云：芥者，界也。發汗散氣，界我者也。（本草綱目卷二十六。）

菋荎藸：菋，一草而五味具焉。即一即五，非一非五，故謂之荎。衆而出乎一，亦反乎一，故謂之藸。（龜山先生集卷七辨二王氏字説辨。）

## 廢第二十

艾：字説曰：艾可乂疾，久而彌善，故爾雅曰：「艾，長也。」「艾，歷也」。㝔以乂灾爲名，艾以乂疾爲義，皆以所歷長所閲衆故也。（埤雅卷十七。）

王安石字説云：艾可乂疾，久而彌善，故字從乂。（本草綱目卷十五。）

## 换第二十九

涣：字説曰：奐而散爲涣。夫水本無冰，遇寒則凝；性本無礙，有物則結。有道之士，豁然大悟，萬事銷亡，如春冰頓釋。（道德真經取善集卷三。）

## 哿第三十二

我：王安石字説謂：戈戟者，刺之兵。至於用戈，爲取小矣。其取爲小，故當節飲食；其用在刺，故必戒有害。雖然，戈所以敵物而勝之，故我之字從戈者，敵物之我也。非有勝物之智，則不能敵物；非有立我之智，則至於失我。古人託意，兹亦深矣。（博古圖卷一。）

## 效第三十六

豹：字説曰：虎、豹、貍，皆能勺物而取焉。大者猶勺而取，不足爲大也；小者雖勺而取，所取小矣，不足言也，故於豹言勺。（埤雅卷三。）

王氏字説云：豹性勺物而取，程度而食，故字從勺，又名曰程。列子云：青寧生程，程生馬。（本草綱目卷五十一上。）

## 虢第三十七

芼：爾雅曰：「芼，擇也。」（學林卷七。）

## 禡第四十

謝：王文公曰：謝事而去，如射之行矣。[一]（爾雅新義卷四、卷十六。）

華：字説謂：華，西方嶽也，故指所生物與琥同意。（梁谿集卷一百五十八。）

## 徑第四十六

伶：伶，非能自樂也，非能與衆樂樂也，爲人所令而已。（甕牖閒評卷一。）

---

〔一〕卷十六「去」後有「之」字，「如」作「若」。

## 證第四十七

應：字説曰：應，从心从雁。心之應物，不疾而速，不行而至。雁之應物，人或使之，能疾而已，不行不至。（埤雅卷六。）

## 宥第四十九

富：同田爲富。（考古質疑卷三、後山談叢卷二。）

# 字説　卷五　入聲

## 屋第一

鹿：字説曰〔一〕：鹿性警防，分背而食〔二〕，以備人物之害。蓋鹿萃善走者〔三〕，分背而食，食則相呼；群居則環其角外向，以防物之害己〔四〕。故詩以況君臣之義。而毛詩草蟲經曰：「鹿欲食，皆鳴相召，志不忌也。」周官曰：「視朝則皮弁服。」皮弁正以鹿皮爲之，蓋取諸此。鹿愛其類，發於天性〔五〕。詩曰：「王在靈沼，於牣魚躍。王在靈囿，麀鹿攸伏。」正言魚鹿者〔六〕，

〔一〕「字説」，原作「字統」，按本條與毛詩名物解蓋同，而蔡解言「字説曰」，故知此作「統」者誤，今據蔡解改。
〔二〕「分」，毛詩名物解作「相」。
〔三〕「萃」，毛詩名物解作「群居」。
〔四〕「防」，毛詩名物解作「備」。
〔五〕「鹿愛」至「天性」，毛詩名物解在「周官」前。
〔六〕此句毛詩名物解無。

言人之與物異類，則鳥見之高飛[一]，魚見之深入，鹿見之決驟。今魚樂於沼、鹿安於囿如此，則以文王之德，行於靈沼囿故也[二]。（埤雅卷三，又毛詩名物解卷九。）

## 茷第二

鵠：字説云：鵠，遠舉難中，中之則可以告，故射侯棲鵠中則告勝焉。（埤雅卷九。）

## 燭第三

欲：字説：谷，能受也；欠者，不足也。能受而能當，患不足者，欲也。（道德真經集義卷七。）

---

[一] 「鳥見之高飛」，毛詩名物解無。

[二] 「囿」下毛詩名物解有「而有以及之」五字。

## 覺第四

鷽：字説云：能效鷹鸇之聲，而性惡，其類相值，則搏者皆指此。（本草綱目卷四十九。）

駮：字説曰：駮，類馬，食虎，而虎食馬。凡類己也，而能除害己者，在所交也。（埤雅卷十二；又毛詩名物解卷十略同：駮，類馬。駮食虎，虎食馬。凡類已也，而能除己害者，在所交也。）

邈：王文公曰：邈，有辵之貌而無其事，雖近，邈也。（爾雅新義卷五。）

## 質第五

蟋蟀：蟋蟀，陰陽帥萬物以出入，至於蟋蟀，共蟀之爲悉[一]，蟋蟀能帥陰陽之悉者也，故詩每況焉。（龜山先生集卷七辨二王氏字説辨；埤雅卷十略同。）

---

[一] 「共蟀」，埤雅作「帥」。

## 曷第十二

獺：字説曰：……獺非能勝其類也，然亦知報本反始，非無賴者。（埤雅卷三。）王氏字説云：正月、十月，獺兩祭魚，知報本反始，獸之多賴者，其形似狗，故字從犬、從賴。（本草綱目卷五十一下。）

## 鐸第十九

貈：字説曰：貈，善睡，則於宜作而無作，於宜覺而無覺，不可以涉難矣。舟以涉難，利則涉，否則止。貈舟在右，能止者也。又作貉。（埤雅卷四。）

貉：字説曰：……貉之爲道，宜辨而各。故孔子狐貉之厚以居，貉辨而各，故少乎什一，謂之大貉、小貉。無諸侯幣帛饔飧百官，有司以爲貉道也。（埤雅卷四。）字説云：貉與獾同穴各處，故字從各。（本草綱目卷五十一下。）

舄：字説云：舄，屰上；䳒，氏取；隼，致一；鵻，與也；鴿，合也。䧳，黑白錯；鸔，黑白閒。禽經曰：「鷹以膺之，鶻以搰之，隼以尹之。」（埤雅卷八。）

霍：王文公曰：……霍，如也。（爾雅新義卷十。）

## 昔第二十二

夕：王文公曰：夕者，物成數定，有見可名之時。（爾雅新義卷九。）

籍：舒王字説：……籍，從昔從來從竹。籍記昔事，有實可利，後除其繁蕪，有節焉。（靖康緗素雜記卷二。）

藉：舒王字説：藉，從草從來從借。從草，若「藉用白茅」是也，凡藉物如之；從來從借，若「藉而不税」是也，凡藉人如之。藉物者尚之，藉人者下焉。……又舒王云：公田謂之耡，猶親耕之田謂之藉也。（靖康緗素雜記卷二。）

易：王文公曰：易不可勝巴，尚不爲知雄者。（爾雅新義卷一。）

役：字説云：……役則執殳。（甕牖閒評卷四。）

## 職第二十四

敕：（甕牖閒評卷四：「王荆公作字説，至詳悉矣，敕字仍作敕字解。」）

直：字説直字云：在隱可使十目視者直。（老學庵筆記卷二。）

## 德第二十五

螟：字説云：螟食苗葉，無傷於實，若螟可貸也。賊食苗節，賊苗。蟊食根，如句所植。螟食心，不可見。（埤雅卷十一。）

王安石字説云：螟食苗葉，無傷於實，若螟可貸也。賊食苗節，賊苗者也。蟊食根，如矛所植。螟食心，不可見。（詩經世本古義卷一。）

蜮：字説曰：蜮，不可得也，故或之。今蝚蝬溺人之影，亦是類爾。（埤雅卷十一。）

## 緝第二十六

什：十人爲什。（考古質疑卷三。）

# 王安石全集

修訂增補版

第三册

周禮新義

三經新義附録

王水照 主編

復旦大學出版社

# 本册總目

# 周禮新義

程元敏　輯録
張鈺翰　校理

# 出版説明

在三經新義中，周禮新義爲王安石所自著。王安石平生重視周禮，並以周禮爲其主持變法之根本依據。故其自撰之周禮新義，於考察其學術思想及熙寧年間的政治、文化等均有重要意義。然而隨著王安石變法的最終失敗，周禮新義亦逐漸散佚。清乾隆年間纂修四庫全書時，館臣從當時尚存之永樂大典中輯出所見殘文，成周禮新義十六卷、考工記解二卷。後錢儀吉復從前人文獻中輯出部分條目，刊入其所編經苑中。故較尚書、詩經二新義，周禮新義尚爲可讀。然由於種種原因，前人的輯佚不免存在失收、誤收之處。

臺灣學者程元敏先生在四庫本和經苑本的基礎上，搜檢宋代以來各類文獻五百餘種，輯得周禮新義佚文七百餘條，其中多四庫館臣所未見者，成其三經新義輯考彙評之周禮部分，是目前爲止搜羅最爲完備的周禮新義文本。又，張濤博士通過對乾隆年間三禮館所撰三禮義疏稿本的研究，又發掘出其中所收周禮新義佚文二十五條，成新見周禮新義佚文輯考一文（初刊於經學研究論叢，臺灣學生書局，二〇一〇年九月），可補程輯本所未見。

本次王安石全集之周禮新義，徵得二位先生同意，以程元敏先生三經新義輯考彙評之周禮部分爲原本加以整理，並將張濤先生所輯佚文插入相應位置並標以【張補】以示區別。程輯本所附諸論文，格於全集體例，予以删除。謹此説明。

# 程元敏序

三經新義，宋神宗敕撰，熙寧八年成書，乃王安石一家之學。其中尚書新義、詩經新義，非出一手，獨周禮新義一書，安石親著，故視前二書尤爲重要，治宋學者不可不讀；惜此書久佚。清修四庫全書，館臣周永年等自缺本永樂大典中録出其殘文，今傳寫爲文淵閣四庫全書本周禮新義十六卷附考工記解二卷也。錢儀吉復從宋明人禮籍中輯補多條，於道光間刊入其經苑，同治七年刷行。第余考錢本：所據以刊刻者，爲文淵閣四庫全書本，固不若文淵之善。所據以補輯者才三數書，資料寡少，矧其中尚有明清人書，所載多由宋元人書稗販，錢氏不察；而據宋人書以輯補者尚多失收、短收（其中多屬轉引之周禮新義材料），且頗有譌誤；錢氏又不憚直改原文，甚至將所補輯之佚文嵌入四庫本之中，安置未盡允當，反失大典原載之本真，去安石本書原貌愈遠。安石析字説經，於周禮亦不免，錢氏乃據許叔重説文正之，填注於佚文之內，已乖刻書常格，又或正或否，亦未洽著書體例。鄭宗顔考工記講義，大都解字，承安石學風，卷附周禮新義之後，如明以來目録家所爲可也，乃錢氏將周禮新義佚文羼入鄭講，以鄭講爲王義，令學者迷瞀：錢本誠未善，故新輯本不得不作也。

昔余作尚書、詩經二新義輯考彙評，檢宋史書、宋人文集、筆記、經解總類，見有與周禮新義攸關資料，即隨手鈔集，於時頗有蓄積。洎二書既定稿，遂籌輯周禮新義佚文及評，乃作有系統之蒐集：宋元明人今存周禮專著及三禮合著全檢，宋元明人儀禮、禮記專著擇考，清人周禮專著略考，宋人文集之「論」、「雜著」等部分悉查，元明人文集略查，它如史籍、類書、宋元人筆記及近人（清、民國人）著作亦間加蒐討。一九八三年夏，赴美研習一年，續在異邦各大圖書館訪得元明人周禮專著及它書多種。計檢閲故書都五百餘種，自其中九十五家八十五書中輯獲佚文七百三十八條、諸書所引凡二千三百七十八條次、同佚文十六條次、評論二百十九條，詳引用書目考、諸家評論及載引佚文同佚文按書分條考計。偏及周禮六篇三百六十官中之二百九十三官。詳體製探原。而以衆本周禮新義與文淵本勘校同異者，共八百三十二條每一小註計一條（其中含鄭講一百七十八條），成周禮新義輯考彙評（下簡稱本書）；佚書燦然大備，安石禮學專著沈湮六百年，自茲復顯於世矣！

本書於文淵本周禮新義佚文全收；含考工記鄭宗顔講義，但標明「鄭講」。經、傳皆加標點。王義佚文雖共鄭講並列，但區分彼此，釐然不雜。從來輯佚者，於轉引資料絶多略而不及，至號稱謹细者尚如此，本書則於諸書直引周禮新義固具收，即所載他人轉引者亦不敢遺棄隻字，視前修爲精！周禮一書，理財居半，安石與友人書言也，考之王臨川集、史乘，載其新法言論，多與周禮地官泉府等職有關，故茲皆輯爲同佚文。又以它書所載引周禮新義佚文與文淵本比較，前者文字時有超多，爲期所輯周全，雖五、七字之殘碎，亦寶如珠玉，悉爲别立佚文一條，輯收如常。

昔賢引安石佚禮文或同佚文，常挾評語以出，其間以因乘文勢，時加删略更易，故今欲體察佚文與同佚文原貌，亟需經由評文尋繹；矧諸家之論安石，又關切一代政教學術甚鉅，編分比敘於佚文或同佚文之下，總次於六官之後，便索閱、助討論，故本書輯收後人評文。評語雖時人感慨之辭，亦不欲遺；又無論其評爲直載抑轉引，一概兼收並蓄，如輯佚文之例。

周禮新義鈔本、文淵本、文瀾本，皆直據永樂大典本傳鈔；墨海金壺本、經苑本之刊板，則並傳刻文瀾本，是今存諸本莫非大典本之支流餘裔也。第持一、二兩鈔本及兩刻本與文淵本互校，文辭殊異，多寡互見，隨處而有之。參伍衆本，然後得其正是，此校勘必不可缺，而向之所無有也。錢本偶校三數字，固非庸意於著作。鈔本有孔繼涵朱筆手校此校正鈔工筆誤而已，今併録入，細大不捐。大者毋庸贅言。细者如天官敘官「慎簡乃僚」，孔氏於「簡乃」旁校注「柬以」二字；如宰夫「令之」上，孔氏於字側增「禮」字，且加圈圍括於「禮」字外；如大宗伯「和樂」，孔氏於「和」旁注「委」字。又孔氏間有眉批，稍關安石禮學，亦予輯附，如考工記鍾氏下一段文。以備學者參酌采擇。

本書於經傳標點，參酌沈卓然氏民國二十四年編王安石全集本周官新義臺北河洛圖書出版社影印本，而正其偶疏，改其細碎。其在沈編本以外之經傳及評語之全部標點，自一頓一逗、一言一句之微，皆手自裁定，每有疑或，輒考量再三，然後定點，期文辭因而益加顯豁，義理因而益加明暢。唯傳與評多引故書或宋以後人舊説，判定所引文字之起止甚難，此皆盡量考查原書，然後加單雙引號於上下，如佚文七二〇，檢司馬法定；如評七，檢周禮鄭注定；評一二五，檢禮記曲禮與有司徹定。原引苟有顯誤，至於妨害大義者，則慎加匡正。如評三十引管子，誤「帥」爲「師」，即予注出正字。

本書全書包括，從自序以下，依次爲目次、例言、佚文同佚文及評論彙輯、佚文同佚文及評論之部引用書目考、三經新義評論輯類及補遺、周禮新義體製探原、諸家評論及載引佚文同佚文按書分條考計；下又附拙著相關之專文——三經新義板本與流傳一篇。總約四十五萬言，大分爲上下二編。用供方家采擇，且以請正於博雅。

歲在丁卯季秋安徽嘉山程元敏序於臺灣大學中國文學系

# 例言

一、此書自多書纂輯宋王安石周禮新義下概簡稱新義佚文、安石其它言論之有關新義者，及後人對上述兩類文字之評論，分條明著【佚文】、【同佚文】、【評】。

二、每條佚文或同佚文或評之前，先列與該條相關之周禮本經，頂格書寫。周禮本經，據清文淵閣四庫全書本周官新義下概簡稱文淵本、並參看唐石經本及清嘉慶二十年南昌府學重刊宋本十三經注疏本（臺北藝文印書館影印）定録；唯新義無有，空存經文者，則頗加删減。文淵本本經，偶有誤字，如宰夫「飧」誤作「飱」、籩人第二「脯」誤作「浦」、大宗伯「防」誤作「淫」、鬯人「蜃」誤作「蜄」、萍氏「氏」誤作「民」、大司徒「壤」下脱「之物」之類，殆館臣譌寫，今皆徑予改正。

三、本書上編六篇十八卷，亦依文淵本所分；卷内大宰（含）以下共三七七官全列，不作章節，但别以四號正體字。

四、佚文次本經之後，低一格書寫，每條皆著【佚文】字樣，惟考工記變作（安石新義佚文），使顯與（鄭講）及（鄭講佚文）區别。【佚文】下著（　），（　）内數字即該條佚文號碼，（　）下輯録該條新義佚文，佚文下注明此佚文出處，書名及其卷、頁爲常經。出處上下加（　），以資區别。佚文如可能爲原文，加「　」於文之上下；苟度其爲大意，則不加。

五、凡安石言論，考與新義相關者，輯爲「同佚文」——視同新義佚文，著【　】、加（　）、編碼、明源，一若佚文。

六、文淵本殘存之新義佚文全收，佚文下注「（文淵閣四庫全書本周官新義卷某頁某）」。自它書輯獲之佚文，多有超出文淵之外者，亦皆予條列，悉若文淵本之例，注明出處；唯其來源不止一所者，則以「所引爲原文」、「所引較完備」、「據引之書較早」爲優先順位，故此佚文寔據最先注明之書抄録，厥後乃敍列衆書，彼此如有異文，則遂即校説。

七、它書所載新義佚文，有在文淵本之内者，則以文淵本爲原據，取諸本與相比較，提行下一格記附條註於其後，條上編排數碼。其法：如彼此全同，則僅敍明佚文起迄，記衆書之卷頁。如彼此殊異，則既記衆書之卷頁，遂即校記異文；有時彼此異甚，則徑録衆本所載佚文於註内。唯詳解多述新義大意，故即其所引「佚文」有時亦省不録，而祇記其卷頁於此，注曰「幾全同」、「大同」、「略同」、「旨同」。

八、爲配合文淵本佚文段落，有時將它書散引佚文合併爲一條，用便校比，但有併合，並無損益，於各條之下，亦不煩一一記述。

九、本書佚文用文淵本爲底本，以鈔本、墨海本、經苑本及參詳解所述與校勘，有異則於佚文本文下綴數碼，並提行下一格條記於其後，條上亦編排數碼，與前碼相應。佚文一段之中，同一字出現數次，校語又相同，則併數字爲同一條碼，合爲一校。唯文淵本係手鈔，偶有誤書、俗字，若「斂」之作「歛」、「冢」之作「冡」、「宰」之作「宰」、「敺」之作「敺」、「嬴」之作「嬴」、「穆」之作「穆」、「簭」之作「簭」、「孅」之作「嬾」，皆徑予更正，不煩記校語。

十、佚文「灋」與「法」、「于」與「於」、「脩」與「修」……類字甚多，同一本前後既不一致，各本之間尤多異，故此校但示其大端，不煩一一校記。

十一、各本佚文之校異，一般但引異説，不加論斷，例外如佚文（三六）斷「則」爲「財」之誤、（三四一）斷「問」当作「説」或「云」之類。若確知其爲訛誤，則予以校改。

十二、此書所采輯評文，依傍本經或佚文條録，條上弁以【評】，低二格書寫；其下著（ ），（ ）内實以編碼，更下依次爲評者、時代、姓名。評文、出處；評文原有歲月日者，照録。如評（七八）、（八六）、（九七）、（一九九）。其屬某官通評，繫該官末；其屬爲新義全書之評，則依評者時次，總繫六官之後；體例同。

十三、佚文、同佚文及評，有一條關涉數官或多條佚文者，割裂分繫則破碎大義，故出「互見例」：如佚文（一五三）關涉内小臣與閽人，於閽人下記：「【佚文】⊗見内小臣下佚文第（一五四）。」如同佚文（一一二）條繫泉府下，亦互註於天官敘官及地官司市下。評如條（一〇七），今繫地官末，而於夏官末互註；又如評（三〇），全文繫膳夫下，而關涉大宰、獸人、司市、泉府、司門、司關，亦皆於各篇下註明。又制「參看例」，如評（一二），注曰：「參看膳夫下評第（三八）條。」凡此，皆爲避免復重、便於檢索而作。

十四、本書所據以輯録佚文、采集評論、校勘異文之書，凡引述次數較多者，視便約爲「簡名」，亦以節省文字，如王與之周禮訂義省作訂義之類，詳見佚文同佚文及評論之部引用書目考下。

# 目録



[一] 未見周禮新義佚文同佚文及諸家評論，官名上加「△」號，下悉同。

周禮新義　卷七　地官司徒二……（二二〇）

〔一〕原注「闕」，今本周禮有官名，闕其職掌。下皆倣此。

周禮新義　卷十　春官宗伯三……（三三八）

周禮新義　卷十一　春官宗伯四

**周禮新義　卷十二　夏官司馬一**

周禮新義　卷十三　夏官司馬二

## 周禮新義　卷十四　秋官司寇一

## 周禮新義　卷十五　秋官司寇二

**周禮新義　卷十六　秋官司寇三**

周禮新義　卷十七　冬官考工記一

## 周禮新義　卷十八　冬官考工記二



**附録**

# 周禮義序

敏案：即周禮新義序。

王安石

士弊於俗學久矣，聖上閔焉，以經術造之，乃集儒臣，訓釋厥旨，將播之校學〔一〕，而臣某實董周官〔二〕。惟道之在政事，其貴賤有位，其後先有序，其多寡有數，其遲數有時〔三〕，制而用之存乎法〔四〕，推而行之存乎人。其人足以任官，其官足以行法，莫盛於成周之時〔五〕，其法可施於後世，其文有見於載籍，莫具於周官之書〔六〕。蓋其因習以崇之，庚續以終之，至於後世，無以復加，則豈特文、武、周公之力哉？猶四時之運，晝夜積而成寒暑〔七〕，非一日也。自周之衰，以至於今，歷歲千數

〔一〕「校學」，墨海金壺本（下概省作墨海本）作「學校」。

〔二〕「某」，經苑本作「安石」。

〔三〕「數」，墨海本作「速」。

〔四〕「制」字，清孔繼涵鈔校本（下概簡稱鈔本）作空一格（無文字）。「法」，經苑本皆作「灋」。元敏謹案：周禮新義多用「灋」字，或簡作「法」，以各本與相校，或此簡作而彼繁作，或彼簡作而此繁作，不遍一一校注。

〔五〕「於」，鈔本、墨海本、經苑本皆作「于」，臨川集本作「乎」。

〔六〕「於」，臨川集本作「乎」。

〔七〕「晝夜」，經苑本、臨川集本作「陰陽」。

百矣；太平之遺迹〔一〕，掃蕩幾盡，學者所見，無復全經。於是時也，乃欲訓而發之，臣誠不自揆，然知其難也；以訓而發之之爲難也〔二〕，則又以知夫立政造事追而復之之爲難；然竊觀聖上致法就功，取成於心，訓迪在位，有馮有翼，亹亹乎鄉六服承德之世矣。以所觀乎今，考所學於古〔三〕，所謂見而知之者。臣誠不自揆，妄以爲庶幾焉；故遂昧冒自竭，而忘其材之弗及也。謹列其書爲二十有三卷〔四〕，凡十餘萬言，上之御府，副在有司，以待制詔頒焉。謹序。（此序作佚文第一條：載文淵閣四庫全書本周官新義卷首，又見清孔繼涵鈔校本、墨海金壺本、經苑本周官新義卷首及四部備要本臨川集卷八四頁一—二載，諸本文字不盡同，詳下校語。又宋王昭禹周禮詳解自序「載原書卷首」：「制而用之」至「足以行法」四句，陰襲安石此序，幾全同；又「道之在政事」至「莫具乎周官之書」，欽定周官義疏卷首，頁十七「王氏安石曰」節取之。）

〔一〕「迹」，鈔本作「跡」。
〔二〕經苑本、臨川集本並無「也」字。
〔三〕「於」，臨川集本作「乎」。
〔四〕「三」，墨海本、經苑本、臨川集本皆作「二」。

# 周禮新義　卷一　天官冢宰一

惟王建國，辨方正位，體國經野，設官分職，以爲民極。

**【佚文】**（一）「晝參諸日景，夜考諸極星，以正朝夕；於是求地中焉〔一〕，以建王國，此之謂辨方。既辨方矣，立宗廟於左，立社稷於右，立朝於前，立市於後，此之謂正位〔二〕。宮門、城闕〔三〕、堂室之類，高下、廣狹之制，凡在國者，莫不有體，此之謂體國。井牧、溝洫、田萊之類，遠近多寡之數，凡在野者，莫不有經，此之謂經野〔四〕。設官，則官府之六屬是也；分職，則官府之六職是也〔五〕。設

---

〔一〕經苑本無「焉」字。

〔二〕「既辨方」以下：訂義卷一頁二王氏曰，「立宗廟」上有「於是」二字；欽定義疏卷一頁一王氏安石曰，無「既辨方矣」四字，無「此」字，「之謂」作「謂之」。

〔三〕「闕」，鈔本作「闈」，詳解述亦作「闈」（詳下註）。

〔四〕「宮门城闕」以下：詳解卷一頁二、頁三述，「宮門城闕」作「宮城門闈」；訂義卷一頁二王氏曰，同詳解。

〔五〕「設官」以下：詳解卷一頁三述，「屬」上無「六」字；訂義卷一頁二王氏曰，無兩「是也」；欽定義疏卷一頁一—二王氏安石曰，無上「是也」及下「是」字，又「設官」上尚有十二字（詳下佚文）。

官分職，内以治國，外以治野，建置在上，如屋之極，使民於是取中而芘焉〔二〕，故曰『以爲民極』。極之字從木從亟，木之亟者，屋極是也〔三〕。」（文淵閣四庫全書本周官新義卷一，頁一。）

【佚文】（三）「官言所司之人，職言所掌之事。……」（欽定義疏卷一，頁一王氏安石曰，下接「設官則」云云，詳上頁註五；亦見詳解卷一頁三述，兩「言」下並有「其」字。）

【評】（一）清王太岳曰：「義：『宫門、城闈、堂室之類，高下、廣狹之制，凡在國者，莫不有體，此之謂體國。』案：鄭康成注云：『體猶分也。』賈公彦疏云：『分國城之中爲九經九緯、左祖右社之屬。』今云『宫門、城闈之類，莫不有體』，終不如注、疏之説爲長。」（四庫全書考證卷八，頁八。敏案：彼所謂「義」，「周官新義」之省文，下全同。）

【評】（二）清王太岳曰：「又：『極之字從木，從亟，木之極者，屋極是也。』案：安石集字説序云：『聲之抑揚開塞，合散出入；形之衡從曲直，邪正上下，内外左右，皆有自然之義，非私智所能爲。余讀説文，時有所悟，因作字説，以所推經義附之。』則『極字從木從亟』云云，其初本用以解經，其後乃彙爲『字説』也。」（四庫全書考證卷八，頁三八。）

---

〔二〕「於」，墨海本、經苑本並作「如」。「芘」，經苑本作「庇」，詳解卷一頁三述亦作「庇」。

〔三〕四庫全書總目提要補正（見下「宰夫、上士、中士」下評第三條）引「設官分職」至「如屋之極」及「極之字」至「屋極是也」。

乃立天官冢宰，使帥其屬，而掌邦治，以佐王均邦國。

**【佚文】**（四）「發露人罪而治之者，刑官之治也；宀覆人罪而治之者，治官之治也；治官尚未及教，而況於刑乎？宰，治官之上也。故宰之字從宀從辠省[一]，宀覆人罪之意。宰以治割調和爲事，故共刀匕者謂之宰[二]；宰於地特高，故冢謂之宰也[三]。山頂曰冢，冢大之上也。列職於王，則冢宰與六鄉同謂之大；百官總焉，則大宰於六卿獨謂之冢[四]。以左助之爲佐，以右助之爲佑；地道尊右，而左手足不如右彊，則佐之爲助不如右之力也[五]。冢宰於六卿莫尊焉，而曰佐王，則爲其非論道以助王也；作而行之而已。邦亦謂之國，國亦謂之邦。凡言邦國者，諸侯之國也；凡言邦言國者，王國也；亦或諸侯之國。國於文從或從口，爲其或之也，故口之。故凡言國，則以別郊野。邦於文從邑從丰，是邑之丰者。故凡言邦，則以別於邑都，亦或包邑都而

---

〔一〕「辠」，原作「皋」，據墨海本、經苑本改。

〔二〕「共」，墨海本、經苑本並作「供」。「宰以」以下，訂義卷一頁一王氏曰，「治」作「制」，「事」下無「故」字，「謂」上有「亦」字。

〔三〕「冢謂之宰」，墨海本、經苑本並作「宰謂之冢」，詳解述同文淵本（詳下註）。

〔四〕「宰於地」以下，詳解卷一頁一述略同；訂義卷一頁一王氏曰：「爾雅曰：『山頂曰冢。』冢於地特高，列職於王，則冢宰與六卿同謂之大；百官總焉，則太宰於六卿獨謂之冢。」

〔五〕「右」，墨海本作「佑」，詳解卷一頁四述作「右」。

言焉。凡國有大事，戮其犯命者，則以别於郊故也；國中自七尺以上，則以别於野故也；若國凶荒，令賙委之，則以别於國故也[一]；邦中之賦，則以别於甸削縣都故也；令邦移民就穀[二]，則以包邑都而言故也。」（文淵閣四庫全書本周官新義卷一，頁一一—一二。）

治官之屬：大宰，卿一人。小宰，中大夫二人。宰夫，下大夫四人，上士八人，中士十有六人，旅下士三十有二人，府六人，史十有二人，胥十有二人，徒百有二十人。

【佚文】（五）「大宰卿，小宰中大夫，則卿上大夫也。王制曰：『諸侯之上大夫卿』，蓋非特諸侯之卿爲然也[三]。卿之字從ㄎ，ㄎ，奏也；從卩，卩，止也；左從ㄎ，右從卩，知進止之意。從皀，黍稷之氣也。黍稷地産，有養人之道，其皀能上達，卿雖有養人之道而上達[四]，然地類也，故其字如此。夫之字與天皆從一從大；夫者，妻之天故也。天大而無上[五]，故一在大上；夫雖一而

[一]「國」，經苑本作「邦」。
[二]「穀」，墨海本、經苑本並作「轂」。
[三]「大宰」至「然也」：詳解卷一，頁五述大同；欽定義疏卷一頁七王氏安石曰，「王制」下無「曰」字，「之卿爲然」四字無。
[四]「養人」，墨海本無「人」字，詳解卷一，頁五述有「人」字。
[五]「大」，鈔本作「上」。

大，然不如天之無上，故一不得在大上〔一〕。夫，以智帥人者也；大夫，以智帥人之大者也。士之字與工與才，皆從二從丨，才無所不達，故達其上下〔二〕；工具人器而已，故上下皆弗達；士非成才，則宜亦皆弗達；然志於道者，故達其上也。士，事人者也，故士又訓事；事人則未能以智帥人，非人之所事也，故未娶謂之士〔三〕。下士謂之旅，則衆故也。旅之字從㫃從从，衆矣，則從旗指揮故也；從㫃旗指揮，則從人而不自用，下士之爲旅，則亦從人而不自用者也〔四〕。府之字從广從付〔五〕，則其藏也，付則以物付之。史之字從中從又，設官分職以爲民中，史則所執在下，助之而已。胥之字從疋從肉，疋則以其爲物下體，肉則以其亦能養人；其養人也，相之而已，故胥又訓相也。卿從皀，胥從肉，皆以養人爲義，則王所建置，凡以養人而已。徒之字從辵從土，徒無車從也；其辵而走，則親土而已，故無車而行謂之徒行也〔六〕。鄭氏以爲府、史、

〔一〕「夫之字與天」至「在大上」，見四庫全書總目提要補正引（詳下評第三條）。
〔二〕「士之字」至「其上下」，見四庫全書總目提要補正引（詳下評第三條）。
〔三〕「娶」，鈔本同，清孔繼涵校（以下概簡作「孔校」）改爲「聚」。
〔四〕鈔本原無「也」字，孔校增。
〔五〕「付」下，墨海本、經苑本並有「广」字；鈔本原無「广」字，孔校增「㫃」。
〔六〕「行」，墨海本作「有」。

胥、徒皆其官長所自辟除，蓋自下士以上，皆王命也。而穆王命大僕曰『慎簡乃僚』〔二〕，則雖以王命之，而爲之長者，得簡之也。府、史、胥、徒雖非士，而先王之用人無流品之異，其賤則役於士大夫而不耻，其貴則承於天子而無嫌〔三〕。」（文淵閣四庫全書本周官新義卷一，頁三—四。）

【佚文】（六）「婚義曰：『天子，三公、九卿三孤六卿、二十七大夫、八十一元士。』卿則上大夫也。周禮纔書卿，了無上大夫；只書中、下大夫。王制曰：『諸侯之上大夫卿。』蓋非特諸侯之卿然也。春秋初，鄭厲公云上大夫之事，見周制尚存。到中間，如晉有上卿，又有上大夫，其制皆變了。自士以上，皆王命也。而穆王命伯冏爲大僕，曰：『慎簡乃僚。』則雖以王命命之，而爲之長者，亦得以簡之也。」（集說卷首下，頁二「凡例」王介甫曰。）

【評】（三）清胡玉縉曰：「安石之意，本以宋當積弱之後，而欲濟之以富强，又懼富强之説必爲儒者所排擊，於是附會經義，以鉗儒者之口，實非真信周禮爲可行。惟訓詁多用字説，病其牽合。案：晁公武云：『如行青苗之類，皆稽焉；所以自釋其義者，蓋以其所創新法

〔二〕「大」，墨海本作「太」，詳解述作「太」（詳下）。「簡乃」二字旁，鈔本、孔校旁注作「柬以」；詳解述同文淵本（詳下註）。

〔三〕「鄭氏」以下，詳解卷一，頁五述大同。

盡傳著之，務塞異議者之口。』提要實本此，至所謂牽合者，如解『以爲民極』，云：『設官分職，内以治國，外以治野，建置在上，如屋之極。極之字從木從亟；木之亟者，屋極是也。』解上士、中士云：『士之字與工與才，皆從二從一，才無所不達，故達其上下。』解宰夫云：『夫之字與天皆從一從大；夫者，妻之天故也。天大而無上，故一在大上；夫雖一而大，然不如天之無上，故一不得在大上。』諸如此類，極可哂！」（四庫全書總目提要補正卷六。）

【評】（四）宋陳傅良曰：「王金陵論府、史、胥、徒，謂成周用人，流品不分。非也。古人用人無他途，自公卿大夫之子弟，皆養於學宫，以備宿衛，考其德行而升進之；自鄉遂侯國，凡占名數而爲民者，亦攷察於鄉里以擇其天民之秀異者，節級而升之，故受命爲士。儻不由此者，終不得以通籍於仕版。故以天子之子猶不得仕者，記所謂『無生而貴者也』。至於上之不可以爲士，下之不止於爲農，則任以府史之職，司士所謂『以久奠食者』此也。勾須守藏，猶見於春秋之世，蓋不比胥徒之流，更迭爲之，而均謂之庶人近官也。」（經進四篇，載訂義卷一，頁六。）

【同佚文】⊗王安石上（神宗）五事劄子全文見附地官泉府下同佚文第十二條。

宫正，上士二人，中士四人，下士八人，府二人，史四人，胥四人，徒四十人。

宫伯，中士二人，下士四人，府一人，史二人，胥二人，徒二十人。

膳夫，上士二人，中士四人，下士八人，府二人，史四人，胥十有二人，徒百有二十人。

庖人，中士四人，下士八人，府二人，史四人，賈八人，胥四人，徒四十人。

【佚文】（七）「有藏則置府，有書則置史，有徵令之事則置徒，有徒則置胥〔一〕，有市賈之事則置賈。府、史、賈、胥、徒，皆賦禄焉，使足以代其耕；故市不役賈，野不役農，而公私各得其所。」（文淵閣四庫全書本周官新義卷一，頁五。）

【佚文】（八）「……孟子所謂庶人之在官者。」（周官集傳卷一，頁三載劉氏曰引王氏曰上承「置胥」，見本頁註一。）

甸師，下士二人，府一人，史二人，胥三十人，徒三百人。

【佚文】（九）「王藉千畝〔二〕，而甸師徒三百人，則爲其以薪蒸役内外饔之事〔三〕，非特耕耨王藉

〔一〕「有藏」至「置胥」，周官集傳卷一，頁三載劉氏曰引王氏曰，無「徵」字。

〔二〕「藉」，墨海本並作「籍」。

〔三〕「其以」，墨海本、經苑本作「以其」。

故也。」（文淵閣四庫全書本周官新義卷一，頁六。）〔一〕

醫師，上士二人，下士四人，府二人，史二人，徒二十人。

食醫，中士二人。

疾醫，中士八人。

瘍醫，下士八人。

獸醫，下士四人。

**【佚文】**（一〇）「食疾瘍獸醫，無府史徒者，醫師聚毒藥以供醫事，則有藏矣，故有府；掌醫之致令，而使之分治疾瘍，稽其事，制其食，則其書具有徵令矣〔二〕，故有史有徒。諸醫資藥於醫師，受政令，聽所使治而已，則無所用府史徒矣〔三〕。」（文淵閣四庫全書本周官新義卷一，

〔一〕全段：訂義卷七，頁一王氏曰，首句無「王」字，「則」字無。又自「徒」以下，亦見欽定義疏卷一，頁十七王氏安石曰，無「則」、「故」二字。

〔二〕「其書具」，墨海本作「有書且」。

〔三〕「醫師聚毒」以下：訂義卷八，頁二王氏曰，「其書具有徵」作「有書且有政」，「資」作「毒」，無「而已」二字，「所」字無，「府史徒矣」作「府史胥徒」；欽定義疏卷一，頁十九王氏安石，改易舊本以成文。

頁六—七。）

酒人，奄十人，女酒三十人，奚三百人。

【佚文】（一一）「鄭氏以『奄爲精氣閉藏者』，蓋民之有是疾，先王因擇而用焉；與籧篨蒙鏐〔二〕、戚施直鎛、聾聵司火〔三〕、瞽矇、修聲同〔三〕。若以是爲刑人，則國君不近刑人，而況於王乎？若以爲刑無罪之人而任之，則宜先王之所不忍也〔四〕。奚之字從系從大，蓋給使之賤，係於大者故也。」（文淵閣四庫全書本周官新義卷一，頁七。）

【評】（五）宋葉時曰：「周人治内之政詳，凡而設官分職皆以士大夫爲之；必不得已，而

〔二〕「鏐」，經苑本作「璆」。

〔三〕「聵」，鈔本原作「瞶」，孔校改作「聵」，經苑本亦作「聵」。

〔三〕「瞽矇」，經苑本作「矇瞍」。「蓋民」以下：周官集傳卷一，頁六—七王氏曰，「蓋」上有「奄者」二字，「焉」作「之」，「聵」作「瞶」，「聲」作「磬」；集説卷三，頁十五—十六王介甫曰，「蓋」字無，「民」下無「之」字，「焉」作「之」；註疏刪翼卷一，頁二六臨川王氏曰，同集説。

〔四〕「鄭氏」至「不忍也」：禮經會元卷二，頁四一王金陵曰，「鄭氏以」作「鄭氏謂」，「蓋」下有「因」字，「是疾」作「疾」，「而用焉」作「而用之」，「直」作「植」，「鎛」下多「侏儒扶盧」，「聵」作「瞶」，「瞽矇」作「矇瞍」，「若以」下無「是」字，「況」上無「而」字，無「而任之」三字，無「宜」字，「先王」下無「之」字；訂義卷八，頁十八王氏曰，「若以」下無「是」字，「不近」下無「刑人」二字，「況」上無「而」字，「若以爲」無「以爲」二字，末「也」字無。

列在内庭供給内事者，始用奄人。奄之爲言閉也。王金陵曰：『……』愚案：司馬下腐刑，答任安書引景監、趙談等以爲喻。蕭望之奏恭、顯用事，請罷宦官以合古不近刑人之義。則是奄爲刑人矣。周禮掌戮曰：『墨者使守門，劓者使守關，宮者使守内，刖者使守囿，髡者使守積。』先王無絶人之心，未嘗不用刑人也。奄者犯宮刑，漢之所謂宦人也。然則周人果近刑人乎？曰：非也。考之周禮天官之屬，除閽人、寺人、内豎之外，用奄者凡二十九人，其職不過酒人、漿人、籩人、醢人、鹽人、幂人、内司服、縫人而已。内小臣一職，以其掌后服位禮命，故擇奄之賢士爲之。地官之屬，用奄者十有二人，其職不過舂人、饎人、槀人而已。春官之屬，用奄者止八人，其職不過守祧而已。總三官而論之，直四十有九人耳，而其下爲之供給服役者，皆不過女奚之徒。且皆不得預下士之列，獨内小臣一官，言士爾。成周之用奄人，非酒鹽之微，則舂饎之賤，非户庭之隱，則祧廟之幽耳。雖曰刑人，何嘗一日得在君側，而天子與之相近邪？又況守祧，則宗伯統之；舂人等，則司徒統之；酒人等，則太宰統之。其職卑，其數寡，而又臨之以公卿大臣，豈容有不正者得以厠跡於其間哉？周衰入于春秋，勃貂立公子無虧，則奄人預廢立矣。繆賢薦舍人藺相如，則奄人預薦舉矣。恃勢怙寵，竊權弄柄，至漢唐爲甚！弘恭、石顯久典樞機，而張堪、蕭望之不得用；曹節、王甫摇弄國柄，而陳蕃、竇武不得行，則政柄歸奄人矣。魚朝恩管神策兵，吐突承璀爲招討使；韓全義討淮西，賈良國監其軍；高崇文討蜀，劉正亮監其軍，則兵權歸奄人矣。古人以輿臺待奄人，則刑人之用爲無傷；後世以樞筦付奄人，則刑人之用爲有害。士大夫彌縫主闕，沮抑姦謀，必曰天子不近刑人。如曰奄人非邢人，則天子得以親信之矣。漢人所謂『手挾王爵，口含天憲』，唐人所謂『西頭勢重南衙，樞機權重宰相』，尚何足怪也哉！」（禮經會元卷二，頁四一—四三「奄官」目。）

九嬪。

世婦。

女御。

女祝四人，奚八人。

女史八人，奚十有六人。

【佚文】（一二）「九嬪、世婦、女御，皆統於冢宰，則王所以治内，可謂至公而盡正矣。鄭氏曰：『不列夫人於此官者，夫人之於后，猶三公之於王，坐而論婦禮，無官職。』然則九嬪視卿，世婦視大夫，女御視士。視大夫士而不言數者，鄭氏以爲『有婦德則充，無則闕』。然九嬪以教九御〔一〕，則世婦之數不過二十七，女御之數不過八十一也。嬪字從賓，則有賓之義；婦之從帚〔二〕，婦則卑於嬪矣；而御則尤卑，如馬之在御，遲速緩急，唯御者之聽故也。」（文淵閣四庫全書本周官新義卷一，頁十。）〔三〕

【評】（六）宋胡宏曰：「冢宰常以天下自任，故王者内嬖嬪婦敵於后，外寵庶孽齊於嫡，宴遊無度，衣服無章，賜與無節，法度之廢，將自此始；雖在内庭，爲冢宰者真當任其責也。王若九嬪之婦法，世婦之宫具，女御之功事，女史之内政，典婦功之女功，乃后夫人之職也，王安石以爲『統於冢宰，則王所以治内，可謂至公而盡正矣』。夫順理而無阿私之謂公，由理而無邪曲之謂正；修身以齊家，此王者治國平天下之定理，所自盡心者也。苟身不能齊家，而以付之冢宰，爲王也，悖理莫甚焉，又可謂之公正乎？噫！安石真姦人哉！」（文獻通考卷一八〇，總頁一五五三經籍考七載；周禮翼傳卷二，頁二六—二七亦載：「常」作「當」，「爲王也」作「爲主」。）

〔一〕「然」下，墨海本、經苑本並有「則」字。
〔二〕「之」，經苑本作「字」。
〔三〕全段：文獻通考卷一八〇，總頁一五五三經籍考七載胡宏述王安石以爲、周禮翼傳卷二，頁二七王安石以爲，取大意，詳見下評。

大宰之職，掌建邦之六典，以佐王治邦國：一曰治典，以經邦國，以治官府，以紀萬民；二曰教典，以安邦國，以教官府，以擾萬民；三曰禮典，以和邦國，以統百官，以諧萬民；四曰政典，以平邦國，以正百官，以均萬民；五曰刑典，以詰邦國，以刑百官，以糾萬民；六曰事典，以富邦國，以任百官，以生萬民。

【佚文】（一三）「典之字從册從丌，從册，則載大事故也；從丌，則尊而丌之也。則之字從貝從刀，從貝者，利也；從刀者，制也。灋之字從水從廌從去，從水，則水之爲物，因地而爲曲直，因器而爲方圓，其變無常，而常可以爲平；從廌，則廌之爲物，去不直者；從去，則灋將以有所取也。然則典則灋，詳略可知矣。王之治邦國，則班常而已，故以典；典言其大常也。治都鄙，則使有所揆焉，不特班常而已，故以則；使有所揆焉者也〔一〕。治官府，則悉矣，故以灋；灋則事爲之制，曲爲之防，非特使有所揆而已。言治都鄙、官府，則先官府後都鄙者，以大宰所治内外之序爲先後也；言施典則灋及以待邦國、都鄙、官府之治，則先邦國、次都鄙、後官府，以大宰所施所待尊卑之序爲先後也。所治以内外之序爲先後，而先言治邦，則六典以佐王治，非與八灋、八則序先後而言故也。治典曰『以經邦國，以紀萬民』者，有經則宜有

〔一〕「焉者」，鈔本、孔校旁注作「而已」。

緯，有紀則宜有綱，經而紀之者，典也；綱而緯之，則存乎其人矣〔一〕。大宰帥其屬以佐王均邦國，而治典以經邦國，治職以平邦國者，蓋治典之爲書，以經邦國而已；治官之屬，推而行之，然後有以平邦國〔二〕。至於均邦國，則王之事，非治典之書所能及，非治官之屬所能專；所謂綱而緯之，存乎其人者此也。治典以紀萬民，治職以均萬民，則亦治典之爲書，以紀萬民而已；治官之屬，推而行之，然後有以均萬民也。大司徒率其屬以佐王安擾邦國，而教典、教職皆曰『以安邦國』，蓋教典之爲書，教官之爲職，止於以安邦國已。至於擾邦國，則王之事也；雖然，王之事，於邦國亦有所不獲擾焉，故曰『以安擾邦國』也。教典以擾萬民，而教職以寧萬民，則亦放典之爲書，以擾萬民而已；教官之屬，以其職推而行之，然後有以寧萬民也。大司馬率其屬以佐王平邦國，政典亦曰『以平邦國』，而政職『以服邦國』，蓋政典之爲書，以平邦國，而王之爲政，亦以平邦國而已〔三〕。至於政職，然後務以服之；務以服之，則官人之事耳，非所以爲王也。政典以均萬民，而政職以正萬民，則亦政典之爲書，以均萬民而已；政官之屬，以其職推而行之，然後有以正萬民也。禮典、禮職，皆『以和邦國，以諧萬民』，蓋禮者，體

〔一〕「有經則」以下，詳解卷一頁六—七述，「存」上無「則」字。
〔二〕墨海本、經苑本並無「有」字。
〔三〕墨海本、經苑本並無「以」字。

也；體定矣，則禮典之爲書，與禮官之爲職，不能有加損也。刑典、刑職，皆『以詰邦國，以糾萬民』，其意亦猶是也。蓋刑者，形也，形成矣[一]；則刑典之爲書，刑官之爲職，亦不能有加損也。大宗伯帥其屬以佐王和邦國，又曰『佐王建保邦國』，則王之事，又能建保邦國，非特以和而已。大司寇帥其屬以佐王刑邦國，蓋典與職，能詰邦國而已；能刑，則王之事也。然而又曰『刑邦國，詰四方』，則雖王之事於四方亦有所不獲刑焉，蓋或徒以威讓文誥加之而已[二]。事典、事職皆以『富邦國』，蓋事典之爲書，事官之爲職，以富邦國而已。事典則以生萬民，事職皆以養萬民[三]，蓋事典之爲書，以生萬民而已；事官之屬，以其職推而行之，然後有以養萬民也。於邦國曰經，於萬民曰紀；於邦國曰安[四]，於萬民曰擾[五]；於邦國曰和，於萬民曰諧；於邦國曰平，於萬民曰均；於邦國曰詰，於萬民曰糾；於邦國曰富，於萬民曰生。萬民，王所自治也；故其事致詳焉。治典、教典曰官府，禮典、政典、刑典、事典曰百官者，官府言其

〔一〕「形也，形成矣」，經苑本作「侀也，侀成也」。
〔二〕「詰」，墨海本作「誥」。
〔三〕經苑本無「皆」字。
〔四〕「邦」，鈔本原作「萬」，孔校改作「邦」。
〔五〕「民」，鈔本原作「安」，孔校改作「民」。

屬，百官則言六官之屬。天地之官，嫌於不分，故言其屬而已；四時之官，嫌於不通，故言六官之屬也。」（文淵閣四庫全書本周官新義卷一，頁十一—十四。）

以八灋治官府：一曰官屬，以舉邦治；二曰官職，以辨邦治；三曰官聯，以會官治；四曰官常，以聽官治；五曰官成，以經邦治；六曰官灋，以正邦治；七曰官刑，以糾邦治；八曰官計，以弊邦治。

【佚文】（一四）「建官矣，則設屬以佐之，故一曰官屬〔一〕，以舉邦治〔二〕。設屬矣，則分職以治之，故二曰官職，以辨邦治。分職矣，事非一職所能獨治〔三〕，則聯事以供之，故三曰官聯〔四〕，以會官治。六官聯事，則有故常，違而辯焉〔五〕，則以故常聽之而已，故四曰官常，以聽官治。官常以聽百官府之治而已，若夫聽萬民之治，則有八成焉，故五曰官成，以經邦治。以官常、官

〔一〕鈔本原無「一」字，孔校增之。
〔二〕「以」，鈔本原作「二」，孔校改爲「以」。
〔三〕「職」，墨海本作「則」。
〔四〕「建官矣」至「故三曰官聯」，集説卷二，頁十八王介甫曰，無「以舉邦治」、「以辨邦治」八字。
〔五〕「辯」，墨海本、經苑本並作「辨」。

成聽之矣，然後以法正之，故六曰官灋，以正邦治。犯法矣，然後以刑糾之，故七曰官刑，以糾邦治。自官屬至於官刑，皆法而已，徒法不能以自行，必得人焉爲上行法，然後治成；聽官府之六計，則所以進群吏，使各致其行能爲上行法也，故八曰官計，以弊邦治。官計者，官府之治所成終始也。八灋或言邦治，或言官治者〔二〕，官聯、官常，六官之通治，雖六官之通治，而各致其一官之治，故言官治，與天地二官嫌於不分，故稱官府同意；餘則各一官之治，雖各一官之治，而六官相待而成治，是乃所以爲邦治也。故言邦治，與四時之官嫌於不通，故稱百官同意〔三〕。官聯以會官治，而小宰則以官府之六聯合邦治者，大司徒之職曰『天地之所合也，風雨之所會也』，蓋兩謂之合，衆謂之會，以官府之六聯會官治，則所會者衆矣；以官府之六聯合邦治，則所合者官聯與邦治兩而已。」（文淵閣四庫全書本周官新義卷一，頁十五—十六。）

**【佚文】**（一五）「八灋惟官聯、官常曰官治者，以官之聯事官之常數特言一官爾，故不言邦而言官也。」（周官集傳卷一，頁十七載歐陽謙之引王氏曰。）

---

〔二〕「治」，經苑本作「灋」。

〔三〕「八灋或言」以下：詳解卷一，頁十述大同；訂義卷一，頁十二王氏曰：「官常、官聯，雖六官之通治，而各致其一官之治，故言『官治』以別之；餘則雖各致一官之治，六官相待而成，故言『邦治』以包之。」敏案：訂義所引末句，亦見詳解述。

【評】（七）清王太岳曰：「義：『六官聯事，則有故常。』案：鄭注：『官常，謂各領其官之常職，非連事通職所共。』今云『六官聯事，則有故常』，則官常與官聯無分。」（四庫全書考證卷八，頁三八。）

以八則治都鄙：一曰祭祀，以馭其神；二曰灋則，以馭其官；三曰廢置，以馭其吏；四曰禄位，以馭其士；五曰賦貢，以馭其用；六曰禮俗，以馭其民；七曰刑賞，以馭其威；八曰田役，以馭其衆。

【佚文】（一六）「書曰『建邦設都』，春秋曰『齊人伐我西鄙』，都鄙者，以其有邑都焉，故謂之都；以其在王國之鄙也，故謂之鄙[一]。都鄙，王子弟、公卿、大夫所食之采地也[二]。學以致其道者，士也；在所崇養，故以禄位馭之。治以致其事者，吏也；在所察治，故以廢置馭之[三]。言廢常先置者，必有廢也，然後有所置。禮則上之所以制民也，俗則上之所以因乎民也，無所

〔一〕「書曰」至「故謂之鄙」：訂義卷一，頁十三王氏曰，無「也」字，兩「故謂」並作「則謂」；欽定義疏卷二，頁八王氏安石曰，多加删略。

〔二〕「都鄙者」以下，詳解卷一，頁十述大同。

〔三〕經苑本無「以」字，詳解述有「以」字。「學以致其道者」以下，詳解卷一，頁十二述大同。

制乎民，則致廢而家殊俗；無所因乎民，則民偷而禮不行，故馭其民當以禮俗也。刑所以爲威，而曰刑賞以馭其威者，獨刑而無賞，則有怨而已，豈能使民聽服而畏哉〔一〕？田則上之所以簡衆也，役則上之所以任衆也〔二〕，或曰『馭其民』，或曰『馭其衆』者，言其會而爲用，則曰衆也。凡造都鄙，必先立宗廟、社稷諸神之祀，故一曰祭祀以馭其神〔三〕。宗廟、社稷諸神之祀立矣，然後立廟庭官府〔四〕，施灋則焉，故二曰灋則以馭其官。施灋則矣，然後其違從廢舉可考而廢置也，故三曰廢置以馭其吏。廢置者，所以治之；禄位者，所以待之。治之者政也，待之者禮也，徒治之以政，而不待之以禮，則將免而無耻〔五〕，故四曰禄位以馭其士。有吏士以行灋則，然後政教立，政立則所以富之，富之然後賦貢可足〔六〕，教立則所以穀之，穀之然後禮俗可

〔一〕「畏」，墨海本作「威」，詳解述作「畏」。「獨刑而無賞」以下：詳解卷一，頁十三述略同；訂義卷一，頁十五王氏曰，有「怨而已作，人有怨心」。

〔二〕「田則」以下，詳解卷一，頁十三述大同。

〔三〕「凡造」以下：詳解卷一，頁十一述大同；訂義卷一，頁十四王氏曰，「一曰」作「八則首曰」。

〔四〕「廟庭」，墨海本、經苑本並作「朝廷」，鈔本「庭」作「廷」。

〔五〕「廢置者」以下：集說卷二，頁二一—二二載楊時曰引王介甫曰，原直作王介甫曰，參註疏删翼正。「置者」、「位者」並無「者」字；註疏删翼卷二，頁九同集說引；詳解卷一頁十二述，幾全同。

〔六〕「則然後」以下，詳解卷一，頁十三述大同。

成[一]，故五曰賦貢以馭其用，六曰禮俗以馭其民。政教立，然後繼之以刑賞，刑賞則政教之末也[二]，故七曰刑賞以馭其威。威立矣，然後衆爲用，故八曰田役以馭其衆。祭祀以馭其神者，其神所享，唯祭祀之從也[三]；灋則以馭其官者，其官所守，唯灋則之從也；廢置以馭其吏者，其吏所治，唯廢置之從也[四]；禄位以馭其士者，其士所事，唯禄位之從也；賦貢以馭其用者，其上所用，唯賦貢之從也[五]；禮俗以馭其民者，其民所履，唯禮俗之從也；刑賞以馭其威者，其民所畏，唯刑賞之從也[六]；田役以馭其衆者，其民所會，唯田役之從也。若夫典祀弗舉，淫祠無禁，巫祝費財，妖昏傷民，則非所以馭其神也[七]；上不知所制，下不知所守，私義害國，私智非上，則非所以馭其官也；治不時考，政不歲會，勤不保置，怠不患廢，則非所以馭其吏

[一] 上兩「穀」字，鈔本並作「縠」（字當正作「穀」）。下凡穀从米作糓字者，皆不煩校注。

[二] 「政教立」以下，詳解卷一，頁十三述大同。

[三] 「祭祀以」以下：詳解卷一，頁十一述大同；訂義卷一，頁十四王氏曰，「神者」作「神則」，「所」上有「之」字。

[四] 「廢置以」以下：詳解卷一，頁十二述大同；訂義卷一，頁十四王氏曰，「廢置以」作「以廢置」，「者」作「則」，「其吏所」作「則吏之所」。

[五] 「賦貢以」以下：訂義卷一，頁十五王氏曰，「用者」作「用則」，「上所」作「上之所」，「也」字無。

[六] 「刑賞以」以下：詳解卷一，頁十三述大同；訂義卷一，頁十五王氏曰，「者」字無，「其民」作「則民之」，「也」字無。

[七] 「若夫典祀」以下：詳解卷一，頁十一述無「則」字，無「也」字；訂義卷一，頁十四王氏曰，無「則」字。

也〔一〕；祿不論功，位不議行，貪汙取富，誣僞取貴，則非所以馭其士也；征求無藝，費出無節，奢或僭上，儉或廢禮，則非所以馭其用也〔二〕；人自爲禮，莫能統壹，家自爲俗，無所視效，則非所以馭其民也；刑以幸免，賞以苟得，慢公死黨，畏衆侮上，則非所以馭其威也〔三〕；富貴役貧，豪傑兼衆，使之則怨，作之則懼，則非所以馭其衆也〔四〕。然則八則之於都鄙，曷可少哉？治莫小於都鄙，莫大於天下；都鄙如此，則治天下可知矣〔五〕。」（文淵閣四庫全書本周官新義卷一，頁十六—十九。）

【評】（八）宋楊時曰：「自鄉論秀士，升之於司徒，自司徒而升之於學，曰造士；而後大司樂論造士之秀者，升之司馬，曰進士。則所謂士者，蓋未有祿位也。司馬辨論官材，論定然後官之，任官然後爵之，位定然後祿之。非修之於鄉，升之於司馬，則祿位不可得也，故以祿位馭之。大宰歲終令百官正其治，受其會，聽其致事，而詔王廢置。三歲大計群吏之治，

---

〔一〕「治不」以下：詳解卷一，頁十二；訂義卷一，頁十四王氏曰，上並多「若夫」二字，又訂義無「則」字。

〔二〕「征求」以下：詳解卷一，頁十三述，上多「若夫」二字，末「也」作「矣」；訂義卷一，頁十五王氏曰，上多「若夫」二字，「非」上無「則」字。

〔三〕「刑以」以下：詳解卷一，頁十三述，上有「若夫」二字；訂義卷一，頁十五王氏曰，上有「若夫」二字，無「則」字、「也」字。

〔四〕「若夫典祀」以下，欽定義疏卷二，頁十二—十三王氏安石曰，删易成文。

〔五〕「治莫小」以下，詳解卷一，頁十四述大同。

而誅賞之。則爲吏者，有職任焉，與士異矣，故以廢置馭之；禄位廢置，初不相因也。而王介甫曰[二]：『廢置所以治之，禄位所以待之，治之者政也，待之者禮也。徒治之以政，而不待之以禮，則將免而無耻。』失其旨矣。」（周禮義辨，載集説卷二，頁二一—二二；註疏删翼卷二，頁八—九。）

【佚文】（一七）「庶子，國子之未仕者。」（周官集傳卷一，頁二十載歐陽謙之引王氏曰；敏案：此周禮新義，説詳宫伯下佚文第六六條。）

【評】（九）宋歐陽謙之曰：「王氏曰：『……』愚謂：以士對庶，則士爲已命者也。此經馭其士者，都鄙之士也。上文既曰馭其官、馭其吏，此又曰馭其士，信乎爲都鄙言之，則士者公卿大夫之子而已。」（周官集傳卷一，頁二十—二一載。）

以八柄詔王馭群臣：一曰爵，以馭其貴；二曰禄，以馭其富；三曰予，以馭其幸；四曰置，以馭其行；五曰生，以馭其福；六曰奪，以馭其貧；七曰廢，以馭其罪；八曰誅，以馭其過。

---

〔二〕「而」，周禮義辨作「與」，下空一格，並從註疏删翼改。

【佚文】（一八）「於六典曰『佐王治邦國』，大治，王與大宰共之也〔一〕；於八瀍八則直曰『治官府都鄙』，小治，大宰得專之也；於八柄八統曰『詔王馭群臣萬民』，則是獨王之事也，大宰以其義詔之而已〔二〕。予以馭其幸者，其賢不足爵也，其庸不足禄也，而以私恩施焉〔三〕，故謂之幸。爵以馭其貴，則非王爵之，無貴也〔四〕；禄以馭其富〔五〕，則非王禄之，無富也；予以馭其幸，則非王予之，無幸也；生以馭其福，則非王生之，無福也；奪以馭其貧，則非王奪之，無貧也；置以馭其行，則以置馭之，使有行也；廢以馭其罪，誅以馭其過，則以廢誅馭之，使無罪過也。蓋上失其柄，則人以私義自高，而爵不足以貴之；以專利自厚，而禄不足以富之；取予自恣也，則不待王幸之而後予；生殺自恣也，則不待王福之而後生；有行，或以違忤貴勢而廢誅；有罪有過，或以朋比姦邪而見置；則尚何以馭其群臣哉？八柄與内史同，而内史變誅爲殺，蓋誅言其意，殺言其事。大宰大臣，詔王馭群臣者也，當以道揆，故言其意；内史有司，詔

〔一〕「王」，墨海本、經苑本並無，詳解卷一，頁十四述有。
〔二〕首以下：訂義卷二，頁一王氏曰，「佐王」作「佐在」，「萬」上有「馭」字。
〔三〕「其賢」以下：詳解卷一，頁十五述大同。訂義卷二，頁二王氏曰，僅有「以私恩施焉」，唯下又多六字（詳下佚文）。
〔四〕「非王爵」句，詳解卷一，頁十四述，幾全同。（下「非王禄、非王予、非王生」云云等事，詳解皆略同。）
〔五〕「馭」，鈔本原作「取」，孔校改作「馭」。

王治當守法而已，故言其事。誅又訓責，而知大宰所謂誅爲殺者，以内史見之也〔一〕。誅、殺也，而以馭其過者，廢之，則使被廢者不至於得罪；殺之，則使衆知懼而莫敢爲過失也。大宰八柄之序，先慶賞而後刑威，於慶賞則先重而後輕，於刑威則先輕而後重，勸賞畏刑之意〔二〕。至於内史，則慶賞刑威雜而莫知其孰先，主於守法，而不豫其以道揆之意故也〔三〕。」（文淵閣四庫全書本周官新義卷一，頁十九—二一。）

【佚文】（一九）「……非所以馭之也。」（訂義卷二，頁二王氏曰，上承「施焉」，詳上頁註三。）

以八統詔王馭萬民：一曰親親，二曰敬故，三曰進賢，四曰使能，五曰保庸，六曰尊貴，七曰達吏，八曰禮賓。

〔一〕「蓋誅言」以下：詳解卷一，頁十六；訂義卷二，頁三王氏曰，「蓋」字無，二「當」字並無，「知」上無「而」字。

〔二〕「意」下，墨海本、經苑本並有「也」字。

〔三〕「先慶賞」以下，詳解卷一，頁十六述略同；訂義卷二，頁三王氏曰，「而後」作「後」，「於慶賞則」作「於賞」，「於刑威則」作「於刑」，「畏刑」作「畏威」，「意」下有「也」字，「至於」二字無，「慶賞刑威」作「賞刑」，「其孰先」作「後先者」，「主於守法」作「主以法守」，「豫其」作「預」，「故也」作「也」。

【佚文】(二〇)「馭群臣曰柄,馭萬民曰統」;柄言操此而彼爲用〔一〕,統言舉此而彼從焉〔二〕。親親,孝也,仁也;敬故,仁也,義也;是王之行也,故一曰親親,二曰敬故。進賢、使能、保庸、尊貴、達吏、禮賓,則有政存焉;進賢使能,然後有庸可保也;故三曰進賢,四曰使能,五曰保庸。賢也、能也、庸也,固在所尚,然爵亦天下達尊,故六曰尊貴。尊貴則抑賤,抑賤則吏之志能,嫌不能達,故七曰達吏。自達吏以上,皆内治也。禮賓,則所以接外也,故八曰禮賓。馭以親親,而民莫遺其親〔三〕;馭以敬故,則民莫慢其故;馭以進賢,則民知德之不可不務;馭以使能,則民知能之不可不勉;馭以保庸,則民知功實之不可害;馭以尊貴,則民知爵命之不可陵;馭以達吏,則民知壅蔽不可爲;馭以禮賓,則民知交際當以禮〔四〕。夫八統者各致其事,不相奪也。後世親親也,因或進之;敬故也,因或使之;保庸也,因或尊之,則失是

〔一〕「彼爲用」,經苑本作「爲彼用」,詳解述同文淵本(詳下註)。

〔二〕「柄言」以下:詳解卷一,頁十七述略同;訂義卷二,頁六王氏曰;周官集傳卷一,頁二三載鄭氏曰引王氏曰:「(柄,)言操此以爲用也。」集説卷二,頁二五王介甫曰、註疏删翼卷二,頁十四臨川王氏曰並引「統言」以下;欽定義疏卷二,頁十八王氏安石曰,「彼爲用」作「用諸彼」。

〔三〕「而」,經苑本作「則」,詳解述亦作「則」(詳下註)。

〔四〕「馭以親親」以下,集説卷二,頁二五王介甫曰,「而民」作「則民」,「際」下有「之」字;註疏删翼卷二,頁十四臨川王氏曰同集説。詳解卷一,頁十七、十八、十九述,分爲八節,略同。

矣。」(文淵閣四庫全書本周官新義卷一,頁二一—二二。)

以九職任萬民：一曰三農,生九穀;二曰園圃,毓草木;三曰虞衡,作山澤之材;四曰藪牧,養蕃鳥獸;五曰百工,飭化八材;六曰商賈,阜通貨賄;七曰嬪婦,化治絲枲;八曰臣妾,聚斂疏材;九曰閒民,無常職,轉移執事。

**【佚文】**(二一)「山澤皆虞,而曰『虞衡作山澤之材』者,山虞掌山林之政令,則其政令施於山林[一];川衡掌巡川澤之禁令,則其禁令施於澤矣[二]。虞衡,山澤之官,而作山澤之材者,民職也。則此所謂虞衡,言其地之人而已[三]。嬪,有夫者也;婦,有姑者也[四]。舅歿姑老,則無職矣,故所任者嬪婦而已。九穀言生,草木言毓,鳥獸言養蕃者,九穀不能自生,待三農而後生;草木能自生,而不能相毓,待園圃而後毓;鳥獸能相毓,不能自養蕃,待藪牧而後養蕃。

---

[一]「山林」：鈔本、詳解(詳下註)並作「林衡」;「林」,經苑本作「矣」。

[二]「禁」,墨海本、經苑本並作「政」;詳解述作「禁」(詳下註)。

[三]「山澤皆虞」至「而已」：詳解卷一,頁二十述,「施於山林」作「施於林衡」,「澤矣」作「澤虞矣」;訂義卷二,頁七王氏曰,「施於山林」作「施於山矣」。

[四]「嬪有」以下：詳解卷一,頁二一述;欽定義疏卷二,頁二五王氏安石曰引第一句。

養蕃者，養而後蕃之也；飭化者，飭而後化之也；阜通者，阜而後通之也；化治者，化而後治之也；聚斂者，聚而後斂之也[一]。九穀草木山澤之材，人所食用；鳥獸，則其肉以備人食，其羽毛齒牙骨角筋革以備人用，故一曰三農生九穀，二曰園圃毓草木，三曰虞衡作山澤之材，四曰藪牧養蕃鳥獸。百工因山澤之材、鳥獸之物以就民器者也，故五曰百工飭化八材。一人之身，而百工之所爲備，則宜有商賈以資之，故六曰商賈阜通貨賄。任民以男事爲主，强力爲先，嬪婦，女弱也，故七曰嬪婦化治絲枲。臣妾則又賤者，故八曰臣妾聚斂疏材。閒民則八職所待以成事者也，故九曰閒民無常職、轉移執事[二]。夫八職之民，其事有時而用衆，則轉移執事曷可少哉？蓋有常以爲利，無常以爲用者，天之道也[三]。」（文淵閣四庫全書本周官新義卷一，頁二二一—二二三。）

以九賦斂財賄：一曰邦中之賦，二曰四郊之賦，三曰邦甸之賦，四曰家削之賦，五曰邦縣之賦，六曰邦都之賦，七曰關市之賦，八曰山澤之賦，九曰幣餘之賦。

[一]「九穀不能」以下：詳解卷一，頁二十、二一、二二述八條，略同。
[二]「執」，鈔本作「職」，詳解作「執」（詳下註）。
[三]「閒民則」以下，詳解卷一，頁二三述大同。

**【佚文】**（一二二）「下以職共謂之貢，上以取政謂之賦〔一〕。以九賦斂財賄者，才之以爲利，謂之財；有之以爲利，謂之賄。謂之財賄，則與言貨賄異矣。貨言化之以爲利，則商賈之事也〔二〕。邦中，王之所邑，其外百里謂之四郊，與邑交故也；又其外百里謂之邦甸，甸法正在是故也；又其外百里謂之家削，家，邑之地，削，小故也〔三〕；其外百里謂之邦縣，小都之地，取首在下，取首在上，取系在下故也〔四〕；又其外百里謂之邦都，大都之地，所謂畺地也；小都不謂之都，而謂之縣；大都不謂之畺，而謂之都，相備也。蓋言郊甸削縣，則都爲畺地可知；言都，則郊甸削縣爲鄉遂、公邑、家邑、小都，亦可知也〔五〕。幣餘者，職幣所謂『斂官府都鄙與凡用邦財者之幣，振掌事者之餘財』是也。餘財邦物而謂之賦者，既以給之矣，於是振之以歸之邦，故亦謂之賦也〔六〕。」（文淵閣四庫全書本周官新義卷一，頁二四。）

**【佚文】**（一二三）「關市，邦畿之四面皆有關門及王之市廛三處山澤；山澤之中財物，其民以

〔一〕「取政」，墨海本、經苑本並作「政取」，詳解述亦作「政取」（詳下註）。

〔二〕「下以職共」至「事也」，詳解卷一，頁二三述大同。

〔三〕「故」，墨海本、經苑本並作「地」。

〔四〕以上三「取」字：鈔本、詳解卷一，頁二四述皆作「所」；墨海本、經苑本下二「取」字並作「所」。

〔五〕「大都之地」以下，詳解卷一，頁二四述大同。

〔六〕「幣餘」以下：詳解卷一，頁二四述略同；欽定義疏卷二，頁三三王氏安石曰，刪易成文。

時取之，出税以當賦也。」（集説卷二，頁三一王氏曰：欽定義疏卷二，頁三三王氏安石曰：「山澤之民以其物當邦賦。」蓋據集説。疑並是新義文，宜列「職幣」之前。）

【評】（一〇）宋魏了翁曰：「後鄭謂：賦，口率出泉也。……三代賦字只是頒其式，以任井地所出獻于上，初非計口出泉。……鄭氏以漢法解經，至熙寧而禍不可勝言。」（鶴山大全集卷一〇四，頁十二、十四周禮折衷；欽定義疏卷首，頁二八載魏氏了翁曰：「康成以漢制解經，以賦爲『口率出泉』，三代安有口賦？王介甫用之以誤熙寧，皆鄭注啓之。」係改易周禮折衷此條而成。）

【評】⊗清鄂爾泰曰：安石剥民之政（謂青苗法等），託鄭玄天官太宰「九賦」與地官司門、司關、司市、泉府之注而爲之，詳天官膳夫下評第三〇條。

以九式均節財用：一曰祭祀之式，二曰賓客之式，三曰喪荒之式，四曰羞服之式，五曰工事之式，六曰幣帛之式，七曰芻秣之式，八曰匪頒之式，九曰好用之式。

【佚文】（二四）「祭祀、賓客、喪荒，人治之大者也。祭祀在所尊，賓客在所敬，喪荒在所恤，故一曰祭祀之式，二曰賓客之式，三曰喪荒之式。人治之大廢而弗治，則亡隨其後；羞服器用，將誰使共之[一]？匪頒好用，將以誰予？然則羞服、工事、幣帛、芻秣、匪頒、好用之式，宜在祭祀、賓客、喪荒之後矣。羞服之用，急於工事；工事所造，急於幣帛；幣帛之用，貴於芻秣；匪頒好用，則用財之餘事；而好用又不急於匪頒[二]；故四曰羞服之式，五曰工事之式，六曰幣帛之式，七曰芻秣之式，八曰匪頒之式，九曰好用之式。大宰以九式均節財用，而小宰執九貢、九賦、九式之貳以均財節邦用[三]，司會以九式之灋均節邦之財用者，邦國萬民有餘則多取而備禮焉；不足則少取而殺禮焉；其用財也，令邦國萬民以是爲差，此所謂均財節用。小宰則以貳大宰，制財之多少，與禮之備殺爲職，令邦國萬民以是爲差，則弗豫焉，此所謂均財節邦用。司會則凡在邦國萬民者，皆弗豫也，以灋均節邦之財用而已[四]。」（文淵閣四庫全書本周官新義卷一，頁二五—二六。）

【評】（一二）宋楊時曰：「先王所謂理財者，非盡籠天下之利而有之；其取之有道，其用之有節，而各當於義之謂也。取之不以其道，用之不以其節，而不當於義，則非理矣。故周

[一]「誰使」，墨海本、經苑本並作「使誰」。

[二]首以下，欽定義疏卷二，頁三九王氏安石曰，多所删省改易成文。

[三]「財節」，鈔本原作「節財」，孔校乙轉作「財節」。

[四]「小宰則以」以下，詳解卷二，頁一述大同。

官以九職任民，而後以九賦斂之。九賦之入，各有所待，不相侵紊，而大宰又以九式節之，下至芻秣、工事、匪頒、好用之微，咸有式焉；雖人主不得而踰也。歲終制國用，則量入以爲出，此之謂制度，有不如式，則大宰得以均節之。所謂『王及后世子不會』者，特有司之事耳。世儒以謂至尊不可以法數制之，非正論也。」（集説卷二，頁三六—三七載，參看膳夫下評第三八條；註疏删翼卷二，頁三十引楊時曰略同。）

以九貢致邦國之用：一曰祀貢，二曰嬪貢，三曰器貢，四曰幣貢，五曰材貢，六曰貨貢，七曰服貢，八曰斿貢，九曰物貢。

**【佚文】**（二五）「祀貢，凡可以共祭祀之物；嬪貢，凡可以共嬪婦之物；器貢，凡可以爲器之物；幣貢，凡可以爲幣之物；材貢，凡可以爲材之物；貨貢，凡可以爲貨之物；服貢，凡可以爲服之物[一]；斿貢，凡可以共燕游之物；物貢，則凡祀、嬪、器、幣、材、貨、服、斿之物皆是也[二]。大行人侯服貢祀物，甸服貢嬪物，男服貢器物，采服貢服物，衛服貢材物，要服貢貨

[一] 首以下，訂義卷二，頁十七—十八王氏曰，上文七「凡可以」句皆有，除後三句各少一「以」字外，餘全同。
[二] 首以下，詳解卷二，頁四—六分九節述之，幾全同。

物；而九貢一曰祀貢、二曰嬪貢、三曰器貢、四曰幣貢、五曰材貢、六曰貨貢、七曰服貢、八曰斿貢、九曰物貢者，施政之序，上先而下後，內先而外後；以詳責近，以略責遠。上以供祭祀之物，使侯服貢之，則上先下後之意；內以貢嬪婦之物〔一〕，使甸服貢之，則內先外後之意；器服作治之功多，使男服、采服貢之，則以詳責近之意；材貨作治之功少，使衛服、要服貢之，則以略責遠之意〔二〕。先器後服，先材後貨，則亦以遠近爲差。九貢退服在材貨之後者，材貨邦用所通，服則王身所獨；大宰，以道佐王者也，於此又明王者養天下以道，其用材宜後其身之意。幣、斿、物貢，則六服所通，以幣繼嬪器之後，以斿物繼貨物之後〔三〕，則亦各得其所也〔四〕。九賦言斂，九貢言致者，邦國之財不可斂而取也，致之使其自至而已。九賦言財賄，九貢言用者，財賄以斂言也。斂止於王畿〔五〕，則所斂狹矣；用以散言也，散及於邦國，則所散廣矣；大宰事王以道，斂欲狹散欲廣，王之道也。至於司會，以九賦之灋令田野之財用，以九貢之灋致

〔一〕「貢」，墨海本、經苑本並作「供」；詳解述亦作「供」（詳下註）。
〔二〕「使侯服」以下，詳解卷二，頁四—五述略同。
〔三〕「物」，墨海本、經苑本並作「服」。
〔四〕「九貢退服」以下，詳解卷二，頁五—六述大同。
〔五〕「於」，鈔本作于。元敏謹案：周禮新義用介係詞「于」，或作「於」，而各本作「于」或「於」，頗爲參差，示例於此，下不煩一一校注。

邦國之財用，賦貢兼以斂散言，則司會事王以灋，主會其入出而已；取欲狹施欲廣，非其任矣[二]。」文淵閣四庫全書本周官新義卷一，頁二六—二七。）

以九兩繫邦國之民：一曰牧，以地得民；二曰長，以貴得民；三曰師，以賢得民；四曰儒，以道得民；五曰宗，以族得民；六曰主，以利得民；七曰吏，以治得民；八曰友，以任得民；九曰藪，以富得民。

【佚文】（二六）「牧，九州之牧也[三]。連率、卒正、屬長、國君，皆以地得民，而獨言牧者，舉尊以見卑也；于上舉尊以見卑，則與舜典舉上帝以見日月星辰同意[三]。藪澤，虞之藪也。山澤之虞、川林之衡，皆以富得民，而獨言藪，則舉小以見大也；於下舉小以見大，則與舜典言山川以見大示同意[四]。長，都鄙之長，禄而不世，不得有其地，故曰以貴得民而已。師，有德行

［二］「九賦言斂」以下，詳解卷二，頁四述大同。

［三］「也」，鈔本原作「之」，孔校改作「也」。

［三］首以下，詳解卷二，頁六—七述略同。

［四］「藪澤虞」以下：詳解卷二，頁九述略同。「山澤」至「見大也」，亦見訂義卷三，頁三王氏曰：「山澤」作「川澤」，「川林」作「山林」，「富」上無「以」字，「也」字無。

以教人者也；儒，以道藝教人者也〔一〕；宗，繼祖者，其族氏之所宗；主，有家者，其臣隸之所主〔二〕。主不得專地，臣隸有治焉，則吏聽之，其貴又不足道也；則其得民，以利而已〔三〕。吏，則凡治民者皆是也〔四〕。友，則學校鄉田相與爲友者也。牧、長，皆君也；師、儒，皆師也；自非君師，則内莫尊於宗，外莫貴於主〔五〕；吏則治之而已，友則任之而已，藪則民利其財而已。自牧至藪，皆有所兩，則民有所繫屬而不散，故多寡、死生、出入、往來，皆可知也〔六〕。夫然後可得而治矣。乃後世九兩廢〔七〕，人得自恣，莫相統壹，而不知所以繫之；故宣王料民於大原，而仲山甫非之也。當是時，上徒欲知民數而不得〔八〕，尚安能得其情而制之乎？民既散矣，則放

〔一〕「師有」以下，詳解卷二，頁七述略同。
〔二〕「主有家」以下：集説卷二，頁四八王介甫曰；註疏删翼卷二，頁四一臨川王氏曰。
〔三〕「主不得」以下：詳解卷二，頁八述，「則其」作「故」。
〔四〕本句，詳解卷二，頁八述略同；訂義卷三，頁三王氏曰：「凡治民皆謂之吏。」
〔五〕「牧長」以下，詳解卷二，頁九述略同。
〔六〕「皆」，經苑本作「舉」。
〔七〕「兩」下，經苑本有「既」字。
〔八〕「徒」，墨海本、經苑本並無「徒」字。

辟邪侈，無不爲也〔一〕，故曾子謂陽膚曰：『上失其道，民散久矣，如得其情，則哀矜而勿喜。』」

（文淵閣四庫全書本周官新義卷一，頁二八—二九。）

正月之吉，始和，布治于邦國都鄙，乃縣治象之灋于象魏，使萬民觀治象，挾日而斂之。

【佚文】（二七）「正月之吉，始和，布治于邦國都鄙者，歲終令百官府各正其治，受其會，聽其政事〔二〕，于是調制所當改易〔三〕；故正月之吉〔四〕，則始和矣，乃布治于邦國都鄙也。元者，德也；正者，政也；德欲終始如一，故即位之一年，謂之元年；政欲每歲改易，故改歲之一月，謂之正月。正月之吉，則朔月也。朔月謂之吉，則明生之幾故也。三代各有正月，而周以建子之月爲正，夏以建寅之月爲正，夏正據人所見，故謂之人正。授民事則宜據人所見，故周亦

---

〔一〕「自牧」以下：集説卷二，頁四九王介甫曰，「民有所繫屬」作「民心繫屬」，「皆可知也夫然後可得而治矣」作「皆可得而治矣」，「乃」作「及」，「徒」字無，「不得」作「不可得」；註疏删翼卷二，頁四一—四二臨川王氏曰同集説；欽定義疏卷二，頁四八王氏安石曰，删節改易成文。又詳解卷二，頁六述「夫然後」以下，略同。

〔二〕「政」，墨海本、經苑本並作「致」，詳解述亦作「致」（詳下註）。

〔三〕「歲終」以下，詳解卷二，頁九述大同。

〔四〕「故」，鈔本、墨海本、經苑本皆作「至」。

兼用夏時，而以夏之正月爲正歲〔一〕。始和布治，以周之正月，而正歲又觀象灋，則以兼用夏時故也。兼用夏時，而以正月之吉使萬民觀治象，則正歲先王之正也。正月之吉，時王之正也；萬民取正于時王而已；若夫百官，則又當取正于先王也〔二〕。乃縣治象之灋于象魏，使萬民觀治象，挾日而斂之者，以其縣灋示人，如天垂象，故謂之象〔三〕。治象之灋，使民遍行之〔四〕，則宜使民知；故縣于象魏，使民觀之挾日也。正月之吉，言縣于象魏，而不言狥于木鐸；正歲言狥于木鐸〔五〕，而不言縣于象魏，相備也。蓋觀象灋皆縣于象魏，而狥以木鐸，或言狥以木鐸，或言令以木鐸，亦相備也。蓋皆行狥〔六〕，而言令之也。或言象之灋，或言灋之象者〔七〕，觀則以象爲主，用則以灋爲主。以灋爲主，則曰灋象；以象爲主，則曰象灋；或言灋象，或言象

〔一〕「歲」下，經苑本有「也」字。又「三代」以下：集説卷二，頁五十王介甫曰，「而周」作「周」，兩「之月」並無「之」字，「夏正據」至「所見故」二十一字無，「而以」作「以」；註疏删翼卷二，頁四五臨川王氏曰同集説。

〔二〕「元者」以下：六經天文編卷下，頁七—八「正月正歲」目王氏曰；詳解卷二，頁十述略同。

〔三〕「縣灋示人」以下，欽定義疏卷二，頁四九王氏安石曰。

〔四〕「遍」，墨海本、經苑本並作「徧」。

〔五〕兩「狥于」，墨海本、詳解述（詳下註）並作「徇以」；兩「狥」字，經苑本並作「徇」。

〔六〕上三「狥」字，墨海本、經苑本並作「徇」。

〔七〕「灋之象」，鈔本原作「象之法」，孔校改爲「法之象」。

瀍，則亦相備而已。相備而于大宰言萬民則瀍，以及萬民爲大事故也〔二〕。」（文淵閣四庫全書本周官新義卷一，頁二九—三二。）

【評】（一三）清王太岳曰：「義：『朔月謂之吉，則明生之幾故也。』案：明生之義，蓋取易大傳『幾者動之微，吉之先見』之義，但以解『朔月謂吉』之義，似涉附會。」（四庫全書考證卷八，頁三八。）

【評】（一四）明王志長曰：「按臨川王氏以爲『三代各有正月，周以建子月爲正，夏以建寅月爲正，周亦兼用夏時，以夏之正月爲正歲。』而柯氏、葉氏則又以正歲蓋指建子之月，而正月則夏正月也。愚按：豳風之詩，凡言月指夏正，凡言日指周正，則紀月似與柯氏、葉氏合。然淩人云：『正歲十有二月，令斬冰。』則正歲又似指夏正月矣。俱存以備參。」（註疏删翼卷二，頁四五—四六。）

乃施典于邦國，而建其牧，立其監，設其參，傅其伍，陳其殷，置其輔；乃施則于都鄙，而建其長，立其兩，設其伍，陳其殷，置其輔；乃施瀍于官府，而建其正，立其貳，設其攷，陳其殷，置其輔。

〔二〕「正月之吉言縣于象魏」以下，詳解卷二，頁十一述大同。

【佚文】（二八）「乃施典于邦國[一]，乃施則于都鄙，乃施灋于官府者，既以治象示民，於是乃以所建六典、八則、八灋施于邦國都鄙官府也[二]。建六典、八則、八灋舊矣[三]，于此言乃施，則于是申之，容有所改易故也。蓋大宰是自歲終詔王廢置[四]，至是既施典則灋矣[五]；則王于邦國、都鄙、官府有廢置焉。自牧長及正至于殷輔，不在所廢，則皆王所建、立、設、傅、陳、置也。苟錯諸地，謂之置；置之成列，謂之陳；使有所傅焉[六]，謂之傅；設則設之，而無所立也；立則立之，而無所建也[七]；建則作而立之也。牧所謂以地得民者也，監所謂三監也；不言諸侯，則上言牧，下言監，包諸侯矣；參，三卿也；伍，五大夫也；殷，衆士也；輔，輔治者也；長，所謂以貴得民者也；兩，兩也；不謂之貳，則于其長有臣道，與官屬異故也。正，官長

〔一〕首句上，鈔本原有「乃施典于邦國，設其攷，陳其殷，置其輔」十五字，孔校曰：「十五字疑衍。」

〔二〕「八則八灋」，經苑本作「八灋八則」。「既以」以下：訂義卷三，頁四王氏曰，「民」作「人」，「六典八則八灋」作「典法則」。

〔三〕「八則八灋」，經苑本作「八灋八則」。

〔四〕「大」，鈔本作「太」。「是」字，墨海本、經苑本並無。

〔五〕「既」，墨海本、經苑本並作「乃」。

〔六〕「使有所傅焉」，墨海本、經苑本並作「陳有所傅」。

〔七〕「所」，墨海本、經苑本並無。

也；謂之正，則以其屬所取正故也〔二〕；貳，則若小宰之于大宰是也。攷則攷殷輔之治者也。」（文淵閣四庫全書本周官新義卷一，頁三一—三二。）

【佚文】（二九）「貳者，所以副貳於六官，而專達其事之次者。」（訂義卷三，頁六王氏曰；詳解卷二，頁十三述。）

凡治：以典待邦國之治，以則待都鄙之治，以灋待官府之治，以官成待萬民之治，以禮待賓客之治。

【佚文】（三〇）「我之治彼也，以此施焉；故彼之治乎我也，以此待之。」（文淵閣四庫全書本周官新義卷一，頁三二。）〔三〕

祀五帝，則掌百官之誓戒與其具脩。前期十日，帥執事而卜日，遂戒。及執事，眂滌濯；及納亨，贊王牲事；及祀之日，贊玉幣爵之事。祀大神示亦如之，享先王亦如之，贊玉几、玉爵。大

〔二〕「正官」以下，詳解卷二，頁十三述略同；訂義卷三，頁五—六王氏曰，「其屬」作「官屬」。

〔三〕全段：詳解卷二，頁十四，「焉」作「之」；欽定義疏卷二，頁五六王氏安石曰。

朝覲會同，贊玉幣、玉獻、玉几、玉爵。大喪，贊贈玉、含玉。

【佚文】（三一）「大神者，昊天也。夏曰昊天，則帝與萬物相見之時，故王所祀者，昊天而已〔一〕。五帝，則五精之君，昊天之佐也〔二〕。凡在天者，皆神也，故昊天爲大神；凡在地者，皆示也，故大地爲大示。神之字從示從申，則以有所示無所屈故也。示之字從二從小，則以有所示故也〔三〕。效瀍之謂神，言有所示也；有所示則二而小矣。故天從一從大，示從二從小。從二從小爲示，而從一從大不爲神者，神無體也，則不可以言大；神無數也，則不可言一〔四〕。有所示則二而小，而神亦從示者，神妙萬物而爲言，固爲其能大能小，不能有所示，非所以爲神；惟其無所屈，是以異于是也〔五〕。大宗伯言祀大神享大鬼祭大示，而大宰言祀大神示享先王者，大宗伯掌建天神、人鬼、地示之禮，故各正其名、序其位而言之。大宰非禮官也，則其佐王事神示祖考也以道；事神示以道，故大示不謂之祭；事祖考以道，故先王不謂之鬼。謂之

〔一〕首以下，詳解卷二，頁十六述。

〔二〕「五帝」句：詳解卷二，頁十四述，無「則」字；訂義卷三，頁六王氏曰、集説卷二，頁五四—五五王氏曰，並同詳解。

〔三〕「也」，鈔本原無，孔校添。

〔四〕「可」下，墨海本、經苑本並有「以」字。

〔五〕「異于是」，墨海本、經苑本並作「異于示」。

鬼，則正名其爲鬼，而弗以神事之矣；是禮而已，非道也。夫先王之王也，有聖而不可知者；及其死也，亦如斯而已。故詩曰：『三后在天，王配于京。』然通于道乃知其爲神，制于禮則見其爲鬼而已〔一〕。正言祀五帝〔二〕，而以祀大神示，享先王如之者，其所佐則王，其所職則宰，其爲道也，適足以紹上帝而已。以祀大神示，則爲不足，以享先王，則爲有餘；蓋能乂王家，則足以享先王矣。戒，所謂散齋也〔三〕。禮記曰：『七日戒，三日宿。』又曰：『散齋七日以定之，致齋三日以齊之。』齊之之謂齋，定之之謂戒〔四〕。大宰、大宗伯同帥執事而卜日，而大宰獨掌誓者，卜宜與衆占，誓宜聽于一；然戒之日又使大司寇涖誓者，犯誓則施刑故也。大宗伯正掌建邦之天神人鬼地示之禮〔五〕，故宿眂滌濯、涖玉鬯、省牲鑊、奉玉齍；大宰于六官特尊焉，故及執事，然後眂滌濯；及納亨，然後贊王牲事；及祀之日，然後贊玉幣爵之事。六官奉牲，六官之人奉齍，則牲事尊于齍；天地不祼，祼以求神而已；則幣爵之事尊于鬯。大宰贊牲事而

〔一〕「夫先王」以下：詳解卷二，頁十七述，「王也」作「生也」，「乃」作「則」。
〔二〕「正」，經苑本作上。
〔三〕本句，集説卷二二，頁五五王氏曰。
〔四〕「禮記曰」以下：詳解卷二，頁十四述略同；集説卷二，頁五五王氏曰同；訂義卷三，頁七王氏曰，「禮記曰」作「記云」，「謂齋」作「謂齊」，「謂戒」下又有十二字，詳下佚文。
〔五〕「正」，經苑本作「止」。

不贊齍[一]，贊幣爵之事而不贊鬯，則亦以特尊故也。玉幣、玉獻、玉几、玉爵，大朝覲會同之大禮；贈玉、含玉，大喪之大事。贈在含後，而先言贈，則贈事比含尤送終之大者，以其禮事之大，故亦大宰贊之[二]。牲事言贊王，其下玉幣爵之事，玉几、玉幣、玉獻，言贊而不言王；則蒙上言王，從可知也。贊牲、贊玉幣爵言事，其下玉几、玉爵玉幣、玉獻，言贊而不言事，則蒙上言事可知也。大宰言贊王玉幣爵之事[三]，而小宰言凡賓客贊祼，凡受爵之事，凡受幣之事，則大宰于幣爵之事無所不贊，而小宰所贊，于其受之而已。」（文淵閣四庫全書本周官新義卷一，頁三二一—三五。）

【佚文】（三二一）「……散齋七日，致齋三日，凡十日也。」（訂義卷三，頁七王氏曰，上承「謂戒」，詳上頁註四；詳解卷二，頁十四述。）

作大事，則戒于百官，贊王命。王眡治朝，則贊聽治。眡四方之聽，亦如之。

【佚文】（三二二）「所作謂之事，所遺謂之故。故，有所因而使然者也。眡治朝言王，而作大事

[一]「贊」，墨海本、經苑本並作「掌」；詳解卷二，頁十六述作「贊」。

[二]「贈玉含玉」以下：訂義卷三，頁九王氏曰，「言贈則」作「言贈者」，「贈事」作「贈」。

[三]「贊王」，墨海本無「贊」字，經苑本無「王」字。

不言王，則作大事者大宰故也。蓋命者君所出，而事之者臣所作〔二〕，故曰『坐而論道謂之三公〔三〕，作而行之謂之士大夫』。餘官言大事未有言作者〔三〕，則大事獨大宰作之而已。所謂治朝者，聽治之朝也。巡狩四方，則無治朝，故曰聽朝而已。」（文淵閣四庫全書本周官新義卷一，頁三五。）〔四〕

凡邦之小治，則冢宰聽之；待四方之賓客之小治。

【佚文】（三四）「聽邦之小治稱冢宰，則百官總焉故也。既曰『以禮待賓客之治』，又曰『待四方賓客之小治』者，賓客之治，有詔王者矣，八統所謂禮賓是也。若其小治，則大宰專之〔五〕。

〔一〕「之」，墨海本、經苑本無。

〔二〕「三」，墨海本、經苑本並作「王」，詳解述亦作「王」（詳下註）。

〔三〕「言」，墨海本、經苑本並無，詳解述有（詳下註）。

〔四〕全段，詳解卷二，頁十八述略同。

〔五〕「既曰」以下：集說卷二，頁五七—五八王介甫曰，「既曰」作「上文云」，「又曰」作「此又云」，無「矣」字，「大」作「冢」；註疏刪翼卷二，頁五九臨川王氏曰同集說，僅「上文云」作「上文」。欽定義疏卷二，頁六四王氏安石曰，「有詔王者矣」作「當詔王」，無「也」字。

言四方，則非特邦國而已；賓客之小治，非特邦國，則餘可知矣〔一〕。此亦于下舉小以見大也，故曰『冢宰統百官，均四海』。」（文淵閣四庫全書本周官新義卷一，頁三六。）

歲終，則令百官府各正其治，受其會，聽其致事，而詔王廢置。三歲，則大計群吏之治而誅賞之。

**【佚文】**（三五）「以八灋治官府，與施灋于官府，曰官府而已；及歲終，則曰『令百官府各正其治，受其會，聽其致事』者，正其治，受其會，嫌特治官之屬故也。正其治者，爲將受其會，聽其致事，以詔王廢置，故各使之先自正其治也；受其會者，受其一歲功事財用之計；聽其致事者，聽其所致，以告于上之事，則其吏之行治可知矣，于是乎詔王廢置。然此非特爲廢置也〔二〕，歲終，平在朔易之時，亦欲以知所當調制，以待正月之吉布施之也。誅則非特廢之而已，賞則非特置之而已〔三〕。三歲，大計群吏之治而誅賞之，不言詔王，則歲終廢置尚以詔王，三歲誅賞可知矣〔四〕。大宰以六典佐王治邦國，其職之大者也；以八灋治官府，以八則治都

〔一〕「若其」以下，詳解卷二，頁十九述，幾全同。
〔二〕「爲」，鈔本無，詳解述有（詳下註）。
〔三〕「賞」，鈔本原作「當」，孔校改作「賞」；詳解述亦作「賞」（詳下註）。
〔四〕詳解卷二，頁二十述，幾全同。

鄙，其職之小者也；先自治其職，然後詔王以其職。上則詔王以其職，下則任民以其職；任民以其職，然後民富；民富，然後財賄可得而斂；斂則得民財矣；得而不能理，則非所以爲[一]；均節財用，則所以爲義也；治其國有義，然後邦國服而其財可致也；能致邦國之財，然後爲王者之富；富然後邦國之民可聚，聚而無以繫之則散，繫而無以治之則亂。使萬民觀治，冢宰施典、施則、施灋、大祭祀、大朝覲、會同、大喪、大事，至于待賓客之小治，則皆其所以治也；受其會，聽其致事，夫計群吏之治[二]，而詔王廢置誅賞，則其治之所成終始也[三]。」（文淵閣四庫全書本周官新義卷一，頁三六—三七。）

【佚文】（三六）「歲終，則百官府各使之先自正其治，然後受其一歲功事則用之計[四]，聽其所致以告於上之事。」（集説卷二，頁五八王介甫曰；敏案：與文淵本自「歲終則曰」至「告于上之事」不盡同。）

[一]「爲」下，墨海本、經苑本並有「義」字；詳解述亦有「義」字（詳下註）。

[二]「夫」，墨海本、經苑本、詳解述（詳下註）皆作「大」；鈔本原作「大」，孔校改作「夫」。

[三]「太宰以六典」以下，詳解卷二，頁二十一—二二述，幾全同。

[四]「則」，當爲「財」之誤。

# 周禮新義　卷二　天官冢宰二

小宰之職，掌建邦之宮刑，以治王宮之政令，凡宮之糾禁。

【佚文】（三七）「小宰治王宮之政令，而内宰治王内之政令。王内，后宮也；内宰治后宮之政令，故小宰獨治王宮之政令。至于后宮之糾禁，則小宰兼之，故曰『凡宮之糾禁』也。」（文淵閣四庫全書本周官新義卷二，頁一。）〔一〕

掌邦之六典、八灋、八則之貳，以逆邦國、都鄙、官府之治；執邦之九貢、九賦、九式之貳，以均財節邦用。

【佚文】（三八）「操縱之權，上之所專，故于六典、八灋、八則之貳，則曰掌；出納之正〔二〕，下之所守，故于九貢、九賦、九式之貳，則曰執。執則固矣，掌則掌之而已。六典、八灋、八則之

〔一〕全段，詳解卷三，頁一述略同。

〔二〕「正」，墨海本、經苑本並作「政」。

書，大宰與大史作而立之，故大宰曰『掌建邦之六典，以佐王治邦國，以八法治官府，以八則治都鄙』，大史亦曰『掌建邦之六典，以逆邦國之治，掌法以逆官府之治〔一〕，掌則以逆都鄙之治』。夫皆作而立之也，乃獨於六典言建，則舉大以知小故也。司書則正掌其書者也，故司書曰『掌邦之六典、八法、八則』；小宰、司會則副掌其書者也，故小宰、司會皆曰『掌六典、八法、八則之貳，以逆邦國、都鄙、官府之治』也。逆者，有所治正也；有所治正，則逆之矣。所治在大史，則大史之所逆也；所治在司會，則司會之所逆也；所治在小宰，則小宰之所逆也。非大史、司會、小宰所逆，然後大宰以典法則待之〔二〕。其言六典、八法、八則，皆以六典爲先，八法次之，八則爲後者，以應大宰所治之序也。其言邦國、都鄙、官府〔三〕，則以邦國爲先，都鄙次之，官府爲後者，以應大宰所待之序也。至其言九貢、九賦、九式，小宰司會所序先後〔四〕，皆與大宰不同，則大宰以道佐王揆事，使邦國服，然後致其貢物，故序九貢在九式之後；小宰、司

〔一〕「法」，鈔本原作「治」，孔校改作「法」。

〔二〕自首至此，欽定義疏卷三，頁三—四王氏安石曰，删節舊本爲六十五字，又自「逆者」以下：詳解卷三，頁二述分二節，全同；訂義卷四，頁二王氏曰，亦全同。

〔三〕「言」，墨海本、經苑本並無，詳解述有（詳下註）。

〔四〕「所」，墨海本作「兩」，詳解述作「所」（詳下註）。

會則以貢賦之法，受其入以式法出之而已，所以致其貢之序，則非所豫也，故以九貢爲先，九賦次之，九式爲後[二]。」（文淵閣四庫全書本周官新義卷二，頁一一三。）

【評】（一五）宋魏了翁曰：「六典只是國家舊章，上從册，下從丌。王荆公表内用尊閣字，乃是字書、説典爲尊閣之也。典是定本，六敘、六職等是作職事，故上説經邦國，下説平；上説擾萬民，下説寧。如此推之，皆别是義，用字極嚴。」（周禮折衷，在鶴山大全集卷一〇四，頁二五。）

以官府之六敘正群吏：一曰以敘正其位，二曰以敘進其治，三曰以敘作其事，四曰以敘制其食，五曰以敘受其會，六曰以敘聽其情。

【佚文】（三九）「敘，敘其倫之先後也[三]。以敘正其位者，以其人之敘正之；以敘進其治者，以其位之敘進之；謂治目有功[三]，進使治凡也[四]。以敘作其事者，以其位治之敘作之；以敘

---

[二]「其言六典」以下，詳解卷三，頁三述略同。

[三]首以下，訂義卷四，頁三王氏曰。

[三]「治」，墨海本、經苑本並無。

[四]「以其位」以下：訂義卷四，頁四王氏曰，「謂治」作「進之謂若治」。

制其食者，以其治事之敘制之；以敘受其會者[二]，以其治事與食之敘受之；以敘聽其情者，自會以上不得其情，則皆有訟；訟則各以其敘聽之[三]。」（文淵閣四庫全書本周官新義卷二，頁三。）

以官府之六屬舉邦治：一曰天官，其屬六十，掌邦治，大事則從其長，小事則專達；二曰地官，其屬六十，掌邦教，大事則從其長，小事則專達；三曰春官，其屬六十，掌邦禮，大事則從其長，小事則專達；四曰夏官，其屬六十，掌邦政，大事則從其長，小事則專達；五曰秋官，其屬六十，掌邦刑，大事則從其長，小事則專達；六曰冬官，其屬六十，掌邦事，大事則從其長，小事則專達。

**【佚文】**（四〇）「天地四時之官，各以象類名之，其義甚衆，非言之所能盡；觀乎天地四時，則知名官之意矣。蓋治所不能及，然後教；教所不能化，然後禮；禮所不能服，然後政；政所不能正，然後刑；刑所不能勝，則有事焉；刑之而能勝，則無事矣。事終則有始，不可窮

---

[二]「者」，鈔本無。

[三]「自會」以下：訂義卷四，頁五王氏曰，「則皆有」作「而至於」；又末句，亦見集説卷二，頁六四王介甫曰：「亦各以其敘聽之耳。」

也，故以邦事終焉。」（文淵閣四庫全書本周官新義卷二，頁四。）

【評】（一六）清王太岳曰：「義：『蓋治所不能及，然後教。』案：此似用老子『先道而後德』之義，非經之本旨。」（四庫全書考證卷八，頁三九。）

以官府之六職辨邦治：一曰治職，以平邦國，以均萬民，以節財用；二曰教職，以安邦國，以寧萬民，以懷賓客；三曰禮職，以和邦國，以諧萬民，以事鬼神；四曰政職，以服邦國，以正萬民，以聚百物；五曰刑職，以詰邦國，以糾萬民，以除盜賊；六曰事職，以富邦國，以養萬民，以生百物。

【佚文】（四一）「所謂節財用者，非特節邦之財用而已；邦國不敢專利以過制，萬民不敢擅財而自侈，然後財用可節也；故治職以平邦國，以均萬民，然後以節財用。邦國不安，萬民不寧，雖其封域之內，散蕩離析，而不能守也，又安能使賓客懷之？故教職以安邦國，以寧萬民，然後以懷賓客。邦國不和，則無與事其先王；萬民不諧，則無與致其禋祀；故禮職以和邦國，以諧萬民，然後以事鬼神。聚百物，則將求之邦國萬民而已；不能服之正之，則其財豈肯供上之所求？故政職以服邦國，以正萬民，然後以聚百物〔二〕。除盜賊，則令糾守，比追胥而

〔二〕「聚百物則」以下：訂義卷四，頁七王氏曰，「則將求」作「以求」，「以正」作「正」，「然後」作「而後」，末有「也」字。

已；邦國不可詰，則無以令糾守，萬民不可糾，則無以比追胥矣；故刑職以詰邦國，以糾萬民，然後以除盜賊〔一〕。生百物，則將任之邦國萬民而已；不能富之養之，則其力豈能勝上之所任〔二〕？故事職以富邦國，以養萬民，然後以生百物。六職終于以生百物，則事者物之所成終始也〔三〕。」（文淵閣四庫全書本周官新義卷二，頁四—五。）

**【佚文】**（四二）「教官之屬，以其職推而行之，然後可以寧萬民也〔四〕。」（訂義卷四，頁六王氏曰；詳解卷三，頁七—八述。）

**【佚文】**（四三）「禮典、禮職，皆以和邦國諧萬民者，蓋禮者，體也。體定則禮典之爲書、禮官之爲職，不能有所加損也〔五〕。邦國不和，則無與事其先王；萬民不諧，則無與致其禋祀；故禮職以和邦國，諧萬民，而後以事鬼神也。」（訂義卷四，頁七王氏曰；欽定義疏卷三，頁十一王氏安石曰，至「損也」止。敏案：以與文淵本「故禮職」比看，頗有異。）

---

〔一〕「除盜賊則」以下，詳解卷三，頁九述大同。

〔二〕「其力」，墨海本、經苑本並無此二字。

〔三〕「故事職」以下，詳解卷三，頁九述略同。

〔四〕「可」，詳解卷三，頁八作「有」。

〔五〕首以下，欽定義疏卷三，頁十一王氏安石曰，「皆以」作「皆曰」，「蓋」字無。

【佚文】（四四）「刑之不能勝，然後有事。」（鶴山大全集卷一〇九附一一〇，頁四九師友雅言引王介甫以爲：周禮折衷引少「之」字，在鶴山大全集卷一〇四，頁二八荆公謂。）

【評】（一七）宋魏了翁曰：「六官皆有事，大率扶持世界，合有六官，一件少不得。冬官所謂事，此書惜乎不存，疑其盡是營國、授田等事，必有容心去之者。荆公謂：『……』此説未盡。職字之義，則是主此事者，謂之職其實。典是定本職，便是推而行之處。王昭禹解是賊字，非從戎毀，則爲賊乃從刀從戈。」（周禮折衷，在鶴山大全集卷一〇四，頁二八。）

【評】（一八）宋魏了翁曰：「周禮六官皆有事，做箇世界合有箇六官，不是建一官了，方建一官。王介甫穿鑿，如冬官以爲：『……』却未稳。冬官所謂事，竊疑是營國、授田等事，惜書不存。周官與司馬、行司馬、司禄等官，多缺文，大率是班爵、定賦、制軍、分田緊要處分，信孟子所謂『諸侯惡其害己，而去其籍』，誠有此理。如冬官非是偶然亡，必有去之者，到秦又焚之。秦令非博士所藏，天下不容有藏者。到項羽焚咸陽，雖博士所藏，亦亡矣。蕭何所收止圖籍，不及書，後來惠帝除挾書之令，看得來書之亡非盡是秦焚。漢初興時，羽焚咸陽尤盡亡。或以爲吕伯恭亦曾有此説，但未見。」（鶴山大全集卷一〇九附一一〇，頁四九師友雅言。）

以官府之六聯合邦治：一曰祭祀之聯事，二曰賓客之聯事，三曰喪荒之聯事，四曰軍旅之聯事，五曰田役之聯事，六曰斂弛之聯事；凡小事皆有聯。

【佚文】（四五）「祭祀在所尊，賓客在所敬，喪荒在所恤：三者人治之大也。爲人亂之也，故有軍旅之事；軍旅以用衆也，田則簡衆而已，役則任衆而已。斂弛之事比田役爲小，故一曰祭祀之聯事，二曰賓客之聯事，三曰喪荒之聯事，四曰軍旅之聯事，五曰田役之聯事，六曰斂弛之聯事。」（文淵閣四庫全書本周官新義卷二，頁五—六。）〔二〕

以官府之八成經邦治：一曰聽政役以比居，二曰聽師田以簡稽，三曰聽閭里以版圖，四曰聽稱責以傅別，五曰聽禄位以禮命，六曰聽取予以書契，七曰聽賣買以質劑，八曰聽出入以要會。

【佚文】（四六）「聽政役以比居者，比謂國比，居謂民居。聽政役者，欲知其可任與施舍而已，故以國比正之。以國比正之而不服，則又以民居正之。以國比正之，則若後世以五等簿

〔二〕 全段，詳解卷三，頁十一—十二述略同。

差役也；以民居正之，則若後世以簿差役，不服，則檢視屋産矣〔一〕。聽師田以簡稽者，簡謂閱而選之，稽謂考而計〔二〕，簡稽則皆有書焉。聽師田者，欲知其車徒之所任，財器之所出而已，故以簡稽聽之也〔三〕。聽閭里以版圖者，版謂人民之版，圖謂土地之圖；閭則六卿所謂五比爲閭〔四〕，里則六遂所謂五鄰爲里〔五〕；聽閭里者，欲知其地域所守，人民所屬而已，故以版圖聽之也〔六〕。聽稱責以傅別者，傅，朝士所謂地傅也，責傅其事者，若今責契立保也〔七〕。別，朝士所謂判書也；判書稱責之要也。別謂人執其一，人執其一，則書其所予之數，使責者執之；書其所償之數，使稱者執之；以其償責或不能一而足故也〔八〕。聽禄位以禮命者，禮有數，命有等，

---

〔一〕首至此八十七字，訂義卷四，頁十王氏曰七十八字，與之略同，内容亦無出此段之外者，故不煩一一校異。

〔二〕「考」，鈔本、墨海本、經苑本皆作「攷」。「計」下，墨海本、經苑本並有「之」字。

〔三〕「簡謂閱」以下，詳解卷三，頁十二—十三述略同；訂義卷四，頁十一王氏曰，「計」下有「之」字，「則」字無，「聽」字無，「而已」二字無，「也」字無。

〔四〕「卿」，墨海本、經苑本並作「鄉」。

〔五〕「爲里」下，墨海本、經苑本並有「凡」字。

〔六〕「欲知」以下：訂義卷四，頁十一王氏曰：「欲知人民所屬，故以版聽之；欲知地域所守，故以圖聽之。」詳解卷三，頁十三述，兩「知」下各有「其」字，餘同訂義。

〔七〕「責傅其事」以下：訂義卷四，頁十一王氏曰，「責傅其事者」作「責有傅其事者」，「也」字無。

〔八〕「傅朝士」以下：欽定義疏卷三，頁二十王氏安石曰，删節改易成文。又「判書」以下，訂義卷四，頁十一王氏曰，「人執其一則」五字無，「予」作「與」。

禄位視此制之故也〔一〕。聽取予以書契者，書，簡牘而已，契，則取予之要也；契謂人執其一，予者執左，取者執右，合而驗之也。別也、契也，皆要也。稱責爲之別〔二〕，則其用以別爲主；取予謂之契，則其用以合爲主〔三〕。聽賣買以質劑者，質人『大市則以質，小市則以劑』；質則有質其事者，若人市契立見也〔四〕；劑則爲要書而已。聽出入以要會者，月計謂之要，歲計謂之會。八成所序先後〔五〕，蓋或以事之大小，或以治之多寡。」（文淵閣四庫全書本周官新義卷二，頁六—七。）

【佚文】（四七）「（傅別，）即地傅判書也。判書者，著約束文書中，別爲兩，各其一，如今所謂合同分支也。」（鶴山大全集卷一〇四，頁三一周禮折衷荆公謂。）

以聽官府之六計，弊群吏之治：一曰廉善，二曰廉能，三曰廉敬，四曰廉正，五曰廉灋，六曰

〔一〕「禮有數」以下：訂義卷四，頁十一王氏曰：欽定義疏卷三，頁二二，「制之故也」作「以制」。
〔二〕「爲」，墨海本、經苑本並作「謂」。
〔三〕「合」，經苑本作「契」。「契謂」以下：訂義卷四，頁十二王氏曰，「爲之」作「之謂」，「謂之」作「之謂」，「合」作「契」。
〔四〕「人」，墨海本、經苑本作「今」。
〔五〕「先後」，墨海本、經苑本並作「後先」。

廉辨。

【佚文】（四八）「治汙謂之汙，治荒謂之荒，治亂謂之亂，治擾謂之擾，則治弊謂之弊矣[一]。所謂弊群吏之治者，治弊之謂也[二]。善其行謂之善，善其事謂之能，能直内謂之敬，能正直謂之正，能守法謂之法，能辨事謂之辨[三]。廉者，察也；聽官府、弊吏治，察此而已[四]。欲善其事，必先善其行；善行宜以德，不宜以僞，直内則所以爲德也；直而不正，非所以成德。正然後能守法，守法則將以行之；行之則宜辨事，辨事則吏治所成終始也[五]。故一曰廉善，二曰廉能，三曰廉敬，四曰廉正，五曰廉法，六曰廉辨。此人之行能，謂之六計者，察其吏治，而知

---

[一] 首以下，詳解卷三，頁十五述略同；鶴山大全集卷一〇四，頁三一周禮折衷荆公謂。

[二] 「所謂弊」以下，欽定義疏卷三，頁二四王氏安石謂「治弊曰弊」。

[三] 「善其行」以下，鶴山大全集卷一〇四，頁三一周禮折衷荆公謂，「行」作「於」，「善其事」作「善事」；集説卷二，頁六九王介甫曰、註疏删翼卷二，頁八三臨川王氏曰皆有「辨，能辨事」。

[四] 「廉者」以下：鶴山大全集卷一〇四，頁三一周禮折衷荆公謂。集説卷二，頁六九王介甫曰；註疏删翼卷二，頁八三臨川王氏曰並有「廉者，察也」。欽定義疏卷三，頁二四王氏安石「以廉爲察」。

[五] 「則」，鈔本作「所」，詳解述作「則」。「欲善其事」以下，詳解卷三，頁十六述，幾全同。

其所以治者行能如此。此聽官府、弊吏治之數也〔一〕，故謂之六計焉〔二〕。」（文淵閣四庫全書本周官新義卷二，頁八。）

【評】（一九）宋魏了翁曰：「字書無弊字，只是㡀。㡀，斷也，與『一言以蔽之』字同義。廉者，以廉隅、堂廉，謂有分辨界限。鄭、賈、王所謂絜廉與治汙，皆失之，以絜廉加於六者，義皆不通。」（鶴山大全集卷一〇四，頁三一一三一一周禮折衷。）

【評】（二〇）清鄂爾泰曰：「王安石謂『治弊曰弊』，與尚書『丕蔽要囚』、春秋傳『蔽罪邢侯』不合。又以廉爲察，尤非。曰聽，則察在其中矣；蓋聽斷乃所以察之也。」（欽定義疏卷三，頁二一四。）

【評】（二一）清王太岳曰：「義：『治亂謂之亂，治擾謂之擾，則治弊謂之弊矣。』案：弊，鄭注云：『斷也。』今曰『治弊謂之弊』，與鄭説異。」（四庫全書考證卷八，頁三九。）

以灋掌祭祀、朝覲、會同、賓客之戒具；軍旅、田役、喪荒亦如之。七事者，令百官府共其財用，

---

〔一〕「聽」，經苑本作「總」。

〔二〕「此人」之以下，鶴山大全集卷一〇四，頁三一一周禮折衷荆公謂，「此人之行能謂之」作「此六行能而謂之」，「故謂之」作「故謂」，「焉」字無。

治其施舍，聽其治訟。

【佚文】（四九）「小宰掌戒而不掌誓，掌具而不掌修。蓋誓聽于一，而修則有所加損；戒與衆共，而具則具之而已。又言以法，則亦不豫道揆故也[一]。施惠焉，謂之施；舍政役焉，謂之舍；理其事謂之治，争其事謂之訟。財用出于官府，施舍加于人民，治訟則或以財用之不共，或以施舍之不治，故先言共其財用[二]，次言治其施舍，後言聽其治訟[三]。」（文淵閣四庫全書本周官新義卷二，頁八—九。）

【評】（一二二）宋魏了翁曰：「荆公常以道揆自居，而元不曉道與法不可離。如舜爲法於天下，可傳於後世，以其有道也；法不本於道，何足以爲法？道而不施於法，亦不見其爲道。荆公以法不豫道揆，故其新法皆商君之法，而非帝王之道。所見一偏，爲害不小。因説永嘉二陳作唐制度紀綱論云：『得古人爲天下法，不若得之於其法之外。』彼謂仁義道德爲法之外事，皆因荆公判道、法爲二，後學從而爲此説。曾於南省試院爲諸公發明之，衆莫不

[一] 首以下，鶴山大全集卷一〇四，頁三三周禮折衷荆公云，「而具」作「而」。

[二] 「共」，臨川集卷四，三頁四乞改周禮義誤字劄子曰：「小宰『其財用』，上『其』字，當作『共』。」

[三] 「施惠」以下，鶴山大全集卷一〇四，頁三三周禮折衷荆公（云），「施惠」作「惠施」，「施舍政」作「施政」。又「理其事」以下，詳解卷三，頁十七述略同；訂義卷四，頁十四王氏曰，「施舍加于」作「而施舍加於」。

伏。如周禮一部三百六十官，甸稍縣都鄉遂溝洫比閭族黨，教忠教孝，道正寓於法中。後世以刑法爲法，故流爲申、商。」（鶴山大全集卷一〇四，頁三二—三三周禮折衷，亦載註疏刪翼卷二，頁八四略同。）

【評】（二三）清王太岳曰：「義：『施惠焉，謂之施；舍政役焉，謂之舍。』案：施舍，鄭注云：『不給役者。』今云『施惠焉，謂之施』，則施別爲一事，與鄭説異。」（四庫全書考證卷八，頁三九。）

凡祭祀，贊玉幣爵之事、祼將之事；凡賓客，贊祼；凡受爵之事，凡受幣之事。喪荒，受其含襚幣玉之事。

【佚文】（五〇）「宗廟之祼，求神于陰；賓客之祼，則若今禮飲賓客祭酒也。祼將，祼而將瓚也。喪荒有幣玉，則賻贈賵委之物也。」（文淵閣四庫全書本周官新義卷二，頁九。）〔一〕

〔一〕全段：周禮折衷荆公（云）（在鶴山大全集卷一〇四，頁三三）「飲」、末「也」字並無。又「祼將」以下共七字，詳解卷三，頁十七述，「祼將」下有「謂」字；訂義卷四，頁十五王氏曰，「祼將」作「祼謂」；集説卷二，頁七一王氏曰，同文淵本。又「喪荒」以下，亦見訂義卷四，頁十六王氏曰。

月終，則以官府之敘，受群吏之要。贊冢宰受歲會，歲終，則令群吏致事。正歲，帥治官之屬，而觀治象之灋，徇以木鐸，曰：「不用灋者，國有常刑。」乃退，以宮刑憲禁于王宮。令于百官府，曰：「各脩乃職，攷乃灋，待乃事，以聽王命；其有不共，則國有大刑。」

**【佚文】**（五一）「徇以木鐸，文事故也；文事奮木鐸，尚仁故也；武事奮木鐸〔一〕，尚義故也。有令焉，必徇鐸奮之者，蓋將以禁人，則宜使之皆知，不使之不知也〔二〕；及犯令而刑之，則是罔人而已〔三〕。大司徒令于教官曰『各共爾職，脩乃事〔四〕，以聽王命；其有不正，則國有常刑』，小宰令于百官府曰『各脩乃職，攷乃灋，待乃事，以聽王命；其有不共，則國有大刑』者，大司徒令于教官，則所謂脩乃事者，自其教官之職事也；小宰以宮刑憲禁令，攷乃法，則所以避禁令也〔五〕；待乃事，則其事有待乎王宮之政令焉故也。共所以事上，正所以臨下；在宮則戒以

---

〔一〕「木」，墨海本、經苑本並作「金」，詳解述亦作「金」（詳下註）。

〔二〕四庫全書考證卷八，頁三九曰：「義：『有令焉，必循鐸奮之者，蓋將以禁人，則宜使之皆知，不使之不知也。』原本『不使』訛『皆使』，令改。」敏案：文淵本不誤，是已校改本。

〔三〕首以下：詳解卷三，頁十九述略同。又「將以」以下：集説卷二，頁七二王介甫曰，「宜使之」作「宜使人」，「不知也」作「皆知」，「之」、「則是」三字無；註疏删翼卷二，頁八九臨川王氏曰大同集説。

〔四〕「脩」，鈔本、墨海本、經苑本皆作「修」。元敏謹案：後類此修、脩互出者，概不校注。

〔五〕「避禁令也」，原作「避禁也」，「令」在「也」字下。據墨海本、經苑本改。

不共，在府則戒以不正，亦各其所也。爲宮刑而令獨曰『國有大刑』，則以宮刑宜嚴于官府。今律宮殿中所坐，比常法有加，亦是意也。小宰先正群吏，然後可以舉邦治。其舉邦治也，欲人分致其事〔二〕，故分職以辨之；爲其辨之有不能舉也，故又聯事以合之；有辨有合，則官府之治無不舉矣，於是聽萬民之治。所謂群吏之治者，以聽萬民之治爲主；聽萬民之治矣，于是弊群吏之治焉。若夫以法掌戒具，贊幣爵、祼將，含禭幣玉之事〔三〕，則皆其分職聯事所治也。至于受群吏之要，贊冢宰受歲會，令群吏致事，則所治終焉；觀治象以宮刑憲禁，則所謂終則有始也〔三〕。」（文淵閣四庫全書本周官新義卷二，頁九—十一。）

宰夫之職，掌治朝之灋，以正王及三公、六卿、大夫、群吏之位，掌其禁令。

**【佚文】**（五二）「治以致其事者，吏也；謂之三公、六卿、大夫、群吏之位，則比群吏〔四〕，非大夫以上也。小宰掌王宮之政令，凡宮之糾禁；而宰夫掌治朝之法，則所謂政也。以正王及三

〔一〕「分」，鈔本、詳解述（詳下註）並作「各」。「分致」，墨海本、經苑本並作「各職」。
〔二〕「幣」，原作「弊」，據墨海本、經苑本、詳解述（詳下註）改。
〔三〕「小宰先正」以下，詳解卷三，頁二十述略同。
〔四〕「比」，墨海本、經苑本並作「此」。

公、六卿、大夫、群吏之位，掌其禁令，不言政及糾者〔一〕，正治朝之位，則所謂政也；以法正之，則糾在其中矣。」（文淵閣四庫全書本周官新義卷二，頁十一。）

敘群吏之治，以待賓客之令，諸臣之復，萬民之逆。

【佚文】（五三）「下有事則治乎上，上有事則令乎下。大宰尊于賓客，故大宰以禮待賓客之治；賓客尊于群吏，故小宰敘群吏之治以待賓客之令。復，有報乎上也；逆，有言乎上也。上言而令之〔二〕，下聽而行之，所謂順也；下有言乎上，則逆矣。」（文淵閣四庫全書本周官新義卷二，頁十一—十二。）〔三〕

掌百官府之徵令，辨其八職：一曰正，掌官灋以治要；二曰師，掌官成以治凡；三曰司，掌官灋以治目；四曰旅，掌官常以治數；五曰府，掌官契以治藏；六曰史，掌官書以贊治；七曰胥，掌官敘以治敘；八曰徒，掌官令以徵令。

---

〔一〕「政」，鈔本、詳解卷三，頁二十述，並作「正」。

〔二〕「令」上，鈔本、孔校字側加「禮」字，且圈括於「禮」字之四週；詳解「令」上、「而」下無字（詳下註）。

〔三〕全段，詳解卷三，頁二一述略同。

【佚文】（五四）「掌官府之徵令，辨其八職者，有官府，則有所徵令矣；有徵令，則其所掌治〔一〕，不可以不辨也〔二〕。正，其屬所取正者也；師，則教其屬者也；司，則各自司其職事而已〔三〕；旅，則衆而有所從焉〔四〕。數，一二三四是也；合衆數而爲目，合衆目而爲凡，合衆凡而爲要。要則月計，凡則旬計，目則日計。旬計，則宰夫所謂『旬終正日成』是也。一二三四之數，府史之所掌也，而旅治之；目則旅之所掌也，而司治之；凡則司之所掌也，而師治之；要則師之所掌也，而正治之；此官府之八職也〔五〕，故治至于要而止。若夫會，則正之所掌也，而王治之矣。故大宰受百官府之會，而詔王廢置；廢置在王，則王治之矣。王省惟歲，亦謂此也。凡治官府以法爲主，成則以待萬民之治，常則聽官治而已；故正掌官法，師掌官成，旅掌

〔一〕「其」，墨海本、經苑本並作「有」，詳解述作「其」（詳下註）。
〔二〕「有官府」以下，詳解卷三，頁二一述大同。
〔三〕「各自」，墨海本、經苑本並作「自各」。
〔四〕「正其屬」以下：訂義卷五，頁三—四王氏曰分見四節：「以其屬之所取正，故謂之正。師，其官屬所受教者。司，各自司其職事者。衆有從謂之旅。」
〔五〕「一二三四之數」以下，詳解卷三，頁二四述略同。

官常，司亦掌官法者，正掌官法以正其屬，司掌官法則貳焉而已〔一〕。」（文淵閣四庫全書本周官新義卷二，頁十二—十三。）

掌治灋以考百官府、群都縣鄙之治，乘其財用之出入。凡失財用物、辟名者，以官刑詔冢宰而誅之；其足用、長財、善物者，賞之。

**【佚文】**（五五）「不言以法，而言掌治法者，宰夫所攷，雖及百官府、群都縣鄙之治，然其事則治官之事，其法則治官之法而已；五官所掌〔二〕，攷則弗預也〔三〕。所謂縣者，縣師所掌閒田之縣也〔四〕。宰夫所攷，及于百官府群都縣鄙，則大宰、小宰所謂官府都鄙，其爲百官府、群都縣

〔一〕「合衆數」以下，鶴山大全集卷一〇四，頁四十周禮折衷荆公（云），「合衆凡」作「合衆已」，「旬終」作「旬約」，「日成」下無「是」字，「故治至于要」，「治」下有「之」字，「王省」以下八字無，「貳焉」作「貳之」。又訂義卷五，頁三—四王氏曰（原散爲四節）：「積凡以爲要，要則月計。要則師之所掌而正治之，若夫會，則正之所掌而王治之矣。積日以爲凡，凡，旬計也。宰夫所謂旬終，則正日成是也。官成則師之所掌，以經邦治；凡則司之所掌，而師治之。積數以爲目，目則日計；日計則旅之所掌，而司治之。數則一二三四是也。官常所以聽官治而旅掌之。一二三四之數，則府史之所掌而旅治之。」皆雜見於新義此段之文。

〔二〕「掌」，經苑本作「自」。

〔三〕首以下，詳解卷三，頁二四述大同。

〔四〕「田」，鈔本作空一格（缺字）；詳解述作「田」（詳下註），同文淵本。

鄙可知矣〔一〕。不言會其財用，而曰乘者〔二〕，以一二三四乘之，則謂之乘；總會其數，則謂之會；欲知其總數，則宜言會；欲知其别數，則宜言乘。今此欲知其失財用物、辟名、足用、長財，故言乘其財用之出入也〔三〕。失其所藏之貨賄，則謂之失財；非所用而用焉，則謂之失用；所失之物，非貨賄也，則謂之失物〔四〕；辟名，則其出入名不正而已〔五〕；足用者，用無不足而已；長財，則所藏又有餘焉〔六〕；善物，則所作所受又無不善。夫物有不可謂之財，而財亦

---

〔一〕「所謂縣者」以下：詳解卷三，頁二四述，「大宰」下無「小宰」二字。又至「之縣也」止，又見訂義卷五，頁五王氏曰，「閒」作「問」。

〔二〕「不言會其財用而曰乘者」，鈔本作「不言會其財用之出入而曰乘其財用之出入者」。

〔三〕「也」，經苑本無。

〔四〕自首至此，欽定義疏卷三，頁四一—四二王氏安石曰，删易成文。又「不言會」以下：詳解卷三，頁二五述略同；又見載訂義卷五，頁五—六王氏曰（二條），「不言會其財用而曰乘者」作「不言會而言乘者」，「一二三四乘之」作「一二三四計之」，「乘其財用之出入」作「乘其出入」。後三「則謂之」，前二作「謂之」，後一作「而謂之」，「焉」作「之」。又「以一二三四」以下，集説卷二，頁七五—七六王介甫曰：「以一二三四乘之，謂之乘；總會其數，謂之會；欲知其總數，則宜會；欲知其别數，則宜乘。今此欲知其失財用物及足用長財善物，故言乘之。失其所藏之財賄，則謂之失財；非所當用而用之，則謂之失用；所失之物非貨賄，則謂之失物。」略同文淵本，而周禮全經釋原卷二，頁六九王氏曰、註疏删翼卷三，頁六—七臨川王氏曰，並據集説轉引，或頗有殊異。

〔五〕「其出入名不正」，集説卷二頁七六王介甫曰。

〔六〕「藏」下，墨海本、經苑本並有「者」字。

有物也。言失財用物，則失物非財，以其既言失財故也；言善物，則財亦物也，以其未嘗言善財故也。所誅非特治官之屬也，故曰『以官別詔冢宰而誅之〔一〕』；誅以詔冢宰，則賞可知矣〔二〕。」（文淵閣四庫全書本周官新義卷二，頁十三—十四。）

以式灋掌祭祀之戒具，與其薦羞，從大宰而眂滌濯。

【佚文】（五六）「具與薦羞，則以式掌之；戒與滌濯，則以灋掌之。」（文淵閣四庫全書本周官新義卷二，頁十四。）〔三〕

凡禮事，贊小宰比官府之具。

【佚文】（五七）「小宰以灋掌祭祀、朝覲、會同、賓客之戒具，軍旅、田役、喪荒亦如之。七事者，令百官府共其財用，所謂官府之具者此也。祭祀則吉禮之事也，軍旅、田役則軍禮之

〔一〕「別」，鈔本、墨海本、經苑本、詳解述（詳下註）皆作「刑」。
〔二〕「足用者」以下，詳解卷三頁二五述，幾全同。
〔三〕全段，詳解卷三，頁二五述。

事也〔二〕，喪荒則凶禮之事也〔三〕，所謂凡禮事者此也。」（文淵閣四庫全書本周官新義卷二，頁十四。）

【佚文】（五八）「凡禮事，五禮之事；小宰七禮是已。令百官共其財用，所謂官府之具也。」（集説卷二，頁七七王介甫曰；註疏删翼卷三，頁八臨川王氏曰略同。）

凡朝覲、會同、賓客，以牢禮之灋，掌其牢禮、委積、膳獻、飲食、賓賜之飧牽，與其陳數。凡邦之弔事，掌其戒令，與其幣器財用，凡所共者。

【佚文】（五九）「牛羊豕謂之牢，米禾薪芻謂之委積，夕食謂之飧〔三〕，牢生可牽謂之牽。牢禮，則大行人掌客牢禮之等數是也〔四〕。牢禮之法，則其掌之又有法焉。委積，則上公五積之

〔二〕首以下，詳解卷三，頁二六述，二「之事也」並作「之事」，「軍旅田役則軍禮」句上有「朝覲、會同、賓客則賓禮之事」十一字。

〔三〕自首至「軍禮之事也」，訂義卷五，頁七王氏曰，全同詳解（已詳本頁註一）；下訂義別有「喪荒則凶禮之事」七字，詳解則無。

〔三〕首以下，詳解述同（詳下註）。

〔四〕「客」，經苑本作「各」。

屬是也〔二〕；膳，則飲膳大牢之屬是也〔三〕；獻，則上介有禽獸之屬是也；飲，則壺四十之屬是也；食，則食四十之屬是也；飧則飧五牢之屬是也；賓之飧牢〔三〕，則有司所共；賜之飧牽，則王所好賜；陳數，則以爵等爲之牢禮之陳數是也〔四〕。」（文淵閣四庫全書本周官新義卷二，頁十五。）

【佚文】（六〇）「牢禮之共膳，則殷膳大牢之屬是也；獻，則上介有禽獻之屬是也；不，則飧五牢之屬是也；飲，則壺四十之屬是也；食，則食四十之屬是也；牽，則牽四十之屬是也；賓之飧牽，則有司所共，賜之飧牽，則王所好賜；陳數，則以爵等爲之。」（鶴山大全集卷一〇四，頁四二周禮折衷荆公云，與文淵本頗殊異。）

【佚文】（六一）「牢禮委積，若大行人五牢五積、四牢四積、三牢三積之屬；膳獻，則殷膳太牢及上介禽獻之屬；飲食，則饗禮九獻、食禮九舉之謂也；賓賜，王所好賜也；陳數，以爵等

〔一〕「公」，鈔本原作「六」，孔校改作「公」，詳解述作「公」（詳下註）。

〔二〕「飲」，墨海本、經苑本、詳解述（詳下註）皆作「殷」。

〔三〕「牢」，鈔本、墨海本、經苑本、詳解述（詳下註）皆作「牽」。

〔四〕首以下：詳解卷三，頁二七述（分散）略同。又「陳數則」以下，訂義卷五，頁八王氏曰，「牢禮之陳數是也」作「牢禮所陳之數」。

爲牢禮之數。」（集説卷二，頁七七王介甫曰；註疏删翼卷三，頁九臨川王氏曰；欽定義疏卷三，頁四五載王氏安石曰，僅「賓賜」等共七字。）

大喪、小喪，掌小官之戒令，帥執事以治之；三公、六卿之喪，與職喪帥官有司而治之；凡諸大夫之喪，使其旅帥有司而治之。

【佚文】（六二）「與職喪帥官有司而治之，則帥宰夫職喪之屬官與其府史治之；使其旅帥有司而治之，則使宰旅帥其府史治之。」（文淵閣四庫全書本周官新義卷二，頁十五。）

歲終，則令群吏正歲會；月終，則令正月要；旬終，則令正日成，而以攷其治。治不以時舉者，以告而誅之。

【佚文】（六三）「告或以告于上，或以告于下，故不言所詔，而曰『以告而誅之』，以告而誅之者，不待三歲大計而誅之者也。」（文淵閣四庫全書本周官新義卷二，頁十六。）〔二〕

---

〔二〕　全段，詳解卷三，頁二八述大同。自第二「以告而」以下：訂義卷五，頁十王氏曰，第二「誅之者」作「誅者」；欽定義疏卷三，頁四七王氏安石曰：「以告而誅之，不待三歲大計。」

正歲，則以灋警戒群吏，令脩宫中之職事。書其能者與其良者，而以告于上。

【佚文】（六四）「宫正稽其功緒，糾其德行，歲終會其行[二]，然後宰夫得以攷其會，而正歲書其能者良者，以告于上。良者書之，賢可知矣。」（文淵閣四庫全書本周官新義卷二，頁十六。）[三]

---

[二] 「行」下，墨海本、經苑本、詳解述（詳下註）皆有「事」字。

[三] 全段：詳解卷三，頁二八述，「行」下有「事」字，「正歲」上無「而」字。訂義卷五，頁十王氏曰，至「告于上」止：「終」下有「則」字，「行」下有「事」字，「告于上」作「詔于上」。欽定義疏卷三，頁四八王氏安石曰，同訂義，唯「則」字無，「詔」作「告」。

# 周禮新義　卷三　天官冢宰三

宮正，掌王宮之戒令糾禁。以時比宮中之官府、次舍之衆寡，爲之版以待，夕擊柝而比之；國有故，則令宿，其比亦如之。辨外内而時禁，稽其功緒，糾其德行，幾其出入，均其稍食，去其淫怠與其奇衺之民，會其什伍而教之道藝。月終，則會其稍食；歲終，則會其行事。凡邦之大事，令于王宮之官府次舍，無去守而聽政令。春秋，以木鐸脩火禁。凡邦之事，蹕；宮中廟中則執燭；大喪則授廬舍，辨其親疏貴賤之居。

**【佚文】**（六五）「戒之字從戈從廾，兩手奉戈，有所戒之意；令之字從亼從卪[一]，下守以爲節[二]，參合乎上之意；糾之字從糸從丩，若糾絲然，糾其緩散之意；禁之字從林從示，示使知阻，以仁芘焉之意。然則戒，戒其怠忽；糾，糾其緩散；令，使爲之；禁，使勿爲也[三]。小宰

---

[一]「亼」，經苑本作「人」。

[二]「下」，墨海本、經苑本並作「卪」。

[三]「戒戒其怠忽」以下：詳解卷三，頁一述略同；訂義卷五，頁十王氏曰，「使爲之」作「使之有爲」，「使勿爲也」作「使之勿爲」；欽定義疏卷四，頁一王氏安石曰，「緩散」作「過惡」，餘同訂義。

掌王宮之政令，凡宮之糾禁，而宮正掌王宮之戒令糾禁，則王宮之政與后室之糾禁，皆非宮正所豫也〔一〕。以時比其宮中之官府次舍之衆寡，則以知其人名數也。次，蓋其所直；舍，蓋其所居；爲之版以待，則版其名數以待戒令及也；夕擊柝而比之，則若今酉點〔二〕；有故則令宿〔三〕，其比亦如之，則若今坐甲；辨外内而時禁，則辨其外内職所當守，法所得至，而時其出入啓閉之禁也〔四〕；稽其功緒，則防其怠；糾其德行，則防其衺〔五〕；幾其出入，則微察其出入〔六〕；均其稍食，則平頒其稍食〔七〕；去其淫怠與其奇衺之民，則凡在宮之民尚然，其吏士可知矣。奇，無常也；衺，不正也；奇則畸於人矣，是以謂之奇也。會其什伍而教之道藝，則會其人以爲伍，合其伍以爲什，使之相保，然後教之道藝也〔八〕。月終，則會其稍食，爲小宰受其

〔一〕「小宰掌」以下，詳解卷四，頁一述，「后室」作「后宮」，無「也」字。

〔二〕「夕擊」以下：詳解卷四，頁一述，訂義卷五，頁十一王氏曰，無「則」、「也」二字。

〔三〕「故」，鈔本作「過」，詳解卷四，頁二述作「故」。

〔四〕「時其」以下：詳解卷四，頁二述，「禁」作「制」，無「也」字；訂義卷五，頁十二王氏曰，無「也」字。

〔五〕「稽其」以下：詳解卷四，頁二述、訂義卷五，頁十二王氏曰，並略同。

〔六〕「微察」句，詳解卷四，頁二述、訂義卷五，頁十二王氏曰，並幾乎全同。

〔七〕「均其」句，訂義卷五，頁十二王氏曰：「均，平頒之也。」

〔八〕「會其人」以下：詳解卷四，頁三述、訂義卷五，頁十三王氏曰，「合」、「教之」並作「會」、「教以」。

月要故也；歲終，則會其行事，爲大宰受其歲會故也〔一〕。凡邦之大事，令于王宮之官府次舍，無去守而聽政令，鄭氏謂『使居其處〔二〕，待所爲』也。春秋，以木鐸修火禁，鄭氏謂『火以春出，以秋入，因天時以戒』也〔三〕。春秋修火禁，則若今皇城四時戒火矣〔四〕。凡邦之事，蹕，鄭氏謂『事，祭事也』，誤矣；凡邦之事，則孰非事也？何特祭祀而已。宮中廟中，則執燭，鄭氏謂『祭社稷五祀於宮中，祭先王先公於廟中，則執燭』，亦誤矣；凡在宮廟中則執燭〔五〕，何特祭社稷五祀先王先公之時〔六〕？凡邦之事，蹕，則以嚴於禁止爲事；宮中廟中執燭，則以明於照察爲事〔七〕。大喪則授廬舍，辨其親疏貴賤之居，則宮正平時以比官府次舍衆寡〔八〕，辨内外爲職故也。言偃曰：『君子學道則愛人，小人學道則易使。』夫惟愛人，然後可使之近君；夫惟易使，

〔一〕「月終」以下：詳解卷四，頁三述，第一「則」字無；訂義卷五，頁十三王氏曰，兩「則」字並無，「稍」字無。

〔二〕「居」，鈔本無。四庫全書考證卷八，頁三九曰：「原本脱『居』字，今據注疏補。」

〔三〕「因」，經苑本作「用」。

〔四〕「春秋修火禁則」以下，訂義卷五，頁十四王氏曰，「則」字無，「矣」作「也」。

〔五〕「則」，墨海本、經苑本並作「皆」。

〔六〕「五」，鈔本作「三」，詳解述作「五」（詳下註）。

〔七〕「凡邦之事蹕」以下：詳解卷四，頁四述略同，欽定義疏卷四，頁八王氏安石曰：「鄭氏謂事爲祭事，未安。曰『凡邦之事』，何特祭祀乎？執燭亦然。」改易舊本本段數語成文。

〔八〕「正」，墨海本、經苑本並作「中」。

然後可責以守衛；則教之道藝，宮正所急也。然欲教之道藝〔一〕，而不先會其什伍，則莫相勸督而務學〔二〕；欲會其什伍，而不先去其淫怠奇衺之民，則或敘胥淪溺而敗類〔三〕；欲去其淫怠，而不稽其功緒，則淫怠與敬孰分？欲去奇衺，而不糾其德行，則奇衺與正孰辨？則稽其功緒，糾其德行，又宮正所先也。以稽其功緒、糾其德行爲先，則不可不致察，幾其出入則所以致察也；以會其什伍、教之道藝爲急，則不可不致養，均其稍食則所以致養也；均其稍食矣，然後稍食可會也；教之道藝矣，然後行事可會也。行事可會矣，然後邦有大事，可責以聽政令而守也；於是無事矣，思患預防而已。」（文淵閣四庫全書本周官新義卷三，頁一一四。）

【評】（二五）宋王十朋曰：「周禮有民火，有公火，司爟掌火之政令，民火也；司烜以夫遂取明火於日，公火也。王氏、賈氏徒見司爟有『季春出火，季秋内火』之文，遂以爲春秋火禁之證，非也。蓋宮正脩火禁於宮中；而出納火者，民火耳。至於司烜中春『脩火禁于國中』，言春而不及秋，以出火爲主耳。宮正脩于宮中也，司烜脩于國中也，宮中非國中之比，

〔一〕「欲」，墨海本、經苑本並無，詳解述（詳下註）亦無。
〔二〕「言偃」以下：詳解卷四，頁三述，幾盡同。
〔三〕「敘胥淪溺」，經苑本作「致淪胥」。

故併及其春秋。」（周禮詳說，載訂義卷五，頁十四。）

宮伯，掌王宮之士庶子，凡在版者。掌其政令，行其秩敘，作其徒役之事，授八次八舍之職事。若邦有大事，作宮衆，則令之。月終，則均秩；歲終，則均敘；以時頒其衣裘，掌其誅賞。

【佚文】（六六）「掌王宮之士庶子，凡在版者，則士，衛士也；庶子，國子之倅，未爲士者也。上言士，下言庶子，則包國子之未爲士者矣[一]。掌其政令，則士庶子之政令；行其秩敘，則秩其掌賜[二]，敘其事治先後，作其徒役之事，則有役焉，作其徒也[三]；授八次八舍之職事，則授其王宮四角四中宿衛之職事也[四]。若邦有大事[五]，作宮衆，則令之，則所令非特徒役之事而已。月終則均秩，秩，酒秩膳之類，日月有焉，故月終均之；歲終，則均敘，勞逸劇易，宜以歲

[一]「則士衛士」以下：詳解卷四，頁五述略同；鶴山大全集卷一〇五，頁六周禮折衷荆公謂，「則士」作「士則」；欽定義疏卷四，頁八—九王氏安石曰，有刪節。（參看佚文第一七條）

[二]「掌」，墨海本、經苑本並作「賞」。

[三]「則有役焉」以下：詳解卷四，頁五述；訂義卷五，頁十五王氏曰，「則」在「作」上。

[四]「授其」以下：詳解卷四，頁五述略同；訂義卷五，頁十五王氏曰，無「其王宮四角四中」七字。

[五]「事」，鈔本原作「衆」，孔校改作「事」。

時更焉，故歲終均之〔一〕。以時頒其衣裘，則若今賜春冬衣也。掌其誅賞，誅賞士庶子也〔二〕。士庶子非王族，則功臣之世賢者之類，王以自近而衛焉；故君臣國家，休戚一體，上下親而內外察也〔三〕。」（文淵閣四庫全書本周官新義卷三，頁四—五。）

【佚文】（六七）「……依品秩予之。」（集說卷二，頁八七王介甫曰；註疏刪翼卷三，頁二六，上承「之類」，詳本頁註一。）

【評】（二六）宋陳瓘曰：「……其可爲古有恭、顯曾害忠臣，便以爲今日之人都無可聽者乎？漢詔公卿子弟爲郎以補宦官之職，侍於殿上，當時謀者正謂其人都不可聽，故欲以此而代彼也。新經義既取其說，而日録又欲變亂舊規，自以爲此乃宗廟社稷長久之計。嗚呼！……安石欲變宿衛之法，先於經義創立新說，然後造爲神考聖訓，謂當急變其法。蓋

〔一〕「秩酒」以下：詳解卷四，頁六述略同；訂義卷五，頁十六王氏曰，二「均」之上並有「則」字，「歲終則均敘」五字無；集說卷二，頁八七王介甫曰，「類」下尚有五字（詳下佚文），「歲終則均敘」五字亦無，「劇易」下有「之敘」二字，「故歲終」下有「則」字；註疏刪翼卷三，頁二六介甫王氏曰同集說；欽定義疏卷四，頁十二王氏安石曰，略同訂義。

〔二〕「賞」，鈔本原作「掌」，孔校改作「賞」；詳解卷四，頁六述亦作「賞」。

〔三〕「士庶子非」以下：鶴山大全集卷一〇五，頁六周禮折衷荆公謂；集說卷二，頁八六王介甫曰，「賢」上有「及」字，「休戚一體」作「安危一體休戚一心」；註疏刪翼卷三，頁二五臨川王氏曰，「及」作「與」，餘同集說；欽定義疏卷四，頁九王氏安石曰，據集說轉抄，大同；訂義卷五，頁十五王氏曰，自「非王族」起引，無「也」字。

託於先訓，則可以必聖主之遵行；文以經術，則可以禁士大夫之竊議。二者行於前，三衞作於後，漸危根本。……若非陛下守藝祖之宏規，循累朝之成憲，使彼二書之説以敘行之，今日不知其何如矣！」（四明尊堯集卷一，頁八及卷三，頁十九。）

【評】（二七）宋魏了翁曰：「周宮伯，掌王宮之士庶子，凡在版者，燕義云：庶子士之嫡子，亦謂之庶子。蓋公卿大夫之庶子，以士之嫡子配。古者在天子左右，皆公卿大夫士之子。士有新士，有故士；新是初入者，故是元爲士者。漢法：有三署郎，王宮謂之光禄勳；有父任爲郎者，有以貲爲郎者，有山郎者。貲如今通柢擬之類，不是輸資于官。景帝紀：有廉士資筭四萬入官，後來到八式八方納粟爲郎，山郎事見張蒼傳。漢宮制：如未央宮北闕去兩邊皆爲廓署，郎亦取廊之義，而名公卿大夫之子弟皆可爲耶？但漢之公卿子弟，在禁中止見三署郎一項，不見其入官的次序，大率漢任子不立法。弘羊爲御史大夫，爲子求官，貢禹爲御史，子亦無官，又不封國者，父死子爲庶人，位列侯者，有嗣侯支庶則否。武帝用主父偃説，分封諸侯王子弟之後，庶子方有官。」（鶴山大全集卷一〇九附一一〇，頁四七師友雅言。）

膳夫，掌王之食飲膳羞，以養王及后、世子。凡王之饋：食用六穀，膳用六牲，飲用六清，羞用百有二十品，珍用八物，醬用百有二十罋。王日一舉，鼎十有二，物皆有俎，以樂侑食，膳夫授祭，品嘗食，王乃食。卒食，以樂徹于造。

**【佚文】**（六八）「膳夫授祭者，授王以所祭之物也〔一〕；食有祭，所以仁鬼神，君子無終食之間違仁焉。品嘗食者，養至尊當慎故也，其所防也微矣〔二〕。事君左右，就養有方，則品嘗食，膳夫之事。以樂侑食，卒食，以樂徹于造者，無大喪、無大荒、無大札〔三〕、無天地之烖、無邦之大故，則王可以樂之時，故侑食及徹皆以樂，所謂憂以天下、樂以天下者也。且人之養也，心志和而後氣體從之，食飲膳羞以養氣體也〔四〕；侑徹以樂，則所以和其心志，而助氣體之養焉〔五〕。造，至也；致食於是，然後進而御王；及其卒也，徹於所致而置焉，是之謂徹于造〔六〕。」（文淵

〔一〕「授王」以下，詳解卷四，頁八述；訂義卷六，頁三王氏曰。

〔二〕「品嘗」以下：詳解卷四，頁九述散在兩所；鶴山大全集卷一〇五，頁十二周禮折衷荊公（云），無「者」字；訂義卷六，頁四王氏曰，無「食」字，「慎」作「謹」，「其所防也」作「所防者」。

〔三〕「札」，原作「禮」，鈔本同。據孔校、墨海本、經苑本、詳解述改。

〔四〕「氣」，墨海本、經苑本並無，詳解述有（詳下註）。

〔五〕「無大喪」以下：詳解卷四，頁八述略同；集説卷二，頁九一王介甫曰，自「無大喪」至「大故」作「夫無大喪荒札瘥之烖」，「時」下有「也」字，無「故」字，無「者」字，「以養」作「所以養」，「則所以」作「所以」，「和其心志」作「和平其心也」；註疏刪翼卷三，頁三五臨川王氏曰同集説，僅少一「瘥」字。

〔六〕「造至」以下：詳解卷四，頁九述略同；訂義卷六，頁四王氏曰，無「之」字。

閣四庫全書本周官新義卷三，頁五—六。）

【佚文】（六九）「品嘗食者，每物皆嘗之，養至尊當謹之，其所防微矣。事君就養有方，則此膳夫之事也。造，至也，致食於是，然後進而御王；王已食，徹至故處焉。孔子齊必變食，致養其氣體，所以致精明之至也；夫然可以交神明矣。」（集説卷二，頁九二王介甫曰，元敏案：上文亦多散見詳解卷四，頁九述。）

【評】（二八）清王太岳曰：「義：『造，至也；致食于是，然後進而御王；及其卒也，徹于所致而置焉。』案：鄭注云：『造，作也。』又引鄭司農云：『謂食之故所居處也。』安石用司農説，故云『致食于是，然後進而御王』，郎内則所謂『天子之閣，左達五右達五』也。疏謂二鄭義同，非是。」（四庫全書考證卷八，頁四十。）

【評】（二九）宋魏了翁曰：「王荆公專本此意，以人主當享備物極。至童貫、王黼，專創應奉司，以啓人主侈心，禍至不可勝言。學術誤國，原於康成，先儒未有發此義者。」（鶴山大全集卷一〇五，頁十周禮折衷。）

【評】（三〇）清鄂爾泰曰：「三禮，康成鄭氏之功甚鉅，而其過亦不細。蓋王安石所以襲迹於新莽而禍宋者，多依於鄭氏之説也。康成注九賦以爲『口率出泉』，注門關市政以『舉爲官，没其貨』，注國服爲之息曰：『貸以泉，息以泉。』而安石剥民之政，皆託是而爲之。自康成之注『王日一舉』也，辭不別白，疏者以爲『日舉太牢，共百二十甕之醯、醢』，安石因之，有備物之説。自康成以『王后、世子不會，爲優尊者』，安石倡之，而蔡京、童貫、王黼恣焉，以速北宋之亡。經義之不明，其禍遂至於斯極，可不懼哉！夫口率出泉，漢法也；周官無是也。閭師『掌國中四郊之賦』，而其職曰『任農以耕事，貢九穀；圃、牧、工、商、虞、衡、嬪、婦，各貢其所有之物』，則農自九穀以外，餘七職自所貢之物外，別無所謂賦，明矣。没民之貨，而入於官，漢之亂政也。周官無是也。春秋傳曰：『仲尼使舉是禮也，以爲多文辭。』管子曰：『以時稽師馬牛之肥瘠，其老而死者皆舉之。』則舉乃登諸册籍之謂爾。況質人所稽者，書籍所考者，度量淳制，而曰『犯禁者，舉而罰之』，則舉爲登諸册籍，而不可謂没其貨，決矣。貸民以財，使治産業，而計其贏餘，以收息者，莽之亂政也。周官本有賒而無貸，康成不能辨而謂『貸泉出息，一以園廛郊野受田之地爲差，是爲國服』，以誣聖法，傅莽事，而啓安石之愚迷，不亦悖乎！至於『王日一舉』，舉少牢耳。醯醢六十甕，朔月月半共之，以爲旬有五日之用者耳。大司樂職曰：『王大食，三侑。』則『日一舉之』爲恒食，明矣。若恒食日舉太牢，則朔月月半之大食，何以加焉？王后之膳服不會，飲酒不會，膳禽不會，以具於大宰；羞服之式者，品數有常，無所用其會耳，非縱其欲而不爲之限度也。至於世子，服不敢備，則服會；飲無常期，則飲會；膳無加獻，則禽會；以其有無多少疏數，惟王所命，而無常式故也。其與王后同者，惟朝夕恒膳，品味有常，故無所用其會耳。然如此類者，在鄭氏、賈氏，則訓釋之疎；而在安石，則心術隱微之病也。安石雖於道未有聞焉，而於文則晰矣。其言祁寒暑雨，民猶怨咨也。舍先王思圖民艱之義，而謂民怨不足恤，以惑主聽，而閉民言，則其假周官與注、疏之説，乃明知其非而借之，以售其術耳。是亦不可以無辨也。」（欽定義疏卷首，頁三二—三四。）

【評】（三二一）清鄂爾泰曰：「案：王安石謂『人主當享備物』，以康成注此經辭不別白。而康成之誤，則因醢人職『王舉，則共醢六十甕』；醯人職『王舉，則共醯物六十甕』，遂謂『王日一舉，備用此數』。不知醢、醯二職所共者，共於内饔；内饔則選之，實於豆，以俟饋。内饔職『選百羞醬物珍物以俟饋』是也。則雖日有百二十甕之醬，而饋於王前者，固有數矣。公食『上大夫豆八，庶羞二十』；等而上之，大略可推也。蓋共之數多，饋之數少；則未饋者尚在，無須日月共之，唯膷臐膮胾，日易以鮮耳。在禮，王與后同庖，日中而餕，不敢暴天物也。乃日盡百二十品之羞，罄百二十甕之醢與醯物乎？」（欽定義疏卷四，頁十五—十六。）

【評】（三二二）清鄂爾泰曰：「案：王后、世子之膳不會，非凡用皆不會也。蓋品味有常，不敢以異物共之，無所用其會；非恣其欲而不爲之限度也。故王后之服不會，飲食不會，膳禽不會，皆以有常式也。世子則服不敢侈，多寡唯王命，而服會矣；飲無常期疏數，唯王命，而酒會矣；食無加獻，有無唯王命，而膳禽會矣；唯膳則朝夕有常，故與王后同耳。比事以觀，則其義顯然矣。」（欽定義疏卷四，頁二六。）

王齊日三舉。

【佚文】（七〇）「孔子齊必變食者，致養其體氣也[一]。王齊日三舉，則與變食同意。孔子之齊[二]，不御于內，不聽樂，不飲酒，不膳葷，喪者，則弗見也，不蠲，則弗見也；蓋不以哀樂欲惡貳其心，又去物之可以昏憒其志意者，而致養其氣體焉；則所以致精明之至也，夫然後可以交神明矣[三]。然此特祭祀之齊，尚未及夫心齊也。所謂心齊，則聖人以神明其德者是也。故其哀樂欲惡，將簡之弗得，尚何物之能累哉？雖然，知致一於祭祀之齊，則其於心齊也，亦庶幾焉。」（文淵閣四庫全書本周官新義卷三，頁六。）

【評】（三三）宋魏了翁曰：「葷，本只是薑桂韭薤之類，今却以蔫葷腥，猶國有故，則天子

---

[一]「體氣」，墨海本作「氣體」。

[二]「孔子」，墨海本作「君子」，詳解述作「孔子」（詳下註）。

[三]「孔子之齊」以下：鶴山大全集卷一〇五，頁十二周禮折衷荆公（云）：「孔子」作「祭祀」，「喪者則弗見也不蠲則弗見也蓋」十三字、「則所以致精明之至也夫」十字並無；欽定義疏卷四，頁二十王氏安石曰，刪易成文。

素服減膳，今却又有素食之說。荆公所謂『宜饗備味，聽備樂』，亦非三代王者之言，此所以開蔡京、王黼輩享上之説。」（鶴山大全集卷一〇五，頁十二周禮折衷。）

【評】（三四）清王太岳曰：「義：『然此特祭祀之齊，尚未及夫心齊也。』案：心齊之義，本莊子；但莊子以不飲酒、不茹葷爲祭祀之齊，與周官『齊日三舉』之齊，義各不同。安石蓋借用。」（四庫全書考證卷八，頁四十。）

【佚文】（七一）「祭祀之齊，不敢御内，不聽樂，不飲酒，不茹葷，凡可以亂其精神者，無不去也。喪者弗見，不蠲則弗見，凡可以褻瀆其志意者，無不去也。夫然後可以交於神明。」（三禮考註卷三，頁十六臨川王氏曰；周禮要義卷四，頁一一二臨川王氏曰，至「無不去也」止，無「敢」字。）

大喪則不舉，大荒則不舉，大札則不舉，天地有烖則不舉，邦有大故則不舉。

【佚文】（七二）「大喪、大荒，喪荒之大者也。大喪則不舉，大荒則不舉，大札則不舉，天地有烖則不舉，邦有大故則不舉者，王以能承順天地，和理神人，使無災害變故，故宜饗備味〔二〕，聽

〔二〕「味」，鈔本作「位」，詳解述作「味」（詳下註）；四庫全書考證卷八，頁四十曰：「原本『味』訛『位』，今改。」

備樂；今不能然，宜自貶而弗舉矣。」（文淵閣四庫全書本周官新義卷三，頁七。）[一]

【評】（三五）宋魏了翁曰：「王介甫錯看膳夫一義，以爲王者受天下之奉。後王黼等專置應奉司，以爲當受四海九州之奉。不知他經元無此義，獨周禮膳夫一職有備享之事。介甫差處，只爲大荒、大札不舉，今無此可以備享。解經如此，最關利害，政、宣之誤至於亡國，皆膳夫一句誤之。古人只説共儉、菲飲食底事；此一職幾乎開後世人主之心，釋經者不可不嚴哉！」（鶴山大全集卷一〇九附一一〇，頁三七師友雅言。）

【佚文】（七三）「大荒，凶年也。大札，疫癘也。天災者，日月晦蝕也。地裁者，山崩地震川沸也。大故，寇戎之事也。」（三禮考註卷三，頁十六臨川王氏曰。）

王燕食，則奉膳贊祭。

【佚文】（七四）「王舉，則授祭而弗贊；燕食，則授而贊之。贊之則以其祭不如舉之盛，然非祭朝之餘膳也。祭所以致敬也，祭而弗敬，如弗祭；故禮餕餘不祭，奉餘膳而祭，則非所以致

---

[一] 全段：詳解卷四，頁十述略同，鶴山大全集卷一〇五，頁十二周禮折衷荆公（云）：「大荒、大喪、大札、天地有裁、邦有大故不舉者，王以能順承天地，和理神人，使無裁害變故，宜饗備味，聽備樂，今不能然，則宜貶損而不舉。」略同。

敬也。且王舉之饋[二]，膳用六牲，而䱷人、掌畜以魚鳥共膳，則燕食有魚鳥之膳矣。」（文淵閣四庫全書本周官新義卷三，頁七。）

【佚文】（七五）「餕餘不祭，王之所膳，有魚人辨物以共王膳；掌畜又掌膳獻之鳥，祭其魚鳥歟！」（周禮詳說王氏謂，載訂義卷六，頁五。）

【評】（三六）宋王十朋曰：「燕食謂三飯四飯耳。鄭氏以爲：『奉朝之餘膳，所祭（者）牢肉』也。王氏謂：『……』然王氏之説得矣。鄭氏亦未可非也。玉藻曰：『皮弁以日視朝，遂以食，日中而餕，奏而食。』此謂天子之燕食也。又云：『朝服以食，特牲三俎祭肺，夕深衣，祭牢肉。』此謂諸侯之燕食也。天子言餕，諸侯言祭，天子言日中，諸侯言夕，互文見義耳。蓋殺之序，徧祭之朝，食祭肺，則牢肉亦未及祭也，豈得爲餘物乎？」（周禮詳説，載訂義卷六，頁五。）

【佚文】（七六）「奉膳贊祭，非朝食之餘膳也。祭所以致敬，祭而弗敬，如弗祭；故禮餕餘不祭，奉餘膳而祭，非所以致敬。且王舉之饋，膳用六牲，則燕食亦必有膳矣。」（集説卷二，頁九三王介甫曰；註疏删翼卷三，頁三八臨川王氏曰。）

[二]「王」，墨海本作「正」。

凡王祭祀，賓客食，則徹王之胙俎。

【佚文】（七七）「祭餘謂之胙，胙俎則祭餘之俎也。賓客食，則亦必膳夫授祭，及卒食，又膳夫徹祭餘之俎；則重祭故也。故膳言授祭，於祭祀賓客言徹胙俎，相備也。」（文淵閣四庫全書本周官新義卷三，頁七。）〔一〕

凡王之稍事，設薦脯醢。

【佚文】（七八）「謂之稍，則禮事之略者，故膳夫設薦脯醢而已。」（文淵閣四庫全書本周官新義卷三，頁七。）〔二〕

王燕飲酒，則爲獻主。

【佚文】（七九）「燕飲酒，則主於群臣亦有賓主之道焉〔三〕，故不可以無獻主；雖然，君臣之

〔一〕全段，詳解卷四，頁十—十一述略同。

〔二〕全段：詳解卷四，頁十一述略同；欽定義疏卷四，頁二三王氏安石曰，至「略者」止，略同。

〔三〕「主」，墨海本、經苑本、詳解述（詳下註）皆作「王」。

義，不可以燕廢也[一]。故使膳夫爲獻主而已。蓋燕飲之禮，惟主於以食飲養賓[二]，而膳夫以食飲養王之官也；使所以養王者養賓焉，則王之厚意也[三]。」（文淵閣四庫全書本周官新義卷三，頁八。）

【評】（三七）宋楊時曰：「周禮，王燕，則以膳夫爲獻主，說者曰：『君臣之義，不可以燕廢。』是不然。此孟子所謂養君子之道也。禮：受爵於君前，則降而再拜，燕所以待群臣嘉賓也。而使之有升降拜揖之勞，是以犬馬畜之矣。故以膳夫爲獻主，而主不自獻酧焉，是乃所以爲養君子之道，而廩人繼粟、庖人繼肉之義也。」（龜山集卷十，頁六—七語録。）

【評】⊗清鄂爾泰曰：安石謂王、后及世子之膳不會，因鄭注爲說，已詳上評第三〇條。

【佚文】（八〇）「祭祀之致福者，歸王以其福也；以摯見歸王者[四]，以其德也。歸王以其福，掌后及世子之膳羞。凡肉脩之頒賜，皆掌之；凡祭祀之致福者，受而膳之；以摯見者，亦如之。

[一] 「君臣」以下，龜山集卷十，頁六語録說者曰。

[二] 「之禮惟主於」，鈔本無此五字；詳解述亦無此五字（詳下註）。

[三] 首以下，詳解卷四，頁十一述略同。

[四] 「摯見歸王者」，墨海本、經苑本、詳解述（詳下註）皆作「摯（詳解述作「贄」）見者歸王」。

則愛之至；歸王以其德，則敬之至。且衆歸王以福，而王能享之，所以備多福；衆歸王以德，而王能納之，所以成盛德；故受而膳之。」（文淵閣四庫全書本周官新義卷三，頁八。）〔二〕

歲終，則會；唯王及后、世子之膳，不會。

【佚文】（八一）「所謂不會，非不會其出，不爲多少之計而已。王與后及膳禽飲酒及服皆不會者〔三〕，至尊不可以有司法數制之〔三〕；世子則惟膳正，禮可以不會〔四〕。膳禽則燕食之膳也，與其飲酒及服皆會，則以防荒侈故也。」（文淵閣四庫全書本周官新義卷三，頁八—九。）〔五〕

【評】（三八）宋楊時曰：「周禮『凡用皆會，唯王及后不會』，説者曰：『不得以有司之法制之。』曰有司之不能制天子也，固矣。然而九式之職，冢宰任之。王恣其費用，有司雖不會，冢宰得以九式論於王矣，故王、后不會，非蕩然無以禁止之也。制之有冢宰之義，而非以有

〔二〕全段，詳解卷四，頁十二述略同。

〔三〕「及」，墨海本、經苑本並作「之」。

〔三〕龜山集卷十，頁七語録説者曰「不得以有司之法制之」，與此句略同。

〔四〕「可以不」，墨海本、經苑本作「不可以」，詳解同文淵本（詳下註）。

〔五〕全段，詳解卷四，頁十二述略同。

司之法故也。」（龜山集卷十，頁七語録。）

庖人，掌共六畜、六獸、六禽，辨其名物。凡其死生鱻薨之物，以共王之膳，與其薦羞之物，及后、世子之膳羞。

【佚文】（八二）「六畜，可畜而養者也；六獸，可狩而獲者也；六禽，可禽而制者也[一]。以共王之膳，與其薦羞之物，及后、世子之膳羞，則庖人所共后、世子者[二]，膳羞而已；蓋薦則自后、世子之官屬共之[三]。膳夫言『掌王之食飲膳羞以養王及后、世子』，其物備衆；而其言薦則曰『王之稍事，設薦脯醢而已』；則薦所共設薄矣。」（文淵閣四庫全書本周官新義卷三，頁九。）[四]

共祭祀之好羞，共喪紀之庶羞，賓客之禽獻。

【佚文】（八三）「共祭祀之好羞者，先王、先公及先后、夫人，平生所好，祭祀則特羞之，事亡

[一]「禽」，鈔本、墨海本、經苑本、詳解述（詳下註）皆作「擒」。

[二]「人」，經苑本無，詳解述有（詳下註）。

[三]「官」，鈔本作「宮」，詳解述作「官」（詳下註）。「后世子」之以下，欽定義疏卷四頁二八王氏安石曰，删易舊本而成。

[四]全段，詳解卷四，頁十二—十三述，散見數所，首三句全同，餘亦大同。

如存之意。夫齊則思其所嗜，則其祭也，可以不羞其好哉〔一〕！雖然，求所難致，傷財害民，以昭其先之好僻〔二〕，則君子亦不爲也。孔子爲政於魯，先簿正祭器，不以四方之食共簿正；則先王不肯求所難致，以傷財害命可知矣〔三〕。共喪紀之庶羞，共賓客之禽獻〔四〕，則仁。喪紀賓客，故使共王膳羞之官共之也。或言喪事，或言喪紀之事。喪事，喪之在我者也；喪紀，喪之在彼者也〔五〕。喪紀之事，喪在彼，而我有事焉者也。喪在彼，我以禮數紀之，故謂之喪紀〔六〕。」

（文淵閣四庫全書本周官新義卷三，頁九—十。）

【評】（三九）宋鄭鍔曰：「祭之日，思其飲食，思其所嗜，乃孝子事死如事生之志也。昔屈到嗜芰，死而其子羞芰，君子皆以爲非。安石乃以共好羞爲昭先人之好僻，殊不知魯之祭

〔一〕首以下：鶴山大全集卷一〇五，頁十五周禮折衷荆公（云）「如存」作「如事存」，「其好」作「其所好」。又至「特羞之」止，欽定義疏卷四，頁二九王安石謂，删約改易爲二句十四字。

〔二〕「以昭」句，周禮全解（載訂義卷六，頁八）述安石云：「共好羞爲昭先人之好癖。」

〔三〕「命」，墨海本、詳解述並作「民」。首以下，詳解卷四，頁十三述略同。

〔四〕「獻」，鈔本作「獸」，孔校改作「獻」。

〔五〕墨海本、經苑本並無「喪紀，喪之在彼者也」八字，詳解述有此八字（詳下註）。

〔六〕「共喪紀」以下：詳解卷四，頁十三—十四述略同。又欽定義疏卷四，頁二九王氏安石曰，約「喪在」以下共十四字爲「喪有禮以紀之，故曰喪紀」十字。

非禮經之正；區區求四方之物以爲美，故孔子正之耳，非所謂先王之好者也。」（周禮全解，載訂義卷六，頁八。）

【評】（四〇）清鄂爾泰曰：「案：王氏安石謂：先祖、先妣平生所好，祭祀則特羞之。王氏昭禹引『文王之菖歜，曾皙之羊棗』以證之，皆非也。屈到嗜芰，有遺命；宗老將薦芰，而屈建命去之。周公乃用此爲祀典乎？」（欽定義疏卷四，頁二九。）

【佚文】（八四）「賓客禽獻，掌客所謂『乘禽九十雙』之屬，所獻禽於賓客之法也。令之則授以此法，使知所獻之物與其數，及其出以給用，受而入之，則亦以法焉。」（集説卷二，頁九六王介甫曰。）

凡令禽獻，以灋授之，其出入亦如之。

【佚文】（八五）「掌客所謂『乘禽於諸侯，各如其命之數』；聘禮所謂『乘禽於客，日如其饔餼之數，士中日，則二雙』，與此官所謂『凡用禽獻』者法也〔二〕。令獻禽〔三〕，則以此法授之，使知所

〔二〕「獻」，鈔本原作「獸」，孔校改作「獻」，詳解述作「獻」（詳下註）。

〔三〕「獻禽」，鈔本原作「禽獸」，孔校改作「獻禽」。詳解述作「禽獻」（詳下註）。

獻之物與其數，及其出以給用，受而入之，則亦以法焉[一]；其法蓋詳矣。如上所言，則其存而可見者爾。」（文淵閣四庫全書本周官新義卷三，頁十。）

凡用禽獻，春行羔豚，膳膏香；夏行腒鱐，膳膏臊；秋行犢麛，膳膏腥；冬行鱻羽，膳膏羶。歲終則會，唯王及后之膳禽不會。

【佚文】（八六）「春行羔豚，夏行腒鱐，秋行犢麛，各行鱻羽，各以其時物所宜[二]。鄭氏以『羽爲雁』，誤矣；謂之羽，豈特雁而已。魚謂之鱻，則以別於鱐故也。膳膏香者，膳用牛膏也；牛，土畜也，方春木用事之時，則宜助養脾故也。膳膏臊者[三]，膳用犬膏也；犬，金畜也，方夏火用事之時，宜助養肺故也。膳膏腥者，膳用雞膏也；雞，木畜也，方秋金用事之時，宜助養

[一] 首以下：詳解卷四，頁十四述大同；又訂義卷六，頁九王氏曰：「掌客聘禮，此禽獻之法也。令禽獸則以此法授之，使知其所獻之物與其數。」大同。

[二] 首以下，詳解卷四，頁十四述，幾全同。

[三] 「臊」，鈔本原作「燥」，孔校改作「臊」，詳解述亦作「臊」（詳下註）。

肝故也。膳膏羶者，膳用羊膏也；羊，火畜也，方冬水用事之時，宜助養心故也〔二〕。」（文淵閣四庫全書本周官新義卷三，頁十—十一。）

【評】（四一）宋魏了翁曰：「鄭説非，荆公説是。吕成公云：自傳注盛行，人都不看經，亦爲時王所尚，列於學官。科舉以取士，漢、唐以至國初，惟古注是從。如『當仁不讓於師』，寧取落韵，不取違古注。至程、張、歐、蘇方破口斥傳注之泥，前此周易有多少解説，列於學官者，止用王弼。唐人以論語應舉謂之習何論。王子雍排鄭康成，劉炫排杜元凱，其説甚當，亦何曾行？孔穎達又每科與之辨，又有學究一科，全是念傳注，謂之貼經。」（鶴山大全集卷一〇五，頁十八周禮折衷。）

内饔，掌王及后、世子膳羞之割亨煎和之事。辨體名肉物，辨百品味之物。王舉，則陳其鼎俎，以牲體實之，選百羞、醬物、珍物以俟饋。共后及世子之膳羞，辨腥臊羶香之不可食者：牛夜

〔二〕「膳膏香」以下：詳解卷四，頁十五述，幾全同；鶴山大全集卷一〇五，頁十七—十八周禮折衷荆公（云）：「膳用牛膏，牛，土畜也，春木用事，則助養脾也。膳用犬膏，犬，金畜也，夏火用事，則助養肺也。膳用雞膏，雞，木畜也，秋金用事，宜助養肝也。膳用羊膏，羊，火畜也，冬水用事，宜助養心也。」略同。又牛土畜、犬金畜、雞木畜、羊火畜四節，欽定義疏卷四，頁三十—三一王氏安石曰分引，略有删易。

鳴，則庮；羊泠毛而毳，羶；犬赤股而躁，臊；鳥皫色而沙鳴，貍；豕盲眂而交睫，腥；馬黑脊而般臂，螻。

【佚文】（八七）「内則以貍爲鬱，則氣無所泄，而其臭惡；蓋鳥皫色而沙鳴，則其臭如之。貍與鬱文雖異，其義一也。先言辨腥臊羶香之不可食者，然後言羊泠毛而毳羶，犬赤股而躁臊，豕盲視而交睫腥，則所謂腥臊羶之不可食者也。」（文淵閣四庫全書本周官新義卷三，頁十一。）

凡宗廟之祭祀，掌割亨之事；凡燕飲食，亦如之；凡掌共羞、脩、刑、膴、胖、骨、鱐，以待共膳。

【佚文】（八八）「凡掌共羞、脩、刑、膴、胖、骨、鱐，以待共膳者，此七物有掌之者，有共之者，有掌而共之者，各掌共其物，以待内饔共膳也。蓋内饔掌王及后世子之膳，則宜選取於群有司，以備珍膳故也[一]。」（文淵閣四庫全書本周官新義卷三，頁十二。）

凡王之好賜肉脩，則饔人共之。

---

[一] 「此七物」以下：詳解卷四，頁十九述略同；訂義卷六，頁十二王氏曰，「有掌而共之者」六字無，「各掌」下無共字，「備」作「博」（詳解述「備」亦作「博」）。

【佚文】（八九）「饔人者，内饔之屬人也；使内饔共好賜肉脩，則王所好賜，親而私之故也。」（文淵閣四庫全書本周官新義卷三，頁十二。）〔一〕

外饔，掌外祭祀之割亨，共其脯、脩、刑、膴，陳其鼎俎，實之牲體魚腊。凡賓客之飧饔、饗食之事，亦如之。邦饗耆老、孤子，則掌其割亨之事；饗士庶子亦如之。師役則掌共其獻、賜脯肉之事。凡小喪紀，陳其鼎俎而實之。

【佚文】（九〇）「耆老、孤子，蓋所謂死政之老與其孤也〔二〕。外饔言饗耆老、孤子，而士庶子亦如之〔三〕；酒正言饗士庶子，而後言饗耆老、孤子。外饔掌饔，饔以養之爲主。酒正掌酒，酒以禮之爲主〔四〕。」（文淵閣四庫全書本周官新義卷三，頁十二—十三。）

---

〔一〕全段：詳解卷四，頁十九述略同；訂義卷六，頁十二王氏曰：「使内饔則親而私之故也，饔人則内饔之屬人也。」集説卷二，頁九九—一〇〇王介甫曰：「王所善而賜之；饔人，内饔之屬人。」（註疏删翼卷三，頁四九臨川王氏曰，自集説轉抄，省前六字。）並略同。

〔二〕「與」，經苑本作「舉」，詳解述作「與」（詳下註）。

〔三〕「而」下，鈔本、墨海本、經苑本、詳解述（詳下註）皆有「以」字。「亦」，鈔本、墨海本、經苑本、詳解述（詳下註）皆無。

〔四〕「外饔言」以下：詳解卷四，頁二十述略同；鶴山大全集卷一〇五，頁二二周禮折衷荆公（云），「而以」作「而」，無「亦」字。

亨人，掌共鼎鑊，以給水火之齊。職外内饔之爨亨煮，辨膳羞之物。祭祀共大羹、鉶羹；賓客亦如之。

【佚文】（九一）「荀況曰：『大饗先大羹，貴飲食之本也。』夫大羹，肉湇也〔一〕，不致五味；凡所以薦鬼神、養賓客，則必共之，非特共之又貴而先之者，古之時禽獸嘗偪人矣，聖人教之田罟，則亦以除患故也。未知火化，非所以養生；脩火之利，則使之免死而已〔二〕。當是時，人知食肉而飲其湇，其相養亦足矣。及至後世，阻威役物〔三〕，暴殄生類，以窮鼎俎之欲，雖聖人復起，亦無如之何矣！則亦因時之宜，爲制貴賤之等，使無泰甚而已。然則庶具百物備者，豈以爲吾心如是而後慊哉？其勢有不得已爾。故每於爲禮本始以示之，使知禮意所尚，在此不在彼也。」（文淵閣四庫全書本周官新義卷三，頁十三。）

甸師，掌帥其屬而耕耨王藉，以時入之，以共齍盛。祭祀共蕭茅，共野果蓏之薦。喪事，代王受眚烖。王之同姓有辠，則死刑焉。帥其徒以薪蒸役外内饔之事。

〔一〕「湇」，墨海本並作「清」，詳解卷四，頁二一述作「湇」。本條下同。
〔二〕「已」，墨海本、經苑本並無。
〔三〕「阻」，墨海本、經苑本並作「恃」。「役」，墨海本作「殁」。

【佚文】（九二）「公田謂之藉，以其借民力治之故也」；王所親耕謂之藉，則亦借民力終之故也。王有王之藉，侯有侯之藉，故甸師所耕耨，謂之王藉〔一〕。四海之内，各以其職來祭，而王必親耕以共齍盛者，以爲祭弗自致焉，則猶不祭；以此率天下，則耕與養知勸矣〔二〕。祭祀共蕭茅者，蕭合脂，與黍稷焫之以祭，詩所謂『取蕭祭脂』是也。凡鬼享祼鬯求諸陰，焫蕭求諸陽，索祭祝于祊求諸陰陽之間，遊魂爲變，無不之，無不爲也；故求之不可以一處。茅藉以縮酒者，藉何所不可〔三〕，而必以茅，則其爲體順理直，柔而潔白，承祭祀之德當如此〔四〕。共野果蓏之薦者，爲其非場圃所出，故稱野焉，薦於王藉共之，則盡志而已〔五〕；祭祀則致衆致遠，盡物故也。喪事代王受眚烖者，人曰眚，天曰灾〔六〕，受眚，則以眚爲在己；受烖，則服烖而弗

〔一〕首以下：詳解卷五，頁一述，「王有王之藉侯有侯之藉」十字作「王與諸侯各有藉田」八字；訂義卷七，頁一王氏曰，「治之」下無「故」字，餘同詳解。

〔二〕「與養」，經苑本作「養舉」。

〔三〕「茅藉以縮酒者藉」七字，鈔本作「茅以藉祭祀之物以縮酒（詳解卷五，頁二述同。），藉祭祀之物」十五字。

〔四〕「必以茅」以下：詳解卷五，頁二述，幾全同；訂義卷七，頁二王氏曰，「必以茅」作「必用茅者」，「則其爲」作「謂其」，末有「也」字。又自「茅則」以下：集説卷二，頁一〇六王介甫曰，無「則其爲」三字；註疏删翼卷三，頁五九臨川王氏曰同集説。

〔五〕「爲其非」以下，訂義卷七，頁二王氏曰。

〔六〕「灾」，墨海本、經苑本並作「烖」。

拒；使甸師代，則以方宅喪不可接神，而甸師掌共祭薦之物，神所依故也〔二〕。王之同姓有辠，則死刑焉者，刑于隱也；刑于隱，而必於甸師，則亦以甸師共祭薦之物故也。共祭薦之物，所以事宗廟；宗廟之親，而致死刑焉，則正法然後能保天下國家；能保天下國家，然後宗廟可得而事也。然則親而致死刑，乃所以事宗廟也〔三〕。」（文淵閣四庫全書本周官新義卷三，頁十四—十五。）

【評】（四二）宋魏了翁曰：「王之同姓有罪，則死刑焉，賈氏謂：『絕服之外，同姬姓者。』蓋五服之内，則在議親之辟也。李微之謂此説足以補漢儒之所未及，是爾。至荆公『親而致死刑，乃所以事宗廟』，夫刑於甸師，隱之也，豈有殺其子孫以事祖禰乎？必不然矣！是荆公心術之誤也。」（鶴山大全集卷一〇五，頁二六周禮折衷。）

【佚文】（九三）「有罪謂犯五刑，則刑殺不必市朝。此言死刑焉，謂死及肉刑。」（周官集傳卷三，頁十四載鄭鍔曰引王氏曰。）

---

〔二〕「受眚」以下：詳解卷五，頁二述，「而甸師」上無「而」字，無「故」字。

〔三〕「刑于隱」以下：詳解卷五，頁三述大同。又「共祭薦」以下：鶴山大全集卷一〇五，頁二五—二六周禮折衷荆公（云），句上有「甸師」二字；註疏删翼卷三，頁六一王荆公謂，同周禮折衷。

獸人，掌罟田獸，辨其名物。名獻狼，夏獻麋，春秋獻獸物。時田則守罟；及弊田，令禽注于虞中。

【佚文】（九四）「冬獻狼、夏獻麋者，冬物成之時，狼殘物之尤者；夏田稼之時，麋害稼之衆者；春秋書『多麋』，爲是故也。各於其尤害物之時，罟而獻之，明設官主，以除民物之害。春秋獻獸物者，雍氏『春令爲阱擭之利於民者』，則春獻獸物亦以除害，與雍氏爲阱擭同意〔二〕。大司馬秋田羅弊，則秋獻獸物，自其用罟之時。及弊田，令禽注于虞中者，令田衆以所獲禽，置虞旗所植之中野；謂之注，則衆赴而投焉，若水之注也。」（文淵閣四庫全書本周官新義卷三，頁十五。）〔三〕

【評】（四三）宋鄭鍔曰：「王安石謂：『冬物成之時，狼害物之尤者；夏田稼之時，麋害稼之衆者，各於害物之時，罟而獻之，明官主以除民之害。』果如此説，則獸人當與秋官冥氏、

〔二〕「冬物成」以下：集説卷二，頁一〇七—一〇八王介甫曰，「爲是故也」作「爲此也」；「春秋獻獸物」以下，作「春秋獻獸物，亦以除民物之害，與雍氏春令爲阱擭之利於民者同意」；註疏删翼卷三，頁六二—六三臨川王氏曰，「尤害物」，無「尤」字，餘同集説。欽定義疏卷四，頁四六—四七王氏安石曰，節取其中兩段，有改易；訂義卷七，頁四載鄭鍔周禮全解引王安石謂，至「民物之害」止，略有删減。

〔三〕　全段：詳解卷五，頁三—四散述，略同。又「令田」以下，訂義卷七，頁五王氏曰，「野」字無，「注焉」作「投焉」。

穴氏同科，不當獨列於此。天官自膳夫而下，皆養生之職，則獸人冬夏所獻者，養王之用也。養至尊之禮過，和其陰陽以平其心，則用温涼之膏以救其時氣之過，亦其甚也。又有除物之害必須先時而爲之，若及害物之時，則除之晚矣。王政爲不然。安石之説陋矣。春秋獻獸物，不名其所獻何也？蓋春物方服乳，未可取者，不當獻。秋物已成，苟可獻者，無不用。故不言所獻之名，惟使之因時可獻者則獻矣。」（周禮全解，載訂義卷七，頁四。）

凡祭祀、喪紀、賓客，共其死獸、生獸。凡獸，入于腊人；皮毛筋角，入于玉府。凡田獸者，掌其政令。

【佚文】（九五）「共其生獸，爲或用鮮故也。獸人皮毛筋角，入于玉府，而獻人凡獻征，亦入于玉府者，周之初，園囿沛澤多，而禽獸至，人嘗患其偪矣；唯周有以勝之〔一〕，然後中國之害除，而人更賴其所獲，以共服食器用。然則獸人之官修，寧百姓之大者也。魚之爲物，潛逃微眇，難及以政；方周盛時，乃能使之莘其尾，頒其首，浮沉小大，備得其性，則以有法度加焉而

〔一〕「以」，鈔本原無，孔校增之，詳解述有（詳下註）。

已。然則獻人之官修，養萬物之悉者也。以獸人之官修，爲寧百姓之大；以獻人之官修，爲養萬物之悉；故使各入其物于玉府。以爲王者仁民愛物，其施如是，然後可以兼百姓之奉，備萬物之養，以足其燕私玩好之欲也〔二〕。然則冥氏、穴氏、翼氏攻鳥獸之猛，而其所獻皮革齒須及羽翮之類〔三〕，不入于玉府者，冥氏、穴氏、翼氏特除其害〔三〕；獸人凡田之政令掌焉，則所修之利衆，所除之害悉，所賴之獲多，王政及人於是爲大矣〔四〕。」（文淵閣四庫全書本周官新義卷三，頁十六。）〔五〕

【評】（四四）宋魏了翁曰：「荆公專以周禮爲辭，謂『人主可以兼百姓之奉，備萬物之養，

〔二〕「周之初」以下：集説卷二，頁一〇八—一〇九王介甫曰，「園囿」二字無，「至」下有「周」字，「害」作「患」，「耿」作「眇」，「盛」上有「之」字，「以獸人」至「之悉」二十四字無，「使各」作「二官各」；周禮全經釋原卷三，頁十五—十六王氏曰，「唯周」作「唯周公」，「眇」作「耿」，「頒」上有「而」字，餘同集説；註疏冊翼卷三，頁六四—六五，「眇」作「耿」，餘同集説。又周禮要義卷四，頁十二王介甫曰，自「沛澤」至「悉者也」：「人嘗」作「周公嘗」，「唯周」作「唯周公」，「害」作「患」，「而人更」作「而更」，「其所獲」三字無，「爲物」二字無，「性」作「情」。又「然後可以兼」以下，鶴山大全集卷一〇五，頁二七—二八周禮折衷荆公謂：「王之設官，能去民物之害，於是可以兼百姓之奉，備萬物之養，以足其燕私玩好之欲也。」大同。

〔三〕「及」，鈔本、詳解述（詳下註）並作「備」。

〔三〕訂義卷七，頁五載周禮全解引王氏謂「除其害則不入于王府」，檃括上二句之文。

〔四〕「政」，鈔本、詳解述（詳下註）並作「施」。

〔五〕詳解卷五，頁四—五述此段文，幾全同。

以足其燕私玩好之欲』，此所以誤天下，而開後來豐亨豫大與享上之侈，卒啓裔夷之禍，可不戒哉！」（鶴山大全集卷一〇五，頁二八周禮折衷。）

【評】（四五）宋鄭鍔曰：「王者不以一己之私好廢天下之公用。司皮掌裘，羽人、角人皆須皮毛筋角以供邦用；如使盡以入玩好之府，則國家何賴焉？故穴氏、冥氏或言『獻其皮角齒須備』，或言『以時獻其珍異皮革』，皆不言入于玉府，蓋以供邦用也。若夫獸人、魚人皆取於養蓄之地，而非取於山林川澤者，惟此可以供王玩好之用。聖人特於三官言入于玉府，蓋以防人君縱私好以妨國用。王氏何謂除其害則不入王府耶？」（周禮全解，載訂義卷七，頁五。）

【評】⊗清鄂爾泰曰：安石謂王者備萬物之養，受鄭注、賈疏影響，詳膳夫下評第三〇條。

𢽾人，掌以時𢽾爲梁，春獻王鮪。辨魚物，爲鱻薨，以共王膳羞。凡祭祀、賓客、喪紀，共其魚之鱻薨。凡𢽾者，掌其政令；凡𢽾征，入于玉府。

【佚文】（九六）「春獻王鮪，則以其時物。王鮪，鮪之大者，王，大也[一]，故物之大者，多謂之

---

[一] 「大」下，墨海本、經苑本並有「故」字。

王〔一〕。詩序言『冬薦魚』，而此不言者，獻人以時獻爲梁，凡祭祀共鱻薨，則冬薦在是矣。」（文淵閣四庫全書本周官新義卷三，頁十七。）

鼈人，掌取互物，以時簎魚鼈龜蜃，凡貍物。春獻鼈蜃，秋獻龜魚；祭祀，共蠯、蠃、蚳，以授醢人。掌凡邦之簎事。

**【佚文】**（九七）「鼈及龜〔二〕，字乳以夏，而蜃以夏秋；春獻鼈蜃，秋獻龜魚，則避其字乳之時。獻龜以秋者，龜主以卜，全而用之；故取以其堅成之時。魚美於秋冬，而冬爲尤美；不以冬獻〔三〕，則鼈人所獻，以簎得之。故先爲梁之時而獻鼈，尤美於夏；然以避其字乳之時而弗獻；唯王不以飯食之養〔四〕，害仁政之法度，如此然後能率天下之民以成魚麗之功，告神明

〔一〕「王大也」以下：詳解卷五，頁五述大同；訂義卷七，頁六王氏曰，「王」與「大」間有「言」字，無「故」字。

〔二〕「龜」下，經苑本有「魚」字，詳解述同經苑本（見下註）。

〔三〕「冬」，墨海本無，詳解述有（詳下註）。

〔四〕「飯」，墨海本、經苑本並作「飲」，詳解述亦作「飲」（詳下註）。

矣。」(文淵閣四庫全書本周官新義卷三,頁十七。)〔三〕

△腊人敏案:周禮新義佚文同佚文及評論並闕,官名上加△符誌,下皆同。

〔三〕本段:詳解卷五,頁六,「及龜」下有「魚」字,「主」作「取」,「取」下無「以」字,「飯」作「飲」,「告」下有「於」字。又欽定義疏卷四,頁五二王氏安石曰,至「爲梁之時而獻」,删潤舊本而成。又至魚麗之功,集説卷二,頁一一王介甫曰,「及龜下」有「魚」字,「避」上無「則」字,第二「字乳之時」下有「而弗獻也」四字,下徑接以「唯王不以飲食」一節,「功」下有「也」字;註疏删翼卷三,頁六七臨川王氏曰同集説,但「王」上有「先」字。又「自獻龜以秋」以下,訂義卷七,頁八王氏曰,「取」下無「以」字,「夏」下無「然」字,「飯」作飲,「後」下無「能」字。

# 周禮新義　卷四　天官冢宰四

醫師，掌醫之政令，聚毒藥以共醫事。凡邦之有疾病者、疕瘍者，造焉，則使醫分而治之。歲終，則稽其醫事，以制其食：十全爲上；十失一，次之；十失二，次之；十失三，次之；十失四，爲下。

【佚文】（九八）「毒，所謂五毒；藥，所謂五藥〔一〕。歲終，則稽其醫事，以制其食者，餼廩稱事，然後能者勸，不能者勉〔二〕；故十全爲上。鄭氏爲『全，猶愈也』〔三〕。人之疾，固有不可治者，苟知不可治而信，則亦全也，何必愈〔四〕？」（文淵閣四庫全書本周官新義卷四，頁一。）

〔一〕首以下，詳解卷五，頁八述，兩「所」字並無。
〔二〕「餼廩」以下：詳解卷五，頁八述；訂義卷八，頁二王氏曰，「不能」上有「而」字；欽定義疏卷五，頁二王氏安石曰，同訂義。
〔三〕「爲」，鈔本、墨海本、經苑本、詳解述（詳下註）皆作「謂」。
〔四〕「鄭氏」以下，詳解卷五，頁八—九述，「爲」作「謂」，「全也」作「全矣」，末多「哉」字。

食醫，掌和王之六食、六飲、六膳、百羞、百醬、八珍之齊。凡食齊，眡春時；羹齊，眡夏時；醬齊，眡秋時；飲齊，眡冬時。凡和：春多酸，夏多苦，秋多辛，各多鹹；調以滑甘。凡會膳食之宜：牛宜稌，羊宜黍，豕宜稷，犬宜粱，鴈宜麥，魚宜苽。凡君子之食，恒放焉。

**【佚文】**（九九）「凡食齊眡春時，羹齊眡夏時，醬齊眡秋時，飲齊眡冬時者，所御温熱涼寒宜如此；凡和春多酸，夏多苦，秋多辛，冬多鹹，調以滑甘者，春主發散，則宜多酸以收之；夏主解緩，則宜多苦以堅之；秋主揫斂，則宜多辛以散之；冬主堅栗，則宜多鹹以耎之；滑則所以利之，甘則所以緩之，緩之利之，則所以調之也。凡會膳食之宜，牛宜稌，羊宜黍，豕宜稷，犬宜粱，鴈宜麥，魚宜苽者，食物各有所宜也。物之所宜，非適此而已〔二〕；且有所宜，則亦有所畏惡相反當避者矣。其物不可勝言也，言其所嘗食焉〔三〕，則可推類而知矣。君子之食，恒放焉者，温熱涼寒酸苦辛鹹滑甘，與膳食之宜，凡百君子所以自養，恒放王如此；在易之頤，『君子以節飲食』，此之謂節飲食。」（文淵閣四庫全書本周官新義卷四，頁二一。）

---

〔二〕「適」，經苑本作「獨」；「非適」，詳解卷五，頁十一述作「適」。

〔三〕「嘗」，鈔本、墨海本、經苑本、詳解卷五，頁十一述皆作「常」。

疾醫，掌養萬民之疾病。四時皆有癘疾：春時有痟首疾，夏時有痒疥疾，秋時有瘧寒疾，冬時有嗽上氣疾。

【佚文】（一〇〇）「列子曰：『指擿無痟癢。』痟，痛也。素問曰：『冬傷於寒，春必病温；夏傷於暑，秋必痎瘧。』病温，則所謂痟首之疾；痎瘧，則所謂瘧寒之疾。蓋方冬之時，陽爲主於内，寒雖入之，勢未能動；及春，陽出而陰爲内主，然後寒動而搏陽，爲痟首之疾矣。方夏之時，陰爲主於内，暑雖入之，勢未能動；及秋，陰出而陽爲内主，然後暑動而搏陰，爲瘧寒之疾矣[一]。痒疥疾，則夏陽溢於膚革，清搏而淫之故也；嗽上氣疾，則冬陽溢於藏府[二]，清乘而逆之故也。」（文淵閣四庫全書本周官新義卷四，頁二—三。）[三]

【評】（四六）宋魏了翁曰：「荆公此一節最好，常舉以教醫者。又云：齊侯疥遂痁，本是疥疾，後變而爲痁。梁元帝改疥作痎，以爲初是隔日瘧，後來變痁，非是此便是夏陽溢於膚革，至秋則痁。」（鶴山大全集卷一〇六附一〇七，頁四周禮折衷。）

[一]「素問」至「疾矣」：集説卷三，頁六王介甫曰，「病温則」至「疾蓋」十九字無，「冬之時」作「冬時」，「爲痟首之疾矣」作「故有痟首之疾」，下又多「痟酸痟也」四字，末「矣」字無；註疏删翼卷三，頁七四臨川王氏曰，據集説而更易數字。

[二]「則」，經苑本無字。又「素問」至「藏府」，欽定義疏卷五，頁八王氏安石曰，改删成文。

[三]本段：詳解卷五，頁十二—十三述略同；鶴山大全集卷一〇六，頁三周禮折衷荆公（云），「冬之時」作「冬時」。

以五味、五穀、五藥養其病，以五氣、五聲、五色眡其死生。兩之以九竅之變，參之以九藏之動。

**【佚文】**（一〇一）「素問曰：『氣不足，補之以精〔一〕；精不足，補之以味。』味，養精者也；穀，養形者也；藥，則療病者也。養精爲本，養形次之，療病爲末，此治之序也〔二〕。望其氣矣，則又聽其聲；聽其聲矣〔三〕，則又視其色；視其色矣，則又兩之以九竅之變，參之以九藏之動也。九竅有變，而後占九藏，則診其動於脈，兩之也以陰陽，參之也以陰陽。沖氣，醫經所謂胃氣也。以氣聲色眡死生，不過五，以味穀藥養其病，亦不過五；則物之更王、更相、更廢、更因、更死，不過五故也〔四〕。」（文淵閣四庫全書本周官新義卷四，頁三—四。）

凡民之有疾病者，分而治之；死終，則各書其所以，而入于醫師。

**【佚文】**（一〇二）「醫師言『邦之有疾病』，疾醫言『民之有疾病』，治及民，則餘可知矣。或言

---

〔一〕「氣」、「精」，詳解同（見下註）；經苑本作「形」、「氣」，訂義同（亦見下）。

〔二〕首以下：詳解卷五，頁十三述大同。又首至「爲末」止：訂義卷八，頁六王氏曰，「氣」作「形」，「補之以精」作「温之以氣」，「次之」作「爲次」；欽定義疏卷五，頁八—九王氏安石曰，「素問曰」之「曰」無，「爲次」作「次之」，餘同訂義。

〔三〕「聽其聲矣」，原無，據鈔本、墨海本、經苑本補，詳解卷五，頁十三述亦有此四字。

〔四〕「望其氣」以下，訂義卷八，頁六王氏曰：「望其氣，又聽其聲，又觀其色，以眡其死生，不過五，以味穀藥養其病，亦不過五；則以物之更王、更廢、更因、更死，不過五故也。」似自本段節抄。

邦，或言民，相備而已。醫師既言『使醫分而治之』，疾醫又言『分而治之』者，醫師分疾病疕瘍，使各治之；而疾醫所治，又各有能故也。至於瘍醫，但言『凡有瘍者，受其藥焉』，則腫瘍、潰瘍、金瘍、折瘍，同科而已[一]。獸醫曰『死』，疾醫曰『死終』，終則盡其道而死，所謂『君子曰終』是也。終亦有所以，而非醫之罪也[二]；亦書其所以焉，使知如此者[三]，在所不治。」（文淵閣四庫全書本周官新義卷四，頁四。）[四]

瘍醫，掌腫瘍、潰瘍、金瘍、折瘍之祝藥劀殺之齊。凡療瘍：以五毒攻之，以五氣養之，以五藥療之，以五味節之。凡藥：以酸養骨，以辛養筋，以鹹養脈，以苦養氣，以甘養肉，以滑養竅。凡有瘍者，受其藥焉。

[一]「醫師既言」以下，訂義卷八，頁七王氏曰，「既」字無，「又各」作「亦各」，「故也」作「也」，「焉」字無，「金瘍」二字無，「科」作「利」。

[二]「死終」以下：鶴山大全集卷一〇六附一〇七，頁五周禮折衷荆公（云）。又自「終則」以下，註疏刪翼卷三，頁七六介甫王氏曰。

[三]「者」，墨海本、經苑本皆無，詳解述有（詳下註）。

[四]本段：詳解卷五，頁十四—十五述，幾全同。又「獸醫」至此，訂義卷八，頁七王氏曰，「死終」作「終」，「而死」下有「者也」，但缺「所謂君子曰終是也」，「罪也」作「罪」，末有「也」字。

【佚文】（一〇三）「腫瘍，聚而不潰；潰瘍，潰而不聚；金瘍，刃創未必折骨[一]；折瘍，折骨未必刃創；腫瘍、潰瘍自内作，而潰瘍爲重；金瘍、折瘍自外作，而折瘍爲重；故先腫瘍，後潰瘍；先金瘍，後折瘍也[二]。素問曰：『上古移精變氣，祝由而已。』醫之用祝尚矣，而瘍尤宜祝，後世有以氣封瘍而徙之者，蓋變氣祝由之遺法也。祝之不勝，然後舉藥[三]；藥之不勝，然後劀；劀之不勝，然後殺[四]。鄭氏謂『殺以藥，食其惡肉』，是也。以五毒攻之者，攻以殺之；以五氣養之者，養以生之；以五藥療之者，療以治之；以五味節之者，節以成之。獨於瘍言以五氣養之者，素問曰：『形不足者，温之以氣；瘍之治，宜以氣。』瘍之治，宜以氣，而其

---

[一]「創」，墨海本作「割」，詳解述作「創」，下同。

[二] 首以下：詳解卷六，頁一述，二「刃」字並作「兩」。又至「折骨未必刃創」止：訂義卷八，頁八王氏曰；集説卷三，頁八王介甫曰，兩「刃創」，一作「刀創」、一作「刀傷」；欽定義疏卷五，頁十二王氏安石曰，檃栝爲數句。又墨海本、經苑本並無末「也」字。

[三]「舉」，錢儀吉校曰：「訂義以王氏説爲己説，此文『舉藥』作『用藥』，今按：『舉』或『與』之誤。」

[四]「素問」以下：詳解卷六，頁一述大同；訂義卷八，頁八載周禮全解述王安石謂：「疾之惡者，藥或不能攻，則有祝焉。」且云安石「乃引素問上古移精變氣祝由之説以爲證」；集説卷三，頁八王介甫曰，「變氣祝由之遺法也」作「其遺法」，「舉」作「用」，後二「不勝」並無，註疏删翼卷三，頁七七—七八臨川王氏曰同集説；欽定義疏卷五，頁十二王氏安石曰則删易舊本而成。

以五氣養之，反在五毒攻之之後，則必先除其惡，然後可養故也〔一〕。凡療瘍者，五毒、五氣、五味，亦所以療也〔二〕；而獨言以五藥療之，以藥爲主也。疾醫以五味、五穀、五藥養其病，而瘍醫以五藥療之，然後以五味節之者，疾醫所言者養也，且病以治內爲主，故先味而後藥；瘍醫所言者療也，且瘍以治外爲主，故先藥而後味〔三〕。以酸養骨者，骨欲收；以辛養筋者，筋欲散；以鹹養脈者，脈欲耎；以苦養氣者，氣欲堅；以甘養肉者，肉欲緩；以滑養竅者，竅欲利〔四〕。於瘍醫言養骨筋脈氣肉竅〔五〕，則善養此六者〔六〕，瘍無所生也；及其生而治之也，則亦以此養之。」（文淵閣四庫全書本周官新義卷四，頁五—六。）

【評】（四七）宋王與之曰：「愚攷醫之用祝，理或宜然。今世有以氣封瘍而從之者〔七〕，正

〔一〕「以五氣養之者養以生之」以下：詳解卷六，頁一—二述略同；訂義卷八，頁八王氏曰「素問」以上作「以五氣養之，生之也，獨於瘍言」，以下與文淵本大同，唯省略數字；欽定義疏卷五，頁十三王氏安石曰，删易成文。

〔二〕「療」下，經苑本有「之」字。

〔三〕「且病以」以下：詳解卷六，頁二述；集説卷三，頁九王介甫曰，「且病」作「疾醫」，「所言者療也，且瘍」七字無；周禮全經釋原卷三，頁二六王氏曰、註疏删翼卷三，頁七八介甫王氏曰、欽定義疏卷五，頁十三王氏安石曰皆同集説。

〔四〕「以酸養」以下，鶴山大全集卷一〇六附一〇七，頁六周禮折衷荆公（云）。

〔五〕「養」，墨海本、經苑本並無。

〔六〕「善養」，墨海本有「養」無「善」，經苑本有「善」無「養」。

〔七〕「從」，疑當作「徙」。

祝由之遺法也。祝之不勝，於是用藥；藥或不能去，必劀以刀而去惡血；劀而不愈，必殺之以藥，而食其惡肉：凡四法，各有淺深之度，故言齊。」（訂義卷八，頁八。）

【評】（四八）宋魏了翁曰：「鄭之說牽合，而『滑石』尤誤人，荆公似近之。」（鶴山大全集卷一〇六附一〇七，頁六周禮折衷。）

獸醫，掌療獸病，療獸瘍。凡療獸病，灌而行之，以節之，以動其氣，觀其所發而養之；凡療獸瘍，灌而劀之，以發其惡，然後藥之，養之食之。凡獸之有病者，有瘍者，使療之；死，則計其數，以進退之。

【佚文】（一〇四）「獸言病，而不言疾者，孟子曰：『舜明於庶物，察於人倫。』以爲物之難知，不若人之可察也；唯其不可察也，故病而後可知也。病與瘍以一醫治之，賤畜故也。醫師言稽其醫事，以制其食；獸醫言死則計其數，以進退之〔一〕。制其食，則有進退；進退之，則因亦制其食矣。人言死終，獸言死，則以物之所以死，有不可察故也〔二〕。不稽其全失爲上下，而計

〔一〕「之」，鈔本原無，孔校增；詳解述有（詳下註）。

〔二〕四庫全書考證卷八頁四十曰：「義：『人言死終，獸言死，則以物之所以死，有不可察故也。』原本作『有以物之所以死，不可察』。今據文義改。」

其生死爲進退，則亦以是故也〔二〕。」（文淵閣四庫全書本周官新義卷四，頁六—七。）

【評】（四九）宋李心傳曰：「此醫似專爲牛犬之屬有勞於人者設，馬別有醫，原注：見馬丞職。牲用其全，無所事乎此。」（鶴山大全集卷一〇六附一〇七，頁七周禮折衷引三禮辨。）

酒正，掌酒之政令，以式灋授酒材。凡爲公酒者，亦如之。辨五齊之名：一曰泛齊，二曰醴齊，三曰盎齊，四曰緹齊，五曰沈齊。辨三酒之物：一曰事酒，二曰昔酒，三曰清酒。辨四飲之物：一曰清，二曰醫，三曰漿，四曰酏。掌其厚薄之齊，以共王之四飲三酒之饌，及后、世子之飲，與其酒。

【佚文】（一〇五）「以式法授酒材者，式其給用之式，法其釀造之法。凡爲公酒亦如之者，鄭氏謂『鄉射飲酒，以公事作酒者，亦以式法及酒材授之，使自釀之』也〔三〕。辨五齊之名，三酒之物者，其物之法，其名之義，皆無所經見，不可得而知；然五齊言辨名，三酒言辨物者，五齊以祭，祭則致其義，名，義之所出也；三酒以飲，飲則致其實，物，實之所效也。共王獨三酒，則

〔二〕「醫師言」以下：詳解卷六，頁四述略同；鶴山大全集卷一〇六附一〇七，頁七周禮折衷荆公（云）：「言醫師稽其醫事，以制其食。獸醫言死，則計其數而進退之。人言死終，獸言死，則亦以物之所以死，不可不察也。」似有删略。

〔三〕「授之使」，經苑本作「授使之」。

三酒以飲，五齊以祭故也[一]。言『共王之四飲三酒之饌，及后、世子之飲，與其酒』，則后、世子之飲與酒，共之而已，弗爲之饌也[二]。」（文淵閣四庫全書本周官新義卷四，頁七。）

凡祭祀，以灋共五齊三酒，以實八尊。大祭三貳，中祭再貳，小祭壹貳。皆有酌數。唯齊酒不貳，皆有器量。

【佚文】（一〇六）「凡祭祀必以灋共五齊三酒，以實八尊者，凡天地宗廟社稷諸神之祭祀，皆共五齊三酒，以實尊物，各一尊，凡八尊；而其所實，各以其法也。大祭三貳，中祭再貳，小祭壹貳，皆有酌數者，皆非此八尊所實，齊酒則皆有貳。大祭所酌，度用一尊，則以三尊副之；中祭所酌，度用一尊，則以兩尊副之；小祭所酌，度用一尊，則以一尊副之；而其尊所實，又皆有酌數也。凡有貳者，備乏少也；大祭所貳尤多，則尤致其嚴故也。唯齊酒不貳，皆有器量者，唯所實八尊，五齊三酒，則無尊以副之；而其尊所實，亦皆有器量也。爲其弗酌也，故

---

[一]「辨五齊」以下：鶴山大全集卷一〇六附一〇七，頁九—十周禮折衷荆公(云)，「酒之物者」，無「者」字。又「五齊言」以下：訂義卷八，頁十三王氏曰，兩「辨」字無，「者」字無，「名」與「義」、「物」與「實」之間，各有一「者」字，「效」下有「故」字。又「五齊以祭」至「效也」：欽定義疏卷五，頁二十王氏安石曰，删改成文，「祭則致其義」作「祭不致其味」。

[二]「后世子」以下：詳解卷六，頁六述，「則后世子之飲與酒」八字無；訂義卷八，頁十四王氏曰，同詳解，僅少末「也」字。

有器量而無酌數也。凡祭祀必設此五齊三酒，而弗酌者，以神事焉，故用五齊；以人養焉，故用三酒。備五齊三酒而弗酌，則所以致事養之義，而非以爲味，是所謂禮之敬文也。」（文淵閣四庫全書本周官新義卷四，頁八。）〔一〕

共賓客之禮酒，共后之致飲于賓客之禮，醫、酏、糟，皆使其士奉之。凡王之燕飲酒，共其計，酒正奉之。凡饗士庶子，饗耆老孤子，皆共其酒，無酌數。掌酒之賜頒，皆有灋以行之。凡有秩酒者，以書契授之。酒正之出，日入其成，月入其要，小宰聽之。歲終則會，唯王及后之飲酒不會，以酒式誅賞。

【佚文】（一〇七）「王燕飲酒，共其計者，至尊不可以有司法數制之，故共其計，使知其不節，則自戒也；然則后何以不共其計〔二〕？后，王所帥也，王知自戒，則亦已矣〔三〕。饗士庶子，饗耆老孤子，皆共其酒，無酌數，則王施德惠焉，取醉之而已。掌酒之賜頒，皆有法以行之者，名位

〔一〕全段，詳解卷六，頁六述大同。
〔二〕「使知」以下共十八字：鈔本原無，孔校增之，詳解述大致有此十八字（詳下註）。
〔三〕首以下，詳解卷六，頁七述大同。

不同，禮亦異數故也。凡有秩酒者，有常賜之酒也。鄭氏以王制『九十日有秩』〔一〕，而謂有秩酒者，老臣也；老臣固宜有秩酒，然有秩酒則非特老臣而已。以書契授之者，授以書，使知其所得之數；授以契，使執之取酒也〔二〕。酒正之出，日入其成，月入其要，小宰聽之者，特謹其出，異于餘物，毖酒之意。必使小宰聽之〔三〕，則小宰執九式之貳，掌出納之正，而止其不如法者也〔四〕。以酒式誅賞者，以式計其贏不足、美惡之數，而誅賞也。」（文淵閣四庫全書本周官新義卷四，頁九—十。）

【佚文】（一〇八）「建國，則王立朝，后立市；祭祀，則王耕以供粢盛，后蠶以爲祭服；王獻而后亞祼，王親牽射牲，后親徹豆籩；賓客，則亦王祼獻而后亞獻，則王致酒，后致飲，夫婦相

〔一〕「九」，鈔本作「各」，詳解述作「九」（詳下註）。

〔二〕「執之」下，鈔本、墨海本、經苑本皆有「以」字。「之」，詳解述作「以」。「秩酒者」以下：詳解卷六，頁七—八述大同；訂義卷八，頁十七王氏曰，「有常賜上」無「者」字，「謂」上無「而」字，「則」字無，「以書契授之者授以書」作「授以書者」，「以契下」有「者」字，「執之下」有「以」字。又「有秩酒則」以下：欽定義疏卷五，頁二六王氏安石曰，略同。

〔三〕「者特謹」以下共十九字，墨海本、經苑本並無，訂義卷八，頁十七王氏曰大致有此十九字（詳下註）。

〔四〕「特謹」以下：詳解卷六，頁八述略同；訂義卷八，頁十七王氏曰，「餘」上有「其」字，「意」下有「也」字，「必」下無「使」字，「小宰執九式之貳」七字無，「掌」作「守」，「止」作「正」，末「也」字無；欽定義疏卷五，頁二六王氏安石曰，有刪節，「止」亦作「正」。

成之義也。」」（訂義卷八，頁十五王氏曰；詳解卷六，頁六—七述大同。集説卷三，頁十四王介甫曰，「「王獻而」作「王獻尸」，「射」字無，「親徹」作「薦徹」，「而后亞獻」作「后亞之」，「則王致酒」，無「則」字。註疏删翼卷四，頁六—七介甫王氏曰，同集説；欽定義疏卷五，頁二四—二五王氏安石曰大同。）

酒人，掌爲五齊三酒。祭祀，則共奉之，以役世婦。共賓客之禮酒、飲酒而奉之。凡事，共酒而入于酒府。凡祭祀，共酒以往，賓客之陳酒，亦如之。

【佚文】（一〇九）「祭祀則共奉之，以役世婦者，世婦掌女宮之宿戒，及祭祀比其具，酒人則共其物，奉其事，以爲世婦役也。共賓客之禮酒、飲酒而奉之者，饗以訓恭儉，故爵盈而不飲，爲禮而已，則禮酒〔一〕，饗酒也；燕以示慈惠〔二〕，故燕謂之飲酒〔三〕，則飲酒者，燕酒也。凡事共酒而入于酒府者，酒正掌辨酒物，及厚薄之齊，故凡事共酒，則入于酒府，酒正眡焉，而後共之；

〔一〕「酒」下，鈔本、墨海本、經苑本皆有「者」字。
〔二〕「惠」，鈔本原無，孔校增；詳解述有（詳下註）。
〔三〕「饗以」以下：詳解卷六，頁九述大同；訂義卷八，頁十九王氏曰「饗酒爲禮而已，故謂之禮酒。燕以示慈惠，故燕酒謂之飲酒」，略同。

酒正言共賓客之禮酒，酒人言共賓客之禮酒[二]，飲酒而奉之，凡事共酒，而入于酒府，則酒正之所共者，惟禮酒而已矣。其飲酒則自酒人之所共。酒人之共禮酒，則共之入于酒府；酒正之共禮酒，則眡酒之所入而共之，酒正共之而已，酒人則又奉之也。蓋雖飲酒，亦必酒正眡焉，而後共之，以酒人凡事共酒入于酒府故也。祭祀共酒以往，則自有奉之者，往共其陳而已[三]。」（文淵閣四庫全書本周官新義卷四，頁十一—十一。）

【佚文】（一一〇）「饗以訓恭儉，爵盈而不飲，所以爲禮而已，故饗酒謂之禮酒；燕以示慈惠，燕酒謂之飲酒。凡事共酒入于酒府者，入于酒正之府也。酒正掌辨酒物，及厚薄之齊，故凡事之用酒，必酒正眡焉，而後共之；祭祀共酒以往，則自有奉之者，往待其令而已。賓客之陳酒，掌客所謂『壺四十皆陳』之類。」（集説卷三，頁十六—十七王介甫曰；註疏删翼卷四，頁十臨川王氏曰，自首至「飲酒」、自「酒正掌」至「共之」，並同集説，唯「掌」誤作「當」；欽定義疏卷五，頁二八王氏安石曰，亦據集説引，類有異文。敏案：「奉之者」以上略同文淵本，其下大抵爲文淵本所缺者。）

---

[二] 「酒人以下」共九字，墨海本、經苑本並無，詳解述有此九字（詳下註）。

[三] 「凡事共酒而入于酒府者」以下：詳解卷六，頁九述略同。又「祭祀共酒」以下，訂義卷八，頁十九王氏曰，「共其陳」作「待其令」。

漿人，掌共王之六飲：水、漿、醴、涼、醫、酏，入于酒府，共賓客之稍禮；共夫人致飲于賓客之禮，清、醴、醫、酏、糟而奉之。凡飲共之。

【佚文】（一一一）「漿人言『掌共王之六飲：水、漿、醴、涼、醫、酏，入于酒府』者，漿人所謂醴，即酒正所謂清，清與醴一物也。言清，則知所謂醴者清；言醴，則知所謂清者醴；必言清，則以醴有清糟，而酒漿所用共王及后、世子者，清醴也。夫人致飲，所謂清醴者此也。漿人不言共后、世子者，水涼自其宮屬共之〔一〕，四飲則酒正共之矣；漿人不共水涼，則與膳夫不共薦同意。水涼無厚薄之齊，又非酒正所共，而亦入于酒府，則以共王亦眡之也。共賓客之稍禮，則若庖人繼肉，廩人繼粟，稍給其物也〔二〕。『共夫人致飲於賓客之禮、清、醴、醫、酏、糟而奉之』者，夫人有致飲於賓客之禮，則猶冢宰有好賜予也；蓋上下〔三〕、內外、小大相成焉，禮之所以立也。后致飲〔四〕，則醫酏糟而已，厭於王也；夫人致飲，則又有清醴焉，卑者不嫌，故

〔一〕「宮」，墨海本、經苑本並作「宫」，詳解述作「宮」（詳下註）。
〔二〕首以下：詳解卷六，頁九—十略同。
〔三〕「下」，鈔本原作「有」，孔校改作「下」，詳解述作「下」（見下註）。
〔四〕「后」，經苑本作「若」，詳解述作「后」（見下註）。

無厭也。其厭也，乃其所以爲貴也；禮有以少爲貴者，此之謂也〔二〕。」（文淵閣四庫全書本周官新義卷四，頁十一—十二。）

凌人，掌冰。正歲十有二月，令斬冰，三其凌。春，始治鑑。凡外内饔之膳羞鑑焉；凡酒漿之酒醴，亦如之。祭祀，共冰鑑；賓客，共冰；大喪，共夷槃冰。夏，頒冰，掌事。秋，刷。

【佚文】（一一二）「凌人，掌冰。正歲十有二月，令斬冰。三其凌者，凌即冰也；斬之而爲凌〔三〕。三其凌，爲度所用，備消釋也。春，始治鑑者〔三〕，鑑，所以盛冰也；治鑑，非第春而已〔四〕，於是乎始也。」（文淵閣四庫全書本周官新義卷四，頁十二。）

籩人，掌四籩之實。朝事之籩，其實麷、蕡、白、黑、形鹽、膴、鮑魚、鱐；饋食之籩，其實棗、㮚、桃、乾藤、榛實；加籩之實，蔆、芡、㮚、脯，蔆、芡、㮚、脯；羞籩之實，糗餌、粉餈。凡祭祀，共其

〔二〕「夫人有」以下：詳解卷六，頁十述，「宰」下有「之」字，「乃」下無「其」，「貴」下無「者」字。
〔三〕「而」下，墨海本、經苑本並有「後」字。
〔三〕「鑑者」下，原疊「鑑者」二字，據墨海本、經苑本删。
〔四〕「第」，鈔本作「適」。

籩薦羞之實；喪事及賓客之事，共其薦籩羞籩；爲王及后、世子，共其内羞。凡籩事掌之。

醢人，掌四豆之實。朝事之豆，其實韭菹、醓醢，昌本、麋臡，菁菹、鹿臡，茆菹、麇臡；饋食之豆，其實葵菹、蠃醢，脾析、蠯醢，蜃、蚳醢，豚拍、魚醢；加豆之實，芹菹、兔醢，深蒲、醓醢，箈菹、鴈醢，筍菹、魚醢；羞豆之實，酏食、糝食。凡祭祀，共薦羞之豆實；賓客、喪紀亦如之。爲王及后、世子，共其内羞；王舉，則共醢六十罋；以五齊、七醢、七菹、三臡實之。賓客之禮，共醢五十罋。凡事共醢。

**【佚文】**（一一三）「朝事之籩豆，以象朝事，其親所進也；饋食之籩豆，以象食時之所進也〔一〕；加籩加豆，則以象饋之有加〔二〕；至於羞籩羞豆〔三〕，則以象養之有羞也〔四〕。孝子之事其親，欲知

〔一〕「之」，鶴山大全集卷一〇六附一〇七，頁二五—二七周禮折衷荆公（云）（本段下之校註簡稱折衷）無。首以下：欽定義疏卷五，頁三五、三六王氏安石曰兩條，「食時之」，無「之」字。又「饋食」以下，亦見訂義卷九，頁二王氏曰，「之所進也」作「所進」。

〔二〕「饋之」下，鈔本原疊「饋之」，孔校删疊。「加籩」以下：訂義卷九，頁三王氏曰，「豆」上、下無「加」、「則」字；欽定義疏卷五，頁三七王氏安石曰，「則」字無，末有「也」字。

〔三〕「至於」，鈔本、折衷並無。

〔四〕「羞籩」以下：訂義卷九，頁四王氏曰，「則以象」作「則象其」；欽定義疏卷五，頁三八王氏安石曰，無「則」字。

其養〔一〕；其養也，欲致其盛。既盛〔二〕，以爲未足，則欲備其細；細既備矣〔三〕，以爲是養而已，弗敬不足以爲孝，孝則又欲致其敬〔四〕；既備且致其敬〔五〕，斯可以已矣〔六〕。乃若孝子之心，則又欲致其難，且致其美。夫致其難，且致其美，是亦有力者所易也，則又欲自致焉；服其勤而致新以進之，則所以自致也。朝事之籩，其實麷、蕡、白、黑、形鹽、膴、鮑魚、鱐；朝事之豆，其實韭菹〔七〕、醓醢，昌本、麋臡，菁菹、鹿臡〔八〕、茆菹、麋臡，則所以致其養之盛也。王使周公閱來聘，魯饗有昌歜、白、黑、形鹽，辭曰：『國君文足昭也，武可畏也，則有備物之饗，以象其德，羞嘉穀，鹽虎形。』鹽虎形，則所謂形鹽；昌本，則所謂昌歜；麷、蕡、白、黑，則所謂嘉穀；推公閱

〔一〕「知」，墨海本、經苑本、折衷皆作「致」。

〔二〕「盛」下，經苑本、折衷並有「矣」字。

〔三〕「細」，折衷不疊。

〔四〕「孝」，鈔本、墨海本、經苑本、折衷皆不疊。

〔五〕「且」，墨海本作「具」。

〔六〕「孝子之事其親以下，訂義卷九，頁二王氏曰，多所改易。

〔七〕「韭」，鈔本作「韮」。

〔八〕「菁菹鹿臡」，鈔本原缺，孔校增。

之言，則凡朝事之籩豆，爲致其盛矣〔一〕。饋食之籩，其實棗、栗〔二〕、桃、乾穰、榛實；饋食之豆，其實葵菹、蠃醢，脾析、蠯醢，蜃、蚳醢，豚拍、魚醢；則所以備其細且致其敬也。脾析豚拍，物之小體；蠃蠯蜃蚳及魚〔三〕，則亦皆物之細也；此所以爲備其細。棗、㮚、榛實，女所用摯，以告虔也；此所以謂致其敬〔四〕。桃、乾䕩，則亦備其細而已〔五〕。加籩之實，蔆、芡、㮚、脯〔六〕；加豆之實，芹菹、兔醢、深蒲、醓醢，箈菹、鴈醢，筍菹、魚醢；所以致其難且致其美也。棗、㮚、桃、乾䕩、榛實及葵〔七〕，則取諸園圃而足；蔆、芡、深蒲、芹、箈及筍，則取之遠矣；蠃、蠯、蜃、蚳，則可掇也；兔、鴈、魚，則不可以掇而取矣〔八〕；此所以謂致其難〔九〕。葵不若芹之美，桃、乾䕩不若㮚脯之美，蠃、蠯、蜃、蚳不若兔、鴈、魚之美，此所以爲致其美。蓋醢可以爲盛，亦可以

〔一〕「王使周公」以下，訂義卷九，頁二王氏曰，多所更易。
〔二〕「栗」，墨海本、經苑本並作「㮚」。
〔三〕「蠃蠯蜃蚳」，折衷作「蠃蚳蠯蜃」。
〔四〕「謂」，鈔本、墨海本、經苑本、折衷皆作「爲」。
〔五〕「桃乾䕩榛」以下，訂義卷九，頁二王氏曰，多所更易。
〔六〕「蔆芡㮚脯」，折衷作「蔆芡栗脯」，且疊見。
〔七〕「桃乾䕩榛實」，折衷作「桃榛䕩」。
〔八〕「以」，折衷無。
〔九〕「謂」，鈔本、墨海本、經苑本、折衷皆作「爲」。

爲美，故朝事加豆皆以爲實；魚可以爲美，亦可以爲備；㮚可以爲敬，亦可以爲美，故饋食加籩，皆以爲實也。羞籩之實[一]，糗餌、粉餈；羞豆之實[二]，酏食、糝食；其穀出於耕耨，而皆用春治煎和之力爲多，而非若菹醢之屬可以久。此所以爲服其勤，而致新以進之，自致之道也[三]。凡祭祀，共其籩薦羞之實者，祭祀各有所共常器，籩人共其實而已；喪事及賓客之事，共其薦籩羞籩，則王有喪事，及賓客之事也，非特共實而已，并以籩共之也。醢人言『凡祭祀，共薦羞之豆實，賓客喪紀亦如之』，則非其共王喪事[四]，及賓客之事，乃以共喪紀及賓客也。共薦羞之豆實，則共其實而已；籩豆相須而成禮，籩人言共喪事及賓客之事，則醢人亦如之矣；醢人言共賓客喪紀，則籩人亦如之矣。喪事及賓客之事，并器共之，則籩醢之器，正以共王事故也。賓客喪紀，則共實而已。蓋掌客職喪之屬，主其事者，自有器也；籩人言共其籩薦羞之實者，籩人之官[五]，以籩名故也；醢人言共薦羞之豆實者，醢人之官，不以豆名故也[六]；籩人醢人，

[一]「羞籩」，折衷作「籩羞」。
[二]「實」，折衷無。
[三]「糗餌」以下，訂義卷九，頁四王氏曰，多所改易。
[四]「其」，經苑本、折衷並作「以」。
[五]「之」，折衷無。
[六]「祭祀各有所共」以下、「籩人言共其籩」以下兩段，欽定義疏卷五，頁三九合爲一條，有删易。

皆不言共王及后、世子之内羞，而曰爲王及后、世子共其内羞，則此内羞非共王及后、世子，乃王及后、世子，以此内羞共禮事，而籩人醢人爲之共之也。世婦及祭之日，涖陳女宫之具，凡内羞之物，則内羞所共，爲祭祀矣[一]。」（文淵閣四庫全書本周官新義卷四，頁十三—十六。）[二]

醯人，掌共五齊、七菹凡醯物，以共祭祀之齊菹，凡醯醬之物，賓客亦如之。王舉，則共齊菹醯物六十罋；共后及世子之醬、齊、菹；賓客之禮，共醯五十罋。凡事共醯。

**【佚文】**（一一四）「醯人所共五齊[三]、七醢、七菹、三臡，皆謂之醬[四]，故醯人王舉則共六十罋，以五齊、七醢、七菹、三臡實之；醯人掌共王五齊、七菹凡醯物，王舉則共齊、菹、醯物六十罋，而膳夫爲之，醬用百有二十罋也。醢人醯人各有五齊、七菹，而醯人謂之齊[五]、菹、醯物，則醯人之齊菹，以醯成之。以醯成之之物，謂之醯物，所謂凡醯物是也；以醯成之之醬，爲之

---

[一]「籩人醢人皆不言」以下，訂義卷九，頁四—五王氏曰，多所更易。又末二字「祀矣」，折衷作「事矣」。

[二] 鶴山周禮折衷全載此大段文（約千字），而註疏删翼卷四，頁二十—二二臨川王氏曰據之，頗加删削。

[三]「醯人」上，欽定義疏有「醯人」二字（詳下註）。「醯」，鈔本原作「醢」，孔校改爲「醯」；墨海本、經苑本亦並作「醯」。

[四] 首以下，欽定義疏卷五，頁四四王氏安石曰，「醯人」上更有「醯人」二字。「人」下，孔校又增「醯人」二字。

[五]「醯」，墨海本、經苑本並作「醢」。

醯醬〔二〕，所謂凡醯醬之物是也。所謂共后及世子之醬、齊、菹，則凡醯醬、齊、菹也。」（文淵閣四庫全書本周官新義卷四，頁十六—十七。）

【佚文】（一一五）「醯以酸爲尚，然五齊、七菹皆醯物也；醯人職之矣，醯人復共醯何邪？蓋天下之味，不過於禽獸魚蜃之屬，其肉登俎則腐敗隨之，不以鹽醯之，其能久乎？鹽曰鹹鹺，故醯之味專於鹹，鹹非酸不能收，故醯不可以無醯，此醯人之職所以設，而醯之爲用亦不過菹醯之間。」（訂義卷九，頁八王氏曰。）

【佚文】（一一六）「醯人、醯人各有五齊、七菹者，蓋齊、菹有須醬以成者。九醯物，則凡以醯成之物；凡醯醬之物，則凡以醯成之醬也。五齊、七菹、三醬，皆謂之醬。」（訂義卷九，頁八王氏曰，略與文淵本「醯人醯人各有」以下同。）

鹽人，掌鹽之政令，以共百事之鹽。祭祀，共其苦鹽、散鹽；賓客，共其形鹽、散鹽；王之膳羞，共飴鹽；后及世子，亦如之。凡齊事，鬻鹽以待戒令。

〔二〕「爲」，墨海本、經苑本並作「謂」。

【佚文】（一一七）「苦鹽，鹽之苦者，蓋今顆鹽是也；飴鹽，鹽之甘者〔一〕，蓋今戎鹽是也；散鹽，鹽之散者，蓋今末鹽是也。散鹽不如顆鹽之苦，又不如戎鹽之甘，故不知其味名之，而名其體也〔二〕。言散鹽，則知所謂飴鹽、苦鹽非散矣。賓客形鹽，則備物之饗也；備物之饗，有鹽虎形，以象武之可畏也。鹽可以柔物，而從革之所生，潤下之所作，求其生作之方，則西北也；故以爲虎形，象天事之武〔三〕。朝事之籩，有形鹽，而鹽人不言者，賓客共之，則祭祀從可知也〔四〕。然則祭祀不言共飴鹽者，亦后、世子共之，則祭祀從可知也〔五〕。祭祀共苦鹽，則外盡物故也。」（文淵閣四庫全書本周官新義卷四，頁十七—十八。）

冪人，掌共巾冪。祭祀，以疏布巾冪八尊，以畫布巾冪六彝。凡王巾皆黼。

【佚文】（一一八）「八尊，酒人凡祭祀〔六〕，以五齊三酒所實，設而弗酌，是禮之文也；六彝司

〔一〕「者」，鈔本原無，孔校增。

〔二〕「散鹽鹽」以下：訂義卷九，頁九王氏曰，「不如」上無「散鹽」二字，「戎」作「成」，「知其味」作「以味」，「也」字無。

〔三〕「象武」以下，詳解卷六，頁二十述略同。

〔四〕「朝事」以下：詳解卷六，頁二十述，「也」作「矣」；欽定義疏卷五，頁四六王氏安石曰，無「從」字。

〔五〕「然則祭祀」以下共廿三字，墨海本、經苑本並無，詳解卷六，頁二十述大抵有此廿三字。

〔六〕「人」，墨海本作「正」，詳解卷六，頁二十述亦作「正」。

尊彝所用以祼，是禮之實也；禮之文，成之以質，故以疏布巾冪八尊；禮之質，成之以文，故以畫布巾冪六彝。言疏知畫布之密[二]，言畫知疏布之素；質宜疏，文宜縟故也。天事武，故白與黑爲黼，西北方之色也。巾以覆物，宜象天事，故王巾皆黼。」（文淵閣四庫全書本周官新義卷四，頁十八。）

宮人，掌王之六寢之脩。爲其井匽，除其不蠲，去其惡臭。共王之沐浴。凡寢中之事，埽除執燭，共鑪炭，凡勞事。四方之舍事亦如之。

**【佚文】**（一一九）「王朝有三，寢有六，陰陽之義也。」（文淵閣四庫全書本周官新義卷四，頁十八。）[三]

掌舍，掌王之會同之舍。設梐枑再重；設車宮、轅門；爲壇壝宮、棘門；爲帷宮，設旌門；無宮，則共人門。凡舍事則掌之。

---

[二]「言」，鈔本原作「六」，孔校改爲「言」；詳解卷六，頁二一述作「言」。

[三] 全段：詳解卷七，頁一述「六」下有「者」字；訂義卷九，頁十二王氏曰、集説卷三，頁三十王介甫曰、註疏刪翼卷四，頁二九臨川王氏曰、欽定義疏卷五，頁四九王氏安石曰。

【佚文】（一一二〇）「凡此所謂所設所共〔一〕，皆會同之事也。先設梐枑再重，然後設車宮轅門，所以營衛王也〔二〕；爲壇壝宮棘門，則以待合諸侯而命事〔三〕；爲帷宮設旌門，則以待王之舍止；無宮則共人門，謂王不在車宮之中，則以師爲營衛，而共人以爲門也。壇壝宮、帷宮、棘門，則爲之而後成；車宮、轅門、旌門，無所爲也，設之而已；人門，則又不設也，共之而已〔四〕；故曰設車宮、轅門，爲壇壝宮、棘門，爲帷宮，設旌門，無宮，則共人門也。轅門，仰轅以爲門；壇壝宮，爲壇於中，而壝其外也。人門，若今衛士之有行門。」（文淵閣四庫全書本周官新義卷四，頁十九。）

幕人，掌帷、幕、幄、帟、綬之事。凡朝覲、會同、軍旅、田役、祭祀，共其帷幕幄帟綬；大喪共帷幕帟綬；三公及卿大夫之喪，共其帟。

〔一〕「謂」，鈔本、墨海本、經苑本皆作「爲」。
〔二〕「先設」以下，詳解卷七，頁二述大同。
〔三〕「則以」以下：詳解卷七，頁二述大同；訂義卷九，頁十四王氏曰，「則」作「所」。
〔四〕「壇壝宮帷」以下：訂義卷九，頁十四王氏曰，無「宮帷」二字，「宮棘」作「官棘」；欽定義疏卷五，頁五三王氏安石曰同訂義，僅「宮棘」不作「官棘」之異。

【佚文】（一二一）「幕人掌帷、幕、幄、帟、綬之事，鄭氏以爲『王出宮則有是事』，以掌次考之，則王出宮，有掌次掌其法，以待張事；幕人共張物而已。所謂凡朝覲、會同、軍旅、田役、祭祀，共其帷幕幄帟綬之事，則正謂王在宮，非出次之時，謂之掌事，則非特掌其物矣[二]。大喪共帷幕帟綬，而不共幄，則王方宅喪，無所事幄，以帷幕帟綬共張喪柩而已[三]。」（文淵閣四庫全書本周官新義卷四，頁十九—二十。）

掌次，掌王次之灋，以待張事。王大旅上帝，則張氈案，設皇邸；朝日祀五帝，則張大次、小次，設重帟、重案。合諸侯，亦如之。師田則張幕，設重帟、重案；諸侯朝覲、會同，則張大次、小次；師田，則張幕，設案；孤卿有邦事，則張幕設案。凡喪，王則張帟三重，諸侯再重，孤卿大夫不重。凡祭祀，張其旅幕，張尸次；射則張耦次。掌凡邦之張事。

---

〔二〕　首以下：詳解卷七，頁三—四述略同；欽定義疏卷五，頁五四王氏安石曰：「幕人非特掌其物，又掌其事。」撮述大意而已。

〔三〕　「柩」，經苑本作「匶」。「鄭氏」以下：鶴山大全集卷一〇六附一〇七，頁三五周禮折衷荆公（云），「之事」作「是也」，「則正謂王在宮非出次之時」十一字無。又「大喪」以下：詳解卷七，頁四述，「無所事幄」作「無事於幄」；訂義卷九，頁十五王氏曰同詳解。

**【佚文】**（一一二二）「王大旅上帝，則張氈案設皇邸者，案，蓋所據之案；邸，蓋所宿之邸。今朝宿所次謂之邸，張宿所次謂之邸[一]，則邸宿所次也。蓋大旅上帝，則掌舍爲帷宮，而掌次設宿次於宮中[二]，宿次之中，則又張氈案[三]，謂之皇邸，則或繪、或畫、或染羽以象焉，而其詳莫可得而知也。師田，張幕而不張次，則與衆皆作故也。掌凡邦之張事，則在宮張事，自幕人掌之；掌次所掌，凡在邦而已[四]。」（文淵閣四庫全書本周官新義卷四，頁二十—二一。）

**【評】**（五〇）宋李心傳曰：「古者天子之待諸侯，用大賓之禮，故其法如此。荆公云：『言掌凡邦之張事，則在宮張事，自幕人掌之；掌次所掌，凡在邦而已。』」（鶴山大全集卷一〇六附一〇七，頁三七周禮折衷載三禮辨，在經文「孤卿有邦事，則張幕設案」下。）

**【佚文】**（一一二三）「邸，宿次，猶漢時諸侯王侯見天子之邸。」（鶴山大全集卷一〇六附一〇七，頁三六周禮折衷荆公曰。）

[一]「張」，墨海本、經苑本並作「朝」。
[二]「掌」，鈔本原作「張」，孔校改作「掌」，詳解述亦作「掌」（詳下註）。
[三]「蓋大旅」以下，詳解卷七，頁五述大同。
[四]「掌凡邦」以下：鶴山大全集卷一〇六附一〇七，頁三七周禮折衷載三禮辨引荆公云；訂義卷九，頁十九王氏曰、詳解卷七，頁七述，「掌之」並作「共之」。

# 周禮新義　卷五　天官冢宰五

大府，掌九貢、九賦、九功之貳，以受其貨賄之入。頒其貨于受藏之府，頒其賄于受用之府。

**【佚文】**（一二四）「九功，九職之功也。在大宰曰『九職』，則以任萬民故也；在大府、內府、司會曰『九功』，則大府、內府以受貨賄，司會以令財用也。頒其貨于受藏之府，則將以化之也，故使受藏之府藏之；頒其賄于受用之府，則將以用也〔一〕，故使受用之府有之〔二〕；化之之謂貨，有之之謂賄。受藏之府，則若職內掌邦之賦入者是也；受用之府，則若職歲掌邦之賦出者是也〔三〕。」（文淵閣四庫全書本周官新義卷五，頁一。）

〔一〕「用」下，墨海本、經苑本、詳解述（詳下註）皆有「之」字。

〔二〕「頒其賄」以下，詳解卷七，頁八述，幾全同。

〔三〕「受藏之府」以下：臨川集卷四三，頁四乞改周禮義誤字劄子：「大府『受藏之府，則若職內掌邦之賦入是也；受用之府，則若職歲掌邦之賦出是也』，已上三十字，今欲刪去。」所謂刪去之三十字，詳解卷七，頁八述猶存；並視文淵本少兩「者」字而已。四庫全書考證卷八曰：「案：安石集乞改三經義誤字劄子云：『受藏之府，則若職內掌邦之賦入是也；受用之府，則若職歲掌邦之賦出是也。以上三十字，今欲刪去。』題注下云：『元豐三年八月二十八日奉聖旨，宜令國子監依所奏照會改正。』而永樂大典仍係未改之本，『入』字、『出』字下又多二『者』字。」

凡官府都鄙之吏，及執事者受財用焉。凡頒財，以式灋授之。

【佚文】（一二五）「頒財以式法授之者，以式授之使知所用；以法授之，使知所治。」（文淵閣四庫全書本周官新義卷五，頁一。）

關市之賦，以待王之膳服；邦中之賦，以待賓客；四郊之賦，以待稍秣；家削之賦，以待匪頒；邦甸之賦，以待工事；邦縣之賦，以待幣帛；邦都之賦，以待祭祀；山澤之賦，以待喪紀；幣餘之賦，以待賜予。凡邦國之貢，以待弔用；凡萬民之貢，以充府庫；凡式貢之餘財，以共玩好之用；凡邦之賦用，取具焉。歲終，則以貨賄之入出會之。

【佚文】（一二六）「角人、羽人、掌葛，皆徵財物于農，以當邦賦之政令；則九賦宜皆聽民各以其物當賦，而所以待邦用，宜各因其物之所多，以便出賦之人。關市、邦中，商旅所會，共王膳服及賓客所須，百物珍異于是乎在〔一〕；故關市之賦，以待王之膳服，邦中之賦，以待賓客。關市、邦中，皆商旅所會，而獨以關市待王之膳服，則凶荒札喪，關市無征，而王于是時亦不

〔一〕「須百物」，墨海本作「須者物」，經苑本作「須者百物」，詳解述作「須百物」（詳下註）。

舉，而素服所賦所待，宜各從其類故也〔一〕。喪紀所用葦蒲、蜃物、荼葛、木材之屬，出于山澤爲多，故山澤之賦以待喪紀〔二〕。四郊于國爲近，近者可使輸重，故四郊之賦以待稍秣。邦縣于國爲遠，遠者可使輸輕，故邦縣之賦以待幣帛。稍秣幣帛，夫家而有之，故便其遠近而已。邦都，則其地尤遠，而公卿王子弟所長也〔三〕，王于祭祀，欲致遠物，且獲親貴之助焉，故邦都之賦，以待祭祀。邦甸家削〔四〕，比四郊爲遠，比縣都爲近，匪頒工事，則雜出遠近之物，故家削之賦，以待匪頒。邦甸之賦，以待工事。賜予，則用財之餘事〔五〕，故幣餘之賦，以待賜予〔六〕。凡邦國之貢，以待弔用者，哀邦國之禍烖〔七〕，宜以其所貢焉。凡萬民之貢，以充府庫者，王以治民

〔一〕首以下：集説卷三，頁三八—三九王介甫曰，「宜皆聽」以下共十六字無，「須」下有「者」字，「于是乎在」作「於此乎在故也」，「故關市」以下共十九字無，「關市邦中」上有「夫」字，「服」下有「也」字，「類故也」作「類故耳」；註疏删翼卷四，頁三八臨川王氏曰，同集説，僅「九」作「邦」。

〔二〕「喪紀所用」以下，欽定義疏卷六，頁六王氏安石曰。

〔三〕「長」，經苑本作「食」，詳解述作「長」（詳下註）。

〔四〕「邦甸家削」，經苑本作「家削邦甸」，詳解述同文淵本（詳下註）。

〔五〕「四郊」以下至「以待幣帛」，又自「邦甸家削」至「以待工事」，又「賜予」句八字，皆見訂義卷十，頁三王氏曰，合爲一大段；另一小段，僅「家削」在「邦甸」上，餘悉同文淵本。

〔六〕「關市邦中」以下，詳解卷七，頁九述略同。

〔七〕「哀」，鈔本作「施」。

爲施，民以養王爲報，則充府庫宜以萬民之貢也。凡式貢之餘財，以共玩好之用者，惟玩好之用[一]，宜以餘財而已。然待弔用以邦國之貢，而邦國之貢，非特以待弔用；充府庫以萬民之貢，而萬民之貢非特以充府庫；共玩好之用，以式貢之餘財，而式貢之餘財，非特以共玩好之用；蓋大府之藏，凡邦之賦用，取具焉，則九賦之所待，亦猶是也。于玩好之用言共者，式貢之餘財，以待邦之衆，故非以待玩好之用；有玩好之用，則于是共之而已[二]。大府所待先後，與九式所序不同，則大府掌財用之官，知以其職嚴事王而已，故以待王之膳服爲先，其餘則雜而無序，與内史八柄莫知先後同意。九式所謂羞服，凡羞服皆在是矣；大府所謂膳服，則唯王之膳服；又其所膳，則六牲而已，羞不與焉。九式所謂芻秣，則非稍也；大府所謂稍秣，則有稍而無芻。芻式所用，則委人所斂是也。」（文淵閣四庫全書本周官新義卷五，頁二—四。）

玉府，掌王之金玉、玩好、兵器，凡良貨賄之藏。共王之服玉、佩玉、珠玉。王齊，則共食玉；大

[一] 「惟」，鈔本無。

[二] 「然待弔」以下，詳解卷七，頁十述，幾全同。

喪，共含玉；復衣裳，角枕，角柶。

【佚文】（一二七）「考工記[一]：『玉人之事，大圭長三尺，天子服之。』服玉則大圭之屬是也，佩玉則珩璜琚瑀之屬是也，珠玉則珠也、玉也，凡以共王之用者[二]，食玉則其食之蓋有法矣。北齊李預嘗得食法，采而食之，及其死也，形不壞而無穢氣。則食玉之所養可知矣[三]。」（文淵閣四庫全書本周官新義卷五，頁四。）

【評】（五一）清王太岳曰：「……案：食玉，鄭司農云：『當食玉屑，不過少許，以助精明之養。』此乃引北齊李預事，則後世服食之法，似失經旨。」（四庫全書考證卷八，頁四一。）

【評】（五二）宋魏了翁曰：「鄭：『玉是陽精之純者，食之以禦水氣。』鄭司農云：『王齊當食玉屑。』賈知玉是純陽之精者，但玉聲清，清則屬陽。又案：楚語云：『王孫圉與趙簡子言玉足以庇廕嘉穀，使無水旱之灾則寶之，珠足以禦火則寶之。』服氏云：『珠水精，足以禁

---

[一]「考」，經苑本作「攷」。下「攷」作「考」、或「考」作「攷」者，概不校注。

[二] 首以下：詳解卷七，頁十二述。又欽定義疏卷六，頁十三王安石以「服玉爲大圭之屬」，合本段「服玉」句五字。又「珠玉」等共七字，亦見訂義卷十頁七王氏曰。

[三]「其食之」以下：詳解卷七，頁十二述，「北」上有「昔」字，「嘗」作「常」；訂義卷十，頁八王氏曰，「蓋有法矣」作「有法」，餘同詳解；鶴山大全集卷一〇六附一〇七，頁四三周禮折衷荆公「又舉北齊李預得食玉法」，據出本段。又欽定義疏卷六，頁十四略約王氏安石曰「北齊李預」云云，亦出此節。

火。』如是則玉是火精可知。云食之以禦水氣者，致齊時居於路寢，恐起動多，故須玉以禦水氣也。先鄭『食玉屑』者，研之乃可食。荆公又舉北齊李預得食玉法，益誤矣。」（鶴山大全集卷一〇六附一〇七，頁四三周禮折衷。）

【評】（五三）清鄂爾泰曰：「案：服玉，共於弁師；佩玉，共於春官司服。珠玉，注不言所用，姑從原父；若然，則『服玉』中可以該之。又出此者，或別有他用也。王安石以服玉爲大圭之屬，非也。」（欽定義疏卷六，頁十四。）

掌王之燕衣服，衽席、牀笫凡褻器。若合諸侯，則共珠槃、玉敦。

【佚文】（一二八）「盟必割牛耳，取血相與歃之。牛耳，以示順聽；血，則告幽之物，示信之由中也。珠槃玉敦，蓋歃血之器也。珠，陰精之所化；玉，陽精之所生；以陰陽之精物爲器。而使掌王生服死含之物者共焉〔二〕，則示諸侯以信之至也。」（文淵閣四庫全書本周官新義卷五，頁五。）〔三〕

〔二〕「而」，經苑本作「又」，詳解述亦作「又」（詳下註）。

〔三〕本段：詳解卷七，頁十三述略同，鶴山大全集卷一〇六附一〇七，頁四四周禮折衷荆公（云）；訂義卷十，頁八王氏曰，「相與」二字無，「槃」作「盤」，「器」下無「也」字，「而」作「又」，「示」上無「則」字，末「也」字無。

凡王之獻金玉、兵器、文織，良貨賄之物，受而藏之。凡王之好賜，共其貨賄。

**【佚文】**（一二九）「玉府既言『凡王之好賜，共其貨賄』；内府又言『凡王及冢宰好賜予，則共之』者，凡王以玉府所受好賜，則玉府共之；凡王以内府所受好賜，則内府共之。」（文淵閣四庫全書本周官新義卷五，頁五。）〔一〕

内府，掌受九貢、九賦、九功之貨賄，良兵、良器，以待邦之大用。凡四方之幣獻之金玉、齒革、兵器，凡良貨賄入焉。凡適四方使者，共其所受之物而奉之。凡王及冢宰之好賜予，則共之。

**【佚文】**（一三〇）「外府待邦之用，則經用而已；内府待邦之大用，則大故大事所用也。凡王及冢宰之好賜予〔二〕，則共之者，冢宰所予，有不可以言賜者，故謂之好賜予。」（文淵閣四庫全書本周官新義卷五，頁六。）

外府，掌邦布之入出，以共百物，而待邦之用，凡有灋者。共王及后、世子之衣服之用。凡祭祀、

---

〔一〕本段：詳解卷七，頁十三述略同；訂義卷十，頁九王氏曰，下兩「則」字並無，下「凡王」二字無。

〔二〕「王」，墨海本作「玉」。

賓客、喪紀、會同、軍旅，共其財用之幣齎，賜予之財用。凡邦之小用，皆受焉。歲終則會，唯王及后之服不會。

【佚文】（一三一）「使外府共王及后、世子衣服之用者，外府所待邦用皆有法，欲王及后、世子非法弗服故也〔一〕。詩序曰：『古者長民，衣服不貳，從容有常，以齊其民，則民德歸一矣。』其詩所言，主于都人士女衣服之一而已；然則王及后世子衣服，豈可以非法也〔二〕？凡祭祀、賓客、喪紀、會同、軍旅，共其財用之幣齎，賜予之財用，疑『財用之』三字爲衍〔三〕，幣則共以爲禮幣，齎則共以爲行齎。」（文淵閣四庫全書本周官新義卷五，頁六。）

【佚文】（一三二）「百物者，百工之資，凡國家營作器物，以所受之布共給之，有官府之常法者給，非常法者不給。」（周官集傳卷四，頁七王氏曰。）

司會，掌邦之六典、八灋、八則之貳，以逆邦國都鄙官府之治。以九貢之灋，致邦國之財用；以

〔一〕「共王」以下：集説卷三，頁四六王介甫曰，「衣服之用」四字無，註疏删翼卷四，頁四六介甫王氏曰同集説。又自「外府所待」以下：詳解卷七，頁十五述，「故」字無；欽定義疏卷六，頁二二王氏安石曰，略同。

〔二〕訂義卷十，頁十三王氏曰，合「外府所待邦用皆有法」句與「王及后世子衣服」等共二句爲一條。

〔三〕「疑財用之」，墨海本、經苑本並作「疑之財用」。

九賦之灋，令田野之財用；以九功之灋，令民職之財用；以九式之灋，均節邦之財用；掌國之官府、郊野、縣都之百物財用。凡在書契版圖者之貳，以逆群吏之治，而聽其會計。以參互攷日成，以月要攷月成，以歲會攷歲成，以周知四國之治，以詔王及冢宰廢置。

【佚文】（一三三）「以三攷之爲參，以兩考之爲互。逆邦國都鄙群吏之治，而聽其會計；又考其歲月日成，則四國之治皆可知也；然後以所知詔王及冢宰廢置。」（文淵閣四庫全書本周官新義卷五，頁七。）〔一〕

司書，掌邦之六典、八灋、八則、九職、九正、九事，邦中之版，土地之圖，以周知入出百物，以敘其財，受其幣，使入于職幣。凡上之用財用，必攷于司會。

【佚文】（一三四）「九正，九職之正也；九事，九職之事也；正也、事也，與酒誥『有正有事』同義。司書掌九職，則以大計群吏之治，以知民財、器械、田野、夫家六畜之數故也；掌九正、九事，則以凡稅斂者受法焉，凡邦治攷焉故也；敘其財，則敘掌事者之財，以知其所餘；受其

〔一〕　本段：詳解卷七，頁十八及十九（分兩條）述，幾全同；又見鶴山大全集卷一〇六附一〇七，頁五十周禮折衷荆公（云）。

幣，則受官府都鄙，凡用邦財者之幣，使入于職幣；則所餘及幣，皆使入于職幣也[二]。」（文淵閣四庫全書本周官新義卷五，頁七—八。）

【佚文】（一三五）「……上之用財，但知多少而闕之，非是會王用也。」（鶴山大全集卷一〇六附一〇七，頁五一周禮折衷荆公〈云〉，上承「入于職幣也」，詳本頁註一。）

三歲則大計群吏之治，以知民之財器械之數，以知田野夫家六畜之數，以知山林川澤之數，以逆群吏之徵令。

【佚文】（一三六）「所謂大計群吏之治，則計其所治民財器械之數孰備孰乏；田野夫家六畜山林川澤之數，孰治孰廢孰登孰耗而已。故大計群吏之治，則以知民之財器械之數，以知田野夫家六畜之數，以知山林川澤之數；凡在民者，皆知其數，然後知群吏徵令有當否；知其有當否，然後可得而治正也[三]。」（文淵閣四庫全書本周官新義卷五，頁八。）

[二]「與酒誥」以下：詳解卷七，頁十九—二十述略同。又「敘其財」以下，鶴山大全集卷一〇六附一〇七，頁五一周禮折衷荆公〈云〉。

[三]「凡在民」以下，鶴山大全集卷一〇六附一〇七，頁五二周禮折衷荆公〈云〉。

凡稅斂，掌事者受灋焉；及事成，則入要貳焉。凡邦治攷焉。

【佚文】（一三七）「要貳者，物數之要；要，書之貳也。」（文淵閣四庫全書本周官新義卷五，頁八。）〔一〕

職內，掌邦之賦入，辨其財用之物而執其總，以貳官府都鄙之財入之數，以逆邦國之賦用。凡受財者，受其貳令而書之；及會，以逆職歲與官府財用之出；而敘其財，以待邦之移用。

【佚文】（一三八）「執其總者，執邦賦入之總數；受其貳令而書之者，受其副寫之令而籍之。」（文淵閣四庫全書本周官新義卷五，頁九。）〔二〕

職歲，掌邦之賦出，以貳官府都鄙之財，出賜之數，以待會計而攷之。凡官府都鄙群吏之出財用，受式灋于職歲。凡上之賜予，以敘與職幣授之；及會，以式灋贊逆會。

【佚文】（一三九）「以敘與職幣授之，則禮記所謂『上先下後』也〔三〕。」（文淵閣四庫全書本周

---

〔一〕本段：詳解卷七，頁二一述；鶴山大全集卷一〇六附一〇七，頁五二周禮折衷荆公（云），無「者」字。

〔二〕本段，詳解卷七，頁二二、二三述（兩條）略同。

〔三〕「禮記」以下，訂義卷十一，頁十王氏曰。

官新義卷五，頁九。）

職幣，掌式灋以斂官府、都鄙與凡用邦財者之幣。振掌事者之餘財，皆辨其物而奠其録，以書楬之，以詔上之小用賜予；歲終，則會其出凡邦之會事，以式灋贊之。

【佚文】（一四〇）「以式灋斂官府、都鄙與凡用邦財者之幣者，以式灋斂官府、都鄙與凡用邦財以爲禮者所受之幣也。」（文淵閣四庫全書本周官新義卷五，頁九。）

司裘，掌爲大裘，以共王祀天之服。中秋獻良裘，王乃行羽物；季秋獻功裘，以待頒賜。

【佚文】（一四一）「致人功焉，故謂之功裘；良裘則非特致人功而已，又其質良也〔二〕；大裘則非特質良而已，又以簡大取名焉。」（文淵閣四庫全書本周官新義卷五，頁九—十。）

王大射，則共虎侯、熊侯、豹侯，設其鵠；諸侯，則共熊侯、豹侯；卿大夫，則共麋侯：皆設其鵠。

〔二〕首以下：訂義卷十一，頁十四王氏曰；欽定義疏卷六，頁四二王氏安石曰，「焉故」二字並無，「則」字並無，又「其質良也」並作「質又良焉」。

【佚文】（一四二）「王大射，則共虎侯、熊侯〔一〕；諸侯，則共熊侯、豹侯者，王及諸侯以正物爲事，正物則以服猛毅爲先，獨王共虎侯，則虎尤猛故也；卿大夫共麋侯者，卿大夫以養人爲事，養人則以除患害爲先故也〔二〕。凡射以服禽獸；服禽獸，然後得其皮以爲裘，故司裘共侯也〔三〕。設其鵠者，鵠棲侯中以爲的者也；鵠之爲物，遠舉而難中，射以及遠中難爲善，故的謂之鵠也〔四〕。」（文淵閣四庫全書本周官新義卷五，頁十。）

大喪，廞裘，飾皮車，凡邦之皮事掌之。歲終則會，唯王之裘與其皮事，不會。

【佚文】（一四三）「掌皮，則斂皮者也，故會其財齎而已；司裘，則用皮者也，故歲終則會其皮〔五〕。」（文淵閣四庫全書本周官新義卷五，頁十。）

---

〔一〕「熊侯」下，墨海本有「豹侯」，詳解卷八，頁三述亦有「豹侯」二字。

〔二〕「王及」以下：訂義卷十一，頁十五王氏曰，「正物」下無「則」字，「毅」字無。「卿大夫共」以下，訂義作「卿大夫之德，則能養人而已；不能除患，不足以養人」。四庫全書考證卷八頁四曰：「……案：王與之周禮訂義引安石說作『卿大夫之德，則能養人而已；不能除患，不足以養人』。與永樂大典不同，而義皆可通。訂義或別有據，今仍原本。」

〔三〕「凡射」以下：詳解卷八，頁三述大同；訂義卷十一，頁十六王氏曰，末句作「則共侯者，司裘之事」。

〔四〕「設其鵠」以下，詳解卷八，頁三述，幾全同。

〔五〕「終」，經苑本無。

掌皮，掌秋斂皮，冬斂革，春獻之。遂以式灋頒皮革于百工，共其毳毛爲氈，以待邦事。歲終則會其財齎。

【佚文】（一四四）「齎[一]，行費也。斂之則用財[二]，齎之則有行費矣。」（文淵閣四庫全書本周官新義卷五，頁十一。）

内宰，掌書版圖之灋，以治王内之政令，均其稍食，分其人民以居之。以陰禮教六宫，以陰禮教九嬪，以婦職之灋教九御，使各有屬，以作二事，正其服，禁其奇衺，展其功緒。

【佚文】（一四五）「女御八十一人，每九人則屬一嬪，故謂之九御。」（訂義卷十二，頁三王氏曰；詳解卷八，頁六述。）

【佚文】（一四六）「使各有屬，使屬於九嬪。」（文淵閣四庫全書本周官新義卷五，頁十一。）[三]

【佚文】（一四七）「婦職之法，所以事王及后，共祭祀賓客之職法。」（訂義卷十二，頁三王氏曰；欽定義疏卷七，頁四王氏安石曰；詳解卷八，頁六述同，僅少虚字二。）

---

[一]「齎」下，周官總義卷五，頁三一王氏謂有「者」字。

[二]「則」下，墨海本有「口」字。

[三]詳解卷八，頁六述本段，「使屬」上有「則」字，末有「也」字；又見訂義卷十二，頁三王氏曰。

大祭祀，后祼獻，則贊；瑶爵，亦如之。正后之服位，而詔其禮樂之儀。贊九嬪之禮事，凡賓客之祼獻、瑶爵皆贊。

【佚文】（一四八）「不言后，以上文祼獻、瑶爵言后，從可知也。」（文淵閣四庫全書本周官新義卷五，頁十一。）〔一〕

【佚文】（一四九）「告以出入進止之節，使與禮樂相應。」（訂義卷十二，頁六王氏曰；詳解卷八，頁七述，末有「也」字。）

凡建國，佐后立市，設其次，置其敘，正其肆，陳其貨賄，出其度量淳制，祭之以陰禮。

【佚文】（一五〇）「次，其官之次，則司市所謂『思次介次』是也〔二〕；敘，其地之敘，司市所謂『各於其地之敘』是也；肆，謂陳物之肆，肆長所謂『各掌其肆之政令』是也〔三〕。市，陰也，陰以

〔一〕詳解卷八，頁七述；訂義卷十二，頁六王氏曰。

〔二〕首以下，訂義卷十二，頁七王氏曰。

〔三〕首以下：欽定義疏卷七，頁十王氏安石曰，無「則」字；集説卷三，頁六九王介甫曰、註疏刪翼卷五，頁十三介甫王氏曰：「次，司市所謂『思次介次』；敘，所謂『各於其地之敘』；肆，所謂『各掌其肆之政令』。」有删節。

作成效法爲事，祭之禮〔一〕，宜象其事焉〔二〕。」（文淵閣四庫全書本周官新義卷五，頁十一—十二。）〔三〕

中春，詔后帥外内命婦，始蠶于北郊，以爲祭服。歲終，則會内人之稍食，稽其功事；佐后而受獻功者，比其小大，與其麤良，而賞罰之。會内宮之財用。

**【佚文】**（一五一）「内人，王内之人〔四〕。既均其稍食，歲終則會之；既展其功緒，歲終則稽之〔五〕。小大比其制，麤良比其功；制中度，功中程，而又善，則在所賞；制不中度，功不中程，而又惡，則在所罰。會内宮之財用，爲大宰歲終受其會故也。」（文淵閣四庫全書本周官新義卷五，頁十二。）〔六〕

---

〔一〕「之」下，墨海本有「陰」字，詳解述無「陰」字（詳下註）。

〔二〕「宜」，墨海本、經苑本並作「以」，詳解述作「宜」（詳下註）。

〔三〕本段：詳解卷八，頁八述大同。又「市陰也」以下，亦見訂義卷十二，頁七，無「禮」字。

〔四〕首以下：訂義卷十二，頁八王氏曰；集説卷三，頁七十王介甫曰，末有「也」字。

〔五〕「既均」至「稽之」：訂義卷十二，頁八王氏曰；欽定義疏卷七，頁十一王氏安石曰，首句上有「内人」二字。

〔六〕全段：詳解卷八，頁九述分三條，大同。又自「小大」以下，亦見訂義卷十二，頁八、九分兩條。

正歲，均其稍食，施其功事，憲禁令于王之北宮而糾其守。上春，詔王后帥六宮之人，而生穜稑之種，而獻之于王。

【佚文】（一五二）「稍食，歲終既會之矣，正歲又均焉；功事，歲終既稽之矣，正歲又施焉。」（詳解卷八，頁九述；訂義卷十二，頁九王氏曰；欽定義疏卷七，頁十三王氏安石曰。）

内小臣，掌王后之命，正其服位。后出入，則前驅。若有祭祀、賓客、喪紀，則擯詔后之禮事，相九嬪之禮事，正内人之禮事，徹后之俎。后有好事于四方，則使往；有好令於卿大夫，則亦如之。掌王之陰事，陰令。

【佚文】（一五三）内小臣、閽人二官，奄者、墨者也。王后無外事，以貞潔爲行，若外通諸侯，内交群下，則將安用君矣。内小臣、閽人者，奄人、墨人也：一掌后之外事，一守宮中門禁。（文獻通考卷一八〇，總頁一五五三經籍七載胡宏引「説者以爲」，「説者」謂安石。）

【評】（五四）宋胡宏曰：「内小臣，掌王后之命，后有好事於四方，則使往；有好令於卿大夫，則亦如之。閽人，掌守王宮中門之禁。説者以爲：二官，奄者，墨者也。婦人無外事，以貞潔爲行，若外通諸侯，内交群下，則將安用君矣。夫人臣尚無境外之交，曾謂后而可乎？古者不使刑人守門，公家不畜刑人，大夫不養，士遇諸塗弗與之言。周公作立政，戒成王以郵左右綴衣、虎賁，欲其皆得俊乂之人。今反以隱宮刑餘近日月之側，開亂亡之端乎？」（文獻通考卷一八〇，總頁一五五三經籍七載，「説者」謂安石。）

閽人，掌守王宮之中門之禁。喪服凶器不入宮，潛服賊器不入宮，奇服怪民不入宮。

【佚文】（一五四）「孔子見齊衰者，雖少必作，過之必趨，蓋内有感惻，則外爲之變動。喪服凶器不入宮，恐震動至尊〔一〕；潛服賊器不入宮，則嚴禁衛；奇服怪民不入宮，則王宜非禮弗視、非義不聽。」（文淵閣四庫全書本周官新義卷五，頁十三。）〔二〕

【佚文】（一五五）「潛服，則衷甲之類。賊器，器之可以賊人者。不入宮，所以嚴禁衛也；奇服，非法服也；怪民，行怪者也。不入宮，則王宜非禮勿視、非義勿聽也。」（集説卷三，頁七七王介甫曰，註疏删翼卷五，頁二八臨川王氏曰删節集説以成；詳解卷八，頁十二述略同。）

【佚文】（一五六）見内小臣下佚文第一五三條。

【評】⊗宋胡宏曰，見内小臣下評第五四條。

---

〔一〕首以下，集説卷三，頁七七王介甫曰，「變」作「感」，「恐震動至尊」作「則不欲變動至尊故也」。

〔二〕全段：詳解卷八，頁十二述大同；又見訂義卷十二，頁十四王氏曰。

凡内人，公器，賓客，無帥，則幾其出入。以時啓閉。凡外内命夫命婦出入，則爲之闢。掌埽門庭。大祭祀、喪紀之事，設門燎，蹕宫門、廟門。凡賓客，亦如之。

【佚文】（一五七）「幾，微察之也。」（訂義卷十二，頁十五王氏曰；詳解卷八，頁十二述，旨同。）

【佚文】（一五八）「宫正凡邦之事蹕，明所禁止者廣；閽人蹕宫門廟門，明所禁止者門而已。宫正宫中廟中則執燭，明所照察者内；閽人設門燎，明所照察者門而已。」（訂義卷十二，頁十五王氏曰；詳解卷八，頁十二述。）

寺人……掌内人之禁令。凡内人弔臨于外，則帥而往，立于其前而詔相之。

【張補】「立于其前而詔相之」，異于内小臣之詔、相故也。（鈔本周禮義疏。）

△内豎

九嬪，掌婦學之灋，以教九御。婦德、婦言、婦容、婦功，各帥其屬，而以時御敘于王所。凡祭祀，贊玉齍；贊后薦徹豆籩。若有賓客，則從后；大喪，帥敘哭者，亦如之。

【佚文】（一五九）「大喪，外宗敘内外朝暮哭者[一]，九嬪亦從后，帥之。」（文淵閣四庫全書本周官新義卷五，頁十四。）[三]

【佚文】（一六〇）「（贊玉齍贊后，）下言贊后，則上言贊王，言之序也。」（訂義卷十三，頁三載周禮全解引王安石乃謂：；詳解卷八，頁十五述「贊王」作「贊玉」，餘略同；欽定義疏卷七，頁二七王安石以爲，大旨同。）

【張補】内宰「以陰禮教九嬪，以婦職之法教九御」，而九嬪「掌婦學之法以教九御婦德、婦言、婦容、婦功」者，陰禮，所以成婦學之法者也；婦學，所以行婦職之法者也。「凡祭祀贊玉齍」，故書玉爲王，當從故書以王爲正。下言「贊后薦徹豆籩」，則上言贊玉齍，言之序也。若以爲贊玉齍，則下言贊后，此爲孰贊？贊后，則言「贊后」不當在下；贊王，則不言王，王安知其爲贊王也？「若有賓客之事，則從后；大喪帥敘哭者亦如之」，謂外宗敘内外朝莫哭，則從后帥之也。（鈔本周禮義疏。）

【評】（五五）宋鄭鍔曰：「故書以玉齍爲王齍，王安石用其説，乃謂：『……』以經攷之，大

[一]「内外」，墨海本作「外内」，詳解述作「内外」（詳下註）。

[三] 全段：詳解卷八，頁十五述，多二字；又見訂義卷十三，頁十三王氏曰。

宗伯『奉玉齍』、小宗伯『逆齍』、肆師『表齍盛，告潔』，凡此皆贊王也。禮官當贊王，則九嬪所贊者皆贊后，謂爲贊王，非也。」（周禮全解，載訂義卷十三，頁三。）

【評】（五六）清鄂爾泰曰：「案：王安石用故書贊王齍，以爲：『……』鄭氏鍔辨之，謂大宗伯『奉玉齍』、小宗伯『逆齍』、肆師『表齍盛，告潔』，爲贊王，九嬪所贊爲贊后。似矣，而猶未盡析也。宗伯奉玉齍，兼天神地示言之；若宗廟則攝后耳。后親祭，則后設而九嬪贊焉，無所用宗伯矣，豈可混爲一事乎？贊者，贊其設也。小宗伯之逆，肆師之表告，皆前此之事，不可謂贊。少牢饋食禮：『主婦薦自東房，韭菹、醓醢，坐奠于筵前。主婦贊者一人，執葵菹蠃醢，以授主婦。主婦不興，遂受。陪設于東，韭菹在南，葵菹在北。』此謂贊薦豆籩也。又云：『主婦自東房，執一金敦黍，有蓋，坐設于羊俎之南。婦贊者執敦稷以授主婦，主婦興受，坐設于魚俎南。又興受贊者敦黍，坐設于稷南。又興受贊者敦稷，坐設于黍南。敦皆南首。』此謂贊設黍稷也。九嬪之贊后，蓋亦如是。邦國禮亡，凡喪祭要須據儀禮以推之。安石廢棄儀禮，目所不經，宜其多悖也。」（欽定義疏卷七，頁二七—二八。）

世婦，掌祭祀、賓客、喪紀之事。帥女宮而濯摡，爲齍盛；及祭之日，涖陳女宮之具，凡内羞之物，掌弔臨于卿大夫之喪。

【佚文】（一六一）「世婦視大夫，故使弔臨于卿大夫之喪。」（文淵閣四庫全書本周官新義卷五，頁十四。）〔一〕

【佚文】（一六二）「籩人、醢人共内羞，世婦涖陳之。」（欽定義疏卷七，頁三十王氏安石曰；詳解卷八，頁十六述曰：「内羞則籩人、醢人爲王及后世子共之，及祭之日，世婦涖陳之。」欽定義疏蓋據以删節成文。）

女御，掌御敘于王之燕寢。以歲時獻功事。凡祭祀，贊世婦。大喪，掌沐浴；后之喪，持翣；從世婦而弔于卿大夫之喪。

【佚文】（一六三）「后之喪，持翣者，女御以蔽飾后爲事故也。」（文淵閣四庫全書本周官新義卷五，頁十四。）〔二〕

〔一〕詳解卷八，頁十六述；訂義卷十三，頁四王氏曰。
〔二〕全段：詳解卷八，頁十七述大同；訂義卷十三，頁六王氏曰，「故也」二字無。

女祝，掌王后之內祭祀，凡內禱祠之事。掌以時招、梗、禬、禳之事，以除疾殃。

【佚文】（一六四）「招以招祥，梗以梗災，禬以禬福，禳以禳禍。禬以禬福，而以禱祠者〔一〕，致天神、人鬼、地示、物鬽〔二〕，以禬國之凶荒、民之札喪；則弭凶荒、札喪，所以會福也〔三〕。」（文淵閣四庫全書本周官新義卷五，頁十四。）

女史，掌王后之禮職；掌內治之貳，以詔后治內政。逆內宮，書內令，凡后之事，以禮從。

【佚文】（一六五）「掌內治之貳者，貳內宰之所掌也〔四〕。逆內宮者，治正后宮也〔五〕。以禮從者，以禮籍從焉，詔后故也〔六〕。」（文淵閣四庫全書本周官新義卷五，頁十五。）

〔一〕「禱祠」，經苑本作「神祀」。

〔二〕「鬽」，鈔本作「鬼」。

〔三〕第一「禬以」以下：訂義卷十三，頁七王氏曰：「禬以禬福，禳以禳禍。禬以會福而以神仕者，曰以禬國之凶荒、民之札喪，則弭凶荒、札喪，乃所以會福。」

〔四〕「貳內」以下：詳解卷八，頁十八述；訂義卷十三，頁八王氏曰，末「也」字無。

〔五〕「正后」，經苑本作「后正」。訂義卷十三，頁八王氏曰：「治正后宮。」

〔六〕「以禮籍」以下：詳解卷八，頁十八述；訂義卷十三，頁九王氏曰。

典婦功，掌婦式之灋，以授嬪婦及内人、女功之事齎。凡授嬪婦功，及秋獻功，辨其苦良，比其小大，而賈之；物書而楬之。以共王及后之用，頒之于内府。

【張補】齎，故書爲「資」，當從故書以資爲正。授事者，授某所爲女功之事〔二〕；授資者，授其所以爲女功之資。女功無資，則無以致功故也。内宰先言小大，王制故也〔三〕；典婦功先言苦良，主功故也。（鈔本周禮義疏。）

典絲，掌絲入而辨其物，以其賈楬之。掌其藏與其出，以待興功之時。頒絲于外内工，皆以物授之。凡上之賜予，亦如之。及獻功，則受良功而藏之，辨其物而書其數；以待有司之政令，上之賜予。凡祭祀，共黼畫組就之物，喪紀，共其絲纊組文之物。凡飾邦器者，受文織絲組焉；歲終，則各以其物會之。

【佚文】（一六六）「典絲受良功而不受苦功，典枲受苦功而不受良功，則絲功之苦與麻功之

〔二〕「某」，疑當作「其」。
〔三〕「王」，疑當作「主」。

良，皆典婦功所受也〔一〕。典婦功不受麻之苦功，則典婦功共王及后之用者也，麻之苦功，主共喪服而已；其不受絲之良功，則所以共王及后之用者，特燕私所給，非禮服法物之正也。禮服法物之正，則具於有司之政令，典絲之所藏而待者也；且典絲所共，則祭祀黼畫組就，喪紀組文之物，是乃王所以致美于黼冕〔二〕、致孝于鬼神者也。其受良功，不亦宜乎〔三〕？以其賈楬之，頒絲于外內工，皆以物授之者，防其以賤貿貴〔四〕。凡上之賜予亦如之者，所賜予貴賤不同，授之亦皆以其物也。玉府言『王之好賜』，內府言『王及冢宰之好賜予』，今此言『上之賜予』，則又非特王及冢宰而已〔五〕。」（文淵閣四庫全書本周官新義卷五，頁十五—十六。）

---

〔一〕首以下：集説卷三，頁九三王介甫曰，「絲功之苦與麻功之良」作「絲之良麻之良」；周禮全經釋原卷三，頁九四王介甫曰，同集説。

〔二〕「黼」，墨海本、經苑本、詳解述（詳下註）皆作「黻」。

〔三〕「且典絲」以下：詳解卷八，頁二十述略同；集説卷三，頁九三王介甫曰，「王所以」作「王之」，兩「于」字並作「乎」，「者」字無；周禮全經釋原卷三，頁九四王介甫曰，倒「致孝乎鬼神」句於「致美乎黼冕」句上，餘同集説；註疏删翼卷五，頁四四介甫王氏曰，同集説，唯「且」字無，下「黼」字作「黻」。

〔四〕「以其賈楬之……防其以賤貿貴」二句：訂義卷十三，頁十一王氏曰，併連爲一條，「賤」上無「以」字。

〔五〕「特」，經苑本作「獨」，詳解述作「特」（詳下註）。「玉府言」以下，詳解卷八，頁二十述大同。

典枲，掌布緦縷紵之麻草之物，以待時頒功而授齎。及獻功，受苦功，以其賈楬而藏之，以待時頒。頒衣服授之，賜予亦如之。歲終，則各以其物會之。

**【佚文】**（一六七）「齎，故書爲資，當從故書，以資爲正〔一〕。以待時頒〔二〕，則亦以待興功之時頒之于工。頒衣服授之，則亦以其物授之。賜予亦如之，則亦上之賜予，其不言，則以典絲見之也〔三〕。典絲、典枲，歲終各以其物會之〔四〕，亦防其以賤貿貴也〔五〕。」（文淵閣四庫全書本周官新義卷五，頁十六—十七。）

内司服，掌王后之六服：褘衣，揄狄，闕狄，鞠衣，展衣，緣衣，素沙。辨外内命婦之服：鞠衣，展衣，緣衣，素沙。凡祭祀、賓客，共后之衣服，及九嬪世婦。凡命婦，共其衣服；共喪衰，亦如之。后之喪，共其衣服，凡内具之物。

---

〔一〕首以下，周官集傳卷四，頁二八王氏曰：「故書齎爲資，當以故書爲正。」詳解卷八，頁二一一述徑改「齎」作「資」。

〔二〕「頒」下，經苑本、詳解卷八，頁二一一述並有「功」字。

〔三〕「頒衣服」以下：訂義卷十三，頁十三—十四王氏曰：「頒衣服授之，賜予亦如之者，頒衣服賜予，皆以物授之；言賜予而不言上，以典絲見之。」詳解卷八，頁二一一述，幾全同訂義。

〔四〕「其」，經苑本無。

〔五〕「典絲典枲」以下，訂義卷十三，頁十二王氏曰，無「亦」、「也」二字。

【佚文】（一六八）「禕衣，繢翬狄於衣；揄狄，繢揄狄於衣；翬狄，則爾雅所謂『素質，五色皆備成章』者也；揄狄，則爾雅所謂『青質，五色皆備成章』者也。素質，義也；青質，仁也；五色皆備成章，禮也；地道尚義，故后服禕衣爲上，揄狄次之。言禕衣則以知揄之爲衣，言揄狄則以知禕之爲狄。闕狄，或謂之屈狄，其名物不可知，知其屈於禕揄而已[一]。鞠衣，則其色象鞠，鞠之華以陰中，其色則陰之盛色；后蠶服鞠衣，則帥外内命婦而蠶，使天下之嬪婦取中焉，后之盛事也。展衣，則以禮見王及賓客之服純白而已，無所用其采色，有誠信之道焉，故謂之展也。緣衣，則燕居及御于王之服，蓋衣正黑而緣以纁[二]，士昏禮所謂『純衣纁袡』是也。純，即緣也，謂之緣，則取於純而以循緣爲義；黑，至陰之正色，而纁有上達之意；婦人以至正爲體，其上達則循緣而已。六服皆以素沙爲裏，則婦之德一，欲其内之純白故也。」（文淵閣四庫全書本周官新義卷五，頁十七—十八。）[三]

縫人，掌王宮之縫線之事，以役女御，以縫王及后之衣服；喪，縫棺飾焉，衣翣柳之材。掌凡内

[一] 「闕狄」以下：訂義卷十四，頁一王氏曰，「或」字無，「狄其名物不可知」七字無，「揄」作「狄」。

[二] 「蓋衣」句，訂義卷十四，頁二王氏曰：「襐衣之色黑而緣以纁。」旨同。

[三] 全段，詳解卷八，頁二一—二四散述，略同。

之縫事。

【佚文】（一六九）「喪縫棺飾焉，衣翣柳之材者，王及后之喪也：蒙上言王及后，從可知也。縫人役女御焉，縫棺飾衣翣柳之材，則女御當以婦事蔽飾王及后故也。」（文淵閣四庫全書本周官新義卷五，頁十八。）

染人，掌染絲帛。凡染，春暴練，夏纁玄，秋染夏，冬獻功。掌凡染事。

【佚文】（一七〇）「夏，五色也。四時之夏，以其文明，故與中國同謂之夏；則五色謂之夏，亦以是故也。」（文淵閣四庫全書本周官新義卷五，頁十八。）〔一〕

追師，掌王后之首服，爲副、編、次，追衡、笄；爲九嬪及外内命婦之首服，以待祭祀賓客，喪紀共笄經，亦如之。

【佚文】（一七一）「禮記『夫人副褘』，則副配褘衣，首飾之上；昏禮『女次純衣』，則次配緣

〔一〕全段，詳解卷八，頁二五述大同。

衣，首飾之下；副次所配如此，則編之所配在中矣[二]。衡也、笄也，蓋皆以玉爲之，故謂之追。」」（文淵閣四庫全書本周官新義卷五，頁十九。）

屨人，掌王及后之服屨，爲赤舄、黑舄、赤繶、黄繶、青句、素屨、葛屨，辨外内命夫命婦之命屨、功屨、散屨。凡四時之祭祀，以宜服之。

【佚文】（一七二）「服屨者，服各有屨也。司服言弁，則曰弁服，弁在服上故也。屨人言屨，則曰服屨，屨在服下故也[三]。謂之功屨，則與功裘同義；謂之散屨，則喪屨無絇故也[三]。」（文淵閣四庫全書本周官新義卷五，頁十九。）

夏采，掌大喪。以冕服復于大祖，以乘車建綏復于四郊。

---

[二] 首以下：詳解卷八，頁二六述略同；集説卷三，頁一〇二王氏曰：「記曰『夫人副褘』，副配褘衣，首飾之上也。昏禮『女次純衣』，則次配純衣，而爲之首飾之下也。然則編之所配在其中歟！故其序如此。」頗異。

[三] 「司服」以下：詳解卷八，頁二七述，幾全同；訂義卷十四，頁十王氏曰；欽定義疏卷七，頁五七王氏安石曰，「服上」、「服下」之「服」字並無，兩「故」字無。

[三] 「散屨」以下：詳解卷八，頁二七；訂義卷十四，頁十三王氏曰，「喪屨」作「喪記」，「故」字無。

【佚文】（一七三）「謂之夏采者，其復以冕服，備采色焉；且喪則哀素，幸其生，故以采色名官[一]。死者，人之窮也；窮則宜反本，故復之于大祖；反本，則無不之也，故復之于四郊[二]。夏采掌大喪之復而已，而特置一官，則其兼掌明矣；兼掌則不爲冗，特置則專其事；專其事，則所使復，宜致一故也[三]。」（文淵閣四庫全書本周官新義卷五，頁十九。）

[一] 首以下，訂義卷十四，頁十四王氏曰。

[二] 首以下，詳解卷八，頁二七—二八。

[三] 「夏采掌」以下：詳解卷八，頁二八述，「之復」作「之服」。又至「明矣」止，集説卷三，頁一〇六王介甫曰，「而已」、「特」三字無。

# 周禮新義　卷六　地官司徒一

鄉老，二鄉則公一人。鄉大夫，每鄉卿一人。州長，每州中大夫一人。黨正，每黨下大夫一人。族師，每族上士一人。閭胥，每閭中士一人。比長，五家下士一人。

【佚文】（一七四）「鄉老，公也。尊之於鄉，憲其言行，不累以事，故稱老；鄉老於司徒之官，非屬而無職。」（訂義卷十八，頁九—十王氏曰；詳解卷九，頁三述大同。）

大司徒之職，掌建邦之土地之圖，與其人民之數，以佐王安擾邦國。

【佚文】（一七五）「掌土地之圖，則土會、土宜、土均之法可施，王國之地中可求，邦國之地域可制；掌人民之數，則地守、地職、地貢之事可令，萬民之卒伍可會，都鄙之室數可制；夫然後可以佐王安擾邦國。」（文淵閣四庫全書本周官新義卷六，頁七。）〔二〕

【佚文】（一七六）「即天下土地之圖，大司徒合而圖之。……」（訂義卷十五，頁二王氏曰，下

---

〔二〕　全段：詳解卷九，頁五述大同；訂義卷十五，頁二王氏曰，兩「掌」字並作「建」；又見欽定義疏卷九，頁一王氏安石曰。

接「建土地之圖」云云，詳上頁註一；詳解卷九，頁五述曰：「邦之土地之圖，即天下土地之圖……大司徒合而圖之，則謂之邦圖也。」）

以天下土地之圖，周知九州之地域廣輪之數，辨其山林、川澤、丘陵、墳衍、原隰之名物；而辨其邦國、都鄙之數，制其畿疆而溝封之；設其社稷之壝，而樹之田主，各以其野之所宜木，遂以名其社與其野。

【佚文】（一七七）「各以其野所宜木，則新甿欲有所植，不謀而知其土壤所宜；公上欲有所斂〔二〕，不視而見其木所出。」（文淵閣四庫全書本周官新義卷六，頁八。）〔三〕

以土會之灋，辨五地之物生：一曰山林，其動物宜毛物，其植物宜皁物，其民毛而方；二曰川澤，其動物宜鱗物，其植物宜膏物，其民黑而津；三曰丘陵，其動物宜羽物，而植物宜覈物，其民專而長；四曰墳衍，其動物宜介物，其植物宜莢物，其民皙而瘠；五曰原隰，其動物宜羸物，其

〔二〕「上」，墨海本作「土」，詳解述作「上」（詳下註）。

〔三〕全段：詳解卷九，頁七述大同；又見訂義卷十五，頁五王氏曰。

植物宜叢物，其民豐肉而庳。

【佚文】（一七八）「鄭氏以虎豹之屬爲鸁物，正所謂毛物，鸁物宜謂黿蠙之屬〔二〕；然鄭氏所説出於考工，不知考工所記，何據而然。」（文淵閣四庫全書本周官新義卷六，頁八。）〔三〕

【評】（五七）清鄂爾泰曰：「案：王氏安石以『鸁物爲黿蠙之屬』；或疑黿蠙小蟲，與考工有力而不能走、聲大而宏者不合，非也。考工以脂、膏、鸁、羽、鱗分五大獸，此及月令以羽、毛、鱗、介、鸁分五蟲，所指各異。如考工則毛物之有脂膏者別屬，其體大而毛淺者爲鸁，其介物之内骨外骨、鸁物之卻行仄行等，皆屬之小蟲。此以鸁物宜原隰，月令以倮蟲屬中央土，自宜以無羽毛鱗介者爲鸁。」（欽定義疏卷九，頁八。）

以土宜之灋辨十有二土之名物，以相民宅，而知其利害，以阜人民，以蕃鳥獸，以毓草木，以任土事。

---

〔二〕「鸁物宜謂」句，欽定義疏卷九，頁八王氏安石以「鸁物爲黿蠙之屬」。

〔三〕全段，訂義卷十五，頁六王氏曰。

【佚文】（一七九）「名[一]，以命其土，即丘陵[二]、墳衍、原隰之屬。」（文淵閣四庫全書本周官新義卷六，頁九。）[三]

【佚文】（一八〇）「……物，所以色其土，則青黎、赤埴、黑墳之屬。」（訂義卷十五，頁十一王氏曰，上接「原隰之屬」云云，詳本頁註三；詳解卷九，頁十三述，無「則」字，末多「是也」二字。）

【評】（五八）宋楊時曰：「所謂名，青黎、赤埴之類；所謂物，凡動植之類。」（訂義卷十五，頁十一載。）

辨十有二壤之物，而知其種，以教稼穡樹蓺。以土均之灋，辨五物九等，制天下之地征，以作民職，以令地貢，以斂財賦，以均齊天下之政。

【佚文】（一八一）「民職、地貢、財賦，則有政矣；然遠近多寡之不均，先後緩急之不齊，非政

[一]「名」下，經苑本有「所」字，詳解述亦有「所」字（詳下註）。

[二]「即」，經苑本作「則」，詳解述亦作「則」（詳下註）。

[三]全段：詳解卷九，頁十三述，幾全同；訂義卷十五，頁十一王氏曰，「即」作「則」，無「是也」二字，末句下尚有十五字；欽定義疏卷九，頁十四王氏安石曰。

之善，於是乎以均齊天下之政。」（文淵閣四庫全書本周官新義卷六，頁九。）〔二〕

【佚文】（一八二）「征者，貢賦稅斂之總名。」（訂義卷十五，頁十二王氏曰；詳解卷九，頁十四述。）

以土圭之灋，測土深，正日景，以求地中。日南，則景短多暑；日北，則景長多寒；日東，則景夕多風；日西，則景朝多陰。日至之景，尺有五寸，謂之地中；天地之所合也，四時之所交也，風雨之所會也，陰陽之所和也。然則百物阜安，乃建王國焉，制其畿方千里而封樹之。

【佚文】（一八三）「土圭之法，所以度天之高、四方之廣；測土之深，舉測土深，則天與四方可知矣。」（訂義卷十五，頁十三王氏曰；詳解卷九，頁十五述，幾全同。）

【佚文】（一八四）「以日景正其朝，則地之中得矣。以極星正其夕，則天之中得矣。書曰：『自服于土中。』又曰：『其自時配皇天。』則洛邑非特地之中，亦天之中矣。」（六經天文編卷下，頁五「圭景」王氏曰。）

〔二〕全段：詳解卷九，頁十五述略同；訂義卷十五，頁十三王氏曰；欽定義疏卷九，頁十六—十七刪改以成文。

凡建邦國，以土圭土其地，而制其域：諸公之地，封疆方五百里，其食者半；諸侯之地，封疆方四百里，其食者參之一；諸伯之地，封疆方三百里，其食者參之一；諸子之地，封疆方二百里，其食者四之一；諸男之地，封疆方百里，其食者四之一。凡造都鄙，制其地域而封溝之，以其室數制之：不易之地，家百畮；一易之地，家二百畮；再易之地，家三百畮。乃分地職，奠地守，制地貢，而頒職事焉，以爲地灋而待政令。

【佚文】（一八五）孟子據實封言之，周官則兼附庸言之也。（周禮辨疑王介父以爲，載訂義卷十五，頁十六；詳解卷十頁一述曰：「孟子與書指邦國實封之地而言之也，周官則兼附庸之地而言之也。」旨略同。）

【評】（五九）宋陳汲曰：「王介父以爲……其説是矣，而辨未詳。夫諸侯之得附庸，必其有大功者也。若成王於魯公『錫之山川，土田附庸』；宣王錫韓侯『其追其貊，奄受北國』，因以爲伯；於召公曰『錫山土田，于周受命』而已。孔子曰：『夫顓臾者，昔者先王以爲東蒙主，且在邦域之中矣，是社稷之臣也。』則是顓臾主東蒙地，以附庸而屬於魯。推此而言，魯以侯爵得旁近附庸小國，地則廣矣，故曰『奄有龜蒙，遂荒大東』。然周官所説，亦據有附庸者言之，未必五等諸侯皆然也。上下其制，故分爲五等土耳。若曰『凡諸侯受封者，悉有附庸』，則有功無功者無差等矣。然則天下有附庸諸侯少，而無者多，蓋如是，上之政令有所屬而不煩，下之職貢有所附而不廢。以是言之，凡公、侯得附庸者，必牧伯也；伯、子、男得附庸者，必連帥也。天下諸侯千八百國，統之以二伯，制之以二牧，維之以連帥，上以臨下，尊以統卑，使大國比小國，小國事大國，此周家之盛也。春秋時，自齊、晉之外，魯有邾、鄫，鄭有費、滑，宋有蕭、滕，凡陳、衛等盟會，大國皆統屬諸小國。漢之部刺史，唐之按察使，本朝轉運使副，皆其遺法耳。」（周禮辨疑，載訂義卷十五，頁十六。）

【佚文】（一八六）「頒職事典田之官，各所有掌。」（訂義卷十六，頁三王氏曰。）

頒職事十有二于邦國都鄙，使以登萬民：一曰稼穡，二曰樹藝，三曰作材，四曰阜蕃，五曰飭材，六曰通材，七曰化材，八曰斂材，九曰生材，十曰學藝，十有一曰世事，十有二曰服事。

【佚文】（一八七）「登，言進而成之。九職任萬民，加三事焉[二]，所以進而成之也。」（文淵閣四庫全書本周官新義卷六，頁十一。）[三]

[二] 「事」，鈔本原無，孔校增；詳解有（詳下註）。

[三] 全段：詳解卷十，頁九述，幾全同；又見訂義卷十六，頁十二王氏曰。

小司徒之職，掌建邦之教灋，以稽國中，及四郊都鄙之夫家九比之數，以辨其貴賤、老幼、廢疾，凡征役之施舍，與其祭祀、飲食、喪紀之禁令。

乃頒比灋于六鄉之大夫，使各登其鄉之衆寡六畜車輦，辨其物，以歲時入其數；以施政教，行徵令。

**【佚文】**（一八八）「凡民數有數之者，閭胥以時數其衆寡是也；有稽之者，鄉師以時稽其夫家衆寡是也。數之，則以所屬之人寡[一]；稽之，則以其所屬之人衆。有校而登之者，族師以時屬民，而校登其夫家衆寡是也；有登而不校者，鄉大夫以歲時登其夫家衆寡是也[二]；登之而不校[三]，則其登之也，因族師之所校而已。」（文淵閣四庫全書本周官新義卷六，頁十三。）[四]

**【佚文】**（一八九）「登者，上其籍也。」（訂義卷十七，頁三王氏曰。）

**【佚文】**（一九〇）「小司徒使鄉大夫各登其鄉之衆寡，而……」（欽定義疏卷十，頁五王氏安

---

[一]「以」以下，墨海本、經苑本並有「其」字。

[二]「鄉」，鈔本作「卿」。

[三]「者鄉」以下共二十字，墨海本無；「鄉大夫」以下共十四字，經苑本無。

[四]全段：訂義卷十七，頁三王氏曰；欽定義疏卷十，頁四—五王氏安石曰，「數之則」至「之人衆」十九字無，「鄉大夫」以上有「小司徒使」云云共十五字（詳下佚文），「以歲時登其夫家衆寡」作「以歲時登之」。

石曰，下接「鄉大夫」云云，詳上頁註四。）

乃均土地，以稽其人民，而周知其數：上地家七人，可任也者，家三人；中地家六人，可任也者，二家五人；下地家五人，可任也者，家二人。凡起徒役，毋過家一人，以其餘爲羨；唯田與追胥竭作。

【佚文】（一九一）「可任者，或家三人，二家五人，家二人；而起徒役，無過家一人[一]。蓋用徒役，不必一時皆徧，計所役久近，取勞佚均而已；不于一役家起二人，所以寬民也[二]。惟田與追胥竭作，則獵取禽獸，與衆同欲；逐伺盜賊，與衆同惡；所役近，且不久故也[三]。」（文淵閣四庫全書本周官新義卷六，頁十三—十四。）

[一]「無」，墨海本、經苑本並作「毋」；詳解述作「無」（詳下註）。

[二]首以下：訂義卷十七，頁十王氏曰；詳解卷十一，頁五述，「二家」、「家」二上各有「或」字，「一役家起」作「一家起役」，「所以」上有「則」字。

[三]「惟田」以下：詳解卷十一，頁五述，「則」作「者」，「久」作「及」；訂義卷十七，頁十王氏曰；欽定義疏卷十，頁十王氏安石曰，删節成文。

凡用衆庶，則掌其政教，與其戒禁；聽其辭訟，施其賞罰，誅其犯命者。凡國之大事，致民；大故，致餘子。

乃經土地，而井牧其田野：九夫爲井，四井爲邑，四邑爲丘，四丘爲甸，四甸爲縣，四縣爲都；以任地事，而令貢賦，凡税斂之事。

**【佚文】**（一九二）「田畝有類於井，而公田之中，又鑿井焉，故謂之井田。一井之田九百畝，八家八百畝，公田居中百畝[一]，除二十畝，八家分之得二畝半，以爲廬舍，合保城之地二畝半[二]，孟子所謂『五畝之宅』是也。公田八十畝，八家耕之，是爲助法。廬舍居中，貴人也；私田環列於公田之外，蓋衛王之意。八家私百畝，至於興兵之際，乃八陣圖之法。」（文淵閣四庫全書本周官新義卷六，頁十四。）[三]

**【佚文】**（一九三）「九夫爲井，則九夫之地所飲同井故也。」（訂義卷十七，頁十三王氏曰。）

---

[一] 「中」下，經苑本有「亦」字。

[二] 「合」，鈔本作「舍」。

[三] 全段：訂義卷十七，頁十五—十六王氏曰，「居中」下有「亦」字。四庫全書考證卷八，頁四一曰：「義：『至于興兵之際，乃八陣圖之法。』案：地官解義，原本闕，間見于王氏訂義，今以校補。此條語意似未完，或由訂義節録，今無別本可校，姑仍其舊。」

【佚文】（一九四）「民以里居，田井同邑故也。」（訂義卷十七，頁十三王氏曰；錢儀吉曰：「『田井同邑』當作『四井同邑』。」）

【佚文】（一九五）「民以族葬，四邑同丘故也。」（訂義卷十七，頁十三王氏曰。）

【佚文】（一九六）「田包於洫，名之曰甸。」（訂義卷十七，頁十三王氏曰。）

【佚文】（一九七）「未成爲都，故取名於大夫所治縣也。」（訂義卷十七，頁十三王氏曰；詳解卷十一，頁七述大同。）

【佚文】（一九八）「未成爲國，故取名於公卿王子弟所治都也。」（訂義卷十七，頁十三王氏曰；詳解卷十一，頁七述大同。）

凡小祭祀，奉牛牲，羞其肆；小賓客，令野修道委積；大軍旅，帥其衆庶；小軍旅，巡役，治其政令；大喪，帥邦役，治其政教。凡建邦國，立其社稷，正其畿疆之封。凡民訟，以地比正之；地訟，以圖正之。

【同佚文】（一）王安石有關周禮小司徒言論：「禮記王制：『祭祀宗廟之牛，角握。』周禮小司徒『凡小祭祀，奉牛牲』入。古者諸侯五廟，礿祠烝嘗，每廟一太牢；大夫三廟，有天子之大夫，故曰『大夫用索牛』，謂之索者，求得而用之，但不在滌而已。諸侯之祔祭，用太牢，吉祭則少牢，自諸侯與天子之大夫，時祭用牲如此，然則天子之祭用牛可知。」（臨川集卷四二，頁六議郊廟太牢劄子。）

歲終，則攷其屬官之治成而誅賞，令群吏正要會而致事。正歲，則帥其屬而觀教灋之象，徇以木鐸，曰：『不用灋者，國有常刑。』令群吏憲禁令，修灋糾職，以待邦治；及大比六鄉四郊之吏，平教治，正政事，攷夫屋，及其衆寡、六畜、兵器，以待政令。

【佚文】（一九九）「攷夫屋，攷其受田之夫、居里之屋；亟其乘屋，令其及時乘之，以正治其怠惰，宜矣。」（訂義卷十七，頁二一王氏曰；詳解卷十一，頁十述略同。）

【佚文】（二〇〇）「攷其衆寡、六畜、兵器，則亦以知登耗有無，以待征役、施舍、誅賞之政令。」（訂義卷十七，頁二一王氏曰；詳解卷十一，頁十述略同。）

鄉師之職，各掌其所治鄉之教，而聽其治。以國比之灋，以時稽其夫家衆寡，辨其老幼、貴賤、廢疾、馬牛之物，辨其可任者，與其施舍者；掌其戒令糾禁，聽其獄訟。大役，則帥民徒而至，治其政令；既役，則受州里之役要，以攷司空之辟，以逆其役事。凡邦事，令作秩敘。

【佚文】（二〇一）「小司徒使登六畜辨其物，而鄉師止辨馬牛之物者，以帥田役爲事，則所須馬牛而已。」（訂義卷十八，頁一王氏曰；詳解卷十一，頁十述，「使」作「所」，「帥田」作「師田」。）

大祭祀，羞牛牲，共茅蒩；大軍旅、會同，正治其徒役與其輂輦，戮其犯命者；大喪，用役，則帥其民而至，遂治之；及葬，執纛，以與匠師御匶而治役；及窆，執斧以涖匠師。

【佚文】（二〇二）「葬而治役，正其挽匶之行列，故執纛以爲儀；已窆而涖匠師，則以防匶之傾虧，使戒飭焉，故執以爲威[一]。」（文淵閣四庫全書本周官新義卷六，頁十六。）[二]

凡四時之田，前期，出田法于州里，簡其鼓鐸旗物兵器，修其卒伍；及期，以司徒之大旗致衆庶，而陳之以旗物，辨鄉邑而治其政令刑禁，巡其前後之屯，而戮其犯命者，斷其爭禽之訟。凡四時之徵令有常者，以木鐸徇於市朝。

【佚文】（二〇三）「市朝，衆所聚之地，使皆聞而知之也。」（文淵閣四庫全書本周官新義卷六，頁十六。）[三]

---

[一]「執」下，墨海本有「斧」字，詳解述亦有「斧」字（詳下註）。

[二] 全段：詳解卷十一，頁十二述略同；訂義卷十八，頁四王氏曰，「虧」作「戲」，「執」下有「斧」字。

[三] 全段：詳解卷十一，頁十三述大同，訂義卷十八，頁六王氏曰。

正歲，稽其鄉器，比共吉凶二服，閭共祭器，族共喪器，黨共射器，州共賓器，鄉共吉凶禮樂之器；若國大比，則攷教、察辭、稽器、展事，以詔誅賞。

**【佚文】**（二〇四）「（稽器，）稽其足否與良窳。」（訂義卷十八，頁九王氏曰；詳解卷十一，頁十五述，幾全同。）

鄉老敏案：鄉老無專職，詳敘官下佚文第一七四條。

鄉大夫之職，各掌其鄉之政教禁令。正月之吉，受教灋于司徒，退而頒之于其鄉吏，使各以教其所治，以攷其德行，察其道藝。

**【佚文】**（二〇五）「攷，攷知其實僞；察，察見其精粗。」（文淵閣四庫全書本周官新義卷六，頁十七。）[一]

以歲時登其夫家之衆寡，辨其可任者，國中自七尺以及六十，野自六尺以及六十有五，皆征之；

---

[一] 全段：詳解卷十一，頁十七述，幾全同；訂義卷十八，頁十三王氏曰；欽定義疏卷十一，頁二王氏安石曰。

其舍者，國中貴者、賢者、能者、服公事者、老者、疾者皆舍，以歲時入其書。

【佚文】（二〇六）「征之者，以其材；舍之者，以其齒。」（文淵閣四庫全書本周官新義卷六，頁十七。）〔一〕

三年，則大比，攷其德行道藝，而興賢者能者，鄉老及鄉大夫帥其吏與其衆寡，以禮禮賓之。厥明，鄉老及鄉大夫群吏，獻賢能之書于王，王再拜受之，登於天府，内史貳之。退而以鄉射之禮，五物詢衆庶：一曰和，二曰容，三曰主皮，四曰和容，五曰興舞。此謂使民興賢，出使長之；使民興能，入使治之。歲終，則令六鄉之吏皆會政致事。正歲，令群吏攷灋于司徒，以退，各憲之於其所治之國，大詢于衆庶，則各帥其鄉之衆寡，而致於朝。國有大故，則令民各守其閭，以待政令，以旌節輔令，則達之。

【佚文】（二〇七）「帥其鄉之衆寡，則鄉官咸在焉；若州長則所帥衆，若閭胥則所帥寡。」（文淵閣四庫全書本周官新義卷六，頁十八。）〔二〕

〔一〕全段：詳解卷十一，頁十七述；又見訂義卷十八，頁十三王氏曰。
〔二〕全段：詳解卷十一，頁二一述，幾全同；又見訂義卷十八，頁十八王氏曰。

△州長

黨正，各掌其黨之政令教治。及四時之孟月吉日，則屬民而讀邦灋，以糾戒之；春秋祭禜，亦如之。國索鬼神而祭祀，則以禮屬民而飲酒于序，以正齒位：壹命齒于鄉里，再命齒于父族，三命而不齒。凡其黨之祭祀、喪紀、昏冠、飲酒，教其禮事，掌其戒禁。凡作民而師田行役，則以其灋治其政事。歲終，則會其黨政，帥其吏而致事。正歲，屬民讀灋，而書其德行道藝，以歲時涖校比。及大比，亦如之。

【佚文】（二〇八）「歲屬其民者五。」（臨川集卷四三，頁四乞改周禮義誤字劄子：「黨正『歲屬其民者四』，『四』當作『五』。」四庫全書考證卷八，頁四一曰：「案安石集乞改三經義誤字劄子云：『黨正「歲屬其民者四」，「四」當作「五」。』今地官原本闕，附訂於此。」）

族師，各掌其族之戒令政事。月吉，則屬民而讀邦灋，書其孝弟睦婣有學者。春秋祭酺，亦如之。以邦比之灋，帥四閭之吏，以時屬民而校，登其族之夫家衆寡，辨其貴賤、老幼、廢疾可任者，及其六畜車輦。五家爲比，十家爲聯；五人爲伍，十人爲聯；四閭爲族，八閭爲聯；使之相保相受，刑罰慶賞，相及相共，以受邦職，以役國事，以相葬埋。若作民而師田行役，則合其卒伍，簡其兵器，以鼓鐸旗物，帥而至，掌其治令、戒禁、刑罰。歲終，則會政致事。

【佚文】（二〇九）「以伍聯伍，故謂之令[一]。」（文淵閣四庫全書本周官新義卷六，頁十九。）[二]

閭胥，各掌其閭之徵令。以歲時各數其閭之衆寡，辨其施舍。凡春秋之祭祀、役政、喪紀之數，聚衆庶；既比，則讀灋，書其敬、敏、任、恤者，凡事，掌其比觵撻罰之事。

比長，各掌其比之治。五家相受，相和親，有辠奇衺，則相及。徙于國中及郊，則從而授之；若徙于他，則爲之旌節而行之；若無授無節，則唯圜土内之。

【佚文】（二一〇）「經於鄉大夫曰『政教禁令』，州長曰『教治政令』，黨正曰『政令教治』，族師曰『戒令政事』，閭胥曰『閭之徵令』，比長曰『比之治』，命官之意，其輕重皆在一字間也。政令爲重，禁令次之，戒令又次之，徵令爲下。鄉大夫、州長，詳於教而兼政；黨正、族師，詳於政而兼教；閭胥則承上之政教，而掌其政令耳[三]；比長，則並無所爲令矣。」（文淵閣四庫

---

[一]「令」，經苑本作「合」。

[二] 全段：訂義卷十九頁十三王氏曰，「令」作「合」；又見欽定義疏卷十一頁三二王氏安石曰。

[三]「政」，經苑本作「徵」。

全書本周官新義卷六，頁二十。）[二]

封人，掌設王之社壝，爲畿封而樹之。凡封國，設其社稷之壝，封其四疆。造都邑之封域者，亦如之；令社稷之職。凡祭祀，飾其牛牲，設其楅衡，置其絼，共其水槀；歌舞牲，及毛炮之豚。凡喪紀、賓客、軍旅、大盟，則飾其牛牲。

【佚文】（二一一）「封人，言掌設王之社壝，封疆而樹之；則以飾土事爲職，故使之飾牛牲，以牛土畜故也。」（文淵閣四庫全書本周官新義卷六，頁二十。）[三]

鼓人，掌教六鼓四金之音聲，以節聲樂，以和軍旅，以正田役。教爲鼓，而辨其聲用：以雷鼓鼓神祀，以靈鼓鼓社祭，以路鼓鼓鬼享，以鼖鼓鼓軍事，以鼛鼓鼓役事，以晉鼓鼓金奏，以金錞和鼓，以金鐲節鼓，以金鐃止鼓，以金鐸通鼓。凡祭祀百物之神，鼓兵舞帗舞者。凡軍旅，夜鼓鼜；軍動，則鼓其衆。田役亦如之。救日月，則詔王鼓；大喪，則詔大僕鼓。

---

[二] 全段，欽定義疏卷十二，頁一一—一二王氏安石曰，「在」字無，「政令耳」作「徵令耳」。

[三] 全段，訂義卷二十，頁三王氏曰。

【佚文】（二一二）「以錞和鼓，蓋鼓則進；進則爲陽用事之時，陰出佐之而已。」（宣和博古圖卷二六，頁二七王安石釋周官鼓人云。）

【評】（六〇）宋王黼等曰：「按：虎，西方義獸，金屬也，故於錞有之。王安石釋周官鼓人云：『……』然則取義獸者，其在茲歟！」（宣和博古圖卷二六，頁二七。）

△舞師

牧人，掌牧六牲，而阜蕃其物，以共祭祀之牲牷。凡陽祀，用騂牲，毛之；陰祀，用黝牲，毛之；望祀，各以其方之色牲，毛之。凡時祀之牲，必用牷物。凡外祭毀事，用尨可也。凡祭祀，共其犧牲，以授充人繫之。凡牲不繫者，共奉之。

【佚文】（二一三）「共奉之，則非特共其牲，又奉其事。」（文淵閣四庫全書本周官新義卷六，頁二一一。）〔一〕

〔一〕全段：詳解卷十二，頁二十述；訂義卷二十，頁十三王氏曰。又「非特」以下，亦見欽定義疏卷十二，頁十七王氏安石曰，無上「其」字。

△牛人

△充人

載師，掌任土之灋，以物地事，授地職，而待其政令。以廛里任國中之地，以場圃任園地，以宅田、士田、賈田任近郊之地，以官田、牛田、賞田、牧田任遠郊之地，以公邑之田任甸地，以家邑之田任稍地，以小都之田任縣地，以大都之田任畺地。凡任地，國宅無征，園廛二十而一，近郊十一，遠郊二十而三，甸、稍、縣、都，皆無過十二，唯其漆林之征，二十而五。凡宅不毛者，有里布；凡田不耕者，出屋粟；凡民無職事者，出夫家之征；以時徵其賦。

【評】（六一）宋陳傅良曰：「或問：載師凡地以何人耕？曰：只是使食公田之税耳。且如古人以公田養士大夫之家；仕宦於朝，則有常禄，禄食如漢餐錢之類。漢雖關内侯，亦未嘗有地，如二千石以下，皆受穀於司農，掌金穀之淵。唐室無賦禄之制，但令以房廊錢自給。當時雖有促錢令史，終唐之世，賦禄不能定。其實封有户者，亦不過幾人。至太祖始立禄格，如俸錢。供給錢者，皆王介甫始制，此事最是；然其無收處，却令州縣供給錢，仰給於公使庫。公使庫不能辨此，其勢只得將軍資庫錢制而用之。如此立法，是教天下之人，將軍資公使庫合而爲一也。」（訂義卷二一，頁五—六載。）

△閭師

縣師，掌邦國、都鄙、稍甸、郊里之地域，而辨其夫家人民田萊之數，及其六畜車輦之稽。三年大比，則以攷群吏，而以詔廢置。若將有軍旅、會同、田役之戒，則受灋于司馬，以作其衆庶，及馬牛車輦；會其車人之卒伍，使皆備旗鼓兵器，以帥而至。凡造都邑，量其地，辨其物，而制其域。以歲時徵野之賦貢。

**【佚文】**（二一四）「人民在夫家六畜之中，則是民之隸也；質人所謂『人民』同意。」（訂義卷二一，頁十五王氏曰；詳解卷十三，頁六述大同。）

**【佚文】**（二一五）「車有車之卒伍，若司右所謂『合車之卒伍』是也。人有人之卒伍，若小司徒所謂『會萬民之卒伍』是也。」（訂義卷二一，頁十六王氏曰；詳解卷十三，頁六述。）

遺人，掌邦之委積，以待施惠；鄉里之委積，以恤民之囏阨；門關之委積，以養老孤；郊里之委積，以待賓客；野鄙之委積，以待羈旅；縣都之委積，以待凶荒。凡賓客、會同、師役，掌其道路之委積。凡國野之道：十里有廬，廬有飲食；三十里有宿，宿有路室，路室有委；五十里有市，市有候館，候館有積。凡委積之事，巡而比之，以時頒之。

【佚文】（二一六）「恤民之囏阨，則司救所謂『歲時有天患民病，以節巡國中及郊野，而以王命施惠』也；國及郊野，以鄉里爲中，故恤民之囏阨，宜以鄉里之委積。」（訂義卷二一，頁十九王氏曰；詳解卷十三，頁七—八述略同。）

【佚文】（二一七）「廬，小室。十里，可以飲食而息焉。」（訂義卷二一，頁二一王氏曰；詳解卷十三，頁八—九述，「室」下有「焉」字。）

【佚文】（二一八）「三十里，則可以宿焉，故爲大室。」（訂義卷二一，頁二一王氏曰；詳解卷十三，頁九述。）

【佚文】（二一九）「五十里，則四旁皆可以日中至焉，故有市也，可以候賓旅而館之焉。」（訂義卷二一，頁二二王氏曰；詳解卷十三，頁九述大同。）

均人，掌均地政，均地守，均地職，均人民、牛馬、車輦之力政。凡均力政，以歲上下：豐年，則公旬用三日焉；中年，則公旬用二日焉；無年，則公旬用一日焉。凶札，則無力政，無財賦；不收地守地職，不均地政。三年大比，則大均。

【佚文】（二二〇）「地政，上所以正下〔二〕；地守、地職，下所以供上。人民、牛馬、車輦之力政，則征于地守、地職之人而已。」（文淵閣四庫全書本周官新義卷六，頁二四。）〔三〕

【佚文】（二二一）「（無財賦，）荒政所謂薄征。」（訂義卷二一，頁二四王氏曰；詳解卷十三，頁十一述，末有「也」字。）

【佚文】（二二二）「（不收地守、地職，）荒政所謂散利也。」（訂義卷二一，頁二四王氏曰；詳解卷十三，頁十一述。）

師氏，掌以媺詔王，以三德教國子：一曰至德，以爲道本；二曰敏德，以爲行本；三曰孝德，以知逆惡。教三行：一曰孝行，以親父母；二曰友行，以尊賢良；三曰順行，以事師長。居虎門之左，司王朝；掌國中失之事，以敬國子弟。凡國之貴遊子弟學焉。凡祀祭、賓客、會同、喪紀、軍旅，王舉，則從；聽治亦如之。使其屬帥四夷之隸，各以其兵服守王之門外，且蹕。朝在野外，則守內列。

〔二〕「正」，墨海本作「征」，詳解述作「正」（詳下註）。

〔三〕全段：詳解卷十三，頁九述；訂義卷二一，頁二一王氏曰，「政」作「征」。

【佚文】（二二三）「師氏、保氏『凡祭祀、賓客、會同、喪紀、軍旅，王舉則從，聽治亦如之』。則是詔爀諫惡之官，無適而非從；夫然後王無一爀之弗爲，無一惡之弗去。」（文淵閣四庫全書本周官新義卷六，頁二四。）〔一〕

【佚文】（二二四）「王唯無惡而有爀，則四夷服而爲役可責以守禦也。」（訂義卷二二，頁八王氏曰；詳解卷十三，頁十四述。）

【佚文】（二二五）「有天地此有男女，豈以女子而可無敬乎？古者設師傅保姆之官以教六宮，故葛覃之有師氏，宋姬之待傅姆，民間之有女師：主女教也。」（詩經世本古義卷五，頁十九—二十王安石曰。）

保氏，掌諫王惡，而養國子以道，乃教之六藝：一曰五禮，二曰六樂，三曰五射，四曰五馭，五曰六書，六曰九數。乃教之六儀：一曰祭祀之容，二曰賓客之容，三曰朝廷之容，四曰喪紀之容，五曰軍旅之容，六曰車馬之容。

【佚文】（二二六）「先王本道以達爲藝，緣道而制爲儀。」（文淵閣四庫全書本周官新義卷六，

〔一〕全段：訂義卷二二，頁八王氏曰；詳解卷十三，頁十四述，「非從」作「不從也」，「夫」字無。

頁二五。)[一]

【佚文】(二二七)「道與之才，先王達之以爲藝；道與之貌，先王制之以爲儀。」(訂義卷二二，頁九—十王氏曰；詳解卷十三，頁十六。)

凡祀祭、賓客、會同、喪紀、軍旅，王舉則從，聽治亦如之。使其屬守王闈。

【佚文】(二二八)「師氏未有媺而詔之，故曰『掌以媺詔王』；保氏有惡而後諫，故曰『掌諫王惡』[二]；師氏、保氏，皆使其屬守，則亦有保之名焉，守事非其身之所任矣[三]。」(文淵閣四庫全書本周官新義卷六，頁二五。)

【佚文】(二二九)「(闈，)旁出之小門。」(詳解卷十三，頁十七述；訂義卷二二，頁十一王氏曰。)

司諫，掌糾萬民之德，而勸之朋友，正其行而强之道藝，巡問而觀察之。以時書其德行道藝，辨

---

[一] 全段，欽定義疏卷十三，頁三一王氏安石曰。

[二] 首以下：詳解卷十三，頁十一述，「師氏」下有「於王」二字；訂義卷二二，頁九王氏曰；欽定義疏卷十三，頁二八王氏安石曰，「有惡」上有「遇」字。

[三] 「師氏保氏」以下：詳解卷十三，頁十七述，無「矣」字；又見訂義卷二二，頁十一—十二王氏曰。

其能而可任於國事者。以攷鄉里之治，以詔廢置，以行赦宥。

【佚文】（二三〇）「知吏之實，故可以詔廢置；知民之實，故可以行赦宥。」（文淵閣四庫全書本周官新義卷六，頁二五。）〔一〕

△司救

△調人

媒氏，掌萬民之判。凡男女，自成名以上，皆書年月日名焉；令男三十而娶，女二十而嫁。凡娶判妻入子者，皆書之。中春之月，令會男女；於是時也，奔者不禁。若無故而不用令者，罰之。司男女之無夫家者而會之。凡嫁子娶妻，入幣純帛，無過五兩。禁遷葬者與嫁殤者。凡男女之陰訟，聽之于勝國之社，其附于刑者，歸之于士。

【佚文】（二三一）「婚姻欲致一，故用純色之帛。」（訂義卷二三，頁八王氏曰；詳解卷十三，

〔一〕全段，訂義卷二二，頁十三王氏曰。

頁二四—二五述。）

【佚文】（二三二）「天數五，地數五，五位相得，而各有合；五兩，則以天地合數爲之。」（訂義卷二三，頁八王氏曰；詳解卷十三，頁二五述。）

【佚文】（二三三）「社，陰，故于兹聽〔二〕；訟，神所在也；明當敬而不褻。」（文淵閣四庫全書本周官新義卷六，頁二六。）〔三〕

〔二〕「聽」下，墨海本、經苑本並有「陰」字。

〔三〕全段，訂義卷二三，頁八王氏曰，「訟」上有「陰」字。

# 周禮新義　卷七　地官司徒二

司市……凡市入則胥執鞭度守門，市之群吏，平肆、展成、奠賈，上旌于思次，以令市。市師涖焉，而聽大治大訟；胥師、賈師涖于介次，而聽小治小訟。

【佚文】（二三四）「器中度，布帛精粗中數；木中伐，鳥獸魚鱉中殺，此所謂成也。」（訂義卷二三，頁十三王氏曰；詳解卷十四，頁五述，「鳥」作「禽」。）

國君過市，則刑人赦；夫人過市，罰一幕；世子過市，罰一帟；命夫過市，罰一蓋；命婦過市，罰一帷。凡會同、師役，市司帥賈師而從，治其市政，掌其賣儥之事。

【佚文】（二三五）「過市，非所以明遠利也；市人犯刑，以利而已；國君近市，則市人何誅焉？故國君過市，則刑人赦；所謂刑人，亦憲、徇、扑三者而已〔一〕。幕也、帟也、蓋也，皆庇下

〔一〕「扑」，鈔本作「朴」，詳解述作「扑」（詳下註）。

之物，爲上近利，則無以庇下矣。」（文淵閣四庫全書本周官新義卷七，頁二一。）〔一〕

【同佚文】⊗王安石上（神宗）五事劄子全文見地官泉府下同佚文第一二條。

【評】⊗清鄂爾泰曰：安石剥民之政（謂青苗法等），託鄭玄地官司市、泉府、司門、司關與天官大宰「九賦」之注而爲之，詳天官膳夫下評第三〇條。

質人，掌成市之貨賄、人民、牛馬、兵器、珍異。凡賣儥者，質劑焉；大市以質，小市以劑。掌稽市之書契，同其度量，壹其淳制，巡而攷之；犯禁者，舉而罰之。凡治質劑者：國中一旬，郊二旬，野三旬，都三月，邦國朞。期内聽，期外不聽。

【佚文】（二三六）「質劑之治，宜以時決，久而後辨，則証逮或已死亡〔二〕，其事易以生僞；故期外不聽，亦所以省煩擾。」（文淵閣四庫全書本周官新義卷七，頁三一。）〔三〕

〔一〕全段：詳解卷十四，頁八述略同；訂義卷二三，頁十六王氏曰，「近市」作「近利」。

〔二〕「証」，墨海本、經苑本、詳解述（詳下註）皆作「證」。

〔三〕全段：詳解卷十四，頁十述略同；訂義卷二四，頁二王氏曰；欽定義疏卷十四，頁十九王氏安石曰，「省煩擾」作「杜欺誣」。

廛人，掌斂市：絘布、總布、質布、罰布、廛布，而入于泉府。凡屠者，斂其皮角筋骨，入于玉府。凡珍異之有滯者，斂而入于膳府。

【佚文】（二三七）「皮角筋骨，屠者之餘財也；廛人斂而入于玉府，明所取者非民之正利。」（文淵閣四庫全書本周官新義卷七，頁三。）〔二〕

【佚文】（二三八）「屠者正以肉爲利，皮角筋骨則其餘財，斂而入之于玉府，則明玉府所取非民正利。」（訂義卷二四，頁四王氏曰；詳解卷十四，頁十一述大同。）

【評】（六二）宋陳傅良曰：「王荆公嘗謂：周禮一書，理財居其半。自有周禮以來，劉歆輔王莽專爲理財，至荆公熙寧，亦專理財，所以先儒多疑於周禮。今細考之，亦誠有可疑者。且以廛人一官論之，所謂『絘布』者，鄭氏謂『列肆之税』，即今之房廊錢。所謂『廛布』者，鄭氏謂『諸物邸舍之税』，即今之白地錢。又有『罰布』者，賣買不平之罰；『質布』者，質人巡考犯禁之罰，即今之搭地錢。又有『總布』者，子春謂『無肆立持之税』，若熙寧間不係行錢。人凡屠者，斂皮角筋骨入于玉府，即今所謂納筋骨者。斂珍異之滯者入于膳府，則以供一人之玩好者。德宗宮市之弊，其初只教官與百姓交易，後乃用宦者爲使，買之多

〔二〕全段，欽定義疏卷十四，頁二十王氏安石曰。

不償其本錢。熙寧不係行錢，鄭俠奏議謂：負水拾髮、擔粥提茶，皆有免行。然則廛人之弊，安得不至於此？其他自山虞以至澤虞，自卄人以至掌炭，又有上項征稅。如此其未至市肆者，在川則有川禁，澤則有澤禁，金玉鉛錫則有禁，齒革羽毛則有禁，絺綌薪炭則有禁，所以取民者無一不備。與夫司門犯禁之財，司關舉貨之罰，巾車之車，折則入齎，馬質之馬，死則物更。先王所以不與民爭利者，全不見於此書。所以王莽用周禮，遂有五均六斡，列肆里區無不征之。荆公用周禮，遂有坊場河渡、白地房廊、搭罰六色、免行市例之類，無所不有，至使周禮之書後人不得嘗試。夫周家之法果如是耶？抑用之者失其實耶？」（載訂義卷二四，頁四—五。）

【同佚文】（三）王安石有關周禮廛人、泉府言論：熙寧五年十一月，「安石曰：『如入內內使省吏人，亦當與增禄。蓋自修宗室條制所減貨務甚多故也』云云，又録廛人象府事白上曰：『此周公所爲也。』上曰：『周公事未能行者豈少？』安石曰：『固未能行者，若行之而便於公私，不知有何不可？而乃變易以從俗流所見。』」（宋會要輯稿卷一四九八九，頁十三食貨五五原注引九朝紀事本末載；此所稱宋會要輯稿卷數，但依原書中縫所載，下皆倣此。）

【同佚文】（四）王安石有關周禮廛人言論：「孟子所謂『市廛而不征，法而不廛』者，先儒以國中之地謂之廛，以周官考之，此説是也。廛而不征者，賦其市地之廛，而不征其貨；法而不廛者，治之以市官之法，而不賦其廛；或廛而不征，或法而不廛。蓋制商賈者惡其盛，盛則人去本者衆；又惡其衰，衰則貨不通；故制法以權之，稍盛則廛而不征，已衰則法而不廛。文王之時，關譏而不征；及周公制禮，則凶荒札喪，然後無征。蓋所以權之也。貢者，夏后氏之法，而孟子以爲不善者，不善非夏后氏之罪也，時而已矣。」（臨川集卷七二，頁五答韓求仁書，亦見四庫全書考證卷八，頁四一—四二引。）

△胥師

△賈師

△司虣

△司稽

△胥

△肆長

泉府，掌以市之征布。斂市之不售，貨之滯於民用者，以其賈買之；物楬而書之，以待不時而買者。買者各從其抵，都鄙，從其主；國人郊人，從其有司；然後予之。凡賒者，祭祀，無過旬日；喪紀，無過三月。凡民之貸者，與其有司辨而授之，以國服爲之息。凡國事之財用，取具焉。歲終，則會其出入，而納其餘。

【佚文】（二三九）「賒謂之賒，則不即入其價也。」（訂義卷二四，頁十一王氏曰；詳解卷十四頁十六述，首句作「賒予之謂之賒」。）

【佚文】（二四〇）「周人國事之財用，取具於息錢。」（宋會要輯稿卷一七五五二，頁三食貨五之三載李常熙寧三年三月奏議引王安石謂；恐非出於新義，姑收置此。）

【佚文】（二四一）「國服爲之息，則民不輕貸矣。」（龜山集卷十三，頁十三—十六神宗日録辨載（周禮）新義。）

【佚文】（二四二）泉府所言國之財用，凡以賒貸之息供之。（木鐘集卷七下，頁四—五周禮説引王、林解。）

【佚文】（二四三）「（泉府斂市之征布，其所得幾何？說者謂：）先王所以變通天下之財者在此。」（周禮義辨，載訂義卷二四，頁十二。）

【佚文】（二四四）以國服爲之息，則各以其所服國事賈物爲息也。若農以粟米、工以器械，皆以其所有也。（詳解卷十四，頁十六述；敏案：考其説略合鄭玄注，安石固踵用鄭注，故輯收於此，意其即述安石之説。）

【佚文】（二四五）「善爲國者，不取於民而財用足。」（周禮全經釋原卷五，頁八八王介甫遂曰；敏案：恐非出於新義，姑收置此。）

【同佚文】（五）王安石有關周禮泉府言論：熙寧二年二月甲子（二十七日）王安石言：「周置泉府之官，以榷制兼併，均濟貧乏，變通天下之財。後世唯桑弘羊、劉晏麤合此意。學者不能推明先王法意，更以爲人主不當與民爭利。今欲理財，則當修泉府之法，以收利權。」（宋史紀事本末卷三六，總頁二六一，參看續資治通鑑長編拾補卷四，頁五及其注。）

【同佚文】（六）王安石有關周禮泉府言論：於是敏案：在熙寧三年正月某日。王安石曰：「（范鎮所言天子開課場，若非陛下明見周禮有此，則豈得不以爲媿恥？前代人主幾人能以周禮決事，所以流俗之言常勝也。」（宋會要輯稿卷一七五五一，頁四食貨四；敏案：范鎮之言，詳下評文第六三條。）

【同佚文】（七）王安石有關周禮泉府言論：新法云：「周禮泉府以爲，民之貸者有至二十而五，而曰『國事之財用，取具焉』。今者不過三分，即比貨（貸）民取息已不爲多。今常平之物不領於三司，此周公之法，乃不以取具國事之財用，故云公家無所利其入。」（宋會要輯稿卷一七五五二，頁一食貨五載孫覺熙寧三年三月五日奏議引。）

【同佚文】（八）王安石有關周禮泉府言論：制置條例司云：「今按：周禮泉府之官，民之貸者，取民息有至二十，而曰『國事之財用，取具焉』。今常平新法：預俵青苗價錢，但約熟時酌中物價；若熟時物貴，即計量減市價納錢，即是未定，合納實數。故河北提舉官則約束州縣，若情願納錢，不得過三分。至於京西、陝西等路提舉官，則大抵約束不得過二分而已。此蓋爲量減時價指揮，未有約定實數。恐遇納時斛斗價例倍貴，州縣量減錢數不多，卻致虧損百姓。所以有此約束，即非法外擅爲侵刻也。就諸路提舉官所納，惟河北所約分數爲最多，然云不過三分之息；定取三分之息，若物價抵平，即有合納本色，不收其息，或只收一二分息之時。多少相補，比周禮貸民取息立定分數已不爲多。近降指揮，又令諸路預俵價錢，若遇物價極貴，亦不得過二分，即比周禮所取尤少者。」（韓魏公集卷十八，頁二「家傳」載；宋會要輯稿卷一七五五一，頁十載作「周禮泉府之官，民之貸者，承息有至二十而五，而國之財用取具焉。今常平新法：比周禮貸民取息立定分數以下爲多，遇物價極貴，亦不得過二分，即比周禮所取猶少。」又宋會要輯稿卷一七五五一，頁九亦載，略同。）

【同佚文】（九）王安石有關周禮泉府言論：制置條例司云：周禮泉府「國服爲息」之説，謂放青苗錢取利，乃周公太平已試之法。（韓魏公集卷十八，頁五「家傳」載；又具見宋會要輯稿卷一七五五一，頁十一，「謂」作「爲」。）

【同佚文】（一〇）王安石有關周禮泉府言論：制置條例司云：「今按：常平舊法，亦糶與坊郭之人。今若俵散農民有餘，仍不許坊郭之人貸借，是令常平有滯積餘藏，而坊郭之人獨不被賑救乏絶之恩也。周禮設貸民之法，即無都邑鄙野之限。今新法乃約周禮太平已試之法，即非專用陝西青苗條貫也。」（韓魏公集卷十八，頁九「家傳」載；宋會要輯稿卷一七五五一，頁十二食貨四亦載，多所删略。）

【同佚文】（一一）王安石有關周禮泉府言論：制置條例司曰：「言者謂新法不當示之條約，明言利息。本司今按：周官貸民，明言以『國服爲息』，蓋聖人立法，推至信於天下，取之以道，非爲己私，於理何嫌而不可明示條約？」（宋會要輯稿卷一七五五一，頁十食貨四載。）

【同佚文】（一二）王安石有關周禮泉府等言論：「陛下即位五年，更張改造者數千百事，而爲書具，爲法立，而爲利者，何其多也！就其多而求其法最大，其效最晚，其議論最多者，五事也。一曰和戎，二曰青苗，三曰免役，四曰保甲，五曰市易。今青、唐、洮、河幅員三千餘里，舉戎羌之衆二十萬，獻其地因爲熟户，則和戎之策已效矣。昔之貧者，舉息之於豪民；今之貧者，舉息之於官，官薄其息，而民救其乏，則青苗之令已行矣。惟免役也、保甲也、市易也，此三者有大利害焉。得其人而行之，則爲大利；非其人而行之，則爲大害；緩而圖之，則爲大利；急而成之，則爲大害。傳曰：『事不師古，以克永世，匪説攸聞。』若三法者，可謂師古矣。然而知古之道，然後能行古之法，此臣所謂大利害者也。蓋免役之法，出於周官所謂『府史胥徒』，王制所謂『庶人在官』者也。然而九州之民，貧富不均，風俗不齊，版籍之高下不足據，今一旦變之，則使之家至户到，均平如一，舉天下之役，人人用募；釋天下之農，歸於畎畝。苟不得其人而行，則五等必不平，而募役必不均矣。保甲之法，起於三代丘甲，管仲用之齊，子産用之鄭，商君用之秦，仲長統言之漢。而非今日之立異也。然而天下之人，鳧居鴈聚，散而之四方而無禁也者，數千百年矣。今一旦變之，使行什伍相維，鄰里相屬，察姦而顯諸仁，宿兵而藏諸用，苟不得其人而行之，則搔之以追呼，駭之以調發，而民心摇矣。市易之法，起於周之司市、漢之平準，今以百萬緡之錢，權物價之輕重，以通商而貰之，令民以歲入數萬緡息。然甚知天下之貨賄未甚行，竊恐希功幸賞之人，速求成效於年歲之間，則吾法隳矣。臣故曰三法者，得其人緩而謀之，則爲大利；非其人急而成之，則爲大害。故免役之法成，則農時不奪，而民力均矣；保甲之法成，則寇亂息，而威勢彊矣；市易之法成，則貨賄通流，而國用饒矣。」（上（神宗）五事劄子，載臨川集卷四一，頁三—四。敏案：四庫提要卷十九，頁七經部禮類一：「安石神宗時所上五事劄子及神宗日録載安石所引周官及楊時龜山集中所駁『平頒興積』一條，其文皆在地官中。」並參地官旅師下楊時評語等文。）

【同佚文】（一三）王安石有關周禮泉府書論：熙寧五年十一月丁巳（初八日）上謂王安石曰：「市易買果，寔審有之；即太煩細，令罷之，如何？」安石曰：「市易司但以細民上爲官司科買所困，下爲兼并取息所苦，自投狀。乞借官錢出息，行倉法，供納官果。寔自立法以來販者，比舊皆即得見錢行人，比舊官司兼并所賣十減八九，官中又得好果寔供應，此皆遂人所供狀，及案驗，事寔如此。陛下譖其繁細，有傷國體。臣愚切謂不然，令設官監酒，一升亦賣，設官監商税，一錢亦税，豈非細碎？又不以爲非者，習見故也。臣以謂酒税法如此，不爲非義，何則？自三代之法，固已如此，周官固已似商〔二〕，然不云須幾錢以上乃征之。泉府之法：物貨之不售，貨之滯於民用者，以其價買之，以待買者。亦不言幾錢以上乃買。又珍異有滯者，斂而入於膳府供王膳，乃取市物之滯者。周公制法知此，不以煩碎爲恥者，細大並舉，乃爲政體。但尊者任其大，卑者務其細，此先王之法，乃天地自然之理。如人一身，視聽食息皆在元首，至欲搔痒，則須爪甲；小大所在不同，然亦不可闕如。天地生萬物，一草之細，亦皆有理。

〔二〕敏案：「似」，疑當作「征」。

今爲政，但當論所立法有害於人物與否，不當以其細而廢也。」（宋會要輯稿卷一四九八九，頁十二食貨五五原注引九朝紀事本末載。）

【同佚文】⊗王安石有關周禮廛人、泉府言論，已見廛人下同佚文第三條。

【同佚文】（一四）王安石有關周禮泉府言論：「某啓：示及青苗事，治道之興，邪人不利，一興異論，群聾和之，意不在於法也。孟子所言利者爲利吾國，如曲防遏糴。利吾身耳；至狗彘食人食則檢之，野有餓莩則發之，是所謂政事。政事所以理財，理財乃所謂義也。一部周禮，理財居其半，周公豈爲利哉？姦人者，因名實之近，而欲亂之以眩上下，其如民心之願何？始以爲不請，而請者不可遏；終以爲不納，而納者不可却；蓋因民之所利而利之，不得不然也。然二分不及一分，一分不及不利而貸之，貸之不若與之，然不與之而必至於二分者，何也？爲其來日之不可繼也，不可繼，則是惠而不知爲政；非惠而不費之道也，故必貸。然而有官吏之俸，輦運之費，水旱之逋，鼠雀之耗，而必欲廣之以待其飢不足，而直與之也，則無二分之息，可乎？則二分者，亦常平之中正也，豈可易哉？公立更與深於道者論之，則某之所論，無一字不合於法；而世之譊譊者，不足言也。因書示及，以爲如何？。」（臨川集卷七三，頁四—五答曾公立書；尚書新義佚文第四八七條節取。）

【同佚文】（一五）王安石有關周禮泉府言論：「（上（神宗）曰：市易賣果子煩細，且令罷却，如何？」）余（王安石）曰：『……臣愚竊謂不然，今設官監酒，一升亦沽，設官監税，一錢亦税，豈非細碎？人不以爲非，習見故也。臣以爲酒税如此，不爲非義，何則？自三代之法固已如此，周官固已征商，然不云幾錢以上乃征之。泉府之法，物貨之不售，貨之滯於民用者，以其價買之，以待不時而買者。亦不言幾錢以上乃買賣。周公制法如此，不以煩細爲恥者，細大並舉，乃爲政體。尊者任其大，卑者務其細，此先王之法，乃天地自然之理。如陛下朝夕檢察市易務事，乃似煩細，非帝王大體，此乃書所謂『元首叢脞』也。』」（龜山集卷六，頁二四—二五神宗日録辨，參看上同佚文第一三條。）

【評】（六三）宋范鎮熙寧三年正月曰：「青苗者，唐衰亂之世所爲。青苗在田賤，估其值收，厥未畢而必其償，是盜跖之法也。今以盜跖之法而變唐、虞不易之政，此人情所以不安，而中外驚疑也。迺者，天雨垂，地生毛，天鳴地震，皆民勞之象。惟陛下觀天地之變，罷青苗之舉，歸農田水利於州縣。追還使者，以安民心，而解中外之疑。……伏覩近降中書劄子四十道，散下諸路，約束分給青苗錢，不得抑配大户，並召情願者，特申前詔耳，非臣前所奏之謂也。外議紛紜，皆云自古以來未有天子而開課場者，民雖至愚，不可不畏。乞檢月前二奏，罷青苗錢，追還使者，而歸農田水利差役於州縣，以正綱紀，以息民言。」（宋會要輯稿卷一七五五一，頁三—四食貨四，參看上同佚文第六條。）

【評】（六四）宋孫覺熙寧三年三月五日曰：「切見制置三司條例司畫一文字，頒行天下，曉諭官吏，使知法意。其凡有七，至於論斂散出入之弊，分城郭田野之民，憂將來之失陷，其利害灼然，人人所能知者。臣皆請置而不論，至於援引經誼，以傅會先王之法，與防微杜漸，將以召怨賈禍者，臣得極爲陛下陳之：……（見上同佚文第七條）臣切以謂：周家綱紀天下，其法至密，小大詳略之殺有條，本末先後之施有序；所治大者，不領其詳；所當後者，不先於本；故其法始於治地，而其效至於天下無一人之獄。此其積累，乃於文王、武王、周公三聖人者，上取堯、舜、夏、商之遺法，損益彌縫之，至是而始備。嗚呼！其亦難成矣哉！周之法，如此其詳且備矣。民之養生喪死者，既已無憾，則又慮夫祭祀、喪紀與夫不可知之乏絶，故爲之立賒貸之法以陰相之，所以備民之艱難，而示彌縫之至也。賒貸者，不可以徒予，必使以國服輸息，蓋又寓勸生節用之意，以俟其怠惰者耳。若夫國事之財用，取具者，蓋謂泉府所領，若市之不售，貨之滯於民用；有買有予，并賒貸之法而舉之焉。若專取具於泉府，則冢宰九賦之類將安用邪？至於『國服之息』，説者不明先鄭、後鄭各爲一解，康成曰：『於國事受園廛之田，而貸萬泉者，朞出息五百。』又曰：『王莽時，民貸以治産業者，但計贏所得，受息無過歲什一。』康成雖引載師園廛爲比，然卒以莽時爲據。其意蓋謂：周制亦當爾也，不應周公取息反重於王莽之時。夫以王莽貪亂敗亡之法，尚不至於以本計息，奈何謂周禮太平之制，而取息之厚乃至是邪？況載師所任地，自園廛二十而一，至漆林二十而五，其征五等，而漆林之征最重，以其末作妨農，所以抑之使歸本也。今以農民乏絶，將以補耕助斂，乃欲二十而五，以比漆林之征，則是爲本末者無以異，與周禮之意相違甚矣。況周官所載治法甚詳，必欲舉而行之，宜有先於此者，如賒貸之法，劉歆行於新室，已不效矣，莽之亡雖不專以此，然亦亡莽之一道也。故臣謂聖世宜講求先王之法章明較著已試而效者，推而行之，不當取疑文虚説，苟以圖治焉。今以青苗細故，招天下之議，使老臣疎外而不見聽，輔臣遷延而不就職，門下執奏而不肯行，諫官請罪而求去。若此，其事雖善，難以必行，況復疑文虚説若前之云云者哉！乞檢會臣累奏，早賜施行。」（宋會要輯稿卷一七五五二，頁一—二食貨五。）

【評】（六五）宋李常熙寧三年三月曰：「王安石不本仁以出號令，考義以理財賦，而佐陛下爲此病民斂怨之術，黨蔽掊克，小人宣言，取利分數，小大驚疑，遠近騰沸。曾公亮、陳升之、趙忭皆位冠百僚，身輔大政，首鼠厥議，曾無執守。臺諫官或以執事隔絶，或陰竊符同，四海萬里，蒙毒莫訴。臣於安石雖有舊故之義，苟懷私而不言，誰復爲朝廷言者？今不思彊恕改過，捨己取人，而爲君子之道，而遂非喜勝，日與其徒吕惠卿等陰籌竊計，欲文厥過，思以頰舌力奪公議，寧復爲社稷安危慮者？竊聞其以公論者爲同乎流俗，憂國者爲震驚朕師，以百姓愁嘆爲出自兼并之言，以卿士僉議爲生乎怨嫉之口，而又妄取經據傳會其説謂：『……』（見上佚文第二四〇條）上以惑陛下之聰明，下以欺天下之耳目，而貽笑後世，可爲太息！可爲痛悼！臣竊觀周禮所以必貸民者，蓋先王推惻隱以爲政，而盡其回旋曲折之深意也。先王之於民，不使之過幸而苟得，授之田則出税，貸之錢則出息，而不忘於息也。今青苗之法，言補助則爲虛名，言斂散則爲徒擾，適所以悮妄費不思之民，使之日入於困窮而已。」（宋會要輯稿卷一七五五二，頁三食貨五之三載。）

【評】（六六）宋李常曰：「條例司始建，已致中外之議，至於均輸、青苗斂散取息，傅會經義，人且大駭。何異王莽猥析周官，片言以流毒天下？」（上疏，載宋史卷三四四，頁六李常傳；文亦略見蘇頌龍圖閣直學士知成都府李公墓誌銘，蘇魏公文集卷五五，頁十八。）

【評】（六七）宋韓琦熙寧三年三月曰：「臣詳制置司疏駁事件，即將臣元奏要切之語多從删去，惟舉其大概，用偏辭曲爲沮難，及引周禮『國服爲息』之説，文其謬妄，上以欺罔聖德，下以愚弄天下之人。……今制置條例司疏駁云：『言者以謂：元降敕命云：公家無所利其入。今河北提舉官乃令取息三分，是與元敕絶相違戾，失信於百姓。本司今按：「……」（見上同佚文第八條）』臣竊以：既立太平之法，必無剥民取利之理。但漢儒以去聖之遠，解釋或有異同耳。按周禮泉府『掌以市之征布。斂市之不售，貨之滯於民用者，以其價買之；物楬而書之，以待不時而買者。各從其抵。』鄭衆釋云：『書其賈，楬著其物也。不時買者，謂急求者也。抵，故賈也。』臣謂：周制：民有貨在市而無人買，或有積滯而妨民用者，則官以時價買之；書其物價以示民。若有急求者，則以官元買價與之。此所謂王道也。經又云：『凡賒者，祭祀，無過旬日；喪紀，無過三月。』鄭衆釋云：『賒，貰也。以祭祀、喪紀，故從官貰買物。』唐賈公彦疏云『賒與民，不取利』也。經又云：『凡民之貸，與其有司辨之，以國服爲之息。』鄭衆釋云：『貸者，謂從官借本賈也。故有息，使民弗利以其所賈之國所出爲息也。』此所謂王道也。而鄭康成釋云：『以其於國服事之税爲息也。於國事受園廛之田而貸萬泉者，則朞出息五百。』臣謂：周禮園廛：二十而税一，近郊十一，遠郊二十而三，甸稍縣都皆無過十二；惟其漆林之征，二十而五；漆林自然所生，非人力所作，故税重。康成乃約此法，請從官貸錢，若受園廛之地貸萬錢者出息五百。公彦因而疏解謂：『近郊十一者，萬錢朞出息一千；遠郊二十而三者，萬錢朞出息一千五百；甸稍縣都之民，萬錢朞出息二千。』臣謂：如此則須漆林之户取貸，方出息二千五百也。然當時未必如此。今放青苗錢，凡春貸十千，半年之内使令納利二千；秋再放十千，至年終又令納利二千。則是貸萬錢者，不問遠近之地，歲令出息四千也。周禮至遠之地，止出息二千，今青苗取利，尚過周禮一倍。則制置司所言，比周禮貸民取息立定分數已不爲多。亦是欺罔聖聽，自謂天下之人皆不能辨也。且今古異制，貴於便時，周禮所載有不可施於今者，其事非一。若謂泉府一職今可施行，則上言以官錢買在市不售及民間積滯之貨，候民急求，則依元買價與之，民有祭祀、喪紀，就官中借物，限旬日三月還官，而不取其利。制置司何不將此周公太平已試之法盡申明而行之？豈可獨舉注疏貸錢取息之利事〔二〕，以誑天下之公言哉！鄭康成又注云：『王莽時，貸以治産業者，但計贏所得，受息無過歲什一。』公彦疏解云：『王莽時，雖計本多少爲定，及其催科，惟所贏多少。假令萬泉歲贏萬泉，催一千贏五本〔三〕。』萬錢歲終贏得萬錢，只令納一千，若所贏錢更少，則納息更薄，比今於青苗錢取利尤爲寬少。而王莽之後，上自兩漢，下及有唐，更不聞有貸錢取利之法。今制置司遇堯、舜之主，不以二帝、三王之道上裨聖政，而貸錢取利，更過王莽之時，此天下不得不指以爲非，而老臣不可以不辯也。況今天下田税已重，固非周禮什一之法，則又隨畝更有農具、牛皮、鹽錢、麴錢、鞋錢之類，凡十餘名件，謂之雜錢。每遇夏秋，起納官中，更將紬絹斛斗低估價，例令民將此雜錢折納。又每歲將官鹽散與人户，謂之蠶鹽，令民折納絹帛。更有預買，轉

〔二〕「利」，宋會要作「一」。
〔三〕「本」，宋會要作「千」。

運司和買兩色紬絹。如此之類，不可悉舉。皆周禮田税什一之外加斂之物，取利已厚，傷農已深，奈何更引周禮『國服爲息』之説，謂：『放青苗錢取利，乃周公太平已試之法。』此則誣汙聖典，蔽惑睿明。……臣竊以：鄉村上三等及城郭有物業人户，非臣獨知，是從來兼并之家，此天下之人共知也。今制置司以爲不是兼并之家者，只要多散青苗錢與之，而得利亦多也。其如元降敕意，本務拯濟困乏，却將錢放與此等人户，則天下明知朝廷專以取利爲意，實傷國體。制置司若謂周官有貸民之法，取之以道，於理無嫌，則今兼并之家例開質庫置課場，若恐取民倍息以傷貧細，則所在皆可，官自開置以抑兼并。然自前世以來，惡其太近衰削，不忍爲之。今青苗錢一事，無近於此乎？……制置司云：『言者以謂：坊郭人户既青苗不可貸借，本司今按：「……」（見同佚文第一〇條）』臣詳制置司此説，尤爲不實。蓋自來常平倉遇歲年不稔、物價稍高，合減元價。出糶之時，其鄉村則逐處多下諸縣，取逐鄉近下等第户姓名印給關子，令收執赴倉。每户糶與三石或兩石以來，所是坊郭，則每日零細糶與浮居人户，每日五勝或一㪷以來，故民受實惠，甚濟饑乏，即未見曾坊郭有物業人户乃來零糶常平倉斛㪷者。此蓋制置司以青苗爲名，欲賸借錢與坊郭有物業之人，以望得利之多，假稱周禮太平已試之法，以謂無都邑鄙野之限，以文其曲説，惟陛下深詳其妄。」（韓魏公集卷十八，頁一—九「家傳」；文亦略見宋會要輯稿卷一七五五一，頁一—十三食貨四。敏案：續長編拾補卷七，頁二九：「群臣言常平章疏，上悉以付安石。安石復言於上曰：『章疏惟韓琦有可辨，餘人絶不盡理，不必辨也。』上然之。」）

【評】（六八）宋楊時曰：「泉府之法，非以取利也。斂市之不售，所以便商賈，使無滯貨，不爲其賤而買之也。以待不時而買者，所以便民，使無乏用，不爲其貴故賣之也。」（載周禮義辨，訂義卷二四頁十。）

【評】（六九）宋楊時曰：「泉府斂市之征布，其所得幾何，説者謂：『……』（見上佚文第二四三條）不知關市待膳服以下，皆經費也。邦之大用，内府待之；小用，外府待之。泉府所謂『國事之財用』者，特内外府之待與夫經費之外者耳。其所用而取具者，亦可知矣。」（周禮義辨，載訂義卷二，四頁十二。）

【評】（七〇）宋楊時曰：「古之爲市也，以其所有易其所無者，有司者治之耳。征商，古無有也，蓋自賤丈夫始恐無一錢亦税也。……榷酤之法，自桑弘羊爲之，當時以爲烹弘羊乃雨，則人情可知矣。以爲因襲之久，國計賴之，未能遽已可也；以爲三代之法已如此，其欺我哉！周官泉府『斂市之不售，貨之滯於民用，以其價買之，以待不時之買者』，所以與通貨賄也。若果子非有不售而滯於民用者，而官皆斂之，此與賤丈夫登龍斷而罔市利者，何異哉？以是爲政體，不亦謬乎！」（龜山集卷六，頁二五—二六神宗日録辨。）

【評】⊗宋楊時論王安石周禮新義地官泉府「國服爲息」之説兩條，詳旅師下評第一〇一條及第一〇二條。

【評】⊗宋晁公武評王安石周禮新義地官泉府（青苗法等），詳周禮新義總評第一七二條。

【評】（七一）宋唐仲友曰：「本朝熙寧間，更命儒生爲新義，而王安石實董周官，其説多用字説，破碎經義。又因『國服爲息』，始下青苗之令，諸儒非之，於是併疑周官，雖蘇轍之學猶不免。於是後學牽惑義理名數，稍有不合，不加思慮考證，遽以非聖人全書，藉口世之治經者便文決科而已。先王之典，寖以不彰，吁！可嘆已！」（九經發題頁六「周禮」目。）

【評】（七二）宋洪邁曰：「……王安石欲變亂祖宗法度，乃尊崇其言，至與詩、書均匹，以作三經新義，其序略曰：『其人足以任官，其官足以行法，莫盛乎成周之時；其法可施於後世，其文有見於載籍，莫具乎周官之書。自周之衰，以至於今，太平之遺迹，掃蕩幾盡，學者所見，無復全經。於是時也，乃欲訓而發之，臣知其難也；以訓而發之之難，則又以知夫立政造事追而復之之爲難。』則安石所學所行，實於此乎出。遂謂一部之書，理財居其半。又謂泉府『凡國之財用，取具焉。歲終，則會其出入，而納其餘』。則非特摧兼并救貧阸，因以足國事之財用。夫然，故雖有不庭不虞，民不加賦，而國無乏事。其後呂嘉問法之，而置市易，由中及外，害徧生靈。嗚呼！二王託周官之名以爲政，其歸於禍民一也。」（容齋續筆卷十六，總頁一五七—一五八「周禮非周公書」條。）

【評】（七三）宋鄭鍔曰：「後世青苗取息，名曰利之，適以禍之，非周家立法之意。」（周禮全解，訂義卷二四，頁十二載。）

【評】（七四）宋葉時曰：「先王授民以井田，足食也；制商以市廛，通貨也。太宰，阜財之職，而與農穀並任；司徒，通財之事，而與稼穡同頒。誠以食足貨通，而後教化可成也。是以匠人營國，則前朝而後市；内宰建國，則佐后而立市。市者，所以通商賈而阜財也。然而王后有陰陽之别，朝市有義利之分，古人先義而後利，則市之治教、刑政、量度、法令之設，豈無以權衡劑量於其閒邪？司市爲市官之長，故其政令爲詳；質人則掌質劑，即司市之結信也；廛人則掌斂布，即司市之行市也；胥師則掌憲刑禁，即司市之禁僞也；賈師則掌均市價，即司市之成賈也；司虣則掌搏其亂市者，即司市之禁虣也；司稽則搏其犯禁者，即司市之去盜也；胥則執鞭度以守門，肆長則陳貨賄以分肆，即司市之執鞭平肆也；至於泉府一官，乃斂滯貨以利商，貸喪、祭以利民，即司市之同貨斂賒也。其餘司門、司關、掌節等官皆同商賈之往來，察貨賄之出入與夫征禁符節之事，亦即司市之通貨賄以璽節出入者也。然攷其治市之政，大要有三：一曰均通利，二曰禁争利，三曰二起利。朝時而市，商賈爲主，以其市貨之多而可賣價也；日趨而市，百族爲主，以其家貨所出而得賣買也；夕時而市，販夫販婦爲主，以其資商賈百族之貨而得夕賣也。此豈非通民之利，而必使均乎？國君過市，則刑反赦，市非遊觀之地，而國君過焉，必有所規於民，君尊而不可行罰，故使之赦刑人而施惠以爲悦也。夫人過市，則罰一幕，世子過市，則罰一帟，命夫罰蓋，命婦罰帷，以過市而必有罰，況敢與民爲市邪？此豈非争民之利，而必有禁乎？凡市，僞飾之禁，在民、在商、在賈、在工者，皆十有二，此禁僞而除詐也。凡治市之貨賄，六畜珍異，亡者使有；利者，使算；害者，使亡；靡者，使微：此禁物靡而均市也。又豈非民趨末利而必有抑之者乎？昔者神農氏作，日中爲市，致天下之民，聚百物之貨，交易而退，各得其所，此市之所由作也。而聖人必先之以聚人曰財，理財正辭禁民爲非曰義，毋亦曰生財有大道，國當以義爲利，不當以和爲利歟？或者則曰：孟子嘗謂『市廛而不征』，又曰『關市譏而不征』，今考之廛人有市，紘布、總布、質布、罰布、廛布之斂，泉府曰『掌市之征布』，司門曰『譏出入不物者，征其貨賄』，司關曰『司貨賄出入，與其征廛』，是市、廛、門、關有征矣。説者乃謂孟子之説是文王治岐之初政，姑從簡易以便民，至周公，始增其制。豈其然乎？不知先王之制，既税其物，則必不征其廛，既征其廛，則必不税其物。一者通融而行，所謂市廛而不征、法而不廛是也。至司門幾出入不物者，正其貨賄，凡財物犯禁者舉之，則司市僞飾之禁也。輕則征，重則舉，不亦宜乎！司關司貨賄之出入，掌其治禁，與其征廛，凡貨不出於關者，舉其貨，罰其人，亦其犯僞飾之禁而不敢從關出入者，輕則出征廛之税，重則行舉没之罰，亦宜也。初豈於商賈之常物，既征之於市廛，又征之於門關乎？後人不明此意，徒見周人有市廛門關之征，遂以四者合取而並行之，商賣之亦重困矣。故戰國之時，亦有知其非義而請輕之，此所以發孟子之論也。故必有關雎、麟趾之意，而後可以行周官之法度；不然則如劉歆之輔王莽，開五均、設六斡，長安、洛陽、邯鄲、臨菑、宛、成都諸處，皆立五均，商市錢府官列肆里區謁舍皆有征，其下騷然受其弊矣。後來王金陵亦以周禮變而爲新法，其害尤甚，絘布變而爲房廊錢，廛布變而爲白地錢，質布變而爲搭罰錢，總布變而爲不係行錢，有如鄭俠奏議所謂『負水給髮，擔粥提茶，皆有免行』。效一廛人之法，而遺害至此，周法果如是邪？又況市易置務，而謂周人之司市，以呂嘉問爲市易官，掊克細民，聚斂滋甚，内帑出錢數百萬以爲本，遣人於嶺南諸處市貨，以壓商旅之利，此與漢人置均輸、唐人置疾足同意爾，是豈司市之法哉！不特此爾，泉府一官，以廛人所斂市布收其不售滯用之貨，以其價買之，使商賈之民不至失利，所以利商民也。物楬而書其價，以待不時而買者，因祭祀、喪紀之費賒而貸者，則亦授之，所以利居民也。恐其不時而買者，有豪民乘急而牟利，則必從其所抵根同，而後予之；又恐其賒而貸者，有姦民不急而妄用，則必與其有司齊認，而後授之，所以防姦民也。若夫賒而貸者則有期，而取償，祭祀無過旬月，喪紀無過三月，以責其必償也。或有稱貸而至久者，則以國服爲之息，謂以國事之所出之税爲息，如載師『園廛二十而一，近郊十一』之類是也。賒則有期以取償，而民不至於泛賒；貸則有税以爲息，而民不至於妄貸，又所以謹民財也。蓋泉府所斂之財，民財也；以其財而濟民急，宜也。此又旅師之『聚耡粟、屋粟、閒粟，乃以質劑致民，平頒其興積；施其惠，散其財，春頒而秋斂之』。蓋旅師所聚之粟，民粟也，以其粟而拯民艱，亦宜也。頒之以春，則民有以濟其乏，而穀不至於騰踊；斂之以秋，當粒米狼戾之時，而不至於太賤傷農。頒言平者，欲其惠利之均也，然旅師不取其息，而泉府則收其息，以貨與粟不同也。鄭康成何据而謂『旅師以國服爲息』，豈有以粟貸民，而可以取息乎？劉歆謂周有泉府之官，收不售與欲得，遂使王莽下開賒貸之詔，月取錢三百，爲害極矣！王金陵又誤此意，乃立青苗之法，春放十千，半年則出息二千，秋再放十千，年終又出息二千，歲息四千，是故周官一倍。而乃以『國服爲息』，藉口青苗之貸，不問其欲否，而概予之，謂爲旅師之平頒；不計其遠近而强責之，謂爲泉府之賒貸。假忠厚之法，以行侵漁之私；切賙恤之名，以濟割剥之害。哀哉！」（禮經會元卷三，頁十六——二二「市治」目。）

【評】（七五）宋葉適曰：「熙寧之大臣，慕周公之理財，爲市易之司，以奪商賈之贏；分天下以債，而取其什二之息，曰此周公泉府之法也。天下之爲君子者，又從而争之曰：此非周公之法也，周公不爲利也。其人又從而解之曰：此真周公之法也，聖人之意，六經之書，而後世不足以知之。以此嗤笑其辨者。然而其法行，而天下終以大弊，故今之君子真以爲聖賢不理財；言理財者，必小人而後可矣。夫泉府之法，『斂市之不售，貨之滯於民用者，以其賈買之；其賒者，祭祀、喪紀皆有數，而以國服爲之息』，若此者，真周公所爲也。何者？當是時，天下號爲齊民，未有特富者也，開闔斂散輕重之權，一出於上，均之田，而使之畊，築之室，而使之居，衣食之具，無不畢與；然而祭祀、喪紀猶有所不足，而取於常數之外。若是者，周公不與則誰與之？將無以充其用而遂與之也。則民一切仰上，而其費無名，故賒而貸之，使以日數償，而以其所服者爲息。且其市之不售，貨之滯於民用者，民不足於此，而上不斂之，則爲不仁。然則二者之法，非周公誰爲之？蓋三代固行之矣。今天下之民，不齊久矣，開闔斂散輕重之權，不一出於上，而富人大賈分而有之，不知其幾千百年也，而遽奪之，可乎？奪之可也，嫉其自利而欲爲國利，可乎？嗚呼！居今之世，周公固不行是法矣。夫學周公之法於數千歲之後，世異時殊，不可行而行之者，固不足以理財也。謂周公不爲是法，而以聖賢之道不出於理財者，是足爲深知周公乎？且使周公爲之，固不以自利，雖百取而不害，而況其盡與之乎？然則奈何君子避理財之名，苟欲以不言利爲義，坐視小人爲之，亦以爲當然而無怪也。徒從其後，頻蹙而議之，厲色而争之耳。然則仁者固如是耶？」（水心别集卷二，頁十四—十五進卷財計上。）

【評】（七六）宋陳汲曰：「熙寧間置市易務，且謂成周之市法，内帑出錢數百萬以爲本。市易司遣人於嶺南諸處市貨以壓富商之利。原其意，爲利耳，豈泉府之法哉！」（周禮辨疑，載訂義卷二四，頁十。）

【評】（七七）宋陳埴曰：「（問：泉府『凡民之貸者，以國服爲之息』。蓋民用不足，上之人不與，則無以濟其用；與之不取息，則無以裨有司出入之耗費。但周禮所載入息之數，先儒謂貸萬錢者期出息五百，意者不過二十而取一耳。鄭司農謂：『從官借本賈，而以其所賈之國貸物爲息。』竊謂：周家使民，各以其所服國事貢物爲息，農以粟，工以器，不取民以所無也。苟如司農『貨民本賈』之説，則是上下相率交征利之意。王、林解謂：『……』（見上佚文第二四二條）竊謂：市廛之征布，本以供王膳服，周家却掌之泉府，不妨以此項財與民間通融，其所謂『國之財用』，蓋自取具於市廛之征布耳，豈仰給於息錢乎？惟其昧先王之意，是以王莽舉是制行於漢，王荆公舉是制行於本朝，反爲天下禍，未審周官之法意如何？以國服爲之息，國服字他無證，二鄭以意説之。大鄭謂：『以物爲息，隨其國之所貨』，其論甚通恕，而無多寡之準，後人無可依據。小鄭謂：『以錢爲息，隨其國之服事而定。』其準即載師『國宅無征，園廛二十而一』，以下等級之數。如此則多寡方有準耳。誠如小鄭所言，則周之貸民有息者，有十二而一者，有什一者，有二十而三者，最重者不過十之二。青苗取息二分，是以周法至重者爲準。又周法以期而計青苗，則春秋兩度斂散，却成四分取息。又周法止是貸民不足，其予之也，必有司辨之，不敢輕予，恐其有非理之用。青苗則家賦户斂，招誘之不來，則抑配繼之。然則貸民之與聚斂，其意霄壤矣。韓魏公辨此最詳。來問錯認大鄭意，王氏曲説，不在論。」（木鐘集卷七下，頁四—五周禮説。）

【評】（七八）宋真德秀紹定五年閏九月甲戌（二十七日）曰：「周禮之難行於後世也久矣；不惟難行，而又難言。然則終不可行乎？曰：有周公之心，然後能行周禮；無周公之心而行之，則悖矣。然則終不可言乎？曰：有周公之學，然後能言周禮；無周公之學而言之，則戾矣。……自劉歆用之既悖，儒者譁而攻之曰：『周禮不可行也！』吁！歆之王田、安石之泉府，真竊其一二以自蓋爾，安得累吾聖經邪？」（周禮訂義序，載原書卷首。）

【評】（七九）宋魏了翁曰：「周禮國服之法，鄭康成直以王莽二分之息解之。此自康成傳注穿鑿誤引，以禍天下，致得荆公堅守，以爲成周之法。常時諸老雖攻荆公〔二〕，但無敢自鄭

〔二〕敏案：「常」，疑當作「當」。

康成處説破；推原其罪，自鄭康成始。以政事學術誤天下後世，蓋不可不監。後因分韻賦蔣山詩，又發其義。」（鶴山大全集卷一〇九附一一〇，頁一三師友雅言。）

【評】（七九之二）宋魏了翁曰：「連年飲建業，寤寐北山靈。三過又不入，風雨盲其程。一朝決會期，萬籟不敢聲。斷潢捲夕潦，烈巘浮帝青。因思山中人，昔日相熙寧，不知學何事，莽制爲周經！群公咸其輔，不悟宗康成。相承至章蔡，九州半羶腥。歷年有七十〔二〕，衆寐未全醒。三經猶在校，從祀猶在庭。追惟禍之首，千古一涕零。大鈞眘難問，山雲水泠泠。」（鶴山大全集卷六，頁十三江東漕使兄約遊鍾山分韻得泠字，即上評原注「分韻蔣山詩」；經義考卷一二五，頁一載宋税與權周禮折衷後序亦録此詩；宋元學案補遺卷九八，頁六六載作「遊蔣山詩」，題宋陳汲字及之作，失之。）

【評】（八〇）宋魏了翁曰：「康成以漢制解經，以賦爲口率出泉。三代安有口賦？王介甫用之，以誤熙寧，皆鄭注啓之。傳注之誤，最計利害。又如國服爲息，息字則凡物之生，歇處便生。王介甫引用王莽時事，以證周禮爲二毳取息之制。古人元不取民以錢，土地所産元無錢，誤國甚矣！介甫錯處，盡是鄭康成錯注處，王莽時歲什一之法，法，康成引以注息

〔二〕「有」，税與權周禮折衷後序、宋元學案補遺卷九八並作「百」。

字，介甫渾錯看，可見歐、蘇以前未嘗有人罵古注，想承其誤以至此！」（鶴山大全集卷一〇九附一一〇，頁五十師友雅言。）

【評】（八一）宋王與之曰：「愚案：國服，陳止齋讀『服』如『服公事』之『服』，謂民之貸者，還本之後，更以服役公家幾日爲息。徐牧齋讀『服』如『侯甸服』之『服』，謂民之貸者，以其服之所出來輸，彼此價直必不等，除得本之外，餘皆爲息。二説俱勝注疏。至李叔寶欲矯責償出息之説，以廛人所征之布貸之於民，使因其所服之業爲生生之計，如農服田野之事，嬪婦服絲枲之事，息者亦如司徒以保息六，養萬民。所以保之使生息，非責其利。此説固好，恐非泉府之所能繼。蓋泉府所征之布，將以斂商賈之滯貨，不時而買者。既竭以元賈，有急而賒者，復償以元直。至於民之稱貸，又以財生息之。則其法窮矣。不如陳及之之説曰：立法不惟以便下，苟下得其利，而官失其物，則非法也。泉府藏物多矣，不賒貸與人，則必至弊壞。歲月既久不可用，賒貸與民，民轉徙於他所，既得其利，異時以元物入官，各貢所有爲息，則官府亦得其便矣。不特是也，周禮凡商賈悉有税，今市泉府物而貸之，則免其税；既免其税，而貢息焉，何不可之有？然必與有司辨而授之者，防民之僞也。世之奸猾無行者，巧僞曲説，至官府而賒貸，官府不知其姦而與之，則異日未必能償。與其有司辨，則不復有此患。凡此等制，得賢而後可行，否則不勝其弊。王荆公、吕嘉問爲市易官，掊克細民，聚斂滋甚，豪商大賈，怨咨盈道。及人有言，則曰『泉府』。嗚呼！吾不知先王之法，使人怨咨而尚不顧哉！」（訂義卷二四，頁十一—十二。）

【評】（八二）元丘葵曰：「抵，本也；即下文主有司也。主者公卿大夫，常在王朝，其都鄙則遣人治之，有司則鄉遂之官。宋熙寧間置市易，且謂成周之市廛。內帑出錢數百萬以爲本，市易司遣人於嶺南諸處市貨，以壓富商之利，原其意只爲利耳，豈泉府之廛哉！」（周禮補亡地官，頁四九。）

【評】（八三）元丘葵曰：「賒者，濟其闕乏，取償而不取息。貸者從官借本，不可無息。有司其所屬吏也，辨與之，則其貸民之物，定其價以授之。還本之後，以服役公家數目爲息。國服者，國中自七尺以及六十，野自六尺以及六十有五，皆征之，以供服役，所謂國服爲息者此也。王介甫讀禮不熟，以滋青苗之害，是豈先王立廛之意哉！」（周禮補亡地官，頁四九。）

【評】⊗元馬端臨論安石據周禮泉府實行青苗等法，詳周禮新義總評第一九三條。

【評】（八四）明方孝孺曰：「以一事之失，而疑先王之政皆不可行；以一人之謬，而疑天下之士皆不可信，此爲治者之大患。車戰，古法也，房琯陳濤之戰以車而敗戰者，遂謂車不可用；自秦以來，不以車戰而喪師殺將者亦多矣，豈皆車之過哉！琯以迂疏妄肆不知人而敗，非車致然也。由琯之所爲，使不以車戰，其能不敗乎？故議琯者，罪琯可也；罪車戰，不可也。先王之政，其詳不可悉知也。周官之所載，詭于聖人之道者雖有之；然遺典大法所以經世淑民者，秩乎明且備，豈後世所能及乎？人見有用之而致亂者，因以爲周官罪，此鄙陋無稽之甚者也。盜竊孔子之履納之，而踰人之墻，履寧有過乎？竊履者可誅耳。王安石之用周官，棄其大者而不行，惟取泉府之一言以傅會其私，卒爲天下禍，此安石之謬也。周官之言利，亦稍密矣，蓋以千里之邦畿，而供天地社稷之祭、車服宫室之用、公卿大夫群臣之禄、諸侯之燕饗、四夷之遺賚，咸出於是，固宜有其法焉。然取民也有制，役民也有節，凶禮則無力政、無財賦、無關門之征，其不厲民以自養亦明矣。安石不師其善者，而泥於『國服爲息』之説，期以富國而國終不能富，周官之法，豈止於此而已乎？爲治有本末，養民有先後，制其産使無不均，詳其教使無不學，文、武、周公之大意也。法古者，亦取其大意所屬而行之，奚患財之不足哉？不治其本，而以理財爲先，此文、武、周公之所誅，而周官之所棄者也。安石不顧而妄行；後世不察，而并罪周官，周官何與焉？自治道之不明，士之自任者鮮矣，自信而不惑者尤鮮也。安石之自任而自信，漢以下儒者皆莫之及，使誠識其大者而行之，其事功豈不甚偉哉！惜其學不知道，而過於自信也。斯民不見先王之治久矣，遇主者，恒患不知道；有其器者，恒患不逢其時。其法存，其人存。苟有遇乎世焉，知周官之果不可行哉！」（遜志齋集卷四，頁三一—四雜著：周官二。）

【評】（八五）明何喬新曰：「國服爲息，先儒多以爲貸錢取利，王介甫因其説，遂立青苗之法，天下騷然！胡致堂父子以其病民也，遂力詆周禮非周公之書。噫！以釋經一言之誤，而遺天下之大患，廢聖人之全經，其爲失均矣。」（周禮集註冬官，頁四七。）

【評】（八六）明柯尚遷嘉靖二十五年三月曰：「王介甫自爲周官義十餘萬言，其自序云：『自周衰至今，歷載千數，而太平之遺跡，掃蕩殆盡，學者所見，無復全經。于是乃欲訓而發之爲難，又立政造事追而復之爲尤難也。』可謂有志於是矣。至其所以自釋其義者，未能提綱挈領，乃謂其書理財居半，以其所創新法盡傅著之，務塞異議之口，如青苗之法，證以『國服爲息』之言，其他方田、保甲、市易之類皆稽焉：破壞天下，至今藉口。」（周禮源流敘論，載周禮全經釋原卷首。）

【評】（八七）明柯尚遷曰：「泉府之財，所入者廛人五布而已。今曰『國之財用取具焉』，不知泉府何以供之。王介甫執此遂曰：『……』（見上佚文第二四五條）乃置市易務，出内帑錢數百萬以爲本，遣人諸處市物，以厭富商之利。又官出本賒貸於民，而取其厚息，以資國用。豈非以國之財用取具於泉府之一言乎？蓋所謂財用者，供九賦之一也，具國用者，待王之膳服也。供賦之餘，則斂貨利商也，賒貸利民也。出入有餘，又納於職幣也。具國之財用，如斯而已。介甫讀禮不熟，以成宋人之害。胡氏父子遂力詆周禮非周公之書。噫！以釋經之誤而遺天下之大患，廢聖人之全經，其失均矣。」（周禮全經釋原卷五，頁八八—八九。）

【評】⊗明柯尚遷論王安石誤解「國服爲息」義，乃據以立青苗之法，詳旅師下評第一〇五條。

【評】（八八）明王應電曰：「按：古之市者，以其所有易其所無而已。于後，乃有商焉，注有于無，自物所出之處遷之于所無之地；有賈焉，積盈待乏，自物所多之時藏之，以待空竭之時。故商之爲言，以商計財利爲事也；賈之爲言，以網羅財利得名也。夫以利相交，人己相形，不能無私己之心，故一物也，賣之則欲價多，買之則欲價寡，彼此競爲虛誑，争辨于是乎起。然猶自己之物，弊端未甚也。若商賈則專以牟利爲事，旦暮孳孳，凡可以利己而生息者，無所不至。濫惡僞飾，凡可以欺人而覓利者，無所不爲。至于天患民病，乘急踊價，衆方以爲禍災，而彼獨以爲樂幸。孤寡貧窮假典稱責，此方以爲困苦，而彼乃以爲孳息。又大利所在，則姦盜于是而竊窺；大衆所萃，則奇衺于是而聚集。故可以利民者，莫如市；而爲民害者，亦莫如市也。爲民父母，均吾赤子，可以無處治之瀀與其轉移之方哉！是故肆長陳其貨賄，而美惡不得以混淆；賈師奠其價，而貴賤不得以任意；司稽巡其犯禁，胥師察其飾行儥慝，而詐僞不得以相欺。有胥以掌其坐作出入，則事不亂；有質人以爲之質劑，則人心信服。同度量，一淳制，而物有所準；司虣禁虣亂，司稽執盜賊，而强虓無所容。凡此皆治于未亂之前也。其有犯禁而事覺，梗化而成訟者，小則胥師、賈師聽之，大則市師聽之，則夫民之入市者，交易而退，何有不得其所者哉！至于市中之物，有利于人而不厭其多者，則使之阜；爲害于人而不可有者，則使之無。又有罕用而不可無，宜有而不可多者，故無則使之有，多則使之少。蓋或有無，其征廛或低昂其價直，或予奪其璽節，以示失去取輕重之意，無非欲以利吾赤子而已。然此不過以民間貨物爲轉移之方耳，猶未見夫君民一體之意也。民有貨物，不適于用，市而不售者，雖賤而亦樂輸也，則以其價買之；事居積者，不得抑其價而取焉。及市中既乏，而民欲買者，雖貴而亦樂從也，復以其價賣之。擁富資者，不得高其直而與焉。是以市中無甚賤之物，而民之有貨者不傷；亦無甚貴之物，而民之有需者不困也。然此猶有交易之意也，至于民有喪祭大事，適空乏而不能卒辦，聽其從官賒用，事過即還。蓋民有急而無措，官有餘而不用，賒而與之，有益于彼而無耗于此，易所謂『弗損之益』也。然此猶欲其還也，至于民有極貧者，則遂貸而與之，以其不可以爲繼。故以『國服爲之息』，貸之者，若賃其傭，而不復有所責；服公事者，若還其直，而即無所負。與之而于上無所損，還之而于下亦無所耗，以是而保息乎！貧民市濵之善，莫有大于是也。後之人心量，既非古人之心量，俗儒或以時政而妄釋經語，纖人或屈聖經以便己私，因有『禁貴價，斂滯貨』之云，遂爲均輸之説。賤則買之，貴則賣之，使富商大賈不得牟大利，人主乃自爲商賈而牟利焉。因『國服爲息』之云，遂有放錢收息之舉，惡豪民之取息病民，人主乃自爲豪民以病民焉。世之人見其害不見其利，遂以謂周禮果若是其病民也夫！小人借聖言以文奸，斯不足責，而俗儒以小知釋經，其罪亦安得而逃諸？」（周禮傳卷二下，頁二二一—二二三。）

【評】（八九）明王應電曰：「凡借財物者，還本物曰稱，取相稱之義；責其必償，故曰稱責也。以他物代還曰貸，故字從代會意，不必其原物也。國服，謂服役于公也。民有貧甚缺用而無措者，從官假物，則貸而與之，然不可爲繼，故計其物之貴賤，使之爲國服役出力以償。但既開此端，則有詐爲貧者，故又必與其有司辨其果貧而後授之，庶不爲所欺也。蓋力者，民之所自有，而無待乎外，公事者，上之所不能無，而必欲假之于民者，貸之而使服公事。上之所以與之者，若假之直；其所以役之者，若收其物。與焉而不損，周焉而可久。下之用物也，若食其力；其服役也，若還其物。用焉有濟于急，還焉無耗于身。所以生息乎貧民，故曰『爲之息』。即大司徒『以保息六，養萬民』之息也。舊説以服爲衣服，猶『齊三服』之云；息爲利息。夫貧者因困乏無措而假貸，乃責其償而復加之息，則貧者反重困矣，惡在其爲民父母乎！昔周世宗有言，民吾子也，惡在責其必償，曾謂周公而反不及耶？害義傷教，莫此爲甚！遂使安石因創爲青苗之灋，放錢與民，令出息二分；春散秋斂，以爲周公遺瀍，用以罔利殃民。卒爲宋室禍基，釋經者其可苟哉！」（周禮傳卷二下，頁二一。）

【評】（九〇）明王應電作王安石論，目載其周禮傳卷二下，頁二三「泉府」下。（四庫全書珍本三集本；明嘉靖四十二年刊本卷二下亦載此論目。）

【評】（九一）明唐樞曰：「（問：江陽紀聞辨「口率出泉、抄没爲奪、國服取息」，非王政。是否？曰：）三者誠是漢法，乃後世之所爲也。故鶴山有云：『王荆公學術誤天下，漢儒學術誤後世。』」（木鐘臺再集周禮因論，頁二四—二五。）

【評】（九二）清鄂爾泰曰：「案：唯祭祀、喪紀而後有賒於官，則他禮事且不聽賒矣。賒之外，安得更有所謂貸哉？以爲貸不滯之貨，則農工之家無所用之；以爲貸之商賈，而聽其轉販，則泉府所斂，專以濟喪祭之匱乏，而都鄙從其主人，國人、郊人從其有司，正恐其轉販也。謂貸以泉布，則先王抑末以歸農，萬無資商賈以陰取其利之道。自王莽貸民以財，使治産業，計嬴受息，鄭氏以釋周官，王安石遂立青苗法剥民禍國。陳氏傳良辨注之誤，以爲還本之後，計日服國事以爲息，視鄭氏爲近理。不知周官之法，本有賒而無貸，以莽欲貸民取息，故歆竄此以惑衆耳。司市職『以泉府同貨，而斂賒』，則有斂、有賒而無所謂貸，明矣。周官之法，荒札則賑救之，𩆞阸則賙恤之，皆蠲上所有以予民。惟旅師積粟，則有春頒秋斂之法，他物無是也。抑貸乃閭里有無相通之稱，至春秋之末，宋、鄭饑，諸大夫助公以私粟假民，然後有貸之名。然宋司城氏貸而不書，則本粟且不收矣。此三語乃莽、歆增竄無疑。」（欽定義疏卷十四，頁二九—三十。）

【評】⊗清鄂爾泰曰：安石剥民之政（謂青苗法等），託鄭玄天官太宰「九賦」與地官司市、泉府、司門、司關之注而爲之，詳天官膳夫下評第三〇條。

【評】（九三）清王太岳曰：「泉府『掌以市之征布，斂布之不售，貨之滯於民用者』。案：楊時辨神宗日録云：『周官泉府之法，所以通貨賄也。若果子非有不售而滯於民用者，而官斂之，此與賤丈夫之罔市利何異？』安石乃以爲周公制法如此，細大並舉，乃爲政體，不亦謬乎！」（四庫全書考證卷八，頁四二。）

【評】（九四）清王太岳曰：「『凡民之貸者，與其有司辨而受之，以國服爲之息。』案：安石與友人論青苗云：『一部周禮，理財居其半。必貸之而後可，以待其饑不足。』此誤解周禮以禍宋之由也。歷代諸儒，皆力辯之。今地官原本闕，其説不可考矣。」（四庫全書考證卷八，頁四二。）

【評】（九六）清錢儀吉道光二十六七年間曰：「昔王荆文公以周官泉府一言禍宋，迨南渡後，既已罷從祀、斥新經，盡棄其所學，然當時諸儒釋周禮者猶多稱述，知其言固有不可廢者已。」（經苑本周官新義卷首附錢氏「識後」。）

【評】（九七）清伍崇曜咸豐三年冬曰：「王介甫以周官禍宋，人多知之，同時掊擊者紛起。其後推原禍始，咎及是書，遂竟疑周官非姬公作者。然考宋史紀事本末，熙寧二年，介甫參知政事，議行新法，言周置泉府之官，以摧制兼併，均濟貧乏，變通天下之財，後世唯桑弘羊、劉晏粗知此意，嘗脩泉府之法，以收利權。韓魏公謂其妄引周禮以惑上聽，至孫覺稱：『國服之息』，説者不明釋經者，乃引王莽『計贏受息，無過什一』爲據，不應周官取息重於莽時。況國用專取於泉府，則冢宰九賦將安用耶？殆並疑及周官矣。……蓋介甫性情執拗，剛愎自用。其始妄倡富强之説，託之古人，欲以救宋之積弱，而卒不能箝人之口，遂欲著是書以懾服天下萬世。其人本軼材，資禀特異，觀其詩文已可概見。宋稗類鈔稱其燕居默坐，研究經旨。又稱其用意良苦，置石蓮百許枚几案上，咀嚼以運其思，遇盡未及益，即嚙其指，至流血不覺。亦豈盡無所得者？蓋創新法者一事，而著新義者另一事，行新法者一時，而頒新義者又一時，故新法則決不可行，而新義不無可採也。錢辛楣潛研堂文集著論謂『介甫未嘗用周禮』，亦未始無因。欽定周官義疏間採是書，亦以其言不可盡廢耳。……至字説久已爲世詬病，同時張有撰復古編，即以糾其謬。而考工記解多用之，且確知爲鄭宗顏輯，可不附存，以原刻如是，姑仍之。」（周官新義跋，附粤雅堂叢書本原書卷末。）

司門，掌授管鍵，以啓閉國門。幾出入不物者，正其貨賄。凡財物犯禁者，舉之；以其財養死政之老與其孤。

【佚文】（二四六）「司門總統諸門，故掌授管鍵之事。」（文淵閣四庫全書本周官新義卷七，頁四。）[一]

【佚文】（二四七）「授鍵則以司門，總統諸門，故掌授之以啓門也。」（周禮全解王安石謂，載訂義卷二四，頁十三。）

祭祀之牛牲繫焉，監門養之。凡歲時之門，受其餘。凡四方之賓客造焉，則以告。

【佚文】（二四八）「必使監門養牲，則爲其於郊於國各有所近，便於共取；夙夜啓閉，未嘗乏使，便於養視；且衆所出入，其養視不謹，易以幾察故也。然而祀五帝、享先王，不係之門，則其致嚴，又異於此矣。」（訂義卷二四，頁十五王氏曰；詳解卷十四，頁十八—十九述，「乏使」作「乏守」，「幾」作「譏」；欽定義疏卷十四，頁三四王氏安石曰，刪節成文。）

【評】⊗清鄂爾泰曰：安石剥民之政（謂青苗法等），託鄭玄地官司市、泉府、司門、司關與

[一] 全段，欽定義疏卷十四，頁三二—三三王氏安石曰。

天官大宰「九賦」之注而爲之，詳天官膳夫下評第三〇條。

## 司關

【評】⊗清鄂爾泰曰：安石剥民之政（謂青苗法等），託鄭玄地官司市、泉府、司門、司關與天官大宰「九賦」之注而爲之，詳天官膳夫下評第三〇條。

掌節，掌守邦節而辨其用，以輔王命。守邦國者，用玉節；守都鄙者，用角節。凡邦國之使節：山國用虎節，土國用人節，澤國用龍節：皆金也，以英蕩輔之。門關用符節，貨賄用璽節，道路用旌節：皆有期以反節。凡通達於天下者，必有節以傳輔之；無節者，有幾，則不達。

【佚文】（二四九）「門關，則以符合之；貨賄，則以璽驗之；道路，則以旌表之。」（文淵閣四庫全書本周官新義卷七，頁五。）〔一〕

遂人，掌邦之野。以土地之圖經田野，造縣鄙形體之灋：五家爲鄰，五鄰爲里，四里爲酇，五酇

〔一〕全段：詳解卷十四，頁二二述，旨同；訂義卷二四，頁二一王氏曰；欽定義疏卷十四，頁四二王氏安石曰。

爲鄙，五鄙爲縣，五縣爲遂，皆有地域溝樹之，使各掌其政令刑禁。

【佚文】（二五〇）「其縣鄙之地域有形，其井邑溝涂有體，其所以制而成之則有法。」（訂義卷二五，頁三王氏曰。）

【佚文】（二五一）「比相保，則鄰亦相保；閭相受，則里亦相受；族相葬，則酇亦相葬矣；黨相救，則鄙亦相救矣；州相賙，則縣亦相賙矣；鄉相賓，則遂亦相賓矣。」（文淵閣四庫全書本周官新義卷七，頁五—六。）〔一〕

【評】（九八）清王太岳曰：「（首至葬矣。）案：相保、相受、相葬、相救、相賙，見于大司徒之治鄉，遂人初無明文。安石蓋因大司徒之職推之，而意其然耳。」（四庫全書考證卷八，頁四二。）

【佚文】（二五二）「相保、相受、相葬、相救、相賙、相賓之法，一與六鄉同。」（欽定義疏卷十五，頁二王氏安石曰；錢儀吉曰：「義疏引此……蓋檃括之詞。」）

以歲時稽其人民，而授之田野，簡其兵器，教之稼穡。凡治野：以下劑，致甿；以田里，安甿；以樂昏，擾甿；以土宜，教甿稼穡；以興耡，利甿；以時器，勸甿；以彊予，任甿。

〔一〕全段，訂義卷二五，頁三王氏曰。

【佚文】（二五三）「孟子曰：『唯助爲有公田。』許慎釋耡〔一〕，以『商人七十而耡』，則助、耡一也。興之以助公田〔二〕，則甿得所私焉；所以利之〔三〕。善其器則以勸，謂之時器，則器之用各有時，若耜以耕，銍以穫〔四〕。」（文淵閣四庫全書本周官新義卷七，頁六。）

【評】（九九）清王太岳曰：「（「孟子」至「一也」。）案：鄭注云：『杜子春讀耡爲助。』安石引說文釋興耡，蓋耡、助古今字。」（四庫全書考證卷八，頁四三。）

【佚文】（二五四）「遂人既登其夫家衆寡、六畜、車輦，遂師又以時登；則遂師登之于遂人，遂人登之于小司徒。」（文淵閣四庫全書本周官新義卷七，頁七。）〔五〕

以歲時登其夫家之衆寡，及其六畜車輦，辨其老幼廢疾與其施舍者，以頒職作事，以令貢賦，以令師田，以起政役。

---

〔一〕「耡」，原作「鋤」，據墨海本、經苑本、詳解述（詳下註）及說文耒部改，四庫全書考證卷八，頁四三亦皆作「耡」，本條下同改。

〔二〕「助」，鈔本無，詳解述有（詳下註）。

〔三〕首以下：詳解卷十五，頁三述略同；又見訂義卷二五，頁六王氏曰。

〔四〕「銍」，鈔本作「鋞」，詳解卷十五，頁三述作「銍」。「善其器」以下，訂義卷二五，頁六王氏曰。

〔五〕全段：詳解卷十五，頁六述，「輦」下有「而」字，末有「也」字；又見訂義卷二五，頁十四王氏曰。

若起野役，則令各帥其所治之民而至，以遂之大旗致之；其不用命者，誅之。

【佚文】（二五五）「鄉師致民，以司徒之大旗；遂人所謂『大旗』，亦司徒之大旗，于是建焉。于遂言遂之大旗，則鄉可知；于鄉言司徒之大旗，則遂亦可知。」（文淵閣四庫全書本周官新義卷七，頁七。）〔一〕

遂師，各掌其遂之政令戒禁。以時登其夫家之衆寡，六畜、車輦，辨其施舍，與其可任者；經牧其田野，辨其可食者；周知其數而任之，以徵財征。

【佚文】（二五六）「經牧其田野，猶小司徒所謂『經土地，而井牧其田野』；不言井，則以下言辨其可食者，周知其數而任之故也。」（文淵閣四庫全書本周官新義卷七，頁八。）〔二〕

凡國祭祀，審其誓戒，共其野牲，入野職、野賦于玉府；賓客，則巡其道脩，庀其委積；大喪，使帥其屬以幄帟先，道野役，及窆，抱磨共丘籠及蜃車之役；軍旅、田獵，平野民，掌其禁令，比敘

---

〔一〕全段：詳解卷十五，頁六述略同；訂義卷二五，頁十五王氏曰；欽定義疏卷十五，頁十五王氏安石曰，略改舊本以成文。

〔二〕全段：詳解卷十五，頁七述，「言」作「文」；訂義卷二五，頁十七王氏曰，首五字無。

其事而賞罰。

【佚文】（二五七）「幕人『大喪共帷幕帟綬』，今此幄帟，非幕人所共矣。道野役，帥以至墓。磨者，適歷。執綍者，名也。丘籠之役，窆復土也；其器曰籠。蜃車，柩路也〔一〕；柩路載柳，四輪迫地而行，有似于蜃，因取名焉。行至壙，乃說，更復載龍輴〔二〕。蜃車，載闉壙之蜃者〔三〕。」（文淵閣四庫全書本周官新義卷七，頁八。）

遂大夫，各掌其遂之政令。以歲時稽其夫家之衆寡，六畜、田野，辨其可任者與其可施舍者，以教稼穡，以稽功事，掌其政令戒禁，聽其治訟。令爲邑者，歲終則會政致事。正歲，簡稼器，脩稼政。三歲大比，則帥其吏而興甿，明其有功者，屬其地治者。凡爲邑者，以四達戒其功事，而誅賞廢興之。

【佚文】（二五八）「明其有功者，則察舉其屬人之有功；屬其地治者，則聯比其地治之職事。」（訂義卷二六，頁三王氏曰；詳解卷十五，頁十一述，無「事」字，「之有功」、「職事」下，各

〔一〕「柩」，經苑本作「匶」，本條下同。
〔二〕首以下，訂義卷二五，頁十九—二十王氏曰。
〔三〕「蜃車」句，又見訂義卷二五，頁二十王氏曰。

有「者也」二字。）

【佚文】（二五九）「凡國之政令，自王達之于大司徒，自大司徒達之于遂人，自遂人達之于遂大夫，自遂大夫達之于爲邑者：此之謂四達。」（訂義卷二六，頁四王氏曰；詳解卷十五，頁十一述，幾全同。）

縣正，各掌其縣之政令、徵比。以頒田里，以分職事，掌其治訟，趨其稼事，而賞罰之。若將用野民，師田、行役、移執事，則帥而至，治其政令；既役則稽功會事而誅賞。

【佚文】（二六〇）「遂官各降鄉一等，其官亦各降焉；故州謂之長，縣與黨同謂之正，鄙與族同謂之師〔一〕。移執事〔二〕，若遂師所謂『巡其稼穡，而移用其民，以救其時事』也〔三〕。」（文淵閣四庫全書本周官新義卷七，頁九。）

---

〔一〕首以下：訂義卷二六，頁四王氏曰，「亦各」作「各亦」；欽定義疏卷八，頁二六王氏安石曰，「其官亦各降焉」六字無。

〔二〕「移」下，鈔本、孔校增「用」字，詳解述無「用」字（詳下註）。

〔三〕「移執事」以下：詳解卷十五，頁十三述，「若」上有「則」字；訂義卷二六，頁五王氏曰。

△鄙師

△酇長

△里宰

△鄰長

旅師，掌聚野之耡粟、屋粟、閒粟而用之，以質劑致民，平頒其興積，施其惠，散其利，而均其政令。凡用粟，春頒而秋斂之。凡新甿之治，皆聽之，使無征役；以地之媺惡爲之等。

【佚文】（二六一）「掌聚野之耡粟、屋粟、閒粟而用之者，聚此三粟而用以頒以施以散也〔二〕。

〔二〕「此」，鈔本初作「州」，孔校改作「此」，詳解述作「此」。「以施」：經苑本無此二字，詳解述有二字。首以下：詳解卷十五，頁十七述，「用」下「以」上有「之」字；訂義卷二六，頁十三王氏曰，「也」字無。

施其惠，若民有艱阸〔二〕，不責其償〔三〕。」（文淵閣四庫全書本周官新義卷七，頁十。）

【佚文】（二六二）「而用之」之「而」，連上「粟」字讀。（訂義卷二六，頁十三述王氏意。）

【評】（一〇〇）宋王與之曰：「（「而用之」之「而」，）鄭氏改『而』爲『若』最無義，王氏連上讀之爲是。」（訂義卷二六，頁十三。）

【佚文】（二六三）「（平頒其興積，）無問其欲否，概與之也，故謂之平。」（龜山集卷六，頁十五神宗日録辨引新義曰，卷十，頁二五語録大同。周禮解卷二，頁九；訂義卷二六，頁十四載陳汲周禮辨疑引介甫「又以」；周禮全經釋原卷十二，頁五六—五七王安石「乃以」皆略同。四庫全書考證卷八，頁四三曰：「案：楊時集辨神宗日録云：『周官「平頒其興積」，新義曰：「無問其欲否，概予之也，故謂之平。」』今地官原本闕，據王氏訂義補，不載此二句。」（敏案：訂義引陳汲周禮辨疑所載安石新義有此二句，四庫考證失考。）

【評】（一〇一）宋楊時曰：「（呈『程顥奏：王廣淵不當妄意迎合俵粟、乞俵絲錢及折税絹作納錢』云云，呈『孫覺劄子：至周公時，天下已無兼并；又公私富實，故爲此法陰相之，不

〔二〕「艱」，經苑本作「囏」，詳解述同文淵本（詳下註）。

〔三〕「施其」以下：詳解卷十五，頁十七—十八述大同；訂義卷二六，頁十三王氏曰，「其償」作「莫償」；欽定義疏卷十六，頁二王氏安石曰。

專用此爲治』。余曰：無兼并，又公私富實，尚須此相民；兼并多，民乏絶者衆，則此法豈可少？且覺言『周公不專用此爲治』，今豈全廢餘事專行此法？又讀至『周公所以取息者，欲民勤生節用，不妄稱貸故也』，余曰：覺言今法，則以爲掊利；言周公之法，則以爲欲民勤生節用，不妄稱貸。若説今法之意如説周法，則今法何由致人異論？又至『象箸玉杯』及『作俑』之説，以爲『今法雖未有害，及至後世，必有剥膚椎髓者』，余曰：此周公所不以爲慮，而孫覺慮後世乃過於周公，此可謂私憂過計也。覺所言無理至多，讀不至終而止。）周官『平頒其興積』，新義曰：『……』則俵粟不取情願，蓋其本旨也。故臺諫首廣淵，不惟不以廣淵爲罪，乃更以爲盡力。夫周官所謂『平』者，豈概與之謂哉！謂無偏陂而已。爲是説者，特矯誣先王之法，以爲己資耳。泉府『凡民之貸者，與其有司辨而授之，以國服爲之息』，蓋貸民所以助不給，田不耕，宅不毛，猶使之出屋粟、里布，則游惰之民自致困乏，與夫實非不給而妄冒稱貸者，有司辨之，宜若弗授也。又以國服爲之息，則民不輕貸矣。莘老所謂『欲民勤生節用不妄稱貸』，未爲過論也。今兼并之家能以其資困細民者，初非能抑勒使之稱貸也，皆其自願耳。然而其求之艱，其出息重，非迫於其急不得已，則人孰肯貸也？今比户之民概與之，豈盡迫於其急不得已哉！細民無遠慮，率多願貸者，以其易得而息輕故也。以易貸之金，資不急之用，至期而無以償，則荷校束手爲囚虜矣。乃復舉貸於兼并之家，出倍稱之息，以還官逋，明年復貸於官，以還私債，歲歲轉易，無窮已也。欲摧兼并，其實助之，興利之源，蓋自兹始。而莘老之比作俑者，亦不爲過論也。余以爲青苗利害，不在願與不願，正在官司以輕息誘致之也。孟子曰：『徒善不足以爲政，徒法不能以自行。』青苗，其意乃在取息而已。行周公之法而無仁心仁聞，是謂徒法。然則周公法、今法，安得不爲異？」（龜山集卷六，頁十三—十六神宗日録辨。）

【評】（一〇二）宋楊時曰：「周官『平頒其興積』，説者曰：『……』故假此爲青苗之法。當春則平頒，秋成則入之，又加息焉。以爲不取息，則舟車之費、鼠雀之耗、官吏之俸給無所從出，故不得不然。此爲之辭耳。先王省耕斂而爲之補助，以救民急而已。方其出也，未嘗望入，豈復求息？取其息而曰『非漁利也』，其可乎？孟子論法以爲：『凶年糞其田而不足，則必取盈焉。使民終歲勤動，不得以養其父母，又稱貸而益之。』是爲不善。今也無問其欲否而頒之，亦無問年之豐凶而必取其息，不然則以刑法加焉。周官之意果如是乎？」（龜山集卷十，頁二五—二六語録。敏案：四庫提要謂楊時所駁「平頒興積」，文在地官中；詳地官泉府下同佚文第一二條王安石上（神宗）五事劄子「愚案」。）

【評】（一〇三）宋胡銓曰：「青苗之法，每歲再行，取二分之息，意謂貸者必窮民，否則大姦猾而富足之家則不願取。夫貸於窮民及姦猾，未必能出息，於是『無問其所欲否而概與之』，則富足之家亦强使貸矣，是惠利未施散，而政令大不均也。」（周禮解卷二，頁九。）

【評】（一〇四）宋陳汲曰：「周家之爲民慮，至矣，歲有凶荒，則有補助之政。旅師實掌其事，平其所興徵者，頒其所積聚者。凡質劑所致者，悉補助之。施其惠，散其利，而均其政令，蓋無有偏黨不均之患矣。此先王所以待凶荒之民，而大司徒十有二教之所謂散利也。鄭氏乃以均其政令爲使之出息，夫豈有補助之政而俾之出息乎？介甫青苗之法，遂取以爲證，又以『平頒爲不問其所欲否而概與之』。殊不知旅師之法，特救荒政耳，意在救民。苟樂歲粒米狼戾，則民自有餘，何至貸於官府哉！青苗之法，每歲再行，取二分之息，意謂貸者必窮民，否則大姦猾而富足之家則不願取。夫貸於窮民及姦猾，則未必能出息，故爲『無問其所欲否而概與之』説，則富足之家亦强使貸矣。」（周禮辨疑，載訂義卷二六，頁十四；宋元學案補遺卷九八，頁六五—六六節載此文。）

【評】（一〇五）明柯尚遷曰：「旅師之設，先王愛民，何其曲盡也。蓋民之離本逐末，則必至於貧，而貧者亦起於怠惰。故逐末與怠惰不抑，概以貧民周恤之，則無所勸戒，僥倖成風矣。故於閒民有罰，謂其逐末也；不耕公田與受田不耕有罰，謂其怠惰也。故皆令其出百畝之税而不免焉，所以抑之。然抑之而不恤之，非仁也，故又立旅師，聚三粟，春頒秋斂而不取息焉。蓋取之也，所以爲義；而頒之也，所以爲仁。仁義兼至，民安有不得其所哉！

然在鄉有泉府，在野有旅師，皆先王立通融之灋爲仁民之政者。泉府『以國服爲息』，所以懲貪；旅師無息，所以補助，豈爲多寡謀哉！鄭康成乃曰『旅師亦以國服爲息』，則『國服』二字既誤解於泉府，又移於旅師，遂致王莽下賒貸之詔，王安石立青苗之法。春放十千，半年則出息二千，秋再放十千，年終又出息二千。乃以『國服』藉口；『不問其所欲而概予』，謂旅師之平頒；不問其遠近而強責，謂泉府之賒貸。何莫非康成之作俑哉！後世常平社倉，亦得泉府、旅師之意，然必合之古制，乃爲無弊也。」（周禮全經釋原卷十二，頁五六—五七。）

【佚文】（二六四）「（散其利，）資之以利本業者，又散以與之。」（訂義卷二六，頁十三王氏曰；詳解卷十五，頁十八述，末有「也」字。）

稍人，掌令丘乘之政令。若有會同、師田、行役之事，則以縣師之灋，作其同徒輂輦，帥而以至，治其政令，以聽於司馬。大喪，帥蜃車與其役以至，掌其政令，以聽於司徒。

【佚文】（二六五）「丘之政令，司徒所掌；乘之政令，司馬所掌；稍人掌令，丘乘之政令耳。丘，言其地；乘，言其賦；所謂同，則丘地也；所謂徒役，輂輦、蜃車，則乘賦也。其作而帥以至，掌其政令，以聽于司馬、司徒，則所謂『令丘乘之政令』也。」（文淵閣四庫全書本周官新義

卷七，頁十一。）〔一〕

委人，掌斂野之賦，斂薪芻。凡疏材木材，凡畜聚之物。以稍聚，待賓客；以甸聚，待羈旅；凡其余聚，以待頒賜。

【佚文】（二六六）「稍聚者，所聚稍給之物；甸聚者，所聚甸賦之物〔二〕；余聚者，所聚經用之餘物；頒則用財之餘事〔三〕，故以余聚待之〔四〕。」（文淵閣四庫全書本周官新義卷七，頁十一。）

土均，掌平土地之政。以均地守，以均地事，以均地貢。

【佚文】（二六七）「均人無所不均，故曰均地政；土均雖有及乎地征，然以土爲主，未及乎均人，故言平土地之政。」（文淵閣四庫全書本周官新義卷七，頁十一。）〔五〕

〔一〕本段：詳解卷十五，頁十九述略同；又見訂義卷二六，頁十六—十七王氏曰。

〔二〕首以下，詳解卷十五，頁二十述；訂義卷二六，頁十九王氏曰。

〔三〕「則」，經苑本作「賜」。

〔四〕「余聚者」以下：詳解卷十五，頁二十—二一略同，兩「余」字並作「餘」；又見訂義卷二六，頁十九王氏曰。

〔五〕全段：詳解卷十六，頁一述，幾全同，「征」作「政」；訂義卷二七，頁一王氏曰。

【佚文】（二六八）「有職必有事，有事必有職。均人，均地職而不均地事，土均，均地事不均地職。均人，均力政不均地貢；土均，均地貢不均力征者，互見也。」（訂義卷二七，頁一王氏曰。）

草人，掌土化之灋以物地，相其宜而爲之種。凡糞種：騂剛用牛，赤緹用羊，墳壤用麋，渴澤用鹿，鹹潟用貆，勃壤用狐，埴壚用豕，彊㯺用蕡，輕爂用犬。

【佚文】（二六九）「糞，種以糞糞之；唯用蕡非以糞，而亦謂之糞者，其用之也，亦如以糞糞之。」（訂義卷二七，頁四王氏曰；詳解卷十六，頁三幾全同，「唯」作「性」。）

稻人，掌稼下地。以瀦畜水，以防止水，以溝蕩水，以遂均水，以列舍水，以澮寫水，以涉揚其芟作田。凡稼澤，夏以水殄草而芟夷之；澤草所生，種之芒種。旱暵，共其雩斂；喪紀，共其葦事。

【佚文】（二七〇）「（以瀦畜水，）待旱也。（以防止水，）待水也。」（訂義卷二七，頁五王氏曰（兩條）；詳解卷十六，頁四大同。）

【佚文】（二七一）「夏以水殄草[一]，則以夏水如湯，利以殺草也[二]。喪紀共其葦事，葦生下地故也[三]。」（文淵閣四庫全書本周官新義卷七，頁十二。）

△土訓

誦訓，掌道方志，以詔觀事；掌道方慝，以詔辟忌，以知地俗。王巡守，則夾王車。

【佚文】（二七二）「以詔觀事。」（臨川集卷四三，頁四乞改周禮義誤字劄子：「誦訓『以詔王觀事』，當去『王』字。」）

山虞，掌山林之政令，物爲之厲，而爲之守禁。仲冬，斬陽木；仲夏，斬陰木。凡服耜，斬季材，

---

[一]「殄」，鈔本初作「珍」，孔校改爲「殄」；詳解述作「殄」（詳下註）。

[二]「以」，鈔本初作「之」，孔校改作「以」；詳解述亦作「以」。首以下：詳解卷十六，頁四述，「也」上有「故」字；又見訂義卷二七，頁五—六王氏曰。

[三]「喪紀」以下：詳解卷十六，頁五述，「事」下有「則」字；訂義卷二七，頁六王氏曰；欽定義疏卷十六，頁二二王氏安石曰：「葦生下地，故共喪紀之用。」

以時入之。令萬民時斬材，有期日。凡邦工入山林而掄材不禁，春秋斬木，不入禁。凡竊木者，有刑罰。

【佚文】（二七三）「考工記曰：『凡斬轂之道，必矩其陰陽，陽也者，縝理而堅[一]；陰也者，疏理而柔。是故以火養其陰而齊諸其陽，則轂雖敝不蔽[二]。』所謂陽木，則縝理而堅者也；所謂陰木，則疏理而柔者也。疏理而柔，宜以火養，則斬以仲夏，使盛陽暴之，與火養同意。陰木如此，則陽木斬以仲冬，宜矣。」（文淵閣四庫全書本周官新義卷七，頁十三。）[三]

【佚文】（二七四）「……季，標枝也；蓋因其材而柔焉。」（經苑本周官新義卷七，頁十二，上承「仲冬宜矣」。）

【佚文】（二七五）斬陽木必以仲冬，以水之盛氣養其堅，以濟諸其陰也；斬陰木必以仲夏，以火之盛氣養其柔，以濟諸其陽也。如此而後用之，則陰陽之氣相濟，而堅者不失於倔强，柔者不失於軟弱矣。（詳解卷十六，頁七，餘見新經。）

---

[一] 「縝」，鈔本、經苑本皆作「稹」，下同。

[二] 「蔽」，鈔本、經苑本並作「蔽」，墨海本作「蔽」。

[三] 全段：訂義卷二七，頁十一王氏曰，兩「縝」字並作「稹」，「如」作「知」；欽定義疏卷十六，頁二五王氏安石曰，兩「縝」字亦皆作「稹」，「是故」以下共十八字無，「意」作「義」。

若祭山林，則爲主而脩除，且蹕。若大田獵，則萊山田之野；及弊田，植虞旗于中，致禽而珥焉。

【佚文】（二七六）「蹕，止人犯其祭；虞主山林，掌其政令，且爲之厲禁也。」（文淵閣四庫全書本周官新義卷七，頁十三。）[一]

【佚文】（二七七）「脩，脩祭事；除，除地爲墠。」（訂義卷二七，頁十二王氏曰。）

林衡，掌巡林麓之禁令，而平其守，以時計林麓而賞罰之。若斬木材，則受灋于山虞，而掌其政令。

【佚文】（二七八）「澤虞言『使其地之人守其財物』[二]，而林衡不言；林衡言『平其守』，而澤虞不言，互見也[三]。林之政，山虞掌之[四]，川衡掌其巡之禁令而已；然則林衡正於山虞者也，

[一] 全段，訂義卷二七，頁十二王氏曰。
[二] 「人」下，經苑本有「而」字。
[三] 首以下，訂義卷二七，頁十三王氏曰。
[四] 「掌之」下，鈔本、墨海本、經苑本皆有「林衡掌」云云十七字。敏案：訂義卷二七，頁十二王氏曰；欽定義疏卷十六，頁二九王氏安石曰，亦並正有此十七字，皆詳下佚文。

川衡正於澤虞者也。」(文淵閣四庫全書本周官新義卷七，頁十三—十四。)[二]

【佚文】(二七九)「……林衡掌其巡之禁令而已。澤之政，澤虞掌之。」(鈔本；墨海本；經苑本；詳解卷十六，頁十述；訂義卷二七，頁十二王氏曰；欽定義疏卷十六，頁二九王氏安石曰，「山虞掌之」下皆有此十七字，並參看本頁註一。)

川衡，掌巡川澤之禁令，而平其守，以時舍其守，犯禁者，執而誅罰之。祭祀、賓客，共川奠。

【佚文】(二八〇)「澤亦必如此而不言，亦互見也。」(文淵閣四庫全書本周官新義卷七，頁十四。)[三]

【佚文】(二八一)「共川奠，共川物之奠也；不言物，以澤虞見之。」(訂義卷二七，頁十四王氏曰；詳解卷十六，頁十大同。)

澤虞，掌國澤之政令，爲之厲禁，使其地之人守其財物，以時入之于玉府，頒其餘于萬民。凡祭

[二] 「林之政」以下：訂義卷二七，頁十三王氏曰；欽定義疏卷十六，頁二九王氏安石曰，「掌之」下並多十七字(參上註)，餘全同。亦見詳解卷十六，頁十述，幾全同訂義。

[三] 全段：詳解卷十六，頁十述，幾全同；訂義卷二七，頁十四王氏曰。

祀、賓客，共澤物之奠；喪紀，共其葦蒲之事。

【佚文】（二八二）「使其地之人守其財物，則人自爲守；所以澤雖大，莫或害其養蓄〔一〕。山林川澤皆有財物，惟澤入于玉府者，澤物最小也，所以自養取薄，所以養人從厚，夫是之謂王德。又頒其餘于萬民，則雖澤物亦不盡利〔二〕。」（文淵閣四庫全書本周官新義卷七，頁十四。）

若大田獵，則萊澤野；及弊田，植虞旌以屬禽。

【佚文】（二八三）「澤野，所謂藪也。」（文淵閣四庫全書本周官新義卷七，頁十四。）〔三〕

【佚文】（二八四）「或言致禽，或言屬禽，則皆致而屬之。不言珥，以山虞見之。」（訂義卷二七，頁十六王氏曰；詳解卷十六，頁十一述略同，「珥」作「則」。）

迹人，掌邦田之地政，爲之厲禁而守之。凡田獵者受令焉，禁麛卵者與其毒矢射者。

〔一〕首以下，訂義卷二七，頁十五王氏曰。
〔二〕「山林」以下，訂義卷二七，頁十五王氏曰。
〔三〕全段，詳解卷十六，頁十一述；訂義卷二七，頁十五王氏曰。

【佚文】（二八五）「名曰迹人，以迹知禽獸之處，而後可得田而取矣〔一〕。邦田無地，則鳥獸無所生，有地而無政，則其生不能蕃息〔二〕；雖有政，不爲厲禁以守之，則侵地盜物所以干有司者衆矣〔三〕。雖爲厲禁以守之，然雉兔者往焉，亦弗禁也〔四〕。」（文淵閣四庫全書本周官新義卷七，頁十四—十五。）

△卝人

角人，掌以時徵齒角，凡骨物，於山澤之農，以當邦賦之政令。以度量受之，以共財用。

羽人，掌以時徵羽翮之政于山澤之農，以當邦賦之政令。凡受羽：十羽爲審，百羽爲摶，十摶

---

〔一〕首以下：詳解卷十六，頁十一略同；訂義卷二七，頁十七王氏曰。

〔二〕「不」，鈔本初作「而」，孔校改作「不」；詳解述作「不」（詳下註）。

〔三〕「干」，鈔本初作「於」，孔校改作「于」。

〔四〕「也」，鈔本初作「焉」，孔校改作「也」。又「邦田」以下：詳解卷十六，頁十一略同（末「也」字同文淵本）；又見訂義卷二七，頁十八王氏曰。

爲縳。

掌葛，掌以時徵絺綌之材于山農。凡葛征，徵草貢之材于澤農，以當邦賦之政令，以權度受之。

掌染草，掌以春秋斂染草之物。以權量受之，以待時而頒之。

掌炭，掌灰物炭物之徵令。以時入之，以權量受之，以共邦之用。凡炭灰之事。

【佚文】（二八六）「掌染草至掌蜃，所徵亦必當邦賦之政令，而不言者，則以角人、羽人、掌葛見之。」（文淵閣四庫全書本周官新義卷七，頁十六。）〔二〕

△掌荼

掌蜃，掌斂互物蜃物，以共闉壙之蜃。祭祀，共蜃器之蜃，共白盛之蜃。

〔二〕　全段：訂義卷二八，頁三王氏曰；欽定義疏卷十六，頁三八王氏曰，「之政令」、「則以」五字無，「葛」下有「已」字。

【佚文】（二八七）「用蜃以禦濕，除貍蟲。」（文淵閣四庫全書本周官新義卷七，頁十六。）〔二〕

【評】（一〇六）宋陳汲曰：「凡此，皆民業以自利者也。先王之時，凡民於田税之外，至有趨末作者，一切徵其物，大意欲抑末重本。熙寧間，京師市井凡販賣小民，雖拾髮、鬻薪、提茶等類，悉出免行錢；不出者毋得販鬻市道，其意亦曰抑末作游手之民。然不知先王之世，民無不受田者，雖商賈家亦受田，特減於農民，抑其末作，使反其本，則退有可耕之田，不至失業饑寒。自井田既壞，小民亡立錐之地，勢不免販賣以自資。今而曰抑之歸農，則退豈有可耕之地哉？故重税適所以啓其怨咨之心，饑寒之患，而曰使之務本，惡在其爲政也？介甫常曰：『周禮一書，理財者幾半。周公豈好利者哉！』觀此言，若非爲利，然安在其不爲利也。」（周禮辨疑，載訂義卷二八，頁四—五。）

囿人，掌囿游之獸禁，牧百獸。祭祀、喪紀、賓客，共其生獸死獸之物。

【佚文】（二八八）「獸人共生獸死獸，囿人共生獸死獸之物者，獸人所共，田獵所罟；囿人所

〔二〕　全段：訂義卷二八，頁四王氏曰；欽定義疏卷十六，頁四十王氏安石曰，「蜃」下有「非惟」二字，「除」上有「兼」字。

共，囿游所牧；共其物，若麋膚熊蹯之類〔二〕。」（文淵閣四庫全書本周官新義卷七，頁十六。）

△場人

廩人，掌九穀之數，以待國之匪頒、賙賜、稍食。以歲之上下數邦用，以知足否，以詔穀用，以治年之凶豐。凡萬民之食食者：人四鬴，上也；人三鬴，中也；人二鬴，下也。

【佚文】（二八九）「民之食，可以鬴計者，校登夫家、貴賤、老幼、廢疾之數，觀稼省斂，稽比財物，其法詳也。」（文淵閣四庫全書本周官新義卷七，頁十七。）〔三〕

舍人，掌平宮中之政，分其財守，以灋掌其出入。凡祭祀，共簠簋，實之陳之。賓客亦如之，共其禮，車米、筥米、芻禾；喪紀，共飯米、熬穀。以歲時縣種稑之種，以共王后之春獻種。掌米粟之出入，辨其物；歲終，則會計其政。

〔二〕首以下，訂義卷二八，頁六王氏曰。又「共其」以下，欽定義疏卷十六，頁四一王氏安石曰。

〔三〕全段，訂義卷二八，頁九王氏曰；欽定義疏卷十六，頁四四王氏安石曰。

【佚文】（二九〇）「既共簠簋之器，又以籩人所共之實，實之陳之也。」（訂義卷二八，頁十二王氏曰。）

倉人，掌粟入之藏，辨九穀之物，以待邦用。若穀不足，則止餘灋用，有餘則藏之，以待凶而頒之。凡國之大事，共道路之穀積食飲之具。

【佚文】（二九一）「法式所用，有雖不足不可以已者；有待有餘然後用者；所謂餘法用，則待有餘而後用者。」（文淵閣四庫全書本周官新義卷七，頁十七。）〔一〕

司禄闕　敏案：原注「闕」；今本周禮有官名，闕其職掌，下皆倣此。

△司稼

舂人，掌共米物。祭祀，共其齍盛之米；賓客，共其牢禮之米。凡饗食，共其食米。掌凡米事。

〔一〕　全段：詳解卷十六，頁十九述，末有「也」字；訂義卷二八，頁十三王氏曰，「而後用」作「而餘用」。

饎人，掌凡祭祀，共盛；共王及后之六食。凡賓客，共其簠簋之實；饗食，亦如之。

【佚文】（二九二）「舂人，舂穀以爲米；饎人，炊米以爲食[一]；其職事相成，故舂人祭祀共齍盛之米，饎人祭祀共盛；舂人賓客共牢禮之米，而饎人共其簠簋之實；饎人共王及后之六食，饗飧亦共簠簋之實[二]，而舂人不言共米，則以言祭祀、賓客，從可知也。」（文淵閣四庫全書本周官新義卷七，頁十八。）[三]

【佚文】（二九三）饎之字從食從熙，或又從喜，則陰以陽熙而爲喜也。舂與饎其事相成。（詳解卷十六，頁二一段末云：餘見新傳。）

△槁人

地官總論

【評】（一〇七）清紀昀曰：「安石神宗時所上五事劄子，及神宗日録載安石所引周官，及

[一] 首以下，詳解卷十六，頁二一述。

[二] 「饔」，經苑本作「饗」。

[三] 全段，訂義卷二八，頁十七王氏曰，「共米」作「其米」。

楊時龜山集中所駁『平頒興積』一條，其文皆在地官中。今永樂大典闕地官、夏官二卷，其說遂不可考。然所佚適屬其瑕纇，則所存者益不必苛詆矣！」（四庫提要卷十九，頁七禮類一周官新義十六卷附考工記解二卷下。）

# 周禮新義　卷八　春官宗伯一

惟王建國，辨方正位，體國經野，設官分職，以爲民極。乃立春官宗伯，使帥其屬，而掌邦禮，以佐王和邦國。禮官之屬：大宗伯，卿一人。小宗伯，中大夫二人。肆師，下大夫四人，上士八人，中士十有六人，旅下士三十有二人，府六人，史十有二人，胥十有二人，徒百有二十人。

【佚文】（二九四）「凡有族則有祀，祀則有宗。宗，典祀者也。宗伯掌天神、人鬼、地示之禮，故謂之宗[二]；在四時之官爲長，故謂之伯。」（文淵閣四庫全書本周官新義卷八，頁一。）[三]

【評】（一〇八）宋鄭鍔曰：「近世王安石云：『……』然宗伯所主，何獨祭祀之禮哉？自四方言之，東者歲之始；自四時言之，春者時之始。宗伯於四時之官獨爲長，故以伯稱之。春秋之際，魯有夏父弗忌爲宗人，蓋周之舊也。」（訂義卷二九，頁一載。）

[二]「宗典」以下，訂義卷二九，頁一載周禮全解引王安石云，「祀」下有「禮」字，「地示」在「人鬼」之上。

[三] 全段，詳解卷十七，頁一述大同。

守祧，奄八人，女祧每廟二人，奚四人。

【佚文】（二九五）「守廟祧，而名之曰守祧；守祧[一]，則廟可知矣。」（文淵閣四庫全書本周官新義卷八，頁二。）[二]

典同，中士二人，府一人，史一人，胥二人，徒二十人。

【佚文】（二九六）「典律同，而名之曰典同；典同，則律可知矣。」（文淵閣四庫全書本周官新義卷八，頁三。）[三]

典庸器，下士四人，府四人，史二人，胥八人，徒八十人。

【佚文】（二九七）「征伐所得之器，而謂之庸器者，庸，民功也；則征伐之功，凡以爲民，非利

---

[一] 鈔本於「守祧」二字不疊。

[二] 全段：詳解卷十九，頁二一述曰：「守廟兆而名之曰守，非守兆則廟可知矣。」欽定義疏卷十七，頁七王氏安石曰，「矣」字無。

[三] 全段，集説卷五，頁三七王介甫曰。

其器故也。」（文淵閣四庫全書本周官新義卷八，頁四。）〔二〕

大卜，下大夫二人；卜師，上士四人；卜人，中士八人，下士十有六人，府二人，史二人，胥四人，徒四十人。

【佚文】（二九八）「大卜以下大夫爲之，而其官屬甚衆；蓋先王重其事故也〔三〕。大卜掌其法，龜人辨其名物體色，攻之取之以其時，上春則釁之，而祭祀先卜〔三〕；及其卜也，卜師又辨其左右、上下、陰陽，授命龜者，而詔相之，其爇焳以明火。其占也：君占體，大夫占色，史占墨，卜人占坼〔四〕。既事，則繫幣以比其命；歲終，則計其占之中否；先王用卜如此，故卜可恃以知吉凶。夫木之有火，明矣，不致一以鑽之，則不出；龜亦何異於此？」（文淵閣四庫全書本周官新義卷八，頁五。）

〔二〕全段：集説卷五，頁四八—四九王介甫曰；註疏删翼卷十一，頁二八臨川王氏曰，「而」字無；三禮纂註卷二，頁十二王氏曰，「則」字無，「爲民」下有「而已」二字，「故」字無，末句下更有「此非所作之樂，特縣以陳功器，以華國也」十六字。

〔三〕首以下，詳解卷二二，頁二述，「屬」下有「爲」字。

〔三〕「祭」，鈔本無。

〔四〕「坼」，鈔本作「拆」。

男巫，無數；女巫，無數，其師中士四人，府二人，史四人，胥四人，徒四十人。

【佚文】（二九九）「神降之然後[一]，在男曰巫，在女曰覡，故不豫爲員數[二]。」（文淵閣四庫全書本周官新義卷八，頁六。）

大宗伯之職，掌建邦之天神、人鬼、地示之禮，以佐王建保邦國。

【佚文】（三〇〇）「大宗伯之禮，或以神、鬼、示爲序，或以鬼、神、示爲序，或以神、示、鬼爲序。以神、鬼、示爲序，定上下也；以鬼、神、示爲序，辨内外也；以神、示、鬼爲序，明尊卑也[三]。定上下然後辨内外，辨内外然後明尊卑，禮之序也。」（文淵閣四庫全書本周官新義卷八，頁八。）

以吉禮事邦國之鬼、神、示：以禋祀祀昊天上帝，以實柴祀日月星辰，以槱燎祀司中、司命、飌師、雨師，以血祭祭社稷、五祀、五嶽，以貍沈祭山林、川澤，以疈辜祭四方百物，以肆獻祼享先

---

[一]「然」，墨海本、經苑本並無。

[二]「豫」，墨海本、經苑本並作「預」。

[三]「以神鬼示爲序定」以下，欽定義疏卷十八，頁二一—三王氏安石曰。

王，以饋食享先王，以祠春享先王，以禴夏享先王，以嘗秋享先王，以烝冬享先王。

【佚文】（三〇一）「謂之建邦之天神、人鬼、地示之禮，則禮當自王出故也[一]；謂之事邦國之鬼、神、示，則其所事，非特王國而已[二]。禋者，意之精也，無事於氣矣；血者，物之幽也，無事於形矣。實柴槱燎，用氣而已；貍沈疈辜，則用形焉[三]；氣親上，形親下，則各從其類也[四]。柴而實牲，然後槱燎，天祀之所同也；或言實柴，或言槱燎，則相備而已[五]。相備而言實柴於上，言槱燎於下，以先後爲尊卑也。山林之受物也，以貍；川澤之受物也，以沈；以貍沈祭焉，則各以其物宜也。四方異體，肆而不全；百物異用，制而不變；以疈辜祭焉，則亦各以其物宜也[六]。天祀用物氣而貴精，地祭用物形而貴幽，鬼享用人義而貴時[七]。羞其肆而酌獻焉，

---

[一] 首以下：集説卷四，頁十二王氏曰；註疏删翼卷十二，頁一王氏曰，並無「故」字。

[二] 首以下：詳解卷十七，頁二述，「其」上無「則」字；訂義卷二九，頁三王氏曰：「謂之建，則禮當自王出。謂之事，則非特王國而已。」文有删省。

[三] 「焉」，墨海本無。

[四] 「則」，墨海本、經苑本並無。

[五] 「柴而實」以下，訂義卷二九，頁四王氏曰，「則」字無。

[六] 「山林之受」以下，詳解卷十七，頁四述略同。

[七] 「天祀用物」以下，詳解卷十七，頁四述。

則以祼享先王，其祼也，猶事生之有饗也；羞其熟而饋食焉，則以食享先王，其食也，猶事生之有食也〔一〕。饗以陽爲主，故禘以夏；食以陰爲主，故祫以冬〔二〕。春物生，未有以享也，其享也，以詞爲主，故春曰祠；夏則陽盛矣，其享也，以樂爲主，故夏曰禴；秋物成，可嘗矣，其享也，嘗而已，故秋曰嘗；冬則物衆，其享也，烝衆物焉，故冬曰烝〔三〕。冬辨於物之時，而以冬祫者，惟辨於物，然後與其合故也。郊血、郊特牲，則天祀非無血，非不用形；王賓殺禋，蕭合黍稷，臭陽達於墻屋，則鬼享非無禋，非不用氣，然則祀也、祭也、享也，各有所主而已。祀有昊天，而無五帝；有司中、司命，而無司民、司禄；祭有社稷，而無大示；有五嶽，而無四瀆；有山林川澤，而無丘陵、墳衍，享有先王，而無先公，與大烝之所祭者，則祀典所秩，於此不可勝言也；上下比義，從可知而已〔四〕。」（文淵閣四庫全書本周官新義卷八，頁八—十。）

【評】（一〇九）清王太岳曰：「以禋祀祀昊天上帝，義：『禋者，意之精也，無事于氣矣。』

〔一〕「羞其肆」以下，訂義卷二九，頁七載周禮全解引王安石以謂，「饗也」作「享」。

〔二〕「羞其肆」以下，詳解卷十七，頁五述，第二「事生」作「生事」。

〔三〕「春物生」以下：詳解卷十七，頁五述，幾全同；集説卷四，頁十七王介甫曰，「詞」作「熟」；註疏刪翼卷十二，頁十八臨川王氏曰，「以詞爲主」作「主以詞達誠」，「秋物」下有「初」字，「可嘗矣」作「薦新曰嘗」，「其享也嘗」以下共廿五字作「冬物大備合衆物以享曰烝」；欽定義疏卷十八，頁十三王氏安石曰，殆據刪翼，約爲四句十九字。

〔四〕「而已」，墨海本作「矣」。又「郊血」以下，欽定義疏卷十八，頁十四—十五王氏安石曰，多更易成文。

案：鄭注：『禋之言煙，周人尚臭；煙，氣之臭聞者。』疏云：『尚書洛誥「予以秬鬯二卣，明禋」，注云：「禋，芬芳之祭。」又周語云：「精意以享謂之禋。」』則精意仍藉煙氣之芬芳以達，今云『意之精者，無事于氣』，似不如注、疏之周密。」（四庫全書考證卷八，頁四三。）

【佚文】（三〇二）「禋者，意之精也，意先於氣；血者，氣之盛也，氣先於形。實柴槱燎，用氣而已；貍沈疈辜，則用形焉；氣親上，形親下，則各從其類也。」（欽定義疏卷十八，頁十一王氏安石曰。）

【評】（一〇九之一）宋王十朋曰：「此即王氏之説，雖本於月令，然乃宮中之小祀，豈可與社稷五嶽同科。左氏傳載魏獻子問於蔡墨，以爲社稷五祀誰氏之五官。其説甚明。」（周禮詳説，載訂義卷二九，頁六。）

【評】（一一〇）宋鄭鍔曰：「廟祭之序，始者，王以玉瓚酌鬱鬯獻尸，是爲祼獻。既祼於是迎牲而殺，乃行朝踐之事。朝踐禮畢，乃行饋獻之事。則薦以今世之食，以其序推之，則肆，饋獻也，獻，朝踐也，祼，始祼也。謂之肆者，詩曰『或剥或亨，或肆或將』。剥者，解牲體；肆者，解而陳之俎也。始而祼，以求之中而薦腥，則以神事焉。終而薦熟，則以人養焉。此經乃以肆獻祼爲序，何耶？余攷鄭康成之説云：『於祫逆言之者，與下共文，明六享俱然。祫言肆獻祼，禘言饋食，著有黍稷，互相備。』王安石以謂：『……』然祫以合食爲主，未嘗無食;禘以審禘昭穆爲主,未嘗不祼。祼主於敬,食主於愛,二者亦互見。祠春、禴夏、嘗秋、烝冬之享,時祭之名也。禮不豐不殺,所以稱時。有以少爲貴者,有以多爲貴者,春夏以蒐苗,而奉祭祀時物,方生可獻者寡,故春以詞爲主,夏以樂爲主而已。尚詞者,爲物不足以言詞道意也。尚樂者,陽氣浸盛,樂由陽來也:此所謂以少爲貴也。秋冬以獮狩,而奉祭祀百物,既登可獻者衆,故秋以薦新爲主,冬以備物爲主焉。嘗者,物初成始可嘗,於是而薦新也;烝者,物畢皆可烝,於是而備物也:此以多爲貴者也。」(周禮全解,載訂義卷二九,頁七—八。)

以凶禮哀邦國之憂:以喪禮哀死亡,以荒禮哀凶札,以弔禮哀禍烖,以禬禮哀圍敗,以恤禮哀寇亂。

【佚文】(三〇三)「喪禮、荒禮,以彼喪荒,哀之也;弔禮、禬禮、恤禮,以我弔禬恤,哀之也[一]。哭亡謂之喪,死亡斯哭之矣;又亡而草生之謂之荒[二],凶札斯荒矣。禮記曰『反而亡

[一] 首以下:詳解卷十七,頁六述;訂義卷二九,頁十王氏曰,「荒禮」作「凶禮」,無「恤禮」二字。
[二] 「又」,鈔本、詳解(詳下註)並作「川」,經苑本作「人」;「草」,鈔本作「艸」。

焉』，失之矣，於是爲甚。始死也，哀其死；既葬矣，則哀其亡焉；弔以慰之，禬以補之，恤以救之[一]。寇亂則及事時，故救之；圍敗則在事後[二]，故補之而已[三]。死亡、凶札、禍烖，天事也；死亡爲重，凶札次之，禍烖爲輕。圍敗、寇亂，人事也；圍敗爲重，寇亂爲輕。此凶禮之序也[四]。」（文淵閣四庫全書本周官新義卷八，頁十。）

以賓禮親邦國：春見曰朝，夏見曰宗，秋見曰覲，冬見曰遇，時見曰會，殷見曰同，時聘曰問，殷覜曰視。

【佚文】（三〇四）「以歲譬日，則春朝時也，故春見曰朝；夏則萬物相見，於是時也，有爲之宗也者[五]，故夏見曰宗；秋非萬物相見之時，於是見焉，可謂勤矣，故秋見曰覲；冬則物辨矣，莫爲之宗，亦莫之宗，其見也，若邂逅然，故冬見曰遇；時見曰會者，將命以事，召而會之，

[一]「哭亡」以下，詳解卷十七，頁六述略同。
[二]「則」，墨海本、經苑本並無；詳解述有（詳下註）。
[三]「寇亂」以下：詳解卷十七，頁六述，「事時」作「時事」；又見欽定義疏卷十八，頁十七王氏安石曰。
[四]「死亡凶札」以下：詳解卷十七，頁六述，末句無「此」、「也」二字；又見欽定義疏十八，頁十八王氏安石曰。
[五]「也」，鈔本、墨海本、經苑本並無。

有時而然，故曰時會；殷見曰同者，王不巡狩[一]，會而見之，殷國所同[二]，故曰殷同；時聘以恩，問之而已，故時聘曰問；殷覜以事，有所察治，故殷覜曰視[三]。凡此諸禮，或大或小，或如常禮，惟其時物，故或言大，或言小，或不言大小。」（文淵閣四庫全書本周官新義卷八，頁十一。）

【評】（一一二）清王太岳曰：「秋見曰覲，冬見曰遇，義：『秋非萬物相見之時，于是見焉，可謂勤矣，故秋見曰覲。』案：鄭注云：『覲之言勤也，欲其勤王之事。』此云『非相見之時，故曰覲』，蓋從『秋』字生解，而義反疏。又：『莫爲之宗，亦莫之宗，其見也，若邂逅然，故曰遇。』案：此又因『夏見曰宗』而附會之，亦非本意。」（四庫全書考證卷八，頁四三。）

以軍禮同邦國：大師之禮，用衆也；大均之禮，恤衆也；大田之禮，簡衆也；大役之禮，任衆也；大封之禮，合衆也。

【佚文】（三〇五）「用衆，用其命；恤衆，恤其事；簡衆，簡其能；任衆，任其力；合衆，合其

---

[一]「狩」，鈔本、墨海本、經苑本、詳解述（詳下註）皆作「守」。

[二]「所」，鈔本初作「曰」，孔校改爲「所」；詳解述亦作「所」（詳下註）。

[三]首以下，詳解卷十七，頁七述略同。

志〔一〕。地有定域，民有常主，則所以合其志也〔二〕。用其命而不知恤其事，恤其事而不知簡其能，簡其能而不知任其力，任其力而不知合其志，非所以爲軍禮。軍禮以用其命爲主，以合其志爲終始〔三〕。」（文淵閣四庫全書本周官新義卷八，頁十一—十二。）

【佚文】（三〇六）「……九伐，有太師焉。地守、地政、地職，有大均焉。城池宮室之工，有大役焉。講武而田，頒國而封，有大田、大封焉。舉皆以車人之什伍行之，以伍兩卒旅之法制之，故曰軍。軍行之以禮，而後衆可用也。大師、大田、大司馬主之。大均、大役、大封，司空主之。司徒率民徒而至，其禮宗伯掌之。」（周禮説卷七，頁七王介甫曰，上承「合衆合其志」，已詳本頁註一。）

以嘉禮親萬民：以飲食之禮親宗族、兄弟，以昏冠之禮親成男女，以賓射之禮親故舊、朋友，以

---

〔一〕首以下：詳解卷十七，頁八述，於此五「衆」字下各多一「者」字；集説卷四，頁二十王介甫曰、註疏删翼卷十二，頁二四臨川王氏曰並同詳解；周禮説卷七，頁七王介甫曰（下尚有一〇五字，詳下佚文。）、三禮纂註卷三，頁九王介甫曰，五「衆」字各皆作「者」字。

〔二〕「地有」以下：訂義卷三十，頁二一王氏曰，上有「合衆者」三字，「則」字無；欽定義疏卷十八，頁二四王氏安石曰，「則」字無。

〔三〕「用其命而」以下：詳解卷十七，頁八述，「爲軍禮」下有「也」字；集説卷四，頁二十王介甫曰、註疏删翼卷十二，頁二四臨川王氏曰，並無「始」字。

饗燕之禮親四方之賓客，以脤膰之禮親兄弟之國，以賀慶之禮親異姓之國。

**【佚文】**（三〇七）「以飲食之禮親宗族兄弟者，宗族兄弟，飲食之而已，致其愛故也。四方之賓客，則有饗燕之禮焉，致其敬故也[一]。昏冠之禮親成男女者，昏以親之，冠以成之；冠以成之者，男也，而曰親成男女，則男帥女而成之也；成男也，乃亦所以成女，先昏後冠，則親之而後成之。以脤膰之禮親兄弟之國者，與之同福禄也；異姓之國，則不與同福禄矣，故以賀慶之禮親之。親宗族兄弟，然後親成男女，以尊及卑也[二]。親故舊朋友，然後親四方之賓客，以近及遠也。四方之賓客，以禮來接我者也；兄弟異姓之國，則我以禮往加焉。此嘉禮之序也[三]。」（文淵閣四庫全書本周官新義卷八，頁十二—十三。）

以九儀之命正邦國之位：壹命受職，再命受服，三命受位，四命受器，五命賜則，六命賜官，七命

---

[一]「宗族兄弟飲」以下：訂義卷三十，頁四王氏曰，無兩「故」字，「賓客」上無「之」字，「饗燕」作「燕享」，無「焉」字；集說卷四，頁二二王介甫曰，「賓客」上無「之」字，無「焉」字；註疏刪翼卷十二，頁二七臨川王氏曰，同集說。

[二]「卑」，鈔本初作「單」，孔校改爲「卑」；詳解述作「卑」（詳下註）。

[三]「親宗族」以下：詳解卷十七，頁十述，「親四方」下無「之」字；欽定義疏卷十八，頁三十—三一王氏安石曰，改易舊本數字成義。

賜國，八命作牧，九命作伯。

【佚文】（三〇八）「九儀之命，皆加命也。」（周禮全解王安石云，載訂義卷三十，頁八；詳解卷十七，頁十一述略同。）

【評】（一一二）宋鄭鍔曰：「職服器位皆曰受者，自下言之。命出於上，臣之微者，受之而已，則與官國皆曰賜。自上言之，非天子之賜，則人臣不得而有也。牧與伯皆曰作者，其權重，其勢逼，其位尊，非有人臣所不能爲之功，不可得而作也。王安石云：『九儀之命，皆加命也。』其説是矣。」（周禮全解，載訂義卷三十，頁八。）

【張補】「賜則」者，以爲縣内諸侯賜八側焉，使以治也。君子有行可之仕，有際可之仕，自四命以下言「受」，則容有辭之者矣，於其受之，然後王命成焉；自五命以上言「賜」，則崇德報功有受之而已；牧、伯言「作」，則非若國之爲物也。（鈔本周官義疏。）

以禽作六摯，以等諸臣：孤執皮帛，卿執羔，大夫執鴈，士執雉，庶人執鶩，工商執雞。

【佚文】（三〇九）「其道足以衣被人，而飾之以炳蔚之文章者，孤之事也，故孤執皮帛〔一〕；群

〔一〕首以下，詳解卷十七，頁十四述大同。

而不黨，致恭而有禮者[二]，卿之事也，故卿執羔；進不失其時，行不失其序者，大夫之事也，故大夫執鴈；交有時，别有倫，守死而不犯分，而被文以相質者[三]，士之事也，故士執雉；可畜而不散遷者，庶人之事也，故庶人執鶩；可畜而不違時者，工商之事也，故工商執雞。飾羔鴈者以繢，則卿大夫宜亦能衣被人，而有文章故也。」（文淵閣四庫全書本周官新義卷八，頁十三。）

以玉作六器，以禮天地四方：以蒼璧禮天，以黄琮禮地，以青圭禮東方，以赤璋禮南方，以白琥禮西方，以玄璜禮北方；皆有牲幣，各放其器之色。

【佚文】（三一〇）「天之色蒼，則其始事之時；地之色黄，則其終功之時。璧，辟世，萬物親地，而天爲之辟；琮，宗也，萬物祖天，而地爲之宗。以蒼璧禮天，則天以始事爲功；以黄琮禮地，則地以終功爲事。赤，陽之盛色，章，陰之成事，赤璋者，以陽之盛色物之，以陰之成事名之；玄，陽之正色，黄，陰之盛色，玄璜者，以陽之正色物之，以陰之盛色名之。南北者，陰

[二]「而」，鈔本、墨海本、經苑本並作「以」。

[三]「而被」：經苑本無「而」字，墨海本、經苑本「被」並作「披」。

陽之雜故也。青圭則象陽之生而已，白琥則象陰之殺而已，東西陰陽之純故也。以其陽之純，故成象焉〔一〕；以其陰之純，故效法焉。南，陽也，陰居其半，故半圭而已；北，陰也，陽居其半，故半璧而已。皆有牲幣，各放其器之色，則亦各從其類也〔二〕。」（文淵閣四庫全書本周官新義卷八，頁十四。）

以天產作陰德，以中禮防之；以地產作陽德，以和樂防之；以禮樂合天地之化，百物之產，以事鬼神，以諧萬民，以致百物。

【佚文】（三一一）「天產養精，故以作陰德，陰德所以行陰禮者也，以中禮防之，則使其不淫；地產養形，故以作陽德，陽德所以行陽禮者也，以和樂防之，則使其不怠；天地之化，是謂大和，百物之產，則亦天地之和而已〔三〕。中禮和樂〔四〕，所以合之，合而與天地同流，然後可以事鬼神、諧萬民、致百物。」（文淵閣四庫全書本周官新義卷八，頁十五。）

〔一〕「象」，墨海本、經苑本並作「衆」。
〔二〕「其」，墨海本作「共」。
〔三〕「和」，鈔本、孔校於字旁注「委」字。
〔四〕「和樂」，鈔本作「樂和」。

凡祀大神，享大鬼，祭大示，帥執事而卜日，宿眡滌濯，涖玉鬯，省牲鑊，奉玉齍，詔大號，治其大禮，詔相王之大禮。若王不與祭祀，則攝位。凡大祭祀，王后不與，則攝而薦豆籩，徹；大賓客，則攝而載果。

【佚文】（三一二）「大賓客攝而載果者，亦王后不與而攝也。」（文淵閣四庫全書本周官新義卷八，頁十五。）

【佚文】（三一三）「攝而載果者，亦謂王后不預而攝其事。載果，裸鬯載於圭瓚。」（集説卷四，頁三八王介甫曰；註疏删翼卷十二，頁四八臨川王氏曰；詳解卷十七，頁十九述，幾全同。）

【佚文】（三一四）「注以攝裸爲代王，非也；亦謂王后不與而攝其事。」（欽定義疏卷十八，頁四九王氏安石曰。）

朝覲會同，則爲上相；大喪，亦如之；王哭諸侯，亦如之。王命諸侯，則儐。國有大故，則旅上帝及四望。

【佚文】（三一五）「相，相王；儐，儐諸侯。」（文淵閣四庫全書本周官新義卷八，頁十五。）〔一〕

王大封，則先告后土，乃頒祀於邦國、都家、鄉邑。

【佚文】（三一六）「王大封，則先告后土，乃頒祀於都家〔二〕、鄉邑者，建邦國而封之，所謂大封，其頒祀則及其都家與其鄉邑。蓋諸侯之卿〔三〕，與其子弟所食采，亦謂之都，書所謂『簡恤爾都』，左氏傳所謂『邑有先君之主曰都』，是也。言告后土，則告於社可知，后土配食於社者也。不告稷，則大封土事，稷無豫焉〔四〕。禮之道，施報而已，以吉禮事邦國之鬼、神、示，則施報之大者；以凶禮哀邦國之憂，則施報之急者；能務施報，以主天下之平，則能賓諸侯、一天下；有不帥也，軍禮於是乎用矣；無敢不帥〔五〕，然後人得各保其常居，而嘉禮行焉。此五禮

〔一〕全段：詳解卷十七，頁十九述，旨同；訂義卷三一，頁十一王氏曰，「相」、「相」之間及「儐」、「儐」之間，並各有「者」字，兩「儐」字並作「擯」。

〔二〕「於」下，墨海本、經苑本並有「邦國」二字。

〔三〕「卿」，經苑本作「鄉」。

〔四〕「豫」，墨海本、經苑本並作「與」。

〔五〕「帥」，鈔本初作「師」，孔校改爲「帥」。

之序也。禮之行，有以賢治不肖，有以貴治賤[二]，正之以九儀，則尚賢以治不肖，貴貴以治賤也；等之以六瑞，則又各使之上同；等之以六摯，則又各使之自致；人各上同而自致，則禮出於一，而上下治。外作器，以通神明之德；内作德，以正性命之情[三]；禮之道，於是爲至；禮至矣，則樂生焉，以禮樂合天地之化、百物之産，則宗伯之事，於是爲至。夫然後可以相王之大禮，而攝其事；贊王之大事，而頒其政。」（文淵閣四庫全書本周官新義卷八，頁十六—十七。）

小宗伯之職，掌建國之神位，右社稷，左宗廟。兆五帝於四郊，四望、四類亦如之。兆山川、丘陵、墳衍，各因其方。掌五禮之禁令與其用等。辨廟祧之昭穆，辨吉凶之五服，車旗宫室之禁。掌三族之别，以辨親疏，其正室皆謂之門子，掌其政令。毛六牲，辨其名物，而頒之於五官，使共奉之。辨六齍之名物與其用，使六宫之人共奉之。辨六彝之名物，以待果將；辨六尊之名物，以待祭祀、賓客。掌衣服、車旗、宫室之賞賜。掌四時祭祀之序事與其禮。若國大貞，則奉玉帛以詔號；大祭祀，省牲，眂滌濯；祭之日，逆齍，省鑊，告時於王，告備於王。凡祭祀、賓客，以時

[二]「以」，鈔本無。
[三]「情」，墨海本、經苑本並作「精」。

將瓚果。詔相祭祀之小禮，凡大禮，佐大宗伯。賜卿大夫士爵，則儐。小祭祀，掌事如大宗伯之禮；大賓客，受其將幣之齎。若大師，則帥有司而立軍社，奉主車。若軍將有事，則與祭有司將事於四望。若大甸，則帥有司而饁獸於郊，遂頒禽。大烖，及執事禱祠於上下神示。王崩，大肆，以秬鬯渳；及執事涖大斂小斂，帥異族而佐；縣衰冠之式于路門之外，及執事眡葬獻器，遂哭之；卜葬兆，甫竁，亦如之；既葬，詔相喪葬之禮；成葬而祭墓，爲位。凡王之會同軍旅、甸役之禱祠，肄儀，爲位。國有禍烖，則亦如之。凡天地之大烖，類社稷宗廟，則爲位。凡國之大禮，佐大宗伯；凡小禮，掌事如大宗伯之儀。

【佚文】（三一七）「右，陰也，地道之所尊，故右社稷；左，陽也，人道之所鄉，故左宗廟；位宗廟於人道之所鄉，則不死其親之意[一]。兆五帝於四郊，尊之也；兆山川、丘陵、墳衍，各因其方，賓之也。以尊而遠之也，知宗廟之爲親；以賓而外之也，知社稷之爲主。各於其郊，各因其方，則猶鬼、神、示之居以方類也。辨廟祧之昭穆者，昭以察下爲義，穆以敬上爲義。正室謂之門子者，以其當室，故謂之正室；以其當門，故謂之門子。毛六牲，辨其名物，而頒之

〔一〕首以下：詳解卷十八，頁一述略同。又見集説卷四，頁三七王介甫曰；註疏删翼卷十二，頁五一—五二介甫王氏曰；欽定義疏卷十九，頁一王氏安石曰。

於五官，使共奉之者，六牲，天産故也。辨六齍之名物，使六宫之人共奉之者，六齍，地産故也。辨六彝之名物以待祼將，辨六尊之名物以待祭祀、賓客者，尊彝皆以待祭祀、賓客。於彝言祼將，於尊言祭祀賓客，相備而已〔一〕；言彝祼將，則尊酌獻可知也〔二〕。尊酌以獻，居其所而爵者從之，故謂之尊；彝酌以祼，求諸陰而已，陰有常而無變，故謂之彝。鬯人先尊後彝，彝卑而尊尊故也；今此先彝者，以言其用，用則先彝矣。若國大貞，則奉玉帛以詔號者，大貞，卜大事而貞之，貞與書所謂『我二人共貞』同義。饁獸於郊者，還舍於郊，以獸饁田衆也；言獸，則饁衆宜用大焉。小宗伯之職，始於建社稷宗廟諸神之祀，節莫差於僭，僭莫重於祀，故以季氏而旅於泰山〔三〕，孔子病之，掌五禮之禁令，與其用等，則以防僭故也。用等之不同，有尊卑焉，於是乎辨廟祧之昭穆；有貴賤焉，於是乎辨五服、車旗、宫室之禁；有親疏焉，於是乎掌三族之别，以辨親疏、尊卑、貴賤。親疏分守以明，然後人得保其祭祀；祭祀有宗，所謂門子是也，於是乎掌門子之政令；門子以族得民者也，得其門子，斯得其民矣；得其民，然後

〔一〕「而已」，墨海本、經苑本並作「也」。

〔二〕「尊彝」以下：集説卷四，頁四九王介甫曰，「相」作「之」；周禮全經釋原卷六，頁六二王氏曰，「待」作「用」，「言祼將」作「言果將」；又見註疏删翼卷十二，頁七二王介甫曰。

〔三〕「季氏」下，鈔本、孔校增五字，詳下佚文。

王之禮有與共其物，奉其事，於是乎辨牲盛尊彝之名物，以待祭祀、賓客；上有以共其物、奉其事，則下亦宜有焉，於是乎掌衣服、車旗、宮室之賞賜，上下皆有以共其物、奉其事，則以時秩其事〔一〕、用其禮而已，於是掌四時祭祀之序事與其禮〔二〕；用其禮，則亦有序事矣，既建社稷宗廟諸神之祀，於是乎詔號；既辨六牲之名物，於是乎省牲；既辨六盛之名物，於是乎逆盛；若夫滌濯省鑊、告時告備，則各附其事時言之而已；既辨六尊六彝之名物〔三〕，於是乎將瓚果〔四〕；若夫爵之事，則有宰尸之，故不列於此；既掌四時祭祀之序事與其禮，於是乎詔相大祭祀之小禮；凡大事佐大宗伯，小祭祀掌事如大宗伯之禮；既掌衣服、車旗、宮室之賞賜，於是乎王爵卿大夫則儐，儐列於小祭祀掌事之上，則小祭祀之禮卑於爵卿大夫故也；既待賓客以六彝，以時將瓚果；於是乎受大賓客，將幣之齎；禮之道，務施報而已，受將幣之齎，則邦國享王，而施報之禮成矣；大師大甸大裁之禮，則以待變事而已；大肆斂葬喪祭之禮，則

〔一〕「其」，鈔本原無，孔校增之。
〔二〕「是」下，鈔本、墨海本、經苑本皆有「乎」字。
〔三〕「六尊」，墨海本、經苑本並無。
〔四〕「果」，墨海本、經苑本作「祼」。下文「以時將瓚果」同。

以待終事而已；夫禮以事天地鬼神，建保邦國，防害弭災爲終始〔二〕，故以禱祠及類肆儀爲位終焉。又曰『凡國之大禮，佐大宗伯；小事，掌禮如大宗伯之儀』〔三〕，則事多故矣、禮多儀矣；惟其時物也，小宗伯之禮事，不盡於上所言，故凡以該之。」（文淵閣四庫全書本周官新義卷八，頁十八—二一。）

**【佚文】**（三一八）「……之爲不善也。」（鈔本，上承「季氏」，見頁三〇五註三。）

〔二〕「害弭災」：「害」，鈔本作「患」；「害」、「災」：墨海本作「患」、「災」，經苑本作「患」、「災」。

〔三〕「小事掌禮」，墨海本、經苑本、詳解卷十八，頁八述皆作「小禮掌事」。

# 周禮新義　卷九　春官宗伯二

肆師之職，掌立國祀之禮，以佐大宗伯。立大祀用玉帛牲牷，立次祀用牲幣，立小祀用牲。以歲時序其祭祀，及其祈珥。

【佚文】（三一九）「祈〔一〕，大祝所謂『六祈』〔二〕；珥，若小子所謂『珥于社稷』。」（文淵閣四庫全書本周官新義卷九，頁一〇）〔三〕

大祭祀，展犧牲，繫于牢，頒于職人。凡祭祀之卜日，宿爲期，詔相其禮；眡滌濯，亦如之。祭之日，表齍盛，告絜；展器陳，告備；及果，築鬻，相治小禮，誅其慢怠者。

【佚文】（三二〇）「職人者，謂職其事之人；展器陳者，器及陳皆展之。小宗伯告備于王，則

---

〔一〕「祈」下，經苑本有「若」字，詳解述亦有「若」字（詳下註）。

〔二〕首以下：集説卷四，頁五五王介甫曰：「大祝」作「太祈」，句末有「也」字；註疏删翼卷十二，頁八一介甫王氏曰，末有「也」字。

〔三〕全段，詳解卷十八，頁九述旨同。

肆師告備于小宗伯矣[一]。禮有告具，有告備；具則有所不備焉，備則非特具而已[二]。」（文淵閣四庫全書本周官新義卷九，頁一。）

掌兆中、廟中之禁令。凡祭祀禮成，則告事畢；大賓客，涖筵几，築鬻，贊果將；大朝覲，佐儐，共設匪罋之禮；饗食，授祭，與祝侯禳于畺及郊。

**【佚文】**（三二一）「事畢于禮成，故禮成則告事畢[三]。授祭，授賓祭也；蓋王祭則膳夫授之，侯以候之，禳以卻之，于畺，及郊，則遠或至畺，近止于郊。」（文淵閣四庫全書本周官新義卷九，頁二。）

大喪，大渳以鬯，則築鬻，令外內命婦序哭；禁外內命男女之衰不中灋者，且授之杖。凡師甸，用牲于社宗，則爲位；類、造上帝，封于大神，祭兵于山川，亦如之。

---

[一] 「小宗伯告」以下，欽定義疏卷十九，頁三二王氏安石曰，「矣」作「也」。

[二] 「展器陳」以下：詳解卷十八，頁十述，幾全同；訂義卷三三，頁四王氏曰，「者」下有「則」字，「小宗伯告」以下共十七字無，「具則」作「其」，「焉」作「者」。

[三] 首以下，詳解卷十八，頁十述；訂義卷三三，頁四王氏曰。

【佚文】(三二二)「鄭氏謂『社，軍社；宗，遷主』。遷可以謂之祖，亦可以謂之宗；謂之宗，則以其繼太祖故也。類、造蓋皆祭名〔一〕。封于大神，則巡守方岳，因高封之。柴，祭天也。祭兵于山川〔二〕，若武成『告所過名山大川』〔三〕。類、造，在行始；封及祭兵，在行後，此其言之序。」(文淵閣四庫全書本周官新義卷九，頁二一。)

凡師不功，則助牽主車。

【佚文】(三二三)「師以民用命有功，以神依之爲助；不功，則掌邦政與立國祀者任其事，故大司馬奉主車，肆師助牽焉〔四〕。」(文淵閣四庫全書本周官新義卷九，頁二二。)〔五〕

凡四時之大甸獵，祭表貉，則爲位。嘗之日，涖卜來歲之芟；獮之日，涖卜來歲之戒；社之日，

---

〔一〕「類造」句：詳解卷十八，頁十二述；集説卷四，頁五七王介甫曰；註疏删翼卷十二，頁八五介甫王氏曰，皆無「蓋」字。

〔二〕「兵」，墨海本無。

〔三〕「祭兵于」以下：訂義卷三三，頁七王氏曰；集説卷四，頁五八王介甫曰；註疏删翼卷十二，頁八五臨川王氏曰。

〔四〕「焉」，原作「馬」，據墨海本、經苑本改。

〔五〕全段，詳解卷十八，頁十二述略同。

涖卜來歲之稼。若國有大故，則令國人祭；歲時之祭祀，亦如之。凡卿大夫之喪，相其禮。凡國之大事，治其禮儀，以佐宗伯；凡國之小事，治其禮儀，而掌其事，如宗伯之禮。

【張補】貉，師祭，蓋表而祭之，故謂之祭表貉。嘗，嘗穀之祭，芟以作田，故于嘗卜之；獮教治兵，戒兵事，故于獮卜之；社祭土，示稼、土事，故于社卜之。芟除害，戒防患，稼興利，此其言之序。（鈔本周官義疏。）

【佚文】（三二四）「國人遭故〔一〕，及歲時祭祀〔二〕，皆待上令，則其祀事節矣。」（文淵閣四庫全書本周官新義卷九，頁三。）

鬱人，掌祼器。凡祭祀、賓客之祼事，和鬱鬯，以實彝而陳之。凡祼玉，濯之陳之，以贊祼事。詔祼將之儀與其節。凡祼事沃盥，大喪之湖，共其肆器；及葬，共其祼器，遂貍之。大祭祀，與量人受舉斝之卒爵而飲之。

【佚文】（三二五）「與量人受舉斝之卒爵而飲之者，舉斝，禮記所謂『舉斝角，詔妥尸』也；卒

〔一〕「人」，墨海本、經苑本並作「之」。

〔二〕「及」，墨海本、經苑本並作「其」。

爵，若儀禮所謂『皇尸卒爵』也；斝，先王之爵，唯王禮用焉〔一〕。于舉斝也，量人與鬱人受其卒爵而飲之也，受舉斝之卒爵而飲之，明與之同其事，則與之同其福〔二〕；必與量人者，鬱人贊裸，量人制從獻之脯燔故也。」（文淵閣四庫全書本周官新義卷九，頁三。）

鬯人，掌共秬鬯而飾之。凡祭祀、社壝，用大罍；禜門，用瓢齎；廟，用脩；凡山川四方，用蜃。凡裸事，用概；凡疈事，用散。大喪之大渳設斗，共其釁鬯。凡王之齊事，共其秬鬯；凡王弔臨，共介鬯。

【佚文】（三二六）「雩禜所以除害，門所以禦暴；除害禦暴皆所以養人。甘瓢則有養人之美道，以之爲瓢，又中虛爲善容，亦有門之象。易以艮爲門闕，八音以艮爲瓢爵之意。」（周禮全解王安石云，載訂義卷三三，頁十三；詳解卷十八，頁十五述，略同。）

【評】（一一三）宋鄭鍔曰：「王安石云：『……』無乃穿鑿之甚！觀祭天用瓦秦瓦甒，又用瓢爵，記禮言器用陶瓢，以象天地之性，物莫足以稱天地之德，故貴全素而用陶匏，此所謂

〔一〕「卒爵」以下，訂義卷三三，頁十一王氏曰，「也」上有「是」字，「斝」下有「者」字，又「斝先」以下文在「卒爵」之上。

〔二〕首以下：詳解卷十八，頁十四述大同。又「明與」以下，訂義卷三三，頁十二王氏曰，「則」作「必」，「福」下有「也」字。

大罍則瓦甒之類，用瓢齎則瓠之類：皆質而已。」（周禮全解，載訂義卷三三，頁十三—十四。）

【佚文】（三二七）脩，飾也。（周禮全解王安石「以」，載訂義卷三三，頁十四；詳解卷十八，頁十五—十六述。）

【評】（一一四）宋鄭鍔曰：「攷宗廟之中尊，盛五齊三酒，不盛秬鬯。凡此所言祼器，非廟中之彝，改字爲卣，非也。王安石以脩爲飾之義，是。」（周禮全解，載訂義卷三三，頁十四。）

【佚文】（三二八）「大喪之大㴩設斗，共其釁鬯者，設斗爲㴩也；共其釁鬯，則既以鬯㴩，又以釁[二]。」（文淵閣四庫全書本周官新義卷九，頁四。）

雞人，掌共雞牲，辨其物。大祭祀，夜嘑旦以嘂百官。凡國之大賓客、會同、軍旅、喪紀，亦如之。凡國事爲期，則告之時。凡祭祀，面禳釁，共其雞牲。

【佚文】（三二九）「辨其物，鄭氏謂『陽祀用騂，陰祀用黝』。夜嘑旦以嘂百官，鄭氏謂『警使

[二]「共其釁鬯則」以下，訂義卷三三，頁十五王氏曰，無「則」字。

夙興』。」（文淵閣四庫全書本周官新義卷九，頁四。）〔二〕

【佚文】（三三〇）「雞於十二辰屬酉，於二十八宿屬昴，而反列於春官，蓋雞之爲物，向陰伏，向陽鳴，主於司晨。日之晨猶歲之春，則雞東方之畜。」（周禮全解王安石「謂」，載訂義卷三三，頁十六。；詳解卷十八，頁十六述，幾全同。）

【評】（一一五）宋鄭鍔曰：「王安石謂：『……』余以易之八卦觀之，巽爲雞，巽，東南也。五行東方之木爲皃，皃不恭是謂不肅，厥咎狂，時則有雞禍。蓋雞有冠距，文武之皃，故不爲威儀皃。氣毀則木不曲直，雞禍應之。此雞爲東方之畜，列於春官。」（周禮全解，載訂義卷三三，頁十六。）

司尊彝，掌六尊、六彝之位，詔其酌，辨其用與其實。春祠、夏禴，祼用雞彝、鳥彝，皆有舟，其朝踐用兩獻尊，其再獻用兩象尊，皆有罍，諸臣之所昨也；秋嘗、冬烝，祼用斝彝、黄彝，皆有舟，其朝獻用兩著尊，其饋獻用兩壺尊，皆有罍，諸臣之所昨也。凡四時之間祀、追享、朝享，祼用虎彝、蜼彝，皆有舟，其朝踐用兩大尊，其再獻用兩山尊，皆有罍，諸臣之所昨也。

〔二〕　全段，詳解卷十八，頁十七述略同。

【佚文】（三三一）「朝踐者，籩人、醢人所謂『朝事』也。踐，踐籩豆，詩所謂『籩豆有踐』是也。再獻者，籩人、醢人所謂『饋食』也。以朝事爲初獻，則饋食爲再獻矣。朝獻，即朝踐也，以籩豆言之則曰踐，以爵言之則曰獻，相備也。饋獻，即再獻也，以序言之則曰再，以物言之則曰饋，亦相備而已〔二〕。間祀、追享、朝享，禘祫也。禘祫，非四時常祀也，故謂之間祀；禘及祖所自出，故謂之追享；祫自喪除朝廟始，故謂之朝享；彝皆有舟，尊皆有罍，爲酒戒也。罍爲雲靁之象焉，故謂之罍；舟所受過量則沉溺〔三〕，靁能作陽氣以澤物，然作而不節，更以害之。」（文淵閣四庫全書本周官新義卷九，頁五。）

【評】（一一六）清王太岳曰：「義：『朝獻，即朝踐也，以籩豆言之則曰踐，以爵言之則曰獻，相備也。』案：鄭注云：『變朝踐爲朝獻者，尊相因也。』王義似較注説爲直截。」（四庫全書考證卷八，頁四四。）

凡六彝、六尊之酌，鬱齊獻酌，醴齊縮酌，盎齊涚酌，凡酒脩酌。大喪，存奠彝；大旅，亦如之。

---

〔二〕首以下：訂義卷三四，頁三王氏曰，「朝事也」作「朝事」，「有踐是也」作「有踐」，「饋食也」作「饋食」，「再獻矣」作「再獻」，「朝踐也」作「朝踐」；欽定義疏卷二十，頁十五王氏安石曰，多所删易。

〔三〕「彝皆有舟」以下：詳解卷十八，頁二十述，「戒也」上同，其下略同。

【佚文】（三三二）「縮酌，以茅縮而後酌也；涚酌，以酒涚而後酌也；鬱齊，不縮也，獻之而已，故曰獻酌；醴齊，不涚也，縮之而已〔二〕，故曰縮酌；盎齊，不脩也，涚之而已，故曰涚酌。」（文淵閣四庫全書本周官新義卷九，頁五。）〔三〕

【評】（一一七）明王志長曰：「愚按：酒以濁爲尊，貴其初也，故鬱齊不縮，醴齊不涚，盎齊涕以清酒。凡酒以水，則愈清而愈遠於初矣。金陵王氏數語，絶可味。鄭氏註『獻酌』，太鑿，此漢儒之陋。」（註疏刪翼卷十二，頁一一五。）

司几筵，掌五几五席之名物，辨其用與其位。凡大朝覲、大饗射，凡封國命諸侯，王位設黼依，依前南鄉，設莞筵紛純，加繅席畫純，加次席黼純，左右玉几。祀先王、昨席，亦如之。諸侯祭祀席，蒲筵繢純，加莞席紛純，右彫几；昨席，莞筵紛純，加繅席畫純。筵國賓于牖前，亦如之，左彤几；甸役，則設熊席，右漆几。凡喪事，設葦席，右素几；其柏席用萑，黼純。諸侯則紛純，每敦一几。凡吉事，變几；凶事，仍几。

〔二〕「鬱齊」以下：欽定義疏卷二十，頁二二王氏安石曰，略加刪省。

〔三〕全段：集説卷四，頁七二—七三王介甫曰，「茅縮」、「酒涚」各下有「之」字，「故曰獻酌」、「故曰縮酌」、「不脩也」、「故曰涚酌」十五字無，「涚」之上有「則」字；註疏刪翼卷十二，頁一一五介甫王氏曰，同集説。

【佚文】（三三三）「莞筵紛純，皆成以全體，道之質也；繅席，則加藻飾焉，而畫純，則雜衆色以章之〔一〕，德之文也；次席，則以次列成文，黼純，則以斷割爲義，事之制也。左右玉几，則左右所馮皆德焉，王德備此，故大朝覲〔二〕、饗射、封國命諸侯，祀先王受酢，壹用此而已〔三〕。蒲筵，則以柔從爲體；繢純，則采物有所受之。以柔從爲體，則雖貴而不矯；采物有所受之，則雖富而不溢，此諸侯所以保其國，而爲祭主也〔四〕。加莞席紛純，則致道之質焉，所以祀也；莞席紛純，加繅度畫純，則致道之質，以成祀事。成德之文，以受酢福，致道之質，則信由中出〔五〕。成德之文，則禮自外作〔六〕，故筵國賓于牖前，亦如之也〔七〕。夫承賓事之大，則猶承神也，故大饗之禮，唯不入牲，他皆如祭祀；而大賓客不見凶服，刑人則亦如祭祀焉，用其至故也。然祭祀及昨異席，則其致道也，僅成祀而已；無黼依，無次席黼純，則離於事，然後能致道，非

〔一〕「衆」，墨海本、經苑本並作「種」。詳解述同文淵本（詳下註）。
〔二〕「大」，經苑本作「夫」，詳解述作「大」（詳下註）。
〔三〕首以下，詳解卷十九，頁一—二述略同，「王德」作「玉德」。
〔四〕「蒲筵」以下，詳解卷十九，頁二述略同。
〔五〕「成德」以下共十七字：經苑本無，詳解述有此十七字（詳下註）。
〔六〕「文則禮」三字：經苑本無，詳解述有此三字（詳下註）。
〔七〕「莞席紛純加」以下，詳解卷十九，頁二述，幾全同。

王德矣。夫繢純，繢而後純，則以諸侯采物有所受之；畫純，純而後畫，而諸侯昨席用焉；則諸侯雖以謹席爲孝〔一〕，亦制節故也。右彫几，則以義爲主，彫，刻制之文，所以成義，義，陰也，故右几。左彤几，則以禮爲主，彤，文明之物，所以合禮，禮〔二〕，陽也，故左几。筵國賓不設几，則几尊者所憑，嫌以尊加焉；祭祀，則不嫌故也。甸役設熊席，則用毅以蒞衆也；右漆几，則漆貞固之物，貞固所以幹事，幹事，知也，知，陰也，故右几〔三〕。」（文淵閣四庫全書本周官新義卷九，頁六—七。）

【佚文】（三三四）諸侯左彤几，爲祭祀之時下筵，國賓則不設几。（周禮詳説王氏「以」，載訂義卷三四，頁十二；詳解卷十九，頁二述同。）

【評】（一一八）宋王十朋曰：「王氏以『……』。曾不知鬼神之几居右，人道之几居左。如以左彤几以待鬼神，則上文之諸侯祭祀右彤几；如以左彤几爲諸神之所句憑，而用於祭祀之間，是非所以禮鬼神。然則彤几用之於筵賓者，正所以待賓也。」（周禮詳説，載訂義卷三四，頁十二。）

〔一〕「席」，經苑本作「度」。
〔二〕鈔本初無下一「禮」字，孔校增疊之。
〔三〕「右漆几」以下，詳解卷十九，頁三述大同。

天府，掌祖廟之守藏與其禁令。凡國之玉鎮、大寶器藏焉。若有大祭、大喪，則出而陳之；既事藏之。凡官府鄉州及都鄙之治中，受而藏之，以詔王察群吏之治。上春，釁寶鎮及寶器。凡吉凶之事，祖廟之中，沃盥執燭。季冬，陳玉，以貞來歲之媺惡。若遷寶，則奉之。若祭天之司民司禄，而獻民數、穀數，則受而藏之。

【張補】大寶鎮、寶器，非以道勝淫不能伐而俘之，非以德服天下不能受其獻也。故爲之先者，以能傳其所寶爲榮；爲之後者，以能守其所傳爲善。「若有大祭、大喪，出而陳之；既事，藏之」，則示能傳其所寶，守其所傳也。夫政刑之不明，始于不能察群吏之治，馴致大壞，則諸侯將有問鼎輕重大小如楚子者，群臣將有竊寶玉大弓如陽虎者。「詔王察群吏之治」，則以人事預防其壞亂；「上春釁寶鎮及寶器」，則以神事時禦其災害。凡此，所以守其所傳也。然守之太至，不知先王特以與民同好，則爲有累物之行，而無勝物之智。「凡吉凶之事祖廟之中沃盥執燭」則有因以警戒焉。沃盥所以爲潔，潔則無累物之行；執燭所以爲明，明則有勝物智。惟無累物之行，有勝物之智，乃能與民同患。「季冬陳玉以貞來歲之媺惡」，則與民同患也。能與民同患，則器寶有常奉，雖遷而弗失也。故于是言「若遷寶則奉之；若祭天司民、司禄，獻民數、穀數，受而藏之」，則守器之本，于是乎在矣。無民孰與生穀，無穀孰與養民，無民孰與守器？民也，穀也，天寔有司之者，則夫人之所爲，凡以奉成天之所爲而已。吾何容心哉！

然則謂之天府，可知也已。（鈔本周官義疏。）

典瑞，掌玉瑞、玉器之藏，辨其物名與其用事，設其服飾。王晉大圭，執鎮圭，繅藉五采五就，以朝日。公執桓圭，侯執信圭，伯執躬圭，繅皆三采三就；子執穀璧，男執蒲璧，繅皆二采再就；以朝、覲、宗、遇、會、同于王。諸侯相見亦如之。瑑圭、璋、璧、琮，繅皆二采一就，以覜聘。四圭有邸，以祀天旅上帝。兩圭有邸，以祀地旅四望。祼圭有瓚，以肆先王，以祼賓客。圭璧，以祀日月星辰。璋邸射，以祀山川，以造贈賓客。土圭，以致四時日月，封國則以土地。珍圭，以徵守，以恤凶荒。牙璋，以起軍旅，以治兵守。璧羨，以起度。駔圭、璋、璧、琮、琥、璜之渠眉，疏璧琮以斂尸。穀圭，以和難，以聘女。琬圭，以治德，以結好。琰圭，以易行，以除慝。大祭祀、大旅，凡賓客之事，共其玉器而奉之。大喪，共飯玉、含玉、贈玉。凡玉器出，則共奉之。

**【佚文】**（三三五）「故書珍爲鎮，當從故書以鎮爲正。王晉大圭，執鎮圭[一]，繅藉五采五就，以朝日者，圭之所象，道之用也；大圭杼上，終葵首，則其用也，即其體而已，此其所以爲大

[一]　此春官典瑞經文「珍圭以徵守」云云，詳解卷十九，頁九曰：「玉人曰：『鎮圭尺有二寸，天子守之。』鎮圭，玉瑞也，其體足以鎮四方。……」是昭禹從新義以「珍」當作「鎮」。四庫全書考證卷八，頁四四曰：「晉大圭，執鎮圭，義：『故書珍爲鎮，當從故書以鎮爲正。』案：鄭注：『故書鎮作瑱，瑱讀爲鎮。』此云『珍爲鎮』，與今注本不同，或別有所據。今仍原本。」

也，故王晉之；晉之，服之也；鎮圭，則四方鎮焉，萬物養焉，仁而已，故王執之；繅藉，則內玉之貞剛，而以柔順藉焉，五采，則備德之文；五就，則成德之事；以朝日，則王之朝日，猶諸侯之相見也。諸侯相見，以朝、覲、宗、遇、會、同於王之器，則王之朝日，以祀天旅上帝之器宜矣；言以朝日，則以祀天旅上帝可知也〔一〕。公執桓圭，則以仁爲體，彊直有以立，上承而不下芘之〔二〕，德歸之上；其立也，不孤焉，公之所執也。侯執信圭，則以仁爲體，尊而不詘；伯執躬圭，則以仁爲體，卑而不信；繅皆三采三就，則德之殺也。子執穀璧，則以善養人而已；男執蒲璧，則以順安人而已；繅皆二采再就，則德之殺也。以朝、覲、宗、遇、會、同于王，而諸侯相見亦如之，則君子自敵以上，皆用其至焉。瑑圭、璋、璧、琮，繅皆二采一就，以頫聘者，圭、璋、璧、琮皆瑑焉，則異於禮神之物〔三〕；二采，則非二采不成爲德；一就，則覲成事而已〔四〕；頫聘，臣之禮故也。四圭有邸，則四圭而宿一邸也；兩圭有邸，則兩圭而宿一邸也；祼圭有瓚，則以圭爲柄也；圭璧，則以璧爲邸也。璋邸射，則璋宿于邸，若射之貫焉。日月星辰以璧

〔一〕「也」，鈔本作「矣」。又「大圭杼」以下，詳解卷十九，頁五—六述略同。
〔二〕「芘」，經苑本作「庇」。
〔三〕「異」，鈔本初作「禮」，孔校改爲「異」；詳解卷十九，頁七述作「異」。
〔四〕「覲」，墨海本、經苑本、詳解卷十九，頁七述皆作「僅」。

爲邸，則四圭邸璧，可知也；四圭邸璧，則兩圭邸琮，可知也；兩圭邸琮，則璋邸琮，亦可知也。自山川以上，皆稱祀，神之也；神之，則其器所象〔一〕，皆其所託而宿，故稱邸焉。圭璧不言邸，而知其爲邸，則以璋邸知之也。四圭所象，則天之利用無所不達；兩圭所象，則地之和用能地而已〔二〕；圭所象，則陽之生物；璋所象，則陰之成事。若射之貫，則山川通氣故也。旅上帝，旅四望；則會而旅焉，故所象與天地同德；國主山川而保之，故造贈賓客，與山川同物也。祼圭有瓚，以肆先王，則羞其肆而祼焉，猶賓客之祼也；圭以致其用，瓚以贊其事〔三〕，祼非正禮故也。土圭以測土深，故謂之土圭，以致四時日月，則冬夏以致日，春秋以致月；封國以土地，則度地之廣袤焉。鎮圭，王瑞也，四方鎮焉，萬物養焉，故以徵諸侯，以恤凶荒。牙璋所象，陰之成事，而有噬嗑之用焉，故以起軍旅，以治兵守。璧羡，爲璧而羡之也；以起度，則度尺以爲度。度在樂，則起於黄鍾之長；在禮，則起於璧羡，先王以爲度之不存，則禮樂之

〔一〕「象」，鈔本原作「衆」，孔校改爲「象」；詳解卷十九，頁七述作「象」。

〔二〕「地」，墨海本、經苑本並作「載」。

〔三〕「贊」，鈔本原作「瓚」，孔校圈删其偏旁「王」字，爲「贊」；詳解卷十九，頁七述作「贊」。

文熄，故作此，使天下後世有考焉〔一〕。駔圭、璋、璧、琮、琥、璜之渠眉，疏璧琮以斂尸，則六物皆爲渠眉，璧琮文疏焉〔二〕，左右手足腹背〔三〕，各以其物，會而斂也。穀圭，蓋如穀璧之文，以善爲義，故以和難，以聘女；琬圭，蓋圓其鋭，以順爲義，故以治德，以結好；琰圭，蓋剡其末，有戈兵之象，故以易行，以除慝；易行，則威讓文告而已；除慝，則有誅伐之事焉。」（文淵閣四庫全書本周官新義卷九，頁九—十一。）

【佚文】（三三六）「民也、穀也、器也，在人而已，而所以制其生死，所以制其豐凶，天實有司之者焉。司民，所以制民之生死也；司禄，所以制穀之豐凶也。必祭之者，王之祈於天以求福之助者，乃所以爲守器之成。終成始者，與民數有登下，穀數有多寡，既祭，司民、司禄而後獻其數於王，王受而藏之於天府，所謂天實司之也。然則天府之所掌，豈徒然哉！凡以奉承天之所爲而已。則自天佑之，吉無不利，其於守器也何有？」（詳解卷十九，頁五，首句上新

---

〔一〕「焉」，墨海本作「意」，詳解卷十九，頁九述作「焉」。「度在樂」以下：訂義卷三五，頁八—九王氏曰，「度」、「在」二字間有「之」字，「禮樂」上無「則」字，「焉」字無；欽定義疏卷二十，頁四四王氏安石曰，「則禮」作「恐禮」，「熄」作「息」，「焉」字無。

〔二〕「文」，經苑本作「又」，詳解卷十九，頁九述亦作「又」。「六物皆」以下，訂義卷三五，頁九王氏曰，「文」作「又」。

〔三〕臨川集卷四三，頁四乞改周禮義誤字劄子：「典瑞『手足腹背』，『手』當作『首』。」四庫全書考證卷八，頁四四曰：「案：安石集乞改三經義誤字劄子云『典瑞「手足腹背」，「手」當作「首」』。今永樂大典仍係未改本，作『手』字。」

經云。)

【佚文】(三三七)邸,猶邸宿之邸。夫天地皆稱祀,神之也;神之,則其器所象皆其所托而宿,故稱邸焉。祀天謂圓丘之祀,大神也;旅上帝,則五帝在焉。祀地,謂方澤之祭,大示也;旅四望,則五岳四瀆在焉。以其及衆神,故謂之旅。然天地之神妙,物而不可測,其見於外,皆其用之所寄;倏然而有,忽然而無,豈其常哉!先王所以祀之者,亦相其用而已。四圭以璧爲邸,兩圭以琮爲邸,則璧、琮以象天地之體。其出也,由體以起用;其藏也,攝用以歸體,如斯而已。(詳解卷十九,頁七,段末云餘見新經。)

典命,掌諸侯之五儀、諸臣之五等之命:上公九命爲伯,其國家、宫室、車旗、衣服、禮儀,皆以九爲節;侯、伯七命,其國家、宫室、車旗、衣服、禮儀,皆以七爲節;子、男五命,其國家、宫室、車旗、衣服、禮儀,皆以五爲節。王之三公八命,其卿六命,其大夫四命;及其出封,皆加一等,其國家、宫室、車旗、衣服、禮儀,亦如之。

【佚文】(三三八)「公、侯、伯、子、男之命,以九、以七、以五,皆陽數,人君故也;公、卿、大夫之命,以八、以六、以四,皆陰數,人臣故也;自三命以下,則已卑,故雖陽數,亦以命人臣而

已。」（文淵閣四庫全書本周官新義卷九，頁十二。）〔一〕

【佚文】（三三九）「自三命以下，則已卑，故雖言數，亦以命人臣。如王之上士三命，下士一命；公、侯、伯之卿三命，其士一命；子、男之大夫一命，皆陽數，無所嫌焉。三公八命，加一等，則九命而爲上公。卿六命，加一等，則七命而爲侯伯。大夫四命，加一等，則五命而爲子男。蓋近於王則其勢有所屈，遠于王則其勢有所伸者。不言孤，則孤與卿同六命矣。」（詳解卷十九，頁十三，首句上新經云：集說卷四，頁九一—九二王氏曰，自「三公八命」以下：「六命加一等」之「等」作「命」，「伸者」作「伸故也」。「則孤與卿」，無「孤」字。餘同詳解。註疏删翼卷十三，頁二二—二三王氏曰，「六命加一命」之「一命」作「一等」，餘同集說。）

凡諸侯之適子，誓於天子，攝其君，則下其君之禮一等；未誓，則以皮帛繼子男。公之孤四命，以皮帛眡小國之君；其卿三命，其大夫再命，其士一命，其宮室、車旗、衣服、禮儀，各眡其命之數。侯、伯之卿大夫士，亦如之。子、男之卿再命，其大夫一命，其士不命，其宮室、車旗、衣服、禮儀，各眡其命之數。

---

〔一〕　全段：集説卷四，頁九二王介甫曰，無「而已」二字；註疏删翼卷十三，頁二二臨川王氏曰，同集説。

【佚文】（三四〇）「適子攝其君，則君或多疾故也。孤執皮帛，諸侯之適子，未誓，則以皮帛繼子、男。公之孤，以皮帛眂小國之君，摯用帛，唯此而已。然書所謂『三帛』者，此歟〔一〕？其士不命，而曰『各眂其命之數』，蓋雖不命，亦眂一命之數焉。」（文淵閣四庫全書本周官新義卷九，頁十二—十三。）〔二〕

司服，掌王之吉凶衣服，辨其名物與其用事。王之吉服，祀昊天、上帝，則服大裘而冕；祀五帝，亦如之；享先王，則衮冕；享先公，饗射，則鷩冕；祀四望、山川，則毳冕；祭社稷五祀，則希冕；祭群小祀，則玄冕。

【佚文】（三四一）「祀昊天上帝，則大裘而冕，祀五帝亦如之者，大裘無經緯之文，無繪繡之功，其色則復乎至幽而已；群而不黨，則又由天道而公焉；致恭以有禮，則事至尊之道也，故以祀昊天爲稱。祀五帝，則如之而已〔三〕。五帝之爲德，則既有所分矣，衮不可徒服，蓋亦服

〔一〕「歟」，經苑本、詳解述（詳下註）並作「與」。
〔二〕全段，詳解卷十九，頁十三—十四述略同。
〔三〕「則」，墨海本、經苑本、詳解述（詳下註）皆作「亦」。

衮，故禮記言『郊之祭，王被衮以象天』也〔一〕。冕後方而前圓，後卬而前俛〔二〕，玄表而朱裏，後方者，不變之體；前圓者，無方之用；卬而玄者，升而辨於物；俛而朱者，降而與萬物相見；曰冕，則以其於萬物相見名之也〔三〕。夫璧以圓爲體，而冕以方爲體者，以方爲體，則以圓爲用；以圓爲體，則以鋭爲用；以鋭爲用，非道之全也，故執之而已。享先王，則衮冕，享先公饗射，則鷩冕，祀四望、山川，則毳冕，祭社稷五祀，則希冕，祭群小祀，則玄冕者，各稱其事而已。先公之尊也，而所服止於鷩冕，非卑之於先王；以爲祭則各以其服授尸，尸服如是，而王服衮以臨之，則非所以爲敬，故弗敢也〔四〕。祭社稷五祀，所服止於希冕，則亦非卑之於饗射也；以爲社稷五祀之所上，止於利人，故衣粉米而已。以書考之，古人之象，凡十二章；蓋一陰一陽之謂道，道之在天，日月以運之，星辰以紀之；其施於人也，仁莫尚焉，無爲而仁者，山也；仁而不可知者，龍也；仁藏於不可知，而顯於可知者，禮也；禮者，文而已，其文可知者，華蟲也；凡此皆德之上，故繪而在上。宗彝，則虎蜼之彝，虎，義也；蜼，智也；象之於宗彝，

〔一〕「大裘」以下，詳解卷十九，頁十五述略同。

〔二〕「卬」字，經苑本、詳解述（詳下註）皆作「仰」。下同。

〔三〕「冕後方」以下，詳解卷十九，頁十六述略同。

〔四〕「先公之尊」以下：詳解卷十九，頁十六述，幾全同；欽定義疏卷二一，頁十三王氏安石曰，有删易。

則又以能常奉宗廟爲孝焉〔一〕。柔順清潔，可以薦羞者藻；昭明齊速，可以亨飪者火〔二〕；藻也，火也，則所以致其孝。米，養人也，粉之然後利散而均焉。養人而已，而無斷以制之，非所謂知柔剛，黼則所以爲斷也；用斷不可以無辨，黻則所以爲辨也；凡此皆德之下，故絺繡而在下。然辨物者，德之所以成終始也。至周登三辰於旗，而登龍於山，則作服九章而已；蓋於是時，其爲王也純矣〔三〕，則其於天道也，志之而已。衮冕則九章之服，公所服也；而王亦服焉，故文從公衣而音從，音從〔四〕，上下通也。鷩冕，則七章之服，蓋自華蟲而下，故謂之鷩也；毳冕，則五章之服，蓋自虎蜼而下，故謂之毳也；希冕則三章之服，蓋其章粉米而已，故謂之希；玄冕，則裳黻而已，其章不足道也，故稱衣之玄焉。凡六冕之服，其衣皆玄，其裳皆纁，德成而上，事成而下之意；以玄爲德，則非所以接事也〔五〕。」（文淵閣四庫書本周官新義卷九，頁十三—十五。）

---

〔一〕「宗彝則虎」以下：詳解卷十九，頁十六述，旨同；訂義卷三八，頁五：「荆公問字當作「説」或「云」之類。宗彝象孝。」（參看後評第一一九條）。
〔二〕「亨」，鈔本作「享」，墨海本、經苑本並作「烹」。
〔三〕「王」，經苑本作「正」。
〔四〕上兩「音」字，經苑本並作「章」。
〔五〕「所」，墨海本、經苑本並無。

【佚文】（三四二）「饗射亦用鷩冕者，饗射殺於朝覲，故朝覲服衮，而饗射服鷩。」（欽定義疏卷二一，頁十三王氏安石曰，上承「非敬也」，參看頁三二七註四。）

【評】（一一九）「（荆公問當作「云」『宗彝象孝』，）象者奚取於虎蜼？文公曰：虎，義也；蜼，知也。義以制事，知以察物，然後可以保宗廟，故取於虎蜼。」（載訂義卷三六，頁五。）

凡兵事，韋弁服；眡朝，則皮弁服；凡甸，冠弁服；凡凶事，服弁服；凡弔事，弁絰服。

【佚文】（三四三）「韋弁，違物性而制之，質而已矣，故兵事韋弁服；其染赤爲之，則以宣布著盡爲義〔一〕。皮弁，順物性而制之，文質具焉，故眡朝皮弁服；其用鹿皮爲之，則以知接其類爲義。冠弁，玄冠也，兵則有事矣，故尚赤；甸則未有事，故尚玄。」（文淵閣四庫全書本周官新義卷九，頁十五—十六。）

【評】（一二〇）宋鄭鍔曰：「韋弁服者，爵弁也。康成引左氏『韎韋之跗』注爲證。韎者，染赤色；以赤色之韋爲弁，亦服赤色之衣裳。……禮：圖畫爵弁，其制如冕，但無旒爲異。陸佃以謂：『弁如兩手相合，冕而俛，則弁之首舉矣。』王安石曰：『韋弁，違物性而制之，質

〔一〕首以下，周禮詳説引王安石曰（訂義卷三六，頁六載），無「矣故兵事韋弁服」七字。

而已。其染赤爲之，則以宣布著盡爲義。』儒者皆以爲赤色多矣。詩曰：『韎韐有奭，以作六師。』正謂兵服。赤色，兵事之弁用，韋則皮之已熟者，其性柔順，師衆以順爲武也。赤者，南方色；火烈不可向邇，其威赫然，故以赤爲服也。」（周禮全解，載訂義卷三六，頁六—七。）

凡喪，爲天王，斬衰；爲王后，齊衰。王爲三公六卿，錫衰；爲諸侯，緦衰；爲大夫、士，疑衰；其首服皆弁絰。大札、大荒、大烖，素服。

【佚文】（三四四）「爲天王斬衰者，王臣及諸侯也；謂之天王，則以王爲天故也；明不以王爲天，則弗服矣。故諸侯之大夫，自天其君，則爲王緦衰而已。」（文淵閣四庫全書本周官新義卷九，頁十六。）〔二〕

公之服，自衮冕而下，如王之服。侯伯之服，自鷩冕而下，如公之服。子男之服，自毳冕而下，如侯伯之服。孤之服，自希冕而下，如子男之服。卿大夫之服，自玄冕而下，如孤之服；其凶服，

〔二〕全段，詳解卷十九，頁十八述：「謂之天王」以下全同；其上，取大意。

加以大功、小功。士之服，自皮弁而下，如大夫之服；其凶服，亦如之；其齊服有玄端、素端。凡大祭祀、大賓客，共其衣服而奉之。大喪，共其復衣服、斂衣服、奠衣服、廞衣服，皆掌其陳序。

【張補】「公之服自衮冕而下如王之服」，而鄭氏謂公衮無升龍，誤矣。卿大夫之凶服，「加以大功小功」，則無緦矣。孤與諸侯則又無大功小功矣。蓋或制一國之命，或與其君共政，習之如是，然後貴足以臨賤，義足以勝恩。（鈔本周官義疏。）

典祀，掌外祀之兆守，皆有域，掌其禁令。若以時祭祀，則帥其屬而脩除，徵役于司隸而役之；及祭，帥其屬而守其厲禁而蹕之。

【佚文】（三四五）「鄭氏謂『外祀所祀於四郊，域兆表之域』，守，則守其兆域也。」（文淵閣四庫全書本周官新義卷九，頁十七。）[二]

守祧，掌守先王、先公之廟祧，其遺衣服藏焉。若將祭祀，則各以其服授尸；其廟，則有司脩除之；其祧，則守祧黝堊之；既祭，則藏其隋與衣服。

---

[二] 全段，詳解卷十九，頁二十述略同。

【佚文】（三四六）「其遺衣服藏於廟祧，若將祭祀，則各以其服授尸，所以依神。」（訂義卷三六，頁十三王氏曰；詳解卷十九，頁二一述。）

【佚文】（三四七）「隋肉謂之隋，隋蓋尸祭之餘。」（訂義卷三六，頁十四王氏曰；詳解卷十九，頁二一略同。）

【張補】其遺衣服藏於廟祧，「若將祭祀則各以其服授尸」者，所以依神。「其廟則有司修除之，其祧則守祧黝堊之」者，遠廟爲祧，有司不復修除，守祧黝堊而已，去事有漸故也。「藏其隋」者，墮肉謂之隋，隋蓋尸祭之餘。（鈔本周官義疏。）

世婦，掌女宮之宿戒；及祭祀，此其具。詔王后之禮事。帥六宮之人，共齍盛；相外内宗之禮事。大賓客之饗食，亦如之。大喪，比外内命婦之朝莫哭不敬者，而苛罰之。凡王后有摻事於婦人，則詔相。凡内事有達於外官者，世婦掌之。

内宗，掌宗廟之祭祀，薦加豆籩；及以樂徹，則佐傳豆籩。賓客之饗食，亦如之。王后有事，則從；大喪，序哭者。哭諸侯，亦如之。凡卿大夫之喪，掌其弔臨。

【佚文】（三四八）「世婦言『掌弔臨于卿大夫之喪』，則王或使焉，乃往；内宗言『凡卿大夫之喪，掌其弔臨』，則凡喪皆往；亦同族故也〔二〕。」（文淵閣四庫全書本周官新義卷九，頁十七—十八。）

外宗，掌宗廟之祭祀，佐王后薦玉豆，眡豆籩；及以樂徹，亦如之。王后以樂羞齍，則贊。凡王后之獻，亦如之。王后不與，則贊宗伯。小祭祀，掌事；賓客之事，亦如之。大喪，則敘外內朝莫哭者；哭諸侯，亦如之。

**【佚文】**（三四九）「內宗同族，故薦加豆籩；外宗族異，故佐贊后及宗伯而已〔三〕。內宗大喪序哭者，則與宮中之哭者序焉；外宗敘內外朝莫哭者，則敘內女外婦之序哭也〔三〕。世婦言『掌弔臨于卿大夫之喪』，則王或使焉，乃往；內宗言『凡卿大夫之喪，掌其弔臨』，則凡喪皆往矣；掌弔臨，則亦同族故也〔四〕。」（文淵閣四庫全書本周官新義卷九，頁十八。）

---

〔二〕首以下：詳解卷二十，頁三述略同；又見訂義卷三七，頁四王氏曰。又「卿大夫之喪掌」以下：集說卷四，頁一〇九王介甫曰，無「則凡喪皆往」五字；註疏刪翼卷十三，頁五二介甫王氏曰，同集說。

〔三〕首以下，詳解卷二十，頁三述略同。

〔三〕「內宗大喪」以下：詳解卷二十，頁三述，「則」、「敘」間有「大喪」二字，「也」上有「者」字；訂義卷三七，頁六王氏曰，末「也」字無。

〔四〕此本「世婦言」以下共四十七字：墨海本、經苑本並無；而其中四十二字，彼二本則見於上「世婦」、「內宗」條下，但「矣掌弔臨則」五字彼二本缺。

冢人，掌公墓之地，辨其兆域而爲之圖，先王之葬居中，以昭穆爲左右。凡諸侯居左右以前，卿大夫士居後，各以其族。凡死於兵者，不入兆域。凡有功者，居前。以爵等爲丘封之度，與其樹數。

**【佚文】**（三五〇）「死政者，養其老孤，而又饗之，所以勸也；凡死於兵者，不入兆域，則死政與絀焉[一]。蓋勸之以明其有義，絀之以明其非孝，欲人兩得之而已[二]；必於葬絀之，則父母全而生之，子全而歸之，然後爲孝故也。以昭穆爲左右，各以其族，尚親也；凡死於兵者，不入兆域，尚德也；凡有功者居前，尚功也；以爵等爲丘封之度，與其樹數，尚貴也。蓋先王所以治死者如此[三]。」（文淵閣四庫全書本周官新義卷九，頁十九。）

大喪既有日，請度甫竁，遂爲之尸；及竁，以度爲丘隧，共喪之窆器；及葬，言鸞車象人；及窆，

---

[一] 「死政與絀焉」，經苑本作「絀于死政焉」，詳解述作「所以絀之也」（詳下註）。

[二] 「之」，鈔本無，詳解述有（詳下註）。

[三] 全段：詳解卷二十，頁四—五述大同。又以「昭穆」以下：集説卷四，頁一一二王介甫曰，「丘封」作「封丘」（詳解作「丘封」），「樹」上無「其」字；周禮全經釋原卷七，頁二二王氏曰，無兩「凡」字，「樹」上無「其」字，「蓋」字無；註疏删翼卷十三，頁五五—五六臨川王氏曰，「爵」上無「以」字，「樹」上無「其」字；三禮纂註卷三，頁八八王介甫曰，删節成文；欽定義疏卷二一，頁四六—四七王氏安石曰，同註疏删翼。

執斧以涖，遂入藏凶器，正墓位，蹕墓域，守墓禁。凡祭墓，爲尸。凡諸侯及諸臣葬於墓者，授之兆，爲之蹕，均其禁。

**【佚文】**（三五一）「凡祭爲尸，皆取所祭之類，故宗廟之尸，則以其昭穆之同；山林之尸，則以山虞〔一〕；竁墓之尸，則以冢人〔二〕。言鸞車象人者，言之於匶，使知有焉；正墓位，則正其所居左右前後；蹕墓域，則若墓大夫之巡墓厲；守墓禁，則若墓大夫居其中之室以守之〔三〕；授之兆，則死自竁窆；均其禁，則均地守焉〔四〕。」（文淵閣四庫全書本周官新義卷九，頁十九—二十。）

---

〔一〕臨川集卷四三，頁四乞改周禮義誤字劄子云：「冢人『山林之尸，則以山虞』，已上八字，今欲刪去。」四庫全書考證卷八，頁四四曰：「安石集乞改三經義誤字劄子云：『冢人「山林之尸，則以山虞」，以上八字，今欲刪去。』永樂大典仍係未改本，存此八字。」

〔二〕首以下：詳解卷二十，頁五述，「同」字作「間」字；又見訂義卷三七，頁七—八王氏曰；欽定義疏卷二一，頁四七王氏安石曰。

〔三〕「正墓位」以下：詳解卷二十，頁五述，「後」下、「厲」下並各有「也」字。又兩「墓大夫」句凡二十字，均見訂義卷三七，頁八王氏曰（兩條），「厲」下多「也」字。

〔四〕「授之」以下：詳解卷二十，頁五述略同；訂義卷三七，頁九王氏曰，「死」作「使之」，「地」上有「其」字；欽定義疏卷二一，頁五十王氏安石曰，同訂義，但無「焉」字。

墓大夫，下大夫二人，中士四人，府二人，史四人，胥二十人，徒二百人。敏案：此節經文，原在敘官，移置此，取便參看也。

墓大夫，掌凡邦墓之地域，爲之圖。令國民族葬，而掌其禁令；正其位，掌其度數；使皆有私地域。凡爭墓地者，聽其獄訟。帥其屬而巡墓厲，居其中之室以守之。

【佚文】（三五二）「墓大夫徒二百人，豈不多哉〔一〕？然邦墓地域，禁令度數，皆掌焉，帥其屬巡墓厲，而居其中之室以守之〔二〕；則與夫後世人自求地，家自置守〔三〕，富則僭而不忌，貧則無所於葬〔三〕，掘墓、盜尸、斬木之獄不絶於有司，其爲利害煩省異矣。」（文淵閣四庫全書本周官新義卷九，頁二十。）〔四〕

〔一〕「哉」，墨海本作「者」。
〔二〕「然邦墓地」以下，詳解卷二十，頁六述大同。
〔三〕「於」，經苑本作「歸」。
〔四〕全段：集説卷四，頁一一五王介甫曰，「居」上無「而」字，「於」作「歸」；註疏删翼卷十三，頁六四介甫王氏曰，同集説，唯「尸」作「只」。

職喪，掌諸侯之喪，及卿、大夫、士凡有爵者之喪，以國之喪禮，涖其禁令，序其事。凡國有司，以王命有事焉，則詔贊主人。凡其喪祭，詔其號，治其禮。凡公有司之所共，職喪令之趣其事。

**【佚文】**（三五三）「有司以王命有事於諸侯，則謂之國有司，言國以別侯國也；以公物共私喪，則謂之公有司，公有司之所共，則非國矣。職喪無三公之喪，則上言諸侯，下言卿大夫[一]。又言凡有爵者，包三公矣[二]。」（文淵閣四庫全書本周官新義卷九，頁二十一—二十二。）

[一]「夫」下，經苑本有「士」字。

[二]「職喪」以下，訂義卷三七，頁十王氏曰，缺「無三公之喪則」六字。

# 周禮新義　卷十　春官宗伯三

大司樂，掌成均之灋，以治建國之學政，而合國之子弟焉。凡有道者、有德者，使教焉；死則以爲樂祖，祭於瞽宗。

【佚文】（三五四）「言建國之學政者，凡建國則有學焉。禮記曰『於成均，以及取爵於上尊』，又曰『禮在瞽宗』，則成均、瞽宗皆學名。教學之道，成其虧，均其過不及而已，謂之成均，義蓋取此；瞽宗，蓋言主以樂教[一]，瞽之所宗。大司樂治建國之學政，則以合國子弟而已，其教則使有道有德者焉；死祭於瞽宗，則主以樂教故也。」（文淵閣四庫全書本周官新義卷十，頁一。）

【評】（一二一）清王太岳曰：「義：『教學之道，成其虧，均其過不及而已，謂之成均，義蓋取此。』案：成均者，成即樂之一成，書云『簫韶九成』是也。均，古韻字，鄭司農云：『均，調也；樂師主調其音。』國語曰：『律所以立，均出度。』是也。此云『成其虧，均其過不及』，

---

〔一〕「以」，墨海本、經苑本並作「於」；詳解卷二十，頁七述作「以」。

殊乖古訓。」（四庫全書考證卷八，頁四五。）

以樂德教國子：中、和、祗、庸、孝、友。

**【佚文】**（三五五）「中、庸，三德所謂至德；和，六德所謂和；孝，三德所謂孝；祗，則順行之所成；友，則友行之所成也。行自外作，立之以禮；德由中出，成之以樂；立之以禮，則爲順行、友行；成之以樂，則爲祗德、友德。蓋事師長所以成敬，不言敬而言祗，則敬之在樂，必達而爲祗故也。中所以本道之體，其義達而爲和，其敬達而爲祗，能和能祗，則庸德成焉。庸言之信，庸行之謹，在易之乾所爲『君德』〔一〕，故繼之以孝。孔子曰：『聖人之德，又何以加于孝乎？』友則樂德所成終始，聖人之德，無以加於孝，則孝與聖何以異？曰：聖人之於人道也，孝而已；聖人之於天道，則孝不足以言之。此孝與聖所以異。聖人之德，無以加於孝，而孝於三德爲下，則三德之孝，以知逆惡而已；樂德之孝，成於樂者也，諸侯之孝不豫焉〔二〕，非特以知逆惡已也。」（文淵閣四庫全書本周官新義卷十，頁一—二。）

〔一〕「爲」，鈔本、墨海本、經苑本皆作「謂」。

〔二〕「豫」，墨海本、經苑本皆作「預」。

以樂語教國子：興、道、諷、誦、言、語。

【佚文】（三五六）「道，謂直道其事；諷，所以動之；誦，則以言。」（文淵閣四庫全書本周官新義卷十，頁二一。）〔一〕

【張補】興，感動於物而興焉；道，謂直道其事；諷，諷以動之。興、道、諷，樂語之用也。誦，誦人之言；語，答人之言。誦、言、語，樂語之體也（鈔本周官義疏。）

以樂舞教國子：舞雲門、大卷、大咸、大磬、大夏、大濩、大武。

【佚文】（三五七）「先王之樂多矣，大司樂用以教國子，此則六樂而已。雲門、大卷，則所謂雲門；大咸，則所謂咸池；大磬，則所謂九磬；謂之九磬，蓋以其九成。」（文淵閣四庫全書本周官新義卷十，頁二一。）

以六律、六同、五聲、八音、六舞大合樂，以致鬼、神、示，以和邦國，以諧萬民，以安賓客，以説遠人，以作動物。

〔一〕全段，訂義卷三八，頁五王氏曰（三條），無「道」、「謂」、「所」三字，「則以」作「人之」。

【佚文】（三五八）「六律、六同，所以考五聲；五聲，所以成八音；八音，所以節六舞；六舞，所以大合樂[一]。大合樂，則幽足以致鬼、神、示，明足以和邦國，内足以諧萬民，外足以安賓客，遠足以説遠人，微足以作動物。致鬼、神、示，作樂所先，故易之豫言先王作樂，曰『殷薦之上帝，以配祖考』而已；作動物，則樂之餘事[二]。」（文淵閣四庫全書本周官新義卷十，頁三。）

【佚文】（三五九）「分樂而序之，則分律而序之，自黄鍾以至無射；分同而序之，自大吕以至夾鍾；分舞而序之，自雲門以至大武[三]；以祭、以享、以祀，則以祭地示，以享人鬼，以祀

乃分樂而序之，以祭、以享、以祀：乃奏黄鍾，歌大吕，舞雲門，以祀天神；乃奏大簇，歌應鍾，舞咸池，以祭地示；乃奏姑洗，歌南吕，舞大磬，以祀四望；乃奏蕤賓，歌函鍾，舞大夏，以祭山川；乃奏夷則，歌小吕，舞大濩，以享先妣；乃奏無射，歌夾鍾，舞大武，以享先祖。凡六樂者，文之以五聲，播之以八音。

---

[一] 首以下：詳解卷二十，頁九述；訂義卷三八，頁九王氏曰，無四「所」字。

[二] 「致鬼」以下，詳解卷二十，頁十述，省「曰」、「而已」三字，「則」作「者」。

[三] 首以下：詳解卷二十，頁十述大同；訂義卷三八，頁十王氏曰，無首六字，無三「以」字。

天神〔二〕。四望言祀，蓋方望兼上下之神焉。先以祭，次以享，次以祀，則祭享祀雖有所分，至用樂，則於鬼、神、示，皆備其物、達其義〔三〕、致其道焉。備其物，則祭也；達其義，則享也；致其道，則祀也。先妣在先祖之上，則姜嫄也。姜嫄特祀，其後以爲禖神，禖神而序之先祖之上，則先祖所自出故也〔三〕。分樂以祭、以享、以祀，言所不及者衆；蓋其用也，亦上下比義而已。」（文淵閣四庫全書本周官新義卷十，頁三一—四。）

凡六樂者：一變而致羽物，及川澤之示；再變而致臝物，及山林之示；三變而致鱗物，及丘陵之示；四變而致毛物，及墳衍之示；五變而致介物，及土示；六變而致象物，及天神。

【佚文】（三六〇）「凡此六樂所致，蓋皆合萬物而索饗之之時。天曰神，地曰示，物曰物。所謂土示，則原隰之示；所謂象物，則在天成象者也。羽物輕疾，故致之易；介物重遲，故致之

---

〔二〕首以下：集説卷五，頁十二王介甫曰：「分樂而序之，以祭、以享、以祀者，分律而序之，自黄鍾至無射；分同而序之，自大吕至夾鍾；分舞而序之，自雲門至大武；以祭地祇，以享人鬼，以祀天神焉。」略同；註疏删翼卷十四，頁二五—二六介甫王氏曰，據集説而省首十二字，「分律」上有「謂」字，「武」作「舞」。

〔三〕「義」，墨海本、經苑本並作「意」。

〔三〕「祖」下，墨海本、經苑本並有「之」字。

難；象物恍惚無形，則其致之尤難；川澤虚，故致之易；墳衍實，故致之難；天神遠人而尊，則其致之尤難；其餘所致先後，蓋其大致如斯而已〔二〕。」（文淵閣四庫全書本周官新義卷十，頁四—五。）

凡樂：圜鍾爲宫，黄鍾爲角，大簇爲徵，姑洗爲羽；靁鼓、靁鼗、孤竹之管、雲和之琴瑟、雲門之舞，冬日至，於地上之圜丘奏之；若樂六變，則天神皆降，可得而禮矣。凡樂：函鍾爲宫，大簇爲角，姑洗爲徵，南吕爲羽；靈鼓、靈鼗、孫竹之管、空桑之琴瑟、咸池之舞，夏日至，於澤中之方丘奏之；若樂八變，則地示皆出，可得而禮矣。凡樂：黄鍾爲宫，大吕爲角，大簇爲徵，應鍾爲羽；路鼓、路鼗、陰竹之管、龍門之琴瑟、九德之歌、九磬之舞，於宗廟之中奏之；若樂九變，則人鬼可得而禮矣。

**【佚文】**（三六一）「圜鍾〔三〕，正東方之律，帝與萬物相見，於是出焉；天無乎不覆，求天神而

〔二〕「所謂象」以下，欽定義疏卷二二，頁十九王氏安石曰，删易成義。「羽物」以下：集説卷五，頁十四王介甫曰，「重遲」作「遲重」，「蓋其大致如斯」作「其大略如此」；註疏删翼卷十四，頁三五臨川王氏曰，同集説，「但其大略如此而已」作「大略如此」。

〔三〕「鍾」，經苑本作「丘」，詳解卷二十，頁十三述作「鍾」。

禮之，則其樂之宮、宜以帝所出之方而已，故以圜鍾爲宮〔一〕。函鍾，西南方之律，萬物於是致養乎地；地無乎不載，求地示而禮之，則其樂之宮，宜以物致養之方而已，故以函鍾爲宮〔二〕。黄鍾，正北方之律也，萬物於是藏焉，死者之所首也；鬼無乎不之，求人鬼而禮之，則其樂之宮，宜以死者所首之方而已，故以黄鍾爲宮〔三〕。三宮如此，其他則蓋以聲類求之〔四〕，各有所宜。天神孤竹之管，則以陽爲奇；地示孫竹之管，則以陰爲重爲小〔五〕。人鬼在宗廟，又致以冬之日至，而陰竹之管，則凡聲，陽也；又用陽竹之管，則純於陽矣，非所以致鬼。於此謂之九磬，蓋宗廟九變，以磬九成故也〔六〕。然則圜丘、方丘，六變、八變，亦各以其樂成歟〔七〕？」（文淵閣四庫全書本周官新義卷十，頁五—六。）

〔一〕首以下，訂義卷三八，頁十四王氏曰，「乎」、「而已」三字無。

〔二〕「函鍾西」以下，訂義卷三八，頁十六王氏曰，「地無乎不載」五字無，無「而已」二字。

〔三〕「黄鍾正」以下，訂義卷三八，頁十七王氏曰，「律」下無「也」字，「則」、「而已」三字無。

〔四〕「蓋」，墨海本、經苑本並無。

〔五〕「孤竹」以下：詳解卷二十，頁十四述略同；集説卷五，頁十七王介甫曰：「孤竹以陽爲奇也，孫竹以陰爲衆爲小也。」亦略同。

〔六〕「九磬」以下，集説卷五，頁十七王介甫曰：「九磬者，宗廟九變，以簫韶九成也。」

〔七〕「歟」，經苑本作「與」。

【佚文】（三六二）「此樂無商者，祭尚柔，商堅剛也。雷鼓、雷鼗皆八面，鼗如鼓而小，持其柄搖之，旁耳還自擊。孤竹，竹特生者。雲和，山名。」（周官集傳卷六，頁二六王氏曰。）

【佚文】（三六三）「聲，陽也，以陰竹，則陰和於陽，所以致鬼。」（周官集傳卷六，頁二七王氏曰。）

凡樂事，大祭祀，宿縣，遂以聲展之。王出入，則令奏王夏；尸出入，則令奏肆夏；牲出入，則令奏昭夏；帥國子而舞。大饗不入牲，其他皆如祭祀。大射，王出入，令奏王夏；及射，令奏騶虞。詔諸侯以弓矢舞。王大食，三侑，皆令奏鐘鼓。王師大獻，則令奏愷樂。凡日月食，四鎮五嶽崩，大傀異烖，諸侯薨，令去樂；大札、大凶、大烖、大臣死，凡國之大憂，令弛縣。凡建國，禁其淫聲、過聲、凶聲、慢聲。大喪，涖廞樂器；及葬，藏樂器，亦如之。

【佚文】（三六四）「憂之日短，則令去樂而已；憂之日長，則令弛縣焉[一]。異，烖異而不大；大烖，大矣而不必異。」（文淵閣四庫全書本周官新義卷十，頁六—七。）

【張補】淫聲不正，過聲不中，凶聲不善，慢聲不肅。（鈔本周官義疏。）

---

[一] 首以下，詳解卷二十，頁十七述。

樂師，掌國學之政，以教國子小舞。凡舞：有帗舞，有羽舞，有皇舞，有旄舞，有干舞，有人舞。

**【佚文】**（三六五）「小舞，非大卷、大咸之屬[一]；旄舞，則旄人所教之舞；人舞，則手舞而已。」（文淵閣四庫全書本周官新義卷十，頁七。）

教樂儀，行以肆夏，趨以采薺，車亦如之，環拜，以鍾鼓爲節。凡射：王以騶虞爲節，諸侯以貍首爲節，大夫以采蘋爲節，士以采蘩爲節。

**【佚文】**（三六六）「凡射，王以騶虞爲節者，樂仁而殺以時[二]；諸侯以貍首爲節者，樂御而射以禮[三]；大夫以采蘋爲節者，樂循法；士以采蘩爲節者，樂不失職，采蘩取不遠於法而已。在諸侯之義，則爲能制節；在士之義，則爲足以循法[四]；蓋非先王之法言不敢言，非先王之德行不敢行，非先王之法服不敢服，是爲卿大夫之孝，非士所及，故樂循法者大夫，而樂不失職者士。射，士職也；不言孤卿，則以射人見之。」（文淵閣四庫全書本周官新義卷十，頁

[一]「非」，墨海本、經苑本並作「則」。
[二]「以騶」以下，詳解卷二十，頁十九述；訂義卷三九，頁七王氏曰。
[三]「御」，墨海本、經苑本並作「義」，詳解卷二十，頁十九述作「御」。
[四]「以」，鈔本作「於」。

七—八。）

凡樂，掌其序事，治其樂政。凡國之小事用樂者，令奏鍾鼓。凡樂成，則告備。詔來瞽，皋舞；及徹，帥學士而歌徹，令相；饗食諸侯，序其樂事，令奏鍾鼓，令相；如祭之儀。燕射，帥射夫以弓矢舞。樂出入，令奏鍾鼓。凡軍大獻，教愷歌，遂倡之。凡喪，陳樂器則帥樂官；及序哭，亦如之。凡樂官，掌其政令，聽其治訟。

**【佚文】**（三六七）「禮以陳爲備，樂以奏爲備；故禮則告備而後行禮，樂則樂成而後告備[一]。詔來瞽、皋舞，詔瞽使來，詔舞使緩；令相，令相瞽者，使出。凡喪，陳樂器，則陳而不作，猶大喪之廞焉[二]。」（文淵閣四庫全書本周官新義卷十，頁八。）

大胥，掌學士之版，以待致諸子。春入學，舍采，合舞；秋頒學，合聲。以六樂之會正舞位，以序出入舞者。比樂官，展樂器。凡祭祀之用樂者，以鼓徵學士。序宮中之事。

---

[一] 首以下，詳解卷二十，頁二十述。
[二] 「詔來」以下，詳解卷二十，頁二十一—二一述（散見三條）略同。

【佚文】（三六八）「以待致諸子者，至則以待之，不至則以致之[一]。春入學舍采，則以始入學，禮先師釋菜焉，合舞，則春貌之時故也；秋頒學，則以春始入學，未知其分藝所宜，至秋而可知也，於是分授以所學[二]，合聲，則秋言之時也。書曰『詩言志，歌永言，聲依永，律和聲』，樂之聲，以言爲本[三]。以六樂之會正舞位，以序出入舞者，則會六樂而舞之，其列衆，其變繁，易亂而難治故也。六樂有文舞焉[四]，有武舞焉，征誅揖讓之序盡此矣；蓋其義，則有孔子爲之三月不知肉味者，非窮神知化，孰能究此哉[五]？故先王成人終始，于此而已[六]。」（文淵閣四庫全書本周官新義卷十，頁八—九。）

小胥，掌學士之徵令而比之，觵其不敬者，巡舞列而撻其怠慢者。正樂縣之位：王宮縣，諸侯軒

〔一〕首以下：詳解卷二一，頁一述略同；訂義卷四十，頁一王氏曰：「其已至者以待之，其不至者以致之。」亦大同。

〔二〕「以春始」下：詳解卷二一，頁一述，「藝」下有「之」字，「而」下有「後」字；集説卷五，頁二八王介甫曰；註疏刪翼卷十四，頁七二介甫王氏曰，「藝」下並有「之」字。

〔三〕「書曰」以下：詳解卷二一，頁二述大同；訂義卷四十，頁三述，「樂之聲以言爲本」在「書曰」之上。

〔四〕「樂」，墨海本、經苑本並作「聲」，詳解述作「樂」（詳下註）。

〔五〕「哉」，墨海本、經苑本並作「者」，詳解述作「哉」（詳下註）。

〔六〕「六樂有」以下，詳解卷二一，頁二述，幾全同。

縣，卿大夫判縣，士特縣；辨其聲。凡縣鍾磬，半爲堵，全爲肆。

【佚文】（三六九）「肆師誅其慢怠者[一]，則祭以懲慢爲先；小胥撻其怠慢者，則學以懲怠爲急。祭言誅之，政也；學言撻之，教也[二]；堵言半，半合是以爲宫[三]；肆言全[四]，而後可肆也。鄭氏謂『宫四面，象宫室；軒，去其一面；判，又去其一面』。」（文淵閣四庫全書本周官新義卷十，頁九。）

【佚文】（三七〇）「肆師相祭祀，則誅其怠慢。小胥巡舞列，則撻其怠慢。有司則加呵責，學士則用教刑。」（欽定義疏卷二二，頁五九王氏安石曰。）

大師，掌六律、六同，以合陰陽之聲。陽聲：黄鍾、大簇、姑洗、蕤賓、夷則、無射；陰聲：大吕、應鍾、南吕、函鍾、小吕、夾鍾；皆文之以五聲：宫、商、角、徵、羽；皆播之以八音：金、石、土、

[一]「慢怠」：墨海本、經苑本並作「怠慢」，詳解述作「慢怠」（詳下註）。

[二] 首以下：詳解卷二一，頁三述大同；訂義卷四十，頁四王氏曰，「慢怠者」作「怠慢」，「慢怠」、「怠慢」下並無「者」字，「懲怠」作「懲慢」。

[三] 二「半」字，鈔本原無，孔校於「堵言」下增一「半」字。

[四] 經苑本疊一「全」字。

革、絲、木、匏、竹。教六詩：曰風，曰賦，曰比，曰興，曰雅，曰頌。以六德爲之本，以六律爲之音。

【佚文】（三七一）「風、雅、頌，詩之體；賦、比、興，詩之用；六德，所謂中、和、祇、庸、孝、友也[一]。以六德爲之本，故雖變，猶止乎禮義；以六律爲之音，則書所謂『聲依永，律和聲』[二]。」（文淵閣四庫全書本周官新義卷十，頁十。）

大祭祀，帥瞽登歌，令奏，擊拊；下管，播樂器，令奏鼓朄。大饗，亦如之；大射，帥瞽而歌射節。

【佚文】（三七二）「登歌下管，則道以無所因爲上，有所待爲下[三]。」（文淵閣四庫全書本周官新義卷十，頁十。）

大師，執同律以聽軍聲，而詔吉凶。

---

[一] 「六德」以下：詳解卷二一，頁六述；集説卷五，頁三二王氏曰；周禮全經釋原卷八，頁十王氏曰；註疏删翼卷十四，頁九四王氏曰；周禮要義卷八，頁六二王氏曰，皆從詳解輾轉引録，並省「所謂」二字，王氏皆應謂昭禹。

[二] 「以六德」以下，詳解卷二一，頁七述；訂義卷四十，頁九王氏曰，末並有「也」字。

[三] 「待」，墨海本、經苑本並作「得」；詳解卷二一，頁七述作「待」。

【佚文】（三七三）「詔吉凶，使知所戒，一體之盈虛[一]，通于天地，應于物類[二]；故占之以寢卜[三]，眂之以祲象，聽之以同律，皆得其祥焉[四]。」（文淵閣四庫全書本周官新義卷十，頁十。）

大喪，帥瞽而廞，作匶謚。凡國之瞽矇正焉。

【佚文】（三七四）「史序事，王行見于事，故大史讀誄；瞽掌樂，王德成于樂，故大師作謚[五]，謚，成德之名也。」（文淵閣四庫全書本周官新義卷十，頁十一。）[六]

△小師

〔一〕「一」，墨海本無，詳解述有（詳下註）。

〔二〕「物類」，墨海本、經苑本並作「萬物」，詳解述作「物類」（詳下註）。

〔三〕「寢」，墨海本、經苑本並作「夢」。

〔四〕「祥焉」：墨海本、經苑本並作「詳」；詳解卷二一，頁七述全段亦作「詳」，其餘大同。又本段亦見於集説卷五，頁三三—三四王介甫曰；周禮要義卷八，頁六二王介甫曰並全同。又見於註疏刪翼卷十四，頁九八臨川王氏曰，「寢」作「寑」；又欽定義疏卷二三，頁二二王氏安石曰：「詔吉凶，使知所戒。天人一理，兆於聲氣，感於物類，故聽之以同律，眂之以祲象，占之以夢卜，皆得其徵焉。」蓋改易舊本成義。

〔五〕首以下，三禮纂註卷二，頁七八王氏曰。

〔六〕全段，集説卷五，頁三四王介甫曰；註疏刪翼卷十四，頁九八臨川王氏曰。

瞽矇，掌播鼗、柷、敔、塤、簫、管、絃、歌，諷誦詩，世奠繫，鼓琴瑟。掌九德、六詩之歌，以役大師。

【佚文】（三七五）「世奠繫，當從故書，（爲）世帝繫，古書有謂之帝繫者。」（集説卷五，頁三五王介甫曰：；註疏删翼卷十四，頁一〇二介甫王氏曰：；詳解卷二一，頁九述：「世奠繫，當從古書爲世帝係。」）

【張補】瞽矇既掌歌，又掌諷誦，謂諷諫世奠繫也〔一〕。故書爲世帝繫，蓋當從故書爲正。古書有謂之帝繫者，而國語曰「教之世，爲之昭明德而廢幽昏〔二〕」，則世帝繫蓋書名。「誦詩、世帝繫」，則掌誦及世帝繫。（鈔本周官義疏。）

△眡瞭

典同，掌六律六同之和，以辨天地四方陰陽之聲，以爲樂器。凡聲：高聲䃂，正聲緩，下聲肆，陂聲散，險聲斂，達聲贏，微聲韽，回聲衍，侈聲筰，弇聲鬱，薄聲甄，厚聲石。凡爲樂器：以十有二

〔一〕「諫」，疑當作「誦」。
〔二〕「爲」，原作「謂」；「廢」，原作「養」，據國語楚語上改。

律爲之數度，以十有二聲爲之齊量，凡和樂亦如之。

【佚文】（三七六）「數本起於黄鍾，始於一而三之，歷十二辰，而五數備其長，則度之所起；其餘律，皆自是而生[一]；故凡爲樂器，以十二律爲之數度。䃔聲生於高，肆聲生於下，甄聲生於薄，石聲生於厚，高下厚薄之所屬所制，則有齊矣；嬴聲生於達，衍聲生於回，筰聲生於侈，鬱聲生於弇，達回侈弇之屬所容，則有量矣；故凡爲樂器，以十有二聲爲之齊量。」（文淵閣四庫全書本周官新義卷十，頁十一—十二。）[二]

【佚文】（三七七）「天地四方各有陰陽之聲，是爲十有二聲；辨十有二聲，雜比而和之，取中聲焉，以爲樂器。」（集説卷五，頁三八王介甫曰；註疏删翼卷十四，頁一一三介甫王氏曰。）

【佚文】（三七八）夫天，陽也；地，陰也。東南方，陽也；西北方，陰也。然陰陽之中，復有陰陽焉，故高聲䃔，天之陽也；正聲緩，天之陰也；下聲肆，地之陰也；陂聲散，地之陽也；險聲斂，東方之陰也；達聲嬴，東方之陽也；微聲韽，西方之陰也；回聲衍，西方之陽也；侈

[一]「皆」，墨海本作「則」。

[二] 全段，訂義卷四一，頁四王氏曰，「厚薄」作「薄厚」。

聲筰，南方之陽也；弇聲鬱，南方之陰也；薄聲甄，北方之陰也；厚聲石，北方之陽也。（詳解卷二一，頁十一，云餘見新傳；敏案：此上下文字長，故多加删略。）

△磬師

鍾師，掌金奏。凡樂事，以鍾鼓奏九夏：王夏、肆夏、昭夏、納夏、章夏、齊夏、族夏、裓夏、驁夏。凡祭祀、饗食，奏燕樂。凡射，王奏騶虞，諸侯奏貍首，卿大夫奏采蘋，士奏采蘩。掌鼙，鼓縵樂。

【張補】名之曰鍾師，所掌金奏，則其樂雖用鼓而以金爲主。（鈔本周官義疏。）

△笙師

鎛師，掌金奏之鼓。凡祭祀，鼓其金奏之樂；饗食、賓射，亦如之；軍大獻，則鼓其愷樂。凡軍之夜三鼜，皆鼓之；守鼜，亦如之。大喪，廞其樂器，奉而藏之。

【佚文】（三七九）「鼓愷樂，掌於鎛師者[一]，鎛師掌金奏之鼓，其所掌樂，以金爲主[二]；軍以金止，既勝矣，欲戢兵之意。」（文淵閣四庫全書本周官新義卷十，頁十三。）[三]

【張補】鼓愷樂，掌於鎛師者，鎛師掌金奏之鼓，其所掌樂以金爲主。軍以金止，既勝矣，欲戢兵之意。所謂王師者，王親伐之師也。蓋非王親伐而奏愷，則非大司樂所令也。大司馬所謂師，則非必王親伐也，然必大司馬帥之矣。王親伐焉，與大司馬之所帥，不嫌非成軍，軍亦不足稱也，故稱師而已。然則樂師、鎛師所謂軍，非必大司馬所帥也。其稱軍，則明非成軍無大獻之禮焉。（鈔本周官義疏。）

△韎師

△旄人

[一] 「鎛」，原作「鏄」，據經文及經苑本、詳解述改，下同。

[二] 「以」，墨海本、經苑本並無，詳解述有（詳下註）。

[三] 全段：詳解卷二一，頁十四述，「軍」下有「以鼓進」三字；訂義卷四一，頁九王氏曰。

籥師，掌教國子舞羽歙籥。祭祀，則鼓羽籥之舞，賓客、饗食，則亦如之；大喪，廞其樂器，奉而藏之。

【佚文】（三八〇）「籥如篴三孔，主中聲而上下，律呂於是乎生。」（文淵閣四庫全書本周官新義卷十，頁十三。）〔一〕

【佚文】（三八一）「大司樂涖廞樂器，涖之而已；眡瞭廞樂器，則廞之者也。笙師、鎛師及此職廞其樂器，則各自廞其官之器，非若眡瞭掌大師之縣者也，故言『其』以別之。」（欽定義疏卷二三，頁五三王氏安石曰。）

【張補】大司樂「大喪涖廞樂器，及葬，藏樂器，亦如之」，則涖之者也；大師「帥瞽而廞」，則帥之者也；小師「與廞」，則與之者也。大師、小師不言樂器，以大司樂見之也，眡瞭「廞樂器，大旅亦如之」，則廞之者也。笙師「廞其樂器，及葬，奉而藏之，大旅則陳之」。鎛師、籥師「廞其樂器，奉而藏之」，則各自廞其官之器，非若眡瞭掌太師之樂者也，故稱其焉。或言「奉而藏之」，或皆不言，則及葬奉而藏之，以笙師見之也。笙師書「大旅，則陳之」，而眡瞭言「大喪廞

〔一〕全段：詳解卷二一，頁十五述略同，「三」作「二」，「中」作「鍾」；訂義卷四一，頁十二王氏曰；集説卷五，頁四五王介甫曰，無「如篴」二字，「律」上有「之」字，「生」下有「樂之本也」四字；註疏刪翼卷十一，頁二七臨川王氏曰，同集説，但「二」作「三」。

樂器，大旅亦如之」，則眂瞭之大旅於喪時，故亦如喪廞焉。廞樂器及葬藏之者，廞爲匱也，故既葬藏之，藏之則所謂弛縣。（鈔本周官義疏。）

籥章，掌土鼓、豳籥。中春，晝擊土鼓，歈豳詩，以逆暑；中秋，夜迎寒，亦如之。凡國祈年于田祖，歈豳雅，擊土鼓，以樂田畯；國祭蜡，則歈豳頌，擊土鼓，以息老物。

**【佚文】**（三八二）「土鼓，禮記所謂『蒯桴土鼓』[一]；豳籥，豳國之籥；王業之起，本於豳；樂之作，本於籥，始於土鼓；逆暑、迎寒、祈年，皆以本始民事。息老物，則息使復本反始，故所擊者土鼓，所歈者豳籥，其章用豳詩焉[二]；豳雅、豳頌，謂之雅、頌，則非七月之詩，蓋若九夏亡之矣[三]。逆暑、迎寒不言國，而祈年、息老物言國，則祈年息老物通乎下，故言『國』以別

---

[一]「蒯」，經苑本作「蕢」。

[二] 首以下：訂義卷四一，頁十三—十四王氏曰。又自「王業」以下：集説卷五，頁四六王介甫曰，「樂」上有「而」字，「本於籥」在「始於土鼓」下，無「以」字，「歈」作「吹」；周禮全經釋原卷八，頁二六—二七王氏曰同集説；註疏刪翼卷十五，頁十九臨川王氏曰亦同集説，僅「使」上缺「息」字；詩經世本古義卷一，頁四三王安石云，「迎」作「逆」，「豳籥」作「葦籥」，餘同集説；欽定義疏卷二三，頁五四王氏安石曰，删易成義。

[三]「豳雅豳頌」以下，訂義卷四一，頁十五王氏曰。

之〔一〕。」」（文淵閣四庫全書本周官新義卷十，頁十三—十四。）

【評】（一二二二）清王太岳曰：「義：『豳雅、豳頌，謂之雅、頌，則非七月之詩，蓋若九夏亡之矣。』案：豳雅、豳頌，先儒分七月之詩以當之。朱子疑即雅之甫田、大田，頌之載芟、良耜。今以爲其詩已亡，以諸經參考之，當從朱子説爲是。」（四庫全書考證卷八，頁四五。）

【佚文】（三八三）「中春晝，書所謂日中，陽於是而分，故逆暑。中秋夜，書所謂宵中，陰於是而分，故迎寒。」（集説卷五，頁四六王介甫又曰；註疏删翼卷十五，頁十八介甫王氏曰；欽定義疏卷二三，頁五五王氏安石曰，兩「而」字並作「乎」。）

【佚文】（三八四）「田祖，禮記所謂先嗇。」（訂義卷四一，頁十五王氏曰；詳解卷二一，頁十七述。）

【佚文】（三八五）「田畯，禮記所謂司嗇；司嗇本始民事，施於有政者。」（訂義卷四一，頁十五王氏曰；詳解卷二一，頁十七述略同；欽定義疏卷二三，頁五五王安石以「田畯爲司嗇」。）

【評】（一二二三）清鄂爾泰曰：「案：王氏安石以『田畯爲司嗇』，非也。司嗇乃后稷，不可以田畯當之。八蜡内有司嗇，又有農，農即田畯。蓋古之始耕田者，先嗇只一，而田畯隨地

〔一〕「逆暑迎寒」以下，訂義卷四一，頁十五王氏曰。

不同，猶國學舍菜之先聖、先師也。」（欽定義疏卷二三，頁五五。）

【佚文】（三八六）教國子吹籥，故名官以籥師。吹籥以爲詩章，故名官以籥章。所謂吹豳詩、吹豳雅、吹豳頌，是皆吹籥以爲詩章也。（詳解卷二一，頁十六餘見新經。）

【張補】中春晝，書所謂日中，陽於是乎分，故逆暑；中秋夜，書所謂宵中，陰於是乎分，故迎寒。逆陽來而爲復，其往也，爲知險，則氣至而爲主；陰出而爲姤，其藏也，爲知阻，則氣至而爲客。逆暑，主之也；迎寒，客之也。豳詩，七月也。蓋以其詩所言，如授衣、鑿冰之屬，皆先寒暑以戒事。田祖，禮所謂先嗇；田畯，禮記所謂司嗇；老物，老子所謂「物壯則老」。司嗇本始民事，施於有政者。故「歈豳雅，擊土鼓」以樂之。老物於歲功成，復本反始，故「歈豳頌，擊土鼓」以息之。逆暑、迎寒不言國，而祈年、息老物言國，則祈年、息老物通乎下，故言國以別之。豳雅、豳頌，謂之「雅」、「頌」，則非七月之詩，蓋若九夏亡之矣。（鈔本周官新義。）

鞮鞻氏，掌四夷之樂，與其聲歌。祭祀，則歈而歌之，燕亦如之。

【張補】掌夷樂者，有韎師，有旄人，有鞮鞻氏，蓋以其所服、所執、所履名官。祭祀、饗燕用夷樂焉，則中天以下而立，率四海之民服而役之，得其歡心，使鼓舞焉，以承祭祀、共饗燕，君子之所樂也。（鈔本周官義疏。）

典庸器，掌藏樂器、庸器。及祭祀，帥其屬而設筍虡，陳庸器；饗食、賓射，亦如之；大喪，廞筍虡。

【佚文】（三八七）「典庸器而掌藏樂器、設筍虡者，樂凡以象民功，而筍虡則設業焉。」（文淵閣四庫全書本周官新義卷十，頁十四。）〔一〕

△司干

大卜，掌三兆之法：一曰玉兆，二曰瓦兆，三曰原兆，其經兆之體，皆百有二十，其頌，皆千有二百。掌三易之法：一曰連山，二曰歸藏，三曰周易，其經卦皆八，其別皆六十有四。掌三夢之法：一曰致夢，二曰觭夢，三曰咸陟，其經運十，其別九十。以邦事作龜之八命：一曰征，二曰象，三曰與，四曰謀，五曰果，六曰至，七曰雨，八曰瘳。

〔一〕全段，詳解卷二二，頁一述略同。

【佚文】（三八八）「征，行役、討伐[一]；象，天象變動[二]；與，有所與；謀，有所謀；果，果不；至，至不；雨，雨不；瘳，瘳不。征，事大及衆，故征爲先。瘳，不及衆，私憂而已，故瘳爲後；象，則天事之大；雨，則天事之小；天事之大而在征後，則天道遠人道邇故也；先雨後瘳，則雨及衆故也；與先謀，則有所與之，宜慎甚於有所謀；謀先果至，則果既有爲也，卜其果而已；至，既有行也，卜其至而已。」（文淵閣四庫全書本周官新義卷十，頁十五。）

【佚文】（三八九）「占夢，以歲時日月星辰，則所謂經運；蓋歲時日月星辰之運。」（訂義卷四二，頁四王氏曰；詳解卷二二，頁三一四述略同；欽定義疏卷二四，頁七王氏安石曰，「則」上有「占六夢之吉凶」六字，「則」下有「此」字。）

以八命者，贊三兆、三易、三夢之占，以觀國家之吉凶，以詔救政。

【佚文】（三九〇）「大卜以龜八命贊易、夢之占[三]，而占人以八筮占頌，則占龜以筮夢合焉，

---

[一] 以上五字：集説卷五，頁五三王介甫曰：「征，討伐及行役也。」註疏删翼卷十五，頁二九臨川王氏曰同集説，但「征」下有「謂」字。

[二] 「象天」以下，集説卷五，頁五三王介甫曰。

[三] 「贊」下，墨海本、經苑本並有「兆」字。

故洪範『大疑，謀及卜筮』，兩眡其從違以斷吉凶〔一〕，而武王曰：『朕夢協朕卜，戎商必克。』吉凶之變，休戚之情，見於蓍龜，動於四體。見於蓍龜，故取於朽骨之象，枯莖之數；動於四體，故取於精神之寓，魂氣之交；則龜蓍夢三者，未嘗不相須以爲用焉。洪範『大疑，謀及卜筮』，兩眡其從違以斷吉凶，而武王曰：『朕寤協朕卜，戎商必克〔二〕。』大卜以八命贊三兆、三易、三夢之占，則亦以龜筮夢合而占也。八命者，邦君之八命也。以邦事卜之龜，故用三兆之法以占之；以邦事筮之蓍，故用三易之法以占之；以邦事考之夢，故用三夢之法以占之；作八命，非特占之於蓍〔三〕，亦驗之於筮，叶之於夢而後已，故有贊其占者焉。蓋以三兆、三易、三夢爲正，以言辭之命贊之而已；如是，則國家之吉者可以前知，凶則詔王正厥事以救之也。所謂救政者，修致以救凶灾也；蓋吉凶之變，雖出乎天〔四〕，而其所以感召之者，實自乎人，知凶而修政以救之，則可以轉禍而爲福矣〔五〕。古之人，固有以人君之言善而致熒惑之退舍，孰謂

〔一〕「兩」，墨海本皆作「而」，詳解述作「兩」（詳下註）。
〔二〕「洪範」以下共三十字，欽定義疏卷二四，頁九王氏安石曰：「洪範『大疑，謀及卜筮』，兩眡其從違，而武王亦以『朕夢協朕卜』爲言。蓋必三者交相爲占，而吉凶休咎始得而決。」删易成義。
〔三〕「蓍」，墨海本、經苑本並作「龜」，詳解述亦作「龜」（詳下註）。
〔四〕「雖」，鈔本作「雜」，詳解述作「雖」（詳下註）。
〔五〕「而」，墨海本、經苑本並無；詳解述有（詳下註）。

救政之不可爲歟〔一〕？」（文淵閣四庫全書本周官新義卷十，頁十五—十六。）

凡國大貞，卜立君，卜大封，則眡高，作龜；大祭祀，則眡高，命龜。凡小事，涖卜。國大遷，大師，則貞龜；凡旅陳龜。凡喪事，命龜。

【佚文】（三九一）「作龜者，作其兆；命龜者，命以故；貞龜者，貞其兆之吉凶。凡國大貞，卜立君，卜大封，皆卜而貞之；大祭祀，國大遷、大師、凡喪事，皆作而命之；或言作，或言命，或言卜，或言貞，則相備而已〔二〕；國大貞，既言貞矣。卜立君，卜大封，人事，故於是言作龜焉；大祭祀，則聽於神而已，故於是言命龜焉；國大遷、大師，則其事在衆〔三〕，尤須人謀，以貞爲主，故於是言貞龜焉；以貞爲主，故成王征三監、淮夷，而庶邦君越庶士、御事反曰『王害不

〔一〕「歟」，經苑本作「與」。全段：集説卷五，頁五三—五四王氏曰，經文略同，但節目次第見異；周禮全經釋原卷八，頁三四王氏曰，又從集説所引而加改易。又「吉凶之變」以下：詳解卷二二，頁四—五述略同。

〔二〕「則」，墨海本、經苑本並無。

〔三〕「則」，墨海本、經苑本並無。

違卜』也。作龜必眡高者，龜天産，其兆象天事故也〔一〕。凡旅陳龜，蓋陳而弗作〔二〕，與陳樂器同〔三〕。」（文淵閣四庫全書本周官新義卷十，頁十七。）

【佚文】（三九二）「大封，謂封國命諸侯。」（欽定義疏卷二四，頁十王氏安石曰；詳解卷二二，頁五述：「大封以命諸侯，一國之本也。」略同。）

△卜師

△龜人

△菙氏

〔一〕「故」，墨海本、經苑本並無。
〔二〕「弗」，經苑本作「不」。
〔三〕「陳而」以下：訂義卷四二，頁六王氏曰，「弗」作「不」；集説卷五，頁五五王介甫曰；註疏删翼卷十五，頁三二介甫王氏曰，上並更有「陳龜」二字，「弗」並作「不」。

占人，掌占龜，以八簭占八頌，以八卦占簭之八故，以眡吉凶。凡卜簭，君占體，大夫占色，史占墨，卜人占坼。

【佚文】（三九三）「簭有八，故龜有八命：命言所以令龜，故言所以令簭；或言故，或言命，相備也。八簭，則八故之簭；八頌〔一〕，則八命之頌；八卦，則八簭之卦〔二〕。卜人，掌占龜也，而以八簭占八頌，以八卦占簭之八故，以眡吉凶，則以簭合而占焉。占體、占色、占墨、占坼，皆占龜，而曰凡卜簭，則簭亦占體故也〔三〕。詩曰『爾卜爾筮，體無咎言』，筮占體，於此見矣〔四〕。龜作之而坼，坼而後墨與色可知，卜人先占坼，史占墨次之，大夫占色又次之，衆占備焉，而後君占體，以斷吉凶，事之序也。先言占體，則以尊卑之序言之〔五〕。」（文淵閣四庫全書本周官新義卷十，頁十八—十九。）

〔一〕「頌」，墨海本、經苑本作「命」，詳解述作「頌」（詳下註）。

〔二〕首以下，詳解卷二二，頁九述。

〔三〕「亦」，墨海本、經苑本並無；詳解述有（詳下註）。

〔四〕「占體占色」以下：詳解卷二二，頁九述；集説卷五，頁五九王介甫曰，上有「卜以龜，筮以蓍」六字，「於此」作「可」；註疏刪翼卷十五，頁四十臨川王氏曰，刪略集説成義。

〔五〕「龜作之」以下：訂義卷四二，頁十三王氏曰，「龜作之」作「作龜之」，無「斷」字。又自「卜人」以下，詳解卷二二，頁九述，「先言」下有「君」字。

凡卜簭，既事，則繫幣，以比其命；歲終，則計其占之中否。

【佚文】（三九四）「繫幣以比其命者，繫幣於龜簭，而書所命以比之；歲終計其占之中否，則以考官占龜矣。」（文淵閣四庫全書本周官新義卷十，頁十九。）〔一〕

簭人，掌三易以辨九簭之名：一曰連山，二曰歸藏，三曰周易；九簭之名：一曰巫更，二曰巫咸，三曰巫式，四曰巫目，五曰巫易，六曰巫比，七曰巫祠，八曰巫參，九曰巫環；以辨吉凶。凡國之大事，先簭而後卜。上春相簭。凡國事共簭。

【佚文】（三九五）「凡國之大事，先簭而後卜者，兼用卜簭，而尊龜焉，故後之〔二〕。上春相簭，則簭亦有媺惡如龜矣〔三〕。」（文淵閣四庫全書本周官新義卷十，頁十九。）

占夢，掌其歲時，觀天地之會，辨陰陽之氣，以日、月、星、辰占六夢之吉凶：一曰正夢，二曰噩

〔一〕全段，詳解卷二二，頁九—十述略同。

〔二〕「兼用」以下，訂義卷四二，頁十六王氏曰。

〔三〕全段：詳解卷二二，頁十述，幾全同。又「簭亦」以下，集說卷五，頁六一王介甫曰；註疏删翼卷五，頁四三介甫王氏曰。

夢，三曰思夢，四曰寤夢，五曰喜夢，六曰懼夢。

【佚文】（三九六）「人之精神與天地同流，通萬物一氣也。易曰：『乾道變化，各正性命，保合太和，乃利貞[一]。』故占夢掌其歲時，觀天地之會，辨陰陽之氣，以日、月、星、辰占六夢之吉凶。掌其歲時，則掌占夢之歲時而已。寤夢，若狐突夢子申生[二]；正夢，鄭氏謂『平安自夢』。」（文淵閣四庫全書本周官新義卷十，頁十九—二十。）

【佚文】（三九七）「……此占夢之所以設也。」（集説卷五，頁六二王介甫曰；註疏删翼卷十五，頁四三—四四臨川王氏曰，上承「利貞」，詳本頁註一。）

季冬，聘王夢，獻吉夢于王，王拜而受之；乃舍萌于四方，以贈惡夢，遂令始難歐疫。

【佚文】（三九八）「問王夢而占之，吉則獻王；不吉，則舍萌于四方以贈焉。吉凶有萌，則見

---

[一] 首以下：集説卷五，頁六二王介甫曰；註疏删翼卷十五，頁四三—四四臨川王氏曰，並下尚有八字，詳下佚文。

[二] 「寤夢」以下：集説卷五，頁六三王介甫曰；註疏删翼卷十五，頁四五介甫王氏曰；訂義卷四二，頁十七王氏曰：「如狐突夢太子申生也。」幾全同。

於夢，故其贈也，舍萌焉。遂令始難毆疫[一]，則内無釁，然後自外至者，可索而毆也[二]。」（文淵閣四庫全書本周官新義卷十，頁二十。）

眡祲，掌十煇之灋，以觀妖祥，辨吉凶：一曰祲，二曰象，三曰鑴，四曰監，五曰闇，六曰瞢，七曰彌，八曰敘，九曰隮，十曰想。掌安宅敘降。正歲，則行事；歲終，則弊其事。

**【佚文】**（三九九）「物反爲妖，兆見爲祥，吉凶則妖祥之成事。人不安宅，則眡祲掌以灋爲之安宅[三]，又爲敘其妖祥而降之，若保章氏降豐荒之祲象[四]。正歲則行事者，行安宅敘降之事，歲終則弊其事者，弊其正歲所行之事；不言會而言弊，則不可會也，弊之而已[五]。」（文淵閣四庫全書本周官新義卷十，頁二十。）

**【佚文】**（四〇〇）「氣祥謂之祲，以日傍之氣相侵也。形本謂之象，謂氣在日傍未成形也。

---

[一]「毆」，鈔本作「歐」，詳解述作「毆」，下同。

[二]「令始」以下，詳解卷二二，頁十二述大同。

[三]「人」以下，訂義卷四二，頁二十王氏曰，「灋」上有「其」字。

[四]「又爲」以下，欽定義疏卷二四，頁三三王氏安石曰：「敘降，若保章氏所謂辨吉凶水旱，降豐凶之祲象。」頗異。

[五]「又爲」以下，詳解卷二二，頁十三述略同。

鑴，如『童子佩鑴』之鑴，謂傍氣刺日也。監，如『王啓監，厥亂』之監，謂雲氣在上而臨日也。闇，謂晝晦或日蝕也。瞢，謂日無光也。彌，如彌縫之彌，謂氣貫日也。敘，如時敘之敘，謂雲有次敘在日上也。隮，如『朝隮于西』之隮，謂虹氣見日傍也。想，謂雜氣有似，可形想也。」（六經天文編卷下，頁十一「十煇」目王氏曰；詳解卷二二，頁十三述，「雲氣在上」作「雲氣在日」，「或」作「成」，「貫日」下無「也」字。）

# 周禮新義　卷十一　春官宗伯四

大祝，掌六祝之辭，以事鬼、神、示，祈福祥，求永貞：一曰順祝，二曰年祝，三曰吉祝，四曰化祝，五曰瑞祝，六曰筴祝。

【佚文】（四〇一）「順祝，所謂順豐年；年祝，所謂逆時雨、寧風旱；吉祝，所謂祈福祥；化祝[一]，謂弭[二]災兵、遠辠疾[三]；瑞祝，則若金縢『植璧秉圭』；筴祝，則金縢『册祝』是也。遠辠疾，所謂永貞，餘皆所謂祈福祥；而吉祝則非有所指求，是以爲祈福祥之正。」（文淵閣四庫全書本周官新義卷十一，頁一。）

【評】（一二四）清王太岳曰：「掌六祝之辭，以事鬼、神、示，祈福祥，求永貞，義：『年祝，所謂逆時雨、寧風旱；瑞祝，則若金縢「植璧秉圭」。』案：鄭註：『年祝，求永貞也；瑞祝，逆時雨、寧風旱也。』疏云：『祈永貞，是命年之事；逆時雨、寧風旱二者，似若天之應瑞，故

[一]「祝」下，墨海本、經苑本並有「所」字。
[二]「弭」，墨海本作「彌」。
[三]「化祝」以下，集説卷五，頁六七王介甫曰，「謂」字無，「弭」作「彌」。

謂之瑞。』據此仍當以註説爲正。」(四庫全書考證卷八,頁四五。)

掌六祈以同鬼、神、示:一曰類,二曰造,三曰禬,四曰禜,五曰攻,六曰説。

【佚文】(四〇二)「類,類上帝之屬;造,造于祖之屬;禬,禬國之凶荒、民之札喪之屬[一];禜,春秋祭禜之屬;攻,以攻禜攻之之屬;説,以攻説禬之之屬。」(文淵閣四庫全書本周官新義卷十一,頁一〇。)[二]

作六辭以通上下、親疏、遠近:一曰祠,二曰命,三曰誥,四曰會,五曰禱,六曰誄。

【佚文】(四〇三)「命、誥、誄,言其事之辭;祠、會、禱,言其辭之事。」(文淵閣四庫全書本周官新義卷十一,頁二〇。)[三]

辨六號:一曰神號,二曰鬼號,三曰示號,四曰牲號,五曰齍號,六曰幣號。

---

[一]「禬國」以下,訂義卷四三,頁三王氏曰。

[二] 全段,詳解卷二三,頁十五述略同。

[三] 全段,詳解卷二三,頁十七述。

【佚文】（四〇四）「牲、齍、幣，亦皆爲之號，禮之敬文也。」（文淵閣四庫全書本周官新義卷十一，頁二一。）〔一〕

辨九祭：一曰命祭，二曰衍祭，三曰炮祭，四曰周祭，五曰振祭，六曰擩祭，七曰絶祭，八曰繚祭，九曰共祭。

【佚文】（四〇五）「命祭，禮記所謂『若賜之食，而君客之，則命之祭，然後祭』；周祭，禮記所謂『殽之序，徧祭之』；振祭，儀禮所謂『取肝擩于醢，振祭』；擩祭，儀禮所謂『取菹擩於醢，祭于豆間』；絶祭，儀禮所謂『右取肺，左卻手，執本坐，弗繚，右絶末，以祭』；共祭，膳夫、肆師所謂『授祭』；唯衍、炮、繚祭，無所經見，然鄉飲酒禮言『弗繚』，則祭有繚者矣。」（文淵閣四庫全書本周官新義卷十一，頁二一。）

【評】（一一二五）清王太岳曰：「義：『唯衍、炮、繚祭，無所經見。』案：鄭註：『衍當爲延，炮當爲包，聲之誤也。延祭者，曲禮曰「主人延客祭」是也。包猶兼也，兼祭者，有司徹曰「尸受兼祭于豆祭」是也。』此云『衍、炮之祭，無所經見』，當以康成説有改字之嫌，故不從

〔一〕全段，詳解卷二二，頁十六述略同。

之歟！」（四庫全書考證卷八，頁四五。）

辨九擈：一曰稽首，二曰頓首，三曰空首，四曰振動，五曰吉擈，六曰凶擈，七曰奇擈，八曰褒擈，九曰肅擈，以享右祭祀。

【佚文】（四〇六）「享，尊在已上者；右，尊在已右者。」（文淵閣四庫全書本周官新義卷十一，頁三。）〔二〕

【評】（一二六）清王太岳曰：「義：『享，尊在己上者；右，尊在已右者。』案：享右祭祀，註云：『享，獻也，謂朝獻饋獻。右讀爲侑，侑勸尸食而拜。』王氏當嫌康成改字，故不從之；然于祭禮反無所據，不如仍從康成之說。」（四庫全書考證卷八，頁四五—四六。）

凡大禋祀、肆享、祭示，則執明水火而號祝。隋釁，逆牲，逆尸，令鍾鼓，右亦如之；來瞽，令皋舞。

【佚文】（四〇七）「號祝，號致焉，而後祝也。執明水火，則明水火之爲物，致潔而清明。大

〔二〕 全段，詳解卷二二，頁十七述。

禋祀，致其精以祀也；肆享，致其全以享也；祭示，致其察以祭也；上所致如此，而祀陳信於鬼神，則其所執，宜以至潔而清明。來瞽，則樂師詔之，大祝來之；臯舞，則樂師詔之，大祝令之[一]。」（文淵閣四庫全書本周官新義卷十一，頁三。）

**【佚文】**（四〇八）「明水以鑑，取水於月；明火以燧，取火於日，至潔而清明者也。號六號，祝六祝。」（集説卷五，頁七二王介甫曰；詳解卷二二，頁十八述，幾全同，「燧」作「遂」。）

相尸禮。既祭，令徹。大喪，始崩，以肆鬯渳尸，相飯，贊斂，徹奠。言甸人讀禱，付練祥，掌國事。

**【佚文】**（四〇九）「言甸人讀禱者，於甸人讀禱，則大祝言於匱，使知焉[二]。」（文淵閣四庫全書本周官新義卷十一，頁三。）

國有大故天烖，彌祀社稷禱祠。

---

[一] 「來瞽」以下，訂義卷四三，頁八—九王氏曰。

[二] 「於甸」下：詳解卷二二，頁十九述大同；訂義卷四三，頁九王氏曰。

【佚文】（四一〇）「彌，與小祝所謂『彌烖兵』同義。」（文淵閣四庫全書本周官新義卷十一，頁三。）

大師，宜于社，造于祖，設軍社，類上帝，國將有事于四望，及軍歸獻于社，則前祝。大會同，造于廟，宜于社，過大山川，則用事焉，反行舍奠。

【佚文】（四一一）「大師，先社後祖，陰事也；大會同，先廟後社，陽事也。」（文淵閣四庫全書本周官新義卷十一，頁四。）[一]

建邦國，先告后土，用牲幣，禁督逆祀命者。頒祭號于邦國都鄙。

【佚文】（四一二）「大宗伯言『大封告后土』，今此言『建邦國』，則唯建邦國爲大封矣。逆祀命，謂命之祀而弗祀，非所命而祀焉[二]。頒祭號于邦國都鄙，謂頒其所得用之祭號。」（文淵閣

[一] 全段，詳解卷二二，頁二十述，旨同。

[二] 「逆祀命」以下，欽定義疏卷二五，頁十九王氏安石曰：「命之祀而弗祀，非所命而祀，皆謂之逆祀命。」詳解卷二二，頁二十述同義疏（僅「而祀」下多「焉」字）。

四庫全書本周官新義卷十一，頁四。）〔一〕

小祝，掌小祭祀，將事侯禳禱祠之祝號，以祈福祥，順豐年，逆時雨，寧風旱，彌烖兵，遠辠疾；大祭祀，逆齍盛，送逆尸，沃尸盥，贊隋，贊徹，贊奠。凡事佐大祝。大喪，贊渳，設熬置銘；及葬，設道齎之奠，分禱五祀。大師，掌釁祈號祝。

【佚文】（四一三）「大師，掌釁祈號祝者，左氏傳所謂『軍行祓社釁鼓，祝奉以從』也。」（文淵閣四庫全書本周官新義卷十一，頁四。）〔二〕

有寇戎之事，則保郊祀于社。凡外內小祭祀、小喪紀、小會同、小軍旅，掌事焉。

【佚文】（四一四）「保郊，保神壝之在郊者；社不在郊，無事保，祀之而已。」（文淵閣四庫全書本周官新義卷十一，頁四。）〔三〕

---

〔一〕全段，詳解卷二二，頁二十述略同。又「頒其」以下，亦見訂義卷四三，頁十一王氏曰；欽定義疏卷二五，頁十九王氏安石曰。

〔二〕全段：詳解卷二三，頁二述，幾全同；訂義卷四三，頁十四王氏曰，「者左氏傳」作「則左傳」，末「也」字無。

〔三〕全段，詳解卷二三，頁二一—三述大同。

喪祝，掌大喪勸防之事。及辟，令啓；及朝，御匶乃奠；及祖，飾棺，乃載，遂御；及葬，御匶出宫，乃代；及壙，説載，除飾。小喪，亦如之。掌喪祭祝號。王弔，則與巫前。

【佚文】（四一五）「勸防，爲行匶也。勸，勸力；防，防傾虧；辟，辟殯；啓，啓菆塗；朝，朝廟；奠，奠匶。以祝御匶，則象其生時〔一〕；既御匶出宫後，祝代之執事〔二〕；説載除飾，爲將窆故也。弔用巫祝，臨死者故也。」（文淵閣四庫全書本周官新義卷十一，頁五。）

【張補】出而祖，亦象其生時。御謂之匶，飾謂之棺，則御，御其在棺者，非御棺也，飾，飾其棺而已，非飾匶也。遂御，亦御匶。（鈔本周官義疏。）

掌勝國邑之社稷之祝號，以祭祀禱祠焉。凡卿大夫之喪，掌事而斂，飾棺焉。

【佚文】（四一六）「勝國邑之社稷，喪之類，故喪祝掌其事。」（文淵閣四庫全書本周官新義卷十一，頁五。）〔三〕

〔一〕「朝朝廟」以下，訂義卷四三，頁十五王氏曰，「廟」下、「奠匶」下均有「也」字。
〔二〕「既御」以下，訂義卷四三，頁十五王氏曰。
〔三〕全段，訂義卷四三，頁十六王氏曰；欽定義疏卷二五，頁三二王氏安石曰。

甸祝，掌四時之田，表貉之祝號。舍奠于祖廟，禰，亦如之。師甸，致禽于虞中，乃屬禽；及郊饁獸，舍奠于祖禰，乃斂禽；禂牲禂馬，皆掌其祝號。

【佚文】（四一七）「舍奠于祖廟，禰亦如之，則出而時田，故舍奠；田亦以遷祖行，則奠以祖爲正，故曰禰亦如之。大祝造于祖，不言廟，今此言廟者，言奠不言廟，則嫌奠于行主而已；及郊饁獸，釋奠于祖禰，不言廟，則亦言禰非行主可知也〔一〕。凡言師田，師不必田，田不必師，今此言師甸，而其事皆田；又甸祝所掌，則是用師以田而已〔二〕。小宗伯言頒禽，於此言斂，相備也〔三〕。禂牲、禂馬，許慎以爲禂禱牲馬之祭，而引詩『既伯既禂』以釋之，今詩『禂』爲『禱』，則禂、禱蓋同義。」（文淵閣四庫全書本周官新義卷十一，頁五—六。）

【佚文】（四一八）甸與田同，以包地而田，則謂之甸。甸祝，掌田之祝號而已，故甸祝名官。貉師，祭也；設表以祭，故謂之表貉。甸所以教戰，春蒐、夏苗、秋獮、冬狩；表貉以祭，甸祝則掌其祝號也。師甸皆以遷祖行，視民以用命也。（詳解卷二三，頁三見新傳。）

〔一〕「亦」，墨海本作「以」。
〔二〕「凡言」以下，訂義卷四三，頁十七王氏曰，無「而」、「則」二字，「皆田」作「皆甸」。
〔三〕「小宗」以下，訂義卷四三，頁十七王氏曰，無「於」、「也」二字。

詛祝，掌盟、詛、類、造、攻、説、禬、禜之祝號。作盟詛之載辭，以敘國之信用，以質邦國之劑信。

【佚文】（四一九）「於人也，盟、詛以要之；於鬼神也，類、造、攻、説、禬、禜以求之[一]；民之所不能免也。先王與同患焉，因爲典禮而置官以掌之；弭亂救災，於是乎在矣[二]。所載于盟、詛之書，是謂國之信用；有劑焉，以信其約，是謂邦國之劑信。」（文淵閣四庫全書本周官新義卷十一，頁六。）

司巫，掌群巫之政令。若國大旱，則帥巫而舞雩；國有大烖，則帥巫而造巫恒；祭祀，則共匰主，及道布，及蒩館。凡祭事，守瘞，凡喪事，掌巫降之禮。

【佚文】（四二〇）「帥女巫也，不言女，則以女巫見之[三]。造巫恒，造其所禳之恒事也。恒，久也；其所造事，災弭而後止焉，非頃而已[四]。巫，神所降，故喪事有巫降之禮焉，盡愛之道

[一]「求之」下，墨海本、經苑本並有「此」字。又首以下，欽定義疏卷二五，頁三五王氏曰，增省語氣詞。
[二]首以下，訂義卷四三，頁十八王氏安石曰，無「而」字，「弭」作「彌」。
[三]首以下，訂義卷四三，頁二十王氏曰，無「則」字。
[四]首以下，詳解卷二三，頁四述，幾全同。

也〔一〕。」（文淵閣四庫全書本周官新義卷十一，頁六—七。）

男巫，掌望祀、望衍、授號，旁招以茅，冬堂贈，無方無算；春招弭，以除疾病；王弔，則與祝前。

【佚文】（四二一）「授號者，授祭者以祭號；旁招以茅者，以茅招所祀四方之神，以茅則與藉之用茅同意〔二〕。堂贈，蓋歲有事於堂而贈焉。無方，則唯巫之所之；無算，則唯巫之所用；招，招福祥；弭，弭禍祟〔三〕；於喪祝言王弔，則與巫前，然後知其爲喪祝；於男巫言王弔，則與祝前，然後知其爲男巫。」（文淵閣四庫全書本周官新義卷十一，頁七。）〔四〕

【佚文】（四二二）「弔用巫祝，臨死者故也。」（集説卷五，頁八一王介甫曰；註疏删翼卷十五，頁八一介甫王氏曰。）

---

〔一〕「巫神所降」以下，訂義卷四三，頁二一王氏曰。

〔二〕「旁招」以下，集説卷五，頁八一王介甫曰。

〔三〕「弭」，鈔本原作「禍」，孔校改作「弭」；詳解述作「止」（詳下註）。「祟」，鈔本原作「崇」，孔校改作「祟」；詳解述作「祟」（詳下註）。

〔四〕全段，詳解卷二三，頁五述略同。

女巫，掌歲時祓除釁浴。旱暵，則舞雩。若王后弔，則與祝前，凡邦之大烖，歌哭而請。

【佚文】（四二三）「女，陰物；舞，陽事；舞女以助達陰中之陽，用巫則以接神故也。國大旱，則旱大矣[一]，又偏國焉，故司巫帥舞旱暵則不至是也，故女巫舞之而已[二]。歌以致神，哭以祈哀[三]。」（文淵閣四庫全書本周官新義卷十一，頁七。）

大史，掌建邦之六典，以逆邦國之治；掌灋，以逆官府之治；掌則，以逆都鄙之治。凡辨灋者，攷焉；不信者，刑之。凡邦國都鄙及萬民之有約劑者藏焉，以貳六官，六官之所登。若約劑亂，則辟灋；不信者，刑之。

【佚文】（四二四）「司約，『掌邦國及萬民之約劑』，『若大亂，則六官辟藏，其不信者殺』。蓋六官所藏約劑，有登于司約而藏焉，大史又藏焉，則以貳六官所藏，及其所登[四]。辟灋，啓其

---

[一]「旱大」：鈔本原作「大旱」，孔校乙轉；詳解述作「舞雩」（詳下註）。

[二] 首以下，詳解卷二三，頁六述略同。

[三]「歌以」以下，訂義卷四三，頁二三王氏曰。

[四] 首以下：詳解卷二三，頁七述，「而藏焉」下有「者」字，無「又」字，「所登」下尚有七字（詳下佚文）；訂義卷四四，頁三王氏曰，「而藏焉」下有「者」字，「所登」下更有七字（亦詳下佚文）。

書。」（文淵閣四庫全書本周官新義卷十一，頁八。）

【佚文】（四二五）「……者，參之攷之故也。」（訂義卷四四，頁三王氏曰，上承「所登」云云；詳解卷二三，頁七述亦有七字，作「者，而參考之故也」；並詳上頁註四。）

正歲年以序事，頒之于官府及都鄙；頒告朔于邦國。閏月，詔王居門，終月。

【佚文】（四二六）「歷日月，以正歲年；正歲年，以序事；序事，以授時；頒之於官府都鄙，授事時也。歲，則馮相氏所謂『十有二歲』；年，則若春秋書年。頒告朔，亦授以事時也；謂之告朔，則諸侯以所頒藏於祖廟，朔月則告廟，而受行之。月日時有常，而置閏無常，無常者變也；一闔一闢，利用出入，有常者待是焉[二]。」（文淵閣四庫全書本周官新義卷十一，頁八。）

大祭祀，與執事卜日；戒及宿之日，與群執事讀禮書而協事；祭之日，執書以次位常；辨事者，攷焉；不信者，誅之。

〔二〕「則諸侯」以下，詳解卷二三，頁八述（二條）略同。

【佚文】（四二七）「辨灋，辟灋不信則刑之，尊灋故也；辨事，則事有大小，不皆刑也。故言誅之而已。」（文淵閣四庫全書本周官新義卷十一，頁九。）

大會同、朝覲，以書協禮事；及將幣之日，執書以詔王。大師，抱天時，與大師同車；大遷國，抱灋以前。

【佚文】（四二八）「大祭祀，書與群執事讀禮書而協事；大會同、朝覲，言以書協禮事；祭祀所謂事，即禮事；會同、朝覲所謂書，即禮書；相備而已。」（文淵閣四庫全書本周官新義卷十一，頁九。）

【佚文】（四二九）「（抱天時，）謂抱以知天時之器。」（訂義卷四四，頁八王氏曰；詳解卷二三，頁十述；欽定義疏卷二六，頁八王氏安石曰：「兼抱天時之器。」）

大喪，執灋以涖勸防；遣之日，讀誄。凡喪事，攷焉。小喪，賜謚。凡射事，飾中；舍算，執其禮事。

【佚文】（四三〇）「鄭氏謂『史讀誄，大師帥瞽作謚，王誄謚，成於天道』。中，形爲閭虎兕鹿之屬，而鑿中以盛算，明善射多算，則能勝物，而制之以爲用。」（文淵閣四庫全書本周官新義卷十一，頁九。）

小史，掌邦國之志，奠繫世，辨昭穆。若有事，則詔王之忌諱。大祭祀，讀禮灋，史以書敘昭穆之俎簋；大喪、大賓客、大會同、大軍旅，佐大史。凡國事之用禮灋者，掌其小事；卿大夫之喪，賜謚讀誄。

【佚文】（四三一）「父謂之昭，子謂之穆；父子相代謂之世，世之所出謂之繫；奠繫世，以知其本所出，辨昭穆，以知其世序〔二〕。鄭氏謂『小史敘俎簋』，以大史與群執事讀禮灋爲節〔三〕；卿大夫之喪，即大史所謂『小喪』，鄭氏所謂『讀誄』，亦以大史賜謚爲節，事相成。」（文淵閣四庫全書本周官新義卷十一，頁十。）

馮相氏，掌十有二歲、十有二月、十有二辰、十日、二十有八星之位，辨其序事，以會天位；冬夏致日，春秋致月，以辨四時之敘。

〔二〕 首以下：詳解卷二三，頁十一述，兩「繫」字並作「係」。又自「父子」以下，欽定義疏卷二六，頁十二王氏安石曰，末有「也」字。

〔三〕 「灋」，墨海本作「書」，詳解卷二三，頁十一述作「法」。

【佚文】（四三二）「序事[一]，春作[二]，夏訛，秋成，冬易，厥民析、因、夷、隩之屬是也；天位，星鳥、星火、星昴、星虚之屬是也。馮相氏辨而會之，義、和之事也；而以中士爲之，則世及於此，略天道詳人事矣。」（文淵閣四庫全書本周官新義卷十一，頁十。）[三]

保章氏，掌天星，以志星辰日月之變動，以觀天下之遷，辨其吉凶。以星土辨九州之地，所封封域，皆有分星，以觀妖祥。以十有二歲之相，觀天下之妖祥。

【佚文】（四三三）「掌天星者，掌天與星也；所謂日月之變動，五雲之物，十有二風，皆天也[四]。遷，亦變動，變動，吉凶之所生；然天不因人不成[五]，故仰以志星辰日月之變動，俯以觀天下之遷，辨其吉凶。分星，各有所主；封域，歲無常主，異於分星，故以其相，觀天下之妖祥。」（文淵閣四庫全書本周官新義卷十一，頁一一十一。）

[一]「序」，鈔本、墨海本、經苑本、詳解述（詳下註）皆作「敘」。
[二]「春」下，鈔本有「秋」字，詳解述無「秋」字（詳下註）。
[三] 全段，詳解卷二三，頁十一—十二述，旨同。
[四] 首以下，詳解卷二三，頁十二—十三述。
[五]「不」，鈔本無，墨海本、經苑本並作「而」。

【評】(一二七)清王太岳曰:「義:『掌天星者,掌天與星也。』案:天之行,及日月之行度,非星無以見,故曰『掌天星』,以志日月星辰之變動。繹經意,似不當分言。」(四庫全書考證卷八,頁四六。)

以五雲之物,辨吉凶、水旱、降豐荒之祲象。以十有二風,察天地之和,命乖别之妖祥。凡此五物者,以詔救政,訪序事。

【佚文】(四三四)「十有二風,風之生於十二辰之位者也。蓋天地六氣,合以生風:艮爲條風,震爲明庶風,巽爲清明風,離爲景風,坤爲涼風,兑爲閶闔風,乾爲不周風,坎爲廣莫風。八風本乎八卦,傳曰『舞以行八風』,謂此也。四維之風兼於其月,故艮爲條風,而立春亦曰條風;巽爲清明風,而立夏亦曰清明風;坤爲涼風,而立秋亦曰涼風;乾爲不周風,而立冬亦曰不周風;故風八變而言之,又謂十二風也。風生於天地之和氣,以風察天地之和,和則無事矣;不和則命乖别之妖祥以告人,而使之知所備焉。乖則異而不同,别則離而不通,萬物之氣故也。」(詳解卷二三,頁十四述;集説卷五,頁九五—九六王氏曰,幾全同;註疏删翼卷十六,頁二六王氏曰,則頗有删節。)

【佚文】(四三五)「十有二風,風之生於十二辰之位者也。蓋天地之氣,合以生風,八風本乎八卦：四維之風，兼於其月，故艮爲條風，而立春亦曰條風；巽爲清明風，而立夏亦曰清明風；坤爲涼風，而立秋亦曰涼風；乾爲不周風，而立冬亦曰不周風。故八風變而言之，又謂十二風。」（六經天文編卷下，頁二六「十二風」目王氏曰。）

**【佚文】**（四三六）「五雲之物，或兆吉凶，或兆水旱；兆水旱，故以其物降豐荒之祲象，使人知而爲備。氣祥謂之祲，形本謂之象，以風察天地之和，和則無事矣[一]；不和也，則命乖別之妖祥焉，乖別在人，而妖祥先見於風，則亦人與天地同流通、萬物一氣故也。豐荒之祲象言降，乖別之妖祥言命，皆命而降之也。命，謂名言之[二]；救政，救凶荒乖別之政；序事，救政之事，所當先後緩急；詔以詔上，訪以訪下[三]。」（文淵閣四庫全書本周官新義卷十一，頁十一。）

**内史**，掌王之八枋之灋，以詔王治：一曰爵，二曰禄，三曰廢，四曰置，五曰殺，六曰生，七曰予，

---

[一]「無」，鈔本原叠二「無」字，孔校删却。

[二]「乖別」以下：見訂義卷四四，頁十九王氏曰，無「而」、「則」二字，「降之也」作「降之」；欽定義疏卷二六，頁二七王氏安石曰：「命謂名言之。」只載此一句。

[三]「救政凶荒」以下：集説卷五，頁九六王介甫曰：「詔以詔上，訪以訪下。救政，凶荒乖別之政，序事，救政之事，所當先後緩急。」註疏删翼卷十六，頁二七介甫王氏曰同集説；欽定義疏卷二六，頁二七王氏安石曰據集説，略加删易。又「詔以」以下，訂義卷四四，頁十九王氏曰。

八曰奪。

【佚文】（四三七）「謂之八枋之法，則其所掌者法而已。」（文淵閣四庫全書本周官新義卷十一，頁十二。）[一]

【佚文】（四三八）夫上下之分，有道揆，有法守；大宰有八柄詔王馭群臣者，明道揆于上，而所掌者，非特法守而已。內史掌王八枋之法，以詔王治者，謹法守，而下而道揆有不與也。謂之八枋之法，則其所掌者法而已，謂之王之八枋之法，則法當自王出故也。枋亦柄也。大宰言八柄，則以道揆者操之，而惟我所爲，陽之正也。丙之陽，有時也，有方也；其執爲有方，其釋爲有時矣。內史言八枋，則以法守者，其執爲有方矣，非若陽之正、能執而能釋也。大宰言詔王馭群臣，則疾徐進止制于上，而大宰有同于君道故也。內史言詔王治，而不言群臣，則以內史者，有司之事，而治則在王；於馭群臣，非所宜矣。（詳解卷二四，頁一云餘見大宰新傳。）

【佚文】（四三九）「大宰八柄之序，先慶賞而後刑威。於慶賞，則先重而後輕；於刑威，則先輕而後重；勸賞畏刑之意。至於內史，則慶賞、刑威雜而不知其孰先，主於守法，而不預其道揆之

[一] 全段，詳解卷二四，頁一述（參看下條佚文）。

意也。」（集説卷五，頁九八—九九王介甫曰；周禮全經釋原卷八，頁七二王氏曰，「之意至於」作「之意也」，「預」作「與」；註疏删翼卷十六，頁二八介甫王氏曰，「勸」、「畏」作「貴」、「薄」。）

執國灋及國令之貳，以攷政事，以逆會計。掌敘事之灋，受納訪，以詔王聽治。

【佚文】（四四〇）「上以道制之，下守以爲法；上以命使下[一]，下稟以爲令[二]。敘事，事治先後也。納，納言於上；訪，訪事於下[三]；受納，則受其所納之言；受訪，則受其所訪之對。掌敘事之灋，所以詔聽其事；受納訪，所以詔聽其情[四]。」（文淵閣四庫全書本周官新義卷十一，頁十二。）

凡命諸侯及孤卿大夫，則策命之。凡四方之事書，內史讀之。王制禄，則贊爲之，以方出之；賞

[一]「下」，經苑本作「之」，詳解述亦作「之」（詳下註）。

[二]首以下：詳解卷二四，頁一述略同；訂義卷四五，頁二王氏曰，「使下」作「使之」。

[三]「敘事」以下：詳解卷二四，頁二述大同；集説卷五五，頁九九王介甫曰，「納」字不疊；註疏删翼卷十六，頁二八臨川王氏曰。

[四]「受納訪」句，詳解卷二四，頁二述。

賜亦如之。内史掌書王命，遂貳之。

【佚文】（四四一）「策，竹爲之；方，木爲之；命以爲之節，故以策命之；禄及賞賜，則以仁之，故以方出之；名之曰方，則有義存焉〔一〕。讀四方之事書，次於策命之之後，則事非命不立故也；言書王命，次於方出之之後，則命非禄及賞賜不行故也〔二〕。内史所掌，始於八枋之法，蓋爵禄廢置〔三〕，生殺予奪〔四〕，無道揆，無法守，而枋移於小人，則何法之能立？何令之能行？何治之能聽？雖有爵禄賞賜，適足誘天下而爲邪。讀四方之事書，則以納罔欺而已；書王命而藏之，則以記過惡而已。」（文淵閣四庫全書本周官新義卷十一，頁十二—十三。）

【評】（一二八）宋易祓曰：「王氏新傳曰：『……』固足以發明經旨。又曰：『……』其説牽强，正學者之患。蓋爵命諸侯及孤卿、大夫，與夫讀四方之事書，以至制禄賞賜三者，皆以書而攷，故皆屬於内史。若所謂『内史掌書王命，遂貳之』，乃所以總繳上文。是知内外

---

〔一〕首以下：周官總義卷十六，頁十七王氏新傳曰，「策」下「竹」上、「方」下「木」上並各有「以」字，「賜」下無「則」字，「存」字無；詳解卷二四，頁二述略同。

〔三〕「讀四方之事書」以下，周官總義卷十六，頁十七王氏新傳又曰，兩「之之」並作「之」。

〔三〕「廢」，鈔本原作「置」，孔校改爲「廢」。

〔四〕「予」，鈔本作「與」。

二史均書命令，外史以令之達於下者爲主，故首言書外令；内史以命之出於上者爲主，故末言書王命：意各有所屬，故爾。」（周官總義卷十六，頁十七—十八。）

外史，掌書外令；掌四方之志，掌三皇五帝之書；掌達書名于四方。若以書使于四方，則書其令。

【佚文】（四四二）「命，後世所謂制也，故内史書之。令，後世所謂詔也，故外史書之。外令，國令也，外史掌書之，而内史執其貳，謂之外令，以别於女史之内令。」（訂義卷四五，頁五王氏曰。）

【佚文】（四四三）「書名者，字也；字所以正名百物，故謂之名。」（訂義卷四五，頁六王氏曰；欽定義疏卷二六，頁三四王氏安石曰。）

【張補】「達書名于四方」者，則書名制於王故也。（鈔本周官新義。）

【佚文】（四四四）先王所以一道德而同風俗者，此其本也。則外史之達書名于四方，又豈有異政殊俗之尚哉！（詳解卷二四，頁三述；敏案：此正熙寧君臣作新經義之主意，昭禹所述，當本安石周禮新義。）

御史，掌邦國、都鄙及萬民之治令，以贊冢宰。凡治者受灋令焉。掌贊書；凡數從政者。

【佚文】（四四五）「（凡數從政者，）若令御史掌班簿。」（集説卷五，頁一〇三王介甫曰；詳解卷二四，頁四述大同；註疏删翼卷十六，頁三二介甫王氏曰，「令」作「今」。）

巾車，掌公車之政令，辨其用與其旗物，而等敘之，以治其出入。

【佚文】（四四六）「掌公車之政令者，自庶人乘役車以上，皆非私車也。辨其用與其旗物，而等敘之，以治其出入者，等，等其上下；敘，敘其先後〔一〕；敘其先後〔二〕，則以治其出入，是故有先路、綴路、次路之名焉〔三〕。」（文淵閣四庫全書本周官新義卷十一，頁十三。）

王之五路：一曰玉路，錫，樊纓十有再就，建大常十有二斿，以祀；金路，鉤，樊纓九就，建大旂，以賓，同姓以封；象路，朱，樊纓七就，建大赤，以朝，異姓以封；革路，龍勒，條纓五就，建大白，以即戎，以封四衛；木路，前樊鵠纓，建大麾，以田，以封蕃國。

〔一〕「等其」以下，欽定義疏卷二七頁一王氏安石曰。

〔二〕「敘其先後」，墨海本、經苑本、詳解述（詳下註）皆無此四字。

〔三〕「等等」以下：詳解卷二四，頁四述略同，云：「等，謂差其上下；敘，謂次其先後。則以治其出入，是故有先路、綴路、次路之名焉。」訂義卷四五，頁九王氏曰，同詳解，僅「是」、「焉」二字無。

【佚文】（四四七）「玉，德之美，故以祀；金，義之和，故以賓，同姓以封；象，義之辨，故以朝，異姓以封；革，義之制，故以即戎，以封四衛。蓋革而制之，以扞外蔽内，是乃所謂義之制也；且戎路不革，無以待敵，謂之四衛，固欲其扞外蔽内也。木，仁之質也，故以田，以封蕃國。觀騶虞之詩，則田事貴仁，可知也；蕃國不及以政，則亦仁之而已；且田路不革，無所戎故也。大常，象天有日月焉；大旂，象春有交龍焉；大赤，象夏正南方之物也；大白，象秋正西方之物也；大麾，象冬正北方之物也〔一〕。玉路，德之美也，大常則以道格之；金路，義之和也，大旂則以仁接之；象路，義之辨也，大赤則以禮示之；革路，義之制也，大白則以義受之；木路，仁之施也，大麾則以知服之。自大旂以下，其以封也，爲賜而已，非諸侯所建，諸侯所建則皆旂而已，亦非所謂大旂也；故此諸旂，義主於王，而皆不以象諸侯之德。言同姓以封，而不言以封同姓；言異姓以封，而不言封異姓〔二〕；則嫌以賓，獨賓同姓，以朝，獨朝異姓故也。建大麾以田，而司馬辨旂物之用〔三〕，不言者，司馬所辨教治兵而已；既教治兵，遂以獮

〔一〕「太常」以下：集説卷五，頁一〇七王介甫曰；註疏删翼卷十六，頁四一臨川王氏曰；周禮全經釋原卷八，頁七八王氏曰，「南」上無「正」字。

〔二〕「言」下，墨海本、經苑本並有「以」字。

〔三〕「旂」，墨海本、經苑本並作「旗」。

田，於是建大麾焉〔一〕。」（文淵閣四庫全書本周官新義卷十一，頁十四—十五。）

王后之五路：重翟，鍚面朱總；厭翟，勒面繢總；安車，彫面鷖總，皆有容蓋；翟車，貝面組總，有握；輦車，組輓，有翣，羽蓋。

【佚文】（四四八）「后五路，其制皆不可考，然言翟，則必以翟飾；言輦，則必以人輓；自翟車以下，皆有容蓋；自翟車以上，則皆有握；自輦車以上，則皆有翣、羽蓋；服物上得兼下，下不得兼上故也。」（文淵閣四庫全書本周官新義卷十一，頁十五。）

王之喪車五乘：木車，蒲蔽，犬㯁，尾櫜，疏飾，小服皆疏；素車，棼蔽，犬㯁，素飾，小服皆素；藻車，藻蔽，鹿淺㯁，革飾；駹車，萑蔽，然㯁，髹飾；漆車，藩蔽，豻㯁，雀飾。

【佚文】（四四九）「喪車之制，皆不可考，然木車蔽㯁，櫜服皆疏，則必始喪所乘；素車蔽㯁，

〔一〕「麾」，鈔本原作「旌」，孔校改作「麾」。「建大麾」以下，訂義卷四五，頁十二王氏曰，「司馬辨」上無「而」字，「旂」作「旗」。

服皆素，則少變而飾以素，不皆疏矣〔一〕；蓋後車變而彌吉，以至於喪除焉〔二〕。犬禊，則以犬皮爲車幦〔三〕；尾櫜，則以犬尾爲兵櫜；疏飾，則用素而疏；素飾，則變疏而素；小服，則矢服之小者；鹿淺禊，則以鹿之淺毛爲禊；革飾，則又以其革飾焉；然禊，則以然皮爲幦；髤飾，則飾以髤色；豻禊，則以豻皮爲禊；雀飾，則飾以雀色；革不言色，蓋如素車用素髤〔四〕，雀不言物，蓋如藻車用革〔五〕，木車尾櫜。鄭氏以爲始喪，君道尚微，與書以『虎賁百人，逆子釗』同意。蓋素車去櫜，藻車去服，則宅宗久位定矣，浸可以不戎也。犬禊，則始宅宗之時，先王之政不可變，先王之器不可失，當守而已；故禊用犬尾。櫜，則明其爲御之末；小服，則明其爲戒之小；鹿淺禊，則鹿之爲物，知接其類，始喪，則與人辨〔六〕；稍吉，則與人接，其接之淺矣，故禊用鹿淺。然禊，則然之爲物，行有先後，食有長幼，喪事變而彌吉，則將用禮焉，故禊用然。豻

〔一〕「素車」以下，欽定義疏卷二七，頁十三王氏安石曰。

〔二〕「素車」以下，訂義卷四五，頁十六王氏曰，無「焉」字。

〔三〕「幦」，鈔本原作「弊」，孔校改作「幦」。

〔四〕「革不」以下，訂義卷四五，頁十六王氏曰。「髤」下，經苑本有「與」字。

〔五〕「髤雀」以下：訂義卷四五，頁十六王氏曰，「髤雀」作「髤與雀」；欽定義疏卷二七，頁十四王氏安石曰，「髤」下有「與」字。

〔六〕「辨」，鈔本原作「辦」，孔校改作「辨」。

禩，則豻，夷犬也，其守在夷，方喪之時，宅宗而已；將即吉，則王政施焉，將在四夷故禩用豻，禩用豻，則異於犬禩尾櫜遠矣。」（文淵閣四庫全書本周官新義卷十一，頁十六—十七。）

服車五乘：孤乘夏篆，卿乘夏縵，大夫乘墨車，士乘棧車，庶人乘役車。凡良車散車，不在等者，其用無常。凡車之出入，歲終則會之。凡賜，闕之；毀折，入齎于職幣。

【佚文】（四五〇）「夏篆，以采篆飾車也[一]；夏縵，則采而不篆；墨車，則墨而不采[二]；棧車，則無飾矣。考工記曰『棧車欲弇，飾車欲侈』，墨車以上，皆飾車也[三]。役車，鄭氏謂『可載任器以共役』，然謂之乘，則非特以載任器矣[四]。」（文淵閣四庫全書本周官新義卷十一，頁十七。）

【佚文】（四五一）「自役車以上皆有等者，其用固有常，餘或良或散，唯所用而已。」（訂義卷

---

[一] 首以下，詳解卷二四，頁八述；訂義卷四五，頁十七王氏曰。

[二] 「墨車」以下，訂義卷四五，頁十七王氏曰，無「則」字。

[三] 「棧車則」以下：詳解卷二四，頁八述略同；訂義卷四五，頁十七王氏曰，「記曰」作「記只」；欽定義疏卷二七，頁十六王氏安石曰，「記」下無「曰」字。又「考工」以下，集說卷五，頁一一〇王氏曰。

[四] 「謂之」以下，訂義卷四五，頁十七王氏曰，無「則」、「以」二字。

四五，頁十八王氏曰：；集説卷五，頁一一一王介甫曰，「有等」作「在等」，「常」下有「矣」字，「而已」二字無。）

大喪，飾遣車，遂廞之，行之；及葬，執蓋從車持旌；及墓，嘑啓關，陳車。小喪，共匶路與其飾。

【佚文】（四五二）「廞之，於宮；行之，以適墓。」（文淵閣四庫全書本周官新義卷十一，頁十七。）〔一〕

歲時更續，共其弊車。大祭祀，鳴鈴以應雞人。

【佚文】（四五三）「弊則更之，闕則續之；有須弊車爲用，則共之。」（文淵閣四庫全書本周官新義卷十一，頁十七。）

典路，掌王及后之五路，辨其名物，與其用説。若有大祭祀，則出路，贊駕説。大喪、大賓客，亦如之。凡會同、軍旅、弔于四方，以路從。

---

〔一〕全段：訂義卷四五，頁十九王氏曰：；集説卷五，頁一一二王介甫曰，「適」作「道」。

【佚文】（四五四）「出路者，或乘之，或陳之。」（文淵閣四庫全書本周官新義卷十一，頁十八。）〔一〕

車僕，掌戎路之萃，廣車之萃，闕車之萃，苹車之萃，輕車之萃。凡師，共革車，各以其萃；會同亦如之；大喪，廞革車；大射，共三乏。

【佚文】（四五五）「此五車者，皆戎車，故各有萃〔二〕。隊也〔三〕。戎路，所謂革路；廣車，則左氏傳所謂『乘廣』；闕車，則左氏傳所謂『游闕』；輕車，則孫武所謂『馳車』；苹車，蓋輜車有屏蔽者也〔四〕。各以其萃，則其車之萃伍習睦焉〔五〕；言革車，則五戎備廞焉〔六〕。」（文淵閣四庫全書本周官新義卷十一，頁十八。）

〔一〕全段，訂義卷四六，頁一王氏曰。

〔二〕「萃」，經苑本、詳解述（詳下註）並疊二「萃」字。

〔三〕首以下：訂義卷四六，頁三王氏曰，「車」下有「者」字，疊一「萃」字。

〔四〕「蓋」，鈔本原無，孔校增；詳解述有（詳下註）。「苹車」以下，欽定義疏卷二七，頁二二王氏安石曰，「有」上無「之」字，句末無「也」字。

〔五〕首以下：詳解卷二四，頁十—十一述略同。又「各以」以下：訂義卷四六，頁三王氏曰，「則」作「以」，「萃伍習」作「卒伍」；欽定義疏卷二七，頁二四王氏安石曰同訂義，僅「焉」作「也」。

〔六〕「焉」，鈔本初無，孔校增。

【張補】乏，待獲者所扉。於文，反正爲乏。正，受矢者也，乏則反之，故謂之乏。（鈔本周官義疏。）

司常，掌九旗之物名，各有屬，以待國事：日月爲常，交龍爲旂，通帛爲旜，雜帛爲物，熊虎爲旗，鳥隼爲旟，龜蛇爲旐，全羽爲旞，析羽爲旌。

【佚文】（四五六）「自常已下凡九物，而旗居其一，謂之九旗，則猶公、侯、伯、子、男謂之諸侯。旗之名，則旂常旜物之屬〔一〕；旗之物〔二〕，則通帛雜帛之屬〔三〕。各有屬，以待國事，則自王以下，各有屬，建旗，則使其屬視而從焉〔四〕；則凡以待國事，日月爲常，天道之運也；交龍爲旂，君德之用也；能升能降，乃不爲亢〔五〕，故爲交龍焉。通帛爲旜，純赤而已，赤之爲色，宣布著見於文，從亶，義可知矣；雜帛爲物，則兼赤白焉，陰陽之義也。熊虎爲旗，義之屬也，尚毅以

〔一〕「旂常」，墨海本作「常旂」。

〔二〕「旗」，鈔本原作「旂」，孔校改作「旗」。

〔三〕「旗之物」以下，訂義卷四六，頁五王氏曰。

〔四〕「旗之物」以下，欽定義疏卷二七，頁二五—二六王氏安石曰：「旗之物，則通帛雜帛之屬。旗之名，則旗常旜物之屬。自常以下凡九物，而旗居其一，謂之九旗，猶公、侯、伯、子、男通謂之諸侯也。各有屬，則自王以下，其臣民各有屬，建旗則使之視而從焉；待國事，謂國有祭祀、師田、賓客之事。」略同。

〔五〕「不爲」，經苑本作「不能」，墨海本作「能不」。

猛;鳥隼爲旟,禮之屬也,貴摯以速〔一〕;龜蛇爲旐,知之屬也〔二〕,取完以果。夫介,其所以完也;夫鷙,其所以果也;全羽爲旞,以全而遂之爲義;析羽爲旌,以析而旌之爲義。」(文淵閣四庫全書本周官新義卷十一,頁十八—十九。)

【評】(一二九)宋歐陽謙之曰:「九旗之物各有屬,若日月之常則屬於王,交龍之旂則屬於諸侯,是矣。餘王氏之説近之。」(周官集傳卷八,頁二三載。)

及國之大閱,贊司馬頒旗物;王建大常,諸侯建旂,孤卿建旜,大夫、士建物,師都建旗,州里建旟,縣鄙建旐;道車載旞,斿車載旌。

【佚文】(四五七)「王建大常,則志天道也;諸侯建旂,則志君德也;孤卿建旜,則亶以事上也。士建物,則士雖賤,亦物其所屬焉;物其所屬,則一陰一陽曷可少哉?然物莫不貴陽而賤陰,則帛之雜,不如通之貴矣。師都建旗,則以毅猛致其義;州里建旟,則以摯速致其禮〔三〕;縣鄙建旐,則以完果致其智。以完果致其智,則所以戡其敵;以摯速致其禮,則所以

〔一〕「摯」,墨海本作「鷙」。
〔二〕「知」,墨海本、經苑本並作「和」。
〔三〕「摯」,墨海本作「鷙」,詳解卷二四,頁十二述作「摯」。本條下同。

衛其上；以毅猛致其義，則所以用其衆。卑而遠者，能戡其敵；貴而近者，能衛其上；爲之將者，能用其衆；軍旅之事，如斯而已。所謂都〔一〕，則孤卿也。三孤一位，而有師、保、傅之名，大舉師〔二〕，則保、傅從之矣，此孤所以謂之師卿；采邑爲都，詩所謂『都人』，則卿之有都者也，此卿所以謂之都。於其事上，則謂之孤卿；於其涖衆，則謂之師都；於其涖軍，則又謂之軍吏〔三〕；大司馬所謂『軍吏載旗』是也，師都建旗，及教治兵，則載旜焉，以軍吏載旗故也。州里，州所里也；五黨爲州，州所建旟，則建於州長之所里，故曰州里建旟，州言里，縣鄙亦各建於其里，可知也。縣，縣正；鄙，鄙師；縣鄙建旐，則遂官降鄉一等故也〔四〕。言州建旟，而不言鄉所建，則鄉大夫卿所謂師都是也；言縣建旐，而不言黨所建，則黨大夫與州長皆中大夫，且縣建旐則遂建旟可知也；言州建旟，而不言黨所建，則黨正與縣正皆下大夫，且州建旟則黨建旐，亦可知也。蓋軍自旅以上，乃有旗，故鄉遂所建，自鄙以上而已。道車載旞，則乘以

〔一〕「謂」下，墨海本、經苑本並有「師」字。

〔二〕「大」，墨海本作「夫」。

〔三〕「師都」至「孤卿也」、「於其」至「軍吏」，訂義卷四六，頁七王氏曰，併聯爲一條：兩「則謂之」及「則又謂之」之三「則」字皆無。

〔四〕「鄉」，墨海本、經苑本並作「卿」。

朝焉，以底天下之道，全而遂之；斿車載旌，則乘以游焉，以閱天下之故，析而旌之；蓋王者朝，無非道也；游，無非事也。旌旞言載，在車故也。自旐以上言建，則凡祭祀、會同、賓客建焉，不必在車，覲禮所謂『上介皆奉其君之旂，置於宫，皆就其旂而立』是也〔一〕。」（文淵閣四庫全書本周官新義卷十一，頁十九—二一。）

皆畫其象焉：官府各象其事，州里各象其名，家各象其號。凡祭祀，各建其旗；會同、賓客，亦如之，置旌門。

【佚文】（四五八）「官府事異，所畫象其事，則足以相別；州里及家，則無異事〔二〕，故所畫象其名號亦如之〔三〕。師都、州里、縣鄙，類也；而州里居中焉，言州里，則師都縣鄙亦象其名，從可知矣。祭祀、會同、賓客，各建其旗者，衆之所會〔四〕，使各視旗而知所從焉〔五〕；置旌門，置之

〔一〕「旌旞」以下，訂義卷四六，頁十王氏曰。

〔二〕「則」，墨海本、經苑本並作「别」，詳解述作「則」（詳下註）。

〔三〕首以下：詳解卷二四，頁十三述大同；訂義卷四六，頁十一王氏曰，「事異」作「異事」，「足」上、「家」下並無「則」字，「故所」作「故於」，「亦如」作「以别」。

〔四〕「會」，墨海本作「謂」。

〔五〕「旗」，鈔本原作「旂」，孔校改作「旗」。「會同」以下，訂義卷四六，頁十一王氏曰。

而已，於是掌舍受而設焉〔二〕。」（文淵閣四庫全書本周官新義卷十一，頁二一。）

大喪，共銘旌，建廞車之旌；及葬，亦如之。凡軍事，建旌旗；及致民，置旗弊之；甸亦如之。凡射，共獲旌；歲時共更旌。

【佚文】（四五九）「軍事則以旌旗作其衆，且有進退，故建之；及致民，則置之而已，無所事建。置者，植之；弊者，仆之〔三〕。歲時共更旌者，敝則更之〔三〕。」（文淵閣四庫全書本周官新義卷十一，頁二二。）

都宗人，掌都宗祀之禮。凡都祭祀，致福于國，正都禮與其服。若有寇戎之事，則保群神之壝；國有大故，則令禱祠，既祭，反命于國。

---

〔二〕「置旌」以下，訂義卷四六，頁十一王氏曰。

〔三〕首以下：詳解卷二四，頁十四述大同；欽定義疏卷二七，頁三三王氏安石曰：「置，植之也。軍事建旌旗，使師衆觀之，以爲進退，致民則無所事建，植於其所而已。」改易成義。又「置者」以下，亦見訂義卷四六，頁十二王氏曰。

〔三〕「敝」，鈔本、墨海本、經苑本皆作「弊」。

家宗人，掌家祭祀之禮。凡祭祀，致福。國有大故，則令禱祠，反命；祭亦如之。掌家禮，與其衣服、宮室、車旗之禁令。

【佚文】（四六〇）「都宗人若有寇戎之事，則保群神之壝者，以其掌都祭祀之禮，故使與小祝保神壝之在外者焉。小祝言保郊，此言保群神之壝，相備也[一]。都宗人正都禮與其服，則家如之矣；家宗人掌家禮與其衣服、宮室、車旗之禁令，則都如之矣。都宗人國有大故，則令禱祠，既祭，反命於國，則家亦如之矣；家宗人國有大故，則令禱祠，反命，祭亦如之，則都亦如之矣。言既祭反命於國，則雖非國故禱祠，亦必命之祭，然後祭[二]。」（文淵閣四庫全書本周官新義卷十一，頁二二一—二二三。）

【佚文】（四六一）宗，典祀者也。掌都祭祀之禮，謂之都宗人，則以公卿王子弟所食采謂之大都、小都故也。掌家祭祀之禮，謂之家宗人，則以大夫所食采謂之家邑故也。夫節，莫差于僭；僭，莫僭于祭；故季氏之旅泰山，而孔子病之。則掌祭祀之禮，在所尤謹也。此都宗人、家宗人所以皆先之，以掌祭祀之禮也。祭祀之致福于國者，歸王以其福也。蓋都家之所食，

[一] 「以其掌」以下：詳解卷二四，頁十五述大同；訂義卷四六，頁十四王氏曰，無「焉」、「群」二字。

[二] 此上二十一字（「既祭」以下），訂義卷四六，頁十四王氏曰，「既」作「民」。

其福本于王之所施，則下之報上，于此乎見矣。夫禮所以定尊卑、别貴賤、辨親疏，而明分守也。而僭亂之生，其微常起于衣服之間，則正都禮與其服者，又不可緩也。掌祭祀之禮，斯有以事神矣；正都禮與其服，斯有以治人矣。幽有以事神，明有以治人，則宜若人不能難而天不能灾矣。而先王思患而預防之，人難、天灾有不能免者，則所以待之有其具矣。……祀所以馭其神，必命之祭然後祭，則祭之命上所出，既祭反命于國，則逆祀命者，蓋無有也。都宗人、家宗人，其典祀一也，言之或詳略互見之而已。（詳解卷二四，頁十四—十五見新傳。）

凡以神仕者，掌三辰之灋。以猶鬼、神、示之居，辨其名物。以冬日至，致天神人鬼；以夏日至，致地示物鬽；以禬國之凶荒、民之札喪。

【佚文】（四六二）「日、月、星謂之三辰，其氣物、時數、升降、出入、往來，鬼、神、示各以象類從焉；故三辰之法，可以猶鬼、神、示之居，辨其名物。」（文淵閣四庫全書本周官新義卷十一，頁二三。）〔一〕

【張補】以冬至日致天神人鬼，陽故也；以夏至日致地示鬼鬽，陰故也。人鬼爲陽，則以對物鬽故也。人死爲鬼，物死爲物，物出爲鬽。（鈔本周官義疏。）

〔一〕全段，欽定義疏卷二七，頁三七王氏安石曰，略加删易。

# 周禮新義　卷十二　夏官司馬一

司右，上士二人，下士四人，府四人，史四人，胥八人，徒八十人。

【佚文】（四六三）「人之左手不如右强，故車置勇力之士謂之右。」（訂義卷五一，頁十八王氏曰；詳解卷二七，頁六述，幾全同。）

大司馬……以九伐之灋正邦國：馮弱犯寡，則眚之；賊賢害民，則伐之；暴内陵外，則壇之；野荒民散，則削之；負固不服，則侵之；賊殺其親，則正之；放弒其君，則殘之；犯令陵政，則杜之；外内亂、鳥獸行，則滅之。

【佚文】（四六四）「（眚，）詘其爵命，削其土地，使强更弱，衆更寡，若人之眚瘦然。」（周禮全解，訂義卷四七，頁十一載王氏註；詳解卷二五，頁五述，「强」、「衆」上並有「其」字；集說卷六，頁十七王介甫曰：「眚，若人之瘦眚，使其强更弱，其衆更寡，所以正其馮弱犯寡之罪也。」末句詳解述亦有；註疏刪翼卷十八，頁五介甫王氏曰，同集說，僅兩「眚」字並作「眚」。）

【評】（一三〇）宋鄭鍔曰：「王氏本註説眚字，謂：『……』未免與下文『削之』相似。眚宜如易『有眚災』之眚，用兵治之，使若眚災然，不能逃其患也。」（訂義卷四七，頁十一引。）

【佚文】（四六五）「正者，正以服屬之法。」（集説卷六，頁十八王介甫曰；註疏刪翼卷十八，頁六臨川王氏曰。）

正月之吉，始和，布政于邦國都鄙，乃縣政象之灋于象魏，使萬民觀政象，挾日而斂之。乃以九畿之籍，施邦國之政職：方千里曰國畿，其外方五百里曰侯畿，又其外方五百里曰甸畿，又其外方五百里曰男畿，又其外方五百里曰采畿，又其外方五百里曰衛畿，又其外方五百里曰蠻畿，又其外方五百里曰夷畿，又其外方五百里曰鎮畿，又其外方五百里曰蕃畿。

【佚文】（四六六）「方千里曰畿，則禹貢所謂『甸服』也；甸服面五百里[一]，則爲方千里矣。其外侯畿、甸畿，禹貢所謂『侯服』也；又其外男畿、采畿，禹貢所謂『綏服』也；又其外衛畿、蠻畿，禹貢所謂『要服』也；又其外夷畿、鎮畿，禹貢所謂『荒服』也；又其外蕃畿，在禹貢五服

[一]「面」，墨海本作「四」，詳解述作「面」（詳下註）。

之外。」（文淵閣四庫全書本周官新義卷十二，頁七—八。）〔一〕

中春，教振旅，司馬以旗致民，平列陳，如戰之陳。辨鼓鐸鐲鐃之用：王執路鼓，諸侯執賁鼓，軍將執晉鼓，師帥執提，旅師執鼙。卒長執鐃，兩司馬執鐸，公司馬執鐲。

**【佚文】**（四六七）「春陽用事，非兵之時。」（訂義卷四八，頁一王氏曰；詳解卷二五，頁九述。）

**【佚文】**（四六八）「雖如戰之陳，而平列陣，則無事於戰矣。」（訂義卷四八，頁一王氏曰。）

**【佚文】**（四六九）「鼓，陽也，尊者執之；金，陰也，卑者執之；鐃以止鼓，與陽更用事焉，故卒長執之；通鼓、節鼓，佐陽而已，故兩司馬、公司馬執之〔二〕。謂之公，以別於私；亦稱司馬，所謂家司馬是也〔三〕。」（文淵閣四庫全書本周官新義卷十二，頁八。）

---

〔一〕鈔本此段原皆頂格書寫，孔校曰：「此段皆誤高一格。」又全段：訂義卷四七，頁十四王氏曰；欽定義疏卷二九，頁十三王氏安石曰，「蕃畿」作「蕃服」；詳解卷二五，頁七述曰：「方千里曰國畿，則禹貢所謂『甸服』也。甸服面五百里，則爲方千里矣。……其外方五百里曰甸畿，則禹貢所謂『侯服』也」。敏案：以上略同文淵本新義至「所謂侯服也」。既而又云：「以下蓋皆見新經。」）

〔二〕首以下：詳解卷二五，頁九述，幾全同；訂義卷四八，頁二王氏曰。

〔三〕「謂之公」以下：詳解卷二五，頁九述，幾全同；訂義卷四八，頁二王氏曰。

以教坐作、進退、疾徐、疏數之節。遂以蒐田，有司表貉，誓民；鼓遂圍禁，火弊，獻禽以祭社。

【佚文】（四七〇）「社者，土示也。」（訂義卷四八，頁四王氏曰；詳解卷二五，頁十述，無「者」字。）

中夏，教茇舍，如振旅之陳；群吏撰車徒，讀書契，辨號名之用：帥以門名，縣鄙各以其名，家以號名，鄉以州名，野以邑名，百官各象其事，以辨軍之夜事；其他皆如振旅。遂以苗田，如蒐之瀍；車弊，獻禽以享礿。

【佚文】（四七一）「『教茇社』者，教以草舍之法，『撰車徒』所以具之，『讀書契』所以聲之，皆比軍事也。比軍事，爲將茇社焉。」（詩經世本古義卷十七，頁一一二詩經小雅車攻「選徒囂囂」下王安石云。）

中秋，教治兵，如振旅之陳；辨旗物之用：王載大常，諸侯載旂，軍吏載旗，師都載旜，鄉遂載物，郊野載旐，百官載旟，各書其事與其號焉；其他皆如振旅。遂以獮田，如蒐田之瀍，羅弊，致禽以祀祊。

【佚文】（四七二）「書詳於畫，既書又畫，使人易辨而已。」（周禮全解王安石謂，載訂義卷四八，頁八。）

【評】（一三一）宋鄭鍔曰：「……凡旗皆謂之載者，言載之於車上也。既有旌旗，又有小徽識之，上各書其事與號以爲别識也。司常謂之畫，此謂之書，王安石謂：『……』余以爲司常指大閱而言，此指治兵而言，大閱畫、治兵書，各有所主，不一法也。」（周禮全解，載訂義卷四八，頁八。）

【佚文】（四七三）「火之利不若車，車之利不若羅。」（訂義卷四八，頁十二王氏曰；詳解卷二五，頁十二述，「羅」下有「之所取」三字，後云「獻禽以下見新經」。）

【佚文】（四七四）天地嚴凝之氣，始于西南；秋則陰用事，兵之時也，故教治兵，所謂「出曰治兵」是也。旗物，以作戰也，故于教治兵、辨旗物之用：日月爲常，天道之運也，王之涖兵，以道而已，故王載大常；交龍爲旂，君德之用也，諸侯之涖兵，以德而已，故諸侯載旂；軍吏，孤卿之爲將者也，以猛毅致其義，故軍吏載旗；師都，孤卿之位衆者也，以衆屬軍吏，故載旜，取其亶以事上而已；鄉遂，則鄉遂之大夫也，以其無所將，故載物，取特物其所屬而已；郊野，則公邑之吏將其衆者也，以完果致其智而已，故載旐；百官，則以其屬衛王焉，以摯速致其禮而已，故載旟；師都、鄉遂無所將而不謂之孤卿大夫，至稱百官焉。（詳解卷二五，頁十一—十二見新傳。）

中冬，教大閱，前期，群吏戒衆庶，脩戰灋。虞人萊所田之野，爲表；百步則一，爲三表；又五十步，爲一表；田之日，司馬建旗于後表之中，群吏以旗物鼓鐸鐲鐃，各帥其民而致。質明，弊旗，誅後至者；乃陳車徒，如戰之陳，皆坐；群吏聽誓于陳前，斬牲以左右徇陳，曰「乃不用命者斬之」。中軍以鼙令鼓，鼓人皆三鼓；司馬振鐸，群吏作旗，車徒皆作；鼓行鳴鐲，車徒皆行，及表乃止；三鼓摝鐸，群吏弊旗，車徒皆坐；又三鼓，振鐸作旗，車徒皆作；鼓進鳴鐲，車驟徒趨；及表乃止，坐作如初；乃鼓，車馳徒走，及表乃止，鼓戒三闋。車三發，徒三刺，乃鼓退，鳴鐃且却，及表乃止，坐作如初。遂以狩田，以旌爲左右和之門，群吏各帥其車徒，以敘和出，左右陳車徒，有司平之，旗居卒間以分地，前後有屯百步，有司巡其前後，險野人爲主，易野車爲主。既陳，乃設驅逆之車，有司表貉于陳前；中軍以鼙令鼓，鼓人皆三鼓，群司馬振鐸，車徒皆作。遂鼓行，徒銜枚而進；大獸公之，小禽私之，獲者取左耳。及所弊，鼓皆駴，車徒皆譟；徒乃弊，致禽饁獸于郊，入，獻禽以享烝。

【佚文】（四七五）「群吏以鼓鐸旗物各帥其民而致，則皆致之大司馬焉，師欲聽於一也。」（集説卷六，頁三二—三三王介甫曰；註疏删翼卷十八，頁二三臨川王氏曰；詳解卷二五，頁十三—十四述大同。）

【佚文】（四七六）「使民以其死刑誅，不如是之嚴，則民弗爲使矣；然前期戒衆庶，而後至可

誅；既陳而誓，然後不用命者可斬。」（文淵閣四庫全書本周官新義卷十二，頁十。）〔二〕

【佚文】（四七七）「四時皆教而後田，田習用衆焉，言教而後可用也。」（集説卷六，頁三五王介甫曰；註疏删翼卷十八，頁二七臨川王氏曰。）

【佚文】（四七八）「名旗門曰和，師克在和故也。」（集説卷六，頁三五王介甫曰；詳解卷二五，頁十五述，幾全同。）

【佚文】（四七九）中軍以鼙令鼓者，旅帥執鼙，則鼙卑而有衆執者也。莊子曰：「卑而不可不因者，民也。」中軍所以將衆以鼙令鼓，則明衆卑而不可不因也。徒，故車徒；或作，或行，或坐，或趨，或馳，或走，或誡，或譟，以同欲而行，以異欲而止，凡以因衆而已。鼓人皆三鼓，司馬振鐸，車馳徒走，及表乃止。（詳解卷二五，頁十四見新經。敏案：本段文字甚長，必有非安石新義所有者，故節取如上。）

及師，大合軍，以行禁令，以救無辜，伐有罪。若大師，則掌其戒令，涖大卜，帥執事，涖釁主及軍器；及致，建太常，比軍衆，誅後至者；及戰，巡陳眡事，而賞罰。若師有功，則左執律，右秉鉞，

〔二〕全段：詳解卷二五，頁十四述大同；訂義卷四八，頁十五王氏曰。

以先，愷樂獻于社。若師不功，則厭而奉主車。王弔勞士庶子，則相；大役，與慮事，屬其植，受其要，以待攷而賞誅，大會同，則帥士庶子，而掌其政令。若大射，則合諸侯之六耦；大祭祀，饗食，羞牲、魚，授其祭；大喪，平士大夫；喪祭，奉詔馬牲。

【佚文】（四八〇）「鄉師致民，以司徒之大旗；則司馬致民，宜以王之大常矣；凡此皆示其致民之命有所受之也。」（訂義卷四八，頁二二王氏曰；詳解卷二五，頁十七述；欽定義疏卷二九，頁四二王氏安石曰。）

【評】（一三二）清鄂爾泰曰：「案：稍人帥衆而致於大司馬；王親征，則邦國亦以師從。凡帥衆而至者，大司馬皆以致於王，故『建大常』註謂『致民者，鄉師』。非也。役則鄉師致之軍，事則正治其徒役，戮其犯命者而不致也。」（欽定義疏卷二九，頁四二。）

【佚文】（四八一）「右秉鉞，示勝而不忘戰，司馬之事也。」（集説卷六，頁四一王介甫曰；註疏删翼卷十八，頁三六臨川王氏曰；詳解卷二五，頁十七述，幾全同。）

【佚文】（四八二）「（愷樂獻於社，）怒釋而爲愷故也。」（集説卷六，頁四一王介甫曰；詳解卷二五，頁十七述；註疏删翼卷十八，頁三六臨川王氏曰。）

【佚文】（四八三）「大司馬於大役與慮事，欲知其故之可否；屬其植，欲知人之多寡；受其要，欲知其功之等差。事成而攷之，以行誅賞。」（訂義卷四八，頁二四王氏曰；詳解卷二五，頁十八述，幾全同；欽定義疏卷二九，頁四五王氏安石曰自「與慮事」至「等差」，「人」上有「其」字，「等差」作「差等」。）

△小司馬

軍司馬　闕

輿司馬　闕

行司馬　闕

司勳，掌六鄉賞地之灋，以等其功：王功曰勳，國功曰功，民功曰庸，事功曰勞，治功曰力，戰功曰多。凡有功者，銘書於王之大常，祭於大烝，司勳詔之；大功，司勳藏其貳。掌賞地之政令，凡賞無常，輕重眂功。凡頒賞地，參之一食，唯加田，無國正。

【佚文】（四八四）「王有天下，諸侯則有一國，召南言『國君積行累功』，又曰『羔羊，鵲巢之功致』，左傳云『諸侯言時計功』，則功以國功爲主也。」（集説卷六，頁四六王介甫曰；註疏删翼卷十九，頁一臨川王氏曰；詳解卷二六，頁一—二述略同。）

【佚文】（四八五）「（事功曰勞，）事成於勤勞故也。」（集説卷六，頁四六王介甫曰；詳解卷二六，頁一述略同。）

【佚文】（四八六）「（治功曰力，）孔子言『禹盡力溝洫』是也。」（訂義卷四九，頁二王氏曰；詳解卷二六，頁二述大同。）

【佚文】（四八七）「大烝，冬之大享。當是時，百物皆報焉，祭有功宜矣。」（文淵閣四庫全書本周官新義卷十二，頁十一。）[一]

【佚文】（四八八）「大功，司勳藏其貳，則治功之約正掌於司約故也。」（集説卷六，頁四七王介甫曰；詳解卷二六，頁二述，幾全同。）

【佚文】（四八九）「事勞若一時有劇易，戰多若一敵有堅脆；若此屬不可爲常，故輕重眂功。」（訂義卷四九，頁三王氏曰；詳解卷二六，頁一、二述大同。）

---

[一] 全段：訂義卷四九，頁三王氏曰；集説卷六，頁四七王介甫曰，「享」下有「也」字，「矣」作「也」；註疏删翼卷十九，頁三介甫王氏曰，同集説。

馬質，掌質馬，馬量三物：一曰戎馬，二曰田馬，三曰駑馬，皆有物賈；綱惡馬。凡受馬於有司者，書其齒毛，與其賈。馬死則旬之内更，旬之外入馬耳，以其物更；其外否。馬及行，則以任齊其行；若有馬訟，則聽之。禁原蠶者。

【佚文】（四九〇）「馬質掌成官中市馬之事，如市之有質人。」（集説卷六，頁四八王介甫曰；詳解卷二六，頁三述略同。）

【佚文】（四九一）「每馬則以三物量之，以知其所宜。」（集説卷六，頁四九王介甫曰；註疏删翼卷十九，頁四王介甫曰；詳解卷二六，頁三述略同。）

【佚文】（四九二）「綱，謂以縻索維之，所以制其奔踶也。」（文淵閣四庫全書本周官新義卷十二，頁十二。）〔二〕

量人，掌建國之灋，以分國爲九州，營國城郭，營后宫，量市朝道巷門渠；造都邑，亦如之；營軍之壘舍，量其市朝州涂，軍社之所里；邦國之地，與天下之涂數，皆書而藏之。凡祭祀、饗賓，制其從獻脯燔之數量；掌喪祭奠竁之俎實。凡宰祭，與鬱人受嘏，歷而皆飲之。

〔一〕　全段：訂義卷四九，頁五王氏曰；詳解卷二六，頁三述，幾全同。

**【佚文】**（四九三）「受斝，歷而皆飲之，受斝，傳之他器，而皆飲之也。鬱人於祭祀達其氣臭，以始之；量人祭祀制其量數〔一〕，以成之；二者本末相成〔二〕，皆所以致福，而達臭以始之者〔三〕，主王制；量數以成之者，主宰；故鬱人大祭祀與量人受舉斝之卒爵而飲之；量人宰制〔四〕，則與鬱人受斝歷而皆飲之；皆飲，所以致福者盡矣。」（文淵閣四庫全書本周官新義卷十二，頁十二。）〔五〕

**【評】**（一三三）清王太岳曰：「義：『受斝，傳之他器，而皆飲之也。』案：歷字，疏謂『鬱人與量人歷皆飲之也』，考之少牢饋食、有司徹諸禮，亦無『傳之他器』之文。王氏不知何據。又夏官，永樂大典原闕，今據王氏訂義校補。」（四庫全書考證卷八，頁四六。）

**【佚文】**（四九四）「……交神以德者也。……事神以禮者也。」（集説卷六，頁五二；周禮全經釋原卷九，頁六五；註疏刪翼卷十九，頁九，上承「始之」、「成之」，詳本頁註〔一〕。）

---

〔一〕「人」下，經苑本有「於」字。

〔二〕「鬱人」以下：集説卷六，頁五二王介甫曰，「始之」、「成之」下各多六字（詳後佚文）；註疏刪翼卷十九，頁九介甫王氏曰，同集説；周禮全經釋原卷九，頁六五王氏曰，「二者」作「二官」，句末有「焉」字，餘同集説。

〔三〕「臭」，經苑本作「氣臭」。

〔四〕「制」，墨海本作「祭」。

〔五〕全段，訂義卷四九，頁九王氏曰，「始之量人」下有「於」字。

【評】（一三四）宋鄭鍔曰：「祭祀之時，又有宰制之禮。量人掌量數，亦得以飲福。記曰：『宗廟之内敬矣！君親牽牲，夫人贊幣而後；君親制祭，夫人薦盎。』此諸侯之禮也。陸佃推制祭之節，謂：諸侯有享牛無求牛，故制祭在迎牲之後。天子有二牛，故裸獻則制祭。諸侯之制，祭則謂之制；天子之制，祭則謂之宰；異其文者，所以別尊卑也，其義一耳。當宰制之時，尸既即席，祝乃舉斝角詔妥尸訖事。則量人與鬱人受舉斝之餘瀝，而皆飲之，所以受神之福也。鬱人之言與此同，鬱人掌鬯以求神，交神以德也；量人制其量數，事神以禮也；事之如此，其受福也宜均，故同飲其斝歷焉者，無餘之意，以見其受福之盡也。先儒與王安石皆以宰爲冢宰，失之遠矣。」（周禮全解，載訂義卷四九，頁九。）

△小子

羊人，掌羊牲，凡祭祀，飾羔。祭祀，割羊牲，登其首。凡祈珥，共其羊牲；賓客，共其灋羊。凡沈辜侯禳釁積，共其羊牲。若牧人無牲，則受布于司馬，使其賈買牲而共之。

【佚文】（四九五）「飾羔，若禮所謂『飾羔鴈者以繢』也〔二〕；瀀羊，謂牢禮之瀀所用也〔三〕。」（文淵閣四庫全書本周官新義卷十二，頁十三。）

司爟，掌行火之政令，四時變國火以救時疾。季春出火，民咸從之；季秋内火，民亦如之。時則施火令。凡祭祀，則祭爟。凡國失火，野焚萊，則有刑罰焉。

【佚文】（四九六）「舉火曰爟，祭祀用爟，故祭焉。」（文淵閣四庫全書本周官新義卷十二，頁十三。）〔三〕

掌固，掌脩城郭、溝池、樹渠之固，頒其士庶子，及其衆庶之守；設其飾器，分其財用，均其稍食，任其萬民，用其材器。凡守者，受瀀焉，以通守政。有移甲與其役財用，唯是得通；與國有司帥

〔二〕 首以下：詳解卷二六，頁六述，幾全同；訂義卷四九，頁十二王氏曰；欽定義疏卷三十，頁十五王氏安石曰：「禮記：飾羔鴈者以繢。」删易而成。

〔三〕 「瀀羊」以下：詳解卷二六，頁六述，幾全同；訂義卷四九，頁十二王氏曰；集説卷六，頁五四王介甫曰；註疏删翼卷十九，頁十一—十二介甫王氏曰，並「羊」下有「賓客」二字，無「謂」字、「也」字。

〔三〕 全段：詳解卷二六，頁八述，「用」作「司」；訂義卷四九，頁十五王氏曰。

之，以贊其不足者；晝三巡之，夜亦如之；夜三鼜以號戒。

【佚文】（四九七）「古者有城守則樹焉，國語所謂『城守之木』是也；有溝涂則樹焉，司險所謂『設國之五溝、五涂而樹之，以爲阻固』是也。司險樹之，掌固修之。」（訂義卷五十，頁一王氏曰；詳解卷二六，頁八述，幾全同；欽定義疏卷三十，頁二十王氏安石曰，自「司險所謂」至末，略依訂義。）

【佚文】（四九八）「士者，公卿大夫之適而已命者也；庶子者，國子之倅而未命者也；衆庶，則其地之人民遞守者也。夫士庶子所使帥衆庶而頒其守，則遠近均焉，勞逸更焉〔一〕。分其財用，以給守事；均其稍食，以養守者〔二〕。」（文淵閣四庫全書本周官新義卷十二，頁十三—十四。）

【佚文】（四九九）「……公卿大夫涖職於內，而子弟守固於外，休戚一體之道也。」（欽定義疏卷三十，頁二一王氏安石曰，上承「勞逸更焉」，詳本頁註一；此廿二字，蓋約取王昭禹説，見詳解卷二六，頁八。）

〔一〕首以下：詳解卷二六，頁八，「士者」作「士謂」，「適」作「適子」，「庶子者」作「庶子謂」，「其地」作「守其地」，「遞守者也」四字無，「夫士庶子」上有「聽」字；訂義卷五十，頁一王氏曰。又「頒其守」以下，欽定義疏卷三十，頁二一王氏安石曰，末「焉」字無，作「勞逸更」，其下更有廿二字，詳下佚文。

〔二〕「分其」以下：訂義卷五十，頁二王氏曰。

△司險

掌疆 闕

候人，各掌其方之道治與其禁令，以設候人。若有方治，則帥而致于朝；及歸，送之于竟。

【佚文】（五〇〇）「方各設其人，以候有方治者，致之送之。」（文淵閣四庫全書本周官新義卷十二，頁十四。）〔一〕

環人，掌致師，察軍慝，環四方之故；巡邦國，搏諜賊，訟敵國，揚軍旅，降圍邑。

【佚文】（五〇一）「搏諜賊以下〔二〕，皆環人巡邦國之事。」（文淵閣四庫全書本周官新義卷十二，頁十四。）〔三〕

〔一〕全段：訂義卷五十，頁六王氏曰。

〔二〕「以」，鈔本原無，孔校增。

〔三〕全段：訂義卷五十，頁八王氏曰，「搏諜賊」作「自此」。

△挈壺氏

射人，掌國之三公、孤卿、大夫之位：三公北面，孤東面，卿大夫西面；其摯：三公執璧，孤執皮帛，卿執羔，大夫鴈；諸侯在朝，則皆北面，詔相其灋。

【佚文】（五〇二）「三公執璧，則以有君之體，而不致其用也。」（文淵閣四庫全書本周官新義卷十二，頁十五。）〔一〕

若有國事，則掌其戒命，詔相其事，掌其治達。

【佚文】（五〇三）「射之爲道，和以直達，有括則不至，治達如之；故掌治達者，在射人也。」（文淵閣四庫全書本周官新義卷十二，頁十五。）〔二〕

以射灋治射儀：王以六耦射三侯，三獲三容，樂以騶虞，九節五正；諸侯以四耦射二侯，二獲二

〔一〕全段：詳解卷二六，頁十三述，「以」下有「其」字；訂義卷五十，頁十一王氏曰。

〔二〕全段：詳解卷二六，頁十三—十四述；訂義卷五十，頁十三王氏曰。

容，樂以貍首，七節三正；孤卿大夫以三耦射一侯，一獲一容，樂以采蘋，五節二正；士以三耦射豻侯，一獲一容，樂以采蘩，五節二正。若王大射，則以貍步，張三侯；王射，則令去侯，立于後，以矢行告；卒令取矢。祭侯，則爲位；與太史數射中；佐司馬治射正。

【佚文】（五〇四）司裘之虎侯、熊侯、豹侯，即射人之三侯；司裘之熊侯、豹侯，即射人之二侯；司裘之麋侯，即射人之一侯。（周禮詳説荆公以，載訂義卷五十，頁十四；詳解卷三六，頁十四—十五述曰：「三侯，熊、虎、豹也；二侯，則無虎；一侯，則麋而已。」）

【評】（一三五）宋王十朋曰：「荆公以……陸農師謂：『王射三侯，於侯内，以五采畫正；諸侯二侯，以三采畫正；卿大夫一侯，以二采畫正。』其説皆失之。司裘所言者，大射也。射人所言者，賓射也。梓人曰『張皮侯而棲鵠』，則大射之侯也。又曰『張五采之侯』，則賓射之侯也。又曰『張獸侯』，則燕射之侯也。司裘言侯而及鵠，射人言侯而及正。……射人所謂三侯，當如康成謂『五正三正二正之侯也』。諸侯二侯，即三正二正之侯也。卿大夫一侯，則二正而已。若以司裘之熊侯、豹侯而降殺之，則梓人所謂皮侯與五采之侯何別乎？若謂天子之侯皆五正，則是天子與諸侯、卿大夫射，而同其侯矣。臣下與天子角勝負，可乎？當從康成之説，謂異其侯。蓋上得以兼下，下不得以僭上也。」（周禮詳説，訂義卷五十，頁十四載。）

【佚文】（五〇五）「侯而祭之，則神無不在，而君子無所不用其至。」（文淵閣四庫全書本周官新義卷十二，頁十六。）〔一〕

服不氏，掌養猛獸而教擾之。凡祭祀，共猛獸；賓客之事，則抗皮；射，則贊張侯，以旌居乏而待獲。

【佚文】（五〇六）「抗皮、贊張侯、待獲，皆服不服之意，故服不氏掌之。」（文淵閣四庫全書本周官新義卷十二，頁十六。）〔二〕

射鳥氏，掌射鳥。祭祀，以弓矢敺烏鳶。凡賓客、會同、軍旅，亦如之。射，則取矢，矢在侯高，則以并夾取之。

【佚文】（五〇七）「先王置官，大抵兼職，射鳥氏雖無所兼，其所射以共賓祭膳獻〔三〕，亦足以償禄矣。使敺烏鳶，以并夾取矢，雖若不急，然上下無乏事，則以事爲之制故也。」（文淵閣四

〔一〕全段：詳解卷二六，頁十五述；訂義卷五十，頁十七王氏曰。
〔二〕全段：詳解卷二六，頁十六述；訂義卷五十，頁二一王氏曰。
〔三〕「賓祭」，墨海本、經苑本並作「賓客」。

庫全書本周官新義卷十二，頁十六。）〔二〕

【佚文】（五〇八）掌畜，供膳獻之鳥，則射鳥氏掌射鳥，亦以共膳獻之用也。然掌畜以養鳥而共之，射鳥氏以射鳥而共之。烏善污人，敺之所以致潔；鳶善取物，敺之所以去害，故祭祀、賓客、會同、軍旅，皆敺之也。射則取矢，蓋以射爲事故也。并夾，則鋮矢之器也，故矢在侯高，則以并夾取之矣。（詳解卷二六，頁十七新經云云。）

羅氏，掌羅烏鳥。蜡則作羅襦。中春，羅春鳥，獻鳩，以養國老，行羽物。

掌畜，掌養鳥而阜蕃教擾之。祭祀，共卵鳥；歲時貢鳥物，共膳獻之鳥。

【佚文】（五〇九）「共卵及鳥物，與獸同義，翠背羽翮之屬是也〔三〕。」（文淵閣四庫全書本周官新義卷十二，頁十七。）〔三〕

〔一〕全段：訂義卷五十，頁二二王氏曰。

〔二〕「羽」，鈔本初無，孔校增。

〔三〕全段：訂義卷五十，頁二四王氏曰（二條）。

司士，掌群臣之版，以治其政令。歲登下其損益之數，辨其年歲，與其貴賤，周知邦國、都家、縣鄙之數，卿、大夫、士、庶子之數，以詔王治：以德詔爵，以功詔禄，以能詔事，以久奠食，唯賜無常。

【佚文】（五一〇）「賜出於王之恩，恩有厚薄，賜有多寡，又何常之有？且賜而有常，則無以作福矣〔一〕。」（文淵閣四庫全書本周官新義卷十二，頁十七。）〔二〕

正朝儀之位，辨其貴賤之等：王南鄉；三公北面，東上；孤東面，北上；卿大夫西面，北上；王族故士、虎士，在路門之右，南面東上；大僕、大右、大僕從者，在路門之左，南面西上。

【佚文】（五一一）「鄉明以聽天下者，王也，故南鄉；面王而答之者，公也，故北面；孤，佐王者也〔三〕，故東面；卿大夫，佐王者也，故西面；王族故士、虎士、大僕、大右、大僕從者，則從王者也，

〔一〕「則」下，經苑本有「辟」字，詳解述亦有「辟」字（詳下註）。
〔二〕全段：詳解卷二七，頁二述大同；訂義卷五一，頁四王氏曰，「則」下有「辟」字。
〔三〕「佐」，墨海本、經苑本並作「佑」。

故南面，順王所嚮焉〔一〕。三公東上，則北面以左爲右故也〔二〕。自孤以下，皆以近尊爲上〔三〕；公以下，皆言面，王獨言嚮〔四〕，不斥其體，尊故也。」（文淵閣四庫全書本周官新義卷十二，頁十七—十八。）〔五〕

【佚文】（五一二）「所謂治朝也，若朝士之位與此不同者。彼外朝之法，聽獄弊訟，詢衆庶之朝也。……」（集説卷七，頁五王介甫曰；註疏删翼卷二十，頁五—六臨川王氏曰，並下接「鄉明」云云，已詳本頁註五。）

諸子，掌國子之倅，掌其戒令與其教治，辨其等，正其位。國有大事，則帥國子而致於大子，惟所

〔一〕「嚮」，鈔本、墨海本、經苑本皆作「向」。

〔二〕「左」，經苑本作「東」。

〔三〕首以下：訂義卷五，頁五王氏曰。又「王族」以下，欽定義疏卷三一，頁五王氏安石曰，「左」作「東」，「故也」作「也」，「以下」作「而下」，「尊」作「王」。

〔四〕「嚮」，墨海本作「鄉」。

〔五〕全段：集説卷七，頁五王介甫曰：「鄉明以聽天下者王，故王南鄉；鄉王而答之者三公，故三公北面；孤，佑王者也，故東面；卿大夫，佐王者也，故西面；王族故士、虎士、大僕、大右、大僕從者，則從王者也，順王所鄉，故南面；三公東上則北面，以東爲右故也；自孤以下，則皆以近尊爲上；公以上皆言面，王獨言鄉，不斥其體，尊故也。」略同。文亦見註疏删翼卷二十，頁五—六臨川王氏曰，「爲右」下無「故」字，「孤以下」之「下」作「上」，「公以上」作「公以下」，餘同集説。

用之。若有兵甲之事，則授之車甲，合其卒伍，置其有司，以軍灋治之；司馬弗正，凡國正弗及。

【佚文】（五一三）「上文言國子之倅，而下言帥國子致於太子，則諸子掌國子及其倅，非特倅也。」（集説卷七，頁九王介甫曰；註疏删翼卷二十，頁十四—十五王介甫氏曰，「帥」作「師」。）

【佚文】（五一四）「司馬弗正，國正弗及，則是諸子正之，大子用之而已〔二〕。」（文淵閣四庫全書本周官新義卷十二，頁十八。）〔三〕

【佚文】（五一五）掌國子之倅，而名官謂之諸子者，蓋公、卿、大夫、士之子，自其衆而言之，則謂之諸子也。國子之教，師氏掌其正者也，諸子則掌其倅而已。蓋國子之適，則爲正，而其庶之介於適者，則謂之倅也。掌其戒令，則所謂「國有大事，則帥國子而致於太子，惟所用之。甲兵之事，則授之車甲，合其卒伍」，是也。掌其教治，則所謂「使之修德學道，以攷其藝，而進退之」，是也。辨其等，所以明貴賤也；正其位，所以明上下也。公、卿、大夫則聽於王者也，其子則聽於太子者也。故國有大事，則帥國子而致於太子，惟所用之也。所謂國之大事，不

〔二〕「大」，經苑本作「太」，詳解卷二七，頁四述亦作「太」。

〔三〕全段：訂義卷五一，頁十四王氏曰，「大」作「太」；集説卷七，頁十一王介甫曰；註疏删翼卷二十，頁十七臨川王氏曰，「國」上並有「凡」字，「大」作「太」。

必甲兵之事也;若有甲兵之事,則授之以車,而合其事之卒伍,授之以甲,而合其人之卒伍。置其有司,則若伍之有長、司馬之有公也。以軍法治之,則其坐作、其賞罰,若軍旅之事而已(詳解卷二七,頁四新傳云云。)

大祭祀,正六牲之體。凡樂事,正舞位,授舞器。大喪,正群子之服位。會同、賓客,作群子從。凡國之政,事國子,存遊倅,使之脩德學道,春合諸學,秋合諸射,以攷其藝而進退之。

【佚文】(五一六)「國子服政,故事之遊倅,弗服政,故存之而已。」(周禮全解王安石謂,載訂義卷五一,頁十六。)

【評】(一三六)宋鄭鍔曰:「先儒謂:政事者,徭役之事;國子存遊倅者,言有事之時,此國子存遊暇無事之倅中,使脩德學道。竊疑『存』字之義未通。近世王安石謂:『……』以『凡國之政』爲一句,『事國子』爲一句,『存遊倅』爲一句,穿鑿尤甚!要知爲國家,其政事之時,爲國子者當有事焉,或唯太子之命是從,或授甲車以從軍,國子於是時不得以自暇也。若夫未仕之庶子,則不與事矣。其爲學不可以或廢也。於國子中存其遊倅,使之脩德學道也。遊倅者,未仕之倅,遊如逸遊之游,見其無事之意。」(周禮全解,載訂義卷五一,頁十六。)

【佚文】（五一七）「春合諸學，則修德學道也；秋合諸射，則以待兵甲之事也。」（集説卷七，頁十二介甫曰；註疏删翼卷二十，頁十九介甫王氏曰。）

司右，掌群右之政令。凡軍旅、會同，合其車之卒伍，而比其乘，屬其右。凡國之勇力之士，能用五兵者屬焉，掌其政令。

【佚文】（五一八）「車之卒伍，車僕所謂車之萃也。」（訂義卷五一，頁十八王氏曰；詳解卷二七，頁六述，「車僕」上有「則」字。）

【佚文】（五一九）「比其乘，則比其乘之馬，使齊力；屬其右，則屬其右之人，使同心〔一〕；先王既合萬民之卒伍，以時習之，皆使知戰〔二〕。又屬勇力之士，能用五兵者於司右，使掌其政令，則軍旅之事，有選鋒以待敵，齊民得免死焉；無事之時，武夫皆寓於官府，無所舊其私鬭

---

〔一〕首以下：詳解卷二七，頁六述，幾全同；訂義卷五一，頁十九王氏曰；集説卷七，頁十三王介甫曰；註疏删翼卷二十，頁二十王介甫氏曰，並兩「別」字皆作「者」。

〔二〕「戰」下，經苑本有「矣」字。

矣[二]。」（文淵閣四庫全書本周官新義卷十二，頁十九。）

【佚文】（五二〇）群右之長，所以謂之司右也。群右，齊右、道右也，司右則掌其政令焉。政以正之，令以使之，車之卒伍，則車僕所謂「車之萃」也。車之萃，則有卒伍焉。……凡國之勇力之士，能用五兵者屬焉，則以車右必任勇力之士故也。五兵，則司兵所謂之「五兵」是也。蓋凡用五兵，遠則弓矢射之，近則矛者句之，句之矣，然後殳者擊之，戈戟者刺之。五者相須以爲用矣。（詳解卷二七，頁六述新經云云。）

△虎賁氏

旅賁氏，掌執戈盾，夾王車而趨，左八人，右八人，車止則持輪。凡祭祀、會同、賓客，則服而趨；喪紀，則衰葛執戈盾；軍旅，則介而趨。

【佚文】（五二一）「旅賁，則王衛之尤親者。王吉服，則亦吉服；王凶服，則亦凶服；王戎

---

[二]「先王」以下：訂義卷五一，頁十九王氏曰；集説卷七，頁十四王介甫曰；周禮全經釋原卷十，頁十三王氏曰；註疏删翼卷二十，頁二十王介甫氏曰，皆「戰」下有「矣」字，「使」上有「而」字，「寓」作「制」。

服，則亦戎服[二]；亦與王同其憂樂也。」（文淵閣四庫全書本周官新義卷十二，頁二十。）[三]

【佚文】（五二二）「持輪，所以爲安也。」（訂義卷五一，頁二一王氏曰；詳解卷二七頁七述。）

節服氏，掌祭祀、朝覲，衮冕六人，維王之大常。諸侯則四人，其服亦如之。郊祀，裘冕，二人執戈，送逆尸，從車。

【佚文】（五二三）掌祭祀、朝覲，衮冕六人，維王之大常，諸侯則四人，其服亦如之，而其官名之曰節服氏者，蓋中而不可不高者，德也；節而不可不積者，禮也。由禮之升而藏焉，則爲道之一，爲德之高；由道之降而顯焉，則爲禮之節。建常以象道，服衮以象德者，外王之禮也。若夫内聖之道，則蕩然無執，而人以維之，道之所以不散也。故大常者，王建之，而維之者，在節服氏。衮冕六人，維王之大常，而諸侯則四人，其服亦如之也。所謂「諸侯則四人，其服亦如之」者，亦如諸侯之服也。然王則六人，諸侯則四人者，以禮言之，則諸侯當殺於王；以理言之，則六者水之成數，所以爲智也，四者金之生數，所以爲義也。降而絀，絀而生智，惟王則

[二]「王吉服」以下，集説卷七，頁十七王介甫曰；註疏删翼卷二十，頁二三王介甫氏曰。

[三]全段：詳解卷二七，頁七述大同；訂義卷五一，頁二二王氏曰。

爲智之至，故維太常者以六人，取其智之成也。君德本於仁，而仁必制之以義，諸侯於義，爲未至焉，故維其旂者以四人，以其非義之成也。以道觀之，則何貴何賤，是謂反衍；維之以人，則遂分貴賤也。上德不德，是以有德，取節於彼，則不自有其貴也。通乎此，則先王制禮之意，豈不微哉！（詳解卷二七，頁八新經云云。）

△方相氏

# 周禮新義　卷十三　夏官司馬二

大僕，掌正王之服位，出入王之大命；掌諸侯之復逆。王眡朝，則前正位而退；入亦如之。

**【佚文】**（五二四）「王眡朝，眡治朝也。」（文淵閣四庫全書本周官新義卷十三，頁一○）〔一〕

建路鼓于大寢之門外，而掌其政，以待達窮者與遽令；聞鼓聲，則速逆御僕與御庶子。祭祀、賓客、喪紀，正王之服位，詔灋儀，贊王牲事。王出入，則自左馭而前驅。

**【佚文】**（五二五）「窮者，欲速達〔二〕，甚于遽令〔三〕。王之牲事，以事鬼神，苟外不能治其人，內不能治其身〔四〕，雖日用牲祭，鬼神猶弗享也；大臣衆矣，所與治其人，莫尊於大宰；近臣衆

〔一〕全段：詳解卷二七，頁九；訂義卷五二，頁二王氏曰；集説卷七，頁二四王氏曰，皆無「也」字。又見註疏刪翼卷二十，頁二六王氏曰。

〔二〕「欲」下，經苑本有「其」字；詳解述無「其」字（詳下註）。

〔三〕首以下：詳解卷二七，頁十述大同，「窮」上有「先」字；訂義卷五二，頁三王氏曰；欽定義疏卷三一，頁三二王氏安石曰，「窮」上並有「先」字。

〔四〕「治」，經苑本作「正」。

矣，所與正其身，莫親於大僕；故贊牲事，以此兩官〔一〕。」（文淵閣四庫全書本周官新義卷十三，頁一。）

【佚文】（五二六）「路鼓四面，示欲四方無所不達。大寢之門外，自外至者莫近焉，則欲其聞之速也。先言窮者，則欲其速達，甚於遽令。」（集説卷七，頁二四—二五王介甫曰；詳解卷二七，頁十述略同；註疏删翼卷二十，頁二七臨川王氏曰，「窮者」作「窮之」；「先言窮者」以下，參看本頁註一。）

【佚文】（五二七）祭祀，吉禮之事也。賓客，賓禮之事也。喪紀，凶禮之事也。事既不同，王之服位亦異。故大僕正之，詔法儀；法見于度數者，儀見于動容者，皆大僕以言告之也。贊王牲事，謂祭祀王射牲與割牲之事也。（詳解卷二七，頁十新經云云。）

△小臣

〔一〕「王之牲」以下：訂義卷五二，頁四王氏曰。集説卷七，頁二五王介甫曰；註疏删翼卷二十，頁二八臨川王氏曰，「治其身」之「治」並作「正」，「大宰」作「太宰」。

祭僕，掌受命于王，以眡祭祀，而警戒祭祀有司，糾百官之戒具；既祭，帥群有司而反命，以王命勞之；誅其不敬者。大喪，復于小廟。凡祭祀，王之所不與，則賜之禽；都家亦如之。凡祭祀致福者，展而受之。

【佚文】（五二八）「肆師誅其慢，慢謂不肅也；祭祀誅其不敬，則非不肅之謂也〔一〕。祭僕掌受命于上〔二〕，以眡祭祀；隸僕掌五寢掃除糞洒之事，王皆以故習而親焉故也。既置夏采掌復之正事〔三〕，又以二僕參焉，復盡愛之道，求所以生之不以方而已〔四〕。」（文淵閣四庫全書本周官新義卷十三，頁二一。）

御僕，掌群吏之逆，及庶民之復，與其弔勞。大祭祀，相盥而登；大喪，持翣，掌王之燕令，以序守路鼓。

【佚文】（五二九）「御僕，掌萬民之逆。」（臨川集卷四三，頁四乞改周禮義誤字劄子：「御僕

〔一〕首以下：詳解卷二七，頁十三述，「祀」作「僕」；又見訂義卷五二，頁十王氏曰。
〔二〕「掌」，墨海本、經苑本並無。「上」，墨海本作「王」。
〔三〕「復復」，墨海本、經苑本「復」字並不疊。
〔四〕「祭僕」以下，訂義卷五二，頁十一王氏曰，「復之」作「復」。

『掌萬民之復』，『復』當作『逆』。」四庫全書考證卷八，頁四六曰：「義：『庶民之復，大司寇所謂「遠近惸獨老幼之欲有復于上」者。』案：安石集乞改三經義誤字劄子云：『御僕「掌萬民之復」，「復」當作「逆」。』今原本闕夏官，此據王氏訂義補録，無此六字。然考經文，仍當作『復』，不當作『逆』。」）

**【佚文】**（五二九之二）「庶民之復，大司寇所謂『遠近惸獨老幼之欲有復于上』者〔二〕；故大僕言『建路鼓以待達窮者，聞鼓聲則速逆御僕』也。」（文淵閣四庫全書本周官新義卷十三，頁三。）〔三〕

**【佚文】**（五三〇）「王盥而登，御僕相之。」（訂義卷五二，頁十二王氏曰。）

**【佚文】**（五三一）僕，臣之附屬于尊者，如馬之在御，遲速緩急唯御者之聽，故以御僕名官。掌群吏之逆者，群吏自士以下言之也。若宰夫之言三公、六卿、大夫，然後言群吏之位是也。宰夫掌治朝之法，故敘群吏以待諸臣之復、萬民之逆；大僕掌王之大命，故掌諸侯之復逆；小臣掌王之小命，故掌三公、孤卿之復逆；御僕掌守路鼓達下情，故掌群吏之逆。……大祭

〔二〕「者」下，經苑本有「也」字。

〔三〕全段：詳解卷二七，頁十四述略同；訂義卷五二，頁十二王氏曰。集説卷七，頁二九王介甫曰；註疏删翼卷二十，頁三七王介甫氏曰，並「大司」上有「即」字，「欲」上無「之」字，「上者」下有「也」字。

祀相盥而登者，相盥非沃也，若儀禮所謂「奉槃授巾」是也。登，謂爲王登牲體于俎也。（詳解卷二七，頁十三—十四新經云云。）

隸僕，掌五寢之埽除糞洒之事。祭祀，脩寢；王行，洗乘石。掌蹕宫中之事。大喪，復于小寢、大寢。

【佚文】（五三二）「王者七廟，而云五寢者，蓋二祧將毁，先除其寢，去事有漸故也。鄭氏謂『唯祧無寢』是也；以文、武爲二祧，則誤矣。禮記以『遠廟爲祧』，當此時，文、武最爲近廟，豈宜稱祧，又不設寢乎？然則二祧，其高祖之父與其祖歟？」（集説卷七，頁二九—三十王介甫曰；註疏删翼卷二十，頁三八王介甫氏曰。詳解卷二七，頁十四述，無「鄭氏」以下共十八字，又無「當此時」以下共十八字，餘大同集説。）

弁師，掌王之五冕，皆玄冕，朱裏延紐；五采繅十有二就，皆五采玉十有二，玉笄，朱紘。諸侯之繅斿九就，瑉玉三采，其餘如王之事，繅斿皆就，玉瑱、玉笄。王之皮弁，會五采玉璂，象邸玉笄。王之弁絰，弁而加環絰。諸侯及孤卿大夫之冕，韋弁、皮弁、弁絰，各以其等爲之，而掌其禁令。

【佚文】（五三三）「五采，備采也；十有二就，備數也；玉十有二，備物也〔二〕；玉笄貫其上，以象德也。」（文淵閣四庫全書本周官新義卷十三，頁三。）〔三〕

司甲 闕

△司兵

△司戈盾

司弓矢，掌六弓、四弩、八矢之灋，辨其名物，而掌其守藏與其出入。中春獻弓弩，中秋獻矢箙，及其頒之：王弓、弧弓，以授射甲革、椹質者；夾弓、庾弓，以授射豻侯、鳥獸者；唐弓、大弓以授學射者、使者、勞者。其矢箙，皆從其弓。凡弩，夾、庾利攻守，唐、大利車戰野戰。凡矢，枉

〔二〕 首以下，集説卷七，頁十三二王介甫曰；註疏删翼卷二一，頁四王介甫曰，並無「就」字。

〔三〕 全段：詳解卷二七，頁十五述，幾全同；訂義卷五二，頁十五。

矢、絜矢利火射，用諸守城車戰；殺矢、鍭矢，用諸近射田獵；矰矢、茀矢，用諸弋射。恒矢、庳矢，用諸散射。天子之弓，合九而成規；諸侯，合七而成規；大夫，合五而成規；士，合三而成規。句者謂之弊弓。

【佚文】（五三四）「謂之夾，以其射至弱，必夾而輔之，然後可用；謂之庾，如露積之庾，須臾而爲廩，非可以爲久也。」（周禮全解王安石云，載訂義卷五三頁六；詳解卷二八，頁三，第一「夾」下、「庾」下並有「則」字。）

【評】（一三七）宋鄭鍔曰：「弓有强弱，事有難易，而射有遠近，須與人射，宜各因事而量其所當用，則人與弓相得，射可以必中。何則？弓有王、有弧、有夾、有庾、有唐、有大，六者不同。有射甲革、椹質者，有射豻侯、鳥獸者，有學射者、使者、勞者。事既難易，則所射有遠近，詎可以茍頒乎？攷之考工記，謂：往體寡，來體多者，曰王弓、弧弓。其弓往體寡則反而曲，來體多則正而長，名曰王，其爲天子之所用也。名曰弧，其法天之弧星也。其弓至强，以射堅可也。故頒之以授射甲革、椹質者，甲革，説者謂即革車也，然左傳曰：『楚潘尫之黨，與養由基蹲甲而射之，徹七札焉。』禮記曰：『貫革之射息。』康成於此註謂爲革甲。又於弓人註曰：『革謂干、盾。』國語亦有『三革』之制，則甲革者，甲與革也。質，正也；植椹以爲射正，荀子曰：『質的張而弓矢至焉。』圉師云：『射則充椹質。』甲革、椹質，堅而難入，必用强弓以射之。然此下文『澤，共射椹質之弓矢』，非射於澤宮不用椹質矣。澤宮者，將祭而擇士先習射於此也。試弓習武，宜用至强之弓，而射至堅之物，『往體多，來體寡』，曰夾庾。庾字，師儒相傳讀爲庚。考工記作庾，説者謂：夾則能衛人，恃之而後保；庾則能濟人，待之而後藏。王安石云：『……』此皆取庾廩之義，似失之鑿。然師儒相傳爲夾、庚者，豈非以其弱必夾而後用，以其不可久必庚易而用歟？庚有庚易之義，如干日之庚；庚有變意，易所謂先庚、後庚是也。夾、庾往體多，則弓反而直；來體少，則弓正而短，合五而成規者也。豻侯，士所射之侯，所謂『干五十』者是也。豻侯五十步，可謂近矣。射鳥獸亦近而後得，故止用弱弓而已。往體、來體，若一曰唐、大强弱適中之弓，合七而成規也。惟强弱適中，故學射者用之。初學用中，而後習强弱皆可也。使者奉君命而行，有或遠、或近之差，勞者從國事而有功，有或難、或易之效，故授之以此，取其中也。以彫弓、彤弓、盧弓推之，則王弧者，彫弓也；唐、大者，彤弓也；夾、庾者，盧弓也。惟唐、大可以頒之使者、勞者，故詩以彤弓錫有功諸侯，平王以彤弓錫晉文侯，襄王以彤弓賜晉文公，則唐、大之爲彤弓可知矣。士用夾、庾，而荀卿曰『大夫黑弓』，則夾、庾之黑爲盧弓，可知矣。」（周禮全解，載訂義卷五三，頁五—六。）

△繕人

槀人，掌受財于職金，以齎其工。弓六物，爲三等；弩四物，亦如之；矢八物，皆三等；箙，亦如之。春獻素，秋獻成，書其等以饗工。乘其事，試其弓弩，以下上其食，而誅賞；乃入功于司弓矢，及繕人。凡齎財與其出入，皆在槀人，以待會而攷之，亡者闕之。

【佚文】（五三五）「木高則氣澤不至而槀；弓矢之材，以木之槀者爲之。」（周禮全解王安石云，載訂義卷五三頁十三；詳解卷二八，頁六述。）

【評】（一三八）宋鄭鍔曰：「此官掌以財給弓矢之工而以槀名官，先儒云：箭幹謂之槀，其字當作笴而音舸；此槀字音杲，乃禾稈也。王安石云：『……』其説求之太過！今欲從先儒箭幹之義，以舸音讀之。」（周禮全解，載訂義卷五三，頁十三。）

【佚文】（五三六）「入于繕人，則共王用也。」（文淵閣四庫全書本周官新義卷十三，頁五。）〔二〕

戎右，掌戎車之兵革使；詔贊王鼓；傳王命于陳中。會同，充革車；盟則以玉敦辟盟，遂役

〔二〕全段，詳解卷二八，頁七述；訂義卷五三，頁十五王氏曰。

之；贊牛耳桃茢。

【佚文】（五三七）「戎右與君同車，在車之右；執戈盾備非常，并充兵中役使，故云掌之。」（文淵閣四庫全書本周官新義卷十三，頁五。）〔二〕

【佚文】（五三八）贊牛耳，取其順聽也。（孫公談圃卷中，頁五荆公言；詳解卷二八，頁八述略同。集説卷七，頁四六王氏曰；周禮傳卷四下，頁十三王氏曰；註疏删翼卷二一，頁二四王氏曰，皆略同。）

【佚文】（五三九）「牛耳，尸盟者所執。」（困學紀聞卷四，總頁三八六周禮義云；詳解卷二八，頁八述，「尸」作「主」。集説卷七，頁四六王氏曰；註疏删翼卷二一，頁二四王氏曰，亦並同。周禮傳卷四下，頁十三王氏曰，「尸」作「司」，餘同。）

【評】（一三九）宋孫升曰：「（公曰：荆公三經，學者以爲如何？）余曰：荆公學尤邃於理，非後生所易知，故學者又爲穿鑿，所謂秦有司負秦法度也。然荆公亦有所失，如周官言『贊牛耳』，荆公言『取其順聽』。不知牛有耳而無竅，本以鼻聽。……昔曾有人引一牛與荆公辨之。……公曰然。」（孫公談圃卷中，頁五。）

---

〔二〕全段：詳解卷二八，頁八述略同；訂義卷五三，頁十五王氏曰。

【評】（一四〇）宋王應麟曰：「孫君孚談圃謂：『……』今按：周禮義云：『牛耳，尸盟者所執。』無順聽之説。蓋荆公聞而知之。」（困學紀聞卷四，總頁三八六。元敏謹案：翁元圻註云：「閻按：『尸盟者所執五字，用鄭註。』方樸山云：『知之當作改之。』繼序按：『以埤雅證之，則引牛與荆公辯者，乃陸農師也。順聽之説，本之孔仲達禮記正義，如何肯改？今王氏（與之）訂義、陳氏（友仁）集説尚載荆公原文，厚齋但就一處覽之，故以爲無其説耳。』元圻按：『陸農師埤雅三：「戎右曰『贊牛耳桃茢，牛耳無竅，以鼻聽也。盟者聽於人神，故執牛耳，（而）正以不聽爲戎。」』」）

齊右，掌祭祀、會同、賓客，前齊車。王乘，則持馬；行，則陪乘。凡有牲事，則前馬。

【佚文】（五四〇）「金路以賓，而謂之齊車者，王敬賓事如祭故也。」（文淵閣四庫全書本周官新義卷十三，頁六。）〔一〕

【佚文】（五四一）「……齊，正所以承祭祀……」（集説卷七，頁四七王介甫曰，上承「齊車」，

〔一〕全段：詳解卷二八，頁八述，「而」作「亦」。訂義卷五四，頁一王氏曰；集説卷七，頁四六—四七王介甫曰，「而」作「亦」，「車」下無「者」字，「敬賓」下無「事」字，又多一句（詳下佚文）。

詳上頁註一；詳解卷二八，頁八述作「齊所以承祭祀」，但句在「金路以賓」之上。）

道右，掌前道車。王出入，則持馬陪乘，如齊車之儀。自車上，諭命于從車；詔王之車儀；王式，則下前馬；王下，則以蓋從。

【佚文】（五四二）「齊右〔一〕，王弗乘則前馬〔二〕，方乘則持馬，既乘而行則陪乘〔三〕，三者皆與齊右同〔四〕。」（文淵閣四庫全書本周官新義卷十三，頁六。）

【佚文】（五四三）「象路以朝夕燕出入，而謂之道車；王朝夕燕出入，無非道之故也。」（集說卷七，頁四八王介甫曰；註疏刪翼卷二一，頁二五王氏介甫曰。詳解卷二八，頁九述，幾全同。）

---

〔一〕「齊」，墨海本作「道」，詳解述作「齊」（詳下註）。

〔二〕「弗」，經苑本作「未」，詳解述作「弗」。「馬」，經苑本作「車」，詳解述亦作「車」（詳下註）。

〔三〕首以下：詳解卷二八，頁九述略同；訂義卷五四，頁一王氏曰。欽定義疏卷三二，頁三十王氏安石曰，「齊右」二字無，「弗」作「未」，「前馬」作「前車」，「既」作「已」，「行」上有「將」字。

〔四〕「三」以下，詳解卷二八，頁九述；訂義卷五四，頁二王氏曰。

大馭，掌馭玉路以祀，及犯軷。王自左馭，馭下祝；登，受轡；犯軷，遂驅之。及祭，酌僕；僕左執轡，右祭兩軹，祭軓乃飲。凡馭路，行以肆夏，趨以采薺；凡馭路儀，以鸞和爲節。

**【佚文】**（五四四）「有軌也。」（臨川集卷四三，頁四乞改周禮義誤字劄子：「大馭『有軓也』，『軓』當作『軌』。」四庫全書考證卷八，頁四七曰：「祭軓乃飲，案：安石乞改三經義誤字劄子云：『大馭「有軓也」，「軓」當作「軌」。』今原本闕夏官，然考鄭注：『故書軓爲軋，杜子春云：軓當作軋，車前軾也。』則仍當作軓，不當作軌。」）

**【佚文】**（五四五）「僕，大僕祭祀則贊牲事；既祭，王使馭酌焉，明與之並受福也。」（周禮全解王安石謂，載訂義卷五四，頁四；集説、註疏刪翼並引，略同，詳下佚文。）

**【評】**（一四一）宋鄭鍔曰：「……其祭軷之時，使人酌酒以飲僕，僕併轡執於左手，以右手持酒而祭兩軹與軓……言車之行皆係於軹與軓也，右者用力之地，既祭乃飲，受神之福也。王安石乃謂：『……』不知四路皆有僕，此無玉路之僕而有大馭，則所謂僕者、玉路之僕，故先儒云僕即大馭也。」（周禮全解，載訂義卷五四，頁四。）

**【佚文】**（五四六）「書曰：『僕臣正，厥后克正。』蓋僕正王服位，以招贊，擯相前驅爲職。王有行也，僕爲之節；王有爲也，僕爲之道；故祭祀則贊牲事，既祭則王使馭酌焉，明與之並受福也。」（集説卷七，頁五十王介甫曰；註疏刪翼卷二一，頁二七王氏介甫曰，「招」作「詔」。）

【佚文】（五四七）五路以玉路爲大，故掌馭玉路以祀，其官謂之大馭也。及犯軷者，謂王出郊以祀，故有犯軷之事也。蓋行山曰跋，王將出，封土以爲山而祭之，驅車轢之而去，喻无險難也。王自左馭下祝登受轡犯軷，遂驅之也。（詳解卷二八，頁十新傳云云。）

【佚文】（五四八）夫王雖侔神天，而宰制禍福，然王之所以有福而無禍者，亦未始不本於神天之所爲，故出户而巫覡有事，出門而宗祝有事，則幽闇之中固有默相之者矣。及既祭也，王使馭酌僕，僕左執轡右祭兩軹，軹謂兩轊也。又祭軓，軓謂軾前也。祭軹與軓既畢，然後飲，則僕雖與馭並受其福，而其所以受福者，亦固有道矣。（詳解卷二八，頁十新傳云云。）

戎僕，掌馭戎車；掌王倅車之政，正其服。犯軷如玉路之儀；凡巡守，及兵車之會，亦如之。掌凡戎車之儀。

【佚文】（五四九）「（田車之副，謂之佐者，）如衆臣之佐其君。」（訂義卷五四，頁六王氏曰；詳解卷二八，頁十一述。）

【佚文】（五五〇）「（道車之副，謂之貳者，）若世子之貳其父，有故乃攝而代之。」（訂義卷五四，頁六王氏曰；詳解卷二八，頁十一述大同。）

△齊僕

△道僕

田僕，掌馭田路，以田以鄙。掌佐車之政，設驅逆之車，令獲者植旌；及獻比禽。凡田，王提馬而走，諸侯晉，大夫馳。

【佚文】（五五一）「提，節之；晉，進之；馳，則亟進之。尊者安舒，卑者戚速。」（文淵閣四庫全書本周官新義卷十三，頁七。）〔一〕

馭夫，掌馭貳車、從車、使車，分公馬而駕治之。

【佚文】（五五二）「貳車、副車、從車，謂屬車也；使車，謂使者所乘之車〔二〕。」（文淵閣四庫全

〔一〕　全段：訂義卷五四，頁十王氏曰；周禮說卷十一，頁二八王安石曰；欽定義疏卷三一，頁三九王氏安石曰。集說卷七，頁五四王介甫曰，「戚速」作「速疾」。註疏刪翼卷二一，頁三一臨川王氏曰；周禮輯註卷十三夏官二，頁二朱筆眉註王安石曰，「戚速」並作「速戚」。詳解卷二八，頁十三述作「戚速」，同文淵本。

〔二〕　「謂」，墨海本、經苑本並無；詳解述有（詳下註）。

書本周官新義卷十三，頁七。）〔二〕

校人，掌王馬之政。辨六馬之屬：種馬一物，戎馬一物，齊馬一物，道馬一物，田馬一物，駑馬一物。凡頒良馬而養乘之：乘馬一師四圉，三乘爲皁，皁一趣馬；三皁爲繫，繫一馭夫；六繫爲廄，廄一僕夫；六廄成校，校有左右。駑馬，三良馬之數；麗馬一圉，八麗一師，八師一趣馬，八趣馬一馭夫。天子十有二閑，馬六種；邦國六閑，馬四種；家四閑，馬二種。凡馬，特居四之一。

春祭馬祖，執駒；夏祭先牧，頒馬，攻特；秋祭馬社，臧僕；冬祭馬步，獻馬，講馭夫。凡大祭祀、朝覲、會同，毛馬而頒之；飾幣馬，執扑而從之。凡賓客，受其幣馬；大喪，飾遺車之馬，及葬，埋之；田獵，則帥驅逆之車。凡將事于四海山川，則飾黃駒。凡國之使者，共其幣馬。凡軍事，物馬而頒之。等馭夫之祿，官中之稍食。

【佚文】（五五三）「攻特者，駒之不可習者，廋人攻之矣；及成馬而不可習，則校人攻之〔三〕。

〔二〕全段：詳解卷二八，頁十三述，「副車」下、「乘之車」下並有「也」字；訂義卷五四，頁十王氏曰。又欽定義疏卷四二，頁四十王氏安石曰，自「從車」以下亦載，「使」上無「謂」字。

〔三〕首以下：訂義卷五五，頁七王氏曰；欽定義疏卷三一，頁四八王氏安石曰，並「馬」作「焉」。

臧僕，臧簡馭者簡其臧，亦簡其或不臧[一]。」（文淵閣四庫全書本周官新義卷十三，頁八。）

【佚文】（五五四）「講馭夫者，五馭之法，講其藝也。」（集説卷七，頁六二王介甫曰；註疏删翼卷二一，頁三八王介甫氏曰。詳解卷二八，頁十六述，「之」作「有」。）

【評】（一四二）宋陳汲曰：「周制：甸出革車一乘、馬四匹，則是馬亦民自備也。校人云『凡軍事，物馬而頒之』者，亦頒於官府，共軍事者耳。不然，校人六廄，凡三千四百匹，安能及庶民乎？自井田既壞，凡征戰，則國家賦馬與民。漢時，大僕牧師諸苑三十六所，分布西北邊，養馬三十萬頭。武帝時，天下亭亭有馬。自是以來，未嘗俾民自養馬也。雖唐府兵之制有井田遺意，而當給馬者，予其直市之，每匹予錢二十五千，刺史、折衝、果毅歲閲，不任戰事者鬻之，以其錢更市，不足則一府共之。熙寧間，介甫罷祖宗馬監，令民自養馬，每一都限馬十五匹，十五年而足，謂之保馬。郡縣苟阿上意，不二三年而足，於是天下騷然病矣。」（周禮辨疑，載訂義卷五五，頁九—十。）

趣馬，掌贊正良馬，而齊其飲食，簡其六節。掌駕説之頒；辨四時之居治，以聽馭夫。

[一]「臧僕」以下：詳解卷二八，頁十六述，末有「也」字；又見訂義卷五五，頁七王氏曰。

【佚文】（五五五五）「趣馬，下士皁一人[一]；繫一馭夫[二]，則下士一人[三]。」（文淵閣四庫全書本周官新義卷十三，頁七。）

△巫馬

牧師，掌牧地，皆有厲禁而頒之。孟春焚牧，中春通淫；掌其政令。凡田事，贊焚萊。

【佚文】（五五五六）「頒其地于牧人。」（文淵閣四庫全書本周官新義卷十三，頁八。）[四]

廋人，掌十有二閑之政教，以阜馬，佚特，教駣，攻駒；及祭馬祖，祭閑之先牧，及執駒，散馬耳，圉馬。正校人員選。馬八尺以上爲龍，七尺以上爲騋，六尺以上爲馬。

[一] 首以下：詳解卷二八，頁十四述；訂義卷五五，頁三王氏曰。
[二] 「夫」，經苑本作「大」，詳解述作「夫」。
[三] 「一」，墨海本、經苑本並作「八」，詳解述作「一」。
[四] 全段：詳解卷二九，頁二述，末有「也」字；又見訂義卷五五，頁十二王氏曰。

【佚文】（五五七）「致以正之，教以導之〔一〕，皁馬者，養馬而皁之，既皁矣，又佚特以蕃之；既蕃矣，又教駣以成之；攻駒，則不可教者，及其未駣，攻之也〔二〕；圉馬，則成馬而圉之，圉馬以校人執駒爲節也〔三〕。正其員，使員稱馬數；正其選，使選惟其能〔四〕；小大異名，使各從其類，以待乘頒，及以爲種〔五〕。」（文淵閣四庫全書本周官新義卷十三，頁八—九。）

【佚文】（五五八）下士閑二人，掌十有二閑之政教，而名官曰廋人者，廋，隱也，以閑者馬之所隱故也。掌十有二閑之政教，則致以正之，教以導之也。（詳解卷二九，頁二見新經。）

【佚文】（五五九）謂之「閑之先牧」，則始爲閑以養馬者也；與校人所謂「夏祭先牧」異矣。（詳解卷二九，頁二見新經。）

圉師，掌教圉人養馬：春，除蓐，釁廄，始牧；夏，庌馬；冬，獻馬。射則充椹質，茨牆則翦闔。

〔一〕首以下，詳解卷二九，頁二述云見新經，末有「也」字；訂義卷五五，頁十三王氏曰。
〔二〕「皁馬」以下：詳解卷二九，頁二述云見新經，略同；訂義卷五五，頁十三王氏曰。
〔三〕「圉馬則」以下，訂義卷五五，頁十三王氏曰。
〔四〕「正其」以下，訂義卷五五，頁十四王氏曰。
〔五〕「小大」以下：詳解卷二九，頁三述云見新經，「名」作「同」，下又有「則」字，末有「也」字；訂義卷五五，頁十四王氏曰。又自「使各」以下，亦見欽定義疏卷三二，頁五九王氏安石曰。

【佚文】（五六〇）「次草謂之茨，詩曰『牆有茨』；苫謂之闔，以刈草爲苫。」（文淵閣四庫全書本周官新義卷十三，頁九。）〔二〕

△圉人

職方氏，掌天下之圖，以掌天下之地。　辨其邦國、都鄙、四夷、八蠻、七閩、九貉、五戎、六狄之人民，與其財用、九穀、六畜之數要，周知其利害；乃辨九州之國，使同貫利。

【佚文】（五六一）「掌天下之圖，以掌天下之地，則所掌非特圖也，又掌其地焉。」（文淵閣四庫全書本周官新義卷十三，頁九。）〔三〕

東南曰揚州，其山鎮曰會稽，其澤藪曰具區，其川三江，其浸五湖，其利金錫竹箭，其民二男五女，其畜宜鳥獸，其穀宜稻。

---

〔二〕　全段：詳解卷二九，頁三述大同；訂義卷五五，頁十五王氏曰。

〔三〕　全段：訂義卷五六，頁一王氏曰。詳解卷二九，頁四述；集説卷七，頁七十王氏曰；註疏刪翼卷二一，頁四六臨川王氏曰；三禮纂註卷六，頁二七王氏曰，皆同（僅首句上多「職方氏」三字）。

正南曰荆州，其山鎮曰衡山，其澤藪曰雲瞢，其川江漢，其浸潁湛，其利丹銀齒革，其民一男二女，其畜宜鳥獸，其穀宜稻。

河南曰豫州，其山鎮曰華山，其澤藪曰圃田，其川滎雒，其浸波溠，其利林漆絲枲，其民二男三女，其畜宜六擾，其穀宜五種。

正東曰青州，其山鎮曰沂山，其澤藪曰望諸，其川淮泗，其浸沂沭，其利蒲魚，其民二男二女，其畜宜雞狗，其穀宜稻麥。

河東曰兖州，其山鎮曰岱山，其澤藪曰大野，其川河泲，其浸盧維，其利蒲魚，其民二男三女，其畜宜六擾，其穀宜四種。

正西曰雍州，其山鎮曰嶽山，其澤藪曰弦蒲，其川涇汭，其浸渭洛，其利玉石，其民三男二女，其畜宜牛馬，其穀宜黍稷。

東北曰幽州，其山鎮曰醫無閭，其澤藪曰貕養，其川河泲，其浸菑時，其利魚鹽，其民一男三女，其畜宜四擾，其穀宜三種。

河内曰冀州，其山鎮曰霍山，其澤藪曰楊紆，其川漳，其浸汾潞，其利松柏，其民五男三女，其畜宜牛羊，其穀宜黍稷。

正北曰并州，其山鎮曰恒山，其澤藪曰昭餘祁，其川虖池嘔夷，其浸淶易，其利布帛，其民二男三女，其畜宜五擾，其穀宜五種。

乃辨九服之邦國：方千里曰王畿，其外方五百里曰侯服，又其外方五百里曰甸服，又其外方五百里曰男服，又其外方五百里曰采服，又其外方五百里曰衛服，又其外方五百里曰蠻服，又其外方五百里曰夷服，又其外方五百里曰鎮服，又其外方五百里曰藩服。凡邦國千里，封公以方五百里，則四公；方四百里，則六侯；方三百里，則七伯；方二百里，則二十五子；方百里，則百男；以周知天下。

凡邦國，小大相維，王設其牧，制其職，各以其所能；制其貢，各以其所有。王將巡守，則戒于四方曰：「各脩平乃守，攷乃職事，無敢不敬戒，國有大刑。」及王之所行，先道，帥其屬而巡戒令。王殷國，亦如之。

【佚文】（五六二）「九州之序，禹貢始於冀，次以兗，而終於雍，職方始於揚，次以荆，而終於并者，蓋禹貢言治水之序，職方言遠近之序。治水自帝都而始，然後順水性所便，自下而上，故自兗至雍而止；以遠近言之，則周之化自北而南，以南爲遠，故關雎、鵲巢之詩，分爲二南，漢廣亦言文王之道被于南國，德化所及，以遠爲至故也。始於揚州，則以揚在東南〔一〕，次以

〔一〕「揚」，鈔本原作「楊」，孔校改作「揚」；詳解述作「揚」。

荆，則以荆在正南，終於并，則以并在正北，先遠而後近也。」（文淵閣四庫全書本周官新義卷十三，頁十二。）〔一〕

【佚文】（五六三）「然涇、漳之屬，後世更引以浸焉，則民之利固有先王未之盡者；變而通之，存乎其時而已。」（訂義卷五六，頁五「其浸五湖」王氏曰；詳解卷二九，頁七述首、二兩句。）

## △土方氏

懷方氏，掌來遠方之民，致方貢，致遠物，而送逆之，達之以節；治其委積、館舍、飲食。

【佚文】（五六四）「逆送之〔二〕，以爲之禮；達之節，使無留難；治其委積、館舍、飲食，使有所資賴；此所以懷之也。」（文淵閣四庫全書本周官新義卷十三，頁十三。）〔三〕

〔一〕全段：訂義卷五六，頁二五王氏曰；欽定義疏卷三三，頁五二王氏安石曰，「雍職方」下有「則」字，「而始」作「始」，「周之化」作「周之德化」，「自北」作「自西北」，「故關雎」至「所及」共二十七字無，「遠爲至」、「至」上有「難」字，「次以荆」下無「則」字；詳解卷二九，頁七述，幾全同（僅增多虛字數文）。詳解此文，集說卷七，頁八一王氏曰；周禮要義卷十一，頁三八王氏曰，皆傳述其說，「王氏」並謂昭禹也。

〔二〕「逆送」，墨海本作「送逆」，詳解述亦作「送逆」（詳下註）。

〔三〕全段：詳解卷二九，頁十一述，「節」上有「以」字；又見訂義卷五七，頁八王氏曰。

△合方氏

△訓方氏

形方氏，掌制邦國之地域，而正其封疆，無有華離之地，使小國事大國，大國比小國。

**【佚文】**（五六五）「華，與『爲國君削爪者華之』同義。」（文淵閣四庫全書本周官新義卷十三，頁十三。）[一]

**【佚文】**（五六六）「華與『天子副瓜者華之』之『華』同義。敏案：參上條佚文。地雖分析，亦當連亘不絶，爲一國之界，故不可華絶而不屬者爲離。一國之地，當自爲封疆，若有國在此，而地斗絶在彼，則不能相統攝矣，故不可離。其所以便地不華離者，蓋使小國近大國事之以自立，大國近小國比之以自固。然非形方氏制其地形使各相聯屬，雖欲使小大相事相比，不相侵其疆埸，亦不可得也。」（周禮全解王安石云，載訂義卷五七，頁十一—十二。）

〔一〕全段：墨海本、經苑本並無此十二字；鈔本亦原無此十二字，孔校增，「爪」作「瓜」；欽定義疏卷三三，頁六七王氏安石曰，「與」下有「記」字，「無」者字；又十二字亦略見周禮全解引，詳下佚文條。

【佚文】（五六七）「正其封疆，無有華離之地，則小國易以守，大國難爲侵；人各有土宇，可以無交矣。」（訂義卷五七，頁十二王氏曰；亦略見集説、註疏删翼，詳下條佚文。）

【佚文】（五六八）「析而不絶爲華，絶而不屬爲離。」（下云「正其封疆，使無有華離之地，則小國易以守，大國難以侵；人各有其土宇而無交争矣」。則亦略見上條佚文。集説卷七，頁九二王介甫曰；註疏删翼卷二一，頁七二臨川王氏曰，「争」下多「之患」二字；詳解卷二九，頁十四述大同。）

【佚文】（五六九）邦國之地域，小大、廣狹各有形體，先王設官以制其形體，故謂之形方氏。大司徒「凡建邦國，以土圭土其地，而制其域」：自諸公而下，遞至於子男，其封疆各有多寡之數。形方氏又「掌制邦國之地域，而正其封疆」，則形方氏之所掌，凡以成大司徒之所建而已。謂之正其封疆，則非特制之地域而已。又正之使各止於一，而無侵土攘奪也。（詳解卷二九，頁十三—十四見新傳。）

【評】（一四三）明王志長曰：「愚按：註、疏釋『華離』，義似太鑿。王明齋云：『華者，分析如華瓣也。』正與介甫『析而不絶』解合。然形如華瓣則易侵，而勢若犬牙則難動，又何也？意威福之柄，所以親諸侯者，固別有所操與！」（註疏删翼卷二一，頁七三。）

山師，掌山林之名，辨其物與其利害，而頒之于邦國，使致其珍異之物。

川師，掌川澤之名，辨其物與其利害，而頒之于邦國，使致其珍異之物。

【佚文】（五七〇）「稻人『澤草所生，種之芒種』，所謂利有如此者，非特中人用而已。王孫滿曰：『夏之方有德也，鑄鼎象物，百物而爲之備，使民知神姦；故民入川澤山林，不逢不若，魑魅魍魎[一]，莫能逢之。』所謂害有如此者，非特毒物，及螫噬之蟲獸而已。」（文淵閣四庫全書本周官新義卷十三，頁十三—十四。）[二]

【佚文】（五七一）山林、川澤皆有虞衡，而山師、川師又設於夏官者，則以其所掌有及於邦國故也。（詳解卷二九，頁十四，段末新經云云。）

邍師，掌四方之地名，辨其丘陵、墳衍、邍隰之名，物之可以封邑者。

【佚文】（五七二）大司徒辨山林、川澤、丘陵、墳衍、原隰之名；而辨其邦國、都邑之數，而溝

---

[一]「魑魅魍魎」，經苑本作「螭魅罔兩」。

[二] 全段：訂義卷五七，頁十二王氏曰。欽定義疏卷三三，頁六八王氏安石曰，「稻人」下有「職」字，「非特」下有「如註云」三字，「王孫」上有「國語」二字，「所謂害有如此者」七字無，「而已」作「也」。

封之，而遂師所掌如此，亦以輔成司徒之事而已。（詳解卷二九，頁十四，段末新經云云；三禮纂註卷六，頁三五王氏曰，「大司徒」作「大司空」，「川」作「山」，「司徒」作「司空」，餘略同。）

【佚文】（五七三）「辨其名，以知平陂燥濕；辨其物，以知其肥磽𡟰惡。」（集說卷七，頁九五王介甫曰；註疏删翼卷二一，頁七四王介甫曰；三禮纂註卷六，頁三五王氏曰。欽定義疏卷三三，頁六九王氏安石曰，「知其」之「其」字無。）

△匡人

△撢人

△都司馬

△家司馬

【評】⊗清紀昀曰，見地官總評第一〇七條。

# 周禮新義　卷十四　秋官司寇一

萍氏，下士二人，徒八人。

【佚文】（五七四）「萍之浮物[一]，不沈溺，又勝酒，故掌國之水禁；幾酒，謹酒，禁川游者，謂之萍氏。」（文淵閣四庫全書本周官新義卷十四，頁三。）[二]

大司寇之職，掌建邦之三典，以佐王刑邦國，詰四方。

【佚文】（五七五）「邦國，刑之所加，故曰刑邦國；四方，則有威讓之令，有文告之辭，布令陳辭，而又不至，則又增修于德而已，故曰詰四方。」（文淵閣四庫全書本周官新義卷十四，頁六。）[三]

---

[一]「浮」，經苑本作「爲」。

[二]全段，詳解卷三二，頁七述旨同；欽定義疏卷三四，頁十七王氏安石曰，「浮」作「爲」，無「禁川游者」四字。

[三]全段，詳解卷三十，頁二述，幾全同，「國刑」作「國政」。

一曰刑新國，用輕典；二曰刑平國，用中典；三曰刑亂國，用重典。

【佚文】（五七六）「刑新國，用輕典，則教化未明，習俗未成，以柔乂之也；刑平國，用中典，則教化已明，習俗已成，以正直乂之也；刑亂國，用重典，則頑昏暴悖，不可教化，以剛乂之也。故書云：『惟敬五刑，以成三德。』」（文淵閣四庫全書本周官新義卷十四，頁六。）〔一〕

以五刑糾萬民：一曰野刑，上功糾力；二曰軍刑，上命糾守；三曰鄉刑，上德糾孝；四曰官刑，上能糾職；五曰國刑，上愿糾暴。

【佚文】（五七七）「野刑爲事，故上功糾力，力所以致功；軍刑爲政，故上命糾守，守所以致命；鄉刑爲教，故上德糾孝，孝所以致德；官刑爲治，故上能糾職〔二〕，職所以致能；國刑，刑也〔三〕，故上愿

〔一〕全段：詳解卷三十，頁三述大同；訂義卷五八，頁二—三王氏曰：「用輕典，以柔乂之；用中典，以正直乂之；用重典，以剛乂之。書曰：『惟敬五刑，以成三德。』」約文成義；欽定義疏卷三五，頁二王氏安石曰，亦省約成文，幾全同訂義。

〔二〕「上」，經苑本作「土」，詳解卷三十，頁三述作「上」。

〔三〕「國刑刑也」，墨海本作「國刑爲□」，經苑本作「國刑刑所」。

糾暴，失愿而暴〔一〕，刑所取也〔二〕。然則刑無爲禮乎？曰：禮之施萬民者〔三〕，在教而已，自野刑序之，以至于國，則與書序『蠻夷猾夏，寇賊姦宄』同意〔四〕。」（文淵閣四庫全書本周官新義卷十四，頁六—七。）

以圜土聚教罷民。凡害人者，寘之圜土，而施職事焉，以明刑恥之；其能改者，反于中國，不齒三年；其不能改而出圜土者，殺。

**【佚文】**（五七八）「凡害人者，謂有過失，而麗于法者也。其獄謂之圜土，則有生養之意也；其人謂之罷民，則不自强以禮故也。施職事焉，則使知自强；以明刑恥之，則使知自好。其能改者，反于中國，不齒三年者，寘之圜土，外之于中國也；故其能改而反也，謂之反于中國。

〔一〕「失」，墨海本作「夫」，詳解述作「失」（詳下註）。

〔二〕首以下：訂義卷五八，頁三王氏曰；欽定義疏卷三五，頁四王氏安石曰，删略成文。

〔三〕「施」下，墨海本、經苑本並有「在」字；詳解述有「於」字（詳下註）。

〔四〕「故上愿」以下，詳解卷三十，頁三述略同。

其收之也，三讓而罰，三罰而歸之圜土；及與其能改〔二〕，亦不可以一年而足〔三〕，故不齒三年，三年無違，則亦久矣，于是以倫類序之〔三〕。其不能改而出圜土者，殺，則上所以宥而教之至矣〔四〕，既不能改，又逃焉，殺之義也。先王之于民也，德以教之，禮以賓之，仁以宥之，義以制之，善者怙焉，不善者懼焉；故居則易以治，動則易以服〔五〕。」（文淵閣四庫全書本周官新義卷十四，頁七—八。）

【佚文】（五七九）「以兩造禁民訟者，訟以兩造聽之，而無所偏受〔六〕，則不直者自反，而民訟以兩造禁民訟，入束矢於朝，然後聽之；以兩劑禁民獄，入鈞金，三日，乃致于朝，然後聽之。

〔一〕「反」，經苑本作「反」，詳解述作「及」。「與其能改」，墨海本作「其與能改」，詳解述作「與其能改」（詳下註）。

〔二〕「年」，四庫全書考證卷八，頁四七曰：「義：『亦不可以一年而足，故不齒三年。』原本脱上『年』字，今據經文增。」「足」，經苑本作「定」，詳解述作「足」（詳下註）。

〔三〕「其收」以下：詳解卷三十，頁三—四述大同，「一年」作「一日」；欽定義疏卷三五，頁七王氏安石曰，多所删略。

〔四〕「上」，經苑本作「土」。

〔五〕「先王」以下，集説卷八，頁十五王介甫曰；註疏删翼卷二三，頁七臨川王氏曰。

〔六〕「受」，經苑本作「愛」，詳解述作「受」（詳下註）。

禁矣〔一〕；入束矢于朝，然後聽之者，以束矢自明其直，然後聽，蓋不直則入其矢，亦所以懲其不直〔二〕。以兩劑禁民獄者，獄以兩劑聽之，而無所偏信，則不直者自反，而民獄禁矣〔三〕。入鈞金，三日，乃致于朝，然後聽之者，以鈞金自明其不可變，然後聽，蓋不借則入其金，亦所以懲不信。獄必三日然後聽，則重致民于獄也〔四〕。獄必以劑，則訟至于獄，無簡不聽，非特劑而已，舉劑以見類焉。」（文淵閣四庫全書本周官新義卷十四，頁八。）

以嘉石平罷民。凡萬民之有罪過，而未麗於灋，而害於州里者，桎梏而坐諸嘉石，役諸司空：重罪，旬有三日坐，朞役；其次，九日坐，九月役；其次，七日坐，七月役；其次，五日坐，五月役；其下罪，三日坐，三月役；使州里任之，則宥而舍之。

**【佚文】**（五八〇）「嘉，合禮之善也；以嘉石平罷民，罷民不能自強以禮故也。萬民之有罪

〔一〕「以兩造聽」以下，訂義卷五八，頁六王氏曰，無「以」字。

〔二〕「以兩造聽」以下，詳解卷三十，頁四述大同。

〔三〕「以兩劑聽」以下，詳解卷三十，頁四述，「禁」上有「自」字；訂義卷五八，頁六王氏曰，「無」上缺「而」字，「禁」上有「自」字。

〔四〕「必三」以下：詳解卷三十，頁四述大同；訂義卷五八，頁六王氏曰，「然後聽則」作「而後聽者」，「也」字無。

過，而未麗于法，而害于州里者，則司救所謂『衺惡』也；凡害人者，則司救所謂『過失』是也；過失不謂之罪，而得罪反重于衺惡，則爲其已麗于法故也；惟其過失，是以未入于刑，不虧其體，而以圜土教之也。衺惡謂之罪，而得罪反輕於過失，爲其未麗於法故也；坐諸嘉石，使自反焉，且以恥之，役諸司空，則以彊其罷故也〔二〕。重罪旬有三日坐，朞役；其次九日坐，九月役；其次七日坐，七月役；其次五日坐，五月役；其下罪，三日坐，三月役；則報之各稱其罪之輕重〔三〕。使州里任之，則宥而舍之，則無任者，終不舍焉，是乃所以使州里相安也〔三〕。先王善是法，以爲其刑人也，不虧體；其罰人也，不虧財；非特如此而已，司空之役不可廢也。與其徭平民而苦之，孰若役此以安州里之爲利也〔四〕？」（文淵閣四庫全書本周官新義卷十

〔二〕「萬民」以下：集説卷八，頁十七—十八王介甫曰，「人者」下無「則」字，「過失」下無「是」字，「已麗于法」下無「故」字，「以圜上」無「而」字，「未麗于法故」作「及麗於法」。周禮全經釋原卷十一，頁八王介甫曰；註疏删翼卷二三，頁十一臨川王氏曰，並「及麗」作「未麗」，餘並同集説。又欽定義疏卷三五，頁九—十王氏安石曰，於舊本大加删易成章。

〔三〕「報之各稱」：「報」，經苑本作「役」。「各」，鈔本原作「名」，孔校改作「各」。此四字，墨海本作「各報之稱」。

〔三〕「無任」以下，欽定義疏卷三五，頁十王氏安石曰，略據舊本成義。

〔四〕「州里任」以下：集説卷八，頁十八王介甫曰，「所以」二字無，「以爲」作「以治」；註疏删翼卷二三，頁十一臨川王氏曰，「以治」作「以爲」，餘同集説；周禮全經釋原卷十一，頁八—九王介甫曰，删易集説成義。又自「先王善」以下：訂義卷五八，頁七王氏曰，「善」作「著」，「其刑」、「其罰」之「其」字並無，「徭」作「淫」，末「也」字無。

四，頁九。）

【評】（一四四）清王太岳曰：「義：『嘉，合禮之善也。』案：嘉石，鄭注爲『文石也』，王氏說似非本意。」（四庫全書考證卷八，頁四七。）

【佚文】（五八一）易曰「嘉會足以合禮」，則嘉者，合禮之善也。罷民不能自强以禮，坐諸嘉石，以辨治之，則使之自省，而克己復禮也。圜土之聚民，謂之害人，則以其已麗於法也。嘉石之平罷民，謂其有罪過，而未麗於法，則其得罪差輕於圜土。（詳解卷三十，頁五段末云餘見新傳。）

以肺石達窮民。凡遠近惸獨老幼之欲有復於上，而其長弗達者，立於肺石三日，士聽其辭，以告於上，而罪其長。

【佚文】（五八二）「肺之情憂〔二〕，其竅爲鼻，以肺石達窮民，則以其憂在內不能自達故也〔三〕；非此疾也，不爲窮民。以大僕觀之，則欲其速達，甚于遽令，然而立于肺石三日，然後聽，則又

---

〔二〕「肺之情憂」：經苑本作「肺在五藏，其情爲憂」；詳解述幾全同經苑本，作「肺之在五臟，其情爲憂」（詳下註）。

〔三〕首以下：詳解卷三十，頁五述略同；訂義卷五八，頁八王氏曰：「肺在五臟，其情爲憂，其竅爲鼻。窮民以憂在內而不能自達，則立於肺石而達之。」大同經苑本。

惡民之瀆其上〔二〕；民瀆其上，憒眊而不滐，雖誠無告，反不暇治矣〔三〕。」（文淵閣四庫全書本周官新義卷十四，頁十。）

【評】（一四五）清王太岳曰：「義：『肺之情憂，其竅爲鼻。』案：鄭註：『肺石，赤石也。』王氏之説，亦非本意。」（四庫全書考證卷八，頁四七。）

【佚文】（五八三）「謂之窮民，其惸獨無功可誣，其老無力可侮，其幼無知可罔；非此族也，不爲窮民〔三〕以大僕觀之……瀆其上也〔四〕。民瀆於告，上煩于聽，其誠無告者，反無以信于上矣。」（欽定義疏卷三五，頁十一—十二王氏安石曰。）

正月之吉，始和，布刑於邦國都鄙；乃縣刑象之灋於象魏，使萬民觀刑象，挾日而斂之。凡邦之大盟約，涖其盟書，而登之于天府；大史、内史、司會及六官，皆受其貳而藏之。

〔二〕「其」，墨海本、經苑本並無。「以大僕」以下，欽定義疏卷三五，頁十一王氏安石曰，末有「也」字。

〔三〕「以大僕」以下：集説卷八，頁十九王介甫曰，「觀」之下無「則」字，「聽」下有「之」字，「民瀆其上」四字無，「憒眊」作「潰⿰月毛」，上又多「則上」二字；註疏刪翼卷二三，頁十二臨川王氏曰同集説，僅「⿰月毛」作「眊」之異耳。

〔三〕敏案：以上亦略見詳解卷三十，頁五述。

〔四〕敏案：上共三十五字，同文淵本，已詳本頁註一。

【佚文】（五八四）「凡邦之大盟約，大司寇涖其盟書者，刑一成而不可變，盟約如之；且違焉，則刑所取也〔一〕。登之于天府者，謹藏之也；大史〔二〕、內史、司會及六官，皆貳而藏之者，各以考事焉〔三〕，非特備失亡而已〔四〕。」（文淵閣四庫全書本周官新義卷十四，頁十。）

【佚文】（五八五）「……刑官之事……」（集説卷八，頁二一王介甫曰；註疏刪翼卷二三，頁十四介甫王氏曰，上承「刑（之）所取」，下接「也」字，詳本頁註四。）

凡諸侯之獄訟，以邦典定之；凡卿大夫之獄訟，以邦灋斷之；凡庶民之獄訟，以邦成弊之。

【佚文】（五八六）「諸侯强大，其獄訟難定，故言以邦典定之〔五〕；卿大夫親貴，其獄訟難斷，

---

〔一〕「刑所取也」，經苑本作「刑之所取」，詳解卷三十，頁六述作「刑所取」。

〔二〕「大」，詳解述作「太」（詳下註）。

〔三〕「考事焉」：「考」下，墨海本有「其」字；「考事焉」，經苑本作「其事攷焉」，詳解述作「攷事焉」（詳下註）。

〔四〕「涖其」以下：集説卷八，頁二一王介甫曰，「約」作「要」，「刑所取也」作「刑之所取刑官之事」（四字別列爲佚文，見下），「登」下無「之」字，「府」下無「者」字，「考事焉」作「其事攷焉」；註疏刪翼卷二三，頁十四介甫王氏曰同集説，「之者」作「之也」，「攷焉」作「攷之」。又自「大史」以下：亦見詳解卷三十，頁六述大同；訂義卷五八，頁九王氏曰，無「及六官」三字，「皆貳」作「皆受其貳」；欽定義疏卷三五，頁十三王氏安石曰同訂義，僅少一「者」字。

〔五〕首以下，詳解卷三十，頁七述云見新經，幾全同。

故言以邦法斷之，若夫庶民，患其情僞難弊而已，故言以邦成弊之。」（文淵閣四庫全書本周官新義卷十四，頁十一。）

大祭祀，奉犬牲。

【佚文】（五八七）「犬，金畜也，秋官羞之，則各從其類也〔一〕，因致其義焉〔二〕；奉不可變之義，一于所事，致其守禦〔三〕，以佐大事者，大司寇之職也。小司寇小祭祀奉犬牲，士師刉珥奉犬牲〔四〕，與此同義，所任有小大而已〔五〕。」（文淵閣四庫全書本周官新義卷十四，頁十一。）

若禋祀五帝，則戒之日，涖誓百官，戒于百族。

---

〔一〕首以下：詳解卷三十，頁七述新經云云：「奉犬牲各從其類。」略同。集説卷八，頁二二王介甫曰；註疏删翼卷二三，頁十五介甫王氏曰，並無「則」字。

〔二〕「因」，鈔本原作「固」，孔校改爲「因」。

〔三〕「守」，墨海本、經苑本並作「所」。

〔四〕「珥」，鈔本原作「珥」，孔校改爲「珥」。

〔五〕「小司寇」以下：集説卷八，頁二二王介甫曰；註疏删翼卷二三，頁十五介甫王氏曰，並「士」作「上」，「與此同義」四字無，「所」上有「則」字。

【佚文】（五八八）「涖誓而戎焉，則制百官百族于刑之中，義也[二]；謂之禋祀，則致意之精焉，刑官佐王事上帝，如斯而已。天、地二官，不言禋，則所以佐王事上帝，有大于此者[三]，此無所事意，不期精粗焉。」（文淵閣四庫全書本周官新義卷十四，頁十一。）

【佚文】（五八九）「誓百官」之誓、「戒于百族」之戒，互文見義。（集説卷八，頁二三載王先生（十朋）曰引荆公謂：詳解卷三十，頁七述新經云：「於百官言誓，於百族言戒，亦互見也。」旨同。）

【評】（一四六）宋王十朋曰：「百官者，百執事也。百族者，王之族姓也。族姓之與於祭，則爲重於百官矣，故戒百官於庫門之内，而戒百姓於太廟之内，所以辨親疎也。然祭之前期十日，有戒、有誓，曰誓，則重於戒矣；大宰云『掌百官之誓戒與其具脩』，小宰云『以法掌祭祀之戒具』，小宰言戒而不及誓，言具而不及脩，則是誓之爲重於戒明矣。夫祭莫重於齊，齊莫重於誓戒，誓百官者，大宰也，涖于誓者，大司寇也，夫豈以大司寇之涖大宰哉？涖百官之聽誓於大宰者耳！賈氏以爲大司寇不得涖太宰，遂以爲太宰特掌其誓，而誓者乃

[二] 首以下，詳解卷三十，頁七述新經云云略同。

[三] 「天地」以下：詳解卷三十，頁七述大同；訂義卷五八，頁十王氏曰，「天」上有「於」字，「不」作「未嘗」，「大于此者」作「在於此」。

餘小官。失之矣。百官言誓，而百族言戒，則又知百族不預於執事，有預於從祭，此所以不聽誓而聽戒也。荆公謂『互文見義』，又失之矣！」（集説卷八，頁二一二—二一三載王先生曰。）

【佚文】（五九〇）若禋祀五帝，則戒之日，涖誓百官，戒於百族者，精意以享，謂之禋；戒之日，謂散齋也；百官，則凡百官府之執事者，皆是也；百族，則凡百官之族姓與祭者，皆是也。太宰之祀五帝，則戒百官，大司寇涖之而已；至於百族，則大司寇又戒之也。吾王方致其精意，以交乎神，則百官之執事、百族之於祭，可不致其嚴乎？記曰「獻命庫門之内」，戒百官也；太廟之命，戒百姓也，所謂百姓則百族也。……夫精禋之所盡，主之心進於道矣；誓戒之所嚴，臣之心進於禮矣。誓之至矣，有不用誓者，則司寇之刑從而加其慢誓者焉；戒之至矣，有不用戒者，則司寇之刑從而加其弛戒焉。……且夫莫親於王，猶親立於澤中以聽誓戒，況夫卑之爲臣屬者乎？莫卑於遂師，於祭祀且猶審其誓戒，況夫貴之爲官族者乎！惟其如是，然後可以佐王之禋祀也。……太宰稱祀，而司寇稱祭之日者，宰，天官，以道佐王事神，故稱祀；刑，制人之形焉，故稱祭。奉其明水火者，明水，謂以鑒取水於月也；明火，謂以燧取火於日也。（詳解卷三十，頁七—八新經云云。）

及納亨，前王，祭之日，亦如之，奉其明水火。凡朝覲、會同，前王；大喪，亦如之；大軍旅，涖戮于社。凡邦之大事，使其屬蹕。

**【佚文】**（五九一）「及納亨，前王，祭之日，亦如之者，於是也〔一〕。治官以宰制斟酌贊王，而刑官先焉，俾王從欲以治，則刑先之故也〔二〕。司寇稱祭之日，而宰稱祀，則宰，天官也〔三〕，故稱祀；司寇，秋官也，制物之形焉，故稱祭。明水火之爲物，潔而清明之至也；清以察理之在我，明以燭事之在物，潔以革汙穢而除之〔四〕，刑官所以格上帝，于是爲至。朝覲、會同，前王，大喪亦如之，則與大祭祀前王同義〔五〕。大軍旅，涖戮于社，則涖戮、刑官之事也〔六〕；蹕者止人，使毋敢干焉，刑官之事也。小司寇國之大事，使其屬蹕，則事在國中而已；大司寇邦之大事，使其屬蹕，則事之所在，通國野焉〔七〕。」（文淵閣四庫全書本周官新義卷十四，頁十二。）

---

〔一〕「於是也」：墨海本、經苑本作「亦前王也」；詳解述作「方是時也」（詳下註）。

〔二〕首以下，詳解卷三十，頁八述略同。

〔三〕鈔本原無「也」字，孔校增。

〔四〕「革汙穢」，墨海本、經苑本並作「藏穢汙」，詳解卷三十，頁八述同文淵本。

〔五〕「朝覲」以下，詳解卷三十，頁八述，無「則」字。「義」下，墨海本、經苑本並有「也」字。

〔六〕「大軍」以下：詳解卷三十，頁八述略同。又「則涖」句，亦見訂義卷五八，頁十二王氏曰，無「則」、「也」二字。

〔七〕「小司寇」以下：詳解卷三十，頁八述略同；訂義卷五八，頁十二王氏曰；欽定義疏卷三五，頁十七王氏安石曰。

小司寇之職，掌外朝之政，以致萬民而詢焉：一曰詢國危，二曰詢國遷，三曰詢立君。其位，王南鄉，三公及州長、百姓北面，群臣西面，群吏東面。小司寇擯，以敘進而問焉，以衆輔志而弊謀。

【佚文】（五九二）「國危、國遷、立君，大事也；有疑焉，則所謂大疑，故致萬民而詢焉。三公，鄉老也，上言三公，中言州長，下言百姓，則鄉官皆在此矣[一]；上言萬民，下言百姓，則詢備矣[二]。其言百姓，猶洪範之言庶人；其首萬民，則猶洪範之言庶民也。百姓北面，答君也；三公及州長北面，帥民也[三]；群臣西面、群吏東面，則左右其事而已[四]；民爲貴，于是見矣。小司寇擯，以敘進而問焉，以衆輔志而弊謀，則以王志而輔之衆[五]，以衆謀爲稽，而弊之矣。

[一]「三公鄉老」以下：集説卷八，頁二五王介甫曰；註疏删翼卷二三，頁二十介甫王氏曰；欽定義疏卷三五，頁十九王氏安石曰，「皆在」下有「於」字。周禮全經釋原卷十一，頁十三王氏曰，「皆在此矣」作「俱在矣」。

[二]「三公鄉老」以下，訂義卷五九，頁二王氏曰，無「也」字，「官」作「百」，「此」字無，「詢備矣」作「相備也」。

[三]「帥」，墨海本作「神」。

[四]「百姓北面」以下：集説卷八，頁二五王介甫曰；註疏删翼卷二三，頁二十介甫王氏曰；欽定義疏卷三五，頁十九王氏安石曰，「則左右其事而已」作「則相爲左右也」。

[五]「以王志而輔之衆」：墨海本「之」字無；經苑本此七字作「以王志爲主而輔之以衆」。

於王也[二]。」（文淵閣四庫全書本周官新義卷十四，頁十三。）

【佚文】（五九三）王朝有三：有内朝，有治朝，有外朝。外朝在庫門之外，而致萬民以詢事之朝也；詢者，徧咨之謂也。洪範曰：「汝則有大疑，謀及乃心，謀及卿士，謀及庶人，謀及卜筮。汝則從、龜從、筮從、卿士從、庶人從，是之謂大同。」則所謂致萬民而詢者，卿士庶人無不在也。詢及於庶民，則其謀也偏矣，故以致萬民爲主也。國危，則謀安矣，若周公之討亂是也；國遷，則謀居矣，若盤庚之遷都是也；立君，則謀嗣矣，若文王舍伯邑考立武王是也。（詳解卷三十，頁八—九新經云云。）

以五刑聽萬民之獄訟，附于刑，用情訊之；至于旬，乃弊之，讀書則用灋。凡命夫命婦，不躬坐獄訟；凡王之同族，有罪不即市。

【佚文】（五九四）「以五刑聽萬民之獄訟者，聽獄訟當知罪所麗故也。知罪所麗，則姦民有可刺之實，不能以巧免；愚民有可宥之情，知所以出之焉。附于刑，用情訊之者，既得其情[三]，罪

---

[二]「而」，鈔本原無，孔校增。「小司寇」以下：詳解卷三十，頁九述新經云云略同。又「以王志」以下：訂義卷五九，頁三王氏曰；欽定義疏卷三五，頁十九王氏安石曰，並「王志」下有「爲主」二字，「輔之」下有「以字」，無「也」字。

[三]「者既得」三字，墨海本無。

附于刑矣；則用情訊之，恐其惟從非從也。至于旬，乃弊之者，慎用刑也，與書『要囚，服念五六日，至于旬時，丕蔽要囚』同義。讀書則用法者，弊其罪，則讀其服罪之書，讀其服罪之書，則用法而已〔二〕，不以意爲輕重。訊用情，則民得自盡；弊用法，則吏無所肆焉。凡命夫命婦不躬坐獄訟者，貴貴也；凡王之同族，有罪不即市者，親親世；貴貴、親親，如此而已，豈以故撓法哉〔三〕？」（文淵閣四庫全書本周官新義卷十四，頁十三—十四。）

【佚文】（五九五）五刑，則司刑所謂墨也、劓也、宫也、刵也、殺也。聽訟，則其是非曲直能審能克也。能聽獄訟，然後於有罪者而麗之於法，以附於刑也。既得其罪，附於刑矣，又從而用情以訊之，恐其非心服而從也。（詳解卷三十，頁九新經云云。）

以五聲聽獄訟，求民情：一曰辭聽，二曰色聽，三曰氣聽，四曰耳聽，五曰目聽。

【佚文】（五九六）「聽獄訟，求民情，以訊鞫作其言，因察其視聽氣色，以知其情僞，故皆謂之

〔二〕「弊其罪」以下，周官集傳卷九，頁十六王氏曰：「弊其罪，則讀其伏罪之書，乃用法也。」大同。

〔三〕「命夫」以下：集説卷八，頁二七王介甫曰；註疏删翼卷二三，頁二二介甫王氏曰，並無「凡」字；周禮全經釋原卷十一，頁十四王氏曰，多所删易；欽定義疏卷三五，頁二二王氏安石曰，「貴貴也」、「親親也」作「貴之也」、「親之也」。

聲焉。言而色動、氣喪、視聽失，則其僞可知也〔二〕，然皆以辭爲主，辭窮而情得矣；故五聲以辭爲先，氣、色、耳、目次之。」（文淵閣四庫全書本周官新義卷十四，頁十四。）〔三〕

以八辟麗邦灋，附刑罰：一曰議親之辟，二曰議故之辟，三曰議賢之辟，四曰議能之辟，五曰議功之辟，六曰議貴之辟，七曰議勤之辟，八曰議賓之辟。

**【佚文】**（五九七）「出命制節，以治人罪，謂之辟。八辟有議，則非制于法而已，故稱辟焉；王所以馭萬民者，有八統，故其用刑有八辟。麗邦法，附刑罰，則若今律稱在八議者，亦稱定行之律也〔三〕。謂之議，則刑誅赦宥未定也〔四〕；然以皋陶爲士，瞽瞍殺人，而舜不敢赦，則其議

---

〔一〕首以下，欽定義疏卷三五，頁二三王氏安石曰。

〔二〕全段，集説卷八，頁二八王介甫曰；註疏刪翼卷二三，頁二三介甫王氏曰，並「氣色」作「色氣」。

〔三〕「行」，墨海本、經苑本並作「刑」。

〔四〕「王所以」以下：集説卷八，頁二八王介甫曰，「用刑」作「用法也」，「麗」上有「以八辟」三字，「稱」字無，「行」作「刑」。「又謂之議」以下：註疏刪翼卷二三，頁二三介甫王氏曰；欽定義疏卷三五，頁二六王氏安石曰，「未」上有「尚」字，下猶有十四字（詳下佚文）。

之大概可知矣[一]。」（文淵閣四庫全書本周官新義卷十四，頁十四—十五。）

【佚文】（五九八）「……必情法兩伸而無所偏橈焉，可知矣。」（欽定義疏卷三五，頁二六王氏安石曰，上接「未定也」，詳上頁註四；訂義卷五九，頁六云王氏以「法之不可撓於己私」，乃約取大意。）

【評】（一四七）宋王與之曰：「皋陶以公而守天下之法，舜以私而伸人子之情，彼此輕重各得其宜。如王氏以『法之不可撓於己私』，是申、商刑名之學；劉氏謂當以親故宥之，又幾於任情而廢法：皆知有一而不知有二。故王族有罪，不免于刑者，法也；刑于甸師，不與衆同者，情也。後世待宗族之恩薄，至殺人反不加罪，是未嘗以己恩厚其親，徒以人命私其親也，其悖先王之情與法矣。」（訂義卷五九，頁六—七。）

【佚文】（五九九）親，謂王之親族也；故，謂王之故舊也；賢，謂有德行者也；能，謂有道藝者也；功，謂臣之有大功者也；貴，謂臣之有爵位也；勤，謂群吏之勤於事者也；賓，謂四方之賓客者也。以王之親故，則不可以衆人同例；以國之賢能，則不可以與庸常同科；有功，

---

[一]「謂之議」以下：訂義卷五九，頁六王氏曰，「未」上有「特」字，「舜」上無「而」字，「其」上無「則」字，無「大概」二字；詳解卷三十，頁十一述略同。

則或可以掩過；在貴，則不可以遽凌辱；吏之勤勞，則不可以沮抑；吏之尊貴，則宜有以優異：此所以用八辟以議之也。（詳解卷三十，頁十，首句上新經云云。）

以三刺斷庶民獄訟之中：一曰訊群臣，二曰訊群吏，三曰訊群民。聽民之所刺宥，以施上服下服之刑。

**【佚文】**（六〇〇）「聽民之所刺宥，以施上服下服之刑，則刺宥聽命而已[一]；訊群臣、訊群吏，則臣吏能循民志而達之者也。」（文淵閣四庫全書本周官新義卷十四，頁十五。）

及大比，登民數，自生齒以上登于天府；內史、司會、冢宰貳之，以制國用。

**【佚文】**（六〇一）「及大比，登民數，自生齒以上登于天府者，生齒則有食之端，有食之端，則將任之以職；故自生齒以上登其數，登于天府[二]，則寶而藏之。內史、司會、冢宰貳之，以制國用者，國用以賦斂制之，賦斂多寡，以民制之故也。」（文淵閣四庫全書本周官新義卷十四，

---

[一]「命」，墨海本作「民」。

[二]「登」，墨海本無，詳解述有（詳下註）。

頁十五。）〔一〕

【佚文】（六〇二）「民輕犯法多由於貧，民之貧以賦斂之重，賦斂之重以國用之靡，故使刑官獻民數而内史、司會、冢宰以制國用也。」（欽定義疏卷三五，頁二八王氏安石曰；詳解卷三十，頁十一述，大意相同。）

小祭祀，奉犬牲。凡禋祀五帝，實鑊水；納亨，亦如之。

【佚文】（六〇三）「曰以木爨火，亨飪也；實鑊水〔二〕，則濟以木爨火之事而成之，秋官之屬也。」（文淵閣四庫全書本周官新義卷十四，頁十六。）

【佚文】（六〇四）大司寇大祭祀，奉犬牲，故小司寇小祭祀，奉犬牲。（詳解卷三十，頁十二新經云云。）

大賓客，前王而辟；后、世子之喪，亦如之；小師涖戮。凡國之大事，使其屬蹕。孟冬，祀司民，

---

〔一〕 全段，詳解卷三十，頁十一述略同。

〔二〕 「實」，鈔本作「寔」，詳解卷三十，頁十二述作「實」。

獻民數於王；王拜受之，以圖國用，而進退之。

【佚文】（六〇五）「内史、司會、冢宰制國用，王圖國用，而進退之者，圖，圖其大計；制，事爲之制[一]；雖事爲之制[二]，而進退之則斷于王焉。言圖制國用于此，則民之犯刑，以其貧而已；民之貧，以上賦斂之多而已；賦斂之多，以不知圖國用制之而已[三]。」（文淵閣四庫全書本周官新義卷十四，頁十六。）

歲終，則令群士計獄弊訟，登中于天府；正歲，帥其屬而觀刑象，令以木鐸，曰：「不用灋者，國有常刑。」命群士，乃宣布于四方，憲刑禁，乃命其屬入會，乃致事。

【佚文】（六〇六）「中，獄訟之中；中，言事實之書也[四]。天府謂之治中，告天謂之升中，與此同義。」（文淵閣四庫全書本周官新義卷十四，頁十六。）

---

[一]「爲」，墨海本、經苑本並無，詳解述有。首以下，詳解卷三十，頁十二述略同。

[二]「雖事爲之制」，鈔本無；詳解卷三十，頁十三述，同文淵本。

[三]「民之貧」以下，詳解卷三十，頁十三述略同。

[四] 首以下：詳解卷三十，頁十三述，「中」字不叠；訂義卷五九，頁十一王氏曰，「中」字不叠，無「也」字；欽定義疏卷三五，頁三三王氏安石曰：「中謂獄訟事實之書。」隱栝大義。

【佚文】（六〇七）「官以歲終入其書，獨司寇以正歲入之，所以謹其始。」（周官總義卷二一，頁二五王氏謂；詳解卷三十，頁十四述，幾全同。）

【評】（一四八）宋易祓曰：「此經與小宰之『帥屬觀治象』、小司徒之『帥屬觀教象』同意。然特憲禁令于王宮與六鄉、四郊而已。若司寇之職，本以刑禁詰四方，故宣布而憲于四方焉，乃命其屬入會致事者，王氏謂：『……』非也。乃者，繼事之辭；令群士，乃宣布于四方，以終歲期之。至大宰受會之時，乃命其屬入會，乃致事，所以紀小司寇一職之終也。」（周官總義卷二一，頁二五。）

士師之職，掌國之五禁之灋，以左右刑罰：一曰宫禁，二曰官禁，三曰國禁，四曰野禁，五曰軍禁，皆以木鐸徇之于朝，書而縣于門閭。

【佚文】（六〇八）「五禁之法，以左右刑罰，爲以五禁左右之[一]。五刑，自野以及國；而五禁[二]，自宮以及軍；則禁欲其毋犯而已，此其所以異于刑也。」（文淵閣四庫全書本周官新義

[一]「爲」，墨海本、經苑本並作「謂」。

[二]「而」，墨海本、經苑本並無。

卷十四，頁十七。）

以五戒先後刑罰，毋使罪麗于民：一曰誓，用之于軍旅；二曰誥，用之于會同；三曰禁，用諸田役；四曰糾，用諸國中；五曰憲，用諸都鄙。

**【佚文】**（六〇九）「以五戒先後刑罰者，以刑罰爲中。以五戒先後之[一]，若盤庚上篇，則以誥先之也；若盤庚下篇，則以誥後之也[二]。誓誥，則若湯誓之於伐桀，洛誥之於營周，爲一事[三]、施一時而已，故曰用之於軍旅，用之於會同，禁、糾、憲，則所用非特一事一時[四]，故曰用諸田役，用諸國中，用諸都鄙。毋使罪麗於民，則軍旅爲大，會同次之，田役次之；國中、都鄙則戒之於無事之時，先國中，後都鄙，與五禁先近後遠同義[五]。」（文淵閣四庫全書本周官新義卷十

---

〔一〕「五戒」，鈔本無，詳解述有「五戒」二字（詳下註）。

〔二〕首以下：詳解卷三十，頁十四—十五述新經云云，大同。又自「先後」以下：訂義卷六十，頁三王氏曰；欽定義疏卷三五，頁三八王氏安石曰，無「先後之」三字，第二「若」字無，兩「也」字無，而「若盤庚上篇」之前有十四字（詳下佚文）。

〔三〕「事」，鈔本原作「時」，孔校改作「事」。

〔四〕「一事一時」，墨海本、經苑本並作「一時一事」。

〔五〕「毋使」以下：詳解卷三十，頁十五述略同。又此段文，墨海本作「則戒之於無用之時。旅爲大，會同次之，田役次之，國中都鄙　則戒之於無用之時。先國中，後都鄙，與五禁先近後遠同義」；經苑本同墨海本，唯「旅」上有「軍」字。

四，頁十七。）

【佚文】（六一〇）「先者引而導之也，後者隨而相之也。……」（欽定義疏卷三五，頁三八王氏安石曰，下接「若盤庚上篇」云云，詳上頁註二。）

【佚文】（六一一）禁，止使勿爲，施於未然之前；戒，敕其怠忽，施於事爲之際。……五戒，先之則引而導之，使民無退而麗乎刑罰也。以五戒後之，則引而導之，使民無進而麗乎刑罰也，如此則固無麗罪之民矣。誓若湯誓、泰誓之類，誥若康誥、洛誥之類，禁若遂人之田役、掌其禁令，糾若刑典之糾萬民也，憲若布憲掌邦之刑禁是也。（詳解卷三十，頁十四—十五新經云云。）

【佚文】（六一二）「掌鄉合州黨族閭比之聯，與其民人之什伍者[一]，以比合比，以伍合伍[二]，使之相聯也。使之相安相受，以比追胥之事，以施刑罰慶賞者，去其害人者，則使之相安；使

掌鄉合州黨族閭比之聯，與其民人之什伍，使之相安相受，以比追胥之事，以施刑罰慶賞。

[一]「民人」，墨海本、經苑本作「人民」；詳解卷三十，頁十五述同。
[二]「伍」，墨海本作「五」；詳解卷三十，頁十五述作「伍」。

州里任焉，而舍之，則使之相受；相安相受，然後可以比追胥之事，以施刑罰慶賞，則廢事者施刑罰；有功者施慶賞〔一〕。士師掌刑，使之相安而已；若夫使之相保，則有教存焉，非士師所及也〔二〕。」（文淵閣四庫全書本周官新義卷十四，頁十八。）

掌官中之政令；察獄訟之辭，以詔司寇斷獄弊訟，致邦令。

**【佚文】**（六一三）「掌官中之政令者，其政令施于其官府之中而已；致邦令者，有邦令，則致之于官府、邦國、都鄙也。」（文淵閣四庫全書本周官新義卷十四，頁十八。）〔三〕

掌士之八成：一曰邦汋，二曰邦賊，三曰邦諜，四曰犯邦令，五曰撟邦令，六曰爲邦盜，七曰爲邦朋，八曰爲邦誣。

---

〔一〕「賞」下，墨海本、經苑本並有「蓋」字。

〔二〕「廢事者」以下：詳解卷三十，頁十五—十六述之，大同；集説卷八，頁三八王氏曰，「賞」下有「也」字，「掌刑」作「賞刑」，「使之相安」上有「故」字，末「也」字無，餘同文淵本；註疏删翼卷二三，頁二三王氏曰，同集説。

〔三〕全段：詳解卷三十，頁十六述略同；訂義卷六十，頁四—五王氏曰，「官中」作「管中」，「者有邦令」四字無，後一「官府」二字無；欽定義疏卷三五，頁四三王氏安石曰：「致邦令，致之於鄉遂及都鄙。」檃栝成文。

【佚文】（六一四）「邦汋，汋邦事輕重緩急所在〔一〕，而爲鄉背出入者也〔二〕；邦賊，則是爲邦賊而已；爲邦盜，則是爲邦盜者也，非邦盜而已。亂之初生，以有邦汋，邦汋之不治，失政刑矣。宄自内作而爲賊，姦自外來而爲諜，固其所也。賊諜爲害大矣，然未如犯邦令之甚；令不行，則其害非止賊諜。犯邦令之不治，則撟邦令者至焉；撟邦令之不治，則爲邦盜者至焉。易所謂『上慢下暴，盜思伐之』者也。然爲邦盜者，中無主，不至爲邦朋；爲邦誣，則盜之所主也。邦朋非邦誣不立，則邦誣非邦朋不成，惡直醜正，相與爲比〔三〕；守正特立之士，不容于時，而有大物者，無與昭姦，此綱紀所以壞，大盜所以作；然不知禍本在此〔四〕，而以危亡爲兢兢，亦難以祈無事矣。故事之八成，其序如此。」（文淵閣四庫全書本周官新義卷十四，頁十八—十九。）

【評】（一四九）宋陳瓘曰：「……而安石所撰士師『八成』義，以謂：『……』蔡卞繼述之説，其本在此。守此意者，謂之守正，不然則指爲邦朋；立此説者，謂之特立，不然則指爲流俗。……」（四明尊堯集卷四，頁二七。）

---

〔一〕「汋」，鈔本原不叠，孔校增之；詳解述有兩「汋」字（詳下註）。

〔二〕首以下，詳解卷三十，頁十六述大同。

〔三〕「比」下，鈔本有「而妙功」三字。

〔四〕「守正」以下：四明尊堯集卷四，頁二七安石以謂：「守正特立之士，以邦朋、邦誣而不容于時，此禍本之所在，而大盜之所以作也。」與此節文大義相契。

若邦凶荒，則以荒辯之灋治之；令移民通財，糾守緩刑。

【佚文】（六一五）「有移民通財，糾守緩刑之事，則因有辯矣，故有荒辯之法焉[一]。大行人言『若國凶荒，命賙委之』，則命諸侯相賙委，故言國[二]；小司寇言『若邦凶荒，以荒辯之法治之』，則凶荒偏邦，然後以荒辯之法治之，故言邦[三]。荒政無糾守，而有去幾；今此無去幾，而有糾守；王責諸侯以守，故可以去幾；邦國爲王守，則有糾守而已[四]。」（文淵閣四庫全書本周官新義卷十四，頁十九—二十。）

【佚文】（六一六）「……以別邦焉。……以別都邑焉。」（鈔本孔校增（散見兩處）；墨海本、經苑本「邦」並作「都」；詳解卷三十，頁十七述，「都邑」作「邑都」。）

凡以財獄訟者，正之以傅别約劑。

【佚文】（六一七）「以此正獄訟，則民知無傅别約劑之不可治，皆無敢苟簡於其始，訟之所由

---

[一] 首以下，詳解卷三十，頁十七述大同。

[二] 「言國」下：墨海本、經苑本並别有四字；鈔本孔校增；詳解卷三十，頁十七述亦並另有四字：皆詳下佚文。

[三] 「言邦」下：墨海本、經苑本、鈔本孔校增並别有五字；詳解卷三十，頁十七述亦另有五字：亦皆詳下佚文。

[四] 「荒政」以下，詳解卷三十，頁十七述。

省也〔一〕；孔子『聽訟，吾猶人也』〔二〕，故於訟，欲作事謀始；始之不謀，及其卒也，雖聖人亦未如之何矣。」（文淵閣四庫全書本周官新義卷十四，頁二十。）

若祭勝國之社稷，則爲之尸。

【佚文】（六一八）「滅亡，刑之類也。」（文淵閣四庫全書本周官新義卷十四，頁二十。）

王燕出入，則前驅而辟；祀五帝，則沃尸，及王盥，洎鑊水。

【佚文】（六一九）「沃尸及王盥，所以致潔除污穢。」（訂義卷六十，頁九王氏曰。）

【佚文】（六二〇）「洎鑊水者，續司寇之事而終之。」（文淵閣四庫全書本周官新義卷十四，頁二十。）〔三〕

〔一〕「民知」以下：詳解卷三十，頁十七述略同。訂義卷六十，頁七王氏曰；欽定義疏卷三五，頁四七王氏安石曰，「始」下有「此」字。

〔二〕「孔子」，墨海本、經苑本並作「子曰」。

〔三〕全段，詳解卷三十，頁十八述略同。

【張補】於此不言禋，則禋非士師所及也。沃尸及王盥，以潔除污穢，相天及王事者也。「洎鑊水」者，續司寇之事而終之。（鈔本周官新義。）

凡刉珥，則奉犬牲；諸侯爲賓，則帥其屬而蹕于王宮；大喪，亦如之。

【佚文】（六二一）「大小司寇使其屬，則弗親蹕也；士師帥其屬，則親蹕矣。大司寇蹕邦事，小司寇蹕國事，故士師蹕王宮而已。」（文淵閣四庫全書本周官新義卷十四，頁二十一—二二。）〔一〕

大師，帥其屬而禁逆軍旅者，與犯師禁者而戮之。歲終，則令正要會；正歲，帥其屬而憲禁令于國，及郊野。

【佚文】（六二二）「雖大師然，然所禁而戮〔二〕，非但大師也。」（文淵閣四庫全書本周官新義卷十四，頁二二。）

〔一〕全段：集説卷八，頁四二王介甫曰；註疏刪翼卷二三，頁三九介甫王氏曰，並無「則親」之「則」字；周禮全經釋原卷十一，頁二四王氏曰，兩「則」字並無；欽定義疏卷三五，頁五二王氏安石曰：「大司寇、小司寇皆言使帥其屬，不親帥也。士師言帥其屬，則親帥矣。」刪易成文。

〔二〕「所」，墨海本、經苑本並作「犯」。

# 周禮新義　卷十五　秋官司寇二

鄉士，掌國中，各掌其鄉之民數，而糾戒之，聽其獄訟，察其辭，辨其獄訟，異其死刑之罪而要之，旬而職聽于朝；司寇聽之，斷其獄，弊其訟于朝，群士、司刑皆在，各麗其法，以議獄訟；獄訟成，士師受中，協日刑殺，肆之三日；若欲免之，則王會其期。大祭祀、大喪紀、大軍旅、大賓客，則各掌其鄉之禁令，帥其屬夾道而蹕。三公若有邦事，則爲之前驅而辟；其喪亦如之。凡國有大事，則戮其犯命者。

遂士，掌四郊，各掌其遂之民數，而糾其戒令，聽其獄訟，察其辭，辨其獄訟，異其死刑之罪而要之，二旬而職聽于朝；司寇聽之，斷其獄，弊其訟于朝，群士、司刑皆在，各麗其法，以議獄訟成，士師受中，協日就郊而刑殺，各於其遂，肆之三日；若欲免之，則王令三公會其期。若邦有大事，聚衆庶，則各掌其遂之禁令，帥其屬而蹕。六卿若有邦事，則爲之前驅而辟；其喪亦如之。凡郊有大事，則戮其犯命者。

縣士，掌野，各掌其縣之民數，糾其戒令，而聽其獄訟，察其辭，辨其獄訟，異其死刑之罪而要之，三旬而職聽于朝；司寇聽之，斷其獄，弊其訟于朝，群士、司刑皆在，各麗其法，以議獄訟；獄訟成，士師受中，協日刑殺，各就其縣，肆之三日，若欲免之，則王命六卿會其期。若邦有大役，聚衆庶，則各掌其縣之禁令。若大夫有邦事，則爲之前驅而辟，其喪亦如之。凡野有大事，則戮其犯命者。

**【佚文】**（六二三）「鄉士掌國中，各掌其鄉之民數者，通掌國中，而分掌其鄉焉〔一〕。鄭氏謂『鄉士八人，四人而分掌三鄉』也〔二〕；遂士掌四郊，而各掌其遂之民數者，通掌四郊，而分掌其遂也〔三〕；縣士掌野，而各掌其縣之民數者，通掌野，而分掌其縣也〔四〕。所謂四郊，非鄉地；所謂野，非遂地；蓋所謂公邑之在郊野者焉〔五〕。而於鄉士言糾戒之，遂士、縣士言糾其戒令者，鄉治詳，故鄉士不特糾之而已，又戒焉；縣、遂治略，故遂士、縣士無所戒也，違其遂、縣吏之

〔一〕「各掌」以下：詳解卷三一，頁二述，「焉」作「也」。又「通掌」以下：訂義卷六一，頁一王氏曰，「通」上有「鄉士」二字，「焉」作「也」；集説卷八，頁四六王介甫曰，「中」下有「之獄」二字，「焉」作「也」。

〔二〕「分掌」，經苑本作「各主」。

〔三〕「通掌西郊」以下：詳解卷三一，頁二述；集説卷八，頁四六王介甫曰，「郊」下有「之獄」二字。

〔四〕「各掌其縣」以下，詳解卷三十，頁二述。

〔五〕「所謂四郊」以下：詳解卷三一，頁二述；訂義卷六一，頁五王氏曰，「蓋」下無「所謂」二字，「焉」字無。

戒令〔一〕，則糾之而已〔二〕。異其死刑之罪而要之者，死刑之罪定而又要之，若今責伏辨矣〔三〕。鄉士旬而職聽于朝者，慎用刑故也；遂士二旬，縣士三旬，則以遠也〔四〕。群士、司刑皆在，各麗其法，以議獄訟者，群士、司刑各有所掌，若司刑掌五刑之法，司刺掌三刺、三赦、三宥之法，又或掌官法〔五〕，或掌官成，或掌官常，故各麗其法也〔六〕。士師受中，協日刑殺者，獄訟成，而上其中于士師，士師受之，然後協日刑殺也；鄉士刑殺，不言所就，以縣士、遂士推之，就國中明矣。鄉士若欲免之，則王會其期者，王親會其期，聽而議之也；遂士王令三公會其期，縣士王

〔一〕「令」下，墨海本、經苑本並有「焉」字；詳解述無「焉」字（詳下註）。

〔二〕「鄉士言糾」以下：詳解卷三一，頁二一—三述略同；訂義卷六一，頁五王氏曰，「遂士縣士言」作「而遂士言」，「故遂士縣士」、「遂縣吏之」九字皆無。

〔三〕「死刑之罪定」以下，訂義卷六一，頁二王氏曰。

〔四〕「鄉士旬」以下：訂義卷六一，頁五王氏曰，「鄉士」下有「一」字，「朝」下無「者」字，「慎」作「謹」，無「故」字，「遂士」、「縣士」下並多「以」字，「則以遠也」作「則遠故也」；集説卷八，頁四八王介甫曰，「三旬」下有「都三月」三字，「則以遠也」作「則遠故也」。

〔五〕「又」，墨海本、經苑本並無；詳解述有（詳下註）。

〔六〕「群士司刑」以下：詳解卷三一，頁三述，無「或掌官成」四字。又自「若司刑」以下：亦見訂義卷六一，頁二王氏曰，「成」作「威」，「故」、「也」二字無；欽定義疏卷三六，頁三王氏安石曰，刪易成章，「麗其法」下有「使罪與法相應」六字。

命六卿會其期〔一〕，則遠故也〔二〕。六卿言命，三公言令，則六卿任事，王親命之而已。三公尊，不任事，書命以令焉。鄉士，三公有邦事，則爲之前驅而辟；遂士，六卿有邦事，則爲之前驅而辟；縣士，大夫有邦事，則爲之前驅而辟；爲尊者辟行人，使避也〔三〕。公卿大夫教治政事所自出，非刑官先而辟焉，則有所不行〔四〕；其喪亦如之者，則喪終事也。」（文淵閣四庫全書本周官新義卷十五，頁二一四。）

**【評】**（一五〇）清王太岳曰：「義：『死刑之罪定而又要之，若今責伏辨矣。』案：伏辨，疑是宋時文書中語；鄭註云『若今劾矣』，劾，亦漢法也。」（四庫全書考證卷八，頁四七。）

**【佚文】**（六二四）「士師爲王前驅，鄉士爲三公前驅，遂士爲六卿前驅，縣士爲大夫前驅。今鄉士以王會其期，遂士以三公會其期，縣士以六卿會其期，至於大夫，則不復會其期。此所會之期，以尊者爲先，可知矣。」（訂義卷六一，頁六王氏曰。）

---

〔一〕「卿」，鈔本作「鄉」，詳解卷三一，頁三述作「卿」。本條下文之「六卿」，詳解述同，鈔本皆作「六鄉」。

〔二〕「遂士王令」以下：集説卷八，頁五十王介甫曰。註疏删翼卷二三，頁四五介甫王氏曰，「六卿」下無「會其期」三字。

〔三〕「辟爲」以下，集説卷八，頁五二王介甫曰，「使避也」作「無使干也」。

〔四〕「公卿大夫」以下，詳解卷三一，頁三述，幾全同。

方士，掌都家，聽其獄訟之辭，辨其死刑之罪而要之，三月，而上獄訟于國。

【佚文】（六二五）「方士三月而上獄訟于國，鄭氏謂『變朝言國，以其自有君異之』也。」（文淵閣四庫全書本周官新義卷十五，頁四。）

司寇聽其成于朝，群士、司刑皆在，各麗其法，以議獄訟；獄訟成，士師受中，書其刑殺之成，與其聽獄訟者。凡都家之大事，聚衆庶，則各掌其方之禁令。

【佚文】（六二六）「司寇聽其成于朝，則獄訟成，而後上于國也；既成而後上于國；而于群士、司刑麗法以議[一]，又言獄訟成者，前所謂成，都家聽斷之成也；後所謂成，司寇、群士、司刑聽議之成也[二]。書其刑殺之成，與其聽訟獄者，鄭氏謂『備反復有失實者[三]』。」（文淵閣四庫全書本周官新義卷十五，頁四。）

---

〔一〕「議」，鈔本原作「義」，孔校改作「議」，詳解述亦作「議」（詳下註）。

〔二〕首以下：詳解卷三一，頁四述。又自「既成」以下，亦見欽定義疏卷三六，頁十四王氏安石曰。又自「又言」以下，亦見訂義卷六一，頁九王氏曰，「者」字無。

〔三〕「復」，墨海本、經苑本並作「覆」。

以時修其縣法；若歲終，則省之而誅賞焉。凡都家之士所上治，則主之。

**【佚文】**（六二七）「以時修其縣法，若歲終則省之而誅賞焉者，省蓋巡而視之，與『省方』同義。鄭氏謂『縣法，縣師之職也』；方士歲時修此法，歲終則又省之而誅賞焉。」（文淵閣四庫全書本周官新義卷十五，頁五。）

訝士，掌四方之獄訟，論罪刑于邦國。凡四方之有治於士者，造焉；四方有亂獄，則往而成之。邦有賓客，則與行人送逆之；入于國，則爲之前驅而辟；野亦如之；居館，則帥其屬而爲之蹕；誅戮暴客者，客出入，則道之；有治，則贊之。凡邦之大事，聚衆庶，則讀其誓禁。

**【佚文】**（六二八）「訝士掌四方之獄訟，故邦有賓客，則與行人送逆之；入于國，則爲之前驅而辟；野亦如之，居館，則帥其屬而爲之蹕也。」（文淵閣四庫全書本周官新義卷十五，頁五。）〔二〕

朝士，掌建邦外朝之法：左九棘，孤卿大夫位焉，群士在其後；右九棘，公侯伯子男位焉，群吏

---

〔二〕 全段，詳解卷三一，頁五述大同。

在其後；面三槐，三公位焉，州長、衆庶在其後；左嘉石，平罷民焉；右肺石，達窮民焉。

【佚文】（六二九）「右公侯伯子男，尊故也；群吏在其後，則外朝聽獄弊訟之朝也，故治事者在焉；面三公位焉，州長、衆庶在其後，則答王故也。棘之爲木也，其華白，義行之發也〔一〕；其實赤，事功之就也；束在外，所以待事也。槐之爲木也，其華黄，中德之暢也；其實玄，至道之復也；文在中，含章之義也〔二〕。右窮民，則不傲無告〔三〕，故右焉。司士以正朝儀之位，辨貴賤之等爲職，故其序朝位，先尊後卑；朝士以掌建外朝之法爲職〔四〕，故其序朝位，先卑後尊；先卑後尊，則先法之所制者〔五〕。」（文淵閣四庫全書本周官新義卷十五，頁六。）

【評】（一五一）清王太岳曰：「義：『棘之爲木也，其華白，義行之發也；其實赤，事功之就也。槐之爲木也，其華黄，中德之暢也；其實玄，至道之復也。』案：此義涉乎鑿。」（四庫全書考證卷八，頁四七。）

〔一〕「行」，鈔本原作「竹」，孔校改爲「行」；詳解述作「行」（詳下註）。
〔二〕「含」，鈔本作「舍」，詳解述作「含」。「棘之」以下，詳解卷三一，頁六述大同。
〔三〕「傲」，鈔本、墨海本並作「慠」。
〔四〕「建外朝」：墨海本作「建邦外朝」，經苑本作「建外邦」，詳解述同文淵本（詳下註）。
〔五〕「司士」以下，詳解卷三一，頁六述，末無「也」字。

帥其屬，而以鞭呼，趨且辟；禁慢朝、錯立、族談者。

**【佚文】**（六三〇）「以鞭呼，趨且辟，呼朝者使趨焉，又爲之辟也〔一〕。呼、趨，則戒以肅，辟則使人避焉〔二〕；禁慢朝錯立族談者，朝當如此。故孔子在朝廷，便便言，唯謹爾；孟子不踰階而揖，不歷位而言。」（文淵閣四庫全書本周官新義卷十五，頁六。）

凡得獲貨賄、人民、六畜者，委于朝，告于士，旬而舉之；大者公之，小者庶民私之。

**【佚文】**（六三一）「易得曰得〔三〕，難得曰獲；獲，伺度而得之也。人民在貨賄之後，蓋奴虜之亡者〔四〕。市民所會，伺察者衆，故曰獲〔五〕；『貨賄六畜，其亡必得〔六〕』，故曰得；『舉之，民無私焉〔七〕』，

---

〔一〕首以下，集説卷八，頁五六王氏曰。

〔二〕首以下，訂義卷六二，頁四王氏曰：「以鞭呼趨，則呼朝者，使趨戒以肅也，辟則使人避焉。」大旨同。

〔三〕「曰」下，鈔本原有「難」字，孔校删之。

〔四〕「虜」，墨海本作「擄」。

〔五〕「獲」，經苑本無，詳解述亦無（詳下註）。

〔六〕「得」，鈔本原無，孔校增；詳解述有「得」字（詳下註）。

〔七〕「焉」下，墨海本、經苑本、詳解述（詳下註）又叠「民無私焉」四字；鈔本原不叠，孔校增而叠之。

則亦市之爲治，欲民不以無故得利也[一]。三日而舉之，則民所會也，其求宜速。朝之所委，則亡不必得，故小者使民私焉，使民私焉，則亦朝之爲治，欲不盡利以遺民也[二]。求者或遠，則待之宜緩，故旬而舉之。市不言獲人民，則市之所會，幾察者衆，非亡民所赴也。」（文淵閣四庫全書本周官新義卷五，頁七。）

【佚文】（六三二）「市所得貨賄、六畜，皆舉之而得者，無私焉。以民之所會，其求必速，即終無求者，亦藏於官以待之，不可使民無故而得利也[三]。委於朝，旬而不求者，則終無求者矣，故使庶民得私其小者，又所以興起其善心，而無或隱匿也。」（欽定義疏卷三六，頁二三——二四王氏安石曰，與文淵本殊異。）

凡士之治，有期日：國中一旬，郊二旬，野三旬，都三月，邦國朞；期内之治聽，期外不聽。

---

[一]「市民所會」以下，詳解卷三一，頁七述略同。

[二]「利」，墨海本、經苑本並作「力」。

[三]首以下四十七字，錢儀吉曰：「義疏引王氏此註……案：王氏以司市之文與此職相比爲説，此以上皆釋司市『凡得貨賄六畜者，三日而舉之』之義。」

【佚文】（六三三）「民之所急，宜以時治；苟爲不急，又在期外，亦可以已矣[一]。夫獄訟追證，無罪之民豫受其弊，則其不急，豈可長哉？」（文淵閣四庫全書本周官新義卷十五，頁七。）

凡有責者，有判書以治，則聽。

【佚文】（六三四）「有判書以治，則聽者，以責與人，必使有判書，其抵冒而訟，有判書，則爲之聽治焉。」（文淵閣四庫全書本周官新義卷十五，頁七。）

凡民同貨財者，令以國法行之；犯令者，刑罰之。

【佚文】（六三五）「凡民同貨財者，令以國法行之；犯令者，刑罰之者，刑罰其犯令者而已，不誅同財之人也；若貨不出于關，而舉其貨[二]，罰其人，所謂國法也。二人同財，而一人犯此令，則并舉其貨焉，是焉令以國法行之。若夫罰，則施犯令者一人而已[三]。」（文淵閣四庫全書本周官新義卷十五，頁八。）

---

[一] 首以下，詳解卷三一，頁七述。

[二] 「舉」，鈔本原作「齊」，孔校改作「舉」，詳解述作「舉」（詳下註）。

[三] 「若貨」以下，詳解卷三一，頁八述略同。

凡屬責者，以其地傳，而聽其辭。

【佚文】（六三六）「以責屬人，必使有傳，傳必有地著，其相抵冒而訟，以其地傳來，乃爲之聽治；屬責而無傳，有傳而無地著，不知所在，不可追證，則弗聽也。」（文淵閣四庫全書本周官新義卷十五，頁八。）〔一〕

凡盜賊軍，鄉邑及家人殺之，無罪；凡報仇讎者，書於士，殺之無罪。若邦凶荒、札喪、寇戎之故，則令邦國、都家、縣鄙慮刑貶。

【佚文】（六三七）「軍，謂衆；攻圍鄉邑及家，則人得殺之〔二〕。仇讎之罪，已書於士而得，則士之所殺也；已書於士而不得，則罪不嫌于不明，故許之專殺也〔三〕。思患曰慮，慮刑則非特緩刑而已。若荒政除盜賊〔四〕，費誓『無餘刑非殺』，則以災寇之故，有加急焉，故令慮以制之。慮貶，則用財當貶於平時，然欲適宜，則亦不可以無慮也。」（文淵閣四庫全書本周官新義卷十

〔一〕全段：訂義卷六二，頁六王氏曰。又「以其」以下，亦見詳解卷三一，頁八述，幾全同。

〔二〕「攻圍」以下：周禮全解王安石以爲，載訂義卷六二，頁七；詳解卷三一，頁八，略同。

〔三〕「已書於士而得」以下，欽定義疏卷三六，頁二七王氏安石曰大同。

〔四〕「若」，鈔本原作「荒」，孔校改爲「若」。

五，頁八—九。）

【評】（一五二）宋鄭鍔曰：「軍，謂屯爲軍旅以攻圍人也。盜賊或群輩軍屯於鄉邑，至於犯及家人，其熾如此。凡能殺之者，皆無罪。王安石乃以爲『……』其意謂既圍鄉邑矣，又及吾之私家，故人殺之無罪，然與下殺之無罪爲不叶，良由考之不詳，强爲之説。」（周禮全解，載訂義卷六二，頁七。）

【同佚文】（一六）王安石有關周禮朝士言論：或問復讎。對曰：「非治世之道也。明天子在上，自方伯諸侯以至于有司，各修其職，其能殺不辜者少矣。不幸而有焉，則其子弟以告于有司；有司不能聽，以告于其君；其君不能聽，以告于方伯；方伯不能聽，以告于天子；則天子誅其不能聽者，而爲之施刑於其讎。亂世則天子、諸侯、方伯皆不可以告，故書説紂曰：『凡有辜罪，乃罔恒獲；小民方興，相爲敵讎。』蓋讎之所以興，以上之不可告，辜罪之不常獲也。方是時，有父兄之讎，而輒殺之者，君子權其勢恕其情而與之，可也。故復讎之義，見於春秋傳，見於禮記，爲亂世之爲子弟者言之也。春秋傳以爲父受誅，子復讎，不可也；此言不敢以身之私，而害天下之公。又以爲父不受誅，子復讎，可也；此言不以有可絶之義，廢不可絶之恩也。周官之説曰：『凡復讎者，書于士，殺之無罪。』疑此非周公之法也。凡所以有復讎者，以天下之亂，而士之不能聽也；有士矣，不使聽其殺人之罪以施行，而使爲人之子弟者讎之；然則何取於士而禄之也！古之於殺人，其聽之可謂盡矣；猶懼其未也，曰『與其殺不辜，寧失不經』。今書于士，則殺之無罪，則所謂復讎者，果所謂可讎者乎？庸詎知其不獨有可言者乎？就當聽其罪矣，則不殺於士師，而使讎者殺之，何也？故疑此非周公之法也。或曰：『世亂而有復讎之禁，則寧殺身以復讎乎？將無復讎而以存人之祀乎？』曰：『可以復讎而不復，非孝也；復讎而殄祀，亦非孝也；以讎未復之恥，居之終身焉，蓋可也。讎之不復者，天也；不忘復讎者，己也；克己以畏天，心不忘其親，不亦可矣？』」（臨川集卷七十，頁一一二復讎解。）

司民，掌登萬民之數，自生齒以上，皆書於版。辨其國中，與其都鄙，及其郊野；異其男女；歲登下其死生。及三年大比，以萬民之數詔司寇；司寇及孟冬祀司民之日，獻其數于王；王拜受之，登于天府，內史、司會、冢宰貳之，以贊王治。

**【佚文】**（六三八）「於小司寇言內史、司會、冢宰貳民數，制國用，王受民數，圖國用，而進退之，而於司民云內史、司會、冢宰貳之，以贊王治者，司民，掌民數之官也[一]，生齒之不蓄，至於

[一] 「內史司會冢宰貳」以下，詳解卷三一，頁九述大同。

具禍以燼，則以王無陪無卿〔一〕，無義治之，非特爲貧故也。」（文淵閣四庫全書本周官新義卷十五，頁九。）〔二〕

司刑，掌五刑之法，以麗萬民之罪：墨罪五百，劓罪五百，宫罪五百，刖罪五百，殺罪五百。若司寇斷獄弊訟，則以五刑之法詔刑罰，而以辨罪之輕重。

**【佚文】**（六三九）「先王之懲民也，以讓爲不足，然後罰〔三〕；以罰爲不足，然後獄之圜土，役之司空；以獄而役之爲不足，然後墨；以墨爲不足，然後劓；以劓爲不足，然後宫；以宫爲不足，然後刖；以刖爲不足，然後殺。墨、劓、宫、刖、殺，棄人之刑也〔四〕；以殺爲不足，則又有

---

〔一〕「以」，墨海本無。

〔二〕全段：集説卷八，頁六一王介甫曰，「圖」下無「國」字，「云」作「言」，「齒」下無「之」字，「無義治之」四字缺；周禮要義卷十二，頁二五同集説，僅「進退」之下無「而」字；欽定義疏卷三六，頁三十一—三二王氏安石曰：「小司寇職，王受民數以圖國用，而此言以贊王治，蓋生齒不蕃，以王無陪無卿。政教不修，所以治官治民者，多失其道，非特爲貧故也。」「政教」以下共十五字（字旁有△者），清臣增飾之辭，其餘隱栝舊本成章；錢儀吉亦曰：「蓋閏色之詞，非本文。」

〔三〕「罰」，鈔本原作「罪」，孔校改爲「罰」。

〔四〕「以墨」以下，詳解卷三一頁十述，幾全同。

奴其父母妻子者[一]，奴其父母妻子，非刑之正也[二]，故不列于此[三]。」（文淵閣四庫全書本周官新義卷十五，頁十。）

司剌，掌三剌、三宥、三赦之法，以贊司寇聽獄訟：壹剌曰訊群臣，再剌曰訊群吏，三剌曰訊萬民；壹宥曰不識，再宥曰過失，三宥曰遺忘；壹赦曰幼弱，再赦曰老旄，三赦曰惷愚。以此三法者，求民情，斷民中，而施上服下服之罪，然後刑殺。

【佚文】（六四〇）「不識、過失、遺忘，致慎則或可以免焉，故宥之而已；幼弱、老旄[四]、惷愚，則非人之能爲也，故赦之。惷愚，惷而愚也；孔子曰：『古之愚也直，今之愚也詐而已。』所謂惷愚，則異乎今之愚矣；蓋愚而非惷，幼而不弱，老而不旄，則不在所赦矣[五]。以此三法者，求民情，斷民中，而施上服下服之罪，然後刑殺者，罪在所剌，則下刑有適重而上服；罪在所

〔一〕「其」，墨海本、經苑本並作「人」。

〔二〕「正」，鈔本原作「政」，孔校改作「正」。

〔三〕「列」，墨海本作「剌」。

〔四〕「旄」，鈔本、墨海本、經苑本、詳解卷三一，頁十一述皆作「耄」。下同。

〔五〕「愚而」以下：詳解卷三一，頁十一述，幾全同；訂義卷六三，頁二王氏曰，「愚而非惷」在「老而不旄」之下，「旄」作「耄」。

宥，則上刑有適輕而下服。以三法者求民情，然後斷民中；斷民中，然後施罪；施罪定矣，然後刑殺；若在所赦，則赦之矣[二]。」（文淵閣四庫全書本周官新義卷十五，頁十—十一。）

司約，掌邦國及萬民之約劑；治神之約爲上，治民之約次之，治地之約次之，治功之約次之，治器之約次之，治摯之約次之。

【佚文】（六四二）「治神之約，謂若『魯用郊』之屬；治民之約，謂若『分衛以匕族』之屬；治地之約，謂若『取於相土之東都，以會王蒐』之屬[三]；治功之約，謂若『虢叔、虢仲，勳在王室，藏在盟府』之屬；治器之約，謂若『魯得用四代之器』之屬[三]；治摯之約，謂若『公孫黑使强委禽』之屬[四]；凡此諸治，皆有許與之約焉，不信而訟，則司約掌之[五]。」（文淵閣四庫全書本周官新義卷十五，頁十一。）

---

[二]「矣」，墨海本無。

[三]「若」下，經苑本有「衛取」云云共十一字（詳下佚文）。「王」下，經苑本有「之東」二字。

[三]「之」，經苑本作「服」，詳解述作「之」（詳下註）。

[四]首以下：詳解卷三一，頁十二述，幾全同。又自「若魯」以下，亦見欽定義疏（二條）卷三六，頁四十王氏安石曰，「之器」作「服器」，「治摯之約」作「摯約」。

[五]「凡此」以下，訂義卷六三，頁四王氏曰。

【佚文】（六四二）「……衛取於有閻之土以共王職，取於相之東土以會王之東蒐之屬是也。」（欽定義疏卷三六，頁三九王氏安石曰，上承「地之約謂若」，「衛取」以下共十一字（有△者）文淵本無，唯經苑本亦有，見上頁註二；「取於相」共十六字，與文淵本略同。）

凡大約劑，書於宗彝；小約劑，書於丹圖。若有訟者，則珥而辟藏；其不信者，服墨刑。若大亂，則六官辟藏；其不信者，殺。

【佚文】（六四三）「珥而辟藏，重其事〔一〕；六官辟藏，則以盟約，六官皆受其貳藏之故也。」（文淵閣四庫全書本周官新義卷十五，頁十二。）〔二〕

司盟，掌盟載之法。凡邦國有疑，會同，則掌其盟約之載，及其禮儀，北面詔明神；既盟，則貳之；盟萬民之犯命者，詛其不信者，亦如之。凡民之有約劑者，其貳在司盟；有獄訟者，則使之盟詛。凡盟詛，各以其地域之衆庶，共其牲而致焉；既盟，則爲司盟共祈酒脯。

〔一〕首以下，訂義卷六三，頁五王氏曰，「事」下有「也」字。

〔二〕全段，詳解卷三一，頁十二述略同。

【佚文】（六四四）「謂之明神[一]，則宜鄉明者也，故北面詔之[二]；質于明神以相要者，民之所不免也。先王因以覆盟詛爲大戮，而躬信畏以先之；至其成俗，盟邦國不協，與民之犯命，而詛其不信者，有獄訟者，使之盟詛；弭亂息争，豈小補哉[三]？及後世王迹熄，慢神誣人，實倍其上，神亦既厭，莫之顧省；則區區牲血酒脯，不足以勝背誕之衆矣。蓋治有本末，本之不圖，無事於末；故君子屢盟，詩以爲『亂是用長』；鄭伯詛射潁考叔者，傳以爲失政刑矣。」（文淵閣四庫全書本周官新義卷十五，頁十二。）

職金，掌凡金玉錫石丹青之戒令；受其入征者，辨其物之嬍惡，與其數量，楬而璽之；入其金錫于爲兵器之府；入其玉石丹青于守藏之府；入其要。掌受士之金罰貨罰，入于司兵；旅于上帝，則共其金版；饗諸侯，亦如之。凡國有大故，而用金石，則掌其令。

【佚文】（六四五）「士之金罰，蓋所謂『金作贖刑』；而司寇無金贖之法，或者掌貨賄有焉。」（文淵閣四庫全書本周官新義卷十五，頁十三。）

---

[一]「明神」，墨海本、經苑本皆作「神明」，詳解述作「明神」（詳下註）。下同。

[二] 首以下，詳解卷三一，頁十三述。

[三]「先王因以」以下，詳解卷三一，頁十三述略同。

司厲，掌盜賊之任器貨賄；辨其物，皆有數量，賈而楬之，入于司兵。其奴：男子入于罪隸，女子入于舂稾。凡有爵者，與七十者，與未齓者，皆不爲奴。

【佚文】（六四六）「其奴，男子入于罪隸，則爲隸民焉；女子入于舂稾，則以役舂人稾人之事。凡有爵者〔一〕、七十者與未齓者，皆不爲奴〔二〕，則鄭氏謂『奴從坐，没入縣官者』是也。蓋盜賊之罪，有殺不足以懲之者，所謂『無餘刑非殺』也。」（文淵閣四庫全書本周官新義卷十五，頁十三。）

犬人，掌犬牲，凡祭祀，共犬牲，用牷物；伏瘞，亦如之。凡幾珥沈辜，用駹可也。凡相犬、牽犬者屬焉，掌其政治。

【佚文】（六四七）「犬人掌犬牲，而凡相犬牽犬者屬焉，掌其政治，則并掌田犬矣〔三〕。鄭氏謂『伏，伏犬，以車轢之；瘞，地祭也』。」（文淵閣四庫全書本周官新義卷十五，頁十三—十四。）

〔一〕「者」下，經苑本有「與」字。
〔二〕首以下，詳解卷三一，頁十五述，「事」下有「也」字。
〔三〕「掌其」以下，訂義卷六三，頁十一王氏曰，「矣」字無。

司圜，掌收教罷民。凡害人者，弗使冠飾，而加明刑焉；任之以事，而收教之。能改者，上罪，三年而舍；中罪，二年而舍；下罪，一年而舍。其不能改而出圜土者，殺；雖出三年，不齒。凡圜土之刑人也，不虧體；其罰人也，不虧財。

【佚文】（六四八）「司寇謂之聚教，而司圜謂之收教，則致其詳焉。」（文淵閣四庫全書本周官新義卷十五，頁十四。）[一]

掌囚，掌守盜賊。凡囚者：上罪，梏拲而桎；中罪，桎梏；下罪，梏；王之同族，拲；有爵者，桎；以待弊罪。及刑殺，告刑于王，奉而適朝，士加明梏，以適市而刑殺之。凡有爵者，與王之同族，奉而適甸師氏，以待刑殺。

【佚文】（六四九）「掌囚，凡囚皆守焉；而特言盜賊者，盜賊必囚而守之故也[二]。梏在脰，桎在足，拲在手，左氏傳『子蕩以弓梏華弱于朝』，則梏在脰明矣[三]。明梏，著其罪于梏[四]，猶明

[一] 全段，詳解卷三一，頁十六述旨同。
[二] 「之」，鈔本無，詳解述有。首以下：詳解卷三一，頁十六述大同；欽定義疏卷三七，頁四王氏安石曰，有所更易。
[三] 「梏在脰」以下：訂義卷六四，頁二王氏曰；欽定義疏卷三七，頁四—五王氏安石曰，「左」下無「氏」字。
[四] 「于」，墨海本、經苑本並無。

刑也。」（文淵閣四庫全書本周官新義卷十五，頁十四。）

掌戮，掌斬殺賊諜而搏之。凡殺其親者，焚之；殺王之親者，辜之。凡殺人者，踣諸市，肆之三日，刑盗于市。凡罪之麗於法者，亦如之；唯王之同族與有爵者，殺之于甸師氏。凡軍旅、田役，斬殺刑戮，亦如之。

【佚文】（六五〇）「斬殺賊諜而搏之者，已得則斬殺之，未得則搏之。凡殺其親者，焚之者，賊仁莫甚焉故也；殺王之親者，辜之者，賊義莫甚焉故也〔一〕。刑盗于市，凡罪之麗于法者，亦如之者，所謂刑人于市，非特于衆棄之〔二〕，亦以人之犯刑皆以趨利爲本〔三〕，正以趨利犯刑〔四〕，則唯盗而已，故特言刑盗于市也〔五〕。」（文淵閣四庫全書本周官新義卷十五，頁十五。）

〔一〕首以下，詳解卷三二，頁十七述新傳云云略同。

〔二〕「于」，墨海本、經苑本並作「與」。

〔三〕「趨」，鈔本、墨海本並作「趍」。本條下同。

〔四〕「犯」，鈔本原作「祀」，孔校改作「犯」。

〔五〕「刑盗于市凡」以下：集説卷八，頁八二王介甫曰，「于衆」作「與衆」，末「也」字無；註疏删翼卷二四，頁三四介甫王氏曰，同集説，僅「法」下無「者」字。又「人之」以下，亦見訂義卷六四，頁四王氏曰，「爲本正以」、「則」五字無，「故特言刑盗于世也」作「故盗言刑于世」。

【佚文】（六五一）殺而辱之謂之戮，殺而辱之，豈特惡其害人哉？將以懲衆而生之，故以下士二人充其職，而名官謂之掌戮。掌斬殺賊諜而搏之，賊，害人者，諜，反間者，斬殺皆棄人之刑也。或斬以分其體，或殺而使之死，亦稱其罪而已。（詳解卷三一，頁十七新傳云云。）

墨者，使守門，劓者，使守關；宮者，使守內；刖者，使守囿；髡者，使守積。

【佚文】（六五二）「墨者使守門，劓者使守關，皆無妨無禁禦故也〔二〕。劓罪重，故遠之。刖者使守囿，則妨於禁禦，可使牧禽獸而已。髡者使守積，則王族無宮，髡之而已；使守積，積在隱故也。」（文淵閣四庫全書本周官新義卷十五，頁十五。）〔三〕

△司隸

△罪隸

---

〔二〕「無」，墨海本、詳解述（詳下註）並作「於」；鈔本原作「無」，孔校改爲「於」。經苑本無「此」字。

〔三〕全段，詳解卷三一，頁十七—十八述新傳云云，略同。

△蠻隸

閩隸，掌役畜養鳥，而阜蕃教擾之；掌子，則取隸焉。

【佚文】（六五三）「掌役畜養鳥，役於掌畜也〔一〕。」（文淵閣四庫全書本周官新義卷十五，頁十六。）〔二〕

△夷隸

貉隸，掌役服不氏，而養獸而教擾之，掌與獸言。其守王宮者，與其守厲禁者，如蠻隸之事。

【佚文】（六五四）「不言阜蕃，猛獸非阜蕃之物。」（文淵閣四庫全書本周官新義卷十五，頁十六。）〔三〕

〔一〕「掌」，鈔本原無，孔校增；詳解述有「掌」字（詳下註）。

〔二〕全段：詳解卷三一，頁二十述，「役於」上有「則」字。又「役於」以下：訂義卷六四，頁九王氏曰，「役於」上有「役則」二字；欽定義疏卷三七，頁十三王氏安石曰，末「也」字無。

〔三〕全段：詳解卷三一，頁二十述大同；訂義卷六四，頁十王氏曰，「非」下有「所」字。

布憲，掌憲邦之刑禁。正月之吉，執旌節以宣布于四方，而憲邦之刑禁，以詰四方邦國，及其都鄙，達于四海。凡邦之大事，合衆庶，則以刑禁號令。

【佚文】（六五五）「宣布于四方者，以宣布，故言四方，與詩『四方于宣』同義。以詰四方邦國，及其都鄙，則詰及邦國之都鄙，非特邦國而已；達於四海，則四方之遠，極于四海。凡邦之大事，合衆庶，則以刑禁號令，謂于邦有大事，鄉合州黨族閭比之聯。與其民人之什伍，則以刑禁號令焉〔一〕。」（文淵閣四庫全書本周官新義卷十五，頁十七。）

禁殺戮，掌司斬殺戮者。凡傷人見血而不以告者，攘獄者，遏訟者，以告而誅之。

【佚文】（六五六）「掌司斬殺戮者，謂非以法斬殺戮者司之，以告而誅之也〔二〕。傷人見血而不以告者，攘獄者，遏訟者，謂有司宜告，而不以告，宜授，而攘遏之；見傷而不自言，與獄訟而見攘遏，非善良則窮弱〔三〕，侵善良，抑窮弱，刑禁所爲設也。」（文淵閣四庫全書本周官新義卷十五，頁十七。）

---

〔一〕「以詰」以下：詳解卷三二，頁一述略同。又「鄉合」以下，訂義卷六五，頁二王氏曰「鄉」上有「謂」字。

〔二〕首以下，詳解卷三二，頁二述，「而」下有「後」字。

〔三〕「善良」，墨海本、經苑本並作「良善」，詳解卷三二，頁二述作「善良」。

禁暴氏，掌禁庶民之亂暴力正者，撟誣犯禁者，作言語而不信者，以告而誅之。凡國聚衆庶，則戮其犯禁者以徇。凡奚隸聚而出入者，則司牧之，戮其犯禁者。

【佚文】（六五七）「力正，謂人言不可聽，不可從，以力正之，使聽而從焉。士昏禮曰：『父西面戒之，必有正焉。』與此正同義。政之不明也，以下之難知；政之不行也，以下之難制〔一〕。撟誣作言語而不信，下之難知者也；暴亂力正犯禁，下之難制者也。上之所誅，於是爲急；誅庶民如此〔二〕，則自上可知矣。」（文淵閣四庫全書本周官新義卷十五，頁十八。）

野廬氏，掌達國道路，至於四畿；比國郊及野之道路，宿息、井、樹。若有賓客，則令守涂地之人聚欜之；有相翔者，誅之。凡道路之舟車轚互者，敘而行之。凡有節者及有爵者，至則爲之辟；禁野之橫行徑踰者，凡國之大事，比修除道路者。掌凡道禁。邦之大師，則令埽道路，且以幾禁行作不時者、不物者。

【佚文】（六五八）「三十里有宿，宿有路室，所謂宿也；十里有廬，廬有飲食，所謂息也〔三〕。

〔一〕「政之不明」以下，詳解卷三一，頁三述。
〔二〕「此」，鈔本原作「之」，孔校改作「此」。
〔三〕首以下：詳解卷三一，頁四述，「食」下有「則」字；又見訂義卷六五，頁四王氏曰。

横行，謂不由道徑；徑踰〔二〕，謂不由橋梁。國之大事，則在國中而已；邦之大師，則通國野焉〔三〕。」（文淵閣四庫全書本周官新義卷十五，頁十八。）

蜡氏，掌除骴。凡國之大祭祀，令州里除不蠲；禁刑者、任人及凶服者，以及郊野。大師、大賓客，亦如之，若有死於道路者，則令埋而置楬焉，書其日月焉，縣其衣服任器於有地之官，以待其人。掌凡國之骴禁。

**【佚文】**（六五九）「任人，謂司圜任之以事之人。大賓客，亦令州里除不蠲，禁刑者、任人及凶服者，以及郊野，則承事如祭，有齊敬之心焉〔三〕。」（文淵閣四庫全書本周官新義卷十五，頁十九。）

雍氏，掌溝瀆澮池之禁，凡害于國稼者。春，令爲阱擭溝瀆之利於民者；秋，令塞阱杜擭。

〔一〕「徑徑」，鈔本原作「往往」，孔校改作「徑徑」；詳解述「徑」字不疊（詳下註）。

〔二〕「横行」以下：詳解卷二二，頁四述略同。又「國之」以下，亦見訂義卷六五，頁六王氏曰，「國」之上有「言」字，「大師」作「大事」。

〔三〕「則承」以下，訂義卷六五，頁七王氏曰，「則」上有「大賓客」三字。

【佚文】（六六〇）「害於國稼，謂害國及稼；不言野而言稼，蓋野之禁唯稼而已。」（文淵閣四庫全書本周官新義卷十五，頁十九。）[二]

禁山之爲苑，澤之沈者。

【佚文】（六六一）「沈，酖也。禁山之爲苑，不使民專利；禁澤之沈者，惡其所害衆。」（文淵閣四庫全書本周官新義卷十五，頁十九。）

萍氏，掌國之水禁，幾酒，謹酒，禁川游者。

【佚文】（六六二）「幾酒，微察其不節也；謹酒，謹制其無度也。」（文淵閣四庫全書本周官新義卷十五，頁十九。）[三]

司寤氏，掌夜時。以星分夜，以詔夜士夜禁；禦晨行者，禁宵行者、夜遊者。

---

[二] 全段，詳解卷三二，頁六述，幾全同。

[三] 全段，詳解卷三二，頁七述大同。

【佚文】（六六三）「詩曰『肅肅宵征，抱衾與禂〔一〕』，則宵非中夜矣；詩曰『夜如何其，夜鄉晨』〔二〕，則自宵以至於晨，皆所謂夜時。禦晨行者，則禦使須明而行；禁宵行者，則禁之使止也〔三〕；禁夜遊者，則遊非其時，雖不行，亦禁焉。」（文淵閣四庫全書本周官新義卷十五，頁二十。）

司烜氏，掌以夫遂取明火於日，以鑒取明水於月，以共祭祀之明齍明燭，共明水。凡邦之大事，共墳燭庭燎。中春，以木鐸脩火禁于國中。軍旅，脩火禁；邦若屋誅，則爲明竁焉。

【佚文】（六六四）「明燭，以明火爲燭；明齍，以明水爲齍〔四〕。鄭氏謂『取火于日，取水於月，欲得陰陽之潔氣也』。墳燭，大燭。屋誅，蓋舉家得罪而誅者也〔五〕。明竁，蓋楬其罪於竁上，

---

〔一〕「禂」，鈔本同，孔校改作「裯」，墨海本、經苑本並作「裯」。

〔二〕「曰」，墨海本、經苑本並無。

〔三〕「禦晨」以下：集說卷九上，頁十三王介甫曰；註疏刪翼卷二五，頁十四介甫王氏曰，「宵行」下無「者」字。

〔四〕首以下，註解卷三二，頁八述，幾全同。

〔五〕「屋誅」以下：詳解卷三二，頁九述曰：「屋誅，謂舉家受誅也。」周官總義卷二三，頁十九王氏謂：「屋誅者，舉家受誅。」並同旨。

若明刑、明梏〔二〕。」（文淵閣四庫全書本周官新義卷十五，頁二十。）

【評】（一五三）宋易祓曰：「屋誅者，王氏謂『舉家受誅』，忍哉！戰國參夷之誅，止及親屬，而不及臣妾，孰謂先王而行此不仁之政？蓋謂王族及有爵者，不加明刑，而罄于甸師氏；謂甸師誅之於屋，非刑於市者。然先王貴貴、親親之義，雖不明其刑，而未嘗不明於竈。竈謂壙埋之地，楬其罪於竈上，而屬於司烜氏，以明爲義故爾。」（周官總義卷二三，頁十九—二十。）

條狼氏，掌執鞭以趨辟。王出入，則八人夾道；公，則六人；侯、伯，則四人；子、男，則二人。凡誓，執鞭以趨於前，且命之：誓僕右曰殺，誓馭曰車轘，誓大夫曰敢不關、鞭五百，誓師曰三百，誓邦之大史曰殺，小史曰墨。

【佚文】（六六五）「掌執鞭以趨辟者〔三〕，趨而避也。條狼主誓者，掌辟之官，以禁止爲事故也〔三〕。

〔一〕「明竈」以下，詳解卷三二，頁九述，末有「焉」字。
〔二〕「以趨」，原作「趨以」，據周禮經文、墨海本、經苑本及詳解卷三二，頁九述改。「趨」，鈔本作「趍」，下「趨而」之「趨」字同。
〔三〕「止」，鈔本作「正」，詳解述作「止」。「條狼」以下：詳解卷三二，頁十一—十一述，「者」作「以」。集說卷九上，頁十六王介甫曰；註疏刪翼卷二五，頁十七王介甫氏曰，並「狼」下有「氏」字。

誓僕右者，爲僕爲右誓其屬也；誓馭者，爲馭誓其屬也〔二〕；僕右曰殺，馭曰車轘，則軍旅之事，僕右之政，當如此。誓大夫曰敢不關，鞭五百，則大夫不掌軍政，當豫聞而已，故誓之事，曰敢不關；誓之刑，曰鞭五百。師誓其屬曰三百，則所誓樂人而已。大史曰殺，則大軍旅，抱天時從焉，誓其屬不可以不嚴；小史曰墨，則佐大史而已。於大史曰邦之大史，則明此所爲誓，皆王宮〔三〕；于史稱邦，則師以上皆可知也。」（文淵閣四庫全書本周官新義卷十五，頁二一。）

【佚文】（六六六）刑不上大夫，而此云「鞭五百」者，誓其大夫之屬。（周禮詳説王氏以爲，載訂義卷六五，頁十五；詳解卷三二，頁十述曰：「誓大夫曰『敢不關、鞭五百』；刑不上大夫，則亦爲大夫誓其屬也。」大同。集説卷九上，頁十七引王氏曰，「上大夫」前多「及」字；註疏删翼卷二五，頁十八引王介甫氏曰，皆録詳解文；王氏謂昭禹，作介甫者誤。）

【評】（一五四）宋王十朋曰：「刑不上大夫，此云『鞭五百』，王氏以爲誓其大夫之屬，鄭氏以爲誓大夫。以文攷之，何大夫之屬之有？然鄭氏以爲：誓者，出軍及將祭祀之時，但師

〔二〕「誓僕右」以下：詳解卷三二，頁十述大同。集説卷九上，頁十六王介甫曰；註疏删翼卷二五，頁十七王介甫氏曰，「爲僕」下無「爲」字（詳解述亦無）。

〔三〕「宮」，墨海本、經苑本並作「官」。

與大史、小史主禮樂之事。謂祭祀時耳，曾不謂皆誓之於軍也。大師職云『大師執同律以聽軍聲』，是軍之有大師也；大史職云『大師，抱天時，與大師同車』，是軍之有大史也；小史云『大軍旅，佐大史』，是軍之有小史也。僕右與馭數者，亦以大夫爲之。案：戎僕，中大夫也；戎右，亦中大夫也；大師，下大夫也；大史，亦下大夫也。六誓之中，惟小史爲中士，五以職名，一以官名者，謂大夫之銜命出使，以官不以職也，故以下大夫命之。刑不上大夫，而誓之嚴如此，軍事以嚴終也，甘誓可見矣。軍國異容，非祭祀之誓。祭祀之誓，大宰掌之，大司寇涖之，何與條狼氏？」（周禮詳説，載訂義卷六五，頁十五。集説卷九上，頁十七載王先生曰；註疏刪翼卷二五，頁十七—十八王先生曰，並略同訂義所載。）

【佚文】（六六七）（誓僕右、誓馭、誓大夫、誓師、誓大史，）皆誓其屬也。（周官總義卷二三，頁二二王氏新傳以爲；集説卷九上，頁十七載王先生曰引王氏以爲；註疏刪翼卷二五，頁十七—十八載王先生曰引王介甫以爲，並旨同。）

【評】（一五五）宋易祓曰：「士師之五戒，『一曰誓，用之於軍旅』，此所以有軍旅之誓。條狼氏『執鞭以趨於前』，與上經之『執鞭以趨辟者』不同：上經『執鞭以趨辟者』，重主威也；此『執鞭以趨於前且命之』者，重軍事也。蓋軍中之群吏，犯難赴敵，於是乎在，則其聽誓於陳前者，不得不嚴。其告戒之旨，車莫先於僕右，謂其右於戎車者，皆勇力之士，或不用命，則勇力無所施，此晉合諸侯，而楊干亂行於曲梁，魏絳爲之戮其僕，正爲是也，故誓僕右曰殺；然車尤聽命於其馭，馭者驅馳不及，則車之進退無所用其力，此晉使張骼、輔躒救鄭〔二〕，近禁師，其馭不告而馳之，幾以不免，是馭之能危之也，故誓馭曰車轘；以至大夫、大師、大史、小史皆有誓。且史掌禮，師掌樂，初何關乎軍旅？記謂『刑不上大夫』，則大夫何與乎軍旅之瀀？王氏新傳於此數者，皆以爲『誓其屬』，然經無誓屬之明文。鄭氏謂：『出軍及祭祀之時，出軍之誓，誓左右及馭師、樂師也，大史、小史主禮事者。』曾不知皆誓之於軍旅者也。今攷大師職曰『大師，執同律以聽軍聲，而詔吉凶』，是軍旅有取於大師之職也；大史職曰『大師，抱天時，與大師同車』，是軍旅有取于大史之職也；小史職曰『大軍旅，佐大史』，是軍旅有取於小史之職也。然師、史、右、馭數職，亦以大夫爲之。按：戎僕，中大夫；戎右，亦中大夫；大師，下大夫；大史，亦下大夫。六誓之中，惟小史爲中士；其五者皆職名，而其大夫獨以官名，則知非右、馭、師、史之爲大夫者，是必大夫之銜命以官，不以職者也。何以知之？以經文『敢不關』而知之。蓋大夫受命出疆，事得專行，不必關白於君，若御命於軍中，則非出疆之比，關白而後往，則無專輒敗慮之事，故誓大夫曰『敢不

〔二〕「輔」原作「趙」，據周禮訂義卷六五及左傳襄公二十四年改。

鬬、鞭五百』。誓師曰三百，誓邦之大史曰殺，誓小史曰墨，以其用灋次序而論，則墨輕於鞭三百，鞭三百輕於鞭五百，鞭亦輕於殺。所謂殺者，寘之於死而已；若轘，則以車裂之，不止於殺焉。所以爲輕重不同，何也？車之進退，主於馭；馭不職，則敗國事，此其罪之所以爲最重；僕掌侍衛之事，右掌擊刺之事，大史掌占驗之事，一或不職，皆足以悞軍事，此其罪之所以爲重；至於大夫，御命而失其職，其罪次之；大師，聽軍聲而失其職，其罪又次之；小史，官卑而聽不專，其失職又次之。輕重不同，各有攸當。使群吏之聽誓者，各以其職而共王命，此軍旅之所以無不勝也。」（周官總義卷二三，頁二一——二三。）

脩閭氏，掌比國中宿互㯷者，與其國粥，而比其追胥者，而賞罰之，禁徑踰者，與以兵革趨行者，與馳騁于國中者。邦有故，則令守其閭互，唯執節者不幾。

【佚文】（六六八）「國粥，謂行粥物于國中者，市官所不治，故脩閭氏比之〔一〕；不言禁橫行，則國中故也。」（文淵閣四庫全書本周官新義卷十五，頁二一。）

〔一〕首以下：詳解卷三二，頁十述，「行」作「待而」。訂義卷六五，頁十六王氏曰；集説卷九上，頁十八介甫曰，「行」下有「而」字；註疏删翼卷二五，頁十九王介甫謂，「謂」作「爲」，無「行」字。

【評】（一五六）明王志長曰：「按：王介甫謂：『……』粥物者何與於追胥乎？宜從註。」（註疏删翼卷二五，頁十九。）

冥氏，掌設弧張，爲阱擭，以攻猛獸，以靈鼓敺之，若得其獸，則獻其皮革齒須備。

【佚文】（六六九）「設弧以射之，設張以伺之，爲阱擭以陷之，以靈鼓敺之，則使趨所陷焉。」（文淵閣四庫全書本周官新義卷十五，頁二二一。）[一]

庶氏，掌除毒蠱。以攻説禬之，嘉草攻之，凡敺蠱，則令之比之。

【佚文】（六七〇）「以攻説禬之，則用祝焉；以嘉草攻之，則用藥焉。」（文淵閣四庫全書本周官新義卷十五，頁二二一。）[二]

穴氏，掌攻蟄獸。各以其物火之；以時獻其珍異皮革。

---

[一] 全段，詳解卷三二，頁十一述大同。

[二] 全段，詳解卷三二，頁十二述（分兩節）。

**【佚文】**（六七一）「其攻之也，以其所嗜誘之，以火燠而出之。」（訂義卷六六，頁三王氏曰；詳解卷三二，頁十二述。）

翨氏，掌攻猛鳥。各以其物爲媒而掎之，以時獻其羽翮。

**【佚文】**（六七二）「各以其物爲媒而掎之者，媒之以其類也。攻猛鳥以除人物之害焉，非特利其羽翮而已〔二〕；孟子曰：『鳥獸之害人者消，然後人得平土而居之。』」（文淵閣四庫全書本周官新義卷十五，頁二二。）〔三〕

**【佚文】**（六七三）「……則正以除害爲主也。」（集説卷九上，頁二二王介甫曰，上接「居之」，詳本頁註二；亦見周禮全經釋原，少一字；註疏删翼，並已見本頁註二。）

柞氏，掌攻草木及林麓。夏日至，命刊陽木而火之；冬日至，令剥陰木而水之；若欲其化也，則

〔二〕「攻猛鳥」以下，註釋古周禮卷五，頁三十王氏曰，無「焉」字。

〔三〕全段：詳解卷三二，頁十二述略同。又「攻猛鳥」以下：集説卷九上，頁二二王介甫曰，「居之」下有八字，詳下佚文；周禮全經釋原卷十一，頁六九王介甫曰，據集説，少「特」字，又「居之」下亦有七字（比集説少一「害」字）；註疏删翼卷二五，頁二一介甫王氏曰，少「攻猛鳥」以下共十字，又「羽翮」上多「皮革」二字，餘同集説。

春秋變其水火。凡攻木者，掌其政令。

【佚文】（六七四）「先王之於林麓也，設虞衡爲厲禁以掌之，又置柞氏攻之者，欲其材木爲用，則設官爲厲禁以養蕃之；欲其地宅民稼穡，則刊剥而化之。『帝省其山，松柏斯兑，柞棫斯拔』，則虞衡之官修焉；『作之屏之，其菑其翳；修之平之，其灌其栵』，則柞氏之職用焉。」（集説卷九上，頁二二一—二二三王介甫曰；周禮全經釋原卷十，頁八五—八六王介甫曰；周禮要義卷十二，頁四一王介甫曰「「材木」誤爲「材用」」。註疏删翼卷二五，頁二三臨川王氏曰；周禮説卷十三，頁十一—十二臨川王氏曰，並無「也設虞」以下共十七字。三禮纂註卷五，頁四六王氏曰，「則設官」作「則乃設官」，「養蕃」作「蕃養」，餘同註疏删翼。三禮編繹卷十五，頁十九臨川王氏曰，「平」作「屏」，餘同註疏删翼。欽定義疏卷三七，頁三九王氏安石曰，據註疏删翼而有所删易。）

【張補】陽木也，而以至陽之日火之，則不勝其陽，而死且不肂焉；陰木也，而以至陰之日剥而水之，則不勝其陰，而死且不肂焉。冬水之矣，至春而火之，夏火之矣，至秋而水之，則其蘖薄于陰陽相沴之氣，化而爲土。（鈔本周官義疏，上接「則柞氏之職用焉」。）

【佚文】（六七五）「（若欲其化也，則春秋變其水火，）其蘖薄於陰陽相沴之氣，化而爲土矣。」（訂義卷六六，頁五王氏曰；詳解卷三二，頁十三述，「沴」作「殄」；欽定義疏卷三七，頁三九王氏安石曰，幾全同訂義。）

薙氏，掌殺草，春始生而萌之，夏日至而夷之，秋繩而芟之，各日至而耜之；若欲其化也，則以水火變之。掌凡殺草之政令。

【佚文】（六七六）「春始生而萌之，則始生而夷之，不能使其不生，故萌之而弗治焉；夏日至而夷之，則生氣極矣，於是乎可夷；秋繩而芟之，則夷而又生，生而芟之也；冬日至，則生氣復之時，於是耜之，則不復生矣。若欲其化也，則以水火變之者，月令所謂『燒薙行水也，於是草化焉』；鄭氏謂『含實曰繩』，蓋以繩爲𦝩〔二〕。」（文淵閣四庫全書本周官新義卷十五，頁二一三。）

【評】（一五七）清王太岳曰：「義：『「夷而又生，生而芟之也。」鄭氏謂「含實曰繩」，蓋以繩爲𦝩。』案：鄭註『含實曰繩』，釋文云：『繩音孕，𦝩，古孕字。』王氏『夷而又生』云，蓋不從鄭説。」（四庫全書考證卷八，頁四八。）

〔二〕「𦝩」，鈔本原作「䏟」，孔校改作「𦝩」。又全段，詳解卷三二，頁十三—十四述略同。

硩蔟氏，掌覆夭鳥之巢。以方書十日之號，十有二辰之號，十有二月之號，十有二歲之號，二十有八星之號，縣其巢上，則去之。

【佚文】（六七七）「蓋日辰月歲星之神，凡有氣形者制焉；故書其號焉，可以勝夭。」（文淵閣四庫全書本周官新義卷十五，頁二二三。）〔一〕

翦氏，掌除蠹物。以攻禜攻之，以莽草熏之；凡庶蠱之事。

赤犮氏，掌除墻屋。以蜃炭攻之，以灰洒毒之；凡隙屋除其貍蟲。

【佚文】（六七八）「貍蟲亦有害人者〔二〕，故除之。」（文淵閣四庫全書本周官新義卷十五，頁二二三。）〔三〕

蟈氏，掌去鼃黽，焚牡蘜，以灰洒之，則死；以其煙被之，則凡水蟲無聲。

〔一〕全段：詳解卷三二，頁十四述，無「焉」字；訂義卷六六，頁八王氏曰，無「蓋」字。
〔二〕「蟲」，原作「蠱」，據墨海本、經苑本、詳解述（詳下註）改。
〔三〕全段：詳解卷三二，頁十五述，末多「矣」字；又見訂義卷六六，頁九王氏曰。

【佚文】（六七九）「去鼃黽，使水蟲無聲，亦置官者，養至尊，具官備物焉；且先王之齋，去樂以致一，方是時也，蟲之怒鳴，安可以弗除？除則宜有掌之者矣。」（文淵閣四庫全書本周官新義卷十五，頁二四。）

【佚文】（六八〇）蟈，國虫也。尊者所居，惡其聒焉，故置官以去之，而謂之蟈氏。（詳解卷三二，頁十五新經云云。）

壺涿氏，掌除水蟲。以炮土之鼓敺之，以焚石投之。若欲殺其神，則以牡橭午貫象齒而沈之，則其神死，淵爲陵。

【佚文】（六八一）「除水蟲殺淵神，爲其有害人者；今南方有所謂淵神者，民犯之，能出爲祟[一]。」（文淵閣四庫全書本周官新義卷十五，頁二四。）

【佚文】（六八二）「聖人變化驅除之術，非深窮物理之生克，孰能與於此？」（三禮編纂卷十五，頁二十臨川王氏曰；詳解卷三二，頁十六述曰：「聖人所以變化驅除之術，非夫深窮物理之所以相治相克者，孰能與於此？」殆三禮編纂之所據以轉録者，未必定爲安石之說也。）

---

[一]「今南」以下：集説卷九上，頁二八—二九王介甫曰；註疏删翼卷二五，頁二七臨川王氏曰。「祟」，鈔本作「崇」。

庭氏，掌射國中之夭鳥。若不見其鳥獸，則以救日之弓與救月之矢射之；若神也，則以大陰之弓與枉矢射之。

【佚文】（六八三）「鳥獸言夜射，則神以晝射矣[一]。嘗用此救日月焉，故其精氣足以勝夭。鄭氏謂『太陰之弓[二]，救月者也；枉矢，救日者也』。」（文淵閣四庫全書本周官新義卷十五，頁二四。）

【佚文】（六八四）「詳觀周禮所載道路、溝澮，一草木、一鳥獸、一昆蟲，小小利害，或興或除，而地官、秋官之職分矣。凡所興利，以地官主之；凡所除害。以秋官主之。」（訂義卷六六，頁十二王氏曰；欽定義疏卷三四，頁二四王氏安石曰：「周禮所掌道路、溝澮、草木、鳥獸、昆蟲爲民利害者，無微不察。凡興利皆以地官主之，凡除害皆以秋官主之。」略同訂義。）

△銜枚氏

---

[一] 首以下，訂義卷六六，頁十三王氏曰。

[二] 「太」，墨海本、經苑本並作「大」，詳解卷三二，頁十六述作「太」。

伊耆氏，掌國之大祭祀，共其杖咸；軍旅，授有爵者杖，共王之齒杖。

【佚文】（六八五）「杖咸，鄭氏謂『去杖以函盛之，既事乃受[一]』；共王之齒杖，鄭氏謂『王所以賜老者之杖』；唯大祭祀共杖函，蓋非大祭祀，則杖於朝者弗豫焉[二]。」（文淵閣四庫全書本周官新義卷十五，頁二二五。）

[一]「乃」，鈔本原作「太」，孔校改爲「乃」。「受」，墨海本作「授」。

[二]「豫」，墨海本、經苑本並作「預」，詳解述作「與」。「非大」以下：詳解卷三二，頁十八述大同；欽定義疏卷三七，頁四七王氏安石曰，「豫」作「預」，末「焉」字無。

# 周禮新義　卷十六　秋官司寇三

大行人，掌大賓之禮及大客之儀，以親諸侯。春朝諸侯，而圖天下之事；秋覲，以比邦國之功；夏宗，以陳天下之謨；冬遇，以協諸侯之慮；時會，以發四方之禁；殷同，以施天下之政；時聘，以結諸侯之好；殷覜，以除邦國之慝；間問，以諭諸侯之志；歸脤，以交諸侯之福；賀慶，以贊諸侯之喜；致禬，以補諸侯之裁。

【佚文】（六八六）「冬遇所協之慮，時聘所結之好，間問所諭之志，歸脤所交之福，賀慶所贊之喜，致禬所補之裁，邦國之君而已，故稱諸侯；秋覲所比之功，殷覜所除之慝，臣民豫焉[一]，非特諸侯，故稱邦國；時會所發之禁，非特一國，故稱四方；春朝所圖之事，夏宗所陳之謨，殷同所施之政，非特一方，故稱天下[二]。慮，慮患也；圖，謀事世；謀成焉，謂之謀[三]；事成焉，謂之功。諸侯之慮協，然後天下之事可圖；天下之事可圖，然後天下之謨成而可陳；謨

[一]「豫」，墨海本、經苑本並作「預」。

[二] 首以下，欽定義疏卷三八，頁十王氏安石曰，「福」作「禮」，「豫」作「預」。

[三]「謀」，墨海本作「謨」。

成而可陳，然後邦國之功成而可比。先事後功，功以成事故也：先謨後慮，終則有始故也[一]。慝，陰姦也[二]，故除之以殷覜而已。言歸脤而不及膰，則膰有事而執焉[三]，因以賜之，非大行人之所歸也；言致禬而不及弔，言禬而弔可知也；言諸侯而不言兄弟，則兄弟乃大宗伯以禮親焉，大行人親諸侯而已[四]。唯春朝圖事，不言以，則春朝朝禮之正，非適爲圖事也[五]。」（文淵閣四庫全書本周官新義卷十六，頁一—二。）

以九儀辨諸侯之命，等諸臣之爵，以同邦國之禮，而待其賓客。上公之禮：執桓圭九寸，繅藉九寸，冕服九章，建常九斿，樊纓九就，貳車九乘，介九人，禮九牢；其朝位，賓主之間九十步，立當車軹，擯者五人；廟中將幣三享，王禮再祼而酢，饗禮九獻，食禮九舉；出入五積，三問三勞。諸侯之禮：執信圭七寸，繅藉七寸，冕服七章，建常七斿，樊纓七就，貳車七乘，介七人，禮七

---

[一]「先事後功」以下，詳解卷三三，頁二述。
[二]「姦」，墨海本、經苑本並作「毒」。
[三]兩「膰」字，鈔本初並作「皤」，孔校並改作「膰」。
[四]「言歸脤」以下：欽定義疏卷三八，頁十王氏安石曰，改易潤色成文。又末「大行人親諸侯而已」八字，鈔本原無，孔校增。
[五]「唯春朝」以下，詳解卷三三，頁二述，幾全同。

牢；朝位，賓主之間七十步，立當前疾，擯者四人；廟中將幣三享，王禮壹祼而酢，饗禮七獻，食禮七舉；出入四積，再問再勞。諸伯：執躬圭；其他皆如諸侯之禮。諸子：執穀璧五寸，繅藉五寸，冕服五章，建常五斿，樊纓五就，貳車五乘，介五人，禮五牢；朝位，賓主之間五十步，立當車衡，擯者三人；廟中將幣三享，王禮壹祼不酢，饗禮五獻，食禮五舉，出入三積，壹問壹勞。諸男：執蒲璧；其他皆如諸子之禮。凡大國之孤：執皮帛，以繼小國之君；出入三積，不問壹勞；朝位當車前，不交擯；廟中無相，以酒禮之；其他皆眂小國之君。凡諸侯之卿，其禮各下其君二等；以下，及其大夫士，皆如之。

【佚文】（六八七）「三公八命，出封加一命，則謂之上公[一]；自上公以下，皆謂之建常，所建斿數不同，而皆象其道故也[二]。上公朝位，賓主之間九十步，立當車軹，擯者五人；侯伯朝位，賓主之間七十步，立當前疾，擯者四人；子男朝位，賓主之間五十步，立當車衡，擯者三

[一] 首以下共十四字：臨川集卷四三，頁四乞改周禮義誤字劄子：「大行人『三公八命，出封加一命，則謂之上公』，已上十四字，今欲刪去。」詳解卷三三，頁四述新經云云；訂義卷六七，頁八王氏曰，並有此十四字，唯「一命」並作「一等」。四庫全書考證卷八，頁四八曰：「案：安石集乞改三經義誤字劄子云：『大行人「三公八命，出封加一命，則謂之上公」，已上十四字，今欲刪去。』永樂大典仍係未改本。」

[二] 「謂之建」以下：詳解卷三三，頁四述新經云云：「謂之建常，以象其道故也。」訂義卷六七，頁九王氏曰，同詳解（僅少一「故」字）。

人；，則尊者舒而縟〔一〕，卑者慼而略故也〔二〕。王禮，再祼一祼而酢，則祼賓而酢王也；一祼不酢，則有禮而無報，爲若不敢當焉，卑故也〔三〕。饗禮，九獻、七獻、五獻，則主於飲，故以獻爲節；食禮，九舉、七舉、五舉，則主於食〔四〕，故以舉爲節〔五〕。大國之孤，朝位當車前，不交擯，廟中無相，則彌蹙而略矣〔六〕；以酒禮之，則祼如祭祀，非禮人君弗用也〔七〕。」（文淵閣四庫全書本周官新義卷十六，頁三—四。）

【佚文】（六八八）「公侯伯子男位有遠近，立有前後，擯有多寡，則尊者舒而縟，卑者蹙而略故也。」（周官集傳卷十一，頁十三王氏曰。敏案：疑爲約取新義「上公朝位」至「略故也」而成章。）

【佚文】（六八九）傳曰「名位不同，禮亦異數」，蓋人非禮不立，禮非儀不行。禮寓於刑名度

〔一〕「縟」，墨海本作「緝」。

〔二〕「慼」，墨海本作「戲」，經苑本作「蹙」。「上公朝位」以下：集説卷九上，頁三八；註疏删翼卷二五，頁三七臨川王氏曰，並兩「朝位賓主之間」共十二字皆無，「衡」上並無「車」字，「慼」一作「蹴」、一作「蹙」。

〔三〕「一祼不酢」以下，欽定義疏卷三八，頁十九王氏安石曰「者」字無，「若」上無「爲」字。

〔四〕「主」，墨海本作「王」。

〔五〕「一祼不酢」以下，集説卷九上，頁三九王介甫曰；註疏删翼卷二五，頁三八臨川王氏曰，並「若」上無「爲」字。

〔六〕「慼」，墨海本作「戲」。

〔七〕「大國」以下：詳解卷三三，頁五述新經云云，大同。又自「以酒禮」以下，集説卷九上，頁四十王介甫曰，「則祼」作「以祼」，「弗」作「不」。

數之間，於儀則爲體；儀見于周旋動容之際，于禮則爲用。先王以其用而合其體，故以九儀辨諸侯之命，等諸臣之爵，以同邦國之禮，而待其賓客。公侯伯子男之君，其命者五；孤卿大夫士之臣，其爵者四。以儀而辨其命、等其爵，故曰「九儀，諸侯之命」。諸侯之爵不同也，而謂之同邦國之禮者比之，謂以不同同之也。出于上，下聽而守之者，命也。資于尊，所入小而人所奉者，爵也。有命然後有爵，則命尊于爵矣，故諸侯則言命，于諸臣則言爵，與大宗伯言「王命諸侯，則儐」、小宗伯則言「王賜卿大夫爵，則儐」同意也。……上公九命，故其禮以九爲節；侯伯七命，故其禮以七爲節；子男五命，故其禮以五爲節；公侯伯子男所建，皆龍旗。……上公立當車軹，先儒謂轂末，車轅北向，在西邊也。侯伯立當前疾，先儒謂駟馬車轅前，若輈人所謂輈深四尺七寸、軾前曲木是也。衡謂在輈下，車軛兩服之領前是也。（詳解卷三三，頁四新經云云。）

邦畿方千里，其外方五百里，謂之侯服，歲壹見，其貢祀物；又其外方五百里，謂之甸服，二歲壹見，其貢嬪物；又其外方五百里，謂之男服，三歲壹見，其貢器物；又其外方五百里，謂之采服，四歲壹見，其貢服物；又其外方五百里，謂之衛服，五歲壹見，其貢材物；又其外方五百裏，謂之要服，六歲壹見，其貢貨物；九州之外，謂之蕃國，世壹見，各以其所貴寶爲摯。

【佚文】（六九〇）「謂之服，謂之蕃國，人爲之名而已。人爲之名，故可謂之蠻服，亦可以謂之要服；可謂之夷、鎮、蕃服，亦可謂之蕃國，而與夏服異名也。」（文淵閣四庫全書本周官新義卷十六，頁四。）

王之所以撫邦國諸侯者：歲，偏存；三歲，偏覜；五歲，偏省；七歲，屬象胥，諭言語，協辭命；九歲，屬瞽史，諭書名，聽聲音；十有一歲，達瑞節，同度量，成牢禮，同數器，修灋則；十有二歲，王巡守殷國。

【佚文】（六九一）「歲，偏存，使問而存之也。三歲，偏覜，使問而視之也。五歲，偏省，使巡而察之[一]。七歲，屬象胥，諭言語，協辭命者，象胥主譯其言，譯其言然後言語可諭；書語可諭[二]，然後亂命可協也。九歲，屬瞽史，諭書名，聽聲音者，瞽主樂，史主書，諭書名，故屬史；聽聲音，故屬瞽；諭之聽之，則亦協之而已。或言協，或言聽諭，相備也。先瞽而後聲音，後史而先書名，則明聲音、書名無所先後。十有一歲，達瑞節，同度量，成牢禮，同數器，修灋則者，瑞節所以

〔一〕「之」下，墨海本、經苑下並有「也」字。

〔二〕「語」，鈔本原作「諭」，孔校改爲「語」。

達四方而交之，度量所以同四方而一之。以交之也，故成其牢禮；以一之也，故同其數器。則尊卑異數，貴賤異用[一]，而同乎王之所制。道有升降，禮有損益，則王之所制，宜以時修之，修灋則爲是故也。言語辭命，以聲音、書名爲本；書名、聲音，以度量、灋則爲主；度量、灋則，王之所制也。書名雖未之有，可以義制；聲音雖未之有，可以理作。故王所以一天下，始於言語、辭命，中於書名、聲音，終於度量、灋則。十有二歲，王巡守殷國，則親出而省焉。或巡守，或殷國，其出而省焉，一也[二]。及夫世喪道失，道德之意毀於書名之不達，禮樂之數熄於度量之不存，則先王所以諭而同之，可謂知要矣。」（文淵閣四庫全書本周官新義卷十六，頁五—六。）

**【佚文】**（六九二）「諭言語所以使之相通，協辭命所以使之相交。」（欽定義疏卷三八，頁二七王氏安石曰；亦見詳解卷三三，頁七，幾全同。）

**【佚文】**（六九三）「王巡守則諸侯各朝於方岳，王不巡守則會諸侯而殷見。……」（集說卷九上，頁五二王介甫曰；註疏刪翼卷二五，頁五三臨川王氏曰；詳解卷三三，頁七述，並下接「或巡守」，詳本頁註二。）

---

[一]「用」，墨海本、經苑本並作「器」；鈔本原作「同」，孔校改爲「用」。

[二]「或巡守」之上，尚有二十二字（詳下佚文）；又「或巡守」以下至此：均見集說卷九上，頁五二王介甫曰；註疏刪翼卷二五，頁五三臨川王氏曰。詳解卷三三，頁七述，「國」作「見」。

凡諸侯之王事，辨其位，正其等，協其禮，賓而見之；若有大喪，則詔相諸侯之禮；若有四方之大事，則受其幣，聽其辭。凡諸侯之邦交，歲相問也，殷相聘也，世相朝也。

【佚文】（六九四）「曰凡諸侯之邦交，歲相問也，殷相聘也，世相朝也者，諸侯睦，則王室無事矣。」（文淵閣四庫全書本周官新義卷十六，頁六。）

小行人，掌邦國賓客之禮籍，以待四方之使者。令諸侯：春入貢，秋獻功，王親受之，各以其國之籍禮之。

【佚文】（六九五）「令諸侯，春入貢，則朝正之時也；秋獻功，則歲成之時也。各以其國之籍禮之，則嘗所以禮之國各籍焉以爲故常[一]，左氏傳曰[二]：『非禮也，勿籍。』[三]」（文淵閣四庫全書本周官新義卷十六，頁六。）

---

[一] 「所以」，經苑本作「以所」。

[二] 「傳」，墨海本、經苑本並無。

[三] 「各以」以下，訂義卷六八，頁一王氏曰，「籍禮」下無「之」字，「所以」作「以所」，「各」作「名」。集説卷九下，頁一一二王介甫曰；註疏删翼卷二六，頁一臨川王氏曰，並無「氏」字。欽定義疏卷三八，頁三一王氏安石曰，「嘗」作「常」，「所以」作「以所」，無「氏」字。

凡諸侯入王，則逆勞于畿；及郊勞、眡館、將幣，爲承而擯。凡四方之使者，大客則擯，小客則受其幣，而聽其辭。使適四方，協九儀。賓客之禮，朝、覲、宗、遇、會、同，君之禮也；存、覜、省、聘、問，臣之禮也。

【佚文】（六九六）「凡四方之使者，大客則擯。鄭氏謂『擯而見之王，使得自言』。小客則受其幣，而聽其辭，鄭氏謂『聽之以入告』。」（文淵閣四庫全書本周官新義卷十六，頁七。）〔一〕

達天下之六節：山國，用虎節；土國，用人節；澤國，用龍節；皆以金爲之。道路，用旌節；門關，用符節；都鄙，用管節；皆以竹爲之。成六瑞：王用瑱圭，公用桓圭，侯用信圭，伯用躬圭，子用穀璧，男用蒲璧。

【佚文】（六九七）「玉節守邦國，非其所達。」（訂義卷六八，頁四王氏曰。）

【佚文】（六九八）「邦節先門關後道路，則以自內達外言之；天下之節，先道路後門關，則以自外達內言之。」（訂義卷六八，頁四王氏曰；欽定義疏卷三八，頁三七—三八王氏安石曰，無兩「則」字。）

〔一〕全段，詳解卷三三，頁九述略同。

【佚文】（六九九）「此惟上所制，期無失節而已，故以竹爲之。」（訂義卷六八，頁四王氏曰；詳解卷三三，頁十述新經云，幾全同。）

【佚文】（七〇〇）朝、覲、宗、遇、會、同，諸侯以禮致其敬于王，皆國君之事，故曰君之禮也。存、頫、省、聘、問，王以禮致其愛于諸侯，王使臣之事，故曰臣之禮也。掌節言「凡邦國之使節」，則使邦國者所執，王官所掌之節也，小行人所達，謂之天下之節，則所謂龍節、人節、虎節、管節，邦國、都鄙使者所執，非王官所掌邦節也。都鄙用管節，而掌節不言都鄙之管節，則使都鄙者無節矣，以旌節行之而已。虎節、人節、龍節，皆以金爲之，金不可變爲義故也。（詳解卷三三，頁九—十，段末新經云云。）

【佚文】（七〇一）「上有以合驗乎下，下有以合驗乎上，則瑞成矣。」（文淵閣四庫全書本周官新義卷十六，頁七。）〔一〕

【張補】謂之天下之節，則非王官所掌邦節也。以金爲之，金不可變故也。以竹爲之，竹有自然之節故也。爲尊者將命，則以不可變爲義，非爲尊者將命，則唯上所制，期無失節而已。不言璽節，則貨賄非其所豫，不言玉節、角節，則守邦國都鄙，非其所達。邦節先門關後道路，則

〔一〕全段，詳解卷三三，頁十述。

以自内達外言之，天下之節先道路後門關，則以自外達内言之。（鈔本周官義疏，與程輯六九七至七〇〇條互有詳略。）

合六幣：圭以馬，璋以皮，璧以帛，琮以錦，琥以繡，璜以黼，此六物者，以和諸侯之好故。

【佚文】（七〇二）「圭以象陽生物，馬，陽物也，乾之所爲，故合圭以馬；璋，章也，文明之方所用；皮，有文焉，合璋而不以合琮[一]，則自然之文，非所以合琮，故合琮以錦也；琥，象陰之效法，故合琥以繡；璜，方之所用也，故合璜以黼。」（文淵閣四庫全書本周官新義卷十六，頁七—八。）

【張補】故合璋以皮。璧象天，天事質，故合璧以帛；琮象地，地事文，故合琮以錦。皮有文焉。（鈔本周官義疏，上接程輯七〇二條「皮有文焉」，下接「而不以合琮」。）

【佚文】（七〇三）六幣皆諸侯所用以享也。蓋君子雖不可以貨取，然亦不可以虛拘，有物而無誠，則禮有所不行，謂之貨取可也；有誠而無物，則情有所不伸，謂之虛拘可也。故諸侯之致享，内盡其誠心，外備其禮物，而行人所以合六幣也。兩謂之合，圭以馬、璋以皮、璧以帛之

[一]「璋」，鈔本原無，孔校增。

屬，皆兩相合也。（詳解卷三三，頁十新經云云。）

若國札喪，則令賻補之；若國凶荒，則令賙委之；若國師役，則令槁襘之；若國有福事，則令慶賀之；若國有禍烖，則令哀弔之；凡此五物者，治其事故。及其萬民之利害，爲一書；其禮俗、政事、教治、刑禁之逆順，爲一書；其悖逆、暴亂、作慝，猶犯令者，爲一書；其札喪、凶荒、厄貧，爲一書；其康樂、和親、安平，爲一書；凡此五物者，每國辨異之，以反命于王，以周知天下之故。

【佚文】（七〇四）「治五物事故，亦反命于王，以周知天下之故；故於萬民之利害稱及焉。」（文淵閣四庫全書本周官新義卷十六，頁八。）〔一〕

司儀，掌九儀之賓客擯相之禮，以詔儀容、辭令、揖讓之節。將合諸侯，則令爲壇三成，宫旁一門。

【佚文】（七〇五）「爲壇三成，則爲三等焉，所謂『公于上等，侯伯于中等，子男于下等』是也〔二〕。

〔一〕全段，詳解卷三三，頁十二述，無「治」字。
〔二〕首以下：詳解卷三三，頁十三述略同；訂義卷六八，頁十二王氏曰；欽定義疏卷三九，頁二王氏安石曰，多所删易。

宮旁一門[一]，則覲禮所謂『四門』是也[二]。」（文淵閣四庫全書本周官新義卷十六，頁八。）

詔王儀，南鄉見諸侯，土揖庶姓，時揖異姓，天揖同姓；及其擯之，各以其禮；公於上等，侯伯於中等，子男於下等，其將幣，亦如之；其禮，亦如之；王燕，則諸侯毛。

【佚文】（七〇六）「鄭氏謂『土揖，下手揖之[三]；時揖，平手揖之；天揖，舉手揖之』[四]。言毛與言齒異[五]，齒尚長，毛尚老；朝尊而公之，故尚貴；燕親而私之，故尚老。」（文淵閣四庫全書本周官新義卷十六，頁九。）

凡諸公相爲賓：主國五積，三問，皆三辭，拜受，皆旅擯；再勞，三辭；三揖，登，拜受，拜送。主君郊勞，交擯三辭，車逆拜辱，三揖，三辭；拜受，車送，三還，再拜。致館，亦如之；致飧，如致

[一]「旁」，鈔本原作「門」，孔校改爲「旁」，詳解卷三三，頁十三述作「旁」。
[二]「宮旁」以下，詳解卷三三，頁十三—十四述略同。
[三]「下」，鈔本作「不」，詳解述作「下」（詳下註）；四庫全書考證卷八頁四八曰：「義：『鄭氏謂土揖，下手揖之。』案：『下』，原本訛『不』，據鄭註『土揖推手小下之也』，今改。」
[四]首以下，詳解卷三三，頁十四述。
[五]「言」，墨海本、經苑本並無。

積之禮。及將幣，交擯三辭；車逆拜辱，賓車進，答拜；三揖，三讓，每門止一相，及廟，唯上相入；賓三揖，三讓；登，再拜授幣，賓拜送幣；每事如初，賓亦如之。及出；車送，三請，三進；再拜，賓三還，三辭，告辟。致饔餼，還圭，饗食，致贈，郊送，皆如將幣之儀。賓之拜禮，拜饔餼，拜饗食，賓繼主君，皆如主國之禮。諸侯、諸伯、諸子、諸男之相爲賓也，各以其禮相待也，如諸公之儀。

諸公之臣，相爲國客，則三積，皆三辭，拜受。及大夫郊勞，旅擯，三辭，拜辱，三讓；登聽命下拜，登，受；賓使者如初之儀。及退，拜送；致館如初之儀。及將幣，旅擯，三辭，拜逆，客辟；三揖；每門止一相，及廟，唯君相入；三讓，客登；拜，客三辟；授幣，下；出，每事如初之儀。及禮，私面；私獻，皆再拜稽首，君答拜。出，及中門之外，問君，客再拜對；君拜，客辟而對；君問大夫，客對；君勞客，客再拜稽首；君答拜，客趨辟。致饔餼，如勞之禮；饗食，還圭，如將幣之儀。君館客，客辟；介受命，遂送，客從拜辱于朝。明日，客拜禮賜，遂行，如入之積。凡侯伯子男之臣，以其國之爵，相爲客而相禮，其儀亦如之。

凡四方之賓客，禮儀、辭命、餼牢、賜獻，以二等，從其爵而上下之。凡賓客送逆同禮。凡諸侯之交，各稱其邦而爲之幣，以其幣爲之禮。凡行人之儀，不朝不夕不正其主面，亦不背客。

【佚文】（七〇七）「每門止一相，爲將致敬於廟故也；及廟，唯上相入，則致敬故也〔一〕；每門止一相，唯君相入，則客相不入焉〔二〕。客再拜稽首，君答拜，則拜而不稽首，主君而客臣故也〔三〕。賓繼主君，皆如主國之禮，則賓所以繼主君〔四〕，無過不及焉；凡諸侯之交，各稱其邦而爲之幣，爲之禮，則主君所以禮賓，亦無過不及焉。夫邦國之君臣，相爲賓客，而先王設官焉，問勞贈送，物爲之數，拜揖辭受，事爲之節。觀春秋之時，一言之不讎，一拜之不中，而兩國爲之暴骨，則周官圖民禍難，豈爲不豫哉〔五〕？不朝不夕，不正其主面，亦不背客者，鄭氏謂『不正東鄉〔六〕，不正西鄉，嘗視賓主之間〔七〕，得兩鄉之而已〔八〕。』」（文淵閣四庫全書本周官新義卷十

〔一〕首以下：訂義卷六八，頁十九王氏曰，「一相」下有「則」字，「於廟」下無「故也」二字。

〔二〕首以下，詳解卷三三，頁十八述略同。

〔三〕「答」，原作「客」，據孔校及詳解述亦改。「客再拜」以下：詳解卷三三，頁十八述大同。又「自君答」以下，訂義卷六八，頁二七王氏曰，「拜而」二字無，「主」上有「以」字。

〔四〕「則」，墨海本、經苑本並作「而」；詳解述作「則」（詳下註）。

〔五〕「爲不」，墨海本、經苑本作「不爲」，詳解述作「爲不」。「則賓所以」以下：詳解卷三三，頁十九略同。又「自邦國之君」以下，欽定義疏卷三九，頁二五王氏安石曰，「而先王設官焉」作「先王設官以掌其禮」，「爲之節」下多十一字（詳下佚文），「拜」作「揖」，「爲之暴骨」作「因之起釁」，「圖民禍難」作「之圖民禍患」。

〔六〕「謂」，鈔本初作「爲」，孔校改爲「謂」。

〔七〕「嘗」，墨海本、經苑本、詳解述（詳下註）皆作「常」。

〔八〕「不朝不夕」以下，詳解卷三三，頁十九述大同。

六，頁十—十一。）

【佚文】（七〇八）「……此邦國之君臣所以相親也。」（欽定義疏卷三九，頁二五王氏安石曰，上承「爲之節」，詳上頁註五；此十一字亦見詳解卷三三，頁十九述。）

行夫，掌邦國傳遽之小事，媺惡而無禮者。凡其使也，必以旌節；雖道有難，而不時，必達。居於其國，則掌行人之勞辱事，焉使則介之。

【佚文】（七〇九）「（焉使則介之，）故書『夷使則介之』，當從故書爲正；夷使，使四夷也。」（鈔本周官新義卷十六。）〔二〕

【評】（一二五八）宋劉迎曰：「司隸掌役國中之辱事與役其煩辱之事，今行夫以下士三十二人爲之，則掌行人之勞辱之事，俾凡有使則爲之介紹，而或先或後，亦其職也。先儒改『焉』爲『夷』，謂『四方夷之使則介之』。經言『凡其使也，必以旌節』，初無使四夷之文，況經謂『傳王之言，而説諭焉，書其日月焉』，皆以『焉』爲文，不知先儒何苦改經文，而好異説如

〔二〕 全段：鈔本無此條十九字，孔校增之。詳解卷三四，頁一述曰：「焉，故書作夷。……夷使則介之者，謂行人若使於四夷，行夫則爲之介也。」大同；訂義卷六九，頁一先儒謂（先儒謂鄭衆及王安石），大同，詳下評文。

此！」（訂義卷六九，頁一載。敏案：批評先儒鄭衆，而安石從鄭，故亦即評王。）

環人，掌送逆邦國之通賓客，以路節達諸四方；舍則授館，令聚欜，有任器，則令環之。凡門關無幾，送逆及疆。

【佚文】（七一〇）「曰邦國之通賓客，謂諸侯賓客之往來者[一]。路節，鄭氏謂『旌節也』。」（文淵閣四庫全書本周官新義卷十六，頁十一。）

象胥，掌蠻夷閩貉戎狄之國使，掌傳王之言，而諭説焉，以和親之。若以時入賓，則協其禮，與其辭言傳之；凡其出入送逆之禮節、幣帛、辭令，而賓相之。凡國之大喪，詔相國客之禮儀，而正其位。凡軍旅、會同，受國客幣，前賓禮之。凡作事，王之大事，諸侯；次事，卿；次事，大夫；次事，上士；下事，庶子。

【佚文】（七一一）「職方氏言『四夷、八蠻、七閩、九貉、五戎、六狄皆其圖地，掌于職方，而可

[一]「通賓客」以下：詳解卷三四，頁二述大同；欽定義疏卷三九，頁十六王氏安石曰，「之」作「取道」（詳解述亦同）。

辨數要』者也〔一〕；象胥言『掌蠻夷閩貉戎狄之國使』，而不言其國數，則所職非特職方可辨數要之國也〔二〕。不謂之入王，而謂之入賓，則或非王政所加焉〔三〕。凡作事，作四夷之事也，王之大事諸侯〔四〕，故彤弓廢，則諸夏衰矣。次事上士，下事庶子，則下事有中士下士，以庶子包之也〔五〕。」（文淵閣四庫全書本周官新義卷十六，頁十二。）

掌客，掌四方賓客之牢禮、餼獻、飲食之等數，與其政治。王合諸侯而饗禮，則具十有二牢，庶具百物備；諸侯長，十有再獻。王巡守殷國，則國君膳以牲犢，令百官，百牲皆具；從者：三公，眡上公之禮；卿，眡侯伯之禮；大夫，眡子男之禮；士，眡諸侯之卿禮；庶子，壹眡其大夫之禮。凡諸侯之禮：上公五積，皆眡飧牽；三問，皆脩；群介，行人、宰史，皆有牢；飧五牢、食四十、

〔一〕首以下，詳解卷三四，頁三述，「其」作「有」。
〔二〕首以下，詳解卷三四，頁三述略同；訂義卷六九，頁三王氏曰，無「掌于職方而」五字，「掌蠻夷閩貉戎狄之」八字無，「之國」上有「其」字，「所職」作「所掌」，末「也」字無。
〔三〕「不謂之」以下，詳解卷三四，頁三述；集説卷九下，頁三一王介甫曰；註疏刪翼卷二六，頁三六臨川王氏曰，並末有「故也」二字。
〔四〕「凡作事」以下，詳解卷三四，頁三述，幾全同。
〔五〕「包」，鈔本原無，孔校增；詳解卷三四，頁四述有「包」字。

簠十、豆四十、鉶四十有二、壺四十、鼎簋十有二、牲三十有六，皆陳；飧饔九牢，其死牢，如飧之陳；牽四牢、米百有二十筥、醯醢百有二十罋、車皆陳；車米眂生牢，牢十車，車秉有五籔；車禾眂死牢，牢十車、車三秅；芻薪倍禾，皆陳；乘禽日九十雙，殷膳大牢；以及歸，三饗、三食、三燕；若弗酌，則以幣致之；凡介、行人、宰史，皆有飧饔餼，以其爵等爲之牢禮之陳數，唯上介有禽獻；夫人致禮，八壺、八豆、八籩，膳大牢，致饗，大牢，食大牢；卿皆見，以羔膳大牢。侯伯四積，皆眂飧牽，再問皆脩；飧四牢、食三十有二、簠八、豆三十有二、鉶二十有八、壺三十有二、鼎簋十有二、腥二十有七，皆陳；饔餼七牢，其死牢，如飧之陳；牽三牢、米百筥、醯醢百罋，皆陳；米三十車、禾四十、車芻薪倍禾，皆陳；乘禽日七十雙，殷膳大牢；三饗、再食、再燕；凡介、行人、宰史，皆有飧饔餼，以其爵等爲之禮，唯上介有禽獻；夫人致禮，八壺、八豆、八籩，膳大牢，致饗大牢；卿皆見，以羔，膳特牛。

子男三積，皆眂飧牽；壹問以脩；飧三牢、食二十有四、簠六、豆二十有四、鉶十有八、壺二十有四、鼎簋十有二、牲十有八，皆陳；饔餼五牢，其死牢，如飧之陳；牽二牢、米八十筥、醯醢八十罋，皆陳；米二十車、禾三十車、芻薪倍禾，皆陳；乘禽日五十雙，壹饗、壹食、壹燕；凡介、行人、宰史，皆有飧饔餼，以其爵等爲之禮，唯上介有禽獻；夫人致禮，六壺、六豆、六籩，膳眂致饗親見；卿皆膳特牛。

凡諸侯之卿、大夫、士，爲國客，則如其介之禮以待之。凡禮賓客，國新，殺禮；凶荒，殺禮；札喪，殺禮；禍烖，殺禮；在野、在外，殺禮。凡賓客死，致禮以喪用；賓客有喪，惟芻稍之受；遭主國之喪，不受饗食，受牲禮。

【佚文】（七一二）「言王合諸侯而饗禮，遂言王巡狩殷國，國君膳以牲犢，禮務施報故也。上公牲三十有六，侯伯腥二十有七〔一〕，子男牲十有八。牲〔二〕，即牲之腥者，或言牲，或言腥，互見〔三〕。先王制賓客之禮，有餘勿過是也。國新、凶荒、札喪、禍烖、在野外，則殺焉。制其正，不制其殺，則禮之本寧儉而已〔四〕。」（文淵閣四庫全書本周官新義卷十六，頁十四—十五。）

掌訝，掌邦國之等籍，以待賓客。若將有國賓客至，則戒官脩委積，與士逆賓於疆，爲前驅而入；及宿，則令聚欜；及委，則致積；至于國賓入館，次于舍門外，待事于客；及將幣，爲前驅；至于朝，詔其位；入，復；及退，亦如之。凡賓客之治，令訝，訝治之。凡從者出，則使人道

〔一〕「三十有六」、「二十有七」，墨海本、經苑本並無「有」字；詳解述同文淵本（詳下註）。

〔二〕「牲」，經苑本作「腥」，詳解述作「牲」（詳下註）。

〔三〕「見」下，經苑本有「也」字。又自「上公」以下：詳解卷三四，頁八述，末有「也」字；集説卷九下，頁三八王介甫曰，「互見」作「互備也」。又自「牲即」以下，亦見訂義卷六九，頁十王氏曰，「牲即」之「牲」作「腥」，末無「也」字。

〔四〕「國新凶」以下，詳解卷三四，頁十述略同。

之；及歸，送亦如之。凡賓客，諸侯，有卿訝；卿，有大夫訝；大夫，有士訝；士皆有訝。凡訝者，賓客至而往，詔相其事，而掌其治命。

【佚文】（七一三）「至于朝，詔其位，入，復；退亦如之者[一]，退亦入復，若孔子所謂『賓不顧』矣。」（文淵閣四庫全書本周官新義卷十六，頁十五。）[二]

掌交，掌以節與幣，巡邦國之諸侯，及其萬民之所聚者；道王之德意志慮，使咸知王之好惡，辟行之；使和諸侯之好，達萬民之説；掌邦國之通事，而結其交好。

【佚文】（七一四）「以幣者，掌邦國之通使事，而結其交好故也，此其官所以謂之掌交與？道王之德意志慮，則與撢人之誦王志異矣。」（文淵閣四庫全書本周官新義卷十六，頁十六。）[三]

以諭九税之利，九禮之親，九牧之維，九禁之難，九戎之威。

---

[一]「者」，墨海本、經苑本並無。

[二] 全段，詳解卷三四，頁十一述大同。又自「退亦入」下，集説卷九下，頁四八王介甫曰：「及退，亦復于王，若孔子所謂『賓不顧矣』，是也。」

[三] 全段，詳解卷三四，頁十二述（分散）略同。

【佚文】（七一五）「九稅，九職之稅；九禮，九儀之禮；九禁，九伐之禁；九戎，九伐之戎。蓋方其制軍詰禁，則爲九禁；及其致戎事焉，則爲九戎[一]。諭九稅之利，使知藝極[二]；諭九禮之親，使知分守；諭九牧之維，使知聽令；諭九禁之難，使知辟禁；諭九戎之威，使知免兵。於無事之時，使人焉和邦國而諭之，折衝消萌多矣；不知出此，而恃威讓、文告、征伐之施焉，則非所謂『爲大于其細，圖難于其易』也[三]。」（文淵閣四庫全書本周官新義卷十六，頁十六。）

【佚文】（七一六）「首九禁又言九戎者……」（欽定義疏卷三九，頁四九王氏安石曰，下接「方其」云云，詳本頁註一。）

掌察　闕

掌貨賄　闕

[一]「戎」，經苑本作「伐」。又「方其」以下：欽定義疏卷三九，頁四九王氏安石曰，「方其」之上尚有八字（詳下佚文），「其致戎事焉」作「及致討伐」。

[二]「極」，墨海本作「樹」。

[三]「諭九稅」以下：集說卷九下，頁五十—五一王介甫曰，「極」作「種」；註疏删翼卷二六，頁五五臨川王氏曰，「藝極」作「樹藝」，「和」作「好」；周禮全經釋原卷十一，頁一〇三—一〇四王介甫曰，據集說而大加删易。

朝大夫，掌都家之國治。日朝以聽國事故，以告其君長；國有政令，則令其朝大夫。凡都家之治於國者，必因其朝大夫，然後聽之；唯大事弗因。凡都家之治，有不及者，則誅其朝大夫；在軍旅，則誅其有司。

【佚文】（七一七）「掌都家之國治者，都家有治於國，則朝大夫掌之〔一〕；在軍誅其有司者〔二〕，鄭氏謂『有司都家司馬』。」（文淵閣四庫全書本周官新義卷十六，頁十七。）

都則 闕

都士 闕

家士 闕

〔一〕「都家有」以下，詳解卷三四，頁十五，幾全同；訂義卷六九，頁二四王氏曰。

〔二〕「軍」下，墨海本、經苑本並有「旅」字，詳解卷三四，頁十五述亦有「旅」字。

# 周禮新義　卷十七　冬官考工記一

國有六職，百工與居一焉。或坐而論道，或作而行之；或審曲面埶，以飭五材，以辨民器；或通四方之珍異以資之；或飭力以長地財；或治絲麻以成之。

【佚文】（七一八）「民器各有宜，不可以不辨。」（周禮全解王安石以，載訂義卷七十，頁四；詳解卷三五，頁三述曰：「民器各有宜焉，不可以不辨。」）

【佚文】（七一九）「治絲爲帛，治麻爲布。」（訂義卷七十，頁四王氏曰；詳解卷三五，頁三述曰：「治絲而成之以爲帛，治麻而成之以爲布。」）

【鄭宗顏考工記講義，下簡稱鄭講】（一）「有職者當聽上，所聽乎上者言，所以爲言者音，音之所不能該，則聽無與焉，奚所受職？不通乎此，乃或失職，則傷之者至矣〔二〕。工興事造業，不能上達，故不出上一，百官謂之百工者，以其如之故書〔三〕。當其聯事合志，則謂之百僚；當

〔二〕「至」，鈔本、墨海本、經苑本皆作「重」。
〔三〕「故書」，墨海本、經苑本並作「故也」。

其分職率屬，則謂之百官；當其興事造業，則謂之百工。」（文淵閣四庫全書本周官新義附卷上，頁一。）

坐而論道，謂之王公；作而行之，謂之士大夫；審曲面埶，以飭五材，以辨民器，謂之百工；通四方之珍異以資之，謂之商旅；飭力以長地財，謂之農夫；治絲麻以成之，謂之婦功。

【鄭講】（二二）「韓非曰：『自營爲厶，背厶爲公。』王公之公，人臣尊位，故以自營爲戒[一]。公又訓事，公雖尊人，亦事人，亦事事。易曰：『地勢坤。』太下則爲勢衰，太高則爲勢危。坴，睦也[二]，高而平，得埶者也；坴，睦也，彼已睦矣，合而成埶，得埶而弗失者，善其埶故也。或又从力，以力爲勢，斯爲下。从辛者[三]，商以遷有資無爲利，下道也，干上則爲辛焉；从内者，以入爲利；从口者，商其事；故爲商賈、商度、宮商之字；商爲臣，如斯而已。於飭能力者[四]，飭

[一]「戒」，墨海本作「成」。
[二]「睦」，墨海本、經苑本並作「陸」。
[三] 按，「辛」當作「辛」。
[四]「飭」，墨海本、經苑本並作「食」。

也；農致其爪掌，養所受乎天五者〔一〕，故从臼，从囟；欲無失時，故从辰；辰，地道也。農者，本也，故又訓厚；濃，水厚；醲，酒厚；襛，衣厚。永木上〔二〕，屮極矣，則别而落，無以下冂焉〔三〕。麻，木穀也；其屮不一，卒於披而别之〔四〕。男服尚之，於廟、於庭、於序、於府，皆广也。王后之六服〔五〕，或素〔六〕、或沙，皆絲；絲，陽物也，故陰尚之。六冕，皆麻；麻，陰物也，故陽尚之。糸〔七〕、幺〔八〕，可飾物，合糸爲絲，無所不飾焉；凡从糸，不必絲也。」（文淵閣四庫全書本周官新義附卷上，頁二一。）

知者創物，巧者述之，守之世，謂之工；百工之事，皆聖人之作也。爍金以爲刃，凝土以爲器，作

〔一〕「五」，墨海本、經苑本並作「工」。
〔二〕「永木」，經苑本無「永」字；「木」，墨海本作「土」，經苑本作「東」。「上」字之後，經苑本有「土」字。
〔三〕「冂」，鈔本原作「門」，孔校改爲「冂」；墨海本作「口」。
〔四〕「卒」，鈔本同，孔校改爲「辛」。
〔五〕「六」字下，鈔本有「、」，是叠一「六」字。
〔六〕「或素」下，鈔本原叠「或素」二字，孔校删去。
〔七〕「糸」，原作「系」，據墨海本、經苑本改。本條下同改。
〔八〕「幺」，墨海本作「分」。

車以行陸，作舟以行水，此皆聖人之所作也。

【鄭講】（三）「知如矢直，可用勝物，然必欲使之，非不疾而速，不行而至，是智之事而已；所謂良知，以直養之，可以命物矣。知，智之事，故其字通於智，禮从豆，用於交物故也。則知从矢，亦用于辨物[一]。智者，北方之性也。刀用于當斂之時，雖殺不過也；用于方發之時，則爲創焉。創則懲矣，故又爲『予創若時』之字。倉言發，刀言制，故又爲『創業垂統』之字。愴，心若創焉，愴重陰。創物，工則欲巧，巧者善僞在所丂焉。作者交錯而難知，述者分辨而宜審；辨矣，然後⿱彡正以述之，杀察本末[二]，述，則述其末而已[三]。凡作無常，一有一亡，是唯人爲，道實無作[四]。金性悲，悲故慘聚；得火而樂，樂故融釋。凡物凝止慘聚，火爍之而爲樂，⿰火欲之而爲欣。刀，制也；能制者刀，所制者非刀也。刀以用刃爲不得已，欲戾右也；于用刃也，乃爲戾左。刃，刀之用[五]，刃又戾左焉，刃矣。重陰則凝，凝則疑；易曰：『履霜堅冰，陰始凝也。』」

---

[一]「辨」，鈔本作「辦」。

[二]「杀」，墨海本、經苑本並作「知」。

[三]「則述」下，鈔本原又有「則述」二字，孔校刪去。

[四]「實」，鈔本作「寔」。

[五]「刀」，鈔本原作「刃」，孔校改爲「刀」。

（文淵閣四庫全書本周官新義附卷上，頁三—四。）

天有時，地有氣，材有美，工有巧，合此四者，然後可以爲良。材美工巧，然而不良，則不時，不得地氣也。橘踰淮而北爲枳，鸜鵒不踰濟，貉踰汶則死，此地氣然也。鄭之刀，宋之斤，魯之削，吴、粤之劒，遷乎其地，而弗能爲良，地氣然也。燕之角，荆之幹，妢胡之笴，吴、粤之金錫，此材之美者也。天有時以生，有時以殺；草木有時以生，有時以死；石有時以泐，水有時以凝，有時以澤，此天時也。

【鄭講】（四）「時以日爲節，度數所自出，當時爲是，是在此所〔一〕，故時又訓此。又作旨日〔二〕，有爲之焉，人以爲時，以有之也，故曰時無止。有陰气焉，有陽气焉，有沖气焉，故从一〔三〕。起于西北，則無動而生之也；卬左低右〔四〕，屈而不直，則氣以陽爲主，有變動故也。又爲气與之

〔一〕「所」，墨海本、經苑本並作「也」。
〔二〕「旨」，墨海本、經苑本並作「止」。
〔三〕「一」，墨海本、經苑本並作「乙」。
〔四〕「卬」，鈔本作「印」，孔校於「印」字旁註「卬」字。

气者[二]，气以物與所賤也；天地陰陽沖气，與萬物有气之道。又爲气索之气者，萬物資焉，猶气也；其得之有量。或又从米，米，食氣也；孔子曰：『肉雖多，不使勝食氣。』夫米殘生傷性，不善自養，而又養人爲事；氣若此，斯爲下。」（文淵閣四庫全書本周官新義附卷上，頁四—五。）

凡攻木之工七，攻金之工六，攻皮之工五，設色之工五，刮摩之工五，搏埴之工二。攻木之工：輪、輿、弓、廬、匠、車、梓，攻金之工：築、冶、鳧、㮚、段、桃，攻皮之工：函、鮑、韗、韋、裘，設色之工：畫、繢、鍾、筐、㡉，刮摩之工：玉、楖、雕、矢、磬，搏埴之工：陶、旊。

【鄭講】（五）「从工者[三]，若所謂『攻金之工，攻木之工』是也；从攴者，若所謂『鳴鼓而攻之』是也。」（文淵閣四庫全書本周官新義附卷上，頁五。）

有虞氏上陶，夏后氏上匠，殷人上梓，周人上輿。

[二] 「與」，墨海本作「興」。
[三] 「从工」之上，經苑本有「攻」字。

【鄭講】（六）「依阜爲之，勹缶屬焉。陶勹陰陽之氣，憂樂無所泄如之，故皆謂之陶。」（文淵閣四庫全書本周官新義附卷上，頁五。）

故一器而工聚焉者，車爲多。車有六等之數：車軫四尺，謂之一等；戈柲六尺有六寸，既建而迆，崇於軫四尺，謂之二等；人長八尺，崇於戈四尺，謂之三等；殳長尋有四尺，崇於人四尺，謂之四等；車戟常，崇於殳四尺，謂之五等；酋矛常有四尺，崇於戟四尺，謂之六等；車謂之六等之數。

【佚文】（七二〇）「五兵之用，遠則弓矢射之，近則矛者勾之，然後殳者擊之，戈戟刺之。司馬法曰：『弓矢圍，殳矛守，戈戟助；凡用此者，皆長以衛短，短以捄長。』令此戈殳矛戟皆置之車傍；不言弓矢，則乘車之人佩之。」（訂義卷七十，頁十八王氏曰；詳解卷三五，頁十一述此説略同；註疏删翼卷二七，頁十五王氏曰，略本詳解。）

【鄭講】（七）「車从三，象三材；从口，利轉；从[二]，通上下。乘之莫擊之而專，則轉；或乙

[二]「从」下「通」上，經苑本有「丨」。

之，則軋〔一〕；或叕之，則輟；于所俞，則輪；其載，臣道也；輖，往而可復周者也；轅，復也；轐，僕也；軨，令也。亼以爲卩者〔二〕；軫，旗斿之所㐱也。夫軫之方也，以象地也〔三〕，方，地事也，方而不運，故物㐱焉；與車相收也，故軫訓收，琴所謂軫，與琴相收，故曰軫。軾，所憑撫以爲禮，式之者也；有式則有几，軌于用式〔四〕，則爲之先。輈，載欲準，行欲利，以需爲病，以覆爲戒；又作輚，兩車也，兩戈也，兵車于是爲連也。軌行無窮也〔五〕，而車之數窮于此。輿〔六〕，轛，對乘者〔七〕；乘者，君子也，宜能立式者對焉。輪，一畐一虛，一有一無，運而無窮，無作則止，所謂輪者，如斯而已。輻，畐者也；實輪而湊轂，致福之道也。軸，作止，由之者也；轊當

〔一〕「軋」，墨海本作「軌」。
〔二〕「亼」，墨海本、經苑本並作「亼」。
〔三〕「也」，墨海本、經苑本並無。
〔四〕「軌」，墨海本作「軓」。
〔五〕「軌」，鈔本作「軓」，孔校改爲「軌」。
〔六〕「輿」，墨海本、經苑本並作「與」。
〔七〕「者」，墨海本、經苑本並無。

轂之先，而致用焉，慧也〔一〕；轂以虚受〔二〕，慧以實受福。轂者㲉〔三〕，善心也；軏者転〔四〕，善首也。載者輿，運者輪，服者輈，軏無任焉〔五〕，而持其先〔六〕，出其上。輗則有大焉，所謂能兒子者也。元不足以名之。輈也，車所以冒難而桼也，爲之纆固，敄此木也。輻有軹不出於轂〔七〕，若賢而非賢也；輢有軹不入于軾，若轛而非轛也。轂有口，所以爲利轉，至軹而窮焉，是皆宜只者也。輮，柔木以爲固抱也。輢，兵所倚也，衆亦倚焉。車有六等之數，兼三材而兩之。較，效此者也，故君子倚焉。」（文淵閣四庫全書本周官新義附卷上，頁六—七。）

凡察車之道，必自載於地者始也；是故察車自輪始，凡察車之道，欲其樸屬而微至，不樸屬，無以爲完久也；不微至，無以爲戚速也。輪已崇，則人不能登也；輪已庳，則於馬終古，登阤也。

〔一〕「慧」，墨海本、經苑本皆作「彗」。本條下同。
〔二〕「受」下，經苑本有「福」字。
〔三〕「㲉」，鈔本作「轂」。
〔四〕「軏者転」三字，鈔本作「軓」一字。
〔五〕「軏」，鈔本原作「軓」，孔校於「軓」字旁注「軌」字。
〔六〕「持」，鈔本作「捋」。
〔七〕「有」，鈔本、墨海本、經苑本皆作「者」。下「輢有」之「有」，上三本亦作「者」。

故兵車之輪，六尺有六寸；田車之輪，六尺有三寸；乘車之輪，六尺有六寸。六尺有六寸之輪，軹崇三尺三寸也；加軫與轐焉，四尺也；人長八尺，登下以爲節。

【鄭講】（八）「度土高深用仞，人以度之，刃以志之，考工記曰：『人長八尺，登下以爲節。』」（文淵閣四庫全書本周官新義附卷上，頁八。）

輪人，爲輪，斬三材，必以其時；三材既具，巧者和之。轂也者，以爲利轉也；輻也者，以爲直指也；牙也者，以爲固抱也。輪敝，三材不失職，謂之完。望而眡其輪，欲其幎爾而下迆也；進而眡之，欲其微至也；無所取之，取諸圜也。望其輻，欲其掣爾而纖也；進而眡之，欲其肉稱也；無所取之，取諸易直也。望其轂，欲其眼也；進而眡之，欲其幬之廉也；無所取之，取諸急也。眡其綆，欲其蚤之正也；察其菑蚤不齵，則輪雖敝，不匡。凡斬轂之道，必矩其陰陽。陽也者，積理而堅；陰也者，疏理而柔；是故以火養其陰，而齊諸其陽，則轂雖敝不藃。轂小而長則柞，大而短則摯，是故六分其輪崇，以其一爲之牙圍；參分其牙圍，而漆其二；椁其漆内，而中詘之，以爲之轂長；以其長爲之圍，以其圍之阞，捎其藪。五分其轂之長，去一以爲賢，去三以爲軹。容轂必直，陳篆必正，施膠必厚，施筋必數，幬必負幹。既摩，革色青白，謂之轂之善。參分其轂長，二在外，一在内，以置其輻。凡輻，量其鑿深，以爲輻廣。輻廣而鑿淺，則是以大扤，雖有良工，莫之能固；鑿深而輻小，則是固有餘而强不足也。故竑其輻廣，以爲之弱，則雖有重任，轂不折，參分其輻之長，而殺其一，則雖有深泥，亦弗之溓也。參分其股圍，去一以爲骹圍。揉輻必齊，平沈必均，直以指牙，牙得則無槷而固，不得則有槷，必足見也。六尺有六寸之輪，綆參分寸之二，謂之輪之固。凡爲輪，行澤者欲杼，行山者欲侔。杼以行澤，則是刀以割塗也，是故塗不附；侔以行山，則是摶以行石也，是故輪雖敝，不甐於鑿。凡揉牙，外不廉而內不挫，旁不腫，謂之用火之善。是故規之，以眡其圜也；萬之，以眡其匡也；縣之，以眡其輻之直也；水之，以眡其平沈之均也；量其藪以黍，以眡其同也；權之，以眡其輕重之侔也；故可規、可萬、可水、可縣、可量、可權也，謂之國工。

**【佚文】**（七二一）「椁其漆內，而中詘之，以爲長，則長短得矣。將論轂圍，而先牙圍者，轂之小大長短，以牙圍爲法。凡輪牙之底，踐地而行，固無事漆；牙之兩旁與土相摩，亦不必漆；漆者，指牙之兩旁而言，非計其踐地。」（訂義卷七一，頁六王氏曰。）

**【佚文】**（七二二）「防者，二分之一也。圍既三尺二寸矣，取其四分之一以除藪，則藪凡八寸矣。然下文賢徑六寸五分寸之二，與此藪徑三寸九分寸之五，然後小大相稱以爲八寸，恐小大不等矣，則防當爲三分之一。」（周禮全解王氏謂，載訂義卷七一，頁六；詳解卷三五，頁十六述，略同。）

【評】（一五九）宋鄭鍔曰：「……鄭氏謂圜之防爲二分寸之一，以其藪徑三寸九分寸之五也。王氏取繫辭之防爲説，謂：『……』從鄭説可也。」（周禮全解，載訂義卷七一，頁六。）

【佚文】（七二三）「謂之軹者，蓋轂以利轉，至軹而窮焉，有宜只之意。」（訂義卷七一，頁七王氏曰；詳解卷三五，頁十七述曰：「軹者，蓋轂有圜以利轉，至軹而窮焉，有宜只之意。」）

【鄭講】（九）「規成圓[一]，圓[二]，天道也，夫道也，規形而下者，於天道爲不居；性之圓。爲覺，在形而下者，於天道爲不足；性之圓爲覺，在形而下，則爲見；規所正，在器而已。榘从木者[三]，一曲一直而成，方生於木之曲直。从矢者，方生直也；从巨者，五寸盡天下之方器之巨者。巨以工，則榘工所用；巨以半口[四]，則榘與規異。」（文淵閣四庫全書本周官新義附卷上，頁十。）

輪人，爲蓋，達常圍三寸；桯圍倍之，六寸；信其桯圍，以爲部廣；部廣六寸，部長二尺，桯長倍

[一]「圓」，經苑本作「圜」。本條下「性之圓」之「圓」，該本皆作「圜」。
[二]「圓」，墨海本作「圍」。
[三]「从」，墨海本作「以」。
[四]「以」，經苑本作「从」。

之；四尺者二。十分寸之一，謂之枚，部尊一枚；弓鑿廣四枚，鑿上二枚，鑿下四枚；鑿深二寸有半，下直二枚，鑿端一枚。弓長六尺，謂之庇軹；五尺，謂之庇輪；四尺，謂之庇軫；參分弓長，而揉其一，參分其股圍，去一以爲蚤圍；參分弓長，以其一爲之尊。上欲尊，而宇欲卑；上尊而宇卑，則吐水疾而霤遠。蓋已崇，則難爲門也；蓋已卑，是蔽目也；是故蓋崇十尺。良蓋弗冒弗紘，殷畝而馳不隊，謂之國工。

輿人，爲車，輪崇，車廣，衡長，參如一，謂之參稱。參分車廣，去一以爲隧；參分其隧，一在前，二在後，以揉其式；以其廣之半，爲之式崇；以其隧之半，爲之較崇；六分其廣，以一爲之軫圍；參分軫圍，去一以爲式圍；參分式圍，去一以爲較圍；參分較圍，去一以爲軹圍；參分軹圍，去一以爲轛圍。圜者中規，方者中矩，立者中縣，衡者中水，直者如生焉，繼者如附焉。凡居材，大與小無并；大倚小則摧，引之則絶。棧車欲弇，飾車欲侈。

輈人，爲輈，輈有三度，軸有三理：國馬之輈，深四尺有七寸；田馬之輈，深四尺；駑馬之輈，深三尺有三寸。軸有三理：一者，以爲媺也；二者，以爲久也；三者，以爲利也。軓前十尺，而策半之。凡任木：任正者，十分其輈之長，以其一爲之圍；衡任者，五分其長，以其一爲之圍；小於度，謂之無任。五分其軫間，以其一爲之軸圍；十分其輈之長，以其一爲之當兔之圍；參分其兔圍，去一以爲頸圍；五分其頸圍，去一以爲踵圍。

凡揉輈，欲其孫而無弧深。今夫大車之轅摯，其登又難；既克其登，其覆車也必易；此無故，惟轅直，且無橈也。是故大車，平地，既節軒摯之任；及其登阤，不伏其轅，必縊其牛；此無故，唯轅直且無橈也。故登阤者，倍任者也，猶能以登；及其下阤也，不援其邸，必緧其牛後；此無故，唯轅直，且無橈也。是故輈欲頎典。輈，深則折，淺則負；輈注則利準，利準則久，和則安。輈欲弧而無折，經而無絶；進則與馬謀，退則與人謀，終日馳騁，左不楗；行數千里，馬不契需；終歲御，衣衽不敝；此唯輈之和也。勸登馬力，馬力既竭，輈猶能一取焉。良輈環灂，自伏兔不至軓七寸，軓中有灂，謂之國輈。

輈之方也，以象地也；蓋之圜也，以象天也；輪輻三十，以象日月也；蓋弓二十有八，以象星也；龍旂九斿，以象大火也；鳥旟七斿，以象鶉火也；熊旗六斿，以象伐也；龜蛇四斿，以象營室也；弧旌枉矢，以象弧也。

**【佚文】**（七二四）「桯立於下，蓋之材賴之以呈露，故謂之桯。」（訂義卷七一，頁十六王氏曰；詳解卷三六，頁一述，「桯」下有「者」字，「於」作「乎」，「露」作「焉」，末有「也」字。）

**【鄭講】**（一〇）「穴有穹者，陶穴是也；弓有穹者，若蓋弓是也。椽，緣也；相抵如角，故又謂之椯；自極衰之，故又謂之榱；聯屬上比，爲上庇下，下有僚之義，故又謂之橑；蓋弓如之，故亦曰橑。龍旂九斿〔一〕，以象大火；鳥旟七斿，以象鶉火；熊旂六斿〔二〕，以象伐；龜蛇四斿〔三〕，以象營室。旐，卑者所建，兵事兆於此；龜蛇，北方物所兆也。旟，所帥衆有與也；鳥隼，南方爲有與焉。旗〔四〕，軍將所建衆期焉；其得天數，乃可期物。熊虎，西方止而左右，物所期也。旂，人君所建以帥衆，則宜有義辨焉。夫旗，熊虎也，故宜以知變爲義；夫旂，龍也，故宜以義辨爲言。」（文淵閣四庫全書本周官新義附卷上，頁十二—十三。）

攻金之工：築氏，執下齊；冶氏，執上齊；鳧氏，爲聲；㮚氏，爲量；段氏，爲鎛器。桃氏，爲刃。金有六齊：六分其金，而錫居一，謂之鐘鼎之齊；五分其金，而錫居一，謂之斧斤之齊；四分其金，而錫居一，謂之戈戟之齊；參分其金，而錫居一，謂之大刃之齊；五分其金，而錫居二，謂之削殺矢之齊；金錫半，謂之鑒燧之齊。

---

〔一〕「旂」，墨海本作「旂」。
〔二〕「旂」，墨海本作「旗」；鈔本原作「旂」，孔校改作「旗」。
〔三〕「蛇」，鈔本作「虵」。本條下同。
〔四〕「旗」，經苑本並作「旂」。下文「夫旗」之「旗」，經苑本亦作「旂」；鈔本原作「旂」，孔校改爲「旗」。

【鄭講】（一一）「鼎以木巽火，日二氣而飪之〔一〕，所謂鼎盛者，以取新爲義〔二〕；所謂鼎鼎者，其重如此。凡任用兵，遠則弓矢者射之，近則矛者句之；句之矣，然後殳者擊之，戈戟者刺之。弓象弛弓之形，欲有武而不用。从一，不得已而用，欲一而止。矢从入，從睽而通也；从入，欲覆入之；从一，與弓同意。覆入之爲上，睽而通，其次也；一而止，又其次也；睽而不能通，斯爲下。誓謂之矢，激而後發，一往不反如此。矢，又陳也，用矢則陳焉。矛句而冂焉，必或尸之〔三〕；右持而句，左亦戾矣。殳，右擊人，求己勝也；然人亦丿焉。戈，兵至于用戈，爲取小矣；从一，與弓同意。戟，戈類，兵之健者。」（文淵閣四庫全書本周官新義附卷上，頁十三—十四。）

築氏，爲削，長尺博寸，合六而成規；欲新而無窮，敝盡而無惡。

【佚文】（七二五）「合六成規，取乎地數之中。惟成爲能無窮，惟中爲能有常。書爲不刊之典，削所以載制其書，豈可苟哉？合六成規所以稱其書也。」（周禮全解王安石云，載訂義卷七

〔一〕「日」，墨海本、經苑本並作「曰」。
〔二〕「爲」，鈔本作「謂」。
〔三〕「尸」，鈔本同，孔校改爲「卩」。

三，頁三；詳解卷三六，頁十四述，略同。）

【評】（一六〇）宋鄭鍔曰：「取六削而周環以合之，欲其成規，取諸圜也。蓋削者，曲刀也，其形偃曲如弓之反張而爲之也。其形曲，則過乎曲不可也；不及乎曲，亦不可也。合六削而圜，然後其曲爲得中。此蓋言其制作之法、其度當如是耳。王安石云：『……』是亦衍説。」（周禮全解，載訂義卷七三，頁三。）

【鄭講】（一二）「工巩木，築有節；又作簞，以畐土焉。」（文淵閣四庫全書本周官新義附卷上，頁十四。）

冶氏，爲殺矢，刃，長寸，圍寸；鋌十之，重三垸；戈，廣二寸，内倍之，胡三之，援四之，已倨，則不入；已句，則不決；長内，則折前；短内，則不疾。是故倨句外博，重三鋝。戟，廣寸有半寸，内三之，胡四之，援五之。倨句中矩，與刺重三鋝。

【鄭講】（一三）「金以陰凝，冶以陽釋之，使唯我所爲，能冶物者也〔二〕。所謂『冶容』，悦而散，

〔二〕首以下，詳解卷三六，頁十四曰：「蓋金以陰凝，冶以陽釋之，使惟我所爲以成物者也。」幾全同。鄭講殆陰本詳解，而詳解蓋述安石新義之説焉。

若金之治。」（文淵閣四庫全書本周官新義附卷上，頁十四—十五。）

桃氏，爲劒，臘，廣二寸有半寸，兩從，半之；以其臘廣爲之莖圍，長倍之；中其莖，設其後；參分其臘廣，去一以爲首，廣而圍之。身長，五其莖長，重九鋝，謂之上制，上士服之；身長，四其莖長，重七鋝，謂之中制，中士服之；身長，三其莖長，重五鋝，謂之下制，下士服之。

【鄭講】（一四）「劒鍛者[一]，斂其刃焉；服者，又欲斂而不用[二]。」（文淵閣四庫全書本周官新義附卷上，頁十五。）[三]

鳧氏，爲鍾，兩欒謂之銑。銑間謂之于，于上謂之鼓，鼓上謂之鉦，鉦上謂之舞，舞上謂之甬，甬上謂之衡；鍾縣謂之旋，旋蟲謂之幹，鍾帶謂之篆，篆間謂之枚，枚謂之景，于上之攠，謂之隧。十分其銑，去二以爲鉦，以其鉦爲之銑間；去二分以爲之鼓間，以其鼓間謂之舞脩，去二分以爲舞廣；以其鉦之長，爲之甬長；以其甬長爲之圍，參分其圍，去一以爲衡圍；參分其甬長，二在

[一]「鍛」，墨海本、經苑本並無；詳解有（詳下註），蓋述安石之說者。

[二]「斂」，鈔本作「劒」，孔校改作「斂」，詳解作「斂」（詳下註）。

[三]全段，詳解卷三六，頁十六曰：「劍……鍛者斂其刃焉；服者，又從斂而不用。」幾全同。鄭講殆本詳解爲說。

上，一在下，以設其旋。薄厚之所震動，清濁之所由出，侈弇之所由興，有説：鍾已厚，則石；已薄，則播；侈，則柞；弇，則鬱；長甬，則震。是故大鍾，十分其鼓間，以其一爲之厚；小鍾，十分其鉦間，以其一爲之厚；鍾大而短，則其聲疾而短聞；鍾小而長，則其聲舒而遠聞。爲隧，六分其厚，以其一爲之深而圜之。

【佚文】（七二六）「（欒，）鍾上羽，其聲從紐，欒是紐貌，如詩素冠『棘人欒欒兮』，彼注云：『欒欒，瘦瘠貌。』蓋鍾兩角處尖細，故曰欒。」（訂義卷七三，頁十王氏曰。）

【佚文】（七二七）（長甬則震，）聲震而遠聞。（周禮全解王安石以爲，載訂義卷七三，頁十五；詳解卷三七，頁四述，同。）

【評】（一六一）宋鄭鍔曰：「以其鉦之長爲之，甬長則鍾柄亦聲之所寓，不可失之太長；太長則聲必震震掉也，言其動摇不定也。王安石以爲『……』失之。」（周禮全解，載訂義卷七三，頁十五。）

【鄭講】（一五）「皋有不可畜者，能反人也，爲得已焉；有可畜者，不能已也，爲戾右焉。鍾，金爲之；鼓，壴則用焉。鼓从支〔一〕，鍾从種者，種以秋成，支以春始，支作而散，無本不立；種

---

〔一〕「支」，經苑本皆作「攴」。

止而聚，乃終于播，而後生焉〔一〕。鼓又从攴，攴，擊也〔二〕。鍾又或从重〔三〕，國語曰『鍾尚羽』，樂器重者從細。鍾鼓皆壴而支焉，于鼓从壴、从支〔四〕，則鼓以作爲事；于鍾从金、从重，則皆其體也。止爲體，作爲用；鼓以作，故凡作樂皆曰鼓。鍾，訓聚，止而聚故也。鼓又作鼛，鼛者，作也；作已，而古有承之者〔五〕。柞氏，攻木者也；虞衡作之而有，柞氏攻之而亡。柞木有實而無華，有華而無實。柞〔六〕，又栩也；實染乃見，亦一有一亡也。所謂鍾侈則柞，乍作而止，聲一而已柞也。春秋外傳曰：『革木一聲。』」（文淵閣四庫全書本周官新義附卷上，頁十六。）

㮚氏，爲量，改煎金錫，則不耗；不耗，然後權之；權之，然後準之；準之，然後量之。量之以爲鬴，深尺，内方尺而圜其外；其實一鬴，其臀一寸，其實一豆，其耳三寸。其實一升，重一鈞；其

〔一〕「後」，鈔本無。
〔二〕「攴支」，鈔本、墨海本並作「支支」。
〔三〕「鍾」，原作「種」，據墨海本、經苑本及下文改。「重」，墨海本、經苑本並作「童」。
〔四〕「支」，經苑本皆作「攴」。
〔五〕「古」，墨海本、經苑本並作「鼓」。
〔六〕「柞」，鈔本原作「栩」，孔校改作「柞」。

聲中黄鍾之宫，概而不税。其銘曰：「時文思索，允臻其極；嘉量既成，以觀四國；永啓厥後，兹器維則。」凡鑄金之狀，金與錫，黑濁之氣竭，黄白次之；黄白之氣竭，青白次之；青白之氣竭，青氣次之，然後可鑄也。

【佚文】（七二八）「内方而外圓，則天地之象。一寸三寸，則陰陽奇耦之義。」（訂義卷七四，頁二王氏曰，詳解卷三七，頁五述略同，而註疏删翼卷二八，頁十三王氏曰本之。）

【鄭講】（一六）「从木者，陰所能㮚，以陽而已；从口、从重入，陰疑陽也；从一，从丨，陽戰而丨也；卜則勝陰〔一〕，故一上右。㮚，北方果〔二〕，縮而㮚者〔三〕。木兆于西方，故桃从兆；至東方生子，故李从子；至南方子成適口，故杏从口；北木本實〔四〕，故㮚木在下，木在下〔五〕，東南未盛〔六〕，故李杏木在上；西，木配也，故桃木在左。木巽曲直，木之巽以行權，萑上下觀以知

〔一〕「卜」，鈔本、墨海本、經苑本皆作「丨」。

〔二〕「方」，墨海本作「右」。

〔三〕「㮚者」，墨海本、經苑本作「果者也」。「㮚者」下，鈔本有「也」字。

〔四〕「木」，鈔本作「本」，經苑本作「方」。

〔五〕「木在下」三字之前，鈔本孔校增一「北」字。「木在下」三字，經苑本無。

〔六〕「未」，經苑本作「木」。

輕重〔一〕。水至平準，致一可準。釜有承之者，無事於是，父道也，尚其道，故金在下。鬲有足，鬴無足〔二〕，以鬲視鬴〔三〕，爲有父用焉。重一鈞，鈞輕重之鈞〔四〕，均，均遠近多少之均〔五〕；量所概，水所溉，盡而有繼，手所概，亦盡而有繼。税有程也，有稱也；悦然後取，則民得説焉，故又通於駕説之字〔六〕。从日，日可量也；从土，土可量也；从凵，凵而出，乃可量；从宀，宀而隱〔七〕，亦可量也；从口、从十，可口而量以有數也；十上出口，則雖在數有不可口而量者。詩曰『天生烝民，有物有則』，是非人爲也，若具之爲利也。書曰『知人則哲，明哲實作則』，是則人爲也，若夫刀之爲制也，以有則也者，則有則之也者，故又爲不重則不威之則。七月之律，謂之夷則，陰夷物，以未及中爲則〔八〕，故至酉告酷焉。又作鼎，鼎者，器也；有則焉〔九〕；刀者，

〔一〕「雈」，墨海本、經苑本並作「權」。
〔二〕「無」，墨海本、經苑本並作「有」。
〔三〕「鬴」下，鈔本原有「一」，孔校删去。
〔四〕「鈞鈞」，墨海本、經苑本並作「均均」。
〔五〕「均均」，鈔本、墨海本、經苑本「均」字皆不叠。「之均」，經苑本作「之鈞」。
〔六〕「説」下，墨海本、經苑本並有「量」字。
〔七〕「宀宀」，鈔本、墨海本、經苑本皆作「冂冂」。
〔八〕「未及」，墨海本、經苑本並作「及未」。「中」，經苑本作「申」。
〔九〕「則」，墨海本、經苑本並作「制」。

制也，作則焉。又作劓者，天也，人也，皆有則也。」（文淵閣四庫全書本周官新義附卷上，頁十七—十八。）

段氏 闕

函人，爲甲，犀甲七屬，兕甲六屬，合甲五屬。犀甲壽百年，兕甲壽二百年，合甲壽三百年。凡爲甲，必先爲容，然後制革。權其上旅，與其下旅，而重若一；以其長爲之圍。凡甲，鍛不摯，則不堅，已敝則橈。凡察革之道，眡其鑽空，欲其窸也；眡其裏，欲其易也；眡其朕，欲其直也；櫜之，欲其約也；舉而眡之，欲其豐也；衣之，欲其無齘也。眡其鑽空而窸，則革堅也；眡其裏而易，則材更也；眡其朕而直，則制善也；櫜之而約，則周也；舉之而豐，則明也；衣之無齘，則變也。

【鄭講】（一七）「三十年爲一世，則其所因必有革；革之，要不失中而已。治獸皮去其毛〔一〕，謂之革者，以能革其形。革，有革其心，有革其形；若獸，則不可以革其心者。不从世，而从

〔一〕「皮去」，原作「去皮」，據墨海本、經苑本及文義改。

廿、从十者，世必有革，革不必世也。又作華，華有爲也〔一〕，故爪掌焉。」（文淵閣四庫全書本周官新義附卷上，頁十九。）

△鮑人

韗人，爲皋陶，長，六尺有六寸，左右端廣六寸，中尺，厚三寸，穹者三之一，上三正。鼓長八尺，鼓四尺，中圍加三之一，謂之鼖鼓。爲皋鼓，長尋有四尺，鼓四尺，倨句磬折。凡冒鼓，必以啓蟄之日。良鼓，瑕如積環。鼓大而短，則其聲疾而短聞；鼓小而長，則其聲舒而遠聞。

【鄭講】（一八）「韗所治，以軍爲末；謂之韗人，舉末以該之。或作韗〔二〕，亦是意。人各致功，不可齊也；故以磬鼓之〔三〕。音皋則用衆，故皋字从夲〔四〕、从白。夲，進趨也〔五〕；大者得衆，可

〔一〕「華華」，鈔本作「華華」，墨海本、經苑本並作「華華」。

〔二〕「韗」，原作「韗」，據經苑本改。

〔三〕「磬」，墨海本、經苑本並作「䃢」。

〔四〕「故」，鈔本原作「欲」，孔校改爲「故」。「夲」，經苑本作「夲」。下同。

〔五〕「趨」，鈔本作「趣」。本條下同。

以進趨矣。皋大者得衆、進趨，陰雖乘焉不能止也，能皋之而已；所謂隰皋，山阪駿疾，皋則皋緩。」（文淵閣四庫全書本周官新義附卷上，頁二十。）

韋氏　闕

裘氏　闕

畫繢之事，雜五色：東方謂之青，南方謂之赤，西方謂之白，北方謂之黑，天謂之玄，地謂之黄。青與白相次也，赤與黑相次也，玄與黄相次也。青與赤謂之文，赤與白謂之章，白與黑謂之黼，黑與青謂之黻，五采備謂之繡。

【鄭講】（一九）「畫，隨其分爲之畫〔二〕，所謂『今女畫』者，自爲分阻以止之意；所謂繪畫

〔二〕「爲」，墨海本、經苑本並作「謂」。

者〔一〕，蓋始于此義〔二〕。繢，陽也；繡，陰也。凡繡所象皆德，非苟設飾也，使心有肅心焉〔三〕。繢，陽也，施於衣。繪，會五采焉。青，東方也，物生而可見焉，故言生，言色。白，西方也，物成而可數焉，故言入，言數。青生丹，爲出，白受青，爲入；出者，順也；入者，逆也。夫丹所受一，乃木所含而爲朱者也。夫一染而縓，再染而赬，乃白所謂入二者也。坎爲赤，內陽也；乾爲大赤，內外皆陽也；字以火大爲赤〔四〕，外陽也。於赤質其物，故又作烾，炎也，土也，要其末也；色本欲幽，其末在明，故探其本於黑，要其末於烾。至陰之色，乃出於至陽，故火上炎爲黑。天謂之玄，至黑謂之黼，剛柔雜，故从又〔五〕。始乎出而顯，卒乎入而隱〔六〕。入在下，則文在地事也。音變至十〔七〕，則章成矣。剛柔雜於東南，至西南而章成；故畫繪之事，以青赤

〔一〕「繪畫」，墨海本作「繢畫」，經苑本作「畫繢」。
〔二〕「此義」，鈔本作「圍此」；墨海本、經苑本並無「義」字。
〔三〕上「心」字，墨海本、經苑本並作「必」。
〔四〕「以火大」，經苑本作「从大火」。
〔五〕「又」，鈔本、墨海本並作「乂」。
〔六〕「隱」，鈔本作「陰」。
〔七〕「音」，墨海本、經苑本並作「陰」。

爲文，赤白爲章，所謂『焕乎其有文章』，猶畫繪也〔一〕。斤尸木者，斧而斤繼事〔二〕，故尸在上〔三〕，斧於斤有父道焉。其西北爲黼，黼在乾位，則斧有父體矣；黹不一，而止終於甫，黼黻，皆黹也，斧有父體焉，黼有用而已，黻兩己相弗，而以丿爲守〔四〕。」（文淵閣四庫全書本周官新義附附卷上，頁二一一—二一二。）

【鄭講（佚文）】（二〇）「……黑與青謂之黻，五采備謂之繡。」（鈔本周官新義附卷上，考工記一，上承「爲守」，詳本頁註四。）

土以黃，其象方，天時變；火以圜；山以章；水以龍；鳥獸蛇；雜四時五色之位以章之，謂之巧。

【佚文】（七二九）「爾雅曰山曰〔五〕：上正章。謂畫山雖畫其章，亦必畫其上正之形；謂畫一

〔一〕「畫繪」，墨海本、經苑本並作「繪畫」。
〔二〕「斤尸木者斧而斤」，墨海本、經苑本並作「凡斫木者先斧而斤」。
〔三〕「尸」，墨海本、經苑本並作「斧」。
〔四〕「丿」，鈔本無。「爲守」下，鈔本尚有十二字（詳下佚文）。
〔五〕按，上「曰」字，當作「釋」。

坐山，上頭尖要正。」（蘭江考工記解引王解曰，載訂義卷七五，頁十一；詳解卷三七，頁十四述大旨同；註疏删翼卷二八，頁二七—二八王氏曰略本詳解。）

【評】（一六二）宋趙溥曰：「蓋章是山之草木；星辰，天之章，草木，地之章。畫山雖有形，須畫出草木之文而成章。王解引『爾雅曰……』當亦不必如此説。」（蘭江考工記解引，載訂義卷七五，頁十一。）

【佚文】（七三〇）鳥獸蛇，謂畫在旗上。（蘭江考工記解引王解謂，載訂義卷七五，頁十一；詳解卷三七，頁十四述旨同。）

【評】（一六三）宋趙溥曰：「鳥，鳥隼之屬；獸，熊虎之屬；蛇，龜蛇之屬；注云：『此即華蟲也。』是蟲之有毛鱗文采者，疏云『即是華蟲』，蓋華蟲有生之總名，此言鳥，以其有翼；獸，以其有毛；蛇，以其有鱗；王解謂『畫在旗上』，恐有此理，蓋合九旗所畫之象故也。」（訂義卷七五，頁十一引蘭江考工記解。）

【鄭講】（二一一）「地道得中而芺[一]，則其美其見於色如此[二]；又作炃也[三]，盛矣而不可以有行

[一] 「芺」，墨海本作「黄」，經苑本作「芵」。
[二] 下「其」字，墨海本、經苑本並作「之」。
[三] 「炃」，經苑本作「炱」。

也。黑探其本，𤼲要其末，青推其色，白逆其數，赤質其物，黄正其所，癸期其極。或繼於言，凡有名者，皆言類；或繼於絲，凡有數者，皆絲類。變支此〔一〕；支此者，藏于密，故支在内。戀，心戀焉〔二〕。圜，則可□以爲圜，所冃則睘無所至〔三〕。圜，德之圓也，易曰『蓍之德，圓而神』；圜，器之圜也，易曰：『乾爲圜。』」（文淵閣四庫全書本周官新義附卷上，頁二二一。）

凡畫繢之事，後素功。

【鄭講】（二二二）「素，糸其本也〔四〕；故糸在下，垂爲衣裳，其末也；故垂在上。凡器亦如之，周官『春獻素，秋獻成』。素末受采，故以爲裳素之素；素而已，故又爲素隱之素。」（文閣淵四庫全書本周官新義附卷上，頁二二二—二二三。）

鍾氏，染羽，以朱湛丹秫，三月而熾之，淳而漬之。三入爲纁，五入爲緅，七入爲緇。

---

〔一〕「支」，經苑本作「攴」。本條下同。
〔二〕「戀焉」下，鈔本孔校旁注曰：「下有缺」。
〔三〕「冃」，經苑本作「□」。「則睘」下，鈔本孔校增一「睘」字。
〔四〕「糸」，原作「系」，據墨海本、經苑本及文義改。

【鄭講】（二三）「水始事，木生色，每入必變，變至於九，九已無變，故又从木〔一〕，而九在木上。火炎之木〔二〕，赤黄色也，其熏而黑，則猶纁可上達而爲玄〔三〕。纁，事也；玄，道也。緅，舍纁取玄，可謂知取矣。水色玄，玄有赤黑焉〔四〕，坎爲赤流故也。緸，从巠，則以陽流而緸；緇，从甾，則以陰雝而緇，緇則水之所以爲赤者隱〔五〕，田之所以爲黄者廢。」（文淵閣四庫全書本周官新義附卷上，頁二三。）〔六〕

筐人　闕

㡃氏，湅絲，以涚水漚其絲，七日，去地尺，暴之；晝暴諸日，夜宿諸井，七日七夜，是謂水湅。湅

〔一〕「故」，經苑本作「於」。

〔二〕「火炎之木」：鈔本孔氏於本行下空地校曰：「火炎之本，元作火炎之末。」又「炎」，墨海本、經苑本並作「災」。

〔三〕「猶纁」，鈔本原作「猶獯」，孔校改爲「有纁」。

〔四〕「有」，墨海本、經苑本皆作「又」。

〔五〕「者」，鈔本無。

〔六〕鈔本此段眉校曰：「而爲事則爲出，事違而爲道則爲入。道成而上，事成而下，故緇以爲衣，纁以爲裳。染人掌染絲帛。凡染，春暴練，夏纁玄，鍾氏之所掌者，染羽而已。原注：原□从底本抄。」

帛，以欄爲灰，渥淳其帛，實諸澤器，淫之以蜃；清其灰，而盝之，而揮之，而沃之，而盝之，而塗之，而宿之；明日，沃而盝之，晝暴諸日，夜宿諸井，七日七夜，是謂水湅。

【鄭講】（二四）「𦎫，孰也；羊孰乃可亯。淳，泊厚也；亯物以水爲節，則泊厚，所謂『其民淳』，淳者如物孰泊厚。所謂以欄爲灰，渥淳其帛者，灰渥而孰之也。醇，酒厚也；酒生則清，孰則醇。周禮有『清酒昔酒』，昔酒，則孰之者也。諄，孰言之。」（文淵閣四庫全書本周官新義附卷上，頁二一四。）

# 周禮新義　卷十八　冬官考工記二

玉人之事，鎮圭尺有二寸，天子守之；命圭九寸，謂之桓圭，公守之；命圭七寸，謂之信圭，侯守之；命圭七寸，謂之躬圭，伯守之；天子執冒四寸，以朝諸侯；天子用全，上公用龍，侯用瓚，伯用將，繼子男執皮帛，天子圭中必。四圭，尺有二寸，以祀天；大圭，長三尺，杼上，終葵首，天子服之；土圭，尺有五寸，以致日，以土地；裸圭，尺有二寸，有瓚，以祀廟；琬圭，九寸而繅，以象德；琰圭，九寸，判規，以除慝，以易行；璧羨，度尺，好三寸，以爲度；圭璧，五寸，以祀日月星辰；璧琮，九寸，諸侯以享天子；穀圭，七寸，天子以聘女。大璋、中璋，九寸，邊璋，七寸，射四寸，厚寸，黄金勺，青金外，朱中，鼻寸，衡四寸，有繅，天子以巡守，宗祝以前馬；大璋，亦如之，諸侯以聘女；瑑圭璋，八寸，璧琮，八寸，以頫聘；牙璋、中璋，七寸，射二寸，厚寸，以起軍旅，以治兵守；駔琮，五寸，宗后以爲權；大琮，十有二寸，射四寸，厚寸，是謂内鎮，宗后守之；駔琮，七寸，鼻寸有半寸，天子以爲權；兩圭，五寸，有邸，以祀地，以旅四望；瑑琮，八寸，諸侯以享夫人；案，十有二寸，棗㮚十有二列，諸侯純九，大夫純五，夫人以勞諸侯；璋邸射，素功，以祀山川，以致稍餼。

【佚文】（七三一）龍瓚將爲雜名，言卑者下尊，以輕重爲差；玉多則重，石多則輕。公侯四玉一石，伯子男三玉二石。（周禮全解載王安石然鄭衆之説，見訂義卷七六，頁四。）

【評】（一六四）宋鄭鍔曰：「天子之祼圭，則全用玉以爲之，龍以前注，瓚以成匘，將以執持，凡此三者用一玉而俱成，故謂之全。……康成云〔一〕：全，純色也。其説是矣，乃謂……王安石之説亦然；皆未之思也。」（周禮全解，載訂義卷七六，頁四。）

【佚文】（七三二）「天子平旦而櫛冠，日出而視朝；一物不應，亂之端也；宜兢兢業業以致其謹焉，故執此以爲之戒。」（訂義卷七六，頁五王氏曰；詳解卷三八，頁三述幾全同。集説卷十，頁四王氏曰；註疏删翼卷二九，頁三王氏曰並幾全同。）

【佚文】（七三三）「（穀圭七寸，天子以聘女，）以穀不失性，生生而不窮，故天子以納徵。」（訂義卷七六，頁十王氏曰；詳解卷三八，頁五述略同；集説卷十，頁五王氏曰及註疏删翼卷二九，頁八王氏曰並略同。）

【鄭講】（二一五）「有德此有土，鎮圭尺有二寸，天子守之；命圭九寸，謂之桓圭，公守之；命圭七寸，謂之信圭，侯守之；命圭七寸，謂之躬圭，伯守之；以玉爲之比德也。天子守在四夷，

〔一〕敏案：「康成」，誤，當作「先鄭」。

諸侯守在四隣，此土也。」（文淵閣四庫全書本周官新義附卷下，頁二。）

梛人　闕

雕人　闕

△磬氏

△矢人

陶人，爲甗，實二鬴，厚半寸，脣寸；盆，實二鬴，厚半寸，脣寸；甑，實二鬴，厚半寸，脣寸，七穿；鬲，實五觳，厚半寸，脣寸；庾，實二觳，厚半寸，脣寸。

【鄭講】（二六）「鬲獻其氣，獻能受焉。」（文淵閣四庫全書本周官新義附卷下，頁三。）〔二〕

〔二〕　全段，詳解卷三八，頁十三亦見此八字，蓋鄭講之所本。

旊人，爲簋，實一觳，崇尺，厚半寸，脣寸；豆，實三而成觳，崇尺。凡陶旊之事，髺墾薜暴不入市。器中膊，豆中縣；膊崇四尺，方四寸。

【鄭講】（二一七）「旊人爲瓦，瓦成有方也[一]。觳，窮也；殼窮而通，角窮而已斯爲下。周官掌客諸侯之禮[二]，用簠有差，唯簋皆十有二。又公食大夫禮[三]，稻粱用簠，則簋常以食日已焉，常以食[四]，則有通上下，用簋則簋從之，用簋則簠不從也。簠又内圜，有父之用。簠、簋象龜，示食有節，故皆以竹[五]。簠又作匚，簋從焉，夫道也。夫外方，所以正也；内圜，所以應也，父道也，夫道也；内方，所以守也；外圜，所以從也，子道也，妻道也。簋又作匭，日已焉，主以飽饑而已[六]。匚、匭皆以虛受物。」（文淵閣四庫全書本周官新義附卷下，頁三一—四。）

梓人，爲筍簴，天下之大獸五：脂者、膏者、臝者、羽者、鱗者。宗廟之事，脂者、膏者以爲牲，臝

〔一〕首以下，亦見詳解卷三八，頁十三，僅「方」下多「者」字，餘全同。
〔二〕「禮」，鈔本原作「體」，孔校改爲「禮」。
〔三〕「大夫」下，墨海本、經苑本並有「之」字。
〔四〕「以」，鈔本作「已」。
〔五〕「以」，經苑本作「从」。
〔六〕「饑」，鈔本、墨海本、經苑本皆作「飢」。

者、羽者、鱗者以爲筍簴；外骨、内骨、卻行、仄行、連行、紆行、以脰鳴者、以注鳴者、以旁鳴者、以翼鳴者、以股鳴者、以胸鳴者，謂之小蟲之屬，以爲雕琢；厚脣、弇口、出目、短耳、大胸、燿後、大體、短脰，若是者謂之臝屬，恒有力而不能走，其聲大而宏，有力而不能走，則於任重宜，大聲而宏，則於鍾宜，若是者以爲鍾簴，是故擊其所縣，而由其虡鳴；鋭喙、決吻、數目、顅脰、小體、騫腹，若是者謂之羽屬，恒無力而輕，其聲清陽而遠聞，無力而輕，則於任輕宜，其聲清陽而遠聞，於磬宜，若是者以爲磬虡，故擊其所縣，而由其虡鳴；小首而長，摶身而鴻，若是者謂之鱗屬，以爲筍。凡攫搬援簭之類，必深其爪，出其目，作其鱗之而。深其爪，出其目，作其鱗之而，則於眡必撥爾而怒，苟撥爾而怒，則於任重宜，且其匪色必似鳴矣；爪不深，目不出，鱗之而不作，則必穨爾如委矣，苟穨爾如委，則加任焉，則必如將廢措，其匪色必似不鳴矣。

【鄭講】（二八）「柷〔一〕，木爲之，中空焉；空〔二〕，聲之所生。虡，器之所出。旬〔三〕，均也；宜所

〔一〕「柷」，鈔本原作「祝」，孔校改爲「柷」。

〔二〕「空」，鈔本作「控」，四庫全書考證卷八，頁四九：「『空，聲之所生』，原本『空』訛『控』，今改。」

〔三〕「旬」，墨海本作「甸」。

任均焉〔一〕。栒〔二〕，上版謂之業，則以象業成於上，而樂作於下。膏在肉上，故膏，脂肉雜生，故旨〔三〕。羽左右翼，乃得已焉；左右自飾也，亦以飾物。果羸，於實成也，無所蔽；乚〔四〕，不足於亡者也，於果爲羸矣；裸者如之〔五〕，故又訓裸。五蟲，皆陽物也，羽炎亢乎上，故飛而不能潛；鱗炎舛乎下，故潛而不能飛；龍亦鱗物，然能飛能潛，則唯魚屬爲炎舛乎下，舛乎下，鱗故也。凋草木，生事周矣，重陰凋焉〔六〕，彫以飾之，然亦周其質矣；彫羽物，生事周矣，雕於是時〔七〕，亦摶而彫之。玉謂之彫者，玉，陽物也；彫，陰物也；彫刻制焉，陰物之事。鐻所任，金爲重，虡屬於任重，宜者也；虡在右，能勝也。」（文淵閣四庫全書本周官新義附卷下，頁五—六。）

〔一〕「焉」，鈔本同，孔校改作「也」。
〔二〕「栒」，墨海本作「柏」。
〔三〕「旨」，墨海本、經苑本並作「脂」。
〔四〕「乚」，墨海本作「乙」；鈔本原作「乙」，孔校於「乙」旁注「云」字。
〔五〕「裸」，墨海本、經苑本皆作「裸」，下文「訓裸」之「裸」，二本亦作「裸」。
〔六〕「凋」，墨海本、經苑本皆作「彫」。
〔七〕「雕」，鈔本、墨海本、經苑本皆作「彫」。

梓人，爲飲器，勺一升，爵一升，觚三升；獻以爵而酬以觚，一獻而三酬，則一豆矣；食一豆肉，飲一豆酒，中人之食也。凡試梓飲器，鄉衡而實不盡，梓師罪之。

【鄭講】（二九）「从尸〔一〕，賓祭用焉；从鬯，以養陽氣也；从凵〔二〕，所以盛也；从又，所以持也；从尒〔三〕，資於尊，所入小也。又通於雀，雀小隹，爲人所爵；小者之道，又雀，春夏集於人上，人承焉，則以其類去，仁且有禮，則集用義，則與人辨，下順上逆，難進者也，爲所爵者宜如此。觚，言交物無戶〔四〕，其窮爲觚；觶，言用禮無度，其窮爲單；尊者舉觶，故於用禮戒焉。觚又爲擅觚之字〔五〕。觚奇則孤，偶則角，所謂譎觚如此；觶又作觗，於作也窮，於止也時，詩曰：『既醉而出，並受其福。』」（文淵閣四庫全書本周官新義附卷下，頁六。）

梓人爲侯，廣與崇方，參分其廣，而鵠居一焉；上兩个，與其身三；下兩个，半之；上綱與下綱，

〔一〕「从」字之上，經苑本有「爵」字。

〔二〕「从」字之上，經苑本有「爵」字。

〔三〕「从」字之上，經苑本有「爵」字。「尒」，墨海本作「凩」，經苑本作「尒」。

〔四〕「戶」，墨海本、經苑本並作「卩」。

〔五〕「擅」，墨海本、經苑本並作「操」。

出舌尋，絹寸焉。張皮侯而棲鵠，則春以功；張五采之侯，則遠國屬；張獸侯，則王以息燕。祭侯之禮，以酒脯醢，其辭曰：「惟若寧侯，毋或若女不寧侯，不屬于王所，故抗而射女；强飲强食，詒女曾孫，諸侯百福。」

【鄭講】（三〇）「梓榮於丙，至辛而落，正辛之所勝也；又謂之杍，金木子也，正子之所勝也。梓音子，亦爲是故也。又謂之楸，其榮獨夏，正秋之所勝也。侯，内受矢，外厂人，或作矦，亦是意。諸侯厂人，爲王受難如此。侯，候也〔二〕，所謂『侯禳』是也。侯，射者所指，故侯爲指詞。鵠遠舉難中，中之則以告，故射侯棲鵠中，則告勝焉。鴳不木處，安矣，又不如燕之燕也。燕嗛土，辟戊己，戊己，二土也；故廿在口上。謂之玄鳥，鳥莫知焉；知，北方性也；玄，北方色，故从北。襲諸人間，故从人。春則戾陰而出，秋則戾陽而蟄，故从八〔三〕，八，陰陽所以分也，故少昊氏紀司分用此。知辟知襲，知出知蟄，若是者可以燕矣。」（文淵閣四庫全書本周官新義附卷下，頁七—八。）

〔二〕「候」，墨海本、經苑本並作「侯」。
〔三〕「从」，墨海本、經苑本並無。

廬人，爲廬器，戈柲，六尺有六寸；殳，長尋有四尺；車戟常，酋矛常，有四尺；夷矛，三尋。凡兵，無過三其身，過三其身，弗能用也，而無已，又以害人。故攻國之兵，欲短；守國之兵，欲長。攻國之人衆，行地遠，食飲飢，且涉山林之阻，是故兵欲短；守國之人寡，食飲飽，行地不遠，且不涉山林之阻，是故兵欲長。凡兵，句兵，欲無彈；刺兵，欲無蜎；是故句兵椑，刺兵摶。毄兵同强，舉圍欲細，細則校；刺兵同强，舉圍欲重，重欲傅人；傅人則密，是故侵之。凡爲殳，五分其長，以其一爲之被而圍之；參分其圍，去一以爲晉圍；五分其晉圍，去一以爲首圍。凡爲酋矛，參分其長，二在前，一在後，而圍之；五分其圍，去一以爲晉圍；參分其晉圍，去一以爲刺圍。凡試廬事，置而搖之，以眡其蜎也；灸諸牆，以眡其橈之均也；横而搖之，以眡其勁也。六建既備，車不反覆，謂之國工。

【鄭講】（三一）「水始一勺，總合而爲川；土始一塊，總合而爲田；虚，總合衆實而授之者也；皿，總合衆有而盛之者也。若虚之無窮，若皿之有量，若川之逝，若田之止，其爲總合，一也[一]。盧者，總合之言，故广从之以爲廬[二]。」（文淵閣四庫全書本周官新義附卷下，頁八—九。）

[一] 首以下，亦見詳解卷三九，頁一述，「授之者」作「受之」，「若田之止」在「若川之逝」之上，餘全同。
[二] 「以」，鈔本、墨海本、經苑本皆無。

匠人，建國，水地以縣，置槷以縣，眡以景；爲規，識日出之景，與日入之景；晝參諸日中之景，夜考之極星，以正朝夕。

匠人，營國，方九里，旁三門；國中九經九緯，經涂九軌；左祖右社，面朝後市，市朝一夫。夏后氏世室，堂脩二七，廣四脩一；五室，三四步，四三尺，九階；四旁，兩夾窻；白盛，門堂，三之二；室，三之一。殷人重屋，堂脩七尋，堂崇三尺，四阿重屋。周人明堂，度九尺之筵，東西九筵，南北七筵，堂崇一筵；五室，凡室二筵。室中，度以几；堂上，度以筵；宮中，度以尋；野，度以步；涂，度以軌。廟門，容大扃七个；闈門，容小扃參个；路門，不容乘車之五个；應門，二徹參个。內有九室，九嬪居之；外有九室，九卿朝焉；九分其國，以爲九分，九卿治之。王宮門阿之制，五雉；宮隅之制，七雉；城隅之制，九雉。經涂九軌，環涂七軌，野涂五軌。門阿之制，以爲都城之制；宮隅之制，以爲諸侯之城制；環涂，以爲諸侯經涂；野涂，以爲都經涂。

【佚文】（七三四）「（面朝後市，）朝，陽事；市，陰事，故前後之次如此。」（寓簡卷二，頁二載侍講引王氏新義。）

【評】（一六五）宋沈作喆曰：「神宗皇帝御經筵，時方講周官，從容問『面朝後市』何義？侍講官以王氏新義對曰：『朝，陽事；市，陰事，故前後之次如此。』上曰：『何必論陰陽？朝者，君子所會；市者，小人所集：義欲向君子而背小人也。』侍臣皆驚歎，蓋上已鄙厭王氏之學矣。」（寓簡卷二，頁二。）

【佚文】（七三五）「門阿長十五丈，高五丈。宮隅長二十一丈，高七丈。城隅長二十七丈，高九丈。城隅高於宮隅，宮隅高於門阿，內外高下之異制。」（訂義卷七八，頁十九—二十王氏曰；集説卷十，頁三三王氏曰：「九丈」作「九丈矣」，「異制」作「制與也」；註疏删翼卷三十，頁十九王氏曰同集説，僅制異作異制。詳解卷三九，頁九述曰：「五堵爲雉，其長三丈，高一丈。……門阿之制五雉，則三丈之長者五。城隅高于宮隅，宮隅高於門阿，則外內高下之制異也。」大旨同訂義所引新義。）

【鄭講】（三二一）「工欲善其事〔二〕，必先利其器，匠之負陰者〔三〕，物也；負利者，人也；面朝後市，蓋取諸此。市尚利，朝尚義，尚義而無以帥之，則君子有犯義者矣。尚利而無以帥之，則小人有罔利者矣。夫者，以智帥人者也；市朝一夫，蓋取諸此。」（文淵閣四庫全書本周官新義附卷下，頁十。）

---

〔二〕「工」，鈔本作「匠」。

〔三〕「匠」，鈔本作「匚」。

匠人，爲溝洫，耜廣五寸，二耜爲耦，一耦之伐，廣尺深尺，謂之甽；田首倍之，廣二尺，深二尺，謂之遂；九夫爲井，井間廣四尺，深四尺，謂之溝；方十里爲成，成間廣八尺，深八尺，謂之洫；方百里爲同，同間廣二尋，深二仞，謂之澮；專達於川，各載其名。凡天下之地埶，兩山之間，必有川焉；大川之上，必有涂焉。凡溝逆地防，謂之不行，水屬不理孫，謂之不行；梢溝三十里，而廣倍。凡行奠水，磬折以參伍；欲爲淵，則句於矩。凡溝，必因水埶；防必因地埶；善溝者，水漱之；善防者，水淫之。凡爲防，廣與崇方。其閷參分去一；大防，外閷。凡溝防，必一日先深之，以爲式；里爲式，然後可以傅衆力。凡任索約，大汲其版，謂之無任。葺屋，參分；瓦屋，四分；囷窌，倉城，逆墻六分；堂涂，十有二分；竇，其崇三尺；牆厚三尺，崇三之。

【鄭講】（三三）「豕八而丢，則遂。五溝所謂遂者，水自是而之他，射韝使弦得遂焉[一]，故亦曰遂。所謂鄉、遂者，鄉内嚮，遂外遂。夫遂者，火求而應[二]，而非生也；遂，直達也。至溝，十百相冓。洫中五溝，如血衇焉[三]。洫又作淢，成有一旬[四]，淢，口一之。域，土也；淢，水也；

[一]「弦」，墨海本、經苑本並作「絃」。

[二]「火」，墨海本、經苑本並作「大」。

[三]「衇」，墨海本作「𧖴」，經苑本作「䘑」。

[四]「成」，鈔本原作「或」，孔校改作「成」。「旬」，經苑本作「旬」。

澮，溝遂洫水會焉〔一〕。春秋傳曰：『自參以上，稱澮。』澮又作巜，巜，會而爲川〔二〕；水有屈，屈其流也；集衆流爲川。涂依溝，故从水；有舍有辯者依此〔三〕，故从余。經略道路，以此爲中，謂之五涂，故制字如此。水束之，而漱焉；漱則上欠而爲坎〔四〕，凡漱如之。」（文淵閣四庫全書本周官新義附卷下，頁十一。）

車人，爲耒，庛長尺有一寸，中直者，三尺有三寸；上句者，二尺有二寸。自其庛，緣其外，以至於首，以弦其内，六尺有六寸；與步相中也。堅地，欲直庛；柔地，欲句庛；直庛，則利推；句庛，則利發；倨句磬折，謂之中地。

**【鄭講】**（三四）「草無實用，於土猶彡，手而除之〔五〕，乃達嘉穀。揉木爲耒，用此故也。」（文淵閣四庫全書本周官新義附卷下，頁十二。）

---

〔一〕「澮溝」，墨海本作「溝澮」。

〔二〕「而」，墨海本、經苑本並作「以」。

〔三〕「辯」，墨海本作「辨」。

〔四〕「上」，墨海本作「土」。

〔五〕「彡手」，經苑本作「丯耒」。

弓人……凡爲弓，方其峻而高其柎，長其畏而薄其敝，宛之無已，應下柎之弓，末應將興，爲柎而發，必動於𥳀；弓而羽𥳀，末應將發。弓有六材焉：維幹强之，張如流水；維體防之，引之中參；維角堂之，欲宛而無負弦；引之如環，釋之無失體如環。材美，工巧，爲之時，謂之參均；角不勝幹，幹不勝筋，謂之參均；量其力有三均，均者三，謂之九和。九和之弓，角與幹權，筋三侔，膠三鋝，絲三邸，漆三斞；上工以有餘，下工以不足。爲天子之弓，合九而成規；爲諸侯之弓，合七而成規；大夫之弓，合五而成規；士之弓，合三而成規。弓長六尺有六寸，謂之上制，上士服之；弓長六尺有三寸，謂之中制，中士服之；弓長六尺，謂之下制，下士服之。凡爲弓，各因其君之躬、志、慮、血、氣。豐肉而短，寬緩以荼，若是者，爲之危弓，危弓爲之安矢；骨直以立，忿埶以奔，若是者，爲之安弓，安弓爲之危矢；其人安，其弓安，其矢安，則莫能以速中，且不深；其人危，其弓危，其矢危，則莫能以愿中。往體多，來體寡，謂之夾臾之屬，利射侯與弋；往體寡，來體多，謂之王弓之屬，利射革與質；往體來體若一，謂之唐弓之屬，利射深。大和，無灂；其次，筋角皆有灂而深；其次，有灂而疏；其次，角無灂。合灂，若背手文；角，環灂；牛筋，蕡灂；麋筋，斥蠖灂。和弓轂摩，覆之而角至，謂之句弓；覆之而幹至，謂之侯弓；覆之而筋至，謂之深弓。

**【佚文】**（七三六）「多寡輕重等而後可以謂之均，剛柔强弱稱而後可以謂之和。多寡輕重不均，欲其和不可也；故均者三謂之九和。」（訂義卷八十，頁十六王氏曰。）

【佚文】（七三七）「（覆之而角至，謂之句弓，）至，盡善也。」（訂義卷八十，頁二二王氏曰。）

【佚文】（七三八）「句弓言其體之曲，不若侯弓之能遠；侯弓言其材之遠，不若深弓之爲善；故其序如此。」（訂義卷八十頁二三王氏曰，詳解卷四十，頁十三述，僅兩「不若」並各作「而不若」，餘全同；集説卷十，頁六三—六四王氏曰及註疏删翼卷三十，頁五八王氏曰並同詳解。）

【鄭講】（三五）「睽而孤也，乃用弧焉；音胡，疑辭也。弧，弓也。然周官六弓，有弧弓焉，以授射甲椹質者〔一〕，睽孤所利，勝堅而已。與王弓同，則王以威天下爲義。」（文淵閣四庫全書本周官新義附卷下，頁十六。）

〔一〕「甲」下，經苑本有「革」字。

# 附録

## 周禮新義總評

【評】(一六六) 宋楊時曰:「觀『盥而不薦,有孚顒若』,誠意所寓故也;古人修身、齊家、治國、平天下,本於誠吾意而已。詩、書所言,莫非明此者;但人自信不及,故無其效,聖人知其效必本於此,是以必由也。或曰:『正心於此,安得天下便平治?』曰:正心一事,自是人未嘗深知之;若深知而體之,自有其效;觀後世治天下,皆未嘗識此。然此亦惟聖人力做得徹,蓋心有所忿懥、恐懼、好樂、憂患,一毫少差,即不得其正;自非聖人,必須有不正處,然有意乎此者,隨其淺深必有見效,但不如聖人之效著矣。觀王氏之學,蓋未造乎此。其治天下,專講求法度,如彼修身之潔,宜足以化民矣,然卒未逮王文正、呂晦叔、司馬君實諸人者,以其所爲無誠意故也。明道常曰:『有關雎、麟趾之意,然後可以行周官之法度。』益深達乎此。因問:『顏子克己,欲正心邪?』曰:然。」(龜山集卷十一,頁十七—十八語録。)

【評】(一六七) 宋楊時曰:「自修身推而至於平天下,莫不有道焉,而皆以誠意爲主。苟無誠意，雖有其道，不能行也，故中庸論天下國家有九經，而卒曰『所以行之者一』；一者何？誠而已。蓋天下國家之大，未有不誠而能動者也。然而非格物致知，烏足以知其道哉？大學所論誠意、正心、修身、治天下國家之道，其原乃在乎物格，推之而已。若謂意誠便足以平天下，則先王之典章文物，皆虚器也。故明道先生嘗謂：『有關雎、麟趾之意，然後可以行周官之法度。』正謂此耳。」（龜山集卷二一，頁四—五答學者其一。）

【評】（一六八）宋晁説之曰：「言書者不取正於古文，言詩者既恥言毛氏，而不知齊、魯、韓氏之辨，果以詩爲何詩耶？言周禮者，真以爲周公致太平之書，而不知有六國之陰謀；地不足於封，民不足於役，農不足於賦，有司不足於祭，將誰欺耶？……春秋、孝經，則絶而不言，未爲知本者。」（嵩山集卷十三，頁十五儒言。）

【評】（一六九）宋晁説之曰：「善哉！鄭康成之言曰：『既知今，亦當知古。』蓋今古交相爲質，則取道不遠。或爲高絶不可跂及之論曰：『在古當然，不知古之道，亦何利於今，而必尚之耶？』王莽好空言，慕古法，今豈其遺風耶？」（嵩山集卷十三，頁十五儒言。）

【評】（一七〇）宋胡寅曰：「易、詩、書、春秋，全經也，先賢以之配皇帝王霸，言世之變道之用，不出乎是矣。論語、孟子，聖賢之微言，諸經之管轄也。孝經非曾子所爲，蓋其門人識所聞而成之，故整比章指，又未免有淺近者，不可以經名也。禮記多出于孔子弟子，然必去吕不韋之月令及漢儒之王制，仍博集名儒，擇冠、昏、喪、祭、鄉、相見之經，與曲禮以類相從，然後可以爲一書。若大學、中庸，則孟子之倫也，不可附之禮篇。至于學記、樂記、閒居、燕居、緇衣、表記，格言甚多，非經解、儒行之比，當以爲大學、中庸之次也。禮運、禮器、玉藻、郊特牲之類，又其次也。若周官，則決不出于周公，不當立博士，使學者傳習，姑置之足矣。」（衡麓經説，載宋元學案補遺卷四一，頁四—五。）

【評】（一七一）宋鄭樵（？）曰：「文中子居家，未嘗廢周禮，太宗歎周禮爲真聖作，其深知周禮者歟！若夫後世用周禮，王莽敗於前，荆公敗於後，此非周禮不可行，而不善用周禮者之過也。」（六經奥論卷六，頁三周禮辨。）

【評】（一七二）宋晁公武曰：「新經周禮義二十二卷……王安石介甫撰。……介甫以其書理財者居半，愛之，如行青苗之類皆稽焉，所以自釋其義者，蓋以其所創新法盡傅著之，務塞異議者之口。後其黨蔡卞、蔡京紹述介甫，期盡行之，圜土、方田皆是也。周，姬姓，故其女曰王姬，舍其同姓；其臣如宋、齊之女亦不曰姬，而各氏其姓曰子氏、曰姜氏。趙，嬴姓，京乃令帝女稱帝姬。噫！至於姓亦從焉，何其甚也！久之，禍難兼起，與莽無異，殆書所謂與亂同事者歟！」（郡齋讀書志卷二，頁十—十一。）

【評】（一七三）宋朱熹曰：「彼安石之所謂周禮，乃姑取其附於己意者，而借其名高以服衆口耳，豈真有意於古者哉！若真有意於古，則格君之本、親賢之務、養民之政、善俗之方，凡古之所謂當先而宜急者，曷爲不少留意，而獨於財利兵刑爲汲汲耶！大本不正，名是實非，先後之宜又皆倒置；以是稽古，徒益亂耳！」（朱文公文集卷七十，頁十讀兩陳諫議遺墨。）

【評】（一七四）宋朱熹曰：「（因論易傳，雖無邪心，苟不合正理，則妄也，乃邪心也。或以子路使門人爲臣事爲證。先生曰：如鬻拳强諫之類是也。或云王荆公亦然。曰：）温公忠厚，故稱荆公無姦邪，只不曉事。看來荆公亦有邪心夾雜，他却將周禮來賣弄，有利底事便行之，意欲富國强兵，然後行禮義。不知未富强，人才風俗已先壞了。向見何一之有一小論，稱荆公所以辨得盡，行許多事，緣李文靖爲相日，四方言利害者，盡皆報罷，積得許多弊事，所以激得荆公出來，一齊要整頓過。荆公此意，便是慶曆范文正公諸人要做事底規模，然范文正公等行得尊重，其人才亦忠厚，荆公所用之人，一切相反。」（朱子語類卷七一，頁十六。）

【評】（一七五）宋朱熹曰：「孫爲祖承重，頃在朝，檢此條不見，後歸家檢儀禮疏，説得甚詳；正與今日之事一般。乃知書多看不辨。舊來有明經科，便有人去讀這般書，注疏都讀過。自王介甫新經出，廢明經、學究科，人更不讀書，卒有禮文之變，更無人曉得，爲害不細。」（宋楊復儀禮圖卷十一，頁四十載朱先生曰。）

【評】（一七六）宋陸九淵曰：「公之未用，固有素訾公如張公安道、吕公獻可、蘇公明允者。

夫三公者之不悦於公，蓋生於其氣之所迕。公之所蔽，則有之矣，何至如三公之言哉？英特邁往，不屑於流俗，聲色利達之習，介然無毫毛得以入於其心，潔白之操，寒於冰霜，公之質也；掃俗學之凡陋，振弊法之因循，道術必爲孔、孟，勳績必爲伊、周，公之志也；不蘄人之知，而聲光燁奕，一時鉅公名賢爲之左次，公之得此，豈偶然哉？用逢其時，君不世出，學焉而後臣之，無媿成湯、高宗，君或致疑，謝病求去，君爲責躬，始復視事，公之得君，可謂專矣；新法之議，舉朝讙譁，行之未幾，天下恟恟，公方秉執周禮，精白言之，自信所學，確乎不疑，君子力争，繼之以去，小人投機，密贊其決，忠樸屏伏，憸狡得志，曾不爲悟，公之蔽也；典禮爵刑，莫非天理，洪範九疇，帝實錫之，古所謂憲章法度典則者，皆此理也，公之所謂法度者，豈其然乎？獻納未幾，裕陵出諫院疏與公，評之至簡易之説，曰：『今未可爲簡易；修立法度，乃所以簡易也。』熙寧之政，粹於是矣。釋此弗論，尚何以費辭於其建置之末哉！」（象山先生全集卷十九，頁八—九荆國王文公祠堂記。）

【評】⊗宋洪邁評王安石周禮新義，詳地官泉府下評第七一條。

【評】（一七七）宋葉時曰：「蓋自周衰，道之不行久矣，子思子已逆知後世之不善用周公者也，故曰『待其人然後行』。金陵王氏以儒學相熙寧，而嘗一用周禮，奈何新經行而僻學興，新法立而私意勝；末流之弊，罪有浮於漢儒者。故程明道曰：『有關雎、麟趾之意，而後可行周官之法度。』正爲斯人發也。烏乎！道其不行已夫！後世身君師之責者，有能思周公之所思，行周公之所行，庶乎其可以爲成周之治矣。不然，道之不行而徒法之是任，未可以語周禮。」（禮經會元卷一，頁三—四「論禮經」。）

【評】（一七八）宋葉時曰：「王金陵謂『周禮一書，理財居其半』。今觀周官貨賄之入，不過大宰『九職、九賦、九貢』之目爾。民職所貢有常額，地職所斂有常制，侯貢所致有常法，尚何待於理乎？然則周人理財之道，非見於理財之日，而見於出納之際；非見於頒財之頃，而見於會計之時。考之大府，九賦以待膳服，九事、九貢以待弔用，五事九職之貢，以充府庫，式貢之餘，以共玩好。太宰所以定爲取財之法，取此財也；太府所以分其頒財之府，頒此財也；内府所受，受此財也；司會所計，計此財也；司書所敘，敘此財也。别其爲金玉，則曰貨；别其爲器幣，則曰賄；總而言之，則曰財。周官掌財，固非一職，而斂散出入之權，太府實主之，故入而受之太府也，分而頒之太府也。凡執事者受財用，受於太府也；凡邦之賦用取具焉，取於太府也。以太府爲府官之長，而司貨賄出入之權，則利權不分，斂散得宜，而出入得以通知之矣。向使分掌於諸府，而不專總於一司，則出財者惟以給辦爲能，用財者惟以濟事爲功，而後之不繼不恤也，財如何而不虧哉？然頒其貨於受藏之府，頒其賄於受用之府，鄭氏謂：『受藏若内府，受用若職内。』職内乃司會之屬，非受用之府矣。」（禮經會元卷二，頁二五—二六「財計」。）

【評】（一七九）宋陳傅良曰：「熙寧用事之臣，經術舛駁，顧以『周禮一書，理財居半』之説售富强之術，凡聞基立國之道，斲喪殆盡，而天下日益多故，迄於夷狄亂華，中原化爲左衽。老生宿儒，發憤推咎，以是爲用周禮之禍，抵排不遺力。幸以進士舉猶列於學官，至論王道不行，古不可復，輒以熙寧嘗試之效藉口，則論著誠不得已也。故有格君心、正朝綱、均國勢説各四篇，而爲之序如此。」（止齋集卷四十，頁二一—三進周禮説序。）

【評】（一八〇）宋黄度曰：「周之道，固莫聚于此書，他經其散者也；周之籍，固莫切于此書，他經其緩者也。公卿敬，群有司廉，教法齊備，義利均等，文、武、周、召之實政在是也。奈何使降爲度數事物之學哉？新昌黄文叔始述五官，而爲之説，亹亹乎孔、孟之以理貫事者，必相發明也；惻惻乎文、武之以己形民者，必相經緯也。滌洗劉歆、蘇綽、王安石之腥穢，而一以性命道德啓後世之公心，雖未能表是心而獨行，猶將合他經而並存也。」（周禮説序，周禮翼傳卷一，頁三六載。敏案：當爲葉適述黄度之説，詳下條評。）

【評】（一八一）宋葉適曰：「周官晚出，而劉歆遽行之，大壞矣！蘇綽又壞矣！王安石又壞矣！千四百年，更三大壞，而是書所存無幾矣。……而書不足也。雖然，以余考之，周之道，固莫聚於此書，他經其散者也；周之籍，固莫切於此書，他經其緩者也。公卿敬，群有司廉，教法齊備，義利均等，固文、武、周、召之實政在是也。奈何使降爲度數事物之學哉？新昌黄文叔，始述五官，而爲之説，亹亹乎孔、孟之以理貫事者，必相發明也；惻惻乎文、武之以己形民者，必相緯經也。守天下，非私智也；設邦家，非自尊也。養民至厚，取之至薄；爲下甚逸，爲上甚勞；洗滌三壞之腥穢，而一以性命道德起後世之公心，雖未能表是書而獨行，猶將合他經而共存也，其功大矣！」（水心集卷十二，頁十七黄文叔周禮[説]序。）

【評】（一八二）宋鄭伯謙曰：「宋朝王氏，以儒學起相熙、豐，又嘗一用周禮，而計利太卑，求民太甚，其禍甚於劉歆。」（太平經國之書自序，在原書卷首。）

【評】（一八三）宋章如愚曰：「周禮事之最大者，莫如建都封國之制，予既辨其非古矣。至言設官，則更甚也。借謂堯、舜之世，事簡而建官少，周之世，事煩而建官多，夏、商不過倍唐、虞之制，周人亦不過倍夏、商之制，何得與夏、商相去乃數萬倍耶？蓋彼但見成周建官之多，而不計其數，乃其誕謾至此；世儒乃酷信之，不亦傷乎！王氏曰：『王畿受天下財賦，不當以財不足禄爲疑。』不知官冗至此，禄之當以何術？世之陋學，隨人東西，未有如漢鄭氏、近世王氏也。作周禮者，正以欺若人耳。」（山堂考索，載經典稽疑卷下，頁八四—八五，「不亦傷乎」以上亦略見章氏群書考索續集卷十，頁十一。）

【評】（一八四）宋真德秀曰：「周禮一書，後世假而用之者，王莽也；輕而用之者，蘇綽也；誤而用之者，王安石也。未有能善用之者。竊恐時異勢殊，民情土俗不皆如古，惟精擇其切要者而審行之，則可耳。必執其書而一按其制，其流之弊，安知其不與三子同歸乎？」（三禮考頁一—二「周禮」條。）

【評】⊗宋真德秀評王安石周禮新義，詳地官泉府下評第七八條。

【評】（一八五）宋魏了翁寶慶元年十一月甲申（二十七日）曰：「自周衰，諸侯去籍，雖以二代之後而不足徵，猶賴夫子之所雅言、群弟子之所記録，故尚有存者。迨是古挾書之令作，而禮再厄，又得河間獻王、二戴、馬、鄭相與保殘補壞，晉、宋、隋、唐諸儒迭爲發揮，三禮得不盡亡。自正義既出，先儒全書泯不復見。自列於科目，博士諸生亦不過習其句讀，以爲利禄計。至金陵王氏，又罷儀禮取士，僅存周官、戴記之科，而士習於禮者滋鮮。就戴記而言，如檀弓、喪禮諸篇，既指爲凶事，罕所記省，則其所業，僅一、二十篇耳。苟不得其義，則又諉曰此漢儒之説也，棄不復講。所謂解説之詳，僅有方（慤）、馬（晞孟）、陳（祥道）、陸（佃）諸家，然而述王氏之説者也。……」（禮記集説序，載宋衛湜禮記集説卷首；又載鶴山大全集卷五四，頁一，幾全同。）

【評】（一八六）宋衛湜寶慶二年至日曰：「近得延平周諝希聖解，一再繙閱，始知陳氏（祥道）、方氏（慤）亦推衍其説者爾。案圖志，希聖又嘗著周禮解，擢熙寧進士第入仕，值新法行，不忍詭隨，賦詩去官。今王文公新傳多採其説而没其姓名，豈忌其人之有傳邪？予既取希聖解增入集説。……」（禮記集説自序，在原書卷首。）

【評】（一八七）宋孫之宏曰：「周官在漢最晚出，孔氏既無明言，孟軻之徒或未之見，疑信猶未決也。不幸劉歆用之而大壞，王安石用之而益壞，儒生學士真以爲無用於後世矣。夫去古遼邈，雖使先王之制爛然在目，固難盡棄今之法而求復其初也。然究觀其書，以道制欲，以義防利，以德勝威，以禮措刑，尊鬼神，敬卜筮，親賓客，保小民，藹然唐、虞、三代極盛之時，非春秋、戰國以後所能髣髴也。學者欲知先王經制之備，捨此書將焉取之！」（載訂義序論頁一—二「序周禮廢興」；亦見欽定義疏卷首，頁十—十一，節録改易。）

【評】（一八八）宋羅大經曰：「王荆公新法煩苛，毒流寰宇，晚歲歸鍾山，作放魚詩云：『物我皆畏苦，捨之寧啖茹。』其與梁武帝窮兵嗜殺，而以麵代犧牲者何殊？余嘗有詩云：『錯認蒼姬六典書，中原從此變蕭疏。幅巾投老鍾山日，辛苦區區活數魚。』」（鶴林玉露卷十五，頁二。）

【評】（一八九）宋陳振孫曰：「愚案：此書多古文奇字，名物度數可攷不誣，其爲先秦古書似無可疑。愚所疑者，邦土、邦事，灼然不同；其他繁碎駁雜，與夫劉歆、王安石一再用之而亂天下，猶未論也。」（直齋書録解題卷二，頁二十禮類周禮十二卷周禮注十二卷下。）

【評】（一九〇）宋陳振孫曰：「周禮詳解……王昭禹撰。近世爲舉子業者多用之，其學皆宗王氏新説。」（直齋書録解題卷二，頁二一禮類周禮詳解下。）

【評】（一九一）宋王應麟曰：「周官……劉歆始用之，蘇綽再用之，王安石三用之：經之蠹也。……程伯子曰：『必有關雎、麟趾之意，然後可以行周官之法度。』儒者知此經者，王（通）、程二子而已。」（困學紀聞卷四，總頁三二三。）

【評】（一九二）元陳友仁至元二十一年曰：「周官六典，周公經制之書也。……愚於此書竊有志焉，然而諸儒訓釋，甲是乙非，無所折衷，學者病之。余友雲山沈君則正謂余曰：『近得集説於霅，手澤尚新，編節條理與東萊詩記、東齋書傳相類，其博雅君子之爲歟？名氏則未聞也。』一日到沈君家取而閲之，如於盆盎中得古罍洗，把玩不忍釋。……於是携其書以歸，是歲留於山前表伯之西榻，就而筆之。訓詁未詳者，則益以賈氏、王氏之疏、説；辨析未明者，則附以前輩諸老之議論。越明年，是書成。非特可以廣其傳，亦予之夙志也。姑敍梗概於卷末。」（周禮集説序，在原書卷首。）

【評】（一九三）元馬端臨曰：「……獨與百姓交涉之事，則後世惟以簡易闊略爲便，而以周禮之法行之，必至於厲民而階亂：王莽之王田、市易，介甫之青苗、均輸是也。後之儒者見其效驗如此，於是疑其爲歆、莽之僞書而不可行，或以爲無關雎、麟趾之意則不能行。愚俱以爲未然。蓋周禮者，三代之法也，三代之時，則非直周公之聖可行，雖一凡夫亦能行之；三代而後，則非直王莽之矯詐、介甫之執愎不可行，而雖賢哲亦不能行。其故何也？蓋三代之時，寰宇悉以封建，天子所治不過千里，公侯則自百里以至五十里，而卿大夫又各有世食禄邑，分土而治，家傳世守。民之服食日用，悉仰給於公上，而上之人所以治其民者，不啻如祖父之於其子孫，家主之於其臧獲。……雖其時所謂諸侯卿大夫者，未必皆賢，然既世守其地，世撫其民，則自不容不視爲一體；既爲一體，則姦弊無由生，而良法可以世守矣。自封建變而爲郡縣，爲人君者，宰制六合，穹然於其上，而所以治其民者，則諉之百官有司郡守縣令。爲守令者，率三歲而終更，雖有龔、黄之慈良，王、趙之明敏，其始至也，茫然如入異境，積日累月，方能諳其土俗，而施以政令，往往朞月之後；其善政方可紀，纔再朞而已。及瓜矣，其有疲懦貪鄙之人，則視其官如逆旅傳舍，視其民如飛鴻土梗，發政施令，不過授成於吏手；既授成於吏手，而欲以周官之法行之，則事煩而政必擾，政擾而民必病。教養之恩惠未孚，而追呼之苛嬈已極矣。是以後之言善政者，必曰事簡。……生乎千載之後，先王之制久廢，而其遺書僅存，乃不察時宜，不恤人言，而必欲行之乎，王介甫是也。介甫所行，變常平而爲青苗，諉曰『此周官泉府之法也』，當時諸賢極力爭之。……左氏傳言：『鄭饑，子皮以子展之命餼國人，粟户一鍾。宋饑，司城子罕請於平公，出公粟以貸，使大夫皆貸，司城氏貸而不書，爲大夫之無者貸，宋無饑人。齊陳氏以家量貸，而以公量收之。』則春秋之時，官之於民，固有賒貸之事也。雖當時未嘗取二分之息，如青苗之爲，然熙寧諸賢所言，非病其取息之多也。蓋以爲貧者願貸，貸無之而不能償，則虧官；富者不願貸，抑配予之，而并令保任貧者代償所逋，則損民。兩無所益，固不若常平之交手相付，聽從民便之爲簡易兩得也。然左氏所述，鄭、宋、齊之事，謂之善政，以爲美談，未嘗見其有熙、豐之弊，何也？蓋鄭、宋、齊，列國也，其所任者罕氏、欒氏、陳氏，則皆有世食禄邑，與之分土而治者也；介甫所宰者天下也，其所任者六七少年，使者四十餘輩，與夫州縣小吏，則皆干進徇時之徒也。然非鄭、宋、齊之大夫盡賢，而介甫之黨盡不肖也，蓋累世之私土，子人者與民情常親，親則利病可以周知，故法雖繁而亦足以利民；暫焉之承流宣化者，與民情常疏，疏則情僞不能洞究，故法雖簡而猶懼其病民也。以青苗賒貸一事觀之，則知周禮所載，凡法制之瑣碎煩密者，可行之於封建之時，而不可行之於郡縣之後。必知時適變者，而後可以語通經學古之説也。」（文獻通考卷一八〇，總頁一五五四—一五五五經籍考七。）

【評】（一九四）元熊朋來曰：「……王荆公字説，則字皆會意，無所謂六書，故王氏周禮新經至六書無可説。」（熊氏經説卷四，頁十—十一「保氏六書」條。）

【評】（一九五）元何異孫曰：「（問：人以周禮爲太平之書，後世有舉行而不太平者何？對曰：）周公布置規模，尚未施行。公、孤之官，師、保之職，莫可攷矣。所謂太平之治，仁心仁政積累而成，安有舉其纖悉條目、五官紙上之文，直謂太平禮樂在？此劉歆、王安石之見也。唐貞觀府兵、租庸調，略得井田大意，何嘗不太平？程子曰：『有關雎、麟趾之意，而後可以行周官之法度。』旨哉言乎！」（十一經問對卷四，頁十七。）

【評】(一九六) 明張瑄成化甲午(十年)夏六月曰:「……夫自周之後,井田壞而兼并之患生,封建廢而縱横之説熾,周官之良法美意蕩然矣。由漢而降,非無善治,然無關雎、麟趾之意,凡稱治者皆苟焉而已。」(題周禮集説後,附原書後,明成化十年福建巡撫張瑄刊本。)

【評】(一九七) 明柯尚遷嘉靖二十四年二月曰:「其不行也,我知之矣,心與政離,既荒其原,不明不行,固其所也。況於假而用者王莽,誤而用之者安石乎?」(周禮全經釋原序,載原書卷首。)

【評】⊗明柯尚遷評王安石周禮新義,詳地官泉府下評第八六條。

【評】(一九八) 明王應電曰:「世人疑周禮者,率以行之者無效也。夫後世篡奪者祖揖讓,戰争者本放伐,豈堯、舜、湯、武之過哉?王莽動法先聖以文姦,奚止于周禮?安石徒得其糟粕,以便其術,中間良法美意,皆罔然也。以是而訾聖經,不亦異哉!或以『奔者不禁,王及后、世子不會』等語,非周公所作,不知此皆註家解釋之誤耳。故林孝存謂爲瀆亂不驗之書,何休以爲六國陰謀之書,今其書見存,瀆亂陰謀安在?玩其文義,有能作此者,雖非周公,即聖人矣。」(周禮翼傳卷一頁二六—二七「學周禮法」條。)

【評】(一九九) 明丁克卿嘉靖四十一年重九日曰:「致堂胡氏(寅)曰:『易、書、詩、春秋,先儒以配皇帝王霸,蓋孔、孟之門,經無五、六之稱,後世始以禮、樂與四經爲六,今不宜廢仲尼所親筆之春秋而取劉歆所附益之周禮也。』胡氏此論,蓋誤疑周禮非周公之書,且病安石之取周禮而廢春秋爲不可爾。……至於吴氏，可取者無多，但其冬官之補亡、官職之考定，獨能推廣俞庭椿氏『復古』一編之義，則亦不可舍旃。然所定未爲必當而多所難信，是以仍用集説（元陳友仁周禮集説）舊文序次，以附其説於各官之下。及冬官補亡之篇，而不敢遽用其更定之本。……俞、吴二氏，並出臨川，皆欲更定官屬。是必皆有所受，然必姑如俞氏所定，止謂某當歸某，而勿與易置，俟執此以往者臨時酌宜可也。」（周禮要義序，載原書卷首。）

【評】（二〇〇）明丁克卿曰：「新經周禮義二十二卷，宋王安石撰。安石以其書理財者居半，愛之，所以自釋其義。蓋以所創新法皆傳（傅？）著之，務塞議者之口。行之天下，頒之國學，卒以誤國。楊時中立『辨疑』一卷，專攻其書。」（周禮要義卷一，頁十五「周禮諸儒傳註」條。）

【評】（二〇一）明薛應旂曰：「士君子之欲有爲於天下也，莫先乎其所養也；養之至，則有以克其氣質之偏，而盡物情，屈群策，天下之事將無不如吾志之所欲爲矣。故曰君子能通天下之志，是以能成天下之務；否則，雖其志欲爲，其才能爲，其時可爲，而有不駭於安常習故之聽者，幾希！故曰莫之與，則傷之者至矣。嗚呼！此吾所以深惜於介甫者也。介甫何人哉？振古之豪傑也。方其出也，將以堯、舜其君也，將以堯、舜其民也。究其志，直欲親見周禮郁郁之盛，舉宋室於三代之隆。區區漢、唐雜伯、雜夷之治，孔明、魏鄭之臣，蓋未嘗一注念者，此其志何志哉？皋、夔、稷、契乃其所自任也。及觀其試於常而天下仰望，試於鄞而至今便之，此其才足以副乎其志，而要非謄口説者矣。舉而措之天下，宜無難者，況乎以神宗有志之君，而委之專、任之重，此尤千載一時也；雲龍風虎之相從，不是過也。夫何法制一立而朝議沮之，天下怨之，後世嗤之？譏訶訕笑，流布汗竹，以至於今之溺舊見、主先入而不原其情者，亦罔不裂眦而羞稱之？是亦非有惡於介甫也，據其當日之迹，真有以僨天下之事也。噫！介甫初欲爲何如人，而乃今一至於此也？良由其涵養之功未至，而偏執以成性也。甚哉！偏之爲害也，惟任己之見、不遑己之長而以爲天下之人莫己若也，此所以拂天下之心，而忌且毁者叢集焉，以利其敗也。不知吾實非聖人也，焉能事事之盡善乎？既不能事事盡善，而忌且毁者又從而乘之，由是所行一不得其當，所任一不得其人，而吾以一身處於朝堂之上，而散處於天下者莫肯平心易氣以推行其法，而敝因以滋；將以治天下，適以亂天下，蓋理勢之所必至也。向使其留意於身心，研窮於物理，于以克其氣而矯其偏，積誠以動物，從容以俟時，集衆思廣忠益，而吾於其間，若大匠之處群衆中，而呈工獻技者，執繩墨而短長之，則人心必服，輿論必歸，而施爲舉措，夫然後可以遂吾之初心也。程子曰：『有關雎、麟趾之意，然後可以行周官之法度。』正謂此也。奈之何有其志、有其才、有其時，上不得爲皋、夔、稷、契，次不得爲韓、范、富、歐，而成兹一王介甫也。故曰士君子之欲有爲於天下也，莫先乎其所養也。」（方山文録卷十八，頁十八——二十王安石。）

【評】（二〇二）明某氏曰：「金陵王氏以儒學相熙寧，而嘗一用周禮。奈何新經行而僻學興，新學立而私意勝。末流之弊，罪有浮於漢儒者。故程明道曰：『有關雎、麟趾之意，而後可行周官之法度。』正爲斯人發也。」（周禮三註粹抄序「禮經總論」。）

【評】（二〇三）明周夢暘曰：「周禮之隸學官舊矣，考工記之非周禮，亦無所庸置議矣。世儒以耳食，習焉不察，猥曰冬官散見五官中，元不逸，復何所事補綴？於是駢拇枝指眡考工，莫有深惟其妙者。臨川王介甫設經義局，多所訓故，自爲周官義十餘萬言，而不解考工記。新昌黄文叔述五官爲之説，亹亹惻惻，欲以性命道德興起後世，而亦不解考工記。是何幸購求於河間獻王，乃鬱滯於輓近世也，又何幸表章於劉子駿、訓詁於鄭康成，及至宋而棄之如遺也哉！」（考工記輯注，載徐昭慶考工記通卷首。）

【評】（二〇四）明陳仁錫曰：「……王文公又爲新義。……王安石不善讀周禮，胡致堂不讀周禮，正不知作何分别。大抵學者始失于過信，究失于過疑。過信則無書不可讀，過疑則無書足讀，此千古讀書之鑑也。」（周禮五官考頁二、六。）

【評】（二〇五）明張采曰：「從來用周禮亂天下者，無過王安石，彼嘗著新經周禮義二十二卷。……而楊中立先生亦有周禮辨疑一卷，以攻安石。此二書者，邪正治否，判若蒼素，得此以供採録，則紫陽先生所謂『周禮廣大精密，不可遂云無與心性事也』。迺家之藏書，此二書杳無從索借，則又恥爲經生章句，聊爾姑置。」（周禮合解序，載原書卷首。）

【評】（二〇六）清納蘭成德康熙丙辰（二年）二月曰：「東嚴（王與之）周禮訂義八十卷，載宋史藝文志。宋之群儒經義最富，獨詮解周禮者寡，見於志者，僅二十有二家而已。蓋自王安石當國，變常平爲青苗，藉口周官泉府之遺，作新經義，以所創新法盡傅著之，又廢春秋不立學宮，於是與王氏異者多説春秋而罷言周禮，若潁濱蘇氏、五峰胡氏，殆攻王氏而并及于周禮者與？昔之言周禮者，鄭康成信爲周公致太平之迹，陸陲謂爲群經源本，王仲淹美其經制大備，朱子稱其廣大精密，非聖人不能作，則爲先秦古書無可疑焉者。東嚴之説，謂：周公將整齊六典以爲宅洛計，不幸歿而成王不果遷，規模不獲。究其説本鄭氏注而暢發之，至云：冬官未嘗亡，錯見於五官中，則與臨川俞壽翁合。其編集諸家之説，宋儒自劉仲原父以下凡四十五家，可謂詳且博矣！」（東巖周禮訂義序，載原書卷首。）

【評】（二〇七）清全祖望曰：「……周禮則親出於荆公之筆。蓋荆公生平用功此書最深，所自負以爲致君堯、舜者俱出於此，是固熙、豐新法之淵源也，故鄭重而爲之。……荆公解經，最有孔、鄭諸公家法，言簡意核，惟其牽纏於字説者，不無穿鑿；是固荆公一生學術之祕，不自知其爲累也。而禮記之方（慤）、馬（晞孟）數家亦稟荆公之意而爲之者，至今禮記注中不能廢。……然則去其字説之支離而存其菁華，所謂『六藝不朽之妙』，良不可雷同而詆也，而況是書又荆公所最屬意者乎？」（鮚埼亭集外編卷二三，頁六一七荆公周禮新義題詞。）

【評】（二〇八）清全祖望曰：「荆公三經，當時以之取士，祖述其説以成書者……方性夫（慤）、陸農師（佃）之禮，於今皆無完書；其散見諸書中，皆其醇者也。獨王光遠（昭禹）周禮至今無恙，因得備見荆公以字説解經之略。荆公周禮存於今者五官，缺地、夏二種，得光遠之書足以補之。嘗笑孔穎達於康成依阿過甚，今觀此書亦然。」（鮚埼亭集外編卷二七，頁十五—十六王昭禹周禮詳解跋。）

【評】（二〇九）清程晉芳曰：「熙寧經義局三書，成于荆公父子之手；周官則安石所手裁。……周官舊二十二卷，此吾友周書滄從永樂大典録出者，得十六卷，而地官、夏官缺焉。末附考工記二卷，蓋鄭宗顔輯安石字説爲之；其于周官好以字説牽合，乃王氏説經通病，而發明大義，自有不可泯滅者。」（勉行堂文集卷五，頁十一周官新義跋。）

【評】（二一〇）清紀昀曰：「安石以周禮亂宋，學者類能言之。然周禮之不可行於後世，微特人人知之，安石亦未嘗不知也。安石之意，本以宋當積弱之後，而欲濟之以富强，又懼富强之説，必爲儒者所排擊。於是附會經義，以鉗儒者之口，實非真信周禮爲可行。迨其後，用之不得其人，行之不得其道，百弊叢生，而宋以大壞，其弊亦非真緣周禮以致誤。羅大經鶴林玉露詠安石放魚詩曰：『錯認蒼姬六典書，中原從此變蕭疏。』是猶爲安石所紿，未究其假借六藝之本懷也。因是而攻周禮，因是而攻安石所注之周禮，是寛其影附之巧謀，而科以迂腐之薄譴矣。故安石怙權植黨之罪，萬萬無可辭，安石解經之説，則與所立新法各爲一事。程子取其易解，朱子、王應麟均取其尚書義，所謂言各有當也。今觀此書，惟訓詁多用字説，病其牽合，其餘依經詮義，如所解八則之治都鄙、八統之馭萬民、九兩之繫邦國者，皆具有發明，無所謂舞文害道之處，故王昭禹、林之奇、王與之、陳友仁等注周禮，頗據其説，欽定周官義疏亦不廢采用，又安可盡以人廢耶？」（四庫提要卷十九，頁六—七經部禮類一周官新義考工記解下。）

【評】（二一一）清紀昀曰：「周禮詳解……宋王昭禹撰。……當爲徽、欽時人。今案：其書解惟王建國云『業格於上下謂之王，或而國之謂之國』，解匪頒之式云『散其所藏曰匪，以等級之曰頒，故匪從亡從非，言其分而非藏也。頒從分從頁，言自上而頒之下』，解圃曰『園有衆甫謂之圃』，解鮑魚曰『魚之鮮者，包以致之』，解鱐曰『魚之乾者，肅以致之』，解司徒云『於文，反后爲司，蓋后從一從厂從口，則所以出命，司反之，則守令而已。從一，則所以一衆，司反之，則分衆以治之而已。從厂，則承上世之庇覆，以君天下，司反之則，以君之爵爲執事之法而已』。其附會穿鑿，皆遵王氏字説。蓋當時三經新義列在學官，功令所懸，故昭禹因之不改。然其發明義旨，則有不盡同於王氏之學者：如解泉府，以『國服爲之息』云『各以其所服國事賈物爲息，若農以粟米，工以器械，皆以其所有也。周之衰，不能爲民正田制地，税斂無度，又從而貸之，則凶年饑歲無以爲償矣。下無以償，上之人又必責之，則稱貸之法，豈特無補於民哉？求以國服爲之息，恐收還其母而不得』。蓋已目睹青苗之弊，而陰破其説矣。至其闡發經義，有足訂注、疏之誤者。……故宋人釋周禮者，如王與之訂義、林之奇講義，多引其説，固不得以遵用新説而盡廢之也。」（四庫提要卷十九，頁七一九經部禮類一周禮詳解下。）

【評】（二一一二）清紀昀曰：「周禮集説十卷……蓋友仁因宋人舊本重輯也。……所引注、疏及諸儒之説，俱能擷其精粹，而於王安石新經義采摘尤多。蓋安石三經新義雖爲宋人所攻，而周官新義則王昭禹述之於前，林之奇述之於後，故此書亦相承援引，不廢其文也。」（四庫提要卷十九，頁十九—二十經部禮類一周禮集説下。）

【評】（二一一三）清紀昀曰：「周禮一書，得鄭注而訓詁明，得賈疏而名物制度考究大備。後有作者，弗能越也。周、張、程、朱諸儒，自度徵實之學必不能出漢、唐上，故雖盛稱周禮，而皆無箋注之專書。其傳於今者，王安石、王昭禹始推尋於文句之間，王與之始脱略舊文，多輯新説。……」（四庫提要卷十九，頁二九經部禮類一周禮註疏删翼下。）

【評】（二一一四）清錢大昕曰：「世稱王安石誤用周禮，而宋以亡，非也。安石曷嘗用周禮哉？記云：『經禮三百，曲禮三千。』經禮者，周官也；曲禮者，儀禮也。晉韓宣子觀易象與魯春秋，而知周禮之盡在魯。安石立經義法，廢儀禮、春秋不用，至詆聖人之經爲斷爛朝報，而驅士大夫以習其所爲新經義者，其妄且誕如此，安知所謂周禮哉！所以尊周禮者，將以便其新法也。

六官之中，大綱細目，無所不備，獨取泉府一官，以證其青苗、市易之法，安石曷嘗用周禮哉？」（潛研堂集卷二，總頁二九王安石論。）

【評】⊗清伍崇曜評安石周禮義，見地官泉府下評第九七條。

【評】（二一五）清甘鵬雲曰：「宋王安石新經周禮義出，當時謂其舉所創新法悉附著之，務塞異議者之口。自後，宗之者，如王昭禹詳解，林之奇、黄裳講義，某氏集説，皆沿其義。龔原至因之，舍春秋而好周禮，撰周禮圖。而攻之者，則有王居正辨學、楊時辨疑之作：此當時周官學中一申駁之公案也。」（經學源流考卷四，頁五周禮學源流第六。）

【評】（二一六）民國梁啓超曰：「……惟周官義乃荆公所手著。……吾嘗竊取讀之，其精要之處蓋甚多，實爲吾中國經學闢一新蹊徑；自漢以迄今日，未有能過之者也。……而學者不察，隨聲附和，肆爲詆排，昌黎所謂『蚍蜉撼大樹，可笑不自量』者，非耶？」（王荆公頁一一四，第十二章荆公之政術［四］教育及選舉。）

【評】（二一七）民國梁啓超曰：「乾隆間，修四庫全書，從永樂大典輯存周官新義一種；公之遺言，始得藉以不墜。吾嘗取而讀之，其所發明甚多，非後儒所能及也。全謝山云：『荆公解經，最有孔、鄭家法，言簡意賅，惟其牽纏於字説者，不無穿鑿。』是猶譽公專（章）句之學而已。夫章句之學，則公之糟粕也。」（王荆公頁一九一，第二十章荆公之學術。）

【評】（二一八）民國錢基博曰：「獨新經周禮義二十二卷，出自安石自爲；雖訓詁多病穿鑿，然依經詮義，如所解八則之治都鄙、八統之馭萬民、九兩之繫邦國者，皆具有發明。後來儒者或訾安石以周禮壞宋，而於是書終不廢采用也。新經既行，誦習者夥，然而闡明其說、著書傳後者，廑見福州陳祥道用之之禮書一百五十卷及王昭禹之周禮詳解四十卷二家而已。」（經學通志頁一四〇—一四一，三禮志第五。）

【評】（二一九）民國沈卓然民國二十四年八月曰：「……安石所學，尤邃於周官；故其新法，實以周官爲本。蓋經術之不明於世也久矣，有人焉，欲以其道舉而張之，推而行之，以躋于治平，以反於文明者；世不能知，則駭然而群攻之，以爲不可，其言之也成理，其持之也有故，而以經術爲迂闊，非今世之可行；是雖明主，又焉得而不爲之摇乎？此新法之所以旋行而旋廢也。然則於周官新義奚病乎？世既攻其新法矣，則遂斥其書爲不正而廢之；甚謂安石以周官禍宋，比諸王莽。莽雖好周官，然篡竊亂臣；安石則以經術從政，其志欲致宋室於隆平；爲斯言者，又豈萬世之公論也哉？」（周官新義序，載河洛圖書出版社影印本周官新義卷首。）

【評】（二二〇）民國馬宗霍曰：「三禮本徵實之學，漢、唐注、疏，無以上之。然周禮自王荆公作新義，學者多推尋於文句之間，由考證漸變爲論辨。且自朱申以後，苟趣簡易，以敘官爲無用而删之，經遂有目無綱。」（中國經學史頁一三七，第十一篇元明之經學。）

# 佚文同佚文及評論之部引用書目考

| 書名 | 簡名 | 卷數 | 作者 | 著成時代 | 板本 |
| --- | --- | --- | --- | --- | --- |
| 周官新義附考工記解(考工記解原名考工記講義) | 文淵本 | 十六卷二卷 | 宋王安石(一〇二一—一〇八六)、鄭宗顏(履歷不詳) | 神宗熙寧八年。考工記解不詳。 | 清文淵閣四庫全書本(此據臺灣商務印書館影印,四庫全書珍本別輯本。) |
| 周官新義附考工記解(考工記解原名考工記講義) | 鈔本 | 十六卷二卷 | 宋王安石(一〇二一—一〇八六)、鄭宗顏(履歷不詳) | 神宗熙寧八年。考工記解不詳。 | 清孔繼涵乾隆四十二年鈔永樂大典本(有朱筆校點) |
| 周官新義附考工記解(考工記解原名考工記講義) | 墨海本 | 十六卷二卷 | 宋王安石(一〇二一—一〇八六)、鄭宗顏(履歷不詳) | 神宗熙寧八年。考工記解不詳。 | 墨海金壺本 |
| 周官新義附考工記解(考工記解原名考工記講義) | 經苑本 | 十六卷二卷 | 宋王安石(一〇二一—一〇八六)、鄭宗顏(履歷不詳) | 神宗熙寧八年。考工記解不詳。 | 經苑本 |
| 臨川集 | | 一〇〇 | 宋王安石(一〇二一—一〇八六) | | 臺灣中華書局四部備要本 |

續表

| 書名 | 簡名 | 卷數 | 作者 | 著成時代 | 板本 |
|---|---|---|---|---|---|
| 韓魏公集 | | 二十 | 宋韓琦(一〇〇八—一〇七五) | | 臺北藝文印書館影印正誼堂全書本 |
| 蘇魏公集 | | 七二 | 宋蘇頌(一〇二〇—一一〇一) | | 清文淵閣四庫全書本(臺灣商務印書館影印,四庫全書珍本四集本。) |
| 孫公談圃 | | 三 | 宋孫升(治平二年(一〇六五)進士) | | 稗海本 |
| 四明尊堯集 | | 十一 | 宋陳瓘(一〇五七—一一二二) | 大觀初年(一一〇七頃) | 明蕭甫重刊本 |
| 宣和博古圖 | | 三十 | 宋王黼(一〇七九—一一二六)等 | 大觀初年(一一〇七頃) | 臺北新興書局影印明黃氏亦政堂重刻本 |
| 龜山集 | | 四二 | 宋楊時(一〇五三—一一三五) | | 清文淵閣四庫全書本(臺灣商務印書館影印,四庫全書珍本四集本。) |
| 嵩山集 | | 二十 | 宋晁説之(一〇五九—一一二九) | | 臺灣商務印書館影印四部叢刊續編本 |

續表

| 書名 | 簡名 | 卷數 | 作者 | 著成時代 | 板本 |
| --- | --- | --- | --- | --- | --- |
| 周禮詳解 | 詳解 | 四十 | 宋王昭禹(政、宣間〔一一一一—一一二五〕人) | | 清文淵閣四庫全書本(商務印書館影印,四庫全書珍本初集本。) |
| 六經奧論 | | 六 | 舊題宋鄭樵(一一〇四—一一六二) | 宋代末葉 | 通志堂經解本 |
| 周禮解 | | 六 | 宋胡銓(一一〇二—一一八〇) | | 朱絲闌舊鈔本 |
| 郡齋讀書志 | | 二十 | 宋晁公武(紹興二年〔一一三二〕進士) | | 臺北廣文書局影印清王先謙校刊本 |
| 寓簡 | | 十 | 宋沈作喆(紹興五年〔一一三五〕進士) | | 知不足齋叢書本 |
| 續資治通鑑長編 | | 五二〇 | 宋李燾(一一一五—一一八四) | | 臺北世界書局影印本(新定本,有拾補。) |
| 九經發題 | | 一 | 宋唐仲友(一一三六—一一八八) | | 續金華叢書本 |

續表

| 書名 | 簡名 | 卷數 | 作者 | 著成時代 | 板本 |
|---|---|---|---|---|---|
| 朱文公文集 | | 一〇〇 | 宋朱熹(一一三〇—一二〇〇) | | 臺灣中華書局四部備要本 |
| 朱子語類 | | 一四〇 | 宋朱熹(一一三〇—一二〇〇)(宋黎靖德編) | | 臺北正中書局影明覆刊宋本 |
| 象山先生全集 | | 三六 | 宋陸九淵(一一三九—一一九二) | | 臺灣商務印書館影印四部叢刊本 |
| 容齋續筆 | | 十六 | 宋洪邁(一一二三—一二〇二) | | 臺灣商務印書館國學基本叢書本 |
| 周官總義 | | 三十 | 宋易祓(淳熙十一年〔一一八四〕進士) | | 清文淵閣四庫全書本(臺灣商務印書館影印,四庫全書珍本二集本。) |
| 禮經會元 | | 四 | 宋葉時(淳熙十一年〔一一八四〕進士) | | 通志堂經解本 |
| 止齋集 | | 五二 | 宋陳傅良(一一三七—一二〇三) | | 臺灣商務印書館影印四部叢刊正編本 |

| 書名 | 簡名 | 卷數 | 作者 | 著成時代 | 板本 |
| --- | --- | --- | --- | --- | --- |
| 水心集、別集 | | 二九 十六 | 宋葉適（一一五〇—一二二三） | | 臺灣商務印書館影印四部叢刊初編本 永嘉叢書本 |
| 太平經國之書 | | 十一 | 宋鄭伯謙（寧宗時〔一一九五—一二二四〕人） | | 通志堂經解本 |
| 儀禮圖 | | 十七 | 宋楊復（朱熹之弟子） | 紹定元年（一二二八） | 通志堂經解本 |
| （山堂）群書考索 | | 二一二 | 宋章如愚（慶元二年〔一一九六〕進士） | | 臺北新興書局影印明正德刊本 |
| 木鐘集 | | 十一 | 宋陳埴（嘉定〔一二〇八—一二二四〕進士） | | 清同治六年東甌郡齋重刊本 |
| 三禮考 | | 一 | 宋真德秀（一一七八—一二三五） | | 學海類編本 |
| 鶴山先生大全文集 | 鶴山大全集 | 一一〇 | 宋魏了翁（一一七八—一二三七） | | 臺灣商務印書館影印四部叢刊初編本 |
| 禮記集說 | | 一六〇 | 宋衛湜（寶慶間〔一二二五—一二二七〕人） | 寶慶二年（一二二六）頃 | 通志堂經解本 |

續表

| 書名 | 簡名 | 卷數 | 作者 | 著成時代 | 板本 |
| --- | --- | --- | --- | --- | --- |
| 周禮訂義 | 訂義 | 八十 | 宋王與之 | 紹定五年（一二三二） | 通志堂經解本 |
| 鶴林玉露 | | 十六 | 宋羅大經（南宋晚葉人） | 在魏了翁卒之後 | 上海進步書局校印本 |
| 直齋書録解題 | | 二二 | 宋陳振孫（端平間［一二三四—一二三六］人） | | 臺北廣文書局影印清武英殿輯永樂大典本 |
| 六經天文編 | | 二 | 宋王應麟（一二二三—一二九六） | | 臺北文華書局影印元後至元三年慶元路儒學刊本 |
| 困學紀聞 | | 二十 | 宋王應麟（一二二三—一二九六） | | 臺灣商務印書館國學基本叢書本 |
| 宋會要輯稿 | | | 宋代多士（清徐松原輯，民國陳垣編） | | 臺北世界書局據北平圖書館影印本影印本 |
| 周禮集説 | 集説 | 十一 | 元陳友仁（宋末元初人） | 至元二十一年（一二八四） | 清文淵閣四庫全書本（臺灣商務印書館影印，四庫全書珍本四集本。），兼參看明成化十年張瑄刊本。 |

續表

| 書名 | 簡名 | 卷數 | 作者 | 著成時代 | 板本 |
| --- | --- | --- | --- | --- | --- |
| 文獻通考 | | 三四八 | 元馬端臨（一二五四—？） | 延祐六年（一三一九）以前著成 | 臺北新興書局影印清武英殿刊本 |
| 宋史 | | 四九六 | 元托克托（一三一四—一三五五） | 至正五年（一三四五） | 臺北藝文印書館影印清武英殿刊本 |
| 熊氏經說 | | 七 | 元熊朋來（一二四六—一三二三） | | 通志堂經解本 |
| 周禮補亡 | | 六 | 元丘葵（一二四四—一三三三） | 泰定元年 | 明餘干李緝重刊本 |
| 三禮考註 | | 六四 | 舊題元吳澄（一二四九—一三三三） | | 明成化九年建昌知府謝士元刊本 |
| 十一經問對 | | 五 | 元何異孫（元初人） | | 通志堂經解本 |
| 周官集傳 | | 十六 | 元毛應龍（大德間［一二九七—一三〇七］人） | | 清文淵閣四庫全書本（臺灣商務印書館影印，四庫全書珍本四集本。） |

續表

| 書名 | 簡名 | 卷數 | 作者 | 著成時代 | 板本 |
| --- | --- | --- | --- | --- | --- |
| 遜志齋集 | | 二四 | 明方孝孺（一三五七—一四〇二） | | 商務印書館四部叢刊本 |
| 周禮集註 | | 七 | 明何喬新（一四二七—一五〇二） | | 明嘉靖七年褚選刊本 |
| 三禮纂註 | | 四九 | 明貢汝成（一四七六—一五三九） | | 明萬曆三年宣州刊本 |
| 周禮全經釋原 | | 十四 | 明柯尚遷（一五二八—一五八三） | 嘉靖二十四年 | 清文淵閣四庫全書本（臺灣商務印書館影印，四庫全書珍本三集本。），兼參看明隆慶四年張春宇刊本。 |
| 周禮傳周禮翼傳 | | 十二 | 明王應電 | 嘉靖三十七年 | 清文淵閣四庫全書本（臺灣商務印書館影印，四庫全書珍本三集本。），兼參看明嘉靖四十二年刊本。 |
| 周禮要義 | | 十四 | 明丁克卿 | 嘉靖四十一年 | 明嘉靖四十一年原刊本 |

續表

| 書名 | 簡名 | 卷數 | 作者 | 著成時代 | 板本 |
| --- | --- | --- | --- | --- | --- |
| 木鐘臺再集 | | | 明唐樞（一四九七—一五七四） | | 明隆、萬間刊本 |
| 方山文録 | | 二二 | 明薛應旂（嘉靖十四年［一五三五］進士） | | 明嘉靖三十三年東吴書林校刊本 |
| 經典稽疑 | | 二 | 明陳耀文（嘉靖廿九年［一五五〇］進士） | | 清文淵閣四庫全書本（臺灣商務印書館影印，四庫全書珍本二集本。） |
| 周禮三註粹抄 | | 不分卷 | 明某氏 | | 明萬曆十八年余泗泉刊本 |
| 考工記通 | | 二 | 明徐昭慶（萬曆［一五七三—一六二〇］以後人） | | 明刊本 |
| 三禮編繹 | | 二六 | 明鄧元錫（一五二九—一五九三） | | 明萬曆三十三年浙江刊本 |
| 周禮説 | | 十四 | 明徐即登 | | 明萬曆間原刊本 |
| 宋史紀事本末 | | 一〇九 | 明陳邦瞻（?—一六三二） | | 臺北三民書局據排印本影印本 |

續表

| 書名 | 簡名 | 卷數 | 作者 | 著成時代 | 板本 |
|---|---|---|---|---|---|
| 註釋古周禮 | | 六 | 明郎兆玉（萬曆［一五七三—一六二〇］進士） | | 明刻本 |
| 周禮五官考 | | 一 | 明陳仁錫（？—一六三四） | | 學海類編本 |
| 周禮合解 | | 十八 | 明陳仁錫（同右）撰、明張采（崇禎七年［一六三四］進士）訂定 | | 明刊本 |
| 周禮註疏删翼 | 註疏删翼 | 三十 | 明王志長（萬曆三十八年［一六一〇］略後舉人） | | 清文淵閣四庫全書本（臺灣商務印書館影印，四庫全書珍本四集本。） |
| 詩經世本古義 | | 二八 | 明何楷（崇禎間［一六二八—一六四四］人） | | 清文淵閣四庫全書本（臺灣商務印書館影印，四庫全書珍本四集本。） |
| 周禮輯注 | | 二十 | 明陳深 | | 明吳興凌杜若校刊朱墨套印本 |

續表

| 書名 | 簡名 | 卷數 | 作者 | 著成時代 | 板本 |
| --- | --- | --- | --- | --- | --- |
| 鮚埼亭集外編 | | 五十 | 清全祖望（一七〇五—一七五五） | | 商務印書館四部叢刊本 |
| 欽定周官義疏 | 欽定義疏 | 四八 | 清鄂爾泰（一六七七—一七四五）等奉敕撰 | 乾隆十一年編成，十三年刊板。 | 清文淵閣四庫全書本（臺灣商務印書館影印，四庫全書珍本五集本。） |
| 勉行堂文集 | | 六 | 清程晉芳（一七一八—一七八四） | | 嘉慶二十三年至二十五年勉行堂刊本 |
| 欽定四庫全書考證 | 四庫全書考證 | 一〇〇 | 清王太岳（一七二二—一七八五）等奉敕撰 | | 清武英殿聚珍版叢書本 |
| 四庫全書總目提要 | 四庫提要 | 二〇〇 | 清紀昀（一七二四—一八〇五）等奉敕撰 | 乾隆四十七（一七八二）年 | 臺北藝文印書館影印清同光間刊本 |
| 潛研堂文集 | | 七十 | 清錢大昕（一七二八—一八〇四） | | 臺灣商務印書館國學基本叢書本 |
| 宋元學案補遺 | | 一〇〇 | 清王梓材（一七九二—一八五一） | | 臺北世界書局影印四明叢書本 |

續表

| 書名 | 簡名 | 卷數 | 作者 | 著成時代 | 板本 |
| --- | --- | --- | --- | --- | --- |
| 粵雅堂叢書本周官新義跋 | | 一篇 | 清伍崇曜（一八一〇—一八六三） | | 清咸豐三年南海伍氏刊粵雅堂叢書本 |
| 四庫全書總目提要補正（補正周官新義提要） | | 一篇 | 清胡玉縉（一八五九—一九四〇） | | 一九六七年中國學典館復館籌備處排印本 |
| 經學源流考 | | 八 | 清甘鵬雲（一八六一—一九四〇） | 光緒四年 | 臺北維新書局影印清刻本 |
| 王荆公 | | 二十二章 | 民國梁啓超（一八七三—一九二八） | | 臺灣中華書局鉛排本 |
| 經學通志 | | 八篇 | 錢基博（一八八七—一九五七） | | 臺灣中華書局鉛排本 |
| 周官新義序 | | 一篇 | 沈卓然 | 民國二十四年（一九三五） | 臺北河洛圖書出版社影印王安石全集本周官新義卷首載 |
| 中國經學史 | | 十二篇 | 馬宗霍（一八九七—一九七六） | 民國二十五年（一九三五） | 臺灣商務印書館鉛排本 |

**謹案**：右書凡八十二種，及參看明刊本周禮集説、周禮全經釋原及周禮傳周禮翼傳三種。余纂輯周禮新義佚文，與周禮新義攸關之王安石周禮論，及其評論，凡檢閱宋、元、明人文集三百餘種其中「論」、「雜著」部分、史籍、類書及宋、元人筆記等百餘種，又檢宋、元、明人之周禮學專著（含三禮學合著中之周禮）現存之全部及清人周禮學專著之少部分，間涉近人著作，亦加采擇，自彼編輯獲材料者，僅上列八十五書。唯已索檢而無獲之周禮學專著，亦應敘其目於下，以備續徵者參看，計有：

（a）宋黄裳周禮義二卷、載所著演山集，又此集又有周禮序一篇、雜説説周禮，皆已查考。俞庭椿周禮復古編一卷、易祓周官總義職方氏注一卷、殆即其周官總義三十卷中之一卷，别行自爲一書者。周必大周禮庖人講義一篇、編入其文忠集内。史浩周官講義存八卷、王炎周禮論一篇、在所著雙溪類稿。林希逸鬳齋考工記解二卷、朱申周禮句解十二卷、元吴澄周禮考註十五卷與（批點）考工記二卷、明王禕周官官名急就章一篇、在所著王忠文集。魏校周禮沿革傳四卷與官職會通一卷、在所著莊渠先生遺書中。陳鳳梧周禮合訓六卷、馮時可周禮筆記六卷、金瑶周禮述註六卷、郭正域批點考工記二卷、林兆珂考工記述註二卷、程明哲考工記纂注二卷、清萬斯大周官辨非一卷、某氏周官集註六卷、有劉寶楠手書題記。明李黼二禮集解、卷一至六周禮。元韓信同三禮圖説二卷、明劉績三禮圖四卷。

（b）專著又有散見於群經説之中者，計爲：宋程頤伊川經説八卷、吕祖謙麗澤論説集録、卷四，門人集録其周禮説。唐仲友帝王經世圖譜十六卷、多周禮譜。李石方舟經説六卷、葉適習學紀言、卷七説周禮、儀禮二經。項安世項氏家説、卷五説經篇，多説周禮。金王若虛五經辨惑、在所著滹南遺老集中。宋黄榦六經講義、在勉齋集中。彭龜年訓蒙經解、在所著止堂集卷八。楊甲六經圖十卷、張文伯九經疑難存四卷、楊萬里六經論、在誠齋集，卷八四禮論。黄震黄氏日抄、讀禮日抄爲其中之一卷。明吴繼仕七經圖、梁斗輝十三經繹九卷——都三十九書。

又已檢儀禮、禮記及通禮之書，無有所輯，亦宜記目於下，計有：

宋司馬光書儀七卷、陳祥道禮書一五〇卷、鄭居中等政和五禮新儀二二〇卷、不全。鄭樵禮經奥旨一卷、朱熹儀禮經傳通解六十六卷、（明丘濬編）文公家禮儀節八卷及（清李光地輯）朱子禮纂十五卷、李如圭儀禮集釋三十卷與儀禮釋宫一卷、元吴澄儀禮逸經傳二卷與禮記纂言三十六卷與月令七十二候解、明季本讀禮儀圖六卷、黄佐泰泉鄉禮七卷、清徐乾學讀禮通考一二〇卷。——都十五書。

又諸人原有周禮專書，今未見，檢其文集，尚存該著之序者，兹亦特予表出，以便續訪全帙，計有：

宋林之奇拙齋文集、存周禮講義序一篇。宋陳傅良止齋集、存周禮説序一篇。明湛若水甘泉文集、存二禮經傳測序一篇。楊慎升菴集、存周官音詁序一篇。楊守陳楊文懿公文集、存三禮私抄序一篇。王樵方麓集。存周官私録序一篇。——都六書。

又後列諸家，考之經學史，或反安石周禮學，或以新義爲是，或因時代相近，或有周禮專著而今未見，爰求其所著書多爲文集，特加稽討，惜皆無所獲，簡記其目如下：

宋程顥程頤河南程氏遺書、蘇轍欒城集、陸佃陶山集與爾雅新義、胡寅裴然集與讀史管見與崇正辨、胡宏五峰集、王十朋梅溪集、劉荀明本釋、林光朝艾軒集、鄭樵夾漈遺稿、唐仲友説齋集、薛季宣浪語集、尤袤梁谿集、林亦之綱山集、包恢敝帚槀略、王奕玉斗山人集、謝枋得叠山集、熊禾勿軒集、喻良能香山集、馬廷鸞碧梧玩芳集、元吴師道吴禮部集、胡炳文石門集、汪克寛環谷集、梁寅石門集、明宋濂宋學士集、焦竑澹園集、郝敬山草堂集讀書通、王廷相浚川全集、黄潤玉海涵萬象、桑悦桑子庸言、韓邦奇啓蒙意見與苑洛集、唐順之荆川稗、陳仁錫八編經世類纂、朱升朱楓林集、舒芬梓溪文鈔、羅洪先念菴集、蕭𣂏勤齋集。——都四十書。

又文獻載宋、元人周禮學專著，尚約有宋人四十八書、元人六書，今皆佚，無從考索其内容，記數以俟博雅教我。

# 三經新義附録

程元敏　輯録

# 出版説明

程元敏先生之三經新義輯考彙評除對三經新義之佚文重加整理之外，復對三經新義之修纂過程及流傳影響予以考辨，成三經新義評論類輯、三經新義評論類輯補遺和三經新義板本與流傳三文作爲全書附録。今人欲全面瞭解三經新義，此三文頗有裨益。故此次王安石全集將此三文附於三經新義之後。特此説明。

# 目録

# 附録一　三經新義評論輯類

## 前言

余既輯考王安石尚書新義、詩經新義兩書佚文與並世或後來學者對該兩書之評論，且將評文分别條附於兩書佚文下，或總附於兩書全書之後，復從有宋以迄民國人著作七十六種（書及論文，目見下）中考輯，又得他人綜論三經新義（即尚書新義、詩經新義及周禮新義）之文，類爲二十，凡百七十二條（除同條分别見於兩類或多類者三十二條，實得百四十五條），都三萬餘言。所收評文，大略依資料著成時代，次其先後；復分别門類，藉觀學術流變，且便學者採擇。其同條評文内容，一類不能涵括者，則分别見收於兩類或多類，其法：祇録該條評文於某類之中，而於相關之他類中，則但列條目，且於此「目」下撮述此條評文之旨要，並注明「詳見某類某條」；既具分類精細之長，又免文字重複。評文條下皆詳注所據以輯收之資料之出處（某書或某文之某卷某頁與原書或原論文板本），用便覆按。偶有考證，一皆隨文附見；不更别爲小注，庶免兩檢之煩。

本編採收綜評三經新義之文所據之書及論文目，兹依本編採收先後爲序，備列於下：

續資治通鑑長編、吕氏童蒙訓、欒城遺言、嵩山集、龜山集、朱子語類、黄氏日抄、宋元學案、王荆公、宋元學案補遺、曲洧舊聞、老學菴筆記、箋注王荆文公詩、鶴林玉露、鮚埼亭集外編、四庫全書總目提要、王荆公年譜考略、經學歷史、王安石經學概論初稿（論文）、王安石政略、西溪集、（韓）南陽集、十駕齋養新録、却掃編、皇朝道學名臣言行外録、困學紀聞、王荆公年譜、宋代政教史、默堂文集、樂菴語録、嘉祐集、忠肅集、東坡外制集、西臺集、斐然集、東萊集、朱文公文集、桐江集、宋論、潛研堂文集、宋稗類鈔、三朝名臣言行録、元城語録解、四明尊堯集、靖康要録、宋史、（汪）文定集、御批歷代通鑑輯覽、孫公談圃、澠水燕談録（皇朝類苑載）、建炎以來繫年要録、捫蝨新話、皇宋中興兩朝聖政、密齋筆記、龍門子凝道記、中國經學史、蘆川歸來集、東坡志林、河南邵氏聞見後録、四朝名臣言行録别集、續明道雜志、拙齋文集、三朝名臣言行後録、東坡集、後山談叢、豫章文集、名臣碑傳琬琰集、文獻通考、經學源流考、王安石評傳、浄德集、莊簡集、四朝聞見録、通鑑長編紀事本末、尚書全解、王安石。——凡書七十五部，論文一篇。

另本編據以考證之書，則有：

文昌雜録、臨川集、（黄）豫章集、東都事略、宋史。——凡五書。

# 一、總類

（一）宋李燾續資治通鑑長編：「余中、……朱服、……邵剛、……葉唐懿、……葉杕、……練亨甫，……並充國子監修撰經義所檢討。上初疑杕等未稱職，王安石曰：『今乏人檢討文字，若修撰即自責成呂惠卿。』上乃許之。」（卷二四四，頁八，繫熙寧六年四月十九日壬辰下，臺北世界書局影印本〔新定本，有拾補〕。）

（二）宋御史中丞蔡承禧熙寧八年十月初二日庚寅曰：「陛下令（呂惠卿）撰經義，惠卿豈不知其弟升卿之不才，不可以當此，苟欲其弟夤緣以得美官，即令撰進。敏案：謂詩序義解。其文之紕繆，不可以言，臣別有疏論列。敏案：承禧論呂升卿詩序義解疏，今未見。」（載宋李燾續資治通鑑長編卷二六九，頁六。）

（三）宋蹇序辰紹聖四年七月十三日甲子曰：「按：（蔡）肇本從王安石學，及元祐間，群姦用事，凡安石所論著建立，悉遭詆毀。肇於此時，不能守節顧義，遂附會軾、轍，忘其舊學。」（載宋李燾續資治通鑑長編卷四八九，頁十三。）

（四）宋呂本中曰：「滎陽公（呂希哲）嘗說，王介甫解經，皆隨文生義，更無含蓄。學者讀之，更無可以消詳處，更無可以致思量處。」（呂氏童蒙訓卷中，頁六，昌平叢書本。）

（五）宋蘇籀編欒城遺言曰：「公（蘇轍）讀新經義，曰：『乾纏了濕纏，做殺也不好。』謂介甫曰：『色取仁而行違，居之不疑，乃仲尼所謂「聞者」也。』」（頁六—七，百川學海本。）

（六）宋呂本中曰：「（陳瓘）又説，學者非特習於誦數，發於文章而已，將以學古人之所爲也。自荆公之學興，此道壞矣。」（呂氏童蒙訓卷下，頁二一。）

（七）宋晁説之元符三年四月十九日乙卯奏議曰：「臣頃爲蔡州學官，王安禮爲臣言，神宗皇帝天度高遠，常患三經義未副其意，宣諭異日當别刊修。則今日承學之士于三經義兢兢惟謹，不敢低昂一語者，未必當神宗之意也。況三經義行之數年後，王安石乃自列其説之非是者，奏請刊去，不知古人設諸日月不刊之書，其如是乎？如其歲歲改易不已，則學者無乃徒費年月乎？若夫神宗患當時文章不足用，至于再三，而思得人，則又中外之所著聞也。」（嵩山集卷一，頁三八—三九，臺灣商務印書館影印四部叢刊續編本。）

（八）宋楊時紹興四年曰：「某近著三經義辨，正王氏之學繆戾處方就，俟脱藁納去取正左右，庶可傳後學也。」（龜山集卷二十，頁十九答胡康侯其十四書，臺灣商務印書館影印四庫全書珍本四集本。）

（九）宋朱熹曰：「嘗見韓無咎説，高麗入貢時，神宗喻其進先秦古書；及進來，内有六經不曾焚者。神宗喜，即欲頒行天下。王介甫恐壞他新經，遂奏云：『真僞未可知，萬一刊行後，爲他所欺，豈不傳笑夷夏？』神宗遂止。本亦不傳。以某觀之，未必有是事。蓋招徠高麗時，介甫已不在相位。且神宗是甚次第剛明，設使所進，直有契于上心，亦豈介甫所能止之？又記文昌雜録中說，高麗所進孝經門原註：上下一二句，記未真。緯經，只是讖緯之書，必無進先秦古書之事。但嘗聞尤延之云：孟子『仁也者人也』章下，高麗本云『義也者，宜也；禮也者，履也；智也者，知也；信也者，實也』。合而言之道也。』此說近是。」（朱子語類卷一三三，頁五—六，李儒用慶元五年聞録，臺北正中書局影明覆刊宋本。敏案：宋龐元英文昌雜録［學津討原本］卷六，頁八—九記周顯德六年高麗遣使獻別敘孝經一卷、越五孝經新義八卷、皇靈孝經一卷、孝經雌圖三卷：殆皆緯書。文昌雜録且云：「熙寧中，王徽病，醫官馬世長往治之，歸得東觀漢記七冊，彼亦自無完本。」）

（十）宋黃震曰：「進字説劄子、改三經誤字劄子，皆無義理。公自沉溺，罔覺耳。」（黃氏日抄卷六四，頁八讀文集六王荆公文，臺灣商務印書館影印四庫全書珍本二集本。）

（十一）清黃宗羲等宋元學案曰：「祝常……登進士第，王安石深器之。時有詔解三經義，先生屢出正義，反覆辯難之，遂忤安石，出令平陽。」（卷一，頁三十安定學案，臺北世界書局排印本。）

（十二）民國梁啓超曰：「熙、豐、元祐之間攻荆公，只攻其新法，未嘗攻其學術；後此洛、蜀分黨，其餘波及於臨川。楊時著三經義辯十卷，專攻三經新義；又爲書義辯疑一卷，專攻王雱（字元澤）。……元澤爲助公著經義之人，故攻公之學術者，必攻元澤，此亦當然，無足怪者。但悍然犯周官造言之刑，所謂小人而無忌憚者，不意講學大儒而爲之也。」（王荆公總頁一八四第十九章「荆公之家庭」，臺灣中華書局排印本。）

## 二、王安石經學淵源

（一）宋陳師錫與陳瑩中書曰：「安石之學，本出於刑名度數；性命道德之説，實生於不足。解經奥義，皆原出於鄭康成、孔潁達，旁取釋氏；表而出之。後學不考其本，因受其欺耳。」（清王梓材宋元學案補遺卷九八，頁五一—五二載，臺北世界書局影印四明叢書本。）

（二）宋朱弁曰：「本朝談經術，始於王軫大卿，著五朝春秋行於世。其經術傳賈文元，□文元其家壻也。荆公作神道碑略云此一事。介甫經術，實文元發之，而世莫有知者。當時在館閣談經術，雖王公大人莫敢與争鋒，惟劉原父兄弟不肯少屈。東坡祭原父文特載其事，有『大言滔天，詭論滅世』之語，祭文宣和以來始得傳於世。」（曲洧舊聞卷二，頁八—九，知不足齋叢書本。敏案：臨川集卷八七賈魏公神道碑記賈昌朝著春秋要論十卷，其夫人爲王軫之女，第未明言昌朝經術傳自軫，亦不載「王介甫經術，自文元發之」。）

（三）宋陸游曰：「先左丞言：『荆公有詩正義一部，朝夕不離手，字太半不可辨。世謂荆公忽先儒之説，殆不然也。』」（老學菴筆記卷一，頁七，稗海本。）

（四）宋朱熹等評王安石説經多出先儒。（詳見六、「三經新義援異端入注」類第二十五條。）

（五）宋李壁曰：「元祐史官謂，慶曆前學者尚文詞，多守章句注疏之學，至敞始異諸儒之説，後王安石修經義，蓋本於敞，如『伊尹相湯伐桀，升自陑』之説之類，經義多勦取之。史官之言，良不誣也。此據楊時龜山説，今附此。」（箋註王荆文公詩卷四三，頁四經局感言注，臺北廣文書局影印元刊本。）

（六）宋羅大經曰：「荆公少年，不可一世士，獨懷刺候濂溪，三及門而三辭焉，荆公恚曰：『吾獨不可自求之六經乎？』乃不復見。」（鶴林玉露卷十五，頁八，稗海本。）

（七）清全祖望曰：「荆公解經，最有孔、鄭諸公家法，言簡意核，惟其牽纏於字説者，不無穿鑿；是固荆公一生學術之祕，不自知其爲累也。」（鮚埼亭集外編卷二三，頁六荆公周禮新義題詞，商務印書館四部叢刊本。）

（八）清紀昀曰：「吳曾能改齋漫録曰：『慶曆以前，多尊章句注疏之學，至劉原甫爲七經小傳，始異諸儒之説。王荆公修經義，蓋本於原甫。原註：讀書志亦載此文，以爲元祐史官之説。』晁公武讀書志亦證以所説『湯伐桀，升自陑』之類，與新義同，爲王安石勦取敞説之證。……其（劉敞）説亦往往穿鑿，與安石相同，故流俗傳聞，致遭斯謗。然考所著弟子記，排斥安石，不一而足，實與新學介然異趣。且安石剛愎，亦非肯步趨於敞者。……謂安石之學由於敞，則竊鈇之疑矣。」（四庫全書總目提要卷三三，頁八—九七經小傳三卷下，臺北藝文印書館影印清同、光間刻本。）

（九）清蔡上翔王荆公年譜考略曰：「度正撰周濂溪年譜：『……據唐氏左編邢恕云：「茂叔聞道甚蚤。王安石爲江東提點刑獄時，已號爲通儒。茂叔遇之，與語連日夜，安石精思至忘寢食。」』是此語實始於邢恕，而度氏特從而采之；恕亦程門弟子也。……真西山書荆公推命對後曰：『荆公之學問源流，不得而考，然於濂溪周子，蓋嘗接其餘論。退而思之，至寢忘食〔二〕，不可不謂其不嘗親有道者。而考其生平之言，無一與周子合，亦獨何哉？』真氏蓋本之年譜所載，而詬厲又加甚焉者也。羅景綸（大經）鶴林玉露（卷十五）曰：『荆公少年，不可一世士，獨懷刺候濂溪，三及門而三辭焉，荆公恚曰：「吾獨不可自求之六經乎？」乃不復見。』嗚呼！一以

〔二〕　按，「寢」、「忘」二字當乙轉。

爲不見，一以爲既見，是何其言之異也？……吾竊以爲二子之言皆妄也。……。」（總頁一三六，臺北洪氏出版社據排印本影印本。）

（十）清皮錫瑞曰：「宋劉敞、王安石諸儒，其先皆嘗潛心注疏，故能辨其得失。」（經學歷史頁二六五經學積衰時代，臺北藝文印書館據排印本影印本。）

（十一）民國徐振亞民國二十四年曰：「四庫總目提要則力辨其誣，謂：『其説（亦）往往穿鑿至則竊鈇之疑矣。』是則荊公之學，係出自當時環境，非淵源於劉敞明矣。」（王安石經學概論初稿「溯源第一」，載學藝雜誌第十四卷七號，民國二十四年九月出版。）

（十二）民國熊公哲曰：「……于此有不可不注意之一事焉，即三經新義是也，此亦介甫變易士習之大端，而諸賢之所動色而争也。……劉更生申詩義，固嘗有新序之文矣，而……以意逆志，籀經中之義藴而發揮之，其後如王肅、王弼，號爲篤守古學，然實雜以新意。介甫之新義，亦所謂以意逆志者也。熊氏原注：按介甫新義，多取于劉敞七經小傳。蓋自慶曆後，諸儒務以發明經旨爲事，不復拘守漢、唐傳注。困學紀聞及能改齋漫録皆言慶曆以上談經者守訓詁，自七經小傳、三經新義出，而稍尚新奇，此經學上一大變革也。」（王安石政略卷四，總頁一三六—一三七興建學校釐革貢舉之政策下——選舉，臺灣商務印書館影印人人文庫本。）

## 三、王安石之經術

（一）宋沈遘撰三司度支判官祠部員外郎直集賢院同脩起居注王安石可刑部員外郎餘如故制：「惟爾安石，經明行修，秉君子之節材劇志，大通聖人之方，信其可以任重而致遠。」（西溪集卷六，總頁四八—四九，臺灣商務印書館影印四部叢刊續編本。）

（二）宋韓維撰除王安石制曰：「具官王安石……惟民式瞻，實朕攸倚。剌六經而考制，允協厥中。」（南陽集卷十五，頁八—九，臺灣商務印書館影印四庫全書珍本二集本。）

（三）宋韓維撰工部郎中知制誥王安石可舊官服闋制：「具官某，學通經術，行應法義。」（南陽集卷十六，頁十。）

（四）明應雲鸑謂王安石學本經術，才弘經濟，而文章與韓、歐等共爲七大家。（詳見二十、「王安石解經之文章」類第二條。）

（五）清錢大昕曰：「王安石與子雱，皆以經術進，當時頌美者多以爲周、孔，或曰孔、孟，范鏜爲太學正，獻詩云：『文章雙孔子，術業兩周公。』安石大喜，曰：『此人知我父子。』原註：「見李壁注王詩。」雱死，安石題其祠堂云：『斯文實有奇，天豈偶生才？一日鳳鳥去，千秋梁木摧。』是真以孔聖比其子矣。……」（十駕齋養新録卷七，總頁一六〇「王安石狂妄」條，臺灣商務印書館國學基本叢書本。）

## 四、王安石說經棄舊務新

（一）宋晁說之曰：「貞觀中，詔脩五經正義成，用以取士，而兩漢以來諸儒之説存而傳者，十不二三。逮今新義之行於有司，所謂二三之傳者，亦不知何在矣。可不惜哉！」（嵩山集卷十三，頁二三「儒言棄舊」條。）

（二）宋王闢之評王學末流務爲新奇。（詳見九、「關於三經新義『穿鑿附會』」類第五條。）

（三）宋王居正評王安石説經務爲新奇。（詳見十三、「三經新義與字説相牴牾」類第一條。）

（四）宋徐度曰：「方王氏之學盛時，士大夫讀書求義理，率務新奇。然用意太過，往往反失於鑿。有稱老杜禹廟詩最工者，或問之，對曰：『「空庭垂橘柚」，厥包橘柚錫貢也。「古屋畫龍蛇」，謂驅龍蛇而放之菹也。』此皆著禹之功也，得不謂之工乎？」（却掃編卷中，頁六—七，學津討原本。）

（五）宋吕祖謙曰：「……前輩之守注、疏，如此其嚴。至王荆公始以注、疏不可用，作三經説，令天下非從三經者不預選。」（熊公哲王安石政略卷四，總頁一四一興建學校釐革貢舉之政策下——選舉引。）

（六）宋劉清之常歎曰：「介甫不憑注、疏，欲修聖人之經；不憑今之法令，欲新天下之法，可謂知務。第出於己者，反不逮舊，故上誤裕陵，以至于今。後之君子，必不安於注、疏之學，不必局於法令之文。此二者既正，則人才自出，治道自舉。」（載宋李幼武纂集皇朝道學名臣言行外録卷十四，頁六，臺北文海出版社影印本。）

（七）宋王應麟曰：「自漢儒至於慶曆間，談經者，守訓故而不鑿。七經小傳出，而稍尚新奇矣；至三經新義行，視漢儒之學若土梗。古之講經者，執卷而口説，未嘗有講義；元豐間，陸農師在經筵，始進講義。自時厥後，上而經筵，下而學校，皆爲支流曼衍之詞，説者徒以資口耳，聽者不復相問難，道愈散而習愈薄矣。陸務觀曰：『唐及國初，學者不敢議孔安國、鄭康成，況聖人乎？自慶曆後，諸儒發明經旨，非前人所及，然排繫辭，毁周禮，疑孟子，譏書之胤征、顧命，黜詩之序，不難於疑經，況傳注乎？』斯言可以箴談經者之膏肓。」（困學紀聞卷八，總頁七七四「經説」門，臺灣商務印書館國學基本叢書本。）

（八）清李紱曰：「荆公父子著三經新義，糠粃百家，盡廢先儒之説，黜春秋不得列學官，目爲斷爛朝報，其非聖無法甚矣。」（載清顧棟高王荆公年譜卷下，頁三十引，求恕齋叢書本。）

（九）清紀昀曰：「蓋（陳）祥道與陸佃皆王安石客。原註：案祥道爲王安石之徒，見晁公武讀書志祥道「論語解」條下。安石説經，既創造新義，務異先儒，故祥道與陸佃排斥舊説。」（四庫全書總目提要卷二二，頁十二經部禮類四「陳祥道禮書一百五十卷」下。）

（十）民國徐振亞民國二十四年曰：「……疑古之風既熾，治學之道乃新，勢所必然。荆公生丁斯會，承其時蔽，於經則有易解二十卷、洪範傳一卷、詩經新義三十卷、禮記要義二卷、孝經義一卷、論語解十卷、孟子解十卷、周禮新義二十二卷。徐氏自註：「酌取宋元學案新學略馮雲濠案語、四庫總目提要。」……皆隨文生意，不落漢、唐窠臼，何焯比之王弼。徐氏原註：「見困學紀聞卷一易王介甫易義翁註。」」（王安石經學概論初稿「溯源第一」，載學藝雜誌十四卷七號。）

（十一）劉伯驥曰：「王氏新經義，捨棄向來相傳之訓詁，力破傳統，而用己意解釋，刺激學術界極大。自王氏之學興，學者偃然以學術自高。」（宋代政教史總頁一一七四，第五章學藝（一），丁、王學解經，臺灣中華書局鉛排本。）

## 五、王安石解經不見道

（一）宋楊時元祐元年曰：「朝廷議更科舉，遂廢王氏之學。敏案：未嘗詔廢，楊時誇大其辭。往往前輩喜攻其非，然而真知其非者或寡矣。某嘗謂，王金陵力學而不知道，妄以私智曲説眩瞽學者耳目，天下共守之非一日也。今將盡革前習，奪其所守，吾畏學者失其故步，將有匍匐不歸者矣！」（龜山集卷十七，頁一—二答吴國華。）

（二）宋楊時評王安石説經不知道。（詳見六、「三經新義援異端入注」類第五條。）

（三）宋陳淵曰：「以此兩書敏案：謂楊時與給事之書及答蕭子莊書。之詞觀之，則三經義辨用之於王氏，豈無意乎？又豈止爲解釋文義之不當，遂欲求勝乎？誠以道術所在，萬世所待以開明者，不可闕耳！今墓志所書，止引朱子發奏疏云『所著三經義辨有益學者』。某之愚見，更欲少賜提掇之，庶幾不與末篇所謂『凡訓釋論撰同爲空言也』如何如何。」（默堂文集卷十七，頁六—七三經義辨止載朱公有益學者之詞，商務印書館四部叢刊三編本。）

（四）宋陳淵與黄用和宗傳曰：「昨朱文言於朝廷，遂蒙宣索三經義辨。既進御，久之，却付秘府收藏。正論未明，學者頗以爲疑，未知他日更有施行否？此書行不行，繫道之存亡，故欲及今傳授以幸天下；若曰爲解釋文義與王氏争當否而已，失其本意矣。頃嘗作書與臨安諸公，反復論此，自愧言輕。近得德久來音，謂獨嘗與吾友論之，他人或不知也，不審亦以僕之所言爲然否？無由請教，臨風但增悵仰。」（默堂文集卷十九，頁十四。）

（五）宋龔昱曰：「王荊公讀盡天下書，只是不曾見道。」（樂菴語録卷四，頁四—五，臺灣商務印書館影印四庫全書珍本别輯本。）

（六）宋朱熹評王安石之學爲不知道。（詳見六、「三經新義援異端入注類」第二十四條。）

（七）宋朱熹曰：「王氏之學都不成物事，人却偏要去學。」（朱子語類卷一三〇，頁六。）

## 六、三經新義援異端入注

（一）題宋蘇洵辨姦論曰：「今有人，口誦孔、老之言，身履夷、齊之行。收召好名之士、不得志之人，相與造作言語，私立名字，以爲顔淵、孟軻復出，而陰賊險狠與人異趣。……夫面垢不忘洗，衣垢不忘澣，此人之至情也。今也不然，衣臣虜之衣，食犬彘之食，囚首喪面，而談詩、書，此其情也哉！凡事之不近人情者，鮮不爲大姦慝，豎刁、易牙、開方是也。……」（嘉祐集卷十一，頁九，三蘇合集本。）

（二）宋劉摯元祐元年閏二月曰：「今之治經，以應科舉，則與古異矣。以陰陽性命爲之説，以泛濫荒誕爲之辭，專誦熙寧所頒新經、字説，而佐以莊、列、佛氏之書，不可詰之論，争相夸高。」（忠肅集卷四，頁二一論取士并乞復賢良科，臺灣商務印書館影印四庫全書珍本别輯本。）

（三）宋司馬光元祐元年三月曰：「王安石不當以一家私學欲掩蓋先儒，令天下學官講解及科場程試同己者取，異己者黜，使聖人坦明之言，轉而陷於奇僻；先王中正之道，流而入於異端。」（載宋李燾續資治通鑑長編卷三七一，頁六。）

（四）宋蘇軾元祐元年四月撰王安石贈太傅制曰：「具官王安石，少學孔、孟，晚師瞿、聃，罔羅六藝之遺文，斷以己意；糠粃百家之陳迹，作新斯人。」（東坡外制集卷上，頁七，臺灣中華書局四部備要本。）

（五）宋楊時元祐元年曰：「某於程氏之門，所謂過其藩而未入其域者也，安敢自附爲黨與，以攻王氏之學？夫王氏之學，其失在人耳目，誠不待攻，而攻之者，亦何罪耶？……某自惟淺陋，不足取合於世，故未敢輒出所有告語於人，以取譏訕。竊謂於國華忝爲同道，故妄肆狂瞽，瀆聞乎左右，非敢攻人之惡，蓋欲審其是非，以觀朋友之合否耳。然前書所論，謂王氏不知道而已；語人不知道，即謂之攻人之惡，是必譽天下之人爲聖賢然後可也。自守所學，以排異端，即謂之立黨、尚氣相攻，是必無擇是非，一切雷同，然後可也。國華謂王氏固多不中理之言；言有不中理，皆不知道者也。由漢而來，爲傳註者多矣，其言之合道者，亦自過半，然不可果謂之知道者，以不中理者多故也。……國華謂知道與盡道者固異，又曰知道而未盡，則不能無惑，故王氏末年溺於釋、老，又爲字說，此爲大戾。夫知道者果有大戾乎？且王氏奉佛，至舍其所居以爲佛寺，其徒有爲僧者，則作詩以奬就其志，若有羨而不及者。夫佛、儒不兩立久矣，此是則彼非，此非則彼是。又佛之去中國，不知其幾千萬里，正孟子所謂鴃舌之人也，王氏乃不會其是非邪正，尊其人，師其道，是與陳良之徒無以異也，而謂知道者爲之乎？夫所貴乎知道者，謂其能别是非審邪正也；如是非邪正無所分辨，則亦烏在其知道哉！然以其博極群書，某故謂其力學溺於異端以從佛法，某故謂其不知道。……且古人之於道，蓋有知之未盡、行之未至者，如燕人適越，至吴而止，則可謂行之而未至。觀越之都，望其郛郭城社，而未能究知宗廟之美，則可謂知越而未盡。若夫將適越而北其轅，則不可謂行之未至也；指吴爲越，則不可謂知之未盡也。今王氏所行，皆北其轅者也。尊佛、老爲聖人，是指吴爲越也，烏得謂知之未盡、行之未至耶？……以王氏之博物洽聞，某雖窮日夜之力以終身焉，不敢望其至也。若以知道如王氏而止，則某不敢與聞焉。」（龜山集卷十七，頁二—四與吴國華。）

（六）宋劉摯評王安石晚年溺於佛、老。（詳見九、「關於三經新義『穿鑿附會』」類第二條。）

（七）宋晁説之評王安石三經新義援佛、老、申、韓之説。（詳見十五、「制三經義欲以『一道德同風俗』」類第七條。）

（八）宋晁説之曰：「……是何前人惟故之尚如此，而今人乃新之急邪？若乃其新則有之，蓋贅之以釋、老，而鑿之以申、韓，塗人之耳目，而變易其心思爲己名譽之術，以發身富貴，則新之善矣。嗚呼！先儒之學，止於皇極大中之道，非釋、老、申、韓之清虚刻核、高絶而辨析，則何以爲新，而餌彼薄劣之欲邪？是特有害於其言而已乎！著於政事，吾民將不勝其弊，可不慎哉！或曰陸賈新語、賈誼新書、劉向新序、桓譚新論如之何？曰語之、書之、序之、論之可新也，義則未嘗新。」（嵩山集卷十四，頁十五恥新。）

（九）宋吕大防吕公著神道碑曰：「自熙寧四年始改科舉，罷詞賦等，用王安石經義以取士，又以釋氏之説解聖人之經。學者既不博觀群書，無修詞屬文之意，或竊誦他人已成之書寫之以干進，由此科舉益輕而文詞之官漸艱其選。先帝以答高麗書不稱旨，故當時以爲言，議者欲以詩賦代經義。公著乃于經義之外益以詩賦，而先經義以盡多士之能。又禁有司不得以老、莊之書出題，而學者不得以申、韓、佛書爲説。」（載宋李燾續資治通鑑長編卷三九四，頁八元祐二年正月戊辰日記事原注引。）

（十）宋畢仲游曰：「……十餘年間，道之破碎益甚。治經者不問經旨之何如，而先爲附會之巧。一章之中有十意，一意之中有十説，至掇昔人之語言，以經相配；取其諧而不問其義理。……今熙寧之舉子，經旨不足以爲奇，反破五經之正論，而强納以佛、老之説；聖人之經旨，幾蕪没而不見。」（西臺集卷五，頁三—四經術詩賦取士議，臺灣商務印書館影印四庫全書珍本别輯本。）

（十一）宋楊時崇寧五年四至六月間曰：「説經義至不可踐履處，便非經義，若聖人之言，豈有人做不得處，學者所以不免求之釋、老，爲其有高明處。如六經中自有妙理，却不深思，只於平易中認了，皆不知聖人將妙理只於尋常事説了。」（龜山集卷十一，頁八語録，臺北學生書局影印清光緒刊本。）

（十二）宋陳師錫等謂王安石解經旁取釋氏。（詳見二、「王安石經學淵源」類第一條。）

（十三）宋陳瓘評王安石悦莊周之寓言。（詳見八、「三經新義分文析義」類第一條。）

（十四）宋胡寅撰追廢王安石配饗詔曰：「王安石……文飾姦説，附會聖經，名師帝王，實慕非、鞅，以聚斂爲仁術，以法律爲德政。」（斐然集卷十四，頁二七，商務印書館影印四庫全書珍本初集本。）

（十五）宋胡寅曰：「王安石以佛、老之似，亂周、孔之實，絶滅史學，倡説虚無，以同天下之習。其習既同，于今五十年，士以空言相高，而不適于實用。」（斐然集卷十六，頁二二上皇帝萬言書。）

（十六）宋王居正謂王安石説經宗尚佛、老。（詳見十三、「三經新義與字説相牴牾」類第一條。）

（十七）宋高宗曰：「安石之學，雜以霸道，取商鞅富國强兵。今日之禍，人徒知蔡京、王黼之罪，而不知天下之亂生於安石。」（宋呂祖謙東萊集卷九，頁五—六王居正行狀載，續金華叢書本。）

（十八）宋陳淵默堂文集「又論龜山墓志中事——攻王氏一章，行狀不載，墓志（敏案：宋胡安國撰，載龜山集卷首。）載之」曰：「公（楊時龜山）嘗爲某言：自佛入中國，聰明辯智之士多爲其所惑，鮮不從者……如王荊公晚年深取其言，自謂已知之，而知有不盡：此非同乎流俗也，蓋其於儒者之道未嘗深造，故溺焉而不自悟耳，是以爲世大害。……某於明道先生哀詞中論世儒之學云：『物我異辨，天人殊觀，中庸高明之學析而爲二，而道因以不行矣。』（敏案：龜山集卷二八哀明道先生文中，未見上述廿五字。）雖王氏復生，不能以口舌解也。其道不然也如此。……故淵嘗竊謂龜山諫省所論王氏一章，正其名爲『邪説』是矣。……」（卷十七，頁六。）

（十九）宋陳淵答廖用中正言曰：「王氏之學，既已膠固入人心髓，不可解矣，而世無大人先生以道自任開迪而訓誘之，又無縉紳大臣以天下後世爲心排斥而禁止之，其人往往隨時所尚以徼利達，口談祖宗之美，而實倍先聖之道者充塞海内，恬無忌憚。間又以邪説自文其誤，以謂輕死節而外美名，吾慮不如莊周；重一身而忘天下，吾慮不如楊朱；同善惡滅禮樂，吾慮不如老聃；樂閒曠避世患，吾慮不如佛之徒：凡此，皆發於王氏，而成於偷安徇利之俗，故天下靡靡日入於衰薄亂亡而不悟。……蓋禍本起於王氏，而今之士大夫皆其末流所教養而成就者也。

以禍易禍，其爲不可亦明矣。故王氏之學，其本不去，去而又不能絶，天下不可爲也。」（默堂文集卷十六，頁十一—十一。）

（二十）宋陳淵紹興八年九月曰：「……清虚懲之，遂來釋氏。晉促其祚，梁遽以亡。有好弗稽，復張於唐，韓公憤然，欲火其書；積習既深，弊終弗除。宋興百年，此蠹仍在。衆正彙升，群邪冰解。訖於荆舒（敏案：王安石封荆國公，又封舒王），謂得其要，引聃援瞿，鑿經談妙。末流滔天，正塗孔堙。帝閔其然，是興二程，天下靡間，内外兩盡，體極無始，而有感應。王氏未衰，此道已行，發其幽光，元祐之仁。」（默堂文集卷二一，頁十祭胡寶學文。）

（二十一）宋胡寅紹興二十四年三月初一日甲寅曰：「自古誓言之法，必觀其事。王氏宗派，效於紹聖、元符、崇、觀、政、宣已來，夫何可掩？試舉其大者，則纘瞿、聃虚空之緒，亂鄒、魯禮義之實；談二帝、三皇之治，濟申、商、韓非之政；……指豐亨盛大之象，肆窮奢極侈之欲；……背違先聖，操心不仁，而精于經義、字説，立乎本朝，據權斷論之大驗也。」（斐然集卷十九，頁二五—二六魯語詳説序。）

（二十二）宋胡寅曰：「自臨川王氏以二教之似亂周、孔之實，天下靡然化之，判心迹，二言行，臨難忘義，見得忘耻，高言大論，詆訾名教。」（斐然集卷十七，頁二寄秦會之。）

（二十三）宋朱熹曰：「至於王氏、蘇氏，則皆以佛、老爲聖人，既不純乎儒者之學矣，原註：

非惡其如此，特於此可驗其於吾儒之學無所得。而王氏支離穿鑿，尤無義味，至於甚者，幾類俳優，本不足以惑衆，徒以一時取合人主，假利勢以行之，至於已甚。……蓋王氏之學，雖談空虛而無精彩，雖急功利而少機變，其極也，陋如薛昂之徒而已。」（朱文公文集卷三十，頁七—八答汪尚書，臺灣中華書局四部備要本。）

（二十四）宋朱熹曰：「王氏之學，正以其學不足以知道，而以老、釋之所謂道者爲道，是以改之而其弊反甚於前日耳。今病於末俗之好奇，而力主文義章句之學，意已稍偏；懲於豐、熙、崇、宣之禍，而以當時舊俗爲極盛至當而不可易，又似大過，且所以論王氏者，亦恐未爲切中其病也。」（朱文公文集卷三四，總頁五四四與東萊論白鹿書院記，臺灣商務印書館影印四部叢刊本。）

（二十五）宋朱熹曰：「閑樂（陳師錫）此書之指，所以罪狀安石者，至深切矣，然考其事不過數條，若曰……學本出於刑名度數而不足於性命道德也，釋經奥義多出先儒而旁引釋氏也。是數條者，安石信無所逃其罪矣。然其所以受病之源，遺禍之本，則閑樂之言有所未及，而其所指以爲說者，亦自不能使人無可恨也。……若夫道德性命之與刑名度數，則其精粗本末雖若有間，然其相爲表裏，如影隨形，則又不可得而分別也。今謂安石之學，獨有得於刑名度數，而道德性命則爲有所不足，是不知其於此既有不足，則於彼也亦將何自而得其正耶？夫以佛、老之言爲妙道，而謂禮法事變爲粗迹，此正王氏之深蔽，今欲譏之，而不免反墮其説之中，則已誤矣，又況其於粗迹之謬可指而言者，蓋亦不可勝數，政恐未可輕以『有得』許之也。……若其釋經之病，則亦以自處太高而不能明理勝私之故，故於聖賢之言，既不能虛心静慮以求其立言之本意，於諸儒之同異，又不能反復詳密以辨其爲説之是非，但以己意穿鑿附麗，極其力之所通，而肆爲支蔓浮虛之説。至於天命人心，日用事物之所以然，既已不能反求諸身以驗其實，則一切舉而歸之於佛、老。及論先王之政，則又騁私意飾姦言，以爲違衆自用、剥民興利、斥逐忠賢、杜塞公論之地。唯其意有所忽而不以爲事者，則或苟因舊説而不暇擇其是非也。閑樂於此，乃不責其違本旨、棄舊説、惑異教、文姦言之罪，而徒譏其奥義多出鄭、孔，意若反病其不能盡黜先儒之説以自爲一家之言者，則又不能無恨者五也。……唯龜山楊氏指其離内外、判心迹，使道常無用於天下，而經世之務皆私智之鑿者，最爲近之。」（朱文公文集卷七十，頁八、十—十一讀兩陳諫議遺墨。）

（二十六）元方回曰：「荆公之學似管仲；管子書今行于世，其所以興利致富强之術，與先王之意相背馳如冰炭矣，而其言語議論，亦時出于先王之緒餘，觀之者以爲此先王之所爲也，而實則不然。荆公説七月之詩，論先王之治，如指諸掌，然卒亂天下者何也？其少也，以文章學問知名，未必有自任治天下之意。文章學問之名既盛，位日以高，主眷日隆，于是一旦以其意治天下，而文之以先王之言，于道理規模，寔未有真見，非若管仲猶有所見于一二也。……荆公之書，往往可觀，勝于管仲，今天下亦不甚宗之。然前輩鉅公，不以其行事廢其立言，或猶有味其説焉，是重可嘆也。管仲明知王、伯之異，急于立功救時，故託王之名，行伯之實，伯功成而王道衰，開天下後世功利之習自管仲始。……荆公者，其心灼然以爲王者之治止于吾所爲，其聚斂也，其用兵也，其疏君子進小人也，自以爲此皆王道也，聖人亦不過如是，則其所見又出管仲下矣。荆公者，尚不識王、伯之分者也。」（桐江集卷二，總頁一四七—一四九讀王荆公詩説跋，臺灣圖書館影印鈔本。）

（二十七）明宋濂評王安石竊佛、老之義以附經。（詳見九、「關於三經新義『穿鑿附會』」類第二十一條。）

（二十八）清王夫之曰：「（王安石）毁先聖之遺書，而崇佛、老也。怨及同産兄弟（殆謂安石弟安國），而授人之排之也。」（宋論卷六，總頁一〇一，臺北文星書店影印本。）

（二十九）清蔡上翔曰：「此敏案：謂蘇軾撰王安石贈太傅制。皆蘇子由中之言，洵爲王公没世之光。『晚師瞿、聃』一語，似不必有。公以經術自命，終生未之有易。蘇、黄二公所著，尤喜説佛，若以此爲定評，不知二公所以自爲又何以云也。」（王荆公年譜考略卷二四，總頁三二四。）

（三十）清錢大昕曰：「予嘗論安石之學，出於商鞅，而鞅之法專而一，安石之法緐而紛，則才已不逮。鞅自言其治之不如三代，而安石藉口講學，動必稱先王，以揜其言利之名，則鞅猶不若是之詐也。此所以敗壞決裂，不如鞅之尚有小效也。范純仁申中書狀，謂其揜堯、舜知人安民之道，講五伯富國强兵之術，尚法令則稱商鞅，言財利則背孟軻。蓋切中安石之病。後之人重其文辭，因欲末減其誤國之罪，如公議何？」（潛研堂文集卷二，總頁三十王安石論，臺灣商務印書館國學基本叢書本。）

## 七、關於三經新義「邪説害正」

（一）清潘永因編宋稗類鈔曰：「文潞公坐客，有言新義極迂怪者，公笑不答；久之，曰：『頗嘗記明皇坐勤政樓上，見釘鉸者，上呼曰：「朕有一破損平天冠，汝能釘鉸否？」此人既爲完之，上曰：「朕無用此冠，以與汝爲工直。」其人惶恐謝罪，上曰：「俟夜深閉門後獨自戴，甚無害也。」』」（卷六，頁四四，臺北廣文書局影印本。）

（二）宋朱熹編三朝名臣言行録載曰：「先公言，荆公笑道原耽史而不窮經，相見必戲之曰：『道原讀到漢八年未？』而道原歷詆荆公之學，士子有談新經者，道原怒形於色曰：『此人口出妖言，面帶妖氣。』范太史遺事」（卷十四，頁五，臺北文海出版社影印清刊本。）

（三）宋劉安世元城語録解曰：「先生（劉安世）曰：『止如「曰若稽古」字……不知近日士人如何解？』僕（馬永卿）因舉新經以對。先生曰：『此非金陵説乎？非但金陵之説非，而孔氏之説亦非也。』……先生因言及王荆公學問……曰：『金陵亦非常人，其操行與老先生略同。』先生呼温公則曰『老先生』，呼荆公則曰『金陵』：其質朴儉素，終身好學，不以官職爲意，是所同也。但學有邪正，各欲行其所學爾。」（卷上，頁二一—三，臺北藝文印書館影印百部叢書本，宋馬永卿輯、明王崇慶解。）

（四）宋楊時政和元年七月至十月曰：「孟子言『大人正己而物正』，荆公却云『正己而不期于正物，則無義；正己而必期於正物，則無名。』若如所論，孟子自當言『正己以正物』，不應言『正己而物正』矣。物正，物自正也；大人只知正己而已，若物之正，何可必乎？惟能正己，物自然正，此乃『篤恭而天下平』之意。荆公之學，本不知此。」（龜山集卷十三，頁二十—二一，臺北學生書局影印清光緒刊本。）

（五）宋陳瓘政和元年曰：「（王）雱假詩、書以文其姦，安石託聖訓以肆其詆。三經、日録誣僞相應。蓋雱以易壞之語誣薄成王，所以甚明其聖忠而不可疑也。安石自聖，遂以其悖詐之身僭比周公，而以含糊不分明之語上詆先烈者，不可一一數。繼志述事，事忘追遠；三經包藏之説，日録誣訕之言，其亦忍聞之乎？向使安石不著日録，則私意之在三經及他書者，未盡路也。今日三經、日録前唱後應，枝葉粲然，非無文義，而大理舛逆，奸名犯教。習用其説者，終爲身害。」（四明尊堯集卷四，頁二七—二八，明蕭甫重刊本。）

（六）宋陳瓘政和三年曰：「漢詔公卿子弟爲郎，以補宦官之職，侍於殿上，當時謀者正謂其人都不可聽，故欲以此而代彼也。新經義既取其説，而日録又欲變亂舊規，自以爲此乃宗廟社稷久長之計。嗚呼！……自有經義以來，凡三十餘年，而王氏學術始見窟穴，計謀秘奥，包藏深遠。章惇不知也，蔡京雖凶果敢行，而亦不能深察其謀。主此謀者，蔡卞而已矣。（蹇）序辰、（鄧）洵武，其腹心也，陰挾計數，用新經、日録之術筭人於談笑之中，陷人於簡册之内，使人習之而不覺，信之而不疑，積日累年，然後令人大悔恨也。」（四明尊堯集卷一，頁八。）

（七）宋楊時靖康元年五月初三日戊辰曰：「臣謹按：安石挾管、商之術，飾六藝以文奸言，變亂祖宗法度。……其著爲邪説，以塗學者耳目，敗壞其心術者，不可屢數。姑即其爲今日之害尤甚者一二以明之，則其爲邪説可見矣。……臣伏望睿旨，斷王安石學術之謬……使邪説淫亂，不爲學者之惑，實天下萬世之幸。」（載宋某氏靖康要録卷六，總頁一一五—一一六，商務印書館叢書集成初編本。）

（八）宋陳過庭靖康元年五月初五日庚午曰：「五經之訓，義理淵微，後人所見不同；或是或否，諸家所不能免也。是者必指爲正論，非者必指爲邪説，此乃近世一偏之辭，違萬世之通論。……祭酒楊時，矯枉太過，復論王氏爲邪説，此又非也。」（載宋某氏靖康要録卷六，總頁一一七——一一八。）

（九）宋馮澥靖康元年五月初十月乙亥曰：「若言者以安石之説爲邪説，則過矣。安石之釋經，固不能無失也。夫孟子所謂息邪説者，謂楊朱、墨翟之言，若以安石之言便同楊、墨之言爲邪説，則復當禁之，此所以起學者之謗，而致爲紛紛也。」（載宋某氏靖康要録卷六，總頁一二六。）

（十）宋楊時曰（約當紹興四年七、八月）：「老朽文思衰落，重蒙以殿記（敏案：指浦城縣重建文宣王廟記，見龜山集卷二四，頁六——八）見屬，不欲固違厚意，辭鄙意陋，不足以傳遠，徒負愧耳。向在諫垣，嘗論王氏之失，敏案：事在靖康元年五月三日，見靖康要録。太學諸生安於所習，閧然群起而非之。賴君相之明，卒從之。今雖有定論，學者真知其非者或寡矣。屏居投閑，因摭三經義辨敏案：「辨」字疑衍。有害理處是正之，以示後學，文字多，未暇録去，俟小子早晚帶行過仙邑，可一覽也。」（龜山集卷二一，頁十四答蕭子莊，臺北學生書局影印清光緒刊本。）

（十一）宋楊時紹興四年曰：「三經義辨已成書，俟脱藁即附去以求參訂也。……荆公……所論多邪説，取怨於其徒多矣，此三經義辨蓋不得已也。」（答胡康侯其九、其十一書，龜山集卷二十，頁十六。）

（十二）宋楊時紹興四年曰：「近因閱三經義，見有害義理處，略爲之著論，以正王氏之失。蓋嘗論之於朝……後生晚學未必知其非也。姑欲終此一事，書成未脱稿，欵曲當録以納去，取正左右，庶可傳達也。」（龜山集卷二十，頁十七答胡康侯其十一書。）

（十三）宋楊時曰：「昔王荆公以邪説暴行禍天下三十有餘年，余備位諫省論之……太學諸生薰陶王氏之學久矣，閧然群起而非之。賴君相之明，卒從其議。今諸公之言，是非已有定論，則余之言可以傳信矣。」（龜山集卷二六，頁十六—十七題諸公邪説論後。）

（十四）宋陳公輔紹興六年曰：「議者尚謂安石政事雖不善，學術尚可取。臣謂安石學術之不善，尤甚於政事；政事害人才，學術害人心。三經、字説詆誣聖人，破碎大道，非一端也。」（載元托克托宋史卷三七九，陳公輔本傳，臺北藝文印書館影印清武英殿刊本。）

（十五）宋陳淵等論王安石邪説害道。（詳見六、「三經新義援異端入注」類第十八條。）

（十六）宋汪應辰曰：「某連奉手誨，仰荷君子眷眷不忘之意，非言可謝。……安石邪説，一至于此，今其效彌可睹矣，而學者尚未知其然。自新制專尚經術，四方不知朝廷之意，遂謂欲復用安石之學——六經新義，其價倍貴，甚可嘆也。忠宣公（范純仁）決無他意，如平章之言，似亦太過；但其持論，專欲消合黨類，兼收並用，不知其勢亦有未易爲者。……劉道原、蘇子由皆疑周官，子由以爲非周公之全書則可；而道原詆之，過矣。自孟子時固已言諸侯惡其害己皆去其籍矣，則後世所傳，或非全書，但在慎擇之耳。不可盡廢，以爲不然也。晁以道力闢王安石，因安石之尊孟子也；併孟子而非之，不亦過乎？」（文定集卷十六，頁二二三—二二四與呂逢吉，武英殿聚珍版叢書本。）

（十七）宋朱熹曰：「王介甫三經義，固非聖人意，然猶使學者知所統一；不過專念本經，及看注解，而以其本注之説爲文辭，主司考其工拙，而定去留耳。豈若今之違經背義，恣爲奇説，而無所底止哉！當時神宗令介甫造三經義，意思本好，只是介甫之學不正，不足以發明聖意，爲可惜耳。」（朱子語類卷一〇九，頁三。）

（十八）宋朱熹曰：「自荆公諸人熙、豐間用事，新經、字説之類已壞了人心術。」（朱子語類卷一三二，頁五。）

（十九）清永城等編纂之御批歷代通鑑輯覽曰：「王安石以邪説陷溺人心，禍亂之來，豈無所自？」（卷八二，頁六，龔氏自印本。）

## 八、三經新義分文析義

（一）宋陳瓘政和元年曰：「（王）雱爲（王）安石畫像贊曰：『列聖垂教，參差不齊；集厥大成，光乎仲尼。』蔡卞書之，大刻于石，與雱所撰諸書經義並行于世。昔以答義應舉，析字談經，方務趨時，何敢立異？……據新經穿鑿之文，以畏憚不改爲非，以果斷變易爲是。按書定計，以使其兄當面贊成，退而竊喜。京且由之而不悟，他人豈測其用心？」（四明尊堯集序，頁六—七。）

（二）宋陳瓘政和三年曰：「雱謂安石，聖道過於仲尼；安石謂小人紛紛，獨賢其子。當是之時，臣以答義應舉，析字談經；患人事之難究，棄而不習。悦莊周之寓言，躋爲聖典。凡安石之身教，王雱之口學，臣皆以爲是也。」（四明尊堯集卷四，頁二九。）

（三）宋楊時曰：「嗚呼！今之士……類皆分文析字，屑屑於章句之末，甚者，廣記問，工言詞，欲誇多鬭靡而已，是烏用學爲哉！」（龜山集卷二五，頁二與陳傳道序，臺北學生書局影印清光緒刊本。）

（四）宋楊時曰：「熙寧更新法度，以經術造士，世儒妄以私智之鑿，分文析字，而枝辭蔓説亂經矣；假六藝之文以濟其申、商之術。一有戾己，則流放竄殛之刑隨其後。」（龜山集卷二四，頁六一南劍州陳諫議祠堂記。）

（五）宋胡寅曰：「臣父子對劄之中，嘗及淵聖嗣位日久而成效未見，宜考古訓以圖功績。若夫分章析句，牽制文義，無益于心術者，非帝王之學。」（斐然集卷十，頁五謝御札促召家君劄子。）

## 九、關於三經新義「穿鑿附會」

（一）宋孫升孫公談圃曰：「公曰：『荆公三經，學者以爲如何？』余曰：『荆公學尤邃於理，非後生所易知，故學者又爲穿鑿，所謂秦有司負秦法度也。』」（卷中，頁五，百川學海本。）

（二）宋劉摯元祐五年十二月曰：「元祐以來，摯在言路，及主政府，論安石政事，有所更者固不一，而未嘗詆其學；雖有穿鑿，而闡先儒之説亦多：天下公議，不可誣也；但晚年過在溺於釋、老、字説爾。蓋學者隨流泛濫，至於今日之弊，而言者多毁安石，豈安石之學本然哉！」（載宋李燾續資治通鑑長編卷四五三，頁七。）

（三）宋蘇軾謂王安石多思而喜鑿。（詳見十二、「王安石説經多變不定」類第一條。）

（四）宋晁説之謂三經新義溺於傅會穿鑿之論。（詳見十五、「制三經義欲以『一道德同風俗』」類第七條。）

（五）宋王闢之澠水燕談録曰：「荆國王文公以多聞博學爲世宗師……荆公治經尤尚解字，末流務爲新奇，浸成穿鑿。朝廷患之，詔學者兼用舊傳注，不專治新經，禁援引字解。」（載宋江少虞皇朝類苑卷六三，頁一，日本活字本。）

（六）宋畢仲游謂王安石治經附會。（詳見六、「三經新義援異端入注」類第十條。）

（七）宋陳瓘謂新經義穿鑿。（詳見八、「三經新義分文析義」類第一條。）

（八）宋吕本中曰：「（陳瓘）又説，凡欲解經，必先反諸其身而安，措之天下而可行，然後爲之説焉；縱未能盡聖人之心，亦庶幾矣。若不如是，雖辭辯通暢，亦未免乎鑿也。今有語人曰：『冬日飲水，夏日飲湯，何也？冬日陰在外，陽在内，陽在内則内熱，故令人思水；夏日陽在外，陰在内，陰在内則内寒，故令人思湯。』雖甚辯者不能破其説也。然反諸其身而不安也，措之天下而不可行也。嗚呼！學者能如是用心，豈曰小補之哉！」（吕氏童蒙訓卷下，頁二一。）

（九）宋馮澥謂三經新義有穿鑿太過之弊。（詳見十八、「關於三經新義『發明經旨』」類第三條。）

（十）宋楊時謂王安石妄以私智穿鑿説經。（詳見八、「三經新義分文析義」類第四條。）

（十一）宋胡寅曰：「（余）既游庠序，方崇忌諱。肆諛諂，歌功頌德，陵跨唐、虞。或道史書及李、杜詩章『亂離』之句，則衆以『謗訕』操切之，纔二十年，川壅大決，睦盜猝興，勢摇嵩岱，然後信王氏學術不本于仁，穿穴碎破以召不仁之禍也。……今皇帝勇智中興，灼知禍敗之釁，本由王氏；以其所學迷誤天下，變亂憲章，得罪宗廟。」（斐然集卷十九，頁二一四—二一五魯語詳説序。）

（十二）元托克托宋史陳淵傳曰：「（紹興九年，）淵面對，因論程頤、王安石學術同異，上曰：『楊時之學，能宗孔、孟，其三經義辨甚當理。』淵曰：『楊時始宗安石，後得程顥師之，乃悟其非。』上曰：『以三經義解觀之，具見安石穿鑿。』淵曰：『穿鑿之過尚小，至於道之大原，安石無一不差。推行其學，遂爲大害。』上曰：『差者何謂？』淵曰：『聖學所傳，止有論、孟、中庸。論語主仁，中庸主誠，孟子主性。安石皆暗其原。……愛特仁之一端，而安石遂以愛爲仁。其言中庸，則謂中庸所以接人，高明所以處己。孟子七篇專發性善，而安石取楊雄善惡混之言，至於無善無惡，又溺於佛，其失性遠矣。』」（卷三七六。）

（十三）宋高宗紹興十二年六月二十二日癸未，因舉子上書乞用三經新義爲言者所論，而言曰：「六經所以經世務者，以其言皆天下之公也；若以私意妄説，豈能經世乎？王安石學雖博而多穿鑿以私意，不可用。」（載宋李心傳建炎以來繫年要録卷一四五，頁二三，臺灣商務印書館影印四庫全書珍本別輯本。）

（十四）宋陳善曰：「山谷嘗有和贈張文潛詩曰：『荆公六藝學，妙處端不朽。諸生用其短，頗復鑿戶牖；譬如學捧心，初不悟己醜。玉石恐俱焚，公爲力則否？』元祐諸公惟此一人議論稱自近厚，可想見其遺風。」（捫蝨新話卷一，頁四—五「王荆公新法新經」條，津逮秘書本。黄庭堅豫章集，四部叢刊本，卷二，頁十六有奉和文潛贈無咎篇末多見及以既見君子云胡不喜爲韻即此詩，唯末句作「公爲區别不」。）

（十五）宋陳善曰：「予謂王氏之學率以一字一句較其同異。……迨其末流之弊，學者不勝異説。未論成湯、帝堯，且論『昔在』、『在昔』：諸所穿鑿，類皆如此。予竊不取。」（捫蝨新話卷一，頁三—四「王荆公説新經穿鑿」條。）

（十六）宋龔昱曰：「王氏之學離，伊川之學合。」（樂菴語録卷一，頁七。）

（十七）宋某氏皇宋中興兩朝聖政（繫宋孝宗淳熙五年三月）曰：「先是御史謝廓然言，近來掌文衡者，主王氏之説，則專尚穿鑿；……穿鑿之説興，則日趨於破碎。」（卷五六，頁二，臺北文海出版社影印宛委别藏影宋鈔本。）

（十八）宋朱熹謂王安石之學穿鑿支離。（詳見六、「三經新義援異端入注」類第二十三條。）

（十九）宋朱熹謂王安石釋經以己意穿鑿附麗。（詳見六、「三經新義援異端入注」類第二十五條。）

（二十）宋謝采伯曰：「荆公字説……此許慎説文解字也，但以之解六經、導後學，則穿鑿之論鋒起，豈大儒所爲也？」（密齋筆記卷一，頁十六，臺灣商務印書館影印四庫全書珍本别輯本。）

（二十一）明宋濂龍門子凝道記曰：「金陵之學何如？曰：穿鑿聖經，而附會己説，甚者，竊佛、老之似，以誣吾聖人之教，學顔、孟者固如是乎？又其甚者，一假功利以摇動天下，利源一開，魚爛河決而莫之禁。……曰：然則無一髮可取乎？曰：確執堅信，淡然不爲位勢動，是則何可及也？所惜者，學之疵耳。」（卷下，頁一，金華叢書本。）

（二十二）清全祖望謂王安石解經不無穿鑿。（詳見二、「王安石經學淵源」類第七條。）

（二十三）清紀昀謂王安石解經穿鑿，與劉敞同。（詳見二、「王安石經學淵源」類第八條。）

（二十四）徐振亞謂王安石解經精義勝先儒，不爲支離穿鑿之説。（詳見十八、「關於三經新義『發明經旨』」類第九條。）

（二十五）馬宗霍曰：「神宗時，王安石當國，其立於學官、頒之天下用以取士者，則王氏之新經義也。……解經多援字説爲訓詁，雖富新意，頗傷穿鑿。」（中國經學史頁一一七「宋之經學」，臺灣商務印書館排印本。）

## 十、王安石解經言語虚浮

（一）宋呂本中曰：「陳瑩中（瓘）説，學者非獨爲己而已也，將以爲人也。自王介甫解經，止尚高論，故使學者棄民絶物。管仲、晏嬰，霸者之佐一也。桓公殺公子糾，管仲不能死；有三歸、反坫，官事不攝，可謂違禮之極矣。崔杼弑君，晏子從容於其間，成禮而後去，可謂有節矣。然孔子之稱晏子，則曰『善與人交，久而敬之』而已。及稱管仲，則曰『如其仁，如其仁』，豈不以管仲功及天下，所濟者廣，而晏子獨養其身而已哉！」（呂氏童蒙訓卷下，頁十九。）

（二）宋朱弁曰：「……予與韓秉則正言論此，秉則曰：『道理之妙，當求於聖人之言。聖人之言具在，六經不可揜也……不知介甫所謂道理果安在？抑六經之外別有道理乎？東坡祭原父文云：「大言滔天，詭論滅世。」蓋指介甫也。介甫當時在流輩中，以經術自尊大，唯原父敢抑其鋒，故東坡特於祭文表之，以示後人。……』時坐客頗衆，莫不以秉則之言爲然。」（曲洧舊聞卷四，頁十一。）

（三）宋朱弁等評王安石説經大言詭論。（詳見二、「王安石經學淵源」類第二條。）

（四）宋陳善曰：「崇、觀三舍，一用王氏之學，及其弊也，文字語言習尚虚浮，千人一律。嘗見人説，當時京師優人有致語云：『伏惟體天法道皇帝，趨時立本相公，惟其所以秀才，和同天人之際，而使之無間者，禁人也。』于時觀者，莫不絶倒。蓋數語皆當時之弊也。」（捫蝨新話卷十一，頁八「崇、觀太學三舍之弊」條。）

## 十一、王安石解經師心自用

（一）宋蘇軾評王安石經解斷以己意。（詳見六、「三經新義援異端入注」類第四條。）

（二）宋張元幹曰：「嗚呼！自王氏網羅六藝，斷以己意，力行新法，變亂舊章，天下遂多事。已而子壻兄弟，表裏祖述，遺禍無窮。先生獨知尊堯，愛君憂國。先見之明，肇於欲萌；逆料其弊，甚於中的。」（蘆川歸來集卷九，頁六題跋了堂先生文集，臺灣商務印書館影印四庫全書珍本五集本。）

（三）宋黄震曰：「周禮、詩、書三經義序，皆公自主其說；字說序謂知此則於『道德』之意已十九，何過耶！」（黄氏日抄卷六四，頁二二「讀文集六—王荆公文」。）

## 十二、王安石說經多變不定

（一）宋蘇軾元符三年三月十一日戊寅曰：「王介甫多思而喜鑿，時出一新說，已而悟其非也，則又出一說以解之，是以其學多說。常與劉原父食，輟筯而問曰：『孔子不撤薑食何也？』原父曰：『本草：生薑多食損智，道非明民，將以愚之，孔子以道教人者也，故不撤薑食，所以愚之也。』介甫欣然而笑，久之乃悟其戲己也。原父雖戲言，然王氏之學，實大類此。庚辰三月十一日食薑粥甚美，歎曰：『無怪吾愚，吾食薑多矣。』因并原父言記之，以爲後世君子一笑。」（東坡志林卷五，頁五—六，稗海本。）

（二）宋邵博曰：「王荆公學務鑿無定論類此，如三經義頒于學官，數年之後，又自列其非是者奏請易去，視古人懸諸日月不刊之説，豈不誤學者乎？」（河南邵氏聞見後録卷二十，頁五，臺北廣文書局影印本筆記三編。）

（三）宋晁説之評王安石經説改易不定。（詳見一、「總類」第七條。）

（四）宋李壁箋註王荆文公詩「寓言十五首之其二」曰：「龜山誌譚勣墓云：『公雅不喜王氏，或問其故，曰：「説多而屢變，無不易之論也。」世之爲奸者，借其一説可以自解，伏節死誼之士始鮮矣。」』始余以勣言爲過，今觀此詩，不能無疑。」（卷十五，頁一。按，「譚勣」，東都事略、宋史卷三五七本傳並作「譚世勣」，疑李壁此註脱一「世」字。）

## 十三、三經新義與字説相牴牾

（一）宋王居正紹興五年曰：「伏蒙聖慈，許臣以舊所著論王安石父子平昔之言不合於道者進呈，得四十二篇，釐爲七卷。一曰蔑視君親，虧損恩義；二曰非聖人，滅天道，詆誣孔、孟，宗尚佛、老；三曰深懲言者，恐上有聞；四曰託儒爲姦，以行私意，變亂經旨，厚誣天下；五曰隨意互説，反覆背違；六曰排斥先儒，經術自任，務爲新奇，不恤義理；七曰三經、字説，自相牴牾。——集而成之，謂之辯學。」（載宋李幼武纂四朝名臣言行録別集卷八，頁二一，臺北文海出版社影印清刊本。）

## 十四、託經義行新法

（一）宋張耒曰：「王荆公行新法，每遣使，其大者曰『察訪』，小至於興水利、種稻田，皆遣使；使者項背相望於道。荆公嘗言讀大、小雅，言周文、武故事，而小雅第二篇便言『皇皇者華，君遣使臣』，故遣使爲先務。」（續明道雜志頁十三，學海類編本。）

（二）宋陳瓘政和元年曰：「安石欲變宿衛之法，先於經義創立新説，然後造爲神考聖訓，謂當急變其法。蓋託於先訓，則可必聖主之遵行；文以經術，則可以禁士大夫之竊議。二者行於前，三衛作於後，漸危根本。……若非陛下守藝祖之宏規，循累朝之成憲；使彼二書之説以敘行之，今日不知其何如矣！」（四明尊堯集卷三，頁十九。）

（三）宋林之奇紹興二十六年—二十九年曰：「王氏三經義，雖其言以孔、孟爲宗，然尋其文索其旨，大抵爲新法之地者十六七；此王氏之私書也，詎可以垂世立教乎？……三經義在孔、孟書中，正所謂邪説詖行淫辭之不可以訓者，仁人君子辭而闢之，若救頭然，尚且懼其有以惑世亂俗，矧又從而倡率之乎？」（拙齋文集卷六，頁二上陳樞密論行三經事，臺灣商務印書館影印四庫全書珍本二集本。）

## 十五、制三經義欲以「一道德同風俗」

（一）宋司馬光謂王安石以一家私學令天下同己。（詳見六、「三經新義援異端入注」類第三條。）

（二）宋朱熹編三朝名臣言行後録曰：「元祐初，議者争言科舉之弊，請復舊制。公（呂公著）曰：『先帝更新法度，如造士以經術，最爲近古，且仲尼六經何負於後世，特安石課試之法爲謬耳。安石解經亦未必不善，惟其欲人同己爲大繆耳。』」（卷八，總頁六四〇，臺北文海出版社影印清刊本。）

（三）宋蘇軾曰：「文字之衰，未有如今日者也，其源實出於王氏。王氏之文，未必不善也，而患在於好使人同己；……王氏欲以其學同天下。地之美者，同於生物，不同於所生，惟荒瘠斥鹵之地，彌望皆黄茅白葦，此則王氏之同也。近見章子厚言，先帝晚年甚患文字之陋，欲稍變取士法，特未暇耳。」（東坡集卷三十，頁九答張文潛書，臺灣中華書局四部備要本。）

（四）宋蘇籀編欒城遺言曰：「公（蘇轍）言：『吕吉甫、王子韶皆解三經并字説，介甫專行其説，兩人所作皆廢弗用，王、吕由此矛盾。』」（頁五，百川學海本。）

（五）宋蘇籀編欒城遺言曰：「公（蘇轍）讀一江西臨川前輩集，曰：『胡爲竊王介甫説以爲己説？』」（頁五。）

（六）宋陳師道曰：「王荆公改科舉，暮年乃覺其失，曰：『欲變學究爲秀才，不謂變秀才爲學究也。』蓋舉子專誦王氏章句而不解義，正如學究誦注、疏爾。教坊雜戲亦曰：『學詩於陸農師，學易以豉切於龔深之。』蓋譏士之寡聞也。王無咎、黎宗孟皆爲王氏學，世謂黎爲模畫手，一點一畫不出前人；王爲轉般倉，致無贏餘，但有所欠：以其因人成能，無自得也。」（後山談叢卷一，頁十，寶顔堂祕笈本。）

（七）宋晁説之元符三年四月十九日乙卯奏議曰：「今則不然，義理必爲一説，辭章必爲一體，曰是爲一道德。不知道德之一，如其是多忌乎？臣常謂今之學者，三經義外無義理，扇對外無文章，老成者信之。古人謂草野生專自許，不能博究，擇從其善，徒欲父康成兄子慎，寧道孔聖誤，諱言服、鄭非；鄭、服之外，皆讎者矣。正今日之患也。……自更經義以來，授以成書，謂之新經義，唯善其説者，乃中程上第，苟爲參差出入于其間，即不中程式，雖善必黜之。士方爲禄學，無少長賢愚，靡然從之，唯恐不相勝。雖有長才者不得騁，雖有知其牴牾非正者，諱之不敢言。塗人耳目，窒人聰明，溺于傅會穿鑿之論。因使人才闒茸，器識卑下，聞見單陋，不復可得前月瓌奇卓絶之士矣。仍之援釋、老誕謾之説以爲高，挾申、韓刻覈之説以爲理。又使斯士浮僞慘薄，不誠不忠厚，其患豈不大哉！……臣愚，少常業於所謂新經義者，元豐中以出身入仕，非不知而妄作也，所以中道而改路者，誠以其學求之古人之書，稽之老成之論而不合故也。

敏案：此下説之指尚書新義之誤三數條，「尚書新義輯考彙評」已分別編收。」（嵩山集卷一，頁三六—三八。）

（八）宋陳瓘政和元年曰：「臣聞先王所謂道德者，性命之理而已矣，此王安石之精義也：有三經焉、有字説焉、有日録焉，皆性命之理也。蔡卞、蹇序辰、鄧洵武等，用心純一，主行其教，其所謂『大有爲』者，性命之理而已矣；其所謂『繼述』者，亦性命之理而已矣；其所謂『一道德』者，亦以性命之理而一之也；其所謂同風俗者，亦以性命之理而同之也。不習性命之理者，謂之曲學；不隨性命之理者，謂之流俗。黜流俗則竄其人，怒曲學則火其書。故自卞等用事以來，國是者皆出於性命之理，不可得而動摇也。」（四明尊堯集序，頁一。）

（九）宋崔鶠靖康元年六月曰：「王安石著三經之説，用其説者入官，不用其説者斥落，于是天下靡然雷同，不敢可否，陵夷至于今大亂，此『無異論』之大效也。」（載宋某氏靖康要録卷七，總頁一四〇。）

（十）宋胡寅曰：「彼臨川之雄才兮，妄仰儔於伊、皋。偶睿思之有作兮，沕配合其自遭。……惟黄茅與白葦兮，日既淹而就摧。習新説之小生兮，亦寂歷於寒灰。」（斐然集卷一，頁十原亂賦。）

（十一）宋羅從彦曰：「（王安石）興舍法，以經義易詞章，訓釋三經，挽天下學者從之，以爲先王『一道德，同風俗』之意果在於此，鼓之以名，導之以利。當是時也，安石方名重，自謂一世宗師，天下之人，誰不願從？故唱者雷震，應者風靡，遺風餘澤，淪入肌骨不可去，民無有被其澤者。至今野叟能言其非，而誦其説於都人邑士之前，不笑以爲狂，則必怒也，蓋其所以入之者非朝夕也。」（豫章文集卷九，頁八遵堯録別録，臺灣商務印書館影印四庫全書珍本四集本。）

（十二）宋陳公輔紹興六年十二月曰：「自熙、豐以後，王安石之學著爲定論，自成一家，使人同己。蔡京因之，挾紹述之説。於是士大夫靡靡黨同而風俗壞矣。」（載宋李心傳建炎以來繫年要録卷一〇七，頁十八—十九。）

（十三）宋朱熹曰：「陳後山説人爲荆公學，唤作『轉般倉，模畫手』，致無贏餘，但有虧欠。東坡云：荆公之學，未嘗不善，只是不合要人同己。此皆説得未是。若荆公之學是使人人同己俱入於是，何不可之有？今却説『未嘗不善，而不合要人同』，成何説話？若使彌望皆黍稷，都無稂莠，亦何不可？只爲荆公之學，自有未是處耳。」（朱子語類卷一三〇，頁四—五。）

（十四）宋朱熹曰：「時有報行遣試官牽合破碎出題目者，或曰：如此行遣一番也好。曰：某常説，不當就題目上理會，這个都是道術不一所以如此。所以王介甫行三經、字説，説是『一道德，同風俗』，是他真箇使得天下學者盡只念這物事，更不敢別走胡説，上下都有箇據守。若是有才者，自就他這腔子裏説得好，依舊是好文字。而今人却務出暗僻難曉底題目，以乘人之所不知，却如何教他不杜撰，不胡説？……」（朱子語類卷一〇九，頁三—四。）

（十五）宋杜大珪名臣碑傳琬琰集王安石傳曰：「安石提舉修撰經義，訓釋詩、書、周官既成，頒之學官，天下號曰『新義』，……凡以經試於有司，必宗其説，少異，輒不中程。先儒傳注既盡廢，士亦無復自得之學，故當時議者謂王氏之患，在好使人同。」（卷十四，臺北文海出版社影印鈔本。）

（十六）元馬端臨曰：「介甫之所謂『一道德』者，乃是欲以其學使天下比而同之以取科第。夫其書縱盡善無可議，然使學者以干利之故，皓首專門，雷同蹈襲，不得盡其博學詳説之功，而稍求深造自得之趣，則其拘牽淺陋，去墨義無幾矣，況所著未必盡善乎？至所謂學術不一，十人十義，朝廷欲有所爲，異論紛然，莫肯承聽，此則李斯所以建焚書之議也。是何言歟！」（文獻通考卷三一，總頁二一九三選舉考四，臺北新興書局影印清武英殿刊本。）

（十七）清甘鵬雲曰：「唐代……專以正義一家之説齊天下，宋亦同病。故蘇軾嘗病王荆公以其學術同天下，崔鶠所謂王安石三經出，天下靡然，無一人敢可否，陵夷至於大亂。然則學術以尚同而衰。」（經學源流考卷八，頁十一唐宋元明群經總義，臺北維新書局影印本。）

（十八）民國梁啓超曰：「史稱蘇嘉在太學，顔復嘗策問王莽、後周變法事，嘉極論其非，在優等。荆公怒，遂逐諸學官，以李定、常秩同判監事；選用學官，非執政所喜者不與。其後遂頒三經新義云。考荆公平日言論，多以一學術爲正人心之本，則史所云云，諒非誣辭，此實荆公政術之最陋者也。蓋欲社會之進化，在先保其思想之自由，故今世言政治者，無一不以整齊畫一爲貴，而獨於學術則反是；任其並起齊茁，而信仰各從人之所好，則理以辨而愈明，人心之靈，濬之而不竭矣。强束而歸於一，則是敝之也。自漢武帝罷黜百家，而中國學術史上光耀頓減；以荆公之賢，而猶蹈斯故智，悲夫！

「考荆公當時，亦並非於新義之外，悉禁異説，不過大學以此爲教耳。夫既設學校，則必有教者，教者必有其主張之説。學校既爲一國學術所從出，則此説遂若占特别勢力於社會，此亦事勢所必至，無可逃避者……然則是亦不足深爲荆公罪矣。蓋使荆公而禁異説，則爲戕害思想之自由，然公固未嘗禁之，不過提倡己之主張而已。夫學者有其所主張之説，則必欲發揮光大之以易天下，非徒以理不悖，抑責任亦應爾也，於公何尤乎？若夫學者不求自立，而惟揣摩執政之所尚，欲以干禄，此則學者之罪，而非倡新説者之罪也。

「三經新義，自元祐廢黜以後，敏案：時許三經新義與衆説並行，未嘗降詔廢黜，梁啓超説誤。南宋學者抨擊不遺餘力，自是數百年來承學之士羞稱之。……而學者不察，隨聲附和，肆爲詆排，昌黎所謂『蜉蝣撼大樹，可笑不自量』者，非耶？

「荆公未嘗禁人習王氏以外之學説，而反對荆公者，則禁人習王氏學説，然則束縛思想自由、言論自由者，爲荆公耶？爲反對荆公者耶？是又不可不察也。」（王荆公，總頁一一三—一一四，第十二章「荆公之政術（四）教育及選舉」。）

（十九）民國柯昌頤曰：「近人梁啓超嘗著王荆公傳，敏案：「傳」字，柯氏增文。爲翻千古沉冤，獨於此事認爲最陋，且爲之評曰：『欲社會之進化至則是敝之也。』敏案：梁評文已詳上條引述。按：此説良中肯綮，然安石之意，蓋以行新法，須絶異議；絶異議，須一思想。彼固以思想與政令有密切之關係，未有思想紛龐而能政令齊一者。而不知國家政令，正須以人民思想爲基礎；未有思想不自由，而政令能革新者也。」（王安石評傳，總頁一四八，第五節統一思想之實行及其缺點，民國三十六年商務印務書館排印本。）

## 十六、三經新義非苟作

（一）宋朱熹曰：「新經儘有好處，蓋其極平生心力，豈無見得著處？」因舉書中改古注點句數處云：「皆如此讀得好；此等文字，某嘗欲看一過，與摭撮其好者，而未暇。」（朱子語類卷一三〇，頁四論本朝人事四。）

## 十七、三經新義得失參半

（一）宋呂陶元祐元年十月曰：「經義之説，蓋無古今新舊，惟貴其當。先儒之傳注，既未全是，王氏之解，亦未必盡非，善學者審擇而已，何必是古非今，賤彼貴我，務求合於世哉！」（浄德集卷四，頁二請罷國子司業黄隱職任狀，武英殿聚珍版叢書本。）

（二）宋上官均元祐元年十月曰：「安石自爲宰輔，更張政事，誠有不善，至於沉酣六經，貫通理致，學者歸嚮，固非一日，非假勢位貴顯，然後論説行於天下。其於解經，雖未能盡得聖人之意，然比諸儒注、疏之説，深淺有間矣。豈（黄）隱膚陋所能通曉，此中外人士之所共知也。」（載宋李燾續資治通鑑長編卷三九〇，頁二一一—二一二。）

## 十八、關於三經新義「發明經旨」

（一）宋劉摯評王安石解經多闡先儒之説。（詳見九、「關於三經新義『穿鑿附會』」類第二條。）

（二）宋韓晃等撰韓維行狀曰：「執政（司馬光）議欲廢荆公經義，公（韓維）曰：『安石經義，發明聖人之意，極有高處，不當廢；議與先儒之説並行。』」（南陽集後附録，頁六—七。）

（三）宋馮澥靖康元年五月十三日戊寅曰：「傳注之説，千有餘年，其于聖經，不爲無補，然要之公論，豈無淺漏未盡之處？王安石以名世之學，發明要妙，著爲新經，鏤板太學，頒之天下，學者翕然宗仰，然要之公論，亦有穿鑿太過之弊。新經令學者擇其善而從之，其不善而改之則已矣，何必傳注之是，而新經之非哉！」（載宋某氏靖康要録卷七，總頁一三六。）

（四）宋李光曰：「當陛下初政，偶承乏擢寘言路。……臣今月十七日入臺，伏覩三省降到黄牓一道，臣寮上言，以王安石爲名世之學，發明要妙，著爲新經，天下學者翕然宗師。又言熙寧、元豐間，内外安平，公私充實，法令備具，賦役均平，其意專以王氏之説爲是。公肆誕謾，無復忌憚。……蔡京兄弟，祖述其説，五十年間，搢紳受禍，生靈被害，海内流毒。……幸賴宗廟社稷之靈，上皇悔悟，以祖宗不拔之基全付陛下。今言者又創爲熙、豐之説，以安石爲大賢臣，恐此論一出，流聞四方，鼓惑民聽。人心一失，不可復收，非朝廷之福也。」（莊簡集卷八，頁二一——二三論王氏及元祐之學，商務印書館影印四庫全書珍本初集本。）

（五）宋陳善等評王安石六藝之學高處可以不朽。（詳見九、「關於三經新義『穿鑿附會』」類第十四條。）

（六）宋李壁曰：「蘇公子由云『安石以宰相解經，行之於世。至春秋漫不能通，則詆以爲斷爛朝報』。余謂『以宰相解經』五字，似譏公操權勢驅脅世俗，以行其說。然公諸經解妙實多，韓持國（維）輩終推之，何可盡疵哉！」（箋註王荆文公詩卷四三，頁七金陵郡齋詩首句下注。）

（七）宋葉紹翁曰：「哲宗策士，因語近臣曰：『進士試策，文理有過於制科者。』大臣皆熙寧黨，遂力主罷制科議。制科、詞賦既罷，而士之所習者皆三經。所謂三經者，又非聖人之意，惟用安石之説以增廣之，各有套括。於是士皆不知故典，亦不能應詞誥駢儷選。」（四朝聞見録甲集，頁二一「制科詞賦三經宏傳」條，知不足齋叢書本。）

（八）宋徽宗崇寧四年五月學士院學士（蓋張康國，或鄧洵仁）撰王安石配享孔廟大成殿坐像贊曰：「孔、孟云遠，六經中微。斯文載興，自公發揮；推闡道真，啓迪群迷，優入聖域，百世之師。」（載宋楊仲良通鑑長編紀事本末卷一三〇，頁三，臺北文海出版社影印清光緒十九年廣雅書局刊本。）

（九）民國徐振亞民國二十四年曰：「大抵荆公解經，隨文生義，言簡意該，慎言闕疑，不爲一切支離穿鑿之説。……有不安者，時加修正，觀其退居金陵，屢上乞改經義劄子可知。而其流傳於世，所以不廢，最大原因，允爲精義迭出，遠勝先儒。……由是言之，荆公諸經義，皆純駁互見，允宜别白論之，以得其情。全是全非，均屬偏見，所謂門户之私，非譚經之正道也。」（王安石經學概論初稿「溯源第一」，載學藝雜誌十四卷七號。）

## 十九、王安石解經善闕疑

（一）宋林之奇論解尚書大誥，因曰：「王氏解經，每不合於義理者，不旁引曲取以爲之説，至闕之。此王氏之所長也。」（尚書全解卷二七，頁七—八，通志堂經解本。）

（二）民國徐振亞評王安石解經慎言闕疑。（詳見十八「關於三經新義『發明經旨』」類第九條。）

## 二十、王安石經解之文章

（一）宋吕本中等評王安石解經文辭通暢。（詳見九「關於三經新義『穿鑿附會』」類第八條。）

（二）明應雲鸑嘉靖二十五年九月既望（十六日庚午）曰：「公之文取材百氏，附翼六經，與韓、柳、歐、蘇、曾氏，卓然成七大家；並傳海内，當與日月争光。……公動稽堯、舜，心表天日，乘時遇主，謂周官往軌，運掌可修。……矧公學本經術，才弘經濟，志存周、孔，行比由、夷，固傑然一人豪也。」（王荆公集序，載清蔡上翔王荆公年譜考略卷首一，頁十六。）

（三）民國梁啓超曰：「此（周禮新義、尚書新義、詩經新義）三序者，其文高絜而簡重，其書之内容，亦可以略窺見矣。」（王荆公，總頁一九〇，第二十章「荆公之學術」。）

（四）民國柯敦伯撰王安石曰：「孝宗乾道五年，魏元履請去安石父子祀，朝議未果。至淳熙四年，趙粹中又論之，孝宗以輔臣前後毁譽雖不同，其文章終不可掩；但去王雱。」（頁一三四，臺灣商務印書館萬有文庫薈要本。）

# 附録二　三經新義評論輯類補遺

初編三經新義評論輯類既就，比又得評論十八條於九書，爰集爲補遺一編，次其後，類例一依初輯。書按采收先後，備目於下：

河南程氏遺書、晁氏客語、明本釋、嵩山集、中國經學史、國史大綱、麗澤論説集録、朱子語類、宋元學案補遺。

## 一、總類

（一）宋程顥曰：「（伯淳近與吴師禮談介甫之學錯處，謂師禮曰：）爲我盡達諸介甫，我亦未敢自以爲是。如有説，願往復，此天下公理，無彼我，果能明辨，不有益於介甫，則必有益於我。」（河南程氏遺書卷一，頁六，臺灣中華書局四部備要本。）

（二）宋晁説之曰：「王荆公著書立言，必以堯、舜、三代爲則，而東坡所言，但較量漢、唐而已。觀其所爲，又全不相似。」（晁氏客語頁二，百川學海本。）

（三）宋劉荀曰：「（王荆公，）名安石，字介甫，撫州臨川人，後居金陵。著新經、字説，詔以其書立之於學。熙、豐以來，其學盛行，世謂之「臨川學」，又曰「新學」。吕惠卿、蔡京、蔡卞、林希、蹇序辰、楊畏、蔡肇，皆門人之達者也。」（明本釋卷上，頁二十原註「勤者修業之本」目，臺灣商務印書館影印四庫全書珍本别輯本。）

## 四、王安石説經棄舊務新

（一）宋晁説之曰：「南方之學，異乎北方之學……大抵出於晉、魏分據之後。其在隋、唐間，猶云爾者，不惟其地，而惟其人也。蓋南方北方之强，與夫商人、齊人之音，其來遠矣，今亦不可誣也。師先儒者，北方之學也；主新説者，南方之學也。」（嵩山集卷十三，頁十六儒言，臺灣商務印書館影印四部叢刊續編本。）

（二）宋晁説之曰：「聖人之意，具載於經，天地萬物之理，管於是矣。後世復有聖人，尚不能加毫髮爲輕重，況它人乎？譬如日月光明，莫知其終始，寧辨其新故？彼一己之所謂新者，迺六經之所故有也。尚何矜哉！」（嵩山集卷十三，頁二三儒言。）

（三）日本田成之曰：「……以安石及其子雱、吕惠卿等所作三經新義頒於學官。……新經義影響於宋一般學生不少，因唐作五經正義，故無讀正義以外的東西的人。正義是集漢以來的注疏的，安石等如其名所示，雖是新義，不過是捨却從來所傳的訓詁而下自己一流的解釋而已。總之，安石捨祖先以來的法則，立新法，什麽多（都）喜歡新，且因居於政治上的要路，故對於學界也給與一刺激；破壞傳統，成了宋人底一種時髦了。」（中國經學史，孫俍工譯，頁二三八—二三九，第六章第三節宋底經學，臺北古亭書屋據上海中華書局民國二十四年六月鉛排本影印本。）

（四）錢穆先生曰：「安石新政，雖屬失敗，畢竟在其政制的後面，有一套高遠的理想。……這一種理想，自有深遠的泉源，決不是只在應付現實、建立功名的觀念下所能産生。因此在王安石新政的後面，别有所謂新學。於是有所謂三經新義之頒行。劉静春謂：『王介甫不憑注、疏，欲修聖人之經，不憑今之法令，欲新天下之法，可謂知務。後之君子必不安於注、疏之學，必不局於法令之文。此二者既正，人才自出，治道自舉。』按：宋學實盡於劉之二語。」（國史大綱，頁四一二—四一三，第六編，第三十二章兩宋士大夫的自覺與政治革新運動，編譯館出版，一九五六年臺灣商務印書館排印本。）

## 五、王安石解經不見道

（一）宋程顥（？）曰：「先生嘗語王介甫曰：公之談道，正如説十三級塔上相輪，對望而談，曰：相輪者如此如此，極是分明。如某則戇直，不能如此。直入塔中，上尋相輪，辛勤登攀，邐迤而上，直至十三級時，雖猶未見相輪，能如公之言，然某却實在塔中，去相輪漸近，要之須可以至也。至相輪中坐時，依舊見公對塔談説，此相輪如此如此。介甫只是説道云：我知有箇道如此如此。只佗説道時，已與道離。佗不知道，只説道時，便不是道也。有道者亦（一作言）自分明，只作尋常本分事説了。孟子言堯、舜性之，舜由仁義行，豈不是尋常説話？至於易，只道箇立人之道曰仁與義，則和性字由字也不消道，自己分明。陰陽剛柔仁義，只是此一箇道理。」（河南程氏遺書卷一，頁四。）

## 六、三經新義援異端入注

（一）宋晁説之曰：「臣聞：春秋尊一王之法，以正天下之本，與禮之尊無二，上其旨實同。蓋國之于君，家之于父，學者之于孔子，皆當一而不可二者也。是以明王罷斥百家，表章六經，大儒推明孔氏，抑黜百家。今國家五十年來，于孔子之道二而不一矣；其義説既歸之于老、莊，而設科以孟子配六經，其視古之黜百家而專明孔氏六經，不亦異乎！」（嵩山集卷三，頁四六奏審覆皇太子所讀孝經論語爾雅劄子。）

## 七、關於三經新義「邪説害正」

（一）宋程頤（？）曰：「介甫之學，佗便只是去人主心術處加功，故今日靡然而同，無有異者，所謂一正君而國定也。此學極有害，以介甫才辯遽施之，學者誰能在其右？始則且以利而從其説，久而遂安其學。今天下之新法害事處，但只消一日除了便没事；其學化革了人心，爲害最甚，其如之何？故天下只是一箇風，風如是則靡然無不向也。」（河南程氏遺書卷二下，頁一。）

（二）宋呂祖謙曰：「初學欲求義理，且看上蔡語、閫範、伊川易，研究推索，自有所見。若荆公新説、張綱書、劉君舉詩、耿南仲易、方馬二氏禮記、陳晉之孟子、張子韶論語、呂吉甫莊子，皆不當看也。」（麗澤論説集録卷十，頁二，續金華叢書本。）

（三）宋朱熹（問：「游定夫記程先生語，所謂一物不該，非中也；一事不爲，非中也；一息不存，非中也。何哉？爲其偏而已矣。觀其意，蓋以中爲理，偏爲不周徧之意。一物不該，一事不爲，是説無物不有之意；一息不存，是説無時不然之意。是否？）曰：「便是它説中字不着中之名義，不如此，它説偏字卻是一偏，一偏便不周遍，卻不妨。但定夫記此語不親切，不似程先生每常説話，緣它夾雜王氏學，當時王氏學盛行，熏炙得甚廣，一時名流如江民表、彭器資、鄒道鄉、陳了翁皆被熏染，大片説去。」（朱子語類卷九七，頁二十，臺北正中書局影明覆刊宋本。）

## 十、王安石解經言語虛浮

（一）宋晁説之曰：「袁紹與曹操論天下形勢，操知袁氏世有河北，未易可圖，欲舍而佗之，則徒視弱，乃出大言曰：『任天下之智力以道，御之無所不可。』是豈操之誠心哉！今談經者不覈其實，喜爲高論大言，一切取勝，皆操之下塵歟！」（嵩山集卷十三，頁十五儒言。）

## 十五、制三經義欲以「一道德同風俗」

（一）宋晁説之曰：「學者同尊孔氏，法詩、書，躬仁義，不知俗學之目何自而得哉？建隆以來，禮樂文明煥然大備，皆諸儒之力也，誰當其目也耶？如惡其衆而欲致獨，則比屋可封之民爲罪人歟！又或厭其久而欲新之，則日月之出特久矣。後漢治古學貴文章，以章句之徒爲俗儒，則斥俗學者身自謂耶！」（嵩山集卷十三，頁五儒言。）

（二）宋晁説之曰：「董仲舒曰：『詩無達詁，易無達占，春秋無達辭。』范寧曰：『經同而傳異者甚衆，此吾徒所以不及古人也。』嗚呼！古之人善學如此。今一字詁訓，嚴不可易；一説所及，詩、書無辨。五經同意，三代同時。何其固邪！」（嵩山集卷十三，頁七儒言。）

（三）宋晁説之曰：「五綵具而作繪，五藏完而成人，學者于五經可舍一哉！」（嵩山集卷十三，頁十三儒言。）

（四）宋晁説之曰：「臣竊以聖朝用經術取士，冠越前代，止是不當專用王安石之學，使後生習爲一律，不復窮究聖人之藴，此爲失矣。若謂學經術不能爲文，須學詩賦而後能文，臣以爲不然，大六經之文，可謂純粹渾厚、經緯天地、光輝日新者也。今使學者不學純粹、渾厚、輝光六經之文，而反學彫蟲篆刻童子之技，豈不陋哉！（下晁氏擬附經術取士條例，未録。）」（載宋元學案補遺卷三十，頁六，臺北世界書局影印四明叢書本。）

（五）宋劉荀曰：「若諸儒之論意義同，而載者似重複，姑以見所造或有淺深，其趨未始不同。後學尊其所聞是也，過之者，稍異乎師説，則互相詆誚，幾成黨與；甚至毁呰先哲，識者有憂之。其流蓋自熙、豐而來。劉荀原註：范忠宣公論王荆公止因喜同惡異，遂至黑白不分。蘇東坡謂：介甫之文，未必不善也，患於好使人同己；自孔子不能使人同，王氏安能以其學同天下？胡衡麓（寅）謂：當時學士大夫意向稍殊乎王氏，則擯斥隨之；必如是説，始堪仕進。百唱千和，率天下出一私户，不亦甚乎！竊謂：學者亦可以監矣！謝上蔡，洛學也；論語解中如臨川諸説，一言之善，亦不廢而取之。豈有意欲救其弊歟！」（明本釋卷下，頁三五「安義命者處困之本」條。）

# 附録三　三經新義板本與流傳

宋神宗熙寧四年二月，從王安石之請，詔頒科舉新法。新法之試進士也，罷詩賦，考詩、書、易、周禮、禮記兼及論語、孟子七經。時爲因應新制需要，確立取士標準，朝野多欲早修經義，從速頒行，以便傳習。於是安石令沈季長、陸佃作詩義，而親與商定。及六年三月，設立修撰經義局，命安石提舉，吕惠卿、王雱等爲修撰，專司撰事。八年六月，撰成周禮、尚書、詩經三經義，降旨國子監鏤板施行。三經義久佚，清人自永樂大典中輯出周禮義殘文；書、詩二義佚文，散見宋、元及明人著述中舉引，迄無輯本或善輯。余痛斯文沈晦，嘆先賢之學殆絶，比年，蒐檢經籍，得書義、詩義佚文若干條，各會爲一書，又輯周禮義成，共以備方家採擇。顧三經義刊板及其流傳，昔人論者甚尠，是以并考經解、史籍、傳記、文集、筆記等，並參看所輯佚文，釐爲四大節，試爲稽討其端末如下。

## 一、考正書名

王安石等所修經義，本名周禮義、書義、詩義，總稱三經義。詩義之詩，早已稱爲詩經，如元馬端臨文獻通考、明朱睦㮮授經圖著録〔詳下三、(三)Ⓐ〕；詩，視之爲「經」，戰國晚葉已始。書經之書，稱之爲尚書，起於漢文帝時人伏勝(見尚書僞孔安國大序)，而宋晁公武郡齋讀書志著録尚書(新義)〔詳下三、(四)Ⓐ〕。周禮新義之周禮，常作周官，二名又多混用，需加討論。

安石稱周禮，常作周官，如劉歆未改前舊名，兹志如下：

周官夏官司勳：「王功曰勳。」(宋林之奇尚書全解卷二，頁二三引。)

周官太卜所謂「凡國大貞：卜立君，卜大封者」。(同上卷二五，頁八引。)

周官以六典待邦國之治。(同上卷二八，頁三三引。)

周官一書，理財居其半。(同上卷三六，頁十四引。)

……與周官「正月始和」同義。(元王天與尚書纂傳卷七，頁二引。)

若周官垂治象……(同上卷二，頁八引。)

……故周官有十二教。(同上卷四三，頁三引。)

周官：有大事，衆庶得至外朝。(元董鼎書蔡氏傳輯録纂註卷四，頁三十引。)

以上八引，皆出安石尚書新義。

周官八職，一曰「正」……(宋吕祖謙吕氏家塾讀詩記卷二十，頁四九引。)

周官染人「秋染夏」。(同上卷十六，頁八引。)

「成」與周官所謂「書其刑殺之成」同。（同上卷二五，頁二五引。）

周官以爲諸侯之地方四百里。（同上卷三一，頁十四引。）

周官追師掌追衡笄。（宋李樗、黄櫄毛詩李黄集解卷三十，頁三十引。）

周官職方氏所謂「河西曰雍州」……（元梁益詩傳旁通卷九，頁十六引。）

以上六引，皆出安石詩經新義。

熙寧五年十一月丁巳（初八日）曰：「周官固已似商……」（宋會要輯稿卷一四九八九，頁十二食貨五五原注引九朝紀事本末載對神宗語。）

制置條例司曰（敏案：視同安石語。）：「周官貸民，明以國服爲息。」（同上卷一七五五一，頁十食貨四。）

周官所謂「府史胥徒」……（臨川集卷四一，頁四上五事劄子。）

安石罕言周禮，如西漢末至北宋初經師所習稱者，見其稱於書、詩二新義者各才一條：曰「周禮『過而未麗於法者……』」（尚書纂傳卷四三，頁七引。）曰「周禮司服所謂『侯伯之服……』」（元劉瑾詩傳通釋卷六，頁十六引。）見於宋會要輯稿（卷一七五五一，頁四食貨四。）載熙寧三年正月對上問一條，曰「前代人主幾人能以周禮決事」？

制置條例司言新法，頗稱周禮，曰「周禮泉府以爲」、曰「周禮泉府之官」、曰「周禮貸民取息」、「即比周禮所取尤少者」、曰「周禮泉府國服爲息之説」、曰「周禮設貸民之法」：雜出宋會要輯稿、韓魏公家傳。

安石答友人曾公立書：「一部周禮，理財居其半。」（臨川集卷七三，頁四。）但同義語，尚書新義却作周官（已見上引）。

安石周禮義序「臣某實董周官」（臨川集卷八四，頁一。），當與書名相應，易爲周禮。

案：據上所舉，除却非安石手著之書、詩二義多稱周官外，其他發於其口、撰於其手者，則絶多稱周禮。周禮新義、新法同聲相應，條例司所言與新義所作，並頒行四國，不容不一，余考：

熙寧八年六月丁未（十七日），經義局同修撰吕升卿言：「周禮、詩義已奏。」[續資治通鑑長編（下文簡稱「續長編」）卷二六五，頁四載。]——是奏上者曰周禮義。

後二日，中書言：「詩、書、周禮義，欲以副本送國子監鏤板頒行。」從之。（同上卷二六五，頁八。）——是刊板頒行者亦名周禮義。

安石改撰詩義序劄子：「……所解撰到詩義并進書、周禮義序，謹隨劄子投進。」（臨川集卷四三，頁六—七。）又安石奏上原書，亦作周禮義序（臨川集卷八四，頁一—二。）——是其書原序作周禮，不作周官。

元豐三年八月，安石乞改三經義誤字劄子，仍作周禮義（臨川集卷四三，頁四。）——是原頒、續改本皆作周禮義也。

三經義，稱之爲三經新義，「新」字後人增益，兹擇要言之：

宋吕陶曰：「（黄）隱亦能誦記安石新義。」（續長編卷三九〇，頁十九載。）

宋楊時曰：「（周禮）新義曰：『無問其欲否，概與之也。』」（龜山集卷六，頁十五神宗日録辨。）

又曰：「（周禮）新義又以：『國服爲之息，則民不輕貸矣。』」（龜山集卷十三，頁十三神宗日録辨。）

宋晁説之曰：「新經義之説，如……」（嵩山集卷一，頁三八。）

宋沈作喆曰：「神宗帝御經筵……侍講官以王氏（周禮）新義對曰：『……』」（寓簡卷二，頁二。）

宋胡洵直曰：「武成之書……王氏新義，嘗加改正。」（蘆浦筆記卷二，頁二載。）

宋陳善曰：「荆公於三經新義，託意規諷。」（捫蝨新話卷一，頁三。）

宋唐仲友曰：「熙寧間，更命儒生爲新義，而王安石實董周官。」（九經發題頁六。）

宋王應麟曰：「新經義云……」（困學紀聞卷三，總頁二六五。）

又有稱之爲新傳，如：

宋王昭禹曰：「掌國之倅……若軍旅之事而已：新傳云云。」（周禮詳解卷二七，頁四。）

又曰：「……師甸皆以遷祖行，視民以用命也：見新傳。」（周禮詳解卷二三，頁三。）

宋黄朝英曰：「余按舒王新傳解緑竹云……」（緗素雜記卷五，頁六。）

又曰：「新傳云：『武，足迹也。』」（緗素雜記卷六，頁二。）

宋易祓曰：「王氏新傳於此數者，以爲『誓其屬』。」（周官總義卷二三，頁二二。）

亦或作新經，而略去「義」、「傳」字，如：

宋王昭禹曰：「新經云：『民也、穀也、器也，在人而已。』」（周禮詳解卷十九，頁五。）

又曰：「新經云：『自三命以下……不言孤，則與六卿同矣。』」（周禮詳解卷十九，頁十三。）

又曰：「群右之長，所以謂之司右也。……新經云云。……唐之弊也，……又烏知成周之法哉！」（周禮詳解卷二七，頁六。）

宋馬永卿曰：「……而新經與『注』意同。」（嬾真子卷一，頁九。）

宋洪邁曰：「王荆公詩新義『八月剥棗』解云……」（容齋續筆卷十五，總頁一四三。）

宋樓鑰曰：「新經釋『鶴鳴于垤』……」（攻媿集卷六七，總頁六一一。）

元熊朋来曰：「……故王氏周禮新經至六書無可説。」（熊氏經説卷四，頁十一。）

上述各條，稱安石書名以「新」字，乃其人因安石行「新」法，遂意其學應曰「新」學，而其書亦應名「新」義矣：

名臣碑傳琬琰集安石本傳：「初安石提舉修撰經義，訓釋詩、書、周官既成，頒之學官，天下號曰新義。」（卷十四，總頁一四七五；宋史安石本傳、東都事略卷七九，頁四安石本傳皆略同。）

是本不名新義；新義云云者，「天下號」之而已。

公私藏書志著録，亦頗從衆稱，作新義云者：

郡齋讀書志：新經周禮義、新經尚書義、新經毛詩義。

直齋書録解題：周禮新義、新經詩義。

玉海：新經毛詩（義）、新經尚書（義）。

宋史藝文志：新經周禮義、新經毛詩義、新經書義。

元、明以後公私文獻志、經籍，據以著録或稱述，作三經新義者，不違枚舉矣。顧溯其初始，書名實不作新義：

熙寧六年三月，上（神宗）曰：「舉人對策，多欲朝廷早修經義。」（續長編卷二四三，頁六。）

八年六月丁未（十七日），呂升卿言：「周禮、詩義已奏。」（續長編卷二六五，頁四。）

六月己酉（十九日），中書言：「詩、書、周禮義，欲以副本送國子監鏤板頒行。」從之。（續長編卷二六五，頁八。）

辛亥（二十一日），王安石等加官，「並以修詩、書、周禮義解畢推恩也。」（續長編卷二六五，頁十。）

原夫籌撰之初，歷進書、頒行，至於轉修撰者官，數言經義，概不稱新義，矧安石手撰周禮義序、詩義序、書義序（載臨川集卷八四，頁一—三。）及後乞改三經義誤字劄子（載臨川集卷四三，頁三—六。）等，見於呈奏文字，亦無一作新義者，可爲確證。

元祐以後，仍有承用舊名，但稱經義者，如元祐元年十月劉摯言：「至其（安石）所頒經義……」（續長編卷三九〇，頁十九。）且陳瓘、楊時、林之奇，皆務三經義是詆，第考其舉此書，亦多作經義：

四明尊堯集：「其年七月，頒三經義于天下。雱所撰書義以謂……」（卷四，頁二六。）

楊時作三經義辨，專辨三經義之失。（書已佚，散見昔人引述。）

拙齋文集上陳樞密劄：「近有請於朝者，欲以王氏三經義復使學者參用其説。」（卷六，頁一。）

困學紀聞：「今按：周禮義云：『牛耳，尸盟者所執。』」（卷四，總頁三八六。）

清皮錫瑞經學歷史（總頁二五九）謂三書：「……名爲三經新義，頒行天下。夫既名爲新義，則明教人棄古説，以從其新説。」皮氏説此書名甚誤，上考足證；復就三經義佚文考之，安石説經固多承用舊解〔二〕，此在宋人已知之，兹舉三家語，以見其要焉：

陳師錫與陳瑩中書曰：「安石……解經奥義，皆原於鄭康成、孔穎達，旁取釋氏，表而出之。」（載宋元學案補遺卷九八，頁五一。）

陳淵答樓仲輝云：「由漢以來，專門之學各有所長，唯荆公取其所長，絢發於文字之間。」（默堂文集卷二二，頁十六。）

魏了翁周禮折衷曰：「王荆公專本此意，以人主當享備物極。至童貫、王黼，專創應奉司，以啓人主侈心，禍至不可勝言。學術誤國，原於康成，先儒未有發此義者。」（天官膳夫，鶴山大全文集卷一〇五，頁十。）

---

〔二〕三經新義頗用漢、唐古注舊疏，此不暇疏證，請别撰一文王安石之經學詳之。

又師友雅言曰：「周禮國服之法，鄭康成直以王莽二分之息解之。此自康成傳注穿鑿誤引，以禍天下，致得荆公，堅守以爲成周之法。當時諸老雖攻荆公，但無敢自康成處説破；推原其罪，自鄭康成始。」（地官泉府，鶴山大全文集卷一〇九附一一〇，頁二三。）三陳氏於宋，反對新政，攻擊新學甚烈，觀所討論，皆不以三經義爲「新説」。周禮新義多明用鄭玄注，師錫、鶴山謂安石解經原於鄭注，的是。則皮氏責安石「教人棄古説，以從其新説」，病於失考無疑。

三經義——周禮義、書義、詩義之書名，既經考定如此，今仍題三經新義——周禮新義、尚書新義、詩經新義者，蓋後起名稱沿用已久，爲便於識記，庶免駭世驚俗，故曲從衆説，學者幸垂察焉。

## 二、板本

### （一）三經新義原稿本、底本及初刻本

經局修撰三經義，皆有原稿本，原稿謄定後進呈，謄定後本是爲底本，詔下國子監據底本刊

板傳世，則爲初刻本。尚書、詩經新義原稿本，文獻不載；周禮新義原稿本，則宋蔡京之子絛尚及見之：

蔡絛鐵圍山叢談：「吾後見魯公（蔡京）與文正公（蔡卞）二父相與談往事，則每云：『……周禮新義，實丞相親爲之筆削者。』及政和時，有司上言天府所籍吴氏資居檢校庫；而吴氏者，王丞相之婣家也，且多有王丞相文書。於是朝廷悉命藏諸祕閣，用是吾得見之：周禮新義筆跡，猶斜風細雨，誠介甫親書，而後知二父之談信。」（卷三，頁二一—二二。）

吴資（四庫全書總目提要述作名資），事迹未詳。日本人東一夫氏王安石事典（昭和五五年十月國書刊行會發行）（頁一三四—一三五），考宋金谿吴敏生蒙，蒙女驟貴，適王安石，生長子雱、次子旁、又生次女某適吴安持，所謂「吴氏者，王丞相之婣家」，應爲吴蒙之子孫家或吴安持之家。

安石致通判比部尺牘（載故宫法書第十五輯宋人墨蹟集第七頁）。

荆公手書楞嚴經（明項元汴天籟閣藏本，藝苑真賞社影印。），今尚存，款書曰：「余歸鍾山，道原（敏案：沈季長字道原）假楞嚴本，手自校正，刻之寺中，時元豐八年四月十一日，臨川王安石稽首敬書。」

安石書法：曰清勁，宋李之儀曰：「或謂荆公知骨而不知肉，今見此經，則知傳者不識荆公書，遽以常所見清勁爲瘦也。」（姑溪居士文集卷四十，頁八跋荆公金剛經書。）又劉克莊曰：「此帖……清臞勁峭之狀……」（後村大全集卷一〇三，頁十跋王荆公帖。）曰瀟散高遠，有晉、宋人筆法，李之儀又曰：「（荆公）親作行筆……字畫與常所見不類，幾與晉人不辨。」（姑溪集卷三九，頁七跋元章所收荆公詩。）黄庭堅曰：「荆公率意而作，本不求工，而蕭散簡遠，如高人勝士敝衣敗履行乎大車駟馬之前，而目光在牛背。」（載清卞永譽書畫彙考卷十二，頁二三轉引，山谷又於跋王荆公書陶隱居墓中文云：「荆公書灋奇古，似晉、宋間人筆墨。」見豫章黄先生文集卷二五，頁十二。）宋某氏宣和書譜：「公……凡作行字，率多淡墨疾書，初未嘗略經意……而評其書者，謂得晉、宋人筆法，美而不夭饒，秀而不枯瘁。」（卷十二，頁四。）元吴師道曰：「公書字……要爲瀟散高遠。」（吴禮部集卷十八，頁四跋荆公手帖。）曰勁峭淡遠，飄逸飛動，是故李之儀又曰：「然其運筆，如插兩翼，凌轢於霜空鵰鶚之後。此其晚年所作，紙上直欲飛動，信所謂得之心而應之手，左右逢其原者也。」（姑溪集卷四一，頁一跋荆國公書。）朱子題荆公帖，謂其「筆勢翩翩」（朱文公文集卷八二，頁三。）、劉克莊形容其運筆，「回斡開闔之勢，居然不可掩」（同上劉跋）。職是之故，世謂公法書如「橫風疾雨」：

宋張邦基（政和、紹興間人）墨莊漫録曰：「王荆公書，清勁峭拔，飄飄不凡，世謂之橫風疾雨。」（卷一，頁三。）

「横風疾雨」，猶蔡絛言「斜風細雨」，則安石婿家吴氏所藏入於祕閣絛所經眼者，誠安石周禮新義手稿本也。

此本熙寧八年六月前撰定，繕正進上，稿留於家，傳至徽宗政和間（一一一一—一一一七）尚存。

周禮新義荆公親筆草稿，既徵實無譌，是此書雖朝廷敕立經義局撰，實安石獨力著成（詳參三經新義修撰人考），宋吕公著家傳（見朱熹編三朝名臣言行後録卷八，頁七。）謂「安石又與其子雱、其徒吕惠卿升卿撰定詩、書、周禮義」，語欠精塙也。

三經新義謄正本，熙寧八年六月丁未（十七日）先後奏上[一]，己酉（十九日）詔以其副份送國子監刊板流行[二]。後六日甲寅（二十四日），安石上三經義序，詔併置三經義解之首[三]，交付剞劂。

三經新義初刻本，約在熙寧八年七月至十月之間印行，續長編：

---

[一] 見續長編卷二六五，頁四，别詳三經新義修撰通考。

[二] 見續長編卷二六五，頁八，亦别詳三經新義修撰通考。

[三] 見續長編卷二六五，頁二四，亦别詳三經新義修撰通考。

熙寧八年七月庚辰（二十日），詔以新修經義付杭州、成都府路轉運司鏤板。所入錢封椿庫，半年一上。中書禁私印及鬻之者，杖一百。許人告，賞錢二百千：從中書禮房請也。初，進呈條貫，監司失覺察，私印及鬻之者當行朝典。上嫌其太重，命王安石改之。安石謝：誠如聖旨，乃臣鹵莽不細看所奏之罪也。（卷二六六，頁七。）

咸淳臨安志（卷四十「詔令」門）云：「（神宗皇帝）詔以新修經義付杭州鏤板，所入錢封椿庫，半年一上。中書禁私印及鬻之者，杖一百，許人告，賞錢二百千。（熙寧八年七月，從中書禮房請也。）」志或本續長編修。王國維考「杭州府刊本，北宋監本刊於杭州者」（見王觀堂先生全集總頁四四五三兩浙古刊本考卷上）云：「書義十三卷、新經詩義三十卷、周禮新義二十二卷，原注：並熙寧八年。咸淳臨安志：『詔：熙寧八年七月，詔以新修經義付杭州鏤板。』」則轉從方志著録。宋代經書刊版，杭與蜀所刻，同稱善本。［參周駿富先生古代四川刻書考——（二）兩宋時代四川刻書考略。］

仁宗、英宗朝，刻五經本，字體大小適中，謂之「中書五經」，而初雕三經新義，時安石在中書，故人謂先時所刻「中書五經」已識于先矣，上引續長編文李燾自注曰：

吕陶「記聞」云：「嘉祐、治平間，鬻書者爲監本，字大難售；巾箱本，又字小有不便。遂别刻一本，不大不小，謂之『中書五經』，讀者競買。其後王荆公用事，新義盛行，蓋『中書五經』識于先也。」

歷時僅三月，板刻乃竣事，布行天下，呂惠卿熙寧八年九月〔一〕奏讀曰：

（詩義）修寫進呈，得旨刊布，幾及千本。

此本尚書新義與詩經新義久佚，唯周禮新義殘卷至明初猶存，文臣修永樂大典據以採收多條，説詳下第三大節（二）Ⓐ Ⓑ。

## （二）詩經新義第一次修正本（即其書第二次刻本）

熙寧七年四月十九日，安石初次罷相挈子居金陵，至次年二月十一日復召入相。其間呂惠卿在京，同提舉經義局，乘間竄改安石父子等在京及居金陵時所撰草之詩義，而安石返京後，倉卒之間，未加審閲，即進上頒行。未幾，察知所頒詩義非舊本，乃上劄請改復，熙寧八年九月十

〔一〕先是九月辛未（十二日），安石奏惠卿竄改詩義舊本，惠卿即於帝前辯白，「後月餘」，又具劄至帝前奏讀，此文即在劄中。九月中旬後月餘，當在十月中下旬。唯惠卿於八年十月初二（庚寅日）罷政知陳州，不得爭奏此事，則續長編云「後月餘」，必誤。

一日安石論改詩義劄子〔一〕云：

臣子雱奉聖旨撰進經（續長編作「詩」）義，臣以當備聖覽，故一二（續長編作「一」）經臣手，乃敢奏御。及設官置局，有所改定。臣以文辭義理，當與人共，故不敢專守己見爲是。既承詔頒行，學者頗謂所改未安。竊惟陛下欲以經術造成人材，而（臣）職業（續長編作「董」）其事。在臣所見，小有未盡，義難自默。所有經置局改定諸篇，謹依聖旨具録新、舊本進呈；内雖舊本，今亦小有删改處，並略具所以删復之意。如合聖旨，即乞封降。檢討呂升卿所解詩（序）義，依舊本頒行：小有删改。即依聖旨指揮，取進止。（臨川集卷四三，頁六，亦略見續長編卷二六八，頁四。）

據此，王安石、雱父子所主撰詩義，爲「舊本」，不含詩序義解；詩序義解，由呂升卿撰。經義局改定者，爲初頒本。初頒本義固多未安，即「舊本」及升卿所解序義，亦小有未盡，今皆加删正。劄上，詔復安石曰：「並删定升卿所解詩序以聞。」（續長編卷二六八，頁四。）而安石遂奉旨重定，有答手詔言改經義事劄子（九月十一日）云：

---

〔一〕此劄既上，即奉手詔，命安石删正以聞；安石乃又有答手詔言改經義事劄子，題「九月十一日」。後劄若爲九月十一日上，則前劄決不在其後。續長編謂前劄辛未（十二日）所上，未詳所本。或文集日誤，或李燾誤繫，俟續考。此姑從文集。

臣伏奉手詔，依違之辠，臣愚所不敢逃。然陛下既推恩惠卿等，而除其所解，臣愚不敢安此。若以其釋説有甚乖誤者，責臣更加删定，臣敢不祗承聖訓？取進止。（臨川集卷四三，頁六。）〔二〕

至同年十二月改定進呈（詳本小節末）。

初，安石復召入相，緣吕升卿事，與吕惠卿益不協，及劄乞改已頒之詩義，惠卿於是白上曰：「臣意安石在江寧時，心有所疑，故速來如此。既至，必是陛下宣諭，及借臣『奏對日録』觀之，後頗開解。忽兩日前，余中、葉唐懿來，爲臣言安石怒臣改其詩義。中等昔與臣同進呈，安石以爲忘之；當時只進呈詩序，今但用舊義爾。臣意以爲未審，遣升卿往訊之，果然。升卿曰：『家兄與相公同改定進呈。』安石怒曰：『安石爲文豈如此？賢兄亦不致如此，此曾旼所爲訓詁，亦不識。』臣甚怪之，而未喻其怒之意，此必爲人所間爾。……臣雖不肖，麤知性命之理。安石雖不察臣，臣終不與之較。文章、聲名，臣尤不以爲意。且經義雖聖人有不能盡，無不可以增損處。昨以安石既去，據理修定，不敢少改，不意其怒如此。」（續長編卷二六八，頁四—五，繫熙寧八年九月辛未十二日。）

〔二〕 此及前劄，蔡上翔王荆公年譜考略（下簡稱蔡譜），併安石另乞改三經義誤字劄子，皆繫元豐三年，誤。

據上惠卿所辯，經局所進呈詩義，乃安石與彼共同改定，第又據「且經義雖聖人有不能盡，無不可以增損處」之理，而於安石既去（之江寧），「據理修定」，此固已承認嘗私改舊本，蓋安石既以新、舊二本併呈，事實確鑿，不得不俯首供認也。

其後，惠卿具劄復於帝前進讀曰：

臣伏見王安石劄子，奏乞詩序用呂升卿所解，詩義依舊本頒行，其小有删改。……安石稱於新本略論所以當删復之意，不曾降出，臣無由知其故。……臣惟朝廷初置經局，令臣與雱修撰，而安石提舉詳定，皆自陛下發之，非因建請也。苟以爲舊義不刊，則不知設官置局，欲令何爲，宜有增損也。則草創、討論、修飾、潤色，自有次第。（以上作首段。）而詩義，臣等初奉德音，以謂：舊文頗約，新學不知，今之修定，宜稍加詳。至其進論，多涉規諫，非學者所務，宜稍削去，仍解其序。即不曾令誰訓其辭、誰訓其義也。故自置局以來，先檢討官分定篇目，大抵以「講義」爲本，其所删潤，具如聖旨。（以上作次段。）一草創既就，臣即略爲論次。初解大序及二南，凡五卷。每數篇已，即送安石詳定。一句一字，如有未安，必加點竄，再令修改，如安石意，然後繕寫。安石親書臣名上進。則雱所進義，雖一一經安石之手，不知何以加此？又修邶、鄘、衛以後數卷，安石在此間，或就局，已經數覽。洎去江寧，又送詳定，簽貼鑿書其處非一。自此以後，臣以安石去局，而義已加詳，更不欲删改舊文，只令解序。自安石到京，令檢討官以續所撰義歷呈安石，其餘臣於中書，與安石面讀，皆有修改去處。經局草卷，宜尚有存。檢討官僚，今多在此，皆可驗問。（以上作第三段。）

……矧於是時承詔論撰，欲傳久遠，如能修改，使成全書，豈有彼此？而安石又以相臣董其事，意有未安，留加筆删，不爲稽緩。而修寫進呈，得旨刊布，幾及千本。忽見余中、葉唐懿來，謂臣：安石怒經局改其二南舊義，止令勿責，須得削去。……當初進二南義之時，陛下特開便殿，召延兩府，安石與臣對御，更讀以至終篇。陛下褒稱，聖言可記。安石未耄，何至廢忘？……（以上作第四段。）

今安石乃乞用舊本頒行，若以謂「小有未盡」，當如先降指揮删定，有誰不欲、致使「依違」？若以謂皆不可取也，則以安石之才，於置局之日，國風以前看詳修改，有至於數過者，苟其文至於皆不可取，則曷爲不見，而今日獨賴何人發明而後見之也？（以上作末段。以上五段文，見續長編卷二六七，頁六—七。）

案：首段：惠卿言不知安石論所以删復之故，則何不乞旨降出，以考較是非？是經局果有改動，而所改頗悖謬，故不敢復與安石對御面讀也。又謂設官置局，主司撰事，出自聖上，則修撰即删改舊本，乃屬分内事，不爲越權，即上段所謂「據理修定」，其私改舊本之事，益證其有也。

次段更陳所以删訂乃遵奉神宗本意——以舊文頗簡約，又進論多涉規諫[二]，且言帝初未嘗令「誰訓其辭，誰訓其義」，則因安石詩義序「上既使臣雱訓其辭，又命臣某等訓其義」而難之，兼申「經局有權删改」之論，爲其私改設辯。

又案：三、四兩段：謂二南及邶、鄘、衛諸卷義，皆經安石删定——或送彼詳定、或與彼面讀修正、或二人對御論定，唯決不敢檢呈「經局草卷」及請降出「新、舊本詩義」比勘，故卒無以自解其竄改之行也。李壁箋註荆公詩亦謂「時惠卿爲政，已極力傾公，雖經義亦多改定云」（卷四三，頁七）。矧當時徐承禧亦彈惠卿竄改：

至如經義，陛下曾經御覽。既出於中，有所不善，則當明有論列，若私自移易，則孰有不可改者乎？就使其書未進，而易他人之説以著己之謬言，則萬事之欺蔽可見。（續長編卷二六九，頁八，繫熙寧八年十月甲寅二十六日。）

據此，惠卿乘閒私改議定之詩義，無復可疑者矣。

又案：據四、末兩段惠卿之言，知帝從安石意許用舊本頒行，止初印本勿售，惠卿以爲甚不

[二] 今存三經義佚文，頗多諷諫之語，不獨詩義也，蓋不免以經解爲新法助，詳詩、書、周禮新義佚文及其評論，而宋陳善捫蝨新話亦云：「荆公於三經新義，託意規諷。」（卷一，頁二。）

可；乃謂第若略加删訂，則無不可。帝欲綏靖惠卿，徐曰：

安石無他意，經義只爲三、二十處訓詁未安，今更不動序，只用舊義，亦無害。（續長編卷二六八，頁七。）

惠卿復以言脅帝曰：

安石欲並序删定。置局修撰非一日，今既皆不可用，而轉官受賜，於理何安？臣亦當奪官！（續長編卷二六八，頁七—八。）

案：吕升卿主撰詩序解，別詳三經新義修撰人考之「吕升卿」部分下，而惠卿念念於詩序義，前既曰「只令解序」，此又曰「安石欲並序删定」，帝亦洞燭其情，姑曰「今更不動序」。其實詩序解關係詩本文訓詁甚大，斷無「不動序」而但改經詁之理，矧九月辛未詔，明敕安石據所重定之舊本，並升卿詩序解删正之。唯據惠卿言，安石但不滿經局私改者，僅二南義，與安石剳陳不合，當以安石剳爲正。所重定之舊本——即雱主撰、安石詳定及復加删正之本也。

後三月，當熙寧八年十二月辛亥（二十四日），「王安石上再譔詩關雎義解，詔年前改定諸詩序解，付國子監鏤板施行。」（續長編卷二七一，頁十五，亦見通鑑長編紀事本末卷七四，頁五。）殆舊本詩關雎義，需重加撰寫（非如舊本它篇，只需稍予删正），至此，乃併所正各篇詩序義進呈，請付有司刊板。

## （三）周禮、尚書新義第一次修正本（即此二書第二次刻本）、詩經新義第二次修正本（即其書第三次刻本）

安石自熙寧九年十月丙午（二十三日）罷政居金陵，日多閒暇，復考三經義解，至元豐三年八月畢事，遂上乞改三經義誤字劄子二道，有云：（全文載臨川集卷四三，頁三—六。）

臣頃奉敕提舉修撰經義，而臣聞識不該，思索不精，校視不審，無以稱陛下發揮道術，啓訓天下後世之意，上孤眷屬，没有餘責。幸蒙大恩，休息田里；坐竊榮禄，免於事累，因得以疾病之間，考正誤失，謹録如右。伏望清燕之間，垂賜省觀。儻合聖心，謂當刊革，即乞付外施行。臣干冒天威，無任云云，取進止。

尚書義：每條上置數碼，取便於論次，下倣此。

①皋陶謨「按見其惡」，當作「按其見惡」。

②益稷「故懋使之化」，當作「則懋使之化」。

③微子「純而不雜，故謂之犧」，「犧」當作「牷」；「完而無傷，故謂之牷」，「牷」當作「犧」。

④洪範「有器也，然後有法。此書所以謂之範者，以五行爲宗故也；五行猶未離于形，

而器出焉者也。擴而大，謂之弘；積而大，謂之丕；合而大，謂之洪：此書合五行以成天下之大法，故謂之洪範也」，已上七十一字，今欲删去。

⑤又云「陶復陶穴，尚矣，後世易之棟宇，而其官猶曰司空，因其故、不忘始也」，已上二十六字，今亦欲删去。

⑥周官「唐、虞稽古」，字上漏「曰」字。

周禮義：

①小宰「其財用」，上「其」字當作「共」。

②大府「受藏之府，則若職内掌邦之賦入是也；受用之府，則若職歲掌邦之賦出是也」，已上三十字，今欲删去。

③黨正「歲屬其民者四」，「四」當作「五」。

④誦訓「以詔王觀事」，當去「王」字。

⑤典瑞「手足腹背」，「手」當作「首」。

⑥冢人「山林之尸，則以山虞」，已上八字，今欲删去。

⑦御僕「掌萬民之復」，「復」當作「逆」。

⑧大馭「有軓也」，「軓」當作「軌」。

⑨大行人「三公八命，出封加一命，則謂之上公」，已上十四字，今欲删去。

詩義：

①北風「北以言其威，雨雪以言其虐，凉者氣也，喈者聲也，雱蓋言聚，霏蓋言散。氣之所被者近，聲之所加者遠。聚則一方而已，散則無所不加，此言其爲威虐，後甚於前也」，已上六十三敏案：「二」之誤。字，今欲删去，改云「北風之寒也，而以爲凉；北風之厲也，而以爲喈；此以言其爲威。雨雪之散也，而以爲雱；雨雪之集也，而以爲霏；此以言其爲虐」。

②君子偕老「玼兮玼兮，其之翟也者，服之盛也」，「服之盛」字下，今欲添「質宜之」三字。又云「瑳兮瑳兮，其之展也，蒙彼縐絺，是泄袢也者，亦服之盛也」，「亦服之盛」字上，欲減「亦」字；「服之盛」字下，欲添「文宜之」三字。

③定之方中「説于桑田者」，「者」當作「則」。

④干旄「州里之士所建」，今欲改爲「鄉黨之官所建」。

⑤有女同車「公子五争」，「争」當作「爭」。

⑥駟鐵「駟馬既閑」，「駟」當作「四」。

⑦墓門「食椹而甘」，「椹」當作「葚」。

⑧七月「去其女桑而猗之，然後柔桑可得而求也」，已上十六字，今欲删去，改云「承其

女桑而猗之，然後遠揚可得而伐也」。

⑨又「蠶月者非一月，故不指言某月也」，下添云「蠶女事也，故稱月焉」。

⑩又云「猗薪之也，言猗女桑則遠揚可知矣，言伐遠揚則女桑可知矣：皆伐而猗之也」，已上三十字，今欲刪去。

⑪又「剥棗者，剥其皮而進之，養老故也」，十三字，謂亦合刪去。敏案：此條爲安石乞改三經義誤字第二劄，在後，移併於此。

⑫車攻「言其連絡布散衆多。若奕（敏案：字當作「弈」。）棋然」，已上十二字，今欲刪去。

⑬小旻「發言盈廷」，「廷」當作「庭」。

⑭桑扈「受福不郍」，「郍」當作「那」。

⑮生民「麻麦幪幪」，「麦」當作「麥」。

⑯公劉「篤之字，从竹从馬。馬行地無疆，以竹策之，則力行而有所至；篤之爲言力行而有所至也」，已上三十四字，今欲刪去。

⑰卷阿「藹藹然盛多」，「然」當作「其」。又云「故次以既醉太平也」，多「太平」二字，今合刪去。

⑱召旻「昏非所以爲哲」字上漏「明」字，今合添。

⑲時邁「政之所加，孰敢不動懼」，今欲改云「政之所加，孰敢不震動疊息」。

⑳那「磬管將將」，「管」當作「筦」。

此二劄，據首劄標題下原注，知爲元豐三年八月二十八（蓋「六」之誤，詳下）日稍前進上，至二十八日，旨降：「王安石上改定詩、書、周禮義誤字，詔録送國子監修正。」（續長編卷三〇七，頁十八。）〔一〕

安石乞改經義誤字事，亦見宋邵博邵氏聞見後録：

三經義頒于學官，數年之後，又自列其非是者，奏請易去。（卷二十，頁五。）

而宋洪邁以下，記荆公乞删「剥棗」等字者尤衆，容齋續筆「注書難」條云：

王荆公詩新經「八月剥棗」，解云：「剥者，剥其皮而進之，所以養老也。」毛公本注云「剥，擊也」，陸德明音「普卜反」，公皆不用。後從蔣山郊步至民家，問其翁安在？曰：「去『撲』棗。」始悟前非，即具奏乞除去十三字，故今本無之。（卷十五，總頁一四三。）

其後宋樓鑰攻媿集卷六七，總頁六〇八；元方回桐江集卷二，總頁一四七；明何楷詩經世本古義

〔一〕續長編繫丙辰二十六日，疑臨川集原註「二十八」之「八」爲「六」之形誤。

卷一，頁三四；清全祖望鮚埼亭集外編卷三四，頁三，皆載此事。攻媿集記事小異。）

而神宗亦不厭初頒經義，固樂見有所勘修，宋晁説之元符三年四月十九日奏曰：

臣頃爲蔡州學官，王安禮爲臣言：神宗皇帝天度高遠，常患三經義未副其意，宣諭異日當別刊修。（載嵩山集卷一，頁三九。）

此三經新義修正本書板，藏國子監，元祐、紹聖以及靖康元年（金人破京師之前）尚存，文獻頗載其事；而其印本，則南宋至元末人著書，猶多加舉引（説皆詳下第三大節「流傳」）。

附記：詩經豳風東山篇「鸛鳴于垤，婦嘆于室」，攻媿集曰：「『于垤』之義，惟胡德暉珵（楊時之門人）蒼梧雜志言之最明，云：『新經釋「鸛鳴于垤」，謂「垤」爲「丘垤」，非「螘塚」。蓋荊公未嘗到山東，螘塚有極高大者，如塚墓然，每天將雨，則鸛集螘垤而鳴。』」（卷六七，總頁六一一。）第考朱子語類曰：「王荊公初解『垤』爲自然之丘，不信『蟻封』之説，後過北方，親見有之，遂改其説。」（卷一〇五，頁八。）一謂荊公未見北方蟻塚，故不及改；一謂親見北方蟻封，故遂變舊説，如七月「剥棗」條然。余案：宋呂祖謙（呂氏家塾讀詩記）、段昌武（毛詩集解）、嚴粲（詩緝）引詩經新義解此「垤」皆作「丘垤」，説詳詩經新義佚文第三三五條，朱子語類此條，殆出誤傳。

## （四）附音義本

三經新義兼釋字義、字音，如小雅白駒「賁然來思」，詩經新義：「賁，讀爲『奔』字，言其來之速也。」（詳詩經新義佚文第四五〇條）又如楚茨「焫蕭求諸陽」，詩經新義曰：「焫，如悦反。」（詳詩經新義佚文第五九八條）蓋標釋音讀之字甚少（從所輯佚文可概見），不便講論，於是帝令講官編撰，續長編：

元符元年十月癸巳（十九日），三經新義與舊音不同者，令本經講官編纂音義。（卷五〇三，頁十一。）

續長編拾補：

政和元年十一月丙子（十七日），臣寮言：「竊見邇英講經，皆並注入點釋，因襲之久，未及是正。欲乞自今只點正經，其音釋意義，並以王安石等所進經義爲準。」從之。（卷三十，頁十三，亦見長編紀事本末卷一三〇，頁三。）

疑講官所別編「音義」，嘗附刻於三經新義本之後。北宋末人徐安道（蓋名尹平），多用安石詩經新義（見李樗、黄櫄毛詩李黄集解引，詳詩經新義佚文第二七〇、四二〇等條。），而宋姚寬西溪叢語（卷下，頁十。）記安道有「音辯」注；安道殆就三經新義有關音義部分爲注者也。

## （五）私家傳刻本

王氏父子門人等解經，坊間摹刻，約當熙寧四至七年間，邵氏聞見後録云：

東坡倅錢塘日，答劉道原書云：「道原要刻印七史，固善；方新學經解紛然，日夜摹刻不暇，何力及此？……」（卷二十，頁八。據王保珍先生增補蘇東坡年譜會證，熙寧四年六月至七年九月，東坡通判杭州。）

熙寧八年七月，令以三經義付梓，同詔禁止私印及售賣，違者杖一百（已詳上第一小節引續長編）。罰則太輕，又利之所趨，於是書估競相摹刻。及政和二年（一一一二）頃，坊間更刻印小字本，校印粗劣，可想而知。唯以廉價銷售，又便於檢閱携持，竟然風行場屋，宋會要輯稿云：

政和二年正月二十四日，臣僚言：「輿論以謂：士人溺於元祐挾書之習者，尚多有之。蠅頭細字，綴成小册，引試既畢，遺編蠹簡，幾至堆積。兼鬻書者以三經新義並莊、老子説等作小册刊印，可置掌握，人競求買，以備場屋檢閱之用。雖其法甚嚴，而前此有司往往愛惜士風，未之舉行，遂致荒唐繆悠之人公然抵冒，無復忌憚。竊謂義理本以待士，彼或冒法，則非士也，尚何恤乎？伏望聖慈，申嚴懷挾之禁，增重巡鋪縱容之責；印行小字三經義，亦乞嚴降睿旨，禁止施行。」從之。（卷一〇六四三，總頁四二九四選舉四之七—八。）

類此粗濫刻板，彼時傳印必甚多，唯當日善本具在，故棄置誠不足惜；今則三經新義原書久佚，雖求劣本，亦無由得，良可歎也！

## 三、流傳

### （一）北宋哲徽欽三朝

宋哲宗元祐元年，司馬光等執政，舊派當塗，議新科舉法，國子司業莆田人黄隱者，小人也，逢迎權要，詆毁三經新義，諷太學生勿用王氏新學，御史中丞劉摯奏劾之：

伏見國子司業黄隱，學不足以教人，行不足以服衆。學之政令，惟考校課試、遷補職掌，最繫奬勸，不可不公。而隱違法徇私，事皆有狀……多於生員試卷之末，妄立詞説，出牓以示衆：變棄義理，疑惑學者，陰附權要，奬進浮薄。故使學衆不伏，怨情洶洶，至有騰爲嘲謗之詞者。

隱微見安石政事多已更改，輒爾妄意迎合附會，因欲廢安石之學，每見生員試卷引用，隱輒排斥其説，此學者所以疑惑而怨之深也。（載續長編卷三九〇，頁十八—十九，繫元祐元年十月。）

案：諸家或謂黄司業欲毁、或云已毁三經新義官板（詳後）。考元豐官制行，國子監置祭酒一人，掌國子太學、武學、律學、小學之政令，而司業爲之貳（見宋史職官志五），國子監主管——祭酒尚無權毁欽定之書板，况司業乎？觀上劉摯言，知隱但排抑王學，未嘗倡言廢毁經板。下殿中侍御史吕陶言亦可證：

臣伏見國子司業黄隱……亦能誦記安石新義，推尊而信嚮之久矣，一旦聞朝廷欲議科舉以救學者浮薄不根之弊，則諷諭其太學諸生，凡程試文字，不可復從王氏新説，或引用者，類多黜降，何取舍之不一哉！（浄德集卷四，頁二請罷國子司業黄隱職任狀，續長編卷三九〇，頁十九亦載。）

劾狀亦不及隱欲毁板之罪，矧監察御史上官均劾狀言隱失職，亦並未及毁板，其言云：

自隱初除學職……專以區區私見排詆王安石經義。……朝廷昨來指揮，止禁學者不得援引字説；其於三經新義，實許與注疏並行。而隱學無所主，任意頗僻，以爲朝廷盡斥安石之學，肆言排詆，無所顧忌；妄倡私説，取笑學者。（續長編卷三九〇，頁二一——二二。）

夫「太學每歲公試，以司業、博士主之」（宋史選舉志五），黄隱考校課試，玩法弄權，禁諸生用王氏經義有之，若公然號於衆，曰毁三經新義板，則彼所未敢而力亦有所不逮，乃舊説以爲隱毁板：

清黄宗羲等宋元學案涑水學案下：「黄隱……元祐初，守國子司業，力排王氏新語，取三經板火之，爲呂陶等所攻，出守泗州。」（卷八，總頁二〇三。）

清全祖望鮚埼亭集外編荆公周禮新義題詞：「三經新義……國學頒行之板，爲國子司業莆田黄隱所毁，世間流傳遂少。」（卷二三，頁六。）又記王荆公三經新義事附宋史經籍志：「荆公三經新義……莆田黄隱作司業竟焚其書，當時在廷諸公，不以爲然，彈章屢上（下全氏據山堂考索載劉摯、呂陶、上官均之言，此悉從略）。」（卷四九，頁一—三。）

清蔡上翔蔡譜：「……及司業黄隱不悦，且欲毁安石新經，則有呂陶起而攻之。」

清陸心源宋史翼黄隱傳謂隱「遷國子司業，取三經新義板火之。」（卷三，頁十七。）

梁啓超王荆公：「哲宗元祐元年，國子司業黄隱焚三經義之板，禁諸生誦習矣。」（頁一一四。）

此後，徐振亞王安石經學概論初稿、劉伯驥宋代政教史（總頁一一七四）並謂黄隱欲毁新經板。皆沿黄、全二氏之誤也。

三經新義官板固未遭焚，至紹聖間猶完好無損，清波雜志：

章子厚在相位，一日，國子長貳堂白：「三經義已鏤板敓行，王荆公字説亦合敓行，合取相公鈞旨。」子厚曰：「某所不曉，此事請白右丞。」右丞，蔡元度也。（卷十，頁二○。）

案：此紹聖元年十月事（時章惇相，蔡卞爲尚書右丞）。字説，元豐用以取士，但未詔行，而元祐詔禁，故學臣請就安石家取寫定本，付國子監雕板，令頒行之〔二〕；三經義則早已鏤板頒行，板在，朝廷亦未嘗禁其學，故不需重頒。〔三〕

板存朝廷，印本則流行天下，士子傳習，以企升登高第：

章宗撰葛勝仲行狀（丹陽集附）：「紹聖三年，（公）復預開封優選。明年試南宫，時再用經義取士，知舉文節林公希……擢寘高等，遂登是歲進士第。」勝仲有謝試宏詞及三經義

---

〔二〕　長編紀事本末：「紹聖二年十一月庚子，三省言：國子司業龔原奏請，乞檢詳前奏下贈太傅王安石家取所進字説副本，下國子監校定雕印，以便學者傳習。從之。」（卷一三○，頁二一。）王觀堂先生全集總頁四三五一五代兩宋監本考（卷中）亦載紀事本末此條。關於字説之撰著與行於場屋，詳劉銘恕王安石字説源流考。

〔三〕　據續長編拾補（卷十一，頁六，長編紀事本末卷一三○，頁二同。），而柯敦伯王安石：「紹聖元年十月，將王安石字説、洪範傳、三經義及子雱論語、孟子義降付國子監雕印，便學者傳習。」（頁一三二。）案：紹聖元年十月，詔刻字説，已如上述；二年三月甲辰（初九日），從國子司業龔原等請，詔令國子監寫録王雱論語、孟子義進納（續長編拾補卷十二，頁三，長編紀事本末卷一三○同）。至洪範傳雕印頒行，則在二年正月十七日，亦從龔原之請（見宋會要輯稿總頁二二六○崇儒五）也。宋史龔原傳，亦謂原請以安石父子所撰字説、洪範傳及論、孟義刊行，而不及三經義。柯氏云紹聖刻三經義，殆誤。

入等啓。(丹陽集卷四,頁三。)

學者但讀三經義,本經及他書,幾至廢置不觀。臣寮因竟上言乞於三經義中出題試舉人,右正言鄒浩論其不可(見續長編卷五〇三,頁十七,繫元符元年十月;宋史本傳亦簡載之)。既而,政和元年十一月,帝從臣寮言,邇英講經,音、義並以三經義爲準。次年,坊間傳刻小字本三經義,風行四海(已詳上第三大節第五小節)。

先是,陳瓘大觀四年上四明尊堯集(據周必大文忠集卷十七,頁六,一云政和元年上。),據三經義本書而條陳其失。其後復有楊時請劈毁三經板之事,靖康元年五月三日兼國子祭酒楊時上疏曰:

……致今日之禍者,實安石有以啓之也。……臣伏望睿斷,正安石學術之繆,追奪王爵,明詔中外,毁去配享之像,使淫辭不爲學者之惑,實天下萬世之幸!(龜山集卷一,頁二一——二三,日月從靖康要録卷六,總頁一一四。)

以教育首長具文請君上「正安石學術之繆,使淫辭不爲學者之惑」,雖未昌言毁三經義存板,而欲毁板之意已甚顯。朱子語類:

他(龜山)當時一出,追奪荆公王爵,罷配享夫子,且欲毁劈三經板。士子不樂,遂相與聚問:三經有何不可,輒欲毁之?(卷一〇一,頁十五。)

蔡譜用朱子說。宋史楊時本傳（載龜山集卷首。）亦云：

又著三經義辨，請毁三經板。時士子獵取科第，已數十年，不復知其非，議論紛然。敏案：傳本宋史時本傳不記請毀經板之事。

楊時議廢安石學，欲毁三經義官板，以太學生訩聚，而御史中丞陳過庭及諫議大夫馮澥等又上疏辯論，乃罷時祭酒，僅停安石配享，卒不從其意劈毁三經義板〔二〕。而楊時三經義辨進上朝廷，久之，但付秘府收藏〔三〕，亦可徵王學未禁，經義板完好。日人諸橋轍次氏儒學之目的與宋儒之活動（頁五三七）謂龜山此疏導致欽宗毁三經義板，失之。

據上所述，三經義官板及印本，至靖康元年尚存。及汴破，或毁於兵燹，或爲金人索去丟棄，陳登源中國典籍史略謂：

靖康二年正月，虜須渾天儀、銅人、刻漏、古器、秘閣三館書籍、印本監板。當時宋人何敢求而弗應？故同月，鴻臚卿康執權、少卿元當可等押道、釋經板，校書郎劉才、邵溥、宿國子監主簿葉將、博士熊彦詩、上官悟等五人，押監書印版並館中書籍送納。二月，虜得明堂

〔二〕此小段文，參龜山集答蕭子莊（卷二一，頁十四）、題諸公邪説論後（卷二六，頁十五）、宋陳淵默堂文集三經義辨止載朱公有益學者之詞（卷十七，頁六—七）、宋史選舉志三及御批歷代通鑑輯覽（卷八二，頁六）。

〔三〕見默堂文集與胡康侯侍讀（卷十七，頁二五）、與黃用和宗博（卷十九，頁十四）。

九鼎，觀之不取，止索三館文籍圖書、國子書版。（卷二，總頁一九九—二〇〇，參靖康要録卷十五，總頁三〇三、三〇七。）

靖康要録（卷十六，總頁三三六）載靖康二年四月，金人北去，營中棄珍物甚多，而「秘閣圖書，狼藉泥中」（亦參陳氏中國典籍史）。監板三經義及印本，則爲粘罕棄毁，顧棟高王荆公年譜附「遺事」云：

粘罕在西京……拘刷三館（史館、昭文館、集賢院）書籍，凡王氏經説、字説皆棄去之。

靖康要録亦記：

靖康元年十二月二十五日，虜人入國子監取官書，凡王安石説皆棄之。（卷十四，總頁二八五。）

印本輕便，尚以「偏惡」見棄，三經版笨重，固虜所不取，遂任其傷毁，可慟也夫！

## （二）周禮新義之流傳（併考「輯本」）

中原失陷，三經義湮淪北地，幸南方尚保有傳印本，陳淵（？—紹興十五年，一一四五）默堂文集與十弟書：

王氏以熙、豐以來，發明六經，固嘗以孔、孟自任，然六十餘年間，瀆貨害民，開邊生事……遂使夷狄亂華，二聖播越。……今其書具在，可驗也。（卷十九，頁十八—十九。）

「其書具在」，舉子得以誦習不絕，乃有乞科場仍用三經新義答卷者矣，時紹興十二年六月癸未事也。（載建炎以來繫年要録卷四五，頁二三；中興小紀卷三十，頁八。）

三經新義之流傳，既總述略如上，兹再就其著録、衆家舉引及「輯本」，分書詳考如下。先周禮，次詩經，末尚書者，從安石舊敘也[一]。

Ⓐ宋、元、明人書著録（鄭宗顔考工記講義併列。）

宋晁公武郡齋讀書志：

新經周禮義二十二卷……皇朝王安石介甫撰，熙寧中設經義局，介甫自爲周官義十餘萬言，不解考工記。按秦火之後，周禮比他經最後出，論者不一。……至於介甫，以其書理財者居半，愛之，如行青苗之類皆稽焉。所以自釋其義者，蓋以其所創新法盡傅著之，務塞異議者之口。（卷二，頁十。）

---

〔一〕臨川集（卷八四）存三經義序，先周禮義序（直齋書録解題曰：「周禮新義二十二卷……置之經義之首。」），次詩義序，末書義序。

宋尤袤（宣和六年—紹熙元年）遂初堂書目禮類：

王文公周禮新經。

宋陳振孫直齋書録解題：

周禮新義二十二卷，王安石撰。熙寧八年，詔頒之國子監。……其解止於秋官，不解考工記。（卷二，頁二一。王觀堂先生全集總頁四三四一五代兩宋監本考卷上據以著録，且引續長編熙寧八年七月詔。）

元馬端臨文獻通考：

新經周禮義二十二卷。晁氏（公武）曰……。陳氏（振孫）曰……。（卷一八一，總頁一五五七經籍考八。）

元托克托宋史藝文志一：

王安石新經周禮義二十二卷。

案：晁氏，高宗紹興間人，陳氏，理宗端平間人，皆得見原書而據以著録（詳參下文），通考則顯然據晁志、陳解著録。而宋志，元時撰，其時此書雖尚未佚，然則未必便得原書，依以著録。

又案：晁志等著録，皆作二十二卷，與墨海金壺本、經苑本及臨川集（卷八四，頁二）所載安石周禮義序「……謹列其書爲二十有二卷」合，唯清文淵閣四庫全書本、孔繼涵鈔本此序則並作

「二十有三卷」。余考安石尚書義十三卷，與僞孔傳本尚書卷數相合，經典釋文敍録、隋志、兩唐志、唐石經、日本内野本、宋相臺岳氏本著録僞孔傳皆作十三卷。又考詩經義二十卷，亦與毛、鄭本卷數相合，經典釋文敍録、隋志、兩唐志、唐石經、宋相臺岳氏本、唐修毛詩正義皆作二十卷。是周禮義分卷，亦當從舊，如詩、書之例。舊志著録衆家注周禮，絶多作十二卷：

經典釋文敍録：「馬融注周官十二卷，鄭玄注十二卷，王肅注十二卷。」

隋書經籍志：「周官禮十二卷，馬融注、鄭玄注、王肅注、伊説注、干寶注。」（舊唐書經籍志：馬、王、干注亦皆作十二卷，新唐志：馬、王注亦並作十二卷，兩唐志著録鄭注本皆作十三卷，唐石經周禮鄭注十二卷。）

疑安石周禮新義序「二十二卷」，初作「一十二卷」，「二」爲「一」字之抄誤；至於作「二十三」，又爲「二十二」之誤。

晁、陳並以安石周禮新義不解考工記，其後明周夢暘考工記輯注（載明徐昭慶考工記通卷首述）、清全祖望荆公周禮新義題詞（鮚埼亭集外編卷二三，頁七）、紀昀四庫全書總目提要（卷十九，頁七）、王太岳四庫全書考證（卷八，頁四八—四九）、甘鵬雲經學源流考（卷四，頁五）皆遵其説。

晁、陳倡言安石解不及冬官考工記，殊可疑。考安石周禮義序言「謹列其書爲二十有二卷，凡十餘萬言，上之御府」，與晁氏説合，似晁、陳所見非殘本。考工記雖非周禮冬官之舊，然自漢河間獻王取以補綴五官之後，歷時千年，後人多視之爲周禮之一部分，鄭注、賈疏皆不加排斥，矧安石方尊顯周官，資以推行新法，理應義解全書以頒天下，如詩、書二義之例。若但遺考工不解，貽人口實，中人所不爲，而謂安石爲之乎？

復考安石之徒陳祥道（字用之），師承新學，撰考工記解（見宋王與之周禮訂義卷首引用諸家姓氏下），以推安石禮學，安石似不應舍考工記不解。王昭禹，固亦荆公之學者，著周禮詳解四十卷，宗王氏新説，考其全編，幾至篇篇章章句句字字依傍而發揮之，而亦解考工記。

更考宋王與之周禮訂義前列引用諸家曰：「臨川王氏安石字介父，有『全解』，今作王氏。」而其書考工記直引「王氏曰」者十三條，轉引自鄭鍔周禮全解者（鄭氏直呼王安石云云）五條。王與之、鄭鍔之書，皆全解，而安石又別無周禮考工記解，故二家所引安石説，當出周禮新義之考工記義解。況宋沈作喆（紹興五年進士）嘗述考工記新義：

> 寓簡曰：「神宗皇帝御經筵，時方講周官，從容問『面朝後市』何義？侍講官以王氏新義對曰：『朝，陽事；市，陰事，故前後之次如此。』」（卷二，頁二。面朝後市，考工記匠人文。）

且安石字説，用考工記畫繢文「赤與白謂之章」（見埤雅卷三，頁十引），而周禮新義前五官，用考工記直稱書名者四條，則非鄙而不解，又得一塙證。（關於安石解考工記參看拙著重輯周禮考工記新義論錢儀吉本，書目季刊十八卷四期。）

明楊士奇文淵閣書目：

周禮王荆公解義，一部，三册闕。

周禮鄭宗顏講義，一部，一册完全。（卷二，頁二八，地字號櫥。）

明孫能傳、張萱「（萬曆重編）内閣書目」：

荆公周禮解義，三册，不全，宋王安石注。

周禮講義，一册，全，宋王安石及鄭宗顏注冬官考工記：鈔本。（卷二，頁十七經部。）

明葉盛菉竹堂書目：

周禮王荆公解義，三册。

周禮鄭宗顏講義，一册。（卷一，頁十一。）

明焦竑國史經籍志禮類：

周禮新經義二十二卷王安石。

鄭宗顏周禮講義□卷。（卷一，頁二七、二八。）

明朱睦㮮授經圖：

周禮解義二十二卷王安石。

周禮講義二卷鄭宗顔。（歷代三禮傳注卷四，頁四。）

案：所謂「周禮解義」，即安石周禮新義，明初存文淵閣地字號橱，士奇親見殘本，依以著録。清傳維鱗明書經籍志，就士奇内閣書目重編者，著録二書同。葉盛（永樂十八年—成化十年）亦明初人，唯今傳菉竹堂書目，乃後人據文淵閣書目輯編纂定者，非原本書目，故葉盛得見荆公此書與否，未可定也。内閣書目乃萬曆重編，此蓋據文淵閣書目纂入，亦未必獲見安石原編。焦氏史志及朱氏經圖之爲書也，並存佚兼收，未見二家周禮解義，論據詳下第（三）小節詩經新義之流傳。至清莫友芝郘亭知見傳本書目（卷二，頁七）著録，記有萬曆刊本，蓋據内閣書目，以爲當是彼時刊本，亦未見荆公原書也。

明初修永樂大典，多用文淵閣藏書（如文淵閣書目所記）。大典所收安石闕本周官新義及鄭宗顔足本周禮（考工記）講義，當即據閣本。爾時荆公解義、宗顔講義已合爲一書，併鈔入永樂大典中，書題王、鄭合著。意者，永樂之後，王、鄭原編旋即散佚，清儒（如全祖望、周永年、孔繼涵、程晉芳、周震榮、陳竹厂）但據永樂大典抄輯，合附鄭講於王書之後［説參下Ⓒ之（b）］。

大典據閣本周禮新義抄，今閣本固已佚，即大典原卷亦不易見，無從考校其初原。全祖望度閣本乃宋徽宗政和時所藏安石手稿本，其荆公周禮新義題詞曰：

……獨周禮則親出於荆公之筆……蔡絛以爲政和秘閣所藏，其書法如斜風細雨，定爲荆公手蹟。敏案：見鐵圍山叢談，已見上引。其後國學頒行之板，爲國子司業莆田黄隱所毁，敏案：説誤，已詳上。世間流傳遂少，……而明文淵閣書目所有，當猶屬政和底本，顧世人無從見，今則無矣。相傳崑山徐尚書（乾學）雕（通志堂）經解，以千金購之，不能得。雍正乙卯，予於永樂大典中得之。……（鮚埼亭集外編卷二三，頁六。）

案：上第二大節（三），述周禮新義元豐三年第一次修正本第（一）條天官大府，安石請删去三十字；又修正本第（九）條，秋官大行人，請删去十四字。考所删之字，今尚皆見於各傳抄永樂大典本周官新義（詳下清文淵閣本四庫全書周官新義下討論），是大典據以抄收之明文淵閣本果爲未經修訂之初頒本、底本，或安石手稿本（如全氏意）。唯全説不盡然，手稿及底本，藏在秘府，當亡於靖康之難（已詳上文），此蓋舊日初頒本，偶存於民間，傳至明初，爲政府所得者也。

Ⓑ宋、元、明人書稱引

晁公武、尤袤、陳振孫三家，皆實見周禮新義原帙之全，其書志據以著録（已詳上）；是安石書南宋晚葉猶存。又自北宋哲宗至南宋末年，多士直引周禮新義原文者，舉隅如下：

孫升（治平二年進士）孫公談圃：「荆公言：贊牛耳，取其順聽。」（卷中，頁五，見周禮新義輯本佚文第五三八條。）

陳瓘（一〇五七—一一二二）四明尊堯集：「……新經義既取其説……安石欲變宿衛

之法，先於經義創立新説。」（卷一、卷三，輯評第二六條。）

王黼（一〇七九—一一二六）宣和博古圖曰：「王安石釋周官鼓人云：『以錞和鼓……』」（卷二六，頁二七，輯佚第二一二條。）

楊時（一〇五三—一一三五）龜山集：「周官『平頒其興積』，新義曰：『無問其欲否，概與之也。』」（卷六，頁十三，輯評第一〇一條。）

王昭禹（政、宣間人）周禮詳解：「新經云：『自三命以下……』」（卷十九，頁十三，輯佚第三三九條；又引作新傳云云者，多見，詳輯本。）

王十朋（一一一二—一一七一）周禮詳説：「王安石曰：『韋弁，違物性而制之……』」（周禮訂義卷三六，頁六載，輯佚第三四三條。）

沈作喆寓簡述「王氏新義」（已詳上引）。

唐仲友（一一三六—一一八八）九經發題：「熙寧間，更命儒生爲新義，而安石實董周官。……其説多用字説，破碎經義。」（頁六，輯評第七一條。）

朱熹（一一三〇—一二〇〇）朱文公文集：「安石之所謂周禮，乃姑取其附於己意者……」（卷七十，頁十，輯評第一七三條。）

洪邁（一一二三—一二〇二）容齋續筆：「王安石……作三經新義，其序略曰：『……』」

(卷十六,總頁一五七—一五八,輯評第七二條。)

鄭鍔(紹興三十年進士)周禮全解:「王安石謂:『雞於十二辰屬酉……。』」(周禮訂義卷三三,頁十六載,輯佚第三三〇條。)

易祓(淳熙十一年進士)周官總義:「王氏新傳以爲:『……皆誓其屬也。』」(卷二三,頁二二,輯佚第六六七條。)

陳汲(寧宗時人)周禮辨疑:「王介父以爲:孟子據實封言之……。」(周禮訂義卷十五,頁十六引,輯佚第一八五條。)

魏了翁(一一七八—一二三七)周禮折衷:「荆公謂:『治汙謂之汙……。』」(在鶴山大全文集卷一〇四,頁三一,輯佚第四八條。)

衛湜(寶慶間人)禮記集説自序評「王文公新傳」,見輯評第一八六條。王與之周禮訂義(紹定五年作),卷首引用姓氏,列王安石,卷内直引王氏曰皆謂安石,凡五百零八條次,詳輯本。

王應麟(一二二三—一二九六)六經天文編引「王氏曰」四條、困學紀聞引周禮義一條,並詳輯本。

以上所述,凡明稱安石書名者,固皆親見原書;其稱王安石、王介甫、荆公者,亦出周禮新義。蓋安石周禮專著，只此一書，所引必據是編；所引又多可與文淵閣本周官新義證合，故真出安石原書無疑（參看輯本諸家評論及載引佚文同佚文按書分條考計）。王伯厚已入元，既尚及見此書，則斯編迄宋亡猶未佚也。

馬氏文獻通考據晁志、陳解著録；托克托宋史藝文志，元時撰，其書此時雖尚未佚，然未必便得原書，據以著録。的知周禮新義元初尚未佚者，陳友仁（宋末元初人）元至元二十一年（西元一二八四）撰周禮集説引一百九十四條，絶多稱「王介甫曰」，其有與文淵本相合者，又有超出文淵本之外且未見宋人引述者，顯然皆據安石原書，非出於稗販。熊朋來（一二四六—一三二三）熊氏經説曰：「王荆公字説，則字皆會意，無所謂六書，故王氏周禮新經至六書無可説。」（卷四，頁十—十一。）必親見安石書，確知其未解地官保氏「六書」，乃能爲此言，是其書元代果未佚也。毛應龍（大德間人）亦及見安石書，直引「王氏曰」七條（載所撰周官集傳），皆出是書，可爲佐證。

明人貢汝成、柯尚遷、王應電、丁克卿、鄧元錫、徐即登、郎兆玉、王志長、何楷、陳深著書，載引周禮新義佚文，皆自故書轉録；方孝孺、張瑄、何喬新、唐樞、薛應旂、周夢暘、徐昭慶、陳仁錫、張采著文，評安石周禮學，皆據史傳或故禮籍，不必據安石原書，即可慷慨陳辭；矧張采且云：「家之藏書，此二書（謂安石周禮新義及楊時周禮義辨）杳，無從索借。」（周禮合解序）唯明初人晏璧依託元吴澄三禮考註，增補安石新義兩條，不見宋元人稱引，當出原書（詳輯佚第七一、七三兩條），是安石此書明初猶存也。

ⓒ 清人書著録及輯本周禮新義

（a） 雍正十三年（一七三五）鈔永樂大典本

此本爲全祖望所抄輯，鮚埼亭集外編鈔永樂大典記：

明成祖敕胡廣、解縉、王洪等纂修永樂大典，以姚廣孝監其事，始於元年之秋，成於六年之冬，計二萬二千七百七十七卷，凡例、目録六十卷，冠以御製文序，定爲萬二千册。……嘉靖四十一年，禁中失火，世宗亟命救出此書；幸未被焚。遂詔閣臣徐階照式橅鈔一部，當時書手一百八十人，每人日鈔三紙，一紙三十行，一行二十八字。至隆慶改元始畢。……暨我世祖章皇帝，萬幾之餘，嘗以是書充覽，乃知其正本尚在乾清宫中，顧莫能得見者。及聖祖仁皇帝實録成，詞臣屏當皇史宬書架，則副本在焉，因移貯翰林院，然終無過而問之者。前侍郎臨川李公（紱）在書局，始借觀之，於是予亦得寓目焉。……因與公定爲課，取所流傳於世者概置之，即近世所無而不關大義者亦不録，但鈔其所欲見而不可得者。……會逢今上纂修三禮，予始語總裁桐城方公鈔其三禮之不傳者，惜乎其闕失幾二千册，予嘗欲奏之今上發宫中正本以補足之，而未遂也。（卷十七，頁十一—十三。）

案：永樂大典傳至明末，已非完帙。其文淵閣藏正本（即永樂間原寫本）蓋毁於李自成入北京，全氏謂順治時尚在乾清宫中，乃得之傳説，其實書已不存，故終「莫能得見」。而與李穆堂傳抄所據者，乃皇史宬書架之副本——即明嘉靖至隆慶間傳抄之永樂大典副本。此副本，於乾隆間纂抄三禮書時檢點，知闕幾二千册，是祖望抄書之所據，爲殘本大典[一]。至於何時鈔出周禮新義，鮚埼亭集外編荆公周禮新義題詞曰：

……周禮則親出於荆公之筆……顧世之人無從見，今則無矣。相傳崑山徐尚書雕經解，以千金購之，不能得。雍正乙卯（十三年，一七三五），予於永樂大典中得之，亟喜而鈔焉。會修三禮，予因語局中諸公，令鈔大典所有經解，而荆公書尤爲眉目。惜其地、夏兩官已佚，終不得其足本也。……荆公之書，五官而已。有鄭宗顔者，采其説别注考工記一卷。今新義已缺其二，而考工尚有存者，並附之。（卷二三，頁六—七。）

案：崑山徐尚書乾學（一六三一—一六九四）讀禮通考（光緒七年四月江蘇書局刊本）引用書目亦未列王安石周禮新義，未見其書，刻通志堂經解購求亦不得，全氏説是也。其自大典鈔輯

[一]　參近人郭伯恭永樂大典考（頁一一八—一五二）第六章永樂大典之厄運、第七章清乾隆間之永樂大典，據四庫全書總目提要云缺二千四百二十二卷。

周禮新義，當雍正末年〔二〕，次年（乾隆元年）纂修三禮，乃語總裁方苞等，鈔大典所有經解，而特注荆公經解。全氏「地、夏兩官已佚」，蓋謂大典所收周禮新義地、夏二官之卷有佚；四庫提要曰：「今永樂大典闕地官、夏官二卷。」「已缺其二（官之卷）」，故不獲足本。余謂大典所據以收録之周禮新義原爲明文淵閣藏殘本，就使大典卷帙無闕，抄之者無遺漏，所得幾亦不可能爲安石書之全帙。故其後嘉興人錢儀吉自諸家傳義中復輯收六官佚文百三十餘條，余自九十五家八十五書中輯佚文二千三百七十八條次，超出四庫本甚夥，此其諸官皆有闕文之明證也。

又案：鄭宗顔周禮講義（即考工記注二卷），清初已佚，全氏承永樂大典題，又據其書所引，考其注多解字，遂附并安石新義五官之後，欲保存荆公周禮遺説，用心可佩，然鄭義終非王義，不可强附也（詳下）。

綜上所考，全氏據明嘉靖四十一年至隆慶元年鈔本永樂大典，輯王安石周禮新義殘文若干條，次爲若干卷〔三〕，又自大典輯鄭宗顔考工記注二卷，併附其後。書蓋未嘗刻板，知者，因全氏

〔二〕 史夢蛟撰全祖望年譜（存鮚埼亭集卷首），謂與李紱讀鈔永樂大典在次年——乾隆元年，再次年罷官南歸。愚案：始借閲傳鈔，蓋在雍正末，至次年（乾隆初）抄得數本（詳後），故譜繫此年也。

〔三〕 永樂大典考（頁一五四）謂全祖望等此時所輯得之佚書有王安石新義六十卷。敏案：「六十」爲「十六」之筆誤；十六之數，郭氏蓋因四庫本周官新義卷數言之，疑別無它據。

嘗欲覓有力者併陳用之論語解、王昭禹周禮解合梓而未能。（鮚埼亭集外編卷二三，頁十二陳用之論語解序。）

朱彝尊（一六二九—一七〇九）經義考（卷一二二，頁一—三。）著録周禮新義，云未見，又謂萬曆中重編内閣書目尚存荆公周禮義三册。但另著潛采堂兩淮鹽筴書引證書目（頁一）云：「周禮新經義王安石。」（嚴靈峰輯，臺北成文書局影印清宣統晨風閣叢書刊本。）當是傳鈔舊目，因安石原書時佚，永樂大典封屯庫中，朱氏無從鈔録。

（b）乾隆丁酉（四十二年，一七七七）頃鈔永樂大典五本

程晉芳（一七一八—一七八四）勉行堂文集周官新義跋：

……周官（新義）舊二十二卷，此吾友周書滄敏案：即周書昌永年，「滄」蓋「昌」之誤，下同誤。從永樂大典録出者，得十六卷，而地官、夏官缺焉，末附考工記二卷……。余與書滄、孔莊谷各鈔一本。嗣是永清令周筤谷屬鈔一本，而陳上舍竹厂又鈔焉。行于世者有四本（當爲五本），亦難得之數也。（卷五，頁十一。）

周筤谷「名震榮，章學誠周筤谷别傳（載碑傳集補卷二二，頁十五—十七）：「（君）暇日輒讀書。永清去京一舍，購書都市，兼車累篋，或借抄館閣。縣吏無事，多役使繕書，一時文墨之士，聞風過訪，往復討論。君諱震榮，字青在，一字筤谷，浙江嘉善人，乾隆十七年舉人。……卒於乾隆

五十七年壬子冬十月，春秋六十有三。」」、程晉芳（乾隆三十六年進士，爲四庫館纂修官）、陳竹厂（本名不詳，事迹難考）三子，與永年、繼涵同時，殆皆因永年輯校大典中佚書之便而獲借抄，則是各本分卷相同，豈非從永年之意乎？

五本已佚其四，存者唯孔葒谷一鈔本。葒谷事迹：

國朝先正事略：「孔君繼涵，字葒谷……乾隆辛巳（當作卯）進士，官户部郎中。深於三禮，校刻微波榭叢書。」（卷三五，頁三九。）

國朝耆獻類徵初編：「君諱繼涵，字體生，一字誦孟，號葒谷，曲阜人。……乾隆庚辰舉於鄉，辛卯（三十六年）成進士，官户部河南主事。……雅志稽古，於天文、地志、經學、字義、算數之書，無不博綜。官京師七年，退食之暇，則與友朋講析疑義，考證異同。凡所鈔校者數千百帙。……遇藏書家罕傳之本，必校勘付鋟，以廣其傳。……自撰考工車度記、補林氏考工記解、句股粟米法、釋同度記各一卷。……生於乾隆四年正月二日，卒於四十八年十二月十八日。」（卷一四七，頁一；清史列傳卷六八，頁六一略同；清儒學案卷七九，頁四四有傳。）

臺灣圖書館今典藏「周官新義十六卷、附考工記二卷共三册：舊鈔本」，皆題宋王安石撰。

是書每半葉十行，行二十一字。書之卷一大題下自最下而上有「葒谷」印一、「孔繼涵印」一、

「『中央』圖書館收藏」印一(全書別無其他印文)。卷内有朱書點斷句讀、校正訛誤。又時於段落下朱書記述抄校日程及生活瑣事，校記筆迹相同，出於一手，兹併其它有關資料，先列表如下：

首頁　周官新義(安石)原序標題之下方　朱書：「乾隆四十二年秋八月，借周林汲同年大典散篇抄，廿七日寫完。」

卷一，頁四　朱書：「卷四千四百九十九，二十頁。」

卷一末　朱書「八月廿八日，陳伯思仲思兄弟、潘毅堂舍人、宋芝山上舍來飲酒，翌日校完。」

卷二，頁十三　朱書：「九月癸亥朔校，是日申刻陰雲作。」

卷三末　朱書：「九月二日甲子校，是日坐周林汲兄處，聞泰安趙氏書二百箱散失已盡，惋惜久之。」

卷四末　朱書：「初三日早起校於敏事齋。」

卷五末　朱書：「初四日早起校。」

敏案：以上原序及五卷文，共九十一頁，裝一册。覘其墨迹，爲同一書手抄寫。

卷六末　朱書：「丁酉八月二十五日校，是日聞江孝廉筠震蒼、余布衣蕭客仲林皆下世。」

卷七末　朱書：「廿六日，自浙紹會館陪釋奠歸校，是日同年黄編修良棟芝雲來。」

卷八末　朱書：「丁酉八月廿六日鐙下。」

卷九末　朱書：「九月初四日丙寅校，錢篆秋來。」

卷十末　朱書：「初四日校，吴舍人蠡濤俊來。」

卷十一末　朱書：「九月初四日，壽雲簃校。」

敏案：以上文六卷，共一〇四頁，另一書手抄寫。

卷十二末　朱書：「丁酉八月廾一日，坐沈青齋寓同陸丹叔談歸，飯後點此。」

卷十三末　朱書：「八月廾二日早晨。」

卷十四末　朱書：「丁酉九月初五日早起，校于李閣老衚衕之因居。」

敏案：以上三卷，一人抄，共四十四頁。

卷十五末　朱書：「初五日巳刻校。」

卷十六末　朱書：「九月初五日散衙校。」

附考工記卷二末　朱書：「乾隆丁酉秋八月二十日燈下，是日聞放各省學差。」

敏案：以上四卷，共六十六頁，又別令一人抄。

案：林汲山人，周永年也（碑傳集卷五十，頁七載桂馥作周永年傳：「周先生永年……結茅林汲泉側，因稱林汲山人。」）。永年乾隆四十二年爲編修，與修四庫全書，主司自永樂大典中輯佚書，故便宜借出。孔、周皆乾隆三十六年進士，故繼涵稱之爲「同年」（周氏事迹詳下）。

又案：「朱書」所及人事，皆當日實録，如錢篆秋坫，乾隆三十九年進士。余蕭客字仲林，乾隆四十二年卒。所記月朔干支俱合曆書；讎校非據大典原册莫辦，而據朱書「早起校於敏事齋」、「丙寅校，錢篆秋來」……是皆於私齋校書之證，故此本乃繼涵從永年借出「大典散篇」，於是年八、九兩月抄校完畢者。

又案：任抄書手四人，最多抄一〇四頁，計約三萬八千字，每日千四百字，二十七日可竟工，是朱書「八月借，廿七日寫完」之記可信。

又案：此本分卷及內容與四庫本周官新義同，豈繼涵據閣本轉抄，而矯稱録自大典，以貴其編乎？曰：否，否！考「朱書」記「卷四千四百九十九，二十頁」（據四庫修書時大典存缺一覽表〔二〕），此卷屬「先」韻（洪武正韻），而「天」在「先」韻，所收爲周禮新義「天官一」之文，依大典體例，固宜入先韻。是繼涵手記卷頁，確爲大典卷頁。而四庫本則概不記大典卷數，若據抄録，

〔二〕表見永樂大典考（頁一三四—一四六）第七章清乾隆間之永樂大典。

便無從知悉；非據四庫本，此爲明證。四庫全書，乾隆三十八年二月籌編，周禮新義底本即使完成於乾隆四十二年秋前，但珍藏於翰林院，不許借出，則繼涵所據，亦非四庫底本。且四庫全書第一分書（即文淵閣本），乾隆四十六年乃修竣，而孔鈔本先四年已成，其非據四庫本尤爲塙證。又案：四庫本周禮新義據永樂大典本，但頗有校改，而孔鈔本則一仍大典之舊，考有三例：

①文淵本周官新義：「鄭氏謂『使居其處，待所爲也』。」（卷三，頁二。）四庫全書考證：「原本脱『居』字，今據注疏補。」（卷八，頁三九。）案：原本，謂永樂大典本，四庫館臣據周禮鄭注賈疏改字，改後該行視它行多出一字；而孔鈔仍大典之舊，無「居」字。

②文淵本周官新義：「故宜饗備味，聽備樂。」（卷三，頁七。）四庫全書考證：「原本『味』訛『位』，今改。」（卷八，頁四十。）鈔本仍作「位」。

③文淵本周官新義：「鄭氏謂『土揖，下手揖之』。」（卷八，頁四八。）四庫全書考證：「『下』，原本訛『不』，據鄭注『土揖推手小下之也』，今改。」（卷八，頁四八。）鈔本仍作「不」。

④文淵本鄭宗顔考工記解：「空，聲之所生。」（周官新義附卷下，頁五。）四庫全書考證：「原本『空』作『控』，今改。」（卷八，頁四九。）鈔本仍作「控」。

但鈔本有時亦非盡依大典本，而於原文有所改易，竟與文淵本所改相合：

⑤文淵本周官新義：「則宜使之皆知，不使之不知也。」（卷二，頁十。）四庫全書考證：「原本『不使』訛『皆使』，今改。」（卷八，頁三九。）鈔本與文淵本同，皆已改之本。

⑥文淵本周官新義：「則以物之所以死，有不可察故也。」（卷四，頁六。）四庫全書考證：「原本作『有以物之所以死，不可察』，今據文義改。」（卷八，頁四十。）鈔本、文淵本並已改之本，字同。

⑦文淵本周官新義：「亦不可以一年而足，故不啻三年。」（卷十四，頁七。）四庫全書考證：「原本脱上『年』字，今據經文增。」（卷八，頁四七。）鈔本亦增有『年』字，同文淵本。

⑧見下論地、夏二官闕卷節所舉實例①。

⑨見下論地、夏二官闕卷節所舉實例⑥。

疑孔氏據大典本抄，間亦從四庫底本（乾隆四十二年，上距初修時五年許，周官新義度已編定。）勘誤，蓋賴其同年周書昌永年之力。

又案：此本别無其他私家藏書圖記，顯非全祖望雍正鈔本，程晉芳記繼涵抄書事，甚確。

（c）乾隆四十六年（一七八一）抄永樂大典四庫全書本

清孫馮翼四庫全書輯永樂大典目（見臺北世界書局影印本永樂大典附編）、近人郭伯恭永樂大典内輯出佚書目一覽表（見永樂大典考附録），皆列「周官新義十六卷、附考工記解二卷」。四庫全書總目提要初則於此書題下注曰：「永樂大典本。」（卷十九，頁五、七。）再則曰：「周禮新義……惟永樂大典中所載最夥……今亦並録其解，備一家之書焉。」四庫全書考證（卷八）屢謂四庫全書本周官新義之原據本爲永樂大典本（實例詳下論文淵本爲已改本節）。

四庫全書修書處，乾隆三十八年（一七七三）二月二十八日成立，四庫全書第一部書（文淵閣本），以四十六年修竣[二]，而周官新義及附卷在其中焉。其間，任纂輯永樂大典中佚書者三十九人（參看永樂大典考），而周永年出力最多。永年事迹，

國朝先正事略：「周先生永年，字書昌，其先餘姚人也，高祖始遷山東之歷城。生而好學，棄産營書，凡積五萬卷。見藏書家易散，有感於釋、道藏，約桂君未谷（馥）築借書園，祠祀漢經師伏生、叔重諸先生，聚書其中，以招致來學。……乾隆三十六（清史列傳誤作二十六）年成進士，欲入山治儀禮，特召修四庫書，改庶吉士，授編修。……與程君晉芳……善。嘗借館中書，屬未谷爲四部考，鈔胥數十人，昕夕校治；會禁借官書，遂止。」（卷三六，頁一；清代學者象傳永年傳，幾全同。）

[二] 參看郭伯恭四庫全書纂修考、吴哲夫先生四庫全書修書處工作人員之遴選與管理，載幼獅月刊四十六卷五期。

永年抄纂永樂大典中佚書，編入四庫全書，事亦見清史稿載，卷四八一儒林傳二：

周永年……歷城人。……與晉涵同徵修四庫書。在書館……見宋、元遺書湮没者多見采於永樂大典中，於是抉摘編摩，自永新劉氏兄弟公是、公非集以下，凡得十餘家，皆前人所未見者，咸著於録。（清史列傳卷六八儒林傳下，幾全同。）

而章學誠周書昌别傳記厥事尤詳：

宋、元遺書，歲久湮没，畸篇賸簡，多見采於明成祖時所輯永樂大典。時議轉從大典采綴，以還舊觀，而館臣多次擇其易爲功者，遂謂搜取無遺逸矣。書昌固執以争，謂其中多可録。同列無如之何，則盡舉而委之書昌。書昌無間風雨寒暑，目盡九千鉅册，計卷一萬八千有餘；丹鉛標識，摘抉編摩。於是永新劉氏兄弟公是、公非諸集以下，又得十有餘家，皆前人所未見，咸著於録。好古之士，以爲書昌有功斯文，而書昌自是不復任載筆矣。（載章實齋文集總頁一五一。）

永年好經禮學，故傭人鈔周官新義一部（已詳上引程晉芳語），存以自參（抄本已佚）；又依永樂大典輯鈔另一部，編入四庫書，流傳至今。四庫全書總目提要曰：

周官新義十六卷、附考工記解二卷，宋王安石撰。……周禮新義本二十二卷，明萬曆中重編内閣書目尚載其名，故朱彝尊經義考敏案：卷一二二，頁三。不敢著其已佚，但注曰「未見」，然外間實無傳本；即明以來内閣舊籍，亦實無此書。惟永樂大典中所載最夥；蓋内閣書目據文淵閣書目，文淵閣書目即脩永樂大典所徵之書。其時尚有完帙，故采之最詳也。……此書惟訓詁多用字説，病其牽合。……今永樂大典闕地官、夏官二卷，其説遂不可考。……安石本未解考工記，而永樂大典乃備載其説。據晁公武讀書志，蓋鄭宗顔輯安石字説爲之，以補其闕。今亦並録其解，備一家之書焉。（卷十九，頁五—七經部禮類一。）

案：重編内閣書目之人，已不見周禮新義原書，余前已屢言之，提要之説是也。修大典時，新義已非完帙，文淵閣書目著録曰：「闕。」提要説偶誤。至謂「安石本未解考工記至以補其闕」一節，則語多未當。又謂地、夏二官闕卷，語焉不詳，且覘之四庫本周禮新義亦未盡契，不容不辨。

考晁志及陳録［已見本大節（二）Ⓐ小節引］並祇言荆公「不解考工記」，未及鄭宗顔輯字説補安石書之闕，又不著録宗顔書，提要謂據晁志云云，程晉芳謂「末附考工記二卷，蓋鄭宗顔輯安石字説爲之」（勉行堂文集卷五，頁十一），而丁丙謂「考工記解，則鄭宗顔輯安石字説所補也」（善本書室藏書志卷二，頁十一）、錢儀吉謂「荆公注周官未及考工記，鄭宗顔爲之補輯，晁、陳兩家書目皆云爾」（衎石齋記事續稿卷七，頁十二題大兒手校周官新義）。夫王、鄭兩書，明永樂前各自爲編，鄭書非緣補王書而撰。輯永樂大典者，始誤合一，以爲王、鄭兩家合注，全祖望謂鄭采王説別注考工記，提要諸家，則因鄭書多解字，遂謂其輯自字説，傳譌增謬，至於汨鄭氏之名，竟於附卷下直題王安石撰（孔繼涵抄本、四庫本等皆然）。伍崇曜雖知宗顔輯考工記注，可不附安石五官解之後，然以原刻（即錢儀吉刻經苑本）如是，不得不仍其舊；而錢氏長男（寶惠）則先已别二家書，使各自爲卷，分署作者曰王安石、鄭宗顔，錢氏題大兒手校周官新義曰：

予栞宋、元諸儒經解……時大兒寶惠實佐予。此本予校補未竣，付兒終卷。……王與之訂義引荆公説考工記凡十二條（敏案：周禮訂義直引十三條，轉引七條；參看拙著重輯周禮考工記新義論錢儀吉本），皆發明大義，視鄭氏譏譏字説者，殊不相蒙。兒因疑荆公本有注而佚，鄭乃自注，非爲荆公補遺。乃以所輯王氏注别爲卷，而考工記下直注宗顔名。不爲無見。予以史館定本當仍舊貫，未之從也。今以其元校本付長孫梠藏之，並識此於卷首。（衎石齋記事續稾卷七，頁十二。）

案：安石自有冬官義解，余已於本大節（二）Ⓐ小節深致其意。兹因少錢氏之説，更考宗顔冬官講義：多解經字，亦頗言義理，義有時穿鑿，間以陰陽五行學附會經義——有荆公格局，蓋亦荆公學者，如張綱、陸佃之流，置之荆公新學卷，如宋元學案（卷九八，總頁一八四七）則可，謂其書乃輯字説補荆公未備者，余不敢從。——宗顔里貫事迹不可考。錢寶惠元校輯本今又不見矣。

全祖望、程晉芳、紀昀咸云大典本周官新義地、夏二官闕（悉見上引），而四庫全書考證（卷八）言之鑿鑿：

①《周禮地官小司徒》「乃經土地，而井牧其田野」，《周官新義》：「至于興兵之際，乃八陣圖之法。」案：地官解義，原本闕；間見于王氏訂義，今以校補。

②安石集乞改三經義誤字劄子云：「《黨正》『歲屬其民者四』，『四』當作『五』。」今地官原本闕，附訂於此。

③楊時集辨神宗日録云：「《周官》『平頒其興積』，新義曰：『無問其欲否，概予之也，故謂之平。』」今地官原本闕。據王氏訂義補，不載此二句。

④安石集與人書云：「孟子所謂市廛而不征……」此可補原本地官之闕。

⑤楊時辨神宗日録云：「《周官》泉府之法……安石乃以爲……」今地官原本闕，其説不可考矣。

⑥《夏官量人周官新》義：「受斝傳之他器，而皆飲之也。」……夏官，永樂大典原闕。今據王氏訂義校補。

⑦安石集乞改三經義誤字劄子云：「《御僕》『掌萬民之復』，『復』當作『逆』。」今原本闕夏官，此據王氏訂義補録，無此六字。

⑧安石乞改三經義誤字劄子云：「《大馭》『有軓也』，『軓』當作『軌』。」今原本闕夏官。案：四庫全書考證所舉纔八條：其中四條出臨川集，二條出龜山集，並但記校語，未將佚

文補入四庫本；餘①⑥兩條，乃據王與之周禮訂義引「王氏曰」補入，見於今文淵本（鈔本亦有），則所補纔二條。第考文淵本地、夏二官卷，別存安石新義佚文九十四條，四庫全書考證未言據它書補入，則必係大典本之所原有者。九十四條者，絕多（九十二條）見於周禮訂義，亦有祇見於欽定周官義疏（兩條，見輯本佚文三一七、三三七）者，皆非館臣補輯，而係大典本原有，則全氏謂「其地、夏兩官已佚」、程氏謂「地官、夏官缺焉」、紀氏謂「今永樂大典闕地官、夏官二卷」，皆未遑深考，率爾出話言也。

又案：大典即使當時完帙無殘，據以輯佚之周官新義，亦未必輯得其全書，近人袁同禮四庫全書中永樂大典輯本之缺點（國立北平圖書館館刊第七卷第五號，民國二十年九月、十月。）：

永樂大典輯本之缺點：……（二）永樂大典引用之書，割裂全文，前後不易貫串。……（三）永樂大典分韻編次，入韻之法，參差無緒，凌雜不倫。……（四）四庫館臣採輯大典，棄多取少，菁華未盡。

夫以周永年一人之力，自此編次條理未精之書輯取碎義，必有不能盡者矣。文淵本抄大典本而有校改（已見上舉①至⑦實例）、有補文（已見上舉實例①⑥），是文淵本非大典本之舊矣。其後文源閣、文溯閣、文津閣、文匯閣、文宗閣及文瀾閣四庫全書本周官新義，同出一源（四庫該書底本），亦皆非大典本之舊矣。

臨川集（卷四三，頁三—四）乞改周禮義誤字劄子九事，其中四條可準以確定四庫各本所據之永樂大典本周禮新義之祖本爲熙寧初頒本抑元豐修正本，綜論於下：

（子）天官大府「受藏之府，則若職内掌邦之賦入是也；受用之府，則若職歲掌邦之賦出是也」，已上三十字，今欲删去。（臨川集文，下倣此。）四庫全書考證（卷八）曰：「……永樂大典仍係未改之本，『入』字『出』字下，又多二『者』字。」敏案：文淵本仍有此三十字（孔鈔本、墨海本、經苑本同），多二「者」字而已。

（丑）春官典瑞「手足腹背」，「手」當作「首」。四庫全書考證曰：「……永樂大典仍係未改本，作『手』字。」（卷八，頁四四。）敏案：文淵本、鈔本、墨海本、經苑本皆作「手」，皆爲未修正之本。

（寅）春官冢人「山林之尸，則以山虞」，已上八字，今欲删去。四庫全書考證曰：「永樂大典仍係未改本，存此八字。」（卷八，頁四四。）敏案：文淵本、鈔本、墨海本、經苑本、周禮詳解（卷二十，頁五。）述、周禮訂義（卷七，頁七—八。）與欽定周官義疏（卷二一，頁四七。）引，一皆無此八字，莫非未修正本。

（卯）秋官大行人「三公八命，出封加一命，則謂之上公」，已上十四字，今欲删去。四庫全書考證曰：「永樂大典仍係未改本。」（卷八，頁四八。）敏案：文淵本、鈔本、墨海本、經苑本咸有此十四字，仍大典之舊也。

（辰）天官小宰「其財用」，上「其」字當作「共」。敏案：文淵本「故先言『共』其財用」，上「其」字已改作「共」，鈔本、墨海本、經苑本、周禮折衷（鶴山大全文集卷一〇四，頁三二載。）引、周禮詳解（卷三，頁十七。）述、周禮訂義（卷四，頁十四。）引皆作「共」。

觀（子）至（卯）條，永樂大典本周禮新義，與已修正本迥異，自是依據初頒之未修正本；從大典本流出之欽定周官義疏本、文淵本、鈔本、墨海本、經苑本。固亦初頒本之支流餘裔；而周禮訂義、周禮詳解與大典本合，所據亦舊之未修正本明矣。至（辰）條，未修正本作「其其財用」，顯然有誤字，諸家據經本文「共其財用」改上「其」字爲「共」，非因見修正本乃知改字也。

（d）傳抄、傳刻、傳影四庫全書本

此類傳本，可分爲兩系——第一系但據閣本抄録，無所增損者；第二系既全録閣本，又自它書補輯佚文添入，且加校評者：

第一系　抄本二、板刻本一、影印本四

①清陳鱣嘉慶抄校本

鱣事迹，碑傳集補陳鱣傳：「陳鱣字仲魚，號簡莊。……嘉慶……戊午（三年）舉人。少承其父許氏説文之學，而兼宗北海鄭氏，於論語注、孝經注、六藝論，皆采輯遺文，并據本傳，參以諸書，排次事實，爲年紀。……好購藏宋、元雕本書及近世罕見之本，與吴槎客騫互相鈔傳，晚營果園於紫薇山麓中，構向山閣，藏書十萬卷，次第校勘，册首鈐小印二：一曰『得此書甚辛苦，後之人其鑒我』，一爲小像。……後仲魚與（陳）景辰修士相見禮。……其舉孝廉方正也，儀徵阮相國爲舉主，手摹漢隸『孝廉』二字以顔其居。……仲魚既没，遺書散佚。」（卷四八，錢泰吉撰傳；清史列傳卷六九儒林傳下二：「仲魚，浙江海寧人。……客吴門，與黄丕烈定交，取所藏異本，往復異校。……撰述……經籍跋文。……卒年六十五。」）鱣事迹，又見阮元定香亭筆談：「海寧陳仲魚鱣，於經史百家靡不綜覽，嘗輯鄭司農論語注諸書而考證之，浙西諸生中經學最深者也。」（卷二，頁二三。）

周禮新義十六卷、附考工記解二卷，鈔本，陳仲魚校藏。……有「仲魚手校」一印。

喬衍琯先生主編之善本書室藏書志簡目（頁十三）謂斯編爲「鈔永樂大典本」。竊謂應抄自浙江閣本四庫全書，約當嘉慶六年阮元撫浙立詁經精舍之時也（詳第二系「錢儀吉抄本」下）。

此本後亦見於丁丙之子立中（光緒十七年舉人）編八千卷樓書目著録：

周官新義十六卷、附考工記解二卷，宋王安石撰；考工記，鄭宗顔解；抄本。（卷二頁八。）

民初，此本歸江南圖書館，列善本書目（經部卷六）：「周禮新義十六卷，附考工記解二卷：抄本，陳仲魚校藏。」爾後爲江蘇省立國學圖書館所有，編入現存書目，云：「周官新義十六卷，附考工記解二卷，宋臨川王安石，考工記，鄭宗顔解：鈔本，丁書，善甲。」（卷一，頁十六。）此本余未見。

②清顧沅（道光間人）抄本　清朱學勤（咸豐進士）結一廬書目：「周禮新義十六卷，附考工記解二卷，宋王安石撰：藝海樓傳抄閣本。」（卷一，頁二。）沅，長洲人，藝海樓其書室名。所據以抄者，蓋浙江閣本（參下文）。今亦未見。

③清嘉慶十至二十一年海虞張海鵬刊墨海金壺本　此本每半葉十一行，行二十三字，不與閣本同。今存。

海鵬事迹，清黄廷鑑朝議大夫張君行狀：

君姓張氏，諱海鵬，字若雲。……元末，自閩遷虞。……絶意名場，篤志墳素。……矢願以剞劂古書爲己任。迺檢舊藏所有，更廣購自明以來罕見之舊本，互勘去取。其中秘藏書，則倩錢唐何上舍元錫從文瀾閣中寫副儲藏，以備彙刊。以汲古所刊經史外，惟津逮秘書十五集爲書林鉅觀，汰之益之，黜僞崇真，廣爲二十集，名曰學津討原，開雕於嘉慶壬戌（七年，一八〇二）之秋，於甲子（九年，一八〇四）冬竣工。……又於四部中，取有關經史實學、名家論著而傳本將絶者，梓墨海金壺七百餘卷。……君生於乾隆二十年（一七五五）二月十六日，卒於嘉慶二十一年（一八一六）閏六月初十日，年六十二。（第六絃溪文鈔卷四，頁八三—八四。）

海鵬先刊「學津討原，繼又有墨海金壺之刻」（嘉慶十七年張海鵬借月山房彙鈔序，同行狀。）二書之梓行，嘉慶二十年八月楊希銓墨海金壺序曰：「張若雲先生……甲子既刊學津討原一書，流布海内矣，繼復取藏書中有裨經史實學而外間絶少傳本者，彙爲一編，名曰墨海金壺，凡七百餘卷。書成，郵寄京邸，徵敘于銓。」是前書九年冬刊竣，後書——墨海金壺，最早嘉慶十年以後始籌梓，海鵬及覩其成梓，嘉慶二十二年吴韞玉墨海金壺序曰：「墨海金壺剞劂既竣，未及行世，而若雲遽歸道山。」則此叢書嘉慶二十一年閏六月以前刻成也。是叢書凡例曰：「是編悉本四庫所録。……諸書繫文瀾閣本居多，從宋刻、舊抄録出者，什之三。……刊書原以存亡繼絶，故四庫書中所云『原本久佚，從永樂大典録出者』，亟登之。」所收書皆在四庫全書之内，而四庫輯永樂大典之書又在優先采收之列，則此叢書中之周官新義，決爲四庫本（其周官新義卷一題下注「四庫全書原本」，卷首附四庫提要，皆可爲互證）。其依四庫總目著録收書，除十分之三別從宋刻舊鈔録出，餘十之七悉用文瀾閣本四庫全書，乃何元錫代爲寫儲者（已見上行狀），則墨海本周官新義確據寫文瀾閣本刊板。經苑本亦據文瀾閣本刊板（詳下），余取以與此本相校（詳輯本），兩本洵同出一源。

④民國十年（一九二一）上海博古齋據清張氏原刊本影印本　今存。

⑤一九六九年九月臺北文友書局復據博古齋影印本影印　今存。

⑥一九七五年元月臺灣商務印書館影印文淵閣四庫全書珍本別輯本　今存。

⑦一九八三年六月臺灣商務印書館影印文淵閣四庫全書本　今存。

第二系　板刻本二、鉛排本五、影印本五

①清錢儀吉（乾隆四十八年，一七八三—道光三十年，一八五〇）道光二十六、七（一八四六、七）間大梁書院刊同治七年（一八六八）王儒行等印經苑本　今存。

四庫全書文瀾閣本，於乾隆五十二年（一七八七）六月修竣（參看近人郭伯恭四庫全書纂修考）。閣在浙江杭州西湖聖因寺，位「孤山之陽，左爲白隄，右爲西泠橋」，乾隆四十九年（一七八四）建成〔二〕。此閣之受頒貯書竣事、許人鈔閱，乾隆五十五年（一七九〇）六月初一日上諭曰：

四庫全書……不特内府珍藏，藉資乙覽，亦欲以流傳廣播，沾溉藝林。……兹已釐訂蒇工，悉臻完善。所有江、浙兩省文宗、文匯、文瀾三閣應貯「全書」，現已陸續頒發藏度。

〔二〕並參四庫全書纂修考及清丁申武林藏書録卷首「文瀾閣」。

該處爲人文淵藪，嗜奇好學之士自必群思博覽，藉廣見聞。從前曾經降旨，准其赴閣檢視鈔録，俾資蒐討。但地方有司恐士子繙閲污損，或至過有珍秘，以阻争先快覩之忱，則所頒三分全書亦僅束之高閣。……該督撫等諄飭所屬，俟貯閣全書排架齊集後，諭令該省士子，有願讀中祕書者，許其呈明，到閣鈔閲，但不得任其私自攜歸。……至文淵閣等禁地森嚴，士子等固不便進内鈔閲，但翰林院現有存貯底本，如有情殷誦習者，亦許其就近鈔録。

（載四庫全書總目卷首。）

則錢氏就文瀾寫此書，必在乾隆五十五年六月之後，而儀吉刊周官新義「識後」謂阮元撫浙時許士子就閣寫書（詳下），則尤後焉。考阮氏嘉慶二年（一七九七）巡撫浙江，六年（一八〇一）於浙立詁經精舍，錢氏抄文瀾閣四庫書，宜在此頃。

儀吉事迹，清史列傳文苑傳：

錢儀吉，初名逵吉，字衎石，浙江嘉興人。刑部尚書陳群曾孫，侍讀學士福胙子。……嘉慶十三年成進士，改翰林院庶吉士。散館，授户部主事，累遷至工科給事中，尋罷歸。儀吉於學無所不通，其治經，先求故訓，博考衆説，而折衷以本文大義。嘗謂欲得經解，必通訓詁，而泛濫訓詁未必遽獲神解。著經典證文雅厭；雅厭者，以十九篇之次寫九百四部之文，而以經籍傳註推廣之。……主講粵東學海堂……晚主河南大梁書院。……著有衎石齋記事稿十卷、續稿十卷、刻楮集四卷、旋逸小稿二卷。（卷七三；清史稿卷四八六亦有傳，謂儀吉治學，不持漢、宋門户。）

錢氏刊經苑，其門人蘇源生書先師錢星湖先生事曰：

先生名儀吉，字藹人，號星湖，浙江嘉興人。……嘉慶辛酉舉人，戊辰進士。……授中憲大夫。庚寅（道光十年），因公累罷官。道光三十年（一八五〇）四月初七日卒，年六十八。先生……於丙申（道光十六年，一八三六）春，應河南巡撫桂公聘，來主大梁講院。……道光辛丑（二十一年，一八四一），黄河決，水圍梁園，紳士皆恃先生以無恐。……康熙中，崑山徐健菴尚書刊宋、元諸儒説經之書百四十種，爲通志堂經解。……先生以其未備，復集同人之資，刊宋司馬光温公易説……王安石周官新義十六卷附二卷……。皆已寫清本末，未及授梓而先生卒矣。（收載於民國閔爾昌編碑傳集補卷十，頁四、八、十一—十二。）

錢氏刊周官新義及它書，亦見自撰經苑小敘曰：

儀吉客授大梁，日惟以温經爲事。辛丑河患，行篋故書瀸漬闕失，其存者僅十五，意甚惜之。河平，再告紘誦日興，曉瞻（張日晸）方伯、素園（王簡）廉訪兩先生思欲刊布古書，廣六藝之教，予因以所藏經解相質，兩先生開卷心賞，任爲剞劂。鵠仁（劉定裕）學使、子仙（庚長）、松君（陶福恒）兩觀察，皆欣然爲之助，郡邑賢大夫開之，亦多分任而樂與有成也。

於是鳩工開局，次第付梓。（載經苑卷首；亦載衎石齋記事續稿卷六，頁一，則題「刻經苑緣起」。）

案：錢氏道光十六年始北來主講大梁書院，蘇氏撰傳。教授「十有餘年」詳後王儒行言，卒於任所。其間黃河決，當道光二十一年六月[一]，學校暫廢[二]；次年河平，又明年，大梁書院絃誦復興[三]，時方因諸公之助籌刊經解也。

籌刊經苑全書，錢氏題大兒手校周官新義謂作始於道光二十五年七月，云：

予栞宋元諸儒經解，始於乙巳（道光廿五年，一八四五）七月，時大兒寶惠實佐予。此本予校補未竣，付兒終卷。今諸經栞未及半，而兒亡也久矣。（衎石齋記事續稿卷七，頁十二。）

案：其次子尊煌識經苑之刊刻，謂自道光乙巳孟秋始梓（詳下引文），與父所記相合。

---

[一] 錢儀吉代鄂中丞作河南重修省城記曰：「道光二十一年（辛丑）夏六月，河決張灣。」（衎石齋記事續稿卷一，頁二七。）又錢氏河南司備倉記曰：「道光辛丑（二十一年）夏六月，河決祥符之張灣。」（同上，頁三三。）

[二] 蘇源生撰傳曰：「辛丑夏，書院被水，先生避居周中丞第。」（碑傳集補卷十，頁十五。）

[三] 錢氏又代鄂中丞作河南重修賈院記曰：「辛丑之夏，張灣河決。……則此賓興校士之所不可緩也，遂於壬寅（道光二十二年）七月興工，明年四月蕆事。」大梁書院復課，宜亦在壬寅。

依治事常理，錢刊經苑，先周易，後書、詩、禮、春秋……瑟譜參看原著目録等，驗之錢氏「識後」良然：

尚書精義識後曰：「……余得此本四十年……谷仁學使……一見欣賞，輒爲捐俸付梓。……道光丙午（二十六年）應鍾之月（十月）……」（載經苑本原書卷首。）

詩總聞識後曰：「……既竣事，略識其意，以質大雅。道光丙午黄鍾之月（十一月）……」（載衎石齋記事續稿卷六及經苑本原書卷首。）

春秋纂例識後曰：「……予子寶惠得明人舊本於京師。……子仙觀察見而善之，爲付剞劂。因略述此書之可寶貴者。……道光丙午黄鍾之月……。」（同上。）

瑟譜識後曰：「松君觀察……併鐫是譜。……余尤幸先人藏本之流布一時也。刊成，謹識其歲月。道光丁未（二十七年）林鍾之月（六月）……。」（同上。）

案：錢氏一則曰「既竣事」，再則曰「刊成」，復據錢尊煌咸豐元年二月既望記此事云：

先大夫擬刻經解，原集書目凡四十一種，名曰經苑。自道光乙巳孟秋開局授梓，躬事校讎，丹鉛日夕。至庚戌（道光三十年）春夏間，刻成二十五種；至堂河帥所資刊吕氏讀詩記付梓最後，未及校正，先大夫即攖時疾遽捐館舍。……原書集目，未刻尚夥。……爰就原目編次，概列簡端，而另列已刻之目於後。（載經苑原書卷首。）

錢氏道光三十年四月七日卒，蘇氏撰傳，已見前。即尊煌所言「庚戌春夏間」。已刻二十五書（今全存，吕氏家塾讀詩記在内。），二十四書儀吉躬自校讎，及身得觀厥成，而周官新義附考工記在其中焉，則新義等當刊成於道光二十六年十一月詩總聞「既竣事」之後、二十七年六月瑟譜「刊成」之前。而錢寶惠二十六年夏嬰疾，夢寐猶誦周官之書〔二〕，則爾時正助父刊校王氏周官新義也（參看上引文）。至蘇氏撰傳謂儀吉刊經解，僅寫清本末謂錢氏「識後」等，未及付梓而卒，記之誤也；當作未及印行而卒。

經苑全書二十五種校理刊板完竣，王儒行經苑跋曰：

吾師錢新梧先生，愛古情深，尤邃經學。主講大梁十有餘年，諄諄以通經爲多士勖。……謂士欲通經，允宜博古。自書遭秦火，遺經闕如。歷漢、晉、唐、宋諸儒，纂輯注疏，闡發古義，昭如日月，俾遺經晦而復明，有功經學，洵非淺鮮！惟古本流傳汴中，亦未概見，況地濱大河，河伯肆虐，行篋中書尚半淪瀸漬，何論其他？擬出夙藏古本，鐫補通志堂所未備，與多士共研經畬，粤稽列聖傳心之旨。講求實學，以裕實用。帙廣費繁，未果也。

〔二〕衎石齋記事續稿告亡兒寶惠文曰：「……猶憶汝丙午（道光二十六年）夏書謂：嘗患瘧，體若燔炭，夢誦周官，每至某篇，汩然汗出。」（卷十，頁四七。）

既當路諸賢大夫，資刊古經二十五種，顔曰經苑。版存大梁書院，嘉惠儒林。上爲國家作養人才，下爲中州轉移風化，甚盛事也。詎工方告蕆，吾師遽歸道山；經傳未廣，論者惜之。（載經苑原書卷首。）

曰「詎工方告蕆，吾師遽歸道山」，亦足徵儀吉親見刊板事功竟成。僅吕氏家塾讀詩記未遑校正而已。全書於後十九年乃刷印傳行。經苑卷首載續印經苑姓氏録，列名廿九人，而王儒行其一，彼儒行跋又曰：

戊辰（同治七年，一八六八）春，與諸君子共論經籍，諸君子有志復古，醵金分印，請之書院監院龐星垣（建本）先生，慨然發版，無難色。俾多士得讀遺經，與吾師樂育雅懷，後先同揆焉。儒行總司鳩工，因敬綴數語，誌其顛末云。同治七年春正月，夷門王儒行謹跋。（同上。）

此本每半葉十行，行二十字，不準閣本原制。

錢氏刊周官新義「識後」云：

昔王荆文公以周官泉府一言禍宋，迨南渡後，既已罷從祀，斥新經，盡棄其所學，然當時諸儒釋周禮者猶多稱述，知其言固有不可廢者已。顧傳本人間幾絶，近世藏書家亦鮮著録。往儀徵相國撫浙時，許諸生就杭州文瀾閣寫書，余録得經説十數種，此其一也。是爲永樂大典本。因參攷諸家傳義，有引王氏（安石）説而此本不及者……爰爲補録，凡得百三十餘條，悉注於下，稍爲增多矣。字說久佚不傳，獨見於此注中，其於六書之義，違戾已甚，輒依許氏書正之。……考工記注二卷，爲鄭宗顏輯，前人言之致確，而舊本猶署安石名，豈以中用字說尤多，固爲王氏一家之學邪！校讀一周，因識其後。（載經苑本原書卷首。）

案：此本錢氏所補百卅餘條中，有將安石周禮新義佚文羼入鄭宗顏考工記講義；又依說文解字六書之義，糾正所謂周禮新義中字說之文之謬：此與四庫本最大殊異。其本優劣，此不暇及，別詳拙著重輯周禮新義論錢儀吉本。

由此本衍生十一本，大別爲五支：

②、③第一支兩本——清咸豐三年（一八五三）伍崇曜刊粵雅堂叢書本，伍氏跋曰：「……此殆從永樂大典緝存，而心壺（錢儀吉之號）錢給諫復增補（百）卅餘條，刻於中州者也。」是本每半葉九行，行二十一字，與四庫本異法。一九六五年臺北華文書局、華聯出版社影印粵雅堂叢書本。

④、⑤第二支兩本——民國二十四年（一九三五）上海大東書局鉛排王安石全集本，是本近人沈卓然重編，字旁加標點符號。一九七四年十月臺北河洛圖書出版社據以影印。

⑥至⑩第三支五本——民國二十四—二十六年間上海商務印書館鉛排叢書集成初編本，是本點斷句讀。一九五六年臺灣商務印書館據以重印國學基本叢書本。一九六五年十二月該館又據以重印叢書集成簡編本。一九六八年該館又據以重印國學基本叢書四百種本。一九六

九年五月又據以縮印人人文庫本。

⑪ 第四支一本——一九七〇年六月臺北大通書局影印經苑本。

⑫ 第五支一本——一九六五—一九七〇年臺北藝文印書館影印百部叢書集成本。

## （三） 詩經新義之流傳

### Ⓐ 宋至清人書著録

余幾徧檢宋、元、明、清四朝公私藏書志目〔二〕，得著録詩經新義者，僅左列八家，兹先備録於下：

宋晁公武郡齋讀書志經部詩類：「新經毛詩義二十卷，右皇朝熙寧中置經義局撰三經義，皆本安石説。毛詩先命王雱訓其辭，復命安石訓其義，書成，以賜太學，布之天下，以取士云。」（卷二，頁三—四。）

〔二〕 宋、元人藏書志目，全已檢索；明人藏書志目，關繫考索三經新義存佚至爲重大，幾乎全部查考；清人志目易求而多，所檢亦及十之八、九。

宋陳振孫直齋書録解題經部詩類：「新經詩義三十卷，王安石撰，亦三經義之一也。皆雱訓其辭，而安石釋其義。」（卷二，頁十三；王觀堂先生全集總頁四三四一五代兩宋監本考據以著録。）

宋王應麟玉海：「王安石新經毛詩（義）二十卷。」（見明鍾惺編古名儒毛詩解中之玉海紀詩頁二十「皇祐毛詩大義」。）

元馬端臨文獻通考經籍考六：「新經詩義三十卷。晁氏曰：『熙寧中……』」（卷一七九，總頁一五四六。）

元托克托宋史藝文志一經部詩類：「王安石新經毛詩義二十卷。」

明焦竑國史經籍志：「詩義二十卷王雱。」（卷二，頁十六。）

明朱睦㮮授經圖「歷代四詩傳注」：「王安石詩經新義二十卷。」（卷四，頁三。）

清朱彝尊經義考詩七：「王氏安石新經毛詩義二十卷，佚。……晁公武曰：『熙寧中……』王應麟曰：『……』」（卷一〇四，頁四。）

案：詩經新義卷數，安石自序未述。考毛傳鄭箋本與毛傳王肅注本，舊志著録概作二十卷，經典釋文敘録、隋書經籍志、舊唐書經籍志及新唐書藝文志具是；晉謝沈、江熙注毛詩，亦並作二十卷（見經典釋文敘録）。今傳之毛、鄭本作二十卷者甚多，其顯者，如唐石經本、宋相臺岳氏本；唐修毛詩正義，分卷因仍毛、鄭舊本所分，爲二十卷，別爲子卷，曰卷一之一、卷二之一……而安石書當沿唐正義等之舊，作二十卷，陳氏解題、馬氏通考並作三十卷，字之誤也。

又案：晁、陳二氏皆據原書著録。王應麟詩地理考、六經天文編多引安石詩説，考皆出詩經新義；困學紀聞（卷三，總頁二六五）明引新經義文，且有諸家引所未及（説皆詳詩經新義輯考彙評之「佚文按書分條考計」，下倣此），則是玉海據原書著録。而終宋之世，此書猶存。文獻通考，乃據晁志著録，第嘗引詩經新義佚文（見文獻詩考卷下，頁二）；宋志著録，蓋據舊志，史臣或未見原書。但元人引安石經義者多家（有關宋、元人稱引詳下Ⓑ小節），則元代此書尚存。入明，焦竑所撰國史經籍志著録。四庫提要論焦志曰：

萬曆間，陳于陛議修國史，引竑專領其事；書未成而罷，僅成此志，故仍以「國史」爲名。顧其書叢鈔舊目，無所考核，不論存亡，率爾濫載。古來目録，惟是書最不足憑。（卷八七，頁四史部目録類存目。）

考焦志多載明以前早已亡佚之書，提要所論有據，昌瑞卿先生焦竑國史經籍志的評價（載屈萬里先生七秩榮慶論文集頁三〇七—三一七）計焦志之失，首爲「所云多不實」，有曰：「四庫存目提要譏評他『不論存亡，率爾濫載』、『最不足憑』……擊中了焦氏經籍志最大疏失處。」焦志所著録詩經及周官、尚書新義，皆「叢鈔舊目」，並未悉見原書。至授經圖，述經學源流，以本非藏書目録，故所載「歷代」經解，存佚兼取，但憑史志鈔載安石三經新義目，未見原書，不然，睦㮤萬卷堂書目及聚樂堂藝文類目何以均闕而不録？

余考詩、書二新義，蓋佚於明洪武、建文之間。經義考已斷爲佚書，下節將更由宋、元諸家稱引求徵。

Ⓑ 宋、元人書稱引

余蒐檢宋、元人詩解、筆記、文集，得詩經新義佚文一千零四十條。其中偶有自前人書轉用安石之説，並未直據詩經新義原書者（如楊簡慈湖詩傳引三十餘條），然絶多據本書引文，余別於「輯本」之「諸家評論及載引佚文按書分條考計」詳之。於此，但鈎其要述數家焉：

如宋黄庭堅豫章集評詩經新義説詩穿鑿，據所見原書而論之。

如王黼博古圖，大觀初作也，解大雅文王「有周不顯」及行葦「洗爵奠斝」，皆先録詩經本文，然後著「王安石釋之曰」，又後一條前無詩解稱引，的是直據新義原書引經及釋文。

如楊時龜山集引佚文而評其分文析字。

如黄朝英，王氏之學者也，靖康間著緗素雜記，稱引其説，或作「舒王新傳」、或作「舒王新義」、否則作「舒王經義」云云，前此無有如是稱者，其解衛風淇奥「猗重較兮」，評蔡卞「不詳考舒王詩義」云云，茍未見王舒王（安石封舒王）原書，似皆不得作是言也。

如紹興間陳善捫蝨新話，於小雅采芑「方叔率止，鉦人伐鼓」，先引沈括夢溪筆談説，嗣曰：「觀詩新義云」，此兩説自是一類。且陳氏新話泛評新經義，多深中肯綮，自非通觀全書者莫辦。

如李樗、黄櫄毛詩李黄集解引佚文四百二十二條，評之者一百七十六條；且楊時作詩義辨，專攻安石詩義，而李、黄書多引楊説以破王氏，間亦兩家説並舉，議論上下。乃據兩家全書，非從零縑碎簡取義也。

如吕祖謙吕氏家塾讀詩記載佚文五百五十一條，評之者八條。

如朱熹詩經集傳、文集、語類，引新義佚文多條，多施評論。

如洪邁容齋續筆並列新舊本詩經新義佚文。

如段昌武毛詩集解引佚文三百九十條。

如王應麟三書——詩地理考、六經天文編、困學紀聞載佚文多條，或稱新經義，或作「王介甫詩説」。

如元方回桐江集讀王荆公詩説跋，實見新義原書。

如劉瑾詩傳通釋，多集舊解，引「王介甫曰」多則，且頗有前人書之所未見引者，顯然直據新義原書也。

據此，至元代，學者尚及見詩經新義本書。

Ⓒ 宋、元人所見之詩經新義傳本

由今存宋、元人書考之，其所據以引用者，乃詩經新義第二次修正本。余於上第二大節（三）述元豐三年詩經新義第二次修訂本，備列安石乞改詩義誤字，凡二十條。其中屬經本文字誤者，爲第⑬、⑭、⑮各條，後世書即使引用，今亦無從知其所引所出於已修正本抑未修正本，因後人録經文，別有善本可據，不必盡依詩經新義所載之經文也，故此三條可以置之不論。其餘十七條，大別爲四類言之：

類一——②、③、⑦、⑰之上半、⑱、⑲、⑳：此六條半，記改正義解者多文，但後人稱引未及此數條，故無從徵其所引詩經新義其它文字出自新本抑舊本；

類二——⑩、⑫、⑯、⑰之下半：此三條半，記修正本已刪去若干文字，雖列刪之文亦未見後人稱引，但因後世非引詩經新義全文，故亦不能據以考其所引詩經新義其他文字出自新本抑舊編；

類三——⑨，呂氏家塾讀詩記、詩傳通釋、詩經疏義會通引此條僅有其上「蠶月者」云云十三字，而不及修正增添之「蠶女事也」云云八字。愚案：此八字以陰陽五行學附會經義，故祖謙黜去不引〔二〕，而劉瑾、朱公遷承之，非所據必爲舊本、尚無此八文也。

類四——①、④、⑤、⑥、⑧、⑪：此六條，考之宋李樗等毛詩李黄集解、黄朝英緗素雜記、洪邁容齋續筆、樓鑰攻媿集、元方回桐江集，知其所引乃新本。特以⑪「八月剥棗」條，容齋云：「……荆公始悟前非，即具奏乞除去十三字，故今本無之。」（全引文已見上）今本即修正後之重刻本，流傳於南宋者。

綜上所論，宋、元人所引詩經新義，無有出於舊本者；而凡可考者，一皆出於元豐三年修正後之新本。

Ⓓ明、清人自宋、元人書轉引詩經新義佚文

昔賢論舊籍之存佚，輒舉某人某代書引與不引爲要證，理固然也。第若不博考相關文獻（如公私書志），又不究某書爲直據原書引述，抑從它書稗販，亦不暇查考引文出自其人所著何書，但見此書引某人説，便斷某人某書晚至某代猶傳，則其所考固不免失正；而所得某書佚文，亦未盡可取也。余輯三經新義佚文，嘗先通考相關典籍，窮本溯源，期祛前人之弊。

〔二〕　吕氏家塾讀詩記（卷一，頁二六）載其集解「條例」曰：「諸家解文句小未安者，用啖、趙集傳例，頗爲删削」云云，可爲明證。

元末明初人梁寅(一三〇九—一三九〇)詩演義引詩經新義一條,自宋人書轉録。永樂間胡廣等纂詩傳大全,悉自元劉瑾詩傳通釋抄襲,微作更定。其後鍾惺詩經備考、朱朝瑛讀詩略記、陳子龍毛詩蒙引,引安石詩説,概自宋、元人書轉録(均詳輯本之「諸家評論及載引佚文按書分條考計」)。萬曆以後人馮應京(一五七三—一六二二)六家詩名物疏引安石詩義七條,皆從宋人詩經學專書轉録,惟解鄭風山有扶蘇篇「荷華」有曰:

王文公云:「蓮華有色有香,得日光乃開。雖生于水,水不能没;雖在汙泥,泥不能汙。即華時有實;然華事始則實隱,華事已則實見。」(卷二一,頁五—六。)

不見宋、元人詩經專書稱引,豈馮氏尚見王文公安石詩義原書而獨據以引乎?曰:否,否!檢宋陸佃埤雅(卷十七,頁二),則此條赫然在焉,考乃安石字説之文,非其詩説也。

崇禎間人何楷詩經世本古義引安石説四十八條,皆自宋人書轉稗。别有四條,或非安石説,或非安石詩義之文(亦均詳輯本佚文分條考計)。又有四條,分别出於安石字説及周官新義,兹析辨如下:

①卷十八之上,頁三八小雅車舝「有集維鷮」下:「王安石云:『鷮字从喬,尾長而走且鳴,則其首尾喬如也。』」諸家皆未引。考此乃安石字説之文,見埤雅卷八,總頁一九二明著「字説曰:『……』」。

土鼓，本于籥。逆暑、逆寒、祈年，皆本始民事。息老物，則息使復本反始。故所擊者土鼓，所吹者葦籥，其章用豳詩焉。』」諸家亦皆未引。考乃取自禮書引安石周官新義之文（參輯本），而略加更易者。

②卷一，頁四三小雅甫田題解下：「王安石云：『王業之起，本于豳，而樂之作，始于土鼓，本于籥。逆暑、逆寒、祈年，皆本始民事。息老物，則息使復本反始。故所擊者土鼓，所吹者葦籥，其章用豳詩焉。』」諸家亦皆未引。考乃取自禮書引安石周官新義之文（參輯本），而略加更易者。

③卷五，頁十九—二十周南葛覃篇「言告師氏」下：「有天地此有男女，豈以女子而可無教乎？古者設師傅保姆之官以教王六宮，故葛覃之有師氏，宋姬之待傅姆，民間之有女師：主女教也。」此在葛覃而云「故葛覃之有師氏」，明非本經注文。諸家皆未引，殆亦周官新義之文，今輯本未見。

④卷十七，頁一一二小雅車攻「選徒嚻嚻」下：「王安石云：『「教茇舍」者，教以草舍之法，「撰車徒」所以具之，「讀書契」所以聲之，皆比軍事也。比軍事爲將茇舍焉。』」諸家亦未收。「教茇舍」、「撰車徒」、「讀書契」，文皆見周禮夏官大司馬，安石爲之解，而並不解詩本經，則明是周官新義之文。今輯本亦未收。

何氏未見詩經新義，解詩則雜取安石它經義解，但著王安石云，若不加鑒別，統收爲詩經新義佚文，而又據以證其書明末猶存，則悖矣！

元人及見詩經新義，至明永樂間編文淵閣書目，其書已不見著録，故其時修大典亦無從采入。余觀殘本大典，所集宋、元諸儒詩解，采收粗濫，至於兔園册子亦不見斥，獨不見安石新義，確已亡佚，則佚時豈非當建文、永樂之際乎？

清初藏書家徐乾學，刻通志堂經解，未見詩經新義，有則必收之；周官新義，徐氏出千金購，不得。全祖望雍正間見大典中周官新義殘文，極喜而鈔之，若藏有詩經新義，則必不默而不言。詎雍正八年（一七三〇）纂成之詩經傳説彙纂，卷首「引用姓氏」列「王氏安石」，卷内引「王安石曰」二百零五條，似若直據安石原書者，其實除下列二十四字外，余皆考定爲從宋、元人，乃至明人書輾轉稗販，二十四字爲：

所謂平王者，猶格王、寧王而已；所謂齊侯者，猶康侯、寧侯而已。（召南何彼襛矣篇。）

考清初經舊注存者，視今爲多，文臣蓋自元人詩解轉抄，固絶無二百餘條皆轉録，獨此一條乃據原書之理。

## （四）尚書新義之流傳

### Ⓐ宋至清人書著録

宋、元、明、清四朝公私藏書志目，著録尚書新義者，余檢僅左列十家，備録於下：

宋晁公武郡齋讀書志經部書類：「新經尚書（義）十三卷，右皇朝王雱撰。雱，安石之子也。熙寧六年，命吕惠卿兼修撰國子監經義，王雱兼同修撰，王安石提舉，而雱董是經。頒於學官，用以取士。或少違異，輒不中程，由是獨行於世者六十年，而天下學者喜攻其短。自開黨禁，天下鮮稱焉。」（卷一，頁二四。）

宋尤袤遂初堂書目尚書類：「王文公書傳。」

宋陳振孫直齋書録解題經部書類：「書義十三卷，侍講臨川王雱撰，其父安石序之曰：『……』八年，下其説太學，頒焉。雱蓋述其父之學，王氏三經義，此其一也。初熙寧六年，命知制誥吕惠卿充修撰經義，以安石提舉修定，又以安石子雱、惠卿弟升卿爲修撰官。八年，安石復入相，新傳乃成，雱蓋主是經者也。王氏之學，獨行於世者六十年，科舉之士熟於此，乃合程度。前輩謂『如脱墼然』，案其形模而出之爾。士習膠固，更喪亂乃已。」（卷二，頁四—五；王觀堂先生全集總頁四三四一五代兩宋監本考卷上據以著録，且引續長編熙寧八年七月詔。）

宋王應麟玉海：「王雱新經尚書（義）十三卷。」（卷三七，頁三五。）

元馬端臨文獻通考經籍考四：「新經尚書（義）十三卷，晁氏曰：『……』陳氏曰：『……』朱子語録曰：『……』」（卷一七七，總頁一五三三。）

元托克托宋史藝文志一經部書類：「王安石新經書義十三卷。」

明焦竑國史經籍志經類書：「書王元慶敏案：澤之誤，王雱字元澤。注十卷。」（卷二，頁十。）

明朱睦㮮授經圖「歷代尚書傳注」：「王雱新經書義十三卷。」（卷四，頁三。）

清陳夢雷古今圖書集成：「王安石、子雱新經尚書義十三卷注，通考十三卷，佚。」（理學彙編經籍典卷一一四書經部。）

清朱彝尊經義考書八：「王氏安石、子雱新經尚書義，通考十三卷，宋志卷同，書其父安石名。佚。……」（卷七九，頁五。）

案：尚書新義分卷，從僞孔傳本。經典釋文敘録、隋書經籍志、舊唐書經籍志、新唐書藝文志，皆著録孔安國古文尚書傳十三卷（新唐志晉謝沈尚書注亦十三卷，亦從僞孔本。）；今傳白文或單注（無疏）孔傳本，若唐石經本、日本東京内野氏皎亭文庫藏鈔本與日本天明八年清原氏刊本、兩日本本皆據我國唐本傳鈔。宋相臺岳氏本，亦皆爲十三卷。上列晁志等八家書目悉同作十三卷，唯焦志作十卷，「十」下奪一「三」字，當正。

又案：尚書新義王雱主撰，安石一一爲之論定，且既由國家置官分撰，安石提舉統理全局，故著者當題王安石，如宋志所著録〔二〕。所謂「開黨禁」、「更喪亂」，蓋謂宣、靖間除元祐學術之禁及金虜南侵。自是「天下鮮稱焉」、「士不復膠固於三經義」是矣，然其書仍傳於民間，晁、尤、陳三家皆藏有尚書義。王應麟六經天文編（卷一，頁六七）、困學紀聞（卷二，總頁一六四）、玉海（卷十一，頁二七）引荆公書説凡四條，采自尚書新義，則玉海志目，據原書著録何疑？則終宋之世，此書尚存，亦的然無疑！文獻通考、宋志殆皆據舊志編録，得見原書與否，未可遽定。焦志與朱圖，叢鈔舊目，一爲國史擬志，一述經學源流，皆存亡兼收，二家誠未見原書〔論據已詳上第（三）節Ⓐ〕。

清初康、雍間諸儒，無人曾見此書者；搜求價購，亦不可得。陳氏古今圖書集成（雍正六年撰成）、朱氏經義考著録，皆斷爲佚編。書久佚，雖然，今傳宋、元、明人經解等書，尚引有殘文，由是略考其顯晦存佚，亦或有補於學術研究焉。

Ⓑ宋、元人書稱引

尚書新義方行，子瞻、子由兄弟言語譏詆，文辭詰難未已，大蘇子又别撰書傳十三卷（與安石書義同卷數，據宋志著録。），專攻王氏書義者二十六條。其徒晁説之元符三年上封事，攻尚

〔二〕此意，余别於三經新義修撰通考及三經新義修撰人考言之，較詳。

書新義、字說，條摘其失；而其黨陳瓘詆三經義、神宗日録，竟作所謂尊堯集，多誣安石書解旨義：此數子皆通觀書義全書，非捃摭其片段爲評而已，覆案原文可知也。

宋室南渡，陳善得據原書，引佚文，數加譏短，直斥「新義云」，或「荆公三經新義」不諱。並時有林之奇者，作尚書全解，多集北宋人書說，載尚書新義文二百二十四條，常兼楊龜山書義辨文，議論得失。林氏全解謂安石書義「於逸書未嘗措一辭」，是必通檢新義全書乃能立此言，矧其拙齋文集載其上陳樞密論行三經事，詆「王氏三經義大抵爲新法之地者十六七」，若非得見原書，誠不能作是論也。

淳熙間，黄倫會衆家書説爲一編，曰尚書精義，今傳本雖不全，然尚存尚書新義佚文六十八條，文上多冒「王荆公曰」；作「王雱曰」者纔三條，又頗取荆公學者張綱書解，皆直本二家原帙，非自它書稗販也。

朱子答門人問安石書義，多引其書之説，見語類；作典、謨數篇解，頗采新義，而草學校貢舉私議，主取王安石等十家義解。是朱子師弟子，皆有尚書新義原書在笥，故資以議論也。蔡沈作書集傳，集兩宋人説，引安石説纔十數條，雖然，確已研讀全書，嘗以所見諸家優劣帖陳朱子，答曰：「王氏傷於鑿，然其間儘有好處，諸説此間亦有之。」觀「亦有之」，是蔡氏及朱子，時皆存有是書無疑。

並時學者，如傅寅禹貢説斷「條列諸説，名群書百考禹貢説」，采新義禹貢篇義者二十五條，自安石原卷。少後，陳大猷既作書經集傳，又倣晦庵四書或問體例，用明其去取之意。集傳早佚（永樂大典殘存其文），或問尚引安石説二十三條，又往往設爲論難，辯取舍安石説之故。自非綜覽新義全書，不能作是言。王若虚（一一七四—一二四三）者，金朝文士也，世當宋孝宗、理宗間。嘗見尚書新義：

滹南遺老集：「王安石書解，其所自見而勝先儒者，纔十餘章耳；餘皆委曲穿鑿，出於私意，悖理害教者甚多。想其於詩、於周禮皆然矣。」（卷三一，總頁一五九。）

北宋三經新義國子監板及三館藏書，盡散毀於金虜，若虚僅見書義，蓋殘傷之孑遺，偶傳北地者，彼考之全編，見其説「勝先儒者十餘章」，又見其餘皆「委曲穿鑿，出於私意」。王伯厚者，宋遺民也，篤實近朱子，又博覽多聞，表章本朝文獻不遺餘力，著六經天文編、困學紀聞、玉海，嘗引安石詩、周禮二新義，皆直稱書名（已見前），於此三書引尚書新義佚文及評之者，咸作荆公云云，並實見原帙。

元國祚短，儒學未振。書經唯世祖、武宗、明宗朝成書之尚書纂傳（王天與撰）、書蔡氏傳輯録纂註（董鼎）、書蔡氏傳纂疏（陳櫟）集安石書義者，數十百條，所引以考有宋諸書，合多得亦數十條，三家皆自尚書新義原書取材，非一一襲抄前人所引，於此可徵。元代又有鄒季友者，著書集傳音釋，於大誥，「從王荆公讀，屬下句」。則季友親見新義原篇原簡。

綜上所述，兩宋及元代學者，多親見尚書新義書，其詳則參輯本之諸家評論及載引佚文按書分條考計。

宋、元人所見之尚書新義傳本，據元豐三年安石所上乞改三經義誤字劄子，列請改書義誤字六條［已見上第二大節（三）］，其前①、③條，惜不見後世書引用，如見引用，則可從而考定引用者根據新本抑舊本；④、⑤兩條，安石欲删舊本義解共九十七字，後世書雖亦未引，然亦不足爲其根據新本之確證；末條乃經本文脱字一，尤其不得依以考證傳本［以上論據皆詳本大節（三）©］。幸第二條尚見引於宋陳大猷書集傳（原書久佚），載殘卷永樂大典：「王氏曰：『物不可積，則（懋）使之化；可積以待，則（遷）使之居。』」（卷二〇四二六，頁十六。）與新本相合。且新本既頒令改正鏤板，後世引佚文又未見仍舊本之誤者，意宋、元儒所據，一皆新本，如所據詩義傳本然。

©明永樂以後人及清人自宋、元人書引尚書新義佚文

明太祖時，文臣劉三吾等奉敕撰書傳會選（六卷），四庫提要經部書類二：

考明太祖實録，與群臣論蔡傳之失在洪武十年三月。其詔脩是書，則在二十七年四月丙戌（十七日），而成書以九月己酉（十二日），僅五閲月。觀劉三吾敘稱：「臣三吾備員翰

林，屢嘗以其説上聞，皇上允請，乃詔天下儒士倣石渠、白虎故事，與臣等同校定之。」則是十七年間，三吾已考證講求，先有定見；特參稽衆論，以成之耳。（卷十二，頁十三。）是三吾考索舊説，約始於洪武十年（一三七七），而定修成編則當二十七年（一三九四）。卷中收尚書新義文十條，可見十四世紀末葉人，猶及見安石原書也。佚文之上皆冒以「王氏曰」，其中三條，與元人書所引重互，猶得謂之出自轉稗；餘七條（分别載於其書卷一，頁十六、頁二二、頁三八；卷三，頁三八；卷四，頁五五；卷六，頁七、頁二七。四庫全書珍本五集本。）都二四六字，皆不見宋、元儒書引用，斷自安石原書采收。

永樂以後，明儒集解尚書，凡引安石説悉自宋、元儒書轉采，絶未見尚書新義原卷。而永樂間胡廣等奉敕撰書傳大全，書首「引用先儒姓氏」列「王氏安石介甫臨川」，實則所用「臨川王氏」七十三條，泰半襲自元董鼎書蔡氏傳輯録纂註，少半襲自陳櫟書蔡氏傳纂疏。其後，嘉靖二十一年馬明衡撰尚書疑義載其佚文二條，大約萬曆間姚舜牧撰書經疑問載其佚文一條、陳禹謨撰引經釋載其佚文一條，皆未得原書采收，轉從舊籍稗販。

唯萬曆二十三年（一五九五）王樵撰尚書日記載尚書新義佚文十五條，其中四條，不見宋、元或明永樂前書籍引用，以彼十六世紀末葉人尚及見安石書義原編乎？曰：不然！余於「輯本」之「諸家評論及載引佚文按書分條考計」章辨曰：

王樵此書，明萬曆著成，時新義雖已佚，然宋、元人著作，存者尚多（而今已不可盡見），樵據以轉引；或竟誤他家之説，作安石語，如其中「乃者，繼事之辭」一條，爲蔡沈傳，殆非安石語；又如其書（卷九，頁五五。）有曰：「王氏曰：『歲、月、日、星辰者，經也；歷數者，推步歲、月、日、星辰之數以爲歷者也。歷象日、月、星辰，敬授人時，緯也。』」此段不見他家引作「王氏曰」，又與書蔡氏傳輯録纂註引安石「歷者，所以紀數」文不合，考乃節取宋程若庸（號徽菴）之説，誤作「王氏曰」，而書蔡氏傳纂疏正引作「徽菴程氏曰」。是樵所引，固未盡可信也。別有茅瑞徵（萬曆進士）禹貢匯疏引安石説三條，其中一條未見宋、元或明初人尚書説專著引，考乃自王與之周禮訂義（卷五六，頁二二五—二二六。）轉引。

清代藏書家，無人藏有詩、書新義，而學者亦絶未親見此二書。治斯學者，初自宋、元人書轉抄安石遺説（如胡渭禹貢錐指、洪範正論二書共轉抄二十九條，李紱穆堂初稿轉抄一條，朱彝尊經義考轉抄三條皆是）。既而欲自永樂大典中輯收，而所得僅周官新義殘文，故雍正十三年全謝山嘆「今新義已缺其二」（鮚埼亭集外編卷二三，頁七荆公周禮新義題詞），乃先此五年（雍正八年）王頊齡等奉敕撰成之書經傳説彙纂書首「引用姓氏」，列「王氏安石 臨川 介甫」，而書中引「王氏安石曰」者又多至六十二條，或者不察，誤謂頊齡等及據尚書新義引用。余考其中五十七條自宋、元人書轉引。一條襲自上述明王樵尚書日記或清朱鶴齡（一六〇六—一六八三，康熙二十二年)尚書埤傳,朱書載安石書義佚文十四條,其中十二條自宋、元人書轉引,一條(即此條)出於尚書日記。另一條未詳所本。餘二條爲——

卷一,頁七:「曆者,步其數;象者,占其象。」

卷十一,頁三五:「以龜占象之謂卜,以火灼龜其象可占之謂兆。」

案:前一條,蓋删改宋張綱書解(書已佚,見尚書精義引)文,又誤作安石説(詳輯本上編註一),不然則删節尚書日記引程若庸而誤爲安石説之文(方見上述)。後一條纔十八字,宜亦由它書轉引,不然它數十條佚文皆係轉引,獨此寥寥十餘字突有原書可據,絶無是理也。

乾、嘉諸先生,重漢輕宋,或偶於舊籍中見人引安石經解而善,輒掩爲己有;若察一、二失當,則不惜深文詆斥。流風所煽,聞三經義、字説,避走唯恐弗及,則搜輯其遺文,顯揚其學術,繼起無人,固不待言而知矣。

## 四、結論

三經新義,本名三經義——周禮義(一名周官義)、書義、詩義,後通稱周禮新義、尚書新義、詩經新義。三書,熙寧八年(一〇七五)六月撰成,七至十月間刊板流傳。其中詩經新義約在同年十至十二月間作第一次修訂重板，而元豐三年八月，又於詩經新義及周禮新義、尚書新義誤字加以修正刊行。今傳宋、元人書所引尚書、詩經二新義佚文所據爲元豐修正本；而永樂大典所載周禮新義殘卷，則爲未經修正之初次刊本。

三經新義，朝廷及當時與稍後私家刊刻之書板，大概並亡於靖康之難；而印行之紙本，亦同時遭受嚴重毁傷。傳印紙本三經新義，頗見宋、金、元乃至明初人引載或著録。詩、書二新義，大約亡於明洪武、建文之際，余蒐輯舊籍，考得尚書新義佚文五百五十八條及其評論二百八十二條，詩經新義佚文一千零四十條及其評論二百七十三條。周禮新義，則永樂間修永樂大典文臣，尚及見其殘卷，而據以編入大典之中。清雍、乾間，全祖望、周永年、孔繼涵等皆得據以抄輯。朝廷敕修四庫全書，館臣亦據永樂大典輯綴周官新義十六卷、附考工記二卷，先後抄寫七部，分置南北；衍生多本，嘉慶間，錢儀吉傳抄文瀾閣本，即其一也。錢本因宋、明、清三數書所引佚文，增補百餘條。度非善輯，余所爲輯本曰周禮新義輯考彙評，總收佚文二千三百七十八條次、同佚文十六條次、評論二百二十條。尚書新義、詩經新義及周禮新義三輯考彙評，合稱三經新義輯考彙評，都九十五萬言。

# 引用書要目

略依本文引述先後爲次序

續資治通鑑長編　宋李燾　臺北世界書局影印本（新定本，有拾補。）

嵩山集　宋晁説之　臺灣商務印書館影印四部叢刊續編本

蘆浦筆記　宋劉昌詩　學海類編本

捫蝨新話　宋陳善　津逮秘書本

困學紀聞　宋王應麟　臺灣商務印書館國學基本叢書本

緗素雜記　宋黄朝英　學海類編本

嬾真子　宋馬永卿　稗海本

攻媿集　宋樓鑰　臺灣商務印書館影印四部叢刊初編本

名臣碑傳琬琰集　宋杜大珪　臺北文海出版社影印鈔本

宋史　元托克托　臺北藝文印書館影印清武英殿刊本

東都事略　宋王稱　臺北文海出版社影印本（宋史資料萃編第一輯。）

郡齋讀書志　宋晁公武　臺北廣文書局影印清王先謙校刊本

直齋書録解題　宋陳振孫　臺北廣文書局影印清武英殿輯永樂大典本
玉海　宋王應麟　臺北文華書局影印元後至元三年慶元路儒學刊本
四明尊堯集　宋陳瓘　明蕭甫重刊本
拙齋文集　宋林之奇　臺灣商務印書館影印文淵閣四庫全書珍本二集本
經學歷史　清皮錫瑞　臺北藝文印書館據排印本影印本
宋元學案補遺　清王梓材　臺北世界書局影印四明叢書本
默堂文集　宋陳淵　商務印書館四部叢刊三編本
鐵圍山叢談　宋蔡絛　知不足齋叢書本
咸淳臨安志　元潛説友　文淵閣四庫全書本
王觀堂先生全集　王國維　臺北文華出版公司影印本
古代四川刻書考——(二)兩宋時代四川刻書考略　周駿富先生　手寫複印本
臨川集　宋王安石　臺灣中華書局四部備要本
箋註王荆文公詩　宋李壁　臺北廣文書局影印元刊本
通鑑長編紀事本末　宋楊仲良　臺北文海出版社影印清光緒十九年廣雅書局刊本
邵氏聞見後録　宋邵博　臺北廣文書局影印本(筆記三編。)

容齋續筆　宋洪邁　臺灣商務印書館國學基本叢書本

桐江集　元方回　臺灣圖書館影印鈔本

詩經世本古義　明何楷　臺灣商務印書館影印四庫全書珍本四集本

鮚埼亭集外編　清全祖望　商務印書館四部叢刊初編本

朱子語類　宋朱熹(宋黎靖德編)　臺北正中書局影明覆刊宋本

吕氏家塾讀詩記　宋吕祖謙　臺灣商務印書館影印四部叢刊續編本

毛詩集解　宋段昌武　臺灣商務印書館影印四庫全書珍本三集本

詩緝　宋嚴粲　臺北廣文書局影印明嘉靖間刊本

毛詩李黄集解　宋李樗、宋黄櫄　通志堂經解本

西溪叢語　宋姚寬　稗海本

宋會要輯稿　清徐松原輯、陳垣編　臺北世界書局據北平圖書館影印本影印本

浄德集　宋吕陶　武英殿聚珍版叢書本

宋元學案　清黄宗羲等　臺北世界書局排印本

王荆公年譜考略　清蔡上翔　臺北洪氏出版社據排印本影印本

宋史翼　清陸心源　臺北文海出版社影印本(宋史資料萃編第一輯。)

王荆公　民國梁啓超　臺灣中華書局排印本
王安石經學概論初稿　徐振亞　學藝雜誌十四卷七號，民國二十四年九月出版
宋代政教史　劉伯驥　臺灣中華書局排印本
清波雜誌　宋周煇　商務印書館四部叢刊續編本
丹陽集　宋葛勝仲　臺灣商務印書館影印四庫全書珍本別輯本
周益國文忠公集　宋周必大　臺灣商務印書館影印四庫全書珍本二集本
龜山集　宋楊時　臺灣商務印書館影印四庫全書珍本四集本
靖康要録　宋某氏　商務印書館叢書集成初編本
儒學之目的與宋儒之活動　日本諸橋轍次　日本昭和四年東京大修館書店鉛排本
中國典籍史　民國陳登源　臺北樂天出版社據排印本影印本
建炎以來繫年要録　宋李心傳　臺灣商務印書館影印四庫全書珍本別輯本
中興小紀　宋熊克　臺灣商務印書館影印四庫全書珍本別輯本
文獻通考　元馬端臨　臺北新興書局影印清武英殿刊本
周禮訂義　宋王與之　通志堂經解本
文淵閣書目　明楊士奇　臺北廣文書局影印讀畫齋叢書本

（萬曆重編）內閣書目　明孫能傳等　臺北廣文書局影印適園叢書本
菉竹堂書目　明葉盛　粵雅堂叢書本
國史經籍志　明焦竑　粵雅堂叢書本
授經圖　明朱睦㮮　臺北廣文書局影印惜陰軒叢書本
明書經籍志　清傅維鱗　臺北世界書局排印本
郘亭知見傳本書目　清莫友芝　臺北廣文書局影印本
周官新義、附考工記解　宋王安石等　清乾隆四十二年孔繼涵鈔校本、又經苑本、又墨海金壺本
清儒學案　民國徐世昌　臺北世界書局影印本
勉行堂文集　清程晉芳　清嘉慶二十三年至二十五年勉行堂刊本
永樂大典（殘卷）　明姚廣孝等　臺北世界書局據多本影印本（新編定本。）
四庫全書總目提要　清紀昀等　臺北藝文印書館影印清同光間刊本
衎石齋記事續稿　清錢儀吉　清道光七年錢彝甫刊本
章實齋文集　清章學誠　臺北文華出版公司據排印本影印本
善本書室藏書志　清丁丙　臺北廣文書局影印清光緒末年原刊本

善本書室藏書志簡目　民國喬衍琯編　臺北廣文書局手寫影印本

八千卷樓書目　民國丁立中　臺北廣文書局影印民國十二年丁仁鉛印本

江南圖書館善本書目　不著撰人　臺北廣文書局影印民國初年江南圖書館排印本

江蘇省立國學圖書館書目　不著撰人　臺北廣文書局影印民國二十二年至二十五年國學圖書館排印本

結一廬書目　清朱學勤　臺北廣文書局影印清光緒二十八年觀古堂書目叢刊本

碑傳集　清錢儀吉　臺北藝文印書館影印江蘇書局校刊本

碑傳續集　清繆荃孫　清宣統二年江楚編繹書局刊本

焦竑國史經籍志的評價　昌彼得先生　屈萬里先生七秩榮慶論文集，一九七八年十月出版

博古圖　宋王黼等　臺北新興書局影印清乾隆十七年黄氏重刊本

詩傳通釋　元劉瑾　臺灣商務印書館影印四庫全書珍本三集本

六家詩名物疏　明馮應京　臺灣商務印書館影印四庫全書珍本三集本

埤雅　宋陸佃　臺灣商務印書館叢書集成簡編本

詩經傳説彙纂　清王鴻緒等　清同治七年摹刻本

遂初堂書目　宋尤袤　臺北廣文書局影印説郛本
古今圖書集成　清陳夢雷　臺北文星書店據「照相影印本」影印本
朱文公文集　宋朱熹　臺灣中華書局四部備要本
滹南遺老集　金王若虚　臺灣商務印書館影印四部叢刊初編本
書傳會選　明劉三吾　臺灣商務印書館影印四庫全書珍本五集本
書傳大全　明胡廣等　明内府刊本
尚書日記　明王樵　臺灣商務印書館影印四庫全書珍本三集本
書經傳説彙纂　清王頊齡等　清雍正原刊本
尚書埤傳　清朱鶴齡　臺灣商務印書館影印四庫全書珍本三集本
王荆公年譜　于大成先生　手寫本
王安石字説源流考　劉銘恕　國立北平師範大學月刊第二期，民國二十二年一月出版。
御批歷代通鑑輯覽　清永城等　龔氏自印本
永樂大典考　郭伯恭　臺灣商務印書館人人文庫本
四庫全書纂修考　郭伯恭　臺灣商務印書館人人文庫本
王安石評傳　民國柯昌頤　商務印書館排印本

四庫全書修書處工作人員之遴選與管理　吴哲夫　幼獅月刊四十六卷五期，一九七七年十一月一日出版。

本文初稿，一九八一年十二月臺灣大學文史哲學報三十期刊行，時余周禮新義輯本未撰。其後，乃圖輯周禮新義，偏蒐資料，至於異邦，所得甚夥。遂援以增訂舊作，視原刊文字，約多三分之一，大抵攸關周禮新義。新稿成，略記其顛末於此。

程元敏謹識

一九八七年十月

# 王安石全集

修訂增補版

第二册

尚書新義

詩經新義

王水照　主編

復旦大學出版社

# 本册總目

# 尚書新義

程元敏　輯録
陳良中　輯補
張鈺翰　校理

# 出版説明

尚書新義係王安石於熙寧年間所編纂之三經新義之一，爲宋代尚書學之重要著述。然自宋以後，隨著「新學」式微，該書亦逐漸散佚。臺灣學者程元敏先生於上世紀八十年代纂輯王安石三經新義，輯得尚書新義佚文五百餘條，並附各家評論及相關考證論文，作爲其三經新義輯考彙評之一種出版，使人能略窺該著原貌，洵爲荆公功臣。重慶師範大學陳良中先生又據續修四庫全書及中華再造善本所收中國國家圖書館藏元刊本陳大猷書集傳所徵引王安石書説，成王安石尚書新義輯補一文（初刊於重慶師範大學學報［哲學社科版］，二〇一一年第一期），去除與程先生所輯重複者，另輯出荆公書説一百四十五條，使尚書新義愈發完備。

本次王安石全集之尚書新義，徵得程元敏先生和陳良中先生的同意，以程元敏先生三經新義輯考彙評之尚書部分爲原本加以整理，並將陳良中先生新輯的佚文插入相應位置，標以【陳補】以示區别，庶使兩相得宜。又，程輯本未分卷，據宋史藝文志著録，尚書新義十三卷，故參四部叢刊影宋本監本纂圖重言重意互注點校尚書的分卷，將全書釐爲十三卷。程輯本下編所附諸論文，格於全集體例，予以删除。謹此説明。

# 程元敏序

學術資料者，最研究工作之必需。資料愈充足，所獲研究結果愈正確；文獻不足，雖以孔子之博學，猶不敢徵夏、殷禮，況賢智不若孔子者乎？宋人有見於此，始倡纂輯佚書，初則陳景元（碧虚子）輯相鶴書（一稱相鶴經，誤入王安石臨川集卷七十，詳宋黄伯思東觀餘論卷下跋慎漢公所藏相鶴經後）一卷，繼則朱子欲從文選注輯韓詩薛漢章句，終則王應麟輯考三家詩遺説、鄭玄易注。資所輯資料作學術研究，自兹風氣漸開；清皮錫瑞極言其有功於後學，信然！

宋人治經，敢變漢唐舊義，創立新説，於時最早，而又影響官學及私家著述最大者，莫加於王安石周禮新義、尚書新義、詩經新義——三經新義者，神宗熙寧六至八年王安石父子等奉敕撰，誠王氏一家之學，故文獻多徑題王安石作。惜其書久佚。

周禮新義（宋史藝文志著録二十二卷），清修四庫全書，館臣自缺本永樂大典中輯出其殘文，歷城周永年，實任其事。它書所引存殘文，則未遑輯採；嘉慶、道光間，錢儀吉復從宋、明人禮書解中搜補佚文百餘條，合刻入經苑，唯禮書舊籍存者，仍多未加檢收。說詳周禮新義輯考彙評。尚書新義（宋史藝文志著録十三卷），迄無輯本。詩經新義（宋史藝文志著録二十卷），尚無善輯。說詳詩經新義輯考彙評。職是，三書之輯考或重輯，誠刻不容緩之事。

曩余治宋人經解，兼涉有宋史書、當代文集、筆記，頗見三經新義佚文，恒隨手鈔劄。比年，厠名上庠，承乏書經講席，暇日更作有系統之蒐考，蓄積愈豐。欲先成尚書新義輯本（次詩經新義，周禮新義最後成輯。），因更詳檢宋元人文集（其中論及雜著等部分）、史籍、筆記及宋至清與近人尚書專著，都約五百種，自其中八十五書輯得尚書新義佚文及對該書之評論，並舊日積存材料，計得佚文五五八條、諸書所引凡一〇二二條次；評論二八二條、諸家評語凡三七五條次——斯書沉晦六百年，於兹復大顯於世！

全書所包括，從自序以下，依次爲目次、本書例言、佚文及評論彙輯、佚文及評論之部引用書目考、尚書新義體製探原、諸家評論及載引佚文按書分條考計，又附所著相關之專文——三經新義修撰通考、三經新義與字説科場顯微録及王安石雱父子享祀廟庭考。總約二十五萬言，大分爲二編。

著「例言」者，將以明本書體例也，古人引書，或與其評語雜出，或有所删節改易，今欲由評文繹察原文，用便學者采檢，故佚文與評語相附兼收也；引用書目而曰「考」者，或考作者生平，或徵著書年歲，次其後先，備學者稽討源流也；作「體製探原」者，蓋尚書新義應科舉而作，體製不免遷就貢舉新制，緣徵諸史籍，研析其佚文，測度其大要焉；於諸家引佚文及其評論，分條考計，又各按其書者：一以徵該條佚文確出尚書新義（諸家引佚文，稱名不一，固頗譌舛，而多作「王氏曰」；「王氏」非皆謂安石，凡此皆須分條考辨），而評論的是評尚書新義者，再以總會某家所引所論諸條次於一所，以觀王氏學術之崇抑。

新經義之修撰，本奉朝廷制命，以王氏父子主撰而蒙「修撰經義局」之名，故三經新義修撰通考不可不作，併斯編之後也。王氏新學於私人經著影響，可由諸家稱引多寡、論列高下而知其梗概，至其於官學，則作三經新義與字説科場顯微録附後，記熙、豐至乾、淳，學校講授、場屋命題，以示三經新義之隆替。猶虞於王氏學術昇沉，未暢其説，更撰王安石雱父子享祀廟庭考，藉兩宋學士大夫議王氏父子身後崇絀，以見其經學百六十年間（自元祐元年至淳熙元年）之興衰，殿全書之末焉。

余以授課之餘，草撰此文，難盡全力；重以學植淺陋，治學無方，故其蒐檢不備，論斷錯謬，畫體例未臻謹當，行文辭不盡通達，自度不免。方家惠然肯錫教訓，則愚下感荷毋任也。

歲在丙寅仲夏安徽嘉山程元敏序於臺灣大學中國文學系

# 例言

一、此書分條纂輯王安石尚書新義佚文。先列與該條佚文有關之尚書本文（含小序及篇題），頂格書寫；次低一格著【佚文】字樣；【佚文】下著（　）、（　）内數字即該條佚文號碼，（　）下輯録該條佚文；緊隨該條佚文後，即注明該條佚文之出處（書名及其卷、頁），出處上下加（　），以資區别；間有「按語」或「註碼」，則更次於其下焉。如爲總説，則置於一篇之末，但標「某篇通義」，而繫佚文於其下。

二、此書分條采收昔賢評王安石尚書新義之文，絶多爲直接評述尚書新義之作，間有受新義影響而作之論説，亦擇采三數條，以備一體。評文依傍佚文條録，條碼相屬，有二條以上評文共屬一條佚文者，並敘次於該條佚文之下；有但有評文未見佚文者，則考定與該評文相關之尚書本文，使相屬連録，而以其前一條佚文號碼爲此評文號碼，且稱之曰「某碼後」，用便檢索。評文之上弁以【評】字樣，低二格書寫，其末亦注明出處，悉如佚文之例。總評尚書新義，則於盡録佚文之後總列。

三、佚文之定輯，以據著成時代較早之書所引述爲常，第如較晚著成之書所引述，或視前者爲備，或前者訛後者正，則改變常例據之，如佚文第四五八條，據晚著之書集傳或問，而不據先撰之尚書全解鈔輯是也。類例甚多，不煩枚舉。某條佚文出處，如不止一書，所列第一書即所據以輯録之書，餘書則按其撰成先後著録，引文若與第一書異，亦不加校注，惟偶有據某書輯録或文有缺，或字有訛，則援它書所引補益校正，具見各條之下。

四、諸家評安石新義某説，意常雷同，分列頗嫌冗沓，故今但依較早或較備者一家收録，冠以「某某曰」於評文之上，而著該家評語之出處於評語之下。其雷同諸家，則更於其後聲明之，云「某人説略同，見某書某卷某頁」，以廣知見。

五、從各書所輯尚書新義，如可能爲原文，則加「　」；如爲大意，則不加「　」。條定多憑諸書原引，惟視文氣或行文之便，偶分原引之一條爲數條，或會合數條爲一條；但有分合，並無增損。

六、相關或相同兩條之尚書新義佚文，但於其中一條下注明「參見某條」；同文除第五與第三四等三數條、兩列以備一體外，互見概不重收。評文互見例倣此。且皆不計條數。

七、所據以輯録彙收之書名，凡引述次數較多者，視便約爲「簡名」，以節省文字，如林之奇尚書全解省作全解之類，詳見佚文及評論之部引用書目考下。

八、尚書經本文，據清嘉慶二十年南昌府學重刊宋本十三經注疏本（臺北藝文印書館影印），並參看唐石經本等定録。

九、未盡之事，詳佚文下與其附註。

# 目録



[一] 未見尚書新義佚文及諸家評論，但記目於此；上方加「△」號資别，下倣此。

## 書義序

敏案：即尚書新義序。

王安石

熙寧二年，臣某以尚書入侍，遂與政，而子雱實嗣講事，有旨爲之説以獻；八年，下其説太學，班焉。惟虞、夏、商、周之遺文，更秦而幾亡，遭漢而僅存，賴學士大夫誦説，以故不泯，而世主莫或知其可用。天縱皇帝大知，實始操之以驗物，考之以决事。又命訓其義，兼明天下後世；而臣父子以區區所聞，承乏與榮焉。然言之淵懿，而釋以淺陋；命之重大，而承以輕眇；兹榮也，祇所以爲愧歟！謹序。（臨川集卷八四，頁三二。）

## △尚書大序

# 尚書新義　卷一

## 虞書

### 堯典第一

昔在帝堯，聰明文思，光宅天下。此尚書小序之文。

【佚文】（一）洪範貌、言、視、聽、思五事，可以解此「聰明文思」。（朱子語類卷七八，頁九；朱子五經語類卷四二，頁十六。）

【評】（一）宋朱熹曰：「古人説話，皆有源流，不是胡亂。荆公解『聰明文思』處，牽合洪範之五事，此却是穿鑿。」（朱子語類卷七八，頁九；朱子五經語類卷二，頁十六。）

曰若稽古帝堯。

【佚文】（二）「聖人於古，有可稽者，有可若者。」（全解卷一，頁三。）

【佚文】（三）「聖人之于古政，有便今者則順之，有妨于民者則考之。」（夏解卷一，頁七。）

【評】（二）宋夏僎曰：「謂『若稽古』所以稱堯、舜能法古也。然史氏之意，苟以是稱堯之德，則當與『放勳』連言，今乃揭於『帝堯』之上，觀其勢蓋非所以稱堯，乃史氏自言其稽古作書之由。故二説皆不如程氏、蘇氏謂史之作書也，曰『吾順考古昔，而得其人之行事』，此論甚善。」（夏解卷一，頁七。）

曰放勳。欽、明、文、思、安安。

【佚文】（四）「放勳」之「勳」，功繫於王之謂，周官夏官司勳：「王功曰勳。」（全解卷二，頁二三，參下「明試以功，車服以庸」下佚文。）

【佚文】（五）「堯曰『欽明文思』者，成德之序也。」（全解卷二，頁二一—三；夏解卷二，頁四。詳下舜典「濬哲文明，温恭允塞」下佚文。）

【佚文】（六）「理之所可安者，聖人安而行之。」（伊川經説卷二，頁二程頤原注；或問卷上，頁五。）

【評】（三）宋陳大猷曰：「王氏雖説得兩『安』字，然上言『理之可安者』，則是於『欽明文思』之外别言理，而下『安』字，其味又未免失之薄也。」（或問卷上，頁五。）

克明俊德。

**【佚文】**（七）「大而敏之謂俊。」（或問卷上，頁六。）

以親九族；九族既睦。

**【佚文】**（八）「親者，親之也；睦者，交相親也。」（陳傳卷一，頁三；輯纂卷一，頁二；纂疏卷一，頁二；大全卷一，頁四；書傳彙纂卷一，頁五。）

平章百姓。

**【佚文】**（九）「（平章，）平其職業，章其功勳。」（夏解卷一，頁十。）

**【評】**（四）宋夏僎曰：「平章者，平議商榷之言，蓋記所謂論官；庶官百執事當論辨而官之。……王介甫、張彥政……非也。」（夏解卷一，頁十。）

**【佚文】**（十）「親九族之道，賢、不肖、能、鄙有不辯也，則無事乎平；不責以事，不程其功，則無事乎章亦善。」（或問卷上，頁八。）

**【陳補】**「治而夷之之謂平，成而著之之謂章，貴賤能鄙各適其分者，平也。程其事功，崇以爵位，旌以車服者，章也。」（陳傳卷一，頁三。）

黎民於變時雍。

【陳補】「雍者，和之至也」。（陳傳卷一，頁三。）

乃命羲和。

【佚文】（一一）「乃者，繼事之辭。」（尚書日記卷一，頁九。）

【評】（五）明王樵曰：「春秋傳曰：乃者，難辭。王安石曰：『……』今按：『乃命羲和』與『箕子乃言曰』，俱當從難辭之例。」（尚書日記卷一，頁九。）

【佚文】（一二）「散義氣以爲義，斂仁氣以爲和。日出之氣爲義，義者陽也；利物之謂和，和者陰也。」（全解卷一，頁十。）

【評】（六）宋林之奇曰：「羲和即人之名，安有陰陽仁義之説哉？此不可行也。」（全解卷一，頁十。）

【佚文】（一三）「昔少昊氏命官：鳳鳥氏司曆，玄鳥氏司分，伯趙氏司至，青鳥氏司啓，丹鳥氏司閉，位五鳩、五雉、九扈之上，古聖人重曆數如此。堯世步占，曰『欽』、曰『敬』，最爲詳嚴[一]。

---

[一] 「詳」，纂疏作「嚴」。

及夏，羲、和合爲一，其職已略。至周爲太史，正歲年以敘事，以下大夫爲之；馮相氏掌日月星辰，以中士爲之，則其官益輕。蓋創端造始，推測天度，非上哲有所不能。及成法已具，有司守之亦可步占，所以始重終輕，其勢然也。」（輯纂卷一，頁三；纂疏卷一，頁二—三；大全卷一，頁五；尚書疑義卷一，頁五；尚書埤傳卷一，頁四；書傳彙纂卷一，頁八。）

【評】（七）宋朱熹曰：「曆是古時一件大事，故炎帝以鳥名官，首曰鳳鳥氏。曆，正也。歲月日時既定，則百工之事可考其成。程氏、王氏兩説相兼，其義始備。」（朱子語類卷七八，頁十二；朱子五經語類卷四三，頁五。）

欽若昊天。

【佚文】（一四）「天色可見者，蒼蒼而已，故於春言其色。氣至夏而行，故於夏言其氣。情至秋而知〔二〕，故於秋言其情。位正乎上，故於冬言其位。」（全解卷一，頁十一；夏解卷一，頁十二。）

【評】（八）宋夏僎曰：「（王氏之説）皆鑿説也。要之，經傳之言『天』者不一：以其尊而

〔二〕「知」，夏解作「和」。

君之，則曰『皇天』；以其仁覆天下，則曰『旻天』；以其自上監下，則曰『上天』；以其遠視蒼然，則曰『蒼天』；以其元氣廣大而言，則曰『昊天』，初無異議也。」（夏解卷一，頁十二。）

曆象日月星辰。

【佚文】（一五）「曆者，步其數；象者，占其象。」（陳傳卷一，頁三；書傳彙纂卷一，頁七。）[二]

分命羲仲。……申命羲叔。

【佚文】（一六）「分命，使分陰陽而治之也。申命，使繼二申而申之也。」（陳傳卷一，頁四；輯纂卷一，頁四；纂疏卷一，頁三；大全卷一，頁七。）

【陳補】「羲和四官，各主一方之政、一時之事。」（陳傳卷一，頁四。）

【陳補】「日出爲暘，故東方曰暘谷。羲仲，居治東方之官。寅，敬。賓，導也。敬導出日。」（陳傳卷一，頁四—五。）

---

[二] 尚書精義（卷一，頁十三。）引張氏（綱）曰：「爲之曆者，所以稽其數；爲之象者，所以占其象。」書傳彙纂此條，蓋删改張綱此文而成，又以張氏説多祖述尚書新義，遂以爲安石之説，非直據尚書新義原書也。張綱書説多祖述安石，見朱子語類卷七八，頁九載汪玉山駁張綱謚奏狀。

宅嵎夷，曰暘谷。

【佚文】（一七）「日出爲暘。」（或問卷上，頁九。）

【評】（九）宋陳大猷曰：「或問：暘谷，諸家皆祖孔説，子獨取王説，何也？曰：按洪範雨、暘相對，王氏以『日出爲暘』，當矣。唐孔氏推孔説，……以『暘』訓『明』，要不如王説之正。」（或問卷上，頁九。）

平秩東作。

【陳補】「物各當其分之謂平，事各當其序之謂秩。」（陳傳卷一，頁五。）

日中，星鳥。

【陳補】「陽生於子而終於午，仲春陽之中也，故言日中。陰生於午而終於子，仲秋陰之中也，故言宵中。」（陳傳卷一，頁五。）

以殷仲春。

【陳補】「仲春、仲秋陰陽之至中，故曰以殷。仲夏、仲冬陰陽之至正，故曰以正。」（陳傳卷一，頁五。）

分命羲仲宅嵎夷，曰暘谷。日中，星鳥，以殷仲春。厥民析，鳥獸孳尾。

【陳補】「聖人之道，上至於日月星辰，下至於草木鳥獸，外至於夷狄，皆聖人之所治也。」（陳傳卷一，頁六。）

宅南交。

【佚文】（一八）「南方相見之時，陰陽之所交也，故曰『南交』。」（全解卷一，頁十四；夏解卷一，頁十五。）

【評】（一〇）宋林之奇曰：「此説不然。於東、西曰『嵎夷』、曰『昧谷』，皆地名也，不應於南方獨言其『萬物相見之時』。其説爲不類。」（全解卷一，頁十四；夏僎評，見夏解卷一，頁十五，略同。）

宅朔方，曰幽都。平在朔易。……以正仲冬。

【佚文】（一九）「不言北而言朔，如月朔更始之意。北方以位言之，則日月星辰之象皆伏而不見；以時言之，則草木歸根、昆蟲閉蟄，皆有隱伏之意，故謂之幽都。三時言『平秩』，主農事也。至冬，農事畢矣，歲事且終，天氣更始，故言『平在朔易』。」（輯纂卷一，頁六；纂疏卷一，頁五；大全卷一，頁十二；書傳彙纂卷一，頁二十。）

【佚文】（二十）「冬不言『秩』而言『在』；在，察其改易而已。秩非不在，在非不秩，亦互相備。」（陳傳卷一，頁六；纂傳卷一，頁五。）

【佚文】（二一）「冬者，休息之時也；當豫察來歲改易之政耳。事之改易，於此時在察之；事豫則立。國家閒暇，乃豫圖改易之時也。」（精義卷二，頁三。）

允釐百工。

【陳補】「釐，析而治之之謂。」（陳傳卷一，頁八。）

庶績咸熙。

【佚文】（二二）「不言『功』而言『績』，謂其功乃緝累而成。」（纂傳卷一，頁六。）

帝曰：「疇咨若時登庸？……疇咨若予采？」

【佚文】（二三）「『若時登庸』與『若予采』相對爲言，謂『疇咨若時』者，咨順天道者也；『疇咨若予采』者，順人事也。」（全解卷一，頁二二—二三；夏解卷一，頁二二。）

【評】（一一）宋林之奇曰：「此説則非。『若時登庸』，以謂順天道，如皋陶謨曰『咸若時』，冏命曰『若時瘝厥官』，豈亦咨順天道也哉？『疇咨若時』者，誰能順是登庸之任，蓋將授以天下也。」（全解卷一，頁二三。）

【陳補】「疇，如『疇離祉』之疇。咨，如『周爰咨詢』之咨。疇咨，使衆共咨訪也。」（陳傳卷一，頁八。）

吁！嚚訟，可乎！

【佚文】（二四）「訟者，言之于公。」（考古質疑卷三，頁十六。）〔二〕

靜言庸違，象恭滔天。

---

〔二〕　宋葉大慶考古質疑（卷三，頁十六。）：「近世王文公（安石），其説經亦多解字，如……」其引安石所解經字，有僞、位、訟、伍、什、盟、門、载、郊、富、貧、忠、恕，共十三字，或即解詩、書經字者，姑收爲佚文。下例倣此，不復一一爲註。

【佚文】(二五)「静則能言,用則違其言。象恭滔天,言其外貌恭而中心懷藏姦僞,滔天莫測。」(伊川經説卷二,頁五;陳傳卷一,頁八。)

蕩蕩懷山襄陵。

【佚文】(二六)「山高而陵下,陵言『襄』、山言『懷』,何也?地高則襄陵,地下則懷山。」(精義卷二,頁十一。)

方命圮族。

【佚文】(二七)「圓則行,方則止;方命,猶今言『廢閣詔命』也。蓋鯀之爲人,悻戾自用,不從上令也。」(蔡傳卷一,頁三;朱子語類卷七八,頁十五;朱子五經語類卷四三,頁十;陳傳卷一,頁九;纂傳卷一,頁七;書傳會選卷一,頁八。)

【佚文】(二八)「堯知鯀之方命圮族,然卒使之,何也?曰:方是之時,舜、禹皆未聞于世也。在朝廷所與者,鯀而已,聖人雖有過人之明,然不自用也,故曰:稽于衆,舍己從人。雖疑其不可任,苟衆之所與,亦不廢也。故曰:誰毁誰譽?如有所譽者,其有所試矣。譽人尚必有所試,則其廢人也,亦必有所試,而不勝任,然後廢之耳。鯀既未常試,又衆之所與,堯雖獨見其不可任，敢不試而逆度以廢之乎？敢違衆而自用乎？聖人之立法，皆以衆人爲制，中才之君，獨見其所見，不從衆人之所見，逆度其不可任，而不待其有所試，則其爲失也多矣。故堯之聰明，雖足以逆知來物，明見鯀之不可任，猶不敢自用，所以爲中人法也。夫利一時而其法不可以推之萬世者，聖人不爲也，此所謂聖人之仁也。用己則聖人有所殆，用衆則雖中人可以無爲而治也。故堯之用鯀也，以四岳之僉同；其用舜也，亦以四岳之師錫，所以爲聖人者，以其善用衆也。『天聰明自我民聰明』、『唯天爲大，唯堯則之』。于試舜與鯀見之矣。」（精義卷二，頁十一—十二。）

朕在位七十載……巽朕位。

【佚文】（二九）「位者，人之所立。」（考古質疑卷三，頁十六。）

【佚文】（三〇）「自下升則曰陟，自外入則曰巽。『汝能庸命，巽朕位』，謂汝能庸我之命，居帝之位，攝行天子之事也。」（全解卷一，頁三十；夏解卷一，頁三一。）

【評】（一二）宋夏僎曰：「『巽』與『遜』同，故馬氏（融）亦云巽，讓也。王氏乃謂：『自下升曰陟，自外入曰巽。』遂以『巽位』之位爲堯將使四岳自外入居帝位，與下文言『陟帝位』同意。蓋『巽』之爲字，于釋文未有訓爲『自外而入内』者，不若以『巽』爲『遜』，而堯典之書亦有『將遜于位』之言，則王氏之説爲未安也。」（夏解卷一，頁三一。）

【佚文】（三一）「堯固已聞舜矣，然且謂岳『汝能庸命，巽朕位』，然則堯之出此僞歟？曰：非然也。四岳者，皆大賢人，故堯任之，以與之釐百工，熙庶績者矣。堯雖聞舜，然未敢自用其所聞也，以爲四岳亦能庸命，雖與之天下，亦可以朝諸侯、一天下也。此四人苟有賢于己者，宜亦知之；苟知之，宜亦推之，故推四岳之功善，而云欲予之天下者，四人也，知足以知聖人，而其汚不至乎貪天下也。舜誠聖人而在下，則四人宜知之矣；知之則宜言之矣，其肯相爲比黨而蔽在下之賢于己者乎？此堯稽于衆，舍己從人，不敢自用其耳目之聰明也，必待四岳師錫己以舜而後徵庸之耳。然則四岳何以不蚤舉舜歟？曰：陰雖有美含之，以從王事，必待上之唱也然後發，故四岳雖知舜，必待堯之唱也然後錫。」（精義卷二，頁十二—十三。）

【佚文】（三二）釐降，下嫁也。（全解卷一，頁三四；夏解卷一，頁三六；或問卷上，頁十二。）

釐降二女于嬀汭，嬪于虞。

【評】（一三）宋林之奇曰：「此説亦可通。然而以『釐降』爲下嫁，則是此一篇所載，惟及乎堯之妻舜，而不及乎舜也。刑于二女，而便與舜典『慎微五典』之文相接，甚爲不備。」（全解卷一，頁三四。）

【評】（一四）宋夏僎曰：「孔氏云：『釐降乃舜能以義理下二女之心。』然經言『釐降二女于嬀汭』，則降又非降其心。故不若合二説爲一，謂舜能以義理下降二女；雖帝女之貴，亦使下降而居嬀汭也。」（夏解卷一，頁三六。）

## 舜典第二

濬哲文明，温恭允塞。

【佚文】（三三）「堯曰『欽明文思』者，成德之序也。舜曰『濬哲文明，温恭允塞』者，修爲之序也。故於堯則言性之所有，於舜則言學以成之。」（全解卷二，頁二一—二二；夏解卷二，頁四。）

玄德升聞。

【佚文】（三四）「玄德，亦俊德也。自其著者言之，則謂之俊；自其妙者言之，則謂之玄。於聖人在上者稱其著，於聖人在下者稱其妙。」（精義卷三，頁二。）

納于大麓，烈風雷雨弗迷。

**【佚文】**（三五）「大麓，泰山之麓也；後世封禪之説，傅會於此。」（纂疏卷一，頁十一；大全卷一，頁二九；尚書埤傳卷二，頁二一。）

**【佚文】**（三六）舜于大麓主祭，「古者易姓告代」也。（全解卷二，頁四。）

**【評】**（一五）宋晁説之曰：「荆公論舜『納于大麓』何義？（吕）晦叔（公著）曰：『薦之于天。』」（晁氏客語頁十。）

**【佚文】**（三七）「風之烈而雷雨弗迷者，則陰陽不失序可知矣。」（全解卷二，頁四。）

**【評】**（一六）宋林之奇曰：「烈風雷雨弗迷，……孔氏謂『陰陽和，風雨時，各以其節，無有迷錯愆伏』，王氏因之。……孫博士推廣王氏之説曰：『上天之載，無聲無臭。所可推者，陰陽之氣矣。陰陽以散而生風，至於烈風，則陰陽之極也。陰陽薄而成雷，陰陽亨而成雨，雷雨則陰陽相成之極也。陰陽之極多，迷而不復常，則爲物之害。聖人在上，德足以當天心，雖「風之烈而雷雨」，不至於迷而害物，則陰陽之不失其序。』此説粗通矣。」（全解卷二，頁四—五。）

舜讓于德，弗嗣。

【佚文】（三八）「讓于德者，遜於有德之人也。弗嗣者，弗肯陟帝位以嗣堯也。」（夏解卷二，頁七；全解卷二，頁六。）

正月上日。

【佚文】（三九）「（正，）政事當歲易者。」（夏解卷二，頁七。）

【評】（一七）宋夏僎曰：「李校書謂歲之首謂之正月，猶正貳之正，蓋亦訓長。王氏……妄也。下文『格文祖』，言『月正』者，亦正月也，特變文耳。」（夏解卷二，頁七。）

【佚文】（四〇）「（上日，）上旬之日。」（全解卷二，頁六；夏解卷二，頁八。）〔一〕

【評】（一八）宋林之奇曰：「據下文『月正元日，舜格于文祖』、大禹謨言『正月朔旦，受命于神宗』，則此『上日』宜爲朔旦，特史官變其辭而云爾。猶正月朝會謂之『元會』，元會亦朔日也。豈有受命于神宗獨用朔日，而受終于文祖獨不用朔日乎？然月令『仲春之月擇元日，命民社』，則元日亦不必爲朔日也。元日既不必爲朔日，則上日亦不必爲上旬之日也。」（全解卷二，頁六。）

〔一〕夏僎尚書詳解誤此「上旬之日」爲孔氏（僞孔傳）之説，兹參尚書全解、僞孔傳改正。

受終于文祖。

【佚文】（四一）堯受終于文祖。（全解卷二，頁七；夏解卷二，頁七。）

【評】（一九）宋林之奇曰：「受終而不言『舜』者，蒙上之文也。王氏徒見此文不加『舜』字，遂以謂『堯受終于文祖』，李校書云：『信如王氏之説，則下文「在璿璣玉衡，以齊七政」，亦當屬之堯矣。孟子曰「堯老而舜攝也」，又曰「舜相堯二十有八載」。始堯命舜云「汝陟帝位」，而又言「受終于文祖」，則是自此以後，堯不復有庶政矣。』此論是也。」（全解卷二，頁七；夏僎評略同，見夏解卷二，頁七。）

在璿璣玉衡，以齊七政。

【佚文】（四二）「美珠謂之璿。」（全解卷二，頁八；精義卷三，頁七載張九成尚書詳説引；夏解卷二，頁十；陳傳卷一，頁十五。）

【評】（二〇）宋林之奇曰：「孫氏從王氏之説，以璿爲寶珠，引列子『有玉者方流，有珠者圜折』之言。古詩云『玉水氾方流，璿源載圜折』，穆天子傳云『天子之寶璿珠』，以是璿爲美珠。此説不同。然後世之渾儀，既不用珠玉，而用銅爲之，則古之璿璣，或以玉爲之，或綴珠於其上，皆不可得而知。」（全解卷二，頁八—九。）

**【佚文】**（四三）「堯典言『曆象』，舜典言『璣衡』；璣衡者，器也。堯典言『日月星辰』，此言『七政』；七政者，事也。堯典所言，皆『道』也；於此所言，皆『器』也，事也。」（全解卷二，頁九—十。）

**【評】**（二一）宋林之奇曰：「此説殊不然。夫堯典所謂『曆象』，即舜典之所謂『璣衡』也。舜典所謂『七政』，即堯典所謂『日月星辰』皆在其中矣，豈有道與器與事之異哉？」（全解卷二，頁十。）

**【佚文】**（四四）「（政，）以人之所取正也。」（或問卷上，頁十三。）

**【評】**（二二）宋陳大猷曰：「孔説、王説主人而言政，然主人而言，要不若主天而言。……日月五星，司天之政，亦猶人之有政也，故以『政』言之耳。唐孔氏説亦微有意，故附見之。」（或問卷上，頁十三—十四。）

禋于六宗。

**【佚文】**（四五）三昭、三穆爲六宗，從晉張髦之説也。（全解卷二，頁十一。）

**【佚文】**（四六）「天子事七廟，於地不言大示，於人不言太祖，於天不言日月星辰。以地示、人鬼之及六宗山川，則天、地之及日月星辰可知也。以天帝之及上帝，則人鬼、地示之及太祖、大示亦可知也。於天則舉尊以見卑，於人、於地則舉卑以見尊。」（或問卷上，頁十五。）

既月，乃日覲四岳群牧。

【陳補】四岳總百官，群牧總諸侯。日覲者，與之謀内外之政也。（陳傳卷一，頁十六。）

協時、月，正日，同律、度、量、衡。

【佚文】（四七）「歲月日時之所能齊，律度量衡之所能一，先王詳而謹之，故居則曆象日月星辰，出則同律度量衡而天下治。」（精義卷三，頁十一。）

【陳補】「王者必頒曆以天下正朔，故巡守則考時月而協之。作曆不能無盈縮，及其久也，日不能無差，故考日而正之。」（陳傳卷一，頁十六。）

五玉、三帛、二生、一死，贄。

【評】（二三）宋林之奇曰：「自『五玉』至於『一死，贄』，皆其所贄之物。量其貴賤輕重，以寓其等差而已，非有義理於其閒。王氏曲生義訓，皆從而爲之辭，穿鑿爲甚。如此等説，皆無取焉。」（全解卷二，頁二十。）

【佚文】（四八）「凡贄，諸侯圭，周禮小行人『六幣：圭、璋、璧、琮、琥、璜』，註云：『幣，所以享也；享后用琮。』則餘五玉即所贄之五玉也。」（書傳會選卷一，頁十六。）

如五器，卒乃復。

【佚文】（四九）「諸侯有不能臣之義，復之所以賓之也。」（全解卷二，頁二十。）

歸格于藝祖，用特。

【陳補】「用特以見約也，先王非飲食，致孝乎鬼神，不敢約也，然其約如此，則巡守不敢煩費可知。」（陳傳卷一，頁十八。）

敷奏以言，明試以功，車服以庸。

【佚文】（五〇）「放勳」之「勳」，功嚮於王之謂，周官夏官司勳：「王功曰勳。」此「庸」，周官六功，皆曰「上之所報」，以民功爲主，故「司勳」又曰「民功曰庸」是也。（全解卷二，頁二三；夏解卷二，頁二十。）

【評】（二四）宋林之奇曰：「庸，與『格則承之庸之』（之）『庸』同，蓋言通用之也。……王氏必以周官『六功』之説，於『放勳』則引『王功曰勳』，於此則引『民功曰庸』。夫六功之説，出於周官，以是而見於堯典、舜典之言，非正義矣。至知其説不通，則迂闊而求合……薛氏所謂『人本無病，病從藥生』，此類是也。」（全解卷二，頁二三。）

【陳補】「敷奏以言，觀其志也。明試以功，察其事也。車服以庸，報其功也。」（陳傳卷一，頁十八。）

封十有二山，濬川。

【佚文】（五一）「封山川則材木不可勝用，濬川則穀米不可勝食。」（或問卷上，頁十九。）

【評】（二五）宋陳大猷曰：「張氏推其説，以爲此王道之始，正合孟子之言，如何？曰：……王説乃虞衡之職，不應言於『肇州』之後。兼如王説，則是盡禁天下之山，而非止於名山。濬川亦止説得興利一邊，若以爲王道之始，何不及分田制産之事乎？」（或問卷上，頁十九。）

【佚文】（五二）「濬者，治而深之之謂。」（纂傳卷二，頁八。）

【佚文】（五三）「十二州之山川皆封培而濬之。蓋山川所以表識，又天地間生民之大利於是乎出也。」（纂傳卷二，頁八。）

象以典刑。

**【佚文】**（五四）「象者，垂以示人之謂，若周官『垂治象、刑象之法于象魏』是也。」（纂傳卷二，頁八；全解卷二，頁二六；夏解卷二，頁二五；陳傳卷一，頁十九。）

**【評】**（二六）宋林之奇曰：「此説比先儒爲長。蓋王者之法如江河，必使易避而難犯，故必垂以示之，使知避之；苟不垂以示之，使知所避，及陷於罪，然後從而刑之，是罔民也。」（全解卷二，頁二六。）

流宥五刑。

**【佚文】**（五五）「先王以爲，人之罪，有被之五刑爲已重，加之以鞭扑爲已輕。已輕則不足以懲，已重則吾有所不忍，于是又爲之制五流之法，以宥五刑之輕者。此則先王之仁，以鞭扑、五刑爲未足以盡出入之差故也。」（精義卷三，頁十四；全解卷二，頁二六—二七；夏解卷二，頁二六。）

**【佚文】**（五六）堯竄三苗於三危。（文定集卷十六，頁二，參下佚文第七一條下汪應辰評。）

帝乃殂落。

**【佚文】**（五七）「魂氣歸于天，故謂之殂；體魄降于地，故謂之落。」（夏解卷二，頁三一。）

**【評】**（二七）宋夏僎曰：「殂落，漢孔氏謂即死也。唐孔氏廣其説，謂：殂，往也，言命盡而往；落者，若草木之落也。故王氏諸儒從而爲之説，曰：『……』此説極當。」（夏解卷二，頁三一。）〔二〕

百姓如喪考妣，三載，四海遏密八音。

**【佚文】**（五八）「聖人之政，其施不能無厚薄，則其報施之義，亦不能無厚薄也。」（全解卷二，頁三一。）

**【評】**（二八）宋林之奇曰：「……百姓，蓋指民而言之。……百姓若失父母，無小大、無遠近皆然，非獨百官而已。『三載，四海遏密八音』，指其地而言之，則曰『四海』；指其人而言之，則曰『百姓』，其實不異也。而王氏云：『……』。此蓋曲生穿鑿，無義理也。夫謂百姓如喪考妣者，非是處苫塊，真如居父母之喪也，但謂憂愁不樂也。惟憂愁不樂，則於三年之間遏密八音。此蓋相因之辭，無有臣與民之異也。」（全解卷二，頁三一。）

---

〔二〕尚書全解卷二，頁三一暗用安石「魂氣歸於天」云云等共十八字。

月正元日，舜格于文祖。

【佚文】（五九）「舜避堯之子，方其未踐位，天下無政，故此格文祖，即月而後有政，故言『月正』。」（夏解卷二，頁七—八、頁三一；全解卷三，頁一。）

【評】（二九）宋林之奇曰：「二典之所載，皆史官變其文以成經緯，苟得其大意足矣。如必較量輕重而爲之説，則將不勝其鑿。如舜典言舜受終則曰『正月』，格于文祖則曰『月正』，必欲從而爲之説，此王氏之所以有『即是月而後有政』之論也。」（全解卷三，頁一。）

【評】（三〇）宋夏僎曰：「前言『正月上日』，此言『月正元日』，特史家變文耳，初無別義。王氏乃謂……曾氏廣其説……王氏、曾氏所以藉爲曲説，非通論也。」（夏解卷二，頁三一—三二。）

食哉惟時。

【陳補】「商頌『歲事來辟』，則戒以『稼穡匪解』。周人遺諸侯于廟，則戒以『新畬終艾』，與此意同。」（陳傳卷一，頁二十二。）

柔遠能邇。

**【佚文】**（六〇）「古人皆以治遠自近始，至於言『柔遠能邇』，則先言『柔遠』者何也？不柔遠則遠者將爲己患，而近者不得安矣，雖欲善近，不可得也；欲善近者，以柔遠爲始。乃若治之，則自身至於家，自家至於國，自國至於天下，四海之外，未有不始乎近而後及乎遠也。」（精義卷四，頁三。）

**【佚文】**（六一）「遠者，柔之而已；近者，吾所治也，故當能之。」（夏解卷二，頁三四。）

惇德允元。

**【陳補】**「有德者，惇厚之。元善者，信任之」。（陳傳卷一，頁二二。）

而難任人，蠻夷率服。

**【佚文】**（六二）任，佞也。難者，拒之使不得進也。難任人，則忠信昭而四夷服。（嬾真子卷一，頁九。）

**【評】**（三一）宋馬永卿曰：「元祐中，東坡知貢舉日，並行詩賦、經義，書題中出「而難任人，蠻夷率服」，注云：『……』——東坡習大科日，曾作忠信昭而四夷服論——而新經與注意同。當時舉子謂東坡故與金陵異説，以爲難於任人則得賢者，故四夷服。」（嬾真子卷一，頁九。）

使宅百揆，亮采惠疇？

【佚文】（六三）「采，事也。百官，百揆之疇類也。宅百揆得人，則百官受其惠。」（陳傳卷一，頁二二；書傳會選卷一，頁二二。）

【佚文】（六四）「亮采者，明其事也。惠疇者，惠其疇也。百工者，百揆之疇也。百揆得人，則百工皆疇離祉矣。」（全解卷三，頁五；夏解卷二，頁三六。）

【評】（三二）宋林之奇曰：「此説雖勝，然以疇爲惠其疇，而引周易『疇離祉』爲證。……以『疇離祉』證『疇』之義，而又以『離祉』爲説，迂迴甚矣。」（全解卷三，頁五。）

五品不遜，汝作司徒，敬敷五教，在寬。

【陳補】「五品，言其人之品也。五典，言其品之典也。五教，言其以典教也。」（陳傳卷一，頁二三。）

【陳補】「舜以道制典，故史以謹教五典言之，故以典敷教，故舜以敬敷五教命之。」（陳傳卷一，頁二四。）

蠻夷猾夏，寇賊姦宄，汝作士。

【佚文】（六五）「（士，）在周，大司馬之職；當舜之時，以士官兼之。」（全解卷三，頁十；夏解卷二，頁四十；陳傳卷一，頁二四。）

【評】（三三）宋林之奇曰：「其意以謂：舜之時，不立大司馬之官，其有蠻夷猾夏，則使臯陶治之。此説不然。夫蠻夷侵亂邊境，將用兵以禦之邪？不用兵以禦之邪？不用兵以執之，則何以隸臯陶之刑？如其用兵，以士官爲將帥，古無是理。……甘誓『大戰于甘，乃召六卿』，在啓時有六卿，則當舜之時安知其無司馬之職，而必以爲兼於士官乎？」（全解卷三，頁十；蘇軾評「或者」（即安石）誤以堯時士與司馬爲一官，與林氏評略同，見東坡書傳卷二，頁十一—十二。）

五服三就；五流有宅，五宅三居。

【佚文】（六六）「三就，就輕、就重與就輕重之中。三居，居遠、居近與居遠近之中。」（陳傳卷一，頁二四；輯纂卷一，頁二五；絜齋家塾書鈔卷一，頁四五。）〔二〕

〔二〕袁燮絜齋約尚書新義之文，謂「先儒」説，此先儒固謂安石。

疇若予上下草木鳥獸。

【陳補】「上下者，或山或澤，或飛或潛。」（陳傳卷一，頁二五。）

典樂教冑子。

【陳補】「冑子，將與其天職者也，不可以不教，教之之道，莫善於樂，故命夔典樂而教冑子。」（陳傳卷一，頁二六。）

直而温，寬而栗，剛而無虐，簡而無傲。

【佚文】（六七）「此四句乃教者之事。」（或問卷上，頁二四。）

【評】（三四）宋陳大猷曰：「或問：『直而温』下四句，荆公言此教者之事，諸家多取之，如何？曰：晦菴謂如此則於教冑子上都無益。愚謂直、寬、剛、簡决非施教者之事，王、張氏雖强引經，據於理，終非所安也。」（或問卷上，頁二四。）

詩言志，歌永言，聲依永，律和聲。

【佚文】（六八）「古之歌者，皆先有詞，後有聲，故曰『詩言志，歌永言，聲依永，律和聲』。如

今先撰腔子，後填詞，却是永依聲也。」（侯鯖録卷七，頁十一。）[二]

八音克諧，無相奪倫：神人以和。夔曰：「於！予擊石拊石，百獸率舞。」

【佚文】（六九）「堂上之樂，以象宗廟朝廷之治。堂下之樂，以象鳥獸萬物之治。石者，堂上之樂也。夔方擊石拊石，以象宗廟朝廷之治，鳥獸不待堂下之樂，固已率舞，以此見舜功化之敏，樂之形容有所不逮也。堂上之樂，非止于石，特曰『擊石拊石』者，蓋八音惟石難諧，舉石則餘不足道也。詩曰：『鼗鼓淵淵，嘒嘒管聲，既和且平，依我磬聲。』以此知樂之和由石聲而依之也。」（夏解卷二，頁四九。）

「命伯禹作司空」至「命龍作納言」。

【佚文】（七〇）「百揆，百官之首，故先命禹。養民，治之先務，故次命稷。富然後教，故次命契。刑以弼教，故次命臯。工立成器，以爲天下利，人治之末，故次命垂。如此治人者略備矣，然後及草木鳥獸，故次命益。民、物如此，則隆禮樂之時也，故次命夷、夔：禮先樂後，

[二] 此條爲荆公説，惟疑非書義之文，姑存於此，以備考索。

故先夷後夔。樂作則治功成矣。群賢雖盛，治功雖成，苟讒閒得行，則賢者不安，前功遂廢，故命龍於末，所以防讒閒、衛群賢以成其終。猶命十二牧，而終以『難任人』。夫子答『爲邦』，而終以『遠佞人』也。」（輯纂卷一，頁二九；陳傳卷一，頁二七；纂疏卷一，頁二二；書纂言卷一，頁三六；尚書通考卷五，頁十三；書傳會選卷一，頁二六；大全卷一，頁六二—六三。）

【佚文】（七一）伯益、禹、稷，皆堯所命。（文定集卷十六，頁二一。）

【評】（三五）宋汪應辰曰：「舜典之命九官，與呂刑本不異，但註似誤以『皇帝』（呂刑文）爲堯。王介甫專不取註疏，于此乃不能正其失。竄三苗，命伯益、禹、稷，皆舜事也，而以爲堯，不知何所據也。若其命官先後之次，此則偶爾不同，不必論也。」（文定集卷十六，頁二一。）

二十有二人。

【陳補】「二十二人者，四岳一人，十二牧，九官。」（陳傳卷一，頁二七。）

三載考績；三考，黜陟幽明；庶績咸熙。分北三苗。

**【佚文】**（七二）「唐、虞以三考黜陟幽明，而其所命之官，或終身于一職，然則其所謂『陟』者，特爵服之加而已。」（尚書埤傳卷二，頁三四。）

**【佚文】**（七三）「分北三苗，黜幽也；然止於三苗，黜者寡矣。」（輯纂卷一，頁三十；大全卷一，頁六五。）

**【陳補】**「積不善則浸至於幽，積善則浸至於明。」（陳傳卷一，頁二六。）

**【陳補】**「分北三苗者，黜幽也。然止於三苗，見萬國皆順軌而干有司者寡矣。」（陳傳卷一，頁二八。）

尚書堯典、舜典通義。

**【佚文】**（七四）「堯行天道以治人，舜行人道以事天。堯典於舜、丹朱、共工、驩兜之事，皆論之，未及乎升黜之政。至舜典，然後禪舜以位、『四罪而天下服』之類，皆堯所以在天下，舜所以治。」（河南程氏遺書卷二二上，頁四。）

**【評】**（三六）宋程頤曰：「介甫自不識『道』字，道未始有天、人之別，但在天則爲天道，在地則爲地道，在人則爲人道。」如言是何義理？四凶在堯時亦皆高才，職事皆修，堯如何誅之？然堯已知其惡，非堯亦不能知也。及堯一旦舉舜於側微，使四凶北面而臣之，四凶不能堪，遂逆命；鯀功又不成，故舜然後遠放之。如吕刑言『遏絶苗民』，亦只是舜，孔安國誤以爲堯。」（河南程氏遺書卷二三上，頁四。）

【評】（三七）宋陳振孫曰：「二典義，尚書左丞陸佃農師撰，爲王氏學，長於考訂。」（書録解題卷二，頁五。）

# 尚書新義　卷二

## 虞書

### 大禹謨第三

大禹謨。此篇題。

【佚文】（七五）「皋陶指其名，而禹稱『大禹』者，宅揆任大，冠諸臣之上，表而出之也。」（纂傳卷三上，頁一。）

曰若稽古大禹，曰文命，敷於四海。

【佚文】（七六）文命，禹號也。（朱文公文集卷六五，頁十六。）

【評】（三八）宋蘇軾曰：「命，教也，以文教布于四海而繼堯、舜。以文命爲禹名，則布于四海者爲何事耶？」（東坡書傳卷三，頁一。）

曰，后克艱厥后，臣克艱厥臣，政乃乂，黎民敏德。帝曰：「俞！允若兹，嘉言罔攸伏。野無遺賢，萬邦咸寧。稽于衆，舍己從人。不虐無告，不廢困窮，惟帝時克。」

【佚文】（七七）「舜，后也，故但言堯克艱事。今按：定公問『一言興邦』，孔子對以『君難，臣不易』，下文惟及君而不及臣，意亦類此。」（纂疏卷一，頁二五；陳傳卷二，頁二；大全卷二，頁四；書傳彙纂卷三，頁四。）

【陳補】「嘉者，美之至也。」（陳傳卷二，頁二。）

【陳補】「嘉言罔攸伏，故野無遺賢，野無遺賢，故萬邦咸寧。」（陳傳卷二，頁二。）

都，帝德廣運。

【陳補】「都，君子所居。鄙，小人所居。故古者謂都爲美，謂鄙爲野。」（陳傳卷二，頁二。）

乃聖乃神，乃武乃文。

【佚文】（七八）「乃聖乃神，所以立道；乃武乃文，所以立事。先聖而後神，道之序也；先武而後文，事之序也。」（全解卷四頁六；陳傳卷二，頁二。）

【評】（三九）宋林之奇曰：「審如是説，則是道之外復有事，事之外復有道。既有道之序，復有事之序。使道無預於事，事無預於道。此王氏患天下之術之原。」（全解卷四，頁六。）

戒哉！儆戒無虞，罔失法度，罔遊于逸，罔淫于樂。任賢勿貳，去邪勿疑。疑謀勿成，百志惟熙，罔違道以干百姓之譽，罔咈百姓以從己之欲。無怠無荒，四夷來王。

【佚文】（七九）「自『儆戒無虞』至『四夷來王』，乃歷言『戒哉』之説。」（纂傳卷三一，頁三。）

【佚文】（八〇）「『罔失法度』以下，修之身者也。『任賢勿貳』以下，修之朝者也。『罔違道』以下，施之天下者也。」（輯纂卷一，頁三三；書傳會選卷一，頁三一；大全卷二，頁七；書傳彙纂卷三，頁八。）

【佚文】（八一）「咈百姓以從先王之道則可，咈百姓以從己之欲則不可。古之人有行之者，盤庚是也。蓋人之情順之則譽，咈之則毀，所謂『違道以干百姓之譽』也，即咈百姓以從先王之道者也。」（全解卷四，頁十。）

【評】（四〇）宋林之奇曰：「此説大戾！夫盤庚將遷都，民咨胥怨而不從，盤庚不强之以遷也。方且優游訓誥，若父兄之訓子弟，至於再，至於三，必使之知遷都之爲利，不遷之爲害，然後率之以遷焉。何嘗咈之以從己哉？夫王者之安天下，必本於人情，未有咈百姓而可以從先王之道也。王氏此説，甚牴牾於聖經矣。」（全解卷四，頁十。）

【陳補】「人君不能儆戒以守法度，而游于逸，淫于樂，則荒惑矣，荒惑則任賢豈能勿貳？任賢不一，與去邪豈能勿疑？然所謂勿疑者，非於可疑之際而斷以勿疑也，考核情實無可疑，然後可斷而去之爾。」（陳傳卷二，頁三。）

【陳補】「無怠，戒以勤。無荒，戒以治。」（陳傳卷二，頁四。）

水、火、金、木、土、穀，惟修；正德、利用、厚生，惟和；九功惟敍。

【佚文】（八二）「以『惟敍』爲六府三事之序，故以土治水，以水治火，然後水、火爲用；以火治金，以金治木，然後金、木爲器；以木治土，以土治穀，然後土、穀爲利。」（全解卷四，頁十二—十三。）

【評】（四一）宋林之奇曰：「楊龜山曰：『不然。神農氏斲木爲耒，揉木爲耜，耒耜之利，以教天下，蓋以木治土，然後有耒耜之利，非土能治穀矣。洪範曰「土爰稼穡」，與「水之潤下，火之炎上，木之曲直，金之從革」，一也，謂土能治穀者非也。』此説爲是。然龜山既知土能治穀之爲非，而又曰：『五行相生以相繼，相尅以相治。相生爲四時之序，相尅爲六府之序也。』夫既以相尅爲六府之序，則自水治火而推之，亦將以土治穀矣。此則流入於王氏之説而不自知也。」（全解卷四，頁十三。）

地平天成，六府三事允治。

**【佚文】**（八三）「方水之未平，春作秋成有弗穫者，故地平然後天成。」（纂傳卷三上，頁五。）

耄期倦于勤。

**【陳補】**「八十九十曰耄，耄則昏矣。百年曰期頤，期者百年之名，期者則當頤養。」（陳傳卷二，頁六。）

帝念哉！念茲在茲，釋茲在茲，名言茲在茲，允出茲在茲。惟帝念功。

**【佚文】**（八四）「念此人當知此人有可念之道，釋此人當知此人有不可念之理，名言此人當察此人之賢否，此事之是非，允出于此道，則當察此道之可否。蓋禹以爲皋陶有可念之功，無可釋之事，名其人則有德，言其事則民懷。舜允出于禪位，則皋陶在所當念，不在所當釋。」（夏解卷三，頁十七；全解卷四，頁十八。）

**【評】**（四二）宋林之奇曰：「王氏……以此爲讓于皋陶，其説是也，然而意亦未順。竊謂禹之讓于皋陶也，蓋以謂我之心念其可以受帝之禪者，惟在於皋陶。……」（全解卷四，頁十八；夏僎用林氏意見，見夏解卷三，頁十七—十八；陳傳卷二，頁七。）

臨下以簡。

【陳補】「臨下以簡爲善，故元首叢脞則萬事墮哉。」（陳傳卷三，頁八。）

成允成功。

【佚文】（八五）「舉事當，人信之，謂之『成允』。鯀汨陳五行，而禹行其所無事，可謂成允，成允然後能成功。」（陳傳卷二，頁九；纂傳卷三上，頁七。）

汝惟不矜，天下莫與汝争能；汝惟不伐，天下莫與汝争功。

【佚文】（八六）「矜有執持之意，伐有夸大之意，故以矜言能，以伐言功；伐甚於矜也。能過天下而不矜，故天下愈服其能；功高天下而不伐，故天下愈服其功。」（輯纂卷一，頁三八；纂疏卷一，頁二九—三十；大全卷二，頁十七。）

天之曆數在汝躬。

【陳補】「曆數，易所謂天地之數五十有五，所以成變化而形鬼神者是也。成變化，故昆蟲之出入，草木之生死，莫不待此以成。行鬼神，故自有形以至無形，自有心以至無心，莫不待此以行。帝王之興以天之曆數所在，非人事也。然人事果無與於廢興乎？曰：有命有義，命所以立天道，義所以立人道，『天之曆數在汝躬』，言命也。『四海困窮，天禄永終』，言義也。莫之爲而爲者，天道也。爲之而使然者，人道也。和同天人之際，使之無間，非聖人孰能與於此！」（陳傳卷二，頁十一—十一。）

四海困窮，天禄永終！

【佚文】（八七）「四海困窮則失民，失民則無與守邦；無與守邦則天禄永終矣。」（全解卷四，頁二九。）

枚卜功臣，惟吉之從。

【佚文】（八八）「木幹曰枚，枝曰條。枚有條，故數物曰枚，數事曰條。枚卜，人人而卜之也。」（輯纂卷一，頁四一；陳傳卷二，頁十二；纂疏卷一，頁三二；大全卷二，頁二三；書傳彙纂卷三，頁二六。）

昏迷不恭。

【陳補】「不明謂之昏，不悟謂之迷。苗以昏故迷，以迷故不恭。」（陳傳卷二，頁十四。）

民棄不保，天降之咎，肆予以爾衆士，奉辭伐罪。

【陳補】「天明畏自我民明威，民棄不保則天降之災咎，禹之用師，致天討而已。天降之咎，故以爾衆士奉辭伐罪。」（陳傳卷二，頁十四。）

負罪引慝祗載，見瞽叟，夔夔齋慄。

【陳補】「負罪而不釋，引慝而不拒，祗載而不違，此舜所以事瞽瞍也。」（陳傳卷二，頁十五。）

班師振旅。

【佚文】（八九）「班，分也，如『班瑞』、『班宗彝』之班。禹前會諸侯之師，今分而散之。」（書傳會選卷一，頁三八。）

## 臯陶謨第四

允迪厥德，謨明弼諧。

**【佚文】**（九〇）「迪，道也。允迪厥德，謂所行之德允當于道。能允迪厥德，則心徹于內，而思慮不蔽，以之成謀，則明；智徹于外，而視聽不悖，以之受弼，則諧。」（夏解卷四，頁二；全解卷五，頁二。）

**【評】**（四三）宋夏僎曰：「夫皋陶直言『允迪厥德』而已，王氏乃加『道』字；直言『弼諧』，王氏乃加『受』字，其辭亦贅。」（夏解卷四，頁二；林之奇評大旨略同，見全解卷五，頁二。）

慎厥身修，思永。惇敘九族，庶明勵翼，邇可遠，在茲。

**【佚文】**（九一）「身立則政立，故皋陶先言『修身』。能修其身然可以齊其家，故繼之以『惇敘九族』。齊家而後國治，故繼之以『庶明勵翼』。國治而天下平，故繼之以『邇可遠在茲』。」（夏解卷四，頁五。）

庶明勵翼。

**【陳補】**「庶官昭明勉勵而輔翼於己。」（陳傳卷二，頁十七。）

惟帝其難之。

【佚文】（九二）惟帝其難之，指堯而言。（全解卷五，頁五—六。）

【評】（四四）宋林之奇曰：「張橫渠以帝爲舜。所以必從張橫渠之説者，蓋禹不當謂堯爲帝。……四凶之誅，在舜歷試之時，當堯之時雖知其大惡大姦，然而未嘗有可誅之罪，故釋之而不誅，非憂之畏之而不敢誅也。苟以『惟帝其難之』爲指堯而言，則是禹之意以堯未能盡其知人安民之意，故曰：『何憂乎驩兜？何遷乎有苗？何畏乎巧言令色孔壬？』審如是説，則禹之言是所以貶堯，非所以稱美之矣。」（全解卷五，頁六。）

【佚文】（九三）孔壬，大包藏禍心之意。（真德秀引，見纂疏卷一，頁三五；輯纂卷一，頁四五；尚書日記卷四，頁五；及尚書埤傳卷三，頁九。）

何憂乎驩兜？何患乎有苗？何畏乎巧言令色孔壬？

【評】（四五）宋真德秀曰：「孔壬，古註以爲甚佞。介甫謂其包藏禍心；蓋以『壬』爲『姙娠』之『姙』。胡氏非之，謂此訓將以腹非罪人。蔡氏仍祖其説，不若從孔註爲長。」（纂疏卷一，頁三五引。又見輯纂卷一，頁四五；尚書日記卷四，頁五；尚書埤傳卷三，頁九引，略同。）

【評】（四六）明王樵曰：「孔傳于舜典『難壬人』，只云：壬，佞也；于此『孔壬』，只云：

甚佞。似爲簡徑。而蔡傳每處加以『包藏』之義，得非亦先入於荆公之説乎？」（尚書日記卷四，頁五。）

【陳補】「驩兜誣人之功罪，害於知人；有苗違上政令，害於安民，故畏之。巧言以色孔壬，若共工『静言庸違象恭』是也，則無所不害，害之至也，故畏之，畏又甚於憂也。有苗雖頑，然上之聰明不爲驩兜、共工之徒所蔽，則按其惡遷之而已，非所憂畏也，故於苗曰遷而已。」（陳傳卷二，頁十六。）

亦行有九德，亦言其人有德，乃言曰載采采。

【陳補】「知人之方當考其行，行有九德，所以知其德者當考其事。今言其人有德，則當言其可見之行。曰載采采者，所謂可見之行也。」（陳傳卷二，頁十八。）

寬而栗，柔而立，愿而恭，亂而敬，擾而毅，直而温，簡而廉，剛而塞，强而義。

【佚文】（九四）「愿慤或失于朴陋，恭謂恭肅有禮。」（纂傳卷三中，頁三；陳傳卷二，頁十九。）

【陳補】「九德合之則爲三，分之則爲九。」（陳傳卷二，頁十九。）

日宣三德，夙夜浚明有家；日嚴祗敬六德，亮采有邦。

【佚文】（九五）「日宣達三德之賢，使任有家。日嚴祗敬六德之賢，使任有邦。」（輯纂卷一，頁四六；纂疏卷一，頁三六；大全卷二，頁二四。）

【評】（四七）元董鼎曰：「真氏取之，皆作君用賢説，庶與下文『翕受敷施九德』之賢相協。」（輯纂卷一，頁四六。）

【佚文】（九六）嚴，貌嚴；祗，行祗；敬，心敬。（全解卷五，頁十。）

翕受敷施，九德咸事，後乂在官。

【佚文】（九七）「合九德而受之，敷九德而施之。」（纂傳卷三中，頁四；陳傳卷二，頁二十。）

【陳補】「材可以治之謂乂。」（陳傳卷二，頁二十。）

【陳補】「所謂賢者在位，能者在職也。」（陳傳卷二，頁二十。）

撫于五辰。

【佚文】（九八）「五辰分配四時：春則寅卯，爲木之辰；夏則巳午，爲火之辰。餘倣此。」（輯纂卷一，頁四六；書傳會選卷一，頁四二；大全卷二，頁二四。）

無教逸欲有邦。

【佚文】（九九）「天子當以勤儉率天下諸侯，不當以逸欲教有邦。蓋天子逸欲於上，則諸侯化之，亦將肆其逸欲以盤樂怠傲於下。使有邦者皆肆其逸欲，則生民之受其禍，可勝計哉！而其源則自夫上之人以逸樂導之也。誠使爲天子者澹然無營，清心寡欲，舉天下之聲色貨利曾不足以動其心，彼諸侯者其敢肆其逸欲於下哉！」（全解卷五，頁十三。）

無曠庶官。

【陳補】「曠，用非其人，空其位，廢其事之謂也。」（陳傳卷二，頁二一。）

天秩有禮，自我五禮有庸哉！

【佚文】（一〇〇）「吉、凶、軍、賓、嘉之禮，亦天所秩也，天子當自其禮庸之；庸者，常用之謂也。」（纂傳卷三中，頁五。）

【佚文】（一〇一）「五典、五服、五刑之所施，非一人之身，若五禮則取於一人之身。」（全解卷五，頁十五。）

【評】（四八）宋林之奇曰：「典曰『五惇』，服曰『五章』，刑曰『五用』，而至於禮則獨曰『有庸』者，王氏曰：『……』而楊龜山以其説爲不然……曰：『禮雖有五而其用則非一，如五禮上自天地、社稷、宗廟，下至山林、川澤以及四方物，皆有祭焉。而其儀章器物，各從其類，不可以數計；吉、凶、軍、賓、嘉，亦莫不然，故曰「有庸」。』然馬融本則直作『五庸』，與『五惇』、『五章』、『五用』無以異。然世遠難以折中，姑兩存之。」（全解卷五，頁十五—十六。）

五服五章哉！

【陳補】「服，所以章有德也。」（陳傳卷二，頁二二。）

天聰明自我民聰明，天明畏自我民明威。

【佚文】（一〇二）「聰明主于典禮而言，明威主于命德討罪而言。」（夏解卷四，頁十七；全解卷五，頁十六。）

【評】（四九）宋林之奇曰：「案：呂刑云『德威惟畏，德明惟明』……明者天之所彰也，畏者天之所畏也。……夫『明畏』主於『命德討罪』，無可疑者，而以『聰明』爲『主典禮』，則失之泥。要之，二句只一意，蓋所以總結上文而盡其義；亦不必分説。泰誓曰：『天視自我民視，天聽自我民聽。』此正爲『命德討罪』而言也。」（全解卷五，頁十六；夏僎評，見夏解卷四，頁十七，略同。）

【陳補】「民受天地之中以生，其性命之所受與天爲一，其視聽好惡之公，未嘗與天違也。」（陳傳卷二，頁二三。）

思曰贊贊襄哉！

【佚文】（一〇三）「思曰」之「曰」，當作「日」，形近之訛。（書疑卷二，頁二；陳傳卷二，頁二十三。）

【評】（五〇）敏案：諸家説多與安石同，謂「曰」作「日」：東坡書傳（卷三，頁十七；卷四，頁一。）、薛氏（全解卷五，頁十八引。）、張九成（精義卷七，頁十—十一引。）、蔡傳（卷一，總頁十七。）、書疑（卷二，頁二。）等。參拙作王柏之生平與學術第肆編第二章第一節。

【佚文】（一〇四）「襄，成也。思一一贊襄，以成禹之功也。」（全解卷五，頁十八；陳傳卷二，頁二三。）

【評】（五一）宋林之奇曰：「案：春秋左氏傳定十五年：『葬定公，雨不克襄事』，杜元凱曰：『襄，成也。』王氏之訓蓋出諸此。此説爲善。皋陶之意，蓋以謂使我獨厎可績，則未能爲禹之助以成其功而已。」(全解卷五,頁十八。)

經文不詳。

【佚文】(一〇五)「按其見惡。」(王安石臨川集卷四三,頁三乞改三經義誤字劄子皋陶謨篇;疑爲「天討有罪,五刑五用哉」釋義。)

## 益稷第五

予乘四載,隨山刊木。

【佚文】(一〇六)鯀治水九載,兖州「作十有三載乃同」,禹之代鯀,蓋四載而成也。(東坡書傳卷四,頁二。)

【評】(五二)宋蘇軾曰:「水行乘舟,陸行乘車,泥行乘輴,山行乘樏,秦、漢以來,師傳如此,且孔氏之舊也。故安國知之,非諸儒之臆説也。『四載』之解,雜出于尸子、愼子,而最可信者,太史公也。亦如六宗之説,自秦、漢以來尚矣,豈可以私意曲學鐫鑿附會爲之哉?而或者以爲鯀治水九載,兖州作十有三載乃同,禹之代鯀,蓋四載而成功也。世或喜其説,然詳味本文,『予乘四載,隨山刊木』,則是駕此四物以行于山林川澤之閒,非以『四』因『九』通爲十三載之辭也。按書之文,鯀『九載,績用弗成』在堯未得舜之前,而殛鯀在舜登庸歷試之後,鯀殛而後禹興,則禹治水之年,不得與鯀之九載相接,兖州之功,安得通『四』與『九』爲『十三』乎?禹之言曰:『娶于塗山,辛壬癸甲。』是娶在治水之中;又曰:『啓呱呱而泣,予弗子,惟荒度土功。』是啓生在水患未平之前也。禹服鯀三年之喪,自免喪而至于娶,而至于子,自有子至于止禹而泣,亦久矣,安得在四載之中乎?反覆考之,皆與書文乖異,書所云『作十有三載乃同』者,指兖州之事,非謂天下共作十三載也。近世學者喜異而巧于鑿,故詳辯之以解世之惑!」(東坡書傳卷四,頁二一—二三。)

【佚文】(一〇七)「隨山,相水所出入治之:刊,除木也。刊木,以達險阻,除蔽障也。」(陳傳卷二,頁二四;永樂大典卷二〇四二六,頁十六載書集傳引;纂傳卷三下,頁一。)

予決九川,距四海;濬畎澮,距川。

【佚文】(一〇八)「決九川,距四海,使大水有所歸;濬畎澮,距川,使小水有所入:治水之次第也。不決川,則雖濬畎澮,不能除水患也。」(纂傳卷三下,頁一;「治水之次第也」以下共二十字,用輯纂卷一,頁五十所引「王氏曰」補。此條又略見纂疏卷一,頁三九;大全卷二,頁四二；書傳彙纂卷三，頁五二。）

【佚文】（一一〇九）「濬，治而深之之謂。川或不必濬，於其壅塞也，決之而已。」（陳傳卷二，頁二四；永樂大典卷二〇四二六，頁十六載書集傳引同。）

懋遷有無化居。

【佚文】（一一一〇）「物不可積，則懋使之化；可積以待，則遷使之居。」（永樂大典卷二〇四二六，頁十六載書集傳引；臨川集卷四三，頁三乞改三經義誤字劄子。）〔一〕

【佚文】（一一一一）「居，儲也。」（纂傳卷三下，頁二。）

「帝曰臣作朕股肱耳目」至「否則威之」。

【佚文】（一一一二）「自『臣作朕股肱耳目』至『否則威之』，帝責任於禹。」（纂傳卷三下，頁三。）

【佚文】（一一一二之一）「下文『汝翼』、『汝爲』，作股肱也；『汝明』、『汝聽』，作耳目也。」（陳

〔一〕參臨川集乞改三經義誤字劄子此條，知陳大猷書集傳引文删節「懋」、「遷」二字，今補。

傳卷二，頁二六；永樂大典卷二〇四二八，頁十七載書集傳引同。）

帝曰：「臣作朕股肱耳目：予欲左右有民，汝翼；予欲宣力四方，汝爲；予欲觀古人之象，日、月、星辰、山、龍、華、蟲，作會，宗彝、藻、火、粉、米、黼、黻、絺繡，以五采彰施于五色，作服，汝明；予欲聞六律、五聲、八音，在治忽，以出納五言，汝聽。」

**【佚文】**（一一三）「『臣作朕股肱耳目：予欲左右有民，汝翼。予欲宣力四方，汝爲』，言作股肱。『予欲觀古人之象』至於『汝聽』，言作耳目。」（全解卷六，頁十一；夏解卷五頁十。）

**【佚文】**（一一四）「汝翼，作肱；汝爲，作股；汝明，作目；汝聽，作耳也。」（輯纂卷一，頁五二；纂疏卷一，頁四一；大全卷二，頁四六。）

**【佚文】**（一一五）「敬敷五教，司徒掌之，豈非左右有民？稷掌阻飢，皋治姦宄，豈非宣力四方？夷作秩宗，豈非制衣服？夔典樂，豈非察音聲？然彼皆各治一官，禹則總百官而治之者也。帝兼舉四事，而寄以股肱耳目，蓋如此。」（輯纂卷一，頁五二；纂疏卷一，頁四一；大全卷二，頁四六；尚書日記卷四，頁二三；書傳彙纂卷三，頁五八。）

**【佚文】**（一一五之一）「一陰一陽之謂道。道之在天，以日月爲本，以星辰爲紀，故以日月星辰爲首。山取其靜而仁，龍取其變化。」（陳傳卷二，頁二七；永樂大典卷二〇四二八，頁十七宗彝、藻、火、粉、米，凡此，德之屬夫陽者，故在衣而作繪。宗彝、藻、火、粉、米，凡此，德之屬夫陰者，故絺繡在裳。辨物則知善之爲善，知善之爲善，推而上之，可以至於天道，則聖人之能成矣。」（全解卷六，頁十四。）

【佚文】（一一六之一）「宗彝，宗廟尊彝也；事宗廟之常器，所以象孝。藻，水草也，以其清潔而可薦羞。火，以其明足以燭物而烹治。」（陳傳卷二，頁二七；永樂大典卷二〇四二八，頁十七載書集傳引。）

【評】（五三）宋林之奇曰：「介甫嘗有韓退之詩曰：『紛紛易盡百年身，舉世無人識道真；力去陳言誇末俗，可憐無補費精神！』王氏於經，其鑿如此，則其『無補費精神』，蓋又甚於韓退之矣！故楊龜山力辨其非……而其說又曰：『日、月、星辰，天象也；山，地之屬也；服之所以體天地也。龍、華、蟲，天產也，故作繪而在上。宗彝，形而在下者；藻、火、粉、米，地產也；黼黻，人爲也，故絺繡在下。』此則流而入王氏之說而不自知，是皆目睫之論。」（全解卷六，頁十四—十五。敏案：王安石詩集卷三四有七絕韓子，「無」作「何」。）

【陳補】「華、蟲取其文。」（陳傳卷二，頁二七。）

【陳補】「米取養人，黼取其斷，黻取其辨。」（陳傳卷二，頁二七。）

予違，汝弼。

**【佚文】**（一一七）「拂我而相之，謂之弼，故『弼』字或作『拂』。比我而相之謂之輔，故比卦曰：比，輔也。」（陳傳卷二，頁二九；輯纂卷一，頁五二；纂疏卷一，頁四一；大全卷二，頁四七。）

侯以明之，撻以記之，書用識哉。

**【陳補】**「此以禮教也。」（陳傳卷二，頁三十。）

侯以明之。

**【陳補】**「若射矍相之圃，或斥出之，或留在位，此侯以明之之意。」（陳傳卷卷二，頁三十。）

書用識哉。

**【陳補】**「周禮鄉黨之官以時書民孝弟睦婣有學者，亦此意。」（陳傳卷二，頁三十。）

工以納言，時而颺之；格則承之庸之，否則威之。

**【佚文】**（一一八）「工以納言，時而颺之者，所謂以樂教也。格則承之庸之者，既教而成矣，則有德者承之，而承之者使之在位也；有能者庸之，而庸之者使之在職也。否則威之者，教之不率而後威之以刑，先王所以成就天下之材至於如此，可謂至矣。」（精義卷八，頁四。）

「禹曰俞哉帝光天之下」至「帝其念哉」！

【佚文】（一一九）「自『俞哉』至『帝其念哉』，禹歸重於帝。」（纂傳卷三下，頁六。）

「咸見五長，各迪有功，苗頑弗即工，帝其念哉！」帝曰：「迪朕德，時乃功惟敘。」皋陶方祗厥敘，方施象刑，惟明。

【佚文】（一二〇）「禹言『帝念哉』，蓋謂苗頑弗即工，帝當念其罪而誅之。故帝于下文言『皋陶方祗厥敘，方施象刑，惟明』，乃所以告禹，謂汝欲我念其所以誅三苗，我當命皋陶施刑以誅之。」（夏解卷五，頁二三；全解卷六，頁二五—二六。）

【評】（五四）宋夏僎曰：「此說雖可喜，林少穎（之奇）謂勸人君以用刑（兵），豈禹愛君之意？兼當時苗之頑凶，率六師以征之，猶且不服，豈皋陶象刑而能制哉！此所謂『帝念哉』者，特謂……帝當以苗民爲念憂，勤于政事，不可使有一日之慢遊也。」（夏解卷五，頁二三；林之奇評，見全解卷六，頁二六，略同。）

【評】（五五）宋蘇軾曰：「今天下定矣，而苗猶不即工者，帝不可以不求諸己也，故曰『帝其念哉』。此禹得之于益班師而歸諫舜之詞也。而説者乃謂禹勸舜當念三苗之罪而誅之。夫所謂『念哉』者，豈誅有罪之言乎？」（東坡書傳卷四，頁六。）

【陳補】「師長各相率而赴功，故各迪有功。」（陳傳卷二，頁三十。）

夔曰：「戛擊鳴球，搏拊琴瑟，以詠，祖考來格；虞賓在位，群后德讓。下管鼗鼓，合止柷敔，笙鏞以間；鳥獸蹌蹌。簫韶九成，鳳皇來儀。」

【佚文】（一二一）「治定制禮，功成作樂，舜之治功於是乎成矣。故夔稱其作樂，以美舜也。」（全解卷六，頁二七；夏解卷五，頁二六。）

【評】（五六）宋林之奇曰：「蓋舜之在位三十餘年，其與禹、皋、夔、益之徒相與答問者多矣……史官集而記之，非其一日之言也。諸儒之説，自皋陶謨至此篇末，皆謂其文勢相屬。薛氏以謂『……』王氏則以謂：『……』凡此皆欲會同數篇所載，以爲一日之言。豈史官獨載其一日之言，而盡遺其餘乎？此理之必不然也。理之所不然而必爲之説，故其説皆牽沿而不通，今不取。」（全解卷六，頁二六—二七。）

【佚文】（一二二）「以兆鼓則曰鼗。」（考古質疑卷三，頁十六。）

【佚文】（一二三）「堂上樂以象宗廟朝廷之治，故堂上之樂作而能致和于宗廟朝廷。堂下樂以象鳥獸萬物之治，故堂下之樂作而能致和于鳥獸萬物也。」（夏解卷五，頁二九。）

【評】（五七）宋夏僎曰：「堂上、堂下，其器雖不同，要之作樂之際，實相合以成樂也。……堂上、堂下必翕然並作，其格祖考、感鳥獸，當如大司樂幾變而格祖考，幾變而感鳥獸。……非謂堂上樂可以格祖考，而不可以感鳥獸；堂下樂可以感鳥獸，而不可以格祖考。……其實是上、下之樂並作，樂聲既和，上則祖考群后咸和，下則鳥獸萬物咸若。」（夏解卷五，頁二六—二八。）

【陳補】「鳥獸蹌蹌鼓舞，則萬物無不和矣。」（陳傳卷二，頁三四。）

【陳補】「管篁之族其音象鳥，鼓鐘之族其聲象獸，非特聲也，其制形亦然。先儒以笙爲象鳥翼，而筍簴亦皆爲鳥獸之形。」（陳傳卷二，頁三四。）

【陳補】「鳳凰鳴中律呂，色能五彩文章，能集其類，而君之治則見，亂則隱。」（陳傳卷二，頁三四。）

夔曰：「於，予擊石拊石，百獸率舞，庶尹允諧。」

【陳補】夔既言韶之成，又歎美舜德化之妙，樂之形容有所不逮也。予方擊石拊石，不待衆樂之奏，百獸固已率舞，庶尹固已允諧，豈無自而然哉？皆帝德有以致之也。（陳傳卷二，頁三五。）

帝庸作歌。

【陳補】「治大成矣，上下宜相戒儆之時，故帝以此作歌。」（陳傳卷二，頁三五。）

股肱喜哉！

【佚文】（一二四）「股肱不喜，而有刑以俟之。」（嵩山集卷一，頁三八。）

皋陶拜手稽首，颺言曰：「念哉！率作興事……屢省乃成。」……「元首明哉！股肱良哉！庶事康哉！」……「元首叢脞哉！股肱惰哉！萬事墮哉！」

【佚文】（一二五）「皋陶以爲人君不必下侵臣職以求事功，但委任而責成功爾。『率作興事』者，分職授任，如咨命二十二人是也。『屢省乃成』，則三載考績、三考黜陟是也。能如是則可謂之明君。君明則臣不敢欺，而思盡其職，庶事自各就緒矣。苟爲不然，而欲下侵衆職，則元首叢脞而股肱懈怠〔一〕。天下之事豈一人所能辦哉？萬事之墮，固其宜矣。」（尚書日記卷四，頁三七。）

**【佚文】**（一一二六）「前言『庶事』，後曰『萬事』，甚言叢脞與惰之敗事也。」（書纂言卷一，頁五七；陳傳卷二，頁三十六；纂傳卷三下，頁十。）

〔一〕「脞」，原作「挫」，據尚書原文改。

# 尚書新義　卷三

## 夏書

### 禹貢第一

禹别九州，隨山濬川，任土作貢。此尚書小序之全文。

【佚文】（一二七）「王制云：『廣谷大川異制，民生其間者異俗。』故禹别九州，皆奠高山大川，以正封域。」（禹貢説斷卷一，頁四；禹貢集解卷一，頁三。）〔一〕

冀州。

〔一〕　通志堂經解收宋烏傷（婺州義烏縣）傅寅同叔禹貢集解二卷，而武英殿聚珍版叢書及四庫全書自永樂大典所載輯出本書（釐爲四卷），視通志堂本文字爲多，書名作「禹貢説斷」（詳四庫提要卷十一，頁十四—十五經部書類一）。兹據殿本，並附見通志堂本（書名仍用「禹貢集解」）卷頁於其次。

【佚文】（一一二八）「九州之序，禹貢始於冀，次以兗，而終於雍；職方始於揚，次以荆，而終於并者，蓋禹貢言治水之序，職方言遠近之序。治水自帝都而始，然後順水性所便，自下而上，故自兗至雍而止。以遠近言之，則周之化自北而南，以南爲遠，故關雎、鵲巢之詩，分爲二南，漢廣亦言文王之道被于南國；德化所及，以遠爲至故也。始於揚州，則以揚在東南；次以荆，則以荆在正南；終于并，則以并在正北：先遠而後近也。」（周禮訂義卷五六，頁二五—二六；禹貢匯疏卷一，頁十九—二十；禹貢古今注卷一，頁七。）

既載壺口，治梁及岐。既修太原，至于岳陽。覃懷底績，至于衡漳。

【佚文】（一一二九）「治水或言地名，或言山名，或言水名者，言地名則以地有水瀰漫也，言山名則以山有水壅塞也，言水名則以水汎濫而不見故道也。治山之水者，自上而達之于下；治地之水者，自小而達之于大。故初則至于川，次則入于河，終則歸于海，歸於海則無壅塞瀰漫不見故道之患矣。治水或言載，或言治，或言底績，其實一也；欲文其辭，故異其字耳。冀州治水至此，則無水患矣。」（精義卷九，頁八。）

【佚文】（一一三〇）「載，事也；既事壺口，然後治梁及岐也。水逆行泛濫而亂，故治之也。」（禹貢說斷卷一頁十五；陳傳卷三，頁二；禹貢集解卷一，頁十四。）

**【佚文】**（一三一）「修其亂謂之治。」（纂傳卷四，頁二。）

**【佚文】**（一三二）「治其壞謂之修。」（纂傳卷四，頁二。）

**【佚文】**（一三三）「地爲水所攻蕩，隳圮而壞，故修之也。」（禹貢集解卷一，頁十七；禹貢説斷卷一，頁十八。）

**【評】**（五八）宋陳大猷曰：「或問：孔氏及蘇、王（安石）諸儒説『衡漳』，新安王氏（炎）以爲非，如何？曰：漢孔氏去古近，蘇、王諸儒皆至中原，所謂『漳』者，宜親見之。新安王氏言漳之源流雖詳，恐未必是禹之舊跡；兼王氏（炎）乃近世人，未嘗身至中原，故未敢從。」（或問卷上，頁三四。）

厥土惟白壤，厥賦惟上上錯，厥田惟中中。

**【佚文】**（一三四）「物其土田以知所宜，奠其賦以知所出也。冀州之土非盡白壤，而曰『白壤』者，其大致然也。餘州蓋皆如此。」（禹貢説斷卷一，頁二三—二四；禹貢集解卷一，頁二二；纂傳卷四，頁三；書纂言卷二，頁三；書傳彙纂卷四，頁十。）

**【佚文】**（一三五）「田與賦皆分作九等，故有上中下；而上中下之間又各分之，故有上上、上中、上下，又有中上、中中、中下，又有下上、下中、下下，是爲九等。故上上爲第一，上中爲第二，以次至下下爲九等。」（精義卷九，頁九。）

**【佚文】**（一三六）「賦乃田與土所出，故八州言『賦』皆在『田』之下，惟此在『田』之上者，傳之誤也。且九州或田與土品第高而賦則卑，或田與土品第卑而賦則高，何也？蓋田土論性，賦論多寡，故田與土品第高者其性美也，賦則品第卑者其數少也；田土品第卑者其性不美也，賦則品第高者其數多也，故賦與田土品第不同。」（精義卷九，頁九。）

恒衛既從。

**【陳補】**「從，順也。順者，水不逆行也。」（陳傳卷三，頁四。）

夾右碣石入于河。

**【佚文】**（一三七）「夾右碣石入于河」句，與下「濟河惟兖州」連，爲一段。（全解卷七，頁十八。）

雷夏既澤。

**【佚文】**（一三八）「既澤者，水有所鍾而不溢也。」（禹貢説斷卷一，頁三八。）

濰、沮會同。

【佚文】（一三九）「兩相合謂之會，合而爲一謂之同。」（陳傳卷三，頁五；纂傳卷四，頁六。）

厥篚織文。

【佚文】（一四〇）「時已有織文之貢，則此織文也，必非水去之後創爲此制，則其來遠矣。以堯、禹在上而不能革，後世將誰革之乎？衣不必温，而又爲目觀之美，則奢侈自堯、舜前矣。」（精義卷九，頁十八。）

嵎夷既略。

【佚文】（一四一）「（略，）爲之封畛也。」（全解卷八，頁二；禹貢錐指，見皇清經解卷三一，頁九。）

【評】（五九）宋林之奇曰：「曾氏推廣王氏之意，以謂『嵎夷既略』者，言地接於夷，不爲之封畛，則有猾夏之變。以『既略』爲『封域』，其説比先儒爲優。……禹貢之九州，如冀、揚之島夷，此州之嵎夷、萊夷，梁州之和夷，徐州之淮夷，皆是此數州之境界；於要荒之地，故有蠻獠之民雜處於其地，如後世蠻洞羈縻州郡是也。」（全解卷八，頁二—三。）

**【評】**（六〇）清胡渭曰：「九州唯此書『略』，必有精義。……左傳曰：『天子經略，諸侯正封，古之制也。封略之内，何非君土？』又曰：『封畛土略。』又曰：『侵敗王略。』略，皆訓界；經略，猶言經界也。王説本此。」（禹貢錐指，皇清經解卷三一，頁九。）

海濱廣斥。

**【佚文】**（一四二）「水去故見土，色白而墳起。海畔廣有斥鹵之水，可煎以爲鹽；斥爲鹽鹵也。」（精義卷十，頁三。）

岱畎絲、枲、鉛、松、怪石。

**【佚文】**（一四三）「黑錫曰鉛。」（纂傳卷四，頁九；禹貢錐指，皇清經解卷三一，頁二十。）

淮、沂其乂，蒙、羽其藝；大野既豬，東原底平。

**【佚文】**（一四四）「乂，治也。謂治淮、沂二水，使歸故道，則蒙、羽二山自無水患，而可種藝；而大野之澤既以蓄水，則水不瀰漫矣；東原之地乃致之平，是無水患矣。」（精義卷十，頁五—六。）

羽畎夏翟，嶧陽孤桐，泗濱浮磬，淮夷蠙珠暨魚。

【佚文】（一四五）「夏翟乃雉之名，出於羽山之谷，其羽可以爲旌旄。嶧山之南，有孤生之桐，堪爲琴瑟。泗水之涯，有石出於水如浮然，可以爲樂器之磬。皆以爲貢也。」（精義卷十，頁七—八。）

浮于淮、泗，達於河。

【佚文】（一四六）「順流于淮、泗二水，以至於河，入揚州之境。」（精義卷十，頁八。）

三江既入，震澤底定。

【佚文】（一四七）「一江自義興，一江自毗陵，一江自吴縣。義興，古之陽羨；毗陵，今之丹徒，春秋謂之延陵，季札所居之地；吴縣，今之吴江。三江介于常、潤、蘇三州之間，而震澤瞰乎三州之界，尾通吴興，苕、霅之水出焉。三江皆入海。二江在震澤之上[一]，一江在震澤之下；震澤

---

[一] 「二江在震澤之上」，禹貢説斷「二」作「一」，與下文「上二江今中絶」不合，前附三江既入震澤之圖作「二」，精義卷十，頁十引張綱書解述安石説亦作「二」。又今通志堂本程大昌禹貢論中，後人誤將此三江既入震澤之圖收入，見四庫提要。

水有所洩，故底定也。上二江今中絶，故震澤有水災於是見。此書所記禹迹，尚足用以知水也[一]。」（禹貢指南卷一，頁二三；「二江在震澤之上」以下，據禹貢説斷前附三江既入震澤底定之圖及禹貢説斷卷二，頁十三補；全解卷八，頁十五；禹貢山川地理圖頁十八；夏解卷七，頁四；陳氏詳解卷六，頁二六；胡氏詳解卷三，頁六；輯纂卷二，頁九；纂疏卷二，頁八；尚書通考卷七，頁十九；尚書埤傳卷五，頁六。大抵皆止引「一江自義興」以下三句。）

【評】（六一）宋葉夢得曰：「……而王氏言『入』者，亦不可爲入海。凡言『入于渭』、『入于河』，皆由之以往，言其終也。三江既自爲别水，非有所從來，前既未嘗言『入于海』，當如『既陂』、『既澤』、『既導』、『既瀦』之類，各就其本水言之。既入，若言由地中行也。」（禹貢匯疏卷五，頁十七引。）

【評】（六二）宋毛晃曰：「此言殆與班固相表裏，然雖詳而無統，概之禹貢之文，不若孔氏之傳爲稍長，亦未允也。」（禹貢指南卷一，頁二三。）

【評】（六三）宋程大昌曰：「王安石謂：『三江入海，一自義興，一自毗陵，一自吴縣。』未問其水道曲折當否，惟其棄外經文，别求他水，説雖甚工，亦不可究用也。」（禹貢山川地理

[一] 按：「知」當爲「治」之誤。

圖頁十八。）

【評】（六四）宋夏僎曰：「王介甫以爲：『一江自毗陵，一江自義興，一江自吴縣。』班固以爲南江從會稽、吴縣南入海，中江從丹陽、蕪湖縣西東至會稽、陽羡入海，北江從會稽、毗陵縣北東入海：此皆據所見之江而爲言，非禹之舊迹也。」（夏解卷七頁四—五；董鼎［見輯纂卷二，頁九］、陳櫟［見纂疏卷二，頁八］評皆略同：並本林之奇意，參全解卷八，頁十五。）

【評】（六五）宋傅寅曰：「此祖孟堅之説。」（禹貢説斷卷二，頁十三；陳大猷［見或問卷上，頁三七］、朱鶴齡［見尚書埤傳卷五，頁六］、全祖望［經史問答，見皇清經解卷三〇三，頁十二］評皆略同。）

【評】（六六）宋陳經曰：「……或以爲自義興、自毗陵、自吴縣。此皆東南枝流小水自相派别而入海者。禹貢所謂中、北江，自彭蠡出者也。徒見禹貢有三江、中、北江之名，而不知一江合流而異味，則雜枝流小水以應三江之數。今京口之江視數江猶畎澮，禹不應遺其大而數其小也。」（陳氏詳解卷六，頁二六—二七。）

【評】（六七）清李紱曰：「王安石之説，誤會『既』字之義，牽連震澤。竊意後人有用韋氏（昭）説妄增婁、松、浙三水爲三江者，亦由『既』字誤之耳。不知程氏引『弱水既西』、『彭蠡既瀦』二『既』字駁之，確知下文不相聯綴，此蓋無庸辯者。」（穆堂初稿卷十九，頁十四。）

厥草惟夭，厥木惟喬。

【評】（六八）宋林之奇曰：「兖、徐、揚三州皆言草木：兖之『繇、條』，徐之『漸、包』，揚之『夭、喬』，皆言草木之茂盛，特史官變其文耳。雖王介甫之喜鑿，亦不能曲而爲之説。」（全解卷八，頁十六。）

厥土惟塗泥。厥田惟下下，厥賦下上、上錯。

【佚文】（一四八）「地之下濕，東南爲甚。天傾西北，地缺東南，故揚與荆皆曰『塗泥』。」（纂傳卷四，頁十四。）

【佚文】（一四九）「以其地尤低，故常爲塗泥。以見其草木長茂之後，而後知土性，則其地尤低可知。田爲第九，以地甚低故也。賦爲第七，以數亦不多故也。上錯，謂錯雜之物則爲上等。」（精義卷十，頁十二。）

瑶、琨、篠、簜。

【佚文】（一五〇）「（瑶、琨，）美石灰玉者也。」（禹貢説斷卷二，頁十七。）

【佚文】（一五一）「瑶、琨、篠、簜，皆以爲貢者，蓋與青州貢松之説同。」（精義卷十，頁十二一十三。）

厥包橘、柚，錫貢。

【佚文】（一五二）「有『厥篚』，有『厥包』。篚則盛之於篚，包則用物包之；以橘柚不包則壞也。錫貢者，有以與之則貢，蓋若今和買然。且禹貢言『錫貢』者二，此則橘柚，以其爲食之餘，不欲以此爲常貢，故錫之常。若有用，則亦錫而後貢也。橘與柚錫其命而後貢之；不常入，當繼荆州乏無也。」（精義卷十，頁十三，至「而後貢也」止；「橘與柚」以下，見禹貢説斷卷二，頁二十，而所引僅此二十字。）

江、漢朝宗于海，九江孔殷，沱、潛既道，雲土夢作乂。

【佚文】（一五三）「江、漢發源於梁，入海於揚，合流趨海之勢，已見於荆。漢水入江處，在漢陽軍大別山下，正屬荆州之域〔一〕。」（纂疏卷二，頁九；輯纂卷二，頁十一。）

〔一〕「之域」二字，用輯纂所引補，輯纂有「漢水入江處，在漢陽軍大別山下，正屬荆州之域」，與此條後半略合，而作「王氏炎曰」。未知孰是，姑録存於此，以備考索。

**【佚文】**（一五四）「孔，甚也。殷，分也。江、漢以海爲宗，去海尚遠，其流赴海如朝其宗，故云朝宗于海。江、漢之源尤在上，其下乃爲九江。言甚分者，以水患去而甚分別也。沱、潛二水既治之而從故道矣。雲澤之土見於夢地皆可爲治，謂耕種也。孔氏以雲夢爲澤名，謂雲夢之土可以耕藝矣。」（精義卷十，頁十五。）

**【佚文】**（一五五）「雲之地，土見而已；夢之地，則非特土見而已，草木生之矣；非特草木生之而已，人有加功乂之者矣。」（禹貢説斷卷二，頁二九—三十；禹貢集解卷一，頁七六—七七；全解卷八，頁二四；夏解卷七，頁十六；陳氏詳解卷六，頁三二；禹貢錐指，皇清經解卷三四，頁二一。）

**【評】**（六九）宋林之奇曰：「……據經文，以『土』之一字間於『雲』、『夢』之間，若從先儒之説，於經文爲不順，當從王氏之説。……左傳定四年『楚子涉睢濟江入于雲中』，昭公三年『楚子與鄭伯田于江南之夢』，則雲、夢爲二也。王氏云爾者，謂此雲、夢之二澤，勢有高卑；雲之澤則土見，夢之澤則可以作乂矣。然而史記、漢地理志又皆作『雲夢土』，果作『雲夢土』，則當從孔氏之説矣。」（全解卷八，頁二四；夏僎評，見夏解卷七，頁十六，略同。）

厥田惟下中，厥賦上下。

【佚文】（一五六）「當時田之低者，皆品第之。賦則兼山與澤所出，不專在田。故此賦爲甚高，田爲甚卑也。」（精義卷十，頁十七。）

包匭菁茅。

【佚文】（一五七）「包匭菁茅者，包且匭也。物或篚或包，至菁茅則包且匭者，正以供祭祀，故嚴之也。」（禹貢説斷卷二，頁三三；禹貢集解卷一，頁八十；禹貢錐指，皇清經解卷三四，頁三四。）

九江納錫大龜。

【佚文】（一五八）「大龜所以卜神明之意，天子寶之。不謂『貢』者，以貢則自下升上之義；以重其神靈之物，不以爲自下升上，故謂之『納』。」（精義卷十，頁十七。）

浮于江、沱、潛、漢，逾于洛，至于南河。

【佚文】（一五九）「逾，過也。順行于江、沱、潛、漢四水，而過于洛水，以至于南河，入豫州之境。」（精義卷十，頁十八。）

**【佚文】**（一六〇）「江、沱、潛、漢均與洛不通，必陸行逾洛，然後由洛可至南河。凡曰『逾』，皆水道不通，遵陸而後能達也。『逾于沔』同義。」（輯纂卷二，頁十二；纂疏卷二，頁十一；大全卷三，頁三四；禹貢錐指，皇清經解卷三四，頁三九。）

滎波既豬，導菏澤，被孟豬。

**【佚文】**（一六一）「于『滎』而言『波』者，豈非滎澤之旁地卑而波蕩之水多，今治導之，則其波皆入于澤乎？以菏澤地高、孟豬地卑，故言導菏澤之水加被于孟豬，則水患去可知。」（精義卷十一，頁二。）

厥土惟壤，下土墳壚。

**【佚文】**（一六二）「上言『土』，下言『下土』，則上爲平地，下乃地之卑者，可知矣。皆不言『色』者，豈非皆土之本色，不必言乎？」（精義卷十一，頁三。）

厥貢漆、枲、絺、紵，厥篚纖纊。

**【佚文】**（一六三）「枲，麻也。絺，細葛也。紵，謂紵布。與漆四者，爲貢。纊，綿也。細綿則今之好綿，盛於篚以貢。磬錯，謂治磬之石。此微物而不常貢，故有以與之而後貢。」（精義卷十一，頁四。）

錫貢磬錯。

【佚文】（一六四）「磬、錯二物不常貢，錫命乃貢。」（禹貢説斷卷二，頁四二；禹貢集解卷一，頁八八。）

華陽、黑水惟梁州。

【佚文】（一六五）「（梁州，）於後世爲巴蜀，今四川地也。」（纂疏卷二，頁十二；大全卷三，頁三八。）

和夷厎績。

【佚文】（一六六）「所以言『厎績』者，以其用功多，故特稱其『厎績』，冀州『覃懷厎績』亦同。」（精義卷十一，頁六。）

厥賦下中三錯。

**【佚文】**（一六七）「凡言『錯』者，皆不指名其物，以其物微不足書，故總言『錯』而已。」（精義卷十一，頁七。）

厥貢璆、鐵、銀、鏤。

**【陳補】**「鏤，鋼鐵可鏤物者。」（陳傳卷三，頁十四。）

厥土惟黄壤，厥田惟上上，厥賦中下。

**【佚文】**（一六八）「土色黄而無塊，此則地之不甚美者，而田則第一。或以土性不甚美，田雖美而或少，故賦爲第六。」（精義卷十一，頁十二。）

浮于積石，至于龍門西河，會于渭汭。

**【佚文】**（一六九）「會渭逆流而上，此順流而浮于積石山之水，至于龍門山，遂至于西河，乃逆水上而至于渭水之北。」（精義卷十一，頁十二—十三。）

「導山」一大段。

**【佚文】**（一七〇）「導山者，導山之凋谷而納之川也。」（全解卷十頁五；陳傳卷三，頁十五；禹貢説斷卷三，頁二；禹貢集解卷二，頁二；纂傳卷四，頁二五；禹貢錐指，皇清經解卷三八，頁二。）

**【佚文】**（一七一）「言『導』者十二，蓋治水則有開決隄障之事；導則專于疏滌，引導之而已。恐再有大水，則壅塞爲患，亦以方治九州之時，姑從其急者，未暇及此。及九州之水大體已去，然後專導水之源，故十二『導』者列于九州治水之後也。」（精義卷十一，頁十六。）

**【佚文】**（一七二）「言『導』者皆謂治山之水，山則無瀰漫之患，唯有壅塞，故導之耳。」（精義卷十一，頁十六。）

導嶓冢，至于荆山。

**【佚文】**（一七三）「山頂曰冢，導嶓山之頂水也。」（精義卷十一，頁十八。）

又北播爲九河，同爲逆河，入于海。

**【佚文】**（一七四）「逆河者，逆流之河；非並時分流也，故謂之『逆河』。」（全解卷十，頁二三；精義卷十二，頁四；夏解卷八，頁十九。）

【評】（七〇）宋林之奇曰：「孔氏云：同合爲一大河，名『逆河』，而入于海。鄭氏、王子雍皆同此説。惟王介甫以謂『……』。據王氏之意，以『同爲逆河』之一句，蓋所以解釋上文『播爲九河』之義。然而據經所載導水之例，凡言『爲』者，皆是從此而爲彼也。……『同爲逆河，入于海』，是九河合爲一大河以入海也，明矣；謂之『逆河』者，此一大河之名也。……王氏以逆河爲逆流之河，其説鑿矣。」（全解卷十，頁二三；夏僎評略同，載夏解卷八，頁十九。）

導渭自鳥鼠同穴，東會于灃，又東會于涇，又東過漆、沮，入于河。

【佚文】（一七五）「導渭自此山，向東乃會於灃水，又向東會于涇水，又向東過漆、沮二水，乃入于河。」（精義卷十二，頁八。）

導洛自熊耳，東北會于澗、瀍，又東會于伊，又東北入于河。

【佚文】（一七六）「洛水出於熊耳山。導此水自熊耳山向東，又北乃會于澗、瀍二水，又東會于伊水，又東而復北，乃入于河。」（精義卷十二，頁九。）

四隩既宅。

【佚文】（一七七）「隩，隈也。」（全解卷十一，頁二。）

四海會同，六府孔修；庶土交正，厎慎財賦，咸則三壤，成賦中邦。

【佚文】（一七八）「水、火、金、木、土、穀惟修，財賦乃所以敷於下而用於上者，前此則未知其高下多矣，今方得其數，故謹其出入也。其言『中邦』者，蓋對『夷狄』而言，謂禹之治水，有及於四夷者而不取其賦，故言中邦之賦而已。若崑崙、析支之類，乃在荒服之外，是豈取其賦哉！」（精義卷十二，頁十一。）

【佚文】（一七九）「庶土交正，厎慎財賦，言以衆土交相正，制財賦之法，致慎其事也。咸則三壤，成賦中邦，言九州之田咸有則，以成中邦賦法。蓋土賦有及四夷，田賦止於中邦而已。」（禹貢說斷卷四，頁十八；陳傳卷三，頁二三；禹貢集解卷二，頁五九；全解卷十一，頁四；禹貢錐指，皇清經解卷四五，頁二十。）

【評】（七一）宋林之奇曰：「據孔氏之意，蓋以謂中邦者指九州而言之也。由孔氏爲此說，諸儒因之，遂皆以中邦爲諸夏，謂土貢及於四夷，而田賦則止中夏而已。蘇氏、王氏、張諫議之說皆然。然而以中邦爲九州，則與上文『四海會同』文勢不相貫，又未足以見重敘

『成賦中邦』之意。……」（全解卷十一，頁三—四。）

錫土姓，祗台德先，不距朕行。

【佚文】（一八〇）「古者姓如封爵，故人多無姓。今以水患既去，故有功德者則與之姓。」（精義卷十二，頁十二。）

【佚文】（一八一）「封建諸侯，錫之土以立國，錫之姓以立宗。祗台德先者，祗上之德先之也。不距朕行，從上所行行之也。」（陳傳卷三，頁二十三；纂傳卷四，頁三六；禹貢説斷卷四，頁二三；禹貢集解卷二，頁六四—六五。）

【評】（七二）清朱鶴齡曰：「愚按：封建起于黄帝，唐、虞、夏建國，五等曰公、侯、伯、子、男。塗山之會國號萬，其時海上有十里之邦，然『萬』特舉盈數耳，即使國皆十里，禹時提封豈有十萬之廓乎？王介父、洪容齋皆有辨。」（禹貢長箋卷十二，頁十。）

五百里甸服。

【佚文】（一八二）「五百里甸者，畿内也。甸者，井牧其地之謂，王所自治也。」（禹貢説斷卷四，頁二七；禹貢集解卷二，頁六八；禹貢錐指，皇清經解卷四六，頁八；書傳彙纂卷五，頁三八。）

【評】（七三）清胡渭曰：「詩小雅『信彼南山，維禹甸之』、大雅『奕奕梁山，維禹甸之』，毛傳云：甸，治也；鄭箋云：禹治而丘甸之。王、吕之説本此。然井牧徧于中邦，而甸服則惟千里。當以安國解爲正。」（禹貢錐指，皇清經解卷四六，頁八。）

【佚文】（一八三）「王者使人耕甸而服事於王，故名『甸服』。服者，大略若今所謂『路』，如京畿路之類。」（精義卷十二，頁十三。）

三百里納秸服。

【佚文】（一八四）「納秸而服輸將之事也。以正在五百里之中，便於畿内移用，故其利薄於粟米；以正在五百里之中，便於移用，又使之服輸將之事，則其利之所出，足以補其財之所入；財之所入，足以優其力之所出矣。」（全解卷十一，頁十；夏解卷八，頁三三；禹貢説斷卷四，頁二八；禹貢集解卷二，頁六九；陳氏詳解卷六，頁六九；或問卷上，頁四五；禹貢錐指，皇清經解卷四六，頁九—十。）

【評】（七四）宋陳大猷曰：「或問『三百里秸服』，王氏、夏氏之説如何？曰：王説『秸服』二字雖詳，然後世郡縣納賦，猶是官自漕運。三百里去王畿不爲近，若以爲五百里之中而便於畿内移用，則是輸將於五百里之間，不亦勞民乎？此必不然。兼『服』只是『服役』之義，謂之『服輸將』，則是增衍爲説，於文義亦未當。夏因王説，而謂『服輸將』以償其所輸之輕，則意愈差。當時所以爲輕重者，必有多寡之等，而未必以輸將爲償也。」（或問卷上，頁四五。）

【評】（七五）清胡渭曰：「王氏財力補除之説，甚善。然又似兼服内外四百里之稾役，則財雖省而力太勞，恐亦無是理。」（禹貢錐指，皇清經解卷四六，頁十。）

四百里粟，五百里米。

【佚文】（一八五）「四百里粟者，以遠故也；五百里米者，以其尤遠故也。」（禹貢説斷卷四，頁二九；禹貢集解卷二，頁六九。）

五百里侯服：百里采，二百里男邦，三百里諸侯。

【佚文】（一八六）「以始有諸侯，故曰『侯服』。」（陳傳卷三，頁二四；纂傳卷四，頁三七。）

【佚文】（一八七）「（百里采，）於此有采地也。」（禹貢説斷卷四，頁三十；禹貢集解卷二，頁七一；禹貢錐指，皇清經解卷四六，頁十四。）

【佚文】（一八八）「侯服之内百里，乃王者食采、諸侯所封之地；不得有其地，惟采其所産之物，故謂之采。此外百里爲二百里，謂之男邦，謂得有其地，而封以爲男。此男邦之外，統三百里以封諸侯，以其國大而勢强，故封於外以爲扞禦。」（精義卷十二，頁十四。）

【佚文】（一八九）「於此但建男邦者，欲王畿不爲大國所逼，而小邦易獲京師之助也。」（禹貢説斷卷四，頁三一—三二；禹貢集解卷二，頁七二；全解卷十一，頁十二；夏解卷八，頁三五；陳氏詳解卷六，頁七十；陳傳卷三，頁二五；纂傳卷四，頁三七；禹貢錐指，皇清經解卷四六，頁十九。）

【陳補】「於此乃建諸侯之邦。」（陳傳卷三，頁二五。）

二百里奮武衛。

【佚文】（一九〇）「二百里奮武衛者，以近蠻夷故也。」（禹貢説斷卷四，頁三四；禹貢集解卷二，頁七四；禹貢錐指，皇清經解卷四六，頁二十。）

五百里要服。

【佚文】（一九一）「於此不可用中國之政，爲之要約而已。」（陳傳卷三，頁二五；纂傳卷四，頁二八;禹貢錐指,皇清經解卷四六,頁二三。)

三百里夷。

【佚文】(一九二)「三百里夷者,於此皆夷也。」(禹貢説斷卷四,頁三四;禹貢集解卷二,頁七五;禹貢匯疏卷十二,頁三九;禹貢錐指,皇清經解卷四六,頁二四。)

【佚文】(一九三)「夷,易也;無中國禮法,易而已。」(輯纂卷二,頁二八;陳傳卷三,頁二五;纂疏卷二,頁二六;大全卷三,頁七四;禹貢匯疏卷十二,頁三九;禹貢錐指,皇清經解卷四六,頁二四。)

二百里蔡。

【佚文】(一九四)「蔡,放也;放罪人於此。」(陳傳卷三,頁二五;禹貢説斷卷四,頁三五;禹貢集解卷二,頁七五;禹貢錐指,皇清經解卷四六,頁二四。)

五百里荒服。

【佚文】(一九五)「荒,不治也;言不可要而治也。」(陳傳卷三,頁二六;禹貢説斷卷四,頁三五；禹貢集解卷二，頁七五；纂傳卷四，頁三八；書傳彙纂卷五，頁四一。）

三百里蠻。

**【佚文】**（一九六）「蠻之爲言慢，則甚於夷矣。」（陳傳卷三，頁二六；纂傳卷四，頁三八；輯纂卷二，頁二八；纂疏卷二，頁二六；大全卷三，頁七四；禹貢錐指，皇清經解卷四六，頁二四。）

東漸于海，西被于流沙；朔、南暨聲教，訖于四海。

**【佚文】**（一九七）「言『訖于四海』，則朔、南亦皆訖于海。」（禹貢說斷卷四，頁三七；禹貢集解卷二，頁七七。）

禹錫玄圭，告厥成功。

**【佚文】**（一九八）「禹錫玄圭于堯，以告成功也。玄，天道也；歸功於堯，故錫玄圭。錫與『師錫帝』、『九江納錫大龜』同義。」（禹貢集解卷二，頁七九；陳傳卷三，頁二八；禹貢說斷卷四，頁三九；全解卷十一，頁十九；夏解卷八，頁四十；纂傳卷四，頁三九；禹貢錐指，皇清經解卷四七，頁一。）

【評】（七六）宋林之奇曰：「臣以圭而錫君，載籍恐無此理。以某所見，此是禹以玄圭告成功於天耳。周官典瑞云：『四圭有邸，以祀天，旅上帝。……』……然而必用玄圭者，蓋天色玄，因天事天，猶蒼璧然也。其曰『錫』者，與『師錫帝曰』、『納錫大龜』同，古者下錫上亦可謂之錫也。」（全解卷十一，頁十九—二十。）

【評】（七七）宋夏僎曰：「胡益之（有開？）則謂：洪水之初，禹八年于外，事從其宜，不由中覆，蓋堯以是命之，故禹常執圭以馭衆。今水既退，則前之所假，當歸于君，而禹則退處人臣之列，所以告功之成也。……少穎（林之奇）則于經文不通，蓋此言錫玄圭，不言用圭告天也。王氏之説雖近，要之不如胡氏之説詳盡而有理，故特從之。」（夏解卷八，頁四十。）

## 甘誓第二

乃召六卿。

【陳補】「六卿蓋始於夏時。」（陳傳卷三，頁二八。）

有扈氏威侮五行，怠棄三正，天用勦絶其命。

【陳補】「若是者自絶于天，故天勦絶其命。」（陳傳卷三，頁二九。）

左不攻于左，汝不恭命；右不攻于右，汝不恭命；御非其馬之正，汝不恭命。

【佚文】（一九九）「左不攻于左、右不攻于右，誓徒也。御非其馬之正，誓車也。」（全解卷十二，頁六。）

【評】（七八）宋林之奇曰：「然三代以來，皆用車戰，春秋所載列國戰争皆用車，而每車必有左右與御。此所誓者，曰『攻于左，攻于右，御非其馬之正』，與左氏所載相合，不必分『徒』與『車』也。夫古者車戰，每車甲士三人，步卒七十二人。所謂步卒者，坐、作、進、退皆聽命於車而已，又何必於誓車之外，又誓其徒邪？」（全解卷十二，頁六。）

用命賞于祖，弗用命戮於社，予則孥戮汝。

【陳補】「出師載廟社主行，示民以用命也。上用命則民用命，此所謂以躬率之也。」（陳傳卷三，頁三十。）

## 五子之歌第三

五子咸怨，述大禹之戒以作歌。

【陳補】「小弁之怨，親親也。親之過大而不怨，是愈疏也，五子之怨與小弁同。」（陳傳卷三，頁三一。）

關石和鈞。

【佚文】（二〇〇）「於石言關，於鈞言和，亦無深意，唯文其辭耳。乃欲鈞平而天下通用，且大禹所爲多矣，特言此者，以時困乏，故特思而言之也。」（精義卷十三，頁十三。）

予懷之悲，萬姓仇予。

【陳補】「先王以敬民爲本，惟不敬民，故縱欲而喪志，喪志則失道而失政，此萬姓所以仇予也。其言之序若出於一。」（陳傳卷三，頁三四。）

鬱陶乎予心，顔厚有忸怩。

【佚文】（二〇一）「鬱陶，憂悶也。忸怩，慚色也。謂憂於我心，而面顔加厚，如有慚色以見天下；不謹其所爲，今雖悔之，其可追及乎？」（精義卷十三，頁十四。）

【佚文】（二〇二）「以禹之德在人，百世而有天下，未有過也。一世而至啓，德已不足以服人，故有有扈之戰，再世而至太康，遂有滅亡之患。嗚呼！豈非以其生長於富貴，養其情態，又有便嬖以奉之，有諂諛以導之，日復一日，浸淫而不可已，乃至於縱欲不能自克，以及於難乎？然則非中才以上者，不可處大富貴，以其不克負荷故也。」（精義卷十三，頁十四。）

## 胤征第四

羲和湎淫，廢時亂日。此尚書小序之文。

【陳補】羲、和至夏合爲一官。（陳傳卷三，頁三四。）

明徵定保。

【佚文】（二〇三）「其言可以明證，其事可以定保。」（全解卷十三，頁七。）

【評】（七九）宋林之奇曰：「據經言，初無『言』與『事』之別，王氏分爲二說，迂矣。」（全解卷十三，頁七。）

先王克謹天戒，臣人克有常憲，百官修輔。

【佚文】（二〇四）「日有變，王爲之懼者，謹天戒也。不敢廢時亂日者，有常憲也。」（纂傳卷七，頁二。）

【佚文】（二〇五）「使羲、和守常憲以修輔，則仲康得慎天戒而修省矣。今畔官離次，不知有日蝕之變，則是不有常憲，昧先聖之謨訓，安能免於誅乎？」（輯纂卷二，頁三五；纂疏卷二，頁三一；大全卷三，頁八八；書傳彙纂卷六，頁二一—二二。）

每歲孟春，遒人以木鐸徇于路。

【佚文】（二〇六）「孟春布令，憲禁之時，與周官『正月始和』同義。」（陳傳卷三，頁三六；纂傳卷七，頁二。）

官師相規，工執藝事以諫。其或不恭，邦有常刑。

【佚文】（二〇七）「責難於君謂之恭，不諫則謂之不恭。」（陳傳卷三，頁三六；纂傳卷七，頁二。）

政典曰：先時者殺無赦，不及時者殺無赦。

【陳補】「政典乃六典之一，周之六典蓋因於夏。」（陳傳卷三，頁三七。）

天吏逸德，烈于猛火。

【佚文】（二〇八）「吏，奉將天罰者也[一]，故謂之天吏。」（或問卷上，頁五一；纂傳卷七，頁三；書傳彙纂卷六，頁二七。）

【評】（八〇）宋陳大猷曰：「或問：王氏説『天吏』與孟子合，用新安王（炎）説，何也？曰：吏誠奉天罰，必不至逸德。不若新安之説穩，猶俗言『王師』爲『天兵』也。」（或問卷上，頁五一。）

威克厥愛，允濟；愛克厥威，允罔功。

【佚文】（二〇九）「威嚴勝於慈愛，人則畏而勉力，故誡有成；若慈愛勝於威嚴，則人無所畏而懈怠，故誡無功。爾衆士當勉戒之，以期於有功也。甘誓之言『予則孥戮汝』，則甚峻而幾

---

〔一〕「將」字，據纂傳補。

於虐矣；此言『威克厥愛』、『愛克厥威』，而不明言其誅，蓋啓爲禹之子，生長於富貴，不知艱難，不知危懼，故用兵以伐有扈則有『孥戮』之言，此仲康則嘗遭有窮之難，而知所警懼，故命胤侯戒師之言，亦温和而不至於大暴，唯曰『威克厥愛』、『愛克厥威』，以寓其意而已。」（精義卷十四，頁十七。）

【評】（八一）宋蘇軾曰：「先王之用威、愛，稱事當理而已，不惟不使威勝愛，若曰『與其殺不辜，寧失不經』，又曰『不幸而過，寧僭無濫』，是堯、舜已來，常務使愛勝威也。今乃謂『威勝愛則事濟，愛勝威則無功』，是爲堯、舜不如申、商也，而可乎？此胤侯之黨，臨敵誓師，一切之言當與申、商之言同棄不齒，而近世儒者欲行猛政，輒以此藉口，予不可以不辨。」（東坡書傳卷六，頁九——十一。）

【評】（八二）宋林之奇曰：「王氏、蘇氏二説，大爲穿鑿。據此二説而考之，皆以威爲刑罰之威、愛爲仁愛之愛，故其説如此。殊不知所謂威者，非刑威之威，乃果斷之威也。所謂愛者，非仁愛之愛，乃姑息之愛也。以果斷之威勝其姑息之愛，則有濟矣。……以姑息之愛勝其果斷之威，則陵夷太壞，必至滅亡，信乎其無功也。……若以此威爲刑威之威、愛爲仁愛之愛，此誠申、商之言也，豈詩、書之訓哉！」（全解卷十三，頁十九。）

# 尚書新義　卷四

## 商書

### 湯誓第一

伊尹相湯伐桀，升自陑，遂與桀戰于鳴條之野。作湯誓。此尚書小序之全文。

【佚文】（二一〇）「升陑，非地利也，亦人和而已。」（全解卷十四，頁三；夏解卷十，頁二。）

【評】（八三）宋蘇軾曰：「升陑以戰，記事之實，猶泰誓『師渡孟津』而已。或曰升高而戰，非地利，以人和而已。夫恃人和而行師于不利之地，亦非人情，故皆不取。」（東坡書傳卷七，頁二。）

【評】（八四）宋晁公武曰：「元祐史官謂慶曆前學者尚文辭，多守章句注疏之學，至敞始異諸儒之說。後王安石修經義，蓋本於敞。公武觀原甫說『伊尹相湯伐桀升自陑』之類，經義多勦取之，史官之言，良不誣也。」（郡齋讀書志卷四，頁六；李壁據楊時說評同，見箋註

王荆文公詩卷四三，頁四。）〔二〕

非台小子敢行稱亂；有夏多罪，天命殛之。

【佚文】（二一一）「以分言之，以臣伐君，疑於亂矣。以天命言之，湯所謂『天吏』，非稱亂也。」（陳傳卷四，頁三；纂傳卷八，頁二。）

「今爾有衆，汝曰」至「夏德若兹，今朕必往」。

【評】（八五）宋林之奇曰：「『今爾有衆』至於『今朕必往』，漢儒解釋此義，迂迴繳繞，最爲難曉。惟薛氏、王氏爲深得之。今參酌二家之説，以述其義。……此蓋亳邑之民安於無事，而深憚伐桀之勞。……謂湯不恤亳邑之衆，舍我稼穡之事，而斷正有夏之罪。……湯謂……夏氏有罪，獲譴於上天，故上帝命我以『弔民伐罪』，予畏上帝之命，不敢不往正有夏之罪，以弔民也。……」（全解卷十四，頁五—六。）

〔二〕 劉敞（字原甫）七經小傳（卷上，頁六。）：「……陑者，桀恃嶮也。升者，言其易也。……言桀雖據險亦不能拒湯，所謂『地利不如人和』。……」末句，安石尚書新義與之大旨同。

# 仲虺之誥第二

成湯放桀于南巢，惟有慙德。

【佚文】（二一二）「桀之罪不若紂之甚，故湯放之而已。」（全解卷十四，頁十二。）

【佚文】（二一三）「湯未伐桀之時，勇以伐之；既伐之，後乃有慙德。以其本心寬厚，不得已而伐惡以救民，伐畢乃慙，亦如人之可罪而撻之；及其撻之，則又悔之：皆寬厚之意也。」（精義卷十五，頁九。）

惟天生民有欲，無主乃亂。

【佚文】（二一四）「民之有欲，至於失性命之情以争之，故攘奪誕謾無所不至。爲之主者，非聰明足以勝之，則亂而已。」（全解卷十四，頁十四。）

【評】（八六）宋林之奇曰：「此説大害義理！夫所貴乎聖人者，惟欲知天下好惡之情而已。苟欲勝之，則秦始皇、魏武帝之聰明而已，豈足以已其亂邪？」（全解卷十四，頁十四。）

天乃錫王勇智。

**【佚文】**（二一五）「經言『智仁勇』，或言『仁智勇』，未見先『勇』者。蓋成大功定大業，必以智勇；智之所以行者勇也，故先『勇』後『智』。」（纂疏卷三，頁三。）

**【佚文】**（二一六）「夏有昏德，則衆從而昏；商有明德，則衆從而明。」（蔡傳卷三，總頁四四。）

式商受命，用爽厥師。

惟王不邇聲色，不殖貨利，德懋懋官，功懋懋賞，用人惟己，改過不吝，克寬克仁，彰信兆民。

**【佚文】**（二一七）「用人惟己，己知可用而後用之。如此則是果於自任，而不從天下之所好惡也。王者心術之真，大抵如此。改過不吝，言己有過則改之，無復吝惜，若所謂『過則勿憚改』也。用人惟己，則善者無不從；改過不吝，則不善者無不改：此所以能合并爲公，以成其大也。其發而爲政，又能寬以居之，仁以行之，蓋所謂『以不忍人之心，行不忍人之政』也。惟湯之德如上所言，兹其所以明信於天下；天下信之而欲以爲君也。孟子曰：『以萬乘之國伐萬乘之國，簞食壺漿以迎王師，豈有他哉？避水火也。如水益深，如火益熱，亦運而已矣。』桀之所以失天下之心者，惟其肆爲威虐，故民墜塗炭而莫之拯。湯於是時，以寬仁之德彰信於天下，故天下歸之，若大旱之望雲霓。然湯之所以能成寬仁之德者，其本則自於清浄寡欲，耿然天下，舉不足以動其心，故能利與人同，以施其不忍人之政，兹其所以彰信於天下也。蓋撥亂反正，以成帝王之業者，苟有利之之心，則將奪於物欲，見利而動，惑於聲色貨利之私，遂至以私害公，不能執其所有，以與天下共其利。剛愎自用，遂其非而莫之改，如此則所施者無非虐政，是水之益深、火之益熱也。古之人有失之者，項羽是也。漢高祖與項羽，當秦之末，俱興義兵以除殘去虐，較其勢，則高祖之不如羽遠甚，然而高祖卒得天下，羽失之者，以高祖之寬仁而羽則惟肆其暴虐而已。原其高祖之所以寬仁者，無他，亦本於此數者之德而已。觀其入秦關，珍物無所取，婦女無所幸，封秦宮室府庫，還軍灞上，則其志已不小矣。而又不愛爵賞，降城即以侯其將，得賂即以分其士，好謀能聽，從諫如轉圜，惟此數者之德，皆備於己，故其約法三章，悉除去秦法，而秦民皆按堵如故，莫不欲高祖王秦者。而項羽之所爲則皆反是，此其成敗之勢所以不同也。以高祖之成帝業者而推之，則知仲虺所以推本成湯誕膺伐夏救民之意，始於不邇聲色，不殖貨利，改過不吝，然後繼之以克寬克仁、彰信兆民，可謂知所先後矣。」（精義卷十六，頁四—六；全解卷十四，頁十九。）

【評】（八七）宋林之奇曰：「『惟己』，與『慎厥終，惟其始』之『惟』同，言用人之言如自己出也，若所謂『善與人同，舍己從人，樂取諸人以爲善』也。王氏曰：『用人惟己，己知可用而後用之。如此則是果於自任，而不從天下之所好惡也。』王氏心術之異，大抵如此。」（全解卷十四，頁十九。）

初征自葛，東征西夷怨，南征北狄怨，曰：「奚獨後予？」攸徂之民，室家相慶，曰：「徯予后，后來其蘇。」

【佚文】（二一八）「王者之用兵，如良醫之治疾，惟恐其來之遲，故先彼則此怨，先此則彼怨。」（纂傳卷九，頁三。）

【陳補】「民信之，然後可用以征伐，故繼言征葛。」（陳傳卷四，頁八。）

佑賢輔德，顯忠遂良。

【佚文】（二一九）「佑者，右也；輔者，左也。」（全解卷十四，頁二四。）

【評】（八八）宋林之奇曰：「此言爲善者必爲人之所助也。……若求之太深，必欲從而爲之説，如王氏所謂『佑者，右也；輔者，左也』之類，則將不勝其鑿矣。」（全解卷十四，頁二三—二四。）

推亡固存，邦乃其昌。

【佚文】（二二〇）「推亡固存，謂推彼所以亡之故，固吾之所以存，乃邦之所以昌也。」（或問卷上，頁五三。）

【評】（八九）宋陳大猷曰：「或問：王氏説……如何？曰：若止説二字自通，但上文意義不協。」（或問卷上，頁五三。）

王懋昭大德，建中于民。

【佚文】（二二一）「懋昭大德，所以極高明、所以處己也。建中于民，所以道中庸、所以用人也。」（全解卷十四，頁二六；夏解卷十，頁二二。）

【評】（九〇）宋林之奇曰：「夫高明、中庸豈可分而爲二致邪？王氏之學所以不可入聖人之道者，蓋其爲見如此，寔異端駁雜之論也。」（全解卷十四，頁二六。）

殖有禮。

【佚文】（二二二）「禮者，天之經，地之義，治道之極，彊國之本也。人君之所殖，孰大乎此？」（精義卷十六，頁十二。）

## 湯誥第三

惟皇上帝，降衷于下民。

【佚文】（二二二三）衷，中也。（或問卷上，頁五五。）

【陳補】「衷，中之謂也，民受天地之中以生。」（陳傳卷四，頁十。）

若有恒性。

【佚文】（二二二四）「善者，常性也；不善者，非常性也。」（或問卷上，頁五五。）

【評】（九一）宋陳大猷曰：「或問王氏謂：『……』不幾於善惡混乎？曰：程子謂有義理之性，有血氣之性。血氣之性，有善有不善；義理之性，無不善。常性，義理之性也；非常性，則血氣之性也。」（或問卷上，頁五五—五六。）

【陳補】「人之生有善有惡，善者常性也，不善者非常性也。」（陳傳卷四，頁十一。）

天道福善禍淫。

【佚文】（二二二五）禍不足畏。（嵩山集卷一，頁三八；宋元學案卷九八，總頁一八三七荆公新學略。）

天命弗僭。賁若草木，兆民允殖。

【佚文】（二二六）「草木者，天之所生，民之所殖也。非天所生，則民不能殖；非民所殖，則天不能成。湯之受命也，天與之，人立之，故曰『天命弗僭，賁若草木，兆民允殖』，觀民之所立，則知天之所與矣。」（全解卷十五，頁九；書傳彙纂卷七，頁二四。）

【評】（九二）宋林之奇曰：「（王氏、蘇氏）二説皆善，蓋謂我之所以受命者，本因民之所殖也。然王氏不解『賁』字之義。」（全解卷十五，頁九。）

【評】（九三）清王頊齡曰：「……獨朱子以『兆民』、『草木』對言，以爲天命弗差，人物皆遂。與諸説反覆審之，畢竟朱子乃正大不易之論。諸家解多此托喻一層，皆迂迴而難通，而王氏、陳氏更不免於曲爲之説矣。」（書傳彙纂卷七，頁二五。）

慄慄危懼，若將隕于深淵。

【佚文】（二二七）「湯始伐桀，商人皆咎湯不恤我衆，然湯升自陑，告以必往，至於孥戮誓衆，無所疑難也。及夫天下已定，乃曰『慄慄危懼，若將隕于深淵』。蓋有爲之初，衆人危疑，則果斷之以濟功；無事之後，衆人豫怠，儆戒所以居業。其異於衆人也遠矣，此其所以爲湯也。若夫事未濟則從而懼，事已濟則喜而怠，則是衆人也，豈足以制衆人哉！」（全解卷十五，頁十一；夏解卷十一頁八；陳傳卷四，頁十二。）

【評】（九四）宋林之奇曰：「王氏此說，徒以其爲新法之地而已，學者遂信之，以成湯之意果如是，豈不誤歟！……湯雖伐罪弔民，然驅馳於鋒鏑之下，豈得恝然全無恐懼之意，及無事而後懼哉？……今謂有事則不當懼，豈非邪說簧鼓惑人主之聽，以逞其私乎？」（全解卷十五，頁十一。）

其爾萬方有罪，在予一人；予一人有罪，無以爾萬方。

【佚文】（二二八）「此非謙而過厚之辭，乃誠然矣。萬方有罪，豈非天子不能治化故然乎？天子有罪，萬方何與焉！」（精義卷十六，頁二一；陳傳卷四，頁十三；纂傳卷十，頁三。）

## 伊訓第四

古有夏先后，方懋厥德，罔有天災，山川鬼神亦莫不寧，暨鳥獸魚鼈咸若。于其子孫弗率，皇天降災，假手于我有命。

【陳補】「君懋德則施及鳥獸，不懋德則其身不能保。」（陳傳卷四，頁十五。）

造攻自鳴條，朕哉自亳。

【佚文】（二二九）「鳴條，夏所宅也。亳，商所宅也。桀有可伐之罪，然後湯與伊尹謀於亳而往伐之；所以起兵戎者夏也，故曰『造攻自鳴條』。既有可誅之罪，湯遂自亳而往攻之，故曰『朕哉自亳』。周書曰：『我不爾動，自乃邑。』亦與此同義。」（全解卷十五，頁二三。）

【評】（九五）宋林之奇曰：「王氏此言，亦趙岐之意也。蓋言桀有可攻之罪，故我得而攻之；攻之者湯，造攻者在桀也。孟子曰：『國必自伐，然後人伐之。』此亦必然之理也。」（全解卷十五，頁二三。）

爲下克忠。

【陳補】「湯逃尹於桀，克忠可見。」（陳傳卷四，頁十六。）

制官刑，儆于有位。

【佚文】（二二三〇）「湯豈真以刑加之哉？儆戒之而已。」（纂傳卷十一，頁四。）

制官刑，儆於有位。曰：敢有恒舞于宫，酣歌于室，時謂巫風。敢有殉于貨色，恒于游畋，時謂淫風。敢有侮聖言，逆忠直，遠耆德，比頑童，時謂亂風。惟茲三風十愆，卿士有一于身，家必喪，邦君有一于身，國必亡，臣下不匡，其刑墨。

【陳補】「有位之人以行義率風俗，以職業成政事，三風十愆，敗風俗，隳政事，故湯制官刑以此爲急。」（陳傳卷四，頁十七。）

臣下不匡，其刑墨。具訓于蒙士。

【佚文】（二二三一）「蒙士，童蒙之士也；爲童蒙則如此訓之矣。至於出爲臣屬，而不能正其君上，則刑墨矣。」（全解卷十五，頁三一。）

【評】（九六）宋林之奇曰：「具訓于蒙士者，先儒之説不如王氏、蘇氏。……二説皆是。酒誥曰：『文王若教小子〔一〕、有正、有事，無彝酒。』蓋自其爲小子固以此而教之矣。」（全解

〔一〕按：「若」或爲「告」之誤，酒誥經文本作「誥」。

卷十五，頁三一。）

## 太甲上第五

惟嗣王不惠于阿衡。

【佚文】（二三二）「阿，大陵之有曲者，保其君如阿，平其國如衡。」（纂疏卷三，頁十一；全解卷十六，頁四；陳傳卷四，頁十九；纂傳卷十二上，頁一；大全卷四，頁三十。）

【評】（九七）宋林之奇曰：「伊尹稱阿衡，蓋其一時所以極其推尊之意者，其義則無傳焉。……王氏云：『保其國如阿，平其國如衡。』……是隨字立義，未必得其當時所以命民之旨，猶毛氏解尚父，曰『可尚可父』云爾。」（全解卷第十六，頁四。）

顧諟天之明命。

【佚文】（二三三）「諟，以言其不違。」（全解卷十六，頁五。）

肆嗣王丕承基緒。

**【陳補】**「非湯非尹，嗣王無可承之基緒，然則太甲不當不惠于阿衡，以覆湯之典刑。」（陳傳卷四，頁二十。）

自周有終，相亦惟終。

**【佚文】**（二三四）「有終，善終也。相，輔相之臣也。」（纂傳卷十二上，頁二。）

其後嗣王罔克有終。

**【佚文】**（二三五）「罔終，不克善終也。」（纂傳卷十二上，頁二。）

慎乃儉德，惟懷永圖。若虞機張，往省括于度，則釋。欽厥止，率乃祖攸行。

**【佚文】**（二三六）「上弦曰張。」（纂傳卷十二上，頁三。）

**【佚文】**（二三七）「語静之道，則曰『慎乃儉德，欽厥止』；語動之道，則曰『若虞機張，率乃祖攸行』。」（輯纂卷三，頁十四；大全卷四，頁三四。）

## 太甲中第六

伊尹以冕服奉嗣王歸于亳。

【陳補】「商冕之制無所經見。」（陳傳卷四，頁二二二。）

欲敗度，縱敗禮。

【佚文】（二三八）「欲而無以節之，則敗度；縱而無以操之，則敗禮。欲而無以節之，謂廣其宫室、侈其衣服之類；縱而無以操之，謂惰其志氣、弛其言貌之類。」（全解卷十六，頁二一一；夏解卷十二，頁十四。）

【評】（九八）宋林之奇曰：「此説比先儒爲長。要之，多欲者必縱肆，縱肆者必多欲，不類之人必有此二者之失。故其至於敗度敗禮而不自反，則召罪戾於其身也。」（全解卷十六，頁二一一。）

自底不類。

【陳補】「人之類善，故不類謂之不善。」（陳傳卷四，頁二二三。）

## 太甲下第七

德惟治。

【陳補】「德者，得也，得道之謂也。」（陳傳卷四，頁二五。）

無輕民事，惟難。無安厥位，惟危。

【陳補】「惟難也所以易，惟危也所以安。」（陳傳卷四，頁二五。）

有言逆于汝心，必求諸道；有言遜于汝志，必求諸非道。

【佚文】（二三九）「遜，順也。有人之言，雖於汝心爲逆，必於道理中求之，恐其合於道而有益也。有人之言，雖於汝志爲順，必於非道理中求之，恐其不合於道而有損也。」（精義卷十八，頁六。）

一人元良。

【陳補】「元者，善之長。良者，善之至。」（陳傳卷四，頁二六。）

罔以辯言亂舊政。

【陳補】「能亂善惡之實者，辯言也。」（陳傳卷四，頁二六。）

## 咸有一德第八

臣爲上爲德，爲下爲民。

【佚文】（二四〇）「所謂『爲上爲德』者，將順正救爲其上造成，所以爲君之德。所謂『爲下爲民』者，先後相勸爲其下造成，所以爲民之行也。」（全解卷十七，頁十三。）

【評】（九九）宋林之奇曰：「如王氏『爲上爲德』則通，而以『爲下爲民』言爲其下造成其爲民之行，所以爲民之行。則經文但有『德』字無『行』字，是知此説皆不通。」（全解卷十七，頁十三。）

七世之廟，可以觀德；萬夫之長，可以觀政。

【佚文】（二四一）「於廟言『德』者，不德則墜厥宗。於長言『政』者，政荒則民散。」（纂傳卷十三，頁四；書傳彙纂卷八，頁九。）

【評】（一〇〇）明王樵曰：「朱子主王安石之説，謂始祖不可祧，大端有五：謂篤生聖人，始祖不可謂無功，一也；謂推太祖之心，亦欲尊崇其親，二也；謂始祖之廟不毁，然後始祖之次當祧者，可藏主於始祖之夾室，若祧始祖，則自始祖以下當藏主於太祖之夾室，以祖考而藏主於子孫之夾室，於義爲不順，三也；若爲始祖别立廟，則有原廟之嫌，四也；謂太祖功德配天，所伸之祭至多，惟廟享爲始祖，屈所屈之祭至少，五也。」（尚書日記卷七，頁七五；朱鶴齡説略同，見尚書埤傳卷八，頁十。）

## 〔附〕　咸乂四篇小序

伊陟相太戊，亳有祥，桑、穀共生于朝；伊陟贊于巫咸，作咸乂四篇。此尚書小序之全文。

【佚文】（二四二）「兆乎物者，禍福特未定，皆謂之『祥』；應以德，則爲福；應以不德，則爲禍。」（輯纂書序頁四；　纂疏書序頁四；　大全卷十後序，頁九。）〔一〕

〔一〕　此條，輯纂作「汪氏曰」，而大全從之。（卷十後序，頁九。）考元陳師凱書蔡氏傳旁通載輯録引用諸書有王氏（多家）而無汪氏，又大全引先儒説亦不列汪氏。「汪」當作「王」，纂疏正作「王氏曰」，今從之。

# 尚書新義　卷五

## 商書

### 盤庚上第九

盤庚五遷，將治亳殷，民咨胥怨。作盤庚三篇。此尚書小序之全文。

【佚文】（二四三）「上篇告其群臣，中篇告其庶民，下篇告百官族姓。」（全解卷十八，頁五；夏解卷十三，頁二；蔡傳卷三，總頁五三；尚書日記卷八，頁一。）

【評】（一〇一）宋林之奇曰：「此書三篇皆是誥其民臣之言，而其誥之者自有先後，故分爲三篇，而以上、中、下、爲之别。……王氏……强生分别，攷之於經而不合，不可從也。」（全解卷十八，頁五；卷十九，頁一。）

【評】（一〇二）宋林之奇又曰：「唐孔氏曰：『上二篇未遷時事，下一篇既遷後事。上篇人皆怨，上初啓民心，故其辭尤切。中篇民已少悟，故其辭少緩。下篇民既從遷，故辭復益緩。』此言深得敍書者之意。王氏以爲告群臣、庶民與夫百官族姓，此則未深考於其所敍之先後，而妄爲之説也。」（全解卷十九，頁一。）

【評】（一〇三）宋夏僎曰：「彼王氏乃謂『上篇告群臣』，殊不知『盤庚斆于民』，則未嘗不告民也；『中篇告庶民』，殊不知『予念我先神后之勞爾先』，則未嘗不告臣也；『下篇告百官族姓』：皆强生分别，攷之于經，一無所合，未可從也。」（夏解卷十三，頁二。）

【評】（一〇四）明王樵曰：「王氏以上篇爲告群臣，中篇爲告庶民，下篇爲告百官族姓，蓋因上篇有『斆民由在位』之語，中篇有『誕民弗率，有衆咸造』之語，下篇有『歷告爾百姓于朕志，邦伯、師長、百執事』之語。」（尚書日記卷八，頁一。）

若顛木之有由蘖。

【佚文】（二四四）「蘖，萌也。」（纂傳卷十四上，頁二。）

盤庚斆于民，由乃在位，以常舊服，正法度，曰：「無或敢伏小人之攸箴！」

【佚文】（二四五）「無或敢伏小人之攸箴者，斆之以無自用而違其下。……治形之疾以箴，治性之疾以言。小人之箴雖不可伏，然亦不可受人之妄言。妄言適足以亂性，有至於亡國敗家者，猶受人之妄刺，非特傷形，有至於殺身者矣。故古之人聖讒説，放淫辭，使邪説者不得作，而所不伏者嘉言而已。」（全解卷十八，頁十一。）

【評】（一〇五）宋蘇軾曰：「矇誦、工諫、士傳言、庶人謗于市，此先王之舊服正法也。今民敢相聚怨誹，疑當立新法行權政，以一切之威治之。盤庚，仁人也。其下教于民者，乃以常舊事而已，言不造新令也；以正法度而已，言不立權政也。曰『無或敢伏小人之攸箴』者，憂百官有司逆探其意而禁民言也。盤庚遷而殷復興，用此道歟！」（東坡書傳卷八，頁二。）

【評】（一〇六）宋林之奇曰：「（蘇氏）此論甚善，亦有爲而發也。當時王介甫變更祖宗之制度，立青苗、免役等法，而當朝公卿、下而小民皆以爲不便，而介甫決意行之，其事與盤庚遷都相類，故介甫以此藉口，謂臣民之言皆不足恤。然所以處之則與盤庚異者。盤庚斆于民，由乃在位，以常舊服，正法度，而介甫一以新法從事。盤庚言『無或敢伏小人之攸箴』，而介甫則峻刑罰以繩天下之人言新法之不便者。故雖以盤庚自解説，而天下之人終不以盤庚許之者，以其迹雖同而其心則異也。非特天下之人不許以盤庚之事，而介甫亦自知其叛於盤庚之説，其解盤庚又從而爲之辭，以爲其新法之地，而既曰：『……』而又曰：『……』觀王氏此言，其與誦六經以文奸言者，何以異哉！蘇氏之言爲王氏而發也。雖爲王氏而發，實得盤庚敎民之意，非奮其私意與王氏矛盾也。」（全解卷十八，頁十一—十一。）

王若曰。

【佚文】（二二四六）「凡言『若曰』者，或史官述其旨而代作，非其自言；或史撮其大意而删潤之，非其本言。」（纂傳卷十四上，頁三；陳傳卷五，頁三；輯纂卷三，頁二四；纂疏卷三，頁二一；大全卷五，頁五。）

無傲從康。

【佚文】（二二四七）「無傲，戒之以無違王命；無從康，戒之以無即安其故處。」（纂傳卷十四上，頁三；書傳彙纂卷八，頁十六。）

起信險膚。

【佚文】（二二四八）「不夷謂之險，不衷謂之膚。造險膚者，所不待教而誅。」（全解卷十八，頁十三；夏解卷十三，頁九；陳傳卷五，頁三；纂傳卷十四上，頁三；書傳彙纂卷八，頁十六。）

【評】（一〇七）宋林之奇曰：「王氏曰：『不夷謂之險，不衷謂之膚。』此論甚善！而繼之曰：『造險膚者，所不待教而誅。』此言大害義理！夫盤庚斆于民，由乃在位，則是爲險膚之言者，皆教之而不忍誅也。今曰『造險膚者，不待教而誅』，則是盤庚之時必誅其造險膚者。此蓋王氏借此言簧鼓以惑天下，欲快意於一時。老成之人言新法之不便者，皆欲指爲造險膚之人而悉誅也。不仁之禍，至六經而止。王氏乃借六經之言欲以肆其不仁之禍，是可歎也！」（全解卷十八，頁十三。）

予弗知乃所訟。

【佚文】（二四九）「訟，争辯也。」（纂疏卷三，頁二二一；輯纂卷三，頁二二四。）〔二〕

若綱在綱，有條而不紊；若農服田力穡，乃亦有秋。

【佚文】（二五〇）「若綱在綱，有條而不紊者，言下從上、小從大則治，此申前『無傲』之戒；若農服田力穡，乃亦有秋，此申前『無從康』之戒。」（全解卷十八，頁十四；夏解卷十三，頁十；陳傳卷五，頁四；纂傳卷十四上，頁四。）

〔二〕此條，輯纂作「王氏炎曰」，未知孰是；别無他書可資旁證，姑存於此。

恐沈于衆。

【佚文】（二五一）「恐，謂恐動之以禍患；沈，謂沈溺之於罪戾。」（全解卷十八，頁十九；陳傳卷五，頁五。）

人惟求舊，器非求舊，惟新。

【佚文】（二五二）「以人惟求舊，故於舊有位之臣，告戒丁寧，不忍遽爲殄滅之事；以器非求舊，惟新，故不常厥邑，至於今五遷也。」（全解卷十八，頁二一；或問卷上，頁六五。）

【評】（一〇八）宋陳大猷曰：「或問東坡『人舊則習，器舊則弊，當使舊人用新器，我所以從老成之言而遷新邑也』[一]，荆公亦同此説，如何？曰：林氏（之奇）謂：『雖有「器非求舊，惟新」之言，然盤庚舉此，但以證「人惟求舊」耳，故下文繼以「古我先王暨乃祖乃父」，文勢首尾相類，無取於「器非求舊」以爲新邑之喻也。』（文略見全解卷十八，頁二十一—二一。）此説辨之當矣。兼今曰『新邑』，乃是先王舊邑，豈果是求新乎？是正與盤庚紹復先王之意相反也。」（或問卷上，頁六五。）

[一] 敏案：文略見東坡書傳卷八，頁五。

汝無侮老成人。

**【佚文】**（二五三）「老不可敬。」（嵩山集卷一，頁三八；宋元學案卷九八，總頁一八三七荆公新學略。）

## 盤庚中第十

鮮以不浮于天時。

**【佚文】**（二五四）「乘時流行，無所底滯。」（全解卷十九，頁四；陳傳卷五，頁八。）

非汝有咎比于罰。

**【陳補】**「非有咎於汝，比於罰而謫徙也。」（陳傳卷五，頁八。）

今予將試以汝遷，安定厥邦。

**【佚文】**（二五五）「今予將試以汝遷，安定厥邦者，告民以遷之安利也。以遷爲安定厥邦，則知不遷必有危而不安、亂而不定之事也。」（全解卷十九，頁六；陳傳卷五，頁九；纂傳卷十四中，頁二一。）

汝何生在上？

**【陳補】**「死則體魄降而在下，故曰汝何生在上。」（陳傳卷五，頁九。）

兹予有亂政同位，具乃貝玉。乃祖乃父丕乃告我高后曰：「作丕刑于朕孫。」迪高后丕乃崇降弗祥。

**【佚文】**（二五六）「古者以貝爲貨，以玉爲寶，後言『貨寶』，互相備也。」（陳傳卷五，頁十一；永樂大典卷七六七七，頁十八載書集傳引；纂傳卷十四中，頁四。）

**【佚文】**（二五七）「先王設教，因俗之善而導之，反俗之惡而禁之。方盤庚時，商俗衰，士大夫棄義即利，故盤庚以『具貝玉』爲戒，此反其俗之惡而禁之者也。自成周以上，莫不事死如事生，事亡如事存，故其俗皆嚴鬼神；以經考之，商俗爲甚。故盤庚特稱先后與臣民之祖、父崇降罪疾爲告，此因其俗之善而導之者也。」（蔡傳卷三，總頁五六—五七；纂傳卷十四中，頁四；書經疑問卷五，頁四六。）

**【評】**（一〇九）明姚舜牧曰：「王氏『因俗之善，反俗之惡』等語，説不著。」（書經疑問五，頁四六。）

乃有不吉不迪，顛越不恭，暫遇姦宄；我乃劓殄滅之，無遺育，無俾易種于兹新邑。

【佚文】（二五八）「前既告以鬼神之禍，此又告以刑罰之威。」（陳傳卷五，頁十二；永樂大典卷七六七七，頁二三載書集傳引。）

## 盤庚下第十一

無戲怠，懋建大命。

【陳補】「無戲，欲其嚴事也。無怠，欲其勤事也。」（陳傳卷五，頁十二。）

用降我凶德。

【陳補】「降，有黜去之意。」（陳傳卷五，頁十三。）

敢恭生生，鞠人，謀人之保居，敘欽。

**【佚文】**（二五九）「導其耕桑，薄其税斂，使老幼不失其養，鞠人之事也。聯其比閭，合其族黨，相友相助，謀人保居之事也。既養之，又安之，則斯民之生生得矣。」（書傳會選卷三，頁三八。）

式敷民德，永肩一心。

**【評】**（一一〇）宋蘇軾曰：「……盤庚，德之衰也。其所以信于民者未至，故紛紛如此。然民怨誹逆命而盤庚終不怒，引咎自責，益開衆言，反覆告諭，以口舌代斧鉞，忠厚之至，此殷所以不亡而復興也。後之君子厲民以自用者，皆以盤庚藉口，予不可以不論。」（東坡書傳卷八，頁十四—十五。）

## 説命上第十二

王宅憂。

**【佚文】**（二六〇）「宅憂，居喪也。」（纂傳卷十五上，頁一。）

（高宗）恭默思道。夢帝賚予良弼。

**【佚文】**（二六一）「古之人齊三日以致其思，必見其所爲齊者，況于恭默思道致一而深思？則感格上帝，夢賚良弼，蓋無足怪者。淺陋之人，不知天人之際至誠可以感通如此。」（或問卷下，頁二。）

若金，用汝作礪；若濟巨川，用汝作舟楫；若歲大旱，用汝作霖雨。

**【佚文】**（二六二）「若金，用汝作礪者，命之使治己也。若濟巨川，用汝作舟楫者，命之使濟難也。若歲大旱，用汝作霖雨者，使之澤民也。」（全解卷二十，頁八；夏解卷十四，頁六；纂傳卷十五上，頁二；纂疏卷三，頁二九；大全卷五，頁二七；書傳彙纂卷九，頁六。）

**【評】**（一一一）宋林之奇曰：「高宗之設此三喻，大抵言其望於傅説之納誨者如此其激切，而其託意之深，故重複言之。或者見其有此三喻，則必從而爲之説，以爲每句皆有所託，王氏曰：『……』吕吉甫又以謂：『……』是皆附會穿鑿以追求高宗之意。據此上文言『朝夕納誨，以輔台德』，下文言『啓乃心，沃朕心』，則是高宗於此其與傅説言者，大抵欲成就己之德而已，未及乎『濟難，澤民』與『舉天下而聽之』之事也。」（全解卷二十，頁七—八；夏僎評，見夏解卷十四，頁六—七，略同。）

## 説命中第十三

惟口起羞，惟甲胄起戎，惟衣裳在笥，惟干戈省厥躬。王惟戒兹，允兹克明，乃罔不休。

【佚文】（二六三）「衣裳，命服也。上曰衣，下曰裳。」（纂傳卷十五中，頁二一。）

【佚文】（二六四）「衣裳所以彰有德，無德而賜之，則不如其已，故宜在笥。」（輯纂卷三，頁三四。）

【佚文】（二六五）「（口、甲胄、衣裳、干戈）四事，乃爲天下之大者，得其大則小者從之，故曰『乃罔不休』。」（纂傳卷十五中，頁二一。）

慮善以動，動惟厥時。

【佚文】（二六六）「事固有善而非時所宜者：善如裘葛之良，時如寒暑之時。時非葛裘，雖善何施？惟未動，審於慮善，將動，審於時宜，然後事順理而當，其可矣。不顧可否，于時而動，非聰明也。」（輯纂卷三，頁三五；纂疏卷三，頁三二一；大全卷五，頁三二；尚書日記卷八，頁三八；尚書埤傳卷八，頁十八；書傳彙纂卷九，頁十三。）

【評】（一一二）明王樵曰：「按：善如『主善爲師』之『善』，『時』字就在『善』字上帶出。

蓋善而不合乎時宜，則猶未善也。」（尚書日記卷八，頁三八。）

有其善，喪厥善。

【評】（一一一三）宋邵博曰：「東坡倅錢塘日，答劉道原書云：『……近見京師經義題：「……」又：「有其善，喪厥善。『其』、『厥』不同，何也？」』……似此類甚衆，大可痛駭！時熙寧初王氏之學，務爲穿鑿至此！」（邵氏聞見後録卷二十，頁八—九。）

## 説命下第十四

説曰：「王！人求多聞，時惟建事。學于古訓，乃有獲。」

【佚文】（二六七）「王人，猶君人也。」（纂傳卷十五下，頁二。）

【佚文】（二六八）「此言『王！人求多聞』，乃傅説稱王而告之曰：『人之爲人，貴乎求多聞也。』」（夏解卷十四，頁二十；全解卷二十，頁二九；陳傳卷五，頁二二。）

【評】（一一一四）宋林之奇曰：「此説爲勝。禹言於舜曰：『帝！光天之下，至於海隅蒼生、萬邦黎獻，共惟帝臣。』亦是稱帝而告之，與此稱王，其文勢正同；猶後世奏事稱陛下也。」

（全解卷二十，頁二九—三十。）

【佚文】（二六九）「求多聞而不爲古訓是式，則是非無所考正，而所聞愈惑矣！」（輯纂卷三，頁三七；陳傳卷五，頁二二；纂疏卷三，頁三三；大全卷五，頁三八；書傳彙纂卷九，頁十九。）

惟學遜志，務時敏，厥脩乃來，允懷于兹道，積于厥躬。

【佚文】（二七〇）「遜順其志以受學，則人樂於言而言易入。又必以時而敏疾行之，其所修者乃來矣；謂所學之成，乃如來也。若不遜順其志，則善無自而入。若不時敏於行，則所學者無自而成。此二者所以必貴於兼之。」（精義卷二二，頁九。）

【評】（一一五）宋陳大猷曰：「今學力既加，修者始來；來自吾心，而非由外至也。來者始積；積於吾身，而非由外假也。王氏、張氏謂學自外至，故言『乃來』。蓋不知所學之事，皆吾性分本然之性，曷嘗强其所無哉！」（或問卷下，頁五—六。）

股肱惟人，良臣惟聖。

【佚文】（二七一）「期説之良，期己之聖。至是，其相期者亦遠矣。」（纂傳卷十五下，頁三。）

## 高宗肜日第十五

罔非天胤，典祀無豐于昵。

**【佚文】**（二七二）「祖考罔非天嗣；祀有典，不可豐殺。訓之使改，所謂『正厥事』。」（輯纂卷三，頁四十；纂疏卷三，頁三五；大全卷五，頁四四；書傳彙纂卷九，頁一八。）

## 西伯戡黎第十六

不虞天性。

**【佚文】**（二七三）「不虞天性，能度天性而行則義矣。」（精義卷二三，頁五。）

## 微子第十七

今殷民，乃攘竊神祇之犧牷牲用，以容將食，無災。

**【佚文】**（二七四）「純而不雜故謂之牷，完而無傷故謂之犧。」（臨川集卷四三，頁三乙改三經義誤字劄子。）

用乂：讎斂，召敵讎不怠。……我舊云刻子。

【佚文】（二七五）「我舊云刻子，刻，責也；舊以社稷之責責微子也。用乂讎斂，言因用公治法以刑讎民，以賦斂民。讎民則召民敵，斂民則召民讎也。因用治法讎斂民，所謂阻法度之外以責于下者也。」（精義卷二三，頁十九。）

我不顧行遯。

【佚文】（二七六）「左傳：楚克許，許男面縛銜璧，衰絰輿櫬以見楚子。楚子問諸逢伯，逢伯對曰：『昔者武王克商，微子啓如是。武王親釋其縛，受其璧而祓之，焚其櫬，禮而命之，使復其所。』則是微子歸周，在武王克商之後，而其行遯之本心，特欲避禍自全，待其悔而冀其存也。紂卒不悔，武王克商，微子奉祭器出，爲商請後，甚不得已也。」（纂傳卷十八，頁四。）

【評】（一一六）元王天與曰：「説者謂微子志存殷後爲仁，然此言於紂亡之後可也，若謂謀去之初，事固出此，則未然。嘗考此書辭意，將去深悲，迫於情之不獲已，故雖有存宗祀之心，而亦豈出於豫亡其君、留身以爲後圖之意？……故讀微子之書者，若以爲微子決然去之，全身續祀，未足見微子之心。惟觀其愛君憂國，傷時念亂，彷徨躊躇，就謀於一二同休戚之人，而後微子之心始著。已而去之，猶將謂王庶幾改之，予日望之。萬一疑情泮涣，頓釋前非，直爲宗社救此一縷，此宗臣依依戀國之真心也。」（纂傳卷十八，頁四。）

# 尚書新義　卷六

## 周書

### 泰誓上第一

泰誓。此篇題。

【佚文】（二七七）「受之時，上下不交而天下無邦。武王大會諸侯誓師(往)伐，以傾(受之)否，故命之曰『泰誓』。」（全解卷二二，頁一；夏解卷十六，頁一。）

【評】（一一七）宋林之奇曰：「篇首有『大會于孟津』之言，遂以『泰誓』二字爲其簡編之別，非有深意於其間。……而王氏好爲鑿説，徒見今之書不用『大』字而用『泰』字，則爲之説曰：『……』甚矣！王氏之喜鑿也。夫『否泰』之『泰』與『太甚』之『太』與『大學』之『大』，此三字通用也，故『泰壇』、『泰階』、『泰伯』，雖經傳所載或有用『否泰』之『泰』字，然其實與『太甚』之『太』、『大學』之『大』無以異。『泰誓』之爲言，亦猶是也。是以孟子、左氏傳、國語舉此篇名，或作『泰否』字，或作『太甚』之『太』字，或作『大學』之『大』字，明此三字音同義同，故得以通用也。王氏（之）……說則新矣，然而非書之意也。泰誓則爲誓師以傾受之否，使誥篇名偶用『泰否』字，則當傾否而作誥矣。蓋王氏欲盡廢先儒之詁訓，悉斷以己意，則其說必至於如此之陋也。」（全解卷二二，頁一—二；夏僎評，見夏解卷十六，頁一—二，略同。）

惟十有一年，武王伐殷；一月戊午，師渡孟津。作泰誓三篇。此尚書小序之全文。

惟十有三年春，大會于孟津。此泰誓上篇篇首經文。

【評】（一一八）宋程頤曰：「介甫以『武王觀兵』爲周易（乾卦）九四，大無義理！兼觀兵之說亦自無此事，如今日天命絕，則今日便是獨夫，豈容更留之三年？今日天命未絕，便是君也，爲人臣子豈可以兵脅其君？安有此義？……書（武成篇）亦自云紂之衆若林，三年之中豈肯容武王如此，便休得也？只是大誓一篇前序云『十有一年』，後面正經便說『惟十有三年』，先儒誤妄，遂轉爲『觀兵』之說。先王無觀兵之事，不是前序『一』字錯却，便是後面正經『三』字錯却！」（河南程氏遺書卷十九，頁二—三。）

惟其克相上帝，寵綏四方；有罪無罪，予曷敢有越厥志！

【佚文】（二七八）「有罪不妄赦，無罪不妄伐。其志在乎克相上帝，寵綏四方而已，何敢越厥志也？孟子曰：『一人衡行於天下，武王恥之。』蓋有罪於此，而不能相上帝以伐之者，武王之所恥也。」（全解卷二二，頁十二。）

## 泰誓中第二

有夏桀，弗克若天，流毒下國。

【佚文】（二七九）「弗克若天，非所謂奉天。流毒下國，非所謂惠民。」（纂傳卷十九中，頁二一。）

天其以予乂民，朕夢協朕卜。

【佚文】（二八〇）「天意其以我爲天子而治民，我得夢合于我卜；是重疊有休美吉祥，若加兵于商紂，必勝矣。」（精義卷二五，頁九—十。）

雖有周親，不如仁人。

【佚文】（二八一）「（二句，）指微子而言，謂微子之徒以紂爲無道而周有道，故去紂而歸我。此所以紂雖有至親而不如我之獲仁人也。」（全解卷二二，頁二四；夏解卷十六，頁二一。）

【評】（一一九）宋林之奇曰：「審如是，則是周未興師而微子已歸周矣。武王既得微子，以爲獲仁人，然後興師往伐紂。如此則是微子預亡其國，爲名教之罪人，安得爲仁人乎？微子之歸國，蓋在周既伐商之後。」（全解卷二二，頁二四；夏僎評略同，見夏解卷十六，頁二一。）

天視自我民視，天聽自我民聽。百姓有過，在予一人。今朕必往。

【佚文】（二八二）「自，從也。天之所視，從我民之所視；天之所聽，從我民之所聽。謂民視聽于周家，天必從之，以有天下。民有過乃在于己，豈可不伐紂以正百姓乎？今我所以必往伐紂也。此武王以天下自任乎！」（精義卷二五，頁十一。）

【佚文】（二八三）「在予一人，蓋以其身任天下之責；不如是，不足以爲天吏也。」（輯纂卷四，頁七；大全卷六，頁十四；引經釋卷二，頁十四；書傳彙纂卷十，頁二二。）

## 泰誓下第三

爾衆士，其尚迪果毅，以登乃辟。功多有厚賞，不迪有顯戮！

**【佚文】**（二八四）「不迪，謂不迪果毅也。」（纂傳卷十九下，頁二。）

## 牧誓第四

戎車三百兩。此尚書小序之文。

**【陳補】**「以其車載則稱乘。」（陳傳卷六，頁十六。）

王朝至于商郊牧野。

**【佚文】**（二八五）「與邑交則曰『郊』。」（考古質疑卷三，頁十六。）

王左杖黄鉞，右秉白旄以麾。

**【佚文】**（二八六）「鉞，所以誅；旄，所以教。黄者，信也；白者，義也。誅以信，故黄鉞；教以義，故白旄。無事於誅，故左杖黄鉞；有事於教，故右秉白旄。」（全解卷二三，頁四。）

【評】（一二一〇）宋蘇軾曰：「黄鉞，以金飾也。軍中指麾，白則見遠。王無自用鉞之理，以爲儀耳，故左杖黄鉞。麾非右手不能，故右秉白旄。此事理之常，本無異説，而學者妄相附致，張爲議論，皆非其實。凡若此者，不取。」（東坡書傳卷九，頁七。）

【評】（一二一一）宋林之奇曰：「王氏之説，抑又甚焉！……其……説經，未嘗肯從先儒之説，至於此説則從。非徒從之，又從而推廣之，惟其喜鑿故也。……故蘇氏於此篇則併與先儒而譏之。……蘇氏此説，可謂盡之矣。」（全解卷二三，頁四—五。）

爾所弗勖，其于爾躬有戮！

【佚文】（二八七）「功多厚賞，前誓已言；此不再言，而獨言『有戮』者，軍事以嚴終，亦『威克厥愛』之意。」（輯纂卷四，頁十；纂疏卷四，頁九；大全卷六，頁二三；尚書日記卷九，頁二五；書傳彙纂卷十，頁三八。）

## 武成第五

乃偃武修文，歸馬于華山之陽，放牛于桃林之野，示天下弗服。

【佚文】（二八八）「軍行戰車用馬，任載之車用牛。服，乘用也。急於偃武如此，見以兵定天下非其本心也。」（輯纂卷四，頁十一；纂疏卷四，頁十；大全卷六，頁二五；書傳彙纂卷十，頁四二。）

爲天下逋逃主，萃淵藪。

【佚文】（二八八之一）「歸之之謂主，萃之之謂聚，藏之之謂淵，養之之謂藪。」（全解卷二三，頁二三；書傳彙纂卷十，頁四六。）

予小子既獲仁人。

【佚文】（二八九）仁人，微子之徒也。武王以微子之來歸，而知紂之可伐。（全解卷二三，頁二三；夏解卷十七，頁十。）

【評】（一二二）宋林之奇曰：「（如王氏説，）則是微子之亡其國，略無不忍之意，烏得以爲仁哉！予故曰仁人必是自商而來，而人則莫知其爲誰也。」（全解卷二三，頁二三；夏僎評，見夏解卷十七，頁十，略同。）

其旅若林，會于牧野。

【佚文】（二九〇）「旅，衆也。」（朱子引博古圖載，見清顧棟高輯王安石遺事。）

【評】（一二三）宋朱熹曰：「若王氏之學，都不成物事；人卻偏要去學。……近看博古圖，更不成文理，更不可理會；也是怪，其中說一『旅』字，云：『王曰：衆也。』這是自古解作衆，他卻要恁地說時，是說王氏較香得些子。這是要取奉那王氏，但恁地也取奉得來不好。」（清顧棟高輯王安石遺事。）

式商容閭。

【佚文】（二九一）「式者，在車所行之禮也。」（蘆浦筆記卷二，頁二，載宋胡洵直引，古今圖書集成理學彙編經籍典卷一一四書經部載。）

惇信明義，崇德報功。

**【佚文】**（二九二）「惇厚其信，使天下不趨於詐。顯明其義，使天下不徇於利。崇德使人知所以尚賢，報功使人知所以勸忠。」（輯纂卷四，頁十五；纂疏卷四，頁十三；大全卷六，頁三三；書傳彙纂卷十，頁五二。）

尚書武成篇通義。

**【佚文】**（二九三）安石考本篇歲月爲：

正月初三癸巳，武王步自周，于征伐商。二十八日戊午，渡孟津。二月辛酉朔，甲子殺紂。其年閏二月庚寅朔，三月庚申朔，四月三日哉生明辛卯。四月十九日丁未，祀于周廟。越三日庚戌二十二日，柴望。（全解卷二三，頁十四。）

**【佚文】**（二九四）安石於本篇經文改本爲：

惟一月壬辰旁死魄，越翼日癸巳，王朝步自周，于征伐商，厎商之罪，告于皇天后土。所過名山大川，曰：「惟有道曾孫周王發，將有大正于商。今商王受無道，暴殄天物，害虐烝民，爲天下逋逃主，萃淵藪。予小子既獲仁人，敢祗承上帝，以遏亂略。華夏蠻貊，罔不率俾恭天成命。肆予東征，綏厥士女，惟其士女篚厥玄黄，昭我周王。天休震動，用附我大邑周。惟爾有神，尚克相予，以濟兆民，無作神羞。」既戊午，師逾孟津。癸亥，陳于商郊，俟天休命。甲子昧爽，受率其旅若林，會于牧野，罔有敵于我師，前徒倒戈，攻于後，以北，血流漂杵。一戎衣，天下大定。厥四月哉生明，王來自商，至于豐，乃偃武修文，歸馬于華山之陽，放牛于桃林之野，示天下弗服。丁未，祀于周廟，邦、甸、侯、衛駿奔走，執豆籩。越三日庚戌，柴望，大告武成。既生魄，庶邦冢君暨百工受命于周。王若曰：「嗚呼！群后，惟先王建邦啓土，公劉克篤前烈。至于大王，肇基王迹，王季其勤王家。我文考文王克成厥勳，誕膺天命，以撫方夏。大邦畏其力，小邦懷其德。惟九年，大統未集。予小子其承厥志，乃反商政，政由舊。釋箕子囚，封比干墓，式商容閭，散鹿臺之財，發鉅橋之粟。大賚于四海，而萬姓悦服。列爵惟五，分土惟三，建官惟賢，位事惟能，重民五教，惟食、喪、祭。惇信明義，崇德報功，垂拱而天下治。」（據全解卷二三，頁十八—十九；容齋續筆卷十五，總頁一四四；項氏家説卷三，頁十二定：詳下三「評」之文。）

【評】（一二四）宋林之奇曰：「自『厎商之罪』以下至於『大賚于四海而萬姓悦服』……王氏、劉氏、程氏諸家以屬於『王朝步自周于征伐商』之下，敏案：王氏不盡如此，詳下文。蓋得之矣。但王氏以『乃反商政政由舊釋箕子囚』以下，屬於歸周敏案：謂勝殷歸至豐，祀于周廟，柴望，告諸侯百官。之後，則失其次。夫釋箕子囚，封比干墓，式商容閭，散財發粟，此蓋既克商之事，豈至周而後有事於此邪？故劉氏自『厎商之罪』至『萬姓悦服』，悉以加於『厥四月哉生明王來自商至于豐』之前，此則勝於王氏所次遠甚。」（全解卷二三，頁十八—十九。）

【評】（一二五）宋洪邁曰：「經典遭秦火之餘，脱亡散落，其僅存於今者相傳千歲，雖有錯誤，無由復改。……武成一篇，王荆公始正之。自『王朝步自周于征伐商』即繼以『厎商之罪告于皇天后土』至『一戎衣天下大定』，乃繼以『厥四月哉生明』至『予小子其承厥志』，然後及『乃反商政』，以訖終篇：則首尾亦粲然不紊！」（容齋續筆卷十五，總頁一四四。）

【評】（一二六）宋朱熹曰：「『王若曰』以下（至篇末）……恐須是有錯簡。然自王氏、程氏、劉原父以下所定，亦各不同。舊嘗考之，劉以爲王語之未有闕文，似得之。」敏案：劉敞七經小傳卷上，頁八謂：「『予小子其承厥志』之下，武王之誥未終，當有百工受命之語，計脱五、六簡。」（朱文公文集卷六十，頁三三。）

【評】（一二七）宋朱熹又曰：「此篇簡編錯亂，劉侍讀、王荆公、程先生皆有改正次序，今以參考定讀如此，大略皆集諸家之所長。……劉侍讀謂『余小子其承厥志』之下當有闕文，以今考之，固所宜有。……」（朱文公文集卷六五，頁三十—三一。朱子語類卷七九，頁十四；朱子五經語類卷四八，頁二，大旨略同；朱睦㮮評，見五經稽疑卷二，頁十八，略同。）

【評】（一二八）宋項安世曰：「王介甫以此篇爲脱簡，當以自『厥四月哉生明』至『予小子其承厥志』移在『天下大定』之下，此説良是。必如此然後文理可讀，月日亦順；又見武王所承之志。上謂文王欲由商之舊政而未得，今予小子不可不承，故次以『乃反商政政由舊』，此即『承志』之事也。若如本文，則是文王志在厎商之罪，而武王承之也，豈不上誣先志哉！」（項氏家説卷三，頁十一—十二。）

【評】（一二九）宋章如愚曰：「疑武成之誤者，古今之常説也。孔穎達曰：『此篇敘事多而王言少，其辭又首尾不結，體裁異於餘篇。「無作神羞」，當有其辭，今無其語，是言尚未訖，簡篇斷絶也。』自漢以來，豈惟穎達疑之耶？特爲之疏義，故説行於世也。近世王氏、程氏之徒，莫不疑之。人自爲斷，家自爲讀，而卒無定論。烏乎！書之不幸出於口授壁藏，孔安國定其可知者五十有九篇，曰：『其餘錯亂摩滅，不可復知。』然則五十九篇既定之後，豈無錯繆也哉！蓋亦有之矣！若夫武成之書，則似顛倒錯亂，然深究其旨，實未嘗錯誤也。武成者，武王伐紂之功已成，識其政事之書，皆史官記武王征伐，及其歸周所行之事；此與堯典、舜典、冏命之書體同。孔氏乃疑其序事多而王言少，且據左氏『無作神羞』以下皆有其辭，此獨無文，何拘之甚邪！王氏則離析其章句，以『予小子其承厥志』以下，即繼以『乃反商政』。夫繼上言先王之勤勞，文王之未集大統，武王方承厥志，經以厎商之罪。此其辭理是順，無『其承厥志』以下，不言伐商罪，遽謂反商政，則其語無倫。世之學者，惟患武成之失次，及其離而讀之，反以無倫可乎？」（群書考索續集卷五，頁三—四；別集卷四，頁八—九，略同。）

【評】（一三〇）宋胡洵直曰：「按武成之書，自伏生口傳失其次序，王氏新義嘗加攷正。洵直以樂説書者愈疑，且以『式者，在車所行之禮也。式商容閭，豈當在歸至于豐之後』。記考之：孔子告賓牟賈以大武遲久之意，首言久立于綴以待諸侯之至，則庶邦冢君受伐商之命于周，乃其時也。故其克商也，有未及下車而爲之者，有下車而爲之者，有濟河而西然後爲之者。至其終也，左射貍首，右射騶虞，而貫革之射息也；裨冕搢笏而虎賁之士説劍也；祀乎明堂而民知孝；朝覲然後諸侯知所以臣；耕藉然後諸侯知所以敬。以此五者爲天下之教，其先後有倫如此，則武成之次序可概見矣。是以驗之，以孔子之言而次第之，庶有所本云。」（古今圖書集成理學彙編經籍典卷一一四書經部胡洵直考正尚書武成一卷自序，又略見蘆浦筆記卷二，頁二一—三「武成次序」條後胡洵直按語。）

【評】（一三一）宋蔡沈（蔡傳卷四，總頁七四。）、宋人某氏（六經奥論卷二，頁二四—二五。）、宋王柏（書疑卷四，頁五—六。）、宋黄仲元（四如講稿卷四，頁十三。）、元金履祥（書經注卷七，頁二十；金仁山遺書本尚書表注卷下，頁五。）、元王天與（纂傳卷二一，頁五。）及元陳師凱（書蔡氏傳旁通卷四上，頁十九。）諸家，或述前人之説，或評安石所改，文甚繁重，兹不具録，存目備徵焉。

# 尚書新義　卷七

## 周書

### 洪範第六

武王勝殷殺受，立武庚，以箕子歸，作洪範。此尚書小序之全文。

**【佚文】**（二九五）「武王殺受矣，而不爲商立後，以統承先王〔一〕，修其禮物，則是遇商不仁、無禮無義也。箕子嘗爲商之大臣，尚可以言之乎？武王立武庚，則是遇商仁且有禮義，此實箕子所以言也。」（全解卷二四，頁三；夏解卷十七，頁十六—十七。）

王訪于箕子，王乃言。

---

〔一〕「王」，全解作「生」，據夏解改正。

【陳補】「致禮然後問，故先言『王訪於箕子』，而後曰『王乃言』。」（陳傳卷七，頁二。）

箕子乃言曰。

【陳補】「致禮以問然後告，故於是箕子乃言。」（陳傳卷七，頁二。）

次五，曰建用皇極；次六，曰乂用三德。

【佚文】（二九六）「皇極立本，三德趨時。」（輯纂卷四，頁二十；纂疏卷四，頁二四；大全卷六，頁四四；洪範正論卷一，頁三十；臨川集卷六五，頁一洪範傳，略同。）〔二〕

一，五行：一曰水，二曰火，三曰木，四曰金，五曰土。水曰潤下，火曰炎上，木曰曲直，金曰從革，土爰稼穡。潤下作鹹，炎上作苦，曲直作酸，從革作辛，稼穡作甘。

〔二〕安石別有洪範傳（載臨川集卷六五，頁一—十六。），又有書洪範傳後（載臨川集卷七一，頁十一—十二。），著成在尚書新義之後（説詳下附洪範傳全文及其考證），而傳與新義説頗多相同。今凡宋、元人引安石洪範説之文皆依常例收爲佚文，如與其洪範傳相同，則並標洪範傳文之卷頁於括弧内；如止明（永樂以後）、清人引安石洪範説之文，出於安石洪範傳，且未見宋、元人引述者，則其所據非尚書新義，故一概不收。

【佚文】（二九七）「自天一至於天五，五行之生數也。以奇生者成而耦，以耦生者成而奇；其成之者皆五，五者天數之中也。蓋中者所以成物也。道立於兩，成於三，變於五，而天地之數具。其爲十也，耦之而已，蓋五行之爲物，其時其位，其材其氣，其性其形，其事其情，其色其聲，其臭其味，皆各有耦。推而散之，無所不通；一柔一剛，一晦一明，故有正有邪，有美有惡，有醜有好，有凶有吉；性命之理，道德之意，皆在是矣。耦之中又有耦焉，而萬物之變遂至於無窮。其相生也，所以相繼也；其相克也，所以相治也。水言潤，則火燥；土溽、木敷、金斂，可知也。火言炎，則水洌；土蒸、木溫、金清，可知也。水言下，火言上，則木左、金右、土中央，可知也。木言曲直，則土圜、金方、火鋭、水平，可知也。金言從革，則木變、土化、水因、火革，可知也。土言稼穡，則水之井洫、火之爨治、木金之爲器械，可知也。」（六經天文編卷一，頁六七；陳傳卷七，頁六；或問卷下，頁二一；纂傳卷二二，頁五；尚書日記卷九，頁四五；尚書埤傳卷十，頁十三、十四；洪範正論卷二，頁五；書傳彙纂卷十一，頁十二；臨川集卷六五，頁二一—三洪範傳，略同。）

【佚文】（二九八）「所謂木變者何？炳之而爲火，爛之而爲土，此之謂『變』。所謂土化者何？能燥，能潤，能敷，能斂，此之謂『化』。水因者何？因甘而甘，因苦而苦，因蒼而蒼，因白而白，此之謂『因』。火革者何？革生以爲熟，革柔以爲剛，革剛以爲柔，此之謂『革』。金亦能化，可以圜，可以平，可以鋭，可以曲直；然非火革則不能自化，故命之曰『從革』也。」（或問卷下，頁二一；尚書日記卷九，頁四五—四六；尚書埤傳卷十，頁十四；洪範正論卷二，頁六；書傳彙纂卷十一，頁十二；臨川集卷六五，頁三洪範傳，略同。）

【評】（一三二）清胡渭曰：「王氏此義，敏案：謂自上條「水言潤」至此條「從革也」。如説卦之廣象，雖未必皆聖人之意，而亦未嘗背於理；視彼拘而鮮通者，有鵬、鷃之別矣。」（洪範正論卷二，頁六。）

【佚文】（二九九）金性能從能革。（捫蝨新話卷一，頁三。）

【評】（一三三）宋陳善曰：「李長吉嘗語余：昔問羅疇老洪範『金曰從革』（尚書）新義云：『能從能革』，而荆公洪範傳又云：『金性能從，惟革者之所化。』敏案：參上條佚文及王安石文集卷四十，總頁一〇八洪範傳，大旨如此。二義不同，未知孰是。疇老云：『譬如釋迦十大弟子，各説第一義；二説皆通，無可揀者。』予謂王氏之學，率以一字一句較其同異，而父子之論，自不能一如此。敏案：陳善以尚書新義乃王雱撰著。迨其末流之弊，學者不勝異説。」（捫蝨新話卷一，頁三；儒學警悟本「長吉」作「季長」，「大」作「六」。）

嚮用五福，威用六極。

【陳補】「嚮者，慕而欲其至。威者，惡而欲其亡也。」（陳傳卷七，頁四。）

二，五事：一曰貌，二曰言，三曰視，四曰聽，五曰思。

【佚文】（三〇〇）「以五事分別配五行。」（全解卷二四，頁二三—二四；夏解卷十七，頁三十。）

【評】（一三四）宋林之奇曰：「諸儒之論五事，皆以配五行，唐孔氏曰：『……』王氏、蘇氏之説，大抵類此；而王氏詳明。……諸儒皆是附會穿鑿而爲之説；箕子之意，本不如是。若『五事』果可以配『五行』，則自『八政』以下，皆各有所配，豈止於五事？而『皇極』、『庶證（徵）』、『福極』猶可條而入之，至於其餘不可以穿鑿通者，則舍之不論，此豈自然之理哉！……蘇氏每譏王氏，以爲喜鑿；至於此論，則其去王氏無幾矣。」（全解卷二四，頁二三—二四。）

三，八政：一曰食，二曰貨，三曰祀，四曰司空，五曰司徒，六曰司寇，七曰賓，八曰師。

【佚文】（三〇一）「析之寥寥，烝之浮浮，后稷肇祀，庶無罪悔。后稷樹藝五穀，遂以肇祀；以祀教敬，則民不苟也，故祀次之。器利用足，故司空次之。食足用利而教興焉，故司徒次之。刑以弼教，故司寇次之。所以相交際者不可廢，故賓次之。所以相保聚者不可廢，故師又次之。賓者，非獨施於來諸侯通四夷而已也，鄉使相賓。師者，非獨於征不庭、伐不順而已也，殺越人於貨，愍不畏死，不待教而誅之。食、貨、祀、賓、師，稱其事，通乎下也。司空、司徒、司寇，稱其官，制乎上也。正法度，敷教制，刑必自其上出。」（尚書説卷四，頁十一—十一。）

四，五紀……五曰曆數。

【佚文】（三〇二）「曆者，所以紀數。」（輯纂卷四，頁一一三。）

而康而色。

【佚文】（三〇三）「詩云：『載色載笑，匪怒伊教』，而康而色之謂。」（陳傳卷七，頁十；纂傳卷二二，頁九；纂疏卷四，頁一一二；洪範正論卷四，頁九；臨川集卷六五，頁六洪範傳，略同。）

皇極之敷言，是彝是訓，于帝其訓。凡厥庶民，極之敷言，是訓是行，以近天子之光。

【佚文】（三〇四）「有極之所在，吾安所取正？取正於天而已。我取正於天，則民取正於我。道之本出於天，其在我爲德；皇極，我與庶民所同然也，故我訓于帝，則民訓于我矣。」（全解卷二四，頁四五；洪範正論卷四，頁二五。）

六，三德：一曰正直，二曰剛克，三曰柔克。……惟辟作福，惟辟作威，惟辟玉食。臣無有作福作威玉食；臣之有作福作威玉食，其害于而家，凶于而國。人用側頗僻，民用僭忒。

【佚文】（三〇五）「皇極者，君與臣、民之所共由者也；三德者，君之所獨任，而臣、民不得僭焉者也。」（全解卷二五，頁六；陳傳卷七，頁十四；洪範正論卷四，頁三六。）

【評】（一三五）宋林之奇曰：「此實至當之論。蓋大中之道，人之所同有。爲君者苟不能以先知覺後知，以先覺覺後覺，而與斯民共之，則人將淫朋比德，而自弃於小人之域，此國家之所以亂也。威福名器，人主之利勢，苟不能執之於一己，使臣下得而僭焉，則庶民化之，亦將側頗辟僭忒矣，此亦國家所由以亂也。」（全解卷二五，頁六。）

【佚文】（三〇六）惟辟作福，惟辟作威，荀子曰：「擅生殺之謂王，能利害之謂王。」義如此。君王用人惟己，亦「作福」之義。（默堂文集卷二二，頁十六。）

【評】（一三六）宋陳淵曰：「荆公引『擅生殺之謂王，能利害之謂王』，此申、商、韓非之所爲，豈是先王之道？而彼不悟，反以證經。曰：此自荀子之説，何爲不善？曰：若論道，則荀卿容有不知者，其説亦何足取？……然則書言『惟辟作福，惟辟作威』，非耶？曰：今人勸人主攬權，多用此説，而不知聖人之言，意有所主。其下文云：『臣無有作福作威玉食，臣之有作福作威玉食，其害于而家，凶于而國。』蓋曰威福之作，唯人主當爾。人臣如此，必致凶害，所以戒也，豈生殺由我之謂哉？曰：『用人惟己』之義又如何？曰：……見賢焉然後用之，不以左右、大夫、國人之譽而用人也……」（默堂文集卷二二，頁十六。）

七，稽疑：擇建立卜筮人。

【佚文】（三〇七）「有所選用謂之擇，有所創立謂之建。周官太卜所謂『凡國大貞，卜立君，卜大封』者，所謂『建』也；『大祭祀、國大遷、大師（，則貞龜）』，所謂『擇』也。」（全解卷二五，頁八。）

曰雨，曰霽，曰蒙，曰驛，曰克。

【佚文】（三〇八）「以龜占象之謂卜，以火灼龜，其象可占之謂兆。」（書傳彙纂卷十一，頁三五。）

曰貞，曰悔。

**【佚文】**（三〇九）「貞者，静而正，故内卦曰『貞』。悔者，動而過，故外卦曰『悔』。動乎外豈皆有悔哉？而以外卦爲『悔』者，悔生乎動故也。」（全解卷二五，頁九；夏解卷二五，頁九；項氏家説卷三，頁十五；書傳彙纂卷十一，頁三七。）

**【評】**（一三七）宋林之奇曰：「以此二説敏案：謂鄭玄之説與此王安石説。觀之，則王氏之説爲勝，然未必是古人意如此也。蘇氏曰：『其謂之貞、悔者，古語如此，莫知其訓也。』」（敏案：見東坡書傳卷十，頁十二。）此説深得古人『多聞闕疑』之義。」（全解卷二五，頁九。）

**【評】**（一三八）宋項安世曰：「人但知内卦爲貞，外卦爲悔，不知其何説也。王介甫謂『静爲貞，動爲悔』，亦臆之而已。此占家之事，惟京氏易謂發爲貞，静爲悔，則合于筮法。蓋占家以内卦爲用事，謂問者之來意也；外卦爲直事，謂禍福之决也。來意方發，專一之至，故謂之『貞』；外卦既成，禍福始定，故有悔焉。蓋卦有元、亨、利、貞，故取『貞』字爲主；爻有吉、凶、悔、吝，故取『悔』字爲决也。」（項氏家説卷三，頁十五。）

卜五，占用二，衍忒。

**【佚文】**（三一〇）「衍者，吉之謂也；忒者，凶之謂也。吉言衍，則凶之爲耗可知也；凶言忒，則吉之爲當可知也。忒也、當也，言乎其位；衍也、耗也，言乎其數。夫物有吉凶，以其位與數而已。六五陽位矣，其爲九四所難者，數不足故也。九四得數矣，其爲六五所制者，位不當故也。數衍而位當者吉，數耗而位忒者凶。此天地之道，陰陽之義。」（全解卷二五，頁十；臨川集卷六五，頁十一洪範傳及洪範正論卷五，頁十，並略同。）

【評】（一三九）宋林之奇曰：「其説比之諸家，最爲詳悉，而范純夫亦用此説，以謂：『……』此説蓋本於王氏而增廣之。雖用此説，而又曰：『一云：衍，推也；忒，變也。卜卦有疑，則推其所變之卦。』此又近於先儒之説。要之，此二説雖皆可通，然先儒以忒訓變，王氏以衍爲吉、忒爲凶，皆未免於附會。不如且從劉執中之説，以謂『推衍其義，以知差忒』，爲平直而不費辭也。」（全解卷二五，頁十一—十一。）

【佚文】（三一一）「推衍其義，以極其變也。如觀之否，則占九四之變；大有之睽，則占九三之變。」（輯纂卷四，頁二九；纂疏卷四，頁二五。）[二]

汝則有大疑……謀及卿士，謀及庶人。

---

[二] 此條與上條義相牴牾，而與舊説多相合，疑爲輯纂誤收，而纂疏從之録入者也。

【佚文】（三一二）「周官：有大事，衆庶得至外朝，與群臣以序進，而天子親問焉。」（輯纂卷四，頁三十；纂疏卷四，頁二六；大全卷六，頁六八；洪範正論卷五，頁十三。）

【陳補】「稽之人以盡其智，稽之鬼神以盡其神。」（陳傳卷七，頁十五。）

八，庶徵：曰雨，曰暘，曰燠，曰寒，曰風，曰時。五者來備，各以其敘，庶草蕃廡。一極備，凶；一極無，凶。

【佚文】（三一三）「『時』字是總言，下分兩股：『來備，各以其敘』之謂『時』；『極備』、『極無』之謂『不時』。」（尚書日記卷九，頁七四—七五。）

【佚文】（三一四）「庶草者，物之尤微而莫養，又不知自養也；而猶蕃廡，則萬物得其養，皆可知也。」（全解卷二五，頁十八；陳傳卷七，頁十八；洪範正論卷五，頁二四；書傳彙纂卷十一，頁四二；臨川集卷六五，頁十二洪範傳，略同。）

【佚文】（三一五）「雨極備則爲常雨，暘極備則爲常暘，風極備則爲常風。燠極無則爲常寒，寒極無則爲常燠，此飢饉疫癘之所由作也，故曰『凶』。」（全解卷二五，頁十八；纂傳卷二二，頁十三；書傳彙纂卷十一，頁四三；臨川集卷六五，頁十二洪範傳，同。）

【陳補】「雨暘燠寒風，所以目『五者來備』以下之事。時，所以目『王省惟歲』以下之事。（陳傳卷七，頁十七。）

【陳補】「極備極無，此饑饉疫厲所由作，故曰凶。」（陳傳卷七，頁十八。）

曰休徵：曰肅，時雨若；曰乂，時暘若；曰晢，時燠若；曰謀，時寒若；曰聖，時風若。曰咎徵：曰狂，恒雨若；曰僭，恒暘若；曰豫，恒燠若；曰急，恒寒若；曰蒙，恒風若。

【佚文】（三一六）若，似也。（全解卷二五，頁二十；夏解卷十七，頁五八。）

【佚文】（三一七）「降而萬物悦者，肅也，故若時雨然；升而萬物理者[一]，乂也，故若時暘然；晢者，陽也，故若時燠然；謀者，陰也，故若時寒然；睿其思心[二]，無所不通，以濟四者之善者，聖也，故若時風然。狂則蕩，故常雨若；僭則亢，故常暘若；豫則解緩，故常燠若；急則縮栗，故常寒若；冥其思心，無所不入，以濟四者之惡者，蒙也，故常風若。……君子之於人也，固當思其賢，而以其不肖者爲戒[三]。況天者固人君之所當取象也，則質諸彼以驗此，固其宜也。」（全解卷二五，頁二十；夏解卷十七，頁五八；陳傳卷七，頁十八；臨川集卷六五，

[一]「升」，全解作「外」，誤，從夏解引改正。
[二]「睿」原無，據王安石洪範傳補。
[三]「肖」，全解作「省」，誤，今從洪範傳改正。

頁十三洪範傳，略同。）

【評】（一四〇）宋林之奇曰：「此其論五事之與五氣各有其類，則誠有此理，但以『若』訓『似』，而謂『君子之於人也，固當思其賢，而以其不肖者爲戒，況天者固人君之所當取象也，則質諸彼以驗此，固其宜也』。此則殊失庶徵本疇之義。夫謂之『庶徵』者，謂人君以一己之得失驗之於天。苟以『若』爲『似』，謂雨、暘、燠、寒、風皆人君所取象以正五事，則是箕子設此一疇，但爲『五事』箋註耳，其何以爲『庶徵』乎？」（全解卷二五，頁二十一—二二。）

【評】（一四一）宋朱熹曰：「洪範庶徵，固不是定如漢儒之説，必以爲有是應必有是事。多雨之徵，必推説道是某時做某事不肅，所以致此。爲此必然之説，所以教人難盡信。但古人意精密，只於五事上體察，是有此理。如荆公又却要一齊都不消説感應，但把『若』字做『如』、『似』字義，説做譬喻；説了也不得。荆公固是也説道此事不足驗，然而人主自當謹戒。如漢儒必然之説固不可，如荆公全不相關之説亦不可。古人意思精密，恐後世未見到耳。」（朱子語類卷七九，頁二一；朱子五經語類卷四八，頁十一—十二。纂傳卷二二，頁十四；輯纂卷四頁三二—三三；大全卷六頁七二；尚書埤傳卷十，頁三三載朱子説，略同。）

【評】（一四二）清胡渭曰：「按：荆公説『庶徵』，便是『天變不足畏』之謬種，何可以爲訓？」（洪範正論卷五，頁二七。）

【評】（一四三）清吴汝綸曰：「王引之云：王弼易注：若，辭也。……王荆公説此經云：『肅若時雨，乂若時陽然，言人君之有五事，猶天之有五物也。』……必如傳云『人君行然，天則順之以然』，使狂且僭，則天如何其順之也？」（經説卷二之二，頁六三尚書故。）

王省惟歲，卿士惟月，師尹惟日。

【佚文】（三一八）三「惟」字，皆訓「如」。自「王」至於「師尹」，猶歲、月、日三者之相繫屬。「肅，時雨若」；乂，時暘若」之類，皆聖人所以取憲於天道。（全解卷二五，頁二四—二五；臨川集卷六五，頁十三—十四洪範傳，略同。）

【評】（一四四）宋林之奇曰：「夫聖人取憲於天，設官分職，誠有詳略，然箕子之名此疇，謂之『庶徵』；徵者，以人占天之謂也。今若以『象』爲説，則其疇屬於『稽疑』之下、『福極』之上，果何義哉？蔡元度（卞）雖以『曰時』爲『歲月日時』之『時』，而其大意則祖述王氏。」（全解卷二五，頁二五。）

九，五福：一曰壽，二曰富，三曰康寧，四曰攸好德，五曰考終命。六極：一曰凶短折，二曰疾，三曰憂，四曰貧，五曰惡，六曰弱。

**【佚文】**（三一九）「同田爲富，分貝爲貧。」（考古質疑卷三，頁十六。）

**【佚文】**（三二〇）「富貴人所欲，貧賤人所惡，而『福』、『極』不言『貴』、『賤』，何也？曰：五福者，自天子至庶人皆可使慕而嚮；六極，亦皆可使畏而遠。若貴賤則有常分矣，使自公侯至庶人皆慕貴，欲其至，而不欲賤之在己，則陵犯篡奪，何有終窮？詩曰『寔命不猶』，蓋王者之世欲賤者之安其賤如此。」（輯纂卷四，頁三五；纂疏卷四，頁三十；定正洪範集説頁十八；大全卷六，頁七八；尚書日記卷九，頁八三；洪範正論卷五，頁五三；書傳彙纂卷十一，頁五二；臨川集卷六五，頁十五洪範傳，略同。）

**【佚文】**（三二一）「惡者，小人之剛也；弱者，小人之柔也。」（全解卷二五，頁三一；陳傳卷七，頁二十一；尚書日記卷九，頁八二；洪範正論卷五，頁五六；臨川集卷六五，頁十五洪範傳，略同。）

# 〔附〕王安石洪範傳及其考評

## 洪範傳

全文。據臺灣中華書局四部備要本臨川集卷六五，頁一——十六抄録。

五行，天所以命萬物者也；故初一曰「五行」。五事，人所以繼天道而成性者也；故次二曰「敬用五事」。五事，人君所以修其心治其身者也，修其心治其身而後可以爲政於天下；故次三曰「農用八政」。爲政必協之歲、月、日、星辰、曆數之紀；故次四曰「協用五紀」。既協之歲、月、日、星辰、曆數之紀，當立之以天下之中；故次五曰「建用皇極」。中者所以立本，而未足以趣時，趣時則中不中無常也，唯所施之宜而已矣；故次六曰「乂用三德」。有皇極以立本，有三德以趣時，而人君之能事具矣；雖然，天下之故，猶不能無疑也，疑則如之何？謀之人以盡其智，謀之鬼神以盡其神，而不專用己也；故次七曰「明用稽疑」。雖不專用己而參之於人物鬼神，然而反身不誠不善，則明不足以盡人物，幽不足以盡鬼神，則其在我者不可以不思；在我者其得失微而難知，莫若質諸天物之顯而易見，且可以爲戒也；故次八曰「念用庶證」。自五事至於庶證，各得其序，則五福之所集；自五事至於庶證，各失其序，則六極之所集；故次九曰「嚮用五福，威用六極」。敬者何？君子所以直内也，言五事之本在人心而已：

農者何？厚也，言君子之道施於有政，取諸此以厚彼而已；有本以保常，而後可立也；故皇極曰「建」。有變以趣時，而後可治也；故三德曰「乂」。嚮者，慕而欲其至也；威者，畏而欲其亡也。五行：一曰「水」，二曰「火」，三曰「木」，四曰「金」，五曰「土」，何也？五行也者，成變化而行鬼神，往來乎天地之間，而不窮者也。是故謂之「行」。天一生水，其於物爲精；精者，一之所生也。地二生火，其於物爲神；神者，有精而後從之者也。天三生木，其於物爲魂；魂從神者也。地四生金，其於物爲魄；魄者，有魂而後從之者也。天五生土，其於物爲意；精神魂魄具而後有意。自天一至於天五，五行之生數也。以奇生者成而耦，以耦生者成而奇；其成之者皆五；五者，天數之中也。蓋中者所以成物也。道立於兩，成於三，變於五，而天地之數具。其爲十也，耦之而已。蓋五行之爲物，其時其位，其材其氣，其性其形，其事其情，其色其聲，其臭其味，皆各有耦；推而散之無所不通。一柔一剛，一晦一明，故有正有邪，有美有惡，有醜有好，有凶有吉；性命之理，道德之意，皆在是矣。耦之中又有耦焉，而萬物之變，遂至於無窮。其相生也，所以相繼也；其相克也，所以相治也。語器也以相治，故序六府以相克；語時也以相繼，故序盛德所在以相生。洪範語道與命，故其序與語、器與時者異也。道者，萬物莫不由之者也；命者萬物莫不聽之者也。器者，道之散；時者，命之運。由於道、聽於命而不知者，百姓也；由於道、聽於命而知之者，君子也。道萬物而無所由，命萬物而無所聽，唯天下之至神爲能與於此。夫火之於水，妻道也；其於土，母道也；故神從志，無志則從意。志致一之謂精，唯天下之至精，爲能合天下之至神；精與神一而不離，則變化之所爲在我而已；是故能道萬物而無所由，命萬物而無所聽也。水曰潤下，火曰炎上，木曰曲直，金曰從革，土爰稼穡，何也？北方陰極而生寒，寒生水；南方陽極而生熱，熱生火；故水潤而火炎，水下而火上。東方陽動以散而生風，風生木，木者，陽中也，故能變；能變故曲直。西方陰止以收而生燥，燥生金，金者，陰中也，故能化；能化故從革。中央陰陽交而生濕，濕生土，土者，陰陽沖氣之所生也；故發之而爲稼，斂之而爲穡。「曰」者，所以命其物；「爰」者，言於之稼穡而已。「潤」者，性也；「炎」者，氣也；「上下」者，位也；「曲直」者，形也；「從革」者材也；「稼穡」者，人事也。冬物之性復，復者性之所，故於水言其性；夏物之氣交，交者氣之時，故於火言其氣：陽極上，陰極下，而後各得其位，故於水火言其位；春物之形著，故於木言其形；秋物之材成，故於金言其材；中央人之位也，故於土言人事。水言潤，則火熯、土溽、木敷、金斂，皆可知也；火言炎，則水洌、土烝、木温、金清，皆可知也；水言下、火言上，則木左、金右、土中央，皆可知也。推類而反之，則曰後、曰前、曰西、曰東、曰北、曰南，皆可知也；木言曲直，則土圜、金方、火鋭、水平，皆可知也；金言從革，則木變、土化、水因、火革，皆可知也；土言稼穡，則水之井洫、火之爨冶、木金之爲械器，皆可知也。所謂木變者何?灼之而爲火,爛之而爲土;此之謂變。所謂土化者何?能熯、能潤、能敷、能斂;此之謂化。所謂水因者何?因甘而甘、因苦而苦、因蒼而蒼、因白而白;此之謂因。所謂火革者何?革生以爲熟、革柔以爲剛、革剛以爲柔;此之謂革。金亦能化,而命之曰「從革」者何?可以圜、可以平、可以鋭、可以曲直,然非火革之,則不能自化也;是故命之曰從革也。夫金,陰精之純也,是其所以不能自化也。蓋天地之用五行也,水施之、火化之、木生之、金成之、土和之。施生以柔、化成以剛,故木撓而水弱,金堅而火悍;悍堅而濟以和,萬物之所以成也。奈何終於撓弱,而欲以收成物之功哉?潤下作鹹,炎上作苦,曲直作酸,從革作辛,稼穡作甘,何也?寒生水,水生鹹;故潤下作鹹。熱生火,火生苦;故炎上作苦。風生木,木生酸;故曲直作酸。燥生金,金生辛;故從革作辛。濕生土,土生甘;故稼穡作甘。生物者,氣也;成之者,味也。以奇生則成而耦,以耦生則成而奇。寒之氣堅,故其味可用以耎;熱之氣耎;故其味可用以堅;風之氣散,故其味可用以收;燥之氣收,故其味可用以散。土者,沖氣之所生也,沖氣則無所不和;故其味可用以緩而已。氣堅則壯,故苦可以養氣;脉耎則和,故鹹可以養脉;骨收則强,故酸可以養骨;筋散則不攣,故辛可以養筋;肉緩則不壅,故甘可以養肉。堅之而後可以耎,收之而後可以散;欲緩則用甘,不欲則弗用也。古之養生治疾者,必先通乎此;不通乎此,而能已人之疾者,蓋寡矣。五事:一曰「貌」,二曰

「言」，三曰「視」，四曰「聽」，五曰「思」。貌曰恭，言曰從，視曰明，聽曰聰，思曰睿。恭作肅，從作乂，明作哲，聰作謀，睿作聖，何也？恭則貌欽，故作肅；從則言順，故作乂；明則善視，故作哲；聰則善聽，故作謀；睿則思無所不通，故作聖。五事以思爲主，而貌最其所後也；而其次之如此，何也？此言修身之序也。恭其貌，順其言，然後可以學而至於哲；既哲矣，然後能聽而成其謀；能謀矣，然後可以思而至於聖。思者，事之所成終，而所成始也，思所以作聖也；既聖矣，則雖無思也、無爲也，寂然不動，感而遂通天下之故，可也。八政：一曰「食」，二曰「貨」，三曰「祀」，四曰「司空」，五曰「司徒」，六曰「司寇」，七曰「賓」，八曰「師」，何也？食貨，人之所以相生養也；故一曰「食」，二曰「貨」。有相生養之道，則不可不致孝於鬼神，而著不忘其所自，故三曰「祀」。有所以相生養之道，而知不忘其所自，然後能保其居，故四曰「司空」。司空所以居民；民保其居，然後可教，故五曰「司徒」。司徒所以教民；教之不率，然後俟之以刑戮，故六曰「司寇」。自食貨至于司寇，而治內者具矣，故七曰「賓」、八曰「師」。賓所以接外治，師所以接外亂也。自食貨至於賓、師，莫不有官以治之，而獨曰「司空」「司徒」「司寇」者，言官則以知物之有官，言物則以知官之有物也。五紀：一曰「歲」，二曰「月」，三曰「日」，四曰「星辰」，五曰「曆數」，何也？王省惟歲，卿士惟月，師尹惟日，上考之星辰，下考之曆數，然後歲月日時不失其政；故一曰「歲」，二曰「月」，三曰「日」，四曰「星辰」，五曰「曆數」。曆者，數也；數者，一二三四是也；五紀之所成終，而所成始也。非特曆而已，先王之舉事也，莫不有時，其制物也，莫不有數。有時故莫敢廢，有數故莫敢踰。蓋堯、舜所以同律度量衡、協時月正日而天下治者，取諸此而已。皇極：皇建其有極，斂時五福，用敷錫厥庶民，何也？皇，君也；極，中也。言君建其有中，則萬物得其所，故能集五福以敷錫其庶民也。惟時厥庶民于汝極，錫汝保極，何也？言庶民以君爲中，君保中則民與之也。凡厥庶民，無有淫朋，人無有比德，惟皇作極何也？言君中則民人中也。庶民無淫朋，人無比德者，惟君爲中而已。蓋君有過行偏政，則庶民有淫朋，人有比德矣。凡厥庶民，有猷有爲有守，汝則念之；不協于極，不罹于咎，皇則受之；而康而色曰「予攸好德，汝則錫之福，時人斯其惟皇之極」，何也？言民之有猷有爲有守，汝則念其所猷所爲所守之當否；所猷所爲所守不協于極，亦不罹于咎，君則容受之，而康汝顏色以誘之。不協于極，不罹于咎，雖未可以錫之福，然亦可教者也，故當受之而不當譴怒也。詩曰「載色載笑，匪怒伊教」，康而色之謂也。其曰我所好者德則是，協于極則非，但康汝顏色以受之，又當錫之福以勸焉。如此，則人惟君之中矣。不言攸好德，則錫之福，而言曰「予攸好德，則錫之福」，何也？謂之皇極，則不爲已甚也。攸好德，然後錫之福，則獲福者寡矣。是爲已甚，而非所以勸也。曰「予攸好德，則錫之福」，則是苟革面以從吾之攸好者，吾不深探其心，而皆錫之福也。此之謂皇極之道也。無虐煢獨，而畏高明，何也？言苟曰好德，則雖煢獨，必進寵之而不虐；苟曰不好德，則雖高明，必辠廢之而不畏也。蓋煢獨也者，衆之所違而虐之者也；高明也者，衆之所比而畏之者也。人君蔽於衆而不知自用其福威，則不期虐煢獨而煢獨實見虐矣；不期畏高明而高明實見畏矣。煢獨見虐而莫勸其作德，則爲善者不長；高明見畏而莫懲其作僞，則爲惡者不消。善不長，惡不消，人人離德作僞，則大亂之道也。然則虐煢獨而寬朋黨之多，畏高明而忽卑晦之賤，最人君之大戒也。人之有能有爲，使羞其行，而邦其昌，何也？言有能者使在職而羞其材，有爲者使在位而羞其德，則邦昌也。人君孰不欲有能者羞其材，有爲者羞其德，然曠千數百年而未有一人致此。蓋聰不明而無以通天下之志，誠不至而無以同天下之德，則智以難知而爲愚者所詘，賢以寡助而爲不肖者所困，雖欲羞其行，不可得也。通天下之志在窮理，同天下之德在盡性。窮理矣，故知所謂咎而弗受，知所謂德而錫之福；盡性矣，故能不虐煢獨以爲仁，不畏高明以爲義。如是則愚者可誘而爲智也，雖不可誘而爲智，必不使之詘智者矣；不肖者可革而爲賢也，雖不可革而爲賢，必不使之困賢者矣。夫然後有能有爲者得羞其行，而邦賴之以昌也。凡厥正人，既富方穀，汝弗能使有好于而家，時人斯其辜，何也？言凡正人之道，既富之，然後善。雖然，徒富之，亦不能善也。必先治其家，使人有好於汝家，然後人從汝而善也。汝弗能使有好於汝家，則人無所視效，而放僻邪侈亦無不爲也。蓋人君能自治，然後可以治人；能治人，然後人爲之用；人爲之用，然後可以爲政於天下。爲政於天下者，在乎富之善之，而善之必自吾家人始，所謂自治者「惟皇作極」，是也；所謂治人者「弗協于極，弗罹于咎，皇則受之」，而康而色，曰「予攸好德」，汝則錫之福，無虐煢獨，而畏高明，是也；所謂人爲之用者，有能有爲，使羞其行，而邦其昌，是也；所謂爲政於天下者，凡厥正人，是也。既曰能治人，則人固已善矣；又曰富之然後善，何也？所謂治人者，教化以善之也；所謂富之，然後善者，政以善之也。徒教化不能使人善，故繼之曰凡厥正人既富方穀；徒政亦不能使人善，故卒之曰汝弗能使有好于而家，時人斯其辜也。于其無好德，汝雖錫之福，其作汝用咎，何也？既言治家不善，不足以正人也；又言用人不善，不足以正身。言崇長不好德之人而錫之福，亦用咎作汝而已矣。無偏無陂，遵王之義，無有作好，遵王之道，無有作惡，遵王之路，無偏無黨，王道蕩蕩，無黨無偏，王道平平，無反無側，王道正直，會其有極，歸其有極，曰皇極之敷言，是彝是訓，于帝其訓，何也？言君所以虛其心，平其意，唯義所在，以會歸其有中者，其説以爲人君以中道布言，是以爲彝，是以爲訓者，于天其訓而已。夫天之爲物也，可謂無作好，無作惡，無偏無黨，無反無側，會其有極，歸其有極矣。蕩蕩乎，言乎其大；平平者，言乎其治；大而治，終於正直，而王道成矣。無偏者，言乎其所居；無黨者，言乎其所與；以所居者無偏，故能所與者無黨，故曰無偏無黨；以所與者無黨，故能所居者無偏，故曰無黨無偏。偏不已乃至於側，陂不已乃至於反。始曰無偏無陂者，率義以治心，不可以有偏陂也；卒曰無反無側者，及其成德也，以中庸應物，則要之使無反側而已。路，大道也；正直，中德也。始曰義，中曰道，曰路，卒曰正直，尊德性而道問學，致廣大而盡精微，極高明而道中庸之謂也。孔子以爲示之以好惡而民知禁，今曰「無有作好，無有作惡」，何也？好惡者，性也；天命之謂性。作者，人爲也；人爲則與性反矣。書曰：「天命有德，五服五章哉！天討有辠，五刑五用哉！」命有德，討有辠，皆天也；則好惡者，豈可以人爲哉？所謂示之以好惡者，性而已矣。凡厥庶民，極之敷言，是訓是行，以近天子之光，曰「天子作民父母，以爲天下王」，何也？言凡厥庶民，以中道布言，是訓是行，以近天子之光者，其説以爲天子作民父母，以爲天下王，當順而比之，以效其所爲，而不可逆。蓋君能順天而效之，則民亦順君而效之也。二帝三王之誥命，未嘗不稱天者，所謂于帝其訓也。此人之所以化其上也。及至後世，矯誣上天，以布命于下，而欲人之弗叛也，不亦難乎？三德：一曰「正直」，二曰「剛克」，三曰「柔克」，何也？直而不正者有矣，以正正直，乃所謂正也；曲而不直者有矣，以直正曲，乃所謂直也。正直也者，變通以趣時，而未離剛柔之中者也。剛克也者，剛勝柔者也；柔克也者，柔勝剛者也。平康正直，彊弗友剛克，燮友柔克，何也？燮者，和孰上之所爲者也；友者，右助上之所爲者也；彊者，弗柔從上之所爲者也；弗友者，弗右助上之所爲者也。君君臣臣，適各當分，所謂正直也；若承之者，所謂柔克也；若威之者，所謂剛克也。蓋先王用此三德，於一嚬一笑，未嘗或失；況以大施於慶賞刑威之際哉？故能爲之其未有也，治之其未亂也。沈潛剛克，高明柔克，何也？言人君之用剛克也，沈潛之於內；其用柔克也，發見之於外。其用柔克也，抗之以高明；其用剛克也，養之以卑晦。沈潛之於內，所以制姦慝；發見之於外，所以昭忠善。抗之以高明，則雖柔過而不廢；養之以卑晦，則雖剛過而不折。易曰：「道有變動，故曰爻；爻有等，故曰物；物相雜，故曰文；文不當，故吉凶生焉。」吉凶之生，豈在夫大哉？蓋或一嚬一笑之間而已。洪範之言三德，與舜典、皋陶謨所序不同，何也？舜典所序以教胄子，而皋陶謨所序以知人臣，故皆先柔而後剛；洪範所序則人君也，故獨先剛而後柔。至於正直，則舜典、洪範皆在剛柔之先，而皋陶謨乃獨在剛柔之中者，教人治人，宜皆以正直爲先。至於序德之品，則正直者中德也，固宜在柔剛之中也。唯辟作福，惟辟作威，惟辟玉食。臣無有作福作威玉食；臣之有作福作威玉食，其害于而家，凶于而國。人用側頗僻，民用僭忒。何也？執常以事君者，臣道也；執權以御臣者，君道也。三德者，君道也。作福，柔克之事也；作威，剛克之事也；以其侔於神天也，是故謂之福。作福以懷之，作禍以威之。言作福則知威之爲禍，言作威則知福之爲懷也。皇極者，君與臣民共由之者也；三德者，君之所獨任而臣民不得僭焉者也。有其權，必有禮以章其別；故惟辟玉食也。禮所以定其位，權所以固其政，下僭禮則上失位，下侵權則上失政，上失位則亦失政矣；上失位失政，人所以亂也。故臣之有作福作威玉食，其害于而家，凶于而國。人用側頗僻，民用僭忒也。側頗僻者，臣有作福作威之效也；僭忒者，臣有玉食之效也。民側頗僻也易，而其僭忒也難。民僭忒則人可知也，人側頗僻則民可知也。其曰庶民有淫朋，人有比德，亦若此而已矣。於淫朋曰庶民，於僭忒曰民而已，何也？僭忒者，民或有焉，而非衆之所能也。天子皇王辟，皆君也。或曰天子，或曰皇，或曰王，或曰辟，何也？皇極于帝其訓者，所以繼天而順之，故稱天子；建有極者道，故稱皇；好惡者德，故稱王；福威者政，故稱辟。道所以成德，德所以立政，故言政於三德而稱辟也。建有極者道，故稱皇，則其曰「天子作民父母，以爲天下王」，何也？吾所建者道，而民所知者德而已矣。士稽疑，擇建立卜筮人，乃命卜筮，曰「雨」、曰「霽」、曰「蒙」、曰「驛」、曰「克」、曰「貞」，曰「悔」，凡七，卜五，占用二，衍忒，何也？言有所擇，有所建，則立卜筮人。卜筮凡七，而其爲卜者五，則其爲筮者二，可知也。先卜而後筮，則筮之爲正悔，亦可知也。衍者，吉之謂也；忒者，凶之謂也。吉言衍，則凶之爲耗，可知也。凶言忒，則吉之爲當，亦可知也：此言之法也。蓋自始造書，則固如此矣。福之所以爲福者，於文從畐，畐則衍之謂也。禍所以爲禍者，於文從咼，咼則忒之謂也。蓋忒也，當也，言乎其位；衍也，耗也，言乎其數。夫物有吉凶，以其位與數而已。六五得位矣，其爲九四所難者，數不足故也；九四得數矣，其爲六五所制者，位不當故也；數衍而位當者吉，數耗而位忒者凶，此天地之道，陰陽之義，君子、小人之所以相爲消長，中國、夷狄之所以相爲强弱。易曰：「人謀鬼謀，百姓與能。」蓋聖人君子以察存亡，以御治亂，必先通乎此；不通乎此而爲百姓之所與者，蓋寡矣。立時人作卜筮，三人占則從二人之言，何也？卜筮者，質諸鬼神，其從與違，爲難知，故其占也，從衆而已也。汝則有大疑，謀及乃心，謀及卿士，謀及庶民，謀及卜筮，何也？言人君有大疑，則當謀之於己；己不足以決，然後謀之於卿士；又不足以決，然後謀之於庶民；又不足以決，然後謀之於鬼神。鬼神，尤人君之所欽也，然而謀之反在乎卿士庶民之後者，吾之所疑而謀者，人事也；必先盡之人，然後及鬼神焉，固其理也。聖人以鬼神爲難知，而卜筮如此其可信者，易曰：「成天下之亹亹者，莫大乎蓍龜。」唯其誠之不至而已矣；用其至誠，則鬼神其有不應，而龜筮其有不告乎？將有作汝則從，龜從，筮從，卿士從，庶民從，是之謂大同；身其康彊，子孫其逢、吉，何也？將有作也，心從之，而人神之所弗異，則有餘慶矣，故謂之大同，而子孫其逢、吉也。汝則從，龜從，筮從，卿士逆，庶民逆，吉。卿士從，龜從，筮從，汝則逆，庶民逆，吉。庶民從，龜從，筮從，汝則逆，卿士逆，吉，何也？吾之所謀者，疑也；可以作，可以無作，然後謂之疑，疑而從者衆，則作而吉也。汝則從，龜從，筮逆，卿士逆，庶民逆，作内吉，作外凶，何也？尊者從，卑者逆，故逆者雖衆，以作内猶言吉也。龜、筮共違于人，用静吉，用作凶，何也？所以謀之心、謀之人者盡矣，然猶不免於疑，則謀及於龜、筮，故龜、筮之所共違，不可以有作也。庶徵：曰「雨」、曰「暘」、曰「燠」、曰「寒」、曰「風」、曰「時」者，何也？曰雨、曰暘、曰燠、曰寒、曰風者，自「肅，時雨若」以下是也。曰時者，自「王省惟歲」以下是也。五者來備，各以其敘，庶草蕃廡，何也？陰陽和則萬物盡其性，極其材。言庶草者，以爲物之尤微而莫養，又不知自養也；而猶蕃廡，則萬物得其性，皆可知也。一極備凶，一極無凶，何也？雨極備則爲常雨，暘極備則爲常暘，風極備則爲常風，燠極無則爲常寒，寒極無則爲常燠：此饑饉疾癘之所由作也，故曰凶。曰休徵：曰「肅，時雨若」、曰「乂，時暘若」、曰「哲，時燠若」、曰「謀，時寒若」、曰「聖，時風若」；曰咎徵：曰「狂，恒雨若」、曰「僭，恒暘若」、曰「豫，恒燠若」、曰「急，恒寒若」、曰「蒙，恒風若」，何也？言人君之有五事，猶天之有五物也。天之有五物，一極備凶，一極無亦凶，其施之小大緩急無常，其所以成物者，要之適而已；人之有五事，一極備凶，一極無亦凶，施之小大緩急亦無常，其所以成民者，亦要之適而已。故雨暘燠寒風者，五事之證也。降而萬物悅者，肅也，故若時雨然；升而萬物理者，乂也，故若時暘然；哲者，陽也，故若時燠然；謀者，陰也，故若時寒然；睿其思心，無所不通，以濟四事之善者，聖也，故若時風然；狂則蕩，故常雨若；僭則亢，故常暘若；豫則解緩，故常燠若；急則縮栗，故常寒若；冥其思心，無所不入，以濟四事之惡者蒙，故常風若也。孔子曰：「見賢思齊，見不賢而內自省也。」君子之於人也，固常思齊其賢，而以其不肖爲戒；況天者固人君之所當法象也。則質諸彼以驗此，固其宜也。然則世之言災異者，非乎？曰：人君固輔相天地，以理萬物者也。天地萬物不得其常，則恐懼修省，固亦其宜也。今或以爲天有是變，必由我有是辠以致之。或以爲災異自天事耳，何豫於我？我知修人事而已。蓋由前之説，則蔽而葸；由後之説，則固而怠；不蔽不葸、不固不怠者，亦以天變爲己懼，不曰天之有某變，必以我爲某事而至也。亦以天下之正理，考吾之失而已矣。此亦念用庶證之意也。王省惟歲，卿士惟月，師尹惟日，何也？言自王至於師尹，猶歲月日三者相繫屬也。歲月日有常，而不可變。所總大者，不可以侵小；所治少者，不可以僭多。自王至于師尹三者，亦相繫屬，有常而不可變。所總大者，亦不可以侵小；所治少者，亦不可以僭多。故歲月日者，王及卿士、師尹之證也。歲月日時無易，百穀用成，乂用明，俊民用章，家用平康；日月歲時既易，百穀用不成，乂用昏不明，俊民用微，家用不寧，何也？既以歲月日三者之時爲王及卿士師尹之證也，而王及卿士師尹之職，亦皆協之歲月日時之紀焉。故歲有會，月有要，日有成。大者省其大而略，小者治其小而詳。其小大詳略得其序，則功用興而分職治矣。故百穀用成，乂用明，俊民用章，家用平康。小大詳略失其序，則功用無所程，分職無所考，故百穀用不成，乂用昏不明，俊民用微，家用不寧也。庶民惟星，星有好風，星有好雨，何也？言星之好不一，猶庶民之欲不同。星之好不一，待月而後得其所好，而月不能違也；庶民之欲不同，待卿士而後得其所欲，而卿士亦不能違也，故星者庶民之證也。日月之行，則有冬有夏，何也？言歲之所以爲歲，以日月之有行，而歲無爲也；猶王之所以爲王，亦以卿士師尹之有行，而王無爲也。春秋者，陰陽之中；冬夏者，陰陽之正，陰陽各致其正，而後歲成。有冬有夏者，言歲之成也。月之從星，則以風雨，何也？言月之好惡不自用而從星，則風雨作而歲功成；猶卿士之好惡不自用而從民，則治教政令行而王事立矣。書曰：「天聽自我民聽，天視自我民視。」夫民者，天之所不能違也，而況於王乎？況於卿士乎？五福：一曰「壽」、二曰「富」、三曰「康寧」、四曰「攸好德」、五曰「考終命」，何也？人之始生也，莫不有壽之道焉，得其常性，則壽矣，故一曰壽。少長而有爲也，莫不有富之道焉，得其常産，則富矣，故二曰富。得其常性，又得其常産，而繼之以毋擾，則康寧矣，故三曰「康寧」也。夫人君使人得其常性，又得其常産而繼之以毋擾，則人好德矣，故四曰攸好德。好德則能以令終，故五曰考終命。六極：一曰「凶短折」、二曰「疾」、三曰「憂」、四曰「貧」、五曰「惡」、六曰「弱」，何也？不考終命謂之凶，蚤死謂之短，中絶謂之折，禍莫大於凶短折；疾次之，憂次之，貧又次之，故一曰凶短折、二曰疾、三曰憂、四曰貧。凶者，考終命之反也；短折者，壽之反也；疾憂者，康寧之反也；貧者，富之反也。此四極者，使人畏而欲其亡；故先言人之所尤畏者，而以猶愈者次之。夫君人者使人失其常性，又失其常産而繼之以擾，則人不好德矣，故五曰惡、六曰弱。惡者，小人之剛也；弱者，小人之柔也。九疇：曰「初」、曰「次」，而五行、五事、八政、五紀、三德、五福、六極，特以一二數之何也？九疇以五行爲初，而水之於五行，貌之於五事，食之於八政，歲之於五紀，正直之於三德，壽凶短折之於五福六極，不可以爲初故也。或曰：箕子之所次，自五行至於庶證，而今獨曰自五事至于庶證各得其序，則五福之所集；自五事至于庶證，各爽其序，則六極之所集，何也？曰：人君之於五行也，以五事修其性，以八政用其材，以五紀協其數，以皇極建其常，以三德治其變，以稽疑考其難知，以庶證證其失得，自五事至于庶證各得其序，則五行固已得其序矣。或曰：世之不好德，而能以令終，與好德而不得其死者衆矣，今曰好德則能以令終，何也？曰：孔子以爲「人之生也直，罔之生也幸而免」。君子之於吉凶禍福，道其常而已。幸而免，與不幸而及焉，蓋不道也。或曰：孔子以爲「富與貴人之所欲，貧與賤人之所惡」，而福極不言貴賤，何也？曰：五福者，自天子至于庶人，皆可使慕而欲其至；六極者，自天子至於庶人，皆可使畏而欲其亡。若夫貴賤，則有常分矣。使自公侯至於庶人皆慕貴欲其至，而不欲賤之在己，則陵犯篡奪之行日起，而上下莫安其命矣。詩曰：「肅肅宵征，抱衾與裯，寔命不猶！」蓋王者之世，使賤者之安其賤如此。夫豈知貴之爲可慕而欲其至，賤之爲可畏而欲其亡乎？

敏案：右洪範傳一卷，宋王安石撰。其作意，安石進洪範表（臨川集卷五六，頁七。）云：

「聖人必考古成己，然後以所嘗學措之事業，爲天下利。……臣嘗以蕪廢腐餘之學，得備論思勸講之官，擢與大政，又彌寒暑，勳績不效，俛仰甚慚！謹取舊所著洪範傳，删潤繕寫，輒以草芥之微，求裕天地。」可見安石撰傳，意在致用於當世。而舊注疏，則不足以發明經旨，資之爲世用，安石書洪範傳後（臨川集卷七一，頁十一—十二。）云：「孔子没，道日以衰熄，以浸淫至於漢，而傳注之家作。爲師則有講而無應，爲弟子則有讀而無問；非不欲問也，以經之意爲盡於此矣，吾可無問而得也。……夫如此，使其傳注者皆已善矣，固足以善學者之口耳，不足善其心；況其有不善乎？宜其歷年以千數，而聖人之經卒於不明，而學者莫能資其言以施於世也。予悲夫洪範者……爲傳注者汩之，以至於今冥冥也。於是爲作傳，以通其意。」

味進表「與大政，勳績不效」語，知此稿删定進呈似在第二次罷相之後。清蔡上翔王荆公年譜考略（卷二十，總頁二七〇。）：「荆公……洪範傳……其進御覽，必在於元豐之世，又無年月日可考，故録於熙之末、豐之首。」第考續長編（卷二六八，頁八。）熙寧八年九、十月間吕惠卿言，似此編時已有傳刊本：「惠卿曰……安石必言垂示萬世恐誤學者，洪範凡有數本，易義亦然，後有與臣商量改者三二十篇，今市肆所賣，新改本是也。」後學官請降旨刊行，宋史卷三五三龔原傳：「……（龔原）爲司業時，請以安石所撰字説、洪範傳……刊本傳學者。」時紹聖二年事，宋會要輯稿（總頁二二六〇，崇儒五。）：「哲宗紹聖二年正月十七日，國子司業龔原等言：『故相王安石在先朝嘗進尚書洪範傳……乞雕印頒行，以便學者。』從之。」（于大成先生王荆公年譜頁二二九，謂降旨付國子監雕印，在紹聖元年十月，疑另有所本。）是篇，郡齋讀書志（卷一，頁二三。）、玉海（卷三七，頁三五。）、宋史藝文志（經部書類。）、文獻通考（卷一七七，經籍四。）、焦竑國史經籍志（卷二，頁十一。）、陳第世善堂書目（卷上，頁四。）、祈承爜澹生堂藏書目（卷一，頁五。）及經義考（卷九六，頁一。）皆著録一卷；原單行，後編入文集。（唯澹生堂藏書目又著録：「洪範皇極内篇二卷，王安石集本。」）

此傳既令刊，「一時學校舉子之文靡然從之」。（宋史龔原傳。）龔原謂此篇「解釋九疇之義，本末詳備」，（宋會要輯稿。）黄震謂此篇「字義多足取者」，（黄氏日抄卷六四，頁十二。）而言五事與庶徵不取漢儒天變災異之學（别詳尚書新義洪範篇佚文及諸家評語），晁公武則曰：「安石以劉向、董仲舒、伏生明災異爲蔽，而思别爲此傳，以庶徵所謂『若』者不當訓『順』，當訓『如』；人君之五事，如天之雨、暘、寒、燠、風而已。大意言天人不相干，雖有變異，不足畏也。」（郡齋讀書志卷一，頁二三；蔡上翔評略同，見王荆公年譜考略總頁二八五。）近人錢基博曰：「洪範疇數之説，始西漢今文家伏生大傳，以下逮京房、劉向諸人，以陰陽災異附合洪範五事、庶徵之文。而宋儒……臨川王安石介甫則持天人不相與、天變不足畏之論，似破伏生、董仲舒、劉向言洪範五行災異之蔽，撰洪範傳一卷。以庶徵所謂『若』者不當訓『順』，當訓『如』；蓋人君之五事，如天之雨暘（暘）、燠、寒、風、而已。安石説經，好爲新解，類如是矣！」（經學通志頁六三尚書志第二。）當時，孫諤撰洪範會傳一卷，攻其失，郡齋讀書志曰：「諤元祐中博士，其説多本先儒，頗攻王氏之失。」（卷一，頁二五。玉海卷三七，頁三五著録同，宋元學案補遺卷九六，頁二三取晁説，謂原書久佚。又謂長於尚書學，鄒浩道鄉集卷二八，頁七括蒼先生易傳敘：「神宗皇帝以道莅天下，於是造士以經，表通經者講于大學，以訓迪四方……孫公諤書……」）

是篇定稿在尚書新義之後，説頗與新義同。考元代以前，尚書新義未佚，諸家解尚書引王安石之説，因新義與洪範傳之説閒有相同或相近者，故其據究爲何書，有時甚難確定，不得已依常例，概作尚書新義佚文，並條附諸家評語於厥後；而全載洪範傳文於此，以備參酌。至明（永樂）以後，尚書新義已佚，凡諸家直據洪範傳以釋尚書者，則一概不取。

## 旅獒第七

明王慎德，四夷咸賓，無有遠邇，畢獻方物，惟服食器用。王乃昭德之致于異姓之邦，無替厥服；分寶玉于伯叔之國，時庸展親。

**【佚文】**（三三二）「明王既以德所致者分異姓，以寶玉分同姓，則人不敢輕易其物；方且以我所賜之物爲德。」（夏解卷十八，頁五；纂疏卷四，頁三一；大全卷七，頁三。）

**【評】**（一四五）宋夏僎曰：「其意則以此『德』字如賈誼謂『膚有德色』之『德』。此説雖可與上文連屬，而與下文『德盛不狎侮』（之）『德』字非一意，故不可從。」（夏解卷十八，頁五。）

**【佚文】**（三三三）「親之矣，而不以所寶分之，則人孰知親親之信也。」（全解卷二六，頁五。）

犬馬非其土性不畜，珍禽奇獸不育于國。……所寶惟賢，則邇人安。

**【佚文】**（三三四）「以不寶遠物，故犬馬非其土性不畜；以所寶惟賢，故珍禽奇獸不育于國。」（全解卷二六，頁十一。）

不矜細行，終累大德。爲山九仞，功虧一簣。

**【陳補】**「大德，細行之積也。九仞，一簣之積也。故細行不矜，足以累大德之全。一簣不勉，足以虧九仞之成。」（陳傳卷七，頁二四—二五。）

## 金縢第八

公歸，乃納册于金縢之匱中。王翼日乃瘳。

**【佚文】**（三三五）「縢，緘也。古者卜筮既畢而不敢褻，必納其册書於匱，以金縢之，異時將有大卜，則復啓焉。乃國家故事，非特爲此匱藏其册，爲後來自解之計也。王明日疾乃瘥。夫請代武王之死者，周公之心也。王瘳而周公不死，此則天也，非人之所能爲也。」（陳傳卷七，頁二七；書纂言卷四，頁二五；纂傳卷二四，頁三；大全卷七，頁十三。）

**【評】**（一四六）元吴澄曰：「愚謂：匱所以藏卜書，卜則啓匱，此常事也。惟周公此時之卜，有與常時不同者，以先有册書告三王而後卜也。故既卜之後，其册書因得同藏於卜書之匱。若常時之卜，則史述卜主之命告卜人，蓋不書於册，既卜亦無册可藏也。……王氏、蔡氏之説未當，而謂『非周公藏其册，爲後來自解之計』則是。」（書纂言卷四，頁二五。）

武王既喪，管叔及其群弟乃流言於國，曰：「公將不利於孺子。」周公乃告二公曰：「我之弗辟，我無以告我先王。」周公居東二年，則罪人斯得。于後，公乃爲詩以貽王，名之曰鴟鴞；王亦未敢誚公。

**【佚文】**（三二六）「雱所撰書義以謂聖人君子，不可疑而遠之也；疑而遠之，則違天矣。……人君不明，可惑以非義，則於周公忠聖，不敢無疑。……成王易懷疑忠聖之人。」（四明尊堯集卷四，頁二六。）

**【評】**（一四七）宋陳瓘曰：「臣今取三經義，考安石及雱解經之微意……譏薄之言，藏於經義。……雱所撰書義以謂：『……』又以謂：『……』又以謂：『……』……雱假詩、書以文其姦，安石託聖訓以肆其詆。……雱以易壞之語誣薄成王，所以甚明其父之聖忠而不可疑也。安石自聖，遂以其悖詐之身僭比周公，而以含糊不分明之語上詆先烈者，不可一一數也。」（四明尊堯集卷四，頁二六—二八。）

## 大誥第九

天降割于我家，不少延。洪惟我幼沖人，嗣無疆大歷服。……用寧王遺我大寶龜紹天明。

**【佚文】**（三二七）自「延」字絶句。（全解卷二七，頁六；朱子語類卷七九，頁二八；輯纂卷四，頁四六載朱子説引；纂疏卷四，頁三九載朱子説引。）

**【評】**（一四八）宋林之奇曰：「先儒以『不少』爲絶句，以『延』字屬於下句，其曰：『不少者，謂三監及淮夷並作難也。』據此篇之意，先言周家新造，而武王遽喪，成王以幼沖之資纘承先業……而三叔、武庚乃爲此舉，以覬所非望，故自『越兹蠢』而下，然後言三監及淮夷之作難。所謂『不少延』者，但言武王之即世也。王氏、蘇氏皆以『延』字屬上句讀，蓋得之矣。」（全解卷二七，頁六。）

【佚文】（三三八）以「用」字屬下句之首。（朱子語類卷七九，頁二八；朱子五經語類卷四二，頁二一一—二一二；輯纂卷四，頁四六載朱子説引；纂疏卷四，頁三九載朱子説引。）

【評】（一四九）上兩條，宋朱熹因論點書，曰：「人説荆公穿鑿，只是好處亦用還他。……」道夫曰：「更如先儒點『天降割于我家。不少延』、『用寧王遺我大寶龜』，皆非注家所及。」（朱子）曰：「然。」（朱子語類卷七九，頁二八；朱子五經語類卷四二，頁二一一—二一二；輯纂卷四，頁四六及纂疏卷四，頁三九載朱子評，略同。）

【評】（一五〇）元董鼎曰：「愚案：朱子深取王氏點句，敏案：參上條朱子評論。而蔡氏不盡從，何也？敏案：謂蔡傳尚以「用」字屬上爲句。」（輯纂卷四，頁四六。）

【評】（一五一）清王頊齡曰：「王氏之説，以『用』字屬下句，朱子嘗取之。蔡傳仍屬上句讀，則以二孔注、疏分明，不欲更改耳。」（書傳彙纂卷十二，頁三十。）

【陳補】「歷，歷數也。服，王事也。」（陳傳卷八，頁二。）

【陳補】「大誥言寧王者，大誥以寧民故也。王者能若天道、賓四夷、立政事以明，故説命、旅獒、周官言明王。使王姬執婦道，不敢驕以平，故詩何彼穠矣言平王。征伐勝敵以武，故詩玄鳥、長發言武王。成王業，成民業，故立政、噫嘻言成王，言各有所當。」（陳傳卷八，頁二一。）

若涉淵水，予惟往求朕攸濟。敷，賁敷前人受命，茲不忘大功，予不敢閉于天降威。用寧王遺我大寶龜紹天明，即命。

【佚文】（三三二九）「賁」字屬下讀。（書集傳音釋卷四，頁二三二。）

【評】（一五二二）元鄒季友曰：「賁，彼義反，用朱子語録，從王荆公讀，屬下句。」（書集傳音釋卷四，頁二三三。）

【佚文】（三三三〇）「大誥疑有脱誤，其不可知者輒闕之，而釋其可知者。」（輯纂卷四，頁四五；全解卷二七，頁七；纂疏卷四，頁三九；大全卷七，頁二一；書傳彙纂卷十二，頁二九。）

【評】（一五二三）宋林之奇曰：「王氏疑其（自「敷賁」至「大功」）有脱誤，而不可知者宜闕之，此爲得體。薛博士增廣王氏之説，尤爲詳備，曰：『「敷賁，敷前人受命，茲不忘大功。殷小腆，誕敢紀其敘。天降威。若兄考，乃有友伐厥子，民養其勸弗救。越天棐忱，爾時罔敢易法，矧今天降戾于周邦？」此皆書義疑有脱誤、不可知者，學者闕焉。』王氏解經，每不合於義者，不旁引曲取以爲之説，至闕之。此王氏之所長也。」（全解卷二七，頁七—八。）

【評】（一五四）元陳櫟曰：「案：朱子所以取荆公者在此，此可爲解盤、誥諸篇之法。」（纂疏卷四，頁三九。）

【佚文】（三三一）「文、武皆能安寧天下，故謂之『寧王』。是『寧王』者兼文、武而言。若『寧人』，則又兼文、武之臣而言也。言『寧考』，則謂武王耳。」（精義卷三二，頁十一。）

【佚文】（三三二）「閟，拒也。天降威，成王不敢拒，故用寧王所用大寶龜，紹天之明，以斷吉凶，而即天命也。」（輯纂卷四，頁四六；大全卷七，頁二三；書傳彙纂卷十二，頁三十。）

爾庶邦君，越庶士、御事，罔不反曰：「……越予小子，考翼，不可征；王害不違卜？」

【佚文】（三三三）此爲成王敘邦君之言以告之。邦君之意，謂：「王其咎之害，在于不違卜耳。欲王違卜而不征，王何故不違卜？」（夏解卷十八，頁三四—三五，引號内當是尚書新義原文；「其咎」二字用全解卷二七，頁十五補。）

【評】（一五五）宋夏僎曰：「爾庶邦之君長及于庶士、御事之臣，無不以言復于我曰：……不可以征伐，王何不違卜而勿征？故曰『王害不違卜』。此『害』如詩『害澣害否』之『害』同。先儒乃謂：成王之意，謂汝邦君言……我小子先卜敬成周道，若謂四國不可征，則王室有害，故謂今決不可違卜。……是其言乃成王自言己意，非成王敘邦君之言以告之。意既迂迴，又與上文不相貫。……王氏雖以此爲成王敘邦君之言以告之，然又以『王害不違卜』爲邦君之意，謂王之害在於不違卜耳，欲王違卜而不征。夫卜所以決吉凶，豈可謂從卜則爲害？非立言之體；但言『王何故不違卜』，則有味也。」（夏解卷十八，頁三四。）

天閟毖我成功。

【陳補】「閟言否閉而不通，毖言艱難而不易。」（陳傳卷八，頁五。）

天棐忱辭，其考我民。

【陳補】「天之視監自民，民輔我則天輔我矣，民獻予翼則民輔我之效。」（陳傳卷八，頁五。）

王曰：「若昔，朕其逝。」

【佚文】（三三四）「順古之道，以朕其往而征之也。」（全解卷二七，頁二二三。）

【評】（一五六）宋林之奇曰：「王曰：『若昔，朕其逝。』孔氏曰：『順古道，我其往東征矣。』王氏亦曰：『……』然上文但言前人之烈待我而後成，不可不順天命以征之，初無有『順古道』之事。則與上文不接。」（全解卷二七，頁二三二。）

肆予曷敢不越印敉寧王大命？

【佚文】（三三五）「於我者，不敢以諉後人也。武庚之叛，在成王即位之初，周公攝政之日。則夫平定凶逆，以奠國家之基業者，正成王、周公之責也。使其不以此自任，則豈足以爲武王之子乎？爾邦君御事之不肯從我以征，無乃爲不足以堪前人所付託之重乎？故成王以此而自勉也。」（全解卷二七，頁二二四；陳傳卷八，頁六。）

若兄考，乃有友伐厥子，民養其勸弗救？

【佚文】（三三六）此小節義當闕疑。（全解卷二七頁，二二四；纂疏卷四，頁四二。）

【評】（一五七）宋林之奇曰：「諸家之説，大抵迂曲，惟王氏闕之爲得。」（全解卷二七，頁二二四。）

【評】（一五八）元陳櫟曰：「王氏、張氏、林氏皆云當闕疑。」（纂疏卷四，頁四二。）

肆哉！

【佚文】（三三七）肆，肆而不拘之意。（全解卷二八，頁四十。）

【佚文】（三三八）「肆爲涉危難而無所毖。」（全解卷二七，頁二五。）

越天棐忱，爾時罔敢易法，矧今天降戾于周邦？

【佚文】（三三九）此義不可知，闕之。（全解卷二七，頁二六。）

爽邦由哲，亦惟十人，迪知上帝命。……肆朕誕以爾東征，天命不僭，卜陳惟若兹。

【佚文】（三四〇）「爽邦由哲，非由衆也。十夫者，哲人也。」（纂傳卷二五，頁六。）

【佚文】（三四一）「武庚，周所擇以爲商臣〔一〕；三叔，周所任以商事者也，其材似非庸人。方主幼國疑之時，相率而爲亂，非周公往征，則國家安危存亡，殆未可知。然承文、武之後，賢人衆多，而迪知上帝以決此議者，十夫而已；況後世之末流，欲大有爲者，乃欲取同于污俗之衆人乎？」（全解卷二七，頁二九；精義卷三三，頁七。）

〔一〕「周」，據精義補。

【評】（一五九）宋蘇軾曰：「方是時，武王之舊臣，皆欲從王征伐。故王曰：……況今卜并吉，是天欲征而不欲休也。我其必往，蓋卜之久矣。……盤庚、大誥皆違衆自用者所以藉口也。使盤庚不遷都，周公不攝政，天下豈有異議乎？平居無事，變亂先王之政而民不悦，則以盤庚、周公自比，此王之所以作大誥也。」（東坡書傳卷十一，頁十四。）

【評】（一六〇）宋林之奇曰：「王氏此言，假之以爲新法之地也。故每於盤庚遷都、周公東征，以傅會其説而私言之，以寓其意焉。殊不知己之所爲，與盤庚、周公之事相近，而實不侔也。盤庚之遷都，將以奉上天之命，而復先王之業也；不遷則有墊溺之患。周公之東征，亦將以奉上天之命，而終前人之功也；不征則有割據之禍。而當時邦伯、師長、邦君、御事，玩一時之安，而不慮他日之憂，故扇爲異論以摇其上。盤庚、周公於此，惟不忍以利趨而勢迫之，故丁寧反覆，至於再三，必使之心悦誠服而後已；非是誥之而不從，則遂脅之以刑威，而有所不恤也。……盤庚之遷、周公之征，雖其始也有異同之論，而其既已誥之矣，則莫不改心易慮，惟上之是聽，不獨『民獻十夫』以爲可征也。如王氏之説，則是周公之東征，決其議者十夫而已，其餘無預也。蘇氏曰『盤庚、大誥皆違衆自用者所以藉口』，蓋爲王氏而發也。」（全解卷二七，頁二九—三十。）

若穡夫，予曷敢不終朕畝！

【陳補】「天欲殄殷若穡夫，予當收斂之終畝，使無遺也。」（陳傳卷八，頁七。）

尚書大誥篇通義。

【評】（一六一）宋陳善曰：「荆公於三經新義，託意規諷，至大誥篇則幾乎駡矣！召公論真有爲而作也。後東坡作書論解，又矯枉過直而奪之。」（捫蝨新話卷一，頁四。）

## 微子之命第十

王若曰：「猷！殷王元子！」

【佚文】（三四二）微子，殷帝乙之諸子也。「元」爲善之長。（全解卷二七，頁三四。）

【評】（一六二）宋林之奇曰：「微子，帝乙之長子也，故謂之『殷王元子』。……武王訪洪範則曰『嗚呼！箕子』，成王命微子曰『猷！殷王元子』，皆尊之之辭也。……王氏……蓋泥於易之言，謂微子爲紂之諸子，故從而爲之説耳。其實微子者，帝乙之首子，當從史記之説也。」（全解卷二七，頁三三—三四。）

齊聖廣淵。

**【陳補】**「至一之謂齊，大而化之之謂聖。」（陳傳卷八，頁八。）

上帝時歆。

**【佚文】**（三四三）「微子爲商後，得郊，故稱其『上帝時歆』，記曰『宋之郊也，契也』[一]；上帝時歆，然後許之郊，宜矣。」（全解卷二七，頁三七；陳傳卷八，頁九，輯纂卷四，頁五二；纂疏卷四，頁五四；大全卷七，頁二五；尚書埤傳卷十一，頁十九；書傳彙纂卷十三，頁五。）

**【評】**（一六三）宋林之奇曰：「此説是也。王者之後，得用郊天之禮。禮記曰『杞之郊也，禹也；宋之郊也，契也』是也。微子之德，既爲上帝之所歆，則其祀帝於郊也，神其吐之乎？」（全解卷二七，頁三七。）

---

〔一〕「記曰」至「契也」八字，據輯纂補。

# 尚書新義　卷八

## 周書

### 康誥第十一

「惟三月，哉生魄，周公初基作新大邑于東國洛」至「乃洪大誥治」。

**【佚文】**（三四四）於此章四十八字無解。（輯纂卷四，頁五四；纂疏卷四，頁四六。）

**【陳補】**「三監既誅，然後封康叔，康叔既封，然後宅洛邑，事之敘也。此書乃先言作洛，繼言告康叔，蓋封康叔在卜洛之前，而告康叔乃在作洛之際。當其營洛則四方之民、五服之侯咸在，王者當孚大命於諸侯，必於臣民所會之時，則所及者廣，所儆者衆，此康叔之誥所以在營洛之際也。」（陳傳卷八，頁十二。）

惟時怙冒。

**【陳補】**「怙之如父，冒之如天，惟怙冒是文王。」（陳傳卷八，頁十三。）

王曰：「嗚呼！封。……今民將在……往敷求于殷先哲王，用保乂民。汝丕遠惟商耇成人……別求聞由古先哲王，用康保民。」

**【佚文】**（三四五）「往敷求」、「遠惟」、「別求」、「保乂」、「康保」，皆各有其義。（全解卷二八，頁十四—十五。）

**【評】**（一六四）宋林之奇曰：「其於殷先哲王，則曰『往敷求』；於商耇成人，則曰『遠惟』；於古先哲王，則曰『別求』；於殷先哲王，則曰『保乂』；於古先哲王，則曰『康保』：此蓋經緯其文，以成述作之體，……不必求其義也。而王氏諸家皆從而爲之説，其言破碎附會，不足取信。然經之大意，蓋不在是也。如必以此等語爲各有其義，則於先哲王曰『殷』，於商耇成人曰『商』，亦必有説矣。」（全解卷二八，頁十四—十五。）

**【陳補】**「紹所聞於文王而被服其德言，然未可足也，又當往敷求殷先哲王，用其道以保乂民。猶未足也，又當大遠求商老成人，宅心而知其訓。猶不可以爲足，又當別求聞由古先哲王，用其道以康保乎民。」（陳傳卷八，頁十三。）

王曰：「嗚呼！封。敬明乃罰。」

【佚文】（三四六）「敬明乃罰者，教康叔以作新民之道也。民習舊俗，小大好草竊姦宄，卿士師師非度，而一日欲作而新之，其變詐强梗，將無所不爲，非有以懲之則不知所畏，故當『敬明乃罰』也。」（全解卷二八，頁十八。）

【評】（一六五）宋林之奇曰：「王氏之學者，遂因其説，以謂：殷之頑民，難以仁懷，易以威服。此言甚非，先王之所以愛民之意失。秦自商鞅，乃遺禮義，棄仁恩，并心於進取。秦俗日敗，蓋不減於殷之頑民也。漢承秦後……於秦之餘民，尚不忍以刑罰而繩之，孰謂周公而肯爲此乎？彼（王安石）蓋見此篇所言多及於敬刑慎罰之事，求其説而不可得，故爲此説耳。」（全解卷二八，頁十八—十九。）

人有小罪非眚，乃惟終，自作不典，式爾，有厥罪小，乃不可不殺。乃有大罪非終，乃惟眚災，適爾，既道極厥辜，時乃不可殺。

【佚文】（三四七）「典、式皆訓法，人若有小罪而非過誤，乃終如此，而自作不合典法之事爾，是故爲也。故爲者，雖小罪亦當殺之。」（纂傳卷二七上，頁四。）

【評】（一六六）宋朱熹曰：「（不典式爾）……王氏云云。予謂此不可曉，大概是宥過刑故之意。」（朱文公文集卷六五，頁二八；輯纂卷四，頁五六載朱子評同。）

【佚文】（三四八）「適爾，謂偶然。人若有大罪，非終於爲之，乃是過誤以爲災，而偶然耳。過誤者雖大罪，亦當赦之也。」（纂傳卷二七上，頁四。）

【佚文】（三四九）「人有小罪，非過眚也；惟終成其惡，非詿誤也。乃惟自作不善，原其情乃惟不以爾爲典式，是人當殺之無赦。乃有大罪，非能終成其惡也，乃惟過眚，原其情乃惟適爾，非敢不以爾爲典式也。是人當赦之，不可殺。」（東坡書傳卷十二，頁四—五。）〔一〕

【評】（一六七）宋蘇軾曰：「信如此言，周公虐，刑殺非死罪，且教康叔以人之向背以爲喜怒，而出入其生死也。法當死，原情以生之可也；法不當死，而原情以殺之可乎？情之輕重，寄於有司之手，則人人可殺矣。雖大無道、嗜殺人之君，不立此法，而謂周公爲之歟！……末世法壞，違經背禮，然終無許有司論殺小罪之法，況使諸侯自以向背爲喜怒，而專殺非死罪者歟！……予恐後世好殺者以周公爲口實，故具論之。」（東坡書傳卷十二，頁四—六。）

〔一〕　此條，東坡以爲是「近時學者解此書」之意，參上兩條及張綱書説（尚書精義卷三四，頁十二—十三引。），此所謂「近時學者」當謂王安石。

王曰：「……有敘，時乃大明服，惟民其勑懋和。若有疾，惟民其畢棄咎。」

【佚文】（三五〇）「刑罰之有敘者，政而已，未及夫德也。故民之和，强勉而已，非其德也。惟導之以德，然後民應之以德也。『若有疾』、『若保赤子』，道之以德也。『畢棄咎』，『其康乂』，應之以德也。」（陳傳卷八，頁十五；書傳會選卷四，頁五五。）

非汝封刑人殺人，無或刑人殺人；非汝封又曰劓刵人，無或劓刵人。

【佚文】（三五一）「刑人、殺人，非汝所刑、殺，乃天討有罪，汝無或妄刑、殺人也。『非汝封又曰劓刵人』，疑其當云『又曰非汝封劓刵人』。」（全解卷二八，頁二三；夏解卷十九，頁十三。）

【評】（一六八）宋林之奇曰：「王氏（之説）……勝於先儒。然其……改易經文以就己意，非闕疑之義。」（全解卷二八，頁二三。）

王曰：「外事，汝陳時臬司，師茲殷罰有倫。」

【佚文】（三五二）「人君以正德爲内事，正法爲外事。上所戒者，正德之事；於是戒之以正法之事。」（全解卷二八，頁二三。）

【評】（一六九）宋林之奇曰：「以『德』與『法』而分内外，既已非矣；然自此以上，是亦正法之事也，安得爲至此後方言外事乎？蘇氏亦以德爲内，政爲外。」（全解卷二八，頁二三一二四。）

要因服念五六日，至于旬時。

【陳補】「或□□刑，其罪既定，又爲之要書。」（陳傳卷八，頁十六。）

乃汝盡遜。

【佚文】（三五三）「遜者，屈己以就義之意。」（纂傳卷二七上，頁六。）

王曰：「封，元惡大憝，矧惟不孝不友。子弗祇服厥父事，大傷厥考心；于父不能字厥子，乃疾厥子。于弟弗念天顯，乃弗克恭厥兄；兄亦不念鞠子哀，大不友于弟。惟弔茲，不于我政人得罪，天惟與我民彝大泯亂；曰，乃其速由文王作罰，刑茲無赦。」

【佚文】（三五四）「此父子兄弟所以爲無可赦之道。」周公誥意謂殷俗之薄，非罰不能齊整其民而使之遷善，故其説不得不然也。（全解卷二八，頁三十及三七。）

【評】（一七〇）宋蘇軾曰：「商紂之後，三監之世，殷人之父子兄弟，以相賊虐爲俗。周公之意蓋曰：孝友民之天性也；不孝不友，必有以使之。子弟固有罪矣，而父兄獨無過乎？故曰：凡民有自棄於姦宄者，此固爲元惡大憝矣，政刑之所治也。至于父子兄弟相爲逆亂，則治之當有道，不可與寇攘同法。我將誨其子曰：汝不服父事，豈不大傷父心？又誨其父曰：此非汝子乎，何疾之深也？又誨其弟曰：長幼，天命也，其可不順？又誨其兄曰：此汝弟也，獨不念先父母鞠養劬勞之哀乎？……我獨弔閔此人，不幸而得罪於三監之世，不得罪于我政人之手，天與我民五常之性，而吏不知訓，以大泯亂，乃迫而蹙之，曰『乃其速由文王作罰，刑茲無赦』，則民將辟罪不暇，而父子兄弟益相忿疾，至于賊殺而已。……舜命契爲司徒，曰：『敬敷五教，在寬。』寬之言緩也；所以復其天性，當緩而不當速也。」（東坡書傳卷十二，頁八—九。）

【評】（一七一）宋林之奇曰：「舜……使契爲司徒，敷五教以導之，且以『在寬』爲戒。……故周公使康叔於元惡則當憝之，而至於不孝不友則閔之。……孔子爲魯司寇，有父子訟者，夫子同狴執之，三月不別。其父請正，夫子赦之。季孫聞之不悦。……孔子喟然嘆曰：『上失其道而殺其下，非理也。不教以孝而聽其獄，是殺不辜。亂其教、煩其刑，使民迷惑而陷焉。又從而制之，故刑雖煩而益不勝也。』夫以不孝、不友、不慈、不悌之人，固爲大惡矣。苟爲不教而殺，則是夫子之所謂『不辜』也。而先儒乃以爲『速由茲文王作罰刑』，謂周公使康叔案法而誅之，王氏亦同此説。信如此言，則夫子赦父子之訟爲縱惡，而季孫之言爲合於周公也。故不如蘇氏之説爲勝也。」（全解卷二八，頁二九—三十。）

【評】（一七二）宋朱熹曰：「元惡大憝，詳文意，當從王氏。」（朱文公文集卷六五，頁二八；輯纂卷四，頁五九載朱子評同。）

矧惟外庶子訓人，惟厥正人越小臣諸節。

【陳補】「況外庶子所以訓人，與其正人之官，及小臣諸有符節者，謂將命出入之吏。」（陳傳卷八，頁十七。）

亦惟君惟長，不能厥家人、越厥小臣外正，惟威惟虐，大放王命：乃非德用乂。

【評】（一七三）宋朱熹曰：「乃非德用乂，言汝若寬縱，則小臣、外正，皆得爲威虐汝之爲。此欲以德乂民，而實非德也，姑息而已。蘇、陳等説，懲王氏之弊，一概以『寬』爲説，敏案：蘇説已詳上評。陳氏蓋鵬飛，宋志著録其書解三十卷，今佚。恐非聖人刑人正法之意也。」（朱文公文集卷六五，頁二八。輯纂卷四，頁六十；大全卷七，頁五一；尚書日記卷十一，頁十七載朱子評略同。）

**【評】**（一七四）宋真德秀曰：「朱子之言當矣，然蘇説亦不可廢。」（尚書日記卷十一，頁十七引。）

**【評】**（一七五）清王夫之曰：「……此言食邑之君於其家臣；六官之長於其屬貳，不以德相能，而唯用威虐，則不可復以德乂，而當施之以刑也。……故武王申言之，而皆使以刑止之。……眉山矯金陵之説，一主於寬，朱子固力辨其失，而蔡氏閒復用之者，非也。今但循文思義，則蘇氏之説不攻而自破矣。」（書經稗疏卷四，頁二六—二七。）

汝亦罔不克敬典，乃由裕民。

**【佚文】**（三五五）「周官：以六典待邦國之治，於爲諸侯，當先敬典。」（全解卷二八，頁三三。）

**【評】**（一七六）宋林之奇曰：「予竊以爲不然。典者，天敍之典，即父子兄弟之常道也。敬典者，『敬敷五教』是也。乃由裕民者，『在寬』是也。既不可以嚴刑峻罰以迫切之，則無不敬典，而用以裕民；寬以誘之，則易直子諒之心油然而生矣。」（全解卷二八，頁三三。）

我時其惟殷先哲王德，用康乂民作求。

**【佚文】**（三五六）「（求，）作而求我所爲。」（全解卷二八，頁三六。）

**【評】**（一七七）宋林之奇曰：「（王氏之説）非本義。蓋『求』與『好古敏以求之』之『求』同。作，起也；起而求商先哲王所以康乂民者而行之也。」（全解卷二八，頁三六。）

王曰：「……予惟不可不監告汝德之説，于罰之行。」

**【佚文】**（三五七）「民悦汝德，乃以汝罰之行也。有罪而不能罰，則小人無所懲艾，驕陵放横，責望其上無已。雖加以德，未肯心説，故于罰行，然後説德也。」（全解卷二八，頁三七。）

**【評】**（一七八）宋林之奇曰：「王氏……意謂殷俗之薄，非罰不能齊整之民，而使之遷善，故其説不得不然也。然觀王氏此言，蓋其新法之行，不附己者，皆私斥逐，故以此藉口耳。」（全解卷二八，頁三七。）

王曰：「……肆汝小子封，惟命不于常。……無我殄享。」

**【佚文】**（三五八）「小子從父兄，奉令承教則拘，出而爲人君則肆。肆而罔念，或至于殄享，以天命無常故也。」（全解卷二八，頁四十。）

**【評】**（一七九）宋林之奇曰：「王氏於大誥『肆哉』，其説亦然，皆牽强不足取。大誥之言曰『肆哉』，而後曰『爾庶邦君，越爾御事』，則其文勢以爲『肆而不拘』，雖非其本義，猶可爲說。至此章曰『肆汝小子封』，而亦爲『肆而不拘』，豈可通哉？肆，今也。成王……以天命之無常，戒謹之不可怠，故言今小子封也。」（全解卷二八，頁四十。）

## 酒誥第十二

王若曰：「明大命于妹邦。」

【佚文】（三五九）「總其君與其臣民誥之，故曰『邦』。」（陳傳卷八，頁二十；纂傳卷二七中，頁二二。）

乃穆考文王。

【佚文】（三六〇）言文王克明顯民，曰『丕顯考』。言文王誥毖、誥教臣民以酒，則曰『穆考』。」（全解卷二九，頁三。）

惟曰我民迪小子，惟土物愛，厥心臧。

【陳補】「言庶國化，文王誥教其民使迪小子。」（陳傳卷八，頁二一一。）

純其藝黍稷，奔走事厥考厥長。肇牽車牛遠服賈，用孝養厥父母。

【佚文】（三六一）「肇者，既種黍稷，始牽車牛也。民以農爲本，賈爲末。」（纂疏卷四，頁五五。）

【佚文】（三六二）「既藝黍稷，乃始牽牛遠行從事賈買。賈人亦受田也；舉農、賈，則工可知矣。」（陳傳卷八，頁二一一；纂傳卷二七中，頁二。）

爾大克羞耇惟君，爾乃飲食醉飽。

【佚文】（三六三）「爾大能進德，至於耇老，則惟君以養老之故，爾乃飲食醉飽，蓋非耇老則不敢以醉飽爲事。」（陳傳卷八，頁二一二；輯纂卷四，頁六五；纂疏卷四，頁五六。）

惟御事厥棐有恭。

【佚文】（三六四）御事，相（去聲）也。（全解卷二九，頁十五。）

【評】（一八〇）宋林之奇曰：「御事，謂凡治事之臣也。王氏以爲『相』，唐孔氏以爲『公卿』，其意蓋以上言『畏相』，而下言『御事厥棐有恭』，此君臣報施之義，故以爲『相』與『公卿』也。書之稱『御事』多矣，牧誓之言『御事』，則在『有邦冢君』之下、『司徒』之上；大誥之言『御事』，則在『庶士』之下；顧命之言『御事』，則在『百尹』之下。以是知『御事』者，蓋總言也，非指定其人而稱之也。」（全解卷二九，頁十五。）

越在外服，侯、甸、男、衛、邦伯。

**【佚文】**（三六五）伯，長也。（全解卷二九，頁十六。）

用燕喪威儀。

**【陳補】**「用燕飲喪其威儀。」（陳傳卷八，頁二四。）

庶群自酒。

**【陳補】**「庶群自酒，言舉國之人化紂所爲。」（陳傳卷八，頁二四。）

腥聞在上。

【陳補】「凡物成則香，敗則臭。」（陳傳卷八，頁二四—二五。）

汝劼毖殷獻臣，侯、甸、男、衛；矧太史友、内史友，越獻臣、百宗工；矧惟爾事，服休、服采。

【佚文】（三六六）「殷獻臣，謂獻臣嘗仕商而今里居者。侯、甸、男、衛，謂四方諸侯接於衛者。服休者，以德爲事。休，德也，『作德心逸日休』者也；謂在位者也。服采者，以事爲事。采，事，『若予采』者也；謂在職者也；皆我所委任，豈可忽哉！戒康叔劼毖所賓、所友、所事之人，亦『畏相』之類也。」（輯纂卷四，頁六七；全解卷二九，頁二三—二四；精義卷三六，頁八；陳傳卷八，頁二五；纂傳卷二七中，頁五；纂疏卷四，頁五九；大全卷七，頁六八；書傳彙纂卷十三，頁四九。）〔一〕

【評】（一八一）宋陳大猷曰：「或問：『劼毖殷獻臣』一章，説多支離，蔡氏説如何？曰：……集傳采林、王之説，謂『劼毖』猶殷家『畏相』之謂，則其臣皆自知敬畏，而不敢湎酒。意味又妥貼也。」（或問卷下，頁三四。）

【佚文】（三六七）「獻臣百宗工，則有貴於太史、内史者，其爲康叔所從，可知也。」（全解卷二

〔一〕　旁有「△」者二十七字，乃據精義所引核補。

九，頁二一三。）

**【佚文】**（三六八）「爾事爲人君必有；所友，有所事，蓋盛德之士有不可友者。此『服采』爲康叔所事。」（全解卷二九，頁二一四。）

**【評】**（一八二）宋林之奇曰：「王氏（之説）……非也。獻臣百宗工，謂賢臣之爲百宗工者。……（服休、服采，）先儒……以……皆康叔修之於身，非其臣也。據此文勢在『百宗工』之下、『圻父』之上，不應於其中閒閒以康叔之身事也。不如王氏之説，以爲其臣。……然其以『「爾事」爲人君必有；所友，有所事，蓋盛德之士有不可友者。此「服采」爲康叔所事』，則未必然。既曰『盛德之士有不可友』，則『以德爲事』者，事之可也。『以事爲事』，豈亦事之乎？此蓋泛言爾之所與共事，有此二者也。」（全解卷二九，頁二一三—二一四。）

**【陳補】**「謂不敢忽慢之也。」（陳傳卷八，頁二一五。）

矧惟若疇：圻父薄違，農父若保，宏父定辟。

**【佚文】**（三六九）「三卿之位，爲汝疇匹。」（纂傳卷二七中，頁五；全解卷二九，頁二一四；陳傳卷八，頁二一五。）

**【佚文】**（三七〇）「司馬主薄伐愆違，司徒主若國保民，司空主治四民、定而生之以致辟。」

（精義卷三六，頁八一—九；全解卷二九，頁二四—二五；纂傳卷二七中，頁五。）

【佚文】（三七一）「（宏父者，）闢地以居民也。」（全解卷二九，頁二四。）

【評】（一八三）宋林之奇曰：「宏父者，唐孔氏曰『以營造爲廣大國家之父』，不如王氏曰『闢地以居民也』。（「若疇」云云，）先儒以……，蘇氏（以）……不如王氏以『若疇』爲『汝之疇匹』，而於其下先舉其官名而後陳其所任之職也。……薄違者，當從先儒之訓，而用王氏之義，言司馬之迫逐違命者也。農夫（父）若保，言司徒教民稼穡以順安之也，王氏曰『若國保民』，亦非也。」（全解卷二九，頁二四—二五。）

【佚文】（三七二）從「違」、「保」、「辟」絶句。（朱子語類卷七九，頁二七一二八；朱子五經語類卷四二，頁二一一；困學紀聞卷二，總頁一六四。）

【評】（一八四）宋朱熹曰：「因論點書，曰：『人説荆公穿鑿，只是好處亦用還他。且如「矧惟若疇圻父薄違農父若保宏父定辟」，古注從「父」字絶句，荆公則就「違」、「保」、「辟」絶句，夐出諸儒之表。』」（朱子語類卷七九，頁二七一二八；朱子五經語類卷四二，頁二一一；徐振亞評略同，見王安石經學概論初稿。）

【評】（一八五）明馬明衡曰：「王荆公始讀『違』、『保』、『辟』爲句。……大抵古書字義多不可通，今以『迫違』爲『迫逐違命』，亦只是以意臆度，若以爲『不違農時』，夫豈不可？即如古註釋謂：『矧汝所咨問之圻夫，不可有違之農父，汝所保安之宏父，皆所賴以定其君者，可不謹於酒乎？』」（尚書疑義卷五，頁十九—二十。）

【陳補】「司徒，教官，主農，故云農父。」（陳傳卷八，頁二五。）

厥或誥曰：「群飲。」汝勿佚，盡執拘以歸于周，予其殺。

【評】（一八六）宋蘇軾曰：「予其殺者，未必殺也，猶今法曰『當斬』者，皆具獄以待命，不必死也。然必立死法者，欲人畏而不敢犯也。群飲，蓋亦當時之法，有群聚飲酒謀爲大姦者，其詳不可得而聞矣。如今之法有曰『夜聚曉散者，皆死罪』，蓋聚而爲妖逆者也。使後世不知其詳而徒聞其名，凡民夜相過者輒殺之，可乎？」（東坡書傳卷十二，頁十八。）〔二〕

乃不用我教辭，惟我一人弗恤，弗蠲乃事，時同于殺。

---

〔二〕 蔡上翔曰：「（蘇軾）擬進士對策曰：『夫人相與飲酒而輒殺之，雖桀、紂之暴不至此。』子瞻蓋譏切荊公，今見於上仁宗皇帝書是也。或曰：荊公之刻核，不如子瞻之平易近人，宜乎子瞻以此自憙。既自録入書傳；而後之注書傳者，亦采取而存之也。予曰：否！否！予於斯見蘇子鹵莽經義，蓋未察紂惡之所以稔，與酒誥之所以作也。」（王荊公年譜考略卷六，總頁一一三。）據蔡說，東坡書傳此段文，蓋針對安石酒誥解而發。

**【佚文】**（三七三）康叔不用教辭，則同于見殺。（全解卷二九，頁二一七。）

勿辯乃司民湎于酒。

**【佚文】**（三七四）「汝司民有湎于酒，則以政治之，勿爲之辯釋，以爲無罪也。」（全解卷二九，頁二一七；夏解卷十九，頁三八；纂傳卷二七中，頁六；輯纂卷四，頁六八；大全卷七，頁七十；書傳彙纂卷十三，頁五二。）

## 梓材第十三

以厥庶民暨厥臣達大家，以厥臣達王。

**【佚文】**（三七五）「以其臣達王事於大家，以其臣民達大家之事於國人。」（全解卷二九，頁三十。）

汝若恒越曰。

**【佚文】**（三七六）若恒，若有恒性也。（全解卷二九，頁三一。）

【評】(一八七)宋林之奇曰:「若恒者,所以通上下之情也。王氏以『若恒』爲『若有恒性』。經但曰『若恒』,不可援湯誥之言以爲説也。」(全解卷二九,頁三三一。)

司徒、司馬、司空、尹、旅曰:予罔厲殺人;亦厥君先敬勞。……姦宄、殺人、歷人,宥;肆亦見厥君事,戕敗人宥。

【佚文】(三七七)「(酒誥)先言『圻父』者,制殷民群飲,以政爲急故也。此言『敬勞』與『罔厲殺人』,故先司徒,與酒誥異。」(全解卷二九,頁三三一。)

【評】(一八八)宋林之奇曰:「諸侯之三卿,司徒爲上,司馬次之,司空又次之。……今酒誥乃序『圻父』於『農父』之上,故王氏爲之説。竊謂酒誥之言正猶武成曰『邦甸侯衛』也,周之九服,甸服在侯服之外,康誥曰『侯甸男邦采衛』是也,而武成乃先『甸』而後『侯』,此豈亦可以爲之説乎?況夫酒誥之言,不專以政爲急也。」(全解卷二九,頁三三一。)

【佚文】(三七八)「三卿、尹、旅見姦宄、殺人、歷人,不肯以法治之,反宥而縱之者,亦見其君於以戕敗人爲事者宥而不治者也。」(全解卷二九,頁三三三。)

【評】(一八九)宋林之奇曰:「其意蓋謂此等麗于刑之人,皆當勿宥之。康誥之言曰『乃其速由文王作罰,刑茲無赦,不率大戛』,戒康叔以爲不可殺,而王氏則以爲當殺。此則戒康叔以爲可宥，而王氏則以爲當勿宥。王氏之心術，大抵如此。……夫殺無道以就有道，夫子尚以爲不可，況於不孝不友之可閔者，與夫姦宄、殺人、歷人見厥君事戕敗人之可疑者，可以殺之而不宥乎？其徇私意以叛經旨，一至於此，不可不察也。」（全解卷二九，頁三三三。）

王啓監，厥亂爲民。曰：無胥戕，無胥虐，至于敬寡，至于屬婦，合由以容。

**【佚文】**（三七九）「王啓邦君，其教之如此。」（全解卷二九，頁三三四。）

厥命曷以引養引恬？

**【佚文】**（三八〇）「引養者，引民而養之；引恬者，引民而恬之。」（全解卷二九，頁三三四。）

自古王若兹，監罔攸辟。

**【佚文】**（三八一）「自『古』者，謂由先王之道；自『王』者，謂由今王之政。」（全解卷二九，頁三三五。）

**【佚文】**（三八二）「自古王者歷世相傳皆如此，監無用刑辟。」（纂傳卷二七下，頁二；陳傳卷八，頁二八—二九。）

【佚文】（三八三）「（監罔攸辟，）無所致辟。」（全解卷二九，頁三五。）

【評】（一九〇）宋林之奇曰：「其意謂監能若此，則無罪可致之辟矣。其説非也。先儒、王氏於酒誥『時同于殺』，其意亦若是。謂康叔苟如上所云，則同於見殺也。夫先王之時，君臣道合，相親如父子，相愛如兄弟，歡忻輯睦而無間，豈必以刑罰懼之而後爲善哉？……夫康叔以親賢而作藩於東土，乃謂周公親以殺戮之言而恐之，使之有所畏，古人必不然也。」（全解卷二九，頁三五—三六。）

惟曰：若稽田，既勤敷菑，惟其陳修，爲厥疆畎。若作室家，既勤垣墉，惟其塗塈茨。若作梓材，既勤樸斲，惟其塗丹雘。

【佚文】（三八四）「王者之造始，墾菑害，除荒穢，疆理天下，而作爲典則以授之諸侯，猶敷菑、垣墉、樸斲之勤也。諸侯嗣其功而致飭以終之，陳修疆畎、塗塈茨丹雘之比也。」（全解卷二九，頁三八；夏解卷十九，頁四三。）

【評】（一九一）宋林之奇曰：「王氏之意，以『稽田』喻『除荒穢』、『室家』喻『疆理天下』、『梓材』喻『作爲典章』，區而分之，既非經之本意，而又謂『王者造始而諸侯終之』，亦非其義也。此蓋但以喻今當用德以治民。……雖以三者設喻，而其意則一，正猶説命曰『若金，用汝作礪』、『若濟巨川，用汝作舟楫』、『若歲大旱，用汝作霖雨』，皆是以喻高宗必資傅説之納誨然後可以成其德也，而説者亦從而分別之，則過矣。」（全解卷二九，頁三八。）

先王既勤用明德，懷爲夾。

【佚文】（三八五）「德有昏有明，自其知，不知言之，則曰昏、曰明。」（或問卷下，頁三四。）

【評】（一九二）宋陳大猷曰：「（王荆公、朱晦菴）二君子説『明德』，大概皆以『智』言之。夫『明德』固本於『智』，然亦非『智』之一端所能盡，若止以『智』言，則所謂『仁義禮智』皆非明德乎？書所謂『先王勤用明德』、『明德惟馨』、『克謹明德』，左氏傳所稱『美哉禹功，明德遠矣』，豈可獨指以爲『智』言哉？蓋德根於一性，本自光明，以言其仁……以言其義……」（或問卷下，頁三四。）

【佚文】（三八六）夾，讀如字，夾輔之意。（全解卷二九，頁四十。）

【評】（一九三）宋林之奇曰：「夾，先儒音協，近也。『懷爲夾』者，言懷遠爲近。不如王氏只如字讀，以爲『夾輔』之『夾』爲簡徑。」（全解卷二九，頁四十。）

【陳補】「先王既勤用明德以爲治，懷撫庶邦爲己夾輔。」（陳傳卷八，頁二九。）

和懌先後迷民。

【佚文】（三八七）「民迷則悖，欲使保乂之，當先以和，和然後惟王之聽；惟王之聽，然後可以先後之，使不失道。」（全解卷二九，頁四一；書傳彙纂卷十四，頁八。）

今王惟曰。……肆王惟德用。……惟王。……子子孫孫永保民。

【佚文】（三八八）「成王自言必稱『王』者，以覲禮考之，天子以正遇諸侯則稱王[一]，此誥正教康叔以諸侯之事故也。」（全解卷二九，頁三九；蔡傳卷四，總頁九四。）

【評】（一九四）宋林之奇曰：「其意以『王』爲成王之自稱，故爲此説。然考之於書，王自稱有曰『予一人』，有曰『台小子』，有曰『予小子』，未有自稱『王』者。以『王』爲成王之自稱，非人情也。春秋文公元年書天王使毛伯來錫公命，或曰『天王』，或曰『天子』，故劉原父以爲有臨天下之言焉，有臨一國之言焉。夫春秋以一字爲褒貶，則其有『天王』、『天子』之殊稱，而劉原父爲之説，識者尚以爲鑿矣，況於此篇，乃其誥戒之辭，而謂以政遇諸侯，則其稱必曰『王』，恐無此理。」（全解卷二九，頁三九。）

---

[一] 「遇」，蔡傳引作「過」，疑誤。

【評】（一九五）宋蔡沈曰：「王氏謂：『……』亦强釋難通。獨吴氏以爲誤簡者，爲得之。」（蔡傳卷四，總頁九四。）

尚書梓材篇通義。

【佚文】（三八九）書序，孔安國以此篇爲成王命康叔之書，而伏生尚書大傳則以爲周公命伯禽之書，二説皆可疑。（書經注卷八，頁三九、四一；尚書表注卷下，頁十九。）

尚書大誥、康誥、酒誥、梓材四篇通義。

【評】（一九六）宋蘇軾曰：「大誥、康誥、酒誥、梓材，其文皆奥雅，非世俗所能通。學者見其書紛然若有殺罰之言，因爲之説曰：康誥所戒，大抵先言殺罰，蓋衛地服紂成俗，小人衆多，所以治之先後緩急當如此。予詳考四篇之文，雖古語淵慤，然皆粲有條理，反覆丁寧，以殺爲戒，以不殺爲德，此易所謂聰明睿智神武而不殺者。故周有天下八百餘年。後之王者以不殺享國，以好殺殃其身及其子孫者多矣，天人之際有不可盡知者。至于殺不殺之報，一一若符契可見也。而世主不以爲監，小人又或附會六經，醖釀鐫鑿以勸之殺。悲夫！殆哉！唐末五代之亂，殺人如飲食，周太祖叛漢，漢隱帝使開封尹劉銖屠其家百口。

太祖既克京師，夜召其故人知星者趙延義問漢祚所以短促者，延義答曰：漢本未亡，以刑殺寃濫，故不及期而滅。時太祖方以兵圍銖及蘇逢吉第，旦且滅其族，聞延義言，矍然貸之，誅止其身。予讀至此，未嘗不流涕太息，故表其事于書傳以救世云。」（東坡書傳卷十三，頁四—五。）

## 召誥第十四

成王在豐，欲宅洛邑，使召公先相宅，作召誥。此尚書小序全文。

【佚文】（三九〇）「成王欲宅洛者，以天事言之，則日東景朝多陽，日西景夕多陰，日南景短多暑，日北景長多寒。洛，天地之中，風雨之所會，陰陽之所和也；以人事言，則四方朝聘貢賦道里均焉。非特如此而已，懲三監之難，毖殷頑民，遷以自近洛，距妹邦爲近，則易使之遷作王都焉，則易以鎮服也。雖然，鎬京宗廟社稷官府宮室具在，不可遷也，故於洛時會諸侯而已。何以知其如此？以詩考之，宣王時會諸侯於東都，而車攻謂之復古。」（朱文公文集卷六五，頁二一—二二；蔡傳卷五，總頁九六；陳傳卷九，頁一；纂傳卷二八，頁一；輯纂卷五，頁一；書蔡氏傳旁通卷五，頁三；尚書通考卷十，頁十；大全卷八，頁一—二；文亦略見王安石詩經新義。）

【評】（一九七）元陳師凱曰：「馮氏子亮云：『「土中」之説，蔡氏（沈）引王氏所論，而今本多訛：「日東景夕多風」，誤爲「（日東）景朝多陽」；「日西景朝多陰」，誤爲「（日西）景夕多陰」，宜正之。』又案：王氏據周禮而鄭註不明。蓋地官司徒『測土深，正日景』，所以求地之中也。所謂『日南景短，日北景長，日東景夕，日西景朝』者，是指其立表之處而言其不中也。……」（書蔡氏傳旁通卷五，頁四。）

惟丙午朏。

【佚文】（三九一）「以朏、望、明、魄紀月，以甲子紀日，書之法也。」（玉海卷十一，頁二七；陳傳卷九，頁二；輯纂卷五，頁二；纂疏卷五，頁一；大全卷八，頁三；書傳彙纂卷十四，頁十二。）

厥既得卜，則經營。越三日庚戌，太保乃以庶殷攻位于洛汭。

【佚文】（三九二）「（經營，）經其南北而四營之也。」（朱文公文集卷六五，頁二二；書經注卷九，頁一；纂傳卷二八，頁二。）

**【陳補】**「經營然後城郭、途巷、廟社、朝市、居室之位定，故庚戌太保乃以衆殷民治位於洛。」（陳傳卷九，頁二。）

越三日丁巳，用牲于郊，牛二。越翼日戊午，乃社于新邑，牛一、羊一、豕一。

**【佚文】**（三九三）「於尊以簡爲誠，於卑以豐爲貴，故郊特牲而社稷太牢。先祭告於郊、社，然後用工。」（輯纂卷五，頁二；纂疏卷五，頁二；大全卷八，頁四；尚書埤傳卷十二，頁五。）

越七日甲子，周公乃朝用書命庶殷侯、甸、男邦伯。

**【佚文】**（三九四）「邦伯者，侯、甸、男服之邦伯也。庶邦冢君咸在，而獨命邦伯者，公以『書』命邦伯，而邦伯以『公命』命諸侯也。」（蔡傳卷五，總頁九五；全解卷三十，頁九；朱文公文集卷六五，頁二一；夏解卷十九，頁五十；陳傳卷九，頁三；永樂大典卷八〇二五，頁十四載書義斷法引；尚書日記卷十二，頁七。）

大保乃以庶邦冢君出取幣，乃復入，錫周公。

**【佚文】**（三九五）「庶邦冢君，諸侯會于洛者。洛邑成而獻幣，所以爲禮，且致慶也。」（輯纂卷五，頁三；纂疏卷五，頁二；大全卷八，頁六；尚書埤傳卷十二，頁九；書傳彙纂卷十四，頁十八。）

（召公）曰：「拜手稽首，旅王若公。」

【佚文】（三九六）「陳成王欲宅洛之意，順周公用書命庶殷邦伯之事。」（全解卷三十，頁十一。）

皇天上帝改厥元子，兹大國殷之命。

【陳補】「皇天上帝其命無妄矣，元子大國其受命正大矣，惟弗敬德，雖元子大國不能無所受。」（陳傳卷九，頁四。）

相古先民有夏，天迪從子保……今相有殷，天迪格保。

【佚文】（三九七）「夏言『迪從子保』，殷言『格保』，互相備也。」（纂傳卷二八，頁四；全解卷三十，頁十九。）

**【評】**（一九八）宋林之奇曰：「此只當從王氏説『夏言「從子」，殷言「格之」[一]，至相備爾』[二]，與夏言『服天命』，殷言『受天命』同意。此蓋史官經緯其文，以成述作之體。……唐孔氏曰：『此説二代興亡，其意同也。於禹言從而子安之，則天於湯亦子安之，故於湯因上文直言「格保」』，此正王氏之意。」（全解卷三十，頁十九；陳傳卷九，頁五。）

**【陳補】**「迪者，謂天先而道之。從者，謂先天而天從之。」（陳傳卷九，頁五。）

今沖子嗣，則無遺壽耇；曰其稽我古人之德，矧曰其有能稽謀自天。

**【佚文】**（三九八）「勿棄老成，又考古人之德，則善矣。況曰能考謀自天，則又善也。」（朱文公文集卷六五，頁二一三。）

用顧畏于民嵒。

**【佚文】**（三九九）嵒，僭也。顧畏于民嵒者，言民有僭而不信者，不可不省顧而畏慎之也。

[一]「之」當爲「保」之誤。
[二]「至」當爲「互」之誤。

（全解卷三十，頁二二一。）

王來紹上帝。

【佚文】（四〇〇）「帝，天德，而紹之者王。王，人道也。皇，天道也。惟道爲能建中，惟建中爲能配天道，中天而宅之。建中以配天道，非特紹上帝而已。來紹上帝者，王之事也。配皇天者，皇之事也。」（全解卷三十，頁二二二。）

王先服殷御事，比介于我有周御事。

【佚文】（四〇一）「比，親；介，助也。」（纂傳卷二八，頁五。）

節性惟曰其邁。

【佚文】（四〇二）「當明政刑以節之。」（全解卷三十，頁二二五；朱文公文集卷六五，頁二二四。）

【評】（一九九）宋林之奇曰：「此不知道者之言。湯誥曰：『惟皇上帝，降衷于下民，若有常性，克綏厥猷，惟后。』夫所貴乎后者，因斯民有常性，順以治之而已矣。若明其政刑爲可以節性，豈所謂『若有常性』哉？」（全解卷三十，頁二二五。）

【陳補】「殷人習紂之惡，習與性成矣。苟無以節之，則縱恣而不知所止。」（陳傳卷九，頁六。）

王敬作所，不可不敬德。

【佚文】（四〇三）「敬德者所以作所。」（全解卷三十，頁二五。）

【評】（二〇〇）宋林之奇曰：「此……於『所』字强生義理，其辭爲費。當從先儒之説，謂其不可以不敬德，王當敬作之也。」（全解卷三十，頁二五。）

我不敢知，曰有夏服天命，惟有歷年；我不敢知，曰不其延，惟不敬厥德，乃早墜厥命。我不敢知，曰有殷受天命，惟有歷年；我不敢知，曰不其延，惟不敬厥德，乃早墜厥命。

【佚文】（四〇四）「言夏、殷所受天命，歷年長短，我皆不敢知也。我所敢知者，惟不敬厥德，乃早墜厥命也。」（朱文公文集卷六五，頁二四；書經注卷九，頁八。）

今天其命哲，命吉凶，命歷年。

【佚文】（四〇五）「哲者，性也。吉凶者，事也。歷年者，數也。性在我，事在物，數在時，君子修其在我者，不責命於天也。」（或問卷下，頁三五。）

王其德之用，祈天永命。

**【陳補】**「王其惟德之用以祈求永命，蓋惟德能自貽哲命，獲吉而有歷年，永命謂有歷年也。」（陳傳卷九，頁七。）

其惟王勿以小民淫用非彝亦敢殄戮；用乂民，若有功。

**【佚文】**（四〇六）「不敢慢小民而淫用非彝，亦當敢於殄戮有罪以乂民也。」（全解卷三十，頁二九；朱子語類卷七八，頁九引汪應辰張綱謚文定奏狀；經義考卷八十，頁二及宋元學案補遺卷九八，頁一四五引汪氏奏狀。）

**【評】**（二〇一）宋蘇軾曰：「古今説者皆謂召公戒王過用非常之法，又勸王亦須果敢殄滅殺戮以爲治。嗚呼！殄滅殺戮，桀、紂之事；桀、紂猶有所不果，而召公乃勸王，使果于殄戮而無疑！嗚呼！儒者之叛道，一至于此哉！皋陶曰：『與其殺不辜，寧失不經。』人主之用刑，憂其不慎，不憂其不果也；憂其殺不辜，不憂其失不經也。今召公方戒王以慎罰，言未終而又勸王以果于殄戮，則皋陶不當戒舜以『寧失不經』乎？季康子問孔子曰：『如殺無道就有道，何如？』孔子曰：『子爲政，焉用殺？子欲善，而民善矣。君子之德風，小人之德草，草上之風必偃。』夫殺無道以就有道，爲政者之所不免，其言蓋未爲過也，而孔子惡之如此；惡其恃殺以爲政也。今予詳考召公之言，本不如説者之意，蓋曰：王勿以小民過用非法之故，亦敢于法外殄戮以治之。民自用非法，我自用法；民自過，我自不過，稱罪作刑而已。民之有過，罪實在我，及其有功，則王亦有德，何也？王之位，民德之先倡也。如此則法用于天下，王亦顯矣。兵固不可弭也，而佳兵者必亂；刑固不可廢也，而恃刑者必亡。痛召公之意爲俗儒所誣，以啓後世之虐政，故具論之。」（東坡書傳卷十三，頁十一—十二。）

【評】（二〇二）宋林之奇曰：「凡書之告戒以『不殺』之言者，王氏皆以爲『使之殺』也，蘇氏破其説矣。正猶治獄之吏，持心近厚者，惟求所以生之；持心近薄者，惟求所以殺之。」（全解卷三十，頁二九。）

【評】（二〇三）宋汪應辰曰：「……臣竊以王安石訓釋經義，穿鑿附會，專以濟其刑名法術之説，如書義中所謂『敢於殄戮，乃以乂民』、『忍威不可訖』、『凶德不可忌』之類，皆害理教，不可以訓。」（朱子語類卷七八，頁九引汪氏張綱謚文定奏狀；朱子五經語類卷四二，頁十六；經義考卷八十，頁二及宋元學案補遺卷九八，頁一四五引汪氏説略同。又：洪歲撰張綱行狀，載華陽集卷四十，其頁十八—十九有文，汪氏所引與之略同。）

【佚文】（四〇七）「敢于殄戮，而刑足以服人心。」（嵩山集卷一，頁三八。）

**【佚文】**（四〇八）若，順也。（全解卷三十，頁二九。）

我非敢勤，惟恭奉幣，用供王能祈天永命。

**【佚文】**（四〇九）「奉幣以供王毖祀上下，而祈永命。」（朱文公文集卷六五，頁二五；書經注卷九，頁十一。）

尚書召誥篇通義。

**【評】**（二〇四）宋陳善曰：「荆公於三經新義，託意規諷，……（其中）召公論，真有爲而作也。後東坡作書論解，又矯枉過直而奪之。」（捫蝨新話卷一，頁四。）〔一〕

---

〔一〕王安石文集中，未見召公論，陳善所云，當謂尚書新義召誥篇之召公論，疑斯論在全篇之末，今佚，故今署陳氏之評於此。（編按：王安石所著召公論，見於明弘治十七年刻本歷代名賢確論卷九，詳見本全集之臨川先生文集附録臨川先生佚文。）

# 尚書新義　卷九

## 周書

### 洛誥第十五

尚書洛誥篇題下。

**【佚文】**（四一〇）「此誥有不可知者，當闕之，而擇其有可知者[一]。」（朱文公文集卷六五，頁二五；朱子語類卷七八，頁九；朱子五經語類卷四二，頁二一；書疑卷七，頁一；輯纂卷五，頁八；纂疏卷五，頁七；大全卷八，頁十八；書傳彙纂卷十五，頁一。）

**【評】**（二〇五）宋朱熹曰：「荆公不解洛誥，但云：其間煞有不可强通處，今姑擇其可曉者釋之。今人多説荆公穿鑿，他却有如此處。若後來人解書，又却須要解盡。」（朱子語類

[一]「擇」，輯纂、纂疏並引作「釋」。

卷七八，頁九；朱子五經語類卷四二，頁二一略同；輯纂「朱子説書綱領」頁五；纂疏「讀尚書綱領」頁四；大全卷首，頁五六「書説綱領」；書傳彙纂卷首下「綱領」頁三一；宋元學案補遺卷九八，頁五八引朱子評略同。）

周公拜手稽首曰：「朕復子明辟。」

【佚文】（四一一）「復，如『復逆』之『復』」，成王命周公往營成周，周公得卜，復命於成王。謂成王爲『子』者，親之也。謂成王爲『明辟』者，尊之也。」（全解卷三一，頁五；尚書講義卷十五，頁九；朱文公文集卷六五，頁二五；困學紀聞卷二，總頁一六四；纂傳卷二九，頁一；纂疏卷五，頁八；大全卷八，頁十九；尚書疑義卷五，頁二六。）

【佚文】（四一二）「先儒謂：成王幼，周公代王爲辟，至是乃反政於成王，故曰『復子明辟』。荀卿曰：『以枝代王，而非越也；君臣易位，而非不順也。』以書考之，周公位冢宰、正百工而已，未嘗代王爲辟，則何君臣易位、復辟之有哉？如禮明堂位曰：『昔者周公朝諸侯于明堂之位，天子負斧扆，南鄉而立。』又曰：『武王崩，成王幼弱，周公踐天子之位以治天下。』則是周公正天子之位以臨萬國。」（全解卷三一，頁四；纂疏卷五，頁八；大全卷八，頁十九；尚書日記卷十二，頁二三。）

【評】（二〇六）宋葉夢得曰：「復如孟子『有復于王』之『復』。自孔氏以『復子明辟』謂周公攝而歸政之辭，古今儒者從之不敢易，獨王氏以爲不然，世或未之信焉。以予考之，周公以踐天子位以治天下，初無經見，獨明堂位云爾；明堂位非出吾夫子也。蓋武王崩，周公以冢宰攝政，此禮之常。攝者，攝其事，非攝其位。世見周公在喪之攝，不知其非以成王幼而攝，故至卜洛，猶有『歸政』之言，則王氏之言爲有證。」（輯纂卷五，頁九引；尚書埤傳卷十二，頁十七引略同。朱睦㮮評幾全同，用葉氏之說，見五經稽疑卷二，頁二四。蔡傳卷五，總頁九八暗用安石說，附見於此。）

【評】（二〇七）宋林之奇曰：「王氏之所謂『代王爲辟』者，指此也。則王氏之破先儒之說，可謂明於君臣之大分，而有功於名教也。蓋說者徒見成王幼沖，周公攝政，遂疑其稱王以令天下。如多士之篇序曰『成周既成，遷殷頑民，周公以王命誥』，而篇之發首則曰『惟三月，周公初于新邑洛，用告商王士』。王若曰』。蓋明周公雖攝政，而其號令皆稱成王之命也。謂『代王爲辟』，固無是理。然……周公之至洛而得吉卜，則已遣使人來告於王，下文曰『伻來以圖及獻卜』是也。非是周公至此方以吉卜而復於成王也。且既謂成王爲『子』，又謂『明辟』，以爲兼尊親之稱，則鑿矣。……」（全解卷三一，頁五。）

【評】（二〇八）宋史浩曰：「……惟王安石以爲：復者，告也。明辟，君也。周公以『定洛』告成王，非攝位而還之也。復者，若説命所謂『説復於王』、孟子所謂『有復於王者』是也。若謂周公作是書而還位於成王，則『召公爲保，周公爲師，相成王爲左右』，是成王自即位已爲君在上，不知周公昔何所受而今還之也。漢儒不達『復』字之義，乃以爲『還位』，後世紛紛，遂有『復辟』之論，以事理考之，當以王説爲然也。」（尚書講義卷十五，頁九—十。）

【評】（二〇九）宋袁燮曰：「復辟之事，説者皆引『説復于王』、『有復于王者』爲證，謂周公以明君之道復之于王，有失然後有復，成王未嘗不爲君，既不曾失，何復之有？其言信美矣！然觀其辭氣，則未必然。復辟只是復辟，初不必如此回護，況周公既無取天下之心，何必曲爲之説？書曰：『惟周公誕保文、武受命惟七年。』方成王幼沖，周公攝政，天下事權皆在周公之手，至今而成王壯矣，然後以人君之政事歸于王，只如此而已。夫何可疑？況此書中自甚分明，如曰：『予小子其退，即辟于周。』如曰：『亂爲四方新辟。』成王之爲君久矣，至此乃始謂之新辟，蓋前日雖爲王，政事却自周公出；今日周公既歸政，政事始自成王出，分明是爲新君也。由此觀之，則復辟之言，何獨不信？却非是成王前日未爲君，成王之爲王固久矣，但攝政七年之際，事權在周公，今始以人君之政事歸之於王，故謂之『復辟』爾。如後世霍光相宣帝，宣帝既壯，光稽首歸政，君臣之分亦未嘗不明，而況周公大聖，其處此有道矣。孔安國註以爲復還明君之政，此語甚好。營洛邑大事，本不當出于周、召，周公以爲：我看成王意思，一如弗敢及天命之初基定這天命營邑，則天命定矣。我看成王不敢擔當此事，故我繼太保而大相東土。今王自此以後始爲天下之明君矣，觀此一句，復辟之事豈不甚分明？此是周公復辟之辭。」（絜齋家塾書鈔卷十一，頁三十一—三二。）

【評】（二一〇）宋楊簡曰：「復，即孟子『有復於王者』之『復』、周禮宰夫『待諸臣之「復」』、大僕『掌諸侯之「復」逆』，復謂奏事也。辟，君也。明辟，稱成王，尊敬之辭。」（五誥解卷四，頁一。）

【評】（二一一）宋王應麟曰：「復子明辟，荆公謂『周公得卜，復命於成王也』。漢儒『居攝還政』之説，於是一洗矣。」（困學紀聞卷二，總頁一六四。）〔二〕

【評】（二一二）明馬明衡曰：「安石乃以爲『復逆』之『復』，宋諸儒從之。夫以爲攝而復政者，成王尚幼，周公以身任天下之重，何嘗履君位乎？如明堂位所言，踐天子位以治天下，此漢儒附會之謬説也，此固無俟於辨而自明者。然伊尹、周公皆有復辟之事，愚固謂伊尹之任商，周公之任周，皆非後世人臣所可擬者。有伊尹、周公之聖，而又有伊尹、周公之

〔二〕宋、元儒因安石之説推衍「復子明辟」之義者，如蔡傳（卷五，總頁九八。）、書經注（卷九，頁十二。）、纂疏（卷五，頁八。）等多家，兹不具録。

任，任之所在，責之所歸，故不得已而當之。以聖人爲之，至誠感動，始終有濟；若無其德、無其任而冒當之，未有不犯於逆亂之倫者，此王莽之徒，雖竊以藉口，然亦豈能以溷日月之明哉！後儒因王莽之事，遂將周公變易其説，蓋不欲使公之忠聖一淆於逆亂之跡，其愛公可謂至矣，其所以待公不其淺乎？嗚呼！操之不可爲文王，莽之不能爲周公，豈待後世方知之，而當時所爲已如白黑之不可同日語矣！混碔砆於珠玉之間，何損於珠玉耶？由是言之，聖賢之事，各論其實而已矣。」（尚書疑義卷五，頁二六—二七。）

【評】（二一三）清朱鶴齡曰：「愚考曾子問，禮本有『攝主』之名，春秋傳魯隱公『不書即位，攝也』，又宋穆公云『吾立乎此，攝也』。魯隱、宋穆并君位攝之，而周公止攝其政事，以此不同。謂周公未攝者，此又非通論也。特此篇不及『還政』，觀下文『伻來以圖及獻卜』，則荆公之説爲不易矣。」（尚書埤傳卷十二，頁十七。）

公！不敢不敬天之休，來相宅，其作周匹休。

【佚文】（四一三）「姚成曰：『天休震動，使周有天下者，天之休也，故周公敬之而相宅，以配天休也。』」（朱文公文集卷六五，頁二五；陳傳卷九，頁十一。）

公既定宅……視予卜休恒吉，我二人共貞；公其以予萬億年，敬天之休。

【佚文】（四一四）「言宅洛之事定矣，公當以予永遠敬天之休，以成此休常吉之卜也[一]。」（朱文公文集卷六五，頁二五—二六；輯纂卷五，頁十；大全卷八，頁二。）

【陳補】「貞者，正也，必有正焉然後定。」（陳傳卷九，頁十一。）

王肇稱殷禮，祀于新邑，咸秩無文。

【佚文】（四一五）「殷，盛也；如『五年再殷祭』之『殷』，非『夏殷』之『殷』也[二]。周公既制禮作樂，而成王於新邑舉盛禮之祀。凡典籍所無，而於義當祀者，咸次秩而祀之也。」（朱文公文集卷六五，頁二六；全解卷三一，頁十；陳傳卷九，頁十一；書經注卷九，頁十四；纂傳卷二九，頁二。）

【評】（二一四）宋林之奇曰：「當從王氏之説。易象『雷出地，奮豫，先王以作樂崇德，殷薦之上帝，以配祖考』，禮有『殷祭、殷奠』，皆取『殷盛』之義，與『周因於殷禮』，其字雖同，

[一]「成」，輯纂作「承」。
[二]「非夏殷之殷也」，據全解引文補。

而義則異矣。……」（全解卷三一，頁十。）

【評】（二一五）元陳櫟曰：「王氏云此殷禮，疑即篇末十二月戊辰之祭，史述其語於前，而記其事於後也。敏案：此取朱子説。竊意十二月之祭，不過以周公留治洛之事，就冬烝以告文、武廟耳。此曰『殷禮』、曰『秩無文』，必作新邑後，就新邑舉非常大祭祀，豈十二月特牛之祀足以當之？三月後至十一月，必嘗親至洛，行大祀禮，受大朝賀，發大號令，今脱去矣。」（纂疏卷五，頁九。）

今王即命曰：「記功，宗以功，作元祀。」

【佚文】（四一六）「記功，蓋若『紀于太常，藏在盟府』之類〔一〕。作元祀，蓋若『茲予大享于先王，爾祖其從與享之』之類。」（纂傳卷二九，頁三；全解卷三一，頁十一；朱文公文集卷六五，頁二六；陳傳卷九，頁十二；輯纂卷五，頁十一；纂疏卷五，頁十；書傳彙纂卷十五，頁九。）

汝其敬識百辟享，亦識其有不享。……凡民惟曰不享，惟事其爽侮。

---

〔一〕「蓋」，據朱文公文集引文補，下「蓋」字倣此。

**【佚文】**（四一七）「事無爽侮，則君臣同得逸樂暇豫；若爽侮，則君臣同得憂勤，而有所不暇矣。王不能敬識享與不享，則事爽侮，而周公受其愁勞，乃惟成王賜我以不暇也。」（精義卷三八，頁九。）

彼裕我民，無遠用戾。

**【佚文】**（四一八）「彼遠者，以我民爲裕，則無遠用戾也。」（全解卷三一，頁十六。）

旁作穆穆，迓衡，不迷文、武勤教。

**【佚文】**（四一九）「穆穆，天子之容。旁作，謂輔成王而作之，以成其穆穆之德，以迎太平，是以於文、武之勤教垂之後代者，皆率循之而不迷也。」（全解卷三一，頁十八。）

公功棐迪篤，罔不若時。

**【佚文】**（四二〇）「（罔不若、時，）罔不若、罔不時，循道而不違，此『棐迪』之『若』；越時而不失，此『棐迪』之『時』。」（全解卷三一，頁十九。）

監我士師工。

【陳補】「事人之謂士，帥人之謂師，興事造業之謂工。」（陳傳卷九，頁十五。）

作周恭先。

【陳補】「以恭倡後王也。」（陳傳卷九，頁十六。）

伻來毖殷，乃命寧予，以秬鬯二卣，曰：「明禋，拜手稽首休享。」予不敢宿，則禋于文王、武王。

【佚文】（四二二）「成王使周公來毖商民，乃命寧周公。以秬鬯二卣，曰：明禋于文、武。使之明禋，則以太平告文、武也。故周公不敢宿成王明德之命，即禋文、武。」（纂傳卷二九，頁七；書傳彙纂卷十五，頁二三。）

「惠篤敘」至「誕保文、武受命，惟七年」。

【佚文】（四二三）皆周公戒成王之言。（全解卷三一，頁二七。）

【評】（二一六）宋林之奇曰：「以此爲戒成王之言，則與上文不相貫。惟蘇氏以此爲周公祝文、武之辭，此得之矣。……竊謂『殷乃引考』以上，則周公之祝辭；『王伻殷』以下，則戒王之言也。」（全解卷三一，頁二七。）

王賓，殺、禋，咸格，王入太室祼。

【佚文】（四二三）「賓，助祭者也。」（陳傳卷九，頁十六；纂傳卷二九，頁八。）

【佚文】（四二四）「大室，清廟中央之室。清廟，神之所在，故王入大室祼，獻鬯酒以告神也。祼者，灌也。王以圭瓚酌鬱鬯之酒以獻尸，尸受祭而灌於地。因奠不飲謂之祼。」（精義卷三八，頁二十—二一。）

## 多士第十六

成周既成，遷殷頑民；周公以王命誥，作多士。此尚書小序之全文。

【佚文】（四二五）「成周即洛邑，初無王城、成周之辨。」（全解卷三二，頁三。）

【評】（二一七）宋林之奇曰：「成周，下都也。王城所以定九鼎，是爲王都，故成周爲下都。爲王氏之學者，以成周即洛邑，初無王城、成周之辨。説春秋者，亦多以王城、成周合而爲一。夫王城之與成周，歷代諸儒所紀甚詳，其援證爲明白，不可破也。」（全解卷三二，頁三。）

**【佚文】**（四二六）「此頑民者，乃商王士，而謂之『頑』者，以其不則德義之經而無常心故也。」（全解卷三二，頁三一四。）

**【評】**（二一八）宋林之奇曰：「致之微子、畢命之篇，則殷之民可謂頑也。……王氏之意，謂周公之所遷者，皆其士大夫，以其心之無常，故雖士而謂之民。此强説也。既謂之頑民，又謂之多士，則其遷也，不獨士而已。」（全解卷三二，頁三一四。）

**【佚文】**（四二七）「篇名多士，而序以爲頑民，何也？在官者謂之士，卿大夫士是也。在民者謂之士，士農工商是也。此書稱『士』，皆在官之殷士也。且周公未始以殷民爲頑，成王命君陳始有『無忿疾于頑』之語。夫殷民不附周，謂之頑可也；不忘殷，謂之頑可乎？故『頑』之一字，周公於康誥、酒誥、多士、多方等書，未嘗出諸其口也。」（輯纂卷五，頁十七；纂疏卷五，頁十五；大全卷八，頁三六；尚書埤傳卷十二，頁三十。）

惟三月，周公初于新邑洛，用告商王士。

**【佚文】**（四二八）「殷民遷于成周，從舊長所治，故先告之。殷士順從，則殷民皆然矣。」（輯纂卷五，頁十七；陳傳卷九，頁十九；纂疏卷五，頁十五；大全卷八，頁三七；書傳彙纂卷十五，頁二九。）

敉殷命終于帝。

【佚文】（四二九）「終，與『受終于文祖』之『終』同。」（陳傳卷九，頁十九；輯纂卷五，頁十八；纂疏卷五，頁十六；大全卷八，頁三七。）

肆爾多士，非我小國敢弋殷命。

【佚文】（四三〇）「『肆爾多士』者，肆之而不誅也，與『眚災肆赦』、『肆大眚』之『肆』同意，謂其致天罰也，惟誅獨夫紂而已，脅從罔治也。蓋周公將言『我小國敢弋殷命』，故呼爾多士而告之。」（全解卷三二，頁四。）

上帝引逸。有夏不適逸。

【佚文】（四三一）「引逸者，易簡則逸，反是則勞。適逸者，帝之所延也。」（精義卷三九，頁五。）

予亦念天即于殷大戾，肆不正。

**【陳補】**「我念天即于殷災戾大矣。」（陳傳卷九，頁二二二。）

**【佚文】**（四三二）「今不正治汝，不忍助天爲虐也。」（全解卷三二，頁十。）

**【評】**（二一九）宋林之奇曰：「周人伐殷，蓋我念天命而就誅爾殷之大罪戾者，故不正治其餘黨也。……王氏曰：『……』酒誥曰『天非虐，惟民自速辜』，乃以滅殷爲天之虐，可乎？」（全解卷三二，頁十。）

又曰夏迪簡在王庭，有服在百僚。

**【陳補】**「此怨周之不然也。」（陳傳卷九，頁二二三。）

予一人惟聽用德。

**【陳補】**「我惟聽用有德，汝殷士不務德，故我不得如夏之簡迪也。以聽用德，故今敢求汝于天邑商，苟汝好德，亦將聽用也。」（陳傳卷九，頁二二三。）

予惟率肆矜爾，非予罪，時惟天命。

【陳補】「章有德，討有罪，皆天命。」（陳傳卷九，頁二三。）

我乃明致天罰，移爾遐逖；比事臣我宗，多遜。

【佚文】（四三三）「移爾遐逖，徙其民於遠方也。我宗，謂康叔也。」（全解卷三二，頁十二。）

【評】（二二〇）宋林之奇曰：「自洛而視殷之故地，則殷爲遠，故以遷于洛爲『移爾遐逖』。王氏以爲『徙其民於遠方』，此事無所經見；既徙之遠，何爲而又遷之周哉？王氏又以『我宗』爲『康叔』，既徙之遠力，而康叔封於殷之故都，安得臣於康叔乎？我宗，猶言我家也；非康叔也。」（全解卷三二，頁十二。）

## 無逸第十七

周公作無逸。此尚書小序之全文。

【佚文】（四三四）「君子以勤得逸，繼之以休；小人以逸得勤，繼之以憂。」（精義卷三九，頁十五。）

乃逸乃諺既誕。否則侮厥父母曰：「昔之人，無聞知！」

【評】（二二一）宋蘇軾曰：「戲侮曰諺，大言曰誕。信哉！周公之言也。曰『昔之人無聞知』，至于今閭巷田里之民，有不令子弟猶皆相師爲此言也，是蟣蝨螻蟻，周公何誅焉？而載于書曰以戒成王也。人君欲自恣於逸樂者，必先詆娸先王，戲玩老成，而小人譸張爲幻者，又勸成之。韓非之言曰：堯之有天下也，堂高三尺，采椽不斲，茅茨不剪，雖逆旅之宿不勤於此矣。冬日鹿裘，夏日葛衣，粢糲之食，藜藿之羹，飲土匭，啜土鉶，雖監門之養不轂于此矣。禹鑿龍門，通大夏，疏九河，曲九防，決停水致之海，股無胈，脛無毛，手足胼胝，面目黧黑，遂以死于外，葬于會稽，雖臣虜之勞，不烈于此矣。然則天子所以貴于有天下者，豈欲苦形勞神，自取逆旅之宿，口食監門之養，手持臣虜之作哉？此不肖人之所勉，非賢者之所務也。此其論豈不出于昔之人無聞知也哉！其言至淺陋，而世主悦之，故韓非一言覆秦，殺二世如反掌。自漢以來，學者雖鄙申、韓不取，然世主心悦其言，而陰用之，小人之欲得君者，必私習其説，或誦言稱舉之，故其學至于今猶行也。予是以具論之。」（東坡書傳卷十四，頁六—七。）

昔在殷王中宗，嚴恭寅畏，天命自度。

**【佚文】**（四三五）「貌嚴、行祇、心敬也，其畏天也，豈徒然哉！自度者，自治以法度也，猶所謂身爲法度也。能自治以法度，則不耽於逸豫矣。」（全解卷三二，頁二一四。）

**【佚文】**（四三六）「四人皆天子，非若諸侯以戰戰兢兢爲孝者。」（全解卷三二，頁三八—三九。）

自殷王中宗，及高宗，及祖甲，及我周文王，兹四人迪哲。

**【評】**（二二二）宋林之奇曰：「上之所言者，大王、王季而後及文王，此特舉文王，而舍大王、王季，故王氏曰：『……』楊龜山破之，謂：『畏天者，保其國而已，謂中宗爲「畏天」，是亦諸侯之事。其説自相抵牾矣。文王大勳未集，雖曰受命之君，未嘗爲天子也。蓋四人者皆享國克壽，故特言之，非謂其爲天子也。』此説是矣。夫無逸之所言者，蓋皆以其戰戰兢兢而取之。如王氏之言，則是逸豫自肆者乃周公之所取也。」（全解卷三二，頁三八—三九。）

# 尚書新義　卷十

## 周書

### 君奭第十八

召公爲保，周公爲師，相成王爲左右；召公不説，周公作君奭。此尚書小序之全文。

【佚文】（四三七）「召公不悦，何也？曰：成王可與爲善，可與爲惡者也。周公既復辟，成王既即位，蓋公懼王之不能終，而廢先王之業也，是以不悦焉。夫周之先王，非聖人則仁人也；積德累行，數世而後受命；以周公繼之，累年而後太平。民之習治也久矣，成王以中才承其後，則其不得罪於天下之民，而無負於先王之烈也，不亦難乎！如此則責任之臣，不得不以爲憂也。賈誼曰：成王幼，在繈褓之中，召公爲太保，周公爲太傅，太公爲太師。保，保其身體；傅，傅之德義；師，道之教訓：三公之職也。於是皆選天下之端士，孝弟博聞有道術者，以衛翼之，使與太子居處出入。故太子初生，固見正事、聞正言、行正道，左右前後皆正人也。

習與正人居之，不能無正也。」（精義卷四十，頁十。）

【佚文】（四三八）「習文、武至治之後，則難爲繼。成王非有過人之聰明，則易以壞。以易壞之資任難繼之事，此召公於親政之始，有不悦也。」（群書考索續集卷五，頁十一及别集卷五，頁四；全解卷三三，頁五；九經疑難卷三，頁四三。）

【評】（二二三）宋林之奇曰：「……是皆以召公不知周公之心。程伊川、二蘇兄弟、王氏破之詳矣。……王氏謂：『成王非有過人之聰明，而出於文、武之後，人習至治之時，爲難繼，故召公於其親政之始，有不悦也。』案：此篇之言，皆是周公以天命之難諶，懼成王之弗克負荷，以忝前人之成憲，故已雖致政，而不敢告歸。若王氏之説，召公既以成王親政爲憂矣，周公當言成王之德可以光大文、武之緒，乃能解召公之憂，不當又以是爲言矣。」（全解卷三三，頁五。）

【評】（二二四）宋章如愚曰：「（如）王氏之説，則是召公以成王聰明不足，難與有爲，豈聖賢之意乎？……君奭一書，無召公憂成王難與共治之事……然則召公之不悦者，非爲周公也，自有所不悦也。夫召公之自有所不悦，何也？召公相文、武、成王三世矣，至成王能自爲政，召公之年已老矣，而復尊以師保之任，方功成身退之時，而加以莫重之寄，雖成王之所眷注，周室之所倚賴，爵位日隆，任責日重，非召公所樂也。況召公已封於燕，身留相周，而不得優游，於公不悦之旨，蓋爲此爾。是以周公勤勤作書以留之。蓋不以寵利居成功者，人臣去就之節；亡身徇國，愛君不忍去者，大臣始終之義。召公之欲告老，雖得去就之節，未可以爲忘身徇君之義，此君奭之書所由作也。」（群書考索續集卷五，頁十一；張文伯評略同，見九經疑難卷五，頁四三。）

嗚呼！君！已曰時我。我亦不敢寧于上帝命，弗永遠念天威越我民，罔尤違。

【佚文】（四三九）「此言君奭既曰是在我，我亦不敢暇逸于天命，而不永遠念天威之于我民，無尤違。言天威于民，皆當其罪無僭差，己不可以不念也。」（精義卷四十，頁十三。）

惟人在我後嗣子孫，大弗克恭上下，遏佚前人光在家；不知天命不易、天難諶，乃其墜命，弗克經歷，嗣前人恭明德。

【佚文】（四四〇）「前既言在天者，今此言在人者，故曰『惟人』也。」（全解卷三三，頁七。）

【評】（二二五）宋林之奇曰：「先儒以『惟人』屬於下文，而以『罔尤違』爲絶句，故王氏因之。……不如蘇氏以『惟人』爲絶句，其意爲勝。」（全解卷三三，頁七。）

【佚文】（四四一）「前既言在我者，不敢不勉。此乃言在人者，非我所及知也。惟在人者若我後嗣，上則大不克敬恭天與祖考，下則大不克敬恭諸侯臣民，遏佚前人光在室家之中，沈溺于近習，而不知天下之艱難，則天命靡常，難可諶信，乃其墜命，不能經歷久遠，嗣前人敬明之德。」（精義卷四十，頁十四。）

成湯既受命，時則有若伊尹，格于皇天。在太甲，時則有若保衡。在太戊，時則有若伊陟、臣扈，格于上帝。

【佚文】（四四二）「伊尹、保衡，其實一也。在成湯時則格于皇天，在太甲時則格于上帝，其故何哉？可與盡道則盡道，可與盡德則盡德。成湯，可與盡道者也；太甲，可與盡德者也。」（精義卷四十，頁十七。）

【評】（二二六）宋林之奇曰：「王氏多以天爲道，帝爲德，謂道至矣則格于皇天，德至矣則格于上帝，而説者又於伊尹一人之身而分道與德，其鑿甚矣！」（全解卷三三，頁十二。）

在武丁，時則有若甘盤。

【佚文】（四四三）「不言傅説而言甘盤者，蓋始迪高宗成其德者，甘盤也。以書考之，高宗命説，固已大過人矣，此甘盤之力也。」（纂傳卷三二，頁三；陳傳卷十，頁三；書傳彙纂卷十六，頁三十。）

【陳補】「巫賢、甘盤循爲此，伊陟、臣扈、巫咸已有所列陳，以保治有殷。」（陳傳卷十，頁三。）

割申勸寧王之德。

【佚文】（四四四）割，謂降割于殷也。（全解卷三三，頁十三；陳傳卷十，頁四。）

又曰無能往來，茲迪彝教，文王蔑德降于國人。

【陳補】「周公又謂若無此五人往來於此以迪常教，則文王蔑有德降于國人也。」（陳傳卷十，頁五。）

鳴鳥不聞。

【陳補】「以其鳴中律吕，故曰鳴鳥。」（陳傳卷十，頁六。）

汝明勖偶王，在亶。乘茲大命。

【佚文】（四四五）「乘者，以乘車而喻爲彼所載而行是也。詩曰『其車既載，不輸爾載』，蓋亦以乘車喻治天下。乘天之大命者，得其道則永保天命，不得其道則天命中絶，正猶乘車，有『輸爾載』、『不輸爾載』之殊，故惟在於誠而已。」（全解卷三三，頁十九。）

周公曰：「君奭。」公曰：「君……保奭。」

【佚文】（四四六）「此誥或曰『君奭』，或曰『保奭』，或曰『君』者，主王而言則曰『君奭』，主公事而言則曰『君』而已，主保事而言則曰『保奭』也。」（全解卷三三，頁二一。）

【評】（二二七）宋林之奇曰：「王氏喜爲鑿説，一至於此！信如此言，則康誥之篇或曰『朕其弟，小子封』，或曰『小子』，或曰『封』，或曰『小子封』，或曰『汝封』，或曰『汝』，亦皆有説也。」（全解卷三三，頁二一。）

以予監于殷喪大否。

【陳補】「大否，大辭也。」（陳傳卷十，頁七。）

其汝克敬德，明我俊民在讓，後人于丕時。

【佚文】（四四七）「大臣之善，在乎能讓；讓則推賢揚善，而無妨功害能。此所以能明俊民。」（輯纂卷五，頁三三二；大全卷八，頁七四；書傳彙纂卷十六，頁四二。）

## 蔡仲之命第十九

爾乃邁迹自身，克勤無怠，以垂憲乃後。

**【佚文】**（四四八）「蔡叔違王命，無所因，故曰『自身』。」（全解卷三三，頁二八。）

## 多方第二十

惟帝降格于夏。

**【佚文】**（四四九）「惟帝降格于夏，與『惟帝降格，嚮於時夏』同意。」（輯纂卷五，頁三三七；陳傳卷十，頁十三；纂疏卷五，頁三四；大全卷九，頁五；書傳彙纂卷十七，頁十四。）

乃惟成湯，克以爾多方簡代夏作民主。慎厥麗，乃勸；厥民刑，用勸。以至于帝乙，罔不明德慎罰，亦克用勸。要囚，殄戮多罪，亦克用勸；開釋無辜，亦克用勸。今至于爾辟，弗克以爾多方享天之命。

**【佚文】**（四五〇）「此言殷之興甚詳，言其亡甚略；蓋對殷遺民，不忍痛言其失也。」（輯纂卷五，頁三八；大全卷九，頁八；黄諫書傳集解［以下簡稱集解］卷十一，頁二一；書傳彙纂卷十七，頁二十。）

惟聖罔念作狂，惟狂克念作聖。

**【佚文】**（四五一）「操則存，舍則亡，其『心』之謂歟！思曰睿，睿作聖，操其心以思，所謂『念』也。罔念，雖聖可以作狂，故克念則狂亦可以作聖。」（輯纂卷五，頁三九；陳傳卷十，頁十六；大全卷九，頁十一；書傳彙纂卷十七，頁二三。）

爾乃迪屢不静。

**【佚文】**（四五二）「我以道迪汝屢矣，而猶不静。」（輯纂卷五，頁四十；纂疏卷五，頁三八。）

爾尚不忌于凶德，亦則以穆穆在乃位，克閲于乃邑。

**【佚文】**（四五三）「凶德不足忌。」（嵩山集卷一，頁三八。朱子語類卷七九，頁九引汪應辰張綱謚文定奏狀；朱子五經語類卷四二，頁十六；經義考卷八十，頁二；宋元學案補遺卷九八，頁一四五引汪氏奏狀略同。又洪葴撰張綱行狀載華陽集卷四十，其頁十八—十九有文，汪氏所引與之略同。）

【評】（二二八）宋汪應辰評，已見召誥篇，佚文第四〇六條下。

謀介。

【佚文】（四五四）「憂悔吝者存乎介。」（胡氏詳解卷十，頁九。）

多士！爾不克勸忱我命，爾亦則惟不克享。……爾乃惟逸惟頗，大遠王命；則惟爾多方探天之威，我則致天之罰，離逖爾土。

【佚文】（四五五）「士，治民也。多士不克享，則凡民視傚，亦『惟曰不享』矣。」（陳傳卷十，頁二十；纂傳卷三四，頁七。）

【佚文】（四五六）「上告以承之、庸之，此告以威之也。」（輯纂卷五，頁四一；纂疏卷五，頁三九；大全卷九，頁十七；黄諫集解卷十一，頁三三。）

時惟爾初。

**【陳補】**「與之更始，故曰『時惟爾初』」。（陳傳卷十，頁二十。）

## 立政第二十一

周公若曰：「拜手稽首，告嗣天子王矣。」用咸戒于王。

**【佚文】**（四五七）「拜手稽首，告嗣天子王矣，爲周公告成王之言。用咸戒于王，爲周公盡以告王。」（全解卷三五，頁三。）

**【評】**（二二九）宋林之奇曰：「先儒以拜手稽首，告嗣天子王矣，爲周公告王之言；咸戒于王，爲周公盡以告王。王氏之言亦然。其説於經意無相聯屬。不如蘇氏曰……而陳少南（鵬飛）之説尤爲詳明，曰：『「周公若曰」而下，帥群臣之辭也；「用咸戒于王曰」而下，群臣進戒之辭也。』」（全解卷三五，頁三—四。）

王左右常伯、常任、準人、綴衣、虎賁。

**【佚文】**（四五八）「常伯，庶官之長，所謂在位者也。常任，任事之臣，所謂在職者也。準人，非伯非任，而君取之以爲準平者也。」（或問卷下，頁四五；全解卷三五，頁四；夏解卷二二，頁二〇。）

【評】（二三三〇）宋林之奇曰：「薛博士因王氏之言，以爲常伯，三公、三孤之類；常任，六卿之類；準人，師氏、保氏之類（薛博士，蓋指薛季宣，薛説略見於書古文訓卷十二，頁一）。……其説皆不如蘇氏。蘇氏曰：『牧民之長曰常伯，任事之公卿曰常任，守法之有司曰準人。』蓋下文所謂『宅乃事』，即此常任也；『宅乃牧』，即此常伯也；『宅乃準』，即此準人也。此以爲『伯』，而下文以爲『牧』，則以『伯』爲『牧民之長』，宜矣。王氏以『伯』爲『庶官之長』，而下文之『牧』，則以爲『庶官之率』，以『牧』訓『率』，無是理也。」（全解卷三五，頁四—五。）

【評】（二三三一）宋陳大猷曰：「曰：王説如何？曰：王説大概鶻突不明。以『常伯』爲『庶官之長』，則是六卿也；然『常任』又以爲『任事之人』，未知於六卿之外所指何官。以君所準者爲人，亦難以定其爲何職也。孫氏常伯、常任同王説。……葉氏……『準人』則以爲『師氏』之類，蓋其意與王氏同。然君之所準，固在公卿，乃捨之何歟？張氏以『準』爲『公孤』，蓋亦推王氏之意耳。然公孤，職之至尊，乃言於『三宅』之末，則不倫矣！」（或問卷下，頁四五。）

【陳補】「綴衣，舉内侍之類。虎賁，舉外衛之類。職微且衆，而與三宅同戒者，以其近王也。」（陳傳卷十，頁二一一。）

古之人迪惟有夏，乃有室大競，籲俊尊上帝，迪知忱恂于九德之行。

【陳補】「無競惟人，惟得人爲能競。」（陳傳卷十，頁二一一。）

【佚文】（四五九）「籲俊之道，在乎迪知忱恂于九德之行。」（輯纂卷五，頁四三；陳傳卷十，頁二一二。）

宅乃事，宅乃牧，宅乃準。……茲乃三宅無義民。桀德，惟乃弗作往任，是惟暴德，罔後。亦越成湯陟……乃用三有宅，克即宅；曰三有俊，克即俊。嚴惟丕式，克用三宅三俊。

【佚文】（四六〇）牧，庶官之率也。（全解卷三五，頁五。）

【評】（二三三二）宋林之奇評，已見佚文第四五八條下評。

【佚文】（四六一）「三宅，居常伯、常任、準人之位者。三俊，有常伯、常任、準人之才者。」（纂傳卷三五，頁二一—二三；全解卷三五，頁八、十；陳傳卷十，頁二一三。）

【評】（二三三三）宋林之奇曰：「王氏所分，不甚明白。書既有『五流五宅三居』，則以『三宅』爲去罪人，先儒之説爲勝。然以正直、剛、柔爲三俊，則非也。三者，事也、牧也、準也，此三者皆以俊才宅之，故曰『三俊』。……蓋『三宅』當從先儒，而『三俊』當從王氏。」（全解卷三五，頁八。）

**【佚文】**（四六二）「既三宅無義民，則任是官者皆暴德之人，所以至於罔後也。」（全解卷三五，頁十。）

**【佚文】**（四六三）「克即者，言湯所用皆能就其事，所稱皆能就其才。嚴惟丕式者，言其於三宅三俊之所言所行，思之而不敢慢，式之而不敢忽也。夫如此，故能用三宅三俊。」（全解卷三五，頁十一。）

**【陳補】**「尊賢則内可與之正心修身，外可與之立政立事，孟子言『存其心，養其性，所以事天』，此言正心修身以事天也。皋陶言典禮刑賞皆法於天，此言立政立事以事天也。所率以事天者皆天下俊民，所以尊上帝。」（陳傳卷十，頁二一一—二一二。）

**【陳補】**「宅者，居而安之之謂也。」（陳傳卷十，頁二一二。）

帝欽罰之。

**【陳補】**「天之罰之非遽而易之也，故曰欽。」（陳傳卷十，頁二一三。）

桀德……其在受德暋，惟羞刑暴德之人同于厥邦。

**【佚文】**（四六四）「羞，進也；有『崇尚』之意。桀、紂所用非人，皆本於身有惡德，故曰『桀德』、『受德』者，推本言之也。」（輯纂卷五，頁四四；陳傳卷十，頁二十三；纂傳卷三五，頁三；大全卷九，頁二四；書傳彙纂卷十八，頁八。）

奄甸萬姓。

**【佚文】**（四六五）「井牧其地，什伍其民。」（全解卷三五，頁十一。）

文王、武王，克知三有宅心，灼見三有俊心。

**【佚文】**（四六六）「三宅，已授之以位，已任之以事，故不可以不知其心。若三有俊，則灼見之足矣。」（全解卷三五，頁十三。）

**【評】**（二三四）宋林之奇曰：「其意謂三俊未至於三宅之已在位，灼見未至於克知之爲詳。先儒之分三宅、三俊異於王氏，故唐孔氏因之，則曰『賢者難識，故特言「灼見」，言其知之審也』。」（全解卷三五，頁十三。）

虎賁、綴衣、趣馬、小尹，左右攜僕，百司、庶府。

**【佚文】**（四六七）「（小尹）小官之正也。」（全解卷三五，頁十五。）

**【佚文】**（四六八）「百司，若司裘、司服之類。庶府，若泉府、玉府之類。」（纂傳卷三五，頁四；全解卷三五，頁十五；陳傳卷十，頁二四。）

**【陳補】**「此内廷小臣。」（陳傳卷十，頁二四。）

**【陳補】**「前言綴衣、虎賁，此言虎賁、綴衣，亦與序三宅同意。」（陳傳卷十，頁二四。）

大都、小伯、藝人、表臣、百司，太史、尹伯、庶常吉士，司徒、司馬、司空、亞旅，夷微、盧烝、三亳、阪尹。

**【佚文】**（四六九）「『大都』而下，爲都邑之官。『司徒』而下，爲諸侯之官。」（全解卷三五，頁十五。）

**【陳補】**「司徒、司馬、司空，諸侯之三卿也。」（陳傳卷十，頁二五。）

庶獄、庶慎，文王罔敢知于兹。

**【佚文】**（四七〇）「君道以擇人爲職，上必無爲而用天下，下必有爲而爲天下用，此君臣之分也。」（輯纂卷五，頁四六；陳傳卷十，頁二六；纂疏卷五，頁四四；大全卷九，頁二九；書傳彙纂卷十八，頁十六。）

亦越武王，率惟敉功。不敢替厥義德；率惟謀從容德。

【佚文】（四七一）「言『義』則知『容』之爲仁，言『容』則知『義』之爲忍。」（全解卷三六，頁三八。）

【評】（二三五）宋林之奇曰：「楊龜山辯之曰：『人，人之安宅也；義，人之正路也。大人之事，居仁由義是也。二者不可偏廢。夫有不忍人之心者，仁也，以爲「義忍」，則正與仁相反矣，無是理也。』此言深有補於名教，蓋忍者，先儒以爲『含忍』是也。」（全解卷三六，頁三九。）

告嗣天子王矣！……孺子王矣！

【佚文】（四七二）「言其繼上帝則曰『天子』，言其繼先王則曰『孺子』。周公之視成王，尊則君，親則兄之子。」（全解卷三五，頁二十。）

【評】（二三六）宋林之奇曰：「此非也。前言『嗣天子王矣』者，周公率群臣進戒而贊之言也；贊群臣之言，不得不曰『天子』，非有尊、親之辨也。」（全解卷三五，頁二十。）

相我受民。

**【佚文】**（四七三）「受民者，王者之得民，上受之於天，下受之於先王。」（纂傳卷三五，頁五；全解卷三五，頁二一；陳傳卷十，頁二七。）

自一話一言。我則末惟成德之彦，以乂我受民。

**【佚文】**（四七四）「話即言也，謂一話一言無不在賢者也。」（纂傳卷三五，頁六。）

**【佚文】**（四七五）「一話，言一事之始終也；一言，一句而已。」（輯纂卷五，頁四七；纂疏卷五，頁四五；大全卷九，頁三二。）

繼自今，文子文孫，其勿誤于庶獄、庶慎，惟正是乂之。

**【佚文】**（四七六）「守成則無所用武，曰『文子文孫』者，謂成王也。成王，武王之文子、文王之文孫也。」（全解卷三五，頁二三；陳傳卷十，頁二九。）

**【佚文】**（四七七）「（惟正是乂之，）正一而不可變，是變而不可常；守正所以立本，從是所以趨時。」（全解卷三五，頁二三。）

**【評】**（二三七）宋林之奇曰：「楊龜山辯之，以爲『是』與『則具是、依是違』之『是』同。而陳少南之説，尤爲簡易可用，曰：『惟正是乂之』者，伸前『末惟成德之彦，以乂我受民』之言也。乂民之術非他也，正仰此成德之美士也。」（全解卷三五，頁二三三。）

常伯、常任、準人。……宅乃事，宅乃牧，宅乃準。……任人、準夫、牧，作三事。……立事、準人、牧夫。……立事、牧夫、準人。

【佚文】（四七八）「此篇屢言『三宅』，而先後之序不同者，官使之際皆當致謹，初無一定之先後也。」（輯纂卷五，頁四五；陳傳卷十，頁二一四；纂疏卷五，頁四三；大全卷九，頁二一七。）

克由繹之。

【陳補】「繹如繹絲，謂窮其端緒。」（陳傳卷十，頁二一八。）

罔有立政用憸人。

【陳補】「憸人，小有才而不知先王之大道者也。」（陳傳卷十，頁二一八。）

今文子文孫……其勿誤于庶獄，惟有司之牧夫。

**【佚文】**（四七九）「獄者政之終，牧者官之長；政舉其終，官舉其長，則無不舉矣。」（輯纂卷五，頁四八；大全卷九，頁三三五；集解卷十一，頁六三二。）

休兹，知恤鮮哉！……兹式有慎，以列用中罰。

**【佚文】**（四八〇）「立政之意，始於『知恤』，而終於『用中罰』者，蓋知人而官，使之上下小大各任其職；不迪者，糾之以法。政之所以立也。」（全解卷三五，頁二二六。）

**【評】**（二三三八）宋林之奇曰：「王氏此言，蓋爲新法地爾。」（全解卷三五，頁二二六—二二七。）

# 尚書新義　卷十一

## 周書

### 周官第二十二

六服群辟，罔不承德。

**【佚文】**（四八一）「近中國之夷狄承德，則國家閒暇，可以脩政刑之時。」（全解卷三六，頁五。）

**【評】**（二三九）宋林之奇曰：「此言『六』者，王氏以爲近中國之夷狄，意謂并『蠻服』數之。唐孔氏亦以『六服』不數夷、鎮、藩，與之同。……周之王畿，在九服之外，不名曰『服』，安得謂之『六服』乎？觀大行人載『侯服歲一見』，自此降殺至于『要服，六歲一見』；要服即蠻服也。……至于夷服、鎮服，蕃服，則總言曰『九州之外，謂之蕃國，世一見』，正此所謂『六服』，蓋指九州之内也。王氏……蓋强爲之説。」（全解卷三六，頁四—五。）

立太師、太傅、太保，兹惟三公。論道經邦，燮理陰陽。……少師、少傅、少保，曰三孤。貳公弘化，寅亮天地，弼予一人。

【佚文】（四八二）「師道嚴，傅道親，保則尤親；尤親則幾於褻而不嚴。故師尊於傅，傅尊於保。」（全解卷三六，頁九。）

【評】（二四〇）宋林之奇曰：「此蓋强以其尊卑之等而爲之説。觀此篇自『冢宰』以下各有所掌，其職不同，而於三公同曰『論道經邦，燮理陰陽』，於三孤同曰『貳公弘化，寅亮天地，弼予一人』，則其職無有異，安得以其名有尊、親之義，以分其差等哉？漢表曰：『太師、太傅、太保，是爲三公。』蓋參天子坐而議政，無不總統，故不以一職爲官名。既謂不以一職爲官名，則安得以其名而區别之哉？」（全解卷三六，頁九—十。）

【佚文】（四八三）「號曰『公』者，『容』乃『公』之謂。大臣之義，當特立而無朋，故曰『孤』。」（全解卷三六，頁十一。）

【評】（二四一）宋林之奇曰：「此亦緣名以生義。夫天子之臣，其上爲公，其次爲孤，其次又爲卿，其次又爲大夫，其次又爲士，亦猶五等諸侯，曰公曰侯曰伯曰子曰男，皆假其名以別之，不必求其義也。後世於九州、十二牧之類，皆求其義於名，非也。」（全解卷三六，頁十一。）

【佚文】（四八四）「貳，副也。」（纂傳卷三六，頁三。）

【佚文】（四八五）「化待道而後立，天地待陰陽而後立。論道而不諭，然後弼。本在於上，末在於下，故公論道，孤洪化；公燮理陰陽，孤寅亮天地；公論於前，孤弼於後。」（全解卷三六，頁十一；陳傳卷十一，頁三；或問卷下，頁四六。）

【評】（二四二）宋林之奇曰：「此意謂三孤之職不若三公。果如是説，則以陰陽爲本，以天地爲末，可乎？以此一節觀之，則其説皆鑿矣。」（全解卷三六，頁十一。）

【評】（二四三）宋陳大猷曰：「或問：王氏謂……林氏謂其鑿，如何？曰：荆公穿鑿固多，至其的確處，不可例以爲鑿而棄之。林氏多闢王氏，其疏暢條達處誠佳，然懲創之過，率略處，閒亦不免，此類是也。不可不知。」（或問卷下，頁四六。）

【陳補】「老子曰『公乃王』，公與王同德。」（陳傳卷十一，頁三。）

冢宰掌邦治，統百官，均四海。

【佚文】（四八六）「爲其以賦式理財爲職，故曰『均』。」（全解卷三六，頁十四。）

**【佚文】**（四八七）「周官一書，理財居其半，故以理財爲冢宰之職。」（全解卷三六，頁十四。）

**【評】**（二四四）宋林之奇曰：「均四海者，先儒曰『均平四海之内邦國』，是也；周官亦曰『以佐王均邦國』，而王氏曰：『……』夫九賦斂財賄，九式均節財用。此特其一事而已。若夫均四海，則所言者，大非指此也。王氏謂：『……』王氏置『制置三司條例』，議者皆譏其以天子之宰相而下行有司之事。此言蓋自爲地爾。」（全解卷三六，頁十四。）

**【陳補】**「均者，遠近多寡各得其分之謂。」（陳傳卷十一，頁四。）

司徒掌邦教，敷五典，擾兆民。

**【佚文】**（四八八）「善教者，浹於民心而耳目無聞焉，似道擾民者也。不善教者，施于民之耳目而求浹於心，以道强民者也。擾之爲言，猶山藪之擾毛羽，川澤之擾鱗介也，豈有制哉？自然焉爾[一]！强之爲言，其猶囿毛羽、沼鱗介乎？一失其制，脱然逝矣！」（尚書日記卷十四，頁四四—四五；尚書埤傳卷十四，頁五；書傳彙纂卷十八，頁三六。）

**【陳補】**「四民無教則强闇而不順，教所以擾之使順也。」（陳傳卷十一，頁四。）

[一]「焉」，尚書日記、書傳彙纂作「然」，此處據尚書埤傳引文。

六年，五服一朝。又六年，王乃時巡，考制度于四岳。

【佚文】（四八九）「每一歲一服入見，五服有一年休息。又六年五服兩朝，然後王一巡狩，殷國也。」（纂疏卷六，頁四；陳傳卷十一，頁五；大全卷九，頁四八；尚書埤傳卷十四，頁八。）

愼乃出令，令出惟行，弗惟反。

【佚文】（四九〇）「令出而反，民輕上而不信令矣。然必謹出令，不至於反。」（輯纂卷六，頁五；大全卷九，頁四九。）

【評】（二四五）宋蘇軾曰：「令出不善，知而改之，猶賢于不反也。然數出數改，則民不復信，上雖有善令，不行矣。故教以善令，非教其遂非也。」（東坡書傳卷十六，頁十二；陳傳卷十一，頁六。）

以公滅私，民其允懷。學古入官，議事以制，政乃不迷，其爾典常作之師。

【陳補】「學古入官，議事以時王之制，則政識所向而不迷矣，然而當務以典常爲師。」（陳傳卷十一，頁六。）

【評】（二四六）宋蘇軾曰：「春秋傳曰：鄭子産鑄刑書，晉叔向譏之曰：『昔先王議事以制，不爲刑辟。』其言蓋取諸此也。先王人、法並任，而任人爲多，故律設大法而已，其輕重之詳，則付之人；臨事而議，以制其出入，故刑簡而政清。自唐以前，治罪科條，止于今律令而已。人之所犯，日變無窮，而律令有限；以有限治無窮，不聞其有所闕，豈非人、法兼行，吏猶得臨事而議乎？今律令之外，科條數萬，而不足于用，有司請立新法者，日益而不已。嗚呼！任法之弊，一至于此哉！」（東坡書傳卷十六，頁十二。）

【評】（二四七）元陳櫟曰：「成王訓官，以學勉之，以不學戒之。學古而後入官，則當官議事必能以古制裁酌之，庶酌古通今而政不迷矣。然世亦有好古而至於好異者，如荆公是也。……」（纂疏卷六，頁五。）

蓄疑敗謀。

【評】（二四八）宋蘇軾曰：「人主聞讒言不即辨而藏之中，曰『蓄疑敗謀』，害政無大于此者。」（東坡書傳卷十六，頁十三。）

戒爾卿士。

【佚文】（四九一）「卿士職業異於士大夫，故别爲之戒。」（全解卷三六，頁二一。）

功崇惟志，業廣惟勤，惟克果斷，乃罔後艱。

【佚文】（四九二）「功以智崇[一]，業以仁廣，斷以勇克，此三者，天下之達道也。」（蔡傳卷六，總頁一二三；陳傳卷十一，頁七。）

【評】（二四九）明王樵曰：「『王氏智仁勇之説，似非本意。』」（尚書日記卷十四，頁五六。）

【陳補】「周公思兼三王，所謂志也。夜以繼日，所謂勤也。」（陳傳卷十一，頁七。）

位不期驕，禄不期侈。

【陳補】「功業既成，則戒於驕侈。」（陳傳卷十一，頁七。）

無載爾僞。

【佚文】（四九三）「人爲之謂僞。」（考古質疑卷三，頁十六。）

作德心逸日休，作僞心勞日拙。

[一]「智」，原作「志」，涉經文誤，據輯纂本卷六，頁五改。

【陳補】「心雖逸而德日起，所以爲休。心雖勞而僞日彰，所以爲拙。」（陳傳卷十一，頁八。）

推賢讓能，庶官乃和；不和，政厖。舉能其官。惟爾之能；稱匪其人，惟爾不任。

【佚文】（四九四）「道二，義、利而已。推賢讓能，所以爲義。大臣出於義，則莫不出於義，此庶官所以不争而和。蔽賢害能，所以爲利。大臣出於利，則莫不出於利，此庶官所以争而不和。庶官不和，則政必雜亂而不理矣。稱亦舉也。所舉之人，能修其官，是亦爾之所能。舉非其人，是亦爾不勝任。古者大臣以人事君，其責蓋如此〔一〕。」（蔡傳卷六，總頁一二二；纂傳卷三六，頁六。）

阜成兆民。……永康兆民，萬邦惟無斁。

【佚文】（四九五）「天之所以立君，君之所以設官分職者，凡以安民而已。民永安，則萬邦戴上，無厭斁矣。」（陳傳卷十一，頁八；書傳會選卷六，頁七。）

〔一〕「蓋」，據纂傳引補。

尚書周官篇通義。

【佚文】（四九六）全篇文意皆相續。（全解卷三六，頁二二五。）

【評】（二二五〇）宋林之奇曰：「……予竊謂成王之言，是亦散而不一，一言一藥皆足以治天下之公患。而王氏之説，以其文意相續，雖其説之不至於此者，亦求其所以爲説，殊不知其言散而不一也。」（全解卷三六，頁二二五—二二六。）

〔附〕汨作、亳姑等逸篇通義

【評】（二二五一）宋林之奇曰：「王氏解經，善爲鑿説，凡義理所不通者，必曲爲鑿説以通之，其閒如占夢教射者常矣，而於逸書未嘗措一辭，皆闕而不論，此又王氏之所長，而爲近世法者也。」（全解卷三，頁二二六。）

## 君陳第二十三

命汝尹兹東郊。

**【佚文】**（四九七）「尹，即所謂『分正』也。」（纂傳卷三七，頁一。）

至治馨香，感于神明。

**【佚文】**（四九八）「言『神』則知『明』之爲人，言『明』則知『神』之爲幽。」（全解卷三六，頁三一。）

**【評】**（二五二）宋林之奇曰：「成王言此者，蓋謂君陳欲商民之感慕，惟在於德；德之馨香，可以感于神明，豈商民之難化哉？王氏之説，分『神』、『明』爲二。……觀楊子曰『心之潛也，天地神明猶將測之，而況於人乎？況於事倫乎』？此言『神明』而又言『人』，則不當分爲二也。」（全解卷三六，頁三一。）

昔周公師保萬民……爾其戒哉！

**【佚文】**（四九九）「此章教君陳法周公修德。」（纂傳卷三七，頁二。）

爾有嘉謀嘉猷，則入告爾后于内。

**【佚文】**（五〇〇）「議而決之謂之『謀』，擬而圖之謂之『猷』。」（夏解卷二三，頁六。）

【評】（二五三）宋夏僎曰：「此蓋因其有『謀』、『猷』之别，故從而爲之説。要之，謀猷總是議論也。」（夏解卷二三，頁六。）

爾惟風，下民惟草……臣人咸若時，惟良顯哉！

【佚文】（五〇一）「良，言其善；顯，言其善之昭著也。」（纂傳卷三七，頁三。）

【佚文】（五〇二）「此章教君陳以爲政。」（纂傳卷三七，頁二。）

懋昭……式……猷訓……弘……丕訓。

【佚文】（五〇三）懋昭、式、弘三者有異同，猷訓、丕訓二者亦有異同。（全解卷三六，頁三五。）

【評】（二五四）宋林之奇曰：「成王之於君陳，其意亦以守周公之舊而不少變望之，故其言諄諄如此。或曰『懋昭』，或曰『式』，或曰『弘』，或曰『猷訓』，或曰『丕訓』：其實一也。王氏皆從而爲之辨其異同，寧能免於鑿乎？」（全解卷三六，頁三五。）

王曰：「君陳！爾惟弘周公丕訓……以率其或不良。」

【佚文】（五〇四）「此剛柔相濟、仁義並行之道。忍，所以爲義，故能濟；容，所以爲仁，故能大。」（全解卷三六，頁三八。）

【陳補】「此下告以政之節目也。廣而大之之謂弘。」（陳傳卷十一，頁十二。）

【評】（二五五）宋蘇軾曰：「有殘忍之忍，有容忍之忍，春秋傳曰『州吁阻兵而安忍』，此殘忍之忍；孔子曰『小不忍則亂大謀』，此容忍之忍也。古今語皆然，不可亂也。成王指言三細不宥，則其餘皆當宥之，曰『必有忍其乃有濟』者，正孔子所戒小不忍則亂大謀者也。而近世學者乃謂當斷不可以不忍，忍所以爲義。是成王教君陳果于刑殺，以殘忍爲義也。夫不忍人之心，人之本心也。故古者以不忍勸人，以容忍勸人也，則有之矣，未有以殘忍勸人者也。不仁之禍，至六經而止，今乃析言誣經，以助發之，予不可以不論。」（東坡書傳卷十六，頁十七。）

【評】（二五六）宋林之奇曰：「蓋王氏之解經，多以『忍』爲『義』，亦多以『仁』、『義』對説，如今立政篇『容德』、『義德』，亦曰：『……』（已見立政篇，佚文第四七一條。）故龜山辯之曰：『……』（已見立政篇，佚文第四七一條下評。）蘇氏曰：『……』（參上條蘇氏評）此蓋指王氏以爲言，如以『忍』爲『義』，此申、韓之言，豈六經之訓哉？」（全解卷三六，頁三八—三九。）

**【佚文】**（五〇五）「修，謂其職業。良，謂其行義。職業有修與不修，當簡而別之，則人勸功。進行義之良者，以率其不良，則人勵行。」（蔡傳卷六，總頁一二三。）

**【佚文】**（五〇六）「此章告以政之節目。」（纂傳卷三七，頁三。）

惟民生厚……終有辭於永世。

**【佚文】**（五〇七）「末章又歸於修德。」（纂傳卷三七，頁四。）

## 顧命第二十四

昔君文王、武王宣重光，奠麗陳教，則肄肄不違，用克達殷集大命。

**【陳補】**「易曰『重明麗乎正，乃化成天下』，宣重光所謂重明也，奠麗所謂麗乎正也，陳教所謂化成天下也。」（陳傳卷十一，頁十六。）

出綴衣于庭。

**【佚文】**（五〇八）「綴衣，其衣連綴，帷幄之屬，在旁曰『帷』，在上曰『幕』，四合象宮室曰

『幄』。幄上承塵曰『帟』。庭，路寢之庭。」（輯纂卷六，頁十二；書蔡氏傳旁通卷六上，頁十四；大全卷九，頁六九。）

逆子釗於南門之外。

【佚文】（五〇九）「稱『子』者，所以正名，明父、子繼世之義；稱『名』，未成君也。王宮南向；南門，王宮之外門也。」（輯纂卷六，頁十三；纂疏卷六，頁十二；大全卷九，頁七十；書傳彙纂卷十九，頁二四。）

丁卯，命作册度。

【佚文】（五一〇）「喪禮：厥明而小斂，又厥明而大斂，尊卑皆同。丁卯，大斂後也。」（纂傳卷三八，頁四；書傳彙纂卷十九，頁二五。）

「狄設黼扆、綴衣」至「次輅在右塾之前」。

【佚文】（五一一）「（「越玉五重」至「垂之竹矢在東房」，）宗社守器，明前王所守、後王所受，皆在是也。」（輯纂卷六，頁十四；大全卷九，頁七四；書傳彙纂卷十九，頁三十。）

【佚文】（五一二）「先輅爲木輅，次輅爲革輅、象輅。謂其行也，貴者宜自近，賤者宜遠之。王乘玉輅，綴之以金；最遠者木，故木輅謂之先輅。」（全解卷三七，頁二十。）

【評】（二五七）宋林之奇曰：「木輅最爲五輅之下，而以爲先，故其説不免於鑿也。」（全解卷三七，頁二十。）

【佚文】（五一三）所設之物、所陳之器，在左在右，或東或西，於房於序，各皆有其義。如赤刀、大訓、弘璧、琬、琰在西序者，「在西則有取於義」，西序爲「脩德之序」。大玉、夷玉、天球、河圖在東序者，「在東則有取於仁」，東序爲「爲道之序」。「周之典籍缺矣，其指有不可知者。」（全解卷三七，頁二二—二三。）

【評】（二五八）宋林之奇曰：「王氏之解此篇，以爲所設之物、所陳之器，皆有其義。以至或在左、或在右、或在東、或在西、或在房、或在序，皆義之所寓。其説之鑿，莫此爲甚！如果有其義，則惠之立于畢門，戈之夾兩階戺，皆當有其義也，王氏何爲闕之哉？王氏謂『周之典籍缺矣，其指有不可知者』。蓋可以傅會爲之説，則以爲有其義；不可以傅會爲之説者，則闕之也。夫古先王之制器物，以行其禮儀，豈茫茫然無有意指寓於其間哉？如左傳曰：『清廟茅屋，大路越席，大羹不致，粢食不鑿，昭其儉也。』……若謂『在東則有取於仁，在西則有取於義』，以至有『爲道之序』，有『脩德之序』，牽合破碎，以求配於仁義道德，必非先王之本意也。」（全解卷三七，頁二二二—二二三。）

越玉五重，陳寶，赤刀、大訓、弘璧、琬琰在西序，大玉、夷玉、天球、河圖在東序，胤之舞衣、大貝、鼖鼓在西房，兑之戈、和之弓、垂之竹矢在東房。

【陳補】玉，所以象德也。大訓、河圖，道之所在也。赤刀、鼖鼓、弓矢，武事之所用也。舞衣，樂之具也。大貝，利之盡也。（陳傳卷十一，頁二二三。）

太保承介圭，上宗奉同瑁，由阼階隮，太史秉書由賓階隮。

【陳補】「同，以祭先王。」（陳傳卷十一，頁二二四。）

【陳補】「三者皆傳器也。」（陳傳卷十一，頁二二四。）

太保……授宗人同；拜，王答拜。太保受同，祭、嚌、宅。授宗人同；拜，王答拜。

【佚文】（五一四）「（答拜，）因太保拜而對拜。」（纂疏卷六，頁十六。）

【評】（二五九）元陳櫟曰：「……紛紛揣度，要之，王答召公拜，何疑焉？……冢宰以元老大臣受託孤重寄，先王臨之在上，先之拜告，傳顧命；繼之拜告，禮成。康王爲喪主，立柩前，其答拜，禮亦宜之。冢宰傳顧命以相授，見大臣如見先王也。答其拜，敬大臣，即所以敬先王也。何必如諸説之紛紛迴護哉！」（纂疏卷六，頁十六。）

## 康王之誥第二十五

太保率西方諸侯，入應門左；畢公率東方諸侯，入應門右。

【佚文】（五一五）「東方宜由左而入右，西方宜由右而入左。以明人臣事君，莫敢固，有其所以自便。」（全解卷三七，頁三三二。）

【評】（二六〇）宋林之奇曰：「此非也。案：曲禮曰：『主人入門而右，客入門而左。主人就東階，客就西階。』惟主人之就東階，而其入自門之右，則東方之入應門右，乃其所也。惟客之就西階，而其入自門之左，則西方之人應門左，亦其所也。何必又爲之説哉！」（全解卷三七，頁三三二。）

皆布乘黄朱。

【佚文】（五一六）黄爲臣道，朱爲君，從人以變。（全解卷三七，頁三三二。）

皇天改大邦殷之命。

【陳補】「言大邦殷，見天命不足恃。」（陳傳卷十一，頁二七。）

惟周文、武，誕受羑若，克恤西土。

【佚文】（五一七）「文、武所以誕受天命者，以其羑而無惡，若而無逆。無逆、惡，所以能愛人，故克恤西土。」（夏解卷二三，頁三四。）

惟新陟王，畢協賞罰。

【佚文】（五一八）「古以『升遐』爲『陟』，時成王未謚，故稱『新陟王』。」（纂傳卷三九，頁二；陳傳卷十一，頁二七。）

昔君文、武，丕平富，不務咎，厎至齊信。

【佚文】（五一九）「厎至，致其至也。大學之道，物格而後知至。蓋窮理之事，言極其窮理之妙也。」（夏解卷二三，頁三七。）

【評】（二六一）宋夏僎曰：「張彥政（綱）推廣其意，謂『厎至，致至也』；致至所以窮理。齊信，致一也；致一所以盡性』。此又因王氏之説而强加牽合，未爲切當。蓋『齊』者，聖人肅敬之德也；『信』者，聖人誠慤之德也。文、武於『齊信』之德，能致其所至，蓋極其至也。」（夏解卷二三，頁三七。）

太保暨芮伯咸進，相揖，皆再拜稽首。……群公既皆聽命，相揖，趨出。

【佚文】（五二〇）「（相揖者，）爲儐禮之人。言二公率諸侯百官咸進，相于是乎揖之。乃又再拜稽首，蓋致敬將以進戒也。」（夏解卷二三，頁三三。）

【佚文】（五二一）相爲「儐相」之「相」。「既進，相者揖之，乃拜。既受命，相者又揖之，乃出」。（輯纂卷六，頁十九載董琮説引；纂疏卷六，頁十八。）

【評】（二六二）宋夏僎曰：「先儒皆以『相揖』爲『相顧而揖』，謂太保揖群臣，群臣又報揖太保；蓋揖之使之俱進。然經言『咸進相揖』，則非揖使俱進，明矣。又篇末言『相揖趨出』，則既進之後，相者揖之，乃拜；既受命之後，相者揖之，乃趨出。于經文既安，于禮亦宜也。」（夏解卷二三，頁三三一三四。）

# 尚書新義　卷十二

## 周書

### 畢命第二十六

王朝步自宗周，至于豐，以成周之衆，命畢公保釐東郊。

【佚文】（五二二）書稱周公，曰「師保萬民」；見君陳篇。命君陳，曰「尹兹東郊」；命畢公，曰「保釐東郊」：義各有殊。王告以天命使之宅爾邑，繼爾居，以爲師保；簡厥修，進厥良，爲尹；表厥宅里，殊厥井疆，爲保釐。（全解卷三八，頁三。）

【評】（二六三）宋林之奇曰：「王氏之説……皆鮠𫜦不安，强生分别，自可以彼此移易也。」（全解卷三八，頁三。）

王若曰：「嗚呼！父師！」

**【佚文】**（五二二三）「畢公同姓，故稱『父』；爲太師，故稱『師』。稱父、師而不名，尊之也。」（纂傳卷四十頁二。）

遷于洛邑，密邇王室。

**【陳補】**「遷王室，周德化易以漸染，聰明易以檢察，威重易以鎮服。」（陳傳卷十一，頁三一。）

道有升降，政由俗革，不臧厥臧，民罔攸勸。

**【佚文】**（五二二四）「道有升降，故俗有厚薄；俗有厚薄，故政隨而革。今商俗已異於前，不善其善者，則民無所勸而爲善。」（陳傳卷十一，頁三一；纂傳卷四十，頁二。）

彰善癉惡，樹之風聲。

**【佚文】**（五二二五）「癉，病也。先王之政，不獨慶賞刑威而已，所以沮勸之術，尤在於榮辱。彰善癉惡，使民知是非榮辱之所在也。」（纂傳卷四十，頁三；書傳彙纂卷二十，頁十六。）

**【佚文】**（五二二六）「彰善者而著之，則惡者恥其不若，然則惡者病矣。使人有所感動曰『風』，使人有所聽聞曰『聲』。」（輯纂卷六，頁二一；纂疏卷六，頁二十；大全卷十，頁六。）

商俗靡靡，利口惟賢，餘風未殄。公其念哉！

【評】（二六四）宋蘇軾曰：「予以書考之，知商俗似秦俗；蓋二世似紂也。張釋之諫文帝：『秦以任刀筆之吏，争以亟疾苛察相高，其弊徒文具，無惻隱之實，以故不聞其過。陵夷至于二世，天下土崩。今以嗇夫口辯而超遷之，臣恐天下隨風而靡，争爲口辯，而無其實。』文略見史記卷一〇二張釋之馮唐列傳。凡釋之所論，則康王以告畢公者也。」（東坡書傳卷十八，頁二。）

以蕩陵德，實悖天道。敝化奢麗，萬世同流。

【評】（二六五）宋蘇軾曰：「惟惡能及遠，故秦之俗至今猶在也。」（東坡書傳卷十八，頁三。）

公其惟時成周，建無窮之基。

【佚文】（五二七）「文王都豐，武王都鎬，成王始宅洛邑；成周，又洛邑之東郊也。」（書傳會選卷六，頁二七；參多士篇尚書小序下，已見佚文第四二五條。）

建無窮之基，亦有無窮之聞。

【佚文】（五二八）二句，以「極高明，道中庸」、「制行不以己，吉凶與民同」解，得其義。（全解卷三八，頁十六。）

## 君牙第二十七

弘敷五典，式和民則。

【佚文】（五二九）「『天生蒸民，有物有則』，所謂『民則』者，此也。」（全解卷三八，頁二十。）

【評】（二六六）宋林之奇曰：「是也。楊龜山曰：『孟子曰「有物必有則」，蓋曰有物矣，則物各有則焉。近取諸身，百骸五臟，達之於君臣、父子、夫婦、長幼、朋友，皆物也，而各有則。視聽言動，必由禮焉，此一身之則也。爲君而止於仁，爲臣而止於忠，爲父而止於慈，爲子而止於孝，此君臣、父子之則也。夫婦有別，長幼有序，朋友有信，此夫婦、長幼、朋友之則也。』所謂五典之民則者，此言盡之矣。」（全解卷三八，頁二十。）

丕顯哉！文王謨。丕承哉！武王烈。

**【佚文】**（五三〇）「（丕者，）積小成大。」（全解卷三八，頁二二三。）

**【評】**（二六七）宋林之奇曰：「王氏……蓋以楊子曰『由小致大，不亦丕乎』故也。」（全解卷三八，頁二二三。）

**【佚文】**（五三一）「聖人所以爲謨、烈，亦敷五典之教，以和五品之民。」（全解卷三八，頁二二三。）

**【評】**（二六八）宋林之奇曰：「此言『文、武、謨、烈』，蓋欲君牙洪敷五典，以奉順之也。王氏則以謂：『……』殊不知『謨、烈』者，但指伐商之事，楊龜山已辨之矣。」（全解卷三八，頁二二三—二二四。）

## 冏命第二十八

伯冏，惟予弗克于德，嗣先人宅丕后，怵惕惟厲，中夜以興，思免厥愆。

**【陳補】**「人主流於邪僻而不自知者，由所與居者非其人。則思勉厥愆在謹擇左右近習，故穆王先言此。」（陳傳卷十二，頁四。）

發號施令，罔有不臧。

**【佚文】**（五三二）「發之以爲『警』，戒之謂『號』，施之以爲『法』，守之謂『令』。」（陳傳卷十二，頁四；纂傳卷四二頁二；書傳彙纂卷二十，頁三五。）

其侍御僕從，罔匪正人。……永弼乃后于彝憲。

**【佚文】**（五三三）「近習之臣，不患其不能將順而莫之承，惟患其不能正救而莫之弼。故在先王，則稱其『承弼』；在己，則責之以『永弼』，而不及於『承』焉。」（輯纂卷六，頁二七；纂傳卷四二，頁三；纂疏卷六，頁二六；大全卷十，頁二一；書傳彙纂卷二十，頁四一。）

## 呂刑第二十九

呂刑篇名。

**【佚文】**（五三四）「此書穆王之言，而名『呂刑』者，呂侯爲主司寇，王使之參定贖刑，新制刑書已具，王乃推作刑本意，以訓群后，故以『呂刑』名之。」（纂傳卷四三，頁一。）

吕命：穆王訓夏贖刑，作吕刑。此尚書小序之全文。

【佚文】（五三五）夏，謂中國。（全解卷三九，頁三。）

【佚文】（五三六）「先王於中國，則疆以周索；於蠻夷，則疆以戎索。贖刑不施於蠻夷，施於中國而已，故曰『訓夏贖刑』。」（全解卷三九，頁三。）

【評】（二六九）宋林之奇曰：「先儒以『夏』爲『夏禹贖刑之法』，考之篇中，殊無夏禹制刑之事。……王氏以『夏』爲『中國』，其説勝於先儒。而其言又曰：『先王於中國……』此亦是緣『夏』以生義，支離至此，亦與篇内不相應。其曰『訓夏』者，猶曰『訓天下』也，不必求之大過也。」（全解卷三九，頁二—三。）

王享國百年，耄荒；度作刑以詰四方。

【佚文】（五三七）「先王之爲天下，内明而外治，其發號施令，以德教爲主，不使民覿刑辟。穆王之訓，以贖刑爲主，所以稱其『耄荒』也。」（全解卷三九，頁四。）

【評】（二七〇）宋林之奇曰：「此蓋泥於『耄荒』之言，而爲此説。夫刑罰之不可廢，猶藥石之不可無也。蓋刑者，治之輔助而已，得其道則仁義興行而禮遜成俗，然猶不敢廢刑，所以爲民防也。如舜典曰：『流宥五刑，鞭作官刑，扑作教刑，金作贖刑，眚災肆赦，怙終賊刑，欽哉欽哉，惟刑之恤哉！』……若此呂刑之言，是皆以惟刑爲恤者也。一篇之中，呂侯之稱王命以告諸侯者，蓋欲其哀矜於刑獄而已，故序曰『訓夏贖刑』，非是穆王之治專以刑爲主也。」（全解卷三九，頁四一五。）

奪攘矯虔。

【佚文】（五三八）「彊取曰奪。」（纂傳卷四三，頁二。）

【佚文】（五三九）「戕害曰虔。」（纂傳卷四三，頁二。）

皇帝哀矜庶戮之不辜。

【評】（二七一）宋汪應辰評，已見舜典篇，佚文第七一條下。

伯夷降典。

【佚文】（五四〇）「自上以敷于下，故曰『降』。」（纂傳卷四三，頁三。）

士制百姓于刑之中，以教祗德。

**【佚文】**（五四一）「刑非教也，而言『以教祇德』，蓋聖人莫非教也。刑之所加，非苟害之，亦曰歐而納之於善而已。故周官十有二教，亦曰刑教中則民猷。」（纂傳卷四三，頁三；書傳彙纂卷二一，頁十二。）

典獄非訖于威，惟訖于富。

**【佚文】**（五四二）「忍威不可訖。」（朱子語類卷七九，頁九引汪應辰張綱謚文定奏狀；朱子五經語類卷四二，頁十六引同。經義考卷八十，頁二；宋元學案補遺卷九八，頁一四五引汪氏奏狀略同。又洪蒧撰張綱行狀載華陽集卷四十，其頁十八—十九有文，汪氏所引與之略同；又見嵩山集卷一，頁三八。）

**【評】**（二七二）宋汪應辰評，已見召誥篇，佚文第四〇六條下。

敬忌，罔有擇言在身。惟克天德，自作元命，配享在下。

**【評】**（二七三）宋蘇軾曰：「修其敬畏至于口無擇言，此盛德之士也。何以貴之于典獄？曰：獄，賤事也，而聖人盡心焉。其德入人之深，動天地，感鬼神，無大于獄者，故盛德之士皆屑爲之。皋陶遠矣，莫得其詳，如漢張釋之、于定國，唐徐有功，民皆自以爲不冤，其不信之信，幾于聖與仁者，豈非口無擇言、身無擇行之人哉？若斯人者，將與天合德，子孫其必有興者，非『自作元命，配享在下』而何？漢楊賜辭廷尉之命曰：「三后成功，惟殷于民；皋陶不與焉，蓋吝之也。」書蓋以爲『惟克天德，自作元命』者，何吝之有？此俗儒妄論也。或然之，不可以不辨。」（東坡書傳卷十九，頁四—五。）

爾尚敬逆天命……雖畏勿畏，雖休勿休。

【佚文】（五四三）「雖有可畏之禍，勿以爲畏；雖有可美之福，勿以爲美。所以然者，以禍福之變無常，而人心不可知，惟當脩德以逆天命耳。」（全解卷三九，頁十七—十八。）

惟敬五刑，以成三德。

【佚文】（五四四）「當輕而輕，所以成柔德；當重而重，所以成剛德；處輕、重之中，所以成正直之德。」（纂傳卷四三，頁五。）

五罰不服，正于五過。

【佚文】（五四五）「周禮『過而未麗於法者，桎梏而坐諸嘉石，役諸司空』，此治『五過』之法，非免釋之也。」（纂傳卷四三，頁七；書傳彙纂卷二一，頁二一。）

五過之疵，惟官、惟反、惟内、惟貨、惟來。

【佚文】（五四六）「（惟官，）貴勢也。」（全解卷三九，頁二一。）

墨辟疑赦，其罰百鍰，閲實其罪。　劓辟疑赦，其罰惟倍，閲實其罪。　剕辟疑赦，其罰倍差，閲實其罪。

【佚文】（五四七）「倍差者，謂以百鍰、二百、四百相倍而爲差也。」（全解卷三九，頁二四。）

【評】（二七四）宋林之奇曰：「倍差者……漢孔氏謂『五百』……馬氏曰『差者，又加四百之三分之一，凡五百三十三鍰三分鍰之一』……不如孔氏之數簡徑。孔氏之説，又不如王氏，王氏曰：『……』則是以剕爲四百鍰。或曰『惟倍』，或曰『倍差』，駁文也。」（全解卷三九，頁二四。）

勿用不行。

【佚文】（五四八）「責人以恕，所不可行者，勿用也。莊子曰『重其任而罰不勝，遠其途而誅不至』，此皆不可行，而先王之所不用也。」（全解卷三九，頁二七。）

【評】（二七五）宋林之奇曰：「是也。漢魏尚爲雲中守，坐法免，馮唐曰：『士卒盡家人子，起田中從軍，安知尺籍伍符？上功幕府，一言不應，文吏以法繩之。』長安賈人與渾邪王市者，坐當死五百餘人，汲黯曰：『愚民安所知市買長安中，而文吏以爲闌出財物如邊關乎？』若此之類，皆是所不可行而用之也。所不可行者而用之，則民無所措手足矣！」（全解卷三九，頁二七。）

輕重諸罰有權。刑罰世輕世重，惟齊非齊，有倫有要。

【佚文】（五四九）「上言『刑罰輕重有權』者，權一人而爲輕重也。此言『世輕世重』者，權一世而爲輕重也。」（全解卷三九，頁二八。）

【佚文】（五五〇）「情之輕重、世之治亂不同，則刑罰之用當異，而欲爲一法以齊之，則其齊也不齊。以不齊齊之，則齊矣。『惟齊非齊』，以不齊齊之之謂也。先後有序謂之倫，衆體所會謂之要。」（輯纂卷六，頁三五；纂疏卷六，頁三三；大全卷十，頁三九；書傳彙纂卷二一，頁二七。）

罰懲非死，人極于病。

【評】（二七六）宋蘇軾曰：「時有議新法之輕，多罰而少刑，不足以懲姦者，故王言『罰之所懲，雖非殺之也，而民出重贖，已極于病』。言如是亦足矣。」（東坡書傳卷十九，頁十一。）

非佞折獄，惟良折獄，罔非在中。

【佚文】（五五一）良，謂有仁心者。（全解卷三九，頁二九。）

【評】（二七七）宋蘇軾曰：「佞，口給也。良，精也。辯者服其口，不服其心也。」（東坡書傳卷十九，頁十一。）

察辭于差，非從惟從。

【佚文】（五五二）「以『辯』窮之，彼非心服而從，惟屈而從耳。」（纂疏卷六，頁三四。）

王曰：「嗚呼！敬之哉！官伯族姓。」

【佚文】（五五三）「姓，爲諸侯；族，爲群臣。」（全解卷三九，頁三一。）

【評】（二七八）宋林之奇曰：「官伯族姓……先儒即以『官伯』爲『諸侯』；族，同族；姓，異姓。其説鑿矣。王氏以姓爲諸侯，族爲群臣。亦無以異於先儒。」（全解卷三九，頁三十一—三一。）

# 尚書新義　卷十三

## 周書

### 文侯之命第三十

侵戎，我國家純。

【佚文】（五五四）「侵越我土地，殘害我人民。」（或問卷下，頁五五。）

【評】（二七九）宋陳大猷曰：「或問：王氏言『侵越我土地，殘害我人民』。不載何也？曰：犬戎殺幽王，周室大壞，王降而國風，豈止『侵土地，傷人民』而已，去之則無不包矣。」（或問卷下，頁五五。）

即我御事，罔或耆壽俊在厥服，予則罔克。

【陳補】「無競維人，周室所以至此者，以無人故也。」（陳傳卷十二，頁二一二。）

追孝于前文人。

【陳補】「使己不失天下以祀先王。」（陳傳卷十二，頁二二一。）

簡恤爾都。

【陳補】「簡者，察賢否、功過而辨之之謂。恤者，憂而念之之謂。簡之者，義也。恤之者，仁也。有國然後有都，言都則國可知。」（陳傳卷十二，頁二二三。）

## 費誓第三十一

汝則有大刑。

【陳補】「待之以可畏之刑，然後人從令，從令然後可以勝敵，勝敵而後人免於死亡，而宗社可保，則仁民孰大乎此！先王不得已而用兵，其於刑必使人易避難犯，申喻至熟而後加焉，故雖嚴而人不怨也。」（陳傳卷十二，頁二二六。）

## 秦誓第三十二

惟古之謀人，則曰未就予忌。惟今之謀人，姑將以爲親。

**【陳補】**「古之謀人，謂以先王之道爲謀者。今之謀人，謂苟一時之利爲謀者。」（陳傳卷十二，頁二一七。）

# 附録

## 尚書新義總評

（一）宋陳淵曰：「樓仲輝云：『從來解書義，誰解得好？』余曰：『若論注解，莫無出荆公。由漢以來，專門之學，各有所長，唯荆公取其所長，絢發於文字之間，故荆公爲最。』仲輝云：『穿鑿奈何？』余曰：『穿鑿固荆公之過，然荆公之所以失，不在注解，在乎道術之不正，遂生穿鑿。穿鑿之害小，道術之害大。』仲輝曰：『荆公之説，本於先儒；先儒亦有害乎？』曰：『先儒只是訓詁而已，不以己意附會正經，於道術初無損益也。下舉荆公引荀子説洪範，乃申、商之所爲，有害於道術：文詳洪範篇，佚文第三〇六條下陳氏評。』」（默堂文集卷二二，頁十六。）

（二）宋汪應辰曰：「（張綱）行狀云：『公講論經旨，尤精於書，著爲論説，探微索隱，無一不與聖人契，世號「張氏書解」。』臣竊以王安石訓釋經義，穿鑿附會，專以濟其刑名法術之説。……綱作書解，掇拾安石緒餘，敷衍而潤飾之，今乃謂『其言無一不與聖人契』，此豈不厚誣聖人，疑誤學者？」（朱子語類卷七八，頁九引汪氏張綱謚文定奏狀；朱子五經語類卷四二，頁十五—十六引同。經義考卷八十，頁二；宋元學案補遺卷九八，頁一四五引汪氏説略同。又洪葴撰張綱行狀，載華陽集卷四十，其頁十八—十九有文，汪氏所引與之略同。）

（三）宋朱熹曰：「近年以來，習俗苟偷，學無宗主。治經者不復讀其經之本文與夫先儒之傳注，但取近時科舉中選之文，諷誦摹倣，擇取經中可爲題目之句，以意扭捏，妄作主張，明知不是經意，但取便於行文，不暇恤也。……今欲正之，莫若討論諸經之説，各立家法，而皆以注疏爲主。如……書則兼取劉敞、王安石、蘇軾、程頤、楊時、晁説之、葉夢得、吴棫、薛季宣、吕祖謙。……令應舉人各占兩家以上，於家狀内及經義卷子第一行内一般聲説。將來答義則以本説爲主，而旁通他説，以辨其是非。則治經者不敢妄牽己意，而必有据依矣。」（朱文公文集卷六九，頁二二—二三學校貢舉私議。）

（四）宋朱熹曰：「問：讀尚書欲哀諸家説觀之，如何？先生歷舉王、蘇、程、陳、林少潁、李叔易（經）十餘家解訖，却云：便將衆説看未得，且讀正文，見箇意思了方可。如此將衆説看，書中易曉處直易曉，其不可曉處且闕之。」（朱子語類卷七八，頁六—七；朱子五經語類卷四二，頁十八同；輯纂「朱子説書綱領」頁六載略同。）

（五）宋朱熹曰：「諸家注解，其説雖有亂道，若内只有一説是時，亦須還它底是。尚書句讀，王介甫、蘇子瞻整頓得數處甚是，見得古注全然錯。」（朱子語類卷七八，頁九；朱子五經語類卷四二，頁十三同；書傳彙纂卷首下，頁三二「綱領」載略同。）

**（六）宋朱熹曰**：「因論書解，（吴）必大曰：舊聞一士人説，注疏外當看蘇氏、陳氏解。（朱熹）曰：介甫解亦不可不看。」（朱子語類卷七八，頁九；朱子五經語類卷四二，頁三同；輯纂「朱子説書綱領」頁五及書傳彙纂卷首下，頁三「綱領」載，略同。）

**（七）宋朱熹曰**：「（尚書）諸説，此間亦有之，但蘇氏傷於簡，林氏傷於繁，王氏傷於鑿，吕氏傷於巧；然其間儘有好處。如制度之屬，秖以疏文爲本，若其間有未穩處，更與挑剔令分明耳。」（朱文公續集卷三，頁十一答蔡仲默。困學紀聞卷二，總頁一九〇王應麟原注引；輯纂「朱子説書綱領」頁七；纂疏「讀尚書綱領」頁四；大全卷首，頁五八「書説綱領」；書傳彙纂卷首下，頁二九—三十載略同。）

**（八）宋董銖曰**：「世所傳張綱書解，只是祖述荆公所説。或云是閩中林子和作，果否？……」（載朱子語類卷七八，頁九；朱子五經語類卷四二，頁十五同。）

**（九）金王若虚曰**：「王安石書解，其所自見而勝先儒者，纔十餘章耳，餘皆委曲穿鑿，出於私意，悖理害教者甚多。想其於詩、於周禮皆然矣。謬戾如此，而使天下學者盡廢舊説以從己，何其好勝而無忌憚也？」（滹南遺老集卷三一，總頁一五九。）

**（十）宋李燾曰**：「當安石萌芽，唯（司馬）光、（蘇）軾能逆折之，見於所述文字，不一而足。

軾著書傳，與安石辯者凡十八九條，尤爲切近深遠，其用功不在決洪水、闢楊墨下。使其言早聽用，寧有靖康之禍？」（愛日齋叢鈔卷二，頁十三載。）

**（十一）明郝敬曰：**「書不難讀，首當觀世代升降，與先後治亂，次第分明，逐篇文字可迎刃而解。王介甫、朱元晦謂大誥難讀，且須闕之。今若不先理會金縢，大誥如何可讀？予讀書次第通融，所以有得。」（尚書辨解「讀書」頁四。）

**（十二）清紀昀曰：**「晁公武讀書志稱：熙寧以後，專用王氏之説進退多士，此書（東坡書傳。）駁異其説爲多。今新經尚書義不傳，不能盡考其同異。」（四庫全書總目提要卷十一，頁五經部書類一。）

**（十三）清紀昀曰：**「尚書詳解二十六卷，宋夏僎撰。……陳振孫書録解題稱是書集二孔、王、蘇、陳、林、程、張及諸儒之説。以時瀾序及書中所引參考之：二孔者，安國、穎達之傳疏；蘇者，蘇軾書傳；陳者，陳鵬飛書解；林者，林之奇尚書全解；程者，程子書説；張者，張九成尚書詳説。惟『王氏』，瀾序不之及，蓋王雱新經尚書義，諱言之也。」（四庫全書總目提要卷十一，頁十三經部書類一。）

# 佚文及評論之部引用書目考

| 書名 | 簡名 | 卷數 | 作者 | 著成時代 | 板本 |
|---|---|---|---|---|---|
| 臨川集 | | 一〇〇 | 宋王安石(一〇二一~一〇八六) | | 臺灣中華書局四部備要本(另參看河洛圖書出版社影印一本) |
| 東坡書傳 | | 二十 | 宋蘇軾(一〇三六~一一〇一) | | 學津討原本 |
| 河南程氏遺書 | | 二五 | 宋程頤(一〇三三~一一〇七)等 | | 臺灣中華書局四部備要本 |
| 伊川經説 | | 五 | 宋程頤(一〇三三~一一〇七) | | 臺灣中華書局四部備要本 |
| 晁氏客語 | | 一 | 宋晁説之(一〇五九~一一二九) | | 學海類編本 |
| 嵩山集 | | 二十 | 宋晁説之(一〇五九~一一二九) | | 臺灣商務印書館影印四部叢刊續編本 |

續表

| 書名 | 簡名 | 卷數 | 作者 | 著成時代 | 板本 |
|---|---|---|---|---|---|
| 侯鯖録 | | 八 | 宋趙令畤(一〇六一~一一三四) | | 知不足齋叢書本 |
| 嬾真子 | | 五 | 宋馬永卿(大觀三年[一一〇九]進士) | | 稗海本 |
| 四明尊堯集 | | 十一 | 宋陳瓘(一〇五七~一一二四) | 宋徽宗大觀初年(一一〇七)頃作 | 明蕭甫重刊本 |
| 默堂文集 | | 二三 | 宋陳淵(?~一一四五) | | 商務印書館四部叢刊三編本 |
| 邵氏聞見後録 | | 三十 | 宋邵博(?~一一五八) | | 臺北廣文書局影印本(筆記三編) |
| 郡齋讀書志 | | 四 | 宋晁公武(紹興二年[一一三二]進士) | | 臺北廣文書局影印清王先謙校刊本 |
| 捫蝨新話 | | 十五 | 宋陳善(紹興[一一三一~一一六二]間人) | | 津逮秘書本 |
| 尚書全解 | 全解 | 四十 | 宋林之奇(一一一二~一一七六) | | 通志堂經解本 |

續表

| 書名 | 簡名 | 卷數 | 作者 | 著成時代 | 板本 |
| --- | --- | --- | --- | --- | --- |
| 文定集 | | 二四 | 宋汪應辰(一一一九～一一七六) | | 武英殿聚珍版叢書本 |
| 尚書講義 | | 二十 | 宋史浩(一一〇六～一一九四) | | 四明叢書三集本 |
| 禹貢指南 | | 四 | 宋毛晃(紹興三十二年[一一六二]進士) | | 武英殿聚珍版叢書本 |
| 禹貢論、後論、禹貢山川地理圖 | | 五 | 宋程大昌(一一二三～一一九五) | 宋孝宗淳熙七年(一一八〇)作 | 通志堂經解本 |
| 尚書精義 | 精義 | 五十 | 宋黄倫 | 宋孝宗淳熙七年(一一八〇)頃作 | 經苑本 |
| 朱文公文集、續集 | | 一一〇 | 宋朱熹(一一三〇～一二〇〇) | | 臺灣中華書局四部備要本 |
| 朱子語類 | | 一四〇 | 宋朱熹(一一三〇～一二〇〇)(宋黎靖德編) | | 臺北正中書局影明覆刊宋本 |
| 容齋續筆 | | 十六 | 宋洪邁(一一二三～一二〇二) | | 臺灣商務印書館國學基本叢書本 |

续表

| 書名 | 簡名 | 卷數 | 作者 | 著成時代 | 板本 |
|---|---|---|---|---|---|
| 尚書詳解 | 夏解 | 二六 | 宋夏僎 | 宋孝宗淳熙十三年(一一八六)頃作 | 武英殿聚珍版叢書本 |
| 項氏家説 | | 十 | 宋項安世(?～一二〇八) | | 武英殿聚珍版叢書本 |
| 尚書説 | | 七 | 宋黄度(一一三八～一二一三) | | 通志堂經解本 |
| 禹貢説斷(禹貢集解同書) | | 四 | 宋傅寅(南宋中期之後人) | | 武英殿聚珍版叢書本 |
| 尚書詳解 | 陳氏詳解 | 五十 | 宋陳經(慶元五年[一一九九]進士) | | 武英殿聚珍版叢書本 |
| 箋註王荆文公詩 | | 五十 | 宋李壁(一一五九～一二二二) | | 臺北廣文書局影印元刊本 |
| 絜齋家塾書鈔 | | 十二 | 宋袁燮(一一四四～一二二四) | | 商務印書館影印四庫全書珍本初集本 |
| 五誥解 | | 四 | 宋楊簡(一一四一～一二二六) | | 墨海金壺本 |

續表

| 書名 | 簡名 | 卷數 | 作者 | 著成時代 | 板本 |
| --- | --- | --- | --- | --- | --- |
| 書經集傳 | 蔡傳 | 六 | 宋蔡沈（一一六七～一二三〇） | 宋寧宗嘉定二年（一二〇九）作 | 臺北世界書局影印五經讀本 |
| （山堂）群書考索 | | 二一二 | 宋章如愚（慶元二年〔一一九六〕進士） | | 臺北新興書局影印明刻本 |
| 蘆浦筆記 | | 十 | 宋劉昌詩（開禧元年〔一二〇五〕進士） | | 學海類編本 |
| 周禮訂義 | | 八十 | 宋王與之 | 宋理宗紹定五年（一二三二）作 | 通志堂經解本 |
| 考古質疑 | | 六 | 宋葉大慶（南宋晚期人） | | 臺北廣文書局影印清武英殿聚珍版叢書本 |
| 滹南遺老集 | | 四六 | 金王若虛（一一七四～一二四三） | | 臺灣商務印書館影印四部叢刊初編本 |
| 書集傳或問 | 或問 | 二 | 宋陳大猷（紹定二年〔一二二九〕進士） | | 通志堂經解本 |
| 書集傳 | 陳傳 | 十二 | 宋陳大猷（紹定二年〔一二二九〕進士） | 宋理宗嘉熙二年（一二三八）奏進 | 續修四庫全書本 |

續表

| 書名 | 簡名 | 卷數 | 作者 | 著成時代 | 板本 |
|---|---|---|---|---|---|
| 直齋書録解題 | | 二二 | 宋陳振孫(南宋晚期人) | | 臺北廣文書局影印清武英殿輯永樂大典本 |
| 九經疑難 | | 四 | 宋張文伯(宋末人) | | 宛委别藏本 |
| 六經奥論 | | 六 | 題宋鄭樵(一一〇四~一一六二) | 宋末撰成 | 通志堂經解本 |
| 愛日齋叢鈔 | | 五 | 宋人某氏 | 宋末撰成 | 守山閣叢書本 |
| 書疑 | | 九 | 宋王柏(一一九七~一二七四) | 宋理宗寶祐五年(一二五七)撰成 | 通志堂經解本 |
| 六經天文編 | | 二 | 宋王應麟(一二二三~一二九六) | | 臺北文華書局影印元後至元三年慶元路儒學刊本 |
| 困學紀聞 | | 二十 | 宋王應麟(一二二三~一二九六) | | 臺灣商務印書館國學基本叢書本 |
| 玉海 | | 二〇〇 | 宋王應麟(一二二三~一二九六) | | 臺北文華書局影印元後至元三年慶元路儒學刊本 |
| 四如講稿 | | 六 | 宋黄仲元(一二三一~一三一二) | | 文淵閣四庫全書本 |

續表

| 書名 | 簡名 | 卷數 | 作者 | 著成時代 | 板本 |
| --- | --- | --- | --- | --- | --- |
| 尚書詳解 | 胡氏詳解 | 十三 | 宋胡士行(宋末人) | | 通志堂經解本 |
| 書經注 | | 十二 | 元金履祥(一二三二～一三〇三) | | 十萬卷樓叢書本 |
| 尚書表注 | | 二 | 元金履祥(一二三二～一三〇三) | | 通志堂經解本 |
| 尚書纂傳 | 纂傳 | 四六 | 元王天與 | 元世祖至正二十五年(一二八八)撰成 | 通志堂經解本 |
| 書蔡氏傳輯録纂註 | 纂輯 | 七 | 元董鼎 | 元武宗至大元年(一三〇八)撰成 | 通志堂經解本 |
| 書蔡氏傳旁通 | | 六 | 元陳師凱 | 元英宗至治三年(一三二三)撰成 | 通志堂經解本 |
| 書蔡氏傳纂疏 | 纂疏 | 七 | 元陳櫟 | 元文宗天曆二年(一三二九)撰成 | 通志堂經解本 |
| 書纂言 | | 四 | 元吴澄(一二四九～一三三三) | | 通志堂經解本 |

續表

| 書名 | 簡名 | 卷數 | 作者 | 著成時代 | 板本 |
|---|---|---|---|---|---|
| 定正洪範集説 | | 一 | 元胡一中 | 元順帝至正十四年(一三五四)撰成 | 通志堂經解本 |
| 尚書通考 | | 十 | 元黄鎮成 | 元文宗天曆三年(一三三〇)撰成 | 通志堂經解本 |
| 書集傳音釋 | | 七 | 元鄒季友 | | 明初刊黑口本 |
| 書傳會選 | | 六 | 明劉三吾(一三一三~一四〇〇) | 明太祖洪武二十七年(一三九四)撰成 | 臺灣商務印書館影印四庫全書珍本五集本 |
| 永樂大典 | | 二二九三七 | 明姚廣孝(一三三五~一四一八) | 明成祖永樂(一四三〇~一四二四)間撰 | 臺北世界書局據多本影印本(新編定) |
| 書傳大全 | 大全 | 十 | 明胡廣(一三七〇~一四一六) | 明成祖永樂(一四〇三~一四二四)間撰 | 明内府刊本 |
| 書傳集解 | 集解 | | 明黄諫(一四〇三~一四六五) | | 南京圖書館藏明刻本 |
| 尚書疑義 | | 六 | 明馬明衡 | 明世宗嘉靖二十一年(一五四二)撰成 | 商務印書館影印四庫全書珍本初集本 |

續　表

| 書名 | 簡名 | 卷數 | 作者 | 著成時代 | 板本 |
| --- | --- | --- | --- | --- | --- |
| 五經稽疑 | | 八 | 明朱睦㮮（一五一八～一五八七） | 明神宗萬曆十一年（一五八三）頃作 | 商務印書館影印四庫全書珍本初集本 |
| 尚書日記 | | 十六 | 明王樵 | 明神宗萬曆二十三年（一五九五）撰成 | 臺灣商務印書館影印四庫全書珍本三集本 |
| 引經釋 | | 五 | 明陳禹謨（一五四八～一六一八） | | 明萬曆間海虞陳氏刊本 |
| 書經疑問 | | 十二 | 明姚舜牧（一五四二～一六二二） | | 明萬曆間刊本 |
| 禹貢匯疏 | | 十五 | 明茅瑞徵（萬曆［一五七三～一六二〇］進士） | | 明崇禎五年吴興茅氏刊本 |
| 尚書辨解 | | 十 | 明郝敬（一五五八～一六三九） | | 湖北叢書本 |
| 禹貢古今注 | | 五 | 明夏允彝（崇禎九年［一六三七］進士） | | 鈔本 |
| 書經稗疏 | | 四 | 清王夫之（一六一九～一六九二） | | 中國船山學會、自由出版社影印本 |

續表

| 書名 | 簡名 | 卷數 | 作者 | 著成時代 | 板本 |
| --- | --- | --- | --- | --- | --- |
| 尚書埤傳 | | 十七 | 清朱鶴齡(一六〇六~一六八三) | | 臺灣商務印書館影印四庫全書珍本三集本 |
| 禹貢長箋 | | 十二 | 清朱鶴齡(一六〇六~一六八三) | | 臺灣商務印書館影印四庫全書珍本三集本 |
| 禹貢錐指 | | 二一 | 清胡渭(一六三三~一七一四) | 清聖祖康熙四十四年(一七〇五)頃著成 | 皇清經解本 |
| 洪範正論 | | 五 | 清胡渭(一六三三~一七一四) | 清聖祖康熙四十四年(一七〇五)頃著成 | 臺灣商務印書館影印四庫全書珍本三集本 |
| 朱子五經語類 | | 八十 | 清程川(編)(原朱熹經説) | 清世宗雍正三年(一七二五)作 | 臺灣商務印書館影印四庫全書珍本三集本 |
| 穆堂初稿 | | 五十 | 清李紱(一六七三~一七五〇) | | 清宣宗道光十一年(一八三一)珊城阜祺堂重刊本 |
| 經史問答 | | 七 | 清全祖望(一七〇五~一七五五) | | 皇清經解本 |
| 宋元學案 | | 一〇〇 | 清全祖望(一七〇五~一七五五)等 | | 臺北世界書局排印本 |

續表

| 書名 | 簡名 | 卷數 | 作者 | 著成時代 | 板本 |
|---|---|---|---|---|---|
| 古今圖書集成 | | 一〇〇四二 | 清陳夢雷（一六五〇～一七四一） | 清世宗雍正六年（一七二八）印行 | 臺北文星書店據「照相影印本」影印本 |
| 書經傳説彙纂 | 書傳彙纂 | 二四 | 清王頊齡（一六四二～一七二五） | 清世宗雍正八年（一七三〇）撰成 | 清雍正原刊本 |
| 王荆公年譜附王安石遺事 | | 一 | 清顧棟高（一六七九～一七五九） | 清世宗雍正十三年（一七三五）撰成 | 臺北河洛圖書出版社影印民國二十四年沈卓然重編王安石全集附印本 |
| 經義考 | | 三〇〇 | 清朱彝尊（一六二九～一七〇九） | | 臺灣中華書局四部備要本 |
| 四庫全書總目提要 | | 二〇〇 | 清紀昀等奉敕撰（一七二四～一八〇五） | 清高宗乾隆四十七年（一七八二）撰成 | 臺北藝文印書館影印清同光間刻本 |
| 宋元學案補遺 | | 一〇〇 | 清王梓材（一七九二～一八五一） | | 臺北世界書局影印四明叢書本 |
| 尚書故 | | 三 | 清吴汝綸（一八四〇～一九〇三） | | 臺北藝文印書館影印桐城吴先生全書本 |
| 王安石經學概論初稿 | | 一篇 | 民國徐振亞 | 載學藝雜誌第十四卷第七號，民國二十四年撰。 | 學藝雜誌社排印本 |

**謹案：** 右書凡八十五種，大致以著成時間排列。余纂輯王安石尚書新義佚文及其評論，凡檢閱宋、元人文集三百餘種（檢其中「論」、「雜著」等部分）、史籍、類書及宋、元人筆記等百餘種、宋、元人尚書學專著現存之全部及明、清人尚書學專著一部分，間涉近人著作亦加采擇。自彼編輯獲材料者，僅上列八十五書。其索檢無獲之尚書學及經學專著，大概有宋胡瑗洪範口義、劉敞七經小傳、賈昌朝群經音辨、薛季宣書古文訓、吕祖謙東萊書説、李石方舟經説、毛居正六經正誤、蔡沈洪範皇極内篇、魏了翁尚書要義、錢時融堂書解、鄭伯熊敷文書説、趙善湘洪範統一，元陳悦道書義斷法、許謙讀書叢説、王充耘書義矜式與書義主意及讀書管見、熊朋來經説、何異孫十一經問對、朱祖義尚書句解，明彭勗書傳大全通釋、申時行書經講義會編、蔣悌生五經蠡測、袁仁尚書砭蔡編、張泰群英書義、張居正書經直解、王樵書帷别記、陳第尚書疏衍、黄道周洪範明義，清庫勒納日講書經解義、徐文靖禹貢會箋、賀淇尚書集解三十二種。更有明艾南英禹貢圖註（學海類編本）引「王氏曰」數條：其第一條，考之元人所引，爲王炎尚書小傳之説，其餘亦無以證爲安石説者，殆亦皆王炎之説，故並不收。

**編按：** 此次出版尚書新義，於引用書目考中補入陳良中先生所徵引之書經集傳及書傳集解，合程元敏先生所徵引，共八十七種。

# 詩經新義

程元敏　輯録
張鈺翰　校理

# 出版説明

詩經新義係王安石於熙寧年間所編纂之三經新義之一，自宋代以後久已散佚。邱漢生輯有詩義鈎沉，對詩經新義作了初步的輯校工作。臺灣學者程元敏先生所撰三經新義輯考彙評之詩經部分，通過廣泛蒐羅，輯得該書一千餘條，是迄今較爲全面的詩經新義輯本。本次王安石全集之詩經新義，徵得程元敏先生的同意，以三經新義輯考彙評的詩經部分爲原本，加以整理。原輯本未分卷，據宋史藝文志著録，詩經新義二十卷，故參四部叢刊影宋本毛詩的分卷，將全書釐爲二十卷。程輯本所附諸論文，格於全集體例，予以删除。謹此説明。

# 程元敏序

尚書新義、詩經新義、周禮新義（三書合稱三經新義），宋神宗熙寧六至八年王安石父子等奉敕撰，乃王氏一家之學，其書久佚。爲便學者，余輯考此三書，溯自隨手鈔劄佚文，及作有系統之蒐集資料，實行有年（説詳尚書新義輯考彙評自序）。既先草成尚書新義輯考彙評；復從事詩經新義佚文評論之纂輯（多先已付期刊發表）。體製略似前著，亦具彼編拙序。

夫安石詩經新義，發明經義，往往勝先儒，而訖無善輯。近人邱漢生氏撰詩義鉤沉（一九八二年九月出版），輯安石詩經新義，所根據資料甚少，復多失收、脱誤（余别撰一文評介之）。曩余詳檢宋元人文集（其中「論」及「雜著」等部分）三百餘種、史籍與類書及宋元人筆記百餘種、宋元人詩經學專著及明清人部分詩經學專著，自其六十一書中搜獲詩經新義佚文及對該書之評論，並平素積蓄，計有佚文一〇四〇條、諸書所引凡二五八五條次；出評論二七三條、諸家評論凡二九三條次。王氏詩學，粲然大備矣。

全書所包括，依次將爲自序、目次、例言、佚文及評論彙輯、佚文及評論之部引用書目考、詩經新義體製探原、諸家評論及載引佚文按書分條考計、三經新義修撰人考。著「例言」、兼采「評論」、「考引用書目」、「探究體製」，於佚文與評論又分條考計者，説已詳尚書新義輯考彙評編。而彼編附三經新義修撰通考，概述修撰經義經過，既而病其疎略，尤於撰者仕履、著作及修書職任皆未遑詳著，故復成三經新義修撰人考一編，用盡其事焉。大分爲上下兩編，若干章節目，都約二十五萬言。

歲在丙寅仲秋安徽嘉山程元敏序於臺灣大學中國文學系

# 例言

一、此書分條纂輯王安石詩經新義佚文。先列與該條佚文有關之詩經本文（含詩大序及小序），頂格書寫；次低一格著【佚文】字樣；【佚文】下著（ ），（ ）内數字即該條佚文號碼，（ ）下輯録詩經新義佚文；佚文之後，即注明該條佚文之出處（書名及其卷、頁），出處上下加（ ），以資區别；間有「按語」或「註碼」，則更次於其下焉。如爲總説某章、某篇、某風（雅、頌），則置於其章、其篇、其風（雅、頌）之後，而標「某章（篇、風、雅、頌）通義」，繫佚文於厥下。

二、此書分條采收昔賢評王安石詩經新義之文。評文依傍佚文條録，條碼相屬。有二條以上評文共屬一條佚文者，並敘次於該條佚文之下；有但有評文未見佚文者，則考定與該評文相關之詩經本文，使相屬連録，而以其前一條佚文號碼爲此評文號碼，且稱之曰「某碼後」，用便檢索。評文之上弁以【評】字樣，低二格書寫，其末亦注明出處，悉如佚文之例。總評詩經新義，則於盡録佚文之後總列。

三、佚文之定輯，以據著成時代較早之書所引述爲原則，第如較晚著成之書之所引述，或視前者爲備，或前者訛後者正，則改變常例，如佚文第四一條，據晚著之通釋，而不據先著之李黄解抄輯是也。類例甚多，不煩枚舉。某條佚文出處，如不止一書，所列第一書即所據以輯録之書，餘書則按其先後著録，引文若與第一書異，亦不加校注，惟偶有據某書輯録，或文有缺，或字有訛，則援它書補益校正，具見各條之下。

四、諸家評安石詩經新義某説，意常雷同，分列頗嫌冗沓，故今但依較早或較備者一家，冠以「某某曰」於評文之上，而著該家評語之出處於評語之下。某雷同諸家，則更於其後聲明之，云「某人説略同，見某書某卷某頁」，以廣知見。

五、從各書所輯詩經新義，如可能爲原文，則加「　」；如爲大意，則不加「　」。條目確定多憑諸書原引，唯視文氣或行文之便，偶分原引之一條爲數條，會合數條爲一條；但有分合，並無增損。

六、相同兩條之詩經新義佚文，除少數兩列以備一體外，互見概不重收。評文互見例倣此，且不計條數。

七、所據以輯録彙收之書名，凡引述次數較多者，視便約爲「簡名」，以節省文字，如吕祖謙吕氏家塾讀詩記省作吕記之類，詳見「佚文及評論之部引用書目考」下。

八、詩經經本文，據清嘉慶二十年南昌府學重刊宋本十三經注疏本（臺北藝文印書館影印），並參看唐石經本等定録。

九、未盡之事，詳佚文下與其附註。

# 目録



〔一〕未見詩經新義佚文及諸家評論，但記篇目於此；上方加「△」號資別，下倣此。

## 詩經新義　卷三　國風……（四〇〇）


## 詩經新義　卷四　國風……（四二一）

詩經新義　卷六　國風……（四五〇）

**詩經新義　卷七　國風**……（四六八）

## 詩經新義　卷八　國風



## 詩經新義　卷九　小雅

---

〔一〕今存篇目及小序，無詩辭，皆未見詩經新義佚文，下三篇倣此。

詩經新義　卷十二　小雅……（五五〇）



詩經新義　卷十三　小雅……（五七九）

## 詩經新義　卷十六　大雅

## 詩經新義　卷十七　大雅

## 詩經新義　卷二十　魯頌　商頌

# 詩義序

敏案：即詩經新義序。

王安石

詩三百十一篇〔一〕，其義具存，其辭亡者，六篇而已。上既使臣雱訓其辭，又命臣某等訓其義。書成，以賜太學，布之天下；又使臣某爲之序。謹拜手稽首言曰：詩上通乎道德，下止乎禮義，放其言之文，君子以興焉；循其道之序，聖人以成焉。然以孔子之門人，賜也、商也，有得於一言，則孔子悦而進之。蓋其説之難明如此，則自周衰迄于今，泯泯紛紛，豈不宜哉？伏惟皇帝陛下，内德純茂，則神罔時恫；外行恂達，則四方以無侮。日就月將，學有緝熙于光明，則頌之所形容，蓋有不足道也。微言奥義，既自得之；又命承學之臣，訓釋厥遺，樂與天下共之。顧臣等所聞，如爝火焉，豈足以庚日月之餘光？姑承明制，代匱而已。傳曰：「美成而久。」〔二〕故棫樸之作人，以「壽考」爲言，蓋將有來者焉，「追琢其章」，纘聖志而成之也。臣衰且老矣，尚庶幾及見之！謹序。（臨川集卷八四，頁二一—三。）

〔一〕「三百十一篇」，龍舒本作「三百六篇」。
〔二〕「而」，龍舒本作「在」。

# 詩經新義　卷一　國風

## 詩大序

關雎，后妃之德也，風之始也；所以風天下而正夫婦也，故用之鄉人焉，用之邦國焉。

【佚文】（一）「凡詩用於天子者，諸侯不得用；用於諸侯者，大夫不得用。若三家以雍徹，而孔子非之也。此關雎，鄉人、邦國皆得用者，以之正夫婦也。」（大全詩序頁七；通釋卷一，頁十三—十四；詩傳彙纂卷一，頁三。）

風，風也，教也；風以動之，教以化之。

【佚文】（二）「風之于物，方其鼓舞搖蕩，所謂動之也；及其因形移易，使榮者枯、甲者坼，乃所謂化之也。詩之有風，亦若是也，始于風之而動，終于教之而化。」（通釋卷一，頁十四；段解卷一，頁六；大全詩序頁七；詩傳彙纂詩序上，頁四。）

治世之音安以樂，其政和；亂世之音怨以怒，其政乖；亡國之音哀以思，其民困。

【佚文】（三）「治亂言世言政，而亡國不言者，亡國世絶而無政故也。」（段解卷一，頁十；通釋卷首，頁六；大全綱領頁二。）

故正得失，動天地，感鬼神，莫近於詩。

【佚文】（四）「言也，聲也，以文爲主，則非其至，故其動天地感鬼神者，爲近而已。」（李黄解卷一，頁十六。）

【評】（一）宋李樗曰：「此説不善。觀公羊氏論春秋曰：『撥亂世而反諸正，莫近乎春秋。』何休注云：『莫近者，猶言莫過乎春秋也。』則知所謂莫近於詩者，謂莫過乎詩也。非如王氏所謂也。」（李黄解卷一，頁十六。）

【評】（二）宋黄櫄曰：「王氏以爲聲音者以文爲主而非其至，故特曰『近』而已。此不知詩之理者也。……竊以爲人民天地鬼神，皆同此心，則同此理。以理求理，夫何遠之有？先王知此理之不遠於人心，人心之所同然，故用之以經夫婦，以無邪之理而正之也。以是推之，則孝敬之所以成，人倫之所以厚，教化之所以美，風俗之所以移：皆此理之所用也。」（李黄解卷一，頁十八。）

故詩有六義焉：一曰風，二曰賦，三曰比，四曰興……

【佚文】（五）「以其所類而比之之謂比，」（李黄解卷一，頁二二。）「以其所感發而況之之謂興；興兼比與賦者也。」（吕記卷一，頁十九；李黄解卷一，頁二二。）

上以風化下，下以風刺上，主文而譎諫；言之者無罪，聞之者足以戒，故曰風。

【佚文】（六）「主文譎諫，有巽入之道，故曰風。」（通釋卷首，頁十一—十一；段解卷一，頁十七；會通綱領頁七載輯録引[二]；大全綱領頁八。）

至于王道衰，禮義廢，政教失，國異政，家殊俗，而變風變雅作矣。

【評】（三）宋邵博評，詳見大雅諸篇之末佚文下。

國史明乎得失之迹，傷人倫之廢，哀刑政之苛；吟詠情性，以風其上，達於事變，而懷其舊俗者也。

---

〔二〕 敏案：「輯録」者，蓋元董鼎詩朱氏傳輯録纂注（以董氏别有書蔡氏傳輯録纂注推之，董氏當撰此書）。

【佚文】（七）「世傳以爲言其義者子夏也。觀其文辭，自秦、漢以來諸儒，蓋莫能與於此。然傳以爲子夏，臣竊疑之。詩上及於文王、高宗、成湯，如江有汜之爲『美媵』，那之爲『祀成湯』，殷武之爲『祀高宗』。方其作時，無義以示後世，則雖孔子亦不可得而知，況於子夏乎？」（李黄解卷一，頁二一—三；學林卷一，頁六；吕記卷一，頁十六；段解卷首，頁二四；九經疑難卷四，頁二四—二五；文獻詩考卷下，頁二；辨證卷一，頁二。）

【評】（四）宋王觀國曰：「詩序，子夏之所作，而王荆公以爲讀江有汜之詩，雖子夏無以知其『美媵』。然子夏與孔子同時，文籍未淪喪，必有所受而作也。史記孔子世家曰：古詩三千餘篇，孔子取三百五篇。歐陽文忠公崇文總目敘釋曰：『孔子删詩三千餘篇，取其三百十一篇著於經，秦、楚之際，亡其六。』然則古詩三千而取者三百，則十取其一耳，餘皆逸詩也。逸詩，書史亦多引之。」（學林卷一，頁六。）

【評】（五）宋黄櫄曰：「王、程近世大儒也，而又以爲非漢儒之所能爲。竊……以爲王、程之説與吾心合，而與大序亦合。夫大序之文，温厚純粹，有繫辭氣象。彼漢儒者，疇能及此哉？」（李黄解卷一，頁四。）

【佚文】（八）詩序是國史撰作。（詩童子問卷首，頁五二；通釋卷首，頁十三；大全詩序

頁三。)[二]

【評】(六)宋輔廣曰:「(謂詩序乃國史作,)是臆度懸斷,無所依據。」(詩童子問卷首,頁五二。)

【評】(七)元馬端臨曰:「韓序芣苢曰:傷夫也。漢廣曰:悦人也。序若詩人所自製,毛詩猶韓詩也,不應不同若是;況文意繁雜,其非出一人手明甚。不知介甫何以言之,殆臆論歟!」(文獻詩考卷下,頁二。)

【佚文】(九)「發於聲而長言之謂吟,形於言而永歌之謂詠。或曰教化,或曰政教,或曰刑政,何也?教化,本也;刑政,末也。至於王道衰,則其本先亡矣,故不足於教化而後言政教;不足於政教而後言刑政。苟則其末亦有所不足,此其所以可哀也。」(段解卷一,頁二十一—二二。)

故變風發乎情,止乎禮義。發乎情,民之性也;止乎禮義,先王之澤也。

---

[二] 前條,安石意謂詩序乃詩人自作,此條則謂國史作。余謂安石蓋謂詩人所作止於「也」字以上,其餘則國史爲「明乎得失之迹」而作。疑李黄解節引,詩童子問取其結論;是兩條本爲一條。

【佚文】(一〇)「上言變風、變雅,而此獨言變風,何也?:雅雖已變,天子猶有政焉;專言變風,則通乎無雅之後也,而猶知止乎禮義,則變雅之時可知矣。」(段解卷一,頁二二;通釋卷首,頁十三;大全綱領頁十一。)

是以一國之事,繫一人之本,謂之風。

【佚文】(一一)「風之本出於人君一人之躬行,而其末見於一國之事。」(吕記卷二,頁四;段解卷一,頁二三;通釋卷首,頁十三;會通綱領頁九載輯録引;大全綱領頁十一。)

雅者,正也;言王政之所由廢興也。政有小大,故有小雅焉,有大雅焉。

【佚文】(一二)「幽王之詩,有其惡大而列於小雅;宣王之詩,有其善小而列於大雅。蓋幽王之惡大,其小者猶如此也;宣王之善小,其大者如是而已。所謂大雅者,積小雅而成,故小雅之末,有疑於大雅。」(段解卷一,頁二四;李黄解卷一,頁三二。)「又作詩者意各有所主,若蓼蕭言『澤及四海』,而意之所主者,但止燕諸侯爾;凡此之類,皆其言及於大,而意之所主者小也。大明曰『文定厥祥,親迎于渭』,而意之所主者,乃在於天命武王;凡此之類,皆其言及於小,而意之所主者大也。」(李黄解卷一,頁三二。)

【評】（八）宋李樗曰：「二公敏案：謂王安石及蘇轍。之言，亦皆推本先儒之説。惟其説之不通，故又爲一説以通之。其説穿鑿附會，非合於自然之體。太史公序曰：『大雅言王公大人而德逮黎庶，小雅言小己之得失而其流及於上。』此其説若小異。然大雅之詩，豈是皆言王公大人而德逮黎庶乎？小雅豈是皆言小己之得失而流及其上乎？……小雅則主一事而言，大雅則泛言天下之事。」（李黄解卷一，頁三二—三三。）

是謂四始，詩之至也。

【佚文】（一三）「風也，二雅也，頌也，雖相因而成，而其序不相襲也，故謂之四始。」（通釋卷首，頁十四—十五；李黄解卷一，頁三四；北窗炙輠録卷下，頁十七；大全綱領頁十二；詩傳彙纂卷首下，頁十一。）

【評】（九）宋李樗曰：「此説未必然也。上文既言『關雎，后妃之德也，風之始也』，則是舉其四始之一事，可以見其餘矣。關雎者，風之始也，自關雎以下皆風焉。鹿鳴者，小雅之始也，自鹿鳴以下皆小雅焉。文王者，大雅之始也，自文王以下皆大雅焉。清廟者，頌之始也，自清廟以下皆頌焉。關雎而下皆謂之風，又始之於鹿鳴；鹿鳴而下皆謂之小雅，而又始於文王；文王而下皆謂之大雅，而又始之於清廟。是四始以下，皆詩之至也。」（李黄解卷一，頁三四。）

關雎、麟趾之化，王者之風，故繫之周公，南，言化自北而南也。鵲巢、騶虞之德，諸侯之風也，先王之所以教，故繫之召公。

【佚文】（一四）王者必聖人，周公聖人，故繫之周公；諸侯必賢人，召公賢人，故繫之召公。（李黄解卷一，頁三八。）

【評】（一〇）宋李樗曰：「龜山破其説，以『儀禮大合樂爲歌周南、召南。儀禮之作，正在周公之世，則分二南已在周公之時。當是周公以聖人自居，乃以賢人待召公；周公豈肯爲之乎？』其説可謂當矣。文王之詩，不可以風繫也，適會周、召分陜，故以其詩繫之。」（李黄解卷一，頁三八—三九；龜山，楊時也，著詩義辨，下李樗所引楊説皆出詩義辨。）

周南、召南，正始之道，王化之基。

【佚文】（一五）「王者正始於家，終於天下。」（吕記卷二，頁五。）

【佚文】（一六）「於風言始，則知雅、頌之爲終；於風言王化之基，則知雅爲王政之興，而頌爲王功之成也。」（段解卷一，頁三一。）

是以關雎樂得淑女以配君子，愛（一本作「憂」）在進賢，不淫其色；哀窈窕，思賢才，而無傷善之心焉，是關雎之義也。

【佚文】（一七）「先言樂，後言哀思者，惟其以得淑女爲樂，故其求之而不得則哀思也。」（段解卷一，頁三三。）

詩大序通義。

【評】（一一）宋唐仲友曰：「詩……王安石訓其義，子雱訓其辭，雖知本詩序，至於比興，穿鑿苛碎。學者由此拘牽，小文勝而大義隱。」（九經發題頁四。）

【評】（一二）元梁益曰：「……惟宋歐陽公、王荆公諸先生出，卓然有見，高視千古之上，舍序舍傳而研究經旨，理明義精，犂然有當。」（詩傳旁通卷十五，頁三。）

## 周南

### 關雎

悠哉悠哉！輾轉反側。

**【佚文】**（一八）「悠者，思之長也。」（呂記卷二，頁八；段解卷一，頁三六；詩緝卷一，頁十七；詩傳彙纂卷一，頁八。）

### 葛覃

葛之覃兮，施于中谷。

**【佚文】**（一九）「女功以麻枲爲正，葛乃餘事；志於女功之餘事，則其他可知矣。」（段解卷一，頁四十。）

黄鳥于飛，集于灌木。

**【佚文】**（二〇）「黄鳥于飛，以喻后妃；集于灌木，以喻文王。」（李黄解卷二，頁三。）

薄汙我私，薄澣我衣。

**【佚文】**（二一）「治汙謂之汙，猶治亂謂之亂、治荒謂之荒。」（段解卷一，頁四二；呂記卷二，頁十一；詩傳彙纂卷一，頁十四。）

**【佚文】**（二二）「薄於汙澣，則苟潔而已；與好潔其衣服者異矣。」（段解卷一，頁四二。）

## 卷耳

采采卷耳，不盈頃筐。

**【佚文】**（二三）「卷耳易得之菜，頃筐易盈之器；今也采采卷耳，非一采而乃至於不盈者，以其志在進賢，不在於采卷耳也。亦猶采緑之詩曰『終朝采藍，不盈一襜。終朝采緑，不盈一匊』，謂其志在於怨曠，而不在於采藍、采緑也。」（李黄解卷二，頁九—十。）

**【評】**（一三）宋李樗曰：「荀子曰：『卷耳，易得也；頃筐，易盈也，然而不可以貳周行。』鄭氏及王氏皆從其説，以謂：『……』」（李黄解卷二，頁九。）

【評】（一四）宋李樗曰：「然以后妃之貴，而乃至於采卷耳，無乃儉不中禮乎？如汾沮洳曰：『彼汾一曲，言采其藚，彼其之子，美如玉』，美如玉，殊異乎公族。』以公族猶且不當如此，而后妃乃至於采卷耳，則是儉不中禮也。」（李黄解卷二，頁十。）

嗟我懷人，寘彼周行。

【佚文】（二四）「於懷人言我，内之也；於周行言彼，外之也。」（李黄解卷二，頁十。）

【評】（一五）宋李樗曰：「然觀下文曰『陟彼崔嵬，我馬虺隤』，亦是以彼、我爲辭。若王氏之説，則『我馬虺隤』亦是内之；『陟彼崔嵬』，亦是外之。其説不通矣。」（李黄解卷二，頁十。）

陟彼崔嵬，我馬虺隤。

【佚文】（二五）兩句爲取喻。（李黄解卷二，頁十。）

【評】（一六）宋李樗曰：「陟彼崔嵬，我馬虺隤，此則言使臣之勤勞也。……其言馬之玄黄，其僕之病，則使臣之勞可知矣。如出車詩曰『僕夫況瘁』，則將帥之勞可知矣。王氏則以『陟彼崔嵬，我馬虺隤』爲取喻，非也。」（李黄解卷二，頁十。）

## 樛木

南有樛木，葛藟纍之。……南有樛木，葛藟荒之。

【佚文】（二六）「南，明方；木，仁類者。蓋南方者喻后妃之明也。」（李黄解卷二，頁十五；卷五，頁十六。）

【評】（一七）宋李樗曰：「使南方有木皆是喻其明，則漢廣之詩言『南有喬木』，何所取喻乎？」（李黄解卷二，頁十五。）

【佚文】（二七）「樛木則葛藟得以附麗，葛藟盛則木亦得以自蔽也。」（李黄解卷二，頁十五。）

【評】（一八）宋吕希哲曰：「『南有樛木，葛藟纍之』，但取其下曲則葛藟得纍之，而不取其『木亦得以自蔽』也。」（吕記卷二，頁十五引。）〔一〕

【評】（一九）宋李樗曰：「詩所言者，但言木之勾曲爾，非取喻其得以自蔽也。」（李黄解

〔一〕此條及小雅鹿鳴篇佚文第三四三條所附評語，吕祖謙曰：「（滎陽公）兩説皆王氏義。」（吕記卷二，頁十五—十六。）謂吕滎陽（希哲）評王安石詩經新義之説者也。

卷二，頁十五。）

## 螽斯

螽斯羽，詵詵兮。

**【佚文】**（二八）「詵詵，言其生之衆。」（呂記卷二，頁十七；段解卷一，頁五十。）

螽斯羽，薨薨兮。

**【佚文】**（二九）「薨薨，言其飛之衆。」（呂記卷二，頁十七；段解卷一，頁五一；備考卷一，頁十；詩傳彙纂卷一，頁二一。）

螽斯羽，揖揖兮。

**【佚文】**（三〇）「揖揖，言其聚之衆。」（呂記卷二，頁十七；段解卷一，頁五一；詩傳彙纂卷一，頁二一。）

## 桃夭

桃夭，后妃之所致也。不妬忌，則男女以正，婚姻以時，國無鰥民也。此詩小序之全文。

【佚文】（三一）「后妃處乎重闈深密之地，而四方之廣，家人婦子服化者，正其本而已。故察於治亂之形而不見其本者，未可與論聖人之道也。」（呂記卷二，頁十七；段解卷一，頁五二；備考卷一，頁十；蒙引卷一，頁十三；詩傳彙纂卷一，頁二三。）

【佚文】（三二）「禮義明，則上下不亂，故男女以正；政事治，則財用不乏，故昏姻以時。」（李黃解卷二，頁二一。）

【評】（二〇）宋楊時曰：「不然。蓋男女以正，昏姻以時，此乃是不妬忌之所致，非緣政事之治也。后妃能躬行於上，則周南之國皆聞風而化。故周官媒氏會男女之無夫家者，此乃政事然也。越王之時，女十五而嫁，男二十而娶者，此亦政事然也。惟其出於風化，故有不待政令而人樂從之矣。」（李黃解卷二，頁二一引。）

桃之夭夭，灼灼其華。

【佚文】（三三）「夭夭，少好貌。」（段解卷一，頁五三。）

【佚文】（三四）「桃華於仲春，以記昏姻之時。」（李黄解卷二，頁二三；吕記卷二，頁十八；備考卷一，頁十一。）

【評】（二一）宋李樗曰：「若如所言，則何彼穠矣之詩曰『華如桃李』，豈是直言桃李之盛時乎？……王氏之説非矣。」（李黄解卷二，頁二三。）

之子于歸，宜其室家。……之子于歸，宜其家室。

【佚文】（三五）「宜其室家，先女而後男，男下女也；宜其家室，先男而後女，女下男也：夫婦正也。」（李黄解卷二，頁二三。）

【評】（二二）宋李樗曰：「之子于歸，則室家皆得其宜也。家室亦室家也。王氏謂：『……』此非也。」（李黄解卷二，頁二三。）

## 兔罝

兔罝，后妃之化也。關雎之化行，則莫不好德，賢人衆多也。此詩小序之全文。

【佚文】（三六）「莫不好德，賢人衆多；雖不賢不害好德，所謂賢，則賢於人者也。」（李黄解卷二，頁二四。）

**【評】**（二三）宋李樗曰：「則是莫不好德，謂人皆好德也。賢人衆多，則是有賢者有不賢者。非也，豈有好德之人而不爲賢邪？」（李黄解卷二，頁二四。）

肅肅兔罝，施于中林。

**【佚文】**（三七）「中林，人莫之聞見也。欲觀好德之實，其在于隱處乎？」（段解卷一，頁五六；詩傳彙纂卷一，頁二五。）

## 芣苢

采采芣苢，薄言采之。

**【佚文】**（三八）「采采非一采，猶言薄言采之者，采之無斁也。」（李黄解卷二，頁二八。）

**【評】**（二四）宋李樗曰：「然詩言『薄言追之』、『薄言震之』，如『薄澣我衣』、『薄汙我私』，澣者用功淺，謂之薄可也；煩攔之功多，則何以薄言之乎？如『薄言旋歸』，歸豈有厚薄邪？」（李黄解卷二，頁二八。）

## 漢廣

漢廣，德廣所及也。文王之道，被于南國，美化行乎江、漢之域，無思犯禮，求而不可得也。此詩小序之全文。

【佚文】（三九）「漢廣言文王之德，汝墳言文王之化。前此未嘗言文王，而於此言之者，歸成焉耳。蓋陰作成物而陽以成歲爲名，天之道也。」（段解卷一，頁五八。）

【佚文】（四〇）「化民而至於男女無思犯禮，則其誥教之所能令，刑誅之所能禁者，蓋可知矣。然則化人者不能感通其精神，變易其志慮，未可以言至也。」（段解卷一，頁五八。）

## 汝墳

汝墳，道化行也。文王之化，行乎汝墳之國，婦人能閔其君子，猶勉之以正也。此詩小序之全文。

【佚文】（四一）「庶人之妻，能勉夫以正而不知爲之者，是之謂道化，而殷其靁之詩所以未若汝墳之盛也。」（通釋卷一，頁三七；李黄解卷二，頁三七；大全詩序頁十三。）

【評】（二五）宋李樗曰：「惟王氏以爲庶人之妻，其説得之。蓋其婦人稱其夫爲君子，此其常也。今曰君子，亦猶稱良人也。播間之妾猶稱夫爲良人，則庶人之妻以夫爲君子，有何不可？」（李黄解卷二，頁三七。）

未見君子，惄如調飢。

**【佚文】**（四二）「調飢，飢而又飢，飢之甚也。」（李黄解卷二，頁三七；詩傳彙纂卷一，頁三二。）

王室如燬；雖則如燬，父母孔邇。

**【佚文】**（四三）「父母，指文王也。」（段解卷一，頁六二。）

詩汝墳三章通義。

**【佚文】**（四四）「前二章篤于夫婦之仁，後一章篤于君臣之義。」（通釋卷一，頁三七；大全卷一，頁三十；詩傳彙纂卷一，頁三四。）

## 麟之趾

麟之定，振振公姓。

【佚文】（四五）「公姓，公孫也；孫，傳姓者也。」（呂記卷二，頁二五；詩緝卷一，頁三七；毛詩要義卷一下，頁十三；六家詩名物疏卷四，頁十六；備考卷一，頁十六；詩傳彙纂卷一，頁三五。）〔二〕

## 〔附〕王安石周南詩次解

全文。據臺灣中華書局四部備要本臨川集卷六六，頁一—二抄録。

王者之治，始之於家；家之序，本於夫婦正；夫婦正者，在求有德之淑女，爲后妃以配君子也，故始之以關雎。夫淑女所以有德者，其在家本於女工之事也，故次以葛覃。有女功之本，而后妃之職盡矣，則當輔佐君子求賢審官；求賢審官者，非所能專有志而已，故次之以卷耳。有求賢審官之志，以助治其外，則於其內治也，其能有嫉妬而不逮下乎？故次之以樛木〔三〕。無嫉妬

〔二〕此條，詩傳彙纂所引，少上「也」字，又以爲王志長説。案：志長，明崇禎間人。此非其説；不然，則志長用宋人説，而詩傳彙纂作者未尋厥初也。

〔三〕「以」，原無，據龍舒本補。

而逮下，則子孫衆多，故次之以螽斯。子孫衆多，由其不妬忌，則致國之婦人亦化其上；則男女正，婚姻時，國無鰥民也，故次之以桃夭。國無鰥民，然後好德賢人衆多，故次之以兔罝。好德賢人衆多，是以室家和平，而婦人樂有子，則后妃之美具矣，故次之以芣苢。后妃至於國之婦人樂有子者，由文王之化行，使南國江、漢之人無思犯禮，此德之廣也，故次之以漢廣。德之所及者廣，則化行乎汝墳之國；能使婦人閔其君子，而勉之以正，故次之以汝墳。婦人能勉君子以正，則天下無犯非禮；雖衰世公子皆能信厚，此關雎之應也，故次之以麟之趾焉。

## 召南

△鵲巢

采蘩

于以采蘩，于沼于沚。

**【佚文】**（四六）「荇之爲物，其下出乎水，其上出乎水，由法度之中而法度之所不能制，以喻后妃也。蘋之爲物，能出乎水上，而不能出乎水下；藻之爲物，能出乎水下，而不能出乎水上：制於法度而不該其本末，以喻大夫之妻也。至於蘋，敏案：「蘩」之誤，參見下李氏評。則非制乎水而有制節之道，以喻夫人也。于沼、于沚、于澗之中，則可以爲『河洲』之類，而皆未及乎『河洲』之大。」（李黄解卷三，頁五。）

**【評】**（二六）宋李樗曰：「（王氏）蓋謂夫人之詩則言采蘩于沼沚之中，后妃之詩則言采荇于河之洲，必有高下之辨。是數者皆穿鑿之學也。……采荇、采蘋、采蘩之類，皆言祭祀之物；于沼、于沚、于澗之中、在河之洲，亦不過指物之所在耳，初無他義也。而王氏有荇蘋、蘩藻、沼沚、澗洲之别，是其穿鑿而無異於宰予也。敏案：謂穿鑿如宰予對哀公問社然。」（李黄解卷三，頁五。）

## 草蟲

草蟲，大夫妻能以禮自防也。此詩小序之全文。

**【佚文】**（四七）「夫婦之際，或至於敝而不終者，無禮以自防故也。」（呂記卷三，頁四；段解卷二，頁六；備考卷二，頁四；詩傳彙纂詩序上，頁九。）

## 采蘋

于以采蘋，南澗之濱；于以采藻，于彼行潦。

【佚文】（四八）「采蘋必於南澗之濱，采藻必於行潦，言其所薦有常物，所采有常處也。」（呂記卷三，頁六；段解卷二，頁八；通釋卷一，頁四七；會通卷一，頁四六載輯録引；大全卷一，頁四一；詩傳彙纂卷二，頁九。）

于以盛之，維筐及筥；于以湘之，維錡及釜。

【佚文】（四九）「（筐、筥、錡、釜，）言其所用有常器也。」（呂記卷三，頁六；段解卷二，頁九；通釋卷一，頁四八；大全卷一，頁四一；詩傳彙纂卷二，頁九。）

于以奠之，宗室牖下。

【佚文】（五〇）「宗室牖下，言其所奠有常地也。自所薦之物、所采之處、所用之器、所奠之地，皆有常而不敢變，此所謂能循法度。」（呂記卷三，頁七；段解卷二，頁九；詩緝卷二，頁七；通釋卷一，頁四九；大全詩序頁十四—十五；詩傳彙纂詩序上，頁九。）

【評】（二七）宋嚴粲曰：「王氏謂：『……。』此猶未盡詩之意。蓋法度者，儀物也；能循者，敬也。非敬，則儀物之常何足爲美乎？」（詩緝卷二，頁七。）

誰其尸之？有齊季女。

【佚文】（五一）季女，女既嫁者。（李黄解卷三，頁十一。）

【評】（二八）宋李樗曰：「既嫁爲大夫之妻，安得稱季女？則知季女乃未嫁之女也。然祭禮主婦設羹，豈有齊季女而主祭設羹乎？……詩人言婦人教成之祭，主於此祭者何人也？乃有齊敬之季女也。教成之祭，設此祭也。惟其未嫁之時如此，則其既嫁乃能循法度也。」（李黄解卷三，頁十一—十二。）

## 甘棠

甘棠，美召伯也。召伯之教，明於南國。此詩小序之全文。

【佚文】（五二）「愛之篤，思之至，以其教明也。」（通釋卷一，頁五一；大全詩序頁十五。）

蔽芾甘棠，勿翦勿拜。

【佚文】（五三）「拜，謂屈之而已。」（呂記卷三，頁八；段解卷二，頁十二；備考卷二，頁七。）

## 行露

厭浥行露，豈不夙夜，謂行多露？

【佚文】（五四）「露之爲物，犯之則濡，而天之所以成物也；禮之爲物，犯之則污，亦人之所以成物也，故詩人以露比禮。行多露，則人雖有夙夜之心，而莫敢犯者，爲其濡故也。國多禮，則人雖有昏姻之心，而莫肯犯者，爲其污故也。行於露中，則濡固然矣。行於禮，安有所爲污邪？犯非禮，則污矣。」（李黄解卷三，頁十七。）

誰謂雀無角？何以穿我屋？……誰謂鼠無牙？何以穿我墉？

【佚文】（五五）「雀穿屋以角而雀實無角，而誣易見；鼠穿墉以牙而鼠有牙，其誣難知。」（李黄解卷三，頁十七—十八；孫公談圃卷中，頁五。）

【評】（二九）宋孫升曰：「……然荆公亦有所失，如……詩『誰謂鼠無牙』，荆公謂『鼠實無牙』。不知鼠實有牙。昔曾有人……捕一鼠與之較，公曰：然。」（孫公談圃卷中，頁五。）

【評】（三〇）宋李樗曰：「此説不然。龜山以爲鼠無牡齒：『誰謂鼠無牙』，謂無牡齒耳。説文曰：『牙，牡齒也。』則知龜山爲信。」（李黄解卷三，頁十八。）

誰謂女無家？何以速我訟？

【佚文】（五六）「訟者，言之於公。」（考古質疑卷三，頁十六；參見尚書新義第二四條之脚注。）

## 羔羊

羔羊……召南之國，化文王之政，在位皆節儉正直，德如羔羊也。此詩小序文。

【佚文】（五七）「所謂文王之政者，非獨躬行之教，則亦有慶賞刑威存焉。」（李黄解卷三，頁二一一。）

【評】（三一）宋李樗曰：「王氏之説，以周南爲聖人之風，召南爲諸侯之風，故其説經與周南而下召南。觀孔子之言曰『政者正也，子率以正，孰敢不正』，則其所謂政者，不務躬行之教不可也。又嘗曰『爲政以德』，爲政必本於德，則政專在慶賞刑威不可也。」（李黄解卷三，頁二一一。）

羔羊之縫，素絲五緎。委蛇委蛇，自公退食。

【佚文】（五八）「朝夕往來，出公門入私門，出私門入公門而已，終無私交之行也。」（呂記卷三，頁十一；段解卷二，頁十八；備考卷二，頁十；詩經世本古義卷八，頁十五。）

## 殷其靁

殷其靁，在南山之陽。

【佚文】（五九）雷喻號令。「『在南山之陽』，謂宣明君之號令。」（李黄解卷三，頁二六。）

【評】（三二）宋李樗曰：「王氏以謂『在南山之陽』，謂（宣）明君之號令。則在南山之足，則明而晦矣。此其説可以攻王氏之膏肓也。上既言『殷其靁，在南山之陽』，既而在山之側，既而又在南山之下，此言雷之在此復在彼，以見召南之大夫遠行從政，在彼又在此，以見勤於王事也。」（李黄解卷三，頁二六。）

何斯違斯，莫敢或遑！

【佚文】（六〇）「上『斯』爲君子，下『斯』爲此。」（李黄解卷三，頁二六。）

【評】（三三）宋李樗曰：「不如鄭氏皆爲『此』也。言何以爲在此，今又去此也。以見不遑暇處之意。」（李黄解卷三，頁二六。）

詩殷其靁三章通義。

【佚文】（六一）「此詩未若汝墳之盛，故繫之召南。」（李黄解卷三，頁二六。）

【評】（三四）宋李樗曰：「王氏之説，多生分别。謂周南，周公也，故其詩乃聖人之事；召南，召公也，故其詩乃賢人之事。遂以摽有梅不若桃夭，小星之詩不若樛木，殷其靁之詩不若汝墳者，皆分别錙銖之輕重，豈知詩人之意哉？夫汝墳之勉以正，殷其靁之勸以義，蓋其義同，其辭則異耳。」（李黄解卷三，頁二六—二七。）

## 摽有梅

摽有梅，其實七兮。求我庶士，迨其吉兮。

【佚文】（六二二）「梅實於仲春之時，則宜嫁娶；今梅實摽落，已失婚姻之時也。」（李黄解卷三，頁二一九。）

【評】（三五）宋李樗曰：「此詩言男女及時，則以梅落爲言，則是以梅爲戒也。……王氏……（之）説與毛、鄭不甚相遠，是皆不詳考之於詩，故其説至於此也。」（李黄解卷三，頁二一九。）

【評】（三六）宋黄櫄曰：「桃夭以桃爲喻，摽有梅以梅爲喻，皆取其及時之詩耳。王氏曲爲之説，且謂：『……』果如是説，則豈男女得以及時之義乎？」（李黄解卷三，頁二一九。）

求我庶士，迨其今兮。

【佚文】（六二三）「不暇吉日之擇也，迨今可以成昏矣。」（吕記卷三，頁十三；通釋卷一，頁五七；大全卷一，頁五十。）

求我庶士，迨其謂之。

【佚文】（六四）「謂者，以言趣之也。」（呂記卷三，頁十四。）

## 小星

嘒彼小星，三五在東。肅肅宵征，夙夜在公。……嘒彼小星，維參與昴。肅肅宵征，抱衾與裯。

【佚文】（六五）「小明敏案：安石以「小明」釋「嘒」。小星，無名之小星也。」（李黄解卷三，頁三二一。）

【佚文】（六六）「三五，陽星也。夙夜在公，陽事也，故以陽星況之。參昴，陰星也。抱衾與裯，陰事也，故以陰星況之。」（李黄解卷三，頁三二一。）

【評】（三七）宋李樗曰：「按：詩『肅肅宵征，夙夜在公』，亦是陰事，安得以爲陽事？王氏之鑿，類多如此。」（李黄解卷三，頁三二一。）

## 江有汜

江有汜。……江有渚。……江有沱。

**【佚文】**（六七）「汜之别甚於渚，渚之别甚於沱，遂以喻夫人專寵益甚。」（李黄解卷三，頁三四。）

**【評】**（三八）宋李樗曰：「詩人本意不如此。詩人之意，但以謂江則有汜、有渚、有沱，夫人則有媵；今夫人固當有媵也。」（李黄解卷三，頁三四。）

## 野有死麕

野有死麕，白茅包之。

**【佚文】**（六八）「昏禮，贄不用死；今用死，則非禮之正也，然猶不爲無禮。」（李黄解卷三，頁三七。）

**【評】**（三九）宋李樗曰：「其説與下文不相貫。」（李黄解卷三，頁三七。）〔一〕

**【佚文】**（六九）「野有死麕，白茅包之者，禮之薄也；而猶愈於無禮。」（吕記卷三，頁十七；

〔一〕下文，謂安石之説，即下佚文第六九條，云白茅包死麕爲禮之薄，似與此條「非禮之正」云云牴牾，故李樗謂其上下不相貫也。

段解卷二，頁二八；詩説卷一，頁二五；詩傳彙纂卷二，頁二五。）

【評】（四〇）宋劉克曰：「……故王氏謂白茅爲禮之薄，豈理也哉？既以死物爲可惡，曷使尨之吠乎？囿於序詩之辭，不求詩旨焉爾。古者不以死爲惡也：帝舜以一死爲贄見之禮者雉也，禮以狐死正丘首爲仁，皆以『死』起義。據此詩，麕、鹿亦乾豆之物，上殺以祀上帝宗廟。鹿修以祀天，豈非白茅之所包乎？大過之初六曰『藉用白茅』，孔子曰『茅之爲物薄而用可重也』，又曰『慎斯術也』。以往聖人之言，豈自相背戾乎？由是推之，此詩兩章以女與死麕、死鹿並言，非以死物爲可惡矣。」（詩説卷一，頁二五—二六。）

有女懷春，吉士誘之。

【佚文】（七〇）「不能無懷也。然『吉士誘之』豈是美辭哉？所以責之之辭也。言有女懷春而吉士可以誘之乎？吉士猶善人也；吉士乃誘人之女，何足爲吉士哉？乃痛責之。」（李黄解卷三，頁三七。）

林有樸樕。

【佚文】（七一）林有樸樕爲一意，野有死麕、白茅包之爲一意。「林之有樸樕，雖小而可免於陵踐。」（李黄解卷三，頁三七。）

**【評】**（四一）宋李樗曰：「夫『白茅純束』皆是連於『林有樸樕』之文，不可但以爲連『野有死麕』之文。」（李黄解卷三，頁三七。）

何彼襛矣

平王之孫，齊侯之子。

**【佚文】**（七二）「所謂平王者，猶格王、寧王而已；所謂齊侯者，猶康侯、寧侯而已。」（詩傳彙纂卷二，頁二八。）

△騶虞

詩周南、召南通義。

**【評】**（四二）宋劉克曰：「介甫之辨二南，似專以詩序爲斷，而以詩辭證之。此却止爲見理未明，徇詩序而不知詩意耳。若詳味詩意得明，則詩序可略矣。詩意本也，詩序末也，徇末而棄本，可乎？但觀召南詩序，便似與詩意相遠。若周南之序，與詩意背繆特甚，但作爲文辭以夸之耳，害於詩之大者也。」（詩説「總説」頁八。）

# 詩經新義　卷二　國風

## 邶風

### 柏舟

汎彼柏舟，亦汎其流。

【佚文】（七三）「柏者，天下之良材也，而不宜以爲舟。柏而以爲舟，亦汎其流，然非柏之所宜也。」（李黄解卷四，頁十。；卷六，頁十四。）

【評】（四三）宋李樗曰：「……觀詩之意，則毛説爲長。；柏者宜爲舟也。宜爲舟則可以載物，今乃不用，則汎汎然虚流，爲水中物爾。」（李黄解卷四，頁十。；另一評見鄘風柏舟，佚文第一一五條下。）

憂心悄悄，愠于群小。；覯閔既多，受侮不少。

**【佚文】**（七四）「國亂而君昏，則小人衆而君子獨，君子憂而小人樂。君子之憂者，憂其國而已。憂其國則與小人異趣，其爲小人所愠，固其理也，故曰『憂心悄悄，愠于群小』。小人得志，則爲讒誣以病君子，君子既病矣，則又從而侮之，故曰『覯閔既多，受侮不少』。其曰『既多』、『不少』者，以著小人之衆也。」（呂記卷四，頁三—四；段解卷三，頁五；備考卷三，頁四；詩傳彙纂卷三，頁五—六。）

**【評】**（四四）宋朱熹曰：「觀此（敏案：謂安石此條所説。）可以曲盡小人之情態。」（段解卷三，頁五引。）

## 緑衣

緑兮絲兮，女所治兮。

**【佚文】**（七五）「絲本白也，既緑則不可復黄矣，猶之皆女子也，既妾則不可以復嫡。」（李黄解卷四，頁十五。）

**【評】**（四五）宋李樗曰：「王氏之説，固勝於毛氏，又不如黄魯直以爲均是絲也，既緑則不可尚黄；均是女也，既妾則不可復嫡。謂『尚黄』，與上文合。」（李黄解卷四，頁十五。）

## 燕燕

燕燕于飛，差池其羽。……燕燕于飛，下上其音。

**【佚文】**（七六）「燕方春時，以其匹至，成巢而生之，失時而去〔二〕。其羽相與差池，其鳴一上而一下，故莊姜感所見以興焉。」（呂記卷四，頁六；李黄解卷四，頁十八、十九；段解卷三，頁八；通釋卷二，頁十二；大全卷二，頁九；詩傳彙纂卷三，頁十。）

**【評】**（四六）宋李樗曰：「……王氏以謂『燕方春時，以其匹至，成巢而生之』，皆是求之過也。」（李黄解卷四，頁十八。）

**【評】**（四七）宋黄櫄曰：「王氏謂『燕方春時，以其匹至，成巢而生子〔三〕，失時而去』，此説近之。」（李黄解卷四，頁十九。）

〔二〕「成巢而生之失時而去」九字，據李黄解增入。

〔三〕「子」，疑當作「之」。

## 日月

日居月諸，照臨下土。……日居月諸，下土是冒。……日居月諸，出自東方。

【佚文】（七七）「照臨下土，爲日之與月相繼而生明，以照臨下土。下土是冒，爲月之明雖有時而蔽虧，不足以臨照，然尚與日中天而冒下土。出自東方，謂月雖不得中天而冒下土，然尚與日代出於東方。」（李黄解卷四，頁二一一。）

【評】（四八）宋李樗曰：「日乎月乎，照臨下土，言日月之代明也。……下土是冒，方是照臨下土之意。出自東方，言日與月迭出於東方也。……王氏……妄爲之説。」（李黄解卷四，頁二一一—二一二。）

乃如之人兮，逝不古處。

【佚文】（七八）「不以古夫婦之道處我。」（呂記卷四，頁九；段解卷三，頁十一；通釋卷二，頁十四；會通卷二，頁十載輯録引；大全卷二，頁十二。）

父兮母兮，畜我不卒。

**【佚文】**（七九）「人憂患疾痛極，則未嘗不呼其父母者。」（呂記卷四，頁九；段解卷三，頁十一；備考卷三，頁九。）

## 終風

終風且曀，不日有曀。

**【佚文】**（八〇）「曀則不見日矣。」（呂記卷四，頁十一；段解卷三，頁十三；備考卷三，頁十。）

**【佚文】**（八一）「不日有曀者，言不旋日而又曀也。」（呂記卷四，頁十一；段解卷三，頁十三；備考卷三，頁十。）

願言則嚏。……願言則懷。

**【佚文】**（八二）「思往而從之則跆，思不往而從之則懷。」（李黄解卷四，頁二三。）

## 擊鼓

死生契闊，與子成説。

【佚文】（八三）契，合；闊，離也。死生患難相救。（李黄解卷四，頁二七。）

【評】（四九）宋李樗曰：「契闊……王氏以爲離合。……若從王氏之説，則下文殊不相貫。王氏之意，則以死生患難相救，而又以闊爲離，是又有時而離也，安能同其患難乎？鄭氏以謂：與其部伍死也生也，相與處勤苦之中。而王氏從其説。」（李黄解卷四，頁二七。）

## 凱風

凱風自南，吹彼棘心。棘心夭夭，母氏劬勞。

【佚文】（八四）「棘心至於夭夭，則風之爲力多矣；此母氏劬勞之譬也。」（吕記卷四，頁十五；段解卷三，頁十七；詩傳彙纂卷三，頁二二。）

## 雄雉

雄雉……軍旅數起，大夫久役，男女怨曠，國人患之，而作是詩。此詩小序文。

**【佚文】**（八五）「雉善鬬，雖飛不分域，而其交也有時。言『軍旅數起，大夫久役，男女怨曠』，曾雉之不如也。」（李黄解卷五，頁一一；辨證卷二，頁九。）

展矣君子，實勞我心。

**【佚文】**（八六）「（二句，乃）男女怨曠之辭。曠於外者君子也，勞於内者女也。」（李黄解卷五，頁二一。）

**【評】**（五〇）宋李樗曰：「此説與上下不相合。（下文）『瞻彼日月，悠悠我思』，大夫久役不得歸，悠悠然我思之長也。……此詩所以思君子而不得之辭也。」（李黄解卷五，頁二一—二二。）

## 匏有苦葉

匏有苦葉，濟有深涉。

【佚文】（八七）「匏之葉，有可食之道，其不可者苦也；濟之涉，有可揭厲之道，其不可者深也；男女有相與之道，其不可者非其匹也。」（李黄解卷五，頁四。）

【評】（五一）宋李樗曰：「當如王氏之説，則兩句分爲兩意。」（李黄解卷五，頁四。）

濟盈不濡軌，雉鳴求其牡。

【佚文】（八八）「濟盈不濡軌，以言其淫；雉鳴求其牡，以言其亂。」（李黄解卷五，頁五。）

士如歸妻，待冰未泮。

【佚文】（八九）「古之於婚姻，其求之不暴，而節之以禮，雖庶士亦然，而況於人君乎？」（呂記卷四，頁十九—二十；段解卷三，頁二三；備考卷三，頁十六。）

招招舟子，人涉卬否。

【佚文】（九〇）「徒涉而已，猶須其友而後往，而況於夫婦乎？」（李黄解卷五，頁六。）

## △谷風

### 式微

式微式微！胡不歸？微君之故，胡爲乎中露！

【佚文】（九一）「中露，露中也。露中，言有霑濡之辱而無所芘覆。」（呂記卷四，頁二六；李黄解卷五，頁十四；詩緝卷四，頁七。）

式微式微！胡不歸？微君之躬，胡爲乎泥中！

【佚文】（九二）「泥中，言有陷溺之難而不見拯救也。」（呂記卷四，頁二六；李黄解卷五，頁十四；詩緝卷四，頁七；備考卷三，頁二十。）

【佚文】（九二之一）中露、泥中，非衛邑。（慈湖詩傳卷三，頁十八。敏案：殆即取上二條佚文所論，斷安石謂中露、泥中非衛邑也。）

【評】（五二）宋楊簡曰：「毛傳謂中露、中泥皆衛邑，未安。鄭箋、孔疏亦無所考證，王氏亦不以爲衛邑，但其説亦鑿。」（慈湖詩傳卷三，頁十八。）

## 旄丘

旄丘之葛兮，何誕之節兮？

**【佚文】**（九三）「（旄丘，）前高後低，譬衛之於黎，有始而無終也。」（李黄解卷五，頁十六。）

**【評】**（五三）宋李樗曰：「王氏好逐句生義，如『南有樛木』則曰『南，明方也』。……（此）詩人之意但云旄丘之地有此葛，其意取譬於葛，非取於旄丘。葛節本延蔓相屬，今則胡爲闊誕其節？諸侯本患難相救，今則胡爲不同患難也？」（李黄解卷五，頁十六—十七。）

叔兮伯兮，何多日也？

**【佚文】**（九四）「并責其君臣。叔伯，言其臣也。」（李黄解卷五，頁十七。）

狐裘蒙戎，匪車不東。

**【佚文】**（九五）「狐裘，以居而息民。蓋狐，疑而不果之物，其義利以止，不利以有爲。衛不果於救黎，故以狐裘刺之。」（李黄解卷五，頁十七。）

瑣兮尾兮，流離之子。

【佚文】（九六）「瑣，細也；尾，末也。黎侯之臣子流離失職，故瑣尾也。」（呂記卷四，頁二八；李黄解卷五，頁十八；慈湖詩傳卷三，頁十九；段解卷三，頁三二；詩緝卷四，頁十；備考卷三，頁二一；詩傳彙纂卷三，頁三九。）

【評】（五四）宋李樗曰：「王氏之説爲優。……蓋詩人之意，謂黎侯窮困於此，瑣細而尾末矣，流離而失職矣，而衛之諸臣不能救之。蓋責之深也。」（李黄解卷五，頁十八。）

叔兮伯兮，褎如充耳。

【佚文】（九七）「徒盛其服，而不能聽其告愬。」（李黄解卷五，頁十八。）

## 簡兮

簡兮簡兮，方將萬舞。

【佚文】（九八）干羽爲萬舞。（李黄解卷五，頁二一。）

【評】（五五）宋李樗曰：「（王氏説）非也。鄭氏云：『萬舞者，干舞也。』……按春秋左傳云：『萬入去籥之別。』公羊曰：『萬者何？干舞也。籥者何？籥舞也。』見宣八年。何休釋之曰：『干，楯也；萬，舞名也。』故知萬舞者，指干舞而言也。」（李黄解卷五，頁二一一。）

日之方中，在前上處。

【佚文】（九九）「日之方中，至明而易見之時也；在前上處者，至近而易察之地也。於時不能察而用之，此其所以刺之也。」（李黄解卷五，頁二一一—二一二；吕記卷四，頁二九；攻媿集卷六七，頁四「易察之地」下作「君猶不能見，况幽遠者乎」？樓氏説亦見慈湖詩傳卷三，頁二十「日之方中，在前上處」下原注引，唯多誤字；詩童子問卷一，頁二七；備考卷三，頁二一二。）

【評】（五六）宋李樗曰：「此説甚善。……今也居日中易見之時，在前列易察之地，而衛君猶不見察，况在側微之間而望君之見察乎？」（李黄解卷五，頁二一二。）

【評】（五七）宋樓鑰曰：「前輩敏案：謂王安石。曾云：『……』此意甚切！」（攻媿集卷六七，頁四答楊敬仲論詩解；亦見慈湖詩傳卷三，頁二十「日之方中，在前上處」下原注。）

碩人俣俣，公庭萬舞。有力如虎，執轡如組。

【佚文】（一〇〇）「羔裘之詩曰『羔裘豹飾，孔武有力』，所謂有力者，非賁、育之謂，若羔裘所稱。」（李黄解卷五，頁二二一。）

**【評】**（五八）宋李樗曰：「此説是也。……蓋古人多於斷章取義，不當拘此詩之言，蓋言其賢人才力如此，非謂猛暴如虎者也。若『闞如虓虎』，亦言其力也，豈是果若虎乎？如股肱之寄在忠力，是乃此詩所謂力也。」（李黄解卷五，頁二二一—二二三。）

**【佚文】**（一〇一）「（執轡如組者，）此言藝也。」（李黄解卷五，頁二二三。）

云誰之思？西方美人。

**【佚文】**（一〇二）「衛在王室之東。」（段解卷三，頁三六。）

## 泉水

出宿于泲，飲餞于禰。女子有行，遠父母兄弟。……出宿于干，飲餞于言。

**【佚文】**（一〇三）「泲、禰，蓋父母之國地名；干與言，嫁之國也〔二〕。欲歸則又思嫁時，出宿

〔二〕「干與言嫁之國也」七字，據李黄解補。

飲餞，相與訣而之夫家。」（呂記卷四，頁三二；李黄解卷五，頁二六；段解卷三，頁三八；詩緝卷四，頁十四；詩傳彙纂卷三，頁四四。）

【評】（五九）宋李樗曰：「四地皆無所經據。然始嫁時别於此而之夫家，猶可説也，下文『女子有行，遠父母兄弟』，殊不相屬，不若且從毛、鄭之説。……」（李黄解卷五，頁二六。）

【評】（六〇）宋嚴粲曰：「今考衛成公後遷東郡、濮陽，泲屬東郡，則亦衛地也。禰無所見，與泲並言，亦衛邑可知。箋以泲、禰皆爲所嫁國，適衛之道所經，今不從。不若王氏、朱氏爲長。」（詩緝卷四，頁十五。）

## 北門

終窶且貧。

【佚文】（一〇四）「分貝爲貧。」（考古質疑卷三，頁十六。）

詩北門三章通義。

【佚文】（一〇五）「人臣事是君爲容悦者，其北門大夫之謂乎？若有道之士，道合則從，不合則去。」（李黄解卷六，頁三。）

【評】（六一）宋李樗曰：「其説不合詩人之意，龜山已言其非矣，兹所以不復云。」（李黄解卷六，頁三。）

## 北風

北風其涼，雨雪其雱。……北風其喈，雨雪其霏。

【佚文】（一〇六）「北風之寒也，而以爲涼；北風之厲也，而以爲喈：此以言其爲威。雨雪之散也，而以爲雱；雨雪之集也，而以爲霏：此以言其爲虐。」（臨川集卷四三，頁四；李黄解卷六，頁五。）〔二〕

惠而好我，攜手同行。……惠而好我，攜手同車。

【佚文】（一〇七）「乘車則非賤者也。攜手同行，則賤者去也；攜手同車，則貴者去之矣。言國人

〔二〕此條佚文四十八字，用臨川集安石後改本；舊本爲六十三字，亦見臨川集同卷頁，兹不據。下倣此。

無貴賤，皆憚其威虐，莫不舍之而適他國也。」（李黄解卷六，頁五；詩傳彙纂卷三，頁五十。）

其虚其邪！既亟只且。

【佚文】（一〇八）虚、邪皆讀如字。「其虚者，不以忮害物；邪者，不以正格人。二者雖君子、小人之道不同，然宜皆不爲威虐者也。」（李黄解卷六，頁五。）

莫赤匪狐，莫黑匪烏。

【佚文】（一〇九）「狐赤、烏黑，莫能别也。」（李黄解卷六，頁六。）

## 静女

静女，刺時也。衛君無道，夫人無德。此詩小序之全文。

【佚文】（一一〇之一）毛、鄭、王、張皆以爲美詩。（李黄解卷六，頁七。）

静女其姝，俟我於城隅。

【佚文】（一一〇）「俟我於城隅，言靜女之俟我以禮也。」（西溪叢語卷下，頁一；李黄解卷六，頁七。）

靜女其孌，貽我彤管。

【佚文】（一一一）「其美外發，其和中出，其節不可亂者，彤管也。貽我彤管，言靜女之貽我以樂也。」（西溪叢語卷下，頁十。）

【評】（六二）宋姚寬曰：「徐安道注音辯云：『彤，赤漆也；管謂笙簫之屬。』按：靜女詩『貽我彤管，彤管有煒』注云：『煒，赤貌；彤管以赤心正人。』箋云：『彤管，赤管也。』疏：『必以赤者，欲使女史以赤心正人，謂赤心事夫人，正妃妾之次序也。』毛注〔二〕：『古者后夫人必有女史彤管之法，史不記過，其罪殺之。』後漢皇后紀序云〔三〕：『頒官分務，各有典司，女史彤管，記功書過。』左氏傳定公九年：『靜女之三章，取彤管焉。』杜預云：『詩邶風也。言靜女三章之詩雖説美女，義在彤管。彤管，赤筆，女史記事規誨之所執。』以此攷之，不聞

〔二〕「毛」，原作「鄭」。按毛詩注疏，此下引文爲毛傳，據改。

〔三〕「紀」，原作「妃」，據後漢書卷十改。

謂之樂也。」（西溪叢語卷下，頁十。）

## 新臺

新臺有泚，河水瀰瀰。

【佚文】（一一二）「泚爲清，瀰爲盛；言爲清潔之臺而盈其淫污之行。」（李黄解卷六，頁九。）

【評】（六三）宋李樗曰：「（王氏、毛氏）二説皆非。原詩人之意，蓋以記其作新臺於河上，而水瀰瀰泚泚而已。新臺臨河，今澶州尚存遺地。」（李黄解卷六，頁九。）

燕婉之求，籧篨不鮮。……燕婉之求，得此戚施。

【佚文】（一一三）「籧篨，不能俯者，所以刺宣公之無見於下。戚施，不能仰者，又以言齊女之無見於上，是以亂人倫而不恥也。」（李黄解卷六，頁十。）

二子乘舟

願言思子，不瑕有害。

**【佚文】**（一一四）「死非其所，不得爲無瑕。陷父於不義，不得爲無害。雖然，其心豈有他哉？故詩人恕之曰：『不瑕有害。』唯其能不瑕有害也，是以恕之云爾。」（呂記卷四，頁一；段解卷三，頁四六；詩緝卷四，頁二五。）

# 詩經新義　卷三　國風

## 鄘風

### 柏舟

汎彼柏舟，在彼中河。

【佚文】（一一五）「柏非不可以爲舟，然而爲舟者，非柏之所宜。以譬，則女非不可以再嫁，而再嫁非女之所宜。」（李黄解卷六，頁十四。）

【評】（六四）宋李樗曰：「王氏之説，多以柏爲不宜舟，如前柏舟亦曰：『……』……前之柏舟，則其意在於汎汎其流，言柏舟不可以載物，而徒汎其流，則其誣一也。此柏舟，則其意在於從中河也。共姜自誓，若柏舟之爲物，當常在中河；如婦人之義，當常在夫家。若捨之而之它，則不可。」（李黄解卷六，頁十四—十五。）

之死矢靡慝。

【佚文】（一一六）「以再嫁爲慝，則其絶之甚矣。」（呂記卷五，頁二；段解卷四，頁二；詩緝卷五，頁三；備考卷四，頁二。）

## 牆有茨

牆有茨，衛人刺其上也。公子頑通乎君母，國人疾之，而不可道也。此詩小序之全文。

【佚文】（一一七）「當是時，惠公幼，故刺其上也。」（李黄解卷六，頁十七。）

【評】（六五）宋楊時曰：「衛人化其上，故淫風大行。公子頑之惡，國人雖疾之而不可道。序言『刺其上』者，蓋推本而言之，非謂惠公之幼也。」（李黄解卷六，頁十七引。）

牆有茨，不可埽也。中冓之言，不可道也。

【佚文】（一一八）「牆所以限制内外，有避嫌之道，故以況君。牆，茨爲之穢，故以況公子頑。」（李黄解卷六，頁十七。）

【評】（六六）宋李樗曰：「毛氏謂『牆所以防非常，茨……欲埽去之反傷牆』。……王氏

（之説）……是亦毛氏之意，不可取也。……」（李黄解卷六，頁十七。）

## 君子偕老

玼兮玼兮，其之翟也。

**【佚文】**（一一九）「『玼兮玼兮，其之翟也』者，服之盛、質宜之也。」（臨川集卷四三，頁四。）

瑳兮瑳兮，其之展也。蒙彼縐絺，是紲袢也。

**【佚文】**（一二〇）「『瑳兮瑳兮，其之展也，蒙彼縐絺，是紲袢也』者，服之盛、文宜之也。」（臨川集卷四三，頁四。）

**【佚文】**（一二一）「暑服則加紲袢焉，所以自斂飭也。音如絆繫之絆，説文同。」（呂記卷五，頁六；李黄解卷六，頁二一；慈湖詩傳卷四，頁六；段解卷四，頁七；備考卷四，頁九；詩傳彙纂卷四，頁六。）

子之清揚，揚且之顔也。展如之人兮，邦之媛也。

**【佚文】**（一二二）揚且之顔，冶容也。展，有誠信之道焉。（李黄解卷六，頁二一一。）

**【評】**（六七）宋李樗曰：「王氏既以上文爲冶容，又以下文爲有誠信，其文殊不相貫。故知展如之人兮，蓋言其服飾之盛，容貌之美，信如此之人，然後可以爲邦之媛也。」（李黄解卷六，頁二一一—二一二。）

## 桑中

期我乎桑中，要我乎上宫。

**【佚文】**（一二三）「上宫，城中之宅也。方桑之時，民宜在田，不宜在城中之宅。」（李黄解卷六，頁二一四。）

云誰之思？美孟姜矣。……云誰之思？美孟弋矣。……云誰之思？美孟庸矣。

**【佚文】**（一二四）孟姜爲公室，弋、庸爲世族。「其稱『姜』與『弋』、『庸』皆曰『孟』者，孟則長矣，而猶犯禮，則季稚可知。」（李黄解卷六，頁二一四。）

△鶉之奔奔

## 定之方中

定之方中，作于楚宫。揆之以日，作于楚室。

【佚文】（一二二五）「方其庀徒而作宫，則占營室之中。及辯内外之位而作室，則揆之以日。占營室之中者，序所謂『得其時』；揆之以日景者，序所謂『得其制』。」（李黄解卷七，頁二一；段解卷四，頁十五。）

【佚文】（一二二六）「作楚宫、楚室者，總門、序、堂、室謂之宫，宫之中有室。」（李黄解卷七，頁二一。）

【評】（六八）宋李樗曰：「若從王、鄭，分宫、室爲二，則是楚宫而占定星之中，至於作楚室，獨不然乎？作于楚室，揆之以日，而作于楚宫，獨不然乎？無是理也。曰宫、曰室，但其文異，其實一也。」（李黄解卷七，頁二一。）

升彼虚矣，以望楚矣。

【佚文】（一二七）「虚者，若左氏所謂『有莘之虚』是也。」（呂記卷五，頁十二；段解卷四，頁十六。）

卜云其吉，終然允臧。

【佚文】（一二八）「卜言吉，於是遂建城市而營宫室也。終然允臧者，言今信善如卜所言也。」（呂記卷五，頁十二；段解卷四，頁十七；詩緝卷五，頁十五；通釋卷三，頁十九；大全卷三，頁十三；備考卷四，頁九；詩傳彙纂卷四，頁十四。）

説于桑田。

【佚文】（一二九）「説于桑田者，『者』當作『則』。」（臨川集卷四三，頁四。）

匪直也人，秉心塞淵，騋牝三千。

【佚文】（一三〇）「言國君之富者，宜以馬也。」（呂記卷五，頁十三；段解卷四，頁十八。）

詩定之方中第二、第三章通義。

【佚文】（一三一）「上章既言城市宮室，於是言其政事。蓋人君先辨方正位，體國經野，然後可以施政事云。」（通釋卷三，頁十九—二十；大全卷三，頁十四；詩傳彙纂卷四，頁十五。）

## 蝃蝀

乃如之人也，懷昏姻也；大無信也，不知命也。

【佚文】（一三二）「男女之欲，性也，有命焉，君子不謂之性也。今也從性所欲，而不知命有所制，此之謂不知命。」（李黄解卷七，頁八；吕記卷五，頁十五；段解卷四，頁二一；通釋卷三，頁二三；大全卷三，頁十八；詩傳彙纂卷四，頁十九。）

【評】（六九）宋李樗曰：「王氏以爲『女不知命』，據詩人以爲不知命。其説不然，人苟知事之有命也，則不義安得而待之矣。」（李黄解卷七，頁八。）

## 相鼠

相鼠有皮，人而無儀。……相鼠有齒，人而無止。……相鼠有體，人而無禮。

**【佚文】**（一三三）鼠猶有皮毛以成體，人反無儀容以飭其身，曾鼠之不若也。「皮以被其外，齒以養其內，體者內外之所以立。」（李黃解卷七，頁十。）

**【評】**（七〇）宋李樗曰：「王氏……不合三章分別之，言：『……』此則鑿也。凡此三章，例皆言何不疾死也。」（李黃解卷七，頁十。）

## 干旄

干旄，美好善也。衛文公臣子多好善，賢者樂告以善道也。此詩小序之全文。

**【佚文】**（一三四）「以素絲組馬以好賢者，臣子之好善也。人君之好善，則非特如此，必與之食天禄、共天位焉。柏舟之仁人，見愠於群小，以至於覯閔受侮者，以頃公故也。然則文公之臣子好善如此，亦以文公故也，故曰『一國之事，繫一人之本，謂之風』。」（呂記卷五，頁十六—十七；段解卷四，頁二二；備考卷四，頁十二；詩傳彙纂卷四，頁二二。）

子孑干旄。

【佚文】（一三五）「卿建旃，士建物，卿士設旄，旟則鄉黨之官所建〔一〕，旌則士之所未命，而無物者建之。」（李黄解卷七，頁十一；臨川集卷四三，頁四。）

【評】（七一）宋李樗曰：「然攷之九旗，皆注毛於干首，亦不必如是之分别也。案：爾雅『載旄於干頭』，注：旄首曰旌。則旄、旌一也，安得爲卿大夫則建之，士則不建之？」（李黄解卷七，頁十一—十二。）

素絲紕之，良馬四之。

【佚文】（一三六）「素絲爲組，所以帶馬；良馬所以好賢者也。」（呂記卷五，頁十七；慈湖詩傳卷四，頁十五；段解卷四，頁二三。）

素絲組之，良馬五之。

【佚文】（一三七）「紕之以爲組。」（呂記卷五，頁十八；段解卷四，頁二四。）

〔一〕「官」，李黄解作「士」，涉上下文三「士」字而誤，據臨川集卷四三乙改詩義誤字劄子改。

素絲祝之，良馬六之。

**【佚文】**（一三八）「組成而祝之，故初言紕，中言組，終言祝。祝，斷也。」（呂記卷五，頁十八；段解卷四，頁二四—二五；詩傳彙纂卷四，頁二三。）

## 載馳

視爾不臧，我思不閟。

**【佚文】**（一三九）「我思之歸於道爲不閟；不閟者，言於道通也。」（李黄解卷七，頁十五。）

**【評】**（七二）宋李樗曰：「不閟者，言我思常在目前也。王氏云：『……』非也。」（李黄解卷七，頁十五。）

詩載馳第二章通義。

**【佚文】**（一四〇）「宗國顛覆，變之大者，人情之至痛也。夫人致其思如此，然後盡于人心。夫人致其思，大夫致其義，非先王之澤，孰能使人如此？」（通釋卷三，頁二八；大全卷三，頁二二；詩傳彙纂卷四，頁二四。）

陟彼阿丘，言采其蝱。

**【佚文】**（一四一）「陟偏高之丘，以采蝱故也。采蝱者，將以除結澀之疾。譬之欲歸唁，非平夷之行也，亦將以解腹心之至憂故也。」（李黄解卷七，頁十六；吕記卷五，頁二十；段解卷四，頁二七；備考卷四，頁十四。）

百爾所思，不如我所之。

**【佚文】**（一四二）「百爾所思，不如我所之者，終欲歸唁之辭。」（吕記卷五，頁二一；段解卷四，頁二八；詩傳彙纂卷四，頁二五。）

## 衛風

### 淇奥

瞻彼淇奥，緑竹猗猗。

**【佚文】**（一四三）緑竹爲竹。「瞻彼淇奥，爲德之清潤深閟。緑竹猗猗，爲竹之虚節清和。」

(李黃解卷七,頁十八、十九;緗素雜記卷五,頁六。)

【評】(七三)清紀昀曰:「……今觀其書,頗引新經義及字説,而尊安石爲舒王。解詩『緑竹』一條,於安石之説,尤委曲回護,誠爲王氏之學者。」(四庫全書總目提要卷一一八,頁十五靖康湘素雜記下。)

有匪君子。

【佚文】(一四四)「考工記曰:『且其匪色,必似鳴矣。』匪者,有文章之謂也。」(呂記卷六,頁一;慈湖詩傳卷五,頁一;詩傳彙纂卷四,頁二七。)

瞻彼淇奥,緑竹猗猗。……瞻彼淇奥,緑竹青青。……瞻彼淇奥,緑竹如簀。

【佚文】(一四五)「緑竹猗猗者,言其少長未剛之時;青青,爲方剛之時;如簀,爲盛之至。」(李黃解卷七,頁十九。)

【評】(七四)宋李樗曰:「上章言猗猗、二章言青青、下章言簀者,盛也。王氏則以『……』此乃曲説也。」(李黃解卷七,頁十九。)

有匪君子，充耳琇瑩。……有匪君子，如金如錫，如圭如璧。

【佚文】（一四六）「充耳琇瑩，以言武公有其德而稱此服；如金如錫，如圭如璧，言其成德之貌。夫盛德之至，有剛有柔，而其化無方；或鋭或圓，而其成不易。其化無方，則所以爲道也；其成不易，則所以爲義也。」（李黄解卷七，頁二十。）

【評】（七五）宋李樗曰：「此蓋王氏隨字生義，隨句生意，非詩人之本意。」（李黄解卷七，頁二十。）

猗重較兮〔二〕。

【佚文】（一四七）「猗，倚也。重較者，所以爲慎固也。」（緗素雜記卷六，頁一；卷三，頁七。）

【評】（七六）宋黄朝英曰：「（蔡）元度確論云：『……猗重較兮……中有所倚而生嘆也。』……以猗爲嘆辭，恐于義未安，蓋亦不詳考舒王經義，而誤爲之説也。（舒王）淇澳義云：『……』猗自訓倚，而以爲中有所倚而生嘆，豈其誤歟！」（緗素雜記卷六，頁一。）

---

〔二〕　淇奧末章「倚重較兮」，唐石經、小字本、相臺本、閩本、明監本、毛本「倚」皆作「猗」（皆見阮元毛詩注疏校勘記），安石所據本亦作「猗」。

## 考槃

碩人之寬……永矢弗諼。……碩人之薖……永矢弗過。……碩人之軸……永矢弗告。

【佚文】（一四八）碩人自誓不忘君之惡，自誓不復入君之朝，自誓不復告君以善道。（李黄解卷七，頁二一四；參密齋筆記卷一，頁九載鄭俠引。）

【評】（七七）宋謝采伯曰：「鄭介夫俠聞子姪用王氏學講考槃之義，曰：『非也。忿戾若此，何以爲碩人？弗諼者，弗忘君也。弗過者，弗以君爲過也；弗告者，弗以告他人也。』」（密齋筆記卷一，頁九。）

【評】（七八）宋李樗曰：「信如鄭氏之説[二]，則是所謂碩人者，乃躁急之人，安得所謂『碩人之寬』之義哉？且君臣猶父子也，雖不見用，可以怨望而爲誓若此哉？王氏亦從此説。敏案：謂從鄭箋。歐陽、程氏、楊龜山破其説。……程氏、楊氏之説爲善……以『永矢弗諼』爲自陳不能忘其君，以『永矢弗過』爲自陳其不得過君之朝，以『永矢弗告』爲自陳不得告君以

[二] 「鄭」，原作「毛」。按考槃「永矢弗諼」鄭箋云：「長自誓以不忘君之惡。」知此義當爲鄭氏之説，據改。

善。矢如『臯陶矢厥謨』之『矢』同。此説是也。」（李黄解卷七，頁一四。）〔一〕

## 碩人

碩人其頎……齊侯之子，衛侯之妻，東宮之妹，邢侯之姨，譚公維私。

**【佚文】**（一四九）「言族類之貴。」（吕記卷六，頁五。）

手如柔荑，膚如凝脂，領如蝤蠐，齒如瓠犀，螓首蛾眉。巧笑倩兮，美目盼兮。

**【佚文】**（一五〇）「言容色之美。」（吕記卷六，頁六。）

碩人敖敖，説于農郊。

**【佚文】**（一五一）「『説』當作『駕説』之『説』。先儒謂『説』當作『襚』，誤矣。」（李黄解卷七，

〔一〕「永矢弗諼」至「之矢同」，考之二程全書伊川經説卷三，頁六—七，非程伊川説此詩之原文；而散見於吕記卷六，頁四所引者，大致爲龜山此文。其因破安石新義而作，顯然。

頁二八。）

大夫夙退，無使君勞。

**【佚文】**（一五二）「國人所樂得以配君也。夫以莊姜容貌之飾、車服之盛、顏色之美，宜其見答；乃不見答，此詩所以閔之也。」（李黄解卷七，頁二一七。）

河水洋洋，北流活活。

**【佚文】**（一五二之一）因河水與人情放縱難制，所以致嬖妾上僭而薄於夫人。（李黄解卷七，頁二一七；敏案：據李黄解，此程氏之説，而安石之説與相類。）

施罛濊濊，鱣鮪發發，葭菼揭揭。

**【佚文】**（一五三）「施罛譬則莊姜，鱣鮪譬則莊公，葭菼則取譬未可必信也。」（李黄解卷七，頁二一七。）

庶姜孽孽。

**【佚文】**（一五四）「（孽孽，）非一孽。」（李黄解卷七，頁二七。）

**【評】**（七九）宋李樗曰：「據莊姜所患者，一州吁爾，安得謂之非一孽乎？此蓋言莊姜所嫁之時如此，而不見答，所以爲可閔也。」（李黄解卷七，頁二七—二八。）

## 氓

言既遂矣，至于暴矣。兄弟不知，咥其笑矣。

**【佚文】**（一五五）「兄弟不知我之見暴，故笑；知則悲傷矣。」（李黄解卷八，頁五。）

詩氓六章通義。

**【佚文】**（一五六）「一章、二章爲美反正。三章爲刺淫泆。四章爲華落色衰，復相棄背。五章、六章言困而自悔，喪其妃耦。」（李黄解卷八，頁二。）

**【評】**（八〇）宋李樗曰：「據序，所謂反正即所謂自悔者，豈一章、二章既言反正，五章、六章又言自悔？是一事而分爲兩也。」（李黄解卷八，頁二。）

## 竹竿

籊籊竹竿，以釣于淇。

【佚文】（一五七）「釣有男下女之道，故詩人者每以釣喻夫婦之相求。」（李黄解卷八，頁六。）

【評】（八一）宋李樗曰：「淇水者，言衛女嫁於異國，故思淇水，若泉水之詩所謂『思須與漕，我心悠悠』、載馳所謂『我行其野，芃芃其麥』之類是也。若謂『以釣于淇』而取譬夫婦，何必獨言淇水乎？」（李黄解卷八，頁六—七。）

巧笑之瑳，佩玉之儺。

【佚文】（一五七之一）「巧笑之瑳，佩玉之儺，言雖不見答，而能自强以禮也。」（李黄解卷八，頁八。）

【評】（八二）宋李樗曰：「王氏謂：『……』王氏欲以此説强合於序，其説非也。據序，但謂思而能以禮者也，非謂能自强以禮也。」（李黄解卷八，頁八。）

淇水滺滺，檜楫松舟。

【佚文】（一五八）二句皆以喻夫婦。（李黄解卷八，頁七。）

## 芄蘭

芄蘭之支，童子佩觿。……芄蘭之葉，童子佩韘

【佚文】（一五九）「芄蘭之爲物，不能自立，以刺無禮。」（李黄解卷八，頁九。）

【佚文】（一六〇）「支，離矣；葉則離本遠矣。離本遠則尤柔不能自立，以刺無禮之甚。」（李黄解卷八，頁九。）

## △河廣

## △伯兮

## 有狐

有狐綏綏，在彼淇厲。

【佚文】（一六一）「岸近危曰厲。」（吕記卷六，頁二十；詩緝卷六，頁二五；黄氏日抄卷四，

頁十七；備考卷四，頁二七；詩傳彙纂卷一，頁五一。）

【評】（八三）宋黃震曰：「在彼淇厲，傳謂深可厲之厲，恐不若王氏謂『岸近危曰厲』。」（黃氏日抄卷四，頁十七；此條亦見「古名儒毛詩解」中之黃震「讀詩一得」頁十三。）

心之憂矣，之子無裳。……心之憂矣，之子無帶。……心之憂矣，之子無服。

【佚文】（一六二）「無裳則憂其無裳而已，無帶則又憂無服，則所憂者衆矣。」（李黃解卷八，頁十五。）

【評】（八四）宋李樗曰：「毛氏曰：『無室家如無衣服。』此曲說也。王氏曰：『……』此說是也。蓋此詩言無裳無帶無服，但言其衣服之不備也。」（李黃解卷八，頁十五。）

## 木瓜

投我以木瓜，報之以瓊琚。……投我以木桃，報之以瓊瑤。……投我以木李，報之以瓊玖。

【佚文】（一六三）「木瓜、木桃、木李，以言齊桓公投我以仁之實。」「投我者彌薄，則實齊桓之德爲薄。」「報之者彌厚。」（三段文皆見李黃解卷八，頁十七。）

【評】（八五）宋李樗曰：「此蓋言人遺我以微物，必有以厚報之；況齊桓之德如此其大，則報之當如何？王氏……（之）説鑿矣。……既謂齊桓之德薄，又謂『報之者彌厚』，是豈衛人之情乎？」（李黄解卷八，頁十七。）

# 詩經新義　卷四　國風

## 王風

### 黍離

彼黍離離，彼稷之苗。……彼黍離離，彼稷之穗。……彼黍離離，彼稷之實。

【佚文】（一六四）「視稷而謂之黍者，憂而昏也。」（邵氏聞見後録卷五，頁三；李黄解卷八，頁二十。）

【評】（八六）宋邵博曰：「程氏解：彼黍者，我后稷之苗也。校先儒平易明白；王説固爲穿鑿云。」（邵氏聞見後録卷五，頁三。）

【評】（八七）宋李樗曰：「不必如此説。如蓼莪之詩曰『蓼蓼者莪，匪莪伊蒿』，則可以如此説。至於此詩則不可。箕子閔商之歌曰『麥秀漸漸兮，禾黍油油』，既曰麥秀，又曰禾黍，則亦與此同意。彼稷之苗、彼稷之穗、彼稷之實，以見盡爲禾黍之意。」（李黄解卷八，頁二十一—二一。）

## △君子于役

### 君子陽陽

君子陽陽，左執簧。……君子陶陶，左執翿。

【佚文】（一六五）「左執者，言無所事也。簧，所以爲聲；翿，所以爲容。隱則無所事於容聲，故曰左執簧、左執翿。」（李黄解卷八，頁二三；尚書全解卷二三，頁四）「簧、翿取聲容之義，不必仕於伶官也。」（李黄解卷八，頁二三。）

【評】（八八）宋李樗曰：「據詩言，左執簧，但是左手所執，非以無所事爲義。……（又）據此詩言，正是君子仕於伶官，而謂不必仕於伶官，非也。」（李黄解卷八，頁二三—二四。）

【評】（八九）宋林之奇曰：「王氏之説經……喜鑿，故於君子陽陽之詩曰：『……』信如此説，則簡兮之詩亦是賢者不遇而作，而曰『左手執籥』，爲其無事於聲可也。至於右手執翟，則爲有事於容乎？王氏於此則無説，以其説之不通故也。」（尚書全解卷二三，頁四。）

## 揚之水

揚之水，不流束薪。

**【佚文】**（一六六六）「水之揚，足以流束薪。」（李黄解卷八，頁二一五。）

**【評】**（九〇）宋李樗曰：「其意則亦謂揚（之）水可以流束薪，而今乃不能。非也。據詩，但言揚之水不流束薪，安得謂水之揚足以流束薪乎？」（李黄解卷八，頁二一五。）

## 中谷有蓷

中谷有蓷，暵其脩矣。

**【佚文】**（一六六七）「脩，久也；言久暵矣而又苦濕焉。」（李黄解卷九，頁一一〇。）

## 兔爰

有兔爰爰，雉離于羅。……有兔爰爰，雉離于罦。……有兔爰爰，雉離于罿。

**【佚文】**（一六八）「有兔爰爰，以喻背叛之諸侯。雉離于羅，以喻傷敗之王師。」（李黄解卷九，頁四。）

**【佚文】**（一六九）「羅、罦、罿皆網類。網，不信之器也。王不信，將以罔諸侯，而終至於自罔。」（李黄解卷九，頁四。）

**【評】**（九一）宋李樗曰：「此説皆非詩人之本意。……迂回曲折，求合於序。皆所不取。」（李黄解卷九，頁四。）

我生之初，尚無爲。……我生之初，尚無造。……我生之初，尚無庸。

**【佚文】**（一七〇）「我生之初，尚無爲、尚無造、尚無庸，非志於功名者也。非志於功名，而憂在於天下，故謂之君子。」（李黄解卷九，頁四。）

我生之後，逢此百罹。……我生之後，逢此百憂。……我生之後，逢此百凶。

**【佚文】**（一七一）「凶甚於憂，憂甚於罹。」（李黄解卷九，頁五。）

**【評】**（九二）宋李樗曰：「罹，憂也。……百憂、百凶亦是百罹之意。王氏……皆是强爲之説。據詩，三章皆是一意，但換其韻耳。」（李黄解卷九，頁四—五。）

## 葛藟

緜緜葛藟，在河之滸。

【佚文】（一七二）「河滸，水所盪，危地也。潤澤葛藟而生之，則所以自固，猶之王者敦敘九族而親之，亦所以自固。」（李黄解卷九，頁七。）

終遠兄弟，謂他人父。……終遠兄弟，謂他人母。……終遠兄弟，謂他人昆。

【佚文】（一七三）「謂他人父，謂他人母，謂他人昆，所謂不愛其親而愛他人。」（呂記卷七，頁十二；段解卷六，頁十四。）

## △采葛

## 大車

大車檻檻，毳衣如菼。

**【佚文】**（一七四）「大車，大夫之車也。」（李黄解卷九，頁十。）

**【佚文】**（一七五）「此大夫也，而服毳者，以禮考之：子男之服，自毳冕而下，如侯伯之服。則子男五命，衣服以五爲節。〔二〕典命：王之三公八命，其卿六命，其大夫四命；及其出封，皆加一等。蓋八命加一等，所謂上公九命，其服以九爲節也。其未出封，則與侯伯同服矣。公與侯伯同服，則卿與子男同服矣。此詩所謂周大夫者卿也；然則司服所謂卿大夫之服，自玄冕而下者，諸侯之卿大夫也。」（段解卷六，頁十七；李黄解卷九，頁十；吕記卷七，頁十四；詩緝卷七，頁十七；通釋卷四，頁十八；會通卷四，頁十八；大全卷四，頁十七。）

**【評】**（九三）宋李樗曰：「王氏……泥於詩序『刺周大夫』之言也。……大車檻檻，毳衣如菼，乃古聽訟者之車服也。作此詩刺周之大夫，而詩之所陳乃是古大夫，不可執今之大夫而求合於詩序也。」（李黄解卷九，頁十。）

大車檻檻，毳衣如菼。　……大車啍啍，毳衣如璊。

---

〔二〕「此大夫也」至「以五爲節」，吕記及各家皆未引，段解據安石詩經新義則有録。又通釋、大全及會通所引，删略尤多，而李黄解則僅取安石此文大意，束爲一句。

**【佚文】**（一七六）「如菼，言其衣之色；如璊，言其裳之色也。」（段解卷六，頁十八—十九，李黄解卷九，頁十一；吕記卷七，頁十四。）

## 丘中有麻

彼留子國，將其來食。

**【佚文】**（一七七）「（將其來食，）將其來而禄於朝也。」（李黄解卷九，頁十四。）

# 鄭風

## 緇衣

緇衣之宜兮，敝，予又改爲兮。

**【佚文】**（一七八）「緇衣，朝服也。」（吕記卷八，頁二。）

適子之館兮，還，予授子之粲兮。

【佚文】（一七九）「粲，粟治之精者。」（呂記卷八，頁二；段解卷七，頁二；詩緝卷八，頁三；詩傳彙纂卷五，頁二三。）

緇衣之蓆兮，敝，予又改作兮。

【佚文】（一八〇）蓆，多也；言予之多也。（李黄解卷九，頁十七。）

【評】（九四）宋李樗曰：「既以蓆爲予之多，又曰『敝，予又改作兮』，則上下文殊不相貫，豈有予之多而又改作邪？」（李黄解卷九，頁十七。）

## 將仲子

將仲子兮，無踰我里，無折我樹杞。……將仲子兮，無踰我牆，無折我樹桑。……將仲子兮，無踰我園，無折我樹檀。

【佚文】（一八一）「始曰無踰我里，中曰無踰我牆，卒曰無踰我園：以言仲子之言彌峻，而莊公拒之彌固也。始曰無折我樹杞，中曰無折我樹桑，卒曰無折我樹檀：以言莊公不制段於早，而段之彌强也。」（李黄解卷九，頁二十。）

## △叔于田

## 大叔于田

大叔于田，刺莊公也。叔多才而好勇，不義而得衆也。此詩小序之全文。

**【佚文】**（一八二）「人君明義以正衆，使衆知義，而孰敢爲不義？爲不義，則衆之所棄也，安能得衆哉？」（李黄解卷九，頁二六。）

## 清人

清人，刺文公也。高克好利而不顧其君，文公惡而欲遠之不能，使高克將兵而禦狄于竟，陳其師旅，翺翔河上，久而不召，衆散而歸，高克奔陳。公子素惡高克進之不以禮，文公退之不以道，危國亡師之本，故作是詩也。此詩小序之全文。

【佚文】（一八三）「未有義而後其君者也。高克既好利，不顧其君，文公惡而欲遠之，又不能也，於是使將兵而禦狄于竟，翱翔河上，久而不召，惟以此爲去高克之上策。故公子素惡高克事其君不以禮，而文公去其臣不以道，所以致師散而將奔，是乃危國亡師之本，故作是詩也。清人在彭、在消、在軸，皆鄭地也。清，鄭之邑也；彭、消、軸，鄭郊也。清人，言當時高克將兵皆清邑之人；彭、消、軸，皆所次之地。」（李黄解卷十，頁一。）

二矛重英。

【佚文】（一八四）「英之以毛羽。」（吕記卷八，頁十一；段解卷七，頁十一；六家詩名物疏卷二十，頁八。）

左旋右抽，中軍作好。

【佚文】（一八五）「左旋者，軍之左旋而歸也。右抽者，軍之右抽而退。中軍作好者，中軍，高克所自將也；蓋其散最後，以高克所自將故也。後散者豈誠好於高克而留哉？亦作好而已。」（李黄解卷十，頁二。）

【評】（九五）宋楊時曰：「左旋右抽，當從舊説。左謂御者在左，右謂戎者在右，中謂將軍居中也。左旋謂回旋其車，右抽謂抽刃以習擊刺。高克自居軍中之容好貌。」（李黄解卷十，頁二引。）

清人在彭。……清人在消。……清人在軸。

敏案：清、彭、消、軸皆鄭地，已見小序下王安石詩經新義佚文。

## 羔裘

羔裘如濡，洵直且侯。彼其之子，舍命不渝。

**【佚文】**（一八六）「群而不黨則宜直，致恭而有禮則宜侯；侯以順王命爲善故也。君能直己以順王命，則其臣化之、舍命不渝矣。」洵直且侯爲君，舍命不渝爲臣。（李黄解卷十，頁四。）

羔裘豹飾，孔武有力。彼其之子，邦之司直。羔裘晏兮，三英粲兮。彼其之子，邦之彦兮。

**【佚文】**（一八七）此詩皆分作君、臣事：孔武有力爲君，邦之司直爲臣；三英粲兮爲君，邦之彦兮爲臣。（李黄解卷十，頁四。）

## 遵大路

遵大路兮。

**【佚文】**（一八八）「言君子循道以去其君。」（李黄解卷十，頁六。）

無我魗兮，不寁好也。

**【佚文】**（一八九）「（二句，）國人留君子之言。　故舊無大故，則不棄也；好之宜忘其醜。」（李黄解卷十，頁七。）

**【評】**（九六）宋李樗曰：「（王氏之説）於文勢皆不相貫，難信其説。　詳觀此詩，乃是國人見君子之去，則欲留之也。」（李黄解卷十，頁七。）

## △女曰雞鳴

## 有女同車

有女同車，刺忽也；鄭人刺忽之不昏于齊。太子忽嘗有功于齊，齊侯請妻之；齊女賢而不取，卒以無大國之助，至於見逐，故國人刺之。此詩小序之全文。

**【佚文】**（一九〇）「娶大國賢女，以其有助，則無國家之難矣。忽不務此而辭之，以爲廉，終至於公子互爭而兵革不息〔一〕，國人皆不得保其室家也。」（李黃解卷十，頁十二；臨川集卷四三，頁五；辨證卷二，頁七四。）

有女同車。

**【佚文】**（一九一）「忽之小廉，適足以致大亂也，此詩所以刺之也。」（李黃解卷十，頁十一。）

彼美孟姜。

〔一〕 臨川集卷四三乞改詩義劄子，乞將本篇「公子五争」改爲「公子五爭」。敏案：「争」，李黃解引作「爭」，合安石新改本；而「五」，則引作「互」。又案：考之史傳，時鄭諸公子争位，非「五」次，故「五」當爲「互」，形近而誤。

【佚文】（一九二）下文敏案：謂「有女同車」下之文。乃是孟姜。（李黄解卷十，頁十一。）

有女同車……佩玉瓊琚。彼美孟姜，洵美且都。有女同行……佩玉將將。彼美孟姜，德音不忘。

【佚文】（一九三）「古之人於玉比德焉：於瓊琚，言德之容；於將將，言德之音；言所宜各以其類也。」（呂記卷八，頁十七；段解卷七，頁十九；通釋卷四，頁三七；大全卷四，頁三四；備考卷五，頁二六；蒙引卷四，頁八；詩傳彙纂卷五，頁三七。）

△山有扶蘇

△蘀兮

狡童

彼狡童兮，不與我言兮……使我不能餐兮。彼狡童兮，不與我食兮……使我不能息兮。

**【佚文】**（一九四）「不與我言，是不與我治天職也。不與我食，是不與我食天禄也。弗與治天職、食天禄，所謂賢人者亦可以已矣，而至於不能食、息者何哉？忽猶足與爲善也。」（李黄解卷十，頁十六；辨證卷二，頁八一。）

**【評】**（九七）宋李樗曰：「此説非也。鄭忽豈足與爲善哉？既以爲狡童，則其不足與爲善也明矣。……蓋民言鄭忽不與賢人圖事，我是以憂其滅亡而不能餐、息也。」（李黄解卷十，頁十六。）

## 褰裳

子惠思我，褰裳涉溱。

**【佚文】**（一九五）大國惠然念我鄭國，欲來爲我正亂，褰其衣裳，涉溱水而至，其道非遠；言甚易而弗肯來爾。（李黄解卷十，頁十七。）

子不我思，豈無他人？……子不我思，豈無他士？

**【佚文】**（一九六）「『子不我思，豈無他人？』蓋望乎大國之君大夫；既不可望，則又思其微者，故又曰『子不我思，豈無他士？』」（李黄解卷十，頁十七。）

## 丰

叔兮伯兮，駕予與行。……叔兮伯兮，駕予與歸。

**【佚文】**（一九七）「叔兮伯兮，駕予與行、駕予與歸者，謂壻親迎之，叔伯以女悔而不隨，故但相與駕而行以歸也。」（李黄解卷十，頁十九。）

**【評】**（九八）宋李樗曰：「孔氏謂：（女）呼迎者之字云：『叔兮伯兮！若復駕車而來，我則與之行矣！』此説是也。王氏……論叔伯既已失詩人之意，而其論駕予與行、駕予與歸之義，又非詩人之意。不可從也。」（李黄解卷十，頁十九。）

## 東門之墠

東門之墠，茹藘在阪。

**【佚文】**（一九八）「東門之墠，言以禮則平易；茹藘在阪，言以道則阪險。」（李黄解卷十，頁二一。）

△風雨

## 子衿

子衿，刺學校廢也；亂世則學校不脩焉。此詩小序之全文。

**【佚文】**（一九九）「世之亂生於上之人不學，莫知反本以救之。顧顛沛於末流以紓目前之患，而以學爲不切於世務，此學校所以廢也。」（呂記卷八，頁二五；段解卷七，頁二七；備考卷五，頁三四。）

縱我不往，子寧不嗣音？

**【佚文】**（二〇〇）「（嗣音，）嗣弦歌之聲。三年不爲樂，樂必崩，故嗣音不可忘也。」（李黄解卷十，頁二四；辨證卷二，頁九十。）

青青子衿，悠悠我心。……青青子佩，悠悠我思。

**【佚文】**（二〇一）「衿在上，佩在下。青青子佩者，則又思其次也。嗣音不可見矣，子寧不來，則又望其次也。」（李黃解卷十，頁二四。）

挑兮達兮，在城闕兮。一日不見，如三月兮。

【佚文】（二〇二）挑讀爲佻，達讀爲撻。（李黃解卷十，頁二四。）

【佚文】（二〇三）「在城闕者，學校廢於鄉黨也。」（李黃解卷十，頁二四。）

【佚文】（二〇四）一日不見，如三月兮，言禮樂不可一日而廢也。（李黃解卷十，頁二四。）

詩子衿三章通義。

【佚文】（二〇五）「人之行莫大於孝，此乃人道，未至於天道。」（李黃解卷十，頁二五。）

【評】（九九）宋李樗曰：「學校者，教化之本原也。王氏解此詩，其義最詳，自三代之學以下數百言；其學者致爪掌之力而固執之，龜山力辨之矣。……夫子衿之所刺，蓋傷人倫之廢。其（王安石）於人道、天道分而爲二，盡子道則人倫之道盡矣，盡人道不能盡天道，則天道果何物哉？學者雖多，徒亦贅矣。」（李黃解卷十，頁二五—二六。）

△揚之水

△出其東門

## 野有蔓草

野有蔓草，零露漙兮。

**【佚文】**（二〇六）草之所以能延蔓者，被盛露也；民之所以能蕃息者，蒙君澤也。（李黄解卷十一，頁二。）

**【評】**（一〇〇）宋李樗曰：「此……徒見序言『君之澤不下流』，以爲此説。則上文曰『野有蔓草，零露漙兮』；下文曰『有美一人，清揚婉兮』，則其文勢不相貫。以詩中之文而觀之，恐詩人之意不如此也。」（李黄解卷十一，頁三。）

## 溱洧

溱洧，刺亂也。兵革不息，男女相棄，淫風大行，莫之能救焉。此詩小序之全文。

【佚文】（二〇七）「羞惡之心，莫不有之，而其爲至於如此者，豈其人性之固然哉？兵革不息，男女相棄而無所從歸也，是以至於如此。然則民之失性也，爲可哀；君之失道也，爲可刺。」（呂記卷八，頁三十；段解卷七，頁三二；詩緝卷八，頁四十一—四一；詩傳彙纂詩序上，頁三六。）

# 詩經新義　卷五　國風

## 齊風

### 雞鳴

蟲飛薨薨，甘與子同夢；會且歸矣，無庶予子憎。

【佚文】（二〇八）「蟲飛薨薨，甘與子同夢，情也。會且歸矣，無庶予子憎，義也。」（呂記卷九，頁二一；段解卷八，頁三一；通釋卷五，頁三一；大全卷五，頁三一；詩傳彙纂卷六，頁三一。）

### 還

子之還兮，遭我乎狃之間兮。……並驅從兩肩兮。

【佚文】（二〇九）「並驅則遭我，又非一人而已。」前漢地理志引詩云：『子之營兮，遭我乎嶩之間兮。』顔師古注云：『毛詩作還，齊詩作營。』『巙，山名也；字或作峱，亦作嶩，音皆乃高反。』」（呂記卷九，頁三；段解卷八，頁四；備考卷六，頁三。）

子之還兮，遭我乎峱之間兮。……子之茂兮，遭我乎峱之道兮。……子之昌兮，遭我乎峱之陽兮。

【佚文】（二一〇）「峱之間，禽獸所在。峱之道，則人所往來，禽獸宜少。以峱之陽，則出於峱間遠矣，禽獸宜甚少也。」（李黄解卷十一，頁八。）

## 著

詩著三章通義。

【佚文】（二一一）「仁以親之，義以帥之，信以成之：夫道也。以充耳之素配義，以充耳之青配仁，以充耳之黄配信。」（李黄解卷十一，頁十一。）

## △東方之日

## 東方未明

東方未明，刺無節也。朝廷興居無節，號令不時，挈壺氏不能掌其職焉。此詩小序之全文。

**【佚文】**（二一二）「日月之行，有冬有夏，而晝夜之晷，有短有長，先王由是分十有二時於一晝一夜之間，以漏箭準十二時而爲百刻，寅申巳亥子午卯酉之八時，每時各占八刻，則合而爲六十四刻。辰戌丑未之四時，每時各占九刻，則合而爲三十六刻。以百刻定長短而分晝夜，於是立挈壺氏之職。以壺盛水而爲漏水，以正十二時之刻。早暮之期，於此正矣。後世挈壺氏不能掌其職，『不能辰夜，不夙則莫』，此詩人所以刺也。」（六經天文編頁七二—七三。）

折柳樊圃，狂夫瞿瞿。

**【佚文】**（二一三）「折柳樊圃，則其於限禁也，不足賴矣；狂夫瞿瞿，則其於守視也，不足任矣。」（李黄解卷十一，頁十五—十六。）

南山

魯道有蕩，齊子由歸。

**【佚文】**（二一四之一）「謂文姜曰齊子者，以爲此齊之子也，而淫於齊。」（呂記卷九，頁九；段解卷八，頁十。）

葛屨五兩，冠緌雙止。

**【佚文】**（二一四）「（二句，）言匹之尤不當也。」（李黄解卷十一，頁十七。）

△甫田

△盧令

敝笱

齊子歸止，其從如水。

**【佚文】**（二一五）「從」當爲「泛」。（李黄解卷十一，頁二三。）

△載驅

猗嗟

巧趨蹌兮，射則臧兮。

**【佚文】**（二一六）「趨，蹌之巧也。」（吕記卷九，頁十七；段解卷八，頁十八。）

儀既成兮，終日射侯，不出正兮。

**【佚文】**（二一七）「儀既成兮，言其威儀之備也。」（吕記卷九，頁十八；段解卷八，頁十九；詩緝卷九，頁二一。）

射則貫兮。四矢反兮，以禦亂兮。

**【佚文】**（二一八）「貫而中革。」（吕記卷九，頁十九；段解卷八，頁十九。）

## 魏風

### 葛屨

糾糾葛屨，可以履霜。

**【佚文】**（二一九）「糾糾者，糾之又糾，而不棄也。」（李黄解卷十二，頁一。）

### 汾沮洳

彼其之子，美無度。……殊異乎公路。……彼其之子，美如英。……殊異乎公行。

**【佚文】**（二二〇）公路，道也。公行，人君之行也。（李黄解卷十二，頁四。）

彼汾沮洳。……彼汾一方。……彼汾一曲。

**【佚文】**（二二一）「沮洳則以託言其卑，一方則以託言其遠，一曲則以託言其不正。」（李黄解卷十二，頁四。）

## 園有桃

園有桃，其實之殽。……園有棘，其實之食。

**【佚文】**（二三二）「資園桃以爲殽，賴園棘以爲食，非特儉嗇而已，又不能用其民。」（李黄解卷十二，頁六。）

**【評】**（一〇一）宋李樗曰：「歐曰：『桃非終歲常食之物，於理不通。』以歐氏觀之，則知王、鄭之説爲不足取矣。」（李黄解卷十二，頁六。）

不我知者，謂我士也驕。

**【佚文】**（二三三）「儉而非之，則疑於驕。」（李黄解卷十二，頁六；吕記卷十，頁六；段解卷九，頁六；詩傳彙纂卷六，頁二六。）

## 陟岵

母曰：「嗟！予季行役，夙夜無寐。」

**【佚文】**（二二四）「尤憐愛少子者，婦人之情也。」（吕記卷十，頁七；段解卷十，頁八；詩緝卷十，頁八；備考卷六，頁十八。）

陟彼岵兮，瞻望父兮。……陟彼屺兮，瞻望母兮。……陟彼岡兮，瞻望兄兮。

**【佚文】**（二二五）「初曰陟彼岵兮，以草木蔽障，害於瞻望父兄也，故中曰陟彼屺兮；以屺瞻望有所不見也，卒曰陟岡。今且從爾雅之説。蓋所思漸極，則所登漸高，期於瞻望可及也。」（李黄解卷十二，頁九。）

## 十畝之間

十畝之間，刺時也。言其國削小，民無所居焉。此詩小序之全文。

**【佚文】**（二二六）「先王建萬國，親諸侯，使小事大，大比小。有相侵者，方伯連帥治而正之，是以諸侯不失其分地，而庶民保其常産。周道衰，彊陵弱，衆蹙寡，天子方伯連率無以制之。有國者亦多不知所以守其封疆。此詩所爲作也。」（吕記卷十，頁八；段解卷九，頁九。）

十畝之間兮，桑者閑閑兮。……十畝之外兮，桑者泄泄兮。

**【佚文】**（二二七）閑閑，暇而不遽也。泄泄，舒而不迫也。（李黄解卷十二，頁十一。）

△伐檀

△碩鼠

# 詩經新義　卷六　國風

## 唐風

### △蟋蟀

### 山有樞

詩山有樞三章通義。

【佚文】（二二八）「山隰有樞、榆、栲、杻、漆、栗，以自庇飾爲美者，而人所資賴。今也有衣裳弗能曳婁，有車馬弗能馳驅，有朝廷弗能洒埽，有鍾鼓弗能鼓考，有酒食弗能爲樂，曾山隰之不如也。」（李黄解卷十二，頁二二一。）

【佚文】（二二九）「樞、榆、栲、杻，宫室器械之材，而漆則可以飾器械，栗則可食也。曳婁其衣裳，驅馳其車馬，洒埽其廷内，考擊其鐘鼓，則所以修其政，故以樞、榆、栲、杻刺之。」（李黄解卷十二，頁二一。）

## 揚之水

揚之水，白石鑿鑿。

**【佚文】**（二三三〇）水以喻昭公，石以喻桓叔。言昭公微弱不能制桓叔，使之得時以成其彊盛，亦猶水之揚不能流白石，衹以益其鑿鑿耳。（李黄解卷十二，頁二四。）

素衣朱襮，從子于沃。

**【佚文】**（二三三一）朱襮朱繡，爲大夫之僭禮；亂生於衣服之間。（李黄解卷十二，頁二四。）……素衣朱繡，從子于鵠。

**【評】**（一〇二）宋李樗曰：「其説爲桓叔僭爲此服，既是以桓叔爲僭，則下文『從子于沃』不相貫。沃即曲沃，桓叔所封也。」（李黄解卷十二，頁二四—二五。）

## 椒聊

椒聊之實，蕃衍盈升。

**【佚文】**（二三三二）「（聊，）薄略之辭。」（李黄解卷十三，頁一。）

**【佚文】**（二三三三）「（二句，）至治馨香。能修其政，則馨香上達。」（李黄解卷十三，頁二。）

## 綢繆

綢繆束薪，三星在天。

**【佚文】**（二三三四）男女合婚，猶薪芻之束，必綢繆固之，而後可以望其合也。（李黄解卷十三，頁四。）

今夕何夕？見此良人。

**【佚文】**（二三三五）「見此良人，言女子之失時者也。」（吕記卷十一，頁十；詩緝卷十一，頁十四；詩傳彙纂卷七，頁九。）

今夕何夕？見此邂逅。

**【佚文】**（二三六）「今夕何夕，見此邂逅，以失時也，故思不期而會焉。」（呂記卷十一，頁十；李黄解卷十三，頁六；備考卷七，頁八。）

今夕何夕？見此粲者。

**【佚文】**（二三七）「見此粲者，言男子之失時也。」（呂記卷十一，頁十；詩緝卷十一，頁十五；詩傳彙纂卷七，頁十。）

子兮子兮！如此粲者何？

**【佚文】**（二三八）「亂甚矣，雖貴者亦不得以時娶。」（李黄解卷十三，頁六。）

## 杕杜

有杕之杜，其葉湑湑。

**【佚文】**（二三九）「湑湑，潤澤也。」（呂記卷十一，頁十一；詩緝卷十一，頁十六；詩經世本古義卷二四之上，頁一一二。）

**【佚文】**（二四〇）「杜之實不足食而又特生，然其葉湑湑然，則亦能庇其本根。君不能親其宗族，骨肉離散，曾杕杜之不如也。」（李黄解卷十三，頁七—八。）

**【評】**（一〇三）宋李樗曰：「王氏説蓋本於左傳：宋昭公欲去群公子，樂豫曰：『公族，公室之枝葉也。葛藟猶能庇其根本〔一〕，故君子以爲比，況國君乎？』見文七年。王説蓋本於此。」（李黄解卷十三，頁八。）

獨行踽踽。豈無他人？不如我同父。

**【佚文】**（二四一）「言既無同父，雖有他人，猶獨行也。」（李黄解卷十三，頁八。）

獨行睘睘。豈無他人？不如我同姓。

**【佚文】**（二四二）「同姓雖非同父，猶愈於他人耳。」（詩緝卷十一，頁十七；詩經世本古義卷二四之上，頁二。）

〔一〕「根本」，左傳文公七年作「本根」。

## 羔裘

羔裘豹祛。……羔裘豹褎。

**【佚文】**（二四三）「羔裘，在位之服也。祛，在手操執以從事，指麾以使人也。羔裘而豹祛，則其在位操事，使人以猛而已，非恤其民者也。褎，祛之末而已。羔裘而豹褎，則其猛又甚矣。」（李黃解卷十三，頁十。）

自我人居居。……自我人究究。

**【佚文】**（二四四）「居居者，固而不知變。究究者，窮而不能通。」（李黃解卷十三，頁十。）

## 鴇羽

肅肅鴇羽。

**【佚文】**（二四五）「肅肅，疾也。」（呂記卷十一，頁十四。）

詩鴇羽三章通義。

**【佚文】**（二四六）此詩始曰鴇羽，中曰鴇翼，卒曰鴇行；始曰稷黍，中曰黍稷，卒曰稻粱；始曰何怙，中曰何食，卒曰何嘗；始曰有所，中曰有極，卒曰有常：中甚於始，終甚於中。（李黄解卷十三，頁十四。）

**【佚文】**（二四七）「木欲静而風不停，子欲養而親不待，此皆孝子之心。其愛親也勤，思親也篤，故汲汲於愛日以事親，惟恐失之。故願爲人兄，不願爲人弟，其愛日也如此。今以征役之故，不特廢其温凊定省之禮，又且無以爲卒歲奉養之備，其情豈不傷哉！此詩如北山、蓼莪、陟岵，皆孝子不得奉養父母，故其詩哀以思也。當征伐之時，其心猶不忘，苟在父母之側，其事親爲何如？」（李黄解卷十三，頁十四—十五。）

## 無衣

豈曰無衣七兮？

**【佚文】**（二四八）「周禮司服所謂『侯伯之服，自鷩冕而下，如公之服』，即典命所謂『侯伯七

命』，衣服以『七』爲節也。」（通釋卷六，頁十六—十七；大全卷六，頁十四。）〔二〕

豈曰無衣六兮？

**【佚文】**（二四九）「七者侯伯之服也，六者子男之服也。子男之服，以『五』爲節，而曰『六』者，天子之卿六命，與子男同服故也。」（呂記卷十一，頁十六；李黄解卷十三，頁十六；通釋卷六，頁十八；會通卷六，頁十五—十六載輯録引；大全卷六，頁十六。）

**【評】**（一〇四）宋李樗曰：「據周官典命云：『子男五命，其國家宮室車旗衣服禮儀，皆以五爲節。』秋官大行人云：『諸公、諸子、諸男，冕服五章。』安得以『六』爲子男之服乎？」（李黄解卷十三，頁十六。）

不如子之衣，安且吉兮。……不知子之衣，安且燠兮。

**【佚文】**（二五〇）「天下無道，小大强弱相攘奪久矣，非復知有王命也。武公知請命乎天子

〔二〕通釋此條原誤作「王介輔曰」，據大全（引作「臨川王氏曰」），參李黄解（卷十三，頁十六：約此條爲一句，云：「王氏曰：『七者侯伯之服也。』」）正。

之使，則所謂彼善於此。此詩所以美之也。此之謂與人爲善，不與人爲善而盡義以絶之，則人之爲善者將寡矣。」（李黄解卷十三，頁十七。）

## 有杕之杜

有杕之杜，生于道左。彼君子兮，噬肯適我。中心好之，曷飲食之？有杕之杜，生于道周。彼君子兮，噬肯來遊。中心好之，曷飲食之？

【佚文】（二五一）「杜之實，不足食也，而又特生，則其能庇人也寡矣。然尚以生于道左、生于道周，其去人所往來之道不遠也，君子逮肯適然而來遊。」（李黄解卷十三，頁十九。）

【評】（一〇五）宋李樗曰：「然詩人言『彼君子兮』，蓋指言晉之賢者，非謂君子適我而來遊於杕杜之下也。若如王氏之説，則休息杕杜之下，人人皆可也，何必獨言君子哉？……以『彼君子兮，噬肯適我』連上文杕杜……則『中心好之，曷飲食之』，其文不相貫。」（李黄解卷十三，頁十九—二十。）

【佚文】（二五二）「愛之也仁，而其敬之也有禮；仁而有禮，此君子所以適我而來遊，以獲其助也。然則武公之見刺，必以不仁也，必以無禮也。道左者蓋以況仁，道周者蓋以況禮。」（李黄解卷十三，頁二十。）

**【評】**（一〇六）宋李樗曰：「詩言道左、道周，王氏以謂仁與禮。如此則何之而不可爲也？其穿鑿至於如此。楊龜山攻其説，以謂：『道周非可以況仁，道左非可以況禮；使道周、道左可以況仁、況禮，猶不可以爲説，況不可乎？』」（李黄解卷十三，頁二十一—二二。）

## 葛生

予美亡此，誰與獨息！……予美亡此，誰與獨旦！

**【佚文】**（二五三）「以息對旦，則知旦者作也；以旦對息，則知息者夜也。」（李黄解卷十三，頁二三。）

## 采苓

采苓采苓，首陽之巓。人之爲言，苟亦無信。舍旃舍旃，苟亦無然。人之爲言，胡得焉！

**【佚文】**（二五四）「人爲之謂僞。」（考古質疑卷三，頁十六。）

**【佚文】**（二五五）言我采此苓於首陽之巓，然今之采者，未必皆於首陽，而人必信之，以其事相似」；雖相似而實非。以興天下之事亦有相似而實非者，君何得聞人之讒而輒信之乎？「人之爲言」至「胡得焉」，連上采苓云云爲説。（李黄解卷十三，頁二二五。）

【評】（一〇七）宋李樗曰：「自『人之爲言』以下，皆是教獻公止讒之法，不當連上文爲説也。」（李黄解卷十三，頁二二五。）

【佚文】（二五六）「（「人之爲言」至「胡得焉」，）人之造言，不可以苟聽，亦不可以苟舍。」（李黄解卷十三，頁二二六。）

【評】（一〇八）宋李樗曰：「此則王氏之心術也。蓋此當從歐、程之説，以謂：戒獻公以爲聞人之言，且勿聽信，置之且勿以爲然。更考其言，何所得焉。蓋當深察其虚實也。」（李黄解卷十三，頁二二六。）

## 秦風

### 車鄰

有車鄰鄰，有馬白顛。

**【佚文】**（二五七）「白顛，蓋仲之名馬——驊騮、盜驪、赤兔、的盧之稱。」（呂記卷十二，頁二；段解卷十一，頁三；會通卷六，頁二三；詩傳彙纂卷七，頁二二。）

## 駟驖

駟驖孔阜，六轡在手。

**【佚文】**（二五八）「駟驖，言純駟也。」（呂記卷十二，頁四；備考卷八，頁四。）

遊于北園，四馬既閑。輶車鸞鑣，載獫歇驕。

**【佚文】**（二五九）「（歇驕，）字不從犬也。田畢而遊園，載獫於輶車，以歇其驕逸。」（會通卷六，頁二六載輯録引。）〔一〕

**【佚文】**（二六〇）「襄公田狩之事、園囿之樂，於是乎始。」（李黄解卷十四，頁四；臨川集卷四三，頁五。）

〔一〕 此條以歇驕爲「載獫於輶，以歇其驕逸」，與下條以「歇驕」爲田犬（從毛傳、鄭箋）不同。

【評】（一〇九）宋李樗曰：「王氏謂襄公田狩之事、園囿之樂，非也。此詩與山有樞之詩美刺雖不同，其實同也。山有樞之詩以刺昭公，是刺詩也。此詩以美秦仲，是美詩也。山有樞之詩，大概以昭公有衣裳車馬鐘鼓而不能自樂也，則失其爲君之道，所以刺之也。秦仲始大，有車馬禮樂侍御之好，襄公有田狩之事、園囿之樂，如此則可以爲君，故詩人美之。不然則春秋之狩于郎、蒐于紅，皆一一而譏之，而詩人美之，果爲何邪？觀詩者當自默喻矣！」（李黄解卷十四，頁四—五。）

## 小戎

文茵暢轂。

【佚文】（二六一）「老子曰：『三十輻共一轂。』輪之心爲轂，轂中横截者謂之軸。考工記云：轂也者，以爲利轉也。輻也者，以爲直指也。」（詩經世本古義卷十八之上，頁五九。）

交韔二弓。

【佚文】（二六二）「韔必二弓，如有副馬，以備壞也。」（呂記卷十一，頁九；備考卷八，頁九；

（詩經世本古義卷十八之上，頁六三三。）

## 蒹葭

蒹葭蒼蒼，白露爲霜。

**【佚文】**（二六三）「仁，露；義，霜也，而禮節斯二者。襄公爲國而不能用禮，將無以成物，故刺之曰『蒹葭蒼蒼，白露爲霜』。」（李黄解卷十四，頁十四。）

**【佚文】**（二六四）「降而爲水，升而爲露，凝而爲霜，其本一也。其升也、降也、凝也，有度數存焉，謂之時，此天道也。畜而爲德，散而爲仁，斂而爲義，其本一也。其畜也、斂也、散也，有度數存焉，謂之禮，此人道也。」（李黄解卷十四，頁十四。）

**【評】**（一一〇）宋李樗曰：「王氏乃曰：『仁，露；義，霜也。……』固已迂矣，而又謂：『降而爲水……』其言破碎，一至於是，楊龜山已辨之矣。更不復云。」（李黄解卷十四，頁十四。）

所謂伊人，在水一方。

【評】（二一一）宋李樗曰：「王氏之説，尤爲苛細暗昧，爲難通。」（李黄解卷十四，頁十五。）

蒹葭淒淒，白露未晞。……蒹葭采采，白露未已。

【佚文】（二六五）「淒淒爲成材，故於淒淒曰未晞；於采采曰未已，言成物之易而速，有如此者。」（李黄解卷十四，頁十四。）

## △終南

## 黄鳥

交交黄鳥，止于棘。誰從穆公？子車奄息。……交交黄鳥，止于桑。誰從穆公？子車仲行。……交交黄鳥，止于楚。誰從穆公？子車鍼虎。

【佚文】（二六六）「黄鳥聲音顔色之美可愛，而又有仁心，故以況三良。」（李黄解卷十四，頁二一。）

【佚文】（二六七）「始曰止于棘，中曰止于桑，終曰止于楚，則與『出自幽谷，遷于喬木』者異矣。以哀三良所止不能進趨高義，而終於死非其所也。」（李黄解卷十四，頁二一。）

【評】（一一一二）宋李樗曰：「夫黃鳥又安知有仁心，楊龜山已辨之矣。又……據詩之上章，言三良不得其所，不如黃鳥之止于棘爲得其所也；止于桑、楚皆是此意，便於押韻耳，非有先後優劣之辨也。」（李黃解卷十四，頁二一。）

維此奄息，百夫之特。

【佚文】（二六八）「百夫之特，則特出於百夫。」（呂記卷十二，頁十四；段解卷十一，頁十七；詩緝卷十二，頁十九；備考卷八，頁十；蒙引卷六，頁四；詩傳彙纂卷七，頁三三。）

維此鍼虎，百夫之禦。

【佚文】（二六九）「百夫之禦，則能禦百夫者也。」（呂記卷十二，頁十四；段解卷十一，頁十八；備考卷八，頁十一；詩傳彙纂卷七，頁三四。）

## 晨風

山有苞棣。

**【佚文】**（二七〇）「（棣，）其實可食。」（李黄解卷十四，頁二四。）

**【評】**（一一三）宋李樗曰：「（棣，）徐氏安道又謂棠棣。徒見王氏謂『其實可食』，遂以爲棠棣。然經文但言苞棣，不言唐棣，不可指名其名也。」（李黄解卷十四，頁二四。）

鴥彼晨風，鬱彼北林。……山有苞櫟，隰有六駮。……山有苞棣，隰有樹檖。

**【佚文】**（二七一）「北林之有晨風，如人君之能黜除小人。山有苞櫟、山有苞棣，謂能庇其國家。隰有六駮、隰有樹檖，謂能養其人民。」（李黄解卷十四，頁二四。）

**【評】**（一一四）宋李樗曰：「此四者（敏案：謂苞櫟、苞棣、六駮、樹檖），皆是木之材，而王氏取喻其人之如何，詩人本無此意，不可以爲説也。」（李黄解卷十四，頁二四。）

## 無衣

王于興師，脩我戈矛。

**【佚文】**（二七二）「（王于興師者，言秦康公）阻王命以厲民。」（李黄解卷十四，頁二六。）

## 渭陽

詩渭陽兩章通義。

**【佚文】**（二七三）「至渭陽者，送之遠也。悠悠我思者，思之長也。路車乘黃、瓊瑰玉佩者，贈之厚也。」（呂記卷十二，頁十九；朱傳卷六，頁二四；段解卷十一，頁二四—二五；備考卷八，頁十四—十五。）

## 權輿

於我乎夏屋渠渠。

**【佚文】**（二七四）渠渠，大具也。（李黃解卷十五，頁三。）

# 詩經新義　卷七　國風

## 陳風

### 宛丘

坎其擊鼓，宛丘之下。無冬無夏，值其鷺羽。

【佚文】（二七五）值，遭也。「曰值者，百姓厭苦之言。」（李黄解卷十五，頁六。）

【評】（一一五）宋李樗曰（宋黄櫄説同）：「夫以值爲遭，其詁訓明白，勝於以爲『持』、以爲『立』。然詩人言之『無冬無夏』，但言常然也。如王氏説，則又謂百姓遭此鷺羽一節，不如以爲『持』、『立』，其説不迂曲也。」（李黄解卷十五，頁六—七。）

△東門之枌

衡門

【佚文】（二七六）「二户相合而爲門。」（考古質疑卷三，頁十六。）

衡門之下，可以棲遲。

△東門之池

△東門之楊

墓門

【佚文】（二七七）「食葚而甘。」（臨川集卷四三，頁五。）

有鴞萃止。

## 防有鵲巢

防有鵲巢。

**【佚文】**（二七八）防，止水之「防」。（李黄解卷十五，頁二二一。）〔一〕

邛有旨苕。

**【佚文】**（二七九）苕，以謂埽除不祥。「苕即陵霄花，緣樹而生，其花可愛，故曰旨苕。」（李黄解卷十五，頁二二一。）〔二〕

詩防有鵲巢四章通義。

**【佚文】**（二八〇）本詩分爲四章：「防有鵲巢，邛有旨苕」，第一章；「誰侜予美，心焉忉忉」，第二章；「中唐有甓，邛有旨鷊」，第三章；餘爲第四章。（李黄解卷十五，頁二二三。）

〔一〕　防：周禮地官稻人：「以瀦畜水，以防止水。」鄭玄注：「偃豬者，畜流水之陂也。防，豬旁隄也。」是説防爲堤防，安石據以釋詩義。

〔二〕　苕：周禮夏官戎右鄭玄注：「茢，苕帚，所以掃不祥。」此安石「苕謂埽除不祥」所據。

**【評】**（一一六）宋李樗曰：「王氏則以四章分而爲四，每句各有一説，逐句各生文義。則其辭牽强，固已勞矣。……」（李黄解卷五，頁一二三。）

## 月出

月出，刺好色也；在位不好德，而説美色焉。此詩小序之全文。

**【佚文】**（二八一）「詩所言者，説美色而已。然序知其不好德者，子夏曰『賢賢易色』，蓋説色如此喪其志矣，未有能好德者也。」（吕記卷十三，頁十二；段解卷十二，頁十二；詩傳彙纂詩序上，頁五一。）

月出皎兮，佼人僚兮。

**【佚文】**（二八二）「女，陰物也。而晦時月出之皎也，則非時之晦矣；而又佼僚者，不得相悦。」（李黄解卷十五，頁二二五。）

舒窈糾兮，勞心悄兮。

【佚文】(二八三)「悄，言不説而静默。」(呂記卷十三，頁十二；段解卷十二，頁十二；詩傳彙纂卷八，頁十二。)

舒懮受兮，勞心慅兮。

【佚文】(二八四)「慅，言不安而騷動。」(呂記卷十三，頁十二；慈湖詩傳卷九，頁二三；段解卷十二，頁十二；詩緝卷十三，頁十三；通釋卷七，頁十；大全卷七，頁九；備考卷九，頁九；蒙引卷六，頁十六；詩傳彙纂卷八，頁十二。)

舒夭紹兮，勞心慘兮。

【佚文】(二八五)「慘，言不舒而幽愁。」(呂記卷十三，頁十三；段解卷十二，頁十三；詩緝卷十三，頁十三；通釋卷七，頁十；大全卷七，頁九；備考卷九，頁九；蒙引卷六，頁十六；詩傳彙纂卷八，頁十二。)

## 株林

胡爲乎株林？從夏南。……駕我乘馬，説于株野。乘我乘駒，朝食于株。

**【佚文】**（二八六）「株林，邑也。邑外曰郊，郊外曰牧，牧外曰野，野外曰林。」（李黄解卷十六，頁一。）

**【評】**（一一七）宋李樗曰：「據詩中曰『株林』，又曰『株野』，又曰『株』，王氏之言是也。」（李黄解卷十六，頁一。）

**【評】**（一一八）明何楷曰：「按：邑外曰郊，郊外曰牧，牧外曰野，野外曰林。據詩中曰『株林』，又曰『株野』，又曰『株』，王氏之言是也。郡國志陳縣注云：陳有株邑，蓋朱襄之地，郡縣志云：宋州柘城縣，本陳之株邑，在寧遠縣南七十里。寰宇記云：陳州南頓縣西南三十里有夏亭城，城北五里有株林。」（詩經世本古義卷二六，頁五。）

## 澤陂

澤陂，刺時也。言靈公君臣淫於其國，男女相説，憂思感傷焉。此詩小序之全文。

【佚文】（二八七）「東門之枌，宛丘之應也。澤陂，株林之應也。……苟以至誠爲之，則未必無應；苟無其應，則誠之未至爾。」（李黄解卷十六，頁四；吕記卷十三，頁十四；段解卷十二，頁十四；詩緝卷十三，頁十五；蒙引卷六，頁十八；詩傳彙纂卷八，頁四、十五。）

【評】（一一九）宋李樗曰：「王氏曰：『東門之枌至株林之應也。』此説是也。至於言『苟以至誠爲之至未至爾。』此不知道者之言也。人之爲善，有安而行之，有利而行之。人之至誠，則能爲善，爲惡則安得謂之誠不誠？人固有詐善者也，不聞有詐惡者也。楊龜山曰：『惟天下至誠爲能化，非聖人不足以與此，未有至誠而爲惡者；爲惡者則失性矣，尚何至誠之有？』此實至當之論。」（李黄解卷十六，頁四。）

彼澤之陂。

【佚文】（二八八）澤以喻君，陂以喻臣。（李黄解卷十六，頁三。）

## 檜風

### △羔裘

### 素冠

庶見素冠兮。……庶見素衣兮。……庶見素韠兮。

**【佚文】**（二八九）素冠、素衣、素韠，皆既祥之服。（李黄解卷十六，頁八。）

### 隰有萇楚

隰有萇楚，猗儺其枝。夭之沃沃，樂子之無知。

**【佚文】**（二九〇）沃沃，鮮明也。（李黄解卷十六，頁十一。）

**【佚文】**（二九一）「含陰陽之性，豈可以無『知』？」（李黄解卷十六，頁十二。）

**【評】**（一二〇）宋李樗曰：「『知』者，鄭氏以爲『匹』……王氏雖不以爲『匹』，而……以

『知』爲『知識』之『知』，其説亦不盡。禮記曰：『人生而静，天之性也；感物而動，性之情也〔二〕。物至知，知而後好惡形焉。好惡無節於内，知誘於外，不能反躬，天理滅矣。』注曰：『知猶欲也。』則此『知』字與此同。言樂其子之無情欲也。」（李黄解卷十六，頁十二。）

## 匪風

匪風發兮，匪車偈兮。……匪風飄兮，匪車嘌兮。

【佚文】（二九二）「上之所以動而化之，非其道，故曰匪風發兮、匪風飄兮。下之所以載而行之，非其道，故曰匪車偈兮、匪車嘌兮。」（李黄解卷十六，頁十三；辨證卷三，頁四三。）

【評】（一二二一）宋李樗曰：「其謂風以喻上之動而化，車以喻下之載而行，固與毛氏異；然謂『非其道』，則亦毛氏之曲説。程氏……（之）説與王氏無以異，是强以上下而分别之，則其取譬爲勞，而不甚簡勁。」（李黄解卷十六，頁十三—十四。）

〔二〕「性」，禮記樂記作「欲」。

## 曹風

### 蜉蝣

蜉蝣之羽，衣裳楚楚。

**【佚文】**（二九三）「曹公之有小人，如蜉蝣之有羽翼，然不足恃以長也。」（李黄解卷十六，頁十八。）

蜉蝣掘閱，麻衣如雪。

**【佚文】**（二九四）「蜉蝣掘地以自閱，言小而迫也。」（李黄解卷十六，頁十八；辨證卷三，頁四六。）

### 候人

彼候人兮，何戈與祋。彼其之子，三百赤芾。

**【佚文】**（二九五）「君子何戈與祋，共其賤役，小人則赤芾而爲卿大夫，以見其（曹共公）遠君

子近小人也。」（李黄解卷十六，頁二一一。）〔一〕

## 鳲鳩

鳲鳩在桑，其子七兮。

**【佚文】**（二九六）鳲鳩在桑而已，其子則不可常也。（李黄解卷十六，頁二一六。）

## 下泉

洌彼下泉，浸彼苞稂。

**【佚文】**（二九七）「苞，叢生也。」（吕記卷十五，頁八；段解卷十四，頁八；詩緝卷十五，頁八。）

---

〔一〕此條，李樗謂是歐陽、王氏之説。考歐陽脩詩本義（卷五，頁四—五。）解候人，非其本文；則是李氏引安石新經義之文矣。

# 詩經新義　卷八　國風

## 豳風

### 七月

七月流火，九月授衣。一之日觱發，二之日栗烈。

【佚文】（二一九八）「彼曰七月、九月，此曰一之日、二之日，何也？陽生矣，則言日；陰生矣，則言月。與易臨『至于八月有凶』、復『七日來復』同意。然則四月正陽也，秀葽言『月』何也？秀葽以言陰生也。陰始于四月，生于五月，而于四月言陰生者〔一〕，氣之先至者也。周正建子，而此所言皆夏時者，夏時稼人所見，所謂『人正』也。授民時則用人正，固其理也。」（桐江集卷二，總頁一四六；緗素雜記卷五，頁二；段解卷十五，頁五；六經天文編卷上，頁七

〔一〕「生」，據緗素雜記補。

六；困學紀聞卷一，頁四三；會通卷八，頁八載輯録引；通釋卷八，頁八；大全卷八，頁八；詩經世本古義卷一，頁二五；詩傳彙纂卷九，頁七；宋元學案補遺卷九八，頁四十。）[一]

【評】（一二二）元方回曰：「王荆公詩説，極有佳者，其説七月之詩曰：『……』此説謂得之王厚齋，極喜之！」（桐江集卷二，總頁一四五、一四七。）

【評】（一二三）清何焯曰：「此説精審有味。朱子謂變月言日者，是月之日也。則詩人何必屢變其辭哉？」（困學紀聞卷一，頁四三翁注引。）

【佚文】（二九九）「風而寒，尚非其至也；無風而寒，於是爲至。」（吕記卷十六，頁四；攻媿集卷六七，總頁六一〇；段解卷十五，頁五；通釋卷八，頁三；大全卷八，頁三；詩傳彙纂卷九，頁三。）

同我婦子，饁彼南畝。

【佚文】（三〇〇）「畝大抵以南爲正，故每曰南畝。」（詩緝卷十六，頁四。）

---

[一] 通釋及大全「先至者也」之後，尚有「葽感」等共十四字，别輯於「四月秀葽，五月鳴蜩」下，意其原爲兩條，通釋合併爲一，以釋「秀葽」章首二句。

七月流火，九月授衣。春日載陽，有鳴倉庚。女執懿筐，遵彼微行，爰求柔桑。

**【佚文】**（三〇一）「微行，女子之行宜隱屏也。」（段解卷十五，頁七。）

**【佚文】**（三〇二）「以九月授衣也，故春日載陽，則求桑而蠶。」（呂記卷十六，頁六；段解卷十五，頁八；通釋卷八，頁五；大全卷八，頁五；詩傳彙纂卷九，頁五。）

女心傷悲：殆及公子同歸？

**【佚文】**（三〇三）「女子傷悲，則以將嫁，思離親也。」（李黄解卷十七，頁十。）

**【佚文】**（三〇四）「公子歸以其時，而國人之女亦以時而嫁，以見先公幼吾幼以及人之幼也。」（段解卷十五，頁八。）

蠶月條桑。

**【佚文】**（三〇五）「蠶月者非一月，故不指言某月也。蠶，女事也，故稱月焉。」（臨川集卷四三，頁五；呂記卷十六，頁八；通釋卷八，頁六；會通卷八，頁六；大全卷八，頁六；詩傳彙纂卷九，頁五。）

取彼斧斨，以伐遠揚；猗彼女桑。

**【佚文】**（三〇六）「承其女桑而猗之〔一〕，然後遠揚可得而伐也。」（臨川集卷四三，頁五；緗素雜記卷六，頁一載蔡卞確論引。）

七月鳴鵙，八月載績。

**【佚文】**（三〇七）「蠶生于陽氣之淑時，故以倉庚爲候。麻成于陰德之慝時，故以鵙爲候。」（會通卷八，頁七載輯録引；通釋卷八，頁七；大全卷八，頁七。）

載玄載黄，我朱孔陽。

**【佚文】**（三〇八）「周官染人『秋染夏』，夏五色也。蓋於是時也，五色皆可以染，故『載玄載黄，我朱孔陽，爲公子裳』也。」（呂記卷十六，頁八；段解卷十五，頁十；詩傳彙纂卷九，頁六。）

**【佚文】**（三〇九）「染以朱，孔陽爲難；言『我朱孔陽』，則玄黄不足道也。」（呂記卷十六，頁

---

〔一〕「其」，緗素雜記引作「彼」。

九；段解卷十五，頁十一。）

四月秀葽，五月鳴蜩。八月其穫，十月隕蘀。一之日于貉，取彼狐貍，爲公子裘。

**【佚文】**（三一〇）「……葽感陰氣而先秀，蜩感陰氣而先鳴。」（通釋卷八，頁八；大全卷八，頁八；參看第二九八條佚文及其註。）

**【佚文】**（三一一）秀葽、鳴蜩爲穫候；（李黃解卷十七，頁十四）「隕蘀則鳥獸氄毛，於是乎可以取皮，故以隕蘀爲取貉、狐貍之候也。」（呂記卷十六，頁十；李黃解卷十七，頁十四；段解卷十五，頁十二。）

**【評】**（一二四）宋李樗曰：「此説亦非。蓋上章既言蠶事，又言麻事，故此又言『一之日于貉，取彼狐貍，爲公子裘』；皆是所以禦寒之具也；不應於其中而間以『于貉』，爲取狐貍之候也。」（李黃解卷十七，頁十四。）

二之日其同，載纘武功。

**【佚文】**（三一二）「唯田國人竭作，故曰同。」（呂記卷十六，頁十；段解卷十五，頁十二；通釋卷八，頁八。）

五月斯螽動股，六月莎雞振羽。七月在野，八月在宇，九月在户，十月蟋蟀入我牀下。

【佚文】（三一三）「陰陽往來不窮，而與之出入作息者，天地萬物性命之理，非特人事也。」（段解卷十五，頁十五；詩傳彙纂卷九，頁九。）

嗟我婦子，曰爲改歲，入此室處。

【佚文】（三一四）「嗟者，憫憐之辭。」（呂記卷十六，頁十二。）

八月剥棗。

【評】（一二五）宋洪邁曰：「注書至難……不能無失。王荆公詩新經『八月剥棗』解云：『剥者，剥其皮而進之，所以養老也。』毛公本注云：『剥，擊也。』陸德明音普卜反。公皆不用。後從蔣山郊步至民家，問其翁安在？曰：『去撲棗。』始悟前非。既具奏乞除去十三字，故今本無之。」（容齋續筆卷十五，總頁一四三。）〔一〕

〔一〕 臨川集卷四三，頁六乞改三經義誤字劄子第二道，乞删去此十三字。它如攻媿集卷六七，總頁六〇八答楊敬仲論詩解；桐江集卷二，總頁一四七讀王荆公詩説跋；詩經世本古義卷一，頁三四皆述此事，而後人亦多樂道之。

【評】（一二六）清陸心源曰：「荆公聞野老言，改『八月剥棗』之説，則其説詩亦非任情者。」（王荆公年譜考略節要附存卷一，總頁三七九引。）

爲此春酒，以介眉壽。

【佚文】（三一五）「眉壽衰矣，養氣體焉，以助之也。」（吕記卷十六，頁十四；李黄解卷十七，頁十七；段解卷十五，頁十七；詩緝卷十六，頁十四；通釋卷八，頁十一；大全卷八，頁十二；詩經世本古義卷一，頁三四。）

九月叔苴。采荼薪樗，食我農夫。

【佚文】（三一六）「荼則苦菜，非若葵之滑甘，故以食農夫而已。」（段解卷十五，頁十六；詩傳彙纂卷九，頁十。）

【佚文】（三一七）「以樗不材，故薪之也；然則材木在所養，亦可知也。」（段解卷十五，頁十六；詩傳彙纂卷九，頁十。）〔一〕

〔一〕　此及上條，段解分作二條，詩傳彙纂合爲一條，兹從舊分。

九月築場圃，十月納禾稼。

**【佚文】**（三一八）「築場圃者，以無曠土，故築場於圃地，此之謂地無遺利。方其爲圃，則種果蓏之屬；及其納禾稼，然後爲場焉，豈非地無遺利乎？」（李黄解卷十七，頁十八—十九；段解卷十五，頁十七；詩傳彙纂卷九，頁十一。）

我稼既同，上入執宫功。晝爾于茅，宵爾索綯；亟其乘屋，其始播百穀。

**【佚文】**（三一九）「（既同，）言所納之備也。」（通釋卷八，頁十三；吕記卷十六，頁十五；段解卷十五，頁十八；大全卷八，頁十四；備考卷十，頁八；詩傳彙纂卷九，頁十一。）

**【佚文】**（三二〇）「上入執宫功，城中之宅也。中田有廬，田中之廬也。出而作於田，入而休於室，皆授之以時。」（通釋卷八，頁十三；會通卷八，頁十三載輯録引；大全卷八，頁十四；詩傳彙纂卷九，頁十一。）

**【佚文】**（三二一）「冬可以休矣，而乘屋；其乘屋也又亟：此之謂人無遺力。稼穡既同，則上入執宫功之事，而又『晝則于茅，夜則索綯』，以亟其乘屋，非人無遺力乎？」（李黄解卷十

七，頁十九；通釋卷八，頁十三；大全卷八，頁十五。）〔二〕

**【佚文】**（三三二）「（始播百穀，）如易所謂『終則有始』者也。」（呂記卷十六，頁十六；段解卷十五，頁十九；通釋卷八，頁十四；大全卷八，頁十五；詩經世本古義卷一，頁三七。）

二之日鑿冰沖沖，三之日納于凌陰。

**【佚文】**（三三三）「沖沖，和之至也。鑿冰非特備暑，亦所以達陽氣；氣達則沖沖矣。」（段解卷十五，頁二十；李黃解卷十七，頁十九。）

四之日其蚤，獻羔祭韭。

**【佚文】**（三三四）「羔也、韭也，必以蚤者，謹時也。」（李黃解卷十七，頁二十。）

朋酒斯饗，曰殺羔羊。躋彼公堂，稱彼兕觥：「萬壽無疆。」

**【佚文】**（三三五）「於是乎可以飲酒燕樂，是謂燕饗之節。」（段解卷十五，頁二一；詩傳彙纂

〔二〕通釋引王介甫曰有「宵可以息矣，而索綯；冬可以息矣，而乘屋」，後二句，蓋小變本條「冬可以休矣」云云；前二句，蓋據「夜則索綯」，而又參酌此條後二句添，而大全因之。

卷九，頁十三。）

【佚文】（三二六）「公堂，人君之堂也。」（呂記卷十六，頁十七；段解卷十五，頁二一；詩緝卷十六，頁十七；備考卷十，頁九；辨證卷三，頁八四。）

【佚文】（三二七）「兕觥罰爵，用於既酬之後，亦所以爲樂也。」（段解卷十五，頁二一。）

詩七月八章通義。

【佚文】（三二八）「仰觀日星霜露之變，俯察蟲魚草木之化，以知天時，以授民事。女服事乎内，男服事乎外。治自内而外，化自上而下。上以誠愛下，下以忠報上。父父子子，夫夫婦婦，養老而慈幼，食力而助弱。不作無益也，備豫乎桑田之事而已；非特備豫乎桑田之事而已也，苟可以除患者，皆備豫焉。不貴異物也，致美乎桑田之器而已；非特致美乎桑田之器而已也，苟可以成禮者，皆致美焉。人無遺力矣，故事不足治也。地無遺利矣，故物不可勝用也。女不淫而仁也，又有禮焉；士不惰而武也，又有義焉。非道之以政、齊之以刑所能致也，風化而已〔一〕。其祭祀也時，其燕享也節。夫然，故天不能灾，人不能難，上下内外和睦，而以

〔一〕「非道之以政」至「風化而已」十七字，據通釋增入。

逸樂終焉。此七月之義也。」（桐江集卷二，總頁一四五—一四六；呂記卷十六，頁三；朱傳卷八，頁八；段解卷十五，頁三、四、十六；詩緝卷十六，頁三；通釋卷八，頁十七；大全卷八，頁十八—十九；備考卷十，頁三；詩經世本古義卷一，頁四一；詩傳彙纂卷九，頁十；宋元學案補遺卷九八，頁三九—四十；又會通圖說上，頁十三豳公七月總義圖及明刻本大全前附豳公七月風化之圖，皆據朱傳總論七月之義布圖。）

【評】（一二七）元方回曰：「王荊公詩說，極有佳者，其說七月之詩曰：『仰觀至之義也。』回謂此一段文勢鏗鏘瀏亮。……荊公說七月之詩，論先王之治，如指諸掌。」（桐江集卷二，總頁一四五—一四七。）

## 鴟鴞

予所蓄租。

【佚文】（三二九）「（租，）與租賦之租同。」（呂記卷十六，頁二一；慈湖詩傳卷十，頁十八；段解卷十五，頁二五；備考卷十，頁十三。）

予口卒瘏。

**【佚文】**（三三〇）「卒，盡也。」（呂記卷十六，頁二一一；段解卷十五，頁二二五；詩緝卷十六，頁二十。）

曰予未有室家。

**【佚文】**（三三一）周公之時，未得爲有室家。「文、武之受命矣，而未有室家者，天下未集，則亦不得言有室家也。」（李黄解卷十八，頁四。）

## 東山

制彼裳衣，勿士行枚。

**【佚文】**（三三二）「止使人毋爲謂之勿。」（呂記卷十六，頁二一二；段解卷十五，頁二一八；會通卷八，頁二二二。）

敦彼獨宿，亦在車下。

【佚文】(三三三)「古之所以用車戰者,謂其車戰則將卒有所蔽倚。止則爲營衛,與塹柵無以異。兵械衣服之屬,皆可以載其中。」(呂記卷十六,頁二三;段解卷十五,頁二八;通釋卷八,頁二五;會通卷八,頁二二載輯録引;大全卷八,頁二六;詩傳彙纂卷九,頁二一。)

町畽鹿場,熠燿宵行。

【佚文】(三三四)「町畽鹿場者,町畦村畽之中無人焉,故鹿以爲場也。」(呂記卷十六,頁二四;段解卷十五,頁三十。)

鸛鳴于垤,婦歎于室。

【佚文】(三三五)「垤是丘垤也。」(呂記卷十六,頁二五;攻媿集卷六七,總頁六一一載胡珵蒼梧雜志引;段解卷十五,頁三一;詩緝卷十六,頁二五。)

【評】(一二八)宋樓鑰曰:「……于垤之義,惟胡德煇珵蒼梧雜志言之最明,云:『新經釋「鸛鳴于垤」[二],謂垤爲丘垤,非螘塚。蓋荆公未嘗到山東,螘塚有極高大者,如塚墓然。每

---

[二] 「新經釋」,慈湖詩傳卷十,頁二二原注載蒼梧雜志引作「新繹經傳」,誤。

天將雨，則鸛集螘垤而鳴。螘知雨，鸛喜雨，以其類也。』方説得『于垤』字分曉。……以是知丘是自然高處，垤乃螘塚。」（攻媿集卷六七，總頁六一一。）

洒埽穹窒，我征聿至。

【佚文】（三三六）「聿，隨也。」（吕記卷十六，頁二六。）

## 破斧

周公東征，四國是遒。

【佚文】（三三七）「遒，聚也；聚而歸周也。」（段解卷十五，頁三四。）

## 伐柯

伐柯如何？匪斧不克。取妻如何？匪媒不得。

【佚文】（三三八）「以仁致剛者，柯也；以順致其正者，媒也。周公之事，如此而已。致其仁而後柯可伐，通其志而後妻可取。」（李黄解卷十八，頁十七。）

伐柯伐柯，其則不遠。

【佚文】（三三九）則，由恕及人。（李黄解卷十八，頁十七。）

## 九罭

公歸無所，於女信處。……公歸不復，於女信宿。……無以我公歸兮，無使我心悲兮。

【佚文】（三四〇）「周公之道，可謂『在彼無惡，在此無斁』矣。然而朝廷不知，此大夫所以刺之也。」（李黄解卷十八，頁二十。）

【評】（一二九）宋李樗曰：「此實名言也。蓋以周公居於東，而西人乃欲其歸。西人既欲其歸，使周公留滯於東方而不歸，則是成王未悟；成王未悟，則是天下之事未可知也。……」（李黄解卷十八，頁二十。）

## 狼跋

公孫碩膚，赤舃几几。

【佚文】（三四一）「几，人所馮以爲安，故几几，安也。」（吕記卷十六，頁三三；段解卷十五，頁四十；詩緝卷十六，頁三二；通釋卷八，頁三六；會通卷八，頁三三載輯録引；大全卷八，頁三七；備考卷十，頁二一；詩傳彙纂卷九，頁三二。）〔一〕

詩豳風通義。

【佚文】（三四二）「豳之詩自有雅頌，今皆亡矣。」（朱子語類卷八一，頁十三；朱傳卷八，頁二十；詩傳遺説卷四，頁二二；詩童子問卷首，頁七十；黄氏日抄卷四，頁三七；會通卷十九，頁四五；朱子五經語類卷五一，頁十。）

【評】（一三〇）宋朱熹曰：「篇章：歈豳詩以逆暑迎寒。……又曰：祈年于田祖，則歈豳雅以樂田畯；祭蜡，則歈豳頌以息老物。則考之於詩，未見其篇章之所在，故鄭氏三分七

〔一〕此條大全作鄭氏曰，誤，今正。

月之詩以當之。……然一篇之詩，首尾相應，乃剟取其一節而偏用之，恐無此理。故王氏不取而但謂本有是詩而亡之，其説近是。或者又疑但以七月全篇隨事而變其音節：或以爲風，或以爲雅，或以爲頌。則於理爲通。……如又不然，則雅、頌之中凡爲農事而作者，皆可冠以豳號。」（朱傳卷八，頁十九—二十。）

【評】（一三一）宋真德秀曰：「籥章之豳雅、豳頌，恐大田、良耜諸篇當之。不然，即是別有此詩而亡之，如王氏之説。又不然，即是以此七月一篇吹成三調，詞同而音異耳。」（西山讀書記卷二三，頁三四。）

【評】（一三二）宋輔廣曰：「豳雅、頌之説，鄭氏固膠。今當從或者之説，而先生之説與王氏之説相近。若大田、良耜諸篇，或以音節不同而居雅、頌之中，則固可從矣。」（詩童子問卷三，頁二二一。）

【評】（一三三）宋黄震曰：「介甫謂豳詩別自有雅、頌。則豳乃先公方自奮於戎狄之地，此時安得有所謂天子之雅、頌耶？惟……謂吹豳之聲可雅可頌爲得之。」（黄氏日抄卷四，頁三七。）

# 〔附〕王安石國風解

全文。據羅振玉臨川集拾遺卷一頁二四—二六抄收，民國七年上海聚珍倣宋書局排印本。

周南、召南者，文王之詩。曰：言文王之化被民深，則詩人歌者其志遠，以見聖人之風，而屬之周公，故爲周南也；言文王之教化人淺，則詩人歌者其志近，以見賢人之風，而屬之召公，故爲召南也。然其詩則文王，其事則后妃夫人，不言美。而甘棠美召伯、江有汜美媵、何彼禯矣美王姬，而皆言美者，蓋召伯也、媵也、王姬也，各主於一人而美之也。若后妃夫人，則皆文王教化之所致，其美不足以爲言也。故先以周南而召南次之也。邶、鄘、衛皆衛詩，三國本商紂之地，而武王伐紂，裂其地以封紂子武庚並管、蔡者；及其叛，而周公誅之，乃以餘民封康叔。而後之刺美其君者，三國之人咸有所賦，是以分邶、鄘、衛焉。故邶、鄘之詩序必曰衛者，以別其衛詩爾。至於衛，則無所言衛矣。有凱風、定之方中、干旄、淇澳、木瓜，以美文公、桓公、武公，而凱風、木瓜雖非其君，然國之淫風流行，而有盡孝道以慰其母心之子；國爲狄人所滅，而有救而封之之齊桓公；則所以美之者，其君亦與焉。故次召南也。王者，周也；自平王東遷，其後政不足以及天下，而止於一國，於是爲風而不雅矣。不言周者，蓋平、桓、莊王，德之不脩，政之不講，非周之罪也。故次衛也。鄭有緇衣、武公之美，而次於王後者，蓋王之皆刺，而不能加於多美之諸侯者，天下之公義也。若諸侯之少美矣，雖王之皆刺，而不足以勝之，豈非君與臣善惡不相遠，則君得以先其臣，而理所可也。故次王也。齊皆刺也；然有木瓜美桓公，繫於衛詩之末。故次鄭也。魏皆刺也；而無所主名，言爲魏之君者，皆甚惡爾。夫序詩者，豈以一端而已，皆美而無所主名則先之，好其善之盛也，周南是也。皆刺而無所主名則先之，醜其惡之極也，魏是也。故次齊也。唐本晉詩；而美武公者，無衣也。然武公始并晉國，而大夫爲之請命于天子之使，而作是詩也。夫不請命于天子，雖云美而君子所不與，猶若武公無美焉爾。或曰：「魯之有頌，亦請命于周，乃列於周、商之間，而於此詘晉何也？」曰：「魯請於天子，而史克作頌，與夫請天子之使而爲之者異矣。」弟賢于無美者也。故次魏也。秦之車鄰美秦仲，駟驖、小戎美襄公，雖賢於唐，然本西垂，秦仲始大，至於襄公方列於諸侯。故次唐也。陳皆刺也；而所刺主於幽公、僖公之徒，言其餘君或不至於是。然刺詩多矣，故次秦也。檜皆刺也；而無所主名，猶魏也。故次陳也。曹皆刺也，然所刺止於昭公、共公，猶陳也。故次檜也。豳七月，周公攝政之詩也。所美見於東山、破斧、伐柯、九罭、狼跋也。其七月陳王業，鴟鴞以遺王者，皆公所自爲，故不言美也。然名之以雅，則公非王也；次之以周南，則公非諸侯。因其陳王業，先公之所由，乃以屬於豳也。不屬於周者，周，王國也；周公何所繫焉？所以居小雅之前，而處變風之後。故次豳也。或曰：「國風之次，學士大夫辨之多矣，然世儒猶以爲惑；今子獨刺美序之，何也？」

曰：「昔者聖人之於詩，既取其合於禮義之言以爲經，又以序天子諸侯之善惡，而垂萬世之法。其視天子諸侯，位雖有殊，語其善惡，則同而已矣。故余言之甚詳，而十有五國之序，不無微意也。」嗚呼！惟其序善惡以示萬世，不以尊卑小大之爲後先，而取禮之言以爲經，此所以亂臣賊子知懼，而天下勸焉。

**敏案：** 右安石國風解一文，羅振玉得之日本，羅氏臨川集拾遺序曰（序載原書卷首）：「宣統紀元，再游海東，觀書於宫内省之圖書寮，見宋槧本王文公集。每半葉十行，行十七字，『構』字下注『御名』。蓋刊于南渡之初，彫刻至佳，宋槧之最精善者，尚存七十卷，而佚其末。典書官爲予言：『曾以它善本與此比勘，它本往往有佚篇。』時以行程匆遽，不及詳究；惟覺其類次先文後詩，與明代復刻紹興中桐廬本先詩後文者大異。爰記其目次『曰書，卷一至卷八。曰宣詔，九卷。曰制誥，卷十至卷十四。曰表，卷十五至卷二十一。曰啓，卷二十二至卷二十四。曰傳，卷二十五。曰雜著，卷二十六至卷三十三。曰記，卷三十四、三十五。曰序，卷三十六。曰古詩，卷三十七至卷五十一。曰律詩，卷五十二至卷七十。』於小册中而歸。亡友合肥蒯禮卿京卿，篤好荆公集，求宋槧本不可得。歸以告之，並示所記目次，禮卿大喜，而恨不得寓目。讓予曰：『君盍再作十日留，詳校其目，寫其佚篇以歸，不猶賢于僅記目次乎？』相與憮然！乃未幾而禮卿物化。及歲辛亥，避地扶桑，度門戢影，惟以校勘古籍消遣歲時。今年春，念及斯集，計惟東友島田氏翰曾校書祕省，彼或校録；而數年前已以事自裁，墓草宿矣。彼固有增訂本古文舊書考，在武進董氏許，中或載此書，又疑佚文未必備録，姑移書假之。比至展觀，則諸佚篇咸在焉，爲之喜出望外。長夏苦雨，取歸安陸氏所録荆公佚詩佚文載入群書校補者，合以宋槧本所載不見桐廬本臨川集者，依其類次輯爲一卷，命兒子福葆録之。既成，顔之曰『臨川集拾遺』，將寄滬上校印，以償十年未竟之志，以慰禮卿、島田於地下，並弁語簡首，以告讀是書者，俾知此編成之之難有如是也。」兹據以輯收。

# 詩經新義　卷九　小雅

## 鹿鳴之什

### 鹿鳴

呦呦鹿鳴，食野之苹。

【佚文】（三四三）苹，水草也。鹿鳴而食野之苹，以喻當時之君飲食。（李黃解卷十九，頁三；辨證卷四，頁三。）

【評】（一三四）宋呂希哲曰：「呦呦鹿鳴，食野之苹，但取其食則相呼，非取其群居則環其角外向也。」（呂記卷二，頁十五引；參國風周南樛木，佚文第二七條評及註文。）

人之好我，示我周行。

【佚文】（三四四）「周爲忠信之周；行，道也。言示之忠信之道。」（李黃解卷十九，頁四；辨證卷四，頁六。）

**【評】**（一三五）宋李樗曰：「王氏之意，謂序云『得盡其心』，故爲此說。然序所謂『盡其心』，詩中未必有此意。如葛覃之詩曰躬儉節用，則可以化天下以婦道，亦猶此詩。能待臣下如此，則群臣不得不盡其心也。」（李黄解卷十九，頁四。）

## 四牡

翩翩者鵻，載飛載下，集于苞栩。

**【佚文】**（三四五）三句，況臣之一於事其君也。（李黄解卷十九，頁十；辨證卷四，頁九。）

**【評】**（一三六）宋李樗曰：「鵻……陳壽以爲一宿之鳥。……鵻之翩翩然，或飛或下，集於苞栩之上，亦猶使臣或行或止，皆從王事。……王氏（之說）……泥於陳氏『一宿之鳥』也。」（李黄解卷十九，頁十。）

豈不懷歸？是用作歌，將母來諗。

**【佚文】**（三四六）「母恃子以養甚於父。」（呂記卷十七，頁九；段解卷十六，頁十；備考卷十一，頁六。）

## 皇皇者華

駪駪征夫，每懷靡及。

【佚文】（三四七）「（每懷靡及者，）每以無所及事爲懷。」（李黄解卷十九，頁十四。）

## 常棣

常棣之華，鄂不韡韡。凡今之人，莫如兄弟。

【佚文】（三四八）「不韡韡，甚言其韡韡。」（李黄解卷十九，頁十八。）

【評】（一三七）宋李樗曰：「然詩人言『不韡韡』，不應以爲『韡韡』。楊龜山爲國子祭酒，嘗論此詩，以爲：周公閔管、蔡之失道，言『常棣之華，鄂不韡韡』者，蓋言常棣上承而下覆。華則覆蕚，蕚則承華，以喻兄弟之和睦，當如此也。今也管、蔡失道，不能親睦和協，如常棣之鄂至於不韡。……」（李黄解卷十九，頁十八。）

**【佚文】**（三四九）「華鄂之相恃，不可須臾離者，以天屬故也。兄弟天屬也，其相承覆相恃而不可離如此。」（呂記卷十七，頁十四；段解卷十六，頁十五；詩傳彙纂卷十，頁十二。）

**【佚文】**（三五〇）「不得保其常居，而哀於原隰之中，此與人同患難之時也。當是時，人各顧其親，則非兄弟孰肯以相求哉！」（呂記卷十七，頁十五；段解卷十六，頁十六；詩緝卷十七，頁十一。）

死喪之威，兄弟孔懷。原隰裒矣，兄弟求矣。

**【佚文】**（三五一）「文、武以來，宴兄弟亦必有詩，然鹿鳴、四牡等篇，詞多和平。惟常棣一篇，詞多激切，意若有所懲創，則周公因管、蔡之事，其後更爲此詩無疑。」（通釋卷九，頁十五載胡一桂引；會通卷九，頁十五載輯録引胡氏引；大全卷九，頁十五載胡一桂引。）

脊令在原，兄弟急難。每有良朋，況也永歎。

**【佚文】**（三五二）「古者朋友之喪則視兄弟，視兄弟則急難寇讎何爲而不豫？曰：莫不有君而爲之臣，莫不有父而爲之子，莫不有師而爲之弟子，莫不有兄弟而爲之兄弟，則吾急難寇讎之所當致力也博矣。又推而致之朋友，則吾有所不暇，而無禮以節之，則吾之憂無窮而人之責無已。蓋古之道如此。而後世之士，猶有以恩望朋友而至於離絶者矣。然則世之致力於朋友者非歟？曰：勢足以振之，力足以周之，而無傷於義，則鄰里鄉黨不可以不勉也，而況於朋友乎？」（呂記卷十七，頁十六；段解卷十六，頁十六—十七；詩傳彙纂卷十，頁十四。）

兄弟鬩于牆，外禦其務。每有良朋，烝也無戎。

【佚文】（三五三）「很于內，非令兄弟也，然及其禦侮，則雖每有良朋，曾不如不令兄弟之爲可恃也。」（呂記卷十七，頁十七；段解卷十六，頁十八；通釋卷九，頁十七；大全卷九，頁十七；詩傳彙纂卷十，頁十四。）

喪亂既平，既安且寧。雖有兄弟，不如友生。

【佚文】（三五四）「友生，約我以禮義者也。雖有兄弟，不如友生，有禮義然後無失其愛兄弟之常心。友生約其外，妻子調其內，則兄弟加親矣。故曰『妻子好合，如鼓瑟琴；兄弟既翕，和樂且湛』。」（呂記卷十七，頁十九；段解卷十六，頁十九；蒙引卷八，頁十一。）

【評】（一三八）宋呂祖謙曰：「王氏之説，雖非經旨，亦學者所當知也。」（呂記卷十七，頁十九。）

兄弟既具，和樂且孺。

**【佚文】**（三五五）「兄弟無故，則既具矣。」（呂記卷十七，頁十九；段解卷十六，頁二十；詩傳彙纂卷十，頁十五。）

## 伐木

伐木丁丁，鳥鳴嚶嚶。出自幽谷，遷于喬木。嚶其鳴矣，求其友聲。

**【佚文】**（三五六）「鶯猶尋舊友。」（緗素雜記卷五，頁七。）

伐木丁丁，鳥鳴嚶嚶。……伐木許許，釃酒有藇。既有肥羜，以速諸父。……於粲洒埽，陳饋八簋。

**【佚文】**（三五七）「八簋，天子之禮也；伐木，庶人之事也，然未始不須友以成也。」（李黄解卷十九，頁二三。）

**【評】**（一三九）宋李樗曰：「序所謂『自天子至於庶人』，蓋連下文而云，謂天子既須友以成，庶人亦須友以成。蓋庶人之所爲，在天子率之爾。庶人之求友，當於卒章而求之，不可引伐木爲説。既以伐木爲庶人之事，又以嚶嚶爲鳥之求友，則其理不相貫。」（李黄解卷十九，頁二三。）

**【佚文】**（三五八）「以庶人之窶，而伐木之友然猶釃酒有藇以待之；又況於既有肥羜，以速諸父乎？」（李黄解卷十九，頁二四。）

**【評】**（一四〇）宋李樗曰：「如王氏之意，且以伐木之事爲庶人之求友，以肥羜爲天子之求友。上下既無分别，不可如此説。」（李黄解卷十九，頁二四。）

既有肥羜，以速諸父。……既有肥牡，以速諸舅。……籩豆有踐，兄弟無遠。

**【佚文】**（三五九）「於諸父曰肥羜而已，於諸舅乃曰八簋、肥牡，於兄弟乃曰籩豆有踐者，言以至誠加焉，每有隆而無殺也。」（段解卷十六，頁二六。）

## 天保

天保定爾，亦孔之固。俾爾單厚，何福不除？俾爾多益，以莫不庶。

**【佚文】**（三六〇）「單，厚也；厚，厚下之至也。」（李黄解卷二十，頁二。）

**【評】**（一四一）宋李樗曰：「鄭氏以爲厚天下之民，王氏以爲厚下。據此章，方言人君之受福，未及論民之福也。厚，但言其受福之厚也。」（李黄解卷二十，頁二一。）

**【佚文】**（三六一二）「（除，）除舊實新也。此言天下之保定我君，其位甚固；俾之單厚，凡有所福，無不與之。又與之以福禄；俾爾多益，以莫不庶，以見其受福之多也。」（李黄解卷二十，頁二一。）

**【佚文】**（三六二二）「君恩至重，臣雖有犬馬之勞，不足以上答，唯稱其福禄以報之，此出於驩心而不强以爲者也。」（吕記卷十七，頁二七；段解卷十六，頁二九；通釋卷九，頁二六；大全卷九，頁二五；詩傳彙纂卷十，頁二十。）

天保定爾，俾爾戩穀。罄無不宜，受天百禄。

**【佚文】**（三六三）何福不除，爲人君之福；以莫不庶，爲人君之禄。罄無不宜，爲人臣之福；受天百禄，爲人臣之禄。（李黄解卷二十，頁二一；辨證卷四，頁十九。）

吉蠲爲饎，是用孝享。

**【佚文】**（三六四）「吉言諏日擇士之善，蠲言齋戒滌濯之絜。」（吕記卷十七，頁二八；段解卷十六，頁三十；六家詩名物疏卷三三，頁二、三；備考卷十一，頁十五。）

禴祠烝嘗，于公先王。

**【佚文】**（三六五）「禴，於文或從勺。」（呂記卷十七，頁二八；段解卷十六，頁三十。）

**【佚文】**（三六六）「先禴後祠，禴厚而祠薄。先烝而後嘗，烝厚而嘗薄。」（李黄解卷二十，頁三。）

**【評】**（一四二）宋李樗曰：「此非也。趙伯循云：按周禮記四時之祭名云：春祠、夏禴、秋嘗、冬烝，公羊所記亦同。而此詩乃曰禴祠烝嘗，其文與周禮異，協韻故爾。其實祠禴嘗烝，不以厚薄爲先後之序也。」（李黄解卷二十，頁三—四。）

神之弔矣，詒爾多福。民之質矣，日用飲食。

**【佚文】**（三六七）「神無所出其靈響也，詒爾多福而已。民無所施其智巧也〔一〕，日用飲食而已。以見民之和平，無有詐欺矣。」（李黄解卷二十，頁四；呂記卷十七，頁二九；段解卷十六，頁三一；通釋卷九，頁二九；大全卷九，頁二八；蒙引卷八，頁十八；詩傳彙纂卷十，頁二一三。）

---

〔一〕「也」字，據呂記補。

群黎百姓，徧爲爾德。如月之恒，如日之升。如南山之壽，不騫不崩。如松柏之茂，無不爾或承。

**【佚文】**（三六八）「如月之恒久，如日之升，如南山不虧而不壞，如松柏之茂盛，皆悠久之狀也。以言人君之福興而未艾也。」（李黃解卷二十，頁四。）

**【佚文】**（三六九）「松柏之茂盛，無不承其庇覆；蓋人君受福，普天之下無不受其賜也。」（李黃解卷二十，頁四。）

## 采薇

采薇采薇，薇亦作止。曰歸曰歸，歲亦莫止。

**【佚文】**（三七〇）「（薇亦作止，）戍役之久，且又采薇食之而已。」（李黃解卷二十，頁八；辨證卷四，頁二二。）

**【佚文】**（三七一）「戍者自計歸期，則歲暮矣。」（呂記卷十七，頁三一；李黃解卷二十，頁八；段解卷十六，頁三四。）

**【評】**（一四三）上兩條，宋李樗曰：「王氏以爲『歲暮之時』。……然不必指時以爲説。

『薇亦作止』，是始遣戍役之時薇始生也，其後薇始長而柔，又其後薇始壯而剛，以見天時之變如此。亦猶『昔我往矣，楊柳依依，今我來思，雨雪載塗』，亦言天時之變爾。」（李黄解卷二十，頁八。）

靡室靡家，玁狁之故。

【佚文】（三七二）「男本有室而女有家。今男靡得以室爲室，女不得以家爲家。」（吕記卷十七，頁三一；段解卷十六，頁三四。）

采薇采薇，薇亦剛止。

【佚文】（三七三）「剛止者，亦如柔止，感時物之變也。」（段解卷十六，頁三五；吕記卷十七，頁三二，「剛」作「陽」，字誤。）

曰歸曰歸，歲亦陽止。

【佚文】（三七四）十月陽用事。（李黄解卷二十，頁九；辨證卷四，頁二四。）

王事靡盬，不遑啓處。

【佚文】（三七五）「啓則居之也，處則方之也。不遑居者，以言從戍役之事而不遑居也。不遑處者，以言居戍役之地而不遑處也。」（李黄解卷二十，頁九。）

彼爾維何？維常之華。彼路斯何？君子之車。

【佚文】（三七六）「常之華，上承下覆，甚相親比。猶之路車，將帥乘之，以庇其下；師徒恃之，以載其上。上載下庇，甚相親比。」（李黄解卷二十，頁九。）

【佚文】（三七七）「路，戎路也。」（吕記卷十七，頁三三；段解卷十六，頁三六；詩緝卷十七，頁二六。）

戎車既駕，四牡業業。豈敢定居？一月三捷。

【佚文】（三七八）「豈敢定居，一月三捷，此言憂勤之至，而冀其功之速成也。」（吕記卷十七，頁三三；段解卷十六，頁三六；詩傳彙纂卷十，頁二六。）

行道遲遲，載渴載飢。我心傷悲，莫知我哀！

【佚文】（三七九）「人情所患，莫切于行役之勞、飢渴之害，故中心傷悲而莫有知其哀者，則幾于不得其所而無所告訴。今歌詩遣之，述其勤苦，則人不知其哀而上知之。此君子能盡人之情，故人忘其死也。」（通釋卷九，頁三七載胡一桂引；大全卷九，頁三六載胡一桂引。）

## 出車

出車，勞還率也。此詩小序之全文。

【佚文】（三八〇）「遣戍役同詩者，出時用兵則均服同食，一衆心也。勞還役異詩者，入而振旅則反尊卑、辨貴賤，定衆志也。」（呂記卷十七，頁三五；朱傳卷九，頁二二；段解卷十六，頁三九—四十。）

我出我車，于彼牧矣。

【佚文】（三八一）「出車于牧，就馬故也。」（李黄解卷二十，頁十二。）

【佚文】（三八二）「古者兵隱於民，而馬則牧于野。兵車之出，則以車而就牧地也。」（呂記卷十七，頁三六；段解卷十六，頁四十。）

**【評】**（一四四四）宋李樗曰：「荀子大略篇曰：『天子召諸侯，諸侯輦輿就馬，禮也。』遂舉此詩云：『我出我車（輿），于彼牧矣；自天子所，謂我來矣。』荀子之意，則以出車爲諸侯赴天子之召。然按此詩乃南仲出車，非是諸侯之赴召也。……王氏……『就馬故也』，蓋本荀子之説，然未必得詩人之意。蘇氏（轍）曰：『其將北伐也，出車于郊，牧即郊也。』……此説爲簡勁。」（李黄解卷二十，頁十二。）

自天子所，謂我來矣。

**【佚文】**（三八三）「天子，紂也。」（呂記卷十七，頁三六；段解卷十六，頁四十；詩緝卷十七，頁二一八。）

彼旟旐斯，胡不旆旆？

**【佚文】**（三八四）「未有事，故不旆也。」（呂記卷十七，頁三七；李黄解卷二十，頁十三；段解卷十六，頁四一。）

**【評】**（一四四五）宋李樗曰：「此……非詩人之意也。此蓋南仲出征之日，下令軍中曰：彼旟旐何不旆旆乎？以見其車旗之盛也。」（李黄解卷二十，頁十三。）

出車彭彭，旂旐央央。

**【佚文】**（三八五）「彭彭然，張其車乘。央央然，旆其旂旐。」（呂記卷十七，頁三七；段解卷十六，頁四三。）

赫赫南仲，玁狁于襄。

**【佚文】**（三八六）「襄之言勝也。」（李黄解卷二十，頁十四。）

**【評】**（一四六）宋李樗曰：「以襄爲勝，無所經見，牆有茨之詩曰『不可襄也』，則襄是除也。」（李黄解卷二十，頁十四。）

自天子所。……王事多難。……王命南仲。……天子命我。……王事多難。

**【佚文】**（三八七）「軍旅之事，仰得天俯得人，然後動，此其所以或稱王或稱天子也。」（李黄解卷二十，頁十五。）

昔我往矣，黍稷方華。今我來思，雨雪載塗。王事多難，不遑啓居。

**【佚文】**（三八八）「黍稷方華，季夏時也。雨雪載塗，春凍始釋時也。玁狁在北，昆夷在西，是謂多難。故下章序伐西戎之功。」（通釋卷九，頁四一載胡一桂引；大全卷九，頁四十載胡一桂引。）

## 杕杜

陟彼北山，言采其杞。

【佚文】（三八九）「陟山之高，而以采杞故也；采杞則以杞爲可食故也。」（李黄解卷二十，頁十七。）

【評】（一四七）宋李樗曰：「此説迂曲甚矣。……此二句正猶草蟲之詩，言『陟彼北山，言采其薇，言采其蕨』，皆以見時物之變，感其君子久出，思得以見之，非有他義也。」（李黄解卷二十，頁十七。）

征夫不遠。匪載匪來，憂心孔疚。

【佚文】（三九〇）「庶幾其歸，且至不遠矣。既而匪載匪來，所以憂心孔疚也。」（呂記卷十七，頁四三；段解卷十六，頁四八。）

期逝不至，而多爲恤。

【佚文】（三九一）「而多爲恤飢渴歟？疾病歟？死傷歟？是何期逝不至也。」（通釋卷九，頁四五載胡一桂引；會通卷九，頁四十載輯録引；大全卷九，頁四四載胡一桂引。）

卜筮偕止，會言近止，征夫邇止。

【佚文】（三九二）「會卜筮之言皆言近矣，則庶幾征夫之歸近矣。」（呂記卷十七，頁四三；慈湖詩傳卷十一，頁十五；段解卷十六，頁四八；備考卷十一，頁二四。）

詩杕杜四章通義。

【佚文】（三九三）「上之人能知其下中心委曲之情，而形于歌詠，則下悦之，出車、杕杜是也。上之人不能知，而其下自陳勞苦之狀、悲傷之情，則怨也，揚之水、鴇羽是也。」（通釋卷九，頁四六載胡一桂引；會通卷九，頁四二載胡一桂引；大全卷九，頁四五載胡一桂引；蒙引卷八，頁二九。）

魚麗

物其有矣，維其時矣。

**【佚文】**（三九四）「若季冬薦魚，春獻鮪之類是也。」（呂記卷十七，頁四六；段解卷十六，頁五二；詩傳彙纂卷十，頁三八。）

〔南陔〕、〔白華〕、〔華黍〕

# 詩經新義　卷十　小雅

## 南有嘉魚之什

### 南有嘉魚

南有嘉魚，烝然罩罩。

【佚文】（三九五）「嘉魚，以言民之賢者，有養人之嘉祉。」（李黃解卷二十，頁二三。）

【評】（一四八）宋李樗曰：「王氏……亦是以嘉魚爲魚之善者。按左太沖蜀都賦：嘉魚出於丙穴。先儒曰：丙穴在漢中沔陽縣。嘉乃是魚名也，故陸農師曰：嘉魚鯉質鱒鯽，肌肉甚美，食乳泉，出於丙穴。則知嘉魚者乃是魚之一種也。」（李黃解卷二十，頁二三。）

君子有酒，嘉賓式燕以樂。

【佚文】（三九六）「君子有酒，而嘉賓式宴以樂，此所謂樂與賢者共之也。」（呂記卷十八，頁三，段解卷十七，頁二一。）

## 南山有臺

南山有臺，北山有萊。……南山有桑，北山有楊。……南山有栲，北山有杻。……南山有枸，北山有楰。

**【佚文】**（三九七）「臺爲賤者所衣，萊爲賤者所食，桑可以衣，楊可以爲宮室器械之材，槆可以爲車之巾，杻可以爲弓弩之幹，枸有美食，楰有文理而又高大、中宮室器械之材。」（李黄解卷二十，頁二七。）

〔由庚〕、〔崇丘〕、〔由儀〕

## 蓼蕭

蓼彼蕭斯，零露湑兮。

**【佚文】**（三九八）「蕭香能上達，譬諸侯以德善自通於天子。」（李黃解卷二一，頁一。）

宜兄宜弟，令德壽豈。

**【佚文】**（三九九）「諸侯得以外交兄弟之國，無所不宜。」（李黃解卷二一，頁二。）

**【評】**（一四九）宋李樗曰：「兄弟，同姓之諸侯也。天子既以恩意接之，則可以宜其同姓之諸侯，亦如所謂『宜其家人』也。王氏言……非也。」（李黃解卷二一，頁二。）

既見君子，鞗革沖沖。

**【佚文】**（四〇〇）「沖沖，雝雝有禮節故也。」（段解卷十七，頁十。）

和鸞雝雝，萬福攸同。

**【佚文】**（四〇一）「乘馬路車，天子所以好諸侯也。有車馬則有鞗革和鸞矣。上下相遇以德而成以禮，則萬福所同也。」（呂記卷十八，頁九；李黃解卷二一，頁三；段解卷十七，頁十；詩經世本古義卷十之中，頁八十；讀詩略記卷三，頁二一。）

△湛露

## 彤弓

彤弓弨兮，受言藏之。

**【佚文】**（四〇二）「受言藏之者，工成而獻王；王受而藏之，以待賜也。」（呂記卷十九，頁二；李黄解卷二一，頁七；慈湖詩傳卷十一，頁二四；段解卷十七，頁十五；備考卷十二，頁十。）

**【評】**（一五〇）宋李樗曰：「此兩説：一則以爲諸侯藏之，一則以爲王藏之。然此詩乃是天子賜有功諸侯，則當以爲諸侯藏之也。」（李黄解卷二一，頁七。）

彤弓弨兮，受言載之。

**【佚文】**（四〇三）「其藏弓也，載以抗之，櫜以韜之，則以言其藏之無敢不弔也。」（呂記卷十九，頁三；段解卷十七，頁十六；備考卷十二，頁十。）

鐘鼓既設，一朝右之。

**【佚文】**（四〇四）「其享也，尊而右之也。」（李黄解卷二一，頁八；吕記卷十九，頁三；段解卷十七，頁十六；通釋卷十，頁二；大全卷十，頁二；詩傳彙纂卷十一，頁二。）

鐘鼓既設，一朝醻之。

**【佚文】**（四〇五）「醻之者，既獻矣，又醻之也。主既獻，賓既酢，則報施足矣。於是有醻焉，則所以爲厚也。」（吕記卷十九，頁四；段解卷十七，頁十七；詩傳彙纂卷十一，頁二。）

## 菁菁者莪

既見君子，樂且有儀。

**【佚文】**（四〇六）「君子之長育人材也有道，其可以接耳目者，禮樂而已。禮，履此者也；履此，故動容周旋中禮。樂，樂此者也；樂此，故不知手之舞之足之蹈之也。舞之蹈之，所謂樂也；動容周旋中禮，所謂有儀也。故曰『既見君子，樂且有儀』。」（李黄解卷二一，頁九；辨證卷四，頁七十。）

菁菁者莪，在彼中陵。既見君子，錫我百朋。

**【佚文】**（四〇七）「彼厚之以禄，則士之才成矣。樂其成吾才而又能用我也，豈特爲厚禄乎哉！」（吕記卷十九，頁五；段解卷十七，頁十九；辨證卷四，頁七十；詩傳彙纂卷十一，頁四。）

**【佚文】**（四〇八）「材成然後官其材、禄其功，乃所以長育之也。阿，大陵也。始曰中阿矣，今曰中陵者，長育人材之道：以樂且有儀爲大，錫我百朋爲小；以樂且有儀爲先，以錫我百朋爲後。」（李黄解卷二一，頁十。）

**【評】**（一五一）宋李樗曰：「此説（「長育之也」以上）固無害，而繼之（「阿，大陵也」以下）……則鑿矣。黄魯直大雅記云：『竊以爲不特讀子美之詩如此，王氏之於詩，以爲陵有小大前後之序，則古人之詩無乃委地乎？此不可不戒也。』」（李黄解卷二一，頁十，其引黄庭堅大雅堂記文與原文不盡同；原文在豫章集卷十七，總頁一八〇，見下「詩經新義總評」第一條。）

# 六月

采薇廢，則征伐缺矣。此詩小序文。

【佚文】（四〇九）「采薇之師，不得已而後起；序其情而閔其勞，所謂説以使民犯難者也。征伐之義，如斯而已。」（吕記卷十九，頁七。）

出車廢，則功力缺矣。杕杜廢，則師衆缺矣。此詩小序文。

【佚文】（四一〇）「征伐之功力在將帥而已，而將帥之所恃者師衆也。」（吕記卷十九，頁七。）

由庚廢，則陰陽失其道理矣。南有嘉魚廢，則賢者不安，下不得其所矣。崇丘廢，則萬物不遂矣。南山有臺廢，則爲國之基隊矣。此詩小序文。

【佚文】（四一一）「序詩者進由庚於南有嘉魚之前，而退南山有臺於崇丘之後何也？蓋其説以爲陰陽失其道理，則是人君不能用道；人君不能用道，則賢者亦必不安，下亦必不得其所矣。萬物不遂，則是人君不能成物；人君不能成物，則必無賢者以立邦家之基矣。」（李黄解卷二一，頁十三—十四。）

【評】（一五二）宋李樗曰：「由庚之詩，本在於南山有臺之下，今乃列於南有嘉魚、南山有臺之間，而不依於序者何也？唐孔氏曰：『……』敏案：孔穎達説見南陔、白華、華黍小序疏。夫詩之見存者，其先後不可必其次第，如常棣乃周公之詩而列於伐木之前，已不可得而知，況其亡者，又安可得而知之乎？……王氏又從而爲之説曰：『……』此蓋附會其説以合此序，不足取也。設若倒其辭曰：『賢者不安，則陰陽失其道理；爲國之基墜，則萬物不遂。』亦有何不可？以此知其説蓋出於附會，不足取也。」（李黄解卷二一，頁十三—十四。）

六月棲棲，戎車既飭。

**【佚文】**（四一二）「棲棲然而不静。」（李黄解卷二一，頁十四。）

**【佚文】**（四一三）「既飭者，言其蚤正素治以待之也。」（段解卷十七，頁二四；詩傳彙纂卷十一，頁六。）

四牡騤騤，載是常服。

**【佚文】**（四一四）「騤騤者，馬之强而有節也。」（吕記卷十九，頁八；段解卷十七，頁二四；備考卷十三，頁三；詩傳彙纂卷十一，頁六。）

比物四驪，閑之維則。維此六月，既成我服。……王于出征，以佐天子。

**【佚文】**（四一五）「比物四驪、閑之維則者，既言駟牡騤騤矣，又追本其比物而閑之之事以美之也。維此六月、既成我服者，既言載是常服矣，又追本其成服之時以美之也。」（呂記卷十九，頁十；詩童子問卷四，頁十六；段解卷十七，頁二五；蒙引卷九，頁十一；詩傳彙纂卷十一，頁七。）

【評】（一五三）宋輔廣曰：「此章王氏解謂……此亦得其旨義也。然馬之有餘、教之有素，則軍實之强可知矣；六月成服、行止有度，則軍制之嚴又可知矣；以佐天子，則不止於正王畿而已。」（詩童子問卷四，頁十六。）

元戎十乘，以先啓行。

【佚文】（四一六）「軍前曰啓，後曰殿。元戎十乘，以先軍行之前者，所謂選鋒也。兵法：兵無選鋒曰北。」（呂記卷十九，頁十二；詩緝卷十八，頁二十；通釋卷十，頁九；會通卷十，頁十；大全卷十，頁九；六家詩名物疏卷四，頁十六；備考卷十三，頁四；詩經世本古義卷十七，頁三一；蒙引卷九，頁十一；詩傳彙纂卷十一，頁八。）

薄伐玁狁，至于大原。文武吉甫，萬邦爲憲。

【佚文】（四一七）「能伐敵而攘之，則吉甫之力，於是美之曰『文武吉甫，萬邦爲憲』。非文無以附衆，非武無以勝敵。能文能武，則萬邦以爲法矣。」（呂記卷十九，頁十三；段解卷十七，頁二九；詩緝卷十八，頁二一；備考卷十九，頁十三；詩傳彙纂卷十一，頁九。）

吉甫燕喜，既多受祉。來歸自鎬，我行永久。飲御諸友……侯誰在矣，張仲孝友。

【佚文】（四一八）「忠也者，移孝以爲之者也；順也者，移友而爲之者也。故言忠順之臣，必及孝友之友。」（通釋卷十，頁十一；大全卷十，頁十二；詩傳彙纂卷十一，頁十。）

【佚文】（四一九）「吉甫爲將於外，而內無忠順之臣與之同志者輔王耳目而迪其心，則妨功、害能之人至矣。妨功、害能之人至，則若吉甫者其身之不閱，何暇議勝敵哉！」（呂記卷十九，頁十五；段解卷十七，頁三十；詩緝卷十八，頁二三；備考卷十三，頁五。）

【評】（一五四）上兩條，宋輔廣曰：「此章因毛傳創爲『使文武之臣征伐與孝友之臣處內』之言，而王氏、陳氏、范氏遂因以爲説。王氏意狹，范氏意廣，而東萊先生詩記大書范説，而附注王氏，遂引酒誥太史友、內史友之文，證張仲之爲宣王之友。……然考之經文，章首言吉甫，而中間云『飲御諸友』，則張仲爲吉甫之友明矣。末言『侯誰在矣，張仲孝友』，亦但言吉甫之友張仲得與此燕耳，初不見張仲之在外在內也。……夫吉甫以天子之師出逐玁狁，有功而歸，相與宴飲，其與宴者固不一也。……而詩人乃獨舉夫孝友張仲之爲賢，則又可見吉甫之文，而不專以武功爲美矣。」（詩童子問卷四，頁十六—十七。）

## 采芑

薄言采芑，于彼新田。

【佚文】（四二〇）此篇「芑」與大雅文王有聲篇「豐水有芑」及生民篇「維穈維芑」之「芑」，皆穀也。（李黄解卷二一，頁十九、二十；詩集傳名物鈔卷五，頁二七；詩經世本古義卷十七，頁三八；辨證卷四，頁八十。）

【評】（一五五）宋李樗曰：「陸璣疏曰：『芑菜，似苦菜也。莖青白色，摘其葉，白汁出肥，可生食，亦可以爲蒸爲茹。』則是菜名也。爾雅曰：『芑，白苗。』郭璞曰：『今白粱粟，好穀也。』則是穀名也。王氏皆以爲穀，不知何也。徐安道亦從其説，而曰：『毛氏以「薄言采芑」爲菜，「豐水有芑」爲草，「惟穈惟芑」爲穀。要之，三物皆穀爾。』……詳觀此詩，曰『薄言采芑，于彼新田』，則田中所生，宜生穀也。然未有采之者，既謂之采，則不宜謂之穀。」（李黄解卷二一，頁十九—二十。）

【評】（一五六）清黄中松曰：「夫芑由新田、菑畝中、鄉中采之，則非草也明矣。使采芑非爲軍糧而設，則以爲菜也可。若軍行采芑而食，庶幾穀之類，堪充一飽云。」（辨證卷四，頁八十。）

【佚文】（四二一）兩句，言周宣王養成人才。（李黃解卷二一，頁二十一—二一。）

方叔涖止，其車三千。

【佚文】（四二二）「其車三千，蓋會諸侯之師，非特鄉遂之兵而已。先儒以爲『羨卒盡起』，非也。蓋宣王承厲王之後，能會合諸侯之師，而其車有三千乘。使其微弱如厲王之世，安得復會諸侯之師如是盛乎？桓王之時伐鄭，王爲中軍；虢公林父將右軍，蔡人、衛人屬焉；周公黑肩將左軍，陳人屬焉。其合諸侯之師，但能備三軍之數，況欲得三千之車乎？故毛氏曰：『言周室之强，車服之美也。』言其强美，斯劣矣。孔氏則因其説而曰：『必言其强美者，斯劣弱矣。』老子曰：『國家昏亂有忠臣，六親不和有孝慈。』明名生於不足。詩人所以盛矜宣王强美者，斯爲宣王承亂劣弱，美而言之也。」（李黃解卷二一，頁二一一—二一二；呂記卷十九，頁十五—十六載朱子舊作詩説引；詩緝卷十八，頁二五；會通卷十，頁十三載輯録引朱子舊作詩説引；詩經世本古義卷十七，頁四二；讀詩略記卷三，頁二九。）

【評】（一五七）宋李樗曰：「此説爲善，蓋以厲王之時不能合諸侯之師，故顯言宣王師徒之盛，所以明前世之不然也。」（李黃解卷二一，頁二一二。）

【評】（一五八）宋朱熹曰：「孔氏以爲……王氏謂會諸侯之師，此皆以文害辭、辭害意之過。詩人但極其盛而稱之耳，豈必實有此數哉！」（吕記卷十九，頁十五—十六載朱子舊作詩説引；會通卷十，頁十三載輯録引朱子舊作詩説引。）

【評】（一五九）宋嚴粲曰：「……王氏謂合諸侯之師。要之，詩人之辭不可泥名數以求之。『其車三千』，極言其兵車之盛耳。況兵有先聲後實，項羽兵四萬，號百萬，豈一一如其數哉！朱氏謂孔氏、王氏以文害辭，其説是也。」（詩緝卷十八，頁二五。）

【評】（一六〇）清黄中松曰：「竊意歌詠之詞每多誇麗，但取其盛而不免過其實者。此詩一則曰三千，再則曰三千，言之不已，而至於三，詩人決不爲此誑語以欺人耳。觀齊桓伐楚，共合八國之師；晉文城濮之戰，亦賴齊、秦之力，則宣王南征，必有諸侯之衆可知。況桓王伐鄭，而陳、蔡、衛猶從之；豈宣王之盛，遠征蠻荆，而無一諸侯應之者乎？下篇車攻東都之會諸侯，曰『會同有繹』，其莫不奉天子之聲靈而奔走皆來，則有四方之事，冢宰命師於諸侯，虎賁氏以牙璋發之，孰不奉命唯謹乎？安石之説，於事理固合也。……王氏謂兵有先聲而後實者[一]，此後世虚詐之謀，亦非王者仁義之師耳。」（辨證卷四，頁八三—八四。）

〔一〕「王氏」，當作「嚴氏」，嚴氏粲也。

鴥彼飛隼，其飛戾天，亦集爰止。

【佚文】（四二二三）「鴥彼飛隼，其飛戾天者，言士卒之猛疾奮厲如此。亦集爰止者，言士卒之服聽號令如此。」（李黄解卷二一，頁二二三。）

方叔率止，鉦人伐鼓。

【佚文】（四二二四）「方叔率止，鉦人伐鼓。鉦所以退而止，鼓所以動而進。方其動而進也，鉦人亦奮而伐鼓，則士勇於進可見矣。夫鉦、鼓各自有人，今使鉦人奮而伐鼓，不幾於亂行乎？」（捫蝨新話卷一，頁八。）

【評】（一六一）宋陳善曰：「沈存中筆談説虞書『戛擊鳴球』云云，謂：『……』觀詩新義云：『……』此兩説自是一類。予嘗以其語戲作聯句云：『士勇而前，致鼓鉦之亂擊；樂和之至，令球瑟以無聲。』此亦可以一撫掌！」（捫蝨新話卷一，頁八。）

陳師鞫旅。

【佚文】（四二二五）「陳欲廣，故言師；誓欲偏，故言旅。」（李黄解卷二一，頁二二四。）

【評】（一六二）宋李樗曰：「（王氏之）意，以師、旅分衆寡。且如陳師、鞫旅可以分衆、寡，則班師、振旅亦可以分衆寡乎？此但便於辭耳。」（李黄解卷二一，頁二四。）

伐鼓淵淵。

【佚文】（四二六）「淵淵，深也。師衆則鼓遠，鼓遠則聲深矣。」（吕記卷十九，頁十九；段解卷十七，頁三五；詩緝卷十八，頁二七。）

蠢爾蠻荆，大邦爲讎！

【佚文】（四二七）「經或言蠻，或言荆楚。春秋之初，曰荆而已。後乃曰楚。」（吕記卷十九，頁二十；段解卷十七，頁三六；詩經世本古義卷十七，頁五十；詩傳彙纂卷十一，頁十三。）

詩采芑末章通義。

【佚文】（四二八）「前三章詳序其治兵，末章美其成功。出戰之事，略而不言。蓋以宿將董大衆，荆人自服；不俟戰而後屈也。」（詩傳彙纂卷十一，頁十四；通釋卷十，頁十七載胡一桂引；大全卷十，頁十七載胡一桂引。）

## 車攻

我車既攻，我馬既同。四牡龐龐，駕言徂東。

【佚文】（四二九）「我車既攻、我馬既同、四牡龐龐三者，非修政事不能致也。致此三者，然後能攘夷狄，復文、武之境土，會諸侯於東都。」（李黄解卷二一，頁二七。）

【評】（一六三）宋李樗曰：「按：詩序所謂『外攘夷狄』，蓋指上文而言。其曰『復文、武之境土』，而後繼之以『修車馬，備器械』，蓋謂不忘武備也。非謂修車馬、備器械，以攘夷狄也。」（李黄解卷二一，頁二七。）

赤芾金舄，會同有繹。

【佚文】（四三〇）「諸侯人君宜朱芾而此赤芾者，會同故也。涖其臣庶則朱芾，君道也，故方叔服其命服則朱芾；會同於王則赤芾，臣道也，故此會同有繹則赤芾也。」（吕記卷十九，頁二三—二四；段解卷十七，頁四二；通釋卷十，頁十九；會通卷十，頁十九載輯録引；大全卷十，頁十九；蒙引卷九，頁十九；詩傳彙纂卷十一，頁十六。）

【佚文】（四三一）「繹者，言其屬連而不絶，若繹絲然也。」（吕記卷十九，頁二四；段解卷十七，頁四三；詩傳彙纂卷十一，頁十六。）

射夫既同，助我舉柴。

**【佚文】**（四三二）「同，所謂手仇也。」（段解卷十七，頁四三。）

四黄既駕，兩驂不猗。不失其馳，舍矢如破。

**【佚文】**（四三三）「猗，不正也。」（呂記卷十九，頁二五；慈湖詩傳卷十一，頁三八；段解卷十七，頁四三；詩緝卷十八，頁三四。）

**【佚文】**（四三四）「向曰四牡，則既言力之强。今曰四黄，則又言色之純也。兩驂不猗，言御之能正其馬也。不失其馳，言車行節而法也。舍矢如破，言矢行巧而力也。」（呂記卷十九，頁二五；段解卷十七，頁四三—四四；通釋卷十，頁二十；會通卷十，頁二十載輯録引；大全卷十，頁二一；備考卷十三，頁十一；詩傳彙纂卷十一，頁十七。）

徒御不驚，大庖不盈。

**【佚文】**（四三五）「武久不講，士氣惰怯，則有事而善驚，故於是言『徒御不驚』。」（呂記卷十九，頁二六；段解卷十七，頁四四；備考卷十三，頁十一。）

之子于征，有聞無聲。

**【佚文】**（四三六）聞，令聞。有聞無聲，謂有令聞而無喧譁之聲也。（李黄解卷二一，頁二九。）

## 吉日

獸之所同，麀鹿麌麌。

**【佚文】**（四三七）麌，麕也；牡曰麌。麌麌，言牡麕衆多也。（李黄解卷二二，頁二。）

# 詩經新義　卷十一　小雅

## 鴻鴈之什

### 鴻鴈

鴻鴈，美宣王也。萬民離散，不安其居，而能勞來還定安集之，至于矜寡，無不得其所焉。此詩小序之全文。

【佚文】（四三八）「宣王之民：勞者勞之，來者來之，往者還之，擾者定之，危者安之，散者集之。」（呂記卷十九，頁三十；段解卷十八，頁一；詩緝卷十九，頁一；通釋卷十，頁二六；會通卷十，頁二五—二六載輯録引；大全卷十，頁二七；蒙引卷九，頁二四；詩傳彙纂卷十一，頁二三。）

鴻鴈于飛，肅肅其羽。

【佚文】（四三九）鴻鴈以比使臣。謂宣王所遣之使臣，奔走如鴻鴈之飛。（李黄解卷二三，頁五。）

鴻鴈于飛，哀鳴嗸嗸。維此哲人，謂我劬勞；維彼愚人，謂我宣驕。

【佚文】（四四〇）「維此哲人，謂我劬勞者，以我于征、于垣爲劬勞也。維彼愚人，謂我宣驕者，以我矜怜、撫奄爲宣驕也。」（呂記卷十九，頁三二；段解卷十八，頁三。）

【佚文】（四四一）「民皆離散而不安其居，必矜之甚深，哀之甚切。不爾，則無告之民不足以自存矣。哲者所懷，有同於我，是以知吾之劬勞。愚者謂我宣驕而姑息於民而已。」（呂記卷十九，頁三二；段解卷十八，頁三。）

## 庭燎

夜如何其？夜未央。庭燎之光。……夜如何其？夜未艾。庭燎晣晣。……夜如何其？夜鄉晨。庭燎有煇。

【佚文】（四四二）「設庭燎者，謂將朝也。光者，燎盛也。晣晣，則其衰也。煇，則其光散矣。」（呂記卷十九，頁三三—三四；段解卷十八，頁五；會通卷十，頁二八載輯録引；通釋卷十，頁二九；大全卷十，頁二九；備考卷十三，頁十六。）

【佚文】（四四三）「未艾者，未及盡也。」（呂記卷十九，頁三四；李黄解卷二三，頁八；段解卷十八，頁五；詩緝卷十九，頁四；備考卷十三，頁十六。）

【評】（一六四）宋李樗曰：「……按左傳昭元年：『秦后子曰：何爲一世無道？國未艾也。』注曰：『絶也。』則艾爲盡意。當從王、蘇、程之説。夜未央、未艾，皆言其尚早也。」（李黄解卷二三，頁八。）

## 沔水

沔彼流水，其流湯湯。

【佚文】（四四四）湯湯者，言無所歸也。（李黄解卷二三，頁十一。）

## 鶴鳴

鶴鳴，誨宣王也。此詩小序之全文。

【佚文】（四四五）「（此詩）既誨王以修身，又誨王以致人，又誨王以尚賢、辯不肖，又誨王取於人以爲善。」（李黄解卷二三，頁十四；辨證卷四，頁九十。）

【評】（一六五）清黄中松曰：「王（安石）分修身、致人、用賢辨不肖、取於人爲善四事。……夫天下之理，不盡於四者；即四者推之，觸類旁通，理無不該，事無不備，舉天下而措之可也。若專指求賢，則所誨者一事耳，故不曰誨宣王求賢，而曰『誨宣王也』。」（辨證卷四，頁九十。）

鶴鳴于九皋，聲聞于野。

【佚文】（四四六）「易曰：『鳴鶴在陰，其子和之。』子曰：『君子居其室，出其言善，則千里之外應之，況其邇者乎？』與此意同。」（段解卷十八，頁十；詩傳彙纂卷十一，頁二七。）

## 祈父

祈父！予，王之爪士。

【佚文】（四四七）「爪士，爪牙之士也。」（段解卷十八，頁十三。）

祈父！亶不聰。胡轉予于恤？有母之尸饔。

【佚文】（四四八）「勞役無有休息，不得奉養，而母反尸劬勞之事也。」（呂記卷二十，頁二；段解卷十八，頁十三；備考卷十四，頁二。）

## 白駒

皎皎白駒，食我場苗。縶之維之，以永今朝。

【佚文】（四四九）「皎皎白駒，以況其潔白之賢人。馬，臣道也；爲其未縶維也，故稱駒焉。」（李黄解卷二二，頁十八。）

皎皎白駒，賁然來思。

【佚文】（四五〇）「（賁，）讀爲『奔』字，言其來之速也。」（通釋卷十一，頁四；李黄解卷二二，頁十八；會通卷十一，頁四載輯録引朱子所引；大全卷十一，頁四載朱子引；詩傳彙纂

卷十二，頁四載朱子引。）〔三〕

爾公爾侯，逸豫無期。慎爾優游，勉爾遁思。

**【佚文】**（四五一）「（前二句，）言我遇賢人之紓也。」（李黄解卷二三，頁十九。）

毋金玉爾音，而有遐心。

**【佚文】**（四五二）「前章云『勉爾遁思』，此章曰『毋金玉爾音，而有遐心』，雖勉其遁，而又庶幾其來反也。」（呂記卷二十，頁五；段解卷十八，頁十六；備考卷十四，頁四。）

## 黄鳥

黄鳥，刺宣王也。此詩小序之全文。

**【佚文】**（四五三）此賢者不得志而去之詩。（李黄解卷二三，頁二十；詩緝卷十九，頁

〔二〕今本詩集傳、朱子語類，皆未引王氏此條説；輯録、大全、詩傳彙纂作朱子引，或據朱子舊作詩説，原書今佚。

十五。）

【評】（一六六）宋嚴粲曰：「……王氏、蘇氏以爲賢者不得志而去，不若朱氏以爲民不安其居，適異國而不見收恤。諸家以『無啄我粟』爲此邦之言，『不我肯穀，復我邦族』爲去者之言：文意斷續。朱氏以爲皆去者之言。朱義爲長。」（詩緝卷十九，頁十五。）

## 我行其野

我行其野，刺宣王也。此詩小序之全文。

【佚文】（四五四）「此民不安其居而適異邦，從其昏姻而不見收恤之詩也。先王之詩曰：『既有肥牡，以速諸舅。寧適不來？微我有咎。』又曰：『籩豆有踐，兄弟無遠。』其躬行仁義、道民厚矣。猶以爲未也，又建官置師，以孝、友、睦、婣、任、恤六行教民。爲其有父母也，故教以孝；爲其有兄弟也，故教以友；爲其有同姓也，故教以睦；爲其有異姓也，故教以婣；爲鄰里鄉黨相保相受也，故教以任；相賙相救也，故教以恤。以爲徒教之或不率也，故使官師以時書其德行而勸之；以爲徒勸之或不率也，於是乎有不孝、不睦、不婣、不弟、不任、不恤之刑焉。方是時也，安有如此詩所刺之民乎？」（呂記卷二十，頁七—八；李黄解卷二二，頁二二；

朱傳卷十一，頁五—六；段解卷十八，頁十九；詩緝卷十九，頁十六；備考卷十四，頁五。）

我行其野，蔽芾其樗。昏姻之故，言就爾居。爾不我畜，復我邦家。

【佚文】（四五五）「樗，惡木，尚可芘而息。今以婚姻之故言就爾居，而爾不我畜，則樗之不如也。」（吕記卷二十，頁八；李黄解卷二二，頁二二；段解卷十八，頁二十；備考卷十四，頁六。）

我行其野，言采其蓫。昏姻之故，言就爾宿。爾不我畜，言歸斯復。

【佚文】（四五六）「蓫，惡卉也，尚可采以治疾。今以昏姻之故言就爾宿，而爾不我畜，則蓫之不如也。言就爾宿，則託宿而已，非就之居也。言歸斯復，則以不見畜而去也。」（吕記卷二十，頁九；段解卷十八，頁二十；詩緝卷十九，頁十八；備考卷十四，頁六；蒙引卷十，頁二一。）

我行其野，言采其葍。不思舊姻，求爾新特。

【佚文】（四五七）「葍，野菜之惡者也，然尚可采以禦飢。昏姻之相與，固爲其窮則相收困則相恤也。今不思舊姻，而求爾新特，則又蓄之不如也。」（呂記卷二十，頁九；段解卷十八，頁二二；備考卷十四，頁六；詩傳彙纂卷十二，頁八。）

成不以富。

【佚文】（四五八）「同田爲富。」（考古質疑卷三，頁十六。）

## 斯干

兄及弟矣，式相好矣，無相猶矣。

【佚文】（四五九）猶，圖也。（李黄解卷二三，頁二一。）

似續妣祖，築室百堵。

【佚文】（四六〇）「似續妣祖，言其宫室内外，皆如先王之制。繼紹先王之制，而築室於百堵，言其宣王之居處可謂安矣，蓋言其百堵皆興也。夫一人之情，千萬人之情是也。人君有高臺深池之安，必思吾民得安其居焉，况夫古者宫室則欲民有棟宇？宣王之時，其考室也，築室百堵，又遣使招集流民，而百堵皆作，則斯民必有居處也。若宣王者，所謂與民同其憂樂也。」（李黃解卷二三，頁二一—三；段解卷十八，頁二三。）

**【佚文】**（四六一）「築室百堵者，言廣且多也。」（呂記卷二十，頁十一；段解卷十八，頁二三。）

約之閣閣，椓之橐橐，風雨攸除，鳥獸攸去，君子攸芋。

**【佚文】**（四六二）「言上下四旁皆牢密也。」（呂記卷二十，頁十二；段解卷十八，頁二四；備考卷十四，頁九。）

君子攸躋。

**【佚文】**（四六三）「君子攸躋，則又言其高也。」（呂記卷二十，頁十三；段解卷十八，頁二五。）

殖殖其庭。

**【佚文】**（四六四）「殖殖其庭，言庭地之實也。」（呂記卷二十，頁十三；段解卷十八，頁二五。）

噲噲其正，噦噦其冥，君子攸寧。

【佚文】（四六五）「噲噲其正，則知噦噦其冥是偏也；噦噦其冥，則知噲噲其正是明也。」（段解卷十八，頁二五；呂記卷二十，頁十三；通釋卷十一，頁十二；大全卷十一，頁十二；詩傳彙纂卷十二，頁十一。）

大人占之。

【佚文】（四六六）「大人者，當時在位之大人。」（呂記卷二十，頁十四；李黄解卷二三，頁四；詩緝卷十九，頁二三。）

維熊維羆，男子之祥；維虺維蛇，女子之祥。

【佚文】（四六七）「熊羆强力壯毅，故爲男子之祥；虺蛇柔弱隱伏，故爲女子之祥。」（李黄解卷二三，頁四；呂記卷二十，頁十五。）

【佚文】（四六八）「人之精神與天地陰陽流通，故夢各以其類至。先王置官，觀天地之會，辨陰陽之氣，以日月星辰占六夢之吉凶；獻吉夢，贈惡夢。知此則可以言性命之理矣。」（呂記卷二十，頁十五；詩緝卷十九，頁二三；備考卷十四，頁十一。）

乃生男子，載寢之牀，載衣之裳，載弄之璋。

【佚文】（四六九）「男子不衣之衣而衣之裳者，裳下服也；不弄之圭而弄之璋者，璋半圭也。成人有漸故也。女子其服自幼以至長，其事自易以至難，亦有漸也。先王之教人，可謂至矣。」（呂記卷二十，頁十六。）

其泣喤喤。朱芾斯皇，室家君王。

【佚文】（四七〇）「其泣之美，亦所以爲吉祥。故羊食我之生也，聞其聲者，知其滅羊舌氏矣。」（呂記卷二十，頁十六；詩緝卷十九，頁二三；備考卷十四，頁十二。）

乃生女子。……無非無儀，唯酒食是議，無父母詒罹。

【佚文】（四七一）「女子以順爲正，無非足矣。有善則非其吉祥，可願之事也。」（呂記卷二十，頁十六；備考卷十四，頁十二。）

## 無羊

爾羊來思，其角濈濈；爾牛來思，其耳濕濕。

【佚文】（四七二）「濈濈，和也。羊以善觸爲患，故言其和，謂聚而不相觸也。濕濕，潤澤也。牛病則耳燥，安則潤澤也。」（朱傳卷十一，頁十；李黄解卷二三，頁八；吕記卷二十，頁十八；詩緝卷十九，頁二六—二七；詩經世本古義卷十七，頁一〇三。）

【佚文】（四七三）「牛以耳澤爲善。」（吕記卷二十，頁十八。）

或降于阿，或飲于池。

【佚文】（四七四）「牧之地以有阿有池爲善。」（吕記卷二十，頁十九。）

爾牧來思，以薪以蒸，以雌以雄。爾羊來思，矜矜兢兢，不騫不崩。

【佚文】（四七五）「『爾牧來思』三句，言牧人有餘力則取薪蒸、搏禽獸以來歸也。（李黄解卷

二三，頁八。）[一]

**【佚文】**（四七六）「及其將歸，而又辨其雌雄者，視其多寡之數也。爾羊來思者，與夫君子于役之詩曰『牛羊下來』者類也。矜矜兢兢者，豈非山川草木之所宜，而牧之者不失其性而至於堅彊歟？不騫不崩，言羊得其性而無耗敗也。言羊而不言牛者，羊善耗敗故也。言羊不耗敗，則牛可知矣。」（呂記卷二十，頁十九—二十；詩緝卷十九，頁二七；通釋卷十一，頁十八；大全卷十一，頁十八；備考卷十四，頁十四；詩傳彙纂卷十二，頁十五。）

牧人乃夢，衆維魚矣，旐維旟矣。大人占之：衆維魚矣，實維豐年；旐維旟矣，室家溱溱。

**【佚文】**（四七七）「此牧成而考之之詩也，故以吉祥之事終焉。」（呂記卷二十，頁二十；詩傳彙纂卷十二，頁十六。）

---

[一] 此條，李黃解謂王安石從鄭氏，兹據鄭箋。第與下條呂記所引，義似不合。姑兩存之。

# 詩經新義　卷十二　小雅

## 節南山之什

### 節南山

憂心如惔，不敢戲談。

【佚文】（四七八）「如惔者，内熱之謂也。」（呂記卷二十，頁二一；段解卷十九，頁二；詩緝卷二十，頁一；蒙引卷十，頁十。）

節彼南山，維石巖巖。……節彼南山，有實其猗。

【佚文】（四七九）「南山之高，草木無不生之，而維石巖巖，此剛節也。南山之卑，有草木生之，以實其傍之畝谷，此柔節也。」（李黄解卷二三，頁十四。）

【評】（一六七）宋李樗曰：「此皆鑿説也。若以草木無所生爲美事，則草有所生爲可刺矣。剛柔之節，詩人本無此意，皆是於詩人之外自生此義也。」（李黄解卷二三，頁十四。）

赫赫師尹，不平謂何？

【佚文】（四八〇）「不平謂何者，發問之辭也。」（呂記卷二十，頁二二；段解卷十九，頁二；詩傳彙纂卷十二，頁十七。）

天方薦瘥，喪亂弘多。

【佚文】（四八一）「薦瘥者，乖氣之所生。曰『方薦瘥』，則以言其薦瘥之未艾。」（呂記卷二十，頁二三；段解卷十九，頁三；備考卷十四，頁十六。）

尹氏大師，維周之氐；秉國之均，四方是維。

【佚文】（四八二）「京師以大族爲氏，朝廷以尊官爲氏，氏者安危存亡所出也。尹氏，大族也；大師，尊官也。故曰『尹氏大師，維周之氐』。」（呂記卷二十，頁二三；段解卷十九，頁三；通釋卷十一，頁二一；會通卷十一，頁二三載輯録引；大全卷十一，頁二二；備考卷十四，頁十六；詩經世本古義卷二十，頁十；蒙引卷十，頁十；詩傳彙纂卷十二，頁十八。）

不弔昊天！不宜空我師。

【佚文】（四八三）「尹氏空我師，而歸怨昊天：師尹之所爲，王實使之；而王之所爲，天實使之也。」（李黄解卷二三，頁十四—十五。）

【評】（一六八）宋楊時（辯之）曰：「天下罹此鞠訩，知其無可奈何，安之若命，不敢以尤人，故歸之天而已。」（李黄解卷二三，頁十五引。）

式夷式已，無小人殆。

【佚文】（四八四）「已，廢退也。孟子所謂『士師不能治士則已之』，與此『已』同義。」（會通卷十一，頁二四載輯録引；吕記卷二十，頁二四；段解卷十九，頁四；詩緝卷二十，頁四；通釋卷十一，頁二二；大全卷十一，頁二三；備考卷十四，頁十七；詩傳彙纂卷十二，頁十八—十九。）

誰秉國成？不自爲政，卒勞百姓。

【佚文】（四八五）「秉國成者，王之事也。」（吕記卷二十，頁二六；段解卷十九，頁六。）

詩節南山十章通義。

【佚文】（四八六）「幽、厲至無道者，而尹氏秉權，據重其勢，不在後世權奸下。然家父指斥其惡，略無一語回護，當時不聞有他也。東遷猶數百年之久，則容受直言，尚賴匡救之力歟！」（備考卷十四，頁二十。）〔二〕

## 正月

正月繁霜，我心憂傷。民之訛言，亦孔之將。

【佚文】（四八七）「夏之四月，謂之正月。」（緗素雜記卷五，頁二。）

【佚文】（四八八）「正月繁霜，民之訛言，亦孔之將，故我心憂傷也。蓋爲非有繁霜，但訛言爾。」（李黄解卷二三，頁二十。）

【評】（一六九）宋李樗曰：「此説亦非。……蓋以正月之陽而有繁霜，我心固已憂傷矣，今也民又訛言，其言甚大，則其心之憂愈甚矣！」（李黄解卷二三，頁二十。）

〔二〕此條，見備考高欄外記「王氏曰」，各家均無，疑非安石詩義，或安石其他文。姑存以備考焉。

念我獨兮，憂心京京。

【佚文】（四八九）「京京，大也。」（呂記卷二十，頁二九；段解卷十九，頁九；詩緝卷二十，頁十；備考卷十四，頁二一。）

父母生我，胡俾我瘉？不自我先，不自我後。

【佚文】（四九〇）「疾痛故呼父母，而傷己適丁是時也。」（呂記卷二十，頁三十；慈湖詩傳卷十二，頁十八—十九；段解卷十九，頁十一；備考卷十四，頁二一。）

好言自口，莠言自口。

【佚文】（四九一）「莠，惡也。蓋穀謂之善，則莠惡可知也。」（呂記卷二十，頁三十；慈湖詩傳卷十二，頁十八；段解卷十九，頁十；詩緝卷二十，頁十；通釋卷十一，頁二七；會通卷十一，頁三十載輯録引；大全卷十一，頁二九；備考卷十四，頁二一；蒙引卷十，頁十六；詩傳彙纂卷十二，頁二三。）

憂心愈愈，是以有侮。

【佚文】（四九二）「愈愈，憂甚之謂也。」（呂記卷二十，頁三十；段解卷十九，頁十一；備考卷十四，頁二二。）

憂心惸惸，念我無祿。……哀我人斯，于何從祿？瞻烏爰止，于誰之屋？

【佚文】（四九三）「惸惸，獨也。」（呂記卷二十，頁三二；段解卷十九，頁十一；詩緝卷二十，頁十一；備考卷十四，頁二二。）

【佚文】（四九四）「民有欲無主乃亂。天生聰明時乂，王不能乂而民無所得祿，則釋王而從祿于他。烏之爲物，唯能食已，則止其屋；民之從祿將如此矣。哀者，哀其如此；瞻者，瞻其將然也。」（呂記卷二十，頁三一；慈湖詩傳卷十二，頁十九；段解卷十九，頁十一。）

瞻彼中林，侯薪侯蒸。

【佚文】（四九五）「君之剥削於民，而至於盡，猶人之侵伐材木，以致薪蒸者也。」（呂記卷二十，頁三一；段解卷十九，頁十二。）

【佚文】（四九六）薪蒸，以喻小人。（李黄解卷二三，頁二二。）

召彼故老，訊之占夢，具曰「予聖」。誰知烏之雌雄？

【佚文】（四九七）「亂甚矣，不知與故老圖此，乃召而訊之占夢，則其迷亦甚矣。唯其迷甚，故君臣皆自謂聖，而上下同德，如烏雌雄無以相別也。」（呂記卷二十，頁三三；段解卷十九，頁十三—十四；備考卷十四，頁二三。）

謂天蓋高，不敢不局；謂地蓋厚，不敢不蹐。維號斯言，有倫有脊。

【佚文】（四九八）「人號呼而出，斯局蹐之言者非誕也；乃有倫序，有脊理。」（呂記卷二十，頁三四；慈湖詩傳卷十二，頁二十；段解卷十九，頁十四—十五；通釋卷十一，頁三十；大全卷十一，頁三二；備考卷十四，頁二四。）

哀今之人，胡爲虺蜴。

【佚文】（四九九）「當是時也，人之害人者則爲虺，畏人者則爲蜴矣。」（呂記卷二十，頁三四；段解卷十九，頁十五。）

心之憂矣，如或結之。今茲之正，胡然厲矣！

**【佚文】**（五〇〇）正爲邪正之正。（李黄解卷二三，頁二四；詩緝卷二十，頁十五）「厲，危也。正危則以邪勝故也。」（呂記卷二十，頁三五；李黄解卷二三，頁二四；段解卷十九，頁十六。）

魚在于沼，亦匪克樂。

**【佚文】**（五〇一）「魚在于沼，其爲生已蹙矣，是以匪克樂也。」（呂記卷二十，頁三七；段解卷十九，頁十八；備考卷十四，頁二六。）

潛雖伏矣，亦孔之炤。憂心慘慘，念國之爲虐。

**【佚文】**（五〇二）「潛雖伏矣，亦孔之炤，以譬君子雖潛伏，無所容也；蹙而困之如此。故君子憂心慘慘，念國之爲虐也。慘慘則幽愁之至也。」（呂記卷二十，頁三七—三八；段解卷十九，頁十八—十九；備考卷十四，頁二六。）

彼有旨酒，又有嘉殽；洽比其鄰，昏姻孔云。念我獨兮，憂心慇慇。

**【佚文】**（五〇三）「君子困蹙而小人得志，有酒食以洽比其鄰里，怡懌其昏姻，而昏姻甚稱説其爲善，則君子失志窮獨，其憂甚矣。慇慇則疾痛之至也。」（呂記卷二十，頁三九；段解卷十九，頁二十；詩緝卷二十，頁十七；通釋卷十一，頁三四；大全卷十一，頁三六；備考卷十四，頁二七。）

佌佌彼有屋，蔌蔌方有穀。民今之無祿，天夭是椓。

【佚文】（五〇四）「佌佌者有家，而蔌蔌者方且有祿未艾也；而民反無祿。」（呂記卷二十，頁三九；段解卷十九，頁二十。）

【佚文】（五〇五）「佌佌蔌蔌者，椓害之也。」（呂記卷二十，頁三九；段解卷十九，頁二十。）

## 十月之交

日有食之，亦孔之醜。彼月而微，此日而微。今此下民，亦孔之哀。

【佚文】（五〇六）「月有盈虧，虧則微矣。彼月而微，則固其所；此日而微，則非其常。」（呂記卷二十，頁四一；段解卷十九，頁二二；備考卷十四，頁二九；詩傳彙纂卷十二，頁三一。）

日月告凶，不用其行。四國無政，不用其良。彼月而食，則維其常；此日而食，于何不臧！

**【佚文】**（五〇七）「日月告凶，不用其行，則以四國無政，不用其良故也。月食非其常也，然比日食，則以陽侵陰，猶爲常也。此日而食，則爲變大矣。」（呂記卷二十，頁四二；李黄解卷二四，頁三；段解卷十九，頁二三；通釋卷十一，頁三九；大全卷十一，頁四二。）

百川沸騰，山冢崒崩。高岸爲谷，深谷爲陵。哀今之人，胡憯莫懲！

**【佚文】**（五〇八）「（哀今之人，胡憯莫懲，）哀而怪之也。」（呂記卷二十，頁四三；段解卷十九，頁二四。）

皇父卿士，番維司徒，家伯維宰，仲允膳夫，聚子内史，蹶維趣馬，楀維師氏，豔妻煽方處。

**【佚文】**（五〇九）「求變異所生以用七子，七子所以見寵用事，則以豔妻煽方處故也。豔妻言其配王以色而已，非以德也。煽言其勢盛，若火之煽然。方處，言方處勢未變徙也。」（呂記卷二十，頁四四；慈湖詩傳卷十二，頁二五；段解卷十九，頁二五；通釋卷十一，頁四一；會通卷十一，頁四五載輯録引；大全卷十一，頁四四；備考卷十四，頁三一；詩傳彙纂卷十二，頁三三。）

【佚文】（五一〇）豔妻，褒姒也。（李黄解卷二四，頁五。）

抑此皇父，豈曰不時？胡爲我作，不即我謀？徹我牆屋，田卒汙萊。曰：「予不戕，禮則然矣。」

【佚文】（五一一）「言皇父所爲，自以爲是，故作我以徙而不即我謀。乃徹我墻屋，使我田不獲治——卑者卒汙，高者卒萊。乃曰：『予不戕女，下供上役，禮則然矣。』然則皇父豈肯自以所爲爲不時乎？」（呂記卷二十，頁四五；段解卷十九，頁二六。）

詩十月之交第五章通義。

【佚文】（五一二）「此章專言皇父專恣而害及於民也。」（通釋卷十一，頁四二；會通卷十一，頁四六載輯録引；大全卷十一，頁四五。）

皇父孔聖，作都于向。

【佚文】（五一三）「皇父甚愚而自謂甚聖，故詩人因其自聖而譏之曰『孔聖』也。作都于向，徙民而作其邑也。」（呂記卷二十，頁四五—四六；慈湖詩傳卷十二，頁二六；段解卷十九，頁二七；通釋卷十一，頁四三；會通卷十一，頁四六載輯録引；大全卷十一，頁四六；詩傳彙纂卷十二，頁三四。）

擇三有事，亶侯多藏。

**【佚文】**（五一四）「擇三有事，亶侯多藏，則其用人維貨其吉也。」（呂記卷二十，頁四六；段解卷十九，頁二七；詩傳彙纂卷十二，頁三四。）

不憖遺一老，俾守我王。

**【佚文】**（五一五）「不憖遺一老，俾守我王者，不自强留一老人以留衛王，則又不忠敬之甚也。」（呂記卷二十，頁四六；段解卷十九，頁二七。）

悠悠我里，亦孔之痗。……天命不徹。

**【佚文】**（五一六）「徹，通也。幽王之時，天下病矣，而我所居里則又甚病矣。」（呂記卷二十，頁四七；慈湖詩傳卷十二，頁二七；段解卷十九，頁二八；詩緝卷二十，頁二四；備考卷十四，頁三三二。）

**【佚文】**（五一七）「此敏案：謂上條廿一字佚文之意。所謂譏小己之得失，而其流及上者也。」（呂記卷二十，頁四七；段解卷十九，頁二八。）

四方有羡，我獨居憂。民莫不逸，我獨不敢休。天命不徹，我不敢傚我友自逸。

【佚文】（五一八）「（徹，通也。）不通，則以言其窮也。其窮，命也；勉之而已，故不敢傚我友自逸也。」（呂記卷二十，頁四七；段解卷十九，頁二八、二九；詩緝卷二十，頁二四。）

【佚文】（五一九）「時蓋有潔身而去者，己獨不去，故有是言。敏案：是言，謂「我不敢傚我友自逸」。」（詩傳彙纂卷十二，頁三五載胡一桂引。）

【佚文】（五二〇）「（民莫不逸，而其人獨不敢休者，）凡民之不如也。」（呂記卷二十，頁四七；段解卷十九，頁二八。）

詩十月之交八章通義。

【佚文】（五二一）「此詩前三章言災異之變。四章言致災由於小人，而皇父小人之魁也，故五、六章專言皇父之惡。七章言小人在位，天降之災，則天變生於人妖也。八章言己之憂勞，而一篇之義終矣。」（通釋卷十一，頁四五載胡一桂引；大全卷十一，頁四八載胡一桂引；詩傳彙纂卷十二，頁三五載胡一桂引。）

# 雨無正

浩浩昊天，不駿其德。

**【佚文】**（五二二）「浩浩，廣大流通之意。元氣廣大曰昊天。」（會通卷十一，頁四八載輯録引；呂記卷二十，頁四八；段解卷十九，頁三十；詩緝卷二十，頁二六。）

周宗既滅，靡所止戾。

**【佚文】**（五二三）「方是時，周未滅而曰既滅者，其滅之形成故也。」（呂記卷二十，頁五十；詩説卷八，頁三十；段解卷十九，頁三一；備考卷十四，頁三五；蒙引卷十，頁二八；詩傳彙纂卷十二，頁三六。）

**【評】**（一七〇）宋劉克曰：「詩辭謂宗周既滅，王氏乃以爲有滅之形。夫以文、武、成、康之澤，歷春秋、戰國叛離之變，人心猶不忍去周，安有周有未變〔一〕，詩人乃謂王室之已滅哉？雖秦、隋之亂，莫敢預爲此言也。犬戎之禍，發于不虞之際，前此詩人憂國之辭何所不

---

〔一〕「周有」之「有」，疑當作「猶」。

至？尚可以既滅之言加之天王之尊哉？又有可證者，其曰『靡所止戾』，曰『離居』，曰『莫肯夙夜』：不宿衛也。『莫肯朝夕』，不勤王也。『庶曰式臧』，猶庶幾懲艾遷善也。如强以爲未有戎禍，辭意皆窒。説詩者見平王之詩黍離列于王風矣，遂概以爲幽、厲。曾不詩犬戎滅周後〔二〕，事變方殷。大、小雅諸詩記一時事變，可悉以爲幽、厲乎？」（詩説卷八，頁三十。）

【評】（一七一）明鍾惺、明韋調鼎曰：「既滅，如王氏説，作其道已滅，乃無礙。」（備考卷十四，頁三六。）

正大夫離居，莫知我勩。

【佚文】（五二四）「周官八職，一曰『正』，六官之長是也。」（呂記卷二十，頁四九；段解卷十九，頁三一；詩緝卷二十，頁二六；六家詩名物疏卷三，頁一。）

凡百君子，各敬爾身。胡不相畏？不畏于天！

【佚文】（五二五）「世雖昏亂，君子不可以爲惡，自敬故也，畏人故也，畏天故也。」（呂記卷二

---

〔二〕「詩」，疑當作「思」。

十，頁五一；段解卷十九，頁三二；困學紀聞卷三，總頁二五四；通釋卷十一，頁四七；大全卷十一，頁五一；備考卷十四，頁三六；詩經世本古義卷十八之下，頁四八；詩傳彙纂卷十二，頁三七。）

【評】（一七二）宋王應麟曰：「愚謂：詩云『周宗既滅』，哀痛深矣。猶以敬畏相戒，聖賢心學，守而勿失，中夏雖亡，而義理未嘗亡；世道雖壞，而人心未嘗壞。君子修身以俟命而已。」（困學紀聞卷三，總頁二五四。）

【評】（一七三）清全祖望曰：「三不足畏之説，何以與斯言相反？」（困學紀聞卷三，總頁二五四翁注引。）

曾我暬御，憯憯日瘁。凡百君子，莫肯用訊；聽言則答，譖言則退。

【佚文】（五二六）「患難如此，則凡百君子，宜任其憂責，然慘慘然日瘁，則我暬御而已。蓋王所親厚聽用，暬御而已，則患難之憂，非其暬御，誰肯任之？」（呂記卷二十，頁五一；段解卷十九，頁三三。）

哀哉不能言！匪舌是出，維躬是瘁。哿矣能言，巧言如流，俾躬處休。

**【佚文】**（五二七）「忠實之人，辭不能自達，而病其躬。巧言之人，以能曲折應變，無所凝止，而俾躬處休矣。」（呂記卷二十，頁五二；段解卷十九，頁三四。）

**【佚文】**（五二八）「（巧言如流，俾躬處休者，）言小人佞而獲福也。」（呂記卷二十，頁五二；段解卷十九，頁三四。）

鼠思泣血，無言不疾。

**【佚文】**（五二九）「鼠思，憂思也。」（呂記卷二十，頁五三；段解卷十九，頁三五；詩緝卷二十，頁二九；備考卷十四，頁三七。）

## 小旻

旻天疾威，敷于下土。謀猶回遹，何日斯沮！

**【佚文】**（五三〇）「王者隆寬博愛，以得天下之心，而天下樂告以善道，則無所事於疾威。天下之善衆至，如至誠由直道以圖，天下之事有餘裕矣，則無所事於回遹。」（李黄解卷二四，頁十二。）

潝潝訿訿，亦孔之哀。

**【佚文】**（五三一）「潝潝，苟有所合也；訿訿，苟有所毀也。」（李黃解卷二四，頁十三。）

**【評】**宋李樗曰：「王氏此言，雖以字生義，然實得詩人之意。劉向曰：『衆小在位，所從邪議，潝潝相是而背君子。蓋同乎己者，則以爲是；異乎己者，則以爲非。』則王氏之言，實與之暗合。」（李黃解卷二四，頁十三。）

**【佚文】**（五三二）「其俗如此，亦孔之哀矣。」（呂記卷二一，頁二；段解卷十九，頁三七。）

謀之其臧，則具是違；謀之不臧，則具是依。我視謀猶，伊于胡底！

**【佚文】**（五三三）「謀猶如此，則亦何所至乎？至於亂而已！」（呂記卷二一，頁二；段解卷十九，頁二七；備考卷十五，頁二。）

如匪行邁謀，是用不得于道。

**【佚文】**（五三四）君臣之謀事如此，與不行而坐圖遠近無異，故於道路跬步無進也。（李黃解卷二四，頁十四。）

## 小宛

宛彼鳴鳩，翰飛戾天。

【佚文】（五三五）鳩雖小鳥，尚有高飛及天之志，而幽王不自奮勉，致鳩不如也。（李黄解卷二四，頁十六。）

人之齊聖，飲酒温克。彼昏不知，壹醉日富。各敬爾儀，天命不又。

【佚文】（五三六）「壹醉日富，則用燕喪威儀，而臣下化之。天命將改，大福不再矣，故戒以『各敬爾儀，天命不又』，言『各』則并戒其君臣也。」（呂記卷二一，頁六；李黄解卷二四，頁十八；段解卷十九，頁四一；通釋卷十二，頁六；備考卷十五，頁五。）

【佚文】（五三七）「又，復也；天命不再來也。汝既以酒敗，則天必罰之，而其命不再來矣。」（李黄解卷二四，頁十八。）

我日斯邁，而月斯征。夙興夜寐，毋忝爾所生。

【佚文】（五三八）「日邁月征，所謂日月逝矣，歲不我與。」（呂記卷二一，頁七；段解卷十九，頁四二。）

哀我填寡，宜岸宜獄。握粟出卜，自何能穀？

**【佚文】**（五三九）「方是時也，填寡不能自直，必矣。則雖出卜，自何能穀乎？」（呂記卷二一，頁八；段解卷十九，頁四三；詩傳彙纂卷十三，頁七。）

## 小弁

弁彼鷽斯，歸飛提提。

**【佚文】**（五四〇）提提，安也。（李黄解卷二五，頁二。）

我心憂傷，惄焉如擣。

**【佚文】**（五四一）「惄焉如擣，言憂傷中其心如此。」（呂記卷二一，頁十一；段解卷十九，頁四五—四六。）

維桑與梓，必恭敬止。靡瞻匪父，靡依匪母。

**【佚文】**（五四二）「尊父，故言瞻；親母，故言依也。」（呂記卷二一，頁十一；段解卷十九，頁四六；備考卷十五，頁九。）

不屬于毛？不離于裏？

**【佚文】**（五四三）「離，麗也。」（呂記卷二一，頁十一；段解卷十九，頁四六。）

譬彼舟流，不知所届。心之憂矣，不遑假寐。

**【佚文】**（五四四）「舟流者，蕩漾而無所止也，孟子所謂若窮人無所歸也。」（呂記卷二一，頁十二；段解卷十九，頁四七；通釋卷十二，頁十二；大全卷十二，頁十二；備考卷十五，頁九；蒙引卷十一，頁十一。）

譬彼壞木，疾用無枝。心之憂矣，寧莫之知！

**【佚文】**（五四五）「其憂如此，王晏然莫知也。」（呂記卷二一，頁十三；段解卷十九，頁四八。）

相彼投兔，尚或先之；行有死人，尚或墐之。君子秉心，維其忍之。

【佚文】（五四六）「兔見迫逐而投人，人宜利而取之也，乃或先之，使得辟逃。行路之死人，人宜惡而違之，乃或墐之，使免暴露者，惻隱之心，人所宜有故也。」（呂記卷二一，頁十三—十四；慈湖詩傳卷十三，頁十；段解卷十九，頁四八；備考卷十五，頁十；詩傳彙纂卷十三，頁十一。）

君子信讒，如或醻之。君子不惠，不舒究之。伐木掎矣，析薪扡矣。舍彼有罪，予之佗矣。

【佚文】（五四七）「伐木析薪，非愛之也，然亦不可以無理。言王以讒故遇己無理，又伐木析薪之不如也。舍彼有罪，予之佗矣者，言以不舒究之故，舍彼有罪之讒人，而加己以非其罪，此所謂無理也。」（呂記卷二一，頁十五；段解卷十九，頁四九—五十；備考卷十五，頁十一。）

無逝我梁，無發我笱；我躬不閱，遑恤我後！

【佚文】（五四八）「毋逝我梁，毋發我笱者，太子放逐而其憂終不忘國也。我躬不閱，遑恤我後者，無如之何，自訣之辭。」（段解卷十九，頁五十—五一；呂記卷二一，頁十五—十六；慈湖詩傳卷十三，頁十一；會通卷十二，頁十五載輯録引；通釋卷十二，頁十四；大全卷十二，頁十四。）

巧言

悠悠昊天，曰父母且。無罪無辜，亂如此幠。

【佚文】（五四九）「悠悠，不疾之意。夏曰昊天。凡言昊天，則望之以其明也。天不疾於用明，則令己遇讒。」（李黄解卷二五，頁八。）

【評】（一七四）宋李樗曰：「……王則以爲天不疾於用明。王氏之言，固失之矣。……夫悠悠昊天者，只是言天遠大之意。言大夫遇讒則呼天曰：悠悠昊天，乃民之父母也，今既無罪無辜而遭此亂如是之大。」（李黄解卷二五，頁八。）

君子如怒，亂庶遄沮；君子如祉，亂庶遄已。

【佚文】（五五〇）如怒爲至誠之威，如祉爲至公之德。（李黄解卷二五，頁十。）

君子屢盟，亂是用長。

【佚文】（五五一）「歃血自明而爲盟。」（考古質疑卷三，頁十六。）

【佚文】（五五二）「不能如怒如祉，以明是非好惡，而誣罔誕謾衆至，則任賢安能勿貳？去邪安能勿疑？既貳且疑，豈免屢盟？屢盟而不知反本，此亂之所以長也。穿窬之類，伺隙抵巇，以罔善人，而君子信讒，此亂之所以暴也。」（呂記卷二一，頁十八；段解卷十九，頁五二一五三；備考卷十五，頁十三—十四。）

盜言孔甘，亂是用餤。匪其止共，維王之邛。

【佚文】（五五三）「孔甘之言，非止於共，適足以病王而已。」（李黄解卷二五，頁十一。）

奕奕寢廟，君子作之。秩秩大猷，聖人莫之。

【佚文】（五五四）「莫，定也。」（呂記卷二一，頁十九；段解卷十九，頁五三；詩緝卷二一，頁十九；備考卷十五，頁十四。）

蛇蛇碩言，出自口矣。巧言如簧，顔之厚矣！

【佚文】（五五五）「讒人言巧，其聽之可樂如笙簧然；頑不知耻，其顔厚矣。孟子曰：『爲機變之巧者，無所用耻焉。』此之謂也。」（呂記卷二一，頁二十；段解卷十九，頁五五；備考卷十五，頁十五。）

## 何人斯

何人斯，蘇公刺暴公也。暴公爲卿士，而譖蘇公焉，故蘇公作是詩以絶之。此詩小序之全文。

【佚文】（五五六）「暴公爲卿士而譖蘇公，不忠於其君，不義於其友，所謂『大故』也，故蘇公作是詩絶之。其絶之也，不斥暴公也，言其從行而已；不著其譖也，示以所疑而已。蓋交際之道，其絶也當如此而已。既絶矣，又告之以『及爾如貫，諒不我知』，欲出三物，要之以詛，而作爲好歌以極反側，不殆於棄言乎哉！蓋君子之遇人也，仁而不忮。暴公之譖我，則喪其本心，諒不我知故也。既絶之矣，而猶告以『壹者之來，俾我祇也』。蓋君子之處己也忠，其遇人也恕[一]。使其由此悔悟，更以善意從我，固我所願也。雖其不能如此，我固不爲已甚，我豈若小丈夫哉！一與人絶，則醜詆固拒，惟恐其復合也！」（呂記卷二一，頁二二；朱傳卷十二，頁

[一]「既絶之矣」至「遇人以恕」二十九字，據朱傳補入，按其文理當在此處。

十七；詩童子問卷五，頁七；段解卷十九，頁五六—五七；備考卷十五，頁十九；詩經世本古義卷二十，頁五六。）

【評】（一七五）宋輔廣曰：「王氏之説，深得夫仁人君子之心，讀之三復，令人惕然而有發焉。『不忠於君，不義於友』，則斁敗彝倫，故謂之『大故』，不然則猶未可絶也。」（詩童子問卷五，頁七。）

爾還而入，我心易也。

【佚文】（五五七）「入則我心平易而不之怨也。」（呂記卷二一，頁二五；詩傳彙纂卷十三，頁二十。）

及爾如貫，諒不我知。出此三物，以詛爾斯。

【佚文】（五五八）「出此三物，蓋若鄭莊公令出雞、犬、豭以詛，毛遂取雞、狗、馬之血以盟也。蓋古盟詛如此也。」（呂記卷二一，頁二六；段解卷十九，頁六十；通釋卷十二，頁二四；大全卷十二，頁二五。）

作此好歌，以極反側。

【佚文】（五五九）「作是詩將以絶之也，而曰好歌者，唯其好也，是以極求其反側。極其反側，非惡之也，有欲其悔悟之心焉爾。」（呂記卷二一，頁二七；段解卷十九，頁六一—六二；通釋卷十二，頁二五；會通卷十二，頁二六載輯録引；大全卷十二，頁二六；備考卷十五，頁十八；詩經世本古義卷二十，頁五六；詩傳彙纂卷十三，頁二一。）

## 巷伯

萋兮斐兮，成是貝錦。彼譖人者，亦已大甚！哆兮侈兮，成是南箕。

【佚文】（五六〇）「錦，斐也。哆、侈皆是張大之意。」（李黄解卷二五，頁十七。）

緝緝翩翩，謀欲譖人。慎爾言也，謂爾不信。

【佚文】（五六一）「不慎爾言，則聽者有時而悟，謂爾不信矣。」（呂記卷二一，頁二八—二九；慈湖詩傳卷十三，頁二一；段解卷十九，頁六三；備考卷十五，頁二十。）

捷捷幡幡，謀欲譖言。豈不爾受？既其女遷。

【佚文】（五六二）「豈不爾受，既其女遷者，上好譖則固將受汝，然好譖不已，則遇譖之禍，既遷而及汝矣。」（呂記卷二一，頁二九；朱傳卷十二，頁十八；段解卷十九，頁六四。）

驕人好好，勞人草草。

【佚文】（五六三）「驕人好好，勞人草草者，驕人譖行而得意，勞人遇譖而失度，其情狀如此也〔一〕。」（呂記卷二一，頁二九；段解卷十九，頁六四；會通卷十二，頁二九載輯録引。）

蒼天蒼天！視彼驕人，矜此勞人。

【佚文】（五六四）「蒼天蒼天！蓋以王之不明，無所告愬，而告之于天也。」（通釋卷十二，頁二九載胡一桂引；大全卷十二，頁二八載胡一桂引。）

楊園之道，猗于畝丘。

〔一〕會通引輯録曰：「王氏『狀』上有『情』字。」茲據以補。

**【佚文】**（五六五）「楊園下地，以況卑人；畝丘高地，以況大臣。欲陵畝丘，則必道楊園，言將譖大臣，必始於卑人也。」（呂記卷二一，頁三十；段解卷十九，頁六五；詩緝卷二一，頁三十。）〔一〕

〔一〕詩緝此章後全取安石説爲結，而未著明出處。

# 詩經新義　卷十三　小雅

## 谷風之什

### 谷風

習習谷風，維風及雨。將恐將懼，維予與女。

【佚文】（五六六）「相與達其道，以施於下；相與致其道，以格於上。」（李黃解卷二五，頁二十。）

習習谷風，維風及頹。將恐將懼，寘予于懷。

【佚文】（五六七）「風之扇物，則因其勢而相高；朋友相汲引，則德義相高。」（呂記卷二一，頁三二；段解卷二十，頁二；備考卷十五，頁二二；詩傳彙纂卷十三，頁二六。）

習習谷風，維山崔嵬。無草不死，無木不萎。忘我大德，思我小怨。

【佚文】（五六八）「風之於草木，長養成就之，則風之德亦大矣。然不能不終以萎死，則風有所不能免也。孰爲此者乎？天地也。天地尚然，而況人乎？」（李黄解卷二五，頁二十。）

【評】（一七六）宋李樗曰：「此説是也。蓋天地之功，猶有所不足也。今也乃忘大德，思我小怨，非所以爲朋友也。」（李黄解卷二五，頁二十一—二一。）

## 蓼莪

蓼蓼者莪，匪莪伊蒿。

【佚文】（五六九）莪已蓼蓼長大，而我視之以爲非莪，反謂之蒿者，因在征役中，憂思不能精識其事也。（李黄解卷二六，頁一。）

哀哀父母！生我劬瘁。缾之罄矣，維罍之恥。

【佚文】（五七〇）「缾，譬則民也；罍，譬則君也。缾之罄則罍之恥，民之窮則君之羞。」（吕記卷二一，頁三五；李黄解卷二六，頁二；慈湖詩傳卷十三，頁二五；詩童子問卷五，頁九；

段解卷二十，頁六。）

【評】（一七七）宋輔廣曰：「首二章，自毛氏而下諸儒，皆誤以爲興體，故其説繚戾而不明。集傳正以爲比，其義方明白。……（第三章）王氏泥序中『民人勞苦』一句，乃以缾喻民，罍喻君，故其説尤爲繚戾睽絶。集傳以爲比體，而以缾、罍之相資比其父母與子之相依。缾之罄，則爲罍之恥；父母不得其所，則爲子之責。」（詩童子問卷五，頁九。）

鮮民之生，不如死之久矣。

【佚文】（五七一）「其禍已熾，則民鮮矣，故謂之鮮民。」（李黄解卷二六，頁二。）

出入腹我。

【佚文】（五七二）「出入腹我，雖至於壯大尚然也。」（段解卷二十，頁六。）

南山烈烈，飄風發發。

【佚文】（五七三）「南山之氣烈烈。」（呂記卷二一，頁三六；段解卷二十，頁七；詩緝卷二二，頁六。）

民莫不穀，我獨何害？

**【佚文】**（五七四）「民莫不穀，我獨何害，傷己獨不得終養也。」（呂記卷二一，頁三六；備考卷十五，頁二五。）

南山律律，飄風弗弗。

**【佚文】**（五七五）「南山之勢律律，蓋崒嵂之謂也。」（呂記卷二一，頁三六；段解卷二十，頁七；詩緝卷二二，頁七；備考卷十五，頁二五；詩傳彙纂卷十三，頁二九。）

## 大東

有饛簋飧，有捄棘匕。

**【佚文】**（五七六）「周之盛時，饋諸侯之賓客以飧而饛其簋，又有捄然之棘匕以載鼎實，則其盛饋可知矣，言其遇人之厚如此。」（李黄解卷二六，頁五。）

佻佻公子，行彼周行。既往既來，使我心疚。

**【佚文】**（五七七）「公子不宜服役，今公子行彼周之道路，則餘人可知矣。」（呂記卷二一，頁三八；段解卷二十，頁九；備考卷十五，頁二六。）

私人之子，百僚是試。

**【佚文】**（五七八）「私人之子，試於百僚，則是絶功臣之世，棄賢者之類，寠賤者用事而貴也。」（段解卷二十，頁十一；呂記卷二一，頁四十；備考卷十五，頁二七—二八。）

## 四月

四月維夏，六月徂暑。

**【佚文】**（五七九）「四月維夏而六月徂暑，則陽運而往矣。往者，屈也；來者，伸也。陽屈而陰信，則是由小人之道長，此其所以亂也。」（李黄解卷二六，頁九。）

**【評】**（一七八）宋李樗曰：「此説雖無害，然亦不必泥於君子、小人之説。蓋此詩三章頗有次第：第一章則言夏時，二章則言秋日，三章則言冬日。四月之時，陽氣方盛，至六月而暑往矣。是其萬物微衰之漸，其後遂爲冬，則其衰甚矣！以喻幽王之政暴虐愈甚也！」（李黄解卷二六，頁九。）

先祖匪人，胡寧忍予？

【佚文】（五八〇）「先祖匪人乎？亦人爾；則不宜忍其後使之遇亂也。」（吕記卷二一，頁四三；段解卷二十，頁十四。）

亂離瘼矣，爰其適歸。

【佚文】（五八一）「亂出乎上，而受患常在下；及其極也，乃適歸乎其所出矣。」（困學紀聞卷三，總頁二六五；詩經世本古義卷十六，頁二三。）

【評】（一七九）宋王應麟曰：「新經義云：『……』噫！宣、靖之際，其言驗矣。而兆亂者誰歟？言與行違，心與迹異，荆舒之謂也。」（困學紀聞卷三，總頁二六五。）

## 北山

北山，大夫刺幽王也。役使不均，己勞於從事，而不得養其父母焉。此詩小序之全文。

**【佚文】**（五八二）「經營四方，出入風議，皆大夫之事也。」（呂記卷二二，頁一；段解卷二十，頁十八；詩傳彙纂詩序下，頁十五。）

陟彼北山，言采其杞。

**【佚文】**（五八三）「陟彼北山，適險而之幽也。」（李黃解卷二六，頁十四。）

大夫不均，我從事獨賢。

**【佚文】**（五八四）「取數多謂之賢，禮記曰：某賢於某若干。與此同義。」（呂記卷二二，頁一—二；慈湖詩傳卷十四，頁二；段解卷二十，頁十九；詩經世本古義卷十八之下，頁五四；讀詩略記卷四，頁二三。）

或出入風議，或靡事不爲。

**【佚文】**（五八五）「出入風議，親信而優游也。」（呂記卷二二，頁三；段解卷二十，頁二一；詩緝卷二二，頁十九；備考卷十六，頁二一—三。）

## 無將大車

無將大車，祇自塵兮。……無將大車，維塵冥冥。……無將大車，維塵雍兮。

【佚文】（五八六）三章皆取喻。「車，君子之所乘，而非君子之所將；將之則祇自塵而已。小人者，君子乘而節之，使退聽而已。斯可也。乃下而將之，則是將大車之類也。」（李黄解卷二六，頁十七；詩傳彙纂卷十四，頁四。）

無思百憂，祇自重兮。

【佚文】（五八七）「凡物之行，不爲物所累，則輕而速；爲物所累，則重而遲。」（吕記卷二二，頁五；段解卷二十，頁二二；備考卷十六，頁四；詩經世本古義卷十八之上，頁三；詩傳彙纂卷十四，頁四。）

【評】（一八〇）明何楷曰：「此言不思則已，一思則百端交集，徒自覺重累耳。」（詩經世本古義卷十八之上，頁三。）

## 小明

明明上天，照臨下土。

**【佚文】**（五八八）「（明明上天，照臨下土者，）幽王作民主而悖天道，無明德以察治，故世亂。」（李黄解卷二六，頁十八。）

**【評】**（一八一）宋李樗曰：「此説不然。所謂『明明上天，照臨下土』，言天之明無所不察。今也大夫仕於亂世，而乃勞苦，是何上天不見察邪？」（李黄解卷二六，頁十八。）

豈不懷歸？畏此罪罟。

**【佚文】**（五八九）「豈不懷歸，畏此罪罟者，世亂矣，欲去而畏離罪也。」（吕記卷二二，頁六；段解卷二十，頁二三。）

我征徂西，至于艽野。……昔我往矣，日月方除。

**【佚文】**（五九〇）「幽王之大夫，以周之九月、十月之間出使，以周二月至于艽野。日月方除者，周以夏之十一月爲正，則以夏之十月爲除。方除，則九月之間也。」（李黄解卷二六，頁十九。）

【評】（一八二）宋李樗曰：「楊龜山破其説：鄭氏謂四月陽極而陰生，故陽有除之義也，猶十月陰極而謂之陽月也。若從王氏之説，謂周以夏之十一月爲正，則十月爲除；歲莫而往，歲莫而還，不足以爲久也。當從鄭氏之説，蓋其説本於爾雅也。」（李黄解卷二六，頁十九。）

嗟爾君子，無恒安處。靖共爾位，正直是與。

【佚文】（五九一）「靖，静也。」（呂記卷二二，頁七；段解卷二十，頁二五；詩緝卷二二，頁二二；備考卷十六，頁五。）

## 鼓鍾

鼓鍾將將，淮水湯湯。憂心且傷。淑人君子，懷允不忘。

【佚文】（五九二）「幽王鼓鍾淮水之上，爲流連之樂，久而忘反，故人憂傷。淑人君子，懷允不忘者，傷今而思古也。」（呂記卷二二，頁九；朱傳卷十三，頁五；慈湖詩傳卷十四，頁八；段解卷二十，頁二六—二七；詩演義卷十三，頁七；大全卷十三，頁八；備考卷十六，頁七。）

【評】（一八三）宋朱熹曰：「此詩之義，有不可知者，今姑釋其訓詁名物，而略以王氏、蘇氏之説解之，未敢信其必然也。」（朱傳卷十三，頁六。）

【評】（一八四）明鍾惺、明韋調鼎曰：「王氏曰：『……』玩『久而忘反』，則爲昭王可知。」（備考卷十六，頁七。）

鼓鍾喈喈，淮水湝湝。憂心且悲。淑人君子，其德不回。

【佚文】（五九三）「湝湝，則既不溢矣。淑人君子，其德不回，亦思古也。」（呂記卷二二，頁九；段解卷二十，頁二七；備考卷十六，頁七。）

鼓鍾伐鼛，淮有三洲。憂心且妯。淑人君子，其德不猶。

【佚文】（五九四）「作樂當淮水之溢，至淮水之降，以言其久也。其流連亦甚矣。」（呂記卷二二，頁九；段解卷二十，頁二七—二八；備考卷十六，頁七—八；詩傳彙纂卷十四，頁八。）

## 楚茨

楚楚者茨，言抽其棘。自昔何爲？我蓺黍稷。

【佚文】（五九五）上二句，傷今也。言「楚楚者茨，則茨生衆也」。（李黄解卷二七，頁二。）

【評】（一八五）宋李樗曰：「王氏之意，以爲傷今而作，然觀楚茨一篇，乃是思古人之意，如信南山、甫田、大田，全篇盡是思古人之詩，全無一句及於刺幽王，楚茨之詩亦然也。」（李黄解卷二七，頁二。）

【佚文】（五九六）「今棘茨之所生，乃自昔我蓺黍稷之地。」（呂記卷二二，頁十二；慈湖詩傳卷十四，頁十一；段解卷二十，頁三十。）

我倉既盈，我庾維億。以爲酒食，以享以祀，以妥以侑，以介景福。

【佚文】（五九七）「及其收也，則我倉既盈；無所藏之，則露積爲庾，其數至億。其成民如此，然後可以致力於鬼神。於是以爲酒食，以享以祀，以妥以侑，以介景福也。」（呂記卷二二，頁十二；詩童子問卷五，頁十五；段解卷二十，頁三十。）

【評】（一八六）宋輔廣曰：「王氏以爲『……』者是也。然此亦甚言之，以見有餘之意耳。」（詩童子問卷五，頁十五。）

濟濟蹌蹌，絜爾牛羊，以往烝嘗。或剥或亨，或肆或將，祝祭於祊，祀事孔明。

【佚文】（五九八）「凡祭，祼鬯求諸陰，焫蕭求諸陽；索祭祀于祊，求于陰陽之間。夫遊魂爲變，無不之，無不在，求之不可一所，故祝祭于祊，而祀事所以孔明也。焫，如悦反。」（呂記卷二二，頁十四；詩童子問卷五，頁十五；段解卷二十，頁三三；六家詩名物疏卷四一，頁八。）

【佚文】（五九九）「孔明，即見所祭之謂。」（段解卷二十，頁三三。）

先祖是皇，神保是饗。孝孫有慶。報以介福，萬壽無疆。

【佚文】（六〇〇）「夫然，故先祖是皇，神保是享，而孝孫有慶矣。」（呂記卷二二，頁十四；段解卷二十，頁三三。）

執爨踖踖，爲俎孔碩。或燔或炙，君婦莫莫。爲豆孔庶，爲賓爲客。

【佚文】（六〇一）「執爨，賤者也；賤者踖踖，則貴者可知也。君婦，尊者也；尊者莫莫，則卑者可知也。」（通釋卷十三，頁十三；大全卷十三，頁十三；詩傳彙纂卷十四，頁十二。）

孝孫徂位。

【佚文】（六〇二）「位者，人之所立。」（考古質疑卷三，頁十六。）

## 信南山

信彼南山，維禹甸之。

【佚文】（六〇三）「言信彼者，以見幽王之時王政衰矣，不明乎得失之迹者，聞有道先王之事，則疑其不能如彼故也。」（呂記卷二二，頁二二；段解卷二十，頁四一。）

我疆我理，南東其畝。

【佚文】（六〇四）「疆者，爲之大界；理者，衡從其溝塗。」（呂記卷二二，頁二一；慈湖詩傳卷十四，頁十七；段解卷二十，頁四一；詩緝卷二二，頁三五及卷二八，頁一載董逌引；備考卷十六，頁十三；詩傳彙纂卷十八，頁二三載董逌引。）

【評】（一八七）宋嚴粲曰：「今考王氏以理爲治其溝涂，但緜詩『迺疆迺理』之下，又言『迺宣迺畝』，宣爲宣道溝洫，則理不得爲治溝涂矣。」（詩緝卷二二，頁三五。敏案：釋「迺宣迺畝」云「宣道溝洫」者，乃蘇轍文，詳佚文七二四條及其註。）

【佚文】（六〇五）「或南或東，各順地勢所宜。言南，以廬在其北，而鄉南故也；言東，以廬在其西，而鄉東故也。」（段解卷二十，頁四一。）

中田有廬，疆場有瓜。

**【佚文】**（六〇六）「疆場有瓜，則地無遺利矣。」（呂記卷二二，頁二四；段解卷二十，頁四四；通釋卷十三，頁二二；大全卷十三，頁二一。）

祭以清酒，從以騂牡，享于祖考。執其鸞刀，以啓其毛，取其血膋。

**【佚文】**（六〇七）「執其鸞刀者，以親殺也。子孫之養其祖考，當自致其力故也。」（呂記卷二二，頁二五；段解卷二十，頁四五；六家詩名物疏卷四二，頁十四。）

**【評】**（一八八）明馮應京曰：「按禮記：卿大夫祖而毛牛尚耳。則人君祭禮，執鸞刀者，固謂卿大夫也。考之儀禮特牲，則曰：主人立於門户，視側殺。少牢則曰：主人即位于廟門之外，司馬刲羊，司士擊豕，宗人告備乃退。則士大夫猶視殺而不親刲矣。王介甫、劉執中乃謂王執鸞刀以親殺，此何據耶？朱子云『主人親執』，蓋沿王氏之誤。國語云：天子郊禘之事，必自射其牲；諸侯宗廟之事，必自射其牛。亦不云執刀以殺也。」（六家詩名物疏卷四二，頁十四。）

# 詩經新義　卷十四　小雅

## 甫田之什

### 甫田

今適南畝，或耘或耔，黍稷薿薿。攸介攸止，烝我髦士。

【佚文】（六〇八）「介，助也。止，息也。」（呂記卷二二，頁二六；段解卷二一，頁二；詩緝卷二三，頁一；備考卷十六，頁十六。）

以我齊明，與我犧羊，以社以方。我田既臧，農夫之慶。

【佚文】（六〇九）「以我齊明，内致其志也。」（李黄解卷二七，頁十三。）〔一〕

〔一〕此條，段解卷二一，頁三載季氏曰引王氏曰，「季」是「李」之誤，李即李樗，亦即毛詩李黄集解作者之一。

**【評】**（一八九）宋李樗曰：「則（王氏）以『齊』爲『齋』字讀仄皆反。按禮記曰：齊者，精明之志也。則齊明亦可以爲齊戒。然「齊明」二字對犧羊爲文，則當從毛氏之説，以爲實器曰齊也。蓋言以我明潔之齊與夫純色之羊以祭社稷，以祭四方，以報之也。」（李黄解卷二七，頁十三。）

琴瑟擊鼓，以御田祖。以祈甘雨，以介我黍稷，以穀我士女。

**【佚文】**（六一〇）「田祖者，生而爲田畯，死而爲田祖，若樂工之死而爲樂祖也。」（呂記卷二二，頁二九；段解卷二一，頁四；通釋卷十三，頁二七；詩經世本古義卷一，頁四八。）

**【佚文】**（六一一）「既已報成，復作樂以御田祖、祈甘雨，農事終則有始也。祈甘雨所以介黍稷，介黍稷所以穀士女，樂歲則士女多賴故也。」（段解卷二一，頁五；呂記卷二二，頁二九；詩傳彙纂卷十四，頁二三。）

曾孫來止，以其婦子，饁彼南畝。

**【佚文】**（六一二）「勞來曰來。曾孫以婦子饁彼南畝，而勞其來。此孟子所謂省耕是也。」（李黄解卷二七，頁十三。）

**【佚文】**（六一三）「畝大抵以南爲正，故每曰南畝。」（呂記卷二二，頁二九；詩童子問卷五，頁十九；段解卷二一，頁五；通釋卷十三，頁二九；大全卷十三，頁二九；詩經世本古義卷一，頁二十；詩傳彙纂卷十四，頁二五；敏案：通釋、大全引，並見下大田篇，移置此下。）

**【評】**（一九〇）宋輔廣曰：「王氏……不知何所據而云。畝固有南北東西矣，但南乃陽明之方，故多言之。如所謂東南其畝，而不言西北，其義亦然。」（詩童子問卷五，頁十九。）

禾易長畝，終善且有。

**【佚文】**（六一三之一）「禾易，禾生樂易也。」（呂記卷二二，頁二九；段解卷二一，頁五。）

曾孫之稼，如茨如梁。

**【佚文】**（六一四）「茨者，如束茅而積之者也。」（呂記卷二二，頁三一；段解卷二一，頁七。）

## 大田

以我覃耜，俶載南畝，播厥百穀。既庭且碩，曾孫是若。

【佚文】（六一五）曾孫是若，言民皆順曾孫之意，謂不違農時也。（李黄解卷二七，頁十五。）

去其螟螣，及其蟊賊，無害我田穉。

【佚文】（六一六）「田穉，再生之稻也。去其害苗稼之物，而可以養再生之稻。」（吕記卷二二，頁三四；段解卷二一，頁十。）

有渰萋萋，興雨祈祈。

【佚文】（六一七）「雲欲盛，盛則雨；雨欲徐，徐則入土地也。」（李黄解卷二七，頁十六；吕記卷二二，頁三五；段解卷二一，頁十一—十二；詩緝卷二三，頁十；備考卷十六，頁二十。）

曾孫來止，以其婦子。饁彼南畝，田畯至喜。

【佚文】（六一八）「喜其趍穫事也。」（吕記卷二二，頁三六；段解卷二一，頁十三；通釋卷十三，頁三三；大全卷十三，頁三二；詩經世本古義卷一，頁五八；詩傳彙纂卷十四，頁二七。）

來方禋祀，以其騂黑，與其黍稷，以享以祀。

【佚文】（六一九）「來方禋祀，則禋祀四方而已。以享以祀，以徧於群神。」（李黄解卷二七，頁十七。）

## 瞻彼洛矣

瞻彼洛矣，維水泱泱。

【佚文】（六二〇）「洛水，東都之所在也。」（呂記卷二二，頁三七；李黄解卷二七，頁十八；慈湖詩傳卷十四，頁二五；段解卷二一，頁十三；詩緝卷二三，頁十二；詩地理考卷三，頁十七；備考卷十六，頁二二。）

【佚文】（六二一）「洛水有二：其一在宗周，其一在東都。在宗周則周官職方氏所謂『河西雍州，其浸渭洛』是也。在東都則書康誥所謂『周公初基作新大邑于東國洛』是也。」（詩傳旁通卷九，頁十六。）〔一〕

【佚文】（六二二）「成王欲宅洛者，以天事言，則日東景朝多陽，日西景夕多陰，日南景短多

〔一〕 此條，亦見於李黄解卷二七，頁十八，而不作「王氏曰」，蓋李樗暗用安石説原文。

暑，日北景長多寒。洛，天地之中，風雨之所會，陰陽之所和也。以人事言，則四方朝聘貢賦，道里均焉。非特如此而已，懲三監之難，毖殷頑民，遷以自近，洛距妹邦爲近，則易使之遷作王都焉，則易以鎮服也。雖然，鎬京宗廟社稷官府宮室具在，不可遷也，故於洛時會諸侯而已。何以知其如此？以詩考之，宣王時會諸侯於東都，而車攻謂之復古，『駕言徂東』，毛氏曰：東，洛邑也。」（詩地理考卷三，頁九；詩經世本古義卷十七，頁一〇九；蒙引卷九，頁二十一—二二。文亦略見安石尚書新義召誥篇，別見尚書新義。）

【評】（一九一）宋李樗曰：「（洛，）鄭氏以謂在宗周，王氏以謂在東都，此説皆通。蓋宗周者，諸侯所會之地；而東都者，宣王亦會諸侯於此，亦是諸侯所會之地。此二説所以皆通也。」（李黄解卷二七，頁十八。）

【佚文】（六二三）「泱泱，適中之水也。水善利萬物，然非適中則或爲害。」（李黄解卷二七，頁十八。）

君子至止，福禄如茨。韎韐有奭，以作六師。

【佚文】（六二四）「瞻彼洛水而思古之明王，見其地而不見其人也。先王會諸侯於東都，於是爵命諸侯。君子至止，福禄如茨者，言能爵命之厚也。韎韐有奭，以作六師者，使服韎韋之韐，而作六師，則以討有罪故也。使君子討有罪，則所謂能罰惡也。[二]周官：凡有兵事，韋弁服。先儒以爲左傳所謂『韎韋之跗注』，是也。」（呂記卷二二，頁三七；李黄解卷二七，頁十九；朱子語類卷八一，頁二二；詩傳遺説卷五，頁十二；慈湖詩傳卷十四，頁二六；段解卷二一，頁十四；詩緝卷二三，頁十二；備考卷十六，頁二二；朱子五經語類卷五四，頁十一。）

【評】（一九二）宋李樗曰：「惟古人以韎韐之服爲征伐之服，則此下文曰『以作六師』，而其上文曰『韎韐有奭』，則其爲征伐之服無疑矣。毛、鄭則以爲祭服，不如王氏之説爲長。」（李黄解卷二七，頁十九。）

【評】（一九三）宋朱熹曰：「（問：『韎韐有奭。韎韐，毛、鄭以爲祭服，王氏以爲戎服？』曰：）只是戎服。左傳云『韎韋之跗注』是也。」（朱子語類卷八一，頁二二；詩傳遺説卷五，頁十二；朱子五經語類卷五四，頁十一。）

君子至止，鞞琫有珌。

---

〔二〕李黄解多「則以討有罪故也」至「使君子至罰惡也」，共二十字。體文理，當在此處，兹據以補入。詩緝末多「跗音夫」三字，疑非安石文。

**【佚文】**（六二五）「鞞琫有珌者，言既爵命，又其賜予備物如此。」（呂記卷二二，頁三八；段解卷二一，頁十五。）

君子至止，福禄既同。

**【佚文】**（六二六）「惟能賞善則善者衆，善者衆則莫或爲惡，故『福禄既同』，亦並受其福之意。」（李黄解卷二七，頁十九。）

△裳裳者華

## 桑扈

交交桑扈，有鶯其羽。君子樂胥，受天之祜。

**【佚文】**（六二七）「君子所以相樂者，以其有粲然之文以相接；文以相接，則遠於暴亂。豈特人所善哉？天祐之矣！」（李黄解卷二七，頁二三。）

**【評】**（一九四）宋李樗曰：「賈誼以『胥』爲『相』，正與王氏同。……王氏之説，亦如毛氏之説，今當用之。惟君子能與臣下相樂，則天祜之矣！」（李黄解卷二七，頁二二。）

君子樂胥，萬邦之屏。

**【佚文】**（六二八）「屏之爲物，禦外以蔽内也。」（吕記卷二三，頁二；段解卷二一，頁十九；通釋卷十四，頁一；會通卷十四，頁一載輯録引；大全卷十四，頁一；詩傳彙纂卷十五，頁一。）

之屏之翰，百辟爲憲。不戢不難，受福不那。

**【佚文】**（六二九）「戢則不肆，難則不易；肆則放逸，易則傲慢；動不以禮，非所以受福。故戢而難，然後受福多也。」（吕記卷二三，頁二；段解卷二一，頁二十；通釋卷十四，頁二；大全卷十四，頁二；備考卷十七，頁二；詩傳彙纂卷十五，頁二。）

## 鴛鴦

鴛鴦于飛，畢之羅之。

**【佚文】**（六三〇）「於其飛，然後畢之羅之，則不取其卵，弋不射宿故也。」（李黄解卷二八，頁一；呂記卷二三，頁四；段解卷二一，頁二一。）

鴛鴦在梁，戢其左翼。君子萬年，宜其遐福。

【佚文】（六三一）「此詩三言『福禄』，而於『鴛鴦在梁，戢其左翼』，獨曰『遐福』者，君子之於物，取有時，用有節，所以宜其禄，而福之遐尤在乎使萬物得其性也。」（李黄解卷二八，頁二一。）

## 頍弁

有頍者弁，實維伊何？爾酒既旨，爾殽既嘉。豈伊異人？兄弟匪他。

【佚文】（六三二）「豈伊異人，兄弟匪他者，非異人而兄弟也。而兄弟又非有他，則宜與之宴樂矣。有他，謂若周之管、蔡然，王雖欲與之宴樂，不得也。今匪有他，而不能與之宴樂，則其咎在王矣。」（李黄解卷二八，頁三一四。）

【佚文】（六三三）「無以爲禮，君子弗非也；有以爲禮而弗用，是乃君子所非也。」（呂記卷二三，頁六；段解卷二一，頁二四。）

蔦與女蘿，施于松柏。未見君子，憂心弈弈；既見君子，庶幾説懌。

**【佚文】**（六三四）「（首二句，言）萬物之性固然，而況于人乎？」（段解卷二一，頁二五。）

有頍者弁，實維何期？爾酒既旨，爾殽既時。豈伊異人？兄弟具來。

**【佚文】**（六三五）「今適不來，尚當速之使來，而不能以恩接之。」（段解卷二一，頁二五。）

有頍者弁，實維在首。

**【佚文】**（六三六）「有頍者弁，實維在首，則言弁在首而不知用禮以稱之，則刺之甚矣。」（呂記卷二三，頁七；段解卷二一，頁二六。）

死喪無日，無幾相見。樂酒今夕，君子維宴。

**【佚文】**（六三七）「言今夕則不謀來夕之存否。」（呂記卷二三，頁八；段解卷二一，頁二六；慎餘録卷十二，頁十五—十六。）

**【評】**（一九五）明李昭祥曰：「王氏曰：『……』諸説似皆工矣，獨不念涕泣而道之之義乎？既云諸公刺王，則當有忠悃勸道之意，與晉人憂昭公不同，豈有不謀來夕之事哉！

況前二章女蘿松柏，喻其相須之切，未見而憂，既見而喜，申其相愛之情，安得末章忽爲憂愁傷悼，詞之迫切如此？故朱子以爲燕飲之詩，似得之矣。」（慎餘録卷十二，頁十五—十六。）

## 車舝

間關車之舝兮，思孌季女逝兮。

**【佚文】**（六三八）「舝之在車，間以固之，關以通之，然後足以與行。賢女之配君子，貞以固之，順以通之，如舝之在車，故因興焉。」（李黄解卷二八，頁六。）

雖無旨酒，式飲庶幾；雖無嘉殽，式食庶幾；雖無德與女，式歌且舞。

**【佚文】**（六三九）「樂賢女如此，則厭惡褒姒甚矣。」（呂記卷二三，頁十；段解卷二一，頁二八；詩傳彙纂詩序下，頁十九。）

## 青蠅

營營青蠅，止于樊。……營營青蠅，止于棘。……營營青蠅，止于榛。

【佚文】（六四〇）止于樊、棘、榛者，以譬其入之有漸也。（李黄解卷二八，頁八。）

## 賓之初筵

鍾鼓既設，舉醻逸逸。大侯既抗，弓矢斯張。射夫既同，獻爾發功。發彼有的，以祈爾爵。

【佚文】（六四一）「大侯抗則餘侯從之矣。」（李黄解卷二八，頁十一。）

【佚文】（六四二）「先王將祭，擇士豫焉。其行同能耦，無以别也，則使射以擇之。」（段解卷二一，頁三五。）

【佚文】（六四三）「射有旌以詔之，有鼓以節之，有扑以戒之。定其位，則有物。課其功，則有筭。」（段解卷二一，頁三五。）

籥舞笙鼓，樂既和奏。烝衎烈祖，以洽百禮。百禮既至，有壬有林。錫爾純嘏，子孫其湛。其湛曰樂，各奏爾能。賓載手仇，室人入又。酌彼康爵，以奏爾時。

【佚文】（六四四）「烈，業也。」（呂記卷二三，頁十六；段解卷二一，頁三六；詩緝卷二三，頁三十。）

【佚文】（六四五）「大射禮爲將祭擇士故也。既祭矣，於是乎燕，燕則又射。先王用酒，常以祭祀。其飲也，常以射；射必有禮樂。有大禮斯有大樂以和之，有備樂斯有備禮以成之。籥舞笙鼓，樂既和奏，則所謂有備樂也。烝衎烈祖，以洽百禮，則所謂有備禮以成之也。」（呂記卷二三，頁十六—十七；李黄解卷二八，頁十；段解卷二一，頁三六—三七；通釋卷十四，頁十四；大全卷十四，頁十三—十四；蒙引卷十三，頁十；辨證卷四，頁一一三；詩傳彙纂卷十五，頁十二。）

【佚文】（六四六）「室人，主黨也。」（呂記卷二三，頁十六；慈湖詩傳卷十五，頁十三；段解卷二一，頁三六；詩緝卷二三，頁三十。）

【佚文】（六四七）「其湛曰樂，各奏爾能，則於是又射矣。賓載手仇，室人入又，則賓主皆善射矣。賓黨射則手敵，主黨入射則又手敵。」（呂記卷二三，頁十七；段解卷二一，頁三六；備考卷十七，頁十；辨證卷四，頁一一五。）

曰既醉止，威儀幡幡。舍其坐遷，屢舞僊僊。

【佚文】（六四八）「僊僊，軒舉之狀。」（吕記卷二三，頁十七；緗素雜記卷三，頁四；段解卷二一，頁三八；詩緝卷二三，頁三一；備考卷十七，頁十一。）

賓既醉止，載號載呶。亂我籩豆，屢舞僛僛。

【佚文】（六四九）「僛僛，傾側之貌。」（吕記卷二三，頁十八；段解卷二一，頁三九；詩緝卷二三，頁三二。）

詩賓之初筵第四章通義。

【佚文】（六五〇）「言人之始未嘗不治，終至於亂。」（吕記卷二三，頁十九；段解卷二一，頁三九。）

凡此飲酒，或醉或否。既立之監，或佐之史。彼醉不臧，不醉反恥。

【佚文】（六五一）「凡此飲酒，則非特幽王之朝而已。」（吕記卷二三，頁二十；段解卷二一，頁四十。）

**【佚文】**（六五二）「立監史，本防人之失禮儀也。不醉者正其禮儀則善也，醉者失其禮儀則不善也。今反以醉者爲善，恥彼不醉者而强之以酒。」（呂記卷二三，頁二十；段解卷二一，頁四一；備考卷十七，頁十二。）

由醉之言，俾出童羖。三爵不識，矧敢多又。

**【佚文】**（六五三）「人之齊聖，飲酒温克。彼小人者，三爵則已醉而無所識矣，矧敢多於三爵而又不已？宜其沉湎淫泆如是甚矣。」（呂記卷二三，頁二一。）

# 詩經新義　卷十五　小雅

## 魚藻之什

### 魚藻

魚藻，刺幽王也。言萬物失其性，王居鎬京，將不能以自樂，故君子思古之武王焉。此詩小序之全文。

【佚文】（六五四）「憂在天下，不爲小己之得失，故謂之君子。」（呂記卷二三，頁一一三。）

### 采菽

君子來朝，言觀其旂。其旂淠淠，鸞聲嘒嘒。載驂載駟，君子所屆。

【佚文】（六五五）「嘒嘒，言其聲之細；聲之細，則無敢馳驅故也。」（呂記卷二三，頁一一六；

詩緝卷二四，頁四；通釋卷十四，頁二十；大全卷十四，頁二十；詩經世本古義卷十一，頁七；蒙引卷十三，頁十六；詩傳彙纂卷十五，頁十七。）

樂只君子，萬福攸同。

【佚文】（六五六）「萬福攸同，則所謂並受其福也。」（呂記卷二三，頁二八。）

樂只君子，天子葵之。

【佚文】（六五七）「君子所樂，樂王能以義揆之也。君子事王以義而已。苟王無義以揆之，則誕或見信，忠或見疑，以是爲非，以非爲是，則君子有憂而無樂矣。」（呂記卷二三，頁二九；備考卷十七，頁十六。）

## 角弓

此令兄弟，綽綽有裕。不令兄弟，交相爲瘉。

【佚文】（六五八）「此令兄弟，綽綽有裕者，交相愛故也。不令兄弟，交相爲瘉者，交相惡也。」（呂記卷二三，頁三一；詩傳彙纂卷十五，頁二十。）

民之無良，相怨一方。

【佚文】（六五九）「民喪其良心，不參彼己之曲直，躬自薄而厚責於人也，則各相怨於一方。」（呂記卷二三，頁三一；通釋卷十四，頁二四；會通卷十四，頁二四載輯録引；大全卷十四，頁二三；詩傳彙纂卷十五，頁二十。）

受爵不讓，至于己斯亡。

【佚文】（六六〇）「受爵不讓，專利而有之也。至于己斯亡，怨之所歸、禍之所集故也。」（呂記卷二三，頁三一；備考卷十七，頁十七；詩傳彙纂卷十五，頁二十一—二一。）

君子有徽猷，小人與屬。

【佚文】（六六一）「君子有徽猷於此，則小人與屬於彼矣。」（呂記卷二三，頁三三。）

雨雪瀌瀌，見晛曰消。

**【佚文】**（六六二）「其來之衆則瀌瀌。」（呂記卷二三，頁三三。）

**【佚文】**（六六三）「雨雪瀌瀌，見晛曰消者，譬之君子自昭明德以在民上，則民之惡德消矣。」（呂記卷二三，頁三三；備考卷十六，頁十九。）

雨雪浮浮，見晛曰流。

**【佚文】**（六六四）「積之高則浮浮。」（呂記卷二三，頁三四；詩緝卷二四，頁十。）

如蠻如髦，我是用憂。

**【佚文】**（六六五）「粲然有文以相接，驩然有恩以相愛，中國之道也。中國道盡，則如蠻如髦矣。如蠻如髦，是謂大亂，故我是用憂也。」（呂記卷二三，頁三四；通釋卷十四，頁二六；大全卷十四，頁二五；蒙引卷十三，頁二二。）

## 菀柳

上帝甚蹈，無自暱焉。

**【佚文】**（六六六六）「但謂上帝甚蹈者，不敢斥言幽王之惡。」（呂記卷二三，頁三六。）

**【佚文】**（六六六六之一）「幽王暴虐，其蹈人甚矣，則人皆欲自遠，無欲自暱也。」（呂記卷二三，頁三六。）

有菀者柳，不尚愒焉？

**【佚文】**（六六六七）「愒，小息也。」（呂記卷二三，頁三六。）

有鳥高飛，亦傅于天。彼人之心，于何其臻？

**【佚文】**（六六六八）「有鳥高飛，亦傅于天者，尚有所極也。彼人之心，于何其臻者，其難知甚矣。」（呂記卷二三，頁三七。）

## 都人士

彼都人士，臺笠緇撮。彼君子女，綢直如髮。

**【佚文】**（六六六九）「臺笠緇撮，在野與衆皆作之服也。綢直如髮，則其德性之善也。」（呂記卷二四，頁三；通釋卷十五，頁二；會通卷十五，頁一載輯録引；大全卷十五，頁一；備考卷十八，頁二。）

彼都人士，垂帶而厲。彼君子女，卷髮如蠆。我不見兮，言從之邁。

**【佚文】**（六七〇）「厲，大帶也。」（吕記卷二四，頁四。）

**【佚文】**（六七一）「是不可得見也，得見則我從之邁也。」（吕記卷二四，頁四；備考卷十八，頁二。）

## 采緑

采緑，刺怨曠也。幽王之時，多怨曠者也。此詩小序之全文。

**【佚文】**（六七二）「明盛之朝，外無曠夫，内無怨女。今幽王之時反此，故賦采緑之詩以刺焉。」（吕記卷二四，頁五。）

終朝采緑，不盈一匊。予髮曲局，薄言歸沐。

【佚文】（六七三）「既曲局矣，則其歸沐非得已也。然而曰『薄言歸沐』，則亦局而已。此與伯兮所謂『豈無膏沐，誰適爲容』異意也。」（李黄解卷二九，頁四。）

【評】（一九六）宋李樗曰：「此説非也。此詩所謂『薄言歸沐』正與伯兮所謂『豈無膏沐，誰適爲容』同意也。伯兮之意，則以夫不在，故不爲膏沐也。此詩之意，則以夫歸而後沐也。薄者，詩之辭也，非薄略也。如芣苢之詩曰『薄言采之』、采蘩之詩曰『薄言還歸』，皆是詩之辭如此，不必曰『苟』而已。」（李黄解卷二九，頁四—五。）

## 黍苗

我任我輦，我車我牛。我行既集，蓋云歸哉！

【佚文】（六七四）「此章見召伯之遇役夫如此。」（通釋卷十五，頁六；吕記卷二四，頁八；大全卷十五，頁五；詩傳纂彙卷十六，頁五。）

我徒我御，我師我旅。我行既集，蓋云歸處！

【佚文】（六七五）「此章見召伯之遇征夫如此。」（通釋卷十五，頁六；吕記卷二四，頁九；大全卷十五，頁六。；詩傳彙纂卷十六，頁五。）

肅肅謝功，召伯營之。；烈烈征師，召伯成之。

【佚文】（六七六）「召伯營謝功之肅，成征師之威，定申伯之宅，平淮夷故也。」（呂記卷二四，頁九。）

原隰既平，泉流既清。召伯有成，王心則寧。

【佚文】（六七七）「原隰既平，則疆其土田故也。泉流既清，則理其溝洫故也。」（呂記卷二四，頁九。；詩傳彙纂卷十六，頁六。）

## 隰桑

既見君子，德音孔膠。

【佚文】（六七八）「德音孔膠者，其德音之所及，人附離之甚固也。」（呂記卷二四，頁十一。；詩緝卷二四，頁二十。；備考卷十八，頁七。）

**【評】**（一九七）明鍾惺、明韋調鼎曰：「君子素有德音矣，今一見之，允矣名實相符，而固結不可解也。」（備考卷十八，頁七。）

心乎愛矣，遐不謂矣？中心藏之，何日忘之？

**【佚文】**（六七九）論語「愛之能勿勞乎？忠焉能勿誨乎」，與此「心乎愛矣，遐不謂矣」意相合。（李黄解卷二九，頁九。）

**【評】**（一九八）宋李樗曰：「此詩所言者，非是小人誨君子也。忠於人者則誨之，亦猶斯民之愛君子，則必有以告之也。『中心藏之，何日忘之』，此以見其思賢者無日而已也。」（李黄解卷二九，頁九。）

**【佚文】**（六八〇）「（中心藏之，何日忘之者，）爾雅所謂盛德至善，民之不能忘也。」（吕記卷二四，頁十一；通釋卷十五，頁八；大全卷十五，頁七。）

## 白華

白華菅兮，白茅束兮。之子之遠，俾我獨兮。

【佚文】（六八一）「菅譬則后也，茅譬則妾也。」（呂記卷二四，頁十三。）

鼓鍾于宮，聲聞于外。念子懆懆，視我邁邁。

【佚文】（六八二）「邁邁然遠我而不顧也。」（呂記卷二四，頁十五；詩緝卷二四，頁二二一—二三；備考卷十八，頁九。）

鴛鴦在梁，戢其左翼。之子無良，二三其德。

【佚文】（六八三）「鴛鴦能好其匹，於止，得其所止。雌雄相從，不失其性也。之子無良，二三其德者，幽王無良，不一其德，鴛鴦之不如也。」（呂記卷二四，頁十六；通釋卷十五，頁十一；大全卷十五，頁十；備考卷十八，頁十；詩傳彙纂卷十六，頁十。）

## 緜蠻

緜蠻黄鳥，止於丘阿。道之云遠，我勞如何！

【佚文】（六八四）「道之云遠，我勞如何，則大臣。我微賤者也，我者内之也。」（呂記卷二四，頁十七；備考卷十八，頁十一。）

豈敢憚行？畏不能趨。

【佚文】（六八五）「趨，疾行也。」（呂記卷二四，頁十八；詩緝卷二四，頁二五；備考卷十八，頁十一。）

## 瓠葉

幡幡瓠葉，采之亨之。君子有酒，酌言嘗之。

【佚文】（六八六）「嘗其旨否，然後行獻酬之禮。」（呂記卷二四，頁十九；備考卷十八，頁十二；詩經世本古義卷十八之上，頁五四；詩傳彙纂卷十六，頁十二。）

【評】（一九九）明何楷曰：「愚案：此嘗之當謂使客嘗之。臣侍食于君，有先嘗之禮。左昭元年：趙孟、叔孫豹入于鄭，鄭伯兼享之。子皮戒趙孟，禮終，趙孟賦瓠葉，子皮遂戒穆叔，且告之。穆叔曰：趙孟欲一獻，子其從之。子皮曰：敢乎？穆叔曰：夫人所欲也，又何不敢？及享[一]，具五獻之籩豆于幕下。趙孟辭，私于子産曰：武請于冢宰矣。乃用一獻。」（詩經世本古義卷十八之上，頁五四。）

## 漸漸之石

漸漸之石，維其高矣。

【佚文】（六八七）「石之漸漸然，廉利足以傷物，而無化養之道焉，幽王暴戾無德之譬也。一則以喻戎狄，一則以喻幽王。」（李黄解卷二九，頁十六。）

武人東征，不皇朝矣。

【佚文】（六八八）「此『朝』與趙括母所謂『東鄉朝其群吏』同意。」（李黄解卷二九，頁十六。）

【評】（二〇〇）宋李樗曰：「此説恐亦未盡。蓋下章言『不皇他矣』，言不暇言及於他矣，則『不皇朝矣』者，蓋亦是言不暇言及朝王也。」（李黄解卷二九，頁十六。）

---

[一] 「及」，原作「乃」，據左傳昭公元年改。

有豕白蹢，烝涉波矣。

**【佚文】**（六八九）有豕白蹢，喻戎狄荆舒之君。（李黄解卷二九，頁十七。）

## 苕之華

牂羊墳首，三星在罶。

**【佚文】**（六九〇）「牝羊則首大，牂羊則首小。」（呂記卷二四，頁二四。）

## 何草不黄

何草不黄？何日不行？何人不將？經營四方。

**【佚文】**（六九一）「無草而不黄，則歲暮矣，人可以休息之時也。」（呂記卷二四，頁二五；備考卷十八，頁十六。）

何草不玄？何人不矜？哀我征夫，獨爲匪民。

**【佚文】**（六九二）「草既黄而死矣，歲暮之時，死而復生，其色既玄，則又改歲矣。」（呂記卷二四，頁二五；備考卷十八，頁十六；詩經世本古義卷十八之下，頁五八。）

有芃者狐，率彼幽草。有棧之車，行彼周道。

**【佚文】**（六九三）「四夷交侵中國，諸侯莫肯朝事，則周道鞠爲茂草，故以『彼幽草』況『行彼周道』也。」（李黄解卷二九，頁二十。）

**【評】**（二〇一）宋李樗曰：「此曲説也。天下之民皆人耳，人能以仁存心，己欲立而立人，己欲達而達人；己亦人也，人亦己也。吾之愛民，是誠何心哉？以己之心而推之，未有不愛民也。幽王視民如禽獸，詩中言『匪兕匪虎，率彼曠野。有芃者狐，率彼幽草』，則是視民如禽獸矣。求其愛民之心，果安在哉？」（李黄解卷二九，頁二十。）

詩小雅通義。

**【評】**（二〇二）宋邵博評，詳大雅諸篇之末一條（即佚文九〇二條後）。

# 詩經新義　卷十六　大雅

## 文王之什

### 文王

文王在上，於昭于天。周雖舊邦，其命維新。有周不顯，帝命不時。文王陟降，在帝左右。

【佚文】（六九四）「周受封自后稷，則其爲邦舊矣。至文王而天命之肇造區夏，則其命維新矣。不顯，則所以甚言其顯也。不時，則所以甚言其時也。唯其道之顯，是以爲帝命之時也。」（呂記卷二五，頁二；宣和博古圖卷二，頁二二；詩緝卷二五，頁二；通釋卷十六，頁三；大全卷十六，頁二；備考卷十九，頁三；詩傳彙纂卷十七，頁二。）

文王孫子，本支百世。凡周之士，不顯亦世。

【佚文】（六九五）「凡周之士，亦皆世顯，則秉文之德故也。」（呂記卷二五，頁三；詩傳彙纂世之不顯，厥猶翼翼。

【佚文】（六九六）「世之顯則以厥猶翼翼也。『濟濟多士，秉文之德』，則厥猶翼翼可知矣。」（呂記卷二五，頁四。）

思皇多士，生此王國。王國克生，維周之楨。濟濟多士，文王以寧。

【佚文】（六九七）「皇，有道之君也；王，有業之君也。皇之多士，則有道之士也；王之國，則有業之國也。以有道之士佐有業之國，則其興也，莫之能禦矣。」（李黄解卷三十，頁六。）

【評】（二〇三）宋李樗曰：「此章……言文王得人之盛，以致周室之安也。……王氏之説爲甚穿鑿。……王氏之蔽，類多如此。惟多士生於王國，故可以爲國之榦，而文王亦資之以安也。」（李黄解卷三十，頁五—六。）

【佚文】（六九八）「楨，國所恃以立也。周獲天人之助矣，故能生周之楨也。」（呂記卷二五，頁四。）頁四；備考卷十九，頁四；詩傳彙纂卷十七，頁四。）

卷十七，頁三。）

穆穆文王，於緝熙敬止。

**【佚文】**（六九九）「穆穆，敬也，美也。」（呂記卷二五，頁五；備考卷十九，頁五。）

**【佚文】**（七〇〇）「緝，續也。」（呂記卷二五，頁五；備考卷十九，頁五。）

商之孫子，其麗不億。上帝既命，侯于周服。

**【佚文】**（七〇一）「不億，億也。亦猶所謂『不顯亦世』，言顯也。」（李黃解卷三十，頁七。）

侯服于周，天命靡常。殷士膚敏，祼將于京。厥作祼將，常服黼冔。

**【佚文】**（七〇二）「乃常服其商之黼冔，則周務以德服其心而已，不以力强變其服也。」（李黃解卷三十，頁八。）

**【佚文】**（七〇三）「商之孫子，侯服于周，則以天命靡常故也。天常命商，使有九有之師矣，今侯服于周，所謂靡常也。唯其靡常，故商之子孫，其爲士而膚美敏疾者，乃反祼將于周京，以助周祭也。」（呂記卷二五，頁六；通釋卷十六，頁七；大全卷十六，頁七；蒙引卷十四，頁六；詩傳彙纂卷十七，頁五。）

無念爾祖，聿脩厥德。永言配命，自求多福。

【佚文】（七〇四）「足乎己無待於外之謂德；以德求多福，則非有待於外也。」（呂記卷二五，頁七；通釋卷十六，頁八；大全卷十六，頁九；詩傳彙纂卷十七，頁六。）

殷之未喪師，克配上帝。宜鑒于殷，駿命不易。

【佚文】（七〇五）「天命艱難，不可保恃，如此則後王宜以殷爲監也。」（呂記卷二五，頁八。）

## 大明

明明在下，赫赫在上。

【佚文】（七〇六）「明明在下，王德之明也；赫赫在上，天命之赫也。」（呂記卷二五，頁十；辨證卷五，頁八；詩傳彙纂卷十七，頁九。）

天難忱斯，不易維王。天位殷適，使不挾四方。

【佚文】（七〇七）「今紂所居之尊，則天位也；所傳之正，則殷適也。使不挾四方，其不可保恃如此。」（呂記卷二五，頁十；通釋卷十六，頁十六；大全卷十六，頁十四；詩傳彙纂卷十七，頁九。）

摯仲氏任，自彼殷商，來嫁于周，曰嬪于京。乃及王季，維德之行。大任有身，生此文王。

【佚文】（七〇八）「天子所都曰京。方是時，周未有天下，其言曰『嬪于京』，則詩人追稱，且以爲是宜有天下是也。」（李黄解卷三十，頁十五。）

【佚文】（七〇九）「摯仲氏任，繫其夫而言故也。曰大任，繫其子而言故也。」（呂記卷二五，頁十；詩緝卷二五，頁十二；會通卷十六，頁十三載輯録引；詩傳彙纂卷十七，頁十。）

天監在下，有命既集。文王初載，天作之合。在洽之陽，在渭之涘。

【佚文】（七一〇）「商失其道，民既散矣。天監在下，有命既集，則唯文王爲能一天下，朝諸侯，故於文王之初載，則天爲作合。」（呂記卷二五，頁十二。）

【佚文】（七一一）「洽之陽、渭之涘，則莘國所在也。」（呂記卷二五，頁十二；詩地理考卷四，頁二；通釋卷十六，頁十八；大全卷十六，頁十六；備考卷十九，頁九。）

大邦有子，俔天之妹。文定厥祥，親迎于渭。

【佚文】（七一二）「譬天之妹，言其生德可以繼天也。『上天之載，無聲無臭，儀刑文王，萬邦作孚』，然則非德可以繼天，孰能爲之配？大姒能爲之配，故備其禮文，往請昏焉，以定其祥。既定矣，則文王親迎于渭也。」（呂記卷二五，頁十三；通釋卷十六，頁十八；大全卷十六，頁十六；備考卷十九，頁九。）

造舟爲梁，不顯其光。

【佚文】（七一三）「造舟爲梁，天子之禮也。方是時，文王未受命也，其曰『造舟爲梁，不顯其光』，則以言文王之德，用天子之禮以顯之，然後爲宜也。使文王果用天子之禮，則是文王自稱王，不足爲文王矣。」（李黃解卷三十，頁十六。）

【評】（二〇四）宋李樗曰：「王氏之説，不足信也。鄭氏曰：『造舟，周制也；商時未有定制〔一〕。』如出車之詩曰：『設此旐矣，建彼旄矣。』周禮曰：『王載大常，諸侯載旂，軍吏載旗，郊野載旐，百官載旟。』此是天子之禮而南仲乃爾者，故唐孔氏以爲未制禮遂如此，是也。」

〔一〕「商時未有定制」，據鄭箋原文，「商」作「殷」，「定」作「等」。

不然詩人追稱文王，故以天子之禮言之，亦猶追稱文王也；亦如『周王于邁，六師及之』，文王未有六師，是追稱也。」（李黄解卷三十，頁十六。）

有命自天，命此文王。于周于京，纘女維莘，長子維行。篤生武王，保右命爾，燮伐大商。

【佚文】（七一四）「言天既生此文王矣，又生武王，夫是之謂篤。中庸云：『天之生物，必因其材而篤焉。』〔二〕」（吕記卷二五，頁十三—十四；詩緝卷二五，頁十五；通釋卷十六，頁十九；大全卷十六，頁十七。）

【佚文】（七一五）「言大商，則乃所以大文、武之德，以爲商大矣，非德大則不能燮伐也。」（吕記卷二五，頁十四；詩緝卷二五，頁十五；通釋卷十六，頁十九；備考卷十九，頁十。）

殷商之旅，其會如林。矢于牧野：「維予侯興。上帝臨女，無貳爾心！」

【佚文】（七一六）「（前四句，）明文、武之興，以德不以力也。」（吕記卷二五，頁十四；備考卷十九，頁十；詩傳彙纂卷十七，頁十三。）

---

〔二〕「中庸云」至「篤焉」十四字，據詩緝增補。

【佚文】（七一七）「以其衆寡之力、尊卑之位，宜有貳心。」（呂記卷二五，頁十四。）

涼彼武王，肆伐大商，會朝清明。

【佚文】（七一八）「會朝清明，則以朝至牧野，會時雨止清明而伐也。此見王者行師不尚詭詐之意。」（李黄解卷三十，頁十七—十八。）

## 緜

緜緜瓜瓞。

【佚文】（七一九）「先歲之瓜嘗大矣，嗣歲之瓞則小，末則復大。周，帝嚳之胄也，中嘗衰小，後至於大王、文王更大，故以瓜瓞況之。緜緜則言雖弱而不絶也。」（呂記卷二五，頁十六—十七。）

民之初生，自土沮漆。

【佚文】（七二〇）「周國嘗幾亡矣，其後土漆沮而國復興，故以爲民之初生也。」（通釋卷十六，頁二三。；會通卷十六，頁二十載輯録引；大全卷十六，頁二二；詩傳彙纂卷十七，頁十六。）

周原膴膴，堇荼如飴。

**【佚文】**（七二一）「（謂堇荼如飴者，）以甚言周原之美。」（吕記卷二五，頁十九。）

爰始爰謀，爰契我龜。曰止曰時，築室于兹。

**【佚文】**（七二二）「爰始爰謀，謀之人也。爰契我龜，謀之龜也。謀之龜則又以爲吉，與人謀契也。曰止，則命其臣民止于兹也。曰時，則命其臣民以土功之時也。築室于兹，則既命以土功之時，遂築室也。」（吕記卷二五，頁十九。；通釋卷十六，頁二六。；會通卷十六，頁二二載輯録引；大全卷十六，頁二四。；蒙引卷十四，頁十六。；詩傳彙纂卷十七，頁十八。）

迺慰迺止，迺左迺右。

**【佚文】**（七二三）「既築室于兹矣，乃勞來其臣民而慰之，乃安集其臣民而止之。」（吕記卷二五，頁二十。）

迺疆迺理，迺宣迺畝。

**【佚文】**（七二四）宣，謂宣其民使出。（李黄解卷三十，頁二二。）[一]

乃召司空，乃召司徒，俾立室家。

**【佚文】**（七二五）「乃者，繼事之辭。」（詩經世本古義卷九，頁十四—十五。）

**【佚文】**（七二六）「向築室則苟全而已，今人既集附，於是乃始大作以立室家。」（李黄解卷三十，頁二二—二三。）

**【評】**（二〇五）宋李樗曰：「（王氏說）非也。向之築室者，則以謂卜既吉則可以於此而築室。此言立室家，則可以爲興立室家，非是兩次興復也。」（李黄解卷三十，頁二三。）

其繩則直，縮版以載，作廟翼翼。

**【佚文】**（七二七）「繩謂之縮，以板衡而繩縮故也。」（呂記卷二五，頁二十。）

---

[一] 詩緝卷二二，頁三五謂安石以此「宣」爲「宣導溝洫」。案：此蘇轍之言，見潁濱詩集傳卷十五，頁九，嚴氏蓋誤。參看佚文六〇四條及評。

捄之陾陾，度之薨薨。

【佚文】（七二八）「度，傳土也。」（呂記卷二五，頁二一；慈湖詩傳卷十六，頁十四。）

百堵皆興，鼛鼓弗勝。

【佚文】（七二九）「既作廟矣，於是營宮室；百堵皆興，則營宮室也。鼛鼓弗勝，則人自勸功；鼛鼓之節，反弗勝也。」（呂記卷二五，頁二二。）

迺立臯門，臯門有伉。

【佚文】（七三〇）「伉，壯也。」（呂記卷二五，頁二二。）

迺立冢土，戎醜攸行。

【佚文】（七三一）「宗廟、宮室，内事也。自内以及外，故於卒言立冢土也。」（呂記卷二五，頁二三；通釋卷十六，頁二九；大全卷十六，頁二七；詩傳彙纂卷十七，頁二十。）

虞芮質厥成，文王蹶厥生。

**【佚文】**（七三二）「質厥成者，質其争訟也；『成』與周官所謂『書其刑殺之成』同。」（呂記卷二五，頁二五；備考卷十九，頁十六；詩經世本古義卷九，頁二一。）

**【佚文】**（七三三）「『生』與易所謂『觀我生』同義。」（呂記卷二五，頁二五；李黄解卷三十，頁二五。）

## 棫樸

濟濟辟王，左右奉璋。奉璋峨峨，髦士攸宜。

**【佚文】**（七三四）「奉璋，文事，卿大夫之職；濟難，武事，將帥之職也。」（李黄解卷三十，頁二九。）

淠彼涇舟，烝徒楫之。

**【佚文】**（七三五）「涇在周地，興所見也。」（呂記卷二五，頁二八；通釋卷十六，頁三四；大全卷十六，頁三三；備考卷十九，頁十八；詩傳彙纂卷十七，頁二四。）

周王壽考，遐不作人？追琢其章，金玉其相。勉勉我王，綱紀四方。

**【佚文】**（七三六）「文王作人，外則使有備成之文，内則使其有可貴之質。周官追師掌追衡笄，追猶治也。有金而不琢，則不成器。有其文而追琢之；無其質，則與朽木糞土等矣。故必二者備而後可也。文王之得人成就如此，文王又何爲哉？勉勉我王，以執其紀綱而已。」（李黄解卷三十，頁三十；吕記卷二五，頁二九；備考卷十九，頁十九；詩經世本古義卷九，頁七九；讀詩略記卷五，頁十二。）

濟濟辟王。……周王于邁。……勉勉我王。

**【評】**（二〇六）宋李樗、宋黄櫄曰：「或曰辟王，或曰我王，或曰周王，王氏皆爲之辨，必求其義而爲之説。此正分章析句之學，不足辨也。」（李黄解卷三十，頁三十。）

## 旱麓

瞻彼旱麓，榛楛濟濟。豈弟君子，干禄豈弟。

**【佚文】**（七三七）「（瞻彼旱麓，榛楛濟濟。謂）内有以致其文，外有以致其武。」（李黄解卷三一，頁一。）

瑟彼玉瓚，黄流在中。豈弟君子，福禄攸降。

**【佚文】**（七三八）「瑟彼玉瓚，則以譬有美而能事鬼神；黄流在中，則譬美在其中而暢乎其外。」（李黄解卷三一，頁二。）

## 思齊

思齊，文王所以聖也。此詩小序之全文。

**【佚文】**（七三九）「所以聖者，聖而不知。是詩言大姒、大任之德，而不言其所以然，則文王聖而不可知，於是乎在。」（李黄解卷三一，頁四。）

**【評】**（二〇七）宋李樗曰：「……此説非也。序之言所以聖者，言文王之聖有所自來：本於大王，刑於大姒，以至宗廟宫室之中，皆無所不宜。此其所以爲聖也，非聖而不可知也。」（李黄解卷三一，頁四。）

思齊大任，文王之母。思媚周姜，京室之婦。

**【佚文】**（七四〇）「齊者母道也，媚者婦道也。爲人母盡母道，爲人婦盡婦道者，大任也。」（通釋卷十六，頁四二；呂記卷二五，頁三五；會通卷十六，頁三五載輯録引；大全卷十六，頁四十；備考卷十九，頁二三；詩傳彙纂卷十七，頁二九。）

刑于寡妻，至于兄弟，以御于家邦。

**【佚文】**（七四一）刑于寡妻爲形而上者，則有「道」存焉；以御于家邦爲形而下者，則有「度數」存焉，是故謂之御也。（李黄解卷三一，頁五；辨證卷五，頁二十。）

**【評】**（二〇八）宋李樗曰：「此王氏好合上下，爲兩端之説也。心正而後身修，身修而後家齊，家齊而後國治。本無二道，推舉斯心而加諸彼而已。苟以度數而治其國，以道而治其家，則是本末異意，初無此理。」（李黄解卷三一，頁五。）

肆成人有德，小子有造。古之人無斁，譽髦斯士。

**【佚文】**（七四二）「初言大任、大姒，則化成乎内也。終言譽髦斯士，則化成乎天下矣。」（呂記卷二五，頁三八；通釋卷十六，頁四六；會通卷十六，頁三九載輯録引；大全卷十六，頁四四；詩傳彙纂卷十七，頁三二一。）

## 皇矣

皇矣上帝，臨下有赫。監觀四方，求民之莫。維此二國，其政不獲。

**【佚文】**（七四三）「（前四句，言）大哉天，乃赫然下視四方，求民之所歸矣。」（呂記卷二五，頁三九。）

**【佚文】**（七四四）二國，謂殷紂及崇侯。（李黄解卷三一，頁八。）

作之屏之，其菑其翳；脩之平之，其灌其栵；啓之辟之，其檉其椐；攘之剔之，其檿其柘。

**【佚文】**（七四五）「其始，作之屏之也，則菑翳而已。既而又就之者衆，無所容之，則其修之平之也，及於灌栵；其啓之辟之也，及於檉椐：則皆材之小者爾。至其甚衆，則無以處之也，則其攘之剔之者，及其檿柘矣。檿柘，材之美，人所恃以蠶者也，今乃攘剔以至於檿柘者，蓋以民歸之多，無所容之，不得已而及於檿柘之木也。」（李黄解卷三一，頁十。）

帝省其山，柞棫斯拔，松柏斯兑。

**【佚文】**（七四六）「拔者，擢其修幹之謂。兑者，悦澤外見之謂。」（呂記卷二五，頁四一；詩緝卷二六，頁八；備考卷十九，頁二八。）

帝作邦作對，自大伯王季。維此王季，因心則友。則友其兄，則篤其慶。

**【佚文】**（七四七）「因心則友者，言其有天性；因心則然，非學而能也。以太伯避季，則季疑於弗友，故特先言其友也。」（呂記卷二五，頁四二；詩緝卷二六，頁九；備考卷十一，頁二八。）

帝謂文王：「無然畔援，無然歆羡，誕先登于岸。」

**【佚文】**（七四八）「人心未嘗不正也，有所畔援，則不得其正；有所歆羡，則不得其正。無畔援、歆羡，則使之正其心也。」（通釋卷十六，頁五三；大全卷十六，頁五一。）〔一〕

**【佚文】**（七四九）「經以涉川譬涉難，登岸者無難之地。」（呂記卷二五，頁四四；詩緝卷二

〔一〕　此條，大全作「長樂王氏曰」，疑爲「臨川王氏曰」之誤，通釋作「王氏曰」，王氏爲安石。

六，頁十一—十二；辨證卷五，頁二九。）

王赫斯怒，爰整其旅，以按徂旅。

**【佚文】**（七五〇）「有所畔援、歆羡，不得其欲而怒，則其怒也私而已。文王之怒，是乃與民同患，而異乎人之私怒也。」（通釋卷十六，頁五三；大全卷十六，頁五二；詩傳彙纂卷十七，頁三八。）

無飲我泉，我泉我池！

**【佚文】**（七五一）「池，水所聚也。」（呂記卷二五，頁四五；詩緝卷二六，頁十四。）

帝謂文王：「……不識不知，順帝之則。」

**【佚文】**（七五二）不識不知者，無所識無所知也。（李黄解卷三一，頁十三。）

執訊連連，攸馘安安。

**【佚文】**（七五三）「連連，屬而弗絶也。」（呂記卷二五，頁四八。）

是致是附，四方以無侮。

【佚文】（七五四）「致，致其至也；附，使之内附也。」（呂記卷二五，頁四九；詩緝卷二六，頁十七；備考卷十九，頁三三；詩經世本古義卷九，頁五二。）

臨衝茀茀，崇墉仡仡。

【佚文】（七五五）「仡仡，壯也。」（呂記卷二五，頁四九；慈湖詩傳卷十六，頁三四；備考卷十九，頁三三。）

## 靈臺

經始靈臺，經之營之。

【佚文】（七五六）「經其南北而四營之也。」。（呂記卷二五，頁五一。）

王在靈囿，麀鹿攸伏。

【佚文】（七五七）「麀鹿攸伏，則孳乳得其時。」（呂記卷二五，頁五三；詩緝卷二六，頁二十。)

於論鼓鍾，於樂辟廱。鼉鼓逢逢，矇瞍奏公。

【佚文】(七五八)「鼉鳴逢逢如鼓，故謂之鼉鼓。」(李黄解卷三一，頁十八；困學紀聞卷三，總頁二六六；辨證卷五，頁三九。)

【評】(二〇九)宋李樗曰：「鼉即鼉皮爲鼓，其聲逢逢然而和。……(王氏説)非也。觀上林賦曰『建翠羽之旗，擊鳴鼉之鼓』，則以鼉皮爲鼓可知也。」(李黄解卷三一，頁十八。)

【評】(二一〇)宋王應麟曰：「鼉鳴如鼓，新經之説也。解頤新語取之，鑿矣。」(困學紀聞卷三，總頁二六六。)

【評】(二一一)清黄中松曰：「……李迂仲……證鼉皮之可爲鼓……固爲有據。王安石經義最爲穿鑿，獨云……不直以爲鼓，而以爲如鼓，其説獨異。攷晉安海物記云：鼉宵鳴如桴鼓。續博物志云：鼉一名土龍，鱗甲黑色，能横飛不能上騰，其聲如鼓。陳暘樂書云：鼉鳴應更。故詩人託之以爲靈德之應，非實鼓也。説通亦云：攷八音之革皆以牛，無用鼉者。鼉鼓，象其聲也。合此諸説觀之，王説亦有理。」(辨證卷五，頁三八—三九。)

## 下武

下武維周，世有哲王。三后在天，王配于京。

**【佚文】**（七五九）「大王、王季、文王以文德造始于上，武王以武功續終于下，故曰『下武維周，世有哲王』。」（呂記卷二五，頁五六；備考卷十九，頁三七；詩傳彙纂卷十七，頁四七。）

王配于京，世德作求。永言配命，成王之孚。

**【佚文】**（七六〇）「大王肇基王迹，王季其勤王家，文王大統未集。至于武王，然後自西自東，自南自北，無思不服，然後能爲成王之孚。」（呂記卷二五，頁五七；詩傳彙纂卷十七，頁四八。）

成王之孚，下土之式。永言孝思，孝思維則。

**【佚文】**（七六一）「王孚成矣，則下土以爲式。武王作求，至於成王之孚、下土之式，則亦維先人之故：繼其志述其事故也。故曰『永言孝思』。」（呂記卷二五，頁五七；通釋卷十六，頁

六五；大全卷十六，頁六四；備考卷十九，頁三八。）〔一〕

## 文王有聲

詩文王有聲首章通義。

**【佚文】**（七六二）第一章兼説文、武之事。（李黄解卷三一，頁二五。）

**【評】**（二一二）宋李樗曰：「此……非也。（王氏）但見序言『武王能廣文王之聲』，遂以此便爲武王之事。殊不知文王之有聲者，亦是繼述廣大其先祖之聲也，非指武王也。觀下文言『文王烝哉』，則知其爲文王明矣。」（李黄解卷三一，頁二五。）

豐水有芑，武王豈不仕？

**【佚文】**（七六三）芑，穀也。（詳小雅采芑篇，佚文第四二〇條。）

**【佚文】**（七六四）此詩言文王，先稱「文王」、後稱「王后」；言武王，則先稱「皇王」、後稱「武

〔一〕　此條，吕記引作王氏曰，通釋引同，大全當作「臨川王氏曰」，而今作「長樂王氏曰」，乃抄誤。

王」：稱謂不一，各因其字義而别。（李黄解卷三一，頁二一七。）

【評】（二一一三）宋李樗曰：「王氏則以字説分别……失之鑿矣。以『王后』稱文王，言文王之時已有王業也。武王稱『皇王』者，皇，大也，言王業至此始大矣。或稱文王，又稱王后；或稱皇王，又稱武王，其辭不同者，詩人歌詠之，既稱其人如此，又稱其事業如此，以見其美之不足，故其設辭如此之異也。」（李黄解卷三一，頁二一七—二一八。）

詒厥孫謀，以燕翼子。

【佚文】（七六五）「雖詒之以謀，非翼子亦不能以燕也。」（呂記卷二五，頁六二；通釋卷十六，頁七二；大全卷十六，頁七二；詩傳彙纂卷十七，頁五五。）

# 詩經新義　卷十七　大雅

## 生民之什

### 生民

厥初生民，時維姜嫄。

**【佚文】**（七六六）「緜所謂『民之初生』，則本其由大王而興；今此所謂『厥初生民』〔二〕，則本其由后稷而起也。」（李黄解卷三二，頁四；呂記卷二六，頁二；段解卷二四，頁二；通釋卷十七，頁二；會通卷十七，頁二載輯録引；大全卷十七，頁二；詩傳彙纂卷十八，頁二。）

**【評】**（二一四）宋李樗曰：「此説是也。民自后稷而生，則『生民』二字俱指庶民而言之，非以后稷爲民也。民由后稷以生，而后稷之生本於姜嫄。」（李黄解卷三二，頁四。）

〔二〕「厥初生民」四字，李黄解承上而省略，而各本引均有，今據以增補。

履帝武敏，歆攸介攸止；載震載夙，載生載育，時維后稷。

【佚文】（七六七）「武，足迹也。敏，拇也。拇謂之敏者，行能先人故也。爾雅（釋訓）云：『履帝武敏，敏，拇也。』列子曰：『后稷生乎巨跡。』蓋所謂『帝武敏』者，巨跡之拇也。姜嫄履巨跡之拇，以祀郊禖之神，助礜祭事，事成而止。則娠而生育，其所生育，是爲后稷。載夙，則言其疾而不遲也。〔二〕」（緗素雜記卷六，頁二；李黄解卷三二，頁五；吕記卷二六，頁二一—三；段解卷二四，頁三；辨證卷五，頁四四。）

【評】（二一五）宋黄朝英曰：「新傳云：『……』則當以『履帝武敏』爲斷句，『歆』字連下句讀之，乃爲允當。今學者皆讀爲『履帝武敏歆』，殊無義旨。不然則爾雅所引，何不連『歆』字耶？」（緗素雜記卷六，頁二。）

誕彌厥月，先生如達。

【佚文】（七六八）「達之字从羍从辵。」（段解卷二四，頁四；吕記卷二六，頁三。）

〔二〕「則娠而」至「不遲也」，據吕記、段解增補。

誕寘之平林，會伐平林。

**【佚文】**（七六九）「平林非人所往來，則又適會伐平林者，收而生之。」（呂記卷二六，頁四；段解卷二四，頁五—六。）

誕寘之寒冰，鳥覆翼之。

**【佚文】**（七七〇）「猶以爲適與人會而收之，未足以爲異也，則又誕寘之寒冰。」（呂記卷二六，頁四—五；段解卷二四，頁六。）

**【佚文】**（七七一）「寘之寒冰而鳥覆翼之，則爲異甚矣。」（呂記卷二六，頁五；段解卷二四，頁六。）

克岐克嶷，以就口食。

**【佚文】**（七七二）「以就口食者，言其稍長免乳以就口食也。」（呂記卷二六，頁六。）

蓺之荏菽，荏菽旆旆。

**【佚文】**（七七三）「（旆旆，）枝旟揚起也。」（呂記卷二六，頁五；段解卷二四，頁六；備考卷二十，頁三。）

禾役穟穟。

【佚文】（七七四）「（穟穟，）成秀也。」（呂記卷二六，頁五；段解卷二四，頁六；備考卷二十，頁三；詩傳彙纂卷十八，頁四。）

麻麥幪幪。

【佚文】（七七五）「（幪幪，）蒙密也。」（呂記卷二六，頁五；段解卷二四，頁六；備考卷二十，頁三。）

誕后稷之穡，有相之道。

【佚文】（七七六）「天降生民，固使之粒食，后稷教以農事，則有相之道。后稷之所以相天者，所以助天養育斯民也。」（李黄解卷三二，頁六。）

茀厥豐草，種之黄茂。

**【佚文】**（七七七）「草盛曰茀，治草亦謂之茀〔二〕，猶治亂謂之亂也。」（呂記卷二六，頁六；詩緝卷二七，頁七；通釋卷十七，頁六；大全卷十七，頁六。）

實方實苞。

**【佚文】**（七七八）「方者，房也，與大田所謂『既方既皁』同意，言其孚甲始生也。實苞者，茂也，如斯干所謂『如竹苞矣』之苞同〔三〕。」（李黄解卷三二，頁六—七。）

實發實秀。

**【佚文】**（七七九）「發者，其華發也。」（呂記卷二六，頁七；通釋卷十七，頁六。）

實堅實好。

**【佚文】**（七八〇）「堅者，其實堅也；好者，其形味好也。」（呂記卷二六，頁七；備考卷二十，

---

〔二〕「草」，呂記等引作「茀」，據通釋校改。

〔三〕「如斯干」之「如」，疑當作「與」。

頁四。）

實穎實栗。

**【佚文】**（七八一）「穎者，垂末也。實繁碩，故垂末也。」（呂記卷二六，頁七；備考卷二十，頁四；詩經世本古義卷十之中，頁十三。）

**【佚文】**（七八二）「栗，不秕也。秕音匕。」（詩緝卷二七，頁八。）

誕降嘉種。

**【佚文】**（七八三）「后稷既即有邰家室矣，則又擇嘉種而誕降之，以教民蓺。所謂嘉種，則秬也、秠也、穈也、芑也。」（呂記卷二六，頁八；李黄解卷三二，頁七；段解卷二四，頁九；備考卷二十，頁五。）

**【評】**（二一六）宋李樗曰：「毛氏曰『天降嘉種』，是也。王氏（之説）……非也。此所謂『誕降嘉種』，正閟宫所謂『是生后稷，降之百福：黍稷重穋，稙穉菽麥』，乃是天降之也。所謂天降嘉種，非實是天降種也，孔氏曰：『美大后稷，以種之必獲歸功於天，非實天下之也。』此説爲得詩人之本意。」（李黄解卷三二，頁七。）

恒之秬秠，是穫是畝；恒之穈芑，是任是負。以歸肇祀。

【佚文】（七八四）芑，穀也。（詳見小雅采芑篇，佚文第四二〇條。）

【佚文】（七八五）「任者，肩任之也；負者，背負之也。」（呂記卷二六，頁八；段解卷二四，頁九；詩緝卷二七，頁十。）

【佚文】（七八六）「后稷始受國爲祭主，故曰肇祀。」（呂記卷二六，頁八—九；段解卷二四，頁十；詩緝卷二七，頁十；備考卷二十，頁五。）

誕我祀如何？……載謀載惟，取蕭祭脂，取羝以軷，載燔載烈。

【佚文】（七八七）「（取蕭祭脂者，）宗廟之祭升臭也。郊特牲曰：『蕭合黍稷，臭達牆屋，故既奠然後焫蕭合羶薌。』既取蕭祭脂矣，則又取羝羊之體以爲祀軷之祭祀。軷，行神之祭也。於是又以羝羊之體而燔之炙之，以爲尸之羞。言其祭祀如此。」（李黄解卷三二，頁九；呂記卷二六，頁十；段解卷二四，頁十一。）

釋之叟叟，烝之浮浮。……卬盛于豆，于豆于登。

【佚文】（七八八）「釋之、烝之，簠簋尊爵之實也。羝，俎實也。豆、登則實以葅醢、大羹之器也。或言其器，或言其實，互相備也。」（呂記卷二六，頁十一；段解卷二四，頁十二；通釋卷十七，頁九；大全卷十七，頁九；詩經世本古義卷十之中，頁二二。）

【佚文】（七八九）「於郊祀言豆、登，則不以多品爲貴也。」（段解卷二四，頁十二。）

其香始升，上帝居歆。胡臭亶時。后稷肇祀，庶無罪悔，以迄于今。

【佚文】（七九〇）「我今盛于豆、登，謂周室尊祖以配天之祭也。」（呂記卷二六，頁十一；李黄解卷三二，頁九；段解卷二四，頁十二；備考卷二十，頁六。）

## 行葦

敦彼行葦。

【佚文】（七九一）敦，厚也。（李黄解卷三二，頁十四。）

洗爵奠斝。

【佚文】（七九二）「斝非禮之正，則所以飲之無所不至。」（宣和博古圖卷十五，頁十九。）

敦弓既句，既挾四鍭；四鍭如樹。

【佚文】（七九三）「（四鍭如樹，）言其貫之力如植也。」（呂記卷二六，頁十六。）

曾孫維主，酒醴維醹。

【佚文】（七九四）「序賓以賢，人以不侮矣；而爲之主者，則曾孫也。」（段解卷二四，頁十一十九；呂記卷二六，頁十七。）

【佚文】（七九五）「醴酒，正所謂醴齊也。成而汁滓相將，如今甜酒也。以養老，故兼設甜酒。」（段解卷二四，頁十八。）

酌以大斗，以祈黃耇。

【佚文】（七九六）「以祈黃耇，則序所謂養老乞言也。」（呂記卷二六，頁十七；段解卷二四，頁十九；辨證卷五，頁四九；詩傳彙纂卷十八，頁十二。）

## 既醉

君子萬年，介爾昭明。

【佚文】（七九七）「昭明，明德也。」（呂記卷二六，頁十八；段解卷二四，頁二一；辨證卷五，頁五二。）

其告維何？籩豆静嘉。

【佚文】（七九八）「其設之也不譁，而爲之也至美，與『執爨踖踖，爲俎孔碩，君婦莫莫，爲豆孔庶』同意。」（呂記卷二六，頁二十；段解卷二四，頁二三；通釋卷十七，頁十八；大全卷十七，頁十八；詩傳彙纂卷十八，頁十四。）

朋友攸攝，攝以威儀。

【佚文】（七九九）「攝以威儀，則其助祭也，莫或敢慢，與『既齊既稷，既匡既敕』同意。」（段解卷二四，頁二三；呂記卷二六，頁二十；通釋卷十七，頁十八；大全卷十七，頁十八；詩傳彙纂卷十八，頁十四—十五。）

君子萬年，景命有僕。

【佚文】（八〇〇）「（僕，）屬也。」（呂記卷二六，頁二一；段解卷二四，頁二四；備考卷二十，頁十二；詩傳彙纂卷十八，頁十六。）

## 鳧鷖

鳧鷖在涇。……鳧鷖在沙。……鳧鷖在渚。……鳧鷖在潨。……鳧鷖在亹。

【佚文】（八〇一）在涇、在沙、在渚、在潨、在亹，各有所取喻。（李黄解卷三二，頁三二—三三。）

鳧鷖在亹，公尸來止，熏熏。旨酒欣欣，燔炙芬芬。公尸燕飲，無有後艱。

【佚文】（八〇二）「以道守成者，役使群衆，泰而不爲驕；宰制萬物，費而不爲侈，孰敝敝然以愛爲事[一]？」（龜山集卷一，頁二一；靖康要録卷六，總頁一一五；宋史卷四二八，頁十一

[一] 「愛」下，靖康要録所引有「物」字。

楊時傳載時上疏引。參朱文公文集卷三十，頁八及朱子語類卷一三〇，頁二八。）

【評】（二一七）宋楊時曰：「夫鳧鷖之五章，特曰『鳧鷖在亹，公尸來止，熏熏。旨酒欣欣，燔炙芬芬。公尸燕飲，無有後艱』，詩之所言，止謂能持盈則神祇祖考安樂之，而無有後艱耳。自古釋之者，未有『泰而不爲驕，費而不爲侈』之説也。安石獨倡爲此説，以啓人主之侈心。其後蔡京輩輕貨妄用，專以侈靡爲事，蓋祖此説耳。則安石邪説之害，豈不甚哉？」（靖康要録卷六，總頁一一五—一一六；宋史卷四二八，頁十一載時上疏，亦見龜山集卷一，頁二三略同。）

【評】（二一八）（上（宋神宗）曰：「本朝祖宗皆愛惜天物，不忍横費，如此糜費，圖作甚？漢文帝曰：『朕爲天下守財耳。』」余（王安石）曰：「人主若能以堯、舜之政澤天下之民，雖竭天下之力以充奉乘輿，不爲過當，『守財』之言，非天下之正理。」）宋楊時曰：「舜作漆器，群臣咸諫，況竭天下之力以自奉乎？雖庸人知其不可爲也。荆公以師臣自任，爲天下儒宗，而所以導其君如此。百世而下，諛臣得以藉口爲天下禍，庸非斯言乎！」（龜山集卷六，頁二三—二四神宗日録辨。）

【評】（二一九）宋朱熹曰：「許右丞在宣、政間，見奉上極於侈靡，亦如龜山意，歸咎於王氏鳧鷖之説，因別解此詩以進云：『涇水最濁，濁者所以厚民。』當時花石綱正盛，許乃要將此等文字去攔截，不知攔得住否？」（朱子語類卷一三〇，頁二八。）

△假樂

公劉

公劉，召康公戒成王也。成王將涖政，戒以民事，美公劉之厚於民而獻是詩也。此詩小序之全文。

**【佚文】**（八〇三）「周之有公劉，言乎其時則甚微，言乎其事則甚勤。稱時之甚微，以戒其盈。稱事之甚勤，以懲其逸。蓋召公之志也。」（呂記卷二六，頁二六；段解卷二四，頁三一；詩緝卷二八，頁一；通釋卷十七，頁二八；會通卷十七，頁三十；大全卷十七，頁二八；備考卷二十，頁十七；蒙引卷十五，頁四；詩傳彙纂卷十八，頁二八。）

篤公劉，逝彼百泉，瞻彼溥原。迺陟南岡，乃覯于京。京師之野，于時處處，于時廬旅，于時言言，于時語語。

**【佚文】**（八〇四）「（上章言定民居，此章言相宇者，）先定民居而後相宇，厚於民故也。」（李黄解卷三三，頁七；段解卷二四，頁三五；通釋卷十七，頁三十；大全卷十七，頁三十；備考卷二十，頁十九。）

篤公劉，于京斯依。……乃造其曹，執豕于牢。酌之用匏。食之飲之，君之宗之。

【佚文】（八〇五）「其食也，則執豕于牢而已；其飲也，則酌之用匏而已：言其儉也。其儉如此，則亦厚於民故也。君既飲食其群臣，群臣遂從而君之尊之。群臣皆愛其上，不以非薄而怨其君也。」（李黄解卷三三，頁七；通釋卷十七，頁三一；大全卷十七，頁三一。）

篤公劉……其軍三單。度其隰原，徹田爲糧。度其夕陽，豳居允荒。

【佚文】（八〇六）「前既言『既庶既繁』，今更言其『僅足三軍』，何也？前既遷，復輯其民，是爲既庶既繁。今所謂僅足三軍，則三軍大國之制，於是始爲大國，則其軍僅足而已。且言其僅足者，爲將言其後『爰衆爰有』也。」（吕記卷二六，頁三一；辨證卷五，頁六三。）

【評】（二二〇）清黄中松曰：「毛傳曰：其軍三單，三單相襲也。……此謂發部在道，及初至之時，未得安居，慮有寇鈔，故三重爲軍也。……王安石曰：『……』蘇傳、吕記俱從其説。……公劉止有此三萬七千五百家，何得謂之『既庶既繁』乎？則謂出兵止用三軍則可，謂大國兵數止有三軍不可。故以此爲追述在道之時，防禦謹嚴，不患寇盜。毛說未始不通也。」（辨證卷五，頁六二—六四。）

【佚文】（八〇七）「度其隰原，徹田爲糧，則言其經野之有法。度其夕陽，豳居允荒，則言其體國之有制。」（段解卷二四，頁三八。）

篤公劉，于豳斯館。

【佚文】（八〇八）「周官遺人之職：十里有廬，五十里有館。廬者，館也；所以待行旅。前言廬旅，後言館。」（段解卷二四，頁三九。）

## 泂酌

泂酌，召康公戒成王也。言皇天親有德，饗有道也。此詩小序之全文。

【佚文】（八〇九）「周道於是爲盛，故稱『皇天』焉。」（李黄解卷三二，頁十一。）

豈弟君子，民之父母。……豈弟君子，民之攸塈。

【佚文】（八一〇）「民之父母，德也；民之攸塈，道也。」（李黄解卷三三，頁十一。）

【評】（二二二一）上及此兩條，宋李樗曰：「王氏徒見序言『皇天親有德而饗有道』，遂於詩中求其所謂道、德，『民之父母，德也；民之攸塈，道也。』又其甚曰：『周道於是爲盛，故稱皇天焉。』使周微而無道，將不得稱皇天乎？何其陋也！」（李黄解卷三三，頁十—十一。）

## 卷阿

有卷者阿，飄風自南。豈弟君子，來游來歌，以矢其音。

【佚文】（八一一）「有卷者阿，則虚中屈體之大陵。飄風自南，則化養萬物之迴風。不虚中則風無自而入，不屈體則風無自而留，其爲陵也不大，則其化養也不博。王之求賢，則亦如此而已。」（吕記卷二六，頁三五；段解卷二四，頁四一—四二；備考卷二十，頁二三；詩經世本古義卷十之下，頁九六；辨證卷五，頁六六；詩傳彙纂卷十八，頁三十。）

【評】（二二二二）宋吕祖謙曰：「此章具賦、比、興三義。其作詩之由，當從朱氏。其因卷阿、飄風而發興，當從毛氏。以卷阿、飄風而興求賢，因以虚中屈體，化養萬物爲比，則當如鄭氏、王氏之説也。三説相須，其義始備。」（吕記卷二六，頁三五—三六。）

【評】（二二三）清黄中松曰：「……王氏并不言興也。（毛、鄭、王）三家之意，唯以卷阿爲詩人之設言，非實有其地也。朱子以爲賦，則實有其地矣。竹書紀年云：『成王三十三年，游于卷阿，召康公從。』言三十三年，則成王即位已久，與經『受命長』句正相合。又云：『成王十八年，鳳凰至，成王援琴而歌。』世傳神風操也。中候摘雒戒、王會解、外傳内史過俱言周時有鳳凰至。則詩中所稱，果爲實事。朱傳有據。」（辨證卷五，頁六六—六七。）

豈弟君子，俾爾彌爾性。

【佚文】（八二二）「彌者，充而成之，使無間之謂也。若易『彌綸』之彌，同。」（段解卷二四，頁四二—四三；呂記卷二六，頁三六；詩緝卷二八，頁十二；備考卷二十，頁二四；辨證卷五，頁六七；詩傳彙纂卷十八，頁三一。）

有馮有翼，有孝有德，以引以翼。

【佚文】（八二三）「以引，引其前；以翼，翼其左右。」（呂記卷二六，頁三七；詩緝卷二八，頁十四。）

鳳皇于飛，翽翽其羽，亦集爰止。藹藹王多吉士，維君子使，媚于天子。

**【佚文】**（八一四）「（藹藹王多吉士者，謂善士）藹藹其盛多。」（臨川集卷四三，頁五。）

**【佚文】**（八一五）「故次以『既醉』也。」（臨川集卷四三，頁五。）〔二〕

## 民勞

民亦勞止，汔可小康。惠此中國，以綏四方。

**【佚文】**（八一六）「惠此中國，以綏四方，自中國以至夷狄，皆綏之。」（李黄解卷三三，頁二一九。）

民亦勞止，汔可小息。惠此京師，以綏四國。

**【佚文】**（八一七）四國，中國也。（李黄解卷三三，頁二一九。）

〔二〕此條，安石乞改詩義劄子謂是詩義卷阿篇之文，又次於「藹藹其盛多」之後，意者安石蓋釋本章經文，因論及既醉篇與本篇次第，姑署於此章之下。

**【評】**（二二二四）上及此兩條，宋李樗曰：「中國，只是説諸夏，王氏曰『惠此中國……皆綏之』是也。但王氏又以下文『四國』爲『中國』，而又失之泥矣。毛、鄭之失，則以『中國』爲『京師』；王氏之失，則以『四國』爲『中國』：其失一也。」（李黄解卷三三，頁二九一—三十。）

式遏寇虐，無俾正敗。……式遏寇虐，無俾正反。

**【佚文】**（八一八）「正敗者，敗而已。未盡反而爲不正也，正反則無正矣。」（呂記卷二六，頁四四；段解卷二四，頁五三；詩緝卷二八，頁二一；通釋卷十七，頁四六；會通卷十七，頁四一；大全卷十七，頁四六；詩傳彙纂卷十八，頁三八。）

# 板

我雖異事，及爾同寮。我即爾謀，聽我囂囂。

**【佚文】**（八一九）「事雖異，然其同治天下，則凡伯與厲王無以異於同僚矣。」（李黄解卷三三，頁三五。）

【佚文】（八一九之二）「囂囂，自大之意。言自大而不孫，不能用其謀也。芻蕘尚所當詢，況及爾同僚者乎？」（呂記卷二六，頁四六；備考卷二十，頁三四。）

匪我言耄，爾用憂謔。多將熇熇，不可救藥。

【佚文】（八二〇）「列子曰：『曾不發藥乎？』左氏曰：『不如聞而藥之也。』與此『救藥』同意。」（呂記卷二六，頁四七；詩緝卷二八，頁二五；通釋卷十七，頁五十；大全卷十七，頁五十一—五二〔誤作「臨川吴氏曰」〕；詩經世本古義卷十六，頁四二。）

威儀卒迷，善人載尸。

【佚文】（八二一）「善人載尸，則不言不爲，飲食而已，畏禍故也。」（呂記卷二六，頁四七；段解卷二四，頁五七；詩緝卷二八，頁二六；備考卷二十，頁三五；詩傳彙纂卷十八，頁四一。）

民之方殿屎，則莫我敢葵。喪亂蔑資，曾莫惠我師。

【佚文】（八二二）「民方疾痛呻吟，而莫敢揆其事者，以王監謗故也，故民喪亂無資，王曾莫惠我師，多瘠罔詔也。」（段解卷二四，頁五七；呂記卷二六，頁四八。）

价人維藩，大師維垣，大邦維屏，大宗維翰。懷德維寧，宗子維城。無俾城壞，無獨斯畏。

**【佚文】**（八二三）「价人，善人也。大師，大衆也。大宗，巨室也。善人也、大衆也、大邦也、巨室也，王所恃以爲藩、垣、屏、翰也。宗子，同姓也。」（呂記卷二六，頁四八；段解卷二四，頁五八；詩緝卷二八，頁二七；備考卷二十，頁三六；詩經世本古義卷十六，頁四六。）

# 詩經新義　卷十八　大雅

## 蕩之什

### 蕩

天生烝民，其命匪諶。靡不有初，鮮克有終。

【佚文】（八二四）「民受天地之中以生，所謂命也。能者養之以福，不能者敗以取禍。受天地之中一也，則靡不有初。敗以取禍者衆，則鮮克有終。鮮克有終，則命靡諶矣。」（詩緝卷二九，頁二；呂記卷二七，頁二；段解卷二五，頁二；通釋卷十八，頁二；大全卷十八，頁二；詩傳彙纂卷十九，頁一。）

文王曰：「咨！咨汝殷商。曾是彊禦，曾是掊克；曾是在位，曾是在服。天降滔德，女興是力。」

【佚文】（八二五）「所使在位在服，皆彊禦掊斂好勝之人也。彊禦掊克，是謂滔德。」（呂記卷二七，頁二；段解卷二五，頁二；通釋卷十八，頁二；大全卷十八，頁三；備考卷二一，頁二；詩傳彙纂卷十九，頁二。）

文王曰：「咨！咨女殷商。而秉義類，彊禦多懟。流言以對，寇攘式内。」

【佚文】（八二六）彊禦謂周厲王，（李黄解卷三四，頁三。）「女爲人君，以秉義類爲事。乃彊禦多懟，有忠告善道，則以流言對。所爲如此，非所以秉義類也。」（呂記卷二七，頁二—三；段解卷二五，頁三。）

文王曰：「咨！咨女殷商。……小大近喪，人尚乎由行。内奰于中國，覃及鬼方。」

【佚文】（八二七）「昏亂如此，故内自中國，外及鬼方，莫不怒也。」（呂記卷二七，頁四；段解卷二五，頁五；備考卷二一，頁四。）

文王曰：「咨！咨女殷商。匪上帝不時，殷不用舊。雖無老成人，尚有典刑。曾是莫聽，大命以傾。」

【佚文】（八二八）「雖無老成人與圖先王舊政，然典刑尚在，可循守也。曾是莫聽，此大命所以傾也。」（呂記卷二七，頁五；段解卷二五，頁五；備考卷二一，頁五。）

## 抑

抑抑威儀，維德之隅。

【佚文】（八二九）「德譬則宮城也，儀譬則隅也。視其隅則宮城之中可知矣；有諸中必形於外故也。」（呂記卷二七，頁六；通釋卷十八，頁七；會通卷十八，頁七載輯録引；大全卷十八，頁八；備考卷二一，頁七；詩經世本古義卷十九之上，頁四三。）

庶人之愚，亦職維疾。

【佚文】（八三〇）「庶人之愚，亦職維疾者，則天性之疾也。孔子曰：『古者民有三疾。』」（呂記卷二七，頁六；詩緝卷二九，頁七；通釋卷十八，頁七；大全卷十八，頁九；備考卷二一，頁七。）

其在于今，興迷亂于政。顛覆厥德，荒湛于酒。

**【佚文】**（八三一）「其在于今，興迷亂于政者，今厲王興而迷亂于政也；顛覆厥德，以荒湛于酒。」（呂記卷二七，頁八；段解卷二五，頁九。）

女雖湛樂從。弗念厥紹，罔敷求先王，克共明刑。肆皇天弗尚。

**【佚文】**（八三二）「汝雖湛樂之從，弗念爲人子孫當紹祖考。言當念之也。」（呂記卷二七，頁八；段解卷二五，頁九；備考卷二一，頁九；詩經世本古義卷十九之上，頁四八。）

**【佚文】**（八三三）「弗念厥紹，故罔敷求先王克共明刑也。克共者，不敢慢之謂也。共音恭[一]。」（呂記卷二七，頁八；段解卷二五，頁九；詩緝卷二九，頁九；備考卷二一，頁九；詩經世本古義卷十九之上，頁四八。）

**【佚文】**（八三四）「肆皇天弗尚者，厲王所爲如上所刺，故今皇天弗尚也。」（呂記卷二七，頁八；段解卷二五，頁十。）

---

[一] 「共音恭」三字，據詩緝增補。

脩爾車馬，弓矢戎兵，用戒戎作，用逷蠻方。

**【佚文】**（八三五）「（用逷蠻方，）用攘蠻夷而逖之也。」（呂記卷二七，頁九；段解卷二五，頁十。）

用戒不虞。慎爾出話，敬爾威儀，無不柔嘉。白圭之玷，尚可磨也；斯言之玷，不可爲也。

**【佚文】**（八三六）「出話如此，則行可知矣。」（段解卷二五，頁十一。）

不僭不賊，鮮不爲則。投我以桃，報之以李。彼童而角，實虹小子。

**【佚文】**（八三七）「童無角理，譬我施惡無報我以善之理。謂童而角，實惑小子耳，非其理也。」（呂記卷二七，頁十二；段解卷二五，頁十四；詩傳彙纂卷十九，頁十二。）

昊天孔昭，我生靡樂。

**【佚文】**（八三八）「昊天孔明，於人善惡無所不察；無所不察，則王爲如此，必致禍罰，故我生靡樂。」（段解卷二五，頁十六。）

誨爾諄諄，聽我藐藐。匪用爲教，覆用爲虐。

【佚文】（八三九）「匪以我諄諄爲教之也，覆以我爲虐之也。」（呂記卷二七，頁十四；段解卷二五，頁十六；備考卷二一，頁十五。）

於呼小子！告爾舊止。聽用我謀，庶無大悔。

【佚文】（八四〇）「於是不復冀其無悔也，庶無大悔而已。」（段解卷二九，頁十七。）

## 桑柔

菀彼桑柔，其下侯旬。捋采其劉，瘼此下民。

【佚文】（八四一）「及採其劉，則其下民爲日所暴，不見芘蔭而瘼矣。王失德剥喪，無以芘蔭其民之譬也。劉，殺也；殺言盡之也。」（呂記卷二七，頁十六；段解卷二五，頁十八；詩緝卷二九，頁十八；備考卷二一，頁十七。）

不殄心憂，倉兄填兮。

【佚文】（八四二）「（倉，）愴，惻滋久。（愴，）其字從心從倉。兄，滋；填，久也。言桑之茂也，枝葉皆盛，其下無所不覆，及一旦爲人所採捋，則枝葉皆盡，其下不得有所庇也。猶周之盛也，仁恩德澤饜飫於民，雖匹夫匹婦無有不被其澤者。及厲王之世，肆行不道，德澤不加於民，如桑之盡而民病矣。」（李黄解卷三四，頁二八；段解卷二五，頁十九。）

民靡有黎，具禍以燼。

【佚文】（八四三）「黎，黑也。周曰黎民，秦曰黔首；黎則黔首之謂也。民靡有黎，則是黔首『靡有孑遺』也。」（吕記卷二七，頁十七；段解卷二五，頁十九；詩緝卷二九，頁十九；通釋卷十八，頁二一；大全卷十八，頁二一；備考卷二一，頁十七—十八；蒙引卷十七，頁十五。）

【評】（二二五）宋嚴粲曰：「今曰：黎，衆也。書『黎民於變時雍』、詩『群黎百姓』，皆衆也。王氏以『黎』爲『黑』，如『黔首』之義。然『民靡有黑』，則不辭矣。」（詩緝卷二九，頁十九。）

國步滅資，天不我將。靡所止疑，云徂何往？

【佚文】（八四四）「欲避禍亂，疑於所往。天下皆是也，則靡所止疑，云徂何往也。」（吕記卷二七，頁十七；段解卷二五，頁二十。）

爲謀爲毖，亂況斯削。告爾憂恤，誨爾序爵。

【佚文】（八四五）「爲謀爲毖，反更亂況斯削，則以不與君子爲謀，而乃專與小人爲毖故也。故遂誨爾序爵。」（段解卷二五，頁二一；詩傳彙纂卷十九，頁十八。）

其何能淑？載胥及溺。

【佚文】（八四六）「則亦與小人胥及于溺而已，然則爲小人者亦何利哉？」（段解卷二五，頁二一。）

靡有旅力，以念穹蒼。

【佚文】（八四七）「穹蒼，天也。穹言形，蒼言色也。」（呂記卷二七，頁二十；段解卷二五，頁二三；詩緝卷二九，頁二三；備考卷二一，頁二一。）

維彼忍心，是顧是復。民之貪亂，寧爲荼毒！

**【佚文】**（八四八）「王于忍心之人是顧復，故民從上所好而貪亂。」（段解卷二五，頁二六。）

## 雲漢

倬彼雲漢，昭回于天。王曰：「於乎！何辜今之人！天降喪亂，饑饉薦臻。」

**【佚文】**（八四九）「瞻仰昊天，不見雨候，於是歎傷人之無辜，而遇此喪亂饑饉也。」（呂記卷二七，頁二六；段解卷二五，頁三一；通釋卷十八，頁三二；大全卷十八，頁三一。）

**【佚文】**（八五〇）「旱能致饑饉，而曰『天降喪亂』者，天欲平治天下，則時和歲豐以應之。」（段解卷二五，頁三一。）

靡神不舉，靡愛斯牲。圭璧既卒，寧莫我聽！

**【佚文】**（八五一）「羣祀之廢，則無不舉矣。」（呂記卷二七，頁二六。）

**【佚文】**（八五二）「神晏然莫我聽。」（呂記卷二七，頁二六；段解卷二五，頁三一；備考卷二一，頁二七—二八。）

旱既大甚，蘊隆蟲蟲。

【佚文】（八五三）「旱既大甚矣，則其氣蘊積隆盛，蟲蟲而熱也。」（呂記卷二七，頁二六；詩緝卷三十，頁二。）

不殄禋祀，自郊徂宮。上下奠瘞，靡神不宗。后稷不克，上帝不臨。耗斁下土，寧丁我躬！

【佚文】（八五四）「自郊徂宮，上下奠瘞，則天神、地示、人鬼、内外、上下，無不禋祀矣。在宮之神，莫尊於后稷，既無以勝旱災；在郊之神，莫尊於帝，又不顧我也。」（呂記卷二七，頁二七；段解卷二五，頁三二；通釋卷十八，頁三一；大全卷十八，頁三二；備考卷二一，頁二八—二九；詩傳彙纂卷十九，頁二五。）

旱既大甚，則不可推。

【佚文】（八五五）「旱既大甚，則不可推者，不可推知其故也。」（呂記卷二七，頁二七；備考卷二一，頁二八。）

旱既大甚，滌滌山川。

**【佚文】**（八五六）「山枯川竭，如滌濯然也。」（呂記卷二七，頁二八；段解卷二五，頁三四；備考卷二一，頁三十。）

旱既大甚，黽勉畏去。胡寧瘨我以旱？憯不知其故。

**【佚文】**（八五七）「胡寧瘨我以旱，憯不知其故，則王之自反也，蓋以至矣。」（呂記卷二七，頁二九；段解二五，頁三六；備考卷二一，頁三一；詩傳彙纂卷十九，頁二八。）

旱既大甚，散無友紀。

**【佚文】**（八五八）「人道相友，則吉凶弔慶有紀以合之；旱大甚且久，財不足以爲禮，則無友紀而人散矣。」（李黄解卷三五，頁五；呂記卷二七，頁三十；段解卷二五，頁三七。）

瞻卬昊天，有嘒其星。

**【佚文】**（八五九）「始曰『倬彼雲漢』，則夜也；今曰『有嘒其星』，則鄉晨也。以見宣王憂災，通夕不寐。」（段解卷二五，頁三八。）

## 崧高

崧高，尹吉甫美宣王也。天下復平，能建國，親諸侯，褒賞申伯焉。此詩小序之全文。

【佚文】（八六〇）「王命召伯，定申伯之宅，徹其土田，營其城邑、寢廟。及申伯入謝，則周邦咸喜，戎有良翰：此之謂能建國。王命傅御，遷其私人，錫之以四牡蹻蹻、鉤膺濯濯；遣之以路車乘馬；告之以我圖爾居，莫如南土；又錫之以介圭，以作爾寶；又餞于郿，且命召伯以峙其粻，以遄其行：此之謂能親諸侯。易曰：『地上有水，比，先王以建萬國，親諸侯。』蓋既立萬國，又在乎有以親之。今宣王能建國親諸侯，以褒賞申伯之功，此崧高所以美之也。」（李黄解卷三五，頁八；段解卷二五，頁三九。）

崧高維嶽，駿極于天。維嶽降神，生甫及申。

【佚文】（八六一）「甫也、申也，其先實主嶽事，故天祚其子孫。則維嶽降神，生甫及申也。」（呂記卷二七，頁三一；備考卷二一，頁三三。）

維申及甫，維周之翰。四國于蕃，四方于宣。

**【佚文】**（八六二）「翰，垣屋所恃以立。」（呂記卷二七，頁三二。）

**【佚文】**（八六三）「蕃，言扞蔽。宣，言敷播。扞蔽則宜有界域，故言四國；敷播則宜無此疆彼界，故言四方。」（李黄解卷三五，頁九；呂記卷二七，頁三二；段解卷二五，頁三九；詩緝卷三十，頁九；備考卷二一，頁三三。）

亹亹申伯，王纘之事。于邑于謝，南國是式。

**【佚文】**（八六四）「爲申伯建國而曰邑者，國之所都亦曰邑，『作邑于豐，商邑翼翼』是也。」（呂記卷二七，頁三三；段解卷二五，頁四一；詩緝卷三十，頁十一；詩經世本古義卷十七，頁七七；詩傳彙纂卷十九，頁三一。）

王命傅御，遷其私人。

**【佚文】**（八六五）「遷其私人，使就國也。」（呂記卷二七，頁三三；段解卷二五，頁四二。）

申伯之功，召伯是營。有俶其城，寢廟既成，既成藐藐。王錫申伯，四牡蹻蹻，鉤膺濯濯。

**【佚文】**（八六六）「俶，始也。」（呂記卷二七，頁三四；段解卷二五，頁四三；詩緝卷三十，頁十二；備考卷二一，頁三六。）

【佚文】（八六七）「（藐藐，）藐然大也。孟子曰：『說大人則藐之。』則小彼之意；小彼，則自大也。」（段解卷二五，頁四三。）

【佚文】（八六八）「所以命召伯者，亦以能治其土功之事也。王賜申伯而遣之行，則四牡蹻蹻然而壯，鉤膺又濯濯然而光明。鉤者，馬婁頷之鉤；膺者，馬之膺前有飾，即周官所謂『樊纓』也。」（李黄解卷三五，頁十。）

錫爾介圭，以作爾寶。往近王舅，南土是保。

【佚文】（八六九）「介圭非諸侯所宜有也，寶玉非所以分異姓也。賜爾介圭，以作爾寶，則加賜焉，非常禮也。」（呂記卷二七，頁三四；段解卷二五，頁四三—四四。）

【佚文】（八七〇）「近，親親也。錫爾介圭，則以往親親也。」（段解卷二五，頁四四。）

申伯信邁，王餞于郿。申伯還南，謝于誠歸。

【佚文】（八七一）「王既餞之，則申伯於是實歸其國也。言『信邁誠歸』，蓋以見王之數留，疑於行之不果故也。」（呂記卷二七，頁三五；李黄解卷三五，頁十一；段解卷二五，頁四五；

備考卷二一，頁三七。）

王命召伯，徹申伯土疆。

**【佚文】**（八七二）「前曰『徹申伯土田』者，乃始疆之也。今曰『徹申伯土疆』，則其疆定矣。」（段解卷二五，頁四五；吕記卷二七，頁三六；備考卷二一，頁三七。）

吉甫作誦，其詩孔碩；其風肆好，以贈申伯。

**【佚文】**（八七三）「此雅也，而謂之風，則以辭不迫切而能感動人之善心，故謂之風也。」（吕記卷二七，頁三七；段解卷二五，頁四七；備考卷二一，頁三八；詩傳彙纂卷十九，頁三五。）

**【佚文】**（八七四）「吉甫作此詩以贈申伯，而序以爲美宣王；宣王之美於是乎在。蓋唐史臣嘗贊裴度曰：『非度破賊之難也，任度之爲難也。』申伯信賢矣，任申伯者豈不賢乎？」（李黄解卷三五，頁十二；詩緝卷三十，頁十七。）

烝民

仲山甫之德，柔嘉維則。……天子是若，明命使賦。

【佚文】（八七五）「天子有明命，則使仲山甫賦之。」（呂記卷二七，頁三九；段解卷二五，頁四九；備考卷二一，頁四十。）

人亦有言：「德輶如毛，民鮮克舉之。」我儀圖之，維仲山甫舉之。愛莫助之。

【佚文】（八七六）「是時吉甫、張仲、申伯之徒，皆見於詩，而曰『愛莫助之』，則以方宣王莫不好德，賢臣衆多之時爲莫助耳。」（李黄解卷三五，頁二六。）

【評】（二二二六）宋李樗曰：「德輕如鴻毛，豈有不能舉之哉？但人不舉之耳。山甫能不以世人之所忽而忽之，故能舉如毛之德也。……此蓋詩人甚言山甫之賢……豈山甫之外果無一人能舉之哉？當以意逆志，然後爲得也。王氏曰：『是時吉甫……爲莫助耳。』此所謂癡人前説夢也。」（李黄解卷三五，頁二六。）

【評】（二二二七）宋黄櫄曰：「説者敏案：謂王安石。謂詩人言仲山甫之賢如此，惜乎莫有能助之者。此其説爲不通。愚以爲人情之於人，既愛之，則必有以助之，故助其所不足，以成其所至足，此所以見其愛之之深也。詩人言仲山甫之賢，能舉人之所不能舉，則其德無所不足矣。無所不足，何助之有？故吾於仲山甫，惟能愛之，而莫能助之。非不助之難，雖欲助之，而莫容助也。……孔子作春秋，游、夏不能措一辭，此不容於助者也。」（李黄解卷三五，頁二七一—二七八。）

## 韓奕

奕奕梁山，維禹甸之，有倬其道。韓侯受命，王親命之：「纘戎祖考。」

【佚文】（八七七）奕奕梁山、維禹甸之、有倬其道爲一意。韓侯受命、王親命之、纘戎祖考爲一意。（李黄解卷三五，頁三三六。）

無廢朕命，夙夜匪解，虔共爾位。朕命不易，榦不庭方，以佐戎辟。

【佚文】（八七八）「既命之纘汝祖考，又戒使其無廢朕命、虔共爾位。既戒以夙夜匪懈、虔共爾位，又戒以朕命不復改易，當榦不庭方以佐汝辟也。不庭方，謂不寧侯也。」（吕記卷二七，頁四四。）

**【評】**（二二八）此及上條，宋黄櫄曰：「王氏以『奕奕梁山、維禹甸之、有倬其道』爲一意，以『韓侯受命』屬下文爲一意。愚恐不然。自『王親命之』至於此『以佐戎辟』，皆形容宣王命之之辭也。宣王之待韓侯也至，而望韓侯也亦至。方其命之也必親，及其責之也必詳。曰『王親命之』，以見其眷之之深且至也；曰『纘戎祖考，無廢朕命，夙夜匪解，虔共爾位』，言先祖、父皆有大功於王室，今爾其可不思所以繼之乎？爾欲繼乃祖乃父之業，當無廢朕之命也。……繼之曰：『朕命不易，榦不庭方，以佐戎辟。』」（李黄解卷三五，頁四十。）

韓侯入覲，以其介圭，入覲于王。王錫韓侯。

**【佚文】**（八七九）「謂韓侯來朝，多錫以厚之。」（吕記卷二七，頁四五。）

淑旂綏章，簟茀錯衡，玄衮赤舄，鉤膺鏤錫，鞹鞃淺幭，鞗革金厄。

**【佚文】**（八八〇）「淑旂綏章，於紼後建之。簟茀在後，衡在左右。鉤膺鏤錫、鞹鞃淺幭、鞗革金厄，則皆在前。」（段解卷二五，頁五八；吕記卷二七，頁四六。）

韓侯出祖，出宿于屠。顯父餞之，清酒百壺。其殽維何？炰鼈鮮魚。其蔌維何？維筍及蒲。其贈維何？乘馬路車。籩豆有且，侯氏燕胥。

【佚文】（八八一）「言侯氏燕胥，不特韓侯之身而已。宣王之初，喪亂饑饉，散無友紀。至是乃能餞贈諸侯，備物如此，故賦而美之也。」（段解卷二五，頁五九—六十。）

韓侯取妻，汾王之甥，蹶父之子。韓侯迎止，于蹶之里。百兩彭彭，八鸞鏘鏘，不顯其光。……蹶父孔武，靡國不到。爲韓姞相攸，莫如韓樂。

【佚文】（八八二）「婦人稱姓，今以姓配夫之國，故謂之韓姞。」（通釋卷十八，頁五五；大全卷十八，頁五六。）

【佚文】（八八三）「韓侯娶妻，何豫於王政，而詩言此？蓋汾王失道，王室幾喪，爲諸侯所卑侮，則王甥亦安能相攸而擇樂國之顯君哉〔一〕？惟宣王任賢使能，然後汾王之甥更爲樂國。賢君之所願娶，而威儀備具，光顯如此，乃所謂『邦之榮懷』也。」（吕記卷二七，頁四八；李黄解卷三五，頁三九；段解卷二五，頁六一—六二；詩緝卷三一，頁八；詩經世本古義卷十七，頁二二；蒙引卷十八，頁十二。）

〔一〕「而擇樂國之顯君哉」八字，此據李黄解增補，而意始完足；吕記等家於安石原文有所删省。

## 江漢

江漢浮浮，武夫滔滔。

【佚文】（八八四）江漢浮浮，譬廣而流行。（李黄解卷三六，頁二。）

【評】（二二九）宋李樗曰：「夫『江漢浮浮』者，非是取譬；蓋因武夫渡淮，故以爲言也。亦猶新臺之詩曰『新臺有泚，河水瀰瀰』，是因宣公築臺，故以『河水瀰瀰』爲言，非是以河水取譬也。」（李黄解卷三六，頁二。）

【佚文】（八八五）「武夫滔滔，則以其衆逝也。」（吕記卷二七，頁五一；段解卷二五，頁六五；詩緝卷三一，頁十一；備考卷二一，頁五一。）

江漢湯湯，武夫洸洸。經營四方，告成于王。

【佚文】（八八六）淮夷既平，迺復經營傍國，告成功于王。（李黄解卷三六，頁二。）

【評】（二三〇）宋李樗曰：「竊以……爲不然。所謂『經營四方』，但是經營淮夷。下云『式辟四方』，是亦經營夷狄；乃云『四方』者，亦如後世征伐夷狄則曰『有事於四方夷狄』耳。『四方』當以『淮夷』爲言。」（李黄解卷三六，頁二。）

## 常武

赫赫明明，王命卿士，南仲大祖，大師皇父。

【佚文】（八八七）「所命之卿士，言其世則以南仲爲太祖，言其官則大師，言其字則皇父也。」（呂記卷二七，頁五五；段解卷二五，頁七一。）

王謂尹氏，命程伯休父，左右陳行，戒我師旅：

【佚文】（八八八）「此所謂耕者不廢也。」（通釋卷十八，頁六四；段解卷二五，頁七三；大全卷十八，頁六六。）

率彼淮浦，省此徐土，不留不處。」三事就緒。

赫赫業業，有嚴天子，王舒保作。匪紹匪遊，徐方繹騷。震驚徐方，如雷如霆，徐方震驚。

【佚文】（八八九）「赫赫，顯也；業業，大也。」（呂記卷二七，頁五七；段解卷二五，頁七三；備考卷二一，頁五七。）

【佚文】（八九〇）「徐方既繹騷，則王師從而震驚之。」（段解卷二五，頁七四。）

【佚文】（八九一）「江漢曰『匪安匪舒』，此曰『王舒保作』。蓋江漢武夫之事，此則王者之事也。如雷如霆，先加以聲也。如震如怒，復致其實也。」（通釋卷十八，頁六五；大全卷十八，頁六七；詩傳彙纂卷十九，頁五五。）

**【佚文】**（八九二）「此章但言徐方，則知宣王之兵及淮而未及徐方，而徐方已震驚也。此以見先聲也。次章則言征淮，五章則言征徐，末章則言徐方之服。其次序皆可考也。」（段解卷二五，頁七四。）

鋪敦淮濆，仍執醜虜。

**【佚文】**（八九三）「鋪敦，厚集其陣。」（呂記卷二七，頁五七；詩緝卷三一，頁二一；備考卷二一，頁五八。）

## 瞻卬

邦靡有定，士民其瘵。蟊賊蟊疾，靡有夷屆。

**【佚文】**（八九四）「夷，平也。」（呂記卷二七，頁五九；段解卷二五，頁七七；詩緝卷三一，頁二四；備考卷二一，頁六十。）

哲夫成城，哲婦傾城。懿厥哲婦，爲梟爲鴟。

【佚文】（八九五）「婦人以無非無儀爲善，無所事哲；哲則足以傾城而已。」（呂記卷二七，頁六十；段解卷二五，頁七八；備考卷二一，頁六一。）

婦有長舌，維厲之階。亂匪降自天，生自婦人。匪教匪誨，時維婦寺。

【佚文】（八九六）「幽王如上所刺，則荒昏故也；其荒昏，則婦言是用故也。」（呂記卷二七，頁六十；段解卷二五，頁七八；通釋卷十八，頁六九；大全卷十八，頁七一；詩傳彙纂卷十九，頁五九。）

舍爾介狄，維予胥忌。

【佚文】（八九七）「王乃舍狄弗治，顧與予胥忌而已。凡百大臣之忠賢者也，與忠賢之大臣胥忌，則孰與王爲善者乎？」（呂記卷二七，頁六二；段解卷二五，頁七九。）

藐藐昊天，無不克鞏。無忝皇祖，式救爾後。

【佚文】（八九八）「昊天之明，視人藐藐，無所私親。言天之甚遠而難親，人君所以奉天者，必思有以鞏固其位。今幽王不能鞏固其位，是不能奉天也。爾之所爲，苟無忝於祖宗，則乃救於爾之子孫也。人君苟能側身修行，上焉有以繼其祖宗，下焉有以救其子孫，幽王何憚不爲乎？」（李黄解卷二六，頁十六—十七。）

詩瞻卬各章通義。

【佚文】（八九八之一）王安石分瞻卬爲七章。（呂記分章即從安石，見呂記卷二七，頁六三。）

## 召旻

昏椓靡共，潰潰回遹，實靖夷我邦。

【佚文】（八九九）「明昏非所以爲哲。」（臨川集卷四三，頁五。）

【佚文】（九〇〇）「昏椓靡共，潰潰回遹，實靖夷我邦，則言所使靖夷我者非其人也。『靖』與『俾予靖之』同意，『夷』與『亂生不夷』同意。」（呂記卷二七，頁六四；通釋卷十八，頁七三；大全卷十八，頁七六；備考卷二一，頁六五；蒙引卷十八，頁三一；詩傳彙纂卷十九，頁六三。）

皋皋訿訿，曾不知其玷。

【佚文】（九〇一）「皋皋然緩而不共職，訿訿然以苟訿爲事，乃曾不知其爲玷也。」（呂記卷二七，頁六四；段解卷二五，頁八二；詩緝卷三一，頁二八。）

如彼歲旱，草不潰茂，如彼棲苴。我相此邦，無不潰止。

【佚文】（九〇二）「民蕩析離散，無復生理，故如彼棲草也。」（呂記卷二七，頁六五；段解卷二五，頁八二；備考卷二一，頁六六；詩經世本古義卷十八之上，頁八九；詩傳彙纂卷十九，頁六四。）

詩大雅通義。

【評】（二三三一）宋邵博曰：「東坡倅錢塘日，答劉道原書云：『……近見京師經義題：「國異政，家殊俗。國何以言異？家何以言殊？」……又説：「……詩大、小雅本是老鴉。」似此類甚衆，大可痛駭！』時熙寧初，王氏之學務爲穿鑿至此。」（邵氏聞見後録卷二十，頁八—九。）

# 詩經新義　卷十九　周頌

## 清廟之什

### 清廟

於穆清廟。

【佚文】（九〇三）「湯之伐桀，衆以爲『我后不恤我衆，而割正夏』，而湯誥云『夏德若兹，今朕必往』，則是聖人之任也。文王三分天下有其二，以服事商，此聖人之清也。」（李黄解卷三七，頁三。）

【評】（二三二）宋李樗曰：「鄭氏以爲『天德清明，文王象焉』。……王氏從而推廣其説，以謂：『……』不如蘇氏以爲清廟肅然清静。按左傳曰：『清廟茅屋，大路越席，大羹不和〔一〕，粢

〔一〕「和」，左傳桓公二年作「致」。

食不鑿：昭其儉也。』……杜元凱注曰：『清廟，肅然清静之稱也。』」（李黄解卷三七，頁三。）

肅雝顯相。

【佚文】（九〇四）「周公穆穆而帥諸侯，則諸侯以肅雍而應周公。」（李黄解卷三七，頁四。）

濟濟多士，秉文之德。對越在天，駿奔走在廟。

【佚文】（九〇五）「秉文王之德，故能對越文王在天之神；駿奔走在廟，以承清廟之事也。」（吕記卷二八，頁二；通釋卷十九，頁三；大全卷十九，頁二；備考卷二二，頁二；詩傳彙纂卷二十，頁三。）

不顯不承，無射於人斯。

【佚文】（九〇六）「於是文王之德，可謂顯矣。成王率諸侯多士駿奔走在廟，則可謂承矣。顯也、承也如此，無射於人矣。」（吕記卷二八，頁二；通釋卷十九，頁三；大全卷十九，頁三；備考卷二二，頁二。）

## 維天之命

維天之命，於穆不已。

**【佚文】**（九〇七）於穆，敬和也。（李黄解卷三七，頁八。）

於乎不顯！文王之德之純。

**【佚文】**（九〇八）「不顯者，乃所以甚言其顯也。」（吕記卷二八，頁三—四；詩傳彙纂卷二十，頁五。）

駿惠我文王，曾孫篤之。

**【佚文】**（九〇九）「篤，力行而有所至。」（吕記卷二八，頁四。）

**【評】**（二三三三）宋吕祖謙曰：「説詩者非惟有鑿説之害，亦有衍説之害。如此詩『曾孫篤之』，毛氏謂能『厚行之』，於文義未有害也。然詩人之意，本勉後人篤厚之而不忘；所謂『行』者，固亦在其中矣。但曰『曾孫篤之』，則意味深長；衍一『行』字，意味即短。至王氏遂云『篤，力行而有所至』，説益詳而無復餘味矣。」（吕記卷二八，頁四。）

## 維清

維清緝熙，文王之典。

【佚文】（九一〇）「緝，續；熙，廣也。」（呂記卷二八，頁五；詩緝卷三二，頁五。）

## 烈文

烈文辟公，錫茲祉福。

【佚文】（九一一）「爲國君，故稱辟；舉五等之貴，故稱公。」（通釋卷十九，頁七；會通卷十九，頁六；大全卷十九，頁七；備考卷二二，頁六。）[一]

【佚文】（九一二）「（錫福，）錫周之祉福。」（李黄解卷三七，頁十三。）

【評】（二三四）宋李樗曰：「王氏之説固非。……此詩言諸侯助祭，助祭既畢，因而告之

---

[一] 此條，會通作「王氏曰」，通釋作「王晦叔曰」（晦叔，王氏炎也，即大全所稱之「新安王氏」。），未知孰是，姑存收，並誌疑於此。

以『烈文辟公，錫兹祉福』，乃文王錫之福。文王所以惠我諸侯，至於惠我無疆。」（李黄解卷三七，頁十三。）

無封靡于爾邦，維王其崇之。

【佚文】（九一三）「戒之以無封以專利，無靡以傷財，則王之所崇也。」（吕記卷二八，頁六；詩緝卷三二，頁六；通釋卷十九，頁八；大全卷十九，頁七；備考卷三二，頁六；詩傳彙纂卷二十，頁八。）

念兹戎功，繼序其皇之。

【佚文】（九一三之一）「念祖考之戎功，則師衆之不缺。」（吕記卷二八，頁六。）

無競維人，四方其訓之。不顯維德，百辟其刑之。於乎！前王不忘。

【佚文】（九一四）「無競維人，四方其訓之者，戒之以用人也。不顯維德，百辟其刑之者，戒之以務德也。於乎，前王不忘者，言如上所云，則前王所念而不釋也。先王之戒諸侯也：欲其競，競則中國强矣；欲其顯，顯則中國尊矣；欲其四方訓之、百辟刑之，則欲其各以德善胥訓胥效也。内則百僚師師，外則諸侯胥訓胥效，則能以天下爲一家，中國爲一人矣。而先儒以謂先王不欲諸侯名譽出境，是乃力征經營天下，惴惴恐天下軋己之私意，何足以語先王也？蓋所謂德者，以至誠出於仁義也；未有仁而遺其親，未有義而後其君。苟能使人至誠出於仁義，則其彊也、其顯也，是乃吾之所保也。」（吕記卷二八，頁七；詩緝卷三二，頁八；詩傳彙纂卷二十，頁十。）

## 天作

天作高山，大王荒之。

【佚文】（九一五）「后稷以功德有國，則高山之譬也。其後失職，自竄伏於戎狄，則嘗荒矣。至於大王，而後復治。」（李黄解卷三七，頁十七。）

【評】（二三三五）宋李樗曰：「（王氏）是以高山喻后稷功德，其取喻遠矣。詩言『高山』，乃岐山也。公劉遷于豳，故詩人言『豳居允荒』。大王遷於岐，故詩人言『天作高山，大王荒之』。荒之，治之也。」（李黄解卷三七，頁十七。）

【佚文】（九一五之一）「治荒謂之荒。」（通釋卷十九，頁九。）

彼徂矣，岐有夷之行。

【佚文】（九一六）徂，謂天徂而從之。（李黄解卷三七，頁十七。）

## 昊天有成命

昊天有成命。（此詩小序曰：「郊祀天地也。」）

【佚文】（九一七）「萬物皆相見，而帝亦於是與萬物相見。」（李黄解卷三七，頁二十。）

【評】（二三六）宋楊時（破之）曰：「若謂萬物相見於南方，郊祀當因於萬物相見之時，而用冬至之日何也？」（李黄解卷三七，頁二十引。）

於緝熙，單厥心。

【佚文】（九一八）「緝，續也。熙，廣也。」（詩緝卷三二，頁十。）〔一〕

〔一〕詩緝三引此條，一見於維清篇下（佚文第九一〇條），再見於敬之篇下（佚文第九五八條）。安石釋文蓋僅署於維清篇初見「緝熙」二字時，嚴氏則同文三用。

△我將

時邁

薄言震之，莫不震疊。

**【佚文】**（九一九）「政之所加，孰敢不震動疊息？」（臨川集卷四三，頁五。）

執競

自彼成康，奄有四方。

**【佚文】**（九二〇）自，由也。言由彼成康之道。（李黄解卷三七，頁三一。）

△思文

## 臣工之什

### 臣工

嗟嗟臣工，敬爾在公。

**【佚文】**（九二一）臣工爲事君業其官。（李黄解卷三八，頁二。）

王釐爾成，來咨來茹。

**【佚文】**（九二二）釐，治也。（李黄解卷三八，頁二。）

嗟嗟保介，維莫之春。

**【佚文】**（九二三）「（保介，）保民而介其君。」（李黄解卷三八，頁二。）

命我衆人，庤乃錢鎛，奄觀銍艾。

**【佚文】**（九二四）「言命我衆人，則諸侯之衆莫非王人。」（吕記卷二九，頁二一；詩緝卷三三，頁二。）

【佚文】（九二五）「爲天所享，迄至于今，用康年也。戒使命衆人各庤乃錢鎛以治田，奄忽之間，則已觀銍艾矣。」（呂記卷二九，頁三；李黄解卷三八，頁三；慈湖詩傳卷十八，頁十五；備考卷二二，頁十七。）

【佚文】（九二六）「治其事于前，則收其功于後，不可不勉也。」（通釋卷十九，頁二八；大全卷十九，頁二三；詩傳彙纂卷二十，頁二六。）

## 噫嘻

噫嘻成王，既昭假爾。率時農夫，播厥百穀。

【佚文】（九二七）「噫嘻，歎辭。」（呂記卷二九，頁三；詩緝卷三三，頁四；備考卷二二，頁十八。）

【佚文】（九二八）「率時農夫」云云，言王親率之也。（李黄解卷三八，頁六。）

【評】（二三七）宋李樗曰：「鄭氏以農夫爲主田之吏，孔氏以田農之夫非王所親率，然觀大田之詩曰『曾孫來止』，非親率而何？王氏以爲親率之，是矣。」（李黄解卷三八，頁五—六。）

## 振鷺

振鷺于飛，于彼西雝。

**【佚文】**（九二二九）「鷺習水，善捕魚，其羽潔白，可用爲儀。」（李黄解卷三八，頁九。）

**【評】**（二二三八）宋李樗曰：「夫詩取譬於鷺者，特言羽毛之似也，安在其爲習水善捕邪？」（李黄解卷三八，頁九。）

**【佚文】**（九二三〇）西雝蓋即辟廱，「辟廱有水，鷺所集也。文王作豐，有辟廱矣；武王作鎬，又作辟廱，則廱有東西矣。二王之後，國於杞、宋，其來助祭，則皆自東徂西，故以『于彼西雍』爲譬。」（李黄解卷三八，頁九；吕記卷二九，頁五；慈湖詩傳卷十八，頁十六；詩緝卷三三，頁五；詩地理考卷五，頁三；通釋卷十九，頁三十；會通卷十九，頁二三載輯録引；大全卷十九，頁二五；備考卷二二，頁二十；詩經世本古義卷十之下，頁二；辨證卷五，頁三四；詩傳彙纂卷二十，頁二九。）

**【評】**（二二三九）宋李樗曰：「詩人之意，不必如此。詩人但言『集于西雍』，未嘗以西爲説。杞之地在陳留，宋之地在睢陽，雖其適周也，自東徂西，然詩人之意不必如是。」（李黄解卷三八，頁九。）

我客戾止，亦有斯容。

**【佚文】**（九三一）我客戾止，亦有斯容者，譬我之習禮得民有容。（李黃解卷三八，頁九。）

**【評】**（二四〇）宋李樗曰：「夫以習禮之得民則可以譬捕魚也，三代得民可以喻捕魚乎？龜山辨之詳矣。杞、宋二王之後來此助祭，亦有振鷺之容。」（李黃解卷三八，頁九—十。）

## 豐年

豐年，秋冬報也。此詩小序之全文。

**【佚文】**（九三二）此祭上帝之詩。（李黃解卷三八，頁十一。）

**【評】**（二四一）宋李樗曰：「（鄭玄、蘇轍之説，）不如王氏以爲祭上帝，其説爲長。徐安道曰：『祭有祈焉，有報焉。豐年言報上帝，則祈上帝見之矣。』陳少南曰：『噫嘻祈之於春夏，豐年報之於秋冬，是一體之詩也。祈曰「上帝」，而報不言者，省文也。觀載芟、良耜之詩則可見矣。有載芟則有良耜，有噫嘻則有豐年，則知所謂「秋冬報」者，乃是報上帝。』此王氏之説所以爲長也。」（李黃解卷三八，頁十二；辨證卷六，頁二六。）

**【評】**（二四二）清黃中松曰：「豐年之詩……王安石謂祭上帝，則上詩用於明堂。……今攷經文，但言『烝畀祖妣』而已，並不言天地百神也。……經文既不言，而於何知之？且報祭上帝，則季秋之月有大享之禮，未嘗行之於冬也。況明堂之祀，歌我將之詩矣，不應又歌豐年也。」（辨證卷六，頁二六—二七。）

豐年多黍多稌。

【佚文】（九三三）「豐年者，天之功也。利高燥而寒者黍，利下濕而暑者稌。多黍多稌，無所不利也。」（呂記卷二九，頁六；李黄解卷三八，頁十二；慈湖詩傳卷十八，頁十七；詩緝卷三三，頁七；備考卷二二，頁二一。）

爲酒爲醴，烝畀祖妣，以洽百禮。

【佚文】（九三四）「爲酒爲醴，烝畀祖妣，以洽百禮者，天地之功也。」（呂記卷二九，頁六；詩傳彙纂卷二十，頁三一。）

## 有瞽

有瞽有瞽，在周之庭。……既備乃奏，簫管備舉。

【佚文】（九三五）「簫：大者編二十三管，長尺四寸；小者十六管，長尺二寸；參差象鳳翼。」（通釋卷十九，頁三四；會通圖說下頁二一；明刻本詩傳大全詩圖樂器圖下；大全卷十九，頁二九。）

【佚文】（九三六）「簫也、管也，尤其器之小者；言其『小』，所以爲備也。」（呂記卷二九，頁八；詩緝卷三三，頁九。）

喤喤厥聲，肅雝和鳴。

【佚文】（九三七）「喤喤，厥聲美也。」（呂記卷二九，頁八。）

【佚文】（九三八）「肅雍和鳴，則其人肅雍，而其樂和鳴也。」（李黄解卷三八，頁十五。）

【評】（二四三）宋李樗曰：「（王氏）以爲人肅雍，則上文無所屬，不當從也。惟其樂之和，則先祖是聽。」（李黄解卷三八，頁十五—十六。）

我客戾止，永觀厥成。

**【佚文】**（九三九）「於作樂也，二王之後每來助祭。」（李黄解卷三八，頁十六。）

**【評】**（二四四）宋李樗曰：「其説是也。……以舜之作樂，祖考來格，而虞賓在位。當是時，丹朱來助祭，故獲聞舜之韶樂。今此二王之後來助祭，亦獲聞成王之樂。其意旨同。」（李黄解卷三八，頁十六。）

## 潛

潛，季冬薦魚，春獻鮪也。此詩小序之全文。

**【佚文】**（九四〇）季冬薦魚，薦禮薄；春獻鮪，獻禮厚。（李黄解卷三八，頁十七。）

潛有多魚。

**【佚文】**（九四一）「潛有多魚，言取之深也。」（吕記卷二九，頁九；李黄解卷三八，頁十七；詩緝卷三三，頁十；詩傳彙纂卷二十，頁三四。）

## 雝

雝，禘大祖也。此詩小序之全文。

【佚文】（九四二）此禘帝嚳之詩。（李黄解卷三八，頁十九；辨證卷六，頁三一。）序以爲大禘太祖，周無四時之禘故也。（李黄解卷四二，頁九；參看商頌長發序下安石説，佚文第一〇一七條。）

相維辟公，天子穆穆。

【佚文】（九四三）「穆穆，敬和也。」（吕記卷二九，頁九；詩緝卷三三，頁十二；備考卷二二，頁二四。）

於薦廣牡，相予肆祀。

【佚文】（九四四）「廣牡，碩大肥腯之謂也。」（吕記卷二九，頁九；詩緝卷三三，頁十二；通釋卷十九，頁三六；會通卷十九，頁二九載輯録引；大全卷十九，頁三一；備考卷二二，頁二四；詩傳彙纂卷二十，頁三五。）

宣哲維人，文武維后。

【佚文】（九四五）宣哲維人，爲在王庭之人。文武維后，爲繼世諸侯。（李黄解卷三八，頁二十。）

假哉皇考。……既右烈考。

【佚文】（九四六）「皇考，武王也。烈考，謂文王也。」（吕記卷二九，頁十；李黄解卷三八，頁二一；詩緝卷三三，頁十三；備考卷二二，頁二五；辨證卷六，頁三三—三四；詩傳彙纂卷二十，頁三七。）

【評】（二四五）宋李樗曰：「蓋所謂皇考、烈考者，皆指其祖也。言皇考者，尊之之辭也。言烈考者，美之之辭也。」（李黄解卷三八，頁二一。）

【評】（二四六）宋吕祖謙曰：「文、武雖同建王業，而武王實得天下，故歸功之言詳於武王，而卒章本之於文王、大姒焉。閔予小子之頌曰：『遭家丕造，嬛嬛在疚。於乎皇考，永世克孝。』故皇考者，武王之稱也。烈考與文母相配而言，故烈考者，文王之稱也。」（吕記卷二九，頁十。）

【評】（二四七）宋嚴粲曰：「王氏以皇考爲武王，烈考爲文王，詩記從之。……康誥云『丕顯考文王』，酒誥云『穆考文王』，顯考、穆考皆明稱文王也。洛誥既明稱『烈考武王』，載見始見乎武王廟而言『率見昭考』，則烈考、昭考稱武王也。武王『無競維烈』，故稱烈考，猶商稱湯爲烈祖。文王當穆，故武王當昭也。唯皇考通稱文王、武王。此詩後稱烈考爲武王，則皇考稱文王矣。閔予小子言皇考能念皇祖，訪落言皇考能紹文王之直道，則皇考又皆稱武王矣。」（詩緝卷三三，頁十三—十四。）

## 載見

載見辟王，曰求厥章。

【佚文】（九四七）「諸侯來見，則曰求法度文章，以歸治其國家也。」（呂記卷二九，頁十一；慈湖詩傳卷十八，頁二二；備考卷二二，頁二六。）

思皇多祜。

【佚文】（九四八）「思有道之多祜也。皇，有道者也。」（李黄解卷三八，頁二三。）

## 有客

有客有客，亦白其馬。

【佚文】（九四九）「君謂之賓，臣謂之客。『有客，有客』，美微子之臣而已。美其臣，乃所謂美其君也。」（李黄解卷三八，頁二四。）

【評】（二四八）宋李樗曰：「此説大不然。王氏但按周禮而爲書。周禮大行人『掌大賓之禮及大客之儀』，注云：『大賓，要服已内諸侯，大客謂之孤卿。』王氏按此爲説。然大賓、大客在周禮則然矣，詩人未必然也。振鷺之詩言『我客戾止，亦有斯容』，亦是稱二王之後。有瞽之詩言『我客戾止，永觀厥成』，亦是稱二王之後。而於有客之詩，獨以美微子之臣，何耶？那之詩言『我有嘉客，亦不夷懌』，亦豈可以爲臣邪？按：左傳曰：『宋，先代之後，於周爲客。』客者，但稱其君也。禮記曰：『天子無客禮。』則諸侯有客禮焉。安可以爲微子之臣乎？」（李黄解卷三八，頁二四—二五。）

既有淫威，降福孔夷。

【佚文】（九五〇）「統承先王，用天子禮樂，所謂淫威也。有淫威則所享宜盛大，故降福孔易也。」（呂記卷二九，頁十三；通釋卷十九，頁四二；大全卷十九，頁三六；詩傳彙纂卷二十，頁四一。）

△武

## 閔予小子之什

閔予小子

閔予小子，遭家不造。

【佚文】（九五一）「文、武爲周，天下未集而終，故成王自以爲遭家不造也。」（李黄解卷三九，頁四。）

## 訪落

訪予落止，率時昭考。於乎悠哉！朕未有艾。

**【佚文】**（九五二）訪予落止，爲成王之言。率時昭考，乃臣下之言。朕未有艾，亦爲成王之言。（李黄解卷三九，頁五。）

**【佚文】**（九五三）「於乎悠哉，朕未有艾者，歎昭考之道悠，而自以爲幼稚未有所歷也。」（吕記卷三十，頁二。）

將予就之，繼猶判涣。

**【佚文】**（九五四）「欲群臣扶持成就之，以繼圖天下之泮涣離散也。」（李黄解卷三九，頁五。）

維予小子，未堪家多難。

**【佚文】**（九五五）「維予小子，未堪家多難者，自以爲幼稚，未堪王室多難也。」（吕記卷三十，頁三；備考卷二三，頁二。）

紹庭上下，陟降厥家。

【佚文】（九五六）「紹庭，紹皇祖之直。」（呂記卷三十，頁二。）

休矣皇考，以保明其身。

【佚文】（九五七）「保其身無危亡之憂，明其身無昏塞之患。」（李黄解卷三九，頁六；呂記卷三十，頁二；詩緝卷三四，頁三；通釋卷十九，頁四七；會通卷十九，頁三七載輯録引；大全卷十九，頁四一；備考卷二三，頁三；詩傳彙纂卷二十，頁四五。）

## 敬之

學有緝熙于光明。

【佚文】（九五八）「緝，續也。熙，廣也。」（詩緝卷三四，頁四。）

## 小毖

莫予荓蜂，自求辛螫。

【佚文】（九五九）「荓，使也。蜂之爲物善辛螫。」（呂記卷三十，頁五；詩緝卷三四，頁五；通釋卷十九，頁五一；大全卷十九，頁四五；辨證卷六，頁三九。）

【評】（二四九）宋嚴粲曰：「今毛以『荓蜂』之『荓』爲『摩曳』。孫炎云：謂相掣曳之於惡，故音俜。今從王氏『荓蜂』爲『使蜂』，當音烹。說文：俜，使也。則荓讀作俜亦可也。」（詩緝卷三四，頁五。）

【評】（二五〇）清黃中松曰：「經文明言『荓蜂』，而蜂實善螫之物，與下文『辛螫』相呼應，何必別求異解乎？王安石（之說）……良是。蓋此與下二句皆取物爲喻：一以蜂言，見不可輕任之意；一以鳥言，見不可輕信之意。蜂似比二叔，鳥似比武庚也。又爾雅釋訓云：俾、拼、抨，使也。郭注云：皆見詩。邢疏引大雅桑柔『荓云不逮』爲證，云拼、荓音義同，皆爲使令也。則王說固可信矣。」（辨證卷六，頁三九—四十。）

肇允彼桃蟲，拚飛維鳥。

【佚文】（九六〇）「肇允彼桃蟲，拚飛維鳥者，成王於是始信小物之能成大，不敢不毖也。」（呂記卷三十，頁五；詩傳彙纂卷二十，頁四九。）

## 載芟

載芟載柞，其耕澤澤。千耦其耘，徂隰徂畛。

【佚文】（九六一）「千，言其多也。耦，言並行也。或徂隰，或徂畛，言耕夫遍野，無曠土也。」（通釋卷十九，頁五三；大全卷十九，頁四六；詩傳彙纂卷二十，頁五十。）〔一〕

有厭其傑，厭厭其苗。

【佚文】（九六二）「傑然之苗，受氣澤厭足也。」（呂記卷三十，頁八；詩緝卷三四，頁八；備考卷二三，頁七。）

---

〔一〕此條，通釋作「某氏曰」，大全（「並行」，作「並耕」。）蓋參他書所引，定爲「王氏曰」，王氏即安石，諸書引安石說，習稱「王氏曰」。詩傳彙纂易作「王安石曰」，是。

緜緜其麃。

【佚文】（九六三）「前曰『千耦其耘』，則既耕而耘。今曰『緜緜其麃』，則既苗而耘。既苗而耘，則以『緜緜』爲善，恐傷苗也。」（呂記卷三十，頁八；李黄解卷三九，頁十五；詩緝卷三四，頁八；通釋卷十九，頁五四；大全卷十九，頁四八；備考卷二三，頁七；詩經世本古義卷一，頁七三；詩傳彙纂卷二十，頁五二。）

【評】（二五一）宋李樗曰：「此之所謂『既苗而耘』，其説固是。上文『千耦其耘』，以謂『既耕而耘』則非矣。方其始也，除去草木，然後可從事於耕。及草木既除，然後俶載南畝，方從事於耕也。非是既耕而耘也。」（李黄解卷三九，頁十五—十六。）

爲酒爲醴，烝畀祖妣，以洽百禮。

【佚文】（九六四）「以洽百禮，既烝畀祖妣而達之祭祀，賓客無所不洽也。」（呂記卷三十，頁八—九；通釋卷十九，頁五四；大全卷十九，頁四八。）

匪且有且，匪今斯今，振古如兹。

【佚文】（九六五）「『率時農夫，播厥百穀』，爲造始而先之也。此詩『實函斯活』，爲作成而繼之也。凡此詩一一以天地配之：如言成象者，天道也；成形者，地道也。」（李黄解卷三九，頁十六。）

【佚文】（九六六）「振古，則舉古也。」（呂記卷三十，頁八。）

詩載芟通義。

【佚文】（九六七）此詩言地道之始。（李黄解卷三九，頁二十。）

## 良耜

或來瞻女，載筐及筥，其饟伊黍。其笠伊糾，其鎛斯趙，以薅荼蓼。

【佚文】（九六八）「其曰『或來瞻汝』，非是婦子也。」（李黄解卷三九，頁十八。）

【評】（二五二）宋李樗曰：「然觀詩之意，言『或來瞻汝』者，不過言婦子耳，不必泥一『或』字也。郤缺之妻饁其夫，有童子以黍肉餉。七月之詩曰『同我婦子，饁彼南畝』；甫田之詩曰『以其婦子，饁彼南畝』：皆是婦人耳。其婦行饁，則有筐筥之器；其所盛之物，則有黍之美穀也。」（李黄解卷三九，頁十八。）

【佚文】（九六九）「『其笠伊糾』，則嗇也；嗇則土之性。」（李黄解卷三九，頁二十。）

【佚文】（九七〇）「『有噴其饁』，則言饁之容；『載筐及筥』，則言饟之器。形乃謂之器，則器也者，地道之成也。以『其鎛斯趙』，則指其器；『以薅荼蓼』，則指其物。」（李黃解卷三九，頁二十。）

【評】（二五三）上篇末第九六七條、上第九六九條、此條及本篇末第九七二條，宋李樗曰：「王氏之學好生分别，故以載芟言地道之始，故其詩亦必言其始。此詩言地道之終，故其詩亦必言其終。兩篇之中，皆附會其說，如曰『其笠伊糾』，則畬也，畬則土之性。如此之類，乃其穿鑿如此。夫坤之吝嗇固然矣，使果可以附會其說，則凡詩之文皆可附會以爲說。王氏之學不可不戒也。載芟之詩多與此相類：載芟之詩曰『有略其耜』，此詩則曰『畟畟良耜』；載芟之詩曰『俶載南畝，播厥百穀，實函斯活』，此詩言亦如此；載芟之詩言『厭厭其苗，緜緜其麃』，此詩亦曰『以薅荼蓼』；載芟之詩言『載穫濟濟』，此詩亦曰『穫之挃挃』；載芟之詩曰『有實其積』，此詩則曰『積之栗栗』。自此以下，其文大抵相類。又安得以載芟言地道之始，此詩言地道之終乎？如以此詩言地道之成，則必指其器，既曰『畟畟良耜』，則載芟之詩『有略其耜』，何以復言器邪？則王氏之說，不攻而自破矣。」（李黃解卷三九，頁二十。）

積之栗栗。

【佚文】（九七一）「栗栗，緻也。」（呂記卷三十，頁十。）

詩良耜通義。

【佚文】（九七二）此詩言地道之終。（李黄解卷三九，頁二十。）

## 絲衣

自堂徂基，自羊徂牛。鼐鼎及鼒。

【佚文】（九七三）「自堂徂基，自堂上降而徂基也。自羊徂牛，先小後大也。鼐鼎及鼒，先大後小也。或先小後大，或先大後小，先後反復展視〔一〕，所以致勤敬也。」（吕記卷三十，頁十一—十二；通釋卷十九，頁五九；大全卷十九，頁五三。）

## 酌

我龍受之。

〔一〕「先後」二字，據通釋增補。

**【佚文】**（九七四）「『我』爲成王，寵受武王之業。」（李黃解卷三九，頁二六。）

## 桓

綏萬邦，婁豐年，天命匪解。

**【佚文】**（九七五）「師之所處，荆棘生焉。大軍之後，必有凶年。『桓，武志也』，而曰『綏萬邦，屢豐年』，則其爲武志也，異乎人之武志矣。天命匪解者，武王匪解，故天命亦匪解也。」（呂記卷三十，頁十四；詩緝卷三四，頁十九；通釋卷十九，頁六二；大全卷十九，頁五五；詩傳彙纂卷二十，頁六十。）

## 賚

文王既勤止，我應受之。敷時繹思，我徂維求定。

**【佚文】**（九七六）「大賚善人，封建以爲諸侯，與共天下，則所以求天下之定也。」（呂記卷三十，頁十五；通釋卷十九，頁六三；大全卷十九，頁五七；詩傳彙纂卷二十，頁六一。）

## 般

於皇時周，陟其高山。嶞山喬嶽，允猶翕河。

**【佚文】**（九七七）「巒山謂之嶞，嶞狹而長也。『陟其高山，嶞山喬岳』，則巡守之所陟，無所不至。」（呂記卷三十，頁十五。）

敷天之下，裒時之對，時周之命。

**【佚文】**（九七八）「裒時之對者，裒其神而對之以祭祀也。時周之命者，能懷柔百神則受命長矣。」（呂記卷三十，頁十六；備考卷二三，頁十六。）

詩周頌通義。

**【佚文】**（九七九）詳魯頌末第一〇〇三條佚文。

# 詩經新義　卷二十　魯頌　商頌

## 魯頌

### 駉

駉駉牡馬……以車彭彭。

【佚文】（九八〇）「彭彭，張也。」（呂記卷三一，頁二；慈湖詩傳卷十九，頁二。）

思無期，思馬斯才。

【佚文】（九八一）「思無期，思之久也。」（呂記卷三一，頁三。）

駉駉牡馬……以車繹繹。

【佚文】（九八二）「繹繹，屬也。」（呂記卷三一，頁三。）

思無邪，思馬斯徂。

**【佚文】**（九八三）「思無邪，一出於正。」（呂記卷三一，頁三；定宇集卷七，頁十；詩傳彙纂卷二一，頁五。）

## 有駜

有駜有駜，駜彼乘黃。

**【佚文】**（九八四）「（駜，）養之使駜也。」（呂記卷三一，頁五。）

夙夜在公，在公明明。

**【佚文】**（九八五）明明，義猶大學「在明明德」。（李黄解卷四十，頁十五。）

有駜有駜，駜彼乘牡。

**【佚文】**（九八六）「牡，剛强之材也。」（呂記卷三一，頁五；詩緝卷三五，頁七。）

## 泮水

思樂泮水，薄采其芹。……思樂泮水，薄采其藻。……思樂泮水，薄采其茆。

**【佚文】**（九八七）「思，發語辭也。」（呂記卷三一，頁六；李黄解卷四十，頁十八；慈湖詩傳卷十九，頁六；詩緝卷三五，頁七；備考卷二四，頁九。）

**【評】**（二五四）宋李樗曰：「鄭康成曰：『思樂僖公之修泮宫之水。』……當從王氏説。『思』如『思皇多士』之『思』同，『思皇』亦是語辭也。」（李黄解卷四十，頁十八。）

**【佚文】**（九八八）「薄采其藻，而其采也深矣。次言薄采其茆，而其采也加深。」（李黄解卷四十，頁十九。）

**【評】**（二五五）宋李樗曰：「是皆鑿説。陸農師又從而廣其説：『芹者草之有香也，藻者草之有文也，茆者草之有味也。言士始至則慕其香臭而至焉，此采芹之譬也；既至則學文，此采藻之譬也；及其知道之味，嗜而學焉，此采茆之譬也。』詩人所言不過樂所見而已，不應如是之鑿也。」（李黄解卷四十，頁十九。）

魯侯戾止，言觀其旂。其旂茷茷，鸞聲噦噦。

【佚文】（九八九）「觀其旂，其物茷茷而有容。聽其鸞，其聲噦噦而有節。」（呂記卷三一，頁六—七；詩緝卷三五，頁八；詩傳彙纂卷二一，頁八。）

載色載笑，匪怒伊教。

【佚文】（九九〇）「載色載笑，則洪範所謂『而康而色』者也；夫然後能教也。」（呂記卷三一，頁七；詩童子問卷八，頁十六；詩緝卷三五，頁九。）

順彼長道，屈此群醜。

【佚文】（九九一）「順彼先生君子之長道，而屈服此魯國之群衆也。」（呂記卷三一，頁八；詩緝卷三五，頁九；通釋卷二十，頁九；大全卷二十，頁九；詩傳彙纂卷二一，頁九。）

桓桓于征，狄彼東南。

【佚文】（九九二）「狄，攘而逖之也。」（呂記卷三一，頁九；詩緝卷三五，頁十一；通釋卷二十，頁十一；大全卷二十，頁十；毛詩六帖講意卷四，頁三三；詩傳彙纂卷二一，頁十。）

【評】（二五六）明徐光啓曰：「狄，釋文云：遠也。王氏以爲『攘逷』，朱氏以爲『狄除』，于義皆通。蓋攘除之，使遠去也。」（毛詩六帖講意卷四，頁三三。）

烝烝皇皇，不吳不揚。

【佚文】（九九三）「不揚，戢也。」（呂記卷三一，頁九；備考卷二四，頁十三。）

不告于訩，在泮獻功。

【佚文】（九九四）「不告于訩，和也。」（呂記卷三一，頁九。）

既克淮夷，孔淑不逆。

【佚文】（九九五）「孔淑不逆，言無復作慝而順以服也。」（通釋卷二十，頁十一；大全卷二十，頁十一；詩傳彙纂卷二一，頁十一。）

憬彼淮夷，來獻其琛：元龜象齒，大賂南金。

【佚文】（九九六）「琛，寶也。元龜尺二寸。」（呂記卷三一，頁十。）

## 閟宮

閟宮有侐，實實枚枚。

【佚文】（九九七）「枚枚，辨也。」（呂記卷三一，頁十二。）

至于文武，纘大王之緒，致天之届。

【佚文】（九九八）「届，至也。天命不妄所廢興，皆其至也。致其至者，武王也。」（呂記卷三一，頁十三；詩緝卷三五，頁十五；備考卷二四，頁十七。）

乃命魯公，俾侯于東；錫之山川，土田附庸。

【佚文】（九九九）「孟子曰：『周公之封於魯，爲方百里也；地非不足，而儉於百里。』而周官以爲諸侯之地方四百里，蓋特言其國也。則『儉於百里』，并附庸言之則爲方四百里也。」（呂記卷三一，頁十四；詩緝卷三五，頁十六；詩地理考卷三，頁八及卷五，頁十。）

三壽作朋，如岡如陵。

**【佚文】**（一〇〇〇）「壽考之三卿，爲公朋也。」（呂記卷三一，頁十六；慈湖詩傳卷十九，頁十四；備考卷二四，頁二一。）

黄髮台背，壽胥與試。

**【佚文】**（一〇〇一）「壽考者相與爲公用也。」（朱傳卷二十，頁十一；備考卷二四，頁二二；詩經世本古義卷二四之下，頁三一；辨證卷六，頁六四。）

**【評】**（二五七）元朱公遷曰：「王氏説優。蓋以『三壽作朋』之例可見。昌而熾則盛且大矣，壽而富則久而又盛矣。如是而又得黄髮台背之臣以爲之用，則又將盛大悠久而愈無窮也。」（會通卷二十，頁十七。）

保有鳧繹，遂荒徐宅；至于海邦，淮夷蠻貊。及彼南夷，莫不率從。

**【佚文】**（一〇〇二）「言魯之治，東及于海邦，南及于蠻貊。」（通釋卷二十，頁二一；大全卷二十，頁二一。）

詩魯頌通義。

**【佚文】**（一〇〇三）「周頌之詞約，約所以爲嚴，盛德故也；魯頌之詞侈，侈所以爲夸，德不足故也。」（通釋卷二十，頁二五；李黄解四一，頁十五；會通卷二十，頁二十載輯録引；大全卷二十，頁二四；蒙引卷二十，頁一；詩傳彙纂卷二一，頁二二。）

**【評】**（二五八）宋李樗曰：「此説盡之矣。夫魯頌所以爲誇，蓋其所謂誇者，不以其事所當誇而誇之也。自古人君常患德之不足，不患名之不揚。使無其德而求其名，則雖爲美辭以誇示天下，天下後世其誰信之乎？如秦始皇刻石爲頌，以彰德意，其辭甚美，有曰『功蓋五帝，澤及牛馬』，始皇之功，果可以蓋五帝乎？始皇之德，果可以及牛馬乎？不過誇爲此辭，以榮耀後世，而後世誰以始皇之功爲蓋五帝？而誰以始皇之澤爲及牛馬也？則是自欺其心也，天下後世豈可欺乎？」（李黄解卷四一，頁十五。）

# 商頌

## 那

猗與那與！置我鞉鼓。

**【佚文】**（一〇〇四）「美商之樂，歎而多之也。」（呂記卷三二，頁一；通釋卷二十，頁二六；大全卷二十，頁二六；備考卷二四，頁二九；詩傳彙纂卷二一，頁二四。）

湯孫奏假，綏我思成。

**【佚文】**（一〇〇五）「（綏我思成，）湯孫能承烈祖之事業，而廣其聲教。」（李黃解卷四二，頁二。）

鞉鼓淵淵，嘒嘒管聲。既和且平，依我磬聲。

**【佚文】**（一〇〇六）「淵淵，深也；深以言其聞之遠。嘒嘒，細也。」（呂記卷三二，頁二；詩緝卷三六，頁三；備考卷二四，頁三十；詩傳彙纂卷二一，頁二六。）

**【佚文】**（一〇〇七）「磬筦將將。」（臨川集卷四三，頁五。）

**【佚文】**（一〇〇八）「依我磬聲者，言與堂上之樂諧也。」（呂記卷三二，頁三；通釋卷二十，頁二八；大全卷二十，頁二七；備考卷二四，頁三十；詩傳彙纂卷二一，頁二六。）

庸鼓有斁，萬舞有奕。

**【佚文】**（一〇〇九）「有奕，萬舞之綴兆衆大也。」（呂記卷三二，頁三；詩緝卷三六，頁三。）

自古在昔，先民有作。

**【佚文】**（一〇一〇）「國語云：『古曰在昔，昔曰先民』，言嘉客如此，非適今也；其所由來久矣。然或謂之『在昔』，或謂之『昔在』，何也？蓋『昔在』者，主其人而言之；『在昔』者，主其時而言之。以人言之者，謂其『昔在』而今亡也；以時言之者，謂其『在昔』而今非也。」（緗素雜記卷五，頁三；捫蝨新話卷一，頁三—四。）

**【評】**（二五九）宋陳善曰：「王氏之學，率以一字一句較其同異。……迨其末流之弊，學者不勝異說。未論成湯、帝堯，且論『昔在』、『在昔』，諸所穿鑿，類皆如此。予竊不取。」（捫蝨新話卷一，頁三—四。）

## 烈祖

賚我思成。

**【佚文】**（一〇一一）「（賚，）賚我以福，與『徂賚孝孫』同。」（李黃解卷四二，頁二；詩傳彙纂卷二一，頁二九。）

【評】（二六〇）此及那篇第二條（即佚文一〇〇五條），宋李樗曰：「鄭氏以『賚』讀如『來往』之『來』，言『神之來享』，不如……王氏之説爲不改字無害也。王氏以賚爲『賚我之福』，固得之矣，然分别綏、賚二字，則失之泥矣。如『綏我思成』，則以爲『湯孫能成烈祖之事業，而廣其聲教』，則『賚』不足以道也。夫所謂『綏我思成』、『賚我思成』，其意一也，但其字異耳。徐安道見王氏之説而從而增廣之，必謂綏安也；安之者，聖人之事也。其説亦鑿矣。」（李黄解卷四二，頁二。）

既載清酤……亦有和羹。……來假來饗，降福無疆。顧予烝嘗，湯孫之將。

【佚文】（一〇一二）「祀中宗言清酤、和羹而不及樂，與那、執競異矣。」（李黄解卷四二，頁四。）

【評】（二六一）宋李樗曰：「夫那之詩但言作樂，烈祖之詩但言酒食。非祭成湯之時則無酒食之味也，非祭中宗之時則無籥管之聲也，詩人各隨其宜而言之耳。蓋以大樂之奏，所以發揚成湯之意，故那之詩專言作樂，烈祖之詩所以不言也。」（李黄解卷四二，頁四。）

【佚文】（一〇一三）「祀中宗而曰湯孫者，有天下以湯故也。」（吕記卷三二，頁六；辨證卷六，頁七八。）

## 玄鳥

玄鳥，祀高宗也。此詩小序之全文。

【佚文】（一〇一四）「玄鳥，祀高宗之詩，而上頌其祖，下稱其孫子而已。蓋上有以紹其祖，下有以貽其孫子，是乃高宗之功美也。」（李黄解卷四二，頁五；吕記卷三二，頁六—七；通釋卷二十，頁三六；大全詩序頁九七；辨證卷六，頁七九。）

【評】（二六二）宋李樗曰：「王氏之説未必全是。王氏之意，以爲玄鳥之所稱者，高宗之祖耳、武丁之孫子耳。至於高宗之德，玄鳥未嘗一言以及之也。夫上文言『上有以紹其祖』，其説則是也；至下文言『下有以貽其子孫』〔一〕，其説則未必然耳。豈有頌高宗之詩，而曾無一言以及高宗乎？是詩言在武丁之孫子，非謂武丁之孫子也，但指武丁一人也。」（李黄解卷四二，頁五。）

古帝命武湯，正域彼四方。

---

〔一〕　敏案：「子孫」，「孫子」之誤倒。

**【佚文】**（一〇一五）「古帝命武湯，言古者上帝命武湯也。」（呂記卷三二，頁七。）

景員維河，殷受命咸宜。

**【佚文】**（一〇一六）「景與『既景乃岡』同意，『員』與『聊樂我員』同義。河，蓋武丁孫子所都也。」（呂記卷三二，頁九；辨證卷六，頁八一。）

**【評】**（二六六三）清黄中松曰：「鄭箋曰：『員，古文作云。』……王安石……蓋從鄭也。但經文是『員』而非『云』，何得改『員』爲『云』乎？」（辨證卷六，頁八一。）

## 長發

長發，大禘也。此詩小序之全文。

**【佚文】**（一〇一七）「長發，序以爲大禘之詩也。雝，序以爲禘太祖，周無四時之禘故也。今曰『大禘』，則商有四時之禘故也。四時之禘爲小，則禘其祖之所自出爲大矣。」（呂記卷三二，頁九；李黄解卷四二，頁九；詩緝卷三六，頁十一；詩傳彙纂卷二一，頁四二—四三。）

**【評】**（二六六四）宋李樗曰：「此説得之。周之四時之祭：禴、祠、烝、嘗，是無非四時之禘也。商之四時之祭：禴、禘、烝、嘗，是有四時之禘也。四時之祭，其中亦謂之禘，則禘其祖之所自出亦謂之禘。故於禘其祖之所自出者謂之大禘，所以別其非夏祭之禘也。」（李黄解卷四二，頁九—十。）

濬哲維商，長發其祥。

【佚文】（一〇一八）濬，深；哲，明也。濬哲謂商之德，猶書所謂「濬哲文明」，主契而言也。「惟其德之深，故不溺於褊淺；惟其德之明，故不至於昏塞。」（李黄解卷四二，頁十。）

有娀方將，帝立子生商。

【佚文】（一〇一九）「有娀氏國方大之時，帝立子生商也。」（呂記卷三二，頁十。）

玄王桓撥，受小國是達，受大國是達。

【佚文】（一〇二〇）「受小國是達，受大國是達者，隨所受大小能達其道也。『達』與『在邦必達』同意。」（呂記卷三二，頁十；詩緝卷三六，頁十二。）

率履不越，遂視既發。

**【佚文】**（一〇二二一）「率履不越者，循行無所踰也。」（呂記卷三二，頁十一；詩緝卷三六，頁十二；備考卷二四，頁三七—三八；詩傳彙纂卷二一，頁三七。）

昭假遲遲，上帝是祗；帝命式于九圍。

**【佚文】**（一〇二二二）「昭假，昭假上帝也。」（呂記卷三二，頁十一。）

**【佚文】**（一〇二二三）「以能祗上帝，故帝命式于九圍也。式與『成王之孚，下土之式』同意。」（呂記卷三二，頁十一—十二；備考卷二四，頁三九；詩傳彙纂卷二一，頁三八。）

受小球大球，爲下國綴旒。

**【佚文】**（一〇二二四）「小球、大球，小國、大國所贄之瑞也。」（呂記卷三二，頁十二；朱傳卷二十，頁二十；詩緝卷三六，頁十四；備考卷二四，頁三九；辨證卷六，頁八五。）

受小共大共，爲下國駿厖。

**【佚文】**（一〇二二五）「小共、大共，小國、大國所共之貢也。」（呂記卷三二，頁十二；朱傳卷二一

十，頁二十；慈湖詩傳卷二十，頁十；詩緝卷三六，頁十五；備考卷二四，頁三九—四十；辨證卷六，頁八七。）〔二〕

【評】（二六五）宋范處義曰：「既言『下國』，則小球、大球爲諸侯所贄之瑞，小共、大共爲諸侯所共之貢，何疑之有？」（逸齋詩補傳卷二八，頁七。）〔三〕

武王載旆，有虔秉鉞；如火烈烈，則莫我敢曷。

【佚文】（一〇二六）「曷者，誰何之謂也。」（呂記卷三二，頁十三；詩緝卷三六，頁十五；備考卷二四，頁四十。）

## 殷武

維女荆楚，居國南鄉。昔有成湯，自彼氐羌，莫敢不來享，莫敢不來王，曰商是常。

〔二〕上（第一〇二四）條及此條，朱傳引之作「或曰」，考爲安石之説。

〔三〕范評此條，雖未明指安石，然考之前代各家詩義，知的是評論安石之説。

**【佚文】**（一〇二七）此（第二）章乃責楚之辭。（李黄解卷四二，頁十四。）「荆楚居國南鄉，比之氐羌，則近國爾。成湯之時，自彼氐羌莫敢不來享，莫敢不來王，謂四夷事中國乃常道也。」（吕記卷三二，頁十五；備考卷二四，頁四三。）

天命多辟，設都于禹之績。歲事來辟，勿予禍適。稼穡匪解。

**【佚文】**（一〇二八）「高宗能治夷狄，故天下無有不服。天命諸侯，凡設都于禹之績者，皆來朝于王也。禹貢甸服之外，每百里爲差。今立都于禹所治之功，以歲時來朝覲于王，以見諸侯無不服也。凡諸侯之所以朝于天子者，勿使禍責之，惟當以勸民稼穡而無有解倦，則可以免禍責矣。古者天子之於諸侯，訓以農事，視其農事或修或否，以爲賞罰也。孟子所載天子巡狩，惟以入其疆土，地闢田野治則有慶；入其疆土，地荒蕪則有讓，而養老尊賢獨居其下，誠以農事爲最先也。成王戒諸侯，亦以『維莫之春，亦又何求』，與夫『庤乃錢鎛，奄觀銍艾』之類，無所不備，則以農事乃諸侯之急務也。諸侯苟能勤於稼穡，則可免禍責矣。」（李黄解卷四二，頁十四—十五；詩緝卷三六，頁十八。）

天命降監，下民有嚴。不僭不濫，不敢怠遑。命于下國，封建厥福。商邑翼翼，四方之極。赫赫厥聲，濯濯厥靈。壽考且寧，以保我後生。

【佚文】（一〇二九）「天命諸侯，各朝于天子；又命天子，降而監之。諸侯爲下民所嚴敬者，賞不僭也，刑不濫也。不敢怠遑者，則命于下國，封殖之以福，所以賞之。以其黜陟諸侯各得其當，故能以商邑翼翼爲四方之取正。赫赫其聲，濯濯其靈者大也。非獨此也，至於身，又享其壽考。豈獨身享其壽考安寧之福，至於子孫，又蒙其利焉。書之所載『嘉靖殷邦，至于小大，無時或怨，肆高宗之享國五十有九年』，非壽考且寧而何？商之子孫，緜緜不絶，延祚六百，非保我後生而何？」（李黄解卷四二，頁十五—十六。）

【評】（二六六）上（第一〇二八）條及此條，宋李樗曰：「鄭氏以二章至五章皆責楚之辭，王氏獨以……王氏之説爲優。王氏此篇説之當矣。……『天命降監』（至『封建厥福』之章），鄭氏於此章乃謂『命湯使由七十里王天下』，又非也。二章既言湯之時氐羌之遠莫不來享，莫不來王，則湯之爲天子也久矣。不應至此方由七十里王天下也。故此章當從王氏之説，言……」（李黄解卷四二，頁十四—十五。）

【評】（二六七）宋嚴粲曰：「此章（自『天命降監』至『封建厥福』）從王氏也。舊説謂天降監於民，命湯由七十里以王天下。此詩首章便從高宗説起，言自彼成湯者，述高宗援湯以責楚之辭耳，非專述湯事也。不當於此章攙入成湯，上下章文意皆不貫矣。」（詩緝卷三六，頁十八—十九。）

陟彼景山，松柏丸丸。是斷是遷，方斲是虔。

**【佚文】**（一〇三〇）陟彼景山，譬高宗登遐於人君之道。松柏丸丸，譬君子之才出於大道，則實以圓。是斷是遷，方斲是虔，亦皆各有取譬。（李黄解卷四二，頁十七。）

# 附録

## 詩經新義總評

**（一）宋黄庭堅曰：**「子美詩妙處，乃在無意於文。夫無意而意已至，非廣之以國風、雅、頌，深之以離騷、九歌，安能咀嚼其意味，闖然入其門耶？……彼喜穿鑿者，棄其大旨，取其發興，於所遇林泉人物、草木魚蟲，以爲物物皆有所託，如世間商度隱語者，則子美之詩委地矣。……元符三年九月涪翁書。」（豫章集卷十七，總頁一八〇大雅堂記；參看小雅菁菁者莪第四〇八條佚文李評。）

**（二）宋楊時曰：**「大抵今之説詩者，多以文害辭。非徒以文害辭也，又有甚者，分析字之偏傍以取義理。如此豈復有詩？孟子引『天生烝民，有物有則，民之秉彝，好是懿德』，『故有物必有則，民之秉彝也，故好是懿德』。其釋詩也，於其本文加四字而已，而語自分明矣。今之説詩者，殊不知此。」（龜山集卷十，頁三一一—三一二。）

**（三）宋朱熹曰：**「詩自齊、魯、韓氏之説不得傳，而天下之學者盡宗毛氏。毛氏之學傳者亦衆，而王述之類今皆不存，則推衍説者又獨鄭氏之箋而已。唐初諸儒爲作疏義，因訛踵陋，百千萬言而不能有以出乎二氏之區域。至於本朝劉侍讀、歐陽公、王丞相、蘇黄門、河南程氏、横渠張氏，始用己意有所發明。雖其淺深得失有不能同，然自是之後，三百五篇之微詞奧義乃可得而尋繹。蓋不待講於齊、魯、韓氏之傳，而學者已知詩之不專於毛、鄭矣。」（朱文公文集卷七六，頁六；吕氏家塾讀詩記序，吕氏家塾讀詩記前附；詩傳遺説卷二，頁六—七。）

（四）宋朱熹曰：「近年以來，習俗苟偷，學無宗主。治經者不復讀其經之本文與夫先儒之傳注，但取近時科舉中選之文，諷誦摹倣，擇取經中可爲題目之句，以意扭捏，妄作主張，明知不是經意，但取便於行文，不暇恤也。……今欲正之，莫若討論諸經之説，各立家法，而皆以注疏爲主。如……詩則兼取歐陽脩、蘇軾（『轍』之誤）、程頤、張載、王安石、吕大臨、楊時、吕祖謙。……今應舉人各占兩家以上，於家狀内及經義卷子第一行内一般聲説。將來答義則以本説爲主，而旁通他説，以辨其是非。則治經者不敢妄牽己意，而必有据依矣。」（朱文公文集卷六九，頁二二—二三學校貢舉私議。）

（五）宋林希逸曰：「六經皆厄於傳疏，詩爲甚！我朝歐、蘇、王、劉諸鉅儒，雖擺落毛、鄭舊説，争出新意，而得失互有之。」（嚴氏詩緝序，詩緝卷首附。）

**（六）明鍾惺、明韋調鼎曰：**「唐命儒臣輯疏義，詩之章句明而旨義未達。宋横渠、伊川、永叔、子瞻、子由、王臨川、范蜀公、南軒、東萊諸君子，抒意達旨，風雅之微妙始暢。」（備考「總論」頁二三一。）

**（七）民國錢基博曰：**「神宗……置經義局，以安石提舉修定，其新經詩義三十卷，大指依據毛公。」（經學通志頁一〇〇—一〇一詩志第四。）

## 佚文及評論之部引用書目考

| 書名 | 簡名 | 卷數 | 作者 | 著成時代 | 板本 |
| --- | --- | --- | --- | --- | --- |
| 臨川集 | | 一〇〇 | 宋王安石（一〇二一～一〇八六） | | 臺灣中華書局四部備要本（另參看河洛圖書出版社影印本） |
| 豫章集 | | 三十 | 宋黄庭堅（一〇四五～一一〇五） | | 臺灣商務印書館影印四部叢刊初編本 |
| 孫公談圃 | | 三 | 宋孫升（治平二年（一〇六五）進士） | | 稗海本 |
| 宣和博古圖 | | 三十 | 宋王黼 | 宋徽宗大觀初年作 | 臺北大通書局影印清乾隆十七年黄氏亦政堂重刊本 |

續表

| 書名 | 簡名 | 卷數 | 作者 | 著成時代 | 板本 |
|---|---|---|---|---|---|
| 龜山集 | | 四二 | 宋楊時（一〇五三～一一三五） | | 臺灣商務印書館影印四庫全書珍本四集本 |
| 邵氏聞見後録 | | 三十 | 宋邵博（?～一一五八） | | 臺北廣文書局影印本（筆記三編） |
| 緗素雜記 | | 十 | 宋黄朝英 | 宋欽宗靖康年間作 | 學海類編本 |
| 北窗炙輠録 | | 二 | 宋施德操（一〇九二～一一五九頃人） | | 學海類編本 |
| 西溪叢語 | | 二 | 宋姚寬（一一〇五～一一六二） | | 稗海本 |
| 捫蝨新話 | | 十五 | 宋陳善（紹興（一一三一～一一六二）間人） | | 津逮秘書本 |
| 靖康要録 | | 十六 | 宋人某氏（大概爲乾道後人） | 宋孝宗乾、淳稍後作 | 商務印書館叢書集成初編本 |
| 毛詩李黄集解 | 李黄解 | 四二 | 宋李樗（南宋初人）宋黄櫄（南宋孝宗淳熙間人） | | 通志堂經解本 |
| 尚書全解 | | 四十 | 宋林之奇（一一一二～一一七六） | | 通志堂經解本 |

續表

| 書名 | 簡名 | 卷數 | 作者 | 著成時代 | 板本 |
| --- | --- | --- | --- | --- | --- |
| 學林 | | 十 | 宋王觀國(紹興五年(一一三五)進士) | | 湖海樓叢書本 |
| 吕氏家塾讀詩記 | 吕記 | 三二 | 宋吕祖謙(一一三七～一一八一) | | 臺灣商務印書館影印四部叢刊續編本 |
| 九經發題 | | 一 | 宋唐仲友(一一三六～一一八八) | | 續金華叢書本 |
| 逸齋詩補傳 | | 三十 | 宋范處義(紹興二十四年(一一五四)進士) | | 通志堂經解本 |
| 詩經集傳 | 朱傳 | 二十 | 宋朱熹(一一三〇～一二〇〇) | | 臺北世界書局影印五經讀本本 |
| 朱文公文集、續集 | | 一一〇 | 宋朱熹(一一三〇～一二〇〇) | | 臺灣中華書局四部備要本 |
| 朱子語類 | | 一四〇 | 宋朱熹(一一三〇～一二〇〇)(宋黎靖德編) | | 臺北正中書局影明覆刊宋本 |
| 容齋續筆 | | 十六 | 宋洪邁(一一二三～一二〇二) | | 臺灣商務印書館國學基本叢書本 |

續表

| 書名 | 簡名 | 卷數 | 作者 | 著成時代 | 板本 |
|---|---|---|---|---|---|
| 攻媿集 | | 一一二 | 宋樓鑰（一一三七～一二一三） | | 商務印書館四部叢刊初編本 |
| 慈湖詩傳 | | 二十 | 宋楊簡（一一四一～一二二六） | | 四明叢書三集本 |
| （朱子）詩傳遺説 | | 六 | 宋朱熹（宋朱鑑編） | 宋理宗端平二年（一二三五）頃撰成 | 通志堂經解本 |
| 毛詩要義 | | 二十 | 宋魏了翁（一一七八～一二三七） | | 清光緒八年刊影宋本 |
| 密齋筆記、續記 | | 六 | 宋謝采伯（嘉泰二年（一二〇二）進士） | | 臺灣商務印書館影印四庫全書珍本別輯本 |
| 詩童子問 | | 十 | 宋輔廣（宋寧宗慶元［一一九五～一二〇〇］間人） | | 臺灣商務印書館影印四庫全書珍本四集本 |
| 詩説 | | 存九 | 宋劉克 | 宋理宗紹定五年（一二三二）撰成 | 舊鈔本 |
| 西山讀書記 | | 四十 | 宋真德秀（一一七八～一二三五） | | 臺北文友書局影印清刊本 |

續表

| 書名 | 簡名 | 卷數 | 作者 | 著成時代 | 板本 |
|---|---|---|---|---|---|
| 毛詩集解 | 段解 | 存二五 | 宋段昌武(南宋後期人) | | 臺灣商務印書館影印四庫全書珍本三集本 |
| 詩緝 | | 三六 | 宋嚴粲 | 宋理宗淳祐八年(一二四八)撰成 | 臺北廣文書局影印明嘉靖間刻本 |
| 考古質疑 | | 六 | 宋葉大慶(南宋晚期人) | | 臺北廣文書局影印清武英殿聚珍版叢書本 |
| 九經疑難 | | 四 | 宋張文伯(宋末人) | | 宛委别藏本 |
| 黄氏日抄 | | 九四 | 宋黄震(一二一三～一二八〇) | | 臺灣商務印書館影印四庫全書珍本二集本 |
| 詩地理考 | | 六 | 宋王應麟(一二二三～一二九六) | | 學津討原本 |
| 六經天文編 | | 二 | 宋王應麟(一二二三～一二九六) | | 臺北文華書局影印元後至元三年慶元路儒學刊本 |
| 困學紀聞 | | 二十 | 宋王應麟(一二二三～一二九六) | | 臺灣商務印書館國學基本叢書本 |

續表

| 書名 | 簡名 | 卷數 | 作者 | 著成時代 | 板本 |
| --- | --- | --- | --- | --- | --- |
| 桐江集 | | 四 | 元方回（一二二七～一三〇六） | | 「國立中央」圖書館影印鈔本 |
| 文獻詩考 | | 二 | 元馬端臨（宋末元初人） | | 明刊古名儒毛詩解本 |
| 定宇集 | | 十六 | 元陳櫟（一二五二～一三三四） | | 臺灣商務印書館影印四庫全書珍本二集本 |
| 詩集傳名物鈔 | | 八 | 元許謙（一二七〇～一三三七） | | 通志堂經解本 |
| 詩傳通釋 | 通釋 | 二十 | 元劉瑾 | | 臺灣商務印書館影印四庫全書珍本三集本 |
| 宋史 | | 四九六 | 元托克托 | 元順帝至正五年（一三四五）撰成 | 臺北藝文印書館影印清武英殿刊本 |
| 詩經疏義會通 | 會通 | 二十 | 元朱公遷（順帝至正年間［一三三五～一三六七］人） | | 臺灣商務印書館影印四庫全書珍本三集本 |
| 詩傳旁通 | | 十五 | 元梁益（順帝至正年間人） | | 臺灣商務印書館影印四庫全書珍本四集本 |

續表

| 書名 | 簡名 | 卷數 | 作者 | 著成時代 | 板本 |
|---|---|---|---|---|---|
| 詩演義 | | 十五 | 明梁寅（一三〇九～一三九〇） | | 臺灣商務印書館影印四庫全書珍本初集本 |
| 詩傳大全 | 大全 | 二十 | 明胡廣 | 明成祖永樂年間（一四〇三～一四二四）撰成 | 臺灣商務印書館影印四庫全書珍本五集本（另參看明刻一本） |
| 六家詩名物疏 | | 五四 | 明馮應京（一五七三～一六二二） | | 臺灣商務印書館影印四庫全書珍本三集本 |
| 詩經備考 | 備考 | 二四 | 明鍾惺（一五七四～一六二四）、明韋調鼎 | | 明思宗崇禎十四年刊本 |
| 毛詩六帖講意 | | 四 | 明徐光啓（一五六二～一六三三） | | 明神宗萬曆間刊本 |
| 詩經世本古義 | | 二八 | 明何楷（崇禎［一六二八～一六四四］間人） | | 臺灣商務印書館影印四庫全書珍本四集本 |
| 讀詩略記 | | 六 | 明朱朝瑛（崇禎［一六二八～一六四四］進士） | | 商務印書館影印四庫全書珍本初集本 |

續表

| 書名 | 簡名 | 卷數 | 作者 | 著成時代 | 板本 |
|---|---|---|---|---|---|
| 毛詩蒙引 | 蒙引 | 二十 | 明陳子龍(一六〇八～一六四七) | | 日本寛文十二年刊本 |
| 慎餘録 | | 二四 | 明李昭祥 | | 明雲間張之象校刊本 |
| 朱子五經語類 | | 八十 | 清程川(編)(原朱熹經説) | 清世宗雍正三年(一七二五)撰成 | 臺灣商務印書館影印四庫全書珍本三集本 |
| 詩經傳説彙纂 | 詩傳彙纂 | 二五 | 清王鴻緒(一六四五～一七二三) | 清世宗雍正八年(一七三〇)撰成 | 清同治七年摹刻本 |
| 詩疑辨證 | 辨證 | 六 | 清黄中松 | | 臺灣商務印書館影印四庫全書珍本初集本 |
| 四庫全書總目提要 | | 二〇〇 | 清紀昀(一七二四～一八〇五)等奉敕撰 | 清高宗乾隆四十七年(一七八二)撰成 | 臺北藝文印書館影印清同光間刻本珍本初集本 |
| 困學紀聞注 | | 二〇 | 清翁元圻(一七五〇～一八二五) | | 臺灣商務印書館國學基本叢書本 |
| 宋元學案補遺 | | 一〇〇 | 清王梓材(一七九二～一八五一) | | 臺北世界書局影印四明叢書本 |

續表

| 書名 | 簡名 | 卷數 | 作者 | 著成時代 | 板本 |
| --- | --- | --- | --- | --- | --- |
| 王荊公年譜考略節要附存 | | 二 | 清蔡上翔、清楊希閔 | | 臺北洪氏出版社據排印本影印本 |
| 經學通志 | | 七 | 民國錢基博 | | 臺灣中華書局一九七五年四月排印本 |

**謹案：**右書凡六十一種。余纂輯詩經新義佚文及其評論，凡檢閱宋元人文集三百餘種（檢其中「論」、「雜著」等部分）、史籍、類書及宋元人筆記等百餘種、宋元人詩經學專著現存之全部及明清人詩經學專著一部分，間涉近世人著作，亦加采擇。自彼編輯獲材料者，僅上列六十一書。其索檢無獲之詩經學專著，有宋賈昌朝群經音辨、蘇轍潁濱詩集傳、蔡卞毛詩名物解、林岊毛詩講義、毛居正六經正誤、鄭原等六經雅言圖辨、吕祖謙麗澤論説集録（有關經論部分，下倣此）、唐仲友詩傳鈔與帝王經世圖譜、王質詩總聞、程大昌詩論、章如愚山堂考索、張耒詩説、戴溪續吕氏家塾讀詩記、段昌武詩義指南、陳普詩經講義、李石方舟經説、周孚非詩辨妄、楊甲六經圖、陳埴六經總論、題鄭樵六經奥論、王柏詩疑、謝枋得詩經註疏、黄仲元四如講稿、王應麟詩考，元有朱倬詩疑問、劉玉汝詩纘緒、李恕五經旁訓，明有袁仁毛詩或問、朱善詩解頤、朱謀㙔詩

故、李先芳讀詩私記、范王孫詩志、陳第讀詩拙言、朱得之古詩語、胡纘宗胡氏詩識、薛瑄讀詩録、熊朋來熊氏經説、何異孫十一經問對、蔣悌生五經蠡測、鄧元錫五經繹、邵寶泉齋簡端録、查鐸毅齋經説、陳耀文經典稽疑、周洪謨群經疑辨録、陳禹謨引經釋與談經苑、楊慎升菴經説、孫鼎詩義集説，凡四十九種。

宋王質詩總聞（湖北先正遺書本廿卷）引「王氏」云云六條，考皆非安石詩説：

卷一，頁十六：「王氏音御，侍也；侍意更多。今從王氏。」（召南鵲巢「百兩御之」下）案：經典釋文毛詩音義上（通志堂經解本頁六）：「（御）……王肅『魚據反』，云『侍也』。」音御，謂魚據反，訓侍。是「王氏」謂魏王肅。

卷六，頁二二：「王氏『言「六」，據所見言之』。或可從。」（秦風晨風「隰有六駮」下）案：此亦王肅之説，見詩疏六之四，頁八引。

卷九，頁十三：「王氏『不韡韡』言『韡韡』也。」（小雅常棣「鄂不韡韡」下）案：此亦王肅説，見詩疏卷九之二，頁十三，玉函山房輯佚書作「毛詩王氏注」。

卷十八，頁十三：「樊氏詆王氏，是謂『我耕稼而汝食之，相傳不平之語，史書文言爾』。」（大雅桑柔「好是耕稼，力民代食」下）案：諸家引王安石説未有釋此二句之文。考魏王肅説此二句云：「當好知稼穡之艱難，有功力於民，代無功者食天禄是也。」（詩疏卷十八之二，頁六。）

樊氏所詆者，殆爲肅，非安石也。

卷十八，頁三二：「『説』，王氏引此詩作『脱』，叶奪。」（大雅瞻卬「女覆奪之……女覆説之」下）案：王氏謂後漢王符，引此詩作「脱」，見後漢書本傳。（據清李富孫詩經異文釋卷十四頁二十，皇清經解續編本。）

卷八，頁八：「王氏『征夫懷親戚，誰獨無此情？昔人從公旦，一徂輒三齡。』此皆夫辭。」（「豳風東山「我徂東山至亦在車下」下）詩四句，荆公詩集未見，諸家引安石詩義未見，亦不似王肅文。〔一〕

〔一〕編按：此條之「王氏」當是王粲，所引詩見樂府詩集卷二三。

# 王安石全集

修訂增補版

第七册

臨川先生文集（三）

王水照 主編

復旦大學出版社

# 臨川先生文集（三）

趙惠俊、侯體健　整理

# 臨川先生文集　卷七十五

## 書

### 與王逢原書七〔一〕

某頓首逢原足下：比得足下於客食中，窘窘相造謝，不能取一日之閑，以與足下極所欲語者，而舟即東矣。間閱足下之詩，切有疑焉，不敢不以告。

足下詩有歎蒼生淚垂之説。夫君子之於學也，固有志於天下矣。然先吾身而後吾人，吾身治矣，而人之治不治，係吾得志與否耳。身猶屬於命，天下之治，其可以不屬於命乎？〔二〕孔子曰：「不知命，無以爲君子。」又曰：「道之將行也歟，命也；道之將廢也歟，命也。」孔子之説如

〔一〕「七」，原無，據底本本卷目録補。

〔二〕王令集附録所載此文此句後多「得於行而不得於知，吾恥之也；得於知而不得於行，吾不恤也，盡吾性而已」二十九字。

此。而或以爲君子之學，汲汲以憂世者，惑也。惑於此而進退之行不得於孔子者，有之矣，故有孔子不暇暖席之説。

吾獨以聖人之心，未始有憂。有難予者曰：然則聖人忘天下矣？曰：是不忘天下也。否之象曰：「君子以儉德避難，不可榮以禄。」初九曰〔一〕：「拔茅，茹以其彙，貞吉。」象曰：「拔茅貞吉，志在君也。」在君者，不忘天下也。不可榮以禄者，知命也。吾雖不忘天下，而命不可必合，憂之其能合乎？易曰「遯世無悶」、「樂天知命」是也。詩三百，如柏舟、北門之類，有憂也。然仕於其時而不得其志，不得以不憂也。仕不在於天下國家，與夫不仕者，未始有憂，君子陽陽、考槃之類是也。借有憂者，不能奪聖人不憂之説。〔二〕孟子曰：「伊尹視天下匹夫匹婦有不被其澤者，若己推而納之溝中。」可謂憂天下也。然湯聘之，猶囂囂然曰：「我處畎畝之間，以樂堯、舜之道，豈如彼所謂憂天下者，僕僕自枉，而幸售其道哉？」〔三〕又論禹、稷、顔回同道曰：「鄉

〔一〕「九」，原作「六」，據宋刻本改。

〔二〕王令集附録所載此文此句後多「詩者，非一人之辭也。出諸國之賢者，則道不能盡軌於聖人也宜矣。然汲汲以憂世事，孔子固有取而不爲也」四十二字。

〔三〕王令集附録所載此文此句後多「然其讚孔子曰：『可以仕則仕，可以止則止。率皆聖人也，乃吾所願，則學孔子也。』」三十字。

鄰有鬭者，被髮纓冠而救之，則惑也。」今窮於下，而曰我憂天下，至於慟哭者，無乃近救鄉鄰之事乎？孔子所以極其説於知命不憂者，欲人知治亂有命，而進不可以苟，則先王之道得伸也。〔二〕

世有能諭知命之説，而不能重進退者有矣。由知及之，仁不能守之也。

始得足下之文，特愛足下之才耳。既而見足下，衣刓履缺，坐而語，未嘗及己之窮；退而詢足下，終歲食不葷，不以絲忽妄售於人；世之自立如足下者有幾？吾以謂知及之仁，又能守之，故以某之所此報足下。〔三〕

## 二

某頓首。讀所辱書辭，見足下之材，浩乎沛然，非某之所能及。問諸邑人，知足下之行學爲君子而方不已者也。惜乎某之行亟，不得久留從足下以遊，及求足下所稱滿君者而見之。所示藁副，輒留傳玩。不審定復枉顧否？不勝幸望也。

〔二〕 王令集附録所載此文此句後多「噫！且以七十子之賢，親由於孔子之時，獨曰『用之則行，舍之則藏』。惟顔回有是説，況去聖人久而私力於學者耶？孔子論聖人有先後矣，學者知其然，則宜法孔子，安可慕其所以慕而已乎」七十二字。

〔三〕 王令集附録所載此文文末多「荀子曰：『涂之人可以爲禹。』以足下之才行，僕安敢不以孔子之道友足下乎？不宣。安石頓首」三十五字。

## 三

某頓首逢原：近已附書，亦得所賜教，殊感慰。唯逢原見教，正得鄙心之所欲，方欲請，而已被旨還都，遂得脱此。亦可喜也。但今兹所除，復非不肖所宜居，不免又干溷朝廷，此更增不知者之毁。然吾自計當如此，豈能顧流俗之紛紛乎？不久到真州，冀逢原一來見就，不知有暇否？幸因書見報。某止寓和州耳，來真唯迎親老，來視女弟，既而歸和俟命也。冬寒，自愛。

## 四

某頓首。被命使江東，按刑獄事，明日遂行，欲至揚州宿留，别乞一差遣。切欲一見逢原，幸枉駕見追，只於丹陽奉候，切勿以事爲解也。它須面陳，此不詳悉。切見過，專奉遲。切切！

## 五

某頓首。自别逢原，一得書，遂不知行李所在，伏計已達暨陽。今此介往，幸喻動止之詳，以慰思渴也。居江陰果可以徙否？某之勢，恐未能自脱於此矣。臯釁日積，而缺然無友朋之救，此痼寐所以怵惕而不知所爲者也。逢原不知可以遊番乎？番亦多士，可以優游卒歲，試思之也。人還一報。餘自愛重。

## 六

某頓首。得手教，承尚在江州，思企何可勝言。某昨到金陵，匆匆遂歸番。冬末須一到金陵，不知逢原此行以何時到江陰？今必與吴親同舟而濟，但到金陵，莫須求客舟以往否？近制船難爲謀，自金陵至潤，只一兩程，到潤則求舫至江陰亦易矣。某處此遂未有去理，如孫少述、丁元珍、曾子固尚以書見止，不宜自求便安，數溷朝廷，它人復可望其見察者乎？辠釁日積，而不知所以自脱，足下安以爲我謀哉？配兵不習水事，甚善，但計今之勢，如此等事，皆不可與論説。不知足下意以爲當如何施行，幸試疏示。更有所聞，悉望見教。所至幸望留意，訪以所不逮也。至冬末到金陵，欲望逢原一至金陵見訪，不知可否？私心極有事欲面謁，切試思之，幸能一來，爲惠大矣！

七

某頓首逢原足下：方欲作書，而得所賜書，尤感慰。唯逢原所以教我，得鄙心所欲出者。窮僻無交游，所與議者，皆不出流俗之人，非逢原之教我，尚安得聞此？方力求所欲，但未知何時得耳。及冬春之交未得脱此，冀相遇於江寧，不審肯顧否？承教許如此，當可如約也。但不謀潤居，何也？江陰豈不可留乎？若在潤，則相遇尤易耳。配卒事，須面敘乃悉。餘更有所聞，悉望見教。

今世既無朋友相告戒之道，而言亦未必可用。大抵見教者，欲使某同乎俗、合乎世耳。非足下教我，尚何望於他人？切無所惜也。冬寒，自愛！

## 與劉元忠待制書

某啓：久阻闊，豈勝向往！繼奉手誨，勤勤懇懇，尤荷眷念。承欲求宮觀，方主上躬親庶政，求才如不及之時，人臣雖有邪心，安能有所軒輊？謂宜黽勉，以俟休命，不須如所喻也。無緣面晤，幸深思鄙言而已。炎溽，爲時自愛！

## 與沈道原舍人書二[一]

某啓：辱手筆，感慰。又復冬至，投老觸緒多感，但日有東歸之思爾！上聰明日躋，然流俗險膚，未有已時，亦安能久自困苦於此？北山松柏，聞修雅説，已極茂長。一兩日令俞遜往北山，因欲漸治垣屋矣。於道原欲略布所懷。

### 二

某啓：久不作書，然思一相見，極飢渴也。近因歙州葉户曹至此，論及説文，因更思索鳥獸草木之名，頗爲解釋。因悟孔子使人多識，乃學者最後事也。續當録寄。

〔一〕「二」，原無，據底本卷首目録補。

道原何以淹留如此？若道原有除，吾甥當能一過江相見。諸欲面晤，何可勝言！此時四姐亦當可以一來相見矣。未間，自愛！

## 答黎檢正書 佚

某啓：前得所示，熟讀。蓋自秦、漢以來，所謂能文者，不過如此。竊以爲士之所尚者志，志之所貴者道。不苟合乎聖人，則皆不足以爲道。唯天下之英材，爲可以與此。故欲以所聞告左右，而嘗爲尊叔父道之。足下聞之，而遂自悔。以足下如此之才，而復之不遠又能如此，此何所不至！如某者衰久矣，徒知思而已，尚何能有所補助乎？辱書愧嘆，以不即見爲恨。饗寒，自愛！

## 與丁元珍書

某頓首。過廣曾欲作書，遣人奉詗動止〔一〕，以有故亟歸，是以雖作書而不果遣。辱教，承知屢賜問，然不得也。亦嘗附狀，何爲皆不至乎？曹振佳士，已爲發令狀。如此人雖微元珍之教，

〔一〕「詗」，光啓堂本、聽香館本作「訊」。

固不敢失，況重以元珍之見喻乎！前書已報左右，恐不到，故復以聞。求郡固且止，甚荷見教。然某之所請〔一〕，不爲無辭。若執政不察，直以爲罪，則某何敢解免？如欲盡其辭，而然後加之罪，則某事固有本末，非今日苟然欲避煩勞而求佚也。

古者一道德以同俗，故士有揆古人之所爲以自守，則人無異論。今家異道，人殊德，士之欲自守者，又牽於末俗之勢，不得事事如古，則人之異論，可悉弭乎？要當擇其近於禮義而無大譴者取之耳。不審足下終將何以爲僕謀哉？

秋冷，自愛重之。望冬間復到廣州，冀或一邀從者，爲境上之會，不審可求檄來否耳。不宣。

## 上杜學士言開河書

十月十日，謹再拜奉書運使學士閣下：某愚不更事物之變，備官節下，以身得察於左右，事可施設，不敢因循苟簡，以孤大君子推引之意，亦其職宜也。鄞之地邑，跨負江海，水有所去，故人無水憂。而深山長谷之水，四面而出，溝渠澮川，十百相通。長老言錢氏時置營田吏卒，歲浚治之，人無旱憂，恃以豐足。營田之廢，六七十年，吏者因循，而民力不能自并，向之渠川，稍稍

〔一〕「請」，宋刻本作「謂」。

淺塞，山谷之水，轉以入海而無所潴。幸而雨澤時至，田猶不足於水，方夏歷旬不雨，則衆川之涸，可立而須。故今之邑民最獨畏旱，而旱輒連年。是皆人力不至，而非歲之咎也。

某爲縣於此，幸歲大穰，以爲宜乘人之有餘，及其暇時，大浚治川渠，使有所潴，可以無不足水之患。而無老壯稚少，亦皆懲旱之數，而幸今之有餘力，聞之翕然，皆勸趨之，無敢愛力。夫小人可與樂成，難與慮始，誠有大利，猶將强之，況其所願欲哉！竊以爲此亦執事之所欲聞也。伏惟執事聰明辨智，天下之事[一]，悉已講而明之矣，而又導利去害，汲汲若不足。夫此最長民之吏當致意者[二]，故輒具以聞州。州既具以聞執事矣，顧其厝事之詳，尚不得徹，輒復條件以聞[三]。唯執事少留聰明，有所未安，教而勿誅，幸甚。

## 與馬運判書

運判閣下：比奉書，即蒙寵答，以感以怍，且承訪以所聞，何閣下逮下之周也！嘗以謂方今之所以窮空，不獨費出之無節，又失所以生財之道故也。富其家者資之國，富

---

[一] 「事」下，龍舒本多「小之爲無間大至爲無涯岸」十一字。

[二] 「最長民之吏」，龍舒本作「最民之利」。

[三] 「輒復條件以聞」，龍舒本作「輒復件其詳以聞」。

其國者資之天下，欲富天下則資之天地。蓋爲家者，不爲其子生財，有父之嚴而子富焉，則何求而不得？今闔門而與其子市，而門之外莫入焉，雖盡得子之財，猶不富也[二]。蓋近世之言利雖善矣，皆有國者資天下之術耳，直相市於門之内而已，此其所以困與？在閣下之明，宜已盡知，當患不得爲耳。不得爲，則尚何賴於不肖者之言耶？

今歲東南饑饉如此，汴水又絶，其經畫固勞心。私竊度之，京師兵食宜窘，薪蒭百穀之價亦必踴，以謂宜料畿兵之駑怯者就食諸郡，可以舒漕輓之急。古人論天下之兵，以爲猶人之血脉，不及則枯，聚則疽，分使就食，亦血脉流通之勢也。儻可上聞行之否？

## 答王伯虎書

辱書問以所疑。如某者何足以語？然聖人君子之行，則嘗聞於先生長者矣[三]，蓋曰不辱己、不害人而已。不辱己，所以爲有義；不害人，所以爲有仁。若夫操至治之成法，責備於叔世以自絶，與以仁施其身以及其親，則皆聖人君子之所不爲。不知足下謂當如此否？因出見過，

[二] 「不」，聽香館本作「下」。
[三] 「聞」，原作「間」，據光啓堂本改。

得復從容爲左右道之。

## 答段縫書

段君足下：某在京師時，嘗爲足下道曾鞏善屬文，未嘗及其爲人也。還江南，始熟而慕焉友之，又作文粗道其行。

惠書以所聞詆鞏行無纖完，其居家，親友惴畏焉，怪某無文字規鞏，見謂有黨。果哉，足下之言也！鞏固不然。鞏文學論議，在某交遊中，不見可敵。其心勇於適道，殆不可以刑禍利禄動也。父在困厄中，左右就養無虧行，家事銖髮以上皆親之。父亦愛之甚，嘗曰：「吾宗敝，所賴者此兒耳。」此某之所見也。若足下所聞，非某之所見也。

鞏在京師，避兄而舍，此雖某亦罪之也，宜足下深攻之也。於辠之中，有足矜者，顧不可以書傳也。事固有迹，然而情不至是者，如不循其情而誅焉，則誰不可誅邪？鞏之迹固然邪？然鞏爲人弟，於此不得無過。但在京師時，未深接之，還江南，又既往不可咎，未嘗以此規之也。鞏果於從事，少許可，時時出於中道，此則還江南時嘗規之矣。鞏聞之，輒瞿然〔一〕。鞏固有以教

〔一〕「瞿」，龍舒本作「矍」。

某也。其作懷友書兩通，一自藏，一納某家，皇皇焉求相切劘以免於悔者略見矣。嘗謂友朋過差，未可以絶，固且規之，規之從則已，固且爲文字自著見然後已邪？則未嘗也。

凡鞏之行，如前之云，其既往之過，亦如前之云而已，豈不得爲賢者哉？天下愚者衆而賢者希，愚者固忌賢者，賢者又自守，不與愚者合，愚者加怨焉。挾忌怨之心〔一〕，則無之焉而不謗，君子之過於聽者，又傳而廣之，故賢者常多謗，其困於下者尤甚。勢不足以動俗，名實未加於民，愚者易以謗，謗易以傳也。凡道鞏之云云者，固忌、固怨、固過於聽者也。〔二〕足下乃欲引忌者、怨者、過於聽者之言，縣斷賢者之是非，甚不然也。孔子曰：「衆好之，必察焉；衆惡之，必察焉。」孟子曰：「國人皆曰可殺，未可也，見可殺焉，然後殺之。」匡章，通國以爲不孝，孟子獨禮貌之以爲孝〔三〕。孔、孟所以爲孔、孟者，爲其善自守，不惑於衆人也。如惑於衆人，亦衆人耳，烏在其爲孔、孟也？足下姑自重，毋輕議鞏！

---

〔一〕「忌」，光啓堂本、聽香館本作「己」。
〔二〕「也」下，龍舒本有「家兄未嘗親鞏也，顧亦過於聽耳」十三字。
〔三〕「以爲孝」，原脱，據龍舒本補。

# 答姚闢書

姚君足下：別足下三年於兹，一旦犯大寒，絶不測之江，親屈來門，出所爲文書，與謁并入，若見貴者然。始驚以疑，卒觀文書，詞盛氣豪，於理悖焉者希，間而論衆經，有所開發，私獨喜故舊之不予遺而朋友之足望也。

今衣冠而名進士者〔一〕，用萬千計，蹈道者有焉，蹈利者有焉。蹈利者則否，蹈道者則未免離章絶句〔二〕，解名釋數，遽然自以聖人之術單此者有焉。夫聖人之術，修其身，治天下國家，在於安危治亂，不在章句名數焉而已。而曰聖人之術單此，妄也。雖然，離章絶句，解名釋數，遽然自以聖人之術單此者，〔三〕皆守經而不苟世者也。守經而不苟世，其於道也幾，其去蹈利者則緬然矣。觀足下固已幾於道，姑汲汲乎其可急，於章句名數乎徐徐之，則古之蹈道者，將無以出足下上。足下以爲何如？

〔一〕「衣冠」，原倒，據龍舒本乙。
〔二〕「蹈」，原作「陷」，據光啓堂本改。
〔三〕「妄也」至「聖人之術單此」二十二字原脱，據龍舒本補。

## 答李參書

李君足下：　留書獎引甚渥，卒曰：「教之育之，在執事耳。」某材德薄，不能堪，足下望之又何過也！夫教之育之，某之所以望於人也，足下曾某之望乎？豈欲享庛人以壯者之食，而强之負重乎？然足下自言：「不樂雷同，不喜趨競。」審如是，某誠愛焉，誠慕焉，誠欲告足下以所聞焉。曰「其人誠甚貴，有它長，稍近於諛，則疾之若數世之讎」。審如是，亦過矣。天下靡靡然，足下之讎豈少耶？君子不爲已甚者，求中焉其可也。

## 答史諷書

前日蒙訪，及以易説一通爲賜〔一〕，且欲責某之一言以信之天下，大非某智力之所能任也。某於易，嘗學之矣，而未之有得。故雖悦足下志意之高，辭説之明，而不敢斷其義之是非，則何能推其義以信之天下！　雖然，足下屬我良重，不可以無説。

〔一〕「爲賜」，原脱，據龍舒本補。

蓋學者，君子之本務〔一〕；而教者，聖人之餘事。故學則求之，教則應之，有餘則應，不足則求。蓋有餘而求之者有矣，未有不足而能應者也。蓋見求而不應者矣，未有不求而應之者也。爲足下計，亦志於學而已。學足乎己，則不有知於上，必有知於下；不有傳於今，必有傳於後。不幸而不見知於上下，而不傳於今，又不傳於後，古之人蓋猶不憾也。知我者其天乎，此乃易所謂知命也。命者，非獨貴賤死生爾，萬物之廢興，皆命也。孟子曰：「君子行法以俟命而已矣。」且足下求以誨人者也，道無求而誨之者〔二〕，求人而誨之則喪道。喪道以求傳道，則孰取以爲道？足下其試思之。

## 上邵學士書

仲詳足下：數日前辱示樂安公詩石本及足下所撰復鑑湖記，啓封緩讀，心目開滌。詞簡而精，義深而明，不候按圖而盡越絶之形勝，不候入國而熟賢牧之愛民，非夫誠發乎文，文貫乎道，仁思義色，表裏相濟者，其孰能至於此哉！因環列書室，且欣且慶，非有厚也，公義之然也〔三〕。

〔一〕「本務」，原倒，據龍舒本乙。
〔二〕「求」下，龍舒本有「人」字。
〔三〕「義」，龍舒本作「議」。

某嘗患近世之文〔一〕，辭弗顧於理，理弗顧於事，以襞積故實爲有學，以雕繪語句爲精新。譬之擷奇花之英，積而玩之，雖光華馨采〔二〕，鮮縟可愛，求其根柢濟用，則蔑如也。某幸觀樂安、足下之所著，譬由笙磬之音〔三〕，圭璋之器，有節奏焉，有法度焉，雖庸耳必知雅正之可貴、温潤之可寶也。仲尼曰「有德必有言」，「德不孤，必有鄰」，其斯之謂乎！

昔昌黎爲唐儒宗，得子壻李漢，然後其文益振，其道益大。今樂安公懿文茂行，超越朝右〔四〕，復得足下，以宏識清議，相須光潤。苟力而不已，使後之議者必曰：「樂安公，聖宋之儒宗也，猶唐之昌黎而勳業過之。」又曰：「邵公，樂安公之壻也，猶昌黎之李漢而器略過之。」則韓李、蔣邵之名，各齊驅並驟，與此金石之刻不朽矣。所以且欣且慶者，在於茲焉。

郡庠拘率，偶足下有西笑之謀，未獲親交談議，聊因手書，以道欽謝之意，且賀樂安公之得人也。

〔一〕「患」，龍舒本作「悉」。
〔二〕「采」，龍舒本作「香」。
〔三〕「由」，龍舒本作「猶」。
〔四〕「超」，原作「起」，據光啓堂本、聽香館本改。

# 臨川先生文集　卷七十六

## 書

### 上田正言書二[一]

正言執事：某五月還家，八月抵官。每欲介西北之郵布一書，道區區之懷，輒以事廢。揚，東南之吭也，舟輿至自汴者，日十百數[二]。因得問汴事與執事息耗甚詳。其間薦紳道執事介然立朝，無所跛倚，甚盛，甚盛！顧猶有疑執事者，雖某亦然。某之學也，執事誨之；進也，執事奬之。執事知某不爲淺矣。有疑焉不以聞，何以償執事之知哉？

初，執事坐殿廡下，對方正策，指斥天下利害，奮不諱忌。且曰：「願陛下行之，無使天下謂

[一]「二」，原無，據底本卷首目録補。
[三]「十」，聽香館本作「有」。

制科爲進取一塗耳！」方此時，窺執事意，豈若今所謂舉方正者獵取名位而已哉！　蓋曰行其志云爾。今聯諫官，朝夕耳目天子行事，即一切是非，無不可言者，欲行其志，宜莫若此時。國之疵、民之病亦多矣，執事亦抵職之日久矣。向之所謂疵者，今或痤然若不可治矣；向之所謂病者，今或痼然若不可起矣。會未聞執事建一言寤主上也。何向者指斥之切而今之疏也？豈向之利於言而今之言不利邪？豈不免若今之所謂舉方正者獵取名位而已邪？人之疑執事者以此。

爲執事解者，或曰〔一〕：「造辟而言，詭辭而出，疏賤之人，奚遽知其微哉？」是不然矣。傳所謂「造辟而言」者，迺其言則不可得而聞也，其言之效，則天下斯見之矣。今國之疵、民之病，有滋而無損焉，烏所謂言之效邪？

復有爲執事解者曰：「蓋造辟而言之矣，如不用何？」是又不然。臣之事君，三諫不從則去之，禮也。執事對策時，常用是著于篇。今言之而不從，亦當不翅三矣。雖惓惓之義，未能自去，孟子不云乎：「有言責者，不得其言則去。」盍亦辭其言責邪？執事不能自免於疑也必矣。雖堅强之辯，不能爲執事解也。

〔一〕「曰」，原脱，據龍舒本補。

迺如某之愚，則願執事不矜寵利，不憚誅責，一爲天下昌言，以寤主上，起民之病，治國之疵，蹇蹇一心，如對策時，則人之疑不解自判矣。惟執事念之。如其不然，願賜教答。不宣。

## 二

某聞公卿大夫，才名與寵兼盛於世，必有大功以宜之〔一〕，否則君子撝之。執事姿略，穎然出常士之表。應進士，中甲科；舉方正，爲第一。將朝車通舉刺史事，又陳善策〔二〕，得璽書召。名與寵不已兼盛於世邪？所未較著者功爾。

本朝太祖武靖天下，真宗文持之〔三〕，今上接祖宗之成，兵不釋翳者蓋數十年，近世無有也。所當設張之具，猶若闕然。重以羌酋梗邊，主上方覽衆策以濟之。天下舉首戴目，屬心執事者難以一二計。爲執事議者曰：「朝廷藉不吾以，宜且自贊以植顯效，疇天下屬己之意。矧上惓惓然命之乎？此固策大功之會也。」抑聞之：「嶢嶢者易缺，皦皦者易污。」執事才名與寵，可謂易污、易缺者，必若策大功，適足宜之而已，可無茂邪？

恭惟旦暮輔佐天子秉國事，修所當設張之具，復邊人於安，稱主上所以命之之意，使天下舉

〔一〕「宜」，光啓堂本、聽香館本作「當」。
〔二〕「陳」，龍舒本作「入」。
〔三〕「文」上，龍舒本有「以」字。

首戴目者，盈其願而退，則後世之書，可勝傳哉！董仲舒有是才名，顧不獲此寵；公孫季有此寵，不成此功。有此寵而成此功者，宜在執事，不宜在它。草鄙之人，不達大誼，辱奬訓之厚，敢不盡愚！

## 謝張學士書

某頓首。某不肖，學不得盡意於文章，仕不得行其所學，苟居竊食，動輒愧心，而世之同好惡者，已云少矣！遇足下於此，最爲相盡，義不得諱。其不腆之文，過蒙推褒，非所望也。朋友道喪，爲日久矣。以某之不肖，行於前而悔於後〔二〕，自已爲多矣，況足下之明耶？每望教督，而終未蒙。惟足下不遺，以朋友之心見存，不勝幸甚。更數日遂東去，千萬自愛，不勝思懷也。

## 答李秀才書

昨日蒙示書，今日又得三篇詩。足下少年，而已能如此，輔之以良師友，而爲之不止〔三〕，何

〔二〕「悔」，原作「誨」，據光啓堂本改。
〔三〕「止」，光啓堂本作「正」。

所不至？自涇至此，蓋五百里，而又有山川之阨，足下樂從所聞而不以爲遠，亦有志矣。然書之所願，特出於名，名者古人欲之，而非所以先。足下之才，力求古人之所汲汲者而取之，則名之歸，孰能争乎？孔子曰：「君子去仁，惡乎成名？」古之成名，在無事於文辭，而足下之於文辭，方力學之而未止也，則某之不肖，何能副足下所求之意邪？

## 答孫長倩書

孫君足下：比過江寧，家兄道足下雖稚年，有奇意，欲務古人事於今世〔一〕，發爲詞章，尤感切今世事，犖犖有可畏愛者。語未究，足下來門，見示以文，見責以教誨。觀足下所爲文，探足下志，信然，獨責教誨爲失其所焉爾。

古之道廢踣久矣，大賢間起廢踣之中，率常位庳澤狹，萬不救一二。天下日更薄惡，宦學者不謀道，主禄利而已。嘗記一人焉，甚貴且有名，自言少時迷，喜學古文，後乃大寤，棄不學，學治今時文章。夫古文何傷？直與世少合耳，尚不肯學，而謂學者迷。若行古之道於今世，則往往困矣，其又肯行邪？甚貴且有名者云爾，况其下碌碌者邪？反於是，其亦幾何矣！足下何覺

〔一〕「務」下，龍舒本有「行」字。

之早邪？〔一〕其亦謀道而不主利禄者邪？語曰：「塗之人皆可以爲禹。」蓋人人有善性〔二〕，而未必善自充也。若足下者，充之不已，不惑以變，其又可量邪？走將企警嗟慕之不遑〔三〕，於教誨乎何敢？

## 上杜學士書

竊聞受命，改使河北，伏惟慶慰。

國家東西南北，地各萬里，統而維之，止十八道，道數千里，而轉運使獨一二人。其在部中，吏無崇卑，皆得按舉。雖將相大臣，氣勢烜赫，上所尊寵，文書指麾，勢不得恣，一有罪過，糾詰按治，遂行不請。政令有大施舍，常咨而後定；生民有大利害，得以罷而行之。金錢粟帛、倉庾庫府、舟車漕引，凡上之人，皆須我主出。信乎是任之重也。

而河北又天下之重處，左河右山，强國之與鄰，列而爲藩者皆將相大臣，所屯無非天下之勁兵悍卒，以惠則恣，以威則摇。幸時無事，廟堂之上，猶北顧而不敢忽；有事，雖天子，其憂未嘗

〔一〕「邪」下，龍舒本有「而獨反於是耶」六字。
〔二〕「蓋」，龍舒本作「道」。
〔三〕「走」，龍舒本作「某」。

不在河北也。今執事按臨東南，無幾何時，浙河東西十有五州之官吏士民[一]，未盡受察，便宜當行而害之可除去者[二]，猶未畢也，而卒然舉河北以付執事，豈主上與一二股肱之臣，不惟付予必久而後可要以效哉？且以爲世之士大夫無足寄以重，獨執事爲能當之耳！

伏惟執事，名行於天下，而材信於朝廷，而處之宜，必有補於當世。故雖某蒙恩德最厚，一日失所依據，而釋然於心，不敢恨望，唯公義之存，而忘所私焉。

## 與孫莘老書

某昨日相見，殊匆匆。所示及信獄事[三]，深思如此難處，足下試思其方，因書示及。今世人相識，未見有切磋琢磨如古之朋友者，蓋能受善言者少。幸而其人有善人之意，而與游者猶以爲陽，不信也，此風甚可患。如某之不肖，雖不爲有道，計足下猶當以善言處我，而未嘗有善言見賜，豈以爲不足語乎？足下尚如此，復何望於今世人也！是爲事，某亦雖多復辨論，非敢自

[一]「河」，龍舒本作「江」；「官」，原脱，據小峴山館本補。
[二]「當」，光啓堂本作「嘗」。
[三]「信」，龍舒本作「訊」。

强蔽以所職[二]，直以爲不如是，則亦有所未悟，彼此之理不盡。在他人，恐以不能敬受其説，而欲是者因而已；在足下聰明，想宜知鄙心，要當往復窮究道理耳。

古之人未有不須友以成者。蓋無朋友，則不聞其過，最患之大者。況某之不肖，所學者非世之所可用，而所任者非身之所能爲。忍心拂性，苟取衣食，而冒人之寄屬，其大過宜日日有，方理稽求可以自脱，冀足下時見諭也。

鹽秤子搔擾事，幸疏示其詳，不敢作足下文字施行，要約束今後耳。足下既受人民社稷於上官，勢亦不得有所避，避太過，則其事將不直，而職事亦何由理也！如鹽秤子事，悉望疏示，自足下職事，然某不敢漏露也。至麾嶺鄉詩，奉寄一覽也。秋冷，自愛！

## 上徐兵部書

向蒙執事界之嚴符，開以歸路。暮春三月，登舟而南，浮江絶湖[三]，綿二千里，風波勁悍，雨

---

[二]「職」，光啓堂本、聽香館本作「識」。
[三]「浮」，龍舒本作「並」。

潦湍猛，窮兩月乃至家〔一〕。展先人之墓，寧祖母於堂〔二〕，十年縈鬱，一旦釋去。戴執事之賜，此時惟重〔三〕。還職不時，以懼以慚。然去父母之道，古人所爲遲遲也。不識執事謫之貰之〔四〕，宜將何如？區區之懷，無以自處矣。

恭惟執事，寬通精明，暴著有年，宜留本朝，輔助風教。利權之柄，國家誠重，薦紳之論，猶爲嗟咨。寵靈降集，可拱以俟。伏惟爲國自壽，迓迎休福。某此月治行，承序於左右，在旦暮矣。下情無任依歸頌願之至。

## 上宋相公書

某愚戇淺薄，動多觸罪，初叨一命，則在幕府，當此之時，尤爲無知。自去吏屬之籍，以至今日，雖嘗獲侍燕語，然不能自同衆人之數也。閤下撫接顧待，久而加親，及以罪逆扶喪歸葬，閤下發使弔問，特在諸公之先，而所以顧恤之尤厚。此蓋仁人君子樂於以禮長育成就人材，哀念

〔一〕「至」，龍舒本作「抵」。
〔二〕「寧祖母」，聽香館本作「事父母」。
〔三〕「惟」，龍舒本作「爲」。
〔四〕「貰」，光啓堂本作「貫」。

一日之雅，而忘其終身不肖之醜。顧在私心，宜何以報？

當閤下以三公歸第，四方奔走賀慶之時，而某尚以衰麻之故，不能有一言自獻，以贊左右之喜。歲時不居，奄及喪除，可以有獻矣，然所能進於左右，乃不過如此。蓋心之委曲有不勝言，冀蒙有以恕之而已。

伏惟閤下，以直道相先帝，雖已不在政事之地，然絶德至行，九州四海所共矜式，朝廷大議，在所謀謨。伏惟爲時自重，幸甚。

## 上富相公書

某以閤下在相位時，獨蒙拔擢，在常人之情，固以歸德於左右。然某以謂大君子以至公佐天子進天下士，而某適以不肖，誤在選中，閤下非故爲賜也，則某宜不知所得矣。

及以不孝得罪天地，扶喪南歸，閤下以上宰之重，親屈手筆，拊循慰勉，過於朝夕出入墻屏之人。又加賜物，以助其喪祭，然後慨然有感概於私心，而雖在攀號擢割之中，不能以須臾忘也。

近聞以旌纛出撫近鎮，而尚以衰麻故，不得參問動止，卷卷之情，何可以勝！日月不處，既除喪矣，而繼以疾病，又念心之曲折〔一〕，造次不足以自達，故曠日引久，而闕然不即敘感，實冀寬大仁明有以容而察之而已。

伏惟閤下，以盛德偉譽〔二〕、豐功茂烈爲天下所鄉往，而又忠言讜議，終始如一，此志義之士所以尤勤勤於祝頌也。伏惟體道，爲國自重，以答輿人之心，幸甚。

## 上張樞密書

某蠢陋褊迫，不知所向。在京師時，自以備數有司，而閤下方斷國論，故非公事，未嘗敢以先人之故，私請左右，脩子姪之禮。及以罪逆扶喪歸葬，閤下方以醫藥自輔，哀疚迷謬，闕於赴告。凡此皆宜得疏絶之罪者也。

然閤下拊循顧待，既久而加親，追賜手筆，哀憐備厚。當是時，某方纍然在喪服之中，無以冀於全存，故不能有所獻，以謝恩禮之厚。今既除喪，可以敘感矣，然所能致於左右者，不過如此。蓋拳拳之心，書不能言，實冀寬大仁明有以容而亮之而已。

〔一〕「心」，原脱，據龍舒本補。
〔二〕「偉」，聽香館本作「倬」。

伏惟閤下，以正直相天下，翊堯戴舜，功不世有，辭寵去寄，而退託一州〔一〕，所以承下風而望餘澤〔二〕，非特門墻小人而已。伏惟爲國自重，幸甚。

## 上郎侍郎書二〔三〕

某啓：伏念先人爲韶州，明公使按其部，存全挽進，誼固已厚〔四〕。先人不幸，諸孤困蹶，而又遭明公於此時閔閔煦煦，視猶子姪。兩世受惠，缺然不報，唯其心不敢一日置也。身賤地遠，又不敢輒以書通左右。

得邑海上，道當出越，庶幾進望庭下，解積年企仰之意。失於問聽，到越而後知安車還在杭也。不敏之罪，無所辭誅，伏惟尊明赦之，不遽棄絶，以終夙昔之賜，幸也，不敢必然覬也。既到職下，拘於法，不得奔走以詷下從者。伏惟以道自壽，下情不任惓惓之至。

〔一〕「託」，光啓堂本、聽香館本作「者」。
〔二〕「餘」，光啓堂本作「其」。
〔三〕「二」，原無，據底本卷首目録補。
〔四〕「誼」，光啓堂本、聽香館本作「宜」。

二

某啓：昔者幸以先人之故，得望步趨，伏蒙撫存教道，如親子姪。而去離門墻，凡五六年，一介之使，一書之問，不徹於隷人之聽，誠以苛禮不足報盛德，空言不能輸欲報之實，顧不知執事察不察也。

去年得邑海上，塗當出越，而問聽之繆，謂執事在焉，比至越而後知車馬在杭。行自念父黨之尊，而德施之隆，去五六年而一書之不進，又望門不造，雖其心之勤企而欲報者猶在，而執事之見察，其可必也？且悔且恐，不知所云。

輒試陳不敏之罪於左右，顧猶不敢必左右之察也。不圖執事遽然貶損手教，重之蜀牋、究墨之賜，文辭反復，意指勤過，然後知大人君子仁恩溥博，度量之廓大如此。小人無狀，不善隱度，妄自悔恐，而不知所以裁之也。一官自綴，勢不得去，欲趨而前，其路無由。唯其思報，心尚不怠。

## 上運使孫司諫書

伏見閤下令吏民出錢購人捕鹽，竊以爲過矣。海旁之鹽，雖日殺人而禁之，勢不止也。今重誘之，使相捕告，則州縣之獄必蕃，而民之陷刑者將衆，無賴姦人將乘此勢，於海旁漁業之地擾動艚户，使不得成其業。艚户失業，則必有合而爲盜，賊殺以相仇者，此不可不以爲慮也。

鄞於州爲大邑，某爲縣於此兩年，見所謂大户者，其田多不過百畝，少者至不滿百畝。百畝之直，爲錢百千，其尤良田，乃直二百千而已。大抵數口之家，養生送死，皆自田出，州縣百須，又出於其家。方今田桑之家，尤不可時得者〔一〕，錢也。今責購而不可得，則其間必有鬻田以應責者。夫使良民鬻田以賞無賴告訐之人，非所以爲政也。又其間必有扞州縣之令而不時出錢者，州縣不得不鞭械以督之。鞭械吏民，使之出錢以應捕鹽之購，又非所以爲政也。

且吏治宜何所師法也？必曰古之君子。重告訐之利以敗俗，廣誅求之害，急較固之法，以失百姓之心，因國家不得已之禁而又重之，古之君子蓋未有然者也。犯者不休，告者不止，糶鹽之額不復於舊，則購之勢未見其止也。購將安出哉？出於吏之家而已，吏固多貧而無有也〔二〕；出於大户之家而已，大家將有由此而破産失職者。安有仁人在上，而令下有失職之民乎〔三〕？在上之仁人有所爲，則世輒指以爲師，故不可不慎也。使世之在上者，指閤下之爲此而師之，獨不害閤下之義乎？上好是物，下必有甚者。閤下之爲方爾，而有司或以謂將請於閤下，求增購賞，

〔一〕「尤不可時得者」，龍舒本作「時尤不可得者」。
〔二〕「吏固多貧」，光啓堂本作「吏曰多貧」。
〔三〕「民」，龍舒本作「臣」。

以勵告者。故某竊以謂閤下之欲有爲，不可不愼也。

天下之吏，不由先王之道而主於利。其所謂利者，又非所以爲利也，非一日之積也。公家日以窘，而民日以窮而怨。常恐天下之勢，積而不已，以至於此，雖力排之，已若無奈何，又從而爲之辭，其與抱薪救火何異？竊獨爲閤下惜此也。在閤下之勢，必欲變今之法，令如古之爲，固未能也。非不能也，勢不可也。循今之法而無所變，有何不可，而必欲重之乎？

伏惟閤下，常立天子之側，而論古今所以存亡治亂，將大有爲於世，而復之乎二帝、三代之隆，顧欲爲而不得者也。如此等事，豈待講説而明？今退而當財利責，蓋迫於公家用調之不足，其勢不得不權事勢而爲此，以紓一切之急也。雖然，閤下亦過矣，非所以得財利而救一切之道。閤下於古書無所不觀，觀之於書，以古已然之事驗之，其易知較然，不待某辭説也。枉尺直尋而利，古人尚不肯爲，安有此而可爲者乎？

今之時，士之在下者浸漬成俗，苟以順從爲得，而上之人，亦往往憎人之言，言有忤己者，輒怒而不聽之。故下情不得自言於上，而上不得聞其過，恣所欲爲。上可以使下之人自言者惟閤下，其職不得不自言者某也，伏惟留思而幸聽之。文書雖已施行，追而改之，若猶愈於遂行而不反也。干犯云云。

## 上浙漕孫司諫薦人書

某今日遂出城以西，度到潤州必得復望履舄，故不敢造辭以戀起居〔一〕。明州司法吏汪元吉者，其爲吏廉平，州人無賢不肖，皆推信其行，喜近文史，而尤明吏事。有論利害事一編，今封獻左右，伏惟暇日略賜觀省。其言有可採者，不以某之言爲妄，則儻可以收備從吏役，使有仕進之望乎？

蓋薄惡之俗，士大夫之修行義者少矣，況身處污賤之勢，而清議所不及者乎！勸奬之道，亦當先録小善，務以下流之有善者爲始。今世胥史〔二〕，士大夫之論議常恥及之，惟通古今而明者，當不以世之所恥而廢人之爲善爾。

〔一〕「戀」，龍舒本作「變」，聽香館本作「恩」。

〔二〕「史」，光啓堂本、聽香館本作「吏」。

# 臨川先生文集　卷七十七

## 書

### 上張太博書二[一]

某愚，不識事務之變[二]，而獨古人是信。聞古有堯、舜也者，其道大中至正，常行之道也。得其書，閉門而讀之，不知憂樂之存乎己也。穿貫上下，浸淫其中，小之爲無間，大之爲無崖岸，要將一窮之而已矣。中不幸而失先人，母老弟弱，衣穿食單，有寒餓之疾[三]，始憮然欲出仕，往即焉而乃幸得，於今三年矣。唯是憂患疾疹，筋力之懦而神明之昏也，學日以落，而廢職之咎，幾不能以免，其敢出所有以求當世貴者之識哉？其亦偷禄焉而已矣。

〔一〕「二」，原無，據底本卷首目録補。
〔二〕「務」，龍舒本作「物」。
〔三〕「餓」，光啓堂本、聽香館本作「饑」。

今也執事延之勤，問之密，而又使獻其所爲文，其又敢自閉匿以重不敏，而虚教命之辱哉！謹書所爲原、説、誌、序、書、詞凡十篇獻左右。夫文者，言乎志者也，既將獻，故又書所志以爲之先焉。冒犯威重，惟赦之。

## 二

某蠢昧淺薄，不知所以爲文。得君子過顧，不能閉伏所短，以終取憐，聞命之辱，輒具以獻。追自悔恐，且得罪戾，而失所以望於君子者。

伏蒙執事，有時之盛名而不以矜愚，有使者之重而不以驕微賤。報之書，授之欲其至於道〔一〕；加賜所作，使得覘而法之，誠見執事之賢於人也。賢與衆人之所以異，不在此其將安在？

伏惟執事之用心，持久而力行，則瓌偉閎廓自重之士，將皆願綴於門闌之游，豈獨某哉？其將從某者始也〔二〕。既拜賜，敢不獻其將然。

〔一〕「授」，龍舒本作「援」。
〔二〕「某」，光啓堂本、聽香館本作「非」。

# 上人書

嘗謂文者，禮教治政云爾。其書諸策而傳之人，大體歸然而已。而曰「言之不文，行之不遠」云者，徒謂辭之不可以已也，非聖人作文之本意也。

自孔子之死久，韓子作，望聖人於百千年中，卓然也。獨子厚名與韓並。子厚非韓比也，然其文卒配韓以傳，亦豪傑可畏者也。韓子嘗語人以文矣，曰云云，子厚亦曰云云。疑二子者，徒語人以其辭耳，作文之本意，不如是其已也。

孟子曰：「君子欲其自得之也。自得之，則居之安；居之安，則資之深；資之深，則取諸左右逢其原。」孟子之云爾〔一〕，非直施於文而已，然亦可託以爲作文之本意。且所謂文者〔二〕，務爲有補於世而已矣。所謂辭者，猶器之有刻鏤繪畫也。誠使巧且華，不必適用；誠使適用，亦不必巧且華。要之以適用爲本，以刻鏤繪畫爲之容而已。不適用，非所以爲器也。不爲之容，其亦若是乎否也？然容亦未可已也，勿先之，其可也。

---

〔一〕「孟子」上，龍舒本有「獨謂」二字。
〔二〕「所」，龍舒本作「自」。

某學文久，數挾此説以自治。始欲書之策而傳之人，其試於事者，則有待矣。其爲是非邪，未能自定也。執事正人也，不阿其所好者，書雜文十篇獻左右，願賜之教，使之是非有定焉。

## 上凌屯田書 代人作

俞跗，疾毉之良者也。其足之所經，耳目之所接，有人於此，狼疾焉而不治，則必欿然以爲己病也。雖人也不以病俞跗焉則少矣。隱而虞俞跗之心，其族姻舊故有狼疾焉，則何如也？末如之何，其已，未有可以治焉而忽者也。

今有人於此，弱而孤，壯而屯蹶困塞，先大父棄館舍於前，而先人從之，兩世之柩，寠而不能葬也。嘗觀傳記，至春秋過時而不葬，與子思所論未葬不變服，則戚然不知涕之流落也。竊悲夫古之孝子慈孫，嚴親之終，如此其甚也。今也乃獨以寠故，犯春秋之義，拂子思之説，鬱其爲子孫之心而不得伸，猶人之狼疾也，奚有間哉！

伏惟執事，性仁而躬義，憫艱而悼厄，窮人之俞跗也，而又有先人一日之雅焉，某之疾，庶幾可以治焉者也。是敢不謀於龜，不介於人，跋千里之途，犯不測之川，而造執事之門，自以爲得所歸也。執事其忽之歟！

## 與祖擇之書

治教政令，聖人之所謂文也。書之策，引而被之天下之民，一也。聖人之於道也，蓋心得之，作而爲治教政令也，則有本末先後，權勢制義，而一之於極。其書之策也，則道其然而已矣。彼陋者不然，一適焉，一否焉，非流焉則泥，非過焉則不至。甚者置其本，求之末，當後者反先之，無一焉不誖於極。彼其於道也，非心得之也，其書之策也，獨能不悖耶？故書之策而善，引而被之天下之民反不善焉，無矣。二帝、三王引而被之天下之民而善者也，孔子、孟子書之策而善者也，皆聖人也，易地則皆然。

某生十二年而學，學十四年矣。聖人之所謂文者，私有意焉，書之策則未也。間或悱然動於事而出於詞，以警戒其躬，若施於友朋，褊迫陋庳，非敢謂之文也。乃者，執事欲收而教之使獻焉，雖自知明，敢自蓋邪？謹書所爲書、序、原、説若干篇，因敘所聞與所志獻左右，惟賜覽觀焉。

## 與孫子高書

子高足下：辱賜教，獎勞甚渥，反復誦觀，慚生於心。某天介疏樸，與時多舛。始者徒以貧弊無以養，故應書京師，名錯百千人中，不願過爲人知，亦誠無以取知於人。獨因友兄田仲通得進之仲實，二君子不我愚而許之朋〔二〕，往往有溢美之言，寔疑於人。抑二君子實過，豈某願哉？兄乃板其辭以爲貺，是重二君子之過，而深某之慚也，其敢承乎？

兄粹淳静深，文彩焰然，而摧縮鋒角，不自夸奮，具大樹立之器，人所趨慕，宜擇豪異而朋之。顧眷眷於某，豈今所謂同年交者，固皆當然哉？某願從兄游，誠不待同年然後定也。承日與介弟講肄圖史，商較世俗，甚盛，甚盛！孔子曰：「垂之空言，不如見之行事深切著明也。」私有望於兄焉。

此月奉計牒當度江南，十一日盡室行。江山清華，有可歎愛，無良朋以共之，亦足憮然。春暄，職外奉親自壽。

## 與孫侔書三〔三〕

某頓首。辱書，具感恩意之厚。先人銘固嘗用子固文，但事有缺略，向時忘與議定。又有

〔二〕「許之朋」，龍舒本作「計之明」。
〔三〕「三」，原無，據底本卷首目録補。

一事，須至別作，然不可以書傳。某於子固，亦可以忘形迹矣，而正之云然，則某不敢易矣。雖然，告正之作一碣，立於墓門，使先人之名德不泯，幸矣。子固亦近得書，甚安樂，云不復來此[一]，遂入京，恐欲知，故及此。

朱氏事固如足下説，而朱祕校乃已入京，考於禮，蓋亦皆如足下之説。但愁痛不能具道此意，以質於賢者耳。

銘事子固不以此罪我兩人者[二]，以事有當然者。且吾兩人與子固豈當相求於形迹間耶？然能不失形迹，亦大善，唯碣宜速見示也[三]。

## 二

某憂痛愁苦，千狀萬端，書所不能具，以此思足下，欲飛去。可以言吾心所欲言者，唯正之、子固耳。思企，思企，千萬自愛！

某辱手筆，感愧。近亦聞正之喪配，未敢即問，人生多難，乃至此乎？當歸之命耳！人情處此，豈能無愁？但當以理遣之，無自苦爲也。然此乃某不能自勝者。二年之間，愁釁相仍，居

[一]「復」，龍舒本作「久」。
[二]「此」，光啓堂本、聽香館本作「見」。
[三]「碣」，光啓堂本、聽香館本作「福」；「速」，光啓堂本、聽香館本作「以」。

常忽忽不自聊，勉從俗往還，其心唯欲閉門坐卧耳。

欲往奉見久矣，況以書見趣乎？親老常多病，生事怵迫，如坐燒屋之下，不可以一日輟而不圖，其能遠來千里之外乎？欲足下一至廣德，某當走見矣。爲十日之會，亦足以晤言矣。或潤州亦可也。諸侯面論，此不復云矣。〔一〕

正之或來潤，或廣德，不可復以它爲解矣。某甚重去親側，若正之難來此，亦無所係著，但至潤及廣德，尤爲易耳。

三

某到京師已數月，求一官以出，既未得所欲，而一舟爲火所燔，爲生之具略盡，所不燔者人而已。家人又頗病。人之多不適意，豈獨我乎？然足下之親愛我良厚，其亦欲知我所以處此之安否也，故及此耳。

知與公蘊居甚適，何時當邂逅，以少釋愁苦之心乎？且頻以書見及。某自度不能數十日亦當得一官以出，但不知何處耳。子高當已入京，不知得及相見於京師否？諸不一一，千萬自愛！

〔一〕 此段之下龍舒本有「子高示及帽紗，乃似已多幞頭，得無錢少乎？今附頭圍以往。比乃見説子高已欲替，不知何時乃罷乎？幸一報也」四十三字。

## 請杜醇先生入縣學書二〔一〕

人之生久矣，父子、夫婦、兄弟、賓客、朋友，其倫也。孰持其倫？禮樂、刑政、文物、數制、事爲，其具也。其具孰持之？爲之君臣，所以持之也。君不得師，則不知所以爲君；臣不得師，則不知所以爲臣。爲之師，所以并持之也。君不知所以爲君，臣不知所以爲臣，人之類其不相賊殺以至於盡者，非幸歟？信乎其爲師之重也。

古之君子，尊其身，恥在舜下。雖然，有鄙夫問焉而不敢忽，斂然後其身似不及者。有歸之以師之重而不辭，曰：「天之有斯道，固將公之，而我先得之，得之而不推餘於人，使同我所有，非天意，且有所不忍也。」

某得縣於此踰年矣，方因孔子廟爲學，以教養縣子弟，願先生留聽而賜臨之，以爲之師，某與有聞焉。伏惟先生不與古之君子者異意也，幸甚。

## 二

惠書，何推褒之隆而辭讓之過也！仁人君子，有以教人，義不辭讓，固已爲先生道之。今

〔一〕「二」，原無，底本卷首目録及本卷目録均作「三」，然正文僅二篇，故改作「二」。

先生過引孟子、柳宗元之説以自辭。孟子謂「人之患在好爲人師」者，謂無諸中而爲有之者，豈先生謂哉！彼宗元惡知道？韓退之毋爲師，其孰能爲師？天下士將惡乎師哉？

夫謗與譽，非君子所恤也，適於義而已矣。不曰適於義，而唯謗之恤，是薄世終無君子，唯先生圖之。示詩，質而無邪，亦足見仁人之所存。甚善！甚善！

## 答孫元規大資書

某不學無術，少孤以賤，材行無可道，而名聲不聞於當世。巨公貴人之門，無可進之路，而亦不敢輒有意於求通。以故聞閤下之名於天下之日久，而獨未嘗得望履舄於門。

比者得邑海上，而聞左右之别業實在敝境，猶不敢因是以求聞名於從者。卒然蒙賜教督，讀之茫然，不知其爲愧且恐也。

伏惟閤下，危言讜論，流風善政，簡在天子之心，而諷於士大夫之口，名聲之盛，位勢之尊，不宜以細故苟自貶損。今咳唾之餘，先加於新進之小生，疑左右者之誤，而非閤下之本意也。以是不敢即時報謝，以忤視聽，以累左右，而自得不敏之誅；顧未嘗一日而忘拜賜也。

今兹使來，又拜教之辱，然後知閤下真有意其存之也。夫禮之有施報，自敵以下不可廢，況王公大人而先加禮新進之小生，而其報謝之禮缺然者久之，其爲罪也大矣。雖聰明寬閎，其有以容而察於此，而獨區區之心，不知所以裁焉。

## 答孫少述書

少述足下：某天稟疏介，與時不相值，生平所得，數人而已，兄素固知之。置此數人，復欲强數，指不可詘。唯接兄之日淺，而相愛深，别後焦然如失所憑。兄賜問者八九，奉答卒不過一再而已[一]。以爲吾黨之相與[二]，情誼何如爾，問之密疏，不足計也。不然，今之游交竿牘之使，午行於涂，豈某於兄顧不能哉？

此月十二日抵真州，明日當舟行無事，當爲朱先生敍字，且賡所貺詩以寄元珍。六月代去，民先受鄆辟，爲之奈何？近日人事可嗟可怪者衆，何時見兄論之？春暄，自重。

## 答王該祕校書二[三]

某不思其力之不任也，而唯孔子之學；操行之不得，取正於孔子焉而已。宦爲吏，非志也，

[一]「奉答」，龍舒本作「至蒼」。
[二]「之」，龍舒本作「一」。
[三]「二」，原無，據底本卷首目録補。

竊自比古之爲貧者，不知可不可耶？今之吏，不可以語古。拘於法，限於勢，又不得久，以不見信於民，民源源然日入貧惡。借令孔子在，與之百里，尚恐不得行其志於民。故凡某之施設，亦苟然而已，未嘗不自愧也。足下乃從而譽之，豈其聽之不詳耶？且古所謂蹈之者，徒若是而止耶？殆不若是而止也。易子之事，未之聞也。幸教之，亦未敢忽也。

## 二

某頓首。自足下之歸，未得以書候動止而以慰左右者之憂，乃辱書告以所不聞，幸甚。如見譽，則過其實甚矣，告者欺足下也。其尤顯白不可欺者，縣之獄，至或歷累月而無一日之空。屬民治州[一]，苟自免以得罰者以十數。安在乎民之無訟而服役之不辭哉？且某之不敏，不幸而無以養，故自縻於此。

蓋古之人有然者，謂之爲貧之仕。爲乘田，曰牛羊蕃而已矣；爲委吏，曰會計當而已矣。牛羊之不蕃，會計之不當，斯足以得罪。牛羊蕃而已矣，會計當而已矣，亦不足道也。唯其所聞，數以見告，幸甚。

[一]「州」，原作「以」，據龍舒本改。

## 答張幾書

張君足下：某常以今之仕進爲皆詘道而信身者[一]，顧有不得已焉者。捨爲仕進，則無以自生，捨爲仕進而求其所以自生，其詘道有甚焉，此固某之亦不得已焉者。獨嘗爲進説以勸得已之士焉。得已而已焉者，未見其人也，不圖今此而得足下焉。足下恥爲進士，貴其身而以自娱於文，而貧無以自存，此尤所以爲難者。凡今於此，不可毋進謁也，況如某少知義道之所存乎？今者足下乃先貶損而存之，賜之書，詞盛指過，不敢受而有也。惟是不敏之罪，不知所以辭，敢布左右，惟幸察之而已。

## 答楊忱書

承賜書，屈欲交之，不知其爲懼與愧也，已又喜焉。聞君子者，仁義塞其中，澤於面，浹於背，謀於四體而出於言，唯志仁義者察而識之耳。然尚有其貌濟其言匱、其言濟其實匱者，非天下之至察何與焉？

[一] 「信」，龍舒本作「進」。

某嘗窮觀古之君子所以自爲者，顧而自忖其中則欲然。又思昔者得見於足下，俯數刻爾，就使其中有絶於衆人者，亦未嘗得與足下言也。足下何愛而欲交之邪？或者焯然察其有似邪？夫顧而自忖其中則欲然，其爲貌言也，乃有以召君子之愛，宜乎不知其爲懼與愧也。然而足下自許不妄交，則其交之也，固宜相切以義，以就其人之材而後已爾，則某也甚有賴，其爲言也可以已邪？

## 答陳梠書

某啓：伏蒙不遺不肖，而身辱先之，示之文章，使得窺究其所藴，又取某所以應見問者，序而存之，以寵其行。足下之賜過矣，不敢當也。某懦陋淺薄，學未成而仕，其言行往往背戾於聖人之道，擯而後復者〔一〕，非一事也。自度尚不足與庸人爲師，況如足下之材良俊明，安能一有所補邪？雖然，足下過聽，所序而存者，或非某所聞於師友之本指也，則義不得默而已。

莊生之書，其通性命之分，而不以死生禍福累其心，此其近聖人也。自非明智不能及此。明智矣，讀聖人之説，亦足以及此。不足以及此，而陷溺於周之説，則其爲亂大矣。墨翟非亢然

〔一〕「擯」，龍舒本作「頻」。

詆聖人而立其説於世，蓋學聖人之道而失之耳。雖周亦然。韓氏作讀墨，而又謂子夏之後，流而爲莊周，則莊、墨皆學聖人而失其源者也。老、莊之書具在，其説未嘗及神仙。唯葛洪爲二人作傳以爲仙。而足下謂老、莊潛心於神仙，疑非老、莊之實，故嘗爲足下道此。老、莊雖不及神仙，而其説亦不皆合於經，蓋有志於道者。聖人之説，博大而閎深，要當不遺餘力以求之。是二書雖欲讀，抑有所不暇。某之所聞如此，其離合於道，惟足下自擇之。

## 答余京書

某行不足以配古之君子，智不足應今時之變，竊食窮縣而無勢於天下，非可以道德而謀功名之合也。今足下貶損手筆，告之所存，文辭博美，義又宏廓，守而充之，以卒不遷，其至可量邪？顧告之非其所，推褒之語，不以實稱，類有以不敏欺足下者〔一〕。孔子曰：「不患人之不己知，患己不知人也。」此亦足傷足下知人之明，獨愧而已，不敢當也。

〔一〕「欺」，光啓堂本、聽香館本作「敗」。

## 答王景山書

某愚不量力，而唯古人之學，求友于天下久矣。聞世之文章者，輒求而不置，蓋取友不敢須臾忽也。其意豈止於文章耶？讀其文章，庶幾得其志之所存。其文是也，則又欲求其質，是則固將取以爲友焉。故聞足下之名，亦欲得足下之文章以觀。不圖不遺，面惠賜之〔一〕，又語以見存之意，幸甚幸甚！

書稱歐陽永叔、尹師魯、蔡君謨諸君以見比。此數公，今之所謂賢者，不可以某比。足下又以江南士大夫爲無能文者〔二〕，而李泰伯、曾子固豪士，某與納焉。江南士大夫良多，度足下不徧識，安知無有道與藝閉匿不自見於世者乎？特以二君概之，亦不可也。況如某者，豈足道哉？恐傷足下之信，而又重某之無狀，不敢當而有也。孔子曰：「十室之邑，必有忠信如丘者。」聖人之言如此，唯足下思之而已。聞將東游，它語須面盡之。

〔一〕「面」，龍舒本作「而」。
〔二〕「無」，原無，據龍舒本補。

# 臨川先生文集　卷七十八

## 書

### 答郟大夫書

承教，并致令嗣埋銘〔一〕、祭文，發揮德美，足以傳後信今〔二〕，感惻豈可勝言！衰疾倦於人事，惟頃見令嗣數邀請之，心所愛尚，不知應接之勞也。不圖奄忽，遂隔生死，言及於此，祇傷慈念。然壽夭有命，悲痛無補，惟當以理自開釋耳。無緣會晤，千萬良食自愛！

〔一〕「銘」，光啓堂本作「瘞」。
〔二〕「信今」，龍舒本作「讀之」。

## 與章參政書

自聞休命，日與賢士大夫同喜。承誨示，重以感愧，又喜動止多福。某外尸榮禄，幸可以小愒，而痞喘稍瘳，即苦瞀眩。投老殘年，況不復久，唯祝公爲時自愛，勉建功業，稱明主眷遇而已。書不逮意，想蒙恕亮。

## 與王宣徽書二〔一〕

某頓首再拜。阻闊門墻，浸彌年月，惓惓鄉往，豈可勝言！某屏居丘園，衰疾日嬰，闕於修問，想蒙矜恕。北都衙校，偶至北山，得聞比日動止康豫，深慰鄙情也。南北遼闊，無緣進望履舃，惟冀爲時倍保崇重，無任禱頌之至〔二〕！

### 二

某頓首再拜留守宣徽太尉台座：久遠言侍，豈勝瞻仰！山川阻闊，修問曠疏。竊惟尊體，

〔一〕「二」，原無，據底本卷首目録補。
〔二〕「至」下，龍舒本有「某惶恐再拜留守宣徽太尉台座謹空」十五字。

動止萬福，門内吉慶。新正，伏冀爲國自重，下情禱頌之至。不宣。

## 三

某惶恐再拜。伏承屢求自佚，聖上貪賢，想必未遂高懷。無緣造詣，豈勝企仰！某衰疾日積，待盡丘園，每荷眷記，但深感切。

## 與彭器資書

某啓：數得會晤，深以慰釋。遽當乖闊，豈勝係戀！衰疾，無緣追路，且爲道自愛。謹勒此以代面敘。

## 與程公闢書

某啓：比承故人遠屈，殊以不獲從容爲恨。更煩專使，貺以好音，豈勝感悵！陰晴不常，寒暄屢變，尤喜跋涉，動止安豫。平字韻詩，不敢違指，聊供一笑。集古句亦勉副來喻，不足傳示也。尚此阻闊，惓惓可知，千萬自愛，以副情禱也。不宣。

厚之康强，必數相見。久欲致書未果，幸因晤語，爲道惓惓也。〔二〕

## 與李修撰書 復圭

某啓：比得奉餘論，殊以不從容爲恨。忽復改歲，豈勝思仰！乃煩枉教，慰感何可復言？尤喜動止多福。日冀別膺休命，復得展晤於丘園。未間，良食自壽。不宣。〔三〕

## 與徐賢良書

某叩首。罪逆苟活，向蒙賢者不以無狀，遠賜存省，區區哀感，所不可言！自後日欲修問，而乃重煩手教，先加撫慰，重以愧惻也。

從是北征，計在旬月，過潤去此甚近，以几筵之故，無由一至京口奉候，瞻向之情，可以意知也。自別後不復治禮，亦時時體中疾病，諸非面見，何可言也！千萬自愛。數以書見及，幸甚。尊兄支福，不及別削也。

〔二〕「也」下，龍舒本有「某再拜正議公闕老兄」九字。
〔三〕「宣」下，龍舒本有「某啓上審言修撰閣下」九字。

## 與楊蟠推官書二[一]

某頓首推官足下：辱手筆，所以見教者過當，不敢當也。某不爲通乎道者，曰有志乎道可也。方當求正乎人，其敢正人乎哉？讀足下之文，但知畏之而已。足下固嘗得賢人者而師之，願造請所聞焉[二]，以私故未遑，謹奉手啓。不宣。

## 二

某頓首。區區之意，已白左右，卒不見亮，而相責望加焉。夫豈敢有愛哉？特無以當所欲耳。雖然，得閒將試進其疑者，亦冀足下或有以聞之[三]。不宣。

## 與孟逸祕校手書九[四]

某頓首仲休兄足下：自京師奉别，於今已八九年。事物之役，少休息時，不得馳問，但增勤

[一]「二」，原無，據底本卷首目録補。
[二]「所聞」，光啓堂本作「此聞」，聽香館本作「而問」。
[三]「聞」，龍舒本作「開」。
[四]「九」，原無，據底本卷首目録補。

企。忽得書，乃知尚滯下邑，幸得會合，歡慰固無量。顧忝一日之雅，而以公函見賜，竊慚怍，不知所謂也。拜見在近，千萬自愛！他留面陳。

二

某頓首。昨日以旱事奉報，既而且以書抵王公，言今旱者皆貧民，有司必不得已，不若取諸富民之有良田、得穀多而售數倍之者，貧民被災，不可不恤也。度治所已接狀矣。然民既爲使者所沮，得無貧懦力不能復自訴者乎〔一〕？唯念之。屯田必已入城矣，前治宿松事，何其詳也！錦雞更求兩雌，不欲忤物性耳。秋涼，自愛！

三

某頓首。數日得奉談笑，殊自慰。別後懷渴殊深，伏惟動止萬福。鶡已領得〔二〕，感怍！當有元給之直，幸示下。不然，則魯自是不贖人矣〔三〕。按田良苦，惟寬中自愛。兩日稍寒矣，尤宜自愛。

〔一〕「力」，宋刻本作「方」。
〔二〕「鶡已」，龍舒本作「向所」。
〔三〕「自」，光啓堂本作「曰」，聽香館本作「由」。

## 四

某頓首。到郡匆匆，欲一詣邑奉見[一]，尚未果。伏惟動止萬福。歲饑如此，幸得賢令君相與爲治，宜不至有失所者。然聞富室之藏，尚有所閉而未發者。切以謂方今之急，閣下宜勉數日之勞，躬往隱括而發之，裁其價以予民。損有餘以補不足，天之道也。悠悠之議，恐不足卹，在力行之而已。不知鄙見果可行否，幸一報，有以見教，幸多及。

屯田尊候萬福，不及上狀。不知端州何時可以到此，欲及其將至，使人以書迓之，幸一爲致問示及，不久得奉見。未爾，自愛！

## 五[二]

## 六

某頓首。辱書感慰。想按田勞苦，乞自愛！惟下户所得亦不多，又誠可哀。至於豪右，雖所蠲至少，未爲損也，仁明審處之而已。質利甚好，但某亦自質却數十千，恐不免嫌謗也。邑中但痛繩之，豈有不從者乎？按置一二人[三]，自然趨令矣。日夕思一見無由，聞常因檢覆至近郊，

[一] 「詣」，光啓堂本作「請」。

[二] 此篇與卷七十六謝張學士書同，當是誤録，今删。

[三] 「按」，光啓堂本作「接」。

能入城否？或不欲入城，憚請謁之煩，即至近郊，可示諭，當走城外奉謁也。

## 七

某頓首。辱書感慰。非兄之愛厚，何其能勤勤不忘如此也！奔走南北，而事多不能如心，去就之際，未知所擇，安能無勞於心邪？不知兄代者何時到乎？春暄，千萬自愛，以慰鄙懷也。時以書見及，不勝幸願。

## 八

某頓首。近别殊思渴。雨不足，遽止，爲之奈何？兩日欲作書往，而私門不幸，再得小功之訃，愁苦豈可以言説邪！

元規得南信否？昨日報之，當更重其愛思。然恐其急於得實，又當走人往候之故耳。前日所議云何？欲以公往，可否？然元規方内憂，暇議此否？此決無害事，但已之爲不可耳，更裁之。黄任道書煩送去，無聊上問，不謹，幸憐察！

## 九

某頓首。幸以一日之雅，而每辱以公禮見加，非所望也。蒙諭，具曉盛意，舉監若行辭不難也，至於閤下治行，自爲諸公所知，不患無知己也。惟以道自釋，餘留面究也。蠶蟒之入，今歲如何？邑亡歲之凶〔一〕，固賢令仁佐政治之所及也，竊以爲慰〔二〕。

## 與樓郁教授書〔三〕

某竊邑無狀，每自隱度，宜得罪於賢者。敢圖不遺，辱賜手筆，而副以褒揚之辭乎？此乃重某之不肖，使不得聞其過惡，而非所以望教誨之意也。足下學行篤美，信於士友，窮居海瀕，自樂於屢空之内，此某所仰歎也。

## 答王逢原書〔四〕

某啓：不見已兩月，雖塵勞汩汩，企望盛德，何日忘之〔五〕。忽辱惠書，承以論語義見教，言微旨奥，直造孔庭，非極高明，孰能爲之？仰羨仰羨！近蒙子固、夷甫過我，因與二公同觀，尤

〔一〕「亡」，龍舒本作「忘」。
〔二〕「慰」，光啓堂本、聽香館本作「恩」。
〔三〕「郁」，光啓堂本作「郎」。
〔四〕此文又見本集卷七十二，題作答王深甫書三，當以本題爲是。
〔五〕「忘」，龍舒本、宋刻本作「無」。

所歎服。何時得至金陵，以盡遠懷？不宣。

## 答王致先生書

某頓首先生足下：久不見顔色，傾渴無量。蒙賜手筆，存奬尤過。新將頗慰民望，固幸甚。足下無事於職，而愛民之心，乃至於此，可以爲仁矣。他留面陳，匆匆不謹。

## 回文太尉書

某再拜留守太尉儀同台座：久遠言燕，豈勝悵仰！山川阻闊，久曠馳問，仰惟尊體動止萬福。丘園衰疾，候望無階，唯冀爲時倍保崇重，下情祝望之至。不宣。

## 回元少保書二〔一〕

某啓：比承存問，不敢因郵敘感，日詷營從之東，馳布悃愊。專使臨門，誨諭稠疊，區區感激，何可具言！承動止康寧，深以爲慰。相望數驛，而衰憊日滋，無緣馳詣，但有鄉往。若春氣

〔一〕「二」，原無，據底本卷首目録補。

暄和，乘興遊衍，得陪几杖，何幸如之！ 未爾間，伏乞良食自重。不宣。[一]

## 二

某啓： 久闕修問，豈勝企仰！ 新歲想膺多福，貴眷各吉慶。山川相望，拘綴無緣造晤，冀倍自壽重，以副惓惓也。程公闢想日得從容也。

# 答范峋提刑書二[二]

某啓： 久阻闊，豈勝鄉往！ 承誨喻示及，知舟馭已在近關，良喜。動止萬福，冀得瞻晤，又重以喜。餘非面敘不悉。

## 二

某啓： 承營從數辱丘園，得聞餘論，多所開釋。戒行有日，適以服藥疲頓，不獲追路，豈勝愧悵！ 冒涉方遠，冀良食自壽，以慰係戀。謹奉啓以代面敘。[三]

---

[一] 「宣」下，龍舒本有「某再拜致政少保台座」九字。
[二] 「二」，原無，據底本卷首目録補。
[三] 「敘」下，龍舒本有「某啓上提刑奉議」七字。

## 答孫莘老書

某啓：丘園自屏，煩公遠屈，衰疾不獲奉迓。仰惟營從跋涉勞苦，謹遣人馳此奉候。不宣。

## 答俞秀老書

某啓：比嬰危疾〔一〕，療治百端，僅乃小愈。竊聞秀老亦久伏枕，近纔康復，不知營從何時如約一至乎〔二〕？歲盡當營理報寧庵舍，以佇遊愒。餘非面敘不悉。未相見間，自愛！令弟見訪，闕於從容，及聞邀之，已過江矣。聞不久復來，不及別幅也。

## 答宋保國書

某啓：使人三至，示以經解，副之佳句。勤勤如此，豈敢鹵莽，以虚來旨！所示極好，尚有少疑，想營從非久淹於符離，冀異時肯顧我，可以究懷。未爾，爲時自愛。不宣。

---

〔一〕「嬰」，龍舒本作「遘」。

〔二〕「至」下，龍舒本有「此」字。

## 答熊伯通書二[一]

某啓：幸得會晤，豈勝欣慰。遽復乖闊，實深悵戀！明日當展親墓，不獲追送，瞻傃旌旆，重增愧恐。唯冀爲時自重，度非久北還。餘非面敘不可宣究也。

## 二

某啓：久欲相送於崇果，適值展墓。今日聞舟師尚次淮濱，猶欲與七弟一往，而疲憊殊甚，惓惓之情，何可具言！重煩誨喻，感激！感激！沈氏書即馳送，幸託婚姻之末，豈勝欣慰！冬寒，跋涉自愛！想公非久淹南方，冀復朝夕會晤於此。爲時自愛。不宣。

## 答蔣穎叔書

阻闊未久，豈勝思渴！承手筆訪以所疑，因得聞動止，良以爲慰。如某所聞，非神不能變，而變以赴感，特神足耳。所謂性者，若四大是也；所謂無性者，若如來藏是也。雖無性而非斷絶，故曰一性所謂無性。曰一性所謂無性，則其實非有非無，此可以意通，難以言了也。惟無性，故能

〔一〕「二」，原無，據底本卷首目録補。

變；若有性，則火不可以爲水，水不可以爲地，地不可以爲風矣。長來短對，動來静對，此但令人勿著爾。若了其語意，則雖不著二邊而著中邊，此亦是著。故經曰：「不此岸，不彼岸，不中流。」長爪梵志一切法不變，而佛告之以受與不受亦不受，皆争論也。若知應生無所住心，則但有所著，皆在所訶，雖不涉二邊，亦未出三句。若無此過，即在所可，三十六對無所施也。妙法蓮華經説實相法，然其所説，亦行而已。故導師曰「安立行浄行，無邊行上行」也。其所以名芬陁利華，取義甚多，非但如今法師所釋也。

佛説有性，無非第一義諦。若第一義諦，有即是無，無即是有，以無有像計度言語起而佛不二法〔一〕。離一切計度言説，謂之不二法，亦是方便説耳。此可冥會，難以言了也。

〔一〕「語」，聽香館本作「説」。

# 臨川先生文集　卷七十九

## 啓

### 賀韓魏公啓

伏審判府司徒侍中寵辭上宰，歸榮故鄉，兼兩鎮之節麾，備三公之典策。貴極富溢而無亢滿之累，名遂身退而有褒加之崇，在於觀瞻，孰不慶羡？

伏惟某官受天間氣，爲世元龜，誠節表於當時，德望冠乎近代。典司密命，總攬中權，毁譽幾至於萬端，夷險常持於一意。故四海以公之用捨，一時爲國之安危。越執鴻樞，遂躋元輔。以人才未用爲大恥，以國本不建爲深憂。言衆人之所未嘗，任大臣之所不敢。及臻變故，果有成功。英宗以哀疚荒迷〔一〕，慈聖以謙沖退託。内揆百官之衆，外當萬事之微，國無危疑，人以静

〔一〕「疚」，龍舒本作「疾」。

一。周勃、霍光之於漢，能定策而終以致疑；姚崇、宋璟之於唐，善政理而未嘗遭變〔一〕。記在舊史，號爲元功。未有獨運廟堂，再安社稷，弼亮三世，敉寧四方，崛然在諸公之先，焕乎如今日之懿。若夫進退之當於義，出處之適其時，以彼相方，又爲特美。某久叨庇賴〔二〕，實預甄收。職在近臣，欲致盡規之義；世當大有，更懷下比之嫌。用自絶於高閎，非敢忘於舊德。逖聞新命，竊仰遐風，瞻望門闌，不任鄉往之至。

## 賀致政文太師啓

伏審明制閔煩，安車歸憩，位在三師之首〔三〕，名兼兩鎮之崇。誕告敷聞，具瞻胥慶，豈惟末契，竊仰高風！恭惟致政儀同太師，聲冠時髦，望隆國棟。天應時而生德，帝考實而念功。蕭何，漢之宗臣；方叔，周之元老。寵靈莫二，宜受祉之難窮；慇惻有加，遂留賢而弗獲。瞻承雖阻，企慕實深。

〔一〕「政」，龍舒本作「致」。
〔二〕「叨」，龍舒本作「於」。
〔三〕「師」，龍舒本作「公」。

## 賀留守侍中啓

伏以露章有請，辭寵甚堅，遂迴涣號之孚，以徇撝謙之美。爰田衍食〔二〕，舊鎮撫臨，雖非朝廷爵以報功之心，兹見君子廉以激貪之節。高風所洎，薄俗以敦。

恭惟留守太保侍中，躬授將明之才，出逢開泰之運。謨謀王體，秉執事樞。勳庸已著於三朝，寵禄具膺於多祉。惟時出處，作世表儀。未遑慶牘之修，首辱占書之貺，永言感戢，實被惆悰〔三〕。

## 賀留守王太尉啓

恭聞孚號，崇奬耆明，肇建節旄，再司管籥。匪周邦之獨慰，乃黎獻之交欣。

伏惟留守太尉，朝廷偉材，宗廟貴器，華問既大，寵禄用光。取甘茂之十官，最先諸老；間季友於兩社，乃允具瞻。將壇之拜既崇，公袞之歸豈晚？某舊蒙識拔，尚阻趨承，踴躍之私，實

〔二〕「田」，龍舒本作「舊」。
〔三〕「被」，龍舒本作「倍」。

爲倍百。

## 賀致政趙少保啓

竊審抗言辭寵，得謝歸榮，繇西省諫諍之官，序東宫師保之位。殿庭鳴玉，尚仍前日之班；里舍揮金，甫遂高年之樂。

伏惟慶慰。資政少保，懋昭賢業，寅亮聖時。伯夷之直惟清，仲山之明且哲。所居之名赫赫，豈獨後思？爾瞻之節巖巖，方當上輔。遂從雅志，實激貪風。未即披承，徒深欽仰。

## 賀吕參政啓

竊聞明命，登用大儒，是宜夷夏之交歡，豈特親朋之私慶。某官以君子之器，值聖人之時。直道正言，石投水而必受；淫辭詖行，雪見晛而自消。果膺夢卜之求，式受鈞衡之任。王功方就，庶無一簣之虧；國勢已安，更加九鼎之重。豈徒惠好，過示撝謙。冀同雅操之堅，以稱茂恩之厚。

## 回謝王參政啓

伏審光被上恩，寵參國論，明緡敷告，庶位交忻。歷選迓衡之君，疇咨當軸之輔。尚尤違之敢弼，則曰汝無後言；欲譽問之能宣，則曰予有疏附。厥懷協濟，乃稱具瞻。當盛德之日躋，攬衆材而時舉，懋膺休顯，允屬耆明。

恭惟參政侍郎，秉哲在躬，推仁及物。告嘉謀于后，學皆會於本原；揚乎號于庭，辭必稽於典要。以陳善閉邪之賴，應贊元經體之求。重念羈單，最稱眷舊。牽絲一府，久承論議之餘；持槖三朝，常出踐更之後。復叨榮於並命，玆竊幸於爲僚。曲荷至懷，先詒重問，方勵同寅之志，敢忘胥顧之勤？

## 賀章參政啓

承聞大號，登用正人，國論所歸，帝舉時當。伏惟參政諫議，素所藴蓄，實在生民，久於韜湮，乃遇明主。遠大蓋存乎道術，緒餘宜見夫功名。湖海殘生，門闌末契。方士師之未立，可謂曰知；於樂正之有爲，云胡不喜？更荷誨言之無間，但慚慶禮之不先。

## 免參政上兩府啓

忽奉明緡，俾參大政，蒙恩則厚，撫己不遑。切以聖明之時，尤艱輔弼之任，置人或誤，累上非輕。内揆拙疏，仰慚優渥，雖已陳情而懇避，猶疑涣汗之難迴。敢竭否衷，更煩公議。

伏惟某官，望隆熙世，謀協睿聰。儻矜一介之誠，願借半辭之助，使安常分，無忝盛時。亦所以正選用之謬恩，不獨荷保全之私惠。

## 答高麗國王啓

伏以畿疆阻闊，覲止無階；道義流聞，瞻言有素。使旜及國，摯寶在庭，逮以好音，申之嘉惠，眷存即厚，慰感實深。恭惟大王，膺保德名，踐修猷訓，纂榮懷之舊服，襲壽豈之多祥。冀順節宣，深綏福履。有少儀物，具如別牋。

## 罷相出鎮回謝啓

比奉制恩，許還宰柄。妨賢廢事，但淹歷於歲時；辭劇就安，更叨逾於寵數。受方國蕃宣之寄，兼將相威儀之多，在於無功，是謂叨寵。此蓋留守太師忠能與善，美務成人。顧惟疲曳之餘，每賴推揚之助，得紆符紱，歸賁丘園。仰玷寵光之私，實踰分願之素。

## 謝皇親叔敇啓

此者叨被命書，延登揆路。方至神之獨運，追群聖以上行。褒典所加，治功宜稱。顧薄材之難强〔一〕，豈高位之敢安？甫集愧懷，遽承慶問〔二〕，拜嘉甚寵，敘感奚勝！

## 賀韓史館相公啓

伏覩制命，登用臣宗，大忠當興，衆正欣賴。伏惟慶慰。恭惟史館相公，世載賢業，躬合聖時。道直方而行以不疑，氣剛大而養之無害。逮專國柄，實佑帝庭。貪夫以廉，惟伯夷之行是效；枉者更直，則成湯之舉可知。某久曠舊恩，尚竊榮禄，以承流而自效，知馳義之所歸〔三〕。

〔一〕「難强」，聽香館本作「雜還」。
〔二〕「慶」，光啓堂本作「憂」、聽香館本作「優」。
〔三〕「義」，聽香館本作「驅」。

## 回留守太尉賀生日啓

閭史記時，永念劬勞之報；牙兵傳教，乃蒙慰賜之加。仰荷眷憐，豈勝感惻！伏惟判府留守太尉，望隆國棟，聲冠時髦。如畎畝之餘生，乃門闌之舊物。尚負品題之賜，每愧愚憧〔二〕；敢圖恩紀之施，未遺幽遠！仰承嘉惠，增激懦衷。

## 除參知政事謝執政啓

此者登備近司，與聞大政，誤膺休命，良積愧懷。竊念某早以孤生，出階賤仕，稍蒙推擢，遂至叨逾。久於侍從之班，初乏論思之效。皇明繼照，符守外分，亟被召還，得參勸講。已污禁林之選，更陪宰席之延。據非其宜，知有所自。此蓋伏遇某官，貫行忠恕，啓佑善良，因令危拙之身，亦與訏謨之地。敢不自致進爲之義，庶以上同經濟之心。

〔二〕「憧」，光啓堂本作「憶」，聽香館本作「愔」。

## 回王參政免啓

伏審升拜帝恩，進陪國論。孚號布宣於朝位，歡言騰溢於士林。草與朋游〔一〕，實先慶抃。恭惟某官，元精發秀，沖氣鍾和。贊密命於三朝，鶩隆名於四海。大忠無拂，常深簡於上心；經德不回〔二〕，非外移於衆口。久蓄庇民之施，果膺置輔之求。方當上同扶世之猷，庶以自免瘝官之責。過煩重問〔三〕，曲喻至懷。冀回操以就工，遂協謀而許國。

## 參知政事回宗室賀啓

此者叨被上恩，使陪國論，惟才能之淺陋，荷眷遇之特殊。遜避弗容，省循知畏。此蓋伏遇某官，道存博愛，志務上同，肩許國之至懷，樂推賢而與共，因令孤拙，得冒寵靈。先蒙慶問之勤，尤積愧顔之厚。

〔一〕「草」，龍舒本作「早」。
〔二〕「回」，光啓堂本作「曰」。
〔三〕「問」，聽香館本作「簡」。

## 回曾簽書免啓

伏審顯膺優詔，進貳中樞，伏惟歡慰。某官鍾才宏遠，逢運休明，夙衷注於宸心，克將明於王政。乃寘民瞻之地，實資世濟之才。明命誕敷，師言咸允，而剡章上奏，辭寵更堅。惟祇若於王休，庶共釐於邦采。

## 上執政辭僕射啓

竊以中臺揆路之要，左省侍班之崇，以疇茂勳，乃稱公論。某誤尸宰事，久曠天工，方慚莫副於具瞻，豈意更叨於殊獎？比陳愚款，未賜俞音。伏惟某官，仁在曲成，義惟兼善，特借未辭之助〔一〕，庶逃虛授之尤。

〔一〕「未」，聽香館本作「半」。

## 除宰相上兩府大王免啓二〔二〕

伏奉制命特授云云。綸綍之言，布宣於朝廷；鈞衡之任，總率於臣工。必收特出之才，乃稱具瞻之實。某叨塵事任，參豫政機，雖有許國之愚忠，初無濟時之明效。久思自弛，以免庶尤。敢圖眷注之私，更寘辨章之地。方蒙曲諭，未獲終辭。伏望某官，深亮懇誠，俯垂憐惻，少借半辭之助，以紓曠責之慚。

## 二

竊以鈞衡之任，寔總於百工；苟非經濟之材，曷熙於庶績？某曩叨柄用，已乏事功，方追虛責之尤，豈稱具瞻之實？敢圖隆眷，未獲固辭。伏惟某官，仁以曲成，義惟兼濟，願借重言之助，庶逃虛授之慚。

## 回謝舍人啓

伏審詔試公府，書命帝庭，茂對明綍之恩，遂膺顯服之賜。豫遊惟舊，懷慰良多。舍人美行

〔二〕「上」，原作「十」，據底本卷首目録改。「二」，原無，據底本本卷目録補。

邁倫，高材濟務，自翱翔於朝路，實熠燿於士林。孚號載揚，師虞惟允〔二〕。未皇贊喜，特枉嗚謙，感愧之私，敷言曷罄！

## 回韓相公啓

伏審祇服命書，已臨使府。來章得請，尤欣閭里之還；舊俗去思，胥慶旌麾之入。伏惟某官，氣凝簡厚，學造本元，忠義著於三朝，功名垂於一代。銅臺坐鎮，居多恬養之休；棠訟日清，久被仁漸之化。未遑馳慶，先辱貽書，惕然汗顔，俯以拜貺。其爲感戢，實倍悃悰。

## 回文侍中啓

伏審顯奉制書，榮遷官秩，暫解樞衡之密，出分藩輔之憂。伏惟某官，器範曠夷，才猷膚敏，著三朝之茂烈，爲一代之宗工。遽辭機務之繁，屢貢近藩之請。詔音賜可，顧志願之莫違；寵數有加，唯德功之宜稱。豈期明悊，尚屈謙虚。況當成命之行，允協僉言之望。冀迴沖守，以對茂恩。

〔二〕「師」，先啓堂本、聽香館本作「抑」。

# 臨川先生文集　卷八十

## 啓

### 回賀冬啓三

伏以七始載華，三微遂著，方明主撫辰之盛，宜哲人膺祉之多。恭惟儀同太師，一代宗工，三朝壽俊，適履新陽之盛，備膺諸福之歸。屬以嬰痾，阻於稱壽，睠睠祝頌，實倍等夷。

### 二

伏以四序密移，一陽來復，氣驗管灰之應，官書雲物之占。伏惟某官，佐主以將明之材，庇民以平易之政，踐揚機要，時所具瞻。就立功名，老方益壯，甫臨穀旦，宜介多祥。邈無薦壽之由，第切馳情之極。

三

伏以陽明初復[一]，圭景寖長，惟勳德之並隆，宜福休之薦至。某官材高百辟，望重三朝。收善世之榮名，往蕃王室；暢經邦之遠業，復荷天衢。延跂台華，彌增善頌。

## 回賀正啓三

伏以杓回寅位，德盛木行，物乘引達之陽，朝布始和之令。伏惟留守、司徒、侍中，深忠許國，令德在民。方穀旦之甫臨，宜春祺之協應。某方兹居里，適阻造門，顧敘慶之弗遑，在馳誠而曷已！

二

伏以杓回寅位，德盛木行，品物時亨，吉人類長。伏惟某官，元功致主，茂德宜民，烝庶之所詠歌，神明之所輔相。甫臨穀旦，宜介吉祥，稱慶未遑，鳴謙遽及。感銘之素，敷敘何殫？

[一] 「明」，原作「朋」，據龍舒本改。

三

伏以肇履歲端〔一〕，始和治本，惟國元老，荷天純休。伏惟某官，抗志極高，守氣甚約。措之事業而盛大，發爲聞望而輝光。暫息價藩，佇還宰席。瞻馳頌願，倍百等夷。

## 賀文太師啓

伏以歲旦更始，物得以生，當命相布德之時，乃使民觀象之月。伏惟致政儀同太師，王纘之事，天降之才。冕服命圭，極上公之貴號；神旗豹尾，總全魏之嘉師。宜獲相於明靈，以時膺於戩穀。某限以病居在遠，慶賀無階，同善頌於輿人，以自輸於微志。

## 謝知制誥啓

據非其稱，慚甚於榮。竊以通會朝之籍於禁中，出誥命之書於天下，自昔必求乎良士，方今尤謂之美官。非夫能道先王之言，及通當世之務〔二〕，文章足以潤色，知術足以討論〔三〕，一有誤居，

〔一〕「伏以」，原無，據龍舒本補。
〔二〕「及」，龍舒本作「文」。
〔三〕「討論」，聽香館本作「經綸」。

必乖衆論。

某素出貧賤，偶遭盛明[一]。讀書雖勤，未免是古之累；更事雖久，終無適時之才。製作淹遲而不工，思慮短淺而不敏。有此一物，自足窮於多士之時；兼是四端，豈宜辱於邇臣之列？此蓋伏遇某官，以忠純翼戴，以寬大甄收。謂其引分而無求，儻或負能而有待，因加奬借，使得超踰。蓋大公之賜所加，唯至誠之報爲稱。敢不内盡致身之德，庶以上同許國之心！

## 回謝館職啓

奉膺明詔，綜理秘文，凡與交游，舉同慶慰。惟館閣圖書之府，實朝廷俊乂之林[二]。或起賢良進士之高科，或出公卿大臣之列薦。因循流弊，稍容濫進於平時；選用校讎，多得真才於近歲。蓋爲其謨謀之已審，故不必課試而後知。某官以甚高之資，加至美之行。服異能於大衆，蓋已千人；積素望於明時[三]，固非一日。鉅工所以極論而無避，先帝所以特用而不疑。雖列職

[一]「遭」，龍舒本作「逢」。
[二]「林」，龍舒本作「廛」。
[三]「素望」，龍舒本作「王臣」。

書林，於僨未塞；然奮功朝路〔一〕，其進可量。未獲造門，先承枉駕，私懷感恧，豈易敷言？

## 知常州上中書啓〔二〕

將母之求，屢關於聽覽；長民之寄，終累於陶鎔〔三〕。勢則便安，心焉震悸。蓋聞抱關擊柝，所以待士之爲貧〔四〕；直鎛蒙鏐，所以處人之有疾。其志卑者其獲少，其能薄者其任輕。自非審分以取容，則必近刑而速謗。如某者，湮淪素業，邀會時恩〔五〕。備官牧人，既以貧而擇利；奉使畿縣，又以疾而告勞。甚矣能薄而志卑，宜乎任輕而獲少。尚蒙優詔〔六〕，猥備方州，自惟缺然，何以稱此？

兹蓋伏遇某官，上同一德，而以寬裕處心；旁燭萬情，而以平均待物。遂令疏賤，亦至叨

〔一〕「路」，原作「露」，據龍舒本、宋刻本、聽香館本改。

〔二〕龍舒本題作「謝執政啓」。

〔三〕「鎔」，聽香館本作「甄」。

〔四〕「貧」，聽香館本作「旨」。

〔五〕「邀」，龍舒本作「徼」。

〔六〕「尚蒙優詔」，龍舒本作「特蒙優渥」。

逾。永惟憂國之所存，獨可勤民而上副。顧今州部〔一〕，已遠朝廷，田疇多荒，守將數易。教條之約束，人無適從；簿書之因緣，吏有以肆。惟是妄庸之舊，當兹凋瘵之餘，自非上蒙寵靈，少假歲月，則牧羊弗息，彼將何望於少休；畫土復墁，此亦無逃於大譴。更期元造，終賜曲成。

## 知常州上監司啓〔二〕

蒙恩寬裕，得郡便安，諏日造官，以身受察〔三〕。竊念某鄙陋之質，拙疏於時，聞先子之緒餘，慕古人之名節。黽勉仕宦，聊盡爲貧之謀；苟簡歲時，亦預在庭之數。來佐群牧，甫更二年，數求州符，就更畿縣。顧神明之罷耗，當事役之浩穰〔四〕，慚非其宜，辭得所欲。遂以一身之賤，猥分千里之憂。荷覆露之生成，出儁賢之撫按。竊惟幸會，良用震驚。惟此陋邦，近更數守，吏卒困將迎之密，里閭苦聽斷之煩。自非函容〔五〕，少賜優假，緩日月之效，使教條之頒，則何以上稱

〔一〕「部」，龍舒本作「縣」。
〔二〕龍舒本題作「謝提轉啓」。
〔三〕「察」，龍舒本作「責」。
〔四〕「事」，龍舒本作「使」。
〔五〕「函容」，龍舒本作「涵容」，光啓堂本作「理角」，聽香館本作「寬容」。

督臨，下寬彫瘵！

伏惟某官，逢亨嘉之會，奮將明之材，簡在清衷，久於煩使。體愛養元元之意，樂扶持斷斷之能。庶幾始終，得出芘賴。未期望履，尤切馳情，願順節宣，以需褒寵。

## 上揚州韓資政啓

某受才素卑，趨世尤拙〔一〕。冒干從事之選，積有敗官之憂。汔由恩臨，得以理去。違離大旆，留止近邦，惟德之依，無時以懈。整僕夫之駕，方爾就途；拜使者於庭，遽然承教。未忘故吏之賤，加賜上樽之餘。望不素然，報將安所？念當遠適，顧獨長懷。行願高明之才，還處機要；坐令衰廢之俗，復觀太平。伏惟爲上自頤，副人所望。

## 上郎侍郎啓二

伏蒙過采浮議，使承乏官。借寵則榮，循涯而懼，願留平聽，得究下情。頑疏之人，滯固於事，席先子之緒業，玷太常之寺名。備位於兹，歷年無狀，安全者幸，廢去乃宜。何言誤知，欲觀

〔一〕「世」，龍舒本作「時」。

頌試。審處私計，追惟舊聞，不越俎以代庖，盡言有守〔一〕；未操刀而使割，可必無傷？輒敢用是固辭，誠願易而他使。依違王事，雖名理之未安；妄冒人知，亦生平之不欲。高明在上，悃愊發中，臨啓怔忪，果於得請。

## 二

某備官有守，望履無階，職是簿書之憂，缺然竿牘之獻。顧惟薄陋，最荷庇存，實賴盛恩之臨，不誅苛禮之廢。惟春且暮〔二〕，於氣已暄，伏惟養福有經，衛生無恙。

伏惟某官〔三〕，望隆先進，德茂老成，言歸典刑，動應的表。早收功於要路，晚得謝於明時。貴而能貧，恬以養智〔四〕，爲時所嚮，於義可師。伏惟順序節宣，慰人祈望〔五〕。

〔一〕「盡」，原作「蓋」，據光啓堂本、聽香館本改。
〔二〕「且」，聽香館本作「旦」。
〔三〕「官」，龍舒本作「人」。
〔四〕「以」，龍舒本作「有」。
〔五〕「祈」，龍舒本作「所」。

## 上田正言啓

謝去賓廷，歸安子舍，逮今旋月，惟日想風，會稽攷之相仍，顧滕書而不暇。伏況賢哲異稟，神明與休，起居安恬，福履膍厚。

恭以某官，剛絜不倚〔一〕，沈深内明，逢時以征〔二〕，取位如拾，朝所恃賴，士相據依。矧惟甚盛之才，實在可言之職。廟謀中失，物議否臧，有足敷陳，諒無回隱。仰裨大政，取顯官聯，四面所瞻，一心以徯。某早煩教育，晚出薦延，方兹辦裝，不日臨職。趣馳之地，固未有涯；芘賴之心，尚安所適？

## 上撫州知州啓 代人作。〔三〕

講聞風聲，積有時序。刺史之天所芘，先人之樹固存。仰高之心，惟日爲歲。顧賤官之有守，通私謁之無階。恭惟班宣有條，保養多福。

〔一〕「絜」，龍舒本作「素」。
〔二〕「時」，龍舒本作「辰」。
〔三〕「州」，龍舒本作「府」。

伏以某官，學周事變〔一〕，行應表儀，比以將明之才，遂當寬博之選。一麾坐府，猶屈於遠圖；三節造庭，宜膺於顯數。伏惟爲國自愛，副人所瞻。

## 謝孫龍圖啓

伏念某蕞爾之材，儻然而仕。進有官謗，未嘗不慚〔二〕；退無私田，何以自處〔三〕？苟安朴野之分〔四〕，無意賢達之遊。矧勢位之嚴尊，加功名之儁偉，天子之所倚重，士人之所取平。敢干冒進之誅，自廢退藏之守？過蒙收引，親賜撫臨，因使下材，得聞餘教。蓋忘千乘以友賤貧之士，先匹夫而輕貴富之身，在古已希，豈今宜有？顧無報稱，私用震驚。比聞治舟，既祖取道，恨造門之獨後，慚追路之不遑，尚幸仁明，儻存哀恕。縻身於此，望履何階？順變於時，養安以節。〔五〕

〔一〕「周」，聽香館本作「問」。
〔二〕「慚」，原爲墨釘，據宋刻本補。龍舒本作「憂」，光啓堂本、聽香館本作「兢」。
〔三〕「何」，龍舒本作「可」。
〔四〕「朴」，龍舒本作「村」。
〔五〕「節」下，龍舒本有「瞻望門闌，下情無任」八字。

## 謝王司封啓

伏念某孤窮之人，少失所恃。雖勉心竭力，求以合於古人；而固陋顓蒙，動輒乖於時變。以此而遊於世，未嘗見恕於人。而自趨走下風，習聞餘教，慰藉之禮，稱揚之私，忤嚴顔而不加犯上之誅，拂盛指而更以首公爲是。書辭報答〔一〕，騎從見臨，不以先進略後生，不以上官卑下吏。以至其去，重煩送將，又賙其行，使不留滯。爰初就道，甫爾踰旬，乖離雖新，感仰殊甚〔二〕。伏惟順節自壽，副人所瞻。

## 謝提刑啓

叨備一官，甫更三歲，不時罷廢，實賴全安。遭會使車〔三〕，按臨州部，頗望風而震恐，將投劾以去歸。敢圖高明，見遇優過！載銜盛德，尤激下情。乖離尚新，企仰殊甚。茂惟賢儁，善迓

〔一〕「辭」，龍舒本作「文」。
〔二〕「仰」，龍舒本作「戀」，宋刻本作「應」。
〔三〕「車」，光啓堂本、聽香館本作「事」。

福祥，固有神明，陰來輔相。褒陞之寵，倚立以須。伏惟爲上自頤〔一〕，副人所望。

## 謝夏噩察推啓

伏審某官，策足盛時，收名異等，以財自稱，爲議所歸。時惟私幸之多，代有同升之義，惟當造請，勢未暇遑。敢圖高明，不自重貴，親存敝館，申貺華牋！竊觀以思，懼恐且愧。咸池無賴於海鳥，章甫不加乎越人，夫何謙辭，乃爾虚辱。方且揆日，以時造門。

## 答交代張廷訊啓〔二〕

某受才無它，竊邑於此。更書始下，已傾自附之誠；賜問撫臨〔三〕，重荷相存之意。維兹地所，邈在海濱，方條教之未孚，得仁賢而復治。恭以某人，天材粹美，地勢高華，生逢盛時，進取顯仕。分一雷之土，雖屈遠圖；撫千室之弦，坐期美政。趨承在近，企仰居深。

〔一〕「頤」，龍舒本作「壽」，宋刻本作「題」。
〔二〕「訊」，龍舒本、聽香館本作「評」。
〔三〕「撫」，龍舒本作「俯」。

# 賀致政楊侍讀啓

伏審得謝中樞，戒歸下國。孔戣致仕，議臣雖願其留；疏廣乞身，觀者固榮其去。丁時翕赩〔一〕，取道阻長，繄盛德之可師〔二〕，宜明神之實相。茂惟興止，休有福祥。

伏惟某官，逢辰清明，取位通顯，義勇不挫，忠精無疵。登備諫工，嘗已告嘉猷于后；奉將使節，則以下膏澤於民〔三〕。儀儀會朝，凜凜侍從，功名之美既耀於將來，智略之閟猶嗟於不試。引年去位〔四〕，循禮得中，唯其養恬，有以鎮薄。某望塵非數，見器則深。竊冒上官之大知，唯所不欲；推揚後進之美意，云何敢忘？備位於兹，仰高無止〔五〕。

〔一〕「赩」，龍舒本作「静」。
〔二〕「繄」，龍舒本、聽香館本作「緊」。
〔三〕「以」，龍舒本作「必」。
〔四〕「位」，宋刻本作「任」。
〔五〕「止」，龍舒本作「上」。

## 答桂帥余侍郎啓 安道

受才無狀，馳義有年。矧以先人，是爲雅故。夫何竿牘之問，乃後門闌之厮！誠以賢否之分殊，而又卑尊之勢隔。

恭惟某官，以挺生輔世，以簡僚帥邊，戒滑夏之近憂，興保民之長利。有紀之政，當謹後世之傳；無能之詞，敢虛遠人之屬！過蒙收引，先賜拊循。丹青甚微，本累玉瑩之粹；土木至陋，猥承綈繡之華。莫副推揚，徒知感服。念當拜賜，宜在至前。冀歸節於本朝，得望塵於末路。私懷未果，善禱良深。

## 遠迎宣徽太尉狀

伏審某官，遠驅台旆，甫次國都，朝論具依，上心虛佇。某阻於官制，莫遂郊迎。冀趨命之弗遲，副瞻風而已久。謹奉狀攀迎。

## 先狀上韓太尉 魏公

昔者幸以鄙身，託於盛府，無薄才以參籌筴之用，有疏節以累含容之寬。久而再惟，滋以自愧。

伏惟某官，憂國愛君之操，仁民恤物之方，賓禮賢豪，包收疵賤。蓋嘗沐浴於餘澤，而且歌舞於下風，孰云去離，遂自疏斥！徒以地殊南北，勢隔卑尊，小夫竿牘之勤，不足自效；莫府文書之衆，或以爲煩。方隨傳車，得望步履，固願階緣於疇昔，因得鑽仰於緒餘。敢圖高明，先賜勞來。貴以下賤，不矜其行之疵〔一〕；賢而容愚，不誅其禮之曠。

夫惟昔之有道，皆慎所以與人，欲示其自養之污隆，必觀其所遇之能否。深慚固陋，有玷奬成。將次郊關，即趨墻屏，其爲感喜，豈易談言！

## 答程公闢議親書

某啓：言念某跂通德之門，馳誠數仞；叙宜家之慶，拜貺尺書。伏承賢郎推官，蘭砌傳芳，鯉庭禀訓，辱好逑之首逮，見久要之彌敦。鴻儀之復問敢稽，鵲喜之叶占既吉。眷惟姪女，未習婦功。交秦、晉之歡，仰從嘉命；望金、張之館，俯愧衰宗。榮幸所兼，敷陳疇悉，謹奉狀謝，伏惟照察。謹狀。

〔一〕「矜」，聽香館本作「於」。

# 臨川先生文集　卷八十一

## 啓

### 知常州謝運使元學士啓

叨恩兩觀，備任一州。以無能之賤身，在有道之深庇。依歸之志，已結於東南；詗問之儀〔一〕，當塵於左右。某官爲國瑋器，有時盛名，久矣踐更之勞，此焉寄屬之重。傳節所在〔二〕，神民具依，膺時維休，介福有裕。約齎上路，將前受於指令；請祝下風，唯更加於調護。

〔一〕「詗」，光啓堂本、聽香館本作「訓」。
〔二〕「在」，光啓堂本、聽香館本作「枉」。

## 賀慶州杜待制啓

伏審拜命宸章，作藩侯閫，凡假聲猷之重，居深慶蹈之懷。恭惟某官，華國粹賢，逢辰吉旦，以儒雅飾治術，以器業結上知，樹績計庭之司，飛榮書殿之祕。吴都按部，聳群吏之廉隅；陜服登車，峻列侯之風采。國家以邊城之寄，戎路所圻，眷内閣之近班，督師臣之重柄〔一〕。申伯宣力，方維屏以顯庸；韓侯獻功，即介圭而入覲。佇參巖𡺸，以協具瞻。北律方嚴，沖真尚遠。希上爲宗社，保固襟靈。

## 賀運使轉官啓

躋榮中旨，進秩郎闈，服顯命之褒優，竦輿情而驩抃。某官器博以遠，道粹而明，學際天人之端，識通治亂之本，紬祕延閣，剸劇外司。彼方碌碌以巧圖，此獨安安而養正，恬於所守，人之難能。本朝推越次之恩，旌非常之士，遷左兵之名部，實文臺之美資。矜飾端廉，敦厚風教。尚煩使節之寄，以漸台衮之榮。某側聞詔聲，阻隨賓慶，瞻望英重云云。

〔一〕「師」，龍舒本、宋刻本作「帥」。

## 賀鈐轄柴太保啓

榮拜恩章，總持師柄，伏惟慶慰。竊以一都會之府，二浙統於權維；諸刺史之兵，五符歸於節制。國家以安娛之地，域民甚於富穰，備豫有經，置使新於紀律，宜得魁壘之士〔二〕，以雄鎮領之方〔三〕。

恭惟某官，器範端良，機守强濟，出天姻之貴而自任清節，持使斧之重而素高能聲。此孰朝僉，遂董戎寄。韜謀成俗，坐肅於南州；軒陛圖功，即膺於寵數。屬闕掌於支郡，阻面慶於賓榮，瞻企風稜，豈勝欣悚！

## 賀知縣啓

光膺芝檢，榮宰花封，凡屬庇庥，良增欣抃！恭惟某官，資性敏悟，器懷坦夷，直哉有古人之風，挺然生賢者之後。自歷煩任，罄施幹材，美聲聞于帝聰，佳器稱乎國賓。是乃拜綸綍之

〔二〕「壘」，聽香館本作「梧」。
〔三〕「鎮」，光啓堂本、聽香館本作「鎖」。

命，殿子男之邦，凛乎清風，聳是群望。操刀之能製錦，素顯殊勳；彈琴之不下堂，行聞異政。

## 上宋相公啓

此者冒躋官次，榮託使車，躬裁瑣瑣之文，私布惓惓之意，干磨爲吝〔一〕，震疊于懷。會走幹之鼎來，辱滕書而寵答，優爲體貌〔二〕，略去等夷，緊奬予之大隆，滋回皇之失次。恭審鎮臨以簡，保御惟和，積有休祥，來護興寢。

伏況某官，風華靈茂，天韻閎深，早冠冒於士人，亟奮翔於朝野〔三〕。讜言善策，發爲天子之光；厚實美名，布在輿人之誦。惟江都之舊壤，乃天塹之上游。地接京師，聊倚諸侯之重；民瞻巖石，方圖師尹之賢。曾是頑疏，終然庇賴，尚茲嬰薄，未即趨馳。

## 上集賢相公啓

爲吏南州，抗塵末路。處洪鈞之大器，小以自持；瞻英衮之尊蹤，孤而難附。恭惟法宫議

〔一〕「干」，聽香館本作「如」。
〔二〕「體」，聽香館本作「禮」。
〔三〕「翔」，龍舒本作「祥」。

道，賢業熙天，燮精祲之至和〔一〕，納亨嘉之盛福。

伏惟某官，乘堪輿浩直之氣，爲廟堂倚平之材，逢辰清明，發策高妙，垂紳近署之列，直筆中臺之端。龍閣之富圖書，密承顧問；蜀部之風教化，遂協都俞。遽促鋒車，入參璺瑕。旋屬圜虛耀狼角之色，狂寇毒清河之民，擊義節以請行，先堂兵而制勝。淮西入命，晉公大宣慰之名；朔方燀威，子儀開幕府之盛。盡劉大憝，入奏元功，式尊通宰之榮，上正文昌之坐。方將圖講熙事，修舉治綱。坯冶一陶，輔成於醇化；籥勺群慝，躋格於太寧。顧惟平進之微，獲此庇暉之下。伏希上爲國體，保固台嚴，西首鈞庭，下情無任云云。

## 上梅户部啓

某一涯承乏，自晦於塵容；百舍懷賢，坐傾於風美。欽想承流之暇，妙均安節之休。

恭惟某官，奥學丕天，懿文華國，躋榮膴仕，逢吉太辰，由郡署之階，擢臺端之要。公毅執法而邪孽不奸，謨明盡規而權綱自正。疇咨心術之具，往貳計侯之司。式是均勞，遂淹補外。朱

〔一〕「燮」，原作「變」，據聽香館本改。

輶問俗〔一〕，訪山水之昔遊；文石疏恩，即楓槐而日見。入持政柄，允副民瞻。屬臨懷氣之辰，尚遠隆堂之拜，願臻頤衛，前對寵光。

## 上杭州范資政啓

某近遊制壤〔二〕，久挹孤風〔三〕，當資斧之無容，幸曳裾之有地。粹玉之彩，開眉宇以照人；縟星之文，借談端而飾物。羈瑣方嗟於中路〔四〕，逢迎下問於翹材。仍以安石之甥，復見牢之之舅。兹惟雅故，少稔燕閒，言旋桑梓之邦，驟感神庥之詠。寫吴綾之危思，未盡攀瞻；憑楚乙之孤風，但傷閒闊。恢台貫序，虚白調神，禱頌之私，不任下懇。

## 上江寧府王龍圖啓

某位貌閒殊，風規高遠。思賢百舍，無階贄見之儀；承乏一涯，彌闊門墻之便。恭審鎮臨

〔一〕「輶」，龍舒本作「旙」。
〔二〕「制」，龍舒本作「淛」。
〔三〕「孤」，聽香館本作「高」。
〔四〕「路」，原作「露」，據龍舒本、聽香館本改。

會府，燕息黄堂，訟訴晝清，道環天粹。

伏惟知府龍圖，巖廊佳品，時棟上材，達亨會於凝旒，躋榮階於近署。龍圖司祕閣之奥，使臺峻右陜之邦。均逸方城，爲國巨屏。帝暉温晬，召還即對於清光；台座熒煌，圖任必歸於舊德。蕭辰方肅，宇蔭尚遥，伏希上爲治朝，保和福履。

## 上泉州畢少卿啓

自去容暉，何嘗候問！竭來冗局，顧委瑣之自爲；陰想价藩，知崇高之難附。伏審履和嘉月，静事雄堂，訟訴晝清，道環天粹。

恭惟知府，凝姿恬懿，遠器廉深。出相衮之名家，而無重衣之逸；領使符於壯齒，而無巧宦之譏。全德所高，上意必簡。方將治成坐鎮，擢寘近班，習練臺閣之規，光大勳業之舊。

某最惟孤苦，夙佩奬知。短羽卑飛，已甘心於枚粒；陰虬自躍，思遠耀於風雲。尚遥堂下之趨，益切城中之詠。

## 上信州知郡大諫啓

懷德名之重，竊伏猷爲；仰庭角之姿，何嘗贄見！敢謂玉堂之彦，時飛寶刻之音，垂賁塵容，過形謙柄。外惟榮佩，中所銘藏。

恭惟某官，挺不世之資，敦絶俗之器。敷揚大業，陟降泰庭。演潤鑾坡，光大訓辭之美；保釐天邑，具瞻表則之材。屬邪正之彙連，亦勞逸之均致。銀符補郡，聊福於民艱；鵰廳贊謀，即稽於天若。某海濱承乏，宇蔭未趨，伏希上爲本朝，精調均履。

## 上明州王司封啓

伏審使旌，來臨州部，犯江湖之重阻，留淮楚之近藩，令德所存，明神來相。茂惟興止，休有福祥。恭以某官，國之老成，士所素仰，入參省計，出擁州麾。竊聽海瀕之謡，迎貪善政；特憂朝右之計〔二〕，思得壯猷。曾無幾時，遂去兹土。某竊邑無狀，芘身有歸。

## 上運使孫司諫啓

近者承顔使扆，獲拜於真賢；恪次海濱，已虔於命署。顧賦材之艱拙，藉容厚之庇存〔三〕，蹈

〔二〕「右」，龍舒本作「佐」。
〔三〕「厚」，龍舒本作「德」。

景爲懷，向風增悚。某官清機昭理，大業鎮浮，以謨明抗論諫垣，以才識典校仙藏。赤裳按部，一新廢置之綱；文石疏恩，即還清切之禁。伏冀爲時寶練，延國寵章。

## 上發運副使啓

海濱重複，天韻闊疏，想經制之會煩，固和倪之粹隱。恭惟某官，材爲時棟，名著吏師，澄清廢置之綱，仰給兵農之大，寖成久次，即冠近班。屬陽月之届和，諒福基之敦裕，未涯拜伏，益用瞻祈〔一〕。

## 上李仲偃運使啓

伏念某得邑海瀕，寄身節下，操舟取道，持版過庭。自顧下寮之愚，敢扳先子之雅？坐蒙高義，曲借善顔。載惟恩私，有過分願。去離門守，來造署居，取庇自今，馳情無遠。要之蚤莫，唯是曠官之憂；庶也始終，不爲愛己之負。歲時回薄，氣候沍寒，明賢之姿，休福所嚮。伏惟順節自壽，副人所瞻。

〔一〕「祈」，龍舒本作「忻」。

## 上通判啓

飆馳歲事，斗曠音塵，詠德所深，揺旌曷諭？伏審某官，陞華儲幄，顯被於王靈；貳政侯藩，益隆於宸寄。忝守官於支邑，將仰芘於公材，欣抃之誠，倍萬常品。

## 謝范資政啓

竊陶大化，瞻若重霄。執訊隆堂，近修於常禮；占辭記室，屢致於尊光。賜逾褒衮之榮，仰極高山之詠。恭想鎮海都會，宣國福威，御六氣之和，薦百嘉之祐。某伏惟某官，道宗當世，名重本朝。思皇廊廟之材，均逸股肱之郡，即還大政，以澤含生。某容跡海濱，被光台照。童烏署第，夙荷於揄揚；立鯉聯榮，復深於契眷。幸當棲庇，以處鈞成。

## 謝知州啓

某攝承人乏，附麗德輝，顧庸陋之無堪，辱庇存之尤厚。終逃官謗，得近宸慈，希驥仰高，惟日爲歲。恭惟布宣善治，棲有太和。伏以某官，美業内充，懿文彌飾，傅會升平之世，躋陞通顯之官，風問日隆，寵靈交至。漢廷下詔，方尊千里之師；謝守論功，當爲九伯之冠。行登近列，允副僉言〔一〕。秋氣正剛，風華浸遠，詹依禱頌，倍萬等倫。

## 謝鄰郡通判啓

某備官於茲，聞問之久，非席趨承之舊，難陳嚮慕之私。敢圖高明，過自貶損，授之温教，獎以謙辭，惟茲感銘，其敢忘去？進德之盛，知名於今，當褒以遷，可拱而竢。仰惟自壽，下副所瞻。

## 謝葛源郎中啓

伏念某受材單少，趨道闊疏，時所謂賢，少焉知慕。矧先君之德友，實當世之名卿！唯門墻之高，未始得望；故竿牘之褻，無容自通。如其仰望之勤，豈有須臾之間？敢圖風誼，親貶書辭，追講前人之懽，坐忘介子之醜。拜嘉已厚，論愧則多。

〔一〕「允」，聽香館本作「尢」。

恭以某官，邦之耆明，朝所貴重，聲舊行乎四海，勢猶屈於一州。雖牧養之仁，士民猶賴〔一〕；而褒升之寵，日月以須。唯兹蠢愚，其卒芘賴，伏惟爲道自愛，副人所瞻。

## 謝林中舍啓

鄉風有年，修問無所。維家伯氏，得婚高門，顧惟幸會之多，曾是趨承之晚。比問州邸，云改縣章，治所相望，私誠甚喜，謂宜朝夕，可布腹心。敢圖高明，見遇勤恪，先賜撫存之教，曲加獎引之辭。雖睦婣之風可以厚俗，而貶損之意有如過中。言觀以思，頗恐且愧。餘暑謝去，薄寒來歸。吉士所居，明神實相。茂惟體氣，怡有休祥。未即承顏，惟祈養福。

## 謝徐祕校啓

比因幸會，得奉光儀，再荷眷存之深，遂傷睽隔之遠。忽承高誼，特損謙辭，顧獎引之過中，非孤蒙之敢望。拜嘉之重，爲愧則多。賢儁之材，神明所相，茂惟興止，休有福祥。未即趨承，惟加調護。竚膺殊擢，以慰遐思。

〔一〕「猶」，聽香館本作「攸」。

## 謝林肇長官啓

伏蒙貶損，猥先臨存，方以出行渠川，未嘗得望車騎，繼陳悃愊，敘謝高明。敢圖仁人，見遇如舊，申錫重問，相存有加。唯賤且貧，尤愚不肖，學焉昧道，仕則曠官，荷推褒之過情，處負愧以終日。三陽肇歲，萬物同春，茂惟賢明，休有祉福。以時自壽，良副所瞻。

## 答林中舍啓二

幸鄰封畛，叨綴戚婣，仰風誠勤，奉問顧缺。敢圖盛意，申貺華辭。荷相存之至隆，非遽數之可既。欽承德履，茂享春祺，更冀保綏，少符傾嚮。

### 二

去德不遠，嚮風誠勤，日有簡書之煩，久無竿牘之獻。敢圖風誼，遠損書辭！仰銜存愛之隆，實重頑疏之過。末由占對，竊冀保綏，禱頌之私，指陳不既。

## 答定海知縣啓

竊邑海旁[一]，得鄰境上[二]，布私書之未暇，辱重問以相先，惟知感悰，豈易縷指[三]？未涯占對，尤積詠思，惟加自頤，良副所望。

## 答戚郎中啓

阻闊風貌，固常詠思，重慶誥章，擢陞郎署，聞報之晚，裁賀未皇。敢意謙明，首形緘問，辭博以厚，義高且醇，承拜置前，誦玩亡斁。喜聞王事優簡，神宇粹平。某官奉國不回，處官以正，秩中臺之顯要，柄外鎮之慘舒，民無隱情，治有異迹。竚聞旌召，續附慶書。

---

[一]「竊」，光啓堂本、聽香館本作「作」。

[二]「得」，光啓堂本、聽香館本作「倚」。

[三]「易」，光啓堂本作「尹」，聽香館本作「伊」；「縷」，龍舒本作「僂」。

## 上樞密王尚書啓

竊以璿璣上列，齊七政以均和；帝衮輔成，欽四鄰之基命。親逢華旦，允屬宗工。恭惟某官，與國忠純，爽邦明哲，對越光華之旦，居然文雅之宗，簡在上心，鬱爲時棟。雍容禁署，嘗密贊於睿謀；參貳宰司，多委成於治體。奮庸甚盛，注意特隆。屬恩誥之誕頒，分鎮臨之重寄。居留神甸，爲表則於四方；寵進樞庭，當折衝於萬里。聲教所暨，慶抃率同。俯念空疏，夙叨存記，綰縣章而祗役，望君幄以勞懷。恭聽吉音，豈勝至願！

## 與交代趙中舍啓

嘗請代期，當留聽下。單舟在境，敢無告於候人；善政可師，將有求於令尹。自餘占對，乃盡布陳。

## 與張護戎啓

鼎來敝邑，甫次近郊，傳聞使旌，適在州部。將親盛德，尤激懽悰。

## 與譚主簿啓

爰兹治舟，亦以造境，將聯職治，可丐規模。惟喜則多，非陳所悉。

## 上范資政先狀

某此者之官敝邑，取道樂郊，引舟將次於近圻，斂板即趨於前屏。瞻望麾戟，下情無任。

## 謝許發運啓

近持悃愊，進叩高明。荷温教之見存，假善舟而使濟。亦既就道，即將造門，惟兹下情，感喜殊甚。

## 謝王供奉啓

伏審拜恩，鼎來視職，惟兹疏賤。將庇高明，敢圖恩私，先賜教督，感竦之極，敷言曷殫！

## 答馬太博啓二

伏審進被恩章，來臨職任，茲惟幸會，得奉光儀。敢圖隆私，先賜華問，感佩之至云云。

## 二

伏審光奉聖恩，已諧禮上。未皇修好，先辱賜書，感尉至深[一]，敘陳不既。

## 答沈屯田啓

趨承維舊，違去尚新，唯是企思之深，曾無忘去之頃。敢圖恩紀，特賜書辭。仰荷眷存之尤，内懷恐愧之極。歲云郁沐[二]，物且長羸[三]，茂惟賢明，多有休福。竊況藩宣之盛，倚成陪貳之良。伏惟順序自頤，副人所望。

[一]「尉」，聽香館本作「慰」。
[二]「郁」，龍舒本作「燠」。
[三]「羸」，龍舒本作「嬴」。

## 答陳推官啓

某受材無它，竊邑於此。高明賜教，褒諭過情，窺覦以惡[一]，懼恐且愧。未由占對，良自保綏。

## 賀集賢相公啓 代人作。

恭以禁座流恩，政堂遷秩，寵兼常伯，守在冬官，伏惟慶慰。恭以某官，襲氣堪輿，禀精河岳。風華懋美，嶢若東南之筠；天韻純淪，温如西北之璞。不階尺木，遂致青雲。世圖任於老成，日對揚於休命。股肱作相，素同國體之安；喉舌命官，遂致文明之政。兹爲異數，允答具瞻。

某充位外藩，希風上國。觀文辯敘，彌高天老之台；通謁爲儀，寖遠豆晏之日。懽愉無狀，震慄兼常。

[一]「惡」，龍舒本作「思」，聽香館本作「恧」。

## 賀樞密相公啓代人作。

恭審遷秩上公，聯華冢宰，伏惟慶慰。竊以某官略非世出，韻自天成，時歸英特之材，獨禀高明之器。光華漫漫，遂適於泰辰；文學彬彬，適階於膴仕。逮濬明之正統，圖衛翼之元勳，周歷清華之階，越登機密之首。通規亮節，朝矜式以取平；深策遠猷，上咨嗟而倚重。懋惟徽數，允合僉公，命布幅員，喜盈觀聽。某久從外補，逖聽上臚，曾馳謁之未遑，第承風而竊抃〔一〕。瞻依之厚，度越于常。

## 答福州知府學士啓代人作。

某啓：辭闊義風，累更元曆，雖疆城之相比〔二〕，愧緘疏之未皇。敢意謙明，首書存聘，賜之良實，重以好辭，無因至前，承拜知悚。某官卿材修固，國器方廉，登步本朝，汪翔盛問。維高閩之要地，實南越之舊都，顧賴忠良，鎮此襟帶。既聞善治，宜有寵章。用冀保和，且須來命。

〔一〕「抃」，光啓堂本作「拃」。

〔二〕「城」，聽香館本作「域」。

## 賀鳳翔知府陳學士啓 代人作。

恭審拜命恩綸，頒條侯府，竊惟慶慰。某官器謀强濟，業履粹明，名日起以貴成，勢龍階而獨上。儒林材職之館〔一〕，方指事以載功；岐陽襟帶之邦，出承流而宣化。國家試能補郡，籲俊熙天，即頒寬大之書，召還清切之禁。某衰晚無狀，情契所同。顧海上之身，寖爲俗吏；瞻牓中之彦，敢附青雲。未涯贄見之儀，益切瞻言之素，願臻持攝，前對寵光。

## 賀昭文相公啓 代宋宣獻公作。

恭審肅被寵靈，參司樞要，伏惟慶慰。竊以安危所繫，文武相須，眷注意之殊時，崇仰成之異體。至若萬務通于四海，二柄萃於一門，簡在休辰，職繇全德。恭以某官，風華博照，天韻雄成，挾旦、奭之謀謨，襲韋、平之系胄，逢辰鼎盛，序爵彌高。清議被民，卓冠一時之傑；豐規振俗，遄躋三代之隆。嗟彼羌豪，警吾邊吏，有嚴天討，爰整王師。上方深拱以倚平，博謀而取重，畀兹全責，欽若壯猷。輿誦所同，巖瞻惟允。昔魄通函谷，緊沛

〔一〕「職」，龍舒本作「識」。

邑之宗臣；威被匈奴，實漢家之真宰。宜今具美，與古兼徽。某夙附末光，雅煩善庇。仕藩城而待罪，隱若目安；佔宿邸之移文，跫然滋喜。依歸之素，有過等夷。

## 謝及第啓

三月二十二日，皇帝御崇政殿放進士，蒙恩賜及第釋褐者。

四方之傑，茂對清光；一介之技，猥塵華選。冒榮之辱，撫己而慚。竊以國家攬八寓之廣，具萬官之富。一化所染，人有善行；數路之舉，野無滯材。取士如此之詳，得人於斯爲盛。然猶謙不自足，樂於旁求，比詔郡邑，詳延巖穴。向非蔚有聲采，著在觀聽；何以疇上勤佇，塞人煩言？

如某者族敝而賤〔一〕，材頑且疏，逢世治文，追師鄉道。員冠方屨，有賤儒之名；高文大册，無作者之實。昊乾不弔〔二〕，先子夙喪，僑家異土，歸掃窮閻。上不能執軒冕以取高，下不能力稼穡而爲養，俛首干進，蘄榮逮親。適會詔之興甿，遂負書而應令。鄉老署其行，薦之明朝；春官

〔一〕「賤」，光啓堂本作「則」，聽香館本作「眞」。
〔二〕「昊」，原作「吴」，據宋刻本改。

訾其材，置以異等。率趨法座，輩試殊庭，僅成觳觫之談，復玷高華之選。夫何抵此，厥有繇然。

茲蓋伏遇某官，德厚兼容，風華博照。斟酌元氣，洪纖溥被其仁；彫刻衆形，妍惡曲成其彙。乘雲洒潤，秉律噓枯，使是寒士，階於榮路。敢不審圖大方，惇率常憲，取所承學，著之行事。唯仁之守，唯誼之循，不以邪曲回精忠之操，不以寵利污廉潔之尚，庶期盡齒，無負大賜。易此而他，未知所裁。

# 臨川先生文集　卷八十二

## 記

### 虔州學記

虔於江南地最曠[一]，大山長谷，荒翳險阻，交、廣、閩、越銅鹽之販，道所出入，椎埋、盜奪、鼓鑄之姦，視天下爲多。慶曆中，嘗詔立學州縣，虔亦應詔，而卑陋褊迫不足爲美觀。州人欲合私財遷而大之久矣，然吏常力屈於聽獄[二]，而不暇顧此。凡二十一年而後改築於州所治之東南，以從州人之願。蓋經始於治平元年二月提點刑獄宋城蔡侯行州事之時，而考之以十月者，知州事錢塘元侯也。二侯皆天下所謂才吏，故其就此不勞，而齋祠、講説、候望、宿息，以至庖湢，莫

[一]「於」，原作「州」，據龍舒本、宋刻本、光啓堂本、聽香館本改。
[二]「常」，龍舒本、宋刻本作「嘗」。

不有所。又斥餘財市田及書，以待學者，内外完善矣。於是州人相與樂二侯之適己，而來請文以記其成。

余聞之也，先王所謂道德者，性命之理而已。其度數在乎俎豆、鐘鼓、管絃之間，而常患乎難知，故爲之官師，爲之學，以聚天下之士，期命辯説，誦歌絃舞，使之深知其意。夫士，牧民者也。牧知地之所在，則彼不知者驅之爾。然士學而不知，知而不行，行而不至，則奈何？先王於是乎有政矣。夫政，非爲勸沮而已也，然亦所以爲勸沮。故舉其學之成者，以爲卿大夫，其次雖未成而不害其能至者，以爲士，此舜所謂庸之者也。若夫道隆而德駿者，又不止此，雖天子，北面而問焉，而與之迭爲賓主，此舜所謂承之者也。蔽陷畔逃，不可與有言，則撻之以誨其過，書之以識其惡，待之以歲月之久而終不化，則放棄、殺戮之刑隨其後，此舜所謂威之者也。蓋其教法，德則異之以智、仁、聖、義、忠、和，行則同之以孝友、睦姻、任恤，藝則盡之以禮、樂、射、御、書、數。淫言詖行詭怪之術，不足以輔世，則無所容乎其時。而諸侯之所以教，一皆聽於天子，天子命之矣，然後興學。命之曆數，所以時其遲速；命之權量，所以節其豐殺。命不在是，則上之人不以教而爲學者不道也。士之奔走、揖讓、酬酢、笑語、升降，出入乎此，則無非教者。高可以至於命，其下亦不失爲人用，其流及乎既衰矣，尚可以鼓舞群衆，使有以異於後世之人。故當是時，婦人之所能言，童子之所可知，有後世老師宿儒之所惑而不悟者也；武夫之所道，鄙人之所守，有後世豪傑名士之所憚而愧之者也。堯、舜、三代，從容無爲，同四海於一堂之上，而流風餘俗詠歎之不息，凡以此也。

周道微，不幸而有秦，君臣莫知屈己以學，而樂於自用，其所建立悖矣。而惡夫非之者，乃燒詩、書，殺學士，掃除天下之庠序。然後非之者愈多，而終於不勝。何哉？先王之道德，出於性命之理，而性命之理出於人心。詩、書能循而達之，非能奪其所有而予之以其所無也。經雖亡，出於人心者猶在，則亦安能使人舍己之昭昭，而從我於聾昏哉？然是心非特秦也，當孔子時，既有欲毁鄉校者矣。蓋上失其政，人自爲義，不務出至善以勝之，而患乎有爲之難，則是心非特秦也。墨子區區，不知失者在此，而發尚同之論，彼其爲愚，亦獨何異於秦！

嗚呼，道之不一久矣！揚子曰「如將復駕其所説，莫若使諸儒金口而木舌」，蓋有意乎辟雍學校之事。善乎其言！雖孔子出，必從之矣。今天子以盛德新即位，庶幾能及此乎！今之守吏，實古之諸侯，其異於古者，不在乎施設之不專，而在乎所受於朝廷未有先王之法度；不在乎無所於教，而在乎所以教未有以成士大夫仁義之材。

虔雖地曠以遠，得所以教，則雖悍昏囂凶，抵禁觸法而不悔者，亦將有以聰明其耳目而善其心，又況乎學問之民？故余爲書二侯之績，因道古今之變及所望乎上者，使歸而刻石焉。

## 君子齋記

天子諸侯謂之君，卿大夫謂之子，古之爲此名也，所以命天下之有德。故天下之有德，通謂之君子。有天子、諸侯、卿大夫之位，而無其德，可以謂之君子，蓋稱其位也。有天子、諸侯、卿大夫之德而無其位，可以謂之君子，蓋稱其德也。位在外也，遇而有之，則人以其名予之，而以貌事之。德在我也，求而有之，則人以其實予之，而心服之。夫人服之以貌而不以心，與之以名而不以實，能以其位終身而無謫者，蓋亦幸而已矣。故古之人以名爲羞，以實爲慊，不務服人之貌，而思有以服人之心。非獨如此也，以爲求在外者，不可以力得也。故雖窮困屈辱，樂之而弗去，非以夫窮困屈辱爲人之樂者在是也，以夫窮困詘辱不足以概吾心爲可樂也已。

河南裴君，主簿於洛陽，治齋於其官，而命之曰「君子」。裴君豈慕夫在外者，而欲有之乎？豈以爲世之小人衆，而躬行君子者獨我乎？由前則失己，由後則失人，吾知裴君不爲是也，亦曰勉於德而已。蓋所以榜於其前，朝夕出入觀焉，思古之人所以爲君子，而務及之也。獨仁不足以爲君子，獨智不足以爲君子，仁足以盡性，智足以窮理，而又通乎命，此古之所以爲君子也。雖然，古之人不云乎：「德輶如毛，毛猶有倫。」未有欲之而不得也。然則裴君之爲君子也，孰禦焉？故余嘉其志，而樂爲道之。

## 度支副使廳壁題名記

三司副使，不書前人名姓。嘉祐五年，尚書户部員外郎吕君沖之始稽之衆史〔一〕，而自李紘已上至查道，得其名；自楊偕已上，得其官；自郭勸已下，又得其在事之歲時。於是書石而鑱之東壁。

夫合天下之衆者財，理天下之財者法，守天下之法者吏也。吏不良，則有法而莫守；法不善，則有財而莫理。有財而莫理，則阡陌閭巷之賤人，皆能私取予之勢，擅萬物之利，以與人主争黔首，而放其無窮之欲，非必貴强桀大而後能。如是而天子猶爲不失其民者，蓋特號而已耳。雖欲食蔬衣敝，憔悴其身，愁思其心，以幸天下之給足，而安吾政，吾知其猶不得也〔二〕。然則善吾法，而擇吏以守之，以理天下之財，雖上古堯、舜猶不能毋以此爲先急，而況於後世之紛紛乎？

三司副使，方今之大吏，朝廷所以尊寵之甚備。蓋今理財之法有不善者，其勢皆得以議於

〔一〕「稽」，龍舒本作「問」。
〔二〕「得」，龍舒本作「行」。

上而改爲之，非特當守成法，吝出入，以從有司之事而已。其職事如此，則其人之賢不肖，利害施於天下如何也？觀其人，以其在事之歲時，以求其政事之見於今者，而考其所以佐上理財之方，則其人之賢不肖，與世之治否，吾可以坐而得矣。此蓋吕君之志也。

## 桂州新城記

儂智高反南方，出入十有二州。十有二州之守吏，或死或不死，而無一人能守其州者，豈其材皆不足歟[一]？蓋夫城郭之不設，甲兵之不戒，雖有智勇，猶不能以勝一日之變也。唯天子亦以爲任，其罪者不獨守吏。故特推恩，褒廣死節，而一切貸其失職。於是遂推選士大夫所論以爲能者，付之經略，而今尚書户部侍郎余公靖當廣西焉[二]。

寇平之明年，蠻越接和，乃大城桂州。其方六里，其木甓瓦石之材，以枚數之，至四百萬有奇。用人之力，以工數之，至一十餘萬[三]。凡所以守之具，無一求而有不給者焉。以至和元年

[一]「材」，光啓堂本作「財」。
[二]「户部侍郎余公靖」，龍舒本作「工部郎中余公」。
[三]「一」，龍舒本作「二」。

八月始作，而以二年之六月成[一]，夫其爲役亦大矣。蓋公之信於民也久，而費之欲以衛其材，勞之欲以休其力，以故爲是有大費與大勞，而人莫或以爲勤也。

古者君臣、父子、夫婦、兄弟、朋友之禮失，則夷狄横而窺中國。方是時，中國非無城郭也，卒於陵夷、毁頓、陷滅而不救。然則城郭者，先王有之，而非所以恃而爲存也。及至喟然覺寤，興起舊政，則城郭之修也，又嘗不敢以爲後[二]。蓋有其患而圖之無其具，有其具而守之非其人，有其人而治之無其法，能以久存而無敗者，皆未之聞也。故文王之興也，有四夷之難，則城于朔方，而以南仲；宣王之起也，有諸侯之患，則城于東方，而以仲山甫。此二臣之德，協于其君，於爲國之本末與其所先後，可謂知之矣。慮之以悄悄之勞，而發赫赫之名；承之以翼翼之勤，而續明明之功。卒所以攘戎夷[三]，而中國以全安者，蓋其君臣如此，而守衛之有其具也。

今余公亦以文武之材，當明天子承平日久，欲補弊立廢之時，鎮撫一方，修捍其民，其勤於今，與周之有南仲、仲山甫蓋等矣，是宜有紀也。故其將吏相與謀而來取文，將刻之城隅，而以告後之人焉。

[一]「二」，聽香館本作「三」。
[二]「後」，原作「復」，據龍舒本、宋刻本、光啓堂本、聽香館本改。
[三]「戎夷」，龍舒本作「夷狄」。

至和二年九月丙辰[一]，群牧判官太常博士王某記。

## 太平州新學記

太平新學在子城東南，治平三年，司農少卿建安李侯定仲求所作[二]。侯之爲州也，寬以有制，静以有謀，故不大罰戮，而州既治。於是大姓相勸出錢，造侯之庭[三]，願興學以稱侯意。侯爲相地遷之，爲屋百間[四]，爲防環之，以待水患。而爲田二十頃[五]，以食學者。自門徂堂，閎壯麗密，而所以祭養之器具。蓋往來之人，皆莫知其經始，而特見其成。既成矣，而侯罷去，州人善侯無窮也，乃來求文以識其時功。

嗟乎！學之不可以已也久矣，世之爲吏者或不足以知此，而李侯知以爲先，又能不費財傷民，而使其自勸以成之，豈不賢哉？然世之爲士者知學矣，而或不知所以學，故余於其求文而因

〔一〕「二」，光啓堂本、聽香館本作「三」。
〔二〕「定仲求」，龍舒本作「某仲卿」。
〔三〕「庭」，光啓堂本作「苑」，聽香館本作「廷」。
〔四〕「百」，龍舒本作「若干」。
〔五〕「二十」，龍舒本、光啓堂本作「若干」。

以告焉。

蓋繼道莫如善，守善莫如仁。仁之施自父子始〔一〕，積善而充之，以至於聖而不可知之謂神。推仁而上之，以至於聖人之於天道，此學者之所當以爲事也，昔之造書者實告之矣。有聞於上，無聞於下；有見於初，無見於終。此道之所以散，百家之所以盛〔二〕，學者之所以訟也。學乎學，將以一天下之學者，至於無訟而止〔三〕。遊於斯，餔於斯，而余説之不知，則是美食逸居而已者也。李侯之爲是也，豈爲士之美食逸居而已者哉？

治平四年九月四日，臨川王某記。

## 繁昌縣學記

奠先師先聖於學而無廟〔四〕，古也。近世之法，廟事孔子而無學〔五〕。古者自京師至於鄉邑皆

〔一〕「父子」，聽香館本作「文字」。
〔二〕「盛」，龍舒本、宋刻本作「成」。
〔三〕「訟」，龍舒本作「詔」。
〔四〕「奠」，光啓堂本、聽香館本作「事」。
〔五〕「而無學」，光啓堂本、聽香館本作「何也」。

有學，屬其民人相與學道藝其中，而不可使不知其學之所自，於是乎有釋菜〔一〕、奠幣之禮，所以著其不忘。然則事先師先聖者，以有學也。今也無有學，而徒廟事孔子，吾不知其說也。而或者以謂孔子百世師，通天下州邑爲之廟，此其所以報且尊榮之。夫聖人與天地同其德，天地之大，萬物無所稱德，故其祀，質而已，無文也。通州邑廟事之〔二〕，而可以稱聖人之德乎？則古之事先聖，何爲而不然也？

宋因近世之法而無能改，至今天子始詔天下有州者皆得立學，奠孔子其中，如古之爲。而縣之學士滿二百人者，亦得爲之〔三〕。而繁昌小邑也，其士少，不能中律，舊雖有孔子廟，而庳下不完，又其門人之像，惟顏子一人而已。今夏君希道太初至，則修而作之，具爲子夏、子路十人像。而治其兩廡，爲生師之居，以待縣之學者。以書屬其故人臨川王某，使記其成之始。夫離上之法，而苟欲爲古之所爲者，無法，流於今俗而思古者〔四〕，不聞教之所以本，又義之所去也。太初是無變今之法，而不失古之實，其不可以無傳也。

〔一〕「釋菜」，聽香館本作「祭享」。
〔二〕「廟」，光啓堂本作「盡」。
〔三〕「得」，龍舒本作「以德」。
〔四〕「流」，光啓堂本作「見」。

## 芝閣記

祥符時，封泰山以文天下之平，四方以芝來告者萬數。其大吏，則天子賜書以寵嘉之，小吏若民，輒錫金帛。方是時，希世有力之大臣，窮搜而遠采，山農野老〔一〕，攀緣狙杙〔二〕，以上至不測之高，下至澗溪壑谷，分崩裂絶，幽窮隱伏，人迹之所不通，往往求焉。而芝出於九州四海之間，蓋幾於盡矣。

至今上即位，謙讓不德，自大臣不敢言封禪，詔有司以祥瑞告者皆勿納。於是神奇之産，銷藏委翳於蒿藜榛莽之間，而山農野老不復知其爲瑞也〔三〕。則知因一時之好惡，而能成天下之風俗，況於行先王之治哉？太丘陳君，學文而好奇。芝生於庭，能識其爲芝，惜其可獻而莫售也，故閣於其居之東偏，掇取而藏之。蓋其好奇如此。

噫！芝一也，或貴於天子，或貴於士，或辱於凡民，夫豈不以時乎哉？士之有道，固不役志於貴賤，而卒所以貴賤者，何以異哉？此予之所以歎也。皇祐五年十月日記。

〔一〕「老」，光啓堂本、聽香館本作「叟」。
〔二〕「攀緣」，光啓堂本、聽香館本作「亦皆」。
〔三〕「農」，龍舒本、宋刻本作「巖」；「復」，龍舒本作「獨」。

# 信州興造記

晉陵張公治信之明年，皇祐二年也〔一〕，姦彊帖柔〔二〕，隱詘發舒，既政大行，民以寧息。夏六月乙亥，大水。公徙囚於高獄，命百隸戒，不共有常誅。夜漏半，水破城，滅府寺，苞民廬居〔三〕。公趨譙門，坐其下，敕吏士以桴收民〔四〕，鰥孤老癃與所徙之囚〔五〕，咸得不死。

丙子，水降。公從賓佐按行隱度，符縣調富民水之所不至者夫錢户七百八十六，收佛寺之積材一千一百三十有二。不足，則前此公所命富民出粟以賙貧民者二十三人自言曰〔六〕：「食新矣，賙可以已，願輸粟直以佐材費。」七月甲午〔七〕，募人城水之所入，垣群府之缺，考監軍之室，立司理之獄。營州之西北亢爽之墟，以宅屯駐之師，除其故營，以時教士刺伐坐作之法，故所無

〔一〕「二」，聽香館本作「三」。
〔二〕「帖」，龍舒本作「怙」。
〔三〕「苞」，龍舒本作「包人」。
〔四〕「民」，光啓堂本、聽香館本作「其」。
〔五〕「鰥」下，龍舒本有「寡」字。
〔六〕「二」，龍舒本、光啓堂本、聽香館本作「三」。
〔七〕「七月甲午」，龍舒本作「於是」。

也。作驛曰饒陽，作宅曰迴車。築二亭於南門之外，左曰仁，右曰智，山水之所附也。梁四十有二，舟于兩亭之間，以通車徒之道。築一亭于州門之左，曰宴，月吉所以屬賓也〔一〕。凡爲梁一，爲城垣九千尺，爲屋八。以楹數之，得五百五十二。自七月九日〔二〕，卒九月七日〔三〕，爲日五十一，爲夫一萬一千四百二十五。中家以下，見城郭室屋之完，而不知材之所出；見徒之合散，而不見役使之及己。凡故之所有必具，其所無也，乃今有之，故其經費卒不出縣官之給。公所以捄災補敗之政如此，其賢於世吏遠矣。

今州縣之災相屬，民未病災也，且有治災之政出焉。弛舍之不適〔四〕，裒取之不中，元姦宿豪舞手以乘民，而民始病。病極矣，吏乃始警然自喜〔五〕，民相與誹且笑之而不知也。吏而不知爲政，其重困民多如此。此予所以哀民，而閔吏之不學也。由是而言，則爲公之民，不幸而遇害災，其亦庶乎無憾矣。十月二十日，臨川王某記。

〔一〕「月」，光啓堂本、聽香館本作「曰」。
〔二〕「九日」，龍舒本作「甲午」。
〔三〕「七日」，龍舒本作「丙戌」。
〔四〕「弛」，龍舒本作「施」。
〔五〕「喜」，龍舒本作「德」。

# 餘姚縣海塘記

自雲柯而南，至于某，有隄若千尺，截然令海水之潮汐不得冒其旁田者[一]，知縣事謝君爲之也。始隄之成，謝君以書屬予記其成之始，曰：「使來者有考焉，得卒任完之以不隳。」謝君者，陽夏人也，字師厚，景初其名也。其先以文學稱天下，而連世爲貴人，至君遂以文學世其家。其爲縣，不以材自負而忽其民之急。方作隄時，歲丁亥十一月也，能親以身當風霜氛霧之毒，以勉民作而除其菑，又能令其民翕然皆勸趨之，而忘其役之勞，遂不踰時，以有成功。其仁民之心，效見於事如此，亦可以已，而猶自以爲未也，又思有以告後之人，令嗣續而完之，以永其存[二]。善夫！仁人長慮卻顧，圖民之災如此其至[三]，其不可以無傳。而後之君子考其傳，得其所以爲，其亦不可以無思。

而異時予嘗以事至餘姚，而君過予，與予從容言天下之事。君曰：「道以閎大隱密，聖人之所獨鼓萬物以然而皆莫如其所以然者，蓋有所難知也。其治政教令施爲之詳，凡與人共，而尤

[一]「汐」，龍舒本作「泛」。
[二]「永」，龍舒本、光啓堂本作「求」。
[三]「至」，龍舒本作「甚」。

丁寧以急者，其易知較然者也。通塗川，治田桑，爲之隄防溝澮渠川以禦水旱之災；而興學校，屬其民人相與習禮樂其中，以化服之，此其尤丁寧以急，而較然易知者也。今世吏者，其愚也固不知所爲。而其所謂能者，務出奇爲聲威，以驚世震俗，至或盡其力以事刀筆簿書之間而已。而反以謂古所爲尤丁寧以急者，吾不暇以爲，吾曾爲之，而曾不足以爲之，萬有一人爲之，且不足以名於世而見謂材〔二〕。嘻！其可歎也。夫爲天下國家且百年，而勝殘去殺之效，則猶未也，其不出於此乎〔三〕？」予良以其言爲然。既而聞君之爲其縣，至則爲橋於江，治學者以教養縣人之子弟，既而又有隄之役，於是又信其言之行而不予欺也。已爲之書其隄事，因并書其言終始而存之以告後之人。慶曆八年七月日記。

## 通州海門興利記

余讀豳詩：「以其婦子，饁彼南畝，田畯至喜。」嗟乎！豳之人帥其家人戮力以聽吏，吏推其意以相民，何其至也。夫喜者非自外至，乃其中心固有以然也。既嘆其吏之能民，又思其君

〔二〕「謂」，龍舒本作「其」。
〔三〕「此乎」，原作「當時」，據龍舒本改。

之所以待吏，則亦欲善之心出於至誠而已，蓋不獨法度有以驅之也。以賞罰用天下，而先王之俗廢。有士於此，能以鄙之吏自爲，而不苟於其民，豈非所謂有志者邪？

以余所聞，吳興沈君興宗海門之政，可謂有志矣。既隄北海七十里以除水患，遂大浚渠川，釃取江南，以灌義寧等數鄉之田。方是時，民之墊於海，呻吟者相屬。君至，則寬禁緩求，以集流亡。少焉，誘起之以就功，莫不蹶蹶然奮其憊而來也。由是觀之，苟誠愛民而有以利之，雖創殘窮敝之餘，可勉而用也，況於力足者乎？

興宗好學知方。竟其學，又將有大者焉，此何足以盡吾沈君之材，抑可以觀其志矣。則論者或以一邑之善不足書之〔一〕，今天下之邑多矣，其能有以遺其民而不愧於鄙之吏者，果多乎？不多，則予不欲使其無傳也。

至和元年六月六日，臨川王某記。

〔一〕「之」，龍舒本作「文」。

# 臨川先生文集　卷八十三

## 記

### 鄞縣經遊記

慶曆七年十一月丁丑，余自縣出，屬民使浚渠川，至萬靈鄉之左界，宿慈福院。戊寅，升雞山，觀碶工鑿石，遂入育王山，宿廣利寺。雨，不克東[一]。辛巳，下靈巖，浮石湫之壑以望海，而謀作斗門于海濱，宿靈巖之旌教院。癸未，至蘆江，臨決渠之口，轉以入于瑞巖之開善院，遂宿。甲申，遊天童山，宿景德寺。質明，與其長老瑞新上石望玲瓏巖，須猿吟者久之，而還食寺之西堂，遂行至東吴，具舟以西。質明，泊舟堰下，食大梅山之保福寺莊。過五峰，行十里許，復

[一]「克東」，龍舒本作「止」。

其舟以西[二]，至小溪，以夜中。質明，觀新渠及洪水灣，還食普寧院。日下昃，如林村。夜未中，至資壽院。質明，戒桃源、清道二鄉之民以其事。凡東西十有四鄉，鄉之民畢已受事[三]，而余遂歸云。

## 遊褒禪山記

褒禪山亦謂之華山，唐浮圖慧褒始舍於其址，而卒葬之，以故其後名之曰「褒禪」。今所謂慧空禪院者，褒之廬冢也。距其院東五里，所謂華山洞者，以其乃華山之陽名之也。距洞百餘步有碑仆道，其文漫滅，獨其爲文猶可識，曰「花山」。今言「華」如「華實」之「華」者，蓋音謬也。其下平曠，有泉側出，而記遊者甚衆，所謂前洞也。由山以上五六里，有穴窈然，入之甚寒，問其深，則其好遊者不能窮也，謂之後洞。余與四人擁火以入，入之愈深，其進愈難，而其見愈奇。有怠而欲出者，曰：「不出，火且盡。」遂與之俱出。蓋予所至，比好遊者尚不能十一，然視其左右，來而記之者已少。蓋其又深，則其至又加少矣。方是時，予之力尚足以入，火尚足以明也。

---

〔二〕「其」，龍舒本作「以其」，宋刻本、光啓堂本作「具」。
〔三〕「受」，龍舒本作「孚」。

既其出，則或咎其欲出者，而予亦悔其隨之，而不得極夫遊之樂也。

於是予有歎焉。古人之觀於天地、山川、草木、蟲魚、鳥獸，往往有得，以其求思之深而無不在也。夫夷以近，則遊者衆；險以遠，則至者少。而世之奇偉瑰怪非常之觀，常在於險遠，而人之所罕至焉，故非有志者，不能至也。有志矣，不隨以止也，然力不足者，亦不能至也。有志與力而又不隨以怠，至於幽暗昏惑，而無物以相之，亦不能至也。然力足以至焉，於人爲可譏，而在己爲有悔。盡吾志也而不能至者，可以無悔矣，其孰能譏之乎？此予之所得也。余於仆碑，又以悲夫古書之不存，後世之謬其傳而莫能名者，何可勝道也哉！此所以學者不可以不深思而慎取之也。

四人者，廬陵蕭君圭君玉，長樂王回深父，余弟安國平父、安上純父。至和元年七月某日，臨川王某記。

## 城陂院興造記

靈谷者，吾州之名山，衛尉府君之所葬也。山之水東出而北折，以合於城陂。陂上有屋曰「城陂院」者，僧法沖居之，而王氏諸父子之來視墓者，退輒休於此。當慶曆之甲申，法沖始傳其毀而有之。至嘉祐之戊戌，而自門至於寢，浮屠之所宜有者，新作之皆具。乃聚其徒而謀曰：

「自吾與爾有此屋，取材於山，取食於田，而又推其餘以致所無。然猶不足以完也，而又取貨力於邑人以助。蓋爲之以八年而後吾志就。其勤如此，不可無記。惟王氏世與吾接，而衛尉府君之葬於此也，試往請焉，宜肯。」於是其徒相與礱石於庭，而使來以請。

## 慈溪縣學記

天下不可一日而無政教，故學不可一日而亡於天下。古者井天下之田，而黨庠、遂序、國學之法立乎其中。鄉射飲酒、春秋合樂、養老勞農、尊賢使能、攷藝選言之政〔一〕，至于受成、獻馘、訊囚之事，無不出於學。於此養天下智仁聖義忠和之士，以至一偏一伎〔二〕、一曲之學，無所不養。而又取士大夫之材行完潔，而其施設已嘗試於位而去者〔三〕，以爲之師。釋奠、釋菜，以教不忘其學之所自。遷徙偪逐，以勉其怠而除其惡。則士朝夕所見所聞，無非所以治天下國家之道，其服習必於仁義，而所學必皆盡其材。一日取以備公卿大夫百執事之選，則其材行皆已素定，而士之備選者，其施設亦皆素所見聞而已，不待閱習而後能者也。古之在上者，事不慮而

〔一〕「攷」，龍舒本作「放」。
〔二〕「一伎」，龍舒本作「之伎」。
〔三〕「嘗」，龍舒本作「當」。

盡，功不爲而足，其要如此而已。此二帝、三王所以治天下國家而立學之本意也。

後世無井田之法，而學亦或存或廢，大抵所以治天下國家者，不復皆出於學。而學之士，群居族處，爲師弟子之位者，講章句、課文字而已。至其陵夷之久，則四方之學者，廢而爲廟，以祀孔子於天下，斲木摶土，如浮屠道士法，爲王者象。州縣吏春秋帥其屬，釋奠於其堂，而學士者或不預焉。蓋廟之作，出於學廢，而近世之法然也。

今天子即位若干年，頗修法度，而革近世之不然者。當此之時，學稍稍立於天下矣，猶曰縣之士滿二百人〔一〕，乃得立學。於是慈溪之士不得有學，而爲孔子廟如故，廟又壞不治。今劉君在中言於州〔二〕，使民出錢，將修而作之，未及爲而去，時慶曆某年也。

後林君肇至，則曰：「古之所以爲學者，吾不得而見，而法者，吾不可以毋循也。雖然，吾之人民於此，不可以無教。」即因民錢作孔子廟，如今之所云，而治其四旁爲學舍，構堂其中〔三〕，帥縣之子弟，起先生杜君醇爲之師，而興於學。噫，林君其有道者耶！夫吏者無變今之法，而不失古之實，此有道者之所能也。林君之爲，其幾於此矣。

〔一〕「縣」，原作「州」，據龍舒本改。
〔二〕「在」，龍舒本作「居」。
〔三〕「構」，原作「講」，據龍舒本、宋刻本改。

林君固賢令，而慈溪小邑，無珍産淫貨以來四方游販之民。田桑之美，有以自足，無水旱之憂也。無游販之民，故其俗一而不雜；有以自足，故人慎刑而易治。而吾所見其邑之士，亦多美茂之材，易成也。杜君者，越之隱君子，其學行宜爲人師者也。夫以小邑得賢令，又得宜爲人師者爲之師，而以修醇一易治之俗，而進美茂易成之材，雖拘於法、限於勢，不得盡如古之所爲，吾固信其教化之將行，而風俗之成也。夫教化可以美風俗，雖然，必久而後至於善，而今之吏其勢不能以久也。吾雖喜且幸其將行〔一〕，而又憂夫來者之不吾繼也，於是本其意以告來者。

## 萬宗泉記

僧道光得泉之三年，直歲善端治屋龍井之西北，發土得氿泉二，萬宗命溝井而合焉。東爲二池，池各有溝，注于南池而東南，其餘水以溉山麓之田。既甃，善端請名，余爲名其泉曰「萬宗」云。〔二〕

〔一〕「行」，龍舒本作「然」。
〔二〕「云」下，龍舒本有「熙寧十年十二月日臨川王安石記」十四字。

## 揚州龍興講院記

予少時客遊金陵，浮屠慧禮者從予遊。予既吏淮南，而慧禮得龍興佛舍，與其徒日講其師之説。嘗出而過焉，庳屋數十椽，上破而旁穿；側出而視後，則榛棘出人，不見垣端。指以語予曰：「吾將除此而宫之。雖然，其成也，不以私吾後，必求時之能行吾道者付之。願記以示後之人，使不得私焉。」當是時，禮方丐食飲以卒日，視其居枵然。余特戲曰：「姑成之，吾記無難者。」後四年，來曰：「昔之所欲爲，凡百二十楹，賴州人蔣氏之力，既皆成，盍有述焉？」

噫，何其能也！蓋慧禮者，予知之，其行謹潔，學博而才敏，而又卒之以不私，宜成此不難也。〔一〕今夫衣冠而學者，必曰自孔氏。孔氏之道易行也，非有苦身窘形，離性禁欲，若彼之難也。而士之行可一鄉、才足一官者常少。而浮屠之寺廟被四海，則彼其所謂材者，寧獨禮耶？以彼之材，由此之道，去至難而就甚易，宜其能也。嗚呼！失之此而彼得焉，其有以也夫！

---

〔一〕「也」下，龍舒本有「世既言佛能以禍福語傾天下，故其隆向之如此，非徒然也。蓋其學者之材，亦多有以動世耳」三十六字。

## 撫州招仙觀記

招仙觀在安仁郭西四十里，始作者與其歲月予不知也。祥符中嘗廢，廢四五十年，而道士全自明以醫游其邑，邑之疾病者賴以治，而皆憂其去，人相與言州，出材力，因廢基築宮而留之。全與其從者一人爲留，而觀復興。全識予舅氏，而因舅氏以乞予書其復興之歲月。

夫宮室、器械、衣服、飲食，凡所以生之具，須人而後具，而人不須吾以足，惟浮屠、道士爲然。而全之爲道士，人須之而不可以去也〔二〕，其所以養於人也，視其黨可以無愧矣。予爲之書，其亦可以無愧焉。〔三〕

慶曆七年七月，復興之歲月也。

## 石門亭記

石門亭在青田縣若干里，令朱君爲之。石門者，名山也。古之人之咸刻其觀遊之感慨，留

〔二〕「人須之而不可以去也」，龍舒本作「人而不可以已也」。

〔三〕「焉」下，龍舒本有「故爲之書」四字。

之山中，其石相望。君至而爲亭，悉取古今之刻立之亭中，而以書與其甥之壻王某，使記其作亭之意。

夫所以作亭之意，其直好山乎？其亦好觀遊眺望乎？其亦於此問民之疾憂乎？其亦燕閒以自休息於此乎？其亦憐夫人之刻暴剥偃踣而無所庇障且泯滅乎？夫人物之相好惡必以類。廣大茂美，萬物附焉以生，而不自以爲功者，山也；好山，仁也。去郊而適野〔一〕，升高以遠望，其中必有慨然者。書不云乎：「予耄遜于荒。」詩不云乎：「駕言出遊，以寫我憂。」夫環顧其身無可憂，而憂者必在天下，憂天下亦仁也。人之否也敢自逸？至即深山長谷之民，與之相對接而交言語，以求其疾憂，其有壅而不聞者乎〔二〕？求民之疾憂，亦仁也。政不有小大，不以德，則民不化服。民化服，然後可以無訟。民不無訟，令其能休息無事〔三〕，優遊以嬉乎？古今之名者〔四〕，其石幸在，其文信善，則其人之名與石且傳而不朽，成人之名而不奪其志〔五〕，亦仁也。作亭之

〔一〕「郊」，龍舒本作「祥」。
〔二〕「其有」，原倒，據龍舒本乙。
〔三〕「令」，原作「今」，據光啓堂本改。
〔四〕「古今」，龍舒本作「始令」。
〔五〕「人」，龍舒本、宋刻本作「仁」。

意，其然乎？其不然乎？

## 撫州通判廳見山閣記

通判撫州、太常博士施侯，爲閣於其舍之西偏。既成，與客升以飲，而爲之名曰「見山」。且言曰：「吾人脱於兵火，洗沐仁聖之膏澤，以休其父子者餘百年。於今天子恭儉，陂池、苑囿、臺榭之觀，有堙毁而無改作，其不欲有所騷動，而思稱祖宗所以憫仁元元之意殊甚。故人得私其智力，以逐於利而窮其欲。自雖蠻夷湖海山谷之聚，大農富工豪賈之家，往往能廣其宮室，高其樓觀，以與通邑大都之有餘力者争無窮之侈。夫民之富溢矣，吏獨不當因其有餘力，有以自娱樂，稱上施耶？又況撫之爲州，山耕而水蒔，牧牛馬，田虎豹〔一〕，爲地千里，而民之男女以萬數者五六十。地大人衆如此，而通判與之爲之父母，則其人奚可不賢？雖賢豈能無勞於爲治？獨無觀游食饗之地，以休其暇日，殆非先王使小人以力養君子之意。吾所以樂爲之就此而忘勞者，非以爲吾之不肖能長有此，顧不如是不足以待後之賢者爾。且夫人之慕於賢者，爲其所樂與天下之志同而不失，然後能有餘以與民而使皆得其所願。而世之説者曰：『召公爲政於周，方春

〔一〕「田」，原作「用」，據龍舒本改。

舍於蔽芾之棠，聽男女之訟焉，而不敢自休息于宫，恐民之從我者勤，而害其田作之時。蓋其隱約窮苦而以自媚於民如此。故其民愛思而詠歌之，至於不忍伐其所舍之棠，今甘棠之詩是也。』嗟乎！此殆非召公之實事，詩人之本指，特墨子之餘言贅行、吝細褊迫者之所好，而吾之所不能爲。」

於是酒酣，客皆歡，相與從容譽施侯所爲，而稱其言之善，又美大其閣而嘉其所以名之者，曰：「閣之上，流目而環之，則邑屋〔一〕、草木、川原、阪隰之無蔽障者皆見，施侯獨有見於山，而以爲之名，何也？豈以山之在吾左右前後，若蟠若踞，若伏若鶩，爲獨能適吾目之所觀邪？其亦吾心有得於是而樂之也。」

施侯以客爲知言，而以書抵予曰：「吾所以爲閣而名之者如此，子其爲我記之。」數辭不得止，則又因吾叔父之命以取焉，遂爲之記，以示後之賢者，使知夫施侯之所以爲閣而名之者其言如此。

〔一〕「屋」，聽香館本作「屬」。

## 真州長蘆寺經藏記

西域有人焉，止而無所繫，觀而無所逐。唯其無所繫，故有所繫者守之；唯其無所逐，故有所逐者從之。從而守之者不可爲量數，則其言而應之、議而辨之也，亦不可爲量數，此其書之行乎中國，所以至於五千四十八卷，而尚未足以爲多也。

真州長蘆寺釋智福者，爲高屋，建大軸兩輪，而棲匭於輪間，以藏五千四十八卷者。其募錢至三千萬，其土木丹漆珠璣萬金之閎壯靡麗，言者不能稱也，唯觀者知焉。夫道之在天下莫非命，而有廢興，時也。知出之有命，興之有時，則彼所以當天下貧窶之時，能獨鼓舞得其財以有所建立，每至於此，蓋無足以疑。智福有才略，善治其徒衆，從余求識其成，於是乎書。

## 漣水軍淳化院經藏記

道之不一久矣，人善其所見，以爲教於天下，而傳之後世，後世學者或徇乎身之所然，或誘乎世之所趨，或得乎心之所好。於是聖人之大體，分裂而爲八九。博聞該見有志之士，補苴調胹，冀以就完而力不足，又無可爲之地，故終不得。蓋有見於無思無爲，退藏於密，寂然不動者，中國之老、莊，西域之佛也。既以此爲教於天下而傳後世，故爲其徒者，多寬平而不忮，質靜而無求。不忮似仁，無求似義。當士之夸漫盜奪，有己而無物者多於世〔一〕，則超然高蹈，其爲有似乎吾之仁義者，豈非所謂賢於彼而可與言者邪？若通之瑞新，閩之懷璉，皆今之爲佛而超然，吾所謂賢而與之遊者也。

此二人者，既以其所學自脱於世之淫濁，而又皆有聰明辯智之才，故吾樂以其所得者間語焉，與之遊，忘日月之多也。璉嘗謂余曰：「吾徒有善因者，得屋於漣水之城中，而得吾所謂經者五千四十八卷於京師。歸市匭而藏諸屋，將求能文者爲之書其經藏者之歲時。而以子之愛我也，故使其徒來屬，能爲我强記之乎？」

善因者，蓋常爲屋於漣水之城中，而因瑞新以求予記其歲時，予辭而不許者也。於是問其藏經之日，某年月日也。夫以二人者與余遊，而善因屬我之勤，豈有它哉？其不可以終辭，乃爲之書，而并告之所以書之意，使鑱諸石。

## 大中祥符觀新修九曜閣記

某自揚州歸，與叔父會京師。叔父曰：「大中祥符觀所謂九曜者，道士丁用平募民錢爲堂

〔一〕「物」，龍舒本作「求」。

庖廡已，又爲閣置九曜像其下，從吾乞汝文，記其年時，汝爲之。」臨川之城中，東有大丘，左溪水，水南出而北并于江。城之東，以溪爲隍，吾廬當丘上，此折而東百步〔二〕，爲祥符觀。觀岸溪水，東南之山不奄乎人家者〔三〕，可望也。某少時固嘗從長者游而樂之，以爲溪山之佳，雖異州，樂也，况吾父母之州，而又去吾廬爲之近者邪？雖其身去爲吏，獨其心不須臾去也。今道士又新其居，以壯觀游。閣焉，使游者得以窮登望之勝，使可望者不唯東南而已，豈不重可樂邪？道士之所爲，幾吾之所樂，而命吾文，又叔父也，即欲已，得邪？惜乎！安得與州之君子者游焉？以忘吾憂而慰吾思邪？閣成之日，某年月日也。

## 揚州新園亭記

諸侯宫室臺榭，講軍實、容俎豆，各有制度。揚，古今大都，方伯所治處，制度狹庳，軍實不講，俎豆無以容，不以偪諸侯哉？宋公至自丞相府，化清事省，喟然有意其圖之也。今太常刁君實集其意，會公去鎮鄆，君即而考之。占府乾隅，夷茀而基，因城而垣，并垣而

〔二〕「此」，龍舒本作「自此」，光啓堂本作「北」。

〔三〕「奄」，聽香館本作「掩」。

溝，周六百步，竹萬箇覆其上。故高亭在垣東南，循而西三十軌，作堂曰「愛思」，道僚吏之不忘宋公也。堂南北鄉，袤八筵，廣六筵。直北爲射埒，列樹八百本，以翼其旁。賓至而享，吏休而宴，於是乎在。又循而西十有二軌，作亭曰「隸武」，南北鄉，袤四筵，廣如之。埒如堂，列樹以鄉，歲時教士戰、射、坐、作之法，於是乎在。始慶曆二年十二月某日，凡若干日卒功云。

初，宋公之政，務不煩其民，是役也，力出於兵，材資於宫之饒，地瞰於公宫之隙，成公志也。噫！揚之物與監，東南所規仰，天子宰相所垂意，而選繼乎宜有若宋公者，丞乎宜有若刁君者。金石可弊，此無廢已。慶曆三年四月某日，臨川王某記。

## 廬山文殊像現瑞記

番陽劉定嘗登廬山，臨文殊金像所没之谷，睹光明雲瑞，圖示臨川王某，求記其事。某曰：「有有以觀空，空亦幻；空空以觀有，幻亦實。幻實果有辨乎？然則如子所睹，可以記，可以無記。記無記，果亦有辨乎？雖然，子既圖之矣，余不可以無記也。」

定以熙寧元年四月十日、十年九月二十七日睹，某以元豐元年十一月二十三日記。

## 撫州祥符觀三清殿記

臨川之州城横溪上。西出，出城之上，有宫巋然，溪之沄沄流過其下，東南之山皆在其門户窗牖之間者，曰祥符觀。觀之中有屋四注，深五十五尺，廣七十二尺，陛之高，居深十八分之一，楹二十有四，門兩夾窗，中象三，旁象二十有六者，曰三清殿。用其師之説以動人，而能有此者，曰道士黎自新。出其力以歸於道士之説，而卒成此者，曰里之人鄧佺。佺之子表，故嘗與予遊。予之歸，表語其父之事，而乞予文，予不能拒也。夫用其師之説以動人者道士也，予力顧出道士下，復何云哉！

皇祐二年五月二十五日。

# 臨川先生文集　卷八十四

## 序

### 周禮義序

士弊於俗學久矣，聖上閔焉，以經術造之。乃集儒臣，訓釋厥旨，將播之校學，而臣某實董周官。

惟道之在政事，其貴賤有位，其後先有序，其多寡有數，其遲數有時。制而用之存乎法，推而行之存乎人。其人足以任官，其官足以行法，莫盛乎成周之時；其法可施於後世，其文有見於載籍，莫具乎周官之書。蓋其因習以崇之，庚續以終之，至於後世，無以復加，則豈特文、武、周公之力哉？猶四時之運，陰陽積而成寒暑，非一日也。

自周之衰，以至於今，歷歲千數百矣。太平之遺迹，掃蕩幾盡，學者所見，無復全經。於是時也，乃欲訓而發之，臣誠不自揆，然知其難也。以訓而發之之爲難，則又以知夫立政造事追而復之之爲難。然竊觀聖上致法就功，取成於心，訓迪在位，有馮有翼，亹亹乎鄉六服承德之世矣。以所觀乎今，考所學乎古，所謂見而知之者，臣誠不自揆，妄以爲庶幾焉，故遂昧冒自竭，而忘其材之弗及也。

謹列其書爲二十有二卷，凡十餘萬言，上之御府，副在有司，以待制詔頒焉。謹序。

## 詩義序

詩三百十一篇〔一〕，其義具存，其辭亡者，六篇而已。上既使臣雱訓其辭，又命臣某等訓其義。書成，以賜太學，布之天下，又使臣某爲之序。謹拜手稽首言曰：

詩上通乎道德，下止乎禮義。放其言之文〔二〕，君子以興焉；循其道之序，聖人以成焉。然以孔子之門人賜也、商也，有得於一言，則孔子悦而進之，蓋其説之難明如此，則自周衰以迄于今，泯泯紛紛，豈不宜哉？

伏惟皇帝陛下，内德純茂，則神罔時恫；外行恂達，則四方以無侮。日就月將，學有緝熙于

〔一〕「十一」，龍舒本作「六」。
〔二〕「放」，龍舒本作「攷」。

光明，則頌之所形容，蓋有不足道也。微言奥義，既自得之，又命承學之臣訓釋厥遺，樂與天下共之。顧臣等所聞，如爝火焉，豈足以庚日月之餘光？姑承明制，代匱而已。傳曰：「美成在久。」故棫樸之作人，以壽考爲言，蓋將有來者焉，追琢其章，纘聖志而成之也。臣衰且老矣〔二〕，尚庶幾及見之。謹序。

## 書義序

熙寧二年，臣某以尚書入侍，遂與政。而子雱實嗣講事，有旨爲之説以獻。八年，下其説太學，班焉。

惟虞、夏、商、周之遺文，更秦而幾亡，遭漢而僅存，賴學士大夫誦説，以故不泯，而世主莫或知其可用。天縱皇帝大知，實始操之以驗物，考之以決事，又命訓其義，兼明天下後世。而臣父子以區區所聞，承乏與榮焉。然言之淵懿，而釋以淺陋，命之重大，而承以輕眇，兹榮也，祇所以爲愧歟！謹序。

〔二〕「衰」，宋刻本作「雖」。

## 熙寧字説序

文者，奇偶剛柔，雜比以相承，如天地之文，故謂之文。字者，始於一二，而生生至於無窮[一]，如母之字子，故謂之字。其聲之抑揚開塞、合散出入，其形之衡從曲直、邪正上下、内外左右，皆有義，皆本於自然，非人私智所能爲也。

與夫伏羲八卦，文王六十四，異用而同制，相待而成易。先王以爲不可忽，而患天下後世失其法，故三歲一同。同之者，一道德也。秦燒詩、書，殺學士，而於是時始變古而爲隸。蓋天之喪斯文也，不然，則秦何力之能爲？

余讀許慎説文[二]，而於書之意，時有所悟，因序録其説爲二十卷，以與門人所推經義附之。惜乎先王之文缺已久，慎所記不具，又多舛，而以余之淺陋考之，且有所不合[三]。雖然，庸詎非天之將興斯文也，而以余贊其始？故其教學必自此始，能知此者，則於道德之意，已十九矣。

[一]「始於一二，而生生至於無窮」，龍舒本作「始於一，一而生於無窮」。
[二]「余讀」，龍舒本作「而」。
[三]「且」，龍舒本作「宜」。

## 新秦集序〔一〕

新秦集者，故龍圖閣直學士、尚書禮部郎中、知諫院號略楊公之文。公以嘉祐七年四月某日甲子卒官，而外婣開封府推官、尚書度支員外郎中山李壽朋廷老，治其稿爲二十卷。

公諱畋，字樂道，世家新秦。其先人以忠力智謀爲將帥，名聞天下。至公，始折節讀書，用進士起家。嘗提點荆湖北路刑獄，數自擊叛蠻有功，得士卒心，故儂智高反時，自喪服中特起之往擊。其後爲三司副使、天章閣待制、侍讀、知制誥，數以言事有直名，故遷龍圖閣直學士、知諫院。又數言事，無所顧望〔二〕，所言有人所不能言者。故其卒，天子録其忠，賻賜之加等。而士大夫知公者，爲朝廷惜也。

公所爲文，莊厲謹潔，類其爲人。而尤好爲詩，其詞平易不迫，而能自道其意。讀其書，詠其詩，視其平生之大節如此。嗟乎！蓋所謂善人之好學而能言者也！

〔一〕龍舒本題作「楊樂道文集序」。
〔二〕「無」上，龍舒本有「於大臣」三字。

## 老杜詩後集序

予考古之詩，尤愛杜甫氏作者。其辭所從出，一莫知窮極，而病未能學也。世所傳已多，計尚有遺落，思得其完而觀之〔一〕。然每一篇出，自然人知非人之所能爲，而爲之者，惟其甫也，輒能辨之。

予之令鄞，客有授予古之詩世所不傳者二百餘篇。觀之，予知非人之所能爲，而爲之實甫者，其文與意之著也。然甫之詩其完見於今者，自予得之。世之學者，至乎甫而後爲詩，不能至，要之不知詩焉爾。嗚呼！詩其難惟有甫哉！自洗兵馬下，序而次之，以示知甫者，且用自發焉。

皇祐壬辰五月日，臨川王某序。

## 靈谷詩序

吾州之東南有靈谷者，江南之名山也。龍蛇之神，虎豹翬翟之文章，楩柟豫章竹箭之材，皆自山出。而神林、鬼冢、魑魅之穴，與夫仙人、釋子恢譎之觀，咸附託焉。至其淑靈和清之氣，盤

〔一〕「思」，光啓堂本、聽香館本作「未」。

礴委積於天地之間，萬物之所不能得者，乃屬之於人，而處士君實生其址。

君姓吴氏，家於山阯，豪傑之望，臨吾一州者，蓋五六世，而後處士君出焉。其行，孝悌忠信；其能，以文學知名於時。惜乎其老矣，不得與夫虎豹翬翟之文章、梗楠豫章竹箭之材，俱出而爲用於天下，顧藏其神奇，而與龍蛇雜此土以處也。然君浩然有以自養，遨遊於山川之間，嘯歌謳吟，以寓其所好，終身樂之不厭，而有詩數百篇，傳誦於閭里。他日，出靈谷三十二篇，以屬其甥曰：「爲我讀而序之。」惟君之所得，蓋有伏而不見者，豈特盡於此詩而已。雖然，觀其鑱刻萬物，而接之以藻繢，非夫詩人之巧者，亦孰能至於此！

## 送陳興之序

先人爲臨江軍判官，實佐今駕部員外郎陳公。其後二十五年，公之子興之主泰之如皋簿，某爲判官淮南，以事出如皋，遇之，相好也。其後二年歸京師，興之亦以進士得嘉慶院解，復遇之，相好加焉。興之試禮部有日，今宰相其世父也，奏前試罷之以避嫌。興之當遠官，踰數月，乃得泉之晉江主簿去。

陳公世大家，仕宦四十年，連坐謫流落，不得所欲，其意不能毋望興之貴富世其家也。興之亦誠博學能文辭，有氣節，吾意其爲進士宜有得焉。今失所欲，又爲所謂主簿者，遠其親三千里不啻，是其心獨能毋介然者邪？

夫大公之道行，上之人子弟苟賢者，任而進之無嫌也，下之人固亦不以嫌之。今興之去，知者皆憐其才之可以進焉而不得，無以慰其親也。吾於興之又世故，故又爲之思所以慰其親，豁其心之介然者，不得其説，而獨以悲大公之道不行焉。

## 送李著作之官高郵序

君之才，搢紳多聞之。初，君視金陵酒政，人皆惜君不試於劇，而淪於卑冗。君將優爲之，曰：「孔子嘗爲乘田、委吏矣，會計當而已矣，牛羊蕃而已矣。」既而又得調高郵關吏，人復惜君不試於劇，而淪於卑冗。君言如初，色滋蔓喜。

於戲！今之公卿大夫，據徼乘機，鑽隙抵巇，僅不盈志，則戚戚以悲，君乃皦然反之〔一〕，此蒙所以高君也。抑有猜焉，古之柄國家者，有戢景藏采，恬處下列，拔而致之朝，使相謨謀。今豈不若古邪？奚遂君請而弗拔也？

〔一〕「君」，原作「吾」，據光啓堂本改。

## 石仲卿字序

子生而父名之，以別於人云爾。冠而字，成人之道也。奚而爲成人之道也？成人則貴其所以成人，而不敢名之，於是乎命以字之，字之爲有可貴焉。孔子作春秋，記人之行事，或名之，或字之，皆因其行事之善惡而貴賤之。二百四十二年之間，字而不名者十二人而已。人有可貴而不失其所以貴，乃爾其少也！

閩人石仲卿來請字，予以子正字之，附其名之義而爲之云爾。子正於進士中名知經，往往脱傳注而得經所以云之意。接之久，未見其行己有闕也，庶幾不失其所以貴者歟！

## 伴送北朝人使詩序

某被敕送北客至塞上，語言之不通，而與之并轡十有八日，亦默默無所用吾意。時竊詠歌，以娱愁思，當笑語。鞍馬之勞，其言有不足取者，然比諸戲謔之善，尚宜爲君子所取。故悉録以歸示諸親友。

## 唐百家詩選序

余與宋次道同爲三司判官，時次道出其家藏唐詩百餘編，諉余擇其精者，次道因名曰百家詩選。廢日力於此，良可悔也！雖然，欲知唐詩者，觀此足矣。

## 善救方後序

孟子曰：「先王有不忍人之心，斯有不忍人之政。」臣某伏讀善救方，而竊歎曰：「此可謂不忍人之政矣！」夫君者，制命者也；推命而致之民者，臣也。君臣皆不失職，而天下受其治。方今之時，可謂有君矣。生養之德通乎四海，至於蠻夷荒忽不救之病，皆思有以救而存之。而臣等雖賤，實受命治民，不推陛下之恩澤而致之民，則恐得罪於天下而無所辭誅。謹以刻石，樹之縣門外左，令觀赴者自得而不求有司云。皇祐元年二月二十八日序。

## 送陳升之序

今世所謂良大夫者有之矣，皆曰是宜任大臣之事者；作而任大臣之事，則上下一失望，何哉？人之材有小大，而志有遠近也。彼其任者小而責之近，則煦煦然仁，而有餘於仁矣；孑孑然義，而有餘於義矣。人見其仁義有餘也，則曰是其任者小而責之近，大任將有大此者，然上下竢之云爾，然後作而任大臣之事。作而任大臣之事，宜有大此者焉，然則煦煦然而已矣，孑孑然而已矣，故上下一失望。豈惟失望哉？後日誠有堪大臣之事，其名實烝然於上，上必懲前日之所竢而逆疑焉；暴於下，下必懲前日之所竢而逆疑焉。上下交疑，誠有堪大臣之事者而莫之或任。幸欲任，則左右小人得引前日之所竢懲之矣。

噫！聖人謂知人難，君子惡名之溢於實，爲此則奈何？亦精之而已矣。惡之則奈何？亦充之而已矣。知難而不能精之，惡之而不能充之，其亦殆哉！

予在揚州，朝之人過焉者多，堪大臣之事可信而望者，陳升之而已矣。今去官於宿州，予不知復幾何時乃一見之也。予知升之作而任大臣之事，固有時矣。煦煦然仁而已矣，孑孑然義而已矣，非予所以望於升之也。

## 張刑部詩序

刑部張君詩若干篇，明而不華，喜諷道而不刻切，其唐人善詩者之徒歟？君並楊、劉生〔一〕，

〔一〕「生」，原缺，據龍舒本補。

楊、劉以其文詞染當世，學者迷其端原，靡靡然窮日力以摹之，粉墨青朱，顛錯叢龐，無文章黼黻之序，其屬情藉事，不可考據也。方此時，自守不污者少矣。君詩獨不然，其自守不污者邪？子夏曰：「詩者，志之所之也。」觀君之志，然則其行亦自守不污者邪，豈唯其言而已？

畀予詩而請序者，君之子彥博也。彥博字文叔，爲撫州司法，還自揚州識之，日與之接云。

慶曆三年八月序。

## 送孫正之序

時然而然，衆人也；己然而然，君子也。己然而然，非私己也，聖人之道在焉爾。夫君子有窮苦顛跌，不肯一失詘己以從時者，不以時勝道也。故其得志於君，則變時而之道，若反手然，彼其術素修而志素定也。時乎楊、墨，己不然者，孟軻氏而已；時乎釋、老，己不然者，韓愈氏而已。如孟、韓者，可謂術素修而志素定也，不以時勝道也。惜也不得志於君，使真儒之效不白於當世，然其於衆人也卓矣。嗚呼！予觀今之世，圓冠峨如，大裙襜如，坐而堯言，起而舜趨，不以孟、韓之心爲心者，果異衆人乎？

予官於揚，得友曰孫正之。正之行古之道，又善爲古文，予知其能以孟、韓之心爲心而不已者也。夫越人之望燕，爲絶域也。北轅而首之，苟不已，無不至。孟、韓之道去吾黨，豈若越人之望燕哉？以正之之不已，而不至焉，予未之信也。一日得志於吾君，而真儒之效不白於當世，予亦未之信也。正之之兄官於温，奉其親以行，將從之，先爲言以處予，予欲默，安得而默也？

慶曆二年閏九月十一日〔一〕。

## 送胡叔才序

叔才，銅陵大宗，世以貲名。子弟豪者，馳騁漁弋爲己事；謹者，務多闢田以殖其家。先時，邑之豪子弟有命儒者，耗其千金之産，卒無就。邑豪以爲諺，莫肯命儒者，遇儒冠者，皆指目遠去，若將浼己然。雖胡氏亦然。獨叔才之父母不然，於叔才之幼，捐重幣，逆良先生教之。既壯可以遊，資而遣之無所靳。居數年，朋試於有司，不合而歸，邑人之訾者半，竊笑者半。其父母愈篤不悔，復資而遣之。

叔才，純孝人也，悱然感父母所以教己之篤，追四方才賢，學作文章，思顯其身以及其親。不數年，遂能褎然爲材進士，復朋試於有司，不幸復詘於不己知。不予愚而從之遊，嘗謂予言父

〔一〕「日」下，龍舒本有「送之云爾」四字。

母之思〔二〕，而慚其邑人，不能歸。予曰：「歸也，夫禄與位，庸者所待以爲榮者也。彼賢者道硼於中，而襮之以藝，雖無禄與位，其榮者固在也。子之親，矯群庸而置子於聖賢之途，可謂不賢乎？或訾或笑而終不悔，不賢者能之乎？今而舍道德而榮禄與位，殆不其然！然則子之所以榮親而釋慚者，亦多矣。昔之訾者竊笑者，固庸者爾，豈子所宜慚哉？姑持予言以歸，爲父母壽，其亦喜無量，於子何如？」因釋然痞，治裝而歸，予即書其所以爲父母壽者送之云。

〔二〕「謂」，宋刻本作「爲」。

# 臨川先生文集　卷八十五

## 祭文

### 祭曾魯公文

肅肅魯公，爲時臣宗。小大具宜，濟以勤恭。寔相累朝，有德有庸。帝序之爵，三公是秩。神介之祉，乃終有吉。顯允嗣子〔一〕，能匹公休。贊我事樞，符帝之求。公榮在家，禄養具美。既壽且康，順以卒齒。公則無憾，以返其真。〔二〕天子震悼，逮及國人，況如安石，辱知最久。西望涕頤，以薦食酒。

〔一〕「允」，聽香館本作「克」。

〔二〕「公則無憾，以返其真」，光啓堂本作「公則以憾，無返其真」。

## 祭范潁州文 仲淹

嗚呼我公，一世之師。由初迄終，名節無疵。明肅之盛，身危志殖。瑶華失位，又隨以斥。治功亟聞，尹帝之都。閉姦興良，稚子歌呼。赫赫之家，萬首俯趨。獨繩其私，以走江湖。士争留公，蹈禍不慄。有危其辭，謁與俱出。風俗之衰，駭正怡邪。蹇蹇我初，人以疑嗟。力行不回，慕者興起。儒先酋酋，以節相侈。

公之在貶，愈勇爲忠。稽前引古，誼不營躬。外更三州，施有餘澤。如釃河江，以灌尋尺。宿贓自解，不以刑加。猾盜涵仁，終老無邪。講藝弦歌，慕來千里。溝川障澤，田桑有喜。

戎孽猘狂，敢齮我疆。鑄印刻符，公屏一方。取將於伍，後常名顯。收士至佐，維邦之彦。聲之所加，虜不敢瀕。以其餘威，走敵完鄰。昔也始至，瘡痍滿道。藥之養之，内外完好。既其無爲，飲酒笑歌。百城晏眠，吏士委蛇。

上嘉曰材，以副樞密。稽首辭讓，至于六七。遂參宰相，釐我典常。扶賢贊傑，亂冗除荒。官更於朝，士變於鄉。百治具修，偷墮勉强。彼閼不遂，歸侍帝側〔一〕。卒屏于外，身屯道塞。謂

〔一〕「侍」，龍舒本作「厠」。

宜耇老，尚有以爲。神乎孰忍，使至於斯！蓋公之才，猶不盡試。肆其經綸，功孰與計？自公之貴，廄庫逾空。和其色辭〔二〕，傲訐以容。化于婦妾，不靡珠玉。翼翼公子，弊綈惡粟。閔死憐窮，惟是之奢。孤女以嫁，男成厥家。孰堙于深？孰鍥乎厚？其傳其詳〔三〕，以法永久。

碩人今亡，邦國之憂。矧鄙不肖，辱公知尤。承凶萬里，不往而留。涕哭馳辭，以贊醪羞。

## 祭周幾道文

初我見君，皆童而幘。意氣豪悍，崩山決澤。弱冠相視，隱憂困窮。貌則侔年，心頹如翁。俛仰悲歡，超然一世。皓髮鬒鬛，分當先弊。孰知君子，赴我稱孤。發封涕洟，舉屋驚呼。行與世乖，惟君繾綣。弔禍問疾，書猶在眼。序銘於石，以報德音。設辭雖褊，義不愧心。君實愛我，祭其知歆。

〔二〕「和」，龍舒本作「夷」。

〔三〕「其詳」，龍舒本作「甚詳」。

## 祭張左丞文 若谷

嗚呼！公作昇州，先君實佐。公爲其子，請昏于我。先君不幸，公覲京師。訃逮公門，公哭殊悲。弔問賻祭，使來以時。乃今公薨，獨以窶故。財無以襚[一]，力無以賻[二]。祭又不時，獨悲以慕。惟公之生，明惠裕和。善恕於人，恩實我多。雖祭不時，其吐之乎[三]？

## 祭高樞密文

越初生民，降訖于兹。廢興亂治，成敗安危。猷爲之君，辯論之師。章書傳記，箴賦銘詩。乖離詭駮，有萬其辭。公於其間，靡所不知。江含海畜，其富無訾。孰窮其源？孰究其涯？作時宗工，出長群司。洋洋厥聞，可以敷施。謂且永年，左右諏咨。曷云其凶，弗耄弗期。凡我常僚，曷已其思！爲此薄物，以將我悲。

[一] 「財」，龍舒本作「則」。
[二] 「力」、「賻」，底本爲空格，據聽香館本補。
[三] 「乎」，龍舒本、宋刻本作「耶」。

## 群牧司祭高公文

嗚呼惟公，學問文章。丘山鬱鬱，湖海茫茫。弼我密命，作刑四方。寅恭淑慎，天子所臧。駉駉之良，兵賴以盛。公用勤告，遂圖厥政。某等在職，維公之依。孰奪以逝[一]，邈乎不歸？殯引就行，有翩其旂。來陳薄物，以告長違。

## 祭呂侍讀文

嗚呼！伯夷相唐，尚父賓周。受氏胙國，重光奕休。于辰之逢，發我文靖。公實冢嗣，纘前之慶。御書翰林，典禮太常。是爲世臣，焜燿家邦。方騫方奮，厥隕誰使？震驚咨嗟，上自天子。凡居此列，惟公弟僚。於公之殯，祇薦羞醪。

[一] 「逝」，聽香館本作「遊」。

## 祭馬龍圖文[一]

嗚呼！余託業於進士，熟君名於垂髫。既備官於淮南，習爲縣之風謡。去幕府而西遊，依國門之嶕嶢。始逢君之執靮，屢顧我而回鑣。逮揚子之既見，方皖城之窮漂。遂有通家之好，終無挾長之驕。君言事以北出，予罷官而南僑。一江亭之邂逅，話宿昔以終宵。以牧官之在列，當御史之還朝。又追隨於暇日，心所好而忘遥。距乖隔之幾何，忽水淺而風飄。畫半塗於萬里，棄餘日於一朝。維知君之日久，信智邁而才超。考前人之治亂，講後世之昏昭。釋衆言之牴牾，排異學之傾摇。衆相紛以異緒，君獨悟而同條。嗟熳人之已矣，斤欲奮而誰要？[二]想明靈之猶在，冀薄禮之能招。

## 祭曾博士易占文

嗚呼！公以罪廢，實以不幸。卒困以夭，亦惟其命。命與才違，人實知之。名之不幸，知

[一] 「文」，原作「父」，據龍舒本、聽香館本改。

[二] 「要」下，龍舒本有「望丹舟而隕涕，其樽酒以來澆」十二字。

者爲誰？公之閭里，宗親黨友。知公之名，於實無有。嗚呼公初，公志如何？孰云不諧，而厄孔多？地大天穹，有時而毁。星日脱敗，山傾谷圮。人居其間，萬物一偏。固有窮通，世數之然。至其壽夭，尚何憂喜。要之百年，一蜕以死。方其生時，窘若囚拘。其死以歸，混合空虚。以生易死，死者不祈。唯其不見，生者之悲。公今有子，能隆公後。惟彼生者，可無甚悼。嗟理則然，其情難忘。哭泣馳辭，往侑奠觴。

## 祭蘇虞部文

君慎足以保其身，和足以諧於世。嗟乎不淑，而不永年！受命徂東，纔三年耳。孰云今者，君以喪歸。交游之情，哀痛何極。聊陳薄奠，以告長違。

## 祭李省副文 壽朋

嗚呼！君謂死者必先氣索而神零，孰謂君氣足以薄雲漢兮，神昭晰乎日星。而忽隕背乎，不能保百年之康寧！惟君别我，往祠太一。笑言從容，愈於平日。既至即事，升降孔秩。歸鞍在塗，不返其室。訃聞士夫，環視太息。矧我於君，情何可極！具兹醪羞，以告哀惻。尚饗！

## 祭高師雄主簿文

我始寄此，與君往還。於時康定、慶曆之間。愛我勤我，急我所難。日月一世，疾於跳丸。南北幾時，相見悲歡。去歲憂除，追尋陳迹。淮水之上，治城之側。握手笑語，有如一昔。屈指數日，待君歸舲。安知彌年，乃見哭庭！維君家行，可謂修飭。如其智能，亦豈多得？垂老一命，終於遠域。豈唯故人，所爲歎惜。撫棺一奠，以告心惻。尚饗！

## 祭馬玘大夫文

嗚呼！惟君才敏强明，爲時能吏。剸劇撥煩，易於屈指。近畏遠懷，有譽無訾。使于嶺南，俗易夷鄙。江東内遷，厥勢方起。孰云一朝，壽止如此！攄懷以辭，薦此薄菲。

## 祭盛侍郎文

某聞之，行義弗高，位與年尊，慚者則己；行義既高，位與年下，憾者則人。在己無慚，在人無憾，有若公然，其又奚言？惟昔先人，捐我諸孤，實在公藩。公泫然哀，襚死賻存。託殯得宫，寓處得廬，一出公恩。公或我臨，不有其尊。我奬我矜，均其子孫。戴德莫醻，誰謂我人？去公三年，問不再行。豈曰怠忘，賤不敢煩。補官揚州，公得謝歸。曾幾何時，訃者來門。哭泣作書，以弔後昆。欲醊棺前，縻不可奔。會有吏役，盡室而南。戢恨含悽，轉移寒暄。乃今來歸，公喪且期。纔命使人，薄進蘋蘩。嗟嗟公恩，死其敢諼！

## 祭杜待制文

士恥無材，恥不脩身。身脩而材，有不及民。凡世可願，於公皆有。孰窘其年，不使難老？貴者善防，其有孰窺？公心豁豁，不置墻帷。有挾易驕，不難拒善。公義所在，服之無賤。推以時施，宜以每成。又況於公，强果以行。物貴於時，常以其少。悲矣予思，我知其久。鍾山北蟠，江落而東。完厚密牢，萬世之宫。其歸孰知？愚與在此。爵公以文，以配銘史。

## 祭丁元珍學士文

我初閉門，屈首書詩。一出涉世，茫無所知。援挈覆護，免於阽危。雝培浸灌，使有華滋。微吾元珍，我始弗殖。如何棄我，隕命一昔！以忠出恕，以信行仁。至於白首，困厄窮屯。又從躋之，使以蹎死。豈伊人尤，天實爲此！有槃彼石，可誌於丘。雖不屬我，我其徂求。請著君德，銘之九幽。以馳我哀，不在醪羞。

## 祭刁景純學士文

嗚呼刁公，不忮不求。坦然立行之平，裕然與人之周。既貴賤以同觀，亦始終之相侔。惟其動必依於仁，故其壽若此之修。望音容而已遠，欲親弔以無由。慨臨風而出涕，辭以侑乎醪羞。

## 祭韓欽聖學士文

嗟爲君兮邦之特〔一〕，目揚秀兮顏髮澤。紛百家兮並涉，超獨懷兮道德。博蕩蕩兮無畛，寬恂恂兮莫逆。出當官兮發論，使權彊兮累息。年何尤兮止此，禄不多兮誰嗇？具壺觴兮酹哭，攀喪車兮啓夕。豈獨愁兮吾僚，隱多聞兮諒直。顧笑語兮已矣，冀來嘉兮魂魄。

## 祭沈文通文

嗚呼文通，一世之英。耀矣其光，韡矣其榮。有所不爲，爲無不果。有所不學，學無不成。

〔一〕「嗟爲」，聽香館本作「嗚呼」。

故治行簡於人主之心，名聲溢於時士之口。謂且復起，謀謨左右。何與之以如此之才，而不副之以須臾之壽？悲傷歎息，舉世皆然。豈特故人，爲之流漣。馳哀一酹，以訣終天。

## 祭杜慶州杞文

嗚呼慶州，一世之英。濯濯其靈，粲粲其明。材能稱於天下，言行信於朝廷。孰多其予，而不足以齡？不肖之身，始佐公揚。公後來東，有賜於明。昔飲同堂，今奠於庭。酒肴則薄，豐者維誠。再拜事公，敢不如生！

# 臨川先生文集　卷八十六

## 祭文

### 祭吴侍中沖卿文

嗚呼！公命在西，長我一時。公先我茁，我後公萎。中間仕宦，有合有離。後我所踐，公輒仍之。出則交轡，處則連榱。坐肘則並，行肩則差。豈願敢及，天實我貽。公之停蓄，及所設施，有誥有誄，亦有銘詩，又將有史，傳所不疑。我既僽眊，何辭能爲〔一〕？婚姻之故，唯以告悲。

### 祭歐陽文忠公文

夫事有人力之可致，猶不可期。況乎天理之溟漠，又安可得而推？惟公生有聞于當時，死

〔一〕「何」，原作「句」，據龍舒本改。

有傳於後世，苟能如此足矣，而亦又何悲？如公器質之深厚，智識之高遠，而輔學術之精微，故充於文章，見於議論，豪健俊偉，怪巧瑰琦。其積於中者，浩如江河之停蓄；其發於外者，爛如日星之光輝。其清音幽韻，淒如飄風急雨之驟至；其雄辭閎辯，快如輕車駿馬之奔馳。世之學者，無問乎識與不識，而讀其文，則其人可知。

嗚呼！自公仕宦四十年，上下往復，感世路之崎嶇。雖屯邅困躓，竄斥流離，而終不可掩者，以其公議之是非。既壓復起，遂顯于世，果敢之氣，剛正之節，至晚而不衰。方仁宗皇帝臨朝之末年，顧念後事，謂如公者，可寄以社稷之安危。及夫發謀決策，從容指顧，立定大計，謂千載而一時。功名成就，不居而去，其出處進退，又庶乎英魄靈氣，不隨異物腐散，而長在乎箕山之側與潁水之湄。然天下之無賢不肖，且猶爲涕泣而歔欷。而況朝士大夫，平昔游從，又予心之所嚮慕而瞻依？嗚呼！盛衰興廢之理，自古如此，而臨風想望，不能忘情者，念公之不可復見，而其誰與歸〔一〕！

〔一〕「其」，光啓堂本、聽香館本作「道」。

## 祭張安國檢正文

嗚呼！　善之不必福，其已久矣，豈今於君，始悼歎其如此？自君喪除，知必顧予，怪久不至，豈其病歟？今也君弟，哭而來赴。天不姑釋一士，以爲予助。何生之艱，而死之遽！　君始從我，與吾兒游。言動視聽，正而不偷。樂於饑寒，惟道之謀。既掾司法，議争讞失。中書大理，再爲君屈。遂升宰屬，能撓彊倔。辯正獄訟，又常精出。豈君刑名，爲獨窮深？直諒明清，靡所不任。人恌莫知，乃惻我心。君仁至矣，勇施而忘己；君孝至矣，孺慕以至死。能人所難，可謂君子。嗚呼！　吾兒逝矣，君又隨之，我留在世，其與幾時？酒食之哀，侑以言辭。

## 祭李審言文

嗚呼！　噫公之才，豈獨我知？公數困厄，豈人能爲？所畸乎人，豈能無疵？所侔乎天，我乃知之。交不就利，高明所忌；泣不失宜，孤寡所思。凡今君子，疚實在兹。公亦知我〔一〕，如我公知。厥交淡如，唯正無私，哀今亡矣，侑醊以辭。

〔一〕「知」，原作「如」，據龍舒本改。

## 祭沈中舍文

惟公之生，于朝搢紳。夫人嬪之，以作封君。皆以壽終，而世有人。昔我先子，公倫之舊。施于不肖，遂爲世友。不腆之文，既藏于丘。惟是區區，以贊醪羞。

## 祭東向元道文

嗚呼東君，其信然耶？奚仇友朋，奚怨室家？堂堂去之〔一〕，我始疑嗟。惟昔見君，田子之自。我欲疾走，哭諸田氏。吾縻不赴，田疾不知。今乃獨哭，誰同我悲？始君求仕，士莫敢匹。洪洪其聲，碩碩其實。霜落之林，豪鷹儁鶚。萬鳥避逃，直摩蒼天。躓焉僅仕，后愈以困。洗藏銷塞，動輒失分。如羈駿馬，以駕柴車。側身墮首，與蹇同芻。命又不祥，不能中壽。百不一出，孰知其有？

能知君者，世孰予多？學則同游，仕則同科。出作揚官，君實其鄉。傾心倒肝，迹斥形忘。君於壽食，我飲鄞水。豈無此朋？念不去彼。既來自東，乃臨君喪。閟閟陰宫，梗野榛荒。東

〔一〕「去之」，光啓堂本、聽香館本作「元道」。

門之行，不幾日月。孰云於今，萬世之别？嗟屯怨窮，閔命不長。世人皆然，君子則亡。予其何言，君尚有知！具此酒食，以陳我悲。

## 祭陳浚宣叔文

嗟乎宣叔！學以爲己。不溺於俗，孤騫介峙。孰以不羸，孰忤不强？卒躓窮巴，乃命不祥。怡怡在宫，翼翼在外。胡是不福，貴姦壽悖。我思古人，禄世其初。悲君之食，不逮於孤。古不背死，隆親急故。今此營營，誰瞻誰助？自昔海濱，以心相投。俱官於南，邂逅綢繆。顔合意同，云誰無友？諒直之好，於君實厚。有志不施，又困無財。雖痛何爲，維以告哀。

## 祭王回深甫文

嗟嗟深甫，真棄我而先乎！孰謂深甫之壯以死，而吾可以長年乎？雖吾昔日執子之手，歸言子之所爲，實受命于吾母。曰：「如此人，乃與爲友。」吾母知子，過於予初。終子成德，多吾不如。嗚呼天乎！既喪吾母，又奪吾友。雖不即死，吾何能久！摶胸一慟，心摧志朽。泣涕爲文，以薦食酒。嗟嗟深甫，子尚知否！

## 祭刁博士繹文

惟君其先，巇冕之華。君弱而良，遂世其家。越天聖初，上始即位。開延聞人，間不容僞。若古堯、虞，稷、契親逢。君子其時，奮追群龍。五兩之綸，三鍾之粟。沈才下吏〔一〕，間關楚、蜀。竭來揚州，輔佐元侯。朝其或者，明試謨謀。最末及論，泯焉之幽。龜紫紛如，朱丹其車。昔之同升，泰亦衆已。胡寧若人，乃此乎止？旻天介壽，宜良者多。良者弗壽，謂旻天何！親髮墮顛，子髮猶羈。帷堂一慟，誰者無悲？令龜得日，棺還無咎。銘旌悠悠，羽翣南首。惟君之舊，惟僚及友。徘徊路旁，涕落奠觴。

## 祭虞靖之文

剛耿直諒，醇明博美。敢於爲義，我實知子。達我所願，窮吾所恥。奈何終窮，命也天只！前年僕馬，來自田里。白顛夷馘，相見悲喜。輸吾肝膈，莫逆其蹕。衰老邂逅，綢繆山水。念我難繼，庶今少止。翻然爲辭，遂隔生死。寓哀一酹，嗚呼已矣！

〔一〕「吏」，聽香館本作「惠」。

## 祭北山元長老文

元豐三年九月四日，祭于北山長老覺海大師之靈。自我壯强，與公周旋。今皆老矣，公棄而先。逝孰云遠？十方現前〔一〕。饌陳告違，世禮則然。尚饗！

## 祭呂望之母郡太文

嗚呼！賢矣夫人，善持門閭。皓若玉雪，一其終初。允孝維婦，允仁維姑。實生才子，我所歎譽。秉義率法，困而不渝。夫人之教，著不可誣。歸殯窀穸，無悔無愉。維子之故，具此俎壺。

## 祭程相公琳文 為高若訥作。

嗚呼！公在京師，爲天子毗。發論彊彊，不苟其爲。公於四方，爲鎮爲屏。推良抑姦，兩適寬猛。自伯休父，有稱于周。及公千年，追配前休。時文而文，時武而武。顧我無狀，辱公等

〔一〕「十」，原作「大」，據龍舒本改。

仵。庶見吉召，乃聞凶歸。馳哀一觴，終古之違！

## 祭秦國夫人文（爲高若訥作。）

於惟夫人，順慎和恭。上之岐岐，實護于中。開號大邦，福禄之隆。康寧壽考，而以榮終。喪車其行，肇此明發。上用舊德，情之鬱結。凡我在位，敢忘心怛！奠云將之，具此薄物。

## 祭鮑君永泰王文二〔一〕

年月日，官某，敢告于鮑君之神。農之勞，神之所知也。歲之四時而於冬爲最隙，然猶築場圃、治屋廬、塗囷倉、糞田疇，未嘗一日而晏然以休息。今兹令又以其暇時，屬之使治渠川，比常歲則農之勞蓋有加焉，神宜哀憐而有以相之也，治之無幾也而雨，雨且止，丁壯老弱相與行水而涸之，猶未也而又雨。非民獨病也，而令亦夙夜以憂。惟神相之以霽，令是役早有卒也。夫令之所以憂，其職民也。惟神之食於民也爲已久，而憂之亦不可在令後也。謹告。

〔一〕「二」，原無，據底本卷首目録補。

二

年月日，敢再告于鮑君之神。

謁於神之明日，而天地廓然以温，民賴以供役。且卒事而復雨，雨淫不止，民愁而令恐。意者令之治行，無有可媚于神者，而神不卒聽之乎？令則有罪，而民何尤？且霜雪風雨之濫淫，固其責自神，而無與於令也。巍然南面饗人之歸，事已而利澤不加焉，亦神羞也。惟神降意以從令之言，毋忽！令亦能發明神之令德，使民世事神不懈而有加焉。謹告。

## 祈雨文

惟神美名正氣，索之前史詳矣。噫！昔人也，挺王臣之節，忠信我任，德誼我負，故時君倚焉。今其神也，享廟食之貴，陰陽吾職，禍福吾柄，故州民賴焉。今千里旱暵，及時不雨，農夫悼心，郡將失色。某遂躬率僚屬[一]，來請于大廡下。惟神全死生之大名，開聰明于一方，霈甘霔以足民食，則前謂人神之靈，於古今無愧焉。尚饗！

[一] 「僚」上，宋刻本有「職」字。

## 謝雨文

夫廟其貌，神其靈，函聰明正直之德，俾禍福倚伏之時，用默於民，而不知其所以用者，斯之謂至神乎？太守領天子命，藩一都會，歲時豐凶疾苦，得勞佚之，使百姓無愁歎之聲，斯太守之事也。神，陰也，陰陽契合，若影響然。曏以郊原旱暵，及夏不雨，耘者耔者，悼心自失，遂祈福于大廡下。惟神惻然開明靈，惠然納至誠，言然而雲興，禱然而雨零。苗枯而生，民默而聲，又得非神之至乎？今吏民潔牲體，奔走歡呼，請償其靈，某不佞，輒書爲千古世諺，尚饗！

# 哀辭

## 李通叔哀辭 并序

通叔李不疑，世爲閩民。通叔再從太學進士試，斥不送。自京師歸面其親，道建溪，溪水暴下，反其舟，溺死，年二十八云〔一〕。

〔一〕「云」，龍舒本作「亡」。

初，予既孤，寄金陵，家焉。從二兄入學爲諸生，常感古人汲汲於友，以相鐫切，以入於道德。予材性生古人下，學又不能力，又不得友以相鐫切以入於道德，予其或者歸爲塗之人而已邪？爲此憂懼。既而遇通叔於諸生間，望其容，而色睟然類君子，即而與之言，皆君子之言也。其容色在目，其言在耳，則予放心不求而歸，邪氣不伐而自遁去。求其所爲文，則一本於古。華虛蕩肆之學，蓋未嘗接於其心。誠有以開予者，予得而友之。憂懼釋然，作太阿詩貽之，道氣類之同而合也。通叔亦作雙松詩，道氣類之同而期之久也以爲報。自予之得通叔，然後知聖人户庭可策而入也。是不惟喻於其言而已，蓋觀其行而得焉者爲多。

其再斥於太學而歸也，予待禮部試，留京師，别且言曰：「通叔去而歸，某也不没而入於愚也其幾矣。明年或斥而歸〔二〕，或得官，皆宜在淮、江之南，某也不可以之閩，通叔來若何？」通叔曰：「是亦不疑之言也。」明年從事淮南，將問且召焉，則未也，或以死狀訃〔三〕，既慟且疑，且幸其不然。會有江南之役，遇閩人輒問狀。還泊東流，尉許程者，閩人也，乃知訃者信。又知陳安石者，亦溺死。安石字伯起，亦閩人。予嘗問通叔素友，獨言伯起云。

〔二〕「或」，原作「亦」，據龍舒本、宋刻本改。

〔三〕「訃」，龍舒本作「赴」。

噫！二子豈行殆也？其亦命而已矣。予悲通叔窮以夭也，其道之不及民也，又悲天之不予相也，作哀辭：

我思古人兮維友之求，燕處日講兮行相爲謀。相翼以進兮相持以脩，要歸于道兮不入于尤。卒聖若賢兮其本則然，我無以是兮甚懼以憂。猗嗟吾子兮畜德挾材，傑然自如兮不群庸游。考講六藝兮造窮微深，匪富貴慕兮匪賤窮羞。曰予既逢兮朝夕其旁，仁義之光兮忠信之陬。邪志蕩夷兮正氣獨完，吾子賜我兮於安以疇。尚曰子興兮羽儀于世，吾君德澤此兮淳漓固偷。孰神不棐兮隕子于溪，子生適然兮欲誰仇？所嗟存者兮志孤道遼，子之不就兮一朝而休。死不以所兮誰得子尸？誰襚于棺兮誰坎于丘？予欲慟哭兮子豈有聞？子不可作兮予生之愁！

## 泰興令周孝先哀辭

吁嗟於思兮孝於父母，施於族姻兮亦及朋友。云然兮宜不富，又曷爲兮不壽？藐藐兮其子，煢煢兮其妻，無廬與田兮哀者其誰？吾無奈何兮哀以吾辭。

# 臨川先生文集　卷八十七

## 神道碑

### 贈司空兼侍中文元賈魏公神道碑

魏公既薨之明年，皇帝篆其墓碑之首，曰「大儒元老之碑」，有詔造文賜公子，使之并刻。臣某昧死序列，再拜稽首以聞，曰：

公諱昌朝，字子明，姓賈氏。皇祕書省著作佐郎、贈太師、中書令、尚書令、晉國公諱注之子，皇太子左贊善大夫、贈太師、中書令、尚書令、齊國公諱璉之孫，晉中書舍人、史館修撰、皇贈太師、中書令、魯國公諱緯之曾孫。其先南皮人，中徙獲鹿，今葬開封而爲其縣人者，自公皇考始。

公少則莊重謹密，治經，章解句達，老師宿學譽歎以爲賢己。天禧元年，獻文章，召試，賜同進士出身，除常州晉陵縣主簿、國子監説書，又以江州德化縣令兼潁川郡王院伴讀。當是時，孫宣公領國子，一見聽語，待以公相，數舉公學問當在人主左右。大臣有以親嫌者，故久弗用。以知常州宜興、開封府東明兩縣，監在京廣濟、永濟兩倉，又召置國子監説書。景祐元年，積官至尚書都官員外郎，乃始置崇政殿説書，而以公爲之。公於傳注訓詁，不爲曲釋，至先王治心守身、經理天下之意，指物譬事，析毫解縷，言則感心。自仁宗即位，大臣或操法令斷天下事，稽古不至秦、漢以上〔一〕，以儒術爲疏闊。然上常獨意鄉堯、舜、三代〔二〕，得公以經開説，則慨然皆以爲善，而公由此顯矣。於是上所質問，多道德之要，公請悉記録，歲終，歸之太史。詔以章獻太后故，爲彭城郡王諱其名，公言：「母之諱，禮不得以出於宫。」太平興國寺災，公以易、春秋進戒，因言：「近歲屢災寺觀，天意蓋有所在，獨可勿繕治〔三〕，以稱陛下畏天威、愛人力之意。」西域僧以佛骨、銅像來獻，公請加賜遣還，毋以所獻示外。上皆從之。以直集賢院、天章閣侍講、史館修撰，判尚書禮部、判太府寺。天章置侍講自公始。故事，親祠郊廟，燕遊慢戲之物皆在儀衛，公奏除之。

無幾，遂以知制誥、龍圖閣直學士權知通進銀臺司，兼門下封駁事，權判吏部流内銓，權知

〔一〕「不」，光啓堂本、聽香館本作「才」。
〔二〕「常」，光啓堂本作「當」，聽香館本作「嘗」。
〔三〕「獨」上，龍舒本有「今此」二字。

開封府。又以右諫議大夫權御史中丞，兼判國子監，而侍講如初。公之爲銓也，河北蟲旱，以公安撫，公舉能詘姦，於利害多所興除。異時縣令奉錢滿萬二千乃舉令，公以爲法如此則小縣終不得善治，乃請概舉令，而與其奉如大縣。其在御史，劉平爲趙元昊所得，邊吏以降敵告，議收其族〔二〕。公言：「漢殺李陵母妻子，陵不歸，而漢悔。真宗撫王繼忠家，後賴其力，且平事固未可知。」乃不果收。侍講林瑀者言：「天子即位，當步其日，占所得卦以知吉凶。」公奏：「瑀所言不經，不可用。」上即爲公罷瑀。又奏劾駙馬都尉柴恭僖公，奪其州，人以爲宜。初，元昊反，公言：「兵事起，財不贍，宜及今度經費，罷減諸不急。」至是，詔與三司合議，一歲所省，率緡錢百萬。

慶曆二年，契丹來求地請婚，公主其使，責以信義，告之利害，客詘服不能發口。執政議使契丹攻元昊，公曰：「契丹許我而有功，則必驕以弱我，而責報無窮已，不且以我市於元昊矣。且唐中極衰時，聽吐蕃擊朱泚，陸贄尚以爲不可，後乃知吐蕃陰與泚合，而陽言助國，今獨安知契丹計不出此〔三〕？」乃言所以待夷狄者凡六事，上皆行其策。三年，遂以本官參知政事。四年，

〔二〕「收」，原作「敕」，據龍舒本、宋刻本、光啓堂本、聽香館本改。
〔三〕「計」，龍舒本作「許」。

以尚書工部侍郎、檢校太傅爲樞密使。

五年，以集賢殿大學士、同中書門下平章事兼樞密使。居兩月，拜昭文館大學士，監修國史。議祔章惠太后太廟，公言其非禮。及祔獻、懿二后，密敕遷文武位一等，賜外内諸軍特支優給，公又獨奏罷之。既而敕遷兩府官，公又不從，乃已。元昊歸石元孫，議賜死，公争言自古將帥被執歸，多不死。元孫以不死。

七年，上以旱避正殿，貶食自責，公因稽首遜位，章六七入，乃除武勝軍節度使、檢校太傅、同中書門下平章事、判大名府，兼北京留守、河北安撫使。妖人王則謀舉大名，反河南、北，使其黨挾書妄言，冀得近公。公疑爲姦，考問具服，則惶恐不及會，獨嬰貝州以反。公即使部將王信、孟元、郝質馳兵操攻具往，且請自出搏賊，不許，終賊所以擒滅，功居多。移鎮山南東道，檢校太師，賜爵安國公〔一〕。公因請寬諸吏民爲則所脅者，而捕河南〔二〕、北妖人治殺之，無所漏。河決商胡，方暑，公暴暍上，躬親指畫，出倉廩與被水百姓〔三〕，舍其流棄，接以醫藥，所活九十餘萬口。

〔一〕「賜爵」，龍舒本作「號」。
〔二〕「南」，原脱，據龍舒本補。
〔三〕「倉廩」，光啓堂本作「貪暴」。

契丹誘亡卒，號爲南軍，以戰夏人，而邊法，卒亡自歸者死。公變其法，有歸者故拔擢超其伍〔一〕，於是歸者衆，因以知契丹國事，契丹亦因拒亡卒，黜南軍不用。邊人以地外質，公請重禁絶，主不時贖，人得贖而有之〔二〕，地則盡歸，邊以不争。

皇祐元年，徙鄭州〔三〕，從公求也。至見，留爲祥源觀使，既而以尚書右僕射、觀文殿大學士判尚書都省，朝會班宰相，視其儀物。歲中又求任外，除山南東道節度使、右僕射、檢校太師兼侍中、判鄭州，固辭僕射、侍中，乃改同中書門下平章事。又欲遷公四子各一官，亦以公辭而止。二年，母燕國太夫人薨，命以故官，不起，賜書寵慰，從之。公事燕國以孝聞，上嘗賜銀飾肩輿，士大夫以爲榮。及薨，自鄭歸葬，扶舁蒼然，肩足皆胝，行路瞻望，悲哀歎息。四年，除故官侍講〔四〕。居頃，出治許州，將行矣，仁宗問易之乾卦，公既講解，又作書以亢龍爲戒〔五〕，手詔褒答，以公所獻藏太史。

〔一〕「有」，光啓堂本、聽香館本作「自」；「伍」，龍舒本作「任」。
〔二〕「人」上，龍舒本有「則聽」二字。
〔三〕「徙」，龍舒本作「判」。
〔四〕「侍講」，龍舒本作「侍中」。
〔五〕「書」下，龍舒本有「以獻」二字。

五年，又涖大名，安撫河北，中書議塞商胡決，以公異論，故使建言者專其事，公猶争不已。河果不可塞，建言者得罪，而澶、魏、濱、棣、德、博多水死，公乃請使撫巡賑救，人用歸息。嘉祐元年，進封許國公，又兼侍中，方避未聽，而以樞密使召，卒罷侍中，而以同中書門下平章事爲樞密使〔一〕。三年，以鎮安軍節、右僕射、檢校太師兼侍中，充景靈宫使，又出許州。七年，以保平軍節、陜州大都督府長史移大名，兼安撫。公凡三至魏及許、鄭，皆以寬惠爲治，人安樂之。它將相賜公使錢，多使牟利，公度所賜爲用，故在所尤不擾。

今皇帝即位〔二〕，改節度鳳翔，加左僕射、鳳翔尹，進封魏國。治平元年，求還使、侍中守許州，至六七，終不許。二年，乃授許州，入見又辭，不許。使撫諭，須秋乃發。六月告疾，中人〔三〕、太醫問視相屬，又力求解將相，乃以左僕射、觀文殿大學士判尚書都省。七月戊寅薨〔四〕。上親臨哭，發涕，爲不聽朝二日〔五〕。賜龍腦、水銀以斂，制服，出司賓祭弔，别賜黄金給葬。贈司空兼

〔一〕「平」，原作「建」，據龍舒本、宋刻本、光啓堂本、聽香館本改。
〔二〕「今」，原脱，據龍舒本補。
〔三〕「人」下，龍舒本有「將」字。
〔四〕「薨」下，龍舒本有「於第」二字。
〔五〕「聽」，龍舒本作「視」。

侍中，謚曰文元。以九月甲申，葬開封汴陽里晉公墓次〔一〕。公年六十八，散官開府儀同三司，勳上柱國，號推誠保德崇仁守正忠亮佐運翊戴功臣，邑户萬五千，實封五千六百。公所著書，有春秋要論十卷、群經音辨十卷、通紀八十卷、本朝時令十二卷，又奏議、文集各三十卷〔二〕。

元配王氏，尚書兵部郎中、集賢殿修撰軫之女，追封莒國夫人。繼配陳氏，武信軍節度使康肅公堯咨之女，封魏國夫人。六男子：章，太常博士、集賢校理，早卒；圭，尚書比部員外郎；田，尚書駕部員外郎；青，尚書司門員外郎；齊，大理寺丞；炎，未仕。三女子，國子博士程嗣弼、大理寺丞宋惠國、太常博士龐元英，公壻也。其後天子以炎守將作監丞，又官公内外族親凡九人〔三〕。

賈氏自誼及耽，傅王相帝，皆以儒學。至公又以經術致將相，出入文武，有謀有功，當中國治安，四夷集附，寵禄光大，始終褒榮，君臣相遭，於是爲盛。銘曰：

於皇仁宗，時宋之隆。奠此中國，四夷來同。孰夾孰承，有宰魏公。帝曰詢爾，群公卿士。

〔一〕「次」，龍舒本作「兆」。
〔二〕「各三十卷」，龍舒本作「合二十卷」。
〔三〕「九人」，龍舒本作「若干」。

朕欲考古，以求亂治。有博六藝，使熙朕志。魏公乃來，錫帝之求。進于殿中〔一〕，登闈沈幽〔二〕。乃尹開封，治民不緑。乃丞御史，督制庶尤〔三〕。膏澤在下，熏烝在上。參國政事，遂都將相。帝巡大塗，公帝之車。帝御廣宫，之屏之墉。文條武鬯，具獻膚功。終徂在天，公則隨邁。廷喪元老，隱加問賚。有銘太史，有謚太常。次詩不誣，斲石墓旁。

初卜葬公汴陽里，以水故，改卜。熙寧元年八月庚申，葬許州陽翟縣三峰鄉支流村。奉敕改鄉名曰大儒，村名曰元老里。朝散大夫、右諫議大夫、參知政事、太原郡開國侯，食邑一千一百户，賜紫金魚袋臣王某謹記。

## 檢校太尉贈侍中正惠馬公神道碑

推忠保順同德翊戴功臣、彰德軍節度觀察留後、特進、檢校太尉、使持節相州刺史兼御史大夫、上柱國、扶風郡開國公、食邑六千六百户、食實封二千二百户、謚曰正惠馬公，以天禧三年十月戊戌，葬開封祥符縣某鄉某里。至嘉祐七年，公孫慶崇始來請銘，以作公碑。序曰：

〔一〕「進」，龍舒本作「筵」。
〔二〕「沈」，龍舒本、宋刻本作「治」。
〔三〕「庶」，龍舒本作「度」。

馬氏，故扶風人，至公高祖而徙處雲中。贈太師諱某者，於公爲曾祖。贈太師、中書令諱某者，於公爲祖。龍捷左廂都指揮使、江州防禦使、贈太師、中書令、尚書令蔡公諱某者，於公爲父。蔡公從太祖定天下，力戰有功。當是時，雲中已爲契丹所得，故馬氏又徙處浚儀，今開封府祥符也。

公諱某，字子元。蔡公之終也，年七歲，太祖召見禁中，有司言例當補殿直，詔特授西頭供奉官，而賜以名。開寶五年，年十八，監彭州兵馬，以嚴飭見憚如老將。太平興國三年，領兵戍秦州清水，姦人李飛雄乘驛稱詔捕公及秦隴巡檢劉文裕等，將擊之秦州，因盜庫兵以反。公辨其詐，與文裕執飛雄治殺之。五年，監潭州兵馬，改東頭供奉官。

雍熙二年，又監博州兵馬。劉延讓敗於君子驛，而契丹歸矣，公方料丁壯，集芻糧，繕城治械如寇至。吏民初不悦其生事也，已而契丹果至，度不可攻，乃去。四年，改西京作坊副使，將屯于冀州。端拱元年，移知定遠軍。時議發河南十三州之民轉饟河北，公告轉運使樊知古：「此軍聚兵少而積粟多，簸其腐尚可得十七。」知古用此得粟五十萬斛，以罷河南之役。事聞朝廷，太宗嘉之。二年，深州新蹂於契丹，城郭廬舍多壞而流民衆，乃移公知深州。公至數月，則壞者完，流者復，舉州忘其寇戎之故而以公爲能撫我。會保州不治，移往代之。

淳化二年，又移知慶州。羌萬人以怨程德元來寇，公誘其渠帥，諭以威信，即皆引去。四年，遷西京作坊使，知梓州。五年，李順爲亂於蜀之西川，以公往討，又以爲先鋒，平劍州。召還，至三泉，而復以公與王繼恩討賊。繼恩怒公抗直，使守彭州，盡收其軍，而與之羸卒三百。賊率其衆至，號十萬，公力戰一日，亡其卒大半，乃夜獨出，招救兵復入，賊終不能得城而以敗去。除成都府兵馬鈐轄，遷洛苑使。

真宗即位，改内苑使。蜀卒劉旰聚黨數千人爲亂，所攻數州，至輒取之。公以卒三百，追至蜀州，與戰，旰走邛州，而招安使上官正召公歸成都計事，公爲正畫曰：「賊破邛州，必乘勝劫掠，度江薄我，既息而戰，我軍雖倍，未易敵也，不如迎其弊急擊，破之必矣！」遂行，次方井，與正合，殺旰等無噍類。真宗賜書獎諭，賞以錦袍金帶。

咸平元年，加澄州刺史〔一〕，知秦州。諸羌質子有三十年不釋者，公悉歸之。諸羌德公，訖公去，無一人犯塞。小泉銀坑久不發，掌吏盡産以償歲課，而責之不已，公奏得釋，而歸其産。四年，就除西上閤門使，知成都府兼本州兵馬鈐轄。有告龍騎士謀爲變者，所引以千數，公捕殺其首七人，而置其餘無所問。自乾德後，歲漕蜀物，以富人爲送吏，多坐漂失籍其家。公奏擇三班使臣及三司軍大將代之，而課其漕事爲賞罰，至今便之。六年，移鄜延路駐泊兵馬都總管，兼知

〔一〕「澄」，龍舒本作「登」。

延州。蜀人於公去，皆環以泣。公至延州，羌方以兵覷邊，會上元，開門張燈，視以無爲，而羌卒不能爲寇。又移知鎮州，兼本州兵馬都總管。景德元年，契丹入邊，民入保城，公與之約：「盜一錢者死。」有盜錢二百者，公即殺之。於是，自澶以北，城郭皆晝閉。詔使過，公輒留之，而募人間行送詔，皆得其報以聞。又以便宜使所至受諸漕輓給邊之物，故契丹欲虜掠，無所得。車駕次澶州，大將王超提卒數十萬，逗留不赴，公屢趣之不爲動，移書譙讓，乃始出師，猶辭以中渡無橋。則公先已度材〔二〕，一夕而橋就。上聞，手詔褒之，且知公果可以屬大事也。二年，移知定州，又除東上閤門使、樞密院都承旨。三年，遂以檢校太保簽書樞密院事。

祥符元年，東封泰山，以爲行宮都總管。自此行幸必以公爲都總管，而皆許之專殺。公部分明，約束審，出入肅然，而未嘗輒戮一人。於是邊將言契丹近塞，大臣議皆請發兵以備，公獨議使邊將移書問狀。從之，契丹解去。遷檢校太傅。四年，加宣徽北院使。五年，除樞密副使。當是時，契丹已盟，中國無爲，大臣方言符瑞，而公每不然之，獨常從容極言天下雖安不可忘戰去兵之意，及它爭議甚衆，真宗多以公言爲是。七年，除潁州防禦使，知潞州。州之稅賦，常移以輸邊，公爲論其害，自是所輸不過鄰州而已。

〔二〕「則」，龍舒本作「至」。

天禧元年，移知大名府，兼駐泊兵馬都總管。使中貴人勞問，賜白金二千兩。居頃之，遂以爲宣徽南院使、知樞密院事、檢校太尉。有足疾，時詔内朝别爲一班，免其蹈舞。二年，疾病賜告，求去位，真宗不許，而數使中貴人勞問，又幸其第，賜白金三千兩。已而度公實病，不可强以事，乃罷以爲彰德軍節度觀察留後，而公固求外鎮，終不許。居久之，稍間入謁，真宗輒使閤門祗候二人伺公，至即扶以入，因掖其拜起。數屏左右問事，常聽用。三年，又求外鎮，乃以公知貝州，兼本州兵馬都總管。將行矣，召見，又將付以政，固辭謝，久之乃已，而更以公爲本鎮。至五月，公疾作，詔使公子洵美將太醫往視，而魏、潞二鎮之人亦皆奔走來問〔一〕，爲公請禱。已而公疾革，真宗又使公弟之子成美馳驛召公歸京師，而公以八月壬寅不起矣。享年六十五。真宗爲之震悼，罷朝，詔贈侍中，録其子孫，賻賜皆加等。

公前夫人丁氏，某郡君，後夫人沈氏，某郡夫人。子男二人，洵美終西京作坊使、英州刺史；之美終内殿承制、閤門祗候。孫十六人，其十四人皆已卒，而慶宗今爲右班殿直，慶崇今爲文思院〔二〕、知恩州。

〔一〕「潞」，原作「路」，據小岾山館本改。

〔二〕「院」下，龍舒本有「使」字。

公少忼慨，以武力智謀自喜，又能好書，賓友儒者，所與善必一時豪傑。有集二十卷，其文長於議論。自始仕以至登用，遇事謇謇，未嘗有所顧憚。王冀公、丁晉公用事，每廷議，得其不直，輒面詆之。真宗初或甚忤，然終以此知公，而天下至今稱其正直。銘曰：

在浚西南，誰封誰樹？有宋正惠，馬公之墓。公當太宗、真宗之時，謇謇諤諤，謀行計施。以羸擊强，以少捕衆。以賤抗貴，維公之勇。雖貴雖衆，雖强必克。維公之敏，亦維公直。帝曰：「直哉，汝予良弼！見國而已，不知家室。內朝十年，典掌機密。暨予一心，綱紀庶物。元功宗謀，莫汝敢匹。」公曰：「孤臣，敢曠于榮？讒説不用，是維帝明。」士或困窮，莫知其有。既榮以位，正或見醜。公於可願，兩得其尤。不訖大耋，天爲不謀。德歉於年，孰云耇老？有賚後世，公爲壽考。刻趺篆首，作此銘詩。陳之隧道，永矣其詒。

# 臨川先生文集　卷八十八

## 神道碑

護衛忠果功臣侍衛親軍步軍副都指揮使威塞軍節度新州管内觀察處置等使銀青光禄大夫檢校司空使持節新州刺史兼御史大夫上柱國始平郡開國公食邑二千一百户食實封二百户累贈太師中書令兼尚書令追封魯國公謚勤威馮公神道碑

馮氏有家於滑州之白馬者，莫知其始所以徙。至魯公而嘗以公開國於始平日，其本出於漢杜陵，楚相唐之後也。

公諱守信，字中孚。自爲兒童，狀貌嶷然，慷慨有大意〔一〕，人固已奇之矣。既冠，從其鄉人

〔一〕「意」，聽香館本作「志」。

受學，以三禮舉於鄉。會太平興國初，取兵民間，公出應選，有司以公儒者，欲免之。公曰：「吾以子弟免，而父兄任其勞，此儒者所不爲。」遂行，以才武給宿衛。太宗征河東，公奮身冒兵，數取俘馘以獻于行在，太宗壯而勞之，以功數遷至弓箭直副指揮使。真宗兩駕河北，皆命公帥其所領先驅以禦契丹，公所斬虜，最諸將。遷天武軍都指揮使、封州刺史，充御前忠佐馬步軍都軍頭。

公雖在軍旅，數以孝經、論語爲人講説，人尚以儒者目之。至是，真宗召問，出孝經使講，公講天子一章，因言：「自天子至於士，不可以無學，學不必博，孝經、論語皆聖人以誨學者言行之要，臣愚不足以盡識，然所以事陛下，不敢一日而忘此。」真宗嗟嘆者久之。由封州數遷至捧日四廂都指揮使〔一〕、英州防禦使、知瀛州，兼高陽關都部署。由瀛州召還，領步軍司公事。

當是時，河決滑州，天子以爲憂，問誰可使者，公自言：「少長河上，能知河利害。」詔以公爲侍衛親軍步軍副都指揮使、容州觀察使、知滑州，兼修河都部署。河怒動埽，埽且陷，公坐其上，指畫自若也，遂號其部人，以一日塞之。天子賜手書獎諭。召還，領步軍如初。

已而遷威塞軍節度使。是歲天禧五年也，公年六十六，以八月二日薨于位。天子悼慟，爲

〔一〕「日」下，龍舒本有「天武」二字。

之罷朝二日，贈太尉，賜錢三百萬。敕宣慶使蔣州團練使韓守英、禮部郎中直集賢院石中立給護其喪事，遂以其年九月二十四日葬開封之祥符縣黄溝鄉大里之原。

公曾祖諱倫，祖諱筠，皆不仕。考諱藴，贈官至左屯衛大將軍。先夫人劉氏玉城縣君，後夫人張氏清河郡夫人。子男十三人，於是文懿左侍禁，文吉、文握、文德、文慶、文顯、文質、文貴、文鋭并右班殿直，文燦、文俊并右侍禁，文郁、文雅皆已卒〔一〕。

公孝謹忠篤，遇人有恩。祖母夫人疾病，公不釋帶以侍，輒數月。常患世醫不足賴以爲養，力學方藥，遂通其術。公弟常欲上其子爲公子，以取高廕，公對之慨然曰：「吾自行伍蒙主上拔擢至此，欲棄軀以報久矣，顧未有所，奈何欺之？」是歲，并公子無所廕，曰：「以明吾心，於弟非有愛也。」韋城董方廉直，爲公所友，其卒，有二女無以嫁〔二〕，公爲選士辦裝，嫁之如己子。公將兵治民，寬簡有法，故人人畏愛之〔三〕，而無敢犯。所居有迹，賢士大夫多稱之者。

公葬之三十二年，而以其子故，累贈至中書令兼尚書令，追封魯國公。又二年，始請謚於天子，而天子賜之謚曰勤威。又五年，文顯爲西京左藏庫副使、提點開封府界諸縣鎮公事，始作碑

〔一〕「已」，龍舒本作「蚤」。
〔二〕「二」，聽香館本作「三」。
〔三〕「畏」，龍舒本作「便」。

以表公墓，而以銘來請。予問誄於太常，問書於太史，問諸故老以考公子之所告，而得公之所爲如此。於是爲銘曰：

允文真宗[一]，俊藝在工。相協予武[二]，有來馮公。馮公頟頟，奮節金革。有聲中邦，外動夷狄。自公在野，手不去經。率其所學，以撫戎兵。公之所撫，貔貅豹虎。指麾進退，妥若兒女。武室以虓，文罷於柔。維時馮公，兩取其優。孰施其文？有壤千里。孰致其武？宿衛天子。帝咨馮公，爾往視河。河決已塞，滑人來歌。帝聞而嘉，勞以手敕。公拜稽首，匪臣之力。帝曰來爾，予釐爾勤。授之旄節，留掌我軍。方朝告薨，有詔罷視。弔贈賻葬，哀榮終始。追拜爲令，尚書中書。賜爵國公，胙以魯墟。士生顯榮，没則多已。維時馮公，至今受祉。在周方、虎[三]，咸有褒詩。至漢充國，雄爲之辭。誰能詩公，流示無止？刻碑墓門，公實有子。

## 翰林侍讀學士知許州軍州事梅公神道碑

宋翰林侍讀學士、正奉大夫、行給事中、知許州軍州事兼管内堤堰橋道勸農事、上柱國、南

〔一〕「文」，龍舒本作「顯」。
〔二〕「予」，龍舒本作「于」。
〔三〕「在」，龍舒本作「有」。

昌郡開國公、食邑二千三百户、食實封六百户、賜紫金魚袋梅公之墓，在宣州宣城縣長安鄉西山里。公有五子：鼎臣、德臣、寶臣、輔臣、清臣。清臣今獨在，爲尚書司門郎中，以公行狀及樂安歐陽公之銘，來請文以刻墓碑，時熙寧元年八月四日也。銘曰：

先公梅伯，後氏其國。彌周涉秦，不見史策。有鋗有福，著漢名籍。公福之孫，詢字昌言。三世弗仕，陵陽之里。公第廷中，判官利豐。再歲而擢〔二〕，以丞將作。以宰仁和，人譽用多。主推御史，侍考進士。一見天子，以爲知己。詔曰試哉，遂試中書。館之集賢，賜服緋魚。於時繼遷，兵我西鄙。老弱餽守，丁彊多死。靈州告危，帝視不怡。公請擇人，使潘羅支。兵法所謂，以夷攻夷。帝曰：「誰可？」「無如臣者。」曰：「予汝嘉，閉陷奈何？」公拜且跪，颺言而起：「苟紓西師，臣不愛死。」出書授之，「往訖爾謀」。至疆敕還，會棄靈州。帝察公藝，可書帝制。相或止之，留佐三司。其後羅支，果窘西賊。論將料敵，皆如所策。或從或違，或擠或推。梧合阻夷，神者公户。黜之倅州，用獄一眚。去杭而蘇，列國東屏。漕輸澗河，就付將領。三年告功，僅得故省。又以譴投，守彼淮州。有僚許公，相得於此。與之欣然，樂以忘徙。使于湖北，遷自濠梁。又奪一官，往裨于襄。坐發驛馬，給奔喪者。于鄂于蘇，剖將之符。握節關中，使總

〔二〕「再」，龍舒本作「拜」。

其輪。煌煌金章，厥賜特殊。謀復靈武，度兵葫蘆。秦有將瑋，諸公與俱。會瑋召還，公復淪胥。有反咸陽，能名氏朱。始雖弗察，後捕而誅。自懷徂池，再副戎車。真宗新陟，罪垢皆滌。爲郎度支，以將廣德。外更四州，楚、壽、陜、荆。乃還待制，中糾獄刑。有歸龍圖，其唐殖殖。就以學士，專其閣直。輟之銓衡，乘傳臨并。超遷郎秩，進直樞密。趣歸封駮，考國中失。申命選事，得權進絀。加職侍讀，改司群牧。移之審官，審是在服。伐閱積遷，給事于中。告疾出許，鼓歌從容。方公少壯，志立人上。談辭慨然，帝悅而嚮。及後晚出，皆爲將相。公則老矣，將歸田里。康定辛巳，六月十日。公七十八，以其官卒。公開南昌，勳爵第一。夫人曰劉，不及郡封。封君彭城，其卒先公。公卒明年，季秋挾日。于州山西，卜祔而吉。公有四子，伯爲進士。丞于殿中，與仲前死。仲賜科名，叔也皆丞。將作、殿中，或廢或興。有顯惟季，時丞衛尉，今爲郎中。論序初終，實來求詩，刻示無窮。

## 司農卿分司南京陳公神道碑

司農卿分司南京陳公，既以嘉祐七年九月某甲子葬開封府之祥符縣西韓村皇考魏公之塋，至十二月〔二〕，公子世範等乃來求銘，以作公碑。蓋公昆弟皆從先人游，而某又嘗得識公父子，故爲序其實而繫以銘。序曰：

公諱某，字良器。以贈太師、尚書令兼中書令、衛國公諱嵩者爲曾祖，以贈太師、尚書令兼中書令、燕國公諱光嗣者爲祖，而尚書左丞、集賢院學士諱恕之子也。左丞當真宗時參知政事，後以其子岐公之貴，而贈至太師、尚書令兼中書令、魏國公。公，岐公之弟也，而於魏公爲少子，年六十八，以嘉祐七年六月得疾分司，而以乙巳棄世于陳州。階至朝散大夫，勳至上柱國，爵至潁川郡開國子，食邑至六百户，賜紫金魚袋。官終於司農卿，而所更者：祕書省正字，太常寺太祝，大理評事，光禄、大理寺丞，太子中舍，殿中丞，國子博士，尚書虞部比部駕部員外郎、郎中，司農、光禄少卿，少府監。任終於知陳州，而所歷者：監楚州、衡州酒税，知衢州江山縣，知南恩州，通判江、揚、洪、廬、潭州，知衡州，監江寧府糧料院，知興化軍，知均州，判登聞鼓院，知曹州，判殿中省，知郢州、鄭州。其通判揚州、廬州，皆有所避不赴，知郢州則未赴而徙。

凡仕四十三年，蓋其行事可記者衆矣。而公子所能記者，在江州，人大饑且疫，公爲具饘粥醫藥，不足則取廬山諸佛寺餘財以續之，所活以萬數。有盜刈人之禾而傷其主者，當死。公

〔二〕「二」，龍舒本作「一」。

曰：「古之荒政所以恤人者盡矣，然尚緩刑，況今哉？」即奏貸其死。洪州大水，城之不滅者十五，水得城竇以入，舉城惶擾，不知所爲，公豫具薪藁，不終日以塞。州人德之曰：「無陳公，吾屬如何矣！」

衡州之南，山廣袤百餘里，與夷接境，大木蒙密。中國人逋逃其中，冒稱夷人，數出寇常寧諸邑。其酋有挾左道者，人傳以爲能致風雨，官軍尤憚之。公誘以恩信，則率衆數百來自占。已而與其甥亡去，又將爲寇，州人皆恐，公設方略，以一日捕得殺之。天子賜詔書獎諭。公因圖上山川形勢攻取之策，以爲「賊今不除，黨附日衆，夷人謂中國無能爲，必出助之。可須農隙發千人，使操斧斤，隨以强弩，斬木除道，則賊失所恃〔二〕，不攻而自窮。又出其材，可以佐經用」。奏未報，轉運使害其事，劾公擅擊斷，不聽用佐吏，又嘗稱病，不自祭炎帝，公坐此罷。州人乞留不得，而賊果侵尋不制，朝廷出使，發兵擊之，數年然後定。

興化多進士，就鄉舉者常八九百人，而學舍弊小無文籍。公至則新而大之，爲之購書，而國子之所有者皆具。均州漢上舟子〔三〕，數溺商旅取貨財，而以險爲解，公捕案寘法，因取近灘數家

〔二〕「恃」，龍舒本作「持」。
〔三〕「均州漢上舟子」，龍舒本作「均州治漢水上舟子」。

除其徭，使表水險，涉者因此得不死。曹州多盜，亡命之尤凶强者七十餘人，公集重購，得之幾盡。又修律令五家爲保之法，故盜往往逃去之它境。蓋公施於政者能如此。

公嘗爲書十二篇上之，曰國政要事，其説多聽用，而中書欲遷職事以奬之。公乃自言：「外祖王氏葬揚州，無主後，願除淮南所當得之一官，以往視其丘墓而已。」岐公之葬也，天子自曹州召公歸襄事，特詔許公升殿。公謝岐公遭遇始終恩禮之厚，因乞御篆岐公之碑首。上爲動容，賜其首曰「褒忠之碑」，而公終無一言自及。既分司，無田園，僦官屋以居，自爲棺斂葬埋之制，趣於儉而已。少長好書，以至於老，於篆籀尤善。有集二十卷，其文能世其家者也。

夫人馮氏，江南李氏時宰相延巳之孫。子男五人：世範，前商州洛南縣尉；世安，前廣州新會縣令；世修，大理寺丞；世永，將作監主簿；世弈，太常寺太祝。女四人：長適大理評事柳安期，次適右班殿直王允懿，次尚幼也。

陳氏，漢太丘長諱寔之後，故其望在潁川，而世居洪州之南昌縣，當唐末五代之亂無仕者。魏公布衣起閭巷，明敏諒直稱天下，仍父子執國柄，而至岐公尤盛〔二〕。公於仕嘗齟齬，然尚至九

〔二〕「尤」，光啓堂本作「光」。

卿，以榮禄自終。蓋太丘之仁，隱阨於一時〔二〕，而紀、諶、群、泰貴顯者數世，豈魏公之先，遭世不治，亦有潛德晦行如太丘者乎？不然，何其後世之興如此？是故不可以無銘也。銘曰：

虞賓夏商，其後爲陳。屢絶復封，以承聖人。至漢太丘，棄時就德。詒禄魏、晉，子孫世食。既又困窮，乃生魏公。魏公之出，魁名碩實。有公有卿，饋杞其室。公則盛矣，天子所思。繩繩維卿，亦顯于時。治官牧民，入出具宜。胡公之虚〔三〕，太丘之里。兩有州國，紹榮本始。歸葬浚郊，皇考在前。峙此銘詩，爲告新阡。

## 虞部郎中贈衛尉卿李公神道碑

嘉祐八年六月某甲子，制曰：「朕初即位，大賚群臣陞朝者及其父母。具官某父具官某，率德蹈義，不躬榮禄，能教厥子，並爲才臣。加賜名命，序諸卿位，所以勸天下之爲人父者，豈特以慰孝子之心哉！可特贈衛尉卿。」翌日某甲子，中書下其書告第，又副其書賜寬等，以待墓焚。寬等受書，焚其副墓上。乃撰次衛尉官世行治始卒，來請曰：「先人賴天子慶施，賜之官三品

〔二〕「隱」，龍舒本作「德」。
〔三〕「胡」，龍舒本作「明」。

矣，而墓碑未刻。惟德善可以有辭于後世者，夫子實聞知。」某曰：「然，衛尉公墓隧，宜得銘久矣。」於是爲序而銘焉。序曰：

公姓李氏，故隴西人。七世祖諱某，始遷于光山。五世祖諱某，以其郡人王閩，從之，始爲建安人。曾祖諱某，祖諱某〔一〕，皆不仕。考諱某，嘗仕江南李氏，稍顯矣。江南國除，又舉進士中等，以殿中丞致仕。有學行，名能知人，贈其父大理評事，而己亦以子貴，贈至吏部尚書。遊豫章，樂其湖山，曰：「吾必終於此。」於是又始爲豫章人。尚書之子，伯曰虚己，官至尚書工部侍郎，以才能聞天下。其季則公也。

公諱某，字公濟。少篤學，讀書兼晝夜不息。一以進士舉，不中，即以兄蔭爲郊社齋郎。再選福州閩清、洪州靖安縣尉，有能名。遷饒州餘干縣令，至於毁淫祠，取其材以爲孔子廟，率縣人之秀者興于學。豪宗大姓，斂手不敢犯法。州將、部使者奏乞與京官，移之劇縣，不報，而坐不覺獄卒殺人以免。當是時，侍郎方以分司就第，公曰：「吾兄老矣，我得朝夕從之游，以灑掃先人廬冢，尚何求而仕？」遂止，不復言仕。侍郎之卒也，天子以公試祕書省校書郎，知江州德安縣事，辭不就。後嘗一至京師，大臣交口勸説，欲官之，終以其不可强也，而晏元獻公爲公請，

〔一〕「祖諱某」，原脱，據龍舒本補。

乃除太子洗馬致仕。

初，尚書未老，棄其官以歸。至侍郎及公之退也，亦皆未老。自尚書至公，再世皆有子，而皆以嚴治其家如吏治。江西士大夫慕其世德，稱其家法。蓋近世士多外自藩飾爲聲名，而内實罕能治其家。及老，往往顧利冒恥，不知休息。公獨父子兄弟能如此。嗚呼，其可謂賢於人也已！

公事親孝，比遭大喪，廬墓六年然後已。事兄與其寡姊，衣食藥物，必躬親之。及公老矣，二子就養，如公之爲子弟也。寬嘗爲江、浙等路提點鑄錢坑冶，又嘗提點江南西路刑獄。定亦再爲洪州官，不去左右者十二年。皆以才能，爲世聞人。以恩遷公官至尚書虞部郎中，階至朝奉郎，勳至護軍。以嘉祐四年七月某甲子，卒於豫章之第室，年八十九。夫人長壽縣君趙氏，先公卒八年，既葬矣。五年某月某甲子，以公葬於夫人之墓左，曰雷岡，在新建縣之桃花鄉新里。夫人故衢州人，某官湘之女。湘有文行，尚書與爲友，故爲公娶其女。子三人：寬、定、寔，寔守祕書省正字，早世。於公之葬也，寬爲尚書司勳員外郎，定爲尚書庫部員外郎。女子二人，已嫁。孫二十有一人，曾孫十有五人，皆率公教無違者。公既葬，而二子以恩贈公衛尉卿云。

銘曰：

李世大家〔二〕，隴西其先。於唐之季，再世光山。移遯于閩，嶺海之間。乃生尚書，節行有偉。始來江南，考室章水。繩繩二子，隱顯兼榮。孰多後禄〔三〕，其季維卿。幼壯躬孝，唯君之踐。能不盡用，止於一縣。退以德義，釐身於家。外内肅雝，人不疵嗟。亦有二子，維天子使。父曰往矣，致而臣身。子曰歸哉，以寧吾親。以率其婦，左右恂恂。以官就侍，天子之仁。既具祉福，考終大耋。追榮于幽，乃賜卿號。伐石西山，作爲螭龜。營之墓上，勒此銘詩。

〔二〕「世」，聽香館本作「氏」。
〔三〕「禄」，龍舒本作「俅」。

# 臨川先生文集　卷八十九

## 神道碑

### 廣西轉運使孫君墓碑

君少學問勤苦，寄食浮屠山中，步行借書數百里，升樓誦之而去其階。蓋數年而具衆經，後遂博極天下之書。屬文，操筆布紙，謂爲方思，而數百千言已就。以天聖五年，同學究出身，補滁州來安縣主簿、洪州右司理。再舉進士甲科，遷大理寺丞，知常州晉陵縣，移知潯州。潯當是時，人未趣學，乃改作廟學，召吏民子弟之秀者，親爲據案講説，誘勸以文藝。居未幾，旁州士皆來學，學者由此遂多。以選，通判耀州。兵士有訟財而不直者，安撫使以爲直，君争之不得，乃奏決於大理。大理以君所争爲是，而用君議編於敕。

慶曆二年，擢爲監察御史裏行。於是彈奏狄武襄公不當沮敗劉滬水洛城事〔一〕。又因日食言陰盛，以後宫爲戒。仁宗大獵于城南，衛士不及整而歸以夜。明日將復出，有雉隕于殿中。君奏疏，即是夜有詔止獵。蠻唐和寇湖南，以君安撫，奏事有所不合，因自劾，乃知復州。又通判金州，知漢陽軍吉州，稍遷至尚書都官員外郎、提點江南西路刑獄。有言常平歲凶，當稍貴其粟以利糴本者，詔從之。君言此非常平本意也，詔又從之。

儂智高反，君即出兵二千於嶺，以助英、韶。會除廣西轉運使，馳至所部，而智高方煽，天子出大臣部諸將兵數萬擊之。君驅散亡殘敗之吏民，轉芻米於惶擾卒急之間，又以餘力，督守吏治城塹、修器械。屬州多完，而師飽以有功，君勞居多。以勞遷尚書司封員外郎。初，君請斬大將之北者，發騎軍以討賊，及後，賊所以破滅，皆如君計策。軍罷而人重困，方恃君綏撫，君乘險阻，冒瘴毒，經理出入，啓居無時。以皇祐三年三月初七日卒于治所〔三〕，年五十四〔三〕。官至尚書工部郎中，散官至朝奉郎，勳至上騎都尉〔四〕。君所爲州，整齊其大體，闊略其細故。與賓客談

〔一〕「水洛城」，各本均作「永洛城」，據元豐九域志卷三改。
〔三〕「三年」，龍舒本作「二年」。
〔三〕「四」，龍舒本作「六」。
〔四〕「騎」，龍舒本作「輕車」。

說，弦歌飲酒，往往終日。而能聽用佐屬盡其力，事以不廢。在御史言事，計曲直利害如何，不顧望大臣，以此無助。所爲文，自少及終，以類集之，至百卷。天德、地業、人事之治，掇拾貫穿，無所不言，而詩爲多。

君諱抗，字和叔，姓孫氏，得姓於衛，得望於富春。其在黟縣，自君之高祖棄廣陵以避孫儒之亂。而至君曾大父諱師睦，善治生以致富。歲饑，賤出米穀，以斗升付糴者，得歡心於鄉里。大父諱旦，始盡棄其産，而能招士以教子。父諱遂良，當終時，君始十餘歲。後以君故，贈尚書職方員外郎。

君初娶張氏，又娶吴氏，又娶舒氏，封太康縣君。五男子：適、邈、迪、适、遘。適嘗從予遊，年十四，論議著書，足以驚人〔一〕，終永州軍事推官。邈今潞州上黨縣令，亦好學能文。狀君行以求銘者，邈也。君之卒也，天子以适試祕書省校書郎。二女子，一嫁太廟齋郎李簡夫〔二〕，一嫁進士鄭安平〔三〕。

君以其卒之年十二月二十五日，葬黟縣懷遠鄉上林村。歙之爲州，在山嶺澗谷崎嶇之中。

〔一〕「足」，龍舒本作「見」。
〔二〕「太廟齋郎」，龍舒本作「試秘書省校書郎」。
〔三〕「一嫁進士鄭安平」，龍舒本作「一尚幼」。

自去五代之亂百年，名士大夫亦往往而出，然不能多也。黟尤僻陋〔一〕，中州能人賢士之所罕至。君孤童子，徒步宦學，終以就立，爲朝廷顯用。論次終始，作爲銘詩，豈特以顯孫氏而慰其子孫，乃亦以詒其鄉里〔二〕。銘曰：

在仁宗世，蠻跳不制。魄師牧民，實有膚使。踐艱乘危，條變畫奇。瘭毒既除，膏熨以治。方遷既隕，哀暨山夷。維此膚使，文優以仕。禄則不殖，其書滿笥。書藏于家，銘在墓前。以告黟人，孫氏之阡。

## 故贈左屯衛大將軍李公神道碑銘 并序

宋故贈左屯衛大將軍李公墓〔三〕，在河中府河東縣陶邑鄉仙觀里紫金山北。初，咸平二年，公以東班殿侍隨彰國軍節度使康保裔部軍于高陽關。契丹内侵，真宗狩于魏，大將恃城〔四〕，千里閉逃。保裔以其屬出，公提少卒，所戰輒破。寇搏我疾，孤堅弗支，舉軍陷焉，乃以義死。當

〔一〕「尤」，龍舒本作「居」。
〔二〕「亦」，龍舒本作「可」。
〔三〕「左」，龍舒本作「右」。
〔四〕「恃」，龍舒本作「悖」。

是時，十二月五日也，公年四十六。有詔賻恤，録公子樞以爲西班殿侍。蓋六十九年而樞以行治勞烈，積官至皇城使、賀州團練使，而嘗一再辭賞，以求追榮其父母。天子亦數推恩以及朝士大夫之親〔一〕，而公九贈官，自太子左清道率府副率〔二〕，至左監門衛大將軍。逮今上即位，則再至三品。而公夫人朱氏亦封錢塘、仙遊、永安縣太君。太君有美志純行，年六十三，以天聖七年六月六日卒於其子之官舍〔三〕，而以嘉祐六年十一月十一日與公合葬。

公幼而愿恭，長而敏武，涉書喜謀，將有以爲，而卒不克，蓋知者傷焉〔四〕。唯忠壯不屈，以詒禄于其後世，而團練君實能力承以大厥家。噫，其可銘也哉！

李氏世家鄭之原武。公諱興，字仲舉。曾祖諱顒，祖諱光，父諱元超〔五〕，皆弗仕。公生一男二女，二女皆早死。孫六人，其二人早死，棻今爲尚書都官郎中，餘皆以父廕仕，昌齡終三班差使，蕖今爲右班殿直，櫱今爲左班殿直。銘曰：

〔一〕「推恩以及朝士大夫之親」，光啓堂本、聽香館本作「推恩以及乎其親」。
〔二〕「左」，龍舒本作「右」。
〔三〕「七」，龍舒本作「某」，下「十一日」之「十一」同。
〔四〕「蓋」，龍舒本作「盡」。
〔五〕「元超」，龍舒本作「元起」。

李姓之始，聃周隱史。厥家鄭邦，代晦其光。公奮自田，啓蹟班行。匪熊匪羆，彼萬其旅。帝徂伐之，孰致予武〔一〕？操戈以先，所遇斃逃。曰敵可盡，其來滔滔。終沉于戎，唯義之濟。閔有傳禄，追榮以曁。誰無孫子，錫命在幽。我以吾功，克稱無羞。詒詩後觀〔二〕，有石道周。

# 故淮南江淛荆湖南北等路制置茶鹽礬酒税兼都大發運副使贈尚書工部侍郎蕭公神道碑

蕭氏，故長沙人也。去馬氏亂，遷江南，又爲廬陵人。公曾祖諱霽，仕李氏，終洪州武寧縣令。祖諱煥，考諱良輔，皆不仕。

公諱定基，字守一。用天禧三年進士，補岳州軍事推官〔三〕，以母夫人陳氏喪罷。後除虔州觀察推官。人饑，説州將以便宜糶倉米，秋糴償之，所救活甚多。監納潭州茶米，舉者十八人，遷大理寺丞，知臨江軍新喻縣，移監成都府市買務。蜀引二江溉諸縣田，多少有約。李順爲亂時，成都大豪樊氏盜約，改一晝夜爲六，由此他縣歲賂樊氏縣，乃得其餘水。訟二十年不決，轉

---

〔一〕「予」，龍舒本作「于」。
〔二〕「詒」，龍舒本作「銘」。
〔三〕「岳州」，宋刻本作「密州」。

運使以屬公。公曰：「約所以爲均，即不均，約不可恃也。」乃親決水，視一晝夜，而樊氏縣水有餘，樊氏即伏罪，諸縣得水如故約。轉運使以爲能，舉知黎州。州近蠻，出善馬，異時勢人多以託守，公一拒絶，蠻大喜。

於是累遷至太常博士，以博士召兼監察御史裏行。成都王覈請鑄小鐵錢爲大錢當十，鑄十得三，是廢十得三十也。公疏以爲不便，而覈議詘。中貴人妄告兩淛轉運使罪，以公往治，直之。蘄州王蒙正恃勢賂横猾，誣屬縣長罪死，又以公往治，告隨吏曰：「蒙正賂汝，受之，以告我。」蒙正果賂吏直三百萬，公因以正其獄。仁宗欲官公一子，公乃以讓其隨吏，除開封府判官。於是自監察再遷至侍御史，除江西水陸計度轉運使，奏事稱上意，賜三品服。三司税賦雕鷙羽，民入一尺，費餘百錢，奏以鵝鸛代之。宜州蠻爲寇，乃移廣西，兼安撫，公馳至，問所以反，曰：「吾知之矣！」乃蒐諸州澄海忠敢士萬人，守要害。戒諸將，賊至乃擊，歸則已。蠻不復動。明年，邕州甲洞與永平寨將秦珏争銀冶，殺珏反，邊大擾，公曰：「蠻何敢？是必珏有以致之。」問之果然。乃廢銀冶，誅道賊熟户數十人。又移交州，討殺珏者，而邊遂定。仁宗曰：「邊吏好生事，蕭某如此，可召用。」三司度支判官王琪使江、淮、淛，議鹽酒事，請公俱往，乃除三司鹽鐵判官，與琪俱使江、淮、淛，議鹽酒事。至吉州，除江淮淛荆湖制置發運副使。

以官卒于家，享年五十四，實慶曆二年五月十四日。以其年九月二十日，葬廬陵儒行鄉故舍之原。公寬厚寡欲，内行孝友，稱於鄉里。尤知爲吏，在所皆有聲績。夫人河陽縣君毛氏。五男子：汝礪、汝諧、汝器、汝士、汝奭，皆進士。汝礪終太常博士，汝器終殿中丞，汝諧今爲尚書屯田員外郎，汝士今爲永州祈陽縣令。故累贈至尚書工部侍郎，而墓碑未刻，汝諧請曰：「先人於王氏有故，子銘士大夫多矣。」某曰：「然，是宜以屬我。」乃銘曰：

蕭氏食酇，漢功之冠。卒成齊、梁，以戾于唐。人不絶史，與唐終始。厥遷廬陵，來自長沙。使乎御史，于宋初家。折獄禦戎，有聲無譁。禄則世繼，而年不遐。揚詩墓石，以相哀嗟。

## 尚書工部侍郎樞密直學士狄公神道碑

狄氏故并人，唐武后時，有以諒直至宰相者，有功中宗以及社稷，是爲梁公。公，梁公之十四世孫也。諱棐，字輔之。曾祖曰崇謙，連州桂陽縣令。祖曰文蔚，全州清湘縣令。考曰希顔，徐州録事參軍。及公貴，贈録事君至兵部尚書，而公母李氏封隴西郡太君。蓋梁公之後，有兼謨者，亦有名蹟，至大官。其後禄仕不終，然寖微弗顯。及公，乃以行能爲時用，出使入侍，終尚書工部侍郎、直樞密爲學士，天下稱爲善人長者。

公少孤力學，中咸平三年進士甲科。其官，自大理評事，歷大理寺丞、殿中丞、太常博士、尚書屯田都官、職方員外郎、祠部刑部郎中、太常少卿、右諫議大夫、給事中。其職，自直昭文館，歷龍圖閣直學士。其初任知袁州分宜縣，後嘗知開封府司録，通判鄧州、成都府，爲開封府判官，使京西、成都府路轉運，又使制置江淮荆湖，再判吏部流内銓，知審官院，知壁、廣、滑、魏、隨、陜、鄭、同、揚九州，河中、河南二府。其知陜州河中府，以趙元昊反，擇西方守吏。其知隨州，則坐在魏時軍事有驕不遜者不即治。其知揚州，則不及赴，而卒于京師。慶曆三年二月十七日也，享年六十七。

公惇厚篤實，未嘗妄言笑，雖有喜愠，未嘗見色，終身不言人過惡。罷南海，所齎無南物。在陜中，貴人有力者言，將援公於上，公爲不聞，接以它語，退而歎曰：「吾束髮至此，得爵禄皆以義，可以老而自污邪！」蓋其廉如此。其治民，出於寬仁不忍，雖以此嘗得罪，然自若，弗悔也。當時士大夫聞其死，多歎惜。累階至中散大夫，勳至上柱國，爵至山陽郡開國公，食邑二千一百户，食實封四百户。

夫人武城縣君路氏，左司諫、知制誥振之女。初，公以布衣見路公，路公即譽公文學行治，妻以其子。生六男子：遵道、遵度、遵禮、遵懿、遵路、遵彝。遵度當天聖初〔二〕，善爲古文，志義

〔二〕「遵度」，光啓堂本、聽香館本作「遵路」。

甚高，嘗爲襄州襄陽縣主簿，不幸早死，君子莫不傷之。遵路爲太常寺奉禮郎〔一〕，與遵道、遵懿、遵彝，亦皆早死。遵禮今爲尚書虞部員外郎。六女子：嫁衛尉卿王罕，衛尉卿魏琰，樞密直學士何中立，尚書駕部郎中王信民，二人早死。

狄氏當五代之亂，占潭之湘潭，至公始葬武城君於許州陽翟縣張澗里，故以公合葬。葬以慶曆五年。既葬二十年，而遵禮來求銘文，刻之墓碑。銘曰：

維狄先公，開號於梁。扶國舉帝，仁柔義剛。施垂子孫，禄不曠仕。歷世十四，公爲循吏。內行振振，恕以與人。無恚無忌，考終厥身。陽翟古墟，有幽新里。銘詩不磨，彼石之視。

## 尚書屯田員外郎贈刑部尚書李公神道碑

朝奉郎、尚書屯田員外郎、通判杭州軍州兼管內勸農事、上輕車都尉、賜緋魚袋、贈刑部尚書李公，諱陟，字元昇。少以進士舉太學，衆推才高，不妄交游，獨與故相張文節公友善。淳化中，用甲科補河南府澠池縣尉。群盜阻殺，以略行人，朝廷出中貴人傳捕，公率其屬捕殺之盡，以故爲轉運使所奏，留再任。方賞，遭父喪去。而契丹犯河北，率亡命相聚爲寇，所居內黄大

〔一〕「遵路」，光啓堂本、聽香館本作「遵度」。

擾，令、尉初不自保，公爲設方略擒滅，縣賴以無事。改除貝州司理參軍。州將邊公肅知公能，有難輒以屬公〔一〕。逐劇賊，用一日馳百里，悉縛取以歸。於是州及轉運使爲論功。驛召見，除大理寺丞、知漢州什邡縣，改殿中丞、知秀州嘉興縣。

真宗東封，改太常博士，通判通利軍。又以祀汾陰，改尚書屯田員外郎。河決，奪一官，監真州鹽倉。杭州言淛江隄壞不可治，詔江淮荆淛發運使舉可用者，以公通判杭州。隄成，度用財力甚省，而完且可久，乃復得故官，留再任。當是時，吕文靖公提點刑獄，尤知公，極論薦以爲材，且召除御史矣，會母夫人死。公行内修，事母尤以孝聞，所收恤親屬多，貧不能北歸，留治喪南京。哀戚毁甚，未及服除而卒，年五十三，天禧三年六月八日也。留守王沂公賻助之，乃能具棺殯。

凡五娶：賈氏、高氏、張氏、耿氏，最後邊氏，封太康縣君，今皆贈郡太君。邊氏則貝州邊公女也。邊公彊明，少所可，知公而好之，故女以其子。太康有賢行，蓋見於國史。公二男四女，男曰中庸，守大理寺丞致仕；曰中師，給事中、天章閣待制、西京留守。女嫁太子中舍聶復，貝州漳南縣令葛初平，尚書比部員外郎張參，其一早死。

〔一〕「屬」，原爲墨釘，據光啓堂本、聽香館本補。

公初以文藝自進，然喜吏事，所至强果辨治，終以愛利爲人所思。嘉祐七年十一月二十三日，葬于衛州新鄉縣貴德鄉戒海里。至熙寧元年十月，乃始作銘刻之墓碑。李氏故博平人，後徙内黄，曾祖諱祚，弗仕。祖諱守澄，開封府襄邑縣尉。考諱珣，殿中丞。銘曰：

矯矯李公，升自辭科。啓迹澠池，終功潮河。課文曰治，武奏厥多。毁于大喪，曾不及皤。素琴未御，虞殯遂歌。垂延在後，寵禄有那。兆衛西南，彼墳陂陁。追秩榮矣，哀如之何！

## 贈禮部尚書安惠周公神道碑

公諱某，字某，姓周氏。爲人俶儻有大節，敏於文學，達於政事。真宗初即位，以進士甲科除將作監丞，通判齊州，即有能名。召還爲著作郎、直史館、提點開封府諸縣鎮公事，歷三司户部度支判官，又皆有能名。遂以右正言知制誥，判吏部流内銓。數進見奏事，真宗以爲材。其後置登聞鼓院，糾察在京刑獄，及考進士以糊名謄録之法，真宗皆自選主者，而輒以屬公。居糾察未幾，遂以樞密直學士知開封府，聽斷明審，無留事。真宗滋以爲材，至嘗幸其府問勞，賦詩樂飲然後去。以公更外事未久，故不即大用，而以公知河中府。又以知永興，移天雄軍，所至輒有聲績，數賜詔書獎諭。於是真宗知公果可付以政，即召還，除給事中、同知樞密院事。既而又以爲尚書禮部侍郎、樞密副使。

真宗得疾，幾不瘖，丁晉公用事，逐去寇萊公，而以公爲黨，亦逐去之。以尚書户部侍郎知青州，既而又以爲太常少卿，知光州。仁宗即位，稍遷祕書監，知杭、揚二州。晉公得罪去，還公禮部侍郎，留守南京。召見之，將復用，公病矣，乃請知潁州。自潁徙陳，自陳徙汝，至汝若干年，以某年某月某甲子卒，春秋五十九。訃聞，天子爲震悼，贈禮部尚書，賻賜録其子孫加等，謚曰安惠。

初，公奮白衣，數年遂知制誥，特爲真宗所禮，禁中事大臣所不得聞者，往往爲公道之。公亦慷慨爲上言事，無所撓，而其言祕，世莫得盡聞。東封還，公卿大夫皆獻文章頌功德，公獨上書進戒。及在樞密，進止侃侃，不以丁晉公方盛爲之詘節，故爲所逐。公好收挽後進士，得一善，汲汲如世之夸者爲己進取。未嘗問家人生産。好讀書，善爲文，有文集二十卷，獨奏事諸草，則公既焚之矣，無在者。愛其弟越甚篤，與越皆以能書爲世所稱，每書輒爲人取去。積階至金紫光禄大夫，勳至上柱國，爵至汝南郡開國公，食邑至四千一百户，食實封至九百户。嘗爲東京留守判官、東封考制度副使，亦皆真宗所自選也。

周氏世爲淄州鄒平人，公曾祖考諱某，祖考諱某，皆儒者，以學行知名山東。考諱某，仕歷御史，終尚書都官員外郎。及公貴，贈曾祖考某官，祖考某官，考某官。公夫人王氏，北海郡夫人，先公一年卒。於公之卒也，公子延荷爲大理寺丞；延讓爲太常寺太祝；延壽爲東頭供奉官、閤門祗候；延儁爲大理評事。以某年某月某甲子葬公鄭州新鄭縣平康鄉之北原，而以王氏祔。其後若干年，公子延儁爲尚書都官郎中，累贈公至某官，始追序公世次、閥閲、行治來請曰：「先人名位功德嘗顯矣，而墓碑無刻。諸孤獨延儁爲後死，微夫子許我，則無以詒永久。」嗟乎！公之事遠矣，蓋雖公子有所不及知，故所次止於如此。然觀公所以進，而公之材可見；視公所以逐，而公之行可知。懔懔乎一世之名臣矣！所次如此，不爲略也。銘曰：

群獻俁俁，御于帝所。出入百年，將相文武。有如周公，左右真宗。自初筮仕，以至謀國。晦顯險夷，考終一德。公去州郡，無民不思。公來朝廷，天子所知。發論造功，每成無隳。誰私黨讎，用國威福。間上不豫，乃讒乃逐。既投有罪，而以公歸。退施一州，遂隕于腓。美矣邦士，公之季子。銘詩墓門，載以龜趾〔二〕。

〔二〕「載」，龍舒本作「戴」。

# 臨川先生文集　卷九十

## 行狀

### 尚書兵部員外郎知制誥謝公行狀

公諱絳，字希深。其先陳郡陽夏人。以試祕書省校書郎起家，中進士甲科，守太常寺奉禮郎，七遷至尚書兵部員外郎以卒。嘗知汝之潁陰縣，校理祕書，直集賢院，通判常州、河南府，爲開封府、三司度支判官，與修真宗史，知制誥，判吏部流内銓。最後以請知鄧州，遂葬於鄧，年四十六，其卒以寶元二年。

公以文章貴朝廷，藏於家凡八十卷。其制誥，世所謂常、楊、元、白，不足多也。而又有政事材，遇事尤劇，尤若簡而有餘〔一〕。所至輒大興學舍。莊懿、明肅太后起二陵於河南，不取一物於

〔一〕「尤」，龍舒本作「常」。

民而足，皆公力也。後河南聞公喪，有出涕者，諸生至今祠公像於學。鄧州有僧某誘民男女數百人，以昏夜聚爲妖，積六七年不廢〔二〕，公至，立殺其首，弛其餘不問。又欲破美陽堰，廢職田，復召信臣故渠，以水與民而罷其歲役，以卒故不就。於吏部所施置爲後法。

其在朝，大事或諫，小事或以其職言。郭皇后失位，稱詩白華以諷，争者貶，公又救之。嘗上書論四民失業，獻大寶箴，議昭武皇帝不宜配上帝，請罷内作諸奇巧，因災異推天所以譴告之意言時政。又論方士不宜入宫，請追所賜詔。又以爲詔令不宜偏出數易，請繇中書、密院然後下。其所嘗言甚衆，不可悉數。及知制誥，自以其近臣，上一有所不聞，其責今豫我愈慷慨，欲以論諫爲己事。故其葬也，廬陵歐陽公銘其墓，尤嘆其不壽，用不極其材云。卒之日，歐陽公入哭其堂，椸無新衣，出視其家，庫無餘財。蓋食者數十人，三從孤弟姝皆在，而治衣櫛纔一二婢。平居寬然，貌不自持，至其敢言自守，矯然壯者也。

謝氏本姓任，自受氏至漢、魏無顯者，而盛於晉、宋之間。至公再世有名爵於朝，而四人皆以材稱於世。先人與公皆祥符八年進士，而公子景初等以歷官行事來曰：「願有述也，將獻之太史。」謹撰次如右。謹狀。

〔二〕「廢」，原作「發」，據光啓堂本、聽香館本改。

# 彰武軍節度使侍中曹穆公行狀

公諱瑋，字寶臣，真定府靈壽縣人。少以蔭爲天平、武寧二軍牙内都虞候。至道中，李繼遷盜據河西銀、夏等州，後又擊諸部，并其衆。李繼隆、范廷召等數出無功，而朝廷終棄靈武，繼遷遂强，屢入邊州爲寇。當是時，公爲東頭供奉官、閤門祇候，年十九，太宗問大臣誰可使當繼遷者，武惠王以公應詔。太宗以知渭州，而欲除諸司使以遣之，武惠王爲公固讓，乃以本官知渭州。真宗即位，改内殿崇班、閤門通事舍人、西上閤門副使，移知鎮戎軍。當是時，繼遷虐使其衆，人多怨者，公即移書言朝廷恩信，撫納之厚以動之。羌人得書，往往感泣，於是康奴諸族皆内附。咸平六年，繼遷死，其子德明求保塞。公上書言繼遷擅中國要害地，終身旅拒，使謀臣狼顧而憂，方其國危子弱，不即捕滅，後更盛强，無以息民。當是時，朝廷欲以恩致德明，寢其書不用。而河西大族延家妙等，遂拔其部人來歸，諸將猶豫，未知所以應。公曰：「德明野心，去就尚疑，今不急折其羽翮而長養就之，其飛必矣。」即自將騎士入天都山取之内徙。德明由此遂弱，而至死不敢窺邊。

大中祥符元年，召還，除西上閤門使、邠寧環慶路兵馬都鈐轄兼知邠州。東封，遷東上閤門使、高州刺史，再移真定府、定州路都鈐轄。已而又以爲涇原路都鈐轄兼知渭州。公乃圖涇原、環慶兩路山川城郭戰守之要以獻，真宗留其一樞密院，而以其一付本路，使諸將出兵皆按圖議事。祀汾陰，遷四方館使。初，章埋驕於武延鹹泊〔二〕，撥臧掘强於平凉，公皆誅之，而汧、渭之間，遂無一羌犯塞。

八年，遷英州團練使，知秦州。秦西南羌唃廝囉、宗哥立遵始大，遵獻方物求稱贊普。公上書言夷狄無厭，足其求必輕中國。大臣方疑其事，會得公書，遂不許，而猶以爲保順軍節度使。公曰：「我狃遵矣，又將爲寇，吾治兵以俟爾。」遵使其舅賞樣丹招熟户郭廝敦爲鄉導，公即誘樣丹捕廝敦，而許以一州。樣丹終殺廝敦，公遂奏以爲潁州刺史，而樣丹亦舉南市城以獻。先是，張吉知秦州生事，熟户多去爲遵耳目，及公誅廝敦〔三〕，即皆惶恐避逃，公許之入贖自首，還故地，而至者數千人。後遂帖服，皆爲用。至明年，囉、遵果悉衆號十萬，寇三都，公帥三將破之，追北至沙州，所俘斬以萬計。事聞，除客省使、康州防禦使。其後又破滅馬波、叱臘、鬼留等諸羌，囉、遵遂以窮孤逃入磧中。而公斥境隴上，置弓門、威遠凡十寨，自是秦人無事矣。

天禧三年，召還，除華州觀察使。以西人之恃公也，復以爲鄜延路馬步軍都部署。四年，遂

〔二〕「章埋」，光啓堂本、聽香館本作「章理」。
〔三〕「廝敦」，原作「樣丹」，據光啓堂本、聽香館本改。

除宣徽北院使、鎮國軍節度觀察留後、簽署樞密院事。丁晉公用事，稍除不附己者，既貶寇萊公，即指公爲黨，改宣徽南院使，出爲環慶路都署，又降容州觀察使，知萊州。晉公貶，乃以公爲華州觀察使，知青州。天聖三年，除彰化軍節度觀察留後，知天雄軍，又移知永興軍，而詔使來朝，至則除昭武軍節度使而復還之。天聖五年，以疾病求知孟州，得之。會言事者以公宿將有威名，不當置之閒處，乃以爲真定路馬步軍都部署，知定州。七年，換彰武軍節度使。八年正月，薨于位，年五十八。皇帝爲罷朝兩日，贈侍中，謚曰武穆。

公爲將幾四十年，用兵未嘗敗衄，尤有功於西方。舊，羌殺中國人得以羊馬贖死，如羌法。公以謂如此非所尊中國而愛吾人，奏請不許其贖。又請補内附羌百族以爲上軍主，假以勳階爵秩如王官，至今皆爲成法。陝西歲取邊人爲弓箭手，而無所給，公以塞上廢地募人爲之，若干畝出一卒，若干畝出一馬，至其重斂發兵戍守〔二〕，至今邊賴以實，所募皆爲精兵。在渭州，取隴外籠干川築城，置兵以守，曰：「後當有用此者。」及李元昊叛，兵數出，卒以籠干川爲德順將軍，而自隴以西，公所措置，人悉以爲便也。自三都之戰，威震四海，唃廝囉聞公姓名，即以手加額。在天雄，契丹使過魏地，輒陰勒其從人，無得高語疾驅。至，多憚公不敢仰視。契丹既請盟，真

〔二〕「重」，光啓堂本、聽香館本作「税」。

宗於兵事尤重慎，即有邊事〔二〕，手詔詰難，至十餘反，而公每守一議，終無以奪。真宗後愈聽信，有論邊事者往往密以付公可否。好讀書，所如必載書數兩，兼通春秋公羊、穀梁、左氏傳，而尤熟於左氏。

始娶潘氏，馮翊郡夫人，忠武軍節度使、同中書門下平章事韓國公美之子。後娶沈氏，安國太夫人，故相左僕射倫之孫、光禄少卿繼宗之子。子男四人：僖，禮賓使，知儀州，當元昊叛時，以策説大將，不能用，反罪之，遷韶州以死；倚，終内殿崇班；俁，供備庫副使，拒元昊於瓦亭，戰死，贈寧州刺史；倩，右侍禁。一女子，適四方館使、榮州刺史王德基〔三〕。孫五人：諒、諷，東頭供奉官；誼，右侍禁、閤門祗候；謂，三班奉職；諮，右班殿直。

## 魯國公贈太尉中書令王公行狀

公諱德用，字元輔，其先真定人也。世以財雄北邊，而蔣公、邢公皆倜儻喜赴人急。歲飢，所活以千計。武康公當太宗時，貴寵任事，以殿前都指揮使受遺詔輔真宗。葬其先公河南密

〔二〕「事」，原無，據小岯山館本補。
〔三〕「王德基」，原作「主德基」，據宋刻本、光啓堂本、聽香館本改。

縣，縣後分屬鄭州管城，故今爲管城人焉。公先喪其母韓國夫人朱氏，事繼母魯國太夫人張氏，以孝聞。

至道二年，太宗五路出師，以討李繼遷之叛，而武康公出夏州。當是時，公爲西頭供奉官，而在武康之側，年十七，自護兵當前，所俘斬及得馬羊，功爲多。及歸，公又請殿，將至隘，公以爲歸之至隘而争先，必亂，亂而繼遷薄我，必敗。於是又請以所護兵馳前至隘而陣。武康爲公令於軍曰：「至陣而亂行者，斬！」公亦令曰：「至吾陣而亂行者，吾亦如公令。」至陣，士卒帖然以此行，而武康公亦爲之按轡，繼遷兵相隨屬，左右望公莫敢近。於是武康公嘆曰：「王氏有兒矣。」及論功，武康公曰：「吾爲大將，不可使子弟與諸將分功。」絀公不列。

三年，遷東頭供奉官。咸平二年，遷内殿崇班。三年，换御前忠佐馬軍副都頭。景德二年，爲馬軍都頭。大中祥符元年，爲邢洺磁相巡檢，提舉捉賊。男子張鴻霸聚黨界中爲盗，朝廷以名捕，久之不得。公以氈車載壯士，僞服爲婦人，誘之於野，於是鴻霸與其黨三十二人皆得。朝廷以爲能，移陝西東路提舉捉賊〔二〕。自陝以東爲盗者，聞公擒鴻霸事〔三〕，皆惴恐逃去。

〔二〕「能移」，光啓堂本作「充當」。
〔三〕「擒鴻」，光啓堂本作「檢點」。

五年，爲環慶路指揮使，奏事上前忤旨，責授鄆州馬步軍都指揮使。是歲武康公薨，天子命公乘驛護喪歸京師，已而還其舊職。七年，遷散虞候、散都頭。八年，遷散員内殿直、都虞候。天禧四年，爲殿前左班都虞候、柳州刺史。乾興元年，爲捧日左廂都指揮使、英州團練使。天聖三年，改博州團練使，知康信軍。城壞，公使禁軍爲築，築者久之，而無敢竊言望公使已以非其事者。城成，天子賜書獎諭。五年，移冀州，兼馬步軍都部署。是歲，除康州防禦使、龍神衛四廂都指揮使，又除捧日四廂都指揮使。六年，除侍衛親軍步軍都虞候，歸就職，又除環慶路副都部署，不行。八年，除并、代州馬步軍副都部署，又除殿前都虞候。十年，除桂州觀察使、侍衛親軍步軍副都指揮使、權馬軍都指揮使。諸將皆遷，與士之請馬者，皆不求有司而得。故事，取糞錢於軍以給公使，自公始罷之，使各置庫，以待其軍用。

明道元年，除福州觀察使。軍人挾内詔，求爲軍吏。公争曰：「軍人敢挾詔以干軍制，後不可復治，且軍吏不可使求而得，得則軍人必大受其侵。」明肅太后固使與之，公固不奉詔。已而太后亦寤，卒聽公。及太后崩，有司請衛士皆坐甲，公又不奉詔。曰：「故事，無爲太后喪坐甲也。」於是天子心賢公，以爲可用。及閲太后宫得争軍吏事，遂以公檢校太保簽署樞密院事。公固辭武人不學，不足以當大任。天子使中貴人趣公入院。

公於朝廷臨義慷慨，言無所顧計。至於親戚故舊，待之亦皆當理而有恩。故人爲人求官於公，公問其得謝幾何，故人辭窮，以實對，公亦不拒也。歸而使家人以銀與之，曰：「爾所求者在此矣，官非吾有，不可得。」居頃之，除樞密副使。三年，除明州奉國軍節度觀察留後，同知樞密院事。四年，除安德軍節度使。五年，檢校太尉，充宣徽南院使。寶元元年，李元昊叛，公嘗請將以捍邊，天子不許，曰：「吾以公謀，可也。」卒所以鎮撫捍治者，亦多公計策。

始，人或以公威名聞天下，而狀貌奇偉，疑非人臣之相。御史中丞孔道輔因以爲人言如此，公不宜典機密，在上左右。天子不得已，以公爲武寧軍節度使、徐州大都督府長史，赴本鎮，賜手詔慰遣，而言曰皆尚論公未止也，又以公爲右千牛衛上將軍，知隨州。人爲公懼，恬然，唯不接賓客而已。移曹州，或聞孔道輔死，以告曰：「是嘗害公者，今死矣。」公愀然曰：「孔中丞豈害某者乎？彼其心所以事君，當如此也。惜乎，朝廷無一忠臣！」言者服公以謂有德，而終身自愧其言。曹人喜鬭，多盜，佗日獄未嘗空也。公在曹，嘗無一人囚者數矣。

慶曆二年，除檢校司空，保静軍節度使，天子以手詔賜公曰：「賜卿重地，勉視事，毋以人言爲憂，有傷卿者，朕不聽。」契丹使劉六符過澶州，喜曰：「六符聞公久矣，遇於此，豈非幸也！今此州歲大熟，豈非公仁政之効也！」公謝曰：「明天子在上，固常多豐年，此豈吾力也？今朝廷多賢士大夫可畏者，吾老矣，備位於此，不足以累公稱數。」是歲，移真定府等路駐泊馬步軍都部署。求奏事京師，天子使中貴人諭公入覲，除宣徽南院使，判成德軍，固辭不得。未行，以契丹使使求周世宗所取三關故地，聚兵幽、薊，爲若侵邊者，乃移公判定州，兼三路都部署，聽以便宜從事，而以楊崇勳知成德軍。崇勳使客問公所以戰，公曰：「吾患不仁，不患不威；患不知，不患無功。蓋見敵而後勝可制，吾所戰，豈可以豫言也？」公至定州，則明賞罰以教戰。契丹使人來覘，或以告，勸公執殺，公置之不問，曰：「吾視士卒皆樂戰，可用矣。使彼得歸以告其主，是伏人之兵以不戰也。」明日，大閱于郊，公提桴鼓誓師，進退坐作，終日不戮一人而畢，乃下令「具糗糧，聽鼓於中軍，將盡以汝行，唯吾其所鄉」。契丹聞之震恐。已而，天子密詔問公方略，公上書論近世用兵之失與今所以料敵制勝之方甚備。會兵罷，徙公知陳州，過都，天子使中貴人勞賜問公欲見否，公辭謝備邊無功，幸蒙上恩赦誅，徙内郡，非有公事當對者，不敢見。

三年，移孟州，召還，署宣徽院事，已而出判相州。六年，除同中書門下平章事，判澶州。七年，移鄭州，封祁國公。八年，還，除會靈觀使，又除檢校太師，判鄭州，過都，天子召見慰勞。皇祐二年，除集慶軍節度使，進封冀國公。三年，以年老求致仕，詔以太子太師致仕，大朝會綴中書門下班。公威名，雖老矣，尚爲四夷所憚，而天子亦賢公，以爲可屬大事也。四年，復强起公以爲河陽三城節度使、同中書門下平章事、判鄭州。六年，遂以爲樞密使。契丹使至，公伴射，使曰：「南朝以公使樞密而相富公，可謂得人矣。」天子聞之，賜公御弓一、矢五十，以寵焉。嘉祐元年〔二〕，進封魯國公，以年老求去位，至六七，天子爲之不得已，猶以爲忠武軍節度使、景靈宫使，又以爲同群牧制置使。有詔五日一會朝，給扶者以一子若孫一人。是歲，公年七十八矣，明年二月辛未，公以疾薨。天子至其第，爲之罷朝一日，又爲之素服發哀苑中，而以太尉、中書令告其第，又賜以黄金、水銀、龍腦等物，出内人撫其諸子。

公忠實樂易，與人不疑，不詰小過〔三〕，望之毅然有不可犯之色，及就之，温如也。平生少玩好，不以名位驕人，而所得禄賜，多施之親黨。善治軍旅，寬仁愛士卒，士卒樂爲之盡。與士大夫遊，士大夫亦多服其度，以爲莫能窺也。

夫人宋氏，武勝軍節度使延渥之女也，累封安定郡夫人，先公卒。後以子追封榮國夫人，孝慈恭儉，有助於公。男子咸熙，東頭供奉官，早卒，以子故累贈至右千牛衛將軍。次咸融，西京左藏庫使、果州團練使。次咸庶，内殿崇班，早卒。次咸英，供備庫副使。次咸康，内殿承制。女四人：長嫁尚書駕部郎中張叔詹，其次嫁太常博士程嗣恭、國子博士寇諲，皆早卒。孫八

〔二〕「元」，原作「九」，諸本同。按，嘉祐無九年，據宋史卷十二仁宗四，王德用去位在嘉祐元年十一月，其卒在嘉祐二年二月。故此「九」當爲「元」之誤，據改。

〔三〕「詰」，光啓堂本作「註」。

人〔一〕：澤、淵，皆内殿崇班、閤門祗候；淑，左侍禁；淇，左班殿直；潭，右班殿直；沅、瀛，左侍禁；温〔二〕，未仕。淑、淇，皆早卒。曾孫二人：任，左侍禁；价，未仕。公子卜以五月甲申葬管城之先塋而國夫人祔。謹具公歷官行事狀，請牒考功、太常議謚并史館。

## 墓表

### 寶文閣待制常公墓表

右正言、寶文閣待制、特贈右諫議大夫汝陰常公，以熙寧十年二月己酉卒，以五月壬申葬。臨川王某誌其墓曰：

公學不期言也，正其行而已；行不期聞也，信其義而已。所不取也，可使貪者矜焉，而非彫斲以爲廉；所不爲也，可使弱者立焉，而非矯抗以爲勇。官之而不事，召之而不赴，或曰：「必退者也，終此而已矣。」及爲今天子所禮〔三〕，則出而應焉。於是天子悦其至，虚己而問焉。使莅

〔一〕「八」，原作「七」，據下文及聽香館本改。
〔二〕「温」，光啓堂本作「濕」。
〔三〕「及」，龍舒本作「至公」。

諫職，以觀其迪己也；使董學政，以觀其造士也。公所言乎上者無傳，然皆知其忠而不阿；所施乎下者無助，然皆見其正而不苟。詩曰「胡不萬年」，惜乎既病而歸死也！自周道隱，觀學者所取舍，大抵時所好也。違俗而適己，獨行而特起，嗚呼，公賢遠矣！傳載公久，莫如以石。石可磨也，亦可泐也，謂公且朽，不可得也。

## 太常博士鄭君墓表

德安鄭湜書其父太常博士諱詒字正臣之行治、伐閱、世次，因其妹壻廣陵朱介之以來請曰：「鄭氏故家滎陽，有善果者，卒於唐江州刺史，而子孫爲德安人。自善果至脛七世，生裔，爲樂清縣令，君之大父也。裔生柬，君之父也，以詩書教授鄉里而終不仕。君以景祐四年進士，爲洪州都昌縣主簿，於是令老矣，事皆決於君，而都昌至今稱以爲能。又爲廬州合淝縣尉，盜發輒得，故其後無敢爲盜者。又爲同州朝邑縣令，當陝西兵事起，案簿書，度民力所堪以均賦役，而人不困。又掌集慶軍書記，歲旱，轉運使不欲除民租，以屬其守，而使君出視，君以實除民租如法。又遷祕書省著作佐郎，知南康軍南康縣，移知梧州。方是時，儂智高爲亂，吏多避匿即不往，君獨亟往，治城塹，集吏民以守，而州無事。經略使舉君以知賓州，再遷至太常博士而歸爲陵臺令。召見，言事稱旨，賜緋衣銀魚。未赴，以嘉祐三年三月二十四日卒，年六十。君前夫人張氏，後夫人吴氏。子男三人：其長則湜也，次沿，次深。女四人，其三人已嫁矣，董振、何贄、朱介之，其壻也。君爲人孝友諒直，得人一善若己出，能振窮急，而自養尤儉約，自賓州歸，所齎無南方一物，其平生所爲如此。今既以某年某月某日，葬君德安之永泰鄉谷步里，而未有以碣諸墓也，敢因介之以告。」

介之於余爲外姻，而其妻能道君之實，將懼泯没而無聞，數涕泣屬其夫，求得余之一言以表之墓上。蓋余嘗奉使江東，泝九江，上廬山，愛其山川，而問其州人士大夫之賢而可與游者，莫能言也。今湜能言其父之賢如此，問其州人之游仕於此者，乃以爲良然。嗟乎，鄭君誠如此，豈特一鄉之善士歟！而其子男與女子又能如此，故爲序次其説，使表之墓上。

## 貴池主簿沈君墓表

予先君女子三人，其季嫁沈子也。他日，有問予先君之壻，而予告以沈子。其知沈子之家者，必曰是其父能文學。他日，從沈子於銅陵而遊觀其縣，縣人得沈子，必曰是其父能政事。已而予求其父所爲書於沈子，沈子曰：「先君卒於逆旅，其書悉爲人取去，無在者。」又問其政事，曰：「吾嘗聞於祖母矣，先君爲池州貴池縣主簿，令不能而縣大治者，先君之力也。嘗攝銅陵縣事，縣人有兄弟争財者，先君能爲辨其曲直，而卒使之感寤讓財，相與同居。其去也，兩縣人追自送涕泣，遠焉而後去。其施設之方，則吾不得其詳也。」沈子遂言曰：「先君事生嚴，喪死哀，循道守族人至於婚友，無所不盡其心。終身好書，未嘗一日不讀，而於酣樂嫚戲，未嘗豫也。其學官，以不諂其上而幾至於殆者數矣，故其仕嘗有去志，而無留心。唯不得壽考富貴，以卒其問，究其施設，故其文章不多見而獨爲士友所知，其行義不博聞而獨爲親黨所稱，其政事不大傳而獨爲邑人所記。日月行矣，不即論次，懼將卒於無傳也，吾願以此屬子矣。」予應曰：「然，子之先君固賢，而又有賢子，其後世將必大，不可使無考也。」於是爲之論次曰：

君諱某，字某，再世家于杭州之錢塘，而其先湖州之武康人也。武康之族顯久矣，至唐有既濟者，爲尚書禮部員外郎。生傳師，爲尚書吏部侍郎，贈吏部尚書。尚書生詢，爲潞州刺史、昭義軍節度使。自昭義以上三世〔一〕，皆有名迹，列於國史。昭義生丹，爲舒州團練判官。舒州生牢，江南李氏時爲饒州刺史。饒州生廷蘋，爲濠州軍事推官。濠州生承誨，入宋爲明州定海縣主簿〔二〕，累贈光禄卿。光禄生玉，尚書屯田郎中，知真州軍州事。君真州之子，天聖二年，以進士起家楚州司法參軍，再調爲池州貴池縣主簿，年三十六，疾卒於京師之逆旅。夫人元氏，生男

〔一〕「三」下，龍舒本有「代」字。
〔二〕「入」，原作「大」，據龍舒本改。

子伯莊、季長、叔通，皆爲進士，而季長則予先君之壻也。君以某年某月某甲子，葬真州城北之原。蓋其行義、文學、政事，皆如其子之言云。

## 建昌王君墓表

君建昌南城人，姓王氏，諱某，字君玉。少則貧窶，事親盡力，未嘗佚游慢戲以棄一日，亦未嘗屈志變節以辱於一人。故雖食蔬水飲而父母有歡愉之心，徒步藍縷而鄉人有畏難之色。及其有子，則盡其方以教子，於是鄉人之子弟皆歸之，君隨少長所能以教，又盡其力。蓋娶邑里周氏女，有賢行，能助君所爲。

生四子，無忌、無咎、無隱、無悔，皆進士。無忌早卒，而無咎獨中第，爲揚州江都縣尉，率君之教，博學能文，篤行不怠。然人以爲君能長者，以有是子，而非特其教之力也。君亦嘗舉進士，不中。某年，年六十五，以某月日卒於江都其子之官舍。明年三月二十四日，葬所居縣裏屯之原。葬久矣，無咎始求予文，以表君墓。當時無咎棄台州天台縣令，教授於常州，其學彌勤，其行彌厲，其志蓋非有求於兹世而止，能使君顯聞於後世，庶其在此。以予不肖而言之不美也，安能有所重以稱君子孝子耶？亦論次之如此。

## 處士征君墓表

淮之南，有善士三人，皆居於真州之揚子。杜君者，寓於醫，無貧富貴賤，請之輒往。與之財，非義輒謝而不受。時時窮空，幾不能以自存，而未嘗有不足之色。蓋善言性命之理，而其心曠然無累於物。而予嘗與之語，久之而不厭也。

徐君，忠信篤實，遇人至謹，雖疾病召筮，不正衣巾不見。寓於筮，日得百數十錢則止，不更筮也。能爲詩，亦好屬文，有集若干卷。兩人者，以醫筮故，多爲賢士大夫所知，而征君獨不聞於世。

征君者，諱某，字某，事其母夫人至孝。居鄉里，恂恂恭謹，樂振人之窮急，而未嘗與人校曲直。好蓄書，能爲詩。有子五人，而教其三人爲進士。某今爲某官，某今爲某官，某亦再貢於鄉。征君與兩人者相爲友，至驩而莫逆也。兩人者，皆先征君以死，而征君以某年某月某甲子終于家，年七十七。

噫！古者一鄉之善士必有以貴於一鄉，一國之善士必有以貴於一國，此道亡也久矣。余獨私愛夫三人者，而樂爲好事者道之，而征君之子又以請，於是書以遺之，使之鑱諸墓上。杜君諱嬰，字大和，徐君諱仲堅，字某。

## 鄱陽李夫人墓表

鄱陽處士贈大理評事黄君諱某之妻，太平縣君鄱陽李氏者，今太常博士巽之母也。年若干，以嘉祐五年十一月乙酉終，而以後年十一月丙子從其夫葬鄱陽長順里之西原。葬若干年，而太君之子所與游者臨川王某表其墓曰：

太君之爲女子，以善事父母聞於鄉里。及嫁，移所以事父於舅，而致其禮有加焉，凡在舅黨者，無不禮也。移所以事母於姑，而致其愛無損焉。凡在姑黨者，無不愛也。相其夫以正而順，誨其子以義而慈。處士君嘗娶而有子矣，蓋視遇之無異於己子。其後太君之子以進士起爲聞人，而州之士大夫皆曰：「是母非獨能教，亦其爲善也，宜有子。」

初，其子爲尉於宣州之太平，又參虔州録事，皆欲迎太君以往。太君曰：「吾助汝父享祠春秋於此，義終不得獨往。」及爲南劍州順昌縣令，知洪州新建縣事，而處士君已不幸，乃曰：「吾老矣，今而後可以從子。」故其終在新建其子之官寢。

太君生一男二女，男即博士，女皆已嫁，其幼蚤卒，其長者少喪其配，事姑以孝聞而不嫁。州之士大夫又皆曰：「是母能教，非獨施於其一男而已，蓋其女子亦母之力也。」嗚呼！豈不賢哉？

# 外祖母黄夫人墓表

外祖夫人黄氏，生二十二年歸吴氏，歸五十年而卒，卒三月而葬，康定二年十二月也。夫人淵静裕和，不彊而安，事舅、姑、夫，撫子，皆順適。吴氏内外族甚大，朝夕相與居，歲時以辭幣酒食相綴接，卒夫人之世，戚疏愚良，一無閒言。又喜書史，曉大致，往往引以輔導處士，信厚聞於鄉。子爲士，無虧行，繄夫人之助。夫人資寡言笑，聲若不能出，雖族人亦不知其曉書史也。某，外孫也，故得之詳。明道中，過舅家，夫人春秋高矣，視其禮，猶若女婦然；視其色，不知其有喜愠也。病且革[一]，以薄葬命子。噫[二]！其可謂以正始終也已。舅藩既誌其葬四年，某還自揚州，復其墓，復表曰：

聖人之教必繇閨門始。後世誌於教者，亦未之勤而已，天下相重以戾，相蕩以侈，疣然斁矣。自公卿大夫無完德，豈或女婦然。或者女婦居不識廳屏，笑言不聞鄰里，是職然也，置則悖矣。然其死也，聞人傳焉以美之，是亦教之熄也，人人之不能然也，傳焉以美之，宜也。矧如夫

[一]「革」，龍舒本作「卒」。
[二]「噫」，原作「億」，據龍舒本、聽香館本改。

人者，有不可表耶？於戲！

# 翁源縣令楊府君墓表

君諱某，字某，故華陰楊氏，其爲臨江軍之清江人，蓋亦已久矣。曾皇祖曰某，仕江南李氏爲大理評事。皇祖曰某。皇考曰某，真宗時以行義聞，嘗召之，不起。初，宰相王隨少時與友善，仁宗即位，隨知杭州，謀以皇考奉章入賀，既至，度不可屈，乃已。後終推子弟一官，以與其子，得太廟齋郎，君是也。

初任袁州萍鄉縣尉，會令免，獨當一縣，豪猾吏民以君少，共爲十餘獄嘗之，君立斷治，大服。又選饒州德興縣主簿，舉餘干縣令。大水，民乏食，有死者，君以便宜出常平米，計口賤糶，又誘富人發錢米，所活人蓋數萬。縣人蘧璉捕笞盜，父因殺子誣璉以求賂，君治服，語璉曰：「汝歸，以米百石餔貧民，所以謝我。」至州，州吏疑璉大姓持賂。當是時，范文正公爲將，問璉：「汝來時，長官何言？」璉道君語。公曰：「楊某治此不自嫌，可以無疑也。」璉卒得雪歸，餔民如君語。蓋君爲文正公所信如此，而能得民樂輸，多此類。

又除韶州翁源縣令，轉運使舉監廣州市舶司。至一月卒，年四十二，某年某月某日也。以某年某月某日，葬某縣某鄉某里。君事後母孝至。然謹於人喪，或大寒，脱衣買棺以赴之。平生如此不一，既已，未嘗爲人道。死之日，家所有獨其父書十餘篋。舉者甚衆，然仕終不遂，其可惜也已。

娶陳氏，子曰遽，漳州軍事判官；曰通，池州建德縣尉，皆時所謂才士也。天所以報施，蓋將在於是。

# 臨川先生文集　卷九十一

## 墓誌

### 太子太傅致仕田公墓誌銘

田氏故京兆人，後遷信都。晉亂，公皇祖太傅入于契丹。景德初，契丹寇澶州〔一〕，略得數百人，以屬皇考太師。太師哀憐之，悉縱去，因自脱歸中國，天子以爲廷臣，積官至太子率府率以終。爲人沉悍篤實，不苟爲笑語。生八男子，多知名，而公爲長子。

公少，卓犖有大志，好讀書，書未嘗去手，無所不讀，蓋亦無所不記。其爲文章，得紙筆立成，而閎博辨麗稱天下。初舉進士，賜同學究出身，不就。後數年，遂中甲科，補江寧府觀察推官，以母英國太夫人喪，罷去。除喪，補楚州團練判官，用舉者監轉般倉，遷祕書省著作佐郎。

〔一〕「寇」，原無，據龍舒本補。

又對賢良方正策爲第一，遷太常丞，通判江寧府。數上書言事，召還，將以爲諫官。方是時，趙元昊反，夏英公、范文正公經略陝西，言：「臣等才力薄，使事恐不能獨辦，請得田某自佐。」以公爲其判官，直集賢院，參都總管軍事。自真宗弭兵，至是且四十年，諸老將盡死，爲吏者不知兵法，師數陷敗，士民震恐。二公隨事鎮撫，其爲世所善，多公計策。大將有欲悉數路兵出擊賊者，朝廷許之矣，公極言其不可，乃止。又言所以治邊者十四事，多聽用。

還爲右正言，判三司理欠憑由司，權修起居注，遂知制誥，判國子監。於是陝西用兵未已，人大困，以公副今宰相、樞密副使韓公宣撫。自宣撫歸，判三班院，而河北告兵食闕，又以公往視。而保州兵士殺通判〔二〕，閉城爲亂，又以公爲龍圖閣直學士、知成德軍、真定府、定州安撫使，往執殺之。論功遷起居舍人，又移秦鳳路都總管、經略安撫使，知秦州。遭太師喪，辭起復者久之，上使中貴人手敕趣公，公不得已，則乞歸葬然後起。既葬，託邊事求見上，曰：「陛下以孝治天下，方邊鄙無事，朝廷不爲無人，而區區犬馬之心，尚不得自從，臣即死，知不瞑矣。」因泫然泣數行下。上視其貌甚瘠〔三〕，又聞其言，悲之，乃聽終喪。蓋帥臣得終喪，自公始。

〔二〕「保州」，聽香館本作「邢州」。
〔三〕「瘠」，光啓堂本作「疾」。

服除，以樞密直學士爲涇原路兵馬都總管、經略安撫使，知渭州。遂自尚書禮部郎中遷右諫議大夫，知成都府，充蜀、梓、利、夔路兵馬鈐轄。西南夷侵邊，公嚴兵憚之，而誘以恩信，即皆稽顙。蜀自王均、李順再亂，遂號爲易動，往者得便宜決事，而多擅殺以爲威，至雖小罪，猶并妻子遷出之蜀，流離顛頓，有以故死者。公拊循教誨，兒女子畜其人，至有甚惡，然後繩以法。蜀人愛公，以繼張忠定，而謂公所斷治爲未嘗有誤〔二〕。歲大凶，寬賦減徭，發廩以救之，而無餓者。

事聞，賜書獎諭，遷給事中，以守御史中丞充理檢使召焉。未至，以爲樞密直學士、權三司使，既而又以爲龍圖閣學士、翰林學士，又遷尚書禮部侍郎，正其使號。自景德會計，至公始復鈎考財賦，盡知其出入。於是入多景德矣，歲所出乃或多於入，公以謂：「厚斂疾費如此，不可以持久。然欲有所掃除變更，興起法度，使百姓得完其蓄積而縣官亦以有餘，在上與執政所爲，而主計者不能獨任也。」故爲皇祐會計録上之，論其故，冀以寤上。上固恃公，欲以爲大臣。居頃之，遂以爲樞密副使，又以檢校太傅充樞密使。公自常選，數年遂任事於時，及在樞密爲之使，又超其正，天下皆以爲宜，顧尚有恨公得之晚者。

公行内修，於諸弟尤篤，爲人寬厚長者，與人語款款，若恐不得當其意，至其有所守，人亦不

〔二〕「謂」，光啓堂本、聽香館本作「獨」。

能移也。自江寧歸，宰相私使人招之，公謝不往。及爲諫官，於小事近功有所不言，獨常從容爲上言爲治大方而已。范文正公等皆士大夫所望以爲公卿，而其位未副，公得間，輒爲上言之，故文正公等未幾皆見用。當是時，上數以天下事責大臣，慨然欲有所爲，蓋其志多自公發。公所設施，事趣可，功期成，因能任善，不必己出，不爲獨行異言，以峙聲名。故功利之在人者多，而事迹可記者止於如此。

嘉祐三年十二月〔一〕，暴得疾，不能興，上聞悼駭〔二〕，敕中貴人、太醫問視，疾加損輒以聞。公即辭謝，求去位，奏至十四五，猶不許，而公求之不已，乃以爲尚書右丞、觀文殿學士、翰林侍讀學士、提舉景靈宫事。而公求去位終不已，於是遂以太子少傅致仕。致仕凡五年，疾遂篤，以八年二月乙酉薨于第，享年五十九。號推誠保德功臣，階特進，勳上柱國，爵開國京兆郡公，食邑三千五百户，實封八百户，詔贈太子太傅〔三〕，而賻賜之甚厚。

公諱況，字元均。皇曾祖諱祐，贈太保。皇祖諱行周，贈太傅。皇考諱延昭，贈太師。妻富氏，封永嘉郡夫人，今宰相河南公之女弟也。無男子，以弟之子至安爲主後。女子一人，尚幼。

〔一〕「三」，原作「二」，據龍舒本、宋刻本、聽香館本改。
〔二〕「悼」，光啓堂本、聽香館本作「驚」。
〔三〕「傅」，龍舒本作「保」。

田氏自太師始占其家開封，而葬陽翟，故今以公從太師葬陽翟之三封鄉西吴里。於是公弟右贊善大夫洵來曰：「卜葬公利四月甲午〔二〕，請所以誌其壙者。」蓋公自佐江寧以至守蜀，在所輒興學，數親臨之，以進諸生。某少也與公弟游，而公所進以爲可教者也，知公爲審。銘曰：

田室於姜，卒如龜祥。後其孫子，曠不世史。於宋繼顯，自公攸始〔三〕。奮其華蕤，配實之美。乃發帝業，深宏卓煒。乃興佐時，宰飪調胹。文馴武克，内外隨施。亦有厚仕，孰無衆毁。公獨使彼，若榮豫己。維昔皇考，敢於活人。傳祉在公，不集其身。公又多譽，公宜難老。胡此殆疾，不終壽考。掩詩於幽，爲告永久。

## 給事中贈尚書工部侍郎孔公墓誌銘

宋故朝請大夫，給事中、知鄆州軍州事兼管内河堤勸農、同群牧使、上護軍、魯郡開國侯、食邑一千六百户、食實封二百户、賜紫金魚袋孔公者，尚書工部侍郎、贈尚書吏部侍郎諱勗之子，兖州曲阜縣令、襲封文宣公、贈兵部尚書諱仁玉之孫，兖州泗水縣主簿諱光嗣之曾孫，而孔子之

〔二〕「卜」，原作「十」，據龍舒本、宋刻本、聽香館本改。
〔三〕「自」，原作「目」，據聽香館本改。

四十五世孫也。其仕當今天子天聖、寶元之間，以剛毅諒直名聞天下。

嘗知諫院矣，上書請明肅太后歸政天子，而廷奏樞密使曹利用、尚御藥羅崇勳罪狀。當是時，崇勳操權利，與士大夫爲市，而利用悍彊不遜，内外憚之。嘗爲御史中丞矣，皇后郭氏廢，引諫官、御史伏閤以争，又求見上，皆不許，而固争之，得罪然後已。蓋公事君之大節如此。此其所以名聞天下，而士大夫多以公不終於大位爲天下惜者也。

公諱道輔，字原魯。初以進士釋褐，補寧州軍事推官，年少耳，然斷獄議事，已能使老吏憚驚。遂遷大理寺丞，知兗州仙源縣事，又有能名〔一〕。其後嘗直史館，待制龍圖閣，判三司理欠憑由司、登聞檢院、吏部流内銓，糾察在京刑獄，知許、徐、兗、鄆、泰五州，留守南京。而兗、鄆、御史中丞皆再至。所至官治，數以争職不阿，或絀或遷，而公持一節以終身，蓋未嘗自詘也。

其在兗州也，近臣有獻詩百篇者，執政請除龍圖閣直學士。上曰：「是詩雖多，不如孔道輔一言。」乃以公爲龍圖閣直學士。於是人度公爲上所思，且不久於外矣。未幾，果復召，以爲中丞。而宰相使人説公稍折節以待遷，公乃告以不能。於是人又度公且不得久居中，而公果出。

〔一〕「又」，光啓堂本、聽香館本作「文」。

初，開封府吏馮士元坐獄，語連大臣數人，故移其獄御史。御史劾士元罪止於杖，又多更赦。公見上，上固怪士元以小吏與大臣交私，污朝廷，而所坐如此，而執政又以謂公爲大臣道地，故出知鄆州。公以寶元二年如鄆，道得疾，以十二月壬申卒於滑州之韋城驛，享年五十四。其後詔追復郭皇后位號，而近臣有爲上言公明肅太后時事者，上亦記公平生所爲，故特贈公尚書工部侍郎。

公夫人金城郡君尚氏，尚書都官員外郎諱賓之女。生二男子：曰淘，今爲尚書屯田員外郎；曰宗翰，今爲太常博士。皆有行治，世其家。累贈公金紫光禄大夫、尚書兵部侍郎，而以嘉祐七年十月壬寅葬公孔子墓之西南百步。

公廉於財，樂振施，遇故人子，恩厚尤篤。而尤不好鬼神禨祥事。在寧州，道士治真武像，有蛇穿其前，數出近人，人傳以爲神。州將欲視驗以聞，故率其屬往拜之，而蛇果出。公即舉笏擊蛇殺之，自州將以下皆大驚，已而又皆大服。公由此始知名。然余觀公數處朝廷大議，視禍福無所擇，其智勇有過人者，勝一蛇之妖，何足道哉！世多以此稱公者，故余亦不得而略也。銘曰：

展也孔公，維志之求。行有險夷，不改其輈。權彊所忌，讒諂所讎。考終厥位，寵禄優優。維皇好直，是錫公休。序行納銘，爲識諸幽。

## 司封員外郎祕閣校理丁君墓誌銘

朝奉郎、尚書司封員外郎、充祕閣校理、新差通判永州軍州兼管内勸農事、上輕車都尉、賜緋魚袋晉陵丁君卒。王某曰〔一〕：「噫！吾僚也，方吾少時，輔我以仁義者。」乃發哭吊其孤，祭焉而許以銘。越三月，君壻以狀至，乃敘銘赴其葬。敘曰：

君諱寶臣，字元珍。少與其兄宗臣皆以文行稱鄉里，號爲「二丁」。景祐中，皆以進士起家。君爲峽州軍事判官，與廬陵歐陽公游，相好也。又爲淮南節度掌書記。或誣富人以博，州將，貴人也，猜而專，吏莫敢議，君獨力争正其獄。又爲杭州觀察判官，用舉者兼州學教授。又用舉者遷太子中允，知越州剡縣。蓋其始至，流大姓一人，而縣遂治，卒除弊興利甚衆，人至今言之。

於是再遷爲太常博士，移知端州。儂智高反，攻至其治所。君出戰，能有所捕斬，然卒不勝，乃與其州人皆去而避之，坐免一官，徙黄州。會恩除太常丞，監湖州酒。又以大臣有解舉者，遷博士，就差知越州諸暨縣。其治諸暨如剡，越人滋以君爲循吏也。英宗即位，以尚書屯田員外郎編校祕閣書籍，遂爲校理、同知太常禮院。

〔一〕「王某」上，龍舒本有「臨川」二字。

君質直自守，接上下以恕。雖貧困，未嘗言利。於朋友故舊，無所不盡。故其不幸廢退，則人莫不憐；少進也[一]，則皆爲之喜。居無何，御史論君嘗廢矣，不當復用，遂出通判永州。世皆以咎言者，謂爲不宜。夫歐未嘗教之卒，臨不可守之城，以戰虎狼百倍之賊，議今之法，則獨可守死爾，論古之道，則有不去以死，有去之以生。吏方操法以責士，則君之流離窮困，幾至老死，尚以得罪於言者，亦其理也。

君以治平三年待闕於常州，於是再遷尚書司封員外郎，以四年四月四日卒，年五十八。有文集四十卷。明年二月二十九日，葬于武進縣懷德北鄉郭莊之原。

君曾祖諱輝，祖諱諒，皆弗仕。考諱東之，贈尚書工部侍郎。夫人饒氏，封晉陵縣君，前死。子男隅，太廟齋郎，除、隮爲進士，其季恩兒尚幼。女嫁祕書省著作佐郎、集賢校理同縣胡宗愈，其季未嫁，嫁胡氏者亦又死矣。銘曰：

文於辭爲達，行於德爲充。道於古爲可，命於今爲窮。嗚呼已矣！卜此新宮。

---

[一]「進」，龍舒本作「昭」。

# 王平甫墓誌

君臨川王氏，諱安國，字平甫。贈太師、中書令諱明之曾孫，贈太師、中書令兼尚書令諱用之之孫，贈太師、中書令兼尚書令、康國公諱益之子。自丱角未嘗從人受學，操筆爲戲，文皆成理。年十二，出其所爲銘、詩、賦、論數十篇，觀者驚焉。自是遂以文學爲一時賢士大夫譽歎。蓋於書無所不該，於詞無所不工，然數舉進士不售。舉茂材異等，有司考其所獻序言第一，又以母喪不試。君孝友，養母盡力。喪三年，常在墓側，出血和墨，書佛經甚衆。州上其行義，不報。今上即位，近臣共薦君材行卓越，宜特見招選，爲繕書其序言以獻〔一〕，大臣亦多稱之。手詔褒異，召試，賜進士及第，除武昌軍節度推官，教授西京國子〔二〕。未幾，校書崇文院，特改著作佐郎、祕閣校理。士皆以謂君且顯矣，然卒不偶，官止於大理寺丞，年止於四十七。以熙寧七年八月十七日不起〔三〕，越元豐三年四月二十七日，葬江寧府鍾山母楚國太夫人墓左百有十六步。有文集六十卷。妻曾氏，子旊、斿，女婿葉濤，處者四女。濤有學行，知名，旊、斿亦皆嶷嶷有立，君

〔一〕「書」，龍舒本作「寫」。
〔二〕「子」下，龍舒本有「監」字。
〔三〕「以熙寧七年」，應本無。

祉所施，庶在於此。

## 建安章君墓誌銘

君諱友直，姓章氏。少則卓越，自放不羈，不肯求選舉，然有高節大度過人之材。其族人郇公爲宰相，欲奏而官之，非其好，不就也。自江淮之上、海嶺之間以至京師，無不遊。將相大人豪傑之士，以至閭巷庸人小子，皆與之交際，未嘗有所忤，亦莫不得其懽心。卒然以是非利害加之，而莫能知其喜愠〔一〕，視其心，若不知富貴貧賤之可以擇而取也，頹然而已矣。昔列禦寇、莊周當文、武末世，哀天下之士沈於得喪，陷于毁譽，離性命之情，而自託於人僞，以争須臾之欲，故其所稱述，多所謂天之君子。若君者，似之矣。

君讀書通大指，尤善於相人，然諱其術，不多爲人道之。知音樂、書畫、弈棋，皆以知名於一時。皇祐中，近臣言君文章善篆，有旨召試，君辭焉。於是大學篆石經，又言君善篆，與李斯、陽冰相上下，又召君，君即往。經成，除試將作監主簿，不就也。嘉祐七年十一月甲子，以疾卒于京師，年五十七。

〔一〕「知」，龍舒本、宋刻本作「見」。

娶辛氏，生二男，存、孺，爲進士。五女子，其長嫁常州晉陵縣主簿侍其璹，早卒，又娶其中女，次適歙州祁門縣令黄元〔一〕，二人未嫁。

君家建安者五世矣，其先則豫章人也。君曾祖考諱某，仕江南李氏〔二〕，爲建州軍事推官。祖考諱某，皇著作佐郎，贈工部尚書。考諱某，京兆府節度判官。君以某年某月某甲子葬潤州丹陽縣金山之東園。銘曰：

弗績弗彫，弗跂以爲高。俯以狎於野，仰以游於朝。中則有實，視銘其昭。

## 王補之墓誌銘〔三〕

君南城人，王氏，諱无咎，字補之，嘉祐二年進士也。初補江都縣尉，丁父憂。服除，調衛真縣主簿。嘗棄天台縣令，以與予共學。久之，無以衣食其妻子，乃去，補南康縣主簿。會予召至京師，因留教授。上方興學校，以經術造士，予言君可教國子，命且下而君死。君所在，學者歸焉，賢士大夫皆慕與之游。然君寡合，常閉門治書，唯與予言莫逆。當熙寧初，所謂質直好義，

〔一〕「歙州祁門縣令」，龍舒本作「蘇州吴縣尉」。
〔二〕「仕」，龍舒本作「佐」。
〔三〕龍舒本題作「台州天台縣令王君墓誌銘」。

不爲利疚於回而學不厭者〔二〕，予獨知君而已。君之死，年四十有六，實熙寧二年閏十一月丁巳，至四年二月壬申，妻曾氏，子絪、緼始克葬君南城縣禮教鄉長義里。銘曰：

安時所難，學以爲己。於呼鮮哉，可謂君子！

## 尚書祠部員外郎祕閣校理張君墓誌銘

滁全椒張君，諱瑗，字君玉。其先有司泗州法者，諱煦，於君爲曾祖，嘗曰：「吾施德於人多矣，後當有顯者。」尚書刑部侍郎、參知政事諱洎者，於君爲祖，有二子，生君者長子，諱安期，官終國子博士。

君以進士甲科守祕書省校書郎、簽書平江軍節度判官聽公事。故事，得獻書求試，君無所獻。知建昌軍南豐縣，通判鄂州，又將通判梓州，而有以君爲言者，乃召試以爲祕閣校理。於是自校書五遷爲尚書祠部員外郎。年五十五，以嘉祐五年四月壬申卒京師〔三〕。

夫人蓬萊縣君王氏，生三男子：伯孫、仲孫、世孫。三女子：其一嫁試將作監主簿蘇泌，

〔二〕「於」，龍舒本作「勢」。
〔三〕「四月壬申」，龍舒本作「八月某甲子」。

其次尚幼。治平二年九月甲申葬君全椒善政鄉修仁里〔一〕。於是伯孫主邵武軍光澤縣簿。君與余善，其能貧而不爲利，余所畏。其於故事，蓋無所問而不知。其好書，天性也，往往日旰，竈薪不屬，而闔門讀書自若。又能爲吏，當官有所守，嶷嶷必得其意，然平居妥言徐視易狎〔二〕，若無能者。銘曰：

有幽滁山，滁水兩間。槃礴演迤，乃多君子。我儀其蓄，以博厥聞。我肖其滁，以清厥身。書此哀石，永詒崖濱〔三〕。

〔一〕「九月」，龍舒本作「十一月」。
〔二〕「妥」，龍舒本作「安」。
〔三〕「崖濱」，龍舒本作「後人」。

# 臨川先生文集　卷九十二

## 墓誌

### 户部郎中贈諫議大夫曾公墓誌銘

公諱致堯，字正臣。其先封鄫，鄫亡，去「邑」爲氏。王莽亂，都鄉侯據棄侯之豫章，家之，蓋豫章之南昌後分爲南豐，故今爲南豐人。可徒爲宜州刺史〔一〕，再世生仁旺，贈尚書水部員外郎，公考也。

李氏有江南，撫州上公進士第一，不就。太平興國八年，乃舉進士中第，選主符離簿。歲餘，授興元府司録，道遷大理評事，遷光禄寺丞，監越州酒。召見，拜著作佐郎，知淮陽軍。將行，天子惜留之，直史館，賜緋魚袋，使自汴至建安軍行漕。詔曰：「凡三司州郡事有不中理者，

〔一〕「可徒爲宜州刺史」，龍舒本作「某爲唐沂州刺史」，聽香館本作「可徒爲宜州刺史」。

即驗之。」最鈎得匿貨以五百萬計。除祕書丞、兩淛轉運副使，改正使。始，諫議大夫知蘇州魏庠、侍御史知越州王柄不譬於政而喜怒縱入〔一〕，庠介舊恩以進，柄喜持上。公到，劾之以聞。上驚曰：「曾某乃敢治魏庠，克畏也。」克畏，可畏也，語轉而然。庠、柄皆被絀。楊允恭督揚子運，數言事，多可，人厭苦之。公每得詔，曰：「使在外，便文全己，非吾心也。」輒不果行。允恭告上，上使問公，公以所守言，上繇此薄允恭，不聽。言苛稅一百三十餘條〔二〕，罷之。

移知壽州，壽俗挾貲自豪〔三〕，陳氏、范氏名天下，聞公至，皆迎自戢，公亦盡歲無所罰。既代，空一城人遮行，至夜，乃從二卒騎出城去。在郡轉太常博士〔四〕、主客員外郎。章聖嗣位，常親決細務，公言之，又言民憊甚，宜弛利禁。是時羌數犯塞，大臣議棄鋃、夏以解之。公奏曰：「羌虛款屬我，我分地王之，非計也。令羌席此，劫它種以自助，不過二三年，患必復起矣〔五〕，宜

〔一〕「譬」，龍舒本、聽香館本作「善」。
〔二〕「三」，龍舒本作「二」。
〔三〕「挾」，龍舒本作「富」。
〔四〕「在」，原脱，據龍舒本補。
〔五〕「患」，龍舒本作「恚」；「必」，光啓堂本、聽香館本作「以」。

擇人行塞下，先調兵食，待其變而已。」不報。二年，羌果反，圍靈州，議臣請去靈州勿事〔一〕。公議曰：「羌所以易拒者，以靈州綴其後也。」

判三司鹽鐵句院，天子欲以爲知制誥，召試矣，大臣或忌之，遷户部員外郎、京西轉運使。請限公卿大夫子官京師。陳彭年議遣使行諸部減吏員，下其事京西。公曰：「彭年議，無賢愚，一切置不用邪？抑擇愚而廢之邪？擇愚而廢之，人材其可以蚤暮驗邪？」上令趣追使還。數論事，上感之，還公。既而王均誅，命公撫蜀，所創更百餘事。

李繼遷再圍清遠、靈武，以丞相齊賢爲邠寧、環慶、涇原、儀渭經略使，丞相引公爲判官。公奏記曰：「兵數十萬，王超既以都部署爲之主，丞相徒領一二朝士往臨之，超肯用吾進退乎？吾能以謀付與超而有不能自將乎？不并將西，無補也。超能薄，此重事，願更審計。」丞相乃以公爲言〔二〕。詔陝西即經略使追兵〔三〕，皆以時赴。公曰：「將在空虚無人之處，事薄而後追兵，如後何？」遂辭行，上怒，未有所發。會召賜金紫，公曰：「丞相敏中，以非功德進官，臣論其不可，甫

〔一〕「去」，龍舒本作「棄」。
〔二〕「以公」，原倒，據龍舒本乙。
〔三〕「即經」，聽香館本作「諸韜」。

爾臣受命〔二〕，事未有效，不敢以冒賜。」固辭，上繇此貶公爲黄州團練副使。既而超果敗，清遠、靈武踵亡。

會南郊恩，復官，知泰州。丁母夫人陳氏憂。外除〔三〕，授吏部員外郡、知泉州。公常謂選舉舊制非是，請得論改之。陳省華子堯咨受請殿上爲姦〔三〕，以第畀舉人。敗，省華、堯咨有邪巧材，朝廷皆患惡，而方幸，無敢斥之者，公入十餘疏辯之，移知蘇州。至五日，移知揚州。揚州守職田，歲常得千斛，然遣吏督貧民耕，民苦之，公不使耕。

天子方崇符瑞，興昭應諸宫，且出幸祠。公疏言：「昔周成王既卜世三十，卜年七百，然觀於周禮，其經緯國體，人事微細無不具，則知王者受命，必修人事，以稱天所以命之之意，不舉屬之天以怠人事也。」終曰：「陛下始即位，以爵禄得君子〔四〕。近年以來，以爵禄畜盜賊。」大臣愈不懌，移知鄂州。封泰山，恩遷禮部郎中。始解揚州，受添支差多一月，公尋自言，患公者因復

〔二〕「甫爾」，龍舒本、聽香館本作「用今」。
〔三〕「外」，聽香館本作「服」。
〔三〕「受請殿上爲姦」，龍舒本作「請託多爲姦」。
〔四〕「得」，龍舒本作「待」。

絀公監江寧鹽酒〔一〕。西祀，恩遷户部郎中。

以祥符五年五月丁亥疾不起〔二〕，年六十六。階至朝請郎，勳至騎都尉。遺戒曰：「毋陷於俗，媚佛夷鬼以污我。」家人行之〔三〕。

所著仙鳧羽翼三十卷〔四〕、廣中台志八十卷、清邊前要五十卷、西陲要紀十卷、爲臣要紀三卷、直言集五卷、文集十卷〔五〕，傳於世，尤長於歌詩云〔六〕。以其年十一月歸葬南豐之東園，水漬墓，天聖元年改葬龍池鄉之源頭〔七〕。

始，公娶黄氏，生子男三人〔八〕，易占嘗爲太常博士，以能文稱。公以博士故，贈至右諫議大夫。公殁八年，而博士子鞏生。生三十五年〔九〕，鞏以博士命次公生平事，使來曰：「爲我誌而

〔一〕「患」，龍舒本作「惡」。
〔二〕「丁亥」，龍舒本作「二十日」。
〔三〕「行之」，原倒，據龍舒本乙。
〔四〕「仙」，聽香館本作「雙」。
〔五〕「十」上，聽香館本有「六」字。
〔六〕「尤」，龍舒本作「文」；「詩」，光啓堂本、聽香館本作「詠」。
〔七〕「水漬墓天聖元年改葬龍池鄉之源頭」十五字，龍舒本無。
〔八〕「生子男三人」，龍舒本作「生子七人，仕者三人」。
〔九〕「年」下，龍舒本有「水漬墓，改葬公龍池鄉之原頭，某年月日也」十七字。

銘之。」

某視公猶大父也，其少也，則得公之詳，如其孫之云。始，公自任以當世之重也，雖人望公則亦然。及遭太宗，自謂志可行，卒之閉於奸邪，彼誠有命焉。悲夫！亦正之難合也。雖其難合，其可少枉乎？雖其少枉，合乎未可必也，彼誠有命焉。雖然，其難合也，祇所以見正也〔一〕。孔子曰：「所謂大臣者，以道事君，不可則止。」於戲！公之節，非庶幾所謂大臣者歟？銘曰：

既墓而圮，乃升宅原。誰來求銘？公子與孫。公初洎終〔二〕，惟義之事。維才之完，而薄于施〔三〕。乃其後人〔四〕，有克厥家。天啓予公，非在兹邪？

## 京東提點刑獄陸君墓誌銘

提點京東諸州軍刑獄公事兼本路勸農事、朝奉郎、尚書司封員外郎，充集賢校理、上輕車都尉、賜緋魚袋借紫陸君，諱廣，字彦博。其先吴郡人也，至君之高祖始還福州之侯官，以避唐末

〔一〕「正」，龍舒本作「士」。
〔二〕「洎」，龍舒本作「哀」。
〔三〕「于」，龍舒本作「其」。
〔四〕「乃」，龍舒本作「及」。

之亂。曾祖諱景遷，仕吴越爲驍騎上將軍〔一〕，檢校太傅。祖諱崇扆，以威武軍觀察推官從其王歸京師〔二〕，官至殿中丞，歷知瀘、道、潮、貴四州以卒〔三〕。考諱中和，不仕，以君故，贈官至尚書職方員外郎。君以天聖二年進士起，至皇祐四年某月，以使走齊州〔四〕，某甲子卒於鄆之平陰。君子長倩等以嘉祐四年某月某甲子，葬君杭州之錢塘某所之原，而書君繫世、官職、行能、勞烈、卒葬之地與時以來求誌墓〔五〕。銘曰：

於惟陸氏，吴郡其始。福之侯官，近自唐徙。君曾大考〔六〕，太傅將軍。實仕吴越，爲皇陪臣〔七〕。太傅有子，始來皇朝。丞于殿中，歷將四州。卒葬侯官，實生處士。贈官職方，君實其子。維君諱廣，彦博其字。文辭甲科，四府從事。起家邵武，再選徐州。遂監税酒，滿歲陳留。移邛許昌之招，寧海之從。乃令烏程，乃丞開封。始佐著作，去爲尉氏。詠歌仁明，無有壯稚。

〔一〕「軍」，原作「官」，據龍舒本改。
〔二〕「觀察」，龍舒本作「節度」。
〔三〕「貴」，光啓堂本、聽香館本作「廣」。
〔四〕「走」，龍舒本作「赴」。
〔五〕「與」，原作「二」，據龍舒本改。
〔六〕「君曾」，龍舒本作「維君」。
〔七〕「皇」，龍舒本作「王」。

大邑，告母高年。免蜀就養，稅商于泉。又移導江，斗穀千錢。君命振之，以我公田。盜屠民家〔一〕，尉以囚來。囚言實盜〔二〕，君曰釋之。尉方力爭，衆亦莫寤。後得真盜，果如君慮。離堆之江，豪右擅焉。君修堰渠，始詘其專。灌田爲頃，萬有七千。鎸約示後，後無凶年。鄭文肅公，來治杭劇。君以通判，往從其辟。州人僦屋，吏代之輸〔三〕。君爲創法，遂無逋租。中書選君，御史推直。有言朝廷，今以爲敕。冬狩于郊，大講戎兵。作箴以獻，逆戒荒萌。召寘集賢，以爲校理。當時名氏，簡在天子。出知婺州，惡吏先鉏。募能拯溺，民以不漁。婺之明年，改命治泉。泉人習君，謠語讙然。爲橋南江，濟者免覆。置廪州學，士懷我育。有告衆叛，當君燕時。命捕立得，坐人不知。蘇饑息窮〔四〕，去害除弊。使臣以聞，守政尤異。智高螯邊，吏不時搏。君書驛上，焯有方略。歸佐三司，廷論南師。帝曰可哉，汝言予施。河京以東〔五〕，再執刑柄。諏囚于齊，至鄆而病。棄世平陰，壽五十三〔六〕。有子四人，扶喪而南。長倩惟伯，仲惟長緒。長恕惟

〔一〕「屠」，龍舒本作「諸」。
〔二〕「囚」，龍舒本作「因」。
〔三〕「代」，龍舒本作「待」。
〔四〕「蘇」，光啓堂本作「避」。
〔五〕「河京以東」，龍舒本作「儂寇以平」。
〔六〕「壽」，光啓堂本作「當」。

叔，季惟長愈。倩掾秀州，敏有辭章〔一〕。緒由君恩，郊社齋郎。又女六人，皆出陳氏。維陳淑慎，善相君子。四男有立，女亦有歸。受封長安，即養無違。爰以嘉祐〔二〕，四年十月〔三〕。歸君錢塘，范村之穴。惟君静深，不苟笑嘻。隆親篤友，遇物愛慈。讀書慨然，慕古奇偉。顧謂諸子，仕當如此。官止外郎，尚書司封。又不得年，以既厥庸。有文藏家，後世之詒。於君所得，可以此窺。有幽斯窀，掩石在下。撰君初終，以告來者。

## 廣西轉運使屯田員外郎蘇君墓誌銘

慶曆五年，河北都轉運使、龍圖閣直學士信都歐陽脩以言事切直，爲權貴人所怒，因其孤甥女子有獄，誣以姦利事。天子使三司户部判官、太常博士武功蘇君與中貴人雜治。當是時，權貴人連内外諸怨惡脩者，爲惡言欲傾脩，鋭甚。天下洶洶，必脩不能自脱。蘇君卒白上曰：「脩無罪，言者誣之耳。」於是權貴人大怒，誣君以不直，絀使爲殿中丞、泰州監税。然天子遂寤，言者不得意，而脩等皆無恙。蘇君以此名聞天下。

〔一〕「辭」，龍舒本作「文」。
〔二〕「爰」，龍舒本作「遂」。
〔三〕「四年十月」，原作「六年正月」，據龍舒本及上文改。

嗟乎！以忠爲不忠，而誅不當於有罪，人主之大戒。然古之陷此者相隨屬，以有左右之讒，而無如蘇君之救〔二〕，是以卒至於敗亡而不寤。然則蘇君一動，其功於天下，豈小也哉？蘇君既出逐，權貴人更用事，凡五年之間再赦而君六徙〔三〕，東西南北，水陸奔走輒萬里。其心恬然，無有怨悔。遇事强果，未嘗少屈。蓋孔子所謂剛者，殆蘇君乎！

蘇君之仁與智，又有足稱者。嘗通判陝府，當葛懷敏之敗，邊告急，樞密使使取道路戍還之卒，再戍儀、渭。於是延州還者千人，至陝，聞再戍，大恐〔三〕，即讙聚謀爲變。吏白閉城，城中無一人敢出。君徐以一騎出卒間，諭慰止之，而以便宜還使者。戍卒喜曰：「微蘇君，吾不得生。」陝人亦曰：「微蘇君，吾其掠死矣！」有令刺陝西之民以爲兵，敢亡者死。既而亡者得，有司治之以死，君輒縱去，而言上曰：「令民以死者，爲事不集也。事集矣，亡者猶不赦，恐其衆相率而爲盜〔四〕。惟朝廷幸哀憐愚民，使得自反。」天子以君言爲然，而三十州之亡者皆不死。其後知坊

〔二〕「救」，光啓堂本作「寂」。
〔三〕「凡」，光啓堂本、聽香館本作「幾」。
〔三〕「恐」，龍舒本作「怨」。
〔四〕「率」，龍舒本作「聚」。

州，州税賦之無歸者，里正代爲之輸，歲弊大家數十〔一〕。君悉鈎治，使歸其主。坊人不憂爲里正，自蘇君始也。

蘇君諱安世，字夢得。其先武功人，後徙蜀。蜀亡，歸家于京師，今開封人也。曾大考諱進之，率府副率。大考諱繼，殿直。考諱咸熙，贈都官郎中。君以進士起家三十二年〔二〕，其卒年五十九。爲廣西轉運使，而官止於尚書屯田員外郎者，以君十五年不求磨勘也。

君娶南陽郭氏，又娶清河張氏，爲清河縣君。子四人〔三〕：台文，永州推官；祥文，太廟齋郎；炳文，試將作監主簿；彦文，未仕。女子五人，適進士會稽江崧、單州魚臺縣尉江山趙揚，三人尚幼。

君既卒之三年，嘉祐二年十月庚午，其子葬君揚州之江都東興寧鄉馬坊村，而太常博士、知常州軍州事臨川王某爲銘曰：

皇有四極，周綏以福。使維蘇君，奠我南服。亢亢蘇君，不圜其方。不晦其明，君子之剛。其枉在人，我得吾直。誰懟誰愠，祇天之役。日月有丘，其下冥冥。昭君無窮，安石之銘。

〔一〕「弊」，原作「幣」，據宋文鑑改。
〔二〕「家」，龍舒本作「起」。
〔三〕「四人」，原脱，據龍舒本補。

# 太子中舍沈君墓誌銘

沈氏世家吴興，其後有陵者仕吴越王，卒官明州，家之，五世而生公。公諱兼，字子逵[一]，以五舉進士得同學究出身，再補尉，有能名。用舉者遷衛尉寺丞，知湖之歸安縣，移知邵武之歸化，又有能名。遷太子中舍，通判蘇州，其以能聞愈甚。公好剛，遇事果急不顧計。爲通判日，與守争可否，不爲之小屈。重犯轉運使，使、守相與害公，入之法，除名，天子薄其罪，免所居官而已。公歸怡怡，間爲五字詩自戲娱，無躁戚言。卒于家，年七十三，慶曆六年七月也。

子男一人，起；女三人。起好學，通政事，能守節法，爲進士，與某同時得科名者也。公之坐獄，爲判官滁門，立棄官從公[二]，世以爲孝。將以某年某月葬公某處，以夫人柳氏祔，先三月來求銘。與銘曰：

生也不得，其須而死。死也何有，有嘉者子。嗚呼，已矣夫！

[一]「子逵」，龍舒本、宋刻本作「子達」，疑是。
[二]「公」下，龍舒本有「以得罪」三字。

## 祕書丞張君墓誌銘

君諱某，字某，其先成都之新繁人。曾祖諱某，不仕。祖諱某，太宗時以高貲徙内地，除三班奉職，非其好也〔一〕，即辭去，不仕，始家真州之揚子而葬焉。皇考諱某，起進士，終登州軍事判官，贈太常博士，生三子，而君長子也。

君寬和厚重，友愛諸弟甚篤，待朋友以信，而樂棄財物以寬人之急。年七歲，日誦書數百言，操筆爲篇章立就。及壯，舉進士開封，第一，遂以釋褐，爲宣州寧國縣主簿。會南陵無令，州以君行令事，有能名。用舉者令潁州之沈丘縣，轉著作佐郎，知江寧府上元縣事，又皆有能名。移知英州，遷祕書丞。以嘉祐二年十二月某甲子卒于州寢，是時君年四十七，天子官其一子師軻太廟齋郎。君之疾病也，州人相與爲君奔走請命，至有欲以身代者，蓋其得人心如此。

夫人河南縣君丹陽吴氏，生三男子：長即師軻，次某，次某，皆尚幼。五女，皆未嫁。某年某月某甲子，葬君某州之某縣某鄉某所之原。余與君相好，又同年進士也，故與爲銘曰：

嗚呼張公兮韡矣其光，其先蜀産兮後葬於揚。視瞻先人兮兆此新塋，深泉高壤兮萬世

〔一〕「其」，光啓堂本作「與」，聽香館本作「所」。

之藏。

## 司封郎中張君墓誌銘

君張氏，諱式，字景則。其先建州浦城人，後徙建安。蓋弗仕者三世。諱漢夫者，曾祖也；諱謨者，祖也；諱希顔者，父也。父以君貴，乃贈尚書職方員外郎，有氣節，知君可教，乃付家事長子，而縱君遊學。及長，文辭、行義爲鄉里所推。

天禧二年，釋進士褐，主福州閩縣簿。又主南劍將樂簿，有銀冶，坐歲課不足，繫者常數百人，君籍其人，使富貧財力相兼，課遂有羨，無繫者。歸，以勞除開封府祥符縣尉。趙稹將并州，辟軍事判官。稹所爲有不可於衆，徐啓諭弗許，稹以故聽，而君亦以此稱長者。未幾，遭母夫人喪。服除，改祕書省作佐郎、知福州古田縣。耕籍田恩，遷太常博士、知開封府咸平縣。吕許公罷宰相，以許州觀察判官辟，從之。又通判饒州，獄有十數年不決者，君一言而決。會擇河北吏，御史中丞舉君，得洺州，賜緋魚。又以選知虔州，虔於東南州爲最劇，君能鎮撫之以無事。三司市紬絹十餘萬，非經數，君拒弗市，民以君爲有賜也。又知濠、壽二州，人縊其妻而以自殺告，獄既具，詰立服，舉州讙以爲明。居頃，召爲開封府推官，坐榜掠囚死，出知岳州。皇祐二年九月六日卒，享年六十二。官至尚書祠部郎中。

君廉静好書，長於政事，所居官舉，既去而人思。見時事有不便，往往能極言之無所忌。趙元昊反時，誘人出財助軍〔二〕，誘多得賞〔三〕，於是吏或劫富人出財，君疏罷之。爲開封推官時，宫中以私財爲佛寺置田，又疏以爲亂法，後遂以君言而止。既老矣，終不肯治田宅，所得禄以置書，曰：「吾子業此，足以自活，不然，雖田宅何足？」

妻姓徐，濮陽縣君。子六人：丞、志、思、惎、懸、憙。丞以君故，得太廟齋郎，與惎同時中進士第。女二人，皆已嫁。

某月某日葬君某鄉某里。銘曰：

張祖留侯，世窮久幽。君始士服，起家以學。發於州縣，治見稱舉。有言朝廷，弊事用除。維清厥誨，尚後弗渝。

## 葛興祖墓誌銘

許州長社縣主簿葛君，諱良嗣，字興祖。其先處州之麗水人，而興祖之父，徙居明州之鄞，

〔二〕「軍」，龍舒本作「邊」。
〔三〕「誘」上，龍舒本有「君」字。

興祖葬其父潤州之丹徒，故今又爲丹徒人矣。曾大父諱遇，不仕。大父諱旰，贈尚書都官郎中。父諱源，以尚書度支郎中終仁宗時。度支君三子，當天聖、景祐之間，以文有聲赫然進士中。先人嘗受其摯，閱之終篇，而屢歎葛氏之多子也。既而三子者，伯仲皆蚤死，獨其季在，即興祖。

興祖博知多能，數舉進士，角出其上。而刻勵修潔，篤於親友，慨然欲有所爲，以效於世者也。年四十餘，始以進士出仕州縣。餘十年，而卒窮於無所遇以死。嗟乎！命不可控引而才之難恃以自見蓋久矣。然興祖於仕未嘗苟，聞人疾苦，欲去之如在己。其臨視，雖細故，人不以屬耳目者，必皆致其心。論者多怪之曰：「興祖且老矣，弊於州縣，而服勤如此。」余曰：「是乃吾所欲於興祖。夫大仕之則奮，小仕之則怠忽以不治，非知德者也。」興祖聞之，以余之言爲然。

興祖娶胡氏，又娶鄭氏。其卒年五十三，實治平二年三月辛巳。其葬以胡氏祔，在丹徒之長樂鄉顯揚村，即其年十一月某甲子也。興祖三男子〔二〕：蘩、蘊皆有文學。蘩，許州臨潁縣主簿；蘊，鄧州穰縣主簿；蘋尚幼也〔三〕。四女子，皆未嫁云。銘曰：

蹇於仕，以爲人尤。不慭施以年，孰主孰謀？無大憾於德，又將何求？

〔二〕「三」，龍舒本作「四」。

〔三〕「蘋」上，龍舒本有「藻」字。

# 臨川先生文集　卷九十三

## 墓誌

### 太常博士曾公墓誌銘

公諱易占，字不疑，姓曾氏，建昌南豐人，其世出有公之考贈諫議大夫致堯之碑。大夫當太宗、真宗世爲名臣。公少以廕補太廟齋郎，爲撫州宜黄、臨川二縣尉。舉三司法，中進士第，改鎮東節度推官。還，改武勝軍節度掌書記〔一〕、崇州軍事判官，皆不往。用舉者監真州裝卸米倉，遷太子中允、太常丞、博士，知泰州之如皋、信州之玉山二縣。知信州錢仙芝者，有所丐於玉山，公不與，即誣公。吏治之，得所以誣公者，仙芝則請出御史。當是時，仙芝蓋有所挾，故雖坐誣公抵罪，而公亦卒失博士，歸不仕者十二年。復如京師，至南京病，遂卒。

〔一〕「軍」，原無，據龍舒本補。

娶周氏、吴氏，最後朱氏，封崇安縣君。子男六人：暈〔二〕、翬、牟、宰、布、肇。女九人。公以端拱己丑生，卒時慶曆丁亥也。後卒之二年而葬，其墓在南豐之先塋。

始，公以文章有名，及試於事，又愈以有名。臨川之治，能不以威而使惡人之豪帥其黨數百人皆不復爲惡。在越州，其守之合者倚公以治，其不合者有所不可，公輒正之〔三〕。莊獻太后用道士言作乾明觀，匠數百人，作數歲不成。公語道士曰：「吾爲汝成之。」爲之捐其費大半，役未幾而罷。如皋歲大饑，固請於州而越海以糴，所活數萬人。明年稍已熟，州欲收租賦如常，公獨不肯聽，歲盡而泰之縣民有復亡者，獨如皋爲完。既又作孔子廟，諷縣人興于學。玉山之政，既除其大惡，而至於橋梁廨驛無所不治。蓋公之已試於事者能如此。既仕不合，即自放，爲文章十餘萬言，而時議十卷尤行於世。時議者，懲已事，憂來者，不以一身之窮而遺天下之憂。以爲其志不見於事，則欲發之於文，其文不施於世，則欲以傳於後，後世有行吾言者，而吾豈窮也哉？蓋公之所爲作之意也。

寶元中，李元昊反，契丹亦以兵近邊，陽爲欲棄約者，天子獨憂之，詔天下有能言者皆勿諱。

〔二〕「暈」，光啓堂本作「畢」。
〔三〕「輒」，原作「輕」，據龍舒本、聽香館本改。

於是言者翕然論兵以進，公獨以謂天下之安危顧吾自治不耳。吾已自治，夷狄無可憂者，不自治，憂將在於近，而夷狄豈足道哉？即上書言數事，以爲事不爾，後當如此，既而皆如其云。

公之遭誣，人以爲冤，退而貧，人爲之憂也。而公所爲十餘萬言，皆天下事，古今之所以存亡治亂，至其冤且困，未嘗一以爲言。公没，而其家得其遺疏，曰：「劉向有言：『讒邪之所以並進者，由上多疑心。用賢人而行善政，如或讚之，則賢人捨而善政還。』此可謂明白之論，切於今者。夫夷狄動於外，百姓窮於下，臣以謂尚未足憂也。臣之所謂可憂者，特在分諸臣之忠邪而已。」其大略如此，而其詳有人之難言者。蓋公既病而爲之，未及上而終云。嗚呼！其尤可以見公之志也。夫諫者，貴言人之難言，而傳者則有所不得言，讀其略，不失其詳，後世其有不明者乎？

公之事親，心意幾微，輒逆得之。好學不怠，而不以求聞於世。所見士大夫之喪葬二人，逆一人之柩以歸，又字其孤。又一人者，宰相舅，嘗爲贊善大夫，死三十年猶殯，殯壞，公爲增修，又與宰相書，責使葬之。此公之行也。蓋公之試於事者小而不盡其材，而行之所加又近，唯其文可以見公之所存而名後世。故公之故人子王某，取其尤可以銘後世者而爲銘曰：

夫辨邪正之實，去萬事之例，而歸宰相之責；破佛與老〔一〕，合兵爲農，以立天下之本；設學

〔一〕「破佛與老」，原脱，據龍舒本補。

校，獎名節，以材天下之士；正名分，定考課，通財幣〔一〕，以成制度之法。古之所以治者，不皆出於此乎？而時議之言如此。讀其書以求其志，嗚呼，公之志何如也！

## 内翰沈公墓誌銘

公姓沈氏，諱遘，字文通，世爲杭州錢塘人。曾祖諱某，皇贈兵部尚書；祖諱某，皇贈吏部尚書；父扶，今爲尚書金部員外郎。

公初以祖廕補郊社齋郎，舉進士於廷中，爲第一。大臣疑已仕者例不得爲第一，故以爲第二。除大理評事，通判江寧府。當是時，公年二十，人吏少公，而公所爲卓越已足以動人，然世多未知公果可以有爲也。祀明堂恩，遷祕書省著作佐郎。歲滿召歸，除太常丞、集賢校理，判登聞鼓院、吏部南曹，權三司度支判官。又判都理欠憑由司。於是校理八年矣，平居閉門，雖執政，非公事不輒見也，故雖執政初亦莫知其爲材。居久之，乃始以同修起居注，召試知制誥。及爲制誥，遂以文學稱天下。

金部君坐免歸，求知越州，又移知杭州。鉏治姦蠹，所禁無不改，崇獎賢知，得其歡心，兩州

〔一〕「幣」，原作「弊」，據龍舒本、聽香館本改。

英宗即位，召還，句當三班院，兼提舉兵吏司封官告院，兼判集賢院，延見勞問甚悉。居一月，權發遣開封府事。公初至，開封指以相告曰：「此杭州沈公也。」及攝事，人吏皆屏息。既而以知審官院，遂以龍圖閣直學士權知開封府。公旦晝視事，日中則廷無留人，出謝諸客，從容笑語。客皆怪公獨有餘日，而畿内翕然稱治，人人如公坐視其左右。於是名實暴燿振發，賢臨一時，自天子大臣皆論以爲國之器，而閭巷之士奔走談説，讙呼鼓舞，以不及爲恐。

會母夫人疾病，請東南一州視疾，英宗曰：「學士豈可以去朝廷也？」明日，除翰林學士、知制誥，充群牧使，兼權判吏部流内銓、判尚書禮部。公雖去開封，然皆以爲朝夕且大用矣，而遭母夫人喪以去。英宗聞公去，尤悼惜，時遣使者追賜黄金〔二〕，而以金部君知蘇州。公居喪致哀，寢食如禮，以某年某月得疾杭州之墓次，某日至蘇州，而以某日卒，年四十有三。

三男子，六女，中男恭嗣，後公六日卒，隆嗣、延嗣與六女皆尚幼。夫人陸氏，封安定郡君。公官右諫議大夫，散官朝散大夫，勳輕車都尉，爵長安縣開國伯，食邑八百户。有文集十卷。

公平居不常視書，而文辭敏麗可喜，强記精識，長於議論，世所謂老師宿學無所不讀、通於世務者，皆莫能屈也。與人甚簡，而察其能否賢不肖尤詳，視遇之各盡其理。爲政號爲嚴明，而

〔二〕「時」，龍舒本、聽香館本作「特」。

時有所縱舍，於善良貧弱撫恤之尤至[一]。在杭州，待使客多所闊略，而州人之貧無以葬及女子失怙恃而無以嫁者，以公使錢葬嫁之，凡數百人。於其卒，知與不知，皆爲之歎惜。

某年某月某日，葬公杭州某鄉某里。銘曰：

沈公儀儀，德義孔時。升自東方，其明孰夷？視瞻歎譽，無我敢疵。正晝而隕，嗚呼可悲！序傳有史，亦在銘詩。

## 王深父墓誌銘

吾友深父，書足以致其言，言足以遂其志，志欲以聖人之道爲己任，蓋非至於命弗止也。故不爲小廉曲謹以投衆人耳目，而取舍、進退、去就必度於仁義。世皆稱其學問文章行治，然真知其人者不多，而多見謂迂闊，不足趣時合變。嗟乎！是乃所以爲深父也。令深父而有以合乎彼，則必無以同乎此矣。

嘗獨以謂天之生夫人也，殆將以壽考成其才，使有待而後顯，以施澤於天下。或者誘其言，以明先王之道，覺後世之民。嗚呼！孰以爲道不任於天，德不酬於人，而今死矣。甚哉，聖人

[一] 「弱」，光啓堂本、聽香館本作「窮」。

君子之難知也！以孟軻之聖，而弟子所願，止於管仲、晏嬰，況餘人乎？至於揚雄，尤當世之所賤簡，其爲門人者，一侯芭而已。芭稱雄書以爲勝周易。易不可勝也，芭尚不爲知雄者。而人皆曰：古之人生無所遇合，至其没久而後世莫不知。若軻、雄者，其没皆過千歲，讀其書、知其意者甚少。則後世所謂知者，未必真也。夫此兩人以老而終，幸能著書，書具在，然尚如此。嗟乎深父！其智雖能知軻，其於爲雄，雖幾可以無悔，然其志未就，其書未具，而既早死，豈特無所遇於今，又將無所傳於後！天之生夫人也而命之如此，蓋非余所能知也。

深父諱回，本河南王氏。其後自光州之固始遷福州之侯官，爲侯官人者三世。曾祖諱某，某官；祖諱某，某官；考諱某，尚書兵部員外郎。兵部葬潁州之汝陰，故今爲汝陰人。深父嘗以進士補亳州衛真縣主簿，歲餘自免去。有勸之仕者，輒辭以養母。其卒以治平二年七月二十八日，年四十三。於是朝廷用薦者以爲某軍節度推官，知陳州南頓縣事，書下而深父死矣。

夫人曾氏，先若干日卒。子男一人，某，女二人，皆尚幼。諸弟以某年某月某日，葬深父某縣某鄉某里，以曾氏祔。銘曰：

嗚呼深父！惟德之仔肩，以迪徂武。厥艱荒遐，力必踐取。莫吾知庸，亦莫吾侮。神則尚反，歸形此土。

# 叔父臨川王君墓誌銘

孔子論天子、諸侯、卿大夫、士、庶人之孝，固有等矣。至其以事親爲始而能竭吾才，則自聖人至於士，其可以無憾焉一也。

余叔父諱師錫，字某。少孤，則致孝於其母，憂悲愉樂不主己，以其母而已。學於他州，凡被服、食飲、玩好之物，苟可以悘吾母而力能有之者，皆聚以歸，雖甚勞窘，終不廢。豐其母以及其昆弟、姑姊妹，不敢愛其力之所能得；約其身以及其妻子，不敢歉其意之所欲爲。其外行，則自鄉黨鄰里及其嘗所與遊之人，莫不得其歡心。其不幸而蚤死也，則莫不爲之悲傷歎息。夫其所以事親能如此，雖有不至，其亦可以無憾矣。

自庠序聘舉之法壞，而國論不及乎閨門之隱，士之務本者，常詘於浮華淺薄之材。故余叔父之卒，年三十七，數以進士試於有司，而猶不得禄賜以寬一日之養焉。而世之論士也，以苟難爲賢，而余叔父之孝，又未有以過古之中制也，以故世之稱其行者亦少焉。蓋以叔父自爲，則由外至者，吾無意於其間可也。自君子之在勢者觀之，使爲善者不得職而無以成名，則中材何以勉焉？悲夫！

叔父娶朱氏，子男一人，某；女子一人，皆尚幼。其葬也，以至和四年祔於真州某縣某鄉銅山之原皇考諫議公之兆。爲銘，銘曰：

天孰爲之？窮孰爲之？爲吾能爲，已矣無悲！

## 虞部郎中刁君墓誌銘

刁氏於江南爲顯姓。當李氏時，君曾祖諱某，甚貴寵，嘗節度昭信軍，卒，葬昭信城南。皇祖諱某，亦嘗仕李氏。歸朝廷，以尚書兵部郎中直祕閣，終真宗時，其墓在江寧牛首之北。後祕閣再世不大遂，然多名人，在世議中。尚書屯田員外郎諱某者，葬丹徒，於君爲皇考，故君爲丹徒人。

君諱某，字某，嘗舉進士，不中，遂用皇祖蔭仕州縣，以尚書虞部郎中知廣德軍，歸，卒于京師，年六十一。後卒之若干日，治平二年二月十五日，葬丹徒樂亭村。

君敦厚謹飭，治内外皆嚴以有恩。所居官，舉其治，以此多薦者。初娶孫氏，後娶郭氏，封金華縣君。有六男子：珉，試將作監主簿；璹，守某縣令；次玘、瓌、玗、珣，爲進士。三女，長嫁尚書屯田員外郎梁昱，餘未嫁。銘曰：

刁氏南祖，奮功以武。詒禄于孫，有蔚有文[二]。君以祖芘，厥艱初仕。祗載不惰，有榮于位。徂相名原，窾此新宫。筮云終吉，銘告無窮。

## 王會之墓誌銘

君諱逢，字會之，姓王氏，太平州當塗縣人也。嘗舉進士，不中，去以所學教授。於是蘇州士人從轉運使乞君主其學，學者常致數千百人。君所奬養成就者多矣，乃始以進士起家，權南雄州軍事判官。歸，試判超等，補袁州軍事判官，留爲國子監直講，兼隴西郡王宅教授，李某行内修謹，君蓋有力焉。岐國公主既嫁，爲君求遷，有命矣，君辭焉，乃已。

君少以文學知名，於書無所不觀，而尤喜易，作易傳十卷、乾德指説一卷、復書七卷，名士大夫多善其書者。於是樞密使張公舉君可試館職，而宰相無知君者，故不用。通判徐州，以疾不赴，求監蘇州酒，以嘉祐八年正月六日不起，年五十九，官至太常博士[三]。君爲人樂易，篤於朋友故舊，於勢利無所苟，能愛人以得其歡心。

[二] 「有文」，龍舒本作「其文」。
[三] 「官」，原脱，據聽香館本補。

君皇祖考延嗣，祖、考皆不仕，而皇考以君故，贈大理評事。前夫人蘇氏，後夫人陳氏，皆無子。陳氏名家子，亦有賢行，以嘉祐八年四月二日，葬君蘇州吴縣三玄鄉陸公原，以前夫人蘇氏祔焉。銘曰：

宜壽也，五十而已；宜貴也，止於博士；謂卒有後也，而終無子。嗚呼夫子！命不可與謀。其歸其安，永矣兹丘。

## 袁州軍事推官蕭君墓誌銘

袁州軍事推官新喻蕭君，諱洵，字公美。初，年十五，以父命就學於鄉里，後數舉進士不合，用父蔭，試祕書省校書郎。選筠州司法，嘗獨守法争議，脱數人於幾死。又選吉州吉水縣主簿，遂佐袁州，攝行宜春令事，縣甚治。用舉者十四人，當召對，以治平二年五月十八日卒京師，年四十五。越四年二月三日，葬新喻鍾山鄉鍾山里，於是夫人張氏前死而别葬。子男一人，錞，郊社齋郎。女六人，其四人既爲士妻，其二尚幼。

蕭氏故長沙人，當李氏時，遷江南，或居廬陵，或新喻，後皆以才力名藝自顯。君曾祖諱紹，有儒學，不仕。祖諱世則，贈光禄卿。父固，嘗以尚書刑部郎中、集賢殿修撰守桂州，經略南方，號稱能臣〔二〕。已而有所牾，以祠部郎中分司，遂致仕。君惇厚謹密，事親左右不怠，當官廉實以敏，以故多舉者。銘曰：

於嗟蕭君，營此新卜。何性之祥，而命之不穀。匪父匪母，匪子爲憂。自其邑里，皆歎以愀。有銘厥實，藏在中丘。

## 大理寺丞楊君墓誌銘

君諱忱，字明叔，華陰楊氏子。少卓犖，以文章稱天下。治春秋，不守先儒傳注，資他經以佐其説，其説超厲踔越，世儒莫能及也〔三〕。及其爲吏，披姦發伏，振擿利害，大人之以聲名權勢驕士者，常逆爲君自詘。蓋君有以過人如此。然峙其能，奮其氣，不治防畛以取通於世，故終於無所就以窮。

初，君以父蔭守將作監主簿，數舉進士不中。數上書言事，其言有衆人所不敢言者。丁文簡公且死，爲君求職，君辭焉。後用大臣薦，召試學士院，又久之不就。積官至朝奉郎、行大理

〔二〕「號稱」，原爲空格，據光啓堂本、聽香館本補。
〔三〕「及」，龍舒本作「難」。

寺丞、通判河中府事、飛騎尉，而坐小法絀監蘄州酒稅，未赴，而以嘉祐七年四月辛巳，卒於河南，享年三十九，顧言曰：「焚吾所爲書，無留也，以柩從先人葬。」八年四月辛卯，從其父葬河南府洛陽縣平樂鄉張封村。

君曾祖諱津。祖諱守慶，坊州司馬，贈尚書左丞。父諱偕，翰林侍讀學士，以尚書工部侍郎致仕，特贈尚書兵部侍郎。娶丁氏，清河縣君，尚書右丞度之女。男兩人：景略，守太常寺太祝，好書，學能自立；景彦，早卒。君有文集十卷，又别爲春秋正論十卷、微言十卷、通例二十卷。銘曰：

芒乎其孰始〔一〕，以有厥美？昧乎其孰止，以終於此？納銘幽宫，以慰其子。

## 節度推官陳君墓誌銘

人之所難得乎天者，聰明辨智敏給之材；既得之矣，能學問修爲以自稱，而不弊於無窮之欲，此亦天之所難得乎人者也。天能以人之所難得者與人，人欲以天之所難得者徇天，而天不少假以年，則其得有不暇乎修爲，其爲有不至乎成就，此孔子所以歎夫未見其止而惜之者也。

〔一〕「芒」，龍舒本作「世」。

陳君諱之元[一]，字某，年二十七，爲武昌軍節度推官以卒。自其爲兒童，强記捷見，能不勞而超其長者。少長，慨然慕古人所爲，而又能學其文章。既以進士起家，則喜曰：「無事於詩賦矣，以吾日力盡之於所好，其庶乎吾可以成材。」於是悉橐其家書之官，而蚤夜讀以思，思而不得，則又從其朋友講解，至於達而後已[二]。其材與志如此，使天少假以年，則其成就當如何哉！然無幾何，得疾病，遂至於不起。嗟乎，此亦所謂未見其止而可惜者也！

君某州之某縣人，曾祖曰某，祖曰某，考曰某。以嘉祐某年某月某甲子，其兄之方爲之卜某州某縣某所之原以葬。而臨川王某爲銘曰：

浮揚清明，升氣之鄉；沈翳濁墨[三]，降形之宅。其升遠矣[四]，其孰能追？其降在此，有銘昭之。

[一]「之元」，龍舒本作「之光」。
[二]「達」，龍舒本作「通」。
[三]「墨」，龍舒本作「黑」。
[四]「升」，龍舒本作「外」。

# 臨川先生文集　卷九十四

## 墓誌

### 尚書祠部郎中集賢殿修撰蕭君墓誌銘

區希範誅，廣西困於兵，詔以尚書屯田員外郎蕭君知桂州，兼廣西都巡檢、提舉兵甲溪峒事。至則因其故俗，治以寬大，廣西遂安，而君以材選爲荆湖南路提點刑獄。未幾，以君之信於南方也，又以君爲廣西水陸計度轉運使。方是時，儂智高蒐兵，誘聚中國亡命，陰以其衆窺邊境，而邊吏士尚皆不寤，君獨憂此，以謂必爲南方之患。乃選遣才辯吏，説智高内屬，上書言狀，請因以一官撫之，使抗交趾，且可以紓患。書下樞密，樞密以智高故屬交趾，納之生事，以詔問君，能保交趾不争智高，智高終無爲寇，則具以聞。君曰：「蠻夷視利則動，必保其往，非臣之所能。顧今中國勢未可以有事於蠻夷，則如智高者撫之而已，且智高才武强力，非交趾所能争而畜也。就其能争，則蠻夷方自相攻，吾乃所以閒而無事。」争議至五六，而樞密遂絀君言不報。君又奏請擇將吏、繕兵械、修城郭以待變，亦至五六，又皆不報。而君以召歸，智高果反邕州，殺其守將，出入廣東、西十有一州，所至殘破，吏士多走死。樞密乃更歸責於君，以知吉州，一時士大夫紛紛欲爲君訟，君遂絶口無所道。世以此稱君長者，又因知君智謀果可以任邊事。

居頃之，遂復以爲廣東轉運使。又以直昭文館知桂州。當是時，儂宗旦聚兵智高故地，無所屬，邕州爲之警，諸將皆議興師，君又獨持招降之議。朝廷用君議，宗旦遂釋兵服，以爲西頭供奉官，而邊無事。於是君積官至尚書刑部郎中，以集賢殿修撰再任。

會蠻申紹泰反，巡檢宋士堯戰死，仁宗使中貴人出視，君坐士堯死，降知江州，而提點刑獄因中貴人言君罪狀，朝廷爲置獄。而君所坐止於贖金，諸提點刑獄所言多無之，然猶奪兩官以免。稍除監撫州鹽酒，辭不往，以分司南京就第。諸公多欲薦起之者，君遂告老，即以尚書祠部郎中致仕。

君諱固，字幹臣。初以進士選桂陽監判官、楚州團練推官，用舉者二十三人，改大理寺丞，知開封府陽武、永康軍青城兩縣，通判虔州。以方略擒盜，賜書奬諭，移知江州。所至皆有善狀，推賢舉善，束縛姦吏，明而不殘。於財利尤能開闔斂散，故在廣東收銅鹽課，皆倍前以十萬數〔二〕。治平三年，年六十五，以九月十七日卒於家。

初娶隴西縣君李氏，再娶彭城縣君劉氏。子男二人：洵，袁州軍事推官，前死；洞，試祕書省校書郎、知鄂州嘉魚縣事。女三人，嫁江州湖口縣主簿何正臣、襲州司户參軍歐陽成，其季尚幼也。孫男女十八人。

蕭氏故長沙人，君曾祖諱處鈞，當湖南馬氏時爲衡州司馬，以馬氏方亂，棄其官歸李氏江南，不願仕，有賜田百頃袁州之新喻。新喻後屬臨江軍，故今爲臨江新喻人。祖諱紹，考諱世則，皆以儒學不仕，而考以君故贈官至光禄卿。君之疾革也，出其奏議焚之，其子孫所録傳尚二百餘篇，蓋其言詳密，多世務之要。四年九月二十二日，葬君新喻安和鄉長宣里佛子岡。銘曰：

司馬去荆，望此南國。君賁厥趾，蕭宗以殖。致功蠻方，時告厥猶，朝爲弗聞，疆埸用憂。受慝不讓，退安一州。既窮而通，終以無偶。銘詩幽宫，傳載永久。

## 贈光禄少卿趙君墓誌銘

儂智高反廣南，攻破諸州，州將之以義死者二人，而康州趙君，余嘗知其爲賢者也。

〔二〕「倍」，光啓堂本、聽香館本作「增」。

君用叔祖蔭試將作監主簿，選許州陽翟縣主簿、潭州司法參軍。數以公事抗轉運使，連劾奏君，而州將爲君訟於朝，以故得無坐。用舉者爲温州樂清縣令，又用舉者就除寧海軍節度推官。知衢州江山縣，斷治出己，當於民心，而吏不能得民一錢，棄物道上〔一〕，人無敢取者。余嘗至衢州，而君之去江山蓋已久矣，衢人尚思君之所爲而稱説之不容口〔二〕。又用舉者改大理寺丞，知徐州彭城縣。

祀明堂恩，改太子右贊善大夫，移知康州。至二月，而儂智高來攻，君悉其卒三百以戰，智高爲之少卻。至夜，君顧夫人取州印佩之，使負其子以匿，曰：「明日賊必大至，吾知不敵，然不可以去，汝留死無爲也。」明日，戰不勝，遂抗賊以死，於是君年四十二〔三〕。兵馬監押馬貴者，與卒三百人亦皆死，而無一人亡者。

初，君戰時，馬貴惶擾，至不能食飲，君獨飽如平時。至夜，貴卧不能著寢，君即大鼾，比明而後寤。夫死生之故亦大矣，而君所以處之如此。嗚呼，其於義與命可謂能安之矣！

君死之後二日，而州司理譚必始爲之棺斂，又百日，而君弟至，遂護其喪歸葬。至江山，江

〔一〕「物」，光啓堂本作「肉」。
〔二〕「衢」，光啓堂本、聽香館本作「縣」。
〔三〕「二」，龍舒本作「一」。

山之人老幼相攜扶祭哭，其迎君喪有數百里者。而康州之人亦請於安撫使，而爲君置屋以祠。安撫使以君之事聞天子，贈君光禄少卿，官其一子覲右侍禁，官其弟子試將作監主簿，又以其弟潤州録事參軍師陟爲大理寺丞、簽書泰州軍事判官廳公事。

君諱師旦，字潛叔，其先單州之成武人〔二〕。曾祖諱晟，贈太師。祖諱和，尚書比部郎中，贈光禄少卿。考諱應言，太常博士，贈尚書屯田郎中。自君之祖，始去成武而葬楚州之山陽，故今爲山陽人。而君弟以嘉祐五年正月十六日，葬君山陽上鄉仁和之原，於是夫人王氏亦卒矣，遂舉其喪以祔。銘曰：

可以無禍，有功於時。玩君安榮，相顧莫爲。誰其視死〔三〕，高蹈不疑？嗚呼康州，銘以昭之。

## 朝奉郎守國子博士知常州李公墓誌銘

公李氏，諱餘慶，字昌宗，年四十四，官止國子博士，知常州以卒。然公之威名氣略聞天下，

〔二〕「成武」，原作「武成」，據龍舒本改。
〔三〕「死」，龍舒本作「之」。

自其卒至今久矣，天下尚多談公之爲有過於人者。余嘗過常州，州之長老道公卒時就葬於横山，州人填道瞻送歎息，爲之出淚，又爲之畫像，寘之浮屠以祭之。於是又知公之有惠愛於常人也。已而與公之子處厚遊，則得公之所爲甚具。蓋公之爲政，精明强果，事至能立斷而得，久姦宿惡輒取之不貸。至其化服，則撫循養息，悉有其處。所以威震遠近，而蒙其德者，亦思之無窮也。當明肅太后時，嘗欲用公矣，公再上書論事，其言甚直，以故不果用而出常州。嗚呼！公之自任，豈止於一州而已？此有志者所以爲之惜也。

始，公以叔父任，起家應天府法曹參軍，遇事輒争之，留守者不能奪也，卒薦公改太常寺太祝，知湖州歸安縣。其後通判秀州，州近監，公作華亭、海鹽二監，以業盗販之民，歲入緡錢八十萬。又爲石堤，自平望至吴江五十里，以除水患，人至今賴之。其所至處，利害多如此。然非公大志所欲以就名成功者，故不悉著，著其利於民尤大而能以久者云。

公平生慷慨，好議當世事，其所趣舍，必欲如己意，雖强有勢，終不爲撓。嘗考前世治亂之迹，與其君臣之間議論，編爲七十卷，藏於家，此蓋其大志所存也。公之先，爲開封之陳留人，五代祖爲梁使閩，因避地，家於福之漣江。曾大父周，不仕。大父郁，贈尚書虞部員外郎。考慕玢，祕書省著作佐郎，贈尚書工部員外郎。夫人龔氏，永安縣君。男五人：處常，忠武軍節度推官，與誼、誠皆已卒；處厚，大理寺丞，與處道皆進士。既葬之二十三年，至和元年，余銘其墓曰：

公閫於家，來自陳留。維時方屯，閉蓄函收。其孰有源，而久於幽。自公之考，乃施乃流。其流至公，孰敢泳游。茫洋演迤，小大畢浮。曷蹇于行，使止一州？庶其涣發，在後之修。

## 左班殿直楊君墓誌銘

東鹿楊闢狀其先人曰：

君諱文詡〔一〕，字巨卿。少孤，鞠於世父。世父戰契丹于常山，君始十七，能以兵入，得甲馬。其後世父爲峽州麻谿寨主，合州兵討蠻之叛者。君以二十五卒馳前，與蠻三千遇。蠻傳畏君勇，悉還走險，其酋據險下射，殺君卒幾盡。君以兩矢自下顛其酋，而後世父軍亦至，遂戡其衆以歸。天子賞世父一官，而以君屬三班爲殿侍。

君曾祖諱淵，祖諱君正，父諱德成，皆以經術教授鄉里，遭五代變擾，皆不仕。君亦少敏强記，通五經、刑名、書數。然負其材武，思一有所奮，成功名，以故爲武吏。稍遷借職，監睦州酒，由借職三遷爲左班殿直，由睦州亦三遷爲邵州武岡寨兵馬監押。由武岡歸京師，以慶曆七年二月二十九日，年七十三而卒。

〔一〕「文詡」，龍舒本作「文翊」。

初，康定中，將相欲五路兵攻夏，故相陳恭公爲陝西招討使，欲君爲用。知君者皆曰：「君嘗有所試，今其時也，勉之矣！」君不應而辭以疾。顧説恭公曰：「吾士卒惰久矣，而數敗以恐，卒然敺之以入不測，戰久講勝悍强之賊，愚不知計策，見其危而已〔一〕。」恭公默然。而其後兵果不得出。自是君亦老矣，更讀書，勸諸子以學，無復言兵事。

方君少壯時，喜兵，彎弓擊劍〔二〕，士莫敢伍。然仁恕愛物，遇人謙謹。麻谿士卒殺戮無所擇，君爲救止，全活甚衆。其在武岡〔三〕，以恩信得諸蠻，蠻有嵩、敘、上下誠等州刺史，至呼君爲父，終君去，不爲侵竊。

君夫人杜氏，生三男，其長子早卒，次闢爲大理寺丞，次閎。三女子，皆已嫁，其長亦早卒。夫人少君十歲，以嘉祐二年五月二十三日，卒于酸棗，而壽與君皆七十三。六月二日，合葬于陳州宛丘縣友于鄉彭陵原。

臨川王某曰：士之以材稱於世而能以義克者少矣。子路，學孔子者也，然怙其勇以不得死。君以此其材至白首無所遇，而恂恂自克，以考厥終，克有名子，載其行治，其可銘。銘曰：

〔一〕「危」，聽香館本作「死」。
〔二〕「擊」，原脱，據龍舒本補。
〔三〕「在」，原脱，據龍舒本補。

擐堅挽强，可捍四方，視時弛張，以不悖於常，維士之良。

## 内殿崇班錢君墓碣

内殿崇班、廣德軍兵馬都監錢君之墓，在和州之歷陽雞籠鄉永昌里。初，錢氏以布衣起，王吴越，當五代時，諸侯王僭悖，獨常順事中國，道閉無所出，則間以其方物取海上輸之天子。至宋受命，欲一天下，吴越王即帥其屬朝京師，而盡獻其地。天子受其地，王之淮海，而褒題其子孫〔一〕。蓋至於今百年，錢氏之有籍於朝廷者，殆不可勝數，而以才稱於世，嘗任事者，比比出焉。

君諱某，字某，右屯衛將軍諱某之子，昭化軍節度使諱某之孫，吴越文穆王諱某之曾孫。錢氏以才稱於世者也。其爲子弟也，父昆稱良焉；其爲父兄〔二〕，又能教其子弟；其爲吏，又能修其職事，而天子嘗任之以爲材。始以季父恩公蔭補三班借職，稍遷至内殿崇班，知欽州，州人甚愛之。歸，奏事殿中稱旨，遂遷内殿承制，提點廣南西路刑獄。在廣西四年，以功次遷供備庫副使，刺舉當法，賢士大夫多譽之。當是時，儂智高爲姦，數嫚邊吏，邊吏莫能抗，諸州又皆無兵，

〔一〕「題」，龍舒本作「顯」。
〔二〕「兄」，光啓堂本、聽香館本作「昆」。

君即奏請戍兵以待變。奏至五六，而大臣終不許，即復上書求罷，又不許，而儂智高果反。君坐詘三官，監饒州酒。居久之，稍復遷至内殿崇班、廣德軍兵馬都監。至廣德之明年，嘉祐二年，君年七十一矣，以三月某甲子卒。昭化之治和州也，凡十八年，有惠愛於州人，其卒，子孫遂留以葬。故君子淇、沂、沃、溥，奉君喪以某年某月某甲子歸葬於永昌先人之兆。而淇、沂以余曾從事於文辭，自君之將葬至於今三年，跋涉而從余以求銘數矣，然不止而愈勤。

噫！其若是，余不可以無銘。於是爲之敍次，使歸而鑱諸墓。

## 吴處士墓誌銘

君吴氏，諱某，字某，其先建安大姓。曾大父諱某，建州長史，大父諱某，館驛巡官、檢校尚書吏部員外郎，皆江南李氏所置也。方李氏時，吏部府君之父子，同時仕江南者以十數，至君之考諱某，始以汀州軍事推官歸選於朝，主鄭之新鄭簿。

君少孤，事母夫人至孝，與其弟軻相愛。春秋祭先人，雖老矣，眂牲省器，皆不以屬子孫，俯仰齋慄，如見其饗之者〔一〕；已祭，未嘗不悲哀也。讀書取大指通而已。或勸之謀利，曰：「吾貧

〔一〕「饗」，龍舒本作「享」。

久矣，人以我爲憂，而我以是爲樂，不能改也。」有子三人，甫、申、冉，皆不使事生産，曰：「士而貧，多於工商而富也。」三人者皆以進士貢於鄉，而申爲太平州軍事推官。君年七十八，某年某月某日卒於太平之官舍，甫等護其柩歸葬於江州某縣某鄉某原，某年某月日也。夫人前君卒，別葬，實南陽葉氏。

始，君所居毀於水，乃奉母夫人來客江州，愛其山川而遂家之，故其葬也以歸焉。申之友南陽張頡論次君之事如此。而申以告曰：「先人不幸，力爲善而不獲顯於天下，今其葬，宜得銘，使後世有見焉。」嗟乎，予不及識君矣！然予之故人多能言君之教諸子盡其道，故卒皆有立，而申之文行尤以知名於世。方今士大夫之列於朝者，天子於其父母皆有以寵嘉之，其官封之卑鉅視其子，所以勸天下之爲父母而慰其子之心。以君之善教而子之材，宜及其身有高爵盛位之報焉。其生也，既不及，其没也，孰知其不卒享也哉！是故不宜無銘也。銘曰：

士或爲仁，稱止一鄉。至其後興，厥聞迺光。或業以勤，而傳之圮〔一〕。維是不朽，實君有子。

〔一〕「圮」，龍舒本作「記」。

# 尚書司封員外郎張君墓誌銘

君姓張氏，諱彦博，字文叔，其先家齊州之禹城。曾祖諱玘，贈太子洗馬，祖諱制，又徙其家於蔡州，贈尚書吏部侍郎。父諱保雍，仕至尚書刑部郎中、兩浙轉運使。

君以廕爲太廟齋郎，調武昌縣尉，能禁抑淫祠，使盡去境内。再調撫州司法，嘗攝令臨川，始取强悍者一人，痛治以威，而皆喜以畏。却使者不急之須，而使者不敢怒。徙亳州酇縣令，用薦者監蘄州石橋茶場。鎖廳應進士舉，中其科。尋丁母憂。服除，調興化軍興化縣令。僧有連結爲姦黨者，久至三十餘年，君悉捕以置於法，而廢其寺。古田縣有劇賊，即遁去。復調黄州黄陂縣令，稍築堤防以利農，告使者更鹽利之法，自是役賴以均。改袁州軍事判官，以治平四年十月六日卒于官，享年四十九。

君少力學問，尤知史書，不憚折節以交賢士大夫，而喜趨人之急。教兄之孤子至於登第，撫三女悉得所歸。而其仕也，所爲又能不苟，故前後多薦者。初娶劉氏，又娶方氏。子二人：曰仲偉，曰次賢。君昔去石橋，遂留居於蘄，故其葬也，從劉氏於蘄之安仁鄉芙蓉山，蓋熙寧二年十月六日也。君於文章尤喜作歌詩，有集四十卷藏於家。銘曰：

恭惠敏明，交悦以稱，不遂其成。恢曠坦易，或投以累，終以困躓。惟人載德，宜福多錫，得壽亦嗇。曷告其悲，銘繢風詩，萬世之貽。

## 尚書屯田員外郎仲君墓誌銘

君仲氏，諱訥，字樸翁，廣濟軍定陶人，曾祖諱環，祖諱祚，皆弗仕，而至君父諱尹，始仕至曹州觀察支使，贈右贊善大夫。

君景祐元年進士，起家莫州防禦推官，年少初官，然上下無敢易者。時傳契丹且大擾邊，朝廷使中貴人來問，知州張崇俊未知所對，公策契丹無他爲，具奏論之。崇俊喜曰：「朝廷必知非吾能爲此，然亦當善我能聽用君也。」又權博州防禦判官，以母夫人喪去。去三年，復權明州節度推官。縣送海賊數十人，獄具矣，君獨疑而辨之，數十人者皆得雪。用舉者改大理寺丞，知大名府清平、邛州臨溪兩縣，又通判解州。於是三遷爲尚書屯田員外郎，而以皇祐五年十二月二十一日卒〔一〕，年五十五。

君厚重有大志，不妄言笑，喜讀書，爲古文章，晚而尤好爲詩，詩尤稱於世。所在有聲績，然直道自信，於權貴人不肯有所屈，故好者少，然亦多知其非常人也。其在越、蜀，士多從之學。

〔一〕「十二月」，龍舒本作「十一月」。

當寶元、康定間，言者喜論兵，其計不過攻守而已，君獨推書所謂「食哉唯時，柔遠能邇，惇德允元，而難任人，蠻夷率服」，爲禦戎議二篇。嗟乎！此流俗所羞，以爲迂而弗言者也，非明於先王之義，則孰知夫中國安富尊强之爲必出於此？君知此矣，則其自信不屈，宜以有所負而然，惜乎其未試也。

君初娶王氏，尚書駕部郎中蘭之女，又娶李氏，尚書虞部員外郎宋卿之女。三男子：伯達爲太常博士，次伯適、伯同[一]，爲進士。三女子：嫁殿中丞任庾、并州交城縣尉崔絳、興元府户曹參軍任膺。博士以熙寧元年十一月二十一日葬君於定陶之閔丘鄉，而以余之聞君也，來求銘。銘曰：

於戲樸翁，天偶人觭。翔其德音，而躓於時。

## 臨川吴子善墓誌銘

臨川吴氏有子興宗，字子善，年二十喪母，而其父以生事付之。則先日出以作，後日入以息。日午矣，家一人未飯，其夫婦必尚空腹；天寒矣，家一人未纊，其夫婦必尚單衣。蓋如此者

[一] 「伯同」，龍舒本作「伯冏」。

二十年而父終〔一〕，三十年而已死。

凡嫁五妹，辨數喪，又以其筋力之餘，及於鄉黨。苟有故，必我勞人佚，先往後歸。而尤篤於友愛，見弟有過，則顔色愈温，須飲酒歡極之間，乃微示以意。既而即泣下曰：「吾親屬我以汝，吾所以不避艱險者，保汝而已。」其弟終感悟悔改爲善士，以文學名於世。此待其弟乃爾，若於他人，則絶口不涉其非。然里中少年聞其謦欬之音，往往逃匿，若匿不及，則俯首恐愧。而嘗有所絓，一至訟庭，及著械，同絓數十人爲之皆哭，掌獄者驚起白守，守立免焉。其見畏愛多此類。

某謂其父爲諸舅，甚知其所爲，故於其弟子經、孝宗之求誌以葬也，爲道而不辭。子善嘗應進士舉，後專於耕養，遂不復應。其死以治平四年八月九日，而十二月十二日與其母黄氏共葬於靈源村父墓之域中。

父諱偃，亦有行義，用疾弗仕；祖諱表微，尚書屯田員外郎；曾祖諱英，殿中丞。初妻姓王氏〔二〕，一男良弼，皆前卒。再娶楊氏，生蕘、适、枉，蕘始九歲，而四女，幼者一歲云。

〔一〕「父」，諸本皆脱，據古文辭類纂卷五十補。

〔二〕「妻」，聽香館本作「娶」。

# 臨川先生文集　卷九十五

## 墓誌

### 比部員外郎陳君墓誌銘

陳晉公有子五人，其一人今宰相是也。公，晉公之中子，而今宰相弟。晉公諱某，事始卒在史官。

公諱某，字某，九歲，用晉公恩守祕書省校書郎。晉公薨，恩改太常寺奉禮郎。服除，久之，會封禪恩，改大理評事，監鳳翔府酒税，又會祀汾陰，改衛尉寺丞。歸，以最升知邵武之邵武縣。獻文章，得試學士院，宰相才之，議與科名。公固辭親在，願得進官職也，不願得科名。從之，通判秀州，改大理寺丞。歸，又獻文章，表乞治劇郡，得淮陽軍，改太子中舍。今上即位，恩改殿中丞，是歲，賜緋衣銀魚，知臨江軍。還，得睦州。薦者數人，天子以公名屬審官，又徙知遂州，以齊國太夫人疾辭。還，改虞部員外郎。上便宜數事，得引對，因自贊，天子欲稍進用之，而遭齊國太夫人之喪以去。居無何，睦州人王稷上書斥公赦前數事，服除，猶坐是監虔州稅。

明道元年，恩改比部員外郎，通判建州，改駕部。用舉者徙知吉州，坐法免。起爲比部，監泗州糧料，又坐法免。起爲虞部，監饒州錢監。復得比部，歸，羈居京師。久之，乃出監江陰軍酒稅。道疾病，上書自言：「先臣恕得幸先皇帝，至大臣，臣階先臣以得仕〔二〕，屢進所學，蒙記識。方壯少時，頗汲汲欲自奮，收一日之效，以卒事陛下〔三〕，而孤行單立，無黨友之助，又薄命不幸，數遭小人，以見困蹶，負先臣餘教，辱陛下器使之恩。今老矣，念終無以報盛德，深自愧恥，夙夜憂畏，以故得疾病且死。無田園以歸，無强有力子弟以養，唯男一人世昌去年爲進士，得嘉慶院解。臣兄在中書，奏不得試禮部，今當爲遠官，去臣旁遠甚。陛下憐之，幸聽臣分司，改世昌蘇、常間一官，以卒養臣，天地之賜也。臣誠窮，即不自言，誰當爲臣言者？」書入未報，竟卒於江寧，得年若干，時某年月也。

夫人某氏，子男兩人：世昌，泉之晉江主簿；次世長，前死。女兩人，皆已嫁。主簿將以某年月日葬公某處。葬有日，使來乞銘。初，公爲臨江軍，先君爲之佐。其後二十五年，某得主簿

〔二〕「臣」，原脱，據龍舒本補。
〔三〕「下」下，龍舒本有「之分」二字。

於淮南，而兄事之，仍世有好，義不可以辭無銘也。

公名臣子，少壯得美仕〔一〕，間以文藝自進，意自以爲且貴富世其家，而遭平世，概以文法持臣下，故其材不得有所肆，而卒以齟齬窮。其感激怨懟，往往見於文辭，主簿離其稿爲二十卷，讀之〔二〕，知其心之所存也。而其求分司語尤悲〔三〕，因掇其大概而存之。噫，其亦可悲也夫！

銘曰：

於此有木焉，一本而中分。其材均，樹之時又均。或斷而焚，而剖以爲犧尊。誰令然耶？其偶然耶？吾又何嗟！

## 贈尚書吏部侍郎句公墓誌銘

公句氏，諱希仲，字衮臣。景德六年，以開封浚儀進士起家，歷選於吏部，爲揚州江都主簿、洪州新建縣尉，權管句洪州奉新縣事、開封府右軍巡判官。其後除於審官，爲監黄州岐亭鎮茶鹽酒税，監虔州税、知洪州分寧縣，知容州，句當在京左右廂店宅務，知高郵軍，知岳、安、袁、吉、

〔一〕「仕」，聽香館本作「任」。
〔二〕「讀之」，光啓堂本、聽香館本作「以是」。
〔三〕「分」，光啓堂本作「有」。

筠五州。又其後除於中書，爲知隨州，又遂以疾求分司西京，而以皇祐三年四月丁亥卒於安州之傳舍，享年七十一。散官至朝奉郎，職事官至光禄卿，勳至上柱國，賜緋魚袋。

公通訓詁，工篆隸書，能傳其父學，又善爲詩。其在高郵，歲大饑，以便宜振救，所活萬餘人。在鄂州，前吏以逃户諸税責鄰人，至或無桑矣，而猶責其絲。公歎曰：「上恩及於無告，而州縣若此壅之，可也〔一〕？」即奏除之。在吉州，州素多事，公至則御之以簡，奸吏惡民，顧不得有爲，至相戒而去〔二〕。

公奉寡嫂，畜孤兄子，尤篤於恩禮。自爲郎中，先任其兄子，次及諸從，最後乃蔭公子。兄外孫尹構幼失父母，公收教之，再舉進士禮部矣，顧言以構名聞，構由此補郊社齋郎。蓋其爲人敦厚長者，詳於施人而略於養己如此。

句氏其先京兆人，公曾祖諱同章，始遷成都之華陽。祖諱令宣〔三〕，皇贈光禄寺丞。父諱中正，爲孟氏武泰軍節度使掌書記，太宗時，自潞州録事參軍召拜著作佐郎、直史館，其後改直昭

〔一〕「可也」，龍舒本、宋刻本作「何也」，光啓堂本、聽香館本作「可乎」。
〔二〕「至相戒而去」，龍舒本作「至相與戒云，以俟其去」。
〔三〕「令宣」，龍舒本、宋刻本作「令瑄」。

文。在兩館二十六年，同館士多去爲將相[一]，而公修職守道，未嘗爲之少屈。以尚書屯田郎中卒於真宗之初，而葬浚儀。浚儀，今祥符也，故公子以某年某月某甲子葬公開封之開封縣保安鄉永寧村[二]。

公元配清河張氏[三]，繼配楚丘邊氏、祥符劉氏，劉氏封延安郡君。三男子：諶，尚書屯田員外郎；詵，早世；請，太廟室長。女子九人，嫁尚書駕部員外郎王正己、湖州德清縣令郭真卿、尚書虞部郎中楊定、殿中丞劉偁[四]、滎州録事參軍張道古、起居舍人鍾鼎臣[五]、殿中丞杜師益、泰寧軍節度推官謝京、登州司理參軍王勗。及公之葬也，以公子諶故，張夫人追封仙遊縣太君，邊夫人追封仙源縣太君，劉夫人追封仁壽郡太君，而公亦贈官至尚書吏部侍郎[六]。銘曰：

句宗華陽，世實京兆，來家東都，公考有廟。温温句公，有美有相，不衒不求，卒爲圭璋。考翼在上，公丞在下，爲此幽宫，亦浚之野。

[一]「士」，原作「事」，據光啓堂本、聽香館本改。
[二]「公子」，原作「公卒」，據龍舒本、宋刻本改。
[三]「元」，龍舒本作「先」。
[四]「劉偁」，宋刻本作「劉稱」。
[五]「鍾鼎臣」，龍舒本作「龔鼎臣」。
[六]「官」，原作「宫」，據龍舒本、宋刻本、光啓堂本、聽香館本改。

## 山南東道節度推官贈尚書工部郎中傅公墓誌銘

公姓傅氏，諱立，字伯禮，其先大名内黄人，今鄆須城人也。慶曆二年，以五舉進士得同三禮出身，主鄭州管城縣簿。用舉者爲滑州靈河縣令，遭母夫人喪。喪除，以山南東道節度推官知磁州昭德縣事。嘉祐四年七月六日，卒于官舍，享年六十六。

公以文行有聲於鄉〔一〕，其志氣甚大，既久困不遂，因不復有仕意，鄉人强之，乃起佐管城。所爲問義理如何，不肯有所顧計。貝州妖人爲亂，吏坐不察者衆，州縣懲艾，有以妖告者，輒又致之刑辟。或誣浮屠、道人爲妖，州捕之急，公辯其無罪，即釋之。在昭德，縣人治河隄，總役者妄怒以立威，諸縣畏其糾劾，莫敢校。及笞公縣人，公奪之縱去，縣人感悦，不督而功自倍，總役者亦不敢復犯公所部。其施於政者多如此。故其卒，老稚相扶攜祭哭，思慕久之不怠。蓋公孝慈忠信，剛毅有守，遇事不爲可愧，其仁心尤至。既病亟，呼其季子告曰：「吾嘗質田於鄆，數十口賴以活者三十年。今田主往往而在，汝兄仕於朝，所不足者非財，可以券還之。」於是長子方官於莫州，及歸遭喪，終以田歸主如公戒。

〔一〕「於」，宋刻本作「州」。

公曾祖諱凝，贈尚書庫部員外郎。祖諱世隆，尚書户部員外郎、知邛州。父諱珏，右班殿直。凡三世皆以經學舉，至公始爲進士。而公子亦皆爲進士，曰堯俞，尚書兵部員外郎；曰舜俞，郊社齋郎；曰君俞，未仕；餘四人皆早死。兵部君以才德爲世名人，嘗爲諫官，以言事不合，辭知雜御史不肯就。以熙寧二年十月某日葬公於孟州濟源縣清廉鄉美化里，以夫人長壽縣太君王氏祔。於是公贈官至尚書工部郎中。太君有賢行，方兵部除知雜御史也，適北使未返，而親故皆賀，夫人弗受，治裝爲行。及兵部歸，而果辭不就以出也。銘曰：

惟傅厥先相武丁，告功皇天上比星。公躬服仁世守經，奮發華藻揚芬馨。宜殖福禄引厥齡，摧藏沉淹以淵瀯。齎志弗獲終冥冥，爰有美子集帝庭。忠功孝名神所聽，卜瑩高原日永寧。

## 尚書度支員外郎郭公墓誌銘

公諱維，字仲逸。少好學，有大志。年二十五，起爲泰州司理，調泰、真二州判官，以能聞。監真州之酒税，丁母憂。服除，改著作佐郎，知南豐縣。俗喜訟，令始至，豪猾輒搆事入縣，察令能否。公至，即得其妄，窮而徙之，由此無敢犯法〔二〕。改新都縣，又以治稱，既去，民思之，相與

〔二〕「法」上，龍舒本有「公」字。

繪公像祠焉。使者薦其材，就知雅州。王蒙正姻明肅太后家[一]，侵民田幾至百家。有訴者，更數獄，無敢直其事，詔公治之。其行也，人爲公憚。公至則拔根擿節，不漏毫末，以田歸民，蒙正坐除名。既歸，天子目之，賜之朱衣，得尚書屯田員外郎、知常州。至州，索宿姦數人流之，州以無事。移提點淮南刑獄，吏不治，道聞公至，往往豫以事求解，部中肅然。遷度支以卒，慶曆二年正月也，凡仕二十七年。

公剛毅能斷，當事勇，不自恤。繇景德、祥符之間，四海平治，寬文法待吏，而吏乃相習爲遨嬉浮沉者，或按一吏，則交議群詆，以爲暴刻生事。日浸月積，而民敝於下矣。至公始按吏，而獨急於權倖。有大臣出鎮揚州[二]，不治，曲以禮事公，公奏斥，不報，既代，猶斥之，以是被按，一無憾言。以聲威聞，而所至即有惠愛。某嘗羈游過常，里中民有以褻語相罵者，其長者怒曰：「爾欲忘郭屯田邪？」蓋公在常以此法其民[三]，時卒已九年矣，猶不忘之。惜乎朝廷方欲顯用，而公已不幸。其出於治者，猶未足以盡其志，故不悉書，特掇其一二而存之，此足以見公之志也。

祖某，不仕。父某，贈殿中丞。母劉氏，仙源縣太君。妻張氏，南陽縣君。子男三人：先

[一]「姻」下，龍舒本有「連」字。
[二]「出鎮揚州」，原作「出揚」，據龍舒本改。
[三]「法」，龍舒本作「治」。

正，烏江縣尉；聰正，舉進士；祥正，星子主簿。女六人。以某年月日葬公於某處，公之里也。將葬，先正等以今司封員外郎趙諴書來乞銘，先人與公祥符八年以進士起，而公子且與某遊〔一〕，有好也，銘不敢讓。銘曰：

翼翼汾陽，子儀始王。德完道粹〔二〕，功蓋于唐。宜享世澤，流如海長。原原南寓，孰嗣而昌？公生而明，剛簡自徇。拔身貧羈，誼不辱進。蘇窮斥姦，惠立威振。而年不長，志不時盡。既奮既材，天奚弗憖？刻銘在幽，來者之訊〔三〕。

## 贈尚書刑部侍郎王公墓誌銘

江陵縣有合葬龍山之西者，爲宋龍川令、贈尚書刑部侍郎王公之墓。公之卒，得年七十一，其葬之歲在辛卯，爲皇祐三年十二月甲申。龍川，其所卒也。以刑部侍郎贈公者，曰公之子光禄卿周。

公諱文亮，字昭遠，其先晉丞相導也。丞相十有六世之孫儉，爲唐正議大夫，刺明州，始去

〔一〕「某遊」，龍舒本作「安石近」。
〔二〕「粹」，龍舒本作「辟」。
〔三〕「訊」，原作「感」，據龍舒本改。

長安之萬年，爲明之奉化人。大夫之兄曰濛，濛生紳，紳生韶，韶生公，四世咸爲縣令。方錢氏之王吴越也，公嘗試策入等，爲其屬州之掾，國除，選於京師，復掾密州，尉夔奉節，爲邢之任令。舉者二十餘人，不用，歎曰：「吾既其衰矣而爲是，是不可以已耶！」即以疾去。去之八年，無復言進仕。黨故强起之，復歎曰：「仕不仕，惟義也，吾敢自必於其間耶？」起令龍川，遂卒。

始，公尚少，以文稱於士友。嘗度浙江，有忘白金百斤於舟，公最後獨見之，留三日，得忘者歸之而後去，而不告以名。他日，從者以爲言，於是又稱其長者，今兩縣吏民，皆曰賢令也。既亡，皆哀焉。

合葬於龍山者，天水郡太君權氏，善草隸書，誦數經，能略通其説，實唐貞孝公皋之十七世孫云。子男四人，向、頫〔一〕、高爲進士，充其業，其季光禄君也。女三人，皆歸聞人。光禄君方潔勤審，下賢好學，人以爲君子之子焉。自晉之亂，而戎夷盜賊，穴有中國，且亂且治，至於今歲千年〔二〕。士大夫之家，流落顛頓，不常其世，後雖有振起者，多不知其族之所出。獨光禄君之家爲世其家，而能自道尤詳，自大夫伯仲至公四世之告命皆具在。命其宗人之子某銘公之墓者，光

〔一〕「頫」，光啓堂本、龍舒本作「類」。
〔二〕「千」，原作「于」，據宋刻本、聽香館本改。

禄君也。銘曰：

公先籍秦系相導，大夫相孫維作守，兄濼遂留家海浦，子紳孫韶公祖考。于東四傳弗甚耀〔一〕，藏仁厥家以賚後，後蕃而昌其必效，今卿追公爲之兆。

## 兵部員外郎馬君墓誌銘

馬君諱遵，字仲塗，世家饒州之樂平。舉進士，自禮部至於廷，書其等皆第一。守祕書省校書郎，知洪州之奉新縣，移知康州。當是時，天子更置大臣，欲有所爲，求才能之士，以察諸路，而君自大理寺丞除太子中允、福建路轉運判官。以憂不赴。憂除，知開封縣，爲江、淮、荆湖、兩浙制置發運判官。於是君爲太常博士，朝廷方尊寵其使事，以監六路，乃以君爲監察御史，又以爲殿中侍御史，遂爲副使。已而還之臺，以爲言事御史。至則彈宰相之爲不法者，宰相用此罷，而君亦以此出知宣州。至宣州一日，移京東路轉運使。又還臺爲右司諫、知諫院。又爲尚書禮部員外郎兼侍御史知雜事、同判流内銓。數言時政，多聽用。

始，君讀書，即以文辭辯麗稱天下。及出仕，所至號爲辨治。論議條鬯，人反覆之而不能

〔一〕「四」，聽香館本作「西」。

窮。平居頽然，若與人無所諧。及遇事有所建，則必得其所守。開封常以權豪請託不可治。客至，有所請，君輒善遇之，無所拒。客退，視其事，一斷以法。居久之，人知君之不可以私屬也，縣遂無事。及爲諫官、御史，又能如此。於是士大夫歎曰：「馬君之智，蓋能時其柔剛以有爲也！」

嘉祐二年，君以疾求罷職以出，至五六，乃以爲尚書吏部員外郎、直龍圖閣，猶不許其出。某月某甲子君卒，年四十七。天子以其子某官某爲某官，又官其兄子持國某官。

夫人某縣君鄭氏，以某年某月某甲子葬君信州之弋陽縣歸仁鄉裏沙之原。君故與予善，予常愛其智略，以爲今士大夫多不能如，惜其不得盡用，亦其不幸早世，不終於貴富也。然世方懲尚賢任智之弊，而操成法以一天下之士〔一〕，則君雖壽考且終於貴富，其所畜亦豈能盡用哉？嗚呼，可悲也已！既葬，夫人與其家人謀，而使持國來以請曰：「願有紀也，使君爲死而不朽。」乃爲之論次，而繫之以辭曰：

歸以才能兮，又予以時。投之遠塗兮，使驟而馳。前無禦者兮，後有推之。忽税不駕兮，其

〔一〕「操」，龍舒本作「採」。

然奚爲〔一〕？哀哀煢婦兮，孰慰其思？墓門有石兮，書以余辭。

## 泰州海陵縣主簿許君墓誌銘

君諱平，字秉之，姓許氏。余嘗譜其世家，所謂今泰州海陵縣主簿者也。君既與兄元相友愛稱天下，而自少卓犖不羈，善辨説，與其兄俱以智略爲當世大人所器。寶元時，朝廷開方略之選，以招天下異能之士，而陝西大帥范文正公、鄭文肅公争以君所爲書以薦，於是得召試，爲太廟齋郎，已而選泰州海陵縣主簿。貴人多薦君有大才，可試以事，不宜棄之州縣。君亦常慨然自許，欲有所爲，然終不得一用其智能以卒。噫，其可哀也已！

士固有離世異俗，獨行其意，罵譏笑侮，困辱而不悔。彼皆無衆人之求，而有所待於後世者也，其齟齬固宜。若夫智謀功名之士，窺時俯仰，以赴勢物之會，而輒不遇者，乃亦不可勝數。辯足以移萬物而窮於用説之時，謀足以奪三軍而辱於右武之國，此又何説哉！嗟乎，彼有所待而不悔者〔二〕，其知之矣！

〔一〕「奚」，龍舒本作「以」。
〔二〕「悔」，聽香館本作「遇」。

君年五十九，以嘉祐某年某月某甲子葬真州之揚子縣甘露鄉某所之原。夫人李氏。子男瓌，不仕；璋，真州司户參軍；琦，太廟齋郎；琳，進士。女子五人，已嫁二人，進士周奉先、泰州泰興縣令陶舜元。銘曰：

有拔而起之，莫擠而止之。嗚呼許君，而已於斯，誰或使之！

## 漢陽軍漢川縣令陳君墓誌銘

陳君之墓，在某州某縣某鄉某所之原，以某年某月某甲子葬。陳君者，諱之祥，字某，家某州之某縣。其業進士，其中等以皇祐二年。其官滁州全椒縣主簿、漢陽軍漢川縣令。其爲人强於學，果於行，能使爲之長者聽，爲之民者思。其卒年三十二，有一男一女，皆出夫人李氏。其葬，臨川王某爲之銘：

芒乎既壯而能充，忽乎奚去而誰從？歸形幽陰兮，竅土以爲宫。聚封其上兮，爲記無窮。

# 臨川先生文集　卷九十六

## 墓誌

### 亡兄王常甫墓誌銘

先生七歲好學，毅然不苟戲笑，讀書二十年。當慶曆中，天子以書賜州縣，大置學。先生學完行高，江淮間州争欲以爲師，所留，輒以詩、書、禮、易、春秋授弟子。慕聞來者，往往千餘里。磨礱淬濯，成就其器，不可勝數。而先生始以進士下科補宣州司户。至三月，轉運使以監江寧府鹽院。又三月卒，又七月葬，則卒之明年四月也，實皇祐四年。墓在先君東南五步。先君姓王氏，諱益，官世行治既有銘。先生其長子，諱安仁，字常甫，年三十七，生兩女。

嗚呼！先生之道德，蓄於身而施於家，不博見於天下。文章名於世，特以應世之須爾，大志所欲論著，蓋未出也。而世之工言能使不朽者，又知先生莫能深。嗚呼！先生之所存，其卒於無傳耶！始，先生常以爲功與名不足懷，蓋亦有命焉，君子之學盡其性而已，然則先生之無傳，蓋不憾也。雖然，先生孝友最隆，委百世之重而無所屬以傳，有母有弟，方壯而奪之，使不得相處以久，先生尚有知，其無窮憂矣！嗚呼！以往而推存，痛其有已耶！痛其有已耶！先生有文十五卷，其弟既次以藏其家，又次行治藏於墓。嗚呼，酷矣！極矣！銘止矣！其能使先生傳耶？

## 主客郎中知興元王公墓誌銘[一]

公王氏，諱某，字某。其先著望太原，而公之曾大考諱某，考諱某，皆葬撫州之臨川縣。公少力學，以孝悌稱於鄉里。既壯，起進士，爲漢州軍事推官。至則以材任劇，在上者交舉之，遷大理寺丞，知大名府大名縣，就除通判忻州，又通判真定府。府帥王嗣宗恃氣，侮折其屬，爲不法，以故久之莫敢爲通判者。公行，嗣宗固不懌，稍侵公以氣，公恬然不爲校也，以禮示之而已，嗣宗詘服[二]。居十餘日，公請視獄。獄中繫者常數百人，嗣宗意愠，輒久之不問，吏亦不敢言治。公視獄，所當治者數十人而已[三]，餘悉當釋，無所坐。於是嗣宗趣有司如公指，即日斷出

〔一〕「知興元王公」，龍舒本作「叔祖」。
〔二〕「詘」，龍舒本作「絀」。
〔三〕「治」，原脱，據龍舒本補。

之。自是事無不聽公所爲，公輒分别可否〔二〕，而使其政皆由嗣宗以出，雖府人，或不知公於嗣宗

日有助也。一府遂治，而士以此稱公爲長者。

始〔三〕，公中進士時，同進有常陵公者嫉公，先以被酒，取公敕牒裂燒之〔三〕，公爲諱其事，以失

亡告有司而已。及後，陵公者爲屬吏，公舉遷之。或非公以德報怨，公曰：「受詔舉京官，彼今爲吾屬而任京官，吾則舉之，何報怨之謂哉？且吾與彼乃未始有怨也。」蓋公之行已多如此。

居一歲，移知保州，又以舉者移知深州，又以選移知齊州，二州之人皆曰：「公愛我。」已而提點刑獄淮南兼勸農事。公於爲獄，務在寬民，而以課田桑爲急。按渠陂之故，誘民作而修之，

利田至萬九十頃〔四〕，天子賜書獎諭，後出氏名付大臣召用。而當是時，丁謂爲宰相。先是，謂以二人屬公善視之，曰：「皆能吏也。」至則皆有罪，公發其狀以聞。由此謂欲傷公，不果〔五〕。而久之，公所任吏亦有贓坐，即絀公監池州順安鎮酒税。會今上即位，移滁州，又移知興元府。自丁

〔二〕「輒」，原作「賴」，據龍舒本改，聽香館本作「預」。
〔三〕「始」，龍舒本作「然」。
〔三〕「取」，光啓堂本、聽香館本作「承」。
〔四〕「萬九十頃」，龍舒本作「五萬九十頃」，聽香館本作「萬九千頃」。
〔五〕「果」下，龍舒本有「用」字。

謂得罪徙南方，論者皆以公宜復用，而公亦且得疾不起矣。享年六十二，官至尚書主客郎中。

明年，天聖七年，葬和州之歷陽縣。後若干年，公夫人張氏葬，而公墓塋，乃改卜合葬於真州揚子縣萬寧鄉銅山之原。公子六人，於是存者二人：曰某，爲殿中丞；曰某，爲進士。其四人皆已卒：曰某，開封士曹參軍；曰某，楚州寶應縣主簿；曰某、曰某，爲進士。而公以殿中君積贈官至右諫議大夫。某，公兄孫也，受命於叔父而爲銘。銘而次公之行事不能詳者，以不得事公，而公之没，叔父皆尚少故也。嗚呼！於公之行事雖不得其詳，而其略所聞如是，蓋可以考公德矣。銘曰：

王亡晉封，遠跡南土。公始有廟，妥其禰祖。孰强而勝，孰忌以争？孚予恭寬，在窒而亨。嶷嶷之節，因時乃發。曰黜予咎，匪仇予遏。避善不名，亦不隕聞。寘銘新基，維以長存。

## 胡君墓誌銘

王某之治鄞三月，其故人胡舜元凶服立於門。揖入，問弔故，則喪其父五月〔二〕，留而館，意獨怪其來之早也。居數月，語吾弟曰：「吾釋父之殯，跋山浮江，從子之兄于海旁，願有謁也久

〔二〕「父」，龍舒本、宋刻本作「天」。

矣，不敢以言。吾親之生，我學於四方，不得所欲以養，今已不幸卒也。得子之兄誌而銘之，藏之墓中，可以顯於今世以傳於後，雖吾小人與榮焉，無悔焉。不知子之兄可不可？」吾弟以告，予歎曰：「審如是，可以爲孝。君子固成人之孝，而吾與之又舊，其何顧而辭耶？」取吾所素知者爲之誌而銘之。誌曰：

君諱某，池之銅陵人。生於丁丑，興國之年也。卒於丁亥，是爲慶曆七年。子七人。某以十月葬君於谷垂山。胡氏世大家，闔門數百人。君有子舜元，獨招里先生教之爲士。其卒也，族分而貲衰，舜元爲善士。銘曰：

壽七十一，不爲不多。吾與之銘，千古不磨。

## 屯田員外郎邵君墓誌銘

邵公既國燕，其子孫處者猶食其初邑，至後世遂爲邵氏。今有田里丹陽者獨爲大家，其所出往往稱天下〔一〕。

君，丹陽人也，諱某，字某。少敏爽，皇考某欲大就之，爲破貲聚留師賓以發其材。及壯，行

〔一〕「稱」，聽香館本作「甲」。

内修，不標飾爲名，而有譽於爲士者。年四十，始以進士出佐鎮東軍，積功次，入尚書爲屯田員外郎，通判亳州。遭母夫人某氏喪，不行以卒。

君工爲詩歌，喜飲酒，與人交，恬如也。尤不好官爵，至京師，一不問權貴人所舍。事有類君者，自言得遷。或勸君自言，終不許。然起家十九年，更三縣，以材奏君者甚衆。

卒之明年，皇祐某年某月，弟某葬君某所，以夫人某氏祔。子男兩人，曰某，曰某。一女子尚幼〔一〕。銘曰：

秉於朝，葬於里。厥嬪祔之，祭則子。以完歸親，維有祉。

## 馬漢臣墓誌銘

合淝人馬仲舒，字漢臣，其先茂陵人，父皋爲江東撥發，寘其家金陵。漢臣因入學，齒諸生。爲人喜酒色，其相語以褻私侈爲主。父母不欲之，又隆愛之，不能逆其意以教也。然漢臣亦疏金錢〔二〕，急人險艱〔三〕，不自顧計。於衆中尤慕近予，予亦識其可教，以禮法開之，果大寤，遂自

〔一〕「一女子尚幼」，龍舒本作「一女子，皆尚幼」，光啓堂本、聽香館本作「一女尚幼」。
〔二〕「疏」，龍舒本作「輸」。
〔三〕「艱」，宋刻本作「難」。

挫刻，務以入禮法。從予學作進士，既數月，其辭章粲然，充其科者也。

漢臣長予四年，予兄弟視之[一]，漢臣視予則師弟子如也。嘗助予叔父之喪，若子姪然[二]。慶曆六年，漢臣冠五年矣，從予入京師待進士舉，六月病死。死時予亦病，其叔父在京師，因得棺斂歸金陵殯之。某年某月乃葬于某處。孔子曰：「秀而不實者有矣夫！」漢臣幾是矣。噫！誌其墓云。

## 贛縣主簿蕭君墓誌銘

君諱化基，字子固[三]，實蕭氏。其先有自長沙避地廬陵者，曰霽，方李氏有江南，爲洪之武寧令，於君爲曾大父。其後再世曰焕，曰良輔，皆不仕。至君之兄侍御史定基，始以材起爲名家，而追贈其皇考尚書工部員外郎。

君於工部爲少子，少謹厚，能自力，業其世以善富。既御史貴，得任子弟，君猶私其能，不願治民。然御史竟官君爲明之奉化尉，主簿於虔之贛縣，監真州酒。恬慎祇修，在勢者任之。春

〔一〕「視」，龍舒本作「俟」。

〔二〕「姪」，原作「姓」，據龍舒本改。

〔三〕「子固」，宋刻本作「子因」。

秋六十二，至和元年四月癸酉，以官卒。其子汝霖、汝能、汝爲、汝正護其柩歸，以十一月壬午葬其縣之儒行鄉白沙原。夫人楊氏前葬矣，今不祔。

先人於御史以弟交，君子丈人行也。二父皆有子知名南方，交於予，以故請銘。銘者，所以名前人而燕孝子之心也，於是爲銘。銘曰：

韡矣蕭宗，楚産之良。繩繩主簿，有善其鄉。我修不苟，曰攸爲康〔二〕。圖銘壙石，維後之藏。

## 秘書丞謝師宰墓誌銘

君姓謝氏，諱景平，字師宰。尚書兵部員外郎、知制誥、陽夏公、贈禮部尚書諱絳之子，太子賓客、陳留公、贈禮部尚書諱濤之孫，泰寧軍掌書記〔三〕、贈尚書吏部侍郎諱崇禮之曾孫。

初以祖父廕，試秘書省校書郎，守將作監主簿。既而中進士第，僉書崇信軍節度判官廳公事，監楚州西河轉般倉。累官至秘書丞。年三十三，以治平元年十二月庚申卒。妻尹氏，生男

〔二〕「曰攸」，原爲墨釘，據龍舒本補，光啓堂本、聽香館本作「寔可」。
〔三〕「軍」，原作「君」，據小岯山館本改。

女四人，皆前死。其兄以某年某月某日，葬君鄧州穰縣五隴山南。謝氏故家河南緱氏，君六世祖仕吴越，故自陳留公以上三世葬杭之富陽，至君始葬陽夏公於鄧，爲穰人，而今以君祔葬。

君於忿不忮，於欲不求，雖學之力，亦其天性。故其孝弟忠信，寬柔遜讓，莊静謹潔，稱於兒童，以至壯長。而成不充其志，施不盡其材，此學士大夫所以哀其死而多爲之出涕也。然君文學、政事、言語已能自達於一時，其於道德之意，性命之理，則求之而不至，聞矣而不疑。嗚呼，可謂賢已！銘曰：

陽夏四子，皆賢而材。季也早死，吾銘其埋。今又銘叔，嗚呼可哀！古之死者，以死爲息。嗟叔方剛，何愒之亟？昭昭者逝，嶷嶷者藏。爲識在斯，銘則不亡。

## 尚書刑部郎中周公墓誌銘

周氏其先自華陰入蜀。蜀孟氏時，公之皇考諱敬述〔一〕，以文章知名，嘗至要官任事矣。孟氏亡，因不復仕，而天子召以爲壽州下蔡令，由下蔡以爲太子中允、知江州，賜紫衣金魚，使撫初附之民。其後爲祕書丞，知泰州以卒，而得州之北原以葬。有子四人，其卒皆位於朝，而公第一。

〔一〕「述」，光啓堂本、聽香館本作「遂」。

公諱嘉正，字幹之。少與其昆弟俱以進士甲科起家，爲通州軍事推官。其後通判廣州，提點福建刑獄，知壽州，爲三司鹽鐵判官。故宰相丁謂慮其材〔一〕，天子以爲河北轉運使，而公不就。已而謂得罪，公坐出知金州，又知海州，又知濠州，而以工部郎中分司南京，歸治疾于海陵之第。明道元年，以恩遷刑部，二年，年六十四以卒。

公寬厚而廉清，而其才尤長於政事。自爲推官時，已能有所建易，爲士民所記。及奉使福建，獄有冤，輒辨，有疑若可貸，輒以聞，所活至數十人；而其治，大抵遇姦吏爲獨急。

子男五人：曰象先〔二〕，今爲武康軍節度推官，監台州税〔三〕；曰彦先，爲右侍禁，知循州興寧縣；曰茂先，爲泰州司法參軍；曰行先，爲山南東道節度推官，知江州彭澤縣；曰嗣先，爲進士。女七人，皆嫁爲士大夫妻。嘉祐三年三月壬申，公子與孫葬公皇考祕書丞、贈尚書工部侍郎之兆東，以安喜縣君錢氏祔，縣君實左右公以有家者也。銘曰：

周遷于蜀，爰自先人。考有四子，發于海濱。公有令聞，貴維次子。歸寬民人，施刻在

〔一〕「慮」，聽香館本作「薦」。
〔二〕「象先」，宋刻本作「蒙先」。
〔三〕「台」，聽香館本作「治」。

己。方飛方騫，方升于天〔二〕。既𨫼以歸，既隕于泉。有高其後，有光其前〔三〕。作爲銘詩，兆此新阡。

## 右侍禁周君墓誌銘

君周氏，諱彦先，字師古。曾大父諱環，贈大理評事。大父諱述，祕書丞，贈尚書工部侍郎。考諱嘉正，尚書刑部郎中。

君少以郎中君蔭補三班奉職，監泗州浮橋，又監楚州船場，爲揚、泰州巡檢。而近臣薦君閤門祗候，大臣曰：「周某可用矣，然吾將試之邊。」乃白以爲瀛、莫等七州軍沿邊巡檢。邊人兩界上爲群盜，君得姓名，以白安撫使，移之契丹，契丹悉捕斬之。自是久之，邊無盜也。已而君上書言漕事，又言邊將使人耕邊以給公使，不即禁止，往往能生事。於是邊將大怒，而君所部卒有犯法者，因詆君以不詰，坐是監廣州清遠縣鹽場。轉運使留君以監市舶，它吏方習爲姦賕事，而君獨不買舶中一物。轉運使嘗數稱君以愧它吏，而薦君以知循州之興寧縣。至則相縣南三十

〔二〕「升」，原爲墨釘，據光啓堂本、聽香館本補。
〔三〕「光」，原爲空格，據光啓堂本、聽香館本補。

里寧昌驛以爲治所，而吏自此得不以瘴死。然君既得疾於興寧矣，遂卒，卒時年四十二。縣人以君爲能撫我，思之也。

君先夫人盛氏，尚書工部侍郎諱京之子，後夫人王氏，尚書主客郎中諱貫之之子，皆有賢行。五子：濤、洵、淯、渥、瀣，皆爲進士。二女子：嫁如皋史堪、德安鄭汾，亦皆爲進士。而濤今爲著作佐郎、知汝州梁縣。以嘉祐三年三月壬申，葬君皇考郎中之兆次，而以先夫人祔。臨川王某爲銘曰：

君弟吾嫂，夫人吾姑。君能有家，不失疾徐。治兵與民，威愛之孚。銘昭子孫，以告不誣。

## 泰州司法參軍周君墓誌銘

君周氏，諱茂先，字去華。其先成都人，至君大父諱述，爲祕書丞，知泰州以卒，始葬泰州之北原，而子孫遂爲州人不去。父諱嘉正，尚書刑部郎中。君以父蔭爲楚州司户參軍，又爲泰州司法參軍，皆有能名。明道二年五月，刑部君終于第，君思慕哭泣，至其年十月亦卒，於是君年三十二。夫人南陽張氏，守其孤不嫁。其後孤涣以進士起家洪州南昌縣主簿。二女子，嫁池州貴池縣尉宣城查塾、進士建安吴觀。而以嘉祐三年三月壬申，葬君北原之兆，銘曰：

綿綿之孤，屬于單妻。既恃而殖，寵錫告命〔一〕。曰維孝子，從先人宅。

## 尚書屯田員外郎周君墓誌銘

君周姓，諱濤，字幾道。中慶曆六年進士甲科，歷亳州觀察推官，撫州軍事推官，著作佐郎，祕書丞，太常博士，尚書屯田員外郎，知汝州梁、杭州錢唐二縣。内行敏能，爲政壹自急飭，視民疾如在己，不肯釋事實爲名聲要利，所在民愛譽甚於士大夫。治平三年六月在京師，授簽書梓州判官事。七月十三日以官卒，年四十有四。

曾祖諱述，故郫人，皇祕書丞，贈工部侍郎，始占海陵以葬。祖諱嘉正，皇刑部郎中。父諱彦先，終右侍禁，贈右監門衛將軍。妻曰昭德縣君錢氏。子男五人：稃、穜、秩、穆、稌。以其年十月十六日，葬君揚州江都縣同軌南鄉東武里。銘曰：

於勢與聲，蹲循弗争，無忌其生。於善與恥，操終如始，有哀其死。

〔一〕「告」，宋刻本作「吉」。

## 虞部郎中晁君墓誌銘

尚書虞部郎中晁君，諱仲參，字孝先。以治平四年五月九日卒於通判舒州事，其子以熙寧二年正月二十九日卜濟州任城縣諫議鄉吕村之原以葬，狀君之行來乞銘，掇其語爲銘曰：

晁望潁川，衛有卿丙。錯以術用，作漢家令。魏晉南北，史無傳人。良正官唐，仍不大振。開封于家，徙鉅野縣。辟時艱屯，出宋而顯。迥奮布衣，太子太師。宗慤秉政，父子一時。三朝四世，錫榮丘墓。佺令中書，爲君曾祖。有子迪者，刑部侍郎。乃生宗簡，世德孔揚。使京東西，郎于刑部。君實其嗣，少則多譽。仲父保任，主簿上虞。宰墨隳政，易君仕初。從容調聏，史莫玩法〔一〕。墨以廉終，弱伸强懾。按察擾獄，夙如我謀。君不爲奪，械囚于州。將范文正，歎愛而謂：「畏宜繩私，公勇勿畏。君願持此，畢身無尤。」薦監越酒，旋宅父憂。判官于滁，擢丞大理。汝州郟城，來知縣事。富姓賕吏，寓田勢家。役煩且窘，中户愁嗟。君裒僞券，應手即辨。完蠹噓枯，俗戒以勸。秦王諸孫，上冢入郛。卒榜驛隸，君擒而誅。將劾中人，匿車夜遁。移内侍省，罪令即訊。迄明年至，徒御無譁。能聲震越，號稱其家。易曹濟陰，太子贊善。督尉

〔一〕「史」，聽香館本作「使」。

操書鐫索盜，里閭宴衎。馬入罷牧，地租于民。廚傳費劇，輸之殆貧。君曰閔哉，責豈無豫！歲蠲五守，多絀其數〔一〕。遷官博士，去領開州。大築學校，率衣冠游。温湯之鹽，實不酬課。坐堂朝晡，萬，奏自君可。泯疾不治，謁巫代醫。教以餌藥，盡投詭祠。失怙恃者，予其娶嫁。條教飲酒閒暇。英宗纂極，員外于虞。比駕二部，閱最而除。今天子恩，始正郎位。攝舒期年，逾肆。殍來鄰邦，賑使無僵。扶攜飽去，又遺之糧〔二〕。敦於除害，未始愛力。取樅陽河，避羅刹石。析池口征〔三〕，合于銅陵。官不失算，舟無危行。人幸是爲，曠數十載。趨令驩呼，無有稚艾。孤山、馬當，歲漂百航。鑿秋口浦，直走雷江。脱險風濤，幾五百里。章隨驛聞，就付其事〔四〕。方冬告役〔五〕，君夏而徂。壽五十五，識者歎吁。齊公孫氏，作配甚似。封永康君，誕惟四子：端仁、端義、端禮、端智。仁中進士，常州司理；義郊社郎，餘則未仕。五女四人，歸爲士妻：石、端、侯、彦，侯歸而嫠；范、胡二壻，純粹、僧孺；幼處于家。君孫有五：男節、符、籛，

〔一〕「絀」，龍舒本作「出」。
〔二〕「糧」，原作「種」，據聽香館本改。
〔三〕「析」，光啓堂本、聽香館本作「折」。
〔四〕「付」，光啓堂本、聽香館本作「計」。
〔五〕「役」，光啓堂本、聽香館本作「投」。

其二則女。惟君平生，外晦内明。忤出不意，默無與争。禄賙族姻，恩稱疏戚。庖無朝炊，笑語如昔〔一〕。晚尤静曠，病不告遺。極談性命，方絶之時。子丐埋辭，衰麄走汴。掇其緒餘，以質幽竁。

## 度支郎中葛公墓誌銘

葛，公姓也；源，名也；宗聖，字也。處州之麗水，公所生也；明州之鄞，後所遷也。貫，曾大考也；遇，大考也；旺，累贈都官郎中，考也。

進士，公所起也。洪州左司理參軍，吉州太和縣主簿，江州德化縣令，監興國茶場，威武軍節度推官、知廣州四會縣，著作佐郎、知開封府雍丘縣，祕書丞、知泉州同安縣，太常博士、通判建州，屯田員外郎、知慶成軍，都官員外郎、知南劍州，司封員外郎、祠部郎中、江浙、荆湖、福建、廣南提點銀銅坑冶鑄錢〔二〕，度支郎中、荆湖北提點刑獄，此公之所閱官也。

州將之甥，與異母兄毆人，而甥殺之。州將脅公曰：「兩人者皆吾甥，而殺人者乃其兄也。

〔一〕「昔」，聽香館本作「意」。
〔二〕「廣南」，聽香館本作「廣西」。

我知之，彼大姓也，無爲有司所誤。不然，此獄也將必覆。」公刻不爲變。此公之爲司理參軍也。州符徙吉水，行令事。他日，令始至，大猾吏輒誘民數百訟庭下，設變詐以動令，如此數日，令厭事，則事常在吏矣。公至，立訟者兩廡下，取其狀，視有如吏所爲者，使自書所訴，不能書者，吏授之，往往不能如狀，窮，輒曰：「我不知爲此，乃某吏教我所爲也。」悉捕劾，致之法。訟以故少，吏亦終不得其意。毛氏寡婦告其子，以恩義説之不得，即使人微捕，得之與閒語者，驗其對，乃書寡婦告者也。窮治，具服爲私謀誣其子孫。距州溪水惡，而歲租幾千萬碩，舟善敗，民以輸爲愁，公始議縣置倉以受輸，則官漕之亦便。州不聽，公論之不已，倉成，至今賴其利。此公之爲主簿也。中貴人擊驛吏取所給，過家以言府，府不敢劾。公曰：「中貴人何憚？爲吾民而有陵之者，吾亦恥之。」上書論其事，中貴人坐絀。此公之爲縣於雍丘也。屬吏常有隙於公，同進者因讒之，公察其旨，不聽，以爲舉首。此公之爲州於南劍也。鑄錢歲十六萬，其所施置，後以爲法程。此公之爲銀銅坑冶鑄錢也。鄂州崇陽大姓與人妻謀而殺其夫，州受賕，出之，公使再劾，劾者又受賕，獄如初，而公終以爲不直。其弟訴之轉運使，雖他在事者亦莫不以爲冤，復置之獄，卒得其姦賕狀，論如法。此公之爲提點刑獄也。

甲子四百三十五，公所享年也。至和元年六月乙未，卒之年月日也。潤州之丹徒縣長樂鄉顯陽村，公所葬也。嘉祐元年十月壬申，葬之年月日也。鄉邑孫氏，今祔以葬者，公元配也；萬年縣君范陽盧氏，公繼配也。良肱、良佐、良嗣，公子也。妻太常博士黄知良，曰金華縣君，公女也。起進士，爲越州餘姚縣尉，主公之喪而請銘以葬者，良嗣也。論次其所得於良嗣，而爲之銘者，臨川王某也。銘曰：

士窾以養交兮，弛官之不忌。維公之所至兮，樂職嗜事。彼能顯聞兮，公則不晰。不銘示後兮，孰勸爲瘁？

# 臨川先生文集　卷九十七

## 墓誌

### 王逢原墓誌銘

嗚呼！道之不明邪，豈特教之不至也，士亦有罪焉。嗚呼！道之不行邪，豈特化之不至也，士亦有罪焉。蓋無常産而有常心者，古之所謂士也。士誠有常心以操聖人之説而力行之，則道雖不明乎天下，必明於己；道雖不行於天下，必行於妻子。内有以明於己，外有以行於妻子，則其言行必不孤立於天下矣。此孔子、孟子、伯夷、柳下惠、揚雄之徒所以有功於世也。嗚呼！以予之昏弱不肖，固亦士之有罪者，而得友焉〔一〕。

余友字逢原，諱令，姓王氏，廣陵人也。始予愛其文章，而得其所以言；中予愛其節行，而

〔一〕「得」，光啓堂本作「亦」。

得其所以行；卒予得其所以言，浩浩乎其將沿而不窮也，得其所以行，超超乎其將追而不至也。於是慨然歎，以爲可以任世之重而有功於天下者，將在於此，余將友之而不得也。嗚呼，今棄予而死矣！悲夫！

逢原，左武衛大將軍諱奉諲之曾孫，大理評事諱珙之孫，而鄭州管城縣主簿諱世倫之子。五歲而孤，二十八而卒。卒之九十三日，嘉祐四年九月丙申，葬于常州武進縣南鄉薛村之原。夫人吴氏，亦有賢行，於是方娠也。未知其子之男女。銘曰：

壽胡不多？天實爾嗇。曰天不相，胡厚爾德？厚也培之，嗇也推之。樂以不罷，不怨以疑。嗚呼天民，將在于兹！

## 宋尚書司封郎中孫公墓誌銘

公諱錫，字昌齡。曾祖釗，祖易從，父再榮，皆弗仕。及公仕，贈其父至尚書兵部侍郎。公以天聖二年進士起家和州歷陽、無爲巢二縣主簿。部使者及兩制以御札舉者十餘人〔二〕，改鎮江軍節度推官，知杭州仁和縣。籍取兇惡，戒以不改必窮極案治，而治其餘一以仁恕，故縣人畏愛

〔二〕「御札」，聽香館本作「史」。

之。以兵部喪去。三年，乃用舉者以集慶軍節度掌書記充國子監直講，豫校史記，前、後漢書，南、北史，修集韻。選蘇王宫伴讀，教導有法，宗室召燕飲〔一〕，未嘗往。居頃之，改著作佐郎，當罷矣，又留爲國子監丞，講讀。

七年，乃用舉者召試集賢校理，同知太常禮院，判吏部南曹、登聞鼓院，爲開封府推官，賜緋魚。坐考鏁廳進士舉籍中有不中格者兩人，降監和州清酒務。當是時，龐宰相爲樞密使，薦宜侍講禁中，方召，而公以謫去。久之，會明堂恩，召還，同判尚書刑部。先時，主者多持事往決於中書，公獨視法如何，不往。戎州人向吉等操兵賈販，恃其衆，所過不輸物税，州縣捕逐，皆散走。成都鈐轄司奏請不以南郊赦除其罪，從之，逮捕親屬繫獄，至更兩赦。有詣闕訴者，刑部詳覆官以爲持赦遇赦不原者，雖數赦，猶論如法。公獨奏釋之，凡釋百二十三人。公於議法多如此。

復爲開封府推官，當隨尹奏事，仁宗問大辟幾何，且以慎刑愛人爲戒。公因奏開封敕有重於編敕而當改者數事，仁宗皆以爲然。它日，問尹以公姓名，稱之。於是貴戚女使有奏讞，上薄其罪，付公監決，曰：「此人平恕，可任也。」道士趙清貺出入龐宰相家，受賕，御史以劾龐，府治

〔一〕「召」，聽香館本作「多」。

實清貺自爲，龐不知也。清貺坐杖配沙門島，行兩日死。御史又劾府希宰相指，故杖清貺，殺之滅口，仁宗亦疑，乃悉罷知府、推判官，而以公知太平州。初，清貺事獨判官王礪劾決，公不自辨也。

未幾，仁宗即寤，罷者皆復，而以公提點淮南路刑獄。在淮南二年，所活大辟十三人，考課爲天下第一，所舉多善士，未嘗聽人請屬，還爲三司户部判官，求知宣州，許之，特詔秩禄視轉運使。至則召五縣令，約以州所下書有不便封還，故縣得自爲政而州無事。且滿，州人詣轉運使、提點刑獄，乞留。還，又知舒州，發常平、廣惠倉以活陳、許、潁、蔡流人。及歸，計口量遠近給食遣去，去者率錢買香，焚之府門以祝公，至或感泣。初，提點刑獄恐聚流人爲盜，又惜常平、廣惠倉，數牒止公，不聽，申以手書，又不聽。佐屬皆争曰：「不可。」公行之自若。比代去，州人闔城門留之，薄暮，與争門，乃得出，遂以告老致仕。於是官至尚書度支郎中，散官至朝奉郎，勳至上柱國。今上即位，遷司封，賜金紫。以熙寧元年正月十二日卒，年七十八。

孫氏世爲廣陵富姓，兵部兄弟五人。其季婦有子寡，欲分財，以義譬解不得，乃悉推田宅與諸兄弟，脱身攜公居建安軍揚子，故今爲真州人。諸兄弟後破産，而兵部居揚子，又卒爲富姓。爲公千里迎師，立學舍，市書至六七千卷。公感勵奮激，誦習忘寢食。年十九，舉進士開封，第二。坐同保匿服罷，而再舉，又第一。當是時，以文學稱天下。及仕，號爲忠厚正直。終身未嘗言利，老而貧，不以爲悔，鄉人尤歸其長者。有文集二十卷。初娶莊氏，早卒。又娶裴氏、刁氏，刁氏封壽安縣君，亦前死。子湜、澄、泳、淵、淑、湘，早卒。溱，太廟齋郎，後公數月死。澄，楚州寶應主簿。洙，祕書丞、集賢校理。漸，太廟齋郎。女十人：一人嫁，三人未嫁，三人嫁而卒，三人未嫁而卒。九月十六日，葬公揚子縣懷民鄉北原。銘曰：

於戲孫公！有直其道。爲之少時，以濟壯老。人信公行，承趨薦保。天順公德，與公壽考。維公有子，喪事哀祗。慰其考思〔二〕，用此銘詩。

## 荆湖北路轉運判官尚書屯田郎中劉君墓誌銘 并序

治平元年五月六日，荆湖北路轉運判官、尚書屯田郎中劉君，年五十四，以官卒。三年，卜十月某日，葬真州揚子縣蜀岡〔三〕，而子洙以武寧章望之狀來求銘。噫！余故人也。爲序而銘焉。序曰：

〔二〕「考」，龍舒本作「孝」。
〔三〕「真州」，原作「其州」，據聽香館本改。

君諱牧，字先之。其先杭州臨安縣人。君曾大父諱彦琛，爲吴越王將，有功，刺衢州，葬西安，於是劉氏又爲西安人。當太宗時，嘗求諸有功於吴越者録其後，而君大父諱仁祚，辭以疾。及君父諱知禮，又不仕，而鄉人稱爲君子。後以君故，贈官至尚書職方郎中。

君少則明敏，年十六，求舉進士，不中，曰：「有司豈枉我哉？」乃多買書，閉户治之。及再舉，遂爲舉首。起家饒州軍事推官，與州將争公事，爲所擠，幾不免。及後將范文正公至，君大喜曰：「此吾師也。」遂以爲師。文正公亦數稱君，勉以學。君論議仁恕，急人之窮，於財物無所顧計，凡以慕文正公故也。弋陽富人爲客所誣，將抵死，君得實以告，文正公未甚信，然以君故，使吏雜治之。居數日，富人得不死。文正公由此愈知君，任以事。歲終，將舉京官，君以讓其同官有親而老者。文正公爲歎息許之，曰：「吾不可以不成君之善。」及文正公安撫河東，乃始舉君可治劇，於是君爲兖州觀察推官。又學春秋於孫復，與石介爲友。州旱蝗，奏便宜十餘事。其一事，請通登、萊鹽商，至今以爲賴。

改大理寺丞，知大名府館陶縣。中貴人隨契丹使，往來多擾縣，君視遇有理，人吏以無所苦。先是多盜，君用其黨推逐，有發輒得，後遂無爲盜者。詔集强壯，刺其手爲義勇，多惶怖，不知所爲，欲走，君諭以詔意，爲言利害，皆就刺，欣然曰：「劉君不吾欺也。」留守稱其能，雖府事往往咨君計策。用舉者通判廣信軍，以親老不行，通判建州。

當是時，今河陽宰相富公以樞密副使使河北，奏君掌機宜文字。保州兵士爲亂，富公請君撫視。君自長垣乘驛至其城下，以三日，會富公罷出，君乃之建州，方并屬縣諸里，均其徭役，人大喜，而遭職方君喪以去。通判青州，又以母夫人喪罷。又通判廬州。朝廷弛茶榷，以君使江西，議均其税，蓋期年而後反。客曰：「平生聞君敏而敢爲〔二〕，今濡滯若此，何故也？」君笑曰：「是固君之所能易也〔三〕，而我則不能。且是役也，朝廷豈以爲它，亦曰愛人而已。今不深知其利害，而苟簡以成之，君雖以吾爲敏，而人必有不勝其弊者。」及奏事，皆聽，人果便之。除廣南西路轉運判官。於是修險阨，募丁壯，以減戍卒，徙倉便輸，考攝官功次，絶其行賕。居二年，凡利害無所不興廢。乃移荆湖北路，至，踰月卒。家貧無以爲喪，自棺槨諸物，皆荆南士人爲具。

君娶江氏，生五男二女。男曰洙、沂、汶，爲進士，洙以君故，試將作監主簿，餘尚幼。

初，君爲范、富二公所知，一時士大夫争譽其才，君亦慨然自以當得意。已而屯邅流落，抑没於庸人之中。幾老矣，乃稍出爲世用。若將有以爲也，而既死。此愛君者所爲恨惜，然士之赫赫爲世所願者可睹矣。以君始終得喪相除，亦何負彼之有哉？銘曰：

〔二〕「平」，聽香館本作「愚」。
〔三〕「是」，聽香館本作「此」。

嗟乎劉君，宜壽而顯。何畜之久，而施之淺？雖或止之，亦或使之。唯其有命，故止於斯。

## 廣西轉運使李君墓誌銘 并序

君諱寬，字伯强，姓李氏。其先隴西人，後移光山，至君六世祖又移建安，今爲南昌人者，以君大皇考爲鼻祖。君皇考諱某，以太子洗馬致仕，終尚書虞部郎中，其贈官至衛尉卿。大皇考諱某，以殿中丞致仕，其贈官至吏部尚書。曾大皇考諱某，當五代之亂，無爵禄，以尚書故，贈大理評事。

君始以世父蔭守將作監主簿，監洪州鹽院，用歲課倍，得知袁州宜春縣，改知福州福清縣。當是時，能聞朝廷矣，就除通判桂州，又通判江州，二州皆治，遂知吉州。請於天子，立學以教，學者常三百人。施方略，捕盗賊，無衆寡遠近必得，以至米鹽酒搉，皆爲除弊致利。移衡州，不赴。改江州，州人曰：「是嘗涖我矣。」不待至而服。未幾，移潤州，不赴，改信州，又不赴，改太平州，轉運使言饒大劇，州將不能治，而太平不足用君，乃换饒州。屬縣惡吏聞且至，有棄其官而去，至則禁巫醫之罔民，案畜蠱者，遂以無事。安撫使言治行，於江南爲第一。

母夫人終，去位。三年，知虔州，將行，三司請君制置糧草河北，一歲減緡錢八十七萬，由此提點江、浙等路鑄錢坑冶。以衛尉老，奏徙治所南昌，從之。移提點荆湖北刑獄，辭不往，又請便官以養，乃改江西。居一月，遭衛尉喪。服除久之，尚不忍去墓所。詔就起君提點江東刑獄，又移京西，除廣西轉運使。自儂智高反，宿軍邕州，歲漕不足，乃多治船，設賞罰，而邕軍食以有餘。所部攝官以三十四員爲額，待攝常數十百人〔二〕，一員闕，皆争賕吏。君第其課爲三等，有闕以次補，攝官不賕吏由此始。二廣使者故不以春夏出，會有詔閱邊卒，君即出，道遇瘴，歸卒，年六十，治平二年九月二十三日也。

初，李氏既居江南，尚書未老，致其事歸養，其子侍郎以分司歸，亦未老，當侍郎之歸，衛尉又以從其兄弗仕，仍世德義，爲南人所慕。君既生有美質，而積習名教，自爲兒童侍衛尉側，不惰終日。及壯砥礪，以材能自顯。其於吏治精壯果敏，機張鍵閉，姦不可知，目所指取，必得其情狀。故所在豪人猾吏，重手累足，以終君去，不敢有所觸。君視遇其屬士大夫賢者尤謹，所拔舉過百人，後多知名云。

夫人胡氏，仁和縣君，子男五人：長曰承勉，宣州旌德縣令，早卒；次曰亞夫，太廟齋郎；曰獻夫，試將作監主簿；曰渭夫，試祕書省校書郎；曰太平奴，方晬而夭〔三〕。女二人：長適蘇

〔二〕「常數十」，聽香館本作「當事三」。
〔三〕「夭」，聽香館本作「殀」。

州常熟縣主簿余公弼，次適大理寺丞田真卿。孫男三人。君與弟尚書司門郎中定相友愛尤篤，遺奏以司門之子簡夫聞。詔除司門知太平州，補簡夫郊社齋郎。又詔君喪所過州發卒護送。以明年二月歸殯於洪州，某月某日葬新建縣桃花鄉曹山，去先墓五里，君所自爲壽藏也。君積散官至朝奉郎，職事官至尚書金部郎中，勳至護軍，賜服佩至三品，銘曰：

李姓章浦，自君考祖。棄閩徂遷，望此荆楚。君於治人，無有黨讎。部我千里，如農一丘。薅姦鉏彊，以殖善柔。均之利澤，深蒔平擾。乃登禄實，尚饋春秋〔一〕。君能孝祀，君則多子。有來無窮，其視章水。

# 國子博士致仕李君墓誌銘

朝奉郎、國子博士致仕、騎都尉、賜緋魚袋廣陵李君者，諱問，字某。以數舉進士，賜同學究出身。嘗爲韶州樂昌、無爲軍廬江二縣主簿，河中府臨晉縣令。以昭德軍節度推官知邢州平鄉縣，以大理寺丞知蘇州吴江、衢州江山二縣。又以太子中舍、殿中丞監在京箔場、太平州蕪湖縣酒税，遂告老。會今上即位，遷博士，至明年而卒。又明年十二月二十五日，葬廣陵某鄉某里。

〔一〕「深蒔平擾乃登禄實尚饋春秋」，光啓堂本、聽香館本作「及時平休所登禄實而饋春秋」。

君善爲詩，當時名人柳開、王禹偁稱之。少貧，幾不自存，有姊氏與田宅〔一〕，弗取也。及爲吏，所在推誠愛人，人至不忍有所負以累君，去輒遮泣挽留。及老矣，而彌貧，然終不以貧故變節有所取。年九十，精悍如此。及將卒，尚讀書，與家人笑語自若，投其書，若將寐者，遂卒，卒時治平元年十一月十一日也。

李氏故金陵人，其後遷高郵，又遷廣陵。君曾祖諱某，祖諱某，考諱某，以君故，贈殿中丞。君娶開封浩氏，有兩男子：察，山南東道節度推官，蚤卒；定，集慶軍節度推官。一女，嫁杭州新城縣令許仲蔚。定有文行〔二〕，從余遊，故與爲銘。銘曰：

蘄曠平，窾幽密。工相方，史諏日。於惟君，考此室，猶其永寧尚終吉。

## 朝奉郎守殿中丞前知興元府成固縣楊君墓誌銘

楊氏自太尉震守節於漢以死，而將相名臣之族多出於華陰，歷八九百年，以至於今不絕，爲士大夫家，而尚能譜太尉之昭穆。當五代之亂，君曾祖諱某者〔三〕，在吳越，因相其王。王遷國除

〔一〕「與」，原作「以」，據龍舒本改。
〔二〕「行」，龍舒本作「學」。
〔三〕「曾」下，龍舒本有「皇」字。

於太宗之時，而國相之子孫歸仕於天子，又多賢顯。尚書刑部郎中諱某者，君皇祖也。尚書司封郎中諱某者，君皇考也。楊氏之爲江都人者，自君皇考始。

君諱某，字公適。幼詳敏知，好文學，故我叔祖興元府君嫁之以其子。及長而仕，號爲能吏，所在官治多舉者。自太廟齋郎更九官，而以殿中丞知興元府成固縣事。治平元年歸，得疾於楚州，二月二十一日卒，年六十五。

夫人王氏，即興元府君尚書主客郎中諱某之女。五男子：湜、洙、治、滌、浡。湜，宿州符離縣尉，餘皆進士。洙、治前死。四女子，其已嫁者二人，太常少卿吕璹、試將作監主簿孫綖者，君壻也。其一人未嫁而前死。諸子孫以二年十一月四日，葬君江都東興鄉之北原。以某嘗得侍君，而君知之於少時者也，故屬以銘。銘曰：

赫赫太尉，窮于季世。華陰之楊，終熻而昌。艱難徂遷，亦相其王。王以家朝，相隨内屬。有子有姓，尚多顯服。君勱厥紹，考終世禄。書銘在京，兆實初卜。

## 都官郎中致仕周公墓誌銘

尚書都官郎中南康周公卒之明年，皇祐五年，葬某所，子藴、詠使請銘。次其語曰：

公諱某，字某。其先占蔡之汝陽，唐末遇亂於光、蘄，遷江州之星子鎮。太平興國中，以鎮爲縣，又以爲南康軍，故今爲南康人焉。曾大父某，大父某，當李氏時，皆以學行爲處士家。皇考某，累贈尚書職方郎中。

始以進士起，至尚書屯田郎中，求監池之永豐監，遂致仕。已而今天子大享明堂恩，除都官于家以卒。嘗令岳之沅江、壽之霍丘、池之建德、邛之依政、河南之洛陽，凡五縣。通判池州。守二州，曰蓬曰安。其治之寬嚴，視事劇易，尤惠於池、蓬。蓬人愛思，至爲公畫像。在洛陽，明肅太后使中貴人用事者來，留守傾身媚附之。中人諷公請己〔一〕，獨拒之不往。故相張士遜薦公說書國學，且諭公見執政，公固謝之。其篤學果行、蓋有世士大夫所難者〔二〕。卒時春秋七十七，戒喪葬無用浮屠說。有文十卷，世傳之。

先夫人王氏，封仁壽縣君。二子：藴，保信軍節度推官；詠，太廟齋郎。銘曰：

余聞異時宦官之幸，雖隆名尊爵，有紀於時者，往往爲之詘焉。又觀古之士，能無折身以市於貴勢，蓋亦少也。信公之所守，則其賢遠矣。我銘公藏，不刻其他。惟兹之存，以勸毋邪！

〔一〕「請」，聽香館本作「詣」。
〔二〕「大」，原脱，據聽香館本補。

## 張常勝墓誌銘

君湖州烏程縣人，姓張氏，名文剛，字常勝。好學能文，孝友順祥。再舉進士不第。年二十七，熙寧五年九月九日卒，以六年二月十日葬於鳳凰山。曾祖任。祖維，贈刑部侍郎。父先，尚書都官郎中致仕。女三人。君妻，予從父妹也，故君從予學。銘曰：

才足以貴，而莫之知。善足以壽，而止於斯。嗚呼逝矣兮，銘以哀之。

# 臨川先生文集　卷九十八

## 墓誌

### 尚書都官員外郎侍御史王公墓碣銘

慶曆五年，天子以尚書都官員外郎、通判荆南府王公爲侍御史。居一年，以入三司爲户部判官，又一年，還之，爲言事御史。頃之，奏事殿中，疾作，歸，翌日卒。其家以不起聞，天子悼閔，走中人賻之金帛，又官其一子。先是，御史有物故者不賻，由公故，乃敕有司并賻〔一〕。蓋天子之所以録其忠如此。

自公舉進士時，已能力學自立，以經術游於江、淮之南，爲學者所歸。至爲許州司理參軍〔二〕，

〔一〕「并」，宋刻本作「與」。
〔二〕「司理」，宋刻本作「法曹」。

則以其職與强貴人抗曲直，獄疑當死賴以活者至數人。再主簿於杭之臨安、開封之扶溝，遂選開封府法曹參軍〔二〕，令皆不能出其治，尹亦不敢侵其守。而薦者以十數，歲當遷，府推官惡不順己，持其奏不肯書，欲詘公請己。公故不詘，推官度終無可奈何，乃卒任公遷祕書省著作佐郎。已而覃恩遷祕書丞〔三〕，乃出知洪州分寧縣，入爲審刑詳議官，數以疑似辨上前，輒釋。及佐荆南，能以義憚其守，錯諸不法事。嘗上書，論南方用師討傜蠻，不如撫而降之利。

先是，公在京師，天子以災異詔百官言事，公所言有以儆世者。其後，御史府惡老者在，事不能自己，以言趣之去位。公以謂：「於老者薄，非所以廣仁孝於天下，且養之非其道，使至於無恥，而專以法格之，滋所以使人薄也。」乃推三代禮意，爲養老頌以諷。凡公之行己治民及所以論於上者，皆出於寬厚誠恕，而其言易直以明，故其召而爲御史也，未至，而好公者已信其能稱職矣。同時御史，聞一事皆争言塞職。其已嘗言，公未嘗繼以言，曰：「可悟上意足矣。」然排黨幸爲獨切，其言多同時御史所不能言者。每承上間言：「人不能無過，若以古繩墨治之，世殆無全人，爲國家用者，要之忠信而已。忠信雖有過，尚足用也。」其大指所存如此。嗚呼！古所

〔二〕「選」，宋刻本作「遷」。
〔三〕「遷」，宋刻本作「進」。

謂淑人君子者，公於是可以當之矣。公既行内修其大者，爲世所稱，至其施於小，亦皆敏而盡力，顧余不得盡載也。然讀余之所載，則亦概足以知公矣。

公諱某，字某。其先爲漢雁門太守者曰澤，澤後十八世雄爲唐東都留守，封望太原，族墓在河南，而世宦學不絶，爲聞姓。至唐之將亡，雄諸孫頗陵夷，始自缺，其譜亡，不知幾傳而至護，始居福之侯官，曰本河南人，雄之後也。護生仲，仲生廷簡，當閩王審知時被署爲安遠使，有勞烈於其國。審知死，遂置其官，以老安遠。二子，其季居政，娶邑里姚氏女，生公。自護四世至公，始以文行發名，追官皇考至祕書丞，而以昭德縣太君封其母。

夫人曾氏，贈尚書兵部侍郎會之女，封金華縣君。婦順母嚴，公所以紀其家，蓋有助焉。生五男子：回、向、固、同、冏〔一〕，皆爲士。其文學行義，有過絶人者。故人莫不知公後世之將大顯以蕃，而以公之仕不充其志，爲無憾也。公年六十三，以既卒之三年，葬潁州之某鄉某原。初，公嘗過游潁之樂，故諸孤御其母家焉，而以公於葬。至是，回之友臨川王某追銘墓上，實至和二年也。銘曰：

顯姓維王，出不一宗。公先河南，實祖於雄。來閩四世，乃挺以生。其來則否，其去而亨。

〔一〕「冏」，光啓堂本、聽香館本作「問」。

歸忠于君，播惠在甿。配時前人，駿發以升。世不載德，孰爲榮名？謂公有後，其豈公卿！

## 孔處士墓誌銘

先生諱旼，字寧極。睦州桐廬縣尉諱詢之曾孫，贈國子博士諱延滔之孫，尚書都官員外郎諱昭亮之子。自都官而上，至孔子四十五世。先生嘗欲舉進士，已而悔曰：「吾豈有不得已於此邪？」遂居于汝州之龍興山，而上葬其親於汝。汝人爭訟之不可平者，不聽有司而聽先生之一言，不羞犯有司之刑，而以不得於先生爲恥。慶曆七年，詔求天下行義之士，而守臣以先生應詔。於是朝廷賜之米帛，又敕州縣除其雜賦。嘉祐三年，近臣多言先生有道德可用，而執政度以爲不肯屈，除守祕書省校書郎致仕。四年，近臣又多以爲言，乃召以爲國子監直講。先生辭，乃除守光禄寺丞致仕。五年，大臣有請先生爲其屬縣者，於是天子以知汝州龍興縣事。先生又辭，辭未聽，而六月某日，先生終於家，年六十七。大臣有爲之請命者，乃特贈太常丞。

至七年月日，弟曬葬先生於堯山都官之兆，而以夫人李氏祔。李氏故大理評事昌符之女，生一女，嫁爲士人妻，而先物故。先生事父母至孝，居喪如禮，遇人恂恂，雖僕奴不忍以辭氣加焉。衣食與田桑有餘，輒以賙其鄉里，貸而後不能償者，未嘗問也。未嘗疑人，人亦以故不忍欺之。而世之傳先生者多異，學士大夫有知而能言者。蓋先生孝弟忠信，無求于世，足以使其鄉人畏服之如此，而先生未嘗爲異也。

先生博學，尤喜易，未嘗著書，獨大衍一篇傳於世。考其行治，非有得於内，其孰能致此耶？當漢之東徙，高守節之士，而亦以故成俗，故當世處士之聞，獨多於後世。乃至於今，知名爲賢而處者，蓋亦無有幾人，豈世之所不尚，遂湮没而無聞？抑士之趨操，亦有待於世邪？若先生，固不爲有待於世，而卓然自見於時，豈非所謂豪傑之士者哉！其可銘也已。銘曰：

有入而不出，以身易物；有往而不反，以私其佚。嗚呼先生，好潔而無尤。匪佚之爲私，維志之求。

## 右領軍衛將軍致仕王君墓誌銘

君王氏，諱乙，字次公。其望在太原，而實家大名之元城，不知其始所以徙。曾祖諱安，當周世宗時，爲閤門通事舍人。祖諱廷温，開寶中泰寧軍節度副使。考諱奉諲，右班殿直、贈左武衛大將軍。

君嘗舉進士不中，因獻其所藏書祕閣，而上書言：「先臣某逮□許王，於先皇帝有一日之幸，臣實其子。」天子下其問驗，以爲三班借職，累遷至内殿崇班、閤門祇候、淮南東路都巡檢使。皇祐二年，年七十三，以右領軍衛將軍致仕，卒於海州。而以嘉祐二年，葬真州之揚子縣某鄉某原，以後夫人劉氏祔。於是，先夫人林氏既葬矣。

君强記博聞，剛毅而聰明。好讀書，雖老矣，讀書未嘗少止。於窮人賤士，苟義所在，樂與之爲膠漆。一欲以不直加我，雖嚴貴人，義終不爲受也。數上書言事，皆中世病。而用事者多不聽，聽者兩言耳，又事之小者，然當時蒙其利。言楚州可去堰爲牐，歲省卒二十一萬七千人〔一〕，錢一百三十萬，米六萬八千石。又言河陰可以茶、鹽募入穀，而漕之河北。爲十説以排三司之難，三司不能絀其一，此當時蒙其利者也。

宋興百年，大定於太宗，至真宗，内外富矣。内外自是遂務以無爲養息天下，朝廷所尚賢良進士，而將相大臣之世用。君方慨然懷古人趨赴功業之意，欲起貧賤，不勢左右，而以其辯智當人主。衆圓獨方，用非其時，卒以不合。嗚呼，甚可悲也！然天下不肖多畏惡君，以其伉直，而幸其齟齬不得意以老。獨賢者哀之耳！

君子越石，秦州觀察判官；其次子仁傑，爲進士。女二人，嫁進士林度、陳州項城主簿宋造。余嘗爲君僚，而與其子越石同年進士也。銘其葬曰：

强能吾羸，吾與之爲抗；羸者惴惴，吾與之爲讓。卒羸于强，以室于行。維其心之享，以實

〔一〕「二十一」，光啓堂本、聽香館本作「二十二」。

其聲也。

## 朝奉郎尚書司封員外郎張君墓誌銘

朝奉郎、尚書司封員外郎、知安州軍州兼管内勸農事、騎都尉、賜緋魚袋，借紫張君，年五十六，以皇祐二年十二月十一日卒，以熙寧元年某月某日葬。

君諱徇，字聖休，餘杭人。曾祖曰浩，祖曰文寶，弗仕。考曰延遇，仕至左侍禁，贈官至左驍騎將軍。君少孤，與其弟祗皆文行知名，以布衣教授宗室。後中進士第，歷宣州宣城縣主簿，撫州司法參軍。用舉者遷大理寺丞，知雅州名山、洪州奉新兩縣，監海州榷貨務，通判池、廣兩州。乃自尚書屯田員外郎召拜殿中侍御史，用磨勘，遷侍御史。劾奏殿前都指揮使郭承祐恃恩驕嫚；論宦官雖高，不當坐侍燕，而謫請求者；又論不當禁諫官御史風聞言事。仁宗皆以爲然。君之爲吏也，數決疑獄，所至稱辨治。及是言事，又能舉其職。方是時爲御史者，援舉多不次，君素寛裕静退，恥以彈治人得用。未幾，即稱疾求出，乃知安州，州大治。會卒，人追喪車慟哭。

初，驍騎府君監湖州兵，遂葬卞山，至是，君從葬，以夫人京兆縣君施氏祔。施氏生一子稚恭，爲進士。一女，適信州司理參軍王汶。孫大正、大成、大亨、大鈞，今尚幼。君事母孝，友其弟甚篤，於權勢財利能廉，吏治尤可紀。在廣州，奏請城之，未及築外郛而召。後儂智高反，州人賴君所築活，以不卒功爲恨。銘曰：

有嘉張君，質静寬徐。進非所好，人用稱譽。視利在前，蹲循弗趨。退施一州，用智之餘。嘻其葬矣，次有銘書。

## 謝景回墓誌銘

君姓謝氏，諱景回，字師復。以泰寧軍節度掌書記諱崇禮者爲曾大父，以太子賓客陳留公諱濤者爲大父，而兵部員外郎、知制誥、陽夏公諱絳者之少子也〔一〕。幼好學，有大志，聰明卓然，不類童子。年十九，所爲文辭已可傳載。於是得疾不可治，以嘉祐四年十二月丙子，棄世於漢東，人莫不爲謝氏哀之。諸兄以八年十月乙酉，葬君鄧州穰縣五壟原之兆，而臨川王某爲銘曰：

攻乎其爲良，汏乎其爲精。吾見其質，吾聞其聲。如或毁之，用不既於成。哀以銘詩，亦慰其兄。

〔一〕「絳」，光啓堂本作「降」。

## 真州司法參軍杜君墓誌銘

真州司法京兆杜渙濟叔，年三十七，以皇祐四年四月辛酉卒。子男某，尚稚。州將以下合貨財以葬於北城之野〔一〕，而留其孥以處。杜氏世占永寧之博野，父詢嘗歷江寧府司録參軍，遂葬，家焉。有子五人，濟叔最少，實慶曆六年進士。臨川王某銘其葬焉。銘曰：

猗嗟杜氏，博野之良。有官于南，遂宅以藏。是生司法，以節自强。翼翼而才，頎而陽陽〔二〕。其生可懷，死矣皆傷。江之北垣，南墓在望。奚葬不歸？卜者曰祥。後有子孫，既實而昌。求藏厥初，來考銘章。

## 金溪吴君墓誌銘

君和易罕言，外如其中，言未嘗及人過失〔三〕。至論前世善惡，其國家存亡治亂成敗所繇，甚可聽也。嘗所讀書甚衆，尤好古而學其辭，其辭又能盡其議論。年四十三，四以進士試於有司，

〔一〕「州」，原作「自」，據龍舒本改。
〔二〕「翼翼而才，頎而陽陽」，原作「頎而陽陽，翼翼而才」，據龍舒本乙。
〔三〕「及」，原作「極」，據小岾山館本改。

而卒困於無所就。其葬也，以皇祐六年某月日，葬撫州之金溪縣歸德鄉石廩之原[一]，在其舍南五里。當是時，君母夫人既老，而子世隆、世範皆尚幼，三女子，其一卒，其二未嫁云。

嗚呼！以君之有，與夫世之貴富而名聞天下者計焉，其獨歉彼耶？然而不得禄以行其意，以祭以養，以遺其子孫以卒，此其士友之所以悲也。夫學者將以盡其性，盡性而命可知也。知命矣，於君之不得意，其又何悲耶[二]？銘曰：

蕃君名，字彦弼，氏吴，其先自姬出，以儒起家世冕黻，獨成之難幽以折[三]，厥銘維甥訂君實。

## 太常少卿分司南京沈公墓誌銘

皇祐三年十一月庚申，太常少卿分司南京錢塘沈公卒。明年，子披、子括葬公錢塘龍居里先公尚書之兆[四]，卜十月甲戌吉，與其宗謀銘，則書公官壽行世來以請。予論次其書曰：

沈氏自沈子逞以身屬社稷，書於春秋，文學、賢勞、功名，不曠于史，而武康之族，尤獨顯於

〔一〕「葬」，底本原脱，據龍舒本補。
〔二〕「何」，龍舒本作「可」。
〔三〕「難」，龍舒本作「艱」。
〔四〕「錢塘」，龍舒本作「邑」。

天下。至公高祖始徙去，自爲錢塘人。大王父某，當錢氏時匿不仕。王父某，官咸平、端拱間，至大理寺丞。父某，學行顯聞，早世，無爵位，由長子同及公贈兵部尚書。

公諱周，字望之。少孤，與其兄相踵爲進士，起家掾漢陽，從事高郵，用舉者入大理爲丞，監蘇州酒。知簡之平泉縣，縣人銘其政於石。遂自封州守佐蘇州，由蘇州爲侍御史。有以丞相指謁公者，不爲聽。居頃之，出刺潤州，又刺泉州。其爲治取簡易，訟有可已者，輒諭以義，使歸思之，獄以故少。泉州舊多盜，日暮市門盡閉，禁民勿往來，公至除其禁，而盜亦以止。佐開封，訟數年不遣者以百數，公斷治立盡。嘗代其尹争獄於上，大臣爲公自絀。三司使請鑄大錢，下其書議，議者無敢忤。公爲其判官，獨曰：「壞四錢爲之可以當十，民盜變舊錢且盡，鑄之爲誘民死耳，不如無鑄。」議上，如公言。於是，天子以江東之按察爲已悉，聞公寬厚，即以爲使。盡歲無所劾，而部亦以治稱。然公已老，不樂事權〔一〕，自請得明州。明年，遂以分司歸第，三月卒〔二〕。

夫人許氏，六安縣君。子兩男〔三〕，世其家，一女子已嫁。公廉静寬慎。貌和而内有守。春秋七十四，更十三官而不一挂於法。鄉黨故舊聞其歸則喜。喪，哭之多哀，而無一人恨望者。

〔一〕「事」下，龍舒本有「利」字。
〔二〕「三」上，龍舒本有「歸」字。
〔三〕「子」，原脱，據龍舒本補。

銘曰：

公生四方，卒於故里。先君之從，祭則孫子。有櫝有松，有鬱其岡，不阤不騫，萬世之藏。

## 吴録事墓誌

君諱蕡，字成之，世爲撫州金谿人。曾祖某，不仕。祖德筠，尚書屯田員外郎。父敏，尚書都官員外郎。君以蔭入官，任吉州太和、袁州萍鄉縣主簿，尉蘄州石橋茶場，廬州司理，亳、壽州、江寧府録事參軍。以某年月日卒于家，享年若干。

君事親孝，友于兄弟。與厭傪父母兄弟，寧窮困身妻子，故老妻長子，人不勝憂也，義不忍貲親遺産，悉推兄弟。比没世，妻子遵約，鄉人賢，以爲難。君嘗議獄，上官指教再三，君弗許再三。上官顧歎許〔二〕，舉京官，君弗謝，乃終弗舉，後他上官卒以質直弗舉也。二男子，偉、豪，長有志行如君。二女子，歸晏修睦、王令。季有特操如令，豪養寡姊妹，嫁孤甥，夫婦孳孳，鄉人又以爲難。卜以元豐八年某月日，葬于唐州桐柏縣淮源鄉，妻李祔〔三〕。臨川王某誌。

〔二〕「官」，原作「宫」，據光啓堂本、聽香館本改。
〔三〕「妻」，原作「實」，據小峴山館本改。

# 宋贈保寧軍節度觀察留後追封東陽郡公宗辯墓誌銘[一]

公諱宗辯，字慎微。祖諱元佐，是爲魏恭憲王。考諱允升，太師、平陽郡王，謚曰恭懿。公平陽第十三子，生數歲而平陽薨，事母孝，友于兄弟。好讀書，不舍晝夜。常獻所爲文，得試學士院，兄弟四人，皆中優等，遷官。而仁宗遇公甚寵，嘗親書「近親才賢，好文博古」八字賜之。公既好書，又嗜醫方，所蓄方甚衆。每躬自治藥，以振人之疾，其惻隱不倦，蓋天性也。以熙寧元年七月己卯[二]，終于睦親北宅，享年四十六。官至右衛大將軍、金州防禦使，爵天水郡開國公，食邑三千户，食實封五百户。贈保寧軍節度觀察留後，追封東陽郡公。

夫人李氏，封德安郡君，贈尚書、中書令漢瓊之孫。子男十五人：仲富，右内率府副率；仲尋，右羽林軍大將軍、黎州團練使；仲縮，右武衛大將軍、雅州刺史；仲瑝，右武衛大將軍、彭州刺史；仲緘，右千牛衛將軍；仲汧，右監門率府率；仲琨，右内率府副率。仲富前公卒，餘亦皆蚤死。女子十九人：嫁者四人，未嫁而死者九人，餘尚幼也。二年二月十七日，葬河南永安縣。

[一] 「保寧軍」，原作「保慶軍」，據正文及龍舒本改。

[二] 「己」，龍舒本作「乙」。

銘曰：

猗歟賢公，蕃此皇國。耀其藻章，以賁明德。能不外勸，維家之飭。厥承詵詵，餽我無射。如何不怡，遂永窀穸！

## 贈虔州觀察使追封南康侯仲行墓誌銘

公諱仲行，字德之。故婺州觀察使諱宗迴之子，贈節度使、同中書門下平章事蔡國公諱允言之孫，魏王諱元佐之曾孫。母曰齊安郡君梁氏。慶曆四年賜名，除太子右衛率府率、右監門衛大將軍，爵天水郡開國侯，食邑一千三百户。年二十二，以治平四年八月二十九日卒。贈虔州觀察使，追封南康侯。

夫人張氏，封壽昌縣君。子男士仡，早卒；士泉，右監門率府率。其季與女皆尚幼。君仁而好學，其卒也宗室皆憐傷。其葬也以熙寧二年二月十七日，葬河南府永安縣。銘曰：

爵之尊，禄之殖，維年之卑不配德。

## 贈華州觀察使追封華陰侯仲庬墓誌銘

公諱仲庬，字子厚。濮國公宗樸之子，濮安懿王諱允讓之孫，魯恭靖王諱元份之曾孫也。

母曰蕭國夫人王氏。以皇祐元年賜名，除太子右内率府副率。二年，改太子右監門率府率。嘉祐五年，改右千牛衛將軍。八年，改右監門衛大將軍。治平二年，領嘉州刺史。四年〔一〕，改右武衛大將軍，領雅州團練使。熙寧元年，年二十四，以三月三日卒。上爲不視朝一日，内出司賓祭弔，贈華州觀察使，追封華陰侯。

公生而秀麗，長而聰敏，於宗室爲好學。上承下撫，無不得意。故其卒，哭者皆爲盡哀。妻馬氏，封安平縣君。女一人，尚幼。公以熙寧二年二月十七日，葬河南府永安縣。銘曰：

維濮世封，實承安懿。公緒厥慶，尚終有嗣。奄其喪矣，一女之存。歸銘幽宫，以慰公魂。

## 贈奉寧軍節度使追封祁國公宗述墓誌銘

公諱宗述，字子耆。韓恭懿王諱元偓之孫，而東平郡王名允弼之子也。以天聖元年生，以景祐元年賜名，除右侍禁，歷太子右司禦率府、右監門衛將軍、左屯衛大將軍、廉州刺史，隰州團練使，濰州、嘉州防禦使。熙寧元年正月十八日，以不起聞。上幸其第奠哭之。贈奉寧軍節度使，追封祁國公。越明年，二月十七日，葬河南永安縣。

〔一〕「年」，原脱，據四庫本補。

公重厚，寡笑言，内行治，未嘗有謫。樂振施，知音樂，善射，尤爲東平王所愛。妻任氏，樂安郡君。子男七人：仲璆、仲俶、仲誘、仲㕓、仲疇。仲璆早卒，兩人未名而死。銘曰：

維德之嘉，維能之多，惟命之不遐，宗室之嗟。

## 右千牛衛將軍仲夔墓誌銘

君諱仲夔，字彦之。曾祖諱元佐，是爲魏恭憲王。祖諱允言，贈安遠軍節度使、同中書門下平章事，封密國公。父宗悦，前左屯衛大將軍、池州團練使，祁國公。君官至右千牛衛將軍，坐法廢。熙寧元年，年二十二，以五月二十五日卒。至某年某月某日，葬河南府永安縣。妻郭氏。有六男子，死者四人，士𤗻今爲右監門率府率，一人尚幼。銘曰：

託靈皇宗慶之多，終以無禄傷如何！棄此白日營山阿。

## 贈右屯衛大將軍世仍墓誌銘

君諱世仍，字季遷，宣城郡公從審第十子。宣城以越懿王諱德昭爲祖，以安定郡公諱惟和爲考。君母曰渤海郡夫人吴氏，實山南東道節度使元扆之孫。娶潘氏，鄭王美之孫也。年二十二，生二男子一女。以熙寧元年八月二十三日卒。於是官至右千牛衛將軍，制以右屯衛大將軍告其第，用二年二月十九日，葬于河南府永安縣。君授尚書，能通章句。遇人恭謹有恩，然喜飲酒，以故得疾死。銘曰：

有昭其明，有韡其榮。維其弗馮，以隕其生。

# 臨川先生文集　卷九十九

## 墓誌

### 仙源縣太君夏侯氏墓碣

仙源縣太君夏侯氏，濟州鉅野人。尚書駕部員外郎諱晟之子，翰林侍讀學士、尚書户部侍郎譙公諱嶠之孫，贈太子太師諱浦之曾孫，尚書兵部員外郎、知制誥、知鄧州軍州事陽夏公謝氏諱絳之夫人，太常博士、通判汾州軍州事景初之母。年二十三卒，後五年葬杭州之富陽。於是時，陽夏公爲太常丞、祕閣校理，博士生五歲矣，而其女兄一人亦幼。又十五年，康定二年，博士舉夫人如鄧，以合於陽夏公之墓。而臨川王某書其碣，曰：

夫人以順爲婦，而交族親以謹；以嚴爲母，而撫媵御以寬。陽夏公之名，天下莫不聞，而曰：「吾不以家爲恤，六年於此者，夫人之相我也。」故於其卒，聞者欲其有後，而夫人之子果以才稱於世。嗚呼！陽夏公之事在太史，雖無刻石，吾知其不朽矣。若夫夫人之善，不有以表之隧上，其能與公之烈相久而傳乎？此博士所以屬予之意也。予讀詩，惟周士大夫侯公之妃，修身飭行，動止以禮，能輔佐勸勉其君子，而王道賴以成。蓋其法度之教非一日，而其習俗不得不然也。及至後世，自當世所謂賢者，於其家不能以獨化。而夫人卓然如此，惜乎其蚤世也！顧其行治，雖列之於風，以爲後世觀，豈愧也哉？

# 揚州進士滿夫人楊氏墓誌銘

揚州進士滿涇之夫人楊氏者，著作元賓之女也。年六十有一，以治平四年十月庚戌卒，而以熙寧二年八月庚申葬，其墓在江都縣馬坊里之南原。有子七人：建中、居中、執中、存中、方中、閎中、求中，皆嚮學。建中，壽州壽春縣令；執中，潁州萬壽縣令；居中，舉進士。女二人；孫男女八人。

夫人性温恭静約，事當意與否，未嘗形於喜慍。以止有吾母也，故思其父愈久而猶悲；以不逮吾姑也，故事其舅愈勞而不懈。承其夫以順，勵其子以善，而泛接於族人也，又能以惠振其貧，以慈撫其賤，以恕掩其過，以篤悛其悍。老矣，歲時尚先諸婦以莅祭祀，蓋夫人之性行可稱者多至如此。而其子又懇懇不已，以求余銘，故勉爲之銘曰：

滿氏有家，保族衍大。夫人來嬪，德協内外。夫喜而謂：「偕我鮐背。」子祈以盡，温凊之愛。奚命之畸，使棄弗逮。維前之祥，德則弗諼；惟後之祥，有子才賢。銘慰諸幽，亦賁新阡。

## 曾公夫人萬年太君黄氏墓誌銘

夫人江寧黄氏，兼侍御史、知永安場諱某之子，南豐曾氏贈尚書水部員外郎諱某之婦，贈諫議大夫諱某之妻。凡受縣君封者四：蕭山、江夏、遂昌、雎陽；受縣太君封者二：會稽、萬年。男子四，女子三。以慶曆四年某月日卒於撫州，壽九十有二。明年某月，葬于南豐之某地。夫人十四歲無母，事永安府君至孝，修家事有法。二十三歲歸曾氏，不及舅水部府君之養。以事永安之孝，事姑陳留縣君；以治父母之家，治夫家。事姑之黨，稱其所以事姑之禮；事夫與夫之黨，若嚴上然；眎子慈，眎子之黨若子然。每自戒不處白人善否，有問之，曰：「順爲正，婦道也，吾勤此而已。處白人善否，靡靡然爲聰明，非婦人宜也。」以此爲女與婦，其傳而至於没，與爲女婦時弗差也。故内外親無老幼疏近，無智不能，尊者皆愛，輩者皆附，卑者皆慕之。爲女婦在其前者，多自歎不及，後來者皆曰：「可矜法也。」其言色在視聽則皆得所欲，其離别則涕洟不能捨，有疾皆憂，及喪來弔哭，皆哀有餘。於戲！夫人之德如是，是宜有銘者。銘曰：

女子之德，煦頋愉愉。教隳弗行，婦妾乘夫。趨爲亢厲，勵之顓愚。猗嗟夫人，惟德之經！媚于族姻，柔色淑聲。其究女初，不傾不盈。誰疑不信，來監于銘！

## 太常博士楊君夫人金華縣君吳氏墓誌銘 并序

錢塘楊蟠將合葬其母，縗絰以走晉陵，而問銘於其守臨川王某。王某曰：古者諸侯、大夫有德善功烈，其子孫必爲器以銘，而國之人必能爲之辭。越國而求銘，予未之聞也。今杭大州，以文稱於時者蓋有，而蟠也釋其殯，千里以取銘於予，蓋所以嚴其親之終，而欲信其善於後世，如此其慎也，予豈敢孤其意，以愛不腆之辭乎？於是爲之序曰：

故太常博士知婺州東陽縣事楊君諱翱字翰之之夫人金華縣君吳氏，世爲婺州之金華人。自其大父文顗始有籍於杭州之錢塘，而楊君亦自其父徽始去處州之麗水而爲錢塘人，而葬於錢塘之履泰鄉龍井之原。楊君之卒也，年六十七，以慶曆二年十二月二十一日從其先人以葬。而夫人後君十六年以卒，卒時嘉祐二年，年七十三，而以明年二月二十日祔於楊君之墓。

楊君少以文學中進士甲科，而晚以廉靜不苟合窮於世。夫人有馴德淑行，協于上下。內外無怨。楊君有子十一人，其一人則孽也。夫人母其孽子猶吳氏之甥，雖鄉人之習於楊君者，不知爲異母。既楊君卒，教養嫁娶皆各不失其時，而子端、子蟠同時以進士起家爲密、和二州推官。鄰里歎慕，以爲夫人榮，然夫人不爲之喜也。至楊君之弟子完及進士第，乃喜曰：「吾姒老矣，此亦足以慰其心也。」蓋其仁如此。夫人生男女十人，卒時，子輔國、子端與其女子七人皆已卒，而蟠獨在，爲泗州軍事推官。銘曰：

博士有家，夫人實紹；博士有子，夫人實教。遊其門庭，弦誦之聲，御其堂奥，賓祭齋明。皇命淑人，維君郡縣。問名考德，夫人實踐。歸哉萬年，博士之丘。銘以昭之，無有春秋。

## 長安縣太君王氏墓誌

長安縣太君臨川王氏，尚書都官員外郎、贈太師、中書令兼尚書令、潭國公諱益之女，尚書左丞張公諱若谷之婦，尚書比部郎中諱奎之妻〔一〕，國子博士覗、開封府雍丘尉視之母。十四而嫁，五十一而老，五十六而卒。其卒，在潁州子覗官舍，實元豐三年正月己酉。

君爲婦而婦，爲妻而妻，爲母而母，爲姑而姑，皆可譽歎，莫能間毁。工詩善書，强記博聞，明辨敏達，有過人者。循循恭謹，不自高顯。晚好佛書，亦信踐之。衣不求華，食不厭蔬。慈哀所使，不治小過，欲歸歸之，欲嫁嫁之。君二女：長不慧，不可以適人；其季，殿中丞龔原妻也。卜六年〔二〕，葬江州德化縣〔三〕。兄安石爲誌如此，弟安上書丹。

〔一〕「中」下，龍舒本有「贈衛尉少卿」五字。
〔二〕「卜」，原作「十」，據宋刻本改。
〔三〕「縣」下，龍舒本有「某鄉某里之原」六字。

# 永安縣太君蔣氏墓誌銘

毗陵錢公餗、公謹、公輔、公儀、公佐，以皇祐六年三月戊子葬其母永安縣太君蔣氏。方是時，太君年七十矣，公謹爲鄭州新鄭尉，公輔爲太常丞、集賢校理。五子者，卜明年之三月壬午，祔于皇考府君屯田員外郎、贈兵部員外郎諱冶之墓，而具書使圖所以昭後世者。敘曰：

蔣氏，常之宜興人，世以財傑其鄉，而其族人有以進士至大官者。太君年二十一，歸于錢氏，與兵部君致其孝。兵部君没，太君進諸子於學，惡衣惡食，御之不愠，均親嫡庶，有鳲鳩之德，終不以貧故，使諸子者趨於利以適己。既其子官於朝，豐顯矣，里巷之士以爲太君榮，而家人卒亦不見其喜焉。自其嫁至於老，中饋之事親之惟謹。自其老至於没，紉縫之勞猶不廢。子婦嘗諫止之，曰：「吾爲婦，此固其職也。」子婦化服，循其法。嗚呼！不流於時俗，而樂盡其行己之道，窮通榮辱之接乎身，而不失其常心，今學士大夫之所難，而以女子能之，是尤難也。女六人，皆有歸。孫七人皆幼云。銘曰：

詩始關雎，士莫不知。孰能其家，内外無違？聞豈在多，善成於好。於惟夫人，孰輔而告？婦功之修，母道之行。宜休而勸，不耄以明。紹良配淑，式穀爾後。勗哉其興，以克有廟。

## 建陽陳夫人墓誌銘

夫人建陽陳氏，嫁同縣人余君爲繼室。余君諱楚，有子四人，其二人則夫人之子。夫人之少子翼生三歲，而余君卒。余氏，世大姓也。夫人盡其産以仁先母之子，而使翼之四方遊學。戒曰：「往成汝志必力，無以吾貧爲恤。」於是翼年十五，蓋在外十二年，而後以進士起家爲吏，歸見夫人於鄉里。方此時，夫人閉門窮窶，幾無以自存，母子相泣，閭巷聚觀歎息曰：「賢哉是母，有子，食其禄，宜也！」蓋食其子之禄十四年，翼尉宿松，而夫人年七十八，以某年某月卒於宿松之官舍，某年某月某日葬宣州宣城縣鳳林鄉竹塘里。夫人之子長曰某，死矣。翼有文學，善議論，雖久困無所合〔一〕，然一時文人多知之者〔二〕，其卒能追榮夫人乎！於其葬，臨川王某銘曰：

在句之陰，有幽新宅。誰筮葬母，瘞銘斯石？子閩余姓，母氏惟陳。煢煢其行，婉婉其仁。善禄有終，名則不泯。

〔一〕「合」，原作「舍」，據龍舒本、宋刻本、聽香館本改。
〔二〕「文人多知之者」，龍舒本作「聞人多稱之者」。

## 李君夫人盛氏墓誌銘

夫人盛氏，其先錢塘人。曾大父諱某，某官，贈某官。父諱某，某官，贈某官，實始去吴，有里籍於汴。夫人之幼，季父文肅公稱其智，曰：「宜以某字。」遂名之。年二十三，歸隴西李某，爲某官。以後生三男子，皆進士，某，某官，其季曰某。女子四人，其長嫁某官某，次嫁某官某，處者其季也。春秋若干，先李君卒，卒於寧海之官舍。卒之某年葬某所，實皇祐四年。

夫人事舅姑以孝聞，持喪哀臞，事齋，飭卑衣食〔二〕，以其餘推親黨。能讀易、論語、孝經、諸子之書，親以教子。子男女娶嫁必問賢否，有挾貴以請者，李君輒不聽，維夫人有助云。銘曰：

夫人之德，順慎明祇。來胥有家，婦子師師。維師之難，我敏爲之。誰爲女史？視此銘辭。

〔二〕「事齋飭卑衣食」，龍舒本作「齋飾畢衣食」。

## 金太君徐氏墓誌銘[一]

## 楚國太夫人陳氏墓誌銘

夫人陳氏，故鎮安軍節度使、檢校太師、同中書門下平章事、贈太師、中書令兼尚書令、定國文簡程公諱琳之妻也。陳氏世家壽春，其先潁川人，漢太丘長寔之後也。夫人曾皇考諱淵，左班殿直。皇祖考諱誨，皇考諱京，皆不仕。而皇考愛賢夫人，不欲以妻鄉邑，乃徙居京師，擇所居，得定公以嫁。

當是，夫人年十九，定公尚爲進士，其後公至將相，終于位。夫人用公自臨潁縣君九封而爲衛國夫人，用公子加號陳國夫人，再封而得楚國夫人。莊而仁，儉而禮，上承下御，無不得宜。故在父母家爲淑女，既嫁爲令妻，其卒有子爲賢母。公薨六年，當嘉祐七年，夫人年七十一，以十一月戊午薨于開封武成坊之第室。至明年二月甲申，而公子以夫人祔于河南伊闕縣神陰鄉定公之墓。

[一] 此篇即卷一百仁壽縣太君徐氏墓誌銘片斷，今删去。

於是，公子四人，嗣隆爲尚書屯田員外郎，嗣弼爲國子博士，嗣恭爲尚書屯田員外郎，嗣先爲大理寺丞。女子五人，公壻榮諲爲尚書刑部郎中，韓縝爲侍御史〔一〕，晁仲綽爲尚書屯田郎中，潘士龍爲殿中丞，王偁爲試將作監主簿。銘曰：

程公克壯，萬夫所嚮。奮功發名〔二〕，乃取將相。云誰公配，嬀姓氏陳。文武自出，太姬之孫。歸佐休顯，自公初屯。序歷爵邑，爲君夫人。公既樹纛，以相爲伯。帝曰嘒矣，夫人好德。不怠，有盈不侈。致好内外，具宜福履。侔仁鳲鳩，以母諸子。歲時振振，爲壽在廷。手笏腰能勸其夫，使有嘉績。往以朕命，賜封大國。出書五色，玳首金葩。褒之重錦，來告于家。有豫章，亦有公甥。維子之才，而甥又獻〔三〕。維貴維富，而兼壽善。嗟此婉娩，考終得願。作詩并藏，爲識新竁。

## 寧國縣太君樂氏墓誌銘

尚書屯田員外郎、通判河南府、西京留守司事陳君諱見素之夫人樂氏，太常博士諱黄裳之

〔一〕「韩縝」，光啓堂本、聽香館本作「韩績」。
〔二〕「名」，光啓堂本、聽香館本作「明」。
〔三〕「獻」，龍舒本作「彦」。

子，尚書職方員外郎、直史館、贈尚書兵部侍郎諱史之孫，而贈尚書刑部郎中諱璋之曾孫也。其先自京兆遷江南，爲臨川人，至李氏國除，而史館君歸仕於皇朝，子孫多顯者。於是又遷其家爲河南人焉。

夫人以祥符八年歸嬪陳氏，封萬年縣君，又以其子封寧國縣太君。年七十五，以嘉祐八年二月辛巳卒于京師，卜以三月丙寅祔葬河南唐興鄉屯田君之墓。

於是夫人之子男三人：其一人爲太常博士、集賢校理；其一人爲祕書丞、集賢校理；其一人爲祕書省著作佐郎、開封府户曹參軍。女子六人，存者三人，皆已嫁。諸孫男女十九人。曾孫一人，尚幼也。

夫人少知讀書，能略識其大指。微諫數當，故博士君特愛而賢之，欲有所爲，多與之謀。及歸陳氏，不逮養皇姑矣。屯田君二弟皆尚幼也，夫人鞠視如己子。出匳中物，以助施族人游士之貧者，蓋其家蕭然也，而無愠色。治諸子有節法，誨厲教督，造次必於文學。故諸子皆以藝自奮，名稱一時，以至諸孫亦多有爲善士。先人與屯田君皆祥符八年進士，昆弟又與夫人子爲同年友，故其葬，來屬以銘。銘曰：

夫人既嚴兮，又順以祥。來配君子兮，是生三良。以才自致兮，名聲之揚。慶暨諸孫兮，學問文章。象服命書兮，寵禄方將。氣魂天游兮，體魂在牀。往營新宫兮，嶷洛之陽。作詩幽石兮，示後無疆。

## 仙居縣太君魏氏墓誌銘

臨川王某曰：俗之壞久矣！自學士大夫多不能終其節，況女子乎！當是時，仙居縣太君魏氏抱數歲之孤，專屋而閒居，躬爲桑麻，以取衣食。窮苦困阨久矣，而無變志，卒就其子，以能有家，受封于朝，而爲里賢母。嗚呼，其可銘也！於其葬，爲序而銘焉。序曰：

魏氏其先江寧人。太君之曾祖諱某，光禄寺卿；祖諱某，池州刺史；考諱某，太子諭德，皆江南李氏時也。李氏國除，而諭德易名居中，退居于常州。以太君爲賢，而選所嫁，得江陰沈君諱某，曰：「此可以與吾女矣。」於是時，太君年十九，歸沈氏。歸十年，生兩子，而沈君以進士甲科爲廣德軍判官以卒。太君親以詩、論語、孝經教兩子。兩子就外學時數歲耳，則已能誦此三經矣。其後，子迥爲進士，子遵爲殿中丞、知連州軍州。而太君年六十有四以終于州之正寢，時皇祐二年六月庚辰也。嘉祐二年十二月庚申，兩子葬太君江陰申港之西懷仁里。於是遵爲太常博士、通判建州軍州事，而沈君贈官至太常博士。銘曰：

山朝于躋，其下惟谷。纘我博士，夫人之淑。其淑維何？博士其家。二子翼翼，蕚跗其華。詵詵諸孫，其實其葩。孰云其昌，其始萌芽。皇有顯報，曰維在後。碩大蕃衍，刲牲以告。視銘考施，夫人之效。

## 右武衛大將軍黎州刺史世岳故妻安喜縣君李氏墓誌銘

安喜縣君李氏，連州刺史、贈太師、中書令、尚書令繼昌之曾孫，鎮國軍節度使、駙馬都尉、贈太師、中書尚書令、秦國文和公遵勉之孫，供備庫使、贈安武軍節度使端憲之子，是爲皇族右武衛大將軍、黎州刺史世岳之妻。温柔静恭，内外親稱之。治平四年，年二十五，以十一月二十四日感疾死，至二年二月十七日葬河南府永安縣。銘曰：

懿懿獻穆，下歸以祉。有來肅雍，施及孫子。厥嬪皇宗，莫醜具美。噫乎終藏，兆此新里。

## 仁壽縣君楊氏墓誌銘

太子中允致仕晉陵孫君貫之之夫人仁壽縣君楊氏者，其先青州千乘人。曾祖諱元，祖諱從，皆不仕。父諱霖，爲進士，數舉不遂，初徙其家常州之無錫。

夫人年十七，歸孫氏，舅姑曰：「吾婦之承我也孝。」夫曰：「吾妻之助我也仁。」至生子而成爲士，能賢以有名，則又曰：「吾母之能誨我也。」自内外族親以至州里之言，則又皆以其舅姑夫子之言爲信。嗚呼，可謂賢矣！夫人生三男子，伯曰舜卿，季曰昌言，皆早死；曰昌齡，簽書建康軍節度判官廳公事。治平三年，自尚書屯田員外郎召爲御史，五月十四日次高郵，而夫人卒。享年六十四，以某月某日葬某縣某鄉某里。銘曰：

猗嗟夫人，女德之茂。中允之妻，御史之母。孝其舅姑，以順其夫。又善教子，終成御史。官封偕老，禄養卒齒。歸安新丘，送者空里。其哀無窮，榮則多已。

# 臨川先生文集　卷一百

## 墓誌

### 鄞女墓誌銘

鄞女者，知鄞縣事臨川王某之女子也。慶曆七年四月壬戌前日出而生，明年六月辛巳後日入而死，壬午日出葬崇法院之西北。吾女生，惠異甚，吾固疑其成之難也，噫！

### 仙遊縣太君羅氏墓誌銘

仙遊縣太君羅氏，世家南劍州之沙縣。祕書少監陳君諱某之妻，比部員外郎儼、古田縣尉侃、衛尉寺丞佩、同學究出身偉、殿中丞偁之母。年八十三，以某年某月某甲子卒。女一人，適張氏。孫男女若干人。

太君有賢行，事皇姑蕭氏，順焉。諸姒慕其所爲[一]，後亦皆稱孝婦。經紀内治，能勤不懈，以至於老。少監君行治勞烈稱天下，有施於後世，其子孫蕃衍，能中其家法，皆由太君善相其夫而能教子。陳氏之所以興，太君與有力焉。銘曰：

嗚呼夫人，有德有祉。婦于嚴姑，酒食燕喜。乃相君子，陳宗以興。乃教衆兒，有以賢稱。樂其室家，以暨孫曾。歸然壽寵[二]，宜後之承。

## 壽安縣君王氏墓誌銘

江淮荆湖兩浙制置發運使、少府監廣陵孫君之夫人壽安縣君太原王氏，其先自滄州之清池徙河南，世有顯人。太府卿諱某者，皇曾祖也；庫部員外郎、贈禮部侍郎諱某者，皇祖也；屯田郎中，贈吏部侍郎諱某者，皇考也。至夫人諸兄，亦皆爲郎、尚書，而多以材藝稱當世。

夫人好讀書，善爲詩，静專而能謀，勤約以有禮。吏部君愛之尤，而擇所嫁。於是少府君爲大理評事，簽書淮南節度判官廳公事，以夫人歸焉。皇姑曰：「自兒有婦，内外族人加親，而吾

[一] 「姒」，原作「妣」，據聽香館本改。
[二] 「歸」，原作「歸」，據小岯山館本改。

食寢甘焉。」少府君材能爲朝廷所信，以至休顯，其盡心外事，不以家爲卹者，以夫人爲之內也。嘉祐四年某月某甲子，夫人卒，年五十三。明年某月某甲子，葬揚州之天長縣博陵鄉皇姑之兆。子男二人，某、某。女六人：一嫁蘇州節度推官毗陵張誨，一尚幼，四先夫人卒。銘曰：

竭竭少府，有儀有聲。誰相其祁〔一〕，以迄休成？維王淑女，順婦慈母。內諧尊卑，燕及婚友。錦韜象軸，告命之華。序章爵邑，維榮有家。方大茀禄，以宜寵服。嗚呼其徂，葬有吉卜。

## 河東縣太君曾氏墓誌銘

尚書都官員外郎臨川吴君諱某之夫人、河東太君南豐曾氏，尚書吏部郎中、贈右諫議大夫諱某之子。諫議君伉直以擯死〔二〕，而都官君尤孝友忠信，鄉里稱爲長者。夫人於財無所蓄，於物無所玩，自司馬氏以下，史所記世治亂、人賢不肖，無所不讀。蓋其明辨智識，當世游談學問知名之士有不能如也。雖內外族親之悍强頑鄙者，猶知嚴憚其爲賢。而夫人拊循應接，親疏小大，皆有禮焉。嘉祐三年某月某甲子，年七十四，終于寢。有子四人：芮，祕書丞；蕡，亳州録

〔一〕「祁」，龍舒本作「初」。
〔二〕「伉」，聽香館本作「抗」。

事參軍；其次蕃、蒙，曾出也，皆進士。而蒙爲濠州司户參軍〔一〕，於是蕡、蕃皆已卒。芮、蒙以某年某月某甲子，葬夫人某縣某鄉某所之原。某實夫人之外孫，而夫人歸之以其孫者也。涕泣而爲銘曰：

靜專幽閒，女子之方。閎觀博考，乃士之常。猗歟夫人，學問明智。其德女子，其能則士。我求于往，孰與比齊〔二〕？嗚呼！公父穆伯之妻。

## 曾公夫人吴氏墓誌銘

夫人吴氏，太常博士南豐曾君之配，世家臨川。二十四，歸曾氏。三十有五，以病終。子男三：鞏、牟〔三〕、宰，女一。時博士方爲越州節度推官，某年月日，乃啓其殯臨川，葬南豐之某地。前葬，鞏謀於宗之長者，而請於博士曰：「夫人事皇姑萬壽太君，承顔色教令，一主於順。斟酌衣服飲食盡其力，皇姑愛之如己女。於大人得輔佐之宜，於族人上下適其分。今其葬，宜得銘，祕之墓中於以永，永延夫人之德，無不可者。」博士曰：「然。」乃來求銘。夫人固早没，不

〔一〕「濠州」，龍舒本作「象州」。
〔二〕「齊」，龍舒本、宋刻本作「儕」。
〔三〕「牟」，聽香館本作「年」。

及見其存時。雖然，博士先人行也，而又肇於友莫厚焉，於夫人之葬而銘也，其何讓？銘曰：

宋且百年，江之南有名世者先焉，是爲夫人之子，葬夫人於此。於戲！

## 樂安郡君翟氏墓誌銘 并序

尚書主客員外郎錢塘沈君名扶之夫人翟氏者，鄂州節度推官諱希言之子，太子左清道率府率致仕諱守序之孫，利州葭萌縣令諱令圖之曾孫。少則賢孝，父母稱之。及嫁爲婦，則舅姑稱之如父母。處娣姒，能和以有禮；畜妾御，能正以有仁。閨門雝雝，上下順治。自皇舅尚書公以才爲時用，繼以主客及夫人之子，而沈氏日大矣。夫人之德善亦日以顯，内外親皆悦服而歸之，以謂其必大享爵禄，終於壽考，乃以治平三年九月十日卒于京師，享年五十七。

初，主客自河北提點刑獄移知明州，而長子方領開封府事，治有異狀，爲上所禮。以夫人久疾，請於上，留主客京師，詔特聽留，以佐三司。於是，諸名醫治夫人，無所不爲，然終不起。始封長安縣君，進京兆、樂安二郡君。生五男三女：男曰遘〔一〕，翰林學士、右諫議大夫、知制誥；曰迥，泰州軍事判官；曰遼，將作監主簿，監壽州酒；曰遨，漳州漳浦縣主簿；曰逌，試將作監

〔一〕「遘」，原缺，據龍舒本、光啓堂本補。

主簿。女適祕書省著作佐郎顔處恭，邢州堯山縣令王子韶，太常博士、監察御史裏行蔣之奇。

翟氏，濟州金鄉人。商州團練使守素者，當太祖時親信任事，族人因多爲武吏。而皇考獨好文學，舉進士中第，負材任氣，不肯有所屈，以終不得意。夫人之兄嚴，亦知名，又早卒。夫人傷其家替，每獨歎息。今上即位，翰林守杭州，其季舅惟康以奉獻得仕，今爲道州寧遠縣主簿。夫人既卒，詔以主客知蘇州，十二月某日，葬夫人杭州錢塘縣龍居山舅姑之兆。銘曰：

沈侯世獻，得相惟媛。歸嬪于宗，誨子而彦。相之斯何？德則有儀。誨之斯何？慶則有貽。始周姓姬，後氏爲翟。於梁曰璜，實佐其國。至漢高陵，又以才稱。世降弗嗣，乃隮女子。許公之妻，公武之母。昭於銘詩，無盛與夷。彼暴而興，亦遄其沮。我以吾仁，其昌孰禦。梴梴中丘，萬木如茨。往從舅姑，協我初龜。

## 高陽郡君齊氏墓誌銘

夫人，故翰林侍讀學士、贈開府儀同三司王公諱洙之妻，故光禄寺丞力臣、今太常寺太祝欽臣、祕書省著作佐郎陟臣、祕書省正字曾臣之繼母也。齊氏好讀書，能文章，有高節美行。治平二年，年五十五，以五月初三日終于亳州其子之官舍。治平三年十月初八日，祔葬於南京虞城縣孟諸鄉田丘里。

初，夫人自哀早孤，誓不嫁以養母。及公失初妻，諸子幼，聞夫人賢行，求之，曰：「是必能母吾子。」於是，母兄强嫁之。及歸，果能母諸子。聰明而仁，恭儉以有禮，闔門欣欣，無一異言。始封縣文安，又封郡高陽，而公卒，即舉家政屬之子婦，齋居素服，不御酒樂，以至没齒。雖時爲詩，然未嘗以視人，及終，乃得五十四篇。其言高潔曠遠，非近世婦人女子之所能爲。又得遺令一篇，令薄葬，其言死生之故，甚有理。

齊氏，祁州蒲陰人。夫人曾祖諱某，故不仕。祖諱安，故不仕。考諱永清，莫州防禦推官。公四男一女，女嫁尚書職方員外郎陳安道。夫人既善撫諸子，而諸子亦多賢，能致孝。於兄恢、弟惲，皆知名。

葬，來求銘。銘曰：

在冀中山，有孝季齊。少孤恃母，悲不忍離。及以義行，乃終順慈。顯顯王公，學問文章。族爲大家，爵禄寵光。來繼來助，其賢則譽。銘詩幽宫，以告齊終。齊終有始，自其爲子。

## 同安郡君劉氏墓誌銘

尚書户部侍郎致仕廬陵王公贄之夫人，同縣劉氏女也。父諱某，祖諱某，曾祖諱某，三世皆弗仕，然常爲州大姓。方公少時，夫人父知公必貴，故歸以其子。夫人之在父母家，既以孝聞，及嫁，舅姑又稱其孝，能相其夫以順，又能畜其婦子以慈。公當仁宗時，以御史見聽用，閱天章、龍圖、樞密三學士，夫人亦累封爲同安郡君。治平四年十一月七日，終於廬陵宣化坊之私第。有二子：儀，殿中丞，前死；億，今爲尚書都官員外郎。女一人，嫁撫州軍事推官蕭迅。公之告老，詔以億通判本州以養，及是喪夫人，能自致焉。明年某月某日，葬某縣某鄉某里。銘曰：

於美夫人，明祇順飭。來嬪王宗，時蓺其德。公榮在朝，皇命所特。出使入侍，往來赫赫。登爲大家，自我承翼。有田有廬，偕老而息。亦有孝子，媚于朝夕。噫乎終哉！兆此幽宅〔二〕。

## 仁壽縣太君徐氏墓誌銘

夫人徐氏，饒州浮梁縣人。曾祖諱某，某官。祖諱某，父諱某，皆不仕。夫曰尚書屯田郎中金君諱某，同縣人也。生子十一人，男四人：君著、君佐、君卿、君佑，皆進士。君卿今爲尚書職方員外郎。女七人，皆適士族。孫十九人：男六人，女十三人，已嫁者十二人。曾孫男女十四人，外孫四十七人。夫人以職方故，封金堂、壽安二縣君，又封仁壽縣太君。後郎中之没九年，享年七十七，卒於池州官舍，實治平三年八月十三日。以四年某月某日藏柩于某鄉某里，祔郎

〔二〕「兆」，聽香館本作「凡」。

中之葬。夫人天性篤於孝謹，女功婦事，不懈以敏，躬儉有節，仁於宗族。故以事其舅姑而順，以相其君子而宜〔一〕，以臨其子孫而治。以有賢子，大其家室，具享諸福，終于壽考。臨川王某銘其葬曰：

婉婉女工〔二〕，彼徐之子。來嬪金宗，有衍其始。鄱人大家，相望而有。誰則無父，無姑無母？帝嘉汝子，服位在朝。賜邑用書，象首錦橐〔三〕。孝祇順慈，俯仰皆宜。考終榮禄，於慶有施〔四〕。偉歟夫人，協此銘詩。

## 永嘉縣君陳氏墓誌銘

陳氏於蘇州爲大姓。夫人者，太子中允諱之武之子，某官贈太常卿諱郁之孫，左贊善大夫諱質之曾孫，而太常博士王君諱逢之妻也。聰明順善，動有禮法，以不及養舅姑也，故於祭祀尤

〔一〕「相」，聽香館本作「承」。
〔二〕「工」，龍舒本作「士」。
〔三〕「鄱人大家，相望而有。誰則無父，無姑無母。帝嘉汝子，服位在朝。賜邑用書，象首錦橐」，龍舒本作「帝嘉女子，服位在朝。賜邑用書，象首錦橐。鄱人大家，相望而有。誰則無父，無姑無母」。
〔四〕「施」，龍舒本作「詒」。

謹。博士禄賜，盡之宗族朋友，不足，則出衣服簪珥助之而不言。選飾妾御，進之不忌，然博士終無子。蓋吾聞於博士者如此。撫博士之兄子如己子，哭博士三年，未嘗如陳氏。除喪，大貧，顯者求以爲妻，族人强之，不可，又强之，則涕泣自誓。居頃，感疾以死。蓋吾聞於博士之兄子景元者如此。然夫人之行，非特出於二人之言，凡習陳氏、王氏者，皆知其爲賢，而哀其志。其封，曰永嘉縣君。其卒於蘇州，以治平二年十一月九日，年三十八。其葬，以三年十一月某日，從博士於閶門之西原。銘曰：

轂也從於此，喪也隨以死。歸義與命，奚傷乎無子？

## 王夫人墓誌銘

右侍禁、知循州興寧縣事海陵周君諱彦先之夫人王氏，我叔祖尚書主客郎中、贈右諫議大夫諱貫之之子。年二十三嫁周氏，嫁六年，生一子澥而周君卒。後十八年，子濤爲祕書省著作佐郎、知汝州梁縣事，而夫人年四十八，以疾棄世於梁縣。子濤等護其喪歸，以嘉祐四年十一月二十九日庚申，葬海陵城北之兆。夫人心莊而行厲，氣和而色婉，撫接内外親疏皆有恩意，而於人終身不校。嗚呼，其賢如此！銘曰：

於嗟夫人少憫憂，祇專静嘉好衆仇。克協婦子祠春秋，方胥有家裕厥羞。不永于享其何尤？序哀以銘款諸幽。

## 右監門衛大將軍世耀故妻仁壽縣君康氏墓誌銘

皇族右監門大將軍世耀之妻康氏，故內殿崇班、閤門祗候遵度之子。祖曰廷翰，皇任磁州防禦使；曾祖曰碩，皇贈左千牛衛大將軍。以嘉祐三年爲宗婦，封仁壽縣君。生一子令優，爲右千牛衛將軍。而以熙寧元年六月九日疾病死，享年二十有六。自爲女子以至於爲母，卑尊幼長無所非議，故於其死皆哀憐。二年二月十七日，葬河南永安。銘曰：

芒乎其孰致而來？奄乎其孰推而往？爲之幽宮，覆以新壤。魂浮氣游，變化惚恍。宛其德音，尚可追想。

## 壽安縣太君李氏墓誌銘

新喻蕭渤狀其母，授息總，使來求銘以葬。惟夫人姓李氏，於邑里實大姓。曾祖諱某，祖諱某，考諱某，皆弗仕。而曾祖以其孫憲成公故，贈官至太子太師。夫人柔順静專，仰俯有儀，年十有五而嫁，是爲鼎州團練推官蕭君諱蕡之妻。年二十有二，生渤、淇、澈三男一女子而寡，執節不嫁，父母欲奪之不得。卒就其男宦學，歸其女爲士妻。孫曾詵詵，饋祀裕如，鄉人歸高，稱諺歎息。治平三年，渤用尚書駕部員外郎選主廣濟河漕，而夫人年六十有八，以九月八日卒于東都之私寢。越明年，某月十有一日，合葬新喻某鄉某里。於是推官君以渤故贈右諫議大夫，夫人封壽安縣太君。銘曰：

有幽新宮，在阜之陽。慶既造家，乃終同藏。共伯之妻，文伯之母。於嘉夫人，亦緒厥後。磨石摛丹，詒銘永久。

## 右千牛衛將軍仲焉故妻永嘉縣君武氏墓誌銘

皇族右千牛衛將軍仲焉之妻、故永嘉縣君武氏，内殿崇班掖之子，故左班殿直昭遜之孫，贈尚書工部侍郎崇亮之曾孫。年十八，以熙寧元年十二月十四日棄世，以明年二月十七日，葬河南永安〔一〕。縣君在襁褓，父母以爲婉，及嫁，節儉慈仁，人稱之。銘曰：

象服之粲兮，容車之睆兮。歸于陵陂，哀歌以相挽兮。摛銘壙石，識幽以告遠兮。

〔一〕「永安」下，龍舒本有「縣」字。

# 鄭公夫人李氏墓誌銘

尚書祠部郎中、贈户部侍郎安陸鄭公諱紓之夫人追封汝南郡太君李氏者，尚書駕部郎中、贈衛尉卿文蔚之子也，光州仙居縣令、贈工部員外郎諱岵之孫。以祥符九年嫁，至天聖九年，年三十二，以八月壬辰，卒於其夫爲安州應城縣主簿之時。後三十七年，爲熙寧元年八月庚申，祔於其夫安陸太平鄉進賢里之墓。於是，夫人兩子：獮爲祕書丞，知潭州攸縣；獬爲翰林學士、尚書兵部員外郎、知制誥。一女子，嫁郊社齋郎張蒙山。

夫人敏於德，詳於禮，事皇姑稱孝，内諧外附，上下裕如。鄭公大姓，嘗以其富主四方之游士，至侍郎則始貧而專於學。夫人又故富家，盡其資以助賓祭。補紉澣濯，饎爨朝夕，人有不任其勞苦，夫人歡終日，如未嘗貧。故侍郎亦以自安於困約之時，如未嘗富。鄭氏蓋將日顯矣，而夫人不及其顯禄，嗚呼，良可悲也！於其葬，臨川人王某爲銘曰：

於嗟夫人，歸孔昭兮。窈其爲德，婉有儀兮。命云如何？壯則萎兮。烝烝令子，悲慕思兮。有嚴葬祔，祭配祇兮。告哀無窮，銘此詩兮。

# 附録一：臨川先生文集佚文

王安石臨川先生文集之外的散佚詩文，分兩部分予以收録，一是龍舒本王文公文集溢出之作，二是其他散見各處的詩詞文。所據文字以底本爲主，涉及校改者，用增删符號標示。

## 甲、龍舒本王文公文集溢出詩詞文

### 詩

#### 揚雄

孔孟如日月，委蛇在蒼旻。光明所照耀，萬物成冬春。揚子出其後，仰攀忘賤貧。衣冠渺塵土，文字爛星辰。歲晚天禄閣，强顔爲劇秦。趨舍迹少邇，行藏意終鄰。壤壤外逐物，紛紛輕用身。往者或可返，吾將與斯人。龍舒本王文公文集卷三十八

## 澶州〔一〕

津津北河流，嶭嶭兩城峙。春秋諸侯會，澶淵乃其地。書留後世法，豈獨譏當世。野老豈知此，爲予談近事。邊關一失守，北望皆胡騎。黄屋親乘城，穹廬矢如蝟。紛紜擅將相，誰爲開長利。焦頭收末功，尚足誇一是。歡盟自此數，日月行人至。馳迎傳馬單，走送牛車弊。征求事供給，廝養猶琛麗。戈甲久已銷，澶人益憔悴。能將大事小，自合文王意。語翁無歎嗟，小雅今不廢。龍舒本王文公文集卷四十一

## 寄平甫弟衢州道中

淺溪受日光炯碎，野林參天陰翳長。幽鳥不見但聞語，小梅欲空猶有香。長年無可自娱戲，遠遊雖好更悲傷。安得東風一吹汝，手把詩書來我旁。龍舒本王文公文集卷四十三

〔一〕題注：「此詩係後續添，與四十七卷内一首意同。」

## 寄慎伯筠〔一〕

世網掛士如蛛絲，大不及取小綴之。宜乎倜儻不低斂，醉脚踏倒青雲低。前日才能始誰播，一口驚張萬誇和。雷公訴帝喘似吹，咸恐聲名塞天破。文章喜以怪自娛，不肯裁縮要有餘。多爲峭句不姿媚，天骨老硬無皮膚。人傳書染莫對當，破卵驚出鸞鳳翔。人間下筆不肯屈，鐵索急纏蛟龍僵。少年意氣强不羈，虎脇插翼白日飛。欲將獨立誇萬世，笑誚李白爲癡兒。四天無壁才可家，醉膽憤痒黔酒斝。欲偷北斗酌竭酒，力拔太華鑣鯨牙。世儒口軟聲似蠅，好於壯士爲忌憎。我獨久仰願一見，浩歌不敢兒女聲。龍舒本王文公文集卷四十三

## 望皖山馬上作

亘天青鬱鬱，千峰玄嶕崒。收馬倚長崖，烟雲争吐没。遠疑嵩華低，近豈灊衡匹。奚爲鮮眺覽，過者輒倉卒。吾將凌其巔，震蕩睨溟渤。旁行告予言，世孰於兹忽。邃深不可俯，諸藏盡妖物。踊躍狼虎群，蜿蜒蛇虺窟。惜哉危絶山，歲久沉汩没。誰將除茀塗，萬里遊人出。龍舒本王

〔一〕原校：「或云王逢原詩。」按，見王令廣陵集卷二贈慎東美伯筠。

文公文集卷四十五

## 汝癭和王仲儀〔一〕

汝水出山險，汝民多病癭。或如鳥粻滿，或若猿嗛並。女慚高掩襟，男大闊裁領。飲水擬注壺，吐詞侔有梗。樗里既已聞，杜預亦不幸。秦人號智囊，吴刳掛狗頸。腽䏈常拄頤，伶仃安及脛。祇欲仰問天，無由俯窺井。挾帶歲月深，冒犯風霜冷。厭惡雖自知，割剖且誰肯。不惟羞把鏡，仍亦愁弔影。内瘵煩羊靨，外砭廢針穎。在木曰楠櫂，刳之可曰皿。此誠無所用，既有何能屏。膨脝厠元首，臃腫異巔頂。難將面目施，可與胎胞逞。賢者臨汝守，世德調金鼎。坻俗雖醜乖，教令日修整。風土恐隨改，晨昏憂屢省。儻欲覲慈顔，名城不難請。龍舒本王文公文集卷四十六

## 三月十日韓子華招飲歸城

清明曉赴韓侯家，自買白杏丁香花。雀眼塗金銀篋籠，貯在當庭呼舞娃。舞娃聊捧笑向

〔一〕原校：「或云梅聖俞詩。」按，見梅堯臣宛陵集卷二十七和王仲儀詠癭二十韻。

客，不顧插壞辛烏紗。朝來我舍報生子，賀勸大白浮紅霞。酒狂有持梧桐板，暴謔一似鄱陽槎。袒裼擊鼓禰處士，當時偶脱猛虎牙。褊衷不容又何益，鸚鵡洲上空蒹葭。龍舒本王文公文集卷四十六

## 東城

昔予出東城，初見壟上耕。忽忽日北至，歲月良可驚。雖云一草死，萬物尚華榮。誰能當此時，歎息微陰行。龍舒本王文公文集卷四十七

## 鳳凰山

歡樂欲與少年期，人生百年常苦遲。白頭富貴何所用，氣力但爲憂勤衰。願爲五陵輕薄兒，生在貞觀開元時。鬭雞走犬過一生，天地安危兩不知。龍舒本王文公文集卷四十七

## 勿去草[一]

勿去草，草無惡，若比世俗俗浮薄。君不見長安公卿家，公卿盛時客如麻。公卿去後門無

---

[一] 原校：「或云是楊次公詩。」按，見楊傑無爲集卷二。

車，惟有芳草年年佳。又不見千里萬里江湖濱，觸目悽悽無故人，惟有芳草隨車輪。一日還舊居，門前草先鋤。草於主人實無負，主人於草宜何如？勿去草，草無惡，若比世俗俗浮薄。龍舒本王文公文集卷四十七

## 哀賢亭

黄鳥哀子車，强埋非天爲。天奪不待老，還能使人悲。馬侯東南秀，鞭策要路馳。歸骨萬里州，乃當强壯時。墓門閉空原，白日無履綦。蒼蒼柏與松，浩浩山風吹。我初羞夷吾，鮑叔亦我知。終欲往一慟，詠言慰孤嫠。龍舒本王文公文集卷四十八

## 梁王吹臺

繁臺繁姓人，埋滅爲蒿蓬。況乃漢驕子，魂遊誰肯逢。緬思當盛時，警蹕在虚空。娥眉倚高寒，環珮吹玲瓏。大梁千萬家，回首雲濛濛。仰不見王處，雲間指青紅。賓客有司馬，鄒枚避其風。洒筆飛鳥上，爲王賦雌雄。惜今此不傳，楚辭擅無窮。空餘一丘土，千載播悲風。龍舒本王文公文集卷四十八

## 靈山寺

靈山名誰自？波濤截孤峰。何年佛子住，四面憑危空。折椽與裂瓦，委棄填西東。庫廊行抑首，居者莽誰容？吾舟維其側，落日生秋風。瞰崖聊寄目，萬物極纖穠。震蕩江海思，洗滌埋鬱中。胡爲喜遊人，過此無留蹤。景起龍游殊〔二〕，盛衰浩無窮。吾聞世所好，樓殿浮青紅。那知山水樂，豈在豪華宫。世好萬事爾，感激難論工。龍舒本王文公文集卷四十八

## 白鷗

江鷗好羽毛，玉雪無塵垢。滅没波浪間，生涯亦何有。雄雌屢驚矯，機弋常紛糾。顧我獨無心，相隨如得友。飄然紛華地，此物乖隔久。白髮望東南，春江緑如酒。龍舒本王文公文集卷四十九

〔二〕 原注：「金山之寺名」。

## 詠風

風從北海起，至此南海上。問風來何事，去復欲何向？誰遣汝而號，誰應汝而唱？汝於何時息，汝作無乃妄？風初無一言，試以問雲將。龍舒本王文公文集卷四十九

## 白雲

英英白雲浮在天，下無根蒂旁無連。西風來吹欲消散，落日起望心悠然。愿回羲和借光景，常使秀色留簷邊。時來不道能爲雨，直以無心最可憐。龍舒本王文公文集卷四十九

## 江鄰幾邀觀三館書畫〔一〕

五月祕府始曝書，一日江君來約予。世間雖有古畫筆，可往共觀臨石渠。我時冒熱跨馬去，開厨發匣鳴鏁魚。羲獻墨迹十一卷，水玉作軸排疏疏。最奇小楷樂毅論，永和題尾付官奴。又有四山絶品畫，戴嵩吴牛望青蕪。李成寒林樹半枯，黄筌工妙白兔圖。不知名姓皃人物，二

〔一〕　原校：「一云梅聖俞作。」按，見梅堯臣宛陵集卷十八江鄰幾邀觀三館書畫録其所見。

公對弈旁觀俱。黄金錯鏤爲投壺，粉障復畫一病夫。後有女子執巾裾，床前紅毯平火爐。床上二姝展氍毹，遶床屏風山有無。堂上列畫三重鋪，此幅巧甚意思殊。孰真孰假丹青模，世事若此還可吁。龍舒本王文公文集卷五十

寓言

父母子所養，子肥父母充。欲富捶其子，惜哉術之窮。霸者擅一方，窘彼足自豐。四海皆吾家，奈何不知農。

小夫謹利害，不講義與仁。讀書疑夷齊，古豈有此人？其才一莛芒，所欲勢萬鈞。求多卒自用，餘禍及生民。

瞢瞢俗所共，察察與世違。違世有百善，一疵惡皆歸。就求無所得，猶以好名譏。彼哉負且乘，能使正日微。

始就詩賦科，雕鎸久才成。一朝復棄之，刀筆事刑名。中材蔽末學，斯道苦難明。忽貴不

自期，何施就升平？

明者好自蔽，況乃知我匹。每行悔其然，所見定萬一。不求攻爾短，欲議世之失。耘而舍其田，辛苦亦何實。

好樂世所共，欲禁安能捨。孰將開其淫，要在習以雅。歐人必如己，墨子見何寡。惜哉後世音，至美不如野。龍舒本王文公文集卷五十

## 河北民

河北民，生近二邊長苦辛。家家養子學耕織，輸與官家事夷狄。今年大旱千里赤，州縣仍催給河役。老小相攜來就南，南人豐年自無食。悲愁白日天地昏，路旁過者無顏色。汝生不及貞觀中，斗粟數錢無兵戎。龍舒本王文公文集卷五十一

## 君難託

槿花朝開暮還墜，妾身與花寧獨異。憶昔相逢俱少年，兩情未許誰最先。感君綢繆逐君

去，成君家計良辛苦。人事反復那能知，讒言入耳須臾離。嫁時羅衣羞更著，如今始痞君難託。君難託，妾亦不忘舊時約。龍舒本王文公文集卷五十一

## 和金陵懷古〔一〕

懷鄉訪古事悠悠，獨上江城滿目秋。一鳥帶煙來別渚，數帆和雨下歸舟。蕭蕭暮吹驚紅葉，慘慘寒雲壓舊樓。故國淒涼誰與問？人心無復更風流。龍舒本王文公文集卷五十二

## 次韻王禹玉平戎慶捷〔二〕

熙河形勢壓西陲，不覺連營列漢旗。天子坐籌星兩兩，將軍歸佩印纍纍。稱觴別殿傳新曲，銜璧寧王按舊儀。江漢一篇猶未美，周宣方事伐淮夷。龍舒本王文公文集卷五十三

〔一〕按，此詩又見王珪華陽集卷三。

〔二〕原校：「或云王禹玉詩。」按，見王珪華陽集卷五依韻和蔡樞密岷洮恢復部落迎降。

## 次韻張子野秋中久雨晚晴

天沉四山黑，池漲百泉黄。苦濕欲千里，愿晴非一鄉。掃除供晚色，洗刷放秋光。菊泣花猶重，秔肥穗稍長。積陰消户牖。返照媚林塘，想見陽臺路，神歸髮彩涼。龍舒本王文公文集卷五十四

## 次韻留題僧假山

態足萬峰奇，功纔一簣微。愚公誰助徙，靈鷲却愁飛。竇雪藏銀溢，簷曦散玉輝。未應頳蟻壤，方此鎮禪扉。物理有真僞，僧言無是非。但知名盡假，不必故山歸。龍舒本王文公文集卷五十四

## 豫章道中次韻答曾子固

離别何言邂逅同，今知相逐似雲龍。蒼煙白霧千山合，緑樹青天一水容。已謝道途多自放，將歸田里更誰從。龐公有意安巢穴，肯問簞瓢與萬鍾！龍舒本王文公文集卷五十五

## 答孫正之

無才處處是窮途，兩地誰傳萬里書？節物峥嶸催歲暮，溪山蕭洒入吾廬。南歸猶喜尋同志，北去還聞困索居。佳句不須論舊約，相隨陽羨有藍輿。龍舒本王文公文集卷五十五

## 送福建張比部

畫船簫鼓出都時，萬里驚鷗去不追。却望塵沙應駐節，會逢山水即吟詩。長魚俎上通三印，新茗齋中試一旗。只恐遠方難久滯，莫愁風物不相宜。龍舒本王文公文集卷五十七

## 送孫立之赴廣西

十年一别兩相過，前想悲歡慷慨歌。窮去始知風俗薄，静來猶厭事機多。相期鼻目傾肝膽，誰伴溪山避網羅？萬里辛勤君舊識，重江應亦畏風波。龍舒本王文公文集卷五十七

## 送致政朱郎中東歸

平生不省問田園，白首忘懷道更尊。已上印書辭北闕，稍留冠蓋餞東門。馮唐老有爲郎

戀，疏廣終無任子恩。今日榮歸人所羡，兩兒腰綬擁高軒。龍舒本王文公文集卷五十七

## 别雷周輔

侍郎憂國最賢勞，太尉西州第一豪。家廟比來聞澤厚，公孫今果見才高。明時尚使龍蛇蟄，壯志空傳虎豹韜。莫厭皖山窮絶處，不妨雲水助風騷。龍舒本王文公文集卷五十八

## 寄程給事〔一〕

憶昔都門手一攜，春禽初向苧蘿啼。夢回金殿風光别，吟到銀河月影低。舞急錦腰迎十八，酒酣金盞照東西。何時得遂扁舟去，邂逅從君訪剡溪？龍舒本王文公文集卷五十九

## 寄勝之運使

蕭然生事委江皋，壯志何嘗似釣鼇？千里得書來見約，一朝乘興去忘勞。已將流景休談笑，聊爲知音破鬱陶。正是東風將欲發，湖山春色助揮毫。龍舒本王文公文集卷五十九

〔一〕按，此詩又見王珪華陽集卷三、鄭獬鄖溪集卷二十七、秦觀淮海後集卷三。

## 得孫正之詩因寄兼呈曾子固

一歲已闌人意倦，出門風物更蕭然。水摇疏樹荒城路，日帶浮雲欲雪天。未有詩書論進退，謾期身世託林泉。因思漠北離群久，此日窮居賴見賢。龍舒本王文公文集卷五十九

## 離北山寄平甫

日月沄沄與水争，披襟照見髮華驚。少年憂患傷豪氣，老去經綸誤半生。休向朝廷論一鶚，因知田里守三荆。青溪幾曲春風好，已約歸時載酒行。龍舒本王文公文集卷五十九

## 道中寄黄吉甫

白霧青山入馬蹄，朝寒瑟瑟樹聲悲。平山斷隴回環失，鳴鳥游魚上下隨。廟筭未聞收策士，瘴鄉誰與擇軍麾。憂時自欲尋君語，行路何妨更有詩。龍舒本王文公文集卷六十

## 寄孫正之

南遊忽忽與誰言？共笑謀生識最昏。萬事百年能自信，一簞五鼎不須論。友中惟子長招

隱，世上何人可避喧。千里秋風相望處，皖公溪上正開樽。龍舒本王文公文集卷六十

## 宿土坊驛寄孔世長

燒夜郊原百草荒，弊裘朝去犯嚴霜。殘年意象偏多感，回首風烟更異鄉。往返自非名利役，辛勤應見友朋傷。章江猶得同遊處，最愛梅花蘸水香。龍舒本王文公文集卷六十

## 將至丹陽寄表民

曉馬駸駸路阻修，春風漠漠上衣裘。三年銜恤空餘息，一日忘形得舊遊。末路悲歡隨俯仰，此生身世信沉浮。寄聲德操家人道，炊黍吾今愿少留。龍舒本王文公文集卷六十

## 寄王補之

平居相值少，況復道塗留。令我思揮塵，逢君爲艤舟。人情方慕貴，吾道合歸休。吏責真難塞，聊爲泮水游。龍舒本王文公文集卷六十

## 寄謝師直

湖海三年隔，相逢塞路中。黄金酌卯酒，白髮對春風。所願乖平日，何知即老翁。悠悠越溪水，好在釣魚筒。龍舒本王文公文集卷六十

## 寄國清處謙

三江風浪隔天台，想見當時賦詠才。近有高僧飛錫去，更無餘事出山來。猿猱歷歷窺香火，日月紛紛付劫灰。我欲相期談實相，東林何必謝劉雷。龍舒本王文公文集卷六十

## 寄李道人

李生富漢亦貧兒，人不知渠只我知。跳過六輪中要峭，養成三界外愚癡。龍舒本王文公文集卷六十

## 杭州呈勝之〔一〕

游觀須知此地佳，紛紛人物敵京華。林巒臈雪千家水，城郭春風二月花。彩舫笙簫吹落日，畫樓燈燭映殘霞。如君援筆宜摹寫，寄與塵埃北客誇。龍舒本王文公文集卷六十一

## 寶應二三進士見送乞詩

少喜功名盡坦塗，那知十世最崎嶇。草廬有喜歌梁甫，狗監無人薦子虛。解玩山川消積憤，静忘歲月賴群書。慚君車蓋如平昔，不笑謀生萬事疏。龍舒本王文公文集卷六十一

## 聞和甫補池掾

遭時何必問功名，自古難將力命争。萬户侯多歸世胄，五車書獨負家聲。才華汝尚爲丞掾，老懶吾今合釣耕。外物悠悠無得喪，春郊終日待相迎。龍舒本王文公文集卷六十一

〔一〕按，此詩又屬王安國，見兩宋名賢小集王校理集。

## 奉招吉甫

經綸無地委蓬蒿，凛凛胸懷且自韜。誰奮長謀平嶺海，猶將餘力寄風騷。名慚隨俗貧中役，恨未收身物外高。永夜西堂霜月冷，邀君相伴有松醪。龍舒本王文公文集卷六十二

## 謝微之見過

此身已是一枯株，所記交朋八九無。唯有微之來訪舊，天寒幾夕擁山爐。龍舒本王文公文集卷六十二

## 謝郟亶秘校見訪於鍾山之廬

誤有聲名只自慚，煩君跋馬過茅簷。已知原憲貧非病，更許莊周智養恬。世事何時逢坦蕩，人情隨分值猜嫌。誰能胸臆無塵滓，使我相從久未厭。龍舒本王文公文集卷六十二

## 同長安公鍾山望

解裝相值得留連，一望江南萬里天。殘雪離披山韞玉，新陽杳靄草含煙。餘生不足償多

病，樂事應須委少年。惟有愛詩心未已，東歸與續棣華篇。龍舒本王文公文集卷六十四

## 樓上望湖

樓上人腸渴欲枯，樓前終日望平湖。無舟得入滄浪去，爲問漁人得意無？龍舒本王文公文集卷六十六

## 題正覺相上人籜龍軒

風玉蕭蕭數畝秋，籜龍名爲道人留。不須乞米供高士，但與開軒作勝遊。此地七賢誰笑傲，何時六逸自賡酬。侵尋衰境心無著，尚有家風似子猷。〔一〕龍舒本王文公文集卷六十七

## 垂虹亭

坐覺塵襟一夕空，人間似得羽翰通。暮天窈窈山銜日，爽氣騷騷客御風。草木韻沉高下外，星河影落有無中。飄然更待乘桴伴，一到扶桑興未窮。龍舒本王文公文集卷六十七

〔一〕原注：「上人請予命名。」

## 射亭

因射構茲亭，序賢仍閲兵。庶民觀禮教，群寇避威聲。城壘前相壯，谿山勢盡傾。宜哉百里地，桴鼓未嘗鳴。龍舒本王文公文集卷六十七

## 題友人壁

茆簷前後欠松蘿，百里乘閑向此過。澗水遶田山影轉，野林留日鳥聲和。蕭條雞犬逢人少，想象乾坤發興多。世事不如閑静處，知君出處意如何。龍舒本王文公文集卷六十八

## 清明輦下懷金陵

春陰天氣草如烟，時有飛花舞道邊。院落日長人寂寂，池塘風慢鳥翩翩。故園回首三千里，新火傷心六七年。青蓋皂衫無復禁，可能乘興酒家眠。龍舒本王文公文集卷七十

## 松江

宛宛虹霓墮半空，銀河直與此相通。五更漂渺千山月，萬里凄涼一笛風。鷗鷺稍回青靄

外，汀洲時起緑蕪中。騷人自欲留佳句，忽憶君詩思已窮。龍舒本王文公文集卷七十一

春怨

掃地待花落，惜花輕著塵。遊人少春戀，踏去却尋春。龍舒本王文公文集卷七十二

晚春〔一〕

春殘葉密花枝少，睡起茶多酒盞疏。斜倚屏風搔首坐，滿簪華髮一床書。龍舒本王文公文集卷七十二

惜春

滿城風雨滿城塵，蓋紫藏紅謾惜春。春去自應無覓處，可憐多少惜花人。龍舒本王文公文集卷七十二

〔一〕原校：「或云盧秉詩。」

## 子貢

一來齊境助奸臣，去誤驕王亦苦辛。魯國存亡宜有命，區區翻覆亦何人？（龍舒本王文公文集卷七十三）

## 憶江南

城南城北萬株花，池面冰消水見沙。回首江南春更好，夢爲蝴蝶亦還家。（龍舒本王文公文集卷七十四）

## 閑居遣興

慘慘秋陰緑樹昏，荒城高處閉柴門。愁消日月忘身計，静對溪山憶酒樽。南去干戈何日解，東來駟騎此時奔。誰將天下安危事，一把詩書子細論？（龍舒本王文公文集卷七十四）

## 雜詠絶句

百年禮樂逢休運，千里江山極勝遊。那似鮑昭空寫恨，不爲王粲祇消憂。（龍舒本王文公文集卷

七十五

## 西帥

吾君英睿超光武，良將西征捍隗囂。誓斬郅支聊出塞，生擒頡利始歸朝。一丸豈慮封函谷，千騎無由飲渭橋。好立功名摽竹素，莫教空説霍嫖姚。龍舒本王文公文集卷七十六

## 到家

五年羈旅倦風埃，舊里依然似夢回。猿鳥不須懷悵望，溪山應亦笑歸來。身閑自覺貧無累，命在誰論進有材。秋晚吾廬更蕭灑，沙邊煙樹緑洄洄。龍舒本王文公文集卷七十六

## 宫詞

六宅新妝促錦，三宫巧仗叢花。一片黄雲起處，内人遥認官家。龍舒本王文公文集卷七十六

## 詞

### 雨霖鈴

孜孜矻矻。向無明裏、强作窠窟。浮名浮利何濟，堪留戀處，輪迴倉卒。幸有明空妙覺，可彈指超出。緣底事、拋了全潮，認一浮漚作瀛渤。本源自性天真佛。祇些些、妄想中埋没。貪他眼花陽艷，信道本來無物[二]。一旦茫然，終被閻羅老子相屈。便縱有、千種機籌，怎免伊唐突。龍舒本王文公文集卷八十

## 文

### 上蔣侍郎書

某嘗讀易，見晉之初六曰：「晉如摧如，貞吉。罔孚，裕，无咎。」此謂離明在上，已往應之。

〔二〕「信道」，樂府雅詞作「誰信他」，全宋詞作「誰信道」。

然處卦之初，道未章著，上雖明照而未之信，故摧如不進，寬裕以待其時也。又比之上六曰：「比之無首，凶。」此謂九五居中，爲上下之主，衆皆親比，而己獨後期，時過道窮，則人所不與也。斯則聖人賾必然之理，寓卦象以示人事，欲人進退以時，不爲妄動。時未可而進，謂之躁，躁則事不審而上必疑；時可進而不進，謂之緩，緩則事不及而上必違。誠如是，是上之人非無待下之意，由乎在下者動之不以時，干之不以道，不得中行而然耳。

夫讀聖人之書，師聖人之道，約而爲事業，奮而爲文辭，而又胸中所蘊，異乎世俗之所尚。凡聞當世賢公卿大夫之名，則必蘄一見，以卜特達之知，庶乎道有所聞，而志有所展。其於進退之理，可以不觀時乎？

故自執事下車受署，於兹數月，士之藉於郡者，皆獲見於左右。然某獨以區區之質，保在逆旅，適當宇下，屏息退處，終未能伏謁麾棨。豈無意乎？蓋以聲跡沉下，最處疏賤，舊未爲執事之知。加公庭兼視之初，賓游接武之際，雖神明之政，尚或未周。某當是之時，苟一而進，則才之與否，竊慮未察，故晉之義，有「摧如」之退也。

今執事聰明視聽，悉已周洽，風俗之美惡，士流之能否，皆得而知之矣。況復側聆執事屢以羈齒掛於餘論。某當此之時，苟不自進，是在比之義，有「後夫」之凶也。故竊自蹈於二卦之象，當可進之時，得其中而行之，則或幾於聖人之訓矣。

恭惟執事，禀天正氣，爲朝名臣，以文雅蹇諤，簡在上意。是以出入臺閣，踐履中外，朝廷百執事、天下之人，孰不憚執事之威名，服執事之德望，謂師尹庶士，坯冶群品，天子用之，期於匪久。雖某居喪之制，越在草土，厭冠苞屨，不入公門，苟候外除，然後請於左右，倏然朝廷走一封之傳，升執事於嚴近，與諸公對掌機政，召和氣於天下，則必廉隅之上，體貌之殊絶，廊廟之間，貴賤之不接。某於是時，願拜風采，則無因而至前矣。今所以道可進之時，不以喪禮自忌，直詣鈴下，期一拜伏者，誠以斯時之難得會也。

執事必以某進得其時，於道無所戾，賜之坐次，察其言行，若乃時政之得失，國家之大體，雖不能盡識其所底，至於前古之盛鑒，聖賢之大意，亦少見其素藴焉，而某受知於執事，豈止於兹乎？冀異時執事陶鎔之下，庶或裨於均政之萬一。言質意直，干浼英聽，無任惶越之至。龍舒本王文公文集卷二

## 上龔舍人書

閏八月七日，具位王某謹白書於安撫諫院舍人：某讀孟子，至於「不見諸侯」，然後知士雖阨窮貧賤，而道不少屈於當世，其自信之篤、自待之重也如此。是皆出處之義，上下之合，不可苟也。爲人上者而不以是，不足與有爲，爲人下者而不以是，雖有材，不足以有爲，其進幾於禍

矣。在上不驕，在下不諂，此進退之中道也。某嘗守此言，退而甘自處於爲賤，夜思晝學，以待當世之求，而未嘗懷一刺、吐一言，以干公卿大夫之間，至於今十年矣。

已而思之，方孟子之時，天下紛亂，諸侯皆欲自以爲王，强攻弱，大并小，戰伐侵入，無歲無之。此乃存亡得失之秋，所謂得士則興、失士則亡之時也。故下得以自重，而上不可以不求焉。方今席奕世之基業，治雖未及三代、兩漢，然亦可以謂之亡事矣。其選才取士，外則賢良、進士、諸科之舉，内則公卿、提轉、郡守之薦。然皆士自媒紹其所長，以干於當世，然後得充其選，未嘗聞公卿大夫能自察其賢而薦之者。則士之包羞冒恥，棲棲屑屑，伺人之顔色，徇時之好尚，以謀進退者，世未嘗爲辱也，又豈知論出處進退之義者哉？今公卿大夫之取士，無問賢否，而媚於己者好之；今士之進退不以義，而惟務苟合而已。吁，可悲也。

方公卿大夫，據高明之勢，外以富貴自尊，内以智能自負，必不欲求於人，欲人之求己，士不欲求於人，如此則上下之合，無時可得矣。某是以翻然改曰：「苟一往公卿大夫之門，與之議論，察其爲人，可與言則進，不可與言則退，於道宜未爲屈也。」由是頗欲虚遊於當世公卿大夫之間，以觀可否而去就之。方自竄於窮遠僻陋之地，其勢不得以往也。

比聞天子念東南之民困於昏墊，輟侍從之臣親至其地，以勞徠安集之。某私切自喜，以其所謂當世之公卿大夫，將得而見之矣。既而問某者果誰邪，又有以閣下名告之者，而因含笑大喜，曰：「以閣下之勢，方用於朝廷，以閣下之賢，嘗聞於天下，則某不待接其議論，察其爲人，而後知其可以説干之也。」矧閣下官曰諫諍，出宣霈澤，當思所以副朝廷待之之意，則天下之利害，生民之疾苦，未宜忽之而不以夙夜疚懷也。儻有意於此，則非夫士君子不可與論焉。然則某之言，可冀其合矣。輒冒尊嚴，以進其説，閣下其擇焉。某再拜。龍舒本王文公文集卷二

## 再上龔舍人書

閏八月九日，具位王某再白書於安撫舍人閣下：某前日輒以狂瞽之言，有聞於下吏。伏蒙閣下不間疏賤，借之以顔色，接之以從容，使極論而詳説之，是其可以吐胸中之有，發露於左右之時也。然辭有所未盡，意有所未竭，蓋將有以。何哉？前日所與某言者，不過欲計校倉廩，誘民出粟，以紓百姓一時之乏耳。某之所欲言者，非此之謂也。願畢其説，閣下其擇焉。

某嘗聞善爲天下計者，必建長久之策，興大來之功，當世之人，涵濡盛德，非謂苟且一時之利，以邀淺鮮之功而已。夫水旱者，天時之常有也。倉廩財用者，國家常不足也。以不足之用，以禦常有之水旱，未見其能濟焉，甚非治國養民之術也。

某不敢遠引古昔，止於近者十數年間耳目之所經者論之。頃自慶曆八年，河北、山東饑；

皇祐二年、三年，兩浙、淮南饑；三年、四年，江南饑；嘉祐五年〔一〕，兩浙饑；四年，福建饑；今年，淮南、兩浙又饑。其川、廣、夔、陝、京西、河東，則某聞見所不及，不可得而言也。某竊計之，歷年纔一紀，而歲之空匱，民至流亡殍死，居其太半，卒未聞朝廷有救之之術，豈非政失於苟且，而不建長久之策者哉？伏自慶曆以來，南北饑饉相繼，朝廷大臣、中外智謀之士，莫不惻然不忍民之流亡殍死，思所以存活之。其術不過發常平，斂富民，爲饘粥之養。出糟糠之餘，以有限之食，給無數之民。某原其活者，百未有一，而死者，白骨已被野矣。此有惠人之名，而無救患之實者也。

某竊謂百姓所以養國家也，未聞以國家養百姓者也。記曰：「君者所養，非養人者也。」有子曰：「百姓不足，君孰與足？」此之謂也。昔者，梁惠王嘗移粟以救饑饉，孟子論而非之，所謂「徒善不足以爲政，徒法不能以自行」。若夫治不由先王之道者，是徒善、徒法也。且五帝、三王之世，可謂極盛最隆，亦不能使五穀常登而水旱不至，然而無凍餒之民者何哉？上有善政，而下有儲蓄之備也。

某歷觀古者以還，治日常少，而亂日多。今宋興百有餘年，民不知有兵革，四境之遠者至萬

〔一〕「五年」，疑爲「三年」之誤。

餘里，其間可桑之野，民盡居之，可謂至大至庶矣。此誠曠世不可逢之嘉會，而賢者有爲之時也。今朝廷公卿大夫，不以此時講求治具，思所以富民化俗之道，以興起太平，而一切惟務苟且，見患而後慮，見災而後救，此傳所謂「轂既破碎，乃大其輻，事已敗矣，乃重太息」，其云益乎？

某於閤下，無一日之好，論其相知，固已疏矣。然自閤下之來，以説干閤下再矣。某固非苟有覬於閤下者也。某嘗謂大丈夫有學術才謀者，常患時之不遭也；既遭其時，患言之不用也。今閤下勢在朝廷，不可謂時不遭矣；居可言之地，不可謂言不用矣。惟閤下未爲之爾。某故感激而屢干於左右者以此，閤下其亮之。某再拜。龍舒本王文公文集卷二

## 與沈道原書三

某啓：知在長蘆，營造功德，無緣一造，豈勝鄉往！見黄吉父，説四妹甚瘦悴〔一〕，恐久蔬食而然，切須斟量，勿使成疾。一切如夢，不須深以概懷，但精心祈嚮，亦不必常斷肉也。每欲與七弟到長蘆，相要會聚數日，然頭眴多痰，動輒復劇，是以未果。稍寒，自愛！念二謝書，思憶

〔一〕「妹」，原作「姐」，據下文第二書改。沈道原乃王安石妹壻，見李壁注瘧起示道原詩。

不可言也。某啓上。龍舒本王文公文集卷四

## 第二

某啓：承眷恤，重以感慰。衰莫眩昏，幸而獲愈，然槁骸殘息，待盡朝夕，頓伏牀枕，無足言者。十四、念二，并煩存問，感愧感愧！四妹且時時肉食，恐久而成疾也。相去雖近，無緣會晤，良食自愛！疲倦，書不及悉。某啓上。龍舒本王文公文集卷四

## 第三

某啓：比承誨問，豈勝感慰！腫瘍雖未潰，度易治，不煩念恤。推官到此，深喜闔門吉慶。疲困，不宣悉，冀倍自愛。某啓上。龍舒本王文公文集卷四

# 與耿天騭書二

某啓：比得誨示，以無便，不即馳報，然鄉往何可勝言也！歲月如流，日就衰茶，今夏復感眩瞀如去秋，偶復不死，然幾如是，而能復久存乎？旁婦已別許人，亦未有可求昏處，此事一切不復關懷。陶淵明所謂「身如逆旅舍，我爲當去客」，於未去間，凡事緣督應之而已。藿香散并方附去，或別要應病藥，不惜諭及。臺上草木茂密，芙蕖極盛，未知何時可復晤語。千萬自愛！

龍舒本王文公文集卷四

### 第二

某啓：承誨示勤勤，并致美梨，極荷不忘。純甫事失於不忍小忿，又未嘗與人謀，故至此。事已無可奈何，徒能爲之憂煎耳。旁每荷念恤，然此須渠肯，乃可以謀，一切委之命，不能復計校也。藥封上。未審營從何時能如約見過，日以企竚。稍涼，自愛。貴眷各吉慶。不宣。某啓上。龍舒本王文公文集卷四

## 與郭祥正太博書五之四

某啓：近承屈顧，殊不得從容奉顔色，遽此爲别，豈勝區區愧恨！乍遠，千萬自愛。承行李朝夕當復來此，諸須面訴乃悉。許詩不惜多，以藁副見借爲幸。龍舒本王文公文集卷四

## 同前之五

某頓首：比承手筆，尤劇欣慰。時序感心，不能自釋。咫尺無由奉見，鄉往尤深。蒙許寄詩，幸甚！尚此留連，不惜數賜教也。冬寒，自愛。舍弟近出，歲盡乃歸，承書所以不得報也。龍舒本王文公文集卷四

## 與孟逸秘校書手書十之四

某頓首仲休兄足下：辱手筆，感慰！跋涉溪山之遠，亦勞矣，然足以慰二邑元元之望，惟寬中自愛也。人求還急，修答不謹，幸見亮。有不逮，見教。龍舒本王文公文集卷四

## 與柳承議書

某啓：承誨示，感愧。公方護喪歸里，應接必多，豈敢費煩厚饋！糖冰謹已拜貺，餘則納還，冀蒙亮悉也。龍舒本王文公文集卷四

## 再答吕吉甫書

承誨示勤勤，豈勝感愧！聞有太原新除，不知果成行否，想遂治裝而西也。示及法界觀文字，輒留玩讀，研究義味也。觀身與世，如泡夢幻，若不以此洗心而沈於諸妄，不亦悲乎！相見無期，惟刮磨世習，共進此道，則雖隔闊，常若交臂，雖衰荼瞢耗，敢不勉此！猶冀未死間，或得晤語，以究所懷。未爾，良食，爲時自愛。令弟各想安裕，必同時西上也。

惠及海物，愧荷不忘。村落無物將意，栗一篭馳獻。某今年雖無大病，然年彌高矣，衰亦滋

極，稍似勞動，便不支持。向著字説，粗已成就，恨未得致左右。觀古人意，多寓妙道於此，所惜許慎所傳止此，又有僞謬，故於思索難盡耳。龍舒本王文公文集卷六

## 答田仲通書

某再拜仲通兄足下：鄉時在京師，欲走陽翟見顔色，以事卒不果，至今悔恨，非復可自解釋。自得從足下游，私心未嘗一日忘。羈窮不幸，不得常從，以進道藝，其恨豈有忘時哉！而足下於交游中，亦最見愛云云。龍舒本王文公文集卷六

## 答杭州張龍圖書

某啓：阻闊歲久，豈勝鄉往。承誨示，乃知輿衛近在京口，動止多福，重增企仰。無緣會晤，唯冀爲時倍自壽重。衰疾，書不宣悉。某啓上知府龍圖。龍舒本王文公文集卷六

## 沈德妃姪授監簿

敕某：京官，吾所重也。故設磨勘之法，以待吏部之選。非有勞而無罪，及有任舉之官，則不可以得之。爾由外戚，以孩幼入官，得吾之所重。其强勉學問，求爲成人，以稱吾待爾之意。

龍舒本王文公文集卷十二

## 覃恩轉官二道之一

敕某等：永惟先帝君臨天下餘四十年，功德之所及博矣。非夫在廷文武之士，宣力中外，亦何以致此哉？眇然之躬，嗣守成業，敢忘大賚，以勞衆工。爾等各以才選，序於朝位，膺踐禄次，往其丕欽。龍舒本王文公文集卷十三

## 吴省副轉官

朕設考課之令，以待萬官之衆，不欲使一介之賤，有勤而不察，有善而不知。又況於左右任信才良之臣，校功數最，當以敘進者乎？以爾具官某，學足以知前人，智足以議當世。比更選用，皆以才稱。三司地征，使務爲劇，往貳厥事，不勞而能。疇其積功，遷位一等。是雖有司之常法，然非夫效實之如此，則何以稱焉？龍舒本王文公文集卷十三

## 士度支轉官

爾才能行義，多爲士大夫所稱，故起爾於貶斥，而歲餘超遷，以佐三司。今有司考績，又當

增位。朕爵賞樂與士共，而嘉爾之有勞。往其欽哉，永稱厥職。龍舒本王文公文集卷十三

## 賀生皇子第五表〔一〕

祉扶宗祏，慶襲宫闈，凡預照臨，惟胥鼓舞。中謝。臣聞有秩秩幽幽之德，所以考室而見祥；有詵詵揖揖之風，所以宜家而多子。克參盛美，允屬昌時。伏惟皇帝陛下，膺命上天，紹休烈祖。本支方茂，用光世德之求；功業能昭，永賴孫謀之燕。適追來孝，申錫無疆。臣久玷恩私，外叨屬任。四方來賀，望雙闕以無階；萬福攸同，撫微軀而有賴。龍舒本王文公文集卷十五

## 賀生皇子第六表

本支浸衍，實爲萬世之休；遐邇同欣，胥賴一人之慶。中謝。臣聞王懋厥德，則后妃無嫉妒之心；天錫之祺，則子孫有衆多之美。蕃釐有繼，垂裕無窮。伏惟皇帝陛下，躬睿智之資，撫休明之運。教由内始，正自身先。治既格於人和，誠遂膺於帝祉。乃占我夢，實多考室之祥；則百斯男，克紹刑家之慶。臣叨榮特厚，竊忭尤深。雖接武搢紳，莫預造庭之列；而瞻威咫尺，唯

〔一〕按，本集卷五十八有賀皇子生表六道，其五與此文題同文異。下文同。

傾就日之誠。龍舒本王文公文集卷十五

## 賀正第五表[一] 元豐六年

人正肇序，歲事更端。物乘引達之期，朝布始和之令。臣中謝。伏惟皇帝陛下，動稽天若，道與時行。一德紹休，新又新而弗息；萬靈隤祉，朔復朔以無期。臣久誤聖知，外叨方任。奉觴稱慶，踵弗繼於朝紳；嚮闕傾心，目如瞻於天仗。龍舒本王文公文集卷十五

## 賀正第六表 元豐七年

伏以肇天德於青陽，群生以遂；憲邦經於正歲，百度惟新。臣中謝。伏惟皇帝陛下，妙用敉於時幾，大仁參於化育。於帝其訓，既格神人之寧；維春之祺，遂如山阜之固。惟仰祈於壽祝，思自致於誠心。龍舒本王文公文集卷十五

[一] 按，本集卷五十九有賀正表五道，其五與此文題同文異。

## 賀冬第四表[一] 元豐五年

陽舒以復，陰極而終。視履考祥，乃見行中之吉；對時育物，以滋衆萬之生。恭惟皇帝陛下，心玩神明，誠參天地。保大和而率豫，介百福以來崇。臣比解繁機，叨承外寄。莫預稱觴之列，但深存闕之思。龍舒本王文公文集卷十五

## 賀南郊禮畢表

臣某言：伏覩今月二十七日南郊禮畢者。熙事備成，湛恩汪濊，上格三靈之祐，俯臻萬物之和。中謝。臣聞致孝以顯親，而其仁極於配天；隆禮以尊上，而其義盡於饗帝。迪前王之能事，考有司之盛儀，作民恭先，唯聖時克。伏惟皇帝陛下，紹膺丕緒，懋建大中，飭齋戒之誠心，稱燎煙之吉禮。四表率籲，皆致寧神之歡；多士具來，悉秉在天之德。既受釐於元祀，遂均惠於寰區，凡在觀瞻，孰不呼舞？臣夙叨睿獎，親值休辰。雖進趨無預於相儀，而欣幸實同於賴慶。臣無任。龍舒本王文公文集卷十五

[一] 按，本集卷五十九有賀冬表八道，其四與此文題同文異。

## 乞皇帝御正殿復常膳第三表

臣某等言：伏覩手詔，彗出東方，自今月十一日，更不御正殿，減常膳如故事者。太史瞻文，告星躔之表異；中宸軫慮，順天道以變常。凡曁臣工，靡遑夙夜。臣某等中謝。竊以天人相與，精祲交通，厥維至誠，乃有嘉應。伏惟皇帝陛下，欽文繼統，恭儉在躬。因世久安，革時大弊。運聖神之化，鼓動於群生；建文武之功，緝成於大業。雖有異星之變，何傷聖德之明？顧乃徹膳避朝，深念畏天之實；赦過宥罪，廣敷惠下之仁。精誠式孚，妖象既殞。伏願趨傳清蹕，肆陳路寢之儀；復御珍羞，中飭内饔之職。冀垂淵聽，俯徇輿情。臣等無任祈天俟命激切屏營之至。龍舒本王文公文集卷十六

## 辭使相第三表

臣某言：兼榮將相，託備藩維。雖皆序爵以稱功，乃以辭榮而竊寵。自惟忝冒，彌積凌兢。中謝。伏念臣晚值聖時，久陪國論。詢謀下逮，或有誤合之片言；睿智日躋，實爲難逢之嘉會。所願備殫其智力，以圖稍就於事功。末學短能，固知易竭；要官重任，終懼顛隮。遂當引分以避嫌，重以罹憂而成疹。冒聞已瀆，敢逃逋慢之誅；聰察俯加，更溢褒延之數。此蓋伏遇皇帝

陛下懋昭大德，灼見俊心。謂其陳力之已疲，及此籲天而賜閔。并包之度，示無替於始終；報稱之心，冀不忘於夙夜。臣無任。龍舒本王文公文集卷十六

## 乞免使相充觀察使第一表

臣某言：近累具表乞以本官外除一宫觀差遣，伏奉敕命，就除充集禧觀使，權於江寧府居住，仍放朝謝者。以病自陳，庶全於私分；蒙恩幸許，尚竊於隆名。淪肌雖荷於優容，省己終難於叨昧。輒披情素，上冒聰聞。伏念臣久玷近司，迄無明效，終蒙解免，實賴保全。自顧衰骸，已難勝於勞勩；數違明詔，實仰冀於矜憐。號兼將相之崇，身就里閭之逸。誤恩若此，前載所無。非惟私義之難安，固亦公論之弗與。伏望陛下深垂簡照，俯徇虔祈。特回涣號之已孚，許以本官而充使。如此，則上足以成陛下循名之政，下足以免愚臣冒寵之輕。臣無任。龍舒本王文公文集卷十六

## 乞免使相充觀察使第三表

温厚之辭，屢加褒勉；顓愚之守，尚冀矜憐。敢逃冒責之誅，願獲終辭之志。伏念臣衰殘控訴，寵奬優從。休其疲勩之餘，賜以燕閒之樂。叨恩已厚，序爵更崇。且名器不以假人，而乃

繆當非次；竊牢欲其稱事，而乃坐享不貲。是將危身，亦以累國。伏惟陛下，公聽以揆萬事，原省以通衆情。因忘反汗之嫌，俾遂籲天之欲。庶安愚分，用厭師言。龍舒本王文公文集卷十六

## 謝賜生日禮物表

臣某言：伏蒙聖慈，特差臣女壻前守常州江陰縣主簿蔡卞，沿路押賜生日禮物：衣一對、衣著一百匹、金花銀器一百兩、馬二匹、金鍍銀鞍轡一副者。寬假之恩，幸從於私欲；匪頒之寵，尚玷於常科。知報稱之良難，積驚慚而實厚。伏念臣見收末路，承乏近司。犬馬之力已殫，訖無補報；螻蟻之誠自列，寵幸退藏。尚兼將相之崇，且受藩維之託。叨逾已極，賜與更蕃。此蓋伏遇皇帝陛下仁冒海隅，禮優臣庶，宥衆尤之積累，示全度之并包。爰及微生，具膺殊獎。致養以樂，永懷弗洎之悲；移孝則忠，敢怠進思之義？臣無任。龍舒本王文公文集卷十九

## 進二經劄子

臣蒙恩免於事累，因得以疾病之餘日，覃思内典。切觀金剛般若、維摩詰所説經，謝靈運、僧肇等注多失其旨，又疑世所傳天親菩薩、鳩摩羅什、慧能等所解，特妄人竊藉其名，輒以己見，爲之訓釋。不圖上徹天聽，許以投進。伏惟皇帝陛下，宿殖聖行，生知妙法，方册所載，象譯所

傳，如天昭曠，靡不幬察，豈臣愚淺，所敢冒聞？然方大聖以神道設教，覺悟群生之時，羽毛皮骼之物，尚能助發實相。況臣區區，嘗備顧問，又承制旨，安敢蔽匿？謹繕録上進。干浼天威，臣無任惶愧之至。龍舒本王文公文集卷二十

## 賀杭州蔣密學啓

右某近者伏審拜命徽章，陞榮北省，伏惟慶慰。竊以上大夫爲内諫，漢擢忠良；府學士統要藩，唐稱優顯。逮宋兼任，非賢不居。恭惟某官〔一〕，天與粹温，岳儲靈哲。夙抱經濟，游天子之彤庭；首見推明，爲士林之高選。斷直躬以自處，仗大節而不回。名動一朝，官歷兩省。望之補外，理固非宜；陽城拜官，賀者甚衆。上方圖任，夕有召書。某展慶未遑，抃心竊倍。顧言塵冗，將幸坯陶，依戴所深，翰墨難致。龍舒本王文公文集卷二十二

## 回皇親謝及第啓

伏審校藝中程，霈恩移鎮，凡兹有識，皆謂至榮。今國家興學校以養育天下之材，而材猶未

〔一〕「恭惟」二字原無，據五百家播芳大全文粹卷二十二補。

能有成；革科舉以新美天下之士，而士或未盡去故。況於以公子之樂善，而能先儒者以試經，儻匪非常之才，孰能出類如此？伏惟某官，世綿瓜瓞，才韡棣華，不以富貴而自驕矜，而爲貧賤之所求取。決科異等，有光漢族之文章；進秩重藩，益壯周家之屏翰。非特爲榮於宗室，蓋將有激於士風。某限列諫垣，莫趨宮屏，未能馳謝，乃枉賜言。惟荷眷之至深，非多辭之可喻云云。龍舒本王文公文集卷二十二

## 請秀長老疏二

伏以性無生滅，不出於如；法有思修，但除其病。故牟尼以無邊闡教，諸祖以直指明宗。雖開方便之多門，同趣涅槃之一路。知言語之道斷，凡爾忘緣；悟文字之性空，熾然常説。至於窮智之所不能到，諭言之所不可傳，苟非其人，曷與於此？秀公早種多識，獨悟惟心，或以群言開有學之迷，或以一指應無窮之問。雲門法印，既所親承；正覺道場，誠資演暢。宜從衆志，來嗣一音。

## 二

伏以正法眼藏，諸祖之所親傳；大甘露門，衆生之所祈向。非由開士，曷振宗源？伏惟某人，性悟無生，識趨有學，喻法常知於舍筏，陶真已得於遺珠。靈焰無窮，能作千生之續；妙音

普振，同沾一雨之滋。願臨真覺之道場，親受雲門之法印。仰惟慈證，俯徇衆求。龍舒本王文公文集卷二十四

## 國風解

周南、召南者，文王之詩。曰：言文王之化被民深，則詩人歌者其志遠，以見聖人之風，而屬之周公，故爲周南也；言文王之教化人淺，則詩人歌者其志近，以見賢人之風，而屬之召公，故爲召南也。然其詩則文王，其事則后妃、夫人，不言美。而甘棠美召伯、江有汜美媵、何彼襛矣美王姬，而皆言美者，蓋召伯也、媵也、王姬也，各主於一人而美之也。若后妃、夫人，則皆文王教化之所致，其美不足以爲言也，故先以周南，而召南次之也。

邶、鄘、衛，皆衛詩。三國本商紂之地，而武王伐紂，裂其地以封紂子武庚并管、蔡者。及其叛而周公誅之，乃以餘民封康叔。而後之刺美其君者，三國之人，咸有所賦，是以分邶、鄘、衛焉。故邶、鄘之詩序必曰衛者，以別其衛詩爾。至於衛，則無所言衛矣。有凱風、定之方中、干旄、淇澳、木瓜，以美文公、桓公、武公。而凱風、木瓜，雖非其君，然國之淫風流行，而有盡孝道以慰其母心之子，國爲狄人所滅，而有救而封之之齊桓公。則所以美之者，其君亦與焉，故次召南也。

王者，周也。自平王東遷，其後政不足以及天下，而止於一國，於是爲風而不雅矣。不言周者，蓋平、桓、莊王德之不修，政之不講，非周之罪也，故次衛也。

鄭有緇衣，武公之美，而次於王後者，蓋王之皆刺，而不能加於多美之諸侯者，天下之公義也。若諸侯之少美矣，雖王之皆刺，而不足以勝之，豈非君與臣善惡不相遠，則君得以先其臣，而理所可也，故次王也。

齊皆刺也〔一〕，然有木瓜美桓公，繫於衛詩之末，故次鄭也。

魏皆刺也，而無所主名，言爲魏之君者，皆甚惡爾。夫序詩者，豈以一端而已。皆美而無所主名，則先之，好其善之盛也，周南是也；皆刺而無所主名，則先之，醜其惡之極也，魏是也。故次齊也。

唐本晉詩，而美武公者，無衣也。然武公始并晉國，而大夫爲之請命於天子之使而作是詩也。夫不請命於天子，雖云美而君子所不與，猶若武公無美焉爾。或曰：「魯之有頌，亦請命於周，乃列於周、商之間，而於此詘晉何也？」曰：「魯請於天子，而史克作頌，與夫請天子之使而爲之者異矣，弟賢於無美者也，故次魏也。」

〔一〕「齊」，原作「唐」，據詩經篇目次序改。

秦之車鄰美秦仲，駟鐵、小戎美襄公，雖賢於唐，然本西垂，秦仲始大，至於襄公，方列於諸侯，故次唐也。

陳皆刺也，而所刺主於幽公、僖公之徒，言其餘君或不至於是，然刺詩多矣，故次秦也。

檜皆刺也，而無所主名，猶魏也，故次陳也。

曹皆刺也，然所刺止於昭公、共公，猶陳也，故次檜也〔一〕。

豳七月，周公攝政之詩也，所美見於東山、破斧、伐柯、九罭、狼跋也。其七月陳王業，鴟鴞以遺王者，皆公所自爲，故不言美也。然名之以雅，則公非王也；次之以周南，則公非諸侯。因其陳王業、先公之所由，乃以屬於豳也。不屬於周者，周，王國也，周公何所繫焉？所以居小雅之前，而處變風之後，故次豳也。

或曰：國風之次，學士大夫辨之多矣，然世儒猶以爲惑，今子獨刺美序之，何也？曰：昔者聖人之於詩，既取其合於禮義之言以爲經，又以序天子諸侯之善惡，而垂萬世之法。其視天子諸侯，位雖有殊，語其善惡，則同而已矣。故余言之甚詳，而十有五國之序，不無微意也。嗚呼！惟其序善惡以示萬世，不以尊卑小大之爲後先，而取禮之言以爲經，此所以亂臣賊子知懼

〔一〕「次」，原作「刺」，據文意改。

而天下勸焉。龍舒本王文公文集卷三十

## 周秦本末論

周彊末弱本以亡，秦彊本弱末以亡，本末惟其稱也。

周有天下，疆其地爲千八百國，制方伯、連率之職，諸侯有不享者，舉天下之衆以臨之，有不道者，合天下之兵以誅之，自以爲善計也。及其弊，巨吞細，盛憑弱，而莫之能禁也，以至於亡。無異焉，彊末弱本之勢然也。秦戒周之亡，郡而不國，削諸侯之城，銷天下之兵聚咸陽，使奸人雖有覦心，無所乘而起，自以爲善計也。及其弊，役夫窮匠操鉏耰棘矜以鞭笞天下，雖欲全節本朝，無堅城以自嬰也，無利兵以自衛也，卒頓顙而臣之。彼驅天下之衆以取區區孤立之咸陽，不反掌而亡。無異焉，彊本弱末之勢然也。

後之世變秦之制，郡天下而不國，得之矣，聖人復起，不能易也。銷其兵，削其城，若猶一也，萬一逢秦之變，可勝諱哉？龍舒本王文公文集卷三十

## 論舍人院條制

準月日中書劄子，奉聖旨指揮，今後舍人院不得申請除改文字者。竊以爲舍人者，陛下近

臣，以典掌誥命，爲職司所當參審。若詞頭所批事情不盡，而不得申請，則是舍人不復行其職事，而事無可否，聽執政所爲。自非執政大臣欲傾側而爲私，則立法不當如此。前日具論，冀蒙陛下審察，而至今未奉指揮。臣等不知陛下以今月八日指揮爲是而不改乎？將不必以爲是，而特以出於執政大臣所建而不改乎？將陛下視臣等所奏，未嘗可否，而執政大臣自持其議而不肯改乎？以爲是而不改，則臣等考尋載籍以來，未有欲治之世而設法蔽塞近臣論議之端如此者也。不必爲是，而特以出於執政大臣所建而不改，是則陛下不復考問義理之是非，一切苟順執政大臣所爲而已也。若陛下視臣等所奏，未嘗有所可否，而執政大臣自持其議而不肯改，則是政已不自人主出，而天下之公議廢矣。此所以臣等惓惓之義，不能自已者。

臣等竊觀陛下自近歲已來，舉天下之事，屬之七八大臣。天下之初亦翕然幸其所能爲救一切之弊。然而方今大臣之弱者，則不敢爲陛下守法以忤諫官御史，而專爲持禄保位之謀；大臣之彊者，則挾聖旨、造法令，恣改所欲，不擇義之是非，而諫官、御史亦無敢忤其意者。陛下方且深拱淵默，兩聽其所爲而無所問，安有朝廷如此而能曠日持久而無亂者乎？自古亂之所生，不必君臣爲大惡，但無至誠惻怛求治之心，擇利害不審，辨是非不早，以小失爲無傷而不改，以小善而爲無補而不爲，以阿諛順己爲悦而其説用，以直諒逆己爲諱而其言廢，積事之不當，而失人心者衆矣，乃所以爲亂也。

陛下以臣等所言爲是，則宜以至誠惻怛、欲治念亂之心考覈大臣，改修政事，則今月八日指揮爲不，當先改矣。若以臣等所言爲非，則臣等狂瞽，不知治體，而誣謗朝廷政事，當明加貶斥，以懲妄言之罪，則别選才能通達之士以補從官。臣等受陛下寵禄，典領朝廷職事，不得其守，則義不得不言。而朝廷以爲非也，則義不敢辭貶斥。伏乞詳酌，早賜指揮。龍舒本王文公文集卷三十一

## 送丘秀才序

古之人以婚姻爲兢兢，合異德以復萬世之故。春秋世，此禮始寖廢。不親迎者，吾聞之矣；先配而後祖者，吾聞之矣。時其遂不復振，人皆直情而徑行，烏識所謂兢兢者乎？至隋，文中子喟然傷之，曰：「昏禮廢，天下無家道矣。」始采周公、孔子之舊，續而存之。賈瓊者乃曰：「今皆亡，焉用續？」夫瓊何人也，世之所謂賢人也，親炙子之教也。賢而親炙子之教，然且云爾，其不在於程、仇、董、薛之列也宜。今世之讀中説者，皆知瓊之言非是，然而不爲瓊之所爲者，亦末矣。夫人萬一有喜事者，追古之昏禮而行之，世必指目以怪迂之名被之矣，若之何其肯拂所習而從之也？於戲，古既往，後世不可期，安得法度士，與之奮不顧世，獨行古之所行也！南丘子學於金陵，以親之命歸逆婦，吾望其能然，以是諗之。龍舒本王文公文集卷三十六

## 祭先聖文

惟王之道，内則妙萬物，而外則爲王者，爲緒餘於一時，而鼓舞於萬世。學者範圍於覆燾之中，而不足以酬高厚之德。今與諸生釋奠而不敢後者，兹學校之儀，而興其所以愛禮之意也。龍舒本王文公文集卷八十一

## 祭先師文

外物不足以動心而樂者，可謂知性矣，然後用舍之際，始可以語命。而三千之徒，聖人獨以公預，此所以學校有釋菜之事，而以公配享焉。龍舒本王文公文集卷八十一

## 屯田員外郎致仕虞君墓誌銘

祥符八年，真宗第進士於廷，先人與上饒虞君俱在其選。其後慶曆二年、皇祐元年，虞君之諸子相繼以進士起，而先人之孤亦在焉。故安石嘗與虞君之諸子游，而諸子稱君之所爲甚悉。君廉於進取，寬厚長者，人可欺以其方，而君未嘗輒欺人也。自爲進士時，能以文學知名於鄉里，三爲舉首。嘗獻其所爲書於天子，天子以爲能，欲特召試，而以君方試於有司，乃止。及

君起家爲建州司理參軍、福州觀察推官，轉運使奏君監福州之寶積銀場，君爲創法而銀大溢。歲終當遷，有司使人喻君求賂，君謝不與，曰：「與其以賂遷，吾寧困以終身也。」終以此不得遷，而復爲軍事判官郴州。州嘗失入人罪，吏方被劾，而有赦除其罪。君初在告，不與斷其獄而與奏其按也，刑部遂書君爲失入，坐是坎壈不得意，以至於老，而君初未嘗自訟也。

自郴州歸，而爲邵州防禦判官，又爲杭州節度推官，又爲台州軍事判官。所至輒以治行爲在勢者所稱，章交於朝廷，而天子終以其嘗失入不用。已而右諫議大夫李宥特薦之，召赴京師，又不用。流内銓以爲言，乃以君知明州之慈溪縣，縣得君以無事，而君日與處士講學賦詩飲酒，恬如也。淮南轉運使吴遵路、兩浙轉運使段少連、葉清臣皆一時名人，交薦君以爲材，而朝廷又以君爲台州軍事判官，不用。及李元昊反，近邊皆騷動，有詔舉能吏可以爲河北、河東、陝西諸縣者，於是君始得遷，爲太子中允，知河中府猗氏縣。今并州故相國龐公經略陝西，欲辟公爲其判官，君不肯就而辭以老，龐公賢其意，亦不彊也。後遷太常丞、知越州山陰縣，太常博士、尚書屯田員外郎、通判滁州。間從容語諸子曰：「吾嘗游宜興，甚愛其山水，兒爲我築室荆溪上，吾且休於此矣。」時皇祐二年也。明年，遂致仕，諸子爲築室荆溪上，如其志。以至和三年七月戊戌卒，享年八十。

君既不急於仕進，亦未嘗問家人生産，士友多哀君困厄。及其老，諸子皆孝友，能致其力以養，而多以文學稱於世。其長子太微，爲潤州司理參軍；次太寧，爲和州防禦推官；太熙爲蘇州吴江縣尉；太沖爲通州静海縣主簿；太蒙爲進士。女子五人，皆嫁爲士大夫妻。諸孫男女凡十八人。内外詵詵，人不以公初不得意爲可憐，而顧以其後子孫慈良衆多爲可願也。

君諱肅，字元卿，其先自會稽遭亂避徙江南。曾大父諱瞻，大父諱璡，當李氏時，爲李氏將兵上饒以拒閩人。兵罷，因留家之不去，故至今爲上饒人。父諱戩，博學善屬文，嘗求進士第不得，遂止不復言仕，以君故，贈殿中丞。君子以嘉祐二年某月日葬君常州宜興縣永定鄉某山，而以夫人福昌縣君周氏祔。夫人有賢行，君所以得毋恤其家，亦以其夫人也。將葬，君子使來告曰：「宜銘吾先人莫如子。」於是爲銘曰：

蹈污而陵巇，又左右以窺，以僥其私，人趨爲之，而公謝不爲。秀髮而豪眉，子孫頎頎，以榮其歸，維帝之詒。龍舒本王文公文集卷九十五

# 乙、其他散佚詩詞文

## 詩

### 走卒集句

年去年來來去忙，倚他門户傍他牆。一封朝奏緣何事？斷盡蘇州刺史腸。讀畫齋叢書本泊宅編卷一

### 題定力院壁

溪北溪南水暗通，隔溪遥見夕陽春。思量諸葛成何事，只合終身作卧龍。四部叢刊本詩話總龜前集卷十引雲齋廣録

### 諷押綱張殿侍

口銜天憲手持鈞，已是龍墀第一人。回首三千大千界，此身猶是一微塵。四部叢刊本墨莊漫録

卷四

## 字謎三首

兄弟四人兩人大，一人立地三人坐。家中更有一兩口，任是凶年也得過。

常隨措大官人，滿腹文章儒雅。有時一面紅妝，愛向風前月下。

將軍身是五行精，日日燕山望石城。待得功成身又退，空將心腹爲蒼生。涵芬樓本雞肋編卷上

## 用字謎

一月又一月，兩月共半邊。上有可耕之田，下有長流之川。一家有六口，兩口不團圓。耘經樓本苕溪漁隱叢話後集卷二五

## 晴景

雨來未見花間蕊，雨後全無葉底花。蜂蝶紛紛過牆去，却疑春色在鄰家。耘經樓本苕溪漁隱叢話後集卷二十五

## 題夏畋扇

白馬津頭驛路邊，陰森喬木帶漪漣。夕陽一馬匆匆過，夢寐如今十五年。守山閣叢書本能改齋漫録卷十一

## 皇祐庚寅自臨川如錢塘過宿此嘉祐戊辰自番陽歸臨川再宿金峰

十年再宿金峰下，身世飄然豈自知。山谷有靈還笑我，紛紛南北欲何爲？朝鮮活字本王荆文公詩李壁注卷三十九初去臨川詩注引

## 題金陵驛

重岡古道春風裏，草色花光似故人。却喜此身今漫浪，回家隨處得相親。清嘉慶六年刻本（景

定）建康志卷十六

## 詠梅花

頗怪梅花不肯開，豈知有意待春來。燈前玉面披香出，雪後春容取勝回。觸撥清詩成走筆，淋漓紅袖趣傳杯。望塵俗眼那知此，只買夭桃艷杏栽。知不足齋叢書本夢粱録卷十八

## 書堂〔一〕

烏石岡頭上塚歸，柘岡西畔下書帷。辛夷花發白如雪，萬國春風慶曆時。翻刻武英殿聚珍版叢書本浩然齋雅談卷中

## 海棠〔二〕

桂須辭月窟，桃合避仙源。贈別難饒柳，忘憂肯避萱。輕輕飛燕舞，脈脈息僞言。蕙陋虛

〔一〕全宋詩按云：仁宗慶曆初王安石已出仕，不可能在家鄉臨川，詩可疑，録以備考。

〔二〕按，此詩乃王禹偁小畜集卷八商山海棠部分詩句，應屬王禹偁。

侵徑，梨凡浪占園。論心留蝶宿，低面厭鶯喧。不奈神仙品，何辜造化恩。烟愁思舊夢，雨泣怨新婚。畫恐明妃恨，移同卓氏奔。中國農學珍本叢刊本全芳備祖前集卷七

## 李花〔二〕

朝摘桃花紅破萼，暮摘李花繁滿枝。客心浩蕩東風急，把酒看花能幾時。中國農學珍本叢刊本全芳備祖前集卷九

## 石竹花〔三〕

麝香眠後露檀勻，繡在羅衣色未真。斜倚細叢如有恨，冷摇數朵欲無春。中國農學珍本叢刊本全芳備祖前集卷二十七

---

〔二〕按，此詩又見王珪華陽集卷一和梅聖俞感李花。

〔三〕按，此詩又見林逋林和靖先生詩集卷二山舍小軒有石竹二叢開然秀發因成二章之一。

## 桑〔一〕

溪橋接桑畦，鈎籠曉群過。今朝去何早？向晚蠶恐餓。中國農學珍本叢刊本全芳備祖後集卷二十二

## 和叔才岸傍古廟〔二〕

樹老垂纓亂，祠荒向水開。偶人經雨踣，古屋爲風摧。野鳥棲塵座，漁郎奠竹杯。欲傳山鬼曲，無奈楚詞哀。明成化三年刻本瀛奎律髓卷二十八

## 題寶巖寺寒碧亭二首

兩岸青山刻峭成，一溪回曲篆紋平。緑陰隱隱無重數，欲去黄鸝又一聲。

風吹洞口雲，水動山頭月。野老時問人，前村多少雪。宋元四明六志本（延祐）四明志卷二十

〔一〕按，此詩又見文同丹淵集卷三採桑。

〔二〕按，此詩又見梅堯臣宛陵集卷三。

## 同應之登大宋陂

望闊真多思，憑高更損神。山川散白日，草木共青春。寂寂興亡事，悠悠來往人。素衣吳白紵，盡化洛陽塵。永樂大典卷二千七百五十五引王荆公詩

## 題回峰寺〔一〕

山勢欲壓海，禪扃向此開。魚龍腥不到，日月影先來。樹色秋擎出，鐘聲浪答回。何期乘吏役，暫此拂塵埃。宋元四明六志本昌國州圖志卷六

## 山居雜言

法和衣鉢過南華，正葉傳師萃一花。勝地霧迷淮水石，望星人指楚天涯。數千松倚西山老，七百僧悲去路賒。一片蒼苔涅槃石，至今繚遶白雲遮。明弘治刻本黄州府志卷七

〔一〕按，據蘆浦筆記、娛書堂詩話記載，此詩應屬王曙，姑録備考。

## 題楊溪上

橋横葛仙陂，住近揚雄宅。主人胡不歸？爲我炊香白。（弘治）徽州府志卷十二

## 送王郎中知江陰

持歸霄漢青綾被，去看吴都白馬潮。疊鼓渡江寒浪伏，鳴鐃入境野雲飄。魚穿楊柳誇鯨膾，人采芙蓉學細腰。家有三槐爲太守，弟兄誰似李文饒？（嘉靖）江陰縣志卷二十一

## 挽舜元胡著作郎

德行文章里閈宗，姓名朝野盡知公。侍親存没皆全孝，報政初終必竭忠。性直不從花縣樂，分安求逸郁堂空。從今永别人間去，笑入蓬瀛閬苑中。（嘉靖）銅陵縣志卷八

## 胡氏逢原堂

我愛銅官好，君實家其間。山水相縈萃，花卉矜春妍。有鳴林間禽，有躍池中鮮。葉山何嵯峨，秀峙東南偏。峰巒日在望，遠色涵雲邊。賓客此遨集，觴飲常留連。君家世儒雅，子弟清

風傳。前日闢書堂，名之曰逢原。有志在古道，馳情慕高賢。深哉堂名意，推此宜勉旃。木茂貴培本，流長思養源。左右無不宜，願獻小詩篇。（嘉靖）銅陵縣志卷八

## 千丈巖瀑布

拔地萬重清嶂立，懸空千丈素流分。共看玉女機絲挂，映日還成五色文。清康熙刻本四明山志卷一

## 聽泉亭

逗石穿雲落澗隈，無風自到枕邊來。十年客底黄粱夢，一夜水聲却喚回。清康熙刻本四明山志卷一

## 散句

衰俗易高名已振，險途難盡學須强。百川學海本晁氏客語

濃緑萬枝紅一點，動人春色不須多。〔二〕知不足齋叢書本侯鯖録卷三

昔時江令宅，今日段侯家。朝鮮活字本王荆文公詩李壁注卷一招約之職方并示正甫書記詩注引

隱几先生未忘物，葛陂猶問化龍身。文淵閣四庫全書本京口耆舊傳卷三

凌曉常行雲氣中。清嘉慶十七年刻本新安志卷五

大木百圍生遠籟，朱弦三嘆有遺音。〔三〕明嘉靖刻本西溪叢語卷上

霜筠雪竹鍾山寺，投老歸歟寄此生。明刻本東軒筆録卷十二

〔二〕此句泊宅編卷一記爲唐人詩，竹坡詩話卷一記爲王安國詩。

〔三〕此句應爲蘇軾詩，然西溪叢語云「東坡、介甫皆有此句」，姑存録。

夕陽到處花偏暖。四部叢刊本詩話總龜前集卷一四引王直方詩話

青山捫虱坐，黄鳥挾書眠。百川學海本石林詩話卷上

蕭蕭摶黍聲中日，漠漠舂鋤影外天。學津討原本演繁露卷六

人生萬事反覆多，道路後先能幾何。守山閣叢書本愛日齋叢鈔卷四

乞米助饋餾。中國農學珍本叢刊本全芳備祖後集卷二十一

雪底黄精興不疏。中國農學珍本叢刊本全芳備祖後集卷三十一

週迴莫有千株葉。明嘉靖本銅陵縣志卷一

苑閬仙人何處覓，靈槎使者幾時回？·明萬曆本通州志卷二

# 詞

## 西江月 紅梅

梅好惟嫌淡竚，天教薄與胭脂。真妃初出華清池。酒入瓊姬半醉。　東閣詩情易動，高樓玉管休吹。北人渾作杏花疑。惟有青枝不似。〔一〕文淵閣四庫全書本梅苑卷八

## 漁家傲 夢中作

隔岸桃花紅未半，枝頭已有蜂兒亂，惆悵武陵人不管。清夢斷，亭亭佇立春宵短。讀畫齋叢書本泊宅編卷一

## 清平樂

留春不住，費盡鶯兒語。滿地殘紅宮錦污，昨夜南園風雨。　小憐初上琵琶，曉來思繞天

〔一〕全宋詞校云：「案此首別又誤作王安禮詞，見王魏公集卷一。」

涯。不肯畫堂朱户，東風自在楊花。〔二〕津逮秘書本竹坡詩話卷一

## 生查子

雨打江南樹，一夜花開無數。緑葉漸成陰，下有遊人歸路。與君相逢處，不道春将暮。把酒祝東風，且莫恁、匆匆去。守山閣叢書本能改齋漫録卷十六

## 謁金門

春又老，南陌酒香梅小。徧地落花渾不掃，夢回情意悄。紅牋寄與煩惱，細寫相思多少。醉後幾行書字小〔三〕，淚痕都揾了。守山閣叢書本能改齋漫録卷十六

## 菩薩蠻 集句

海棠亂發皆臨水，君知此處花何似。涼月白紛紛，香風隔岸聞。囀枝黄鳥近，隔岸聲相

〔二〕全宋詞校云：「案此首别作王安國詞，見唐宋諸賢絶妙詞選卷二。」

〔三〕「字小」，能改齋漫録卷十六録作「帶草」，花草粹編卷六、全宋詞作「字小」。

應。隨意坐莓苔，飄零酒一栝。四部叢刊本揮麈録揮麈餘話卷二

## 千秋歲引 秋景

別館寒砧，孤城畫角，一派秋聲入寥廓。東歸燕從海上去，南來雁向沙頭落。楚臺風，庾樓月，宛如昨。　無奈被些名利縛，無奈被它情擔閣，可惜風流總閒却。當初謾留華表語，而今誤我秦樓約。夢闌時，酒醒後，思量著。四部叢刊本唐宋諸賢絶妙詞選卷二

# 文

## 首善自京師賦 崇勸儒學，爲天下始。

王化下究，人文内崇。繄京師首善之教，自太學親民之功。闓承師論道之基，先繇轂下；廣成俗化民之誼，甫暨寰中。古之聖人，君有天下，治遠於近，制衆以寡。不用文，何以修飾政教；非設校，何以崇明儒雅？乃建左學，率先諸夏。在郊立制，繫一人之本焉；養士興仁，形四方之風也。本仁祖義，取材斂賢。講制量於中土，邕聲明於普天。始於邦家，用廣師儒之衆；行乎鄉黨，斯爲庠序之先。是何拳拳諸生，亹亹先覺，所傳者道德仁義，所隷者詩、書、禮、樂。

以言乎功，則萬世用乂；以言乎化，則八紘匪遐。其流及於三代，率以明倫；此理達於諸侯，誰其廢學！

故曰校官者，庶俗之原本；京邑者，群方之表儀。養源於上，則庶俗流被；設表於内，則群方景隨。惟時於變，緊上之爲。三王四代惟其師，使人知化；兆姓黎民輯於下，自我興基。向若俗敗隄防，朝隳統紀，教化之宫衰落，禮義之官廢弛。鄉風者無以勸於善，隸業者不能官其始，則撫封之主，毁鄉校者有之；承學之民，在城闕者多矣。必也啓胄子之秘宇，據神邦之奥區。憲先王而講道，風下國以恢儒。邑翼翼以宅中，契商人之詠；士彬彬而蒙化，參漢室之謨。噫！孝武，逸王也，而有興置之謀；公孫，具臣也，而有將明之論。矧睿明之主紹起，俊乂之僚并建，宜乎隆儒館以視方來，使元元之敦勸。四部叢刊影宋本皇朝文鑑卷十一

# 松賦

規近效，棄遠功，玩華而不務本，世俗之常也。聖人反之，所以實有天下，久而彌固。予作松賦，是之取爾。賦曰：

子虚先生，宅心無何，手栽萬松，老於山阿。伊松也，天輸其功，地肆其封。殖質參差，交陰龙茸。深不待培，已磐洪泉；高不得秋，已摩蒼穹。四時鬱葱，旦暮玲瓏。太山不得斂其雲，八

門不得收其風。百狀千態，殫奇盡怪，雖伐楚越之竹以賦云，猶將無窮。乃有貴介公子，槃遊戾止，眷然顧之，意不自喜。詰先生曰：「吾有武谿靈桃，房陵甘李，越仙之杏，梁侯之柹。縹葉緗核，丹葩素蘂。或同心而并蒂，或合歡而連理。殊名詭號，究奢極侈。至若春畀其華，露予之滋，鬭媚競妍，夭夭猗猗。差可以締暫歡〔一〕、銷積悲，攄發太和，逢迎茂時。願獻其種，使先生植之。惡用焦其心思，癯其體肌，以事此離詭輪囷之姿哉？」先生久之，忻然而嘻曰：「予懷黄金、飛翠緌，宜若知眇萬物，心窮無涯，夫豈較然易知而未之思！子謂『春畀其華，露予之滋，鬭媚競妍，夭夭猗猗』，盍曰仰春以華，春有時而歸；恃露以滋，露有時而晞。狂風烈雨，有時而遇之。零西墜東，吾昨與期。姑視吾松，天姿髿髿。沆瀣宵零，不爲之滋；蒼精調元，不爲之革。朔雪袤丈，不改其節目；東坑爲陵，不遷其根牙。尚安肯含朽抱蠹，榮朝瘁暮，取纖人之光夸哉！」公子撫然爲間自謁去，掉金叜，鳴玉珂。先生弗爲禮，反據松爲歌曰：植爾本根，蟠崖錮泉。茂爾枝葉，陵雲蔽天。俾爾强而堅，千百萬斯年。宋慶元三年書隱齋刻本國朝二百家名賢文粹卷一百七十七

〔一〕「歡」，原作「權」，據文意改。

## 韓琦京兆尹再任判大名府制〔一〕

門下：分陝稱伯，召南當公職之尊；啓魏就封，畢萬得國名之大。況吾元老，爲世宗臣，久倚師垣之嚴，宜遷尹節之寵。飭宣典策，敷告縉綖。具官韓琦，道醇而深，器遠而博，渾渾忠孝之業，憲憲文武之姿。感通人朝，亮衆采於台極；翼戴英考，捧大明於天衢。肆朕纘圖，厥初謀落，燮諧四氣之序，熙輯百官之成。登昭公槐，奄涖國社。鎮定大事，妥如九鼎之安；承靈諸侯，端若元龜之信。歲勤再閱，師律既和。重念郊圻之雄，旁據河山之險，徒得君重，以宣王靈。就更西雍之旄，留主北門之鑰。載敦爰賦，并實幹封。於戲！漢咨陳平，安危注於上意；唐用裴度，輕重繫乎厥身。維迺純誠，無愧前烈。懋服休命，往其欽哉！可。永樂大典卷一萬一千○一

## 范鎮落翰林學士依前户部侍郎致仕制

鎮頃居諫省，以朋比見攻；晚寘翰林，以阿諛受斥。而每託論議之公，欲濟傾邪之惡。乃至每誣先帝，以蓋其附下罔上之醜；力引小人，而狃于敗常亂俗之姦。稽用典刑，誠宜竄殛；

〔一〕皇朝文鑒、文章辨體彙選皆署元絳。

宥之田里，姑示寬容。中華書局整理本續資治通鑑長編卷二百十六

## 賀降皇太子表代[一]

甲館告寧，天爲百瑞。恩言周布，歡動四方。中賀。臣聞聖則多男，人之所祝；冠而生子，古以爲祥。恭惟昌期，宜有昭報，上以慰兩宫之念，下以爲萬世之基。凡在寰區，舉興善頌。伏惟皇帝陛下，聖神文武，睿哲温恭，以天縱生知之資，務日就默識之學。内修法度，焕然一代之文；外服戎夷，終自兩階之舞。承列聖之丕緒，方懷燕翼之思。以百姓而爲心，宜有子孫之福。益著思齊之聖，更形既醉之詩。十四月而生堯，已有同德之兆；千萬歲而壽武，願同庶物之心。中國國家圖書館藏宋刻一百卷本五百家播芳大全文粹卷一

## 論孫覺令吏人寫章疏劄子

臣今日蒙宣召，諭以孫覺令吏人寫論列大臣章疏。臣初亦怪其不能謹密，但疑此朋友所當誨責，非人主所當譴怒。既又反復思惟，陛下以覺爲可聽信，故擢在諫官，進賢退不肖，自其職

[一] 本文又見於宋刻本後山居士文集卷十一，題作代賀生皇子表。

分，所當論列。雖揚言於朝，以迪上心，於義未爲失也。但令吏人書寫章疏，誠不足加以譴怒。凡人臣當謹密者，以君子小人消長之勢未分，言有漏泄，或能致禍，如其不密，則害於其身。若遭值明主，危言正論，無所忌憚，亦何謹密之有乎？惟有姦邪小人，以枉爲直，懼爲公論之所不容，則惟恐其言之不密。若得此輩在位，陛下何所利乎？若陛下疑覺有交黨之私、招權之姦，則恐盛德之世，不宜如此。魏鄭公以爲上下各存形跡，則國之廢興，或未可知。若陛下不考察邪正是非，而每事如此猜防，則恐善人君子，各顧形跡，不敢盡其忠（儻）〔讜〕之言，而姦邪小人，得伺人主之疑，行讒慝也。若陛下恐陳〔升〕之聞此，或不自安，臣亦以爲不然。漢高祖，雄猜之主也。然鄂〔千〕秋明論相國蕭何功次，而高祖不疑，乃更加賞，亦不聞蕭何以此爲嫌。陛下聖明高遠，自漢以來，令德之祖，皆未有能企及陛下者，每事當以堯、舜、三代爲法，奈何心存末世褊吝之事乎？書曰：「任賢勿貳，去邪勿疑。」不明知其賢，而任之以爲賢，不明見其邪，而疑之以爲邪，非堯、舜、三代之道也。陛下以臣爲可信，故聖問及之，臣敢不盡愚？今日口對，未能詳悉，故謹具劄子以聞。四部叢刊影宋本皇朝文鑑卷五十一

## 謀殺罪議

刑統殺傷罪名不一，有因謀，有因鬭，有因劫囚竊囚，有因略賣人，有因被囚禁拒捍官司而

走，有因强姦，有因厭魅咒咀，此殺傷而有所因者也。惟有故殺傷則無所因，故刑統因犯殺傷而自首，得免所因之罪，仍從故殺傷法。其意以爲於法得首，所因之罪既已原免，而法不許首殺傷，刑名未有所從，唯有故殺傷爲無所因而殺傷，故令從故殺傷法。至今因犯過失殺傷而自首，則所因之罪已免，唯有殺傷之罪未除。過失殺傷，非故殺傷，不可亦從故殺傷法，故刑統令過失者從本過失法，至於鬭殺傷，則所因之罪常輕，殺傷之罪常重，則自首合從本法可知。此則刑統之意，唯過失與鬭當從本法，其餘殺傷得免所因之罪，皆從故殺傷罪科之。則於法所得首之罪皆原，而於法所不得首之罪皆不免，其殺傷之情本輕者自從本法，本重者得以首原。今刑部以因犯殺傷者謂別因有犯，遂致殺傷。竊以爲律但言因犯，不言別因，則謀殺何故不得爲殺傷所因之犯？又刑部以始謀專爲殺人，即無所因之罪。竊以爲律謀殺人者徒三年，已傷者絞，已殺者斬。謀殺與已傷、已殺，自爲三等刑名，因有謀殺徒三年之犯，然後有已傷、已殺絞斬之刑名，豈得稱別無所因之罪？今法寺、刑部乃以法得首免之謀殺與法不得首免之已傷合爲一罪，其失律意明甚。臣以爲亡謀殺已傷，按問欲舉自首合從謀殺減二等論。然竊原法寺、刑部所以自來用例斷謀殺已傷不許首免者，蓋爲律疏但言假有因盜殺傷，盜罪得免，故殺傷罪仍科，遂引爲所因之罪，止謂因盜殺傷之類。盜與殺傷爲二事，與謀殺殺傷類例不同，臣以爲律疏假設條例，其於出罪則當舉重以包輕。因盜傷人者斬，尚得免所因之罪，謀殺傷人者絞，絞輕於斬，則其得免所因之罪可知也。然議者或謂謀殺、已傷，情理有甚重者，若開自首則或啓姦，臣以爲有司議罪惟當守法，情理輕重則敕許奏裁。若有司輒得捨法以論罪，則法亂於下，人無所措手足矣。武英殿本文獻通考卷一百七十

## 乞追還陳習誤罰昭示信令奏

臣竊聞轉對官陳習坐言人罪惡被黜監當，習之爲人忠邪愿姦，臣所不知，然陛下施罰如此，有未安者二。上下之所以相遇者，詔令也；詔令所以行於天下者，信也。詔令不信，則人主之權廢矣。故孔子以爲兵與食皆可去，而不可以無信。今陛下命群臣，使斥言有位之阿私、朋比、尸素，有一人言之，則不考問其虚實而絀之，則甚害陛下之信。此未安者一也。人主之聽天下不可以偏，偏則有弊。偏於惡言人罪，則其弊至於姦慝不聞。真宗但惡人潛行交結，陰有中傷，故詔言事者不得留中，此未有大失也。然在位者遂以爲人主厭惡言人之惡者，其俗之弊，乃至大臣奸邪贜污而真宗終不得聞。蓋言人之惡者既衆人所不喜，而人主又厭惡之，則其弊必至於此。今有一人爲陛下斥言人臣之罪，未知其虚實，而陛下遂以爲大惡，則今孰敢爲陛下言人之奸者乎？奸不上聞，則雖大臣復有贜污狼藉者，陛下亦無由知之而天下之政壞矣。此未安者二也。臣聞人主之聽天下，務在公聽并觀，而考之以實，斷之以義，是非善惡，皆所欲聞，所不欲聞

者，誣罔欺誕之言而已。即不欲聞人之惡，則「象恭滔天」、「方命圮族」，非堯之所得知也。堯所以能知共工及鯀之惡而又知舜之善者，蓋以能公聽并觀，不蔽於左右親習之人，而考之以實，斷之以義，一切斥絶，拒塞誣罔欺誕無義之言而已。故書之稱堯者，以其能疾讒説、畏巧言，非以其惡言人之惡也。人主所以爲賞罰者以善惡也，欲知善而不欲知惡，則是欲有賞而無罰也。有賞而無罰，有春而無秋，非天地之道、陰陽之理也。臣愚以爲陛下此舉過矣。其作始則小，其弊成於後則大，不可不察也。改過不吝者，成湯之所以聖也，伏惟陛下不吝改此，則天下幸甚。上海古籍出版社整理本宋朝諸臣奏議卷二十二

## 言司馬光不當居高位奏

光外託劘上之名，内懷附下之實。所言盡害政之事，所與盡害政之人，而欲寘之左右，使與國論，此消長之大機也。光才豈能害政，但在高位，則異論之人倚以爲重。韓信立漢赤幟，趙卒氣奪，今用光，是與異論者立赤幟也。中華書局整理本宋史卷三百三十六司馬光傳

## 晝一申明常平新法奏

奉旨以臣僚數言常平新法不便，蓋未喻朝廷之意。今本司明諭中外，凡今所患，盡是州縣

官吏弛慢，因緣爲奸，不可歸於法。請委按察官謹繩官吏，而朝廷嚴督按察官而已。今晝一申明，乞敕諸路安撫、轉運、提點刑獄、提舉官，曉諭所屬官吏，使知法意。

一、言者謂元敕云公家無所利其入，今河北提舉官乃令出息三分，失信於百姓。本司今按周禮泉府之官，民之貸者取息有至二十而五，而曰國事之財用取具焉。今常平新法，預給青苗錢，但約熟時酌中物價，若熟時物貴，即許量減市價納錢。既言量減市價納錢，即是未定合納實數，故河北約束州縣納錢不得過三分，京西、陝西等路大抵不過二分而已。凡此蓋爲量減市價指揮未有約定實數，恐納時倍貴，州縣量減錢不多，致虧損百姓，即非法外擅爲侵刻也。就諸所約惟河北最多，然云不過三分，即非定取三分之息。若物價低平，即有當納本色，不收其息，或止收一二分息之時，多少相補，比周禮貸民取息立定分數已不爲多。況近又令預給價錢，若遇物價極貴，亦不得過二分，即比周禮所取猶少，於元條欲廣儲蓄、量減時價指揮不相違戾，固無失信之理。又周禮國事財用取具於泉府之官賒貸之息，今常平不領於三司，專以振民乏絶，此周公之法，乃不以取具國事之財用，故云公家無所利其入。

一、言者謂上三等户及城郭有物力户即從來兼併之家，今乃立定貫伯，許之貸借，非抑兼并之意。又河北每保須要上三等户一人，上等户必不願請，官吏既防貧户不能送納，豈免差充甲頭以備代陪？又提舉官峻責州縣，如人户不願請，即結罪申報。若選官曉諭，卻人户願請，即當別作行遣。州縣官吏懼提舉官曉諭，苟免捃拾，豈無貧下浮浪願請之人，或須散配？本司今按鄉村上三等及城郭有物業户亦有闕乏之時，從人舉債，豈皆是兼併之家？今貸貧民有餘，則以給此等户，免令就私家取一倍之息，乃是元敕抑兼併之意。河北每保須要上三等户一人者，蓋以檢防浮浪之人。若有上户肯與同保，即非浮浪之人，若無上户肯與同保，即自不許支給，何須更行散配？若謂上三等户必不願請，須差作甲頭，自是抑勒違法。況今年開封縣甚有上三等户願請，即非抑勒。以近驗遠，事理可知。至於提舉司約束官吏，止是關防因循避事壞法之人，即非迫脅，須令抑配。若提舉官或急於功利，諷州縣抑配與人，即諸路各有安撫、轉運、提點刑獄，其爲朝廷委任，皆在提舉官之上，若有州縣官員故欲隳壞新法，或曲狥提舉官意指抑勒百姓，自當糾舉，依法施行，及具事狀聞奏，豈宜以官吏違法之故，遂欲廢法？

一、言者謂百姓各有本户税賦及預買紬絹，又生此一重預給青苗錢，則人户不易。本司今按百姓税賦之外，逐路承例科斂，名目誠多。然當闕乏之時，不免私家舉債，出息常至一倍，此所以貧者愈困也。今貸與常平本錢，乃濟其艱急，又止令約熟時中價例納斛斗，至於時物價貴，然後令納見錢，比元本不得過二分，即是免於兼併之家舉一倍之息，民户有何不易？

一、言者謂但躬行節儉，常節浮費，自然國用不乏，何必使興利之臣四出以致遠近之疑。本司今按先王之政，未嘗下以食貨爲始，張官置吏，大抵多爲農事也。近世以來，農人尤爲困苦，朝廷但有徭役加之，初無歲時補助之法，近自京畿，陂防溝洫多有不治，乃至都城側近，往往綿地數百里棄爲污萊，父子夫婦，流離失業，四方遐僻，不問可知。一方水旱，則餓死者相枕藉，而流移者填道路。如前歲河北一饑，則不免漕江淮之米以救之，然於人之流亡餓莩未有補也。至有非泛用度，或不免就上等户彊借錢物，百姓典賣田産物業以供暴令，此亦可謂國用乏矣。至於差役困苦農民，使之失職，則士大夫之所共見，不待論説而後可知矣。故陛下即位，詔書丁寧，以務農理財免人役爲政事之急，誠知方今之憂爲在此也。今置提舉常平廣惠倉官，兼主管農田水利差役事者，凡以爲此而已，固非使之朘削百姓以佐人主私費，亦豈得謂之興利之臣而致遠近之疑。

一、言者謂今常平千餘萬緡散作青苗錢，民所欠負，財力既竭，加以水旱之災，不得不爲之倚閣，因郊赦除之。十年之後，千餘萬緡散而不返矣。常平舊法，自古立制，而無失陷之弊，不當變改。本司今按常平新法，預給價錢，并令公人識認，又須十户以上爲一保，如河北又須保内有上三等户一人，自來預買紬絹及給青苗蠶鹽，其關防法未能備具如此。乃不聞有拖欠除放，則常平新法自非官吏故欲沮壞，不容獨致失陷官物。今新法之中，兼存舊法，但以舊法廣儲蓄、抑兼并、賑貧弱之方尚爲未備，又無專領官司，所以諸路例多糴價貴斛斗，至有經數十年出糶不行，無補賑救。又糴糴之時，官吏姦弊百端，故須約周禮賒貸增修新法，專置一司，提舉覺察，非廢舊法、違古制也。

一、言者謂新法不當示之條約，明言利息。本司今按周官貸民，明言以國服爲息，蓋聖人立法，推至信於天下，取之以道，非爲己私，於理何嫌而不可明示條約？

一、言者謂坊郭户既無青苗，不可貸借。本司今按常平舊法亦糶與坊郭之人。今若給散農民有餘，仍不許坊郭之人貸借，是令常平有滯積餘藏而坊郭之人獨不被朝廷賑救乏絶之惠也。周禮貸民之法，無都邑鄙野之限。今新法乃約周禮太平已試之法，非專用陝西預散青苗條貫也。

今新法方行，若官吏不能體朝廷立法之意，不肯公共推行，或以錢斛抑配與人；或利在易爲催納，專貸與物力高彊户；或留滯百姓不爲及時急納，故縱公吏乞取，致百姓枉有糜費；或不量民物力，給與錢斛太多，致難催納；或不能關防辨察，令浮浪之人自爲一保，冒請官物，致難催納；或拖延不爲及時催納，卻非理科校公人百姓之類，自是州縣官吏弛慢，因緣爲姦，不可歸咎於法。乞令逐路安撫、轉運、提點刑獄、提舉官常切覺察，依條施行，命官具案取旨，重行絀罰。安撫、轉運、提點刑獄、提舉官失於舉覺，致朝廷察訪得實，亦當量罪，第行朝典。全國圖書館文獻縮微複製中心影印宋會要輯稿補編第一七五頁

## 答詔問馮京等處置事宜劄子

臣伏奉手詔示以馮京奏疏，使得參預處置之宜。顧臣區區，才智淺薄，不能宣暢聖問，使群愚早服，尚何以塞明旨、裨大慮乎？然則初固疑京必出於此，蓋京所恃以爲心腹腎腸者，陳襄、劉攽而已，重爲衆姦所誤，何爲而不出於此？書曰「惟辟作威」，又曰「去邪勿疑」。陛下赫然獨斷，發中詔暴其所奏，明其不知邪正是非，必撓國政，而罷黜之，則內外自知服矣。即疑未有可代，使知雜御史攝事，乃是先朝典故，徐擇可用，固未爲晚。若示人以疑，取決於外，必有遷延其事以待衆姦之合，而衆姦知陛下於邪正是非之辨未能果也，必復合而譸張，以亂聖德而疑海內，如陛下所料無疑也。若陛下未欲卒然行此，則且委曲訓諭以邪正是非所在，觀其意若可開悟則大善，若度其不可開悟，臣以謂除事之害，莫如早也。近陛下累宣諭胡宗愈事，既已盡其情狀，涵而不次，令久在耳目之地，亦非難壬人、勝流俗之道也。願陛下并慮及此。若陛下以謂如此者衆，不可勝誅，則臣恐邪説紛紛，無有已時，何有定國事乎？且以堯、舜之明而憂驩兜、畏共工，奈何陛下獨欲無所難也！朝廷去邪與疆場除寇無以異也，寇衆而强，磐亘歲久，則捍之以勇，持之以不倦，所討多而後聽服，固其理也。臣既預聞大政，又陛下待臣不疑如此，不敢避形跡有所不盡，伏惟陛下赦其狂愚而察其忠，幸甚。所有馮京疏，謹隨劄子進納。中華書局整理本續資

治通鑑長編卷二百十三

## 論陳襄不當除知制誥劄子

臣伏見陛下宣諭中書，以知制誥闕，令勘會蔡延慶、陳襄等資歷。竊以陛下擢人寘之高位，縱不能得忠良智能之士助興政理，猶當得其無損。如陳襄邪慝，附下罔上，陰合姦黨，興訕造訕，以亂時事，陛下必已明知，陛下每欲崇奬，臣誠不知所謂。今違道合衆、妨功害能之臣不爲不多矣，陛下又進如襄者助之，不知於時事爲無損邪？有損邪？今春陛下除襄侍講，又召試知制誥，襄辭命之語，以爲古之仕者不得志則可以之齊、之楚、之宋，今天下一君，不可以他之，惟辭尊居卑爲可，故欲辭侍講、知制誥，而且在記注之官。陛下以謂記注之官可比抱關擊柝之賤乎？人臣辭官之禮可以出此言乎？且襄止是附離富弼、曾公亮苟求官職之人，今日陛下德義，朝廷政事，何至使如襄者以任高位爲辱也？其不識禮義，敢爲驁誕，以疑惑聖聽、取悦姦人如此！若陛下徒以左右游談之助多而擢用，此乃流俗之所以勝而襄之計中也。襄今春既有辭尊居卑之奏，今秋必不敢遽復就職，不逡巡而後受，則偃蹇而終辭。高位者，人主所以榮天下之材，陛下乃彊以與亂時事之憸人，而爲其所拒，以廣其流俗之妄譽，而自令爵命爲世所賤，臣竊爲陛下耻之。臣已嘗略論襄之邪慝，不宜重有所陳，顧在廷之臣，孰肯違流俗以助陛下，消小人

之道者乎？是以復冒昧言之，伏惟陛下詳酌。中華書局整理本續資治通鑑長編卷二百十五

## 答詔問黜孔文仲事奏

陛下患韓維輩出死力争文仲事，臣固疑其如此。文仲誣上不直，以迎合考官不逞之意，若不如聖詔施行，而用考官等第獎擢，則天下有識者必竊笑朝廷聽察之不明，而疏遠無知者謂陛下所爲誠如文仲所言，而比周不逞之人更自以爲得計。此臣不敢不奉行聖詔也。今韓維欲出死力争之，若陛下姑息從之，則人主之權坐爲群邪所奪，流俗更相扇動，後將無復可以施爲。今流俗之人務在朋黨因循，而陛下每欲考功責實，考功責實最害於朋黨因循，則其欲撓陛下之權固宜如此。陛下誠能深思熟計，以静重持之，俟其太甚，然後御之以典刑，則小人知畏而俗亦當漸變矣。其詳乞俟臣祠事罷入見奏論。中華書局整理本續資治通鑑長編卷二百十五

## 乞獎諭梓州路轉運司減省差役奏

據梓州路轉運司奏：「本路多以小小官物爲名，起發綱運，枉破衙前重難分數。如戎州近年起發牛筋角三綱，載送官員至荆南，共載牛筋四十有五斤，角九十對，差兵稍五十有五人，借過紬絹布一百餘匹，綿三百餘兩，大錢二十四貫有奇，糧米一百四十八碩有奇。瀘州發牛筋角

八綱，所載物及借請錢糧等，其數多少大略與戎州相去無幾，而又所差兵士、借請錢糧綿絹，動經一年以上，或一年半不還，緣路請過錢糧尚不在此數。所差衙前押牛皮綱，又最爲第一等重難。今來已將昌、普等七州軍所納筋角綱，止附搭成都府下水綱船，至荆南。及梓、遂等七州軍，貯以樱籠，差遞鋪兵擔至鳳州交割，更不別差船綱，見今亦無積壓。未發數目。及團併陸路綱，運共減一百三十六綱，并減定本路諸州軍監遠近接送知州、通判、簽判衙前，及減罷押綱隨送得替官員衙前共二百八十三人，及省諸州軍監縣差役公人共五百一人。兼點檢梓州等處，自來公使厨庫，衙前陪費錢物，最爲侵刻。内遂州每年綱運重難三千一百餘分，公使厨庫乃占二千七百分。梓州有在州酒場、兩鹽井第一等優輕，皆以理折勾當公使厨庫重難分數，而差以次場務充管勾綱運。及果、榮、戎、瀘等州，衙前苦於公厨之類陪費，若不更改，即今後投名衙前，各不願充役。乞行裁減，及差官重定諸州衙規」事。檢會近累詔諸路監司提舉官相度差役利害，各未見條上。其前項事并是久來於公私爲害，而監司或以因循，背公養譽爲事，不肯悉心營職，除去宿弊。今梓州路轉運司獨能上體陛下憂恤百姓之意，率先諸路，奏承詔旨，講求上件利害，公忠之實，宜被旌賞，乞特加獎諭。其所減衙前及綱運并差官重定衙規事，仍乞依所奏施行。所有公使厨庫陪備冗費，合行裁節約束事件，并據本司狀稱：「見不住催促諸州軍相度農田水利差役條件，如綱運及州縣役人更有可以團併裁減，兼省併鄉邑合行減放役人，別具聞奏。」并乞下本路速相度畫一條上。内減省州縣役人，更下本司相度保明經久有無妨闕。其減省役人、團併綱運，及裁減公使厨庫非理陪費，仍下諸路并依此及詳朝廷累降指揮，速具合裁定事件聞奏。中華書局整理本續資治通鑑長編卷二百十七

## 論交阯事宜疏

伏奉手詔，賜示王珪所進文字，且論及交阯事。竊承聖志以豐財靖民爲事，此生民之福也。然萬里之外，計議於初，不容不審。温杲等以欽、廉等州爲憂是也，至欲戒敕邊臣，撫慰交阯，即恐不須如此，既傷陛下之信，或更致交阯之疑。蓋朝廷未嘗有此而今有此，則彼安能不思其所以然乎？昔者秦有故厚遺義渠戎王，更爲義渠所覺，反見侵伐。臣恐用杲之策，即萬一交阯更覺而自備，且或爲難於邊，則是秦與義渠之事也。其餘所建明數事并易潘夙、陶弼，候開假取旨。臣聞先王智足以審是非於前，勇足以斷利害於後，仁足以宥善，義足以誅姦，闕廷之内，莫敢違上犯令，以肆其邪心，則蠻夷可以不誅而自服，即有所誅，則何憂而不克哉？中世以來，人君之舉事也，初常果敢而不畏其難，後常爲妨功害能之臣所共沮壞，至於無成而終不寤，忠計者更得罪，正論者更見疑。故大姦敢結私黨、託公議以沮事，大忠知事之有敗而難於自竭，如此則雖唱而孰敢和，雖行而孰敢從？彼姦人取悦於内而誕謾於外，愚人冒利徼幸於前而不圖患之在

後，又皆不足任此，如此而以舉事，則事未發而智者前知其無成矣。蓋天下之憂不在於疆埸而在於朝廷，不在於朝廷而在於人君方寸之地。故先王詳於論道而略於議事，急於養心而緩於治人。臣愚不足以計事，然竊恐今日之天下，尚宜取法於先王，而以中世人君爲戒也。臣於衆人中最蒙陛下眷遇，宜先衆人敢及於此，伏惟陛下省察，則天下幸甚。中華書局整理本續資治通鑑長編卷二百十七

## 乞賑卹士卒奏

今士卒極窘，或云有衣紙而擐甲者，此最爲方今大憂。自來將帥不敢言賑卹士卒，賑卹士卒即衆以爲姑息致兵驕。臣愚以爲親士卒如愛子，故可與之俱死，愛而不能令，譬如驕子不可用也，兵驕在於愛之之過。前見陛下言郭進事，臣案進傳言進知人疾苦，所至人爲立碑紀德政，惟士卒小有違令輒殺。又太祖盡以所收租税付之，具牛酒犒士卒。進所殺必皆違令者，至於犒賞士卒，知其疾苦，必已備盡人情。惟其能如此，然後能殺違令者而令無怨，不然則進何以能用其士卒，每戰必克？今將帥於撫士卒，未嘗敢妄用一錢，視士卒窮困如此，然無一言聞上，蓋習見近俗。臣恐士卒疾困則難用，且或復有慶州之變，謂宜稍寬牽拘將帥之法，使得用封樁錢物，隨宜賑恤士卒，然後可以責將帥得士卒死力也。中華書局整理本續資治通鑑長編卷二百二十二

## 答手敕問酸棗升户等事奏

以取開封、祥符兩縣新舊簿閲視，其減等者至多，升等者至少。蓋諸縣造簿，等第不同，皆係官吏緩急。如開封乃有七百户第一等，此不可不減。酸棗、東明乃各數百户三等已上，餘皆四等已下。至有三等以上役，本等闕人差，又盡取於四等以上，此乃是四等中自有合爲三等以上之人，而造簿不正，緣吏人受賂寘之下等。及至上等無人，則又不免糾取，糾取之時，又可取賂。若不升降使各從其實，則徒使吏人長姦，百姓僥倖，又有偏受困苦者，非政事也。且逐等物産皆有籍，在籍第四等以下，較其物産乃與三等同，則何可不升，升之，百姓亦自無憾。乞如司農寺所奏約束。中華書局整理本續資治通鑑長編卷二百二十三

## 論治體奏

治百姓當知其情僞利害，不可示以姑息。若驕之，使紛紛妄經中書、御史臺，或打鼓截駕，恃衆爲僥倖，則亦非所以爲政。天下事大計已定，其餘責之有司，事不當則罪有司而已。今每一小事，陛下輒再三手敕質問，臣恐此體傷於叢脞，則股肱倚辦於上，不得不墮也。且王公之職，論道而已，若道術不明，雖勞適足自困，無由致治。若道術明，君子小人各當其位，則無爲而

天下治，不須過自勞苦紛紛也。中華書局整理本續資治通鑑長編卷二百二十三

## 論秦鳳沿邊招納事劄子

臣伏見秦鳳沿邊安撫司招納事，乃以兼制羌夷，朝廷所當併力以就其事，獨出於聖算而又專委王韶。獨出聖算，則執政以己不任其咎，而幸無所成以復其前言；專委王韶，則將帥以權有所分，而多方沮壞，以快其私志。此皆陛下所自照察也。比來中外交奏，謂韶姦罔，屢經按驗，韶實無他，故得遷延至今，所營稍見功緒。而郭逵又復與韶矛楯，論奏紛紜。逵之捃拾，不遺餘力，然其所詆，亦未見韶顯然罪狀。而逵前後反覆，辭指不遜，且在聖覽，非臣敢誣。今日陛下宣諭，逵欲以招納爲己任，又言逵以爲韶之措置多所乖方，逵又以爲摩正極易掃除。如逵所奏，韶事初未見有乖方。若言摩正易爲掃除，則奏狀何故張皇摩正事勢如此？方陛下委逵以招納之事，逵固不以爲然，不知今日何故卻欲以爲己任？其所言不可憑信如此，而又嫚侮驕盈，陛下都無所懲，何以復馭將帥？招納一事，方賴中外協力之時，在廷既莫肯助陛下成就此功，郭逵又百端傾壞。逵既權勢盛大，其材又足爲姦，若扇動傾摇於晻昧之中，恐陛下終不能推情狀，如此，則豈但不能集事，亦恐因此更開邊隙。書曰：「兢兢業業，一日二日萬幾。」今日便有處置，已非古之先見，然猶愈於迷而不復也。伏惟陛下早賜詳酌，徙逵所任，稍假王韶歲月，寬其

銜轡，使讒誣者無所用其心，則臣敢以爲事無不成之理。臣於郭逵、王韶何所適莫，但蒙陛下知遇，異於衆人，義當自竭，以補時事。故輒忘進越犯分之罪而冒昧陳愚，伏惟陛下裁赦。中華書局整理本續資治通鑑長編卷二百三十

## 宣德門衛士撾傷本人乘馬事劄子一

臣今月十四日從駕至宣德門，依逐年例，自西偏門入，有守門親事官閉拒不令臣入，撾擊臣從人鞍馬。從人告訴，而臣竊恐成例有違儀制，所以未敢陳奏。尋取責到行首司王冕等狀，稱自來從駕觀燈，兩府臣僚并於宣德門西偏門内下馬，卻於左昇龍門出。兼檢到嘉祐八年、熙寧四年本司日記，體例分明。又會問得皇城司吏手狀，稱宣德門即無兩府臣僚上下馬條貫。尋又令會問自來體例，卻據勾當皇城司狀，稱取到在内巡檢指揮使畢潛等狀，稱自來每遇上元節，兩府臣僚合於宣德門外下馬。切緣臣自備位兩府以來，上元節從駕并於宣德門西偏門内下馬，門衛未嘗禁止，獨今年閉拒不許入，而隨以撾擊。會問到皇城司，又稱即無條貫，卻只取到在内巡檢指揮使畢潛等狀，稱自來合於宣德門外下馬。雖據皇城司取到畢潛等狀内所稱如此，即與行首司王冕等狀内所稱自來體例不同。伏乞聖慈，以臣所奏付所司勘會條例施行。所有取責會問到文狀，謹具劄子繳連進呈。取進止。正月二十四日，臣安石劄子。中華書局整理本續資治通鑑長編

編卷二百四十二

## 宣德門衛士撾傷本人乘馬事劄子二

臣近論奏宣德門西偏門事，聞已送開封府勘會。臣止爲自來兩府臣僚下馬有常處，而今來皇城司與中書行首司所稱各異，理須根究，乞付所司定奪，使人有所遵守。至於禁門中衛之人，既見元無條貫，遂有止約，亦無深罪。伏乞聖慈詳酌，特加矜恕。干冒天威，臣無任惶懼之至。取進止。二月日，臣安石劄子。中華書局整理本續資治通鑑長編卷二百四十二

## 謝慰諭宣德門事劄子

臣檢御無素，乃至私人干犯禁衛，惶懼震擾，不知所圖。方俟得望清光，冒昧陳敘，伏蒙聖恩，曲賜慰諭，臣誠感誠恐，無任激切屏營之至。中華書局整理本續資治通鑑長編卷二百四十二

## 乞以爵命羈縻斧望箇恕奏

得熊本書，以爲斧望箇恕、晏子可羈縻。初，本在京師，臣與言當如此，本不以爲然，及今乃知須合以爵命羈縻。緣斧望箇恕羈旅，能略有生夷自立，必粗有才略，或是豪傑。若不羈縻，任

其并吞，以彼生夷，不難并制，遂致强大，即爲一方邊患。今乘其未然，以爵命羈縻，旁近諸夷，各隨所部，加以爵命。既各有爵命，并爲内屬部落，即難相併吞。縱欲如此，即諸部各待王命，彼亦畏中國討伐，又懷恩命，自雖併吞之心息。此所謂爲大於細，圖難於易也。中華書局整理本續資治通鑑長編卷二百四十七

## 乞明軍紀立帥威奏

陛下欲經略四夷，則須明軍中紀律。太祖遣兵伐江南，諭曹彬但能斬次將，即能爲大將，蓋知「長子帥師」、「弟子輿尸」之義故也。今王韶爲大帥，高遵裕則陵慢於東，景思立則陵慢於西。昨與思立分路，乃令思立自擇要去處，其後約與思立會合，思立乃不肯來，即止令苗授以下來。不得已而來，然亦不至所期處而止。臣聞如此，問之李元凱，果然。若將佐乖戾，不相承禀如此，則大將威名不立於境内，如何欲加敵國？今韶幸有功，臣謂陛下宜稍别異，令高遵裕、景思立輩知所忌憚，則韶威名宣著邊境。大將威名宣著，即勝之半也。如其不然，恐緩急有大舉動，必誤事耳。中華書局整理本續資治通鑑長編卷二百四十七

## 言星變不足信劄子

臣等伏觀晉武帝五年，彗實出軫，十年，軫又出孛。而其在位二十八年，與乙巳占所期不合。蓋天道遠，先王雖有官占，而所信者人事而已。天文之變無窮，人事之變無已，上下傅會，或遠或近，豈無偶合？此其所以不足信也。周公、召公豈欺成王哉？其言中宗所以享國日久，則曰：「嚴恭寅畏天命，自度，治民不敢荒寧。」其言夏、商所以多歷年，則亦曰德而已。裨竈言火而驗，及欲禳之，國僑不聽，則曰：「不用吾言，鄭又將火。」僑終不聽，鄭亦不火。有如裨竈，未免妄誕，況今星工，豈足道哉？所傳占書，又世所禁，謄寫譌誤，尤不可知。伏惟陛下盛德至善，非特賢於中宗，周、召所言，則既閱而盡之矣，豈須愚瞽，復有所陳？然竊聞兩宮以此爲憂，臣等所以徬徨不能自已。伏望陛下以臣等所陳開慰太皇太后、皇太后。臣等無任兢惶懇激之至。中華書局整理本續資治通鑑長編卷二百六十九

## 乞黜鄧綰練亨甫奏

臣久以疾病憂傷，不接人事，以故衆人所傳議論多所不知。昨日方聞御史中丞鄧綰嘗爲臣子弟營官，及薦臣子婿可用，又爲臣求賜第宅。綰爲國司直，職當糾察官邪，使知分守，不相干

越，乃與宰臣乞恩，極爲傷辱國體。兼縉近舉御史二人，尋卻乞不施行，必須別有所因。臣但聽其一人彭汝礪者，嘗與練亨甫相失，縉德亨甫游説，故乞別舉官。亨甫身在中書習學公事，兼臣屢嘗説與須避嫌疑，勿與言事官子弟交通。今審如所聞，即豈可令執法在論思之地？亨甫亦不當留備宰屬。乞以臣所奏付外，處以典刑。中華書局整理本續資治通鑑長編卷二百七十八

## 乞重鞫俞遜侵盜錢物事奏

江東轉運判官何琬奏，江寧府禁勘臣所送本家使臣俞遜侵盜錢物事已經年。吕嘉問到任根治累月，案始具。今深恨俞遜翻異。故加以論訴，不干己罪。如琬所言，則是嘉問爲臣治遜獄事有姦，臣與嘉問親厚交利而已。竊恐陛下哀憐舊臣，不忍暴其污行，故不別推究，如此則臣與嘉問常負疑謗，不能絶琬等交鬬誣罔。望特指揮，以江寧府奏劾俞遜事下別路差官重鞫。中華書局整理本續資治通鑑長編卷二百九十三

## 乞廢玄武湖爲田疏

臣蒙恩特判江寧軍府，於去年十一月十一日到任管當職事。當時集官吏軍民，宣布聖化，啓迪皇風。終成一載，所幸四郊無壘，天下同文。然臣竊見金陵山廣地窄，人煙繁茂，爲富者田

連阡陌，爲貧者無置錐之地。其北關外有湖二百餘頃，古跡號爲玄武之名，前代以爲遊玩之地，今則空貯波濤，守之無用。臣欲於内權開丁字河源，泄去餘水，決瀝微波，使貧困飢人盡得螺蚌魚蝦之饒，此目下之利。水退之後，濟貧民，假以官牛、官種，又明年之計也。貧民得以春耕夏種，穀登之日，欲乞明敕所司，無以侵漁聚斂，只隨其田土色高低歲收水面錢，以供公使庫之用，無令豪强大作侵占。車駕巡狩，復爲湖面，則公私兩便矣。伏望明降隆章，綏懷貧腐。清嘉慶六年刻本(景定)建康志卷十八

## 武舉試法奏

三路義勇藝入三等以上，皆有旨録用，陛下又欲推府界保甲法於三路，則武力之人已多。近以學究一科，從誦書不曉理廢之，而武舉復試墨義，則亦學究之流，無補於事。先王收勇力之士，皆屬於車右者，欲以備禦侮之用，則記誦何所施？中華書局整理本宋史卷一百五十七選舉志三

## 古渭砦置市易利害奏

今蕃户富者，往往蓄緡錢二三十萬，彼尚不畏劫奪，豈朝廷威靈，乃至衰弱如此？今欲連生羌，則形勢欲張，應接欲近。古渭邊砦，便於應接，商旅并集，居者愈多，因建爲軍，增兵馬，擇人

守之，則形勢張矣。且蕃部得與官市，邊民無復逋負，足以懷來其心，因收其贏以助軍費，更闢荒土，異日可以聚兵。中華書局整理本宋史卷一百八十六食貨志下八

## 乞復民兵奏

募兵未可全罷，民兵則可漸復，至於二廣，尤不可緩。今中國募禁軍往戍南方，多死，害於仁政。陛下誠移軍職所得官十一二三，鼓舞百姓豪傑，使趨爲兵，則事甚易成。中華書局整理本宋史卷一百九十一兵志五

## 言熙河新附蕃部事宜奏

今以三十萬之衆，漸推文法，當即變其夷俗。然韶所募勇敢士九百餘人，耕田百頃，坊三十餘所。蕃部既得爲漢，而其俗又賤土貴貨，漢人得以貨與蕃部易田，蕃人得貨，兩得所欲，而田疇墾，貨殖通，蕃漢爲一，其勢易以調御。請令韶如諸路以錢借助收息，又捐百餘萬緡，養馬於蕃部，且什伍其人，獎勸以武藝，使其人民富足，士馬强盛，奮而使之，則所嚮可以有功。今蕃部初附，如洪荒之人，唯我所御而已。中華書局整理本宋史卷一百九十一兵志五

## 論邕管事宜責用州峒之酋

兩江溪峒非獨爲邕管之藩籬，實二廣所恃以安者也。然而州峒無城壁，不足以守禦，道路散漫，不足以控扼，其有可勝之勢者，生齒三十餘萬衆而已。以山川之險阻而生長於其間，又漸被聲教百年之久，豈無可用之材？然上之人未能固結其腹心，是以雖欲自效犬馬，不可得也。夫欲知外蠻之情，莫如用兩江州峒之民；率兩江州峒之民，莫如責兩江州峒之酋首。今兩江州峒酋首有才力足以服衆，有計數足以料事，有勇足以赴功，有惠足以使人，有桀黠者，有奸詐者，有塞實者，上之人未必盡知，知之未必能用，用之未必能盡其才。此所以熙寧中交賊長驅圍邕州城凡四十餘日，而兩江州峒之酋偃然坐視，無一人出力率衆以爲之援助者。非條法之不嚴，良由平日不假之以事權，所以上下不能相及，一旦緩急，左江之視右江，田州之視凍州，無以異於秦人之視越人，爾爲爾、我爲我也。

大抵峒酋畜積豐足，所以好名而不甚嗜利，可以賞勸，難以威勝。爲邕守者，刑法苛察則怨望必生，體貌高嚴則下情不達，嗇其貨財則不足以致其力，略其功賞則不足以盡其心，此其情不可不知也。若夫峒民，則性氣愚弱，而生事苟簡，無懷土之思。冬被鵝毛衣棉以爲裘，夏緝蕉竹麻苧以爲衣，團飯掬水，終食饜飽，屋不置竈，不穿井，不畜糧。其養生喪死之具，悉穴土以藏，謂之地穴。高險崖巖之上，各安巢穴，一有寇至，舉家以登，矢石所不能及。謂之山寨。爲邑守者少科，率其力役，寬禁約，使之易避，厚勸賞，使之樂趨，則居處得以安，事藝得以精；不然，則煩擾困苦，不勝其弊，去而之他州、入外界者有之矣。

今兩江團結係籍丁壯十萬餘人，左江如安平州、七源州、思明州、西平州、籠州、禄州、古甑峒、獵狪峒、武德峒，右江如田州、凍州、廉州、隆州、忠州、安德州，則曾經戰鬬，人人可用，外蠻嘗畏之。若其餘州峒，則强弱能否相半耳。其酋首之家，最得力者惟家奴及田子甲也。有因攻打小獠，以半布博買，有因嫁娶，所得生口，以男女相配，給田與耕，專習武藝，世爲賤隸，謂之家奴。其選擇管内丁壯事藝精强之人，與免諸般科率工役，則謂之田子甲，又謂之馬前牌。大州峒有五百人，其次不下二三百人，皆其自衛之親兵也。大率人材輕勁善走，耐辛苦，以皮爲屐，陟高涉深，如履平地。遇有事宜，倚山靠險，乘間伺隙，敵未易當。若施之平原曠野，教以陣隊，授之節制，則非其所宜矣。所用器械，有桶子甲、長槍、手標、扁刀、遏鏈牌、山弩、竹箭、桄榔木箭，遇敵則以標、牌在前，長槍、山弩夾以跳，一於進前，而不慮其旁後也。交趾用兵，亦多如此。兩江俱有毒藥，而出箭羽以木葉而不施鏃，塗之毒藥，勿問久近，臨用時漬以薑汁，發其藥力。田、凍、忠、江等州産鐵，凍州、安平州産漆，難得魚膠，以生牛皮爛蒸細擣以吴峒者爲最緊也。製造兵器，亦甚牢固。凍州所打扁刀，諸蠻尤貴之，以斬牛多寡定其價直，連斬五牛而芒刃不鈍者，其直亦五牛也。又作蛾眉小刀，男女老少皆佩之以防，中藥箭則用此刀剜去肌肉，得不死也。古今圖書集成職方典卷一千三百九十七

## 與吕參政書〔二〕

承累幅勤勤，爲禮過當，非敢望於故人也。不敢視此以爲報禮，想蒙恕察。承已祥除，伏惟尚有餘慕。知有所諭者，恨未見之。雖賴恩愛，得優游疾憊。棄日茫然，未獲奉并，惟冀愛重。清抄一百五十卷本聖宋名賢五百家播芳大全文粹卷一百三

## 與王逢原書四

安石頓首。承跋涉到江陰，與賢閤萬福，良以爲慰！安石居此，鬱鬱殊無聊，念非見君子，誰與論此？不久來江寧，冀逢原一來，不審肯否？儻可與子明同來乎？不知脚氣近日如何？切自慎愛，千萬，千萬！近見莘老，其不肯豫人事，固知其如此久矣。而書來過相稱譽，似以俗人見遇，不知其故何也？既已任此職事矣，彼以此遇我，殆其宜也。冬寒，自愛。安石頓首。上海古

〔二〕本文又見於五百家播芳大全文粹卷六十四尺牘，屬祖擇之，前後有闕文。

籍出版社二〇一一年版王令集附録

## 與王逢原書五

安石頓首。辱書，感慰。舟但乘至蘄陽，當無人呵問，兼是吴舅法所當得，亦何嫌不自駕之，以往還就載官物可也。旅居僧舍，良亦無聊，千萬自愛！時以書見教。今日尚苦大風，不可行。悤悤，不謹。安石頓首。上海古籍出版社二〇一一年版王令集附録

## 與王逢原書七

安石頓首。辱教具曉。盛指陳山人，今在此，幸便訪及也。他俟面謁。悤悤，不謹。安石頓首。上海古籍出版社二〇一一年版王令集附録

## 與王逢原書八

安石頓首。比辱足下來見顧存，而人事紛紛，殊不得從容盡所欲言，而遂爾遠違，區區鄉往之情，豈可以書言哉？到天長，乃知行李已到毗陵，脚氣已漸平復，殊以爲慰。即日動止，想與賢閤俱萬福，貴眷各寧康。已到宿州，薄晚遂行，更數日即到京師，别上狀。然書所傳道，豈可

以盡意乎？近見説脚氣，但於早起未下牀未語以前，取唾以手大指摩脚心，取極熱，乃下牀，久之自不復發，嘗試爲之。此乃嘗有人以此除疾，爲之無妨也。葛子明得書否？二舅處有書來否？苦熱，自愛！安石寓家船中，數日來熱不可勝任，殊以爲憂，爲之奈何！安石頓首。上海古籍出版社二〇一一年版王令集附録

## 與陳祈柬

安石頓首。還弊廬，幸數對。接發日，更承出餞，寵以佳句，尤愧怍，不敢當厚意之辱。宿宇下，嘗成一絶，今書奉寄，想一笑而已。秋涼，加愛。安石頓首陳君昺弟足下，九月十二日。朝鮮活字本王荆文公詩李壁注卷四十六書陳祈兄弟屋壁注引

## 與吴正憲公書

備官京師二年，鄙吝積於心，每不自勝。一詣長者，即廢然而反。夫所謂德人之容，使人之意消者，於晦叔得之矣。以安石之不肖，不得久從左右，以求其放心，而稍近於道。猥以私養竊禄，所以重貪污之罪，惓惓企望，何以勝懷！因書見教，千萬之望。津逮秘書本紫微詩話

## 赴官帖

安石啓：承誨累幅，豈勝感慰！初謂優游園宅，足慰親懷，乃知營從赴官不久，煩暑尚在，冀倍自調嗇。令兄想侍奉佳福。安石啓推官足下。武英殿聚珍版叢書本寶真齋法書贊卷十一

## 修學帖

吾在此粗如常。得弟書，喜安佳。歲莫，豈勝憂想！不知行李何時至此，日以企佇，切好將息。累得十姪書，切有便更寄書來也。十四、十六、念一等孫安佳，思憶思憶！十五切修學，有便寄書來也。六弟日夕往來，七、八姪、十一姪常相見。諸不一一，思憶思憶。押送七弟。武英殿聚珍版叢書本寶真齋法書贊卷十一

## 與著作明府帖

安石啓：特枉營衛，殊闕從容，然慰久闊鄉往之情多矣。宿寒，安否？明日儻肯顧一飯否？餘留面敘，不宣。安石啓上著作明府。中國法帖全集第十三册停雲館帖

## 與蔣穎叔帖

安石啓：承枉顧，深慰久闊鄉往。衰疾畏風，未獲遣詣。請過宿，幸早飭駕也。餘留面賦，不宣。安石啓上穎叔。中國法帖全集第十三册停雲館帖

## 過從帖

安石啓：過從謂必得奉見。承書示，乃知違豫，又不敢謁見，唯祈將理，以副頌盼。不宣。安石上通判比部閣下。古書畫過眼要録晉隋唐五代宋書法第一册

## 賀太守正啓

獻歲發春，自天降祉。方竦瞻於治所，阻交致於壽觴。伏以某官，德履端方，才猷敏妙，久鎮臨於邊劇，已茂著於勞能。諒因正始之辰，倍享宜新之祜。某首承榮翰，第切感悰。方履餘寒，冀加珍護。宋刻一百卷本五百家播芳大全文粹卷二十六

## 請文長老疏

伏以肇置仁祠，永延睿算，歸誠善導，開跡勝緣。文公長老獨受正傳，歷排戲論，求心之所祈嚮，發趣之所歸宗。俯惟慈哀，勉狥勤企。謹疏。元豐八年三月日。嘉興藏第十册古尊宿語録卷四十五

## 王荆公介甫正書楞嚴經要旨

余歸鐘山，假道原本，手自校正，刻書寺中。時元豐八年四月十一日，臨川王安石稽首敬書。適園叢書本汪氏珊瑚網法書題跋卷三

## 荀卿論上

楊、墨之道，未嘗不稱堯、舜也，未嘗皆不合於堯、舜也。然而孟子之所以疾之若是其至者，蓋其言出入於道而已矣。荀卿之書，脩仁義忠信之道，具禮樂刑政之紀，上祖堯、舜，下法周、孔，豈不美哉？然後世之名，遂配孟子，則非所宜矣。夫堯、舜、周、孔之道，亦孟子之道也；孟子之道，亦堯、舜、周、孔之道也。荀卿能知堯、舜、周、孔之道，而乃以孟子雜於楊朱、墨翟之間，

則何知彼而愚於此乎？昔墨子之徒，亦譽堯、舜而非桀、紂，豈不至當哉？然禮樂者，堯、舜之所尚也，乃欲非而棄之，然則徒能尊其空名爾，烏能知其所以堯、舜乎！荀卿之尊堯、舜、周、孔，亦誠知所尊矣，然孟子者，堯、舜、周、孔之徒也，乃以雜於楊朱、墨翟而并非之，是豈異於譽堯、舜而非禮樂者耶？昔者聖賢之著書也，將以昭道德於天下，而揭教化於後世爾，豈可以託尊聖賢之空名，而信其邪謬之説哉？今有人於此，殺其兄弟，戮其子孫，而能盡人子之道以事其父母，則是豈得不爲罪人耶？荀卿之尊堯、舜、周、孔而非孟子，則亦近乎此矣。昔告子以爲性猶杞柳也，義猶桮棬也。孟子曰：「率天下之人而禍仁義者，必子之言矣！」杞柳之爲桮棬，是戕其性而後可以爲也。蓋孟子以謂人之爲仁義，非戕其性而後可爲，故以告子之言爲禍仁義矣。荀卿以爲人之性惡，則豈非所謂禍仁義者哉？顧孟子之生，不在荀卿之後焉爾，使孟子出其後，則辭而闢之矣。宋刻本聖宋文選卷十

## 性論

古之善言性者，莫如仲尼，仲尼，聖之粹者也。仲尼而下，莫如子思，子思，學仲尼者也。其次莫如孟軻，孟軻，學子思者也。仲尼之言，載於論語。子思、孟軻之説，著於中庸而明於七篇。然而世之學者，見一聖二賢性善之説，終不能一而信之者何也？豈非惑於語所謂「上智下愚」之

説與？噫，以一聖二賢之心而求之，則性歸於善而已矣。其所謂愚智不移者，才也，非性也。性者，五常之謂也；才者，愚智昏明之品也。欲其才品，則孔子所謂「上智與下愚不移」之説是也。欲明其性，則孔子所謂「唯性相近習相遠」、中庸所謂「率性之謂道」、孟軻所謂「人無有不善」之説是也。

夫有性有才之分，何也？曰：性者，生之質也，五常是也，雖上智與下愚，均有之矣。蓋上智得之之全，而下愚得之之微也。夫人生之有五常也，猶水之趨乎下，而木之漸乎上也。謂上智者有之，而下愚者無之，惑矣。或曰：所謂上智得之之全，而下愚得之之微，何也？曰：仲尼所謂「生而知之」，子思所謂「自誠而明」，孟子所謂「堯、舜先得我心之所同」，此上智也，得之之全者也。仲尼所謂「困而學之」，子思所謂「勉强而行之」，孟子所謂「太山之於丘垤，河海之於行潦」，此下愚也，得之之微者也。曰：然則聖人謂其不移，何也？曰：謂其才之有小大，而識之有昏明也。至小者不可彊而爲大，極昏者不可彊而爲明，非謂其性之異也。夫性猶水也，江河之與畎澮，小大雖異，而其趨於下同也。性猶木也，楩楠之與樗櫟，長短雖異，而其漸於上同也。智而至於極上，愚而至於極下，其昏明雖異，然其於惻隱、羞惡、是非、辭遜之端，則同矣。故曰：仲尼、子思、孟軻之言，有才性之異，而荀卿亂之。揚雄、韓愈惑乎上智下愚之説，混才與性而言之。宋刻本聖宋文選卷十

# 性命論

天授諸人則曰命，人受諸天則曰性。性命之理，其遠且異也，故曰「保合太和，各正性命」。是聖人必用其道，以正天下之命也。然命有貴賤乎？曰：有。有壽短乎？曰：有。故賢者貴，不賢者賤，其貴賤之命正也。抑貴無功而賤碩德，命其正乎？無憾而壽，以辜而短，其壽短之命正也。抑壽偷容而短非死，命其正乎？故命行則正矣，不行則不正。是以堯、舜四門無兇人，而比户可封，此其行貴賤壽短之命於天下也。降及文王興，而棫樸之詩作，則士不僥倖，而貴賤之命正矣。成王刑措，而假樂之詩作，則民不憾死，而壽短之命正矣。以至仁及草木，而天下之命其不正乎？其後幽王有聖人之勢而不稱以德，故君子見微而思古，小人播惡而思高位，詩曰：「謀之其臧，則具是違。謀之不臧，則具是依。」夫有德者舉窮，不德者舉達，則貴賤之命行乎哉？抑小人進用，而刑罰不當，故惡有所容，而善斯以戮。詩曰：「此宜無罪，女反收之。彼宜有罪。汝覆説之。」夫是善者殺，不善者或生，則壽短之命行乎哉？此知命非聖人不行也。去周之遠，又不明情生於性，分出於命，而有命授分定之説。是以漢、唐之治，亦曰堯、舜之治。堯、舜以君子知命，民下知分，漢、唐之治，亦以君子知命，民下知分。然曰命與分則同矣，其所以知之則異，豈概於振古乎？振古，聖人行於上者也。所謂君子知命，則侯奉上，卿奉官，士奉制，没而後止。夫然，貴賤壽短，未始不悉以禮義上下也。漢、唐則不然，其間陰陽之術熾，而運數之惑興；讖緯之説侵，而報應之訛起。其所謂命者，非曰性命也，則命受分定也。所謂行命者，非曰聖人也，則曰冥有所符，默有所主也。故朝耕漢隴，暮踰三國之魏；晨藉唐版，夕歸五代之梁。此不曰不臣不民，而曰命受分定者，豈不瞽惑哉？然亦誰階之乎？其皆賞罰不當，而德眚無歸，民厭其勢，而一歸於命，悲矣！宋刻本聖宋文選卷十

## 名實論上

事有異同，則情有逆順，故好惡而毁譽不能已。是名生於天下之好惡，而成於天下之貴賤。時之所好，果是也歟？時之所惡，果非也歟？士不顧其傷志害德，隨物而上下，故棄世之所惡，而趨世之所好，則天下貴之；棄世之所好，而趨時之所惡，則天下賤之。故曰「不如鄉人之善者好之，而不善者惡之」。是名生於好惡，而好惡之情，未嘗辨也。是以近義則行，何衆惡之足畏也？遠義則止，何衆好之能順也？士有不得乎名，則不急於爲善，故名雖高於其鄉，而行不信於友，立其朝而忠不盡於君，是以不實之弊，其所以有者也。然得名而行於世，則所惡而安，故以名爲事者，身樂而意放，此名出於人之所甚欲，而得之不辭也。是好名必求勝，必用彊。好名則諱過而善不進，求勝則幸人之不及，而徒欲以自見也；用彊則過惟恐在己，而善惟恐在人。若

然，則争能忌才之士，并處於世，而更爲强弱。

嗟夫！求名所以自厚，適所以自薄；好勝所以自高，乃所以自下。以身徇物，則内輕而外重，非自薄歟？信己不足，而求人之必信，非自下歟？如能潔其身則全其内，行其志而不求於外，天下歸之不爲悦，天下去之不爲憾，顧天下或違或從，蓋無有己，又奚毁譽之可加而得喪之存懷也？故士無守名之累者，所以得其實。然勢不行，法不立，賢者少，而不賢者多，紛綸擾攘，布處天下。强者自其己强而樂其善，弱者困於己弱而人樂其有過，此人情之至惡。因其疑心，而有不能以自盡，君子於斯，其果可以不察乎？況欲爲治則以得人爲先，用人則以名實爲本，然名實之弊如此，其可以苟取而不慎乎？〔宋刻本聖宋文選卷十〕

## 名實論中

一鄉之人不能辨，則可欺以言；一國之人不能察，則可欺以行；天下之士不能知，則可以欺以名。蓋聽有所不至，則巧言勝；俗有所不能，則僞行遵；道有所不明，則虚名立。然而巧言雖傳，不中理則尚有可辨；僞行雖固，不中義則尚或可察。名不得其實，而欲得其僞，則雖靡歲月、殫思慮，有不能盡之者。故名亂實而欲求其僞，則先王於道未嘗存而不講，於政未嘗存而不議也，是亦無所苟而已。然近世之士，矜名而自是，好高而不能相下也，不知自虚所以有取，自下所以有得，故道失而無求，政荒而無問。自知不審，而志欲求問於人，如販夫之售貨，耕人之待獲，其役物而失性，要時而喪己，有待於外也如此，是可悲已。

古者明於自得而無所蔽，故常反身而觀其實。其能可以居卑，方其居卑則勞而不怨；有志可以用大，方其用大則安而不矜。故居卑者不愧勞，用大者不易事，遠近相維，小大相應，而天下之治畢舉。斯蓋名不浮實，則實不可以妄加，多而不可以妄損。故名徹於朝廷公卿大夫之間，而士不遺於窮邦陋壤之遠，得之無疑，用之必稱，其名非有以欺世也。及至誠之道亡，而天下苟於從事，上無以得下之情，下無以應上之實。名愈高，則其詭譎愈多，行愈隆，則其養僞文飾愈甚。進退不以誠相懷，利害不以情相收，求欲之心多，而及物之志寡。故其任重則顛覆，任輕則怨誹。是四方之士，其意莫不以天下自任之患也。奈何隨而用之，則有喪而無得，彼皆欲爲其大，則將就一二爲之小，則天下功薄而不修，廢業而不補。蓋好名之士衆，而去取之計昏，雖有可用之士，莫得而見，疑名足以亂實也。好高而不適於用，士雖有所取，而恥事其已能，而務爲其所不至，遂亦喪其所長而效不立，此其甚弊也。

然而才有餘而治其寡，則事舉而功倍，才無餘而專其多，則智寡而易敗，此好名無實必至之勢也。今工伎力役，猶所不奪也。以伎從利，雖不售則亦不怨，易業而相爲事，惜其業之不專，而亡其勢之必取也。故函人不以治弓矢，陶人不以治輪輿，巧有所偏，智有所盡，不以其所不習自名而欺世取名也。以力事人者，雖不用，終不以其所不能而求役於人，自信其能而有待也。故善於御車者，不善操舟；習於用陸者，不習於用川。其致力各得其至，而所趨相反，所效不同也。故名實不亂，不如工伎力役。然世之好名，舉欲兼天下之能，盡天下之務，意欲與聖人并遊於世而争相先後。故天下恃名而不恃實，求勝而不求義，傲侮當世而無所憚，尊隆自許而無所愧。然而天下從之，而公論滅矣。是以軒冕爵禄不及善士，而天下無以勸，矯僞澆浮之風，起而不可禦。其爲惑天下也，有甚於此乎？宋刻本聖宋文選卷十

## 名實論下

自古深患，莫大於不智，而輕與次之。不智則天下用巧，直道隱而至論廢矣；輕與則天下苟於妄合而幸於倘遇，其俗浮而其行偷矣。是天下不明，而名也亂實。惟至智則不以理惑，兼衆人之所不能明，盡衆人之所不能察，觀所舉則知所志，審所守則知所用，天下至隱之情無所施於上。如此則何名之可加，而何實之可誣？然而智有所强，而不能盡於物，則其可取者益疏，其所棄者益密。是故僞起於動止之間而莫之察，奸出於俯仰之近而莫之辨，至使貪者託名以肆欲，夸者託名以擅權，辨者託名以行説，暴者託名以殘物。實不足而名有餘，則其爲患也如此。

事有不容於天下，則大無過於盜國，小無賤於盜貨。然盜國之雄，盜貨之强，數旅之師，可掩而獲，匹夫有勇，則擒而戮。至於盜名之士，則雖有萬乘之尊，百里之封，上不敢與爲君，帥不敢與爲友，貴無敢驕，而禮無敢亢，悻悻然嘗恐天下以失士而議己矣。故盜名之士，無王公之尊，命令之重，而屈人之勢，移人之俗，蓋善爲奇言異行，以爲高世獨立之人，以驚駭愚俗之耳目。是以合徒成群，而天下俗尚。責其效，則官學不足以成業，從政不足以經世。然公卿大夫無以窺其非，而國人士民無以措其議，名出於人上，而有以伏其心故也。蓋求名有獲，則利亦隨至。故志於禄則僞辭以養安，志於進則僞退以要寵。世之人不知求其心，而徒得其跡，則天下稱之而不衰，彌久而彌盛。使好名之俗成，而比周黨起。安坐而觀，則莫知其志之所在。雖能摧衆口之辨，屈百家之知，奚足以勝其衆、破其僞？

故名者，天下之至公，而用之以至私；僞者，天下之至惡，而處之以至美。故上失於所任，下失於所望。故自古亂國者無他，因名以得人則治，因名以失人則亂。故不智而且輕與，則名實相疑而不明，則有以養天下之大患。然則無實之譽，其可使獨推於世而居物之先哉？〈宋刻本聖宋文選卷十〉

# 召公論

漢之諸儒皆以爲周公攝政而召公不悦。以孔氏古文考之，則召公之不悦也。周公既歸政矣，然召公之不悦何也？曰：成王，可與爲善可與爲惡者也，周公既復辟，成王既即位，蓋公懼王之不能終而廢先王之業也，是以不悦焉。

夫周之先王，非聖人則仁人也，積德累行數世而後受命，以周公繼之，累年而後太平，民之習治也久矣。成王以中才承其後，則其不得罪於天下之民而無負於先王之烈也，不亦難乎！如此則責任之臣，不得不以爲憂也。周公曰：「君惟乃知民德，罔不能厥初，惟其終。」然則召公之不悦，亦周公之心也。周公以爲在天者其命之終吉凶，吾不得而知也，在人者後嗣或不修德墜厥命，則吾亦不得而知也，在我者吾知勉之而已，則天不庸釋於文王受命也。且以古之人君至於文、武，所以能保其天下國家者，亦皆有賢人爲佐，我自今乃相與濟成王，同未在位之時，則可以無大責矣。夫在我者君子之所及而當勉者也，在天與人者吾如彼何哉？故周公之告也，亦竭其心、盡其力而已，所以勉且慰之也。曰：如周公之誥，則召公可以無不悦矣。然則召公之所以不及周公，儻在是乎？

曰：憂其可憂，疑其可疑，召公之所以不悦也；憂其可憂而卒之以不憂，疑其可疑而卒之以不疑，周公之所以誥也。五聲之相得也，五味之相入也，其始不同而卒於和也。聖賢之相揆也，亦若是而已矣。以此謂召公爲不及周公，則吾於征苗，以伯翳爲賢於禹也，其可乎？然則召公固無不悦周公之事乎？曰：自堯、舜没至於周，而賢人爲衆，詩曰「肅肅兔罝，椓之丁丁。赳赳武夫，公侯干城」，言兔罝之人猶足以干城乎公侯也。又曰「肆成人有德，小子有造，古之人無斁，譽髦斯士」，言其爲士者亦皆有德之髦也。當此之時，而召公爲公，則其爲賢亦遠矣。以召公爲不足以知周公也，則凡在周之士大夫宜無一人知周公者矣，然則周公孰與之謀而就事乎？且以召公爲不賢而不足以知周公也，則文、武、周公曷爲任之至於此極，而召公又安能以其令名終也？以召公爲賢而不悦乎周公，則其與之共事而不争，又不去焉，何也？夫聖人之所立，賢人有所不能知者矣。顔子曰：「既竭吾才，如有所立卓爾，雖欲從之，末由也已。」顔子之於孔子，有所不能知者也。雖然，未嘗不心悦而誠服之也。此其所以爲賢人也。如賢人之於聖人，既不足以知之，而又不能悦也，則是聖與賢幾異類而相反也。

或曰：子路之於孔子，嘗不悦也。曰：由之鄙人也，何足以語召公也哉！孔子曰：「由也，千乘之國，可使治其賦也。」文、武、周公之使人猶孔子也，文、武、周公所以爲三公，與孔子所使治千乘之賦者，其智之不同亦可知已。然則成王之疑周公也，召公曷爲不諫？曰：召公，坐而論道以相成王者也，其朝夕所以開王心者，史能悉記之乎？明弘治十七年刻本歷代名賢確論卷九

# 經義式四篇[一]

## 里仁爲美

爲善必慎其習，故所居必擇其地。美在我耳，人何損焉。而君子必擇所居之地者，蓋慎其習也。孔子曰「里仁爲美」，意以此與？一薰一蕕，十年有臭，非以其化之之故耶？一日暴，十日寒，無復能生之物。傅者寡而咻者衆，雖日撻不可爲齊語，非以其害之之故耶？善不勝惡舊矣。爲善而不求善之資，在我未保其全，而惡習固已亂之矣。此擇不處仁，所以謂之不智，而里仁所以爲美也。夫苟處仁，則朝夕之所親，無非仁也；議論之所契，無非仁也。耳之所聞，皆仁人之言；目之所睹，皆仁人之事。相與磨礱，相與漸漬，日加益而不知矣，不亦美乎？夷之里，貪夫可以廉；惠之里，鄙夫可以寬。既居仁者之里矣，雖欲不仁，得乎？以墨氏而已有所不及，以孟氏之家爲之數遷，可以餘人而不擇其地乎？然至賢者不能渝，至潔者不能污，彼誠仁者，性之而非假也，安之而弗强也。動與仁俱行，静與仁俱至，蓋無往而不存，尚何以擇爲哉？

[一] 按，此四篇經義晚出，學者據其思想内容多斷爲僞作，姑録備考。

## 五十以學易

有是心而後可以觀是書，書具一天理，必待天其心者，始足以契之。不然，非唯齟齬不合而適以自病。五十以學易，洙泗之教，何其詳而有節，從容而不驟也！設教之時，自十五至三十，至四十時而不惑，猶未足以語天命，聖人何吝如此？此非聖人所能吝也。力未壯，不可以語擊搏；年未至，不可以講冠婚。此天理，不可强，不可勉。使其欲以不然之心，而讀夫自然之書。三多凶，五多功，始冀其功而且以獲凶；四多懼，二多譽，始望其譽而且以致懼。吉未居其一，凶、悔、吝，吾已備其二。信乎，書之天，不可强契以心之人。雖然，畫於羲，重於文，繫於孔，非人乎？使三聖人之心不天，則畫可增，重可減，而繫可去矣。人能遲是心以待其天之全，其三聖人之天可以觸，一書之天可以會。若夫躐等之學，試一語之。

## 參也魯

所學有遲敏，所悟無昏明，聖人之於學者，豈不以敏之害道也哉？造道有在，不在於機慧，而在於一念之覺。則今日之魯，未必非他日之大智也。參也魯，夫子取之。刃刺之芒，不如綏綆之可以入堅；竹箭之利，不如綏綆之可以達石。大抵進鋭者其退速，而鈍者乃所以爲利也。善觀人者，不於其遲速之間而優劣之。蓋易曉者亦易昏，而難入者必難忘。遽得者亦遽失，而久成者乃久安。故窒者未通則已，如其通也，必異於人之通之也；晦者未明則已，如其明也，必異乎人之明之也。夫子之論仁也，不與巧言而與木訥；於禮樂也，亦進野人而退君子。何哉？木訥非巧言之可求，而野人或君子之過也。人之得道，固在朴拙，而不在儇巧也。參也之魯，其聖人之深取乎！觀其辨「速朽」、「速貧」之言，不如有若；辨「襲裘」、「裼裘」之禮，不如子游；而一貫之妙，自子貢不能領其旨，而曾子會一唯之間，果何謂者耶？以魯得之矣。雖然，以參之魯，視回之愚何如也？參也不魯之魯，回也不愚之愚也。惟不愚以愚處之，兹所以爲盛德者也。宜乎曾子之守約，不如顏子之坐忘。

## 浴乎沂

心至於樂則無餘羡，樂至於真則無外假。夫以曾點之樂道，而有適於浴沂之間，果何志於浴沂乎？豈心無餘羡，而所寓無非樂；樂無外假，而所樂無非真與？此浴乎沂夫子所以有取乎點也。且牛山之飲，有戚者隕淚；朝邑之歌，有忌者還車。夫飲非所以使人戚，而歌非所以使人畏，此心之變也。是故，此心之浩然，狐狸所家，蓬藋所業，皆足以適吾意；此心之亂，處廊廟猶風雨之虞，仰華軒猶塗潦之辱也。甚矣！此心之不可以無所養。點之心，何如也？其胸次悠然，即天地之春；其衣冠，即虞廷之九官，而周士之藹藹也；其詠歌，即堯、舜之都俞，而孔、顏之禮樂也。彼其視浴非真澡身也，視沂非真樂地也。吾意適於斯，則吾心寓於斯；吾心寓於斯，則吾樂存於斯矣。噫，可以形容盡哉？雖然，反諸吾心，一物無累，八荒洞然，則吾

亦點也，所寓之地亦沂也，安居語默亦浴也。是又可以自喻，而不可以語人。古今圖書集成文學典卷一百八十

## 重建許旌陽祠記

自古名德之士，不得行其道以濟斯世，則將效其智以澤當時，非所以内交要譽也，亦曰士而獨善其身，不得以謂之士也。後世之士，失其所業，縻爛於章句訓傳之末而號爲穎拔者，不過利其藝以干時射利而已。故道日喪而智日卑，於是有不昧其靈者每厭薄焉。非士之所謂道者，名不副其實也，亦以所尚者非道也。嗚呼，其來久矣！

晉有百里之長曰許氏，嘗爲旌陽令，有惠及於邑之民。其爲術也，不免乎後世方技之習，如植竹水中，令疫病者酌水飲焉而病者旋愈，此固其精誠之所致也。而藏金於圃，使囚者出力而得之，因償負，而或免於桎梏，豈盡出方技之所爲者，以是德於民。既後斬蛟而免豫章之昏墊，大抵皆其所志足以及之。志之所至，智亦及焉，是則公之有功於洪，論者固自其道而觀之矣。夫以世降俗末之日，仕於時者得人焉如公，亦可謂晦冥之日月矣。公有功於洪，而洪祀之虔且久。祥符中，升其觀爲宫，而公亦進位於侯王之上。於是州吏峻其嚴祀之宫室與王者等，兹固侈其功而答其賜也。工弗加壯，中焉以圮，今師帥南豐曾君鞏慨然新之。鞏儒生也，殆非好尚

老氏教者，亦曰能禦大菑、能捍大患則祀之，禮經然也。國家既隆其禮於公，則視其陋而加之以麗，所以敬王命而昭令德也。

書來，使余記之。余嘗有感於士之不明其道而澤不及物者，得以議吾儒也，故於是舉樂爲之述焉。古今圖書集成神異典卷二百八十一

## 清溪亭記

臨池州之溪上，隸軍事判官之府，京兆杜君建。夫吴、楚、荆、蜀、閩、越之徒，出入於是，而離離洞庭、鄱陽之水，浮於日月之無窮。四方萬里之人，飛帆鼓楫，上下於波濤之中，犯不測之險於朝暮之際，而吾等乃於數楹之地，得偉麗之觀於寢食坐作之間，是可喜也。君曰：夫僊其形於事者宜有以佚其勞，厭其視聽之喧囂，則必之乎空曠之野，然後能無患於晦明。飛禽之啁啾，怒浪之洶湧，漁蓬樵蹻嘯於前而歌於後，孰與夫訟訴笞榜之交於耳也！岸幘穿屨，弦歌而詩書，投壺飲酒，談古今而忘賓主，孰與夫擊跽折旋之密接於吾目也！此亭之所以作也。宋本方輿勝覽卷十六

## 晉張林妻徐氏贊

按張林碑，夫人姓徐，吴郡人。

柔惠清慎，中和聖善。婦德既備，母道亦踐。志厲冰玉，厥德丕顯。靡靡其操，翼翼其仁。明景内映，朗節外新。共孅風邁，淑謹其身。文淵閣四庫全書本吴都文粹卷六

## 宋故贈尚書都官郎中司馬君墓表

君姓司馬氏，諱沂，陝州夏縣涑水鄉高堠里人。其先出於晉安平獻王孚，至征東大將軍陽，始葬於河東安邑。後魏分安邑爲夏縣，遂爲夏縣人。自唐以來，降在畎畮。而君之曾祖林、祖政、父炳，皆不仕，然累世未嘗異居，故家之食口甚衆，而貧無以贍。君幼孝謹，父兄悉以家事付之，能儉勤以成其家。當是時，田不加廣，又未嘗爲商賈奇衺之業，而司馬氏更富，父兄皆醉飽安逸。而時有餘力，則及其鄉人，然君遂以惡衣疏食終身。其卒也，以景德三年十二月丙子，年三十二。以祥符六年□□□□葬涑水之南原。夫人同邑李氏女，年二十八，生男詠、里及一女子而寡。頃之，詠及女皆卒，於是父母欲奪其志而舅姑亦遺焉。夫人自誓不嫁，躬執勤苦，使里之四方就學。姑李氏老且病，常卧一榻，扶然後起，哺然後食。夫人左右視養，未嘗少失其志，

如是累年，以至其没。既而里以□□□仕，奉夫人之官，夫人始别其母，而思慕成疾，久之乃愈。里積遷至尚書都官郎中，歷將數州，□□□而封君尚書都官郎中。夫人封永壽縣太君，年八十三，以嘉祐五年九月甲寅終於京師。其年十一月壬寅，合葬於君之墓，而君之從父弟子起居舍人光序其事如此，以來請曰：「願有述也，以表之墓上。」

嗚呼，君所謂謹身節用以養父母而道行於妻子者歟，以此而學，則豈與夫操浮説而無其質者比哉！夫人之德，可謂協矣。雖非其家人所欲論著，吾固樂爲道之。又況以起居之賢，嘗爲吾僚而有請也，於是書以遺之去。朝奉郎、尚書屯田員外郎、知國子監書學、權同判吏部南曹、上騎都尉，賜緋魚袋楊南仲篆額。布衣曹知白模刻。山右石刻叢編卷十三

## 祭沈舍人文

惟公之德，孔潔且碩。淡泊超然，更無忤逆。德實不纇，不容如石。遂扼其行，卒不克馳。謂天惡賢，我不敢知。果好之耶，今又何其！惟公於我，義兼師友。何以薦誠，有馨惟酒。物則微矣，其誠則有。永樂大典卷一萬四千零四六

# 附録二：王安石文集序跋與提要

## 甲、序跋

### 紹興重刊臨川文集敍

〔宋〕黄次山

紹興重刊臨川集者，郡人王丞相介父之文，知州事桐廬詹大和甄老所譜而校也。藝祖神武定天下，列聖右文而守之。江西士大夫多秀而文，挾所長與時而奮。王元之、楊大年篤尚音律，而元獻晏公臻其妙；柳仲塗、穆伯長首唱古文，而文忠歐陽公集其成。南豐曾子固、豫章黄魯直，亦所謂編之乎詩書之册而無愧者也。

丞相旦登文忠之門，晚躋元獻之位，子固之所深交，而魯直稱爲不朽。近歲，諸賢舊集，其鄉郡皆悉刊行，而丞相之文流布閩、浙，顧此郡獨因循不暇，而詹子所爲奮然成之者也。紙墨既具，久而未出。一日謂客曰：「讀書未破萬卷，不可妄下雌雄。讎正之難，自非劉向、揚雄，莫勝其任。吾今所校本，仍閩、浙之故耳，先後失次，訛舛尚多。念少遲之，盡更其失，而慮歲之不我與也，計爲之何？」客曰：「不然。皋、蘇不世出，天下未嘗廢律；劉、揚不世出，天下未嘗廢書。凡吾所爲，將以備臨川之故事也，以小不備而忘其大不備，士夫披閱，終無時矣。明窗浄榻，永晝清風，日思誤書，自是一適。若覽而不覺其誤，誤而不能思，思而不能得，雖劉、揚復生，將如彼何哉！」詹子曰：「善！客其爲我志之。」十年五月戊子，豫章黄次山季岑父敘。四部叢刊初編影印明何遷刊本臨川先生文集卷首

## 紹興本臨川先生文集殘卷跋

傅增湘

荆公文集今世通行者，以明嘉靖本爲最善，然嘉靖本實源出紹興十一年所刊，即此本是也。其版至明時尚存，後歸入南京國子監，故流傳印行至多。余曾於南中收得全帙，就新刊校勘一過，撰有題記。此殘本爲劉君翰臣所贈，存卷三十七至四十九、卷六十至六十九，凡二十三卷，其中所存宋刻約十之九。字畫頗爲清朗，蓋視余藏全帙摹印在前也。

憶昔年觀書於廣化寺京師圖書館中，架底存明刊臨川集八九册，余檢視之，正爲紹興所刊，因告典守者更其籤題。緣其棉紙瑩潔，字體方嚴，驟視之，與明刻正無以異。至今追思之，其紙幅尺寸、墨采濃淡，視兹帙正同，頗疑藏大庫時本爲一部，而先後分析者。第未審合併之後，能否再爲完帙耳，竢暇時當詳檢之。

此本半葉十二行，行二十字。白口，雙闌。版心下方記刊工姓名。字體端麗，雅近歐陽率更。避諱至嚴，「桓」字注「淵聖御名」，「構」字注「御名」，此亦南渡初鐫之一證也。壬申天中節，裝成記之。藏園群書題記卷一三

## 臨川先生文集跋

〔宋〕王珏

曾大父之文，舊所刊行率多舛誤。政和中門下侍郎薛公、宣和中先伯父大資皆被旨編定，後罹兵火，是書不傳。比年臨川、龍舒刊行，尚循舊本。珏家藏不備，復求（道）〔遺〕稿於薛公家，是正精確，多以曾大父親筆石刻爲據，其間參用衆本，取捨尤詳。至於斷缺，則以舊本補校足之，凡百卷，庶廣其傳云。紹興辛未孟秋旦日，右朝散大夫、提舉兩浙西路常平茶鹽公事王珏謹題。宋紹興刊、元明遞修本臨川先生文集卷末

## 跋半山詩

〔宋〕汪藻

半山別集有詩百餘首，表啓十餘篇，乃荆公罷相居半山時老筆也。祝邦直作淮南學事司屬官時摹印甚精。德興建節鄉人周彦直，舊從荆公學，亦用此集印行。余皆寶之。過江以來二十年，求之莫獲。頃見徐師川云，黄魯直讀此詩，句句擊節。公器之不可掩也如此。近觀臨川前、

後集，猶識其在集中者數十首，因擇出録之，而表啓不存一字，可惜也。然録者極多舛誤，非不知其非真，但不敢擅下雌黄耳。今人謂荊公詩皆其少作，而此老筆無人辨之，尤悵然也。永樂大典卷九百七

## 宋蜀刻臨川文集序

〔宋〕程敦厚

自孔子殁，曾子、子思、孟子以降，得道德之傳而發聖賢之祕，以詔後覺，惟國朝歐陽氏、司馬氏、蘇氏、王氏、程氏，各一家言，皆非漢、唐先儒之所能到。然王氏之學，其弊在於尚同，而施於政事者又不幸失於功利。文正、東坡二先生之所排者，以此而已。及至於文詞之雅健，詩章之精深，舂容怡愉，一唱三嘆，盡善極摯，則無以議也。而後代之士見之不明，講之不詳，輒擯以爲邪説，舉而棄之，可乎？

鄉人杜仲容悉裒臨川凡所論著，合爲大成集，鍥木以行於世，曰抑有以也，謂吾州里唯知尊蘇氏，而不博取約守，以會仁智之歸，彼自陋也，將因以廣之，予於是樂爲之書。宋本國朝二百家名賢文粹卷一百五十九

## 殘宋本王文公文集跋

［日］島田翰

昔華中父真賞齋有宋百六十卷本臨川集，見豐人翁真賞齋賦，而義門何焯氏在國初，既言其不可覯，則其爲希覯之笈，亦可知也。而説者謂荆公之集，紹興辛未其曾孫王珏所傳刻者最完，其作百六十卷者，徒分析其卷帙耳。珏之刻本，今藏罟里瞿氏。又有元時繙本，今藏錢唐丁氏。嘗與明嘉靖庚申撫州覆紹興詹大和刻本，歷校宋、元二本，其卷帙相同，而異同亦相若。閩、浙二本，皆非其所手定，而石林燕語亦稱薛肇明被旨編公集，徧求其所謂「青山捫蝨坐，黄鳥挾書眠」詩，終莫之得。至宋季，有金陵、麻沙、臨川、淛西數刻，當時搜羅既難，編訂又粗，竟不能窮其全也。

日本圖書寮有殘宋本王文公文集，今存七十卷，佚其末詩集數卷而已，而今本所佚之文，多至四十七篇。陸存齋群書校補據宋文鑑、宋文選、播芳大全、能改齋漫録以補明覆詹本之缺，尚不過十餘篇，與此本多寡不侔矣。昔政和中開局編書，諸臣之文，獨臨川集得預其列，而門下侍郎薛昂肇明實主其事。此書依其異同考之，蓋肇明所編次也。卷一至卷八書，卷九宣詔，卷十至卷十四制誥，卷十五至卷二十一表，卷二十二至卷二十四啓，卷二十五傳，卷二十六至卷三十三雜著篇，卷三十四、三十五記，卷三十六序，卷三十七至卷五十一古詩，卷五十二至卷七十律詩。半板十行，行十七字，「桓」、「殷」闕末筆，於「構」字下注云「御名」，則此書高宗時依薛本所入梓也，並王珏所未見矣。日本島田翰跋。藝風藏書再續記卷七

## 校補本臨川先生文集序

〔元〕吴澄

唐之文能變八代之弊、追先漢之蹤者，昌黎韓氏而已，河東柳氏亞之。宋文人視唐爲盛，唯盧陵歐陽氏、眉山二蘇氏、南豐曾氏、臨川王氏五家與唐二子相伯仲。夫自漢東都以逮於今，寖寖八百餘年，而合唐、宋之文可稱者僅七人焉，則文之一事，誠難矣哉！

荆國文公，才優學博而識高，其爲文也度越輩流，其行卓，其志堅，超超富貴之外，無一毫私欲之汩，少壯至老死如一。其爲人如此，其文之不易及也固宜。宋政和間，官局編書，諸臣之文獨臨川集得預其列。靖康之禍，官書散失，私集竟無完善之本，弗如歐集、曾集、老蘇、大蘇集之盛行於時也。公絶類之英，間氣所生，同時文人雖或意見素異，尚且推尊公文，口許心服，每極其至。而後來卑陋之士不滿其相業，因並廢其文，此公生平所謂流俗，胡乃於公之死後而猶然也？

金谿危素好古文，慨公集之零落，搜索諸本，增補校訂，總之凡若干卷，比臨川、金陵、麻沙、浙西數處舊本頗爲備悉，請予序其成。噫！公之文如天之日星、地之海嶽，奚資於序？而公相

業所或不滿者，亦鮮究其底裹，何也？公負蓋世之名，遇命世之主，君臣密契，殆若管、葛。主以至公至正之心欲堯、舜其君。然而公之學雖博，所未明者孔、孟之學也；公之才雖優，所未能者伊、周之才也。不以其未明未能自少，徒以其已明已能自多，毅然自任而不回，此其蔽也。一時議公者非偏則私，不惟無以開其蔽，而亦何能有以愜公論哉？論之平而當，足以定千載是非之真者，其唯二程、朱、陸四子之言乎！吳澄幼清序。嘉靖丙午臨川應氏刊本臨川先生文集卷首

## 題王臨川文後

〔明〕楊士奇

歐、蘇、曾、王四家全集，今書坊皆無刻板，獨北京有荆公臨川集板，在國子監舊崇文閣，而所闕十一。用之永樂八年扈從在北京，印二本，以一本寄余，凡十册。既已録補，遂取吳草廬先生所爲序冠諸卷首，又取二程、朱、陸四先生及司馬文正諸賢所論公平生者附於序後。蓋凡天下後世之狺狺於公者，皆吠聲而已，豈其真有所見哉？夫的然有所見者，余之所録是已。文淵閣四庫全書本東里集卷十

# 嘉靖二十五年刊本臨川先生文集序

〔明〕章袞

嘉靖丙午秋八月，臨川邑侯象川應君刻荆國王文公集成，謂袞邑人也，宜有以序其事。昔我象山陸文安公序公祠堂於宋，草廬吴文正公序公文集於元，二公皆命世大儒，其事核而精，其文直而肆，公之純疵得失，猶方圓之囿於規矩也。予末小子，安敢復有所贅？然竊惟公之相業所以未能成先資之信，快人心之公者，直以變法之故爾。二公之言雖已抉發隱義，提挈宏綱，而其端緒曲折，尚若有未暇及者，故雖不敏，不敢過避焉。

夫善觀人者必驗乎心跡，善爲治者必核乎名實。心跡不明則名實不正，名實不正則爵禄廢置，生誅予奪皆失其道，而天下之治靡矣。若公與神宗之事，豈非千萬世名實不正之最甚者乎？宋之有天下，燕雲盡失，契丹已强於北，元昊繼起，兵力又奪於西，不能數戰，則其勢不得不出於求和。轉輸金繒，每歲不貲，卑禮甘言，惟恐挑禍。漢之文、景，國辱而民不困。時則有文、景之辱，而無文、景之利，此蓋凛然不可恃以常安之勢也。治平、熙寧之際，上刓下弊，綱紀法度、根本枝葉，無不受病。譬如中年之人，雖容色言動無異少時，然縱恣之餘，腹心肝鬲之疾，纏綿膠錮，待時而發，此蓋斷然不容怠忽玩愒之時也。神宗深知天下之勢，將欲大有所爲，而又不御游畋，不治宫室，眷求義德，與圖治理，誠曠世一出，人臣所當效力致死之君也。乃公之節行文章既已大過於人，而道德經濟又獨惓惓以身任之。當仁宗在位之日，使回一書，究極治體，直欲化裁三代，以趣時變，與區區隨世遷就諸人，規模夐別。繼論時政，則語意益切，岌然如禍亂之逼乎其後，賈太傅之痛哭、劉賢良之剴切，可謂異世同符矣。有臣如此，蓋亦曠世一出，人君所當虚己委任，共享天心者也。夫其君臣相遇之盛如此，而時勢所值，又當否泰安危往來消長之際。然則公與神宗所以悉心謀議，創制立法，而將以伸其大有爲之志於天下，豈但君臣之分義則然，固亦天命人心所不容已也。

今考當時常平倉，司馬公所謂三代之良法，放青苗錢之害小，廢常平倉之害大者也。然積滯不散，侵移他用，平時既無補於貧民，必待年凶物貴然後出糶，而所及者又皆城市游手之輩。況穀貴則減價而糶，惟富民爲能應其糶；穀賤則增價而糴，惟富民爲能應其糴。貧民下户既無可糴，又不能糶，勢不免於借貸。蘇潁濱曰：「天下之人無田以爲農，無財以爲商，禁而勿貸，不免轉死於溝壑。使富民爲貸，則用不仁之法，收大半之息，不然亦不免脱衣避屋以爲質，民受其困，而上不享其利。周官之法，使民之貸者與有司辨其貴賤，而以國服爲息。今可使郡縣盡貸，而任之以其土著之民。」潁濱此論，則公所行青苗錢之法也。考之於古，景公之於齊、子皮之於鄭，司城子罕之於宋，既皆以貸而得民；驗之於今，則前此陝西一路已翕然稱便矣。然則青苗錢之放，乃所以救常平之失，而修耕斂補助之政也。

古者民多則國强，民少則國弱，兵無非民故也。宋自雍熙、端拱以來，西北多事，朝廷争言募兵，既募征行之兵，又募力役之兵，大率非游手之徒，則亡命之輩。於是始聚百萬之兵，而仰食於縣官，非如漢、唐之初，有事則擐甲胄以蹈行陳，無事則服田積穀以廣軍儲。冗而無制，則老弱參半而不堪戰鬬，聚而不散，則偃蹇驕惰而易於爲亂。而上下以爲得計。方且盡用衰世掊刻之術，剥吾民以啗之，及不可用，則又爲之俛首以事驕虜，而使此輩自安於營伍之中。況是時京東、京西、淮南諸路劇盜如王倫、張海輩，肆意横行，建旗鳴鼓，官吏逢迎入城，與之宴飲。雖有番戍之兵，如入無人之境。兵制之壞，莫甚於此，此公保甲之法所由行也。其要在於訓練齊民，使皆可戰，稍復府兵之舊，以減募兵、紓民力。當時蘇東坡極言養兵之害，而欲訓練州縣之士兵，以省禁兵，意亦如此。然必畿甸就緒，乃以漸推之於天下，始但隸於司農，以捕盜賊相保任，繼乃肄習武事，定其賞罰，而隸於兵部，其政令一聽於樞密，蓋公所以計之者審矣。

民情莫不欲富，亦莫不欲逸也。宋至中葉，役法大壞，産破家亡，視爲常事，而衙前州役爲甚。韓絳則言：「民有父自經死，冀免其子，逐嫁祖母，與母析居，以圖避免者。」司馬公則言：「自置鄉户衙前以來，民益困乏，不敢營生。多種一桑，多置一牛，畜二年之糧，藏十疋之帛，則已目爲富户，抉充衙前。」吴充則言：「鄉役之中，衙前爲重，至有家貲已竭而逋負未除，子孫既没而鄰保尤逮。田地不敢多耕，骨肉不敢義聚者。」然則當役之家，出錢以雇役，坊郭女户、品官之家，斂錢以助役，官又爲之賣坊場、給閒田以充雇直，固先王致民財以禄庶人在官之意也。況公之爲是法也，揭示一月，民無異詞，乃著爲令。令下之日，物情大快，於是始行諸天下，而亦各從其便以爲法。此則雇役法之大略也。

諸路上供，歲有定數，年有豐凶，故出辦有難易；道有遠近，故勞費有多寡。典領之官，專務取羸，内外不相知，饒乏不相補，四方有倍蓰之輸，中都有半價之鬻。徒使富商大賈乘公私之急，以擅輕重斂散之權，而農民重困，國用無餘。於是均輸之法行焉。

先王之於商也，未嘗不欲抑之以懲游末，亦未嘗不欲厚之以通貨賄。其於民也，固嘗補助於耕斂之時，又欲周給於祭祀喪紀困迫之日，此周官泉府之法所以爲厚也。今雖萬室之邑，然貨之滯而不售，民之欲賒且貸者已不貲矣，而況都會之地哉？公之所以創爲市易之法，固將抑兼併以厚商賈、備經制以利民用。而必量取一分二分之息者，亦欲其仁可繼爾。

諸監既廢，賦牧地以佐芻粟，諸兵騎戰，仰給市馬，而義勇保甲之馬，復從官給。番部養馬既不常行，各邊市馬又患不足，此户馬、保馬之法所由以行也。染户馬則蠲科賦，保馬則蠲征役，而馬又皆從官級也，藉使尤或少屬於民，則亦斟酌脩改之而已。國固可使乏馬，馬顧可使獨在邊番，而成周丘甸所出之馬，豈皆官養之邪？若夫熙河一帶，西控吐蕃，東蔽涇涼，夏人右臂，實維兹地。若使彼間而取之，則豈惟鄜延一路不解甲哉，將秦隴復受兵矣，而西域之不可通無論也。此公所以鋭意於王韶之策歟？

宋之於北虜，雖慚於納賂，亦怯於用兵。惟怯，故彼得肆無厭之求；惟慚，故此常懷憤恨之意。然既不能攻之以雪其慚，則亦驕之以圖其後，未有不能攻之又不能驕之，而睢盱以幸目前之安者。此公所以割地畀遼，且曰將欲取之，必固與之也。他如削并軍營、修復水利、罷詩賦、頒經義，與夫方田之法之類，雖若紛然並出於一時，然君以堯、舜其民之心堅主之於上，臣以堯、舜其君之心力贊之於下，要皆以爲天下而非私己也。諸臣若能原其心以議其法，因其得以救其失，推廣以究未明之義，損益以矯偏勝之情，務在協心一德，博求賢才，以行新法，宋室未必不尚有利也。而乃一令方下，一謗隨之，今日鬨然而攻者安石也，明日譁然而議者新法也。臺諫借此以賈敢言之名，公卿藉此以徼恤民之譽，遠方下吏，隨聲附和，以自托於廷臣之黨，而政事之堂幾爲交惡之地。且當是時，下則未有不逞之民指新法以爲倡亂之端，遠則未有二虜之使因新法而出不遜之語。而搢紳之士先自交構横潰，洶洶如狂，人挾勝心，牢不可破。祖宗之法，概以爲善，其果皆善乎？新創之法，概詆爲惡，其果皆惡乎？抑其爲議，有一人之口而自相牴牾，如蘇潁濱嘗言官自借貸之便，而乃力詆青苗錢之非。司馬公在英宗時，嘗言農民租税之外當無所與，衙前當募民爲之，而乃力詆雇役之非。蘇東坡嘗言不取靈武則無以通西域，西域不通則契丹之强未有艾，而乃力詆熙河之役之非。又如已非雇役不可行，而他日又力爭雇役不可罷之類是也。有事體相類、自來行之則以爲是，公行之則以爲非。如河北弓箭社，實與保甲相表裏，蘇東坡請增脩社約並加存恤，而獨深惡保甲法之類也。青苗錢之放，專爲資業貧民，不使富民乘急以邀倍稱之息。司馬、韓、歐諸公既極言此錢不可放，則亦求所以抑兼并而振貧弱可也；乃徒訟此之非利，而不顧彼之爲害，何邪？蘇東坡論雇役，至謂士夫宣力之餘亦欲取樂，若厨傳蕭然，則似危邦之陋風，恐非太平之盛觀。似此之類，既非真知是非之定論，亦非曲盡利害之計謨，宜公概謂流俗，而主之益堅，行之益力也。

一時議論既如此矣，而左右記注之官、異時紀載之筆，又皆務爲巧詆，至或離析文義、單摭數法也，惡公而叛其法爾。昔者桓公舉夷吾於士師而委之以國，夷吾乃爲之作内政，興鹽筴，委幣以斂州縣之穀，守準以御輕重之權，舉齊國之政而更張其大半。且曰國之重器莫重於令，虧令者死，益令者死，不行令者死，留令者死，不從令者死。桓公卒賴其計，以成九合之功。子産之相鄭也，使都鄙有章，上下有服，田有封洫，廬井有伍，作丘賦，制參辟，鑄刑書，舉鄭國之政而更張其太半。雖國人「孰殺子産」之謡，叔向「將亡多制」之書，士文伯「火未出而作火，以鑄刑器，不火何爲？」又六月火現，而鄭果災之。先見明驗，亦鋭然行之，而無所疑畏。卒之鄭賴以安，雖晉、楚之强，莫能加焉。又其下如衛鞅之於孝公，盡取秦法而更爲之，盡取秦民而束縛馳驟之，雖甘龍辨説之煩，秦民言令不便者以千數，而鞅終不爲沮，卒之國内大治，諸侯重足屏息、争西嚮而割地。彼數子，諸侯之貴臣爾，然皆以其計數之審，果敢堅忍，大得逞於其國。而公以世不常有之材，當四海爲家之日，君臣相契，有如魚水，乃顧落落如彼者，時勢異而媢忌衆故也。夫國内多故，四竟多敵，譬彼舟流，不知所届，惟才與智，衆必歸之，此管仲諸人所以得志也。宋之治體，本涉優柔，真、仁而降，此風寖盛。士大夫競以含糊爲寬厚，因循爲老成，又或高談雅望，不肯破觚解攣以就功名。而其小人晏然，如終歲在閑之馬，雖或芻豆不足，一旦圉人剪拂而燒剔之，必將趯然蹄而斷然齧。當此時，而欲頓改前轍，以行新法，無惑乎其駭且謗矣。公之所以不俚於口者此也。賈誼年少美才，疏遠之臣，慨然欲爲國家改制新法。當時絳、灌之徒雖嫉害之，而未至若是之甚者，以誼未嘗得政，而文帝直以衆人待之也。公令聞廣譽傾一世，既已爲人所忌，加以南人驟貴，父子兄弟蟬聯禁近，神宗又動以聖人目之，而寄以心膂。及横議蠭起，公又悍然以身任天下之怨，力與之抗而不顧。公之所以不俚於口者此也。古人自修身正家以至治國平天下，莫不有法，而懿德善道實行於其間，未有捨法度而可以爲仁義者也。或乃謂公不務其本而專事法度，然則孟子不以仁政不能平治天下之説非邪？古者水土初平，即底慎則壤，以制國用。周官一書，理財最備，而大易明著理財正辭、禁民爲非之訓，蓋古之人未嘗諱理財也，後儒始忌諱爾。而或病公專言理財，然則國非其國可耶？宋之儒者，大率據經泥古，尊三代而羞漢、唐，至有欲復井田封建之法者。然亦幸未試爾，如其試焉，能不如公之叢謗乎？當時一伊川在朝，其事權視公不啻十分之一而已，不勝其醜詆之多，則於公又何言哉？

元豐之末，公既罷相，神宗相繼徂落，群議既息，事體亦安。元祐若能守而不變，循習日久，膏澤自潤，孰謂非繼述之善也。乃毅然追懟，必欲盡罷熙、豐之法。公以瞑眩之藥攻治之於先，司馬公又以瞑眩之藥潰亂之於後，遂使國論屢摇，民心再擾。夷想當時言新法可不罷者，當不止於范純仁、李清臣數子，特史氏排公不已，不欲備存其説爾。不然，哲宗非漢獻、晉惠比也，何楊畏一言而章惇即相，章惇一來而黨人盡逐、新法復行哉？悲夫！始也群臣共爲一黨以抗君，終也君子小人各自爲黨以求勝，糾紛決裂，費時失事，至於易世而尤不知止。從古以來，如是而不禍且敗者，有是理哉？公昔言於仁宗，謂晉武帝因循苟且，不爲子孫長遠之謀，當時在位亦皆媮合苟容，棄禮義、捐法制，後果海内大擾，中國淪於夷狄者二百餘年。又謂可以有爲之時莫急於今日，過今日則恐有無及之悔。由此觀之，靖康之禍，公已逆知其然，所以苦心戮力、不畏艱難、不避謗議而每事必爲者，固公旦天未陰雨、綢繆牖户之心也。況熙、豐之用章惇，公爲之也；元祐之用章惇，亦公爲之乎？而古今議者乃以靖康之禍之獄獨歸於公，無亦秦人梟轘參夷之習未忘乎？

名實者政事之本，治亂之原也。春秋二百四十二年之間，諸侯卿大夫之心跡，莫不詳其本末，權其輕重，而折諸天，以正名議，辟美惡，功罪不相掩也。夫是以天理明而王法著，禮樂刑政可得而措焉。由公而前，若唐、晉、兩漢之世，由公而後，若崇、觀、宣、靖、紹興、開禧之間，大臣之賢不肖可知也，然或幸而得免於司寇之議，或雖議而未盡其罪，或適得本罪而未誅其意。乃公獨以體國之忠，救時之志，而蒙衆惡皆歸之謗，使後世幹蠱興事之臣戒於覆轍，而妒賢嫉能之輩引以藉口，此吾所以痛悼於千萬世名實之不正也。

雖然，公亦不得無罪焉。夫天地之道，浸言以漸也，況於人事哉？而公乃謂論善俗之方，始欲徐徐而變革；思愛日之義，又將汲汲於施爲。坐此蔽，而欲速之弊不免矣。古者謀及乃心，謀及卿士，謀及庶人，謀及卜筮。聖人於革之時，必以已日乃孚、革言三就爲訓。而公乃謂以物役己，則神志有交戰之勞；以道徇衆，則事功無必成之望。坐此蔽，而自用之弊不免矣。當世之患，上之人畏下太甚，而不能果斷；下之人持上太急，而動生謗議。公之意見，偶蔽於此，故於異議之人，概以讒説罷之。然禹、皋吁咈，反以相和，周、召異同，不妨共政，公不以此自勉，而欲以誅罰勝之，豈子產安定國家必大焉先之道邪？公嘗謂洪水之患不可留而俟人，而諸臣之才，惟鯀優於治水，故雖妨命圮族，而不能舍鯀。其平昔議論如此，所以不恤衆論而用章、呂者，亦曰姑取其才以濟吾事爾。然豈有欲求善治而用小人、既用小人而無後悔者邪？數者，公之罪也。雖不無不幸於其間，然律以皇極無有偏黨好惡之義，誰能爲公諱也？

公之文集凡百卷，邑以公重，故集以地名。自宋以來，文章名家累數十，往往退讓下風，而莫敢争列，草廬日星海嶽之喻，蓋定論也。夫以公所立之高，所任之大既如彼，其文之不易及又如此，徒以大中未協，偏蔽尤存，不能不競不絿不剛不柔以通天下之志，涣天下之群。故雖遭逢誼辟，而沮撓牽奪之餘，非惟不足以酬其堯、舜君民之志，反而增重異議者之勢，使之勇於附和，以抑蔽其君臣相與之至情正義於天下後世。然則後之儒者，其毋以影響未試之學而自許太過也夫，其尚克偏去蔽以爲王治之本，而毋以議論勝事實也夫。或曰：使神宗享國比於殷武，而公之行政得如管仲，將群疑終不亡而事功無成乎？予曰：嘻！此予所以重爲公慨也，此予所以知天之無意於宋也。不然，以彼之君臣，乘崇高富貴之勢，而久於其道，乃顧出齊桓、管仲諸人之下耶？是爲序。嘉靖丙午秋八月望日，邑後學章衮汝明謹書。嘉靖丙午臨川應氏刊本臨川先生文集卷首

## 嘉靖二十五年刊本王臨川文集後序

〔明〕陳九川

邑侯應君象川刻荆公集成，既屬介庵章子序之矣，余適東探禹穴，窺石梁、雁蕩而歸，復俾序其後。嗚呼，是文獻之所存也，夙志繫焉，雖不敏，其何敢辭！

公文章發於經術，長雄一代，然其未嘗刻意，殆亦天授，視昌黎所誌子厚者遠矣。乃顧寥落不得與歐、蘇諸集並流天下，撫雖公桑梓之區，而亦無梓焉，豈非世儒疵公相業，横議不明使

然耶？

夫公之相業，明道、象山之論公矣精矣。或疑明道不非新法，而訾陸黨焉，此與兒童之見何異？然嘗竊怪之。公以間世之英，氣魄蓋世，負伊、周之志，宗孔、孟之學，其不邇聲色、不殖貨利、難進易退之介，固已信於天下。遇大有爲之君，而師行先王之法意，雖其條理弛張，或未盡善，彼其志蓋昭然可睹也。然而新法一行，群議鼎沸，一時攻訐成風，至詆爲姦邪，其何故哉？聖道絶而學術裂也。夫聖人，是非之準也，春秋賢卿大夫，其見稱於孔子者不少矣，而獨多管仲之功曰：「民到於今受其賜，微管仲，吾其被髪左衽矣。」及其攝相，未幾而誅亂政大夫，勤師郈、費，彼亦睿聖獨見治亂之原耳，固非群情之所趨也。況夷狄之逼中國，豈魯三都比耶？乃有以先王之道匡天下而不爲管仲者，非夫子之所深與哉？

世喪道微千有餘年，非實得其墜緒如濂溪、明道者，固難優於春秋賢卿大夫。其束私見而攣故習，雖賢者不免焉，則是非之謬於聖人久矣。何者？見有所囿則蔽於睹遠，意有所詑則樂於黨同，其勢然也。昔充國平羌之策，裴度伐蔡之議，此特一事耳，自其成而觀之，雖庸人無疑也，而其始，舉朝異之，況大取天下之弊法而更張之者哉？宋之中葉，國勢寖弱，民志不振，夷狄交侵，遼、夏爲急，猶人癰疽並發于肩臂，而神力俱疲。咸以其無甚作楚，因謂之安。公既洞見天下之勢，逆知夷狄之禍，而獨憂之。故每啓昭陵以致誠惻怛憂天下之心，而拳拳以晉武、梁武趨過目前爲戒，蓋欲早爲之所也。其相裕陵以更化，蓋將通壅滯、實臟腑而攻潰之，洗瘡痍而登之泰和也。諸賢既罔或齊公之見，怪其作用，而乘客氣勝心以逞者，又復攘臂其間。訐以爲直，不遜爲勇，夫子之所惡也，而世以爲賢。甚至攖人心、挾天變以要其上，而黨排之，必使公不得究其志，至元祐盡罷新法而後快。則彼雖幽、厲之政，宜可反而中興，復文、武之境土矣。乃顧自貽紹聖之戚，因循坐致靖康之禍，卒使中國淪於夷狄，一如公所憂者，果誰執其咎？而顧橫加諸公，是尚爲有是非之心乎？使公罷而繼相明道，以大公之學善其後，則於公有光矣，豈至淪胥以敗哉？而問相之對，博舉而不一及之者，豈獨不知明道耶？亦以其素不排公故耳。雖然，公自謂用志精則知人明，乃亦不知薦明道，何耶？公謂其忠信而學如捉風，則於知人也亦不可謂哲矣。且公相時，濂溪亦未艾也，公欲大有爲於天下，而不與王佐才共之，其克有濟乎哉？然則公雖非蔽賢，庸亦自有所蔽矣。一時英望之去多所素與，公意爲天下忍之，欲俟法行，還之與樂成耳。知者行之，仁者守之之説，明道已不可之，而公卒貽後悔，則蔽之爲害也。然謂蔽於其末，然乎哉？夫子之學，毋意、必、固、我，而周公聖之才者，以無驕吝也。公謂未有不得先王之道，而能行先王之法者，彼其憂斯民之左衽，不以身家貳其志，而汲汲於施爲，固自任以至誠惻怛，得先王之道矣；而不知其倚於獨立，果於行法，卑群言而爲所激者，乃流於意必驕吝之私，其心不免之於哀矜而有所忿懥矣，烏能得其正而不辟邪？是亦務聖道而不精之過也，於諸賢何獨尤哉？至其洞見幽遠，圖患於未形，雖聖人不易也。其後忠定因水災而憂虜變，蓋公之餘明也，而天下服其忠知，欽、高相之，不下裕陵之倚公者以此。然其禦擊、恢復諸策，亦卒奪於讒議而幾危其身。於乎！有宋夷狄之禍極矣。使公不能制之於未亂之前，而忠定不能救之於既變之後，則横議之禍流也。夫學術不明，使下無公論，上無信史，蔽人心而奪國是，卒亡宋於虜，豈獨使公負重毁於後世哉？悲夫！此余所以重爲千古發感慨而不能已也。

若夫新法之未始不善也，介庵辯之詳矣，後世亦多祖而用之，故余略焉，特取其大而隱者著之耳。昔陳申公序忠定奏議，述鄭亞稱李衛公之言，謂其蘊開物致君之才，居丞弼上公之位，建靖難平戎之策，垂經天緯地之文。余於公亦姑云然爾。善讀公集者，當自得其志之所宗。應侯寧波人，公嘗令其邑，稱循吏而廟食焉，至今神之。其青苗諸法多試於邑而民便之者，侯習知其法施於民也，故梓其集於吾臨川云。嘉靖丙午秋九月既望，邑後學陳九川謹序。嘉靖丙午臨川應氏刊本臨川先生文集卷末

## 嘉靖二十五年刊臨川先生文集跋

〔明〕應雲鸑

荆國文公古詩十三卷，律詩二十一卷，挽詞一卷，集句、歌曲二卷，四言詩、古賦、樂章、銘贊一卷，書、疏一卷，奏狀一卷，劄子四卷，内制四卷，外制七卷，表六卷，論議九卷，雜著一卷，書七

卷，啓三卷，記二卷，序一卷，祭文、哀詞二卷，神道碑三卷，行狀、墓表一卷，墓誌十卷，舊閩、浙、蘇、吴俱有刻，公梓里臨川顧缺無傳。予忝牧以來，每用爲慨，謀梓之，購善本而無從也。走取家藏舊本，讎校而翻刻焉。

於乎！公之文取材百氏，附翼六經，與韓、柳、歐、蘇、曾氏卓然成七大家，並傳海内，當與日月争光，豈以刻不刻爲公重哉？憶予少小時侍先君古愚公，論宋史至熙寧，奮袂誚公，先君厲聲曰：「稚兒毋乃剿説！」時慚退不知所云。異時游四明，泛鑑湖，公撰述吟詠，勒在木石，璀璨陸離，與山光水色争雄競麗，心目眩瞀，不可攬結，蓋私極愛慕，願爲執鞭久矣。既而旅金陵，得公全集，昕夕讀不忍去手，然直謂公文章家丈人耳。徐考公宰鄞諸政，青苗、保甲、市易、水利種種，有成蹟可按，鄞民至今賴之。乃喟然嘆曰：若公者，豈獨長於文已乎？豈獨能於宰已乎？夫隆污者道也，成敗者數也。公動稽堯、舜，心表天日，乘時遇主，謂周官往軌，運掌可脩，而靡所究竟，此豈專任自信之過哉？一時名賢，弗克和衷，胥匡變而之道，此何咎焉？矧公學本經術，才弘經濟，志存周、孔，行比夷、由，固傑然一人豪也。一咻衆排，甚者冤以靖康禍本，此非所謂勦説者耶？

公墓不知所在，謀所以專祠公而不獲。公二十二世孫王生瑞從予乞祀田，予既刻公文，復稍助之，以延公祀云。嘉靖丙午九月既望，臨川縣知縣後學象山應雲鸑謹識。嘉靖丙午臨川應氏刊

本臨川先生文集卷末

# 嘉靖三十九年本臨川先生文集序

〔明〕王宗沐

古之相其君而成不世之業者，其皆與天下共焉，而不以己與者乎？未嘗無所立，而泊然其不敢居，不能無所長，而慊然其不敢恃。虛懷夷氣，受天下若壑，而其精强轉運，嘗行於韜光挫鋭之中。守此而猶有意外不可盡睹之情撓乎其間，則雖有不韙之名，涉似之跡，猶受而甘之，益外襲其所未融，而内濬其所未至。此非獨以求濟其事也，君子之道，合天地萬物爲一體，以己與焉，則阻礙閡隔，不聯不貫，而況相天下者，其物情國經，殊才積勢，取給於贊決，有非以一己能偏察而獨承者，其不敢居焉且恃道固然也。操瑰瑋孤特之行，竣於矜己以收其聲，持剸決督厲之用，必於責人以速其效，是卑處散地、效一官者則可爾，據宰相之尊，將奉其君以釐新大業，天下方狃其舊而不吾信，而欲以是道行之，即其雅度夷氣，能收其形於外，而潛伏未艾之根有一毫厠於胸臆，則幾微不能自掩，聲音笑貌無以漬灌於物。始而矜，中而勝，終而固，争迨夫情憤惋而詞乖激，才易事憤，而天下始不勝其弊矣。矜己而卒於謗，責人而卒於叛，背於道而求濟，宜其難矣。

宋荆國王文公嘗相神宗，憫日弱之勢，睹積弊之時，方欲變法更制，舉其主於堯、舜。而公以平生卓絶之行，精博之學，處得君之地，觀其注意措手，規局旨趣，三代以來，一人而已。然其時每一法出，則天下皆駭而争，攻擊疏分，曾無虚日。比公不安而去，雖其所嘗薦引者，皆起而攻之，至謂爲邪，而靖康之禍或歸其郵於公。庸常守成，苟以自度，猶得辭其過於後，而公以堯、舜、伊、周之心，卒用爲罪，其亦宜公之不服，而天下後世幾稱過乎？嗟夫！如公者，豈非所謂瑰瑋孤特之行，欲勝天下以長，而剸決督厲之用，欲暴天下以所立者與？公既以其高自處，而視天下莫並己，才智老成咸背而去，去而莫與共吾事者，斯姦人乘間而入，反復排擊之餘，法制數易，民眩於聽，官易其常，始嚚然索其平和敦龐之氣，獨程淳公嘗有「天下事非一家」之語，誠深知公所爲病。若是而歸基禍之過於公，於情未稱，亦抑有由也。

公文章根抵六經，而貫徹三才。其體簡勁精潔，自名一家。平生展錯，無出於使還一書，讀之有古人甽畝翻然之志，而後世顧以公相業疑之。然公業所以不就，其失自有在，亦安得而并疑其書也？德安吉陽何先生巡撫江西，悉釐百工，表章往哲，刻公集於撫州，而命沐爲序。沐嘗從先生得聞天地萬物一體之學，輒以此序公文，且用以告後之相天下者。

嘉靖三十九年四月吉，賜進士出身、亞中大夫、江西布政司右參政、前奉敕提督江廣兩省學政、刑部郎、臨海後學王宗沐書。四部叢刊初編影印明何遷本臨川先生文集卷首

## 書臨川集後

〔明〕王格

夫介甫曠世之逸才也，議者徒見其非薄宋制，創立新法，卒之黨同己，排異議，以釀成靖康之禍，遂從而詆訶之若寇讎，然亦過矣。夫世之學古纂言，竊仁義道德之腴，以悦澤其辭而取禄位者，其自待雖孔、孟無以過之，及考其所樹立，往往脂韋勢利，視其言百不一酬，如是者古今不少也。余觀介甫之人，亦采摭百家，蹂躪群籍，而自舉己意以鍵制之，其所稱説憂憤，動必依于先王，而奇辭遠旨，多有世儒所未窺者。變法之端，已見於少作。蓋其生平不肯以流俗自處，其高才鋭志本如是也。一旦都要津，受知世主，遂盡舉而力行之，以爲堯、舜之治，真可必其親見者，斯豈有意於亂天下哉？自信之太過，而弛張之無漸也。然較其言行，亦略相符，蓋庶幾古人所謂幼學壯行，非苟爲富貴而已者也。

當介甫時，大儒輩出，程、張諸君以道學顯，歐、蘇諸子以古文名，而介甫介其間，意蓋欲兩取之，觀其議論可見矣。然而卒無以勝，而其名乃爲衆賢所掩，至論其實，亦無甚愧焉。所可憾者，遭時太驟，而畢露其底裏，以成其僻，遂爲世所指目耳。假令所涉稍蹇，亦如正叔、子瞻之遇於時，而略低佪於儕列之中，則人方珠璣其唾餘，扼腕其用之未竟，以爲宋之天下惜矣，何至鄙薄而怒叱之耶？介甫有言：人言廉潔而直者，非終然也，規有濟耳。又謂八司馬皆天下之奇才，雖陷於不義，而猶能自强，以列於後世。於戲！介甫亦不幸而類是乎。余又稽宋之末造，羣姦並進，固介甫之所遺，而國勢所以不競者，其原誠在於此。然才賢之生，不必皆世用，而天欲亡人之國，必盡使其不肖之人布列於位，以壞亂其所爲。宋至徽、欽，天時人事可知矣，雖微介甫，能保滿朝皆君子乎？即使皆君子，又能保敵人之不南下乎？而其咎乃盡歸於介甫，所謂君子惡居下流，天下之惡皆歸焉者也，亦枉甚矣。

昔朱晦庵列介甫於名世，而國初蘇伯衡稱古今之士自左丘明以下僅二十餘人，而介甫亦與焉。嗚呼！以此論介甫，庶幾得其平耳。明文海卷二百四十七

## 新刻臨川王介甫先生集引

〔明〕茅坤

王荆公湛深之識，幽渺之思，大較並本之古六藝之旨，而於其中別自爲調，鑱刻萬物，鼓鑄羣情，以成一家之言者也。其尤最者，上仁宗皇帝書與神宗本朝百年無事諸劄子，可謂王佐之才，此所以於仁廟之鎮静博大猶未能入，而至於熙寧、元豐之間，劫主上而固魚水之交，譬則武丁之於傅説、孔明之於昭烈，不是過已。惜也公之學問本之好古者多，而其措注當時，亦狃於泥古爲患，况以矯拂之行而兼之以獨見，以執拗之資而恣之以私臆，所以吕、章、邢、蔡以下紛紛附會，熒惑天子，流毒四海。新法既壞，並其文學知而好之者半，而厭而訾之者亦半矣。

以予觀之，荆公之文，雄不如韓，逸不如歐，飄宕舒爽不如蘇氏父子兄弟；而匠心所注，意在言外，神在象先，如入幽林邃谷，而杳然洞天，恐亦古來所罕者。予每讀其碑誌墓銘，及他書所指次世之名臣碩卿、賢人志士，一言之予，一字之奪，並從神解中點綴風刺，翩翩乎凌風之翮矣，於史、漢外别爲三昧也。予首録其上仁宗皇帝書一首，次及劄子、疏、狀七首，表、啓三十六首，與友人書三十五首，序十二首，記二十二首，論、原、説、解雜著二十五首，碑狀、墓志銘、表及祭文五十九首，釐爲一十六卷。歸安鹿門茅坤題。萬曆金陵王氏光啓堂本新刻臨川王介甫先生集卷首

## 新刻臨川王介甫先生集序

〔明〕李光祚

語云：有非常之人，必有非常之事。荆公負命世才，輔佐神宗，以經術經世務，其相業不在文章，而其文章乃試於相業，未可以尋常趑趄窺也。當時著作若干卷，嘉靖丙午，邑侯應象山梓之，諸名公敘之詳矣。迄今藏公署中，作萬丈光，凡縉紳士大夫宦游吾省者，悉走幣徵求，獲之如持琅玕，讀之如食沆瀣，真足爲斯文主盟。其玄孫鳳翔别號荆岑者，往往鐫名家文集於金陵，遍行海内。矧以先公家藏，肯令其局閟一方，而不爲之廣傳寰宇乎？故因問序於余。余愧末學膚受，安敢枝拇其説？雖然，竊嘗始終宋事，並閲名公敘次，不能不置喙焉。

夫公之爲文也，宛若風皺水紋，月翻花影，乃天地間自然景色，可稱千古一人。或者訾其事

而並疑其文，噫！亦游方之内，非游方之外矣！蓋道有升降，政由俗革，即成周之政，君陳寬和，不能不變周公之謹毖；畢公保釐，不能不變君陳之寬和。譬之琴瑟不調，必更張之。惟聖人不凝滯於物，而能與世推移。故曰智者作則，不肖者居焉；賢者作者，愚者泥焉。宋事大類此也。理財一事，原非國家所諱，周制泉府之官，以榷制兼并、濟貧乏，通變天下之財，而周室長久。且新法之行，不加賦而財用足，其所謂農田、水利、均輸、保甲、免疫、市易、保馬、方田，皆一時捄弊之策，以宋救宋，妙不在因而在革也。青苗之法，雖曰春貸秋償，收息於民矣；然私自代償，聖世不免。彼其意以爲與其吞噬於私而倍蓰其利，孰若輸於官，薄取而且佐國乎？免役之法，凡民出力於官者，皆無出力而但輸錢，亦以民不能人人自役，不如免役而官爲之雇役。既出錢，無可再派，萬一不給，官且復蠲帑矣，安得謂利其雇錢歟？古者寓兵於農，彼法曰保甲，連之以十，如大保、都保，正副相助，家自爲衛，人自爲捍，亦弭盜之方也。漢嘗括民馬矣，彼法曰保馬。顧牧馬者聽以陝西所市馬給之，或官與其直，十户爲保，十户爲社，日以生息，馬皆在民，而養馬之費不以煩官，又何有不便也者？保甲、保馬，我聖祖倣而行之，民自相安於無事。至於更定科舉法，尤皇朝所藉以網羅豪傑，郁郁文盛，照耀千古，率由此道也，則其效何彰明較著哉？此以知諸法所建，縱未必一一盡善，亦未必一一皆非。而胡衆口雌黄，未有定論也。

說者又以靖康之禍見訶於公。試舉當時諸邊言之。振威奮武，王韶試於熙河，章惇試於湖北，熊本試於瀘夷，郭逵試於交趾，皆能各有所得。即歲帑尚以輸遼，女直尚爾未盛，豈能爲禍？自公之法一切報罷，而蔡京壞亂於前，師成陰賊於内，李彦結怨於西北，朱勔聚怨於東南，王黼、童貫構釁於遼、金，諸人召隙，而爲之君者昏淫於上，宜來靖康之禍。而以爲自公始，亦大冤已。

蓋宋始終爲禍者遼，前次爲英、爲仁、爲真，其禍未熾；後此爲哲、爲徽、爲欽，以至南渡，其禍益烈。當神宗之時，公遑遑欲樹無前之績，思患預防，倡爲足食足兵之策。計社稷之安危，不恤一身之利害；寧直道而行，不憂讒而畏譏；寧孤立無翼，不曲學以阿世。其心蓋曰：吾行吾法而終致富强，鞭笞夷狄，如唐擒頡利可汗故事，則吾願畢吾道行；由此以制作潤太平，則堯、舜君民之志，庶其酬乎？奈何宋之諸公見不及此，二三大臣以遲鈍雍容爲德度，一二臺諫以議論攻擊爲盡職，曾無平心抑氣以推行其法。致使一事之善，今日行而明日罷；一言之起，一吠形而百吠聲。我公之身旅進旅退，新法之善或行或止。雖有石畫訏謨，不勝其阻撓僭亂之弊，是則公之不幸，抑亦宋之不幸也。然公以知先之神，灼宋之禍源，而奮不顧身，爲禦敵之計。使後之執政畫一而行，則遼、金之禍絶，而中原不爲腥膻者所漸有矣。總而論之，群議鼎沸，縱未能盡信，其要學貫天人，文超今古，即有善毁者，不能掩其美也。然則因其事業而並重其文章可，略其事業而獨重其文章亦可，靈臺中自有真鑑也，何必附會衆口，徒爲皮裏陽秋？時皇明萬

曆四十年壬子歲重五日，豐城後學李光祚鎮静父拜讀。萬曆金陵王氏光啓堂本新刻臨川王介甫先生集卷首

## 光緒本臨川文集序

〔清〕殷保康

臨川集一百卷，近代所得見者，曰紹興重刻本，曰萬曆光啓堂本，歷年既久，字多漫漶，二百年來未聞有重刊者。因思宋李雁湖著有荆公詩注，爲海内所宗仰，當覓善本重刊。兹就集中自卷三十八至卷一百，釐爲六十三卷，亟付手民鋟之，以廣流傳。

荆公四言詩，乃李雁湖所未注者，故仍列於卷首，欲與詩注並行也。是書之成，凡六閲寒暑，更從山陰朱氏、蜀中鄒氏、錢塘汪氏、番禺陶氏、江夏黄氏諸友借得藏本，互相讎校，幸少闕漏。中有一二舛誤，則原書本未完善，今仍其舊，以待博學者訂正焉。光緒八年四月，北平殷保康識於羊城旅舍。光緒殷氏六瑚堂刻本王臨川文集卷首

## 臨川詩注序

〔宋〕魏了翁

國朝列局修書，至崇、觀、政、宣而後尤爲詳備，其書則經、史、圖〔牒〕、樂書、禮制、科條、詔令、記注、故實、道史、内經，而臣下之文鮮得列焉。時惟臨川王公遺文獲與編定，薛肇明諸人寔董其事。雖曰出於一時之好尚，然其鍛煉精粹，誠文人之巨擘。以元祐諸賢號與公異論者，至

其爲文，則未嘗不推許之。然肇明諸人所編，卒以靖康多難，散落不存。今世俗傳抄，已非當時善本，故其後先舛差，簡帙閒脱，亦有他人之文淆亂其間。雖然，未足多辨者。而公博極群書，蓋自經子百史以及於凡將、急就之文，旁行敷落之教，稗官虞初之説，莫不牢籠搜攬，消釋貫融，故其爲文，使人習其讀而不知其所由來，殆詩家所謂祕密藏者。

今石林李公，曩居臨川，省公之詩，息遊之餘，遇與意會，往往隨筆疏於其下。涉日既久，命史纂輯，固已粲然盈編。會某來守眉山，得與寓目，見其闕奇摘異，抉隱發藏，蓋不可以一二數，則爲之舍然嘆曰：是豈世所謂訓故者乎！訓故之病，黨枯護朽，守闕保殘，有不非鄭、服之陋，無是正左、班之忠。今石林之於公，則有不然。其豐容有餘之詞，簡婉不迫之趣，既各隨義發明，若博見彊志，庾詞險韻，則又爲之證辨鈎析，俾覽者皆得以開卷瞭然。然公之學，亦時有專己之癖焉，石林於此蓋未始隨聲是非也。明妃曲之二章曰「漢恩自淺胡自深，人生樂在相知心」，則引范元長之語，以致其譏。日出堂上飲之詩，其亂曰「爲客當酌酒，何預主人謀」，則引鄭氏考槃之誤，以寓其貶。君難託之詩曰「人事反復那得知，讒言入耳須臾離」，則明君臣始終之義以返諸正。自餘類此者尚衆，姑摘其一二以明之。則詩注之作，雖出於肆筆脱口、若不經意之餘，而發揮義理之正，將以迪民彝、厚世教，夫豈訓故云乎哉！

石林常參預大政，今以洞霄之禄里居，其門人李西極醇儒，必欲以是書板行，而屬某敘所以

作，迺書以授之。嘉定七年十一月庚午，臨邛魏了翁謹序。四部叢刊初編本重校鶴山先生大全文集卷五十一

## 大德刊須溪評點本王荆公詩箋注序

〔元〕劉將孫

洛學盛行，而歐、蘇文如不必作；江西派接，而半山詩幾不復傳。諸老心相服，各有在，而世俗剽耳附聲者，往往可歎也。開禧參政雁湖李氏，獨箋臨川詩於共憊荆舒之後，與象山記祠堂磊磊恨意相似。文章行義，固各有必不可概掩者。然東南僅刻兩本，（看）〔眉〕久廢，撫亦落，士大夫或白首不及見，以是藏本極少，亦牽聯役役至此。

李箋比注家異者，間及詩意；不能盡脱窠臼者，尚襲常眩博，每句字附會膚引，常言常語亦跋涉經史。先君子須溪先生於詩喜荆公，嘗點評李注本，删其繁，以付門生兒子。安成王士吉往以少俊及門有聞，日以書來訂，請曰：「刻荆公詩，以評點附句下，以雁湖注意與事確者類篇次，願序之。」於是荆公詩當粲然行世矣。

公詩爲宋大家，非文人詩，而其用文法，抑光耀以樸意，融制作爲裁體，陶冶古今而呼吸如今，精變塵秕而形神俱妙。其覈也如老吏之約三尺，其麗也又如一笑之可千金。歷選百年，亦東京之子美也。獨其不能如子美之稱於唐者，相業累之耳。嗚呼，使公老翰林學士，韙然一代

詞宗，亦何必執政邪！論詩文與論人物異，論行事意見又異。雁湖箋此詩，尚以明君怨置議論，蓋共正之。然彼詠明君耳，何與大節，而刺剟玼之。因士吉刻本，記先君子所嘗爲荆公感歎者於此，而非敢評公詩也。大德辛丑冬至，嗣子將孫謹書於汀泮之如舟軒。民國十一年影印張氏清綺齋刊本王荆公詩箋注附録

## 大德覆刊須溪評點本王荆公詩箋注序

〔元〕毋逢辰

詩學盛於唐，理學盛於宋，先儒之至論也。其論諸賢大家數，甚而有「五言七言散文」之誚，獨於臨川王文正公之詩，莫有置其喙者。及觀文正公選唐百家詩序有云：「廢日力於此，良可悔也。然欲觀唐詩者，觀此足矣。」公於選詩廢日力且如此，况作詩乎？又楊蟠後序云：「文正公道德文章，天下之師，於詩尤極其工。雖嬰以萬務，而未嘗忘之。」則知公之作詩坐廢日力，而未始以爲悔，宜其法度嚴密，音律諧暢，而無異時「五七言散文」之弊。予故謂公之詩，非宋人之詩，乃宋詩之唐者也。後之學詩者能作如是觀，當自有得於吾言之外。方今詩道大昌，而建安兩書坊竟缺是集。予偶由臨川得善本，鋟梓於考亭，輒摭所聞者以繫其集端云。大德丙午中秋，龍門毋逢辰序。民國十一年影印張氏清綺齋刊本王荆公詩箋注附録

## 重刊王荆公詩箋注序

〔清〕張宗松

王荆公詩五十卷，雁湖先生李壁季章箋注。予十年前購得華山馬氏所藏元刻本，間取通行臨川集勘之，篇目既多寡不同，題字亦增損互異。乃歎是書之善，不獨援據該洽，可號王氏功臣也。史稱季章嗜學如飢渴，群經百氏，搜抉靡遺。今雁湖集既不存，其他著録亦盡逸，惟是書見稱藝林，而流布絶少。因重鋟之，以廣其傳，俾嗜古者得窺先生之藴涵，識臨川之意匠，而並可正俗本之紕繆。殆如景星鳳凰，争先覩之爲快已！乾隆辛酉上巳後五日，武源張宗松題於清綺齋。張氏清綺齋刊本王荆公詩箋注卷首

## 注王荆公全集序

〔清〕沈欽韓

宋志：王荆公文集一百卷，嘉泰間參政李壁爲詩注單行，而全集迄今無注。余得李注讀之，亦云贍博，然人物、制度猶有未委，概從闕略。李氏在南宋世傳史學，號爲方聞，又時代不甚遠，洵乎注書之難，難於作者，而宋人之注韓昌黎集，空疏臆測爲可笑也。夫讀一代之文章，必曉然於一代之故實，而俯仰揖讓於其間，庶幾冥契作者之心。況宋世自建隆至元豐，典章職秩至煩也，百家傳記至猥也，淺陋之士雖日取志傳討索之，猶不得其端倪而郢書燕説，以此讀一代名公之集，通乎

未通，誠不知其可也。彼不學者，於六經三史之傳注皆可盡廢，竊先聖之緒言，以高談性命、剽史、漢之形模以造作程課，又何有於一家之集哉！空疏之極反而狂妄，此必然之勢也。

余性顓愚，讀書綦寔事求是。既注昌黎集，於唐之典故牸得考證，尤患宋之典制文物龐雜而難稽也，於是取荆公詩文，補李氏之闕，創爲文集注。以志傳爲經，諸家文集、稗乘、詩話爲緯，貫串同異，評駁是非，務取曉暢，不避煩冗。凡單詞隱義，彼時習以爲常，而後人芒如者，亦十得五六。雖心力有不逮，覩聞猶未廣，然大略可見。且推此而汴京諸公之文盡可讀，則窮年累月之功，庶乎不虛棄。韓文公云：「爾雅注蟲魚，定非磊落人。」此蓋有激而云。文公根柢六經，于名物訓故無不通，拾其緒餘，楊倞猶得傳世，何傷其磊落哉！

若余之愚，不能發策決科以求禄利，又不能浮浪江湖、投刺游談以博衣食，杜門食貧，藞苴自給，役心於文史間，聊以遺窮愁，比諸獨弦哀歌，稍有益于人爾。既卒業，同郡黄主事丕烈借書爲多。惜乎倉促就常選，來窮山，接鄙生，回憶鄴侯插架，若霄漢也。續修四庫全書影印上海圖書館藏稿本王荆公詩集注卷首

## 影印王荆公詩後跋

張元濟

王荆文公詩李雁湖箋注，先六世祖嘗得華山馬氏元刊五十卷本，於乾隆辛酉之歲覆刻行

世。中經洪、楊之亂，板久散佚，書亦不易得矣。余幼嗜此書，訪求十餘年，既官京師，始得之。是書自元大德刊行後，未有別槧。四庫著録，亦吾家刻本。日本有翻雕者，然中土流傳絶少。先人有言，是書之善，不獨援據該恰，可號王氏功臣，又引鄉賢姚叔祥語，謂「藏書於家，但知秘惜爲藏，不知傳布爲藏」。余悚然以是爲懼。顧原書第三十卷、第五十卷失去兩末葉，亟思蒐補，以償先人未竟之願，再謀剞劂。偶檢宜都楊惺吾參贊日本訪書志，有朝鮮活字本，完善無缺，且附年譜。亟遺書往索，既得楊君慨焉録寄，欣感交集，即思付印，會有歐美之行，事遂中止。歸未及期，復覯國變，俯仰身世，百念俱灰。撫兹遺編，愴然不知涕之何從也。是時故家藏書多坐兵燹散出，江安傅沅叔同年自京師來訪，謂道出蘇州，見有元刊本，爲李滄華故物，已爲余購留。展之，則第三十卷、第五十卷兩末葉均存，而年譜且有撰人名氏，沅叔勸以此本影印，謂留存須溪評點，雖違先志，然不失昔人面目，亦祖庭遺訓也。余以失去他卷十餘葉，仍非足本，未遽決。友人日本長尾雨山先生謂彼國宫内省圖書寮有是書，可以摹寫，且引爲己任。不數月，以寫真版來，所缺之十餘葉僅欠其一，復就江南圖書館所儲殘本補之。

考雁湖初作此注，有魏鶴山序，先人嘗以搜求未得爲憾，後從長塘鮑氏鈔録補刊，晚印之本，多有載此序者，而吾六世祖已不及見矣。烏程劉翰怡京卿嘗得殘宋本，其魏序固存。余請於翰怡，許我假印，冠諸簡端，亦以繼先人之志也。惺吾初從朝鮮本録示劉將孫、毋逢辰兩序，文中稱荆公爲文正，亦稍有不可句讀者。余始猶疑之，迨余本撤裝攝影時，年譜前夾綫中忽露殘紙兩段，因悟是必劉、毋兩序之餘，其足以致疑者，或朝鮮手民之誤歟？因並存之。

夫以一書之微，閲數百年將就湮没，乃有人起而緜續之，而又故留其缺憾，待百數十年後，仍假其子孫之手，使其先代所引爲缺憾者，而一一彌之。其書欲亡而卒不亡，是豈得謂造物之無意耶！抑亦血脈相承，雖更歷數世，苟精神有所訢合，而古昔之人與生存者固隱隱有相通之道也。歲在壬戌，距乾隆辛酉爲百有八十年。影印既竣，謹識其緣起如右。海鹽張元濟。民國十一年影印張氏清綺齋刊本王荆公詩箋注卷末

## 覆刻宋本王荆公詩箋注跋

傅增湘

李文懿注荆公詩，較臨川集多古今體七十二首。晁志惟載卷目，直齋書録差詳。覃谿集中有二跋，已備采之。世行元槧，經劉辰翁删評，多失其真。宋本惟此十七卷，及序目三卷，孤帙流傳，不絶如線。覃谿言，盧弓父校李注，將其卷尾所謂補注者，移置於本詩之下。考補注乃是臨川曾景建所爲，非出雁湖手，以語弓父，始追悔而已無及。案盧學士鈔補元槧，舊在善本書室，此宋本歸吴興劉氏，繆藝風前輩曾假影摹，今據以上版，寫手未合古意，略存形似耳。覃谿又言，前賢于山谷詩任注、半山詩李注序葉殘字，皆訪求珍録，蓋古人一字之遺，後人皆得據以

考證，此本幸存弱半，其珍重爲何如耶！

宋本每半葉七行，行大小字十五，注語有刓補擠寫者，各卷後有庚寅增注及抽换之葉，即曾景建所補。魏華甫序作於嘉定七年守眉時，言其門人李西美以是書版行，元槧劉將孫序，稱東南僅刻兩本，眉久廢，撫亦落，皆翁跋所未及。丹棱李氏，史學名家，雁湖爲巽巖第三子，其弟𡌴有皇宋十朝綱要，後來井研李微之、江陽李好德，咸以掌故擅稱吾蜀，先賢遺緒，所亟當表章也。癸亥仲春，江安傅增湘。

藝芸精舍書目、荆公詩注存宋版二十七卷、二十八卷、三十四卷至三十八卷、四十八卷至五十卷，鈔四十五、四十六、四十七卷。按所記與此本不同，廿七、廿八複出，似非一本，而其餘八卷又適足互補，他家未見著録，不知猶在世間否？附記俟考。藏園群書題記卷十三

## 乙、書目提要

### 四庫全書總目·臨川集提要

宋王安石撰。安石有周禮新義，已著録。案宋史藝文志載：「王安石集一百卷。」陳振孫書録解題亦同。晁公武讀書志則作一百三十卷。焦竑國史經籍志亦作一百卷，而别出後集八十

卷。竑與史志參錯不合。今世所行本實止一百卷，乃紹興十年郡守桐廬詹大和校訂重刻，而豫章黄次山爲之序。次山謂集原有閩、浙二本，殆刊版不一，著録者各據所見，故卷數互異歟？案：蔡絛西清詩話載：安石嘗云：「李漢豈知韓退之，輯其文不擇美惡，有不可以示子孫者，況垂世乎？」以此語門弟子，意有在焉。而其文迄無善本，如「春殘密葉花枝少」云云，皆王元之詩；金陵獨酌寄劉原甫皆王君玉詩；「臨津艷艷花千樹」云云，皆王平甫詩。陳善捫蝨新話所載亦大略相同。據二人所言，則安石詩文本出門弟子排比，非所自定，故當時已議其舛錯，而葉夢得石林詩話又稱蔡天啓稱荆公嘗作詩，得「青山捫蝨坐，黄鳥挾書眠」，自謂不減杜詩，然不能舉全篇。薛肇明被旨編公集，徧求之，終莫之得。肇明爲薛昂字，是昂亦曾奉詔編定其集，顧蔡絛與昂同時，而並未言及。次山序中亦祇舉閩、浙本而不稱别有敕定之書，其殆爲之而未成歟？又考吴曾能改齋漫録稱荆公嘗題一絶句於夏旼扇，本集不載，見湟川集，又稱荆公嘗任鄞縣令，昔見一士人，收公親札詩文一卷，有兩篇今世所刊文集無之，其一馬上，其一書會别亭云云，是當時遺篇逸句，未經蒐輯者尚夥。其編訂之不審，有不僅如西清詩話所譏者。然此百卷之内，菁華具在。其波瀾法度，實足自傳不朽。朱子楚辭後語謂「安石致位宰相，流毒四海，而其言與生平行事心術，略無毫髮肖」。夫子所以有於予改是之歎，斯誠千古定評矣。四庫全書總目卷一百五十三集部别集類六

# 鐵琴銅劍樓藏書目録・宋刊本臨川先生文集一百卷提要

此臨川曾孫珏刊本，前有小序云：「曾大父之文，舊所刊行，率多舛誤。政和中門下侍郎薛公、宣和中先伯父大資皆被旨編定，後罹兵火，是書不傳。比年臨川龍舒刊行，尚循舊本。珏家藏不備，復求遺稿於薛公家，是正精確，多以曾大父親筆刻石爲據，其間參用衆本，取捨尤詳。至於斷缺，則以舊本補校足之，凡百卷，庶廣其傳云。紹興辛未孟秋旦日，右朝散大夫、提舉兩浙西路常平茶鹽公事王珏謹題。」又有總目，惟載某卷之某卷、某體詩、某體文。其細目載每卷前，目後即接本文。每半葉十二行，行二十字。書中「桓」字作「淵聖御名」，「構」字作「御名」，「慎」、「敦」、「廓」字不闕筆。雖有後來修板，謬誤不少，而原書尚是紹興舊刻可知。覈之明繙詹大和刻本，卷第皆同，惟輓詞類中少蘇才翁輓詞二首，集句中少離昇州作一首，而多移桃花一首，詩云：「舍南舍北皆種桃，東風一吹數尺高。枝柯蔫綿花爛熳，美錦千兩敷亭皋。晴溝漲春緑周遭，俯視紅影移漁舠。山前邂逅武陵客，水際髣髴秦人逃。攀條弄芳畏晼晚，已見黍雪盤中毛。仙人愛杏令虎守，百年終屬樵蘇手。我衰此果復易朽，蟲來食根那得久。瑶池紺絶誰見有，更值花時且追酒。君能酩酊相隨否？」案：此詩不似集句，疑當時誤編入也。瞿鏞鐵琴銅劍樓藏書目録卷二十

## 善本書室藏書志・元刊本臨川先生文集 韓世能藏書 提要

宋王安石撰。安石字介甫，撫州臨川人，慶曆二年進士，累除知制誥、翰林學士。熙寧三年拜中書門下平章事，七年罷。八年再入相，九年罷。謚文公。其婿蔡卞之兄京，崇寧初秉政，詔配文宣王廟，後撤。宋史藝文志、書録解題同載集一百卷。安石曾孫右朝散大夫、提舉兩浙西路常平鹽茶公事王珏，于紹興辛未孟秋旦日謹題云：「曾大父之文籍，舊所刊行本率多舛誤。政和中門下侍郎薛公、宣和中先伯父大資皆被旨編定，後罹兵火，是書不傳。比年臨川龍舒刊行，尚循舊本。珏家藏不備，復求遺稿於薛公家，是正精確，多以曾大父親筆刻石爲據，其間參用衆本，取舍尤詳。至於斷缺，則以舊本補校足之，凡百卷，庶廣其傳云。」瞿氏恬裕齋藏宋刊百卷本，每半葉十二行，行二十字，與此本行款同，前有吴澄幼清序，云：「宋政和間官局編書，諸臣之文，獨臨川集得預其列。靖康之禍，官書散失，私集竟無完善之本。金谿危素好古文，慨公集之零落，搜索諸本，增補校訂，總之凡若干卷，比臨川、金陵、麻沙、淛西數處舊本頗爲備悉，請予序其成。」又楊士奇跋此書云：「歐、蘇、曾、王四家全集，今書坊皆無刻版，獨北京有臨川集版，在國子監舊崇文閣，而所闕十一。用之永樂八年扈從在北京，印二本，以一本寄余。既已補録，遂以吴草廬先生所爲序冠諸首。」此版心間有嘉靖五年補刊之葉，豈即北京本歟？有「宗伯學士之印」、「韓印世能」、「玉山世家」、「潛夫」諸印。世能字存良，長洲人，隆慶戊辰進士，官至禮部左侍郎，有云東詩鈔。丁丙善本書室藏書志卷二七

## 木犀軒藏書題記及書録·宋刻明印本臨川先生文集提要

荆公文集世鮮宋刊，乾、嘉以來藏書家如百宋一廛、愛日精廬皆稱極富，其所著録不過明槧，它可知矣。此本前有吴草廬序，稱危太樸搜索諸本增補校訂。其實即以宋板略加修補掩爲新刻(元人此類甚多)，又間有嘉靖五年補刊之葉，知此板明時尚存，宋刻十存六七。宋諱如「竟」、「讓」、「縣」、「懲」、「完」皆缺末筆，「桓」字注「淵聖御名」，蓋紹興中公曾孫珏所刻，元、明以來遞有修板。此本雖係明印，而宋槧面目俱在，良可寶也。光緒紀年開秩上元前一夕，盛鐸識。李盛鐸木犀軒藏書題記及書録

## 藏園群書經眼録·王文公文集殘本提要

宋刊本，十行十七字，白口，左右雙欄。版心上記字數，下記刊工姓名，有孫右、魏二、魏達、魏可、何卞、文立、施光、陳宗、陳通、陳仲、江清、余亮、余全、余表、葉林、阮宗、吴暉、潘明、胡右、胡祐、李彪、林選、余才。宋諱「完」、「慎」不缺筆。此書字體樸厚渾勁，紙細潔堅韌，厚如梵夾。

每葉鈐「向氏珍藏」朱文長印楷書，紙背爲宋人簡啓，多江淮間官吏，有邵宏淵、查籥、汪舜舉、洪适、張傑、許尹、張運、吳巘、唐傑、張安節、李簡諸人。劉翰臣藏，辛未三月入都見示。傅增湘藏園群書經眼録集部二

## 藏園群書經眼録・王文公文集 殘本 提要

宋刊本，版匡高六寸八分，寬四寸八分，半葉十行，每行十七字，白口左右雙欄，大字舒朗。序目失去，自卷一至三十六爲文，卷三十七至七十爲詩，然無碑、志、哀、祭諸體，知是未完本也。卷一第一首爲上皇帝書，與紹興本以詩爲首者編次大不同，臨川集之異本也。鈐有「金澤文庫」、「賜蘆文庫木記」。

按：余故人潁川君居江淮之交，謹案：指寶應劉啓瑞翰臣，家藏王文公文集。其版式行款正與此同，然余以爲視此可貴者有三：原書楮墨精湛，且紙背皆宋人交承啓劄，筆墨雅麗，真可反覆把翫，此可貴者一也。寮本無序目，於是談者妄生揣測，以爲即真賞齋之一百六十卷本而佚其半者。此本目録完全，仍爲一百卷，不過次第與紹興本異耳，而積疑賴此盡釋，此可貴者二也。寮本缺七十以下各卷，此本缺四至六、三十七至四十七、六十一至六十九，共缺二十四卷，而七十卷以下完然具存，正可補寮本之缺，且必有佚文出羅鈔之外者，此可貴者三也。余嘗

言於東都耆宿，約異時賫本刊行，余當爲作緣，俾以目録及後三十卷增入，以盡珠聯璧合之美，無使盈盈一水，終古相望，使後人撫卷而增嘆也。傳增湘藏園群書經眼録集部二

## 四庫全書總目・王荆公詩注提要

宋李壁撰。考宋史及諸刊本，「壁」或從玉作「璧」。然壁爲李燾第三子，其兄曰垕，曰塾，其弟曰𡌴。名皆從土，則作「璧」誤也。壁字季章，號雁湖居士，初以蔭入官，後登進士，寧宗朝累遷禮部尚書、參知政事、兼同知樞密院事，謚文懿，事蹟具宋史本傳。是書乃其謫居臨川時所作。劉克莊後村詩話嘗譏其注「歸腸一夜繞鍾山」句引韓詩不引吴志，注「世論妄以蟲疑冰」句，引莊子不引盧鴻一、唐彦謙語，指爲疏漏。然大致捃摭蒐採，具有根據，疑則闕之，非穿鑿附會者比。原本流傳絶少，故近代藏書家俱不著録。海鹽張宗松得元人槧本，始爲校刊。集中古今體詩以世行臨川集校之，增多七十二首，其所佚者附録卷末。考葉紹翁四朝聞見録，稱開禧初韓平原欲興兵，遺張嗣古覘敵，張還，大拂韓旨，復遺壁，壁還，與張異詞，階是進政府云云，是壁附和權姦，以致喪師辱國，實墮其家聲。其人殊不足重，而箋釋之功，足裨後學，固與安石之詩均不以人廢云。四庫全書總目卷一百五十三集部别集類六

## 藏園群書經眼録·王荆文公詩注 殘本 提要

舊寫本，九行二十一字，前有魏了翁序，次目録，全。卷首有翁覃溪方綱跋語并詩，録如左：

「乾隆戊戌秋，海鹽張明經芑堂燕昌語余，曾於杭州見宋槧李雁湖注王半山詩卷一之三、卷十五之十八、卷廿三之廿九、卷四十五之四十七，每卷有庚寅增注，又注中每有較近日刻本多出數條者，并以篋中所鈔魏鶴山序見示。後二年庚子秋，同年廬抱經學士來都，談及是書，則抱經影寫一本，今審是過録，非影也，因乞抱經寄其本來假抄之。又後二年壬寅春，抱經自山右馳書至杭，取其寫本至京，余得借録，正十七卷。檢杭堇浦詩集有集奚氏翠玲瓏館，適有以宋槧李雁湖王荆公詩注殘本求售者云云，乃知此是足本之殘者。然堇浦、抱經、芑堂皆不著其鋟版之式及開雕之郡邑歲月，而此宋槧殘本今藏誰氏亦莫可考也。予昔年得宋槧施注蘇詩，今得借抄李注王詩，皆原本之未經後人删亂者，而又皆是殘本，事之相合固有如此者哉！既命小史審録而精校之，爰與張刻本同裝於篋。乾隆四十七年歲次壬寅五月廿七日，是日小暑，文淵閣校理司經局洗馬北平翁方綱識。」

「陳直齋書録解題云：注荆公集五十卷，參政眉山李壁季章撰，謫居臨川時所爲也。助之者曾極景建，魏鶴山爲作序。庚寅是紹定三年，雁湖以前八年卒，則增注者其即景建歟？鶴山序稱石林嘗參預大政，今以洞霄之禄里居，此序在嘉定七年，則雁湖居臨川亦不甚久。其酬景建詩云『新有千絲明曉鏡，舊無一畫贊宵衣』，蓋居臨川時所作也。」

「從芑堂借抄得魏鶴山荆公詩注序志喜二首：奇哉許魏序，失得恰同之。刻山谷詩注者以不見鄱陽許尹序爲憾，刻荆公詩注者不見此序，今予皆得之。更補丹陵傳，曾充大滌祠。低徊元祐事，惻愴中興時。朱十題名石，追鑱亦未遲。序云石林嘗預大政，今以洞霄之禄里居，按朱竹望洞霄宫提舉題名記失載李壁名，以宋史本傳證之，當在嘉定時也。

「山谷任天社，荆公李雁湖。逞時諧謔語，今竟補遺乎？寶氣吾齋聚，精靈異代俱。東街報錢子，未可炫書厨。蕘石前年題余所藏宋本施注蘇詩云：「借瓻還瓻子與吾，吾齋敝簏不曾無。儻得山谷任天社，伴以荆公李雁湖」云云。蕘石所抄任注及所購李注皆有闕者，今故調之。

「右二詩丁酉五月稿，今得抄足本，補録其詩於此。」

「借抄宋本李雁湖注王荆文公詩足本，喜而有賦六首：

「青松夾路碧嶙峋，曾話三生捨宅因。對鏡千絲搔白髮，重教補注記庚寅。

「北使歸來老眼空，墨煤臨汝弔春風。峨峰萬卷憑高閣，忽落浮嵐暖翠中。

「眉山老守臨邛客，編輯初推薛肇明。笑共鄱陽許尹例，吾齋雙璧抵連城。任注山谷詩舊時抄本皆無許鄱陽序，予年前始抄得之。

「楚騷杜句發揮多，新本删來可奈何。大滌題名論舊事，城東尚恐失搜羅。雁湖注中附詩，厲樊榭宋詩紀事頗有失者。

「蘇齋日日篆煙香，任史籖同弆注黄。擬並君家説文序，重開小楷仿歐陽。世所行説文五音本，即雁湖之父巽崖所編者，今刻本皆删去其序，予以寶蘇自名其室，室中藏宋槧施注蘇詩并抄足本黄山谷詩任淵注内集、史容注外集、史季温注别集，其宋槧施注則吴興傅稚漢儒仿歐陽率更楷書也。

「故人手札廿三年，師友勤劬感後先。予所藏李注張刻初印本是己卯春朱東江前輩所贈，其手題之字尚在卷前。今日杭湖數耆宿，遺文道古儻同編。予初見杭堇浦道古堂詩集，始知此宋槧本在杭，因訪求數年，今始得之。

「右六詩今年二月稿，即以柬抱經學士者，今將抱經答書草稿原跡粘附於後，蓋每卷後庚寅補注抱經過録時已併歸入前注矣，予因致抱經書言及之也。予所抄任注黄詩後亦有補出之注，予刻不敢併也。」

「奪於紛冗，久未作書候安爲歉！承詢李雁湖注荆公詩，弟所見十七卷即張芑堂所見是已，卷後元有『庚寅增注』，計葉數不過一兩紙，不足别見，故抄時各按次第即補入卷中，彼時未必取宋史校勘，今得兄指示，始知補注非出雁湖手明甚，惟記注中記考試一條並見，稍不熨貼，餘者無不安也，且有複出者，亦省去矣。尚有目録一册與張本同，惟後哀挽卷中有一詩，目中卻不載入，不知何故。張本係由元人劉須溪本出而去其評耳。雁湖名壁，下從土，其兄弟皆然，以五行相生之序，其父從火，其子則從土，俗間書作圭璧之「璧」，誤也。前月弟懇借太元首本，幸留意。並候近安不一。覃溪大兄同年侍史年愚弟文弨頓首，四月十一日。」藏園群書經眼録集部二